DICIONÁRIO SESC

A LINGUAGEM DA CULTURA

SUPERVISÃO EDITORIAL: J. Guinsburg
ASSESSORIA EDITORIAL: Plínio Martins Filho
PROJETO GRÁFICO: Sergio Kon
PREPARAÇÃO DE TEXTO: Geraldo Gerson de Souza
REVISÃO DE PROVAS: Saulo Alencastre e Newton Cunha
CAPA: Sergio Kon, sobre foto de Nilton Silva
PRODUÇÃO: Ricardo Neves, Heda Maria Lopes e Raquel F. Abranches

DICIONÁRIO SESC
A LINGUAGEM DA CULTURA

NEWTON CUNHA

DADOS INTERNACIONAIS DE CATALOGAÇÃO NA PUBLICAÇÃO (CIP)
(Câmara Brasileira do Livro, SP, Brasil)

Cunha, Newton
Dicionário Sesc: a linguagem da cultura / Newton Cunha. --São
   Paulo : Perspectiva : Sesc São Paulo, 2003.

   Vários colaboradores

1. Arte – Dicionários
2. Ciências Humanas – Dicionários
3. Cultura – Dicionários
4. Serviço Social do Comércio I. Título

03-6563   CDD-306.03

Índices para catálogo sistemático:

1. Cultura : Dicionário Sesc : Ciências sociais   306.03
1. Dicionário Sesc : Cultura : Ciências sociais   306.03

Direitos em língua portuguesa reservados à
EDITORA PERSPECTIVA S.A.

Av. Brigadeiro Luís Antônio, 3025
01401-000 – São Paulo – SP – Brasil
Telefax: (0--11) 3885-8388
www.editoraperspectiva.com.br

2003

POLÍTICA, PRÁTICA E TEORIA NO SESC

O acesso aos bens e às experiências artístico-culturais é, antes de tudo, uma questão política. Isto significa que o estímulo às artes e ao conhecimento, sendo ele irrestrito ou reservado, já em si revela uma determinada concepção de mundo e de sociedade.

Genericamente, podemos desejar e agir em favor de uma "cultura comum", isto é, de valores e de conhecimentos que possam estar, de modo efetivo, disponíveis para todos. Por utópica que seja, uma atitude como esta significa adotar e defender a democracia e os ideais do iluminismo burguês, não menos que as esperanças igualitárias do socialismo.

Por outro lado, concordar com as desigualdades, tenham elas origens nas classes sociais, nas aptidões e nos interesses, assim como preservar algumas províncias culturais do assalto da vulgaridade, são atitudes mais condizentes com o conservadorismo e a oligarquia.

É claro que entre ambos os pólos existem espaços a serem ocupados, com tendências numa ou noutra direção. Mas toda agência sociocultural, artística ou educativa acaba por assumir uma posição nesse espectro, consciente ou inconscientemente. Portanto, qualquer que seja a sua escolha ou resolução, ela espelha e projeta um ideal político.

No que diz respeito ao Sesc, e sua história cotidiana facilmente o comprova, ele nasceu de uma opção política que busca a inclusão social e o enriquecimento cultural e educativo das maiorias. Sua determinação foi a mais difícil porque educar, formal ou informalmente (neste caso pela ação artístico-cultural), requer a adesão do indivíduo, antes de sua constrição e obediência. Para vencer a ignorância, necessita-se de um permanente trabalho de persuasão – aquela mesma qualidade distintiva de Ulisses, a mesma disposição de escutar o canto das sereias e não lhe atender, o mesmo tempo e os mesmos percalços de sua volta ao lar.

Esta obra de referência inscreve-se, portanto, numa longa tradição da entidade. Ao compendiar as noções eruditas e populares da cultura ocidental, continua a oferecer, do ponto de vista teórico ou abstrato, as mesmas alternativas de sua programação regular: teatro, cinema, artes plásticas, dança, música ou literatura, na forma de apresentações ou de cursos e debates. Ou seja, troca a massificação infantilizada da cultura pela popularização humanista do saber e das experiências estéticas. Estimula a consciência e a autonomia, e não a submissão a fetiches. Investiga e propõe, ao invés de conformar-se. E tendo sido capaz de acumular experiências práticas, soube também traduzi-las em conceitos e partilhá-las nesta obra original de referência.

DANILO SANTOS DE MIRANDA
Diretor do Departamento Regional do Sesc de São Paulo

AS RAZÕES E O PERCURSO DESTA OBRA

O Sesc, na qualidade de instituição socioeducativa, lida, permanentemente, com os mais variados conteúdos e formas de ação cultural. Essa interdisciplinaridade, elaborada ao longo de sua trajetória, exige de seus técnicos um domínio acautelado sobre os conceitos, os aspectos mais evidentes e as mudanças históricas da arte e da cultura ocidentais.

Dada essa característica, não seria fortuita a necessidade de produzir uma obra de referências múltiplas que levasse em consideração três aspectos: de um lado, que se abrisse à diversidade contida naqueles temas; de outro, que buscasse coerência e união por meio de remissões entre os termos ou conceitos selecionados; finalmente, que constituísse uma única obra, no sentido de um só volume, tendo-se por objetivo a maior facilidade do manuseio e da consulta.

Sob outro ponto de vista, e ainda que a experiência profissional de agentes culturais deva ser suficientemente matizada, é sempre desejável ter à mão um conjunto de explicações que auxilie a análise de um programa ou a elaboração de um novo projeto. A facilidade de um acesso imediato a informações conceituais, ainda que primárias, pode contribuir para que não sejamos tão facilmente conduzidos por discursos persuasivos, mas vazios. Ou por aquele tipo de retórica tão cara a Górgias, mas por Sócrates considerado temerário, pois que destinado a interesses nem sempre éticos.

A partir de 1995, e à medida que o desenvolvimento das primeiras idéias fundamentais (as de cultura e arte) ensejava a explicação de outras mais específicas, percebeu-se que a obra, por sua finalidade didática e propedêutica, poderia conter dois tratamentos diferentes, mas complementares. Primeiramente, havia expressões historicamente delimitadas, como Civilização Clássica, ou termos genéricos, como Literatura, que mereciam uma análise um pouco mais alentada, à feição de breves ensaios. Configuravam, numa linguagem emprestada a Dilthey, os termos *compreensivos*. Os demais, decorrentes desses vocábulos ou temas alargados, seriam redigidos de modo sucinto, perifrásico, já que não incorriam em interpretações de teor também subjetivo, ao menos como o são os anteriores. Poderíamos denominá-los, portanto, termos *explicativos*.

No primeiro caso, selecionamos 54 temas, a saber (em ordem alfabética): Ação Cultural/Animação Cultural, Arquitetura do Século XX, Arte, Arte Abstrata/Abstracionismo, Artes Brasileiras no Final do Século XX, Arte Medieval, Arte no Século XX (As Características do Rompimento), Barroco e Maneirismo, Bauhaus, Cinema e Linguagem Cinematográfica, Civilização Clássica e Helenismo, Classicismo e Neoclassicismo, *Commedia dell'Arte*, Cubismo, Cultura, Cultura de Massa, Cultura Popular e Folclore, Dança, Estética, Estilo, Expressionismo, Futurismo, Gêneros Literários, Ideologia, Iluminismo/Ilustração, Impressionismo, Jogo/Lúdico, Lazer, Linguagem/Língua, Literatura, Livro, Modernidade e Pós-Modernidade, Modernismo Brasileiro, Música, Música Erudita no Século XX, Ópera, Poética, *Pop* (Arte, Cultura), Pré-Histórica (Arte), Relações Sociais de Produção Cultural (Formas de Patronato), Renascença/Renascimento, Representação, Imagem e Simulacro, Retórica e Figuras de Linguagem, Romance, Romantismo, Sturm

DICIONÁRIO SESC: A LINGUAGEM DA CULTURA

und Drang, Surrealismo, Teatro, Teatro de Animação, Texto, Trovadorismo, Utopia, Vanguarda, Vídeo e Videoarte.

Quanto ao segundo caso, que reúne palavras de conhecimento técnico, de acepção delimitada ou objetiva, descritos sinteticamente e, sempre que possível, exemplificados, foram distribuídos pelos campos das artes plásticas, teatro, músicas popular e erudita, cinema, literaturas poética, dramática e narrativa, dança, arquitetura, vídeo, fotografia, folclore brasileiro, religião cristã e ação cultural, naturalmente derivadas da primeira seção. Esta segunda forma de elaboração está composta, no total, por aproximadamente 2.500 vocábulos ou expressões mais correntes. Exemplificando: acorde, arquitetura, bestiário, conhecimento, dadaísmo, ensaio, fábula, gosto, humor, inspiração, ironia, jazz, *kitsch*, laceria, monotipia, música mundial, nibelungos, oratório, pintura, razão, sensibilidade, sinfonia ou *workshop*. Na edição final, no entanto, optou-se por uma simples seqüência alfabética, em vez de contemplar duas seções diferentes.

Também no transcorrer de sua execução, tornou-se evidente que o trabalho servia não só ao corpo profissional do Sesc, ou de outra entidade assemelhada, mas igualmente a um público leigo e indistinto, simplesmente interessado em noções de arte e cultura, além dos profissionais daquelas áreas genericamente chamadas de "ciências humanas".

No final do ano mencionado, quando se fez clara a configuração do projeto, foi ele então enviado ao Diretor Regional do Sesc, Danilo Santos de Miranda, que, tendo-o acolhido com sensibilidade e entusiasmo, permitiu-nos uma dedicação integral à pesquisa e à redação da obra. Por seu intermédio e expressa concordância do presidente Abram Szajman, foi-nos ainda possível, na qualidade de pesquisador aceito, trabalhar num estúdio privativo da biblioteca da Fundação Calouste Gulbenkian.

A bem dizer, os vínculos que se vão estabelecendo entre os vários conceitos ou idéias – um poder de mútua sugestão – conduzem o esforço ao infinito. O que, de maneira prática, significa lugar algum. Por esse evidente motivo, pusemos um ponto final onde talvez ele não devesse existir. Mas o realizado pode, quem sabe, sustentar novas adições e bem-vindas reformulações em tempos futuros. O que se deve ter em mente, ainda assim, é que esta obra não constitui um porto de chegada, mas um ponto de partida para conhecimentos mais consistentes, refinados e seguros.

Quando terminada, a leitura crítica e o apoio recebido dos professores e ensaístas Roberto Romano, Jacó Guinsburg e Arthur Nestrovski deram-nos a garantia de que o texto poderia ser objeto de publicação.

Restam-nos os agradecimentos aos superiores e colegas que de perto nos incentivaram e contribuíram com sugestões, alertas, traduções, bibliografias ou digitações. Este trabalho, conseqüentemente, é também um pouco deles. Correndo o sério risco de indelicadamente omitirmos alguns nomes, não poderíamos deixar de mencionar os de: Ana Cerqueira Leite, Antônio Arroyo, Berenice Farina da Rosa, Cláudia Ortiz, Dante Silvestre Neto, Erivelto Busto Garcia, Jesus Vázquez Pereira, José Carlos Ferrigno, Lourdes Teixeira, Luiz Massaro Galina, Marcos Prado Luchesi, Mário Daminelli, Max(imino) Antônio Boschi e Osvaldo Gonçalves da Silva.

NEWTON CUNHA

AUTOR:

NEWTON CUNHA é agente cultural do SESC de São Paulo, instituição em que se dedica à proposição e organização de eventos em todas as áreas artísticas e de encontros e debates sobre assuntos vinculados às artes, à filosofia, à política e à educação. Formado em jornalismo (ECA-USP), cursou pós-graduação em filosofia (PUC-SP) e sociologia da educação e dos lazeres na Sorbonne (Paris VII). É autor de *A Felicidade Imaginada: Relações entre o Trabalho e o Lazer*.

COLABORADORES:

Colaboraram para o tema geral "Artes brasileiras no final do século XX", cujas entradas específicas ocorrem igualmente por ordem alfabética, os pesquisadores abaixo mencionados. A finalidade deste complemento, que não se apóia propriamente em conceitos, mas em um período histórico, foi a de oferecer um panorama das manifestações nacionais finisseculares quando já desvinculadas de movimentos ou de correntes inteiramente delineadas.

CÁSSIA NAVAS, pesquisadora e professora da Unicamp (Dança);
DILMAR MIRANDA, pesquisador e professor da UFCe (Música);
ISMAIL XAVIER, ensaísta e professor da USP (Cinema);
LEANDRO SARAIVA, pós-graduando de Cinema na USP (Cinema);
KATIA CANTON, historiadora e crítica de artes (Artes Plásticas);
MARIA ISABEL VILLAC, arquiteta, professora e doutora pela Escola Técnica Superior de Arquitetura de Barcelona (Arquitetura);
NELLY NOVAES COELHO, ensaísta e professora de literatura da USP (Literatura);
SILVANA GARCIA, pesquisadora e professora da USP (Teatro);
FÁTIMA SAADI, dramaturgista e editora da *Revista Folhetim* (Teatro).

CONVENÇÕES

ARTE MEDIEVAL.   Indica o verbete.

•ART DÈCO.   Indica o verbete em língua estrangeira.

Videoclipe.   Os subtópicos de um verbete aparecem em negrito.

→*Arte medieval.*   Indica remissão ao verbete *arte medieval*, associada a uma acepção ou ao verbete como um todo.

→arte medieval   Indica remissão ao verbete *arte medieval*, integrada ao texto.

1. 2. ...   Os numerais em negrito indicam as acepções do verbete.

‖   Indica o início das locuções do verbete.

• *coluna grupada*   Indica as locuções do verbete *coluna*.

/   Indica separação entre versos de um poema.

//   Indica separação entre estrofes de um poema.

ÍNDICE TEMÁTICO

A

ABA
ABA
ÁBACO
ABERTURA
ABÓBADA
ABOIO
ABONAÇÃO
ABRE-ALAS
ABSIDE
ABSIDÍOLA
ABSOLUTO
ABSTRAÇÃO, ABSTRATO
ABUSÃO
ACACIANISMO, ACACIANO
ACADEMIA
ACADÊMIA
ACADEMIA BRASILEIRA DE LETRAS
ACADEMIA BRASÍLICA DOS ESQUECIDOS
ACADEMIA BRASÍLICA DOS RENASCIDOS
ACADEMIA DOS SELETOS
ACALANTO
ACANTO
AÇÃO
AÇÃO CULTURAL, ANIMAÇÃO CULTURAL
AÇÃO PRINCIPAL
AÇÃO SECUNDÁRIA
A CAPELA
ACIDENTE
ACIDENTES
AÇÕES TEÂNDRICAS
ACOMPANHAMENTO
ACORDE
•ACOUSTIC CLOUDS
ACROBACIA
ACROBATA
ACROGRAFIA
ACRÓLITO
ACRÔNIMO
ACRÓPOLE
ACRÓSTICO
ACROTÉRIO
•ACTION PAINTING
•ACTORS STUDIO
ACUMULAÇÃO
ACÚSTICA
ADÁGIO
ADAPTAÇÃO
•AD ARBITRIUM
ADARRUM

ADERECISTA
ADEREÇOS
ADIVINHA, ADIVINHAÇÃO
•AD LIBITUM
ADOBE
ADÔNIS
ADOSSADO
ADUELAS
AEDO
AEROFONE
AEROGRAFIA
AERÓGRAFO
AFÉRESE
AFINAÇÃO
AFORISMO
AFOXÉ
AFRESCO
AFRODITE
•AGIT-PROP
AGNOSIA
AGNOSTICISMO
ÁGORA
ÁGUA
AGUADA
ÁGUA-FORTE
ÁGUA-TINTA
•AILE DE PIGEON
ALA
ALBA
ÁLBUM
ALÇAPÃO
ALCATIFA
ALEGORIA
ALEXANDRINO
ALFABETO
ALIENAÇÃO
ALITERAÇÃO
•ALLA PRIMA
•ALLEMANDE
ALMOFADA, ALMOFADADO
ALÔNIMO
•ALTER EGO
ALTO LIÇO
ALUSÃO
ALVENARIA
AMAZONAS
AMBIENTE
AMBULANTES
•AMERICAN SCENE PAINTING
•AMORINO
AMULETO, TALISMÃ

ANACOLUTO
ANACREÔNTICO
ANACRONIA
ANÁFORA
ANAGÓGICO
ANAGRAMA
ANAIS
ANALECTO
ANALEPSE
ANAMORFOSE
ANÁTEMA
•ANDALUS, EL
ANDAMENTO
ANFIBOLOGIA
ANFITEATRO
ÂNFORA
•ANGST
ÂNGULO
•ANIMALIERS
ANIMISMO
ANJO
ANTAGONISTA
ANTECENA
•ANTHEM
ANTICLÍMAX
ANTÍFONA
ANTIFONÁRIO
ANTÍFRASE
ANTI-HERÓI
ANTINOMIA
ANTÍSTROFE
ANTÍTESE
ANTOLOGIA
ANTONOMÁSIA
ANTROPOMORFISMO
ANTROPOPATIA
ANVERSO
APARELHO
APARTE
APÊNDICE
•APLOMB
APOCALIPSE, APOCALÍPTICA
APÓCOPE
APOJATURA
APOLÍNEO
APOLOGÉTICA
APOLOGIA
APÓLOGO
APORIA
APOSTASIA
APÓSTOLO

XII DICIONÁRIO SESC: A LINGUAGEM DA CULTURA

APÓSTROFE
APOTEOSE
APSIDE
AQUARELA
AQUILÃO
ARABESCO
•ARABESQUE
ARARA
ARCADA
ARCÁDIA, ARCADISMO
ARCAÍSMO
ARCO
ARCO TRIUNFAL, ARCO DO TRIUNFO
ÁREA DE REPRESENTAÇÃO
ARENA
ARENA, TEATRO DE
ARGONAUTAS
ARGUMENTO
ÁRIA
ARMAGEDON
ARMAR
ARPEJAR
ARQUÉTIPO
ARQUITETURA
ARQUITETURA NO SÉCULO XX
ARQUITETURA BRASILEIRA NO FINAL DO
      SÉCULO XX
ARQUITETURA TROGLODITA
ARQUITRAVE, ARQUITRAVADO
ARRANJO
•ARRICIATO
•ARS GRATIA ARTIS
•ART DÈCO
ARTE
ARTE ABSTRATA, ABSTRACIONISMO
ARTE BIZANTINA
ARTE BRUTA
ARTE CINÉTICA
ARTE CONCEITUAL
ARTE DIGITAL, ELETRÔNICA
ARTE INDÍGENA
ARTE MAIOR, ARTE MENOR
ARTE MEDIEVAL
ARTE MINIMALISTA, MINIMALISMO
ARTE MÓRBIDA
ARTE NO SÉCULO XX: AS CARACTERÍSTICAS DO
      ROMPIMENTO
ARTE POBRE
ARTE POVERA
ARTE PRÉ-HISTÓRICA
ARTE PRIMITIVA
ARTE RUPESTRE
ARTESANATO
ARTES APLICADAS
ARTES DECORATIVAS
ARTES E OFÍCIOS
ARTES MENORES
ARTES PLÁSTICAS BRASILEIRAS NO FINAL DO
      SÉCULO XX
•ART NOUVEAU
•ARTS AND CRAFTS
ARTURIANO
ARÚSPICES
ÁRVORE DE JESSÉ
ASNO DE BURIDAN
•ASSEMBLAGE
•ASSEMBLÉ ASSÍNDETO

ASSONÂNCIA
ATELANAS
ATELIÊ
ÁTICO, ATICISMO
ATITUDE
ATLÂNTIDA
ATLÂNTIDA, PRODUTORA CINEMATOGRÁFICA
ATO
ATONAL
ATOR, ATRIZ
ÁTRIO
AUDIOVISUAL
AUFKLÄRUNG
AUGÚRIOS
AURA
AURÉOLA
AUSPÍCIOS
AUTO
AUTOBIOGRAFIA
AUTO-DE-FÉ
AUTÔNIMO
AUTOR
AVATAR
AXIOLOGIA
AXIOMA
AZULEJO

B

BABAU
BACANTES
•BACK LIGHT
BAIANO
BAIÃO
BAILADO
BAILARINO
BAILE
BAIXO
BAIXO CONTÍNUO
BAIXO LIÇO
BALADA
BALANÇA
BALANGANDÃS
BALÃO
BALAÚSTRE
BALAUSTRADA
BALCÃO
BALDAQUIM, BALDAQUINO
BALÉ
BALÉ BRANCO
BALÉ DE AÇÃO, •BALLET D'ACTION
BALÉ DE CORTE, •BALLET DE COUR
BALÉ SINFÔNICO
BALÉS RUSSOS, •BALLETS RUSSES
BALÉS SUECOS, •BALLETS SUEDOIS
•BALLO, •BALLETTO
•BALLON
•BALLONÉ
•BALLOTÉ
BALZAQUIANO (A)
BAMBA
BAMBOLINA
BANAL
BAND
BANDA
BANDA DE PAU E CORDA
BARBARISMO

BARBIZON, ESCOLA DE
BARDO
BARÍTONO
BARRACÃO
BARROCO E MANEIRISMO
BASE
BASÍLICA
BASTIDOR
BASTIDORES
BATERIA
•BATIK , BATIQUE
BATISMO
BATISTÉRIO
•BATTEMENT
•BATTERIE, BATTU
BATUQUE
•BAUHAUS
•BEAT (GERAÇÃO, LITERATURA),
•BEATNIK
BEATIFICAÇÃO
BELAS-ARTES
BELAS-LETRAS
BELCANTO
BELEZA, BELO
BEMOL
BEM TEMPERADO
BENESH, NOTAÇÃO
BEQUADRO
•BERLINER ENSEMBLE
BESTIALÓGICO
BESTIÁRIO
•BEST-SELLER
BÍBLIA
BIBLIOGRAFIA
BIENAL
•BILDUNGSROMAN
BILHETERIA
BIOGRAFIA
BIZANTINA, ARTE
•BLAUE REITER, DER
•BLUEGRASS
•BLUES
BOBO
BOCA DE CENA
•BODEGÓN
•BOOGIE-WOOGIE
BORDÃO
BORDERÔ
BOSSA NOVA
BOVARISMO
BRASILIANA
BREVIÁRIO
•BRISÉ
•BROADCAST, BROADCASTING
BROCHURA
•BRÜCKE, DIE
BUCÓLICO
BUFÃO, BUFO
BUMBA-MEU-BOI
BURIL
BURLESCO
BURLETA
BWV

C

CABALA

ÍNDICE TEMÁTICO | XIII

CABOCLINHOS
CACOFONIA
•CADAVRE EXQUIS
•CADENZA
CAFÉ-CONCERTO
CAIXA
•CAKEWALK
CALÃO
CALCOGRAFIA
CALHA
CALIGRAFIA
CALIGRAMA
CALUNGA
CALVÁRIO
CAMAFEU
CÂMARA
CÂMARA DE ECO
CAMAREIRO
CAMARIM
CAMBRÉ
CÂMERA
CÂMERA, CÂMARA ESCURA
CÂMERA LENTA, CÂMERA RÁPIDA
•CAMERAMAN
CÂMERA SUBJETIVA
CAMERATA
•CAMP
•CANCAN
CANÇÃO, CANTIGA
CANCELA
CANCIONEIRO
CANDELABRO
CANÉFORA
CANELURA
CANEVAS
CANHÃO
CÂNON, CÂNONE
CANONIZAÇÃO
CANOPO
CANTARIA
CANTARIA, PEDRA DE
CANTATA
CÂNTICO
CANTIGA
CANTO
CANTOCHÃO
CANTO REAL
CAPA E ESPADA
CAPITEL
CAPÍTULO
CAPITULAR, LETRA
CAPOEIRA
CARACTERES
CARÁTER
CARCERÁRIO
CARIÁTIDES
CARICATURA
CARNAVAL
CARNAVALESCO
CAROCHINHA, CONTOS DA
CARTA
CARTUM
CASANOVA
CASINO
•CASTRATO, CASTRATI
CATACRESE
CATACUMBA

CATAGUASES, CICLO DE
•CATALOGUE RAISONÉ
CATARSE
CATÁSTROFE
CAVALGAMENTO
CAVALO DE TRÓIA
CAVILHA
CD, DISCO COMPACTO DIGITAL, DISCO LASER
CD-ROM
CEDAR
CENA
CENA MUDA
CENÁRIO
CENOGRAFIA
CENÓGRAFO
CENOPLASTIA
CENOTÁFIO
CENOTÉCNICA
CENOTÉCNICO
CENTAUROS
CENTRO DE PESQUISA TEATRAL, CPT
CENTRO POPULAR DE CULTURA, CPC
CERA PERDIDA
CERÂMICA
CHACOTA
•CHAINÉS
CHANCHADA
•CHANGEMENT DE PIEDS
•CHANSON
•CHANTRE
CHARANGA
CHARGE
•CHARLESTON
•CHASSÉ
CHAVE DE OURO
CHORINHO
CHORO
CHULA
CHURRIGUERESCO
CIBERARTE
CIBÓRIO
CICLOPES
CICLORAMA
CIMÁCIO
CINECITTÀ
CINECLUBE
CINÉDIA
CINEGRAFISTA
CINEMA E LINGUAGEM CINEMATOGRÁFICA
CINEMA BRASILEIRO NO FINAL DO SÉCULO XX
CINEMA NOVO
CINEMATECA
CINESCÓPIO
CINÉSICA
CINÉTICA, ARTE
CIRANDA
CIRCO
CIVILIZAÇÃO
CIVILIZAÇÃO CLÁSSICA, HELENISMO
CLAQUETE
CLASSICISMO, NEOCLASSICISMO
CLAVE
CLICHÊ
•CLIFF-HANGER
CLÍMAX
•CLUSTER
COCO

CODA
CÓDICE
CÓDIGO
COGNATO
COLACIONAR
COLAGEM
COLOFÃO, CÓLOFON
COLÓQUIO
•COLORTRAN
COLUMBÁRIO
COLUNA
COLUNATA
COMÉDIA
COMÉDIA ANTIGA
COMÉDIA-BALÉ, •COMÉDIE-BALLET
COMÉDIA DE GAVETA
COMÉDIA ERUDITA
COMÉDIA HUMANA, A
COMÉDIA NEGRA
COMÉDIA NOVA
COMEDIANTE
COMEDIANTES, OS
COMÉDIA PALIATA
COMÉDIA TOGATA
CÔMICO
COMISSÃO DE FRENTE
•COMMEDIA DELL'ARTE
COMPARAÇÃO
COMPASSO
COMPÊNDIO
•COMPÈRE
COMPONENTE
COMPOSIÇÃO
•COMPUTER ART
COMUNICAÇÃO VISUAL
•CON BRIO
CONCEITO
CONCEPTISMO
CONCERTO
CONCRETISMO
CONFERÊNCIA
CONFIDENTE
CONGADA, CONGO
CONGRESSO
CONHECIMENTO
CONOTAÇÃO, CONOTATIVO
CONSCIÊNCIA
CONSOLO
CONSONÂNCIA
CONTATO
CONTEXTO
CONTO
CONTRACULTURA
CONTRADIÇÃO (CONTRADITÓRIO), CONTRÁRIO
  (CONTRARIEDADE)
CONTRALTO
CONTRALUZ
CONTRAPESO
CONTRAPONTO
CONTRAPOSIÇÃO
CONTRA-REGRA
COPIÃO
CORAL
CORDÃO
CORDEL, LITERATURA DE
CORDOFONE, CORDÓFONO
COREOGRAFIA

DICIONÁRIO SESC: A LINGUAGEM DA CULTURA

CORES, TEORIA DAS
CORIFEU
CORNIJA
CORO
CORSO
CORTINA
• COUPÉ
• COURANTE
• COUR D'HONNEUR
• COURONNE, EN
COXIA
CPC
CPT
CRAVELHA
CRÉDITOS
CREPIDOMA
CRESTOMATIA
CRIPTA
CRIPTÔNIMO
CRÍTICA
CRITICISMO
• CROISÉ
• CROMLECH
CROMÓIDE
CRÔNICA
CRUCIFIXO
CRUZ
CRUZEIRO
• CSÁRDÁS
CTÔNICO
CUBISMO
CULTERANISMO, CULTISMO
CULTO
CULTURA DE MASSA
CULTURA E CIVILIZAÇÃO
CULTURA POPULAR E FOLCLORE
CÚPULA
CURADOR
CURADORIA, CURATELA
• CURTAIN WALL
• CUT-UP

D

DADÁ
DADA
DADAÍSMO
DAMASQUINADO, DAMASQUINAGEM
DANÇA
DANÇA BRASILEIRA NO FINAL DO SÉCULO XX
DANÇARINO, DANÇARINA
DEAMBULATÓRIO
DEBUXO
DECALCOMANIA
DECALQUE
DECAPAGEM
DECASSÍLABO
DEDUÇÃO
DEÍSMO
DEMIURGO
• DENISHAWN
DENOTAÇÃO, DENOTATIVO
DEPRECAÇÃO
DESCOLAGEM
DESCRIÇÃO
DESENHO
DESENHO ANIMADO

DESENHO GRÁFICO, DESIGN GRÁFICO
DESENHO INDUSTRIAL, DESIGN INDUSTRIAL
DESFILE
• DESIGN
• DESIGNER
DESTAQUE
• DEUS EX-MACHINA
DEUTERAGONISTA
DEVANEIO
DIALÉTICA
DIÁLOGO
DIAQUILÃO
DIÁSTOLE
DICIONÁRIO
DIDASCÁLIA
DIEGESE
DIGITAL
DILEMA
DINTEL
DIONISÍACO
DÍPTERO
DÍPTICO
DIRETOR
DIRETOR DE ANIMAÇÃO
DIRETOR DE ARTE
DIRETOR DE FOTOGRAFIA
DIRETOR DE HARMONIA
• DISC JOCKEY, DJ
DISCURSO
DISSERTAÇÃO
DÍSTICO
DITIRAMBO
DOBRADO
DOCUMENTÁRIO
DODECAFONIA, DODECAFONISMO
DOGMA
DOGMA 95
• DOLLY
DÓLMEN
DOMINANTE
DOMÍNIO PÚBLICO
DOMO
DON JUAN
• DOPPELGÄNGER
DOSSEL
DOUTA IGNORÂNCIA
DOUTOR DA IGREJA
DOXOLOGIA
DRAMA
DRAMA ÉPICO
DRAMA FATALISTA, DRAMA DA FATALIDADE
DRAMA PASTORIL
• DRAMATIS PERSONAE
DRAMATIZAÇÃO
DRUIDA, DRUIDESA
DUBLAGEM
DUBLÊ
• DUOMO

E

• EARTH ART
EBANISTA
EBORARIA
• ÉCARTÉ
• ECCE HOMO
ÉCLOGA, ÉGLOGA

• ÉCORCHÉ
EDAS
EDÍCULA
ÉDIPO
EFEITOS ESPECIAIS
• EFFACÉ
EFRAGÍSTICA
• EINFÜHLUNG
ELEGIA
ELENCO
ELFO
ELIPSE
ELITE
EMBEBIDO
EMBOÇO
• EMBOÎTÉ
EMBUTIDO
EMOÇÃO
EMPASTAMENTO, EMPASTE
EMPIRISMO
ENCADERNAÇÃO
ENCÁUSTICA
ENCENAÇÃO, ENCENADOR
ENCENAR
ENCÍCLICA
ENCICLOPÉDIA
ENCULTURAÇÃO
• EN DEDANS, EN DEHORS
ENGENHO
ENGOBO
• ENJAMBEMENT
ENREDO
ENSAIAR
ENSAIO
ENTABLAMENTO
ENTALHE, ENTALHO
• ENTERTAINER
ENTOAÇÃO, ENTONAÇÃO
ENTREATO
ENTRECENA
• ENTRECHAT
ENTRECHO
ENTREMEZ
ENTRUDO
• ENVOI
• EPAULEMENTS
ÉPICA
EPIFANIA
EPÍGONO
EPÍGRAFE
EPIGRAFIA
EPIGRAMA
EPÍLOGO
EPIMÍTIO
EPINÍCIO
EPISÓDIO
EPÍSTOLA
EPISTOLAR
EPISTOLÁRIO
EPÍSTROFE
EPITÁFIO
EPITALÂMIO
EPÍTETO
EPODO
EPOPÉIA
ERÍNIAS
EROS

ÍNDICE TEMÁTICO | XV

ESBATIMENTO
ESBOÇO
ESCALA
ESCANSÃO
ESCATOLOGIA, ESCATOLÓGICO
ESCOLA DE FONTAINEBLEAU
ESCOLA DE NOVA IORQUE
ESCOLA DE SAMBA
ESCOLA DE UTRECHT
ESCÓLIO
ESCORÇO
ESCULTURA
ESCULTURA ARQUITETÔNICA
ESFINGE
ESFOLADO
ESFUMAR, ESFUMADO, ESFUMATO,
    ESFUMINHO
ESGRAFITO
ESMALTE
ESPACIALISMO
ESPETÁCULO
ESPÍRITO
ESQUETE
ESTAMPA
ESTÂNCIA
ESTÁTUA
ESTATUÁRIA, ESTATUÁRIO
ESTELA
ESTÊNCIL
ESTEREÓBATO
ESTÉTICA
ESTICOMITIA
ESTILO
ESTILO IMPÉRIO
ESTILO LUÍS XV
ESTILÓBATO
ESTRIBILHO
ESTRO
ESTROFE
ESTÚDIO
ESTUQUE
•ETHOS
ETIMOLOGIA
ETOPÉIA
EUCARISTIA
EUFUÍSMO
EURRITMIA
EVANGELHO
EVOLUÇÃO
EXECRAÇÃO
EXPERTIZAÇÃO
EXPERTO
EXPOSIÇÃO
EXPRESSÃO
EXPRESSÃO CORPORAL
EXPRESSIONISMO
•EXQUISITE CORPSE
ÊXTASE
EXTENSÃO
EX-VOTO

F

FÁBULA
•FABULA PRAETEXTA
FACHADA
FADA

FADO
FAIANÇA
FANDANGO
FANFARRA
FANTASIA
FANTÁSTICA, LITERATURA; FANTÁSTICO,
    CINEMA
FANTOCHE
FANZINE
FARSA
FAUNO, FAUNA
FÁUSTICO
FAUVISMO
FÉ
FENESTRAÇÃO
FENÔMENO
•FERMATA
FESCENINO
FESTÃO
FESTIVAL
FETICHE, FETICHISMO
FICÇÃO
FICÇÃO CIENTÍFICA
FIGURA
FIGURAÇÃO, FIGURATIVO
FIGURA NEGRA, FIGURA VERMELHA
FIGURANTE
FIGURAS DE LINGUAGEM
FIGURINO
FIGURINISTA
FILISTEU, FILISTINISMO
FILTRO
FIORITURA
FLAMENCO
•FLASH-BACK
FLUXUS
FOLGUEDO
FOLHETIM
FOLIA
FOLIÃO
FÓLIO
FONEMA
FONÉTICA
FONTAINEBLEAU
FORMA
FORMA FIXA
FORMA LIVRE
FORMATO DE PAISAGEM
FORMATO DE RETRATO
FORMALISMO RUSSO
•FORMELLA
FORRÓ
FÓRUM
FOSSO DE ORQUESTRA
FOTOGRAFIA
FOTOJORNALISMO
FOTORREALISMO
•FOUETTÉ
FOVISMO
•FOXTROT
FRASE
FRASEADO
•FREE CINEMA
•FREIE BÜHNE
FRESNEL
FREVO
FRISO

FRONTÃO
FRONTISPÍCIO
••FROTTAGE
FUGA
FUNAMBULISMO
FUNÂMBULO
FÚRIAS
FUSTE
FUTURISMO

G

GAFIEIRA
GAGUE
GALERIA
GALHARDA
GALILÉ
GALOPE
GAMBIARRA
GÁRGULA
GAVOTA
GELATINA
GEMA
GÊNERO
GÊNEROS LITERÁRIOS
GÊNIO
GERAÇÃO DE 45
GERAÇÃO DE 98
GERINGONÇA
GESTO
GIPSOTECA
GLIFO
GLÍPTICA
GLIPTOTECA
•GLISSADE
GLOSA
GLOSSÁRIO
GOLEM
GOLIARDO
GÓRGONAS
GOSTO
GÓTICO
GRAAL
GRADAÇÃO
GRAMÁTICA
GRANULAÇÃO
GRAVURA
GRAVURA A BURIL
GRAVURA A PONTA-SECA
GRAVURA EM METAL
GRIMPA
GRISALHA
GROTESCO
GRUPO SANTA HELENA
GRUPO DOS CINCO
GRUPO DOS SEIS
GUACHE
GUARDA-CORPO
GUILHOCHÊ
GUIRLANDA

H

HACHURA
•HANCHEMENT
•HAPPENING
•HARD-BOILED

XVI DICIONÁRIO SESC: A LINGUAGEM DA CULTURA

HARMONIA
HARPIAS
•HAZAN
HELENISMO
HEPTASSÍLABO
HÉRCULES, HÉRACLES
HERESIA
HERMENÊUTICA
HERÓI
HERÓI-CÔMICO
HETERODOXIA
HETERÔNIMO
HEURÍSTICA
HIEROGAMIA
HIERÓGLIFOS
HIEROGRAFIA, HIEROLOGIA
HINO
HIPÁLAGE
HIPÉRBATO
HIPÉRBOLE
HIPER-REALISMO
HIPERTEXTO
HIPERMÍDIA
•HIP-HOP
HIPOGEU
HIPÓTESE
HISTÓRIA EM QUADRINHOS, HQ
HISTRIÃO, HISTRIONISMO
HOB
HOLLYWOOD
HOLOCAUSTO
HOLOGRAFIA
HOLOGRAMA
HOMEM DE VITRÚVIO
•HOME THEATRE
HOMILÉTICA
HOMILIA, HOMÍLIA
•HOMO FABER
•HOMO LUDENS
HOMOTELÊUTON
•HORS COMMERCE
•HORTUS CONCLUSUS
HUMANISMO
HUMOR

I

ÍCONEICONOCLASTA
ICONOGRAFIA, ICONOLOGIA
ICONOTECA
ICTO
IDÉIA
IDEOGRAMA
IDEOLOGIA
IDÍLIO
IDIOFONE, IDIÓFONO
IDIOLETO
IDOLOPÉIA
ILHA DE EDIÇÃO
ILUMINAÇÃO
ILUMINISMO, ILUSTRAÇÃO
ILUMINURA
ILUSTRAÇÃO
IMAGEM
IMAGEM LATENTE
IMAGEM TÉCNICA
IMAGEM VIRTUAL

IMAGINAÇÃO, IMAGINÁRIO
IMAGISMO
IMITAÇÃO
IMPOSTA
IMPRECAÇÃO
IMPRESSÃO
IMPRESSIONISMO E PÓS-IMPRESSIONISMO
INATISMO
INCONSCIENTE
INCRUSTAÇÃO
INCUNÁBULO
INDÍGENA, ARTE
INDUÇÃO
•JAM SESSION
INSPIRAÇÃO
INSTALAÇÃO
INSTRUMENTOS DE CORDA
INSTRUMENTOS DE SOPRO
INSTRUMENTOS DE PERCUSSÃO
INTELECTO
INTELECTUAL
INTELLIGENTSIA, INTELLIGENTZIA
INTERLÚDIO
•INTERMEDIA EVENT
•INTERMEZZO
INTERPRETAÇÃO, INTÉRPRETE
INTERSECCIONISMO
INTERTEXTO, INTERTEXTUALIDADE
INTERVALO
•INTONACO
INTRIGA
INTUIÇÃO
IRONIA
ISABELINO

J

JARDINS DE ADÔNIS
•JAZZ
•JETÉ
JOGO, LÚDICO
JOGO DE CENA
JOGRAL
•JUGENDSTIL
JUÍZO
JUÍZO DE VALOR

K

K/KV
•KALEVALA, KALEWALA
•KENNING, KENNINGAR
•KITSCH
•KORAI
•KOUROS
KUARUP
•KUNSTKAMMER
•KUNSTWOLLEN•
KYRIE ELEISON

L

LACERIA
LAI
LAICISMO, LAICO
LAJE
•LAKE POETS

LAMBADA
LAMBREQUIM, LAMBREQUINS
LAMBRI, LAMBRIL
•LAND ART
LAZER
LEGATO
LEGENDA
•LEITMOTIV
LEITURA
LENDA
LETRINA
LETRISMO
LEXIA
LÉXICO
LEXICOGRAFIA, LEXICOLOGIA
•LIBERTY STYLE
LIBIDO
LIBRETO
LIÇOS
•LIED
LINEAR
LINGADA
LINGUAGEM, LÍNGUA
LINOLEOGRAVURA
LINTEL
LIRA
LITERATURA
LITERATURA BRASILEIRA FINAL DO SÉC XX
LITERATURA DE CORDEL
LITOGRAFIA, LITOGRAVURA
•LIVING THEATRE
LIVRE-ARBÍTRIO
LIVRO
LIVRO DE HORAS
•LOGGIA
LÓGICA
LOGOGRIFO
LOGOMARCA
LOGOPÉIA
LOGOTIPO
LUCARNA
LÚDICO
LUNDU, LUNDUM
LUTERIA
•LUTHIER

M

•MACCHIAIOLI
MACULELÊ
MADRIGAL
•MAESTÀ
MAIÊUTICA
•MAINSTREAM
MAMBEMBE
MAMULENGO
MANDORLA
MANEIRISMO
MANES
MAQUETE
MAQUILAGEM
MÁQUINA DE FUMAÇA
MAQUINISTA
MARACATU
MARAVILHAS DO MUNDO, SETE
MARCAÇÃO
MARCHA

ÍNDICE TEMÁTICO XVII

MARCHA-RANCHO
MARCHETARIA
MARIONETE
MARIONETISTA
MAROTE
MARTELO
MARUJADA
MÁSCARA
MASTERIZAÇÃO
MATINÊ
MÁXIMA
MD
MEGALÍTICA, CONSTRUÇÃO
MEIO-SOPRANO
MELISMA
MELODIA
MELODRAMA
MELOPÉIA
MEMBRANOFONE, MEMBRANÓFONO
• MEMENTO MORI
• MEMORABILIA
MÊNADES
MENIR
MENORÁ, • MENORAH
• MENUISIER
MEROVÍNGIA, ARTE
MESSIAS
MESTRE
MESTRE DE BALÉ, MESTRE DE DANÇA
MESTRE DE BATERIA
MESTRE-DE-CAPELA
MESTRE-SALA
METÁBASE
METAFÍSICA, POESIA; METAFÍSICOS, POETAS
METÁFORA
METALINGUAGEM
METAPLASMO
METÁTESE
METONÍMIA
MÉTOPA
METRAGEM
MEZANINO
• MEZZO-SOPRANO
MICARETA
MIDIOLOGIA
• MILES GLORIOSUS
MÍMICA
MÍMICO
MIMO, MIMODRAMA
MINIMALISMO
MINOTAURO
• MINSTREL
MINUETO
• MISE-EN-SCÈNE
MISSÃO FRANCESA
MISSÕES
MISTÉRIO(S)
MÍSULA
MITO, MITOLOGIA
MÓBILE
MOÇAMBIQUE
MODA DE VIOLA
MODELADO
MODELAGEM
MODELO
MODERNIDADE E PÓS-MODERNIDADE,
    MODERNISMO E PÓS-MODERNISMO

MODERNISMO BRASILEIRO
MODINHA
MODULAÇÃO
MOIRA(S)
MOLDURA
MOMO
MONÓLOGO
MONOTIPIA
MONTAGEM
MONUMENTO
MORALIDADE
MORASSAGEM
MÓRBIDA, ARTE
MORBIDEZ
MORDAÇAGEM
MORDENTE
MORFEMA
MORFOLOGIA
MORTALHAMOSAICO
MOTIVO
MOVIMENTO
• MOVING LIGHT
MULTIMEIOS, MULTIMÍDIA
MULTÍPLEX
MURALISMO MEXICANO
• MUSAK
MUSAS
MUSEU
MÚSICA
MÚSICA ACUSMÁTICA
MÚSICA DE CÂMARA
MÚSICA DE ÉPOCA, MÚSICA HISTÓRICA
MÚSICA ERUDITA NO SÉCULO XX
MÚSICA INCIDENTAL
MÚSICA MODAL
MÚSICA MUNDIAL
MÚSICA NOVA
MÚSICA POPULAR BRASILEIRA NO FINAL DO
    SÉC XX
MÚSICA PROGRAMÁTICA, DESCRITIVA
• MUSIC-HALL
MUSICOLOGIA

N

NABIS
• NAÏF, NAÏVE, ARTE
NARCISISMO, NARCISO
NARRAÇÃO, NARRATIVA
NÁRTEX
NASTRO
NATURALISMO
NATUREZA-MORTA
NÊNIA
NEOCLASSICISMO
NEO-EXPRESSIONISMO
NEOGÓTICO
NEO-REALISMO ITALIANO
NEOTÉRICO
• NETART
• NEUE SACHLICHKEIT
• NEW CRITICISM
NIBELUNGOS
NIGELO
NIILISMO
NIMBO
NINFAS

• NOIR
• NOLI ME TANGERE
NOTA
NOTAÇÃO
NOTAÇÃO BENESH
NOTURNO
• NOUVEAU ROMAN
• NOUVELLE VAGUE
NOVA OBJETIVIDADE
NOVELA
NÚCLEO BERNARDELLI

O

OBJETIVA
OBRA
OBRA-PRIMA
OCTOSSÍLABO
ODE
ODEON
OFICINA
OFICINA, TEATRO
OITAVA-RIMA
• OLD VIC
ONOMATOPÉIA
ÓPERA
ÓPERA-BALÉ, • OPÉRA-BALLET
ÓPERA-BUFA
ÓPERA-CÔMICA, • OPÉRA-COMIQUE
OPTAÇÃO
OPUS
ORATÓRIO
ORDENS DA ARQUITETURA
ORFEÃO
ORFEU, ORPHEU
ORFISMO
• ORIGAMI
ORNAMENTO, ORNATO
ORQUESTRA
ORQUESTRAÇÃO
ORTODOXIA
ORTOGONAL
OURIVESARIA
• OUVERTURE
OXÍMORO

P

PÃ
PÁGINA
PÁGINA DE ROSTO
PAGODE
• PAIDEIA
PAINEL
PAINÉIS ACÚSTICOS
PAIXÃO
PALAVRA
PALCO
PALESTRA
PALESTRANTE
PALETA
PALÍNDROMO
PÁLIO
• PALMTOP
PANEGÍRICO
PANFLETO
PANO DE BOCA

XVIII DICIONÁRIO SESC: A LINGUAGEM DA CULTURA

PANORAMA
PANORÂMICA
PANO RÁPIDO
PANTOCRÁTICO
PANTOMIMA
PAPIER COLLÉ
PAPIRO
• PAR
PARÁBOLA
PARADIGMA
PARÁFRASE
PARAGOGE
PARALELISMO
PARALOGISMO
PARCAS
PARÊMIA
PAREMIOLOGIA
PARLENDA
PARNASIANISMO
PARÓDIA
PARONÍMIA, PARÔNIMO, PARONOMÁSIA
PARRÉSIA
PARTIDO-ALTO
PARTITA
PARTITURA
PARÚSIA
• PAS COURU
• PAS DE BOURRÉE
• PAS DE DEUX, PAS DE TROIS
PASQUIM
PASSISTA
PASTEL
PASTICHE, PASTICHO
PASTORA
PASTORAL
PASTORIL, PASTORINHAS
PATÉTICO
• PATHOS
PÁTINA
PATRIMÔNIO ARTÍSTICO-CULTURAL,
    PATRIMÔNIO MUNDIAL
PATRONATO: RELAÇÕES SOCIAIS DE
    PRODUÇÃO CULTURAL
PAU-DE-FITA
PAUTA
PAUTEIRO
PAVANA
PECADO
PEDESTAL
PEDRO MALASARTES
PENSAMENTO
PENTAGRAMA
PENTASSÍLABO
PEQUENO TEATRO DE COMÉDIA, PTC
PERCEPÇÃO
PERFORMANCE
PERGAMINHO
PERÍFRASE
PERIPÉCIA
PERISTILO
PERSONAGEM
PERSONALIDADE
PERSONIFICAÇÃO
PERSPECTIVA
PERSPECTIVA RESERVA
PETROGRIFO
• PHOTO REAL IMAGING

PÍCARO, PICARESCO
PICTOGRAMA
PICTOGRIFO
PICTÓRICO
• • PIETÀ
• • PIETRA DURA
PILONE
PINACOTECA
PINÁCULO
PINÁZIO
PINTURA
• PINTURA ALL-OVER
PINTURA CALIGRÁFICA
PINTURA DE BATALHA
PINTURA DE CAVALETE
PINTURA DE CENA AMERICANA
PINTURA HISTÓRICA
PINTURA METAFÍSICA
• PIN-UP
PIRUETA
PISO
PITORESCO
PLANO DE LUZ
PLANO DE PALCO
PLANO DE SALA
PLANTA
PLATÉIA
PLATERESCO
• PLAY-BACK
PLÊIADE, PLÊIADES
PLEONASMO
• PLIÉ
PLINTO
• PLOT
PLUMÁRIA, ARTE
POEMA
POEMA SINFÔNICO
POESIA
POÉTICA
POLCA
POLICIAL
POLIFONIA
POLÍPTICO
POLISSEMIA
POLÍTICA CULTURAL
POLITONALIDADE
PONDERAÇÃO
PONTA-SECA
PONTILHISMO
PONTO
• POP-ARTE, CULTURA
PORCELANA
PORTA-BANDEIRA
• PORT DE BRAS
PÓRTICO
PÓS-IMPRESSIONISMO
PÓS-VANGUARDA
• POT-POURRI
PRATICÁVEL
PREÂMBULO
PREDELA
PREFÁCIO
PRELÚDIO
• PREMIÈRE
PRÉ-RAFAELITAS (IRMANDADE, CONFRARIA)
PRESTIDIGITAÇÃO
PRESTIDIGITADOR

PRÉSTITO
PROCUSTO, LEITO DE
PRODUTOR
PROÊMIO
PRÓGONO
PROGRAMA
PROGRAMAÇÃO
PROJETO
PROJETOR
PROLEPSE
PRÓLOGO
PROLÓQUIO
PROMETEU
PROPOSIÇÃO
PRÓPRIOS
PROSA
PROSCÊNIO
PROSÓDIA
PROSOPOPÉIA
PROSOPROGRAFIA
PROTAGONISTA
PRÓTESE
PROTOFONIA
PROTÓTIPO
PROVÉRBIO
PSEUDÔNIMO
PSICOCRÍTICA
PSIQUE
• PULP FICTION
PÚLPITO
• PUNK
• PUTTO, PUTTI

Q

QUADRATURA
QUADRILHA
QUADRINHOS
QUADRO
QUARTETO
QUARUP
QUESTÃO COIMBRÃ
QUERELA DOS ANTIGOS E DOS MODERNOS
QUERELA DOS BUFÕES
QUERELA DOS ICONOCLASTAS
QUIASMO
QUINÁRIO
QUINTETO
QÜIPROQUÓ
QUIXOTESCO

R

RACIOCÍNIO
RACIONALISMO
RADICAL
RADIONOVELA, TELENOVELA
• RAGTIME
RAIONISMO
RAIZ, RADICAL
RANCHO
RANHURA
• RAP
RAPSÓDIA
RAPSODO
RAZÃO
• READY-MADE

ÍNDICE TEMÁTICO XIX

REAL, REALIDADE
REALISMO, NATURALISMO
REALISMO MÁGICO, REALISMO MARAVILHOSO
RÉCITA, RECITAL
RECITATIVO
REDAÇÃO
REDONDILHA
REDUNDÂNCIA
REFILMAGEM
REFLETOR
REFRÃO
• REGGAE
REGIONAL, REGIONALISMO
REGISTRO
REI MOMO
• RELEVÉ
RELEVO
• REMAKE
RENASCENÇA, RENASCIMENTO
RENDILHADO
• RENVERSÉ
REPERTÓRIO
REPETIÇÃO
REPRESENTAÇÃO, IMAGEM E SIMULACRO
RÉQUIEM
RESOLUÇÃO
RESPONSÓRIO
RETÁBULO
RETÓRICA E FIGURAS DE LINGUAGEM
RETRATO
REVELAÇÃO
RIBALTA
RIMA
• RISORGIMENTO
RITORNELO
ROCALHA
ROCAMBOLESCO
• ROCK, ROCK AND ROLL
ROCOCÓ
ROJÃO
ROMANCE
ROMÂNICA, ARTE; ROMÂNICO, ESTILO
ROMANTISMO
RONDÓ
ROSÁCEA
ROTEIRISTA
ROTEIRO
ROTUNDA
• RUBATO
RUFO
RUÍDO
RUPESTRE, ARTE

S

• SACRA CONVERSAZIONE
SACRAMENTOS
• SACRA RAPPRESENTAZZIONE
SÁFICO
SAGRADA FAMÍLIA
SAIMEL
SAINETE
SALÃO EGÍPCIO
SALMO
SALMODIA
SALÕES DE MAIO
SALSA

SALTÉRIO
SALTIMBANCO
SAMBA
SAMBA-ENREDO
• SAMPLER
SANGÜÍNEA
SANTA HELENA, GRUPO
SANTO
SANTUÁRIO
SAPATEADO
SARABANDA
SARCÓFAGO
SARDANA
SATB
SÁTIRA
SÁTIROS
SATURNAIS, SATURNÁLIAS
• SCHOLA CANTORUM
SEÇÃO ÁUREA
SEMÂNTICA
SEMIOLOGIA, SEMIÓTICA
SEMINÁRIO
SENÁRIO
SENSAÇÃO
SENSIBILIDADE
SENTIDOS COGNITIVO E EMOTIVO
SENTIMENTO
SERENATA
SERESTA
SERIGRAFIA
SETE POVOS DAS MISSÕES
SETE SÁBIOS
SEXTETO, SEXTILHA
SEXTINA
• SHOW-MAN
• SIGLO DE ORO
SIGNO
SÍLFIDE, SILFO
SILHAR
SILHUETA
SILOGISMO
SIMBOLISMO
SIMPÓSIO
SIMULACRO
SINALEFA
SINÉDOQUE
SINÉRESE
SINESTESIA
SINFONIA
• SINGSPIEL
SÍNQUISE
SINTAGMA
SINTAXE
SINTETIZADOR
SÍSIFO
• SISSONE
SÍSTOLE
• SLAPSTICK COMEDY
• SLIDE
• SNUFF MOVIE
• SOAP-OPERA
SOCIOLETO
• SOLEDADES
SOLFEJO
SOLILÓQUIO
SOLMIZAÇÃO
SONATA

SONETO
SONOPLASTIA
SOPRANO
SORRISO ARCAICO
• SOTTO IN SÙ
• SOUBRESAUT
• SOUBRETTE
• SPALLA
• SPASIMO
• SPIRITUAL
• SPLEEN •
SPRECHGESANG
• STABILE
STANISLÁVSKI, MÉTODO
• STEADYCAM
• STIL NUOVO
• STORY-BOARD
• STURM UND DRANG
SUBLIMAÇÃO
SUBLIME
SUBTÍTULO
SUÍTE
SUMA
SUPINO
SUPORTE
SURREALISMO
SUSPENSE
SUSTENIDO
• SWITCH

T

TABERNÁCULO
TABLADO
TABLATURA
TÁBULA RASA
TACHISMO
• TAFELMUSIK
• TAKE
TALHA
TALISMÃ
TANGÃO
TANGO
TAPEÇARIA
TARANTELA
TAUTOLOGIA
TAUXIA
TEATRO
TEATRO BRASILEIRO DE COMÉDIA (TBC)
TEATRO BRASILEIRO NO FINAL DO SÉCULO XX
TEATRO DA CRUELDADE
TEATRO DA VERTIGEM
TEATRO DE ANIMAÇÃO
TEATRO DE ARENA
TEATRO DE ARTE DE MOSCOU
TEATRO DE COMÉDIA, PEQUENO (PTC)
TEATRO DE REVISTA
TEATRO DO ABSURDO
TEATRO DO OPRIMIDO
TEATRO ELISABETANO
TEATRO ÉPICO
TEATRO OFICINA
TEATRO POBRE
TECTÔNICA
TEIA
TELA
TELÃO

TELECINE
TELETEATRO
TÊMPERA
TEMPERAMENTO
TEMPO
TENOR
TEOFANIA
TERÇA-RIMA
TERCETO
TERMO
TERNO
TERRACOTA
•TERZA RIMA
TESSITURA
TESTAMENTO
TETRALOGIA
TEXTO
•THÉÂTRE LIBRE
•THESAURUS, TESOURO
•THRILLER
TIMBRE
TÍMPANO
TINTA
TIPO
TITÃS, TITÂNIDAS
TÍTERE
TOADA
TOLO
TOMADA
TOMBAMENTO
TOMO
TONDO
TORÊUTICA
•TOUR
•TOUR EN L'AIR
TRACERIA
•TRADITIO LEGIS
TRAGICOMÉDIA
TRAINEL
•TRAILER
TRAMA
TRAMÓIA
•TRANSCODER
TRANSCODIFICAÇÃO
TRANSCRIÇÃO
TRANSEPTO
TRANSAVANGUARDIA, TRANSVANGUARDA
TRANSUBSTANCIAÇÃO
•TRAVELLING
•TRAVESTIE, EN
•TREPAK
•TRICKSTER
TRÍGLIFO
TRIO ELÉTRICO
TRIOLÉ, TRIOLETO
TRÍPTICO
TRISSÍLABO

TROCADILHO
TROGLODITA, ARQUITETURA
•TROMPE L'OEIL
TROPICÁLIA, TROPICALISMO
TROPO
TROVA
TROVADOR
TROVADORISMO
TRUÃO
TRUCAGEM
TRUPE
TURNÊ
TURNETE
•TUTU

U

•UGLY REALISM
ULTRAÍSMO
UMBIGADA
UNCIAL
•UNDERGROUND
•UNHEIMLICH
UNIFACETADO
UNÍSSONO
UNIVERSAL, UNIVERSAIS
UNIVERSIDADE
URDIDURA, URDIMENTO
URNA
UTOPIA
UTRECHT, ESCOLA DE

V

VALETE DE OUROS
VALOR
VALORES TÁTEIS
VALQUÍRIAS
VALSA
VANGUARDA
VANITAS
VARIAÇÃO
VATE
•VAUDEVILLE
•VEDUTA
VELADURA, VELATURA
VELÁRIO
VELINO
VELOCIDADE
VÊNUS
VERA CRUZ
•VERNISSAGE
VERNIZ
VERSILIBRISMO
VERSO
VERSO LIVRE
VERSOS BRANCOS
VERSOS SATÚRNIOS

•VESICA PISCIS
VÉU
VIDEOCLIPE
VÍDEO E VIDEOARTE
VIDEOFOTO
•VIDEORASTER
VIDRADO
VIDRO, VIDRARIA
VILA
VILANCETE, VILANCICO
VILANELAVINHETA
VIRAGEM
VIRTUAL (IMAGEM, REALIDADE)
VIRTUOSE, VIRTUOSO
VITRAL
VOCABULÁRIO
VOCÁBULO
VOLATIM,
VOLANTIM
•VOLTO SANTO
VOLUME
VOLUTA
VORTICISMO

W

•WELTANSCHAUUNG
•WORKSHOP
•WORLD MUSIC

X

XÁCARA
XADREZ
XARDA
XAXADO
XILOGLIFIA
XILOGRAFIA, XILOGRAVURA

Y

•YGGDRASIL

Z

ZANNI
ZARZUELA
ZÉ-PEREIRA
ZEUGMAZEUS
ZIGURATE, ZIGURATO
•ZIMBÓRIO
ZINGAMOCHO
ZOILO
•ZOOM, ZUM
ZOÓLITO
ZOOMÓRFICO
ZOOMORFISMO

ABA. 1. Forma de construção musical simples e ternária, ou seja, em cuja composição o tema melódico inicial (A) é seguido por uma seção diferente, o contraste (B). Este aqui significa uma modulação, ou seja, uma passagem da tonalidade da tônica para a dominante (ou de uma tonalidade menor para a relativa maior). Na seqüência, volta-se à seção original (A), com tonalidade na tônica, repetindo-se o material temático. →*Forma* e →*Modulação*.

ABA. 2. Em arquitetura, possui dois sentidos: tanto pode designar o prolongamento do telhado para além da parede de sustentação (o beiral), como os arremates simples ou adornados que encobrem a junção do teto com a parede em um aposento interno.

ÁBACO. 1. Placa grossa e quadrada, habitualmente de pedra, constituindo a parte superior ou coroa do capitel de uma coluna arquitetônica, e cujas finalidades são as de suportar e transferir a carga da cobertura (entablamento) e proteger o capitel. Usado em templos e edifícios desde a Antigüidade, acompanhou os estilos das colunas e das →*ordens* da arquitetura tais como a dórica, a jônica, a egípcia, a bizantina, a românica ou a gótica. 2. Em música, designa um instrumento que serve para dividir os intervalos das oitavas. 3. Instrumento para cálculos matemáticos (as quatro operações), formado por um retângulo ou caixilho, dentro do qual correm esferas de madeira, encaixadas em hastes verticais.

ABDUÇÃO. →*Razão*.

ABERTURA. Composição apenas instrumental e erudita que dá início a óperas ou oratórios, bem como peça independente, a chamada abertura de concerto, de um só andamento, introdutória a um concerto programático-descritivo (baseado em ações dramáticas) ou a um poema sinfônico (lírico). A *abertura francesa*, consolidada por Lully, possui três andamentos: lento, rápido (ao estilo de fuga) e lento. Já a *abertura italiana*, criada por Scarlatti, desenvolve-se em andamentos rápido, lento, rápido. Händel e Bach também utilizaram o termo como sinônimo de suíte, e Haydn como equivalente de sinfonia. É comum ainda os compositores empregarem a palavra francesa *ouverture*.

ABÓBADA. Construção arquitetônica curva, em forma de arco, que, sustentada por muros, colunas ou pilares, cobre um espaço e configura o teto. Seu uso difundiu-se, no Ocidente, a partir da cultura romana (→*Civilização clássica e Helenismo*), mas os trabalhos mais elaborados, do ponto de vista artístico, ainda são os exemplos das igrejas medievais, românicas e góticas, e dos edifícios renascentistas. Alguns tipos de abóbadas: *a)* de berço ou de tubo – a mais primitiva, formada por um arco contínuo, semicircular, de volta perfeita; *b)* de aresta – formada por duas de berço que se cruzam no centro; *c)* de claustro ou de barrete de clérigo – formada por quatro superfícies, de um quarto de círculo, que vão diminuindo de largura à medida que se erguem para o topo; *d)* de cúpula – formada por oito segmentos de círculo, a partir de uma base ou plano circular, quadrado ou poligonal, e que se encontram no cume; *e)* de leque ou de taça – extremamente elaborada pelo gótico inglês (*decorated style*), contém nervuras que se irradiam em forma de leque (a abadia de Westminster e a capela do King's College, em Cambridge, são exemplos de extremada elaboração). →*Cúpula*, →*Abside*, →*Arte medieval*.

ABOIO. Canto monódico do vaqueiro brasileiro, com ou sem palavras, mas sustentado sobretudo pela entoação de vogais. O aboio é um canto solo, de puro improviso, e serve para tanger e acalmar o gado de corte, seja em pastagens, no curral ou no transporte da boiada. No romance *O Quinze*, de Rachel de Queiroz, lê-se: "Ô! meu boi! Ô lá, meu boi, ê! Meu boi manso! Ô ê, ê, ê! Encostado no mourão da porteira [...] o vaqueiro aboiava dolorosamente".

ABONAÇÃO. O ato de certificar ou explicar o emprego de um vocábulo ou locução, oral ou escrita, por meio da citação de um autor versado no assunto.

ABRE-ALAS. No Brasil, carro alegórico de desfiles carnavalescos que apresenta a escola e o tema do samba-enredo, situado, de maneira mais tradicional, logo atrás da comissão de frente.

ABSIDE. Nicho ou espaço arquitetônico situado na extremidade posterior das igrejas católicas e ortodoxas, de forma semicircular, poligonal ou ainda retangular, com teto abobadado, em cujo centro se encontra o altar-mor (após o transepto). Implantada de maneira mais freqüente a partir da arquitetura carolíngia, tem a finalidade de presbitério, no sentido de local de reunião dos sacerdotes ou presbíteros, durante a liturgia, e também sede do coro. Além da abside principal, posicionada em frente à nave central, é possível haver absides laterais (absidíolas). Var.: *apside*. →*Arte medieval.*

ABSIDÍOLA. Cada uma das capelas laterais que circundam a abside principal e o coro de uma igreja, situando-se na parte posterior ou oriental do edifício. →*Abside.*

ABSOLUTO. **1.** Em filosofia, é absoluto, por origem semântica, o que existe em si e por si, independente de qualquer relação que o determine (*absolutus*, isto é, desligado de). Por conseqüência, diz respeito ao que "não tem limites", ao que é incondicionado, ilimitado ou infinito (por exemplo, o poder político absoluto). Teologicamente, corresponde à idéia de Deus, àquele que existe sem causa, que é princípio e fim de todas as coisas. Os românticos Fichte e Schelling deram grande importância ao termo. Fichte diz ser o absoluto "o que é por si mesmo" (sendo Deus o Eu Absoluto) e Hegel, por sua vez, afirma ser ele o sujeito e o objeto da própria filosofia, aquilo que, estando além de toda realidade finita, pode contê-la integralmente em si. O Espírito Absoluto constitui, portanto, a revelação de toda a realidade, a autoconsciência infinita que se expressa nas manifestações espirituais da religião, da arte e da filosofia. Já em termos morais, absoluto é o que possui valor humanístico de conduta, sem restrições quanto ao tempo ou circunstâncias peculiares, impondo-se como desejo, necessidade e princípio universais. **2.** Em estética, o absoluto é tido por certos autores como a fonte original da qual provém a beleza das coisas naturais e dos objetos criados artificialmente. Constitui um princípio impessoal, de tradição platônica ou ainda cristã, ou seja, um atributo de Deus que origina e fundamenta os valores e as formas humanas particulares, limitadas ou efêmeras. Em ambos os casos, o absoluto existe por si (pois do contrário não o seria). Mas encontra-se ainda a idéia de absoluto como algo intrínseco ao espírito humano, existente de modo *a priori* e, portanto, anterior à experiência sensível. Só por haver uma concepção inata do belo absoluto é que o homem seria capaz de perceber as belezas exteriores, parciais ou imperfeitas, e proceder a comparações entre os objetos singulares. Uma variação deste sentido inato do absoluto estético foi defendida por Francis Hutchenson (*Inquiry into the Original of our Ideas of Beauty and Virtue*), para quem o belo absoluto constitui um "sentido interno" ou pulsão natural. O absoluto é assim percebido como *unidade* em meio à diversidade (sem que se comparem objetos entre si), ou ainda como *semelhança* em relação a um original. Por fim, pode-se entender como absoluta a beleza que se impõe como *padrão universal*, isto é, aquela que resiste às variações da sensibilidade, à diversidade dos gostos e ao transcurso da história, ou ainda como ideal de criação artística, uma espécie de →arquétipo para o qual tende uma obra, ainda que não o realize em sua plenitude.

ABSTRAÇÃO, ABSTRATO. A operação cognitiva pela qual um objeto da percepção é isolado dos demais com que mantém relações. Significa, em princípio, despojar uma coisa ou fenômeno das qualidades imediatamente sensíveis ou das determinações materiais que possua, a fim de elevar apenas a forma a um estado de pureza ou de universalidade. Ao se falar de Homem, por exemplo, que é um termo abstrato, isolam-se todas as inevitáveis particularidades de que cada ser humano é portador, chegando-se, portanto, a uma noção envolvente e integradora. Essa operação não significa, necessariamente, a negação das realidades sensíveis, mas uma condição inerente ao processo de conhecimento (filosófico, científico), ou mesmo de criação artística (→*Arte abstrata, Abstracionismo*). Na opinião de Locke, por exemplo, "mediante a abstração, as idéias extraídas de seres particulares tornam-se representantes gerais de todos os objetos da mesma espécie e os seus nomes tornam-se nomes gerais, aplicáveis a tudo o que existe e está em conformidade com tais idéias abstratas" (*Ensaio sobre o Entendimento Humano*). Por essa análise, percebe-se ainda que a abstração encontra-se também na base da construção das linguagens (comum, "natural" e artificiais). →*Universais.*

ABUSÃO. Crendice, agouro (bom ou mau) ou superstição já cristalizada e difundida no imaginário popular (passar embaixo de uma escada ou quebrar um espelho, por exemplo, são abusões de azar).

ACACIANISMO, ACACIANO. Refere-se a pessoa de linguagem aparentemente elevada e de atitudes formais solenes e pomposas, mas de conteúdo banal, vulgar, repleto de lugares-comuns. Provém do famoso personagem Acácio, criado por Eça de Queirós, em seu romance *O Primo Basílio.*

ACADEMIA. **1.** Designação proveniente do antropônimo Acádemos, indicou, em sua origem, o bosque de oliveiras dedicado ao herói ateniense (revelou aos Dióscuros Castor e Pólux o local onde Teseu havia escondido Helena) e no qual Platão instalou a sua escola filosófica (por volta de 387 a.C.), a Academia, após a morte de

Sócrates, dirigida, posteriormente, por Spêusipos, Xenocrates, Polêmon, Crates e Heráclito do Ponto. A esta primeira seguiu-se a Academia Média, fundada por Arcesílaos. **2.** Em termos gerais, significa uma associação profissional e reconhecida publicamente de escritores ou artistas (músicos, pintores, escultores, bailarinos), de pensadores ou de cientistas. A voga da instituição acadêmica ganhou impulso com o Renascimento e com as novas condições econômicas, sociais e de prestígio cultural requeridas pelos artistas do período, junto às cortes principescas ou eclesiásticas. Ou seja, o espírito acadêmico mesclou, de um lado, a oposição política e de trabalho às antigas corporações medievais (associações, guildas) e a seus regulamentos e, de outro, o interesse por maior liberdade criativa e a necessidade de apoio ou convivência com os novos poderes políticos e econômicos. Naquele período histórico, os músicos foram os primeiros a criar academias, como as de Bolonha (1482), de Milão (1484) e a Filarmônica de Verona (1500). Embora alguns círculos intelectuais ou estúdios artísticos já recebessem tal denominação no início do século XVI ("academias" de Botticelli, de Leonardo da Vinci), a primeira instituição de artes plásticas fundada com esse nome surgiu em Florença, no ano de 1563. Foi a Accademia del Disegno, por esforços do arquiteto, pintor e escritor Giorgio Vasari, que contou com o mecenato do duque Cosimo de Medici, um dos diretores da entidade juntamente com Michelangelo. Aderiram à idéia outras cidades e patronos privados da Europa (academias de São Lucas, em Roma, e de Borromeo, em Milão) assim como, nos Estados já unificados, a própria realeza governante (Academia Real de Pintura e Escultura, 1648, Academia de Arquitetura, 1671, ambas em Paris; Academia Real de Londres, 1768). Nesse último caso, a academia possuía o monopólio das encomendas dentro de um território definido em documento. Após a vinda da Missão Francesa, foi fundada no Brasil a Academia Imperial de Belas-Artes, no Rio de Janeiro (1826), da qual participaram, como professores, Taunay, Debret, Montigny e, como alunos, nomes como Porto Alegre, Antônio Nery, Pedro do Amaral e Mendes de Carvalho. Tanto a aristocracia quanto o Estado leigo patrocinaram as mais renomadas academias até meados do século XIX (entre elas a Academia Sueca, fundada em 1786 e que, a partir de 1901, concede o mais ambicionado prêmio da literatura mundial, o Nobel). Mas o movimento romântico e a gradativa independência estética dos artistas novecentistas, que acompanharam o declínio ou a substituição do poder real, bem como a criação de salões e galerias privadas, sede comercial dos *marchands*, reduziram a importância dessas escolas, que ainda permanecem, no entanto, como centros de estudos oficiais e de aprendizado de técnicas tradicionais em várias partes do mundo. **3.** A denominação ainda tem sido usada por empresas particulares, produtoras de espetáculos, desde a época da Académie Royale, de Jean-Baptiste Lully, e da Royal Academy, de Händel (que detinham carta régia para seus negócios); foi o caso também da Academy of Music, de Nova Iorque, estabelecida em 1854.

ACADÊMIA. Imagem figurativa e modelada em gesso ou em barro, por exemplo, que serve como objeto de estudo das formas e proporções humanas. Designa também desenho baseado em modelo nu, ao vivo.

ACADEMIA BRASILEIRA DE LETRAS. Fundada em 15 de novembro de 1896, e realmente inaugurada em agosto do ano seguinte, no Rio de Janeiro, a Academia Brasileira de Letras (ABL) tem por objetivos mais importantes a normatização e a preservação da língua luso-brasileira, assim como a valorização das obras das literaturas nacionais e de seus autores. Resultou dos esforços iniciais de Lúcio de Mendonça, sob inspiração de sua congênere francesa, e das perspectivas abertas pelo sucesso da antiga *Revista Brasileira*, da qual participavam os principais literatos e ensaístas da época, como, entre outros, José Veríssimo. Seu primeiro presidente foi Machado de Assis, secretariado então por Joaquim Nabuco. É constituída por quarenta membros efetivos e vitalícios, tendo cada um deles o seu respectivo patrono (as figuras mais antigas da literatura brasileira, como Basílio da Gama, Gregório de Matos, Álvares de Azevedo, Fagundes Varela, Joaquim Manuel de Macedo etc.). Mantém ainda em seus quadros vinte correspondentes estrangeiros. Edita dicionários, vocabulários, anuários e estudos críticos, além de conceder premiações anuais a escritores de gêneros diversos.

ACADEMIA BRASÍLICA DOS ESQUECIDOS. Primeira sociedade literária brasileira, fundada na Bahia, em 1724, pelo vice-rei Vasco Fernandes César de Menezes, da qual tomaram parte, entre outros, José da Cunha Cardoso, Sebastião da Rocha Pita, Luís Siqueira da Gama, João de Brito e Lima e Gonçalo Soares da França. Embora tenha durado apenas um ano, fez publicar uma obra de importância, a *História da América Portuguesa*, de Rocha Pita.

ACADEMIA BRASÍLICA DOS RENASCIDOS. Associação baiana de literatos, criada em 1759, que procurou reavivar sua congênere anterior, a dos Esquecidos. Um ano depois, no entanto, com a morte de seu inspirador, José Mascarenhas P. P. Coelho de Melo, deixou de existir. Chegou a contar com quarenta membros numerários e outros extranumerários, inclusive de outras províncias. Entre seus representantes citam-se Antônio Castelo Branco, João Borges de Barros e Frei Antônio de Santa Maria Jaboatão.

ACADEMIA DOS SELETOS. Academia literária surgida em janeiro de 1753 em decorrência de uma homenagem prestada ao governo do comissário real do Rio de Janeiro, Gomes Freire de Andrada, sob inspiração de Feliciano Joaquim de Sousa Nunes. Nela se destacaram Manuel de Sequeira e Sá (secretário), Pe. Francisco de Faria e Domingos de Castro. O acervo das produções locais foi publicado em Lisboa, no ano de 1754, sob o título de *Júbilos da América*.

ACALANTO. Canto simples e ingênuo para embalar e adormecer crianças (o nome foi usado, pela primeira vez no Brasil, pelo músico Luciano Gallet). Expressão universal, muito provavelmente criada por mulheres, e existente inclusive entre os indígenas brasileiros, como por exemplo, a *Cantiga do Macuru*. A grande maioria desse cancioneiro no Brasil chegou-nos por via portuguesa. Várias canções difundiram-se mundialmente, sofrendo adaptações regionais, como a seguinte, recolhida por Pereira da Costa, em Pernambuco, e bastante semelhante a outra conhecida na Itália: "Estava Maria / à beira do rio / lavando os paninhos / de seu bento filho. / Maria lavava, / José estendia, / chorava o menino / do frio que tinha. / – Não chores, menino, / não chores, amor, / isso são pecados / que cortam sem dor". Em italiano: *Maria lavava, / Giuseppe stendeva / suo figlio piangeva / dal freddo que aveva. / – Sta zito, mio figlio, / ché adesso ti piglio! / Del latte t'ho dato, / del pane 'un ce nè*. O mesmo que cantiga de ninar ou cantiga de berço. Em francês, *berceuse*; em inglês, *lullaby*; em alemão, *Viegenlied*.

ACANTO. Ornamento arquitetônico utilizado em capitéis coríntios, itálicos, nas igrejas do período românico (de maneira estilizada), em construções renascentistas e barrocas (nas formas originais), e que reproduz as folhas e espinhos da planta *Acanthus mollis*, comum na região do Mediterrâneo.

AÇÃO. **1.** Genericamente, qualquer operação realizada por um ente a partir de si. Em Aristóteles, constitui o processo e o resultado de uma intenção ou de uma escolha humana deliberadas. Isto significa que aquilo que é necessário, que não pode ser de outro modo (pois indicaria uma dependência absoluta), não constitui uma ação. Ela se encontra reservada para o fazer possível. São Tomás distingue ainda, a partir de Aristóteles, a ação *imanente* – aquela que permanece no próprio ator da operação, segundo sua vontade ou natureza própria (querer, sentir, entender) – da ação *transiente*, cujo resultado passa do agente para um objeto ou paciente, que gera ou produz algo exterior (coisas e relações sociais). Para Hannah Arendt, que recuperou a esse respeito a tradição grega, pode-se distinguir a "vida contemplativa" da "vida ativa". Esta última é constituída pelo labor (o refazer incessante, cotidiano

e inevitável que o ciclo biológico nos impõe), pelo trabalho (a construção material do mundo, que se povoa de instrumentos e objetos) e pela *ação*, isto é, pelas relações diretas e eminentemente humanas que o poder da palavra tem para organizar politicamente a sociedade e instituir seus valores éticos, jurídicos, estéticos e culturais. Neste sentido, a ação é a mais nobre das atividades humanas. Talcott Parsons define a ação a partir de três elementos básicos e de suas relações: um agente que a provoca, uma finalidade para a qual é orientada e uma situação final diversa da inicial. **2.** Do ponto de vista literário, a ação pode ser compreendida como tudo aquilo que, em razão de comportamentos ou de reações dos personagens, resulta em mudança de um estado inicial, desequilibrando-o e instituindo um outro, em seqüência, ao longo de um tempo. A ação caracteriza-se, portanto, por uma transformação qualitativa nas situações objetivas (exteriores) ou subjetivas (interiores, que dizem respeito a aspectos cognitivos, emocionais, afetivos), resultando tanto em evolução quanto em regressão, comparativamente ao estado inicial. Mesmo quando, fatualmente, nada parece acontecer, pode a ação estar inscrita no interior da vida íntima dos personagens (por exemplo, os protagonistas de *O Deserto dos Tártaros*, de Dino Buzzati, ou de *A Modificação*, de Michel Butor). Ela envolve, segundo K. Elam (*As Semióticas do Teatro e do Drama*), um ou mais agentes, suas intenções imediatas ou finais, os tipos de procedimentos usados e as modalidades de conduta, de meios empregados. De modo genérico, distinguem-se as ações narradas (romances, novelas, contos, poesia épica) das ações representadas (teatro, ópera, cinema, balé); as ações coletivas ou grupais das individuais; as ações ativas ou volitivas das ações sofridas ou passivas; a ação principal da secundária. **3.** O assunto geral ou o motivo de uma pintura, desde que figurativa.

AÇÃO CULTURAL, ANIMAÇÃO CULTURAL. **Origens modernas.** A idéia de ação cultural apareceu na Europa após a Segunda Guerra Mundial, incluindo-se entre os esforços da reconstrução social e educativa da região. A denominação é de origem francesa – *action culturelle* – igualmente usada na Suíça e na Bélgica, mas seus princípios e objetivos assemelham-se aos programas existentes nos centros de arte ingleses (*arts centres*), ou mesmo em instituições culturais norte-americanas (cujas atividades são chamadas mais correntemente de *education programs*). No Brasil, a expressão vem sendo empregada desde os anos 1970 e, muitas vezes, como sinônimo de *animação cultural* ou, ainda, de *animação sociocultural*.

De maneira retrospectiva, no entanto, podem-se apontar como os legítimos predecessores da ação ou

AÇÃO CULTURAL, ANIMAÇÃO CULTURAL | 5 | Ac

animação culturais alguns movimentos de Educação Popular surgidos na França, na Alemanha e nos países nórdicos. Assim, por exemplo, certas agremiações religiosas de educação, como a Associação para a Juventude Francesa (1880) ou a Juventude Operária Católica (1925). De modo mais estruturado e abrangente, a República de Weimar estabeleceu em sua constituição de 1919 o financiamento e a fundação de universidades populares (*Volkshochschule*), ainda hoje em atividade, encarregadas de suprir as necessidades de desenvolvimento cultural e aquisição de técnicas profissionais, artísticas e esportivas entre as camadas mais pobres da população. Após a criação da Unesco, seus técnicos incorporaram a idéia de animação (reunião de Mondsee, Áustria, 1950), entendendo-a como os "métodos e técnicas de educação dos adultos", exercidos fora dos regimes escolares convencionais. Já em meados da década de 1960, o Relatório ao Alto Comitê da Juventude sobre Animação, do governo francês, adotou como conceito de animação socioeducativa "toda ação em meio a um grupo ou coletividade que vise a desenvolver as comunicações internas e a estrutura da vida social, recorrendo a métodos não-diretivos ou semidiretivos".

Funções que permanecem: mecenato, aprendizagem e patrimonialismo. Por ser um conjunto de princípios mais empíricos do que teóricos e de práticas extremamente variáveis, ainda não se tem para a ação cultural um conceito estável ou comumente definido entre as próprias instituições e seus profissionais. De um lado, mantém correspondência com as noções clássicas de →patronato ou mecenato e, mais modernamente, com a de →política cultural, indicando as relações sociais e econômicas de estímulo e de favorecimento à criação intelectual e artística, de cunho profissional ou com tendências à profissionalização. Deste ponto de vista, conserva vínculos diretos de troca entre autores, intérpretes ou pesquisadores e organizações de apoio, com o intuito de tornar possível a manutenção do próprio artista ou intelectual, bem como a elaboração de suas obras. De outro, pode indicar o trabalho de entidades civis, públicas, privadas ou comunitárias que promovam o acesso da população ou de clientelas específicas aos bens culturais, ou a atividades, serviços e processos de aprendizagem (de médio e longo prazos) e de práticas artísticas, artesanais, intelectuais ou corporais, em situação de lazer. Finalmente, a ação cultural pode incluir a função patrimonialista de conservação e mostra de acervos históricos, sejam eles públicos ou privados, artísticos, artesanais ou científicos.

Características gerais. A necessidade de favorecer e ampliar as possibilidades de aprendizado, de criação e difusão pública da arte, em meio a uma civilização de massa, de produtos industriais onipresentes e homogêneos, poderosamente disseminados pelos meios de comunicação, induziu ao aparecimento de uma ação cultural que tem, em princípio, quatro características de maior evidência: *a*) do ponto de vista social, o intuito permanente de atrair e integrar indivíduos e grupos de diferentes idades e estratos sociais ao universo artístico-cultural, vinculando-os, na medida do possível, àquelas ações que resolvam ou minimizem problemas comunitários; *b*) relativamente ao conteúdo, estimular o conhecimento e a convivência de públicos novos ou regulares com as linguagens, expressões ou signos menos recorrentes ou usuais – as "exceções" – à cultura de massa, procurando revelar suas obras, características e significados; ou ainda eleger e determinar critérios pelos quais se possam selecionar aquelas obras que, elaboradas integralmente no interior da indústria cultural, contenham as qualidades necessárias para serem difundidas com um tratamento diferenciado (reorganizadas em ciclos ou temas específicos, por exemplo); *c*) sob o aspecto organizacional, a de ser uma forma relativamente estruturada e permanente de intervenção institucional, mantida por profissionais de formação multidisciplinar em centros culturais de atividades múltiplas ou específicas, fundações ou associações, ou ainda por quadros comprometidos voluntariamente com as situações de carência local; *d*) e, por fim, uma identificação com os princípios e os objetivos políticos da educação permanente ou informal. Ou seja, daquela educação espontânea e contínua, embora nem sempre percebida, realizada fora dos âmbitos formais da escola e do ambiente de trabalho – autoformação, desenvolvimento individual, autodidaxia. Em muitas ocasiões, essas quatro facetas estão resumidas no *slogan* um tanto quanto difuso da "democratização cultural". Ao menos teoricamente, a ela não cabe reproduzir aqueles valores conformistas, irracionais ou de puro entretenimento que podem ser encontrados, com certa facilidade e apelo, na cultura de massa. Para essas "demandas" culturais, o próprio mercado delas se incumbe.

De maneira mais corriqueira, o trabalho dos agentes culturais não é o de produzir obras. Sua finalidade está voltada para a realização de processos e a promoção de serviços, ou seja, para a dinamização e para as mudanças de estado ou de situações que conduzam ao enriquecimento intelectual, cognitivo, sensitivo (estético), associativo, social ou mesmo corporal, e que podem vir a ocorrer na medida em que se estabeleçam oportunidades diferenciadas em face das atitudes, das vivências e do senso comum cotidianos. De modo concreto, haveria aqui duas perspectivas, nem sempre excludentes: *a*) a *alfabetização* cultural, entendida como aquela que estimula, facilita o acesso e se dirige ao aprendizado e domínio de conhecimentos e de habilidades mínimas nos terrenos das expressões artísticas, intelectuais ou corporais, para um público amador, diletante ou semiprofissional (oficinas e ateliês, cursos, treinamentos e programas educacionais); *b*) a *difusão* cultural, que tem por referência eventos programados e abertos, marcados pela experiência da audição ou da presença do público como espectador (concertos, festivais, exposições, torneios e espetáculos), destinados à fixação de um "hábito".

Uma definição entre outras. Assim, entre outras possíveis definições, a ação ou animação cultural constitui uma intervenção técnica, política, social e econômica, levada a efeito pelo poder público ou por organismos particulares da sociedade civil, que concebe, coordena, gere ou participa de programas, projetos e atividades relativas a: *a*) formação ou aprendizado de técnicas e de conhecimentos artísticos e artesanais; *b*) difusão de obras simbólicas e de experiências estéticas por meio de espetáculos, festivais, exposições, debates, seminários; *c*) formação e desenvolvimento de grupos sociais, com seus objetivos específicos e os gerais de melhoria de vida, em defesa de direitos civis ou de cidadania – grupos de idosos, de adolescentes, de mulheres, de bairro, de proteção ambiental etc.; *d*) educação popular, vinculada a temas delimitados, mas de tratamento informal e adesão voluntária – alfabetização, vulgarização científica e tecnológica, dinamização de bibliotecas, habilidades artesanais ou bricolagem, línguas etc.; *e*) formação ou aprendizado de habilidades corporais e desportivas – cursos e treinamentos; *f*) difusão de modalidades esportivas (jogos, torneios, campeonatos) e de atividades recreativas; *g*) turismo social (de férias, de fins de semana, acampamentos); *h*) conservação e popularização do acesso e do conhecimento a patrimônios e acervos históricos, científicos e artísticos; *i*) criação ou estímulo à formação de centros ou de movimentos de informação e de formação culturais em pequenas e médias comunidades; *j*) treinamento de quadros voluntários, semiprofissionais ou profissionais de agentes ou animadores.

Valores e finalidades. Em linhas gerais, portanto, o discurso da ação cultural segue a tradição humanista ou iluminista da pluralidade das experiências e da diversidade do pensar, pressupondo que, por seu intermédio, possam ser geradas novas ações individuais e coletivas, que estimulem a autonomia do gosto, a multiplicação das possibilidades do imaginário, das percepções intelectivas, ou os contatos sociais, por exemplo. Logo, seu campo de trabalho é amplo o

suficiente para abranger os mais variados assuntos e perspectivas. Neste processo de dinamização, torna-se indispensável o hábito do aprendizado e da convivência com expressões artísticas e intelectuais e com os grandes temas contemporâneos: a compreensão e a vulgarização da ciência; o papel e as perspectivas da tecnologia; a ruína ecológica; a densificação dos dramas humanos no ambiente urbano; os esforços de superação das condições de pobreza material; os renovados conflitos sociais e econômicos; as mentalidades relativas ao sexo e ao corpo; o papel, as transformações ou a importância das instituições sociais, políticas e religiosas etc. Além disso, constitui um esforço de reflexão e de proposição que, em síntese: *a*) ofereça oportunidades para a criação, o entendimento e a difusão de bens culturais não-industrializados; *b*) saiba selecionar e procure difundir, com clareza de critérios, manifestações e obras qualitativamente importantes, geradas no interior da cultura de massa. Assim sendo, todo o sistema de símbolos que resume e representa os comportamentos e as criações culturais faz parte de seu universo possível. No fim da linha, luta-se contra a barbárie e, conseqüentemente, a favor de um processo civilizatório. E no entanto, as grandes dificuldades da ação cultural estão justamente aí. Em primeiro lugar, qualquer processo de mudança só é perceptível a longo prazo, e os instrumentos para mensurá-la são ambíguos ou contraditórios (as relações de causa e efeito). Ou seja, freqüentemente dependem de fatores alheios ou externos – políticos, econômicos etc. Em segundo lugar, a ação cultural ocorre em espaços delimitados, descontínuos e de poder de irradiação mais frágil do que os utilizados pela cultura de massa. Talvez seja indispensável, sem abandonar o contato ao vivo e direto com as manifestações intelectuais e artísticas tradicionais (exposições de artes plásticas, espetáculos cênicos, cursos regulares ou estágios experimentais, debates e seminários etc.), que ela própria se associe ou incorpore meios eletrônicos e publicitários como instrumentos de sua permanente difusão.

Ao lado de uma vida artístico-cultural que se realiza moderna e predominantemente como mercado de bens, industrializados ou não (leilões de arte, por exemplo), a ação cultural intervém, nos seus melhores momentos, como portadora de outros valores: a diminuição das desigualdades culturais e, por essa via, das diferenças sociais; a oportunidade para a evolução de novos talentos; a análise das ideologias e visões de mundo; a experimentação e o despertar de novos interesses; a formação de públicos, de habilidades e de comportamentos que aperfeiçoem o caráter humanístico; ou a pesquisa, recuperação e análise de fatos, documentos ou registros históricos. Daí sua importância e, ao mesmo tempo, a sua responsabilidade pública. Pois o fato de uma instituição ou agência criar ou patrocinar um determinado projeto ou evento indica, clara ou implicitamente, que ela assume um compromisso ético ou moral de aprovação e de mérito daquela atividade que desenvolveu ou ajudou a realizar. Esse compromisso deve refletir ou estar resguardado por: *a*) a adequação entre os aspectos teóricos e a configuração prática da ação – definição e clareza de propósitos; *b*) a transmissão de conteúdos inusuais, inovadores ou enriquecedores do cotidiano – qualidade da ação; *c*) o tratamento correto e adaptado das informações e das atividades ao meio sociocultural em que se desenvolve – pedagogia política da ação; *d*) a possibilidade de desdobramentos que aprofundem a experiência – amplitude formal da ação.

O tema no Brasil. Uma tentativa pioneira de teorização a respeito do assunto no Brasil é a de Teixeira Coelho. Baseando-se numa passagem relativamente vaga do *Banquete* de Mário de Andrade, referente a uma "arte-ação", mas proposta intencionalmente aos artistas nacionais, afirma o professor: "A ação é um processo com início claro e armado mas sem fim especificado e, portanto, sem etapas ou estações intermediárias pelas quais se deva necessariamente passar – já que não há um ponto terminal ao qual se pretenda ou espere chegar [...]. Na ação, o agente gera um processo, não um objeto [...] para se conseguir alguma coisa de durável em cultura se aposta na ação, quer dizer, na possibilidade de terem as pessoas condições para inventar seus próprios fins [...]. A ação cultural tem sua fonte, seu campo e seus instrumentos na produção simbólica de um grupo [...]. O que é vital à ação cultural é a operação com os princípios da prática em arte, fundados no pensamento divergente e no pensamento organizado, e movido pela possibilidade, pelo vir-a-ser. É esse na verdade o tipo de pensamento que altera os estados, transforma o estado em processo, questiona o que existe e o coloca em movimento na direção do não conhecido" (*O Que É Ação Cultural*). O entendimento que o autor propõe procura ainda distinguir a ação cultural do que denomina "fabricação cultural", ou seja, "um processo com um início determinado, um fim previsto e etapas estipuladas que devem levar ao fim preestabelecido". A fabricação seria pois autoritária, coercitiva e ardilosa, já que um dos sentidos possíveis da palavra – *faber, fabrica, ae* – traduziria um fazer astucioso.

Deve-se considerar, no entanto, e primeiramente, que o mesmo vocábulo sempre conteve significados mais nobres e correntes: o de fazer, trabalho realizado com as mãos, arte de construir, arquitetura,

profissão, mister (por exemplo, *fabrica mundi* – criação do mundo, ou *fabrica hominis* – formação do homem). De onde derivam *fabrefacio* – construir com arte – e *fabricabilis* – próprio para ser trabalhado, plástico, passível de criação (de novas palavras ou expressões literárias, por exemplo). Em segundo lugar, o conceito sugerido deixa de contemplar qualquer atributo racional ou reflexivo ao valorizar um processo vivenciado intimamente por um grupo, mas sem etapas, sem finalidades e indiferente a objetos ou interesses conscientemente concebidos. Na ausência de métodos e de objetivos, este caráter "livre ou libertário" corre o risco de ser conduzido mais pelo aparato sensível ou psíquico dos participantes, por *insights* repentinos e ocasionais, do que por estruturas cognitivas e conhecimentos históricos. Por fim, a noção apresentada reduz o campo ou as possibilidades sociais de atuação das agências culturais, pelo fato de circunscrever sua abrangência a pequenos grupos voluntários.

AÇÃO PRINCIPAL. Assunto básico ou entrecho de maior importância em uma obra narrativa, épica ou dramática e sobre o qual repousam, fundamentalmente, as causas dos eventos, as relações sociais, históricas ou psicológicas entre os personagens e a resolução da obra.

AÇÃO SECUNDÁRIA. Entrecho paralelo ou submetido à ação principal, que concorre para o detalhamento e a melhor exploração do sentido geral de uma obra cênica ou de um texto narrativo, servindo ainda para ilustrá-lo diferentemente, ou aliviar a concentração anterior sobre a ação principal.

A CAPELA. Composição musical escrita para o coro ou por ele executada, sem acompanhamento instrumental. Na origem, a expressão referiu-se à música sacra exclusivamente vocal, executada no interior de um templo católico. Assim, entre os séculos IX (canto gregoriano) e XVI (estilo polifônico flamengo-renascentista), quase toda a música considerada erudita foi composta para execução a capela: peças sacras (salmos, missas, motetos) e profanas (*chanson* francesa, virelais, madrigais). Atualmente, o termo pode ser empregado também para designar o canto solista, desde que desacompanhado, além dos corais puros, eruditos ou populares. Neste último caso, o *blues*, ao surgir como canto de trabalho agrícola, o aboio ou a música étnica da África do Sul são exemplos folclóricos ou populares de composições a capela. Do latim tardio *a cappella*.

ACIDENTE. Em filosofia, corresponde àquilo que acontece ou a algo que pertence a alguma coisa, a um ser, de modo não-necessário, ou seja, não-determinado. Opõe-se à idéia de substância ou de essência, podendo

ou não existir, já que se manifesta na dependência de outros fatores externos ou contingentes. Em síntese, diz respeito àquilo que se pode atribuir a uma substância, dando-lhe um aspecto fortuito ou eventual.

ACIDENTES. Sinais utilizados em notação musical para indicar as alterações cromáticas (tons, semitons) e também para cancelá-las. Se estão indicados na armadura da clave, valem para toda a execução da música. Caso sejam empregados antes das notas, valem apenas para uma curta passagem. São eles: →bemol, →bequadro e →sustenido.

AÇÕES TEÂNDRICAS. Expressão da teologia cristã para designar as ações ativas e divino-humanas realizadas por Cristo, como os milagres, assim como as ações passivas por ele vivenciadas na Paixão, na qualidade de homem.

ACOMPANHAMENTO. No terreno musical, designa a parte destinada aos instrumentos ou às vozes que se subordinam a um (ou mais) instrumento ou canto solista. Tem por objetivo sustentar a melodia principal e revelar o conteúdo harmônico. Na música erudita, a arte do acompanhamento desenvolveu-se a partir da Idade Média (*ars antiqua* e *ars nova*), quando se passaram a empregar acordes instrumentais subordinados a cantos sacros ou profanos (→*Arte medieval*). Já no Renascimento, várias peças de caráter polifônico foram transcritas para uma voz solista, estabelecendo-se o acompanhamento em instrumentos de corda (alaúde, clavicórdio ou órgão). No início do período barroco, e até o século XVIII, muitos compositores abandonaram a prática de redigir por inteiro o acompanhamento, deixando indicado apenas um esquema simplificado ou geral, o chamado *baixo-cifrado*. Por conseqüência, este exigia do intérprete uma grande habilidade de improvisação.

ACORDE. Conjunto de três ou mais sons executados simultaneamente, e elemento básico da harmonia musical. Um acorde constitui, portanto, a emissão de intervalos harmônicos (→*Intervalo*). Dividem-se, fundamentalmente, em: *a*) naturais (regidos por regras) e artificiais (formados sem o uso de regras gramaticais de música e de número não delimitado); *b*) consonantes e dissonantes. Os acordes consonantes são aqueles que parecem concordar "naturalmente" entre si, ou se complementar mutuamente, trazendo uma sensação de calma ou de relaxamento. Considerados consonantes perfeitos, por exemplo, são os acordes com intervalos de quintas justas e de oitavas; consonantes imperfeitos são os de terças e de sextas. Acordes dissonantes, por diferença, são formados por notas que, em conjunto, criam uma sonoridade aparentemente incompleta, de tensão, como se houvesse a carência de outro som para preencher a lacuna criada. Um acorde com intervalo de quarta justa pode ser consonante ou dissonante, dependendo das condições. Ouvidos simultaneamente, os acordes são ditos plaquê; mas, se ouvidos em sucessão, chamam-se arpejados, quebrados ou apenas arpejo. O estudo dos acordes, de suas relações e funções constitui o mais importante campo da teoria musical, conhecido como análise harmônica.

•ACOUSTIC CLOUDS. →*Painéis acústicos*.

ACROBACIA. **1.** Técnica corporal e de exercício de equilíbrio, de saltos e evolução com cordas. **2.** Equilibrismo ou funambulismo em corda bamba. **3.** Conjunto de movimentos ou gestos que demonstram destreza e agilidade, para além de hábitos ou modelos normais. **4.** Por extensão, exercício ginástico de habilidade superior.

ACROBATA. Artista ou profissional de acrobacia, habitualmente vinculado ao →circo. O termo, de origem grega, significa, literalmente, "que anda na ponta dos pés". Var.: *acróbata*.

ACROGRAFIA. **1.** Técnica de gravura por entalhe, sobre metal, e posterior emprego de ácidos para cauterização dos traços e volumes obtidos na chapa. O mesmo que água-forte. **2.** Estampa obtida por esse processo. Do grego *acro*, ácido. →*Gravura* e →*Gravura em metal*.

ACRÓLITO. Estátua da Antigüidade grega, esculpida em madeira (corpo) e em pedra (membros e cabeça), em fases anteriores ao período clássico.

ACRÔNIMO. Palavra-síntese, formada pelas iniciais ou partes de várias outras, correspondendo a uma sigla ampliada: radar (*radio detecting and ranging);* motel (*motor hotel*); contralto (contratenor alto).

ACRÓPOLE. Cidadela grega rodeada de muros e situada na parte mais elevada da comunidade, da *pólis*, na qual se erguiam os templos de maior importância, bem como os palácios reais, estes últimos durante o período denominado mítico ou de predomínio da realeza. A mais conhecida e admirada ainda hoje é a de Atenas que, no século V, auge do período democrático, comportava: o Partenon, a estátua de Atena Prômacos (Defensora), a Calcoteca (guarda de objetos sacros), o Erecteion (templo das divindades protetoras, Erecteus, Poseidon e Atena, com o pórtico das Cariátides), os templos de Atena Nikê (Vitória) e de Ártemis, o santuário de Zeus Polieu e a via sacra. O grande portal de entrada denominava-se Propileus. Aos pés da cidadela encontravam-se o santuário de Asclépio, o teatro de Dioniso e a →ágora.

ACRÓSTICO. Forma ou composição poética cujas letras iniciais de cada um dos versos formam uma palavra ou expressão temática, ou ainda um nome próprio a quem o poema foi dedicado. Poesia típica de circunstância ou de homenagem, como a seguinte, de Manuel Bandeira, em louvor de Helena Oliveira: "*H*ouve na

Grécia antiga uma beleza rara / (*Em* versos de ouro o grande Homero celebrou-a) / *L*inda mais do que a mente humana imaginara, / *E* cuja fama sem rival inda ressoa. / *N*ão a compararei porém (quem a compara?) / *A* que celebro aqui: a outra não era boa. / *O* esplendor da beleza é sol, que só me aclara / *L*uzindo sob o véu do pudor que afeiço. / *I*nspiremo-nos pois não na Helena de Tróia, / *V*ersátil coração, frio como uma jóia, / *E*m cujo lume ardeu uma cidade inteira. / *I*nspiremo-nos sim de uma helena mais pura. / *R*onsard mostrou na sua uma flor de ternura: / *A* mesma flor que orna esta Helena brasileira".

ACROTÉRIO. **1.** Pequeno ornamento esculpido, de modo estilizado ou naturalista, nos dois vértices laterais e também sobre o ponto mais elevado de um frontão greco-romano, usualmente imitando folhagens. **2.** Pedestal, suporte ou plinto para sustentação de estátuas ou de peças decorativas em relevo, incluindo-se as próprias figuras e objetos (todo o conjunto ornamental).

• **ACTION PAINTING** Técnica de pintura utilizada inicialmente por Jackson Pollock, a partir de 1947, e de grande influência sobre a pintura americana em meados da década de 1950, pela qual se goteja (*driping*) ou se joga a tinta sobre a tela, manipulando-a em seguida com "bastões, paus ou facas", além de, por vezes, misturá-la a vidro, areia ou outros elementos espessantes ou de relevo. O gestual aleatório e o automatismo do processo geram um tipo de obra não apenas abstrata e de feição expressionista, como abandonam a idéia ou o preceito de composição, entendido como relação hierárquica entre as partes constituintes, por referência a um centro. O termo – *pintura em ação* – foi aplicado pelo crítico Harold Rosenberg, em 1952, tendo sido utilizada, entre outros, por Willem De Kooning e por Yves Klein. →*Expressionismo* e →*Pintura all-over*.

• **ACTORS STUDIO.** Instituição americana, misto de escola, laboratório e oficina dramáticas, destinada à iniciação e ao aperfeiçoamento de atores. Fundada originalmente em 1931, sob o nome de Group Theatre, por Lee Strasberg, Harold Clurman e Cheryl Crawford, reiniciou suas atividades após a Segunda Guerra Mundial, em 1947, com a nova denominação, tendo à frente ainda Crawford, além de Elia Kazan e Robert Lewis. Em 1951, Strasberg retomou suas atividades no centro de formação, dirigindo-o até sua morte, em 1982. O método de ensino predominante, durante as primeiras quatro décadas, consistiu numa adaptação do teatro naturalista russo, desenvolvido por Konstantin Stanislávski, e ainda por Vakhtángov, baseado na introspecção e na identificação psicológica do ator com o personagem, em recursos de memória afetiva e grande tensão emocional. Embora ainda ativo no final do século XX, o Studio gozou de renome e sucesso mundial até o final da dé-

cada de 1980, revelando ou aperfeiçoando o trabalho de atores como Paul Newman, Marlon Brando, James Dean, Elizabeth Taylor, Jane Fonda, Al Pacino e Dustin Hoffman, entre dezenas de outros. Também os dramaturgos americanos, como Tennessee Williams, Arthur Miller, Clifford Odets, Edward Albee e Sam Shepard, acabaram por receber as influências dos princípios de interpretação cênica na caracterização de seus personagens. Um dos poucos grandes diretores cinematográficos a criticar severamente o método do Actors Studio, justamente no período de sua maior celebração, foi Alfred Hitchcock.

ACUMULAÇÃO. Figura retórica de pensamento que consiste na sucessão ou enumeração de idéias semelhantes, tal como: "Deus, a imortalidade e uma ideologia política e a sedução de uma obra de arte e a sedução de uma mulher – onde começam, onde findam?" (Vergílio Ferreira). No exemplo a seguir, de Carlos Drummond de Andrade, a acumulação ressalta o momento de impasse ou de dúvida sobre os sentimentos pessoais e as finalidades das coisas pertencentes ao indivíduo: "E agora, José? Sua doce palavra, seu instante de febre, sua gula jejum, sua biblioteca, seu terno de vidro, sua inocência, seu ódio – e agora?"

ACÚSTICA. Disciplina que se dedica ao estudo, descrição e compreensão dos fenômenos físicos sonoros (sua produção e propagação naturais), assim como às técnicas de captação, transformação, transmissão, intensificação, reprodução, isolamento ou absorção de ondas vibratórias sônicas em ambientes construídos. No campo das artes, a acústica relaciona-se diretamente com a música (acústica musical) e com a arquitetura. Musicalmente, para se produzir um efeito sonoro é necessário que um corpo elástico – um instrumento – seja submetido a uma tensão, o que gera movimentos vibratórios ou oscilações em forma de ondas. À diferença entre a mais alta vibração alcançada e o estado de repouso dá-se o nome de *amplitude*. O tempo que o corpo tensionado leva para executar uma vibração completa é chamado de *duração* ou *período*. Já o número de oscilações produzidas em um segundo indica a *freqüência sonora*, medida em Hertz (Hz). O tom de um violino (tom = tensão, ou *tonus*, em latim) pode alcançar, por exemplo, oito mil vibrações por segundo, ou oito mil hertz. O de um triângulo, dezesseis mil hertz. Quanto mais alta for a freqüência, maior a altura do tom (mais agudo para a percepção auditiva). As vibrações acústicas podem tomar uma forma irregular, que se denomina ruído; ou regular e sensível, caracterizando a emissão de um tom que, quando complexo (mistura de tons), corresponde finalmente a um som. Um som consta, portanto, de um tom fundamental e de uma série de tons harmônicos, cujas freqüências são, matematicamente, múltiplos inteiros daquela produzida pelo tom fundamental. Conseqüentemente, um som musical é um conjunto ou colorido sonoro (→*Música*). Na arquitetura, sobretudo em projetos para salas de conferência, de concerto ou para teatros, a preocupação com a acústica relaciona-se com as necessidade indispensáveis de: controlar as reverberações, reduzir ou eliminar a produção de ruídos e obter a mais límpida e uniforme propagação ou distribuição dos sons no ambiente, a partir da área de elocução ou de representação. Isso porque uma oscilação sonora continua a ser ouvida durante um certo tempo após a emissão proveniente de uma fonte. Essa permanência decorre da reflexão das ondas em tetos e paredes. Em superfícies internas curvas, o fenômeno da reflexão (ou eco) pode ampliar-se ou, ao contrário, ser abafado, gerando zonas de silêncio. Ou seja, as interferências (a forma arquitetônica e os objetos que ali se encontram) provocam concentração do som em certas partes do ambiente e ausência em outras. Outro fator importante, ainda, é a propriedade de reverberação, isto é, a superposição de sons primários e secundários que resulta em uma sensação de som contínuo e "encavalado". Se as paredes não forem projetadas de maneira a absorver rapidamente as vibrações, estas tendem a crescer em intensidade. Para audições musicais, por exemplo, o tempo de reflexão deve situar-se em torno de dois segundos e meio. Já para palestras ou conferências, a reflexão ideal não deve ultrapassar um segundo.

ADÁGIO. **1**. Ditado ou sentença popular, de forma rítmica e por vezes rimada, que sintetiza experiências comuns ou situações de vida (por exemplo: Xexéu e Virabosta, cada qual do outro gosta). Em linguagem erudita, aforismo, máxima. O mesmo que →provérbio, anexim ou dito popular. Conforme registra o padre António Delicado, em seus *Adágios Portugueses Reduzidos a Lugares Comuns*, de 1651, são "as mais aprovadas sentenças que a experiência achou nas ações humanas, ditas em breves palavras" (→*Paremiologia*). **2**. Tipo de ritmo ou →andamento musical lento. **3**. Movimento lento de dança e parte central do ensino de balé, destinado ao aprendizado e ao desenvolvimento dos sentidos de localização, linha e equilíbrio.

ADAPTAÇÃO. Reelaboração de uma obra ou expressão artística em outra linguagem ou gênero, desde que alguns elementos essenciais sejam respeitados pelo novo arranjo. Textos literários e teatrais, por exemplo, têm servido de fontes para adaptações cinematográficas. Com o mesmo sentido, uma obra originalmente em versos, como a épica, pode ser reelaborada em prosa, sobretudo em traduções.

•AD ARBITRIUM. Em música, esta locução latina indica a interpretação livre que o compositor deixa ao instru-

mentista. Significado literal: arbitrariamente, ao arbítrio ou à vontade de.

ADARRUM. Batuque negro tradicional, de ritmo forte, rápido e contínuo, entoado em uníssono nas cerimônias do candomblé, atraindo ou invocando a incorporação dos orixás pelas filhas-de-santo. Provavelmente da região do Benin (ex-Daomé), ali chamado *adahoum*.

ADERECISTA. Profissional encarregado da obtenção, criação ou confecção de adereços para espetáculos cênicos, filmagens ou qualquer outro trabalho de gravação em estúdio.

ADEREÇOS. Acessórios obtidos ou elaborados especialmente para cenários, ou acrescentados a indumentárias ou figurinos e destinados a espetáculos cênicos, filmagens, gravações publicitárias ou de televisão.

ADIVINHA, ADIVINHAÇÃO. Pergunta ou enigma verbal a ser decifrado, que remete a um objeto ou criatura, representados por analogias. De origem mítica ou popular, já era habitual na Grécia arcaica (a Esfinge, os oráculos), sendo proposta como "jogo de espírito" ou de inteligência. Em língua portuguesa, é comum iniciar-se a adivinhação pela fórmula "O que é, o que é?". Em espanhol, *Que cosa y cosa?* Na Itália, *Indovinala, grillo!* Em francês, *Devine, devinaille!* Em língua inglesa, *What is that?* Francisco Lopes, em seus *Passatempos Honestos* (Lisboa, 1603), citado por Câmara Cascudo, traz a seguinte adivinhação: "Sem ser carne nem pescado, / Sou dentro d'água nascido. / E se depois de criado / For à minha mãe tornado, / Serei logo consumido. / E sem tanger nem cantar / A todos dou muito gosto / Que sem mim não há gostar. / Mas escondido hei de andar / Em outro traje decomposto". Trata-se do sal marinho. Outro exemplo, este anônimo: "Zigue-zague vai voando, / tem dentes para comer. / Mastiga e bota fora, / engolir não pode ser" (o engenho de cana). Consideradas em separado, cada uma das comparações ou metáforas propostas não resolve o problema, apenas a relação de todas. Uma variante da adivinhação é o que os italianos chamam de *passerotti*, perguntas mais simples e diretas, como "– Por que o cachorro come os ossos? – Porque a carne quem come é o dono".

•AD LIBITUM. Expressão utilizada em texto dramático para indicar que a cena seguinte fica ao critério e improviso do diretor e dos atores. À vontade, como parecer melhor.

ADOBE. Barro ou argila cozida diretamente ao sol para uso cerâmico, ou tijolo assim preparado para construção.

ADÔNIS. Provavelmente de origem fenícia (*adon*, senhor), cedo incorporou-se à mitologia grega, sendo ao mesmo tempo símbolo de beleza masculina e da efemeridade da vida. A mãe de Adônis foi Mirra (ou Esmirna). Julgando-se tão bela quanto Afrodite (Vênus), foi castigada pela deusa, que lhe infundiu uma delirante paixão pelo próprio pai, Téias, rei da Síria. Disfarçada, Mirra esteve com ele durante doze noites, quando Téias descobriu o incesto. Mirra pediu proteção aos deuses e foi por eles transformada em árvore. Meses depois, sua casca rompeu-se e dela nasceu Adônis. A beleza do menino deslumbrou Afrodite, que o entregou aos cuidados de Perséfone (rainha do reino dos mortos). Anos mais tarde, Perséfone recusou-se a devolver o rapaz. Afrodite recorreu a Zeus e este determinou que Adônis passasse um terço do ano com Perséfone, um terço com Afrodite e o terceiro onde bem quisesse. Mas Adônis e Afrodite viviam juntos dois terços do ano. Morto em uma caçada a javalis, Afrodite conseguiu que Adônis renascesse quatro meses por ano, sob a forma da flor anêmona. O mito relacionava-se com rituais agrários de nascimento e morte (conservados até a época helenística). A expressão *Jardins de Adônis* refere-se, portanto, ao viço passageiro das flores e da existência humana.

ADOSSADO. **1.** Em arquitetura, elemento funcional ou decorativo unido ou parcialmente fundido com a parede (uma coluna, por exemplo). Diz-se também *embebido*. **2.** Duas figuras identicamente esculpidas e unidas de maneira simétrica pelas partes posteriores (costas), formando um par bifronte.

ADUELAS. Em arquitetura, pedras talhadas em forma de cunha (saimel), ou ainda quadradas e retangulares (impostas), para a construção posterior de arcos.

AEDO. Poeta grego que, em solenidades cívicas, recitava ou cantava composições de fundo religioso ou épico, como hinos, cosmogonias e teogonias, ou ainda de caráter elegíaco, acompanhado pelo som de flautas ou liras. Anteriores a Homero e Hesíodo, contribuíram para a consolidação dos mitos helênicos. Os mais antigos aedos mencionados, de origem lendária, foram Tâmiris (cantor da guerra dos Titãs), Lino (poeta lírico e elegíaco, morto por Hércules), Anfião (primeiro cantor dos feitos dóricos) e Orfeu, cantor religioso.

AEROFONE. →*Instrumentos de sopro.*

AEROGRAFIA. Técnica de pintura e de trabalho artístico ou gráfico, caracterizada pelo uso de →aerógrafo e, comumente, de máscaras aplicadas sobre o desenho, além de recortes. Foi bastante utilizada pela pintura *pop*, pelo hiper-realismo americano e por profissionais incumbidos de desenho publicitário, antes do advento dos recursos eletrônicos.

AERÓGRAFO. Instrumento metálico em forma de lápis ou caneta, conectado a um equipamento de ar comprimido, que serve para pulverizar tinta sobre o desenho ou para retocar fotografias, e cujo invento se deve ao inglês Charles Burdick, em 1893. Algumas pinturas pré-históricas ou rupestres já indicam o uso de caules vegetais como artefato de aerografia.

AFÉRESE. Figura de metaplasmo. →*Escansão.*

AFINAÇÃO. **1.** Trabalho de verificar, conferir e apurar todos os elementos ou aspectos de um espetáculo cênico, em sua fase preparatória (a marcação, a iluminação, os cenários, os efeitos de sonoplastia etc.). **2.** Ajuste referente à altura ou diapasão de um instrumento musical. Para os instrumentos de corda, a afinação pode se dar pouco antes da execução. Já os de tecla carecem de ajustes realizados por um técnico especializado, requerendo um tempo maior de consecução. Emprega-se o nome *afinação de concerto* para uma norma adotada no século XX, segundo a qual a nota "lá sustenido" deve corresponder a 440 vibrações por segundo. **3.** *Afinação de luz*, controle de direcionamento de refletores, bem como de intensidade de luz para cenas de palco, conforme plano anteriormente previsto.

AFORISMO. Definição curta ou condensada que resume um saber ou conhecimento tido por norma de conduta ou verdade consagrada. O primeiro livro de aforismos foi escrito pelo médico grego Hipócrates (século V a.C.) e começa com a frase desde então célebre: "a arte é longa (duradoura), a vida é breve", e que, na verdade, se complementa com "a oportunidade, passageira; o experimento, perigoso; o julgamento, difícil". A primeira locução acima mencionada é mais conhecida pela versão latina de *ars longa, vita brevis*. Embora possua as mesmas intenções do adágio ou do →provérbio, o aforismo constitui uma sentença de origem culta e autoral. O mesmo que →máxima ou prolóquio. →*Paremiologia.*

AFOXÉ. Grupo carnavalesco negro do Brasil, antigamente denominado →rancho, cujas canções são entoadas em línguas africanas, geralmente o nagô, com predominância do elemento rítmico. Antes da saída do cortejo, realiza-se um ritual propiciatório, destinado a incorporar e satisfazer os orixás, e assim impedir que eles interrompam os festejos. Do ritual faz parte ainda a babalotin, boneca nagô reverenciada pelos participantes. No afoxé tradicional usam-se fantasias especiais para a ocasião, com estampas das cortes africanas.

AFRESCO. Método e técnica de pintura artística sobre superfícies muradas (paredes e tetos), referindo-se a uma aplicação de tinta sobre uma superfície recente (fresca) de cal. Inicialmente, a parede é bem escovada e umedecida. Em seguida, aplica-se uma primeira demão de emplastro áspero, constituído de cal e areia (ou ainda pó de mármore), chamado emboço ou *arricciato*, finalizado por uma segunda camada mais fina, sobreposta à argamassa ainda molhada. Em seguida, procede-se ao desenho, normalmente feito em carvão vegetal, denominado *sinopia*; depois, aplicam-se camadas de argamassa úmida, à base de cal ou de óxido de cálcio, por zonas ou setores, de cima para baixo, ou também obliquamente, conhecidas como *intonaco*. Por fim, e após algum tempo, adicionam-se pigmentos minerais para a obtenção de cores. Como certos pigmentos servem e outros não, são normalmente utilizados: para o amarelo, o ocre natural ou amarelo de Nápoles; para o verde, o viridiano, o verde-mate de óxido de crômio e o verde-cobalto; para o azul, o azul-cobalto e alguns especiais de ultramarino; para o preto, o manganésio e o óxido de ferro. A quantidade de *intonaco* é posta de acordo com a capacidade de trabalho do artista, antes que a argamassa úmida se estabilize. Constitui uma das técnicas mais difíceis da pintura, pela reduzida margem de erro que o pintor possa cometer. Como os pigmentos finais nunca são completamente absorvidos pelo *intonaco*, o desgaste do afresco tende a ser progressivamente ampliado. As pinturas gótica e renascentista permanecem até hoje como os mais refinados exemplos do afresco, e o →muralismo mexicano voltou a dar-lhe significativa importância. No Brasil, durante o século XX, a técnica do afresco foi praticada com maior desenvoltura por Antônio Gomide e por Cândido Portinari.

AFRODITE. Deusa grega da beleza e do amor (Vênus entre os romanos), provavelmente uma adaptação do culto de Astarté, deusa oriental da fecundidade e das águas. Conforme a *Teogonia* de Hesíodo, foi gerada pelo esperma de Urano, como as Erínias, quando seu filho Cronos o castrou e os testículos caíram ao mar. Daí ser alcunhada de Anadiômene, "a que surge das ondas". Já na *Ilíada*, é filha de Zeus e de Dione. Embora seu nome pareça derivar de *aphrós*, espuma, nem todos os filólogos concordam com a procedência etimológica. Dada a origem dupla do mito, havia na Grécia duas imagens de Afrodite: a Urânia, *amétor* (nascida sem mãe), celeste, inspiradora dos amores elevados, sublimes, espirituais; e a Pandêmia (amada por todo o povo), vinculada aos amores carnais, eróticos, da imaginação popular. Casada com o deus coxo Hefesto, o ferreiro, possuía vários amantes, entre eles Ares, o deus da guerra, o troiano Anquises (com quem gerou Enéas), Dioniso e →Adônis. Dependendo da versão mítica, é ainda a mãe de →Eros. O magnífico quadro de Botticelli – *O Nascimento de Vênus* – teve por ponto de partida a informação de uma obra semelhante e famosa do pintor grego Apelles (século IV a.C.).

•AGIT-PROP. Do russo *agitatsiya-propaganda*, agitação e propaganda, consistiu em experiências teatrais de difusão e publicidade de idéias sociopolíticas, lançadas pelos círculos de artistas revolucionários russos, após a vitória bolchevique de 1917, mas ainda no transcorrer da fase de consolidação do regime (guerra contra os exércitos brancos). A forma foi logo adotada por militantes comunistas alemães até a ascensão do nazismo. Assim, se na Rússia serviu como instrumento ideológico do poder, na Alemanha de Weimar teve como finalidade a crítica de oposição e a agitação política. Em ambos os casos, a teatralização caracterizou-se pela rapidez das exposições cênicas, pelo despojamento de recursos técnicos, à maneira de uma "panfletagem dramática", recorrendo-se a personagens maniqueístas, diálogos melodramáticos, pantomimas e canções populares. De maneira menos esquemática, evidentemente, o *agit-prop* sobreviveu no "teatro proletário" de Piscator, em peças didáticas de Brecht (*Lehrstück*, uma espécie de "unidade de ensino"), ou no "teatro do oprimido", de Augusto Boal.

AGNOSIA. Atitude filosófica que nega a possibilidade de um conhecimento real e profundo das coisas, semelhante à de Sócrates, que afirmava só saber que nada sabia (embora a agnosia socrática tivesse intenção irônica). A agnosia foi seriamente defendida pela corrente cética da filosofia grega, inaugurada por Pirro. Conforme o pensador, é necessário suspender todo juízo, de caráter essencial, a respeito das coisas, já que o que afirmamos como verdade nada é senão convenção. O único objetivo do sábio é a recusa ou a indiferença absoluta, ou seja, a *ataraxia* ou felicidade negativa (não se deixar afetar pelas coisas exteriores). Corresponde ainda à opinião de Arcesílaos, chefe da Academia Média, que dizia sequer saber a distinção entre o que sabia e o que não sabia, constituindo a verdade uma simples opinião de maior probabilidade. Consoante depoimento de Diógenes Laércio, "foi o primeiro a suspender o juízo por causa da contradição de argumentos opostos [...] e o primeiro a modificar o sistema deixado por Platão e a torná-lo mais adequado à controvérsia, mediante perguntas e respostas". Do grego *a* (não), *gnosis* (conhecimento). →*Agnosticismo*.

AGNOSTICISMO. Termo cunhado por Thomas Huxley em seus *Ensaios Reunidos*, de 1869, para se referir à sua própria atitude filosófica e científica pela qual negava a probabilidade de um conhecimento seguro e evidente relativo a questões metafísicas (Infinito, Liberdade, Absoluto, Deus). De um ponto de vista religioso, o agnosticismo não nega nem afirma a existência de Deus. Considera, sim, a impossibilidade racional de adentrar e demonstrar a possível natureza divina. De uma certa maneira, guarda relação com a →douta ignorância expressa por Nicolau de Cusa em sua obra homônima e ainda com a crítica transcendental de Kant, já que o *númeno*, a coisa em si, por não manter contato com a experiência, torna-se inalcançável ao conhecimento racional.

ÁGORA. Praça ou local público onde se reunia a Assembléia do Povo (*ekklèsia*) nas cidades gregas de regime

ALÇAPÃO 13 **Af**

democrático direto, como Atenas, Mileto, Mégara ou Samos. A Assembléia constituía a máxima instância política, e decidia sobre a guerra e a paz, a emissão de decretos e sua revogação, sobre expedições colonizadoras, a nomeação de embaixadores, a fiscalização dos magistrados civis e processos de ordem política. Dela participavam, com direitos iguais de voto e de palavra, os cidadãos maiores de idade e de sexo masculino, escolhidos por sorteio. Os assuntos levados à ágora, praticamente sinônimo de Assembléia do Povo, eram preparados pelo Conselho (*boulè*), formado por cidadãos maiores de trinta e cinco anos. A ágora constituía ainda o local de maior afluência pública, por ser a praça principal, o centro religioso e o mercado, utilizada pelos cidadãos para discussões políticas, festas religiosas e atividades comerciais, de compra, venda e troca. Sua versão romana, embora politicamente modificada, foi o Fórum.

ÁGUA. Cada uma das superfícies inclinadas de um telhado.

AGUADA. **1.** Pintura cuja tinta é temperada ou adoçada com água; aquarela, aguarela. **2.** Mistura de água e clara de ovo para trabalho de encadernação.

ÁGUA-FORTE. Gravura a traço ou entalhada que emprega cera e ácido nítrico para a fixação de desenho sobre metal (usualmente o cobre). O desenho é realizado com ponta metálica, recobrindo-se antes a placa com um verniz protetor. Os traços abertos pela ponta expõem a placa e o desenho ao banho e à ação posterior do ácido (a mordaçagem). Quanto maior a duração do banho, mais profundas se tornam as linhas. O mesmo que →*acrografia*. →*Água-tinta*, →*Entalhe* e →*Gravura*.

ÁGUA-TINTA. Denominação dada ao processo ou técnica de gravura em metal (calcografia), cujo desenho pode ser feito com buril ou ponta-seca, destinando-se à obtenção de efeitos de tonalidade. Após o desenho, a chapa-matriz é recoberta com uma camada de resina em pó (triturada e peneirada) e aquecida, a fim de que a resina constitua uma superfície de grânulos resistentes. Submete-se posteriormente a placa à ação de ácido, que corrói apenas as partes não-resinadas e seus interstícios. Quanto mais funda a corrosão, mais escura a tonalidade obtida. Para tons diferentes, há a necessidade de banhos distintos, protegendo-se com verniz os efeitos tonais já obtidos. O resultado da impressão fornece o aspecto suavizado de aguada ou aquarela.

• **AILE DE PIGEON.** Literalmente, asa de pombo. Corresponde a um passo coreográfico de balé, de elevado grau de dificuldade, e que se executa com os seguintes movimentos: inicialmente, uma das pernas é alçada, ao mesmo tempo em que o bailarino salta para o lado oposto da perna projetada; durante o salto, a outra perna, por sua vez, é lançada para tocar o tornozelo da primeira. Normalmente, é estabelecida uma seqüên-

cia, invertendo-se então os movimentos da perna e a direção do salto.

ALA. Grupo de passistas fantasiados por igual e que no desfile de carnaval representam personagens incluídos no enredo da escola de samba. Determinados grupos, embora se fantasiem, não têm a função de personificar, como as alas técnicas (assim chamadas a bateria e o bloco dos compositores). *Ala das baianas:* é aquela composta pelas pastoras mais antigas, vestidas tradicionalmente com saias rodadas. No Brasil colonial, as baianas já formavam alas em cortejos, à frente de procissões e de festas religiosas.

ALBA. Na lírica medieval, trovadoresca, e também na renascentista, refere-se ao poema de despedida entre amantes, ao nascer do sol. De modo mais habitual, é uma poesia em que a amada ou o amante acorda o parceiro, seja para lamentar o fim de uma noite de amor, seja para instá-lo a partir antes do romper do dia. A palavra é provençal e tem o significado de aurora, manhã. Exemplo vertido por Octavio Paz, de autor anônimo, em versos livres e brancos: "Par de rouxinóis / que canta a noite inteira, / e eu com minha bela amiga, / sob a ramagem em flor. / Até que o vigia grite, / do alto da torre: / Despertem, amantes, que a hora é chegada / a aurora (alba) desce do monte". As novas mentalidades do Renascimento, entre elas a de maior autonomia individual, levaram John Donne a escrever a seguinte alba: "É verdade, é dia – e o que pensar? / Ou por isso irás sair do meu lado? / Por que deveríamos levantar com a luz? / Nos deitamos porque era noite? / O Amor, que apesar do escuro nos trouxe aqui, / Deverá manter-nos juntos, a despeito da luz".

ÁLBUM. **1.** Tal como surgiu na China, passando à Coréia e ao Japão, constitui uma pequena coleção de desenhos, de pinturas ou de poemas, assim como uma combinação dessas expressões, pertencentes a um só ou a vários artistas. **2.** Coleção discográfica de canções populares ou de música erudita, seja a de um só autor ou intérprete, seja aquela selecionada por critério específico, como o de época ou de gênero, incluindo-se vários compositores. **3.** Tipo de livro confeccionado com folhas em branco de cartolina ou material assemelhado, destinado à colagem e guarda de fotografias, selos, desenhos ou recortes. **4.** Volume impresso com desenhos, gravuras ou estampas de qualquer natureza, acompanhadas de legendas. **5.** *Álbum seriado:* conjunto de folhas avulsas, mas presas na parte superior de um cavalete, que serve de recurso gráfico ou suporte para anotações e ilustrações em palestras, reuniões ou conferências.

ALÇAPÃO. Abertura situada no piso de um palco, que permite o aparecimento ou desaparecimento de personagens ou objetos em cena.

ALCATIFA. Termo de origem árabe que designa uma grande tapeçaria que decora o chão ou mesmo uma parede, bordada com fios de lã (ou algodão) e seda. O mesmo que *alfombra*.

ALEGORIA. **1**. Obra de arte plástica (desenho, pintura, escultura ou relevo) que representa idéias ou qualidades abstratas por intermédio de figuras ou símbolos concretos. Por exemplo, a mulher de olhos vendados, espada e balança nas mãos, figurando a Justiça; uma criança ou jovem com flores, referindo-se à primavera. **2**. Figura retórica de pensamento na qual uma idéia é exposta por meio de imagens apenas sugeridas, e que portanto exigem uma decifração, já que mantêm um distanciamento entre as palavras utilizadas e sua significação efetiva. Como na ode de Horácio *O navis, referent in mare te novi fluctus* (Ó Nave, as novas ondas do mar fazem alusão a ti), em que a palavra *nave* traduz, na verdade, a cidade de Roma, seu prestígio e predomínio. Ou no poema seguinte (*Consoada*), de Manuel Bandeira: "Quando a indesejada das gentes chegar / (não sei se dura ou caroável) / Talvez eu tenha medo. / Talvez sorria, ou diga: – Alô, Iniludível! / Encontrará lavrado o campo, a casa limpa / A mesa posta / Com cada coisa em seu lugar". O poeta fala da morte, mencionando-a indiretamente, por intermédio de "indesejada" e "iniludível".

ALEXANDRINO. →Verso de doze sílabas, acentuadas classicamente (isto é, com ictos) na sexta e na última. Caracteriza-se ainda por conter uma pausa ou cesura obrigatória após a sexta sílaba, que divide o verso em duas partes, membros ou *hemistíquios* de seis sílabas. O nome provém desta estrutura poética, utilizada por Alexandre de Bernay em sua obra *Romance de Alexandre* (Magno ou de Alexandria). Conforme a definição de Boileau, "Que sempre em vossos versos / o intento corte a frase / suspenda o hemistíquio / e lhe indique o repouso" (*Que toujours dans vos vers / le sens coupant les mots / suspende l'hémistiche / et en marque le répos*).

ALFABETO. **1**. Conjunto de letras, isto é, de sons ou fonemas representados graficamente e dispostos em uma seqüência fixa e convencional, pertencentes a um idioma. Deriva a palavra dos dois primeiros signos gráficos da língua grega – *alfa* e *beta*. **2**. Por extensão, qualquer conjunto de objetos cujas unidades mínimas, igualmente convencionais, sirvam para a geração ou composição de estruturas significantes maiores, asseguradas por normas de encadeamento. Por exemplo, o alfabeto morse.

ALIENAÇÃO. **1**. Na teologia medieval, a palavra foi empregada com sentido idêntico ao de →êxtase, ou seja, de um estado de contemplação mística ou mergulho na razão divina, obtido pela supressão de todas as lembranças sensíveis e das coisas finitas. **2**. No *Contrato Social*, Rousseau utiliza o termo de um ponto de vista político, como a entrega dos direitos pessoais e naturais à comunidade, necessária à formação da Vontade Geral: "As cláusulas desse contrato reduzem-se a uma só: a alienação total de cada associado, com todos os seus direitos, a toda a comunidade". **3**. Para Hegel (*Fenomenologia do Espírito*), a alienação é o movimento da consciência pelo qual ela se alheia de si mesma, com o intuito de alcançar a autoconsciência, isto é, de colocar-se como objeto de seu próprio pensar: "[...] nessa alienação, ela (a autoconsciência) coloca-se a si mesma como objeto ou, por força da inseparável unidade do ser-para-si, coloca o objeto (consciência) como si mesma (autoconsciência)". **4**. No entender de Feuerbach (*A Essência da Religião*), a alienação está na origem do fenômeno religioso. Constitui a projeção e a idealização das esperanças, das faculdades e dos valores humanos em entidades superiores ou sobrenaturais, então divinizadas. Essa "doação" faz com que, progressivamente, o homem real e criador se submeta e se deixe governar pelo "Outro" criado. **5**. Com Marx e Engels, a alienação ultrapassa o âmbito religioso de Feuerbach (que os influenciou) para inscrever-se no terreno global da sociedade. É um vasto processo de privação ou "despossessão" da consciência, gerado pelas divisões sociais sucessivas (do sexo, do trabalho, das trocas econômicas, do poder político etc.) e que alcançaram formas extremas no capitalismo (o trabalhador já não mais se reconhece nos frutos de seu trabalho). Essas divisões acabam por fazer com que a grande maioria dos homens se alheiem de si mesmos e se sintam transformados de sujeitos (de agentes ativos), em paciente, em objeto passivo dos processos socioeconômicos e culturais, das estruturas políticas e do sistema jurídico. Essa despersonalização, que é também uma submissão, ocorre em relação ao produto do trabalho, quando este não pertence ao trabalhador, ao próprio trabalho, que se torna apenas meio de sobrevivência, e ao indivíduo, que não consegue realizar-se pessoal ou subjetivamente. Todos esses fenômenos sociais deixam de ser reconhecidos como resultados de ações, de interesses e de projetos humanos reais, concretos, temporalmente históricos, passando a ter uma existência independente, intransponível ou inevitável. Adquirem, portanto, a natureza de "coisas" autônomas e até mesmo necessárias. Daí Georg Lukács ter utilizado o termo reificação ("coisificação"). Tanto essa práxis quanto a consciência que dela se tenha convertem-se em entidades "naturais", fora da história (são assim mesmo, sempre foram ou serão). Pode-se ainda subdividir a alienação em três formas principais, que não se excluem, mas, ao contrário, se reforçam: a social, que se relaciona com o exercício do poder; a econômica, cujos vínculos mais estreitos referem-se à propriedade; e a intelectual, que mascara ou desconhece a construção e a repartição dos saberes ou do conhecimento. E a maior das alienações é justamente não saber que se está alienado. Do latim *alienus*, que é de outro, alheio, tendo ainda os significados de oposto ou funesto.

ALITERAÇÃO. Figura retórica de palavra e de harmonia que elabora combinações de sons idênticos ou semelhantes, freqüentemente usada nas poesias lírica, épica ou dramática. Exemplo já clássico: "Auriverde pendão da minha terra / Que a brisa do Brasil beija e balança" (aliteração em bri-Bra-bei-ba). Ou ainda: "Vento, vela, e não sei navegar".

• **ALLA PRIMA.** Expressão italiana referente à técnica de pintura, geralmente a óleo, cujo pigmento ou tinta é aplicado em uma só camada sobre a superfície, sem preparação prévia ou retoques. Também chamada *pintura direta*, começou a ser praticada com mais regularidade a partir do romantismo, dada a valorização do traço espontâneo e de sua expressão subjetiva.

• **ALLEMANDE.** Dança de corte codificada na Alemanha do século XVI, de andamento lento e compassos 2/2 ou 4/4, incluída, no século seguinte, em peças musicais concertantes, fosse como primeiro andamento de uma suíte ou como seqüência de um prelúdio, em forma binária (AB). Como dança popular e de origem rural, permaneceu na Alemanha e na Suíça, mas em ritmo ternário.

ALMOFADA, ALMOFADADO. 1. Sendo a almofada um bloco comumente quadrado ou retangular que se projeta de uma parede, diz-se almofadado(a) o tipo de alvenaria ou de →aparelho construído com essas almofadas, separadas por ranhuras largas, e que dão uma textura saliente e agressiva às paredes de fachadas arquitetônicas. As almofadas podem ser cortadas de maneira uniforme (retangular ou quadrada), de modo irregular (peças maiores e menores, constituindo o aparelho ciclópico) ou ainda em forma de pequenas pirâmides (almofada ou aparelho de ponta de diamante). Um edifício famoso de fachadas almofadadas é o Palácio Pitti, de Florença. **2.** Em marcenaria, dá-se também o nome de almofada a uma superfície saliente e decorativa, aplicada sobre móveis e portas, de formato quadrado ou retangular, envolvida por moldura ou filete.

ALÔNIMO. Outro nome, fictício ou real, com o qual um autor assina suas obras. →*Autônimo*, →*Pseudônimo*, →*Criptônimo* e →*Heterônimo*.

• **ALTER EGO.** Do latim, "outro eu". Em literatura, narrativa ou dramática, designa um personagem que faz contraponto ou complementa as qualidades ou atributos de outro. Por exemplo, Mr. Hyde em relação ao Dr. Jekyll, na obra de Robert Stevenson.

ALTO LIÇO. Tipo ou técnica de tapeçaria cujos fios do urdimento no tear são esticados de maneira vertical entre duas travessas, sendo que apenas um, em cada dois, é preso a um liço. O conjunto dos liços, atado à travessa, encontra-se geralmente acima da cabeça do tapeceiro. Estes liços são manuseados com uma das mãos, enquanto a outra executa a passagem dos fios da trama. É típico, por exemplo, da tapeçaria gobelin. →*Liços* e →*Baixo liço*.

ALUSÃO. Figura retórica de pensamento pela qual se faz uma referência indireta a um fato ou pessoa, valendo-se, respectivamente, de um acontecimento similar (ao fato) ou de um personagem já conhecido (em relação à pessoa). Dizer, por exemplo, que alguém obteve uma "vitória de Pirro" ou é "tão elegante quanto Calibã".

ALVENARIA. Construção arquitetônica tradicional em que são utilizadas pedras ou tijolos como elementos básicos de sustentação e divisão dos espaços, havendo ou não o uso de argamassa (no último caso, chamada *alvenaria a seco*). Dependendo da disposição em que são assentadas as pedras e os tijolos, no erguimento das paredes, tem-se um determinado tipo de →aparelho. A →arquitetura do século XX dispensou freqüentemente a alvenaria, substituída pelo cimento armado, pelas estruturas de ferro e aço e por paredes envidraçadas.

AMAZONAS. Filhas de Ares (Marte), deus da guerra, e da ninfa Harmonia, as amazonas constituíram um reino guerreiro, matriarcal e tirânico em relação aos homens, situado, segundo diferentes versões do mito, no Cáucaso, na Trácia, na Cítia ou na Lídia. Protegidas por Ártemis, a deusa virgem da caça e dos animais silvestres, mantinham os naturais da região como escravos e apenas se ocupavam de sexo com intuito de procriação. E neste caso, exclusivamente com forasteiros. Os filhos homens eram mutilados ao nascer (emasculados) e mais tarde postos a trabalhar como serviçais domésticos. Várias foram suas rainhas, entre elas Hipólita, vencida por Hércules, Pentesiléia, comandante das amazonas que lutaram ao lado dos troianos (morta por Aquiles em combate) e Mirina, que conquistou a Atlântida antes de se aventurar, com sucesso, pela Arábia e pela Líbia. Outra variante do mito relata ainda a invasão de Atenas pelas mulheres guerreiras após o rapto da bela Antíope, perpetrado pelo rei Teseu. Na análise do filólogo suíço Johann Bachofen (*O Matriarcado*), o mito das amazonas simboliza um segundo estágio da ginecocracia (poder da linhagem feminina) – o amazonismo – projetado de maneira extrema ou imperialista. Seguiu-se ao heterismo dos clãs primitivos e promíscuos e precedeu o demetrismo (nome proveniente da deusa Deméter), durante o qual se estabeleceu o casamento único e a matrilinhagem. Embora da língua grega se possa derivar a denominação "amazonas" [de *a* (negação) e *madzós* (seio)], atualmente a origem mais aceita é a que provém do persa *ha-mazan*, nome de uma antiga tribo matrilinear da região, cujas mulheres, supõe-se, participavam de combates.

AMBIENTE.   Em arquitetura, é o espaço de uma edificação delimitado por paredes ou divisórias, destinado a uma função específica – quarto de dormir, sala de estar, vestíbulo de entrada, salão de recepções, auditório – tanto quanto aquele que serve como meio de ligação: um corredor ou enfiada. Muitas plantas modernas, chamadas livres, não costumam dividir certos ambientes, tornando os espaços indistintos ou de uso múltiplo.

AMBULANTES.   Grupo de pintores russos figurativos, cujo movimento teve início em 1870, opondo-se aos cânones aristocráticos da Academia Imperial das Artes. Preocupados em reproduzir figuras anônimas, populares, e cenas de realismo social, expuseram seus trabalhos por toda a Rússia, de modo itinerante. O movimento sobreviveu até 1923. Seus mais conhecidos artistas foram Ilya Repin e Vassíli Verechtcháguin.

• **AMERICAN SCENE PAINTING.** →*Pintura de Cena Americana.*

• **AMORINO.**   Pequeno cupido, querubim ou menino alado, pintado ou esculpido, usado como figura decorativa e alegórica, associada às idéias de pureza e de amor angelical no mundo cristão. O escultor florentino Donatello é considerado o seu recriador a partir da época renascentista. Nas decorações de estilo barroco, os *amorini* costumam aparecer portando guirlandas de flores. O mesmo que *putto*, plural *putti* (puro, puros).

AMULETO, TALISMÃ.   De uso universal e atemporal, o amuleto é um objeto de função mágica ou espiritual passiva, servindo para proteger o seu portador de doenças, calamidades ou de atos de violência e de malefícios. A figa é um dos amuletos mais conhecidos e difundidos, juntamente com o pé-de-coelho, a arruda, o alho, anéis, chifres e dentes de animais, fitas e ferraduras. Difere do talismã pois este pode ter, adicionalmente, a função ativa de ataque, de malefício ou de sortilégio contra outra pessoa.

ANACOLUTO.   Figura retórica pela qual se introduz uma inversão repentina na construção sintática do texto ou da oração, indicando mais a subjetividade de um pensamento do que a ordem gramatical esperada. Exemplos: "Essas criadas de hoje não se pode confiar nelas" (Machado de Assis); "Esses colonos que se viram desalojados do Congo, não digo propriamente nada contra eles, mas não servem para nós" (Rachel de Queiroz). No original grego, "em que não há seqüência".

ANACREÔNTICO.   Tipo de poesia que enaltece as sensações ou os prazeres do amor e do vinho, ou ainda transmite um ceticismo bem-humorado perante a vida, tendo por modelo as odes e hinos escritos por Anacreonte (570-480 a.C.), em métricas variadas, como os exemplos seguintes. Fragmentos de odes: "Oh jovem de olhar virginal; / Sigo teus passos e tu não sabes que governas minha alma"; "Eis aqui que o Amor de cabelos ruivos lança-me uma bola de púrpura e me incita a jogar cóm a jovenzinha de sandálias bordadas; / mas ela, sendo de Lesbos, reprova-me a brancura dos cabelos, e a outro procura". Hino: "Um dia, lá pela meia-noite, / Quando a Ursa se deita nos braços do Boieiro, / E a raça dos mortais, toda ela, jaz domada pelo sono, / Foi que Eros apareceu à minha porta. / – Quem bate à minha porta, / E rasga os meus sonhos? / Respondeu Eros: – Abre, ordenou ele; / Eu sou uma criancinha, não tenhas medo. / Estou encharcado, errante / Numa noite sem lua. / Ouvindo-o, tive pena. / De imediato, acendendo o candeeiro, / Abri a porta e vi um garotinho: / Tinha um arco, asas e uma aljava. / Coloquei-o junto ao fogo / E suas mãos nas minhas aqueci-o, / Espremendo a água úmida que lhe escorria dos cabelos. / Eros, liberto do frio, / – Vamos, disse ele, experimentemos este arco, / Vejamos se a corda molhada não sofreu prejuízo. / Retesa o arco e fere-me no fígado, / Bem no meio como se fora um aguilhão. / Depois, começa a saltar, às gargalhadas: / – Hospedeiro, acrescentou, alegra-te, / Meu arco está inteiro, teu coração, porém, ficará partido" (tradução do hino, Junito Brandão). →*Ode.*

ANACRONIA.   Literalmente, inversão ou mudança de tempo. Trata-se de recurso literário utilizado em formas narrativas (poemas épicos, romances) pelo qual a história ou o enredo (a diegese) retorna ao passado, ou salta para o futuro, não se acompanhando a sucessão temporal, cronológica, ou o tempo do discurso. Assim, por exemplo, a tradição greco-latina-renascentista prescreveu que os poemas épicos deveriam começar narrando acontecimentos que já estivessem no meio da história (*in medias res*), intercalando, posteriormente, fatos ou acontecimentos anteriores, com a finalidade de explicar ou justificar o que ocorre no tempo presente. O mesmo acontece quando a história principia pelo fim, retornando aos eventos que se produziram inicialmente e que dão significado à intriga (*in ultimas res*). O romance e a novela adotaram também este procedimento, tanto quanto o cinema (→*Flash-Back*). A anacronia relativa ao passado é também chamada *analepse*; com referência ao futuro, bem mais rara de acontecer, recebe ainda o nome de *prolepse.*

ANÁFORA.   Figura de linguagem e de construção pela qual se repetem palavras no início de cada um dos membros da frase ou do verso. Exemplo em Rui Barbosa: "Eis aí a cólera santa! Eis a ira divina! Quem, senão ela, há de expulsar do templo o renegado, o blasfemo, o profanador, o simoníaco? Quem, senão ela, exterminará da ciência o plagiário, o charlatão? Quem, senão ela, banirá da sociedade o imoral, o corruptor, o libertino"? →*Epístrofe.*

ANAGÓGICO. O sentido superior ou extraliterário de um texto, isto é, o caráter espiritual, de elevação moral ou ainda místico que dele se pode depreender, para além das palavras ou dos recursos retóricos utilizados.

ANAGRAMA. Palavra ou frase compostas pela recombinação de letras do(s) mesmo(s) vocábulo(s). Alguns escritores criaram pseudônimos a partir de seus nomes próprios, caso de François Rabelais, cujo *Gargantua* foi subscrito com o estranho nome de Alcofribas Nasier. Uma das personagens mais famosas da literatura brasileira, Iracema, é anagrama da palavra América. Embora José de Alencar indique a formação do nome como proveniente de *ira* = mel e de *tembe* ou *cembe* = lábios (a virgem dos lábios de mel), é bastante possível que o anagrama não lhe tenha passado despercebido. Principalmente pela vontade do autor de criar uma literatura "americana", o que reforçaria, romanticamente, o vínculo da beleza indígena com a terra natal. O nome próprio Leonam é um exemplo de anagrama perfeito (simetricamente invertido) de Manoel.

ANAIS. **1.** Eventos de caráter histórico registrados ou narrados ano a ano. O termo generalizou-se a partir dos registros realizados pelo mais alto sacerdote de Roma, o *Pontifex Maximus*, e nos quais se relatavam os eventos considerados importantes no ano. Também contribuíram para a difusão da palavra o poema épico e homônimo de Ênio, versando sobre a história de Roma (da fundação até sua época, no século II a.C.), os *Annales* do poeta Fenestela e a extensa obra do historiador romano Tácito, escrita em dezesseis livros, cobrindo os acontecimentos políticos, sociais e militares ocorridos entre as mortes dos imperadores Augusto e Nero (*Annales ou Ab Excessu Divi Augusti*). **2.** Publicação anual de uma instituição científica, literária, jornalística etc., e que contém os fatos mais importantes ocorridos no período.

ANALECTO. **1.** Coletânea de máximas, de aforismos, ou ainda de poesias. **2.** O mesmo que →*antologia.*

ANALEPSE. →*Anacronia.*

ANAMORFOSE. Em artes plásticas, designa a imagem figurativa distorcida ou deformada, como aparece em espelhos ou superfícies vítreas, de maneira alongada, comprimida, encurvada ou ainda retorcida.

ANÁTEMA. Termo bíblico para a sentença condenatória e de exclusão da comunidade religiosa católica, imputada a um herético. O anátema tem o mesmo efeito que a excomunhão. Na origem, designava a exposição pública do corpo de um supliciado, com o intuito de tornar sua memória desprezível. →*Heresia.*

• **ANDALUS, EL.** A cultura ou a civilização desenvolvida na Península Ibérica entre os séculos VIII e XV, antes da reconquista definitiva dos cristãos. Consistiu no intercâmbio e mesmo na simbiose dos "povos do Livro", isto é, dos árabo-berberes, cristãos e judeus, envolvendo miscigenação étnica e um multiculturalismo fecundo, incluindo-se o hábito cotidiano do poliglotismo (árabe, moçárabe, latim e, posteriormente, o espanhol e o galego-português) entre as camadas superiores da sociedade, além dos estudos, traduções e redações de livros em latim e em grego. Conviveram portanto no El Andalus os invasores árabes e berberes, os ibéricos cristãos (ou moçárabes) e os judeus, fossem estes os instalados desde a época romana, fossem os recém-emigrados do norte da África. A civilização teve início com a expansão omíada (dinastia árabe) de al-Walid I, em 711, quando este determinou a um de seus governadores, Musa Ibn Nusayr, que Gilbraltar fosse capturada. O general berbere Tariq cumpriu a ordem com êxito e, em 712, o próprio Nusayr chegou à Espanha à frente de dezoito mil homens. Ao que tudo indica, os recém-chegados adaptaram para El Andalus o nome que os antigos conquistadores das terras meridionais, os vândalos, haviam dado à região – Vandalícia. Entre os judeus, o território era chamado Sefarad (daí serem conhecidos como sefarditas ou sefaraditas). A consolidação do reino veio com a dinastia Abd-al Rahman (I, II e III), tendo-se por centro Córdoba, além de Granada, Sevilha e, mais ao norte, Toledo. Essa influência estendeu-se a dois terços do futuro território português (até 1249), destacando-se as cidades de Mértola, Coimbra, Lisboa e Santarém. As artes e as ciências foram protegidas e incentivadas sob um clima político de relativa paz e estabilidade, assim como de tolerância e autonomia religiosas, pelo menos até meados do século XII, quando se implantou a dinastia mais severa dos almorávidas. A arquitetura, por exemplo, alcançou notáveis requintes estéticos, como o demonstram, ainda hoje, a mesquita de Córdoba, com sua série de arcos sobrepostos e policrômicos da sala de orações, os arcos em ferradura, ou o magnífico conjunto do Alhambra granadino, com destaque para o pátio dos leões e para os tetos dos salões, decorados em formato de "estalactites". A literatura poética, a teologia e a filosofia (nas quais se destacaram Averróis, Moisés Maimônides e Judah Halevy, entre outros) foram vigorosamente cultivadas, ensejando traduções mútuas de obras greco-latinas, árabes e judaicas, principalmente em Córdoba e em Toledo, onde, mesmo após os árabes terem saído da região da Mancha, as enormes coleções bibliográficas ali deixadas permitiram a formação da afamada Escola de Tradutores. Foi também por intermédio do Andalus que se desenvolveram estudos de matemática (elaboração das "tábuas toledanas" de cálculos) e de astronomia (incluindo-se a introdução do sistema de numeração decimal, de relógios e astrolábios), de geografia, de medicina e de navegação, tendo estes últimos influenciado vigorosamente as grandes conquistas ibéricas posteriores. Por contatos ainda com Bizâncio, importaram-se as técnicas do mosaico e da eboraria (trabalhos em marfim).

ANDAMENTO. É o "passo", ou seja, a maior ou menor velocidade de execução de uma peça musical, habitualmente indicado nas pautas. Distinguem-se, inicialmente, três classes de andamento: lentos, moderados e vivos. No primeiro caso, tem-se: *grave*, *largo*, *larghetto*, *lento* e *adagio*; no segundo, *andante*, *andantino*, *moderato* e *allegreto*; por último, *allegro*, *vivace*, *presto* e *prestissimo*. De modo genérico, os passos lentos tendem a sugerir atitudes ou sentimentos de introspecção, contrição, reflexão, melancolia ou tristeza, enquanto os seus opostos, os vivos, dão a impressão de revelar diversão, alegria, exaltação, força, entusiasmo etc. Tendo sido os italianos os primeiros musicistas a empregar palavras para os andamentos, as indicações conservaram-se naquela língua. Com as correntes nacionalistas do século XX, no entanto, alguns músicos optaram por escrever os andamentos em língua materna, com termos próprios. Outras indicações do andamento e que o acompanham são: *molto*, *assai* (reforço) ou *poco*, *meno* (atenuação). Na mudança de um passo para outro, costuma-se ainda utilizar: *accelerando* – aumento de velocidade; *stringendo* – apressando o passo; *rallentando* – afrouxando o andamento; *ritardando* – atrasando; *meno mosso* – mais devagar; *più mosso* – mais depressa; *a tempo* – retorno ao andamento original.

ANFIBOLOGIA. Em grego, "lançar para todos os lados ou direções". É a figura retórica que comporta uma ambigüidade sintática (de construção), conduzindo a uma ambigüidade semântica (de significado). Por exemplo, "o medo dos inimigos". Tanto pode referir-se ao temor provocado nos inimigos, quanto ao medo por eles proporcionado. Ou ainda, a frase de Groucho Marx, de efeito humorístico: "Matei um elefante de pijama" (quem o vestia?). De maneira geral, portanto, corresponde à linguagem ou discurso equívoco, de dupla interpretação, como os augúrios ditados pelos oráculos greco-romanos, ou as profecias anunciadas a Macbeth pelas bruxas, na tragédia de Shakespeare.

ANFITEATRO. **1.** Palavra de origem romana para se referir a uma construção circular ou ovalada, construída com arquibancadas em torno do espaço central de representação, do circo ou da arena. Pressupõe-se que o anfiteatro de Pompéia tenha sido o primeiro a ser erguido durante o Império, por volta do ano 80 a.C. A ele se seguiram os mais imponentes, como o Coliseu, o de Verona e o de Nîmes, em território atual da França. **2.** Arquibancadas de uma casa de espetáculos, situadas à volta do palco. **3.** Sala circular ou semicircular com arquibancadas, para conferências e aulas.

ÂNFORA. Tipo de vaso cerâmico grego, de configuração ovalada, boca estreita e duas alças laterais, usado para armazenar óleo ou vinho. Juntamente com outras peças de maior porte, como as cráteras, estas de boca larga, serviram como suporte para a aplicação de pinturas de →figuras negras e vermelhas, muito comuns nos períodos arcaico e clássico.

•**ANGST.** Palavra alemã com o sentido de angústia, ansiedade, usada literariamente (Camus, Sartre) para se referir à autopercepção humana de sua fragilidade ou da impotência do indivíduo diante do mundo objetivo.

ÂNGULO. →*Cinema.*

•**ANIMALIERS.** Assim se tornaram conhecidos os escultores que, no século XIX, elegeram como temas recorrentes de suas obras as figuras de animais selvagens ou domésticos, sobretudo na França. Entre os que se destacaram, podem ser citados Antoine-Louis Barye e François Pompon.

ANIMISMO. **1.** Como figura de retórica, →personificação e →prosopopéia. **2.** Conceito utilizado por Burnett Tylor (*Primitive Culture*) para referir-se à tendência das culturas primitivas de atribuir alma ou vida própria aos fenômenos e objetos naturais, explicando assim suas causas e origens. Segundo o autor, o animismo estaria na base das concepções religiosas e metafísicas do ser humano. O animismo vincula-se, portanto, à possibilidade da →magia, ou seja, da intercessão humana nas manifestações naturais.

ANJO. Espírito sobrenatural ou supraterrestre e ainda intermediário entre o espírito e a matéria, assim como criatura divina a serviço de Deus, ou ainda do demônio, cuja existência é revelada no Antigo Testamento. Pode cumprir o papel de anunciador de uma missão, de executor ou juiz de uma lei, ou de arauto da →parísia (no caso do cristianismo). Especificamente na psicologia de Jung, os anjos simbolizam "os conteúdos inconscientes que querem ter direito à palavra" (*As Raízes da Consciência*). Sua crença desenvolveu-se a partir do século V a.C. entre os hebreus, transferindo-se posteriormente para o cristianismo e o islamismo. Em algumas passagens bíblicas, recebe o nome de querubim (*kerûb*, palavra de origem acadiana), guardião da Arca da Aliança, em número de dois, ou, na visão de Ezequiel, os quatro espíritos condutores do "carro de Deus". Outras denominações encontradas no Antigo Testamento são as de "exército celeste" (sendo Deus "o senhor dos exércitos"), "filhos do céu", "santos anjos" ou ainda "magníficos". Já nas epístolas de Paulo, há menções a anjos denominados de Virtudes, Potestades, Principados, Dominações e Tronos. A doutrina católica reconhece, nominalmente, três mensageiros celestes – Gabriel, Miguel e Rafael – tendo tratado dos anjos nos concílios de Latrão (o quarto) e do Vaticano (1870), bem como na encíclica *Humani Generis* de Pio XII. Nela, os anjos são descritos como seres espirituais e hierarquizados, servidores de Deus e assistentes ou guardiães dos homens. Conforme a tradição, parte dos anjos rebelou-se contra o poder e as prescrições de Deus, sob o comando de Satanás ou Lúcifer, estimulados pela soberba e pela luxúria, tornando-se demônios (espíritos malignos) condenados ao inferno (à desesperança da presença divina, à derrelição). O protestantismo e seitas derivadas, embora recusem o culto dos anjos, não lhes negam a existência. Já os demônios, na qualidade de anjos decaídos, são constantemente lembrados como figuras a serem evitadas, pelo fato de simbolizarem a maldade e os vícios que desencaminham o ser humano em sua busca de integração divina. Nas artes plásticas, já a partir do Alto Renascimento, mas principalmente com o barroco, a figura do anjo católico misturou-se à de cupido, convertendo-se em personagem ao mesmo tempo infantil, lírico e gracioso, símbolo de amor, de pureza e ingenuidade (→*Amorino*). Do grego *aggelo*, mensageiro, tradução do hebraico *mal'âki*.

ANTAGONISTA. →*Peronagem*.

ANTECENA. →*Proscênio*.

•ANTHEM. →Moteto ou →cantata da liturgia anglicana, criado no século XVI com a independência da Igreja, e escrito tanto para coro como para voz solista, com acompanhamento habitual de órgão ou de outro instrumento, que serve como baixo contínuo. Henry Purcell e Sebastian Wesley, ambos ingleses, são considerados os melhores compositores desta música sacra.

ANTICLÍMAX. Modificação inesperada na seqüência de uma imagem poética, de uma narrativa ou de uma ação cênica, passando-se de uma situação tensa, elevada ou sentimental à vulgaridade, ao ridículo, o que resulta no contraste entre a concentração anterior e a descontração banalizada pelo final. Um exemplo nestes versos de Álvares de Azevedo: "É ela, é ela – murmurei tremendo, / E o eco ao longe murmurou – é ela! / Eu a vi, minha fada aérea e pura – / A minha lavadeira na janela". Outro, de e.e.cummings: "Há de calar-se então a voz da liberdade? / Assim disse. / E bebeu rapidamente um copo d'água". Oposto a →clímax.

ANTÍFONA. Na liturgia cristã, gênero de canto gregoriano executado, na maioria das vezes, sobre um versículo de salmo. Dois meios-coros entoam o texto de maneira alternada e depois se reúnem em uníssono. Entre os exemplos, o *Lux aeterna* da missa dos mortos, o *Asperges me*, o *Hodie Christus natus est*, os dedicados à Virgem (*Regina coeli, Salve Regina*) ou a antífona pascal *Surrexit Dominus de Sepulchro*. Mas há peças independentes de música sacra, também denominadas antífonas, que não se relacionam com os salmos. Do latim *antiphonae*, vozes contrárias. →*Arte medieval*.

ANTIFONÁRIO. Livro das liturgias cristãs que contém os textos e versículos a serem cantados em coro – na modalidade de →antífona – nas missas ou ofícios. Os mais antigos dispõem de iluminuras.

ANTÍFRASE. Recurso de linguagem pelo qual se emprega uma palavra ou se constrói uma frase com sentido oposto ao verdadeiro. Por antífrase firmou-se a denominação *puta* (meretriz), originariamente *pura*, em latim, e mudou-se o nome de Cabo das Tormentas para Cabo da Boa Esperança. A ironia se utiliza comumente desta figura.

ANTI-HERÓI. Na qualidade de protagonista, ou seja, de primeira figura de um drama ou obra narrativa, há dois tipos de anti-herói. Um deles é o de ser oposto ao herói clássico, por apresentar um caráter frágil, conformista ou paródico. Aqui, o personagem é dominado pelo meio, pelas circunstâncias e situações vividas, o que o torna incapaz de superar os conflitos sociais ou psicológicos do enredo. Nesta acepção, é um personagem despido de virtudes, de objetivos nobres, de caráter ou de determinação, quando dele se esperariam tais qualidades. Em *Vidas Secas*, de Graciliano Ramos, Fabiano, o protagonista, apresenta vários traços do anti-herói, assim como Policarpo Quaresma, de Lima Barreto. O mesmo se pode dizer das figuras kafkianas K. ou Joseph K, ou de Leopold Bloom (*Ulisses*, de Joyce). Outra é o de corresponder a um indivíduo em ruptura com os padrões morais ou ético-sociais predominantes de uma época, considerados, pela figura do anti-herói, como barreiras à sua sobrevivência, injustos ou hipócritas. Julien Sorel, de *O Vermelho e o Negro*, representa este segundo tipo. Sua ambição pequeno-burguesa de ascensão social está na raiz de sua condenação. Mas a galeria dos "pícaros" (→*Romance*), figuras em que convivem a dissimulação, o egoísmo, a patifaria e bom humor, está repleta de exemplos de anti-heróis. →*Herói* e →*Trickster*.

ANTINOMIA. 1. Do grego *anti* (contrário) e *nomos* (lei, ordem), designa inicialmente uma contradição entre duas leis, seja em suas intenções seja na possibilidade de aplicação prática. Por extensão, diz respeito ao conflito de idéias ou de juízos sobre um mesmo ser, atitude, ação ou proposição. Cada uma das proposições pode ser aceita ou demonstrada em separado, mantendo uma coerência interna. Quando relacionadas, no entanto, evidencia-se a contradição antinômica. Por exemplo: embora se possam atribuir a Deus as idéias de imutabilidade e de liberdade separadamente, há na convergência de ambas um choque para a razão humana, já que a liberdade ilimitada pressupõe igualmente uma mutabilidade infinita. Para Kant, até a razão pura apresenta quatro antinomias ou idéias insolúveis, pois que cada uma se erige dogmaticamente, sem mais ou menos razão que a outra. Ilustrando-se o conceito com a primeira delas, pode-se afirmar que "o mundo tem um começo no tempo e limites no espaço", tanto quanto "o mundo não tem nenhum começo no tempo nem limites no espaço". Se houve um começo, antes nada havia, e do nada não se pode esperar que algo aconteça. Se não houve começo, nada poderia mudar ou acontecer, pois ambos os movimentos necessitam ou requerem um início e um fim. **2.** Figura de retórica, também chamada *paradoxo*, que consiste na expressão de uma idéia que, aparentemente, contraria o senso comum, mas, na verdade, revela uma crítica contundente ou irônica, como nos versos de Castro Alves: "Grandes Homens! Apóstolos Heróicos! / Eles diziam mais do que os Estóicos: / Dor, tu és um prazer! / Grelha, és um leito! / Brasa, és uma gema! / Cravo, és um cetro! / Chama, és o viver".

ANTÍSTROFE. **1.** Do grego *antistrophé*, volta ou retorno, correspondia à segunda parte do canto e também do movimento coreográfico da →ode, tal como foi estabelecida por Píndaro. **2.** Inversão na ordem das palavras de uma frase ou de uma expressão: "comer para viver, viver para comer".

ANTÍTESE. Figura de pensamento da retórica em que duas noções ou situações opostas, contrárias, apresentam-se numa seqüência do discurso ou da imagem. Exemplos: "Como Santos Dumont, fui aos ares sem medo / Fui ao fundo do mar, como o velho Picard" (samba de Paulo Vanzolini); "Os dolorosos [mistérios] são os que vos pertencem a vós, como os gozosos aos que, devendo-vos tratar como irmãos, se chamam vossos senhores. Eles mandam e vós servis; eles dormem e vós velais; eles descansam e vós trabalhais [...]. Não há trabalhos mais doces que os das vossas oficinas; mas toda essa doçura, para quem é?" (Padre Antônio Vieira aos escravos de um engenho).

ANTOLOGIA. Compilação ou coleção selecionada de poemas, de contos, de ensaios ou de trechos de obras narrativas mais longas, que sirvam para o conhecimento das principais caraterísticas de um tema, de uma época, de gêneros ou movimentos, de uma língua assim como de um só ou de vários autores. No âmbito literário, algumas das mais antigas coleções conhecidas são a *Stéphanos* (*Coroa de Flores*) de Meléagro de Gádara (I século a.C.), com epigramas de cerca de qua-

renta autores gregos; a *Antologia Latina*, coligida no século VI d.C., no reino godo da África, contendo 380 poemas de autores latinos tardios, e a chamada *Antologia Grega* ou *Palatina*, organizada no século X d.C. pelo bizantino Constantino Céfalas, e que reúne epigramas ou poemas curtos e elegíacos (de dois a oito versos), de 320 autores greco-latinos, versando sobre dedicatórias, pensamentos filosóficos, temas amorosos, de vida familiar, impressões da natureza e ainda humorísticos. A denominação "palatina" deriva do fato de ter sido encontrada na biblioteca do palácio de Heidelberg, no século XVII. Na Idade Média, um exemplo de coleção poética, desta feita anônima, são as *Carmina Burana* (→*Goliardos*). A partir da Renascença, a compilação de obras literárias adquiriu maior rigor, considerando-se o acréscimo de análises e de biografias aos textos. Entre os exemplos do período encontram-se *Antigos Poetas* (*Catalecta veterum poetarum*, 1573), de Justus Scaligerus; *Miscelânea de Tottel* (*Tottel's Miscellany*, 1557) ou o *Apêndice de Poesias Escolhidas* (*Anhang unterschiedlicher ausgesuchter Gedichten* – 1624), de Julius Zinkgref. No Brasil, a primeira grande coleção foi realizada por Francisco de Varnhagen, visconde de Porto Seguro, sob o título de *Florilégio da Poesia Brasileira*, editada em Portugal, em 1850. No século XX, a mais extensa antologia produzida no Brasil foi *Mar de Histórias* (*Antologia do Conto Mundial*), de Aurélio Buarque de Holanda e Paulo Rónai. O mesmo que *crestomatia*, *analecto*, *seleta* ou *florilégio*.

ANTONOMÁSIA. Substituição de um nome próprio por uma frase, expressão ou atributo – a →perífrase – que diga respeito à mesma pessoa, ser ou personagem. Assim, por exemplo, Pai dos Deuses (*Divum Pater*), no lugar de Júpiter; o Cisne de Mântua – Virgílio; "E o Rabi simples, que a igualdade prega..." – referência ao Cristo (em verso de Raimundo Correia).

ANTROPOMORFISMO. **1.** Concepção religiosa segundo a qual a divindade se transforma ou pode assumir aspectos e comportamentos humanos. **2.** Atribuição de características humanas a outros seres e fenômenos naturais, seja em períodos ontogenéticos da infância, seja em mentalidades primitivas ou arcaicas. **3.** O antropomorfismo ocorre igualmente na literatura, sendo-lhe sinônimo o termo →antropopatia. →*Fábula*, →*Personificação* e →*Prosopopéia*.

ANTROPOPATIA. →*Antropomorfismo*, →*Fábula*, →*Personificação*, →*Prosopopéia*.

ANVERSO. O lado de uma medalha ou moeda que apresenta estampado o desenho ou o motivo principal. A outra face é o reverso.

APARELHO. A disposição, o arranjo ou a forma de assentar pedras (silhares) e tijolos em construção arquitetônica (muros e paredes), em trabalhos de →cantaria.

APOLÍNEO | 21 **An**

Em terminologia mais antiga de origem romana, *opus*. || *aparelho ciclópico*, formado por blocos de pedras grandes e irregulares. • *aparelho de almofada*, aquele cujas pedras são talhadas em chanfro, a noventa graus. • *aparelho de espinha*, composto por fiadas de pedras ou tijolos assentados de maneira diagonal e cruzada. • *aparelho enxaquetado*, construído com a alternância angular de pedras e tijolos, em formatos idênticos. • *aparelho isódromo*, assentado em fiadas regulares, polindo-se as faces e escondendo-se as juntas. • *aparelho alexandrino* (*opus alexandrinum*), decorado com placas de mármore em cores diversas. • *aparelho quadrado* (*opus quadratum*), formado por pedras quadradas regulares ou tijolos da mesma dimensão. • *aparelho incerto* (*opus incertum*), constituído por tijolos ou pedras dispostas irregularmente. • *aparelho rusticado*, aquele que apresenta, em espaços regulares, blocos de pedra salientes ou sobressalentes, em acabamento rústico. • *aparelho* ou *sistema flamengo*, construído de maneira a que se assente na mesma fiada ou fileira um tijolo ao comprido, isto é, no sentido do comprimento do muro ou parede, e outro atravessado, no sentido da largura. • *aparelho inglês*, em que há alternância de uma fileira completa de pedras ou tijolos ao comprido e outra atravessada.

APARTE. Em teatro, as frases ditas por um personagem ou dupla de personagens mas, convencionalmente, não escutadas pelos demais que se encontram em cena. Constitui um recurso para a expressão do monólogo interior, e cujas idéias ou pensamentos só a audiência, e eventualmente o confidente, devem saber.

APÊNDICE. Informações acrescentadas ao final de um livro, de um texto ou de um artigo, e que servem para esclarecer, ilustrar ou complementar o conteúdo, sem dele fazer parte.

•**APLOMB.** Palavra francesa que diz respeito a uma postura de dança, na qual a cabeça e a bacia permanecem alinhadas e perpendiculares à posição do pé, ou parte dele, recebendo este a carga ou o peso do corpo. Traduz o aprumo ou o domínio da estabilidade no balé. Segundo Despréaux, em sua *A Arte da Dança*, "pode-se estar em equilíbrio sem *aplomb*, mas este inexiste sem equilíbrio". Em sentido lato, desenvoltura e segurança na ação.

APOCALIPSE, APOCALÍPTICA. Literalmente, em grego, apocalipse significa "retirar o que estava oculto" e, portanto, revelar uma verdade sobrenatural. Designa as literaturas religiosas, judaica, cristã ou gnóstica, que comportam anúncios ou revelações visionárias, permeadas de símbolos esotéricos, contendo ao mesmo tempo acontecimentos trágicos, catastróficos, assim como a renovação do universo e do destino humano numa esfera fundamentalmente espiritualizada. Na origem ou na finalidade das visões apocalípticas subsiste a percepção de finitude ou de destruição inevitável do cosmos atual, assim como a de mortes passadas e futuras, de degeneração, corrupção, maldades e injustiças humanas. Seguem-se, no entanto, as perspectivas de julgamento final e de uma salvação que sobrepassa a história, mas destinada, então, apenas aos "dignos de Deus". Suas principais fontes canônicas são os livros de Isaías (precursor), de Daniel, de Zacarias e o Apocalipse de São João. Entre os manuscritos de Qumran, ou do Mar Morto, descobriu-se também a *Guerra dos Filhos da Luz contra os Filhos das Trevas*. No universo da literatura apócrifa, existem, entre outros, os apocalipses de Baruc (o grego e o siríaco), os livros de Enoc (o Enoc egípcio e *Os Segredos de Enoc*) e o *Testamento dos Doze Patriarcas*. Já na Idade Média, o milenarismo do período produziu, entre outros, a *Descrição dos Últimos Tempos* (Pseudo Metódico), *Sobre o Nascimento e a Época de Anticristo* (Adson de Montier) e o *Oráculo da Sibila Tiburtina*. Do ponto de vista da exegese teológica, convém lembrar que a literatura apocalíptica não se confunde com a profética. A primeira diz respeito a acontecimentos dos finais dos tempos – à ruptura definitiva; a segunda, a eventos no interior da História. →*Escatologia*.

APÓCOPE. Tipo de metaplasmo. →*Escansão*.

APOJATURA. →*Ornamento*.

APOLÍNEO. Do deus solar grego Apolo, cuja etimologia parece remontar às ações de libertar (*luô*). Neste último caso, não apenas pelo efeito secante ou purgativo do sol, como pela capacidade de divinação que purifica o espírito. Fonte da vida e símbolo da juventude, ou seja, do novo dia que ressurge, Apolo é igualmente o patrono das →musas e das artes por elas inspiradas, da medicina e da divinação, pois a luminosidade à qual preside vê ou permite revelar todas as coisas, inclusive as ocultas ou sombrias. Seu epíteto de *phoibos*, Febo, o claro ou brilhante, reforça as idéias de beleza, harmonia, serenidade ou equilíbrio, tão caras à mentalidade filosófica e ao imaginário popular dos gregos. Daí terem sido inscritas no frontão de seu templo, em Delfos, cidade onde nasceu, as frases "Nada em excesso" e "Conhece-te a ti mesmo". Nos versos de Píndaro (*Píticas*), há um resumo de seus atributos. "É ele quem concede aos homens e às mulheres os remédios que curam as doenças cruéis; foi ele quem nos deu a cítara; a Musa inspira os que lhe agradam; faz penetrar nos corações a concórdia, o horror à guerra civil. Ele governa o santuário profético". Calcado nessa tradição, o termo apolíneo foi utilizado por Friedrich W. J. Schelling com o sentido de ordem e de forma, diferenciando-o do impulso mais sensitivo e espontâneo do espírito dionisíaco. Também Nietzsche (*A Visão*

Dionisíaca do Mundo,1870, e *O Nascimento da Tragédia no Espírito da Música*, 1871), empregou-o para indicar o espírito grego, originário da arte, em direção à ordem, à clareza, à harmonia olímpicas – e assim à beleza –, contrário às potências monstruosas e aniquiladoras da natureza. No primeiro texto indicado, diz Nietzsche: "Em que sentido foi possível fazer de Apolo o deus da arte? Somente na condição de deus das representações oníricas. Ele é o Resplandescente de modo total: em sua mais funda raiz é o deus do sol e da luz que se revela no resplendor. A 'Beleza' é o seu elemento: a juventude eterna o acompanha. Mas também a bela aparência do mundo onírico é o seu reino: a verdade superior, a perfeição própria destes estados que contrasta com a apenas fragmentariamente inteligível realidade diurna, eleva-o à categoria de deus vaticinador, mas também, certamente, de deus artístico. O deus da bela aparência tem de ser, ao mesmo tempo, o deus do conhecimento verdadeiro. Mas aquela delicada fronteira que à imagem onírica não é lícito ultrapassar – para não produzir um efeito patológico, pois então a aparência não apenas engana, mas trapaceia – também não é lícito que falte à essência de Apolo [...]. Seu olho deve possuir um sossego 'solar': mesmo quando esteja encolerizado e olhe com mau humor, acha-se banhado na solenidade da bela aparência". Simultaneamente, essa tendência corresponde a um dos modos pelos quais a arte grega – e, por sua influência, a arte não contaminada pelas contradições da dialética socrática, nem pela consolação cristã – supera o pavor antigo dos homens e atribui uma forma coerente às representações da vontade pela vida. Referindo-se a Homero, símbolo dessa construção apolínea, diz o filósofo: "Onde encontramos o 'ingênuo' na arte (ingênuo como expressão de uma unidade inicial entre o homem e a natureza), temos de reconhecer o efeito supremo da civilização apolínea: aquela que sempre tem antes um reino de Titãs para demolir e monstros para matar, e precisa, por meio de poderosas alucinações e alegres ilusões, triunfar sobre a horrorosa profundeza da visão de mundo e sobre a mais excitável sensibilidade ao sofrimento". A aspiração apolínea é uma construção alegre e alegórica, que torna evidente ou distinta a manifestação de arte, que a glorifica, convidando o espectador ou leitor ao seu deciframento. Nas tragédias, especificamente, o outro elemento indispensável, e mais profundo à sensibilidade apolínea, é o do espírito ou impulso →dionisíaco. Ainda na afirmativa de Nietzsche: "Quem não viveu isto, o ter de olhar (espírito apolíneo) e, ao mesmo tempo, aspirar a ir além do olhar (busca dionisíaca), dificilmente perceberá com que precisão e clareza esses dois processos, na consideração do mito trágico, subsistem lado a lado e

são sentidos lado a lado; o verdadeiro espectador estético me confirmará que, entre os efeitos específicos da tragédia, esse lado-a-lado é o mais notável". A vontade do apolíneo em dominar ou impor uma forma definida ao que parece confuso, caótico ou desproporcional constitui, para Oswald Spengler, "a alma da cultura antiga que escolheu o corpo individual, presente e sensível, como tipo ideal da extensão". →*Fáustico*.

APOLOGÉTICA.   Termo criado pelo teólogo protestante Gottlieb Planck, em sua obra *Introdução às Ciências Teológicas* (1794), para designar um conjunto de reflexões e de investigações metodicamente organizado e racionalista sobre a verdade da fé cristã, em substituição ao conceito até então tradicional de apologia. A necessidade dessa nova interpretação doutrinária derivou, na época, do desenvolvimento científico e das filosofias empirista e iluminista. O empirismo havia proposto uma concepção deísta da religião, tal como a formulada por John Locke (*A Racionalidade do Cristianismo*, 1695), ou seja, sem necessidade de seus aspectos sobrenaturais, como as revelações. Do iluminismo provinham as influências de Fichte e de Kant (a idéia de Deus como necessidade e garantia moral da ação humana em sociedade). Com a apologética, pretendeu-se não apenas uma defesa das motivações, das virtudes e necessidades do espírito religioso, mas, igualmente, uma demonstração lógico-racional dos fenômenos divinos, incluindo-se as revelações (como as profecias) e as epifanias (entre elas os milagres). É certo, no entanto, que a apologia cristã em seus inícios – na patrística, por exemplo – tinha como fundamento de fé o próprio verbo encarnado (na figura messiânica de Cristo) e a defesa da nova crença em face do paganismo e do judaísmo. É o que se verifica em livros como *Apologia* (I e II) de Justino (século II), *Contra os Judeus* e *Apologeticum*, de Tertuliano, os *Três Livros da Evidência contra os Judeus*, de São Cipriano (ambos autores do século III), ou ainda o *Discurso contra os Gregos*, de Santo Atanásio (século IV). Justino, o primeiro apologista, já parte da idéia do *Logos spermatikós* – da Razão fecundante e iluminadora – que havia recolhido em várias escolas filosóficas (platônica, pitagórica, estóica). O Verbo Divino é uma revelação racional, dada também a judeus, gregos, romanos e bárbaros, "porque a semente do Verbo é inata a todo o gênero humano, e cada um deles pode encontrar a salvação pela sua participação no Verbo disseminado". Também em Santo Agostinho (*Da Verdadeira Religião*), encontramos o argumento filosófico e teológico de que Deus conduz o Homem não só pela autoridade, delegada à Igreja, como pela razão. São Tomás de Aquino, por sua vez, procede a uma distinção entre verdade religiosa sobrenatural – como as revelações – e verdade religiosa natural, fundamentada em razões demonstrativas, como a do "primeiro motor" ou causa primeira (*Summa contra Gentiles*), extraído de Aristóteles. Outro autor a se valer de uma argumentação filosófica, no terreno teológico, antes de Planck, foi Leibniz, em seus *Ensaios de Teodicéia sobre a Bondade de Deus, a Liberdade do Homem e a Origem do Mal* (1710), nos quais procura comprovar o nexo lógico entre verdade revelada e razão. A apologética católica mantém o papel da Igreja, de seus patriarcas, exegetas e das decisões conciliares como fontes necessárias da verdade da fé e das condutas práticas. Assim, A. Cotter, teólogo católico, conceituou a apologética, em seu livro *Teologia Fundamental* (1940), como a investigação da razão natural sobre aquilo que a Igreja dita como argumento de autoridade e de revelação. Já a apologética protestante, nas figuras de Friedrich Schleiermacher, Albert Ritschl ou Auguste Sabatier, conservando a visão luterana da interpretação bíblica particular, fundamenta a defesa do cristianismo nas experiências pessoais e nos sentimentos subjetivos dos indivíduos, numa tendência de caráter místico e contemplativo. Sören Kierkegaard, por sua vez, argumenta que a pureza da fé, em sua transcendência, reside no indivíduo, na subjetividade, raiz profunda da existência real e da paixão do Infinito. Racionalizar a religião seria apenas secularizá-la.

APOLOGIA. 1. Defesa, elogio ou louvor de idéias, doutrinas, crenças e personalidades. Como obra literária e filosófica, a primeira e mais conhecida é a de Platão, em memória de seu mestre Sócrates. Stevenson nos legou a *Apologia dos Ociosos* e, com uma abordagem mais sociopolítica, tem-se *O Direito à Preguiça*, de Paul Lafargue, em defesa dos tempos livre e de lazer dos trabalhadores. 2. →*Apologética*.

APÓLOGO. →*Fábula*.

APORIA. Dúvida, em grego, cujo significado filosófico indica uma dificuldade racional e objetiva com a qual se defronta a reflexão e as conclusões daí advindas. Um discurso ou investigação cujas conclusões não se estabeleçem com clareza, dada a existência de dúvidas racionais.

APOSTASIA. →*Heresia*.

APÓSTOLO. Termo exclusivo do Novo Testamento e das religiões cristãs, com o sentido de "enviado pela vontade e autoridade sagradas", tradução do hebraico *sâlâh*, também "plenipotenciário", palavra com a qual Cristo se referia aos doze primeiros fiéis e anunciadores de sua missão. São eles: Pedro, André, Tiago Maior, João, Tomé, Tiago Menor, Judas Tadeu, Felipe, Bartolomeu, Mateus, Simão Zelotes e Judas Iscariotes. Após a traição de Iscariotes, os demais apóstolos escolheram Matias para substituí-lo. A eles couberam as tarefas de ensinar, propagar a fé, santificar e fundar igrejas. Daí ter assinalado Lucas a função do apóstolo como pregador da palavra e das ações de Jesus, por ele mesmo afirmada: "Quem vos ouve, a mim ouve; e quem vos rejeita, a mim rejeita; e quem me rejeita, rejeita Aquele que me enviou". Nesta passagem, o próprio Cristo é um apóstolo de Deus Pai. O apostolado, no entendimento de Irineu (Padre da Igreja do século II), é um dos critérios fundamentais da Verdadeira Igreja, pois instituiu uma sucessão direta e ininterrupta entre Cristo, sua doutrina, e todos os bispos subseqüentes (sendo os outros critérios a universalidade de seu ensinamento, a antigüidade, os martírios sofridos e os milagres obtidos). Em sua origem grega, apóstolo indicava uma frota marítima ou, no plural, "colonizadores" que se transportavam por navios. Mas já na época de Flávio Josefo, o historiador judeu utiliza o termo apóstolo com o significado de "enviado especial" e adido de uma embaixada.

APÓSTROFE. Figura de retórica e de pensamento pela qual se chama ou se invoca um interlocutor ou coisa, existente ou imaginário, com intenção de súplica ou de admoestação: "Coração independente! / Eu não te acompanho mais. / Pára, deixa de bater. / Se não sabes aonde vais, / Por que teimas em correr? / Eu não te acompanho mais" (Alfredo Marceneiro). "Deus, Deus, por que me abandonastes?" (Cristo).

APOTEOSE. Desfile de reapresentação das escolas de samba realizado após o concurso oficial e sem caráter competitivo, apenas festivo.

APSIDE. →*Abside*.

AQUARELA. Pintura de tinta aguada, isto é, cujos pigmentos são misturados a um veículo, normalmente a goma-arábica, sendo solúveis na água. Caracteriza-se pela impressão de transparência e suavidade da figura ou motivo. Ao contrário da pintura a óleo, em que a luz é obtida pela aplicação de cores claras, na aquarela a luminosidade provém da cor do suporte – do papel, por exemplo. Suas superfícies escuras ou a intensificação das tonalidades são conseguidas por veladuras ou camadas superpostas. Usada desde a Antigüidade egípcia, sobre papiro, distinguiu-se realmente, na arte ocidental, a partir do século XVIII, na Inglaterra, pelas obras paisagísticas de Thomas Girtin e de Joseph Turner. Os efeitos rápidos de tonalidades que a técnica permite atraíram a atenção dos impressionistas, desde Cézanne. O mesmo que *aguarela*.

AQUILÃO. Emplastro ou massa de maquilagem para atores, intérpretes e palhaços. O mesmo que *diaquilão*.

ARABESCO. 1. Ornamento desenhado ou esculpido sobre qualquer superfície, constituído, à maneira árabe, por figuras e imagens de linhas curvas, entrelaçadas, geométricas ou de inspiração vegetal (fitomórficas) (→*La-*

ceria). **2.** Figura de balé e variação da postura →*atitude*, mas criada no século XX. O corpo repousa sobre uma das pernas, enquanto se inclina para a frente. A outra perna é tensionada para trás, sem que se dobre o joelho, em um ângulo igual ou superior a noventa graus. Os braços também se estendem, seja ambos para a frente, seja um para a frente e outro para trás, ou ainda um para a frente e outro em direção lateral. De modo semelhante à atitude, os arabescos são do tipo →*croisé* ou →*effacé*.

• **ARABESQUE.** →*Arabesco (2)*.

ARARA. Estrutura com barra horizontal para se dependurar roupas e figurinos utilizados em trabalhos cênicos ou de estúdio de gravação.

ARCADA. **1.** Uma série de arcos sucessivos que repousam sobre muros, colunas ou pilares, como as existentes em aquedutos romanos ou em diversos exemplos das arquiteturas românica e gótica. Se os arcos e as colunas (estas em relevo) fizerem parte de uma parede, ou seja, estiverem a ela adossados, sem constituir uma abertura, diz-se *arcada cega*. **2.** Em música, o movimento de um arco nos instrumentos de corda friccionáveis.

ARCÁDIA, ARCADISMO. De Arcádia, região central do Peloponeso, na Grécia, entre Micenas e Esparta, habitada por comunidades pastoris e cujas montanhas, o Liceu e o Erimante, eram freqüentadas regularmente pelos deuses do Olimpo, além de servir de morada para o deus Pã. Simboliza o país da vida calma, dos prazeres campestres ou da felicidade bucólica. O derivado moderno – arcadismo – designa, em literatura, o movimento antibarroco ou neoclássico do século XVIII. →*Classicismo, Neoclasissismo*.

ARCAÍSMO. Emprego de palavra ou de expressão antiga e já pouco usada em época contemporânea. Pode corresponder a um recurso estilístico-literário, tendo por intuito ambientar uma narrativa histórica, também do ponto de vista lingüístico, ou evidenciar a permanência de resíduos arcaicos em determinados grupos socioculturais ou regionais. No primeiro caso, por exemplo, veja-se toda a terminologia de guerra medieval empregada por Alexandre Herculano em *Eurico, o Presbítero* (tiufadia, esculca, franquisque). No segundo, o linguajar pesquisado por Guimarães Rosa nos sertões mineiros, e que revelou o uso cotidiano de termos como "nonada" (quase nada ou ninharia), já existente no século XVI em Portugal.

ARCO. Estrutura arquitetônica encurvada ou de traçado curvilíneo, formada tradicionalmente por blocos, também chamados *aduelas*, e constituinte de aberturas, portas ou passagens. Os blocos são ajustados entre si para a cobertura de vãos entre paredes ou muros, e distribuem a carga superior, de maneira estável e progressiva, para as estruturas verticais em que se assenta. As aduelas superiores, que formam realmente o arco, são cortadas de maneira cuneiforme, ou seja, em cunha, a fim de se obter o traçado curvo. O bloco mais elevado, dito *chave*, cria a pressão inicial, suportada por cada uma das aduelas laterais e inferiores – individualmente chamadas de *saimel* – que a transmitem sucessivamente até as impostas – os dois blocos já retangulares da base do arco, e daí para as fundações ou pés-direitos. A civilização assíria foi a primeira a se utilizar do arco. Sua introdução no Ocidente deveu-se aos etruscos, mas foram os arquitetos romanos aqueles que mais desenvolveram cálculos e experiências para o aperfeiçoamento de suas estruturas. Há dezenas de formatos, como o arco de volta inteira, o arco abatido ou rebaixado, o arco abaulado, o arco alteado, ogival, eqüilátero, de descarga, tudor, contracurvado, mourisco, de lanceta (ou agudo). Diz-se *arco montante* quando as bases ou impostas em que se assentam estão situadas em alturas diferentes. As tecnologias do ferro e do cimento permitem igualmente a construção de arcos, de estrutura contínua, sem o uso de blocos ou aduelas. Estudos mais recentes demonstraram ainda que a forma parabólica é a que apresenta a máxima resistência às tensões de carga.

ARCO TRIUNFAL, ARCO DO TRIUNFO. Arco ornamental, também denominado *arco do triunfo*, normalmente de grandes dimensões, destinado a simbolizar e rememorar eventos históricos e personalidades, ou de efeito puramente estético-espacial. Entre os monumentos famosos assim conhecidos estão o Arco do Triunfo de L'Étoile, em Paris, e a Porta de Brandemburgo, em Berlim.

ÁREA DE REPRESENTAÇÃO. A parte do palco ou o local de uma encenação visível pela platéia ou audiência.

ARENA. **1.** Área central do circo romano, com piso recoberto de areia, para as corridas de carros e os combates de gladiadores e de feras. **2.** Espaço de atuação dos artistas de circo, sob a lona. **3.** Sala de teatro em que a área de representação está situada em plano inferior ao da platéia, dispondo-se esta em círculo ou semicírculo ao redor do palco.

ARENA, TEATRO DE. →*Teatro de Arena*.

ARGONAUTAS. Os heróis gregos e navegadores voluntários da nau *Argo* (a rápida ou brilhante) que, sob o comando de Jasão (Iáson), partiram da Tessália para a Cólquida, governada pelo rei Eetes (Aietes), em busca do Velocino de Ouro. Esta pele sagrada e brilhante de carneiro, com poderes miraculosos, deveria ser retomada por Jasão, a fim de lhe garantir o direito que possuía, por nascimento, ao trono de Iolco, então governada por seu tio, e que usurpara o poder após a morte do pai de Jasão. Constitui o primeiro mito referente à arte da navegação, ensinada por Atena a Tífis, o piloto inicial da expedição, e às conquistas gregas rumo à Ásia Menor (as façanhas e peripécias dos marinheiros já são mencionadas na *Odisséia*, canto XII). Da tripulação constam nomes famosos, como os irmãos Castor e Pólux, o aedo Orfeu, Hércules, Admeto e Argos (o construtor do navio). No reino da Cólquida, surge a figura de Medéia, filha de Eetes, feiticeira, sobrinha de Circe e futura mulher de Jasão, que o ajuda na conquista do velocino, fazendo-o vencer as dificílimas provas exigidas pelo rei. A epopéia civilizatória dos heróis, repleta de lutas, de equívocos e encantamentos, foi transmitida durante séculos apenas oralmente. O primeiro texto em quatro cantos deveu-se ao poeta alexandrino Apolônio de Rodes – *Argonáuticas*. Uma segunda versão, esta latina em doze cantos, e datada do primeiro século d.C., foi escrita por Caio Valério Balbo, sob o título de *Argonáutica*.

ARGUMENTO. **1.** Em retórica, consiste no emprego de justificativas ou de evidências que sustentem uma opinião, seja para apoiá-la seja rejeitar outra contrária. Na definição de Cícero, os argumentos constituem "as razões que dão fé a algo duvidoso". **2.** Em ciência ou em filosofia, compreende a totalidade de um raciocínio que, em princípio, deve ser claro e coordenado, tendo por objetivo analisar uma proposição ou teoria, a fim de defendê-la, comprová-la ou refutá-la. De uma maneira genérica, há dois tipos básicos de argumentos: *a)* os lógicos ou formais, caracterizados por sua abrangência universal, contendo proposições necessárias e rigorosas, de tipo científico; *b)* os dialéticos ou de demonstração, que lidam com raciocínios possíveis, prováveis ou hipotéticos. ‖ *argumento ad hoc*, aquele que se refere a um caso determinado, exclusivo; o argumento *ad hominem*, o que se fundamenta numa demonstração ou inferência de menor probabilidade, utilizada por um adversário. • *argumento ad judicium*, uma prova apresentada a partir de um conhecimento fundamentado, evidente, ou de maior probabilidade. • *argumento ad verecundiam*, aquele baseado na opinião de alguém conceituado na matéria. • *argumento ad personam*, aquele que se prende não às idéias em si, mas ao seu autor, indicando seus defeitos reais ou supostos (o que nem sempre é justo ou aceitável, por deslocar o raciocínio). **3.** Resumo ou esboço geral de um →roteiro cinematográfico, videográfico ou de novela televisiva, habitualmente escrito de modo breve ou sucinto, ainda que possa incluir uma sucessão numerada das cenas previstas. Neste sentido, em inglês, *outline* ou *step outline*.

ÁRIA. **1.** Composição para voz solista em óperas e cantatas, na forma →ABA, de predominância melódica, a esta subordinando-se a harmonia e o ritmo. A partir de Scar-

latti, constitui o núcleo forte, juntamente com os duetos, da expressão subjetiva dos protagonistas, ou seja, dos comentários a respeito de seus pensamentos, desejos e estados emocionais, de suas paixões, servindo inclusive como demonstração de virtuosismo vocal. Exemplo de uma ária de cantata, escrita por Francesco Cavalli (1602-1676), no estilo clássico: *Son ancor pargoletta / e amor non provo. / Ma qual tenera pianta / fo la foglia per tutto / senza flor, senza frutto. / Cosi Lila d'amor si ride e canta / Lila si ride d'amor e canta* (Ainda sou criança e o amor não conheço. Mas como jovem planta, carrego folhas, sem flor e sem fruto. Assim Lila se ri do amor e canta. Lila se ri do amor e canta). ‖ *ária cantabile*, designa uma peça de andamento lento. • *ária di mezzo carattere*, indica uma interpretação mais emotiva. • *ária d'imitazione*, significa a representação vocal de canto de pássaros ou de objetos sonoros. **2.** Nas antigas suítes e sonatas, dava-se também o nome de ária a peças musicais que não se destinavam a movimentos de dança (como a gavota ou a jiga). **3.** Trecho de música instrumental, de andamento lento, lembrando uma canção lírica. Do latim *aer*, *ar*, com o significado de ressonância. →*Ópera* e →*Belcanto*.

ARMAGEDON. Nome derivado provavelmente do hebraico *Har Megiddo*, isto é, Monte Megido, no qual, segundo o Apocalipse, se travará a luta decisiva entre o Bem e o Mal, com a vitória anunciada dos espíritos divinos. Pode ser tomado como sinônimo de Juízo Final. O local foi palco de dezenas de batalhas nos tempos bíblicos entre egípcios, cananeus, filisteus e judeus, por estar localizado numa rota importante de atividades comerciais e militares. Mesmo na Idade Média, ali lutaram árabes, bizantinos e cruzados. Sobre o monte encontram-se ruínas do que pode ter sido o reino conjunto de Israel e de Judá, à época de Salomão, ou, pelo menos, o de Jeroboão I, um século depois. Var.: *Armageddon*.

ARMAR. Em teatro, proceder à montagem ou erguer o cenário, juntamente com a rotunda, as bambolinas e os trainéis.

ARPEJAR. Tocar um acorde, isto é, um conjunto de sons, mas de maneira a ouvi-lo nota por nota, isoladamente, à maneira da harpa (arpa) e demais instrumentos de corda picada.

ARQUÉTIPO. **1.** A matriz ou a mais antiga imagem, idéia ou símbolo de atributos e de necessidades humanas, consubstanciada em narrativas orais e propriamente literárias – míticas, religiosas ou ficcionais – de uma cultura ou civilização. Dada a primazia de sua origem, o arquétipo (Adão, Eva, por exemplo) fornece o exemplo para uma série de outras representações, subseqüentes e renováveis no tempo. Ou seja, constitui um protótipo, um primeiro tipo, cuja narração não apenas instaura acontecimentos e valores primordiais, mas ainda permite outras histórias ou fabulações que dêem sentido a experiências posteriores. É, portanto, um modelo "contagiante", no sentido de imitativo. Habitualmente, um arquétipo tende a ser o protagonista ou herói – Gilgamesh, Prometeu, Édipo, Narciso, Siegfried, Don Juan, Carmen etc. – cujas qualidades de maior evidência, assim como os esforços empreendidos, as conquistas obtidas ou os sofrimentos vividos delineiam as virtudes mais reverenciadas ou, ao contrário, simbolizam os piores vícios, as mazelas ou perigos encontrados pelas necessidades coletivas de regras morais, convivência ética, segurança ou estabilidade social. **2.** A partir da acepção anterior, Carl Jung incorporou a idéia de arquétipo ao seu sistema de psicologia, também chamado de "imagens primordiais", com o significado de tendências instintivas e pré-formadas da psique humana e que se representam por imagens oníricas e simbólicas – nascimento, vida, morte, destruição, renascimento, heroísmo e sacrifício, inimizade entre irmãos, fertilidade e procriação, ritos de passagem etária etc. Designa, portanto, aquilo que o inconsciente contém primitivamente, além das aquisições ou elementos pessoais, subjetivos. Em seus *Dois Escritos sobre Psicologia Analítica*, assevera Jung: "Trata-se de uma imagem totalmente coletiva, cuja existência étnica há muito é conhecida. Consiste de uma imagem histórica que se propagou universalmente e irrompe de novo na existência por meio de uma função psíquica natural [...]. É o caso de um *arquétipo* reativado, nome com que designei estas imagens primordiais". Ou seja, assim como os demais órgãos do corpo possuem uma história evolutiva e conservam formas e finalidades arcaicas, também a mente conserva variados elementos que afloram, em determinadas circunstâncias, sem necessariamente pertencerem à vivência pessoal do indivíduo (o próprio Freud já mencionara sua existência com a expressão "resíduo arcaico"). O arquétipo manifesta-se, portanto, como uma forma simbólica, de sentido permanente, que sobrevive nos traços comuns da psique humana, ainda que culturalmente experimentada de maneira particular e histórica, participando assim de uma estrutura geral ou "inconsciente coletivo". Por ser uma herança filogenética, da espécie, o arquétipo estipularia padrões de comportamento emocional e mesmo intelectual (nesse último caso, intuições e coincidências científicas, por exemplo). Os materiais arquetípicos seriam evocados pelo *Self* – o núcleo inconsciente e organizador do sistema psíquico, ou ainda a totalidade da psique – não apenas por intermédio dos sonhos, como também por ritos de passagem (masculinos e femininos) e variadas manifestações especiais (festas e comemorações de fundo

simbólico), permitindo, de um lado, a integração do indivíduo ao grupo e, de outro, a construção de uma consciência própria, individualizada – o ego. Inversamente, os mesmos arquétipos podem agir sobre a mente como fontes de desequilíbrio emocional ou de psicoses. **3.** Na filosofia platônica, os arquétipos confundem-se com as Idéias, ou seja, com as realidades substanciais, imateriais, imutáveis e perfeitas, das quais os objetos empíricos ou materiais derivam, podendo ser percebidos apenas como cópias finitas e imperfeitas.

ARQUITETURA. De *arkhi* (primeiro, inicial, principal) e, ainda na Grécia antiga, *tékton* (carpinteiro). Nesse sentido, Homero utiliza a palavra *tektones* para designar o construtor usuário de madeira, o que, de um ponto de vista semântico, corrobora a opinião de Oswald Spengler, segundo a qual os primeiros templos helênicos teriam sido construídos com aquele material, e não em pedra. No latim, o termo *tékton* parece ter sido assimilado a *tectus*, teto, telhado, cobertura. Os termos *arquiteto* e *arquitetura*, assim, aparecem grafados pela primeira vez na época de Plauto, que os utiliza. De qualquer forma, foi definida na Antiguidade como a "arte de construir ou edificar" (Cícero, por exemplo), o que também significa "construção com arte", ou seja, com perícia exclusiva ou determinada. Inclui, no mínimo, os aspectos simultâneos da construção e da habitação. O primeiro diz respeito à idealização ou concepção técnica, à necessidade tectônica da elevação de massas; o segundo refere-se ao aproveitamento ou fruição da obra tectônica, que responde às necessidades de abrigo e de movimentos ou deslocações internas de seus ocupantes. Tanto assim que Vitrúvio distinguia-lhe três elementos essenciais: solidez e segurança (*firmitas*); utilidade real ou simbólica (*utilitas* ou "habitabilidade" e circulação) e concepção agradável, elegante (*venustus* ou aspecto estético, relacionado com a proporção, o ritmo e a decoração). Ao longo da história, cada um destes aspectos acabou sendo mais ou menos enfatizado por arquitetos e ensaístas, evidenciando-se ora a configuração funcionalista, tecnicista ("Todas as formas de arquitetura são sugeridas pelas exigências práticas. É o uso que faz com que nossos edifícios tenham uma determinada forma" – George Santayana), ora os seus aspectos plásticos ou simbólicos ("A arquitetura não é senão a ornamentação do edifício" – John Ruskin). Atualmente, a arquitetura é vista igualmente como um "sistema de signos visíveis, dimensionados geometricamente" (Della Volpe, *Crítica do Gosto*), isto é, edificados. Sob esse aspecto "semântico", poder-se-ia elaborar um código arquitetônico da seguinte maneira, como sugere Umberto Eco (*A Estrutura Ausente*): 1) quanto à articulação de seus elementos – *a*) os que denotam as funções primeiras (telhado, terraço, cúpula, escada, porta, janela); *b*) os que conotam as funções segundas, isto é, simbólicas (coluna, frontão, tímpano, adornos); *c*) os que denotam caracteres distributivos e "ideologias do habitar" (sala de aula, sala de estar, cozinha, quarto); 2) quanto aos gêneros ou tipos – *a*) tipos sociais (hospital, escola, palácio, residência); *b*) tipos espaciais (plantas redondas, quadradas, retangulares, labirinto).

Arte pública e social. Qualquer que seja a forma de abordagem da arquitetura, no entanto, é inegável o fato de que ela constitui a mais "pública" de todas as artes, já que modifica o ambiente físico ao mesmo tempo em que satisfaz as necessidades humanas existenciais, de acordo, evidentemente, com os valores de seu tempo histórico. De um lado, ela se realizou como fruto de concepções e práticas de vida religiosa, considerando-se que grande parte de sua trajetória, desde as origens, esteve vinculada à construção de templos ou de monumentos funerários – pirâmides, mastabas, zigurates, além das próprias edificações greco-romanas, que, mesmo laicas ou civis, seguiram os modelos inicialmente sacros. De outro, sempre lhe coube a função de desenhar, erguer e distribuir o cenário da vida urbana, citadina, imprimindo-lhe marcas que identificassem imediatamente suas relações econômicas, políticas e sociais, tanto quanto outras formas e valores de cultura. É a arquitetura que fornece a "identidade urbana" de uma cidade, ou seja, a configuração mais visível e predominante de um aglomerado simultaneamente físico e humano. Seja por estabelecer padrões de forma, de volumes (alturas) e mesmo de cor dos elementos construtivos, seja por obedecer a critérios de distribuição, de localização, ou ainda desconsiderá-los. Assim, para a grande maioria dos arquitetos, a arquitetura define-se, inicialmente, como "articulação de espaços e de funções" – articulação de espaços internos e destes com o espaço urbano, e complementaridade de funções que cumpre (sem desconsiderar as semelhanças e as contraposições estilísticas). Leon Battista Alberti (construtor e teórico da Renascença) defendeu (em *De Re Aedificatoria*) a noção de que a exigência para edificar é algo natural, no sentido de que realiza, no agrupamento da cidade, a predisposição inata da convivência comunitária. Mais do que isso, a cidade não significa apenas a delimitação de espaços "com pedras e tijolos", mas a concretização de uma entidade política e histórica. Nas palavras de Guy de Maupassant, "a arquitetura teve, ao longo dos séculos, o privilégio de simbolizar cada época e de resumir, num pequeníssimo número de monumentos típicos, o modo de pensar, de sentir e de sonhar de uma raça e de uma civilização". Esta idéia de uma representatividade coletiva é também assumida por T. S. Attlee, para quem "a arquitetura é, essencialmente, uma arte cooperativa [...] deve exprimir, em cada período, as condições de um povo, e não só o nível de cultura que os mais esclarecidos tenham alcançado". Também por essa razão Carlo Argan pôde escrever que "Na cidade, todos os edifícios, sem exclusão de nenhum, são representativos e, com freqüência, representam as malformações, as contradições, as vergonhas da comunidade" (*Arquitetura e Cultura*). Diferentemente da pintura ou da escultura, a obra arquitetônica é algo que se apreende não apenas pela visão "impenetrável", ou seja, do exterior. Pelo fato de criar ou delimitar um espaço de circulação e de convivência humanas, a percepção da obra é sempre, e principalmente, "endógena", ou seja, nela se reflete um conjunto de experiências ao mesmo tempo cinestésicas, funcionais ou utilitárias, estéticas e sociais. A totalidade desse conjunto converte-a, portanto, num "vocabulário figurativo e concreto" por meio do qual "falam" os poderes econômicos e sociais, as ideologias, as aspirações e os ideais dos que constroem, sem nos esquecermos das soluções materiais, das habilidades ou da capacidade técnicas aplicadas.

Espaço em arquitetura. Assim, o ponto de partida e a noção primordial da arquitetura é, sem dúvida, o espaço, entendido como experimento multissensorial e dinâmico, pois nele coexistem elementos tais como volume (a dimensão geométrica do corpo sólido), escala (a dimensão relativa ao ser humano), proporção (a relação das partes entre si), equilíbrio (a simetria das massas), luminosidade (as incidências de luzes e as projeções de sombras), deslocamento (movimento físico) e unidade de composição (a visão unificadora). Salvatore Vitale, em sua *A Estética da Arquitetura*, assegura que o espaço (interno ou externo) "não é utilizado numa só de suas relações, como simples superfície, mas no conjunto das suas relações constitutivas, como volume e massa; podemos até dizer que, na arquitetura, o espaço, ainda que mantendo o seu caráter essencial de pura extensão, isto é, no fundo o vazio, consegue adquirir uma aparência corpórea e solidificar-se; em suma, a obra arquitetônica não é somente algo que vive no espaço, mas algo que faz viver o espaço em si próprio". Idéia que se expressa igualmente nas palavras de Henri Focillon (*Arte do Ocidente*): "A profunda originalidade da arquitetura [...] reside na massa interior. Dando uma forma definida a este espaço, os volumes exteriores e seus perfis introduzem um elemento novo e exclusivamente humano no horizonte das formas naturais [...] a maravilha mais estranha é ter concebido e criado uma espécie de reverso do espaço. O homem caminha e age no exterior de todas as coisas; está sempre de fora e, para passar além das superfícies, é necessário que as rompa. O único privilégio da arquitetura entre as artes, quer crie habitações, igrejas ou interiores, não é hospedar uma cavidade cômoda e rodeá-la de defesas, mas construir um mundo interior que mede o espaço e a luz segundo as leis de uma geometria, de uma mecânica e de uma ótica necessariamente implícitas na ordem natural, mas de que a natureza não se serve". Fazer do espaço algo concreto e, igualmente, figurativo – um signo – foi o entendimento dado à arquitetura pelo historiador Alois Riegl: "Depois do primeiro despertar da civilização [...] o objetivo de toda e qualquer arquitetura empreendida para a criação de um sinal puro não se voltou para a figuração do espaço?" (*apud* Bruno Zevi, *Architetura in Nuce*). Em outra de suas obras (*Saber Ver a Arquitetura*), o mesmo Zevi concede máxima importância ao aspecto interno daquilo que se edifica: "O espaço interior, o espaço que não pode ser representado perfeitamente em nenhuma forma (plantas, fachadas e seções gráficas), que não pode ser conhecido e vivido a não ser por experiência direta, é o protagonista do fato arquitetônico. A definição mais precisa que se pode dar atualmente da arquitetura é a que leva em conta o espaço interior. A bela arquitetura será [...] a que tem um espaço interior que nos atrai, nos enleva, nos subjuga espiritualmente; a arquitetura feia será aquela que nos aborrece e nos repele". Sem pretender negar as características até aqui apontadas pelos demais autores, mas argumentando que "esqueceram outras tantas funções essenciais", Gillo Dorfles afirma, enfaticamente, que "a arquitetura é a arte da medida [...] a arte da delimitação e da repartição espacial, a arte do número e da medida aplicada à criação; e é nesta acepção que, quando falamos de 'arquitetura de um poema, de uma sinfonia, de um filme', entendemos exatamente o ritmo, a proporção, a repartição dimensional daquele poema, filme, drama, reconhecendo assim à arquitetura uma particular disposição para a métrica [...] [logo, ela] é propriamente constituída por uma espacialidade, interna e externa, uma espacialidade que, diferentemente da escultura, em vez de se 'inserir' no espaço, o compreende e delimita, do interior e do exterior, e o torna, ao mesmo tempo, espaço habitável em todas as suas diversas acepções" (*A Arquitetura como Arte da Delimitação*). Mas, apesar de seu caráter central, o espaço na arquitetura não a esgota, sendo, como é, um conjunto que unifica experiências materiais e espirituais. É o que se pode depreender, mais uma vez, da visão renascentista. Por ela, a arquitetura unifica a utilidade e o belo, ao aliar os "elementos portantes ou estruturais", que servem de habitação e convivência, aos "ornamentos", que estimulam os sentidos. E para cada tipo de instituição – palácio, edifício público, templo, construção militar etc. – a forma deve revelar os ideais abstratos ou simbólicos que ela contenha ou resguarde. Argumentação que reaparece mais modernamente, sob outro aspecto, na óptica de Nikolaus Pevsner (*Panorama da Arquitetura Ocidental*): "Quase tudo aquilo que encerra um espaço, cuja escala seja suficiente para que o ser humano possa se deslocar, é uma construção; o termo arquitetura aplica-se apenas a construções projetadas, tendo em vista o interesse estético. Uma construção pode provocar essas sensações estéticas por três aspectos diferentes. Em primeiro lugar, podem ser produzidas pelo tratamento das paredes, pela proporção das janelas, pela relação entre as paredes e as aberturas, entre um andar e outro, pela ornamentação [...]. Em segundo lugar, o tratamento da parte exterior de um edifício é muito significativo em termos estéticos: um contraste (ou simetria) entre os volumes, o efeito de um telhado em ponta ou plano, o ritmo das saliências e reentrâncias. Em terceiro, há o efeito que exerce sobre nossos sentidos o tratamento do interior, a seqüência dos aposentos, a amplitude de uma nave em seu cruzamento, o movimento majestoso de uma escadaria barroca [...] embora a arquitetura seja, antes de mais nada, espacial, ela não é exclusivamente espacial [...] isto significa que ela exige do bom arquiteto [...] o modo de percepção do pintor e do escultor [...]. Assim, [ela] é a mais abrangente das artes visuais [...]. Além disso, essa superioridade estética é suplementada por uma superioridade social".

Arquitetura modernista. As correntes modernistas da arquitetura do século XX, no entanto – seja a de orientação racional-funcionalista (Loos, Bauhaus, Corbusier), seja a orgânica (Frank L. Wright) – abandonaram a utilização de ornamentos tradicionais e o princípio da fachada "cênica", tornando independentes as próprias formas construtivas e seus materiais, fazendo com que a idéia do belo correspondesse, ao mesmo tempo, a um rigoroso despojamento científico dos elementos plástico-estruturais. De um modo geral, atribuem-se à arquitetura moderna ou contemporânea, cujos primórdios já se encontram em fins do século XIX, as seguintes características: *a*) autonomia em face das artes plásticas tradicionais, ou seja, sua desvinculação de elementos pictóricos, esculturais e decorativos, no interior ou nas fachadas; *b*) uma inserção pronunciada nos sistemas produtivo e econômico-social, observável na construção de prédios destinados a grandes públicos (estações de transporte, hotéis, habitações coletivas, fábricas, hospitais, centros empresariais ou esportivos); *c*) uso intensivo de materiais industriais, como o ferro fundido e o cimento armado (elementos maleáveis), substitutos dos suportes mais antigos, como colunas e paredes, e que fornecem novas possibilidades de resistência a tensões horizontais e pressões verticais, permitindo a obtenção de: *c.1*) massas elevadas superpostas e contínuas; *c.2*) de estruturas aéreas, nas quais o edifício se equilibra de maneira suspensa sobre pilares ou mísulas, abrindo perspectivas para a "planta livre", para vãos e fachadas sem divisórias (como as *curtain walls*) e o conseqüente emprego de superfícies de vidro; *d*) funcionalismo, isto é, a elaboração de espaços atrelados a objetivos primordialmente utilitários, em que se realçam a "eficiência" e a "praticidade" de seu uso. "A forma segue a função" (Louis Sullivan) é a máxima que orienta este princípio; *e*) vínculos muito mais acentuados com o planejamento territorial e urbanístico, em que se entrelaçam os poderes públicos e os interesses privados ou corporativos, conduzindo, não poucas vezes, à especulação imobiliária ("o que a especulação imobiliária fez com as cidades históricas é o resultado de um juízo, ainda que inconsciente, de não-valor e de uma vontade destruidora substancial e pervertida, ainda que inconfessa" – Carlo Argan, *Arte no Contexto da História Moderna*). →*Arquitetura no século XX,* →*Arte no século XX,* →*Bauhaus,* →*Modernidade e pós-modernidade.*

ARQUITETURA NO SÉCULO XX. **Revolução na forma e na matéria.** Os princípios e as formas construtivas propostas e adotadas no século XX podem ser consideradas efetivamente originais, tanto quanto a arquitetura religiosa dos gregos, de tendência escultórica, ou a civil dos romanos, cujas paredes e abóbadas imponentes terminaram por simbolizar a supremacia político-militar por eles alcançada. Com a arquitetura moderna, a paisagem urbana modificou-se de maneira radical.

Seus primeiros projetistas, tais como Louis Sullivan, Lloyd Wright, Tony Garnier, Peter Behrens ou Walter Gropius, criaram formas inovadoras e exploratórias condizentes com um racionalismo industrial já desenvolvido em fins do século XIX. Racionalismo caracterizado pela produção fabril em grande escala, pelas idéias de função e de utilidade imediata, pela expansão dos centros financeiros e comerciais e pelas aglomerações urbanas cada vez mais densas. Ou seja, além das edificações tradicionais, como templos, mansões, universidades, teatros ou sedes governamentais, havia agora a demanda por unidades industriais mais complexas, por grandes lojas e bancos, por equipamentos públicos como hotéis e hospitais e moradias coletivas ou multifamiliares (apartamentos, vilas operárias). Entre as soluções então encontradas, as mais importantes foram: a incorporação de materiais recentes e maleáveis (ferro, aço, cimento armado e, posteriormente, plástico e alumínio), capazes de servir ora como esqueletos verticais de sustentação, ora como

fundações e ainda peças de fachadas; daí a sobreposição de pavimentos horizontais formadores de arranha-céus, ou seja, de um padrão em série (e cuja circulação, é claro, só foi possível pela invenção do elevador, inicialmente a vapor, depois hidráulico e, por fim, elétrico); a utilização do vidro como parede divisória; a opção por telhados ou coberturas planas, contribuindo para o aspecto inteiramente cúbico das edificações; maior fluidez nos deslocamentos internos, dada a concepção de plantas livres e de divisões móveis; ampliação da visibilidade dos espaços interiores e exteriores por meio de largas superfícies envidraçadas; edificações em "balanço", isto é, com superfícies horizontais ou grandes coberturas sustentadas por vigas ou pilotis delgados, a sugerir espaços flutuantes; exposição à vista de estruturas e equipamentos internos; combate ao ecletismo de estilos passados e abandono das decorações tradicionais, internas ou das fachadas; ousadia de formas, inteiramente retas ou curvas, ou ainda conjugadas, e também de volumes, muitas vezes alternados.

Na opinião de Bruno Zevi, a planta livre constituiu a grande marca da construção do espaço moderno. Segundo o crítico, "a exigência social que já não coloca à arquitetura temas áulicos e monumentais, mas o problema da casa para a família média [...] e a nova técnica construtiva do aço e do concreto [...] materializam as condições de execução da planta livre [...] pilares e soalhos elevam-se desde as fundações ao átrio antes de qualquer elemento parietal exterior ou interior [...]. As divisões parietais internas, que já não respondem a funções estéticas, podem tornar-se mais finas, curvar-se, mover-se livremente, e isso cria a possibilidade de conjugar os ambientes [...] na casa média, a sala de visitas funde-se com a sala de jantar e o escritório" (*Saber Ver a Arquitetura*).

O Congresso Internacional dos Arquitetos Modernos, realizado em 1928 na França, proporia, em meio às suas declarações finais, as seguintes características a serem então assumidas: "A fim de ser proveitosa para um país, a arquitetura deve estar intimamente ligada à economia geral. A noção de *rendimento*, introduzida como axioma na vida moderna, não implica, com efeito, o máximo proveito comercial, mas uma produção suficiente para satisfazer as exigências humanas. O verdadeiro rendimento será fruto de uma *racionalização* e de uma *normatização*, aplicadas elasticamente tanto aos projetos arquitetônicos quanto aos métodos industriais. É urgente que a arquitetura, ao invés de fazer um apelo quase que exclusivo a um artesanato enfraquecido, sirva-se também dos imensos recursos da técnica industrial, mesmo que essa decisão deva conduzir a resultados um tanto diferentes daqueles que fizeram a glória das épocas passadas".

Convém esclarecer que o cimento e o ferro já eram conhecidos e utilizados, o primeiro, inclusive, desde a Antigüidade; portanto, a novidade consistia em produzir aqueles materiais em escala industrial, em peças pré-moldadas, com facilidade de transporte e economia de custos e de tempo.

Primeira geração americana. As primeiras aplicações do racionalismo-funcionalismo e de algumas dessas novas tecnologias ocorreram em fins do século XIX nos Estados Unidos, época da chamada Escola de Chicago, grupo de engenheiros e arquitetos encarregado de reconstruir a cidade, destruída por um incêndio em 1871, com destaque para Baron Jenney, Daniel Burnham, John Root e Louis Sullivan. Se o erguimento de esqueletos em ferro permitiu padronizar e elevar os registros dos novos edifícios, esta mesma estrutura de arranha-céu forneceu à especulação imobiliária um poderoso aliado. Como percebeu Wright, já na época, um só terreno original podia agora ser multiplicado dezenas de vezes para vendas distintas. Por último, o verticalismo acabou sendo representativo de idéias de poder ou imponência, assim comentadas por Sullivan: "Qual é a característica principal do edifício de vários andares? Logo respondemos: a grandiosidade. Essa grandiosidade constitui seu aspecto palpitante aos olhos de quem possui natureza de artista; é a nota mais profunda e explícita da sedução que exerce o edifício de vários andares. Deve ser [...] o verdadeiro fator de excitação de sua fantasia. O edifício deve ser alto. Deve possuir a força e a potência da altura, a glória e o orgulho da exaltação" (*apud* Leonardo Benevolo, *História da Arquitetura Moderna*).

Proveniente desse meio, quer dizer, tendo trabalhado com Sullivan, Frank Lloyd Wright cedo se converteu em um dos mais importantes criadores do século XX. Isto quer dizer que, ao lado da vertente racionalista, que na Europa seria desenvolvida pela Bauhaus e por Corbusier, sua concepção básica foi a da arquitetura "orgânica". A partir da planta livre, o importante seria obter a máxima continuidade espacial, um crescimento de dentro para fora, também condizente com a sensação psicológica de liberdade e de interligação entre o interior e o exterior. O orgânico exigiria sobretudo "independência"; independência do classicismo e de todo padrão comercial ou acadêmico. No início, aplicando com mais freqüência a nova estética na construção de casas particulares (as *prairie houses*), Wright assim condensou seus princípios: "reduzir ao mínimo indispensável as paredes divisórias [...] de modo que ar, luz e vista dêem ao conjunto uma sensação de unidade; harmonizar o edifício com o ambiente externo, estendendo e acentuando os planos paralelos ao solo; encaixar as bases inteiramente acima do nível do terreno, de modo que as fundações pareçam uma plataforma; dar a todas as aberturas internas e externas proporções lógicas e humanas e fazer com que se encaixem naturalmente no esquema de todo o edifício; incorporar instalações de aquecimento, iluminação e encanamentos como parte integrante do edifício; incorporar, sempre que possível, o mobiliário como arquitetura orgânica; linhas retas, formas retilíneas; eliminar o decorativo, tudo o que for 'de época'" (*Arquitetura e Democracia*).

Vanguarda européia. Tendo trabalhado por três anos nos Estados Unidos, Adolf Loos conheceu de perto as realizações da Escola de Chicago e entusiasmou-se com um dos princípios já sugeridos por Sullivan – o abandono das ornamentações. De retorno à Europa, Loos entregou-se à defesa da mais estrita pureza das linhas arquitetônicas. Esta opção demonstraria não apenas lucidez ou sobriedade racional, como faria da beleza uma união entre a utilidade e a simplicidade. Em termos práticos, aplicou essas noções a partir de 1906 em projetos como os da Villa Kazma, nas proximidades de Montreux, no Kärntner Bar e na Steiner Haus de Viena e, mais tarde, na casa de Tristan Tzara, em Paris.

Na França, e ao lado da corrente →*art nouveau*, a vanguarda modernista da arquitetura foi assumida, no início do século XX, por Auguste Perret e Tony Garnier, que, com maior evidência, se afastaram do ecletismo então costumeiro. Empregando o concreto armado na forma de rede de pilastras, Perret concebeu prédios de grande simplificação formal para a época, optando ainda por uma rígida simetria dos elementos da fachada (prédio residencial da rua Franklin, a garagem da rua Ponthieu, a igreja de Notre-Dame de Raincy). Já Garnier teve a sorte de conquistar a confiança do prefeito de Lyon (Edouard Herriot) e assim projetar-se não apenas como arquiteto, mas também como urbanista. Lá desenvolveu, entre 1909 e 1928, uma série de obras, como o matadouro de La Mouche, o hospital Herriot e o bairro operário Etats-Unis, considerados por Corbusier, em seu conjunto, como um dos melhores resultados de "cem anos de evolução arquitetônica na França".

A vanguarda de maior repercussão, no entanto, movimentou-se a partir da Alemanha, inicialmente por intermédio da Deutscher Werkbund (associação que se reproduziu na Áustria e na Suíça). Contando com as participações decisivas de Van de Velde e de Peter Behrens, a Werkbund trouxe do *art nouveau* o princípio geral da conjugação entre artesanato, pesquisa estética e produção industrial, e seu espírito modernista, aqui entendido como a valorização de aspectos particulares, subjetivos, sobrepostos às linguagens históricas já consagradas. Behrens, que trabalhara com o austríaco Olbrich, acabou por se tornar o mais requisitado arquiteto alemão da primeira década do século XX. Suas unidades fabris caracterizaram-se principalmente pelo funcionalismo atribuído aos espaços e às suas relações, nele incluídos o uso de novos materiais em substituição à alvenaria, o desnudamento de suas aparências, a uniformidade de ritmo e de motivos, além do gosto pelo maciço e pelo monumental. Sob sua orientação formaram-se, por exemplo, Gropius e Mies van der Rohe. O utilitarismo, o despojamento e a semelhança formais apregoados pela instituição foram resumidos da seguinte maneira pelo arquiteto e então diretor Ludwig Hilberseimer, em 1927: "O fator estético não é mais dominante, um fim em si mesmo, como a arquitetura das fachadas, que ignora o organismo arquitetônico, mas é, como os outros elementos, ordenado unitariamente [...] e conserva, em relação a essa totalidade, seu valor e sua importância [...]. A nova arquitetura, por conseguinte, não coloca problemas estilísticos, mas problemas de construção. Assim, torna-se compreensível até mesmo a surpreendente concordância da aparência formal na nova arquitetura internacional [...]. Ainda que freqüentemente diferenciada, conforme as particularidades locais e nacionais, e a personalidade dos projetistas, em seu conjunto é, todavia, o produto de pressupostos constantes; daí a unidade dos resultados formais" (revista *Moderne Bauformen*). Não podem ser descartadas, portanto, as contribuições da Werkbund e de Behrens para a grande escola da →Bauhaus.

Os trabalhos de Le Corbusier, tanto os de natureza prática (projetos) quanto os teóricos e de divulgação (livros, artigos e conferências), consolidaram as idéias da arquitetura modernista e de seu "estilo internacional", fazendo dele o mestre comum das gerações situadas entre as décadas de 1920 e de 1960, das Américas ao Japão. Seu racionalismo estrito mostrou-se ao mesmo tempo generoso pela perspectiva humanista, mas ingênuo pela crença absoluta no poder da razão (como se desconsiderasse, nas relações sociais e econômicas, o papel dos apetites, dos interesses individualistas ou as particularidades culturais). Haveria sempre uma boa solução lógica e planejada, desde que o problema urbanístico e/ou arquitetônico fosse formulado com precisão. Assim, a função determinaria, apropriadamente, a forma a ser construída. Em 1923 (*Por uma Arquitetura*), defendeu as idéias de que: *a*) a casa deveria ser construída em série (em uma sociedade de massas, democrática, não haveria privilégios justificáveis) e revelar-se funcional, uma "máquina de morar" (*une machine à habiter*), sem a necessidade

de "representar" valores de ordem simbólica (os estudos desta célula foram as casas Dominó, Gros Béton, Monol e Citrohan, propostas entre 1914 e 1922); *b*) os materiais rudes e industriais, como o concreto, deveriam ser enobrecidos. Três anos depois, ele e P. Jeanneret definiram cinco princípios de uma nova arquitetura: *1*) os pilotis – "a casa sobre pilotis! [...]. O concreto armado torna possíveis os pilotis. A casa fica no ar, longe do terreno; o jardim passa sob a casa e o jardim também está sobre a casa, no teto"; *2*) os tetos-jardins – com a instalação do aquecimento central (nos países frios), "o teto tradicional não mais convém; não deve apresentar vertentes, mas ser escavado [...] o concreto armado é o novo meio que permite a cobertura homogênea" sobre a qual se planta um jardim-terraço, destinado não só a embelezar, mas também a proteger a estrutura de contrações e dilatações; *3*) a planta livre – habitualmente, "a planta se torna escrava das paredes de sustentação. O concreto armado traz para a casa a planta livre. Os andares não precisam mais ser encaixados uns nos outros. Estão livres. Grande economia de volume construído [...] cômoda racionalidade da nova planta"; *4*) a fachada livre – "as pilastras afastam-se em relação à fachada, na direção da parte interna da casa. O pavimento prossegue em falso, na direção do exterior. As fachadas são apenas frágeis membranas de paredes isoladas ou de janelas"; *5*) a janela corrida – "as janelas podem correr (sem interrupção) de um lado a outro da fachada. A janela é o elemento mecânico-tipo da casa". Suas concepções urbanísticas ideais, tais como a "cidade contemporânea" (a *ville contemporaine*, para três milhões de habitantes), e a assessoria direta aos planos de Lúcio Costa e de Niemeyer para o Ministério da Educação foram decisivas para a configuração ulterior de Brasília (→*Modernismo Brasileiro*).

Nome de importância entre os racionalistas foi também o de Mies van der Rohe, um adepto da forma artística pura ou absoluta e do rigorismo geométrico típico do movimento De Stijl. Dono de um estilo personalíssimo, variou da monumentalidade de prédios públicos ao cubismo plano de residências particulares com um traço permanente: o da transparência. Conforme declaração pessoal, "o que" tinha menos relevância do que "o como" fazer. Na década de 1920, ainda na Alemanha, concebeu torres e cubos gigantescos de vidro, procurando eliminar a sensação de peso das estruturas. Idéias que, relativamente modificadas, realizou nos Estados Unidos, nos anos 1950: os apartamentos Esplanade, de Chicago, e o edifício Seagram, em Nova Iorque, por exemplo. Bastante diferentes, no entanto, são as sóbrias e elegantes *villas* alemãs construídas entre 1925 e 1928, nas quais há predominância no uso de tijolos aparentes, de cômodos alongados, de sacadas em balanço e de grandes janelas, formas que o aproximam de Wright. Substituindo o tijolo pelo concreto ou por estruturas metálicas, essas mesmas formas se reproduziram na América (casa Farnsworth, Crown Hall). Seu compatriota Erich Mendelsohn começou a ser conhecido por uma arquitetura arrojada e quase fantástica, como a que idealizou para o observatório astronômico Einstein (1920), por vezes tida como expressionista. A consagração veio com os edifícios curvos e ajanelados das três grandes lojas de departamentos da empresa Schoken (nas cidades de Stuttgart, Nuremberg e Chemnitz).

Internacionalização. A maior parte das características da arquitetura moderna – como as técnicas construtivas inovadoras (inclusive a aplicação de peças ou de módulos pré-fabricados), as formas geométricas cruas ou despojadas e a preocupação funcionalista, assim como as tendências ora à simetria e repetição (geminação), ora ao jogo de volumes diferenciados – difundiram-se mundialmente (aliadas também às poderosas indústrias da construção civil), não sem receberem, obviamente, as contribuições particulares de tradições culturais ou de projetistas, como, por exemplo, as de Alvar Aalto e Niemeyer e suas preferências pelas linhas curvas ou onduladas. Para essa divulgação concorreram também os oito Congressos Internacionais de Arquitetura Moderna (conhecidos pela sigla Ciam), realizados entre 1928 e 1956. No encontro inaugural, o de La Sarraz, a declaração final dizia, em meio a outros tópicos: "O método mais eficiente de produção é o que decorre da racionalização e da padronização. A racionalização e a padronização agem diretamente sobre os métodos de trabalho, tanto na arquitetura (concepção), quanto na indústria da construção (realização). A racionalização e a padronização agem de três modos diversos: *a*) exigem da arquitetura concepções que levem à simplificação dos métodos de trabalho no lugar (da edificação) e na fábrica; *b*) significam para as construtoras uma redução (quantitativa) da mão-de-obra especializada; levam ao uso de uma mão-de-obra menos especializada que trabalhe sob a direção de técnicos da mais alta habilitação; c) esperam do consumidor uma revisão de suas exigências em termos de uma readaptação às novas condições da vida social. Essa revisão irá manifestar-se na redução de certas necessidades".

Entre dezenas de personalidades que ganharam importância ao longo dos primeiros sessenta anos do século, encontramos: na Holanda, Jacob Pieter Oud (moradias dos bairros Tusschendijken e Kiefhoek, em Roterdam), Willem Dudok (prefeitura e vários prédios públicos da cidade de Hilversum), van der Vlugt e Johannes Brinkmann (juntos desenharam a fábrica de tabaco Van Nelle e numerosas residências); na Suíça, Karl Moser, os irmãos Emil e Alfred Roth e ainda Robert Maillart; na Escandinávia, Erik Asplund e Sven Markelius (suecos), os finlandeses Eliel Saarinen (que se transferiu para os Estados Unidos) e Alvar Aalto (Centro Cultural de Helsinque, prefeitura de Säynätsalo) ou o dinamarquês Arne Jacobsen (conjunto residencial de Klampenborg). Os dois últimos, aliás, amainaram a frieza das fachadas racionalistas, reintroduzindo elementos tradicionais como a madeira, o tijolo aparente e o ladrilho, liderando assim o movimento conhecido como neo-empirismo escandinavo. A partir de 1926, o funcionalismo fez o seu aparecimento na Itália com a constituição do Gruppo 7 (entre outros, Sebastiano Larco, Gino Pollini e Guido Frette), tendo à frente Giuseppe Terragni, sem deixar de invocar, nas obras de encomendas governamentais, o estilo clássico e o monumentalismo fascista (Casa do Fascio). Além do Gruppo, destacaram-se projetistas como Marcelo Piacentini e, pouco mais tarde, Franco Albini, Luigi Daneri, Mario Ridolfi e Aldo Rossi, este o chefe do movimento racionalista do pós-guerra. Nos Estados Unidos, ao lado de emigrantes europeus como Richard Neutra (casas Atwell e Kaufmann), Eliel e Eero Saarinen (Centro de Pesquisa da General Motors, terminal da Trans World Airlines), mencionem-se Raymond Hood, Wallace Harrison, Max Abramowitz, Gordon Bunshaft (Lever Brothers Co.), Philip Johnson (Glass House), Louis Kahn ou Minoru Yamazaki.

Ataques e pós-modernismo. A adoção internacional das tendências do modernismo não o eximiram, no entanto, de críticas de natureza política, estética e funcional. Já em meados dos anos 1950, as ilusões racionalistas de um humanismo abstrato e os excessos de padronização e de crueza formais – dissolvendo aspectos de identidade cultural – permitiram certas reações como as de Claude Schnaidt, docente da Escola Superior de Criação de Ulm (Hochschule für Gestaltung): "Na época em que os pioneiros da arquitetura moderna eram jovens, eles pensavam como William Morris, para quem a arquitetura deveria ser uma 'arte do povo para o povo' [...]. Queriam construir moradias adaptadas às necessidades humanas, erguer uma Cité Radieuse (cidade radiosa, no duplo sentido possível). Mas eles não tinham contado com os instintos comerciais da burguesia, que não perdeu tempo em usurpar suas teorias e colocá-las a seu serviço para ganhar dinheiro. Rapidamente, utilidade tornou-se sinônimo de lucro. As formas antiacadêmicas tornaram-se o novo *décor* das classes dominantes. A moradia racional foi transformada na moradia mínima, a *Cité radieuse* num conglomerado urbano, e a austeridade de linha em pobreza de forma [...]. A arquitetura moderna, que queria desempenhar seu papel na libertação da humanidade, criando um novo ambiente para se viver, foi transformada num gigantesco empreendimento para a degradação do hábitat humano" (*Arquitetura e Compromisso Político, apud* Kenneth Frampton, *História Crítica da Arquitetura Moderna*).

Muito mais contundente ainda veio a ser o ataque do arquiteto e ensaísta Peter Blake, um antigo admirador de Wright, de Corbusier e de Mies van der Rohe. No livro *A Forma Segue o Fiasco* (uma paródia ao princípio de Sullivan, segundo o qual a forma segue a função), Blake procurou desmistificar todos os axiomas do modernismo. Em primeiro lugar, a submissão da forma à função não significa, necessariamente, a melhoria da vivacidade, do rendimento ou do conforto. Muitos prédios antigos, quando revitalizados, demonstraram ser mais adaptados às finalidades que lhe foram destinadas do que os programados. Em segundo lugar, a planta livre não apenas destruiu a privacidade como instaurou uma promiscuidade de convívio, ao mesmo tempo obrigatória, ineficiente e constrangedora. E ainda contribuiu para o gigantismo irracional das cidades, dando-lhes um aspecto frio e homogêneo, sem considerar as formas espontâneas de convivência de grupos e pessoas. Em síntese, a arquitetura moderna, "afirmando a sua fé no homem comum e num mundo igualitário, arrastou por todos os lados as pessoas para os seus quartéis ao serviço do capitalismo privado ou de Estado. Afirmando a sua total devoção à tecnologia, traiu métodos e materiais de construção com a falta de senso de um palhaço de circo. Afirmando a sua devoção total à cidade como única nascente e mola da civilização, tornou-a impossível de governar e, com efeito, espalhou ao vento os seus habitantes. Nenhum período da história da arquitetura foi mais criativo, mais destrutivo ou mais extenuante, quer para os arquitetos, quer para os inocentes espectadores". A pregação de Blake por uma arquitetura realmente humanizada (o que incluiria a suspensão da edificação de arranha-céus e a destruição de muitos deles) jamais se concretizou, no entanto.

Ao contrário, uma das reações às características anteriores passou a ser a concepção da arquitetura como exercício estético quase fantástico, visionário ou futurista, à maneira de Boullée ou de Ledoux na época da Revolução Francesa. Foi o que ocorreu na década de 1960 com os projetos mirabolantes de Buckminster Fuller (uma cúpula geodésica sobre o centro de Manhattan), os do grupo inglês Archigram (entre outros, John McHale, Reynes Banham, Peter Cook e Ron Herron), ou ainda com os "metabolistas" japoneses e suas idéias de estruturas gigantescas de encaixes, à semelhança de células orgânicas, e de cidades mari-

nhas. A grande maioria desses projetos fantásticos provinha de um imaginário de ficção científica, de uma civilização automatizada ou robotizada em suas engrenagens e serviços urbanos, como se estivesse situada em um cenário de pós-destruição atômica. De modo real, o que já se possuía em termos de técnica construtiva era o sistema Mero, criado pelo engenheiro Max Mengerinhausen e utilizado, pela primeira vez, pelo arquiteto Karl Otto na Exposição Interbau de Berlim, em 1957. Assim, alguns exemplos daquelas concepções tecnologicamente sofisticadas, como as defendidas pelo grupo Archigram, acabaram se concretizando em fins da década de 1970. Em Paris, por intermédio do Beaubourg ou Centro Cultural Georges Pompidou, de autoria do inglês Richard Rogers e do italiano Renzo Piano. O prédio tem por modelo uma refinaria ou indústria petroquímica e, por isso, todo o esqueleto, formado por pilares e tirantes de aço, encontra-se exposto, assim como as tubulações internas e as estruturas tubulares e envidraçadas de acesso (escadas e corredores). Mais do que isso, nele se afirma a indeterminação ou a flexibilidade dos espaços, dada a possibilidade de deslocamento das paredes interiores. De Rogers, igualmente, é o Edifício Lloyds, em Londres, uma torre imponente de aço com seus suportes aparentes e suas estruturas de circulação em forma cilíndrica, situadas nas partes exteriores. A torre sustenta, finalmente, um grande cubo, de aspecto também semelhante a uma "usina", abrigando vários andares. Pela mesma época (estudos e edificação entre 1979 e 1986), Norman Foster desenhou a sede do Hongkong Banking Corporation, no interior do qual há um enorme e estonteante fosso circundado por sucessivos pisos de galerias baixas, abertas e contínuas. Na parte inferior do vão central há um chão de vidro. Assemelhando-se por sua vez a uma plataforma marítima de exploração petrolífera, tem-se ainda o Oceanário de Lisboa, concebido por Peter Chermayeff.

Como já acontecera antes com a Escola de Chicago, novas propostas estéticas também surgiram nos Estados Unidos a partir dos anos 1960, conduzidas quase sempre por associações de projetistas como as de Robert Venturi e Denise Scott, Kevin Roche e John Dinkeloo, Robert Stern e John Hagman, além dos grupos The New York Five e Site (Sculpture for Environment, criado por James Wines). Por intermédio do jornal *Perspecta*, da Universidade de Yale, Stern defendia o abandono dos mitos modernistas em favor de uma construção que voltasse a ser. primeiramente, um fenômeno ou objeto de percepção estética (*perceptional*) e que tivesse a liberdade de conjugar ou associar elementos temporalmente separados (*associational*). Com exceção dos "cinco de Nova Iorque", ainda próximos ao despojamento visual do alto modernismo (mas não mais funcionalistas estritos), as obras dos demais serviram para que Charles Jencks propusesse a existência e a denominação de uma arquitetura "pós-moderna". De início, essa nova arquitetura decidiu acompanhar a estética da publicidade que já dominava as vias públicas (ruas e estradas) por meio de imensos letreiros e *outdoors*. Ou seja, as fachadas das construções deveriam, elas também, tornar-se *símbolos* arquitetônicos independentes, como Venturi já demonstrara na prática (a Gild House da Pensilvânia) e propunha em teoria (*Aprender com Las Vegas*). Não precisavam estar adstritas às finalidades precípuas ou aos serviços da edificação. A tendência pós-moderna sugeria, diferentemente, uma "arquitetura de complexidade e contradição". Outras características delineadas a partir dos anos 1960 foram ainda: a recuperação, a revitalização ou a menção a formas e elementos tradicionais, históricos, mesmo os banais ou populares, tendo-se por conseqüência um retorno ao ecletismo, mas agora com intenções irônicas (caso da sede da AT&T, de Phillip Johnson, da Piazza d'Italia, de Charles Moore, ou do Public Services Building, de Michael Graves); o uso de recursos chamados por Wines de "des-arquitetura", ou seja, com aparência de destruição ou inacabamento, tendo por finalidade provocar estranheza ou atuar como paródia (as famosas fachadas quebradas ou descascadas das lojas Best, elaboradas pelo grupo Site); o retorno à monumentalidade, quase sempre utilizada como meio de publicização da imagem das grandes corporações, cujas sedes se tornaram marcos das novas propostas (tendência que coincidiu com a vaga neoliberal do final do século); a aplicação de revestimentos nas paredes externas, dando-lhes um colorido uniforme ou contrastante, por meio de placas de pedra, de metal ou de material cerâmico; o jogo ou a exploração escultural e inusitada de formas e volumes diferenciados (verticais e horizontais, cúbicos e cilíndricos, retos ou espiralados), que podem ser vistos em edifícios como: as bibliotecas centrais de Denver (Michael Graves) e de Monterrey (Legorreta); a capela de Santo Inácio, em Seattle (Steven Holl) ou na Igreja Católica de Paks, Hungria (Imre Markovecz); no Teatro da Ópera de Sidney (Jorn Utzon), no Sémaphore da cidade de Roussillon (Christian Drevet e Nicolas Guillot) ou no Museu Guggenheim de Bilbao (Frank O. Gehry).

ARQUITETURA BRASILEIRA NO FINAL DO SÉCULO XX.

Maria Isabel Villac

A trajetória da arquitetura no Brasil, nos últimos trinta anos do século XX, vista aos olhos do momento contemporâneo, apresenta, na sua produção, uma vitalidade múltipla e demonstra um processo de ama-

durecimento através da experiência. Tanto porque se enriquece com as transformações e as reflexões que se renovam nos discursos e na prática arquitetônica destas décadas, como porque rejeita uma visão unidimensional da atividade criativa.

Deste longo período, os anos 1970 foram os mais pragmáticos e é necessário descrevê-los como uma década diferenciada das demais. A continuidade do Nacional Desenvolvimentismo de Juscelino Kubitschek e a ruptura com uma modernidade cultural própria, ocasionada pelo enrijecimento do governo militar, deu início a um compromisso estrito da construção com a técnica, e a conseqüente ênfase na industrialização. As metas de desenvolvimento privilegiaram áreas estratégicas da economia, produzindo obras públicas no setor de transportes, energia, educação e obras civis no setor de serviços bancários, turismo e negócios.

A tecnologia construtiva do concreto, que havia sido ensaiada, nos anos 1950 e 1960, como projeto de emancipação ético e estético, afirmou-se como paradigma de modernidade tecnológica. Empresas de engenharia foram responsáveis pela construção de obras de grande porte, o que terminou por conduzir a maior parte da produção construtiva a uma expressão internacional. No entanto, há que destacar a participação de arquitetos em alguns destes empreendimentos, cujo papel será estabelecer um contraponto ao pragmatismo que orientou esta produção. Tanto na expressão plástica do edifício, com a finalidade de amenizar o impacto causado pelo rigor tecnológico, como na inclusão das questões ambientais no projeto arquitetônico com a finalidade de que sejam formuladas como fator estratégico na humanização dos espaços.

Joaquim Guedes projeta o Núcleo de Povoamento Pilar para a Caraíba Metais (BA, 1976-1982); Julio Katinsky e equipe, João Rodolfo Stroeter e equipe, projetam a Usina Hidrelétrica de Xavantes (SP, 1970) e a Usina Hidrelétrica de Paraibuna (SP, 1978), respectivamente; Paulo Mendes da Rocha desenha o Terminal Rodoviário de Passageiros de Cuiabá (MT, 1977); a concepção do Aeroporto de Cumbica (SP, 1979) é projeto do arquiteto Walter Maffei; o Aeroporto de Confins (BH, 1979) é idealizado pelo arquiteto Milton Ramos.

As Estações de Metrô da Linha Norte-Sul (São Paulo, inauguração do primeiro trecho em 1974) são concebidas por uma equipe de arquitetos liderada por Marcelo Fragelli. No Rio de Janeiro, os arquitetos Sabino Barroso, José Leal e Jayme Zettel projetam algumas das estações do metrô, entre elas, a Largo da Carioca-rua Uruguaiana (inauguração dos primeiros cinco quilômetros em 1979).

Entre os conglomerados de edifícios, o Centro de Pesquisas da Petrobrás (Ilha do Fundão, RJ, 1969) é projeto do arquiteto Sérgio Bernardes, o Centro Latino-Americano de Feiras e Salões – Parque Anhembi (SP, 1968-1972) é uma elaboração dos arquitetos Miguel Juliano e Jorge Wilheim. Os edifícios dos Laboratórios Farmacêuticos Aché (Guarulhos, 1971-1973) e do Centro Previdenciário Paulo Cruz Pimentel (Curitiba, 1973) são projetados pelos arquitetos Ruy Ohtake e Forte Gandolffi, respectivamente.

Na década de 1970, o grande desafio para a arquitetura é compreender a possibilidade criativa, contida nas esquematizações inerentes à imposição funcional de um programa específico e aos processos construtivos racionalizados. A arquitetura de menor escala, amparando o desenvolvimento industrial, atendeu ao ímpeto de modernização técnica desenvolvendo estudos normativos de implantação de obras por etapas, de sistemas estruturais modulados, de componentes pré-moldados, privilegiando as possibilidades construtivas geradas pela racionalização, pela funcionalidade e pela economia de materiais e mão-de-obra, em um espaço peculiar.

As experiências mais profícuas destes procedimentos, ligadas ao setor público, teve origem em São Paulo, na iniciativa da Conesp (Cia. de Construções Escolares do Estado), que envolveu a participação massiva de arquitetos e gerou edifícios escolares de grande qualidade espacial. A EEPG (Escola Estadual de Primeiro Grau) Jardim São Bernardo (1978), dos arquitetos Fabio Penteado e Teru Tamaki, apesar do rigoroso processo de produção da obra em função dos componentes padronizados e das especificações de montagem, apresenta uma arquitetura aberta à experiência histórica, incorporando pátios internos à concepção espacial.

Esta década foi marcada, ainda, por uma visão que definiu como problema a arquitetura moderna estruturada no Brasil. Ao se transformar em modelo, o espaço aberto pela confluência entre o particular e o universal, que explicita nossa modernidade, foi contestado. Mas contestações são parte de um rito de passagem necessário a um amadurecimento de novos caminhos na atividade arquitetônica. Os anos 1970, mesmo marcados pelo esgarçamento da liberdade de expressão na história do país e pela absorção de uma arquitetura de tendência internacional, mantém o compromisso com uma modernização de caminho próprio e com a criação de espaços democráticos.

O arquiteto Vilanova Artigas projeta a Escola Pré-Primária de Vila Alpina (São Paulo, 1970), com o mesmo princípio de espaços generosos que orientou o desenho do edifício da FAU-USP (1961-1969). O arquiteto Paulo Mendes da Rocha, na praça que abriga a implantação do edifício MAC-USP (São Paulo, 1975), mais uma vez afirma a importância da relação entre o edifício e o espaço urbano proposta pela continuidade da superfície na qual se implanta o Pavilhão do Brasil em Osaka (1969-1970). A arquiteta Lina Bo Bardi, a partir das referências eruditas que traz da cultura européia e da cultura popular brasileira que aprende a apreciar, elabora o projeto de reforma e ampliação do Sesc Fábrica Pompéia (São Paulo, 1977-1986) como elogio à alegria, ao encontro e à convivência.

Apesar do avanço técnico e de exemplos de uma arquitetura de responsabilidade social, que deixam um saldo positivo às contradições internas enfrentadas durante a década de 1970, no início dos anos 1980, a palavra "crise" define a arquitetura no Brasil. Seja pela falência do "milagre econômico" e pela decretada morte dos discursos do Movimento Moderno, seja, até mesmo, pela perplexidade e debilidade teóricas que pudessem amparar os exercícios de ambigüidade e complexidade formal das arquiteturas pós-modernas internacionais.

No entanto, a experiência da "crise", quando a diversidade e o caráter incompleto das novas arquiteturas são, a princípio, desorientadores, parece hoje indispensável, porque gerou uma reflexão consistente sobre as transformações exigidas pela época pós-moderna. A avaliação deste processo, que, no Brasil, coincide com o período de retorno ao regime democrático, exige distância histórica e só pode orientar uma crítica interna quando, na atualidade, as vertentes pós-modernas contribuem para ampliar a visão sobre a arquitetura.

No momento contemporâneo, o Brasil se agrega às alternativas disciplinares, por um lado. Por outro, à exceção da grande vertente desconstrutiva que alberga algumas das melhores arquiteturas européias, reafirma as correntes que evoluem de sua própria experiência no Projeto Moderno. Quando a opção recai sobre uma definição da arquitetura como disciplina, as obras incluem referências literais a outras arquiteturas e podem ganhar uma condição eclética, historicista ou mesmo regionalista. Esta maneira de compreender a arquitetura pressupõe a sistematização de um léxico arquitetônico cujo procedimento é normatizado pelos cursos acadêmicos das Escolas de Belas-Artes que surgiram no século XVIII.

O que ocorre com as arquiteturas disciplinares é que as referências são tomadas como imagens e aparecem como citações, como parte de um vocabulário, chamando a atenção para a tradição das formas arquitetônicas e a conseqüente percepção da cidade como cenário. A maioria das obras do arquiteto Éolo Maia é característica desta maneira de pensar a arquitetura. Desvencilhando-se dos cânones modernos e permitindo-se experimentações formais e colagem de referências advindas do neoclassicismo, da arquitetura vernácula e da cultura desenvolvida em solo mineiro, o edifício do Centro de Informações Turísticas Tancredo Neves (Belo Horizonte, 1984-1985), que projeta em colaboração com o arquiteto Sylvio Emrich de Podestá, revela a autonomia da forma e a valorização da arquitetura como figuração na paisagem da cidade-cenário. Também é o efeito cenográfico, conseguido através da invocação de tempos passados, que orienta a imagem clássica da estufa do Jardim Botânico Fanchette Rischbieter (Curitiba, 1990-1991), de Abraão Assad e equipe, bem como da Ópera de Arame (Curitiba, 1991-1992), de Domingos Henrique Bongestabs.

O conceito orientador, a ser reconhecido na maneira de exercer o procedimento disciplinar, diz respeito a uma arquitetura compreendida como linguagem e ao projeto exercido como composição formal. Isto quer dizer que também as obras da arquitetura moderna podem ser utilizadas como citação, uma vez que existe uma distância temporal que permite ver suas investigações formais como repertório da História. A Residência Jeanne e Marco Antônio Gil Borsoi (Recife, 1987), por exemplo, adota soluções modernas como estilos. Suas fachadas trazem de volta o expressionismo da casa da Alameda Lorena, projetada nos anos 1920 por Flávio de Carvalho, e as cores primárias evocadas do neoplasticismo. O espaço interno, por sua vez, reedita elementos da casa do arquiteto Luis Barragán (Tacubaya, México, 1947).

Em outras obras que se orientam pela disciplina arquitetônica, a modernidade é interpretada como ordem formal e sua transformação se dá através de auxílio retórico e ornamento. Dentro de um trabalho que teve início nos anos 1980, o arquiteto Fernando Peixoto projeta, por exemplo, o edifício Vila do Iguatemi (Salvador, 1990), que confere uma função ilusionista à cor, criando uma pretensa profundidade que desautoriza a simplicidade volumétrica resultante da planta compacta e da regularidade estrutural.

Uma outra vertente do procedimento disciplinar se encontra nas arquiteturas concebidas a partir de uma conciliação com o contexto em que se inserem. Esta maneira de pensar as questões disciplinares se orienta pelo entendimento da referência como parte de uma concepção projetual de afirmação de uma identidade e de um conhecimento técnico ou expressivo tido como exemplar. Para algumas destas arquiteturas, as peculiaridades regionais são determinantes do projeto arquitetônico. Duas obras, construídas em regiões distintas, realizam este compromisso com materiais locais e com a recuperação de uma técnica construtiva tradicional: o Interpass Club (Belém, 1989), dos arquitetos Milton Monte e Paulo Sérgio Nascimento, que

se abriga sob a complexidade de um grande telhado, e o Grupo Escolar Vale Verde (Timóteo, MG, 1983-1985), do arquiteto Éolo Maia, que surge das possibilidades construtivas e ambientais do tijolo.

Dentre as arquiteturas que aspiram a uma singularidade formulada a partir de um procedimento de contextualização, estão também as que compreendem os materiais e as formas associados ao conceito de caráter. Identificado por forte traço artesanal, o arquiteto José Zanine Caldas dedica-se à reutilização de materiais e técnicas de domínio secular para caracterizar o romantismo da Residência Francisco Wlasek (Rio de Janeiro, 1972). É o tijolo aparente e a madeira que caracterizam o uso residencial do Edifício Mont'Serrat (Porto Alegre, 1993), projetado pela equipe técnica do arquiteto Carlos Maximiliano Fayet. É ainda um racionalismo, que busca adaptar-se ao clima tropical através da predominância da massa sobre o vazio e da inclusão de cores, de elementos plásticos e revestimentos da arquitetura anônima, que caracteriza os Edifícios Residenciais Alfabarra (Rio de Janeiro, início dos projetos em 1980), do arquiteto Luiz Paulo Conde.

A partir dos anos 1970 e 1980, a busca pela diversidade formal tornará mais disponível a ampliação das possibilidades construtivas orientadas para as pesquisas de materiais novos e sofisticados. Contextualizadas com a metrópole, algumas das arquiteturas que se amparam na operacionalidade destes materiais são a continuidade do estilo internacional. Em alguns casos, estas obras se definem pela confiança nas particularidades formais e construtivas de um material específico, aliada a uma imagem de arrojo compositivo, como demonstra a formalização das estruturas metálicas que orientam a sede da Escola de Propaganda e Marketing (São Paulo, 1991), projetada pelo arquiteto Siegbert Zanettini. Em outros casos, como no projeto Citicorp Center de São Paulo (1983), dos arquitetos Roberto Aflalo e Gian Carlo Gasperini, o material se afirma na associação entre eficiência tecnológica e imagem empresarial, consolidando a inserção, na paisagem, de um novo objeto representativo de uma corporação.

A arquitetura disciplinar e contextual utiliza as qualidades do material também para definir funções diferenciadas e, no caso do uso dos grandes panos transparentes, para caracterizar a desmaterialização que permite um diálogo intenso com o entorno. No Ática Shopping Cultural (São Paulo, 1995-1997), atual Fnac, os arquitetos Paulo Bruna e Roberto Cerqueira César tiram partido da ambigüidade reflexiva e translúcida do vidro, para espelhar a paisagem, estabelecer uma permeabilidade visual na fachada e definir, para o público, a localização imediata do sistema de circulação vertical do edifício.

ARQUITETURA BRASILEIRA NO FINAL DO SÉCULO XX

Diferentes e opostas à ordem das obras disciplinares, as arquiteturas abertas à invenção continuam presentes no tempo da diversidade pós-moderna. Herdeiras ou protagonistas da experiência moderna, estas obras estabelecem um diálogo com o universo das vanguardas, afirmando a temporalidade do tempo presente na transformação da complexidade de suas investigações espaciais. Nestas arquiteturas, a forma não existe em si mesma e seu desenho se orienta pelo vazio, cuja riqueza tridimensional traduz não uma composição volumétrica, mas a configuração do espaço.

Nesta outra maneira de compreender a arquitetura, também é possível estabelecer o procedimento de contextualização, ao explicitar-se a inserção da obra em um contexto, sob os auspícios da experimentação do espaço moderno. Estas arquiteturas surpreendem pela imprevisibilidade, porque unem mundos tão diversos que, no entanto, são parte de vivências consolidadas no momento contemporâneo. A Pousada na Ilha de Silves (AM, 1979) e o Centro de Proteção Ambiental de Balbina (AM, 1984-1989), do arquiteto Severiano Mario Porto, são obras modernas, porque introduzem as técnicas construtivas dos telhados indígenas no espaço fluido da modernidade. A residência do arquiteto Henrique Reinach (Piracaia, 1990-1991) afirma sua qualidade moderna quando integra a planta compartimentada e o telhado tradicional com o sistema construtivo de estrutura independente. Resolvida em um único bloco, a casa privilegia a fachada de melhor insolação através de grandes panos transparentes que, recuados, escavam a superfície e introduzem a percepção volumétrica através de planos, que é uma lição essencialmente moderna.

As obras do arquiteto João Filgueiras Lima são paradigmas de uma modernidade apropriada. A partir da técnica e do conhecimento dos materiais, que permitem arranjos estruturais inusitados, e do aproveitamento das condições ambientais, suas arquiteturas configuram um espaço multidimensional. Mantendo a investigação, que tem início nos anos 1970, sobre a tecnologia do pré-fabricado, no Hospital Sarah Kubitschek (1995) no Lago Norte, em Brasília, o arquiteto utiliza o desempenho da argamassa armada e da estrutura metálica padronizada para projetar uma modulação sensível. Por esta mesma razão, o desenho da cobertura, também metálica, em arcos que não se tocam para formar panos de iluminação zenital e telhas pré-pintadas para controle da incidência solar nos ambientes internos, capta a luz e a ventilação natural e permite realizar o desejo de um espaço humanizado.

A sensibilidade para a questão ambiental, ensaiada na década de 1970, passa a ser protagonista em algumas arquiteturas da década posterior quando, aliadas à crise de energia, as questões ecológicas trazem a descoberto o resgate da necessidade de interação entre o ambiente construído e o ambiente natural. A Residência Helio Olga (São Paulo, 1987-1991), projetada por Marcos Acayaba, investiga as possibilidades tecnológicas do sistema estrutural construído com madeira de reflorestamento e aço, em uma modulação rigorosa que se desenvolve em um terreno de declividade extrema, expondo a conciliação entre suas qualidades plásticas e ambientais.

A investigação e o aperfeiçoamento de novas tecnologias permitiram o desenvolvimento de novos desenhos para novos programas arquitetônicos. A Estação Largo Treze da Fepasa (São Paulo, 1985-1986), dos arquitetos João Walter Toscano e Odiléa Setti Toscano, inaugura uma nova linguagem para as estruturas metálicas. Projetando suas qualidades plásticas de acordo com um lugar e um tema específico, os arquitetos criaram uma caixa leve, transparente e colorida, envolvida por uma seqüência de pórticos, inspirados pelo movimento do trem. Esta semantização que se dá no desenho das formas que nascem do deslocamento do observador no espaço é uma inspiração de referência moderna.

O avanço e o rigor da tecnologia das estruturas metálicas demonstra, ainda, que a devoção à técnica, tão cara à modernidade, autoriza a concepção criativa exigida para a realização de obras que enfrentam situações urbanas complexas. Em um terreno exíguo, a Torre da TV Cultura (São Paulo, 1991), projetada pelo arquiteto Jorge Caron como resgate do imaginário ficcional da metrópole nos inícios da modernidade, mostra um avanço na possibilidade de conceber soluções espaciais inusitadas.

Um terreno acidentado pode inspirar uma arquitetura a ser o elo de continuidade entre vias públicas, privilegiando, assim, a relação do edifício com o traçado da cidade. O Centro de Educação do Trabalhador "Antonio Carlos Tramassi" (Diadema, 1995-1996), dos arquitetos Newton Massafumi Yamato e Tânia Regina Parma, se propõe como uma estrutura de concreto aparente de forte presença na paisagem. Através de volumes articulados por vazios e estruturas leves, que se abrem para a paisagem e reconstroem o forte desnível entre as duas vias de acesso ao lote, o partido afirma que o edifício público é uma extensão da rua, espaço público por excelência.

O momento contemporâneo tem, portanto, no Brasil, uma particularidade bastante significativa: afirma, entre a diversidade das obras pós-modernas, a maturidade da arquitetura moderna que se desenvolveu em solo brasileiro. Esta arquitetura da síntese, do espaço generoso, do arrojo estrutural, da exemplaridade da inserção do edifício na paisagem, do compromisso da arquitetura diante do desenho da cidade, confirma a sabedoria que definiu a modernidade como um estado de consciência.

A participação dos mestres arquitetos na produção de novas obras e no debate de renovação urbana que busca encontrar sua própria definição de patrimônio mostra que a responsabilidade social, aliada ao binômio "tradição e modernidade", é a afirmação do tempo em que a arquitetura se insere e, portanto, da vitalidade urbana. A contemporaneidade que surpreende no MAC (Museu de Arte Contemporânea) de Niterói (1994), de Oscar Niemeyer, no Mube (Museu Brasileiro de Escultura) de São Paulo (1995) e na reforma e revitalização (1998) do edifício da Pinacoteca do Estado (São Paulo, 1902, por Ramos de Azevedo), de Paulo Mendes da Rocha , e que convive com o pragmatismo e com as infinitas associações de linguagens, ensina que a inteligência que sensibiliza a racionalidade da arte da construção é sempre inclusiva.

ARQUITETURA TROGLODITA. Habitação ou santuário escavado e construído de maneira lateral ou subterrânea em rochas tenras e sítios geológicos áridos, desde o período neolítico. Diferentemente da ocupação de cavernas naturais, utilizadas como abrigo pelos povos caçadores do paleolítico, a construção troglodita desenvolveu-se de modo paralelo e complementar às atividades agrícolas, pastoris e religiosas. Constitui, portanto, uma forma cultural e arquitetônica de reorganização do meio ambiente, tanto pela estabilidade térmica obtida quanto pelos sistemas de captação e distribuição de águas pluviais. O conjunto mais antigo já descoberto data do quarto milênio a.C. Trata-se de um complexo de trinta casas escavadas em Beersheba, Israel. Atualmente, ainda existem alguns poucos sítios residenciais, como os das províncias de Gansu, Henan, Shaanxi e Shanxi, na China (comportando cerca de quarenta milhões de habitantes), de Bandiagara, no Mali (abrangendo 250 aldeias), de Matmata, na Tunísia, ou da Capadócia, na Turquia. Outros, abandonados, são os de Mesa Verde (EUA) e Matera (Itália). As arquiteturas mais insólitas e arrojadas, no entanto, são as religiosas: templos, mosteiros, hipogeus e catacumbas. Entre elas, o conjunto de capelas coptas de Lalibela (Etiópia), Abu Simbel (Egito), o Templo de Ouro de Dambulla (Sri Lanka), a cidade de Petra, com evidentes influências greco-romanas (Jordânia), o complexo búdico de Bamyan (Afeganistão), Mogao (China), Ivanovo (Bulgária), Las Cuevas, da cidade de Guadix (Espanha) ou ainda Ajanta, Elora e Elefanta (Índia). Do grego *trougle* (cova, buraco) e *dunein* (penetrar).

ARQUITRAVE, ARQUITRAVADO. Em arquitetura, a arquitrave constitui a viga ou a trave horizontal que se apóia em colunas e, ao mesmo tempo, sustenta o friso e a cornija superiores. Faz parte do entablamento (cobertura). Utilizada pelas arquiteturas greco-romanas e egípcia, de modo preponderante, e, freqüentemente, pela renascentista e neoclássica. (→*Civilização clássica e Helenismo*). Diz-se ainda *arquitravado* o tipo de construção realizada inteiramente com seções verticais e horizontais, ou seja, sem o uso de estruturas em arco ou semicirculares.

ARRANJO. Termo musical para a adaptação de uma peça, significando a reelaboração do material escrito ou concebido originalmente para um instrumento e sua passagem para outro(s). Mais empregado no âmbito da música popular ou ligeira, o arranjo tende para um tratamento de maior liberdade harmônica, timbrística ou mesma rítmica (por vezes enriquecendo, por vezes desvirtuando a obra original). Em música erudita, usa-se de preferência o termo →transcrição.

•ARRICIATO. →*Afresco.*

•ARS GRATIA ARTIS. Expressão latina – literalmente "arte pela arte" – que sintetiza a independência radical e subjetiva da obra e da finalidade artísticas em relação a outros domínios ou valores culturais, como a ética ou a moral, a política, as condições sociais ou a beleza de padrão clássico (instrução, harmonia, equilíbrio e adequação), fazendo com que a forma suplante a idéia e predomine sobre ela. A arte entendida como forma pura do belo, auto-referente ou autotélica, independentemente do conteúdo ou de um caráter representativo exterior (imitação). Concepção que se desenvolveu a partir dos finais do século XVIII, como, entre outras, a de Karl Phillip Moritz: "O belo verdadeiro consiste em que uma coisa signifique apenas a si mesma, designe unicamente a si mesma, só contenha a si mesma, que ela seja um todo realizado em si. Se uma obra de arte tivesse que indicar algo que lhe é exterior, como única razão de ser, tornar-se-ia com isso um acessório" (*Essai de réunion de tous les beaux-arts et sciences sous la notion d'accomplissement en soi*, 1785). Grande animador da arte pela arte foi o poeta Théophile Gautier, romântico em sua juventude, mas cujas concepções posteriores influenciaram fortemente os parnasianos, corrente da qual fez parte (→*Parnasianismo*). Segundo Gautier, a arte deve ser desinteressada por natureza, ter seu objetivo em si mesma, postar-se de modo independente em face da moral, da política ou da história. Seu culto solitário é o da Beleza, pois que as civilizações, as crenças e as idéias necessariamente desaparecem, mas a beleza plástica, formal, resiste ao tempo. Em sua poesia *A Arte*, escreveu: "Tudo passa. Só a arte, vigorosa / Conserva a eternidade; / O monumento / Sobrevive à cidade. / [...]. Os próprios deuses morrem, / Mas os versos, soberanos, / Permanecem / Mais fortes que os bronzes". →*Arte no Século XX,* →*Aura* e →*Estética.*

• **ART DÈCO.** Movimento de arte decorativa (*design de interiores*) e ainda de arquitetura derivado do →*art nouveau,* e que se difundiu entre 1925 (ano da Exposição Internacional de Artes Decorativas e Industriais Modernas de Paris) e o final da década seguinte, tanto na Europa quanto nas Américas. Entre as características do *art déco,* que também se apresentou, na época, como proposta de modernização das artes, já aparecem as influências do futurismo e de sua estética de arrojo, do cubismo, do abstracionismo e do despojamento formal da Bauhaus, sem que essas novas contribuições eliminassem um certo ecletismo de temas ou motivos. De modo geral, observa-se uma escolha preferencial por linhas e contornos geométricos (triângulos, faixas sobrepostas, círculos e ziguezagues); pela estilização ou simplificação das formas naturais, ao invés dos motivos vegetais, marinhos ou espiralados complexos do *art nouveau;* por cores mais contrastantes, segundo os padrões africanos e orientais. Do *art nouveau,* entretanto, conservou, pelo menos até meados dos anos 1930, a criação de objetos exclusivos, refinados e até mesmo luxuosos. Alguns de seus projetistas: Jacques-Émile Ruhlmann, Pierre Patout, Edgard Brandt, Louis Subes, Jean Luce, René Lalique, Ivan Bruhns, A. M. Cassandre, Raymond Loewy, Sigmund Politzer, John Skeaping, Walter Teague. No terreno da arquitetura, os Estados Unidos adotaram-no com ênfase maior, ao aplicar técnicas construtivas e decorações audaciosas em seus arranha-céus nova-iorquinos, de que são exemplos os edifícios Chrysler e Empire State. Uma arquitetura *art déco* de menores proporções, combinando linhas horizontais e verticais, foi adotada por Miami, como na Essex House ou no Collins Hotel.

ARTE. **Etimologia e primeiras noções greco-latinas.** Do grego *tékne* (habilidade no ofício manual e para as coisas do espírito), pelo latim *ars, artis,* tradução que acrescenta ainda outra palavra grega, *areté,* "aptidão e virtude".

Para o conjunto do pensamento greco-latino, que ressurgiu e se aperfeiçoou no período renascentista, a arte foi considerada um processo humano, voluntário e ordenado de transformação, que se realiza ou se consubstancia em uma obra (*ergon, opus*) ou, subsidiariamente, em uma ação (*praxis, actio*). Para tanto, seria indispensável estabelecer um conjunto de regras que ensinassem a fazer com acerto e medida a obra visada. Daí o latim relacionar a palavra *artis* com *artus,*

"estreito", indicando a necessidade de limites ou de condutas regradas.

Qualquer objeto ou ente sofre modificações, súbitas ou graduais, ao longo do tempo, sem que haja interferência da atividade humana, ou seja, apenas por motivos naturais. Já um processo pensado, isto é, espiritualmente concebido, revela um conjunto de faculdades humanas que agem simultaneamente, mesmo que as "dosagens" empregadas possam ser bastante diferenciadas: *intuição, imaginação* ou representação de imagens (isto é, o fato de sermos afetados por coisas ausentes, tornando-as presentes), *emoção* (ou o sentimento de ressonâncias íntimas), *vontade, pensamento* (entendimento ou reflexão racional sobre a atividade imaginativa), *seleção* ou escolha de elementos. E essa conjugação de faculdades determina um universo próprio de *significações* que só pode ser percebido na obra (ou ação) – uma exigência indispensável do processo artístico. *A arte, portanto, determina-se pela criação de uma forma ou estrutura física artificial, na qual se fundem conteúdos psíquicos e intelectivos de ordem subjetiva, envolvidos, no entanto, pela objetividade do mundo sociocultural.* Daí a distinção clássica, também utilizada por Marx, entre a colméia da abelha (elaborada instintivamente) e a criação do arquiteto. Esse processo ocorre, além das faculdades humanas comuns, na dependência de pelo menos dois fatores básicos: a aptidão natural, ou talento, e a experiência (*emperia*) no domínio da matéria e das formas. Pela experiência, em sentido lato, é possível criar um procedimento ordenado e aperfeiçoável, bem como modelos, convenções e saberes que, uma vez estabelecidos e transmissíveis, podem ser imitados, modificados ou rompidos. Ou seja, em face de um *praeceptum* (modelo ou preceito), passa-se à *imitatio* (reprodução) ou à *licentia* (desvio, afronta ou substituição da norma).

Mas, como parte e fenômeno da produção social, a arte não escapa às poderosas influências das relações materiais e produtivas da sociedade, motivo que levou ainda Marx e Engels a escreverem: "Rafael, tanto quanto qualquer outro artista, está condicionado pelos progressos técnicos da arte ocorridos antes que ele aparecesse, pela organização da sociedade e pela divisão do trabalho em sua localidade" (*A Ideologia Alemã*).

Segunda realidade ou aparência. Genericamente, portanto, a arte é uma ação humana que se utiliza da natureza e de seus fenômenos materiais (ópticos, sonoros etc.), das relações sociais e produtivas vividas, dos conflitos ali existentes, dos sentimentos, das emoções e das idéias que sobre elas se tenha, para dominá-las, sensitivamente, e devolvê-las, expressivamente *transfiguradas,* em uma outra e *segunda reali-*

dade – a obra. Essa transfiguração em uma segunda realidade faz dela, conseqüentemente, uma *aparência*, mas com características especiais. Segundo Schiller, "a aparência estética, que se distingue da realidade e da verdade [...] é amada por ser aparência e não porque se possa tomá-la por algo melhor que ela mesma.[..] desprezá-la é desprezar a bela arte em geral, cuja *essência é a aparência*" (*A Educação Estética do Homem*).

Mais do que imitar a natureza, a arte decorre daquele poder mencionado por Francis Bacon, segundo o qual *homo additus naturae*, ou seja, acrescenta-lhe algo de subjetivo, de íntimo ou particular, a fim de responder às suas necessidades espirituais ou satisfazer desejos de ordem sensorial e imaginativa. Pelas mesmas razões, escreveu Hermsterhuis: "O primeiro fim de todas as artes é imitar a natureza, e o segundo é acrescentar à natureza efeitos que ela mesma geralmente não produz, ou não é capaz de produzir. Assim, deve-se examinar em primeiro lugar como se realiza essa imitação da natureza e, a seguir, o que significa acrescentar a ela e ultrapassá-la, chegando ao conhecimento do belo" (*Carta sobre a Escultura*). Em princípio, portanto, a arte executaria um movimento duplo: uma liberação ou superação inicial da existência empírica (a representação ou a ilusão criada) e, simultaneamente, uma reaproximação da realidade pelo que revela ou realça de importante ou de escondido, de escamoteado. Pois se o mundo e as relações humanas nos causam, permanentemente, um estímulo à ação e à reflexão, se ambos se propõem como objetos a serem decifrados e remodelados, a arte constitui uma das respostas ou reações possíveis a essa instigação natural. Com esse mesmo sentido nos diz Nietzsche: "A arte não é somente imitação da efetividade natural, mas precisamente um suplemento metafísico da efetividade natural, colocado ao lado desta para sua superação. O mito trágico, na medida em que pertence à arte, também participa plenamente dessa intenção metafísica de transfiguração que é própria da arte em geral" (*O Nascimento da Tragédia no Espírito da Música*). Nesse movimento de alteração e de reconstrução, a arte e seus produtos trazem então consigo valores e significados culturais (→*Cultura*).

Arte e escolha. Desde aqui, outra marca indelével da atividade artística é a possibilidade de *escolha* ou dileção subjetiva das formas e dos conteúdos, sempre mais ampla do que as ciências e as tecnologias possam permitir, ainda que se considerem todos os condicionamentos materiais, ideológicos ou históricos inevitáveis. A escolha da forma, especificamente, nos é lembrada por Pirandello (*O Humorismo*) ao comentar uma observação do filósofo e teólogo Schleiermacher, que "advertia com perspicácia, em suas *Preleções sobre a Estética*, que o artista opera com instrumentos que, por sua natureza, não são feitos para o individual, mas para o universal: assim a linguagem (que pode ser estendida a qualquer expressão artística). O artista, o poeta, deve extrair da língua o individual, isto é, precisamente o estilo. A língua é conhecimento, é objetivação: o estilo é o subjetivar-se dessa objetivação. Neste sentido, é criação de forma, ou seja, é a máscara da palavra em nós investida e animada pelo nosso sentimento particular, e movida por nossa vontade subjetiva. A criação, portanto, não é *ex nihilo*" (proveniente do nada).

O bem fazer, a astúcia e a interpretação. Dentro ainda da filosofia grega, a atividade artística pôde ser entrevista de várias maneiras. Assim, um *teknités*, um artífice, era alguém capaz de produzir algo exterior e de formas acabadas, fosse ele agricultor, metalúrgico, músico ou sofista (todos incluídos nas artes poéticas, segundo a classificação de Platão). Mas havia, ao seu lado, aqueles indivíduos dotados de capacidade não de produzir um objeto, mas de atuar na obtenção de coisas já existentes ou de resultados. Tais "artes", chamadas *ctéticas*, seriam as do comerciante (artes da persuasão e do ganho), as do atleta (a luta) ou as do caçador. A característica desse gênero exigiria sobretudo a astúcia, o engano, a atração na troca e no apresamento, tanto por palavras como por ações. Apesar dessa distinção, é possível perceber que a arte mimética do teatro, da pintura ou do cinema contemporâneo (partes da arte poética) se utiliza necessariamente do logro, do artifício ou da astúcia, mesclando ou confundindo, portanto, todos aqueles aspectos anteriores. Podemos ainda lembrar que, em grego, uma das palavras originais para "ação" foi *hypocrisis*, com o sentido de "ato interpretativo do adivinho" e, posteriormente, o de interpretação do ator (*hypocrités*), no teatro. Ou seja, revelar um conteúdo que se apresenta de maneira simbólica (um presságio, por exemplo) e, no segundo caso, fingir sentimentos ou emoções que, na verdade, não se possuem. Assim, a hipocrisia – como revelação e fingimento – sempre esteve apegada à idéia de arte, mesmo que seus significados mais primitivos tenham sido esquecidos. Também aí se incluem a frase de Picasso, segundo a qual "a arte é uma mentira que revela a verdade", bem como a *Autopsicografia* de Pessoa: "O poeta é um fingidor / Finge tão completamente / Que chega a fingir que é dor / A dor que deveras sente".

Vê-se também que a arte pode estar no processo ordenado e criativo de um pintor, de um marceneiro, de um poeta ou de um pedreiro, e era assim entendida classicamente, não só pelo "bem fazer" que levava à admiração pública, como pela situação social do artífice ou artista na civilização helênica.

Critérios antigos e o entendimento de Heidegger. A classificação erudita da arte também considerou a função da obra (entendida como o resultado de um processo), relativamente à sua permanência ou interatividade com o destinatário. Assim, uma obra "posta em coisa feita" (*artes in effectus positae*) está integralmente à disposição sensorial do espectador: uma pintura, um texto poético, um sapato ou móvel. Existem aqui, no entanto, duas diferenças essenciais: *1*) no uso que lhe corresponde, pois a permanência da obra pictórica ou escultórica lhe concede um valor mais alto ou digno, já que o contato humano, naqueles casos, não altera ou retira a possível perfeição obtida pelo artista. Quanto ao sapato ou móvel, o desgaste é mais rápido ou perceptível, dada a própria utilidade do objeto. A "perenidade" ou maior permanência da obra visual responderia, assim, a um desejo consciente ou inconsciente do ser humano (o da permanência memorável), fazendo-lhe atribuir um grau mais elevado de consideração; *2*) na liberdade potencial que certos processos contêm e permitem revelar ou transfigurar uma outra realidade. Uma roupa, por mais domínio formal que tenha ou criativa que seja, deve adequar-se à possibilidade de uso. Já em uma composição literária ou musical, o campo da liberdade pessoal, da imaginação ou da exploração das faculdades abstratas é potencialmente mais amplo – em decorrência ou a despeito de cânones existentes em determinada época – o que enseja relações sensoriais e significativas mais profundas ou inusitadas. Em síntese, a evocação de sentimentos, a sugestão de estados emocionais, a presença oculta ou evidente de relações sociais e a oscilação dos sentidos simbólicos criam um mundo paralelo e de maior autonomia subjetiva.

Esses critérios estão presentes, e desenvolvidos mais refinadamente, no entendimento que Heidegger ofereceu a respeito (*A Origem da Obra de Arte*). Antes de tudo, a obra de arte é uma *coisa*, isto é, uma matéria que recebeu uma forma determinada e voluntária. Mais do que isso, no entanto, ela encerra uma verdade implícita que ultrapassa a maneira do uso, tal como o exercido pelos utensílios práticos. Exemplificando essa perspectiva, diz Heidegger que um templo grego apresenta e consagra um *mundo* e uma *terra*, que são verdades situadas num tempo histórico e num espaço cultural. Na qualidade de *mundo*, o templo é uma construção arquitetônica repleta de sentidos cosmológicos, religiosos e sociais – uma escolha que traz consigo as relações entre a vida e a morte, entre o divino e o humano, entre o verdadeiro e o falso, entre o indivíduo e a sociedade. Como *terra* – o material usado, o local escolhido, a possibilidade das expansões naturais – o templo conserva a *reserva secreta* da natureza, aquilo que, velado, possibilita a existência do *mundo* manifesto. A obra de arte, portanto, constitui um combate entre o fundo permanente e obscurecido da terra e a forma que se pretende clara e significativa do mundo.

Há outras obras que, além da permanência e do grau de liberdade, dependem, no entanto, de uma ação complementar ou posterior, denominadas "postas em ação" (*artes in agendo positae*). São aquelas que requerem uma representação ou desdobramento para que sua aparência integral se manifeste: o teatro, a ópera, a música ou a dança. Dessa necessidade surge um outro agente ou artista: o ator, o cantor, o intérprete ou o bailarino. As distinções acima podem ser assim resumidas:

artífice/artista→ arte→ obra
ator/intérprete→ arte→ ação.

Em ambos os casos, no entanto, a arte requer ou não pode prescindir de uma representação, entendendo-se o ato de representar como um "colocar-se no lugar de", um processo que substitui, refaz ou interpreta não apenas um fenômeno prévio, de ordem social, histórica, natural ou psíquica, mas a maneira de percebê-lo significativamente (→*Representação, imagem e simulacro*).

No final de sua época republicana, a cultura romana classificava as atividades artísticas conforme o seguinte modelo: *1*) *artes vulgares*, ou os ofícios manuais que tinham no lucro e na utilidade imediata as suas finalidades – sapataria, marcenaria, tanoaria etc.; *2*) *artes ludicrae*, ou as de exibição pública (lúdicas), como as da mímica, da mágica, da acrobacia e da prestidigitação; *3*) *artes pueriles*, folguedos populares e jogos sociais; *4*) *artes mechanicae*, cujo prestígio social se encontrava entre as artes vulgares e as liberais em razão do uso manual, do esforço físico e das recompensas monetárias – a pintura e a escultura; *5*) *artes liberales*, ou as atividades dos cidadãos livres, mais estreitamente relacionadas com o pensamento – música (por sua ligação com a matemática), retórica, dialética, gramática, astronomia, geometria e aritmética.

Durante a Idade Média, Boécio subdividiu as artes liberais em "ciências do espírito" (o *trivium* – gramática, retórica e dialética) e "ciências da natureza" (o *quadrivium* – música, astronomia, geometria e aritmética). Postas em forma mnemotécnica, eram assim definidas: a Gramática fala; a Dialética ensina a verdade; a Retórica ministra palavras; a Música canta; a Aritmética enumera; a Geometria mede; a Astronomia estuda os astros (*Gram. loquitur; Dia. vera docet; Rhe. verba ministrat; Mus. canit; Ar. numerat; Geo. ponderat; As. colit astra*).

Virtudes e vícios. A análise tradicional indica ainda os critérios gerais de julgamento ou de juízo por meio de dois conceitos aliados à maior ou menor "perfeição" (o que está integralmente acabado) da obra e da ação. A virtude (*aretê, virtus*), que traz consigo uma apreciação admirativa, reconhecendo a adequação entre o propósito original, a experiência (domínio) e a forma realizada. E o vício (*kakia, vitium*), que aponta para a imperfeição, vista por dois ângulos opostos: se a obra comporta excessos ou desmedida, ou se peca por falta (*defectus*) ou por omissão.

Tendo-se como pano de fundo um valor cultural que exaltou as proporções exatas, a justa medida e as formas idealizadas, tais critérios ajustaram-se adequadamente às civilizações greco-latina (clássica e helenística) e à →Renascença, sobretudo porque a imitação ou a reprodução favorecem o exame comparativo com modelos prévios e ideais.

Meio-termo entre a sensibilidade e o pensamento (Hegel e Schiller). Em seu processo criativo, qualquer objeto de arte parte de uma atividade espiritual e se dirige aos sentidos. Tal seqüência inverte-se no momento da contemplação: parte-se da presença de um objeto sensível para a atividade espiritual. Por esse raciocínio, a arte ocupa, no dizer de Hegel, "o centro entre o sensível puro e o pensamento puro". É por seu intermédio, e por ser um meio de comunicação, que a sensibilidade e o pensamento se encontram. Para o critério hegeliano, a arte "verdadeira" não surge apenas como expressão pessoal do gênio do artista, mas deve carregar as indagações, as concepções e os conflitos de uma época (presente ou em gestação), condensados ou objetivados na obra, dando ao espírito o ensejo de contemplar-se a si mesmo. De um lado, ela não perde a proximidade com os fatos e as representações da vida, por ser justamente a sua reconstrução sensível. Aliás, a expressão mais sensual do espírito humano. Mas é também por ocupar o centro entre a sensibilidade pura e o puro pensamento que toda obra ou ação artística está condenada a exprimir uma particularidade, a ser um vislumbre ou *aparência* de algo mais vasto ou profundo, a *essência*. Daí também o fato de uma pintura ou de uma ação dramática, tomadas como objetos particulares, ou conjunto de manifestações, não conseguirem a generalidade ou a universalidade do *conceito*, da máxima abstração final a que se pode chegar, e que são características fortes da ciência e da filosofia.

Uma concepção de arte semelhante à de Hegel encontramos em Friedrich Schiller. Para o escritor, há dois lados conviventes na natureza humana: o sensível e espontâneo e o racional e ordenado. A integração dessas partes naturais seria realizada justamente pela arte, na medida em que "só se transforma em racional um homem sensível quando o tornamos primeiramente estético [...]. Apenas a percepção do belo faz do homem um ser completo, pois ela (a percepção do belo) põe em harmonia ambos os lados de sua natureza" (*Cartas sobre a Educação Estética do Homem*). Mas se esta realização estética configura-se como um estágio de transição entre a matéria e o espírito, entre o bruto e o sublime, o sensual e o racional, ou entre o particular e o universal, tem ela outros objetivos, ainda mais elevados, de natureza política. É um veículo de refinamento que predispõe o ser humano, no interior da sociedade, ao reconhecimento da liberdade e da racionalidade: "Se o homem pretende algum dia resolver o problema da política, na prática, ele terá de abordá-lo por meio da estética, pois só através da Beleza o homem atingirá a Liberdade [...] embora o estado estético não seja por si mesmo decisivo no que respeita às nossas percepções internas ou convicções, deixando tanto o nosso valor moral como intelectual ainda inteiramente problemáticos, ele é, no entanto, a precondição necessária para que tenhamos qualquer percepção ou convicção. Numa palavra, não há outro meio de tornar racional o homem sensível senão o de, inicialmente, torná-lo estético".

Imaginação e entendimento (Kant). A arte não seria, por outro lado, a criação e a contemplação de simples formas agradáveis. O termo agradável diz respeito a um prazer sensível e, portanto, singular e intransferível. Ser agradável é uma sensação "para mim", enquanto mera subjetividade. Ora, o julgamento do gosto, o juízo estético, não existe nesse individualismo estreito. Se a arte tem componentes espirituais, além dos sensoriais, se ela serve de ligação entre a sensibilidade e o pensamento, se estabelece uma intersubjetividade que ultrapassa até mesmo a época histórica em que surgiu, ela exige outra categoria que não só a de forma agradável. Tal distinção foi proposta por Kant na idéia de *Beleza*. E esta se realiza no acordo e no prazer obtidos entre a *imaginação*, isto é, a capacidade de ser atrativa por sua forma sensorial, ou sentido emotivo, e o *entendimento*, a possibilidade adequada de compreensão racional, que é o sentido cognitivo ou a função espiritual da arte. Essa concordância entre a forma intuída, imaginada, e a inteligência é que suscita uma comunicação humana, algo a ser compartilhado, um sentido comum (*sensus communis*), de natureza coletiva. Assim, se um objeto artístico deve causar e propor emoção, tal sentimento não prescinde de uma idéia clara, significativa e distinta, portadora também de conhecimento.

A questão foi reaberta, no entanto, pela estética contemporânea, ao negar a categoria de Beleza como pressuposto intrínseco da arte, sendo-lhe necessárias e suficientes as suas propriedades "formais" ou "expressivas" e, portanto, exclusivamente sensuais, isto é, vinculadas aos sentidos (→*Estética*).

Forma simbólica. Na esteira de Kant, Ernst Cassirer compreende a arte como o gênero maior das *formas simbólicas* e que expressam uma realidade particular. O símbolo, para o autor, define-se como qualquer imagem criada volitivamente e que comporte uma metáfora, que encarne uma idéia. Difere, portanto, de um simples sinal, aquele que apenas indica a existência de um objeto ou reclama uma ação prática (um sinal de trânsito, por exemplo). O mundo nos causa, permanentemente, impressões sensíveis e, quando a elas reagimos com "profundidade", estamos produzindo ciência ou arte. Se essa profundidade tem um objetivo conceitual, trata-se de ciência; se a profundidade é "visual", lidamos com a arte. Nas palavras do filósofo, "a primeira ajuda-nos a entender as razões das coisas; a segunda, a ver suas formas. Na ciência, tentamos seguir os fenômenos até as primeiras causas e leis gerais. Na arte, absorvemo-nos na aparência imediata e gozamos esta aparência ao máximo de sua plenitude, em toda a sua riqueza e variedade. Neste terreno, não estamos interessados com a uniformidade da lei ou do princípio, mas com a *multiformidade e diversidade das intuições*. A arte nos ensina a visualizar, não a conceber ou utilizar coisas" (*Ensaio sobre o Homem*). E ao reaproveitar a idéia do *sensus communis*, da função social da arte, assevera o autor: "O que se encontra ao fim do caminho não é a obra em sua existência isolada ou obstinada, na qual se consolida o processo criador; mas o 'você', o outro que recebe esta obra para introduzi-la em sua vida e reconvertê-la assim neste meio de onde inicialmente surgiu" (*A Tragédia da Cultura*). Portanto, a obra de arte "vive" como passagem entre um sujeito que lhe deposita certos sentidos e muitos outros que com eles têm a oportunidade de conviver e a eles reagir, emotiva e intelectualmente, recriando-os para si.

Forma sensível e expressão de idéias. Outra abordagem possível da arte, e que subentende categorias já mencionadas anteriormente (processo criativo, ordenado e espiritual, objeto-síntese do sensível e do racional, da imaginação e do entendimento, multiformidade das intuições etc.), seria o de um processo criativo de formas perceptíveis e sensórias e, ao mesmo tempo, expressivas e plásticas dos sentimentos e das idéias. A forma perceptível e sensória diz respeito a uma aparência global, previamente elaborada e confinada a uma "linguagem". Isto é, algo que se manifesta com identidade própria, seja sob aspecto fixo (uma escultura, um soneto), seja cambiante (um bai-

lado, um filme cinematográfico). Pela forma se expressa um domínio de técnica e de arranjos. A idéia de expressividade é aplicada com o sentido de tornar presentes e comunicáveis, por meio de símbolos (artifícios), determinados sentimentos e idéias. Essa expressividade recobre um território extenso que inclui, entre outras, a capacidade de imaginação, de persuasão, de emoção e de sensibilidade às coisas do mundo em sua relação com a existência humana. Quanto à plasticidade, significa que um mesmo sentimento ou idéia pode ser expresso sob formas variadas e complementares, o que dá à arte uma riqueza talvez infinita de se revelar, de transmitir e de estabelecer sentidos.

Lenitivo ou compensação ao nada. Para Nietzsche, a arte ocidental teria surgido como um socorro ou lenitivo (um *pharmakon*), a partir do momento em que os gregos perceberam o aspecto terrível ou doloroso da existência humana. Para compensar essa consciência trágica e torná-la aceitável, os gregos desenvolveram o espírito →dionisíaco, ao mesmo tempo em que idealizavam as suas formas pela disciplina e pela contenção do espírito →apolíneo. Essa busca de transfiguração ecoa ainda nas idéias existencialistas de Sartre, das quais é possível extrair também uma poética da arte. Para o autor, a arte é uma atitude imaginante e irreal que introduz uma *necessidade* (um vir-a-ser ordenado) frente aos acontecimentos contingentes, imotivados ou mesmo caóticos da vida. Isso quer dizer que o romancista, o poeta ou o músico exteriorizam, em suas obras, princípios e finalidades pré-concebidas, nas quais a fatalidade, o rigor dos acontecimentos ou dos movimentos difere da condição radicalmente livre ou de permanente escolha da existência humana (que não deixa de ser dolorosa): "Noto que esses desenvolvimentos regrados devem ser essencialmente temporais [...] que esse evento seja belo, isto é, que ele tenha a necessidade esplêndida e amarga de uma tragédia, de uma melodia [...] de todas essas formas temporais que avançam majestosamente, por meio de repetições regradas, para um fim que elas carregam em seu flanco" (*Diário de uma Guerra Estranha*).

Arte e comunicação. Já com as contribuições dos lingüistas e estetas contemporâneos, entre eles Roman Jakobson, Roland Barthes ou Umberto Eco, a arte passa a ser igualmente analisada a partir de sua finalidade comunicativa, como um fenômeno que ultrapassa a função referencial das mensagens comuns ou especificamente semânticas.

De início, ela é uma estrutura, uma conexão de partes múltiplas e mutuamente dependentes. Ou seja, é constituída: *a*) por uma base técnica ou meio de expressão material (som, traço, cor, palavra, movimento, volumes etc.); *b*) pelas maneiras distintas pelas quais esses elementos básicos são selecionados e postos em relação – o arranjo; *c*) pelas referências externas a esses materiais e seus modos de formação (referências sociais, econômicas, ideológicas, históricas, psicológicas, religiosas ou profanas, geográficas e até mesmo utilitárias, no caso mais explícito da arquitetura e das artes aplicadas) e que, em conjunto, refletem o contexto cultural; *d*) pelas reações ou sentidos emotivos e cognitivos que suscita. Essa mensagem complexa irá mostrar-se, justamente por isso, de maneira cada vez mais *ambígua*, portadora de sentidos diversos, o que induz o espectador ou receptor a concentrar sua atenção, primeiramente, na própria estrutura global dos elementos formadores, antes mesmo dos significados conexos que ela possa oferecer. Isto é, embora a mensagem "poética" (artística) guarde uma significação clara e distinta, a primeira e necessária invocação que ela faz refere-se a si mesma como sistema de relações ou processo subjetivamente idealizado e ordenado. Tal sistema pode gerar um efeito estético mais preciso ou fechado (nunca inteiramente), quando os códigos utilizados pelo autor já são conhecidos do receptor, ou, ao contrário, mais indeterminado, aberto e impreciso, dada a ruptura ou inovação introduzida nos códigos pelo autor (o que, aliás, tem sido característico da arte no século XX – abstracionismo, atonalismo, poética moderna, dramaturgia sem texto etc.). De qualquer forma, é o jogo das configurações ao mesmo tempo determinadas e ambíguas de uma obra que a torna mensagem artística, aquela que se auto-enfatiza e transmite diferentes nuanças ou indicações simbólicas, geradoras de instabilidade tanto no código como na sua apreensão. Assim entendida, a arte é um produto e um veículo de sugestão e de imprecisão de sentido, de plurissignificação, bem como de desequilíbrio ou variabilidade emotiva. Nessas características estão incluídos o estilo ou a simbologia pessoal do criador, e o fato de um mesmo objeto ou ação poder receber interpretações renovadas, em sua época ou em períodos posteriores. Manifesta-se então como um pêndulo entre o inteiramente pronto e o inesgotável, entre o exato e o hipotético (ou indefinido).

O esgotamento da arte. Até o início do século XX, a arte se diferenciou da vida cotidiana e pretendeu oferecer um sentido à realidade na qual se fundamentava, ou um significado que a transcendesse e completasse. Pelo menos teoricamente, seria ela capaz de transfigurar a aparência imediata do mundo. Como nos faz entender o historiador Jacob Burckhardt (*Civilização da Renascença na Itália*), a arte tem a tarefa de nos recompensar pela brutalidade da vida material (socioeconômica) e dos poderes políticos. Somente ela consegue realizar a história com profunda espiritualidade e justificar um sentido existencial.

A partir de meados do século, no entanto, boa parte da crítica cultural tem insistido na progressiva decadência ou esgotamento da arte, ou seja, na sua incapacidade atual de ultrapassar as aparências simples, de estabelecer uma comunicação social extensa ou mesmo de atribuir sentidos duradouros às relações e ideais humanos. Entre outros argumentos, essa análise repousa nos seguintes aspectos: *1*) na valorização extremada da forma, em detrimento da idéia, ou seja, em um experimentalismo estético que tende ao irracional e ao esotérico; *2*) na perda de referenciais externos, ou seja, de fundamentos reais ou imaginados, mas consistentes e verossímeis, o que resulta na simulação pura, em uma arte autotélica ou autólatra, que fala de si e para si; *3*) no excesso de imagens ou fluxo contínuo das formas estéticas contemporâneas, que fazem desaparecer o necessário distanciamento entre as experiências cotidianas e um espaço reservado ao ritual da manifestação artística (tudo pode ser arte ou se faz passar como tal, em qualquer momento e lugar); *4*) na ausência de hierarquias entre as obras e suas respectivas competências simbólicas, ou seja, na negação ou na impossibilidade de instituir critérios que distingam a densidade da superficialidade (→*Arte no século XX*, →*Estética*, →*Representação, imagem e simulacro*, →*Modernidade e pós-modernidade* e →*Pop – Arte e Cultura*).

Certidões da arte. O estatuto da arte tem seu princípio, evidentemente, em um objeto de perspectiva simbólica, de linguagem específica e de função estética. Mas a concretização final desse estatuto depende de relações socioculturais definidas e de instituições que lhe confiram a "certidão" competente ou o *status* necessário. No mundo moderno, essas relações abrangem os centros de difusão (como os centros culturais, museus, teatros, casas de espetáculo, galerias etc.) que tornam público e visível o objeto artístico, além de produtores, patrocinadores, críticos, teóricos acadêmicos, jornalistas, agentes e distribuidores que avalizam, comercializam e dão competência ao discurso (*Patronato*). De certa forma, os famosos *ready-made* de Marcel Duchamp colocavam em dúvida essas relações e discursos que tanto podem escamotear interesses distantes de um estatuto real, valorizando o que é anódino, como ser insensível ou consagrar o que é significante. Possibilidade que se revela na carta de Duchamp ao crítico Hans Richter, comentando a arte subseqüente ao movimento dadaísta: "Esse neodadá, a que chamam neo-realismo, arte-*pop*, *assemblage* etc., é uma saída fácil e sustenta-se no que o Dadá fez. Quando descobri os *ready-made*, pensei estar desencorajando a estética

[...]. Joguei-lhes o porta-garrafas e o mictório na cara, como um desafio [...] e agora eles os admiram por sua beleza estética!". Apesar de tudo, a arte permanece uma questão aberta, e desta natureza talvez provenha a sua irresistível atração.

ARTE ABSTRATA, ABSTRACIONISMO. **Tendências passadas.** A abstração fez parte das primeiras manifestações pictóricas da humanidade, desde o paleolítico (→*Arte Pré-Histórica* e →*Arte Rupestre*), com a criação de imagens geométricas, e continuou a aparecer em variadas civilizações, fosse na Idade do Bronze, na arte celta, na cultura escandinava, em decorações de vasos helênicos, nas imagens da primitiva →arte medieval, fosse como característica da arte islâmica. Neste caso, não por ser uma proibição explícita do Corão, mas por derivar de preceitos das *Hadiths* (*Tradições do Profeta*).

De maneira geral, pode simbolizar tanto forças místicas ou religiosas, quanto a recusa do mundo natural, experimentalismo estético ou expressão decorativa. Para isso, o abstracionismo isola determinados elementos ou relações de uma representação e procura dar-lhes uma atenção ou destaque especial. Constitui, portanto, uma ação intelectual que simplifica a complexidade das formas naturais e de suas nuanças, refugindo ao que se entende, normalmente, por →figuração ou →figurativo. Consiste, enfim, na utilização mínima de elementos sensoriais – linhas, volumes e cores – numa graduação que pode ir da simples estilização, passar pela representação sintetizada ou chegar às configurações puras, isto é, esquemáticas ou inteiramente geométricas.

Os pioneiros no modernismo (Kandínski, Mondrian, Malévitch). Para a cultura ocidental e "modernista" (*grosso modo*, a primeira metade do século XX), a arte abstrata ou não-figurativa correspondeu à criação de desenhos, pinturas e esculturas "absolutas" (que se apresentam como tal, e não mais "representam"), ou seja, desvinculadas de objetos reais.

Um dos pontos de partida mais importantes dessa modificação encontra-se nos trabalhos pictóricos de Yassíly Kandínski, marcadamente a obra *Aquarela*, de 1910, mesmo ano de seu texto *Sobre o Espiritual na Arte*, no qual justifica a nova estética. Esta opção de Kandínski teve origem, por sua vez, num trabalho acadêmico de Wilhelm Worringer, *Abstração e Empatia: Uma Contribuição à Psicologia do Estilo*, que veio a lume em 1908. Nesta obra, Worringer estabeleceu uma distinção entre o caráter naturalista da tradição mediterrânica e a índole abstracionista dos povos nórdicos. Essa "empatia inata" pelas formas livres ensejava ao espírito artístico dos povos do Norte uma justificativa histórica às aspirações revolucionárias. A abstração típica da música serviu-lhe igualmente de comparação

ou de pretensão a uma pintura autônoma, essencialmente "espiritual". A abstração converteu-se, portanto, no ponto de chegada de um processo que retirava do real toda e qualquer similaridade com a base natural. Acreditando no esgotamento da reprodução figurativa, Kandínski buscou uma arte cuja forma, pura e livre, expressasse o que a longa história da pintura anterior já conseguira em seus melhores momentos: a ressonância de uma verdade interior. Segundo ele, "nos tornamos cada vez mais capazes de ouvir o mundo tal como ele é, sem nenhuma interpretação que o embeleze. Aqui, o elemento *artístico*, reduzido *ao mínimo*, deve ser reconhecido como o elemento abstrato de efeito mais intenso [...]. E o *concreto*, reduzido *ao mínimo*, deve ser reconhecido na abstração como o elemento real de efeito mais intenso [...]. Entre esses dois antípodas pode ser colocado o sinal de igualdade: realismo = abstração e abstração = realismo [...]. Chegamos pois à conclusão de que a abstração pura se utiliza das coisas dotadas de existência material, como o faz o realismo puro. E em ambos os casos, esse sinal se justifica pelo mesmo objetivo: a corporificação da mesma ressonância interior" (*Sobre a Questão da Forma*). No início, seu trabalho revelou uma profusão de formas e de ritmos, uma tendência mais lírica ou informal, e só aos poucos inclinou-se para uma pintura contida, de feições "construtivas", fundamentada em conceitos geométricos. O grupo Der Blaue Reiter (O Cavaleiro Azul), fundado por ele e por Franz Marc em 1911, em Munique, caminharia rapidamente para a abstração expressionista (→*Expressionismo*).

Já o holandês Piet Mondrian continuou, a partir do cubismo e do fauvismo, a procura de uma "plástica pura" ou neoplasticismo, ancorado em linhas e ângulos retos, sem ilusões espaciais ou de profundidade. Em 1914 pintou o que seria o encontro do mar com um molhe (quebra-mar de pedras), simplificando a paisagem a ponto de convertê-la em uma série de barras negras, horizontais e verticais, sobre um fundo cinza. Figura proeminente do movimento De Stijl (O Estilo), do qual participaram, entre outros, seus amigos Theo Van Doesburg, Bart van der Leck, o escultor Georges Vantongerloo e os arquitetos Gerrit Rietveld e van der Rohe, serviu-se da revista do grupo para escrever artigos sobre a nova concepção que desnaturalizava conscientemente as aparências conhecidas do cotidiano. Um desses artigos, *Realidade Natural e Realidade Abstrata*, é tido como fundamental para a compreensão da corrente abstrata. Em um dos trechos, assim se expressa Mondrian: "O artista moderno está consciente da abstração emotiva da beleza. Reconhece o fato de que a emoção de beleza é cósmica, universal. Esse reconhecimento tem como corolário um plasticismo abstrato [...] que não pode tomar forma através de uma representação concreta (natural), a qual sempre indica o individual [...]. Deve expressar-se na abstração da forma e da cor, quer dizer, na linha reta e na cor primária". Suas concepções artísticas estavam baseadas na idéia de que a harmonia (finalidade da arte), para ser vista ou alcançada, deveria estar livre de todos os objetos físicos, assentada em um reino espiritual ordenado e ausente de conflitos. De certa forma, partilhava a convicção do protestantismo holandês – avesso aos ícones religiosos – e de princípios teosóficos aos quais aderiu (entre eles o de que o mal tem seu começo no apego às coisas materiais e finitas). Por volta de 1917, o De Stijl já se tornara uma corrente amadurecida e as obras pictóricas de seus artistas apresentavam grande semelhança, comportando geometrismos em vermelho, azul e amarelo, aplicados sobre fundo branco. A maioria tinha ainda, quase sempre, o mesmo título: composição.

Bem próximo a Mondrian, tanto por tendências geométricas quanto esotéricas, esteve o suprematismo de Kasimir Malévitch, outra vertente importante da arte abstrata. Em 1913, em Moscou, "tentando desesperadamente libertar a arte do mundo das representações", expôs a simplicidade de um quadrado negro (um sentimento) sobre fundo branco (o nada, o vazio) e, a partir daí, trabalhou obsessivamente com quatro elementos: o retângulo, o círculo, o triângulo e a cruz, cujos resultados foram expostos em Petrogrado (São Petersburgo), em 1915. Com tais figuras buscava a "via suprema" do taoísmo, ou a supremacia do não-objetivamente dado (daí suprematismo), cuja finalidade estaria na liberação das contingências imediatas, cotidianas e reais. As formas planas, bidimensionais, de cores simples e lisas, se autodeclaravam objetos "autônomos, vivos", não devendo manter relações com o mundo exterior. À pintura não competia "refletir as porções da natureza". Conforme escreveu ainda em *O Mundo Não-Objetivo*, "Os suprematistas entendem que os fenômenos visuais do mundo objetivo não têm, em si, qualquer significado; essencial é o sentimento como tal, completamente independente do meio em que foi evocado [...] o sentimento é o elemento determinante [...] e deste modo a arte chega à representação não-objetiva, ao Suprematismo. Chega a um 'deserto', no qual nada além do sentimento pode ser reconhecido". Malevitch reuniu à sua volta um círculo de mulheres talentosas, como as pintoras Liúbov Popova e Alexandra Exter, também adeptas do cubismo e do dinamismo futurista, e Olga Rozánova, morta prematuramente, que se tornou reconhecida por experiências com colagens coloridas, sobretudo papel sobre tela.

Primeiros adeptos na Rússia e na França. Embora vários artistas, já nos anos 1920, tenham tido passagens abstratas, há um núcleo decididamente doutrinário que se formou em torno ou por influência dos nomes aqui citados.

Na Rússia, por exemplo, Vladimir Tatlin, o primeiro escultor a aderir à criação abstrata tridimensional, teve como objetivo tornar a escultura uma "construção" adequada ao mundo da maquinaria, dos objetos em série, das engrenagens e das massas operárias. Suas obras, que passaram a ser conhecidas em 1914, foram por ele mesmo descritas como "composições sintético-estáticas", elaboradas em planos geométricos (triangulares, retangulares) e seções de volumes, ora projetados, ora vazados. A impressão causada, para certos observadores, era então a de um cubismo levado à abstração. Seu ideário construtivista obteve, durante os primeiros anos da Revolução Russa, alguma aceitação, o que lhe permitiu projetar o gigantesco Monumento à Terceira Internacional, em ferro e vidro, com dimensões superiores à torre Eiffel. Mas a partir de 1922, as críticas de Lênin à nova estética fizeram-no dedicar-se ao desenho industrial. Outros artistas ligados ao movimento abstrato optaram por abandonar a Rússia, com o intuito de desenvolver o novo esteticismo. Entre eles, os irmãos Naum Gabo e Anton Pevsner, responsáveis pelo Manifesto Realista (1920), no qual, entre outras idéias, defenderam a necessidade do emprego de movimentos cinéticos (→*Arte cinética*) como complemento ao volume escultural das obras. Além deles, e ainda antes da Revolução, ganharam destaque os pintores Mikhail Larionov e Natália Gontcharova, cujos trabalhos cultivaram traços e cores irradiantes, conhecidos como *raionismo*. Bem próximo da pintura futurista, o raionismo decompõe um objeto em feixes de linhas expansivas.

Na França, figuras históricas foram o pintor Robert Delaunay, ex-participante do cubismo, e o escultor Constantin Brancusi. Em 1912, Delaunay começou a produzir as séries *Janelas* e *Ritmos Abstratos*, aderindo à emergente concepção. Para ele, a cor é, por si só, forma e motivo: "Ocorreu-me criar uma pintura que não se baseasse senão em princípios técnicos de cor e de seus contrastes, desenvolvidos no tempo e perceptíveis simultaneamente. Empregava o termo de Chevreul: os *contrastes simultâneos*. Jogava assim as cores como um músico o faria com uma fuga de frases coloridas". Ou seja, auto-suficiente, a cor se constitui em algo objetivo, concreto ou real, capaz de produzir efeitos de tensão e de dinamismo plástico, necessários à arte pictórica. O que a dispensaria de simbolizar sentimentos ou de manter vínculos com as formas naturais. Freqüentador do círculo de Apollinaire e dos cubistas, e sugestionado pelas linhas esculturais primitivas da África e da Oceania, Constantin Brancusi foi gradativamente alongando ou estilizando as formas convencionais, até chegar à abstração em formas ovóides ou fuseladas.

Arte concreta, construtivismo, concretismo. Para certos teóricos, seria conveniente reserva o termo arte abstrata para a finalização de um processo de fuga às aparências, para o trabalho de abstração sucessiva; e o de arte não-figurativa para a obra que, desde o seu início, parta da própria abstração. Outros, como Doesburg, cunharam a expressão "arte concreta" (manifesto de 1930), reaproveitada por Max Bill e igualmente chamada de concretismo, sugerindo que nada mais real ou concreto numa obra pictórica ou escultural que a superfície, os traços, o volume ou a cor. No entanto, um dos principais exegetas da pintura formal no século XX, Michel Seuphor, afirma: "Chamo de arte abstrata toda arte que não contenha qualquer apelo, qualquer evocação da realidade, seja ou não a realidade o ponto de partida do artista".

Em um texto-depoimento escrito em 1920 – *Confissão Criadora* – Paul Klee argumentou que "a arte não restitui o visível, ela torna (algo) visível". Assim, quanto mais gráfica, menos necessidade existe de um apoio na realidade exterior. Mesmo porque a Primeira Guerra parecia ter levado o mundo ao mais alto grau de violência e de irracionalidade até então conhecido. A abstração abria um caminho para a fuga, ou, em suas palavras, "quanto mais pavoroso este mundo se torna, como agora, mais a arte se abstrai".

Durante a primeira metade do século, alguns movimentos e grupos surgiram e desenvolveram propostas de composições abstratas, quase sempre de curta existência. O Círculo e Quadrado (Cercle et Carré), fundado por Michel Seuphor e pelo pintor uruguaio Torres-Garcia, em 1929, lançou sua revista homônima cujo primeiro número (dos sete publicados) trouxe as seguintes considerações de Garcia (*Querer Construir*): "Que é construção? No momento em que o homem abandona a cópia direta da natureza e faz *à sua maneira* uma imagem, sem querer se lembrar da deformação visual que a perspectiva impõe, isto é, desde que se desenhe mais a *idéia* de uma coisa e não a coisa no espaço mensurável, começa uma certa construção. Se além disso dá-se uma ordenação a essas imagens, buscando harmonizá-las ritmicamente, de maneira que elas pertençam mais ao conjunto do quadro do que àquilo que elas querem expressar, já se atinge um grau elevado de construção [...] devemos ainda considerar a forma [...] assim que esta forma contiver um valor *em si* – expressão abstrata de seus contornos e de suas qualidades – ela adquire uma importância plástica, e pode-se dizer de uma obra assim concebida que ela participa já de uma certa cons-

trução [...] visualmente, nunca possuímos o objeto completo. O objeto completo só existe em nossa mente. Se temos na cabeça o objeto completo, para dar-lhe uma idéia gráfica escolheremos as partes essenciais e *construiremos* um desenho que, se não estiver de acordo com as regras da perspectiva, será muito mais ilustrativo [...] o que nos diz respeito é este valor absoluto que damos à forma, independentemente daquilo que ela possa representar [...]. Com isso, desaparece uma dualidade que sempre existiu no quadro: o fundo e as imagens; onde a estrutura toma o lugar das imagens sobrepostas não haverá mais dualidade e o quadro terá recuperado sua identidade primeira, a *unidade*". Embora o grupo contasse com a participação de Mondrian, Kandínski, Pevsner, Le Corbusier, Jean Arp, entre cerca de oitenta membros, realizou somente uma grande exposição em 1930, em Paris. No ano seguinte, sucedeu-lhe o grupo Abstração-Criação, conduzido pelo belga George Vantongerloo, com a maioria dos artistas já mencionados.

Tanto o →cubismo, o →fauvismo, o →expressionismo, como a arte africana estimularam ou abriram perspectivas para as formas puras e a exploração estritamente plástica das cores, das linhas e volumes pictóricos. A arte abstrata generalizou-se no Ocidente, principalmente entre os anos 1930 e 1960, e os mais diversos artistas, em técnica, personalidade e resultados contribuíram para a sua consagração ou esgotamento (na dependência do ponto de vista), ainda que em certos momentos ou fases de vida. Entre outros, Frantisek (François) Kupka (tcheco de nascimento e envolvido com os "efeitos espirituais das cores"), Francis Picabia, Jean Arp, Yves Klein (franceses), Van Doesburg e Van der Leck (holandeses do grupo De Stijl), Moholy-Nagy e Victor Vasarély (húngaros), Ben Nicholson e Paule Vezelay (ingleses), o ítalo-argentino Lucio Fontana, Paul Klee e Max Bill (suíços), os norte-americanos Jackson Pollock, Barnett Newman, Frank Stella, Robert Motherwell ou o holandês ali radicado Willem de Kooning.

Posterior à Segunda Guerra foi o *concretismo* de Max Bill (participante da Bauhaus), ao qual aderiram Verena Loewensberg, Camille Graeser e Richard Lhose. Influenciados pelos novos conceitos da física e da matemática modernas, e ainda pelas teorias da percepção que provinham da Gestalt, os concretistas abandonaram as atitudes iniciais do abstracionismo subjetivo e do geométrico. Propuseram em seu lugar uma arte em que a tela se convertesse em um campo de forças entre fenômenos visuais, opondo campos precisos e imprecisos, contínuos e descontínuos. Também na segunda metade do século, vieram agregar-se à história da abstração o →expressionismo abstrato, a arte →cinética, a →arte minimalista e a →arte povera.

No Brasil. Max Bill talvez tenha sido a influência mais forte para o início da arte abstrata brasileira, juntamente com a atuação do crítico Mário Pedrosa e a instalação da Bienal de São Paulo. Em 1948, Cícero Dias pintou o primeiro mural abstracionista, sendo o artista considerado um dos pioneiros da corrente, ao lado de nomes como Antônio Bandeira, Mary Vieira, Almir Mavignier e do romeno aqui radicado Samson Flexor (registre-se que Manuel Santiago, integrante do Núcleo Bernardelli, chegou a fazer experiências abstracionistas em 1916, segundo Teixeira Leite). De forma relativamente organizada, surgiram, em 1952, os grupos Ruptura, em São Paulo, e Frente, no Rio de Janeiro, autodenominados concretistas, sob a liderança do poeta Ferreira Gullar. Ambos defenderam a abstração como "salto qualitativo", não apenas na pintura, como também na escultura, nas artes gráficas e no *design*. Do Ruptura participaram Lothar Charoux, Waldemar Cordeiro, Luis Sacilotto, Leopoldo Haar, Kazmer Fejer e Geraldo de Barros (que também se dedicou à fotografia concretista com a série *Fotoformas*). Ao Frente estiveram vinculados Ivan Serpa, Abraham Palatnik, Franz Weissmann, Aloísio Carvão e Décio Vieira. Pouco mais tarde, em 1959, apareceu o movimento Neoconcreto, também no Rio de Janeiro, do qual participaram Ivan Serpa, Lígia Pape, Amílcar de Castro, Reynaldo Jardim, Lígia Clark, Franz Weissmann e Hélio Oiticica, e ao qual aderiram os artistas Willys de Castro, Hércules Barsotti e, posteriormente, Mira Schendel, os três últimos de São Paulo. O neoconcretismo brasileiro buscou desvincular-se daqueles aspectos mais "científicos" do concretismo europeu, ao incorporar formas ou relações que o crítico Mário Schenberg chamou de "orgânicas". Com isso, propunha-se a introdução de configurações naturais e maior grau de subjetividade por parte do artista, aproveitando-se inclusive das repercussões da fenomenologia e de sua teoria da percepção. Como rezava o manifesto, "o racionalismo rouba à arte a autonomia e substitui as qualidades intransferíveis da obra de arte por noções de objetividade científica". Os neoconcretos romperam ainda com a bidimensionalidade do quadro, incluindo colagens ou elementos que ultrapassavam os limites da moldura, além de produzirem objetos de experiência tátil no espectador, como os bólides e parangolés de Oiticica e os bichos de Clark. Além dos já mencionados, estiveram ou continuam vinculados ao abstracionismo, em suas diversas modalidades, nomes como Sérgio de Camargo, Lula Ayres, Flávio Shiró, Maria Leontina, Wega Nery, Manabu Mabe, Glauco Velasquez e Tomie Ohtake.

Quanto à produção escultórica de características abstratas, a ela se entregaram, de modo constante ou pelo menos num determinado período, o pioneiro Bruno Giorgi, Amílcar de Castro, Willys de Castro, Mário Cravo Jr., João Rossi, Sérvulo Esmeraldo, Emanoel Araújo, Caciporé Torres e ainda os emigrantes Weissmann, Frans Krajceberg, Domenico Calabrone, Yutaka Toyota e Tomie Ohtake.

Tendência no fim do século XX. A vulgarização da arte abstrata tem apresentado contra si uma massificação de obras puramente estéticas, ou seja, aquelas em que a forma supera a idéia, artificializando de tal forma o conteúdo e o que dele pode ser dito, que se recai no decorativismo – a forma pela imagem e vice-versa. Dado o esgotamento que aos poucos se tem observado, a tendência das últimas décadas tem sido o retorno à figuração ou a um expressionismo remodelado, o chamado →neo-expressionismo.

ARTE BIZANTINA. O conjunto das expressões artísticas criadas e difundidas no interior e por influência da cultura bizantina, desde o estabelecimento do Império, em 330 d.C., até a invasão árabe e conseqüente queda de Constantinopla, em 1453, comandada por Maomé II. Fundada por colonos gregos em 657 a.C., Bizâncio foi escolhida como sede oriental do Império Romano por decisão de Constantino (imperador entre 306 e 337), em face das invasões germânicas que, nos territórios ocidentais, abalavam progressivamente o já decadente poder e a segurança de Roma. Situada no Bósforo, a nova capital desenvolveu-se com vigor e rapidez, ao servir de centro manufator e, principalmente, comercial entre as várias rotas mercantis da Europa, Ásia e Oriente Médio. Rebatizada como Constantinopla, Bizâncio deu continuidade à antiga política expansionista e centralizadora de Roma, além de se tornar o núcleo oriental do catolicismo, após a conversão de seu fundador (312) e da proteção do culto oferecida pelo Concílio de Nicéia (313). Mas ainda durante o século IV, entre os reinados de Constantino e de Teodósio, conviveram as ornamentações urbanísticas pagãs (estátuas de deuses e de figuras mitológicas greco-romanas) e as primeiras construções cristãs – a igreja de Santa Irene e dois templos dedicados aos mártires locais Acácio e Mócio, além do Santo Sepulcro, em Jerusalém. A partir de Justiniano (527-565), no entanto, Bizâncio adotou, em definitivo, as características de um Estado fortemente teocrático – o cristianismo como religião oficial, e os poderes temporal e espiritual concentrados nas mãos do soberano. Por conseqüência, a arte bizantina converteu-se em arte tipicamente dirigida (de maneira semelhante à faraônica), devotada à exaltação dos ideais cristãos e à glória de seus representantes, os imperadores. De um lado, submeteu-se a prescrições sacerdotais explícitas, incorporando, de outro, o luxo e a ostentação da realeza, de longa tradição oriental. O convencionalismo bizantino significou ainda um rompimento com os padrões naturalistas dos períodos clássico e helenístico, substituídos por uma forma artística hierática (sagrada), em que a idéia da representação divina não poderia ser evocada pelos critérios antigos da figuração. Daí a prática generalizada da frontalidade e da solenidade das figuras, uniformes em seus gestos, trajes e expressões – um simbolismo de finalidade extra-sensorial, diverso da percepção cotidiana. O céu, por exemplo, foi colorido constantemente de dourado, indicando a necessidade humana da conquista espiritual do reino divino, eternamente iluminado. Ao eximir o mundo contingente e material de suas representações, abandonou também a preocupação técnica com os aspectos espaciais e volumétricos. Todas as formas compositivas mantiveram-se lineares e em plano. O resultado é uma tendência ao abstrato e ao imóvel, estados de "ser" que escapam à deterioração do tempo e do movimento. As imagens sagradas, reveladas pelo Cristo Pantocrático, pela Virgem, pelos apóstolos, patriarcas, santos e imperadores, tornaram-se as únicas dignas de consideração e reverência, por serem arquétipos da mais alta espiritualidade. Em decorrência desses conceitos, às artes plásticas já não interessou o corpo e "não existe arte menos sensual que a bizantina. A figura humana não é mais representada por si mesma, mas apenas como morada de um pensamento religioso, de uma fé. A criação mais habitual [...] é a do asceta magro e severo, as faces cavadas, olhos imensos, atitude dramática – eloqüente expressão do tipo monástico" (Paul Lemerle). As quatro mais importantes manifestações de sua arte foram os mosaicos, os ícones, os afrescos e a arquitetura. Os primeiros converteram-se em técnica de extremado requinte. Embora os egípcios, os persas e os romanos confeccionassem mosaicos, eles serviam mais freqüentemente como revestimento de pisos. Os bizantinos os elevaram à categoria de pintura mural. Quanto menores se tornavam os cubos de pedra e de vidro embutidos, tanto mais variados os efeitos colorísticos conseguidos. Os ícones, pequenos quadros com personagens sagrados, eram elaborados pictoricamente com as técnicas da têmpera e da encáustica, e também em mosaico, tanto sobre madeira quanto em telas de metal. A primeira camada era inteiramente dourada, seguindo-se a pintura da imagem. Em seguida, retirava-se parte desta tinta superior, com o intuito de revelar o traje e a auréola. Por vezes, nos trabalhos mais luxuosos, procedia-se à colagem de pedras preciosas ou semipreciosas, como, por exemplo, para a ornamentação de coroas. Os afrescos somente adquiriram importância a partir do século XII, quando no Ocidente se projetava a arte românica. Dois centros ou escolas foram constituídas – a cretense, que exerceu

influências sobre as regiões italianas, desde a Sicília até o norte, e a macedônica, cujas características de maior rigidez e simplicidade foram levadas para o Leste europeu. A riqueza obtida pela política de centralização econômica ofereceu condições para que desde o século V fossem erguidos diversos edifícios suntuosos, como palácios, teatros, hipódromos, casas de banho e, sobretudo, igrejas, de concepções arquitetônicas inovadoras para a época. O mais extraordinário exemplo é o da basílica Hagia Shopia (Sagrada Sabedoria, turística ou vulgarmente chamada Santa Sofia), erguida entre os anos 532 e 537. Ali, os arquitetos Antêmio de Tralles e Isidoro de Mileto conjugaram dois tipos de plantas: a de plano central, comum no período paleocristão, e a de plano alongado, com nave. Mais ainda: aproveitaram a idéia de cúpula, do Panteon romano, para instalá-la sobre uma base quadrada, e não mais em forma de rotunda. Vista de fora, percebe-se uma série progressiva de semicúpulas, estratificadas, até se alcançar a cúpula central. Além do pátio fronteiriço, o projeto incluiu um átrio ou nártex, coberto com uma primeira abóbada e, ao fundo, uma abside, de estrutura idêntica, para o altar. No meio, o imenso recinto principal, encimado pela majestosa cúpula de tradição romana, e que, apesar de seus trinta metros de diâmetro, parece estar suspensa no ar. Em sua coroa dispõem-se quarenta janelas para a passagem da luz natural, necessária à iluminação do interior e dos mosaicos. A arte bizantina inspirou grande parte das obras medievais no Ocidente, sobretudo na confecção de mosaicos e de pinturas (afrescos, retábulos e miniaturas). Na arquitetura, é possível observar seu modelo, por exemplo, em Ravena (Basílica de San Apolinare in Classe, Mausoléu de Galla Placidia e San Vitale) e Veneza (igreja de São Marcos). Ou ainda nas catedrais da Anunciação, de São Miguel Arcanjo e da Dormição (descanso eterno) de Moscou, bem como na de Santa Sofia de Kiev.

ARTE BRUTA. Na definição dada pelo artista plástico Jean Dubuffet, que cunhou o termo, trata-se de "produções de toda espécie – desenhos, pinturas, ornamentos, figuras modeladas ou esculpidas – que apresentam um caráter espontâneo e inventivo, o menos possível devedoras da arte usual, e tendo por autores pessoas obscuras, estranhas aos meios artísticos profissionais". Em um texto de 1951 (*Honremos os Valores Selvagens*), afirma ainda: "Faço pouco caso de toda essa arte feita no Ocidente pela casta dos artistas profissionais e das pessoas intoxicadas pela cultura, essa arte que enche nossos museus e aparece em todas as exposições, publicações e comentários, a Arte Cultural. Pelo contrário, me sinto extremamente atraído pelas obras de Arte Bruta, produzidas por pessoas alheias à cultura [...]. Tão-somente nessa Arte Bruta podemos achar os processos naturais e normais da criação artística, no seu estado elementar e puro". Entre as "pessoas obscuras" Dubuffet incluiu aquelas do submundo da sociedade, como os "procurados pela polícia e os hóspedes de hospitais psiquiátricos". De um ponto de vista formal, no entanto, a arte bruta assemelha-se à arte *naïf, naïve* ou primitiva, seja pela técnica ou temática espontâneas, seja pelas características do ambiente cultural de que provenham os seus criadores. Majoritariamente, no entanto, tanto as obras plásticas quanto os escritos recolhidos na Europa, e inclusive no Brasil, pela psicanalista junguiana Nise da Silveira concentraram-se em manifestações de doentes mentais internados em sanatórios, e consideradas expressões estéticas reveladoras de sintomas de desequilíbrio, de formas sensitivas e de pensamento conturbado dos pacientes. As pinturas, desenhos, colagens e textos são tidos por manifestações terapêuticas singulares, no sentido de egocêntricas ou destituídas da intenção primária de comunicação coletiva. Discute-se ainda se tal produção conteria uma criatividade autêntica – e não apenas espontânea – ou se, ao contrário, seria o testemunho da ausência de liberdade, isto é, de uma incomunicabilidade inerente e provocada pela enfermidade. Na França e no Brasil foram criados, por seus patrocinadores, museus e coletâneas dessa natureza. Convém ainda lembrar que o primeiro divulgador das artes bruta e primitiva no Brasil foi o artista plástico Flávio de Carvalho, promotor de uma exposição inicial em 1933 e defensor da "arte anormal", como a chamou três anos depois em um artigo no *Diário de São Paulo* (24 de setembro). Flávio referia-se a uma arte igualmente espontânea, inculta e imediata, fora, inclusive, das vertentes do alto modernismo. →*Naïf, Naïve.*

ARTE CINÉTICA. A idéia de uma arte cinética de natureza plástica e que se aproximasse da música ou da coreografia, qual seja, a de criação e projeção de movimentos elaborados para a pintura e a escultura, começou a se configurar com o modernismo construtivista russo de Naum Gabo e de seu irmão Antoine Pevsner. Em 1920, ao criticarem o futurismo e o cubismo por uma acomodação a formas estabilizadas, propuseram ambos certas concepções, entre as quais: "É óbvio para todos nós que, pelo simples registro gráfico de uma série de movimentos momentaneamente imobilizados, torna-se impossível recriar o movimento[...] Afirmamos a profundidade como a única forma pictórica e plástica do espaço[...]. Renunciamos à ilusão milenar da arte que sustenta serem os ritmos estáticos os únicos elementos das artes plásticas. Afirmamos nessas artes um novo elemento, os ritmos cinéticos, como as formas básicas de nossa percepção do tempo real" (*Manifesto Realista*). A primeira experiência "es-

cultural" de Gabo, chamada Construção Cinética, ocorreu em 1922, consistindo de uma vara metálica vibrátil, acionada por motor elétrico. Na década seguinte, Lászlo Moholy-Nagy construiu a Máquina de Luz (ou Modelador Luz-Espaço), cujas partes metálicas móveis refletiam a luz incidente, definindo uma área espacial envolvente. Mais tarde, já em 1937, Gabo voltaria ao assunto, ao escrever, mais especificamente sobre a escultura: "[...] quem não admirou na Vitória da Samotrácia os chamados ritmos dinâmicos, o imaginário movimento para a frente incorporado a essa escultura? A expressão de movimento é o objetivo principal da composição das linhas e massas da obra. Mas nela a sensação de movimento é uma ilusão que existe apenas em nossa mente[...]. Para trazer o Tempo como uma realidade à nossa consciência, para torná-lo ativo e perceptível, precisamos do movimento real de massas substanciais, removíveis no espaço" (*Escultura: A Talha e a Construção no Espaço*). De maneira mais concreta, no entanto, somente após a Segunda Guerra Mundial é que novas formas e técnicas foram desenvolvidas para se obter a impressão pictórica de linhas e volumes em deslocamento ou em vibração. Na pintura, por exemplo, passaram a ser elaboradas redes de linhas e de figuras geométricas em expansão ou contração, a empregar-se superposições de volumes e transparências entre planos, cujos resultados são os de "vibrações" óticas ou efeitos de instabilidade na percepção do conjunto da obra. A escultura, por sua vez, encontrou nos móbiles de Alexander Calder (derivados de brinquedos e cujos ensaios iniciais datam da década de 1930) as primeiras soluções para a arte cinética de massas espaciais. Na seqüência, vieram as esculturas "espaçodinâmicas" de Nicolas Schöffer, movimentadas por estímulos sonoros ou capazes de efeitos luminosos móveis, chegando-se mais tarde às instalações "penetráveis". De maneira genérica, classificam-se entre as obras de natureza cinética: *a)* objetos que se movimentam induzidos por forças mecânica, elétrica, eólica, magnética etc; *b)* as que requerem o movimento do espectador ou sua ação sobre o objeto, como o disco de círculos concêntricos de Marcel Duchamp (*rotative plaque verre*); *c)* as que se baseiam em movimentos de luz projetada ou refletida, de modo a produzir efeitos vibratórios; *d)* as que proporcionam apenas a impressão de deslocamento (contração, expansão), porque resultantes de ilusões óticas, caso da *Op Art* (neste caso, há divergências de conceituação já que, por não existir um movimento real, estariam desconsideradas as propostas iniciais do construtivismo russo). Entre os principais representantes da arte cinética, encontram-se, além dos já mencionados: Auguste Herbin, Josef Albers, Victor Vasarely, Jesus Soto, Lynn Chadwick, Yaacov Aham e Jean Tinguely. No Brasil, seus pioneiros foram Mary Vieira (série de multivolumes e polivolumes) e Hélio Oiticica (penetráveis).

ARTE CONCEITUAL. Extremamente variada em formas e manifestações, a arte conceitual – surgida na década de 1960 – representou uma das últimas e mais radicais tendências do antitradicionalismo das artes plásticas no século XX. Cronologicamente, no entanto, parece-nos pertinente indicar a influência de Joseph Beuys sobre as manifestações de arte conceitual. Ocorre que em várias obras do artista alemão já se encontrava explícita a máxima "Denken ist Plastik" (pensar é plasmar), ou seja, o fato de que o arranjo de certos elementos táteis e visuais serviria principalmente para desencadear pensamentos ou percepções inusuais, embora presentes na realidade cultural. Este conceito de arte alargada ou de obra aberta exigiria, portanto, mais do que uma simples contemplação, dirigindo-se a uma atividade introspectiva ou meditativa. Avesso à pintura, à gravura ou à escultura, o conceitualismo optou majoritariamente pelo uso, seleção, modificação ou correlação de objetos já disponíveis ou fabricados. Dessa maneira, excluiu de seus procedimentos de criação várias técnicas ou códigos específicos. Nas palavras de Douglas Huebner, um dos artistas participantes da corrente, "o mundo está cheio de objetos, mais ou menos interessantes; não desejo adicionar-lhe mais nenhum. Prefiro simplesmente declarar a existência de coisas no tempo e no espaço". Se o termo foi cunhado pelo norte-americano Edward Kienholz, coube a Sol LeWitt a tentativa inicial de sua definição: "Em arte conceitual, a idéia ou conceito é o mais importante aspecto da obra [...]. Todo o planejamento e as decisões são formuladas de antemão e a execução é uma questão superficial. A idéia torna-se a máquina de fazer arte" ("Parágrafos de Arte", 1967, revista *Artforum*). Os objetos não necessitam apresentar nenhuma qualidade estético-sensorial de relevo, sendo mais comumente triviais. Qualquer idéia que envolva um significado particular, desde que expressa publicamente, por qualquer meio, é suficiente para configurar uma obra de arte. Em síntese, o objeto ou o tema privilegiado da arte é o seu conceito, personificado ou incorporado em algo visualmente concreto. No entendimento de Joseph Kosuth, "a condição artística é um estado conceitual". Sua instalação *Uma e Três Cadeiras* é um exemplo deste predomínio da idéia. Trata-se de uma cadeira real (o referente, por assim dizer), uma foto dela mesma (representação por imagem) e sua definição escrita (signo lingüístico), o que reúne todas as possibilidades de existência de um objeto (inclusive o de ser "arte"). Robert Barry, por sua vez, "fo-tografou" a dispersão de gases inertes e ainda expôs "comunicações telepáticas", praticando assim ações de absoluta invisibilidade ou imaterialidade – idéias irredutíveis a imagens. Em sua diversidade, a arte conceitual utilizou-se igualmente de: *a*) manifestações corporais e performáticas (arte do corpo, ou *body art*, chegando-se por vezes à autodilaceração, como as promovidas por Vito Acconci e Chris Burden, ou à simples paródia da dupla de "estátuas" Gilbert e George; *b*) *happenings* e *imprints*, como as chamou Yves Klein. Sua *Sinfonia Monótona*, por exemplo, consistiu na execução orquestral de uma só nota, durante dez minutos, alternada por outros dez de silêncio, enquanto duas garotas nuas lambuzavam-se de tinta e imprimiam borrões de seus corpos sobre uma tela no chão; *c*) instalações baseadas em palavras aleatórias, recolhidas de dicionários, em séries de números correspondentes a eventos repetitivos, ou em frases aforísticas (como as utilizadas por Bruce Nauman – "vida/morte/conhece/desconhece" e Jenny Holzer – "proteja-me do que desejo"), projetadas por meio de diapositivos, ou ampliadas fotograficamente, servindo de tema e material expositivo. Aproveitando um trocadilho francês, não faltaram críticos para dizer que a arte conceitual não iria além de um *con-art*, de uma arte cretina ou boçal. Já Carlo Argan preferiu dizer que "com o conceitualismo, a arte reconhece a sua limitação e não-funcionalidade na atual condição cultural; admite que não pode ter outro desenvolvimento senão uma maior redução [...] e que não existirão novas formas, novo estilo, mas apenas sinais cada vez mais eloqüentes da ausência de arte [...]. A arte, pois, vive sua morte em seu ser arte" (*Arte Moderna*). →*Arte Povera* e →*Minimalismo*.

ARTE DIGITAL, ELETRÔNICA. Consiste na criação de imagens simbólicas ou de obras estéticas cuja elaboração deriva, parcial ou totalmente, dos recursos oferecidos pela tecnologia dos computadores e de seus sistemas eletrônicos ou de funcionamento numérico-digital. Do ponto de vista técnico, um computador compõe-se de uma unidade aritmética e lógica para cálculos, de uma estrutura de armazenamento ou memória de dados, de funções e comandos para a entrada e a saída de informações, além de controles para o fluxo e a seleção daquelas últimas. A partir dessa estrutura fixa (*hardware*), os programas nela instalados (*softwares*) permitem tanto a geração, como a transformação, a colagem ou o acréscimo de: *a*) desenhos, pinturas, fotografias ou formas plásticas de tipo e finalidade pictórica ou de uso gráfico, comercial e publicitário; *b*) imagens fixas ou animadas, provenientes ou destinadas a obras em vídeo (*lato sensu*) e cinema; *c*) instalações ou esculturas cibernéticas de efeito tridimensional. Em qualquer dos casos, as imagens podem conter características figurativas, sejam elas miméticas, inteiramente simuladas ou sintéticas, bem como abstratas, obtidas por relações algorítmicas, geométricas e matemáticas, incluindo-se o trabalho de criação ou modificação de formatos, cores, traçados, volumes, movimentos e texturas. Como obra acabada, a arte digital tem a possibilidade de ser vista na própria tela do computador (auto-suporte), como ser transferida para papel, inclusive gravuras, tela, tecido, vídeo e cinema. Integrada a outros suportes eletrônicos, a arte digital acabou por desenvolver a exploração de um novo espaço imaginário, denominado espaço cibernético ou ciberespaço (*cyberspace*). Daí receber também a denominação de ciberarte. No terreno das instalações, por exemplo, criadas por efeitos conjugados de computação gráfica, vídeo e projetores, têm sido possíveis experiências visuais e sensoriais inusitadas, seja pelas ambigüidades perceptivas, seja pela interatividade lúdica entre o espectador e a obra. Assim, percorrer paisagens filmadas ou inteiramente digitalizadas, pedalando uma bicicleta de comandos móveis (guidão e pedais), mas que na realidade não se desloca no interior da sala (na *Cidade Legível* de Jeffrey Shaw – *The Legible City* –, a configuração do espaço urbano é substituída, ponto a ponto, por uma "arquitetura literária" – nomes de ruas e de estabelecimentos). Com a obra *O Veado de Ouro* (*Le Veau d'Or*), o mesmo Shaw traz à discussão a idéia de representatividade do objeto artístico, ou, pelo menos, o da arte eletrônica e virtual. Trata-se de um pedestal e de uma tela de cristal líquido, colocados lado a lado. Sobre o pedestal, destinado a receber um busto ou estátua, nada existe de concreto. Mas se o espectador movimentar a tela em direção ao suporte, vê aparecer a clássica e reluzente estátua de um veado, minuciosamente entalhada. Se avançar a tela e posicioná-la sobre o pedestal, o espectador "penetra" no interior da estátua, para só então perceber que seu interior é oco. A imagem virtual ou cibernética mostra-se como é – vazia, uma aparência inconsistente e insubstancial. Característica da interatividade é ainda a obra *Contato Profundo*, de Lynn Hershman, produzida em videodisco, e cuja personagem, um robô simulado de *pin-up* ou de *femme fatale*, reage sensualmente aos toques do espectador na tela. Outro exemplo é o da videoinstalação *Very Nervous System*, de David Rokey, em que uma câmera de vídeo acoplada a um computador registra o espectador e seus gestos físicos, que são imediatamente transformados em seqüências sonoras. Cada participante executa assim suas "auto-partituras". Em síntese, a arte eletrônica ou ciberarte vem abastecendo o imaginário artístico não mais a partir do "real", aqui entendido como configurações naturais e tradicionais, mas, progressivamente, em

decorrência da abstração dos cálculos e das simulações científicas propostas pelas máquinas, sobretudo as do computador. Daí que as relações entre espaço e tempo, ou entre forma e conteúdo vêm se alterando, pois o imaginário que se cria deriva agora dessa imaterialidade abstrata. Embora tenham seu início na década de 1960, a pesquisa e os trabalhos estéticos de maior novidade formal ocorreram a partir dos anos 1980, como resultado de recursos gradativamente aprimorados e complexos da computação. Mas ainda na arte eletrônica podemos incluir trabalhos estéticos que se utilizam de projeções visuais ampliadas, de textos ou de imagens, sobre as mais diversas superfícies: paredes, painéis eletrônicos, edifícios ou mesmo acidentes naturais (colinas, montanhas). Alguns dos artistas que optaram por um ou por vários desses caminhos (incluindo-se profissionais de formação científica) são, entre outros já citados: Dominic Boreham, Holger Backstrom e Bo Ljungberg, Robert Coquart, Jeremy Gardiner, Roger Guillemin, Margot Lovejoy, Jean Pierre Yvaral, Yaacov Agam, John Pearson, Lilliam Schwartz, Tom de Witt, Edward Zajec, Char Davies, Jenny Holzer, Masaki Fujihata e Yoichiro Kawagushi. Para a maioria deles, o novo campo da arte digitalizada ou eletrônica não apenas substitui o gesto, a pintura e o desenho tradicionais, como permite a criação e o uso de um repertório crescente, e provavelmente infinito, de formas, cores e texturas em movimento contínuo, opondo-se à configuração das obras plásticas anteriores – a de ser um objeto único, destacado e de culto, aspirando à permanência ou perenidade. Conseqüentemente, a arte eletrônica ou digital revela-se como um fenômeno de fluxo ou de onda, capaz não só de transformar ininterruptamente imagens, sons e palavras, como de deslocar-se instantaneamente em rede, via Internet e sítios (*sites*) artísticos, podendo ser observada por inúmeros receptores (simultaneamente leitores, espectadores e mesmo interferentes) em ambientes, situações e locais distintos, de modo onipresente. Daí conter também as características da mutabilidade e da manipulação interativa, da conectividade e da efemeridade. →*Multimeios, multimídia,* →*Virtual (imagem, realidade),* →*Vídeo e videoarte,* →*Representação, imagem e simulacro,* →*Netart.*

ARTE INDÍGENA Entre as manifestações das culturas indígenas nacionais, a *ornamentação* dos utensílios cotidianos, dos objetos rituais e dos corpos é um traço permanente e comum a todas as comunidades. Os grafismos geométricos, que são os mais típicos dos desenhos, e as cores de extração vegetal cumprem funções não apenas estéticas, decorativas, mas igualmente de distinção ou representação. Em outras palavras, a ornamentação é parte constituinte dos artefatos e dos corpos, pois simboliza ora os seres naturais dos quais depende, ora os acontecimentos míticos que possibilitaram a existência da tribo. Como povos ágrafos que são, essa "arte" visual e iconográfica compensa ou substitui, em muitas oportunidades, a linguagem escrita, transmitindo idéias ou sugerindo comportamentos. Além dos padrões abstratos e com tendências à simetria, a arte do desenho e da pintura indígena pode eventualmente representar, de maneira figurativa, a fauna, cenas da vida cotidiana ou eventos míticos. Tais imagens, bem mais raras, aparecem em máscaras e objetos rituais de certas tribos. Curiosamente, por sua abundância, os motivos vegetais só excepcionalmente são reconstituídos. Sob outro ponto de vista, se há indivíduos reconhecidamente mais dotados do ponto de vista da destreza formal, esse valor subjetivo não interfere em outra das características da arte indígena: a de preservar ou manter-se fiel aos padrões ancestrais, como se as noções de passado, presente e futuro fossem uma só. Algumas modificações, no entanto, podem ocorrer, seja pela recombinação dos padrões, seja pela influência de comunidades vizinhas. Os estudos de antropologia costumam classificar os objetos segundo o uso previsto (utilitário, lúdico, ritualístico) e a matéria-prima empregada. Mas como a grande maioria recebe um tratamento ornamental, quase todos eles podem ser considerados "artísticos", juntamente com a pintura corporal (cujas tintas são extraídas de sementes de urucum, de jenipapo e de resinas de árvores). Por conseqüência, integram a arte indígena os seguintes artefatos: cerâmicos (panelas e vasilhames de barro, bichos e bonecos), confeccionados com uma técnica puramente manual de superposição de rolos de argila; cestaria e outros trançados de fibras vegetais semi-rígidas (esteiras, cobertura das ocas, peneiras, armadilhas); tecelagem (fibras de algodão e de palmáceas e bromélias, tratadas por meio do fuso), cujos melhores exemplos são as redes; de madeira (bancos, barcos, remos, bordunas); adornos plumários (→*Arte Plumária*); instrumentos musicais (de frutos e plantas) e ainda a arquitetura.

ARTE MAIOR, ARTE MENOR. Na literatura poética, a arte maior abrange os textos elaborados com versos de oito sílabas ou mais. Em contraposição, a arte menor indica os poemas elaborados com versos de até sete sílabas.

ARTE MEDIEVAL. **Interregno e continuidade.** A noção de uma Idade Média – em seus aproximados mil anos, ou seja, entre 400 e 1400 d.C. – não surgiu senão com o Renascimento. Pensadores e artistas que se distinguiram entre os finais do século XIV e o XVI (de Petrarca a Vasari, por exemplo) foram os responsáveis pela visão segundo a qual a Europa do novo tempo restabelecia o vínculo entre uma Antigüidade original

e inventiva e o florescimento artístico e intelectual de suas respectivas épocas. Em outras palavras, os homens da Renascença acreditavam que os valores civilizatórios de um passado bastante remoto, e tido por modelar, estariam sendo revividos nas transformações que eles mesmos ajudavam a promover. Assim, uma idade intermediária, o *medium aevum*, situada entre dois pólos que julgavam mais elevados, só poderia ser considerada em posição de inferioridade. O que muito teria a ver com a expansão dos árabes e das tribos germânicas sobre o solo e as culturas provenientes do Mediterrâneo (a Grécia e o velho Império Romano).

Mas para historiadores recentes, essa separação não foi assim tão radical. Ernst Troeltsch (*Der Historismus*), citado por Ernst Curtius, advoga a interpretação segundo a qual o mundo europeu não repousa "na aceitação nem na superação da Antigüidade, mas numa ligação geral e, ao mesmo tempo, consciente com ela. O mundo europeu compõe-se de Antigo e Moderno; do Mundo Antigo, que percorreu todos os estádios desde o primitivismo até a cultura superior e sua própria dissolução, e *do Mundo Moderno, a contar de Carlos Magno e da contribuição dos povos romanogermânicos*, que também percorre os seus estádios [...] esses mundos estão profundamente separados em sentido e evolução histórica, e de tal modo entrelaçados e ligados em memória e continuidade históricas e conscientes que a *Modernidade se encontra impregnada e condicionada* intimamente, em todos os sentidos, à cultura, tradição, organização jurídica e estatal, língua, filosofia e artes antigas, apesar de um espírito novo e próprio". Como faz questão de salientar Curtius, talvez o símbolo maior desse vínculo seja o fato de Dante ter sido guiado por Virgílio em sua "odisséia" místico-espiritual, autoproclamando-se membro da veneranda escola poética – a de Homero, Horácio, Ovídio e Lucano.

De um determinado ponto de vista, a Idade Média não foi apenas uma época de dispersão dos poderes políticos, de núcleos econômicos auto-suficientes e estrutura social hierárquica e servil – as relações feudais, fruto, em maiores ou menores proporções, de uma acomodação entre o velho sistema de colonato romano, a *commendatio* (proteção e fidelidade tribal) e o *beneficium* (cessão de propriedade em troca de tributo) germânicos. Constituiu-se também na difusão e consolidação do cristianismo e na lenta e progressiva assimilação dos bárbaros do Norte – godos, visigodos, francos, anglo-saxões, lombardos ou normandos – aos interesses e pregações da Igreja e à tradição clássica, substancialmente revalorizada na Renascença. Um primeiro esforço nesse sentido já pôde ser visto desde o século VI. Neste primeiro momento, tratou-se da obra de São Bento de Núrsia, isto é, das funções exercidas pelos conventos beneditinos, modelos para as demais ordens que se seguiram. Consoante Filippo Ermini (Benedeto da Norcia), "As casas beneditinas tornaram-se, verdadeiramente, um asilo de saber; e mais do que o castelo, o mosteiro será a oficina de toda ciência. Nele, a biblioteca conservará para os pósteros os escritos dos autores clássicos e cristãos. A intenção de Bento se realiza; o *orbis latinum* (o mundo da latinidade), destruído pela ferocidade dos invasores, recompõe-se em unidade e tem início, com a obra de gênio e da mão, sobretudo de seus seguidores, a admirável civilização da Idade Média". A estrutura de produção agrícola ali implantada e o trabalho de proteção contra os bandos armados de salteadores serviram ainda de parâmetro para as comunas medievais de subsistência. Instigados por Bento, Gregório I, o Grande, filho da antiga classe senatorial romana, e o clero passaram a se interessar pela preservação do saber clássico, esforçando-se para que a cultura puramente oral dos invasores adquirisse feições de uma cultura letrada. As antigas leis consuetudinárias das tribos nórdicas foram escritas pela primeira vez, não sem receber influências humanísticas do direito romano e do cristianismo, refundindo-se então duas longas tradições.

Arte merovíngia. Ainda assim, nestes primórdios da Idade Média européia, a produção artística diferenciou-se nitidamente dos passados clássico e helenístico, quando se vincularam de maneira muito estreita as representações simbólicas e as expressões sensitivas à religião que se tornava dominante. Não apenas a arte, como todo o pensamento, a filosofia e a ciência, submeteram-se aos ditames eclesiásticos, aos fundamentos teológicos e à necessidade de evangelização, configurando-se como fenômenos claramente ideológicos. "Para o mundo antigo, uma obra de arte tinha um significado antes de mais nada estético, mas para a cristandade a sua significação era completamente diversa. A autonomia das formas culturais foi o primeiro elemento da antiga herança espiritual que se perdeu [...] a religião já não podia tolerar a arte existindo por direito próprio" (Arnold Hauser).

A outra marca da Alta Idade Média incluiu uma preferência nítida pela estilização e pela abstração conferidas ao tratamento de seus temas, até pelo menos meados do século IX. Por escolha deliberada e consciente (na opinião de Alois Riegl) ou simples rusticidade técnica, o fato é que o tratamento antinaturalista das representações pictóricas e das iluminuras de textos evangélicos (evangeliários) também se opuseram à tradição mediterrânica. Ornamentos intrincados ou complexos, derivados de motivos animais ou vegetais, distorceram as formas humanas e as relações espaciais de proporcionalidade. Ao observarmos, por exemplo, uma imagem de São Lucas, constante do evangeliário de São Chad, percebemos que apenas o rosto, as mãos e os pés do santo reproduzem estruturas naturais, embora desenhadas de maneira hierática. Todas as demais partes do corpo configuram-se como formas abstratas e esquemas geométricos superpostos. Mais ricas e fantasiosas ainda são as ilustrações iluminadas do *Livro de Kells*, de influência celta, cujos arabescos coloridos e complicados escondem, aqui e ali, a face de um monge. Visualmente, desenvolveu-se uma arte caligráfica e incorpórea, que dissolvia o mundo objetivo ou exterior em filigranas entrelaçadas, aproximando-se de signos esotéricos ou mesmo mágicos (inclusive na elaboração escultórica de cruzeiros ou de fachadas arquitetônicas). Estas estruturas formalistas e lineares foram introduzidas justamente pelos povos setentrionais – celtas, germanos, saxões e escandinavos – cujos contatos com o desaparecido mundo greco-romano tinham sido bastante superficiais, ou mesmo inexistentes (Alemanha a leste do Reno, Irlanda, Gales, Escócia, Polônia, Boêmia e Escandinávia).

Todo esse período recebeu posteriormente o nome de *arte merovíngia*, por corresponder à época em que a dinastia franca, descendente de Meroveu, como Clóvis I (466-511) e Clotário I (497-561), impôs-se na antiga região gaulesa, convertendo-se ao cristianismo e a ele submetendo outras tribos germânicas vizinhas. A evidente pobreza das expressões culturais de então foi o resultado de diversos fatores, entre eles: o despovoamento e a decadência da vida urbana; o desaparecimento da educação laica e a concentração dos saberes e das técnicas em pouquíssimos centros religiosos, destinados apenas à formação do clero; a ausência de trocas comerciais, substituídas pela autarquia ou autosubsistência dos latifúndios; as dimensões reduzidas, a penúria e os constantes deslocamentos das cortes. Desenharam-se, portanto, situações bastante adversas à criação ou florescimento de uma cultura elevada, quase sempre de origem citadina. As condições de um primeiro e tímido renascimento artístico só foram restabelecidas com o poder imperial dos carolíngios, na segunda metade do século VIII.

Ainda assim, é impossível não considerar que "a época de Teodósio (o imperador romano que fez do cristianismo a religião oficial do Estado, na segunda metade do século IV) a Carlos Magno é de máxima importância para a tradição européia. Entre os autores desse tempo encontram-se grandes personalidades [...]. No século V não só viveram Jerônimo, Agostinho, mas também Prudêncio, o primeiro poeta cristão, e Orósio, o primeiro historiador universal do cristianismo.

Por volta de 400, Macróbio e Sérvio iniciam a interpretação medieval de Virgílio, e Marciano Capela compõe um manual das sete artes liberais, que se tornou autoridade na Idade Média [...]. Ao século VI também pertence Boécio. Com sua tradução de alguns tratados de lógica de Aristóteles, proporcionou ele ao Ocidente matéria para exercícios intelectuais que seriam antecedentes da escolástica [...]. Isidoro transmite à posteridade a suma do saber da fase final da Antigüidade, como Fortunato os modelos da poesia cortesã, faustosa e panegírica" (Ernst Curtius, *Literatura Européia e Idade Média Latina*).

Arte carolíngia. A união da corte de Pepino, o Breve, com o papado, em 751, abriu caminho para que a idéia de um novo império romano fosse parcialmente refeita. As tribos dos francos, comandadas por seu pai, Carlos Martel, já haviam contido a grande ameaça árabe, que chegara aos arredores de Poitiers, no coração da França, em 732. Quase vinte anos depois, Pepino submetera os lombardos na península itálica e colocara o papado sob sua proteção militar. O filho e sucessor Carlos Magno, por sua vez, o primeiro a receber novamente o título romano de *imperator et augustus*, terminaria seus dias consciente de ter consolidado a conversão dos povos germânicos, inclusive os saxões, bem como de ter expandido e fortalecido o Sacro Império do Ocidente, a ponto de colocá-lo em pé de igualdade com Bizâncio e o Islã. A cultura e a arte *carolíngias* puderam então evoluir no interior dessa aliança, em grande parte devido à atração e à proteção que a mentalidade imperial forneceu então aos artistas da Itália meridional e a intelectuais de várias regiões. Para o Norte – Aachen (Aix-la-Chapelle), Ingelheim, Tours, Saint Denis, Renânia ou Saxônia – acorreram professores e artífices, detentores das mais velhas heranças, capazes de transmitir seus conhecimentos e de adaptar formas regionais ou autóctones a novos empreendimentos das cortes – como as capelas reais ou palatinas (cujo modelo máximo é o do castelo de Carlos Magno em Aachen) – e dos centros religiosos (igrejas, monastérios e abadias).

Decidido a criar um sistema de ensino no reino, Carlos Magno convocou teólogos da Itália, França, Irlanda e Inglaterra, cabendo a Alcuíno, de York, organizar os novos centros e métodos de estudo. Seu modelo, implantado em escolas monacais e episcopais, seria posteriormente transferido para os estabelecimentos universitários. Basicamente, dividia-se em dois níveis que, em conjunto, compunham as chamadas sete artes liberais (*artes libero dignae*): o trívio – gramática, retórica e dialética – e o quadrívio – geometria, aritmética, música e astrologia. Na opinião de Étienne Gilson, coube a ambos, Carlos Magno e Alcuíno, a grandeza

de "ter lançado os fundamentos da futura universidade de Paris, onde o pensamento do século XIII devia, com efeito, ultrapassar o de Platão e Aristóteles".

O início desse avigoramento cultural, estimulado não só pela dinastia carolíngia como pelos sucessores germânicos de Oto, também eles defensores da cristandade, consistiu na criação de oficinas artesanais e na manutenção de pequenas sociedades literárias (embora destinadas, primariamente, à formação de quadros político-administrativos, recrutados entre os filhos da aristocracia feudal). Ainda assim, essas atividades intelectuais e de artes aplicadas – iluminuras, construção de relicários, ourivesaria, joalheria ou tapeçaria – foram suficientes para que se desse um primeiro passo no aprendizado e redescoberta da Antigüidade romana. E aos poucos foram sendo reintroduzidas as figuras humanas, mesmo que estilizadas, na qualidade de personagens bíblicos, simbólica e majestosamente concebidos nos mosaicos, tanto por influência quanto por competição com o fausto bizantino. Mas somente após um longo período de maturação (cerca de dois séculos e meio), começariam a surgir técnicas pictóricas mais soltas ou "naturalistas", isto é, menos submetidas às convenções da frontalidade oriental (→*Arte Bizantina*). No século XI, juntamente com as imagens ricas, severas ou hieráticas dos mosaicos, as grandes paredes da arquitetura românica viriam permitir a experiência e a evolução da pintura em afresco.

Mas ao lado e acima da política imperial – ainda contida em face dos poderes localizados dos senhores feudais – desenvolveu-se, obviamente, a autoridade eclesiástica. Não apenas por seu papel de guia espiritual inquestionável, a única organização, na época, capaz de modelar uma concepção de mundo e dar-lhe unidade. Mas, simultaneamente, em decorrência do monopólio da escrita e dos saberes, razão pela qual os integrantes do clero foram chamados pelas administrações laicas a talhar a política secular, na qualidade de altos funcionários das cortes. E, por fim, como resultado das propriedades e bens materiais recebidos dos grandes senhores. O hábito generalizado de dotações, realizadas pelas famílias nobres em favor das ordens religiosas, permitiu a construção e a expansão dos mosteiros, sob jurisdição exclusiva do papa. De modo substancial, foi no interior desses centros autônomos que as idéias e as atividades artísticas ressurgiram, a partir do século X. Dessa época em diante, a arte medieval tornou-se, por excelência, a arte da exaltação religiosa.

Arquitetura românica. A supremacia da arte monástica tornou-se patente no primeiro dos estilos monumentais de arquitetura, o chamado "românico", que se estendeu pelos séculos XI e XII. O modelo seguido (de onde deriva o nome) foi o da antiga e imponente basílica romana, centro dos negócios jurídicos. De um ponto de vista conceitual, no entanto, substituíam-se a figura e a importância do magistrado pelas do sacerdote e demais oficiantes do culto, aos quais se destinavam agora todas as atenções. Ao mesmo tempo, propiciavam-se os sentimentos indispensáveis de segurança, de severidade e contrição espirituais (diga-se de passagem que a modificação da alvenaria de cascalho pela pedra de cantaria também contribuiu para o aspecto de solidez).

Os templos mais importantes passaram a adotar uma longa forma longitudinal a fim de ampliar o comprimento das naves central e colaterais. Essas largas dimensões também resolviam, do ponto de vista prático, a necessidade de receber as constantes levas de peregrinos. Daí, inclusive, várias igrejas construídas no período – São Martinho (Tours), Saint Sernin (Toulouse), Santiago de Compostela – serem conhecidas como "igrejas de peregrinação". Do ponto de vista técnico, reiniciou-se a tradição do uso de →abóbadas de berço e, de modo mais complexo, o de abóbadas de aresta conjugadas, sustentadas por altas e grossas colunas, simples ou agrupadas. Para compensar a tendência de ondulação ou de "entortamento" das estruturas de arestas, logo se chegou à utilização simplificada de arcos ou nervuras, que posteriormente seriam alongados em forma de ogivas góticas. As alturas elevadas permitiam ainda o assentamento de arcadas sobre as naves colaterais e o coroamento do edifício em cúpula, acima do altar-mor.

Simbolicamente, toda a magnificência da nova arquitetura concretizava as idéias da Igreja Triunfante e da Jerusalém Celeste na terra. Dimensões que permitiram, além disso, o ressurgimento da escultura figurativa – representações de Cristo, de apóstolos, santos e de visões apocalípticas – tanto como elemento decorativo de fachadas, portais e capitéis, quanto no aproveitamento de colunas-estátuas, de função estrutural. Também na arte escultórica, a herança do Sul europeu foi recuperada mais cedo na Itália, na França e no leste da Espanha, antes de alcançar o Norte. Outra característica românica foi o avanço obtido nas imagens em relevos, dos frontispícios, por exemplo, para a estatuária independente. Os relevos "tenderam a se transformar em figuras em redondo, e é fascinante acompanhar a metamorfose gradual dessas figuras em estátuas soltas. No Portal Real de Chartres (c. 1150), podemos constatar os esforços feitos durante as primeiras fases para preservar o caráter arquitetônico da coluna. Mais tarde, em Senlis (c. 1170), as figuras começaram a virar-se; e quando chegamos ao transepto norte de Reims (c. 1220), elas praticamente já se tinham separado do edifício" (Peter Kidson, *Mundo Medieval*). Em síntese, a arte escultórica românica reiniciou a conquista da tridimensionalidade.

Como já mencionamos anteriormente, o afresco românico parece ter sido – já que pouquíssimas obras sobreviveram – um meio de ornamentação relativamente comum, mesmo ocupando um lugar inferior na escala artística da época. Na maioria das vezes, não conseguiu suplantar a rusticidade de traços, nem a rigidez do estilo bizantino, embora incorporasse o colorido das iluminuras. Mas alguns exemplares, como o Santo Estêvão da igreja de Saint Germain d'Auxerre ou o São Paulo e a Víbora da catedral de Le Puy (século XI), são obras com mais vivacidade e dinamismo. Quando havia recursos, preferia-se o mosaico ou o vitral, provavelmente pelos efeitos colorísticos que se podiam alcançar. Relativamente ao →vitral, a arte românica também o trouxera de Bizâncio, conseguindo, no entanto, aperfeiçoá-lo antes mesmo do esplendor gótico. Não apenas as catedrais de Augsburgo e de Cantuária o atestam, como o abade Suger, um dos responsáveis pela nova arquitetura que adviria (o gótico), registrou não ter encontrado maiores dificuldades em contratar vitralistas *de diversis nationibus* (de várias localidades) para a reforma de sua abadia em Saint Denis.

Arquitetura gótica. Já tivemos a oportunidade de mencionar que os homens da Renascença associaram a arte medieval ao "barbarismo" cultural dos povos germânicos, inclusive aquela da Baixa Idade Média (época posterior ao século X). Giorgio Vasari, por exemplo, chegou a escrever que as expressões simbólicas criadas *a maniera dei goti* (no estilo dos godos) devia ser definitivamente esquecida: "de agora em diante, Deus livre os países daquela forma de pensar e de construir que não se coaduna em absoluto com a beleza de nossos edifícios".

Na verdade, essa atribuição quase nada tem a ver com a realidade histórica do período, bem mais complexa. As inovações trazidas pelo mundo "gótico", em substituição à época românica, derivaram de uma série de fatores econômicos, sociais, políticos e culturais que muitos historiadores denominam hoje "o renascimento do século XII". Em resumo, e a começar pelos territórios franceses, concentraram-se novas condições materiais e espirituais, entre elas: *a*) a expansão das áreas agrícolas e o aperfeiçoamento de técnicas de preparação e cultivo de solos (para o que muito contribuiu a ordem monástica de Cluny), ensejando maior produção alimentícia e, pouco depois, a da indústria têxtil; *b*) os crescimentos demográfico e da mão-de-obra produtiva, a partir de 1200; *c*) o aperfeiçoamento do sistema fiscal, transferindo e concentrando rendas nas cortes senhoriais; *d*) a difusão da moeda e, com ela, a das trocas monetárias; *e*) a urbanização progressiva, favorecida pela migração de servos e, nos maiores centros, a dominação da cidade sobre o campo; *f*) a formação da *loggia* (loja), oficina hierarquizada de artistas/artesãos, que passaram a trabalhar como prestamistas de serviços para os arcebispados e casas reais ou nobiliárquicas. Dessas lojas do século XIII surgiriam os grêmios ou corporações, as unidades de empresários independentes que conquistaram o monopólio dos ofícios em regiões sociopolíticas determinadas; *g*) a demanda crescente que a nobreza e a iniciante classe burguesa e citadina (os mercadores e o corpo servil dos grandes senhorios) exerceram sobre as atividades artesanais especializadas; *h*) a criação de sedes episcopais urbanas, com suas catedrais e escolas catedralícias, formadoras dos primeiros "catedráticos". A esse respeito, Erwin Panofsky afirma que "a educação espiritual deslocou-se das escolas monásticas para instituições mais urbanas que rurais, de caráter mais cosmopolita e, por assim dizer, apenas semi-escolásticas, a saber: as escolas das catedrais, as universidades (→*Livro*) e as *studia* das novas ordens mendicantes [...]. E da mesma forma como a escolástica, fomentada pela erudição beneditina, e levada ao auge pelos dominicanos e franciscanos, o estilo gótico foi fomentado nos mosteiros e introduzido pela (catedral de) Saint Denis, e atingiu seu apogeu nas igrejas das grandes cidades. É significativo o fato de que os nomes mais conhecidos da história da arquitetura no período românico provenham de abadias beneditinas; os do apogeu gótico, de catedrais; e os do gótico tardio, de igrejas paroquiais" (*Arquitetura Gótica e Escolástica*).

A mais importante das artes góticas foi sem dúvida sua arquitetura, já que, por ela, aspirava-se à "completude" escolástica da fé e da razão. Isto é, "clarear" a fé pelo apelo à razão e, ao mesmo tempo, fazer com que esta última se revelasse em sua capacidade imaginativa e emocional. Ou, nas palavras da *Suma Teológica* de Tomás de Aquino: "Os sentidos exultam ante coisas bem proporcionadas, já que estas se lhes assemelham; pois também os sentidos são uma espécie de razão, assim como qualquer força cognitiva". Assim, quando o abade Suger, da congregação de Cluny, iniciou a reforma da igreja românica de Saint Denis, ofereceu o primeiro exemplo do que viria a ser a concepção gótica – a luz, em seus aspectos reais e simbólicos, como revelação da fé, presença inteligível de Deus e enlevo sensível para o crente.

Mas o que é, sumária e concretamente, um templo gótico? A partir do interior de uma igreja, imagine-se a nave central, isto é, o longo e mais largo corredor que vai da entrada ao altar-mor. As laterais que delimitam essa nave principal, à esquerda e à direita, são constituídas por duas séries contínuas e superpostas de grandes arcos em ogiva – uma inferior (as arcadas) e outra bem mais elevada, que se prolonga até alcançar o teto do edifício. Todas essas ogivas são sustentadas por colunas monolíticas ou por feixes de pilastras mais finas (pilastras geminadas ou fasciculadas). Por detrás de cada lateral da nave existe ainda uma outra série paralela de arcos ogivais, de altura idêntica à das primeiras arcadas à frente ou pouco mais baixa que ela. Esta segunda série ou seqüência de arcos (igualmente assentados em colunas ou feixes de pilastras) constitui o espaço da nave colateral (norte e sul) que fecha o interior da igreja.

Já do lado de fora, encontramos fincados vários contrafortes, ou seja, torres de altura próxima às das mais altas colunas e ogivas da nave central. O problema do enorme peso estrutural do teto e da abside é solucionado então por dois sistemas construtivos e de transferência de cargas: pelo cruzamento das ogivas internas (tanto das mais baixas quanto das mais elevadas), obtido por nervuras curvas ou arcos diagonais que se unem (a chamada *croisée d'ogives*); e por um conjunto de dois elementos – os taludes (escoras retas e oblíquas) e os arcobotantes (escoras em forma de arco) que unem os contrafortes exteriores às colunas. O primeiro sistema anula a força vertical; o segundo, a força horizontal.

Com esse arcabouço, em que predominam as ogivas e suas nervuras, a arquitetura gótica reduziu consideravelmente a espessura das paredes (existentes no estilo românico), criando, por isso mesmo, grandes espaços vazios – espaços que induzem o fiel não propriamente ao recolhimento espiritual, mas, sim, ao transporte ou elevação da alma. Mas essa exaltação não provém apenas das projeções visuais proporcionadas pelos espaços ascendentes, que se fecham como duas mãos em um momento de prece. O que acontece é que as ogivas do segundo estágio, aquelas que se sobrepõem às arcadas inferiores, já não precisavam cumprir o papel de sustentação estrutural. Assim, o espaço delimitado por esses grandes arcos superiores (o clerestório) podia ser preenchido por uma série de janelas e vitrais, ensejando essa dupla experiência – mística e artística – da luz natural e dos efeitos translúcidos das cores. O vínculo escolástico com as experiências luminosas são (apesar do trocadilho) bastante claras: o *lumen*, a luz celeste e espiritual, manifesta-se em *lux*, a emanação física visível, e se transforma, pelas reverberações dos vitrais, em *splendor*.

Ainda de maneira típica, a planta de uma igreja gótica apresenta: *a*) as torres da fachada dita ocidental, que variam numericamente de duas a sete, encimadas por flechas; *b*) a cabeceira oriental, que é a extremidade oposta à fachada, compreendendo a capela-mor, a abside, o deambulatório e suas capelas radiais; *c*) o cruzeiro ou transepto, nave transversal que corta as naves central e colaterais em ângulo reto e as separa da abside. Além desses elementos, tornou-se importante a exploração das tracerias, isto é, o conjunto de ornamentações e relevos figurativos que povoam as fachadas e os interiores, sobretudo as capelas (as "Bíblias em pedra").

Da região de Île-de-France, os princípios arquitetônicos góticos espalharam-se pela Europa ocidental, levados sobretudo pelas ordens mendicantes (como os beneditinos e os franciscanos), mas também por certos construtores consagrados, como Villard de Honnecourt, Eudes de Montreuil ou Étienne de Bonneuil. De meados do século XII até as primeiras décadas do XVI, não apenas conservou-se em permanente evolução, como absorveu influências e matizes regionais. No primeiro caso, acabaram por se distinguir um gótico primitivo, o "clássico", o radiante (*rayonnant*) e o flamejante (*flamboyant*). Com relação ao segundo aspecto, o gótico inglês, por exemplo, apresenta um cruzeiro normalmente mais saliente ou aflorado da nave central, além de um segundo transepto menor, que dá à igreja a forma de uma cruz de Lorena, ampliando, lateral e longitudinalmente, o corpo do edifício. Também ali separam-se as fases de um gótico inicial (*early English*), o decorado (*decorated style*) e o perpendicular. No norte da Itália são características as fileiras (ou fiadas) de mármore colorido que revestem as fachadas e paredes externas, criando linhas horizontais e alternadas de duas ou mais tonalidades. Já em Portugal, a fase mais tardia e ornamentada do gótico recebeu a denominação de "estilo manuelino" (primeira metade do século XVI), contemporâneo do reinado de Dom Manuel I e das grandes navegações – daí o uso, nas tracerias, de objetos e seres marinhos, formas orgânicas e rendilhados extremamente complexos. Edifícos característicos do manuelino são o Mosteiro dos Jerônimos (vários arquitetos, com destaque para Diogo Boitac e João de Castilho), a Torre de Belém (Francisco e Diogo Arruda) ou o Convento da Madre de Deus, todos em Lisboa.

Pintura. A pintura gótica dos séculos XIII e XIV constituiu-se numa lenta passagem do simbolismo hierático, de influência bizantina, para o naturalismo, o humanismo e o sensualismo renascentistas. Sensualismo, é claro, no sentido de conjunto de sensações naturalmente vividas e perceptíveis. Isto em virtude de a pintura hierática sugerir, por suas convenções e rigidez, uma realidade de tipo extra-sensorial – a imobi-

lidade do sagrado, do eterno. E se o firmamento invariavelmente dourado de retábulos e telas lembrava o esplendor da majestade divina, também traduzia o único recurso disponível que ela possuía em seu empenho de competição com as outras artes. Ou seja, a arte pictórica medieval havia sido negligenciada em favor da arquitetura e das imagens escultóricas que serviam e ornavam as construções religiosas. A imponência e mesmo o luxo dos altares, dos púlpitos, das criptas e capelas, trabalhadas em ouro e pedrarias, ou ainda o brilho e as cores dos mosaicos e dos vitrais sobrepujavam facilmente o ofício dos pintores. A estes restavam os trabalhos mais baratos e de menor importância.

O que ocorreu na Baixa Idade Média foi que a pintura redescobriu-se como possibilidade representativa, ao absorver, em grande medida, a realidade e os efeitos das artes que com ela concorriam. Primeiramente, introduziu cenários arquitetônicos e paisagísticos reconhecíveis, dentro ou ao lado dos quais as figuras bíblicas se posicionam; ao mesmo tempo, buscou apresentá-los de maneira tridimensional, ainda que mantivesse uma contiguidade ou sobreposição de planos (embaixo o primeiro, o segundo na parte superior), por ausência de perspectiva geométrica; começou a modelar seus personagens, como a escultura o fazia, de modo que se percebesse, por exemplo, o movimento corporal (dos braços, das pernas, do tronco), ou a definição mais clara dos corpos sob as roupas ou panejamentos, identificando, portanto, os volumes; por fim, descobriu que as figuras humanas e divinas possuíam sentimentos e afecções, que linhas e pinceladas podiam se tornar sutis e sinuosas e que a exploração das cores desempenhava um papel de força expressiva na composição geral. Havendo portanto um cenário, um fato importante a ser "dramatizado" em imagens, e atitudes emocionais a mostrar, a pintura gótica reinventava-se como manifestação também grandiosa de cenas teatrais humanas – históricas e religiosas.

E não seria por acaso, evidentemente, que a Renascença brotaria de fontes italianas. A recriação que o período gótico final ensejou à pintura situou-se, com mais originalidade e vigor, na região setentrional da península – Assis, Pádua, Siena, Florença e Bolonha – sobretudo nos trabalhos revolucionários de Giotto, mas também nos de Pietro Lorenzetti, Duccio di Buoninsegna, Simone Martini ou Andrea Orcagna, antecedidos, no século XIII, por Bonaventura Berlinghieri, Giunta Pisano e Cimabue.

Com dimensões opostas aos afrescos e grandes retábulos, desenvolveu-se também uma arte de extrema meticulosidade e preciosismo – os manuscritos iluminados ou miniaturas em forma de saltério (livro de salmos), breviários e livros de horas (para leitura em horas canônicas, acrescidos de calendários). Aprimorados por artistas franceses como Jean Pucelle (ativo na primeira metade do século XIV), e em seguida por espanhóis (as miniaturas afonsinas), os manuscritos eram destinados não a grupos monásticos, como os do período românico, mas a devotos laicos e particulares, os ricos e poderosos senhores de casas reais e aristocráticas. Neles é possível observar concepções plásticas semelhantes à da pintura, como o uso de traços sinuosos, o abandono das posturas rígidas nas figuras e o emprego de colorações naturalistas, cujo exemplo mais bem acabado são as *Très Riches Heures* (*As Mui Ricas Horas*), do duque Jean de Berry, obra dos irmãos Jan, Pol e Hermann de Limbourg.

Música. A música erudita medieval, a única que por seus registros permite uma descrição histórica e uma análise estrutural menos hipotéticas, começou a ser delineada algumas décadas após o reconhecimento oficial do cristianismo pelo imperador Constantino (323). O que se passou no início foi uma contínua transferência do canto litúrgico oriental para o Ocidente – os salmos entoados em forma de recitativos alternados, ou antífonas, que na Itália setentrional receberam então adaptações e transformações.

A primeira figura de importância para esse desenvolvimento musical foi sem dúvida Santo Ambrósio. Esse processo encontra-se documentado, primeiramente, nas *Confissões* de Santo Agostinho, nas quais declara: "Fazia justamente um ano que Justina, a mãe do imperador Valentiniano, ainda menor de idade, perseguiu a Ambrósio, em conseqüência da paixão herética a que o haviam induzido os arianos. A comunidade de fiéis permaneceu na igreja, velando, disposta a morrer com seu bispo. Naquela época introduziu-se o canto de hinos, segundo as melodias dos salmos dos cristãos orientais, para que o povo não se cansasse em continuada tristeza. Quantas lágrimas não verti ao ouvir teus cantos e melodias, profundamente emocionado com a impressão do cantar harmonioso da tua comunidade". Mais tarde, Agostinho iria auxiliar a divulgação dos salmos ambrosianos em várias comunidades eclesiásticas com seu tratado *De Musica*.

Sob o estímulo de ambos, o canto eclesiástico expandiu-se rapidamente pela Europa, ensejando, no entanto, a criação de ritos regionais ou particulares. Um fenômeno que tendia a criar dispersões ou mesmo cismas litúrgicos incompatíveis com a política e os princípios unitários de Roma. Tal situação perdurou por pelo menos dois séculos, até que o papado romano se decidisse a sugerir um cânon, ou seja, uma forma ordenada e homogênea, segundo os ofícios e celebrações do ano, para todos os clérigos e fiéis. Essa consolidação canônica começou a partir de uma reforma cujo nome deriva do papa Gregório I – o canto gregoriano. Embora o seu pontificado tenha sido exercido no final do século VI, o apelativo só foi proposto nas últimas décadas do IX por seu biógrafo Johannes Diaconus, quando, de fato, o *Antifonário* de Gregório, o Grande, tornou-se imperativo. O próprio imperador Carlos Magno resolveu unificar em seus domínios, sob a versão ambrosiana ou franco-romana da liturgia, aqueles repertórios ainda bastante diversificados, regional e culturalmente (o rito gelasiano da Alemanha, o moçárabe da península ibérica, o galicano etc.), tendo por objetivo reforçar ao mesmo tempo a autoridade papal e a unidade imperial. Segundo consta, teria exigido pessoalmente: "Retornai à fonte de São Gregório, pois, manifestamente, corrompestes o canto" (*Revertimi vos ad fontem sancti Gregorii, quia manifeste corruptistis cantum*).

Desde então, o gregoriano ou cantochão (canto plano) conservou uma relativa uniformidade, auxiliado que foi pela notação recém-inventada dos neumas. É o que se pode depreender da Paleografia Musical existente no mosteiro de Solesme, que reúne duas centenas de responsórios entre os séculos IX e XVII. Suas características mais evidentes estão na rigorosa tessitura monofônica, ou seja, na voz uníssona que se subordina ao texto sacro-litúrgico (independentemente do número de cantores), na requintada variedade melódica e na existência de oito escalas modais, ou "tons" eclesiásticos, cada uma delas encerrando uma expressão dominante, como, por exemplo, nobreza e tranqüilidade, severidade e tristeza, entusiasmo, alegria, lamento ou nostalgia. Quanto aos gêneros, o cantochão apresenta uma razoável diversidade: recitativos, reservados aos clérigos, e baseados em lições evangélicas; cantos do ordinário, como *Kyrie, Gloria, Credo, Agnus Dei*, dos quais pode participar o coro dos fiéis; responsórios ou refrães respondidos pelo coro após um versículo de salmo entoado pelo solista; as antífonas ou refrães introduzidos no canto alternado dos salmos, à maneira de prólogo, interlúdio ou poslúdio; os tratos, também baseados em salmos, mas cantados exclusivamente pelo grupo solista, sem intervenções, contendo vocalises ornamentais.

A partir dos finais do século IX, no entanto, iniciou-se um lento mas progressivo enriquecimento do canto gregoriano, fato que se estendeu até o século XIII. Muito provavelmente, as modificações tiveram influências populares, absorvidas que foram pela tradição clerical, no intuito de promover a participação dos fiéis em missas e festividades. O tratado *Musica Enchiriadis* (do final do século IX), por exemplo, já mencionava o princípio da polifonia. No caso, o órgano (*organum*) ou diafonia, isto é, a existência de duas vozes paralelas que começavam em uníssono, distanciava-se em intervalos de quarta, de quinta ou de oitava, para retornar à consonância. Dessa maneira, concorriam a voz principal da melodia litúrgica e uma voz gêmea ou *vox organalis*, mais grave ou mais aguda, com função ornamental. Posteriormente, outra técnica incorporada foi a do descanto (*discantus* ou "diagonia"). Se o órgano fundamentava-se no paralelismo, o descanto introduziu um modelo que seria decisivo para a evolução da polifonia. Como o nome sugere, consiste de uma voz igualmente gêmea ou organal, mas que faz o caminho inverso ao da voz principal (chamada tenor), nota contra nota, de maneira contrapontística. O significado dessas inovações foi que, encontradas duas possibilidades de enriquecimento do canto, uma seqüência previsível seria a de acrescentar uma terceira voz, e ainda uma quarta, à melodia principal. Mais ainda, variar os ritmos ou as durações das melodias superpostas. Tanto o órgano quanto o descanto ainda integram a chamada *ars antiqua* do período românico, cuja hegemonia se localizou em Flandres (incluindo-se, no caso, a Bélgica, a Holanda e o norte da França). Mas foram os primeiros movimentos de ornamentação do austero gregoriano e o passo inicial de uma música erudita que, aos poucos, se distanciou do culto propriamente dito para tornar-se também profana, sobretudo após a instalação dos cursos musicais nas universidades.

A transição da monofonia então tradicional (românica) para a polifonia gótica concretizou-se na segunda metade do século XII e possui dois celebrados compositores – figuras simbólicas entre vários outros anônimos – ambos atuantes na *Schola Cantorum* de Notre Dame: Leoninus, ainda considerado um "organista" que se vale de ornamentações ou vocalises em segunda voz, e seu sucessor Perotinus, autor de peças a quatro vozes, então designadas de *tenor, duplum, triplum* e *quadruplum*. E a partir dos finais daquele século, começaram a surgir novos gêneros polifônicos, dos quais os mais importantes foram: o conduto, de duas a quatro vozes, com textos de cunho moralizante ou mesmo laudatório, este último composto, por exemplo, para a sagração de reis (Luís VIII e São Luís); e o moteto, que não se confunde com os do século XVII, contendo textos diferentes para cada uma das vozes, ora sacros, em latim, ora profanos, em língua vernácula, permanecendo o tenor em situação secundária em relação à segunda voz (chamada moteto). Com este gênero, as diferentes vozes assumiram independências melódica e rítmica, pois cada uma passou a entoar seu texto exclusivo. Deve-se observar ainda que a polifonia e o contraponto parecem sugerir uma perfeita similaridade poética com os princípios da arquitetura gótica: ritmos agitados, flutuantes, de elevada grandiosidade espiritual.

O conjunto dessas inovações, que se estenderam à notação musical, recebeu o nome de *ars nova*, dada pelo compositor, poeta, teórico e bispo de Meaux, Philippe de Vitry, por volta de 1330. A "arte nova", que fortalecia o conceito tonal, fez com que a música adquirisse uma complexidade até então incomum para a cultura do Ocidente: aumento e diminuição de valores rítmicos, uso de síncopas, alteração de notas para a modificação de intervalos ou exercícios de modulação que evitassem o trítono, na época considerado uma perturbadora dissonância (→*Música*). Apesar de fundamentalmente vocal, essas técnicas e concepções recém-nascidas prepararam o terreno para a futura música exclusivamente instrumental, cujos primeiros exemplares foram as estampidas (*estampies*) do século XIV. Claro está que o patrocínio oferecido pelos círculos aristocráticos não apenas permitiu como estimulou a difusão de novos gêneros líricos profanos em todo o transcorrer do século – as *chansons*, baladas, lais e virelais franceses e os madrigais italianos, assim como os coreográficos (rondós e carolas). Alguns polifônicos, como os rondós e madrigais, outros de tessitura homofônica, presente em diversos exemplos de baladas e *chansons*. A figura máxima deste "outono medieval" foi sem dúvida Guillaume de Machaut, autor de mais de cem pequenas obras, entre sacras e profanas, e compositor da primeira missa polifônica, a de Nossa Senhora (*Messe de Notre Dame*), destinada a quatro vozes, com acompanhamento instrumental. Uma personalidade em que se uniram o passado do cantochão e o anúncio de uma rica polifonia renascentista, aqui se incluindo a música "pura", ou seja, apenas instrumental. →*Renascença, Renascimento.*

Literatura. Como já mencionado anteriormente, o renascimento das cidades desde o século XII propiciou à vida artística e literária uma expansão para além dos círculos monásticos e das pequenas cortes palacianas. Significou, de um lado, um aumento das atividades artesanais e comerciais, isto é, da produção e das trocas financeiras e, simultaneamente, de afirmações políticas. Alguns centros urbanos, sobretudo no norte da Itália, converteram-se em comunas, ou seja, em pequenos Estados quase inteiramente independentes, porque afastados das interferências mais diretas do Sacro Império. Um marco desse movimento de autonomia política foi o Tratado de Constança (1183), assinado pelo imperador Frederico Barbarroxa com as cidades setentrionais da Itália. O acordo reconheceu os direitos das comunas à cunhagem de moedas, à eleição de autoridades municipais e à administração da justiça local. Logo depois, as camadas mercantis (comerciantes, artesãos) e profissionais (juristas, médicos, professores) estabeleceram valores e práticas corporativas em defesa de seus interesses, muitas vezes opostos às tradições nobiliárquicas dos feudos e castelos. Em razão de fatores como esses, desenvolveu-se uma nova e mais variada classe de intelectuais, constituída não apenas por eclesiásticos, mas igualmente por professores e estudantes universitários, por funcionários das cortes e plebeus aficionados.

Esse recente agrupamento intelectual tendia a ser cosmopolita em função do ensino, disciplinarmente homogêneo, das universidades européias. Seus princípios e métodos, influenciados pela *latinitas*, ou seja, pelo "universalismo" da Igreja, difundiram-se com bastante semelhança entre regiões distintas como Paris, Bolonha, Oxford ou Salamanca. Daí a paixão difusa pelas mesmas autoridades em matéria de filosofia e teologia, pelas compilações de caráter enciclopédico e pela difusão de traduções.

Dois outros fenômenos coincidentes, já na órbita literária, foram o da ornamentação das expressões, exigindo-se então o estudo e a produção de tratados de retórica (as *artes dictandi* e as *summae dictaminum*, contendo princípios gramaticais e literários) e o uso da língua vulgar ou românica (nacional ou regional), tendo por objetivo alcançar um público citadino mais amplo e não versado em latim.

Na França, já por volta do século XI, iniciou-se de maneira original uma literatura românica e laica fundada nas idéias de generosidade, de liberalidade, de heroísmo e de amor cavalheiresco (e também cavaleiresco), cujas obras vieram a formar os ciclos carolíngio e bretão (ou arturiano).

A noção de ciclo corresponde a composições que tratam da mesma matéria, ambientes e personagens, fictícios ou extraídos de acontecimentos reais, mas elevados à condição de legenda. O primeiro deles, pela maior antiguidade, foi o carolíngio, que uniu a épica guerreira à fé e aos sentimentos cristãos, exaltando o imperador Carlos Magno e seus paladinos (os "companheiros de palácio"). A mais famosa obra desse ciclo (escrita entre 1000 e 1130) é a *Canção de Rolando*, o chefe dos exércitos imperiais que, em luta contra os mouros, morre, traiçoeira mas heroicamente, defendendo a retaguarda das tropas que se retiravam da Espanha. O segundo, que se construiu a partir do século XII, trouxe a lume, inicialmente, os personagens da corte do Rei Artur. De caráter também épico, o ciclo atribuiu, no entanto, maior destaque às relações amorosas e à busca de aventuras gloriosas, ressaltando a honra e a superioridade dos ideais aristocráticos (→Arturiano). Na transição dos séculos XII e XIII, os poetas e trovadores Béroul e Thomas (anglo-normandos)

consolidaram aquela que se converteu na mais dolorosa paixão medieval, o romance de Tristão e Isolda, tema igualmente tratado pelo alemão Gottfried de Strasbourg. O terceiro e último ciclo de narrativas versificadas foi buscar na Antigüidade greco-romana os principais assuntos de interesse (ciclo dos romances ou dos cavaleiros antigos). Por seu intermédio, tornou-se evidente a difusão da literatura clássica logo após o milênio, embora seus autores tenham transformado os personagens do passado em figuras essencialmente medievais. Entre as obras do gênero estão os romances de *Enéas* e o de *Tebas* (ambos anônimos), o de *Tróia* (de Benoît de Saint-Maure) e o de *Renart*, composição cômico-heróica, multiautoral, inspirada em fábulas de Esopo, e que satiriza, por meio das aventuras da finória raposa (a protagonista) e de seu adversário, o lobo Isengrin, as instituições feudais, sobretudo as classes dominantes.

Quanto ao *Romance da Rosa*, obra didática e bastante significativa deste renascimento cultural, trata-se, na verdade, de dois poemas distintos quanto aos assuntos, escritos em versos octossilábicos, como todos os demais já mencionados. O primeiro, de Guillaume de Lorris, teve por influência a lírica de Ovídio e, com isso, dedica-se ao amor cortês e refinado, tendo por símbolo a *rosa*, a amante desejada; o segundo, de autoria de Jean de Meung, faz uma súmula dos saberes filosóficos, criticando e ironizando, por seu caráter já racionalista, vários aspectos da mentalidade mística contemporânea.

Ao lado desta literatura narrativa e cavalheiresca, a poesia lírica medieval soube expressar-se sob variadas formas em línguas vulgares: pastorais (o encontro de um cavaleiro com uma pastora), a →alba, o →soneto, a balada e os *sons d'amours*, lamentos que evocam os infortúnios das mulheres malcasadas (→*Trovadorismo* e →*Stil Nuovo*).

O "outono medieval", a época do Trecento, viu surgir quatro nomes de excepcional importância para a literatura ocidental. O primeiro deles representou o coroamento da fé cristã e daquele mundo de alegorias ou de simbolismos místicos. Referimo-nos, obviamente, a Dante, "a quem não era estranha ciência alguma que a filosofia alimenta em seu seio, glória das musas, predileto dos leitores leigos", conforme escreveu seu contemporâneo Giovanni del Virgilio.

A *Comédia*, que nas palavras do autor "oferece poesia, mas ao mesmo tempo filosofia", significa, em primeiro lugar, uma ascensão do material ao espiritual, do sombrio à Luz, da ignorância à Razão, dos vícios às Virtudes, do efêmero ao Eterno, da perversidade ao Amor. Lenta e completa caminhada da "selva escura, muito longe da senda já perdida" (canto I, "Inferno") ao ponto em que, por fim, desvenda-se o "lume, subli-me e terso, cujo esplendor repercutia em mim. E no seu fulcro vi brilhar, em perfeita e veraz composição, tudo o que pelo mundo está disperso. A substância e o acidente, e sua união" (canto XXXII, "Paraíso"). Nos itinerários do Inferno e do Purgatório, as alusões de Dante à história terrena são evidentes por suas pretensões éticas. Por isso, há uma continuada expressão pessoal, um intenso lirismo nos comentários que faz ao passado e ao seu presente, à vida política e aos partidos (guelfos, partidários do poder papal numa Itália unificada, e gibelinos, adeptos do Imperador e da casa alemã dos Hohenstaufen), às doutrinas teológicas, às visões místicas da época, aos intelectuais e escritores, antigos e contemporâneos, sem se esquecer dos locais e paisagens da Toscana, de Veneza ou de Roma.

Essa arquitetura majestosa, essa épica subjetiva que, por isso mesmo, escapa àquelas características mais objetivas de uma epopéia, já foi interpretada de várias maneiras. Curiosamente, se Goethe condenou com veemência a *Comédia* ("o Inferno pareceu-me detestável, o Purgatório ambíguo e o Paraíso enfadonho"), Eliot nela enxergou o ponto de inflexão da futura atitude clássica: "Sentimos que, se o clássico é realmente um ideal digno, deve ser capaz de exibir uma amplitude, uma catolicidade [...] plenamente presentes no espírito medieval de Dante. Pois é na *Divina Comédia*, antes de qualquer outra obra, que encontramos o clássico numa língua européia moderna" (*O que É Clássico*, *apud* Ernst Curtius, *op.cit.*). Do ponto de vista formal, no entanto, opina o próprio Curtius: "Ao lado da lírica provençal e da italiana, é a Idade Média latina o elemento precípuo a ser assinalado na gênese da *Comédia* [...]. [Dante] adotou dos provençais, sobretudo de Arnaut Daniel, o ideal estilístico da técnica difícil. Em seu processo de criação intercala-se, continuamente, a reflexão técnica. Ele gostaria de empregar no Inferno 'rimas ásperas e roucas'; ele luta com sua 'árdua matéria' e esforça-se pela perfeição, 'como um cantor nos estos seus finais'".

Petrarca constituiu-se num dos pilares da lírica renascentista, ao lado dos antigos gregos e romanos. Poeta culto, nele se condensam as tradições mais afastadas da literatura latina e as mais recentes da literatura provençal, trovadoresca. Senhor de uma finíssima psicologia introspectiva, soube, como poucos, expressar os contrastes ou antíteses de sua alma melancólica, principalmente no *Cancioneiro* dedicado a Laura, posto em forma de sonetos e de canções. Ali se digladiam o desejo e a angústia, o natural e o místico, a dor e a felicidade. De um lado, por exemplo, há o anseio do encontro: "Pudesse eu estar com ela quando o sol se vai / e não nos vissem senão as estrelas, /

apenas uma noite! E a aurora não chegasse" (*A qualunque animale*); ou a beatitude de uma visão: "Dos belos ramos descia, / doce em minha memória, / uma chuva de flores em seu regaço; / e ela ficava sentada / humilde em tanta glória, / já coberta pelo amoroso aguaceiro. / Uma flor caía sobre a veste, / outra sobre as louras tranças / [...] outra, com gracioso engano / volteando parecia dizer: Aqui reina o Amor" (*Chiare, fresche e dolci acque*). Em outro momento, no entanto, depara-se com a desilusão: "Pois vejo, com desgosto, / que não me valem meus dotes naturais / E nem digno me tornam de tal caro olhar, / esforço-me por ser tal / que condiga com a alta esperança / e o nobre fogo em que eu todo ardo" (*Gentil donna mia*). Se a amada, quando viva, foi cantada de maneira sutilmente erótica, depois de morta converteu-se em fonte de adoração metafísica, mal escondendo o sofrimento do poeta: "Aquela que o céu me fez ver e que a terra oculta / eu vejo e ouço e entendo, pois que ainda viva / de tão longe responde aos meus suspiros. / Ah, por que antes do tempo te consomes? / diz ela com piedade; por que derramas / dos olhos tristes um doloroso rio? / Mais não chores por mim, pois os meus dias se tornaram, / eu morrendo, eternos; e à luz interior, / quando pareci fechá-los, os olhos abri" (*Se lamentar augelli*). Por suas qualidades singulares, ou seja, pela modernidade desta índole subjetiva, na qual propõe sua própria biografia como interesse literário, tornou-se imitado por toda a Europa.

O trio italiano completa-se com Boccaccio. Ainda que tenha redigido éclogas, biografias e um manual de mitologia clássica (*De genealogiis deorum gentilium*) em latim, sua reputação mundial foi construída com as obras "vulgares". Em versos legou *Filostrato*, texto baseado em episódio do antigo romance de Saint-Maure (os amores de Troilo e Cressida), *Amorosa Visione*, ao estilo dantesco, em tercetos, ou ainda o *Ninfale Fiesolane*, que trata das origens lendárias de Fiesole. No âmbito da prosa, que ajudou a consolidar literariamente por sua cuidadosa elaboração, escreveu *Fiammetta*, novela amorosa de aguda psicologia, o *Corbaccio* ou *Labirinto de Amor*, uma desiludida sátira contra as mulheres e, acima de tudo, o *Decamerone* (*Decamerão* ou *Livro das Dez Jornadas*). Aqui, sete donzelas e três rapazes, refugiados da peste que assola Florença em 1348, entretêm-se, em uma *villa* afastada, com danças, cantos, jogos e narrativas. São nelas que se descortinam a crônica ou a pintura realista das classes sociais, assim como os tons satíricos, dramáticos, elegíacos ou maliciosos das condutas humanas, vistos sob uma perspectiva bastante cética. Este mundo de Boccaccio é uma cultura em decadência, falta de ideais, entregue agora ao esteticismo, à ironia, aos apetites e jogos de sedução. O *Decamerão* é uma espécie de *Divina Comédia* ao inverso. Sua capacidade imaginativa dirige-se não para o sublime espiritualizado, mas para a matéria já corrompida.

A contribuição de Geoffrey Chaucer para a literatura inglesa não é objeto de contestação. Em primeiro lugar, renovou as formas literárias então vigentes, substituindo, por exemplo, as aliterações da poesia do Midlle English pela rima; adotou o decassílabo, unidade métrica que se tornou comum na poesia subseqüente, tanto quanto o *couplet* e o *rondeau* franceses, e ainda o estilo chistoso de Boccaccio. *Troilo e Cressida (Troilus and Criseyde)* constitui uma recriação enraizadamente britânica do *Filostrato*, enquanto os *Contos de Canterbury (Canterbury Tales)* são ecos do *Decamerão*. Nessas obras, Chaucer investe no realismo, entendido como representação "ao natural dos homens" e de seus defeitos, expostos ao ridículo. Pelos *Contos* (texto em verso que começa "Quando abril, com sua doce chuva, molha as raízes da secura de março") desfilam vários tipos sociais da época. Trata-se de uma peregrinação que sai de Londres em direção a Canterbury, onde se encontra o túmulo de Thomas Becket, e durante a qual cada um dos romeiros se mostra com seu linguajar e características particulares: o cavaleiro, a aristocrata, um homem da lei, o eclesiástico, o marinheiro, o moleiro, a burguesa casamenteira, o médico, o cozinheiro. Mais alegóricos são os poemas *The House of Fame*, nos quais se expõem os caprichos às vezes incompreensíveis da glória, e *The Parlament of Foules* (*O Congresso dos Pássaros*), tendo por tema as prescrições da Natureza sobre a reprodução.

ARTE MINIMALISTA, MINIMALISMO. **1.** Corrente das artes plásticas surgida no início da década de 1960, nos Estados Unidos, com predominância de objetos escultóricos, e, em sua origem, contrária ao expressionismo abstrato e à figuração da arte *pop*. Avessa às possibilidades de manifestações emotivas, mesmo que gestuais, negou ainda qualquer característica simbólica à elaboração artística. Assim, toda composição, abstrata e não-representativa, deveria apenas "existir", isto é, ser mínima, sólida, visível, primária e absolutamente "neutra". Daí os volumes elementares, as formas mínimas, as superfícies lisas. Um conceito que, por sinal, já havia sido sugerido por Malévitch, na segunda década do século XX, e por Giacometti, nos anos 1930, por meio de obras rigorosamente geométricas. Exemplos da tendência são o *Monumento de V. Tatlin*, de autoria de Dan Flavin, um conjunto de tubos brancos de neon que, faticamente, emitem luz; as colunas nuas de Robert Morris; os monólitos negros de Tony Smith; os empilhamentos de objetos seriados (blocos, tijolos) ou as barras horizontais de Carl Andre; a obra *Bandeira Elevada* (*Die Fahne hoch*), de Frank Stella, quatro conjuntos de retângulos espelhados e simétricos, constituídos por linhas cinzentas sobre fundo preto. Essa indiferença visceral ao significado das coisas e aos fenômenos do mundo que o minimalismo propôs foi descrita por Ad Reinhardt em 1960: "Tudo é prescrito e proscrito. Somente dessa maneira não existe adesão ou dependência de qualquer coisa. Somente uma forma padronizada pode ser sem imagem; somente uma imagem estereotipada pode ser informe; somente uma arte 'formulizada' pode ser isenta de fórmulas". **2.** Movimento musical de fronteira entre o erudito e o popular, mais em voga durante os anos 1970 e 1990, caracterizado por uma técnica de composição que se utiliza de harmonia única ou "estática", isto é, de padrões repetitivos, ritmo constante ou com pequenas variações, prolongamentos de notas e de timbres isolados. Pelo fato dos elementos compositivos serem reduzidos e constantemente retomados, cria-se uma sensação de música modal, circular ou meditativa, por influência ou semelhança com as músicas de tradição balinesa ou indiana, por exemplo. Obras minimalistas foram criadas tanto para apresentações concertantes como para óperas e bailados. Entre seus autores mais conhecidos encontram-se Philip Glass, Michael Nyman, La Monte Yong, John Adams, Steve Reich e Terry Riley.

ARTE MÓRBIDA. Tendência das artes plásticas surgida na Inglaterra, na última década do século XX, caracterizada por esculturas, performances ou instalações arranjadas literalmente, ou ainda representativas de corpos, vísceras, órgãos, sangue ou até mesmo excrementos de homens e de animais. Como derivação tardia do expressionismo, pretende simbolizar atitudes consideradas violentas, perversas, sanguinárias ou mesmo escatológicas do ser humano. Seus representantes mais notórios são Demien Hirst e Marc Quinn (ingleses), Kiki Smith (norte-americano) e Christian Lemmerz (teuto-dinamarquês).

ARTE NO SÉCULO XX: AS CARACTERÍSTICAS DO ROMPIMENTO. **Influências na arte.** Pode-se considerar uma banalidade ou truísmo o fato de as expressões artísticas possuírem vínculos ou receberem influências marcantes do universo cultural de seu tempo – das organizações e dos conflitos sociais, das forças produtivas, dos níveis tecnológicos e científicos disponíveis, das estruturas políticas, das ideologias e mentalidades predominantes, das concepções mítico-religiosas vigentes, entre tantos outros fatores permanentemente em jogo.

E não podemos ainda esquecer as eras passadas, as tradições para as quais se retorna ou com as quais se defronta ("A história da arte é a história das formas inventadas contra as formas herdadas" – Malraux).

De qualquer maneira, há sempre um envolvimento histórico e uma perspectiva contemporânea, o que resulta em situações cambiantes, mutáveis e transitórias, tanto na percepção de mundo de seus criadores, nas características da arte produzida, como nas estruturas sociais para as quais se dirige. Tal evidência não chega ao ponto de induzir um único sentido, de estabelecer uma ligação rígida ou absolutamente necessária entre infra-estrutura socioeconômica e superestrutura simbólica. Pois é também indubitável que duas civilizações ou culturas de bases materiais semelhantes e conviventes produzem valores, conteúdos e formas artísticas próprias. Conseqüentemente, distintas entre si. Uma poderá ser mais racionalista e outra, sensorial. A primeira mais naturalista, enquanto a segunda estilizada ou espontânea. Como haverá diferenças de percepção, de tratamento, de técnicas empregadas e de significados atribuídos às obras.

Rompimento de um código. O século XX, entretanto, conheceu rupturas e inovações até então inusuais, tanto nas formas como na profundidade e no dinamismo com que ocorreram. Basta voltarmos nossa atenção para as transformações políticas, socioeconômicas e, sobretudo, para aquelas científicas e tecnológicas gestadas no século precedente e que se concretizaram de modo espantoso na época contemporânea. Se nos lembrarmos de ter sido ele caracterizado, entre dezenas de fatores, não apenas por conquistas democráticas e sociais, mas por totalitarismos até então impensados; pelos confortos crescentes da vida pública e satisfações privadas, por experiências cinéticas de velocidade, como também pela irrupção simultânea das massas e das minorias, pelas crises econômicas de efeito mundial, pelos extermínios sem precedentes e uma perspectiva de destruição global.

Durante o decorrer do século, a tensão existente na Beleza – bem observada por Baudelaire – entre um desejo de expressar o eterno, o imutável, o memorável, e outro de captar o circunstancial, o fugaz, a inovação na atualidade (que "é o transitório, o fugidio, o contingente, é a metade da arte") acabou por se distender e deslizar, com mais intensidade, para este segundo prato da balança. É claro que todos os períodos anteriores foram também fases contemporâneas. Quando o gótico se instalou na concepção arquitetônica, chamou-se-lhe *opus modernum*, diferente então do românico *opus antiquum*. Logo, que diferença no processo criativo poderia existir entre as eras mais antigas e o século XX?

Se de maneira genérica compararmos as escolas ou estilos desenvolvidos entre o Renascimento – incluindo-se nele as estreitas alusões ao antigo classicismo, bem como às figuras religiosas do Medievo – e o final do século XIX, poderemos notar ao menos uma constante a permear as modificações produzidas nas diversas concepções e expressões da arte, qual seja, a *conservação de um código*, a invariância de um núcleo ou a estabilidade de certos princípios em torno dos quais se propuseram e se realizaram as variantes e os choques poéticos. A permanência desse código fundamentava-se na convicção de que a arte não era um "problema em si", mas uma forma de expressão capaz de iluminar e proporcionar um conhecimento sensível às aspirações e conflitos humanos, sobrepujando a efemeridade irredutível da existência. Com isso, instalou-se uma tradição milenar na cultura ocidental – aquela da mimese figurativa ou da representação de um universo comum e identificável historicamente, fosse ele "hierático", "idealizado" ou "naturalista", a vinculação a uma teia cerrada de significados, de alusões ou de associações míticas, religiosas, sociais ou políticas – mas que foi sendo abandonada progressivamente. Em síntese, a arte possuía uma *crença*, religiosa ou racional, que evitava a corrosão de seus fundamentos e de suas finalidades.

Para Walter Benjamin, a fotografia revelou-se a arma inicial deste grande impacto: "Quando surgiu a primeira técnica de reprodução verdadeiramente revolucionária, a fotografia [...] os artistas pressentiram a aproximação de uma crise que ninguém poderá negar. Eles reagiram professando a 'arte pela arte', ou seja, uma teologia da arte. Tal doutrina conduzia diretamente a uma teologia negativa: terminava-se, efetivamente, por conceber uma arte *pura* que se recusa não apenas a desempenhar qualquer papel essencial, mas até mesmo a submeter-se às condições sempre impostas por uma matéria objetiva" (*A Obra de Arte na Época de suas Técnicas de Reprodução*). Pois havia naquele caráter comum de transcendência – no sentido de uma "presença esquiva", mas ainda assim humana ou divina *além* da obra – algo de alegórico, a exigir uma memória, uma analogia, uma comparação entre diversos domínios das culturas anteriores e em curso. Mantinha-se uma distância, uma evocação de tipo sagrado, mesmo nos assuntos profanos, que o autor denominou de →aura. De outro ponto de vista, isto é, no âmbito das técnicas ou das competências, a ritualização ou a normalização dos aprendizados, dos saberes e dos modelos "acadêmicos" minimizou-se a ponto de quase desaparecer.

Escrevendo em 1933 sobre o assunto, disse Herbert Read (*A Arte Agora*): "Ocorreram revoluções na história antes de nossos dias. Há uma revolução a cada geração, e periodicamente, mais ou menos a cada século, temos uma mudança de sensibilidade maior ou mais profunda que reconhecemos como um período – o Trecento, o Quattrocento, o Barroco, o Romântico, o Impressionista e assim por diante. Mas realmente creio que já podemos distinguir uma diferença qualitativa na revolução contemporânea: não é tanto uma revolução, que implica subversão ou mesmo um retorno, mas sim uma dispersão, uma degeneração, alguns diriam uma dissolução [...]. A meta de cinco séculos de esforço europeu foi claramente abandonada". Já no final do século, críticos como Malcolm Bradbury e James McFarlane afirmam que o modernismo "é a única arte que responde à trama do nosso caos. É a arte decorrente do 'princípio de incerteza' de Heisenberg, da destruição da civilização e da razão na Primeira Guerra Mundial, do mundo transformado e reinterpretado por Marx, Freud e Darwin, do capitalismo e da contínua aceleração industrial, da vulnerabilidade existencial à falta de sentido ou ao absurdo. É a literatura da tecnologia. É a arte derivada da desmontagem da realidade coletiva e das noções convencionais de causalidade, da destruição das noções tradicionais sobre a integridade do caráter individual, do caos lingüístico que sobrevém quando as noções públicas da linguagem são desacreditadas e todas as realidades se tornam ficções subjetivas" (*Modernismo*).

Artes plásticas e "desumanização". Assim, tomando-se as artes plásticas como exemplo inicial, as realidades humanas e naturais ainda permaneceram no impressionismo como elementos do código representativo e tectônico, apesar das simplificações formais e da economia dos traços, das escolhas subjetivas e da decomposição das cores em manchas, da recusa em empregar transições graduais (*sfumatos*). Correspondeu à "última orientação que se baseia num critério de gosto universal. Depois de sua dissolução, não tem sido mais possível classificar estilisticamente quaisquer das diferentes artes ou das diferentes nações e culturas [...]. A arte moderna é, porém, antiimpressionista ainda noutro sentido: é uma arte fundamentalmente 'feia', que foge à euforia, às formas fascinantes, às tonalidades e às cores do impressionismo. Na pintura destrói os valores pictóricos, na poesia sacrifica cuidadosa e consistentemente as imagens, e na música prescinde da melodia e da tonalidade. Implica uma fuga angustiada a tudo o que é agradável e dá prazer, a tudo o que é atraente" (Arnold Hauser). Com o cubismo, a tendência de rompimento tornou-se radical. Quebraram-se as noções anteriores da perspectiva central e da simetria das proporções. E instalaram-se, ao mesmo tempo, a multiplicidade dos pontos de vista e a geometrização das figuras. Daí à abstração completa deu-se um passo rápido, explosi-

vo e de larga predominância. O modernismo não apenas se desfez muitas vezes da figura humana – o que para certos teóricos "desumanizou" as artes – como "desocidentalizou", parcialmente, a antiga noção de representação visual, signo de outra realidade.

Desumanização da arte seria uma espécie de fundo compartilhado entre as novas manifestações. E título do famoso opúsculo de Ortega y Gasset, publicado em 1925. Não se trata de uma desconsideração crítica à sensibilidade que então se forjava. O autor constatava essa tendência até com admiração, por achar que o lirismo exorbitante do romantismo já não tinha nada a dizer. Em sua opinião, ninguém mais agüentava os melodramas de Beethoven e de Wagner. Daí a façanha de Debussy: "a partir dele, é possível ouvir música serenamente, sem embriaguez e sem prantos. Aquela transformação do subjetivo em objetivo é de tal importância que diante dela desaparecem as diferenciações posteriores". Em suas palavras, a desumanização consiste no seguinte: "Longe do pintor (por exemplo) ir mais ou menos entorpecidamente à realidade, vê-se que ele foi contra ela. Propôs-se decididamente a deformá-la, romper seu aspecto humano, desumanizá-la. Com as coisas representadas no quadro tradicional poderíamos conviver ilusoriamente [...]. Com as coisas representadas no quadro novo, é impossível a convivência: ao extirpar seu aspecto de realidade vivida, o pintor cortou a ponte e queimou as naves que poderiam transportar-nos ao nosso mundo habitual [...]. Não faltam nela sentimentos e paixões, porém, evidentemente, essas paixões e sentimentos pertencem a uma flora psíquica muito distinta da que cobre as paisagens da nossa vida primária e humana [...]. São sentimentos especificamente estéticos. Esse prazer, para o artista novo, emana do triunfo sobre o humano; por isso é preciso concretizar a vitória e apresentar, em cada caso, a vítima estrangulada". Impossibilitado de prever os rumos que o futuro tomaria, Gasset sugeria, no entanto, certas questões. Entre outras, as seguintes: "Se agora dermos uma olhada de soslaio na questão de qual tipo de vida se sintomatiza nesse ataque ao passado artístico, sobrevém-nos uma visão estranha, de gigante dramatismo. Porque, ao fim e ao cabo, agredir a arte passada tão genericamente é revoltar-se contra a própria Arte, pois que outra coisa é concretamente a arte senão o que se fez até aqui?".

Convivência de opostos, abandono das tradições e experimentalismo. De outro lado, estabeleceu-se um vínculo inesperado entre uma civilização racionalizante e tecnologicamente avançada (no sentido que Weber lhe atribui) e as formas artísticas de culturas místicas ou tradicionalistas (africanas, asiáticas ou ameríndias). Fundiram-se dois extremos – de um lado, os arcaísmos e, de outro, as imaginações futuristas. Ou seja, os artistas não apenas reagiram contra as mentalidades aristocrática e burguesa, do tipo "vitoriano", como também incluíram nessa contestação todos os cânones de um passado comum e ocidental. Os recém-chegados apegaram-se às configurações, experiências e conceitos de um mundo científico e industrial revolucionário (energia, massa, linhas de força, velocidade, simultaneidade) para a criação de uma sensibilidade inusitada, absorvendo, ao mesmo tempo, aquilo que fosse espontâneo, "primitivo", grotesco, distante, exótico ou de proveniência colonial, como os manipansos africanos, o colorido dos crepons japoneses, as *chinoiseries*, as sonoridades javanesas ou indianas. Ou seja, uma estética sem peso histórico no predominante mundo europeu, culto ou mesmo popular.

Simultaneamente, erigiu-se uma necessidade de formas extremamente conceituais, e não apenas perceptivas: "Eu não conseguiria retratar uma mulher em toda a sua beleza natural. Não tenho habilidade necessária. Ninguém tem. Devo, portanto, criar uma nova beleza, uma beleza que me aparece em termos de volume, de linha, de massa, de peso e, por meio dessa beleza, interpretar a minha impressão subjetiva" (Braque). Ou mergulhou-se na voragem das técnicas, como se fossem elas o único alívio ainda possível para uma civilização sem deuses e limites: "[...] não tínhamos um Amante ideal que alçasse até as nuvens sua sublime figura, nem uma Rainha cruel a quem oferecer nossos salmos [...]. A Morte, domesticada, me ultrapassava a cada curva para estender-me graciosamente a pata [...]. Saíamos da racionalidade como de uma horrível casca e atiremo-nos como frutos apimentados de orgulho dentro da boca imensa e torta do vento. Entreguemo-nos como pasto ao Ignoto, não por desespero, mas apenas para preencher os profundos poços do Absurdo" (Marinetti). Mesclaram-se, portanto, o espontâneo, o instintivo, a pureza técnica e um pressentimento radical de efemeridade humana. E diferentemente dos padrões místicos, conservadores ou repetitivos que as culturas extra-ocidentais exprimiam, a nova mentalidade optou pelo experimentalismo, pela mutação constante, pelo transitório (origem das instalações, performances, *happenings* e *body art* posteriores), eximindo a arte de pretensões ao intemporal, ao absoluto, ao eterno. O traço, o movimento, a cor ou o volume deixaram de estar a serviço de uma analogia, de uma referência, de um sentido ou finalidade ulterior, para se converterem, todos eles, em expressões auto-expositivas. A técnica adquiriu vida própria e, nesse sentido, acompanhou o espírito dos novos tempos, comprometido com a invenção, a pesquisa e o encanto tecnológicos. Também reveladora dessa busca e presunção é a

afirmativa de Franz Marc (*Aforismos*): "A arte vindoura será a forma a ser assumida por nossas convicções científicas; ela será nossa religião, nosso centro de gravidade, nossa verdade. Será profunda e densa o suficiente para oferecer a maior das formas, a maior das transformações já vividas pelo mundo".

Algo de semelhante ocorreu com a escultura, embora ela tenha convivido com a figuração mais do que a pintura. Pois houve artistas que se mantiveram adeptos de uma representação identificável, mesmo se distanciando do tratamento pormenorizado, da modelagem lisa e acabada, ou da elevação tectônica. A novidade tornou-se evidente, por exemplo, na aspereza das superfícies, no uso de volumes côncavos (negativos), interiorizados, ou em soluções inusuais de equilíbrio. Muitos outros, ao contrário, preferiram uma dissolução grotesca ou radical da figura humana. Caminharam para uma construção estritamente geométrica de massas espaciais, marcada por vazios e inflexões indeterminadas, sem planos fechados. Nessa linha, não é raro encontrarmos obras semelhantes a objetos "naturais", ou seja, como se fossem esculpidos aleatoriamente pelas forças da natureza, sem a intervenção humana.

Esse aspecto de acaso, de aleatório ou de acidental na maneira de conceber a obra gerou um problema até então inimaginado. Pois, se não existe uma intenção prévia original, relativamente clara ou distinta, como recompor, no ato da apreciação, o mesmo percurso que permitiria seu entendimento e simpatia emotiva? Como reencontrar o caminho das seleções e das escolhas que, em princípio, também fazem parte da distinção do ato artístico? Poder-se-ia contra-argumentar que os objetos da natureza também excitam uma contemplação de ordem estética e que, excluindo-se a possibilidade de uma consciência divina, ainda assim persistiria a aceitabilidade ou a exeqüibilidade de uma "arte natural". Ocorre, no entanto, que essa linha de pensamento reabre a discussão, tendo em vista ser a obra de arte um artefato *simbólico*, uma criação *cultural*, desde que a idéia de cultura permaneça como fenômeno essencialmente humano, distinto e interpretativo da natureza.

Na arquitetura, eliminaram-se os elementos tradicionais das ordens – por exemplo, arcos, frisos, colunas e seus capitéis – e, com eles, os estreitos laços decorativos e alegóricos com as outras artes, ou seja, a inclusão de tracerias ou tratamento escultórico e pictórico das construções. Devotando-se preferencialmente à frieza dos aspectos volumétricos ou espaciais, fez surgir o "nudismo arquitetônico". Pois, mais do que restringir-se a funções utilitárias, as arquiteturas passadas sempre tiveram a tarefa de simbolizar manifestações de caráter religioso, de condições sociais, de valores plásticos que estimulassem o sentido visual. Daí seus visíveis componentes cenográficos. Já na opinião de um típico arquiteto contemporâneo, como Adolf Loos, "o ornamento é um crime". Na mesma trilha estiveram o despojamento e a geometrização estética da Bauhaus, baseados em configurações simples de cubos e prismas. Um tipo de racionalismo que, ao internacionalizar-se, tendeu a desconsiderar as características culturais de povos e regiões. Neste caso, entretanto, acrescentaram-se à pureza estética ou os postulados da funcionalidade e da visão ambiental (espaços arquitetônicos contínuos, intercomunicáveis, "democráticos"), ou o princípio generoso e humanista da fusão do belo e do útil (o desenho industrial, o *design*) na utilização de objetos corriqueiros, como o mobiliário e demais equipamentos ou artefatos domésticos.

Quanto à música erudita, o sistema tonal foi posto em xeque com o advento da dodecafonia, do atonalismo, do serialismo, do bruitismo ou das composições concretas, aleatórias e eletracústicas (→*Música erudita no século XX*). No terreno literário da poesia, após o aparecimento do verso livre com seus períodos flutuantes de frases curtas e longas ("redescoberto" por Walt Whitman em meados do século XIX), o emprego da rima, o rigorismo da métrica e o domínio do ritmo expiatório (sílabas fortes contrapostas a sílabas átonas) passaram a segundo plano (o romantismo e o simbolismo conservaram princípios mínimos de versificação, o primeiro recuperando, como novidade, usos populares e arcaizantes). Já no período em questão, a liberdade dos arranjos tornou-se extrema, "prosaica", assimétrica, polirrítmica, até se chegar à poesia gráfico-visual-concreta (também calcada no geometrismo plástico) ou à morte pura e simples do verso, nos futurismos russo e italiano.

Mesmo a arte da narração, o →*romance*, menos suscetível de transformações radicais, chegou a ser objeto de experiências-limite e contrárias à figura do personagem ou à evolução de um enredo. Foi o que se passou com o *nouveau roman* francês, tido por Robbe-Grillet como a tentativa de "desintegração da equivalência verossimilhança-verdade; destruição do tempo em proveito da memória; substituição de um observador limitado pelo romancista demiurgo e onisciente [...] O romance do século XIX conhecia apenas o destino. No moderno, apenas se conhece o momento instantâneo, nada existindo além do presente".

Forma pura, ludismo e auto-suficiência. Essa revolução instaurou-se portanto, e desde o início, como busca incessante da *forma pura*, de uma configuração desimantada de idéias extra-artísticas, exclusiva, au-

tárquica. Sem dúvida cerebral, mas avessa à retórica e às figuras metafóricas (um componente indisfarçável dos códigos tradicionais), tornou-se progressivamente anticonceitual. Menos antropocêntrica e biomórfica, na análise já mencionada de Ortega y Gasset, a arte culta trocou o antigo ritual de uma razão especular (na forma) e reordenadora da vida (no conteúdo) pela pulsão liberalizante de "energias vitais". Ou seja, Apolo foi retirado de cena para que Dioniso se entronizasse, na ausência agora de mitos sagrados, de profecias ou de valores políticos. Preferiu-se o irônico, o lúdico, ao transcendental.

Entre nós, e nas pegadas do crítico espanhol, José Guilherme Merquior procurou demonstrar como o espírito lúdico-dionisíaco assumiu, no plano da forma, esse experimentalismo habitual e crônico do século. Perseguindo-se o novo pela novidade, insaciavelmente, substituiu-se a durabilidade, a tentativa de superar a existência e aproximar-se do eterno, pelo efêmero típico da vida, que se refaz continuamente; o acabado pelo processo, ou por combinações intermináveis de uma série. Desta formalização estética proveio a "impessoalidade" da obra, agora claramente ascética e higiênica, concretizada em jogos de cores e de volumes abstratos, em objetos absolutos (Duchamp e seus *ready-made*) ou na incorporação desejada do acaso, do imprevisível, do aleatório (principalmente na pintura, na escultura e na música). Cada obra converteu-se em código autônomo, internamente construído e auto-suficiente. Na concepção de Clement Greenberg, o enaltecido crítico da arte contemporânea, ao se julgar uma obra de arte "devemos levar em conta tão-somente suas intenções, não seus resultados". O problema é saber que artista não admitiria "a melhor das intenções". Se, de um lado, a pesquisa "estética" pôde desenvolver-se livre e subjetivamente, ela o fez em detrimento dos velhos estilos e da sedimentação ("O que há de tão surpreendente no período moderno é o fato de não existir nenhuma palavra que possamos empregar dessa maneira", ou seja, estilo neoclássico, barroco, romântico etc., nas opiniões de Bradbury e McFarlane). Já no plano do conteúdo, a opção mais visível recaiu ou no grotesco (a partir do cubismo e do expressionismo), ou na paródia (do tipo dadaísta) às alusões tradicionais. O novo ceticismo não pôde adaptar-se ao culto, aos imperativos morais, nem à fidelidade das recordações passadas. Seu "vitalismo" tendeu, preferencialmente, para uma exploração obsedante da sensibilidade, para os movimentos livres, gestos primitivos ou aleatórios (que se incluam aqui as →*danças moderna e pós-moderna*), para uma liberalização espontânea e misteriosa do inconsciente (como no surrealismo).

O teatro entregou-se também à dramatização dos sentidos e para os sentidos, pelo menos em suas manifestações de vanguarda. Desde a primeira década do século, a realidade tornou-se-lhe incongruente: "O realismo acabou. Chegou a hora de transportar para o palco o irreal. É necessário representar a vida não como ela é de fato, mas tal qual em sonhos e visões a vê o artista, nos seus momentos de inspiração. Seria necessário traduzir cenicamente essa visão dos seres e das coisas, à moda dos pintores, músicos e poetas da nova escola, cujas obras não possuem contornos nítidos, melodias acabadas ou pensamentos formulados com clareza. A força da nova arte dramática deve provir de uma combinação, de uma harmonia de cores, de linhas, de sons e assonâncias, capazes de criar uma impressão geral que influa inconscientemente no espectador" (Stanislávski, a respeito do Estúdio Teatral, antes da revolução soviética). Na mesma época, Meyerhold enfatizava que "o movimento, numa representação, é o meio expressivo mais poderoso: o papel do movimento cênico é o mais importante de todos os elementos teatrais. Privado da palavra, do figurino, de todos os elementos outros, o teatro continua teatro somente com o ator e sua arte do movimento". Assim, em diversas ocasiões, o teatro racionalista da linguagem, de base literária ou de diálogos, perdeu importância perante a interpretação corpórea das idéias e das sensações antes verbalizadas, dando-se relevo aos efeitos tecnológicos, cenográficos, de luzes e de sons. De modo insuspeito ou consciente, muito do que se fez teve ainda um eco das concepções de Artaud: "A ação do teatro não repousa no plano social. Menos ainda no da ética ou da psicologia [...]. Esta obstinação em fazer os personagens falarem sobre sentimentos, paixões, desejos e impulsos de ordem psicológica, nos quais uma única palavra ocupa o lugar de inúmeros gestos, é a razão. E o teatro perdeu sua verdadeira *razão* de ser".

Liberdade negativa (Lukács). Essa tendência manifesta à pureza e ao caráter impessoal da arte culta teve suas raízes mais férteis na crescente subjetividade do período romântico. A idéia e a condição de liberdade exigida pelo artista acompanharam, ao menos teoricamente, as transformações políticas, sociais e econômicas trazidas pelo liberalismo e pelas estruturas de produção e de troca capitalistas. De maneira genérica, nada deve prender o criador: nem a regra formal, nem o objeto do conteúdo. Por esse motivo, na opinião de Georg Lukács, a única medida da arte hoje é a afirmação livre e total da personalidade ou, mais exatamente, do *humor* do artista. Para ele, o artista antigo jamais foi livre e nem sequer compreenderia o que atualmente chamamos de "liberdade da arte". Em primeiro lugar, dada a sua condição social de nas-

cimento e classe; mais importante do que isso, pelo fato de a arte fazer parte da vida pública e se destinar a uma assistência e a um reduto relativamente determinados. Conhecia-se a quem se dirigir e de que modo o fazê-lo. Dentro dessas condições, no entanto, os grandes artistas souberam extrair os ingredientes necessários para traduzir e refletir suas imagens particulares, as orientações mais profundas da existência e as transformações da realidade vivida. Embora dirigida socialmente, aquela arte demonstrou-se fecunda e atraente. Pois a liberdade e as contribuições pessoais manifestaram-se justamente nos aspectos ideológicos e simbólicos da criação: ou seja, naquilo que é fundamental para o fenômeno artístico. Esperava-se do autor a faculdade de perceber o essencial do tempo, das relações ideológicas, das motivações psíquicas e das formas estilísticas. Em suas palavras, "Esta arte é mais livre porque está ligada mais profundamente à essência da realidade do que fazem supor os atos que se manifestam em sua gênese objetiva e subjetiva" (*Arte Livre ou Arte Dirigida?*). Já no século XX, "o artista novo encontra-se, considerada a função social da arte, na situação do produtor de mercadorias em relação ao mercado abstrato (genérico e impessoal). Sua liberdade é – na aparência – tão grande quanto a do produtor de mercadorias. Na realidade, as leis do mercado dominam o artista pela mesma razão por que dominam, em geral, o produtor de mercadorias [...]. A relação entre o artista e seu público não perdeu somente seu caráter imediato; um intermediário novo, especificamente moderno, introduziu-se entre eles: o capital [...]. Essa situação determina o caráter da liberdade da arte no sentido moderno, seu conteúdo verdadeiro e as ilusões que necessariamente a acompanham [...]. A maioria dos artistas modernos, e precisamente os melhores entre eles, contempla com cólera, desespero e mesmo horror o caos da sociedade que os envolve, que quer reduzi-los à sua semelhança. Desse momento em diante, a liberdade artística se funda sobre a subjetividade exacerbada [...]. A noção de liberdade é então, para o artista moderno, uma noção abstrata, formal e negativa: ela só contém a reivindicação de proibir a quem quer que seja de intervir nesta suprema autoridade pessoal".

Por essas razões, o artista, na qualidade de produtor de um bem econômico, deverá não poucas vezes submeter-se à lógica do mercado, às demandas ou preferências de um público indistinto. O eventual "sucesso" obtido com uma "fórmula" tende a conservá-lo preso ao padrão economicamente mais vantajoso.

Irracionalismo, "tudo é arte" e a "morte da arte". Parte da crítica viu ainda na arte culta do século ou a ausência de conteúdos transcendentais, ou a presença mais ou menos ostensiva do irracionalismo. No primeiro caso, por exemplo, teriam desaparecido o sentimento, a imagem e a referência ao que é divino e espiritual: "Nossas formas estéticas exploram o vazio, a branca liberdade, que derivam do retraimento (*Deus absconditus*) do messianismo e do divino. Se a 'precisão santificada' de *Jó e sua Mulher* (tela de Georges de La Tour) ou uma paisagem de Giorgione expressam a epifania de uma presença real, se esta proclama o parentesco da arte com a encarnação do mistério [...]. Malévitch e Ad Reinhardt relevam seus encontros com uma 'ausência real' [...]. É com esta ausência que nós esgrimimos frente a um espelho, ou, como o diz justamente a língua alemã, com sombras (*Schattengefecht*) [...] nenhum homem pode ler integralmente ou responder de maneira responsável à estética se 'sua carne e suas fibras' se sentem à vontade na racionalidade cética, se estão confortáveis na imanência [...]. O humanista, em contraste fundamental com o cientista, tende a experimentar o sentimento de que a aurora e o sol do meio-dia já se encontram às suas costas" (George Steiner, *Presenças Reais*).

No segundo caso, uma anedota contada por Degas talvez ilustre esse desconforto da razão. Certa vez o pintor teria perguntado a Mallarmé: "– Quando o senhor tem a idéia de um poema, como faz para convertê-la em obra?". Ao que o poeta respondeu: "– Não se faz um poema com idéias, mas com palavras". Verdadeira ou não, a piada chama a atenção para o fato de que o jogo das combinações formais tenha, sob vários aspectos, arruinado os sentidos humanos que antes se esperava da obra. O entendimento deslocou-se em favor da estrita imaginação do autor. E se tudo é possível, a extensão na qual ele pode se mover se torna incomensurável. Os significados flutuam à deriva, sem compromissos com as demais instâncias extra-artísticas e que, historicamente, sustentaram a criação. Se a arte nunca havia sido o terreno do falso ou do verdadeiro, passou também, muitas vezes, a não ser o lugar do belo ou do feio, da moralidade ou da imoralidade, do sublime ou do real, da afirmação ou negação de uma crença. Qualquer critério se autojustifica, mesmo resumido ao insólito, ao heteróclito ou ao escandaloso. "Todo o mundo é artista", decretou Joseph Beuys em meados dos anos 1950, acrescentando ainda que "a criatividade é apenas o que se pode definir e se justificar como ciência da liberdade". Por conseqüência, a capacidade de eleger e de comparar valores parece desaparecer, em nome de uma liberdade ilimitada, ou passa a ser "problemática" a ponto de sobre ela suspender-se o juízo. Daí um fato marcante da época estar nas relações entre obra e público, pois nunca os

sentimentos experimentados foram tão ambíguos, instáveis, enigmáticos ou carentes de elucidações conceituais, só passíveis de compreensão fora dos próprios objetos artísticos. Essa explosão de todos os critérios de valor, que se multiplicam à deriva num estado de "êxtase", levou Baudrillard a dizer que: "A arte prolifera por toda a parte. O discurso sobre a Arte mais depressa ainda, mas com seu caráter próprio, sua aventura, sua força de ilusão, sua capacidade de recusar o real e de opor ao real outro cenário, onde as coisas obedecem a uma regra do jogo superior [...] em que os seres, à imagem das linhas e das cores sobre a tela, possam perder seu sentido, exceder a própria finalidade e, num ímpeto de sedução, reunir-se à forma ideal, nem que seja a da própria destruição. Nesse sentido, a Arte desapareceu. Desapareceu como *pacto simbólico*, pelo qual ela se distingue da pura e simples *produção de valores estéticos* [...]. As 'obras' já não se trocam, nem entre si nem em valor referencial, já não têm a cumplicidade secreta que é a força de uma cultura. Já não as lemos, e decodificamo-las segundo critérios cada vez mais contraditórios [...]. É porque suscitam em nós uma indiferença profunda que podemos aceitá-las simultaneamente [...]. Toda a maquinaria industrial do mundo ficou estetizada, toda a insignificância do mundo viu-se transfigurada pelo estético" (*Transestético – A Transparência do Mal*).

O século XX viu proclamada a morte da arte, ao menos como existiu desde as suas origens pré-históricas. Ao lado dos fatores espirituais já mencionados, lembremos também as causas materiais desse anúncio fúnebre, na opinião de Carlo Argan: "A chamada morte da arte não é senão a decadência consumada de um conjunto de *técnicas artesanais*, que já não se coordena com o *sistema industrial* da produção – em muitos casos, da produção dos mesmos tipos de coisas que eram produzidos pela arte. É inquestionável, porém, que essa decadência criou um vazio cultural, por ora ainda não preenchido. Assim se explica por que a chamada morte da arte não acarretou o desaparecimento dos artistas e das instituições que se ocupam da difusão do conhecimento de suas atividades. É preciso tomar consciência do vazio deixado pela arte no contexto cultural, decidir a sorte da soma de valores constituída pelo legado ainda presente das civilizações artísticas do passado; esse legado artístico inelimínável ainda é, pelo menos em termos quantitativos, o componente principal do ambiente material da existência, aquele que caracteriza as cidades" (*Arte Moderna*).

Habituar-se à mudança. Ainda assim, Umberto Eco, valendo-se da idéia de "plasticidade da consciência", de William James, e da fenomenologia de Merleau-Ponty, argumenta em defesa das novas experiências estéticas: "Mesmo ao nível dos processos intelectivos, *habituar-se*, neste universo, já não é coisa recomendável. E se existe um bom hábito a adquirir, é habituarmo-nos a mudar com a máxima rapidez a nossa atitude perceptiva em face das coisas. E, por conseqüência, também a nossa sensibilidade, os nossos comportamentos emotivos, as próprias coordenadas dos juízos morais, a capacidade de aceitar e definir situações humanas, a capacidade de nos movermos num contexto social que sofre o contragolpe de outras mutações que se verificam em outros níveis e que, por sua vez, provoca uma instabilidade dos valores e dos conhecimentos [...] o homem, no seu todo, em suma, *deve habituar-se a não se habituar*, deve ver na mudança, na revisão dos esquemas, na dinâmica de uma reprodução contínua dos modos de estar no mundo e de ver o mundo, a nossa condição normal e privilegiada. Daí a função pedagógica da arte contemporânea e a justificação mais simples daquela vertiginosa sucessão de linguagens que caracterizou a aventura da arte no século [...]. A arte não fez mais do que respeitar o ritmo que a ciência marcou ao nosso modo de estar no mundo; não pôde esperar que o próprio público se habituasse a uma solução para lhe propor a seguinte, porque, na verdade, o que importava era habituar o público a não adquirir hábitos, a habituar-se à sucessão, a nunca descansar sobre um modelo estabelecido" (*Função Progressiva da Pintura Moderna*). →*Modernidade e pós-modernidade.*

ARTE PLUMÁRIA. Adornos e paramentos confeccionados com penas e plumas de aves por povos indígenas ou comunidades primitivas (ágrafas ou sem Estado), e usados tanto em cerimônias ou rituais (de passagem, de iniciação, de fertilidade, de morte), como de maneira cotidiana, a indicar, neste caso, condição etária, de sexo ou étnica. Abrange objetos simbólicos e ornamentais, divididos, costumeiramente, em: *ornatos de cabeça* – cocares, diademas, coifas, máscaras, penachos, testeiras, coroas; *ornatos de tronco* – mantos, peitorais, dorsais, cintas, bandoleiras a tiracolo; *ornatos de membros* – braceletes, braçadeiras, jarreteiras, pulseiras. Como matérias-primas, distinguem-se penas, de feitio fusiforme, provenientes da cauda (penas retrizes) e das asas (penas rêmiges); plumas e penugens (coberturas macias e arredondadas, com aspecto de flocos, existentes nas costas, no abdome ou no pescoço das aves). As duas técnicas mais empregadas são as de amarração (com fibras) e a de colagem. No Brasil, alguns dos pássaros mais procurados são os psitacídeos (araras, papagaios, maritacas), os tucanos, as garças, os gaviões, os jaburus e os colheireiros. Certas nações também se utilizam da *tapiragem*, processo que consiste na retirada de penas de um pássaro cati-

vo e cobertura da pele com tintura de raízes. A nova plumagem se desenvolve com uma coloração amarelo-avermelhada, devido aos traumatismos e às tintas aplicadas. Entre as tribos nacionais que mais se destacam pelas técnicas e pelos efeitos cromáticos produzidos, encontram-se: Kaapor, Bororo, Rikbaktsa, Tapirapé, Kamaiurá, Kayapó, Tiriyó e Wayana. Vale registrar que, na opinião de Sônia Ferraro Dorta, "Considerando a importância dessa atividade em cada contexto cultural dos 206 grupos étnicos atuais, conclui-se que nenhum mais a executa em toda a sua plenitude, dado o volume de problemas de ordem econômica, social e territorial, que aceleram profundas transformações existenciais" (*A Plumária Indígena Brasileira*).

ARTE POBRE. →*Arte povera*.

ARTE POVERA. Movimento artístico originalmente italiano e integrado, de maneira mais abrangente, à chamada arte conceitual, surgido em fins dos anos 1960 (século XX), em Turim, Gênova e Roma. A denominação foi sugerida pelo crítico e defensor da corrente, Germano Celant, em 1967, aproveitando a expressão "teatro pobre" de Grotowski. Sob o rótulo, preconizou uma "prática artística crítica e anticultural", que não apenas retirasse a impressão "santificada" dos objetos, mas que fosse adequada às manifestações rebeldes da juventude e dos movimentos estudantis da época. Após as experiências da arte *pop*, que incluiu em seus temas os objetos da publicidade, a *arte povera* abandonou a concepção da obra como fenômeno durável ou permanente, tentando afastar-se de uma realidade comercial. Opondo-se ao "assentimento" dos artistas *pop* ao sistema mercantil, pretendeu ser a manifestação de uma ruptura total. Daí ter a ela se referido Carlo Argan nesses termos: "Não se deve fazer a obra de arte porque a obra de arte é objeto; numa sociedade neocapitalista ou de consumo, o objeto é mercadoria; a mercadoria, riqueza; a riqueza, poder. Mesmo uma obra de arte violentamente agressiva e ideologicamente direcionada seria logo absorvida e utilizada pelo sistema". Preferiu-se, ao contrário, realizar "composições" de vida efêmera ou mutável, chegando-se a atitudes radicais e bizarras como as fezes enlatadas expostas na Museu Cívico de Turim, em 1970, especialmente dedicada ao movimento. Mais comumente, optou pelo uso de materiais pobres (daí a denominação), precários ou "irrecuperáveis" – um recurso já utilizado por Joseph Beuys – e pela possibilidade de o trabalho ser modificado por uma ação espontânea ou pré-determinada, mas, neste último caso, lançando-se mão de tecnologias avançadas. Por exemplo, tubos de neon submergidos em cera e cuja irradiação de calor a fazia derreter. Ou o "punho fosforescente" de Gilberto Zorio (um punho de mãos fechadas sobre fundo negro), que se valia de um processo físico: a cada dez segundos, a luz se apagava e o fósforo irradiado na obscuridade conferia ao objeto uma coloração verde-brilhante. Outra concepção bastante difundida, além desse "transformismo", foi a de obra de arte como criação de jogos gratuitos ou de relações meramente absurdas, à maneira dadaísta, como o conjunto de cinqüenta cartões-postais de Alighiero e Boetti, autofotografado não como uma só pessoa, mas como irmãos gêmeos de mãos dadas. Além dos artistas já citados, integraram a corrente Mario Merz, Giovanni Anselmo, Giuseppe Penone, Luciano Fabro, Pino Pascali, Giulio Paolini e Gianni Kounellis. →*Arte conceitual* e →*Arte minimalista*.

ARTE PRÉ-HISTÓRICA. Os artefatos e as representações simbólicas da assim chamada arte pré-histórica são aquelas anteriores ao aparecimento da escrita e da constituição de Estados. Por isso mesmo, seus períodos variam bastante, tanto em relação aos inícios e términos, quanto às durações e regiões étnico-geográficas. Essa denominação, que no entanto ganhou a preferência de historiadores e arqueólogos europeus, foi cunhada pelo francês Gustave d'Eichthal, em 1843. Nas Américas, no entanto, e para os povos da região, o termo mais usual é o de arte pré-colombiana (antes de Colombo), ou seja, aquela que antecede as conquistas espanholas e portuguesas. No Velho Continente, a pré-história tem sido subdividida em três grandes períodos: a Idade da Pedra (que inclui o paleolítico, o mesolítico, o neolítico e o calcolítico), a Idade do Bronze e a Idade do Ferro.

As representações humanas mais antigas já encontradas até o momento (dois desenhos geométricos grafitados) datam de, aproximadamente, 75 mil anos antes de nossa era (caverna de Blombos, na África do Sul). Mas uma regularidade na produção de objetos com características simbólicas só apareceu por volta de 50-40 mil anos a.C., após a difusão do *Homo sapiens sapiens* (o *homo erectus* já dominara o fogo e estabelecera um espaço doméstico, e um de seus ramos, o homem de Neandertal, passara a enterrar os mortos). Esta época mais remota, que se estendeu até por volta de 10 mil a.C., é chamada de paleolítico superior, seguida pelo mesolítico (entre 10000-6500), pelo neolítico (6500-4500) e pelo calcolítico, ou Idade do Cobre (4500-2000). O domínio, ainda que incipiente, das metalurgias do bronze e do ferro deu origem aos períodos subseqüentes: à Idade do Bronze (200-800) e à do Ferro (800 até o Império Romano, na dependência da região e da respectiva cultura material).

Idade da Pedra e a pintura rupestre. Um dos marcos do paleolítico superior foi a constituição de uma certa identidade cultural, que transparece na manipulação de formas e na modificação ou acréscimo de funções dos objetos naturais, principalmente a pedra. Cada grupo humano diferenciou-se de comunidades vizinhas, impondo seu próprio "estilo" à confecção manual de utensílios. Com isso, os objetos naturais incorporaram também a função de signos distintivos da horda primitiva. Mas, ainda no interior desse vasto período original, as peculiaridades da manufatura e das representações simbólicas permitiram a identificação de quatro estágios ou eras temporalmente iguais de cerca de cinco mil anos: a Aurinaciana (30000), a Gravetiana (25000-20000), a Solutriana (20000-15000) e a Magdaleniana (15000-10000), sendo esta última conhecida como o período "clássico" da arte paleolítica, em decorrência de suas magníficas pinturas murais (rupestres ou ainda parietais).

A arte aurignaciana, cujos mais requintados objetos encontram-se em pequenas regiões da França e da Alemanha, já era capaz de confeccionar pequenas estatuetas e gravar figuras de animais em pedra ou em marfim. A escultura de um homem com cabeça de felino, com cerca de trinta centímetros, proveniente da gruta de Hohlenstein-Stadel, constitui um extraordinário exemplo dessa arte. Bem mais numerosos, no entanto, são os signos abstratos e as estilizações dos sexos feminino e masculino (grutas de Cellier, Blanchard ou Belcayre).

O período seguinte, gravetiano, estendeu-se geograficamente por quase toda a Europa atual, indo da Espanha às fronteiras da Rússia com a Ucrânia. A produção figurativo-simbólica dos povos da época, quantitativamente maior do que no aurignaciano, deu nítida preferência às "vênus esteatopígicas", isto é, a estatuetas femininas dotadas de grandes seios e nádegas, a sugerir, provavelmente, o culto à fertilidade. As dimensões mais comuns são as que variam de 6 a 15 centímetros e três delas, a de Grimaldi (Itália), a de Willendorf (Áustria), feitas em pedra, e a de Lespuge (França), gravada sobre marfim, apresentam-se como obras-primas do período. Todas elas seguem um esquema semelhante – o de um losango, em que a cabeça e os pés, trabalhados sumariamente, ocupam as extremidades; no centro, os seios, a bacia e o ventre aparecem hipertrofiados. Nesta fase, as estatuetas já eram também manufaturadas com barro cozido e, muito provavelmente, acompanhavam os grupos em seus constantes deslocamentos.

O solutriano, por sua vez, esteve restrito ao sudoeste da França e ao nordeste da Espanha, caracterizando-se por um talhe preciso das pedras, em forma de folha de louro (para uso em lanças e como faca), pelo início da pintura rupestre e por um maior desenvolvimento do baixo-relevo em pedra. Tratou-se de uma aparente evolução de técnicas pictóricas e do entalhe, acompanhada pela invenção do arco e da flecha, tanto quanto da agulha de costura. Também aqui multiplicaram-se os objetos talhados em osso e em pedra, destinados ao uso cotidiano, habitualmente decorados com figuras da fauna. Assim, bastões e propulsores de dardos trazem inscritas silhuetas de animais e signos gráficos elegantemente desenhados e ordenados, tanto quanto colares e berloques de adorno.

O magdaleniano instituiu-se, por fim, como o período mais exuberante da pintura parietal, realizada preferencialmente no fundo de grutas ou cavernas, como as de Niaux, Font-de-Gaume, Trois Frères, Lascaux ou Altamira. Nelas, o naturalismo alcançou seu primeiro nível de elevada composição e vigor. Os temas mais corriqueiros foram dedicados às renas, bisões, cervos, cavalos e mamutes, em sua maioria desenhados de perfil. Inteligentemente, os artífices aproveitaram os arqueamentos das paredes para criar a impressão de volume. Tudo indica que as pinturas estavam ligadas às necessidades imediatas de sobrevivência, a uma vida de apresamento da caça e a possíveis rituais mágicos, propiciatórios ou de fertilidade, elaboradas com objetivos práticos, ou seja, com pouquíssimas probabilidades de efeito ornamental ou de expressão subjetiva.

A esse respeito, comenta ainda Arnold Hauser: "O que mais importa, no que respeita ao naturalismo préhistórico, não é ser este, ou não, mais antigo do que o estilo geométrico, mas sim o fato de revelar já todas as fases típicas de desenvolvimento por que a arte virá a passar nos tempos posteriores, não constituindo, de modo algum, um mero fenômeno instintivo, estático e à margem da história, como o consideram os eruditos obcecados pela arte geométrica e rigorosamente formal. É uma arte que, partindo da fidelidade linear à natureza, e na qual as formas individuais estão ainda exteriorizadas rígida e laboriosamente, se encaminha para uma técnica muito mais ágil e sugestiva, quase impressionista. Trata-se de um processo que revela como se foi aperfeiçoando a compreensão acerca da maneira de dar a impressão ótima final numa forma progressivamente mais pictórica, instantânea e aparentemente espontânea. A exatidão do desenho atingiu tal nível de virtuosismo que tornou possível traduzir atitudes e aspectos sucessivamente mais complicados, movimentos e gestos cada vez mais arrojados [...]. O estado de natureza, indiscriminadamente instintivo, foi há muito ultrapassado" (*História Social da Literatura e da Arte*). Essa procura pela exatidão, que inclui a forma, a preocupação com a cor e o movimento, parece derivar de um pensamento ou atitude que julgava o ato de representar uma ação real. Pintar, mais do que sugerir, antecipava ou conduzia ao fato esperado.

Do ponto de vista técnico, os artífices utilizavam óxidos de ferro para as cores castanho, ocre, amarelo e vermelho, e o carvão vegetal para o preto. Os pigmentos, dissolvidos em um pouco de água, eram aplicados com pincel de crina, com os dedos ou soprados em tubos (aerografia). Convém observar ainda que as pinturas rupestres das grutas de Tuc d'Audoubert e de Chauvet de Vallon, estas últimas descobertas em 1994, colocaram em dúvida a datação das pinturas paleolíticas. O estilo magdaleniano ali encontrado, em desenhos de rinocerontes e leões, parece retroagir ao período inicial do aurignaciano.

No mesolítico, a tendência geral da arte tornou-se predominantemente abstrata. O fim do período glacial aumentou as zonas florestais, atraiu as comunidades para as novas áreas e estimulou as migrações. Apenas em regiões delimitadas, como nas comunidades de Gogul, na Espanha, e de Alta, na Noruega (pinturas), ou de Lepenski Vir, na Iugoslávia (estátuas em pedra), a "tradição figurativa" teve prosseguimento.

Neolítico, aparecimento da arquitetura. Um lento mas progressivo movimento de colonização do continente europeu, com origem nos planaltos da Anatólia (Turquia), começou a se alastrar por volta de 6500 a.C. Nos territórios próximos às margens orientais do Mediterrâneo já se haviam formado centros populacionais importantes, como os de Çatal Hüyük, Hacilar, Can Hassan, Mersin, tanto quanto Khirokitia (Chipre) e Cnosso (Creta), contemporâneos de vilas orientais igualmente em fase de expansão (Jericó e Beidha, na região palestina; Hassuna, Nínive, Shanidar e Samarra, no vale do rio Tigre; ou Ur, Eridu e Obeid, no sul do rio Eufrates). Todas essas localidades praticavam a agricultura, as trocas comerciais e a produção de artefatos cerâmicos. E algumas delas deram origem às primeiras edificações arquitetônicas monumentais, com funções religiosas (Eridu ou Çatal Hüyük).

Na Europa, esse novo período, caracterizado também pela expansão da agricultura sedentária, pela domesticação de animais e pela criação de gados, correspondeu ao Neolítico, complementar e mesmo substituto das atividades caçadoras e coletoras. As atividades agropastoris ensejaram ainda ao homem neolítico a edificação das primeiras vilas permanentes e, portanto, da experiência arquitetônica, substituindo-se progressivamente as habitações circulares (a maioria em barro) por plantas quadradas ou retangulares. O que, por sua vez, permitia a ampliação das células familiares.

No estágio final do neolítico, começaram a surgir cemitérios ou necrópoles, a indicar a ocupação permanente das comunidades. Em seguida, no calcolítico, erigiram-se os primeiros exemplos de túmulos com funções honoríficas (provavelmente de chefes de clãs), que se tornaram monumentos de cerimônias coletivas e de identidade cultural. De maneira genérica, as colonizações tiveram um adensamento pioneiro na região balcânica (Iugoslávia, Croácia, Bulgária, Romênia, Eslovênia), atestado pelas numerosas peças de olaria pintada, contendo motivos geométricos, e pelos enfeites de pedra e de conchas. Em seguida, partiram dos Bálcãs duas outras correntes de povoamento: uma no sentido das costas do Mediterrâneo (Grécia, sul da Itália, pela via do Adriático) e outra em direção às regiões atravessadas pelo Danúbio. Levas que, ao longo dos séculos, voltariam a se reencontrar no centro e a oeste. Entre as mais estudadas pela arqueologia contemporânea encontram-se as de Vinca (Iugoslávia), Azmat e Kovacevo (Bulgária), Cucuteni e Gumelnitsa (Romênia), Strelice (Morávia), Kökenydomb (Hungria), Domica (Hungria e Eslovênia), Dimini e Protosesklo (Grécia).

As manifestações estéticas, provavelmente em decorrência das frentes móveis de colonização, passaram, inicialmente, por um visível empobrecimento, considerando-se as variações das formas utilizadas em peças funerárias e objetos cerâmicos. Na península balcânica, a primeira fase neolítica (~6000-5000) teve como representações mais corriqueiras as estatuetas femininas da "deusa mãe", à qual se atribuía a fecundidade, relacionada, por sua vez, com a imagem da potência sexual do touro (vasos zoomórficos). Trata-se de uma arte que parece ter como função principal o que os especialistas chamam de "gestão social e simbólica da sexualidade". As deusas, realizadas em terracota ou já em mármore, conservaram a modelação esquemática das antigas "vênus" do gravetiano, mas lhe foram acrescentados rostos mais detalhados, com olhos em forma de "grãos de café", à maneira turco-oriental. Na fase mediana do neolítico, os caracteres sexuais reduziram a sua evidência e os particularismos tipológicos aumentaram com a expansão migratória. Por volta do V milênio, um dos traços marcantes da arte foi o desenvolvimento de decorações geométricas, simétricas e complexas, aplicadas a objetos cerâmicos, à estatuária e mesmo às paredes das habitações, como se os artífices manifestassem um "horror ao vácuo", isto é, a superfícies nuas ou lisas. Assim, as incisões e as excisões (entalhes que criam relevo) dos grupamentos de Vinca ou de Vadastra (este na Romênia) demonstram um fino, paciente e laborioso trabalho artesanal.

Arte e diferenças sociais. O calcolítico trouxe consigo as manifestações primárias da divisão do trabalho, da demonstração do poder e das desigualdades sociais. Essa conclusão baseia-se na existência de túmulos destacados, cujos corpos se encontram depo-

sitados em covas monumentais para os padrões da época, revestidas com lajes de granito e sobre as quais se elevam estruturas de pedra e de terra. Datam igualmente dessa fase os mais antigos objetos de metal da humanidade – o cobre e o ouro – utilizados em artefatos domésticos e em armas. Os vínculos com as potências sobrenaturais, isto é, as atividades religiosas, parecem ter adquirido maior autonomia no interior das comunidades. Construções separadas, por vezes comportando colunas e afrescos, foram achadas em vários sítios balcânicos. E na Europa do oeste, sistemas de fossos e de paliçadas indicam rituais propiciatórios. São depósitos de estatuetas, túmulos e ossadas espalhadas, com registros de dupla inumação (exumação e reenterramento). Objetos de prestígio se multiplicaram, atribuindo-se a artífices especializados o encargo de confeccioná-los e aos seus possuidores a marca de prestígio ou dominação.

Um dos documentos mais significativos dessas transformações socioculturais encontra-se na necrópole do sítio de Varna, na Bulgária. O corpo da tumba 43 foi inumado com variados adornos de ouro, inclusive suas vestes, evidenciando ter sido ele um indivíduo de estirpe superior. Alguns outros túmulos foram construídos com intenções simbólicas, ou seja, destinados a abrigar não um corpo, mas, sim, máscaras igualmente ornamentadas com lâminas de ouro. As graduações sociais também puderam ser observadas nas diferenças das habitações. Essa cultura, denominada Gumelnitsa (tendo por referência os achados romenos), estendeu-se durante séculos dos Cárpatos ao mar Egeu. Do ponto de vista técnico, os objetos cerâmicos e de metalurgia encontrados já indicam a existência de técnicas de construção de fornos, de tubulações e de foles que pudessem resistir a temperaturas muito altas (por volta de mil graus centígrados), exigidas em ambas as manufaturas, e mantê-las.

No correr dos IV e III milênios, surgiram as primeiras representações guerreiras e masculinas, elaboradas em baixo-relevo, sobre estelas funerárias, como as das regiões ucranianas de Kernosovka, Natalevka ou de Konstantinovka (figuras que passaram a concorrer com a estatuária predominantemente feminina dos períodos anteriores). Foi essa também a época dos monumentos megalíticos, que se estendem, no norte da Europa, da Ucrânia a Portugal. As imensas edificações em pedra – os dólmens ou menires – possuíam três funções, conforme as teorias mais recentes: servir como câmaras mortuárias para personalidades importantes, como cemitérios coletivos e ainda como espaços reservados de culto. O primeiro aspecto confirmaria a existência de comunidades já hierarquizadas, enquanto o último parece viável pela presença de relevos entalhados. O repertório dessas figuras sugere uma simbologia codificada que abarca, mais comumente, discos solares, ondas, serpentes, machados, carroças, barcos, touros e círculos concêntricos.

Os dólmens ou menires comportam ao menos um túnel de acesso às câmaras mortuárias, formado por lajes de pedra. Estas aqui são grandes o suficiente para conter várias centenas de corpos, sendo imperceptíveis do exterior, onde também existem espaços consagrados a rituais (locais para fogueiras e depósitos de objetos cerâmicos). Certos dólmens acham-se erguidos de maneira isolada, enquanto outros se dispõem circularmente – os chamados *cromlechs*, típicos das Ilhas Britânicas. Ainda hoje torna-se difícil conceber as técnicas de suas construções. Os enormes blocos de pedra, com maior freqüência o granito, exigiram forças consideráveis para serem diretamente cavados, ou ainda destacados, transportados (por quilômetros de distância) e finalmente montados. A partir do segundo milênio (1800 em diante), as construções megalíticas foram apropriadas pelos povos celtas, cuja expansão, iniciada a sudoeste da Alemanha, alastrou-se pela França, Grã-Bretanha, Espanha, nortes da Itália e de Portugal.

ARTE PRIMITIVA. →*Naïf, naïve* e →*Arte bruta.*

ARTE RUPESTRE. Constitui o conjunto das primeiras imagens feitas pela humanidade – a arte das origens – registradas em superfícies rochosas (rupestres), tanto ao ar livre como no interior de cavernas. Nestas últimas, embora em número bem menor, concentram-se os mais belos e elaborados exemplos, alcançados durante os períodos do paleolítico superior (entre 50 e 10 mil a.C.), ou da quarta glaciação, incluindo as técnicas dos sítios aurignaciano ou aurignacense (30-25 mil a.C.), gravetiano (25-20 mil a.C.), solutriano (20-15 mil a.C.) e magdaleniano posterior (15-10 mil a.C.), como os das cavernas de Lascaux e Niaux (na França) e de Altamira (Espanha). Integrada aos estudos e pesquisas gerais da arte pré-histórica (→*Arte Pré-Histórica*), a arte rupestre compõe o seu mais importante acervo, indicando que tanto o impulso de representação como a capacidade de criação simbólica fizeram parte decisiva do processo de hominização. Tal fato é atestado não apenas por sua ancestralidade, como pela difusão geográfica, pois que se disseminou em todos os continentes. Até o momento, a primeira destas manifestações recua a um período entre duzentos e trezentos mil anos – uma série de cúpulas gravadas sobre a parede de uma caverna, na Índia. Basicamente, existem dois grupos de arte rupestre: os pictogrifos, ou pinturas, geralmente obtidos com o uso de ocra, ou ocre (argila oxidada e de colorações que transitam entre o vermelho, o amarelo e o castanho); e os petrogrifos, grava-

ções efetuadas por incisão ou raspagem, diretamente sobre a rocha. Na opinião do paleontólogo Emmanuel Anati, a grande maioria dessas expressões relaciona-se com atividades de alimentação, sexuais ou de fertilidade e de delimitação de territórios. Suas imagens podem ainda ser subdivididas em três classes, assim constituídas: *a*) *pictogramas* ou *mitogramas* – figuras reais, ainda que estilizadas, de seres humanos, animais e objetos, como seus próprios instrumentos; *b*) *ideogramas* – signos repetidos que se associam aos pictogramas em formas de discos, ziguezagues, bastões, ramos ou flechas, ou ainda sugestivos de árvores, falos, vulvas, lábios, serpentes etc.; *c*) *psicogramas* – registros abstratos e aparentemente expressionistas, talvez derivados de gestos emotivos. Tais imagens podem estar isoladas ou relacionadas, por justaposições ou por seqüências. Outra categorização já efetuada é a que distingue, dado o predomínio de certos motivos ou cenas, os povos caçadores arcaicos (sem conhecimento de arcos e flechas), os coletores arcaicos (cuja economia se baseava na colheita de frutos selvagens), os caçadores superiores (com domínio sobre armas), os pastores-criadores (criadores de gados) e os de economia complexa (incluindo a agricultura da fase neolítica).

ARTESANATO. Refere-se, modernamente, à produção manual e específica de objetos utilitários ou simbólicos, decorrente de técnicas tradicionais e populares. Excluem-se, portanto, do artesanato, de um lado as artes cênicas (teatro, música, folguedos e danças) e, de outro, a fabricação em série, mecânica ou industrializada de peças decorativas ou de uso prático. Corresponde, enfim, às artes aplicadas de caráter folclórico, tais como a cerâmica, a tecelagem, a tapeçaria e o bordado, o entalhe em madeira e a ourivesaria. Do ponto de vista histórico, a noção de artesanato derivou da distinção latina e medieval entre *artes liberales* e *artes mechanicae*. Posteriormente, já no Renascimento, o declínio dos grêmios ou corporações de ofícios (premidos pelo mercantilismo e pelos desenvolvimentos dos sistemas financeiros e do trabalho "livre") acentuou a separação também valorativa entre as próprias artes manuais. Assim é que o vocábulo italiano *artigianato*, tanto quanto o francês *artisanat*, apareceram na transição do século XIV para o XV. Na Idade Média, as corporações constituíam a forma social predominante do trabalho artesanal, funcionando como núcleos monopolistas da produção e do aprendizado de técnicas. Entre elas, as dos químicos e pintores, as de escultores, entalhadores e ourives, as de arquitetos, pedreiros, marceneiros, tanoeiros, tecelões e tapeceiros, peleteiros e as de comerciantes. De grande influência entre os séculos XII e XV, essas associações chegaram a conquistar os poderes administrativo e político em cidades como

Florença, Pisa, Siena, Gand, Bruges, Utrecht, Amsterdam ou Nuremberg. Mas, a partir de meados do século XIV, a luta de classes entre os mestres ou chefes dos grêmios e os oficiais e aprendizes fez com que estes últimos se fossem convertendo em trabalhadores livres (excluídos das corporações). Ao mesmo tempo, as novas classes burguesas e principescas passaram a construir e a necessitar de artistas que, individualmente, decorassem e transmitissem prestígio a seus palácios e castelos – sobretudo arquitetos, pintores e escultores. Nesse processo, as mesmas classes superiores tornaram-se colecionadoras e investidoras, instituindo um mercado autônomo de objetos artísticos. "O colecionador e o artista, trabalhando independentemente do cliente, são historicamente correlativos; no decorrer da Renascença aparecem lado a lado. Contudo, a alteração não se dá de súbito, mas representa um longo processo. Toda a arte da primitiva Renascença tem ainda um caráter de artesanato; variando de acordo com a natureza da encomenda, não se encontra na imaginação criadora, na própria expressão subjetiva, na inspiração espontânea do artista, mas na tarefa imposta pelo cliente [...]. Cada produto tem ainda seu fim utilitário, exatamente definido e está em ligação concreta com a vida prática. A encomenda é feita para uma peça de altar [...] para uma pintura de devoção num aposento, para um retrato de família [...] e cada peça de mobília para um interior designado" (Arnold Hauser, *História Social da Literatura e da Arte*). Foram, portanto, as "belas-artes", realizadas por autores e vendedores livres em um mercado de encomendas aristocráticas e burguesas, as que conservaram a denominação simples e usual de arte, enquanto as demais seriam conhecidas, desde então, como artes menores, aplicadas, ou ainda artesanato. Este último tende a ser visto como a manufatura criada por operários anônimos, na qual se aplicam técnicas ancestrais, transmitidas por famílias ou grupos comunitários, e cujo consumo ocorre, majoritariamente, nos meios populares. →*Arte*, →*Artes decorativas*, →*Artes aplicadas*.

ARTES APLICADAS.   Existem pelo menos dois sentidos para as artes aplicadas que não se confundem. O primeiro é aquele de técnicas que intervêm intrinsecamente na elaboração ou fabricação de um objeto, concebido ao mesmo tempo de maneira funcional e estética. Aqui, os princípios artísticos e as formas de manufatura do objeto já condicionam, antecipadamente, a sua confecção. O segundo é o que o faz sinônimo de →artes decorativas ou, mais modernamente, de desenho industrial ou *design*. Com este significado, corresponde a uma forma abreviada da expressão que lhe deu origem em meados do século XIX: artes aplicadas à indústria.

ARTES DECORATIVAS.   As artes decorativas ou aplicadas abrangem uma variada gama de técnicas e de objetos manufaturados que, na verdade, servem não apenas como ornamentação (acréscimo de adornos a um objeto já realizado), mas, igualmente, como utensílios de uso pessoal, doméstico ou público. Por conseqüência, dizem respeito: *1*) à organização visual interna da arquitetura; *2*) aos objetos ou trabalhos que integram um ambiente maior ou mais complexo (o vitral de uma edificação, as gravuras ilustrativas de um livro). Nelas se incluem: *a*) o mobiliário em madeira (a cujas peças podem agregar-se partes em metal, tecido, tapeçaria, couro ou fibras vegetais) e em metal, incumbido de suprir as necessidades de mesas, cadeiras, sofás, poltronas, armários, consolos, gabinetes, escrivaninhas etc.; *b*) a →cerâmica; *c*) a →ourivesaria; *d*) a →tapeçaria; *e*) o →desenho industrial e o →desenho gráfico; *f*) a →vidraria; *g*) a encadernação artística; *h*) a serralheria forjada ou batida; *i*) a relojoaria de móvel. A partir do século XX, as artes decorativas foram grandemente absorvidas pelos diversos ramos industriais, modificando suas características anteriores de produtos únicos, artesanais ou elaborados sob encomenda. Seus objetos passaram a ser também reproduções em série de um modelo, destinadas ao consumo generalizado de uma sociedade de massa. Desde então, o termo que se impôs internacionalmente foi o de *design*.

ARTES E OFÍCIOS.   →*Arts and crafts*.

ARTES MENORES.   Costuma-se assim denominar aquelas artes que, embora dependentes de uma concepção visual e de uma composição plástica, não são consideradas Belas-Artes (pintura, gravura, escultura e arquitetura). Confundem-se, portanto, com as chamadas →artes decorativas ou →artes aplicadas.

ARTES PLÁSTICAS BRASILEIRAS NO FINAL DO SÉCULO XX.

Kátia Canton

O espaço para o novo. Os anos 1950 representam um período de grande maturidade para a arte brasileira. É o momento em que o Brasil vive a promessa de crescimento e modernização, com o desenvolvimento marcado pela política econômica do presidente Juscelino Kubitschek. A indústria siderúrgica cresce junto com a agricultura, estabelece-se o plano de metas, encontra-se petróleo em solo brasileiro e, em 1960, em meio ao Centro-Oeste, funda-se a nova e moderna Brasília, nova capital do país.

Em paralelo aos esforços europeus para reconstituição do continente após a Segunda Guerra, o Brasil procura se recriar como país novo, moderno. E se legitima através da criação de uma nova arte – a concreta.

Em 1951, alguns anos após a inauguração dos grandes museus de arte, como o Masp e o MAM em São Paulo e o MAM do Rio de Janeiro, é criada a Primeira Bienal de Arte em São Paulo, que atribui à escultura *Unidade Tripartida*, do suíço Max Bill – uma simples fita de Moebius feita em aço inox, em que as pontas se unem – o grande prêmio de escultura. Essa obra abstrata torna-se um símbolo do interesse dos artistas brasileiros pela criação de uma arte regida pela sensatez, pelo racional, pelo essencial.

Durante toda a década de 1950, o país viu crescerem, particularmente em São Paulo e no Rio de Janeiro, movimentos de arte concreta e neoconcreta, respectivamente, que resultaram em uma linhagem artística madura, ciente de suas especificidades como sistema de informação materializado a partir de processos mentais e sistemáticos. Promessa de construção do novo, o concretismo/neoconcretismo persegue uma linguagem universal e libera a arte de questões externas a si mesma.

A experimentação conceitual. A liberdade clamada pela obra de arte ganha novos contornos a partir dos anos 1960 e 1970, com o desenvolvimento da chamada arte conceitual. Nesse momento, artistas do mundo ocidental se rebelam contra o mercado de arte e a coisificação de suas criações, transformando suas criações em processos de reflexão sobre a vida, num momento histórico marcado por grandes turbulências.

No cenário internacional, o movimento *hippie* se confronta com a Guerra do Vietnã e o acirramento da direita na política norte-americana. No Brasil, assim como na grande maioria dos países da América Latina, um governo militar altamente centralizador reprime as liberdades individuais.

Os artistas questionam o sentido e os meios de expressão usados pela própria arte e substituem métodos e suportes tradicionais, como a pintura e a escultura, experimentando trabalhar com objetos de consumo cotidiano, artefatos, xerox, textos, vídeos, performances, o próprio corpo como tela. Materiais precários e muitas vezes efêmeros anunciam a possibilidade de a arte se desgarrar de seus aspectos mais objetuais para exercer papéis sociais e políticos. Atuando sob o regime militar, artistas criam estratégias simbólicas e metáforas para romper o cerco à liberdade de expressão, acusar a mercantilização da arte, apontar para a necessidade de interação ativa da obra como o público, comentar a evanescência da arte e a fragilidade da vida.

A celebração do cotidiano. Já o panorama dos anos 1980, que marca com nitidez a transição da era moderna para a contemporânea ou pós-moderna, se configura por outras mudanças políticas profundas. Nesse momento, o mundo soviético, com sua promessa socialista, é vencido pelo processo da *glasnost*, repercutindo na derrocada do comunismo e culminando com a derrubada do muro de Berlim e a reunificação da Alemanha, já em 1990. Gorbatchov torna-se uma das personalidades políticas mais marcantes do mundo ocidental. A China sofre uma reforma cultural e ingressa paulatinamente na economia de mercado.

O Brasil é marcado pela abertura política e pela transição democrática, com o final do regime militar e a instituição das eleições diretas em 1984. Tancredo Neves vence as eleições para presidente mas morre antes de assumir o cargo, que fica com o vice, José Sarney.

Um contexto de desemprego e recessão marca o período, enfraquecendo o poder reivindicativo de sindicatos e associações. Enquanto isso, cresce no País uma oferta de consumo relativa à indústria cultural e aos objetos tecnológicos de consumo doméstico, com CDs, canais de TV a cabo e por assinatura. Apoiados por leis de incentivo fiscal, proliferam exposições de arte de grande porte, espetáculos de teatro, balés. A enorme força dos meios de comunicação de massa influencia fortemente jovens artistas, que formam a chamada Geração 80.

As pinturas da Geração 80, que se organizam em torno de mostras coletivas, como *A Pintura como Meio* (1983, MAC, São Paulo) ou, mais claramente, com *Como Vai Você Geração 80?* (1984, Parque Lage, Rio de Janeiro), são marcadas por uma preocupação em comunicar-se imediatamente com o observador. Muitas vezes, essas telas revelam figuras que carregam a sensibilidade dos cartuns e do grafite, espelhando uma manifestação significativa no contexto das cidades nos anos 1980.

Os grandes formatos se relacionam com essa necessidade rápida e imediata de chamar a atenção do público, ao mesmo tempo em que incitam um reencontro com o prazer e com a emoção provocados pelos gestos das pinceladas e pela cor, combatendo um certo tédio provocado pela linguagem considerada hermética ou cifrada que caracteriza o projeto da arte concreta ou conceitual.

Os *happenings* e mostras que acontecem em locais alternativos, fora do circuito comercial, são pouco a pouco substituídos por um fortalecimento do mercado, das galerias, das casas de leilão, enquanto que os jovens artistas da Geração 80, se tornam nomes conhecidos, focos da mídia do momento.

Substituindo a característica mental da arte concreta e a agenda claramente política que movia a arte conceitual, a arte da Geração 80 inclui comentários sociais que estão pincelados às realidades cotidianas, mas se estruturam de formas demarcadamente individuais.

A busca de um sentido para o mundo. O período de transição entre os anos 1980 e 1990 produz um forte impacto na formação artística da nova geração e passa a compor as bases para um novo mundo.

Nesse mundo, o sistema de corporações e o anonimato reestruturam as relações sobre um terreno globalizado. A queda do muro de Berlim e o final do comunismo reajustam as estruturas políticas mundiais em favor do neoliberalismo. A Aids, o Ebola e outros vírus fatais desafiam um mundo que parecia dominado e controlado pela ciência. A física quântica, o projeto genoma e as clonagens de DNA relativizam conquistas científicas, enquanto as ciências da complexidade apresentam ao mundo uma estreita ligação entre arte, ciência e tecnologia. A internet e seus desdobramentos virtuais constroem promessas de núcleos cibernéticos de vida e reafirmam o conforto doméstico dos contatos humanos à distância.

Uma nova espiritualidade, impulsionada pela virada de século e de milênio, toma contornos através de pensamentos e atitudes como a da chamada *new age,* testemunhando também a popularização de filosofias e práticas orientais como o budismo e a ioga. Dentro de uma onda de comportamento neoconservador, revaloriza-se a família e nasce o chamado pós-feminismo, encabeçado pela acadêmica norte-americana Camile Paglia, que sublinha radicalmente as diferenças de gênero entre homens e mulheres.

O crescimento de poluentes, o desgaste da camada de ozônio da estratosfera, o aquecimento generalizado e gradual do planeta e a iminência de uma falta de água pura em médio prazo fazem da ecologia a palavra de ordem de um número crescente de grupos e ONGs (organizações não-governamentais), ainda que problemas ecológicos estejam na esfera da rede de interesses econômicos dominados pelo Primeiro Mundo.

A importância dada à moda, ao mundo das aparências e "atitudes", aliada a uma tecnologia sofisticada de cirurgias plásticas, implantes, aparelhos de ginástica, vitaminas e outras substâncias químicas, além das possibilidades de modificações genéticas que se abrem com os primeiros seqüenciamentos cromossômicos, fazem do corpo um campo de experimentações futuristas.

Culturalmente, uma busca de originalidade e experimentações, que caracterizavam a vanguarda modernista do século XX, é substituída pela atitude de busca de celebridade, transferindo o foco das preocupações e olhares da produção para o produtor, da obra para o autor. Um exemplo desse tipo de comportamento está no sucesso absoluto da revista *Caras*, lançada no Brasil em 1993, pela editora Abril, seguidas de várias concorrentes no gênero.

No contexto econômico, um desgaste dos mercados primeiro-mundistas e demandas de expansão ditadas pelo corporativismo e pela globalização impulsionam a busca de mercados alternativos, lançando discursos "politicamente corretos", ativando termos como transculturalidade ou multiculturalismo, ao mesmo tempo em que guerras étnicas explodem pelos limites da nova geografia mundial, baseadas em atos terroristas.

As guerras e necessidades políticas e econômicas provocam um fluxo geográfico internacional, fazendo com que os deslocamentos humanos instaurem uma nova noção de identidade e nacionalidade. O espaço flexível e instável, emblemático da era global, se expande em um tempo também marcado pela instabilidade e pela fragmentação de informações e pelo excesso de imagens e de estímulos de múltiplas naturezas. Tempo e espaço se redefinem na linguagem dos videoclipes da MTV, na comunicação via internet, nos painéis eletrônicos de alta definição e movimento, instalados estrategicamente nas grandes cidades, observados pela massa de automóveis estagnadas no trânsito. Junções de grandes corporações, como, por exemplo, a AOL e a Time Warner, transformam as redes de informação em novos e superpotentes monopólios de poder.

A esse panorama costura-se uma consideração fundamental para a produção artística que se desenvolve nos anos 1990: a noção de que a originalidade da criação é um mito modernista. A busca de originalidade e autenticidade perde cada vez mais seu lugar e sentido em um mundo gerado pelos excessos de informação midiática e pela reprodutibilidade virtual.

O mundo da arte contemporânea move-se dentro de uma densa e intrincada rede que envolve o mercado, o sistema de museus e galerias, as feiras nacionais e internacionais, os salões, os curadores e críticos, as bienais, os colecionadores. A definição de arte está mergulhada em uma condição extrema de estranhamento e instabilidade, gerada progressivamente no percurso histórico das experimentações das vanguardas do século XX, particularmente desde as pesquisas do francês Marcel Duchamp e sua incorporação dos *ready-mades* ao universo artístico, passando pelas formas de abstração, pelo minimalismo, pelas experiências conceituais.

Essa instabilidade, repercutindo dentro de uma sociedade marcada progressivamente pela informação virtual e pela engenharia genética, desnorteia e intriga. Provoca. Não mais permite aos artistas adotar uma postura descolada dessas redes que amarram a vida. Os artistas contemporâneos não podem compartilhar de uma atitude modernista, que buscava na arte uma resposta transcendental, pura, abstrata e sintética, acima das coisas que formam a complexa tessitura do mundo real.

A arte não mais redime. E os artistas contemporâneos incorporam e comentam a vida em suas grandezas e pequenezas, em seus potenciais de estranhamento e em suas banalidades.

Se logo após a efervescência da pintura instituída pela Geração 80 se discutiu e polemizou uma teórica "morte da pintura", à geração de 1990-2000 não cabe mais uma discussão sobre questões relativas aos suportes. A pintura não morreu, tampouco a escultura. Juntaram-se a elas instalações, objetos, textos, internet e outros meios. Um elenco complexo e sofisticado de suportes e possibilidades matéricas se abre naturalmente aos artistas, que substituem essa preocupação com o meio por uma outra, ligada ao sentido.

Artistas contemporâneos buscam sentido. Um sentido que pode estar alicerçado nas preocupações formais que são intrínsecas à arte e que se sofisticaram no desenvolvimento dos projetos modernistas do século XX, mas que finca seus valores na compreensão (e apreensão) da realidade, infiltrada dos meandros da política, da economia, da ecologia, da educação, da cultura, da fantasia, da afetividade.

As relações de dualidade entre corpo e espírito, a memória e os registros pessoais são o grande e inquietante tema de uma nova geração. Ele se estrutura a partir de arranjos formais e construções conceituais que formam narrativas não-lineares, enviesadas, que levam em conta a sofisticação da estruturação de materiais e meios, oriundos dos projetos desenvolvidos pela vanguarda modernista, que marcou grande parte do século XX.

A produção contemporânea não é uma produção de negação, como foi a produção moderna de vanguarda. As experimentações realizadas no percurso do século XX foram apreendidas e incorporadas, injetadas, no entanto, dessa busca de sentido que se liga às especificidades de um novo contexto sócio-histórico. As heranças recebidas pelo modernismo – a abstração, a valorização dos aspectos formais da obra de arte, a não-linearidade das estruturas de pensamento, a valorização dos mecanismos que compõem os processos de concepção de uma obra de arte – são elementos que foram incorporados pela nova geração, que soma a eles uma relação de sentido, significado ou mensagem, criando, nos processos aglutinadores da obra contemporânea, uma narrativa fragmentada, indireta, que desconstrói possibilidades de uma leitura única e linear.

Sem ser impulsionada por um projeto sociopolítico específico e sem o respaldo de movimentos ou manifestos – a ação artística contemporânea é prioritariamente individual, baseada em formas de expressão pessoal e íntima – a geração de 1990 se engaja em tentativas de restabelecer na arte um sentido, uma mensagem, uma conexão com o observador de forma a incitar nele algum tipo de postura diante do mundo e da vida.

Essa relação toma corpo de uma forma que remete à intimidade de um diário. Ao contrário das grandes telas que caracterizaram a Geração 80, a produção da geração de 1990-2000 tende a apresentar-se em dimensões miniaturizadas, aludindo a uma forma de colecionismo típico do universo e da sensibilidade femininos.

A crítica literária norte-americana Susan Stewart, autora de *On Longing* (Baltimore, Johns Hopkins University Press, 1984), relaciona a miniatura com o discurso do *petite feminine,* em que a redução das dimensões físicas resulta numa multiplicação de propriedades ideológicas, que conjugam intimidade e nostalgia. Outras vezes, lança um olhar poético, interrogador e irônico aos ícones que compõem esse universo urbano, doméstico, cotidiano, marcado por copos, pratos, batons, anéis, roupas, cadeiras, panelas, camas.

Utilizando estratégias como uma sensibilidade feminina, de construções marcadas por uma dimensão intimista, artistas da geração de 1990-2000 apontam para uma crise de identidade que marca a vida contemporânea nos grandes centros urbanos, habitados por massas anônimas, pelo tédio gerado pelos movimentos cotidianos no ritmo acelerado das novas informações, pela virtualização das relações humanas e pela violência potencial que constrange e impede a relação mais autêntica do eu com o outro. Nesse sentido, os artistas se retratam, buscando, na contramão da história, formas de reconhecimento e inserção nas múltiplas teias da vida, mas o fazem com doses de estranhamento, de desconfiança, de cinismo até.

• **ART NOUVEAU.** Estilo arquitetônico e de várias artes figurativas e aplicadas que se desenvolveu entre a última década do século XIX e o fim da Primeira Guerra Mundial, cujos princípios estéticos foram lançados inicialmente na Inglaterra vitoriana, em parte por influência da →Arts and Crafts – Artes e Ofícios –, ateliê e companhia vinculada às artes aplicadas, decoração e *design*. Não por outro motivo, escreveu Van de Velde: "Está fora de dúvida que a obra e a influência de John Ruskin e de William Morris (os líderes do movimento britânico) foram as sementes que fecundaram nosso espírito, que despertaram nossa atividade e provocaram a completa renovação do ornamento e das formas de arte decorativa" (*O Renascimento do Artesanato na Era Moderna*). Daí ser também conhecido sob as denominações de *modern style* e *Liberty style*. Na Alemanha recebeu o nome de *Jugendstil* (estilo jovem) e, na Áustria, de *Sezessionstil* (estilo secessão). Como quase todo movimento artístico, o *art nouveau* pretendeu romper com as concepções então vigentes da época; no caso, com o neoclassicismo ou com o ecletismo acadêmico das tradições anteriores. As influências socioeconômicas e culturais mais evidentes sobre o movimento estavam assentadas no poderoso desenvolvimento industrial do período, nas recentes concepções científicas, nos avanços tecnológicos que rapidamente se transformavam em bens públicos e de consumo privado (serviços de transporte, eletricidade, comunicações e aparelhos de uso doméstico), no crescimento e modificações da vida urbana, incluindo-se aí a formação de uma classe média alta e consumidora, beneficiária da expansão imperialista. Um fim de século próspero e relativamente pacífico, que ensejava confiança e a busca de prazeres mundanos e refinados. Foi no interior desse quadro que os artistas propuseram uma "arte nova", experimental, contemporânea e até mesmo de visões futuristas, facilmente realizáveis. Princípio comum às manifestações então propostas foi o tratamento antinaturalista das formas, entendendo-se aqui por naturalismo o sentido imitativo ou mimético, ainda bastante valorizado, na época, pelas artes consideradas acadêmicas. Enfatizaram-se, de preferência, os aspectos decorativos, as criações livres ou imaginativas e a estilização fluida e elegante de formas ainda mais antigas, como as medievais, as exóticas, provenientes da China e do Japão, por exemplo, e as populares ou folclóricas de cada localidade. Simultaneamente, as configurações mais usuais ou freqüentes do *art nouveau* provieram da idéia de "dinamismo ou vitalismo natuzgânicos. Daí o emprego de linhas sinuosas, entrelaçadas, ondulantes, excêntricas ou retorcidas, de aparência biomórfica, sobretudo vegetais e marinhas. Na arquitetura, que passou então a se utilizar de estruturas metálicas (ferro), de concreto armado e de aplicações cerâmicas, são exemplos do *art nouveau*: as construções de Antonio Gaudi (Casa Milà, Barcelona), autor de um trabalho personalíssimo, no qual se combinam verticalismo neogótico (substituindo os arcos de ponta por arcos parabólicos), uso de tijolos aparentes, decoração em cerâmica maiólica e mosaicos brilhantes, paredes côncavas e convexas; o belga Victor Horta (Casa Tassel, Casa do Povo, Casa Solvay, Bruxelas), que se dedicou à exploração de linhas sinuosas e entrelaçadas (a linha belga ou de chicote), utilizadas tanto nas estruturas quanto nos elementos decorativos, principalmente em peças de ferro, e também às superfícies envidraçadas; Henri Van de Velde (Museu Folkwang, Haia, decoração de sua própria resi-

dência em Uccle), também belga, arquiteto e projetista de móveis, que aderiu ao estilo moderno em uma primeira fase de sua carreira, convertendo-se em teórico e propagandista dos recentes princípios na Europa, e que transitou posteriormente das formas curvas ou espiraladas para uma concepção mais linear e funcionalista, tendência logo depois consagrada pela Bauhaus; na Áustria, destacaram-se, entre outros, Otto Wagner (estações de metrô de Viena, Casa Maiólica, Biblioteca Universitária) e seus discípulos Joseph Marie Olbricht (Edifício Secession, Colônia de Artistas de Darmstadt) e Joseph Hoffman (Palácio Stoclet, em Bruxelas, com decoração interior de Gustav Klimt, a Villa Primavesi, de Viena). Na Holanda, Hendrik Berlage alcançou renome e respeito internacional com a Bolsa de Amsterdam e os escritórios De Nederlanden. Nestas obras, o arquiteto demonstrou as possibilidades de atualização de um estilo histórico (o gótico flamengo), dando aos elementos construtivos utilitários um novo efeito decorativo. Já na França, de onde a denominação se impôs (era o nome de uma loja de mobílias e de tapetes do *marchand* Siegfried Bing), o expoente do movimento foi Hector Guimard (Castelo Béranger, no qual se justapõem pedra, ferro, tijolo e cerâmica). Em suas edificações, os elementos decorativos, vegetais e espiralados alcançaram o máximo de exuberância. As entradas que projetou para o metropolitano parisiense, e que os habitantes chamavam "estilo metrô", tornaram-se os marcos mais populares e identificativos do movimento. Na Grã-Bretanha e nos países germânicos, o *art nouveau* adquiriu características relativamente diferenciadas. O escocês Charles Mackintosh (a Escola de Arte de Glasgow e os salões de chá Cranston) e os já mencionados arquitetos austríacos optaram quase sempre por um contraste entre a parte estrutural (ossatura) mais lisa, ampla e de linhas retilíneas, e o decorativismo de gradis, abas e janelas, vigorosamente ornamentadas ou distribuídas de maneira excêntrica. Mais do que a arquitetura, a contribuição renovadora e de larga influência posterior do *art nouveau* estendeu-se ao *design* ou às chamadas artes decorativas (objetos de uso) e às artes gráficas. A variedade de peças ao mesmo tempo decorativas e de utilização prática incluía vasos, luminárias, faqueiros, aparelhos de chá e café, saleiros, porta-lápis, tinteiros, jóias, móveis e tapeçarias. Mesmo nesse terreno, os motivos fitomórficos, de pássaros, libélulas e borboletas, de vaporosas figurinhas femininas e de arabescos abstratos, foram exaustivamente empregados por artistas como Christopher Dresser, Richard Ashbee, De Feure, Louis Tiffany, Émile Gallé (vidreiro e projetista de mobiliário), E.Vallin, Alexandre Charpentier (mobiliário), Arthur Mackmurdo (mobiliário e tapeçaria) ou

Charles Mackintosh (mobiliário e cerâmica), além dos próprios arquitetos anteriormente mencionados. Por intermédio das artes gráficas, o *art nouveau* praticamente abandonou a pintura de cavalete e o uso do óleo, em proveito de técnicas gravuristas e de painéis decorativos ambientais, de cartazes comerciais e ilustrações impressas (livros), de teor antinaturalista e antiimpressionista (abandono do trabalho ao ar livre e dos efeitos da luminosidade natural). Foi o caso, entre outros, de Aubrey Beardsley, Toulouse-Lautrec, Maurice Denis, Paul Ranson ou Alphonse Mucha.

• **ARTS AND CRAFTS.** Movimento estético e social de origem inglesa – Artes e Ofícios – que se difundiu em meados do século XIX, de características romântico-nostálgicas em face da crescente mecanização e produção industrial de massa. Suas concepções teóricas iniciais foram formuladas pelo crítico de arte e de cultura John Ruskin, figura profundamente religiosa e quase mística, adepto de uma retomada do estilo gótico e de seus ornamentos, assim como da manutenção do trabalho artístico coletivo, produzido em corporações ou guildas. Defendendo teoricamente uma reformulação ética e social dos aspectos selvagens do capitalismo, propugnava por uma sociedade mais justa e solidária, base indispensável para que a civilização industrial readquirisse não apenas a força da espiritualidade medieval, como também o sentimento de beleza ou o sentido estético da civilização cristã. Para ele, a mecanização e a comercialização crescentes dos bens artísticos conduziam a sensibilidade contemporânea ao embotamento. No terreno da produção artística, o advento da máquina acabaria por separar o criador do pleno domínio de seus processos manuais de criação, permitindo que o trabalho mecânico e os valores fabricados pela máquina se tornassem autônomos (processo de alienação). Mas foi William Morris quem levou à prática os ideais de Ruskin. Por sua influência surgiram a Arts and Crafts Exhibition Society (1883) e duas associações, a de Trabalhadores de Arte (Fine Art Workmen – 1884) e a de Artesanato (1888). Convivendo com as contradições da época, Morris culpava, de um lado, a sociedade vitoriana e industrial por haver aplicado erradamente as inovações tecnológicas, sob um ponto de vista social; mas reconhecia, por outro, que elas poderiam ser benéficas em circunstâncias socialmente transformadas. Definiu a arte (em *Art under Plutocracy*) como sendo "a maneira pela qual o homem dá expressão ao seu prazer no trabalho". Seu valor reside, antes de tudo, no processo de criação, isto é, no prazer artístico e produtivo do esforço despendido. Logo, tanto as "belas-artes" quanto as artes aplicadas deviam retornar ao ambiente das oficinas e ateliês, à convivência social e ao domínio de técni-cas complementares e compartilhadas, de predominância artesanal. A estética anticlássica do movimento, a valorização do trabalho coletivo e das artes aplicadas, bem como o estímulo ao prazer expressivo, na elaboração de novos padrões ornamentais, contribuíram para o florescimento subseqüente do →*Art Nouveau* e, mais adiante, da →*Bauhaus*.

ARTURIANO. As lendas medievais e as obras literárias relativas às aventuras do rei Artur e às façanhas de seus cavaleiros da Távola (Mesa) Redonda. O ciclo arturiano tem início com a *Historia Britonum*, de Nennius, escrita no começo do século IX, que se refere às batalhas dos bretões contra os invasores saxões no século VI, embora Artur não seja ali mencionado como rei. Prossegue com os *Annales Cambriae*, de meados do século X, e ganha relevo apenas em 1136 com a *Historia regum Britanniae* (História dos Reis da Bretanha), obra de Geoffroy de Monmouth, que lhe dedica dois dos doze livros produzidos. Neles, o personagem adquire o *status* de herói nacional e suas façanhas incluem a unificação da Grã-Bretanha, o casamento com a rainha Ginevra, a conquista das ilhas adjacentes, as festas da coroação, a traição de seu sobrinho Mordred, a batalha entre ambos, a morte do sobrinho e o retiro de Artur para a ilha de Avalon. Cerca de vinte anos depois da publicação da *Historia* de Monmouth, o clérigo Wace leva a cabo uma tradução francesa, acrescentando-lhe aspectos da instituição da Távola Redonda como conselho de iguais ou de pares do reino. A partir daí, o romanceiro medieval francês desenvolve novas versões com Chrétien de Troyes (entre 1160 e 1185, aproximadamente), em livros como *Le Chevalier au Lion*, *Le Chevalier de la Charrette*, *Perceval ou Le Conte du Graal*, dando destaque às aventuras dos cavaleiros da corte (Parsifal, Lancelote, Ivan, Gawain, Gareth), passando o rei Artur a uma posição secundária. Por volta de 1195, Ulrich von Zatzikhoven publicou seu *Lanzelot* em gótico. A primeira versão portuguesa do ciclo – *José de Arimatéia*, de 1313 – consistiu da tradução de um dos livros escritos por Robert de Boron a respeito do tema (*L'Histoire du Graal*), sendo o outro *Merlin*. Das obras arturianas ainda fazem parte, entre dezenas de outras, *A Morte de Artur* (Thomas Malory, meados do século XV, contendo 1 507 capítulos, entre os quais as trágicas relações amorosas de Tristão e Isolda), *Os Idílios do Rei* (Tennyson) e *Os Cavaleiros da Távola Redonda* (de Jean Cocteau). Também o cinema explorou por diversas vezes essas narrativas em filmes como *Os Cavaleiros da Távola Redonda*, de Richard Thorpe; *Lancelot*, de Robert Bresson, ou *Excalibur*, de John Boorman. →*Graal*.

ARÚSPICES. →*Augúrios*.

ÁRVORE DE JESSÉ. Expressão relativa a um desenho, pintura ou qualquer outra representação visual da genealogia de Cristo, criada na Idade Média. Da figura deitada de Jessé ergue-se o tronco de uma árvore, cujas raízes provêm da região abdominal, e cujos galhos simbolizam os "antepassados" da linhagem de Jesus. No topo encontra-se Maria Imaculada, tendo Jesus Menino em seus braços, ou ainda a Santíssima Trindade. Simboliza a frutificação ou a "arborização" da verdade cristã que se ramifica pelos tempos, de uma geração a outra. A canção folclórica brasileira *Cálix Bento* refere-se ao tema, em versos como: "De Jessé nasceu a vara / De Jessé nasceu a vara / e da vara nasceu a flor, oiá, meu Deus / Da vara nasceu a flor, oiá / E da flor nasceu Maria / E da flor nasceu Maria / De Maria o Salvador, oiá, meu Deus / De Maria o Salvador, oiá".

ASNO DE BURIDAN. →*Livre-arbítrio.*

• **ASSEMBLAGE.** Termo francês proposto por Jean Dubuffet para se referir ao trabalho de junção ou de reunião de elementos e de materiais diversos, executada normalmente por meio de cola ou soldagem, tendo-se por intuito a criação de objeto artístico tridimensional. Embora Picasso e Braque, durante o cubismo, já tivessem lançado mão deste procedimento, a técnica foi mais aplicada a partir da década de 1950 e das experiências de arte *pop* ou neodadaístas (por exemplo, Robert Rauschenberg, Edward Kienholz, Louise Bourgeois, Joseph Beuys).

• **ASSEMBLÉ.** Em dança clássica, constitui uma das bases para os movimentos de salto. Em princípio, há dois tipos de *assemblé*: o pequeno (*petit*) e o grande (*large*). O *petit assemblé* consiste em sair-se da chamada quinta posição (pés inteiramente cruzados), fazer um *demi plié*, deslizar uma das pernas lateralmente, elevar-se do solo com essa postura, tendo-se os pés em ponta, e voltar à posição inicial, mas com inversão dos pés (o que estava à frente, na saída, toca o chão atrás, após a descida). O *large assemblé*, mais difícil e acrobático, principia como o anterior, mas, ao invés de deslizar uma das pernas lateralmente, antes do pulo, exige-se que ela seja elevada em ângulo de noventa graus, com os pés apontados. Salta-se, na seqüência, e então as pernas se aproximam no ar, ligeiramente encurvadas para dentro, tocando-se o solo com ambos os pés, mas igualmente trocados em relação ao início do movimento.

ASSÍNDETO. Figura de construção retórica ou literária em que se retiram as conjunções coordenativas, a fim de separar e dar relevo às ações ou qualidades que se queiram expressar, como na famosa frase de Júlio César: "Vim, vi, venci" e em "Passear, observar, conhecer, divertir-se."

ASSONÂNCIA. **1.** A imperfeição ou aproximação sonora da rima poética, cujas palavras possuem terminações semelhantes apenas nas vogais e não nas consoantes, a partir das sílabas tônicas dos versos. Típica da lírica medieval galaico-portuguesa, como no exemplo seguinte: "Par Deus, coitada vIVO / pois não ven meu amIGO; / pois não ven, que faREI? / Meus cabelos, con sirgo [fita de seda] / eu non vos liaREI [prenderei]" (Gonçalves Portocarreiro). →*Consonância* e →*Rima.* **2.** Seqüência de palavras ou de sílabas, em verso ou em prosa, que se assemelham, embora não sejam idênticas, constituindo uma figura retórica de harmonia: "Trazendo no deserto das idéias / O desespero endêmico do inferno" (Augusto dos Anjos).

ATELANAS. Antigas farsas curtas e populares, baseadas em cenas improvisadas pelos próprios atores, em torno de um tema principal – a "trica" ou enredo. Vazadas em linguagem chula ou obscena, desenvolveram-se primeiramente em Atela, cidade da Campânia, sul da Itália. Valiam-se de personagens-tipos ou estereotipados, imediatamente reconhecíveis por suas máscaras, como o velho e avarento Pappus, o bobo ou idiota Maccus, o esperto corcunda Dossemus ou o glutão e tagarela Buccus. Embora circunscritas às audiências plebéias, as "fábulas atelanas", assim denominadas, exerceram influência sobre a linguagem da →*comédia paliata* e sobre a literatura satírica posteriores. Registre-se, no entanto, que com o poeta cômico Pompônio, segundo Aulo Gélio, a atelana passou a ser uma peça inteiramente escrita, sem grandes margens ao improviso, e elaborada em uma linguagem mais culta.

ATELIÊ. →*Estúdio*, recinto ou local de aprendizado de técnicas e de criação de obras artísticas, equipado com ferramentas, máquinas e materiais adequados a uma ou várias expressões. O mesmo que →*oficina.*

ÁTICO, ATICISMO. Qualifica um estilo ou modo de expressão retórica e artística precisa, elegante, clara e espirituosa, à maneira dos autores clássicos daquela região grega, pertencentes aos séculos V e IV a.C. O adjetivo, no entanto, surgiu no período helenístico, em Roma, em fins do século I a.C., como exemplo de uma literatura de perfeita correção gramatical e pureza de linguagem, sendo defendida por intelectuais como Cecílio de Calacte, Dionísio de Halicarnasso e Apolodoro de Pérgamo (preceptor de Augusto). Opunha-se ao estilo mais novo, chamado asiático (*asiatici*), caracterizado pela ornamentação sonora, pela sucessão de frases curtas e pelo apelo a simbologias ou conceitos, como as dos conceptistas da fase barroca. Na forma substantiva, emprega-se ainda o termo *aticismo*.

ATITUDE. Em linguagem coreográfica, indica a pose do balé clássico caracterizada pelo apoio em uma só perna, estando a outra esticada para trás e dobrada em noventa graus à altura do joelho. O braço correspondente à perna de apoio se estende lateralmente, enquanto o outro permanece erguido sobre a cabeça. O grau de inclinação do corpo, para a frente, varia segundo as escolas (francesa, russa ou italiana). A postura de atitude conjuga-se ainda com as posições corporais →*croisé* ou →*effacé* (→*Arabesco*) e com a perna que se flexiona (*derrière*, *devant*). O termo foi empregado pela primeira vez no *Tratado Teórico-prático de Balé*, de Gennaro Magri (1779), mas ganhou repercussão com o livro *Tratado Elementar da Arte da Dança*, do bailarino e coreógrafo Carlo Blasis (1820). Blasis identificou a posição com a estátua *Vôo de Mercúrio*, do italiano Giovanni da Bologna. Martha Graham, embora não tenha se dedicado às escolas clássicas, ainda assim definiu a posição de atitude como "aquele instante de aparente imobilidade, no qual o corpo se prepara para uma ação intensa ou sutil; é o corpo no momento de sua maior eficácia potencial". Do francês *attitude*.

ATLÂNTIDA. Ilha e conjunto de reinos míticos, cujo nome deriva do semideus Atlas, não o titã, mas o filho de Posídon e de Clito. Estaria situada no oceano Atlântico (donde o seu nome e o da ilha), próxima ao estreito de Gibraltar ou Colunas de Hércules. Era dividida em dez pequenos reinos, tendo por centro a suserania de Atlas, e os nove demais entregues a seus irmãos. Extraordinariamente rica em vegetação, fauna e recursos minerais, possuía cidades magníficas e um intenso comércio marítimo, causa de disputas com Atenas. O mito da Atlântida é recontado por Platão em dois de seus diálogos: no preâmbulo do *Timeu* e, principalmente, no *Crítias*. Fundamentalmente, ela simboliza a utopia de um ideal político, existente nas origens do tempo – governada com justiça, sabedoria, eqüidade na distribuição da riqueza e vida social pacífica. Diodoro Sículo, autor da *Biblioteca Histórica*, escrita no século I a.C., introduziu a versão de que a Atlântida teria sido conquistada pelas amazonas antes que elas avançassem pelo norte da África. O mito foi recuperado em seu teor político após as grandes navegações ibéricas, como, por exemplo, na ficção *Nova Atlântida*, de Francis Bacon, escrita em 1621. É possível reencontrá-lo também n'*O Vaso de Ouro*, de E.T.A. Hoffmann (1814), já sob um aspecto místico, dado que seus habitantes possuiriam conhecimentos mágicos e iniciatórios sobre todos os segredos da natureza.

ATLÂNTIDA, PRODUTORA CINEMATOGRÁFICA. Companhia brasileira de produção de cinema, fundada em setembro de 1941, no Rio de Janeiro, em forma de sociedade anônima, sob a inspiração de Moacyr Fenelon e com investimentos dos irmãos Burle (Paulo e José Carlos) e do conde Pereira Carneiro, proprietário do *Jornal do Brasil*. Durante os dois primeiros anos, dedicou-se ao cinejornalismo para, em 1943, lançar o primeiro longa-metragem ficcional, *Moleque Tião*, com direção de José Carlos Burle e tendo por protagonista Grande Otelo, cuja atuação lhe proporcionou sucesso imediato. No mesmo ano, a companhia rodou *É Proibido Sonhar* e, em 1944, *Romance de um Mordedor* e *Gente Honesta* (estréia de Oscarito, sob direção de Fenelon). Em 1945, Watson Macedo foi contratado para trabalhos de direção, assumindo as filmagens de *Não Adianta Chorar*. Carlos Manga, outro diretor de sucesso na companhia, estreou em 1953. As características que distinguiram com maior evidência a produtora e a fase áurea do cinema carioca foram a comédia musical, com seus enredos simples e populares, o tratamento burlesco e ordinariamente paródico, por referência ao cinema norte-americano, e o lançamento de novas canções e de marchas ou sambas carnavalescos, em estreita relação com o mercado fonográfico e com os elencos radiofônicos da época (Sílvio Caldas, Alvarenga e Ranchinho, Luís Gonzaga, Ciro Monteiro, Dircinha Batista, Marlene, Namorados da Lua, Ataulfo Alves, Blecaute etc.). Vez ou outra lançavam-se melodramas, entre os quais *Luz dos Meus Olhos* (com Cacilda Becker), *Também Somos Irmãos*, *A Sombra da Outra* ou *Amei um Bicheiro*. Após 1947, o distribuidor e proprietário de salas de cinema Luís Severiano Ribeiro Jr. tornou-se o maior acionista da empresa, fazendo com que os filmes da Atlântida tivessem acesso garantido ao circuito exibidor em todo o país. Ao contrário da Cinédia e da Vera Cruz, a Atlântida trabalhou com custos bastante reduzidos, filmagens externas e técnicas menos sofisticadas, baseando-se ainda na idéia de que o cinema brasileiro conseguia empatia verdadeira com o público ao assumir uma face ou espírito satírico, debochado, malandro, despreocupado, subdesenvolvido e de pura diversão, ao qual se deu o nome de →chanchada. Entre as obras de sua cinematografia, destacam-se: *Carnaval no Fogo*, *Aviso aos Navegantes*, *Aí Vem o Barão*, *Barnabé*, *Tu És Meu*, *Carnaval Atlântida*, *Os Três Vagabundos*, *Nem Sansão Nem Dalila*, *Matar ou Correr*, *A Dupla do Barulho*, *Colégio de Brotos* e *De Vento em Popa*. O último filme realizou-se em 1962 – *Os Apavorados* – sob direção de Ismar Porto, totalizando 66 obras ficcionais. Muitas delas, no entanto, perderam-se no incêndio de 1952 e na inundação ocorrida em 1971, quando os estúdios já se encontravam desativados.

ATO. Cada ciclo de ações completas dentro de uma peça ou obra dramática (de teatro, ópera, balé ou mesmo de madrigais), por vezes dividido em quadros ou conjunto de cenas.

ATONAL. Música cuja elaboração dispensa as regras tradicionais da tonalidade, isto é, do acento tônico ou central, e na qual os agregados harmônicos encadeiam-se de maneira livre. O principal compositor erudito e líder do atonalismo foi o austríaco Arnold Schoenberg. →*Música* e →*Música Erudita no Século XX.*

ATOR, ATRIZ. Do grego *hypocrités*, aquele que responde em estado de êxtase ou "entusiasmo", isto é, tomado por um deus, no caso Dioniso. Guarda relação com a acepção posterior de hipócrita, aquele que finge ou mente. Na civilização romana, deriva ainda do verbo *agere* (agir, atuar), indicando aquele que determina ou faz mover a ação – *actor, actoris* – como *actor alienae personae* (o que representa outro, que não lhe pertence – Cícero). Artista que interpreta, representa ou por vezes cria (lançando mão do improviso) uma ação dramática, por voz, gestos, expressões e movimentos corporais nas variadas formas do teatro, em cinema, em vídeo ou em televisão. Constitui o centro insubstituível da representação cênica, já que, em tese e historicamente, ela pode prescindir do texto, da cenografia e do trabalho de direção, mas nunca do ator. Há muito se têm discutido as possibilidades de distinção dos atores/atrizes quanto ao vínculo efetivo com o personagem, isto é, quanto à sua "sinceridade". Trata-se do famoso "paradoxo do ator ou do comediante", observado por Diderot em seu texto homônimo de 1773. Segundo o autor, haveria qualidades tanto na atitude de identificação apaixonada do intérprete com o personagem (exemplo atribuído na época à famosa atriz Dumesnil), quanto na de distanciamento, artificialismo e frieza, forma de atuação da não menos conceituada atriz Clairon. Esses pólos na maneira da encenação corresponderam, no século XX, às respectivas concepções de Stanislávski (→*Stanislávski, Método*) e de Brecht (→*Teatro épico*). Sob outro ponto de vista, haveria os que se limitam a transportar para o personagem a sua própria personalidade, acabando por fazer uma interpretação de si mesmos; há os que se fixam em determinados papéis (trágicos ou de comédia) e, finalmente, os mais ecléticos, capazes de incorporar as características interiores de qualquer personagem, em qualquer gênero, a que os franceses denominam os verdadeiros →comediantes (em outras palavras, "o ator habita um personagem, o comediante é habitado por ele"). Os mais antigos atores mencionados na história do Ocidente são: na Grécia, Neoptolemos, Thetalos, Athenodoros e Aristodemos; em Roma, Andronico, Pélio, Túrpio Ambívio, Róscios (citado por Shakespeare em *Hamlet*), além das atrizes Arbúscula, Dionísia, Citéride e Teodora (depois imperatriz bizantina, mulher de Justiniano). →*Arte.*

ÁTRIO. **1.** Pátio anterior (também chamado pronau) ou mesmo posterior (o opistódomo) dos templos greco-romanos. Também o pátio interno das casas e, nesse caso, ao ar livre. **2.** Vestíbulo de entrada ou →nártex de igrejas, por vezes coberto. **3.** Sala de grande dimensão situada logo após a entrada de um edifício, público ou privado, e que dá acesso às demais dependências ou setores internos.

AUDIOVISUAL. **1.** Genericamente, qualquer meio ou recurso de comunicação técnica que faça apelo, simultaneamente, à visão e à audição (cinema, televisão, vídeo, computação). **2.** Seqüência de diapositivos ou *slides* projetados, acompanhada por gravação sonora em fita magnética, servindo como veículo de conferências, palestras ou ilustração de aula ou exposição oral. Nessa acepção, o recurso foi substituído por equipamento eletrônico de *data-show.* **3.** Qualquer sistema pedagógico que lance mão de recursos visuais e auditivos simultâneos ou complementares (filmes, vídeos, programas de computação).

•**AUFKLÄRUNG.** →*Iluminismo, ilustração.*

AUGÚRIOS. As interpretações de natureza mítico-religiosa dadas pelos áugures, sacerdotes romanos, a uma série de fenômenos, desde a observação do canto, do vôo das aves e do seu modo de alimentar-se – os chamados auspícios – até acontecimentos celestes e meteorológicos (raios, trovões, ventos, queda de meteoritos, cometas). A "ciência" dos augúrios estava contida em um livro de doze capítulos, cada um deles relacionado a um signo zodiacal, e dela fazia parte ainda a leitura das entranhas de animais – a visão de presságios ou arte divinatória e especial dos arúspices, igualmente integrantes do grupo sacerdotal, mas escolhidos apenas entre famílias nobres. Quase todas as decisões de maior importância política, comercial, militar, de finalidade agrícola ou de assuntos particulares e familiares eram submetidas antecipadamente aos áugures. Estes se reuniam em um colégio formado, inicialmente, por patrícios, desde a época de Rômulo, e, a partir de 301 a.C., também por plebeus (Lei Ogúlnia). Nos fins da era republicana, no entanto, a prática dessas divinações já se encontrava desacreditada.

AURA. Conceito de contemplação e de criação estéticas utilizado por Walter Benjamin nos ensaios *Pequena História da Fotografia* e *A Obra de Arte na Época de suas Técnicas de Reprodução*, e que designa a autenticidade, a unidade de uma presença real irrepetível, o *hic et nunc* (o aqui e agora) de uma obra artística, incluindo-se a sua duração material e temporal, a teia de relações semânticas às quais alude e seu poder de testemunho histórico. No primeiro texto acima mencionado, escreve Benjamin: "O que é propriamente a aura? Uma trama singular de espaço e de tempo [...]. Repousando no verão, à hora de meio-dia, é seguir no horizonte a linha de uma cadeia de montanhas ou um ramo de árvore que projeta sua sombra em quem o contempla, até que aquele instante ou a hora (vivida) tome parte na manifestação [...] a reprodução se distingue da imagem. Nesta, a unicidade e a duração estão tão estreitamente ligadas quanto naquela (na reprodução) estão a fugacidade e a repetição". Definida como "aparição única de uma realidade longínqua, por mais próxima que esteja", tem por modelo, de um ponto de vista estético, a obra de arte antiga, nascida do culto e carregada de transcendência, ou seja, de indicações de uma realidade distante, habitada pelo mistério e pelo sentimento religiosos. Já no Renascimento, embora a experiência de culto religioso começasse a sofrer seus primeiros abalos, a aura da obra única continuou a subsistir nas complexas associações mentais, históricas e culturais que possuíam, conservando, na representação das imagens, o mesmo distanciamento ou a mesma evocação do remoto, isto é, de algo situado além do próprio objeto criado (ou ainda vivido). Com o advento dos meios de reprodução mecânicos, ópticos e eletrônicos, com a multiplicação indefinida das cópias, a aura se desvanece e o evento produzido anteriormente, de maneira única, passa a servir a circunstâncias as mais variadas possíveis, quase sempre desligadas da situação original, a uma atualização permanente e banal, no interior da comunicação de massa. "Encontramos hoje, com efeito, dentro das massas, duas tendências igualmente fortes: de um lado, exigem que as coisas se lhe tornem, tanto humana como espacialmente, 'mais próximas'; de outro, acolhendo as reproduções, tendem a depreciar o caráter daquilo que é dado apenas uma vez. Dia a dia, impõe-se a necessidade de assumir-se o domínio mais próximo possível do objeto, através de sua imagem, e, mais ainda, em sua cópia ou reprodução. A reprodução do objeto, tal como a fornecem o jornal ilustrado e a revista [ou ainda hoje o computador], é incontestavelmente uma coisa bem diversa de uma imagem. A imagem associa de modo bem estreito as duas feições da obra de arte: a sua unidade (ou unicidade) e a duração; ao passo que a fotografia da atualidade, as duas feições opostas – aquelas de uma realidade fugidia, efêmera, e que se pode reproduzir indefinidamente. Despojar o objeto de seu véu, de sua aura, eis o que assinala de imediato a presença de uma percepção, tão atenta àquilo que se 'repete identicamente pelo mundo', que, graças à reprodução, consegue estandartizar aquilo que só existe uma vez". A perda da aura, realizada primeiramente pela fotografia, conduziu os artistas do século XX ao primado do formalismo plástico, à *ars gratia artis*. →*Arte no século XX*.

AURÉOLA. Círculo, halo ou coroa, geralmente dourada, ou de intensa luminosidade branca, que envolve a cabeça de personagens sagrados, indicando a graça ou o dom divino, inerente (Cristo, o Espírito Santo) ou recebido (santos, papas e doutores da Igreja). Comum em imagens cristãs (pinturas, esculturas). O mesmo que *nimbo* ou *glória*. →*Mandorla*.

AUSPÍCIOS. →*Augúrios*.

AUTO. O primeiro tipo de composição ou de forma teatral dramática característica da Península Ibérica, mas bastante próxima dos mistérios franceses e britânicos, que lhe são contemporâneos. Desenvolvido nos períodos medieval e renascentista, o mais antigo exemplar surgiu na segunda metade do século XIII – o *Auto dos Reis Magos* (*Auto de los Reyes*). Tendo por enredo cenas bíblicas ou entrechos inteiramente fictícios, mas relacionados com as narrativas testamentárias, o auto ibérico costuma apresentar personagens alegóricos (por exemplo, a Fé, a Esperança, a Igreja, a Alma, a Humildade, o Diabo). Adquiriu estrutura dramática a partir das grandes procissões festivas de Corpus Christi, aceitas oficialmente pelo papa Urbano IV, em 1264, nas quais desfilavam carros alegóricos com personagens mudos e estáticos dos Evangelhos. Aos poucos, tais personagens ganharam movimentos e diálogos, configurando assim uma ação teatral, realizada nos adros das igrejas. O auto possui uma função ao mesmo tempo didática e moralizante, ou seja, de ensino teológico das Escrituras, das virtudes cristãs e da vida dos santos, sendo comumente representado no período entre o Natal e a Páscoa. Daí receber, por vezes, a denominação de →moralidade. Seus autores mais conhecidos são Juan de Encina, Lope de Rueda, Lope de Vega, Calderón de la Barca e Gil Vicente. Muitos dos autos serviram ao movimento da Contra-Reforma católica, desaparecendo praticamente no século XVIII. No Brasil, por exemplo, os jesuítas os utilizaram como instrumento de catequese, introduzindo figuras dos imaginários indígena e africano, assim como personagens do cotidiano nacional. Pouco a pouco, chegou-se a enredos populares, com a absorção de cantos e bailados profanos, convertendo-se os autos em manifestações autônomas – lapinhas, fandangos, pastoris e congadas. A mais famosa e tradicional manifestação daí derivada foi o →Bumba-meu-Boi do Maranhão, ou o Boi-Bumbá do Pará e do Amazonas. No século XX, João Cabral de Melo Neto escreveu o *Auto do Frade*, baseando-se na figura histórica de Frei Caneca, e Ariano Suassuna o *Auto da Compadecida*, pondo em cena, já de maneira farsesca, personagens do Nordeste. →*Mistérios*.

AUTOBIOGRAFIA. →*Biografia*.

AUTO-DE-FÉ. Cerimônia pública em que a fé e o comportamento católicos de suspeitos ou acusados perante o Tribunal da Inquisição eram julgados, contando com a participação de autoridades religiosas e civis, após um período de interrogatórios, muitas vezes sob tortura. Tinha início com um sermão, seguido de missa solene e, por fim, da sentença proferida pelo inquisidor-mor, fosse ela condenatória ou de absolvição. No primeiro caso, o(s) réu(s) era(m) entregue(s) ao braço armado secular para o cumprimento da pena (prisão ou morte). O primeiro auto-de-fé noticiado ocorreu em Sevilha, Espanha, em 1481; o último, na cidade do México, em 1815. Var.: auto-da-fé.

AUTÔNIMO. O próprio nome do autor em uma obra, com suas características habituais, por oposição a pseudônimo, alônimo ou heterônimo.

AUTOR. Do verbo latino *augere* (acrescer, aumentar) e de seu substantivo *auctor*, teve os significados primordiais de agente ou causa primeira, além de aquele que dá garantia ou é responsável por algo. Daí também "autoridade". No terreno das artes, designou inicialmente o escritor ou literato que dava garantia à excelência da obra, em relação à língua ou ao gênero, ou se mostrava digno de confiança como fonte da informação (histórica, filosófica, científica etc.). Sucessivamente, passou a indicar o criador ou conceptor de qualquer manifestação artística que resulte em uma obra ou ação definidas, fruto de sua vontade, conhecimentos e habilidades particulares. Que encerre, portanto, uma *personalidade*. Mesmo que o criador lance mão de uma legenda, tema ou obra preexistente, pode ele ser considerado autor, desde que sua versão apresente traços característicos ou diferenças formais evidentes. No entanto, com o advento de máquinas e de processos automatizados (mecânicos e eletroeletrônicos), capazes de reprodução seriada e de manipulação de imagens e formas, a autoria, sobretudo a de natureza plástica, tornou-se ela também um conceito problemático. Na dependência dos artifícios utilizados, uma obra pode conter características fortes de *impessoalidade*, em decorrência de manipulações sucessivas, de uso de objetos já prontos ou existentes anteriormente. Tais configurações podem ser encontradas na pintura *pop*, em instalações, em imagens virtuais computadorizadas ou em mixagens sonoras. As legislações contemporâneas asseguram os respectivos direitos autorais.

AVATAR. **1.** Do sânscrito *avatara*, descida, significa, originalmente para o hinduísmo bramânico, o aparecimento terreno ou a encarnação de uma divindade, freqüentemente Vixnu, em forma humana ou animal, tendo por finalidade ensinar uma doutrina, sugerir uma prática de vida ou realizar um ato de salvação entre os homens. **2.** Figura ou personagem que sintetiza ou simboliza um princípio, uma noção, uma forma de comportamento: Jesus como exemplo de amor e filantropia; Hércules como símbolo do herói de força física; Ulisses, como avatar do herói persuasivo e ardiloso.

AXIOLOGIA. Termo criado em 1906 por William Urban para designar o estudo dos valores atribuídos às coisas, mais propriamente aos objetos estéticos e aos comportamentos ético-morais e políticos, não apenas por um sentimento de ordem psicológica, mas por outros fatores intervenientes na avaliação ou importância que a elas devem ser dadas. Incluem-se nessa investigação as causas que levam àqueles sentimentos e comportamentos. Em alemão já era usada a palavra *Werttheorie* – teoria dos valores – para indicar os estudos de valorização de bens no âmbito econômico. Do grego *áksios*, digno de estima ou de honra.

AXIOMA. Princípio evidente por si mesmo e base, portanto, para o encadeamento dos raciocínios subseqüentes. Proposição irredutível a qualquer outra e cuja verdade não precisa ser demonstrada: o todo é maior do que suas partes constituintes; um ser é idêntico a si mesmo (A = A). Da palavra grega *áksios*, o que é digno de estima ou de honra.

AZULEJO. Do árabe *al zulaycha*, ou ainda *zuléja*, é uma placa de barro cerâmico, cozida e pintada, que serve para o revestimento de paredes internas ou externas, ou ainda como objeto destacado e decorativo. Para sua obtenção, utiliza-se uma massa de argila umedecida, que é recortada em placas ou prensada em moldes (suas dimensões têm, normalmente, 14 por 14 centímetros). Após a secagem, as placas passam por um primeiro cozimento, quando então recebem o nome de *chacota*. Em seguida, procede-se à vitrificação, a um banho em solução de vidro liqüefeito. Na seqüência, o azulejo é pintado. O desenho a ser estampado é feito primeiramente sobre papel vegetal e depois transferido para a chacota vitrificada, por meio de uma boneca, ou seja, de um saquinho de pano contendo carvão em pó. Por fim, o azulejo segue para novo cozimento em temperatura próxima a mil graus centígrados. Na técnica denominada de *corda seca* (que data do século XV), o desenho é realizado ainda durante a primeira fase, ou seja, sobre o barro úmido. Já pelo método dito *de aresta*, os desenhos encontram-se previamente gravados no molde e só depois se transferem para a chacota. Diz-se *azulejo de padrão* aquele que repete ou replica a mesma figura (mais comumente imagens geométricas ou vegetais), e *azulejo de figura avulsa*, o que possui um desenho único, mais utilizado em painéis de figuração narrativa. Os azulejos relevados, isto é, os que trazem imagens em baixorelevo, requerem um processo especial de confecção. O barro, depois de modelado, é passado ao gesso. Deste, funde-se um molde ou cunho metálico, em negativo, que volta a ser impresso sobre a chacota. Os azulejos ganharam grande reputação artística pela maestria e uso intensivo nas arquiteturas e decorações portuguesas, espanholas e latino-americanas, dada a influência cultural do →*Andalus*.

BABAU. →*Teatro de animação.*

BACANTES. Fiéis seguidoras de Baco, versão romana das Mênades de Dioniso. As primeiras bacantes eram ninfas que cuidaram do deus recém-nascido. Por essa convivência, foram as primeiras a ser tomadas pelo furor ou entusiasmo divino, simbolizando o delírio coletivo e orgiástico da natureza, o desejo e o prazer sexuais. A palavra *mênades*, em grego arcaico, significava "possuídas por ardor ou delírio". Sacerdotisas dos coros e séquitos de Baco-Dioniso, percorriam os campos coroadas por heras e portando tirsos, tomadas pela "mania", a loucura divina. Matavam e comiam cruamente os animais silvestres e dedicavam-se às orgias e às celebrações festivas dos mistérios da natureza. A *Ilíada* já relata as lutas de Dioniso e de suas bacantes com o rei trácio Licurgo, que repudiava a divindade báquica, temendo a desestruturação da ordem monárquica. Eurípedes também lhes dedicou uma magnífica tragédia, na qual as bacantes trucidam o rei Penteu, de Tebas, como a advertir os homens da existência natural de impulsos e forças irracionais.

• **BACK LIGHT.** →*Iluminação.*

BAIANO. →*Baião.*

BAIÃO. Gênero musical e de dança popular nordestinos, sapateado, sincopado e vivo, de coreografia originariamente individual, mas depois transformada em dança de casal, registrado desde o século XIX. No início, constituiu um modo particular de tocar a viola sertaneja no acompanhamento de improvisos e desafios, acrescentando-se batidas da mão ou dos dedos no corpo do instrumento. Daí também os nomes originais de baião-de-viola, rojão e baiano. O baião sincretiza várias influências originárias do mundo rural, como o batuque, o lundu, o maracatu e os cocos. Em uma canção de 1928 (selo Odeon, 10.360-B), gravada pelo líder do Grupo Calazans, o posteriormente famoso Jararaca, constavam da letra os seguintes versos: "Baiana, eu vou mergulhando / No compasso do baião / Requebra mais baianinha, / Machuca meu coração". A partir desses ritmos e formas musicais destinadas à dança, o maestro cearense Lauro Maia também se dedicou à composição de peças características, às quais chamou balanceios. Mas só a partir de 1944, com o lançamento da música *Baião*, seus dois compositores, Luís Gonzaga e Humberto Teixeira, consolidaram o ritmo e o gênero. A esse respeito, contou Luís Gonzaga: "O ritmo que o cantador nordestino aplicava na viola, a introdução que ele fazia para entrar na cantoria, se chamava baião. E eu achava aquela batida interessante. Quando eu me encontrei com o Humberto Teixeira, e começamos a desenvolver nossos temas, eu achei que o baião era uma boa pedida [...]. Ele mandou eu cantar um pedacinho [...] foi sentindo, foi fazendo logo um 'monstro' [um esboço] no joelho, que ele tinha uma prática muito grande. E a primeira frase foi essa – 'eu vou mostrar a você / como se dança o baião'. E assim nasceu o baião, que depois se tornou polêmico [...] foi realmente um achado, um sucesso muito grande". Outro compositor característico do gênero foi Zé Dantas, de quem, segundo Gonzaga, "se podia sentir o cheiro de bode". Se antes era tocado por viola, rabeca e pandeiro, passou a ser executado, desde então, por sanfona (instrumento solista), viola, triângulo e zabumba. Internacionalmente, o gênero fez sucesso marcante com a composição instrumental *Delicado*, de Waldir Azevedo, no início da década de 1950. Algumas canções memoráveis, entre outras, continuam a ser: *Kalu, Juazeiro, Qui nem Jiló, Paraíba, Vem, Morena, Cintura Fina, Pisa na Fulô* e, sobretudo, *Asa Branca*. Músicos da Tropicália, como Gilberto Gil e Caetano Veloso, compuseram e revalorizaram o ritmo do baião, assim como Jacinto Silva, João do Vale, Alceu Valença, Elomar e até mesmo Chico Buarque.

BAILADO. **1.** No Brasil, corresponde à denominação dada às danças populares de conteúdo religioso, já que a grande maioria foi concebida ou ainda remodelada pela catequese jesuítica durante o período colonial, aproveitando, por vezes, formas ritualísticas originárias (indígenas ou negras). Mário de Andrade os chamou de danças dramáticas. Conforme estudos de Alceu Maynard de Araújo, há os bailados de conversão, ou seja, surgidos com o propósito de convencimento e aceitação da doutrina cristã, e os de ressurreição, pela qual se evidencia o renascimento dos ciclos naturais e o sentido da salvação. Embora estes aspectos possam conviver numa só manifestação musical e coreográfica, há no entanto um centro de interesse que permite dividir os bailados segundo os conceitos acima. Ainda na opinião do autor, seriam bailados de conversão a →congada, a →marujada e o →moçambique, enquanto os de ressurreição seriam o →bumba-meu-boi, o →quilombo, os →caboclinhos e o →caiapó. **2.** Peça coreográfica destinada a compor um espetáculo cênico.

BAILARINO. Artista e profissional do balé, ou de danças de espetáculo, que por gestos e movimentos corporais, codificados ou livres, interpreta ações coreográficas de cunho dramático, ou expressa estados emotivos, ao som de peça musical concebida com este propósito ou para ele adaptada. →*Dançarino* e →*Dança.*

BAILE. Reunião social e festiva de pessoas com o intuito de dançar. Distinguem-se, entre outros tipos: *baile oficial,* organizado por instituições ou autoridades públicas oficiais; *baile público,* aberto ao público em geral, com ou sem cobrança de ingressos; *baile privado,* organizado por grupo social privado, com seleção de convidados; *baile de máscaras,* aquele em que os participantes ou convidados devem se apresentar com máscaras confeccionadas ou pintadas; *baile à fantasia,* em que os dançarinos devem portar fantasias; *baile de carnaval* ou *carnavalesco,* efetuado no período da festa, com os participantes habitualmente fantasiados (no Brasil, especificamente, as músicas executadas são típicas ou apropriadas, como as marchas, sambas e frevos).

BAIXO. **1.** Voz masculina de alcance mais grave. Tendo-se como parâmetro a clave de fá, sua extensão usual encontra-se entre o mi e o ré, uma oitava acima, passando pelo dó central. Essa tessitura pode ser estendida quando a voz é educada. **2.** O registro mais grave obtido por um instrumento musical de uma mesma família.

BAIXO CONTÍNUO. Elemento musical desenvolvido na época barroca (século XVII), tanto para peças concertantes polifônicas como para a consolidação da ópera (de estrutura monódica), consistindo de uma série contínua de sons graves que servem de suporte para os encadeamentos harmônicos verticais, para a concatenação dos acordes e o acompanhamento do canto. Seu princípio foi baseado na necessidade de conciliar a parte harmônica com a liberdade de desenvolvimento da melodia ou da parte expressiva. À época, dizia-se que o baixo contínuo formava com a melodia uma união "vegetal", sendo ele a raiz e a melodia, a flor. Ou

seja, foi por seu intermédio que se evoluiu na melodia acompanhada, um conjunto sonoro subdividido em dois segmentos eurrítmicos: a melodia horizontal e a harmonia vertical. →*Barroco e maneirismo.*

BAIXO LIÇO. Técnica de tapeçaria em que os fios do urdimento encontram-se esticados *horizontalmente* entre duas travessas do tear e presos por liços, tanto os fios pares quanto os ímpares. Os liços, por sua vez, amarram-se aos pedais do tear, a fim de serem acionados. As tapeçarias francesas conhecidas como de Aubusson e de Beauvais, muito apreciadas a partir do século XVIII, são realizadas em teares com urdimento de baixo liço. →*Liços* e →*Alto liço.*

BALADA. **1.** Denominação inglesa para as formas narrativas ou historiadas em versos, com acompanhamento musical e interpretação cantada e que nos países do continente (Espanha, França, Portugal) receberam o nome de romance. De origem popular e folclórica, transmitidas oralmente até o século XV, quando receberam as primeiras versões escritas, as baladas se constituíram, quase sempre, pela alternância de versos ou estâncias curtas e longas, e tratavam de acontecimentos míticos, épicos, bíblicos e heróicos, até chegar ao puramente lírico ou sentimental. Entre os exemplos mais célebres, citam-se *Chevy Chase, Lytel Gest of Robin Hood* (publicado em 1490 por Wynkym Word), *The Maid freed from the Gallows* e *Saint Stephen and Herod.* A primeira compilação do gênero surgiu em 1765, *Reliques of Anciente English Poetry,* após uma pesquisa de Thomas Bishop Percy. Outra, realizada por Walter Scott, intitulou-se *Ministrelsy of the Scottish Border.* Os literatos pré-românticos e românticos dedicaram-se à pesquisa e ao aproveitamento dessa forma em algumas de suas criações poéticas, como Goethe (*Canção do Rei de Tule*), Keats (*A Bela Dama sem Perdão*) ou ainda, mais recentemente, a vasta coletânea de Paul Fort (*Baladas Francesas*). Almeida Garret, em Portugal, fez publicar o seu *Romanceiro* contendo antigas baladas ou romances medievais, como a da *Nau Catarineta* (considerada *Os Lusíadas* popular): "Lá vem a nau Catarineta / Que tem muito o que contar! / Ouvide, agora, senhores, / Uma história de pasmar. / Passava mais de um ano e dia / Que iam na volta do mar. / Já não tinham que comer / Já não tinham que manjar. / Deitaram sola de molho / Para o outro dia jantar. / Mas a sola era tão rija, / Que a não puderam tragar. / Deitaram sortes à ventura / Qual se havia de matar. / Lá foi cair a sorte / No capitão general". **2.** Composição poética erudita do período medieval, e de origem francesa, em estrutura de três estrofes de oito versos, rimas regulares em *ababbccb,* como as exploradas por Eustache Deschamps e Jean Froissart. Com a mesma denominação existem as baladas derivadas, em que se acrescentam os versos de conclusão, os *envois* ou ofertórios, com repetições de certos versos. São exemplos a *Balada dos Enforcados*, de François Villon, a *Balada do Bom Conselho*, de Chaucer, e, entre nós, modernamente, a *Ballada*, de Ronald de Carvalho, e a *Balada do Solitário*, de Guilherme de Almeida, aqui transcrita: "Edifiquei certo castelo / por uma esplêndida manhã: / brincava o sol, quente e amarelo, / numa alegria incauta e sã. / E eu quis fazer – ó louco anelo – / desse paraíso encantador / o ninho rico, mas singelo, / do teu, do meu, do nosso amor. / Por isso, em vez do som do duelo / tinindo em luta heróica e vã, / fiz soluçar um ritornelo / em cada ameia ou barbacã... / Depois, tomando o camartelo, / alto esculpi, dominador, / esse brasão suntuoso e belo / do teu, do meu, do nosso amor... / (ofertório) A ti, Princesa, eu te relevo / esta canção que um trovador / virá cantar pelo castelo / do teu, do meu, do nosso amor". **3.** Pequena peça musical para canto, ou canção monódica para voz solista e acompanhamento instrumental, muito provavelmente, em seu início, para ser dançada (*balada*, em provençal). De maneira registrada, desenvolveu-se a partir da época medieval, no século XIII, período da *ars nova*, e, após o Renascimento, passou a ser caracterizada como composição musical simples, de gosto popular, lírica e amorosa, de andamento lento, para uma só voz (sentido que até hoje permanece). **4.** Designação dada por compositores românticos – Chopin, Brahms, Liszt, Schubert – a certas obras musicais longas, apenas concertantes, mas de intenções narrativas ou dramáticas, por referência a um personagem. **5.** No âmbito do *jazz*, composição de andamento mais lento, contido, e de expressão sentimental. →*Canção, cantiga.*

BALANÇA. Sons de marcação feitos pelos surdos de uma escola de samba. Quando um deles é tocado, como sinal, outros respondem.

BALANGANDÃS. Bijuterias – tais como pulseiras, colares e brincos – utilizadas em fantasias de carnaval. Anteriormente, consistiam de amuletos e enfeites usados pelas baianas em festas populares, como o maracatu e a congada.

BALÃO. Nas histórias em quadrinhos (HQs), cartuns, charges ou em fotonovelas, é o recurso sinalizador da voz, de sentimentos e do pensamento, ou espaço delimitado, de forma arredondada ou mesmo quadrangular, e que parece sair da boca dos personagens, revelando o emissor e o conteúdo dos diálogos, os monólogos interiores, ruídos e interjeições. R. Benayoun registrou 72 tipos possíveis de balão, entre eles o balão mudo (vazio), o balão sonolento (com a letra Z, metáfora do sono), o balão glacial, indicativo de uma reação emotivamente fria. O nome foi dado pela semelhança de formato que esse recurso gráfico tinha (e ainda hoje mantém) tanto com o brinquedo popular quanto com o veículo aeronáutico.

BALAÚSTRE. Pilar ou pequena coluna de sustentação, em pedra, madeira ou cimento, de feitio arredondado ou quadrado, que serve de suporte para um parapeito ou corrimão de escada, além de decoração arquitetônica ou trabalho cenográfico. Concebido no período renascentista, adotou não apenas os estilos anteriores das colunas, como adquiriu formas de vaso, de pêra e outras compósitas.

BALAUSTRADA. Série contínua de balaústres, flanqueada por pedestais, que serve de elemento arquitetônico de segurança e decoração, assim como para cenários, imitando varanda ou balcão.

BALCÃO. **1.** Conjunto de assentos para espectadores, situado em um andar mais elevado que a platéia da sala de espetáculo, habitualmente acompanhando suas laterais e o fundo. Daí ser conhecido também como "platéia alta". No caso de haver mais de um balcão superposto, o primeiro poderá ser um →mezanino ou um "balcão nobre". **2.** Plataforma arquitetônica descoberta, elevada e avançada, protegida por parapeito ou balaustrada, que serve de local para observação de uma paisagem local. Como estrutura de cenário, designa uma varanda elevada, guarnecida com grades e peitoril. O mesmo que *sacada*.

BALDAQUIM, BALDAQUINO. Cobertura, pálio ou dossel arquitetônico construído sobre altares, tronos ou leitos, com objetivos de embelezamento e dignificação. Podem ser erguidos com o suporte de colunas, lisas ou torsas, projetar-se de paredes ou pender do teto. Um dos baldaquinos mais famosos é o que se encontra na Basílica de São Pedro, no Vaticano, criado por Gianlorenzo Bernini. →*Pálio* e →*Cibório.*

BALÉ. →*Dança.*

BALÉ BRANCO. Em sua origem, designou somente as partes coreográficas do balé romântico em que as bailarinas se apresentavam com figurinos (→*Tutus*) longos e brancos, tendo por modelo os trajes utilizados na obra *La Sylphide*, criado pelo coreógrafo Filippo Toglioni, em 1832. Por extensão, aplica-se o termo a obras clássicas e românticas, como *Giselle* ou *O Lago dos Cisnes*.

BALÉ DE AÇÃO, •BALLET D'ACTION. Coreografia criada ou adaptada para a dramatização de um enredo, de uma ação ou história, característica, por exemplo, dos balés clássico e romântico. Difere, portanto, de uma coreografia de representação ou de conteúdo expressionista, emotivo ou abstrato. →*Dança.*

BALÉ DE CORTE, •BALLET DE COUR. Balé das cortes européias dos séculos XVI e XVII, extremamente luxuosos, sobretudo na França (e que exerceram influência sobre a criação do balé, como dança codificada e de espetáculo dramático), executado por figuras da própria nobreza e da realeza, mas já criado ou dirigido por um mestre de dança profissional. Em sua grande maioria, os balés de corte incluíam não apenas as coreografias, mas, na mesma proporção e importância, partes concertantes, vocais (recitativos e coros), pantomimas, desfiles ou procissões cerimoniais. Somente na França, entre 1594 e 1611, foram montados 168 desses balés, destacando-se as obras melodramáticas de Pierre Guédron. O gênero expandiu-se, entre outras, pelas cortes de Turim, Parma, Países Baixos, Inglaterra, Bruxelas, Luxemburgo e Dinamarca. →*Dança.*

BALÉ SINFÔNICO. Coreografia que usa como fundamento de sua elaboração uma obra sinfônica completa. A expressão foi utilizada pela primeira vez pelo coreógrafo Leonid Massine, em 1932, ano em que fez estrear sua obra *Pressages,* baseada na execução integral da *Quinta Sinfonia* de Tchaikóvski para os Balés Russos de Monte Carlo. São ainda exemplos de Massine as coreografias que criou para a *Sinfonia Fantástica,* de Berlioz, ou para a *Primeira Sinfonia,* de Chostakóvitch.

BALÉS RUSSOS, •BALLETS RUSSES. Companhia de dança fundada em fins de 1908, com duração até 1929, e, segundo seus criadores, Sergei Diaghilev e Mikhail Fokine, de "espetáculos de arte total". Foi por seu intermédio que a música erudita, o balé e a cenografia do século XX obtiveram as condições ideais para conquistar um espaço integrado de realização experimental e de projeção internacional. Com eles, se produziram e se demonstraram as novas possibilidades e os valores estéticos de uma geração artística revolucionária, comprometida com as rápidas transformações espirituais e técnicas do período. Antes do surgimento oficial da companhia, Diaghilev e Fokine já haviam trabalhado em Paris na produção de dois espetáculos coreográficos ao estilo romântico (*Les Sylphides,* com músicas de Chopin, e *Shéhérazade,* de Rímski-Korsakov), além de divulgarem a então recente música nacionalista russa do →Grupo dos Cinco. Sediados na capital francesa, os Balés Russos também se apresentaram em Londres (1919) e em Monte Carlo (1924, 1927). Entre os seus bailarinos e coreógrafos principais, fizeram carreira, além de Fokine, Nijínski, Massine, Karsavina, Dubrovska, Tchernitcheva e Balanchine. Dos artistas plásticos, atuaram para os Balés: Bakst, Roerich, Picasso, Derain, Matisse, Larionov, Gontcharova, Marie Laurencin, Braque, Gabo, Pevsner e Rouault. Alguns dos 25 espetáculos, por ordem cronológica: *O Pássaro de Fogo* (Stravínski, 1910), *Petruchka* (Stravínski, 1911), *L'Après Midi d'un Faune* (Debussy, 1912), *Daphnis et Chloé* (Ravel, 1912), *Jeux* (Debussy, 1913), *A Sagração da Primavera* (Stravínski, 1913), *Parade* (Eric Satie, 1917), *Chut* (Prokofiev, 1921*), Les Biches* (Poulenc, 1924), *Les Matelots* (George Auric, 1925), *O Filho Pródigo* (Prokofiev, 1929).

BALÉS SUECOS, •BALLETS SUEDOIS. Companhia de dança moderna fundada pelo sueco Rolf de Maré, em 1920, em Paris, na esteira dos sucessos anteriores obtidos pelos Balés Russos, tendo por principal dançarino e coreógrafo o também sueco Jean Börlin. Contando inicialmente com a colaboração musical do →Grupo dos Seis, tiveram ainda a participação de pintores-cenógrafos como Léger, Picabia, Bonnard e De Chirico e de poetas e dramaturgos como Pirandello, Jean Cocteau, Paul Claudel e René Clair. Durou cinco anos, durante os quais foram criados vinte e quatro balés. Seus maiores sucessos: *Les Mariés de la Tour Eiffel, Iberia, El Greco, Jeux, La Création du Monde* e *La Nuit de Saint-Jean.*

•**BALLO, •BALLETTO.** Termos italianos para as danças tradicionais ou folclóricas da Renascença (séculos XV e XVI), que contêm melodias cantadas. Do diminutivo *balletto* proveio o francês *ballet* (balé). →*Dança.*

•**BALLON.** Em dança, a maior ou menor capacidade de um(a) bailarino(a) saltar e retornar ao solo de modo suave e elegante.

•**BALLONÉ.** Série de pequenos saltos, em dança clássica, executados com uma só perna, enquanto a outra efetua movimentos de batida (*batterie*) ou laterais de →*jeté.*

•**BALLOTÉ.** Passo de dança caracterizado por elevação ou salto, estando ambas as pernas projetadas, mas de modo alternado – uma para a frente e outra para trás.

BALZAQUIANO (A). Proveniente da extensa obra literária de Honoré de Balzac, serviu como qualificativo de um romance ou narrativa mais comprometidos com a realidade burguesa cotidiana do que o neoclassicismo que a antecede. É o quadro heterogêneo da vida e dos costumes, derivado ou construído por três processos: as condições sociais das classes e os conflitos materiais que lhes são característicos; uma análise psicológica pintada por traços de personalidade e de caráter; uma descrição minuciosa dos ambientes, das feições e comportamentos dos personagens, e dos círculos em que se movem. Trata-se, portanto, de um relato em que o dinheiro (ou a velha máxima de Virgílio, *aura sacra fames*), os interesses materiais socioeconômicos e os fatores políticos não apenas ali estão presentes, como influenciam as relações, os sentimentos e os atos dos personagens. A crítica do *nouveau roman* francês tentou fazer da expressão algo pejorativo, atribuindo-lhe uma certa ingenuidade na análise dos fatores materiais da sociedade, esquecendo-se, todavia, da inestimável contribuição do autor para a consolidação do romance como gênero maior da narrativa e da investigação literária do mundo burguês. Popularmente, no feminino, a palavra designa as características físicas, a suposta experiência amorosa e os sentimentos afetivos da heroína de seu romance *A Mulher de Trinta Anos* (Júlia d'Aiglemont) e, por extensão, de mulheres a partir dessa idade.

BAMBA. Dançarino exímio de samba. Sambista que "sabe sambar no pé".

BAMBOLINA. Tela de pano ou de qualquer outro material situada na parte superior da caixa do teatro e utilizada seja para encobrir o urdimento e delimitar a altura da boca de cena, seja para completar o espaço cênico aéreo, representando o teto ou o céu (neste caso, chamada de bambolina de céu).

BANAL. Na Idade Média, teve por significado um objeto pertencente a um senhor feudal (um forno ou um moinho, por exemplo) para cujo uso o vassalo necessitava pagar uma indenização ou prestar um serviço. Por extensão, passou a designar aquilo que toda a comunidade poderia fazer, sem que houvesse características específicas, singulares, ou mesmo grandes dificuldades. Assim, em termos artísticos, uma obra banal é aquela que não comporta originalidade, que é repetitiva, ou que não possui força expressiva formal ou profundidade de tratamento, relativamente ao seu conteúdo. O adjetivo tem sido muitas vezes aplicado pela crítica cultural às manifestações da cultura de massa, o que pressupõe que o gosto popular não rejeita a banalidade. Mas o vocábulo pode, evidentemente, referir-se a obras consideradas eruditas.

• **BAND.** Termo inglês correspondente a conjunto instrumental de música, banda. Pode ser aplicado a um conjunto de arcos (*string band*), de sopro (*windband*), de metais (*brassband*), ou mesmo a conjuntos mistos, como os de *rock* ou música *pop*. Neste último caso, a parte vocal é a que predomina, servindo os demais instrumentos como acompanhantes. *Steel band* refere-se a um tipo de banda surgida no Caribe, após a Segunda Guerra Mundial, cujos principais instrumentos são grandes tambores de aço capazes de emitir sons com certos intervalos de altura.

BANDA. Conjunto instrumental de música popular, em que predominam os instrumentos de sopro e de percussão (como as fanfarras e as bandas de pífano do Nordeste brasileiro), contendo um número variado de integrantes, com ou sem regência de um maestro. Habitualmente, uma banda executa músicas já consagradas e de repertório amplo para a animação de desfiles, festas e bailes. Nestas duas últimas situações, uma banda pode incorporar um(a) cantor(a), o *crooner*, ou pequeno coral. Tem-se considerado a Itália o primeiro país a adotar o termo, referindo-se a um grupo de "músicos soldados", convocados para cerimônias e festividades públicas em que se faziam presentes as autoridades locais ou convidadas. As bandas, quando militares, caracterizam-se pelo repertório de músicas marciais e costumam conter: flauta, oboés, clarinetas (em si bemol e em mi bemol), saxofones (alto e tenor), fagotes, trompas, trompetes, cornetas, trombone (baixo e tenor), bombardas e percussão. A mais famosa e tradicional dessas formações no Brasil é a do Corpo de Bombeiros do Rio de Janeiro, fundada em 1896, sob a direção do maestro e compositor Anacleto de Medeiros. Uma banda militar formada apenas por instrumentos de sopro (metais e madeira) recebe ainda o nome específico de *charanga*. O nascimento do →*jazz* também está relacionado com a formação de bandas remanescentes da guerra civil (*jazz-bands*), constituídas por ex-combatentes negros, que se apresentavam para a animação de bailes, festas cívicas e acompanhamento de funerais. O termo estende-se a pequenos conjuntos ou formações de música popular, mesmo as de um só instrumento (banda de acordeões) e às de *rock* ou tributárias do movimento *pop* (centralizadas nas guitarras, baixo e bateria) incluindo-se a parte vocal.

BANDA DE PAU E CORDA. Conjunto musical carnavalesco do Recife, com repertório apropriado para desfiles de rua, incluindo-se o frevo e o maracatu, e constituído por flauta, violão, cavaquinho, bandolim, banjo, pandeiro, reco-reco, tarol e, mais recentemente, também por surdo, pistom e tuba. Ainda no século XIX e início do século XX, as bandas de pau e corda acompanhavam os →*autos de pastoril*.

BARBARISMO. **1.** Genericamente, qualquer erro no emprego de um vocábulo, seja na pronúncia, na grafia, na significação ou na forma gramatical. Distinguem-se, portanto, em erros prosódico (*récorde*, em lugar de *recorde*); ortoépico (*compania*, em vez de *companhia*); gráfico ou flexional (*quando eu ver*, em lugar de *quando eu vir*); semântico (*cozinhar mal e porcamente*, em vez de *mal e parcamente*). **2.** Emprego desnecessário de vocábulo ou de construção sintática de origem estrangeira. Por exemplo, a expressão *a nível de*, que, além de ser francesismo, tem sido utilizada de maneira errônea e indiscriminadamente. O mesmo ocorre com a sigla Aids, já que os países de línguas neolatinas (Portugal, Espanha, França e Itália) usam, e com maior correção, Sida (Síndrome de ImunoDeficiência Adquirida). Outros exemplos, introduzidos pelas novas tecnologias da computação, são os dos verbos *inicializar*, em substituição a *iniciar*, e *deletar* (simplesmente *apagar* ou *suprimir*). Se a palavra ou a expressão provêm da língua francesa, dá-se o nome de galicismo ou francesismo; se oriundas de países de língua inglesa, recebe o nome de anglicismo ou anglicanismo; se do alemão, germanismo; do espanhol, castelhanismo. O barbarismo, neste caso mais específico, configura-se quando há vocábulo ou construção já existentes na língua vernácula.

BARBIZON, ESCOLA DE. →*Realismo, naturalismo.*

BARDO. 1. Poeta medieval e membro da classe sacerdotal entre os celtas (País de Gales, Escócia, Irlanda e Bretanhas, a ilha e a península), que tanto compunha como recitava as narrativas heróicas ou épicas de seu clã, mantendo vivas as tradições e as histórias de seu povo (→*Patronato*). Fazia-se normalmente acompanhar por uma lira, chamada *crouth*. Após o século V, os bardos incorporaram a seus cantos mitológicos e guerreiros elementos do catolicismo. Posteriormente, entre os séculos XII e XVI, difundiram, por intermédio da literatura francesa, a forma poética do lai (*loid*, em celta), poema narrativo de gestas cavaleirescas, associado a uma melodia. Durante o mesmo período, reuniam-se em festivais anuais no País de Gales, congraçamento conhecido por *Eisteddfod*. Os mais célebres e antigos autores de que se tem notícia foram Taliesin, Aneirin e Llywarch Hen (séculos VI e VII). 2. Por extensão, poeta épico (troveiro) ou lírico (trovador).

BARÍTONO. Voz masculina de alcance intermediário entre o tenor e o baixo, combinando partes de ambas as tessituras. Usando-se a clave de fá, a extensão do barítono vai normalmente de sol a fá, uma oitava acima, passando pelo dó central. Uma voz estudada pode ultrapassar os extremos mencionados.

BARRACÃO. Estrutura coberta onde se preparam as alegorias e fantasias de uma escola de samba.

BARROCO E MANEIRISMO. **Primeiras menções.** Alguns teóricos da estética, como Benedeto Croce ou Heinrich Wölfflin, fizeram derivar a palavra barroco de uma forma de silogismo escolástico, com o sentido de pensamento tortuoso, falso ou ridículo. Isso porque, nos séculos XVI e XVII, o termo chegou a significar justamente um raciocínio que confundia o falso e o verdadeiro, subvertendo as regras lógicas (como sugerido nas *Epistolae obscurorum virorum novae*, de 1517). No entanto, considera-se hoje com mais acerto a sua origem ibérico-portuguesa, também existente no início do século XVI, para designar, em joalheria, uma pérola de conformação irregular, imperfeita. Segundo Phillip Butler, corresponderia às pérolas comercializadas pelos portugueses na região de Barokya, no Oceano Índico, e destinadas a Goa.

Do ponto de vista estilístico, o termo passou a ser empregado na França do século XVIII – por exemplo, Marivaux (na peça *Os Sinceros*) ou Rousseau (*Cartas sobre a Música Francesa*) – para indicar uma obra ou forma de expressão artística permeada pelos exageros ornamentais da realeza absoluta e faustos do mundo aristocrático. Fugindo, portanto, das regras clássicas formais, ainda que lhe mantivesse os mesmos conteúdos. É o que se pode concluir da definição dada por A. Pernety em seu *Dicionário Portátil de Pintura, Escultura e Gravura*, de 1757: "que não está de acordo com as regras das proporções, mas do capricho". Já no início do século XIX, Jakob Burckhardt, em sua obra *Der Cicerone*, atribuiu à arquitetura do século XVII o entendimento de que ela "fala a mesma linguagem da renascentista, mas sob a forma de um dialeto selvagem".

Dinamismo, absolutismo e Contra-Reforma. Nos séculos XV e XVI, a idéia clássica de beleza estivera voltada para a necessidade de estabilizar a aparente desordem do mundo; recriá-lo de maneira a impedir que ele saísse dos gonzos. Uma concepção artística apoiada na virtude centralizada, na serenidade, no domínio dos gestos e das paixões. Já o barroco diria respeito não às simetrias, às configurações lógicas e equilibradas do Quattrocento e da primeira metade do Cinquecento, mas aos "caprichos", às extravagâncias, assim entendidas em relação ao dinamismo, à dramaticidade e suntuosidade das pinturas, à convexidade de fachadas e ornamentação rebuscada na arquitetura (volutas e espirais, entre outros recursos), ao movimento intensamente expressivo da escultura, à exploração das possibilidades retóricas, em literatura, ou de linhas melódicas, musicais, em contraponto. Neste início, a idéia do barroco, ainda que largamente concretizada nas artes européias e americanas, constituiu algo de pejorativo, ligado ao bizarro, aos caprichos aristocráticos. Somente no século XIX, com as análises de historiadores e críticos de artes plásticas, como os já citados Burckhardt ou Wölfflin, é que o conceito ganhou foros de um estilo relativamente determinado, com valores e características próprias, e ainda aplicável a outras fases artísticas, sucedendo períodos considerados "clássicos", de maior equilíbrio. Em síntese, a concepção barroca é tratada principalmente como a arte do absolutismo político e da Contra-Reforma católica no Ocidente (embora possa ser aplicada, já por derivação, como uma constante histórica). Aquela que reúne, conforme opinião de Carlo Argan, as formas "magníficas" da representação das autoridades – eclesiásticas, reais, aristocráticas e mesmo burguesas, no caso dos Países Baixos.

De maneira prática, o vínculo do barroco com a propagação da fé contra-reformista – ao menos naquilo que dissesse respeito às artes visuais – ancorou-se em dois princípios. O primeiro, poético ou estético, foi a ênfase atribuída ao emocionalismo e deslumbramento das formas, aliado ainda ao luxo decorativo, sempre atraente aos olhos do povo; o segundo concretizou-se na obediência ideológica ou na supervisão direta ou implícita das autoridades eclesiásticas durante a elaboração das obras que o Concílio de Trento sugeria.

Maneirismo plástico: elegância e sensualidade. Nas artes plásticas, no entanto, as primeiras manifestações a fugir dos preceitos clássicos foram denominadas "maneiristas". Do italiano *maniera*, indicava, como observou o pintor e escritor Giorgio Vasari (ele mesmo um representante das novas tendências), um modo próprio ou singular de expressão pictórica – um estilo pessoal – imitativo dos mais brilhantes autores do classicismo, sobretudo da última fase de Michelangelo, a mais vigorosa, mística e monumental. E se Vasari julgou positivo o novo estilo que se afirmava – como o de Girolamo Parmigianino, Jacopo Pontormo, Domenico Beccafumi, Tintoretto, Brueghel ou El Greco, também adotado nas esculturas sensuais e imponentes de Giambologna – já no século seguinte alguns críticos, como Giovanni Bellori (*Vite dè pittori, scultori et architetti moderni*, 1672), apontavam o maneirismo e o barroco como expressões de refinada elegância, mas que apenas revelavam distorções, artificialidade ou uma excentricidade "quimérica e esquemática" em relação aos velhos mestres da áurea Renascença. Traços que chegaram a ser radicais nas figuras fantásticas, ao mesmo tempo caprichosas e grotescas, de Arcimboldo.

Embora tenha sido visto por alguns como antecessor do barroco – Wölfflin, por exemplo, o considerou um *intermezzo* perturbador, situado entre a terceira década do Cinquecento e o final do século – outros o analisaram como um estilo perfeitamente identificável. Sua característica de composição (o aspecto técnico) estaria na ruptura que fez do espaço lógico do classicismo, ao ampliar as possibilidades de posição e de movimento das figuras, fazendo com que as imagens, tratadas com verismo e claridade, se distribuíssem então em cenas descontínuas. Uma visão francamente aristocrática de serenidade, de requinte e sensualismo, sem incorrer em paixões desmesuradas. É o caso de Max Dvorák ou de Arnold Hauser. Este último assevera em sua *História Social da Arte e da Literatura*: "O maneirismo é o estilo de uma classe aristocrática, cuja cultura é essencialmente internacional; o primitivo barroco é a expressão de uma tendência mais popular, mais emocional e mais nacionalista. O perfeito barroco triunfa sobre o estilo do maneirismo mais refinado e exclusivo, à medida que a propaganda eclesiástica da Contra-Reforma se espalha [...]. A arte palaciana do século XVII adapta o barroco às suas necessidades específicas; por um lado, o emocionalismo eleva o barroco a uma teatralidade magnífica e, por outro, desenvolve o seu classicismo, latente na expressão de um autoritarismo severo e esclarecido [...]. São maneiristas os pintores palacianos dos Medicis, em Florença, de Francisco I, em Fontaineblu (→*Escola de Fontainebleu*), de Filipe II, em Madri, de Rodolfo II, em Praga, e de Alberto V, em Munique[...] o maneirismo é a forma especial em que as realizações artísticas da Renascença italiana se espalham pelo estrangeiro. Mas este caráter internacional não é o único ponto que o maneirismo tem em comum com o gótico. A revivescência religiosa deste período, o novo misticismo, a ânsia pelo espiritual, a subestimação do corpo e o interesse absorvente na experiência do sobrenatural levam a uma renovação dos valores góticos, que só encontram expressão exteriorizada, e muitas vezes exagerada, nas formas mais esbeltas do estilo maneirista. O novo espiritualismo manifesta-se mais na tensão entre os elementos espirituais e físicos, do que no completo domínio da clássica *kalokagathia*".

Características barrocas na pintura (Wölfflin). As principais características conceituais da pintura barroca foram observadas por Wölfflin a partir das diferenças que ela apresentou relativamente à arte renascentista de teor clássico. Enquanto esta última deu ênfase à nitidez linear de suas composições, isto é, à perfeita definição de traçados e contornos, o barroco imprimiu um estilo dito pictórico. Entende-se por pictórico, nesse caso, justamente o fato de haver maior imprecisão no delineamento das figuras ou motivos, o que nos provoca a impressão de imagens fluidas, incorpóreas ou fugidias. Como os limites das figuras e entre elas são mais indeterminados, a aparência das coisas representadas ganha uma mobilidade de efeito teatral. Para esse resultado concorre também o jogo vigoroso de zonas claras e escuras, de luzes e sombras, pelo qual há partes de maior visibilidade e outras de menor evidência (contrastes obtidos pela técnica do *chiaroscuro* que, embora já utilizado por Leonardo da Vinci ou Hans Holbein, por exemplo, intensificou-se com os pintores barrocos).

Um segundo aspecto de importância é o uso particular da perspectiva geométrica, então concebida não tanto em sentido plano ou frontal, mas preferencialmente em diagonal. Esse recurso possibilita uma profundidade maior das cenas, reforçando a tendência ao ilusionismo teatral, uma espécie de mergulho óptico em que se percorrem vários planos sucessivos.

Daí também uma terceira inovação que é a da forma e perspectiva abertas, ou seja, um certo desequilíbrio voluntário entre massas, volumes e zonas claras ou escuras, que tendem ou à direita ou à esquerda, para o nível inferior ou superior da obra. Em conseqüência, o eixo central, tão caro aos primeiros homens da Renascença, deixa de separar a pintura em proporções iguais de massas e volumes.

Outra característica sua ainda é a da "obscuridade", entendida como o abandono de detalhes representativos. Assim, nem todas as figuras humanas ou objetos que estão pintados podem ser vistos em sua totalidade (mãos, pés, panejamentos, faces etc.), seja pela ausência de limites ou contornos precisos, seja pelas zonas em penumbra, no interior das quais determinados segmentos se dissipam ou se evanescem.

O conjunto desses atributos dá ao estilo barroco uma sensação final de movimento, fluidez, conflito e instabilidade pictóricas e ainda de dramaticidade humana que se distancia ou mesmo se opõe à poética clássica, voltada para a serenidade dos gestos, para o equilíbrio dos volumes, a solidez das formas, a claridade e totalidade das visões, para o domínio espiritual das paixões.

Países e pintores. Na Itália, os maiores representantes do barroco seiscentista foram: Beccafumi (iniciador do maneirismo em Siena), Ludovico e Annibale Carracci (com obras de transição), Michelangelo da Caravaggio, o mestre do claro-escuro (*chiaroscuro*), cuja poderosa influência se estendeu (e apenas na península) a Bartolomeu Manfredi, Orazio Gentileschi, Giovanni Barbieri (Il Guercino), ao holandês residente Van Laer (chamado Il Bamboccio), a Giovanni Caracciolo ou a Francesco del Cairo (Il Morazzone), por vezes cognominados *i tenebrosi* (os tenebrosos). Além desses, e com tendências mais decorativas, alegres, sensuais ou colorísticas, Guido Reni, Pietro da Cortona, Domenichino, Francesco Maffei, Bernardo Strozzi e Domenico Fetti. Já no século XVIII, sobrepôs-se a todos a suntuosidade ilusionista de Giovanni Battista Tiepolo, igualmente considerado o grande representante do rococó italiano.

Na Espanha, o centro de irradiação do barroco proveio da Andaluzia e, em parte, de Nápoles, então província espanhola. Entre seus artistas de maior destaque encontram-se Francisco Pacheco, José de Ribera, Francisco Herrera (o Velho), Francisco Zurbarán (místico extremado), Bartolomé Murillo, Juan Valdés Leal e, sobretudo, Diego de Silva y Velázquez.

A arte flamenga do período revelou-se a mais brilhante de sua história, até os dias atuais, ainda que se considere a extraordinária qualidade realista alcançada no século XV pelas obras de Jan van Eyck e Van der Weyden. Nela encontramos as figuras de Peter Paul Rubens, Jacob Jordaens, Anthonis van Dick, Franz Snyders, Jan Siberechts ou Jan Brueghel. Situação idêntica pode ser dita da pintura holandesa (as então independentes e republicanas Províncias Unidas) cujo legado foi transmitido por Frans Hals, Rembrandt van Rijn, Bartholomeus van der Helst, Jacob van Ruisdael, Jan Vermeer, Jacob Duck, Gabriel Metsu, Gerard Dou ou Gerrit van Honthorst (alcunhado Gerrit das Noites), entre outros. Tanto a pintura flamenga como a holandesa, territórios de prósperos burgueses, comerciantes e financistas, se debruçaram sobre temas bem mais prosaicos ou cotidianos, como a vida doméstica ou dos interiores familiares, as paisagens campestres, cenas urbanas, naturezas-mortas, retratos de encomenda, ambientes de estalagens, de tavernas e de vida militar. Mesmo as representações religiosas parecem provir de leituras íntimas e devotas da Bíblia, sob influência protestante, diferentemente das tradições iconográficas e grandiosas dos católicos meridionais.

Quanto à "escola" francesa do barroco, esta desenvolveu-se tardiamente (em comparação com as demais), em boa parte devido às guerras político-religiosas que se estenderam pelos últimos quarenta anos do século XVI. Seus melhores pintores, no início do XVII, encontravam-se na Itália, como Simon Vouet, Claude Lorraine e o mais afamado de todos, Nicolas Poussin – que jamais abandonou os valores clássicos, nem suas predileções por Ticiano. Admirado pelo eminente crítico Giovanni Bellori, este o tomou como um exemplo contemporâneo em sua pregação pelos ideais neoclássicos (→*Classicismo, neoclassicismo*). Somente após a consolidação dos Bourbons e do absolutismo é que o estilo se difundiu no país, sob a proteção da corte e do fausto de Luís XIV e de seus sucessores. As grandes figuras barrocas foram então os três irmãos Le Nain (Antoine, Louis e Mathieu, que trabalharam juntos em ateliê próprio), Georges de la Tour e os decoradores e retratistas palacianos Charles Le Brun e Hyacinthe Rigaud.

Escultura. A escultura ganhou, com o barroco, dinamismo e intensa expressividade, tanto em relação aos movimentos do corpo como aos estados emocionais. Nela se realçam sentimentos de dor ou sofrimento, êxtase religioso, fúria, brutalidade, ironia, orgulho, amor e sensualidade. Sob tal perspectiva, a arte escultórica do século XVII lembra ou recupera a poética do período helenístico por sua dramaticidade. Ao mesmo tempo, e dada a intenção de torná-la um elemento visivelmente decorativo da arquitetura, veio a ser habitual sua configuração de esplendor, em particular no tratamento policrômico executado sobre madeira para as imagens religiosas.

Algumas dessas características são devidas, em grande parte, ao italiano Gianlorenzo Bernini (também arquiteto), o preferido das então poderosas famílias patronais dos Borghese e dos Barberini. Suas obras, como *Davi, O Êxtase de Santa Teresa, A Bem-Aventurada Ludoviga Albertoni* ou *Apolo e Dafne*, acabaram servindo de inspiração ou mesmo de modelos estilísticos, dentro e fora da Itália. Além de Bernini, adquiriram notoriedade Francesco Mochi, Alessandro Algardi e o flamengo residente Francesco Duquesnoy. Na Espanha, essa voluntária instabilidade escultórica, típica do barroco, concentrou-se na escola castelhana, com centro na cidade de Valladolid. Com larga produção religiosa, teve à frente dois grandes mestres: Alonso Berruguete e Juan Juni. Em Flandres, seus principais representantes foram as famílias Duquesnoy e Quellin (Artus I, que dirigiu a suntuosa decoração do paço municipal de Amsterdam, e Artus II), além dos artistas Henri Verbruggen e Luc Faydherbe. Já na França, o estilo clássico e racionalista prevaleceu nas obras de François Girardon, seu mais requisitado escultor, assim como nas de Jacques Sarrazin. Com influências visíveis de Bernini, sobressaiu Pierre Puget. A recusa de imagens religiosas nas igrejas da Holanda e da Inglaterra teve certamente uma influência direta na reduzida produção de esculturas. Em algumas oportunidades, as famílias burguesas ou aristocráticas desses países recorreram a artistas estrangeiros (como Artus Quellin II, que trabalhou na Inglaterra).

No Brasil, o período barroco deu início à criação nacional de esculturas (ainda na primeira metade do século XVII), com predomínio quase absoluto de imagens sacras, destinadas a igrejas de ordens religiosas. Os primeiros artistas de reconhecida habilidade e autoria que aqui trabalharam foram: na Bahia, frei Agostinho da Piedade, nascido em Portugal, ceramista de bustos-relicários e de estátuas inteiras, cuja técnica de modelagem ainda o aproxima dos primeiros artistas da Renascença, em razão dos traços suaves e dos volumes delicados; seu discípulo, também frei e Agostinho, mas de Jesus, brasileiro de nascimento. Também dedicou-se à modelagem cerâmica, apresentando tendências mais ornamentais que seu mestre; no Rio de Janeiro, frei Domingos da Conceição da Silva, também português, mas já incorporado ao estilo do século, começou a atuar por volta de 1669, durante a reconstrução da igreja e do mosteiro de São Bento, havendo, entre as obras que executou sobre madeira, duas que se destacam pela extraordinária força emotiva: *Senhor Morto* e *Senhor Crucificado* (destinadas ao mosteiro de sua ordem, em Olinda).

Já no século XVIII, e ainda no Rio, ganharam destaque dois portugueses de mesmo sobrenome, Manuel e Francisco Xavier de Brito, que em diversas ocasiões trabalharam juntos (como na decoração do monumental conjunto da Ordem Terceira de São Francisco da Penitência, o convento e a igreja), desenvolvendo uma forma compositiva ao mesmo tempo única e compartilhada – o estilo Brito – cuja influência se estendeu ao Aleijadinho (por exemplo, no uso de querubins agrupados nas talhas e de medalhões contendo figuras em baixo-relevo). Artista grandemente renomado já em seu tempo foi o mestiço Valentim da Fonseca e Silva – Mestre Valentim – por muitos considerado o segundo maior representante da escultura barroca brasileira e cuja vida transcorreu inteiramente na então capital do reino. Na segunda metade do período setecentista, trabalhou para as igrejas da Ordem Terceira do Carmo, Santa Cruz dos Militares e Mosteiro de São Bento, realizando os adornos em talha de capelas e altares-mor, além de estátuas, como as de São João Evangelista e São Mateus (ambas em madeira) e as de Apolo, Júpiter, Diana e Mercúrio, em bronze. Entre 1801 e 1813, executou suas últimas obras para a igreja de São Francisco de Paula.

Cabe, no entanto, a Antônio Francisco Lisboa, o Aleijadinho, o justo título de maior representante nacional da arte barroca, mundialmente reconhecido. Arquiteto e escultor de origem humilde, embora leitor contumaz de textos sagrados e de gravuras, desenvolveu suas habilidades mais por conselhos ocasionais e aguda capacidade de observação do que em virtude de um disciplinado aprendizado. Daí também o talhe mais espontâneo ou a aparência "primitiva" de suas obras. Entrado nos cinqüenta anos, viu-se acometido por uma moléstia gradativamente deformante (lepra nervosa?), razão, segundo alguns, do acentuado expressionismo de seus últimos trabalhos, entre eles as figuras em madeira dos *Passos da Paixão* e os *Doze Profetas* do Antigo Testamento, em pedra-sabão, ambos executados em Congonhas do Campo.

Arquitetura. A arquitetura barroca procurou reafirmar, acima de tudo, os anseios e preceitos da Contra-Reforma. A sugestão de superfícies contrastantes (paredes retas e curvas), a construção de espaços imponentes e complexos, preenchidos por séries de estátuas e colunas tiveram, desde o início, aquela incumbência de exaltar a superioridade da fé católica, tanto no Velho Continente, submetido às lutas religiosas, quanto nas colônias recentes, territórios ativos de catequese por parte da Companhia de Jesus. Atribuiu-se então uma importância marcante às fachadas, idealizadas com a sobreposição de variados elementos escultóricos – frontões, tímpanos, cártulas, relevos, capitéis coríntios e fantasiosos. Em pouco tempo, o estilo entusiasmou as cortes principescas, pois adequava-se com perfeição à riqueza e à pompa dos castelos, mansões e jardins privados. Se quase todos os elementos do classicismo continuaram presentes, foram eles, no entanto, levados a um grau extraordinário de complexidade, teatralização ou ilusionismo.

E um dos artistas responsáveis por essas novas atitudes foi Giacomo Vignola que, após ter edificado para o papa Júlio III a Villa Giulia, em colaboração com Vasari, projetou a igreja do Gesù (1568), em Roma, sede da companhia jesuítica. Contendo uma só nave bastante longa, da qual se projetam várias capelas laterais ovaladas, esse plano serviu de exemplo para as igrejas da irmandade em todo o mundo ocidental.

A reurbanização continuada de Roma no século XVII (construção de edifícios e de praças, ampliação de ruas, instalação de monumentos) e a reforma da basílica e da praça de São Pedro constituíram os primeiros exemplos dos esforços de propagação religiosa e supremacia cultural do papado, principalmente sob os auspícios de Sisto V (1585-1590), Paulo V (1605-1621), Urbano VIII (1623-1644) e Alexandre VII (1655-1667). Dessa renovação arquitetônica e urbanística participaram artistas como Domenico Fontana, Carlo Maderno (construtor da nave de São Pedro e da igreja de Santa Suzanna), Gian Lorenzo Bernini – o mestre dos volumes grandiosos e das superfícies internas policromadas da basílica vaticana – Francesco Borromini (sobrinho de Maderno), que generalizou os efeitos dinâmicos das fachadas com o emprego de paredes ondulantes, curvas e contracurvadas (San Carlo alle Quattro Fontane), assim como o requisitado padre e arquiteto Guarino Guarini, construtor do imponente Palácio Carignano, de Turim, também atuante em Portugal.

Essas novas concepções italianas estenderam-se às regiões da Alemanha do sul e da Europa Central, tanto na edificação de templos, comumente jesuíticos (igrejas dos Teatinos, em Munique, ou de São Pedro e São Paulo, em Cracóvia) como na construção palaciana (Castelo Wallenstein, em Praga). Entre as obras de maior representatividade dos arquitetos germânicos estão a igreja dos Quatorze Santos, na Francônia, e o Palácio de Würzburg, de autoria de Balthasar Neumann; a igreja de Santana em Munique, a abadia beneditina de Zwiefalten e a igreja de Ottobeuren, na Suécia, projetadas por Johann M. Fischer; o anfiteatro Zwinger, em Dresden, e o castelo de Pillnitz, de Matthäus Pöppelmann, e a igreja de São Carlos Borromeu, em Viena, de Fischer von Erlach (Würzburg e Ottobeuren já são consideradas, por certos analistas, exemplos típicos da arquitetura rococó).

Na Espanha, a arquitetura barroca começou a se delinear já na terceira década do Seiscentos pelas mãos do também jesuíta Francisco Bautista (Colégio Imperial de Madri) e de Pedro de la Torre (Capela de San Isidro). Durante o século XVII, entretanto, o edifício de maior evidência estilística continuou sendo a grandiosa catedral de Granada, projetada por Alonso Cano, igualmente pintor e escultor. Mas o aspecto comumente lembrado do barroco espanhol, ou seja, a ornamentação livre, sobrecarregada e extravagante, e que também serviu de modelo a Portugal e às colônias americanas de ambos os países, deveu-se a três famílias de artistas, simultaneamente arquitetos e escultores: aos Churriguera (José, o mais velho, Joaquín e Alberto), aos Figueroa (Leonardo, Matias e José) e aos irmãos Tomé

(Antonio e Narciso). Todas elas atuaram entre o final do século XVII e meados do XVIII, embora o termo "churrigueresco" tenha se imposto e generalizado as características de seus trabalhos: o acúmulo de elementos decorativos, com ou sem função estrutural – colunas torsas cobertas por folhagens, talhas intensamente rendilhadas e douradas, com motivos florais ou assemelhados, amorinos e querubins, figuras sacras, alegóricas ou mitológicas em relevo, como atlantes e cariátides. Alguns exemplos são o retábulo do sacrário da catedral de Segóvia (José Churriguera), o colégio de Calatrava (os demais irmãos), a fachada da universidade de Valladolid (Antonio Tomé), ou o monumental conjunto "transparente" da catedral de Toledo. Nas Américas, o convento de Tepzotlán e a catedral da Cidade do México, assim como a igreja de São Francisco, em Salvador, ou a de São Francisco da Penitência, no Rio de Janeiro, constituem exemplos marcantes do churrigueresco importado.

Já na França e na Inglaterra, as arquiteturas do período seiscentista e do século XVIII conservaram-se mais apegadas à sobriedade clássica, considerando-se os seus aspectos exteriores – as fachadas – ainda que, por suas dimensões e decorativismo interior, a imponência do espírito barroco não tenha sido excluída. Na construção do Louvre, por exemplo, os planos ornamentados e ondulantes de Bernini foram recusados pelo próprio rei Luís XIV, que acabou preferindo as soluções propostas pela comissão formada por Louis Le Vau, Charles Le Brun e Claude Perrault, de teor classicista quanto ao aspecto exterior. Idêntica moderação foi aplicada ao conjunto de Versailles, a nova sede da corte, em seus aspectos exteriores, embora o interior tenha sido elaborado sob as perspectivas exuberantes do →rococó. Das edificações encarregaram-se Le Vau (também projetista do Colégio das Quatro Nações) e Jules Hardouin Mansard (igualmente autor dos Invalides e da Place Vendôme); dos extensos e regulares jardins, o urbanista Le Nôtre, criador ainda das Tuileries e da Avenida dos Champs-Élysées.

No Reino Unido, as regras clássicas descritas e propostas no século XVI pelo italiano Andrea Palladio tiveram a preferência de variados arquitetos. Entre eles, o destacado Inigo Jones (na edificação da Queen's House e da Banqueting House) ou Hugh Gray, construtor da Etham Lodge, em Kent. Mais próximo do estilo monumental e decorativo barroco esteve Christopher Wren, cujos modelos para a Catedral de São Paulo, em Londres, para o Hospital de Greenwich e a Biblioteca de Nevile's Court, em Cambridge, procuraram rivalizar com a grandiosidade da basílica romana de São Pedro (domos majestosos e colunatas).

Claramente barrocos são também o Castelo Howard e o Blenheim Palace, ambos de autoria de John Vanbrugh, assim como a catedral de Birmingham e a igreja de São João, em Londres, de Thomas Archer.

Música. A música renascentista do século XVI havia sido elaborada, majoritariamente, sob o selo de uma arte coral, polifônica e contrapontística. Nos finais daquele período e início do Seiscentos, entretanto, instaurou-se uma mudança decisiva de concepção musical, trazida pelos princípios da voz solista ou da monodia acompanhada (também chamada de tessitura homofônica).

Para essa renovação concorreu diretamente o melodrama da época, ou mais comumente, a →ópera. Isso porque o estilo complexo do contraponto criava dificuldades para a compreensão do texto a ser entoado (o recitativo e, progressivamente, a ária). E o que se pretendia era justamente realçar o canto individualizado (ou uma linha melódica superior), de maior evidência dramática ou representativa. No dizer de um dos mais criativos compositores desse momento de inovação, Claudio Monteverdi, "que a palavra seja senhora da harmonia, e não sua escrava". Assim, os aspectos primordiais dessa verdadeira revolução começaram com a necessidade de um canto expressivo, lírico e subjetivo. Ou seja, a melodia tornou-se independente do coro polifônico. Simultaneamente, a harmonia adquiriu um sentido "vertical", quando entrou em cena um acompanhamento instrumental permanente, em registros graves – o chamado baixo contínuo. E polifonia cantada viu-se substituída pelo estilo "policoral".

Ao que tudo indica, as primeiras incursões na construção dessa tessitura homofônica foram realizadas com obras ainda polifônicas (como os madrigais, por exemplo), transpondo-se as vozes acompanhantes para certos instrumentos harmônicos – alaúde, cravo e órgão. O baixo contínuo permitiu então não só uma independência da voz superior solista, mas, simultaneamente, a fixação de uma base sobre a qual os demais instrumentos concertantes podiam explorar contrastes e promover combinações inusitadas. Ao mesmo tempo em que ele se revelava um recurso privilegiado de composição, conservando-se em voga entre o início do século XVII e meados do XVIII, o barroco musical veio a se caracterizar por uma exuberância praticamente inigualável de formas, de variações sobre o tema inicial, de improvisos e arabescos melódicos, de exercícios virtuosísticos e de requintes cromáticos. Além de permitir a resolução de problemas teórico-harmônicos, como a afinação temperada, por exemplo.

Relativamente às formas, foi no transcorrer do período que diversos gêneros musicais, profanos e religiosos, se desenvolveram, além da ópera. Entre eles: os *oratórios* vulgares (expressos em língua vernácula) e sacros (em latim), de que são representantes Giacomo Carissimi, Alessandro Stradella, Alessandro Scarlatti, Heinrich Schütz, Marc Antoine Charpentier, Johann Sebastian Bach, Georg Friedrich Händel; a *cantata* – peça para cantar – contendo dois ou mais movimentos distintos, para uma só voz ou várias combinadas, em forma de diálogo ou "ópera de câmara", sem dramatização, e entre cujos compositores encontramos Alessandro Grandi, Luigi Rossi, Carissimi, Agostino Steffani ou Giovanni Batista Pergolesi; o *concerto eclesiástico*, em que o mais antigo princípio da polifonia ainda atua sobre a monodia, ou seja, em que coros separados se combinam não de modo sobreposto, mas em seqüência, de maneira concertante – Monteverdi, Scarlatti, Giovanni Legrenzi; a *suíte instrumental*, baseada na seqüência de danças medievais e quinhentistas, sem função coreográfica, e cuja norma inicial consistiu na interpretação de um mesmo movimento em dois tempos: um lento, de dança baixa e solene (compasso 4/4), e outro vivo, alegre, de dança alta (compasso 3/4). Todas as partes eram escritas no mesmo tom, o que garantia a coerência da sucessão. Posteriormente, diversificou-se sem obedecer a esquemas fixos, nos quais poderiam estar incluídos prelúdios, *allemandes*, *courantes*, sarabandas, gigas ou gavotas, como em obras de Hans Hassler, Paul Peurl, Johann Schein, François Couperin, Biagio Marini ou Thomas Simpson; a *sonata*, para voz instrumental e baixo contínuo (sonata solo), ou para duas vozes e baixo (sonata trio), que evoluiu até o esquema formal de quatro movimentos, em contrastes de lentos e rápidos, e elevou ao primeiro plano solista o violino. A ela se dedicaram, por exemplo, Antonio Vivaldi, Giovanni Gabrieli, Girolamo Frescobaldi, Salomone Rossi, Franz von Biber, Henry Purcell e Arcangelo Corelli; o *concerto grosso*, peça destinada a promover um "embate" virtuosístico entre um ou alguns instrumentos solistas (o concertino) e o conjunto ou "grosso" da orquestra. Também derivado de danças e construído em quatro ou cinco andamentos, mas sem princípios rígidos de desenvolvimento, permitiu acentuar a arte dos instrumentos solistas e dar nascimento a duas formas clássicas do século XVIII, o concerto e a sinfonia. Entre seus melhores artistas estão Andrea e Giovanni Gabrieli, Corelli, Vivaldi, Händel e Bach.

Mas a arte musical barroca não foi apenas homófona, apesar da novidade e mesmo do predomínio dessa tessitura. Nas regiões centrais e do norte da Alemanha, de moral e de vida pragmática luteranas, a polifonia conservou-se nas escolas de música sacra, estabelecidas nas igrejas (as *Kantoreien*). Cultivada, entre outros, por Schütz e Johann Pachelbel. Foi nesse ambiente bem mais provinciano, dominado pelo órgão das igrejas e por obras centralizadas em seus cultos e festividades cíclicas, que J. Sebastian Bach criou um repertório soberbo de cantatas sacras e de *Paixões*.

A cantata bachiana foi para a época um gênero novo, em que se fundiram a palavra bíblica, a poesia dos madrigais, o recitativo, a ária e as múltiplas formas do coral para órgão. Dada a sua obrigação de músico nas capelas das cortes a que serviu (Weimar ou Leipzig, por exemplo), Bach escreveu uma cantata em média por semana, tendo composto cerca de trezentas, mas das quais sobrevivem 198. Famosíssimas entre elas são as de número 147 – *Coração e Boca e Atos e Vida*, da qual faz parte o coro "Jesus fica minha Alegria" – e as que, reunidas, constituem o *Oratório de Natal*. Nelas, os coros conservam fundamentos polifônicos, enquanto os recitativos e as árias acompanham as características das óperas "à italiana". Já por suas *Paixões – segundo São Mateus* e *segundo São João* – Bach recebeu o apelido de "maior dramaturgo musical do barroco" (há trechos de um evangelho segundo São Marcos e indicações de haver escrito outra *Paixão*, conforme São Lucas). A *Paixão segundo São Mateus* possui dimensões originalmente monumentais, necessitando de dois coros, duas orquestras e dois órgãos – o dobro de elementos da de São João, por si só grandiosa. Na opinião do historiador e musicólogo Fred Hamel, "enquanto a *Paixão segundo São João* canta a tristeza profunda de um coração piedoso, a de São Mateus leva aos homens à certeza de sua própria redenção". Impressões, diga-se de passagem, muito posteriores à época de Bach. Pois foram ambas acolhidas com absoluta indiferença pelos fiéis e contemporâneos protestantes. Talvez por esse fato o compositor tenha criado a imponente *Missa em si menor* em conformidade com a tradição católica, dedicando-a ao recém-convertido eleitor da Saxônia. E com ela, ganhou o título de "maestro da corte real", para espanto da comunidade luterana. Enfim, tudo o que Bach compôs para órgão e coros, para a experiência religiosa, o foi "em estilo dogmático, rigorosamente polifônico, em gigantescas construções fugadas do coro" (Hamel).

A outra figura de enorme importância e talento na escritura para órgãos e coros foi George F. Händel. Ao adaptar a forma tripartite da ópera ao culto anglicano e às tradições do coral inglês (os *anthems*), elevou-os à condição de protagonistas, eliminando narrações e diálogos. Foi com estes oratórios que o compositor se refez dos esforços inúteis dedicados à ópera, os mesmos que o levaram certa vez à falência e ao derrame cerebral. Ainda que certas árias sejam antológicas e inexcedíveis – "V'adoro, pupille" (de *Júlio César*), "Ombra cara di mia sposa" (de *Radmisto*), "Lascia ch'io pianga" (*Rinaldo*) ou "Ombra mai fu" (*Xerxes*). Os oratórios, no entanto, constituem verdadeiras epopéias, ao mesmo tempo sacras e populares, pela extraordinária densidade espiritual e beleza melódica. Indiscutíveis quando se ouvem *Saul*, *Judas Macabeu*, *Israel no Egito* e o *Messias*. São obras que redimem não só os pecados históricos das lutas religiosas cristãs, como os indisfarçáveis males da humanidade.

Passando-se da polifonia vocal ao da música instrumental, o gênero da fuga foi outro que se desenvolveu de maneira fecunda durante o barroco. Baseada na imitação de um tema (como o cânone medieval e renascentista), a fuga concede, no entanto, grande liberdade ao desenvolvimento, isto é, às variações, modulações ou inversões, percorrendo um sentido mais linear ou progressivo do que circular. Como assinala Roland de Candé, "numa época em que o estilo concertante e a ária expressiva voltaram as costas resolutamente para as antigas técnicas polifônicas, os grandes organistas, a exemplo de Frescobaldi, encontram novas riquezas no velho princípio da imitação e conseguem fazer da fuga uma forma atual e original". Além de Frescobaldi, suas possibilidades foram exploradas por Johann Froberger, Couperin, Pachelbel e, acima de todos, Bach, que, praticamente, exauriu o gênero.

Tanto quanto nas artes plásticas e na literatura, o período barroco ensejou o aparecimento dos primeiros artistas nacionais, ou, pelo menos, a criação de obras em território e sob influência brasileira. No ambiente musical, trata-se da Escola Mineira, ativa na segunda metade do século XVIII em Diamantina, em São João del Rei e em Ouro Preto (então Vila Rica), e à qual se atribui, normalmente, a denominação de "música mineira barroca". Seus principais autores, devotados preferentemente a composições sacras para os ofícios de igrejas e de irmandades católicas, foram José Joaquim Emerico Lobo de Mesquita (organista e regente de coro, músico de tocante singeleza em sua expressão religiosa), Marcos Coelho Neto e Inácio Parreira Neves (músicos de orquestra), além de Francisco Gomes da Rocha (também cantor). Convém lembrar, no entanto, as observações de Otto Maria Carpeaux sobre a classificação dada à escola como sendo barroca: "O termo é inexato. O estilo das obras em causa é o da música sacra italianizante de Haydn, do qual também se executavam em Minas os quartetos de cordas; os compositores mineiros (quase todos mulatos, como o Aleijadinho) certamente ignoravam a arte barroca de Bach e Händel; mas descobrem-se neles resíduos do estilo de Pergolesi, além de uma indubitável originalidade na melodia e até na harmonia".

Finalmente, o barroco musical teve o mérito de produzir obras para a exploração sonora de variados instrumentos, solistas ou acompanhantes, estimulando e revelando as possibilidades de cada um em particular, assim como o virtuosismo dos próprios intérpretes. Também em Minas, os cursos para órgão, violino, violoncelo, viola, clarineta, oboé e trompa se expandiram, permitindo, por exemplo, a formação de duas orquestras históricas: a Lira São Joanense (1776) e a de Ribeiro Bastos (1790), ainda hoje existentes.

Literatura. Em seu conjunto, a literatura maneirista da segunda metade do século XVI e a barroca do século XVII revelaram-se como luta permanente de antíteses, ou seja, de contraposições bem marcadas nos sentimentos, nas idéias e nas expressões retóricas utilizadas.

A crise político-religiosa do Alto Renascimento havia abalado as crenças humanistas anteriores, gerando não apenas incertezas e ceticismos, como angústias, pessimismo e, ao mesmo tempo, atitudes sarcásticas. O universalismo cristão de Erasmo e de Thomas Morus, baseado na possibilidade do dissenso e na moderação, fora derrotado por aqueles aspectos místicos e intransigentes dos reformistas, tanto quanto pelo absolutismo da Contra-Reforma. As guerras daí decorrentes e a crueza do "maquiavelismo" traziam à tona a percepção dos aspectos sombrios e corruptíveis do ser humano: cisão entre fé e razão, entre corpo e alma, entre elevados princípios teóricos e a dura realidade efetiva. O mundo reaparecia caótico, reinstalava-se uma aguda percepção da efemeridade e da incerteza das coisas e das ações humanas, tendo-se como resultado uma consciência dúbia ou fragmentada. Neste ambiente, a literatura parece ter-se afastado mais do espírito clássico do que as outras artes: moralismo religioso de *Jerusalém Libertada* (Tasso), naturalismo áspero e sangrento (Shakespeare), vacilação entre idealismo e realismo (Cervantes), estoicismo melancólico de Francisco de Quevedo ou misticismo erótico de San Juan de la Cruz, escritor de poemas como: "Onde te escondeste, Amado, / E me deixaste com gemido? / Como o cervo fugiste, / Havendo-me ferido; / Saí, por ti clamando, e eras já ido. / Pastores que subis / Além, pelas muralhas, ao Outeiro, / Se porventura virdes / Aquele a quem mais quero, / Dizei-lhe que adoeço, peno e morro".

A obra maior de Cervantes, o *Dom Quixote*, revela muito das ambigüidades entre a aparência e a realidade, das contradições entre o sonho e a vida como normalmente é. Há, entre seus intérpretes espanhóis, os que apontam a derrota do "homem antigo", nobre e idealista, diante de um racionalismo já contaminado pelo mais baixo pragmatismo. Outros, no entanto, preferem recordar o final da história, ou seja, a vitória da razão e da sanidade contra a mentalidade popular e seus devaneios pueris e anacrônicos. Nesse ambiente pendular, de claros e escuros "barrocos", Cervantes se teria mostrado imparcial, na opinião de Carpeaux: "É possível acompanhar a aquisição gradual dessa imparcialidade nas *Novelas Exemplares*. *Exemplar* quer dizer 'moral', 'que dá lições morais'; mas também quer dizer: 'são exemplos do que acontece'; 'a vida é assim'. E o 'assim' de Cervantes nem sempre foi o mesmo. Nos contos de tipo italiano, renascentista (*La Señora Cornelia, La española Inglesa*...), Cervantes é tão idealista, no sentido do neoplatonismo de Leone Ebreo, como sua obra de estréia, o romance pastoril *Galatea*. O realismo já intervém em *La gitanilla, La ilustre fregona*...; e leva ao naturalismo picaresco de *Riconete y Cortadillo* e do *Coloquio de los perros*. A primeira síntese encontra-se em *El licenciado Vidriera*, retrato do idealismo que sabe que a sua fé é mera ilusão em face da realidade".

Evidente mesmo é a imparcialidade de Shakespeare, se observarmos como os mais díspares caracteres humanos se espelham em seus personagens. Seria como se o autor mais os convocasse e regesse no palco do que os moldasse, previamente. Tal liberdade permite que todas as afecções ou impulsos da alma se desenvolvam até as últimas conseqüências, permanecendo o autor isento de responsabilidade sobre os atos de seus heróis e anti-heróis dramáticos. Este amoralismo é aquilo que, nas tragédias, permite a destruição simultânea dos bons e dos maus, dos vícios e das virtudes. Filosoficamente, não haveria mais utopias. Sob outro ponto de vista, a maestria insuperável de Shakespeare encontra-se tanto na forma quanto no conteúdo: na riqueza lingüística ou retórica das expressões, isto é, na marcha exuberante das metáforas, ora densas, ora espirituosas, na força e na diversidade psicológicas, na acuidade de perceber e de expor a natureza humana como conflitos permanentes: os objetivos, entre os interesses em jogo, e os subjetivos, que podem ser observados nas relações entre os desejos, os impulsos, e suas incertezas, medos, desilusões ou remorsos.

O maneirismo, na opinião de Erwin Panofsky, teria surgido quando, "separado da natureza, o espírito do homem é impelido em direção a Deus, com um sentido que é de triunfo e de miséria ao mesmo tempo, o que se reflete nas figuras e nas atitudes tristes e orgulhosas da representação maneirista em geral, e da qual a Contra-Reforma não é senão uma das expressões entre muitas" (*Idea, Contribuição à História da Estética*). A poesia adquiriu um caráter metafísico, cujas principais características seriam: antinaturalismo, preocupações morais e filosóficas, cerebralismo, frieza ou sobriedade cortesãs, além das sutilezas estilísticas contidas nas metáforas. Quanto ao barroco, seria ele muito mais sensorial e naturalista, não se esquivando ao gosto e apelos populares. Daí também a sátira, o divertimento, uma crueza de imagens, inclusive grotescas, o que deu sustentação ao desenvolvimento do romance picaresco (→*Romance*).

Tomando-se a figura da mulher, por exemplo, o maneirismo conservou um tratamento preferencialmente refinado, que remonta à tradição de Petrarca e aos poetas dos séculos XIV e XV: a da "mulher angelical", "gentil senhora, rara em formosura". É o estilo de Giambattista Marino, que, ao falar da amada que penteia os cabelos louros, assim se expressa (em tradução livre): "Ondas douradas, ondas de cabelos sedosos / que uma naveta de marfim fendia / u'a mão de marfim conduzia / por estes e outros caminhos preciosos. / Pelo áureo mar, que encrespando abria, / o proceloso, claro tesouro, / agitado, meu coração morria". Por sua obra e influência surgiu a expressão "marinismo" – obter com a poesia sonoridades admiráveis, estupefacientes e cultas; uma busca permanente de virtuosidade lingüística. Já o barroco preferiu tornar a mulher sedutoramente carnal e eroticamente perigosa – "quem a toca / na língua, que de Amor flecha semelha, / serpe entre flores e, entre o mel, abelha" (Alão de Morais, poeta português). Assim, se as construções literárias são feitas por sinuosidades e transformações contínuas (metamorfismo), elas se apresentam mais sutis e conceituais no maneirismo, mais agudas e realistas no barroco, que absorve até mesmo o grotesco e o macabro. Conseqüentemente, pode-se argumentar que o maneirismo dá continuidade, sob certos aspectos, ao espírito de embelezamento ou idealização do veio clássico, ao passo que o barroco incorpora a feiúra, a imperfeição e a sordidez do mundo. Em ambos, no entanto, ressalte-se o jogo exaustivo de tropos e metáforas, de contorções e fluências: analogias, alusões, alegorias, uso de hipérboles, hipérbatos, perífrases e antíteses. Metamorfose contínua de luz em sombra, ou vice-versa, o que também transparece com evidência na pintura.

A esses estilos e noções formais deram-se os nomes ibero-americanos de cultismo (ou culteranismo) e de conceptismo, assemelhados ao marinismo italiano, ao preciosismo francês e ao →eufuísmo inglês. No cultismo, as metáforas tenderiam a relações ideais, abstratas, aquelas que "cultivam" ou exploram a variabilidade dos sentidos mas em esferas já desvinculadas da realidade imediata, bem como ao emprego de neologismos, principalmente os calcados em latim. No conceptismo, dar-se-ia ênfase ao conceito, à acuida-

de ou finura do pensamento. Segundo a opinião de Soares Amora (*Presença da Literatura Portuguesa*), "O cultismo e o conceptismo não foram apenas uma arte de escrever, ou, como se tem dito, puro malabarismo poemático e retórico. Foram, antes, e acima de tudo, o resultado de novo sentimento estético do mundo material e do mundo psicológico [...]. O cultismo consistiu na busca dos valores plásticos da natureza, dos objetos de arte e da figura humana (particularmente do semblante feminino), busca de que resultou não só o achado de realidades sensoriais (cores, odores, sabores, formas e movimentos) [...] como ainda, na ordem da expressão literária, a descoberta de imensas possibilidades expressivas e impressivas da imagética (imagens, metáforas, sinédoques, metonímias, alegorias e símbolos). O conceptismo, por outro lado, foi o resultado do sentimento agudo da dramática complexidade do mundo interior, e ainda da obsessão da engenhosa análise racional desse mundo, sobretudo do seu centro afetivo, onde se descobriam contradições, paradoxos, impulsos irracionais e intensas paixões; conseqüentemente, na expressão literária dos conceptistas, a procura constante do domínio dos recursos da dialética – a análise penetrante, os raciocínios silogísticos e os conceitos exigentemente lógicos e inteligentes". Já para outros ensaístas de literatura, essa distinção ou não é tão radical, ou ambas as noções extraem suas formas de um fundo comum. Assim, para Antônio Cândido e Aderaldo Castello (*Presença da Literatura Brasileira*), "Certamente, é quase impossível a perfeita distinção entre cultismo e conceptismo. O primeiro repousa sobretudo no som e na forma, tendendo para uma verdadeira exaltação sensorial, enquanto favorece a fantasia na busca de imagens e sensações que ultrapassam as sugestões da realidade. O segundo apóia-se no significado da palavra, tendendo para o abusivo jogo de vocábulos e de raciocínio, para as agudezas ou sutilezas de pensamento, com transições bruscas ou inesperadas, além de seu misticismo ideológico". De outro ponto de vista, "cultismo e conceptismo são duas faces da mesma realidade, dois aspectos de um conceito único de poesia – o que a reduz a uma atividade puramente lúdica. Não exprime a vida, distrai da vida. Sobrepõe ao plano da realidade o plano do ideal, construído com o que haja nele de mais formoso e puro, fulgurante e nobre, e para ele perpetuamente provoca a evasão da sensibilidade, da imaginação e da inteligência" (Hernani Cidade, *Lições de Cultura e Literatura Portuguesa*).

Com o intuito de ilustrar um dos conceitos acima, veja-se um soneto considerado típico da vertente conceptista, de autoria de Violante do Céu, no qual se entrecruzam reflexões acerca da expectativa dos afetos e da dúvida dos sentimentos, antítese que se resume no *inferno de amar*: "Amor, se uma mudança imaginada / É já com tal rigor minha homicida, / Que será se passar de ser temida / A ser, como temida, averiguada? / Se só por ser de mim tam receada, / Com dura execução me tira a vida, / Que fará se chegar a ser sabida? / Que fará se passar de suspeitada? / Porém, se já me mata sendo incerta, / Somente imaginá-la e presumi-la, / Claro está (pois da vida o fio corta), / Que me fará depois, quando for certa: / – Ou tornar a viver, para senti-la, / Ou senti-la também despois de morta".

No terreno dramático, que se converteu em uma das maiores predileções da época, pode-se ainda perceber que o barroco fez do teatro a analogia predileta do mundo como engano e ilusão (duas peças de Calderón de la Barca o dizem expressamente: *El Gran Teatro del Mundo* e *La Vida es Sueño*). O desejo da encenação propiciou inclusive a adaptação pouco conveniente dos poemas idílicos em →drama pastoril. Assim é que para o teatro convergiram todas as artes – arquitetura, pintura e cenoplastia, música e literatura – tratadas de maneira suntuosa, hedonística, como se o mundo real necessitasse ser esquecido ou sublimado. "Se a arte dramática da Renascença limitou-se à superfície da cena[...] a razão é menos estética do que teológica. A cena horizontal é a expressão de um mundo que não procura ultrapassar o humano. Se, ao contrário, no barroco[...] o teatro se amplia para cima e para baixo, se por conseguinte recobre um plano vertical, é porque entram em jogo outros elementos, além do prazer do público[...] A conquista do espaço em altura, com todo o rangente aparelho de roldanas e de cordas que assegurava os movimentos aéreos em cena, prova-nos que o teatro abarca de novo o aspecto do mundo cristão, do 'céu ao inferno, passando pela terra', e que a *comoedia divina* suplantou uma vez mais a *comoedia humana*" (Richard Alewyn, *O Universo Barroco*). Vai-se da tragédia sanguinolenta ao despudor da farsa, sem muitas gradações. Fenômeno que reforça a tese do crítico espanhol Dámaso Alonso, segundo a qual o barroco literário exprime sobretudo a *coincidentia oppositorum* (a coincidência ou simultaneidade de sentimentos opostos).

Evitando as discussões possíveis entre maneirismo e barroco, Carpeaux preferiu acentuar que "os motivos principais da literatura barroca são a tensão entre vida e morte, tempo e eternidade; tensão entre o sensualismo do drama pastoril e a melancolia de uma vasta literatura funerária; gosto de experiências extáticas, que se aproximam da embriaguez, e gosto da mortificação ascética; naturalismo cruel e retirada para o sonho". Não foi por acaso que tanto em um como no outro nos deparamos com uma simbologia cujas referências são, freqüentemente, as da fugacidade da vida: água, fumo, fogo, nuvem, espuma, vento. Ou de "instabilidade das coisas do mundo", título de um soneto de Gregório de Matos, cujos tercetos afirmam: "Mas no sol, e na luz falta a firmeza / na formosura não se dê constância, / e na alegria sinta-se tristeza. / Começa o mundo enfim pela ignorância, / e tem qualquer dos bens por natureza / a firmeza somente na inconstância".

A fonte da literatura barroca da Europa e das Américas situou-se na Espanha. Críticos e historiadores têm apontado o fato de que novelas, poemas e dramas teatrais espanhóis foram traduzidos exaustivamente no mundo ocidental, servindo como exemplos e adaptações (*Relações entre as Literaturas de Espanha e Inglaterra*, de Fitzmaurice-Kelly; *A Espanha e o Drama Isabelino*, de R.Grossman; *A Cultura Holandesa do Século XVII*, de J.Huizinga, entre outros). E o conjunto de escritores espanhóis do →siglo de oro foi imenso. Entre tantos, Lope de Vega, Tirso de Molina, Calderón de la Barca, Guillén de Castro y Bellvis, Juan Montalbán, Luis Vélez de Guevara, Juan Ruiz de Alarcón, Francisco Zorilla, Hoz y Mota, San Juan de la Cruz, Francisco de Quevedo e Luis de Góngora, assim como o prestigioso crítico Gracián y Morales, autor do *Criticón*, tratado denso e sutil a respeito do romance alegórico e do conto filosófico. Furtaram-se a esse influxo mais direto autores como Shakespeare, Milton e Ben Jonson, na Inglaterra, ou Racine, Boileau, La Fontaine e Molière, numa França de predomínio clássico (apesar dos "preciosos", o grupo de escritores barroquistas). Mas não Corneille, que adaptou Alarcón (*Verdade Sospechosa*) em *Le Menteur* e Guillén de Castro (*Las mocedades del Cid*) em seu mais famoso *Cid*.

Foi com o barroco que a literatura brasileira teve propriamente o seu início, tanto quanto as artes plásticas. Anchieta aqui aportou já formado e sempre escreveu na "medida velha" portuguesa, de feições renascentistas, assim como Bento Teixeira, autor do épico *Prosopopéia* e imitador de Camões. Assim, cabe a Gregório de Matos, a Manuel Botelho de Araújo e ao Pe. Antônio Vieira o título de iniciadores. Com relação à primeira obra impressa, *Música do Parnaso*, é ela de autoria de Botelho (Lisboa, 1705), pois nenhuma poesia de Gregório "foi encontrada diretamente com sua letra, mas através de cópias, cuja legitimidade permanece em suspenso quase geralmente" (Eugênio Gomes, *Visões e Revisões*). Ambos refletem o seiscentismo luso-espanhol e as mentalidades poéticas do cultismo e do conceptismo. Entre os poemas de Botelho, podemos encontrar o seguinte soneto, em que se compara ao sol a figura de uma mulher, Anarda: "O sol ostenta a graça luminosa, / Anarda por luzida se pondera; / o sol é brilhador na quarta esfera, / brilha

Anarda na esfera fermosa. / Fomenta o sol a chama calorosa, / Anarda ao peito viva chama altera; / o jasmim, cravo e rosa ao sol se esmera, / cria Anarda o jasmim, o cravo e a rosa. / O sol à sombra dá belos desmaios, / com os olhos de Anarda a sombra é clara; / pinta maios o sol, Anarda maios. / Mas (desiguais só nisto) se repara / o sol liberal sempre de seus raios, / Anarda de seus raios sempre avara". Quanto a Gregório de Matos, sua poesia é ao mesmo tempo cultista e conceptista, percorrendo temas que variam da sátira social ao sentimento religioso, sem deixar de passar pelo erotismo. E ainda que devoto ou "arrependido", sente-se por vezes uma ironia fina em versos como os de *Buscando a Cristo*: "A vós correndo vou, braços sagrados, / nessa Cruz sacrossanta descobertos / que para receber-me, estais abertos, / e, por não castigar-me, estais cravados. / A vós, divinos olhos, eclipsados / de tanto sangue e lágrimas cobertos, / pois, para perdoar-me, estais despertos, / e por não condenar-me, estais fechados".

Antônio Vieira é um símbolo extraordinário de sutileza de pensamento e de virtuosidade na construção de imagens. Além de seu gênio literário, que o fez o maior orador sacro em língua portuguesa, defendeu com intransigência e assombro as causas de indígenas e cristãos-novos, o que o conduziu aos tribunais da Inquisição. Um pequeno exemplo de sua mestria podemos encontrar neste sermão pelo "bom sucesso das armas de Portugal contra as de Holanda": "Homem atrevido (diz São Paulo), homem temerário, quem és tu, para que te ponhas a altercar com Deus? Porventura o barro, que está na roda, e entre as mãos do oficial, põe-se às razões com ele, e diz-lhe por que me fazes assim? Pois se tu és barro, homem mortal, se te formaram as mãos de Deus da matéria vil da terra, como dizes ao mesmo Deus: *Quare, quare*; como te atreves a argumentar com a Sabedoria Divina, como pedes razão à sua Providência do que te faz, ou deixa de fazer?[...] Argumentamos, sim: mas de vós para vós: apelamos; mas de Deus para Deus: de Deus justo para Deus misericordioso. E como do peito, Senhor, vos hão de sair todas as setas, mal poderão ofender vossa Bondade. Mas porque a dor quando é grande, sempre arrasta o afeto, e o acerto das palavras é descrédito da mesma dor, para que o justo sentimento dos males presentes não passe os limites sagrados de quem fala diante de Deus, e com Deus, em tudo o que me atrever a dizer, seguirei as pisadas sólidas dos que em semelhantes ocasiões, guiados por vosso mesmo espírito, oraram, e exoraram vossa piedade[...] Olhai, Senhor, que já dizem. Já dizem os Hereges insolentes com os sucessos prósperos, que vós lhes dais, ou permitis: já dizem que porque a sua, que eles chamam Religião é a verdadeira, por isso Deus os ajuda, e vencem; e por-

que a nossa é errada, e falsa, por isso nos desfavorece, e somos vencidos".

BASE. Em arquitetura, a parte inferior, o pé ou o embasamento de um →*fuste* ou pilastra. →*Pedestal*.

BASÍLICA. **1.** Tipo de construção arquitetônica da civilização romana, com o uso de colunatas (galerias com colunas), destinada a reuniões políticas, jurídicas e decisões dos publicanos (isto é, arrecadadores privados que, em consórcio, possuíam o direito de cobrar tributos públicos), como as existentes no fórum de Roma (Basílicas Emília e de Constantino). **2.** Após o reconhecimento oficial do cristianismo por Constantino, em 312 d.C., os prédios passaram a servir como centros especiais de culto (o nome provém da palavra grega *basileus*, rei, sugerindo uma igreja "real"). O título de basílica é conferido pelo papa aos templos de importância histórico-política, como a Basílica de São Pedro, as de São João de Latrão, de Santa Maria Maior ou de São Paulo (consideradas basílicas maiores), assim como aos de culto e peregrinação afamadas, como a de Nossa Senhora Aparecida, no Brasil, ou a de Lourdes, na França, e a de Worms, na Alemanha (denominadas basílicas menores). Embora grande número delas contenha um átrio e três naves – uma central e duas colaterais – tal característica não é determinante do ponto de vista arquitetônico.

BASTIDOR. Painel fixo ou móvel, em madeira ou metálico, usado para armação de cenários e que limitam as cenas teatral, de ópera ou de balé pelas laterais. Trainel.

BASTIDORES. Em artes cênicas, os locais fora do palco e onde os artistas permanecem antes da entrada em cena. O mesmo que *coxia*.

BATERIA. **1.** Conjunto dos instrumentos de percussão de uma escola de samba: surdos de marcação, centralizador e de repique, caixa, tarol, frigideira, reco-reco, chocalho, cuíca, tamborim, agogô. Surgiu em 1930, primeiramente se incorporando à fanfarra do Clube dos Fenianos, tradicional bloco carnavalesco do Rio de Janeiro, e, aos poucos, consolidando-se como a grande estrutura musical das escolas e dos desfiles. **2.** Conjunto articulado de instrumentos de percussão, criado pelas bandas de *jazz* americanas, consistindo de bombos (tenor e baixo), pratos ou címbalos, e caixas, tocado por um só instrumentista com o auxílio de baquetas ou ainda de vassourinhas.

•BATIK , BATIQUE. Técnica de pintura e de estamparia têxtil, de procedência javanesa (Indonésia), cujos desenhos são feitos ou recobertos por camada de cera, de modo a serem protegidos dos banhos posteriores de tinta – o chamado tingimento em negativo. De modo simplificado, podem-se fazer os desenhos com um pincel embebido em cera, mantida esta em fusão; de maneira mais tradicional, no entanto, a cera quente é derramada em um pequenino recipiente côncavo que se encaixa numa das pontas de um bastão de bico prolongado. Com o desenho terminado, mergulha-se o tecido (linho, seda, etc.) em tinta, que não atravessa a cobertura encerada. Para a aplicação de cores diferentes, refaz-se a cobertura de cera em novas zonas. Um efeito especial, o de gretamento ou craquelamento da estampa, é obtido com a compressão entre os dedos da parte encerada. O batique foi trazido ao Ocidente por mercadores holandeses no século XIX.

BATISMO. Sacramento ritualístico de iniciação à vida cristã e de acolhimento na comunidade da Igreja, realizado por meio de banho purificador, sob a evocação da Santíssima Trindade. Inicialmente, o banho poderia ser realizado por imersão total, por afusão (versão de água sobre a cabeça) ou por aspersão. A Igreja Católica mantém apenas o batismo por afusão, mas a ortodoxa e certas correntes protestantes, como os batistas, por exemplo, continuam a se utilizar da imersão, conservando o sentido original da palavra. Do grego *baptismós*, imersão em líquido, ablução.

BATISTÉRIO. Edifício exclusivo para a administração do batismo ou local do templo em que se encontra a pia batismal. As construções especiais foram bastante comuns desde a fase do cristianismo primitivo, quando se aproveitaram velhos templos romanos circulares, ganhando importância arquitetônica durante a Idade Média e o Renascimento, com plantas octogonais, e conforme os respectivos estilos de época (românico, gótico, clássico, barroco). Os batistérios da Renascença italiana serviram de local para obras importantes da arquitetura e da escultura então revolucionárias, como, ilustrativamente, os trabalhos de Ghiberti e Brunelleschi para o de Florença, ou o de Donatello para o de Siena. Com a modificação na forma do sacramento católico, que deixou de ser feito por imersão (→*Batismo*), o batistério reduziu-se a um local reservado no interior da igreja, geralmente em sua entrada.

•**BATTEMENT.** Passo de dança em que uma das pernas (chamada "livre") se estende, eleva-se ou ainda se dobra, para em seguida retornar à posição inicial. Há várias modulações possíveis, ou feitas em seqüência, entre elas: *battement tendu simples* – quando um dos pés, quase sempre em ponta, e perna esticada, desliza para a frente, para o lado ou para trás, sem erguer-se do chão; *battement tendu jeté* – quando, após o deslizamento do pé, rente ao solo, a perna faz um giro de 45 graus, seja para a frente, para trás ou lateralmente; *grand battement jeté* – quando, após o pé ter deslizado em qualquer das direções, continua-se o movimento, mas agora com a elevação da perna até um ângulo de noventa graus; *grand battement jeté lancé* – em que a perna é lançada a um ângulo superior a noventa graus,

para a frente, enquanto o corpo se inclina para trás; em seguida, a perna é alçada em ângulo idêntico, mas para trás, enquanto o corpo inclina-se para a frente; *battement frappé* – que ocorre quando, após o deslizamento de um dos pés, este retorna e toca a outra perna logo acima do calcanhar.

•**BATTERIE, BATTU.** Termo francês do balé clássico que se refere, genericamente, aos passos batidos (*battus*) ou seja, nos quais uma perna toca a outra, estando ambas tensionadas. Qualquer passo embelezado ou acompanhado por batida de pé contra a perna, das panturrilhas, etc. São exemplos de *batterie*, entre outros, os vários tipos de →*entrechat* ou o →*brisé*.

BATUQUE. Denominação genérica para as danças e cantos coletivos, realizados ao som de instrumentos de percussão, de palmas e mesmo de berimbau (segundo depoimento do cronista Tollenare, 1817), originários da África. Reconheciam-se o batuque congolês e o de Luanda. Ambos eram realizados em roda (músicos e dançarinos). No primeiro, dois ou três pares saltavam para o meio do círculo e ali dançavam até se cansar. No de Luanda, uma só pessoa dava início ao folguedo e, por meio de "umbigadas" – chamadas *sambas* ou *sembas* – convidava outra para substituí-la, até que todos houvessem participado. Por seu caráter sensual, já havia sido proibido (pelo menos oficialmente) ao tempo de Dom Manuel, juntamente com o lundu, no século XVI. No Brasil, as primeiras referências escritas sobre o batuque foram feitas pelo viajante francês Pyrard de Laval, em 1610, mencionando o fato de ser ele praticado aos domingos e dias santificados, quando podiam os escravos "dançar e folgar". Pouco depois, em 1645, Frei Manuel Calado relatou ouvir a "harmonia" dos negros com "buzinas, tabaques e fomonas". Sua influência é bastante nítida no surgimento de ritmos, danças e festas que se desenvolveram durante os períodos colonial e imperial brasileiros, ao se misturar a manifestações autóctones das camadas mais pobres de brancos e mestiços, bem como aquelas de proveniência européia. Entre as de origem rural, destacam-se o congo, o coco, o maculelê, o maracatu, o carimbó, os samba de partido-alto e de roda. Nas zonas urbanas, contribuiu ainda para o lundu, a modinha, o maxixe, o choro, o samba e mesmo o baião. Compositores brasileiros de formação erudita, como Lorenzo Fernandez e Ernesto Nazareth, escreveram obras baseadas e denominadas de batuque.

•**BAUHAUS. Escola de arte na sociedade industrial.** Literalmente, Casa da Construção, a primeira escola democrática de artes, ou centro de cultura artística, fundada pelo arquiteto Walter Gropius em 1919, na cidade de Weimar, e transferida, em 1925, para Dessau. Ela nasceu da unificação de dois outros centros de educação que Gropius passou a dirigir depois da guerra: a Sächsische Hochschule für bildene Kunst (de formação superior) e a Sächsische Kunstgewerbeschule (de ensino médio, técnico). Mas também recuperou e aprofundou algumas das principais idéias de produção artística esboçadas pela Deutscher Werkbund (→*Arquitetura no século XX*).

No momento em que nasceu a Bauhaus, a Alemanha, arruinada pela derrota na guerra, era também palco de um sério conflito de classes sociais. De um lado, os grandes capitalistas e militares que incentivaram o conflito bélico e, após o desastre, perderam mercados. De outro, o operariado, atirado a circunstâncias socioeconômicas dolorosas, de uma miséria quase *lúmpen*. A cultura alemã, que exaltara uma política irracional e xenófoba, vivia uma situação de crise e desespero, buscando ideais redentores que a fizessem ressurgir. Tornava-se indispensável encontrar outros valores espirituais, o caminho de um novo racionalismo que servisse à reconstrução e que não se limitasse ao expressionismo (artístico) da desilusão, da angústia ou da catástrofe. É no interior desse contexto que se deve entender o projeto da Bauhaus, no dizer do crítico italiano Carlo Argan. Ou seja, se o sentimento da desesperança provocado pela barbárie da guerra havia instigado movimentos culturais de caráter anárquico, houve outros, como o da Construção, que optaram por revitalizar os pressupostos racionais de modo sereno, objetivo e socialmente útil, recorrendo, no entanto, a atitudes antitradicionais. Como ressaltou Gropius (*Bauhaus, Novarquitetura*), "após aquele violento abalo, cada ser pensante sentiu a necessidade de uma mudança de frente intelectual. Cada um, dentro de sua esfera particular de atividade, desejava dar sua contribuição para superar o desastroso abismo aberto entre a realidade e o ideal".

Pesquisa e junção das artes. Erguida sobre os princípios da social-democracia, ela pregou a colaboração, a pesquisa solidária e a interdisciplinaridade entre seus professores e alunos. A idéia de "construção" estendeu-se à própria sociedade, a uma *polis* ou ambiente urbano racionalmente concebidos. Daí a importância atribuída ao mesmo tempo à indústria e ao artesanato, ao urbanismo e à permanente intersecção das artes no mundo industrial (arquitetura, escultura, pintura, artes decorativas, desenho industrial, teatro, dança etc.). Como síntese, o desejo de "incluir tudo, sem excluir nada". A arte e a indústria deveriam aproximar-se para a edificação de uma sociedade democrática, já que "[...] a indústria continuava a lançar no mercado um sem-número de produtos formalmente mal concebidos, enquanto os artistas lutavam em vão para aplicar projetos platônicos. A deficiência consistia em que nenhum dos dois conseguia penetrar suficientemente no campo do outro, para atingir uma fusão efetiva [...]. Surgiu uma demanda de produtos formalmente atraentes e, ao mesmo tempo, tecnicamente corretos e econômicos. Sozinhos, os técnicos não estavam em condições de atender a essas exigências e, assim, as indústrias começaram a adquirir os chamados 'modelos artísticos'. Isto demonstrou ser um remédio ineficaz, dado que o artista estava muito distanciado do mundo circundante e tinha bem pouco entendimento das questões técnicas para adaptar seus conceitos formais aos processos práticos de fabricação [...]. Uma vez que havia carência de artistas adequadamente instruídos para este trabalho, era lógico estabelecer tais pressupostos para a futura educação: uma severa experiência prática e manual em laboratórios ativamente empenhados na produção, unida a uma profunda instrução teórica sobre as leis formais" (Gropius, *Idéia e Estrutura da Bauhaus em Weimar*).

Funcionalismo, estrutura e experimentação. Se a comunicação e a vida social modernas ocorrem em um mundo industrial e de massas, seria indispensável estimular a criação de objetos estandardizados (forma-padrão), reprodutíveis em série (teoricamente de consumo popular), e consistentemente adequados a uma *função social* – ou seja, ao trabalho, à moradia, ao lazer ou à educação. Esse funcionalismo pragmático proposto pela Bauhaus tinha por finalidade dar sentido à forma-padrão, à idéia de →*design*, e, simultaneamente, ampliar as possibilidades de consumo.

Ao propor como forma pedagógica a conjugação dos trabalhos do artífice e do artista em uma nova corporação, Gropius e a Bauhaus buscaram restabelecer, até mesmo contraditoriamente, as noções mais antigas do artesanato e do consórcio das artes, existentes na Baixa Idade Média. É o que se pode ler no manifesto do instituto: "O fim último de toda atividade plástica é o da construção. Adorná-la, outrora, era a tarefa mais nobre das artes plásticas, componentes inseparáveis da magna arquitetura. Hoje, arquitetos, pintores e escultores devem, novamente, chegar a conhecer e a compreender a 'estrutura multiforme da construção', no todo e nas partes; só então suas obras estarão plenas do espírito arquitetônico que se perdeu com a arte de salão". Uma proposta que se afastava daquela condição romântica do artista como criador personalista, autônomo ou marginal. Tanto que o símbolo do movimento agrupava, lado a lado, um cubo (espaço geométrico), a mão humana (criação artística) e um ovo (a forma).

A partir desses princípios, formulou-se um programa de paralelismo entre a prática e a teoria, bem como a formação de "oficiais" e de mestres. Na parte inicial (*Vorkurs*), cumprida em seis meses, o objetivo era fazer o aluno experimentar materiais e tomar contato com problemas de ordem formal: proporções, escalas, efeitos de luz, de cores e de ritmos. A segunda, de duração trienal, continha dois objetivos: um de domínio técnico-material (*Werklehre*) e outro de caráter formal (*Formlehre*). O *Werklehre* incluía sete laboratórios genericamente dedicados às artes plásticas e à manipulação de seus materiais (pedra, madeira, metal, vidro, cerâmica, tapeçaria, cores e texturas) e ainda à elaboração e avaliação econômica de projetos. O *Formlehre* consistia no desenvolvimento de conhecimentos relativos à representação e à composição (desenho avançado). Simultaneamente, os alunos eram enviados para estágios fabris e a Bauhaus recebia, em compensação, trabalhadores industriais para discutir as necessidades das empresas em suas linhas de produção. Até aqui, formavam-se os oficiais. A última parte – programa de síntese e de aperfeiçoamento, com duração variável – era dedicada exclusivamente a projetos arquitetônicos e à elaboração de uma obra final de laboratório, condições exigidas para a obtenção do título de mestre.

A ausência de normas ou de preceitos teóricos rígidos, salvo talvez a tendência ao despojamento e à geometrização das formas, abriu perspectivas a uma larga experimentação. Essa liberdade e a inventividade de seus mestres e alunos foram características marcantes da Bauhaus. O anseio comum foi o de propor uma arte viva, adequada à vida contemporânea e ancorada engenhosamente em conhecimentos técnicos eficazes, evitando artifícios desnecessários nos objetos criados. Durante cinco anos, aproximadamente, a escola enfrentou sérias dificuldades econômicas e, além delas, uma incompreensão de natureza política, em virtude de seu distanciamento relativamente aos partidos de direita e de esquerda. Apesar das intenções pedagógicas, dos princípios estéticos renovadores e do apoio de figuras proeminentes da Alemanha, a Bauhaus teve de renunciar à cidade de Weimar. Felizmente, encontrou uma boa receptividade em Dessau, ao mesmo tempo em que algumas indústrias alemãs e austríacas começavam a adotar suas idéias construtivas, permitindo que as novas concepções se difundissem pelo mundo e influenciassem decisivamente a arquitetura e o *design* utilitário modernos. Na nova cidade, o instituto pôde finalmente aplicar-se à realização arquitetônica – a sede da própria instituição, uma *villa* para os professores e um bairro operário no distrito de Törten. A sede, um dos marcos da arquitetura moderna internacional, foi concebida na forma de seções cúbicas interligadas (dois L), e cujos volumes derivam das funções previstas em seu interior. Também ali foi possível dedicar-se à difusão de idéias e de

pesquisas por meio dos "Livros da Bauhaus" (treze ao todo, entre 1925 e 1932).

Dela participaram como professores: Johannes Itten, Marcel Breuer (arquiteto, mas um dos expoentes iniciais do mobiliário moderno, para o qual utilizou estruturas tubulares de aço), Theo van Doesburg, Oskar Schlemmer, László Moholy-Nagy, Lyonel Feininger, Gerhard Marcks, Paul Klee, Kandínski, Josef Albers, Joost Schmidt e Gunta Stölzl, entre outros.

Gropius esteve à frente da Bauhaus até o início de 1928 e a deixou voluntariamente, passando a direção do instituto para o suíço Hannes Meyer, que ali permaneceu até 1930. O último diretor da escola foi Mies van der Rohe. Pressionada pelo regime nazifascista, a Bauhaus dissolveu-se em 1933 no continente europeu. Ressurgiu nos Estados Unidos pelas mãos de Moholy-Nagy, em 1937, sob a denominação de Institute of Design, posteriormente integrado ao Massachusets Institute of Technology (MIT).

● **BEAT (GERAÇÃO, LITERATURA),** ● **BEATNIK.** Movimento literário em seus inícios, mas transformado gradativamente em comportamento contracultural da juventude, conduzido por intelectuais norte-americanos, de origens sociais diversas, nas décadas de 1950 e 1960. Na liderança, William Burroughs, Allen Ginsberg, Jack Kerouac, Lawrence Ferlinghetti e Gregory Corso. A primeira manifestação coletiva dos novos autores ocorreu em outubro de 1955, na Six Gallery de São Francisco, organizada pelo poeta Kenneth Rexroth. Durante algum tempo, entre a segunda metade da década de 1950 e o início da de 1960, vários deles se transferiram para Paris, ali absorvendo influências do existencialismo francês. Com freqüência, suas obras poéticas ou narrativas basearam-se em experiências pessoais de vida, transmitindo um certo tom confessional e autobiográfico, à margem dos valores puritanos dominantes da sociedade americana e de seus principais centros de produção cultural. Do ponto de vista estilístico, optaram por um tratamento radicalmente livre ou coloquial de vocabulário, pelas frases curtas e calcadas na oralidade cotidiana, incluindo-se o reaproveitamento paródico tanto dos símbolos tradicionais do Ocidente quanto daqueles surgidos com a cultura de massa. Burroughs chegou a escrever com uma técnica aleatória, que chamou de *cut-up*, uma mistura de trechos de livros diversos e de diálogos retirados de filmes, semelhante ao *collage* do cubismo pictórico. Críticos dos poderes institucionais (familiares, escolares, políticos), enalteceram o amor livre de convenções, as atitudes espontâneas e rebeldes da juventude, o pacifismo e as experiências de "viagens", aqui entendidas tanto no sentido de deslocamento e evasão do cotidiano, como de experiências espiritualistas orientais e consumo de drogas (o termo *beat* indicava, adicionalmente, isto é, além de bater, surrar, as próprias sensações de "beatitude", adquiridas nas "viagens"). Um exemplo de poesia *beat*, de autoria de Gregory Corso, sob o título de *Uma Diferença de Zoológicos*: "Fui para o Hotel Broog; / e lá me vi cantando a Ave Maria / para um punhado de anõezinhos de carvão. / Eu acredito em gnomos, em unicórnios; / acredito que se possa converter o Fantasma, / vejam a Medusa instalada no cabeleireiro, / arranja-se um olho novo para Zeus Polifemo; / e eu agradeci a todos os homens que já viveram, / agradeci a vida na terra, / pela quimera e a gárgula, / a esfinge e o grifo / a carruagem de abóbora e a casa de açúcar cândi. / E cantei a Ave Maria / pelo Ciclope e a Harpia / o Macroceronte e o Adamastor, / o Centauro, Pan. / Chamei todos eles ao meu quarto no Hotel, / o lobisomem, o vampiro, o Frankenstein, / todos os monstros imagináveis / e cantei a Ave Maria. / O quarto se tornou tão insuportável / que eu fui ao Jardim Zoológico / e – oh, que alívio – um simples elefante". Nas artes plásticas, a estética preferida foi a das imagens e objetos cotidianos, tratados de modo áspero, sem grandes elaborações técnicas, tanto na pintura, em *ready-mades* como em colagens (George Herms, Bruce Conner, DeFeo, Wallace Berman). Os alvos de seus ataques estavam no *american way of life* do pós-guerra, nas falsas esperanças de um mundo altamente competitivo, individualista, moralista na superfície, de mentalidade racista, auto-suficiente e politicamente imperialista. Essa visão crítica espalhou-se em parte da juventude não apenas norte-americana, mas de vários países europeus, desaguando, posteriormente, no movimento *hippie*. *Beat* tem ainda o sentido próprio de exausto, prostrado, mas figuradamente empregado como cansaço e revolta diante de uma civilização consumista e uniformizante (o termo parece ter sido sugerido pelo escritor John Holmes). Mas a obra *Howl* (*Uivo*), de Allen Ginsberg (lida na reunião da Six Gallery), é tida como o marco inicial da corrente, à qual se seguiu *Kaddish*. *Naked Lunch* (*Almoço Nu*), de Burroughs, e *On the Road* (*Na Estrada*), de Kerouac, são textos igualmente consagrados do movimento. Já *beatnik* (partidário da corrente) incorporou a dicção *nik*, do russo *Sputnik*, o primeiro satélite lançado ao espaço, em 1957, tendo a palavra sido forjada, ironicamente, pelo colunista Herb Caen.

BEATIFICAÇÃO. Julgamento canônico realizado pela Igreja Católica que autoriza uma pessoa, considerada "serva ou servidora de Deus", a receber um culto público restrito. Ou seja, circunscrito a uma região, comunidade de fiéis ou ordem religiosa. Ao servidor é outorgado o título de beato ou bem-aventurado. Posteriormente, pode o beatificado vir a ser considerado santo, na de-pendência de um novo processo, o de →canonização. A distinção entre ambos os graus foi ratificada pelo papa Urbano VII, em 1634.

BELAS-ARTES. De modo restrito, constitui o conjunto das artes tradicionais que empregam o desenho ou dele derivam: pintura, gravura, escultura e arquitetura. O termo consagrou-se com a voga das →academias oficiais de ensino, a partir do século XVI. Mas em sentido largo, são belas-artes aquelas que se distinguem das artes decorativas ou aplicadas, destinando-se à pura contemplação, leitura ou audição (substituindo ainda as oposições medievais entre as artes liberais e as manuais). Nesse último caso, incluem-se, portanto, a dança, a música, a literatura e as artes dramáticas. Kant, por exemplo, classificou as belas-artes em três espécies: a palavra, o gesto e o tom. Na primeira enquadrou a poesia e a eloqüência; na segunda, as artes figurativas da pintura e da escultura, e a plástica da arquitetura; na última, por fim, a música e os jogos de cores, artes da "sensação pura".

BELAS-LETRAS. O conjunto das manifestações artístico-literárias que tenham na palavra o seu fundamento ou matéria-prima – poesia, narração, drama, eloqüência, epistolografia – tanto quanto aquelas expressões do pensamento tratadas com preocupações igualmente literárias – filosofia, teologia, crítica, ensaística.

BELCANTO. Ideal de beleza vocal e conjunto de qualidades do canto lírico, operístico ou de oratórios, previstos pelas escolas e academias italianas desde o século XVII, período de nascimento e desenvolvimento da cantata e da ópera. Como objetivo clássico, o belcanto pretendia alcançar equilíbrio ou sobriedade pela moderação das emoções. E para isso, lançava mão de três normas a serem observadas: clareza ou limpidez na locução das notas, calma na expressão da melodia e firmeza vocal. A partir de meados do século XVIII, no entanto, converteu-se gradativamente em uma técnica "inebriada de si mesma", um canto de sereias, de malabarismos e arrebatamentos líricos levianos, repleto de dificuldades para que se conseguisse a comoção ou o estupor das platéias, deixando em segundo plano o sentido propriamente dramático do texto. As reações contra os abusos do belcanto e os exageros do elemento virtuosístico – fioraturas, coloraturas – fizeram-no desaparecer como modelo de ensino, embora a sua arte, originalmente, possa ser considerada a técnica mais elevada do canto. Em italiano, *bel canto* (bela canção ou canto belo). Quando de seu aparecimento, foi sinônimo de *buon canto*.

BELEZA, BELO. Na filosofia platônica, o Belo exemplifica uma das manifestações do Bem, caracterizando-se por ser "o mais evidente, amável e atrativo". É ainda por seu intermédio que: *a*) desperta-se o amor, incluindo-se o amor pela sabedoria e pelo conhecimento (a filosofia); *b*) o homem encontra o ponto de partida para a recordação das Idéias substanciais. Para Aristóteles, o belo constitui a imagem da ordem, da simetria, da justa proporção, de uma grandeza – matemática e espiritual – capaz de ser vista em sua totalidade. Daí ter comentado Cícero que, "assim como no corpo existe uma harmonia de feições bem proporcionadas, unida a um belo colorido, que se chama beleza, também para alma a uniformidade e a coerência das opiniões e dos juízos[...] chama-se beleza". Essa concepção aristotélica retornou à alta Idade Média para se impor na →Renascença e no →Classicismo. Se o belo foi proposto como padrão *universal* pela cultura greco-latina, e assim assumido em outros períodos ou por outras poéticas ou movimentos, tal noção generalizante passou a enfrentar oposições acirradas a partir de meados do século XVII. Comentando as disputas entre "antigos e modernos" daquela época e, posteriormente, o pensamento iluminista, Hans Jauss (em *Tradição Literária e Consciência Atual da Modernidade*) detectou nesse largo período a formação de um sentimento de *relatividade* da beleza, uma percepção própria ou adstrita a cada período histórico. Na *Crítica do Juízo*, Kant introduziu a idéia de que o belo corresponde ao que "agrada universalmente e sem conceitos", cujo sentido é o de que, na beleza, o prazer sensível ou sensual (obtido pelos sentimentos) independe de um interesse ou utilidade prática. Ainda assim, deve-se ressaltar que o próprio filósofo estabelece uma distinção entre o belo das coisas naturais (*pulchritudo vaga*) e o belo ligado a uma finalidade humana (*pulchritudo adhaerens*), como o de uma construção arquitetônica. Já a concepção do belo como manifestação da verdade é a de Hegel. A vida e as ações humanas estão limitadas permanentemente pelas diversas finitudes naturais e sociais e o indivíduo "não se exterioriza completamente nas suas atividades[...] A necessidade do belo artístico provém, portanto, dos defeitos inerentes à realidade imediata, e pode-se definir a sua função dizendo que ele é chamado a representar, em toda a sua liberdade, até exteriormente, as manifestações da vida, sobretudo quando a vida é animada pelo espírito, e a tornar assim o exterior adequado ao conceito. Graças ao belo artístico, a verdade acha-se liberta da sua ambiência temporal, da sua peregrinação através das coisas finitas e adquire, ao mesmo tempo[...] uma existência digna da verdade e que, por sua vez, se afirma como livre e autônoma, pois que tem a sua determinação em si própria e não no que ela não é" (*Curso de Estética*). O belo, portanto, é essa verdade incorporada e transmitida no objeto artístico, ou a "aparição sensível da Idéia". Na estética do romantismo, a beleza conser-

vou o seu vínculo com a verdade, surgindo do interior ou da subjetividade radical do artista. Sob esse ponto de vista, constitui a manifestação de seus mais íntimos estados emocionais. Entre nós, Farias Brito definiu o Belo como "não o que agrada sem ser útil, mas o que satisfaz a uma exigência superior do espírito, exigência cuja significação real é, talvez, de ordem transcendente, mas que não se torna por isso secundária, e tem, pelo contrário, relação imediata com o sentido mais alto da vida" (vida Interior). Por sua influência e pela de Kant, Mário de Andrade escreveu: "Belo é uma circunstância fisiológica que agrada imediatamente a uma necessidade superior e sem interesse prático do ser racional [...]. Em Arte, se chama Belo o que desperta prazer, não tem dúvida; apenas prazer aqui se emprega num sentido superior e se relaciona com essas visões elevadas do espírito em que toda necessidade prática desaparece e que não alcança nenhum interesse imediato" (*Introdução à Estética Musical*). →*Estética*, →*Poética* e →*Modernidade e pós-modernidade*.

BEMOL. Refere-se à nota musical cuja entoação deve ser realizada meio-tom abaixo do som natural. O vocábulo deriva da expressão *b molle*, indicando a existência, no sistema de →solmização, da nota si rebaixada em meio-tom. É um dos três acidentes ou alterações utilizados na sonoridade musical (ação de semitonar). Existe ainda a sinalização de dobrado bemol que abaixa a nota em dois semitons ou tom inteiro. →*Sustenido* e →*Bequadro*.

BEM TEMPERADO. A expressão é mais conhecida por designar o conjunto de 48 prelúdios e fugas escritas por Johann Sebastian Bach para os instrumentos de teclado da época – órgão, cravo e clavicórdio –, o *Cravo Bem Temperado* (*Wohltemperierte Klavier*). Originariamente, no entanto, ela indica o método matemático (e não propriamente harmônico) proposto pelo também organista alemão Andreas Werckmeister para suprimir as diferenças de intervalos que se manifestam quando há mudança de tonalidade sonora (teoria sugerida na obra *Musikalische Temperatur*, 1686). Corresponde assim à maneira mais homogênea de afinação daqueles instrumentos, permitindo dividir a oitava em doze semitons (intervalos) iguais, a fim de facilitar os movimentos de aproximação ou de afastamento entre sons distanciados, executar todas as notas em tons maiores ou menores (sem espaços "fora de tom") e construir modulações ou transposições com escalas idênticas. Assim, certos pares de notas, como o dó sustenido e o ré bemol, combinam-se na mesma tecla, ainda que pudessem ser tratados individualmente ou considerados teoricamente diferentes. Com isso, evita-se a multiplicação de teclas e as dificuldades de execução. Desde aquela época, constitui a afinação mais habitual para os teclados, opondo-se a uma afinação dita de "escala justa ou natural".

BENESH, NOTAÇÃO. →*Notação Benesh.*

BEQUADRO. Um dos três acidentes ou alterações da notação musical, indicando que o som a ser tocado deve voltar à sua altura normal ou natural, antes em bemol ou sustenido. A palavra é uma contração de *b quadratum*, utilizada inicialmente pelo teórico Guido d'Arezzo para se referir ao hexacorde que contém a nota si natural.

•BERLINER ENSEMBLE. Grupo de teatro e escola de arte dramática alemã – Conjunto Berlinense – fundado em 1949, na antiga República Democrática Alemã (RDA), pelo poeta, dramaturgo e encenador Bertolt Brecht (nomeado "conselheiro artístico") e por sua mulher, também atriz, Helene Weigel, diretora oficial da instituição. Uma das mais importantes e influentes companhias de teatro do século XX, por suas pesquisas inovadoras, princípios de dramaturgia (o →teatro épico) e montagens realizadas. No início daquele ano, Brecht havia regressado a Berlim para encenar *Mãe Coragem*. O sucesso e a adequação da peça ao ideário artístico socialista permitiu-lhe contar com o apoio das autoridades para a criação do centro. A estréia se deu com *O Senhor Puntila e seu criado Matti*, em maio do mesmo ano. O Ensemble permitiu a Brecht consolidar, embora num curto espaço de tempo (faleceu em 1956), o seu teatro de análise da moral política e de uma "poética materialista". Marxista convicto, encarava as lutas ou contradições de classe não apenas como motores da vida social, mas ainda como a categoria principal de construção estético-dramática. Comprometendo-se com as situações concretas de injustiça, opressão, alienação, racismo e violências institucionais, sua dramaturgia devotou-se à observação crítica dos valores capitalistas e do mundo mercantil. Experimentalista na linguagem teatral, afastou-se da tradição aristotélica da catarse, sobretudo com a concepção de "distanciamento" (ou efeito V) e nas oposições entre ato e fala. Mas jamais renunciou ao fundamento textual, de base literária. O grupo-escola encenou grande parte da obra brechtiana (*Mãe Coragem, O Círculo de Giz Caucasiano, Galileu Galilei, Mahagonny, A Resistível Ascensão de Arturo Ui*, entre outras peças), estimulando o espectador à percepção das contradições socioculturais e políticas do século XX. O método de trabalho do Conjunto enfatizou sempre a necessidade de convergência das técnicas teatrais (cenografia, iluminação, música) para a obtenção de uma unidade dramática. Vários outros autores foram convidados a participar do grupo-escola, que ainda revelou diretores como Egon Mank, Benno Besson, Erich Augel, Peter Palitzsch e

Heine Müller e divulgou compositores, como Hans Eisler. Após a reunificação das Alemanhas, em 1990, o Ensemble passou a ser dirigido por um colegiado de cinco membros, com a direção de Müller, até sua morte, em 1995.

BESTIALÓGICO. Texto pretensamente literário, mas redigido de maneira *non-sense*, estapafúrdia, com intenções paródicas.

BESTIÁRIO. 1. Tipo de livro medieval em que se descreviam animais reais e imaginários (fênix, basilisco, sereias, dragões, etc.) e aos quais se atribuíam conotações morais, edificantes ou perniciosas, como, por exemplo, o elefante, símbolo da castidade, ou o crocodilo, emblema do mal. A Bíblia e a mitologia greco-latina serviram de base à elaboração de bestiários, sendo o texto de Phillipe de Thaon (primeira metade do século XII) um dos mais antigos exemplos. Autores modernos e contemporâneos aproveitaram-se desse universo muitas vezes fantástico, como La Fontaine em suas fábulas, Jules Renard em suas *Histórias Naturais*, Apollinaire (*Bestiário* ou *O Cortejo de Orfeu*), Maurice Genevoix (*Terno Bestiário*) e Jorge Luis Borges (*O Livro dos Seres Imaginários*). Para os surrealistas, o mundo animal, freqüentemente representado de modo literário ou pictórico, teve por significado fazer um inventário psíquico da bestialidade humana, já que o animal está no homem. Na opinião de André Breton, o chefe de fila da corrente, "a selva é uma propriedade inalienável do subconsciente". 2. Considera-se ainda como bestiário o conjunto de atributos pertencentes a determinados animais e que são utilizados metaforicamente pela literatura. Assim, entre tantos outros, a abelha simboliza, em textos religiosos como do Eclesiastes ou do Apocalipse, o animal tocado pela graça de Deus e que, pelo mel, oferece ao homem o alimento puro da fala e da sabedoria divinas; a aranha relaciona-se com a maestria da tecelagem e com o ardil da captura; o asno cumpre o papel de personagem ridículo, ignaro, rei nas "festas dos loucos"; o dragão surge como força do mal ou encarnação de Satã; o touro representa uma força telúrica e a potência sexual, cujo sangue (morte) nutre a vida, traz bons augúrios ou aplaca a ira dos deuses.

•BEST-SELLER. Expressão inglesa com o significado literal de "o que vende melhor", mais vendido. Serve para designar, com freqüência, tanto as obras literárias de grande tiragem e consumo, como os seus autores. Como fenômeno mercadológico da cultura de massa, o *best-seller* depende, em boa medida, dos valores culturais populares latentes ou já sedimentados em certas épocas, dos níveis gerais de educação, não se desconsiderando também os investimentos publicitários que o sustentem.

BÍBLIA. Do grego *ta biblia*, plural de *biblion*, corresponde à denominação dada por São João Crisóstomo aos livros canônicos do Velho e do Novo Testamentos, embora para o judaísmo a Bíblia esteja composta apenas pelos textos veterotestamentários, ou seja, pelo Velho Testamento.

Velho Testamento. Trata-se, portanto, de escrituras diversas, tanto em conteúdo, em formas literárias e em autores, como por suas épocas, que se estendem do século IX a.C., aproximadamente, até meados do segundo século da era atual. Além de conter os fundamentos das religiões judaica e cristã, a Bíblia constituiu-se em uma das matrizes preeminentes da civilização ocidental, sob variados pontos de vista: ético, político, filosófico e mesmo econômico, além de servir de inspiração ou temática para as mais diversas artes, desde o início de sua difusão no Império Romano e em Bizâncio (→*Arte bizantina*), tais como: pintura, escultura, literaturas narrativa e poética, teatro, músicas (sacra, erudita, folclórica ou popular), cinema. O Velho Testamento (Antiga Aliança) foi sendo elaborado, provável e cronologicamente, em quatro vagas: a primeira, por volta do século IX, provém de duas correntes, a Iaveísta (o nome de Deus, na verdade inefável, é mencionado por Yahvé) e a Eloísta (Deus chamado de Elohim, ou Senhor). Ali estão as histórias dos patriarcas, como Abraão, Isaac e Jacó, bem como o relato da criação humana, simbolizada nas figuras de Adão e Eva. O segundo momento de elaboração textual parece ter seu início no século VIII, e nela se encontram as palavras e vaticínios dos profetas. O terceiro data do século VII e constitui o Deuteronômio, ou Segunda Lei, na qual se reafirma o monoteísmo mosaico. O último período vincula-se ao exílio babilônico e à guarda do *Schabat*, incluindo-se o Gênesis ou criação do mundo (também denominado Hino dos Seis Dias) e que, desde então, abre o conjunto da Bíblia. A classificação final está repartida, desde o início da era cristã, e por sua influência, em quatro grupos: o Pentateuco, ou os cinco livros da Lei, também conhecida na tradição judaica como Torah – Gênesis, Êxodo, Levítico, Números e Deuteronômio; Livros Históricos – Josué, Juízes, Rute, Samuel (1 e 2), Reis (1 e 2), Paralipômenos ou Crônicas (1 e 2), Esdras, Neemias, Tobias, Judite, Ester e Macabeus (1 e 2); Livros Sapienciais (Didáticos e Poéticos) – Jó, Salmos, Provérbios, Eclesiastes (Qohélet), Cântico dos Cânticos, Sabedoria e Eclesiástico (ou Jesus Ben Sirac); Livros Proféticos – Isaías, Jeremias, Lamentações, Baruc, Ezequiel, Daniel, Oséias, Joel, Amós, Abdias, Jonas, Miquéias, Naum, Habacuc, Sofonias, Ageu, Zacarias e Malaquias. Não são considerados canônicos, pela religião judaica, os seguintes textos do Velho Testamento: Macabeus, Sabedoria, Eclesiástico e Baruc.

Assim, tem-se na Bíblia hebraica um total de 41 livros; na cristã (católica e ortodoxa), 46, sem que se inclua o Novo Testamento. Já no protestantismo, excluem-se do cânone antigo os seguintes livros: Tobias, Judite, Sabedoria, Eclesiástico, Baruc e Macabeus (1 e 2). Escrita quase todo em hebreu, a primeira versão grega da Bíblia foi elaborada por um grupo de tradutores e especialistas durante o reinado de Ptolomeu Filadelfos (285-246 a.C.), em Alexandria, passando a chamar-se Septuaginta, ou Bíblia dos Setenta. Servia às comunidades judaicas do Egito e também aos samaritanos. Um dos códigos éticos mais importantes do mundo ocidental corresponde ao *decálogo* ou dez mandamentos (*Assêret Hadibrot*, ou dez falas) ditados por Deus a Moisés, no monte Sinai – afirmação da presença divina e compromisso de crença; não jurar em vão; lembrar-se de guardar o dia santo (*Schabat*); honrar pai e mãe; não matar; não adulterar; não furtar; não dar falso testemunho; não cobiçar. Constitui não apenas a confirmação espiritual do vínculo entre Deus e o povo hebraico, como o conjunto de deveres morais e ritualísticos da comunidade. Seus preceitos seriam incorporados ao cristianismo e o próprio Jesus, em Mateus, declara: "Não vim revogá-los (os preceitos), mas dar-lhes cumprimento.

Novo Testamento (Nova Aliança). Também ele é constituído de autores e temas diversos, mas todos correlatos à figura central de Jesus Cristo. Muito provavelmente, o primeiro texto data dos anos 50, numa carta de São Paulo aos Tessalonicenses. Duas décadas depois, surge o Evangelho de Marcos, seguido pelo de Mateus. O terceiro dos evangelistas é Lucas, que retomou os escritos de Mateus, acrescentando, porém, várias tradições orais então correntes e cenas da infância de Jesus. O mesmo autor de Lucas redigiu os Atos dos Apóstolos, nos quais se descrevem os trabalhos da Igreja primitiva e de seus divulgadores, entre eles São Paulo. O último evangelista, João, redigiu por volta do ano 100. O Apocalipse, ou Revelação, também atribuído a um místico de nome João, mas que não se confunde com o evangelista, pode ter sido escrito logo após a morte do imperador Nero (68 d.C.) e é considerado o mais hermético ou de difícil exegese entre todos os demais. Finalmente, têm-se as Epístolas (21), que recobrem o período dos anos 50 (acima mencionado) até o ano 130. São elas: Romanos, Coríntios (1 e 2), Gálatas, Efésios, Filipenses, Colossenses, Tessalonicenses (1 e 2), Timóteo (1 e 2), Tito, Filémon, Hebreus (tradicionalmente atribuídas a São Paulo), Tiago, Pedro (1 e 2), Judas e João (1, 2 e 3). A Bíblia cristã possui, conseqüentemente, 73 livros. Escrito majoritariamente em grego, o Novo Testamento foi traduzido em latim, siríaco e copta, mas a versão latina mais conhecida e referência para a Igreja Católica é a de São Jerônimo, que inclui os textos hebreus mais antigos, a partir da Septuaginta. Já para os protestantes e correntes derivadas, o cânon é a Bíblia de Lutero, vertida para o alemão na primeira metade do século XVI.

BIBLIOGRAFIA. Atividade e também disciplina relativa ao recolhimento ou recenseamento, classificação regrada e descrição das informações e de textos que digam respeito a um assunto ou autor (livros, edições, artigos, comentários, cartas etc.). Cita-se como o primeiro grande trabalho bibliográfico o *Liber de Scriptoribus Ecclesiasticis* (*Livro sobre os Escritores ou Autores Eclesiásticos*), do abade Johann Tritheim, datado de 1494, e editado em Bâle, no qual são registrados sete mil títulos e 982 autores. Já a primeira definição do vocábulo foi dada pela *Grande Enciclopédia* de Berthelot, de 1885, segundo a qual se trataria da "Ciência do livro, sob o ponto de vista de sua descrição e classificação". O Centro de Síntese Histórica de Paris incluiu como funções da bibliografia "[...] a pesquisa, a descrição e a classificação de títulos, tendo por fim sua utilização prática, científica ou comercial". Sucintamente, podem as bibliografias ser gerais (assuntos vários), especializadas (um tema e seus correlatos), sinaléticas (contendo apenas os elementos sinalizadores ou indicadores do texto), analíticas (com resumo do texto), críticas (quando glosadas ou comentadas), retrospectivas (de um período anterior ao atual) ou correntes (continuamente atualizadas).

BIENAL. Exposição internacional de artes plásticas que se realiza a cada dois anos. Comumente, as obras são selecionadas por curadores incumbidos de um país ou região, podendo-se-lhes atribuir prêmios especiais. Instituída pela primeira vez pela cidade de Veneza, em 1895, foi adotada, entre outras, por São Paulo, em 1951, por Paris, em 1959, e por Havana, em 1988. As bienais demonstraram ser eventos importantes para a difusão das correntes modernistas do século XX, tanto nas áreas da pintura e da escultura, quanto na da arquitetura.

• **BILDUNGSROMAN.** Palavra híbrida, do alemão *Bildung* (educação, formação) e do francês *roman* (romance), designativa de obras literárias narrativas em que se descrevem e se analisam o desenvolvimento social, psicológico e o aprendizado sentimental de um protagonista, da adolescência à maturidade ou à velhice. Trata-se, portanto, de um "romance de formação", durante o qual se dá a passagem de um personagem ou grupo de personagens para o mundo adulto. No transcorrer desse período educativo ou de formação da personalidade, evidenciam-se, comumente, a perda da ingenuidade, a descoberta dos conflitos e dos prazeres mundanos, a autoconsciência do destino etc. *Lazarillo de Tormes*, um dos textos originais do romance moderno, datado de 1554, de autor desconhecido, constitui o primeiro exemplo deste tipo narrativo. *A Loja Maçônica Invisível*, de Jean Paul, *Wilhelm Meister*, de Goethe, *Lucien Leuwen*, de Stendhal, *David Copperfield*, de Charles Dickens, o *Ateneu*, de Raul Pompéia, ou a *Servidão Humana*, de Somerset Maugham, são livros inscritos nessa perspectiva.

BILHETERIA. Local reservado à venda e reserva de bilhetes, ingressos, ou troca de convites, em teatros, cinemas, museus, casas de espetáculo e praças esportivas.

BIOGRAFIA. Tida como um gênero literário somente a partir do século XVIII, a biografia consiste na descrição e no relato de vida de uma personalidade, ou mesmo de um grupo primário (família), procurando-se ressaltar a importância histórica, as características pessoais e as possíveis influências que o(s) biografado(s) tenha(m) exercido em seu meio particular, ou sobre a cultura, genericamente entendida. Os antecedentes históricos encontram-se no Egito, em obras que versavam sobre a vida dos faraós. Aqueles textos, encomendados aos escribas oficiais, serviam aos reis como testemunhos de suas ações pretéritas quando de seu encontro com os deuses, após a morte. Durante o período helenístico, o culto a personalidades ilustres e reais conduziu à confecção do primeiro exemplar ocidental do gênero biográfico, escrito por Aristóxeno de Taras (final do século IV a.C.), tendo por conteúdo as trajetórias de políticos e filósofos clássicos. No século seguinte, surgiu a obra de Sátiro de Calatis, nos moldes de seu predecessor e, na seqüência, as *Vidas dos Filósofos*, de autoria de Antígono de Caristo (c. 240 a.C.). No primeiro século da era cristã, tornaram-se conhecidas as diversas biografias políticas de Caio Ópio, lugar-tenente de César. Com o intuito de formalizar exemplos de virtudes, Plutarco escreveu as *Vidas Paralelas* (as de Péricles, Alcebíades, Catão e César, entre outras), e o mesmo fez Suetônio com relação aos doze primeiros imperadores romanos (*De Vita Caesarum*). A noção de biografia, então, era a de fazer do indivíduo um paradigma ou exemplo ilustrado de certos valores, positivos ou mesmo negativos. Já o livro precursor de uma autobiografia data igualmente da época helenística e se intitula *Memórias*, escrita pelo estadista Arato de Sícion (271-213 a.C.), líder da Liga Aquéia. Os traços mais fortes da autobiografia são as idéias e os sentimentos de mundo expressos diretamente pelo autor. Exemplos célebres, entre outros, são as *Confissões* de Santo Agostinho e as de Rousseau, o *Diário de Samuel Pepys* (escandaloso para a época, cerca de 1670) além da *Autobiografia* de Benjamin Franklin, o *Walden*, de Henry Thoreau, e, no Brasil, *Minha Formação*, de Joaquim Nabuco. As antigas e modernas "ciências sociais" (história, psicanálise, etnologia ou sociologia) podem contribuir para o tratamento biográfico cuja característica é a de aliar à fidelidade dos eventos passados uma dedução fundamentada que faça emergir um significado abrangente ou universal da vida relatada. O século XX tornou-se pródigo na elaboração de biografias e de autobiografias, não apenas pelo desenvolvimento da idéia e da prática de uma abusiva exposição da subjetividade, como por influência da cultura de massa, capaz de construir, em ritmo vertiginoso, heróis e personalidades em seus meios de informação, produzindo um jogo alternado de curiosidade popular e oferta de assuntos para outras formas do imaginário coletivo, sobretudo o cinema, a política e os esportes.

BIZANTINA, ARTE. →*Arte bizantina.*

• **BLAUE REITER, DER.** →*Expressionismo.*

• **BLUEGRASS.** Tipo de música *country* do Estado norte-americano do Kentucky, que se tornou reconhecido entre os anos de 1945 e 1948, adaptando-se ao comércio discográfico e ao gosto da juventude da época, por intermédio das canções de artistas como Bill Monroe (e seus Bluegrass Boys), Flatt Scruggs e Osborne Brothers. Exerceu uma certa influência sobre o *rockabilly* e o *rock and roll* posteriores.

• **BLUES.** Enquanto o →*spiritual* se caracteriza pelo canto coral e pelo espírito religioso, o *blues* (em inglês, sempre no plural) corresponde à manifestação folclórica (em suas origens) ou popular (autoral e difundida nos meios de comunicação de massa) do canto negro a uma só voz e de espírito profano. Expressão inicial da tristeza, da solidão, da nostalgia ou ainda do rancor escravos, sua melancolia envolve tanto o conteúdo poético quanto a cadência melódica e harmônica. Seus versos tendem com muita freqüência à reiteração, como em: *I'm gonna lay my head on some lonesome railroad line / I'm gonna lay my head on some lonesome railroad line / An' let that two-nineteen train pacify my mind,* ou então *Dey tell me Joe Turner's come and gone / Dey tell me Joe Turner's come and gone / Got my man an' gone.* O esquema harmônico do *blues* tradicional baseia-se comumente em três acordes (os da tônica, da subdominante e da sétima) e doze compassos, sendo quatro para cada verso. É com ele que se faz a chamada progressão, ou seja, as mudanças de acordes que ocorrem várias vezes, servindo de base para os versos da canção ou para o improviso instrumental (quando ingressou no meio urbano, o *blues* passou também a ser composto com dezesseis compassos). Outro traço peculiar é a presença de notas que aparecem a meio caminho entre os intervalos da escala, os microintervalos, como o existente entre o si e o si bemol. Geralmente, vêm colocadas no terceiro e

no sétimo graus da escala diatônica. Essas *blue-notes* foram absorvidas pelo estilo posterior do →*jazz.* Em seus primórdios, o instrumento líder do *blues* foi o banjo, depois substituído pela guitarra (violão) e pelo piano. Quando a voz do canto encerra uma frase melódica, os instrumentos passam então a responder-lhe, executando seqüências improvisadas. Coube ao músico e compositor negro William C. Handy lançar o *blues* no mercado do *show business* na segunda década do século XX. Sua composição *Mr. Crump*, feita para uma campanha eleitoral, foi depois rebatizada e publicada sob o nome de *Memphis Blues* (1914), à qual se seguiram as famosas *St. Louis Blues, Beale Street Blues* e *Aunt Hagar Blues*, com acréscimos rítmicos da *habanera.* Imediatamente, compositores brancos aderiram ao "lamento rouco" do *blues*, como Cliff Hess, Jerome Kern, Irving Berlin e George Gershwin. Mas os nomes de compositores e intérpretes negros que se tornaram lendários na trajetória do gênero foram, entre outros: "Blind" Willie Johnson, Gertrude Ma Rainey, Bessie Smith, Huddie Leadbetter ou "Leadbelly", "Jelly Roll" Morton, Jimmy Yancey (que o tratou na forma de *boogie-woogie*), James Johnson, Muddy Waters, John Lee Hooker, Howlin' Wolf, Buddy Guy, Etta James, Memphis Minnie ou B.B. King. →*Boogie-woogie.*

BOBO. Figura dramática ou narrativa, misto de jogral de corte, cômico e palhaço, e que habitualmente, sob o disfarce aparente de ingenuidade, estultice ou mesmo loucura, promove intervenções ao mesmo tempo sensatas e cômicas na trama, como no *Rei Lear* de Shakespeare, ou ainda ajuda ou permite a descoberta de maquinações ocultas, arquitetadas contra o herói ou protagonista. Eventualmente, pode ser a figura literária central, como na obra homônima de Alexandre Herculano, ou na peça *O Rei se Diverte*, de Victor Hugo. O mesmo que truão, →*bufão*, bufo.

BOCA DE CENA. A abertura que delimita a visão do palco para o espectador, seja em relação à cena teatral, seja por referência a espetáculos musicais ou coreográficos.

• **BODEGÓN.** Termo espanhol para designar uma pintura de gênero especial, no caso uma cena de cozinha, doméstica ou de antigas bodegas, com seus apetrechos, e na qual se incluem objetos de natureza-morta. Literalmente, pintura de "taverna".

• **BOOGIE-WOOGIE.** Estilo pianístico que, nos finais da terceira década do século XX, começou a desenvolver-se nos Estados Unidos, tendo sido criado por artistas negros, em suas interpretações de gêneros como o *ragtime*, o *blues* ou o *rhythm and blues.* Destinado a animar festas e clubes noturnos, o *boogie-woogie* faz com que a mão esquerda toque a música padrão (o tema), enquanto a direita executa figuras melódicas curtas e improvisadas, também chamadas *riffs*, que se configuram então como variações do tema. O estilo leva em conta também o recurso à progressão, existente no →*blues*. *Boogie* é um derivativo de *bogey* (espírito, fantasma) e *woogie* refere-se aos troncos de madeira que sustentam os carris da ferrovia. Como os artistas negros costumavam viajar de trem, o modo de tocar ao piano sugeria o balanço e os estalos ritmados provocados pelo atrito das rodas com os trilhos. Sua influência para o surgimento do *rock'n'roll* foi decisiva.

BORDÃO. **1.** Som baço, velado e contínuo de órgão ou de tubo fechado. **2.** A corda ou o tubo que executa continuamente o som fundamental de uma escala modal, correspondente às notas tônica ou dominante da escala diatônica. **3.** Frase ou expressão repetida freqüentemente em conversa informal ou texto, servindo também como recurso humorístico para caracterizar um personagem.

BORDERÔ. Registro da contagem ou balanço numérico e financeiro dos bilhetes vendidos e dos ingressos fornecidos a convidados de um espetáculo, para efeito de conferência com a receita obtida. Do francês *bordereau*.

BOSSA NOVA. As características mais evidentes do estilo de execução da bossa nova, que é também uma forma de canção, suave e intimista, foram criadas pelo compositor, violonista e cantor João Gilberto, em fins dos anos de 1950. Como reconheceu Tom Jobim no *long-playing* "Chega de Saudade" (1959), "em pouquíssimo tempo (João) influenciou toda uma geração de arranjadores, guitarristas, músicos e cantores". Mas, ainda que sua contribuição tenha sido decisiva, pelas novidades rítmicas e harmônicas introduzidas, é também verdade que um grupo de jovens músicos da época já vinha experimentando a fusão de elementos jazzísticos nos gêneros brasileiros, em busca de uma sonoridade moderna. Dessa nova geração, além de Tom Jobim, Vinícius de Morais, Johnny Alf e Newton Mendonça, mais velhos, faziam parte, entre outros, João Donato, Roberto Menescal, Ronaldo Bôscoli, Luís Carlos Vinhas, Carlos Lyra, Luís Eça, Chico Feitosa, Oscar Castro Neves e seus irmãos (Antônio Carlos e Leo), Luís Bonfá, Sérgio Mendes, Baden Powell e as cantoras Nara Leão, Sylvinha Telles, Alayde Costa e Astrud Weinert (depois Astrud Gilberto). De modo geral, as novidades corresponderam a alterações feitas sobre o obediente compasso do samba tradicional, o dois por quatro (então considerado quadrado), por meio da divisão da estrutura musical em tempos descontínuos – diferença entre os acentos rítmicos das partes melódica e harmônica – e o acréscimo de síncopas até então inusuais. Segundo análise de Júlio Medaglia, "tanto no violão quanto nos instrumentos de teclado, passou a ser comum o uso de acordes 'alterados', ou seja, repletos de notas estranhas à harmonia tradicional, nela considera-

das 'dissonantes'. Essa harmonia dilatada motivava também seqüências bastante ousadas, assim como modulações para tonalidades distantes da do ponto de partida[...] a estrutura rítmica do acompanhamento tornou-se mais complexa e diversificada. Até mesmo uma nova célula rítmica quaternária foi criada para o samba bossa-nova, que substituiu a tradicional, que era binária" (*Música Impopular*). Essas modificações foram sugeridas, em grande parte, pelo *bebop*, a vertente jazzística da época, fortemente instrumental, camerística, e mais complexa do que os estilos anteriores. Quanto à interpretação vocal, a bossa nova desenvolveu uma entoação delicada, quase coloquial, distanciando-se da maneira efusiva, dos vibratos e da potência de voz de muitos cantores da velha guarda (Orlando Silva, Dorival Caymmi, Sílvio Caldas). Uma forma já requerida pelo lirismo romântico do samba-canção (que evoluiu para a melancolia e o pesar da fossa), e igualmente utilizada por *crooners* de orquestras americanas (Bing Crosby, Frank Sinatra) e por cantores brasileiros da época, como Dick Farney, Lúcio Alves, Tito Madi, Johnny Alf ou Agostinho dos Santos. Freqüentemente, valeu-se também de vocalises, à maneira do *jazz*, imitando sons instrumentais. Quanto aos temas, as canções passaram a evocar o estilo de vida, as preferências e os ambientes dos jovens da classe média carioca, principalmente os da zona sul, abandonando as figuras e as crônicas do mundo suburbano e do morro: além dos amores e da beleza da mulher, a paisagem litorânea do Rio de Janeiro (a praia, o mar, o sol, o verão, os "barquinhos", o Corcovado) e comentários à própria novidade musical (*Desafinado, Bim-Bom, Samba de uma Nota Só*). O marco inaugural do movimento tem sido considerado o *long-playing* "Canção do Amor Demais", de 1958, com canções da dupla Tom e Vinícius, e no qual a cantora Elizete Cardoso foi acompanhada por João Gilberto em duas delas: *Chega de Saudade* e *Outra Vez*. Logo em seguida, João gravou um disco exclusivo de 78 rpm, contendo novamente *Chega de Saudade* e sua composição *Bim-bom*. Já a expressão bossa nova consolidou-se por acaso nos primeiros meses de 1959, durante uma apresentação dos jovens músicos no Grupo Universitário Hebraico Brasileiro, no Rio (Bôscoli, Menescal, os irmãos Castro Neves, Chico Feitosa, João Gilberto e Sylvinha Telles). À entrada do auditório havia um quadro negro com os seguintes dizeres: "Hoje, João Gilberto, Sylvinha Telles e um grupo bossa nova apresentando sambas modernos". A familiaridade do estilo com o *jazz* permitiu que a bossa nova alcançasse divulgação nos Estados Unidos, sobretudo após a apresentação de vários artistas no Carnegie Hall, em novembro de 1962, por iniciativa do produtor fonográfico norte-americano Sidney Frey. Na terra de Tio Sam, a bossa nova era então chamada de *new brazilian jazz* e alguns músicos (Herbie Mann, Stan Getz, Charlie Byrd e Frank Sinatra) gravaram, com sucesso, várias obras de compositores brasileiros .

BOVARISMO. Corresponde a uma síntese da literatura naturalista e racionalista, representada por Gustave Flaubert, e contrária aos arroubos sentimentais e populistas do romantismo que lhe antecede, seja em relação à figura do artista, "sonhador irresponsável", como ao comportamento artificial da burguesia. É, portanto, uma crítica ao melodrama aventuroso e sensacionalista, às situações cotidianas de vulgaridade e de monotonia que Flaubert detestava ("Para mim, o burguês é qualquer coisa sem definição"). Simboliza, portanto, um falseamento da vida, um desejo irreal de fuga à materialidade da vida, uma neurose de efeitos trágicos, porque vividos sem reflexões mais consistentes. A denominação deve-se à personagem de seu romance *Madame Bovary*, Emma, a heroína que se decepciona e se torna insatisfeita com sua condição social de pequeno-burguesa e com as relações amorosas medíocres do casamento. Refere-se, enfim, ao temperamento insaciável e ao caráter irracional que conduz o ser humano à tragédia. Todas as contradições presentes no romance parecem conter traços autobiográficos, já que Flaubert chegou a admitir, enfaticamente: "Madame Bovary sou eu".

BRASILIANA. Conjunto ou coleção iconográfica, sobretudo de pintura e gravura, relativa a aspectos históricos, sociais e paisagísticos registrados por viajantes e pesquisadores estrangeiros ou nacionais durante os períodos colonial e imperial brasileiros. Entre os artistas que retrataram aquelas facetas humanas e naturais encontram-se: Albert Eckhout, Alessandro Ciccarelli, Arnault J. Pallière, Charles Landseer, Eduard Hildebrandt, Frans Post (cuja *Vista de Itamaracá*, de 1617, é o primeiro quadro pintado no Brasil), Jean-Baptiste Debret, Adolphe d'Hastrel, Joseph Léon Righini, Johan Moritz Rugendas, William Ouseley ou Manuel Araújo de Porto Alegre.

BREVIÁRIO. **1.** Livro de orações e de leituras diárias prescritas aos padres (presbíteros) e sacerdotes católicos, cujos textos provêm de diversas passagens bíblicas ou hagiográficas selecionadas. **2.** Ensaio ou tratado em que se reúnem ou se condensam análises relativas a um tema ou assunto, como o *Breviário de Estética*, de Benedetto Croce. **3.** Livro predileto de uma pessoa, consultado ou relido habitualmente. Do latim *breviarium*, abreviado.

• **BRISÉ.** Tipo de passo ou movimento coreográfico batido (→*Batterie*), utilizado nos balés clássico e romântico, e no qual há o toque de uma perna ou panturrilha em outra, durante um salto. Semelhante ao *entrechat*, o *brisé* normalmente é executado com uma seqüência de junção das pernas, enquanto que, na continuação do *entrechat*, as pernas se afastam.

• **BROADCAST, BROADCASTING.** Vocábulos de origem inglesa que abrangem todas as atividades radiofônicas ou televisivas: os sistemas de transmissão, as equipes de trabalho e os programas levados ao ar. Radiodifusão e teledifusão.

BROCHURA. Tipo de encadernação de livro que utiliza capa mole, flexível – geralmente de cartolina – colada no dorso, sem costura do miolo.

• **BRÜCKE, DIE.** →*Expressionismo.*

BUCÓLICO. Que diz respeito ao campo, aos seus fenômenos naturais (rios, montes, vegetação) e ao modo de vida de sua gente, aos valores e hábitos rurais, mas com o sentido de singelo, simples ou ingênuo, apesar da rusticidade do meio. Identifica-se ainda com a idéia de pastoril, vida de pastor, para indicar as atividades poéticas ou musicais idealizadas em momentos de lazer. Os moldes iniciais da literatura bucólica foram os *Idílios*, do grego Teócrito, e as *Éclogas* ou *Bucólicas*, de Virgílio, escritas na forma de poemas dialogados. Trata-se, portanto, de sentimentos e de reflexões pelas quais se dá mais valor à vida rural do que à urbana, ainda que de maneira irrealista. Enquanto Teócrito se contentou com a descrição das simplicidades pastoris, Virgílio introduziu elementos de caráter alegórico ou simbólico. Entre os dez pequenos poemas que formam *As Bucólicas* há versos como: "Ó Títiro, deitado à sombra de uma vasta faia / aplicas-te à silvestre musa com uma frauta leve; / nós o solo da pátria e os doces campos deixamos; / nós a pátria fugimos; tu, na sombra vagaroso, / fazes a selva ecoar o nome de Amarílis bela" (tradução de Péricles E. da Silva Ramos). Ou ainda: "Não cantamos a [entes] surdos; [pois] todos os cantos da floresta nos respondem" (*Non canimus surdis; respondent omnia silvae*). Esses modelos foram adotados no final da Idade Média, no Renascimento e pela poética neoclássica, em obras, entre outras, de Petrarca (*Carmen Bucolicum*), Boccaccio (*Ninfale Fiesolano*), Lourenço de Médici (*Nencia*), Jacopo Sannazaro (*Eclogae Piscatoriae*), Edmund Spenser (*Shephearders Calendar*), Garcilaso de la Vega (*Éclogas*), Battista Mantovano (*Eclogae*), Ronsard (*Bucoliques*), Milton (*Lycides*) ou Honoré d'Urfé (o romance pastoral *L'Astrée*). No Renascimento, e por diversas vezes, o gênero bucólico fez um nítido contraponto às regras, convenções, artificialidades ou hipocrisias da vida nas cortes principescas e reais. Exemplo mais recente e realista podemos encontrar no poeta espanhol Antonio Machado (*As Margens do Douro*): "Primavera soriana, primavera / humilde como o sonho de um bendito, / de um pobre caminhante que dormira / de cansaço em um páramo infinito. / Campina amarelada, / como tosca saia de camponesa, / pradaria de veludo empoeirada / onde pastam esquálidas ovelhas. / Aquelas pequenas sementeiras / de terra dura e fria / de onde brotam centeios e trigais / que o pão moreno nos darão um dia!". Também a pintura "primitiva", *naïve*, contém fortes traços de bucolismo, na idealização de suas paisagens campestres. →*Écloga* e →*Drama pastoril.*

BUFÃO, BUFO. **1**. Ator ou ainda personagem farsesco, ou seja, cuja representação tende ao exagero cômico, incluindo-se não apenas recursos de linguagem franca, licenciosa e popular, como os de mímicas e caretas (esgares). Sua figura socialmente inferior ou marginal confere-lhe a possibilidade de comentar impune e mesmo grosseiramente as ações e as intenções das figuras sérias do drama, revelando, pelo artifício da burla, as facetas irracionais ali contidas. De certa maneira, o bufão, o →bobo, o truão ou o palhaço, por acompanhar de perto os "senhores" e poderosos, exterioriza, na superfície da fala e do corpo, a demência subjacente das relações dramáticas. **2**. *Querela dos Bufões* – As controvérsias que envolveram os adeptos de óperas concebidas às maneiras francesa ou italiana, em meados do século XVIII, na França, e que arregimentaram músicos, pensadores e críticos da época em partidos opostos. A querela teve início em fevereiro de 1752, quando o barão Melchior de Grimm fez publicar sua *Carta sobre Omphale*. Tratava-se de uma ópera do consagrado compositor Destouches, datada do início do século, e que se reapresentava. Na carta, Grimm criticava veementemente a forma francesa de Destouches, derivada de Lully, e exaltava o naturalismo dos temas da ópera-bufa italiana, inclusive seus interlúdios cômicos. A polêmica acentuou-se a partir de agosto, quando chegou a Paris, em turnê, uma companhia de "bufões" napolitana, que levava à cena, entre outras peças, *La Serva Padrona*, de Pergolesi. De um lado, postaram-se os nacionalistas – compositores como Rameau e Philidor, sob proteção de Madame Pompadour – e, de outro, os italianizantes, tendo à frente Rousseau, Grimm e alguns enciclopedistas, apoiados pela rainha. Permaneceram neutros D'Alembert e Voltaire. Este, perguntado sobre por quem seria, preferiu responder: "Sou pelo meu prazer, senhores". Em uma de suas respostas (*Carta sobre a Música Francesa*), Rousseau afirmou: "Creio ter feito saber que não há medida, nem melodia na música francesa, porque a língua não é capaz de tanto[...] Concluo que os franceses não têm música e não podem ter; se porventura têm uma, pior para eles". Pela importância vocal na ópera, Rousseau acreditava que a língua francesa não se prestava ao canto (predomínio de palavras oxítonas, articulações e sílabas mudas, deficiência de vo-

gais sonoras), ao contrário da sonoridade da língua italiana. Em 1754, um edito do rei pôs fim à disputa em favor dos nacionalistas, ao proibir espetáculos italianos, dando oportunidade, no entanto, ao aparecimento da ópera-cômica francesa. →*Ópera.*

BUMBA-MEU-BOI. Bailado, folguedo ou dança dramática popular, pertencente ao ciclo do Natal, isto é, realizado entre os meses de novembro e janeiro, e encontrado tanto em regiões de criação de gado quanto no litoral norte-nordestino, mas sobretudo em Pernambuco, Maranhão, Pará e Amazonas. O primeiro registro confirmado data de 1840, em Recife (jornal *O Carapuceiro*, do padre Miguel do Sacramento Gama). Embora a figura central e invariável seja o boi dançante, há, na dependência regional, outros animais, como o cavalo-marinho, a burrica, o sapo ou a ema. O entrecho baseia-se na ressurreição do boi, uma armação ou arcabouço de ripas de madeira ou de taquara, recoberta e adornada, sob a qual se põe o brincante condutor ou tripa do boi. O bumba tem início com louvações e os cantos em coro vão se alternando, acompanhados (com diferenças) por viola, violão, rabeca, surdos, caixas, pandeiros e bumbos. As versões mais comuns do bailado são: *a*) o boi, estando guardado por vaqueiros, é morto por um deles, num ato de desatino ou revolta. Segue-se uma refrega entre os vaqueiros, até que um deles sai para buscar o "doutor". Este aplica um remédio miraculoso e o boi volta a viver e a dançar; *b*) o boi investe sobre os brincantes, à maneira de uma corrida de touros, e é morto por um dos foliões. Chama-se então o "curador", que o ressuscita com o toque de sua espada miraculosa; *c*) o boi é roubado por um empregado da fazenda, o Pai Francisco, sugestionado por sua mulher, Mãe Catarina ou Catirina, que se encontra grávida e com "desejos". A vingança do patrão só pode ser suspensa pela intervenção do curador. Entre os demais personagens, cujo número é bastante variável, podem ser encontrados: feitor ou capataz, padre, sacristão, índios, caboclos, damas e "galantes". A seu respeito, escreve Câmara Cascudo: "O Bumba-meu-boi é um auto de excepcional plasticidade e o de mais intensa penetração afetuosa e social. Foi o primeiro a conquistar a simpatia dos indígenas que o representam, preferencialmente, como os timbiras do Maranhão[...] O negro está nos congos. O português no fandango ou marujada. O mestiço, crioulo, mameluco, dançando, cantando, vivendo, está no bumba-meu-boi, o primeiro auto nacional na legitimidade temática e lírica e no poder assimilador, constante e poderoso". Outras denominações: *bumba, boi-de-reis, boi-bumbá, boi-balemba, boi-de-mamão* (este último de Santa Catarina).

BURIL. →*Gravura a buril.*

BURLESCO. Embora não se determine como gênero, constitui uma forma literária e dramática que se vale da comicidade para parodiar ou ridicularizar obras anteriores e renomadas, ou ainda personalidades e situações sérias. Praticada desde a Antigüidade romana, retomou sua força na Itália do século XVI, por intermédio de poetas como Francesco Berni (autor de *Recomposição de Rolando Enamorado*), Cesare Caporali (*Viagem ao Parnaso*, *Exéquias de Mecenas*) e Alessandro Tassoni (*O Cântaro Roubado*), com os quais conservou a denominação – burla (farsa) – ou a crítica e caricatura da nobreza ou de assuntos elevados. Charles Perrault, em seu *Paralelo ou Comparação dos Antigos e Modernos* (1688), define o burlesco como "uma espécie de ridículo que consiste na desproporção da idéia que se dá a uma coisa, em relação à coisa verdadeira. Essa desproporção faz-se de duas maneiras: uma, falando trivialmente de coisas elevadas; e outra, falando magnificamente das coisas mais triviais". Distingue-se da sátira ou da comédia (podendo ser sinônimo de farsa), pois na maioria das vezes não tem pretensões moralizantes ou preocupações com éticas de ordem política ou comportamental. A partir do século XVIII, exemplos significativos do burlesco são *A Ópera do Mendigo*, de John Gay, A *Vida e a Morte de Tom Thumb, o Grande*, de Henry Fielding, e todo o *Ubu*, de Alfred Jarry. O mesmo que *farsesco*. →*Teatro* e →*Burleta*.

BURLETA. Do italiano *burletta*, diz respeito a uma representação dramática de tratamento burlesco, relativamente curta, contendo de um a três atos, em cujo entrecho predomina o conflito que opõe um casal de enamorados a seus respectivos pais ou famílias, contrários ao enlace, ou ainda as tentativas de sedução de donzelas inocentes, de viúvas ou de homens ricos, por simples interesses materiais. Desenvolvendo-se por meio de qüiproquós, enganos e personagens travestidos, resolve-se com um final feliz, de intenções moralizantes. Comum nos séculos XVIII e XIX, constituiu uma adaptação da "comédia nova" e da *commedia dell'arte*, mas com o acréscimo de quadros musicais, e de que são exemplos, no Brasil, *A Capital Federal* e *O Mambembe*, ambas de Arthur Azevedo. A inclusão de cenas musicadas influenciou, por sua vez, o desenvolvimento do *vaudeville* e do teatro de revista.

BWV. Abreviatura do catálogo das obras de Johann Sebastian Bach, de autoria de Wolfgang Schmieder. As iniciais significam *Bach-Werke-Verzeichnis* (*Catálogo das Obras de Bach*). A cada BWV segue-se um número que individualiza a obra do compositor. Assim, BWV 1080 refere-se à *Arte da Fuga*; BWV 971 ao *Concerto Italiano*; BWV 244 à *Paixão Segundo São Mateus*.

CABALA. Do hebraico *Kabalah* (o que provém da tradição), teve como significado original a referência às partes da Bíblia fora do Pentateuco, à lei oral ditada por Moisés e às denominações mágicas de Deus e de seus anjos. A partir do século XIII, em meio ao círculo de estudos de Isaac, o Cego, passou a designar os ensinamentos teóricos e práticos de caráter secreto ou místico do judaísmo, ou seja, a teologia esotérica derivada dos cânones. Pela Cabala, busca-se uma comunhão direta do homem hebreu com a potência divina, típica das práticas e conhecimentos gnósticos, pressupondo-se uma anulação sincera da individualidade. Nessa procura de apreensão de Deus e de suas manifestações nas coisas criadas, adquirem importância capital os fenômenos da contemplação extática e da iluminação, próprios do conhecimento transcendental. Todo o universo que emana do Criador encontra-se repleto de signos, de símbolos e metáforas a serem desvendados, já que Deus atua, simultaneamente, por revelação e por ocultamento. E todos os mistérios aí envolvidos expressam e condicionam a vida humana. A Cabala constituiria, portanto, a chave ou o caminho de co-participação e de compreensão das luzes e das sombras de Deus. Ela não possui, entretanto, uma uniformidade interpretativa, sendo antes múltipla e até mesmo contraditória, na dependência dos centros de irradiação. Mas, de modo geral, mantém-se o princípio de que nenhum conhecimento humano de Deus, em si mesmo ou na sua plenitude, seja alcançável. Tal impossibilidade decorre da própria infinitude divina, confrontada com as limitações inerentes do ser humano. (→*Douta ignorância*). Assim, a idéia intrínseca de *Ein-sof* (de infinitude) é também uma *ha-or-ha-mit'alem* – uma luz obscura ou que se esconde. O conhecimento somente se inicia nas emanações gradativas e perceptíveis de Deus, as chamadas *Sefirot*, que são os arquétipos dos seres e de suas relações, criadas pela Vontade Primeva ou Primordial (na maioria dos textos) ou pelo Intelecto (em alguns outros). As *Sefirot* são, portanto, as luzes passíveis de deslindamento. Ao lado desse aspectos teóricos, a Cabala tem ainda por objetivo ensinar uma práxis de união com o divino, denominada *devekut*, e cujas maiores qualidades estariam no temor sublime e transcendental perante a potência máxima de Deus, e o amor que lhe é devido. Entre os textos clássicos da Cabala, podem ser citados o *Livro de Enoc* (apócrifo, de influência zoroastriana), o *Zohar* (*Livro do Esplendor*, de autoria de Moses de Leon), o *Sefer ha-Emunot* (de autoria de Chem Tov) ou o *Avodat ha-Kodech* (de Meir ibn Gabai).

CABOCLINHOS. Dança ou bailado nordestino, tanto da região açucareira quanto do litoral, cujos componentes desfilam fantasiados de índios, com seus cocares, cintos de penas, colares e arcos e flechas, representando os descendentes do cruzamento de índios e brancos (os caboclos, segundo a denominação mais tradicional). Durante o cortejo, acompanhado por pífanos, ganzás e maracas, simulam-se ataques, defesas e mortes, sob o comando de um "Sargento Mundico", até que um "rei", a figura do personagem conciliador, vestido com túnica azul ou vermelha, pacifica o combate. A encenação costuma ser representada apenas sob as formas mímica e coreográfica, sem cantos. Já sob a influência dos jesuítas, o padre Fernão Cardim registrou o bailado em um aldeamento do século XVI, com alguns índios vestidos à moda portuguesa (*Tratados da Terra* e *Gente do Brasil*). A partir dos finais do século XIX, converteu-se também em grupo carnavalesco tradicional de Pernambuco. Var.: *Cabocolinhos*.

CACOFONIA. Seqüência de palavras que soam de modo desagradável, comportando ou um sentido dúbio, ou uma repetição enfadonha de fonemas finais. Exemplos: para o bem *da nação*; b*oca dela*; a nomeação do capitão causou confusão.

• **CADAVRE EXQUIS.** Expressão criada pelos escritores e pintores surrealistas para designar um jogo poético ou imagem pictórica elaborada coletivamente, em que cada participante realiza, a seu modo, uma parte da composição, passando-a a outro, sucessivamente. A primeira frase surgida foi "le cadavre... exquis... boira le vin nouveau" (o cadáver requintado beberá vinho novo), que deu título à forma lúdica. Dois outros exemplos destas sucessões de sentenças soltas que resultam em frases inverossímeis: "O vapor alado... seduziu o pássaro fechado à chave... a ostra do Senegal... comerá o pão tricolor". Ou o diálogo: "O que é a lua? – Um vidraceiro maravilhoso. O que é a primavera? – Um candeeiro alimentado por vermes ou versos brilhantes". Paul Eluard refere-se às noites surrealistas, "passadas a criar com amor toda uma série de *cadavres exquis*. Era a procura de mais encanto, mais unidade, mais audácia nessa poesia finalizada coletivamente. Nenhuma inquietação ou lembrança da miséria, do tédio, do habitual". Em inglês, emprega-se a expressão correspondente: *exquisite corpse*.

•**CADENZA.**　Termo italiano para se referir à parte de um concerto (normalmente situada no final do movimento) destinada à execução virtuosística de um solista (*cadenza* instrumental). A palavra se aplica igualmente à ária operística (*cadenza* vocal). As *cadenze* podem ser livres ou estar vinculadas ao movimento e às indicações do compositor.

CAFÉ-CONCERTO.　Casa de espetáculo cênico e popular surgida na França no início do século XIX, em que se serviam bebidas e se apresentavam quadros musicais, dançantes, cômicos, de mímica e de variedades circenses (acrobacias, mágicas). Citam-se como os mais antigos o Café des Bouts de Chandelles e o Café des Muses, seguidos pelo Café des Ambassadeurs, pelo Café du Midi e pelo Alcazar d'Été. Normalmente, o programa abria com peças orquestrais, seguindo-se as apresentações de cantores secundários e bailarinas, de números de ginastas ou mágicos, dos cantores e cantoras principais (as divas), de esquetes cômicos, terminando com uma marcha ou parada triunfal de todo o elenco, à moda circense. Foram neles que surgiram as figuras das *cocottes*, jovens atraentes incumbidas de fazer companhia aos fregueses masculinos, estimulando-os ao consumo de bebidas durante o espetáculo. Na primeira metade do século XX, e ainda na França, o Moulin Rouge, o Folies-Bergère e o Casino de Paris converteram-se em símbolos máximos do café-concerto, com destaque para a vedete Mistinguett e o compositor e cantor Félix Mayol. Na Inglaterra, e posteriormente nos Estados Unidos, recebeu a denominação de *music-hall*. No Brasil, o café-concerto chegou em 1850 com a fundação do Café Paraíso (depois renomeado Folias Parisienses), passando a concorrer, nove anos mais tarde, com o Alcazar Lyrique, ambos no Rio de Janeiro. Juntamente com o →teatro de revista, o café-concerto foi ponto obrigatório da boêmia do Segundo Império.

CAIXA.　**1.** Em teatro, o conjunto físico ou arquitetônico que abrange o urdimento, o palco e o porão, todos eles situados, normalmente, atrás da boca de cena. **2.** Recipiente de metal ou de material não-incandescente para queima de substâncias e conseqüente produção de fumaça em espetáculos cênicos. Atualmente, utiliza-se um dispositivo elétrico para tal fim, a máquina de fumaça. **3.** Pequeno tambor acoplado a uma bateria, ou ainda usado a tiracolo por integrantes de bandas, de fanfarras, de grupos de bailados folclóricos ou de escolas de samba.

•**CAKEWALK.**　Dança popular dos negros sulistas norte-americanos, bastante sincopada, e cujo nome derivou do costume de se oferecer um pedaço de bolo ou de torta (*cake*) ao dançarino cuja atuação fosse considerada a mais virtuosística ou de passos mais intricados. Surgida em meados do século XIX, alcançou sua maior difusão e popularidade na transição para o século XX, inclusive em outros países, sendo incluída em espetáculos de revista ou de *vaudeville*.

CALÃO.　Gíria ou terminologia popular que atribui a uma palavra um sentido excêntrico ou bastante diferenciado de sua acepção primária ou convencional, servindo normalmente para reforçar a carga emotiva ou expressiva da locução (por exemplo, *gato* ou *gata*, com o significado de homem ou mulher atraente). Embora as camadas populares se utilizem corriqueiramente do calão, é possível observá-lo em todas as classes sociais e grupos profissionais, formando verdadeiros →socioletos. *Baixo calão* é o mesmo que palavrão, linguagem chula ou grosseira.

CALCOGRAFIA.　→*Gravura,* →*Entalhe.*

CALHA.　Abertura no assoalho de palco para erguimento ou baixa de cenários, dispostos no porão do teatro.

CALIGRAFIA.　Arte e técnica de compor letras e textos manuscritos, historicamente desenvolvida a partir do entalhe em pedra e de incisões em argila e placas de cera, chegando-se ao desenho sobre papel ou pergaminho com o uso de tinta líquida ou em bastão. Foi o único meio utilizado para a confecção de livros e de outros textos até a invenção dos caracteres móveis no século XV (→*Livro*). O termo é proveniente do grego, com o significado de registro ou escrita harmoniosa, bela (*kallos*, belo, e *graphos*, letra). As inscrições monumentais executadas com cinzel na Coluna de Trajano, em Roma, jamais foram suplantadas em suas dimensões. O primeiro grande manual de caligrafia no Ocidente foi criado, em 1552, por Ludovici degli Arrighi, secretário papal, sob o título de *La Operina*. Ainda hoje, em países islâmicos e do Extremo Oriente, a caligrafia resiste como forma artística altamente respeitada. Na Europa e nos Estados Unidos, surpreendentemente, mais de trinta sociedades caligráficas surgiram no final do século XX. →*Hieróglifos*.

CALIGRAMA. Tipo de verso ou poesia cuja disposição gráfica, visual ou espacial, "desenha" com as palavras o tema ou o significado da poesia, materializando assim o seu objeto. No caligrama, o autor abandona a forma tradicional e linear do verso, para valorizar igualmente a imagem que dele se possa ter. Foi utilizado pelo poeta francês Guillaume Apollinaire em seu livro *Calligrammes*, constituindo uma das partes em que se divide a obra. A partir daí, serviu de estímulo e referência a várias manifestações poéticas de vanguarda no século XX, inclusive, e principalmente, entre os concretistas brasileiros. Sua origem, no entanto, é bem mais remota, pois durante o período helenístico alguns poetas já se utilizavam desse recurso gráfico-visual, como o atestam as poesias *Syrinx* (caniço ou ainda flauta de Pã), de Teócrito de Siracusa, ou *Pélekys* (machado) e *Ptéryges* (asas), de Símias de Rodes. Na época, tais poemas eram conhecidos como *tekhnopaígnia*. Em Roma, deu-se-lhe o nome de *carmen figuratum*, ou seja, poema figurativo.

CALUNGA. Boneca e, posteriormente, também boneco do maracatu pernambucano, feito de pano ou de madeira. No início, simbolizava divindades femininas do mar. →*Maracatu*.

CALVÁRIO. Tradução, via latina, do grego *Golgotha*, local de crânios. Designa o lugar destinado pelas autoridades romanas à crucificação de condenados, nos arredores de Jerusalém, e onde Cristo foi mortificado. Por ter sido o lugar da etapa derradeira da Paixão e também do máximo padecimento de Jesus, o calvário veio a ser um dos temas representados correntemente na pintura ocidental e ainda sinônimo de sofrimento. A palavra pode ainda ser empregada para indicar um monumento rememorativo da Paixão, como o existente na igreja de Guimilau, na França, contendo duzentas figuras esculpidas.

CAMAFEU. **1.** Pedra preciosa, semipreciosa ou ainda peça cerâmica ou de vidro contendo um desenho gravado em relevo e cuja cor, monocromática, se destaca daquela do fundo. →*Glíptica*. **2.** Pintura cuja figura principal, de uma só cor, dá a impressão de emergir da tela, como se estivesse em relevo. Nesse caso, utiliza-se ainda a expressão *en camaieu* (como um camafeu). **3.** Tipo de trabalho cerâmico e de vidraria, criado entre os vidreiros de Alexandria, que consiste de um vaso de argila refratária, opaco e escuro, mergulhado em pasta de vidro branco. O resultado, após o resfriamento, dava a impressão de camafeu.

CÂMARA. →*Câmera*, →*Música de câmara*.

CÂMARA DE ECO. Aposento ou caixa especial para produzir efeitos de reflexão ou reverberação sonora (ecos), de maneira a prolongar uma emissão original.

CAMAREIRO. Pessoa encarregada dos camarins e da guarda, organização e, eventualmente, do reparo das roupas e figurinos dos artistas.

CAMARIM. Vestiário e local de caracterização e maquiagem de artistas, localizado na caixa do teatro ou nos estúdios de gravação.

CAMBRÉ. Em dança, indica o movimento de curvatura ou arqueamento do tronco e da cabeça, para os lados, para a frente ou para trás, ora sugerindo uma expressão de característica trágica, ou sentimento de peso e opressão, ora de êxtase, de incorporação anímica e ritualística.

CÂMERA. **1.** Aparelho ou equipamento que capta, forma e registra opticamente a imagem de objetos, utilizando-se da luz que incide sobre eles. Comporta, além do próprio corpo ou caixa, no qual se introduz o filme, a fita ou o disquete digital (para impressão da imagem), os seguintes elementos: *a*) lentes convexas ou positivas, que concentram ou fazem convergir os raios de luz; lentes côncavas ou negativas, que dispersam ou fazem divergir os raios; *b*) diafragma ou sistema de abertura regulável que permite maior ou menor passagem de quantidade luminosa; *c*) obturador ou cortina que protege a película ou o material sensível de registro da imagem. Quando se aciona o disparador, o obturador regula, pelo tempo em que fica aberto, a intensidade da luz incidente. Ao conjunto de lentes, diafragma e obturador dá-se o nome de objetiva; *d*) visor ou janela pela qual o operador observa o objeto, enquadra ou compõe a cena a ser registrada. A câmera de cinema possui ainda um sistema de tração (rodas dentadas) que permite e controla a rotação contínua do filme, durante a exposição da imagem. Tecnicamente falando, também ela fotografa, embora o faça captando vários quadros por segundo (24). Quanto à câmera de televisão, a imagem óptica é transformada interiormente em sinais elétricos por tubos de raios catódicos (um só tubo para o preto-e-branco e três para imagens em cores). Por influência da língua inglesa, a palavra *câmera* tem sido mais utilizada do que o português *câmara*, de sentido idêntico, mas que também se refere a aposento. **2.** O operador desses aparelhos, em cinema e televisão. →*Cinegrafista*.

CÂMERA, CÂMARA ESCURA. **1.** Fenômeno, método e aparelho óptico de captação ou de formação de imagens que está na base do funcionamento físico das câmeras fotográficas, cinematográficas e videográficas. A primeira experiência analisada e descrita deveu-se a Leonardo da Vinci, que a ela se referiu considerando a existência de um aposento vedado à ação da luz, salvo uma pequena fresta que deixasse passar uns poucos raios. Dessa maneira, a imagem dos objetos é projetada na parede oposta à fresta, mas em posição invertida. Mais tarde, já como aparelho, serviu de instrumento de desenhos em silhueta. Sinteticamente, explica-se o fenômeno da seguinte forma. A imagem luminosa provém de raios de luzes com intensidades e cores (freqüências) diferenciadas, que são refletidos por um objeto, afetando o aparelho visual. Mas, para que a imagem se forme de maneira clara e distinta, é preciso que os raios incidentes sejam selecionados e concentrados, do contrário eles se misturam, produzindo uma mancha difusa. Ordenar a dispersão e concentrar as incidências são, portanto, as finalidades das lentes e das objetivas que fazem parte da câmera ou câmara escura. Esta é uma caixa em formato de cubo ou de tipo quadrangular dotada de uma abertura em apenas uma de suas faces (no mais, inteiramente fechada). Cada raio luminoso que atravessa o orifício constrói um ponto da imagem do objeto, inscrevendo-o, de modo invertido, na parede oposta à da abertura. Se o orifício for pequeno, mais "fino" será o raio e mais nítida a projeção da imagem. Ao mesmo tempo, no entanto, mais escura ela será. Ao inverso, aberturas maiores alargam a "espessura" dos raios, aumentando a luminosidade e diminuindo, em contrapartida, a nitidez dos pontos do objeto projetado. Uma câmera escura serve, ela própria, como máquina fotográfica, desde que contenha, em seu interior, um material fotossensível para a fixação de imagens. Neste caso, a fotografia obtida recebe o nome de estenopéica. **2.** Aposento ou câmara vedada à luz natural para revelação de película fotossensível (negativo) ou ampliação de cópias positivas. Para ambos os processos, utiliza-se uma luz de baixa intensidade, em cor vermelha, âmbar ou verde.

CÂMERA LENTA, CÂMERA RÁPIDA. Técnicas de registro cinematográfico que consistem em fotografar com velocidades alteradas, acima ou abaixo de 24 fotogramas por segundo. Na câmera lenta, o registro é feito com mais de 24 fotogramas; na rápida, ao contrário, com uma quantidade menor de quadros. No momento da projeção, a velocidade retorna ao ritmo normal, tanto num caso como no outro. Os resultados obtidos são, respectivamente, o de lentidão ou morosidade e o de rapidez dos movimentos.

• **CAMERAMAN.** Cinegrafista ou operador de câmera cinematográfica ou de televisão.

CÂMERA SUBJETIVA. Em cinema e em vídeo, o ponto de vista ou perspectiva de um personagem diante dos acontecimentos, ou seja, o fato de a câmera assumir ou substituir o olhar do personagem.

CAMERATA. **1.** Conjunto instrumental para a execução de →música de câmara. **2.** Academia particular e informal de artes na Renascença italiana. →Ópera.

• **CAMP.** Forma de →kitsch empregada conscientemente por círculos artísticos de vanguarda, com o objetivo de chocar ou de satirizar, confundindo o belo e o feio. Por essa razão, e nas palavras de Susan Sontag, o *camp* "pretende ser belo porque é horrível". Esta noção estética foi difundida pela cultura →*pop*, remetendo-a à criação artística, à sensibilidade e ao gosto pelo artificial ou inautêntico, pelo exagero e ecletismo das formas e imagens da sociedade de consumo, conjugando o vulgar e o esnobe em um só objeto. Valorização, levada a sério, do "mau gosto" (no sentido de oposto ao refinamento da alta cultura) e que pode ser encontrado no universo estético das camadas populares (contrastes e intensidades de cores, poses rígidas e ambientes artificialmente decorados em fotografias, por exemplo), nos excessos da arte burguesa (*art nouveau*, filigranas e objetos dourados), na miscigenação de símbolos antigos e modernos, no grotesco e na fragmentação dos significados encontrados usualmente na cultura de massa – publicidade, videoclipes, programas de auditório na TV.

• **CANCAN.** Dança alegre e impetuosa, derivada de quadrilhas populares francesas, e que se constituiu em fenômeno de sucesso dos cabarés e teatros de revista da Europa (sobretudo em Paris) e mesmo dos Estados Unidos, entre os meados do século XIX e início do século XX. Dançada predominantemente por mulheres e executada em compasso 2/4, caracteriza-se pela elevação alternada das pernas, deixando à mostra os trajes íntimos das coristas. Os cartazes de Toulouse-Lautrec e algumas peças musicais de Offenbach (como *Orfeu no Inferno*) registraram a fama e a difusão do *cancan*.

CANÇÃO, CANTIGA. **1.** De modo genérico, ambas remetem a um texto poético, dividido em estrofes, para ser primariamente cantado ou recitado, e que se desenvolveu nas formas medievais do →trovadorismo, de inspiração lírica ou épica, incluindo-se: *a) canções de gesta*, ou poemas narrativos, em moldes épicos, destinados aos feitos notáveis de guerreiros e heróis medievais e nacionais de linhagem nobre, representativos de ações coletivas, como as dos ciclos Carolíngio (Carlos Magno), cujo primeiro exemplo é a *Canção de Rolando*, do século X, ou Arturiano (Rei Artur). No século XII, por exemplo, foram escritas mais duas grandes epopéias baseadas em figuras históricas: *El Mío Cid*, na Espanha, e *Campanha de Igor*, na Rússia. O ritmo dessas canções está previsto habitualmente em versos decassílabos, com o intuito de ampliar o caráter solene do relato. Trecho da *Canção de Rolando* (*Chanson de Roland*): "Roland sente que a morte o penetra; / da cabeça desce-lhe ao coração. / Sob o pinheiro foi ele correndo, / Deitar-se à relva e com o rosto ao chão. / E sobre si dispõe a longa espada. / Volta o olhar em direção aos hereges / Para que Carlos Magno e sua armada / Digam que ele morreu, o gentil conde / Em luta de conquista gloriosa. / Bate no peito a culpa muitas vezes / E por seus pecados estende a Deus a luva"; *b)* *cantigas de amigo*, em que o poeta expressa seus sentimentos líricos pela boca de uma donzela ou damisela, utilizando freqüentemente paralelismos e estribilhos, em monólogos ou em diálogos com o amigo (a amada, o amante). Exemplo de autoria de El-Rei Dom Dinis: "Ai, flores, ai flores do verde pino / se sabedes novas do meu amigo? / ai, Deus, e u é? / Ai, flores, ai flores de verdes ramos / se sabedes novas do meu amado / ai, Deus, e u é? / Vós me preguntades polo voss amigo? / E eu ben vos digo que é sã e vivo / Ai, Deus, e u é?"; *c)* *cantigas de amor*, ditas pelo homem à sua amada, sem o subterfúgio de uma personagem e nas quais se incluem também as *chansons de toile* (canções de tecer ou canções de véu), que uma mulher canta, fiando ou tecendo, enquanto espera o retorno do amado; *d)* *cantigas de escárnio e de mal-dizer*, de temática satírica, criticando com humor uma personalidade ou uma situação. As de escárnio são construídas geralmente com metáforas de duplo sentido; as de maldizer elaboram uma escritura mais seca e direta, como a seguinte, também de D. Dinis: "Tant' é Melion pecador / e tant' é fazedor de mal / e tant' é um ome infernal / que eu soo bem sabedor, / quanto o mais posso seer, / que nunca poderá veer / a face de Nostro Senhor" (trecho); *e)* →baladas (acepções 1 a 3); f) e ainda as *sotte chansons* francesas – cantigas ou baladas tolas, talvez melhor traduzíveis como canções impertinentes. Relativamente comuns no século XV, indicam uma cantiga de linguagem popular, rude, imagens deselegantes ou grotescas, opostas às do amor cortês e à tradição galante do trovadorismo. Como exemplo, a *Balada da Gorda Margot*, de François Villon, assim interpretada por Décio Pignatari (trecho): "Não tarda muito e eis-me de humor amargo, / Se sem dinheiro ela me vem pro quarto: / Não a suporto, quero vê-la morta; / Faço a pilhagem nos seus quatro trapos / E juro me pagar por conta e encargo. / Pego-a por trás na cama, e ela: 'Anticristo'! / – Jura por Nosso Senhor Jesus Cristo / Que não dará. Passo a mão num porrete / E lhe gravo na estampa um bom lembrete, / Neste bordel, que é o nosso domicílio". A partir do século XIV, com Dante e Petrarca, o vínculo entre música e poesia começou a se desfazer, tornando-se a canção/cantiga uma estrutura literária que pode ou não integrar-se a uma criação musical. No século XX, por exemplo, cultivaram-na, sob a forma de balada, autores como Jacques Prévert, Antonio Machado, Garcia Lorca, Pablo Neruda, Mário Quintana, Augusto Frederico Schmidt ou Cecília Meireles. **2.** Composição vocal, ou seja, texto de caráter poético, sacro ou profano, enunciado por meio de uma organização sonora, de tratamento popular ou erudito,

acompanhado por instrumentos ou realizado simplesmente a capela. Configura-se, portanto, como a musicalização da fala humana, que, mesmo em sua forma natural, é expressa por entoações ascendentes e descendentes. É suficiente, por exemplo, prolongar a emissão das vogais do texto para se perceber o nascimento da forma canção. Dando-se um andamento lento a essa entoação prolongada das vogais, percebe-se que a canção adquire um tom lírico, sentimental ou intimista. Mas caso se utilize um andamento rápido, com ênfase nas consoantes ou nas sílabas "explosivas" (*ba, pe, co* etc.), a canção adquire uma configuração alegre, expansiva ou dançante. São as canções sincopadas, baseadas comumente em refrães ou estribilhos. As canções que se valem da mesma linha melódica para diferentes estrofes do texto são ainda conhecidas como canções estróficas; caso contrário, diz-se canção livre. Além da canção a solo, acompanhada ou não, e do canto uníssono (do tipo gregoriano), que são formas de monodia ou de canção monódica, existem as canções polifônicas, aquelas escritas para duas ou mais vozes, de natureza sacra (oratórios) ou profana, e que se desenvolveram a partir da *ars nova* renascentista, como o *rondeau*, o *virelai*, a *caccia*, a *chanson* ou os madrigais italianos. No universo da ópera, a canção é sempre denominada →ária. →*Renascença, Renascimento.*

CANCELA. →Balaustrada de pedra, madeira ou qualquer outro material que, nas igrejas, divide os espaços reservados ao coro e aos fiéis.

CANCIONEIRO. **1.** Coleção ou livro, organizado em códice, dos poemas líricos ou heróicos – →canções e cantigas, contendo ou não as respectivas notações musicais – que fazem parte da poesia medieval trovadoresca de Espanha e de Portugal, normalmente escritos em língua galaico-portuguesa ou espanhol, entre os séculos XII e XIV. Entre eles encontram-se: o *Cancioneiro da Ajuda* (310 cantigas, majoritariamente as de amor, e anteriores ao rei D. Dinis, compiladas em fins do século XIII); o *da Vaticana*, cujos textos são atribuídos a D. Dinis; o *Colocci-Brancutti* ou da Biblioteca Nacional de Lisboa (o mais extenso repertório de canções galaico-portuguesas, contendo 1647 no total); o *Cancioneiro Geral* (organizado por Garcia de Resende em 1516, e que traz 300 poetas ou trovadores medievais e renascentistas); o *Cancioneiro da Casa Medinaceli*, espanhol, que inclui 101 peças profanas do século XVI, entre canções e madrigais. **2.** As gestas nórdicas e anglo-saxônicas, escritas entre os séculos XI e XIV, como os →edas e os →nibelungos. **3.** Coletânea de poesias de um determinado escritor (como a de Boiardo, escrita entre 1472 e 1476, inspirada na de Petrarca – ver abaixo) ou de poetas populares de uma região culturalmente delineada. *Cancioneiro de Petrarca* (*Canzoniere*) coleção dos textos líricos e hino de amor escrito pelo poeta, abrangendo sonetos, madrigais e canções, dedicados, majoritariamente, a Laura, jovem mulher que ele conheceu (se conheceu) em 1327. Escritos em língua vulgar (italiano, e não em latim), só começaram a ganhar importância editorial para o escritor após a morte prematura de sua amada, em 1348. Laura é cantada, inicialmente, como figura real: em passeios pela cidade, pelo campo, no banho de rio, sempre indiferente aos suspiros e atenções de Petrarca, que por vezes se lastima, expressando sentimentos de autocomiseração. Em seguida, após sua morte, imagina-a como virgem digna dos céus, que retorna à terra para reconfortá-lo em sua vida solitária e servir-lhe como intercessora divina de seus pecados. O cancioneiro sugere os conflitos pessoais de Petrarca em face das regras sociais e religiosas de seu tempo em seu anseio amoroso ou carnal.

CANDELABRO. Suporte para velas ou castiçal, podendo ter um ou vários braços e ser trabalhado artisticamente quando confeccionado em metal (prata, ouro, bronze) ou mesmo em vidro. Dois candelabros especiais são de origem hebraica: a menorá (*menorah*), de sete velas ou braços, e a *hanukka*, de oito.

CANÉFORA. →*Cariátides.*

CANELURA. Em arquitetura, diz respeito aos sulcos paralelos e contínuos que adornam os fustes de colunas ou pilastras. Nas artes decorativas, aplica-se também à incisão de estrias retas sobre metais.

CANEVAS. **1.** Originalmente, tela de cânhamo, mas cuja acepção se estendeu a tecidos grossos de linho, de lã ou de algodão. Como os fios desses tecidos são espaçados, formam-se estruturas em grade (talagarças) que servem de base para trabalhos de tapeçaria. O bordado feito sobre o canevas recobre-o inteiramente. **2.** Roteiro-guia de uma peça teatral, sobretudo o utilizado pela →*commedia dell'arte*, e no qual se encontra resumida a trama a ser encenada, deixando ao improviso dos atores a forma particular de conduzir as ações. **3.** Em música, o canevas foi utilizado antigamente como guia para o canto lírico. Consistia de uma série de palavras sem sentido preciso, sobposta à linha musical já escrita, tendo por finalidade marcar o número de sílabas e as acentuações tônicas e átonas, antes que o libreto estivesse pronto.

CANHÃO. Refletor móvel, de longo alcance e de foco ajustável, usado para compor uma cena ou acompanhar um intérprete em seus deslocamentos, mantendo-o em destaque. Em inglês, *follow spot.*

CÂNON, CÂNONE. **1.** Derivado do grego "vara de medida", ou regra, indica o modelo, o padrão ou os critérios principais de elaboração e de avaliação de uma obra artística, seja por referência à sua forma ou ao seu conteúdo. **2.** O conjunto dos livros sagrados das Bíblias judaica e cristã, isto é, daqueles considerados como a verdadeira palavra divina, aceitos e instituídos pelas autoridades religiosas (→*Bíblia*). Nesse caso, contrapõe-se a *apócrifo*. **3.** Forma de composição musical, polifônica e contrapontística, surgida durante o período gótico da *ars nova* e bastante utilizada no Renascimento, e que indica a "regra" de elaboração a partir de uma primeira voz ou linha melódica condutora (*dux*). Esta deve ser imitada ou repetida por outras vozes, seguindo determinados critérios, como, por exemplo: em alturas diferentes (mais graves ou agudas); com intervalos invertidos (o intervalo ascendente da primeira voz converte-se em descendente); com a frase entoada ou tocada de trás para frente (cânone em "caranguejo"); por aumentação (a voz que repete as notas do *dux* o faz em tempos mais longos). Configura-se, portanto, como uma forma de construção de melodias paralelas, ligeiramente alteradas e simultâneas, ou seja, um jogo entre a semelhança e a diversidade. A técnica dos cânones permitiu o aparecimento posterior da fuga, já no período barroco. **4.** Como termo litúrgico, a parte central da missa católica. **5.** As obras de um autor ou artista reputadas como autênticas e constantes de um catálogo ou relação-padrão.

CANONIZAÇÃO. Julgamento definitivo e último de uma escala de virtudes cristãs, referente a um processo especial, ratificado pelo papa, pelo qual uma pessoa, por sua fé, obras e atribuições de milagres, passa a ser reconhecida como santo ou santa. Em tal condição, autoriza-se o seu culto público, sem restrições, como as estabelecidas para a →*beatificação*. Foi o papa João XV aquele que procedeu à primeira canonização, a do bispo Ulric de Augsburgo, em junho de 993.

CANOPO. Vaso egípcio com tampa representativa de cabeça humana ou de um deus-animal e destinado a conter as entranhas embalsamadas de um morto. No século XVIII, os canopos passaram a ser manufaturados na Inglaterra como peça de decoração.

CANTARIA. Forma de construção arquitetônica em que se utilizam pedras, blocos ou silhares recortados um a um e ajustados entre si sem argamassa ou material ligante. Cada conjunto horizontal de blocos é chamado *fiada,* sendo que à face externa da pedra denomina-se *paramento* (a contraface, menos trabalhada, tem o nome de *tardoz*). A técnica da cantaria praticamente desapareceu da arquitetura contemporânea, em razão de materiais pré-fabricados, sendo mais usada em ofícios de restauração ou como simples revestimento de paredes já erguidas (a falsa cantaria). →*Aparelho.*

CANTARIA, PEDRA DE. Tipo de rocha sedimentar facilmente trabalhável, e por isso mesmo adequada à edificação arquitetônica (recorte de blocos), ou mesmo à escultura.

CANTATA. Composição vocal, de tratamento erudito, lírica ou sentimental, e de cunho profano ou mesmo religioso, com acompanhamento instrumental. Por vezes, confunde-se com o →oratório, na dependência das tradições regionais. As cantatas italianas e francesas são, em sua maioria, profanas. A *Kantate* alemã refere-se, preferencialmente, a peças religiosas para solista, coro e parte concertante, que nos países latinos da Europa são conhecidas como sinfonia sacra ou moteto, e, na Grã-Bretanha, *anthem*. De modo geral, o gênero cantata substituiu os madrigais polifônicos com o advento da música monódica renascentista. A designação consagrou-se após a publicação do livro *Cantate et Arie a voce sola* (*Cantatas e Árias para Voz Solista*), do compositor e teórico Alessandro Grandi, em 1620. Os mais requintados modelos deste veículo de belcanto foram compostos, na Itália, por Luigi Rossi, Giacomo Carissimi, Vivaldi, Scarlatti e Stradella (este último inspirador de Händel em passagens variadas do *Messias* e de *Israel*). Outros grandes compositores que a ela se dedicaram: Couperin, Rameau e Bach. As *Carmina Burana*, de Carl Orff, são cantatas cênicas, e não ópera no sentido exato da palavra.

CÂNTICO. Canto ou poema religioso, devocional, como também profano, e nesse caso dedicado a louvar uma pessoa, a terra natal ou acontecimento marcante. Um dos mais famosos é o *Cântico dos Cânticos*, atribuído a Salomão, e incluído na Bíblia no século II de nossa era, por influência do rabino Akiba, que a esse respeito escreveu: "Toda a Bíblia é santa; mas o Cântico dos Cânticos é sacrossanto".

CANTIGA. →*Canção, cantiga.*

CANTO. 1. A emissão sonora da voz humana musicalmente conduzida nas diversas formas da →*canção*. 2. A linha melódica principal de uma peça a várias vozes.

CANTOCHÃO. →*Arte medieval.*

CANTO REAL. Poema ou composição de origem francesa – *chant royal* – de forma fixa, constituído por cinco estrofes de onze versos cada, além de um envio ou oferta final, elaborado em cinco ou seis versos. O último verso de cada estrofe, incluindo o do envio, é sempre o mesmo.

CAPA E ESPADA. Originariamente, é uma denominação geral para as comédias ou peças ligeiras espanholas escritas por dramaturgos como Juan de la Cueva, Lope de Vega e Calderón de la Barca, durante o chamado *siglo de oro* da dramaturgia ibérica (finais do século XVII, início do XVIII), em cujos enredos de amor e de enganos havia duelos entre senhores da nobreza. São exemplos as obras *Uma Certeza para a Dúvida, O Aço de Madri* ou *A Dama Duende*. Mais tarde, passou a se referir a uma narração, peça teatral ou obra cinematográfica de gosto popular e cujo enredo romanesco e de aventura remonta ao período entre os séculos XV e XVIII. Neste ambiente histórico, os personagens masculinos vestem-se com capas e trajes típicos de época e se utilizam de espadas nas cenas de combates. *O Conde de Monte Cristo, Os Três Mosqueteiros* ou ainda *Scaramouche* são clássicos do gênero.

CAPITEL. Parte superior ou cobertura de uma →coluna, destinada não apenas a arrematá-la, mas sobretudo a suportar o peso do →entablamento. A decoração do capitel tende a acompanhar as características estilísticas das →ordens da arquitetura: dórico, jônico, coríntio, romano antigo (compósito jônico e coríntio), românico, gótico (em forma de cálice), renascentista, barroco etc.

CAPÍTULO. 1. Em textos narrativos ficcionais, compreende uma unidade fechada de composição e de leitura, precedida de número, título ou mesmo de epígrafes. As mudanças de uma unidade para outra indicam quase sempre alterações de ação, de ambientes, de personagens ou de suas relações, fases ou períodos da trama. 2. Cada uma das unidades, apresentadas separadamente no tempo, de um enredo de folhetim, seriado ou novela televisivas. 3. Parte distinta por seu tema, objetivo, especificidade ou tratamento, mas que se integra a um tratado ou obra completa de literatura não-ficcional (científica, filosófica, crítica etc.) ou a uma lei impressa.

CAPITULAR, LETRA. Tipo de letra que inicia o capítulo de um livro ou um artigo, e que se destaca pelo corpo ou medida bastante superior ao restante do texto. Distingue-se da →letrina por sua configuração mais simples ou despojada de elementos decorativos.

CAPOEIRA. Luta e também jogo atlético e coreográfico trazido ao Brasil por escravos bantos de Angola, servindo-lhes como arma de defesa e de ataque pessoais, e que se difundiu principalmente na Bahia, em Pernambuco e no Rio de Janeiro, onde, nos anos de transição entre os séculos XIX e XX, seus praticantes foram severamente perseguidos pela polícia. A violência da capoeira, no entanto, comporta elementos de grande elasticidade e de beleza de movimentos corporais, que seus adeptos costumam chamar de "malícia". Nas reuniões, rodas ou espetáculos, o jogo coreográfico é acompanhado e orientado por instrumentos percussivos – berimbau solista (o mais importante), atabaques, agogô, pandeiro, chocalhos – além de cantos e refrães coletivos. Em Angola recebia os nomes de *n'golo*, ao norte, na região de Bengala, e de *bássula*, ao sul, na ilha de Luanda (segundo depoimento de Adolfo Morales de los Rios, que a registrou *in loco*). Daí ser comum o evocativo cantado *aruanda*, reminiscência do jogo praticado em Luanda por pescadores e marinheiros. Basicamente, há movimentos ou gingas de baixo, isto é, executados rente ao solo, com o corpo agachado, como o rabo-de-arraia (chicotada com a perna), e os de pé, como a meia-lua (giro alteado da perna), a chapa de frente (pontapé frontal), a chapa de costas (pontapé para trás), a bananeira (mãos no chão e pernas para cima) ou a cutilada (golpe de mão). No Brasil, o nome pode ter derivado do fato de os escravos praticarem a luta em terrenos semidesmatados, mais adequados à própria defesa ou formação das rodas, ou ainda por morarem em sítios ou terrenos semi-roçados. Na década de 1930, dois mestres capoeiristas baianos ganharam destaque nacional: Bimba, criador da primeira "academia" e de um método particular de ensino, conhecido como luta regional baiana (para a qual adaptou golpes de outras lutas marciais, como o judô e o jiu-jítsu), e Pastinha, adepto da capoeira tradicional de Angola.

CARACTERES. **1.** O conjunto de traços físicos, éticos, sociais e psicológicos de um personagem dramático ou narrativo, que fazem ressaltar e distinguir uma personalidade com seus vícios e virtudes (o avarento, o ciumento, o sanguinário, o misantropo, o conformista, o ingênuo, o ambicioso etc.). O tratamento que as literaturas clássicas deram aos caracteres tinha por objetivo fixar com nítida precisão os seus heróis que se tornaram, por isso mesmo, figuras exemplares ou modelos emblemáticos. O teatro e o romance burgueses, e por vezes a obra cinematográfica de melhor qualidade, tendem a tornar os seus personagens mais nuançados ou complexos, aprofundando ou variando os traços pessoais. Sob esse aspecto, a psicologia exerceu forte influência sobre a literatura, sobretudo após o desenvolvimento da psicanálise. **2.** Forma e conteúdo literário que se destina a descrever os tipos morais e as formas de comportamento do ser humano, e cujo primeiro exemplo foi o do grego Teofrasto, no século IV a.C., discípulo de Aristóteles, contendo trinta estudos sobre os diversos padrões de conduta ou personalidade (o oligárquico, o arrogante, o tensioso ou vaidoso, o pretensioso, o nojento, o avarento, o estúpido etc.). A comédia nova e a →comédia paliata lançaram mão desses tipos fixos ou emblemáticos para a composição de seus personagens. Com o mesmo título de *Caracteres*, diversos escritores renascentistas se dedicaram a esse gênero: Joseph Hall (1608), Thomas Overbury (1614), Georges Halifax e La Bruyère (1688). **3.** No início da imprensa moderna, referia-se ao bloco de chumbo ou estanho que trazia uma letra em relevo para impressão, reportando-se depois à própria letra. Decorrente da escrita caligráfica, os caracteres de impressão seguiram, durante séculos e até o aparecimento da linotipia, as formas cursivas de letras manuscritas: caracteres góticos, românicos, itálicos etc. **4.** O conjunto de letras, sinais ou símbolos utilizados, adicionalmente, sobre imagens de filmes, vídeo ou de emissões televisivas, com finalidade informativa ou explicativa. *Caracteres transferíveis ou instantâneos* são as letras, símbolos e algarismos já impressos sobre folha de plástico transparente e que, por fricção e decalque, se transportam para uma superfície lisa – papel, vidro, tecido etc. – na composição de frases e outras indicações visuais.

CARÁTER. O conjunto de sinais exteriores que identifica algo ou alguém. Do ponto de vista da psicologia, refere-se ao modo habitual de um comportamento observável e que, portanto, revela sinais de maior constância ou definição. Para Jung, o caráter consiste numa "direção", criada simultaneamente por disposições individuais, quase sempre inconscientes, e pelo mundo exterior, a sociedade. Dessa direção ou orientação surgem dois caracteres básicos: o extrovertido, em que a busca da sociabilidade é mais intensa e ativa; e o introvertido, que se pauta por uma atitude defensiva ou relutante em face da sociabilidade. Alfred Adler, por sua vez, reforçou o entendimento do caráter como conceito social, tanto por ser um elemento adquirido no transcurso de experiências, como por estar relacionado, basicamente, com a vida social. O caráter seria, conseqüentemente, o resultado de "um jogo de forças". →*Caracteres* e →*Personalidade*.

CARCERÁRIO. Literatura narrativa ou obra dramática (teatral, cinematográfica) que tem por base experiências reais ou fictícias em cárceres ou prisões, e que expõe os conflitos entre prisioneiros, bem como entre estes e as condições de vida penitenciária. Pode ser o local e a situação em que melhor se manifestem os contrastes entre a ausência e a busca de liberdade, a falta cometida e a penitência, a progressiva conquista da lucidez ou, ao inverso, a ruína física e espiritual dos personagens envolvidos. *Recordações da Casa dos Mortos*, de Dostoiévski, é exemplo de romance carcerário. As obras carcerárias podem estar ainda vinculadas a motivos, sofrimentos e perseguições de natureza político-ideológica, como abordados em *Memórias do Cárcere*, de Graciliano Ramos, ou n'*O Arquipélago Gulag*, de Aleksandr Soljenítsin.

CARIÁTIDES. **1.** Jovens dançarinas gregas cujas coreografias home nageavam a deusa Ártemis (Diana) Cariátis, isto é, Ártemis protetora das nogueiras. **2.** Na terminologia de Vitrúvio, arquiteto e teórico romano do primeiro século de nossa era, as cariátides são as colunas figurativas de mulheres que sustentam uma arquitrave. Receberam este nome pelo fato dos habitantes de Cárias tomarem o partido dos persas durante as suas invasões à Grécia. Vencidos os inimigos estrangeiros, as mulheres da cidade foram feitas escravas. Simbolizam, portanto, o castigo de uma eterna servidão, desde o famoso templo construído em Atenas, na Acrópole, o Erecteion. A uma coluna cariátide que traga um vaso sobre a cabeça, servindo de capitel, dá-se o nome especial de *canéfora*. Essa última denominação também se aplica a uma escultura feminina livre que traga um cesto sobre a cabeça.

CARICATURA. Na cultura ocidental, a caricatura (do italiano *caricare*, "fazer pesar", carregar) surgiu na Grécia antiga, em desenhos cerâmicos ou mesmo em estatuetas de bronze, por meio de representações exageradas, deformadas ou ridicularizantes de personagens míticos (faunos e sátiros) ou alegóricos (os vícios, a morte), num misto de intenções humorísticas e aterrorizantes. Pauson é o primeiro autor conhecido deste gênero de arte, no século V a.C. Foi adotada em Roma, no início da fase imperial, aparecendo em desenhos murais – grafites – alguns deles escarnecendo as pessoas de vida pública, incluindo-se os primeiros cristãos. Introduziu-se, posteriormente, no imaginário gótico medieval, sobretudo nas configurações fantásticas de demônios. Já na acepção moderna, a partir dos finais do século XVI, pode ter dois significados que não se excluem: um, basicamente etimológico e necessário, mas restrito à forma, ou seja, o de um desenho "carregado", exacerbado ou hiperbólico, que realça, pela desproporção, traços físicos predominantes; o outro, em que essa forma vem revestida de uma intenção satírica, crítica, burlesca ou negativa, representando as características psicológicas de uma personalidade real ou de um personagem típico, isto é, daquele que resume uma categoria social (o político, o malandro, o artista, o grande empresário etc.). Em sua obra *Conversas com o Pároco X*, de 1775, o poeta, romancista e crítico alemão Christoph Wieland resumiu três formas possíveis de caricatura: as *verdadeiras*, nas quais o pintor ou desenhista reproduz simplesmente a natureza disforme, tal como a encontra; as *exageradas*, nas quais se aumentam propositadamente as deformações dos objetos e personalidades, mas de tal maneira que o original permaneça reconhecível; e as inteiramente *fantásticas*, ou ainda grotescas, em que o pintor, "despreocupado com a verdade e a semelhança, entrega-se a uma imaginação selvagem, como o assim chamado Brueghel dos Infernos" (referência ao pintor renascentista flamengo Pieter Brueghel, o Moço). Freud observa que a caricatura e a →*paródia* têm por objetivo degradar o que é tido por respeitável. Segundo ele, "a caricatura leva a cabo a degradação extraindo do conjunto do objeto eminente um traço isolado que o torna cômico, mas que antes, enquanto fazia parte da totalidade, passava despercebido. Por esse meio, consegue-se efeito cômico que em nossa lembrança se faz extensivo à totalidade, sendo condição necessária para isso que a presença do eminente não nos mantenha em disposi-

ção respeitosa". A caricatura busca, portanto, revelar os aspectos contraditórios ou absurdos que levam ao ridículo o caricaturado ou a situação descrita – política, social ou de costumes. Alguns nomes que se consagraram durante sua evolução histórica foram: os pintores Pietro Leonochezzi, conhecido como "cavaliere delle caricature"; os irmãos Caracci, na Itália; William Hogarth, inglês do século XVIII, que em suas *dramatic paintings* denunciava a falsa moralidade da aristocracia; os franceses Honoré Daumier, Charles Philipon e Paul Gavarni, críticos ferozes da monarquia restaurada de Luís Felipe, e principais colaboradores das duas primeiras revistas do gênero, *Caricature* e *Charivari*. Pouco depois, em 1841, apareceu aquela que seria a mais duradoura revista de caricaturas do mundo, a inglesa *Punch* (abreviação de Punchinello). No século XX, com a multiplicação dos meios jornalísticos e editoriais, são inúmeros os artistas que a ela se dedicaram de modo criativo e contundente, como Hervé, Jean Bosc, Follon, Jules Feiffer, David Levine, Tom Henderson, André François, Gerald Scarfe, Ronald Searle ou Quino, trabalhando nas diversas modalidades que a caricatura gerou: a charge, o cartum e o desenho de humor. No Brasil, cita-se como exemplo inicial um desenho de Manuel Araújo de Porto Alegre, datado de 1837, sob o título de "A Campainha e o Cujo". A primeira revista de humor, veículo privilegiado da caricatura moderna, foi a *Semana Ilustrada*, que sobreviveu entre 1860 e 1876, substituída pela *Revista Ilustrada*, de Ângelo Agostini, o criador nacional das histórias em quadrinhos. Outras publicações importantes foram, já no século XX, *O Malho*, *A Careta* (a mais duradoura, 1908-1960), *Álbum de Caricaturas*, *Fon-Fon*, *Para Todos* e *O Pasquim*. Alguns de seus mais conhecidos artistas: Raul Pederneiras, J. Carlos, K. Lixto, Guevara, Rian (Nair de Teffé), Belmonte, Nássara, Hilde Weber, Lan, Carlos Estevão, Luis Sá, Péricles, Millôr Fernandes (Vão Gôgo), Jaguar, Ziraldo, Henfil, Claudius, Fortuna, Glauco, Angeli e os irmãos Chico e Paulo Caruso. →*Cartum,* →*Charge* e →*História em quadrinhos.*

CARNAVAL. Festa laica e folguedo popular, o carnaval é a manifestação lúdica e social mais antiga e ainda realizada anualmente nos países de influência católica do Ocidente. Sua origem e etimologia remontam à Idade Média italiana, na passagem do século XII ao XIII. À época, o significado literal do festejo estava ligado à chegada da Quaresma, ou seja, ao período de quarenta dias antecedentes à Páscoa, e nos quais os fiéis deviam se associar, por restrições, abstenções e penitências, aos sofrimentos da Paixão de Cristo. Um desses comportamentos prescritos dizia respeito à abstenção de carne e à prática de jejuns, com o significado genérico de tentações do corpo, incluindo-se a bebida e o sexo (em latim popular, *carne levare, carnelevarium* – libertar-se ou aliviar-se de carne, assim como o imperativo *caro, vale!* – adeus, carne!). Antes do início deste período de expiações, diversas comunidades italianas, entre elas Milão, Roma, Veneza ou Nápoles, entregavam-se a festejos caracterizados por uma certa transgressão de hábitos cotidianos, licenciosidade de comportamentos ou inversão simbólica de papéis e condições sociais, tanto pelo uso de máscaras e fantasias, realização de bailes e desfiles noturnos de rua, como por disputas, jogos e brincadeiras rústicas ou desregradas. Historicamente, o primeiro registro da palavra em língua pátria, já com o sentido de festividade e transgressão, é o do milanês *carnelevale*, do século XII. Seguem-se o francês *quarnivalle* do século XIII e o veneziano *carlevar* do século XIV. E o período carnavalesco estendia-se do Natal à terça-feira "gorda", último dia em que a carne podia ser ingerida sem que se incorresse em pecado. Algumas pesquisas ou opiniões procuram demonstrar uma vinculação formal com as →Saturnais romanas do Antigo Império. As justificativas são as de que o culto e a festa em homenagem ao deus Saturno já continham, e de maneira mais intensa ou evidente, a licenciosidade, o erotismo ou a permissividade de comportamentos que o carnaval suscita, além de terem início com um cortejo de *carri navales*, ou carros em formato de navios. A argumentação é discutível sob três aspectos: primeiro, comemorações e cultos orgiásticos foram freqüentes na Antigüidade greco-romana. Se quiséssemos retroceder em busca de origens, seria mais conveniente nos referirmos às antestérias presididas por Dioniso (festa das flores, do vinho, da espontaneidade e do êxtase), comemoradas no início da primavera, ou seja, fins de fevereiro e início de março. As saturnais itálicas, de implantação posterior, realizavam-se no inverno, entre 17 e 21 de dezembro, como homenagem e prédica ao deus das semeaduras. Em segundo lugar, o ciclo das festividades medievais era fixado claramente em função das comemorações e ritos católicos, sendo também comum o uso de disfarces e jogos em outras festas, como as de São João; por fim, a etimologia de *carrum navale* ou *carrus navalis* já se provou insustentável. Quaisquer que tenham sido as contribuições pagãs, no entanto, a festa do carnaval se caracteriza pelo fato de reinventar ou modificar, simbolicamente, as relações ou estratificações sociais cotidianas. Não pelo aspecto de sua organização, seja ela amadora ou profissional, mas pela liberalidade de um comportamento devotado à emoção, à exploração dos sentidos visuais (trajes e cores), auditivos (sons e ritmos) e da movimentação corporal (dança). E, ao permitir uma outra vida momentânea, o carnaval aproxima-se do teatro naquilo que este possui de representação. Por esses motivos, ao observar o carnaval veneziano, Goethe o definiu como "uma festa que o povo dá a si mesmo" (*Italianische Reise*). Da Itália o carnaval alastrou-se por outras regiões européias – Espanha, França, Alemanha e Portugal – destacando-se, além de Veneza, as festividades de Nice, Colônia e Munique. Durante o século XVIII, a festa chegou a criar um personagem central, nas regiões das Ardenas (França) e da Catalunha (Espanha). Tratou-se da própria figura do Carnaval, um boneco ou manequim gigante, de traços cômicos, transportado sobre uma carroça e que desfilava à noite pelas ruas das cidades acompanhado por foliões carregando tochas. Sua função era a de representar e permitir um julgamento popular de muitos vícios, comumente atribuídos aos homens: gula, infidelidade, alcoolismo ou jogo. Terminado o "processo judicial", Carnaval era queimado (como Judas), afogado ou fuzilado. De Portugal chegou ao Brasil ainda no período colonial, em meados do século XVII, primeiramente sob a forma de entrudo (o *introitus* ou início das solenidades litúrgicas da quarta-feira de cinzas). Brincadeira rude, grosseira e desorganizada, consistia apenas de uma "guerra" de água, de pós e de cal entre os foliões, mais tarde amenizada por lançamento de limões-de-cheiro (pequenas bolas de cera contendo água perfumada), de vinagre, vinho ou suco de groselha. Do entrudo passou-se, em meados do século XIX, ao →zé-pereira, bloco de rua formado espontaneamente e que fazia seus préstitos marcados pela percussão de bumbos e tambores, reduzindo-se o canto a um estribilho ou quadra. Na mesma época, hotéis e casas de espetáculo do Rio de Janeiro introduziram os bailes mascarados, à moda veneziana, destinados às camadas aristocráticas e da alta burguesia do Império. O primeiro registro data de 22 de janeiro de 1840, no Hotel Itália da praça Tiradentes. O advento do zé-pereira e dos bailes estimularam não apenas o uso de serpentinas, confetes e lança-perfumes (estas últimas introduzidas em 1885), mas a formação, em todo o Brasil, de ranchos orquestrais (a partir de 1870) e de blocos associativos, cujos desfiles eram arrastados por fanfarras. A partir da segunda metade do século XIX tornaram-se famosos, no Rio de Janeiro, algumas agremiações de elite, como os Tenentes do Diabo (ou Baetas, no qual tomou parte José do Patrocínio), o Grêmio Recreativo e Carnavalesco dos Fenianos, o Clube dos Democráticos, os Pierrôs da Caverna ou os Argonautas. Com seus desfiles luxuosos e alegóricos, anunciados antecipadamente em jornais, essas sociedades contribuíram para atrair a atenção das classes médias e incentivar o gosto pela festa. Em Recife, ganharam destaque o Vassourinhas e os Lenhadores; e em Salvador, os Fantoches da Euterpe e os Inocentes em Progresso. Mas a conseqüência mais importante deu-se na criação ou no reaproveitamento, durante a última década do século XIX, dos próprios gêneros musicais carnavalescos, ou seja, dos ritmos e composições exclusivas para a brincadeira e a dança (o "pulo" de carnaval). Essa contribuição veio a ser realizada pelos ranchos e →escolas de samba, integradas pelas camadas populares, nas formas de marcha ou marchinha, da marcha-rancho, do frevo, do maracatu, do samba e do samba-enredo. Antes, utilizavam-se polcas, valsas, fados, maxixes e até *schottisches*. A canção *Ó Abre Alas*, de 1899, da maestrina e compositora Chiquinha Gonzaga, abriu caminho para o primeiro grande gênero musical do carnaval brasileiro no século XX, a marchinha, de espírito irônico ou ainda maliciosamente lírico. Possuindo um andamento mais acelerado ou vibrante do que a marcha, passou a ser composta, habitualmente, por músicos de classe média, conhecedores da linguagem musical. Com ela, fundou-se uma tradição sexagenária, para a qual contribuíram alguns dos melhores autores populares da época: Sinhô, Noel Rosa, Ari Barroso, João de Barro (Braguinha), Lamartine Babo, Assis Valente e Paquito, entre dezenas de outros. Os ranchos, por sua vez, deram uma estrutura mínima ao desfile do carnaval urbano, laicizando os temas religiosos populares mais antigos e rurais. Nascidos também no Rio de Janeiro, em meio à comunidade negra dos baianos da zona portuária, foram os precursores das escolas de samba, produtoras, por sua vez, do samba-enredo, e com elas chegaram a conviver durante décadas. Entre outros, ficaram conhecidos os ranchos do Ameno Resedá, Dois de Ouro, Mimosas Cravinas, Mamãe, lá vou Eu, Rosa de Ouro, Flor do Abacate e Jardineira. A instrumentação já era a de pequenas orquestras, com predomínio de sopros, mas sem coreografias ou fantasias coletivas. As escolas de samba conservaram dos ranchos figuras como as pastoras, a porta-estandarte e o mestre-sala. No Recife e em Olinda, o →frevo e o →maracatu desenvolveram-se como formas típicas e perfeitamente adequadas ao espírito carnavalesco. O frevo logo se disseminou pelo Nordeste, incluindo-se a Bahia, cujos →trios elétricos também o adotaram.

CARNAVALESCO. **1.** Autor, autora ou participante da criação de um enredo de escola de samba. **2.** Para o crítico russo Mikhail Bakhtin, "a linguagem carnavalesca caracteriza-se, principalmente, pela lógica original das coisas 'ao avesso', 'ao contrário', das permutações constantes do alto e do baixo, da face e do traseiro, e pelas diversas formas de paródias, travestimentos, degradações, profanações, coroamentos e destronamentos de bufões" (*A Cultura Popular na Idade Média e no Renascimento*). Constitui, portanto, a qualidade expressiva de manifestações folclóricas e populares que imitam, por meio de paródias, as formas e os valores de uma cultura dirigente ou de elite. Nessa viragem, torna-se uma experiência coletiva de transgressão, de crítica, sátira expressiva ou rompimento das normas e hierarquias cotidianas. O "espírito" carnavalesco, segundo o autor, influenciou, desde as saturnálias romanas, certos gêneros ou formas literárias (a comédia, a farsa burlesca), principalmente no uso da linguagem e composição de caracteres, tomando-se como grande exemplo Rabelais. Seria ainda uma predisposição criativa na arte para salientar os aspectos corporais, instintivos, coloquiais e marginais das tramas e representações. →*Carnaval*.

CAROCHINHA, CONTOS DA. Narrativas breves para o público infantil, originais ou adaptadas, semelhantes às fábulas, de intenção moralizante e educativa, escritas em linguagem facilitada. No Brasil, a primeira coletânea com esse nome foi organizada e impressa por Figueiredo Pimentel, em 1894, obtendo sucesso, com variadas reedições, até metade do século seguinte. Ainda por extensão, narrativa fantasiosa ou pueril, na qual não se deve confiar. A designação deriva de Carocha, no sentido de capuz ou carapuça que os alunos castigados em sala de aula deviam usar, no século XIX, enquanto durasse a punição.

CARTA. **1.** Em literatura, corresponde a um de seus gêneros ou modalidades, em prosa ou verso, consistindo numa interpretação pessoal e comentada sobre determinado assunto (artes, filosofia, política, relações amorosas e sociais etc.). Durante o período romano, a carta ou epístola constituía regularmente um texto poético, de que são exemplos a *Carta aos Pisões* (ou *Arte Poética*) de Horácio, as *Tristia* (*Tristes*) ou as *Epistulae ex Ponto* (*Cartas do Ponto*) de Ovídio. Ainda que esteja endereçada a uma pessoa ou grupo em particular, na verdade a carta destina-se a leitores em geral, interessados no objeto de análise ali contido. Em prosa, a carta adquiriu vulto literário nos séculos XVII e XVIII, podendo-se mencionar, entre outras famosas, a coleção de Madame Sévigné (um amplo quadro da vida cortesã seiscentista) as *Cartas Persas*, de Montesquieu, a *Educação Estética*, *Uma Série de Cartas*, de Schiller, as *Cartas Chilenas* (atribuídas a Tomás Antônio Gonzaga), as *Cinco Cartas de Amor*, de Sóror Mariana Alcoforado, as *Cartas a um Jovem Poeta*, de Rainer Maria Rilke, ou as *Cartas da Inglaterra*, de Rui Barbosa. Nesse sentido, integra a literatura →epistolar, concretizada em epístolas ou cartas. **2.** Relato pessoal de fatos, paisagens, impressões ou sentimentos, escrito em estilo íntimo, informal, destinado a uma pessoa distante ou ausente. Quando escritas ou enviadas a personalidades públicas, de importância, as cartas podem servir de valiosa fonte de pesquisa e interpretação de suas idéias, atos ou sentimentos, tanto quanto históricas ou de época.

CARTUM. Desenho e anedota gráfica, considerada uma modalidade de caricatura, podendo conter uma só imagem ou constituir uma historieta, isto é, uma narrativa breve com duas ou três cenas encadeadas. Destinado à publicação em jornais, revistas ou periódicos especializados, baseia-se geralmente em personagens fictícios – humanos ou fantásticos – embora se valha também de pessoas reais no caso de assuntos políticos. Constitui uma visão humorística ou satírica de comportamentos e mentalidades, tirando partido dos eternos vícios humanos, sejam eles circunstanciais ou atemporais. Com o significado contemporâneo, nasceu na Inglaterra, em 1841, na revista *Punch*, dedicada ao humorismo e à caricatura. O nome deriva de *cartoon*, um desenho em pequena escala que serve como guia para ampliações e reproduções em tapetes, telas ou murais. No Brasil, a edição de março de 1964, da revista *Pererê*, aportuguesou a palavra. →*Charge* e →*Caricatura*.

CASANOVA. Pessoa ou personagem aventureira, constantemente às voltas com negócios escusos, prisões, fugas, vida boêmia e conquistas amorosas. O termo é decalcado da vida real de Giovanni Giacomo Girolamo Casanova (1725-1798), escritor veneziano, mas de língua francesa, autor de famosas *Memórias* (só publicadas em 1822). Refere-se a um homem de vida libertina cujo prazer é vivido sem arrependimentos ou sentimentos de culpa. Para a elaboração de seu *Don Giovanni* (o Don Juan), Mozart inspirou-se e manteve contatos com Casanova, a fim de melhor explorar o enredo de uma trama já conhecida literariamente.

CASINO. Palacete ou casa de campo renascentista, clássica ou barroca, geralmente assobradada, contendo jardins frontais edificados em dois ou mais níveis. Vocábulo de origem italiana, derivado de casa, com o sentido de segunda residência ou residência de férias. Daí também, por extensão, o edifício destinado a jogos de carteado, o cassino.

• **CASTRATO, CASTRATI.** Cantor(es) emasculado(s), castrado(s), pouco antes de alcançar a puberdade, com o objetivo de conservar o registro de soprano ou de contralto. A voga dos *castrati* apareceu no século XVI, servindo para substituir as vozes femininas nos coros eclesiásticos (então proibidas), mas que, rapidamente, foi absorvida pela ópera italiana, desde a época de Monteverdi a meados do século XIX. O coro da Capela do Vaticano prolongou essa tradição até o início do século XX. Tornaram-se famosos na história da ópera figuras como Gualberto, Senesino, Farinelli, Caffarelli, Velluti e, o úl-

timo deles, Moreschi (falecido em 1922), que chegou a fazer gravações.

CATACRESE. Figura de retórica em que há traslado ou transposição do sentido habitual que se atribui a uma coisa ou fenômeno para outra semelhante. À diferença da metáfora, que se baseia no mesmo princípio, a catacrese é um tropo ou imagem corrente, repetitiva ou já consolidada, tal como: bico de pena, perna de mesa, braço de cadeira, embarcar no avião, cabeça de prego etc.

CATACUMBA. Do latim *ad catacumbas*, perto de ravina ou barranco, designa um cemitério, hipogeu ou necrópole subterrânea em Roma, construída em sistema de galerias e composta por *loculi,* ou seja, por pequenas cavidades nas laterais das paredes. O nome converteu-se em referência histórica para os túmulos coletivos dos cristãos primitivos, havendo nelas inscrições e pinturas de teor religioso. Ou seja, foi nas catacumbas que se iniciou a história da arte cristã, ainda calcada nas técnicas pictóricas lisas, sem volume, e numa concepção já fora dos padrões clássicos, espiritualizada, características comuns do fim do Império Romano (séculos III e IV). Ali se encontram, por exemplo, figuras de frutas e de pequenos animais de caça, representativos da eucaristia, assim como de peixes, pombas ou ovelhas, signos então de uma doutrina pacifista, antes que a cruz, ainda ligada à idéia de condenação, fosse assumida como ícone máximo da religião cristã. Sabe-se também que a escavação de galerias ou cavernas para a inumação já era um hábito da população de Roma desde o século IV a.C. O intuito era o de evitar o emprego de terras aráveis na construção de cemitérios. A preservação que os fiéis e autoridades católicas fizeram dessas galerias, em homenagem aos primeiros convertidos e mártires, é que deu fama aos sítios. Na verdade, as catacumbas encontravam-se registradas oficialmente no *Catálogo Liberiano* e não parecem ter sido violadas, mesmo em épocas de interdição de uso, como as dos imperadores Valenciano ou Diocleciano. Entre as mais conhecidas e visitadas encontram-se as de São Calixto (San Callisto), onde foram sepultados alguns dos primeiros papas, de São Lourenço (San Lorenzo), de São Valentino, de São Sebastião (San Sebastiano) e a de Santa Domitila, hoje pontos turísticos da capital italiana. →*Columbário*.

CATAGUASES, CICLO DE. Conjunto de produções cinematográficas brasileiras realizado por Humberto Mauro, inicialmente com a participação do imigrante e fotógrafo italiano Pedro Comello, ambos fundadores da Phebo Sul América Film, em 1926, na cidade mineira de Cataguases. Cinema artesanal, familiar e de aprendizado da nova linguagem, tem como significado histórico mais evidente a tenacidade do esforço e a paixão de fazer cinema sob condições técnicas, econômicas e culturais extremamente difíceis para a época. Após duas tentativas frustradas de criação em curta-metragem (*Valadião, o Cratera*, e *Os Três Irmãos*, de 1925), Humberto Mauro e Comello conseguiram realizar o primeiro longa-metragem fora de um grande centro urbano – *Na Primavera da Vida*, 1926 – que consiste de um melodrama simples, cujo enredo opõe um ambiente socialmente civilizado ao mundo rural, visto como rude e perigoso. Apesar das críticas de Adhemar Gonzaga, na época já à frente da revista *Cinearte* (→*Cinédia*), este passou a servir como conselheiro de Humberto Mauro para as outras produções mineiras, sobretudo no que diz respeito à conformação do cinema brasileiro à estética norte-americana. Assim sendo, o segundo filme concluído do ciclo, *Tesouro Perdido* (1927), já contém algumas fórmulas típicas dos faroestes de Griffith, como a dramatização simultânea e o emprego de metáforas cênicas. *Tesouro Perdido* conseguiu ser projetado no Rio de Janeiro, devido à influência de Gonzaga. Logo após a realização deste filme, Comello abandonou a sociedade para fundar uma empresa exclusiva, a Atlas Film. Os dois melhores exemplares do ciclo foram justamente os dois últimos dos quatro filmes produzidos: *Brasa Dormida* (1928) e *Sangue Mineiro* (1929), com atores e fotógrafos profissionais contratados e filmagens realizadas no Rio de Janeiro e em Belo Horizonte, respectivamente. A roteirização mais elaborada permitiu que se desse um tratamento de maior densidade dramática aos personagens, se comparados aos anteriores. Com a experiência adquirida em Cataguases, Humberto Mauro foi convidado por Adhemar Gonzaga para estrear como diretor na Cinédia, dirigindo *Lábios sem Beijos* (1930).

• **CATALOGUE RAISONÉ.** Catálogo de artes plásticas que fornece uma lista completa da produção de um artista, incluindo, para cada obra, informações sobre a técnica utilizada, a data, as dimensões, a proveniência, as referências bibliográficas e ainda, em casos específicos, gravuras impressas a partir dos originais. A expressão, de origem francesa, é aplicada internacionalmente (catálogo racional, argumentado ou crítico).

CATARSE. **1.** Termo utilizado por Aristóteles em sua *Poética* como objetivo final da tragédia. A palavra já era empregada na religião grega para indicar a purificação prévia e indispensável de um ritual olímpico; na medicina, como purgativo de humores maléficos e, na filosofia pitagórica, como retorno ao equilíbrio espiritual pela audição de música. No teatro, passou a significar o reconhecimento do "terror", experimentado pelo herói trágico (a ameaça à sua condição humana) e da "piedade", a aceitação de seu destino. É uma forma de conhecimento pela dor, cuja experiência conduz à purificação, ao alívio das tensões e à renovação moral. O reconhecimento das situações (*anagnorisis*), provocado pela catarse, cumpriria o papel, ao menos teoricamente, de transformar a ignorância em conhecimento, além de ser uma das fontes do prazer estético, na medida em que esta sensação é passível de ser recolhida diante do espetáculo oferecido pelo "outro". Rousseau, no entanto, negou à catarse a possibilidade de mudar comportamentos, dizendo ser ela "emoção passageira e vã que não dura mais que a ilusão que a faz nascer, um resquício de sentimento natural logo abafado pelas paixões [...] e que nunca produziu o mínimo ato de humanidade" (*Contrato Social*). **2.** Na teoria psicanalítica, freudiana, indica a liberação das energias psíquicas reprimidas durante o processo de desenvolvimento do ego e do superego, e que se realiza pela lembrança ou reprodução de um conflito original, gerador de recalque. A catarse é obtida pelo método da livre associação das idéias, ou seja, da evocação voluntária e regressiva à experiência traumática.

CATÁSTROFE. Conceito da dramaturgia clássica, grega ou renascentista, e que se reporta ao final ou resolução da ação trágica. Na catástrofe – aniquilamento, ruína – o herói cumpre o seu destino, pagando, de alguma forma, os erros ou as faltas por ele cometidas ou atribuídas solidariamente à sua linhagem (*harmatia*). É o momento de compensação de uma culpa pretérita, conhecida ou não, e que deu início ao drama (originalmente, a palavra inclui o significado de retorno, volta e apaziguamento). Ainda que se entenda a catástrofe como momento necessário e específico da tragédia ("o desenrolar verdadeiramente trágico consiste na progressão irresistível em direção à catástrofe final" – Hegel), seu conceito pode ser aplicado ao de desenlace ou resolução lógica e dolorosa da ação, ao menos para o drama moderno.

CAVALGAMENTO. →*Enjambement*.

CAVALO DE TRÓIA. O artifício final e decisivo utilizado pelos gregos na guerra contra a cidade e o reino de Tróia, e símbolo, ao mesmo tempo, de estratagema vitorioso e de insídia. Após a morte de Aquiles, os gregos encarregaram Epeios de construir um enorme cavalo de madeira, no interior do qual se instalou um grupo de guerreiros, entre eles Ulisses. Na seqüência, retiraram os seus exércitos das praias, deixando apenas um de seus homens, Sínon, incumbido de levar o plano adiante. Sínon apresentou-se aos troianos como desertor e lhes contou que os helenos haviam desistido da guerra, mas deixavam o cavalo como oferenda à deusa Atena. Apesar das advertências do sacerdote Laocoon (morto por serpentes marinhas enviadas por Poseidon) e das inúteis profecias de Cassandra, filha do rei Príamo, os troianos conduziram o cavalo para dentro de seus muros. À noite, enquanto os troianos festejavam e se embebedavam pela vitória alcançada, os guerreiros gregos saíram do bojo do animal e abriram os portões para os seus exércitos, submetendo os adversários e destruindo a cidade. A história consta inicialmente da *Ilíada* (Homero) e ainda da *Eneida* (Virgílio).

CAVILHA. →*Escansão.*

CD, DISCO COMPACTO DIGITAL, DISCO LASER. Sigla para a denominação inglesa de *compact disc*, que designa o disco fonográfico compacto e digitalizado, gravado sobre uma camada de prata, em uma só face ou lado, e cuja leitura se faz por meio de raio *laser*. Ao contrário dos discos de vinil, não possui sulcos. O conteúdo ou as informações são registradas em orifícios ou covas microscópicas, havendo ainda áreas lisas, com propriedades reflexivas diferentes. A leitura dos dados é realizada por um raio *laser* focalizado sobre o disco, de modo a fazer com que seus reflexos possam ser detectados e traduzidos, novamente, em sinais digitais. Três qualidades o distinguem das formas antigas de gravação: dimensões reduzidas (em geral doze centímetros de diâmetro), o alto grau de fidelidade e a duração, que pode ultrapassar os setenta minutos. Também *disco digital* ou *disco laser.*

CD-ROM. Disco compacto e digitalizado (CD), para uso em computadores, que condensa grande quantidade de informações, com tratamento multimídia, ou seja, textuais, de som e de imagem, lidas e vistas na tela do monitor. ROM é a sigla inglesa de *Read Only Memory* (memória de leitura exclusiva), significando que o conteúdo ali gravado ou existente não pode ser alterado ou regravado pelo usuário. A leitura do CD-ROM, no computador, é feita em grande velocidade por sistema laser.

CEDAR. Sigla da expressão *Computer Enhanced Audio Restauration*. Equipamento computadorizado para separar sons e ruídos de uma gravação de áudio, distinguindo suas respectivas freqüências, com o objetivo de aumentar e clarificar aqueles desejados e eliminar os desnecessários. Tem sido utilizado, em combinação com outros mecanismos, para a restauração de canções e de obras instrumentais mais antigas – já registradas em discos e fitas magnéticas – dando-lhes, inclusive, efeitos estereofônicos novos. Inventado pelos ingleses durante a guerra fria, para captar e separar emissões sonoras, passou a ser utilizado na indústria fonográfica.

CENA. **1.** Do grego *skene*, originalmente uma pequena plataforma coberta, ou barraca, colocada ao lado do espaço de representação e serve como local para a troca de máscaras e de roupas. **2.** Parte da caixa de teatro onde as ações se desenvolvem – o espaço cênico, o palco – e que ao longo da história puderam apresentar as seguintes configurações, relativamente aos espectadores: *a)* em forma de arena, ou seja, com a cena inteira e envolvida circularmente; *b)* semi-arena, quando a cena está frontal e circundada lateralmente pela audiência; *c)* à italiana, estando a cena posta de maneira frontal; *d)* panorâmica ou arena invertida, isto é, quando o público se encontra no centro, rodeado pelo espaço cênico e pelos atores; *e)* sem limites, em que atores e espectadores dividem o mesmo espaço; *f)* vertical, quando as ações ocorrem acima ou abaixo do público. **3.** A menor das divisões de uma ação dramática teatral, delimitada, habitualmente, pela entrada ou saída de personagens. O conjunto das cenas constitui o quadro ou ato. **4.** O próprio cenário. **5.** Parte da ação cinematográfica ou videográfica cujas imagens estão contidas em uma só tomada de vista ou num determinado plano, fazendo coincidir, na maioria parte das vezes, o tempo fílmico real com o chamado tempo "diegético" (o tempo da ação narrada). **6.** Acontecimento ou episódio de uma narrativa, envolvendo seus personagens. **7.** Ambiente natural ou arquitetônico, contendo ou não personagens, e que serve de tema para uma pintura figurativa. Neste caso, a caracterização da cena pictórica é dada pela existência de planos distintos (distanciamento, profundidade). Daí não se usar o termo cena para retratos e naturezas-mortas, quando limitados a um só plano.

CENA MUDA. Cena representada sem palavras e inserida em drama teatral ou cinematográfico, caracterizando-se por conter apenas gestos ou movimentações corporais, acrobáticas ou de dança. Com esse sentido, inclui a →mímica ou mimo e todo o cinema mudo. No teatro isabelino, a cena muda era composta para reforçar a ação principal, como a que se desenrola em *Hamlet* (um resumo da trama, dentro da própria história). Em linguagem atual, cumpriria uma função metalingüística.

CENÁRIO. A composição plástico-visual dada a um espaço cênico e que representa, sugere ou evoca um ambiente, suas referências espaciais, temporais, sociais e psicodramáticas, incorporando ainda os objetos e acessórios requeridos pela ação. Modernamente, um cenário é entendido como "arquitetura do envolvimento", no sentido de que é no seu interior que se representa, e não em frente a ele. Plasticamente, pode variar da ilustração figurativa, passando pela construção ou instalação, até chegar à abstração completa, tendo-se, de maneira esquemática, os seguintes modelos de cenário: *a)* naturalista, ou minuciosamente detalhista, de máxima verossimilhança com a realidade; *b)* realista ou naturalista simplificado, cuja concepção das formas gerais, do mobiliário e dos acessórios elimina certos elementos considerados desnecessários; *c*) impressionista, sugestivo ou implícito, de características fortemente estilizadas, e no qual vários elementos tidos por fundamentais, como portas, varandas ou janelas, por exemplo, encontram-se apenas indicados; *d*) construtivista, contendo apenas um conjunto de planos ou de plataformas sobre as quais evoluem os atores; *e*) abstrato, que não reproduz ou encerra qualquer elemento específico ou capaz de referências (ambientais, sociais, temporais), convertendo a cena em um ambiente a ser preenchido pela ação do ator e pela imaginação do espectador. Este último tipo de cenário é por vezes chamado de verbal (como no teatro pobre de Grotowski ou de Peter Brook), significando que ele se torna perceptível por meio da gestualidade ou de uma indicação falada do ator. Os "cenários simultâneos" referem-se a cenas diferentes que não são substituídas durante o decorrer da peça, podendo ser ocupadas em seqüência ou simultaneamente. Servem para sugerir circunstâncias ou perspectivas distintas, como o presente e o passado, o real e o onírico. Diz-se ainda *cenário de interior* aquele em que, por convenção, se retirou a quarta parede de um aposento, permitindo ao público acompanhar as ações diretamente. Tal denominação opõe-se à de *cenário de exterior*, muito em voga nos teatros clássicos da Renascença, no qual as ações se desenrolavam em ambientes "naturalistas", isto é, contendo uma quarta parede com grandes portas ou janelas abertas, as únicas que permitiam a visão da assistência. Pode ser ainda um ambiente natural, ao ar livre, mas delimitado para o trabalho artístico, assim como um ambiente real, reutilizado. Em inglês, *set, setting* ou *stage scenery*. Em francês, *décor*. →*Cenografia*.

CENOGRAFIA. Do grego *skenographia*, corresponde à concepção arquitetônica de um cenário, isto é, aos elementos plásticos e materiais postos para a ambientação ou evocação dramáticas, o que ainda serve tanto para separar como para integrar o público ao espetáculo. Constitui, portanto, o trabalho artístico e técnico de conceber, projetar e supervisionar a execução de cenários e, com isso, organizar o palco, a área de representação ou o espaço de teatralização. A cenografia envolve todos os princípios plásticos, isto é, os da pintura, da escultura e, sobretudo, os da perspectiva arquitetônica. Cumpre funções importantes, como a de imergir os atores e os espectadores no local da ação, seja ele histórico, geográfico, social ou psicológico, refletir as intenções e os objetivos de maior realce do dramaturgo, do encenador ou ainda do diretor cinematográfico, facilitando as marcações ou movimentações dos intérpretes. Na Grécia, dada a unidade de ação, tempo e lugar de sua dramaturgia, o cenário restringia-se a um só ambiente. Mas já se dispunha de artifícios cenográficos, isto é, de mecanismos incumbidos de provocar efeitos especiais. Entre eles, o alçapão, que fazia emergir personagens do Hades, e as tramóias, como o *mecané*, que levava deuses e heróis ao Olimpo, ou o *teologéion*, que se abria para mostrar a chegada de uma divindade. No período medieval, as encenações de autos e mistérios, realizadas nos adros das igrejas, recorriam a telões fixos pintados, com cenas em seqüência (apenas sugestivas, sumárias), e para a frente das quais os atores se deslocavam, em uma ordem pré-determinada (cenografia denominada "simultânea"). Cada uma dessas cenas fixas tinha o nome de mansão. A Renascença clássica imprimiu maior realismo visual e material à elaboração cenoplástica (incluindo-se figurinos e objetos cênicos), pois passou a utilizar em suas construções os princípios geométricos da perspectiva, criando com eles os planos seqüenciais (primeiro, segundo, de fundo). Já a influência das concepções plásticas e arquitetônicas barrocas, de grande suntuosidade e caráter ilusionista, converteram a cenografia em um projeto de minúcias e requintes, aplicáveis tanto ao teatro como ao balé e à ópera nascentes. A ela deveu-se também a perspectiva em diagonal e o aperfeiçoamento dos planos escalonados, isto é, em níveis superpostos. Se as artes cênicas românticas tenderam a empregar uma cenografia mais evocativa ou onírica, preferindo assim a pintura em telas, o drama realista (o de Antoine, por exemplo) reintroduziu a ambiência verista ou descritiva. Já as idéias plásticas antinaturalistas, quer dizer, as de "espaços mentais", simbólicos, livres ou não-decorativos – submetidos muitas vezes a uma dinâmica ou jogo de volumes, de planos geométricos e de luzes – começaram a ser propostas e aplicadas na transição entre os séculos XIX e XX, pelas mãos de encenadores como Adolphe Appia, Gordon Craig, V. Meyerhold, Max Reinhardt, Jacques Copeau, este um defensor do "palco nu", também preferido por A. Tairov, ou ainda por artistas como Moholy-Nagy ou Josef Svoboda (que reintroduziu a palavra cenografia). O mesmo que cenoplastia. →*Cenário*.

CENÓGRAFO. Artista e profissional que se dedica à cenografia, ou seja, à criação e realização de espaços cênicos. Em cinema, nem sempre o cenógrafo projeta e constrói os cenários, podendo ser responsável apenas pela escolha e adaptação de ambientes já existentes (locação). Também conhecido como diretor de arte, por influência do inglês *art director*.

CENOPLASTIA. →*Cenografia*.

CENOTÁFIO. Monumento arquitetônico tumular que homenageia uma personalidade (ou grupo de pessoas), cujo corpo se encontra sepultado em outro sítio ou não foi recuperado. Assim, por exemplo, o "túmulo" de Mozart em Viena. Já na cidade italiana de Pistoia, existe um cenotáfio dedicado aos cerca de quinhentos expedicionários brasileiros mortos em combate, na região, durante a Segunda Guerra Mundial.

CENOTÉCNICA. Conjunto de técnicas, procedimentos e recursos práticos aplicados à execução, à composição e ao funcionamento de cenários, previamente concebidos em cenografia.

CENOTÉCNICO. Profissional encarregado de coordenar e executar, com detalhamento técnico, a montagem ou armação de cenários previstos por cenógrafo.

CENTAUROS. Segundo o poeta Píndaro, em suas *Píticas*, o rei Ixíon da Tessália, filho de Ares (deus da guerra), apaixonara-se por Hera, mulher de Zeus. Cego de paixão, tentou violentá-la. Zeus enviou-lhe então um simulacro de Hera, Nefelé (composto de nuvem), com quem o rei concebeu um monstro, o Centauro. Este, por sua vez, deu origem aos centauros, após satisfazer-se com as éguas da região da Magnésia. Homens até o peito, e dotados de braços, no resto eram cavalos. A interpretação mais aceita é a de terem representado a natureza concupiscente ou de sexualidade despudorada que possuem os homens e os deuses antropomórficos (gregos e romanos). Nos relatos que os mencionam, há sempre tentativas de rapto e de violação, como as ilustradas nas histórias de Nesso (causador da morte de Hércules) e nas núpcias do rei Pirítoos e de Hipodâmia. Embora tenham origem diversa dos →sátiros, o comportamento de ambos assemelha-se.

CENTRO DE PESQUISA TEATRAL, CPT. Um dos mais importantes núcleos de dramaturgia brasileiro, criado e mantido pelo Sesc de São Paulo, sob a coordenação do encenador Antunes Filho. Embora já existisse antes de 1982, foi a partir desta data que seu prestígio se consolidou, com a incorporação do Grupo de Teatro Macunaíma à estrutura e aos objetivos culturais daquela instituição. Tendo por sede o Sesc Consolação (São Paulo), destina-se à formação, ao desenvolvimento e revelação de profissionais, a experiências de representação, ao estudo e à prática de artes cênicas: cenoplastia, figurinos, iluminação, ao estímulo à formação de grupos cooperados e à montagem de peças. Recusando os apelos mercantis, superficiais, conformistas ou de fácil divertimento da cultura de massa, que não poucas vezes contaminam a arte teatral, o Centro tem sido orientado pelas seguintes idéias gerais, conforme escreveu o encenador: "a realização de pesquisas inquisitivas para a escolha de autores e de obras que reflitam aspectos para a compreensão do ser humano e da realidade brasileira; sustentar o teatro como manifestação artística; combater o conceito reacionário, e infelizmente bem disseminado, de que Arte é objeto de luxo, coisa elitista. Somente a Cultura e a Arte po-

derão um dia dar ao Brasil a verdadeira consciência nacional e a sempre pretendida Liberdade; libertação do jugo tirânico das velhas regras, dos velhos modelos, dos estereótipos da língua / linguagem / sintaxe / estética; tentativa de formalizar um novo sistema para uma nova estética e, sistematicamente, subvertê-lo; [conscientizar o ator, pois] que ele, principalmente, deve ter uma filosofia, uma ideologia de homem de teatro, um ponto de vista firme na abordagem das realidades [...] [não deve ignorar] o alicerce fundamental de sua função: Ser Social; que a técnica é fundamental. Muitos acham – e isso não passa de preconceito – que a técnica é um instrumental que conduz a vícios [...]. Ledo engano. Sem uma técnica adequada e aprimorada, o ator, por mais sensível, imaginativo e observador que seja, não poderá viabilizar o 'pretendido' ao público – razão primeira de sua função". Ao longo das duas décadas finais do século XX, o CPT, além da realização de cursos técnicos e de seminários específicos, realizou as seguintes encenações, sob a direção de Antunes, algumas delas levadas a palcos estrangeiros: *Macunaíma, Nélson 2 Rodrigues, Romeu e Julieta, Xica da Silva, A Hora e a Vez de Augusto Matraga, Paraíso Zona Norte, Vereda da Salvação, Trono de Sangue, Gilgamesh, Drácula, As Troianas, Prêt-a-Porter* (I,II e III). Além das peças aqui citadas, o trabalho do CPT propiciou a montagem, nos anos 1980, de os *Velhos Marinheiros* (Ulysses Cruz) e de *Rosa de Cabriúna* (texto de Luís Alberto Abreu e direção de Márcia Medina).

CENTRO POPULAR DE CULTURA, CPC. Organização e movimento de produção e de difusão artístico-cultural, com perspectivas fortemente políticas, idealizado inicialmente pelos dramaturgos Oduvaldo Vianna Filho (Vianinha), Chico de Assis (ex-integrantes do Teatro de Arena) e Carlos Estevam Martins, então sociólogo do Iseb (Instituto Superior de Estudos Brasileiros). Insatisfeitos com a experiência do Teatro de Arena, que apesar de sua proposta inconformista permanecera dependente de laços comerciais, Vianinha e Assis foram ao Rio de Janeiro, em 1961, para montar um espetáculo sobre o conceito marxista de mais-valia, recorrendo então a Estevam Martins. A peça que resultou deste encontro, *A Mais-Valia Vai Acabar, seu Edgar*, granjeou sucesso durante cerca de seis meses, tendo sido realizada no pátio da Faculdade de Arquitetura e Urbanismo da Universidade do Brasil (Rio de Janeiro). Fundado em dezembro daquele mesmo ano, o CPC esteve vinculado oficialmente à União Nacional dos Estudantes (UNE), possuindo, no entanto, autonomias administrativa e financeira e uma rede de unidades estaduais. Sua principal atuação, conforme estatuto, era a de promover atividades artísticas nos âmbitos do teatro, do cinema, da música e das artes plásticas, além de debates ou seminários sobre temas sociais e políticos, com o intuito de "elevar o nível de conscientização das massas populares". No próprio manifesto que proclamou seu nascimento, o grupo de jovens intelectuais da classe média acreditava que "a arte do povo nunca vai além de uma tentativa tosca e desajeitada de exprimir fatos triviais, devido à sua sensibilidade embotada". Com esse lema e bandeira, o CPC lançou-se a uma "pedagogia revolucionária" voluntarista, mais preocupada com o conteúdo imediato e a contundência de suas proposições artístico-políticas do que com princípios e resultados estéticos. Criado numa época de grandes tensões ideológicas e de atividades de resistência popular – como a luta partidária, sindical e estudantil pelas reformas de base (reestruturação da propriedade fundiária, nacionalização industrial, reorganização do aparelho estatal, modificações do ensino formal etc.), ou a constituição das ligas camponesas – o Centro representou uma vertente importante, embora efêmera e contraditória, do movimento intelectual e artístico em prol das transformações sociopolíticas brasileiras. Baseando-se em idéias e perspectivas nacionalistas e socializantes, o CPC conservou-se preso, no entanto, e do ponto de vista artístico, a uma idealização romântica da revolução social e à simplificação das realidades e mentalidades da época. Os grupos políticos de maior influência em seus quadros foram o Partido Comunista e a Ação Popular (AP), de católicos progressistas. Em sua curta existência – foi fechado violentamente pelo golpe militar de 1964 – o CPC produziu várias encenações teatrais volantes (em praças, fábricas, escolas e sindicatos) com textos de seus criadores e ainda de Armando Costa, Augusto Boal ou Arnaldo Jabor, o disco *O Povo Canta* (vários autores, entre eles Carlos Lyra), coletâneas de poemas de Ferreira Gullar, Moacir Félix, José Carlos Capinam e Afonso Romano Sant'Anna, livros de cordel, cerca de vinte edições dos *Cadernos do Povo Brasileiro* e os filmes *Cinco Vezes Favela* (com enredos dirigidos por Marcos Farias, Miguel Borges, Carlos Diegues, Leon Hirszman e Joaquim Pedro de Andrade) e *Cabra Marcado para Morrer*, de Eduardo Coutinho, este só concluído na década de 1980. Passaram por sua direção, em ordem cronológica, Carlos Estevam Martins, Carlos Diegues e Ferreira Gullar. Ainda que parcialmente, as atividades e as concepções de seus cineastas contribuíram para a eclosão do Cinema Novo.

CERA PERDIDA. Método de fundição ou de moldagem de esculturas que consiste na elaboração prévia de um modelo em cera. Colocado entre dois moldes de argila resistente ao calor, o modelo é então derretido e, simultaneamente, substituído por um metal derretido, normalmente o bronze (a cera escorre por um duto inferior). A técnica já provém das antigüidades egípcia e grega e continua em uso contemporaneamente.

CERÂMICA. Arte e técnica de elaboração de objetos utilitários (de uso doméstico ou industrial) ou de peças de arte decorativa, feitas a partir de barro ou argila (mistura de minerais cujos elementos predominantes são a sílica e o alumínio), conhecida desde o período neolítico, há cerca de seis mil anos antes da era cristã, em regiões da Turquia (Anatólia), Mesopotâmia, Egito, Creta, Grécia e China. Define-se hoje, em função da tecnologia disponível, como a transformação da pasta de argila em objetos, desde que a matéria-prima e sua forma tenham passado por aquecimento ou cozedura superior a 400°C. Tradicionalmente, a amalgadura de uma peça cerâmica abrange: *a*) modelagem à mão, por anelamento ou arqueamento, fazendo-se com que o barro amassado, primeiramente em rolos ou tiras, vá adquirindo a disposição de espirais, plasticamente constituintes da peça; *b*) modelagem em torno ou roda de oleiro, pela qual a conformação do barro, mantido úmido, é obtida com o recurso de um disco, acionado por força muscular, mecânica ou elétrica; *c*) em moldes pré-construídos, de peça única ou múltipla, dentro dos quais se deposita a argila. O cozimento posterior se dá em fornos de temperaturas variadas, acionados a carvão, a gás, a óleo ou elétricos.

Cerâmicas simples e finas. Genericamente, pode-se dividir sua técnica de confecção em cerâmicas simples ou rústicas e cerâmicas finas. As primeiras indicam as louças porosas de barro não-vidrado, também conhecidas como terracota (estatuetas, vasos, baixos-relevos), além de telhas ou tijolos. A terracota (do italiano, "terra cozida") constitui a peça opaca e enfornada uma só vez a temperaturas entre 900 e 1 000°C, de coloração avermelhada ou acastanhada. As cerâmicas ditas finas são aquelas em que há um processo de vitrificação ou esmaltação, pelo qual se impermeabiliza a porosidade natural da argila (seu caráter friável), aumentando-lhe a resistência ou dureza, podendo ainda dar-lhe brilho. Entre elas, a faiança, a louça de gré (ou greda) e a porcelana.

Faiança e gré. Os objetos de faiança ou maiólica passam por um primeiro cozimento entre 900 e 1 000°C. Em seguida, recebem o vidrado (normalmente à base de chumbo) e a pintura ou decoração desejadas, antes da segunda fornada, com temperatura igual ou superior à primeira. O vidrado ou esmaltação homogênea é mais usado para peças de uso prático; o craquelado para efeitos apenas decorativos. De textura macia e regular, tem cores características: o azul, o verde, o amarelo e o castanho. O nome faiança deriva da região de Faenza, cidade da Itália, centro difusor deste tipo cerâmico na Europa, desde a Idade Média.

Sua origem, no entanto, vem do Oriente Próximo (Egito, Mesopotâmia e Pérsia). A técnica milenar foi trazida pelos árabes, inicialmente sob o nome de maiólica, referente à ilha de Maiorca, ponto de desembarque da produção norte-africana durante a ocupação moura da Península Ibérica. No Renascimento, o perfeito domínio da técnica da faiança permitiu a elaboração de esculturas requintadas, tendo as oficinas da família della Robbia se tornado um marco referencial. A louça de gré também é vidrada, mas de consistência muito mais compacta. É cozida inicialmente entre 1 180 e 1 300ºC, a fim de eliminar qualquer resquício de umidade, antes do trabalho de esmaltação e da volta ao forno. De aparência opaca, ao contrário da porcelana, tem cores predominantes no amarelo-castanho, no castanho, cinza e cinzento-azulado.

Porcelana. A porcelana é uma cerâmica tanto artística quanto industrial. Impermeável, translúcida e brilhante, é elaborada com a mistura de caulim, quartzo e feldspato. Dependendo da quantidade desses elementos, recebe a denominação de porcelana dura (maior percentual de caulim e de maior temperatura) ou de porcelana tenra (percentual superior de quartzo e menor temperatura). Após a modelagem da peça e sua primeira fundição, ocorre o processo de vitrificação com o emprego daqueles mesmos componentes, acrescentando-se pó de mármore. Um segundo cozimento, a temperatura próxima de 1 400ºC para a cerâmica dura, complementa o processo. Ideal para trabalho decorativo, a porcelana pode ser pintada antes do vidrado, com colorantes à base de cobalto ou crômio, ou ainda após aquele procedimento, antes da última queima. Seu nome provém igualmente do italiano, embora tenha sido dado por errada suposição. É que no século XV, quando as cidades comerciais do norte da Itália conheceram a porcelana chinesa (que data do terceiro século da era atual), pensou-se que o pó para sua fabricação era retirado daquele molusco, dada a semelhança de aspectos. As primeiras tentativas de imitação, realizadas na segunda metade do século XVI, acabaram por ser conhecidas como "porcelana dos Medicis", por terem sido estes os principais incentivadores de artífices italianos. Mais tarde, foram os ceramistas alemães Johann Böttger e Ehrenfried von Tschirnhaus quem, em 1709, desenvolveram a técnica, na cidade de Meissen, com o uso do caulim. Grandes manufaturas difundiram-se então na Europa, várias delas alcançando enorme prestígio pela excelência técnica e pelos desenhos refinados. Na Alemanha, além da manufatura de Meissen, obtiveram renome as de Nymphenberg, Frankenthal, Berlim e Ludwigsburg. Na Holanda, a de Delft. Na França, as de Sèvres, Rouen, Nevers e Strasbourg. Na Inglaterra, as de Derby, Stafforshire e Plymouth. Na Espanha, a de Sargadelos.

Comércio de importância. Desde cedo, a cerâmica revelou-se como manifestação cultural bastante difundida e de mútua influência entre as diversas civilizações urbanizadas, tanto no que diz respeito às técnicas de amalgadura, como às de cozimento e uso de vernizes e esmaltes. Um fenômeno que revelou, sob outro ponto de vista, as extensas e permanentes rotas comerciais da Antigüidade. Sua denominação provém do adjetivo grego *keramikós*, isto é, feito de barro ou argila (*kéramos*). Designava o lugar habitual de uma cidade onde se manufaturavam e se comercializavam esses objetos (vasos, ânforas, cântaros etc.).

CHACOTA. Em confecção cerâmica, designa o corpo principal de uma peça já modelada, torneada ou moldada, mas em fase ainda anterior ao engaste de elementos adicionais e necessários (como asas ou tampas), do vidrado ou de outras aplicações decorativas. →*Azulejos.*

•**CHAINÉS.** Passos e movimentos de balé ou de dança contemporânea que consistem em uma seqüência de giros rápidos, nos quais há alternância dos pés de apoio, e, ao mesmo tempo, evolutivos, isto é, com deslocamento em linha reta, em diagonal ou em curva. Como indica o vocábulo francês, são passos "encadeados".

CHANCHADA. Comédia cinematográfica tipicamente brasileira e, de maneira mais específica, carioca, musicada ou não, baseada no tratamento farsesco ou burlesco, isto é, exagerado de tipos, traços e comportamentos culturais então vigentes, bem como de situações vividas por personagens populares em busca de ascensão social (malandros, aventureiros, jogadores, pequenos empregados, caipiras). Comumente ainda, ressalta-se a figura do anti-herói cômico, enredado nos conflitos entre "mocinhos e bandidos". Ao incluir também a paródia de filmes norte-americanos de sucesso, "a fórmula adotada do malandro, do pilantra, do desocupado da chanchada sugeria uma polêmica de ocupado contra o ocupante" (Paulo Emílio Salles Gomes). A grande escola da chanchada foi o →teatro de revista, cuja tradição já provinha dos finais do século XIX. Ainda que tenha sido um cinema de diversão ou de mero entretenimento, a chanchada permitiu não apenas uma continuidade da produção nacional durante as décadas de 1940 e 1950, como aproveitou ou revelou grandes comediantes do antigo teatro musicado, entre eles: Oscarito, Grande Otelo, Ankito, Violeta Ferraz, Derci Gonçalves, Zé Trindade e Mazzaropi, em filmes produzidos pela →Cinédia e, sobretudo, pela →Atlântida.

•**CHANGEMENT DE PIEDS.** Salto coreográfico em que o bailarino, a partir de uma posição em *demi plié*, ergue-se do solo estendendo ambas as pernas – juntas ou ligeiramente cruzadas – com os pés em ponta, e o finaliza invertendo a posição inicial dos pés (o que estava à frente, no início, toca o solo atrás, e vice-versa). Se o salto é pouco elevado, chama-se *petit changement*; se mais alto, *grand changement*. A escola italiana opta por dobrar os joelhos durante a elevação.

•**CHANSON.** **1.** Texto poético destinado ao canto, normalmente dividido em quadras ou coplas, e contendo um refrão. **2.** Durante a Idade Média e mesmo no Renascimento, uma canção lírica e profana escrita para uma ou várias vozes (neste último caso, um tipo de madrigal), com ou sem acompanhamento de instrumentos. Sob esta denominação incluíam-se formas como o rondó, a balada e o virelai. A fixação da *chanson* ocorreu após a publicação dos 35 livros feita por Pierre Attaignant (*Les Chansons Nouvelles)*, em 1520, tendo como características genéricas a sujeição da forma musical à poética, o tratamento silábico das palavras, a alternância de ritmos binários e terciários e a estrutura homofônica. Pierre Certon, no século XVI, tornou-se um dos mais conhecidos autores desse gênero, compondo também *chansons* espirituais (com textos religiosos), ao lado de Thomas Crecquillon e Guillaume Costeley. **3.** Canção lírica e popular francesa, habitualmente expressa com grande intensidade emotiva, difundida nos cabarés e pelos meios de comunicação de massa, no século XX, e que teve em Charles Trenet e Edith Piaf os seus mais conceituados intérpretes. Outros cantores e compositores de renome: Yves Montand, George Moustaki e Jacques Brel. **4.** Com relação à canção heróica de gesta (*chanson de geste*), →*Canção*.

•**CHANTRE.** **1.** Eclesiástico encarregado da organização e condução do coro para as liturgias católicas. **2.** Pastor ou fiel que entoa os salmos cantados na liturgia protestante. **3.** Por extensão, cantor de ofício religioso. Nas celebrações dos cultos judaicos, tem o nome de *hazan* ou *chazan* (pronuncia-se razán).

CHARANGA. →Banda

CHARGE. Desenho opinativo, de crítica e de humor, referente a um episódio específico, ou temporalmente limitado, habitualmente de natureza social ou política, e cujos personagens representam pessoas reais e de notoriedade pública. Assim sendo, a charge pressupõe que o leitor tenha conhecimento prévio do fato ocorrido, a fim de poder interpretá-la com exatidão. Do francês *charge*, no duplo sentido de "fazer pesar e acusar", praticamente idêntico ao de caricatura. →*Cartum*.

•**CHARLESTON.** Dança e música de origem negra norte-americana surgida na cidade homônima da Carolina do Sul, no início do século XX, e popularizada pelos teatros de revista de Nova Iorque. Corresponde a um *foxtrot* de andamento mais rápido. Entre os seus primeiros compositores autorais citam-se Cecil Mack e Jimmy Johnson. Ganhou ainda notoriedade internacional com a cantora e dançarina Josephine Baker.

•**CHASSÉ.** Em dança clássica, o *chassé* abrange movimentos de passo e de salto, consistindo de: início em quinta posição, isto é, com os pés cruzados inteiramente, evolução para um *demi plié*, pulo com uma das pernas estendida e apontada, e a outra dobrada a 45 graus. Tocado o solo novamente (só com a perna anteriormente estendida), a outra desliza para o lado e dá-se um segundo salto durante o qual as pernas se juntam verticalmente, com os dedos dos pés em ponta.

CHAVE DE OURO. A terminação ou fecho brilhante de um poema, isto é, a(s) frase(s) de maior intensidade lírica ou a sentença final em que se concentra o significado forte da construção poética, em geral aplicada à forma do soneto, mas não exclusivamente, como nesta canção de Cecília Meireles. A quadra inicial diz: "Venturosa de sonhar-te, / à minha sombra me deito / (Teu rosto, por toda parte, / mas, amor, só no meu peito!)". Nos versos finais (no quarto quarteto) revela-se então o prazer íntimo, intelectual e egocêntrico da sonhadora: "– Barqueiro, que doce instante! / Barqueiro, que instante intenso, / não do amado nem do amante: / mas de amar o amor que penso!".

CHORINHO. →*Choro*.

CHORO. É esta uma das formas ou expressões musicais mais genuínas, ricas e populares do Brasil, desenvolvida a partir da segunda metade do século XIX (1860-1870). Já na época de seus precursores, Joaquim Antônio da Silva Callado e Viriato Ferreira da Silva, ambos compositores e flautistas, consistia em um modo particular e nacionalizado de interpretação instrumental de vários outros gêneros musicais para dança de salão: a polca, sobretudo, mas também o *schottisch*, o tango andaluz, a *habanera* cubana, o maxixe, a modinha e mesmo a valsa de estilo chopiniano. Conforme registrou o maestro Batista Siqueira (*Três Vultos Históricos da Música Brasileira*), dois fenômenos concorreram para fixar esse estilo de execução. De um lado, as modulações lamentosas dos violonistas nos tons mais graves e, de outro, a inclusão da flauta, que o autor atribuiu a Joaquim Callado: "Ficou então constituído o mais original agrupamento reduzido do nosso país – o choro do Callado. Constava ele, desde a sua origem, de um instrumento solista, dois violões e um cavaquinho, onde [*sic*] somente um dos componentes sabia ler a música escrita: todos os demais deviam ser improvisadores do acompanhamento harmônico". A transposição formal e o espírito plangente, lírico e acentuadamente modulado davam então a impressão de que as cordas "choravam" (a hipótese da palavra ter proveniência rural, dos bailes xolo de negros escravos é altamente improvável, segundo Câmara Cascudo). Os grupos de música assim formados no Rio de Janeiro, integrados por uma maioria de funcionários públicos civis e apelidados "orquestras de pobres", passaram a se apresentar em festas de casamento, batizado e aniversários, em meio a famílias de classe média baixa, difundindo o estilo. Logo depois, componentes das variadas bandas militares aderiram ao choro, trazendo instrumentos de sopro, sobretudo o oficlide (ou oficleide), antes da disseminação do saxofone e da clarineta nos meios populares. No jargão do final do século, o choro tanto podia significar o conjunto instrumental e sua forma peculiar de execução (os chorões), como a própria apresentação ("fui a um choro"). Entrelaçada à melodia de um instrumento solista, os demais acompanhantes devem elaborar contracantos improvisados e inesperados, de grande riqueza harmônica e instrumental. A forma "chorada" exige um diálogo ou desafio constante entre o solista e os acompanhantes (que podem trocar de posição). O resultado é uma música requintada, contrapontística, próxima do tratamento erudito, o que exige um domínio técnico consistente e apurada sensibilidade para os diálogos que se estabelecem. Segundo Oneyde Alvarenga, a estrutura mais comumente empregada pelo choro é a de ABACA (forma rondó com duas modulações). O mais antigo e permanente sucesso do tratamento de choro é de Joaquim Antônio Callado, com sua *Flor Amorosa*, de 1867. Os grandes formadores e instrumentistas da música brasileira cultivaram esta expressão, fazendo dela uma manifestação única ou original (uma certa semelhança talvez possa ser percebida nas "mornas" de Cabo Verde): Anacleto de Medeiros, Chiquinha Gonzaga, Ernesto Nazaré, Cândido Pereira da Silva (o Candinho), Pixinguinha, Zequinha de Abreu, Jacob do Bandolim, Abel Ferreira, Garoto, Waldir Azevedo, Altamiro Carrilho, Carlos Poyares, Bide (Alcebíades da Costa), Paulinho da Viola, Paulo Moura, Rafael Rabello, Henrique Cazes, Canhoto da Paraíba ou Wagner Tiso, entre vários outros. A denominação de chorinho é também corrente, embora os mais antigos ou austeros a considerem depreciativa.

CHULA. **1.** Dança e música portuguesas, de origem popular e rural, praticada sobretudo no Douro e no Minho. De ritmo agitado e compasso 2/4, é tocada por guitarras, violas, rabecas, tambor e ferrinhos. A execução instrumental permite improvisações ou modulações livres. Quanto à parte coreográfica, dança-se aos pares, uma pessoa em frente à outra, braços levantados, estalos de dedos e giros em progressão e sobre os calcanhares. **2.** Dança popular gaúcha, do Brasil e províncias platinas, vívida e de compasso binário, executada preferencialmente por homens, à maneira de duelos

coreográficos. Exige passos e variações rápidas, de esforço acrobático. De origem ibérica, derivou mais diretamente da chula portuguesa e, também por sincretismo, de elementos do fandango espanhol. **3.** Antiga canção ou cantiga do Nordeste brasileiro, registrada nos séculos XVIII e XIX, acompanhada ao violão e caracterizada por conter versos ou estrofes maliciosas ou de crítica aos costumes. Segundo Câmara Cascudo, era "buliçosa, erótica, assanhadeira". Comentando informações de M. Querino, registradas no livro *A Bahia de Outr'ora*, Mário de Andrade escreve: "O mesmo autor[...] dá exemplos poéticos de chula, e mais referências a ela parecem identificá-la com o lundu. Assim, estes versos (de chula) parecem sintomáticos de lundu – 'Quando vejo da mulata / Seus reverendos brazões, / Cabelos pretos e finos, / Largos, chatos cadeirões / Eu fico todo rendido, / Já cativo da paixão. / Perco o sentido de todos, / Não fico mais gente não'". Com este último sentido, ver também →*samba*.

CHURRIGUERESCO. →*Barroco e maneirismo* (tópico Arquitetura).

CIBERARTE. →*Arte digital.*

CIBÓRIO. **1.** Vaso ou recipiente de uso eclesiástico e de lavor artístico, destinado a conter as hóstias consagradas. **2.** →*Baldaquim* localizado sobre o altar-mor.

CICLOPES. Há, na verdade, três grupos distintos destes seres míticos e fabulosos da Grécia. Os irmãos uranos Brontes, Estérope e Arges, entidades cosmogônicas, filhos de Urano e de Géia, encarregados, respectivamente, dos trovões, dos relâmpagos e dos raios. Temidos pelo pai, e depois por Cronos, permaneceram prisioneiros no Tártaro até que Zeus os libertou para que o auxiliassem na batalha vitoriosa sobre os Titãs. A partir daí, tornaram-se os fabricantes dos raios de Zeus. Já na *Odisséia*, os ciclopes aparecem como criaturas selvagens, antropófagas, moradoras de cavernas, possuidoras de um único olho central, e "mais altos que os píncaros das árvores". O mais conhecido dentre eles é Polifemo, personagem ainda de uma comédia de Eurípides – *O Ciclope* – e da *Eneida*. Por fim, há os ciclopes da Lícia, pacíficos construtores a serviço de heróis como Perseu, a quem ajudaram no soerguimento das fortalezas de Micenas, dada a extraordinária força física que detinham. O nome ciclope corresponde a um composto de círculo (*ciclos*) e olho (*ops*).

CICLORAMA. Rotunda ou cortina de fundo de palco, de cor azul-clara ou verde-azulada, feita de pano, madeira ou plástico, para representação de horizonte sob efeito de iluminação. Serve ainda como superfície para projeção de imagens que complementem ou ilustrem a ação dramática. →*Rotunda* e →*Telão.*

CIMÁCIO. →*Entablamento.*

CINECITTÀ. Conjunto de estúdios ou, literalmente, "cidade do cinema", construído perto de Roma e inaugurado, em 1937, por Benito Mussolini, como réplica de Hollywood e em apoio ao cinema italiano, sobretudo à propaganda ideológica fascista. No período entre 1937 e 1943, foram produzidos sessenta filmes anuais, em média, a grande maioria conhecida como "telefones brancos", ou seja, símbolos de uma concepção evasiva da realidade, de opulência cenográfica e simplismo na condução dos enredos (a mobilidade ou a ascensão social era sempre possível em tais melodramas). Por outro lado, essa mesma estrutura permitiu a revelação de diretores de importância e prestígio futuros, como Alessandro Blasetti, Roberto Rosselini, Vittorio de Sica (que iniciou sua carreira como ator) e Alberto Lattuada. Finda a Segunda Guerra Mundial, diversos produtores norte-americanos aproveitaram parte dos estúdios que resistiram aos bombardeios e a mão-de-obra barata então disponível no país para a realização de várias películas grandiosas, entre elas *O Favorito dos Bórgias*, *Quo Vadis*, *Ben-Hur*, *Cleópatra*, *Adeus às Armas*, *A Princesa e o Plebeu* ou *Guerra e Paz*, enquanto o movimento do neo-realismo italiano filmava em ruas e locações, comprometendo-se com críticas sociais e políticas. A grande cinematografia italiana retornou à Cinecittà apenas no começo dos anos 1960, com Federico Fellini, Luchino Visconti e Pier Paolo Pasolini, entre outros. A partir da década de 1980, as emissoras de televisão dominaram os estúdios com seus programas de auditório e transmissões ao vivo, mas, ainda assim, foi ali que algumas boas produções se realizaram, como *Era uma Vez na América*, de Sergio Leone, *O Último Imperador*, de Bertolucci, *Momo ou o Senhor do Tempo*, de Johannes Schaaf, *Amarcord* e *A Voz da Lua*, ambos de Fellini.

CINECLUBE. Entidade associativa, de caráter privado, normalmente gerida por estatuto, destinada a pesquisar, promover debates e exibir obras cinematográficas, podendo, ainda, editar periódicos e mesmo constituir acervos próprios. O movimento cineclubista nasceu na França, no início do século XX, e logo se espalhou por vários países, inclusive pelo Brasil, que chegou a contar com cerca de trezentas associações na década de 1960. Aqui, os pioneiros foram o Chaplin Club do Rio de Janeiro (1928), o Clube de Cinema de São Paulo (1940, reaberto em 1946) e o Centro de Estudos Cinematográficos, também do Rio, de 1948. Embora os cineclubes tenham exercido um papel relevante para a formação de audiências e o debate teórico da estética cinematográfica, as transformações de mentalidade e de comportamento político-cultural da sociedade no fim do século, tanto quanto a prática da assistência doméstica (difusão do vídeo em substituição à bitola de 16 mm, normalmente utilizada nas sessões públicas) fizeram decrescer mundialmente o interesse e a quantidade deste tipo de organização.

CINÉDIA. Estúdio e centro cinematográfico brasileiro, fundado pelo jornalista, diretor e produtor Adhemar Gonzaga, em março de 1930. Gonzaga já era editor da revista *Cinearte*, juntamente com Mário Behring, idealizada nos moldes da *Photoplay* norte-americana, e na qual o estrelismo, ou *star system*, era bastante valorizado. Ainda assim, as mentalidades desenvolvimentista e nacionalista instauradas pela Revolução de 1930, com suas propostas de transformação econômica (de uma base agrária para a industrial), convieram aos esforços do empresário, que, um ano e meio antes, havia dirigido o filme *Barro Humano*, adequando-o às técnicas e às convenções americanas de cinema (incluindo-se o indispensável *glamour*). A produtora localizou-se primeiramente no bairro de São Cristóvão, no Rio de Janeiro, sob o nome de Cinearte Studio. Gonzaga o substituiu em seguida por Cinédia (Cinema em Dia). Durante os primeiros 21 anos, foram realizados trinta longas-metragens, entre eles *Lábios sem Beijos*, o primeiro, com direção de Humberto Mauro. Em seguida, *Mulher*, de Octávio Gabus Mendes, e *Limite*, de Mário Peixoto (mais influenciado pelas concepções dos teóricos franceses). Os maiores sucessos de público viriam, no entanto, com *Ganga Bruta* (Humberto Mauro, 1933), *Alô, Alô, Carnaval* (do próprio Gonzaga, 1936, consolidando o prestígio de Carmem Miranda) e *O Ébrio* (Gilda de Abreu, 1946), além de *Anjo do Lodo*, *Berlim na Batucada* e *Bonequinha de Seda*. Durante essa primeira fase, foram produzidos cerca de 250 documentários e setecentos cinejornais. A Cinédia constituiu-se, sem dúvida, na primeira experiência da indústria cinematográfica brasileira centrada na idéia de estúdio, servindo ainda como oficina de linguagem cinematográfica, laboratório de experimentação estética e veículo para a introdução de novas tecnologias, como o som óptico, a dublagem e a revelação automática. As dificuldades econômicas do pós-guerra levaram Adhemar Gonzaga a se transferir para São Paulo. O fracasso da experiência fê-lo retornar ao Rio, em 1956, e reinstalar o estúdio em Jacarepaguá, onde permanece em funcionamento, servindo como centro de produções fílmica, televisiva e publicitária.

CINEGRAFISTA. Profissional ou técnico especializado na operação de câmeras de cinema e de televisão. Mais especificamente, indica o operador de cinejornalismo ou telejornalismo. →*Câmera* e →*Cameraman*.

CINEMA E LINGUAGEM CINEMATOGRÁFICA. **Arte do movimento, arte industrial.** Do verbo grego *kinéo*, pelo substantivo *kínesis*, movimento.

A arte da imagem em movimento é, também, uma manifestação ligada indissoluvelmente à indústria, seja do ponto de vista de sua produção coletiva – para a qual concorrem trabalhos diferenciados, especializados e convergentes – seja pelos níveis tecnológicos indispensáveis que vieram a ser criados e aperfeiçoados a partir do final do século XIX. 1895 é considerado o ano de nascimento do cinema, quando os irmãos Lumière, Louis e Auguste, trouxeram à cena o cinematógrafo (*cinématographe*), uma combinação de câmera registradora, impressora e projetor. A primeira sessão pública, ao preço exorbitante (para a época) de um franco, ocorreu em 28 de dezembro, e apresentou três curtas-metragens: *A Saída dos Operários das Fábricas Lumière*, *A Chegada do Trem na Estação* e *O Regador Regado*. Durante certo tempo, suas imagens mantiveram um conteúdo documental ou de simples registro de cenas cotidianas. Só aos poucos se forjou uma linguagem característica, o que lhe permitiu elaborar obras narrativas de ficção.

De um modo ou de outro, a dependência mútua ou a exigência prévia de recursos e de conhecimentos técnicos sempre fez parte da história das artes (o músico sempre se valeu dos lutiês e hoje das fábricas de instrumentos; o escritor, do pergaminheiro, do copista, e, há muito, dos gráficos e editores). No entanto, essa presença industrial, que antes e em maior proporção só a arquitetura havia exigido, é absolutamente transparente e marcante no cinema. Pela quantidade de elementos e pelo ritmo das mudanças, a arte cinematográfica é a que mais absorve, estimula e se prende a inovações técnicas: sistemas de som e de cor, tipos de câmeras, sensibilidade de negativos, uso do vídeo e da informática e sua adequação. E um tal conjunto de fatores converteu-a na mais dispendiosa das expressões artísticas até o momento. Por conseqüência, a produção de uma obra cinematográfica requer a cobertura de custos financeiros que ultrapassam, na maioria das vezes, e do ponto de vista comparativo, as inversões necessárias em outras áreas. E assim, desde o início, o cinema esteve vinculado aos grandes negócios, à cultura de massa, ao apelo do divertimento popular, modificando as formas de incentivo, de financiamento e de patronato com as quais as outras artes conviviam tradicionalmente. Sendo o filme um bem econômico que se multiplica em milhares de cópias e se expõe de modo onipresente e massivo, tornou-se, por isso mesmo, o primeiro produto cultural, na história das civilizações, a ser difundido, simultânea e mundialmente, em todas as classes sociais e em todos os níveis de educação escolar. Se a literatura popular, as revistas e os jornais do século XIX já influenciavam ou estimulavam mudanças no cotidiano de certas camadas médias da população urbana, foi o cinema, bem antes da televisão, que massificou, definitivamente, os estilos de vida, os comportamentos infanto-juvenis, os imaginários amorosos e aventureiros, a moda, o lazer ou, em resumo, os hábitos sociais de consumo e a estética da modernidade.

Essa estreita união entre indústria de entretenimento e projeção simbólica foi registrada por Christian Metz (*O Significante Imaginário*) da seguinte maneira: "A indústria cinematográfica e também, mais amplamente, a *instituição cinematográfica* [...] não são apenas milhões que é preciso investir e tornar lucrativos, para então recuperar dividendos e reinvestir. Eles [os filmes] pressupõem também, ao menos para assegurar o circuito de retorno do dinheiro, que os espectadores paguem o ingresso e que sintam *vontade* deles. A instituição cinematográfica ultrapassa de longe este setor do cinema considerado explicitamente comercial. Questão de ideologia? Os espectadores têm a mesma ideologia dos filmes que lhes são oferecidos? Certamente. Mas é também questão de desejo e, portanto, de posição simbólica. Nos termos de Émile Benveniste, o filme tradicional é proposto como história e não como discurso. Contudo, ele é um discurso se nos referirmos às intenções do cineasta, às influências que exerce sobre o público etc.; mas o específico deste discurso, e o próprio princípio de sua eficácia como discurso, é justamente cancelar as marcas da enunciação e mascarar-se como história".

Ilusão do movimento. O movimento das imagens é a matéria-prima formal do cinema. Ou, como afirma Jean Epstein (em *Le Cinéma du Diable*), "o movimento constitui justamente a primeira qualidade estética das imagens na tela". De maneira ainda mais precisa, o cinema é a arte de conceber e de relacionar imagens expressivas (com sentidos emocional e cognitivo), em ritmo adequado; caso contrário, incorre-se em um grande pecado da criação cinematográfica, como ensinou Frank Capra: o tédio. Mas caso se prefira uma definição simples e pragmática, à moda americana, poder-se-ia dizer, como Steven Spielberg, que o cinema consiste de uma outra vida, mais divertida, acompanhada de pipoca.

Paradoxalmente, no entanto, o efeito cinético de deslocamento é resultado de um contra-senso e de uma conveniente deficiência do ser humano. O *non-sense* encontra-se na figura ou no registro estático do fotograma; a imperfeição, na persistência retiniana de uma imagem que, por uma fração de segundo, continua a sensibilizar a visão e o sistema neurológico, mesmo após ter desaparecido (este princípio físico foi observado e descrito pelo inglês Peter Roget, em 1824, no trabalho *A Persistência da Visão no Tocante a Objetos*

Móveis). Por ser fundamentalmente uma arquitetura móvel e figurativa, o cinema pressupõe um tratamento próprio e diferenciado que garanta expressividade, imaginação, ritmo e coerência na sucessão das imagens. Ou seja, entendido como arte, ele exige um domínio indispensável sobre cada imagem e uma sintaxe característica na elaboração das seqüências, pois elas estão compondo, simultaneamente, tempos e espaços figurativos. Diga-se de passagem que a matéria figurativa do cinema, isto é, sua ligação estreita com a vida humana, com as formas vivas, com as paisagens naturais e os ambientes facilmente reconhecíveis conservou-lhe aquele caráter representativo, mimético ou tradicional das artes, que boa parte do modernismo plástico abandonou (→*Arte no século XX*).

Espaços e decupagem. A imagem cinematográfica, por sua mobilidade permanente, cria não um, mas *dois* espaços, diferentemente das imagens pictórica ou fotográfica. Para certos teóricos, esse fenômeno aumenta a identificação do espectador com a "aparência" de realidade, isto é, com as formas correntes de percepção. Há, primeiramente, o espaço visual formado pelas imagens enquadradas e, ao mesmo tempo, um segundo espaço apenas intuído e não visível, *fora* do enquadramento. Como o que é visto se move, percebe-se inconscientemente uma continuidade envolvente (de onde vem, para onde vai o objeto fotografado ou filmado). Essa diferença é assim explicitada por André Bazin (*O Que É o Cinema?*): o quadro ou a pintura "polariza o espaço em direção ao seu interior; ao contrário, tudo o que a tela nos mostra, pode se prolongar indefinidamente no universo. O quadro é centrípeto, a tela é centrífuga". Assim sendo, é da natureza do cinema unir a continuidade do tempo à continuidade do espaço, edificando a ambos, simultaneamente. O que se institui, portanto, é uma espécie de arquitetura em deslocamento, ou assim experimentada em seu resultado final.

Mas se este efeito corresponde a uma aproximação ou duplicação do real – a mágica do ilusionismo – sua elaboração prévia se demonstra inteiramente prosaica. Ou seja, durante o processo de filmagem lida-se com a descontinuidade, com o corte, com a criação de cenas isoladas, com a *decupagem* inserida no roteiro (indicação do ambiente, marcação e diálogos dos atores, movimentos, planos e ângulos de câmera). A pretensa objetividade desaparece, ou sequer chega a existir. Tudo é feito por saltos, interrupções e artifícios. Somente na montagem final é que se costuma estabelecer a lógica da continuidade, a coerência da história, dos fatos narrados, e a imposição de um ritmo temporal. Esse jogo figurativo entre realidade e ilusão constitui a linguagem cinematográfica, cujos elementos

veremos mais adiante. Foi George Méliès o primeiro a demonstrar essa magia do cinema e seu aproveitamento narrativo. Suas criações de curtíssima metragem, realizadas integralmente em estúdio, como *Viagem à Lua*, *Cinderela* ou *Joana D'Arc*, exploraram os aparecimentos súbitos, as transformações miraculosas e as seqüências de um enredo. Embora sua câmera jamais se movesse, a fantasia obtida sinalizava a possibilidade real de uma linguagem artística.

Sonho e realidade, o envolvimento cinematográfico. Antes, porém, devemos ressaltar o óbvio. Há manifestações artísticas que fazem ressoar de maneira mais complexa, por analogia ou semelhança com a própria realidade, o conjunto da vida humana, em seus variados domínios (como a literatura), e, entre elas, duas que adicionam a esse aspecto multiforme a visualidade dos movimentos e da ação corriqueiramente experimentados – o teatro e o cinema. Mas a figuração em movimento que o cinema possui confere-lhe uma força especialmente *onírica* sob a aparência *realista*. Isso quer dizer, em primeiro lugar, que tanto o teatro quanto o cinema são capazes de reconstruir, reinterpretar ou sintetizar, pela sensibilidade e pela expressão, as relações e os sentimentos que o homem experimenta ou imaginariamente concebe em sua realidade. Mas o cinema tem uma particularidade: a câmera lhe serve como instrumento privilegiado para estabelecer os mais variados pontos de vista, em seu contínuo deslocamento, instituindo assim referências extraordinárias, isto é, não-habituais. Essa característica reforça a disponibilidade emocional do espectador e reduz a vigilância da razão. Dito de outra forma, o cinema amplia aquele "vazio" necessário conhecido como "suspensão da incredulidade".

Daí a aproximação do universo fílmico com os sonhos, que nos parecem reais quando vivenciados. Ilusão verdadeira ou verdade ilusória, ambas se confundem na consciência e na maneira como esta reage ao contato visual das imagens. Por analogia, sonho e cinema modificam as dimensões temporais e espaciais da percepção, segundo uma lógica muito própria, podendo torná-las descontínuas, isto é, lentas ou aceleradas, reduzidas ou ampliadas, próximas ou distantes, retroativas ou projetadas. Nos primórdios do cinema, uma socióloga americana, Jane Adams, já percebera que "ao irem ao cinema, os jovens [...] podem satisfazer suas necessidades de uma existência mais rica e aventureira do que a que o mundo-lhes oferece atualmente". A casa de luzes e sombras já era uma "casa dos sonhos". Embora seja exagerada a afirmação de André Breton de que o cinema é, modernamente, o único espaço restante para a celebração do mistério (pois as artes cênicas também podem sê-lo) um filme possui realmente a capacidade de instalar uma "espécie particular de alucinação consciente". Nas palavras de Pasolini (*A Poesia do Novo Cinema*), "[...] há todo um mundo no homem que se expressa predominantemente através de imagens com significado. Trata-se do mundo da memória e dos sonhos. Todo esforço de reconstrução da memória é um desfile de *im-segni* (sinais-imagens com significado), isto é, de modo primordial, uma seqüência cinematográfica [...] cada sonho é uma sucessão de *im-segni* que possuem todas as características das seqüências cinematográficas: enquadramentos de grandes planos, gerais etc. [...] a comunicação visual que serve de base à linguagem cinematográfica é, ao contrário da comunicação literária ou filosófica, extremamente rude, quase animal [...] os sonhos se manifestam ao nível do inconsciente, assim como os mecanismos mnemônicos; a mímica é sinal de uma civilização elementar. O instrumento lingüístico sobre o qual se apóia o cinema é, portanto, de tipo irracionalista. E isto explica a profunda qualidade onírica do cinema".

Já para Walter Benjamin, se o cinema é uma arte que se elabora na ausência de →aura, se o ator tem ali um desempenho esfacelado e quase inumano, sua "perspicácia" tem sido, no entanto, revolucionária. Em primeiro lugar, dado o seu poder de *envolver* o espectador, ao contrário de mantê-lo à distância, recolhido, como na contemplação da obra plástica estática e tradicional. Esse envolvimento seria de um tipo "traumático e agressivo", ou seja, convidaria a assistência a uma atitude de inquisição ou de exame, mas carregada de emocionalismo instantâneo, oposta ao procedimento clássico, de solenidade, de culto e de simbolização intelectual provocada pela pintura ou pela escultura figurativas. Em segundo lugar porque, "procedendo ao levantamento das realidades através de seus primeiros planos [...] perscrutando as ambiências banais sob a direção engenhosa da objetiva [...], ele nos faz enxergar melhor as necessidades dominantes sobre nossa vida, consegue abrir imenso campo de ação do qual não suspeitávamos [...]. Graças ao primeiro plano, é o espaço que se alarga; graças ao *ralenti* (câmera lenta), é o movimento que assume novas dimensões [...] não confere simplesmente relevo às formas já conhecidas, mas descobre outras, totalmente desconhecidas [...]. Abre-nos, pela primeira vez, a experiência do inconsciente visual, assim como a psicanálise nos abre a experiência do inconsciente instintivo".

Em busca de um estatuto artístico. A linguagem cinematográfica engloba todas as técnicas utilizadas na seleção e captação das imagens – planos, ângulos, movimentos de câmera, enquadramentos, iluminação, cenários etc. – que resultam na sua força expressiva au-

tônoma (a de uma só representação visual), assim como as formas de relacionamento entre elas (as seqüências produzidas pela montagem). Mas essas técnicas ou habilidades devem ir além da simples denotação, do nível primário do que é visto. Seria indispensável também, artisticamente falando, provocar associações mentais e emocionais mais abrangentes ou densas, ou seja, ser capaz de gerar conotações ou relações simbólicas.

Assim, alguns teóricos franceses procuraram consolidar uma linguagem fílmica (entre outros, Louis Delluc, Epstein e Moussinac), ressaltando, primeiramente, a *integração* das duas características mais evidentes da imagem em movimento: a plasticidade (encontrada na pintura, na escultura ou na fotografia) e o ritmo (da poesia, da música). E para tanto, apropriaram-se de um termo já em voga na fotografia para aplicá-lo à realidade cinematográfica: *fotogenia*. Com essa noção, queriam eles dizer que o cinema conseguia aprofundar a nossa percepção da natureza e realçar a sensibilidade humana para as suas próprias atitudes e ações. No entender de Louis Delluc, por exemplo, a fotogenia é "este aspecto poético extremo das coisas ou dos homens, suscetível de nos ser revelado exclusivamente pelo cinema" (sem a necessidade de lançar mão da dramaticidade teatral), mas ressaltando a intimidade estabelecida entre o olho da câmera e o objeto observado. Como ela se fundamentava em um tratamento elevado das "coisas móveis", surgia aí uma correspondência até então inusitada com a vida. Por essa razão, lembra Gillo Dorfles que se deve considerar, "tanto para o bem como para o mal, a necessidade de uma *autonomia da linguagem fílmica* que é nitidamente distinta da plástica, da figurativa, literária ou musical, mesmo que se sirva dos numerosos elementos colhidos nestas artes. Se cada arte tem uma particular eficácia – mágica, apotropaica, religiosa, social – que transcende o mero dado hedonístico e incide profundamente na razão de ser mesma da nossa existência [...] então a eficácia do filme, como arte, está justamente neste seu fingir uma *tranche de vie* (uma fatia de vida), na aparência perfeitamente sobreposta à nossa [...]. Esta característica de fingir uma realidade que, com efeito, é muito irreal, é o seu lado positivo e negativo, simultaneamente, porque é a arma de que se pode servir um hábil 'realizador ético' para manobrar a opinião pública, enquanto é também uma alavanca potente que permitirá a inserção de constantes estéticas e éticas capazes de modificar o gosto, os costumes, a moda, o estilo de uma época, muito mais do que o podem fazer a pintura, a música, o teatro, todos em conjunto" (*O Devir das Artes*).

Retornando à idéia de fotogenia, se ela não conseguiu impor-se como conceito-chave (no extremo, chegar-se-ia ao cinema abstrato), contribuiu ao menos para valorizar o estatuto da linguagem cinematográfica, principalmente em aspectos ficcionais e narrativos, e o trabalho subjetivo e estético da direção – a figura do "cineasta" – revalorizada pelos críticos dos *Cahiers du Cinéma* e pela →*nouvelle vague*. Por seu intermédio, deu-se ênfase à discussão e exploração de uma retórica inerente ao cinema, à elaboração de uma teoria e aos anseios de independência do diretor perante os esquemas mercadológicos que o cinema comporta.

Linguagem. Os elementos principais da linguagem cinematográfica podem ser resumidos nos *enquadramentos, planos, os ângulos, os movimentos de câmera* e *montagem*. Além deles, há, evidentemente, os trabalhos de sonoplastia, cenarização, iluminação, trucagens e outros efeitos especiais de pós-produção. Mas os enquadramentos, os planos, os ângulos e os movimentos de câmera representam, de um lado, a essência da filmagem, ou, como se diz não corriqueiramente, a *atividade de análise* da narrativa ou da documentação. Quanto à montagem, é por meio dela que se institui a *atividade de síntese* da linguagem do cinema.

1) Enquadramento. Trata-se do conteúdo da imagem a ser fotografada, o que significa não apenas a inclusão selecionada de objetos, paisagens e personagens, mas as formas pelas quais todos se relacionam e se organizam entre si e em frente às câmeras. Essa composição ou escolha é o primeiro passo para uma fundamentação mais sugestiva ou expressiva da imagem, ou seja, o ponto de partida da criatividade e da sensibilidade do realizador, tanto na captação do material como no jogo retórico e narrativo da obra.

2) Planos. São definidos pelas variadas distâncias entre os objetos e personagens a serem filmados e a posição da câmera ou da capacidade focal de sua lente. O primeiro cineasta a explorar artisticamente esta variedade de afastamentos e de proximidades foi David Wark Griffith, que assim rompeu, em definitivo, com a aparência de "representação teatral fotografada" (nas palavras do próprio diretor). O que modificou, por sua vez, a interpretação dos atores, aconselhados, desde então, a um gestual mais naturalista ou intimista. Como pólos extremos, têm-se o primeiro plano, ou *close*, o mais próximo e detalhista, e o plano geral ou *long shot*, o mais distante, que abrange grandes espaços ou objetos numerosos a serem visualizados. Entre eles, situam-se o plano de conjunto (grupo de personagens, por exemplo), o plano médio (personagem de corpo inteiro) e o plano americano (enquadramento a meio-corpo). Uma regra geralmente aceita na linguagem cinematográfica é a de que os planos mais afastados devem ser temporalmente mais longos, a fim de permitir ao espectador a apreensão de todas as unidades

enquadradas. De modo inverso, um primeiro plano (e seu detalhe extremo, o primeiríssimo plano, ou *big close*), tende a ser menos duradouro, pois o fragmento enfocado exige um tempo menor de absorção visual e mental. Obviamente, sempre haverá exceções, na dependência da intensidade dramática que o primeiro plano queira imprimir à cena. Estes dois pólos constituem, normalmente, os mais expressivos meios de significação psicológica e simbólica na elaboração cinematográfica. Assim, o plano geral, para além de descrever, traz muitas vezes as idéias de solidão, de impotência, a sensação de desafio, grandiosidade ou imponência, massificação ou anonimato. Quanto ao primeiro plano, considerado a grande contribuição dramática que o cinema deu às artes, assim escreve Jean Epstein (*Poésie d'aujourd'hui*): "Nada entre o espetáculo e o espectador. Não se olha a vida, penetra-se nela. E esta penetração nos concede todas as intimidades. Um rosto sob a lente se abre, estende sua geografia fervilhante. É o milagre da presença real, a vida manifesta, aberta como romã, descascada, assimilável, bárbara. Teatro da pele". É por seu intermédio que se faz a leitura mais densa e interiorizada dos estados emocionais – dor, alegria, ódio, sofrimento, esperança ou desespero – de um personagem. Aplicado a um objeto, serve ora como revelação de uma idéia, de um enigma, ora como pista ou instrumento-chave para a solução da trama. Os planos intermediários, mais numerosos, sustentam a descrição e a narrativa cinematográficas. Deve ser lembrado, no entanto, que o significado retórico dos planos e das demais técnicas da filmagem transparecem de maneira mais nítida e consistente pelas relações de conjunto do que por uma exposição única ou autônoma.

3) Movimentos de Câmera. Além de ocupar uma posição fixa, constante (e somente desta maneira o registro foi obtido nos primórdios do cinema, como o de Lumière ou de Méliès), a câmera é capaz de se deslocar para seguir uma ação dramática ou para apresentar outros pontos de vista, seja mantendo ou modificando o plano da cena. Inicialmente, pode-se subdividir a noção geral de movimento em duas: a subjetiva, quando a visão do aparelho é a de um personagem; e a noção objetiva, quando a câmera ocupa o lugar do espectador. Pier Paolo Pasolini chamou de "qualificação ativa" a escolha que se faz pela ação da câmera, aduzindo que, neste caso, há uma tendência para a filmagem "lírico-subjetiva". Já a "qualificação passiva" ocorre quando o personagem se movimenta, limitando-se a câmera ao registro. Aqui, a tendência é de ordem "realista", isto é, pressupõe uma confiança na objetividade do real. De forma genérica, são basicamente três os tipos de movimento: *a) travelling*, que consiste nos deslocamentos horizontal, vertical ou circular, sem que haja diferença de ângulo entre o eixo óptico da câmera e a trajetória de seu deslocamento (a câmera acompanha lateralmente um carro em velocidade, ou, verticalmente, a atriz que sobe as escadas). O *travelling* pode ser executado sobre um pequeno carro (*dolly*), com a câmera na mão, ou ainda com auxílio da grua (estrutura móvel, como o de um braço mecânico); *b*) panorâmica, pela qual o aparelho gira em torno de seus eixos horizontal (direita, esquerda) ou vertical (para cima, para baixo), conservando-se estático, sem sair do lugar; *c*) trajetória, que combina o "andar" da própria câmera (o *travelling*), com o deslocamento do eixo (panorâmica), obtendo-se um efeito vertiginoso ou agonístico de movimentos simultâneos. Embora cada uma dessas técnicas tenha funções específicas, mencionaremos aqui apenas os seus objetivos gerais: *3.1*) acompanhar um personagem ou objeto que realmente se desloca; *3.2*) dar a ilusão de movimento a algo fixo; *3.3*) descrever uma continuidade de eventos; *3.4*) detalhar ou investigar um ambiente ou cenário; *3.5*) captar e definir as relações espaciais da cena; *3.6*) dinamizar o conflito da ação, juntamente com o plano escolhido, ou acrescer a dimensão simbólica de um gesto, atitude ou expressão.

4) Ângulos. Correspondem às inclinações da câmera em relação ao eixo transversal do aparelho. De modo similar aos planos, há duas oposições destacadas: o plongê (do francês *plongée*, mergulho), que é a visão vertical, do alto para baixo, e o contraplongê, a visão contrária. Usualmente, utilizam-se o ângulo horizontal e as posições de câmera alta (ligeiramente inclinada para baixo) ou de câmera baixa (situação inversa). Quanto mais um ângulo se aproxima da posição plongê, mais o efeito é de "esmagamento", de redução, impotência, vertigem, abandono ou conformismo. Com o contraplongê, a fotografia pode indicar grandiosidade, potência, elevação, força ou exaltação. Um caso especial nas diversas variações dos ângulos é o de "enquadramento inclinado", quando a câmera se move alguns graus em relação ao eixo óptico (não ao transversal), produzindo uma imagem vista como a de alguém deitado.

5) Montagem. Considerada por muitos como o "fundamento estético do filme", é a composição definitiva da obra cinematográfica, que seleciona todos os enquadramentos e planos fotografados, cortando e recompondo os fragmentos em uma sequência ordenada e num ritmo desejado. Esses fragmentos, ou seja, os planos, variam enormemente na quantidade, dependendo da extensão e do ritmo narrativos e dos valores expressivos que se queiram acentuar. Um número médio, ou melhor, uma faixa de planos utilizada com maior constância, situa-se entre quatrocentas e setecentas unidades. Mas há exemplos (*O Homem que Perdeu a Memória, Ben Hur, O Desertor*) que ultrapassaram dois mil. Segundo o historiador Georges Sadoul, o passo decisivo para a descoberta da montagem foi dado pelos ingleses George Albert Smith e James Williamson, em 1900, cujos filmes passaram igualmente a intercalar planos diferentes – próximos (*closes*), médios e gerais. Ou seja, a alternância de ações e de pontos de vista que acontecem ao mesmo tempo, mas em lugares separados. Para Serge Eisenstein (*Cinématisme – peinture et cinéma*), "uma vez reunidos, dois fragmentos de filmes de qualquer tipo combinam-se inevitavelmente em um novo conceito, em uma nova qualidade, que nasce de sua justaposição". Logo, "a montagem é a arte de exprimir ou dar significado pela relação de dois planos justapostos, de tal forma que essa junção dê origem a uma idéia ou expresse algo que não existia em nenhum dos planos separadamente. O conjunto é superior às partes". A mesma concepção repete-se em Robert Bresson: "Assim como as palavras de um dicionário, as imagens só adquirem poder no ato de uma relação. E o cinema deve exprimir-se não por imagens, mas por relações de imagens, o que não é, de maneira alguma, a mesma coisa". A exploração das possibilidades de montagem foi realizada sob princípios diversos, por cineastas e teóricos de tendências estéticas e ideológicas bastante diferenciadas. Entre os mais importantes, estão sem dúvida Griffith, Timochenko, Kulechov, Eisenstein, Dziga Vertov, Pudovkin, Bela Balazs, Sjörström, Arnheim e Orson Welles. Pela relação, percebe-se que essas bases práticas e conceituais consolidaram-se antes mesmo que se chegasse à metade do século XX.

Uma categorização geral da montagem foi proposta por Marcel Martin, baseando-se nas experiências concretas daqueles e de outros realizadores. Para o crítico francês, há três aspectos característicos ou formas de montagem que na verdade não se excluem, podendo conviver em uma única obra:

a) na *montagem rítmica*, a ênfase encontra-se nas relações métricas dos planos a serem combinados. Só que essas relações são métricas no sentido de "graus de interesse psicológico" que o conteúdo das imagens sugere ao espectador. Isto é, há um tempo durante o qual o espectador reage favoravelmente às impressões e ao conteúdo visual, perdendo em seguida o interesse. Logo, o comprimento do plano deve ser estendido até o momento em que a atenção permaneça. Não se trata, portanto, de um ritmo meramente temporal, mas também, e sobretudo, de concentração mental. É a nota psicológica dominante do argumento que deverá guiar, primeiramente, a construção de um ritmo. Desse princípio geral, tem-se que os planos longos traduzem a "impressão de languidez, de fusão sensual, de ociosidade, de impotência diante do destino, de monotonia" e dessa forma devem ser utilizados. Ao contrário, os planos curtos indicam "um ritmo rápido, nervoso, dinâmico, facilmente trágico, de atividades transbordantes, de esforço, de choque violento, de brutalidade". A importância desse aspecto métrico e rítmico já fora destacado por Léon Moussinac, ao afirmar: "Para que uma sequência ritmada produza um efeito agradável aos olhos, é indispensável que, além da qualidade dramática, as durações dos planos mantenham entre si relações simples, numéricas";

b) já pela *montagem ideológica*, revelam-se os significados das idéias e dos sentimentos contidos na ação dramática. Ligando-se dois ou mais planos em sequência, mostram-se as passagens de tempo, as mudanças de lugar, as causas e conseqüências de um ato e as analogias simbólicas mais abrangentes. Um exemplo, neste último caso, é o da imagem do rebanho de ovelhas, seguida pela da multidão que sai do metrô, em *Tempos Modernos*, de Chaplin;

c) e a *montagem narrativa* tem por objeto o próprio desenrolar da trama, da história. Baseia-se principalmente no tratamento do tempo. Pode-se optar por uma elaboração linear, ou seja, cronologicamente constante; ou, diferentemente, não-linear, de temporalidade subjetiva ou conjugada, com idas e voltas ao presente e ao passado. Outra perspectiva é a da narrativa paralela, na qual dois ou mais argumentos são conduzidos de modo simultâneo e intercalado – e seu exemplo clássico é o de *Intolerância*, de Griffith, que realiza quatro histórias alternadas daquele mesmo tema.

Cinema, vídeo e televisão. O desenvolvimento das técnicas e a presença permanente da televisão afetou o cinema sob vários aspectos, entre os quais podem ser ressaltados os seguintes: a) a distribuição da obra cinematográfica por meios televisivos ou videográficos registra a transformação da imagem químico-mecânica em imagem eletrônica; b) o encolhimento ou a contração do campo visual modifica a experiência do espectador. Isso significa que, se a dimensão da imagem cinematográfica conserva um poder de sensibilização mais profundo, mais próximo do "mito", a tela da televisão "intimiza" a experiência, convertendo-a num acontecimento mais prosaico ou familiar; c) o filme em vídeo, por outro lado, enseja a recuperação de "memórias visuais" e de obras cinematográficas que atividades ligadas ao cinema dificilmente conseguiriam, salvo em ocasiões especiais (ciclos, homenagens); d) o sistema empresarial privado da televisão intervém na produção cinematográfica, tendo por finalidade o preenchimento dos horários televisivos ou a manutenção de um fluxo adicional de vídeos para locação ou venda direta, o que resulta no aumento excessivo da oferta de filmes. Com isso, ocorre uma banalização da imagem visual que tende, por sua vez, a dificultar critérios de escolha ou de qualidade; e) embora em menor escala, tem acontecido, no entanto, de o sistema público de televisão suportar financeiramente projetos artisticamente bem concebidos, como o demonstram certas produções, sobretudo européias; f) as tecnologias da televisão e dos computadores tendem a migrar e mesmo a substituir as do cinema, tanto na filmagem (codificação eletrônica prévia ou simultânea de enquadramentos e tomadas) quanto na fase de montagem (controle mais rápido e preciso do que o permite a moviola, por exemplo). Na filmagem vem ocorrendo também o uso de câmeras eletrônicas, inclusive miniaturizadas, capazes de efeitos especiais há pouco tempo inimagináveis (*snorkel*, *dykstraflex*, *skycam*), além dos computadores gráficos que criam imagens e eliminam o material óptico convencional.

Obra coletiva, obra autoral. Seja como arte ou simples diversão (indústria do entretenimento), o cinema é um trabalho coletivo, uma convergência de colaborações. Por esse motivo, nem sempre é possível afirmar ou imputar, a uma só pessoa, a paternidade absoluta de um filme. Se desconsiderarmos todas as injunções "exteriores" que pesam sobre a competência visual e narrativa da obra – investidores e produtores que, nos Estados Unidos, por exemplo, exerceram um domínio esmagador sobre a elaboração dos filmes, sobretudo entre as décadas de 1920 e 1950, ou as censuras de Estado e os padrões ideológicos das ditaduras – ainda assim teríamos a contribuição decisiva de vários artistas e profissionais, além do diretor ou cineasta: o roteirista, os atores, o fotógrafo, o iluminador, o cenógrafo e até mesmo os decantados criadores de efeitos especiais. Mas o que a história do cinema vem conservando, e portanto reconhecendo como exemplo, referência ou marco distintivo de sua trajetória, mais ainda do que a celebridade progressivamente efêmera das "estrelas", é sem dúvida a figura do cineasta ou diretor, ainda que trabalhe sobre um excelente texto literário que não lhe pertença – o do roteirista. É na força de seus conflitos e idéias pessoais, de sua escolha estética, de sua visão de mundo, trágica ou irônica, de sua capacidade de criar emoções, de revelar as fraquezas, as generosidades e as vilanias do espírito humano que ele, afinal, impõe-se como personalidade. →*Vídeo e videoarte*.

CINEMA BRASILEIRO NO FINAL DO SÉCULO XX.

Ismail Xavier e Leandro Saraiva

Coordenadas gerais: a economia-política do cinema. No início dos anos 1970, a ditadura militar impunha forte censura aos espetáculos, mas o governo, em função do nacionalismo, buscava um desenho institucional que estabilizasse a produção de cinema: regras para o comércio e uma política de produção que envolvesse participação maior do Estado. A Embrafilme, empresa estatal criada em 1969 para cuidar da distribuição, foi alterando seu formato e função até que, em 1974-1975, já no governo Geisel, assumiu a condição de agência forte de distribuição e de financiamento da produção. É o momento da "abertura política", e os setores oficiais, descontentes com o avanço da comédia erótica no mercado, dialogam com o grupo do Cinema Novo, preocupado então com a continuidade da produção e com a reação do público. A gestão Roberto Farias na Embrafilme (1974-1978) expressou este diálogo, mas o projeto de conquista de mercado teve seus problemas, em parte porque os cineastas mantiveram a sua postura de defesa do cinema de autor em todo o "período Embrafilme" (anos 1970 e 1980, até a posse de Collor que extinguiu a empresa). O cinema de 1974 a 1990 foi conduzido mais pelo espírito de cineastas-autores do que por produtoras, realidade que se tem mantido, apesar de mudanças no modelo produtivo. Hoje, não há mais a empresa estatal financiadora direta, mas a Lei do Audio visual (1994) define um sistema de renúncia fiscal pelo qual o governo viabiliza a produção, facultando às empresas aplicar, nos filmes que desejam, parcela do imposto que devem. Após alguns anos de vigência desta lei, vive-se, em 2001, um momento de discussão institucional. O ambiente é menos polêmico e há menor incidência de "questões maiores" – como um projeto de nação – no debate cinematográfico. Mas tudo confirma o que os últimos trinta anos mostraram: é o Estado que viabiliza o cinema, condição que o Brasil partilha com quase todos os países, inclusive da Europa. Se o cinema brasileiro alcançou altos patamares de criação em seus melhores momentos, permaneceu frágil no desempenho econômico, com exceção do período Embrafilme, quando chegou a 35% do mercado, em 1979, para decair nos anos 1980 até o colapso de 1990; na retomada, alcançou, em 2000, cerca de 10%. Estes são dados importantes para a consideração do perfil do cinema brasileiro de longa-metragem traçado a seguir.

Os anos 1971-1973. No início dos anos 1970, o debate cultural-estético esteve dominado pela polêmica entre as tendências vindas da década anterior, basicamente o grupo do Cinema Novo, preocupado em estabilizar a produção, e os jovens do chamado Cinema Marginal. Estes recusavam o caminho de concessões ao mercado e radicalizavam o estilo agressivo, iconoclasta, de lidar com temas que, muitas vezes, eram comuns aos dois pólos do debate. Tal foi o caso

da discussão da família e da decadência da moral patriarcal. Enquanto os filmes de cinema-novistas – *A Casa Assassinada* (Saraceni, 1971), *A Culpa* (Domingos de Oliveira, 1971), *Toda Nudez Será Castigada* (Arnaldo Jabor, 1972) e *Joana Francesa* (Cacá Diegues, 1973) – traziam uma inflexão teatral ou literária no trato do tema, os filmes dos jovens eram mais incisivos na agressão estética, como foi o caso de *Longo Caminho da Morte* (Júlio Calasso, 1971) e *Sagrada Família* (Sílvio Lanna, 1971). Neste contexto, Jabor explorou a tragicomédia e redefiniu o diálogo do cinema com Nelson Rodrigues, tanto em *Toda Nudez* quanto em *O Casamento* (1975). Outros cineastas vão dar prosseguimento ao "processo da família" mais tarde na década, destacando-se Ana Carolina que, com *Mar de Rosas* (1976), inaugura uma ironia feminina ao machismo e focaliza o ressentimento da mulher, e Tizuka, com *Gaijin* (1980), que articula a questão da mulher à migração japonesa,

A preocupação com a conquista de público leva ao diálogo com a chanchada em filmes como *Quando o Carnaval Chegar* (Diegues, 1972), comédia musical, ou ao diálogo com gêneros da indústria cultural, como em *Capitão Bandeira contra o Dr. Moura Brasil* (Antônio Calmon,1972). Mas o sucesso maior é conseguido pela comédia erótica de apelo popular, em filmes como os de Pedro Rovai (*A Viúva Virgem*, em 1972, e *Ainda Agarro esta Vizinha*, em 1974) ou *A Superfêmea* (Aníbal Massaini, 1973). Como contraposição, o governo incentiva a adaptação literária e o filme histórico, política que encontra tradução conservadora e de adesão aos valores da educação moral e cívica do regime em *Independência ou Morte* (Carlos Coimbra, 1972). E encontra a resposta mais lúcida em *São Bernardo* (Leon Hirszman, 1972) e *Os Inconfidentes* (Joaquim Pedro, 1972), filmes em que a sanção do clássico literário ou da história é usada como estratégia para uma visada crítica dirigida à conjuntura política, estratégia usada também pelo próprio Joaquim Pedro em *Guerra Conjugal* (1975), por David Neves em *Lúcia McCartney* (1970) e por Nelson Pereira dos Santos *em Tenda dos Milagres* (1976).

Há um interesse pelas questões das minorias, e o diálogo com os anos 1960 dá continuidade ao tema da antropofagia como estratégia cultural em filmes voltados para alegorias da formação nacional, como *Orgia ou o Homem que Deu Cria* (João Silvério Trevisan, 1971), *Como Era Gostoso o Meu Francês* (Nelson Pereira, 1971), *O Monstro Caraíba* (Bressane, 1973). *Uirá* (Gustavo Dahl, 1974) tematiza a questão da melancolia do índio, no que será seguido por outros filmes da década. Duas obras marcantes em 1974 subvertem as fronteiras entre ficção e documentário: *Iracema* (Bodansky e Senna, 1974) focaliza experiências ligadas à construção da Transamazônica, e *Triste Trópico* (Arthur Omar, 1974) é obra experimental que explora o motivo da viagem em uma biografia imaginária. Tais experiências sinalizam o debate então vigente sobre o documentário, envolvendo cineastas como Aloysio Raulino, João Batista de Andrade, Geraldo Sarno e Oswaldo Caldeira.

O período 1974-1984. O cinema brasileiro entra no período da abertura sob a égide do projeto da Embrafilme de conquista de mercado, conduzido com nítida diversidade de estilos e criticado por propostas alternativas. Ao lado dos líderes do Cinema Novo, há a afirmação de cineastas modernos como Carlos Alberto Prates Correia, em *Perdida* (1975) e em *Cabaret Mineiro* (1981), e narradores naturalistas, como Bruno Barreto, diretor de *A Estrela Sobe* (1974), *Dona Flor e Seus Dois Maridos* (1976) e *O Beijo no Asfalto* (1980). Este último filme participa do ciclo de adaptações de Nelson Rodrigues, entre 1978 e 1983, em que o cinema une a discussão da família e um erotismo ao gosto do público, como Neville de Almeida em *A Dama do Lotação* (1978) e *Os Sete Gatinhos* (1980).

O filme histórico ganha espaço na nova conjuntura, variado em seus temas: *Aleluia Grechten* (Sílvio Back,1976) mostra um Brasil filonazista; *Os Muckers* (Jorge Bodanzky e Wolfgang Gauer, 1978) focaliza uma comunidade religiosa; *Ajuricaba* (Oswaldo Caldeira, 1977) celebra o herói da resistência indígena; *Paraíba Mulher Macho* (Tizuka Yamazaki, 1983) combina relato biográfico e a intriga política da Revolução de 1930; *Xica da Silva* (Carlos Diegues, 1976) traz o símbolo da astúcia do oprimido e estereótipo da sensualidade negra. *Coronel Delmiro Gouveia* (Geraldo Sarno, 1978) denuncia manobras imperialistas contra a industrialização. *Mémórias do Cárcere* (Nelson Pereira dos Santos, 1984) traz a alegoria política do próprio processo de abertura, fazendo o elogio ao intelectual e sua resistência.

A mulher, o negro, o índio, a comunidade religiosa, o industrialista sabotado, o imigrante explorado são personagens dessa revisão do passado que procura fazer a história dos vencidos, ouvir suas vozes e memórias, seja no documentário antropológico, seja na ficção, havendo mesmo o filme-manifesto, por um cinema popular, de Nelson Pereira: em *Amuleto de Ogum* (1974), o intelectual valoriza a religião popular.

O filme com imagens de arquivo torna-se um gênero com *República Guarani* e *Vida de Polaco* (Sílvio Back, 1981 e 1982), *O Homem de Areia* (Wladimir Carvalho, 1981), *Jânio a 24 Quadros* (Luiz Alberto Pereira, 1982). Os mais destacados são *Os Anos JK* e *Jango* (1979 e 1984, ambos de Sílvio Tendler). O gesto docu-

mental mais polêmico foi *Di-Glauber* (Glauber Rocha, 1977), intervenção cultural do cineasta no enterro do artista, exemplo de um experimentalismo que dialoga com os filmes de Bressane, *O Gigante da América* (1980) e *Tabu* (1982), entre outros.

Com a abertura política, surge um novo naturalismo, no qual a energia do cinema se volta para a exploração do corpo, em duas grandes vertentes: a primeira é a do "sexo em cena" – num amplo espectro que vai do intimismo existencial de Walter Hugo Khoury, com *O Prisioneiro do Sexo* (1979), *Rio Babilônia* (Neville d'Almeida, 1983); a segunda é a do filme policial, com temas ligados à repressão, seja no naturalismo grotesco de *Rainha Diaba* (Antônio Fontoura, 1974), no realismo psicológico de *Ato de Violência* (Eduardo Escorel, 1980) ou na incorporação do gênero de maior sucesso: *Lúcio Flávio, o Passageiro da Agonia* (Hector Babenco, 1977). O filme de ação e de denúncia seria retomado por Babenco em *Pixote, a Lei do mais Fraco* (1980). O enfoque da violência do aparato repressivo se retoma em *Barra Pesada* (Reginaldo Farias, 1977), *O Bom Burguês* (Oswaldo Caldeira, 1983), *A Próxima Vítima* (João Batista de Andrade, 1983) e em *Pra Frente Brasil* (Roberto Farias, 1982). A abordagem das conseqüências psicológicas da repressão política é feita em *Nunca Fomos tão Felizes* (Murilo Salles, 1984).

A alegoria, na passagem dos anos 1970 para os anos 1980, aparecerá de outras formas no cinema brasileiro. *A Idade da Terra* (1980) será um marco do filme experimental que se põe como um grande afresco interrogativo dirigido à nação. *Bye Bye Brasil* (Diegues, 1980) que traz um diagnóstico da modernização, ou filmes voltados para a denúncia da repressão e questões sociais: *Crônica de um Industrial* (Luiz Rosemberg, 1976), *A Queda* (Ruy Guerra e Nelson Xavier, 1976), *Eles Não Usam Black-tie* (Hirszman, 1980). Ligado ao movimento sindical, emerge um cinema militante mais direto, com Renato Tapajós, João Batista de Andrade, Leon Hirszman. Nesta linha, Sérgio Toledo e Roberto Gervitz ganharam destaque com o documentário *Braços Cruzados, Máquinas Paradas* (1979). Virá de um outro documentário a retomada do diagnóstico totalizante que fecha o ciclo de vinte anos de história: *Cabra Marcado pra Morrer* (1984), de Eduardo Coutinho. Este filme simboliza o momento da abertura ao fazer emergir as personagens que se dispersaram na clandestinidade durante a ditadura.

O período 1985-1990. A Nova República se inicia com mudanças no perfil da Embrafilme. Há consciência de que é preciso um novo modelo para enfrentar o mercado em declínio, mas a reforma desejada não vem. A força crítica do Cinema Moderno

146 CINEMA BRASILEIRO NO FINAL DO SÉCULO XX

perde seu impulso, no filme histórico e na adaptação literária. Aqui, as exceções são Bressane, com *Brás Cubas* (1985) e *Os Sermões* (1989), e Suzana Amaral, com a leitura de Clarice Lispector, em *A Hora da Estrela* (1985).

Na alegoria política, Hugo Giorgetti (*Festa*, 1988) faz a sátira da estrutura excludente do país, Cacá Diegues fala da própria situação do cinema em *Dias Melhores Virão* (1989) e Jabor focaliza o discurso amoroso com *Eu Sei que VouTe Amar* (1984), filme de maior impacto dentro de uma linha realista adotada, entre outros, por Zelito Viana, Jorge Duran, Sérgio Resende e Carlos Reichenbach, já no final da década, com *Anjos de Arrabalde* (1986).

A tônica deste período será dada pelos filmes que assumem uma postura lúdica ou um diálogo franco com os gêneros industriais em diferentes direções, como Lui Faria em *Lili Carabina* (1988), Ivan Cardoso (*O Escorpião Escarlate*, 1989), Murilo Salles em *Faca de Dois Gumes* (1989). Nesta linha, o dado característico do período é a emergência de uma nova geração esboçada no Rio Grande do Sul e mais desenvolvida em São Paulo. O destaque é a conhecida trilogia da noite paulista – *Cidade Oculta* (Francisco Botelho, 1986), *Anjos da Noite* (Wilson de Barros, 1986) e *Dama do Cine Shangai* (Guilherme de Almeida Prado, 1987) – mas outras experiências marcam a diversidade aí presente, como o filme político – *Romance* (Sérgio Bianchi, 1987) e *Feliz Ano Velho* (Roberto Gervitz) – a retomada do imaginário caipira (*Marvada Carne*, André Klotzel, 1985), a homenagem a Humberto Mauro e à bossa nova (Djalma Limongi, com *Brasa Adormecida*, 1985), a discussão sobre a identidade sexual (Sérgio Toledo,*Vera*, 1986). A ficção brinca com os gêneros e se afasta da dimensão documental que marcou o Cinema Novo. No fim da década, um curta de um jovem gaúcho (Jorge Furtado, *Ilha das Flores*, 1989) marcará um contraponto, pela paródia lúcida da narração didática televisiva. Mas 1990 confirma a crise anunciada; Collor toma as medidas de extinção que não deixam as tendências mais vivas do momento ganhar corpo.

O período 1990-2000: a retomada. A década traz um perído de três anos muito difíceis; poucos filmes, entre os quais se destacam *O Beijo 2.348/72* (Walter Rogério,1992), *A Grande Arte* (Walter Salles, 1991), *Alma Corsária* (Carlos Reichenbach, 1994), entre outros. A nova produção se torna mais visível apenas em 1994, com uma variedade de estilos que acabou por marcar a década. O cinema de autor ainda domina, embora procure quase sempre a conciliação com o grande público e busque bases dramáticas mais "industriais". O clima cultural não realça questões de prin-

cípio como pólos de debate. Impera o pragmatismo, a continuidade com o passado, não a ruptura. Retoma-se o tema do sertão e da seca, num retorno ao universo do Cinema Novo em chaves diferentes – no grande espetáculo, como em *Canudos* (Sérgio Resende, 1997); no filme experimental *Crede-mi* (Bia Lessa, 1997); na reciclagem do cangaceiro, como em *Baile Perfumado* (Paulo Caldas e Lírio Ferreira, 1996), *Corisco e Dadá* (Rosemberg Cariry, 1996) e *O Cangaceiro* (Aníbal Massaini, 1997); ou na evocação de migrações catalisadas por estagnação econômica e seca, como em *Sertão das Memórias* (José Araújo, 1996).

Outros núcleos temáticos se repõem: *Capitalismo Selvagem* (André Klotzel, 1993) focaliza a questão da identidade nacional; *Quatrilho* (Fábio Barreto, 1995) adapta para o clima do Sul brasileiro fórmulas da novela; *Carlota Joaquina* (Carla Camurati, 1995) dialoga com a chanchada dos anos 1950 e com a televisão recente; *Sábado* (Ugo Giorgetti, 1995) satiriza a publicidade e evidencia a distância entre as classes; *Alma Corsária* (Carlos Reichenbach, 1993) dá continuidade à tradição de alegoria política; *Pequeno Dicionário Amoroso* (1997) e *Amores Possíveis* (2000), ambos de Sandra Werneck, retomam a comédia da vida conjugal. Há o filme histórico mais convencional e há filmes que reconhecem a crise do realismo quando os cineastas se definem pela relação crítica com os gêneros populares em nova chave (o melodrama, o filme *noir*, a chanchada, o *thriller*), como *Os Matadores* (Beto Brandt, 1997), *Um Céu de Estrelas* (Tata Amaral, 1997) e *Como Nascem os Anjos* (Murilo Salles, 1996). O cineasta se reconhece agora como parte da mídia, peça de um grande esquema de formação da subjetividade cujo foco maior é a TV, como vemos em *Ed Mort* (Alain Fresnot, 1997) e *Doces Poderes* (Murat, 1996), entre outros filmes.

A compressão do espaço e do tempo própria ao mundo da alta tecnologia deixa suas marcas na forma dos filmes. A freqüência do *topos* da viagem no cinema, como em *Terra Estrangeira* (Walter Salles e Daniela Thomas, 1995) e *Bocage, o Triunfo do Amor* (Djalma Batista, 1998), traz filmes em que a travessia do Atlântico e a expansão portuguesa são tomadas em novas dimensões.

A violência social, os impasses econômico-políticos, o adiamento das promessas de qualidade de vida ganham tradução nas telas através de uma galeria de personagens ressentidos, tal como vemos na síntese de Sérgio Bianchi (*Cronicamente Inviável*, 2000), em *A Ostra e o Vento* (Walter Lima Jr., 1997), *Perfume de Gardênia* (Guilherme de Almeida Prado, 1992), *Amélia* (Ana Carolina, 2000*), Um Copo de Cólera* (Aloísio Abranches, 1999*), Coração Iluminado* (Hector Babenco, 1998). Esta recorrência também inclui as adaptações de Nelson Rodrigues pelo Grupo Conspiração. O antídoto para tal galeria vem pela comédia: *Amores* (1998), de Domingos de Oliveira, *Eu, Tu, Eles* (2000), de Andrucha Waddington*, O Auto da Compadecida* (2000), de Guel Arraes, cada um a seu modo marcando o diálogo com a televisão. E vem também pelo maior sucesso nacional e internacional da década, a parábola moral de Walter Salles Jr., *Central do Brasil* (1998), que começa pela vivência do ressentimento (Dora) e expõe uma via de redenção da protagonista conseguida pelo retorno ao sertão e pelo contato com a religião popular.

Neste contexto, o documentário ressurge revitalizado, marcando um contraponto ao domínio exercido pelo ressentimento no campo da ficção, seja no trato criativo da religião popular, como nos filmes *Santo Forte* (Eduardo Coutinho, 1999), *Fé* (Ricardo Dias, 1999), *O Chamado de Deus* (José Joffily, 2001), *Santa Cruz* (João Moreira Salles, 2000), *Coroação de uma Rainha* e *Sonhos e Histórias de Fantasmas* (Arthur Omar, 1993 e 1996); ou nas questões sociais (*O Sonho de Rose*, Tetê Morais, 2000), *O Rap do Pequeno Príncipe* (Lírio Ferreira e Paulo Caldas, 2000) e *Notícias de uma Guerra Particular* (João Moreira Salles, 1999).

CINEMA NOVO. Uma das mais importantes correntes do cinema brasileiro, o cinema novo surgiu como proposta simultânea de ruptura e de vanguarda. De um lado, rejeitou os valores e a linguagem estética da produção de estúdio (Hollywood e a chanchada nacional), como se pode ler em Glauber Rocha (*Revolução do Cinema Novo*) – "o cinema novo se marginaliza da indústria porque o compromisso do cinema industrial é com a mentira e a exploração". De outro, assumiu a falta de recursos formais como desafio à criatividade e à autenticidade. Carência que lhe parecia compatível com as contradições socioculturais e as características econômicas de um país dependente e subdesenvolvido. Sob esse aspecto, fez uso constante de técnicas precárias, "artesanais" (som direto, filmagens em locações), sintetizadas na máxima "uma idéia na cabeça e uma câmera na mão", já que "por originar-se de uma imposição econômica é que a câmera na mão encontra sua maior validez" (Gustavo Dahl, no artigo "A Solução Única"). Por fim, estreitou os vínculos do cinema com a literatura modernista (adaptando algumas de suas obras) e integrou-se às manifestações nacionalistas e de resistência artística ao autoritarismo então dominante na América Latina, postando-se ideologicamente à esquerda do espectro político. Comparado no Brasil às tendências renovadoras do neo-realismo italiano e da *nouvelle vague* francesa, o movimento encontrou em Nelson Pereira dos Santos o seu precur-

sor imediato, quando, de maneira cooperada, realizou *Rio 40 Graus* (1954-1955, com estréia em 1956) e *Rio, Zona Norte* (1957). Embora marcados por uma perspectiva ingênua ou maniqueísta, os filmes tiveram a preocupação de, fugindo à paródia típica da chanchada, narrar o cotidiano de favelados – meninos vendedores de amendoins, no primeiro, e as vicissitudes de um compositor popular, no segundo. Nenhum dos dois obteve a recepção esperada, de público e de setores da crítica, mas ambos conseguiram atrair a atenção e o entusiasmo de outros jovens pretendentes ao cinema. De maneira retrospectiva, Paulo Emílio Salles Gomes escreveria mais tarde: "*Rio 40 Graus*, a fita de estréia de Nelson Pereira dos Santos, foi considerada na época, principalmente, uma utilização das lições do neo-realismo italiano. Prossegue crescente o interesse despertado por esse filme, não se cogitando mais hoje em vinculá-lo a qualquer tendência estética estrangeira; ao contrário, o que surpreende agora é constatar a profundidade de impregnação brasileira, tanto nos personagens quanto nas situações" (*Panorama do Cinema Brasileiro*). Também em 1957, em São Paulo, Roberto Santos produziu uma visão realista das dificuldades de um jovem filho de imigrantes italianos em seus preparativos para o casamento, seguindo com bastante proximidade os pressupostos da estética italiana. Na seqüência, os curtas-metragens *Arraial do Cabo*, de Paulo César Saraceni e Mário Carneiro (1959), premiado nos festivais de Bilbao e de Florença; *Couro de Gato*, de Joaquim Pedro de Andrade (mais tarde integrado a *Cinco Vezes Favela*); e *Aruanda*, de Linduarte Noronha (os dois últimos datados de 1960), tendo por tema comum a vida de pequenas comunidades marginalizadas, viriam a se constituir nas primeiras realizações do já considerado cinema novo. A consagração da corrente, ao menos nos círculos intelectuais e de aficionados, já que ela nunca obteve uma difusão realmente popular, ocorreu em 1962. Ano em que chegaram às telas *Barravento*, de Glauber Rocha, *Os Cafajestes*, de Ruy Guerra, *Porto das Caixas*, de Saraceni, e *Cinco Vezes Favela*, patrocinado pelo Centro Popular de Cultura (CPC), reunindo os seguintes episódios: "Escola de Samba, Alegria de Viver", de Cacá (Carlos) Diegues, "Um Favelado", de Marcos Faria, "Zé da Cachorra", de Miguel Borges, "Pedreira de São Diogo", de Leon Hirszmann, e o já citado "Couro de Gato". Neles, como em outros que viriam a seguir, prevalecem a denúncia social e uma clara oposição entre o "popular" e o "burguês". As classes proletárias ou as camadas pobres, pelo fato de sobreviverem em condições de exploração, são portadoras de virtudes, enquanto as burguesas representam os vícios e as iniqüidades. Num artigo publicado n'*O Metropolitano* (órgão de imprensa da União Nacional dos Estudantes), Glauber distinguiu então aqueles que, em sua opinião, praticavam um "cinema de espetáculo que dê dinheiro e tire prêmios", e os que exprimiam a "transformação de nossa sociedade, comunicando e processando esta transformação" ("Cinema Novo, face morta e crítica"). Entre os últimos, os verdadeiros "cinema-novistas", alinhavam-se, além do próprio Glauber, Ruy Guerra, Nelson Pereira, Paulo Saraceni, Alex Viany, Joaquim Pedro, Hirszman, Gustavo Dahl, Jean-Claude Bernardet, Roberto Pires, Mário Carneiro, Marcos Farias, David Neves e Miguel Borges. Sob essa perspectiva, filmes e diretores como Anselmo Duarte (*O Pagador de Promessas*), Roberto Farias (*Assalto ao Trem Pagador*) ou Carlos Coimbra (*A Morte Comanda o Cangaço*) eram tachados de ideólogos do "entorpecimento", o que gerou uma ruptura da direção do →CPC com o grupo de cineastas. Dessa época ao início do decênio seguinte realizou-se a filmografia principal do movimento: *Boca de Ouro*, *Vidas Secas*, *Como Era Gostoso o Meu Francês* e *Azyllo Muito Louco*, de Nelson Pereira dos Santos; *Deus e o Diabo na Terra do Sol*, *Terra em Transe* e *O Dragão da Maldade contra o Santo Guerreiro*, de Glauber Rocha; *Os Fuzis* e *Os Deuses e os Mortos*, de Ruy Guerra; *O Desafio* e *Capitu*, de Paulo César Saraceni; *Ganga Zumba*, *A Grande Cidade* e *Os Herdeiros*, de Cacá Diegues; *A Falecida* e *São Bernardo*, de Leon Hirszman; *O Padre e a Moça* e *Macunaíma*, de Joaquim Pedro de Andrade; *O Bravo Guerreiro*, de Gustavo Dahl; *Opinião Pública* e *Pindorama*, de Arnaldo Jabor; *Menino de Engenho* e *Brasil Ano 2000*, de Walter Lima Júnior, e *A Hora e a Vez de Augusto Matraga*, de Roberto Santos, ainda que este não se tenha considerado publicamente um participante. Na opinião de Fernão Ramos (*Os Novos Rumos do Cinema Brasileiro*), é possível distinguir três "trindades" na história do cinema novo: "A primeira 'trindade' seria composta por *Deus e o Diabo na Terra do Sol*, *Os Fuzis* e *Vidas Secas* [...] Sua principal marca seria a representação de um Brasil remoto e ensolarado, onde se vislumbram conflitos de cunho político. A segunda 'trindade', posterior ao golpe de 64, é contemporânea de um momento de forte autocrítica: *O Desafio*, *Terra em Transe* e *O Bravo Guerreiro*. E a terceira 'trindade' – realizada no final da década e possuindo fortes tons alegóricos, com a preocupação de representar o Brasil e sua história – *O Dragão da Maldade*, *Os Herdeiros* e *Os Deuses e os Mortos* [...] A primeira trindade [...] é marcada pela imagem realista do Nordeste seco e distante, do povo nordestino e sua condição de explorado, pela ausência do 'habitat' natural dos próprios cineastas (jovens da classe média urbana)". No segundo momento, o fundo que se compartilha é o das angústias do intelec-

tual em face das elites latino-americanas, corruptas, cínicas e violentas, e a alienação petrificada das classes exploradas. O resultado do conflito conduz o protagonista a uma profunda crise existencial e a uma verdadeira aporia da ação política. A última fase (que também incluiu *Pindorama*, *Brasil 2000* e *Macunaíma*) foi aquela que, "além da alegoria espetacular como forma de atingir o grande público, apresenta em geral uma narrativa fragmentada ao nível da intriga, desenvolvimento de personagens desvinculados de motivações psicológicas e, principalmente, uma forte atração pelo dilaceramento das emoções extremas, os longos berros e movimentos convulsivos". Estética que, embora preocupada em adaptar-se aos aspectos comerciais, mesmo assim não alcançou repercussão popular, com exceção de *Macunaíma*.

CINEMATECA. Instituição pública ou fundação privada encarregada de adquirir, conservar, recuperar e difundir obras cinematográficas, seja as de um país, seja mundiais. De modo mais corrente, os critérios de exibição dos acervos fundamentam-se em projetos específicos, baseados em temas e períodos históricos. Atividades paralelas ou complementares costumam fazer parte da política de ação das cinematecas, incluindo palestras, seminários e edição de periódicos, livros ou catálogos.

CINESCÓPIO. Aparelhagem que transfere as imagens eletrônicas de vídeo para películas fotossensíveis de cinema ou de fotografia. Realiza assim uma operação inversa à do →telecine.

CINÉSICA. Do grego *kínesis*, movimento, corresponde ao estudo dos gestos ou dos movimentos corporais socialmente disseminados ou artisticamente previstos, portadores de significados convencionais ou simbólicos. Abrange, assim, a linguagem gestual religiosa e litúrgica de sacerdotes, a das cerimônias militares, a gestualidade manual de comunidades étnicas ou sociais, os gestos corporais mais recorrentes de figuras pictóricas ou escultóricas, a mímica ou a pantomima, os passos marcados de dança (coreografia) e das interpretações dramáticas, os modos de andar e os movimentos significativos de cabeça, as posições sexuais, a expressão visual oratória ou os gestos mais comuns e repertoriados de agradecimento, de cortesia e representativos de sentimentos como alegria, espanto, admiração, medo, desprezo ou agressão, entre outros. →*Expressão* e →*Gesto*.

CINÉTICA, ARTE. →*Arte cinética*.

CINZEL, CINZELAR. Lâmina metálica com ponta cortada em bisel, isto é, chanfrada, que serve para entalhar ou esculpir peças em madeira, pedra, marfim, ou traçar desenhos em chapas metálicas. Daí o ato de cinzelar ter o significado de esculpir ou gravar.

CIRANDA. Dança e música de roda (ou ainda de ronda), tanto infantil quanto adulta, proveniente de Portugal e aclimatada a diversas regiões brasileiras. Como brincadeira ou folguedo, a ciranda pode conter uma roda apenas ou ser constituída por dois círculos concêntricos. Entre as possíveis evoluções, há deslocamentos para a direita e para a esquerda, o fechar e o abrir da roda ou os giros de alguns ou de todos os participantes, simultaneamente. Entre as tradicionais cirandas infantis, cantadas, podemos lembrar: *Ciranda, Cirandinha, A Canoa Virou, Capelinha de Melão, Eu sou Pobre, Pobre, Pobre*; já entre as cirandas adultas, mencionam-se as modalidades *Roda de Passeio, Roda de Valsar, Roda de Mazurca* ou *Roda de Tropel*, todas do folclore de Alagoas.

CIRCO. À diferença de outros espetáculos cênicos, como o teatro, a dança ou o cinema, as artes circenses não têm por função *representar*, mas, principalmente, *exibir* técnicas ou *demonstrar* perícias físicas pouco usuais, ou seja, virtuosísticas. Observadas de modo individual, cada uma das habilidades que o caracterizam são mais antigas do que a estrutura contemporânea do próprio circo. A acrobacia chinesa, por exemplo, já se encontrava registrada no início do segundo século da era atual na *Crônica da Capital Ocidental*, um livro memorialístico de Zhang Heng. Ali se descrevem exercícios de equilíbrio na corda bamba e com bolas, acrobacia corporal sobre as mãos e estacas. Também os saltimbancos (saltadores acrobáticos), os bobos e os bufões possuíam uma longa tradição medieval, inserida nos espetáculos e teatros populares ambulantes. Por outro lado, nada tem a ver com o antigo circo do período romano, destinado a corridas de carros (bigas, trigas e quadrigas) e a combates mortais de gladiadores. Para os historiadores modernos ocidentais, costuma-se datar o nascimento do circo a partir do momento em que o inglês Phillip Astley começou a promover exibições acrobáticas sobre cavalos amestrados em 1768. Astley, após abandonar a cavalaria do exército britânico, decidiu-se por montar um espetáculo no qual mantinha um cavalo a galope, no interior de um círculo, sabendo que a força centrífuga desse movimento lhe permitia conservar o seu próprio equilíbrio no dorso dos animais. Para preparar a série de demonstrações e atiçar a curiosidade popular, acrescentou ao jogo eqüestre um grupo de equilibristas sobre cordas, alguns saltadores e um palhaço. Assim sendo, o entendimento do circo como reunião e demonstração de artes corporais variadas, em um mesmo local de espetáculo, o picadeiro, consolidou-se apenas na segunda metade do século XVIII. As habilidades aí demonstradas envolvem portanto riscos, dificuldades crescentes, tensão, concentração mental e exatidão de gestos por parte de seus artistas, enquanto ao público cabem o divertimento, a evasão, o espanto, a admiração e o deslumbramento. Como já mencionado, a equitação esteve na origem do circo e os seus números permaneceram como as principais atrações durante vários anos, tanto na Inglaterra quanto na França e na Alemanha, onde então se criaram as "escolas superiores" de adestramento, destinadas exclusivamente ao circo. Com a equitação afirmou-se também o primeiro nome de vulto internacional, Andrew Ducrow, logo seguido por outros ginetes, como Billy Bell e, sobretudo, John Clarke e o francês Laurent Franconi. Logo no início do século XIX, outras técnicas foram sendo incorporadas ao centro eqüestre, dando uma configuração definitiva ao espetáculo circense. A reunião de artes diversas estimulou o abandono de galpões ou de teatros fixos em que se davam os exercícios de equitação, fazendo surgir as imagens imorredouras do circo como o espaço da lona e de um permanente nomadismo: as acrobacias ginásticas de solo, de cordas (ou arame) e de trapézio, os malabarismos com objetos (bastões, pelotas, pratos ou argolas), o histrionismo (a arte do palhaço), os domadores de animais, domésticos ou selvagens, o ilusionismo (mágica ou prestidigitação) e o contorcionismo. No trapézio sobressaíram, entre vários outros, Jules Léotard, criador do vôo livre entre as barras móveis, e Ernest Clarke (primo de John Clarke), introdutor do salto mortal triplo. A enorme galeria dos palhaços, também acrobatas, malabaristas, mímicos e, não raras vezes, músicos, começou a formar-se com as figuras do inglês Foottit, e de seu companheiro Chocolat (cubano emigrado), na segunda metade do século XIX. A partir de então, outros palhaços tornaram-se personalidades lendárias, como os ingleses John e William Price (retratados por Renoir), o suíço Grock, o italiano Achille Zavatta, o trio ítalo-francês dos irmãos Fratellini, o russo Popov ou os brasileiros Piolim, Carequinha e Arrelia. Por influência do mais antigo teatro ambulante ou de feira, criou-se em fins do século XIX o circo-teatro, no qual predominaram, enquanto durou, as adaptações melodramáticas e populares de textos ou de assuntos diversos – mitológicos, religiosos, literários ou mesmo de fatos cotidianos ou jornalísticos. Já na última década do século XX, cresceu o movimento internacional do chamado Novo Circo (de que são exemplos o canadense Cirque du Soleil e o Circo Imperial da China), caracterizado sobretudo por: abandono de espetáculos com animais; ênfase nas habilidades corporais (funambulismo, trapézio, contorcionismo, malabarismo etc.); tratamento cênico grandioso (figurinos requintados, coreografias, sonoplastia e iluminação pré-gravadas), auxiliado por tecnologias computadorizadas.

CIVILIZAÇÃO. →*Cultura e civilização.*

CIVILIZAÇÃO CLÁSSICA, HELENISMO. **Origens e algumas conceituações.** O termo "clássico" designou inicialmente o cidadão romano que ocupava, por sua riqueza fundiária, a primeira ou mais elevada "classe" social na reforma censitária implantada por Sérvio Túlio (rei lendário de Roma do século VI a.C.) e que lançou as fundações de uma política de emancipação dos plebeus. A partir deste ponto de vista socioeconômico, começou a adquirir a conotação de um indivíduo, de uma família ou de uma camada social detentora igualmente de prestígio e de excelência na formação educacional. Apenas no século II de nossa era, passou ao universo das artes, e, primeiramente, por referência aos escritores. Essa nova acepção deu-lhe o gramático e crítico literário Aulo Gélio (autor das *Noites Áticas*), ao designar como *classicus scriptor* os representantes anteriores da literatura romana (Catão, Ênio, Plauto, Virgílio) até a época de Augusto. Por conseqüência, o clássico tornou-se um autor distinguido e admirado por sua correção gramatical e pela beleza das formas lingüísticas empregadas. Uma idéia consolidada pelos eruditos de Alexandria, que estenderam a denominação aos mais antigos escritores gregos, inclusive aos filósofos e historiadores.

De um ponto de vista genérico, isto é, independente de época histórica, cremos que o trecho seguinte, de autoria de Sainte-Beuve, e escrito na primeira metade do século XIX, nos ofereça uma arguta introdução ao tema: "O verdadeiro clássico, como gostaria de ouvir definido, é o autor que tenha enriquecido a mente humana, aumentado o seu tesouro e sido causa de um avanço; que tenha proposto uma moral e não um pensamento equivocado, ou ainda revelado alguma paixão eterna naquele coração para quem tudo parecia conhecido ou já descoberto; que tenha expressado seu pensamento ou feito uma invenção, não importa sob que forma, mas provida, em si mesma, de grandeza e refinamento, de sensibilidade e beleza; aquele que tenha falado em seu estilo peculiar, um estilo encontrado para ser também o do mundo inteiro, um estilo novo sem neologismo, novo e antigo, agradavelmente contemporâneo em todos os tempos" (*O Que É o Clássico*).

O mítico antes do clássico. A importância da assim chamada civilização clássica, que tem seu início no final do século VI e início do V a.C., na Grécia, e se estende ao término do período helenístico, por volta do século IV d.C., na maior parte da Europa, corresponde a uma das duas principais matrizes ou fundamentos da cultura ocidental até os nossos dias. A outra provém, evidentemente, da religião judaico-cristã, ou, de modo ainda mais conciso, do judaísmo helenizado, que outra coisa não é senão o cristianismo. As idéias e as práticas da política, do direito, da democracia e do individualismo, no interior das cidades-Estados, a necessidade do conhecimento livre, racional e investigativo (ao mesmo tempo filosófico e científico), as noções de história e de virtude moral, as expressões artísticas modelares (em forma e conteúdo), rompem, de maneira global, e apesar de suas variadas contradições ou paradoxos, com o passado arcaico e mitológico até então predominante e de influência oriental (babilônica, egípcia ou persa).

Com as progressivas invasões dos dórios nas regiões do mar Egeu, a partir do século XII, e que aos poucos chegaram aos territórios centrais da Grécia, os mais antigos aqueus e jônios também se deslocaram sucessivamente para as costas da Ásia Menor (na atual Turquia e ilhas adjacentes), fundando colônias que logo se tornaram importantes centros de comércio, de produção artesanal e de vida cultural refinada (como Éfeso, Mileto ou Samos). E foi nesse ambiente já apartado das tradições mitopoéticas e das sociedades arcaicas que se deu o chamado "milagre grego".

O pensamento mítico possuía como substrato e forma privilegiada de existência um vínculo estreito entre a memória coletiva (*mnemósyne*) e sua permanente recordação (*anamnesis*) ou *comemoração* (o rememorar em conjunto) dos feitos passados, a conservação oral e religiosa das reminiscências. As origens do universo, o nascimento da raça (*genos*), as hierarquias sociais, os atributos psicológicos, as paixões e o destino dos homens, as regularidades e alterações naturais provinham ou dependiam firmemente das origens do tempo e das ações ou intervenções divinas. O pensar, o conhecer e o agir pela recordação viva dos antepassados, de suas regras e valores, mantinham a coesão social ao custo de uma invariância das tradições. Os cultos familiares e públicos, o canto poético dos aedos e a função dos videntes expressavam essa permanente sintonia e respeito com o passado e com o sobrenatural, a fim de que o presente e o futuro não viessem a degenerar; e se desviados, pudessem ser recompostos. A sabedoria dos magos-adivinhos, como Ábaris, Hermotino, Epimênides ou Ferecides, assentava-se em um poder aristocrático, fora do âmbito comum. Ela enxergava o invisível, o mistério que habitaria as coisas do mundo. A forma de captar o que se encontrava por detrás das aparências provinha de uma capacidade individual, doada por graça divina: isto é, por revelação ou epifania. É o que se encontra na *Ilíada*, por exemplo, quando se quer entender a cólera de Apolo contra os gregos aqueus. Somente Calcas, o melhor dos áugures e guardião da memória, pode responder. Pois ele sabe "tudo o que foi, tudo o que é, tudo o que será".

Trata-se ainda daquela indispensável invocação às musas, para que elas fizessem lembrar as hierarquias, como constantemente procedem Homero e Hesíodo ("Divina Musa, canta a ruinosa ira de Aquiles, filho de Peleu [...] Começa quando primeiro brigaram Agamémnon, rei dos homens, e o grande Aquiles"). O pensamento explicava a atualidade vivida por uma visão instantânea das origens sagradas (a epopéia), uma realidade pretérita e essencial, envolta em mistérios, e acessíveis somente a iniciados, mas cujas modificações poderiam ser desastrosas, se esquecidas ou transgredidas. Mesmo com o posterior desenvolvimento da filosofia e da tragédia clássicas, muito desse *ethos* permanecerá vivo, definindo, em grande parte, a realidade e o conflito dos dramas (tragédias e comédias). Memória e intuição sagradas fundamentavam assim as percepções de mundo, as relações sociais e as expressões artísticas.

Racionalismo e investigação filosófica. O conhecimento da era clássica começa a se configurar, por afastamento ou oposição às formas arcaicas, com os pensadores jônicos e sua "filosofia natural", genericamente denominada de pré-socrática. O campo de interesse e de especulação desvencilha-se gradativamente da fisionomia sagrada e iniciática dos relatos míticos. A razão (o *logos* grego, ou a *ratio* latina) passa a adquirir preeminência sobre a antiga cosmogonia. Seus princípios são os da inteligibilidade do mundo e da *theoria,* isto é, o de uma contemplação humana que concebe e explica os fenômenos físicos, naturais, sem necessidade ou recorrência religiosas. A realidade das coisas, perceptível ou não de maneira imediata, é possível de ser apreendida pelo intelecto.

Ao mesmo tempo, o sujeito que conhece também é racional e pode exprimir-se de maneira ordenada e clara. Essa capacidade de raciocinar e de refletir, seja por movimentos internos, seja pelo debate (dialética) com o outro, constitui o caminho mais correto para a exata compreensão dos fenômenos, naturais e sociais. Exemplificando, a Terra, para os poetas-videntes, era um disco achatado, contornado por um rio circular, que em si mesmo se depositava (o Oceano), e encimado por uma tigela invertida, o céu de bronze. Sua fixidez estava garantida por raízes profundas, as raízes do mundo. Em outra versão, a de Hesíodo, o fundo da Terra assentava-se sobre um jarro imenso, em cuja extremidade superior se encontrava uma passagem estreita, após a qual turbilhonavam os ventos. Foi Zeus quem selou esta perigosa abertura para que a ordem das coisas se conservasse. Nessas idéias, o céu de bronze é o mais perfeito e indestrutível dos espaços. A Terra é o local dos homens, dependentes dos deuses e de seus caprichos, e o espaço das mutações; o subsolo, por fim, constitui o terreno da morte e da decomposição. O mundo exprimia-se hierarquicamente por degraus.

Já para Anaximandro (século VI a. C.), e diferentemente, a Terra é uma coluna situada à eqüidistância de todos os pontos celestes, e esta centralidade geométrica é que lhe permite não apenas a imobilidade, como a estabilidade. A noção de forças físicas contrárias que se anulam substitui as explicações arcaicas, de fundo mágico-genealógico. É ele o primeiro a admitir, e apenas teoricamente, a existência de antípodas, simetricamente localizados. O que é o alto para uns será o baixo para o seu contrário; o que se encontra à esquerda, para os primeiros, será a direita para os opostos. Logo, uma visão relativista para relações espaciais, geometricamente pensadas. Se o mito entendia os fenômenos e a criatura humana por significados decorrentes de uma *forma de narração*, altamente simbólica e imaginativa, e na qual se juntavam fragmentos de realidade, a razão clássica procurou estabelecer uma unidade, do princípio ao fim, eliminando ou explicando as ambigüidades. Os novos intentos estavam ancorados na coerência e na construção de conceitos claros e prováveis, ou seja, passíveis de demonstração pelo entendimento.

A respeito desse acontecimento crucial para o Ocidente, afirmou Hegel em suas *Preleções sobre a História da Filosofia*: "A proposição de Tales de que a água é o absoluto ou, como diziam os antigos, o princípio, é filosófico; com ela, a filosofia começa, porque através dela chega à consciência de que o um é a essência, o verdadeiro, o único que é em si e para si. Começa aqui um distanciar-se daquilo que é em nossa percepção sensível: um afastar-se deste ente imediato – um recuar diante dele. Os gregos consideravam o sol, as montanhas, os rios etc., como forças autônomas, honrando-os como deuses, elevados pela fantasia a seres ativos, móveis, conscientes, dotados de vontade. Isto gera em nós a representação da pura criação pela fantasia – animação infinita e universal, figuração, sem unidade simples. Com esta proposição está aquietada a imaginação selvagem, infinitamente colorida de Homero; este *dissociar-se de uma infinidade de princípios*, toda esta representação de que um objeto singular é algo que verdadeiramente subsiste para si, que é uma força em si, autônoma e acima das outras, é sobressumida e assim está posto que só há um universal, o universal ser em si e para si, a intuição simples e sem fantasia, o pensamento de que *apenas um é*". Por um caminho semelhante, lê-se em Nietzsche: "A filosofia grega parece começar com uma idéia absurda, com a proposição: a *água* é a origem e a matriz de *todas* as coisas. Será mesmo necessário nela nos deter e levá-la a sério? Sim, e por três razões: em primeiro lugar, porque essa proposição enuncia algo sobre a origem das coisas; em segundo, porque o faz sem imagem e fabulação; e enfim, porque nela, embora apenas em estado de crisálida, está contido o pensamento: *Tudo é um*" (*A Filosofia na Época Trágica dos Gregos*).

Assim, os primeiros filósofos, como Tales, Anaxímenes, Heráclito, Pitágoras ou Parmênides, introduziram uma forma de pensamento já dissociada da antiga cosmogonia – a cosmologia. Deixando os deuses e suas manifestações de lado, por meio das quais se justificavam as características da natureza e a condição humana, procuraram oferecer explicações racionais e sistemáticas sobre a origem, as regularidades, as diversidades e as transformações do mundo. E de modo geral, asseguraram que o cosmo não pode provir do nada. Logo, sempre deve ter existido, de uma forma ou de outra. Um princípio uno (seja ele a água, o ar, o fogo ou os átomos), imperecível – a própria Natureza (*physis*) – é capaz de múltiplas criações e estados; as mudanças decorrem de um movimento inerente aos corpos, de suas constituições e qualidades, independentemente de uma vontade sobrenatural ou sobre-humana. São leis naturais. Todo o saber antigo, que a memória não se cansara de relembrar, converteu-se então numa questão aberta, em objeto de discussão, numa busca da qual o indivíduo não somente pode participar, como o distingue verdadeiramente dos animais e dos "bárbaros". A filosofia fez o seu aparecimento não apenas como *espanto* (*ta thaumazein*, escreve Aristóteles), como sensação de deslumbramento e mistério perante os fatos e fenômenos da vida, mas sobretudo como polêmica, discussão, como exercício ordenado de inquirir e responder.

O uso da razão (que pergunta, duvida e afirma) tornou-se, portanto, um componente fundamental da civilização clássica ocidental, naquilo que diz respeito à busca do saber teórico e de sua aplicação prática. Os componentes fabulosos e nem sempre verossímeis dos relatos míticos continuaram a existir e a encantar os homens, mas num terreno próprio, o das artes literária, plástica e dramática. Ainda que se utilizando da reminiscência e da memória em sua doutrina das Idéias, Platão as utiliza no quadro de uma investigação diferenciada, ou seja, na tentativa de assegurar a estabilidade e a realidade de conceitos lógicos, de razão, só possíveis de serem apreendidos pela superação dos sentidos e das aparências que eles revelam.

Duas ciências: medicina e história. Ainda que os filósofos naturalistas tivessem a tendência a produzir um conhecimento antes de tudo lógico e teórico (que comentadores atribuem, em boa parte, à organização escravista da sociedade), a larga experimentação no campo da medicina apontava os caminhos para a elaboração de um saber verdadeiramente científico, metodológico, recuperado e desenvolvido, a partir do Renascimento, por variadas disciplinas naturais. Desde Alcméon (século VI a.C.) e Hipócrates (séculos V e IV a.C.), a arte da medicina baseou-se na verificação empírica dos fatos e dos sintomas, no estudo das analogias e dos contrastes entre os experimentos, a fim de que as generalizações pudessem ser alcançadas. Como assinala Cornford (*Principium Sapientiae*), "[...] foi por volta dos princípios do século V que a medicina se libertou de sua fase mágica para se aperceber claramente da importância suprema da observação cuidadosa. A escola hipocrática é merecidamente célebre, ainda hoje, pelos minuciosos registros de casos individuais conservados em livros como o das *Epidemias*. Estes registros eram conscientemente feitos para servir de base indispensável às regras generalizadas da prática médica". O *Corpus Hippocraticum*, um conjunto de 58 livros de autores e épocas diversas deste período clássico, dá ênfase ao necessário acompanhamento do curso das doenças após o diagnóstico, com o intuito de estabelecer as causas e comprovar a eficiência dos remédios. No III século a.C., Herófilo ampliou de modo considerável os conhecimentos morfológicos sobre o cérebro, os órgãos da visão e os sexuais. É ele o responsável pelo estabelecimento dos estudos sobre anatomia, assim como Erasístrato, seu contemporâneo, pelos de fisiologia, incluindo-se aquela relativa ao sistema nervoso, o que o levou a negar a epilepsia como "doença sagrada".

Foi ainda a civilização clássica a criadora da cronologia humana ou História, uma narrativa que, deixando de lado descrições e explicações míticas, "humanizou" os acontecimentos vividos pelas sociedades. Heródoto (século V) dedicou-se em suas *Histórias* (nove livros) às guerras médicas (invasões persas), chamando-as "exposição de pesquisas". Com isso, propunha-se investigar de modo documentado os assuntos escolhidos, empreendendo viagens que lhe dessem a oportunidade familiarizar-se com os povos participantes das guerras, seus hábitos cotidianos, crenças e formas de governo. À observação direta aliou a compulsão de textos e o recolhimento de tradições orais, mesmo que nelas não acreditasse ("De minha parte não lhes dou crédito, o que não os impede de dizê-lo, até sob juramento"). Essa busca pela verificação ou pelo "domínio dos fatos" fez com que a história assumisse um caráter racional ou científico. Heródoto serviu como exemplo para Tucídides, o segundo grande historiador grego das guerras do Peloponeso (que opuseram Atenas e Esparta e seus respectivos aliados). A técnica peculiar de confrontar opiniões e partidos opostos, o agudo senso de realismo e a capacidade de apreender detalhes e de formular induções explicativas dos fenômenos são realmente admiráveis. Seguiu-se-lhes Xenofonte, que deu continuidade, nas *Helênicas*, aos relatos posteriores e às conseqüências do conflito (entre 411 e 362). Amigo e biógrafo de Sócrates (*Memoráveis*), escreveu ainda a *Anábase* (a retirada dos dez mil), a *Ciropédia* (biografia romanceada de Ciro) e ensaios de economia doméstica (*Econômico*, as *Rendas*).

Educação, valores e política. Outro aspecto de profundas influências para o legado ocidental é que o saber, antes reservado aos círculos restritos e hereditários dos magos e videntes (de origem nobre), tornou-se gradativamente público e aberto, na forma de Ensino e de Escola. A educação passou a acompanhar, de modo convergente, a exigência de leis escritas e sua publicização, nas freqüentes lutas políticas entre aristocratas e camadas populares. Os novos filósofos, sofistas ou socráticos, devotados agora aos valores e comportamentos humanos em sociedade e às investigações sobre as condições do próprio ato cognitivo, dirigiam-se a todos os cidadãos livres, criavam campos acirrados de discussão em praça pública (a ágora), propondo a necessidade prática e o exercício permanente de um conhecimento laico e exotérico. Como afirma Aristóteles (*Ética a Nicômaco*), os "belos feitos" que imortalizam o homem e a cidade só podem ser produzidos na medida em que a liberdade coincida com a mais primária de nossas condições, que é a de ser um "animal dotado de fala, de razão" (*zoon logon ekhon*). De passagem, diga-se que a noção fundamental dos "belos feitos", isto é, a necessidade de produzir ações e obras que mereçam a instauração de uma memória, de um registro que ultrapasse a efemeridade da vida, provém da velha estirpe dos guerreiros homéricos. Está no ideal do *kléos*, da fama ou da glória que Aquiles persegue: "Se continuar a lutar ao redor de Tróia, / não voltarei mais à pátria (ao lar), mas glória imortal hei de ter: / se para casa voltar, para o grato torrão de nascença, / da fama excelsa hei de ver-me privado, mas vida mui longa conseguirei" (tradução de Carlos A. Nunes).

É comum dizer-se que entre os gregos a idéia de saber não se transformou em experimentação ou criação tecnológicas, em mecânica aplicada ou ciência positiva (características dos períodos moderno e contemporâneo). Tal fato, no entanto, não invalida ou exclui o uso pragmático da filosofia clássica. O que se deve realçar, dada a sua importância universal, é que as preocupações e as finalidades práticas do conhecimento estiveram voltadas para as ações sociais, individuais e coletivas, dos próprios cidadãos, isto é, para a procura do bem pessoal (as virtudes morais) e para a política (o bem da comunidade, ou bem comum).

Embora diferentes aos olhos contemporâneos, foi na Grécia do século V a.C. e na Roma Republicana que as noções fundamentais de política, de cidadania e de liberdade puderam se desenvolver e apaixonar os homens. O absolutismo de tipo oriental foi sendo gradativamente posto de lado para que se formulasse a idéia de *politeia*, isto é, a de poderes consensuais, mais ou menos amplos, dependendo da configuração oligárquica ou democrática, incluindo-se a existência de partidos. E os primeiros exemplos de governos populares, compartilhados pelos pobres, já se encontram no século VI em Mileto, Mégara e Samos, antes que as reformas sociopolíticas de Sólon e de Clístenes propiciassem a sempre mencionada *demokrateia* de Atenas, a de Címon e a de Péricles, ambos aristocratas. Assim, o autogoverno, a responsabilidade cívica, a participação direta em todos os assuntos públicos constituíam uma forma superior (e, sob certos aspectos, insuperável) de convivência social. Qualquer cidadão acima de dezoito anos era, ao mesmo tempo, legislador, juiz e administrador, fosse na Assembléia, geral e soberana, fosse no Conselho (a *boulê*, órgão encarregado de preparar os trabalhos da Assembléia) ou no corpo de jurados. Ser governado significava, antes de tudo, "poder governar". Esse orgulho da vida democrática está bem registrado na Oração Fúnebre de Péricles: "Um homem que não toma parte nos assuntos públicos, chamam alguns um homem sossegado; nós, atenienses, o chamamos de inútil".

Na mesma época, Roma se desfazia das instituições monárquicas e inaugurava o longo período de uma república modelar (em face do poder hereditário ou vitalício), baseando-se nas magistraturas. Após a expulsão dos reis arquínios em 509 a.C., surgiram as figuras dos cônsules, em princípio dois e, a seguir, dez, ou decenvirato, que, por pressões populares, redigiu então as primeiras leis do Estado, as Doze Tábuas. O Senado e o consulado, órgãos de referendo e de administração em defesa dos patrícios (nobreza latifundiária), tiveram aos poucos de fazer concessões políticas aos plebeus (comerciantes, pequenos lavradores, artesãos), embora conservassem a prática do clientelismo. Mesmo assim, a partir de 367, reservou-se um lugar no consulado para um representante do povo e, de 326 em diante, diversas instâncias populares, como as Assembléias da Plebe (*concilia plebis*) e o Comício Centurial, refrearam e dividiram o poder político, já que, pelo Comício, os mais pobres exerciam influência na eleição dos magistrados. A *res publica* latina equivaleu, em grandes traços, à *politeia* grega,

CIVILIZAÇÃO CLÁSSICA, HELENISMO

no sentido de buscar formas conciliatórias e de considerar a comunidade dos cidadãos, erguendo-a sobre leis iguais, a única forma de estabelecer uma justiça mínima e evitar o arbítrio do despotismo. Apesar dos costumes da corrupção, não foi à toa que o historiador grego Políbios elogiou o equilíbrio entre as instituições legislativas, executivas e judiciárias romanas. Os Estados e as teorias políticas modernas e contemporâneas evoluíram a partir dessas características, apesar da longa fase posterior do Império. E uma das mais significativas contribuições da civilização romana no período clássico foi justamente a da construção e implantação do Direito (público e privado). É aqui que se podem encontrar as idéias e as práticas fundamentais da temporalidade, da responsabilidade ética e da colegialidade no exercício do poder público ou soberano.

Artes plásticas. Quanto às artes clássicas, sua grandeza foi a de aliar habilmente certos aspectos ou princípios raramente alcançados, pois quase sempre excludentes: *a*) o domínio formal da matéria; *b*) a exigência de clareza e entendimento, conduzindo a uma estrutura intelectualizada e refletida; *c*) a imaginação e a paixão pelas grandes obras, ou pelos "grandes feitos", a que aludimos anteriormente. Pois a única forma de o homem aproximar-se da condição divina, de sua eternidade, é a conquista de uma Memória, de uma lembrança que o "salve" da consciência e do destino trágicos da vida. Os "belos feitos" não dizem respeito, pois, à riqueza material, mas à excelência da vida política, ao heroísmo guerreiro e à criação artística.

A escultura e a pintura, por exemplo, buscaram sempre unir a *representação naturalista* (uma identidade de base entre a obra e seu objeto de referência) com a *idealização*, ou seja, com uma proporcionalidade estudada que ultrapassasse as imperfeições naturais. Podemos pensar em uma espécie de simbiose simbólica entre o caráter "realista" da vida democrática e a aspiração "idealista" dos sentimentos aristocratas. Esse impulso para a criação de algo superior, mas que não se desvencilha da natureza fatual e perceptível das coisas, provinha da idéia e do valor atribuído à *kalokagathia* – "o mais belo e melhor". Citando Sócrates, escreveu Xenofonte a esse respeito: "Não é imitando as formas belas – pois não é fácil encontrar um homem irrepreensível em tudo – e reunindo, a partir de uma multidão, o que cada indivíduo tem de mais belo que dais a todos os corpos belas aparências? É exatamente assim, diz ele [Sócrates], que lhas conferimos" (*Fontes Antigas sobre a História da Formação da Arte entre os Gregos*, de J.Overbeck). Séculos depois, em Alexandria, o filósofo Plotino ainda poderia dizer: "[...] deve-se saber igualmente que as artes não se contentam em reproduzir o visível, mas remontam aos princípios originários da natureza; e que, além disso, elas põem e acrescentam muito delas mesmas quando o objeto representado é defeituoso, isto é, imperfeito, pois elas possuem o sentido da Beleza. Fídias criou seu Zeus sem imitar nada de visível, mas deu-lhe os traços sob os quais o próprio Zeus teria aparecido se quisesse mostrar-se ao nosso olhar" (*Enéadas*). A *kalokagathia* realizava-se por este jogo entre a imitação (*mimese*) e a inovação ou criação (*heurésis*). Entre os grandes pintores da era propriamente clássica, ganharam renome Apolodoro, Zêuxis e Parrásio (no século V); e no período helenístico (greco-macedônico), Apeles e Paúsias de Sícion (século IV).

Os templos e as esculturas dos frontões de Aféia (em Egina) e de Zeus (em Olímpia), construídos no início do século V, já apresentam fortes tendências ao naturalismo, à perspectiva espacial, à imitação das formas apreendidas pelos sentidos. Essa objetividade, só em parte realista, evoluiu para a captação e a representação do *movimento*, exigindo então um aperfeiçoamento magistral das técnicas pictórica e escultórica (nesta última com trabalhos em mármore e bronze). E assim, as concepções arcaicas da retangularidade, da frontalidade e da rigidez dos volumes foram sendo abandonadas até os fins do Império Romano, reaparecendo na Renascença. Uma revolução, portanto, que deitou raízes profundas nas artes visuais do Ocidente. No terreno da escultura, artistas como Míron, Policleto, Fídias ou Praxíteles definiram classicamente a beleza como conjunto ou união de simetria, proporcionalidade e flexibilidade. O valor supremo da arte, em quaisquer de suas manifestações, estava em suplantar as desmedidas ou desequilíbrios da natureza por uma ordem intelectual ou disciplina das formas, em substituir a aparência caótica do mundo por uma racionalidade regrada e submissa.

Arquitetura. Na Grécia clássica, a arquitetura religiosa construía-se a partir de uma plataforma retangular elevada, a qual servia de base para uma série de colunas (colunata). Sobre essas descansava o entablamento, a seção transversal contínua de sustentação do telhado, composto pela arquitrave e pelo friso. O interior comportava dois ou três aposentos, na dependência das dimensões gerais do edifício: necessariamente o pronau (vestíbulo) e a nau (a cela, ou morada do deus); eventualmente, um átrio posterior, o opistódomo. Como casa sagrada do deus, o templo não se destinava ao culto, realizado a céu aberto (como as representações dramáticas e as discussões políticas na ágora) ou nos corredores formados pelas colunas, o peristilo. Sua concepção arquitetônica realizava, portanto, a idéia de um espaço fechado, resguardado e "escultórico",

CIVILIZAÇÃO CLÁSSICA, HELENISMO | 155

centro de contemplação e de admiração sensitiva dos fiéis. Já as técnicas construtivas exibiram uma maestria original, a partir de Ictinos, o projetista do Partenon ou Atena Pártenos, e de cuja construção também participou Calícrates. A fim de evitar a ilusão óptica de concavidade do edifício, o arquiteto fez com que as colunas do pórtico (as linhas verticais) se inclinassem ligeiramente em direção ao centro. Mas, simultaneamente, aumentou a espessura central dos plintos ou degraus (formadores das linhas horizontais). Desta maneira, reequilibrou a perspectiva, demonstrando um conhecimento aguçado dos fenômenos ópticos e das relações de massa.

Mais tarde, em Roma, a arquitetura aproveitou-se dos critérios e técnicas gregas, ainda no período republicano, desenvolvendo, no entanto, o sistema de arcos e abóbadas – as linhas curvas – que os etruscos já conheciam. Cúpulas, rotundas e o emprego do concreto (na época, mistura de cal, pozolana, areia e pedra) ensejaram uma nova configuração arquitetônica que foi a do *espaço interior* e não só o de massa elevada. Essas novas formas e técnicas, ao ampliar os espaços vazios internos, permitiram a experiência de sensações até então inusitadas. Ao mesmo tempo, exigiram o aumento das espessuras de pilares e paredes, o que deu aos edifícios romanos uma imponência ou monumentalidade estranha à escala grega. Suas basílicas, termas, teatros e aquedutos pareceram transcrever, plasticamente, a força, a extensão do império e a densificação urbana. Essa progressiva grandiosidade cênica alcançou o ápice nas obras do Coliseu (final do século I), do Panteon (início do século II) e nas termas de Caracala (princípios do século III). Mas tanto na Grécia quanto em Roma, continuou prevalecendo a idéia de simetria.

Literatura. Como já mencionamos de passagem, a literatura clássica aproveitou-se largamente da mais admirável expressão do pensamento mítico – os cantos épicos de Homero. Estes, por sua vez, já correspondiam a uma civilização anterior, a dos aqueus de Micenas, então suplantados pelos dórios. As indicações de maior evidência encontram-se na própria linguagem dos cantos, que não se utiliza do dialeto dórico (o que poderia ferir a glória passada) e nem sequer era falada no tempo de sua consolidação. É que os textos "oficiais" da *Ilíada* e da *Odisséia* foram elaborados na Ática, por solicitação do tirano Pisístrato, no século VI a. C.

Os cantos homéricos, base de toda a literatura ocidental, são, portanto, a consolidação de um passado bem mais antigo, o das rapsódias narrativas, com suas métricas, temas e recursos retóricos característicos, que os próprios gregos atribuíam miticamente a Orfeu, Lino e Museu. Longe da guerra e das aventuras

que canta, Homero soube unificar magistralmente as tradições. A *Ilíada* tem por temas principais a cólera de Aquiles, os desígnios de Zeus (isto é, genericamente, a fragilidade, a dependência e o destino do ser humano diante das potências divinas) e as conquistas da Idade Heróica, correspondente aos séculos XIII e XII a.C., quando as tribos gregas confederadas estabeleceram novos reinos na Ásia Menor. O sítio de Tróia simboliza aquela expansão. Mas também contém poemas diversos e esparsos que a ela foram agregados, como os dos funerais de um guerreiro (o de Pátroclo) e cantos sacerdotais-religiosos, como o da serpente de Áulis, cujo mito permite ao adivinho Calcas prever a duração da guerra. Para certos comentadores, a *Ilíada* demonstra ainda aspectos de "realismo" mítico. Não só por se reportar a eventos de probabilidade histórica, como pelos atributos estilísticos intrínsecos – "rápido, direto, simples e nobre", segundo a análise de Matthew Arnold. Trata-se de um procedimento literário despojado, que omite deliberadamente o ornamento e recusa os excessos emotivos. Assim, quando Andrômaca, mulher de Heitor, externa os seus mais funestos presságios, o herói não a consola. Reafirma sim a fatalidade trágica: "Dia virá em que a sagrada Ílion será destruída, e Príamo e o povo de Príamo". Destemor, nobreza e elevação de imagens que, por sinal, constituem a idéia do →sublime clássico. Por fim, o "realismo" mítico, de tantas influências sobre o "realismo" clássico posterior, liga-se estreitamente aos ideais de comportamento na vida cotidiana, reiterando a necessidade de realizar os "belos feitos": no amor, na expressão dos sentimentos, na atividade intelectual, nos jogos e na guerra. Talvez por isso, e apesar de grego, Homero canta com imparcialidade a gregos e troianos. Canta o que diz respeito ao universal.

Já a *Odisséia* possui um caráter mais maravilhoso do que a *Ilíada*. Povoa-se de monstros, de países utópicos (como a Feácia, terra de felicidade e riqueza, onde reside Nausíaca), de personagens fabulosos (como os ciclopes), de magias encantatórias e transformações miraculosas, de que são capazes Circe ou Calipso. Seu conteúdo parece ser ainda mais arcaico do que o da *Ilíada* e uma das hipóteses, levantada pelo erudito Victor Bérand, é a de que o material mítico ali contido vinculava-se às navegações cretense-minoanas. O astuto Ulisses (Odisseu) cumpre a saga do regresso ao lar e vinga-se dos pretendentes ao trono de Ítaca e à cama de Penélope, castigando aqueles que, por vergonhosa conduta, não passavam de "homens que não honravam a homem nenhum, vivo ou morto".

Ao lado de uma linguagem artificial e enobrecida, isto é, afastada do trato cotidiano, encontramos em ambos os poemas técnicas características da memorização. Ou seja, tendo sido compostos para a recitação, e não para a leitura, há neles versos e perífrases constantemente repetidas, que facilitam a transmissão oral – "a aurora dos rosados dedos, o mar de muitos rumores, a noite de ambrosia, as amarelas cabeças dos corcéis".

Além dessas duas grandes epopéias, existem vários cantos atribuídos a Homero e dedicados aos deuses: os *Hinos a Apolo* (divididos em duas partes, provavelmente de autores individuais), os *Hinos a Deméter*, os *Hinos a Hermes* e os consagrados a Afrodite.

Bem diferentes no conteúdo são os cantos d'*Os Trabalhos e os Dias*, de Hesíodo (entre fins do século VIII e meados do século VII). Homem do campo, vivendo em um período de crise de produção agrária e degradação da sociedade patriarcal, fez de seu poema um retrato das dificuldades e das asperezas então vividas: "Não digamos mais haver uma só Luta: sobre esta terra, há duas. Uma será louvada por aquele que a entender, a outra condenada. Seus dois corações estão bem distantes. Uma faz eclodir a guerra e as palavras funestas, a maldade. Entre os mortais, ninguém a ama; mas é por coação e pelo querer dos deuses que os homens prestam culto a esta Luta cruel. A outra nasceu primogênita da Noite tenebrosa, e o Cronida, lá no alto sentado de sua morada celeste, fê-la entrar nas raízes do mundo e a fez bem mais proveitosa aos homens. Ela desperta para o trabalho o homem de braço indolente... Esta Luta é boa para os mortais". Aqui nos deparamos com uma visão realista, com conselhos práticos e uma obstinada reivindicação de moral e justiça pelos direitos de propriedade e uso da terra (desrespeitados pela oligarquia agrária). Ultrapassadas a "idade de ouro" e a dos grandes heróis guerreiros, navegadores e aristocratas, deplora-se a "idade de ferro" e a decadência de antigos valores. No outro texto a ele atribuído, a *Teogonia* (*Nascimento ou Origem dos Deuses)*, Hesíodo expôs pela primeira vez não só uma ordenação das genealogias pré-olímpica e olímpica, como a cosmologia grega, isto é, a visão helênica da origem do universo. Estilisticamente, no entanto, sua linguagem aproxima-se da de Homero, tanto pelo vocabulário quanto pela solenidade das imagens, que imprime tons proverbiais, embora seu ritmo poético seja mais lento que o do predecessor.

Transposto o período de consolidação das épicas heróicas e cosmogônicas, o canto poético tornou-se mais intimista e lírico, por meio de dísticos elegíacos, expressos em compassos menores, e nos quais já se dá a intervenção pessoal do cantor. A elegia desses primórdios era constituinte das festas e marchas comemorativas de fatos guerreiros, um chamado à bravura e à glória militares, como as compostas por Calinos de Éfeso e Tirteu (meados do século VII). A lírica grega que veio a seguir continuou a associar o texto poético à música e à dança, embora pouco se saiba, por falta de registros confiáveis, de suas formas melódicas e coreográficas. Apoiando-se no caráter laudatório da elegia, Mimnermo introduziu, de modo absolutamente original, o tema do amor e do hedonismo na vida cotidiana. Em seus poemas dedicados à flautista Nano, nota-se que o curto caminho da vida só pode ser suportável com as recompensas do amor: "que vida há, que prazer, sem Afrodite de ouro? Será que hei de morrer quando tais delícias nada me digam?". Essa lírica monódica (a ode ligeira ou canto individual acompanhado por lira) ensejou o aparecimento de Arquíloco de Paros, de Alceu e de Safo, os dois últimos naturais de Lesbos (último terço do século VII e início do VI), e que também só conhecemos por fragmentos. Em comum, dedicaram-se a cantar, com grande tino e sensibilidade, os variados estados da paixão e a beleza física, tendo Alceu ainda tomado o vinho e a política como matérias de sua obra. A delicadeza feminina de Safo transparece em passagens destinadas a suas amadas, como: "Tanto superas às mulheres da Lídia quanto, após o ocaso, a lua de dedos rosados supera as estrelas. O orvalho derrama então seus alívios e florescem a rosa, as ternas plantas rebrotadas". As mesmas necessidades eróticas e os prazeres da mesa foram tratados com ligeireza e graça por Anacreonte (séculos VI e V), um estilo que passou a ser imitado até o período alexandrino e, bem mais tarde, nos renascimentos inglês e francês.

A lírica coral ou ode triunfal (contendo traços épicos e dramáticos) alcançou o apogeu com Simônides e seu rival Píndaro (séculos VI e V). Verdadeiros repertórios de máximas morais, eram comuns neste gênero referências a deuses, heróis lendários, guerreiros ou atletas, tratando de preceitos de conduta virtuosa na vida cívica e da insensatez dos mortais quando pretensos rivais dos deuses. Nem por isso deixava o autor de expressar suas opiniões particulares sobre as mais conhecidas pessoas da comunidade. Tanto um como outro já eram poetas profissionais, oferecendo seus talentos às cidades e confrarias. De Simônides, entre tantas dedicatórias, tornaram-se famosos os versos de um epitáfio aos espartanos mortos no desfiladeiro das Termópilas: "Forasteiro, anuncia aos lacedemônios que aqui jazemos em obediência a seus mandatos". Píndaro, considerado o mais difícil poeta grego, dadas as modificações bruscas na ordem dos versos, soube aproveitar-se dos cantos em louvor dos atletas para transfigurar eventos fortuitos em conquistas eternas e elogios aos valores aristocráticos – moderação no poder e na riqueza, hospitalidade, cortesia. Para tanto,

CIVILIZAÇÃO CLÁSSICA, HELENISMO | 157

lança mão dos relatos míticos, mostrando que as virtudes são exemplos superiores a serem imitados. Dele nos restam principalmente as odes *Epinícias*, subdivididas em quatro livros: odes Olímpicas, Píticas, Ístmicas e Nemeanas.

A criação da arte dramática foi outra contribuição inestimável da civilização clássica (→*Teatro*). Com ela podemos perceber aquele consórcio da vida democrática e do espírito nobiliárquico, como nos lembra Arnold Hauser: "Os aspectos externos da sua apresentação às massas eram democráticos (o autor se refere à gratuidade dos festivais para a assistência e sua função cívica), mas o conteúdo das sagas, com seu ponto de vista trágico-heróico, era aristocrático". Como o vocábulo "teatro" vem historiado à parte, limitamo-nos aqui a mencionar que o drama trágico nasceu, no último terço do século VI, do ditirambo, um gênero poético e literário de feitio lírico, em homenagem a Dioniso. Seus objetivos visavam, em primeiro lugar, a educação política do povo; em segundo, as relações entre os deuses e o destino dos homens, entre o poder e a submissão, a permanência e a efemeridade, ou seja, relações vistas como atemporais e universais. O que, muito provavelmente, explica a força de sua continuidade.

Helenismo. O período subseqüente ao classicismo é denominado *helenismo* por diversos historiadores da arte. Mas é interessante nos lembrarmos de que outros, como o historiador das civilizações Arnold Toynbee, ampliam o significado de helenismo à cultura que se estende por cerca de 1300 anos, desde as invasões dóricas (o período mítico ou homérico dos povos gregos) à derrocada do Império Romano. Corresponderia, assim, à civilização nascida na Grécia continental e na bacia do mar Egeu que se ampliou e influenciou, decisivamente, todo o Mediterrâneo, incluindo a costa ocidental da Ásia Menor, o mar Negro, o norte da Europa e mesmo o Oriente Médio. Suas características fortes seriam a de uma cultura que principiou tornando os deuses (do Olimpo) figuras semelhantes ao próprio homem em sua diversidade moral e psicológica. O que ensejou, na seqüência, a idéia de *humanismo* (o culto do homem e de suas instituições públicas) e a de liberdade individual. Em suas palavras, "A primeira das civilizações a fazer do homem, sem reservas, o seu tesouro, e a única a fazê-lo até agora – pois nenhuma civilização, nem mesmo a nossa, dedicou-se tão completamente ao humanismo". Ou seja, no coração do helenismo encontra-se a oposição e a luta contra a barbárie.

De outro ponto de vista, o helenismo tem o sentido de um período civilizatório em que ocorreram as transferências do predomínio político, econômico e das artes gregas a povos "helenizados". Seu ponto de partida veio com a supremacia macedônica de Filipe e as conquistas de Alexandre Magno. Daí a primeira experiência histórica do multiculturalismo, a *oikoumene* ou "civilização comum", baseada em um só direito e uma só língua, a *koiné* (variante simplificada do grego ático), seguida pela *latinidade* romana – aquilo que hoje denominamos internacionalização ou "globalização". As pequenas cidades-Estados da Grécia e da Itália perderam a antiga soberania; as cidadanias macedônica (na primeira fase) e romana (posteriormente) estenderam-se a numerosos habitantes dos impérios, as trocas comerciais com o Oriente se expandiram, a posição social derivada dos ativos financeiros adquiriu importância até maior do que a pertinência tradicional a clãs e famílias. É também a época de formação das primeiras associações profissionais e de culto particulares, nas quais até mesmo os escravos podiam ser aceitos.

Como resultado, imprimiu-se uma mobilidade socioeconômica sem precedentes, trazendo consigo modificações culturais inevitáveis. As grandes burocracias estatais desenraizaram os homens, fossem eles negociantes, guerreiros, artistas ou eruditos. Museus e bibliotecas começaram a surgir nas principais cidades, tanto para a conservação do passado como para a proposição de novos princípios e práticas. A biblioteca de Alexandria, por exemplo, chegou a contar (calcula-se) com 742 mil volumes durante o reinado de Filadelfos II, e ali se promoveu a primeira tradução para o grego da Bíblia hebraica, a famosa Septuaginta. "A nova organização da vida helênica, imposta pela obra revolucionária de Filipe e Alexandre, proporcionava oportunidades individuais desconhecidas da antiga organização da cidade-Estado. Nos Estados helênicos sucessores do Império Persa – o reino macedônico do Egito (ptolomaico) e o reino macedônico da Ásia (dos Selêucos) – o imigrante helênico podia fazer carreira, não só no comércio como nas profissões liberais e nas artes. Na nova capital marítima do Egito, Alexandria, que superava Atenas como o centro comercial e intelectual do mundo, havia necessidade de seu trabalho como engenheiro ou médico, homem de letras, erudito ou cientista[...] O imigrante podia ainda, numa das novas monarquias, ser senhor de si mesmo ao engajar-se como soldado ou funcionário civil da Coroa – sem perder a qualidade de homem livre" (Toynbee, *Helenismo*). A literatura ampliou os seus gêneros, por meio de poemas didáticos sobre geografia, física, astronomia, navegação ou pesca, de epigramas (Calímacos de Cirene) e idílios pastorais (Teócrito de Siracusa). As ciências exatas ganharam impulso, o que se pode comprovar pelas obras e descobertas de Aristarco de Samos, Arquimedes, Eratóstenes, Hiparcos e Euclides.

Ao platonismo e ao aristotelismo da época clássica sucederam-se as filosofias estóica e epicurista, tendo em comum preocupações individualistas, já que o poder político se havia distanciado da prática cotidiana da *polis*.

Com todas essas modificações, estabeleceu-se, pela primeira vez, um verdadeiro *commercium litterarum et artium*, um intercâmbio científico, artístico e intelectual inimaginável até então. Daí, inclusive, a convivência de estilos diversos, um ecletismo de valores, de experimentos, de teorias, de vivências religiosas e de preceitos artísticos inovadores, como o movimento e a dramaticidade trazidas para a escultura (*Niké, ou Vitória de Samotrácia, Laocoon e seus Filhos*).

A consolidação do Império Romano, que se efetuou na transição entre o último século antes de Cristo e o primeiro de nossa era, convertendo Roma em centro cosmopolita, permitiu a eclosão do mais brilhante período da literatura latina.

Sobretudo com o advento da "Paz de Augusto", o helenismo ganhou fôlego novo. O despotismo esclarecido do imperador conservou a tranqüilidade das classes médias latinas e de seus aliados; a concessão da cidadania e dos direitos a ela inerentes ampliou-se gradativamente, até meados do século III (*Constitutio Antoniana*, de 212); a escravidão regrediu nos campos, ao mesmo tempo em que a pirataria (sua ativa fornecedora) era quase extinta no Mediterrâneo; o sistema de doação de terras aos soldados e de pensões a servidores profissionais públicos alargou-se, e o numeroso proletariado urbano da capital manteve os benefícios alcançados por Caio Graco – os de pão, azeite e circo.

Nos meios artísticos, iniciou-se uma época de estímulo à recuperação e criação de monumentos (inclusive na Grécia, que reviu a grandeza do templo de Zeus Olímpico, em Atenas); de colecionadores de objetos, de patronato privado (tendo-se Mecenas como figura emblemática), da natureza como tema pictórico e decorativo (paisagens e naturezas-mortas), de um individualismo em alta, atestado pela demanda de retratos particulares, naturalistas, e a criação de biografias encomendadas. Passou-se a conviver com a imitação nostálgica do aticismo grego, na literatura e na escultura, e, ao mesmo tempo, com um novo estilo literário (o estilo →neotérico), de um lirismo exaltado e pungente, ou de crítica mordaz, consagrado em definitivo em textos de Lucílio (*Sátiras*), Catulo (e seu amor por Lésbia), Virgílio (*Bucólicas, Geórgicas*) – que deu à poesia latina a sua forma mais harmoniosa, elegante e sugestiva – e Horácio (*Odes, Arte Poética*). Todos eles influentes sobre a geração posterior de Propércio (*Elegias*), Ovídio (*Amores, Arte de Amar*) ou Lucano (*Orfeu*), obras mais refinadas que as antigas de Alceu e de Safo.

Temas prosaicos ou cotidianos, já explorados na dramaturgia cômica de Menandro, em fins do século IV, retornaram nas obras de Plauto e de Terêncio no transcorrer dos séculos III e II. Nesse período, a →sátira adquiriu a preferência esmagadora dos novos tempos, para muitos já considerados moralmente decadentes. Ao lado dos espetáculos circenses, grandiosos e variados, de apelo às mais simples e violentas emoções, refletiam-se no teatro as vivências "burguesas" das intrigas de amor, da infidelidade, das vicissitudes da riqueza e do patrimônio, e do conflito de gerações. Posteriormente, na última fase do Império Romano, a pintura suplantou a arte da escultura, convertendo-se na mais trivial das expressões, fosse como instrumento de documentação ou meio de ilustração visual. Gosto e fenômeno que, aliás, iriam repercutir fortemente na arte religiosa do cristianismo ascendente.

Por esses e outros fatores, a civilização ocidental ainda permanece banhada por esse mar profundo e extenso, sendo-lhe devedora tanto dos seus aspectos brilhantes e refinados, como de suas características e valores mais sombrios. →*Classicismo, neoclassicismo* e →*Renascença, Renascimento*.

CLAQUETE. Pequena lousa portátil cuja parte superior é constituída por uma lâmina móvel (com abertura até noventa graus), utilizada em gravações cinematográficas, videográficas ou televisivas, contendo informações a respeito da cena e da tomada a ser registrada, para uso posterior na montagem, bem como para a sincronização do som (daí a batida da parte móvel, no início da filmagem). Atualmente, as claquetes possuem sistema e visores eletrônicos ou digitais para o controle das informações, antes escritas a giz.

CLASSICISMO, NEOCLASSICISMO. Duas classes em convivência. Desde o início, o século XVIII viu nascer e evoluir dois grandes movimentos interligados – um de ordem econômico-social e outro de mentalidade cultural.

Relativamente ao primeiro aspecto, "a burguesia do *ancien régime* atingiu o zênite do seu desenvolvimento intelectual e material. O comércio, a indústria, o banco, as grandes unidades agrícolas, as profissões liberais, isto é, todas as chaves da sociedade, à exceção dos postos de comando do Exército, da Igreja e da Corte, estavam na sua mão. As atividades comerciais desenvolveram-se numa escala sem precedentes, as indústrias expandiram-se, os bancos multiplicaram-se, correram pelas mãos dos patrões e dos especuladores somas enormes. As necessidades materiais aumentaram e tornaram-se gerais" (Arnold Hauser, *História Social da Literatura e da Arte*).

Do ponto de vista cultural, correspondeu ainda ao período em que a burguesia assumiu progressivamente o comando de seus instrumentos, agências e valores,

CLASSICISMO, NEOCLASSICISMO **159** Cl

fosse no âmbito da produção intelectual, fosse nos meios de difusão (incluindo-se as atividades artísticas e editoriais). A mentalidade filosófica de ponta coube ao →Iluminismo, ou seja, a de uma afirmação otimista sobre a capacidade de o homem alcançar a "idade adulta", equilibrando as atitudes éticas e a formação social coletiva com a liberdade individual. Era da Razão, a condutora insuperável das ações e criações humanas, o tribunal privilegiado de todos os conhecimentos, ainda que se reconhecessem os seus limites, como os apontados pela filosofia crítica de Kant. Na Europa, instalou-se uma época de desenvolvimento científico, de crescimento econômico, das primeiras tecnologias industriais e de continuado favorecimento das artes – fase derradeira de equilíbrio entre os poderes aristocráticos e burgueses, em que se mesclaram ou se complementaram seus respectivos valores de vida.

Convivência observada, por exemplo, nos "salões" aristocráticos das madames francesas, onde se reuniam homens de letras, nobres e burgueses: o da marquesa de Lambert recebia Montesquieu e Marivaux; o de madame Geoffin, alguns dos primeiros enciclopedistas do Iluminismo – Helvetius e D'Alembert; para a sociedade de madame Du Deffand acorriam Condorcet e o inglês Horace Walpole. Nestes ambientes criticavam-se os desmandos da própria nobreza, exigia-se a separação dos poderes políticos, censurava-se o exagero do barroco. Conversações não muito diferentes dos cafés literários que se abriram para a nova e primeira boêmia dos estratos burgueses – o Procope e o Gradot de Paris, o Will's Coffee-House e o Saint James Coffee, em Londres, freqüentados por poetas e dramaturgos, muitos deles também jornalistas, como Richard Steele e Joseph Addison.

Aquilo que se denominou o "classicismo do século XVIII" esteve, portanto, sustentado tanto por uma classe aristocrática quanto por camadas burguesas, cujas representações mais exclusivas somente seriam predominantes a partir do romantismo. Os aspectos tradicionalistas, realistas e idealistas da arte formaram os pesos dessa balança, mantida em equilíbrio pela crença na necessidade de moderação e de disciplina estéticas. Daqui o sentimento de uma civilização rigorista, estimulada pela crescente perspectiva de domínio sobre a natureza objetiva e também pessoal, pois que desta última as paixões não são eliminadas, mas vividas com serenidade. Ou ainda, um espírito que "se deixou penetrar pelo mito de sua perenidade", no dizer de Jean-Paul Sartre. Em outras palavras, uma cultura que, num determinado instante, julgou estar criando algo – pensamento, arte e sociedade – cujo valor era digno de ser reproduzido e defendido univer-

salmente. Uma tradição possivelmente depassável, mas que se acreditou imorredoura.

É conveniente relembrar que a literatura e a música consideradas "clássicas" conviveram, no transcurso do século XVIII, com manifestações e princípios mais adequadamente denominados "neoclássicos" da arquitetura, da pintura e da escultura. Daí a opção por ambos os verbetes que, em comum, contêm idéias antibarrocas.

Literatura. Do ponto de vista literário, o classicismo francês antecedeu a reação antibarroca desde meados do século XVII. À exceção de alguns escritores "preciosos" ou maneiristas – como os dramaturgos Alexandre Hardy ou Jean Rotrou – os mais renomados escritores do Seiscentos já demonstravam fortes tendências clássicas. Na análise do historiador e crítico literário Antoine Adam, após 1640 ocorreu a "vitória completa e incontestada dos princípios clássicos. É falso que estes tenham esperado por Boileau (o renomado autor da *Arte Poética*, que viria a lume trinta anos depois) para se imporem ao conjunto dos escritores e do público [...]. Não se poderá encontrar uma única máxima da doutrina clássica que não tenha sido afirmada e comentada com toda a clareza, com todos os desenvolvimentos desejáveis, à volta de 1640" (*História da Literatura Francesa no Século XVII*).

Os princípios acima referidos podem ser resumidos: *a*) imitação e análise da natureza humana, centro preferencial do escritor, mas realizadas de maneira a suprimir o que lhe é fortuito, contingente ou localizado, com o intuito de estabelecer modelos universais e, portanto, atemporais; *b*) cultura do racionalismo, ou seja, a submissão do que é ficcional ou poético à necessidade do entendimento e da clareza, evitando os abusos da imaginação, as fantasias desregradas ou o *furor animi*. Para tanto, afigura-se indispensável o critério da verossimilhança, que não se confunde com o real, mas com o que pode acontecer de modo crível, lógico ou reflexivo, sem se lançar mão do absolutamente insólito; *c*) maior simplicidade, naturalidade ou sobriedade das formas, abandonando as complicações, as ambigüidades ou os sentidos sibilinos da retórica barroca. Racionalismo, clareza, sintaxe compreensiva e "verdade natural" com que foram escritos os vários livros de sátiras de Nicolas Boileau, entre eles *Le Lutrin*; *d*) daí também a preocupação quase didática, o empenho moralizante e "construtivo" dos enredos e dos significados finais dos textos, destinados a educar para comportamentos racionais ou "razoáveis". O que encontramos regularmente em peças de Jean-Baptiste Poquelin, dito Molière, para quem "o dever da comédia é corrigir os homens, divertindo-os" (prólogo ao *Tartufo*), como também nas fábulas de Jean de La Fontaine ("[...] nestes gêneros de ficção é preciso instruir e agradar. E narrar por narrar parece-me sem propósito"). Para Jean Racine, o ensino moral constitui a finalidade a que se deve entregar "todo homem que trabalha para o público". Nos dramas de Pierre Corneille, os atos voluntários e conscientes (o livre-arbítrio) são os únicos instrumentos com os quais se refreiam as paixões trágicas e os vícios. Mesmo quando denuncia, o preceito clássico pretende corrigir, tendo por objetivo civilizar os espíritos e as atitudes; e) o uso de regras, modelos ou formas disciplinadas, pois que condizentes com as qualidades anteriores de clareza, entendimento e verossimilhança. Princípio que teve como modelos vários autores greco-latinos e renascentistas. Sob tal aspecto, foi Racine o mais fiel representante da estirpe dos dramaturgos gregos, sobretudo de Eurípedes. Um pintor naturalista da sociedade de seu tempo e dos eternos sentimentos do homem, apesar da estreita recorrência à tradição.

É intrigante ou curioso o fato de a literatura clássica francesa ter estimulado o aparecimento de várias escritoras de alto nível. Damas da corte, cultas e aristocráticas, tornaram-se elas verdadeiras cronistas do século XVII, dedicadas ao gênero epistolar e ao romance. Em ambos os casos, todos os acontecimentos, relações e valores sociais do período ali se encontram, descritos e comentados com argúcia e refinamento. Referimo-nos, entre outras, a madame Chantal, marquesa de Sévigné, a madame d'Aubigné, marquesa de Maintenon, e àquela que, para muitos historiadores, criou o romance psicológico moderno: madame de La Vergne ou condessa de La Fayette. Sua obra mestra, *A Princesa de Clèves*, narra as aventuras amorosas e galantes da heroína por um nobre da corte. Dividida, no entanto, entre os sentimentos de sua paixão subjetiva e a honra familiar, decide-se pela confissão ao marido. Abatido pela revelação, este morre melancolicamente. Segue-se então um profundo arrependimento pelo acontecido, o que a leva à vida recolhida e penitente do convento. Um romance no qual a honra e a verdade possuem mais valor do que o prazer e a liberdade pessoal que a morte anunciava.

Outros escritores antibarrocos foram os "libertinos", que nada tinham a ver com o significado posterior de devassidão e pornografia, cabível a figuras do século XVIII, como o marquês de Sade. Eram apenas literatos boêmios, *bon vivants*, mistos de filósofos céticos, epicuristas e de críticos bem-humorados da fé popular e da Contra-Reforma, como Phillipe de Viau, Savinien Cyrano de Bergerac e o próprio La Fontaine.

Na Inglaterra barroca do século XVII, o primeiro grande representante do classicismo literário foi John Milton, o autor dos *Paraísos* (*Perdido* e *Reconquista-*

do), verdadeiras epopéias religiosas comparáveis à *Comédia* de Dante, só que movidas agora pela inspiração protestante. Republicano e puritano, tendo chegado a ser secretário de estado do governo Cromwell, Milton "aproveita-se da sua arte clássica para falar da maneira mais concreta, evitando os sentimentalismos românticos, assim como as suas heresias religiosas e políticas aparecem vestidas da pompa aristocrática [...] foi esse equilíbrio que eclipsou a *metaphysical poetry* (uma das vertentes barrocas), impondo uma serenidade que em espíritos menores se devia fatalmente tornar trivial" (Otto M. Carpeaux). Sua linguagem clássica, uma espécie de latim transposto para o inglês, dá a impressão de impor limites, pela forma, aos conturbados espíritos metafísicos da época. Algumas dessas noções classicistas se fizeram sentir também em John Dryden, um dos maiores satiristas ingleses, vinte e três anos mais moço do que Milton. Elas foram mais sensíveis em seu teatro do que na poesia a que se dedicou (a *Canção para Santa Cecília* ou o *Banquete de Alexandre* continuaram retoricamente barrocas). Mas inovou no terreno dramático, ao preferir maior simplicidade na trama dos enredos e optar por uma sintaxe coloquial, fugindo assim aos extremos do teatro elisabetano, como em *Tudo por Amor* (versão de *Antônio e Cleópatra*). Com *Casamento da Moda*, *Anfitrião* ou *Mister Limberham*, aproximou-se da comédia de Molière no que ela tem de denúncia divertida e moralista dos vícios.

No século XVIII, o classicismo tornou-se a corrente principal da literatura, embora, desde cedo, com ele concorra, em obras e autores, o pré-romantismo (→*Romantismo*). Alguns críticos (também dramaturgos ou poetas) defenderam o princípio da verossimilhança, até mesmo de maneira mais rígida que Aristóteles, entendendo-o como a "justa representação das coisas que realmente existem e das ações realmente praticadas" (Samuel Johnson, *Rambler*), pois os escritores devem ser "justos imitadores das ações humanas" (conceito do racionalismo artístico). No caso dos vícios, seria necessário que o romance ou o drama também os apresentassem, para que se provocasse a repugnância. Outros, como o erudito Ludovico Muratori, elogiaram o papel inventivo da imaginação, o poder de compor o improvável de maneira crível, desde que prevalecessem o bom gosto, o refinamento e a finalidade da educação ética.

O verso impecável, ou seja, elegante, ático, conciso, tornou-se a regra estilística de Alexander Pope, tivesse ele por conteúdo o humor de *The Rape of the Lock*, a terna melancolia de *Elegy to the Memory of an Unfortunate Lady* ou as prescrições de disciplina para a elaboração poética: "A verdadeira facilidade em escrever vem da arte, não do azar, / Como os que aprenderam a se mover com graça são os que aprenderam a dançar". E na linha de frente de seus autores e obras, houve certos traços característicos para além do sentido de realidade ou de enredos plausíveis: sátira contra a moralidade dúbia da sociedade e contra os falsos princípios políticos; anticlericalismo confesso ou subliminar; crítica aos próprios literatos; ceticismo e racionalismo de finalidades práticas. É o que, em síntese, os ingleses chamam de *debunk*, o desmascaramento das hipocrisias, que podemos encontrar em Daniel Defoe (*Moll Flanders*), Jonathan Swift (*As Viagens de Gulliver*), John Gay (*A Ópera dos Mendigos*), Samuel Johnson (*A Vaidade dos Desejos Humanos*), Pierre de Beaumarchais (*O Barbeiro de Sevilha*), Carlo Goldoni (*Sior Todero Brontolon*) ou no abade Prévost. O seu conjunto de narrativas, *Memórias de um Homem de Qualidade* (entre as quais se encontra "Manon Lescaut"), fundamenta-se na veracidade dos costumes da época, condenando "a força terrível das paixões" e a ambição monetária que os luxos aristocráticos exigem.

Síntese de um século inteiro, François Marie Arouet, Voltaire, escreveu em todos os gêneros, desde a moribunda epopéia (*Henriade*), passando por ensaios de filosofia (*Tratado sobre a Tolerância, Elementos da Filosofia de Newton*), obras historiográficas, comédias, tragédias, até seus deliciosos romances e contos, vazados em uma linguagem espirituosa e elegante (*Zadig, Cândido ou o Otimismo, O Homem de Quarenta Escudos, Micrômegas*), que permanecem como exemplos universais da "erudição e ironia" clássicas. Iluminista e adepto de uma monarquia liberal, ao feitio inglês, defendeu corajosamente a liberdade de pensamento, contrapondo-se, com idêntica energia, às intolerâncias e superstições, onde quer que estivessem. Christoph Wieland, o "Voltaire alemão", embora filho de família pietista, converteu-se em ardoroso racionalista libertino, sob o influxo dos moralistas antigos e franceses da época. Estreou na literatura com um romance de formação, Agathon, no qual relata seu percurso espiritual sob o disfarce de um jovem grego. Com *O Espelho Dourado*, fábula à moda oriental, defendeu um governo monárquico esclarecido e tolerante. Goethe, que pronunciou um discurso nos funerais do autor, reconheceu que "toda a Alemanha da boa sociedade, literária e intelectual, deve seu estilo a Wieland".

No âmbito da poesia, o arcadismo representou um dos mais importantes movimentos de renovação literária em relação ao verbalismo barroco. Remotamente inspirados em dramas e romances pastoris do século XVI (*Arcadia*, de Jacopo Sannazzaro, o *Pastor Fido*, de Giambattista Guarini, *Galatéia*, de Cervantes), os árcades repropuseram os ideais de maior clareza intelectual e sintática, de simplicidade inspirada pela vida natural e de lirismo afetivo, sentimental, de elogio aos prazeres do vinho e do amor (erotismo), ou mesmo francamente melancólico (reminiscências de uma "idade de ouro"). Foram italianos os seus primeiros preceptistas, atuando na corte sueca da rainha Cristina (Giovan Crescimbeni) e na Arcádia Romana, fundada em 1690, à qual estiveram ligados Ludovico Muratori (*Della Perfetta Poesia Italiana*, 1706) e Gian Vicenzo Gravina (*Della Ragion Poetica*, 1708).

Pietro Metastasio e o padre Giuseppe Parini podem ser considerados os melhores representantes da poesia italiana do século. Metastasio ainda conservou o gosto barroco pela teatralidade, se considerarmos sua preferência pelo melodrama. Escreveu sobretudo para a ópera – *Dido Abandonada* (Scarlatti), *Ezio* (Händel), *Adriano na Síria* (Pergolesi) ou *La Clemenza di Tito* (Sarti e Mozart) – mas foi também um devotado anacreôntico pelo requintado erotismo, vazado em linguagem simples (*Palinodia, A Despedida*). Diga-se, de passagem, que o primeiro divulgador de Metastasio no Brasil foi Cláudio Manuel da Costa. Parini, ao contrário, representou uma vertente mais culta, séria ou melancólica, mesclando ressonâncias virgilianas à devoção católica: "Aquele que atribuiu ao céu o sereno sentido / Os afetos puros e os costumes simples; / E procura a verdade, e ao belo ama, inocente, / Viverá tranqüilo, o coração saudável e a mente". Em outra poema, não se deixa levar pelos encantos fáceis do mundo: "Não sou nascido para bater / Às portas duras e ilustres. / O reino da morte aflige-me, / Mas também liberta. / Não, a riqueza e a honra, / Com fraude ou vilania, / O século dos vendedores / Não me verá mercadejar".

Logo o arcadismo migrou para a Espanha, destacando-se as figuras de José León y Mansilla (*Soledad Tercera*), Nicolàs de Moratin (*Fiestas de los Toros en Madrid*), Juan Pablo Forner (*Exequias de la Lengua Castellana*) e Juan Meléndez Valdés (*Poesías*). Em 1756, fundou-se em Portugal a Arcádia Lusitana, sucedida no fim do século pela Nova Arcádia, de que foi presidente o padre brasileiro Domingos Caldas Barbosa (o famoso "violeiro Lereno", autor de numerosas modinhas). Em ambos os casos, seus integrantes passaram a adotar criptônimos pastoris, à semelhança dos escritores italianos. Francisco José Freire (Cândido Lusitano) e Correia Garção elaboraram as doutrinas poéticas que, embora fundamentadas nos modelos greco-latinos, defendiam intransigentemente a língua portuguesa. Os dois poetas de maior relevo no movimento foram Francisco Manuel do Nascimento, dito Felinto Elísio, e Manuel Maria Barbosa du Bocage, auto-intitulado Elmano Sadino. De temperamento extrovertido, orgulhoso de seu talento e liberdade pessoal, Bocage tornou-se um daqueles exemplos de "poeta maldito" para boa parte da sociedade luso-brasileira. Seus poemas variaram do mais rude erotismo a uma compungida religiosidade, provavelmente levado por um trágico sentimento da vida. Os temas da injustiça, da efemeridade e da morte reaparecem constantemente em seus escritos, o que lhe acrescenta, por vezes, uma sensibilidade pré-romântica: "Nas horas de Morfeu vi a meu lado / Pavoroso gigante, enorme vulto: / Tinha na mão sinistra, e quase oculto, / Volume em férrea pasta encadernado. / – Ah! Quem és (lhe pergunto arrepiado) / Mereces o meu ódio, ou o meu culto? / Sou (me diz) o que, em sombras te sepulto, / Sou teu perseguidor, teu mal, teu fado".

No Brasil, o arcadismo permitiu o florescimento de uma consciência literária mais comprometida com a idéia de nacionalidade, o que pode ser observado no estreito convívio político e intelectual dos inconfidentes mineiros (Cláudio Manuel da Costa, Tomás Antônio Gonzaga e Alvarenga Peixoto), na atuação crítica e corajosa de Silva Alvarenga, no Rio de Janeiro, ou no sentimento nativista de Santa Rita Durão, expresso no épico *Caramuru*. Tinham consciência do espírito classicista e da necessidade de renovar a poética barroca, como o demonstra a *Epístola* de Silva Alvarenga em homenagem a Basílio da Gama (trecho): "Teu Pégaso não voa furioso e desbocado, / A lançar-se das nuvens no mar precipitado, / Nem pisa humilde o pó; mas por um nobre meio / Sente a doirada espora, conhece a mão e o freio: / Tu sabes evitar se um tronco ou jaspe animas / Do sombrio espanhol os góticos enigmas, / Que inda entre nós abortam alentos dissolutos, / Verdes indignações, escândalos corruptos". Na opinião de Antônio Cândido e de Aderaldo Castelo, "a melhor produção dos árcades se contém no lirismo. Lirismo pastoral, de algumas éclogas de Cláudio; manifestação dos grandes temas tradicionais do Ocidente, sob a forma de exposição didática, nos sonetos do mesmo Cláudio; meditação pastoral, nas liras de Gonzaga; lamento amoroso nos madrigais e fusão do sentimento com as formas nos rondós, de Silva Alvarenga; vibração política, nalguns poemas de Cláudio ou de Alvarenga Peixoto" (*Presença da Literatura Brasileira*).

Idealismo. A partir dos finais do século XVII, a nova concepção clássica – neoclassicismo nas artes plásticas – principiou a ser defendida como um estilo indispensável à recuperação, superação e idealização da natureza, contrapondo-se ao maneirismo e ao barroco. Os modelos básicos a serem considerados eram os da Antiguidade e do primeiro período renascentista, quando o clássico toma consciência (pela versão neoclássica) de seus próprios atributos ou características.

Nas palavras de um destes primeiros formuladores, Giovanni Pietro Bellori, "os nobres pintores e escultores, imitando o primeiro Operário (Deus), formam igualmente em seus espíritos um modelo de beleza superior e, sem afastá-lo dos olhos, emendam a natureza, corrigindo suas cores e linhas [...] Originada da natureza, ela (a Idéia), ultrapassa sua origem e torna-se, ela mesma, origem da Arte [...] Assim, a Idéia constitui a perfeição da beleza natural e une a verdade à verossimilhança das coisas que estão sob nossos olhos, e aspira sempre ao melhor e ao maravilhoso, rivalizando e ultrapassando até mesmo a natureza, pois suas obras são belas e realizadas a um ponto que a natureza nunca atinge" (*A Idéia do Pintor, do Escultor e do Arquiteto*, 1672). Pouco mais adiante, os elogios atribuídos a Alberti, Leonardo e Rafael fazem contraponto a certos contemporâneos: "em nossos dias reprova-se Caravaggio por ter sido demasiado natural e Bamboccio por ter reproduzido as mais horríveis criaturas". Daí também a opinião de Erwin Panofsky, segundo a qual "assim se explica que a teoria das Idéias, até então só expressa ocasionalmente e de forma não reflexiva nas considerações de Alberti, Rafael ou Vasari, fosse erigida em verdadeiro 'sistema' [...] Combate contra os naturalistas e combate contra os maneiristas, tal é o programa que define, no sentido que hoje a entendemos, a 'estética idealista'.

Razões e argumentos que ainda estariam na base da concepção hegeliana da arte e do belo, como se pode depreender de passagens como: "[...] julgamos nós poder afirmar que o belo artístico é superior ao belo natural por ser um produto do espírito que, superior à natureza, comunica esta superioridade aos seus produtos e, por conseguinte, à arte; por isso é o belo artístico superior ao belo natural [...] A superioridade do belo artístico provém da participação do espírito, e portanto, da verdade. Só o espírito é verdade. Só enquanto espiritualidade existe o que existe. O belo natural será assim um reflexo do espírito, pois só é belo enquanto participante do espírito" (*Curso de Estética*, "O Belo na Arte"). Com tais noções, o período clássico ou neoclássico das artes plásticas e da arquitetura revalorizou os modelos greco-latinos, eximindo aqueles elementos formais barrocos tidos por exagerados e contrários ao belo ideal.

Arquitetura. Na arquitetura, essa inflexão já pôde ser observada nas obras de reconstrução da City londrina, a cargo de Sir Christopher Wren, como a da famosa Catedral de São Paulo. As fachadas retornaram às linhas retas, perdendo a impressão de movimento e ganhando as de estabilidade, simetria e nitidez de contornos. Pouco depois, a influência do italiano Andrea Palladio – construtor e teórico do século XVI, que estudara e medira as ruínas clássicas – tornou-se preponderante para as arquiteturas inglesa (da primeira metade do Oitocentos) e francesa (até as duas primeiras décadas do XIX). Como os marcos mais importantes da arquitetura greco-romana tinham sido os templos, os edifícios de então readotaram a sua tipologia. As linhas volumétricas de maior realce voltaram a ser as horizontais (colunas) e numerosas construções – igrejas, palácios, casas de campo e os nascentes museus – fizeram do átrio um elemento de constante imponência visual. Uma retomada ainda coincidente com as descobertas e as primeiras escavações arqueológicas das cidades de Herculano (1738) e de Pompéia (1748).

Na Inglaterra, os adeptos do paladianismo estiveram representados por Lorde Burlington (Chiswick House), James Gibbs (Palácio do Senado), pela família de John Wood (pai e filho), Robert Adam (Lord Derby House), John Soane (Banco da Inglaterra) e John Nash (fachadas da Regent Street). Em França, o classicismo arquitetônico (também chamado →estilo império) desenvolveu-se em projetos como os de Jacques G. Soufflot (igreja de Sainte Geneviève, ou Pantéon), J. Ange Gabriel (Pequeno Trianon), Pierre Vignon (igreja da Madeleine), Alexandre Brongniart, ou Brongniari (Bolsa de Valores de Paris), Jean François Chalgrin (igreja de Saint Phillipe de Roule, Arco do Triunfo do Étoile) ou ainda nas obras de embelezamento do Louvre e dos Campos Elísios, sob responsabilidade de Charles Percier e de Pierre Léonard Fontaine (que adaptaram o estilo império ao mobiliário e à decoração de interiores, com formas antigas e refinados drapejamentos). Uma era de poderio e magnificência da administração e das conquistas napoleônicas.

A esse respeito, lembra Carlo Argan que "no campo arquitetônico se forma a nova ciência da cidade, a urbanística. Pretende-se que a cidade tenha uma unidade estilística correspondente à ordem social. Ela é prenunciada pelos chamados arquitetos da 'revolução', em primeiro lugar Boullée (Louis) e Ledoux (Claude); terá o seu grandioso apogeu no ambicioso sonho napoleônico de transformar não apenas as arquiteturas, mas também as estruturas espaciais, as dimensões, as funções das grandes cidades do império: imensas praças, ruas largas e muito largas, ladeadas por grandes edifícios severamente neoclássicos, quase sempre destinados a funções públicas".

A Prússia (Berlim) e a Baviera (Munique) foram, por sua vez, os centros máximos do neoclassicismo alemão, representado pelas figuras de Carl G. Langhans (Porta de Brandenburgo), Karl F. Schinckel (Museu de Berlim), Leo von Klenze (Gliptoteca de Munique) e Friedrich Gilly (Teatro de Berlim). Na Itália, o país das peregrinações de artistas europeus em busca da Antigüidade, a estética neoclássica só foi admitida em fins do século e, assim mesmo, nem sempre abandonou as enraizadas tendências barrocas. A majestosa igreja de São Francisco de Paula, em Nápoles, obra de Pietro Bianchi, foi erguida entre 1809 e 1831. Mesma época em que estiveram trabalhando, ao norte, Carlo Barabino (Teatro Carlo Felice, de Gênova) e o grupo de Milão: Giovanni Perego (Palácio Rocca Saporiti), Luigi Cagnola (Arco de Sempione) e Carlo Amati (igreja de São Carlos). A chamado de Catarina II da Rússia, o palladiano Giacomo Quarenghi construiu vários edifícios em São Petersburgo, como o Ermitage, a Academia de Ciências e o Banco Imperial. Já na Espanha, obtiveram destaque Juan Pedro Arnal, construtor do Palácio de Buenavista e da Casa de Postas, em Madri, e Juan de Villanueva, que, após a construção de *casitas* no complexo do Escorial, projetou o monumental Museu do Prado e o Observatório madrilenho. Em Portugal, figura de relevo foi José da Costa e Silva, que projetou o Teatro Nacional de São Carlos e dirigiu a construção do Palácio Nacional da Ajuda.

Após sua independência, os Estados Unidos importaram o estilo, tanto por influência dos palladianos ingleses quanto de Thomas Jefferson, um aficionado pela arquitetura romana. As construções de sua casa, a Villa de Monticello, e a do State Capitol Building, ambas na Virgínia, foram idealizados pessoalmente por ele. No Capitólio de Washington, projetado por Charles Bulfinch e W. Thornton (1827), uniram-se colunas coríntias, arcos romanos e uma enorme cúpula renascentista para que se obtivesse, ao mesmo tempo, elegância e grandiosidade. Outro representante do que os americanos também chamam de "estilo federativo" foi William Strickland, encarregado, entre outros edifícios, do Segundo Banco dos Estados Unidos, na Filadélfia.

Pintura. O idealismo pictórico, como indicado mais acima, foi marcado por uma visão intelectualista, submetida a regras, embora não tenham sido recusados inteiramente os contrastes do claro-escuro barroco. Mas a tendência à clareza, fosse ela a da luminosidade geral da cena, fosse a da linearidade – nitidez dos contornos e apuro do desenho – readquiriu grande importância, tomando-se por modelos Rafael, Ticiano e Correggio. Assim, a verossimilhança, a estabilidade das figuras e o primeiro plano ganharam a preferência dos pintores, independentemente dos temas exibidos – os dos mitos greco-latinos, religiosos, históricos, cenas cotidianas e retratos. E duas personalidades tiveram considerável influência na adoção desses novos critérios, que depunham na Antigüidade os valores máximos da concepção artística: Johann Joachim Winckelmann e seu discípulo Anton Mengs.

Winckelmann dedicou-se à formulação de um vínculo histórico entre a cultura geral da Grécia e suas produções plásticas. A seu respeito, Goethe comentou ter sido ele "o primeiro a conscientizar-nos da necessidade de distinguir entre as diversas épocas e acompanhar a história dos estilos em seu crescimento e decadência. Qualquer verdadeiro amante da arte reconhecerá a justiça e a importância de uma tal concepção". Em seus livros – *Reflexões sobre a Imitação das Obras Gregas na Pintura e na Escultura* (1755) e *História da Arte Antiga* (1764) – procurou estimular a busca da "nobre simplicidade" e da "serena grandeza" que havia estudado em Roma. Mengs, tido na Alemanha por menino-prodígio da pintura, fixou-se ainda jovem na capital italiana, onde trabalhou para o cardeal Albani, enquanto freqüentava o círculo intelectual de seu compatriota. Mais tarde foi escolhido para decorar os palácios de Madri e de Aranjuez, quando escreveu as *Considerações sobre a Beleza* e o *Gosto na Pintura*. Traduzidas para as principais línguas européias, suas idéias ganharam rápida notoriedade em círculos artísticos.

Os franceses Pierre Subleyras, Jean Siméon Chardin e Joseph-Marie Vien, assim como os ingleses Joshua Reynolds e Thomas Gainsborough, podem ser apontados como os primeiros grandes pintores da fase neoclássica. Subleyras (mais atuante em Roma) impôs uma sobriedade de gestos e cores há muito esquecida em quadros religiosos; Chardin optou pelo naturalismo e pela simplicidade de cenas íntimas ou cotidianas (a pintura de gênero); Vien, embora frio e superficial, promoveu uma franca retomada de temas greco-romanos, influenciando diretamente seu aluno David. Reynolds aplicou ao retrato um padrão idealista e uma dignidade incomparável à pintura histórica; seus personagens sempre se manifestam por gestos nobres, mas sem dramaticidade. Na prática e na teoria (escreveu quinze ensaios para apresentações na Royal Academy, os *Discourses*), consolidou os ideais do *great style* inglês, versão do *beau idéal* francês. Gainsborough conseguiu revelar um lirismo campestre apaixonante, como também refinada elegância em retratos de corpo inteiro. Na Itália, o mais apreciado retratista e criador de obras mitológicas foi, sem dúvida, Pompeo Batoni, para alguns o último grande pintor romano até os dias atuais. Apesar do domínio técnico, outros artistas peninsulares, como Andrea Appiani, Vicenzo Camuccini ou Giuseppe Bossi, jamais alcançaram a mesma virtuosidade de Batoni.

Ao lado de Joshua Reynolds, Jacques-Louis David e Jean-Auguste Dominique Ingres constituíram as personalidades centrais do neoclassicismo. Se a clareza, a firmeza ou a limpidez do traço deu aos artistas características comuns, David foi o mais político, "apolíneo" e alegórico dos três. Adepto da Revolução e depois pintor oficial de Napoleão, em suas obras transparece quase que invariavelmente o elogio das virtudes cívicas. Teve inúmeros discípulos, diretos ou espirituais, entre eles Antoine Jean Gros, Thomas Couture (a verdadeira pintura é "ideal e impessoalidade", costumava dizer) e o nosso conhecido Debret. Ingres, por sua vez, imprimiu muito mais sensualidade aos seus retratados, aos temas antigos ou contemporâneos, lançando mão de uma variedade cromática e de uma esmaltação de cor bastante particular.

Ligados ao neoclassicismo, pela técnica esmerada do desenho e pela admiração dos modelos antigos, o suíço Henry Fuseli (ou Heinrich Füssli) e o inglês William Blake transmitiram às suas obras os então novos sentimentos do →sublime, uma das características que anunciavam a estética romântica. A partir das formas clássicas, ambos introduziram uma tensão pictórica representativa de sensações misteriosas, angustiadas ou místicas, nas quais já se percebem as experiências "visionárias" do gênio.

Maior distanciamento ainda encontra-se em Francisco de Goya y Lucientes, um dos mais importantes nomes da história da pintura. Contemporâneo da poética neoclássica, só no início da carreira, em seus contatos com Mengs, deixou-se por ela influenciar (em obras como *Sacrifício a Vesta* ou a *Cartuxa de Aula Dei*, pintadas até 1774). A seguir, sua expressão afirmou-se de modo personalíssimo, encaminhando-se para composições bem mais realistas do que idealistas. As figuras perderam aqueles sentidos elevados ou exemplares propostos pela idéia do belo. As linhas e contornos passaram a um segundo plano, dando às suas telas e gravuras uma característica mais pictórica (→*Pintura*) do que linear. Na contracorrente do Iluminismo, a vida real e cotidiana, assim como a razão, pareciam a Goya fenômenos angustiantes, fontes de sofrimento e desilusão. No transcorrer das guerras napoleônicas, os horrores de fuzilamentos e assassinatos foram transpostos com intensa dramaticidade de expressão, envolvidos por jogos de luz e de sombra. Nas gravuras da série *Caprichos* e, sobretudo na fase posterior das "pinturas negras", a realidade adquiriu uma atmosfera fantástica e sufocante, habitada por seres ameaçadores ou grotescos. O que, aliás, o fez um precursor do expressionismo do século XX.

Escultura. Na escultura deu-se novamente preferência à pureza dos contornos, à suavidade dos gestos, a uma sobriedade idealizada de expressões, à meticulosa polidez das superfícies, majoritariamente brancas. Os temas mitológicos ainda contribuíram para que se realçasse o gosto pela figura despida, capaz de melhor idealizar e universalizar as proporções humanas. Nos relevos, tornou-se marcante não só a composição em plano como a maior autonomia das figuras em relação ao conjunto arquitetônico. A estatuária empregada em monumentos públicos e funerários conservou a tradição das personagens alegóricas, fossem elas cristãs (anjos da morte, a piedade, a caridade) ou pagãs (Eros, símbolo do amor, a serpente da eternidade, o leão, signo da força). Outra vertente dessa alegorização pode ser observada em esculturas de personalidades históricas (os retratos), de que são exemplos a de Napoleão, simbolizado como Aquiles, ou a de Paolina Borghese, como Vênus, ambas de Canova.

Antonio Canova, freqüentador do círculo de Winckelmann, tornou-se o mais influente e afamado escultor neoclássico. Aliando à sua técnica extraordinária uma gestualidade ora serena ou graciosa, ora incisiva ou sensual (*Dédalo e Ícaro, Teseu e o Minotauro*), acabou por receber de alguns críticos contemporâneos o elogio de melhor artista de todos os tempos. Quase tão admirado quanto Canova, o dinamarquês Bertel Thorvaldsen fez da escultura uma elaboração de tipos fortemente espiritualizados, ao depurar suas figuras de qualquer característica individual (Jasão, sepulcro de Pio VII, Cristo e São Paulo, os dois últimos na igreja de N. Senhora de Copenhague). Na opinião de Carlo Argan, suas criações podem ser consideradas verdadeiros "conceitos" em pedra. O espanhol Álvarez y Cubero também granjeou fama internacional pela excelência técnica, destacando-se a sua obra *Nestor e Antíloco*.

O interesse ao mesmo tempo burguês e aristocrático pela arte antiga deu oportunidade, no Reino Unido, a que John Flaxman se convertesse no primeiro escultor (e também desenhista) a ganhar ampla notoriedade no continente, superada apenas pelos artistas já mencionados. Ainda na Inglaterra, a influência neoclássica estendeu-se a John Gibson e a Joseph Nollekens. Tanto este quanto o sueco Johan Tobias Sergel e o alemão Gottfried Schadow imprimiram, no entanto, características mais realistas em seus relevos e estátuas, isto é, aquelas nas quais se aliam o preceptismo idealista e a observação direta da natureza.

O Brasil e a Missão Francesa. A vinda da corte portuguesa para o Brasil, em 1808, foi decisiva para a implantação de políticas e de ações econômicas e culturais até então inusitadas. Dom João VI teve por necessidade e objetivo criar condições favoráveis à modernização do novo "Reino Unido", entre elas a liberação alfandegária e dos portos, as instalações de manufaturas, da imprensa régia, da biblioteca e da capela real (onde se desenvolveu uma constante atividade musical), assim como as fundações do Banco do Brasil, do Observatório Astronômico, da Escola de Cirurgia e do Jardim Botânico. Pretendendo urbanizar o Rio de Janeiro, o monarca concordou com a contratação de uma missão artística francesa, em parte por sugestão do marquês de Marialva, em parte por solicitações de alguns artistas, como indicam as cartas de Nicolas Taunay à rainha Leopoldina.

Fosse como fosse, a missão aqui aportou em 1816, e dela participavam, entre os seus mais importantes membros, os pintores Nicolas-Antoine Taunay, seus filhos Félix-Émile Taunay e Adrien-Aimé Taunay e Jean-Baptiste Debret; o arquiteto Auguste H.V. Grandjean de Montigny; o escultor Auguste-Marie Taunay (irmão de Nicolas); o gravador Charles Pradier, o compositor de origem austríaca Sigismund Neukomm, além de uma dezena de artífices (ferreiros, curtidores, marceneiros, vidreiros etc.). Dois anos mais tarde, vieram os irmãos Ferrez (Marc, escultor) e Zéphirin (gravador). Com eles se difundiram os valores neoclássicos, também compartilhados por D. João, que, ainda em 1818, criou a Escola Real das Ciências, Artes e Ofícios, transformada, em 1820, na Real Academia de Desenho, Pintura, Escultura e Arquitetura Civil. Logo depois, já no período independente, a instituição receberia o nome de Imperial Academia e Escola de Belas-Artes.

Embora os integrantes da Missão tenham sido mal recebidos por grupos da corte (em razão de seus vínculos políticos com a era napoleônica) e enfrentado a oposição de artistas portugueses e brasileiros, a contribuição que deram às nossas artes plásticas foi inquestionável, considerando-se que: *a*) com eles se implantou um ensino regular, permitindo a transmissão de técnicas específicas e de conhecimentos gerais sobre as artes; *b*) individualmente, produziram uma larga documentação iconográfica sobre hábitos e tipos sociais, bem como sobre a fauna e a flora do país; *c*) criaram-se, no interior da vida acadêmica, as primeiras exposições públicas e anuais – a partir de 1829 – e prêmios de incentivo com aperfeiçoamento no exterior; *d*) contribuíram diretamente para concepções e a realização prática de projetos urbanísticos.

Por intermédio de Montigny e de seus alunos – Justino de Alcântara Barros, José Maria Jacinto Rebelo ou Francisco J. Bethencourt da Silva – o neoclassicismo integrou-se à paisagem urbana do Rio de Janeiro, servindo de modelo à edificação de prédios governamentais, de novas residências e até mesmo de fazendas de café no Vale do Paraíba. Seguindo o exemplo da Missão, o Conde de Boa Vista, Francisco do Rego Barros, contratou dezenas de artistas europeus para modernizar a província, entre eles Louis Léger Vauthier, construtor do clássico Teatro Santa Isabel do Recife. Também o Teatro Nossa Senhora da Paz, em Belém do Pará, fruto do posterior ciclo da borracha, foi erguido nos moldes da concepção neoclássica, a cargo do arquiteto italiano Antonio Landi.

Entre os pintores formados sob direta influência de Debret, merecem destaque o português aqui radicado Simplício Rodrigues de Sá (retratista correto e bom colorista), Manuel Araújo de Porto Alegre (o mais culto e eclético artista de sua época, também poeta e arquiteto), Augusto Müller, pintor de excepcional qualidade expressiva em paisagens e retratos, e Agostinho José da Mota, o primeiro brasileiro a obter o prêmio de viagem da Academia e cujos estudos puderam ser aperfeiçoados em Roma.

Por fim, não há dúvida de que o academismo, de início neoclássico e posteriormente mesclado a temas românticos ou realistas, predominou inteiramente no século XIX brasileiro, amparado e defendido pelas instituições imperiais. Vítor Meireles (*Primeira Missa no Brasil*, *A Batalha de Guararapes*, *Combate Naval do Riachuelo*) e Pedro Américo (*Proclamação da Independência*, *Batalha de Campo Grande*) destacaram-se na pintura histórica e também religiosa, embora não tenham excluído de seus interesses os temas mitológicos e alegóricos (*A Bacante*, do primeiro, e *A Noite Acompanhada dos Gênios*, do segundo). Discípulo de Meireles, e por três vezes premiado em Roma, João Zeferino da Costa veio a ser um mestre da composição, além de respeitado professor e teórico da proporcionalidade das formas. Sua obra de maior significação encontra-se nos seis painéis da igreja da Candelária (Rio de Janeiro), nos quais se relata a história do comandante Martins de Palma, cujos perigos no mar o levaram a construir o templo, em pagamento de promessa.

Música. É difícil estabelecer um início preciso para a música clássica, embora se possa afirmar que Joseph Haydn, W. Amadeus Mozart e Ludwig van Beethoven tenham sido os seus expoentes máximos. E que, artisticamente, chegaram tarde ao espírito do tempo, quer dizer, bem depois das literaturas de Racine, Milton e de Voltaire. Mas, pelo menos, em companhia de pintores como David e Canova.

Na opinião de Roland de Candé, "a sociedade burguesa, mais tolerante e naturalista, não suscitou uma revolução musical [...]. Os músicos da era barroca, ao contrário, mostraram-se constantemente preocupados em transformar a herança, em separar-se do passado, promover estilos e formas que fossem modernas. Diante do barroco, o clássico se distingue pelo rigor da imaginação e pela precisão de linguagem. Os modelos de forma, de estrutura, de escrita que se definem no século serão adotados por várias gerações [...] [tanto assim que] a maior parte das análises de música mais antiga ou recente se referem implicitamente a seus esquemas, e seu sistema harmônico hoje se encontra [mesmo desconhecido e simplificado ao extremo] na maioria de uma música de consumo que se acredita moderna".

Ainda assim, algumas modificações de importância considerável foram introduzidas. Em seu caminho de fixação, a arte instrumental clássica reduziu drasticamente, por exemplo, a prática do baixo contínuo. Melodicamente, as seqüências sonoras passaram a ser estruturadas mais no tempo do que no "espaço", entendendo-se por espaço uma distribuição entre várias vozes polifônicas. Também por diferença com o estilo do contraponto, optou-se por um fracionamento dos temas e motivos, o que apareceu inicialmente na forma da sonata. Este novo procedimento foi realizado com o acréscimo de uma segunda seção no interior do primeiro movimento. Que pode ser assim explicado: feita a primeira exposição, ao invés de se empregar a técnica do contraponto, muda-se posteriormente a sua tonalidade, ou seja, faz-se uma modulação, conservando-se o tipo de andamento (um alegro, por exemplo). Ou então, cria-se um segundo tema com o intuito de provocar um contraste, "dramatizando" o próprio movimento. Experiências que autores como Pergolesi ou Scarlatti já haviam realizado, mas que Carl Philipp Emanuel Bach, um dos filhos do mestre, consolidou.

Para além dessa estrutura em "sonata-forma" de Phillip Bach (*Sonatas Dedicadas ao Rei da Prússia, Sonatas com Reprises Variadas*), destinadas ao serviço de Frederico II, foi ainda na Alemanha, e mais exatamente no principado eclesiástico de Mannheim, que o classicismo encontrou terreno fértil para o seu desenvolvimento. A orquestra ali dirigida por Johann Stamitz, a partir de 1745, e posteriormente entregue a Christian Cannabich, adquiriu enorme prestígio para a música instrumental na Europa. Em primeiro lugar, por sua superioridade e virtuosismo técnicos; em segundo, pela contribuição definitiva de um novo procedimento, já tentado por Vivaldi – o uso do *crecendo* e do *diminuendo*. Antes, a música barroca costumava ter por contraste ou um *solo* oposto ao grosso da orquestra, ou o contraste "plano", de intensidades diferentes, mas sem transições. Os recursos técnicos dos músicos e compositores de Mannheim, entre eles o prolífico Franz Richter, permitiram que se alcançasse a maestria de manter o dinamismo de uma intensidade controlada, progressiva e constante, para todo o conjunto da orquestra. Contemporânea à de Mannheim e semelhante em sua estética foi a orquestra vienense de Georg Wagenseil, além do estilo compositivo de Georg Monn. Todos eles ou ambas as "escolas" optaram por uma estrutura de quatro movimentos aplicada à "sonata de orquestra", que outra coisa não é senão a sinfonia clássica. Embora não tenham sido os seus "inventores" (Tommaso Albinoni e Giovanni Sammartini os precederam), eles realmente consagraram a nova forma. A sinfonia clássica caracterizou-se não apenas pela inclusão de um minueto antes do último movimento, mas por fazer do primeiro movimento o eixo do trabalho construtivo, da mesma maneira que a sonata (como já se mencionou anteriormente). De modo genérico, o alegro inicial comporta dois temas contrastantes, um vívido, "masculino", e outro lírico, "feminino".

Relativamente às formações clássicas da música de câmara, as preferidas passaram a ser os trios, os quartetos e os quintetos para instrumentos de corda, assim como a substituição gradativa do cravo pelo piano. Por exemplo, a passagem das suítes para cravo às sonatas para piano, ou aquelas destinadas a violino, flauta e violoncelo, com acompanhamento de piano.

Em resumo, o classicismo consolidou o "sistema tonal", em teoria e na prática, dando maior importância, entre outros princípios: ao sentido dos acordes ditos fundamentais, construídos sobre uma tônica, sobre a nota dominante de uma tônica ou ainda sobre a dominante de uma dominante, em intervalos preferenciais de terças; à ordem harmônica, e não mais contrapontística; à possibilidade de modular em todos os tons, aumentando a complexidade da criação musical, ao mesmo tempo em que impôs a necessidade de resolver os estados de tensão – as dissonâncias provisórias – por uma consonância final. Tal sistema, consubstanciado por Jean-Phillipe Rameau em seu *Tratado de Harmonia* (1722), garantia, desde então, uma linguagem precisa, racionalista e de expansão universal.

Dificilmente se poderia prever que Joseph Haydn alcançasse o prestígio que desfrutou na maturidade e ainda hoje, com todos os méritos, conserva. Filho de uma família humilde e provinciana, felizmente o talento inato, a determinação férrea de se fazer músico e alguns lances de sorte ao longo da vida conjugaram-se para permitir que seus dons nos legassem um dos mais brilhantes repertórios da música ocidental. Repertório que não poucas vezes construiu com os temas melódicos das canções populares de sua terra natal, a Áustria. E o primeiro a perceber as habilidades de Haydn foi seu parente distante e professor de música Matthias Franckh, que se encarregou de retirá-lo da casa paterna e educá-lo quando chegou aos seis anos. Algum tempo depois, o compositor da corte imperial de Viena, Johann Reutter, passando casualmente pela cidade de Rohrau, onde Haydn nascera e vivia, teve a oportunidade de ouvi-lo. Entusiasmado, fê-lo ingressar na escola da capela de Santo Estêvão, na capital, como menino de coro. Ao completar dezoito anos, no

entanto, foi obrigado a sair da instituição e passou a sobreviver de aulas particulares de cravo e de apresentações ocasionais. Um período difícil de nove anos, durante os quais experimentou as primeiras composições, estudando manuais por conta própria, entre eles os de Phillip Emanuel Bach. Já famoso, não deixaria de mencionar que "quem me conhece não duvidará de que devo muito a Phillip Bach, pois que o compreendi e estudei assiduamente". Inspiradas em melodias folclóricas, suas sonatas e quartetos conseguiram atrair favoravelmente a opinião pública e a atenção do aristocrata Fürnberg, que lhe arranjou o lugar de mestre-de-capela em uma das orquestras locais. Na seqüência, trabalhou para o conde Morzin, na cidade de Lukanec, onde escreveu suas primeiras sinfonias e, a partir de 1761, para a corte dos príncipes Esterházy (Paul e Nikolaus), em Eisenstadt. Dali, suas criações ganharam audiência mundial.

Para além dos domínios da sinfonia e da sonata, Haydn demonstrou sua engenhosidade nos quartetos de cordas, sobretudo a partir dos *Quartetos Russos*, criados em 1781. Desde então, o próprio compositor percebeu estar elaborando um "procedimento novo e peculiar", ao permitir um desenvolvimento livre de todas as vozes instrumentais na exposição e nos contrastes dos temas. Esse trabalho temático-motívico cristalizou o estilo clássico para obras posteriores, suas e de outros músicos, como, por exemplo, as das sinfonias *La Chasse, La Reine* e *Oxford*. Músicas em que se alternam o humor sutil, a melancolia nobre e a alegria popular. Foram ainda as apresentações dos *Quartetos Russos* que permitiram o primeiro contato pessoal de Haydn com Mozart, então recém-chegado a Viena. A impressão causada no jovem compositor foi grande o suficiente para que Mozart resolvesse chamá-lo de "papai Haydn", um apelativo em que se misturaram carinho, respeito e admiração. Sentimentos, aliás, recíprocos.

A história ainda não conhece um caso semelhante de musicalidade natural, espontânea, e de capacidade criativa em permanente ebulição como a de Mozart. Tão logo aprendeu, aos quatro anos de idade, os rudimentos de solfejo, criou seus próprios exercícios. Aos cinco já compunha concertos para piano, ainda que com a ajuda do pai, Leopold Mozart, violonista da corte eclesiástica de Salzburgo, homem culto e de inegáveis méritos didáticos. Um ano depois, executava qualquer partitura para cravo, à primeira vista. Aos sete, empreendeu uma longa viagem de três anos pela Europa em companhia do pai e da irmã (também musicista), quando fez demonstrações de seu espantoso virtuosismo. Na Alemanha, tocou para Goethe e, em Londres, para Johann Christian Bach, que assim

168 CLASSICISMO, NEOCLASSICISMO

reagiu: "Mais de um mestre-de-capela morre sem saber o que este menino já sabe". Foi acolhido por unanimidade na Academia Filarmônica de Bolonha, que abriu exceção em seus estatutos para menores de vinte anos. Mas não sem passar pelo exame obrigatório, que concluiu em meia hora (a prova consistia em fazer a harmonização, em contraponto, de um canto gregoriano). A Academia de Verona não ficou atrás e atribuiu-lhe um título honorífico. Aos catorze anos retornou à Itália e conseguiu estrear sua ópera *Mitrídates* com enorme sucesso em Milão. *Ascânio em Alba*, seu drama do ano seguinte, recebeu idêntica acolhida.

Com a subida do conde Colloredo à sede do arcebispado de Salzburgo, em 1772, a vida de Mozart complicou-se. O arcebispo não se dispunha a apoiar o mundo musical profano e, em particular, a Mozart. Só conseguiu ir a Mannheim (para conhecer a famosa orquestra) e a Paris em 1777. Em 1781 abandonou a cidade natal por Viena, onde jamais encontraria um emprego fixo. Casou-se, apesar dos protestos do pai, sobreviveu sempre de maneira precária, arruinou a saúde por excesso de trabalho e morreu dez anos depois como indigente, apesar do talento incomensurável e de um comportamento ético particular inquestionável. E no entanto, o período vienense foi o de sua maturidade e perfeição: o dos seis quartetos dedicados a Haydn, dos concertos para piano e orquestra (escritos após 1785), d'*O Divertimento para Trio de Cordas*, das Sinfonias de números 35, 38, 39, 40 e 41 e das óperas *O Rapto do Serralho*, *As Bodas de Fígaro*, *Cosi Fan Tutte*, *Don Giovanni* e *A Flauta Mágica*. Mesmo em instantes de grande sofrimento (a morte de seus filhos recém-nascidos, por exemplo) compôs música de refinada melodia para o espírito galante e aristocrático da época. Atitude incompreensível para artistas românticos ou expressionistas.

A mais exata e concisa definição de Mozart, como já se disse, é a de ser ele a própria música encarnada. Soube recolher e aproveitar todas as formas e gêneros de seu tempo, dos profanos aos religiosos, dos instrumentais aos operísticos. Para que a música pudesse "fluir como óleo", segundo a entendia, preferiu criar estruturas e frases melódicas com menos acordes do que seus antecessores. Fundiu as influências de autores e as sensibilidades nacionais que conheceu – austríacas, alemãs, italianas e francesas – em uma obra universal, mais cosmopolita do que os anseios teóricos dos iluministas.

O terceiro nome da tríade, Beethoven, nasceu em um bairro miserável de Bonn, em 1770. Seu pai, tenor e filho de um mestre-de-capela, logo percebeu as evidentes inclinações musicais do menino e tentou fazê-lo um segundo Mozart. Mas não possuindo qualquer

dom professoral, exercia seus intentos com extrema severidade e aplicação de castigos (ou o temperamento rebelde de Beethoven já se manifestava nesta primeira infância, ou a "pedagogia" paterna muito contribuiu para a personalidade futura do gênio). O fato é que só aos dez anos encontrou a oportunidade de realmente desenvolver seu talento, agora pelas mãos compreensíveis de Christian Neefe, organista da corte de Bonn. Sob a influência do novo protetor, Beethoven pôde conhecer as obras e tratados de Phillip Bach, exercitar-se com o *Cravo Bem Temperado* de J. S. Bach e, mais tarde, obter sua nomeação para o cargo de segundo organista da corte, ganhando, já aos catorze anos, metade do salário do pai. Em 1787, e ainda com a ajuda de Neefe, viajou para Viena e conseguiu uma audiência com Mozart. A execução de algumas partituras não parece ter entusiasmado o ouvinte, mas os exercícios de improvisação que realizou a pedidos levaram Mozart a comentar com seus amigos da casa: "Prestem atenção neste jovem; dará o que falar algum dia ao mundo todo". Durante algumas poucas semanas, Beethoven teve aulas com Mozart, interrompidas pelas notícias do grave estado de saúde de sua mãe, que morreria pouco depois.

Neste seu retorno, as dificuldades financeiras pessoais e a necessidade de sustentar os irmãos mais novos (Karl e Johann), devido às ausências relapsas do pai alcoólatra, só puderam ser minoradas quando passou a dar aulas de música para a nobre família von Breuning. O ambiente culto e acolhedor, a circulação atrativa de jovens mulheres e os freqüentes convites para ópera e teatro preencheram, em boa parte, as lacunas de sua vida social e formação escolar. Outra grande perspectiva apareceu em 1792, quando Haydn passou pela cidade. A orquestra da corte decidiu prestar-lhe uma homenagem e Beethoven submeteu-lhe à apreciação uma cantata fúnebre que havia composto em homenagem ao imperador José II. Haydn gostou tanto da peça que se ofereceu como professor, desde que Beethoven pudesse ir a Viena. Com uma remuneração fixa do conde Waldstein, que o admirava, o jovem mudou-se para a capital austríaca. Levava em seu álbum de partituras o seguinte bilhete do conde: "Vá agora a Viena para realizar as esperanças que há tanto tempo abrigas [...] Mediante um trabalho ininterrupto, receberás o espírito de Mozart [já falecido então] das mãos de Haydn". Durante um ano e meio, aproximadamente, estudou com o mestre até que este regressou a Londres. Passou então a receber orientações dos compositores Johann Schenk e Antonio Salieri. Com a ajuda ainda de Waldstein, Beethoven conseguiu introduzir-se nos círculos aristocráticos, trabalhando para os Esterházy ou oferecendo composições para outros príncipes, como Lobkowitz, Schwarzenberg ou Rasumowsky. Em meio a tanta pompa, tornou-se ele também um aristocrata do espírito, na falta de sangue ou de títulos comprados.

Do ponto de vista estilístico, Beethoven partiu, evidentemente, de Haydn e Mozart. A proximidade de vidas e a grandeza das influências não lhe deixaram outra alternativa. O trabalho motívico do primeiro e a cantabilidade melódica do segundo estão quase sempre presentes em suas sonatas e sinfonias, sobretudo no período que vai de 1793 a 1802. Foi a fase galante da *Sonata Primavera*, dos *Quartetos op.18*, da *Primeira Sinfonia em dó maior*, do *Concerto para piano e orquestra op.37* ou da *Sonata ao Luar*. Mas o gênio pessoal acabou por intensificar o caráter contrastante dos temas principais dos primeiros movimentos, dramatizando de modo enérgico todos os recursos expressivos do desenvolvimento. Esses "combates" da primeira parte tornaram-se habitualmente trágicos, "heróicos", gigantescos. Ao segundo andamento, sereno e mesmo grave, Beethoven opôs, como terceiro movimento, o *scherzo* (em substituição ao minueto), de ânimo buliçoso e às vezes radicalmente festivo, ou mesmo estrondoso. Época de plenitude em que compôs, por exemplo, as sonatas em ré menor op.31, *Waldstein, Appassionata* e as sinfonias *Eroica, do Destino* e *Pastoral*. A última fase coincidiu com a infelicidade da surdez. Foi a de obras menos conhecidas do grande público, porque mais ásperas e enigmáticas: a sonata para piano op.106, as 33 Variações sobre uma valsa de Diabelli, a imponente *Missa Solemnis*. Exceção para a *Nona Sinfonia*, a primeira do gênero em que se interpôs um coral.

A influência das formas e de compositores clássicos (Pergolesi, Haydn, Mozart e Beethoven) pode ser observada nas obras do maior autor de música sacra brasileira, o padre carioca e mulato José Maurício Nunes Garcia. Compositor já aos dezesseis anos (a antífona *Tota Pulchra est Maria*), sobreviveu de aulas particulares até sua entrada para a Irmandade de São Pedro dos Clérigos, quando se decidiu pelos votos eclesiásticos, ordenando-se em 1792. Seis anos depois, assumiu o cargo de mestre-de-capela da Sé do Rio de Janeiro, recebendo também encomendas do Senado para suas cerimônias e festividades. Com a chegada da corte portuguesa, seu reconhecido talento, elogiado pelo compositor Sigismund Neukomm (integrante da Missão Francesa), atraiu a atenção do príncipe-regente, que o fez nomear mestre da recém-criada Capela Real. Ainda por solicitação do príncipe, compôs a ópera *Le Due Gemelle*, apresentada no novo Teatro São João. Mas sua obra inclui sobretudo missas, cânticos, motetos, credos e graduais, destacando-se, entre eles, a *Missa em Si Bemol* (1801), a *Novena de São Pedro Apóstolo* (1814), a *Missa de Réquiem* (1816) e a *Missa de Santa Cecília* (1826).

CLAVE. Sinal posto no início de uma pauta musical, com o intuito de fixar a altura de uma das cinco linhas do pentagrama, oferecendo, portanto, a "chave" para nomear, com seu próprio nome, todas as notas que estejam naquela mesma linha e determinar a posição exata das outras notas em relação à linha básica. Assim, para os sons graves, situados abaixo do dó central, ou para instrumentos como o violoncelo ou o fagote, há duas claves de fá, que podem ocupar a terceira ou a quarta linhas; para os sons médios, situados nas proximidades do dó central ou para a voz do tenor, da viola ou do trombone tenor, existem também duas claves de dó, igualmente colocadas na terceira ou na quarta linhas; finalmente, para os sons agudos, acima do dó central, ou para vozes como a do soprano, do violino ou do trompete, adota-se a clave de sol na primeira ou na segunda linhas. As duas claves mais comumente usadas, no entanto, são a de sol na segunda linha e a de fá na quarta linha (as linhas são contadas de baixo para cima). No caso da clave de sol, todas as notas situadas na segunda linha chamam-se sol e, da mesma maneira, na clave de fá, todas as notas postas na quarta linha denominam-se fá. Como as notas que recaem acima do dó central costumam vir na clave de sol, esta é também conhecida como clave dos sopranos (com sons mais agudos). Já a clave de fá pode ser chamada de clave dos baixos, pois nela estão situados os sons abaixo do dó central.

CLICHÊ. **1.** Construção lingüística já estereotipada, frasefeita ou locução convencional que pelo uso repetitivo se cristalizou, perdendo a força expressiva da origem. Embora provenha comumente da linguagem oral cotidiana ("o futebol é uma caixinha de surpresas", "a natureza é sábia"), também pode ser encontrado no âmbito da literatura culta. Neste último caso, é possível distinguir o clichê abusivo, isto é, determinadas frases freqüentemente empregadas por autores de uma escola ou movimento, daquele usado por um autor com o intuito de realçar a fala ou o "idioleto" de um personagem, infundindo-lhe maior realismo. **2.** Qualquer idéia convertida em fórmula ou em padrão usual e redundante, como os encontrados, no âmbito da cultura de massa, em argumentos ou formas tipificadas de *best-sellers*, de cinema ou de novelas de televisão. **3.** Placa de metal gravada em equipamento fotomecânico, com textura em relevo e imagem com pontos invertidos, usada para impressão tipográfica de textos e de fotografias. Nesta última acepção, o clichê se encontra em desuso, substituído pelo fotolito.

•CLIFF-HANGER. Termo inglês que se tornou sinônimo de suspense ou de expectativa, usado como artifício construtivo na literatura popular (folhetins) ou em seriados de cinema e televisão, com a finalidade de manter ou prorrogar a tensão e o interesse do leitor ou do espectador. Consiste na interrupção de uma cena de perigo, cuja seqüência somente será retomada em outro capítulo ou episódio.

CLÍMAX. **1**. O momento culminante ou de maior tensão em um texto literário ou encenação dramática, e ponto de convergência no qual os conflitos se decidem. Desfecho de uma série de crises, das quais é ele o mais importante, situando-se, habitualmente, perto do fim. **2**. Aplica-se igualmente em música para o trecho em que uma série de acordes resolvem, de maneira "brilhante", ou com maior expressividade, os fraseados anteriores.

•CLUSTER. Palavra de origem inglesa (originalmente um feixe, enxame ou grupo) que, em música, indica os acordes ruidosos (várias notas ou sons conjuntos), produzidos de maneira ríspida sobre um teclado, seja com a mão espalmada, seja com o antebraço. O termo pode ser aplicado a orquestras ou coros, indicando um conjunto "nebuloso" de sons simultâneos, entre dois intervalos definidos.

COCO. Dança e canto nordestinos, de praia e de sertão, provavelmente surgido entre escravos quebradores de coco de Alagoas, e derivado dos →batuques. Formada a roda de homens e mulheres, o "coqueiro", ou puxador de coco, canta o mote ou refrão. Um dos participantes dirige-se ao centro para dançar, executando passos conhecidos como travessão, cavalo-manco e tropel repartido, acompanhado pelo coro dos demais, até que outro o substitua, convidado por uma umbigada ou batida de pé. Às estrofes – quadras, quintilhas, sextilhas e até décimas – segue-se o estribilho inicial. Há outras formações para a dança, derivadas da roda, feitas ao par ou em fila. Os passos são curtos, acompanhados por batidas e arrasto dos pés. Os instrumentos são majoritariamente de percussão (ganzá, pandeiro, bombo e atabaque), tendo Pereira da Costa, no entanto, registrado o uso de viola e violão, no Recife. É também conhecido por pagode. Os ritmos mais freqüentes são o binário e o quaternário. Contemporaneamente, é um folguedo quase desaparecido.

CODA. **1**. Em música erudita, tanto pode indicar uma pequena seção que se acrescenta isolada ao final de um andamento, a fim de encerrá-lo, como ainda a última parte, formalmente integrante do desenvolvimento anterior da peça, e que aporta uma temática nova (como em algumas sinfonias de Haydn e de Beethoven). **2**. Em dança, corresponde aos passos e movimentos conjuntos de uma dupla de bailarinos que finalizam um →pas de deux. A palavra provém do italiano, com o sentido de "cauda".

CÓDICE. Antecessor do livro, no que se refere ao seu formato e estrutura, conhecido desde os tempos do imperador romano Augusto. Até a época mencionada, a escritura era feita em "volumes", ou seja, em rolos de papiro ou de pergaminho. A nova técnica consistiu em cortar folhas soltas, quadradas ou retangulares, e reuni-las em cadernos (conjunto de folhas unidas entre si por costura ou colagem), recebendo ainda o nome de *liber quadratus*. Embora as suas dimensões fossem grandes o suficiente para requerer um suporte (mesa, por exemplo), o formato facilitou tanto a cópia como a leitura ou consulta parcial dos registros. Em Roma, os códices primitivos destinaram-se à confecção de textos escolares, contábeis e a relatos de viagens. Para os cristãos primitivos, teve ainda o sentido de escritura manuscrita sagrada. Do latim *codex*, tronco de árvore. →*Livros* .

CÓDIGO. **1**. Qualquer sistema de transmissão de informações ou de controle de comunicação que delimite ou reduza as possibilidades de escolhas existentes em um repertório disponível de signos (teoricamente de valores iguais, ou eqüiprováveis), impondo regras de combinação, de associação ou de oposição entre aqueles mesmos signos, de maneira que possam ser utilizados com sentido, nexo ou significação, ou, ainda, adquiram a capacidade de ação (caso do "código genético"). Do ponto de vista lingüístico, todo idioma é também um código, definido como o conjunto de signos verbais dispostos em uma relação de oposição e contraste, de acordo com regras ou normas que regulem o enunciado de uma mensagem. Sinteticamente, portanto, o código lingüístico compreende as formas verbais (signos) e as leis combinatórias, sintáticas, que relacionam os significados. **2**. Conjunto de leis, normas ou preceitos aplicáveis a uma comunidade ou sociedade, escrito ou consuetudinário (mantido por tradição), pelo qual se estabelecem os limites ou prerrogativas de conduta, as penalidades, os direitos e deveres de seus membros (códigos civil e penal).

COGNATO. Vocábulo que possui uma raiz ou →radical em comum com outro. Os cognatos são, portanto, palavras de uma mesma família semântica. Por exemplo, os termos *puro* e *depurar; fazer, fácil* e *infecto; fugir, fugaz* e *refúgio*.

COLACIONAR. Comparar por aproximação, confrontar. Emprega-se no sentido de verificar as concordâncias existentes ou não de edições ou cópias de um mesmo texto e, por extensão, entre duas obras artísticas, filosóficas ou científicas que abordem o mesmo tema.

COLAGEM. **1**. Processo utilizado em artes plásticas que consiste na junção de materiais diferentes ou estranhos a uma obra essencialmente pictórica, ou seja, que não o desenho, a tinta ou o verniz. Por exemplo, recortes de textos ou estampas já impressas, argamassas ou ainda objetos manufaturados ou industriais, colados (ou presos de alguma maneira) sobre desenho, pintura ou gravura, com o intuito de serem obtidas texturas, volumes, tonalidades ou escalas diferentes, evitando-se o uso do ilusionismo plástico tradicional (do *trompe l'oeil*). A técnica foi utilizada originalmente pela arte bizantina (ícones com aplicação de pedras preciosas ou semipreciosas sobre as figuras pintadas). No século XX, foi retomada por Picasso, Braque, Juan Gris e Marcoussis, ainda na fase cubista, e, posteriormente, por dadaístas e surrealistas (Max Ernst, por exemplo), com a intenção de se projetarem relações irracionais ou desarmonias voluntárias. Tem sido ainda comumente integrada a várias correntes da arte plástica contemporânea, como a arte *pop* de Robert Rauschenberg (→*Descolagem*). **2.** Em literatura, pode consistir na junção de elementos lingüísticos isolados (letras, palavras), de recortes de textos impressos ou mesmo de desenhos e formas gráficas, com intuito predominantemente visual. Dessa maneira foi utilizada pelos movimentos futurista, dadaísta e *pop* ("poesia visiva" italiana, poemas-processo e "pop-cretos" brasileiros da década de 60), sobretudo como manifestação de uma poética humorística. Mas indica também a inserção selecionada e pertinente de textos alheios na elaboração narrativa ou mesmo poética de um autor, servindo-lhe como significado e referência intertextual. **3.** Também no teatro tem ocorrido o recurso à colagem, normalmente sob duas formas: acrescentando-se textos no interior de uma peça já escrita (entrevistas e notícias lidas ou dramatizadas, gravações, projeções visuais) ou mediante a elaboração de um novo texto contendo fragmentos de duas ou mais peças de um mesmo autor.

COLOFÃO, CÓLOFON. Remate, término, designando as informações postas no final de um livro sobre o impressor, o editor, o local e a data de publicação e, eventualmente, até mesmo os tipos utilizados na composição gráfica.

COLÓQUIO. **1.** Conversação ou palestra caracterizada pela informalidade entre profissionais de uma mesma área de conhecimento, versando sobre assunto específico, incluindo-se exposições iniciais, apartes e debates entre os participantes. **2.** Conversação familiar, íntima (daí o termo "coloquial").

•COLORTRAN. Carcaça metálica provida de aba ou bandô para o corte ou abertura de luz, contendo lâmpada halógena (gás halógeno de iodo) e filamento de tungstênio, usado em iluminação cênica.

COLUMBÁRIO. Conjunto de câmaras mortuárias ou de urnas funerárias sobrepostas, utilizadas em Roma e também pelas comunidades paleocristãs com o intuito de economizar espaços. Além de subterrâneos, os columbários podem ser elevados. →*Catacumba*.

COLUNA. Em arquitetura, pilar ou estrutura vertical, geralmente de seção circular, e que serve de sustentação do entablamento e cargas elevadas, ou ainda de unidade decorativa independente. Classicamente, forma-se da →base, do →fuste (haste vertical) e do →capitel. Quando é formada de uma única peça, diz-se *coluna monolítica*; se erguida em pedaços cilíndricos sobrepostos, chama-se *cilíndrica*. ‖ *coluna adossada* ou *embebida*, aquela que se encontra fundida parcialmente com a parede, dando a impressão de um volume projetado. •*coluna grupada*, que constitui um par de pilares sobre a mesma base, mas com ábacos individuais. •*coluna geminada* ou *fasciculada*, aquela formada por três ou mais pilastras, ligadas entre si, que repousam sobre um pedestal único, formando uma seção complexa (aparece com freqüência nos estilos arquitetônicos rômanico e gótico). • *coluna anelada*, a que contém anéis sobressalentes ao redor do fuste. • *coluna cretense*, a que se estreita na base. • *coluna cóclida*, designa uma coluna monumental, oca, que contém, normalmente, trabalhos de adorno em baixo-relevo. • *coluna triunfal* (podendo ser também *cóclida*), uma construção isolada, feita para servir de monumento público ou marco histórico e comemorativo, de grandes dimensões, como as de Trajano e Marco Aurélio, a coluna Vendôme e a de Nelson. • *coluna torsa* ou *salomônica*, a que possui o fuste espiralado, retorcido ou torneado, bastante comum na arquiitetura barroca, sobretudo a religiosa. Famosas são as do baldaquino da basílica de São Pedro (Bemini) e da igreja de Santa Maria Virgem, em Oxford (Nícholas Stone). O nome baseia-se na suposição de que tenham sido utilizadas no Templo de Salomão. →*Ordens da arquitetura*.

COLUNATA. **1.** Série ou fileira de colunas para a sustentação de um entablamento ou de arcos. **2.** →*Peristilo*.

COMÉDIA. →*Teatro*, →*Cômico*, →*Humor*.

COMÉDIA ANTIGA. Dramaturgia satírica do período clássico grego (século V a.C.), bastante diferente, em sua estrutura e conteúdo, das comédias posteriores. Geralmente, consistia: *a*) de uma *cena expositiva inicial*, indicativa do tema; *b*) do *párodos*, a primeira intervenção do coro, composto de 24 integrantes fantasiados; *c*) do *ágon*, a disputa verbal ou querela entre os principais personagens, utilizando-se uma linguagem bastante livre ou popular, e até mesmo obscena ou pornográfica; *d*) da *parábase*, retorno à ação do coro, tendo por finalidade expor as intenções ou justificativas do autor; *e*) do *final*, com a presença novamente dos atores, em cujas cenas se mostravam as conseqüências ou resultados do *ágon*. As críticas virulentas das peças tinham como alvos principais o mundo político, as idéias filosóficas, artísticas e suas personalidades, os hábitos e costumes populares do período, pelo menos nas peças que sobreviveram de seu maior representante, o aristocrático Aristófanes *(Os Acarnianos, Os Cavaleiros, As Vespas, A Paz, As Nuvens, Lisístrata, A Assembléia de Mulheres, As Rãs, Pluto)*. A comédia antiga caracterizou-se por ser um "drama de tese", no qual as idéias predominantes e em voga e os comportamentos coletivos, calcados e refletidos no cotidiano, constituíam assuntos de discussão pública, tratados de maneira cáustica e derrisória. Sob tal aspecto, foi profundamente política, no sentido mais amplo do termo. Dela ainda nos chegaram fragmentos de peças como *O Camponês* e *A Loucura de Hércules*, de Epicarmo, *As Cabras*, de Eupólis, e *A Garrafa*, de Cratino.

COMÉDIA-BALÉ, •COMÉDIE-BALLET. Peça teatral e bailada, de gênero cômico ou satírico, criada por Molière no século XVII, contendo não apenas diálogos, mas cenas igualmente musicais e coreográficas. Nessa forma mista, o balé pode servir de entrecena, unindo quadros praticamente autônomos (a →comédia de gaveta), ou estar ligado mais diretamente ao enredo contínuo da peça. Foi com essa intenção que Molière escreveu no prefácio d'*Os Inoportunos*: "Para não interromper de forma alguma o fio da comédia com essas maneiras de intermédio, tomamos o cuidado de tecê-las ao assunto o melhor que pudemos e de fazer do balé e da comédia uma coisa só". Quase a metade das obras de Molière (doze entre 28) são comédias-balés. Entre elas, *Les Fâcheux* (*Os Inoportunos* ou *Os Impertinentes*), primeiro exemplar do gênero, *L'Impromptu de Versailles* (*A Improvisação*, ou *Imprevisto em Versalhes*), *Le Mariage Forcé* (*Casamento à Força*), *Le Malade Imaginaire* (*O Doente Imaginário*), *L'Amour Médecin* (*O Amor Médico*) ou *Le Bourgeois Gentilhome* (*O Burguês Fidalgo*). →*Dança*.

COMÉDIA DE GAVETA. Tipo de comédia que se constrói com atos ou quadros relativamente curtos e autônomos, que tratam dos personagens e enredos criados, mas submetidos, todos eles, a um mesmo assunto. O que corresponde à dramatização de um só tema, visto, no entanto, sob diferentes ângulos, por meio de cenas reduzidas.

COMÉDIA ERUDITA. Comédia renascentista, sobretudo a do século XVI, baseada em parte nas peripécias e estruturas da antiga comédia latina, contendo intrigas romanescas, conluios de amantes, ações de rapto, com a ajuda de criados espertos, e o reconhecimento (*anagnorisis*) de parentes desaparecidos que retornam, após longa ausência, para modificar o desfecho. Foi assim denominada pelo fato de seus autores serem personalidades eruditas, como Ariosto (*Cassaria, Os Preten-* *dentes, Negromonte, Scolastica*), Aretino (*Cortigiana, Marescalco, Talanta*) ou Maquiavel (*Clizia, A Mandrágora*). As obras da comédia erudita tiveram ainda em comum a intenção de fazer um retrato realista e irreverente da nova burguesia em ascensão, ao denunciar a moralidade ambígua e interesseira dos novos tempos.

COMÉDIA HUMANA, A. Título dado por Balzac, em 1842, ao conjunto de seus noventa e cinco romances, assim como aos princípios de sua elaboração. Majoritariamente, enquadram-se as narrativas no que o autor chamou de "estudos de costumes", assim divididos: cenas da vida privada (*Coronel Chabert, Pai Goriot, Modeste Mignon*); cenas da vida no campo (*O Médico do Campo, O Lírio do Vale, Os Camponeses*); cenas da vida parisiense (*Grandeza e Decadência de Cesar Birotteau, A Prima Bete, O Primo Pons, Esplendores e Misérias das Cortesãs*); cenas da vida provinciana (*Eugénie Grandet, As Ilusões Perdidas*). Além destes, há os "estudos filosóficos", nos quais se incluem *A Procura do Infinito, Louis Lambert, Séraphita* e *Chagrém*, ou *A Pele de Onagro* (*La Peau de Chagrin*), relativos à natureza e às funções do conhecimento, dos sentimentos míticos e religiosos, e os "estudos analíticos". A arquitetura da *Comédia* está fundamentada num sistema coerente e ordenado, constituído pela: observação detalhada do meio social, de suas relações e realidades materiais, as quais interferem poderosamente no comportamento do indivíduo e na marcha dos acontecimentos; descrição minuciosa do aspecto físico, dos hábitos particulares, da profissão e dos ambientes em que circulam os personagens; exploração intensa dos caracteres e das paixões que "destroem o ser que elas invadem"; elaboração de tramas múltiplas, sucessivas e mesmo recorrentes entre romances distintos. O resultado é um panorama realista e multiforme da vida burguesa na primeira metade do século XIX, o seu apego ao utilitarismo, ao dinheiro, às ambições materiais, os comportamentos moralistas e, ao mesmo tempo, hipócritas, temperados por afetações líricas e sonhos evasionistas. →*Realismo, Naturalismo*.

COMÉDIA NEGRA. Peça teatral de espírito tragicômico, de clima ao mesmo tempo irônico e pessimista, em que a natureza humana, principalmente as virtudes, e suas instituições sociais são criticadas com acentuado ceticismo: a amizade, o amor, a família, a bondade, a solidariedade, o poder público ou a vida econômica. São assim considerados textos como *O Mercador de Veneza* e *Medida por Medida* (Shakespeare), *O Viajante sem Bagagem* e *A Selvagem* (Jean Anouilh), ou *O Casamento do Senhor Mississipi* e *A Visita da Velha Senhora* (Dürrenmatt).

COMÉDIA NOVA. A partir da segunda metade do século IV a.C., Atenas perdera sua importância política no cenário mediterrânico em favor da Macedônia, embora conservasse a supremacia artística e cultural em toda a região. A democracia não sobrevivera e as atividades políticas concentravam-se nas estruturas imperiais e nas conquistas de Filipe e de Alexandre. A época helenística, de impulso comercial e criação de riquezas materiais, fizera com que o comportamento individualista e a mentalidade cosmopolita se valorizassem, influindo sobre a condução da vida privada, novo centro de atenção da sociedade. Nesse quadro, a arte dramática da Grécia tendeu consideravelmente para a comédia dos costumes, abandonando, por precaução, as concepções políticas e as teses sociais da →comédia antiga. Os temas de maior relevo concentraram-se na vida familiar, nas relações entre pais e filhos adolescentes, nos amores "românticos" ou escusos de pretendentes ao casamento, incrivelmente complicados, em situações de engano e de equívocos, nas intrigas realizadas por escravos espertos ou idiotas, em favor ou a mando de seus senhores. Os personagens ganharam contornos mais rígidos, demonstrando comportamentos tipificados e facilmente reconhecíveis. De seus dramaturgos – e houve mais de sessenta entre os séculos IV e III – sobressaíram Apolodoro, Filemon, Difilo e, acima de todos, Menandro, autor de, aproximadamente, cento e cinqüenta obras. Suas peças mais famosas, até agora recuperadas, são *A Mulher de Samos* (*Samia*), *A Arbitragem* (*Epitréppontes*), *O Misantropo* (*Dyscolor*) e *O Siciônio* (*Sykonios*). A →comédia paliata, em Roma, aproveitou-se diretamente das situações e personagens da comédia nova.

COMEDIANTE. **1.** Ator ou atriz dedicado habitualmente à encenação dramática de comédias e farsas, em teatro ou cinema. **2.** Profissional de esquetes e quadros humorísticos em rádio e televisão. **3.** Em sentido lato, ator ou atriz de grande expressividade, capaz de incorporar, com verossimilhança e credibilidade, os caracteres do personagem representado, independentemente do gênero dramático. →*Ator.*

COMEDIANTES, OS. Grupo de teatro inicialmente amador, fundado em 1941, no Rio de Janeiro, por iniciativa de Brutus Pedreira, Santa Rosa e Luísa Barreto Leite, contando também com a participação do escritor Aníbal Machado. Cumpriu importante papel na modernização do teatro brasileiro, tanto por atribuir ao diretor a responsabilidade pela concepção cênica (na esteira das novas idéias teatrais européias), quanto pelo repertório contemporâneo adotado (*Pelléas e Mélisande*, de Maeterlinck, *Desejo sob os Olmos*, de Eugene O'Neill). A figura de Ziembinski, recém-chegado da Polônia, foi fundamental para a nova estética da companhia, sobretudo com a encenação revolucionária de *Vestido de Noiva* (1943), de Nelson Rodrigues. A respeito da companhia, escreveu Sábato Magaldi que ela "iniciou o processo de deslocamento da hegemonia do intérprete para a do encenador [...]. Apresentaram um repertório mais sério, que incluiu Pirandello, Musset, Molière, e, mais do que isso, propuseram-se cuidar de todos os aspectos da produção: um único elenco ensaiado num único estilo, cenografia e indumentária, concebidos por rigorosos padrões artísticos. O espetáculo passou a ser visto como uma unidade estética, sem o descuido de um pormenor" ("Visão do Teatro Brasileiro Contemporâneo", revista *Cultura*). Entre outros, integraram ainda Os Comediantes, até o final da década, nomes como Madame Stypinska, Gustavo Dória, Agostinho Olavo e Miroel Silveira.

COMÉDIA PALIATA. Comédia romana adaptada da →comédia nova e cujo enredo transcorria na Grécia, com os personagens masculinos trajando o pálio (*pallium*), roupa característica dos helenos. Muitas delas, no entanto, tinham como alvo de crítica a própria vida cotidiana de Roma, incluindo as camadas aristocratas e plebéias. Neste longo período, que se estende da segunda metade do século III a.C. à primeira metade do século seguinte, os dramaturgos latinos utilizaram-se do recurso da "contaminação" (*contaminatio*), processo de criação literária que consistia, no teatro, em reunir enredos de duas ou mais peças gregas em uma só. Famosa por seus principais escritores – Cecílio Estácio, Gneo Névio, Plauto e Terêncio – possuía, geralmente, a seguinte estrutura: *a*) *prólogo*, em que se expõe o argumento dramático ou se procede à defesa do autor; *b*) *diverbia*, ou atos dialogados; *c*) *cantica*, parte recitada ou cantada, acompanhada por flauta, cabendo aos atores apenas as expressões mímicas. Os papéis femininos cabiam aos homens e os figurinos indicavam claramente a procedência social dos personagens – pálio para cidadãos livres, túnica curta para os escravos – ou suas idades – roupa colorida para os jovens, branca para os velhos. Entre a produção do período destacam-se *Aululária* ou *O Vaso de Ouro*, *Anfitrião*, *Asinária*, *Os Cativos*, *O Trapaceiro* e *O Nó Corrediço*, de Plauto, assim como *O Eunuco*, *Fórmio* e *A Sogra*, de Terêncio.

COMÉDIA TOGATA. Ao contrário da →paliata, de que é contemporânea, a comédia togata, introduzida em Roma por Gneo Névio no século III a. C., retirava seus enredos de situações e assuntos caracteristicamente romanos, fazendo com que os personagens portassem a toga latina popular, e não o pálio grego. Outro autor de sucesso foi Afrânio (Afranius, século I a.C.). Dela pouco se sabe, pois nenhuma peça nos chegou completa. →*Fabula praetexta.*

CÔMICO. Percebido inicialmente como aquilo que provoca o riso (que é risível ou ridículo), o cômico constitui tanto um fenômeno antropológico ou sociocultural quanto um gênero dramático. No primeiro caso, trata-se de uma predisposição natural para o →jogo ou o lúdico, para a descontração ou uma liberação de ordem psíquica, revestida de "insensibilidade", isto é, na ausência de compaixão. Já na comédia, o cômico (incluindo as características acima) seria a resolução de uma expectativa, de uma tensão ou de um conflito que alcança o ridículo por sua imprevisibilidade. Diz Aristóteles em sua *Poética* que o cômico é uma imitação de "pessoas inferiores" (no sentido de ignóbeis), uma espécie de "feio" ou de errado em que não há "nem dor nem destruição". Ou seja, corresponde a um artifício pelo qual se reproduzem apenas os maus costumes, os atos vergonhosos ou torpes merecedores do riso, pois que haverá espécies de "feio" capazes de causar a dor e o sofrimento. É pela comédia ou pela farsa que se institui a *vis comica*, esta recriação ou reinvestimento das ações humanas com intenções críticas, moralizantes e critérios estéticos. Esse entendimento prevaleceu relativamente inalterado até mesmo à época de Kant, que lhe acrescenta ou reforça a marca da irracionalidade. Para ele, a comicidade encontra-se num final "absurdo" (irracional, sem congruência ou correspondência com a normalidade ou a regra), a que se chega de maneira inesperada: "Em tudo o que é capaz de provocar uma explosão de riso, deve haver algo de absurdo. O riso é uma afeição que deriva de uma espera tensa que, de repente, se resolve em nada. É precisamente essa resolução, que por certo nada tem de jubiloso para o intelecto, que alegra indiretamente, por um instante, e com muita vivacidade" (*Crítica do Juízo*). Contribuição bastante significativa veio com Henri Bergson (*O Riso*), que faz do ato mecânico – quando este sobrepuja o movimento natural, ou quando a forma prevalece sobre a substância – a essência do cômico (→*Humor*). Nele se incluem os gestos rígidos, a repetição ou o jogo de palavras, os estereótipos, os qüiproquós. Bergson lembra ainda que o objetivo da comicidade é não apenas condenar, mas igualmente reformar, segundo a antiga fórmula latina do *ridendo castigat mores* (é rindo que se corrigem os costumes). Assim, escreve: "O rígido, o já feito, o mecanismo em oposição ao ágil, ao que é perenemente mutável, ao vivo, a distração por contraste com a previsão, o automatismo em oposição à atividade livre, eis o que o riso destaca e gostaria de corrigir". Freud, por sua vez, distingue inicialmente dois tipos do cômico (*O Chiste e sua Relação com o Inconsciente*): o ingênuo ou involuntário, típico das crianças e das pessoas sem instrução, e o voluntário. A característica da manifestação espontânea é a de agir ou a de falar sem consciência de uma coerção, de uma regra sociocultural tácita ou explícita. Esta ausência de coerção ou falta de censura interna é que provoca o riso, e não a indignação ou a crítica que se poderia esperar como resposta. Nas palavras do autor, "a pessoa ingênua crê ter-se servido normalmente de seus meios expressivos e intelectuais; não abriga segundas intenções, nem tira prazer algum da produção da ingenuidade". Por contraposição, há o cômico voluntário, que se expressa na arte dramática ou por palavras (chiste ou trocadilho, piada, ironia etc.). Cronologicamente, a comicidade foi (de um ponto de vista histórico) e continua a ser, em princípio (na evolução do indivíduo), uma descoberta involuntária ou aleatória que fazemos por comparação com outras pessoas, "isto é, em seus movimentos, formas, atos e traços característicos – em suas qualidades físicas – mas depois também nas qualidades morais e naquilo que elas manifestam [...]. A comicidade é (então) suscetível de ser separada das pessoas, sempre que de antemão conheçamos as condições em que estas sejam cômicas. Deste modo, nasce a comicidade da situação e, com tal conhecimento, surge a possibilidade de tornar-se cômica, à vontade, uma pessoa, colocando-a em situações em que ditas condições do cômico se mostrem ligadas aos seus atos [...]. Os meios de que dispomos são, entre outros, a imitação, o disfarce, a caricatura, a paródia" (essas duas últimas formas têm como alvo principal pessoas ou instituições investidas de uma certa autoridade). Acrescente-se a essa relação a pantomima, comicidade típica dos movimentos, e que está presente, por exemplo, nos gestuais dos palhaços, normalmente excessivos ou despropositados. Em todos os meios que empregam o movimento físico ou a imitação da fisionomia, o cômico é resultado de uma comparação entre os movimentos considerados normais ou naturais e o excesso de energia aplicada, isto é, aquele gasto físico suplementar ou supérfluo. Mas na comicidade de tipo intelectual ou anímico (espiritual, lingüístico), a comparação se inverte: "Tratando-se de função anímica, porém, o cômico surge quando a pessoa-objeto evita um gasto que consideramos indispensável, pois o desatino ou a singeleza são rendimentos imperfeitos. Compreendemos agora que nos pareçam igualmente cômicos aquele que, comparado conosco, emprega demasiado gasto em seus rendimentos físicos e aquele que emprega demasiado pouco nos anímicos, e não podemos negar que o nosso riso é, em ambos os casos, a expressão agradável de um sentimento de superioridade". Existem comentadores que, embora aceitando o cômico como fenômeno ridículo ou engraçado, defendem a idéia de ser ele também o que é apenas "alegre e espirituoso", caso de Elder Olson (*Tragédia e Teoria do Drama*). →*Caricatura*, →*Humor*, →*Ironia*, →*Sátira* e →*Teatro*.

COMISSÃO DE FRENTE. Grupo de sambistas vestidos com elegância e apuro (anteriormente não fantasiados), que representam os diretores e simbolizam as tradições da escola de samba, abrindo o desfile da agremiação. Antes de o carnaval tornar-se espetáculo televisivo, seus componentes, todos homens, vestiam-se de terno, chapéu coco e bengala, atribuindo-se um *status* inverso ao de suas origens sociais. Atualmente, no entanto, a comissão também desfila fantasiada, e nem sempre está integrada pelos sambistas mais idosos ou apenas por homens.

•**COMMEDIA DELL'ARTE.** **Primeiro teatro profissional.** No período moderno, a *commedia* pode ser considerada a primeira manifestação de um teatro profissional, já que seus atores e diretores viviam exclusivamente das rendas da encenação. Embora o teatro isabelino também contivesse esse aspecto comercial e lucrativo, a *commedia dell'arte* o antecipou em cerca de vinte anos. Seu primeiro registro histórico data de 1545, em Pádua, na Itália, com a companhia Ruzzante. Por volta de 1568, em Mântua e em Milão, já eram bastante conhecidos os grupos dos Ganassa e dos Gelosi, respectivamente, com os mesmos tipos ou arquétipos consolidados de personagens. Uma segunda novidade, revolucionária para a época e definitiva para a história do teatro, foi a incorporação cênica das mulheres. Menciona-se Lucrezia, de Siena, como a primeira atriz a participar de uma trupe de comediantes, em 1564, durante uma apresentação em Roma.

Os integrantes das companhias provinham geralmente das cidades. Eram pequeno-burgueses de cultura humanística que haviam recolhido e sintetizado, criativamente, algumas tradições mais antigas, como as situações e traços pessoais da comédia latina (Plauto, Terêncio), a mobilidade cênica dos autos medievais, as máscaras de carnaval e as habilidades corporais dos bufões. Se eventualmente representavam tragédias e pastorais, foi pelo gênero cômico que deixaram a sua marca.

Improviso e tipos. Inicialmente, a *Commedia* parece ter lançado mão de textos integrais, na época chamados "comédia premeditada", mas desde cedo optou pela técnica que lhe daria grande força expressiva e capacidade de empatia com o público – o improviso e a mímica. Essa combinação formal tinha grandes vantagens para atores em permanente deslocamento por regiões de língua e costumes próprios, da Itália à Rússia. Reduzindo-se o texto a um esboço ou roteiro mínimo (o →canevás), destinado à caracterização das figuras cênicas (os *zibaldoni* ou *lazzi*, estes últimos exclusivos de Briguela e de Arlequim), podiam os comediantes adaptar-se aos sotaques locais e às condições socioculturais da assistência, fos-

se ela uma corte principesca, uma sala de academia ou a praça pública.

Paralelamente, permitia ao ator ou atriz desenvolver sua personagem de modo contínuo. A idéia baseava-se na composição de um repertório variado para o tipo, capaz de satisfazer ou de contornar situações imprevistas e momentâneas. O que significava, de certo modo, uma improvisação previamente concebida e estudada. O esquema básico do canevás, verdadeira peça-sinopse, articulava-se em torno dos seguintes personagens: *a*) os pares quase sempre inescrupulosos de uma ciranda amorosa, em que A desejava B, que amava C, que pretendia D, que se apaixonara por A. Esses pares jogavam com o lado mais sério do enredo; *b*) os *zanni*, derivados dos mimos e bufões latinos, representando empregados domésticos, valetes ou lacaios – Briguela, um jovem astucioso, arguto e aproveitador (do qual nascerá Fígaro); Arlequim, o ignorante, vadio, preguiçoso e glutão, quase sempre trapaceado por Briguela, mas que incorporou mais tarde dons musicais a fim de se tornar gracioso e elegante; e Pulcinella, Polichinelle ou Polichinelo, respectivamente as versões napolitana, francesa e lusitana de Maccus, personagem antiqüíssimo da farsa romana, o mais sofisticado, belicoso e cruel dos empregados, personagem sem fé nem lei; *c*) os velhos – Doutor Graziano ou Balanzon, médico ou advogado, pedante e estúpido, e Pantaleão, o negociante de Veneza, um amante ridículo, libidinoso, por vezes avarento, por vezes ferino ou gozador; *d*) o Capitão, figura de soldado cheio de empáfia, fanfarrão (por referência, na época, aos invasores espanhóis), descendente do *miles gloriosus* greco-latino, e que se revela covarde em momentos decisivos do conflito. Recebeu nomes locais como Spavento, Matamoros, Scaramouche ou Fracasso; *e*) a criada ou serva, cúmplice de uma das enamoradas, conhecida como Franceschina, Olivetta ou, sobretudo, Colombina, mais esperta ou sagaz do que propriamente cômica, e que acabará se casando com um dos *zanni*. Com exceção dos amorosos, todos os demais se caracterizam pelo porte de máscaras propositadamente disformes, carnavalescas, em cores distintas: estampas diversas para Arlequim, verde e branco para Briguela, preto e branco para Pulcinella, preto para o doutor e vermelho para Pantaleão.

Comicidade popular. Na opinião de Eric Bentley, a *commedia dell'arte* foi, durante séculos, não apenas o veículo privilegiado daquelas personagens fixas, mas ainda um agente de tradição para a verve, o *brio*, as confusões ou desencontros necessários ao enredo de uma boa farsa. Mas ao lado das situações, outro aspecto a ser necessariamente lembrado refere-se à forma dos diálogos – rápidos, vivos, diretos e confundentes.

Ao considerarmos a palavra como elemento cênico, percebemos que o gênero não se tornou popular apenas pelas mímicas ou malabarismos físicos, como também por seus extravagantes duelos verbais.

Tendo sido basicamente um drama de costumes, de caracteres e de situações, a *commedia* nunca se preocupou com tratamentos psicológicos de realce. As nuanças, os matizes internos dos personagens, praticamente inexistiram, embora estes aspectos tenham sido melhor explorados no século XVIII. Na França, por Pierre Carlet de Marivaux (*Surpresa do Amor, O Príncipe Travestido*) e, na Itália, por Carlo Gozzi (*O Amor das Três Laranjas, O Corvo*), autor fiel às tradições já então centenárias, e por Carlo Goldoni (*O Servo de Dois Patrões, A Locandeira*), cujas inovações e tratamento livre provocaram a ira de Gozzi. Genericamente, no entanto, seus personagens e intrigas deram uma configuração exemplar ao gênero burlesco, sendo este contemporâneo, sob o ponto de vista dramático, dos anti-heróis e das situações sociais criadas pelo romance picaresco (→*Romance*).

Embora hoje se procure detectar intenções de crítica política nas relações entre os enredos esquemáticos e os personagens-tipos, não foi essa a percepção da época. As companhias dependiam do poder constituído e raríssimas vezes ousaram indispor-se ou depreciar a aristocracia dominante, preferindo limitar-se ao mundo dos estratos burgueses e populares. O aproveitamento das situações paródicas sugere uma comicidade mais pura, no sentido de um humor pouco dado a sutilezas.

Na França, um teatro fixo. Os atores não permaneciam de maneira constante em uma só companhia, mas se engajavam nesta ou naquela, dependendo de uma melhor remuneração contratual ou participação na "bilheteria". Como o sucesso da *commedia* foi enorme durante duzentos anos (até meados do século XVIII), centenas de comediantes e de diretores (os *caposoci*) auferiam rendimentos bastante razoáveis para a época. E dezenas de trupes obtiveram fama por toda a Europa, como os Zelosos, os Confidentes, os Unidos, os Ardentes, os Fiéis e os Desejosos. Tanto assim foi que, na segunda metade do século XVII, a *commedia* ganhou um teatro fixo em Paris, a Comédia Italiana do Hotêl de Bourgogne. Seus artistas apresentavam-se alternadamente com Molière, tendo à frente Tiberio Fiorilli, dito Scaramouche. Embora tenham sido expulsos em 1697, retornaram em 1716. Entre 1722 e 1743, tiveram o apoio e a contribuição de Marivaux. Na França, a *commedia* sobreviveu até a Revolução, ou, mais especificamente, até 1801. Sua decadência deu-se com a negação progressiva dos valores barrocos, a incapacidade de renovação interna, a retomada de princípios clássicos, as conquistas políticas da grande burguesia e o nascimento do melodrama teatral, que, sob vários aspectos, a substituiu. Mas foi, inegavelmente, uma das maiores escolas para o aperfeiçoamento de atores, da arte da interpretação, e da difusão pública do teatro nos meios populares.

COMPARAÇÃO. No âmbito da retórica, é a logopéia ou figura de pensamento que coteja ou aproxima duas noções ou objetos, a fim de reforçar a percepção, o sentido ou a idéia expressa: "tão *negro* quanto a mais *escura noite*"; "morena, *esbelta, airosa* me lembrava / sempre da *corça* arisca dos silvados" (Castro Alves).

COMPASSO. Em música, é a medida ou divisão métrica dos tempos (pulsações), limitada por um travessão ou barra vertical sobre a pauta. Os sons escritos no pentagrama, ou seja, as notas, fornecem duas informações básicas: a altura (dó, ré, mi, fá, sol, lá, si) e o valor ou a duração de tempo, que no compasso será lida por sinais conhecidos como figuras: semibreve (quatro tempos) mínima (dois tempos), semínima (um tempo), colcheia (meio tempo), semicolcheia (um quarto de tempo) e fusa (um oitavo de tempo). As pausas, ou silêncios entre os sons, também possuem as mesmas medidas das notas, embora a simbologia seja diferente. Se duas notas de mesma altura tiverem que ser sustentadas por mais tempo ainda, faz-se uma junção dos valores por meio da ligadura, que é uma linha curva de união entre ambas. Assim, por exemplo, pode-se ter uma semibreve (quatro tempos), ligada a uma mínima (dois tempos), tendo-se uma duração total de seis. Outro meio de prolongamento temporal é a colocação de um ponto após a nota. Esse ponto revela a necessidade de acrescentar metade do valor que a nota já possui. Como exemplo, um ponto colocado após uma semínima (um tempo) eleva sua duração para um tempo e meio. Basicamente, há dois tipos de compasso: simples, em que a unidade de tempo é uma nota divisível por dois; e composto, cuja unidade de tempo é um som divisível por três. Logo no início da partitura, tem-se a indicação numérica do compasso, representada por dois números superpostos (numerador e denominador). Nos compassos simples, o numerador sempre corresponde ao número de tempos de cada um dos compassos e o denominador simboliza uma fração da semibreve, indicando que espécie de nota foi tomada como unidade de tempo. Um compasso simples binário pode apresentar numerador dois e denominador dois (ou seja, a mínima, que vale dois tempos, foi escolhida como unidade de tempo). Já um compasso "dois por quatro" é um compasso também binário (numerador dois), mas com unidades de tempo em semínimas (um quarto da semibreve corresponde à semínima). Um compasso simples ternário, por sua vez, pode conter numerador três e denominador dois (mínima). Ou seja, há três tempos formados por três mínimas. Tratando-se de compassos compostos, a unidade de tempo é uma nota pontuada que se divide em três. Um compasso "seis por oito", por ilustração, significa: dividindo-se o numerador seis por três, tem-se dois, ou seja, há dois tempos ou pulsações (tempo binário), mas formados, no caso, por colcheias. Já um compasso "nove por oito" será ternário (nove dividido por três é igual a três), e igualmente construído por colcheias.

COMPÊNDIO. **1.** Exposição escrita que, de maneira sucinta ou condensada, expõe os variados aspectos de uma matéria ou disciplina, servindo de introdução ao assunto. **2.** Resumo ou sumário versando sobre doutrina ou teoria específicas. **3.** Indivíduo que simboliza, por seus conhecimentos pessoais, uma determinada área de estudo. Do latim *compendiare* ou *compendifacere*, abreviar, resumir.

•**COMPÈRE.** →*Teatro de revista*

COMPONENTE. Qualquer integrante de uma ala de escola de samba, de grupo carnavalesco ou folguedo popular.

COMPOSIÇÃO. **1.** Em artes, e de maneira genérica, indica o ato ou o processo de selecionar, conjugar ou dispor elementos primários em uma certa ordem particular e interdependente, relativamente às suas quantidades, proporções e significados, a fim de se ter, como resultado, um conjunto integrado ou obra única. Assim, refere-se tanto à ação criativa quanto ao processo de realização final. **2.** Particularmente na música, significa qualquer peça completa, em forma instrumental ou de canção. **3.** Em gramática, possui dois significados: *a)* a reunião de palavras em frases ou orações, e destas em um discurso escrito, com significado completo; *b)* a junção de dois vocábulos anteriores em uma outra unidade de significado próprio e constante, que se obtém por justaposição (quando as palavras conservam suas respectivas formas originais, caso de papel-moeda ou sexta-feira, por exemplo) ou por aglutinação (boquiaberto, antropófago).

•**COMPUTER ART.** →*Arte digital.*

COMUNICAÇÃO VISUAL. Locução que engloba, de modo genérico, as técnicas de criação e ainda as de seleção e adaptação de imagens plasticamente agradáveis, atrativas, uniformes e pertinentes a um determinado conteúdo, tendo por objetivos a identificação, a memorização e a divulgação de serviços, mensagens ou produtos de empresas, instituições, ou de eventos públicos. Embora as artes plásticas tradicionais sempre tenham sido expressões de "comunicação visual", a denominação ganhou ressonância por estar conjugada às necessidades e objetivos da comunicação de massa e da publicidade comercial. Sua finalidade precípua é a de criar ou estruturar um padrão gráfico e visual de uso constante ou fixo – desenhos, cores e tipografia – a ser utilizado internamente por empresas (em papéis de carta, de comunicados, relatórios, envelopes, embalagens, uniformes etc.) ou em campanhas publicitárias e eventos por ela patrocinados. Nos dois últimos casos, a comunicação visual prevê a utilização mais eficiente desses mesmos símbolos nos veículos de reprodução técnica de imagens – cartazes, folhetos, imagens televisivas ou videográficas (vinhetas), a fim de conseguir a retenção pública de sua marca corporativa. Da comunicação visual ainda fazem parte os projetos gráficos de publicações periódicas, como jornais e revistas, assim como os de livros e catálogos variados (para exposições, mostras, congressos, festivais etc.). Trata-se, portanto, de uma concepção visual básica e genérica, assim como das distribuições particulares de textos, títulos, tipos gráficos, fotos, legendas ou outras ilustrações que possam constar das seções e páginas do veículo ou obra. →*Desenho gráfico* e →*Logotipo.*

•**CON BRIO.** Expressão italiana, em música, para indicar ao executante que a passagem deve ser tocada com vivacidade, energia e brilho.

CONCEITO. →Idéia, noção ou mesmo processo mental que busca descrever, classificar, qualificar e determinar a natureza de um objeto de conhecimento, seja ele concreto ou abstrato, real ou imaginário, simples ou complexo. Identifica-se, portanto, com o resultado de uma reflexão que permite identificar alguma coisa de modo claro e, eventualmente, ou no caso de necessidade, julgá-la. Para Aristóteles, o conceito (identificado com a razão, o *logos*) constitui o procedimento racional que delimita e define a própria essência ou substância de um ser, sua estrutura última, aquilo que é inerente ao sujeito do conhecimento (sua qüididade). Como resultado, o que não se conceitua também não se define e não contém substância. Na esteira desse entendimento, São Tomás (*Summa contra Gentiles*) concluiu que o conceito é o que "penetra no interior da coisa", revelando, em abstrato, isto é, pelo pensamento e pelas relações entre os signos, a essência mesma do objeto. Na Idade Média, os conceitos foram denominados mais regularmente de →*universais*. No entanto, Abelardo compreendeu o conceito como um predicativo ou discurso (*sermo*) cujo papel é o de fazer uma referência semântica a uma realidade, indicando um estado comum a determinados seres. Neste sentido, o conceito não é nem uma coisa (uma realidade ou substância), nem um simples nome. Kant distinguiu os conceitos empíricos ou *a posteriori* (formulados a partir de experiências sensoriais) dos conceitos puros ou *a priori*, isto é, aqueles que, sendo inatos à razão humana, permitem o exercício do entendimento. Neste caso, os conceitos puros correspondem a categorias internas do espírito, como as de causalidade, finalidade, universalidade, particularidadeetc. O idealismo de Hegel, por sua vez, não faz do conceito uma representação mental subjetiva ou abstrata, mas justamente a essência íntima das coisas: "O conceito não é aquilo que se costuma ouvir chamar por esse nome, sendo apenas uma determinação intelectualista abstrata; é unicamente o que tem realidade, de tal maneira que ele mesmo se dê a realidade" (*Filosofia do Direito*). A noção de conceito como "entidade real" ainda pode ser percebida na lógica de Gottlob Frege, para quem "o conceito é algo objetivo, que não é construído por nós". Um número, qualquer que seja, "é independente da circunstância de estarmos acordados ou dormindo, de vivermos ou não, algo que vale e valerá objetivamente sempre, não importando se existem ou se existirão seres que reconheçam ou não essa verdade" (*Aritmética e Lógica*). Sob outra perspectiva, o conceito tem sido encarado, à maneira de Abelardo e dos antigos estóicos, como signo ou significação. Caso dos empiristas, para quem o conceito constitui uma operação causal, de natureza psíquica, desenvolvida pela experiência ou pelo hábito (Locke, Hume, Berkeley, James S. Mill). A partir dessa acepção, o conceito teria as funções de descrever os objetos ou fenômenos da experiência, organizá-los, classificá-los e mesmo prevê-los nas ciências físicas ou exatas.

CONCEPTISMO. →*Barroco e maneirismo*

CONCERTO. Em sua obra *Syntagma Musicum*, de 1619, Michael Praetorius definiu o concerto como a obra musical destinada à execução de instrumentos distintos que "lutam para ver qual dentre eles pode fazê-lo melhor". A palavra deriva do latim *concertare*, no sentido de "rivalizar" e, mais adequadamente, de contrastar instrumentos solistas com a orquestra. Daí, na época, ser chamado de "concerto grosso", indicando que alguns instrumentos – inicialmente os de corda, e mais tarde também os de sopro – promoviam um embate (*concertino*) com os demais da orquestra ou grupo (*grosso* ou *ripieno*). Tal forma consolidou-se no período barroco com as contribuições dos Gabrielli (Andrea e Giovanni), Corelli, Torelli, Vivaldi, Bach e Händel (→*Barroco*). A forma e a denominação foram suplantadas, no entanto, pelas sinfonias clássica e romântica, mas voltaram a ser experimentadas no século XX em obras de Béla Bártok, Max Reger, Vaughan Williams, Kamínski e Paul Hindemith. De maneira geral, aplica-se a qualquer execução de obra musical erudita em que haja um grupo instrumental e passagens solistas destinadas a um ou mais timbres do conjunto.

CONCRETISMO. **1.** Em relação às artes plásticas, →*Arte abstrata, abstracionismo.* **2.** Movimento literário e brasileiro de vanguarda, de natureza poético-experimental, surgido em meados da década de 1950, e conhecido igualmente como Poesia Concreta. Esta última expressão foi sugerida em 1955 por Augusto de Campos, um dos três principais integrantes da corrente, ao lado do irmão Haroldo de Campos e de Décio Pignatari. Escrevendo para o jornal do Centro Acadêmico da Faculdade de Direito da PUC de São Paulo, a respeito de um poema de Décio, afirmava Augusto: "Em sincronização com a terminologia adotada pelas artes visuais e, até certo ponto, pela música de vanguarda, diria eu que há uma poesia concreta". E, mais adiante: "eis que os poemas concretos caracterizar-se-iam por uma estruturação ótico-sonora irreversível e funcional e, por assim dizer, geradora da idéia, criando uma entidade todo-dinâmica, verbivocovisual – é o termo de Joyce". Desde o início da década, os novos poetas e tradutores vinham se dedicando ao estudo e absorvendo as influências da poesia provençal (sobretudo a vertente do "trovar escuro e coberto" de Marcabru e de Arnaut Daniel), assim como dos poemas e textos visuais de Guillaume Apollinaire (*Caligramas*), e e.e.cummings (*Tulipas* e *Chaminés*, *XLI Poemas*) ou Francis Ponge, da composição em palavras livres e estilhaçadas dos futuristas (italianos e russos), dos cruzamentos de frases de Stéphane Mallarmé (*Um Lance de Dados*), das recriações estéticas sugeridas por Ezra Pound (em *O Espírito do Romance*, por exemplo), e ainda do poeta suíço-boliviano Eugen Gomringer (*Constelações*). O conjunto desses contributos e inquietações firmou-se com a revista *Noigandres*, criada pelo grupo em 1953. Na mesma época, mas no Rio de Janeiro, Ferreira Gullar dedicava-se à elaboração de seu primeiro livro de poesias, *A Luta Corporal* (1954), igualmente comprometido com experiências radicais na forma do verso e no emprego de palavras. A convergência de pontos de vista os levou à realização de duas exposições nacionais de arte concreta, incluindo-se os poetas cariocas Ronaldo de Azeredo e Wlademir Dias Pinto, e a participação dos artistas plásticos da corrente. A primeira, em 1956, no MAM de São Paulo, não obteve quase nenhuma repercussão, mas a segunda, instalada no Ministério da Educação e Cultura do Rio de Janeiro, no início de 1957, desencadeou uma acirrada polêmica literária e ganhou as páginas da então importante revista *O Cruzeiro* ("O Rock'n Roll da Poesia"). No ano seguinte, Haroldo, Augusto e Décio assinaram o manifesto do concretismo, intitulado *Plano Piloto para a Poesia Concreta*. Para o grupo, o poema foi concebido idealmente como um objeto formal isolado, isto é, uma estrutura gráfico-visual auto-referente ou autocentrada de palavras e de significados internos, convertida em metáfora de si mesma, ou seja, em metalinguagem. Sendo "o poema concreto uma realidade em si, não um poema sobre" (Gomringer), o processo de criação tende a explorar as possibilidades dos próprios significantes selecionados. Não apenas a palavra, convertida em instrumento extremamente dúctil de combinações, mas também a forma da linha, a disposição espacial dos signos. Trata-se "de uma comunicação de formas, de uma estrutura de conteúdo, não da usual comunicação de mensagens" (*Plano Piloto...*). Uma palavra qualquer, mesmo escolhida ao acaso, pode gerar, por combinações de som ou de forma, o desenvolvimento subseqüente e o sentido do poema. Assim, por exemplo, em *Branco*, de Haroldo de Campos: "branco – branco – branco – branco / vermelho / estanco – vermelho / espelho – vermelho / estanco – branco", ou Beba Coca Cola, de Pignatari: "beba coca cola / babe cola / beba coca / babe cola caco / caco / cola / cloaca". Além desse padrão de semelhança sonora ou formal dos vocábulos, entra em jogo também uma simetria espacial de tipo geométrico (que aqui, infelizmente, não pôde ser reproduzida, como no original). Vários textos comportam ainda "condensações semânticas" em que cabem neologismos, o espírito sucinto ou icônico dos ideogramas orientais, as montagens de "palavras-valises", sem a necessária preocupação de serem expressas manifestações líricas, de efeito emotivo, ou ainda de caráter filosófico ou político. Por fim, incorporou os elementos contemporâneos do desenho gráfico, das histórias em quadrinhos, da publicidade e do cinema. Em 1959, entretanto, Ferreira Gullar rompeu com o grupo de São Paulo e formulou a proposta do Neoconcretismo. Nesse momento, defendeu um retorno parcial ao lirismo, à efusão subjetiva do autor e, do ponto de vista formal, propugnou a criação de obras que pudessem contar com a participação do leitor (poemas que vão se revelando em dobras e recortes, ou que são montados como cubos ou quebra-cabeças). No início da década de 1960, a *Noigandres* foi substituída pela revista *Invenção*, cujo último número saiu em 1967, sugerindo o declínio do movimento (pouquíssimo vinculado às exigências político-partidárias do período ditatorial). Mas dele ainda participaram vários outros poetas, como José Lino Grünewald, Pedro Xisto, Edgard Braga, Cassiano Ricardo e Philadelpho de Menezes. →*Música nova.*

CONFERÊNCIA. 1. Reunião ou assembléia de representantes de instituições, indicados previamente, tendo por objetivo discutir e decidir assuntos comuns. **2.** Preleção ou palestra pública. **3.** Conversação. **4.** Ação de conferir ou confrontar dados e informações.

CONFIDENTE. Personagem de teatro, de conto ou romance que serve como interlocutor íntimo do protagonista, e com o qual troca as idéias e os sentimentos mais reservados, podendo servir como mensageiro, conselheiro, preceptor ou criado (ama ou aia, entre as mulheres dramáticas). O confidente substitui, como técnica literária, os apartes e monólogos do personagem principal, cumprindo por vezes, sobretudo no teatro, o papel de expositor do drama ou o de comentarista da situação, no lugar do próprio autor. A tragédia e a comédia dos séculos XVI ao XVIII utilizaram-se com bastante freqüência do confidente (por exemplo, Shakespeare, Racine, Molière, Marivaux ou Goldoni).

CONGADA, CONGO. Auto dos negros escravos brasileiros, difundido em quase todo o território nacional, desde o século XVII, mas em vias de extinção no final do século XX. Como folguedo religioso e dança dramática, consiste de um préstito musical e bailado, realizado por irmandades de fé ou comunidades negras e mestiças, no qual se reproduzem ritos de louvor a figuras do culto católico, como São Benedito, Nossa Senhora do Rosário, Santa Ifigênia ou São Lourenço, e, sincreticamente, a reis africanos. Existem, portanto, elementos religiosos ibéricos e afro-tribais, mesclados num processo de aculturação. Os cortejos saem às ruas com seus integrantes fantasiados de soberanos, embaixadores, secretários de reino, juízes e soldados, que durante o desfile simulam ações guerreiras, diplomáticas e fatos cotidianos, finalizando suas disputas no interior ou nos adros das igrejas, com a coroação do rei do congo e a unificação pacífica dos reinos. O auto incorpora diálogos em prosa e em verso, cantos coletivos e bailados, acompanhados por tambores, tamborins e ganzás. "A congada é o teatro popular de rua, é a ribalta onde se pode presenciar a multissecular porfia entre cristãos e mouros infiéis, tornando-se nesta região o atrativo maior das festas do Divino Espírito Santo. É na congada que se pode sentir como foi grande a contribuição hispânica ao nosso folclore. É um pouco da luta contra a África branca (árabe) chegando até nós, através de Castela, que deu uma direção nova aos impulsos guerreiros dos 'congos' ou dos próprios mouros, transformando um ódio racial em lição evangélica" (Maynard Araújo, *Cultura Popular Brasileira*). Os dois personagens principais são o rei congo ou cariango e seu secretário "de saula". Por vezes, no entanto, o enredo tinha início com um préstito de coroação (realizado por um vigário da igreja), ou diretamente no terreiro. Neste caso, o rei solicitava a bênção à Virgem, ou ao padroeiro da festa, sempre por intermédio do secretário, como neste relato recolhido por Pereira da Costa: "Ó meu sinhô São Lourenço, / mim cantando secretaro / Su licença qué pedi-lo. / O nosso rei recongalo / Prá fazê o frogamento. / Tá calado, não me fala? / Não me fala, tá calado?". Ao que o rei lhe explica: "Cala a boca minha zifio / Qu'isso mesmo é cussume dele. / Oio vê, e boca cala". Cantam-se depois os costumes, como o de fazer angu, e encenam-se as guerras entre cristãos e mouros, até o momento em que se recebe a comitiva da rainha Ginga, ou Njinga, de Angola (figura histórica do século XVII), com a presença de seu embaixador, a última e mais desenvolvida parte do folguedo. As variações do auto são muitas, de acordo com a proveniência étnica e a região de escravatura. Embora Mário de Andrade tenha defendido a idéia de que os congos vieram da África, as hipóteses de Maynard Araújo e de Câmara Cascudo parecem mais convincentes, dadas as características do folguedo. Para o primeiro, "certamente foram os jesuítas os introdutores da congada, pois sempre dedicaram atenção ao teatro. E esse foi, sem dúvida, um dos fatores destacados que auxiliou a catequese". Para Cascudo, "nunca esses autos existiram em território africano. É trabalho da escravaria já nacional, com material negro". O →maracatu desenvolveu-se a partir dos séquitos de coroação do congo ou congada.

CONGRESSO. 1. Reunião de especialistas em determinada disciplina ou campo de conhecimento, prático e/ ou teórico, tendo por finalidade a apresentação e a discussão de novas investigações, propostas ou pesquisas. Normalmente, um congresso comporta diferentes formas de exposições – conferências, debates, mesas-redondas, pôsteres – em conformidade com a pertinência ou abrangência do tema, ou segundo a importância do expositor. **2.** Reunião de representantes oficiais de Estados com o intuito de debater problemas comuns e apresentar resoluções a respeito. **3.** Órgão legislativo supremo de um país ou nação. →Fórum, →Seminário, →Simpósio.

CONHECIMENTO. Do verbo latino *cognoscere* [*cum(g)-noscere* – com experiência, noção ou saber], pelo substantivo *cognitio, cognitionis* (fato de conhecimento, cognição, saber), relativo aos gregos *gnosis* e *episteme*. Genericamente, significa aquilo que alguém, na qualidade de sujeito, consegue captar de outro ser ou fenômeno, refletindo-o em si, bem como o que apreende de si mesmo, dentro de si (fenômenos internos, vitais e psíquicos). Sob este último aspecto, conserva ainda relações com o termo →consciência . Logo, para que ocorra o conhecimento é indispensável haver uma relação entre um sujeito e um objeto, seja como apropriação intelectual do objeto pelo sujeito, seja como ordenação que o pensamento imprime sobre coisas que se apresentam separadas ou díspares. Abrange, portanto, um *procedimento* de verificação, de descrição, de previsão ou de cálculo relativo a um objeto (exterior ou interior ao sujeito), a fim de caracterizá-lo, tanto quanto um *resultado* que dê sentido àquelas operações. Assim, além da verificação e da descrição do que aparece ou é dado aos sentidos e ao pensamento, diz respeito à apreensão de um objeto por um sujeito, dito cognoscente. Esta apreensão do objeto ou fenômeno pode acontecer sob aspectos diversos e complementares. Diz-se *conhecimento empírico* aquele que se baseia predominantemente na vivência prática, direta e sensível com os objetos; *conhecimento discursivo, inteligível* ou *de razão* é o que se dá por mediações e abstrações sucessivas, em que se substitui o objeto real por suas representações, relacionando juízos e enunciados e se propondo conceitos; quanto ao *conhecimento intuitivo* ou *direto*, →intuição. Se uma representação for capaz de reproduzir o objeto "tal como é", diz-se *conhecimento verdadeiro*. Foi sob essa forma que se construiu a noção de conhecimento no Ocidente – a identidade dos elementos do objeto com os elementos representativos (palavras e imagens), ou ainda a semelhança entre as ordens dos elementos, isto é, suas relações constitutivas, e as ordens do enunciado. Essa apreensão tem correspondido portanto à definição mais desejável ou precisa do ato de conhecer, ou seja, a de um juízo verdadeiro, claro e seguro sobre as coisas, entes e relações envolvidas. Mas a representação pode ainda ter sido realizada apenas em parte, e tem-se então um *conhecimento parcial*. Em último caso, quando a representação não capta ou deforma o objeto, ocorre o *conhecimento falso*. Excluindo-se o erro ou a falsidade, deve-se reconhecer que o conhecimento, além de uma simples recepção ou produção de imagem mental, significa para o sujeito cognoscente "tornar-se alguma coisa além de si mesmo, de modo imaterial" (São Tomás de Aquino). Como assunto básico da filosofia, o conhecimento tem sido analisado sob muitas perspectivas, refletindo épocas e circunstâncias históricas ou socioculturais diversificadas. Assim, embora se afirme que a teoria do conhecimento tornou-se matéria filosófica apenas com os pensadores do século XVII (Descartes, Malebranche, Locke, Berkeley), é possível perceber que o tema já transparece como problema central na Antigüidade grega, qual seja, a possibilidade de responder a questões de natureza ontológica: "por que os seres ou entes existem?", "como existem?", ou, fundamentalmente, "o que é o Ser?". Partia-se da evidência de que o ser se manifesta, isto é, apresenta-se aos nossos sentidos e pensamentos. Essa manifestação, quando captada ou apreendida, constituía a verdade (*aletheia* – originalmente, o não-esquecimento). No entanto, se os entes se modificam continuamente em sua manifestação, se são capazes de transformação, o que então seria tido como objeto de reflexão, verdade, "realidade" e, portanto, conhecimento? É o fluxo permanente das mudanças ou, ao contrário, aquilo que, por ser imutável e idêntico, só pode manifestar-se justamente em seus aspectos múltiplos ou opostos? Desde os filósofos pré-socráticos, preocupados com a pergunta sobre o Ser, percebe-se uma distinção entre o que é conhecido pelos sentidos e pela razão. De qualquer maneira, esta última permanece o mais poderoso e eficaz instrumento do conhecer. Em Parmênides, porque apreende o único ou idêntico por detrás da instabilidade; em Heráclito, porque, ao contrário de Parmênides, é a razão que capta a harmonia dos contrários e a mudança permanente; e também em Demócrito, pois que a constituição atômica dos seres só pode ser por ela alcançada. Já com Sócrates, a verdade ou a essência das coisas – o conhecimento claro e seguro – é passível de conhecimento, desde que os erros comuns dos sentidos e da linguagem sejam corrigidos pela razão dialética. Platão chegou a distinguir quatro graus de conhecimento: a suposição, que permanece adstrita a imagens indiscerníveis de coisas sensíveis (sombras); a opinião, que, embora diga respeito aos seres e coisas naturais, perfeitamente visíveis, não se submete a critérios de descrição e comparação; a razão científica, raciocinante, que atua por hipóteses e abstrações, como, por exemplo, sobre os "entes matemáticos"; e a razão ou inteligência filosófica, que tem por procedimento a dialética e é capaz de se pronunciar sobre o Ser. Aristóteles, por sua vez, nomeou sete formas cognitivas que não se excluem forçosamente, podendo ser acumuladas e aprimoradas numa seqüência ascendente: sensação, percepção, imaginação, memória, linguagem, raciocínio e intuição intelectual. Por fim, dos gregos surgiu ainda a corrente céptica ou sofística do pensamento, aquela que nega a possibilidade de um conhecimento seguro do Ser. Dele (e dos entes em geral) apenas se obtêm opiniões subjetivas e, portanto, mutáveis e duvidosas. A verdade converte-se em "questão de convencimento", cabendo à palavra ou linguagem encontrar os meios de persuadir. Na Idade Média, o princípio da identidade ou semelhança voltou a assentar a base do conhecimento que, segundo Santo Agostinho, é possível porque o homem é imagem e exteriorização de Deus. E por meio da *assimilação* ou da *união* entre sujeito cognoscente e objeto conhecido São Tomás explica a cognição. Mas foi a Alta Renascença que passou a atribuir à investigação do próprio conhecimento uma primazia inovadora, ao encarar o ato de conhecer como précondição indispensável para o desenvolvimento dos demais temas filosóficos e científicos. Mentalidade decorrente, em boa parte, das transformações produti-

vas e socioeconômicas do período, da separação que se insinuava entre a filosofia e a ciência (física, matemática), bem como da dessacralização ou laicização do próprio conhecimento filosófico (universidades e academias). Surgia assim a teoria do conhecimento (também gnosiologia, epistemologia, noética), destinada a compreender *como* se dá a produção do entendimento e *quais os critérios* de sua validade. Dito de outra maneira, qual é a capacidade do entendimento para alcançar a verdade, de que modo ele opera e quais os limites do conhecimento obtido. Nos séculos XVII e XVIII, formularam-se então as teorias do →inatismo, do →empirismo e do →criticismo, seguidas mais tarde pela dialética hegeliana do século XIX, por correntes da psicologia (como a experimental de Wilhelm Wundt e de Edward Titchener, a Gestalt, a cognitiva de Jean Piaget), pela fenomenologia e pelas epistemologias científicas do século XX. Os elementos e fontes do conhecimento, sob o ponto de vista filosófico, são constituídos pelo par →sensação-percepção, pela imaginação, pela memória, pela linguagem, pelo raciocínio e pela intuição intelectual. Consideram-se também como modos de conhecimento, além do filosófico e do científico, o mito, o senso comum e a arte.

CONOTAÇÃO, CONOTATIVO. No campo da semântica, trata-se da relação de significado que uma palavra ou signo lingüístico evoca ou irradia, modificando o sentido básico, ou estritamente referencial, por associações de idéias, analogias ou figuras retóricas de linguagem. Diferentemente da →denotação, o sentido conotativo cria ou remete a novas imagens. Na expressão "imerso em tristeza", o vocábulo *imerso* vai além ou se diferencia do sentido referencial de "estar sob a água" ou "mergulhado" e evoca, em sua relação com a palavra *tristeza*, um estado emocional de melancolia "profunda", de sofrimento "interior". O vocábulo foi proposto por John Stuart Mill que a ele se referiu como "o modo pelo qual um nome concreto geral serve para designar os atributos que estão implícitos no seu significado" (*Sistema de Lógica*).

CONSCIÊNCIA. Do latim *cum-scientia* (com saber ou conhecimento), designa, inicialmente, a faculdade ou capacidade de apercepção, ou seja, de apreender o interior e o exterior do ser humano. Por conseqüência, consiste num →conhecimento ao mesmo tempo: objetivo (consciência imediata), porque relacionado a coisas exteriores – perceber um objeto diferente de mim mesmo, permitindo que eu não me sinta "imerso" ou confundido com as coisas exteriores; subjetivo (ou consciência refletida), pois concernente aos estados interiores – autopercepção de sentimentos, idéias, vontades, ações; e, finalmente, moral, por consistir não só no retorno para si mesmo desses conhecimentos, como importar num julgamento moral próprio, das relações humanas e do mundo (mais do que "ter" consciência, "ser" uma consciência). Em síntese, é um conhecimento teórico e prático desenvolvido na esfera da interioridade e, por isso mesmo, caracterizado pelos dois últimos aspectos: a autopercepção e a reflexão íntima. Nela convivem o sentimento de um *eu* (alguém com a percepção temporal de vivências passadas, presentes e a expectativa das futuras), a *pessoa* (o indivíduo moral, ou seja, alguém dotado de vontade própria, mas tendo de conviver com os direitos dos outros), o *sujeito* (o eu e a pessoa que age e exercita o pensamento, atribuindo um determinado sentido às coisas) e ainda o *cidadão* (o indivíduo na qualidade de ser político e socioeconômico). Plotino, filósofo romano neoplatônico, foi um dos primeiros pensadores a indicar o caráter reflexivo da consciência, distinguindo, em sua estrutura, a ciência ou conhecimento subjetivo – o estar cônscio dos estados psíquicos – e a atividade de retorno à interioridade (na obra *Enneades*). No primeiro caso, trata-se da percepção do que se sente ou do que se faz (*sinaisthesis*); no segundo, trata-se de um "recolhimento em si mesmo", condição para o exercício da sabedoria, já que na reflexão elimina-se o que é exterior e imediato (a consciência propriamente dita). O recolhimento da consciência pode ser ainda o local da felicidade quando, neste momento, "nos tornarmos o que queremos olhar". Santo Agostinho deu prosseguimento a essa concepção ao afirmar, por exemplo: "Não saias de ti, retorna para ti mesmo, pois no interior do homem habita a verdade, e se achares mutável a tua natureza, transcende-te a ti mesmo" (encontra-se Deus na interioridade, desde que superemos os aspectos subjetivos da mesma consciência). A partir dessas primeiras definições, a consciência de si tornou-se condição primária para a consciência objetiva, das coisas que estão fora. Assim, Descartes entende a consciência como a totalidade da vida espiritual humana (sentir, desejar, pensar, agir), como a certeza da própria existência e ainda a base para todo o conhecimento posterior. Kant, por sua vez, afirma que "a consciência de minha existência no tempo é a consciência de uma relação com alguma coisa fora de mim"; daí também a idéia de a consciência ser *consciência de alguma coisa*, configurando-se como relação *transcendental*. Isso significa dizer que, para Kant, a consciência, mesmo quando pura, inteiramente reflexiva, necessita de uma relação com o mundo exterior. Argumentando de modo contrário e radicalizando a interioridade da consciência – único critério de um conhecimento seguro – diz por sua vez Schopenhauer (*O Mundo como Vontade e Representação*): "Ninguém nunca pode sair de si para identificar-se imediatamente com coisas diferentes de si: tudo aquilo de que alguém tem conhecimento certo e imediato encontra-se no interior da consciência". Com esse entendimento, o objeto exterior converte-se numa expressão da consciência, ou seja, só pode existir se houver uma consciência que o faça existir. Mais modernamente, a fenomenologia dedicou-se à investigação daquele caráter transcendental, já exposto por Kant, denominando-o *intencionalidade*. Esta aqui é uma referência de qualquer ato humano, na continuidade da vivência, em face de um objeto. Para Husserl, por exemplo, a intencionalidade constitui o fundamento da relação entre o sujeito e o objeto da consciência, não podendo um existir sem o outro. Ela "caracteriza a consciência em sentido pregnante, permitindo indicar a corrente da vivência como corrente da consciência e como unidade da consciência" (*Idéias para uma Fenomenologia Pura e Filosofia Fenomenológica*). Desta forma, as coisas e os fenômenos são correlatos aos estados mentais interiores, sendo impossível separar aquilo que é percebido da ação perceptiva. Logo, a consciência não apenas comporta a totalidade das vivências, mas age de modo intencional, querendo-se dizer com isso que ela "é um ser cuja essência é *estar voltado para significar o objeto*". Ou seja, a consciência procura e estabelece, invariavelmente, um *sentido*. A esse respeito, declara ainda Husserl: "As simples ciências de fatos formam uma simples humanidade de fatos... Na angústia de nossas vidas, essas ciências não têm nada a nos dizer. As questões que elas excluem por princípio são precisamente as questões inflamadas de nossa época infeliz; são questões que se voltam para o sentido ou a falta de sentido de toda a existência humana" (*A Crise da Humanidade Européia e a Filosofia*). Existiria, no entanto, uma diferença entre os modos de ser da consciência quando ela se dá como um objeto exterior (consciência transcendente) e quando ela se dá como vivência imediatamente interior (lembranças, desejos, sentimentos), e que é a consciência absoluta. →*Alienação*, →*Ideologia* (falsa consciência), →*Inconsciente*.

CONSERVAÇÃO. →*Restauração*.

CONSOLO. **1.** Ornamento arquitetônico projetado da parede, formado por duas volutas invertidas e unidas, que assim desenham um "S". **2.** Beirada ou friso embebido, isto é, unido à parede, servindo como apoio para objetos decorativos do ambiente. **3.** Prateleira ou pequeno móvel com tampo, para suporte de objetos ornamentais. Do francês *console*.

CONSONÂNCIA. Acordo ou correspondência das terminações das palavras, incluindo-se as consoantes e as vogais, a partir da sílaba tônica. É a rima poética perfeita, como no exemplo de Camões: "Tanto de meu estado me acho inc*erto*, / que em vivo ardor tremendo estou de fr*io*; / sem causa, juntamente choro e r*io*; / o mundo todo abarco e nada ap*erto*". →*Assonância* e →*Rima*.

CONTATO. Cópia fotográfica positiva de pequenas dimensões, realizada por contato direto com o negativo, geralmente utilizada para que se obtenha uma primeira referência ou visão geral de cada uma das fotos do filme, antes da seleção e da ampliação finais.

CONTEXTO. →*Texto*.

CONTO. Do latim *computu* (número, quantidade), passou a designar, na Baixa Idade Média, uma "enumeração" sumária de fatos ou de acontecimentos e, portanto, uma narrativa, confundindo-se ainda com o termo →novela. Já por essa época, sua noção envolvia mais precisamente uma história maravilhosa, de enredo fantasioso, repassada por tradição oral, folclórica. Essa significação literária já se encontra assegurada no século XVI, inclusive em língua portuguesa, como o demonstram os *Contos e Histórias de Proveito e Exemplo* (1575), de Gonçalo Fernandes Trancoso. Na qualidade de uma narrativa relativamente curta, baseada em fato real ou apenas imaginativa, o conto pode ser rastreado até o antigo Egito, como fizeram Aurélio Buarque de Holanda e Paulo Rónai na coletânea *Mar de Histórias*. Ali encontra-se *A História de Rampsinitos* (um rei à caça de um ladrão em seu próprio palácio), datada do século XIV a.C., mesmo período de *Os Dois Irmãos* e *Setna e o Livro Mágico*. Para ambos os filólogos, assim como para certos lingüistas, como o alemão Max Müller, a idéia do conto confunde-se com o desenvolvimento de mitos primordiais, sendo uma das formas de sua expressão. Abrangeria, portanto, apólogos, parábolas, lendas, aventuras e mesmo anedotas, inseridas em obras maiores e de natureza diversa, como a Bíblia. Para separar o que provém dessa tradição mítico-religiosa e popular daquilo que é autoral e tratado voluntariamente de modo literário, há quem distinga (André Jolles, por exemplo) o conto em "forma simples" (a primeira) e "forma artística" (a segunda). Também a língua alemã denomina *Märchen* os contos folclóricos, lendários, reservando o nome de *Kunstmärchen* para aqueles autorais. O formalista russo Vladimir Propp, analisando em duas de suas obras o conto tradicional (*A Morfologia do Conto*, *As Raízes do Conto Maravilhoso*), verificou que, a despeito da variedade de seus personagens, ambientes e intrigas, existe um número restrito de tipos fundamentais (trinta e um ao todo), os quais derivam da função desempenhada (a função é o elemento nuclear da narrativa). Em relação ao conto de fadas, por exemplo, o personagem central costuma provir de uma origem obscura e singela, tendo que vencer provas arquitetadas por seus adversários (os representantes do mal). Tanto quanto o romance, foi sobretudo a partir do século XIX que o conto autoral adquiriu maior reconhecimento literário, sob o aspecto de obra completa e independente, servindo muitas vezes também de texto jornalístico, dada a sua adaptação ao espaço restrito desses veículos (jornais e revistas). Do ponto de vista de sua composição, os recursos narrativos, como os diálogos, as descrições e as dissertações, recebem um tratamento sumário e concentrado. Daí dizer-se que o conto é univalente, ou seja, dedica-se a um só conflito, a uma ação determinada, envolvendo poucos personagens, tratados necessariamente de maneira plana. Apresentado o tema ou o enredo, ele é logo resolvido numa seqüência horizontal e objetiva. Entre os grandes nomes do conto moderno encontram-se: Balzac, Stendhal, Maupassant, Daudet, Poe, Gógol, Tchékhov, Eça de Queirós, Fialho de Almeida, Virginia Woolf, Kafka, Henry James, Jorge Luís Borges, incluindo-se, no Brasil, Machado de Assis, Monteiro Lobato, Guimarães Rosa, Clarice Lispector, Dalton Trevisan ou Osman Lins.

CONTRACULTURA. O conjunto de comportamentos, valores e obras que, de maneira desafiadora e contestadora, opõe-se, de um lado, aos códigos sociais, aos sistemas político-ideológicos ou às tradições artísticas vigentes e hegemônicas; e, de outro, reivindica novos modelos e formas expressivas não-convencionais no âmbito sociocultural, ou mesmo a extinção de regras condutoras. O termo ganhou notoriedade a partir de meados do século XX, em decorrência de movimentos artísticos, político-universitários e comportamentais dos jovens da época. →*Pop, arte*, →*Beat, geração*, →*Rock* e →*Underground*.

CONTRADIÇÃO (CONTRADITÓRIO), CONTRÁRIO (CONTRARIEDADE). Todos estes vocábulos referem-se a relações de oposição ou de exclusão entre termos (proposições, juízos, âmbito da lógica) ou objetos (coisas, âmbito da ontologia), mas sem o mesmo significado. A contrariedade, ou relação entre contrários, exprime a oposição entre termos diferentes entre si, que se excluem mutuamente, ou que, "dentro do mesmo gênero, distam maximamente entre si" (Aristóteles). São contrários, por exemplo, o verdadeiro e o falso, o bem e o mal, a saúde e a doença, o branco e o preto. Quando aparecem na forma de proposições e dizem respeito ao mesmo objeto, não podem ser, ao mesmo tempo, verdadeiras, embora possam ser falsas. Para certos autores, no entanto, a relação entre os contrários só acontece na realidade, e não como discurso (no plano do juízo). Quanto à contradição, ou relação contraditória, diz respeito à exclusão entre termos aparentemente idênticos ou assemelhados, mas que, confrontados, acabam por negar a identidade. O chamado princípio de contradição foi explicitado igualmente por Aristóteles tanto como fenômeno ontológico – "Nada pode ser e não ser, simultaneamente" – quanto como regra de lógica – "É necessário que toda asserção seja afirmativa ou negativa". No caso da lógica, são contraditórias entre si, por exemplo, as proposições universais afirmativas (todos os homens são mortais) e as particulares negativas (alguns homens não são mortais). Já para Hegel, em seu sistema idealista, assim como para Marx, no materialismo, o princípio de contradição encontra-se na base da dialética, entendida como progressiva conciliação e superação dos opostos ou das contradições em novas unidades históricas. No mundo contemporâneo, uma contradição já prevista por Marx, relativamente ao capitalismo, seria a que se dá entre o desenvolvimento do trabalho morto (maquinaria e equipamentos de alta produtividade) e a retração do trabalho vivo (esforço humano aplicado e consumido diretamente).

CONTRALTO. Em ópera, oratório ou no canto lírico, diz respeito à voz feminina com tessitura e alcance mais graves, tendo ainda designado, anteriormente, a sonoridade dos castrados e das vozes masculinas em falsete. Na clave de sol, o registro médio do contralto vai de fá a ré, uma oitava acima, passando pelo dó central. Opõe-se ao soprano. O termo é um acrônimo da expressão *contratenor altus*. Indica ainda, no terreno musical, o instrumento que corresponde a esse espectro vocal.

CONTRALUZ. →*Iluminação.*

CONTRAPESO. Objeto empregado em cenotécnica para equilibrar e manter estável o peso exercido por material cênico suspenso do urdimento. O mesmo que *lingada*.

CONTRAPONTO. Consiste na técnica e no estudo das regras que permitem associar a uma melodia inicialmente dada, o canto firme, uma ou mais contramelodias, nota contra nota(s). Pelo contraponto se estabelecem as possíveis combinações de duas ou mais linhas melódicas sobrepostas e independentes, ao mesmo tempo em que se mantém uma concordância harmônica (relações de "diálogo" melódico e harmônico). Cada uma das melodias com que lida o contraponto tem o nome de "voz". Um primeiro exemplo seria a de uma seqüência do canto firme em dó, ré, mi, tendo-se por contraponto ao dó o som mi, uma décima acima; ao ré, outra nota ré, uma oitava acima; e ao mi, a nota dó, uma sexta acima. Num segundo exemplo, à mesma seqüência do canto firme dó, ré, mi, o contraponto poderia ser: em relação ao dó, uma pausa; em relação ao ré, duas notas – si (com intervalo de sexta) e lá (intervalo de quinta); associados ao mi, duas outras notas – sol (com intervalo de terça) e lá (intervalo de quarta). Quanto maior for o número de sons ou notas integrantes do contraponto, maiores também as liberdades admitidas na elaboração de linhas paralelas e de cruzamentos possíveis. Como técnica de escrita, o contraponto serviu historicamente para o desenvolvimento das polifonias medieval e renascentista. Mas não se confunde, necessariamente, com a polifonia, pois esta pode ainda significar apenas o concurso de várias vozes, executando acordes fixos, sem a existência de linhas melódicas independentes. Do latim *punctus contra punctum.*

CONTRAPOSIÇÃO. As linhas de força e de reequilíbrio de uma escultura figurativa, ao mesmo tempo ereta e indicativa de um movimento do corpo humano, que redistribuem os pesos, a fim de se obter a →ponderação. Assim, os desvios ou torções relativas ao eixo horizontal necessitam de uma contraposição de massa.

CONTRA-REGRA. Profissional vinculado à encenação, encarregado de regular as entradas em cena dos atores, de auxiliar na marcação dos intérpretes e de supervisionar os serviços de palco, como a distribuição de objetos a serem utilizados (adereços), sua manutenção e reposição seja em artes cênicas, cinema, televisão, seja em gravações publicitárias.

COPIÃO. Cópia de um texto teatral ou de um roteiro cinematográfico contendo as →marcações necessárias, para uso do diretor e assistentes, durante os ensaios e gravações.

CORAL. **1.** O mesmo que →coro (2). **2.** Peça musical erudita contendo duas e mais "vozes", ou melodias, mesmo que de interpretação puramente instrumental. **3.** Composição característica da música sacra protestante, de estrutura linear e silábica, na qual cada nota corresponde a uma sílaba do canto.

CORDÃO. Grupo carnavalesco fantasiado que sai para dançar unido em ruas e bailes.

CORDEL, LITERATURA DE. → *Literatura de cordel.*

CORDOFONE, CORDÓFONO. →*Instrumentos de corda.*

COREOGRAFIA. Arte da dança que envolve a criação e as notações de passos, gestos, movimentos e figurações corporais para a criação de bailados. Conjunto de movimentos corporais e expressivos, codificados ou espontâneos, vinculado habitualmente a uma composição musical, a seqüências rítmicas e ainda a efeitos sonoros e visuais, capazes de representar ações objetivas, de ritual, ou de simbolizar idéias e emoções de natureza psicológica. →*Dança.*

CORES, TEORIA DAS. Em artes plásticas, o conjunto de relações combinatórias entre as cores de tintas e pigmentos, tendo por base as chamadas primárias ou indecomponíveis – o azul, o vermelho e o amarelo – das quais as outras derivam, e que serve para o estudo prévio e a consecução de obras pictóricas ou, genericamente, plásticas. De um ponto de vista físico, as cores que vemos são ondas luminosas refletidas. Isso quer dizer, por exemplo, que um corpo que reflita todos os raios de luz sobre ele incidentes apresenta-se branco. Já uma folha nos aparece verde porque absorve os raios vermelhos e azuis, refletindo apenas os verdes. As cores primárias misturadas em proporções iguais fazem surgir as cores secundárias: o laranja (vermelho com amarelo), o verde (amarelo com azul) e o violeta (azul com vermelho). Variando-se as quantidades das misturas, formam-se as gamas cromáticas do amarelo, do azul e do vermelho. Na seqüência, portanto, aparecem as cores terciárias, encontradas mais comumente na natureza, e que são produzidas pela combinação das cores secundárias – por exemplo, o vermelho-laranja, o amarelo-verde ou o azul-violeta. Essas relações podem ser visualizadas em um esquema gráfico denominado círculo das cores, círculo cromático ou círculo de Newton, o primeiro a decompor, em seus comprimentos de onda, a luz solar. No interior do círculo, observam-se que as cores diametralmente opostas apresentam os contrastes mais intensos. Ali é possível perceber que a gama do amarelo (cor primária) contrapõe-se à do violeta (cor secundária); da mesma forma, a gama do azul (cor primária) opõe-se à do laranja (cor secundária). Tem-se aqui o conceito de cores complementares. Assim, e de maneira ilustrativa, quando se pretende dar realce ao amarelo, costuma-se colocar ao seu lado uma cor da gama do violeta. É também pela combinação das cores complementares que se chega ao negro (tecnicamente ausência de cor), sobretudo pela mistura, sem predominâncias, do verde e do vermelho. De um ponto de vista expressivo ou de efeito psicológico, a teoria das cores distingue ainda dois pólos: o das cores frias e o das quentes. As frias percorrem as gamas do verde, do azul e do violeta. Assim, por exemplo, o verde sugere sensação de calma, repouso (campo, plantações), suavidade ou passividade; o azul, frieza, transparência, elevação (céu), visão agradável; o violeta, nobreza, fineza, sobriedade, melancolia. As cores quentes situam-se nas gamas do amarelo, do laranja e do vermelho, podendo-se associar ao amarelo idéias de calor (sol), luminosidade, brilho, alegria, riqueza (ouro); ao vermelho, vivacidade, intimidade, sensualidade, agressividade (sangue), paixão, ardor, vibração. || *c. local*, cor de um objeto à luz natural do dia, sem apresentar nuanças de sombras e reflexos. • *c. morta*, cor neutra ou mais escurecida, usada como fundo (cinza ou castanho-esverdeado, por exemplo). • *c. refletida*, a tonalidade resultante, ou assim percebida, quando uma cor se reflete em outra. • *c. ressaltante*, cor quente que dá a impressão de saltar do plano (amarelo, laranja, vermelho). • *c. reentrante*, cor fria (azul, verde–claro) que

parece retroceder ou imergir no plano pictórico, ao contrário da cor ressaltante. • Outros termos associados às cores são: *tom*, o valor de uma cor com tendências mais claras ou mais escuras. • *luminosidade*, a quantidade ou intensidade de luz presente na cor. • *saturação*, o índice de pureza que ela apresenta (quanto maior a saturação, mais pura). • *contraste*, mudança brusca de cores contíguas, como a passagem do amarelo ao verde, do branco ao preto.

CORIFEU. No teatro grego do período clássico (tragédias e comédias), referia-se ao chefe dos coreutas, isto é, dos intérpretes dramáticos que ocupavam o →coro. O corifeu indicava o tom a ser cantado e os movimentos de dança (coreográficos) a serem executados. Por vezes, representava sozinho o conjunto dos coreutas e, nessa situação, podia dialogar com o protagonista ou demais atores da peça.

CORNIJA. Parte superior de um →entablamento, sobre a qual assenta o telhado.

CORO. **1.** Na Grécia antiga, o grupo de intérpretes que executava a *choréia*, ou seja, o conjunto das ações dramáticas: o monólogo ou o diálogo – *cataloguè*; o canto em uníssono, acompanhado pela flauta – *mélos*; os passos de dança – *phorai;* e a pantomima – *schemata*. Ocupando um espaço a ele reservado, a orquestra, era constituído por doze a quinze figuras, na tragédia, e por vinte e quatro na comédia, durante o período clássico. Seus integrantes, os coreutas, atuavam mascarados, salvo no ditirambo, representando a coletividade cívica que interrogava e comentava as ações (→*Teatro*). **2.** Conjunto musical de cantores ou cantoras para voz em uníssono, a várias vozes simultâneas, em vozes alternadas ou em forma de responsório (um solista contraposto aos demais intérpretes), tanto em obras eruditas quanto populares. A apresentação do coro pode se dar com acompanhamento instrumental ou a capela. || *coro misto*, formação de canto envolvendo homens e mulheres. • *coro infantil* ou *de vozes brancas*, do qual participam apenas crianças e adolescentes, antes da "muda de voz". • *coro sacro* destinado à execução de peças religiosas. • *coro falado*, de execução declamatória, e não cantada. • *coro órgão*, a seleção dos registros mais suaves deste instrumento, apropriados para o acompanhamento do coro. O mesmo que *coral*. **3.** Na arquitetura religiosa, católica, designa o espaço situado no prolongamento da nave central, após o cruzeiro ou transepto maior (quando existente), e no qual se encontram o altar-mor, a tribuna do coro eclesiástico, os cadeirais dos oficiantes e demais clérigos, e a abside (de teto geralmente abobadado). A mesma denominação aplica-se aos nichos laterais, correspondentes aos prolongamentos das naves colaterais (coros norte e sul).

CORSO. Cortejo de carruagens, de carros ou de veículos motorizados conduzindo foliões carnavalescos. No Brasil, o primeiro corso de automóvel deu-se em 1907, no Rio de Janeiro, tendo à frente o carro presidencial de Afonso Pena com suas filhas.

CORTINA. Pano que recobre toda a extensão da boca de cena e que se abre para o início e se fecha para o encerramento de espetáculo cênico. Tipos mais usados: *a) grega,* que se desloca inteira e lateralmente; *b) alemã,* cortina preguada que se desloca inteira e verticalmente; *c) francesa,* que se abre ao meio e se franze para cima; *d) italiana,* que se abre ao meio, lateralmente, por franzimento; *e) polichinelo,* que se enrola verticalmente. Uma cortina de fundo de palco recebe o nome específico de →telão. Cortinas luxuosas, habitualmente ornamentadas, são conhecidas como *velário.*

•COUPÉ. Movimento encadeado e alternado de pequenos passos de balé, servindo como preparação ou transição para outros mais importantes ou expressivos (troca de pernas de apoio, exercício de *pliés* para que o pé posicionado atrás se coloque à frente etc.).

•COURANTE. Música e dança de corte, de andamento rápido, desenvolvida no século XVII. A *courante* francesa possui, geralmente, um ritmo 3/2 que, ao se aproximar do fecho, se transforma em 6/4. A versão italiana – *corrente* – costuma manter um ritmo simples ternário. As suítes barrocas incluem-na em seus movimentos.

•COUR D'HONNEUR. Do francês, "paço de honra", designa o pátio ou adro de um palácio ou edifício público que dá acesso às dependências mais importantes da construção.

•COURONNE, EN. Posição codificada em coreografia de balé, pela qual os braços, elevados e ligeiramente flexionados, desenham uma coroa (*couronne*) em torno da cabeça.

COXIA. A parte da caixa teatral situada ao fundo ou ao redor do palco, fora das vistas do público. O mesmo que *bastidores* (no plural).

CPC. →Centro Popular de Cultura.

CPT. →Centro de Pesquisa Teatral.

CRAVELHA. Dispositivo que regula a tensão das cordas em instrumentos musicais (cordófonos), dando-lhes a altura correta ou a afinação desejada. Situa-se, normalmente, na extremidade superior dos braços do instrumento (violinos, violas, violões etc.). Alguns instrumentos de percussão também possuem essa peça para tensionar o couro ou membrana.

CRÉDITOS. Identificação escrita dos profissionais que tomam parte em uma produção coletiva de arte – película cinematográfica, peça teatral, exposição plástica ou registro fonográfico – tais como encenadores, cenógrafos, contra-regras, figurinistas, diretores de foto-grafia, iluminadores, curadores, músicos acompanhantes ou sonoplastas.

CREPIDOMA. →Estereóbato.

CRESTOMATIA. →Antologia.

CRIPTA. Sepultura de dignitários eclesiásticos e laicos, assim como caixa de relíquias sagradas, parcialmente subterrânea, situada nos coros laterais das igrejas (em absidíolas), ou sob o conjunto central do coro e da abside. Deriva das sepulturas de santos e mártires (as chamadas *confessio*), construídas sob os altares das igrejas paleocristãs.

CRIPTÔNIMO. →Pseudônimo.

CRÍTICA. **1.** Do ponto de vista de suas origens históricas, a crítica (do verbo grego *krínein,* julgar) indica, de maneira ampla ou genérica, o conjunto de princípios teóricos e de juízos pronunciados sobre uma determinada expressão artística (literatura, pintura, música, teatro, cinema etc.), buscando extrair os significados possíveis de sua natureza, gênese e desenvolvimento históricos, de seus gêneros e técnicas utilizadas, de suas funções e efeitos socioculturais produzidos, de suas características temporais, seja em relação ao seu próprio universo ou domínio estético, seja ainda por referência às demais expressões artísticas ou atividades e conhecimentos humanos (política, religião, ciência, filosofia). Com essa perspectiva teórica, ela tem início nos ensaios ou tratados relativos à →poética ou à →estética escritos já na Antiguidade, como o *Íon* e o *Fedro* de Platão, a *Poética* de Aristóteles, o *Tratado do Sublime,* de Longino, a *Arte Poética* de Horácio, ou mesmo determinadas passagem das *Enéades* de Plotino (a arte entendida como acréscimo de beleza onde a natureza não a exibe), entre tantos outros. Prossegue na Idade Média, em parte sob forte influência teológica, como em *De Musica,* de Santo Agostinho, mas também eminentemente profana, como na *Ars Versificatoria* de Mathieu de Vendôme (século XII) ou em *De Vulgari Eloquentia,* de Dante (início do século XIV). A recuperação dos textos greco-latinos ensejou aos intelectuais do Renascimento uma grande produção crítica ou ensaística, principalmente literária e estilística, de que são exemplos *Grand et vrai art de pleine rhétorique,* de Pierre Fabri (1521), *De Arte Poetica,* de Marco Girolamo Vida (1527), *De Poeta Libri Sex,* de Antonio Minturno (1559), *Abregé de l'art poétique français,* de Pierre de Ronsard (1565), ou *Apologie for Poetrie,* de Phillip Sidney (1595). No século XVII, o exercício da crítica encontrou no inglês John Dryden (*Ensaio sobre a Poesia Dramática,* 1668) e no francês Nicolas Boileau dois dos mais renomados representantes do período. Boileau praticou-a tanto sob a forma teórica tradicional (*Arte Poética,* 1674), como na qualidade de um julgamento particularizado, isto é, de considerações dirigidas a obras e autores específicos (*Sátiras*, escritas entre 1660 e 1667 e entre 1684 e 1695). Sob influência de Boileau, Alexander Pope escreveu seu *Ensaio sobre a Crítica* (1711) e dois livros (cáusticos) a respeito de autores contemporâneos (*Dunciad*, em 1728, e *New Dunciad*, 1742). Com eles, assim como na Alemanha de Moses Mendelssohn, Friedrich Nicolai e Gotthold Lessing, a crítica adquiriu uma faceta igualmente prática ou imediata, destinada a comentários ou juízos emitidos sobre as características de obras individuais (sua forma e conteúdo), assim como à análise de autores em particular, e que avaliam suas qualidades e defeitos a partir de critérios preferencialmente racionais. Em ambos os sentidos (teórico ou prático), a possibilidade da crítica justifica-se a partir do pressuposto de que as obras de arte constituem objetos de reflexão e de conhecimento, ou seja, que elas se apresentam não apenas revestidas de uma forma sensível, mas ainda representam determinados aspectos das realidades culturais humanas: histórica, social, psicológica, política, econômica ou religiosa. Conseqüentemente, a crítica procura decompor aqueles mesmos elementos em busca de valores estéticos formais e de sentidos espirituais ali inscritos, ou ainda ausentes. A crítica moderna (isto é, aquela nascida com o século XVIII) expandiu-se com a criação da "esfera pública burguesa" (termo de Habermas), cujos meios de expressão se encontravam nos clubes, nos cafés, nos jornais e revistas. A esse respeito, comenta Peter Hohendall: "No Século das Luzes, o conceito de crítica não pode ser desvinculado da instituição da esfera pública. Todo julgamento é concebido com vistas a um determinado público, e a comunicação com o leitor é parte integrante do sistema. Através de sua relação com o público leitor, a reflexão crítica perde o seu caráter privado. A crítica abre-se ao debate, tenta convencer, convida à contradição. Torna-se parte do intercâmbio público de opiniões" (*The Institution of Criticism*, citado por Terry Eagleton em *A Função da Crítica*). Foi sobretudo a prática do jornalismo que serviu de veículo para a profissionalização da crítica, de uma apreciação regular de produções artísticas (inicialmente literária, mas expandindo-se, posteriormente, para outras manifestações de natureza simbólica). Joseph Addison e Richard Steele, ambos escritores, abriram caminho para essa atividade jornalística nos periódicos *Tatler* e *Spectator*. A ambos seguiram-se, ainda na Inglaterra, grandes nomes da crítica, como Leigh Hunt, William Hazlitt ou Thomas Carlyle. Na opinião de Terry Eagleton, que toma o ensaísta Raymond Williams como exemplo, a função da crítica, em seu mais nobre e lato sentido, deve abarcar os significados políticos presentes na produção simbólica da sociedade contemporânea. E as-

sim sendo, opor-se à dominação ideológica da indústria cultural. Tal como a crítica moderna nascida nos meios jornalísticos afirmou-se na luta contra o Estado absolutista e aristocrático, a crítica atual deve resistir e revelar as contradições da cultura de massa, local em que a dominação política é também exercida e se reforça. **2.** Especificamente na terminologia do filósofo Immanuel Kant, a crítica diz respeito às condições de possibilidade para que algo se manifeste ou seja possível. Assim, a "crítica da razão" é aquela que investiga as condições e os limites que dão clareza e segurança ao próprio conhecimento racional. Em suas palavras, a crítica se exerce como "o tribunal que garanta a razão em suas pretensões legítimas, mas condene as que não tenham fundamento [...] com respeito a todos os conhecimentos aos quais ela pode aspirar, independentemente da experiência" (prefácio à *Crítica da Razão Pura*). →*Gêneros literários*, →*Formalismo russo* e →*New criticism*.

CRITICISMO. Para resolver a questão controversa entre os adeptos do →*inatismo* e do →*empirismo*, ou seja, se a verdade e o conhecimento provêm basicamente de uma razão inata ou das combinações e seleções que os sentidos exercem sobre fatos empíricos, Kant se propôs investigar o próprio fenômeno da razão. Assim procedendo, seu criticismo constitui "o tribunal que garanta a razão em suas pretensões legítimas, mas condene as que não tenham fundamento" (prefácio à *Crítica da Razão Pura*). Assim, o criticismo refere-se àquilo que a razão e a experiência podem ou não alcançar ou relevar, bem como as condições e os limites de seus respectivos conhecimentos. Sua análise propõe que a razão seja entendida como estrutura ou forma inata, universal e necessária, anterior a toda experiência. Mas por ser uma "forma pura", a razão apresenta-se vazia de conteúdos. Estes, por sua vez, têm origem nas experiências individuais e coletivas. Logo, tudo o que chega à razão deve passar antes, e necessariamente, pelos sentidos, encarregados de fornecer os conteúdos à forma pura da razão. E assim, contrariamente aos inatistas, não existem para Kant idéias ou verdades inatas, mas uma estrutura ingênita. Mas também em oposição aos empiristas, essa forma não depende, em sua origem, da experiência, que passa a ser compreendida como a oportunidade para que a razão desenvolva as idéias. →*Conhecimento e razão*.

•**CROISÉ.** Posição clássica de balé que se refere ao cruzamento das pernas. Subdivide-se basicamente em duas: *a*) *croisé* para a frente (*devant*), com a perna direita avançada e cruzada em relação à esquerda, o pé em ponta e a cabeça ligeiramente voltada para o lado direito; *b*) *croisé* para trás (*derrière*), estando a perna esquerda esticada para trás e cruzada em relação à direita, o pé em ponta e a cabeça direcionada para o lado direito. Os braços podem assumir posturas variadas: erguido e dobrado, esticado lateralmente etc. O *croisé* conjuga-se com a posição →*effacé*.

•**CROMLECH.** Tipo de dólmen ou construção megalítica da Idade do Cobre (IV e III milênios), destinada a rituais e necrópoles, e caracterizada, nas Ilhas Britânicas, pela disposição circular dos blocos de pedra. →*Arte pré-histórica*.

CROMÓIDE. Gelatina ou película que dá colorido à luz dos refletores em espetáculos cênicos, gravações cinematográficas e trabalhos fotográficos em estúdio.

CRÔNICA. Do grego *kronos*, tempo, refere-se a um relato ou gênero literário de caráter informativo e histórico, em prosa ou em verso, que narra fatos políticos e socioculturais em sucessão temporal. Foi utilizada largamente durante a Idade Média, desde os *Cânones Cronológicos e Abreviados da História Universal dos Gregos e dos Bárbaros* (c. 340), do bispo Eusébio de Cesaréia, e da *Crônica* de Cassiodoro, resumo da história universal, de Adão ao início do século VI. Outros exemplos são *Historia Regum Brittaniae* (História dos Reis da Bretanha – século XII), de Geoffroy de Monmouth, e as *Cronicas* de Ramón Mintaner, sobre os reinados espanhóis de Jaime I, Pedro III, Afonso III e Jaime II (século XIV). No sentido original, a crônica pressupõe que o autor tenha conhecimento do passado, seja contemporâneo dos últimos fatos relatados e lhes saiba atribuir a devida importância histórica. O desenvolvimento da mentalidade historiográfica, a partir do Renascimento, substituiu definitivamente o termo, nesta acepção, pelo de História, como o empregado pelos autores do Império Romano. São igualmente considerados como "crônicas" os relatos de viagem nos quais se descrevem os usos e costumes de um povo, como os quatro livros de Jean de Froissart (século XIV, versando sobre a Inglaterra, a Escócia, a Aquitânia e a Itália), a *Viagem à Itália*, de Goethe, bem como várias obras do período colonial brasileiro, escritas normalmente como tratados ou diários. É o caso de textos como os de Pero de Magalhães Gândavo (*Tratado da Terra do Brasil*), de Gabriel Soares de Souza (*Tratado Descritivo do Brasil*), de Pero Lopes de Souza (*Diário de Navegação*) ou o do padre Fernão Cardim (*Tratado da Terra e Gente do Brasil*). **2.** A partir do século XX, e com a expansão da imprensa, a palavra adquiriu, em Portugal e no Brasil, o significado de comentário pessoal sobre acontecimentos datados, do dia-a-dia, publicado em periódicos, e tratado de maneira coloquial e arguta, variando da fineza e graça à contundência e ironia. Os assuntos podem ser os políticos, econômicos, sociais, policiais ou esportivos, além dos propriamente literários (obras). Menos comprometida com a objetividade, no sentido de entrelaçamento lógico de premissas e conclusões, a qualidade da crônica depende, em primeiro lugar, de sua elaboração literária. Na época de Machado de Assis, o cronista ainda era conhecido como folhetinista, e assim foi visto pelo escritor: "O folhetinista, na sociedade, ocupa o lugar do colibri na esfera vegetal; salta, esvoaça, brinca, tremula, paira e espaneja-se sobre todos os caules suculentos, sobre todas as seivas generosas. Todo o mundo lhe pertence; até mesmo a política". Entre nós, são considerados grandes cronistas o próprio Machado de Assis, João do Rio, Emílio de Menezes, Raquel de Queiroz, Clarice Lispector, Rubem Braga, Paulo Mendes Campos, Marques Rebelo, Sérgio Porto (Stanislaw Ponte Preta), Carlos Heitor Cony, Fernando Sabino ou João Ubaldo Ribeiro, entre outros. Em relação aos demais gêneros literários, a crônica, neste último sentido, tem contra si a perda gradativa do interesse, por se vincular, habitualmente, a um fato corriqueiro e dificilmente memorável no próprio veículo que a publica.

CRUCIFIXO. Pequena cruz e objeto simbólico e portátil do cristianismo, representativa do martírio final de Jesus, assim como qualquer obra pictórica ou escultórica do Cristo supliciado.

CRUZ. Símbolo maior do cristianismo, seja ele católico, ortodoxo ou protestante, a cruz representa o suplício de Jesus para a redenção humana, assim como a idéia de elevação ou de verticalidade ascensional do homem após o sofrimento terreno. Está presente em todas as cerimônias cristãs, como nas celebrações eucarísticas, na administração dos sacramentos e bênçãos. Fazer o sinal-da-cruz é professar, de modo sucinto, a própria fé, o que também levou a Igreja Católica a adotar alguns de seus formatos em suas plantas arquitetônicas. Os ortodoxos fazem o sinal com três dedos unidos, significando a Trindade, e dois dobrados na palma da mão, relembrando a dupla natureza de Cristo, a humana e a divina. || *cruz latina* (*crux immissa*), de braço horizontal mais curto que o vertical. • *cruz de Santo Antônio* (*crux comissa*), em forma de T. • *cruz de São Pedro*, cruz latina invertida, relembrando a forma de crucificação do apóstolo. • *cruz de Santo André* – em forma de X. • *cruz celta*, braço vertical mais longo que o horizontal, contendo um círculo na intersecção de ambos. • *cruz grega*, braços com dimensões iguais. • *cruz de Constantino* – formada pela superposição das letras gregas X (chi) e P (rho), iniciais de *Xpistos* (Cristo). Antes de Cristo, no entanto, a cruz já era sinal de manifestações antropológicas e místicas para povos semitas, do Egito, da Mesopotâmia e ainda de Creta. Simbolizou, entre outros, o encontro do céu e da terra, os quatro cantos do mundo (pontos cardeais), o cruzamento de forças cósmicas, os quatro elementos da natureza (água, terra, ar e fogo) ou ainda a promessa de vida e de renascimento – *a cruz do Nilo* (um T com um pequeno círculo colocado acima da junção dos braços).

CRUZEIRO. Na arquitetura das igrejas católicas, o espaço existente na intersecção da nave principal, ou central, e do transepto maior. Bastante difundido nos estilos românico e gótico e derivados posteriores.

•**CSÁRDÁS.** →*Xarda.*

CTÔNICO. Culto ou religião vinculada à terra e às regiões subterrâneas, envolvendo os deuses correspondentes ou suas entidades protetoras, e de que são exemplos, na Grécia antiga, os mistérios de Deméter e de sua filha Koré, os de Dioniso e os de Orfeu. Diferencia-se da religião celeste e dos cultos "olímpicos", realizados em locais elevados e consagrados aos deuses "superiores". Do grego *Khthonikós,* terrestre.

CUBISMO. **Uma outra perspectiva.** Entre os anos de 1907 e 1914, a pintura registrou uma revolução formal tão profunda quanto aquela trazida pelo Renascimento (sem a durabilidade e a extensão deste último): o cubismo. As duas revoluções, que chegaram a resultados díspares, tiveram, no entanto, um ponto de união ou de convergência – a criação de uma *perspectiva pictórica,* ou o estabelecimento de relações geométricas pelas quais pudessem ser compostas formas e espaços.

No Renascimento, a ilusão conseguida pela perspectiva, baseada na seção áurea, rompeu com o caráter rígido ou hierático da pintura gótica, cujas figuras surgiam por justaposição ou contigüidade, cada uma delas ocupando um espaço independente. Por aquele artifício, os volumes naturais das três dimensões (largura, altura, profundidade) acomodaram-se a uma superfície de apenas duas. Assim, a obra pictórica passou a mostrar-se indivisível, espacialmente ordenada e simultânea, valendo-se das linhas convergentes ao ponto de fuga. A arte renascentista havia criado, ao seu modo, uma totalidade espacial, capaz de expressar e descrever, com "naturalidade", ou linearidade, grandes cenas. Pois o cubismo, de um ponto de vista formal, também instituiu a sua totalidade e simultaneidade, mas a partir de uma nova concepção. Caso nos desloquemos para os lados de um objeto, captado anteriormente a partir do ponto fixo da perspectiva geométrico-renascentista, percebemos que ele apresenta diferenças de volume e de configuração, provocadas justamente pelo movimento efetuado. Conseqüentemente, há uma espécie de quarta dimensão que se procurou incorporar ao plano. Com isso, o objeto deixou de ser apenas "representado" visualmente, convertendo-se em algo a ser "concebido" vo-

luntariamente, *a posteriori,* como se fosse uma escultura destinada a uma reconstrução mental.

Cézanne e o geometrismo. Por outra via, o cubismo deu prosseguimento ao estilo mais característico de Cézanne. Este, em sua fase madura, distinguira-se pelo tratamento geometrizante das paisagens (montes ou vegetações) e dos objetos ou utensílios (casas, mesas, roupas ou garrafas, por exemplo), como se fossem "o cilindro, a esfera, o cone, o conjunto posto em perspectiva". Seu intuito era o de unir o desenho particular daquilo que pintava às formas gerais e, portanto, geométricas das quais compartilhavam. Algo que se observa de modo pertinente em telas como *Casa do Enforcado,* o *Jogo de Cartas* ou *O Monte Saint-Victoire.*

Composição mental, distorções e fragmentos. Essa atitude de composição mental ou intelectiva, mais do que visual, não elimina a projeção de sentimentos subjetivos, de realidades interiores, o que já estivera presente nos movimentos expressionistas dos *fauves* e da Die Brücke (→*Expressionismo*), pelo menos dois anos antes do aparecimento do cubismo. Assim, ao conceber, em fins de 1906, *Les Demoiselles d'Avignon,* Pablo Picasso rompeu vigorosamente com a tradição várias vezes centenária da pintura ocidental (mesmo seus amigos ficaram horrorizados, e a tela foi posta de lado durante alguns anos). A obra foi elaborada de modo a apresentar deformações intencionais e antinaturalistas; suas figuras foram tratadas ao mesmo tempo sob forma "primitiva", angulosa e esquemática – as duas mulheres centrais olham de frente, mas seus narizes estão de perfil; a da extremidade esquerda encontra-se de perfil, mas seu olho é visto de frente; a que está agachada à direita posiciona-se de costas, mas sua cabeça, com olhos desalinhados, volta-se para a frente. Impõe-se, por conseqüência, uma visão "simultânea", de um tipo escultórico reconvertido ao plano, sem ilusionismo ou profundidade e, por fim, afastada de qualquer similaridade com a beleza clássica ou mesmo popularmente ocidental.

Nos anos seguintes, Picasso e Georges Braque trabalharam juntos. E a contribuição de Braque rumo ao cubismo direcionou-se justamente para a criação deste novo espaço pictórico. Segundo ele, "Existe na natureza um espaço tátil, um espaço que eu poderia descrever como manual [...]. O que mais me atrai, e que foi o princípio orientador do cubismo, é a materialização desse espaço [...]". As figuras passaram então a ser justapostas, de maneira quase sólida, evitando-se vazios que induzissem à profundidade. Os planos se fundiram em praticamente um só, as facetas dos objetos se intercalaram ou foram sobrepostas. Assim, aspectos ou pontos de vista diferentes de coisas cotidianas ou prosaicas passaram a se acumular como recortes ou fragmentos sobre uma mesma superfície, revelando imagens de impressão compacta.

Em um artigo de 1912, escrito para *Le Temps*, Apollinaire revela que Picasso, Braque e ainda André Derain estavam preocupados com uma "arte de pintar conjuntos novos com elementos tomados de empréstimo à realidade concebida, e não à realidade visual". O ponto de partida era fazer com que os objetos fossem mostrados sob ângulos visuais diferentes, parcelados ou "analíticos" (como os chamou Juan Gris). Essa fragmentação do tema é que daria condições à remontagem mental posterior, capaz de recuperá-lo em sua integridade. Sobre uma só superfície, apareceram então duas ou mais faces, justapostas ou sobrepostas, fazendo-se com que, em primeiro lugar, a tridimensionalidade se decompusesse em partes; num segundo momento, e para além do campo visual, a totalidade deveria ser obtida por uma projeção interna e cerebral do espectador, a quem competiria reunir a simultaneidade dos pontos de observação. "Os objetos eram seccionados anatomicamente para que sua aparência visível se mostrasse primeiro em perspectiva e de perfil; a seguir, de frente, em projeção vertical e, depois, na sua espessura, de acordo com a projeção horizontal. Faziam, intuitiva e aproximadamente, operações análogas ao que, em geometria descritiva, se chamam as projeções ortogonais conjugadas" (Severini, *Ver y Estimar*). Logo em seguida, aumentou-se o grau de abstração – na fase sintética – significando que a figura e o fundo se tornavam cada vez mais inter–relacionados e imprecisos. Com esse procedimento, desfazia-se a relação com a natureza ou com os objetos materiais do cotidiano.

A arte africana, sobretudo a escultura, encarregou-se de complementar a configuração do cubismo, não só com sua tendência aos ângulos bruscos, às superfícies abruptas, mas sobretudo pela mistura de ingenuidade e ferocidade nos traços. Essa nova geometrização (composição triangulada, retangulada, ovalada) fez com que os objetos fossem conduzidos a um limite entre o real e a representação ideográfica. Diferentemente do tratamento geométrico renascentista, a concepção cubista levou seus artistas a se fixarem em formas primárias (ou nas estruturas essenciais), e em assuntos relativamente simples. Grandes cenas ou paisagens multiformes dificultariam a decomposição dos elementos em seus pontos de vista e projeções. A reconstrução mental tornar-se-ia extremamente complicada diante de um número muito grande de componentes, correndo-se o risco de a obra perder a sua unidade. A decomposição da figura e a forte impressão causada pelos modelos "bárbaros" da escultura africana permitiram ao cubismo refazer ainda a noção ocidental da beleza como proporção e equilíbrio. Na verdade, não há "graça" ou harmonia na concepção da obra cubista. Sua beleza vem menos da sensibilidade ao exterior do que da força e da instabilidade construtivas, do jogo das massas tratadas de maneira "cúbica" ou geométrica.

Denominação e primeiros seguidores. O nome – assim como ocorreu com o →Impressionismo – lhe foi atribuído maliciosamente, desta vez não por um crítico, mas por Matisse, em 1908, após visitar uma exposição de George Braque, cujas casas eram pintadas em formato de cubos. Só depois disso o crítico Louis Vauxcelles encarregou-se de difundir o epíteto, embora não demonstrasse entusiasmo com a estética recém-nascida.

O grupo original formou-se em Paris, na região de Montmartre (rue Ravignon), onde moravam Pablo Picasso, Juan Gris e Max Jacob. Os casebres da rua, que serviam também de ateliês, eram bastante frágeis e Jacob apelidou o conjunto de *Bateau-Lavoir*, por analogia com os barcos do Sena. Essa denominação, assim como a de cubistas, estendeu-se a todos os que aderiram inicialmente ao movimento (a partir de 1910-1911), entre eles pintores – Marie Laurencin, Jean Metzinger, Fernand Léger, Robert Delaunay, Albert Gleizes, Marcel Duchamp, André Derain, Raoul Dufy, André Lhote, Gino Severini – e escritores, como Apollinaire, Alfred Jarry, Jean Cocteau e Gertrude Stein.

Escultura. Os valores do cubismo logo chegaram à escultura figurativa. Entre suas características podemos encontrar as formas estilizadas, os ângulos abruptos, os volumes seccionados, as torsões e as composições mistas não-naturais, isto é, em parte retilíneas e em parte curvas ou ovaladas. Alguns de seus principais representantes foram Henri Laurens, Pablo Gargallo, Manolo, Duchamp-Villon, Archipenko, Zadkine e Lipschitz.

Tendência à abstração. Sob outro ponto de vista, a decomposição e o evanescimento dos objetos proporcionados pela concepção cubista já continham, como assinalado, grandes possibilidades de abstração, logo experimentada por Delaunay, Léger, Francis Picabia e Frank Kupka, o que levou Apollinaire a batizar essa tendência subseqüente de orfismo, ou cubismo órfico. Tal como a música de Orfeu, a pintura poderia dispensar temas reconhecíveis ou materiais e entregar-se a um jogo de formas e de cores representativo ora de dinamismos psíquicos, ou de visões místicas, ora de fluxos de energia que a ciência vinha revelando gradativamente. Com o orfismo (e, paralelamente, com o futurismo), a pintura encaminhava-se para um mundo atravessado por forças dinâmicas e movimentos contínuos, substitutos de figuras estáticas.

Influências literárias. A tendência cubista também exerceu razoável atração sobre os círculos literários das vanguardas modernistas, igualmente ao lado do futurismo e do expressionismo. Essa influência tornou-se clara quando se passaram a utilizar – principalmente na poesia – processos de segmentação do discurso ou de seqüências de frases, assim como o de simultaneidade de imagens, à maneira de *flashs* fotográficos justapostos. Um dos primeiros exemplos encontramos no poema *Zona*, ainda de Apollinaire (1913). Na América Latina, Jorge Luís Borges, ao escrever o manifesto *Anatomia do meu Ultra* (1921), confessou a sua fascinação por uma "estética ativa dos prismas", baseada em ritmos soltos e mesmo truncados, e em metáforas inesperadas, rudes ou abruptas.

Brasil. Aqui, a estética cubista sugestionou fortemente os nossos primeiros modernistas. Vários deles tiveram a oportunidade de uma observação direta na França e até mesmo de contato pessoal com os novos artistas. Obviamente, essa influência foi "abrasileirada" no uso da cor, na escolha temática e, às vezes, por um tratamento lírico, que amenizaram a severidade original. Entre outros, utilizaram-se da técnica Anita Malfatti, Di Cavalcanti, Vicente do Rego Monteiro (duas obras suas, denominadas *Cubismo*, foram expostas na Semana de 22), Tarsila do Amaral, Antonio Gomide, Cândido Portinari, Milton Dacosta, Eugênio Sigaud, Santa Rosa, Ismael Nery e Aldo Bonadei.

CULTERANISMO, CULTISMO. →*Barroco e maneirismo.*

CULTO. **1.** Como substantivo, corresponde ao conjunto de práticas religiosas que reverenciam, homenageiam ou invocam uma divindade, assim como os entes ancestrais, por intermédio de preces e de atos simbólicos, entre os quais o cortejo, a música, a dança e o sacrifício (real ou representado). **2.** Como adjetivo, refere-se a uma pessoa formalmente educada, instruída, detentora de uma linguagem esmerada, e que exerce um relativo domínio sobre os códigos da alta cultura, ou seja, daquela que se propõe universal. Em ambos os casos, deriva do latim *cultus*, no sentido de acatamento, de honra ou respeito.

CULTURA DE MASSA. **A industrialização do espírito.** Cultura de massa é aquela que passou a predominar mundialmente no século XX e que se tem manifestado, ao mesmo tempo, como a "industrialização do espírito" numa "sociedade de espetáculos". Ou seja, de um lado corresponde à produção em série, mercantil e de consumo massificado de bens e serviços, de normas e símbolos relativos à vida prática. De outro, constitui a valorização predominante de um imaginário abstrato e sedutor, substitutivo da realidade cotidiana, e gerado nos meios técnicos de comunicação.

A cultura de massa evoluiu e se consagrou como resultado concreto de alguns fatores objetivos, entre eles: *a*) uma economia política de predominância liberal e capitalista; *b*) a possibilidade de mercantilizar todo e qualquer bem, seja ele material ou espiritual; *c*) a instauração de suportes técnicos ou tecnológicos de produção e reprodução de idéias, informações e imagens, captadas, criadas e transmitidas pelos meios de comunicação; *d*) a progressiva formação de uma "sociedade de massa" (e de "homens massa"), na qual diversas camadas populacionais tornaram-se relativamente afluentes, em decorrência das novas forças produtivas e de conquistas sociais vinculadas ao mundo do trabalho; *e*) a progressiva eliminação de exigências, de pré-requisitos ou de códigos vinculados à alta cultura, como o domínio de métricas literárias ou de informações em rede ou mosaico; *f*) simultaneamente, um aumento vertiginoso de experiências sensitivo-visuais e imediatas, comparadas então às experiências reflexivas e cognitivas; *g*) uma crescente disponibilidade de tempo livre e de atividades de →lazer, a partir da primeira metade do século, submetida a uma "moralidade do prazer" (*fun morality*); *h*) conseqüentemente, uma sociedade de consumo generalizado, que integrou o campo à cidade, o rural ao urbano, a fantasia à realidade, promovendo uma razoável identidade mundial nos estilos de vida – tendência à globalização.

Algumas dessas facetas já podiam, no entanto, ser encontradas em meados do século XIX, o que levou Baudelaire, em seus comentários sobre Edgar Allan Poe, a afirmar, em 1852: "Impiedosa ditadura aquela da opinião nas sociedades democráticas [...] Poderíamos dizer que do amor ímpio da liberdade nasceu uma tirania nova, a tirania dos animais ou zoocracia, que por sua insensibilidade feroz se parece com o ídolo de Jaggernaut [...] o tempo e o dinheiro adquiriram aí um valor excepcional. A atividade material, exagerada até às proporções de mania nacional, deixa nos espíritos um lugar muito estreito para as coisas que não sejam terrenas. Poe [...] dizia que entre um povo sem aristocracia o culto do Belo não pode senão corromper-se, diminuir e desaparecer [...] acusava seus concidadãos, apesar do luxo enfático e oneroso, de possuírem os sintomas dos recém-chegados [...] que considerava o Progresso, a grande idéia moderna, como o êxtase fátuo de engole-moscas". Na opinião de Hannah Arendt, o "homem massa" é o indivíduo abandonado à sua subjetividade (nem isolado, nem solitário), mas egocêntrico, facilmente excitável pelas novidades, consumista e incapaz de julgar ou de estabelecer critérios movidos por reflexões mais consistentes. O tipo de homem que David Riesman chamou de "extrodeterminado", isto é, conduzido pela publicidade e pela necessidade de ser reconhecido em função de sua capacidade de consumo. Um fenômeno já visível portanto nos altos círculos do filistinismo do século XIX, e que se propagou numérica e socialmente na época contemporânea.

O apelo ao consumo e a difusão informativa para grandes públicos cresceram vigorosamente desde o início do século XX: a criação das lojas comerciais de departamentos; a ampliação de atividades destinadas ao divertimento público, como os cafés-concertos, os teatros de variedades, os *vaudevilles*, assim como a instauração de ligas e campeonatos esportivos; as expansões do telégrafo sem fio e da indústria cinematográfica; a difusão da imprensa popular, caracterizada pelo tratamento de informações condensadas e variadas, de cunho puramente anedótico, por uma linguagem de extremo coloquialismo, por apelos sensacionalistas e exploração de aspectos íntimos ou meramente pessoais de figuras públicas (políticas ou da área do entretenimento). Os marcos dessa imprensa, que se tornou dominante, foram, entre outros, o *Daily Mail* e o *Daily Mirror* ingleses (de Alfred Harmsworth ou Lorde Northcliffe), o *The Journal* e o *New York Journal* americanos (de Randolph Hearst), ou o francês *Le Petit Journal*, de Marioni. Suas tiragens, por volta de 1905, já ultrapassavam o extraordinário número de 600 mil exemplares diários. E aliada a esses novos empreendimentos, encontrava-se a publicidade comercial. Surgia assim o que H. G. Wells chamou de "o século do homem comum".

Formas importantes. Uma de suas primeiras características é a de que a comunicação, a transmissão das informações e dos conhecimentos, a circulação dos signos, os apelos para o consumo e os conteúdos do imaginário acontecem de modo interativo, permanente e global, reunindo duas ou mais linguagens. Não é apenas verbal ou escrita, ou seja, exclusivamente linear, como nas culturas tradicionais, mas, ao mesmo tempo, "verbovocovisual". Ou seja, a comunicação se efetiva incessantemente em uma unidade composta por palavras, sons e imagens. E por suas possibilidades técnicas, é possível fazê-la irradiar-se e ser consumida, ao mesmo tempo, em todas as direções e fronteiras, o que lhe dá uma configuração *multidirecional*. Essa faculdade torna-a *onipresente* (ou ubíqua) no cotidiano das relações sociais. Seus produtos e símbolos atuam permanentemente na existência diária, deixando um espaço reduzido e vulnerável ao "exílio interior", à introspecção, ao devaneio subjetivo, à reflexão. Para tanto, a cultura de massa deve ensinar a todos os públicos e classes o desejo imediato, o que se obtém pelo excesso de imagens, pela provocação de emoções intensas (o "império do gozo") e pela carência de conceitos duradouros.

Organizada em função do modelo industrial e em conformidade com ele, a cultura de massa tende a apresentar uma tríplice concentração – técnica, burocrática e econômica – que se expressa em conglomerados, oligopólios ou cadeias de produtores, sobretudo em seus meios mais influentes: a televisão, o rádio, a imprensa escrita, o cinema e o vídeo, a produção fonográfica, a publicidade, as indústrias do entretenimento e da informática. É essa concentração tríplice e sua relação interdependente com um mercado de massa que lhe permite, de um lado, a padronização de valores, de comportamentos e de produtos desejáveis e, de outro, uma atuação mundial que universaliza novas necessidades e, em parte, sua correspondente satisfação.

Para tanto, trabalha dois pólos de maneira simultânea, segundo a análise de Edgar Morin: o do "ecletismo" dos temas e o do "sincretismo" das formas. A grande maioria dos filmes, telenovelas ou das histórias em quadrinhos, por exemplo, trazem as doses indispensáveis de amor, aventura, suspense, violência, humor ou erotismo. Os noticiários, as revistas ilustradas e os programas de auditório abordam os mais diferenciados assuntos, mas, justamente por isso, devem fazê-lo superficialmente, na forma ligeira do tempo ou na forma compacta do espaço de veiculação. Essa bipolaridade tem o objetivo de alcançar um consumidor impessoal, abstrato e universal, pois só assim é possível permear a massa ou o mais vasto público. Como conseqüência, tendem a desaparecer as barreiras etárias, com uma dominante média que é o público jovem; e as diferenças de classe, com uma dominante nos estratos médios das sociedades.

Comentando os *Problemas Estéticos na Sociedade de Massa*, escreveu Ferreira Gullar: "A característica primordial da cultura de massa é o esquematismo [...] A realidade é, ali, apresentada sem resistências, num simplificado imutável, nos quais os personagens, os heróis, estão a salvo dos problemas reais: estão acima das condições humanas [...] O esquematismo da arte de massa não é fruto de uma orientação apriorística que parta de algum obscuro centro de controle. Na verdade, o esquematismo decorre da própria natureza dessa arte, natureza essa que é determinada por seus objetivos comerciais e pelas condições em que esses objetivos se cumprem". Ou seja, a necessidade de preencher todos os espaços e todos os tempos possíveis e disponíveis torna a cultura de massa um fenômeno ao mesmo tempo mercantil e sociocomunicativo de enorme celeridade, de sincretismo permanente (mistura de todos os fatos, de personalidades e realidades) e de concisão extremada (empobrecimento das próprias linguagens utilizadas, a começar pela linguagem escrita).

Opiniões condenatórias. A assim chamada Escola de Frankfurt procedeu a uma análise ou hermenêutica que repudia a cultura de massa, observando em suas manifestações, mas principalmente em seus valores, o fracasso do projeto iluminista, →*Iluminismo, Ilustração*) e sua crença na redenção racional do homem. Ela não realiza um mundo propriamente humanístico, mas o *mundo do capital* sob a forma utilitária, mecânica e, atualmente, eletroeletrônica do espírito. A razão converteu-se ou permaneceu instrumento de uma dominação encantatória e por isso mesmo atraente, mas afastada, em seu propósito, de uma possível autonomia individual. É capaz de absorver, senão de imediato, ao menos gradativa e seguramente o incômodo, a tensão ou a negatividade da arte superior e da crítica, valendo-se dos poderosos e sedutores mecanismos de alienação. "A civilização atual a tudo confere um ar de semelhança [...]. Cada setor se harmoniza em si e todos entre si. As manifestações estéticas, mesmo a dos antagonistas políticos, celebram da mesma forma o elogio do ritmo do aço [...]. A racionalidade da técnica hoje é a racionalidade do próprio domínio, é o caráter repressivo da sociedade que se auto-aliena" (Adorno, Horkheimer – *O Iluminismo como Mistificação das Massas*). Sua arte seria a de um estilo em estado bruto, barbárie estética, porque se recusa a qualquer tensão entre o particular e o universal. Toda ela é divertimento (*amusement*), o denominador comum e a totalidade da vida cultural. Não deve exigir esforço, já que se lida com "mentalidades médias", mas propiciar prazer. O divertimento que lhe é inerente renuncia à reflexão sobre as instâncias sociais e à dor constituinte do ser humano (esquecendo-se que a dor faz parte do orgasmo).

Na época dessa reprodutibilidade técnica, a obra de arte industrializada perde sua "aura", o valor de uma presença única, que a remete a uma história, a uma autoridade, a uma autenticidade. Abre-se o espaço a uma "arte pela arte" que gera conseqüências muito além desse domínio exclusivo, pois o que se rompe é o valor da tradição cultural, da memória e das exigências anteriores que, não satisfeitas em seu tempo passado, são atiradas ao esquecimento na modernidade, impedindo-as, mais uma vez, de se efetivarem. E o pior de tudo, com o consentimento e a inércia das massas consumidoras.

O que na verdade ocorre, para Walter Benjamin, é a transformação profunda e radical da percepção da realidade (o cinema lhe serviu de exemplo), que a reprodutibilidade técnica exerce. A perda da "aura" é um empobrecimento do "maravilhoso" e do distante que envolvia a narração tradicional. A narração noticiosa atual, radiofônica ou televisiva, limita-se a uma reprodução exata (em tese) e imediatista (necessária à objetividade técnica), o que uniformiza os relatos da experiência humana e empobrece o imaginário do indivíduo receptor, preso ao que é apenas contingente. A cultura de massa está assim comprometida com o ritmo vertiginoso da atualidade, ou, ao contrário, gera esse dinamismo voraz de um presente constante, que é o seu quadro de referência, seu comportamento lúdico e sua estética. Constrói a sua realidade e seu imaginário com mitos prosaicos (ídolos, estrelas, vedetes), religiosamente profanos, dando a ilusão de que, ao menos na terra, "todos têm direito a quinze minutos de celebridade". Concorrendo e influenciando todos os valores e comportamentos ainda remanescentes das demais instituições – família, casamento, educação escolar, trabalho, religião etc. – formaliza os grandes modelos da vida (→*Cultura popular e folclore*).

Já Hannah Arendt, em seu texto sobre *A Crise da Cultura*, observa: "A sociedade de massa *não quer* a cultura, mas os lazeres (a diversão) e os artigos oferecidos pela indústria dos lazeres são confortavelmente consumidos pela sociedade como todos os demais objetos de consumo[...]. Servem, como se diz, para passar o tempo, e o tempo vazio que assim é experimentado não constitui o tempo da ociosidade (à moda dos gregos clássicos e da Roma Republicana), ou seja, o tempo no qual estamos livres de toda preocupação e atividade necessárias e, por isso, livres *para* o mundo e sua cultura; é mais o tempo da sobra, ainda biologicamente determinado pela natureza, aquele que resta após o trabalho e o sono terem cumprido os seus deveres". Assim, "aqueles que produzem para o *mass media* pilham todo o domínio das culturas passada e presente, na esperança de encontrar um material apropriado. Este material não pode ser apresentado tal como é; torna-se indispensável modificá-lo para que se converta em lazer; é preciso prepará-lo para que seja fácil consumi-lo [...] Não faço aqui alusão, bem entendido, à difusão de massa. Quando os livros ou as reproduções são atiradas ao mercado a preços baixos, e vendidas em quantidade considerável, isto não alcança a natureza dos objetos em questão. Mas sua natureza é atingida quando estes mesmos objetos são transformados – reescritos, condensados, digeridos ou reduzidos ao estado de bugiganga ou pacotilha [...] Isto não significa que a cultura se espalhe pelas massas, mas que ela se vê destruída para engendrar o lazer".

Pela mesma época, meados do século, escrevia Fidelino de Figueiredo: "Há hoje, bem patente, um movimento geral de ascensão das massas despertas, de forte curiosidade intelectual, ardente sede de saber e de informação acerca de tudo – movimento ascensivo que as facilidades de comunicação revelam, estimulam e contentam [...]. À sombra desta manifestação de saúde é que se definiu a doença nova: a falsificação da cultura. Pensam os fornecedores da cultura – que não são nunca os seus criadores – que a vida moderna é vertiginosa, precisa de aproveitar o tempo avaramente [...] será preciso condensar, abreviar, simplificar, tornar assimilável, pela pequenez do seu espírito, a grandeza do pensamento e a imensidão da cultura acumulada [...]. É uma espécie de trepanação intelectual em série. Intervém-se no próprio funcionamento da máquina das idéias e das emoções. Até a alegria se torna oficial, forçada e regulada. Tira-se o que lá está e põe-se o que quer que lá esteja, como fazem os hipnotizadores [...] ministram-se logomaquias ou *slogans*, fórmulas epigráficas e enganosas, como se fossem bengalas aos cegos" (*Um Colecionador de Angústias*).

A partir de análises como estas, Dwight MacDonald criou o termo *midcult*, em cuja categoria se insere a cultura média pequeno-burguesa, aquela que promove uma transposição empobrecida, banalizada ou paródica da alta cultura, comumente veiculada em programas televisivos, filmes banais ou peças teatrais adaptadas e "atualizadas".

É ainda, e por fim, uma *sociedade do espetáculo* (expressão de Guy Debord), isto é, uma cultura tão pródiga na criação de imagens que estas tomam o lugar central do cotidiano e, por sua força constante e persuasiva, realizam todas as aspirações possíveis no terreno do imaginário. A difícil possibilidade de "ser" transfere-se para as experiências cômodas e móveis do "aparecer". Os vínculos sociais (ou a ausência deles) localizam-se agora na abstração das telas, permitindo que à realidade das coisas se prefira antes a incorporeidade da imagem virtual.

Essa transferência torna "divinamente prosaica" a busca de seres e objetos transcendentais, cujo poder a ciência vem secularizando – uma radicalização do que Feuerbach já percebera em seu tempo: a de que a ilusão tornara-se sagrada e a verdade, profana. Em forma de aforismos, escreveu Debord: "Toda a vida das sociedades nas quais reinam as modernas condições de produção se apresenta como uma imensa acumulação de espetáculos. Tudo o que era vivido diretamente tornou-se uma representação. O espetáculo não é um conjunto de imagens, mas uma relação social entre pessoas, mediada por imagens. Considerado em sua totalidade, o espetáculo é, ao mesmo tempo, o resultado e o projeto do modo de produção existente (o do capitalismo que tudo transforma em mercadoria, inclusive os bens espirituais). É o âmago

do irrealismo da sociedade real. Ou seja, a representação "deve ser" o real, exigindo-se deste que se espelhe na imagem da representação. O espetáculo domina os homens quando a economia já os dominou totalmente". →*Dramatização*.

Celebrações. Por outro lado, e apesar das variadas críticas que lhe possam ser feitas, dada a sua superficialidade, sua platitude e errância em modismos, há os que celebram a cultura de massa. Bem ou mal, ela realizaria uma "democratização" e uma extensão dos conhecimentos como nunca ocorreram em épocas passadas; estimularia e responderia a necessidades jamais experimentadas, mesmo em seu movimento permanente de insatisfações; desenraizaria o homem de sua particularidade, oferecendo-lhe os valores abrangentes do cosmopolitismo; vigiaria o poder político com mais intensidade do que as culturas tradicionais o permitiram, ainda que para isso se valha do "espetáculo"; permaneceria aberta às criações e às experiências artísticas mais sérias, estimuladoras da reflexão, mesmo que nos limites periféricos de seu tempo e espaço, ou seja, seria por seu poder de difusão que a própria crítica da cultura se manifestaria – em periódicos, programas televisivos e de rádio, redes de informática e no cinema.

Argumenta-se ainda que o mundo do divertimento ou dos apelos simplistas, meramente emocionais, sempre foi um atrativo para as multidões, desde o circo romano, não podendo corresponder a uma degeneração dos costumes, mas a uma nova maneira de satisfazê-las em seus "apetites naturais". O que determinados analistas perguntam (Zygmunt Bauman ou Mike Featherstone, entre outros) é se não se estaria confundindo a cultura em seu sentido antropológico, ou seja, o fato de todas as sociedades criarem representações de suas práticas, com a cultura privilegiada de uma camada de intelectuais, daqueles que são especializados na produção dos símbolos da alta cultura (acadêmica, artística ou científica). Não estariam estes últimos se sentindo ameaçados e, conseqüentemente, reagindo a uma possível perda dos antigos privilégios, decorrente de uma competição em que seus "projetos universais" já não encontram ressonância popular? Ou ainda, como justifica Cas Wouters, foi no interior desta cultura de massa que novas formas de comportamento (individual e social) e de exploração das emoções e dos sentidos, anteriormente proibidas ou condenadas, puderam surgir e se contrapor aos domínios políticos e morais (por exemplo, os movimentos "contraculturais" estudantis e da juventude na segunda metade do século XX).

Por fim, e na opinião de Umberto Eco, "o erro dos apologistas é afirmar que a multiplicação dos produ-

CULTURA E CIVILIZAÇÃO | 195 | **Cu**

tos da indústria seja boa em si, segundo uma ideal homeostase do livre mercado, e não deva submeter-se a uma crítica e a novas orientações. O erro dos apocalípticos-aristocráticos é pensar que a cultura de massa seja radicalmente má, justamente por ser um fato industrial, e que hoje se possa ministrar uma cultura subtraída a este condicionamento [...]. Na verdade, o problema é saber qual a ação cultural possível a fim de permitir que esses meios de massa possam veicular valores culturais" (→*Ação cultural*).

CULTURA E CIVILIZAÇÃO. **Etimologias e primeiros significados.** O termo cultura provém do latim *colere*, cultivar, tratar, cuidar, abrangendo dois vocábulos gregos diversos: *georgia* (cultura do campo, agricultura) e *mathemata* (conhecimentos adquiridos). Da Antigüidade à Renascença, utilizaram-se mais correntemente as palavras *humanitas* ou *civilitas* (esta do latim *cives*) para se designar um homem não apenas educado, intelectual ou artisticamente, mas inserido numa ordem racional e politicamente construída. Cícero, no entanto, já havia empregado a expressão *excolere animum* (cuidar bem da alma) com o mesmo significado metafórico de *humanitas*. Daí também o motivo pelo qual o poeta e crítico de cultura Samuel Coleridge utilizou-se do vocábulo *cultivation*, nos inícios do século XVIII, para se referir a um "desenvolvimento subjetivo e harmonioso das disposições do espírito e de suas faculdades", características distintivas do ser humano (Raymond Williams, *Culture and Society*). E o próprio Williams observou que o sentido da cultura como "aperfeiçoamento espiritual" demonstrava, à época, uma resposta à já visível e crescente maquinização do mundo, à irrupção das massas na cena urbana e à ruptura das solidariedades comunitárias. Por conseguinte, o cultivo intelectual e estético era também o sentimento de um tempo em declínio, o refúgio de uma consciência subjetiva, infeliz e nostálgica.

A palavra, como hoje a conhecemos em sua extensão social ou coletiva, passa a ser usada pela língua alemã no século XVIII (*Kultur*) com o sentido de refinamento espiritual ou enobrecimento de todo um povo pelo "cultivo" de conhecimentos.

Um terceiro significado semântico, lembra Hannah Arendt, é o de cultuar, tanto no que se refere ao cuidado dos deuses, como o de rememorar os eventos fundadores da vida, das gerações, e os antepassados, fazendo com que o presente conserve seus compromissos com o passado do qual se originou. Finalmente, é de cuidar e elevar que deriva a noção de *puericultura*, ou seja, a de educação da infância e, de maneira análoga, a de *fisicultura*, cuidado e embelezamento do corpo.

Uso moderno na antropologia. Do ponto de vista das ciências sociais e, mais especificamente, da an-

tropologia, o conceito de cultura foi expresso, inicialmente, pelo britânico Burnett Tylor, em 1871, na obra *Primitive Culture*, sendo-lhe sinônimo o vocábulo civilização. Identificando ainda história e cultura, no sentido de capacidade intelectual que se desenvolve por meio de diferentes manifestações, afirmou então ser ela "O complexo de conhecimentos, crenças, artes, leis, moral, hábitos, costumes e capacidades adquirido pelos homens como membros de uma sociedade".

Características gerais. O entendimento de cultura vem sendo estabelecido por oposição ao de Natureza, podendo-se entender esta última como um princípio ativo e permanente de criação, espontânea ou divina, substância comum de todos os seres ou como qualquer fenômeno não gerado pela vontade humana. De início, portanto, há um componente universal e natural do ser humano – sua animalidade, configuração e estrutura biológicas, sua libido e pulsões inatas. No entanto, a cultura só é possível pelo fato de o Homem não se comportar *inteiramente submetido* à Natureza. A partir de um determinado momento de sua filogênese, o antropóide que viria a ser homem converteu-se em um ente "desviante", isto é, não-adaptado ou especializado de uma vez por todas ao ambiente de criação. Daí Marx denominá-lo *Mängelwesen* – um ser falto, imperfeito, no sentido de não conformado inteiramente à Natureza, e portanto capaz de produzir-se e produzir o seu próprio mundo. Esta mesma concepção encontramos em Nietzsche, quando o filósofo diz ser o homem "um animal ainda não definido". Não definido tanto pela inexistência de um conceito único a seu respeito quanto por não estar inteiramente acabado. Na mesma direção, escreveu Arnold Gehlen: "Permitam-me o pressuposto de que no Homem se tenha dado um projeto global da natureza, um projeto absolutamente único, nunca experimentado de outra maneira[...] Apropriar-se do mundo é também apropriar-se de si mesmo; a tomada de posição perante o exterior é uma tomada de posição face ao interior e a tarefa dada ao Homem é sempre uma tarefa objetiva de padronizar-se perante o exterior e subjetiva em favor de si mesmo. O Homem não vive, mas *conduz* a sua vida" (*O Homem. Sua Natureza e Lugar no Mundo*).

Por tais razões, tudo o que se atém ou decorre de *regras sociais significativas*, transmissíveis e educativas, diz respeito à cultura (normas, valores, conhecimentos práticos e teóricos e comportamentos grupais, contendo significados). Se a natureza obedece a leis imprescritíveis e universais, a cultura, por ser um fenômeno essencialmente humano, permite ações livres ou de constante recriação.

E o primeiro paradoxo da cultura encontramos aqui. Pois uma de suas características é a da *relativi-*

dade ou particularidade, já que os grupos humanos estabelecem estruturas de convivência, regras e códigos simbólicos próprios, singulares e, conseqüentemente, diferenciados. Ao mesmo tempo, todos os povos, indistintamente, criaram padrões e valores sociais, indicando a *universalidade* do fenômeno cultural. Assim, se, de um lado, a cultura responde universalmente a necessidades naturais, inclusive pela faculdade comum da linguagem, suas formas de representação, de consciência e de ações coletivas podem assumir uma larga diversidade. O fenômeno cultural corresponde, portanto, a uma *segunda natureza*, exclusiva do ser humano. A natureza, como princípio ativo ou substância comum, contém em si mesma um determinismo, uma necessidade causal (ou é assim percebida habitualmente). Já na cultura, encontram-se opções voluntárias de transformação, escolhas relativamente livres de ação ou de construções racionais (ou pelo menos racionalizantes). E essa possibilidade permite relações variadas dos homens entre si e com a própria natureza. Um conjunto de ações e de valores que não apenas procura satisfazer as carências primárias ou imediatas, como permite criar outras e novas necessidades, tão ou mais importantes que as anteriores (a teoria das necessidades em Marx).

Sob o ponto de vista dessas transformações, a cultura passa, também, a ser sinônimo de história. Pelo menos aquelas que se modificaram ou romperam os ritmos exclusivamente cíclicos (naturais), criando formas produtivas, sociais e conhecimentos mais complexos. Ou seja, aquelas culturas que estabeleceram uma "flecha do tempo", que se lançaram a um futuro incerto, diferentemente das comunidades que permaneceram sem Estado, ágrafas, "arcaicas" ou "primitivas".

Sistema de signos. Visto genericamente, o âmbito da cultura constitui a maneira pela qual os homens instituem socialmente as suas relações políticas, as formas econômicas de produção, de distribuição e de consumo, os processos de criação e de difusão de conhecimentos, os valores que elegem do ponto de vista moral, as crenças de origem (religiosas), as formas e conteúdos estéticos e mesmo os hábitos cotidianos de vida. Ou seja, a uma cultura material corresponde uma cultura espiritual. No dizer de Claude Lévi-Strauss, "toda cultura pode ser considerada como um conjunto de sistemas simbólicos em cuja primeira fila se situam a linguagem, as relações econômicas, a arte, a ciência, as relações matrimoniais (e de parentesco) e a religião. Todos esses sistemas visam exprimir certos aspectos das realidades física e social e, mais ainda, as relações que ambos os tipos de realidade mantêm entre si e que os próprios sistemas simbólicos man-

têm uns com os outros" (Introdução à obra de Marcel Mauss, *Sociologia e Antropologia*).

Embora esse campo se caracterize por sua complexidade, o que não deixa de dificultar as correlações possíveis entre as esferas mencionadas, pode-se perceber que tais manifestações se conjugam em sistemas de signos, em códigos mentais e de comportamento, ou ainda em ordenamentos simbólicos, ora homogêneos e compartilhados, ora contraditórios e conflitivos, servindo para revelar e dar significado às ações cotidianas e concretas de grupos sociais e de indivíduos.

As "formas simbólicas", no entendimento de Ernst Cassirer, constituem o único cerne de uma possível e abrangente definição da natureza humana. Segundo o filósofo, "a característica destacada do homem, sua marca distintiva, não é a sua natureza metafísica ou física, mas o seu trabalho. É este trabalho, o sistema das atividades humanas, que define e determina o círculo da 'humanidade'. Linguagem, mito, religião, arte, ciência e história são os constituintes, os vários setores desse círculo [...] (elas) estão unidas por um vínculo comum [...] não um *vinculum substantiale*, como foi imaginado e descrito pelo pensamento escolástico; é antes um *vinculum functionale* [...] Se o termo humanidade quer dizer alguma coisa, quer dizer que, a despeito de todas as diferenças e oposições que existem entre suas várias formas, todas elas estão trabalhando para um mesmo fim [...] Em sua totalidade, a cultura humana pode ser descrita como o processo de progressiva autolibertação do homem. A linguagem, a arte, a religião e a ciência são as várias faces desse processo. Em todas elas, o homem descobre e experimenta um novo poder – o poder de construir um mundo só dele, um mundo 'ideal'" (*Ensaio sobre o Homem*).

Já como ressalta Pierre Bourdieu, o sistema simbólico é também um poder simbólico. Mesmo reunindo entendimentos de autores diversos, tal concepção permanece praticamente invariável. Por exemplo, comparando-se Durkheim e a dupla Marx-Engels: "O poder simbólico é um poder de construção da realidade que tende a estabelecer uma *ordem gnosiológica*: o sentido imediato do mundo supõe aquilo que Durkheim chama o *conformismo lógico*, quer dizer 'uma concepção homogênea do tempo, do espaço, do número, da causa, que torna possível a concordância entre as inteligências' [...]. A tradição marxista privilegia as *funções políticas*; esse funcionalismo explica as produções simbólicas relacionando-as com os interesses das classes dominantes. As ideologias, por oposição ao mito [...] servem interesses particulares que tendem a se apresentar como interesses universais [...]. A cultura dominante contribui para a integração real da classe dominante e para a integração fictícia da sociedade no seu conjunto; portanto, para a desmobilização (falsa consciência) das classes dominadas; e para a legitimação da ordem estabelecida por meio do estabelecimento das distinções (hierarquias) e para a legitimação dessas distinções [...] a cultura que une (intermediário de comunicação) é também a cultura que separa (instrumento de distinção) e que legitima as distinções, compelindo todas as culturas (designadas como subculturas) a definirem-se pela sua distância em relação à cultura dominante" (*O Poder Simbólico*).

Por fim, é no interior do sistema simbólico que se "estabelece uma oposição entre as coisas consideradas como objetos dignos de serem pensados e experimentados, e aqueles considerados indignos da conversação e do pensamento, o impensável ou indigno de ser mencionado". Somente aquilo que passa a circular, a ser codificado, transmitido, aceito e memorizado como símbolo é que se torna cultura. O que vai sendo expurgado dessa valoração simbólica, por ausência de uso e de circulação, deixa de pertencer ao seu universo vivo ou orgânico. Quando muito, resta-lhe a lembrança cronológica. Exemplificando de maneira simples, a socialização infantil, que antes se construía nas zonas rurais ou mesmo nas ruas das cidades, alterou-se com o adensamento das metrópoles. Deixou de ser pública e aberta para se fazer privada e resguardada, sob estímulos mais fortes de objetos eletrônicos e tecnológicos. Com essa mudança, os signos e interesses infantis também se transformaram, em decorrência dos novos meios de vida, aproximando-se dos valores e dos comportamentos adultos. Ou seja, passa a ser outra a relação da criança com os seus brinquedos (industrialmente prontos), sua experiência e aprendizado com as formas lúdicas, com a natureza (já bastante afastada da vivência cotidiana), com os grupos primários, com a educação formal e com o conteúdo imaginário que ela recebe e recria.

De outro ponto de vista, no momento em que a Reforma protestante burguesa reconheceu o direito do indivíduo de interpretar a lei divina, o significado cultural que ela expressava não se restringiu à simples recusa do poder papal ou à diminuição da autoridade clerical. Abriu caminho, progressivamente, para a reorganização política da época, propiciou, ou pelo menos justificou, a reformulação do espírito econômico (o do capitalismo) e deu lugar à descoberta e ao exercício do que Hegel denominou de subjetividade (realce do individualismo e da liberdade de ação). Ou seja, as aspirações individuais passaram a ter importância crescente perante as instituições tradicionais (políticas, sociais e religiosas) e a autonomia da ação humana tornou-se uma responsabilidade particular a ser reconhecida.

A idéia de Nação, que já se identificou, durante o período absolutista, com o poder suserano ou real e suas linhagens familiares, foi sendo redefinida, gradativamente, por novas forças econômicas e políticas, até ser entendida como um conjunto histórico legitimado em nome do povo e de suas tradições (→*Cultura popular e folclore*). No primeiro caso, a produção simbólica esteve marcada pela realeza e pela aristocracia (classicismo, barroco); no segundo, pelas camadas da burguesia (romantismo, modernismo). A nação é também, e conseqüentemente, um "artefato cultural" que pode até mesmo submeter-se a instituições supranacionais (comunidade de nações), ou vir a desaparecer.

Outras formas de manifestação cultural. A partir de meados do século XIX, em plena era romântica, percebe-se que as finalidades míticas, religiosas ou cívicas desapareceram das obras de arte (o que levou T. S. Eliot, por exemplo, a considerar a cultura contemporânea como decadente). O valor e o sentido da experiência sagrada ou da formação cívica foram substituídos pelo esteticismo puro e pelo espetáculo característico da →cultura de massa (→*Arte no século XX* e →*Modernidade e pós-modernidade*). Essa viragem simbólica correspondeu a uma concepção predominante, qual seja: a arte encarada não apenas como atividade prosaica ou profana, que não se pretende transcendental, mas ainda, no dizer de Ortega y Gasset, muito menos antropocêntrica, muito menos biomórfica, e sobretudo lúdica e irônica. Nem sacralidade, nem política. Com isso, alterou-se a estrutura do imaginário corrente e redefiniram-se os interesses que aliam os produtores e a esfera culturais à "massa" consumidora, inteiramente disponível para o divertimento, bem como as formas de projeção e de identificação entre obra e espectador.

Se a Revolução Industrial permitiu ao homem a experiência prática da velocidade das máquinas e da produção em série, aos poucos ela se converteu em uma modalidade de cinese não mais restrita à produção de objetos fabris, mas extensiva também à dinâmica das imagens simbólicas, presentes no cinema, no rádio, na televisão, no vídeo, nos computadores e na publicidade, e até mesmo nos esportes radicais de vertigem ou nas experiências turísticas. Um dinamismo que, por sua vez, realimenta a velocidade agora vital da reposição econômica.

Por outro lado, a realidade imediata do trabalho assalariado não denota apenas uma remuneração econômica, mas, ao mesmo tempo, reafirma, simbolicamente, uma relação hierárquica intersubjetiva (sendo o outro sujeito o capital), instituída pelo Direito. O que nos remete, simultaneamente, à estrutura social da propriedade, ao revelar a maior ou menor integração dos assalariados na apropriação ou distribuição da riqueza gerada, ou capacidade de consumo propagado pela sociedade.

A possibilidade de eleger um determinado candidato por voto secreto e universal não lhe confere apenas, e individualmente, o direito de exercer um poder na esfera política (tal poder poderia ser alcançado de outra maneira). Significa também a forma atribuída à democracia contemporânea na configuração da instância política – a *representação* ou participação indireta (a democracia ateniense não se valia do voto, mas do sorteio, aliando a este último a idéia de igualdade) – bem como o reconhecimento da importância feminina, o que é relativamente recente.

O tipo de mobiliário e sua disposição numa casa (simetria, dissimetria, ordem ou promiscuidade) não indicam, concretamente, só o poder de compra de uma família, ou sua classe socioeconômica, mas a vivência e a reação estéticas à forma e à visibilidade do espaço íntimo, bem como o envolvimento emocional de cada membro com os objetos particulares e os comuns.

Assim, a toda satisfação de necessidades materiais (que nas sociedades chamadas históricas tendem a se transformar e a criar novos valores) e a cada relação social determinada, corresponde uma produção simbólica (mais ou menos explícita) que consagra, adapta ou repudia o uso social. Por isso, a cultura pode também ser entendida como "leitura", ou seja, como entendimento de um fenômeno objetivo, ao criar uma relação especular (de espelho) que fornece sentido a tudo o que é, aparentemente, imotivado, indiferente ou "natural". Representa uma ordem simbólica por meio da qual homens determinados exprimem relações com a natureza, entre si e com seus próprios significados.

Cultura e indivíduo. Torna-se evidente que as culturas agem e retroagem continuamente sobre os seus portadores, estabelecendo uma relação permanente entre a espécie humana (o substrato biológico), a sociedade (o lado coletivo, antropológico) e o indivíduo (a subjetivade). Conforme observou – entre outros – a antropóloga Ruth Benedict, a *personalidade* dos indivíduos deriva em grande medida dessas conexões (*Padrões de Cultura*). Também por essa razão, lembra Edgar Morin que a cultura "Impregna, modela e eventualmente governa os conhecimentos individuais. Trata-se aqui não tanto de um determinismo sociológico exterior, quanto de uma estruturação interna. A cultura e, via cultura, a sociedade estão ambas no interior do conhecimento humano. O conhecimento está na cultura e a cultura está no conhecimento. Um ato cognitivo individual é, *ipso facto*, um fenômeno cultural e todo elemento do complexo cultural coletivo atualiza-se num ato cognitivo individual" (*O Método*). Os elementos culturais não são, portanto, estoques reservados de informações, mas, sim, mecanismos que criam, refletem, selecionam, favorecem e rejeitam determinadas ações, relações e valores, genéricos e subjetivos.

Humanismo *versus* barbárie. Também por esse motivo, percebe-se que o entendimento mais antigo do vocábulo *humanitas*, ou aprimoramento espiritual, pode ser integrado à análise do sistema de signos, pois é possível aplicá-lo a uma apreensão gradativa e a uma articulação coerente dos significados presentes nas relações sociais.

Mas deve-se ter cautela com a concepção segundo a qual a ordem simbólica da cultura realiza sempre, ou necessariamente, um movimento de elevação espiritual, de refinamento dos sentidos, de produção e repartição dos saberes, ou de desvelamento das representações inscritas na realidade ou por ela pressupostas. Pois se a cultura exerce o papel de retirar o homem de um hipotético estado de barbárie primitiva – entendida como ausência de ordenamentos ou indistinção de regras – sua relação dialética com a linguagem, com as formas sociais, com as ideologias e estruturas produtivas pode conduzi-la a um estado paradoxal de "barbárie civilizada". Seja pela violência manifesta ou sutil das regras políticas ou de convivência social ("o bárbaro é um adolescente que perdeu a inocência da criança, sem ter adquirido o controle do adulto" – Arnold Toynbee), seja por um certo irracionalismo (*dementia*) incapaz de distinguir meios e fins no interior das relações e das práticas socioeconômicas, gerando com isso enormes desequilíbrios e injustiças.

Podemos aludir aqui ao totalitarismo, aos dogmatismos, às sociedades segregacionistas, às intolerâncias, às torturas, aos cultos da violência, às censuras do Estado, à mentalidade "cientificista" ou meramente instrumental da razão, aos genocídios, aos mecanismos prepotentes das burocracias, à corrupção, à ignorância e misérias materiais e espirituais de populações marginalizadas, aos atentados ambientais e à vida cotidiana da atualidade, agitada, materialista, estimulada por uma espiral vertiginosa de consumo. Em suas teses sobre o conceito da história, Walter Benjamin, observando a ausência de simetrias entre o que se apropria do passado e a construção do futuro, entre a experiência das gerações anteriores e a expectativa das vindouras, advertiu: "Não há nenhum documento de cultura que não seja, ao mesmo tempo, um documento de barbárie. E como ele próprio não está isento de barbárie, também não o está o processo de transmissão cultural pelo qual ele passa das mãos de uma cultura a outra".

Labirinto. Por ser um sistema de signos abrangentes e entrelaçados, compreende-se também que a cultura se constitui em forma de "labirinto" extremamente complexo. Cada parte que nela existe ou se evidencia acaba por estabelecer relações com um "aposento" vizinho. E ambos, sucessivamente, com os demais domínios da ação e da reflexão humanas. Suas galerias, portas e janelas permanecem sempre abertas, e dificilmente se encontrará um ambiente ou espaço absolutamente resguardado ou intocado pela sombra ou pela presença de outro. Impossível é sair dele.

Igualdade ou hierarquia? Se o esforço dos antropólogos culturais foi o de encontrar estruturas ou constantes universais nas diferentes realidades que as culturas assumiram – a faculdade da linguagem, as oposições binárias do parentesco, a proibição do incesto, o mito como experiência de um dilema permanente entre o mundo contínuo e sua percepção fragmentada – outros pensadores detiveram-se em uma análise de sentido inverso. Ou seja, se uma certa antropologia buscou afirmar, senão a igualdade, pelo menos a impropriedade de hierarquias entre as culturas, outra linha de investigação teve o intuito de explicar a predominância histórica da cultura ocidental.

No primeiro caso, e tomando-se como exemplo Claude Lévi-Strauss, diz ele que as diferenças entre os grupos humanos decorrem de circunstâncias geográficas, históricas e sociológicas, mas não de aptidões inatas ou de características étnicas. Além disso, só por ambição ou orgulho, exteriorizados sob a aparência de argumentos racionais, poder-se-ia falar em uma só escala cultural. Não existiria um desenvolvimento único, nem etapas a serem vencidas. As culturas são plurais e, acima de tudo, valores, não verdades inconcussas.

Já no segundo caso, deparamo-nos com as investigações de Max Weber em sua obra *A Ética Protestante e o Espírito do Capitalismo*. No texto, o autor pergunta-se pelos motivos que levaram a civilização européia a um desenvolvimento universal em valor e significado. Se apenas ela foi capaz de fazer evoluir as ciências naturais, a música, a arquitetura, a historiografia, o Estado de direito, a educação, o trabalho ou a economia, é porque houve algo diferencial em sua maneira de perceber e agir sobre o mundo que as demais culturas não lograram obter. E essa originalidade está na *ação racional*, na diferenciação dos saberes e nas capacidades de organização, de acumulação e de previsão, qualquer que seja o domínio visado: artístico, científico, intelectual, social ou econômico. Em sua elocução sobre a *Ciência como Vocação*, asseverou: "Em escritos hindus, é possível encontrar elementos de uma lógica análoga à de Aristóteles. Contudo, em nenhum outro lugar que não a Grécia percebe-se a consciência da importância do conceito. Foram os gregos os primeiros a saber utilizar esse instrumento que permitia prender qualquer pessoa aos grilhões da ló-

gica, de maneira tal que ela não se podia libertar senão reconhecendo ou que nada sabia ou que esta, e não aquela afirmação, correspondia à verdade, uma verdade *eterna* que nunca se desvaneceria, como se desvanecem a ação e a agitação cegas dos homens [...]. A essa descoberta do espírito helênico associou-se, depois, o segundo grande instrumento do trabalho científico, engendrado pelo Renascimento: a experimentação racional. Tornou-se ela meio seguro de controlar a experiência, sem o qual a ciência empírica moderna não teria sido possível".

A respeito da música, Weber assevera que a racionalização ocidental deu-se não apenas pela construção de regras harmônicas, isto é, pelo estabelecimento de relações matemáticas entre os intervalos e para os acordes, bem como pela exploração de sonoridades fora do âmbito místico ou mágico. O caráter modal da música (→*Música modal*) foi sendo posto de lado, no Ocidente, a partir da *ars antiqua*: "Temos que nos recordar do fato sociológico de que a música primitiva foi afastada, em grande parte, e durante os estágios iniciais de seu desenvolvimento, do puro gozo estético, ficando subordinada a fins práticos, em primeiro lugar sobretudo mágicos, nomeadamente apotropéicos (relativos ao culto) e exorcísticos (médicos). Com isso, ela se sujeitou àquele desenvolvimento estereotipador ao qual toda ação magicamente significativa está exposta" (*Os Fundamentos Racionais e Sociológicos da Música*).

No dizer ainda de George Steiner, "continua a ser um truísmo que o mundo de Platão não é o dos xamãs, que a física de Galileu e de Newton tornou inteligível para a mente uma importante porção da realidade humana, que as criações de Mozart vão além das batucadas ou dos sinos javaneses – por mais que estes possam ser comoventes e carregados de outros sentidos" (*No Castelo do Barba Azul*).

Mas é igualmente preciso reconhecer que esta cultura ocidental universalista e conquistadora é radicalmente dialética, considerando-se que os avanços técnicos são capazes de destruir a vida em toda a sua amplitude na terra, arruinar sistemas ecológicos inteiros e criar sociedades neuróticas, de culto irrestrito aos valores mercantis de troca, tão violentas quanto as do passado, em que o máximo de conforto e de bem-estar parece conviver com o indispensável conformismo político de "servos voluntários". Uma tal ambivalência pode ser vista também sob a óptica de Freud.

Repressão e sublimação. Para ele, a cultura ou a civilização desenvolve-se num movimento duplo, qual seja, o de uma construção devedora da "morte da natureza", indicando-se por essa expressão a forma pela qual o homem se auto-reprime, social e biologicamente, tendo por finalidade suplantar sua condição básica de carência. Sob o aspecto construtivo, há dois lados ainda. Em um deles, "ela compreende todo o saber e o poder que os homens adquiriram a fim de dominar as forças da natureza e conquistar seus bens para a satisfação das necessidades; de outro, todas as organizações que são necessárias para regular as relações dos homens entre si e, especialmente, a repartição dos bens de que podem assegurar-se" (*O Futuro de uma Ilusão*). Ao mesmo templo, a cultura torna-se sinônimo de coação dos instintos primários, das pulsões naturais que constituem o princípio de prazer. Identifica-se com o princípio oposto, o princípio de realidade. A animalidade primordial do homem, que persegue a satisfação imediata de seus anseios ou desejos, transforma-se em "humanidade" por força de um mecanismo específico – a →sublimação – e pelas regras posteriores e impositivas da cultura, ou seja, pela restrição dos prazeres, pela implementação do trabalho, da segurança e das gratificações adiadas.

Essa organização do ego, realizada pelas próprias instituições culturais, oferece as condições para o surgimento do *sujeito* (individual e coletivo) consciente, social e histórico. Por essa razão, a cultura é o instrumento mais poderoso ou eficaz de controle da liberdade e do prazer (que, como impulsos, jamais desaparecem), seja na história da espécie (filogênese), seja na do indivíduo (ontogênese). Mas ao mesmo tempo em que a cultura sublima as paixões eróticas (dessexualizando as práticas humanas), libera ou deixa escapar as pulsões destrutivas do instinto de morte (*Tanatos*). Essas, por sua vez, devem ser condicionadas para o exercício de uma "destrutividade socialmente útil", que domina e viola a natureza. Assim, o caráter "racional" da cultura estabelece um jogo duplo: de um lado, potencializa as capacidades humanas – seu aspecto claro e construtivo – e, de outro, fecunda a lógica da dominação, tanto do aparelho mental como das relações sociais, a partir de Eros e do instinto de morte (lembrando que esta última pulsão não significa pura destrutividade, mas também uma tendência para o alívio de tensões, fuga à dor e à própria repressão).

No entanto, um modo de atividade do aparelho mental, e que repousa sobre o princípio de prazer, tende a manter-se independente ou a exteriorizar-se de maneira mais flexível em face do princípio de realidade, contribuindo para a formação da cultura. Tal processo é o de elaboração da *fantasia*, capaz de unir o inconsciente à razão, o sonho à realidade. Por seu intermédio desenvolvem-se a imaginação, as atividades lúdicas, a divagação e a criação artística. Representa assim a forma visível e sublimada do retorno do reprimido, contrariando as necessidades de desempenho e as coações inerentes à própria civilização. E avizinha-se daquela função catártica descrita por Aristóteles como o objetivo da arte, ao opor e reconciliar, acusar e absolver, ao mesmo tempo, as relações do homem consigo e com a natureza.

Civilização. A relação entre as idéias de cultura e de civilização sempre foi muito próxima, ocorrendo casos em que ambos os termos aparecem como sinônimos; em outros, como estágios de uma sucessão histórica.

Etimologicamente, civilização provém de *civis, civitas*, conceito latino da *polis* e do cidadão gregos, mas empregada, por pensadores franceses, como "a cultura encontrada ou desenvolvida nas cidades". Que tipo de cultura? Aquela que permite a existência de pessoas liberadas das tarefas mais imediatas e básicas da atividade produtiva e econômica – da agricultura, do comércio e da indústria. Nesse sentido, civilização refere-se às sociedades em que os trabalhos manual e intelectual já se encontram separados e nas quais vimos surgir, no passado, os administradores e servidores do Estado ou das cortes, os sacerdotes, os políticos, os soldados, os artistas e homens de letras, assim como, a partir da era industrial, os novos profissionais por ela gerados: cientistas, técnicos, burocratas, jornalistas, vendedores, publicitários etc. Esta disjunção ou especialização acaba por instituir uma complexidade de relações e de domínios sociais desconhecida em comunidades pré-civilizadas. A civilização, portanto, é a sociedade que adquiriu uma configuração dinâmica, de tendência aberta, o que a estimula a conquistar certos objetivos mediatos ou futuros, dependentes, é óbvio, de possibilidades particulares e de suas visões material e espiritual: objetivos territoriais, religiosos, políticos, artísticos, técnicos e econômicos. Deste ponto de vista, a civilização pode ser compreendida como a busca de uma superação, de uma transcendência ou expansão cuja realidade, uma vez forjada por aspectos distintivos, reflita o entendimento de vida e de mundo que se queira exemplar para outras gerações e sociedades.

Sob esse aspecto, Engels entendeu a civilização como aquele estágio da evolução material e histórica a partir do qual se modificaram substancialmente as condições de vida e de mentalidade das sociedades, e no qual convivem vários aspectos ambivalentes: avanços técnicos, complexidade sociocultural, desigualdades e dominação política. Ultrapassado o período da horda primitiva ou selvagem, instituiu-se na seqüência a ordem gentílica ou ainda da barbárie tribal (*gens*, frátrias e suas subdivisões familiares), fundamentadas em relações comunitárias de organização, de produção e consumo. Nesse estágio, "É o grandioso, mas também o limitado da constituição gentílica, que ela não tenha espaço para a dominação ou servidão. Internamente, ainda não há diferença entre direitos e deveres [...]. O que é feito e utilizado em comum é propriedade comunitária" (*A Origem da Família, da Propriedade Privada e do Estado*). Com o advento das atividades pastoris e agrícolas, garantindo e estimulando a produção excedente de bens, ocorreu então a primeira grande divisão social do trabalho. E assim, "o aumento da produção em todos os ramos – criação de gado, agricultura, manufatura caseira – deu à força de trabalho humana a capacidade de criar um produto maior do que era necessário para sua manutenção. Conseguir novas forças de trabalho tornou-se desejável. A guerra as forneceu: os prisioneiros de guerra foram transformados em escravos [...]. Da primeira grande divisão social do trabalho surgiu a primeira grande divisão da sociedade em classes: senhores e escravos, exploradores e explorados".

Aqui tem início a civilização, caracterizada, em linhas gerais, por uma economia de trocas, pela propriedade privada dos meios de produção, pelo aparecimento das classes e segmentos sociais e, finalmente, pelo Estado. "A fase superior da barbárie nos traz uma divisão ainda maior do trabalho; com isso, a produção de uma parcela crescente de produtos para a troca; com isso, ainda, a elevação da troca entre produtores individuais passa a ser uma necessidade vital da sociedade. A civilização consolida e amplia todas essas divisões prévias do trabalho, acentuando sobretudo a antítese entre cidade e campo, e acrescenta a isso tudo uma terceira divisão do trabalho, peculiar a ela, e decisivamente importante: ela cria uma nova classe que não se ocupa mais com a produção, mas apenas com a troca dos produtos – os comerciantes... A constituição gentílica tinha caducado. Estava implodida pela divisão do trabalho e por sua resultante, a divisão da sociedade em classes. Ela (a comunidade gentílica) foi então substituída pelo Estado".

Mas existe ainda uma outra acepção que, embora vinculada à de cultura, foi sugerida como o inverso de uma visão expansionista. É a de Oswald Spengler, trazida em sua obra *A Decadência do Ocidente*. Para ele, "cada cultura tem a sua própria civilização. Pela primeira vez, estas duas palavras, que até agora designavam uma vaga distinção ética, acham-se aqui empregadas num sentido periódico, como expressões de uma sucessão orgânica, estrita e necessária. A civilização é o destino inevitável de cada cultura. Com isso, alcançamos o cume onde se tornam solúveis os derradeiros, os mais difíceis problemas da morfologia histórica. Civilizações são os estados extremos, os mais artificiosos que uma espécie superior de homens é

capaz de atingir. São um término. Seguem ao processo criador como o produto criado, à vida como a morte, à evolução como a rigidez, ao campo e à infância das almas como a decrepitude espiritual e a metrópole petrificada, petrificante. Representam elas um fim irrevogável, ao qual sempre se chega, com absoluta necessidade... A transição da cultura à civilização realizou-se, na Antigüidade, no decorrer do século IV a.C. No Ocidente, teve lugar durante o século XIX [...] A época atual é uma fase civilizada, não uma fase culta [...] O homem do Ocidente já não dispõe de capacidade para criar uma grande pintura, nem tampouco uma grande música. Suas possibilidades arquitetônicas estão esgotadas há cem anos".

Restrição do conceito. A imagem mais restrita que se tem da cultura, isto é, a de um universo exclusivamente artístico e intelectual, costuma ser encontrada no âmbito do poder público (ministérios e secretarias *de cultura*), nos meios de comunicação, em instituições educativas e em mercados de arte e de entretenimento. Um tal entendimento deriva de certos fatores históricos, econômicos e sociais. Entre outras, podem-se aventar as seguintes hipóteses: *a*) desde a Renascença, o *status* social do artista foi-se modificando, passando ele da simples condição de artífice ou artesão a cavalheiro e homem erudito, freqüentador das cortes laicas e religiosas. Esse engajamento explícito que a nobreza e a aristocracia do período promoveram junto aos artistas contribuía, evidentemente, para o esforço político de ostentação e de valorização patrimonial de seus acervos e propriedades. Com isso, consagrou-se o fenômeno das novas virtudes cavalheirescas, de que é símbolo o famoso livro *Il Cortegiano*, de Baldassare Castiglione, editado em 1528: educação primorosa, gosto artístico, talento, ecletismo, apreciação do tempo livre e *savoir-faire*. A convivência desses mecenas com personalidades do mundo das artes, ainda que provenientes de estratos inferiores, abriu-lhes possibilidades sociais e de reconhecimento pessoal, inexistentes no período medieval (→*Cultura popular e folclore*, →*Patronato* e →*Artesanato*); *b*) a significação dada à obra de arte como elemento de prestígio e de distinção de classe que o mecenato aristocrático transferiu à burguesia e às instituições modernas. Ou seja, o mundo da arte incorporou-se ao "estilo de vida" das classes dominantes – aos seus conjuntos de bens materiais e de práticas socioculturais – permitindo configurar as distinções de classe e de gosto. Quanto mais o "estilo de vida" se afasta das pressões e das necessidades imediatas, maior a distinção artístico-cultural. A esse respeito, diz Bourdieu: "Os gostos obedecem, assim, a uma espécie de lei de Engels generalizada: a cada nível de distribuição, o que é raro e constitui um luxo inacessível ou uma fantasia absurda para os ocupantes do nível inferior, torna-se banal ou comum, e se encontra relegado à ordem do necessário, do evidente, pelo aparecimento de novos consumos, mais raros e, portanto, mais distintivos" (*Gosto de Classe e Estilo de Vida*); *c*) a valorização do "gênio" artístico (talento inato para a inventividade, ou *ingenium*) que a cultura do século XVIII forjou e o movimento romântico exacerbou; *d*) a progressiva transformação da obra artística em objeto de coleção particular e mercadoria, preenchendo as necessidades de matéria-prima para as atividades comerciais e a indústria cultural; *e*) o fato de ser a obra de arte um veículo privilegiado de comunicação simbólica, o que facilita sua identificação imediata com o sistema de signos. →*Arte*.

CULTURA POPULAR E FOLCLORE. **A alta cultura descobre o povo.** A noção de uma cultura popular destacada e característica do povo, por oposição aos conhecimentos, às instituições, requisitos, normas ou práticas de poder, bem como aos símbolos de elites políticas, sociais, econômicas e intelectuais, é relativamente recente e provém desses mesmos estratos superiores, ou seja, da alta cultura. Por essa razão, ou ela tem sido definida negativamente – cultura não-oficial, cultura da não-elite – ou como expressão das classes "subalternas" (Gramsci), isto é, daquelas cuja força de trabalho e modo de vida estão na dependência da compra ou de obrigações perante uma classe superior, detentora dos meios de produção.

Se, como fenômeno sociocultural, pode-se dizer que sempre tenha existido – ao menos a partir de sociedades divididas em classes – as idéias sobre ela formuladas ganharam relevo e se converteram em tema de estudo e discussão no final do século XVIII: com as eclosões populares que estiveram na origem da Revolução Francesa e com as estéticas do pré-romantismo, do movimento Sturm und Drang e do romantismo. Mas o entendimento que prevaleceu daquela época até o início do século XX modificou-se, substancialmente, com o advento da →cultura de massa. Assim é que, em 1774, em sua obra *Uma Outra Filosofia da História*, Johann G. Herder, contemporâneo e conhecido de Goethe, introduziu a expressão "espírito do povo" ou "espírito nacional" – *Volksgeist* – para defender uma concepção nacional ou exclusivista de cultura (por sua influência, Goethe interessou-se pelo recolhimento de canções alsacianas e pela arquitetura gótica alemã). Baseando-se na positividade de suas próprias raízes, isto é, nas tradições seculares dos povos germânicos, Herder promoveu o elogio dos valores, das crenças, dos hábitos sociais e dos modos peculiares de criação e de reação espirituais de cada comunidade étnica – o *ethos* que impregna e confere consistência às culturas particulares. Chamou a atenção para as criações artísticas populares – no caso alemão, os *lieder* – (cuja coleção publicou em 1778), pois "os seus cantos são os arquivos do povo, o tesouro de sua ciência e de sua religião, de sua teoria e da cosmogonia, dos feitos de seus antepassados e dos acontecimentos de sua própria existência, reflexo do coração, imagem da vida doméstica, na dor e na alegria, do berço ao túmulo". Idéias como as de virtude, comunidade, beleza, verdade ou justiça só teriam sentido na vivência real e histórica de cada povo (→*Sturm und drang*).

Deve-se notar que essa defesa constituiu, ao mesmo tempo, um ataque ao universalismo das normas clássicas e abstratas, conservadas pelos iluministas franceses, orgulhosos de sua supremacia intelectual no continente, e à qual até mesmo vários monarcas se haviam rendido. "Clássico, que praga essa palavra! Ela fez de Cícero um orador clássico; de Horácio e Virgílio poetas clássicos, de César um pedante, de Tito Lívio um falador!". Convém mencionar, entretanto, que a idéia de *Volksgeist*, para Hegel, difere da de Herder. Neste, o "espírito do povo" é a origem e o produto de forças naturais que fazem uma história particular. Para Hegel, ao contrário, consiste em uma tarefa a ser cumprida, a da formação racional, consciente e deliberada de uma universalidade política, alcançada unicamente pelo Estado, e não pela Nação, um conceito ainda muito apegado ao "sentimento natural" e, portanto, rude e alienado.

Pouco depois, Jacob Grimm (*Pequenos Escritos*) procurou demonstrar que as poesias épica, lírica ou de trabalho constituíam as formas mais autênticas e naturais (*Naturpoesie*) de um povo. Referindo-se aos autores desconhecidos dos Nibelungos, afirmou que o anonimato e a multiplicidade das versões revelavam o verdadeiro espírito nacional ("como é usual em todos os poemas nacionais, e assim deve ser, porque pertencem a todo o povo").

Com o mesmo ímpeto, mas após o período revolucionário, monarquistas e tradicionalistas franceses, exemplificados na figura de um Joseph de Maistre, iriam pregar pelas características coletivas e regionalistas da pátria e, em nome do povo, reclamar o retorno à velha ordem social, a única que poderia garantir um verdadeiro "espírito francês". Com ideários semelhantes, apesar das diferenças nas intenções políticas, argumentavam ambos que ninguém nasceria trazendo do berço valores universais. Ao contrário, todo indivíduo tornar-se-ia humano apenas na medida em que incorporasse os traços e as tradições dos antepassados, a começar por sua fisionomia, sua língua, suas relações de vida familiar, seus sentimentos e saberes. Essa con-

CULTURA POPULAR E FOLCLORE 203 Cu

figuração de nascimento e de vida comum, de solidariedade interna – donde a idéia de Nação – é que forjaria uma identidade necessária, porque enraizada na proximidade das relações primárias, em uma imaginação coletiva solidária, e, portanto, segura, confiável e real. Nação, portanto, aproximava-se da idéia de povo com o significado de "natural, simples, analfabeto, instintivo, irracional, enraizado na tradição e no solo da região, sem nenhum sentido de individualidade. Para alguns intelectuais, principalmente no final do século XVIII, o povo era interessante de uma certa forma exótica; no início do século XIX, em contraposição, havia um culto ao povo, no sentido de que os intelectuais se identificavam com ele e tentavam imitá-lo[...]. A principal razão estética era a que se pode chamar de revolta contra a 'arte'. O 'artificial' (como 'polido') tornou-se um termo pejorativo, e natural (*artless*), como 'selvagem', virou elogio" (Peter Burke, *Cultura Popular na Idade Moderna*).

Ainda assim, o significado de popular continuaria ambíguo ou limitado, politicamente, aos estratos de artesãos e proprietários, bem como aos profissionais assalariados privados ou das instituições do Estado. Uma categorização próxima à de povo, mas na acepção dada pela república romana: *populus* – corpo jurídico e legislador, diferente da plebe despossuída ou do populacho rural e urbano. Voltando a Herder, ele mesmo não confundia o povo com as classes subalternas. Em suas palavras, "o povo não significa a ralé das ruas, que nunca canta ou cria, apenas uiva e mutila". Portanto, não era extensivo à totalidade das gentes, a um direito indistinto de cidadania. O povo simbolizava, fundamentalmente, uma comunidade orgânica, em cujo meio haveria um sentimento de semelhança, um débito de memória e uma necessidade de interação material ou de complementaridade de trabalho na vida cotidiana. E a cultura popular, dada pelo viés ideológico, era tratada na condição de uma cultura das particularidades, dos exclusivismos geográficos, da fidelidade aos ancestrais, a voz da natalidade ou a nacionalização do espírito.

Embora avessa ao cosmopolitismo e às críticas dos autoritarismos e das superstições, contidas na filosofia das Luzes (→*Iluminismo*), a "invenção" ou a "descoberta" da cultura popular exerceu seu fascínio no mundo ocidental, ainda que de maneira idealizada. Primeiramente, na literatura pré-romântica e, subseqüentemente, em todos os romantismos nacionais, sobretudo musical e literário, como foi o caso brasileiro em sua vertente indigenista. Os românticos iriam em busca dos épicos e dos líricos medievais, ou de suas fábulas anônimas. À procura do autêntico, entendido como o conjunto das tradições maternas e co-

munitárias, pré-capitalistas e pré-estatais. Assim o fizeram, entre muitos outros, os escritores Brentano e Arnim na compilação de poesias populares germânicas – *O Corno Mágico do Menino* (*Des Knaben Wunderhorn*) –, os irmãos Jacob e Wilhelm Grimm (*Contos Infantis e Domésticos*), Walter Scott (*Cancioneiro da Fronteira Escocesa*), o italiano Niccolò Tommaseo (*Cantos Populares*), o finlandês Elias Lönrot (*Kalevala*), Jan Willems (*Canções Flamengas e Holandesas*), o espanhol A. Durán (*Romanceiro*), o poeta tcheco F. Celakovsky (*Poesias Populares Eslavas*) e o português Almeida Garret (*Romanceiro*).

Novos estudos ou disciplinas. Assim, logo após a virada do século, a recém-chegada mentalidade ensejou o interesse não apenas por pesquisas literárias mas igualmente históricas. Mais do que isso, estimulou o surgimento de novas disciplinas, também auxiliares do colonialismo emergente: a etnografia (1807), ligada aos povos ágrafos e primitivos; a demosofia (conhecimento ou saber popular, o *Volksunde* alemão), a etnologia ou antropologia cultural (1839), e o folclore (1846), termo este proposto pelo arqueólogo inglês William J. Thoms, e logo aceito internacionalmente, proveniente de *folk*, de sentido mais cultural do que a palavra *people*. Em carta endereçada à revista *Athenaeum* (sob o pseudônimo de Ambrose Merton), Thoms afirmava: "Quem quer que tenha estudado os usos, costumes, cerimônias, crenças, romances, rifões, superstições etc., dos tempos antigos, deve ter chegado a duas conclusões: a primeira, o quanto existe de curioso e de interessante nesses assuntos, agora inteiramente perdidos; a segunda, o quanto ainda se poderia salvar com esforços oportunos".

Para além de um recolhimento de reminiscências, nascia ali o estudo das tradições e antigüidades populares, não-institucionalizadas, ainda sobreviventes ou adaptadas a épocas contemporâneas. O folclore incluiria tanto os aspectos simbólicos (mitos, crenças, hábitos sociais, festividades e expressões artísticas), quanto, mais tarde, os materiais (objetos de consumo, técnicas e artefatos de uso cotidiano, genericamente abrangidos pelo artesanato). Proveniente de um acervo imemorial, ele permaneceria, apesar de mudanças sucessivas e graduais, como "cultura existencial", isto é, vivida inconscientemente por meio de costumes e crenças. Na opinião de Renato Almeida, embora haja um terreno comum entre a etnografia e o folclore, cabe a este último "a cultura espiritual e tudo quanto na material a ela se referir. O fabrico de instrumentos musicais, por exemplo, interessa ao folclore porque são feitos para atender à folcmúsica e não, como os instrumentos eruditos, fabricados dentro da técnica do som. A cozinha será folclórica sempre que, como acontece com comidas e bebidas da afro-baiana e da afro-cubana, se ligar ao culto ou ainda relacionar-se com determinados ciclos como, em certas regiões do Brasil, os doces de milho pelo São João; em suma, se não tiver por finalidade a alimentação apenas" (*A Inteligência do Folclore*).

As investigações sobre os costumes e as formas de vida antigas das populações rurais permitiram verificar, por exemplo, que determinadas fábulas sobre o lobisomem, ou contos infantis, como o de *Chapeuzinho Vermelho*, tiveram uma origem bastante provável nos séculos XV e XVI. Isso porque os registros de caça ao lobo e histórias fantásticas a seu respeito eram freqüentes na época, em decorrência dos ataques que aqueles animais selvagens faziam em propriedades e rebanhos (quando Charles Perrault as coligiu e publicou, no ano de 1697, sob o nome de *Les contes de ma mère l'oye, ou contes du temps passé*, a sua verdadeira contribuição foi a de incluir as moralidades indispensáveis a um autor ilustre da Academia). Catástrofes naturais, doenças, pestes e períodos de fome eram assumidos como sinais misteriosos ou prodígios de um Deus vingativo. No imaginário ingênuo das populações campestres, a presença do sobrenatural envolvia os acontecimentos mais prosaicos do mundo, levando o cristianismo, no dizer de Jean Delumeau, a se tornar folclórico, por sua concepção fortemente animista. O Bem e o Mal, energias transcendentes ou extra-humanas, manifestavam-se em quase todos os acontecimentos do dia-a-dia. Também por essa razão, a insegurança, e com ela um medo constante e difuso expandiram-se nos casos de bruxaria, na criação de bestiários, em exorcismos de danças macabras, na subversão de festas mascaradas, em tabus alimentares e sociais.

Uma diferenciação histórica. No âmbito da história moderna, a separação mais profunda entre níveis culturais ocorreu a partir do Renascimento. Entre suas causas estavam: a urbanização e a monetarização econômica crescentes, a formação dos estados nacionais, a centralização política do absolutismo monárquico, aliado ao elitismo nobiliárquico e de consumo conspícuo (copiado ou simulado pelos novos e ricos burgueses), bem como a consolidação das instituições universitárias, o surgimento de academias e de um mecenato mais pródigo (eclesiástico, privado ou estatal), dirigido para os poderes simbólicos da aristocracia. Como resultado, evidenciou-se uma cultura citadina, formalmente regrada e transmitida, investigativa, de caráter propositivo, em permanente transformação e com pretensões universalistas, isto é, capaz de circular geograficamente entre vários Estados e temporalmente elástica (a alta cultura ou cultura letrada). O desdém pelas manifestações populares acentuou-se nas camadas dirigentes, embora se tolerassem, sob vigilância, várias de suas expressões. Assim sendo, a música e a dança das camadas inferiores, tradicionais e anônimas, a assistência a espetáculos dramáticos da →*commedia dell'arte* e do →teatro de animação mantiveram-se nas festas reservadas (de casamentos e de banquetes, das corporações e confrarias, das consagradas à religião) e nas festividades amplas ou abertas de caráter farsesco ou licencioso: a dos Loucos (*festa stultorum*), dos Bobos, dos Asnos (*festa asinorum*), dos Inocentes, comemoradas inicialmente no interior das igrejas, durante o inverno, e as de Carnaval.

Simultaneamente, desenvolveu-se uma hostilidade franca entre populações rurais e urbanas, assumindo essas últimas uma postura de altiva superioridade. De seu lado, a pequena nobreza rural, embora reconhecendo a rusticidade dos camponeses, passou a enxergar nos hábitos do campo valores mais honestos e seguros que os vivenciados pelo novo mundo urbano, progressivamente burguês. As narrativas literárias de um Noël du Fail, datadas do século XVI, atestam os conflitos sociais da época, na região norte da França e nos Países Baixos. E os séculos seguintes, o XVII e o XVIII, aprofundaram o desprezo das elites pelas culturas populares, rurais ou urbanas. As sociedades de corte, letradas e politicamente dominantes, associadas à burguesia intelectual, elaboraram e protegeram uma norma de cultura refinada, para a qual o analfabetismo, as superstições e a ignorância das classes subalternas eram absolutamente desprezíveis.

Até mesmo o corpo e o vocabulário sexual, que gozavam de uma estranha permissividade, mesmo para os padrões atuais, foram civilizadamente reprimidos. Rabelais, tão modelar nesse aspecto, do ponto de vista literário, teve suas obras condenadas por La Bruyère, por "semear o lixo". Um exemplo, entre outros, inscrito no *Gargantua*, é o do personagem que pergunta ao amigo beberrão: "– Se eu mijasse vinho, você chuparia meu pinto?". Como observou Norbert Elias, em *A Civilização dos Costumes*, desenvolveu-se deste tempo em diante um processo que conduziu as elites a se diferenciarem nitidamente das classes inferiores, tanto em comportamento público quanto nos domínios da arte.

Entre os pólos da alta cultura (ou cultura erudita) e da cultura popular / folclórica existem, obviamente, degraus ou estratos intermediários. Logo, os níveis de maior ou menor complexidade, as influências mútuas, podem ser bastante variados. De qualquer modo, é útil ter em mente o modelo do antropólogo Robert Redfield: a alta cultura provém de uma "grande tradição", cultivada em escolas, academias ou templos religiosos, transmitida de maneira fechada ou esotérica, sob regras mínimas de criação; a popular corresponde à "pequena tradição" e atua espontaneamente na vida dos iletrados (ou menos letrados), em comunidades dispersas e abertas. A grande participa da pequena de uma forma ou de outra (assistência, aceitação ou rejeição crítica), enquanto a segunda pouco ou nada recolhe da primeira. Quando o faz, procede de modo paródico, simplificado ou desviante (como no carnaval).

O rural e o urbano. Sintetizando as noções aqui apresentadas, podemos verificar que, inicialmente, a cultura popular consistiu na expressão de mentalidades, de hábitos e comportamentos cujas características se enraizavam em épocas imemoriais e em condições de produção agrárias, comunais ou do tipo feudal, sob o predomínio de técnicas artesanais, e geograficamente delimitadas. De um ponto de vista espiritual, o imaginário seria do tipo auto-referenciado, mantido por gerações e por uma constante transmissão oral. Em segundo lugar, com o advento do capitalismo mercantil, a atração da vida citadina e a revolução renascentista, instituiu-se uma segunda vertente de cultura popular – a urbana – desde então marcada por uma espécie de sincretismo ou duplo movimento: a manutenção de tradições rurais e a adaptação das formas e das expressões da alta cultura, primeiramente aristocrática e, na seqüência, burguesa, incluindo-se a transmissão escrita (das líricas, das baladas e romances). A cultura popular urbana veio a ganhar maior dinamismo do que a anterior, em virtude das influências e das relações de troca que passou a efetuar. A partir do século XVIII, por exemplo, a literatura de *colportage* ou de →cordel – livretos baratos e adaptados à compreensão popular, vendidos nas ruas e mercados – expandiu-se largamente na França, na Suíça, na Alemanha e nos Países Baixos, promovendo uma pedagogia vulgarizada e de entretenimento. Abordava temas diversificados, funcionando ora como veículo de educação religiosa ou social (as virtudes do trabalho e da vida familiar), ora como crônica ou forma de evasão e catarse (histórias de amor e de crimes, jogos sociais). Seus escritores, a maioria anônima, provinham de um estrato já relativamente letrado e serviam como mediadores entre a cultura erudita, suas normas e símbolos, e o universo popular. Na opinião de Robert Muchembled, "a partir dali, a cultura das elites e a dos humildes não podia estar mais diretamente em contato, como o estivera na Idade Média. Um nível intermediário as separava, o que iria permitir a lenta mas irresistível vitória da ideologia dominante, à qual ele se vinculava, por oposição à 'barbárie do vil populacho'" (*Culture Populaire et Culture des Élites*).

Teríamos então duas formações de cultura popular, em permanente cruzamento. Por uma delas, haveria o fenômeno da folclorização, ou seja, da criação ou adaptação coletiva e funcional (não gratuita) de fatos ancestrais ou contemporâneos a um patrimônio comum (por funcionalidade deve-se entender que uma determinada expressão ou mantém um sentido antigo, mesmo no presente – o que se denomina *pervivência* – ou adquire um significado recente, conservando, em linhas gerais, as formas passadas). Por exemplo, se as cavalhadas no Brasil ainda são encenadas atualmente, e já não possuem o caráter tradicional de celebração da vitória da cristandade hispânica sobre os sarracenos, a função religiosa se conserva na superfície, aliada, no entanto, à distinção da comunidade, ao ensejo da festa, ao exercício de papéis sociais de prestígio e como atrativo turístico-comercial.

Pela outra via, existiria uma cultura popular nascida com a Revolução Industrial, gerada ou reaproveitada em *centros profissionais e especializados* na produção de obras, de eventos, e na difusão de signos e valores. É aquela que adquire uniformidade não propriamente em seu conteúdo, mas sobretudo na lógica que a preside: um conjunto de expressões simbólicas que promove aspirações e molda necessidades constantes para o imaginário popular (entendido tanto no sentido de povo como no de plebe), e o visualiza, acima de tudo, como mercado economicamente lucrativo. A que vulgariza parte da alta cultura, artística ou científica, em formas medianas e palatáveis, comumente superficiais, mas deixando margens em que é possível se destacarem a criatividade, a inteligência e a renovação. Pois há nela, indiscutivelmente, níveis variados de qualidade formal, de apreensão e reelaboração artísticas dos temas humanos (e qualquer intelectual, ainda que de mau grado, poderia fazer uma razoável lista de bons artistas e obras populares do século XX). Uma cultura concorrente e substituta de outras instituições socioculturais – a escola, a Igreja, a família e o próprio Estado – assim como dos meios primários e tradicionais de comunicação e de socialização. Criadora de um espaço de vivência homogêneo, transparente e sedutor, deliberadamente organizado como espetáculo e mercado – a Cultura de Massa –, produzida e distribuída em moldes industriais por intermédio do disco, do rádio, do cinema ou da televisão.

CÚPULA. Tipo de →abóbada, de formatos curvo ou esferóide regulares, que recobre um espaço arquitetônico de base quadrada, circular ou poligonal. As bases de sustentação de uma cúpula são os pendentes, estruturas triangulares curvas que se elevam do solo apoiadas nos vértices mais delgados do triângulo (como se fosse um guarda-chuva aberto e pousado no chão, e do qual se houvesse retirado o cabo). Dependendo de suas dimensões e peso, além dos pendentes pode haver uma estrutura intermediária, o tambor, espécie de cinturão mural inteiramente circular, colocado sobre os pendentes, e acima do qual se assenta e a cúpula propriamente dita. Essas grandes cúpulas, como a da catedral de São Pedro, no Vaticano, são ainda formadas por duas calotas, ou seja, uma abóbada interna e oca, e outra superior, unidas na mesma base. Denomina-se *cúpula de bolbo* aquela utilizada na arquitetura religiosa ortodoxa (Europa Oriental), contendo um bojo que, ao se erguer, se contracurva e eleva-se novamente até o topo. *Cúpula geodésica* é um tipo de construção inteiramente em abóbada, inventada no século XX pelo arquiteto Buckminster Fuller, e que se caracteriza por uma malha de faces geométricas regulares, construída por tubos de material leve, deixando à mostra os alvéolos interestruturais. Na Renascença, quando o arquiteto Brunelleschi encontrou as soluções técnicas para erguer a cúpula da igreja de Santa Maria del Fiori (Florença, meados do século XV), sua estrutura tornou-se a representação real e objetiva do espaço celestial e protetor, mesmo que os céus – o físico e o metafísico – fossem infinitos. A infinitude estava indicada pelas nervuras estruturais que convergiam para o ponto mais alto. Por essa razão, Leon Alberti chegou a escrever que a cúpula da del Fiori "erguia-se acima dos céus". Também *domo* ou →zimbório.

CURADOR.   Em sua origem, e cujo significado se mantém, é um termo jurídico aplicado a pessoa incumbida de zelar pelos bens e direitos dos que não o podem fazer por si mesmos, representando-o em instâncias legais (do latim *curatore*, aquele que cuida ou administra em nome de outrem; tutor). No século XIX, no entanto, a palavra migrou para o terreno das artes, indicando inicialmente o responsável pela guarda legal, pela catalogação e exposição de coleção de artes plásticas particulares, bem como a de documentos e de obras literárias entregues a seus cuidados. Já no século XX, passou a concorrer e mesmo a substituir, sobretudo no âmbito de fundações públicas ou privadas, a denominação tradicional de conservador-chefe de museus, ou seja, o dirigente encarregado de preservar, recuperar e promover exposições de acervos, sugerir e justificar novas aquisições e ainda divulgar pesquisas da instituição por meio de publicações e seminários. De maneira corrente, o curador tem sido o profissional incumbido de sugerir e orientar o conteúdo de eventos de artes plásticas modernistas e contemporâneas (bienais, por exemplo), conforme temas ou critérios pessoais, e mesmo o de administrar, financeiramente, as exposições.

CURADORIA, CURATELA.   Função ou cargo de →curador.

• **CURTAIN WALL.**   Traduzida por janela-cortina, é a fachada arquitetônica suspensa, criada pelas correntes modernas do século XX, correspondendo ao espaço livre e de uso funcional entre as lajes de concreto ou de metal de um edifício, normalmente fechado com módulos repetitivos de vidro (janelas) ou com estruturas leves de metal (painéis).

• **CUT-UP.**   →*Beat, geração.*

DADÁ (DADA), DADAÍSMO. No curto período entre 1916 e 1922, o autodenominado movimento *Dada* (Dadá) demonstrou o quanto a vanguarda modernista poderia radicalizar os ânimos e os princípios artísticos, até converter-se em antiarte. A própria escolha do nome, realizada ao acaso em um dicionário francês (cavalinho de pau, ou ainda idéia fixa), trazia consigo as raízes espirituais da corrente, mescla de desencanto e ironia, de tédio e insolência, de gratuidade e paródia, de negação de todos os valores estéticos e comportamentais que o precederam. Embora se possa pensá-lo como uma das vertentes possíveis para a qual confluíram certos aspectos do futurismo, do expressionismo e da arte abstrata, foram as atitudes viscerais de Marcel Duchamp as que mais de perto lhe deram origem. Em 1913, após já ter realizado obras de concepção cubofuturista, como *Jogadores de Xadrez*, *Corrente de Ar sobre a Macieira do Japão* ou o famoso *Nu Descendo a Escada*, Duchamp abandonou a pintura a óleo e dedicou-se a elaborar obras com objetos preexistentes, apenas rearranjados e deslocados de seu meio original. Inicialmente, uma roda de bicicleta, fixada sobre um tamborete, tendo o garfo de sustentação invertido. Aqui, o "gesto artístico" consistia unicamente em modificar a condição do objeto, ao eliminar sua utilidade anterior. Logo depois, Duchamp adquiriu em uma loja um porta-garrafas de ferro, inteiramente pronto, que ele simplesmente assinou, datou e passou a apresentar como "criação". Estava proposto ou inventado o *ready-made*, uma peça fora do mundo até então considerado artístico e que Duchamp elevava a uma condição poética em pé de igualdade com as obras do passado – do *Zeus* de Fídias ao *Pensador* de Rodin. A arte poderia ser tão-somente, em sua declaração explícita, "a consideração estética de uma escolha mental". Ou seja, com ele, e logo a seguir com os dadaístas, ela se converte em pura "instituição", em um ato fundamentalmente *nominalista*, à maneira do gênesis bíblico: faça-se a arte, e ela assim se faz. Um objeto adquire estatuto simbólico, ou serve de contemplação estética, na dependência da vontade de quem assim o batize. Uma tal disposição da arte como desejo instituído, ainda que gratuito ou casual, impôs-se desde cedo ao discurso e à prática do grupo dadaísta, também integrado por Duchamp. Foi no início de 1916 que se formou a corrente na cidade de Zurique, tendo à frente os poetas alemães Hugo Ball e Richard Hülsenbeck, o escritor romeno Tristan Tzara e os pintores Marcel Janco, Jean Arp, Sophie Taeuber, Hans Richter e Christian Schad. Os encontros e exposições começaram a ser realizados num antigo café da cidade, renomeado Cabaré Voltaire (fechado em 1917 e substituído pela Galeria Dada). No transcurso das manifestações, promoviam-se verdadeiros *happenings* e performances provocativas, em que, habitualmente, se misturavam récitas de poesias fonéticas com encenações dramatizadas, como a descrita por Hugo Ball: "Eu vestia uma fantasia especialmente desenhada por Janco e por mim. Minhas pernas estavam envolvidas por uma espécie de coluna de cartolina azul brilhante que me subia até os quadris, de maneira que eu parecia um obelisco. Na parte de cima, trazia um imenso colarinho recortado em papel-cartão [...] de forma que eu podia facilmente agitá-lo como se fossem asas. A isso tudo juntava-se uma capa de xamã, cilíndrica, muito alta, com riscados em azul e branco [...]. Do meio da escuridão, comecei a recitar, de maneira lenta e solene: *gadji beri bimba glandridi lauta lonni cadori* [...]. Ignoro o que esta música me sugeria. Mas pus-me a cantar minhas séries de vogais como uma melopéia litúrgica e, ao mesmo tempo, procurava conservar-me sério e impor-me ao público" (*Dadá, Arte e Anti-arte*, de Hans Richter). As obras plásticas expostas consistiam na mistura permanente de expressões verbais e visuais, de gêneros e materiais diversos (colagens, *assemblages*, fotografias e fotomontagens, recortes de jornais e de revistas, fósforos, fios de metal etc.), mas essas formas de expressão apenas davam continuidade a experiências já tentadas no círculo cubista. A novidade estava na radicalização do *acaso*, com destaque para Arp e sua mulher Sophie: "Esses quadros são Realidades em Si, sem significações nem intenções mentais. Nós rejeitamos tudo o que fosse cópia ou descrição para deixar o Elementar e a Espontaneidade reagirem em plena liberdade. Como a disposição dos planos, as proporções desses planos e suas cores não pareciam depender senão do acaso, declarava que essas obras estavam ordenadas segundo a lei do acaso, tal como na natureza, não sendo o acaso para mim senão parte restrita de uma razão de ser que não se pode apreender, de uma ordem inacessível em seu conjunto [...]. São, com efeito, uma homenagem à vida moderna, uma profissão de fé na máquina e na técnica" (Jean Arp, Catálogo de sua exposição de 1962). Uma concepção que se traduz pela espontaneidade, pela intenção lúdica, pelo irracionalismo e profunda subjetividade. Ainda em Zurique, entre 1917 e 1919, Tristan Tzara dirigiu a revista *Dada* que, além de poesias e artigos literários, lançou seu Manifesto, redigido em 1918, no qual se proclamava: "Dada não significa nada [...] uma obra de arte jamais é bela por decreto, objetivamente, para todos [...] que cada um crie, pois há um grande trabalho destrutivo, negativo a ser cumprido; varrer, limpar". No mesmo período, em Nova Iorque, Marcel Duchamp e Francis Picabia animavam as tendências subversivas e iconoclastas do dadaísmo. Duchamp enviou para o Salão dos Independentes de 1917 um de seus *ready-made*, um urinol em cerâmica (recusado). Picabia realizou telas baseadas em maquinários insólitos, sob nomes como *Paroxismo da Dor* e *Prostituição Universal*. Man Ray, que já pintava à maneira cubista, aderiu às proposições dos novos amigos, utilizando-se preferencialmente da fotografia. Todos eles regressaram à Europa, após o final da guerra. Na França, Picabia, cujo gosto por polêmicas e *non-sense* adquiria fama, pintou a tela *Chapéu de Palha?*, contendo apenas uma etiqueta-convite para um *réveillon cacodylate* e a frase transversal "m... para quem olha". Duchamp continuou a confeccionar os seus *ready-mades*, agora chamados "assistidos" ou "corrigidos", como a *Gioconda* de barba e bigodes. Futuros surrealistas, como Breton e Aragon, participaram de suas manifestações. O espírito de dissolução e derrisão contaminou vários artistas germânicos, como Raoul Hausmann, Otto Dix, George Grosz, John Heartfield, formalmente mais apegados ao expressionismo figurativo, e também partidários do movimento revolucionário spartakista, além de Max Ernst e Kurt Schwitters.

DAMASQUINADO, DAMASQUINAGEM. →*Incrustação.*

DANÇA. **Etimologias.** Há duas versões para a origem da palavra. A primeira delas seria atribuída à raiz sânscrita *tan*, conservada no alemão atual *Tanz*, mas modificada, anteriormente, no germânico *danson* e no francês arcaico *dance*, com o significado original de tensão e, daí, puxar, esticar, alongar. Outra, por via latina, seria proveniente do verbo *deantiare*, indicando o ato de avançar ou ir à frente de cortejos. Assim é que, em Roma, havia o culto de Dança, simbolizada por uma bacante.

Uma expressão antiga. As mais antigas documentações a sugerir, com razoável certeza, a prática humana da expressão coreográfica remontam ao período paleolítico, sendo elas três pinturas parietais (em cavernas) e um entalhe em osso. A primeira, datando de cerca de 12 mil anos a.C., encontra-se na gruta de Gabillou (França). Trata-se de uma figura masculina, de perfil, coberta com pele de bisão e em posição de salto; duas outras, contemporâneas entre si (cerca de dez mil anos), são a figura frontal da caverna de Trois-Frères e a gravura dita de Saint-Germain. A primeira apresenta um indivíduo mascarado com cabeça de rena executando um giro de corpo; a outra, esculpida, traz igualmente um homem mascarado, com o corpo dobrado para a frente, perna esquerda alçada e joelho flexionado, de sexo itifálico. A última, agora do período neolítico, é uma pintura da gruta de Addaura, na Sicília, datada de cerca de oito mil anos. Mostra, pela primeira vez, um grupo de dançarinos nus, sendo sete em roda e dois centrais, ambos itifálicos, em movimentos de contorção ou êxtase. Pelo fato de as figuras paleolíticas estarem sozinhas e portarem máscaras de animais, sugere-se a hipótese de serem essas danças primitivas expressões corporais mágicas, de intenção propiciatória para a caça. A neolítica, por sua vez, indica claramente um ritual coletivo, antecessor de danças corais encantatórias, talvez de fundo cósmico, solar ou de fecundidade tribal, entre outras possibilidades.

Arte sagrada, arte real. Dessas manifestações anímicas, tribais ou totêmicas, passou-se a uma estreita relação da dança com a religião e a realeza. A consolidação das atividades agrícolas (demarcadas em períodos regulares), a formação de classes sociais e a consolidação de camadas dirigentes, incluindo-se os estamentos sacerdotais, e a construção de cidades conduziram à criação e à fixação de códigos rituais ou litúrgicos. Estes incluíam não apenas ritmos próprios como, necessariamente, movimentos e expressões corporais para a representação dos eventos míticos ou das comemorações cíclicas naturais (ao mesmo tempo sagradas e propiciatórias). É relativamente comum no Egito e nas regiões mediterrânicas de Creta e da Grécia, por exemplo, a representação de rodas ou cirandas, de movimentos giratórios individuais, de joelhos flexionados e de braços em oposição, estando uma das mãos com a palma voltada para a terra e a outra para o céu. De um modo geral, o espírito das danças esteve relacionado com a morte e ressurreição de divindades, com as invocações protetoras de deuses tutelares (locais), com a semeadura e a colheita, com o estímulo e garantia da fecundidade coletiva, com os cortejos fúnebres, com os ritos de passagem juvenis, com os preparativos espirituais e com os sortilégios da guerra, ou ainda com festividades rememorativas, quase sempre acompanhados por cantos, oferendas e mesmo sacrifícios de sangue. Mas também com a expansão dos impérios surgiram os corpos especializados de dançarinos de corte, homens e mulheres, tanto para o entretenimento senhorial quanto para os cortejos e datas comemorativas, laicas ou profanas. Hábitos encontrados até mesmo em passagens bíblicas, como a dança de Davi semidespido (*Samuel*, VI), das filhas de Silo (*Juízes*, XXI) ou a de Míriam, acompanhada por um séquito de mulheres, relembrando a passagem do Mar Vermelho (*Êxodo*, XV).

Coreografia e antiguidade. Desde sempre, a dança esteve impregnada ou imbuída de música, de ritmo, de gestos e movimentos para poder expressar, corporeamente, a exultação espiritual ou as emoções vitais – a alegria e o prazer, a dor, a raiva e a tristeza, o amor, a coragem ou a desventura, o êxtase ou a embriaguez dos sentidos físicos. Solene e contida, ou frenética e expansiva, a dança consiste na mais natural manifestação simbólica do homem, se considerarmos que ela se realiza diretamente pelo corpo, sem outro suporte ou intermediação. Característica que não a faz superior às demais expressões artísticas, evidentemente. Mas se é indispensável a todas elas conter e transmitir uma experiência agradável (seja como descoberta da beleza ou como pura criação estética), a dança é a única representação para quem os gregos escolheram como musa – Terpsícore – aquela necessidade. Pois não foi ao acaso que fizeram derivar de *terpsis* (agradável) seu mais genuíno sentimento, estímulo e proteção.

A arte da dança tem sido denominada coreografia por derivação do coro grego, o conjunto fundamental das representações sagradas e, posteriormente, das encenações dramáticas (→*Teatro*). A *choreia*, embora traduzida freqüentemente como dança, consistia, na verdade, de uma unidade de expressões artísticas – da poesia, do canto, da música e da dança. Fazia parte inseparável daquela educação ou formação integral da cidadania helênica, a →*paideia*. Em suas concepções originais, teria sido um dom transmitido pelos deuses, permitindo aos homens relacionar-se com o mundo sobrenatural, prestar-lhe as devidas homenagens e resguardar-se de furores punitivos.

Mas, além desse aspecto de culto, é preciso lembrar outras virtudes laicas a ela atribuídas. Na opinião de Sócrates, "os que honram de maneira mais bela aos deuses, pela dança, são também os melhores em combate"; ou quem a ela se entrega, "dá ao corpo suas melhores proporções". Para Anacreonte, "quando um velho dança, conserva seus cabelos de velho, mas seu coração é o de um jovem". Observamos, portanto, três aspectos benéficos ou utilitários da dança, condições inseparáveis da beleza, no sentido clássico: o sagrado, o cívico e o pessoal (alegria num corpo bem formado). Sinteticamente, possuíam os gregos danças cerimoniais, como as executadas de modo mais livre no ditirambo dionisíaco, a *hyporchémata*, dedicada a Apolo, a *cariatide*, em louvor a Atena, ou a *parthenie*, dedicada a Hera pelas adolescentes; danças guerreiras, como a *pyrrhique*, indispensável ao treinamento militar dos espartanos e também realizada em Atenas em forma de concurso coral; danças dramáticas, como a solene *emmeleia* das tragédias e a *balimaquia* cômica; e as festivas, do tipo nupcial, dançada por amigos e parentes, ou as dos efebos tornados cidadãos.

Embora os romanos mais antigos do período real tenham praticado a dança litúrgica, fosse em confrarias, como as dos sacerdotes sálios de Marte, fosse em festas abertas, como nas saturnais primitivas, o advento da república fez quase desaparecer o caráter sagrado anterior. Mais céticos do que os gregos, adotaram concepções e práticas curiosamente antagônicas a respeito da dança. De um lado, e durante os dois últimos séculos republicanos, houve uma contínua condenação moral por parte de políticos e de intelectuais importantes, como Catão, Cipião Emiliano ou Cícero, para quem a dança, aliás, era "mestra de volúpias" (*ministra voluptatis*). Época, deve-se lembrar, em que o Senado proibiu as bacanais. De outro lado, era bastante comum o comportamento expansivo, debochado e licencioso dos plebeus e também da nobreza imperial, durante os banquetes privados ou as incontáveis festividades anuais, várias delas acompanhadas por danças (como nas hilárias, ramálias, lupercais e furinálias). Segundo Marcial, quase todas as adolescentes do Império dançavam ao "estilo" gaditano (de Cádiz), isto é, de maneira lasciva pelo ondular das ancas (*de Gadibus improbis puellae / vibrabunt sine fine prurientes / lascivos docili tremores lumbos*).

O Medievo. Durante a Idade Média, as danças populares, folclóricas ou de origem greco-latina parecem ter sido praticadas comumente em festejos laicos ou religiosos. Essa pressuposição decorre das constantes censuras e interditos feitos por autoridades católicas, ao longo de séculos. Os concílios de Vannes (França, 465) e de Toledo (Espanha, 587), ou as recomendações papais (Zacarias em 774, Leão V em 847) determinaram, repetidamente, que se evitassem manifestações coreográficas (as *choreae*, danças de roda ou em fila, vulgarmente chamadas "carolas") no interior dos templos, dos cemitérios, em vigílias de santos e procissões. E apesar disso, Santo Elói, no século VII, espantou-se com as "danças saltitantes, de roda e os cantos diabólicos" em sua diocese, durante a época de São João. Também o *Libre Vermell* das práticas condenáveis do monastério catalão de Montserrat registrou os *virelais* e os *bals rodós* comumente realizados no átrio do edifício. Das rodas participavam não apenas os leigos, mas figuras do baixo clero. Pois há menções às *saturni diaconi*, danças de clérigos bêbados e pintados nas festas que se prolongavam do Natal à Epifania (as Calendas).

Com o advento do →trovadorismo no século XII, as cortes francesas de *langues d'oc* e *d'oïl* promoveram uma distinção entre a dança popular, intrinsecamente livre ou espontânea, e a coreografia medida, ou seja, estudada e submetida a critérios ou regras. Com ela, o corpo deveria expressar, a seu modo, aquilo que a poesia cantada e a música buscavam – o refinamento do amor cortês, a galantaria da sedução. E assim, produziu-se à época uma separação semelhante aos andamentos musicais. De um lado, as danças "altas", rápidas, vivas, aéreas ou de saltos; de outro, as danças "baixas", de significado inverso – deslizantes (*glissées*), terrestres, moderadas ou contidas. Com o passar do tempo, essas divisões se cristalizaram em coreografias relativamente bem delineadas, destinadas às danças de salão. No primeiro caso, por exemplo, o saltarelo, a gavota; no segundo, a estampida, a pavana e o minueto. Outra divisão estabelecida já nos finais da Idade Média foi a de danças em pares soltos (sarabanda, galharda, pavana), de pares unidos (volta, *Drehtanz*, antepassada da valsa) e em grupo (carolas, brando).

O balé e sua evolução ao classicismo. Foi na Itália renascentista (e no interior de círculos tão aristocráticos como aqueles que fizeram a ópera surgir) que a arte do balé se projetou. Se todo balé é dança, nem toda dança configura-se como balé. Isto significa que, embora o balé tenha nascido sob os efeitos exigidos pelo espetáculo e pela etiqueta cortesãs, algo que as danças medievais já proporcionavam, foram-lhe acrescentados, no entanto, aspectos sociais e artísticos até então inexistentes. Do lado social, iniciou-se uma profissionalização de mestres de bailado e bailarinos, incumbidos de criar e apresentar coreografias específicas, que aos poucos se distanciaram das danças populares. Uma especialização que se completou no último terço do século XVII. Sob o ponto de vista artístico, organizaram-se e codificaram-se movimentos e passos novos, originais, com uma linguagem apropriada para intérpretes treinados, estetizando-se o corpo e fazendo-o integrar-se à ação dramática, a uma representação de ações. Para tanto, adaptaram-se enredos

literários ou históricos e compuseram-se peças musicais destinadas a um repertório exclusivo.

O primeiro nome a se distinguir na então incipiente história do balé ocidental foi o de Domenico da Ferrara, mestre de dança e autor do mais antigo tratado a esse respeito – *De arte saltendi et choreas ducendi* (*Da Arte de Dançar e da Condução de Danças*) –, aparecido em meados do século XV. A obra foi redigida com a finalidade de estabelecer uma gramática do movimento, como posturas e deslocamentos, contendo ainda uma descrição de doze passos tidos como fundamentais. Seus discípulos Guglielmo Ebreo e Antonio Cornazano também contribuíram para a sistematização da nova linguagem. O primeiro ampliou a descrição de passos que então se experimentavam, empregando ainda, e pela primeira vez, o vocábulo *balleto* para se referir a essa composição prévia e estudada de movimentos (*De practica seu arte tripudii – Da prática ou Arte da Dança*). A futura supremacia da França consolidaria o termo *ballet*. O segundo dedicou-se às regras de posturas e à descrição de várias danças do período (*Libro del Arte de Danzare*). Em Milão, sobressaiu Cesare Negri, bailarino, coreógrafo e também autor do tratado *Nuove Invenzione di Balli* e, em Roma, distinguiu-se Marco Fabrizio Caroso, em cuja obra, *Il Balerino* (já contendo 68 passos descritos), se mencionam a pirueta (*pirlotto*), a *intrecciata* (*entrechat*), o *fioro* (*pas de bourrée*) ou o *tondo in aria* (*tour en l'air*).

Os reinados dos Henriques e dos Luíses franceses, entre o fim do século XVI e meados do século XVII, época de esplendor do absolutismo político, vieram consagrar, primeiramente, as danças ou →*balés de corte*. Sob influência de artistas italianos, constituíram verdadeiros cerimoniais de exposição do poder e do luxo aristocráticos, incluindo-se aí a adulação majestática. Organizados em forma de bailes dramáticos (contendo, portanto, um enredo), geralmente de conteúdo mitológico ou alegórico, os balés de corte passaram a reunir e a mesclar uma série de passos e de ritmos, fossem eles de origem popular ou remanescentes das cortes medievais (galharda, sarabanda, *allemande*, gavota, pavana, canárias etc.). E do interior dessa sociedade gerida por regras minuciosas de etiqueta, de papéis hierárquicos, de "jogos de espírito", de gosto e visão barrocas de mundo é que o balé clássico iria nascer.

Tornou-se memorável seu débito para com Charles-Louis-Pierre de Beauchamps, mestre de bailado de Luís XIV, sob cujo reinado instalou-se o Balé da Ópera de Paris (1661). Pois com ele se elaboraram e codificaram os primeiros fundamentos de uma técnica precisa, a começar pelas cinco *posturas de base*: *1*) pés voltados inteiramente para fora, calcanhares tocados; *2*) pés voltados para fora, calcanhares distanciados;

3) um pé à frente do outro, em paralelo, calcanhares tocando o meio do pé oposto; 4) como na terceira posição, mas com os pés afastados; 5) pés cruzados, de maneira de que a ponta de cada um aponte para a direção do calcanhar oposto. Trabalhando com os passos mais simples do balé de corte, Beauchamps os fez objetos de virtuosismo, entendendo-se por isso um desenvolvimento de gestos e de movimentos naturais, mas elevados então, por dificuldade, complexidade ou refinamento, à categoria de artifício artístico. O balé, em sua concepção clássica, buscou superar a espontaneidade ou a aparente simplicidade do que fosse natural, com o intuito de erigir uma manifestação distinta e de alta cultura – a arte coreográfica. O corpo humano foi conduzido a posturas e deslocamentos incomuns, porque idealizados. Se é natural a força da gravidade, então deve o balé procurar a elevação ou a verticalidade. Os movimentos de andar, correr, saltar – expressões naturais do corpo – só se convertem em arte culta se comandados por regras previamente estudadas e fixas, ao mesmo tempo racionais e requintadas. O vocabulário coreográfico tornou-se bastante rico, o que se registrou em obras como *Choréografie ou Art de Noter la Danse*, de Raoul-Auger Feuillet (aluno de Beauchamps), ou *Le Maître à Danser*, de Pierre Rameau.

Ainda assim, o balé permaneceu adstrito ou mesclado ao teatro e à ópera, fosse na forma de →comédia-balé ou na de →ópera-balé. Somente em meados do século XVIII é que a exigência de obras predominantemente bailadas começou a se definir. Essa pregação reformista por uma exclusividade começou a tomar corpo, teoricamente, com o livro *A Dança Antiga e a Moderna, ou Tratado Histórico da Dança*, escrito pelo crítico e historiador Louis de Cahusac (1754). Quanto à prática, as primeiras experiências foram conduzidas pelo austríaco Franz van Wewen Hilferding, que aproveitou algumas tragédias (*Britânico*, de Racine, ou *Idomeneu*, de Crébillon) para realizar as novas concepções na corte de Viena, posteriormente conhecidas como balé-pantomima (*Psique e Pigmalião*, 1752, *Apolo e Dafne*, 1764). A transformação definitiva, no entanto, deveu-se a Jean-Georges Noverre, com suas idéias de um "balé em ação". Personalidade de talento precoce e temperamento inquieto, estreou como bailarino em espetáculos de corte, passou pela ópera-balé, viajou a Berlim (onde apresentou sua primeira coreografia, em 1749) e posteriormente à Inglaterra. Retornando à França, continuou a evitar a Ópera de Paris e a promover suas próprias criações em cidades do interior (*Festas do Serralho*, *A Morte de Ajax*, *Orfeu nos Infernos*). Em 1760, fez publicar, em Lyon, a primeira edição de suas *Cartas sobre o Balé e as Artes da Imitação*. Convidado pela corte de Wurtemberg, foi ali que pôde desenvol-

ver, durante dez anos consecutivos, as concepções do balé clássico. Pouco a pouco, todas as grandes casas de espetáculo da Europa renderam-se à fórmula de Noverre, contando com suas orientações por escrito ou com sua presença ao vivo, como o Stuttgart Ballet ou o Balé de Viena, onde colaborou com Gluck para *Ifigênia em Táuride* e *Alceste*.

Mas só em 1781, na Ópera de Paris, foi levada à cena uma obra em que o canto operístico fora inteiramente eliminado do enredo, *Os Caprichos de Galatéia*. Naquele momento, o balé se impôs como manifestação artística autônoma, integral. Para Noverre, o balé deveria conter um entrecho dramático completo e exclusivamente dançado – o balé em ação – ser natural e expressivo e suprimir as máscaras e os pesados figurinos então em voga. Em suas palavras, "As danças 'figuradas' que nada dizem, aquelas que não apresentam nenhum assunto, que não trazem caracteres nem fazem evoluir uma intriga racional são para mim simples divertimentos e não desenvolvem senão movimentos compassados por dificuldades mecânicas de arte [...] que não se pense que procuro abolir os movimentos ordinários dos braços, todos os passos difíceis e brilhantes e todas as posições elegantes da dança; eu peço mais variedade e mais expressão nos movimentos de braços; gostaria de vê-los falar com mais energia [...]. Quero ainda que os passos sejam dados tanto com espírito quanto com arte, e que eles respondam à ação e aos movimentos da alma do dançarino". A escola francesa de Noverre e de alguns mestres e coreógrafos que o sucederam, como Pierre Gardel, Gaetan Vestris (professor de Petipa) ou Salvatore Vigano, determinou o modelo principal a ser seguido, adaptado ou mesmo combatido por toda a Europa.

Romantismo. O estilo generalizado do romantismo no século XIX não poderia deixar de estender suas influências sobre o balé, tanto na técnica quanto nas concepções coreográficas. Sob a primeira perspectiva, consagrou-se o uso das pontas, inicialmente trabalhadas e desenvolvidas pelo mestre de dança Coulon e por suas alunas e bailarinas Geneviève Gosselin e Marie Taglioni (na França) e Amelia Brugnoli (na Áustria). Do ponto de vista dramático e expressivo, substituíram-se os assuntos greco-romanos por personagens fantásticos ou maravilhosos das lendas medievais, pelas atmosferas enevoadas e mágicas de vales e florestas, pelo lirismo de grandes e trágicas paixões. Daí uma sensibilidade aprofundada para movimentos de leveza e de gestos alongados, de posturas e estados oníricos, sublimes ou poetizados.

A primeira grande obra do período foi *La Sylphide* (1832), criada pelo coreógrafo Fillipo Taglioni para sua filha. Dele foram ainda *Braziliana* (1835) e *A Filha do*

Danúbio (1836). Famosas e ainda bastante representadas criações do período romântico são *Giselle* (coreografia original de Jean Coralli-Jules Perrot e roteiro do poeta Théophile Gautier, mas freqüentemente dançada na versão de Marius Petipa), *Copélia* (de Arthur Saint-Léon), *O Corsário* (Joseph Mazilier), *Os Dois Pombos* (Mérante), *Suíte de Danças* (Ivan Clustine), *Don Quixote*, *La Bayadère*, *A Bela Adormecida* e *O Lago dos Cisnes* (todos de Petipa), *O Quebra-Nozes* (Lev Ivanov), *Cendrillon* (Ivanov-Cechetti), bem como *Les Sylphides* ou *Chopiniana* (Fokine).

A fusão de elementos clássicos e românticos definiu uma estética normalmente denominada "acadêmica", caracterizada então por técnica refinada ou virtuosística, de beleza idealizada, pelo uso de entrechos dramáticos, pela supremacia da personalidade feminina e pelo desenvolvimento de partes cerimoniais. Simultaneamente, fez surgir diversas escolas nacionais de elevado prestígio internacional, a começar por aquela que se impôs, a partir da segunda metade do século XIX, como o principal reduto do estilo acadêmico – a escola russa iniciada no Teatro e Academia Imperial de São Petersburgo e continuada pelos corpos de baile dos teatros Bolshoi e Kirov. O balé russo evoluiu primeiramente sob forte influência francesa, desde 1801, com a chegada de Charles Didelot e posteriormente com a figura exponencial de Marius Petipa, absorvendo, já no final do século, as idéias e técnicas do italiano Enrico Cechetti. Ambiente de austera disciplina, em que surgiram nomes como os de Vaslav Nijínski, Bronislava Nijínska, Mikhail Fokine, Léonid Massine, Anna Pavlova, Tamara Karsavina, Olga Preobrajenska, Agrippina Vaganova, George Balanchine e Serge Lifar. Os dois últimos, na qualidade de coreógrafos, foram responsáveis pelas vertentes mais conhecidas do neoclassicismo, a partir dos →Balés Russos, montados por Diaghilev.

Revoluções no século XX. Se o balé, na forma de uma representação "narrativa", conservou seu prestígio no transcorrer do século XX, teve de fazê-lo, no entanto, dividindo as atenções com a dança *moderna* ou *contemporânea*, isto é, com a dança culta, experimentalista e de espetáculo, que se desenvolveu por oposição ou modificação dos postulados tradicionais. Tendência anticlássica, aliás, bastante generalizada nas artes do século. Como certa vez afirmou Martha Graham, uma das principais representantes dessa metamorfose, "tal como os pintores e arquitetos modernos, nós eliminamos os ouropéis decorativos. Assim como os floreados desapareceram de nossos edifícios, a dança não é mais afetada; menos bela, porém mais real".

Na segunda metade do século XIX, o tenor francês e professor de canto François Delsarte preocupou-se em estabelecer, de maneira metódica, as possíveis relações entre a gestualidade corporal, a mímica, e os sentimentos interiores, anímicos. Delsarte havia notado que as sensações humanas conduzem o sistema neuromuscular a determinadas reações mais ou menos uniformes, traduzindo as primeiras em expressões objetivas e reveladoras. Após anos de comparações e pesquisas, propôs enfim um método de representação dramática relativo à pantomima, ao teatro falado e ao canto, fundamentado na paixão a ser transmitida visualmente. A técnica atraiu o interesse de vários profissionais da cena, entre eles Geneviève Stebbins (mais tarde professora de Isadora Duncan na Europa) e, sobretudo, dos atores americanos Steele MacKay e Henriette Crane. Os dois últimos encarregaram-se de difundir as teorias e os experimentos de Delsarte nos Estados Unidos, onde foram melhor acolhidos.

Entre os pontos principais da nova técnica estavam: todo o corpo, e não uma parte apenas, pode revelar as afecções íntimas; o tronco é a região corpórea de origem e o motor de onde emanam os demais movimentos; as expressões gestuais tradutoras das emoções se realizam por uma oposição entre gestos de contração (tensão) e de descontração (relaxamento). Tais idéias fizeram larga fortuna quando transpostas para o terreno coreográfico, daí em diante. Pouco mais tarde, já na virada do século, outra influência de grande repercussão foi a do músico e pedagogo suíço Jaques-Dalcroze, criador da →eurritmia, um método de psicomotricidade que procurou unir os desenhos rítmicos à dinâmica dos movimentos corporais.

Mas a primeira figura de vulto a insurgir-se contra o balé, antes mesmo de conhecer as teorias de Delsarte, foi a americana Isadora Duncan. Despreocupada em relação a "métodos", Isadora escolheu a subjetividade ou a espontaneidade não-codificada de passos e movimentos. A idéia ou o sentimento original de sua arte, como tinha orgulho em dizer, viera antes do ritmo das marés: "procurava seguir seus movimentos e dançar com seu ritmo". Para ela, os estímulos e as formas expressivas deviam provir dos fenômenos naturais, como as ondas, o vento, o balançar das folhagens ou o correr das nuvens. Um naturalismo que a fez dançar com os pés descalços e túnicas leves, sensuais, símbolos de leveza, nudez e liberdade. Ao mesmo tempo, procurou reencontrar o que considerava os gestos coreográficos mais autênticos e primordiais, os dos ritos dionisíacos, estampados em vasos gregos e extensamente copiados por seu irmão Raymond, no Louvre. Após ter visto, em Moscou, uma aula do famoso Petipa, escreveu: "Todo esse treinamento parecia ter por finalidade a de separar os movimentos do corpo dos da alma [...]. É inteiramente contrário às teorias sobre as quais eu construí minha escola, na qual o corpo se torna transparente, o intérprete da alma e do espírito [...]. A escola de balé ensina que o centro de energia se encontra nas costas, na coluna vertebral. É deste eixo, dizem os mestres de balé, que partem os movimentos dos braços, das pernas, do tronco, mas o resultado nos dá a impressão de marionetes articuladas". Ao contrário, livrar-se às emoções, submeter-se a impulsos íntimos ou deixar-se conduzir pelas paixões bastavam-lhe como princípios: "um simples revirar de cabeça para trás, mas feito com paixão, nos faz sentir o frêmito dionisíaco da alegria, do heroísmo ou do desejo".

Já o primeiro centro de criação e difusão da estética contemporânea foi o também americano Denishawn, formado pela dupla Ruth Saint-Denis e Ted Shawn. Tal como ocorrera com a música dos impressionistas, a influência das manifestações orientais teve papel importante na refundação das coreografias ocidentais. Tomados por uma religiosidade quase mística, ambos passaram a recolher e a estudar modelos indianos, japoneses, javaneses, árabes e até mesmo, por suposição, os gestuais hieráticos do antigo Egito. Em *Minha Vida Inacabada*, escreveu Saint-Denis: "Estou cansada das heroínas do palco. Não quero encarnar apenas uma mulher particular, por mais apaixonante que seja. Quero ser o Egito, a essência do que ele significa. Quero encarnar tudo o que ele nos faz experimentar, seu ser eterno, sua aspiração ao durável, a permanência e a dignidade das pirâmides, a calma de seus deuses". A predominância anterior dos movimentos de perna, no balé clássico-romântico, cedeu lugar, de um lado, à plantação completa dos pés sobre o solo e, de outro, às regiões superiores do corpo: deslocamentos sutis do pescoço, jogo de olhares, postura de tronco e mímica das mãos (neste último caso, por exemplo, os códigos esotéricos dos *hasta mudras* indianos). Foi ainda com o Denishawn que a dança contemporânea começou a atribuir importância ao "peso do corpo", criando movimentos de descontração, relaxamento ou de completo abandono, pelos quais o corpo se deixa atrair ou se utiliza da força de gravidade. Daí as figurações em queda, ou os rolamentos rente ao chão.

Aluna do Denishawn, Martha Graham veio a ser quase o oposto de seus predecessores, incluindo-se aí Isadora Duncan. Sua dança, embora seguindo as tendências estéticas da liberdade gestual, foi a primeira a exprimir a fealdade dos movimentos mecânico-industriais, a angústia dos conflitos trágicos, o desespero das crises e dos horrores que se espalharam pelo mundo moderno. Com Graham, a desumanização invadiu a mímica do corpo, e os expressionismos pictórico e cinematográfico ganharam representações ao vivo.

"Quero falar dos problemas do nosso século, em que a máquina arruína os ritmos do gesto humano, em que a guerra açoitou as emoções e desencadeou os mais baixos instintos." O resultado dessa visão de mundo converteu-se, não poucas vezes, em coreografias de movimentos bruscos, impulsos violentos, expressões dolorosas e quedas em agonia. Características sobre as quais observou Roger Garaudy (*Danser sa Vie*): "Em contradição radical com o balé clássico, com suas simetrias, seus equilíbrios, sua harmonia e graça permanente, Martha Graham não se furta aos bloqueios violentos de uma resistência exterior, nem às rupturas interiores do espasmo. Eliminando os maneirismos, é na rusticidade das paradas, nas mudanças imprevistas de direção, nas distorções agressivas que a emoção nua se exterioriza".

Outra personalidade marcante para a dança do século XX foi Rudolph von Laban, criador do método que leva seu nome, incluindo um sistema de partitura coreográfica, a "labanotação" (*labanotation*). Tendo saído da Alemanha para cursar a Escola de Belas-Artes de Paris, Laban fixou-se, durante o transcorrer da Primeira Guerra Mundial, na Suíça, onde desenvolveu e ensinou suas teorias sobre a cinestesia humana, de maneira racionalista, lógico-matemática. Como pressuposto, entendeu que o movimento criador, material ou simbólico, ou seja, aquele que ultrapassa o gesto cotidiano, tinha suas melhores raízes no trabalho coletivo e na dança ritual. E que ambos consistiam de esforços rítmicos. A partir daí, fundamentou o domínio e a expressão do movimento coreográfico sobre um espaço geométrico em forma de icosaedro (figura de vinte faces composta por triângulos eqüiláteros), no interior do qual se inscrevem doze direções possíveis e simétricas de deslocamentos, para cada lado do corpo. Os pontos e as linhas da figura são complementadas por três níveis espaciais, que lembram então a geometria do cubo: os movimentos verticais, os horizontais e os diagonais. O icosaedro de base permite assim estudar, localizar e determinar os pontos de partida e de destinação das ações coreográficas, respondendo a quatro perguntas básicas para a criação coreográfica: quais as partes do corpo que se movimentam; em que direção do espaço; com que ritmo ou velocidade; com que intensidade. Sua preferência pelas ações corais, ou de grandes conjuntos, atraiu, na época, a atenção das autoridades nazistas, que lhe ofereceram a oportunidade de coreografar manifestações de massa e de propaganda política em Viena, Mannheim e nos Jogos Olímpicos de Berlim. Antes do início da guerra, porém, Laban abandonou este vínculo com o nazismo, passando a residir em Londres, local em que fundou o instituto Modern Educational Dance. Suas pesquisas sobre ritmo e cinestesia foram ainda aplicados aos movimentos dos operários industriais, com o intuito de aperfeiçoar o sistema taylorista de produtividade.

Discípula de Laban, mas apenas sob o ponto de vista técnico, Mary Wigman tornou-se a mais renomada figura do expressionismo coreográfico alemão. Pouco lhe importava o desempenho de um método, a estudada postura de um "ataque", a pose de uma "atitude". Seriam as emoções trágicas, as sensações íntimas dos conflitos psicológicos, as angústias pessoais ou coletivas, o "mal-estar do mundo" que lhe forneceriam os temas de sua dança. Como resultado, não apenas a liberdade absoluta dos gestos, mas a expressão de cenas dantescas e convulsivas, a imagem confessa de "uma possuída, selvagem e sublevada, repugnante e fascinante [...] seus instintos desenfreados e postos a nu, seu inextinguível desejo da vida, mulher e ser bruto ao mesmo tempo" (*A Linguagem das Danças*). Coreografias com atração pelo solo, pela terra, e, quando em pé, ombros freqüentemente caídos e a cabeça baixa, como se vergada por cargas invisíveis. A idéia de sofrimento e morte pairando continuamente sobre a evolução de movimentos imprevisíveis, aleatórios do ponto de vista do espectador. Em certas ocasiões, nem mesmo a música lhe era necessária. Em outras, apenas o ritmo de percussões. Foi ainda a primeira a experimentar a despersonalização completa do intérprete, cobrindo-se ora com máscaras rituais primitivas, ora com figurinos modernos e geometrizantes. Foi, por fim, a pioneira de uma "escola germânica", exercendo ainda grande influência sobre a estética americana pelos cursos que ali realizou entre 1931 e 1933, e pelo centro aberto em Nova Iorque, sob a direção de sua aluna e amiga Hanya Holm.

Tais atitudes e concepções propuseram, com poucas exceções, uma dança sem vocabulário ou sintaxe fixas, optando-se, ao contrário, por variações dinâmicas acentuadas: alternância de estados emocionais ou de gestos tensos com os de relaxamento ou esvaimento; jogo entre gravidade, peso ou rigidez, e o desequilíbrio; contrastes obtidos por movimentos lentos, de retardamento, e acelerações abruptas. Mais tarde, por exemplo, com Merce Cunningham, chegou-se a uma estética coreográfica já despreocupada com a representação de um sentido qualquer, ou seja, que não pretende "levar uma mensagem", que não se apóia em referências emotivas ou de tradução verbal (antiexpressionistas ou "anti-histéricas"). Trata-se então de uma pesquisa cinética exploratória, absolutamente autônoma. A partir desses precursores e recriadores da dança de espetáculo, entre os quais se incluem ainda Kurt Joos (fundador da escola alemã Folkwang, em que a mímica teatral é bastante valorizada) e a norte-americana Doris Humphrey, o experimentalismo, o sincretismo e a diversidade subjetiva se expandiram pela segunda metade do século XX.

Tendências neoclássicas. Graças a certos bailarinos e posteriormente a coreógrafos russos emigrados para a Europa e para os Estados Unidos, o balé neoclássico ganhou contribuições de grande prestígio.

Na França, por exemplo, trabalhou Serge Lifar, que se tornara coreógrafo dos Balés Russos após a morte de Diaghilev, e passou a dirigir o corpo de baile da Ópera de Paris e, mais tarde, o Novo Balé de Monte Carlo. A partir de sua coreografia *Ícaro* (1935), Lifar trouxe contribuições inesperadas ao balé, acrescentando-lhe duas novas posições básicas, a sexta e a sétima. Seu prestígio reafirmou-se de modo notável em outras peças como *O Cavaleiro e a Donzela*, *Suíte em Branco* e *Noites Fantásticas*. Dizendo-se mais um "coreautor" do que apenas coreógrafo, isto é, preocupando-se igualmente com as concepções cenográficas e os projetos de iluminação, cercou-se de grandes personalidades da época (De Chirico, Léger, Jean Cocteau) e deixou duas obras-primas, *Fedra* e *Os Martírios de São Sebastião*.

Nos Estados Unidos, George Balanchine, já então consagrado como autor do *Apolo Musageta*, para Diaghilev, aliou-se a um fervoroso aficionado americano da dança, Lincoln Kirstein, fundando a School of American Ballet (1934), origem do New York City Ballet (1948). Amigo de Stravínski, coreografou muitas de suas obras, como *Renard*, *Elegia*, *Orfeus*, *O Pássaro de Fogo*, *Agon* ou *Ragtime*, como também de outros compositores russos e impressionistas franceses. Por ter depurado o vocabulário clássico, retirando excessos que comprometeriam a espontaneidade moderna, mas aliando-o a virtuosidades plásticas do espetáculo e a riquezas técnicas dos gestuais, Balanchine converteu-se em uma das mais expressivas referências do século. Seu breve retorno à França (1947), quando apresentou *Serenata* e *O Palácio de Cristal*, abriu perspectivas para o neoclassicismo de coreógrafos franceses, entre eles Janine Charrat (*Adame Miroir, As Algas*) – nos quais se utilizou de música sinfônica e concreta, de textos falados e projeções luminosas que contracenavam com os bailarinos e Roland Petit, autor renomado de peças que, a partir dos Ballets de Paris, por ele fundado, entraram para o repertório mundial – *As Moças da Noite*, *Que o Diabo o Carregue*, *O Lobo*, *Turangalila*, baseadas em obras musicais contemporâneas (Jean Françaix, Henri Dutilleux, Olivier Messiaen), e audaciosas cenografias criadas por artistas plásticos de prestígio (Max Ernst, Paul Devaux, André Derain).

Essa união de princípios clássicos com as proposições contemporâneas acabou por gerar um "ecumenismo de cena", cuja figura mais típica ainda é o francês Maurice Béjart. Formado na estética do balé clássico-romântico, só aderiu às transformações da dança contemporânea por influência de uma arte próxima: a audição e o contato com a música concreta de Pierre Shaeffer, em 1955 (*Sinfonia para um Homem Só*). O reconhecimento de suas novas concepções, no entanto, só se produziria em Bruxelas, em 1957, quando foi convidado a montar uma versão da *Sagração da Primavera*. A possibilidade de explorar o "primitivismo" da situação e dos personagens, que evoluíam na descoberta de sentimentos lírico-amorosos, criou um impacto favorável, repetido, um ano mais tarde, com o *Bolero* de Ravel – mistura de gestos e de movimentos rústicos e sensuais, mas poderosos e espetaculares. Espírito irrequieto, excessivo e não poucas vezes controvertido, Béjart desenvolveu um estilo bastante peculiar, porque em contínua mutação. A seu respeito, diz Paul Bourcier: "Na obra considerável de Béjart [...] podem-se distinguir três correntes – o balé puro, consagrado essencialmente à ação dançada; o balé místico (com influências indianas, tibetanas etc.), que é uma meditação sobre o destino do homem, e o balé total" (→*Ópera-balé*, →*Teatro-dança*).

Nova dança. As mais recentes contribuições da dança moderna, principalmente em suas vertentes americanas, germânicas e francesas, acabaram sendo reunidas sob as denominações de "nova dança" ou "dança pós-moderna". Para Roger Garaudy, tais expressões, embora recolham tendências e elementos distintos, serviriam ao menos para indicar duas características relativamente comuns: *a*) o conteúdo, no sentido tradicional de fazer seguir coreograficamente uma narrativa ou expor emoções, é substituído pelo movimento puro, autônomo, na ausência de qualquer sentido ulterior, o que lhe permite, em certas circunstâncias, recuperar os passos consagrados e codificados do balé; *b*) as técnicas utilizadas na primeira época do modernismo, como, por exemplo, os pares inspiração-expiração e queda-elevação (ou recuperação), não teriam mais vínculos com as idéias correspondentes de êxtase e agonia, ou seja, a técnica teria abandonado o objeto da representação, para se tornar aleatória ou abstrata. Nessa linhagem estariam personalidades como Merce Cunningham, Alwin Nikolaïs, Balanchine (em boa parte de suas últimas criações), Carolyn Carlson, Twyla Tharp, Pina Bausch, Dominique Bagouet, Maguy Marin ou Karine Saporta.

Entre outras características relativamente usuais nos últimos decênios do século XX, inserem-se: *a*) coreografias acrobáticas, de alto risco, que enveredam por saltos e quedas vigorosas, de tipo circense; *b*) o emprego de contrastes acentuados de movimentos e de deslocações (fragmentações superpostas), em lugar de uma evolução relativamente homogênea dos passos e dos gestos; *c*) a improvisação em ato ou a movimentação aleatória; *d*) a "dança mínima", ou *minimal dance*, obsessivamente contida e repetitiva e que evolve por modificações corporais bastante sutis, incluindo-se os movimentos das mãos, dos ombros, dos olhos, da boca ou da cabeça (em larga medida por influência do butô japonês); *e*) a incorporação de gestos e de passos provenientes de danças populares contemporâneas, como o *rock* ou o *hip-hop*; *f*) o ecumenismo, ou seja, a junção de estilos mais antigos e dessas novas proposições.

DANÇA BRASILEIRA NO FINAL DO SÉCULO XX.

Cássia Navas

Quando se fala de dança no Brasil, vale a pena lançar certos apontamentos sobre o assunto, direcionados a reflexões que se estabeleçam para além da diversidade e do pluralismo, características a respeito das quais quase todos estamos de acordo, seja quando as utilizamos para adjetivar as danças que aqui se fazem – dança brasileira diversa, plural e múltipla, seja para, de chofre, encerrar as discussões a respeito.

Se tudo é imensamente múltiplo, parece bastar a consciência dessa multiplicidade para se aquietarem as discussões, paralisando-se a indicação dos diferentes, com o conseqüente eclipse das relações políticas e estéticas que estes diferentes, todos eles mergulhados num mesmo panorama histórico, estabelecem entre si.

Dentre muitas variantes, poderíamos tratar a "dança brasileira", em especial aquela do século XX, discorrendo sobre uma tríade de expressões, que, analisadas, podem indicar três tipos de abordagem desse complexo campo do saber e fazer humano.

A primeira delas: dança no Brasil. Poderíamos abstratamente colocar sob essa expressão todas as manifestações coreográficas, cênicas ou não, que ocorrem no Brasil, dentro de seus limites geopolíticos. Mais concretamente, apontar para manifestações que ocorrem "em cima" de seu território, sua terra, à qual poeticamente poderíamos denominar "seu corpo".

As manifestações coreográficas analisadas sob esse ponto de vista seriam aquelas que ocorrem num espaço dado, estabelecendo com ele, melhor dizendo, com sua superfície, uma relação de contigüidade quase epidérmica.

A segunda delas: dança do Brasil. Ao abrigo desta segunda expressão poderiam estar as danças que pertencem aos habitantes do Brasil, a partícula *do* (de + o) sugerindo uma relação de "posse" ou propriedade, um índice a apontar o fenômeno de domínio ou "pertença" aos habitantes-artistas de algum lugar.

São obras que foram criadas por cidadãos de um determinado país ou território, ou mesmo por eles executadas, quando se tratarem de obras que tenham caído dentro da categoria "de domínio público" ou que, analisadas dentro de contemporâneos parâmetros de autoria, constituam releituras de criações originais, recaindo-se em discussões mais sistêmicas da noção de autoria de uma obra coreográfica em si.

A terceira delas: dança sobre o Brasil. Dentro dessa última possibilidade de classificação estariam abrigadas as manifestações que, de alguma maneira, buscam traduzir um país chamado Brasil, não necessariamente encarado em suas características de origem, formação e contemporaneidade enquanto nação moderna, e sim como uma topologia que emerge como um *locus*, em múltiplos processos de construção artística, instauradas, se verdadeiramente artísticas, com a liberdade necessária às trajetórias da tradução, ou seja, da traição estética, em algum nível.

Dentro dessa expressão, abrigar-se-iam balés modernos e obras da dança moderna que se utilizaram de músicas de compositores do Brasil ou de temáticas relativas a esse universo, cuja apropriação caracteriza um desejo de tradução de uma idéia específica de nação ou *topus* nacional e também obras coreográficas relativas às questões do nacional-popular, mas não somente.

Também dentro dela poderíamos incluir uma série de artistas da dança contemporânea que escolhem, a partir dos anos 1980, o país como uma espécie de dramaturgia de origem, todavia, diferenciando as suas trajetórias de muitos dos artistas que os precederam.

Por fim, vale a pena introduzir outras duas questões, quando se trata da "dança no Brasil do século XX": *1)* A existência de uma dança cênico-profissional no país anteriormente a esse século; *2)* a polarização que atira de um lado os artistas dos universos da dança popular (de tradição rural ou urbana), folclórica e do internacional-popular (danças das tribos urbanas do planeta), resguardando do lado oposto os artistas da "dança cênico-profissional": balé e balé moderno, dança moderna (em suas diversas manifestações e "escolas": Isadora Duncan, Martha Graham, Mary Wigman, Merce Cunningham etc.), pós-moderna *(postmodern dance)*, dança-teatro, butô, contemporânea, *nouvelle danse* (francesa, belga ou canadense do Quebec) e a *new dance* (pós-*postmodern dance* norte-americana).

À primeira questão uma resposta: o Brasil do século XX abriga de fato as trajetórias de uma profissionalização da dança cênica, e um fato importante desse processo é a primeira escola oficial do país, a Escola do Theatro Municipal do Rio de Janeiro, aberta em 1927 pela mestre-coreógrafa Maria Olenewa, bailarina russa da trupe de Ana Pavlova.

A abertura de uma escola pressupõe que, a partir dela, se inicie a organização e a difusão de conheci-

mentos outrora dispersos e que, no processo de transmissão dos mesmos, novos conteúdos sejam produzidos e/ou criados, no trabalho com sucessivas turmas de alunos.

Através da escola estabelecem-se condições para o exercício de uma profissão, dentro de um aglomerado urbano que, por suas condições político-culturais, permite que esta estrutura seja chancelada, validando-se sua existência, seja ela oficial ou oficiosa, pública ou privada.

Dessa classificação fogem as "escolas" que assim se denominam por agrupar adeptos, seguidores ou discípulos de um mestre ou mestres, ou dos "antigos", que oralmente e sem a sistematização de uma "escola moderna", validada dentro da estrutura de um centro urbano, transmitem seus conhecimentos através da tradição de determinadas manifestações artísticas, como é o caso de coreografias integrantes de muitas das festas do país – congadas, reisados, maracatus ou estruturais de ritos religiosos, como no candomblé.

Quanto à segunda constatação, ela aponta para uma clivagem que longe está de uma mera classificação de campos, com vistas à facilitação de estudos ou escrituras sobre "dança no Brasil".

Entretanto, apesar do reconhecimento da seriedade dos processos que levam àquela divisão, também presente na produção de outras atividades artístico-culturais deste país, e das discussões que devem suscitar dentro de necessários debates mais democráticos sobre a articulação em si dos dois pólos, a opção tomada dentro deste artigo foi a de não discorrer sobre essa polarização.

A escolha foi a de enumerar trechos de certos percursos da "dança cênico-profissional no Brasil do século XX", através da exemplaridade pontual de algumas companhias, grupos, artistas e estruturas de acolhimento e apoio à realização, produção e difusão de suas obras – festivais, teatros, projetos especiais, instituições de suporte econômico e cultural.

Dentro desse recorte, trataremos de danças no Brasil, do Brasil e sobre ele, sem, no entanto, tratar de todo o universo a elas pertinente.

A abertura da primeira escola oficial de dança do país na cidade do Rio de Janeiro, à época ainda capital da República, vai marcar a cena da dança carioca pelos procedimentos de formação e criação em dança ligados ao universo do balé e do balé moderno.

Este estado de coisas vai tornar possível uma tradição mais forte do clássico nessa capital, da qual é símbolo o Ballet do Theatro Municipal do Rio de Janeiro (fundado em 1936, como Corpo de Baile do Theatro Municipal), pelo qual passaram grande parte das importantes figuras da dança clássica entre nós, quer como bailarinos, quer como ensaiadores, professores, diretores artísticos e coreógrafos, além de figuras da cena internacional.

Dentre elas se destaca a atual presidente da Fundação do Theatro Municipal do Rio de Janeiro, a professora e coreógrafa Dalal Achacar, que, anteriormente, tendo sido diretora da companhia dessa fundação, nesse cargo foi precedida, entre outros, por Tatiana Leskova, russo-francesa naturalizada brasileira, cuja carreira é marcada por semelhanças com a de outros professores do país. Nascidas na Europa e tendo iniciado, com destaques de natureza diferente, suas carreiras em companhias de balé moderno, migraram para as Américas por questões políticas, econômicas e artísticas, desenvolvendo através de seu trabalho a tradição do balé ocidental, com as modificações que se fizeram necessárias nas novas topologias para as quais esse sistema seria atualizado e muitas vezes recriado, em alguns de seus aspectos.

Nesse naipe de profissionais, dentro do universo fluminense temos, além de Leskova e da mestra Olenewa, Eugênia Feodorova e Nina Verchinina.

A tradição do balé e o balé moderno, aliados às inovações estabelecidas por esses profissionais, foram estabelecendo patamares artísticos e educacionais de alta qualidade, fosse entre seus contemporâneos, fosse através das gerações de alunos formadas por esses artistas imigrantes.

Além dos alunos que seguiram brilhante carreira dentro do próprio Ballet do Theatro Municipal do Rio de Janeiro, dentre os quais a figura-símbolo continua a ser a carioca Ana Botafogo, muitos outros partiram em direção a outros pólos do país, onde até hoje trabalham para manter vivas suas trajetórias e processos.

Disso são exemplos, entre outros, Yara de Cunto (Brasília-DF), Dicléia Ferreira (Pelotas-RS), Carlos de Moraes (gaúcho que se estabeleceria em Salvador, onde atualmente é professor do Balé Teatro Castro Alves), ou Flávia Barros, que durante certo tempo trabalhou em Recife, estabelecendo interessantes patamares profissionais para a área.

A estruturação do Rio de Janeiro como um pólo de balé parece ter dificultado a instauração de uma mais forte tradição do moderno, ainda que não tenha obstado o aparecimento de todo um movimento de dança contemporânea nos anos 1990, no qual se destacam Márcia Milhazes e Débora Colker.

Dentro desse movimento também temos João Saldanha, Rubens Barbot, Paula Nestorov, Paulo Caldas e Ana Vitória, sendo que as criações desse conjunto de artistas passam a ser acolhidas, a partir de 1990, no *Panorama da Dança Contemporânea* (atual *Panora-*

ma da Dança RioArte) dirigido pela também coreógrafa Lia Rodrigues.

Além deles, o auxílio dispensado a certos artistas da cidade pela Secretaria Municipal de Cultura promove o fortalecimento de outros criadores do contemporâneo do final dos anos 1970 e década de 1980, como são exemplos Carlota Portela e Regina Miranda, que em sua modernidade tinham sido precedidas pelo trabalho de formação de Lourdes Bastos, Angel Vianna e da uruguaia Graziela Figueiroa (fundadora do Grupo Coringa), entre outros.

Uma trajetória diferente em dança marcaria São Paulo, uma cidade que nasce e cresce sob o signo da modernidade do século XX e, por isso, constitutiva de um meio ambiente propício para a fixação de determinadas trajetórias modernas, como as de professoras européias vinculadas diretamente às construções da modernidade em balé, como Kitty Bondeheim, e da modernidade em dança, como Chinita Ullman (aluna de Mary Wigman), Renée Gumiel, Maria Duschenes e Vera Kumpera.

Além disso, São Paulo vê nascer, em 1954, dentro das comemorações dos quatrocentos anos da cidade, o Ballet IV Centenário (1954-1955), a primeira companhia brasileira a se estabelecer em patamares profissionais compatíveis com os grupos de balé moderno do mundo ocidental. Dirigida pelo húngaro Aurélio Milloss, reuniu artistas da dança e das artes para um tempo de trabalho infinitamente exíguo, tendo sido abortado o seu projeto por decreto municipal.

Os bailarinos da companhia, tentando levar a experiência adiante, fundaram e integraram alguns grupos de curta duração, dentre eles o Ballet do Museu de Arte (1955), Ballet do Teatro Cultura Artística (1957), Ballet Amigos da Dança (1958), Ballet Experimental de São Paulo (1962) e o Sociedade Ballet de São Paulo (1969).

Do elenco do IV Centenário, destacaram-se grandes nomes da dança do Brasil, como Ady Addor, Neide Rossi, Ruth Rachou, Ismael Guiser e Marika Gidali, que junto com o mineiro Décio Otero, que como ela também dançara no Ballet do Theatro Municipal do Rio de Janeiro, funda o Ballet Stagium (1971), companhia-marco do país.

A principal característica do Stagium, além do trabalho dentro de uma "dança sobre o Brasil", é a de pioneiramente ter pensado a dança e uma política para ela como propostas de cidadania, tanto para quem a faz, quanto para quem a assiste, em estratégias concretizadas em projetos como Professores Criativos, Teatro-Escola, Stagium na Febem e Rede Stagium – Centro de Referências e de Apoio à Dança.

A tradição das companhias de balé moderno instaura-se forte em São Paulo, a ponto de um grupo pensado e construído para ser um conjunto mais voltado à dança clássica, o Corpo de Baile Municipal, dirigido por Johnny Franklin e oriundo da Escola Municipal de Bailados (também fundada por Maria Olenewa e consolidada por Vaslav Veltchek e Marília Franco), ter-se transformado, sob direção de Antônio Carlos Cardoso, em Balé da Cidade de São Paulo, numa empreitada realizada junto com Iracity Cardoso, atual diretora da companhia de dança da Fundação Gulbenkian (Lisboa). Uma transformação semelhante ao que, no futuro, iríamos presenciar em algumas companhias ligadas a teatros de ópera de todo o mundo, como é o caso do Ballet Opéra de Lyon.

Também dentro desta forte tradição, nasce o Cisne Negro Cia. de Dança. Fundado (1978) e dirigido por Hulda Bittencourt, uma das discípulas paulistanas de Olenewa, com um elenco inicial formado por alunas de sua escola e estudantes da Faculdade de Educação Física/USP, a companhia desenvolveu uma política de apoio a jovens coreógrafos do Brasil e do exterior, investindo no talento contemporâneo de artistas inovadores, como Rui Moreira, diretor da recente Cia. Será quê? (Belo Horizonte, MG).

Na São Paulo dos anos 1960 e 1970, anos de ditadura, mas também de forte movimentação cultural em torno das questões de grupos coletivizados, da cultura *pop* e/ou de vanguarda e de poderosas interfaces entre linguagens como teatro e dança, temos a experiência do Teatro Galpão. Espaço idealizado pela coreógrafa Marilena Ansaldi, que, através de pioneiros espetáculos solos ou em dueto, inaugurou a dança-teatro na cidade. Por ele passaria toda uma geração de artistas, àquela época chamados de "independentes", porque geralmente afastados de grupos de dança "estáveis", visto que estruturados à semelhança de uma companhia em si. Espaço de criação e informação, por ali passaram artistas como Célia Gouveia, Maurice Vaneau, Sônia Mota, João Maurício, Suzana Yamauchi, Mara Borba e Ismael Ivo, além de Janice Vieira e Denilto Gomes, que, juntamente com Felícia Ogawa e Takao Kusuno, inventaria uma vereda de mediação Brasil-Japão, dentro de uma obra coreográfica singular, fronteiriça da dança-teatro e do butô.

Nessa época, fora do Galpão, em palcos alternativos, ou nem tanto, dançavam J. C. Violla, Ivaldo Bertazzo e Juliana Carneiro da Cunha, preparando o futuro de suas carreiras em formação e arte.

Após a modernização da companhia municipal da cidade de São Paulo, o Balé Teatro Castro Alves inaugura-se dentro de uma primeira vaga de novas companhias ligadas a secretarias e fundações, como também é o caso do Balé Teatro Guaíra, atualmente dirigido por Suzana Braga, função na qual foi precedida pelo mestre-coreógrafo português Carlos Trincheiras, e Companhia de Dança do Palácio das Artes (Belo Horizonte), atual Companhia de Danças de Minas Gerais.

Para essas companhias, excetuando-se alguns coreógrafos estrangeiros como Oscar Araiz, Victor Navarro, Vasco Wellenkamp ou Ohad Naharin, trabalharão criadores geralmente originários dos elencos que as constituíram, como são exemplos Ana Mondini, Ivonice Satie, Suzana Yamauchi, Luís Arrieta, Sônia Mota, João Maurício, Tindaro Silvano, Sandro Borelli ou Tuca Pinheiro.

Depois desse momento, tivemos poucas exemplos de companhias apoiadas parcial ou totalmente através de subvenção direta. Dentre elas, mais recentemente, podemos destacar o Grupo de Dança do Theatro Amazonas, a Companhia de Dança de Caxias do Sul, o Ballet de Londrina (PR), a Verve Cia. de Dança (Campo Mourão, PR), o Balé de Goiás (Goiânia) e a Companhia de Danças de Diadema (SP).

Nos anos 1970, em Salvador, a dança contemporânea se apresenta aos olhos de uma cidade na forma das pioneiras Oficinas Nacionais de Dança Contemporânea. Esta cidade também é sede da primeira faculdade de dança do Brasil, a Escola de Dança da UFBa, fundada (1956) por Yanka Rudska e estruturada por Rolf Gelewski. Por essa faculdade, antes de viver no Rio de Janeiro e em São Paulo (anos 1980), passaria o mineiro Klauss Vianna, de Belo Horizonte, colega de Décio Otero nas aulas do gaúcho Carlos Leite, conduzido à capital mineira numa turnê patrocinada pela União Brasileira dos Estudantes (UNE). Na década de 1950, depois de uma rápida passagem por São Paulo para estudar com Olenewa, Vianna retornara à sua cidade natal, fundando o Balé Klauss Vianna (1959), pioneira companhia moderna da dança mineira.

Em Minas Gerais, na esteira da tradição moderna de Vianna, temos a figura de Marilene Martins, diretora do Grupo Transforma, por onde passaram Suely Machado, fundadora e diretora, juntamente com Kátia Rabello, do fundamental Primeiro Ato, Dudude Hermmann, da Benvinda Cia. de Dança, Cristina Machado (atual diretora da Companhia de Dança de Minas Gerais) e Rodrigo Pederneiras, coreógrafo-residente do Grupo Corpo, um das mais famosas companhias de dança do Brasil, que, durante as décadas de 1980 e 1990, construiu uma trajetória de sucessos de público e crítica de natureza ímpar.

Carlos Leite, professor de Klauss Vianna e Décio Otero, era um bailarino gaúcho que viajara para uma das capitais do Sudeste em busca do desenvolvimento de sua carreira, como viriam fazer as também gaúchas Ana Mondini (fundadora da extinta República da Dança e atualmente diretora da StaatsTheater Kassel Tanz

Companie/Alemanha) ou Dagmar Dornelles, também artista-residente na Alemanha.

No estado de origem desses artistas, as tradições do clássico e do moderno, sobretudo em Porto Alegre, se enriqueceram pela trajetória de professores e criadores como Lia Bastian Meyer, Toni Seitz Petzhold, Maria Fedosseyeva, Cecy Frank, João Luiz Rolla e Jane Blauth.

Em Porto Alegre, durante a efervescência dos anos 1970 e início dos 1980, temos o trabalho de Eva Schul (atualmente diretora do Anima), o Terra (1981-1984) e a atividade permanente ou intermitente de grupos ligados a diversas e fundamentais escolas de dança, situação que se repetirá em Curitiba, onde se abre, a partir do curso de danças clássicas do Teatro Guaíra, a segunda faculdade de dança do país (1985), atualmente integrada à Faculdade de Artes do Paraná (FAP-PR).

Além disso, durante os anos 1980-1990, na capital gaúcha temos a interessante trajetória da Terpsi Cia. de Dança e a recente Muovere, além de sucessivas iniciativas de criação de patamares mais profissionais para a área, como foram os já extintos festivais Dança Porto Alegre e Cone Sul Dança, além do Centro de Formatividade em Dança/Ieacen/Casa de Cultura Mário Quintana.

Um ano antes da abertura do curso de dança superior do Paraná, Marília de Andrade abre o Departamento de Artes Corporais/Unicamp (1984), que abrigaria uma pioneira gama de pesquisas e formação em dança brasileira e contemporânea, tendo em seu início reunido artistas como Klauss Vianna, J.C. Violla, Antônio Nóbrega e Graziela Rodrigues, coreógrafa que, junto com outros professores, como Euzébio Lobo, Angela Nolf, Inaicira Falcão e Holly Crawel, diretora da companhia campineira Domínio Público, ainda integra o corpo docente do curso.

Depois dessas duas iniciativas, foram abertos outros cursos de graduação em dança dentro de universidades do Brasil, notadamente privadas, como são casos a Faculdade de Dança-Anhembi (SP), a Faculdade de Filosofia e Comunicação/Artes do Corpo-PUC-SP, a Faculdade de Dança-Univercidade (RJ) e a Faculdade de Dança de Cruz Alta (RS), sendo que pólos de pós-graduação têm acolhido pesquisadores da área, como é o caso do Programa de Estudos Pós-Graduados em Comunicação e Semiótica-PUC-SP, o Programa de Pós-Graduação em Teatro e Dança-UFBA (Salvador) e o Instituto de Artes/IR-Unicamp (Campinas, SP).

Dentro da atividade universitária de Belém, onde atualmente se destaca o jovem coreógrafo Ricardo Risuenho, há que se colocar em relevo a atuação da professora Eni Correia, criadora do primeiro grupo de dança profissional da cidade, organizado a partir da Faculdade de Educação Física-UFPA.

No Nordeste, durante muito tempo o movimento de dança se circunscreve às escolas e seus grupos. Todavia, a partir dos anos 1970-1980 surgem criadores como Marcelo Moacir e Cristina Castro, coreógrafa e diretora do Vila Dança (Salvador), além dos grupos Cia. dos Homens (Recife), de Aírton Tenório, o Ballet Íris (Maceió), a Tran Chan (Salvador), o Balé Popular do Recife, a Grial Cia. de Dança (Recife), a Mah Cia. de Dança (Campina Grande), o Grupo Experimental de Dança do Recife, além do internacionalmente famoso Balé Folclórico da Bahia (Salvador).

Em Natal, trabalha Edson Claro, profissional da educação física e bailarino, que, depois de fixar-se na UFRN, atualmente dirige o grupo Gaia, que divide a cena da capital do Rio Grande do Norte com a Roda Viva (composta por artistas deficientes físicos), o Ballet Municipal de Natal e a Corpo Vivo, de Diana Fontes.

Além disso, no Ceará dos anos 1990 surge o Colégio de Dança (Instituto Dragão do Mar, 1998) e a Bienal de Dança do Ceará (1997), ambos sediados em Fortaleza, onde também se encontra a Edisca (Escola de Dança e Integração Social para Crianças e Adolescentes).

Polarizando a dança do Centro-Oeste, a capital do país jogou um papel fundamental na criação de uma dança para a região. Dentre seus atores se destacam Luís Mendonça, um dos fundadores do Endança, originalmente apoiado pela UnB (Universidade Nacional de Brasília), Giselle Santoro, idealizadora do Seminário Internacional de Dança de Brasília, e as criadores Eliana Carneiro e Maura Baiocchi, ambas atualmente em atividade na cidade de São Paulo. Em Brasília, hoje se destacam duas companhias contemporâneas, a importante Alaya, dirigida pela coreógrafa piauiense Lenora Lobo, e a ainda jovem Basirah, sendo que no Mato Grosso do Sul temos o Ballet Isadora Duncan.

Na dança do Centro-Oeste da última década, impõe-se a Quasar (Goiânia), que, através do trabalho de seu coreógrafo-residente, Henrique Rodovalho, constitui-se em exemplo, junto com o Cena 11 (Florianópolis), de grupo e criador que, exteriormente aos circuitos de grande visibilidade e produção da dança do país, se estabelecem de maneira forte dentro do contemporâneo da dança no Brasil, que nos últimos dez anos começa a ser mais bem difundida em seu território e fora dele.

A divulgação da dança no país passa por alguns de seus eventos, mostras e festivais, dos quais o pioneiro é o Encontro de Escolas de Dança do Brasil, realizado em Curitiba (1968) por Paschoal Carlos Magno.

Em alguns deles, sobretudo os competitivos, abre-se espaço para a apresentação das escolas e grupos amadores do país, dentro de uma lógica que estimula a disputa. Encontros com essas características, como o Bento em Dança (RS), o Encontro Nacional de Dança (Enda, SP) ou o Festival de Dança de Joinville, firmam-se conjuntamente como redes de validação/qualificação do trabalho de muitas das escolas do País, fazendo ainda ressaltar a trajetória de alguns artistas como Mário Nascimento, que tem criações no Cisne Negro, Carlota Portela Cia. de Dança (ex-Vacilou Dançou) e na Companhia de Dança de Diadema, além do percurso de companhias como a Raça Cia. de Dança (SP), dirigida por Roseli Rodrigues, uma das grandes mestras da dança-*jazz* do país.

Além de recentemente abrirem espaço para grupos de "dança de salão", os festivais competitivos também incentivaram o aparecimento do fenômeno da "dança de rua", que, apesar de ter suas origens também ancoradas na dança *break* (universo *hip-hop*), dela se distancia por determinados aspectos. Exemplos desses grupos são a Cia. de Dança Balé de Rua, surgida dentro do Festival de Dança do Triângulo (Uberlândia), e a Dança de Rua do Brasil, de Santos, sendo que dentro da dança contemporânea dessa cidade também se destaca o Natura Essência, grupo que, juntamente com Balé de Rio Preto, a Distrito (Ribeirão Preto) e a Lina Penteado (Campinas), marca a cena da dança do interior do estado de São Paulo.

Nos palcos da capital do estado, recentemente temos a presença de três companhias: do Estúdio Nova Dança, do Danças, de Cláudia de Souza, filha de Penha de Souza, uma das introdutoras do método Marta Graham na cidade, e a FARr-15, de Sandro Borelli e Sônia Soares. Estes grupos foram precedidos mais recentemente por outros conjuntos da dança moderna e/ou contemporânea, além daqueles de perfis mais ligados ao balé e balé moderno, tais como o Ópera Paulista, Ballet Clássico de São Paulo (de Halina Biernacka e Sérgio Bruno), Ballet de Câmera de São Paulo (de Ricardo Ordoñez) e Ballet Uirapuru (de Ilara Lopes). Dentre os primeiros, moderno-contemporâneos, se destacam o Andança, Grupo Ex, o Casa Forte, Marzipan (de Renata Melo/Rose Akras), o Teatro Brasileiro de Dança (de Clarisse Abujamra), o Tesouro da Juventude (de Lígia Veiga/Sílvia Rosembaum) e o Terceira Dança (de Gisela Rocha).

Contudo, ao lado dos festivais competitivos do país, historicamente temos exemplos de importantes encontros não-competitivos, como os já extintos Confort em Dança e Carlton Dance Festival ou o Festival de Inverno da UFMG (Universidade Federal de Minas Gerais). Originalmente, este último reunia artistas pertencentes a várias "tribos artísticas" e acontecia em várias cidades do interior do estado, diferentemente do que ocorre com o FID-Festival Internacional de Dança (Belo Horizonte) dirigido por Carla Lobo e Adriana

Banana, esta última fundadora, junto com o intrigante criador mineiro Marcelo Gabriel, da Companhia Burra de Dança (Belo Horizonte). A esses festivais se acrescentam o Encontro Internacional de Dança/Festival de Inverno (Campina Grande), o Festival Nacional de Arte/Fenarte/João Pessoa, os projetos de difusão do Centro Cultural São Paulo (O Feminino na Dança, O Masculino na Dança e Semanas de Dança), o Festival Nacional de Dança de Recife e o Vitória Brasil, da capital do Espírito Santo, onde se destacam a companhia Neo Iaô e o grupo de Mitze Martucci.

Durante os últimos quarenta anos, a realização desses eventos e a viabilização de algumas temporadas da dança do país não seriam possíveis sem o concurso dos mais variados tipos de apoio de diversas instituições públicas e privadas do país, dentre eles a antiga Fundacen, atualmente absorvida pela Funarte, o Minc, Ministério da Cultura (antes MEC – Ministério da Educação e Cultura), o Grupo Shell, Grupo Fiat, as ex- empresas públicas de telecomunicações, o Banco Rural, Telemig Celular, Bradesco, Banco Itaú, BR Distribuidora, Petrobrás, Telecentro Sul etc. Mais recentemente, temos presenciado as ações da Secretaria Municipal de Cultura (RJ), da Secretaria do Estado da Cultura (SP) e aquelas do Sesc São Paulo, que inaugura um contínuo e firme apoio à dança contemporânea a partir do Movimentos de Dança (Sesc Consolação), evento que foi seguido por iniciativas como a Bienal de Dança (Sesc Santos) e o Olhar a Dança (Sesc Rio Preto).

Quanto aos criadores da última década do século XX, fica mais um pouco da recente história paulistana. Na São Paulo dos anos 1990, os "independentes", agora denominados de "contemporâneos", começaram a tramar estratégias para defender a possibilidade de seus trabalhos. Em 1990, capitaneados por Ana Mondini, Helena Bastos, Vera Sala e Umberto da Silva, um grupo de bailarinos-coreógrafos lançou-se numa iniciativa que pudesse garantir a existência de suas produções de maneira mais permanente. Surgia o Movimento de Teatro Dança – MTD 90, também integrado por João Andreazzi, Márcia Bozon, Mariana Muniz, Mírian Druwe e Sandro Borelli e, a partir dele, se estrutura a Cooperativa Paulista de Bailarinos Coreógrafos/CPBC (1995). Tanto o MTD 90 quanto a cooperativa são iniciativas que se caracterizam enquanto estratégias de políticas culturais setorizadas, marcadamente estruturadas por uma atitude política dos artistas frente à arte que propõem para o mundo.

Na década de 1990 e começo dos 2000, dentro ou fora da cooperativa, novas levas de criadores de dança do Brasil, no Brasil, sobre o Brasil aparecem (ou se tornam mais presentes), povoando os espaços da cidade com suas poesias. Enumerá-los é uma arriscada tarefa, já que as omissões serão inevitáveis. Todavia, a força de sua presença e resistência dentro de um determinado ambiente cultural, os faz merecedores da tentativa de reunião de seus nomes numa lista de "pé quebrado", onde se misturam artistas de mais de uma geração. Através dessa relação, fica a tentativa de homenagem a muitos outros criadores de diversos cantos do país que, brava e contemporaneamente, constroem suas trajetórias. Tais construções, garantidas pela "presença e resistência" de profissionais da modernidade (em dança e balé) e pelo trabalho de uma geração de artistas interessados nos percursos da dança pós-moderna e contemporânea norte-americana ou européia, são herdadas pelos integrantes dessa lista. Dessa maneira, numa citação "em massa", são eles: Adriana Grechi, Alexandra Itacarambi, Ana Lívia Cordeiro, Ana Teixeira, Ana Terra, Angela Nagai, Armando Aurich, Bia Frade, Carlos Martins, Cláudia de Souza, Cláudia Palma, Cristian Duarte, Eliana Cavalcanti, Eliana de Santana, Emilie Sugai, Fernando Lee, Gabi Imparato, Gabriela Dellias, Geórgia Lengos, Gícia Amorim, Key Sawao, Helena Bastos, Jorge Garcia, José Maria Carvalho, Lara Pinheiro, Lara Pinheiro Dau, Lela Queiroz, Letícia Sekito, Larissa Turtelli, Lília Shaw, Lu Favoreto, Luiz de Abreu, Márcia Bozon, Maria Mommenshon, Marta Soares, Patrícia Noronha, Patrícia Werneck, Paulo Goulart Filho, Rachel Zuanon, Raymundo Costa, Ricardo Iazzeta, Robson Jacqué, Sérgio Rocha, Sofia Cavalcanti, Soraya Sabino, Sílvia Geraldi, Sueli Cherbino, Thelma Bonavita, Tica Lemos, Valéria Bravi, Valéria Franco, Vera Sala, Welington Duarte, Willy Helm, Wilson Aguiar, Yvany Santana e Zélia Monteiro.

DANÇARINO, DANÇARINA.   Pessoa que se dedica de maneira amadora ou profissional à dança, tenha a coreografia um registro popular, folclórico ou de balé. Embora os termos dançarino(a) e bailarino(a) sejam utilizados usualmente como sinônimos, deve-se lembrar que nem toda dança constitui propriamente um balé (→*Dança*). Por essa razão, se todo bailarino é também dançarino, nem todo dançarino possui a formação exigida de bailarino.

DEAMBULATÓRIO.   Seção arquitetônica de grandes igrejas católicas e que consiste de uma passagem ou corredor semicircular situado atrás do altar-mor, sob a abside principal. Muito comum nos estilos românico e gótico, foi concebido primariamente para dar acesso a capelas laterais ou servir, em suas paredes, de mostruário de relíquias.

DEBUXO.   Desenho simples ou esquemático, sem inclusão de detalhes ou ornamentos, que não ultrapassa os contornos da figura. O mesmo que *esboço, traçado* ou *bosquejo*.

DECALCOMANIA.   **1.** A transferência de uma imagem entre suportes ou superfícies diferentes, feita por pressão direta. Consiste num tipo de decoração em que um desenho, impresso inicialmente por técnica de gravura, é recortado e calcado sobre outro papel ou superfície pegajosa, colante. O desenho original é retirado logo em seguida, deixando a imagem transferida, que então se protege com verniz. **2.** Técnica creditada ao pintor espanhol surrealista Oscar Dominguez, baseada na aplicação inicial de manchas de cor sobre um papel. Em seguida, este é recoberto por outro que, pressionado, recebe uma impressão de efeitos aleatórios, fluidos, que os surrealistas chamaram de "automático ou sem pré-concepção".

DECALQUE.   **1.** Desenho ou imagem obtida por →decalcomania. **2.** Em lingüística, o decalque corresponde a um dos processos de enriquecimento da língua, pelo qual novas palavras, de origem estrangeira, se incorporam ao uso cotidiano e ao léxico (→*Vocabulário*).

DECAPAGEM.   Em artes plásticas, a parte inicial do processo de restauro ou de restauração que se refere à retirada de camadas de tinta ou de depósitos acumulados, seja por meio manual seja por aplicação de produtos químicos, os decapantes.

DECASSÍLABO.   Refere-se ao verso de dez sílabas, como no seguinte trecho do *Caramuru*, de Santa Rita Durão: "Bem que constante, a morte não temia. / Invoca no perigo o Céu piedoso / Ao ver que a fúria horrível da procela / Rompe a nau, quebra o leme e arranca a vela". Neste exemplo, como os acentos fortes ou marcados de cada uma das frases (os ictos) encontram-se na sexta e na décima sílabas (*morte-temia / perigo-piedoso* etc.), o decassílabo chama-se *heróico*. Se o acento recair na quarta sílaba, o verso é conhecido como de *gaita galega*. Se os acentos estiverem na quarta e na oitava (ou na décima), é dito →*sáfico*.

DEDUÇÃO.   →*Razão.*

DEÍSMO.   Concepção religiosa segundo a qual admite-se o atributo ou a existência criadora de Deus, mas se nega o chamado "concurso divino", ou seja, a íntima dependência dos seres criados ao ser criador. Inclui-se nessa negação a existência de milagres, a manifestação de revelações sobrenaturais e a instituição de dogmas. Como religião natural, e não-revelada, afirma a plena liberdade de ação do homem, desvinculando seus possíveis vícios ou pecados da natureza divina, essencialmente independente. Surgido na Inglaterra durante o século XVI, veio a influenciar o Iluminismo, tanto francês quanto alemão. →*Livre-arbítrio.*

DEMIURGO.   Palavra difundida por Platão na obra *Timeu* (literalmente, aquele que trabalha para o povo), servindo para designar o artífice do mundo, ou seja, aquele que primeiro, refletindo a realidade das Idéias, organizou a matéria e deu-lhe formas no tempo. Foi ele também o criador de divindades que, por sua vez, deram nascimento ao ser humano. Por extensão, indica todo aquele que, a partir de conceitos ou princípios anteriores, reformula e propõe novas concepções ou formas expressivas diferenciadas, de larga repercussão sociocultural (pensadores e artistas).

•DENISHAWN. →*Dança.*

DENOTAÇÃO, DENOTATIVO. Termo da semântica que se refere à relação de significado básico ou preciso entre o signo (ou palavra) e seu referente (ser ou objeto), e cuja imagem é extensiva a todos os falantes da língua. Assim, o sentido denotativo da palavra *ouro* é o de metal precioso, dúctil, de cor amarelada e brilhante. Opõe-se à →conotação ou aos significados conotativos que aquela mesma palavra possa conter – o de riqueza, fausto, luxo, poder, ambição, avareza etc.

DEPRECAÇÃO. Recurso de linguagem retórica que consiste na expressão de um desejo, mas dirigido, nominalmente, a uma pessoa, ser ou entidade, no que difere da →optação. "*Roga a Deus*, que teus anos encurtou, / Que tão cedo daqui me leve a ver-te / Quão cedo dos meus olhos te levou" (Camões).

DESCOLAGEM. Ação pela qual se cria um objeto ou um efeito estéticos por meio da deterioração – raspagem, descolamento, rasgo – seja a partir de outro já existente, seja do próprio material de que é feito. Sob certos aspectos, opõe-se à *colagem.*

DESCRIÇÃO. É o ato de expor ou representar por palavras, escritas ou orais, os aspectos reais ou imaginários, bem como físicos, sensitivos ou psíquicos de seres, de fatos, ambientes ou fenômenos. De um ponto de vista mais estritamente literário, consiste na enumeração ou representação de personagens, de objetos e fenômenos da natureza, do cenário ou meio ambiente em que se passam as ações da obra. Por conseqüência, a descrição retrata, "faz ver" e identifica pessoas, coisas e paisagens, atraindo-lhes um ou mais sentimentos. "Descrição é o tipo de texto em que se relatam as características de uma pessoa, de um objeto ou de uma situação qualquer, inscritas num certo momento estático do tempo" (Fiorin e Savioli, *Para Entender o Texto*). Exemplo em Graciliano Ramos (*São Bernardo*): "O dr. Magalhães é pequenino, tem um nariz grande, um pince-nez e, por detrás do pince-nez, uns olhinhos risonhos. Os beiços, delgados, apertam-se. Só se descolam para o dr. Magalhães falar a respeito de sua pessoa. Também, quando entra neste assunto, não pára". Na opinião do poeta e ensaísta Nicolas Boileau, a descrição "é serva da narração". Quanto ao seu objeto, pode ela ser: *a) histórica* – relativa à seqüência de eventos reais e passados; *b) cronológica* – de fatos especiais ou de fenômenos naturais que ocorrem em determinado tempo ou período (o nascer do sol ou o cair da noite, por exemplo); *c) prosopográfica* (prosopografia) – referente às configurações exteriores de seres e personagens: fisionomia, gestos, vestuário etc.; *d) etopéia* – que expõe as características morais ou psicológicas de uma pessoa ou personagem; *e) retrato* – que abrange os aspectos físicos e de personalidade, aliando a prosopografia e a etopéia; *f) topográfica* – de lugares, ambientes, paisagens ou acidentes naturais. Quanto ao modo, é possível distinguir: *a) descrição científica* ou *técnica* – relativa aos objetos, relações e fenômenos científicos, em conformidade com os métodos particulares de cada disciplina; *b) poético-literária* – vinculada aos sentimentos, à imaginação, a uma construção retórica subjetivamente interpretada; *c) jornalística* – versando sobre assuntos ou acontecimentos do cotidiano, de maneira informativa ou opinativa. É claro que as classificações acima têm objetivos didáticos, e tanto os objetos quanto os modos da descrição podem ser expostos ou relatados, eventualmente, de maneira entrelaçada. →*Diálogo* e →*Dissertação.*

DESENHO. Estrutura de linhas articuladas e traçadas sobre determinado suporte (papel, tela, placa, muro etc.) de modo a se obter uma representação plástica visual, seja ela uma imagem mimética ou figurativa, seja abstrata ou ornamental. Essa representação plástica constitui uma cópia ou uma criação de formas e de volumes que "designa alguma coisa" (por *designare*, palavra latina da qual provém, entende-se "mostrar de maneira ordenada"). A forma diz respeito aos traços que definem os elementos evocados, suas disposições espaciais, a perspectiva, as proporções e o movimento. Já o volume provém das relações obtidas entre zonas claras e escuras, de luzes e de sombras. Duas noções interligam-se no desenho: o propósito, ou plano mental, e a realização prática de uma configuração visível. Pode constituir-se em obra de arte definitiva ou completa, servir de estudo preparatório para pintura e escultura (contendo maior riqueza de elementos e detalhes), base para a gravura, para o *design* ou qualquer outra manifestação de arte visual, de comunicação ou de publicidade. Em seu mais alto sentido artístico, o desenho desenvolveu-se no Ocidente já em fins da Idade Média e, sobretudo, no transcorrer do Renascimento, em seus estilos clássico e barroco, na figura de mestres como Albrecht Dürer, Leonardo da Vinci, Michelangelo e Rembrandt. Mas já a partir do século XIV, surgiriam os primeiros trabalhos de coleções de estudos, como os de Taddeo Gaddi e Giovannino de Grassi; no seguinte, as do *Mestre das Horas* de Rohan, de Jehan Fouquet, Antonio Pisanello, Jacopo Bellini e Martin Schongauer. É também dessa época a introdução de desenhos a carvão, a lápis e giz pastel. Os principais instrumentos do desenho têm sido o lápis grafite, o carvão, o lápis *conté* (carvão e argila), o lápis de cor, o giz, o giz pastel, a pena (que se embebe em tinta e engloba dois tipos: a de ponta vegetal, como o junco, e a de ave), a ponta de metal (estilete de prata, ouro ou chumbo, de traço indelével, que impressiona uma superfície contendo solução aquosa de pó de osso e goma arábica) e, mais modernamente, os meios eletrônicos computadorizados. →*Debuxo* e →*Esboço*.

DESENHO ANIMADO. A técnica cinematográfica de animar desenhos consiste em fotografá-los por meio de uma série de tomadas e de interrupções sucessivas. Isso quer dizer que se enquadra a figura previamente desenhada ou pintada sobre uma superfície transparente, modelada (personagem tridimensional de massa ou de cera, por exemplo) ou um boneco, dispara-se a câmera para fazer o registro e pára-se a filmagem. Em seguida, modifica-se ligeiramente a posição do desenho ou do objeto, ou ainda se acrescenta um novo elemento de cena ou personagem. Retorna-se então à filmagem e assim se prossegue, continuamente. No final, isto é, na projeção definitiva (24 quadros por segundo), todas as pequenas mudanças efetuadas darão a ilusão de continuidade de movimentos ou de animação. A essa seqüência ininterrupta de registros os americanos chamam *frame-by-frame exposure* – exposição quadro-a-quadro. O mais antigo precursor do desenho animado parece ter sido o físico e astrônomo holandês Christiaan Huygens, que, em meados do século XVII, pintou duas placas de vidro com a figura de um esqueleto, sendo uma fixa e outra móvel (deslocada por lingüetas). As imagens eram projetadas sobre tela com o concurso de uma lanterna mágica, e o efeito produzido era o do esqueleto que retira e repõe sua própria cabeça. Muito mais tarde, no século XIX, o austríaco Franz von Uchatius e o francês Jules Duboscq obtiveram projeções mais rápidas e já mecânicas com o fenacistocópio, inventado pelo belga Joseph Plateau – uma lanterna mágica aperfeiçoada, contendo dois discos: um de vidro inteiriço, sobre o qual se pintava uma mesma figura em diferentes posições, e outro contendo uma série de aberturas que serviam como obturadores. Mas o primeiro construtor de um verdadeiro aparelho (e autor) de desenhos animados foi o francês Émile Reynaud que, em 1877, patenteou o seu praxinoscópio. A máquina permitia a projeção de vários quadrinhos pintados sobre um filme cromolitográfico, com os quais se contava uma historieta. Esses filmes primitivos continham apenas 65 centímetros de comprimento. Reynaud aperfeiçoou o praxinoscópio e, em 1892, abriu uma sala de espetáculos, o Teatro Óptico. Cada filme exibido já possuía, conforme o entrecho criado, de 20 a 50 metros de comprimento. Mas a chega-

da do cinema logo inviabilizou os negócios de Reynaud. Com o advento da cinematografia, a técnica da composição quadro-a-quadro, que aliás permitiu o uso de trucagens, muito exploradas por Méliès, foi observada pela primeira vez em 1895, durante as filmagens de *A Execução de Mary, Rainha dos Escoceses*, do inglês Alfred Clark. O fato se deu durante a interrupção da tomada de decapitação da rainha, cuja atriz foi substituída, naquele momento, por um manequim. Três anos depois, viria a público o primeiro exemplar de desenho animado em película cinematográfica: *Matches Appeal* (*O Apelo dos Fósforos*), um filme de propaganda realizado por Arthur M. Cooper para a guerra que os ingleses travavam com os Boers. O mesmo Cooper ainda faria, durante a primeira década do século seguinte, *Dolly's Toys* e *The Enchanted Toymaker*. Mas foi nos Estados Unidos que o desenho animado alcançou o seu máximo desenvolvimento. Em 1900, o desenhista inglês James S. Blackton realizou para a companhia Edison a película *O Desenho Encantado*. Em 1906, empregando a técnica do quadro a quadro, criou *Fases Humorísticas de Faces Engraçadas* e, no ano seguinte, trabalhando então em seu próprio estúdio, Blackton filmou *O Hotel Assombrado*, primeiro grande sucesso do gênero, tanto nos Estados Unidos quanto na Europa, ao qual se seguiu *A Caneta da Fonte Mágica* (1909). Seu contemporâneo Winsor McCay, criador de Litlle Nemo, personagem de história em quadrinhos, estreou na animação com *Little Nemo na Terra do Sono* (1911). Depois realizou *A História de um Mosquito, Gertie, O Dinossauro* e *O Naufrágio do Lusitânia*, um desenho de média-metragem (cerca de vinte minutos). Já o primeiro personagem a conquistar uma fama popular e internacional foi Gato Félix, criado por Pat Sullivan e animado por Otto Messmer, que o concebeu inicialmente para o filme *Folias Felinas* (1919), encomendado pela Paramount. A acolhida rendeu uma série que perdurou, nas mãos de Messmer, de Raoul Barré e de Bill Nolan, seus co-autores, até 1933. O mais bem-sucedido criador e produtor de desenho animado do século, Walt Disney, começou trabalhando em parceria com Ub Iwerks, com o qual produziu as série *Laugh-O-Gram* (1922), *Comédias de Alice* (1924) e *Oswald, o Coelho Sortudo*, além dos filmes *Avião Maluco* e *Galope Gaúcho*. Num dos episódios de Alice ("Os Ratos Põem o Guizo em Alice"), havia entre os personagens um pequeno rato preto, então chamado Mortimer. Rebatizado de Mickey, assumiu o papel de protagonista no lançamento do primeiro desenho animado sonoro – *Steamboat Willie* (1928). O sucesso de Mickey permitiu a Disney construir o seu próprio estúdio, caracterizado pela excepcional qualidade técnica. Neles seriam criados o primeiro desenho em technicolor – *Flores e Árvores* (1932), os personagens Pluto (com *The Chain Gang*, 1930), Pato Donald (em *The Wise Litlle Hen*) e Pateta (em *Revista do Mickey*), ambos de 1934, assim como os longas-metragens *Branca de Neve e os Sete Anões* (1937), *Pinóquio* e *Fantasia* (1940), *Dumbo* (1941), *Bambi* (1942), *Cinderela* (1950), *Alice no País das Maravilhas* (1951), *A Dama e o Vagabundo* (1952), *Peter Pan* (1953). Após sua morte, os estúdios lançariam, entre outros, *Mogli* (1967), *Bernardo e Bianca* (1977), *Roger Rabbit* (1988), *Aladim* (1992) e *O Rei Leão* (1994). Diferindo da poética otimista, cândida e sentimental de Disney, os irmãos Fleisher, Max e Dave, ganharam notoriedade com o irreverente palhaço Koko (que perdurou de 1916 a 1929) e a sensual Betty Boop, que acabou censurada em 1939. Os irmãos ainda transformaram em série animada a figura do briguento marinheiro Popeye, personagem dos quadrinhos de Elzie Sugar, e, em longa-metragem, *As Viagens de Gulliver*. Outros autores e produtores de séries com repercussão internacional, tanto no cinema quanto, mais tarde, na televisão, foram Tex Avery (Gaguinho, Patolino, Pernalonga, o cachorro Droopy), admirado no meio profissional por suas histórias de contrastes absurdos e sensualidade satírica; Walter Lantz (que idealizou o amalucado Pica-Pau); Bill Hanna e Joseph Barbera (*Tom e Jerry*, *Os Flintstones*, *Zé Colméia*, *Manda-Chuva*, *Os Jetsons*) ou ainda Fritz Freleng (*A Pantera Cor de Rosa*). Na década de 1980, o trio Don Bluth, Gary Goldman e John Pomeroy, aliados a George Lucas, realizaram três longas-metragens de sucesso, ao estilo Disney: *A Ratinha Valente*, *Fievel, um Conto Americano*, e *Em Busca do Vale Encantado*. Entre os mais conhecidos artistas do desenho animado europeu, devem ser mencionados: Émile Colh, o pai da animação francesa (seu primeiro filme, *Fantasmagoria*, data de 1908) e que deixou mais de setenta obras após trabalhar para os estúdios Gaumont e Pathé, antes de se mudar para os Estados Unidos; os russos Ladislas Starevitch (*O Romance de Renart*, longa-metragem, 1930) e Alexandre Alexeieff (*Uma Noite no Monte Calvo*, com música de Mussórgski, 1933), ambos ativos na França; Paul Grimault, fundador da empresa Les Gémeaux (*Os Passageiros da Grande Ursa*, 1941; *Flauta Mágica*, 1946; *O Rei e o Pássaro*, 1959); os canadenses atuantes na Inglaterra George Dunning (*O Submarino Amarelo*, tendo como personagens os Beatles, 1968) e Richard Williams (*A Christmas Carol*, 1971); o escocês Norman McLaren, pesquisador de técnicas inovadoras para o Instituto Nacional de Cinema, do Canadá; os tchecos Jiri Trnka, que freqüentemente se utilizou de marionetes, uma longa tradição teatral de seu país, para compor narrativas de envolvente lirismo (*O Rouxinol do*

Imperador da China, 1948; *Príncipe Bajaja*, 1950; *As Aventuras do Soldado Chveik*, 1955) e Karel Zeman, cujas figuras em vidro soprado surpreenderam o universo da animação em 1949 (*Inspiração*), autor também de obras em que contracenam figuras desenhadas e marionetes (*O Tesouro da Ilha dos Pássaros*, 1952). No Brasil, Anélio Latini Filho foi o responsável pelo primeiro desenho animado nacional, a *Sinfonia Amazônica*, contando algumas lendas indígenas da floresta. Marcos Magalhães criou *Meow* em 1981 e Maurício de Sousa produziu em animação as seguintes películas com seus personagens de histórias em quadrinhos: *As Aventuras da Turma da Mônica* e *A Princesa e o Robô* (1983), *As Novas Aventuras da Turma* (1986), *O Bicho-Papão e Outras Histórias* e *Mônica e a Sereia do Rio* (ambos em 1987) e *A Estrelinha Mágica* (1988). Entre 1994 e 1995, Clóvis Vieira idealizou e dirigiu o primeiro desenho animado brasileiro feito inteiramente por computação gráfica, a ficção científica *Cassiopéia*.

DESENHO GRÁFICO, DESIGN GRÁFICO. Tem sido esta a mais permanente, cotidiana e massiva forma de arte plástica e aplicada do mundo contemporâneo, vinculada que está à publicidade, ao *marketing* e ao mundo dos negócios. Basicamente, o desenho gráfico constituiu-se na elaboração de imagens estéticas e de formas simbólicas a serem reproduzidas em série, identificando e destacando visualmente um produto ou serviço. Destina-se, de modo predominante, à propaganda de eventos, de mercadorias ou de serviços, por meio de cartazes, catálogos, folhetos, embalagens, capas de disco e de livro etc., ou à identificação e divulgação mais duradouras de uma imagem empresarial ou institucional – símbolos e logotipos – tanto para uso interno quanto externo (neste último caso, com fins publicitários ou veiculação em órgãos de imprensa ou de televisão). De passagem, diga-se que o logotipo é um símbolo construído com palavra ou sigla-padrão, tratada de modo estético. Na definição de Marjorie Bevlin (*Design through Discovery*), o desenho gráfico constitui "a seleção e a organização de elementos visuais – letras, palavras, desenhos, fotos, cores e ilustrações – para os formatos impressos ou para qualquer outro meio semelhante de reprodução em série" (como os meios eletrônicos). Na criação de um projeto de desenho gráfico costumam ser considerados os seus aspectos funcionais – a utilização prática dos objetos nos quais ele se realiza – e os formais – a elaboração estética mais atraente ou expressiva do conteúdo. Por essa razão, Ana Escorel entende ser o *design* gráfico uma linguagem relativamente nova, possuidora de "duas possibilidades de articulação: uma que se realiza no sentido horizontal e que tem propriedades combinatórias; outra que se realiza no sentido vertical, em profundidade, e que tem propriedades associativas, seus aspectos simbólicos. O significado do produto resulta da soma desses dois aspectos ou eixos de significação" (*O Efeito Multiplicador do Design*). De um ponto de vista retrospectivo, o *design* gráfico desenvolveu-se inicialmente pela técnica da litogravura, em fins do século XIX, com os trabalhos especializados do francês Jules Chéret, criador de cartazes para peças teatrais, espetáculos musicais e rótulos de bebidas. Ainda na França, e com o mesmo intuito, trabalharam Toulouse-Lautrec e Alphonse Mucha. O movimento →*art nouveau* e a →Bauhaus, o cubismo, o concretismo pictórico e a arte *pop* contribuíram enormemente para as formas e temáticas do desenho gráfico contemporâneo, presente inclusive em trabalhos de concepção visual ou diagramação de jornais, revistas e livros. No Brasil, a importância e a difusão do desenho gráfico começaram a ganhar relevo a partir da década de 1950, com a implantação de cursos especializados no Instituto de Arte Contemporânea, ligado ao Museu de Arte de São Paulo (Masp), na Faculdade de Arquitetura e Urbanismo da Universidade de São Paulo, e com a criação da Esdi (Escola Superior de Desenho Industrial), do Rio de Janeiro, em 1963. Entre os seus primeiros artistas ou profissionais podem ser citados Lina Bo Bardi, Alexander Wollner, Rubens Martins, Geraldo Barros, Ludovico Martino, João Carlos Cauduro, Aloísio Magalhães ou Rogério Duarte. O desenho gráfico incorpora-se ainda ao conjunto de técnicas da →comunicação visual.

DESENHO INDUSTRIAL, DESIGN INDUSTRIAL. Consiste na elaboração ao mesmo tempo funcional e estética de objetos de uso ou de consumo, a serem planejados e produzidos em série, industrialmente, com absoluta identidade (no que difere do artesanato), partindo-se da idéia de que a qualidade formal e a quantidade constituem atributos complementares. Teoricamente, consideram-se ao menos três princípios na formulação do desenho industrial: *1)* a adequação utilitária, funcional ou seu aspecto necessário, como, por exemplo, a aerodinâmica de veículos frente à resistência do ar; a melhor preensibilidade de objetos para seu manuseio; o conforto, a segurança e a postura correta do corpo no uso de móveis; *2)* a forma agradável ou visualmente atraente do objeto (já que a indústria não pode negligenciar a finalidade da venda), tida como seu aspecto estético ou contemplativo; *3)* os hábitos e as atitudes culturais mais consagradas do meio social em que se situa. Nascido com a Revolução Industrial, costuma-se apontar o ano de 1851 como marco inicial de seu desenvolvimento – a realização da Grande Feira da Indústria, em Londres, no interior do Crystal Palace (cer-

tos autores, no entanto, datam o começo do *design* a partir da invenção dos tipos móveis, quando se separam a caligrafia artesanal e a tipografia padronizada). O imenso prédio da exposição (setenta mil metros quadrados), concebido por Joseph Paxton, teve de ser construído às pressas, e assim o arquiteto resolveu utilizar-se de unidades moduladas e pré-fabricadas de ferro fundido (estruturas com colunas e arcos), fechadas com vidros. Mesmo assim, até os finais do século XIX prevaleceu a concepção de que o desenho industrial, ou pelo menos as artes decorativas, como então eram chamadas, deveria partir das características manuais de criação, de um modelo artesanal ou natural, ao qual a máquina se adaptasse, a fim de que o objeto pudesse conservar sua qualidade intrinsecamente humana ou alusão subjetiva. Tais idéias faziam parte das pregações sociais e estéticas de dois socialistas românticos e vitorianos, John Ruskin e William Morris (→*Arts and Crafts*). Ambos condenavam o modo fabril e mecânico da produção, sonhando, ao contrário, com o restabelecimento das corporações e da indústria caseira (o *domestic system*), dentro das quais os artífices deteriam o controle criativo da forma e da funcionalidade. Temiam a autonomia da máquina e a possibilidade de que ela fizesse apenas objetos insípidos, contribuindo para a degenerescência da arte, indispensável à educação popular. Suas concepções influenciaram, no entanto, um dos primeiros centros de prestígio do *design*, a Wiener Werkstätte, fundada em 1903 por Josef Hoffmann e Kolomon Moser. À diferença das *Arts and Crafts*, no entanto, nenhum ornamento era admitido. Impunha-se, ao contrário, a "ditadura do linear e do quadrado". O núcleo de Hoffmann dedicou-se às mais variadas finalidades, da edificação a todos os objetos de uso cotidiano. A produção mecânica, entretanto, vinha se impondo rapidamente sobre os mais variados ramos artesanais. No mobiliário, por exemplo, as cadeiras *bistrot* das oficinas austríacas de Michael Thonet alcançaram enorme sucesso, tendo sido vendidas cerca de cinqüenta milhões de peças entre 1859 e 1930. Como propostos pela Wiener Werkstätte, o racionalismo ou o funcionalismo (já presentes no âmbito da arquitetura) foram assumidos como as linhas preponderantes na consecução dos novos objetos, ou de sua remodelação, explorando a virtualidade de materiais recentes e das estruturas mecânicas. Difundida tornou-se a idéia de Louis Sullivan, segundo a qual, "quer se trate da águia planando nos ares ou da macieira em flor, do cavalo de tração que se fatiga ou do cisne vigilante, da água que segue os meandros do rio ou do carvalho frondoso, das nuvens que passam ou do movimento do sol, a forma sempre acompanha a função e esta é a lei. Nenhuma modificação da forma, sem mudança da função". A beleza absoluta identificava-se, portanto, com aspectos funcionais dos objetos. Daí também a abolição dos adornos, das ornamentações, e o crescente despojamento verificado nas formas. Na Alemanha, o primeiro núcleo a se desenvolver foi o da Deutscher Werkbund de Munique, fundada por Hermann Muthesius, em 1907. Dentro dela agruparam-se arquitetos, artistas plásticos e homens de indústria. Um de seus integrantes, Peter Behrens, tornou-se um criador de múltiplos produtos (de eletrodomésticos e lâmpadas a logotipos), trabalhando para a empresa AEG. Outros de seus renomados arquitetos e *designers*: Walter Gropius e Henry Van de Velde. Ainda nesta época, discutia-se a necessidade da estandardização de certos produtos, defendida por Muthesius e rejeitada por Van de Velde. Originária em parte das experiências da Deutscher Werkbund, a →Bauhaus converteu-se em um centro de excelência na criação de tudo o que disesse respeito à habitação e seu interior. Adotando princípios e formas de atuação semelhantes à Bauhaus, a escola soviética de Vhutemas congregou durante uma década quase todos os principais artistas abstratos e construtivistas, dispostos a conceber novos *designs*, sobretudo de mobiliário industrial. Dela tomaram parte, entre outros, Aleksandr Rodchenko, Vladimir Tatlin e El Lissitzky. Independente dessas escolas, mas acompanhando as tendências do racionalismo, do funcionalismo e do minimalismo estético, o arquiteto finlandês Alvar Aalto trouxe também importante contribuição ao desenho industrial. Suas preferências pelas formas curvas ou superfícies ondulantes, assim como pelo uso de materiais diversos e combinados, contrastavam com o rigor dos demais movimentos da vanguarda européia. Assim, a partir dos anos 1930, a "estética industrial" passou a gerar uma demanda crescente por projetistas especializados, quase sempre egressos da arquitetura, incumbidos de traduzir a ergonomia e a praticidade dos objetos em linhas atraentes, geralmente fluidas e lisas. Nesta época, ganharam prestígio nomes como Raymond Loewy, francês emigrado para os Estados Unidos (projetista das locomotivas *streamlines*), Jean Prouvé, Le Corbusier, Charlotte Perriand, Albini Franco, Norman Bel Geddes, Marcel Breuer, Henry Dreyfuss, Charles Eames e sua mulher Ray, Carlo Mollino, Gio Ponti, Eero e Eliel Saarinen, Walter Teague ou Tapio Wirkkala. No pós-guerra, outro centro de ensino e referência mundiais para a recente história do *design* fundamentou-se igualmente nos conceitos da Bauhaus, a Hochschule für Gestaltung d'Ulm, criada em 1955 por Max Bill e co-dirigida por Bill, Otl Aicher, Tomás Maldonado e Hans Gugelot, tendo durado até 1967 (a escola esteve associada à empresa Braun). Foi também no decorrer dos anos de 1960 que os desenhos industriais italiano e francês obtiveram uma larga repercussão, compactando e arredondando os contornos dos objetos, além de se utilizarem de novos materiais leves, como o poliéster ou o poliuretano; da arte *pop* aproveitaram-se as cores vivas e contrastantes. Época também em que a arquitetura de interiores procurou se dissociar da arquitetura propriamente dita, propondo um *design* de concepções autônomas. Trabalho significativo nesse sentido empreendeu Joe Colombo, influenciado pelas perspectivas da era espacial. Uma de suas idéias básicas era a da auto-organização dos espaços de convivência (móveis retráteis ou escamoteáveis). Personalidades mais jovens da segunda metade do século que também se consagraram neste amplo universo do *design* foram, por exemplo: Mario Bellini, Andrea Branzi, Enzo Mari, Alessandro Mendini, Bruno Munari, Gaetano Pesce, Ettore Sottsass, Pierre Paulin, Philippe Starck, George Nelson, Panton Werner ou Ron Arad. No Brasil, a introdução do desenho industrial só ocorreu em 1948, após a chegada da arquiteta Lina Bo Bardi que, ao lado de Giancarlo Pallanti, igualmente italiano, fundou o Estúdio Palma, em São Paulo, seguindo-se a criação da Esdi (Escola Superior de Desenho Industrial), no Rio de Janeiro.

DESFILE. Apresentação pública e festiva de um grupo ou agremiação, em forma de cortejo, geralmente acompanhada por banda ou conjunto musical. Especificamente no Brasil, os desfiles mais conhecidos são os de carnaval, realizados por blocos, cordões e escolas de samba, sendo que a estas últimas cabe dramatizar um enredo histórico. Seus desfiles têm sido organizados em forma de concursos oficiais entre as agremiações desde a década de 1930, quando o carnavalesco Zé Espinguela, da Estação Primeira de Mangueira, propôs a elaboração de um itinerário determinado, horário e premiação aos participantes. A oficialização do desfile se deu com o prefeito Pedro Ernesto, em 1935, no Rio de Janeiro, estendendo-se, posteriormente, a outros estados brasileiros.

• **DESIGN.** →*Desenho gráfico*, →*Desenho industrial.*

• **DESIGNER.** Artista que concebe, projeta e desenha objetos de uso prático e ao mesmo tempo estéticos ou decorativos, de produção limitada ou em série (industriais), para uso doméstico (tais como móveis, luminárias, baixelas, aparelhos eletroeletrônicos), além de máquinas ou veículos, tanto quanto jóias, tapeçarias, peças cerâmicas e de vidro, ou ainda imagens gráficas comerciais ou institucionais para reprodução múltipla nos meios de comunicação (*designer* gráfico). Constitui a versão ampliada e contemporânea do desenhista ou projetista de artes decorativas que subsistiu até os fins do século XIX.

DESTAQUE. Figura ou personagem de um enredo de desfile carnavalesco que se apresenta isolada para maior realce entre os demais foliões ou passistas.

•DEUS EX-MACHINA. Expressão já utilizada no teatro grego para se referir a um desenlace ou →catástrofe, obtido de maneira súbita e artificial, com o aparecimento em cena de uma figura divina ou mitológica. Todos os dramaturgos gregos dele se utilizaram, sobretudo Eurípides. Também no teatro medieval, alude ao aparecimento repentino de personagens em cena (freqüentemente Nossa Senhora), proveniente das partes altas, isto é, do urdimento, pela ação de mecanismos ou de roldanas (tramóia). Por extensão, diz respeito a um desfecho inverossímil ou inesperado da ação.

DEUTERAGONISTA. →*Personagem.*

DEVANEIO. É um "sonhar acordado" (Bachelard), ou seja, o deixar-se conduzir livremente pela imaginação inventiva, pela subjetividade e ficção, sem que a atividade cognitiva imponha suas normas ou exigências.

DIALÉTICA. Do verbo grego *dialegestai*, remete, originalmente, à arte da conversação. Sócrates usou da dialética como forma ou caminho de elucidação e definição de idéias e valores humanos (o Bem, a Beleza, a Verdade, a Justiça etc.), caracterizando-a pela exposição de um tema e sua contra-argumentação (pergunta, resposta), a fim de encontrar, para além das opiniões instáveis e subjetivas, o conceito comum ou a essência intemporal e necessária sobre as coisas e as ações humanas. Tanto para Sócrates quanto para Platão, a arte da conversação dialética (duas razões que se defrontam) é o método indispensável do raciocínio metafísico: a passagem do sensível, ou empírico, ao inteligível ou teórico, da multiplicidade ao uno. Já em Heráclito, no entanto, como o Ser se define primariamente pelo movimento, pelo vir-a-ser contínuo, pelo dinamismo (o Ser é um fluir ininterrupto ou *panta rei*), é possível extrair dessa mobilidade a idéia de uma dialética imanente, uma tensão inevitável entre pólos opostos. Em suas palavras, "da luta dos contrários nasce a harmonia". E nenhum discurso ou pensamento sobre o Ser pode excluir sua noção contrária (a luz pela treva, o macho pela fêmea, a estabilidade pelo desequilíbrio, a saúde pela doença etc.). Aristóteles, ao contrário, viu na dialética uma "aparência de filosofia", um recurso que, não ultrapassando o terreno da probabilidade, não poderia alcançar demonstrações de verdade. Tal desinteresse pela dialética permaneceu em Descartes e em Kant. Este último, por exemplo, considerou-a mera "lógica das aparências, que nada informa sobre o conteúdo do conhecimento e se limita apenas a expor as condições de conformidade entre conhecimento e entendimento". Sua "dialética transcendental" versou justamente sobre a crítica das aparências racionais quando estas pretendem superar ou transcender a experiência ou a realidade dada ao homem pelos fenômenos (sempre limitados às formas do espaço e do tempo). Em Hegel, ao contrário, que retoma Heráclito, a dialética apresenta-se como o movimento intrínseco pelo qual o Espírito (a razão universal, o verbo divino) se manifesta, cria a natureza, e alcança a consciência de si nas instituições sociopolíticas e culturais. É uma luta espiritual ou "esforço para criar, compreender e organizar" (Nicolai Hartmann, *Hegel e o Problema da Dialética do Real*). Portanto, mais do que um método de pensamento filosófico, sua dialética constitui: *1*) a única possibilidade de acesso à experiência do mundo; *2*) uma ontologia ou modo de existência e manifestação do Espírito. Diferentemente dos gregos, no entanto, que trataram a dialética como dicotomia ou oposição binária, Hegel introduziu um terceiro termo ou momento. Desse modo, a dialética hegeliana reúne três fases: a unidade ou tese, a divisão, a negatividade ou antítese e, por fim, a superação, a criação de uma nova unidade ou síntese que nasce daquela oposição. Na introdução à sua *Fenomenologia do Espírito*, o autor exemplifica a dialética: "O botão desaparece no desabrochar da flor e pode-se dizer que é refutado pela flor. De modo idêntico, a flor se explica por meio do fruto como um falso existir da planta, e o fruto surge em lugar da flor como verdade da planta. Essas formas não apenas se distinguem, mas se repelem como incompatíveis entre si. Mas sua natureza fluida as torna, ao mesmo tempo, momentos da unidade orgânica, na qual não somente não entram em conflito, mas existem tão necessariamente quanto a outra; e é unicamente essa igual necessidade que constitui a vida do todo". Tomando-se o caso restrito do indivíduo, de um *eu*, este só pode conceber-se a si mesmo no desenvolvimento de suas várias ações e circunstâncias de vida. E a vida é o espelho no qual se reflete o que o indivíduo é, oferecendo-lhe, ao mesmo tempo (ao seu pensamento), a oportunidade de apreender, por este reflexo, o seu ser real (autoconhecimento ou consciência de si). O mesmo se passa com o Espírito, que se produz nos quadros do pensamento, na Natureza e na História. A dialética consiste, pois, na lógica interna desse movimento permanente de exteriorização, de negação e de auto-reconhecimento. É a própria vida do Espírito, o confronto de um estado inicial (tese) com sua negação (antítese) e chegada ao momento da superação (síntese). Em cada momento, há uma modificação necessária *de ação e de sentido* das coisas para o Espírito. A partir da união sexual e natural dos seres humanos, por exemplo, forma-se a família, núcleo de uma continuidade material e moral. Cada uma delas, no entanto, tem sua independência e seus interesses particulares. Separadas por tais aspectos, isto é, atomizadas, as famílias negam-se em "não-famílias" para dar surgimento a um segundo momento necessário do Espírito – a sociedade civil econômica, destinada a satisfazer cada uma delas pela reunião de todas. A sociedade civil, entretanto, ainda permanece limitada aos aspectos econômicos, às vontades particulares das classes sociais, a suas lutas e instabilidades. O terceiro momento ou superação vem na figura do Estado. Este intervém, como nova criação, para evitar os abusos, os egoísmos ou as arbitrariedades dos particulares e alcançar o momento indispensável da universalidade. Por estar acima das vontades e paixões particulares, é aquela instituição a mais característica da liberdade, exercida por intermédio da lei – entendida como a "substância do poder livre". Partindo da dialética hegeliana, que é ao mesmo tempo dinâmica, experiência e ontologia do Espírito, Marx e Engels a adotaram, mas na qualidade de motor concreto da história, das formas de produção, da constituição das classes sociais, do poder político, do Estado, ou das representações dessas relações básicas enquanto idéias formuladas ideologicamente. Já não seria mais o Espírito, a razão universal ou o verbo divino que se exteriorizaria, se negaria e se reconciliaria consigo mesmo. A razão disto estaria no fato de que o homem se distingue inicialmente dos animais não pela consciência (conseqüência histórica e social), mas pelo fato de ser um produtor, um ser que se autoconstrói pela práxis ou pelo trabalho, que faz as suas próprias condições materiais e espirituais de vida, no interior de circunstâncias históricas determinadas. É na produção dialética de suas condições materiais e sociais de existência que o ser humano se manifesta, se exterioriza e pode superar as circunstâncias anteriores de vida, de conhecimento e de pensamento. A dialética torna-se então, na visão de seus autores, *materialismo histórico*, que explica as mudanças sócio-históricas, e *materialismo dialético*, forma e movimento pela qual a natureza se mostra em seus fenômenos. As unidades fundamentais da concepção marxista estão baseadas: no trabalho, que é a relação do homem com a natureza, seu domínio e superação; na divisão social do trabalho, que é a forma de intercâmbio, de cooperação e de hierarquização entre os homens produtores; no modo de apropriação do trabalho e do trabalho acumulado (o capital), que é a propriedade. Essas relações determinam o modo de produção da sociedade, que, como organismo vivo, nasce, desenvolve-se e morre, não sem gerar, em seu interior, e por conflitos internos, as possibilidades de um novo ciclo. Assim, por exemplo, a evolução dialética das sociedades passou, historicamente, pela fase da propriedade tribal ou comunitária primitiva; seguiu-se-lhe a fase estatal, em dois modos de produção, o asiático (em que o estado é proprietário único) e o aristocrático (que cede a propriedade às grandes famílias). Em ambos os modos, a divisão social do trabalho dá-se entre homens livres e escravos. Teve-se, na seqüência, o modo de produção feudal, com seus senhores e servos e, com o desenvolvimento do comércio e da classe burguesa, o aparecimento da sociedade ou do modo de produção capitalista (capitalistas ou detentores de capitais de um lado e, de outro, trabalhadores "livres" ou vendedores de força de trabalho). As fases posteriores seriam o modo de produção socialista e, mais tarde, o comunista (ausências do Estado e da propriedade privada dos meios de produção).

DIÁLOGO. Conversa ou relação de troca verbal entre pessoas e, do ponto de vista literário, entre personagens dramáticos, narrativos ou de epopéias. A técnica ou o recurso ao diálogo tem início nas literaturas teatral e filosófica da Grécia, servindo, nesta última, para facilitar ou amenizar, didaticamente, a exposição de idéias e de conceitos (os *Diálogos* de Platão, por exemplo). Na Renascença, vários autores lançaram mão deste recurso, como Galileu Galilei (*Diálogo de Dois Mundos*), John Dryden (*Ensaio sobre Poesia Dramática*) ou ainda Montesquieu (*Diálogo de Sila e Eucrate*). Quanto à arte teatral, o diálogo constitui a mais poderosa técnica do texto dramático, capaz de expor e aprofundar todos os variados matizes dos conflitos humanos em ação. Sendo "a própria ação falada", segundo Pirandello, é ele que desencadeia ou permite o desempenho cênico (excetuando-se a pantomima ou as experiências do teatro físico moderno). Assim, o ritmo e o duelo dos diálogos (a *esticomitia* greco-latina) fundamenta o conflito básico da representação dramática, aquele que se estabelece entre os desejos, as idéias, os sentimentos, as convenções e os objetivos, revelando ainda os caracteres sociopsíquicos dos personagens. Já como recurso narrativo, costuma-se distinguir: a) diálogo ou discurso *direto* – no qual o autor dá aos seus personagens a oportunidade de manifestarem diretamente suas intenções, por meio de falas; b) diálogo *indireto* – pelo qual o autor, ele próprio, em terceira pessoa, conta o que "ouviu" de um personagem, de modo integral ou resumido; c) diálogo *indireto livre* – quando "a fala de determinada personagem, ou fragmentos dela, inserem-se discretamente no discurso indireto, por meio do qual o autor relata os fatos acontecidos" (Othon Garcia, *Comunicação em Prosa Moderna*). Ou seja, intercalam-se no texto a primeira pessoa (personagem) e a terceira (escritor); d) *monólogo interior* – indica o intercâmbio mental e verbal de um "eu consigo mesmo", confidenciado ao leitor ou à assistência, e que se desdobra em impressões contrárias ou idéias complementares de um mesmo personagem. Constitui, assim, "os vários níveis de consciência, antes que sejam formulados pela fala deliberada" (Robert Humphrey, *Fluxo de Consciência no Romance Moderno*). Certos críticos consideram o monólogo interior (denominação francesa criada por Valéry Larbaud) como idêntico ao "fluxo de consciência" (*stream of consciousness*) proposto por William James. →*Monólogo*, →*Solilóquio*, →*Descrição* e →*Dissertação*.

DIAQUILÃO. →*Aquilão*.

DIÁSTOLE. Figura de metaplasmo. →*Escansão*.

DICIONÁRIO. Do verbo latino *dicere* (dizer, mostrar), pelo substantivo *dictum, dicti* – palavra, termo ou expressão – e, finalmente, pelo medieval *dictionariu*, coleção de palavras. Na qualidade de fonte de informação, de instrumento de conhecimento e de memória, constitui uma compilação ordenada de unidades ou de vocábulos do léxico, referentes a uma ou mais línguas, a uma ciência, a uma técnica, a uma arte, e cujos significados são explicados por →perífrases (acepção 2) ou por vocábulos sinônimos. Além dos significados ou definições dos verbetes relacionados, um dicionário pode conter informações adicionais, de natureza sintática, morfológica ou fonética, tais como: etimologia, usos e regências da palavra, expressões de que o verbete participa, pronúncia, sinônimos, antônimos e cognatos. De maneira genérica, os dicionários podem ser divididos em: de língua ou palavra (dicionário monolíngüe, bilíngüe, plurilíngüe); gerais ou enciclopédicos (referências a nomes próprios, coisas, fatos históricos e idéias); especializados em um assunto ou disciplina (de filosofia, de física, de plantas, de medicina, de culinária etc.). Uma variante nesse entendimento é a do dicionário biográfico, dedicado à apresentação da vida e da obra de personalidades importantes, de uma só área ou de diversas. Nos dicionários bilíngües ou plurilíngües, o elemento informante principal encontra-se na tradução dos significados possíveis, acompanhada da transcrição fonética. Outras formas de dicionário são o →vocabulário, o →glossário e o →*thesaurus* (tesouro). →*Lexicografia, lexicologia*.

DIDASCÁLIA. **1.** Na Grécia e em Roma, o gênero literário didático, isto é, dedicado ao ensino. Daí também o poema que tivesse por finalidade a exposição de idéias filosóficas ou científicas, como o *Da Natureza*, de Lucrécio Caro. **2.** O conjunto de recomendações dadas por autores teatrais gregos aos intérpretes de suas peças. **3.** De maneira genérica, crítica ou análise de obra dramática.

DIEGESE. Termo grego reaproveitado por Anne Souriau a partir de 1950, dentro do grupo de pesquisas estéticas do Instituto de Filmologia da Universidade de Paris, tendo por finalidade referir-se a uma narração e a seu conteúdo, ou seja, ao mundo especificamente posto por uma obra de arte representativa. No caso do cinema e do teatro, há uma coincidência maior entre a forma da diegese e a realidade exterior, pois são figuras em carne e osso que fazem "aparecer" os personagens das cenas. Ainda assim, a diegese pode ir além do que está em cena, envolvendo o que sobre ela influi (um acontecimento passado, uma intenção ou paixão iniciais, uma paisagem apenas mencionada). Consideram-se diegéticos, portanto, os elementos não apenas expressos, "visíveis", mas também aqueles virtuais que pesam ou influenciam a dramatização e seu conteúdo. O conceito tem sido utilizado por teóricos ou analistas da literatura para indicar, fundamentalmente, o conteúdo, a história e o significado de uma obra. O ensaísta Gérard Genette, por exemplo, define-a como "o conteúdo narrativo ou o significado narrado" (*As Fronteiras da Narrativa – Figuras II*). Distingue-se, portanto, da idéia de discurso, que é a forma ou a maneira pelo qual se conta a história. Uma mesma diegese (plano do conteúdo) pode, por conseqüência, conter discursos, tratamentos ou estilos diferentes, seja aqueles de textos literários, seja os dos enquadramentos, ângulos, movimentos, cortes e montagem cinematográficos escolhidos pelo roteirista ou diretor.

DIGITAL. Sistema de computação que trabalha com informações numéricas e discretas, isto é, representadas por caracteres que exprimem objetos e funções distintas ou de escolha alternativa, do tipo sim e não, aberto e fechado, positivo e negativo. Ou seja, todo o código está baseado em um modelo numérico binário (zero, um), por meio do qual elementos complexos são compostos ou construídos por aqueles mesmos elementos simples. Daí o fato de o sistema digital possuir um funcionamento denominado "atomístico", ou seja, no qual as informações se diferenciam não pela natureza, mas pela variabilidade ou extensa combinação de elementos primários idênticos.

DILEMA. Do grego *dilemma*, dois princípios ou duas premissas. Originariamente, refere-se a um raciocínio insolúvel ou mutuamente conversível. Um exemplo já famoso nos tempos de Diógenes Laércio era o do dilema do crocodilo, que assim se enuncia: tendo um crocodilo raptado um menino, promete devolvê-lo ao pai caso este adivinhe o que ele, crocodilo, fará, isto é, se vai ou não restituir a criança. Se a resposta do pai for não, instaura-se o dilema, pois se não devolver efetivamente, a resposta paterna estará correta e o crocodilo será obrigado a cumprir sua promessa de devolução; mas se o crocodilo entregar a criança, a resposta do pai estará incorreta e, conseqüentemente, o pai perde o direito de receber o menino. De maneira genérica,

DINTEL. indica uma situação que impõe uma só alternativa (duas opções), necessariamente difícil ou embaraçosa, qualquer que seja ela.

DINTEL. Em arquitetura, sobretudo a de edifícios religiosos, medievais e renascentistas, é uma barra ou verga horizontal, de pedra ou de madeira, colocada na parte superior dos portais, e que serve de base para o →tímpano. Mas além dessa função estrutural, pode ser trabalhado com esculturas em baixo-relevo. Exemplos de extremada elaboração são os dintéis góticos das catedrais de Chartres, Paris, Estrasburgo e Burgos. O mesmo que *lintel*.

DIONISÍACO. Refere-se, primeiramente, às características míticas de Dioniso, filho de Zeus e da mortal Sêmele. Quando ainda grávida, a amante pede a Zeus que lhe apareça uma vez em sua glória e máxima potência. A força do grande deus, no esplendor de seus raios, fulmina Sêmele. Zeus, no entanto, recupera o feto e o introduz em sua coxa, até que o possa dar à luz. Esse duplo nascimento, após uma primeira morte, faz de Dioniso um deus do inevitável ciclo da vida e da morte. Em outra oportunidade, foi dilacerado pelos Titãs, retornando à vida com a intervenção de Deméter. Daí ser também um protetor da renovação vegetal ou das metamorfoses naturais, aparecendo coroado de heras ou portando o tirso, um bastão coberto com folhagens. Tal vínculo com a fertilidade e a degenerescência da natureza é reforçado ainda por outras características: seus cultos devem transcorrer ao ar livre, em constante deslocamento; deus (e criador) do vinho, da embriaguez dos sentidos, do delírio e da ambigüidade sexuais (bissexualismo), da voluptuosidade e também da crueldade, já que os rituais orgiásticos das mênades (ou →bacantes) e dos sátiros, seus seguidores, incluem o dilaceramento das vítimas (*diasparagmos*) e a deglutição crua das carnes (*omofagia*). Friedrich Schelling, na obra *Filosofia da Revelação*, sugeriu a oposição dos sentimentos dionisíaco e →apolíneo, considerando o primeiro como impulso interior, anárquico e misterioso de criação, e o segundo como tendência à forma, à clareza e à ordem, indispensáveis, ambos, à elaboração poética (genericamente artística). Tomando-se como modelo a tragédia, ou mais genericamente o teatro grego antigo, até Ésquilo, o espírito dionisíaco corresponde ainda, segundo Nietzsche, ao impulso artístico que aniquila as barreiras habituais da existência sociocultural, as regras ou convenções pretensamente seguras e morais do dia-a-dia, lançando o homem num estado de letargia, de "embriaguez" ou de embevecimento, a fim de lhe mostrar, estética e conscientemente, que o vivido no cotidiano só é digno de asco. "Nesse sentido (diz o autor em *O Nascimento da Tragédia*), o homem dionisíaco tem semelhança com Hamlet: ambos lançaram uma vez um olhar verdadeiro na essência das coisas, *conheceram*, e repugna-lhes agir; como sua ação não pode alterar nada na essência eterna das coisas, eles sentem como ridículo ou humilhante esperar deles que recomponham o mundo que saiu dos gonzos [...]. Neste supremo perigo da vontade (de agir), aproxima-se, como uma feiticeira salvadora, com seus bálsamos, a arte; só ela é capaz de converter aqueles pensamentos de nojo sobre o susto e o absurdo da existência em representações com as quais pode viver: o sublime (a tragédia), como domesticação artística do susto; e o cômico (a comédia), como alívio artístico do nojo diante do absurdo. O coro de sátiros do ditirambo é o ato de salvação da arte grega". O espírito dionisíaco quer superar o aspecto trágico da consciência da vida por um esquecimento da própria subjetividade. Por isso, acrescenta o autor: "A arte dionisíaca repousa no jogo com a embriaguez, com o êxtase. Dois poderes, sobretudo, são os que elevam o ingênuo homem natural até ao esquecimento de si, que é próprio da embriaguez – o instinto primordial e a bebida narcótica. Seus efeitos estão simbolizados na figura de Dioniso. Em ambos os estados, o *principium individuationis* acaba por romper-se e o subjetivo desaparece totalmente ante a eruptiva violência do humano-geral, e, mais ainda, do universal-natural [...] cantando e dançando, manifesta-se o ser humano como membro de uma comunidade superior, mas ideal: desaprendeu de andar e de falar; sente-se magicamente transformado e, em realidade, converteu-se em outra coisa [...] nele ressuma algo sobrenatural" (*A Visão Dionisíaca do Mundo*). Mas para que isso aconteça, precisa-se do mito como crença sincera. Quando o mito se enfraquece, o dionisíaco perde a sua capacidade de expressão. O entendimento do sentido dionisíaco tem sido por vezes interpretado levianamente como simples e despreocupada orgia sexual ou dos sentidos. →*Fáustico*, →*Teatro* e →*Dança*.

DÍPTERO. O maior e mais elaborado tipo arquitetônico entre os templos gregos do período clássico, caracterizado por conter, em toda a volta de sua planta retangular, duas filas paralelas de colunas – a colunata dupla – com supressão do átrio posterior ou traseiro. Do grego, "duas asas" (referência à colunata dupla).

DÍPTICO. →*Retábulo (1)*.

DIRETOR. **1.** Artista e profissional responsável pela concepção geral, pela montagem e pela encenação de peça de teatro ou de novela televisiva, seja a partir de um texto dramático ou literário preexistente, seja a partir de roteiro próprio ou de outrem (→*Teatro*). O mesmo que *encenador*. **2.** Cineasta, ou seja, responsável pela concepção artística geral, pela encenação e montagem de filme cinematográfico ou videográfico (→*Cinema*).

DIRETOR DE ANIMAÇÃO. Profissional que se dedica ao planejamento das técnicas e formas de animação de desenhos e bonecos em cinema, registrados quadro a quadro, ou em vídeo, incluindo-se os respectivos movimentos de câmera a serem utilizados.

DIRETOR DE ARTE. **1.** Responsável pelo planejamento, desenho ou escolha de cenários, acessórios, figurinos e decoração de cenas cinematográficas, normalmente a partir de roteiro, assim como pelo orçamento atribuído a esse trabalho. **2.** Artista e profissional responsável pela criação visual e pela supervisão de produção gráfica de anúncios publicitários (cartazes, catálogos, folhetos).

DIRETOR DE FOTOGRAFIA. Em cinema e produções videográficas ou televisivas, é o profissional técnico e artístico incumbido de dois aspectos cruciais da filmagem – das luzes e dos posicionamentos da câmera – o que abrange os enquadramentos, a iluminação das cenas a serem gravadas e, por vezes, o tratamento de efeitos em laboratório, de acordo com os resultados plásticos ou visuais previamente determinados (por ele mesmo ou pelo diretor-cineasta). Pode ou não ser o operador de câmera. Por simplicidade, diz-se também fotógrafo. →*Iluminação.*

DIRETOR DE HARMONIA. Pessoa encarregada ou responsável, durante o desfile, pela correta execução coreográfica ou evolução dos componentes de uma escola de samba ou grupo carnavalesco, com o objetivo de obter homogeneidade e harmonia entre o canto, o ritmo e a dança.

•DISC JOCKEY, DJ. **1.** Radialista e apresentador de programas musicais populares, no âmbito da cultura de massa, e cujo repertório pode ou não ser por ele mesmo selecionado. O termo, de origem norte-americana, foi forjado com um sentido irônico e quase literal – cavalgador de disco – pois no início constituía uma espécie de "factótum" do programa musical, responsável pela escolha dos números, pela manipulação das faixas em discos de vinil (com a programação no ar), além dos comentários e leitura de comerciais. Ainda é um profissional de grande influência para a indústria fonográfica e para os próprios músicos e seus empresários, tanto pelas condições privilegiadas de lançamento de uma obra ou produto, quanto pela freqüência de sua difusão radiofônica. A possibilidade de que detém de "fabricar" sucessos ou ajudar a consegui-lo estimulou durante muitos anos o recurso eventual ao "jabaculê" (versão brasileira do *playola* norte-americano), ou seja, o oferecimento e a aceitação de propinas ou de vantagens pessoais para a divulgação de canções ou de gêneros musicais em seu programa. **2.** O termo passou a ser utilizado apenas com as siglas iniciais – DJ – para designar o encarrega-

do da programação musical *pop* de clubes noturnos ou danceterias. →*Rap.*

DISCURSO. **1.** Do latim *discursum*, ir ou correr para várias partes, é, em sentido abrangente, o ato concreto e definitivo da realização lingüística, pelo qual alguém discorre ou se pronuncia, oralmente (na fala) ou por escrito, tendo por finalidade transmitir e dar significado ao pensamento, às emoções, aos desejos, a fatos vividos ou imaginados. Em síntese, corresponde à mensagem que realiza algumas ou todas as funções da linguagem. Considerado a maior das unidades lingüísticas, e sendo formado por frases e orações, o discurso encerra um sentido completo de uma dada situação comunicativa. Por esse motivo, diz E. Benveniste (*Os Níveis da Análise Lingüística*): "A frase é [...] o inconfundível caminho da linguagem em ato. Donde se conclui que com a frase abandona-se o campo da língua como sistema de signos (como código, apenas), para se entrar num outro universo: o da língua como instrumento de comunicação, que se exprime no discurso". Por conseqüência, o discurso se realiza plenamente numa dimensão "transfrásica" e "pós-frásica", isto é, por meio de frases (ou orações) e após todas elas terem sido expressas. Para alguns teóricos posteriores a Saussure, o discurso confunde-se com o →texto. **2.** Fala viva, isto é, pronunciada oralmente por alguém. Tal sentido deriva do significado original de *logos* (como mencionado na obra *Fedro*, de Platão), na qualidade de um enunciado direto, de uma conversação ou narração, mas sem o suporte da escrita. Assim também se expressa o *Léxico Platônico*: "*sermo tanquam persona ipse loquens*" – o discurso de uma pessoa que não difere de sua fala. **3.** Em uma acepção mais restrita, gramático-literária, é também discurso a "reprodução que se faz de um enunciado atribuído a outra pessoa" (Antenor Nascentes), um personagem ou interlocutor, mais comumente utilizada em narrativas (romances, novelas e contos). Neste caso, costumam-se distinguir: o discurso (ou ainda estilo) *direto*, quando o autor dispõe o enunciado por intermédio do personagem, na primeira pessoa – Ele me perguntou: – *Você fez o que lhe pedi?*; discurso *indireto*, pelo qual o narrador transmite o enunciado com suas palavras, na terceira pessoa, usando orações subordinadas e tempos verbais quase sempre no passado – Ele me perguntou se eu havia feito o que pedira; discurso *indireto livre*, que consiste em manter o enunciado do personagem ou do interlocutor, mas sem lhe fazer referência explícita: "Que maluquice era aquela de parecer que ia ficar desgraçado, por causa de uma gratificação menor, e perder um emprego interino? Não, senhor, devia ser homem, pai de família, imitar a mulher e a filha..." (exemplo em Machado de Assis, extraído por Mattoso Câmara).

DISSERTAÇÃO. Recurso literário pelo qual o autor expõe, argumenta ou justifica idéias, reflexões, pensamentos e sensações – exprimindo o conteúdo abstrato, de natureza cognitiva ou afetiva – dos personagens ou mesmo os seus, particulares. Exemplo em Machado de Assis: "O ridículo é uma espécie de lastro da alma quando ela entra no mar da vida; algumas fazem toda a navegação sem outra espécie de carregamento". Em Dante: "Eu duvidava, sobre a escura encosta, / Da empresa que encetara há um instante / Com tanto afã quando me foi proposta". →*Descrição* e →*Diálogo*.

DÍSTICO. **1**. Estrofe mínima para a caracterização de um texto poético, formado por dois versos ou frases, na grande maioria das vezes rimada. Corresponde ainda à terminação típica do soneto inglês (→*Soneto*). **2**. Frase ou divisa inscrita em um brasão, bandeira ou escudo, institucional ou de antigas famílias da realeza, como, por exemplo, a que as legiões romanas portavam: *Senatus Populusque Romanus* (SPQR) – O Senado e o Povo Romanos. Ou ainda *Ad Majorem Dei Gloriam* – Para a Maior Glória de Deus, da congregação jesuítica.

DITIRAMBO. Poema lírico e representação cênica em homenagem ao deus Dioniso (Baco entre os romanos) e aos prazeres do amor e do vinho, introduzido pelo deus entre os homens. Tais poemas compunham um ritual entremeado de recitativos, a cargo de um corifeu, cantos corais e danças, interpretados pelo coro, sem o uso de máscaras ou de figurinos. Seu caráter representativo influenciou diretamente as demais modalidades dos teatros grego e romano – tragédias, comédias e dramas satíricos. Possuiu duas formas: uma dita literária, por ser escrita e concebida previamente, e outra "popular", com o sentido de improvisação do enredo e dos cantos. O coro evoluía na orquestra, local que rodeava a *timelê*, altar consagrado ao deus. O nome provém de um dos vocativos de Dioniso, Dithyrambos!, isto é, nascido duas vezes, segundo os relatos míticos (→*Dionisíaco*). Por extensão, um canto ou poema de alegria, de júbilo ou mesmo de delírio ritualístico. →*Teatro*.

DOBRADO. Tipo de música de cadência marcial ou andamento de marcha, muito utilizada por bandas brasileiras em coretos, desfiles populares e mesmo em carnavais, desde o século XIX, mas atualmente pouco executada.

DOCUMENTÁRIO. A denominação de documentário, aplicada para distinguir este gênero cinematográfico que busca registrar, de maneira realista, a vida cotidiana (de populações, grupos sociais ou personalidades) ou os incidentes históricos, só veio a ser consagrada em 1926 pelo cineasta e crítico britânico John Grierson (comentando o filme *Moana* do norte-americano Robert Flaherty). Mas várias películas até então produzidas, desde o início do século, já continham as características normalmente a ele atribuídas, algumas delas sob as rubricas de "cena documental" ou "reportagem". Entre eles, *A Vida de um Bombeiro Americano* (Edwin Porter, 1902), *O Eterno Silêncio* (Herbert Ponting, 1911, registro da expedição de Robert Scott à Antártida), reportagens dos estúdios Pathé (*O Poder Militar da França* e *Os Grandes Dias da Revolução Russa*, ambos de 1917), *Nanook of the North* (*Nanuk, o Esquimó*), do mesmo Flaherty, ou ainda *Manhatta*, dos norte-americanos Paul Strand e Charles Sheeler, sobre a cidade de Nova Iorque. Mas também Dziga Vertov realizou, embora com intuitos de propaganda política, vários filmes entre 1917 e 1920 (*Kino Nedelia*), antes de criar o Cinema-Olho (*Kino Glaz*) ou Cinema-Verdade (*Kino Pravda*), uma série de 23 documentários feitos entre 1923 e 1925. Recorrendo à técnica da "tomada de improviso", contrária à narrativa ficcional, Vertov se propôs "captar a vida tal como é" e terminou por realizar a primeira experiência de cinema-direto com o seu famoso *O Homem com a Câmera* (1929). Seu compatriota Mikhail Kaufman documentou um dia inteiro na vida de Moscou (1927) e fez com *A Primavera* um ensaio lírico sobre a estação do ano (1929). Essa "escola" soviética viria a influenciar grande parte da produção européia a partir do final dos anos 1920. Antes, no entanto, é preciso lembrar que um documentário, no sentido mais convincente do termo, não se limita a registrar os fatos reais da vida, de modo indiferente. Exige, simultaneamente, uma seleção de imagens e de relações significativas entre os eventos (o que pode ocorrer na montagem) e, portanto, deve ultrapassar o relato visual bruto, oferecendo uma interpretação possível das imagens. Assim, os melhores exemplares do gênero são aqueles em que há uma "atitude moral", como lembra Jean-Luc Godard. Tal posição não exclui, obviamente, as preocupações estéticas que a linguagem cinematográfica sugere (ângulos, contraste de planos, ritmo, iluminação etc.). Daí também a importância de Flaherty (*Tabu, O Homem de Aran, Louisana Story, Uma História do Vento*), que elevou o documentário a uma obra de arte, tanto pela simpatia social com os humildes, quanto pela ternura que dedicou à natureza. A partir dos anos 1930, um grande número de cineastas consolidou as técnicas e as formas expressivas do documentário, assumindo igualmente as claras posições ideológicas da época. Os últimos anos da República de Weimar, por exemplo, com seu quadro de miséria e decadência, foram denunciados por Phil Jutzi (*Tragédia da Infância, Nosso Pão de Cada Dia, Primeiro de Maio Sangrento*) e por Hans Richter (*Inflação, Metal*), enquanto Walter Ruttmann (*Metal dos Céus, Couraça Alemã*) e Leni Riefenstahl (*O Triunfo da Vontade, Olimpíadas*) deram os tons de eloqüência e de emo-

DOCUMENTÁRIO 233 **Di**

cionalismo à ascensão nazista. Influenciado por Vertov, o holandês Joris Ivens deu início à sua brilhante e prolífica carreira com *A Ponte* (1928), engajando-se desde então, política e socialmente, em obras como *Terra Nova, Borinage, O Canto dos Heróis, Terra Espanhola, Indonésia Chama*. O brasileiro Alberto Cavalcanti, atuante na França e na Inglaterra, alcançou prestígio internacional em filmes como *Nada, Senão as Horas* (*Rien que les Heures*), *A Pequena Lilie* e *Cara de Carvão* (*Coal Face*). Na Inglaterra, o período anterior à guerra conviveu com uma das mais fecundas fases de sua escola de documentaristas, estimulada pelo General Post Office do governo britânico – John Grierson (*Drifters, Industrial Britain*), Basil Wright (*Night Mail, Song of Ceylan*), Edgar Anstey (*Housing Problems*), além do já citado Cavalcanti. Em 1934, nos Estados Unidos, fundou-se também a Nykino, empresa de documentários da qual participaram realizadores como Irving Lerner, Leo Hurwitz, Ralph Steiner e Pare Lorentz, diretor de *The Plow that broke the plains* e *The River*. A experiência serviu para o nascimento da Frontier Films, em 1937, sob a presidência de Paul Strand. Seus princípios, ideologicamente de esquerda, eram então os de denunciar as injustiças contra as organizações sindicais e as formas de violência, explícitas ou sutis, dos grandes conglomerados financeiros e industriais. A Frontier produziu, entre outros filmes, *Heart of Spain* (em defesa dos republicanos), *China strikes back* (a luta dos comunistas chineses contra a invasão japonesa), *People of Cumberland* (primeiro filme de Elia Kazan, versando sobre o sindicalismo) e *Native Land* (conspiração dos trustes americanos e seus ataques aos sindicatos, este dirigido por Paul Strand e Leo Hurwitz). Já na França, após a guerra, uma série de obras significativas vieram a lume: *Aubervilliers* (Élie Lotar), *Vivent les dockers* (Robert Menegoz), *Afrique 50* (René Vautier), *Les statues meurent aussi* e *Nuit et Brouillard* (de Alain Resnais), ou ainda *Les Maitres Fous* e *Moi, un Noir*, documentos etnográficos de Jean Rouch sobre a África. A partir de 1956, os ingleses do →Free Cinema deram continuidade ao realismo social dos anos 1930, tendo à frente Lindsay Anderson (*Dreamland, Thursday Children, Every day except Christmas*) e Karel Reisz (*Momma don't allow, We are the Lambeth Boys*). Com eles, e as novas aparelhagens então disponíveis, os depoimentos das pessoas filmadas substituíram a voz em *off* dos locutores, obtendo-se testemunhos vivos dos envolvidos. Também nos Estados Unidos, a tendência mais direta do *Candide Eye* causou sensação por meio de películas como *On the Bowery* (1956) e *Come Back Africa* (1959), de Lionel Rogosin, *Primary* (1960), de Richard Leacock, ou *Titticult Follies* (1967), de Frederick Wiseman, abordagem igualmente seguida por Jean Rouche

na França (*Crônica de um Verão*, 1961) e pela filmagem compartilhada de *Longe do Vietnam* (1967): Alain Resnais, Agnès Varda, Jean-Luc Godard, Joris Ivens, Claude Lelouch e William Klein. No Brasil, foram pioneiras as figuras do português Silvino Santos, que registrou as paisagens e os povos da Amazônia em películas como *No País das Amazonas* (1921), *Terra Encantada* (1923) e *No Rastro do Eldorado* (1925), e do húngaro Adalberto Kémeny, que realizou obras como *São Paulo, Sinfonia da Metrópole* (1930) e *Civilização e Sertão* (1938). Pouco mais tarde, antes de se dedicar ao cinema de ficção, Vítor Lima Barreto faria carreira de documentarista com *Fazenda Velha* (1944), *Painel* (1950) ou *Santuário* (1952), este último premiado em Veneza. Outro estrangeiro aqui fixado, o francês Jean Manzon, embora tenha comprometido grande parte de sua produção com a propaganda do regime militar de 1964, idealizou pelo menos duas obras de inegável valor: *Samba Fantástico* (1955) e *Brasil, Terra de Contrastes* (1988). Os conturbados e esperançosos anos 1960 revelaram-se estimulantes para a criação de documentários brasileiros. Na qualidade de produtor, Thomaz Farkas realizou quatro médias-metragens entre 1964 e 1965, mais tarde reunidos sob o nome de *Brasil Verdade* (1968). Dessa obra, destinada a captar aspectos da cultura popular, constam *Viramundo* (dirigida por Geraldo Sarno), *Memória do Cangaço* (de Paulo Gil Soares), *Nossa Escola de Samba* (de Manuel Gimenez) e *Subterrâneos do Futebol* (de Maurice Capovilla). Logo depois, entre 1969 e 1970, Farkas coordenou a elaboração de dezenove outros filmes (curtas e médias-metragens), tendo por tema comum *A Condição Brasileira* (filmes dirigidos por Sarno, Gil Soares e Sérgio Muniz). Joaquim Pedro de Andrade filmou *O Mestre de Apicucos* (sobre Gilberto Freyre), *O Poeta do Castelo* (a respeito de Manuel Bandeira) e *Garrincha, a Alegria do Povo*, enquanto Sílvio Tendler realizou *Jango*. Com a distensão política, Tendler ainda fez *Os Anos JK* (1980) e Eduardo Coutinho conseguiu finalizar o seu *Cabra Marcado para Morrer* (censurado na época da ditadura), além de realizar bons filmes como *Fio da Memória* e *Santo Forte*, este último de teor religioso. Assunto também de *Fé* (Ricardo Dias), *Milagre em Juazeiro* (Wolney de Oliveira) e *O Chamado de Deus* (José Joffily). Nas últimas décadas do século XX, marcaram época, internacionalmente, documentários como *Corações e Mentes* (de Peter Davies, 1974), uma devastadora crítica às atrocidades americanas no Vietnam, *Koyaanisqatsi* (1983) e *Powaqqatsi* (1988), do norte-americano Godfrey Reggio, além de *A História de Chaim Rumbowski* (1984) e *Arquitetura da Destruição* (1994), do sueco Peter Cohen (as relações entre eugenia, anti-semitismo e estética nazista).

DODECAFONIA, DODECAFONISMO. Técnica de composição atonal criada por Arnold Schoenberg, durante os primeiros vinte anos do século XX, baseada na igualdade absoluta dos doze sons ou semitons da escala cromática temperada. O fundamento da composição dodecafônica está na escolha subjetiva do autor de uma série de doze semitons, ou seja, de uma seqüência dos menores intervalos da música ocidental, sem a dependência de um centro organizador de tonalidade. Estabelecida a série inicial ou primária, sem que nenhuma nota seja repetida antes que as outras onze apareçam (a fim de evitar uma dominância), passa-se à reversão da seqüência, depois à inversão ou sentido retrógrado e, por fim, à inversão do retrógrado. Com essas variações, modifica-se a altura dos sons, mas não a sucessão dos intervalos. Na continuidade, cada uma das quatro séries anteriores pode ser transposta em cada um dos doze graus cromáticos, perfazendo-se assim quarenta e oito posições da série. Schoenberg desenvolveu o sistema a partir das modulações quase infinitas da música de Wagner, rompendo com os preceitos da harmonia e da tonalidade e criando em seu lugar um universo sonoro mais formalizado do que lírico ou emocional. Seus discípulos mais próximos foram Alban Berg, Anton Webern, Nikos Skalkottas e Herbert Eimert, que, em 1923, redigiu as principais noções em *Lição de Música Atonal* (*Atonale Musiklehre*). A partir de então, numerosos compositores deram prosseguimento ao atonalismo dodecafônico, de modo rígido ou flexível, incluindo-se entre eles Frank Martin, Karl Hartman, Goffredo Petrassi, tendo a nova técnica sugerido as experiências seriais (serialismo) de Olivier Messiaen e de Pierre Boulez, de Luciano Berio e Luigi Nono, assim como a música concreta de Pierre Schaeffer, de Stockhausen e Penderecki. Vale lembrar que o compositor austríaco Joseph Matthias Hauer também desenvolveu um sistema musical semelhante, antes de Schoenberg, sem chegar, no entanto, à profundidade que este perseguiu na construção de uma nova linguagem. →*Música* e →*Música erudita no século XX*.

DOGMA. Do verbo grego *dokein*, parecer, assemelhar-se, teve inicialmente, na filosofia platônica, o sentido de "parecer verdadeiro". Já o significado corrente e forte da palavra apareceu no século XVIII. É o assunto de uma doutrina religiosa considerado indiscutível por ser matéria de fé e de revelação e estar, portanto, acima da razão discursiva ou da lógica humana. Para a religião católica, é a verdade oficial, afirmada e derivada do cânon bíblico, da tradição (da fé dos antepassados) e do ministério da Igreja, relativamente aos mistérios da fé e de suas manifestações teológicas. Por exemplo, a existência eterna e o princípio criador de Deus, a natureza divina e distinta das três pessoas da Santíssima Trindade, a encarnação de Cristo (sua forma humana em carne e sangue), a presença divina no ato da eucaristia, a ressurreição e ascensão de Cristo, a concepção imaculada de Maria, o juízo final, a remissão dos pecados, a imortalidade da alma ou a infalibilidade papal. Já para o judaísmo (ou o islamismo), o dogma tem um caráter diferenciado, condizente com preceitos sagrados, mas referentes a comportamentos e práticas que o fiel deve seguir e que o tornam membro efetivo da comunidade religiosa, como o batismo, a guarda do dia santo ou jejum, as formas de alimentação e de higiene, previstas na Halakhá (parte jurídica, moral e praxística da Mischná, a Lei Oral judaica).

DOGMA 95. Movimento e manifesto de natureza estética criado pelos cineastas dinamarqueses Lars von Trier, Thomas Vinterberg, Soren Kragh-Jacobsen e Kristin Levring, cujos princípios de produção e de tratamento realista ou verossímil tiveram como alvo reagir às concepções "hollywoodianas" (americanas ou européias) freqüentemente utilizadas no final do século XX (emprego de tecnologias computadorizadas e de efeitos especiais, tramas meramente aventurosas, sem densidade psicológica ou social). Recuperando algumas propostas do neo-realismo italiano e da *nouvelle vague*, optaram por um cinema antiilusionista em que situações e personagens revelam os conflitos resultantes de hipocrisias, vícios e omissões sociais, dando-lhes, ao mesmo tempo, uma carga elevada de sarcasmo, ansiedade e aflição. Seu manifesto, redigido em forma de "decálogo", mas também chamado "votos de castidade", impõe os seguintes procedimentos: filmagens em locações; uso de som direto; câmera na mão; ausência de iluminação artificial; recusa de trucagens, incluindo-se a utilização de filtros; rejeição de cenas de morte ou de violência armada; proibição de temas históricos ou de gênero, bem como de referências geográficas precisas; filmagem sempre em 35 mm e não-assinatura das obras. Os três primeiros filmes elaborados sob essas diretrizes ou princípios foram *Festa de Família* (Vinterberg), *Mifune* (Kragh-Jacobsen) e *Os Idiotas* (Trier). Consoante depoimentos de atores, as regras facilitam a concentração e lhes permitem maior fluidez de representação, já que os cortes se tornam menos freqüentes – diminuem, por exemplo, as interrupções da filmagem para reajustes de iluminação, de maquiagem ou de enquadramentos de câmera.

• **DOLLY.** Termo inglês utilizado em cinema, vídeo ou televisão para um pequeno carro ou suporte móvel, no qual o cinegrafista transporta a câmera para a realização de *travellings*. →*Cinema*.

DÓLMEN. Estrutura megalítica arquitetônica, isto é, edificada com grandes pedras, constituída por um bloco horizontal disposto sobre dois ou mais erguidos verticalmente, também conhecida como menir. Comuns nas costas atlânticas da Europa do Norte, serviram de necrópoles e locais de cultos das populações do Calcolítico (Idade do Cobre), entre os IV e III milênios, sendo mais tarde apropriados pelas tribos celtas, a partir do segundo milênio, quando então se converteram em centros religiosos da religião druídica (→*Druida, druidesa*). Por esse motivo, a denominação parece derivar da língua celto-bretã: *dól-men*, ou seja, mesa de pedra.→*Arte pré-histórica* e →*Cromlech.*

DOMINANTE. Em música, o quinto grau da escala diatônica, que exerce uma função básica na harmonia dos tons. A dominante da nota dó, por exemplo, é o sol; a da nota sol, ré; a de ré, lá.

DOMÍNIO PÚBLICO. Obras literárias ou científicas isentas do pagamento de direitos autorais patrimoniais e que adquirem tal condição sessenta anos após a morte de seus autores. Nesse caso, a obra não necessita de autorização especial para sua reprodução ou exploração.

DOMO. O mesmo que →*Cúpula.*

DON JUAN. Personagem de origem espanhola e semilendária, em se considerando o primeiro registro de sua existência, a *Crónica de Sevilla*, na qual se menciona o assassinato do comendador Uloa, perpetrado por Juan Tenório, que lhe havia também raptado a filha. Literariamente, Don Juan se caracteriza por ser um sedutor ou libertino contumaz, tanto quanto um aventureiro inescrupuloso e provocador, finalmente vingado por aqueles que matou ou enganou, ou seja, punido moralmente por seus vícios. Seu renome teve início com Tirso de Molina na peça *El Burlador de Sevilla* (1630), à qual se seguiram, no gênero dramático: *Il Convitato di Pietra*, de Giacinta Cicognini (1640), *Le Festin de Pierre*, de Nicolas Dorimon (1659), *Dom Juan*, de Molière (1665), *The Libertine*, de Thomas Shadwell (1676) ou *Convidado de Piedra*, de António de Zamora (1694). Em poesia, o impenitente conquistador foi objeto de, entre outros, José Zorilla (*La Leyenda de Juan Tenorio*), Byron (*Don Juan*, bastante modificado em seu entrecho) e Rui Chianca (*A Alma de Dom João*). Segundo Zorilla, Don Juan é fruto de uma Sevilha de muitas culturas e contrastes morais: "La Sevilla de que hablo / es la de la media edad / que aún partia por mitad / su fe entre Cristo y el diablo. / Aquela Sevilla antigua / árabe, apenas cristiana, / dama a medias y gitana, de faz doble y de fe ambigua... / En tiempos pues de aquel rey / en que andaba en triunfo el vicio / y andaban sin ejercicio / la moral, la fe y la ley". Em ópera, a obra mais famosa continua a ser o *Don Giovanni*, de Mozart. →*Casanova.*

• **DOPPELGÄNGER.** Conceito e tema criado pela literatura romântica alemã ("duplo" ou "sósia") para se referir às oposições psicológicas, éticas ou espirituais que convivem em um mesmo indivíduo, levando-o a experimentar sentimentos ou a exibir comportamentos díspares, contraditórios, reveladores de uma dupla personalidade ou personalidade dissociada (aspectos claros e sombrios, de bondade e maldade). Foi utilizado, por exemplo, por E.T.A. Hoffmann (*O Elixir do Diabo*), por Adelbert von Chemisso (*Peter Schlemihl*), Heinrich Heine (*Canção Lírica*), Dostoiévski (*O Duplo*) e também no cinema, caso do filme *O Estudante de Praga*, baseado em obra de Hans Ewers e dirigido por Stellan Rye. Nas obras aqui citadas, o conflito de valores pode provir de intervenções sobrenaturais, místico-religiosas, ou de contradições éticas subjetivas, vividas socialmente.

DOSSEL. **1.** Cortina decorativa, quase sempre franjada, que recobre um trono ou altar. **2.** Cortinado amovível que envolve inteiramente uma cama, preso normalmente em colunas (existentes nas extremidades do móvel), ou ainda afixado diretamente no teto.

DOUTA IGNORÂNCIA. Expressão da teologia medieval, já empregada por Santo Agostinho e São Boaventura, mas consolidada em obra homônima de Nicolau de Cusa (*De Docta Ignorantia*, 1440), não sem se admitir uma provável influência socrática (saber que não se sabe). Consiste no reconhecimento de que a apreensão racional de Deus é impossível, tendo-se em vista a disparidade de proporções entre a infinitude ou a incomensurabilidade divina, de um lado, e a finitude ou as limitações essenciais do ser humano, de outro. Assim, a idéia de Deus só pode ser admitida pela extrapolação das qualidades humanas e pela negação radical de seus vícios. →*Agnosia* e →*Agnosticismo.*

DOUTOR DA IGREJA. Título atribuído aos teólogos de reconhecida santidade e considerados referências teóricas fundamentais para o cristianismo, criado sob o papado de Bonifácio VIII, em 1205. Os quatro doutores por excelência do Ocidente são os "pais latinos" – Ambrósio, Jerônimo, Agostinho e Gregório, o Grande; e do Oriente, os "pais gregos" – Basílio, Gregório de Nazianzo, João Crisóstomo e Atanásio. Até os dias atuais, há cerca de trinta doutores reconhecidos, entre eles Santo Anselmo e São Tomás de Aquino.

DOXOLOGIA. **1.** Do grego *doxa*, opinião, constitui um enunciado e também uma forma de expressão sem valor científico ou filosófico, baseada em observações cotidianas, em impressões do senso comum, ou ainda em crenças. **2.** Hino ou verso simples de louvor a Deus, entoado habitualmente ao final de um rito, e já praticado desde a época das sinagogas judaicas (após a destruição do Templo). São Paulo adotou com freqüência a fórmula da doxologia (Romanos, II, 36; Gálatas, I, 15) e, a partir do século IV, várias delas ficaram conhecidas, como "Glória ao Pai, ao Filho e ao Espírito

Santo" (doxologia menor) e "Glória a Deus nas Alturas" (doxologia maior).

DRAMA. →*Teatro*, →*Gêneros literários*.

DRAMA ÉPICO. →*Teatro épico*.

DRAMA FATALISTA, DRAMA DA FATALIDADE. Drama ou tragédia na qual o destino ou a cega fatalidade conduz o entrecho e as ações dos personagens, afligindo-os como maldição ou culpa a ser redimida. A expressão é de proveniência alemã (*Schicksalsdramen* ou *Schichsalstragödie*) e costuma ser atribuída a certas obras do final do século XVIII e início do XIX, em que se procurou retomar, já no âmbito burguês, a força constrangedora que a idéia do destino grego exercia sobre as ações humanas. Um dos exemplos de drama fatalista é *A Avó* (*Die Ahnfrau*), escrita por Grillparzer. O espectro da matriarca da família – que quando jovem foi surpreendida pelo marido e por ele assassinada nos braços do amante – persegue e extermina os seus próprios descendentes, tanto por seu adultério quanto pelo crime de que foi vítima. →*Teatro*.

DRAMA PASTORIL. Drama de amor versificado, ou poema lírico dialogado, passível de representação cênica, em que simples pastores externam seus idílios, sentimentos e vicissitudes amorosas. Por vezes, recebe também a denominação italiana de fábula pastoral (*favola pastorale*). Surgiu no Renascimento tardio, em fins do século XVI, sendo ainda cultivado na primeira metade do seguinte, tornando-se uma das expressões típicas do barroco, ou seja, o desejo de transformar em "encenação viva" os sentimentos de evasão do mundo citadino e das cortes, assim como as expressões "naturais" do amores "puros", dando margem, inclusive, a uma certa lascividade de tons. O primeiro drama do gênero é atribuído a Torquato Tasso – *Aminta*, de 1573. Aminta é um pastor devotado a Sílvia, que pouca importância dá aos apelos do amado. Aminta resolve então lançar mão de uma série de intrigas até por enfim conquistá-la. São obras, entre outras: *Pastor Fido* (*Pastor Fiel*), de Giambattista Guarini; *Filli di Sciro* (*Filhos de Ciro*), de Bonarelli della Rovere; *Rosa*, de Giulio Cortese; *Verdadero Amante*, de Lope de Vega; *Galathea*, de John Lyly; *Silvie*, de Jean de Mairet; *Bergeries* (*Pastorais*), de Honorat de Racan; *Amynthas*, de Thomas Randolph ou *Alcée*, de Alexandre Hardy. Houve ainda derivações italianas em que os protagonistas eram pescadores, caso de *Alceo*, de Antonio Ongaro; *Aci*, de Scipione Di Manzano ou *Ero e Leandro*, de Francesco Bracciolini. →*Pastoral* e →*Pastoril*.

• **DRAMATIS PERSONAE.** Expressão latina – personagens dramáticas ou figuras do drama – utilizada por vários autores teatrais e sob a qual se apresenta a relação dos personagens da peça.

DRAMATIZAÇÃO. Para além da acepção imediata que se encontra em →*encenação*, →*interpretação* e representação (→*Representação, imagem e simulacro*) – ou seja, o de vivenciar artificialmente ações ou relações em conflito – a dramatização tornou-se, na sociedade capitalista do século XX, uma prática cotidiana e reiterada de exposição e espetáculo. Isso quer dizer que em épocas passadas a dramatização possuía um espaço próprio e um tempo precípuo – aqueles consagrados às expressões do teatro e da ópera – e se conservava adstrita à noção de arte como *ritual reservado*. Mas a partir dos adventos do cinema, do rádio, da televisão, da computação e dos laços que unem tais meios à publicidade, ela expandiu vertiginosamente a sua presença diária. Tal característica não se confunde com a mentalidade barroca do "teatro do mundo" (*theatrum mundi*), ou do "mundo como teatro", já que ali a ênfase era posta na aspecto transitório, angustiante e incontrolável da vida humana. O que a modernidade fez foi estabelecer como modelo de realidade o seu substituto, ou seja, uma dramatização ansiosa e acrítica, "a ficção, a representação, o sonho indolente e o espetáculo vicário; a satisfação simultânea da preguiça e do apetite; a distração pela distração" (Raymond Williams, *Drama numa Sociedade Dramatizada*). Por serem antes de tudo mercadorias sedutoras, virtuais e de baixo custo, as peças ou produtos dramatizados, assim como o fluxo ininterrupto de suas imagens, podem recobrir todas as relações materiais e espirituais sob um mesmo influxo ou objetivo – o do consumo ligeiro e homogêneo, sem necessidade de distinções hierárquicas ou de valor entre elas. Tanto quanto a própria economia que lhe dá suporte, ou seja, uma economia especulativa e financeira sem correspondência com bens reais ou tangíveis, a dramatização que serve de exemplo à vida contemporânea tende ao puro simulacro. →*Cultura de massa*.

DRUIDA, DRUIDESA. Sacerdote, juiz, educador e conselheiro real entre as tribos celtas, isto é, gaulesas (Avernos, Helvécios, Belgas, Carnutos, Sequanos), gaélicas e bretãs, cujo saber e opiniões eram tidas por sagradas. Os druidas e druidesas (estas bem mais raras) constituíam uma classe hierarquizada, de cunho iniciático. Além de exercerem a máxima autoridade religiosa, incumbia-lhes conservar a tradição cultural e a história oral das gerações e dos feitos guerreiros. Como religião, o druidismo dedicava-se à prática da adivinhação e da magia, exercitadas em templos descobertos, isto é, em lugares sagrados naturais, como lagos e bosques, ou em sítios megalíticos mais antigos (dólmens, menires) conquistados no transcorrer de suas expansões territoriais.

DUBLAGEM. 1. Operação técnica de substituição de diálogos ou de partes cantadas na trilha sonora de um filme pela correspondente tradução em outra língua. **2.** Registro posterior ou pós-sincronização de sons dialogados ou cantados, realizado ou não pelos próprios atores das filmagens.

DUBLÊ. **1.** Técnica de trabalho com →vitral, que sobrepõe um vidro colorido a outro transparente, com o intuito de obter uma coloração opaca. **2.** Profissional que substitui ator ou atriz em filmagens, seja em cenas de perigo ou dificuldade, seja em tomadas nas quais não é necessário o rosto ou a presença do personagem. Por extensão, o substituto. Do francês *doublé*.

•**DUOMO.** Palavra italiana que designa a sé ou a igreja principal de uma cidade: *duomo* de Milão, *duomo* de Florença etc.

- **EARTH ART.** →*Land art*.
- **EBANISTA.** Artífice especializado em mobiliário de caixa, ou seja, de peças projetadas para guardar ou conter objetos de uso cotidiano ou decorativos, como estantes, armários, cômodas e secretárias. De modo mais rigoroso, difere do marceneiro (dito →*menuisier*). O nome provém da madeira ébano.
- **EBORARIA.** A arte ou a técnica de esculpir em marfim. Bastante antiga, a eboraria já pôde ser encontrada na cultura Cro-Magnon, fosse para possível uso ritualístico – figuras de animais de caça – fosse representativa da fertilidade – esculturas de vênus esteatopígicas. A arte faraônica egípcia utilizou-se do marfim para a confecção de vasos, estelas, jóias, talheres e mobiliários. No século V a.C., os gregos criaram suas mais requintadas estátuas de culto em ouro e em marfim (na parte das carnações), chamadas criselefantinas. Na Idade Média, em Bizâncio e no Ocidente gótico, a eboraria religiosa alcançou extraordinária precisão técnica na escultura de crucifixos, imagens devocionais de santos, retábulos e mesmo de tronos episcopais. Posteriormente, com o avanço do colonialismo europeu na África, o marfim voltou a ser bastante utilizado pela escultura barroca, religiosa ou profana, em peças ornamentais e também de uso pessoal (colares, brincos, espátulas etc.). O marfim presta-se bem à coloração. Além do mais conhecido, de origem animal, extraído de elefantes, rinocerontes, leões-marinhos, morsas e cachalotes, existem ainda o vegetal, proveniente do coco da janira (palmeira amazônica) e o industrial, feito a partir de ossos compactados de animais. O trabalho de escultura emprega goivas, buris, grosas e limas, em tamanhos menores que os utilizados para gravura em madeira. Os adjetivos *ebúrneo* ou *ebóreo* aplicam-se a qualquer peça de arte da eboraria. O substantivo *eborário* diz respeito ao escultor em marfim.
- **ÉCARTÉ.** Pose de bailado clássico, de grande afastamento das pernas e forte inclinação do corpo, superior ao →*arabesco*. No *écarté* para trás, enquanto uma das pernas fornece apoio, a outra eleva-se a uma altura máxima para trás, sem dobra no joelho, e de maneira oblíqua ou transversal. Ao mesmo tempo, o corpo inclina-se para a frente. O braço correspondente à perna de apoio aponta para o solo, devendo posicionar-se paralelamente à perna elevada. O outro braço ergue-se em arco sobre a cabeça. No *écarté* de frente, ao contrário, a perna dita livre é alçada ao máximo para a frente, inclinando-se o corpo para trás.
- **ECCE HOMO.** Locução latina, "Eis o Homem". Refere-se, em artes plásticas, a um desenho, pintura, gravura ou escultura representativa de Cristo já coroado por espinhos e sendo apresentado ao povo, segundo as narrações do Novo Testamento.
- **ÉCLOGA, ÉGLOGA.** Originariamente, "seleção", em grego, mas usada literariamente por Virgílio como referência de poesia campestre, pastoril, assunto já utilizado pelo grego Teócrito. Trata-se, portanto, não de uma forma, mas de um conteúdo poético centrado nos prazeres, nos trabalhos, nas sensações ou recordações da vida rural ou campestre. Daí ser também sinônimo de idílio e de poesia bucólica. Podemos encontrar, ao longo da história, três classes de éclogas: as narrativas (em que o autor fala por si); as dramáticas (falam os personagens) e as mistas. Exemplo da primeira: "No carro azul, de estrelas marchetado / A deusa, que o silêncio traz consigo / Dera a parte maior do giro usado. / No mole colmo, no grosseiro abrigo / Convertia as fadigas dos pastores / Em doce languidez e sono amigo. / Nem bocejava Zéfiro entre as flores / Nem murmurava o Tejo, e só carpiam / Contigo, Elmano, as musas e os amores" (Bocage). Exemplo de écloga dramática, de Cláudio Manuel da Costa, em que dialogam Corebo e Palemo. Fala de Corebo: "Agora, que do alto vem caindo / A noite aborrecida, e só gostosa / Para quem o seu mal está sentindo; / Repitamos um pouco a trabalhosa / Fadiga do passado; e neste assento / Gozemos desta sombra deleitosa. [Palemo:] / Não vi depois, que o monte discorremos / Há tantos anos, sempre atrás do gado, / Noite tão clara, como a que hoje temos: / Mas muito estranho ser de teu agrado, / Que despertemos

inda a cinza fria / Da lembrança do tempo passado". No dizer de Manuel do Carmo (*Consolidação das Leis do Verso*), "pode-se classificar entre as églogas todo poema em que se celebre o prazer simples e o encanto da vida bucólica, sem as exigências do diálogo, sem o gosto arcádico". →*Bucólico*, →*Drama pastoril* e →*Idílio*.

• **ÉCORCHÉ.** →*Esfolado*.

EDAS. As duas coleções de poemas mitológicos e heróicos da cultura germano-escandinava medieval, cujos textos floresceram, inicialmente, na Islândia, entre os séculos VII e XIII. A mais extensa e famosa delas é conhecida por Grande Eda, consistindo de 35 poemas anônimos, entre eles: o *Völuspa*, no qual o deus Odin invoca e ouve o relato da vidente Wala sobre as criações do mundo e da árvore →*Yggdrasil*, assim como suas profecias sobre o futuro dos homens e da Terra (ambos serão tragados pelo mar e novamente recriados pelos deuses); o *Havamál*, ou sentenças de Odin; e *Os Sonhos de Baldr*. A segunda coleção, chamada de Pequeno Eda, tem a autoria de Snorri Sturluson (século XIII) e se divide em três livros: *Alucinações de Gyfli*, *A Linguagem dos Escaldas* (os poetas da época) e *As Variações Estróficas*. Nesses dois últimos livros do Pequeno Eda, verdadeiros tratados de poética, encontram-se exemplos das imagens metafóricas dos *kenningar* (→*Kenning, kenningar*). Os Edas são também as fontes primárias da saga dos →*nibelungos*.

EDÍCULA. **1.** Nicho aberto em uma parede e que serve para a colocação de estatueta ou de peça decorativa. **2.** Oratório embutido em parede. **3.** Monumento tumular entre os cristãos primitivos. **4.** Pequena edificação secundária, separada de outra maior e considerada principal.

ÉDIPO. O mais desafortunado herói humano da mitologia grega, era filho de Laio, rei de Tebas, e de Epicasta (segundo Homero, canto XI da *Odisséia*) ou de Jocasta (consoante, mais tarde, Sófocles, em *Édipo Rei*), a segunda mulher de Laio e, portanto, madrasta de Édipo. Pois foi esta segunda versão literária a que prevaleceu historicamente, já que, no poema épico, a figura de Epicasta sobressai comparada ao filho. Diz Ulisses, na invocação dos mortos que estão no Hades, que "Vi também a mãe de Édipo, a bela Epicasta. / Ela, sem o saber, cometeu um grande crime, / casando-se com o filho, que a desposou após matar e despojar o pai [...]. / Édipo, apesar de tantos sofrimentos por funestos desígnios dos deuses, / continuou a reinar sobre os Cadmeus, na mui amada Tebas". Mesmo em uma peça anterior à de Sófocles, como *Os Sete contra Tebas*, de Ésquilo, faz-se apenas menção a uma profecia de Apolo, segundo a qual Laio deveria morrer sem filhos se quisesse salvar a cidade de Tebas. Caso contrário, o filho mataria o pai e desposaria a mãe. A variante oferecida

e consagrada por Sófocles, que desde então se tornou o material preferido de análises teóricas e de variantes literárias, é então a seguinte. Embora prevenido pelo oráculo de Delfos, Laio tem um filho com Jocasta. Ao recordar-se, porém, do vaticínio, o rei manda amarrar o recém-nascido pelos pés e expô-lo às feras no monte Citerão (daí *Oidipus*, o dos pés inchados ou perfurados). No entanto, um pastor que por ali passava, Forbas, habitante de Corinto, recolhe o menino e o leva à corte, onde é educado pelo casal real, Pólibo e Mérope (ou ainda Peribéia). Na maioridade, e durante um banquete, um dos convidados, tomado pelo álcool, revela a Édipo ser ele um filho adotivo. Angustiado pela dúvida, o jovem abandona Corinto e dirige-se a Delfos, com o intuito de consultar a Pítia a respeito de sua verdadeira ascendência. Esquivando-se de responder-lhe, a sacerdotisa o expulsa do templo, dizendo-lhe apenas que lhe estava previsto matar o pai e desposar a mãe. Afastando-se então de Corinto, por temer a realização da terrível profecia, encontra-se com a comitiva de Laio. Este também vinha a Delfos para consultar o oráculo, em busca de uma solução para a presença da →*Esfinge*, monstro que há pouco se instalara às portas de Tebas. O cocheiro e Laio tentam afastar Édipo do caminho, de modo grosseiro, e este, tomado de fúria, mata Laio e três de seus escravos, com exceção de um, que consegue fugir e volta ao reino para transmitir a infausta notícia a Jocasta. Após este incidente, Édipo prossegue sua viagem de fuga, indo parar em Tebas, onde então se defronta com a Esfinge, a "cruel cantora e devoradora de homens". Vencendo-a pela sabedoria, e não pela força, Édipo se vê aclamado pelo povo, que exige da família real, de Jocasta e de seu irmão Creonte, que o faça rei. Édipo assume o trono e se casa então com Jocasta. Muitos anos se passam, permitindo que o casal (ainda na versão de Sófocles) tenha quatro filhos: Etéocles, Polinice, Antígona e Ismene. Deu-se então que as →*Erínias* (Fúrias), vingadoras divinas do sangue familiar derramado, e cuja cólera permanecia pela ausência de vingança, introduzem uma peste na cidade. Consultado novamente, o oráculo afirma que seria preciso capturar e punir o assassino de Laio. Édipo, incapaz de resolver o enigma, lança mão do vidente Tirésias. Em princípio, o velho sábio evita nomear o culpado, mas quando Édipo o acusa e a Creonte de terem sido os mandantes do crime, Tirésias revela a espantosa verdade. Jocasta, duvidando das palavras do vidente, interfere no diálogo e passa a contar o que o escravo lhe havia narrado. É a partir desse instante que Édipo começa a tomar consciência de tudo o que lhe ocorrera e relata à esposa-mãe tudo o que lhe acontecera. A confirmação vem, por fim, com as narrativas dos escravos – aquele que o levara ao monte Citerão e o que o entregara à corte de Corinto (Forbas). Horrorizada, Jocasta enforca-se no palácio e Édipo, retirando de suas vestes os alfinetes de ouro de suas roupas, perfura os próprios olhos. Expulso da cidade pelos filhos Etéocles e Polinice, Édipo passa a vagar pela Grécia, acompanhado apenas de Antígona, até ser recebido em Colono, demo pertencente à cidade de Atenas, onde morre. As interpretações acerca do mito são várias e diferentes, mas a que maior projeção alcançou foi a psicanalítica de Freud. Sua análise já pode ser entrevista, no entanto, no próprio texto da tragédia de Sófocles. Isso porque, durante o último diálogo entre Jocasta e Édipo, um escravo vem anunciar a morte de Pólibo (que o herói julga ser seu pai) em Corinto. Embora sinta um grande alívio, resta a desconfiança de unir-se à mãe, Mérope. Ouve então de Jocasta as seguintes palavras: "Quanto a ti, não deves temer o conúbio com tua mãe: quantos mortais já não compartilharam em sonhos o leito materno?". Segundo Freud, o mito exprime o "complexo de Édipo", ou seja, o desejo inconsciente de morte dirigido contra o pai (símbolo ambivalente de respeito, admiração e de rivalidade amorosa) e, simultaneamente, o de incesto com a mãe, o primeiro objeto de amor. Em suas palavras, "O complexo de Édipo vai cada vez mais revelando sua importância como o fenômeno central do primeiro período sexual infantil (que se estende entre os dois e os cinco anos, aproximadamente) [...]. Nem todos os mitos denunciam tão abertamente sua significação real quanto a fábula ingênua de Édipo [...] o conflito principal da vida anímica infantil, a saber, a relação ambivalente no tocante aos pais e à família, com todas as suas associações (curiosidade sexual etc.), mostrou constituir o motivo principal da formação dos mitos e o conteúdo essencial das tradições míticas" (*A Interpretação dos Sonhos*). Mas, para a ensaísta Marie Delcourt (*Édipo ou a Legenda do Conquistador*) ou para Erich Fromm (*A Linguagem Esquecida*), a exegese mais acertada seria a do conflito de gerações e a substituição inevitável dos poderes patriarcais (familiar e político). Na opinião de Delcourt, "em vez de insistir acerca do ciúme sexual do menino, julgo que se deveria dar ênfase à impaciência com que o filho adulto suporta a tutela de um pai envelhecido. A hostilidade entre ambos me parece muitas vezes provocada menos por uma *libido* recalcada do que pela vontade de governar. Se isto é correto, temos o direito de associar ao mito de Édipo outros contos, como o de Pélops, em que um pai luta contra o pretendente de sua filha. E o tema central, no caso em pauta, não é mais a justa entre pai e filho, mas um conflito de gerações". Também Fromm assinala que "Um exame mais detido da questão levanta algumas dúvidas sobre o postulado freudiano [...]. Édi-

po é descrito como o herói intrépido e sábio que se converte em benfeitor de Tebas. Como entender que esse mesmo Édipo pudesse cometer o que aos olhos de seus contemporâneos era o mais odioso dos crimes? [...] A questão que acabamos de examinar é suscitada por uma meditação sobre o *Édipo Rei*. Se limitarmos o nosso exame a apenas essa tragédia, sem levar em conta as duas outras peças da trilogia de Sófocles (*Édipo em Colono* e *Antígona*), não chegaremos a qualquer resposta decisiva. Mas pelo menos nos será possível formular legitimamente uma hipótese: a de que o mito pode ser entendido não como símbolo do amor incestuoso entre mãe e filho, mas como símbolo da revolta do filho contra a autoridade paterna na família patriarcal; e que o enlace de Édipo e Jocasta vale apenas como elemento secundário da vitória do filho, que, ao assumir o lugar do pai, assume igualmente as prerrogativas paternas".

EFEITOS ESPECIAIS. Consistem no emprego de truques, ardis ou estratagemas fotográficos, cinematográficos ou videográficos que tornem "naturais" e consistentes a ilusão ou a fantasia contida em uma cena a ser registrada, na impossibilidade de realizá-la diretamente e com maior veracidade (o vôo do super-herói, o naufrágio de um transatlântico, a transformação grotesca de um rosto). Para certos especialistas, as denominações "efeitos especiais" e "trucagem" indicam procedimentos idênticos de simulação. Outros, no entanto, procuram distingui-las. Assim, alguns consideram a trucagem um artifício relativamente simples e antigo (desde George Méliès), como o aparecimento ou o desaparecimento súbito de um objeto ou pessoa, obtidos pela interrupção da tomada, o registro voluntário de uma imagem desfocada (*flou*), com sentido preciso, ou as modificações de velocidade na projeção. E reservam "efeitos especiais" para as técnicas mais sofisticadas e modernas, realizadas por câmeras especiais ou por computadores e seus recursos gráfico-digitais. Há os que entendem a trucagem como a técnica em si, utilizada em estúdio, laboratório ou na fase de pós-produção, e os efeitos especiais como visão final ou efeito sensitivo causado pela trucagem. Christian Metz sugere ainda a existência de três tipos de efeitos especiais ou trucagens, no tocante à recepção: os imperceptíveis, de aspecto mais realista, como as ações de um dublê; os invisíveis perceptíveis, exemplificados pelas ações de objetos que se movem "magicamente" (telecinesia); e os visíveis ou demonstrados explicitamente (câmeras rápida ou lenta, fusões de imagens). De qualquer modo, os efeitos especiais costumam ser empregados tanto por motivos econômicos (redução de custos), quanto pela necessidade de conseguir imagens plásticas sugestivas. E deles depende a esmagadora maioria de filmes fantásticos, de ficção científica ou de horror.

• **EFFACÉ.** Postura clássica de balé, semelhante e complementar ao →*croisé*, mas em que, diferentemente deste último, as pernas se dispõem de maneira afastada, e não cruzada. Subdivide-se basicamente em duas posições: *a) effacé* para a frente (*devant*), estando a base no pé esquerdo, a perna direita esticada para a frente, em ponta, e a cabeça voltada para o lado esquerdo; *b) effacé* para trás (*derrière*), com base no pé direito, a perna esquerda esticada para trás, o pé em ponta, e a cabeça virada para o lado esquerdo. As posições dos braços podem variar como acompanhamento.

EFRAGÍSTICA. Os conhecimentos e as normas relativas à composição e ao uso de selos, sinetes e carimbos oficiais.

• **EINFÜHLUNG.** Conceito criado pelo psicólogo Theodor Lipps em sua obra *Ästhetik* para se referir ao ato psicológico segundo o qual o observador de uma experiência estética, de natureza contemplativa, tende a se projetar ou a "sentir-se dentro" da obra, reagindo aos estados emotivos que as formas lhe possam sugerir. Suas reações motoras e gestuais serviriam ainda de veículos para uma análise da percepção. O vocábulo costuma ser traduzido por "empatia" – experimentar ou sentir-se no lugar de, por imitação – consistindo, em síntese, numa identificação do espectador com a forma. Exemplificando por intermédio de elementos arquitetônicos essa simbiose entre as tendências psicológicas e as formas visuais, poderiam ser estabelecidas as seguintes correspondências de significado: linha horizontal – sentido de racionalidade e linearidade, de se acompanhar uma trajetória semelhante ao ato natural do caminhar; linha vertical – sentido de elevação e de prolongamento da postura ereta do corpo; linha curva – sensação de flexibilidade, de leveza gestual, de ornamentação; linha helicoidal – sentimento de ascensão contínua, de desprendimento, de transcendência espiritual; círculo – sentimento de equilíbrio, de integração ou de controle panorâmico; cubo – estado de segurança, de firmeza, de integridade.

ELEGIA. Canto ou poesia lírica que evoca sentimentos de luto ou lamentação, em que se manifestam a dor, a melancolia ou o consolo. Por extensão, texto ou peça musical cantada em que a tristeza e a ternura sejam os sentimentos fortes. Provavelmente do armênio *elegneay* (flauta de bambu), pelo grego *elegeía*, isto é, plangente, que conduz às lágrimas. Os primeiros poetas a empregá-la foram Calinos e Arquíloco (século VII a.C.), numa época em que, segundo Alfred Croiset, a poesia dava nascimento ao gênero oratório, sendo a elegia, ao mesmo tempo, uma queixa e uma exortação patriótica ou filosófica. Em Roma, segundo Quintiliano, Tibulo foi o

melhor representante do gênero, pela harmonia e sensibilidade do estilo. Exemplo raro de Horácio em homenagem a seu amigo Quintílio (tradução livre): "Que limite de recato poderia ter a saudade de ente tão querido? Entoa cantos lúgubres, ó Melpômene [musa da tragédia], a quem o Pai deu límpida voz e a cítara. Por que motivo pesa sobre Quintílio o sono perpétuo? Quando o Pudor e a Confiança incorruptível, irmã da Justiça, e a Verdade encontrarão quem lhe seja igual? Morreu chorado por muitos e bons, e por ninguém mais chorado que por ti, Virgílio. Em vão, tu reclamas Quintílio aos deuses. De que adianta, mesmo que mais suavemente tocasses a lira que o trácio Orfeu? Por acaso voltaria o sangue à sombra vã, tendo já Mercúrio, que os fados não refaz, o conduzido ao negro rebanho? É triste e difícil. Mas tudo o que é vedado corrigir, com a resignação torna-se mais leve". As dores, reflexões e queixas amorosas enquadram-se, portanto, na concepção elegíaca. Veja-se a *Elegia*, de Cecília Meireles: "Perto da tua sepultura, / trazida pelo humilde sonho / que fez a minha desventura, / mal minhas mãos na terra ponho, / logo estranhamente as retiro. / Neste limiar de indiferença, / não posso abrir a tênue rosa / do mais espiritual suspiro. / Jazes com a estranha, a muda, a imensa / Amada eterna e tenebrosa / pelas tuas mãos escolhida / para teu convício absoluto. / Por isso me retraio, certa / de que é pura felicidade / a terra densa que te aperta. / E por entre as pedras serenas / desliza o meu íntimo luto, / como uma quieta lágrima, apenas / esse humano, doce atributo". Na Antiguidade clássica, a elegia tinha uma forma fixa, estruturada em um dístico, ou seja, por um verso hexâmetro, seguido de um verso pentâmetro.

ELENCO. 1. Conjunto de atores, bailarinos, artistas ou intérpretes de uma companhia, produção ou espetáculo de teatro, de dança, ópera, circo, bem como de obra cinematográfica ou televisiva. 2. Conjunto de cantores ou de músicos vinculados, por contrato, a uma gravadora de discos. 3. Grupo de jogadores ou de atletas pertencente a um clube ou associação desportiva, e de modalidade coletiva.

ELFO. Pequeno ente ou gênio sobrenatural da mitologia teuto-escandinava, ao mesmo tempo travesso e nocivo, causador de doenças, de pesadelos e também raptor de crianças. A partir da Idade Média, e por influência do catolicismo, a figura maligna do elfo foi amenizada, tornando-se um símbolo dos fenômenos atmosféricos – dos ventos, da chuva e dos trovões – assim como leal auxiliar de personagens da literatura épica. Assim, na canção de gesta *Huon de Bordeaux* (século XIII), de autoria anônima, Oberon, o rei dos elfos, é alguém que conhece os pensamentos humanos e os segredos do paraíso. Com seus conhecimentos, salva da condenação o herói Huon. Oberon aparece ainda em poemas de Spencer (*A Rainha das Fadas*), de Christoph Wieland (*Oberon*), nos *Sonhos de uma Noite de Verão*, de Shakespeare, ou na ópera homônima de Weber.

ELIPSE. Figura retórica de construção sintática que faz omitir uma palavra ou oração facilmente perceptível, tornando concisa a oração. Exemplo: Cumprimentei-a (eu). E só então percebi quão incisivo (era) o seu olhar.

ELITE. Para a teoria política, refere-se a uma minoria social organizada que detém o privilégio do poder, seja ele o do governo político, das determinações ou decisões econômicas, ideológicas, sociais ou culturais, distinta e superior a uma maioria – socialmente a "massa" de governados, consumidores, praticantes ou seguidores. A primeira teoria das elites foi exposta formalmente pelo italiano Gaetano Mosca em seus *Elementos de Ciência Política*, datado de 1896: "Em todas as sociedades [...] existem duas classes de pessoas: a dos governantes e a dos governados. A primeira, sempre menos numerosa, cumpre todas as funções públicas, monopoliza o poder e goza as vantagens que a ele estão anexas (aristocracia ou elite); enquanto a segunda, mais numerosa, é dirigida e regulada pela primeira, de modo mais ou menos legal, de modo mais ou menos arbitrário ou mesmo violento, fornecendo àquela [à elite] os meios necessários de subsistência e os que são necessários à vitalidade do organismo político". A difusão do termo, no entanto, veio com o seu contemporâneo Vilfredo Pareto em cujos livros (*Sistemas Socialistas*, 1902, e *Tratado de Sociologia Geral*, 1916) a distinção ou a oposição elite-massa é afirmada como lei sociológica e política inevitável. Para ambos os autores ainda, a elite deve a sua força e supremacia à organização que é capaz de impor e às estreitas relações de seus interesses particulares ou grupais, que se mostram solidárias principalmente em momentos de crise. A massa ou a maioria, ao contrário, tende a ser desorganizada e dispersa. O vocábulo extrapolou o terreno político-econômico original para se infiltrar em outros domínios culturais e organizacionais, como elite intelectual (científica, artística ou religiosa), elite burocrática (administradores e executivos de instituições públicas ou privadas) ou ainda elite esportiva, designando o grau mais elevado no exercício do conhecimento, da influência exercida no meio social, no prestígio adquirido, na eficiência demonstrada, na riqueza obtida ou na capacidade decisória. Por fim, o vocábulo não indica, essencialmente, o modo como a elite exerce o seu predomínio ou superioridade. Ou seja, tanto haverá elites em regimes democráticos, quanto em sistemas ditatoriais. Em outras áreas, uma elite poderá ser formada por força de nascimento, por freqüência a círculos sociais ou ainda por conquista ou méritos demonstrados individualmente.

EMBEBIDO. →*Adossado.*

EMBOÇO. →*Afresco.*

•EMBOÎTÉ. Salto coreográfico ou de dança caracterizado classicamente pela seguinte evolução: com os pés cruzados inteiramente (quinta posição), procede-se a um *demi plié* e executa-se um primeiro pulo com uma das pernas esticada, em ponta, e a outra dobrada a 45 graus. A descida é feita sobre a perna anteriormente tensionada, enquanto a outra se movimenta para a frente e se dobra. Faz-se um novo salto acompanhado de movimentação para a frente da perna livre e termina-se em *demi plié*. Uma seqüência parecida e mais difícil é a realizada *en tournant*, isto é, girando o tronco em ambos os saltos, até completar uma volta de 360 graus.

EMBUTIDO. →*Incrustação.*

EMOÇÃO. →*Paixão.*

EMPASTAMENTO, EMPASTE. Técnica utilizada em pintura a óleo e pintura acrílica e que consiste na aplicação de camadas espessas de tinta em determinadas áreas, a fim de sugerir ou aumentar a sensação visual de profundidade, por contraste com zonas mais lisas, ou a sensação de relevo, opondo áreas mais sombreadas, densas, a outras mais claras ou luminosas. A pintura de Van Gogh, por exemplo, revela extrema densidade no uso do empaste. Do italiano *impasto*.

EMPIRISMO. Corrente ou atitude filosófica que faz da experiência – aqui entendida como um conjunto impessoal ou coletivo de vivências acumuladas – e dos dados sensoriais as fontes primárias do conhecimento e os critérios mais adequados para a determinação da verdade. Diferentemente do →inatismo, a razão, para os adeptos do empirismo, configura-se inicialmente como *tabula rasa*, isto é, como um quadro em branco ou matriz virgem cujo conteúdo será escrito ou gravado pelas sensações, percepções e associações entre ambas, formadoras, por sua vez, dos hábitos coletivos (e individuais) e também da memória. Duas de suas máximas são: não há nada na inteligência que não tenha estado antes nos sentidos (Locke); todo "ser" somente adquire esta substancialidade quando pode ser percebido (*esse est percipi*, na fórmula de Berkeley). Por conseguinte, a razão e as idéias por ela desenvolvidas são "construções *a posteriori*". Isso significa dizer que o real ou a realidade depende basicamente da percepção, não sendo algo autônomo. Elabora-se ao longo do tempo em virtude de sucessivas repetições e associações causadas pelo contato com objetos e fenômenos ou, em síntese, pela experiência. O empirismo não chega a negar o valor da razão, nem suas hipóteses ou teorizações, mas não admite que ela seja a origem do conhecimento ou se erija em critério absoluto da verdade. Ela é indispensável, isso sim, como mecanismo de associação e criação de idéias e de pensamentos, mas só passíveis de formulação pela semelhança ou diferença entre os fenômenos exteriores e naturais. Por isso, o seu critério de verdade é a exigência de uma verificação de fato, sensível, evidente e, se possível, controlável. Com isso, o empirismo rechaça qualquer noção de supra-sensível ou de abstração mental pura. Como o definiu Hegel, não sem uma certa ironia: "aquilo que o homem quiser admitir em seu saber deverá ir ver pessoalmente, confirmar pessoalmente sua presença". Já na Baixa Idade Média, filósofos como Roger Bacon e Guilherme de Ockham filiavam-se às concepções empiristas. Mas a grande difusão da doutrina ocorreu com os pensadores britânicos dos séculos XVI ao XVIII: Francis Bacon (*Instauratio Magna*), George Berkeley, principal representante da corrente idealista ou espiritualista (*Tratado sobre os Princípios do Conhecimento Humano*), John Locke (*Ensaio sobre o Entendimento Humano*), David Hume, o mais cético dentre eles (*Tratado sobre a Natureza Humana, Inquérito sobre o Conhecimento Humano*), além do francês Étienne de Condillac (*Tratado das Sensações*). Por vezes, o empirismo desses filósofos é também chamado sensualismo ou sensismo, dada a importância atribuída às sensações. Mais modernamente (século XX), consideraram-se "empiristas lógicos" os integrantes do Círculo de Viena, como Rudolf Carnap, Otto Neurath, Kurt Gödel e Friedrich Waissmann, ou ainda o filósofo e matemático inglês Bertrand Russell.

ENCADERNAÇÃO.   Trabalho de revestir o livro e que consiste na cobertura de suas folhas para protegê-lo e, por vezes, ornamentá-lo. As técnicas de encadernação tiveram início no primeiro século da era cristã, quando os antigos livros em volumes (rolos) passaram a ser confeccionados no formato de cadernos, quadrados ou retangulares. Desde então, têm servido de cobertura materiais como o pano, o couro, placas de metal, o cartão, o papel e o plástico. O uso de capa leve, feita em papel ou cartão, recebe o nome específico de cartonagem.

ENCÁUSTICA.   Processo e técnica de pintura em que os pigmentos de tinta se misturam à cera, proporcionando grande resistência aos efeitos danosos da umidade e da luminosidade naturais. Desde a sua criação por artistas da Antigüidade grega, a tinta é amalgamada com cera quente, derretida, preferencialmente a de abelha, em sua variedade branca, devendo ser imediatamente aplicada sobre o suporte, antes do resfriamento e solidificação (o nome em grego significa "queimado em"). Para isso, trabalhava-se a tinta com uma espátula aquecida e um ferro próximo à brasa. Nos dias atuais, entretanto, tem-se tentado o emprego de cera industrial, cristalina e microtexturizada. Misturada à aguarrás ou terebintina, forma uma pasta facilmente missível com pigmentos e de aplicação a frio. Outra possibilidade é a de formar uma pasta, combinando-se a cera com óleo desidratado. As propriedades dominantes nas várias misturas são, no entanto, as que derivam da cera – caráter translúcido e opalescente das cores (refração brilhante), durabilidade, obtenção de texturas e de empastes. Na Antigüidade, seu aprimoramento técnico deveu-se ao pintor Pausias (século IV a.C.), mas as obras mais antigas e ainda remanescentes são retratos das múmias de Fayum, no Egito, datados do período entre o primeiro século antes de Cristo e o terceiro de nossa era. Foram executados em telas finas de madeira, sobre aparente camada inferior de gesso. A encáustica permaneceu em uso entre os artistas cristãos primitivos, e até o século VIII, sendo redescoberta pela pintura gótica do século XIII, que a empregou em trabalhos murais. A técnica mais tradicional exige grande precisão e rapidez de manuseio, tendo sido empregada raramente após a Idade Média, em virtude do aparecimento da pintura a óleo. O muralismo mexicano, no entanto, voltou a utilizar-se da encáustica, aproveitando-se de aparelhos especiais para aquecer a superfície da pintura, a paleta e o pincel. Genericamente, tinta em cuja composição é utilizada cera dissolvida. São derivações da encáustica, por exemplo, o giz de cera, o giz pastel e o pastel oleoso.

ENCENAÇÃO, ENCENADOR.   Constitui a arte de dar vida, adaptar ou interpretar, por meio de atores ou figuras (como os bonecos ou desenhos) a literatura dramática (no teatro), a partitura operística, os roteiros cinematográfico, videográfico e telenovelístico, ou ainda a concepção coreográfica, transformando cada uma destas criações em espetáculo cênico-visual. Significa, portanto, a metamorfose de um imaginário indireto, isto é, mediatizado por uma escritura ou código prévio, em um mundo objetivo, pleno e tridimensional. Em resumo, com a encenação tem-se uma "presença existencial" mais complexa, em virtude dos elementos sensitivos que traz à cena. Assim fazendo, a encenação conduz o leitor à condição de espectador, postando-o diante de uma ação e de personagens animados. Além do trabalho específico de interpretação (de atores, cantores, bailarinos e ainda da manipulação de bonecos), a encenação envolve as técnicas concorrentes e indispensáveis do espetáculo: a cenografia, a iluminação, a sonoplastia, a caracterização (figurinos, maquilagem, adereços). Daí também o papel relevante do encenador (diretor). Cabe a ele subordinar cada parte a um princípio geral e a um sentido unificador. Como sugeria Gordon Craig, "uma obra de arte não pode ser criada se não for dirigida por um pensamento único".

Portanto, o encenador, além de um primeiro "intérprete" e "doador" dos sentidos, é aquele que concebe e coordena, em suas linhas principais, as formas e os ritmos do conjunto dramático, as nuanças e intensidades psicológicas dos intérpretes, assim como o envolvimento plástico no interior do qual a ação se desenrola, a fim de lhes dar uma configuração total ou integrada (o estilo da encenação). Historicamente, sua importância desenvolveu-se ao longo do século XIX, consolidando-se no XX, quando o encenador se converteu em *mastermind* da dramaturgia. Já em 1884, escrevia Becq de Fouquières em sua *Arte da Encenação*: "Perguntamo-nos, não sem nos inquietarmos, onde vai parar a encenação. Sem dúvida, há limites que ela não poderá ultrapassar, mas continuará a usurpar o domínio literário e, desde já, a ação que conjuga todos os elementos de um drama é tênue e fugidia". Até então (salvo exceções), a coordenação dos espetáculos cênicos era atribuída aos atores principais ou a alguém encarregado de supervisionar os ensaios, restringindo-se quase sempre à marcação. Em francês, *mise-en-scène*; em inglês, *direction*; em alemão, *Regie*; em italiano, *regia*. →*Dramatização* e →*Teatro*.

ENCENAR. **1.** Levar à cena, transformando em realização visual e espetáculo público, um texto literário dramático, um roteiro, uma partitura operística ou uma concepção coreográfica, seja diretamente (presença ao vivo), seja por meio de registro ou gravação. Em realidade, o ato de encenar ocorre após a finalização de todos os trabalhos ou processos artísticos e técnicos que lhe são indispensáveis e que se consubstanciam no processo anterior de montagem: ensaios, cenarização, iluminação etc. Em cinema ou em produção videográfica, no entanto, a encenação também se complementa com a fase posterior da montagem laboratorial (→*Cinema*). **2.** Transformar um conflito dramático e as características psicológicas de seus personagens em seqüências de ações – falas, gestos, cantos, comportamentos e movimentos corporais. →*Encenação*.

ENCÍCLICA. Até o século VII, constituía uma simples carta *circular* entre eclesiásticos. Sob o pontificado de Martinho ou Martim I (649–655), o chefe da Igreja Católica adotou esta denominação para manifestar suas orientações à Igreja de Cartago. Ainda assim, somente a partir de Gregório XVI, no início do século XVIII, é que a encíclica (*egkuklioi epistolai*, em grego, ou *epistola encyclica*, em latim) ganhou a conotação de recomendação explícita e indiscutível do papa para todos, clero e fiéis, de maneira *ex-cathedra* (por privilégios do cargo). Por ela, afastam-se as controvérsias existentes a respeito do assunto em pauta e firma-se uma posição clara, tanto teórica quanto prática, passível de re-

visão apenas por outra epístola. Por tradição, o título de uma encíclica tem sido formado pelas palavras contidas no início do texto, originalmente em latim. Assim, por exemplo, a *Mysterium Fidei* (Mistério da Fé), de Paulo VI: *Mysterium fidei, innefabile nempe Eucaristiae donum, quod a Sponso sua Christo tanquam immensae charitatis pignus accepit, Catholica Ecclesia* [...] (A Igreja Católica recebeu de Cristo, seu esposo, a inefável dádiva da Eucaristia, Mistério da Fé...). Entre os grandes documentos papais encontram-se a *Rerum Novarum* de Leão XIII (1891), versando sobre a melhoria indispensável das condições de vida da classe trabalhadora; a *Mater et Magistra* de João XXIII (1961), evocando a necessidade de unir a salvação da alma à prosperidade e ao bem-estar sociais; a *Populorum Progressio* de Paulo VI (1967), em que se requer a ajuda dos países ricos para a superação dos problemas socioeconômicos de populações e países subdesenvolvidos; a *Fides et Ratio*, de João Paulo II (1998), em defesa de conceitos universais e atemporais, formulados simultaneamente pela fé e pela razão.

ENCICLOPÉDIA. O desejo de criar uma estrutura escrita que reúna, classifique, sintetize, conserve e articule os mais variados saberes ou conhecimentos humanos constitui a intenção primordial dos projetos e das realizações enciclopédicas. Do grego *enkyklia* (em ciclos) + *paideia* (aprendizado), possuiu, originalmente, o sentido de ciclo de estudos elementares, tendo-se por objetivo construir uma ampla base de formação cultural, também conhecida como polimatia. Já na civilização latina, entre as obras que anunciavam o então nascente espírito enciclopédico – o de conservar e transmitir um corpo de conhecimentos – podem ser mencionadas as *Antigüidades das Coisas Humanas e Divinas* (*Antiquitates rerum humanarum et divinarum*) de Varrão (século I a.C), versando sobre religião e história do povo romano e a história natural em 37 livros (*Naturae historiarum libri triginta septem*) de Plínio, o Antigo (século I), cuja ambição de vida foi, conforme seu sobrinho, Plínio, o Jovem, "anotar e colher informações". Na Idade Média, e antes mesmo da fundação de universidades, a influência romana e a dupla necessidade de organizar os estudos e preservar os saberes manifestaram-se em livros como a *Instituição das Letras Divinas e Humanas* (*Institutiones divinarum et saecularium litterarum*) de Cassiodoro (século VI), a *Bibliotheca* de Fócio (século IX, em Bizâncio) ou as *Etimologias* (*Etymologiae*) de Isidoro de Sevilha (século VII), amplo mapa das artes liberais, da história, da teologia, do direito e das artes militares. No século XII, o polímata e místico Ramón Llull procurou demonstrar que a "árvore da ciência" (*arbor scientiae*), um dos tratados de sua vastíssima *Ars Magna*, constitui uma metáfora da unidade que existe entre a realidade dos seres criados (campo da ontologia) e a expressão do saber, realizada pela linguagem (campo da epistemologia). Em síntese, o conhecimento humano seria capaz de refletir ou reproduzir a ordem e as coisas estabelecidas por Deus. As perspectivas de integração ou de articulação de campos de conhecimento, assim como de elaboração de sistemáticas de saber (com intuitos didático e epistemológico) vieram a incorporar-se às concepções enciclopédicas no decorrer do Renascimento. Foi o caso, entre outros, do *Cursus philosophici encyclopaedia*, de Johann Alsted, editado em 1620. Na seqüência, o rápido desenvolvimento de novos ramos científicos, incluindo-se os de natureza empírica e aplicada, como a óptica, a química e a mecânica, acabaram por influenciar a configuração da enciclopédia moderna, a partir do século XVIII. Um primeiro exemplo pode ser observado então na *Biblioteca Universale Sacro-Profana* de Vicenzo Coronelli, prevista para ter 45 volumes, mas da qual foram concluídos apenas sete entre 1701 e 1706. Adiante, foram escritas a *Cyclopaedia* inglesa de Ephraim Chambers (1728) e a *Encyclopédie* francesa coordenada por Diderot e d'Alembert (1751-1757 e 1765-1772). Como o subtítulo desta última indicava – *dictionnaire raisonné* (dicionário argumentado) – tinha por princípio de elaboração tratar os campos do conhecimento e os vocábulos a eles pertinentes de modo convenientemente racional, iluminista. O ordenamento alfabético foi ali adotado pela primeira vez, dando-se preferência a um procedimento epistemológico objetivo e didático, e não subjetivo ou especulativo, como várias anteriores o tinham sido. Convertida em modelo, propiciou subsídios valiosos para as que dali se seguiram: a *Encyclopaedia Britannica* (1768), a *Allgemeine Encyclopädie der Wissenchaften und Kunst* (1819), a *Enciclopedia Universal Ilustrada Europeu-Americana* (espanhola, 1905), a *Enciclopedia Italiana Treccani* (1929), a *Grande Enciclopédia Portuguesa e Brasileira* (portuguesa, 1935) ou a *Enciclopédia Larousse*, inicialmente *Grand Dictionnaire Universel du XIXe siècle*.

ENCULTURAÇÃO. Neologismo criado pelo antropólogo M. J. Herskowits (*Man and His Works*) para designar o processo social de absorção das regras, hábitos e valores culturais por que passa o indivíduo, desde o seu nascimento, a fim de adaptá-lo a um padrão geral, ainda que flexível. A enculturação tem início já na fase neonatal (na maneira do parto, na forma como é limpo e vestido o recém-nascido) e se desenvolve pela superação ou pela transformação dos aspectos puramente biológicos da herança filogenética – genericamente, os processos de educação e de socialização. É encarada, portanto, como um *continuum*, embora di-

vidido em etapas sucessivas – infantil, juvenil, adulta, de envelhecimento e morte.

•**EN DEDANS, EN DEHORS.** Fundamentos do balé clássico que designam os giros ou movimentos de rotação executados com um pé em ponta, na base, e a outra perna livre para descrever um círculo em torno do eixo do corpo. O giro *en dehors*, mais antigo, é aquele feito para o lado oposto àquele em que se encontra a perna de apoio. O *en dedans*, introduzido já no século XX, é executado na direção em que se encontra a perna de sustentação. Se a rotação é feita com a perna livre tocando o solo, diz-se *jambe en terre*. Se a perna livre estiver elevada, denomina-se o movimento *jambe en l'air*.

ENGENHO. **1.** Inventividade, capacidade de criação. **2.** Aptidão natural, gênio, talento.

ENGOBO. Barro fluido, diluído em água, e com acréscimo de colorantes, para decoração e pintura de peças cerâmicas. O engobo pode ser aplicado com pincéis, por imersão ou por aspersão. Var.: *engobe*.

•**ENJAMBEMENT.** Termo francês proveniente do verbo *enjamber* (andar a passos largos, quase saltando) e que se refere a uma técnica de construção poética pela qual o sentido de um verso é interrompido e só complementado no que lhe segue. Uma de suas primeiras definições provém do século XIV, nas palavras de Niccolò Tibino: "Muitas vezes acontece que, terminada a consonância, o sentido da oração ainda não chegou ao fim" (*Multociens enim accidit quod, finita consonantia, adhuc sensus orationis non est finitus*). Embora usado desde a Renascença, seu emprego teve larga aceitação na poesia moderna e experimentalista do século XX. O *enjambement* torna-se um meio de quebrar o ritmo natural ou a fluência esperada do verso. Exemplos: "Mas um terror antigo, que *insepulto* / *Trago* no coração, como *de um trono* / *Desce* e se afirma meu senhor e dono" (Fernando Pessoa). "A tarde cai, *por demais* / *Erma, úmida e silente...*" (Manuel Bandeira). A palavra pode ainda ser usada para a técnica da rima encadeada, pela qual os fonemas finais de um verso têm consonância com outros no meio do verso seguinte: "Ouve, ó Glaura, o som da *ira*, / que susp*ira*, lagrim*osa*, / Amor*osa* em noite esc*ura* / Sem avent*ura*, nem prazer" (Silva Alvarenga). Em língua portuguesa, usa-se também a palavra cavalgamento.

ENREDO. Seqüência de incidentes ou de ações imaginárias, inter-relacionadas e completas, que representam e descrevem uma história ou assunto em obras narrativas, dramáticas, épicas ou coreográficas, dando-lhes um *significado*. Assim, na interpretação de E. M. Forster, será apenas história o fato de sabermos que "o rei morreu e depois morreu a rainha". Será enredo se estiver escrito que "o rei morreu e, *de dor*, morreu a rainha". O enredo constitui, portanto, o lado intelectual de uma ação ou história (Richard Moulton). Ou ainda, na opinião de Eric Bentley, "a matéria-prima do enredo é a vida [...] os raros clímax das situações extremas da vida ou da existência cotidiana, em suas formas secretas. O enredo é a ordenação desse material. Acarreta a aplicação de um princípio racional ao caos do irracional". De maneira mais corriqueira, o mesmo que *entrecho*, *trama*, →fábula ou →intriga.

ENSAIAR. **1.** Exercitar, repetir e apurar as cenas de uma peça de teatro ou de um roteiro cinematográfico, incluindo-se os diálogos, marcações, iluminação, sonorização etc. **2.** Estudar e repetir os passos, os movimentos conjuntos e os gestos previstos em uma coreografia de bailado ou dança. **3.** Exercitar peça musical para uma apresentação pública ou gravação posterior.

ENSAIO. **1.** Ação de refazer variadas vezes os mesmos atos de uma série como exercício de aprendizado, de domínio e de fixação de técnicas e/ou dos conteúdos de uma expressão artística. Consiste, pois, numa necessidade operatória, relativamente ao corpo, à voz, à execução instrumental ou à dicção de textos, em busca de uma representação considerada ideal. Do ponto de vista dramático, costuma-se distinguir: *ensaio de mesa* ou de leitura – leitura e discussão do texto cênico entre os atores; *ensaio de marcação* – exercício dirigido pelo diretor teatral ou coreógrafo, em que os atores ou bailarinos apreendem e definem os movimentos individuais e de grupo para a encenação final; *ensaio de junção* – quando há necessidade de entrosar linguagens diferentes e complementares, como texto, música e bailado; *ensaio público* – aquele que é realizado como teste para uma platéia convidada, ou ainda com cobrança de ingressos, servindo de auxílio financeiro para a montagem do espetáculo. **2.** Apresentação escrita podendo envolver os mais variados temas, como os de natureza artística, filosófica, política, histórica, científica ou os de hábitos culturais, na qual se expõem as visões pessoais, subjetivas, à maneira de um livre-exame crítico e comentado. →*Gêneros literários*.

ENTABLAMENTO. A estrutura horizontal e superior, ou ainda o coroamento de templos e edifícios greco-romanos, ou neles inspirados, que se inscreve nas →ordens da arquitetura. Sustentado por colunas, subdivide-se em: *a)* arquitrave (parte inferior); *b)* friso (parte intermediária, na qual se encontram os tríglifos e as métopas) e *c)* cornija (a moldura mais elevada, sobre a qual repousa o telhado, contendo, em sua forma completa, duas estruturas horizontais e paralelas – a faixa, inferior, e o cimácio, superior). →*Civilização clássica e helenismo*.

ENTALHE, ENTALHO. Linhas incisas ou desenho escavado manualmente sobre a superfície de placas de metal, como o aço, o cobre ou o zinco, com auxílio de instrumentos pontiagudos ou raspadores, usando ácidos, vernizes ou cera, a fim de formar uma matriz em negativo (incisões para baixo), por meio da qual se obtém uma série de estampas ou reproduções de peças (gravuras, moedas e medalhas). O mesmo que encavo. →*Gravura* e →*Gravura em metal*.

• **ENTERTAINER.** Vocábulo inglês consagrado pelo universo do *show business* e da televisão americanas, e utilizado para designar o profissional versátil que atrai e mantém a atenção do público, em espetáculos ao vivo ou gravados, anunciando os números ou quadros do programa, fazendo comentários (geralmente humorísticos), entrevistas curtas com personalidades ou ainda pequenos números musicais de canto ou de execução instrumental, realizados entre as apresentações de outros artistas, inclusive as suas próprias. Literalmente, "aquele que entretém, diverte". O mesmo que *showman*, *show-woman*.

ENTOAÇÃO, ENTONAÇÃO. **1.** O ato de fazer soar ou tocar instrumento, tanto quanto cantar (erguer a voz). **2.** Afinar um instrumento ou a voz, a fim de fazê-lo(a) soar com seu timbre característico.

ENTREATO. **1.** Intervalo entre os atos de uma execução musical, operística, teatral ou coreográfica. **2.** Apresentação musical ou representação dramática breves, inseridas durante o intervalo do espetáculo principal. O mesmo que *entrecena*. O italiano *intermezzo* é usado internacionalmente também neste sentido. →*Interlúdio* e →*Entremez*.

ENTRECENA. →*Entreato*.

• **ENTRECHAT.** Termo francês, de uso internacional, significando o movimento de dança ou balé que consiste em tocar rapidamente as pernas ou panturrilhas, uma ou duas vezes, ao mesmo tempo em que se executa um salto vertical, afastando-se depois as pernas. Pode ser executado sobre um mesmo ponto (*entrechat royal* ou *entrechat trois*, por exemplo) ou em deslocamento espacial (vôo). Neste último caso, denomina-se *entrechat de volée* e as pernas, ao invés de se afastarem, se juntam.

ENTRECHO. História ou →enredo narrativo ou dramático, concebido imaginariamente; trama, intriga, fábula.

ENTREMEZ. Na Idade Média, consistia de uma breve encenação dramática a cargo de bobos, bufões ou saltimbancos, realizada entre as partes de uma ceia senhorial (em francês, *entre mets*, ou seja, entre os pratos da refeição). Na Espanha, durante os séculos XVI e XVII, referia-se a uma peça teatral curta, de um ato apenas, inserida no intervalo de uma comédia ou auto sacramental mais longo. Habitualmente, tratava de situações populares, cotidianas, encenadas de modo cômico ou farsesco. Cervantes, por exemplo, escreveu oito entremezes, entre os quais, *O Juiz dos Divórcios, O Rufião Viúvo, O Velho Zeloso* e *A Cova de Salamanca*. O mesmo que "*intermezzo* dramático".

ENTRUDO. Brincadeira popular durante a época de carnaval, introduzida no Brasil por imigrantes portugueses ainda no período colonial, e que consistia em molhar e enfarinhar pessoas e transeuntes, nas ruas e nas casas, com o uso de baldes e tigelas. Geralmente, era motivo de brigas entre foliões e não-foliões. Aos poucos, substituíram-se a farinha e a água por limões-de-cheiro (bolas de cera contendo água perfumada) ou bisnagas de vinho ou de suco de groselha. O entrudo foi suplantado pela introdução do →zé-pereira e dos bailes carnavalescos que, por sua vez, adotaram as serpentinas, os confetes e o lança-perfume. →*Carnaval*.

• **ENVOI.** Palavra francesa (envio) que indica a estrofe final de uma poesia, contendo habitualmente a metade dos versos da seqüência ou estrutura anterior, servindo de ofertório ou dedicatória. Muito comum o seu emprego no gênero →balada.

• **EPAULEMENTS.** Em dança, as posturas e movimentos simultâneos dos ombros, de modo que eles não apenas sustentem como acompanhem os desenhos dos braços durante a execução coreográfica.

ÉPICA. →*Epopéia* e →*Gêneros literários*.

EPIFANIA. **1.** Do grego *epiphania*, aparição, é utilizada como revelação divina ao ser humano, de maneira súbita e fugidia. Se no Velho Testamento Deus se deixa apenas escutar, no Novo ele se mostra também pela visão. São episódios dessa experiência a revelação de Deus Pai durante o batismo de Cristo, o milagre do vinho em Caná e a revelação da divindade de Cristo, recém-nascido, aos Reis Magos (Festa da Epifania, em 6 de janeiro). **2.** Manifestação divina ou sagrada, ou de um ente sobrenatural aos homens, sob forma material ou espiritual. →*Revelação*.

EPÍGONO. **1.** Discípulo ou seguidor de um mestre em artes ou ciências. **2.** Autor que, na utilização de formas, temas e conteúdos, aproxima-se mais das características de uma geração anterior (contrário a *prógono*).

EPÍGRAFE. **1.** Inscrição feita em relevo ou entalhada sobre material ou suporte durável, como pedra, argila ou metal, habitualmente deixada em monumentos. **2.** Citação ou sentença, em prosa ou em verso, colocada no frontispício de um livro ou no início de um texto, que serve de síntese expressiva ou de idéia condutora para o assunto tratado a seguir. Os escritores da escola romântica, entretanto, se utilizaram habitualmente das epígrafes, muitas vezes de modo livre, sem vínculos com o conteúdo. →*Epigrama*.

EPIGRAFIA. Estudo e análise das inscrições e textos encontrados em materiais paleográficos resistentes (pedras, paredes, túmulos, conchas, marfins) e em monumentos (arcos, colunas, por exemplo). Inclui a datação, a decifração e a interpretação dos escritos. A maior coleção epigráfica do Ocidente é a da Academia de Berlim, que reúne inscrições gregas antigas.

EPIGRAMA. **1.** Poesia ou comentário irônico, satírico, de pequena dimensão, cultivada na Roma antiga por autores como Marcial, Catulo e Ausônio. Dois exemplos de Marcial: "Nos tempos passados, Diaulo era médico; agora é coveiro. E coveiro agora, continua a fazer o que fazia como médico"; "Tu quer saber, ó Lino, os juros que me dá a minha pequena propriedade no campo? São estes: lá estando não te vejo, ó Lino". **2.** Dito, máxima ou sentença de teor crítico, como a que resume o relativismo do conhecimento feita pelo sofista Protágoras: "O homem é a medida de todas as coisas, do ser daquilo que é, do não-ser daquilo que não é". Ou seja, todo conhecimento depende do indivíduo que conhece, não havendo verdade ou erro absolutos, senão representações subjetivas. **3.** Inscrição tumular, em monumentos, ou epígrafe, consoante a origem do vocábulo: *epi* (sobre) e *gramma* (palavra).

EPÍLOGO. **1.** Último ato ou cena final de uma peça de teatro ou de um texto épico. **2.** Fala derradeira do texto dramático, pela qual o autor explica as intenções gerais da ação. Esta foi a acepção original, utilizada nos teatros grego e romano, momento de recapitulação da história, de exortação à reflexão e de agradecimento aos espectadores. **3.** Em música erudita, trecho, peça ou movimento de conclusão da obra.

EPIMÍTIO. O sentido ético ou moral contido em uma →fábula ou →conto, normalmente resumido em seu final. Assim, por exemplo, diz a fábula *A Panela de Ferro e a Panela de Barro*, de La Fontaine: "A panela de ferro, um certo dia / Ao sair do esfregão da cozinheira / Mui fresca e luzidia, / Disse à de barro, sua companheira: / – Vamos dar um passeio / Fazer uma viagem de recreio. / – Iria com prazer, disse a de barro, / Mas sou tão delicada, / Que se acaso num seixo ou tronco esbarro / Lá fico esmigalhada! / Acho mais acertado aqui ficar / Ao cantinho do lar. / Tu sim que vais segura. / A pele tens mais dura. / – Se é só por isso, podes ir comigo; / É medo exagerado o teu – contudo / Se houver qualquer perigo, / Serei o teu escudo. / A tal dedicação, a tal carinho / Não pôde a companheira replicar, / E as duas a caminho / Lá vão nos seus três pés a manquejar. / Mas ai! Não tinham dado quatro passos, / Numa vereda estreita, / Eis que se tocam – e a de barro é feita, / Coitada, em mil pedaços. / *Para sócio não busques o mais forte / Que te arriscas decerto à mesma sorte*". Na fábula *O Gato e o Passarinho*, de Jacques Prévert, conta-se a história de um gato que come, pela metade, o único passarinho ainda vivo da cidade. As pessoas fazem um cortejo fúnebre para enterrar os restos da ave e uma menina não pára de chorar. O gato confessa-lhe então que preferiria tê-lo comido todo e dado a versão de que o pássaro fora-se embora: "Tu sofrerias muito menos / só um pouquinho de tristeza / e outro pouquinho de saudade... / *Nunca devemos fazer as coisas pela metade*".

EPINÍCIO. Originalmente, ode para ser cantada em coro, em homenagem aos vencedores de quaisquer dos quatro jogos pan-helênicos, em seus regressos às respectivas cidades, e por elas encomendada. Elaborado em grupos de estrofes de três versos, dividia-se ainda em três seções: o relato da vitória, uma interpretação mítica da modalidade e o elogio particular do vencedor. Por extensão, canto, hino ou poema de vitória, de qualquer natureza. →*Ode.*

EPISÓDIO. **1.** No teatro grego, conforme o define Aristóteles, designa uma parte distinta mas completa da ação dramática, inserida *entre* as intervenções do coro (cantos e danças). **2.** Trecho, fato ou incidente preciso, mais comumente dialogado, inscrito e relacionado à ação principal, em obra de teatro ou cinematográfica, bem como ao conjunto de uma narrativa em prosa (romance, conto, novela) ou épico-poética. **3.** Em música, uma seção secundária do tema, feita por modulação ou divertimento. Na fuga, por exemplo, o episódio constitui um desenvolvimento da exposição temática, realizado por variações de tonalidades, a fim de preparar uma nova entrada. Do grego *episodion*, aquilo que se acrescenta de modo acessório.

EPÍSTOLA. **1.** Documento de teor doutrinário escrito ou atribuído aos apóstolos Paulo, Pedro, Tiago, João e Judas, dirigido às primeiras comunidades cristãs da Grécia e da Ásia Menor, a discípulos determinados ou ainda "universal", isto é, endereçado a todos os homens, em forma de homilia. As de Paulo – epístolas aos Romanos, aos Coríntios (duas), aos Gálatas, aos Efésios, aos Filipenses, aos Colossenses, aos Hebreus, aos Tessalonicenses (duas), a Timóteo (duas), a Tito e a Filemon; as de Pedro – duas cartas universais; a de Tiago – às tribos de Israel; as de João – três universais; a de Judas – uma universal. **2.** Sob o ponto de vista literário, →*Carta* e →*Epistolar.*

EPISTOLAR. Um dos gêneros literários, ou paraliterários, vazado em prosa ou verso (→carta). Constitui a narrativa, romance ou novela, construída sob a forma de correspondências de cartas ou epístolas, das quais o autor pode ou não participar diretamente. Segundo Samuel Richardson, a forma epistolar é marcada pelas "descrições e reflexões instantâneas, escritas em um momento em que o coração se deixa agitar por desejos, temores e esperanças", fazendo com que os fatos evoluam ou as personalidades se revelem por confissões íntimas. Disseminada sobretudo no século XVIII, "o século das cartas", conforme expressão de Jürgen Habermas, são exemplos as *Cartas Persas*, de Montesquieu (1721), *Pamela* (1740) e *Clarissa Harlowe* (1748), do próprio Richardson, a *Nouvelle Héloïse* (1761), de Jean-Jacques Rousseau, *Os Sofrimentos do Jovem Wether* (1774), de Goethe, *As Ligações Perigosas* (1782), de Choderlos de Laclos, ou *Últimas Cartas de Jacopo Ortis* (1799), de Ugo Foscolo. Na acertada opinião de Montesquieu, o romance epistolar revela-se o mais próximo da literatura dramática, teatral: "Essas espécies de romance ordinariamente obtêm êxito porque as próprias personagens dão conta de sua situação atual; o que faz com que se sintam as paixões mais do que em todas as narrativas que se poderiam fazer sobre elas" (*Reflexões*).

EPISTOLÁRIO. Livro litúrgico, contendo exclusivamente as epístolas ou cartas dos apóstolos às comunidades cristãs primitivas (como as cartas de São Paulo aos Coríntios, ou a de Tiago às tribos de Israel), para serem lidas na missa.

EPÍSTROFE. Figura literária de construção que faz repetir palavras, fazendo-as aparecer também no final de frases ou de versos. Assim, por exemplo, "Virgens nas pontes *dando adeus*, nas praias. / *Dando adeus* nas rochas, nos penhascos altos – *dando adeus*" (Augusto Frederico Schmidt). Ou ainda: "Parece-me que eles vieram ao mundo para ser *ladrões*; nascem de pais *ladrões*; criam-se em meio a *ladrões*; morrem como *ladrões*" (Heitor Pinto). →*Anáfora.*

EPITÁFIO. **1.** Inscrição tumular ou epígrafe em monumentos funerários. **2.** Na cultura romana, adquiriu forma literária, normalmente a de uma pequena poesia de elogio fúnebre. **3.** Pequena poesia satírica, ou →epigrama, em que a pessoa de quem se fala é tratada como se estivesse morta, ou seja, temporalmente ultrapassada.

EPITALÂMIO. Canto ou hino poético de celebração de núpcias ou mesmo de bodas nupciais. Conforme Olavo Bilac e Guimarães Passos (*Tratado de Versificação*), havia dois tipos na antiga Grécia: aquele consagrado ao despertar do casal após a primeira noite (epitalâmio *egértico*) e o oferecido em ocasiões comemorativas do casamento (epitalâmio *coemético*). Safo, Teócrito, Torquato Tasso, Giambattista Marini, Sá de Miranda, Edmund Spenser ou Cláudio Manuel da Costa são alguns dos principais autores deste gênero de poesia circunstancial. De *epi* (sobre) e *thálamos* (alcova).

EPÍTETO. Alcunha ou cognome, como o de "caçador de esmeraldas", dado ao bandeirante Fernão Dias Paes Leme, "águia de Haia", atribuído a Rui Barbosa, ou "o multiastuto", com o qual Homero se refere a Ulisses. Constitui uma locução ou palavra que acrescenta um atributo a alguém, a fim de lhe atribuir uma característica singular ou de episódio histórico. →*Antonomásia.*

EPODO. →*Ode*.

EPOPÉIA. Espécie ou subgênero literário e poético que se caracteriza por apresentar uma narração versificada de ações heróicas, referir-se a eventos de origens, a momentos históricos e marcantes de um povo (epopéia ou épica heróica) ou ainda a experiências transcendentais, místicas, de temática religiosa (a epopéia sacra). Entre as epopéias heróicas criadas pela civilização clássica antiga, encontram-se a *Ilíada* e a *Odisséia*, atribuídas a Homero, a *Eneida*, de Virgílio, ou *Farsália*, de Lucano. Posteriormente, no século XII, tem-se o *Cantar de Mio Cid*, de autor anônimo, e, já no Renascimento, *Orlando Furioso*, de Ariosto, *Os Lusíadas*, de Camões, ou *La Araucana,* de Ercilla y Zúniga. As de conteúdo religioso (cristão) apareceram em fins da Idade Média com a mística *Comédia* de Dante e foram cultivadas pelas literaturas clássica e barroca nos séculos XVI e XVII, sendo exemplos: *Christias*, de Marco Vida, *San Isidro*, de Lope de Vega, *Ester*, de Ansaldo Cebá, *Strage degli Innocenti*, de Giambattista Marino, *Cristiada*, de Diego de Hegeda, *Davideis*, de Abraham Cowley e os *Paraísos* (*Perdido* e *Reconquistado*) de Milton. A epopéia heróica costuma apresentar regras poéticas de partes definidas, na seguinte seqüência: proposição (súmula do poema), invocação (súplica a entidades mitológicas ou divinas), dedicatória (oferecimento), narração (descrição dos fatos e ações) e epílogo. →*Gêneros literários*.

ERÍNIAS. Quando Crono decepou os órgãos genitais de Urano, seu pai, o sangue que se derramou sobre Géia, a Terra-Mãe, fez surgir as Erínias (ou ainda Eumênides). Representam deusas vingadoras e implacáveis que punem os homicídios cometidos por pessoas consangüíneas, vistos como contrários à natureza e às gerações, assim como as faltas ou crimes morais que possam desestabilizar a ordem da sociedade. Circulam na terra e no Hades (região infernal) em número indeterminado (segundo Hesíodo e Homero) ou são conhecidas, já em períodos posteriores, como Megera ("tempestade"), Tisífone ou Tesífone ("ira") e Aleto ("sem repouso"). No teatro clássico grego, essas deidades, ao mesmo tempo éticas e vingadoras, são representadas pelo coro. Nas *Coéforas,* por exemplo, Ésquilo refere-se ao princípio de salvaguarda e de punição das Erínias nestes termos: "É uma lei que as gotas de sangue derramado na Terra exigem outro sangue, pois o assassínio clama pela Erínia, para que, em nome das primeiras vítimas, ela traga nova vingança sobre a vingança". Já na peça *Eumênides*, na qual Orestes mata Clitemnestra, sua mãe, as Erínias reclamam veementemente a punição do filho matricida, mas Apolo o exculpa e o coro anuncia então que as Eumênides darão proteção eterna à cidade de Atenas. Em Roma, receberam o nome de Fúrias. →*Édipo*.

EROS. **1.** Princípio de atração e de reprodução, da união de forças opostas (*complexio* ou *coincidentia oppositorum*), símbolo do desejo que emana dos sentidos e personificação do amor. Segundo Hesíodo, Eros (do verbo *érasthai,* desejar com ardor) nasceu do Caos, tanto quanto a Terra (Géia) e as profundezas do Tártaro. Na tradição órfica, seu pai é o Caos e a mãe, a Noite (*Nix*). A genealogia pós-homérica, no entanto, diversificou-se bastante. Ora é filho de Hermes e de Ártemis (a mais difundida), ora de Hermes e de Afrodite Urânia, celestial, como também de Ares e de Afrodite Pandêmia (fruto, portanto, do amor e da guerra, ou do afeto e da discórdia). Sócrates e Platão (no *Banquete*) reproduzem a versão mitológica da sacerdotisa Diotima – a de ser ele um gênio ou demônio (*daimonion*), vale dizer, uma energia intermediária entre os homens e os deuses, pois que une e preenche o espaço entre o inferior e o superior. Por esta legenda, Eros não é nem feio, nem bonito, nem mortal, nem imortal. Constitui uma força que nos impele vigorosamente para o belo, desde o belo das coisas múltiplas e sensíveis, até o Belo uno, da contemplação abstrata, inteligível. Foi concebido pela Pobreza (*Penía*, a carência) e por Expediente ou Recurso (*Poros*), isto é, aquele que age premido por necessidade. A literatura, principalmente a poética, e depois a pintura e a escultura fizeram-no uma criança alada, travessa e maliciosa, uma criatura sempre jovem e irresponsável, avessa à razão, cujas flechas inoculam o desejo e as paixões (para um exemplo, →*Anacreôntico*). →*Psique*. **2.** Na teoria freudiana, Eros é o princípio que governa as "pulsões de vida", opostas às de morte –Tanatos (embora este último termo não seja empregado por Freud) ou destruição. Como princípio, Eros atua para "complicar a vida, reunindo a substância viva, fragmentada em partículas, em unidades cada mais extensas e, naturalmente, conservá-la nesse estado" [(mais complexo) – *O Ego e o Id*]. E as pulsões de vida são aquelas ligadas à autoconservação (constância da organização) e ao sexo (aumento das diferenças energéticas, reprodução, prazer). A noção de Eros pode ser a mesma de libido – "a libido de nossas pulsões sexuais coincidira com o Eros dos poetas e filósofos, ou seja, aquele que mantém a coesão de tudo o que vive" (*Para Além do Princípio de Prazer*). Ou ainda, sendo Eros um princípio, a libido corresponderia à sua "energia". →*Libido*.

ESBATIMENTO. Técnica de pintura que consiste na aplicação de uma camada suave de tinta sobre outra, anterior e de cor diferente, tendo por finalidade obter uma aparência atenuada, velada ou irregular da primeira camada, sem que ela desapareça por completo. Comum o seu emprego nas pinturas a óleo e acrílica pelos efeitos colorísticos que proporciona.

ESBOÇO. Desenho inicial, de linhas gerais ou rudimentares, para estudo de composição ou posterior detalhamento em obras de artes plásticas. Debuxo, bosquejo ou traçado geral. Do italiano *sbozzo*.

ESCALA. Em música, designa uma seqüência (uma "escada") de sons ascendentes ou descendentes, fixada de maneira convencional, de acordo com →intervalos, ou seja, com a distância entre as alturas definidas de um som e outro. Por exemplo, tocando-se no piano a seqüência de teclas brancas que vão do dó central ao dó uma oitava acima (oito sons diferentes), tem-se a chamada *escala maior*. Entre o dó central e o ré, há diferença de um tom. De ré a mi, um segundo tom. Mas de mi a fá, a distância (ou intervalo) é mais curta, chamada então de semitom ou de meio-tom. Nesse tipo de escala, percorrem-se – até o dó situado uma oitava acima – 5 tons e 2 semitons. Estes últimos (os semitons) estão nas passagens da terceira para a quarta e da sétima para a oitava notas. No caso da escala maior, o dó central recebe o nome de tônica. E a seqüência toda será constituída por: ré = supertônica; mi = mediante; fá = subdominante; sol = dominante; lá = superdominante; si = sensível e dó (uma oitava acima do dó central) = tônica. Uma escala maior pode começar em qualquer nota ou som, mas a seqüência de tons e semitons é inalterável. Já na *escala menor*, a ordem dos semitons aparece modificada. Há, basicamente, dois tipos de escalas menores: a forma harmônica (mais propícia para a formação de acordes e harmonias), que põe os semitons nas passagens da segunda para a terceira, de quinta para sexta e de sétima para a oitava notas; e a forma melódica (mais usada para a elaboração de melodias), que traz os semitons nas passagens da segunda para a terceira e da sétima para a oitava notas. As escalas maior e menor são conhecidas como *diatônicas*, ou seja, construídas com sete notas. A escala *pentatônica*, composta por cinco notas num intervalo de oitava, correspondendo às teclas pretas do piano, é a mais antiga na história e serve de base para a →música modal. Característica da música chinesa e das culturas por ela influenciadas, pode ainda ser encontrada na África e na música popular tradicional de várias regiões européias, como a da Escócia. Já a escala *cromática* é constituída apenas com semitons, ou seja, sempre com os menores intervalos. Por exemplo: dó – dó sustenido – ré – ré sustenido – mi – fá – fá sustenido – sol – sol sustenido. Como o material tonal varia muito de épocas históricas e de culturas, existe na verdade um grande número de escalas. Quaisquer que sejam elas, configuram, no entanto, a base de todo o sistema musical e são os seus princípios que determinam a tonalidade e as formas melódicas e harmônicas. Toda a música de constituição e de influência européias está baseada nas escalas diatônicas. Outras escalas já criadas são: a dórica, a enarmônica, a enigmática, a fundamental, a oriental e a de sons inteiros.

ESCANSÃO. Ato de escandir, isto é, de decompor os versos de uma poesia em seus elementos principais. Na antiga escansão greco-latina, a decomposição tinha por objetivo analisar o número de pés, ou seja, a quantidade e a duração das emissões vocais (fonemas). Nas línguas neolatinas, a escansão segue o critério silábico, sendo que no português e no francês a contagem é feita até a última sílaba tônica, e no italiano e no espanhol até a última sílaba propriamente gramatical. Assim, um verso de cinco sílabas no português poderá conter seis ou mesmo sete sílabas no espanhol. Faz parte da escansão o exame das "licenças poéticas", que modificam a métrica e influem no ritmo da elocução. São elas: *a) sinérese*, a junção de vogais no interior da palavra, fazendo com que um hiato se converta em ditongo; *b) sinalefa*, a junção de vogais entre duas palavras (*que* e *enxerga* = quen/xerga); *c) hiato*, a separação das vogais em palavras diferentes e consecutivas; *d) sístole*, deslocamento da sílaba tônica de uma palavra para a anterior; *e) diástole*, deslocamento da sílaba tônica de uma palavra para a posterior; *f) prótese,* adição de um fonema no início da palavra (alevanta); *g) epêntese*, adição de fonema no meio da palavra (Dionísio, em lugar de Dioniso); *h) paragoge*, adição de fonema no fim da palavra (mártire, em lugar de mártir); *i) aférese*, supressão de fonema no princípio do vocábulo ('stamos); *j) apócope*, supressão de fonema no final do vocábulo (viage); *l) metátese*, inversão de letras no interior do vocábulo (váiros, em vez de vários); *m) cavilha*, introdução de palavra no verso, sem função sintática, para complementar a métrica.

ESCATOLOGIA, ESCATOLÓGICO. **1.** Tratado ou suposições doutrinárias sobre o fim derradeiro do indivíduo e da humanidade. Termo derivado do grego *éskatos*, extremo, final, último, e de *logos*, fala, discurso, doutrina, refere-se às coisas últimas, ao fim geralmente catastrófico dos tempos e das realidades materiais, variando suas formas de acordo com as religiões: incêndios, pestes, guerra, fome, obscurecimento do sol, queda dos astros e da abóbada celeste, invasão dos mares ou era glacial definitiva. O cristianismo incorpora a destinação do sujeito individual, na conformidade de sua vida terrena e participação eucarística, e a dos homens como gênero, após a *parúsia*, ou segunda vinda de Cristo para o julgamento final das almas. Assim, constitui também o cumprimento de uma promessa de ressurreição ou de salvação para aqueles que se "inscreveram no Livro". Também na Grécia houve uma escatologia, pois a religião conservou a idéia de Hades, o reino de Plutão nas entranhas da terra, para onde a alma (*psique* ou *eídolon*) se dirigia, desde que houvesse o sepultamento do morto. (→*Apocalipse*). **2.** Ainda como substantivo, estudo e descrição dos excrementos, incluindo-se sua análise bacteriológica. Nesta acepção, o mesmo que *cropologia*. Como adjetivo, designa o emprego de temas ou de expressões imundas e asquerosas no terreno literário, bem como a utilização de excrementos ou de partes mortas de animais ou de seres humanos em obras consideradas artísticas (instalações de artes plásticas, filmes, peças teatrais etc.)

ESCOLA DE FONTAINEBLEAU.   Corrente artística que trouxe o maneirismo para a França (→*Barroco e maneirismo*), adotado a partir dos trabalhos de remodelação (1527) da fortaleza ali existente desde os tempos de São Luís, por iniciativa do rei Francisco I, e que constitui o complexo do palácio de Fontainebleau. A "escola" se caracterizou pela grandiosidade arquitetônica, misto de linhas clássicas exteriores e de uma decoração maneirista no interior. Tais princípios estéticos foram propostos pelos italianos Giovanni Rosso (Il Fiorentino), Francesco Primaticcio e Nicolò dell'Abate. Sob tal perspectiva, demonstrou ser uma arte refinada e cortersã, repleta de alegorias mitológicas greco-romanas, de contrastes colorísticos e de formas claras, precisas, contendo geralmente figuras em poses lânguidas ou fortemente sensuais, realizadas em afrescos e relevos sobre estuque. Essa influência se fez exercer primeiramente sobre os arquitetos e decoradores franceses Philibert Delorme e Jean Bullant. Com a subida ao trono do mais popular rei de sua história, Henrique IV, em 1589, Fontainebleau ganhou vários aditamentos arquitetônicos (galerias), em cujas decorações plásticas trabalharam, entre outros, François Clouet, Antoine Caron, Toussaint Dubreuil e o belga Ambroise Dubois.

ESCOLA DE NOVA IORQUE.   Movimento de artes plásticas de característica abstrato-expressionista que se desenvolveu nos Estados Unidos, tendo por centro a cidade de Nova Iorque, na década de 1940, reunindo artistas como Motherwell, Jason Pollock, Mark Rothko, De Kooning, Peter Busa e Barnett Newman, entre outros. A técnica de que o movimento mais se utilizou foi a do automatismo gestual, semelhante a grafismos, além da exploração de cores – suas intensidades e contrastes. Segundo Motherwell, o lado expressionista do grupo deitava raízes na violência inata da vida americana, não havendo aí considerações de ordem propriamente estética.

ESCOLA DE SAMBA.   A evolução dos antigos grupos urbanos de rancho, surgidos por volta de 1870, bem como a influência dos pagodes de samba carioca deram origem às escolas de samba, agremiações carnavalescas e, ao mesmo tempo, comunidades sociais organizadas e geograficamente localizadas. Desde os anos 1930, elas têm sido a principal manifestação do carnaval carioca e de alguns estados brasileiros, assim como produto turístico de atração mundial. Na opinião do antropólogo Roberto da Matta, "de um lado são clubes abertos e inclusivos, de outro são associações exclusivas, com alta consciência de bairro, grupo e cor. Os membros das escolas sabem que são pretos e pobres (a maioria é parte do enorme mercado de trabalho marginal do Rio de Janeiro ou de São Paulo), mas estão altamente conscientes do fato de que nos seus ensaios e durante o carnaval são eles os 'doutores', os 'professores'. Com essa possibilidade, podem inverter sua posição na estrutura social, compensando sua inferioridade social e econômica com uma visível e indiscutível superioridade carnavalesca. Essa superioridade manifesta-se no modo 'instintivo' de dançar o samba, que o senso comum brasileiro considera um privilégio inato da raça negra enquanto categoria social". A primeira associação deste tipo, a Deixa Falar, foi criada em 1928 pelos compositores Ismael Silva e Alcebíades Barcelos, o Bide, no bairro do Estácio, Rio de Janeiro, pouco antes da Estação Primeira de Mangueira (1929), que contou, entre seus fundadores, com o sambista Cartola. Reza a tradição que o nome de "escola" teria sido adotado pela proximidade da Deixa Falar com a Escola Normal existente no largo do Estácio. Diferentemente dos músicos mais velhos, da geração dos "baianos", como Hilário Jovino Ferreira, os novos compositores optaram por desfilar ao som de sambas batucados, e não mais da marcha, ritmo e forma musical até então predominante. "Essa nova forma de samba urbano – daí em diante conhecido como samba carioca – afastou-se definitivamente do velho modelo do partido– alto dos baianos quando, pela necessidade de propiciar o andamento mais solto, pelas ruas, da massa dos foliões [...] a turma do Estácio introduziu na seção de pancadaria o surdo de marcação. O som desse tambor, encarregado de fazer prevalecer o tempo forte do 2/4, como que empurrava de facto o samba para a frente" (J. R. Tinhorão, *História Social da Música Popular Brasileira*). A partir de 1932, as recém-criadas escolas passaram então a ocupar a praça Onze, concorrendo com os blocos tradicionais que se apresentavam na avenida Rio Branco. A política da Nova República tenentista foi a de oficializar e dirigir os festejos no Rio, tendo sido criada, em 1933, a Comissão de Turismo do então Distrito Federal para organizar e estimular não apenas os bailes e batalhas de confetes, como os desfiles de blocos, ranchos e escolas, o que ocorreu efetivamente em 1935. Conforme relata Sérgio Cabral (*A MPB na Era do Rádio*), "Para fazerem parte do carnaval oficial e, assim, terem direito a uma ajuda financeira da prefeitura, as escolas de samba organizaram-se numa entidade denominada União das Escolas de Samba, cujos estatutos estabeleceram uma série de normas que atravessaram o tempo, como a proibição do uso de instrumentos de sopro [...] e a obrigatoriedade de apresentar um grupo de baianas. Os estatutos determinaram que os enredos apresentados pelas escolas deveriam ter sempre 'motivos nacionais', não sendo, portanto, verdadeira a informação [...] de que coube ao Estado Novo [...] a iniciativa da proibição de temas estrangeiros [...]. A União das Escolas de Samba e os seus estatutos surgiram em setembro de 1934, e o Estado Novo só apareceu em 10 de novembro de 1937". A partir de 1940 foi-lhes permitido desfilar na avenida central, a Rio Branco, em parte devido à crescente popularidade das apresentações, e, após 1942, em razão do projeto urbanístico da avenida Presidente Vargas, que previa a destruição da praça. Foi a época também do aparecimento dos →sambas-enredos que, desde então, caracterizam o tema a ser narrado e a constituição das alas dos passistas. A intervenção estatal reiterou, em 1937, o caráter nacionalista, quando Getúlio Vargas, por decreto, estabeleceu que os sambas de enredo deveriam referir-se a "conteúdo histórico e patriótico". Na década de 80, após a construção do "sambódromo" na avenida Marquês de Sapucaí (projeto de Oscar Niemeyer), os desfiles foram transferidos para o local. A base rítmica do samba e as experiências no uso de fanfarras pelas sociedades carnavalescas mais antigas (Tenentes do Diabo, Fenianos, Democráticos ou Pierrôs da Caverna) levaram as escolas a concentrar-se, musicalmente, no repicar de sua imensa bateria, atualmente integrada, entre as maiores agremiações, por mais de duzentos ritmistas. Convencionalmente, e de maneira genérica, as escolas trazem aos desfiles uma comissão de frente, que representa a diretoria ou seus mais antigos integrantes, o carro abre-alas, o mestre-sala e a porta-bandeira e alas diversas, sendo obrigatória, como já se viu, a das baianas. Embora as escolas tenham eventualmente recorrido a cenógrafos ou artistas-plásticos desde os tempos da praça Onze, foi a partir de 1960 que a importância desses profissionais tornou-se decisiva para os desfiles, quando Fernando Pamplona aceitou o convite do Salgueiro para projetar as alegorias e adereços do enredo "Zumbi dos Palmares". Na década seguinte, as concepções do carnavalesco Joãozinho Trinta modificaram mais uma vez a forma dos desfiles. Além do visual extremamente luxuoso, Joãozinho privilegiou os carros alegóricos com seus destaques situados na parte superior, quase sempre ocupados por personalidades, artistas e modelos em evidência (artifícios já utilizados por aquelas ricas agremiações anteriormente mencionadas), e compactou as diversas alas, a fim de realçar a imponência do conjunto. Tornou-se famosa a sua opinião de que "pobre gosta de luxo; quem gosta de miséria é intelectual". A partir de então, a riqueza e a ostentação passaram a ser critérios valorizados, embora, vez ou outra, tenha havido críticas a essa concepção, mesmo no interior das escolas. Foi o caso do Império Serrano em seu tema "Bum, Bum, Paticumbum, Prugurundum", de 1982, que então denunciava: "Superescola de samba S.A., superalegoria / Escondendo gente bamba / Que covardia". As escolas do Rio serviram de exemplo para a criação de grêmios e associações semelhantes em todo o Brasil, sendo as escolas de São Paulo aquelas que mais se aproximam das atuais estruturas luxuosas e número de integrantes (Camisa Verde e Branco, Vai-Vai, Nenê da Vila Matilde, Rosas de Ouro, entre outras). De um modo geral, são mantidas financeiramente por contribuições pessoais de sócios, exibições e ensaios pagos, subsídios do poder público ou patrocínio de empresas particulares interessadas na promoção turística do carnaval. Além de se reunirem em associações municipais e estaduais, existe uma federação nacional das escolas.

ESCOLA DE UTRECHT. →*Utrecht, Escola de.*

ESCÓLIO. Comentário que esclarece os sentidos de um texto antigo, procede a observações de ordem gramatical (etimológica, semântica, sintática etc.) ou informa a respeito de fatos ou personagens ali mencionados, mas pouco conhecidos.

ESCORÇO. Técnica ilusionista de desenho e pintura, criada por artistas gregos nos inícios do século V a.C., e que na época rompeu com a forma de composição lateral ou de perfil até então preponderante, tanto no Egito quanto na Grécia pré-clássica. Consiste na representação de uma figura ou objeto visto de frente, sabendo-se que essa perspectiva impõe uma redução nas dimensões do objeto transposto, como se ele se retraísse, mas de tal modo concebida que o olho do observador consegue refazer as proporções corretas. Tudo indica que nas fases clássica e helenística da cultura grega a técnica do escorço se tenha fundamentado em conhecimentos matemáticos, recuperados e desenvolvidos no Renascimento. Os escorços mais pronunciados são as de pinturas em tetos elevados, vistas a partir do solo, conhecidas pela denominação italiana de *sotto in sù*.

ESCULTURA. Constitui a representação artística e simbólica de seres naturais, divinos, de figuras alegóricas e fictícias, bem como de objetos abstratos, "conceituais" ou decorativos, por meio de massas tridimensionais, definidas por volumes que se projetam no espaço. Elabora-se a escultura a partir de materiais sólidos e de técnicas que lhes são adequadas, tais como o talhe ou cinzelamento de pedras (pedra calcária, mármore, granito, pórfiro, pedra-sabão etc.), o entalhamento de madeiras, ossos e marfins (→Eboraria), a fundição de metais (bronze, ferro, aço) ou ainda a modelagem de matérias inicialmente dúcteis, tais como o barro, a argila (esculturas esmaltadas em faiança), a cera, o gesso ou o concreto. Segundo depoimento de Plínio, em sua *História Natural*, distinguiam-se na Antigüidade três artes tridimensionais: a *fusoria* (fundição), a *plastica* (modelagem de argila ou cera) e a *scultura* (trabalho em pedra ou em madeira). Baseando-se em Plínio e em sua própria experiência, Leon Battista Alberti, na obra *De Statua* (cerca de 1430), define a escultura como a imitação tridimensional da natureza, sob dois aspectos: os universais (as formas gerais ou comuns dos seres) e os particulares (configurações próprias de um indivíduo ou espécime). Além disso, estabelece a separação entre o fazer do escultor – o artista que subtrai matéria – e o do modelador, aquele que acrescenta ou retira matéria. A mesma opinião teve Michelangelo, ao escrever para Benedetto Varchi: "Por escultura entendo aquilo que se faz através de um processo de subtração (*per forza di levare*); o que se faz por um processo de adição (*per forza di porre*) é a modelagem, mais semelhante à pintura". Outro método escultórico, relativamente comum nas estéticas do século XX, é o de *assemblage*, que consiste na junção ou armadura, por solda, engate ou colagem, de objetos díspares, avulsos ou pré-fabricados. Na opinião de Naum Gabo, toda escultura, independentemente de um estilo determinado, possuiria os seguintes atributos: um material concreto limitado por formas; uma expressão intencional criada em três dimensões; a transmissibilidade visual de emoções, sensibilidades ou idéias. Basicamente, existem três formas escultóricas: *1)* o →*relevo*, que se vincula ou integra ambientes arquitetônicos, tais como paredes, tetos, portas, monumentos ou frontões, sendo esculpido, na maioria das vezes, sobre placas; neste caso, distinguem-se ainda os relevos *avant la pose*, isto é, trabalhados antes da disposição e juntura final das peças, e os relevos *après la pose*, realizados diretamente no local; *2)* a *estátua*, peça ou obra independente e representativa de seres antropomórficos (homem, mulher, deuses, figuras alegóricas), zoomórficos (animais) ou simplesmente geométricas, abstratas. As estátuas com figuração humana, por sua vez, podem ser classificadas em sedestres (sentadas ou reclinadas), orantes (ajoelhadas, em súplica), pedestres (em pé, ou sugerindo uma ação ereta de deslocamento), eqüestres (sobre cavalo), curuis (em carro puxado por animais), jacentes (deitadas) e bustos (partes superiores

do corpo); *3)* a *estátua-coluna,* que, além do caráter representativo, possui uma função estrutural de pilar arquitetônico. Nas estátuas e nas estátuas-colunas é que a característica da "multifacialidade" se expõe de maneira integral. Para Benvenuto Cellini, por exemplo (também autor do *Tratado da Ourivesaria* e do *Tratado da Escultura*), "a mais grandiosa das artes que se baseiam no desenho é a escultura. Ela é sete vezes superior à pintura, pois uma estátua deve ter oito vistas, e todas devem possuir a mesma qualidade". As oito vistas referem-se aos quatro eixos principais e aos quatro diagonais. Também Rodin, em depoimento a Dujardin-Beaumetz, afirmou, sobre o seu próprio método de trabalho: "Quando inicio uma figura, olho primeiramente a parte anterior, a parte posterior e os dois perfis; em outras palavras, observo os seus contornos a partir de quatro ângulos diferentes. Em seguida, com a argila, coloco no lugar a massa amorfa que vai ser a figura [...] na seqüência, realizo os perfis, de um ângulo de três quartos. Depois, girando o barro e o modelo vivo ao mesmo tempo, eu os vou comparando e aperfeiçoando a obra. Então, mudo a minha posição e a do modelo, a fim de conseguir um novo perfil; giro novamente e, assim por estágios, realizo um círculo completo". Para certos filósofos ou críticos de arte, como Susanne Langer ou Gillo Dorfles, a escultura, por seu envolvimento com o espaço, desperta, na apreensão da obra, uma sensibilidade não apenas visual, mas igualmente de caráter tátil, cinestésico (de movimento) ou ainda "estereognóstico", relativo à percepção de uma estrutura sólida espacial, ainda que flexível. Do verbo latino *sculpere*, dar ou extrair relevo de uma matéria, ou lavrar pedras preciosas, pelos substantivos *sculptura, scultura*.

ESCULTURA ARQUITETÔNICA. Escultura criada especialmente para as fachadas, para o interior ou exterior de edifícios, mantendo, portanto, uma estreita proximidade conceitual ou simbólica com o estilo arquitetônico. Consideram-se os períodos mais representativos da escultura arquitetônica o grego clássico e o helenístico (figuras míticas e históricas), o românico tardio, o gótico, o renascentista e o barroco (figuras religiosas e históricas).

ESFINGE. Figura mítica e compósita, ou seja, que reúne atributos humanos e animais, de simbologia variável entre povos antigos da Ásia Menor e Mesopotâmia (hititas, persas), do Egito e do Mediterrâneo (Fenícia, Grécia). A imagem mais difundida na cultura ocidental é a da Esfinge grega, decorrente de suas literaturas épicas e dramáticas. Monstro feminino e cantor, com rosto e tetas de mulher, corpo de leão e asas de pássaro, foi enviado a Tebas e instalado no monte Fíquion, à entrada da cidade, para aterrorizar e punir os habitantes jovens ou, mais especialmente, os homens da família dos Labdácidas, governantes reais. Há diversas explicações para a história mítica: *a)* a ordem foi dada por Dioniso com o intuito de se vingar da proibição de seu culto na cidade; *b)* teria sido Ares (Marte) o mandante, ainda irritado com Cadmo, o fundador da pólis, por ter ele matado o dragão que guardava uma fonte consagrada ao deus da guerra; *c)* a esfinge seria o flagelo encontrado por Hera para punir o amor homossexual entre Laio, destinado ao trono, e Crisipo. Como indica a etimologia do nome – *sphínguein* – a Esfinge significa o ato de envolver, apertar e sufocar, ou seja, o de oprimir. Todos os homens que passassem pelo local deveriam responder ao enigma do monstro, proposto em forma de canto. Em uma versão menos literária, a questão era a seguinte: que animal possuidor de voz anda, pela manhã, em quatro pés; ao meio-dia, em duas e, à tarde, em três? Não encontrando uma resposta adequada, a Esfinge devorava os passantes. O primeiro e único a consegui-la foi →Édipo (*Oidipus*). Teria respondido ser o Homem, pois na primeira infância engatinha (quatro pés), depois caminha (sobre dois) e, na velhice, apóia-se em um bastão ou bengala (três). Ou então, numa variante do mito, teria apenas tocado a própria fronte, indicando ser um homem, como ele, representante da espécie. O mito explora semanticamente o nome do personagem, pois faz parte do vocábulo a construção *dipus* – dois pés –, sendo *Oidipus* "o de pés inchados". De acordo com as fontes, a Esfinge teria se lançado incontinênti ao abismo que ladeava o monte, ou se prostrado aos pés de Édipo, que a matou com sua clava. Em Hesíodo, o termo utilizado para o monstro é Fix (*Phiks*) e não há registro sobre a façanha do desafortunado herói. Antes do século V a.C., portanto, a Esfinge era um ser ao mesmo tempo guardador de túmulos e devorador de cadáveres, selvagemente erótico e perseguidor de adolescentes masculinos. No Egito, a esfinge representou uma figura masculina e uma "estátua viva", guardiã dos túmulos reais, cuja força provinha de Ré, o deus-sol. Por isso estava sempre voltada para o nascente. Entre os assírios, havia a esfinge Kerub, que reunia corpo de boi, tórax de leão, asas de águia e cabeça humana masculina, síntese de qualidades correspondentes: força, coragem, rapidez, participação nas esferas superiores e domínio racional.

ESFOLADO. Figura desenhada, pintada ou esculpida de ser humano ou de animal, que deixa o sistema muscular inteiramente à vista para estudo anatômico, seja com finalidade de artes plásticas, seja científico. Emprega-se por vezes a denominação francesa *écorché*.

ESFUMAR, ESFUMADO, ESFUMATO, ESFUMINHO. Em desenho e pintura, a técnica de suavizar ou esbater os contor-

nos de figuras, obtendo-se transições graduais da luz à sombra, ou vice-versa. Para a consecução dessas variações tonais costumava-se utilizar o esfuminho ou *tortillon*, um pequeno bastão enrolado e afilado de cortiça, de pelica ou mesmo de papel. A técnica foi pouco utilizada já a partir dos finais do século XIX, com o advento do impressionismo. Do italiano *sfumare*, esbater, vaporizar.

ESGRAFITO. Tipo de desenho e, mais comumente, de pintura mural, em afresco, na qual se aplica uma argamassa sobre uma superfície previamente pintada. Em seguida, esgravata-se essa segunda camada com um estilete ou objeto semelhante, de modo a compor os motivos e revelar a cor interna ou subjacente.

ESMALTE. Matéria vítrea em pó, elaborada com areia silicosa e óxidos, colorida, seca ou misturada a óleo, e que, por processo de aquecimento, é aplicada em superfícies metálicas, cerâmicas ou sobre vidro, resultando em uma película impermeabilizadora, dura e brilhante. Usado em trabalhos de joalheria, apresenta técnicas diferenciadas, como, por exemplo: esmalte entalhado – também chamado *champlevé* ou *en taille d'épargne* – que consiste na deposição do esmalte no interior de sulcos previamente entalhados sobre placas de bronze, cobre ou mesmo ouro, para cocção posterior; esmalte alveolado – ou *cloisonné* – que é a aplicação de esmaltes sobre áreas distintas de uma placa, separadas por fios metálicos soldados; filigranado – cuja placa se decora com fios de prata, fazendo-se depositar o esmalte nos alvéolos ou interstícios; grisalha – tipo de esmalte em que a placa é primeiramente pintada com um esmalte escuro e monocromático, na seqüência cozida, reiniciando-se o processo com outra camada superior de esmalte branco translúcido, obtendo-se um relevo; esmalte pintado – aplicação mais simples de esmaltes em cores diversas sobre uma placa metálica; talhe baixo – ou *basse taille* – que consiste na gravação de um desenho sobre a placa e aplicação de esmalte transparente nessa área; as superfícies não-talhadas permanecem mais claras e produzem um contraste com o desenho esmaltado mais escuro. A técnica do esmalte sobre vidro é de proveniência árabe e passou à Europa no século XVI, trazida por comerciantes de Veneza, adquirindo grande refinamento nas criações dos vidreiros franceses Gallé e Marinot. →*Cerâmica*.

ESPACIALISMO. →*Instalação*.

ESPETÁCULO. Do verbo latino *spectare*, olhar, contemplar e, ainda, apreciar ou julgar, bem como do substantivo *speculum*, espelho ou imagem refletida, o espetáculo – no sentido de acontecimento cultural – é uma representação visual ritualizada ou previamente concebida, uma imitação ou demonstração de arte, no sentido geral de habilidade, dirigida aos sentidos visuais e/ou auditivos, intentando causar a admiração de um público, de uma assistência ou comunidade (fiéis) – os espectadores. A busca do prazer sensorial e/ou racional e imaginativo constitui a finalidade do espetáculo. Assim, na opinião de Schopenhauer, "a contemplação é um prazer, pois nos libera do querer viver", ou seja, por seu intermédio liberamo-nos temporariamente das obrigações vitais. Normalmente, portanto, um espetáculo ocorre no transcurso de um tempo social desvinculado do trabalho, num tempo livre ou de lazer, assim como num ambiente previamente demarcado ou preparado para a sua realização, seja ele fechado ou ao ar livre (espetáculos artísticos, circenses ou desportivos). Em várias situações, o espetáculo confunde-se com o jogo ou com a atividade lúdica. →*Jogo, lúdico.*

ESPÍRITO. **1.** Proveniente do grego *pneuma* (sopro, respiração), pelo latim *spiritus*, foi empregado inicialmente pela filosofia estóica com o sentido de princípio que dá vida e organiza os seres: "Para os estóicos, a natureza é um fogo artífice destinado a gerar, um espírito da espécie do fogo e da atividade que molda" (Diógenes Laércio). Concepção semelhante à da tradição teológica judaico-cristã, para a qual o Espírito de Deus consiste da substância supra-sensível (imaterial) e eterna, origem de todas as coisas, simples (não-composta de partes), onisciente e autoconsciente. E o espírito do homem emana do divino original pelas faculdades cognitiva (fé e razão), sensitiva (sensação, percepção, emoção, desejo etc.) e moral (que formula valores e normas de conduta). Embora imperfeito, é o espírito humano (sua substância) que é feito "à imagem e semelhança de Deus", e não as formas corpóreas. A partir de Descartes, o significado refere-se ao conjunto de faculdades imateriais distintivas do homem, ou seja, a razão e o intelecto: "[...] a rigor, não sou mais do que uma coisa que pensa, um espírito, intelecto ou razão" (*Meditações*). Como também em Leibniz: "O conhecimento das verdades necessárias e eternas é o que nos distingue dos simples animais e nos dota de razão e ciência, elevando-nos ao entendimento de nós mesmos e de Deus. Eis o que em nós se denomina alma racional ou espírito" (*Monadologia*). Analisando na *Vida do Espírito* as atividades que lhe pertencem, Hannah Arendt chama a atenção para as diferenças existentes entre os dois grandes domínios do espírito, baseando-se em Kant. Diz a autora: "[...] a distinção entre as duas faculdades – razão e intelecto – coincide com a distinção entre duas atividades espirituais completamente diferentes: pensar e conhecer; e dois interesses inteiramente distintos: o significado, no primeiro caso, e a cognição, no segundo". A atividade intelectiva se debruça sobre o conhecimento, procurando a evidência, a certeza, a diferença entre o falso e o correto; enquanto

a razão, por meio do pensamento, busca não apenas estabelecer sentidos, significados humanos, como ir além, exercendo uma atividade especulativa que pode alcançar o incognoscível, o que não aconteceu, o que não se prende à verdade, o que, eventualmente, não sirva para o conhecimento imediato ou para agir. Aqui, portanto, incluem-se a fé, a imaginação artística ou a moralidade. Já Montesquieu atribuiu um significado impessoal, intersubjetivo e formativo à idéia de espírito, ao afirmar: "Muitas coisas conduzem os homens: o clima, a religião, as leis, os princípios de governo, as tradições, usos e costumes; a partir daí forma-se o Espírito Geral, que é o seu resultado" (*Do Espírito das Leis*). Sob tal ponto de vista, relaciona-se ainda o espírito com a noção posterior de cultura. Em Hegel, a concepção de espírito tornou-se tripartida. Assim, o espírito subjetivo permaneceu o mesmo que em Descartes, em Leibniz ou mesmo em Hume (o "eu" perceptivo); por espírito objetivo entendem-se as instituições inter-humanas, consubstanciadas na família, na sociedade civil e no Estado, ou seja, o espírito transformado na satisfação das necessidades vitais, nos valores éticos, jurídicos e sociais que fazem a História; por fim, a superação dos espíritos anteriores constitui o Espírito Absoluto, aquele que, por meio da arte, da religião e da filosofia, adquire sua Autoconsciência (Idéia ou Razão Universal), sendo, portanto, capaz de refletir-se e compreender-se a si mesmo (→*Razão*, →*Intelecto*, →*Consciência* e →*Sensibilidade*). **2.** Ser imaterial ou sobrenatural cujos princípios de manifestação protegem ou ameaçam a natureza (espíritos da floresta) ou o homem (anjos e demônios). **3.** Tendência, disposição ou atitude manifesta de uma ação humana: "espírito geométrico", "espírito do tempo", "espírito esportivo". **4.** O aspecto mais sutil e profundo de uma manifestação racional ou sensitiva, mas, diferentemente do sentido anterior, nem sempre evidente: "o espírito do texto", "o espírito da lei".

ESQUETE. Breve representação cênica, geralmente de cunho satírico, cômico ou paródico, levada a efeito por um pequeno grupo de atores. Baseado em situações e hábitos do cotidiano, não tem por objetivo explorar com profundidade os aspectos psicológicos dos personagens. Como recurso de entretenimento, foi bastante utilizado em espetáculos musicais (revistas, *music-hall*, *vaudeville*), de teatro popular, passando mais tarde ao rádio e à televisão. Do inglês *sketch*, esboço.

ESTAMPA. **1.** Qualquer imagem reproduzida como cópia, a partir de uma matriz, molde, placa, prancha ou negativo originais, por intermédio de métodos como o entalhe, o relevo, a planografia ou litografia, o de estêncil ou serigráfico, e o fotográfico. **2.** Figura ou ilustração impressa. **3**. *Dar à estampa*, mandar imprimir, reproduzindo.

ESTÂNCIA. Do italiano *stanza* (lugar de morada ou de parada), indica uma estrofe poética regular, cuja estrutura, constantemente repetida (estrofe isostrófica), dá forma à composição. Assim, a terça-rima (bloco de três estrofes) empregada por Dante na *Comédia* configura a estância, tanto quanto a oitava-rima (bloco de oito versos) utilizada por Camões n'*Os Lusíadas*. De maneira diferente, um soneto, por apresentar dois quartetos e dois tercetos, é composto por estrofes, mas não por estâncias. Apesar dessa distinção, as duas palavras podem aparecer como sendo sinônimas. →*Estrofe*.

ESTÁTUA. →*Escultura*.

ESTATUÁRIA, ESTATUÁRIO. O termo feminino designa a arte de projetar e construir estátua, com o sentido restrito de peça artística tridimensional e independente (→*Escultura*). Já o termo masculino é sinônimo de escultor (o artista).

ESTELA. Do grego, "pedra erigida", designa um monólito ou bloco chato de pedra (ou de outro material durável), comumente entalhado, servindo como indicação tumular (estela funerária) ou de um monumento. As mais antigas estelas datam do III milênio (Calcolítico ou Idade do Cobre), quando se difundiram na Europa (do mar do Norte às regiões do sul do França), contendo incisões de figuras humanas esquematizadas e ornamentos geométricos. São contemporâneas das estátuas-menires.

ESTÊNCIL. **1**. Máscara recortada cuja função é a de transferir o desenho vazado para outra superfície, com a aplicação de tinta. **2**. Matriz de papel gelatinoso capaz de receber uma gravação por equipamento fotomecânico, máquina datilográfica ou estilete, e que transfere as imagens pelo entintamento das áreas traçadas ou perfuradas.

ESTEREÓBATO. Embasamento de templos greco-romanos cuja estrutura possuía um alicerce (parte subterrânea) e um conjunto de degraus na superfície, normalmente três, denominado *crepidoma*. O último degrau, isto é, o superior, recebia ainda o nome específico de *estilóbato*, sobre o qual repousavam as colunas.

ESTÉTICA. Do grego *aisthetikós*, objeto material capaz de impressionar ou de ser percebido pelos sentidos, diferentemente, em sua origem, dos objetos ou coisas apenas pensadas, imateriais (*noetikós*).

Um termo moderno. Como categoria de análise das produções artísticas, o termo foi empregado, pela primeira vez, por Alexander Gottlieb Baumgarten, discípulo de Leibniz, na obra *Aesthetica* (1750), definindo-o como *scientia cognitionis sensitivae*, ciência do conhecimento sensitivo ou da sensibilidade, incluindo-se nela o conhecimento do Belo. Diferenciava-se então da *scientia rationalis*, da ciência do conhecimento abstrato, reflexivo, conceitual. Da Renascença àquela data, utilizaram-se expressões como "teoria das artes" (*théorie des arts*), "crítica" ou "criticismo" (*criticism* – palavra usada, entre outros, e no pensamento inglês, por Lord Kaymes). Com o termo "cognição", Baumgarten procurou assegurar que, embora a estética se alimentasse das percepções corporais, dos sentidos e das experiências imediatas, ainda assim ela manteria vínculos com a lógica e a razão. A ela caberia elevar a vivência sensível à dignidade do conhecimento abstrato, servindo de mediadora entre esses extremos materiais e imateriais. Ao ordenar os elementos da sensibilidade, tornando-os mais claros e distintos, permitiria que a razão melhor se pronunciasse sobre o mundo das sensações.

Na Antigüidade, a beleza e suas regras. Na Grécia antiga, as discussões teóricas sobre a arte centralizaram-se nas concepções do Belo e nas regras ou condições mais adequadas do fazer artístico, ou seja, na →*poética*.

O idealismo platônico, por exemplo, fez da beleza uma idéia universal, um modelo essencialmente inteligível, derivado da idéia de Bem. No livro VII da *República*, que trata da famosa alegoria da caverna, afirma o filósofo: "[...] segundo entendo, no limite do cognoscível é que se avista, a custo, a idéia do Bem; e, uma vez avistada, compreende-se que ela é para todos *a causa de quanto há de justo e belo*" (517, b, c). Mas dessa concepção inteligível nós nos distanciamos quando intervém a sensibilidade concreta, quando agimos por imitação ou mimese. O belo é um impulso ou atrativo natural, já que o ser humano dele possui uma recordação. Se, por exemplo, um marceneiro constrói um móvel a partir da *Idéia* de móvel, o seu trabalho será sempre uma cópia imperfeita, porque restritiva ou singular de todas as possibilidades contidas na Idéia universal. Quando um pintor se põe a reproduzir o mesmo objeto na tela, a sua obra só aparece como imitação (cópia em segundo grau). A arte se constituiria, assim, em aparência da aparência, a ilusão de uma realidade anterior e essencialmente perfeita. Sob tal ponto de vista, a arte, em sua tentativa de imitar, "não é mais que uma espécie de jogo infantil, desprovido de seriedade" (*A República*).

Já para Aristóteles, defensor da "naturalidade" da imitação, o belo surge com o *prazer da conformidade* ou da verossimilhança, por meio do qual, e "por uma espécie de silogismo [...] acrescemos nosso conhecimento". E o prazer da identificação poderá ocorrer de três maneiras: "Como o poeta é um imitador, assim como o pintor ou qualquer artista que modele imagens, ele tem sempre que adotar uma dessas três maneiras de imitar: deve representar as coisas ou exatamente como elas foram ou são na realidade; ou então como elas parecem ou se diz serem; ou ainda como elas deveriam ser" (*Poética*).

Baseando-se em Platão e na realidade ideal do mundo inteligível, Plotino defendeu a concepção de uma identidade entre o Belo e o Bem, assim expressa em um de seus tratados sobre as Enéadas: "Podemos dizer que a beleza é a existência real ou a verdadeira realidade, e a fealdade é o princípio contrário à existência. A fealdade é o primeiro mal. Assim, para Deus, as qualidades da bondade e da beleza são as mesmas, bem como as realidades do Bem e da Beleza [...]. A Beleza, essa Beleza que também é o Bem, deve ser posta como a primeira realidade. Imediatamente depois dela vem a Inteligência, que é uma manifestação proeminente da Beleza. A Alma é bela mediante a Inteligência. As outras belezas, por exemplo, as das ações e ocupações, provêm do fato de a Alma imprimir nelas a sua Forma, a qual também é responsável por toda a beleza que há no mundo sensível, pois, sendo um ente divino, um fragmento da Beleza primordial, ela torna belas todas as coisas que toca e domina, contanto que ela mesma participe da Beleza" (*Sobre o Belo*). Diferentemente, Aristóteles preferiu afirmar que o Belo pode ser encontrado em todas as coisas, naturais e artificiais. Mas o Bem, apenas na ação humana. Posição intermediária veio a ser a de Sartre. Em seu *L'imaginaire,* diz que não se deve confundir moral e estética, pois os valores do Bem supõem o "ser-no-mundo" e visam às condutas reais e contingentes: "O real não é jamais belo. A beleza é um valor que não poderia nunca se aplicar senão ao imaginário". É na irrealidade da obra artística, na atitude imaginante que ela expressa que formulamos a noção de beleza. Diante do real, de uma paisagem ou corpo humano, por exemplo, a idéia do belo certamente ocorre, mas pelo fato de o objeto contemplado assumir a condição de um *analogon* de si mesmo, ou seja, de uma imagem irreal, intocável ou supra-sensível, percebida além da sua própria materialidade.

Ainda no mundo grego, a beleza foi tida como manifestação de uma funcionalidade, de uma utilidade prática, material ou espiritual. Por esse atributo, Platão define a beleza como "eficácia para um bom propósito" e Xenofonte afirma que "as casas mais belas são as que se mostram quentes no inverno, frias no verão e resistentes aos ladrões". Já as formas do belo compõem uma trindade "clássica" na descrição aristotélica: a ordem, a simetria e o limite. Nada do que contiver desordem, distorção, falta ou excesso nos aparecerá como belo, e tais critérios aplicam-se a todas as artes (→*Arte*).

Renascença. A concepção do belo no período renascentista, influenciada fortemente pelos padrões clássicos, também postulou seus princípios, entre os quais os mais importantes foram: *1*) as artes da pintura e da escultura constituem coisas espirituais, isto é, racionais e intelectivas (mentais, dizia Da Vinci) e não apenas artesanato, no sentido de habilidade construtiva; *2*) a arte imita a natureza (incluindo-se a natureza humana, suas paixões, sentimentos e desejos) e, por esse motivo, deve basear-se no conhecimento observável e empírico do mundo circundante e do universo interior; *3*) conseqüentemente, a beleza relaciona-se e conserva uma propriedade objetiva com as coisas; daí a necessidade de ser manifesta com ordem, proporção, simetria e harmonia de elementos; *4*) do artista deve-se exigir um conhecimento matemático; *5*) as artes, tanto quanto as ciências, estão sujeitas a regras racionalmente construídas e apreensíveis, pois, além da forma plástica e do sentido emotivo, elas requerem um sentido cognitivo. Ao relacionar a criação de uma imagem escultórica – o *concetto* – com o bloco de mármore, Michelangelo escreveu: "Os melhores artistas não pretendem mostrar / O que a pedra tosca em seu revestimento supérfluo / Não inclui; romper o encanto do mármore / É tudo o que pode a mão fazer a serviço do cérebro". Dos axiomas segue-se, entre outros, a importância da chamada →seção áurea, ou seja, das relações de proporcionalidade que devem ser encontradas entre os segmentos menores e maiores de uma linha, em face da totalidade do comprimento. Princípio da pintura, da escultura e da arquitetura, nela se baseavam os artistas para definir ou alcançar a beleza (recentemente, no final do século XX, as proporções áureas têm sido constatadas em variadas estruturas vivas e naturais, inclusive as espiraladas).

Por essas razões, o espírito do artista renascentista tendeu a ser enciclopédico, revelando, *avant la lettre*, aquela ânsia fáustica do personagem de Goethe. Este, inclusive, analisando as características greco-romanas e renascentistas, concluiu que: "O mais elevado princípio dos antigos era o *significativo*, mas o resultado mais elevado da sua feliz aplicação era o *belo*". O significativo refere-se ao interior, ao conteúdo, ao sentido. O belo é a conjugação ou a perfeita comunhão entre o significativo e a aparência externa, o modo de representação, capaz de revelar ou deixar transparecer essa totalidade – a do interior animando o exterior e vice-versa.

Individualismo, liberdade e gratuidade. Até meados do século XVIII, portanto, as obras de arte eram consideradas objetos reveladores de algo situado além de sua materialidade, de uma ordem exterior ao homem. Capazes, portanto, de um vínculo de transcendência. A beleza expressava ou ilustrava uma idéia que lhe era superior – uma unidade ou síntese de manifestações esparsas ou singulares. Uma catedral gótica realizava o ideal de grandiosidade, de elevação e de luminosidade próprias às experiências divinas. O objeto artístico mantinha compromissos com uma noção moral, religiosa, histórica ou intelectual mais abrangente. Sob tal ponto de vista, elas "mostravam" ou representavam, sob o aspecto particular ou concreto, uma verdade inteligível e diversa da própria arte. Sendo esta uma manifestação muito mais próxima da sensibilidade e da emoção, uma participação na vida, não poderia aspirar à plenitude dos conhecimentos (trazida pela filosofia, pela religião, pelas ciência da natureza, pela política etc.).

Só com a revolução cultural do individualismo oitocentista é que a estética postulou então os seus direitos. Já em 1718, por exemplo, o abade Du Bos fez publicar as suas *Reflexões Críticas sobre a Poesia e a Pintura*. Nelas, sua atenção concentrou-se nos "efeitos subjetivos" experimentados pelo leitor e pelo espectador, deslocando a análise da regra e da forma de elaboração de uma obra para o →"gosto" pessoal. Para Du Bos tornava-se indispensável que a arte só fosse assim considerada quando o leitor ou o observador sentisse "os mais íntimos movimentos do seu coração". Ou seja, insinuava-se uma autonomia do sensível em relação ao cognoscível, à lógica, à razão e às normas ideais. E assim, inteiramente humana e subjetiva, a arte poderia multiplicar-se em uma infinidade de perspectivas, sem vínculos com as outras províncias da razão ou da fé. Bastava-lhe o gosto, a forma pura da pura sensibilidade. Não foi à toa que Voltaire, comentando o verbete Belo no *Dicionário Filosófico*, registrou o nascente relativismo da idéia: "Perguntai a um sapo o que é a Beleza, o Grande Belo (*to kalon*), e ele vos responderá que é a sua sapa". O declínio do universal fazia a sua aparição no mundo da arte.

Após Baumgarten, que reivindicou o território livre da estética, independente da moral e do prazer, Karl Moritz (*Sobre a Imitação Plástica do Belo*, 1788) reiterou a autonomia da obra artística. Para o autor, a arte é um mundo exclusivo, um microcosmo orgânico e belo, e justamente belo porque não tem a necessidade de ser útil. Nesse momento de transformação, a beleza deixa de ser uma concepção abstrata que as obras em particular realizam ou dela se aproximam, para se converter em uma relação marcadamente sensitiva e individualizada – relação entre um objeto determinado e a percepção que dele faz um espectador. Ou seja, a beleza começou a perder o seu atributo de princípio geral, inteligível, situado além das realizações concretas, para ganhar foros mais íntimos de sentimentos e de gestos que porventura ali fossem expressos. O belo

seria, agora, "estesia", qualquer forma que impressione a sensibilidade. Diferentemente da poética mais antiga, o conceito de estética deslocou o sentido ou o foco da análise. Ou seja, afastou-se do *objeto* artístico, da *coisa* produzida, preocupando-se com o *ato* e o *sujeito* artísticos. Não se tratou mais de um conhecimento racional do belo (que seleciona ou impõe critérios), mas de um juízo reflexionante, quer dizer, de relações internalizadas e de sentimentos de prazer que um sujeito possa experimentar.

Por outro lado, e se bem observadas, as recentes postulações estéticas acompanhavam as transformações sociopolíticas do período. Por isso, escreveu Terry Eagleton: "O que está em questão aqui é nada menos que a produção de um tipo inteiramente novo de sujeito humano – um que, como a obra de arte, descobre a lei na profundeza de sua própria identidade livre, e não em algum poder externo opressivo. O sujeito liberado é aquele que se apropriou da lei como o princípio mesmo de sua autonomia; quebrou as tábuas da lei para reinscrever a lei na sua própria carne. A obediência à lei torna-se assim obediência ao seu próprio ser interior. 'O coração', escreve Rousseau no *Émile*, 'só recebe a lei que vem de si mesmo: tentando aprisioná-lo, nós o libertamos; ele só pode ser dominado quando se o deixa livre'" (*A Ideologia da Estética*).

Para Kant (*Crítica do Juízo* ou *Crítica da Faculdade de Julgar*), existem dois tipos de juízo ou possibilidade de pôr em relação o universal e o particular. Um deles é o juízo *determinante*, aquele que conta com o apoio ou a evidência do universal (da lei, do princípio, da regra comum) e se pronuncia "cientificamente"; o outro é o juízo *reflexionante*, ou do gosto, aquele que, inicialmente, só tem à sua disposição o particular – no caso da estética, uma obra ou ação artística. Por tal motivo, o juízo do gosto constitui, antes de tudo, uma "esperança", um tipo de pensamento indeterminado que busca conformar-se ao universal. Vai daí que não se caracteriza como *conceito*, senão como *idéia* orientadora ou associação empírica. O Belo significa então uma harmonia interna e contingente do sujeito, harmonia essa obtida entre o *entendimento* e a *imaginação* que a obra suscita. Conseqüentemente, a beleza não está inscrita na obra e nem mesmo em seu conteúdo, mas emana de uma unidade ou de uma conjugação de forma e de conteúdo que são resultados das faculdades do sujeito. Manifesta-se, além disso, como fenômeno gratuito, desligado de um interesse objetivo, de uma finalidade ulterior, consistindo em algo absolutamente autônomo. A imaginação e o entendimento sempre estabelecem um "jogo livre", um comportamento lúdico (→*Jogo, lúdico*) diante de um objeto de arte, o que leva o autor a afirmar ser a arte uma "finalidade sem fim". Tal é o ponto de vista da análise "qualitativa" do juízo estético.

Já por um exame "quantitativo", o julgamento deve ser universal e compartilhado. Em hipótese alguma pode resumir-se ao que é *particularmente* agradável (apenas para mim). Ou seja, para que ele ocorra, exige-se um "senso comum", uma reciprocidade de sentimentos, uma comunhão (*Gemeinschaft*) entre os valores da obra e os da recepção de quem a vê – o espectador, o público, a assistência, o leitor. Para certos comentadores, no entanto, a introdução deste "senso comum" aparece como uma tentativa de Kant para salvar a "universalidade" da obra artística em face do juízo absoluto do gosto.

Na mesma época em que Kant valorizou a gratuidade da arte, a estética inglesa do século XVIII começou a dar importância ao aspecto da atitude desinteressada, no sentido de uma obra valer por si mesma, sem a necessidade de uma razão utilitária. É nesse momento que se consolida a noção de "belas-artes", abrangendo uma classe de artefatos criados para o prazer único da contemplação, ou seja, com características puramente "estéticas".

Anúncio fúnebre. Em seu *Curso de Estética*, Hegel a definiu como filosofia ou ciência do belo artístico, argumentando que a arte, por ser um produto do espírito, é superior à configuração do belo natural. Superior no sentido de que o belo da natureza restringe-se a uma necessidade interna, a um arranjo imanente, embora conserve um atributo de atração ou de encantamento. Já o estético é não apenas uma criação espiritual como também um veículo de sua própria reflexão: "Sempre a arte foi para o homem instrumento de conscientização das idéias e dos interesses mais nobres do espírito. Foi nas obras artísticas que os povos depuseram as concepções mais altas; por elas se exprimiram e tomaram consciência de si. A religião e a sabedoria concretizaram-se em formas criadas pela arte [...] (e ela) difere da religião e da filosofia pelo poder de dar, das idéias elevadas, uma representação sensível que as torna acessíveis (possibilita o entendimento pela contemplação). O pensamento penetra nas profundidades de um mundo supra-sensível que se opõe, como um além, à consciência imediata e à sensação direta".

Portanto, tem-se na arte (e em seu tema filosófico, que é a estética) um dos modos possíveis de manifestação e reconhecimento histórico do Espírito. Somente este é dotado de consciência, de autopensamento e de cognição objetiva ou exterior. Logo, em última instância, é aquele que também dirige ou, no mínimo, seleciona os conteúdos da imaginação, dos sentimentos, das intuições e as formas exteriores de que serão revestidos. Qualquer representação de uma aparência sensível está impregnada dessa consciência, em maior ou menor graus. Assim, a arte constitui um mecanismo pelo qual o Espírito apreende-se a si mesmo "neste outro ele próprio".

E no entanto, foi no próprio momento em que a teorização da estética se afirmava que Hegel observou: "O que exigimos de uma obra de arte é que ela participe da vida, e da arte em geral exigimos que não seja dominada por abstrações, como a lei, o direito; que a generalidade que exprima não seja estranha ao coração, ao sentimento, e que a imagem existente na imaginação tenha uma forma concreta (viva). Mas como a nossa cultura não se caracteriza por um excesso de vida, como o nosso espírito e a nossa alma já não obtêm satisfação dos objetos animados por um sopro de vida, não é do ponto de vista da cultura, da nossa cultura, que podemos apreciar o justo valor, a missão e a dignidade da arte [...]. Nossos interesses e exigências deslocaram-se na esfera da representação, e para os satisfazer é preciso recorrer à reflexão, aos pensamentos, às abstrações, a representações gerais. Por isso, a arte já não ocupa o lugar de outrora no que há de verdadeiramente vivo na vida, e sobrepuseram-lhe representações gerais e reflexões; por isso, a arte dos nossos dias tem por finalidade servir de objeto ao pensamento".

Embriaguez e esquecimento dos entes. O desinteresse da estética pelo *objeto* artístico incidiu também sobre o pensamento de Nietzsche. Para o autor, a arte permanece como um dos grandes estímulos vitais e manifestação da "vontade de potência", ou seja, uma forma indispensável de estabelecer diferenças e romper o nivelamento habitual do homem comum. Daí a importância que atribuiu ao *estado* criador do artista, sobretudo ao estado de "embriaguez". Este se afirma por uma acuidade intensa dos sentidos (uma superexcitação nervosa), pela capacidade de romper "verdades" estabelecidas e impor, autocraticamente, novas formas e valores. A beleza resultante estaria então nessa possibilidade de imposição de uma força distintiva, de ruptura com os estados não-artísticos que fragilizam o corpo e conservam a moral do *ressentimento* (genericamente, da moralidade judaico-cristã). Assim, "o efeito (desejável) das obras de arte é despertar o estado criador artístico, a embriaguez", ou ainda, "toda arte é uma ação tônica que aumenta a força (vital)" (*Vontade de Potência*).

Afastando-se dessa noção nietzschiana da arte como "fisiologia aplicada" ou excitação sensitiva superior à verdade, Heidegger dirá que a arte é, sim, uma forma de conhecimento. Isso porque o homem (o Ser-aí) realiza sua existência em meio aos entes. Logo, para orientar sua conduta ele necessita "saber dos entes".

Pela arte, realiza-se uma das possibilidades de deslindamento ou descoberta dos entes. Além de um fazer ou de um construir subjetivo, a arte é um "saber se conduzir em meio aos entes na forma de um produzir". Ela se manifesta como caminho em busca da verdade, que é também a descoberta (a iluminação e o encobrimento) dos entes. Ora, quando a arte se converte em expressão eminentemente estética, perde então sua capacidade de exprimir uma relação com o absoluto, com o incondicionado, de revelá-lo em meio à história. O esteticismo tende a diminuir essa grandeza da missão artística, pois a beleza da obra de arte consiste justamente na realização da verdade do Ser (→*Arte*).

Autotelismo. No século XX, a arte esculpiu a imagem definitiva de um universo autotélico, ou seja, aquele em que as formas ou os meios já se constituem em finalidades. A beleza, em sentido antigo ou tradicional, requeria normas e convenções para que fosse elaborada ou descoberta. A estética escolheu a criação de "tensões inusitadas", sobretudo aquelas construídas com as possibilidades internas de sua linguagem. Suas fontes e objetivos valem por si, por suas propriedades formais. Ainda que as obras possam ser avaliadas por critérios externos – como veículo de conhecimento, princípio de moralidade, exteriorização de sentimentos elevados ou representação de conflitos sociais e políticos (indivíduo *versus* sociedade, indivíduo e sociedade), não são estes os pontos verdadeiramente estéticos. É o que se constata em teóricos como C. W. Valentine: "Podemos dizer, *grosso modo*, que se adota uma atitude estética toda vez que um objeto é apreendido ou julgado sem referência à sua utilidade, valor ou retidão morais; quando se está simplesmente contemplando-o". Assim sendo, prossegue: "Uma experiência estética é toda ela superfície, imediatamente presente. O seu conteúdo é qualidade pura, o aspecto imediato, intuído e sentido das coisas". Uma relação em que os componentes emocionais ou sensitivos prevalecem necessariamente.

Difere, em muito, de uma preocupação como a de Tolstói, que, orientado por razões morais, assevera: "É necessário a uma sociedade, em que surgem e são sustentadas obras de arte, descobrir se tudo o que professa ser arte realmente o é; se tudo o que é arte é bom; e se é importante e merecedora dos sacrifícios que impõe" (*O Que É Arte?*). Se essa preocupação pode não dizer respeito ao artista, deve ser, no entanto, a dos profissionais da ação cultural – aqueles que contribuem para o atestado e o valor da arte.

Quando o cerebralismo e a "desumanização" na arte começaram a surgir, ou seja, quando as concepções puramente estetizantes se anunciaram, foi possível perceber a inflexão dos valores que predominaram no século XX (→*Arte no século XX*). A esse respeito, José Merquior opina que: "Na realidade, a cultura modernista patrocinou, com empenho, duas nefastas *usurpações*. A primeira foi uma usurpação da idéia pela forma. O primeiro mandamento do modernismo é a noção arqui-romântica da autonomia e autarquia da arte, além e acima do pensamento [...]. Com Mallarmé, os modernos se farão autores cerebrais – mas profundamente antiintelectualísticos, no sentido de anticonceituais. Declarando guerra à arte de mensagem, o alto modernismo cairá de bruços num purismo exaltadamente misológico – intransigentemente hostil à racionalidade da idéia. Imagem contra conceito – tal seria o *leitmotiv* das poéticas moderníssimas [...]. Tanto mais que esta (usurpação) iria ser reforçada decisivamente por uma segunda usurpação – a da forma pela idéia. Em que consistiu ela? No esteticismo dos conceitos, na estetização do pensamento. Na mesma época em que a forma-imagem proclamava sua ruptura com a idéia, o reino das idéias trocava os últimos cuidados com o rigor epistemológico pelo charme do 'pensamento experimental' [...]. Nesse vácuo epistemológico, suspensa a gravidade da validez cognitiva, o pensamento se foi fazendo arte, e as idéias, formas. O irracionalismo ambiente não reclama outra coisa: *insights* em lugar de análises, intuições indemonstráveis, conceitos altamente 'artísticos', em suma: a festa da reflexão irresponsável".

Atualmente, a ênfase das análises estéticas tem procurado desvencilhar-se da conexão entre utilidade, beleza e objeto artístico, valendo-se, inclusive, de novos critérios lingüísticos. Procura-se uma depuração de termos não-estéticos que, tradicionalmente, teriam contaminado o discurso sobre a arte. Um exemplo dessa investigação, procedente da *Gestalt*, é o fato de percebermos "qualidades emocionais" diretamente nos objetos quando observamos sua totalidade. Essas qualidades podem ser expressas por palavras e idéias como "delicado, gracioso, dinâmico, estático, luminoso ou sombrio, alegre ou austero" que a obra de arte transportaria consigo. Não seriam, portanto, simples projeções mentais do espectador e não se confundiriam com a mutante e relativa concepção de beleza.

Ao contrário da ciência teórica, que permanece adstrita à objetividade, sem os espaços predominantes do individualismo, a estética realizou o mais absoluto subjetivismo de que a humanidade foi capaz até o momento. E o artista deixou de ser alguém que ilustra, descobre ou exprime, de modo sensível, as verdades divinas e naturais, teoricamente duradouras, para se tornar um inventor, um criador de formas condizentes com sua condição humana – a de ser finito, efêmero e circunstancial. Por isso, a arte converteu-se em um processo cada vez mais rápido de mutação das próprias formas, que são "verdades em si" (a verdade agora como ponto de vista radicalmente subjetivo).

ESTICOMITIA. →*Diálogo.*

ESTILO. Etimologia e campos. Do latim *stilus*, haste vegetal ou vareta de ferro, em forma pontiaguda, que servia como instrumento de escrita sobre pequenas tábuas enceradas. Refere-se o termo a uma constante ou àqueles aspectos homogêneos no conjunto das obras de arte e que podem ser observados em uma determinada época histórica, em uma linguagem artística ou em um autor em particular.

Estilo individual. Neste primeiro caso, suas características mais evidentes podem ser contínuas ou ainda se revelarem em fases temporais de criação (mocidade, maturidade, velhice). Significa, de qualquer modo, um procedimento espiritual e singular de criação e de trabalho da forma, que o distingue entre outros da mesma época ou corrente artística. Por exemplo, a linha como instantâneo do movimento na pintura de Degas e a oposição de planos luminosos em Manet, sendo ambos impressionistas; ou o emocionalismo de Chopin, em face da moderação intimista de Schumann, ainda que românticos.

A esse respeito, escreveu Heinrich Wölfflin (*Conceitos Fundamentais da História da Arte*): "Quando nossa atenção se concentra num mesmo modelo da natureza, esses *estilos individuais* se evidenciam de maneira flagrante. Botticelli e Lorenzo Credi são pintores contemporâneos e de mesma procedência: ambos são florentinos, da fase final do Quattrocento. Quando Botticelli desenha um corpo feminino, a estatura e a forma da figura são concebidas de uma maneira absolutamente peculiar a este artista; seu desenho distingue-se de um nu feminino de Lorenzo tão inequivocamente quanto um carvalho de uma tília. A impetuosidade com que Botticelli conduz as linhas faz com que cada forma ganhe uma agitação e uma animação peculiares. Na modelação mais cautelosa de Lorenzo, a visão esgota-se essencialmente no objeto em repouso. Nada mais elucidativo do que comparar a curvatura do braço em um e outro caso [o autor faz referência às Vênus pintadas por ambos]. O cotovelo pontiagudo, o traço acentuado do antebraço, a forma irradiante com que os dedos se abrem sobre o peito, cada linha carregada de energia. Isto é Botticelli. O efeito suscitado pela obra de Credi é muito mais estático. Modelado de forma bastante convincente, ou seja, concebida em volumes, a forma de Credi ainda não possui a impetuosidade dos contornos de Botticelli. Trata-se de uma diferença de temperamento, que se traduz tanto no todo como nas partes da obra dos dois pintores".

Para Goethe, o estilo apenas se forma quando concretiza um amálgama do geral (ou objetivo) e do particular (ou subjetivo), permitindo reconhecer, visível e intelectivamente, uma essência situada além das próprias formas. Sua qualidade deve, portanto, ultrapassar cada um dos elementos que o constituem. De um lado, há a natureza e a busca de sua imitação ou representação; de outro, a "maneira", isto é, a expressão individual do artista. Quando "a arte adquire conhecimento cada vez mais claro das peculiaridades dos objetos e do seu modo de ser, (quando) vê além das classes de formas e sabe ligar e imitar aquelas que são distintas e características, – o estilo alcança então o mais alto ponto de que é capaz [...] permanece nos fundamentos mais profundos do conhecimento, da essência das coisas, até que possamos reconhecê-lo nas formas visíveis e compreensíveis". Para alcançar êxito, o artista deve ir até as profundezas dos objetos e do seu próprio espírito, "a fim de produzir alguma coisa em competição com a natureza, espiritual e orgânica, e dar à sua obra tal conteúdo e forma que esta pareça, ao mesmo tempo, natural e sobrenatural" (*A Simples Imitação, a Maneira e o Estilo*, 1799).

Estilo geral. Quando o vocábulo se aplica a uma época relativamente determinada e para uma linguagem artística (estilo gótico ou neoclássico de pintura, por exemplo), indica o fato de vários autores se utilizarem de concepções, de técnicas ou ainda de valores semelhantes, configurando-se, ao fim, um "espírito de época", apesar das variações particulares e inevitáveis da criação subjetiva, ou seja, do estilo individual. Ainda para Wölfflin, o estilo geral de uma época configura-se como "óptica", ou seja, como uma determinada relação coletiva do olhar sobre o mundo, que ultrapassa as psicologias e as cognições individuais dos artistas. Próxima dessa concepção está a de Alfred N. Whitehead, por exemplo, para quem o estilo é "a forma geral (incluindo-se a artística) das estruturas de pensamento, e de tal modo translúcida [...] que apenas com um enorme esforço conseguimos dela nos aperceber" (*Ciência e Mundo Moderno*).

É conveniente ter claro, no entanto, que: *a*) uma constante estilística, embora predominante em seus aspectos mais amplos, quase sempre convive com estilos tardios anteriores ou apresenta, a partir de um momento, os germes de outro em nascimento; *b*) a nomenclatura dada a um estilo – o barroco, por exemplo – pode referir-se a situações histórico-culturais distintas e a expressões diferentes. Assim, o barroco na pintura antecede o seu equivalente musical, tendo convivido com a polifonia renascentista flamenga; *c*) o estilo de época implica a convergência organizada de elementos, e não a existência de um único fator. Nessa convergência há predomínio, mas nunca exclusividade; *d)* freqüentemente, dois estilos não apenas são contemporâneos, como se influenciam e se contaminam, de maneira enlaçada (por exemplo, o clássico e o barroco em Racine, o clássico e o pré-romantismo em Bocage, o romantismo e o realismo em Machado de Assis).

Pintura e escultura. Nas artes plásticas ocidentais, incluindo-se aquelas sob influência marcante da cultura greco-romana e da civilização cristã, apontam-se os seguintes estilos, não isentos de controvérsias e de exceções:

1) o clássico, que se inicia em fins do século VI a.C., apoiado nas idéias de figuração mimética e realista, proporcionalidade, simetria e, ao mesmo tempo, idealização perfeccionista das formas;

2) o helenístico, primeiro estilo internacional, situado convencionalmente entre a desagregação do império alexandrino e o período de Augusto, com tendências ao emocionalismo das expressões humanas;

3) o bizantino, que perdura, *grosso modo*, dos séculos IV ao XIV – simbólico e hierático, porque baseado em convencionalismos de ordem sagrada (→*Bizantina, arte*);

4) o românico dos séculos X ao XII – místico, linear, abstrato e estilizado;

5) o gótico dos séculos XIII ao XV, no início caracteristicamente convencional e hierático, por contato com o estilo bizantino, de figuração estática (os objetos ocupam posições contíguas e se relacionam hierarquicamente por suas dimensões, pelo "tamanho"), mas com tendências posteriores ao naturalismo. Com relação ao romântico e ao gótico, →*Arte medieval*;

6) o renascentista do século XV, com o uso revolucionário da perspectiva, que nos dá a impressão de movimento, do volume criado por contraste entre claro e escuro e figuração naturalista;

7) o classicismo propriamente dito, do final do século XV a meados do século XVI, apresentando uma simetria geométrica de composição, espírito racionalista, homogeneidade de luz e serenidade na impressão geral das cenas;

8) o barroco do século XVII, com seus contrastes violentos de claro-escuro, emocionalismo e dramaticidade, composição diagonal, movimento intenso e instável das figuras;

9) o rococó do século seguinte, decorrente do barroco, profusamente decorativo, sensual e delicado, tendo-se preferência pelos tons claros e luminosos;

10) o neoclassicismo, ou academismo, prevalecente entre os finais dos séculos XVII e XVIII, de retorno à inspiração greco-latina, busca de uma impessoalidade técnica, idealismo das formas, gosto pelo retratismo e pelas cenas históricas;

11) o romantismo do século XIX, com seus traços fortemente líricos, relativismo na idéia do belo (→*Estética*), recusa do utilitarismo, temática exótica, às vezes fantástica, às vezes soturna ou sublime, com predomínio de temas nacionalistas;

12) o realismo de meados do XIX, devotado à reprodução escrupulosa e tangível de paisagens, objetos e cenas cotidianas, com a conseqüente recusa de temas históricos ou poetizados;

13) o impressionismo fim-de-século, pintura da luz e dos reflexos ao ar livre, divisão dos tons, abandono do contorno nítido, dos modelados e dos detalhes precisos, em favor das impressões primeiras e diretas da visão natural.

Música erudita. A história da música no Ocidente costuma apontar os seguintes caracteres estilísticos (aqui apresentados sem nuanças):

1) o cantochão, ou canto gregoriano, dos séculos IX ao XII, música de uma só voz, uníssona, de ritmo prosódico subordinado ao texto litúrgico, rigorosa homofonia e grande riqueza melódica (base absoluta desta música);

2) ars antiqua dos séculos XII e XIII, que introduz ornatos melódicos paralelos ao canto principal *(organum,* discanto), também chamados "melismas", e que levariam mais tarde ao pleno desenvolvimento da polifonia;

3) ars nova dos séculos XIII e XIV, início da polifonia e do contraponto, ou seja, a coordenação de vozes diversas, ainda sem o uso de dissonâncias com relação a *ars antiqua* e *ars nova*, →*Arte medieval*;

4) o estilo flamengo dos séculos XV e XVI, de polifonia linear, com várias vozes independentes, horizontais, chegando-se, por vezes, a coros com dezenas de linhas diferentes, e uso de dissonâncias. Esses estilos, que até certo ponto podem ser vistos como elaborações progressivas, têm em comum dois aspectos: as obras são feitas basicamente para vozes humanas, para coros a capela, e intentam criar uma atmosfera espiritualizada, de elevação celestial;

5) o barroco dos séculos XVII e XVIII, que introduz o canto monódico e a homofonia nas peças operísticas, institui o baixo contínuo e, mais tarde, na música alemã, promove o retorno da arte polifônica e contrapontística na fuga e explora seu máximo desenvolvimento. A melodia torna-se independente do coro e assume posição central. Instrumentalmente, é uma música complexa, suntuosa e ornamentada, adjetivos comumente utilizados para se referir ao efeito sonoro produzido, aquilo que os italianos da época denominavam "estupor";

6) o estilo clássico do século XVIII, que elimina em grande parte o uso do baixo-contínuo, do apoio harmônico, introduz temas cantáveis, muitas vezes de origem folclórica. O efeito é de fineza e galanteria, de moderação e de equilíbrio aristocrático na expressão sentimental. Um estilo que evita ou regula os excessos melancólicos ou dramáticos;

7) o romantismo, música predominante do século XIX, que abriu caminho a uma maior liberdade de modulações, ao cromatismo pregressivo, à aproximação com textos literários e teatrais, valorização de peças curtas para piano (*lied*, noturnos, valsas), de temas nacionalistas e medievais, e do virtuosismo pessoal. Em comum, a expressividade dos estados líricos ou subjetivos da alma, ora intensos, ora tristonhos ou sublimes, de apelo sentimental. É o primeiro estilo a sofrer a pressão do gosto de um público mais amplo, o burguês ascendente das cidades já cosmopolitas;

8) impressionismo dos fins do século XIX e início do século XX, caracterizado pela sucessão de acordes isolados, pontilhados, sonoridades intimistas, recurso a passagens sutis, nuançadas, na tentativa de música poética ou de poesia musicada, uso da harmônica escapando dos fundamentos tonais, o que, comumente, soa dissonante e anuncia o atonalismo posterior.

Literatura. Na terminologia literária, teórica, o estilo já foi apresentado com várias acepções, entre elas: *1*) expressão da personalidade e da mentalidade de um autor, ou seja, o modo pelo qual o autor seleciona, voluntariamente, uma das inúmeras possibilidades da escritura; identifica-se aqui a máxima de Buffon – "o estilo é o próprio homem"; *2*) forma combinatória da língua, por meio da qual se procede à escolha significativa de elementos lingüísticos; por exemplo, a intenção deliberada de transgressões, o uso de metáforas, a forma e a extensão das frases e períodos; *3*) o estilo como imitação ou *mimesis* do objeto representado, do assunto. Essa antiga concepção vem do exemplo das obras de Virgílio. Um estilo *grave* quando representa classes sociais elevadas (*Eneida*); um estilo *médio* quando diz respeito a estratos sociais médios (*Bucólicas*) e um estilo *baixo* quando relativo às camadas pobres (*Geórgicas*). A estilística funcional contemporânea, por essa via, distinguiu cinco estilos: *a)* o de relações públicas (publicações oficiais, leis, processos); *b)* o científico; *c)* o jornalístico; *d)* o do cotidiano e *e)* o literário propriamente dito. *4)* o estilo como efeito das qualidades do texto em sua relação com o leitor. Na retórica tradicional, a recepção da obra poderia gerar três efeitos: instruir – *docere*; alegrar ou contentar – *delectare* e comover – *movere*. Parte da estilística moderna empreendeu análises tentando descrever os estilos por meio das diversas recepções do leitor, sem, no entanto, chegar a conclusões seguras.

Quanto aos estilos que se relacionam com a periodização histórica da literatura ocidental, uma classificação relativamente aceita é a seguinte:

1) estilo trovadoresco ou provençal, da Idade Média tardia, de acentuada força lírico-amorosa (cantigas de amor e de amigo) ou satírica (canções de escárnio e de maldizer), e uso freqüente de versos em redondilhas para uso e facilitação do canto (→*Trovadorismo*);

2) o da Renascença clássica, baseado na imitação de gêneros ou de princípios greco-latinos (Homero, Píndaro, Aristóteles, Catulo ou Horácio, por exemplo), com pretensões de ordem, clareza e precisão formal no tratamento dos gêneros, idealismo poético da realidade, mas sob o critério vigilante da verossimilhança, função moralizante da literatura (Molière, entre outros) e recusa de situações fantásticas;

3) maneirismo e barroco, que, em comum, abordam o tema da existência como profunda tensão psicológica, sendo a vida ilusória, efêmera e enganosa. Descrevem-se os contrastes, tidos como permanentes, da carne e do espírito, da fé e da razão, com o gosto pronunciado de metáforas, a profusão de imagens e de figuras gramaticais e de pensamento, o uso do fantástico, do maravilhoso e do inverossímil. Como diferenças, é habitual dizer-se que a literatura maneirista conserva um distanciamento da realidade física imediata, tendo preocupações mais filosóficas e espiritualizadas, enquanto o barroco tende a ser mais sensual, popular e satírico;

4) neoclassicismo – a literatura do Iluminismo, do racionalismo ou da Ilustração. Abandono dos preciosismos, dos exageros formais e dos contrastes bem polarizados da tensão barroca. Crítica social, finalidade moralizante, identidade do belo e do racional. Bucolismo poético de temas agrários e pastoris, encontrado principalmente no arcadismo (Itália, Portugal, Brasil), em estruturas clássicas formais;

5) romantismo – o estilo do *mal du siècle*, das contradições inconciliáveis, cujas expressões literárias fazem convergir o *titanismo* (o desafio heróico à sociedade burguesa e capitalista) com a melancolia e a depressão; a fome enérgica do absoluto com a tristeza e a vacuidade do efêmero; a ironia, a consciência crítica da atualidade de então, o sentimento de tédio ou *spleen*, a evasão para o exótico, para um passado irrecuperável; as paixões exaltadas de reforma social, mas tratadas com um irracionalismo antiiluminista; o gosto pelo fantástico, pelo grotesco (semelhante ao do barroco) e uma religiosidade individualista ou de características esotéricas; a simplificação gramatical e a criação ou consolidação de novas formas, como os romances psicológico e histórico, ou o poema em prosa;

6) realismo-naturalismo – a literatura que reagiu aos ideais subjetivistas românticos, em meados do século XIX, veio no bojo das novas teorias científicas, como o evolucionismo, e das extremas desigualdades sociais urbanas, nas quais se chocavam a burguesia vitoriosa e o proletariado emergente; o universo psicológico e as relações sociais são encarados como fatos ou sistemas passíveis de análises minuciosas, do tipo científico, e das quais podem ser extraídas leis como as dos fenômenos naturais ("o realismo é a anatomia do caráter", dirá Eça de Queirós); à arte também caberia o papel de revelar, à sua maneira, a lógica imanente e universal do comportamento humano, algo que precede as deformações criadas pelo idealismo clássico ou pelo sentimentalismo romântico; valorizam-se o determinismo, a que os personagens estão submetidos (sua etnia, sua classe social, o temperamento, as circunstâncias históricas), a contemporaneidade dos fatos e eventos, sua observação clínica e imediata, os aspectos "patologicamente corriqueiros" da existência, o engajamento combativo em questões sociais. E do ponto de vista formal, dá-se preferência a uma linguagem narrativa sem rebuscamentos nas imagens, mas, ao mesmo tempo, detalhista e crítica. Na lírica poética, conserva um distanciamento mais acentuado em face das emoções íntimas ou das confissões sentimentais exageradas;

7) simbolismo – bem mais vinculado à poesia do que à narrativa em prosa, o simbolismo é contemporâneo do realismo e de sua vertente poética, o parnasianismo (segunda metade do século XIX) e retorna à subjetividade romântica, mas com um intelectualismo místico, que se expressa no uso de palavras fortemente metafóricas, figuradas e ambíguas (a poesia deve conter enigmas, segundo Mallarmé), opostas à interpretação lógica, mas reveladoras de estados e pulsões inconscientes, atmosfera de irracionalismo, de transe ou de alucinações, muitas vezes satânicas.

Fragmentação no modernismo. A partir das primeiras décadas do século XX, acabaram por prevalecer "correntes" artísticas específicas, mais do que estilos (os diversos *ismos*). E a justificativa fundamental para essa interpretação reside no princípio segundo o qual um estilo geral requer padrões disseminados e relativamente estáveis no conjunto de uma ou mesmo de várias linguagens artísticas. Já os movimentos de arte do século XX romperam justamente com as constantes básicas que sobreviviam, de uma forma ou de outra, na cultura ocidental. A liberdade radical das formas, o experimentalismo, o relativismo, o esteticismo absoluto, o ecletismo e as novas técnicas de criação (poesia fonética, poesia visual, música atonal, bruitismo, abandono dos suportes pictóricos tradicio-

nais etc.) conduzem mais à dessemelhança, ao estilhaçamento e à busca permanente de novas sensibilidades do que à permanência e ao desenvolvimento de um mesmo código, modo ou espírito artísticos. Vive-se, portanto, uma multiplicidade, uma simultaneidade e uma rápida obsolescência de conceitos, programas e experimentos, fortemente influenciados por descobertas ou inovações científicas ou pela manipulação de tecnologias facilitadoras (→*Arte no século XX* e →*Modernismo e pós-modernismo*).

Embora certos analistas mencionem a possível existência de um estilo →bauhaus, Gropius e os demais participantes da escola jamais aceitaram a alegação, dado o caráter livre e experimental do centro.

ESTILO IMPÉRIO. Corresponde às formas artísticas e neoclássicas francesas (→*Classicismo, neoclassicismo*), assumidas oficialmente pelo Estado durante as fases políticas do Consulado (1799-1804) e do Império Napoleônico (1804-1814). Tendo por modelo as configurações estéticas da Grécia e da Roma Imperial, a arquitetura assumiu proporções grandiosas, com a intenção de refletir o poder do Estado. Mas por influência marcante da Escola Politécnica, seus projetistas defenderam também as primeiras concepções do racionalismo e do funcionalismo (exatidão, conveniência e economia), aplicadas não apenas aos edifícios públicos como ao planejamento urbano radiante, além de terem incorporado elementos construtivos recentes, como o ferro. As características do estilo evidenciaram-se pela nudez geométrica e pela uniformidade de ritmo, pelo uso de colunas (toscanas, dóricas) e arcadas maciças, de peristilos e arcos triunfais. As obras ornamentais da escultura incluíram fontes e estatuárias alegóricas, inspiradas não apenas em motivos greco-romanos, mas também nos egípcios. Entre os seus mais importantes arquitetos e decoradores, citam-se: Marie-Joseph Peyre (Odéon), Alexandre Brongniart (Liceu Condorcet), Jean-François Chalgrin (igreja de São Filipe do Roule), Claude Ledoux (Salines de Chaux), Charles Percier e Pierre Fontaine, que juntos projetaram o Arco do Carrossel e a ala norte do Louvre, além dos professores da Politécnica, como Jean Nicolas Durand (autor do *Compêndio das Lições de Arquitetura*), Jean-Baptiste Rondelet (*Tratado Teórico e Prático da Arte de Construir*) e Étienne Boullée, um projetista visionário de edifícios marcados por grandes massas geométricas, cúbicas e esféricas, que pelas dimensões e arrojo jamais foram erguidos. As pinturas e decorações interiores, sobretudo em palácios e hotéis particulares, foram concebidas de modo opulento, efusivo e policromado (vermelho, púrpura, verde-esmeralda, ouro), formando redes contínuas e simétricas de arabescos, losangos e quadrados, a recobrir tanto as paredes laterais quanto os tetos (muitos deles em forma de caixotões). As figuras humanas foram inspiradas nos mesmos personagens das imagens murais de Pompéia, então recentemente descobertas. Todos esses motivos estiveram presentes ainda no mobiliário, pesado e volumoso, contendo, geralmente, engastes de figuras em bronze – cariátides, vitórias aladas, torsos de mulheres, sabres, espadas, leões, cisnes, águias e outros animais fantásticos (esfinges, grifos ou quimeras).

ESTILO LUÍS XV. Estilo aristocrático por excelência do →rococó francês, aplicado principalmente em decorações interiores, e que se estendeu desde a época da Regência (menoridade de Luís XV, entre 1715 e 1743) até o fim de seu reinado (1774). Uma época de fausto e de prestígio mundial da cultura francesa, apesar das sucessivas perdas coloniais e das dificuldades econômicas trazidas pela Guerra dos Sete Anos. Ao contrário dos períodos de Luís XIV e napoleônico (estilo império), o estilo Luís XV floresceu em obras encomendadas por uma clientela particular, sobretudo parisiense, após o retorno da corte de Versailles para a capital. Foi essa uma das razões pelas quais a liberdade e o capricho das formas puderam ser acentuadas. Destinou-se a enfeitar, com uma profusão de motivos e de variações ininterruptas, os ambientes e os objetos de uso privado, abrangendo a pintura mural (realizada não apenas sobre estuques, mas também sobre os recentes lambris de madeira, então usados como revestimento), a tapeçaria, o mobiliário e a ourivesaria. Suas características mais evidentes podem ser observadas nas linhas serpentinas, onduladas, espiraladas, entrançadas e assimétricas, apoiadas em motivos vegetais (palmas, folhas de acanto, flores, cipós), marítimos (conchas), em rendilhados complexos, *chinoiseries* e *singeries*, como também em cenas galantes (amorosas, festivas ou aprazíveis) e fabulários cultos (Esopo, La Fontaine), tanto ou mais empregados do que os temas mitológicos. Além dos nomes constantes do item rococó, podem ser mencionados como representantes do estilo: os pintores Antoine Coypel, Claude Gillot e François Lemoine, e os escultores Jean-Baptiste Lemoyne, Jean-Baptiste Pigalle, Étienne Falconet e Edme Bouchardon (autor da Piscina de Netuno, em Versailles, e da fonte da rua de Grenelle, em Paris), embora este último preferisse formas mais sóbrias, prenunciando o neoclassicismo.

ESTILÓBATO. →*Estereóbato.*

ESTRIBILHO. →*Refrão.*

ESTRO. O conjunto formado pela inventividade – a capacidade imaginativa – e pela riqueza formal na concepção de uma obra de arte.

ESTROFE. Do grego *strefo*, girar, indicava originariamente a intervenção inicial e o movimento circular do coro dramático, em torno da ara ou altar dedicado a Dioniso, seguida pela →*antístrofe* (canto de retorno) e pela épode ou epodo (canto final). Desta recitação poética em círculo passou a designar o agrupamento de linhas, de frases ou série de versos que formam os blocos de um poema, caracterizado pela unidade de ritmo e de pensamento. Um texto poético com apenas dois versos é um *dístico* ou *parelha*; com três, *terça* ou *terceto*; com quatro, *quadra* ou *quarteto*; com cinco, *quintilha*; com seis, *sextilha*; com sete, *septilha*; com oito, *oitava*; com nove, *novena* e, com dez, *décima*. Exemplo em Jorge de Lima: "Ora, se deu que chegou / (isso já faz muito tempo) / No banguê do meu avô / uma negra bonitinha / chamada negra Fulô". Esta primeira parte contém cinco versos ou quintilha. Na seqüência, tem-se "Essa negra Fulô! / Essa negra Fulô!", constituída por dois versos, ou dístico. Depois, o poema continua com uma quadra ou quarteto: "Essa negrinha Fulô / ficou logo pra mucama / para vigiar a Sinhá / para engomar pro Sinhô!". Uma estrofe em que todos os versos tenham a mesma medida métrica é chamada *isométrica*, como a quintilha inicial do poema acima citado, de sete sílabas. Caso contrário, a estrofe é dita *heterométrica* (de métrica irregular, isto é, cujo número de sílabas difere entre as frases). →*Estância.*

ESTÚDIO. **1.** →*Ateliê* ou oficina de artes plásticas. **2.** Sala de pequenas dimensões, destinada a apresentações cênicas, habitualmente teatrais, vinculadas a propostas de vanguarda ou sem grandes compromissos comerciais. **3.** Local construído ou preparado para a realização de filmagens ou de trabalhos fotográficos. **4.** Sala aparelhada de onde são irradiados programas radiofônicos ou televisivos.

ESTUQUE. Material feito de cal desidratada, pó de mármore e cola para ser empregado na modelagem de esculturas, no revestimento mural e decorações internas arquitetônicas. Maleável em princípio, endurece rapidamente, a menos que se lhe acrescente um agente retardador (como o vinho!), a fim de que se possa trabalhar diretamente *in loco*. O resultado final, se bem conduzido, torna-o bastante semelhante ao mármore. Utilizado desde a Antigüidade por diversas culturas, foi redescoberto no Ocidente durante a Renascença, alcançando maior difusão e refinamento durante os séculos XVII e XVIII, sobretudo em decorações barrocas, rococós e neoclássicas de interiores. O italiano Giacomo Serpotta é tido como o mais perfeito mestre *stuccatore* já conhecido. Embora não seja tecnicamente um gesso, costuma-se empregar ambos os termos como sinônimos.

ETHOS. **1.** Se grafado, em grego, com o *e* longo (eta), o termo indica os costumes, as obrigações, os valores morais de conduta coletiva ou o conjunto de concepções e de mentalidades que definem, com certa homogeneidade, os comportamentos socioculturais mais enraizados de um grupo, de uma comunidade social, povo ou nação. Com este significado, corresponde ao latim *mores*. O plural de *ethos* é *ta ethé*, do qual deriva ética – *ta ethika*. **2.** A mesma palavra grega (quando escrita com *e* breve, o épsilon) significa caráter, índole ou temperamento subjetivo, quer dizer, as características de personalidade do indivíduo que se formam em decorrência de circunstâncias sociais, ambientais e dos valores culturais de uma sociedade. Daí John Stuart Mill ter usado o termo etologia como ciência da natureza individual, por oposição à sociologia, destinada à investigação do "caráter coletivo". Convém mencionar, no entanto, que esse último termo, etologia, refere-se mais comumente ao estudo do comportamento animal, isto é, aos seus padrões instintivos de conduta.

ETIMOLOGIA. Ramo inicialmente da gramática, e posteriormente da lingüística histórica, que se dedica à pesquisa das origens, evoluções e derivações de palavras ou vocábulos, tendo-se por base a estrutura fonética e suas representações gráficas. O termo, criado pelos filósofos estóicos gregos, provém de *etimos* – real – com o significado de princípio verdadeiro. Assim, a etimologia investiga, retrospectivamente, os étimos próximos e os mais remotos. Por exemplo, a palavra portuguesa *carmim* provém de um empréstimo mais recente do francês *carmin*. Que, por sua vez, deriva do latim medieval *carminium*, cruzamento do latim antigo *minium* (vermelho escarlate) com o árabe *qírmiz* (vermelho), igualmente emprestado do persa *kirm*. Por outro lado, percebeu-se que na evolução do latim para o português, a consoante *p*, quando colocada entre vogais, transformou-se em b, por um processo de abrandamento de pronúncia. Daí o vocábulo *lupus* ter se convertido em *lobo*. Na época helenística, os estudos dos gramáticos e filósofos de Alexandria tiveram por interesse ou finalidade a preservação dos étimos e da qualidade literária atribuída à língua culta dos escritores gregos. Com o advento posterior do cristianismo e a difusão do relato bíblico sobre a torre de Babel, pensou-se que as línguas seriam derivações do hebraico. E o interesse em encontrar os étimos originais levou o gramático Isidoro de Sevilha a elaborar as *Etimologias* (*Etymologie* ou *Origines*, século VII, em 20 livros), trabalho retomado e ampliado, já no início do século XVII, por Étienne Guichard, *A Harmonia Etimológica das Línguas*. Mas os avanços mais profundos dos estudos gramaticais e filológicos, de natureza comparativa, começaram realmente em fins do século XVIII com as obras *Idéia do Universo*, do jesuíta espanhol Lorenzo Hervas y Panduro (1778-1787), e *Vocabulário Comparativo das Línguas do Mundo Inteiro*, editado na Rússia entre 1787 e 1789, sob a proteção da imperatriz Catarina, a Grande. A descoberta do sânscrito e o movimento romântico alemão, com suas pesquisas sobre a cultura folclórica dos antepassados nacionais, permitiram estabelecer as correspondências de caráter fonético e de significado entre os vocábulos daquela língua indo-européia, do grego e do latim, e os das línguas germânicas. Um trabalho consolidado por Jacob Grimm em sua *Gramática Alemã*, na segunda edição de 1822. Pouco depois, entre 1836 e 1838, Friedrich Diez fez publicar a *Gramática das Línguas Românicas* e ainda o *Dicionário das Línguas Românicas* (1853), estabelecendo algumas normas fixas entre aquelas estruturas e seus modos de derivação, relativamente ao latim. E o mesmo fez Franz Bopp com sua monumental *Gramática Comparada das Línguas Indo-Européias* (sânscrito, grego, latim, eslavo antigo, gótico e alemão, entre 1833 e 1852). O estudo sistemático das leis fonéticas e das modificações gráficas, aprofundadas pela lingüística e pela filologia modernas, permitiram ainda determinar os troncos lingüísticos hoje admitidos, entre eles o das línguas neolatinas, germânicas ou eslavas, todas elas provenientes de uma hipotética raiz primitiva, o indo-europeu.

ETOPÉIA. →*Descrição.*

EUCARISTIA. Na origem, significou a expressão de reconhecimento público por atos dignos, os quais mereciam ser relembrados e agraciados (ação de graças). Fundamentalmente, no entanto, designa a união e o reconhecimento propostos por Jesus a seus fiéis – "Tomai e comei, tomai e bebei" – e cujo rito presentifica, por meio da hóstia, o Salvador, em corpo e sangue, sua memória, suas palavras e as ações meritórias necessárias para que o reino dos céus seja alcançado. O mistério da →transubstanciação na eucaristia é o ponto culminante e de maior sacralidade do ritual católico.

EUFUÍSMO. Estilo literário semelhante ao empregado pelo novelista e dramaturgo isabelino John Lyly – segunda metade do século XVI – e cuja obra de estréia, a novela *Euphues*, serviu de símbolo dessas características literárias. Consiste numa linguagem construída por metáforas raras e profusão de figuras retóricas, mas, na época, bastante apreciada pela corte de Elisabeth I. Embora parte da historiografia literária estabeleça um paralelo com o gongorismo hispano-lusitano ou com o marinismo italiano (posteriores), o eufuísmo corresponde, com mais propriedade, à vertente literária hedonista da Renascença. Mas não deixou de afetar grande parte do teatro barroco elisabetano, inclusive Shakespeare.

EURRITMIA. Método de psicomotricidade, ou seja, de associação harmônica entre os ritmos musicais, as afecções por eles sugeridas e o dinamismo corporal, criado pelo músico e pedagogo Émile Jaques-Dalcroze no início do século XX, e consubstanciado em sua obra *O Ritmo, a Música e a Educação* (1920). Para o autor, cuja influência se estendeu pela dança moderna ou contemporânea, sobretudo em suas vertentes alemã e norte-americana, e ainda pela mímica francesa, a música suscita imagens de ordem psíquica e emocional, permitindo a criação ou a direção de gestos e movimentos coreográficos. A expressividade da dança seria mais correta ou adequada quando a mímica e os deslocamentos do corpo correspondessem sensitivamente às durações e às intensidades da música ou de seqüências rítmicas. Assim, "o gesto em si mesmo não é nada; seu valor reside inteiramente no sentimento que o anima, e a dança – por mais rica que seja em combinações técnicas – não passará de um divertimento sem profundidade, caso o seu objetivo não seja o de pintar, com movimentos, as emoções humanas".

EVANGELHO.   A expressão grega original, *eu aggelion*, ou seja, boa nova ou notícia que encerra um acontecimento feliz, já era utilizada para informar a entronização de um rei ou *basileus*, a vitória em campanha de guerra e as previsões satisfatórias de um oráculo. A influência da cultura grega sobre os judeus do tempo de Jesus foi determinante para que o termo sintetizasse as mensagens de esperança em uma nova época, a retomada da Aliança com suas características universais e as passagens fundamentais da vinda do Filho de Deus – a Paixão e a Ressurreição. Dos quatro evangelhos canônicos (Mateus, Marcos, Lucas e João), os três primeiros são denominados sinópticos, por referência às semelhanças e correspondências entre os textos.

EVOLUÇÃO.   Refere-se, no desfile de escolas de samba, à coordenação obtida por todas as alas entre o ritmo e a dança de seus componentes, durante a marcha progressiva ou evolutiva da apresentação.

EXECRAÇÃO.   →*Imprecação*.

EXPERTIZAÇÃO.   O ato de analisar e certificar, ou não, a autenticidade de uma obra plástica ou documento histórico, realizado por um experto (de onde deriva a palavra), perito ou entidade, reconhecidos profissionalmente no meio artístico ou científico.

EXPERTO.   Profissional especializado em determinada matéria ou disciplina, tanto pela experiência prática como pelo conhecimento teórico adquirido.

EXPOSIÇÃO.   **1**. Exibição pública ou mostra de obras artísticas, de trabalhos científicos ou de objetos industriais e comerciais. Do ponto de vista da →ação cultural, tem ela a finalidade não apenas de permitir o contato do público com a produção da arte, da ciência ou da tecnologia, mas a de aprofundar o conhecimento sobre o tema, tornando-o atraente e compreensível ao mesmo tempo. Uma exposição pode constituir-se em um evento único e completo ou servir como uma das unidades de um complexo de manifestações simultâneas, relativas ao mesmo assunto. Em sua elaboração técnica, devem ser considerados os seguintes elementos básicos: *a)* o tema e seu conteúdo, ou seja, a definição das idéias condutoras e os possíveis desdobramentos, inter-relações e classificações que elas comportam; *b)* perspectivas e condições reais de coligir o material a ser exposto – peças, imagens, documentos etc. – condizentes com o tema; *c)* realizar o plano ou projeto executivo, ou seja, conceber previamente em desenhos, e eventualmente maquetes, as disposições básicas e hierárquicas dos objetos, as medidas, os meios físicos, os suportes e materiais a serem utilizados para a concretização, conservação e segurança da mostra; *d)* montagem e acabamentos adicionais. Independentemente de sua amplitude, é indispensável levar em consideração os pressupostos que se seguem: como atrair a atenção para cada peça exibida, isto é, de que maneira realizar a *visibilidade* do material; quais as peças de maior relevância e, na dependência de sua quantidade, quais os critérios para cada localização; quais as informações mais importantes e de que maneira torná-las claras e concisas, a fim de obter a maior *lisibilidade* possível. A visibilidade e a lisibilidade são, respectivamente, meios para o ambiente e a atração estéticas e a retenção informativa da exposição. **2**. Tempo ou intervalo de tempo durante o qual uma objetiva fotográfica deixa passar a luz incidente para que a emulsão do filme seja sensibilizada e fixada. O intervalo é determinado pela abertura do diafragma e pela velocidade do obturador da máquina. Certas câmeras permitem fazer mais de uma exposição na mesma chapa do filme, a fim de serem obtidos efeitos especiais (imagens subexpostas, superexpostas ou superpostas). **3**. Em linguagem cinematográfica, corresponde à parte introdutória do →roteiro, no qual serão mostrados ao espectador os pontos de partida da trama ou enredo: personagens principais, situação inicial, ambiente e conflito de origem, indispensáveis à compreensão do filme.

EXPRESSÃO.   **1**. De um ponto de vista psicológico, corresponde a uma manifestação de natureza psíquica, interna ou subjetiva (sensação-percepção, emoção, cognição) que se projeta exteriormente em aparências corporais – por exemplo, no rosto, nos olhos, nos gestos, em determinado movimento do corpo – de maneira voluntária (consciente) ou involuntária (instintiva). Trata-se, portanto, de um vínculo que se estabelece entre viver uma experiência e demonstrar uma reação perceptível, ao mesmo tempo objetiva, social e simbólica, pois que no fenômeno expressivo se revela um signo ou se enuncia um significado não apenas pessoal, mas igualmente dirigido a outrem, comunicativo. De início,

EXPRESSIONISMO 269 Ev

num âmbito propriamente biológico, e tomando-se por base a definição de A. Schenkel (*Estudos da Expressão*), ela "designa a função das estruturas internas cujo desígnio é o de concorrer para a organização da vida coletiva por influência afetiva, quer dizer, pelo desencadear de reações apropriadas", ou, em resumo, "o comportamento visível de todo indivíduo no meio social comum". Esse comportamento mostra-se então nas funções dos órgãos periféricos animais – cor, forma, odor, características da pele – tanto quanto em processos comportamentais não-orientados: tom de voz, gestos de ameaça ou de ternura, palidez, sorriso, enrubescimento etc. A filosofia já havia tratado anteriormente do fenômeno expressivo, tendo Leibniz a ele se referido nos seguintes termos: "uma coisa *expressa* outra quando há uma relação constante e regulada entre o que se pode dizer de uma e de outra". Diderot, por sua vez, considerando o caráter de signo da expressão, definiu-a como "a imagem de um sentimento". Ampliando-se o conceito, a expressão seria o ato pelo qual sentimentos e idéias se manifestam, exteriormente e por signos. Assim, para Husserl, a expressão é todo signo que, além de uma função indicativa, possui uma função significativa. Consiste na intenção pura e ativa de um "querer-dizer" (*bedeuten*), que anima o discurso, e cuja finalidade transfere-se para o sentido em sua intuição originária. A fenomenologia posterior, como a de Merleau-Ponty, fez da expressão uma base para a ontologia do corpo e do sensível, antes que uma experiência pura. Ou seja, o corpo não é um objeto que possa perturbar o poder expressivo, mas, ao contrário, o instrumento de uma expressividade necessária. Diz o autor: "Meu corpo é o lugar, ou melhor, a própria atualidade do fenômeno da expressão (*Ausdruck*); nele, a experiência visual e a experiência auditiva são ambas interpregnantes, e seu valor expressivo funda a antepredicatividade do mundo percebido, e por ela, a expressão verbal e a significação intelectual (*Bedeutung*). Meu corpo é a textura comum de todos os objetos [...] o instrumento geral de minha compreensão (*A Fenomenologia da Percepção*). Já as psicologias clínica e social trataram a expressão sob aspectos relativamente próximos, mas não idênticos: como sintoma da personalidade e, assim, elemento indispensável de diagnóstico (P. Fraisse e J. Piaget, *Tratado de Psicologia Experimental*); como fenômeno afetivo, isto é, de demonstração de emoções e sentimentos íntimos; como instrumento de comunicação social e marca de vivência cultural (Klineberg, *Psicologia Social*); como síndrome psicopatológica e ainda meio psicoterapêutico (J. Bobon, J.L. Moreno). **2.** Nos terrenos da poética e da estética, a expressão confunde-se, por vezes, com as noções de forma ou de gênero.

No primeiro caso, a expressão não seria outra coisa senão a forma pela qual se procede à imitação ou criação artísticas. De outro, a uma determinada idéia ou sentimento corresponderia uma expressão (gênero) mais adequada à realização do conteúdo primário. Assim, algumas idéias ou conteúdos seriam melhor "expressos" por certos gêneros ou teriam mais identidade com eles (→*Poética* e →*Gêneros literários*). Ainda no âmbito artístico, o entendimento de "expressão" pode ser tomado como oposto ao de "impressão", ou seja, enquanto na expressão haveria a predominância de uma ação interior e volitiva do sujeito sobre algo exterior, dando não apenas forma objetiva à matéria, como lhe acrescentando algo de pessoal, a impressão significaria a ação de um objeto exterior sobre a consciência de um sujeito, que assim introjeta e subjetiviza a realidade. Daí o contraste, em artes plásticas, entre →"expressionismo" e →"impressionismo". Por fim, diz-se ainda que as "atividades expressivas" são aquelas que possuem uma finalidade em si mesmas, gratuitas, livremente escolhidas e que não se transladam – como nas atividades lúdicas ou de lazer – diferentemente, portanto, das atividades "úteis", produtivas, rentáveis ou econômicas. Nesta última acepção, →*Jogo, lúdico* e →*Lazer*. →*Gesto*.

EXPRESSÃO CORPORAL. **1.** De modo genérico, manifestação de sentimentos ou de sensações internas, tanto quanto de conteúdos mentais, por meio de movimentos representativos ou simbólicos do corpo. **2.** Locução abrangente, e por isso mesmo fluida, para indicar a prática de atividades físicas e artísticas que se afastam tanto dos esportes profissionais como dos códigos restritos de postura e movimentação corporais. Indica, portanto, uma expressão mais livre ou espontânea dos movimentos e dos gestos, ou as atitudes de prazer, de sensualidade ou de exploração representativa e visual do corpo em encenações de tipo mímico-dramático. Desvinculada das noções de rendimento ou de performance competitiva, ganhou projeção no interior dos movimentos contraculturais das décadas de 1960 e 1970, opondo-se àquelas práticas esportivas que exigem alto grau de disciplina, tensão, esforço ou ascetismo. Tem sido teorizada e utilizada em meios teatrais, pedagógicos, esotérico-religiosos (*yoga, tai-chi*, tantrismo) ou ainda psicanalíticos de base freudiana ou reichiana ("consciência do corpo", representação de afetos e sentimentos internos por via gestual ou corporal). Em teatro, tem servido de técnica de desenvolvimento de recursos motores e vocais, tanto quanto de improvisação. →*Gesto*, →*Cinésica*.

EXPRESSIONISMO. Conceito geral. Quando uma obra de arte é concebida com intenso emocionalismo, quando a forma é tratada de modo a salientar em demasia as afecções subjetivas do autor, essas características revelam uma disposição que se convencionou chamar de *expressionista*. Como identifica Carlo Argan, *"expressão* é o contrário de *impressão*. A impressão é um movimento do exterior para o interior: é a realidade (objeto) que se imprime na consciência (sujeito). A expressão é um movimento inverso, do interior para o exterior: é o sujeito que por si imprime o objeto [...]. Diante da realidade, o Impressionismo manifesta uma atitude sensitiva, o Expressionismo uma atitude volitiva"*. Visto sob esse ângulo, um exercício descompromissado de anacronia estilística, sem precisão histórico-temporal, certamente encontrará sinais expressionistas em certos pintores da Renascença, como Mathias Grünewald, Hieronymus Bosch, El Greco ou Michelangelo, e, no final do século XVIII, em Goya. Mas o sentido forte e efetivamente consagrado do termo tem sido empregado para configurar uma das correntes mais difundidas pelo modernismo do século XX.

Pintura na primeira metade do século XX. A bem da verdade, mesmo os artistas plásticos que participaram dos dois grupos alemães considerados iniciadores da tendência – *Die Brücke* (A Ponte) e *Der Blaue Reiter* (O Cavaleiro Azul) – jamais formularam uma teoria a respeito ou se autoproclamaram expressionistas. O termo começou a difundir-se a partir de 1911, no correr de uma exposição de artistas franceses em Berlim – entre eles Matisse, Derain, Braque, Vlaminck e Picasso (antes do cubismo) – apelidados, na ocasião, de *Expressionisten*, denominação com que se pretendeu distingui-los dos impressionistas anteriores. Mais tarde, Herwarth Walden, galerista, *marchand*, editor da revista de cultura *A Tempestade* (*Der Sturm*), além de incentivador das novas experiências estéticas, consagrou o rótulo em seu ensaio *Expressionismus*, publicado em 1918.

Entre os pintores que anunciaram de modo mais imediato a corrente encontramos sobretudo Gauguin, Van Gogh (→*Impressionismo e pós-impressionismo*), os integrantes do →*fauvismo*, James Ensor e Edvard Munch.

O belga Ensor evoluiu do naturalismo e das colorações delicadas para um tipo de pintura *naïve*, de tonalidades fortes e contrastantes, tendo como personagens figuras insólitas, ora burlescas, ora mórbidas ou fantasmagóricas (mascarados, esqueletos). O efeito provocado sugere, ironicamente, aqueles comportamentos irracionais da sociedade e as angústias da vida. Já o rigorismo místico exercido pelo pai, as perdas precoces da mãe e da irmã mais velha, além de um acentuada tendência ao alcoolismo parecem ter contribuído para instilar na pintura do norueguês Munch uma visão atormentada da condição humana, nos limites da

psicopatologia. Consciente dos traumas e conflitos infanto-juvenis, que lhe causaram ou agravaram uma inata instabilidade mental, chegou a confessar que "a doença, a loucura e a morte foram os anjos negros que vigiaram meu berço". Em 1892, recém-chegado a Berlim, e onde viveu até 1908, expôs na Kunstlerverein (União dos Artistas), gerando escândalo pela rispidez e deformações voluntárias dos traços e pelo aspecto sombrio das cores impostas à sua obra. Após um colapso nervoso, retornou à Noruega em 1909. Ali, tendo encontrado uma nunca vivida serenidade espiritual, sua pintura modificou-se substancialmente, tanto nos temas (paisagens bucólicas e cenas de trabalhadores) quanto na paleta (uso de cores vivas ou de tonalidades suaves e gradativas).

Os criadores do grupo Die Brücke – Ernst Ludwig Kirchner, Erich Heckel, Karl Schmidt-Rottluff e Fritz Bleyl – atuantes em Dresden, eram estudantes de arquitetura e autodidatas em pintura quando resolveram unir-se em 1905. Admiradores do primeiro Munch, trabalharam de modo bastante livre, levados sobretudo por impulsos subjetivos e por atitudes de desafio à tradição, mais do que por intenções programáticas definidas. Sugestionados pela arte primitiva que o colonialismo europeu trazia para as metrópoles, adotaram-lhe as linhas ásperas e espontâneas, além dos contrastes vivos e do brilhantismo das cores. Quanto aos temas, mantiveram-se naqueles já consagrados das paisagens, nus e interiores, dedicando grande importância ainda às artes gráficas, principalmente à xilogravura ou litogravura. Enquanto durou a associação (até 1911 em Dresden, e, daí a 1913, em Berlim), outros artistas o integraram, ainda que por breves períodos. Foram os casos de Max Pechstein, Otto Müller, Kees van Dongen, do escultor Ernst Barlach e daquele que viria a ser um símbolo do expressionismo alemão: Emil Nolde.

Filho de camponeses e apegado a sentimentos religiosos, nacionalista e aficionado pela arte medieval, Nolde aplicou-se à pintura já como adulto formado, imprimindo uma simplificação rústica ao desenho, além de transmitir, em cores violentas, as suas agitadas emoções pessoais. Depois de uma rápida passagem pela Die Brücke, escreveria na autobiografia *Anos de Luta*: "Os ideais de nossos precursores não são mais os nossos. Já não apreciamos tanto as obras que durante séculos foram identificadas com os nomes dos grandes mestres. Artistas elegantes, a serviço de seu tempo, criaram obras para papas e palácios. As pessoas despretensiosas, que trabalhavam em suas oficinas, de cuja vida pouco sabemos e cujos nomes não fomos capazes de guardar, essas nós valorizamos e amamos por meio de suas estátuas simples e grandiosas, esculpidas nas catedrais de Naumburg, Madgeburg e Bamberg [...]. Como se explica o fato de nós, artistas, apreciarmos tanto as primeiras manifestações dos povos primitivos? [...] A vontade que se exterioriza é o prazer e o amor de fazer. A absoluta espontaneidade, a expressão intensa, freqüentemente grotesca, da energia e da vida em suas mais variadas formas – talvez seja isso que nela nos agrade".

A primeira vertente do expressionismo abstrato se fortaleceu e evoluiu na convivência do grupo Der Blaue Reiter, iniciativa proposta conjuntamente por Vassíli Kandínski e Franz Marc. Direta ou indiretamente, a ele estiveram ligados Alexei von Javlenski, August Macke e Paul Klee. As primeiras manifestações dos jovens artistas foram a realização de duas exposições em Munique (1911 e 1912), seguidas pela publicação de um almanaque, no qual davam conta das diversas tendências plásticas contemporâneas e das "artes primitivas" (européia medieval, africanas, asiáticas). Além dos pintores, a revista ainda trouxe um artigo de Schoenberg sobre a nova música dodecafônica. Em seu ensaio *Sobre a Questão da Forma*, Kandínski reivindicou a abstração como a forma adequada aos tempos modernos, expressão de sua *necessidade interior*: "A evolução, o movimento para a frente e para o alto, só é possível quando o trajeto está desimpedido, ou seja, quando não há barreiras no caminho. Esta é a condição interior. A força que por caminhos livres impele o espírito humano para a frente e para o alto é o *espírito abstrato*. Naturalmente, ele precisa estar em condição de chamar e de ser ouvido [...]. Esta é a condição interior". Nos anos de 1912 a 1914, as obras do grupo circularam por várias cidades alemãs, incorporando, novamente, artistas franceses ou estrangeiros residentes na França (Delaunay, Rousseau, Picasso, Braque) e ainda os russos Malevitch, Larionov e Gontcharova. Com a irrupção da guerra, entretanto, na qual morreram Marc e Macke, a associação extinguiu-se. Mas a influência do expressionismo, cultivado pelo Blaue Reiter, desenvolveu-se na Bauhaus, com as presenças de Kandínski e de Klee, que ali se tornaram seus professores.

Os austríacos Oskar Kokoschka e Egon Schiele, cujas formações se realizaram em meio ao decorativismo elegante e "decadente" do *art nouveau*, sob a ascendência de Klimt, acabaram aderindo às concepções rudes e nervosas do expressionismo figurativo. Kokoschka (também dramaturgo) destacou-se na pintura de retratos, recorrendo quase sempre às feições graves, e de paisagens (e nelas não chegou a romper inteiramente com o impressionismo). Schiele, morto prematuramente em 1918, ganhou notoriedade com suas figuras ao mesmo tempo solitárias, eróticas e atormentadas.

O judeu-russo Marc Chagall, também ilustrador, muralista e vitralista, realizou uma obra bastante particular, a partir da técnica da decomposição cubista. Onírico, metafórico e memorialista, suas composições trazem repetidas vezes personagens flutuantes, desgarradas do "peso da gravidade" ou separadas por zonas espaciais contíguas, mas independentes, e de tonalidades vivas. Personagens, aliás, tomadas emprestado com obsessão do folclore russo, das comunidades judaicas de sua infância e dos temas bíblicos. Sua influência sobre o surrealismo foi claramente admitida por Breton.

Outros nomes do movimento, na Europa: os alemães George Grosz, Otto Dix e Käthe Kollwitz, o belga Constant Permeke e os franceses Marcel Gromaire e Chaim Soutine, este último de origem lituana.

Quanto às repercussões do expressionismo no Brasil, inicialmente figurativo, elas começaram a chegar na segunda década do século XX, em obras pioneiras como as de Lasar Segall, de Anita Malfatti e, posteriormente, de Cândido Portinari. →*Modernismo brasileiro*.

Após a Segunda Guerra Mundial. Nos decênios de 1940 e 1950, tornou a desenvolver-se nos Estados Unidos o ramo do *expressionismo abstrato*, consistindo de uma miscigenação não apenas expressionista, pelo tratamento agressivo na elaboração plástica, como ainda surrealista, levando-se em conta o automatismo gestual. Sob aquela denominação encontramos as obras caligráficas ou rabiscadas do norte-americano Jackson Pollock e do alemão Karl Götz (a *action painting*), o grafismo estridente e de cores violentas de Willem de Kooning, as abstrações biomórficas de Arshile Gorky, as superfícies geométricas e paralelas de cores sobrepostas de Mark Rothko, ou ainda os ideogramas e manchas em preto e branco de Franz Kline. Durante a mesma época, na França, entrou em voga o *tachismo*, singularizado pela deposição de manchas (*taches*), borrões, figuras filiformes ou caligráficas sobre uma superfície de cor contrastante, ou ainda pela exploração da textura de pigmentos colados e superpostos, que ressaltam o empastamento. Embora guarde semelhanças com o expressionismo abstrato norte-americano, a aparência tachista revela-se menos agressiva e por isso também recebeu o nome de *abstração lírica* ou ainda de *arte informal* (este último termo sugerido pelo crítico Michel Tapié). Seus principais expoentes foram Jean Fautrier, Henri Michaux, Jean Degottex, George Mathieu e o alemão radicado na França Alfredo Wols.

A face trágica do expressionismo nórdico, por sua vez, teve alguns seguidores no pós-guerra. Entre eles, aquele que é considerado o seu maior representante, o inglês Francis Bacon, autor de figuras tensas, contorcidas, solitárias, que parecem conviver com situações permanentes de pesadelo. Segundo suas próprias palavras, "gostaria que minhas pinturas dessem a impressão de que um ser humano por ali passou, como lesma, deixando rastros de sua presença e resquícios de memória de eventos passados, assim como a lesma deixa rastros de sua baba". E ainda os alemães George Baselitz (também escultor), Anselm Kiefer ou Jörg Immendorff (→*Neo-expressionismo*).

Dramaturgia e literatura. A literatura expressionista revelou maior fecundidade no teatro do que em gêneros como a poesia ou o romance. August Strindberg e Frank Wedekind têm sido considerados os pontos de partida dessa dramaturgia. O primeiro, após a sua fase naturalista, muito mais intensa e consagrada. A peça *Um Jogo de Sonho* (ou apenas *O Sonho*), de 1902, incursionou por imagens e situações oníricas, nas quais predominava o papel do inconsciente. Nas próprias palavras de Strindberg, "o autor procurou imitar a forma incoerente, mas aparentemente lógica, do sonho. Tudo pode acontecer, tudo é possível e verossímil. Tempo e espaço não mais existem. Os personagens se desdobram e se multiplicam, desaparecem e se condensam. Mas uma consciência suprema os domina a todos: aquela do sonhador. Para ele não existem segredos, inconseqüências, escrúpulos e leis. Ele não julga e não absolve, ele não faz senão relatar o sonho". Depois de 1907, dedicou-se a escrever obras curtas, de um ato apenas, as "peças de câmara" (*Kammerspiel*), nas quais os aspectos mais íntimos e conflituais da existência foram tratados de maneira mística ou simbólica (*A Tempestade, A Casa Queimada, A Sonata dos Espectros*).

Valendo-se das influências de Ibsen e de Strindberg, Wedekind veio a ser um contestador das normas sexuais burguesas até então vigentes, sobretudo com três obras polêmicas para a época: *O Despertar da Primavera, o Espírito da Terra* e *A Caixa de Pandora*. A primeira tem por objeto a crítica de uma sociedade que esconde e reprime o despertar sexual da juventude; as duas outras têm como protagonista Lulu, símbolo de uma liberdade sexual primitiva que leva a conseqüências trágicas.

Essas concepções cedo conquistaram uma nova geração de autores escandinavos e alemães, muitos dos quais preferiram os monólogos como forma de exposição de idéias. A ênfase agora deveria recair nos aspectos ocultos da vida, nas perspectivas subjetivas, nas expressões emotivas e interiorizadas da psique, em vez das seqüências lógicas e objetivas da ação. O homem não era visto apenas como um produto do meio socioeconômico, mas um criador, uma força ativa capaz de modificar a realidade exterior. Se, de um lado, o drama expressionista fundamentou-se numa visão pessoal, de plena afirmação subjetiva e existencialista, de outro preocupou-se com a necessidade de reconstruir o mundo em bases fraternas e pacíficas, desconfiando da civilização técnica das máquinas, tão ardorosamente defendida pelos futuristas. Ainda que os horrores materiais e espirituais da guerra de 1914 tenham exercido forte repercussão no teatro e na poética da corrente, a verdade é que boa parte desta produção literária antecipou os acontecimentos, não tão esperados como normalmente se imagina. De certa maneira, seus autores pressentiram, difusa ou intuitivamente, os sentimentos de angústia e decadência que logo seriam experimentados.

A primeira peça considerada inteiramente expressionista foi *O Mendigo*, de Reinhard Sorge, encenada em 1912, também autor de *O Rei Davi* (Sorge morreria em combate em 1916). O protagonista é o próprio Poeta, a reivindicar uma nova forma de exteriorização dramática, simbolizada pelo Filho. Walter Hasenclever estreou com *O Filho*, pondo em cena a revolta deste personagem contra a figura do pai, exemplo da ordem. *Antígona*, baseada na tragédia de Sófocles, atualizou o conflito dos direitos individuais, sendo Creonte a personificação do imperador alemão. *Homens*, escrito em 1918, registra o estupor de um ressuscitado que, diante da demência de um mundo aparentemente evoluído, prefere retornar ao silêncio da morte. O apelo emotivo ao pacifismo consistiu na matéria principal de dois outros dramaturgos: Fritz von Unruh [*Uma Família* (ou *Uma Geração*), *A Praça* (ou *Entroncamento*)] e Ernst Toller (*Wandlung*). Toller escreveria ainda *O Homem-Massa, Os Destruidores de Máquinas* e *Hop, Nós Vivemos!*, exaltando a dignidade e a revolta do proletariado.

Acima de todos, no entanto, pairou a extensa obra de Georg Kaiser. Desde 1917, ano de apresentação d'*Os Burgueses de Calais*, demonstrou um permanente desejo de renovação espiritual que, embora ingênuo para os padrões atuais, não deixava de ser profundamente sincero. No drama seguinte, *Da Aurora à Meia-Noite*, um caixa de banco que roubara uma grande quantia chega à conclusão de que o dinheiro é a pior das mentiras, fonte da cupidez e da injustiça humanas. Envergonhado, suicida-se. Outras de suas obras de características sociais foram *Gás I* e *Gás II*, antes que elegesse o tema do amor como o único capaz de regenerar a raça humana (*O Incêndio da Ópera, Fuga para Veneza, Gilles e Jeanne*). Ernst Barlach (também artista plástico, autor de *O Dilúvio, O Dia Morto, Os Abandonados*) e o austríaco Ferdinand Bruckner (*A Doença da Juventude, Delinqüente*) foram saudados como renovadores da cena alemã, pelas amargas exposições que fizeram da época.

O desenvolvimento de um clima fantástico em *O Homem que Reviveu sua Vida*, de Pär Lagerkvist, assim como as discussões contidas em *A Porta* e *A Espelunca*, de Hjalmar Bergman, ou ainda as conseqüências físicas e psíquicas da guerra, retratadas em *Persona*, de Svend Borberg, representaram as feições escandinavas do expressionismo teatral. Um novo realismo dramático (a *Neue Sachlichkeit*), no entanto, voltou à cena após 1924. E Erwin Piscator, que se revelara no teatro expressionista, seria um de seus mais agitados encenadores.

Ao final da segunda guerra, o alemão Wolfgang Borchert, sobrevivente das prisões nazistas, escreveria um grande drama expressionista, *Fora, Diante da Porta*, o signo de desespero de um sargento que retorna à sua cidade devastada e vê que todos os familiares e amigos haviam perecido.

Quanto à poesia, o expressionismo caracterizou-se pelo abandono formal de regras sintáticas e pelo uso de frases enérgicas, de imagens impetuosas, expondo os conflitos entre o que o homem deseja e necessita intimamente, e as coações do meio sociopolítico. Seus representantes mais conhecidos são Franz Werfel, um judeu atraído pelos ideais cristãos (*O Amigo do Mundo*, 1911, *Nós Existimos*, 1913), August Stramm, que, ao contrário de Werfel, deu ênfase aos impulsos eróticos como tábua de salvação, e Klabund (pseudônimo de Alfred Henschke), autor de *Aurora, Klabund, os Dias se Levantam* (1912), dono de um lirismo irônico, mas de tom pessimista. Embora nem sempre incluído entre os autores do movimento, com eles se assemelha o trágico e solitário George Trakl (*Crepúsculo e Declínio*), de origem austríaca. Obsedado por um amor incestuoso à irmã, mentalmente enfermo, viveu e produziu em meio às alucinações artificiais das drogas e do álcool, certo de que, acima das misérias humanas, paira uma "nuvem rubra na qual um deus em cólera habita".

Cinema. A violência até então inusitada da Primeira Guerra Mundial e as conseqüentes sensações de um mundo irracional, dilacerado e mesmo demoníaco contribuíram para a eclosão do expressionismo cinematográfico, tipicamente alemão. Algumas noções fortes e sempre presentes na construção dos enredos e imagens visuais da corrente foram as de instinto ou pulsão (*Drang*), espírito (*Geist*), estranhamento (*Fremdartigkeit*) e ameaça (*Bedrohung*).

O crítico Andrée Tourne faz ainda notar que "dois assuntos expressionistas contaminaram em grande medida os filmes da época – o do sonho e o da rua. O primeiro vale-se das deformações plásticas para ex-

primir as distorções mentais e as manifestações do inconsciente; o outro, para restituir a visão subjetiva de um elemento real e familiar. Delírios e visões deformadas provêm de personagens doentios ou sugestionados que a literatura romanesca há muito já havia privilegiado. Podemos acrescentar ainda o personagem das narrações expressionistas – o do pequeno-burguês respeitoso das regras, arrancado de sua vida rotineira por uma crise. É neste tipo de narrativa que a função perturbadora ou tentadora volta a sua atenção para a rua – a antítese do lar (da segurança), com todos os seus perigos" (*Expressionismo*).

O marco inaugural dessa estética inquietante deu-se com o *Gabinete do Dr. Caligari* (1919), escrito por Carl Mayer e Hans Janovitz, e dirigido por Robert Wiene. Desenvolvido em meio a cenários antinaturalistas, pintados, sob uma luz concentrada que realça igualmente as sombras (num jogo de claro-escuro), o filme gira em torno do par formado pelo psiquiatra Caligari e pelo interno do manicômio Cesare, ambos figuras patológicas vivendo situações delituosas que, ao final, se revelam como elucubrações do personagem insano.

No ano seguinte, Paul Wegener (diretor e co-roteirista, ao lado de Henrik Galeen e de Carl Boese) filmou uma segunda versão do →*Golem*, história baseada no mito judaico da presunção humana, revelando os perigos monstruosos que ela pode desencadear. A intensificação do drama se reforça com o modo estilizado e extático das representações, seja a do rabino místico, seja a da criatura, que circulam em meio a cenários fantásticos, concebidos por Hans Pelzig, também arquiteto.

Embora alguns críticos excluam da filmografia expressionista o *Nosferatu* de Murnau, muitos o vêem como uma das obras-primas do movimento. Com ele se materializam as imagens legendária e literária do vampiro, símbolo do mal, da ruína e do pecado, e também do mistério da morte e do artifício de sobrepujá-la. Mas, ao mesmo tempo, o de uma pulsão inconsciente que a deseja, insinuada pela personagem da jovem esposa.

Os três filmes acima mencionados abriram ainda perspectivas para o desenvolvimento da cinematografia fantástica (→*Fantástica, literatura; Fantástico, cinema*).

Metrópolis, de Fritz Lang (1926), tornou-se igualmente uma referência histórica pelo conteúdo sociopolítico que aborda. Trata-se de uma utopia ao revés, de uma distopia, ou seja, de uma sociedade planificada, tecnocrática e opressiva, síntese de uma idade das trevas medieval e de visões futuristas. Entre seus personagens, destaca-se Maria, a mulher-robô gélida e brilhante, amada pelo filho do todo-poderoso mestre e tirano.

Outros filmes característicos da corrente: *Raskólnikov*, de Wiene, baseado em *Crime e Castigo*, de Dostoiévski; *Escada de Serviço* e *O Gabinete das Figuras de Cera*, de Paul Leni; *Mistérios de uma Alma*, *A Última Gargalhada* (ou *O Último Homem*) e *Fausto*, de G. W. Pabst; *M.*, o *Vampiro de Dusseldorf* e *Dr. Mabuse*, ambos de Lang; *Sombras* (*Schatten*), de Arthur Robison.

•EXQUISITE CORPSE. →*Cadavre exquis*.

ÊXTASE. Conceito religioso de origem grega, derivado da palavra *ekstasis* – transportar-se para fora, suplantar a razão ou esquecer-se de si para penetrar em outra realidade essencialmente espiritual. É o momento culminante ou de transe de uma experiência mística, pela qual se dá a união entre o iniciado e a natureza divina. Para o filósofo Plotino e para os neoplatônicos, a supressão do aspecto racional – o *raptus mentis* (rapto da razão) – não se identifica com o êxtase. O que de fato ocorre é um estado de consciência supra-racional, não-verbalizável e inteiramente contemplativo, com o qual desapareceria a sensação de alteridade entre aquele que vê e aquele (ou aquilo) que é visto. Momento, portanto, de "repouso e compreensão de conjunção". Entre os partidários do orfismo antigo, o êxtase poderia ser também a expressão poética na qual se suplanta a *psique* individual e se alcança a espiritualidade comum, compartilhada, o *daimon*. O termo foi introduzido na religião cristã por Tertuliano (em *Adversus Marcionem*) com o significado de "fora da própria razão, por graça divina". Ou seja, saída da razão humana para um mergulho na razão divina. Há diversas técnicas religiosas ou de culto recomendadas para que se alcance o êxtase: meditação acompanhada de uma suspensão absoluta do juízo e da percepção ambiental, exercícios respiratórios, dança ou até mesmo a ingestão de drogas ou a prática sexual (no caso do tantrismo). O cristianismo, no entanto, não estipula ou sugere rituais específicos, acreditando que tal estado de visão mística direta só tem valor quando alcançado de maneira espontânea, ou em decorrência de uma vida espiritual constante e devotada (o rigor do ascetismo). Modernamente, Pierre Janet (*Da Angústia ao Êxtase*) caracterizou esse estado como disposição à imobilidade física, atividade espiritual interna, intensa e concentrada e sentimento de alegria.

EXTENSÃO. No âmbito da dança, refere-se à capacidade que um intérprete possui de erguer e conservar a elevação da perna, durante ou após um determinado passo. Quanto maior a extensão obtida, mais acrobático se torna o movimento.

EX-VOTO. Objeto artesanal, artístico ou oferenda sentimental levada a um templo, tal como pinturas, estampas, peças modeladas, figuras religiosas, placas, inscrições ou até mesmo aparelhos ortopédicos, dados em cumprimento a uma promessa feita anteriormente a uma divindade. O costume é antiqüíssimo, tendo vigido na Grécia (no templo de Epidauro, por exemplo) e em Roma, transpondo-se depois para o cristianismo. Testemunho de fé e de religiosidade, independentemente da classe social ou do valor artístico, os ex-votos derivam de situações críticas ou de perigo de vida (doenças, acidentes, viagens ou calamidades, por exemplo), pelas quais passam o ofertante ou seus familiares. Provém do latim, com o significado de "conforme ou consoante promessa".

FÁBULA. **1.** Narrativa oral assim como texto em prosa ou poema narrativo curtos, nos quais predominam situações e personagens inverossímeis ou fantásticos, por um efeito alegórico ou imaginário de "antropopatia", ou seja, aquele em que se atribuem sentimentos, virtudes, defeitos ou afecções humanas a outros seres (deuses, animais, plantas, criaturas fictícias ou objetos encantados que adquirem voz e animação). A fábula agrega os sentidos de conto ou de novela e tanto possui origens populares, folclóricas (recebendo acréscimos e contendo variações regionais), quanto pode ser culta e autoral. Na Antigüidade, sobressaíram o grego Esopo, criador do gênero (século VI a.C.) e os romanos Fedro (século I) e Aviano (século II), ambos tradutores de Esopo e também autores. Posteriormente, nos séculos XVII e XVIII, a fábula foi cultivada como modalidade literária mais requintada e de grande aceitação em cortes e salões: na França, por La Fontaine (doze livros), Charles Perrault (*Contes de ma Mère l'Oye*) ou Claris de Florian (89 contos), enquanto que, em Nápoles, "Giambattista Basile escolhe para suas acrobacias de estilista barroco-dialetal os *cunti* (contos), as fábulas *de' peccerille* (para crianças) e nos dá um livro, o *Pentameron* [...] obcecado por um fascínio pelo horrendo para o qual não há ogros nem bruxas que bastem e por um gosto pela imagem alambicada e grotesca em que o sublime se mistura ao vulgar e ao sujo" (Italo Calvino, *Fábulas Italianas*). Com a voga romântica do século XIX, as coletâneas populares ou as obras autorais disseminaram-se nos países de língua alemã – Christian Gellert e os irmãos Grimm; na Espanha, com Tomás de Iriarte; na Itália, com o volumoso trabalho de Giuseppe Pitrè e, na Rússia, com Ivan Krylov, tido como o La Fontaine eslavo. Seus enredos ou foram concebidos com originalidade ou reconstituídos sobre histórias anônimas da tradição oral, também conhecidos, no correr da Idade Média, como contos de fadas. A fábula autoral "clássica" possui, quase sempre, uma finalidade moralizante ou educativa, reforçada pelo tratamento satírico. E essa intenção ética vem resumida em um →*epimítio*, expresso claramente no final. Em língua portuguesa, serviram-se da fábula, em forma de prosa, Almeida Garrett, Coelho Neto e Monteiro Lobato, entre outros, estando ainda disseminada na literatura infantil. Exemplo: "Um velho galo matreiro, percebendo a aproximação da raposa, empoleirou-se numa árvore. A raposa, desapontada, murmurou consigo: – Deixe estar, seu malandro, que já te curo. E em voz alta: – Amigo, venho contar uma grande novidade: acabou-se a guerra entre os animais. Lobo e cordeiro, gavião e pinto, onça e veado, raposa e galinhas, todos os bichos andam agora aos beijos, como namorados. Desça desse poleiro e venha receber o meu abraço de paz e amor. – Muito bem!, exclama o galo. Não imagina como tal notícia me alegra. Que beleza vai ficar o mundo, limpo de guerras, crueldades e traições! Vou já descer para abraçar a minha amiga raposa, mas, como lá vêm vindo três cachorros, acho bom esperá-los para que também eles tomem parte na confraternização. Ao ouvir falar em cachorro, Dona Raposa não quis saber de histórias, e tratou de pôr-se ao fresco, dizendo: – Infelizmente, amigo Co-ri-co-có, tenho pressa e não posso esperar pelos amigos cães. Fica para outra vez a festa, sim? Até logo. E raspou-se. Contra esperteza, esperteza e meia" (Monteiro Lobato). Também *apólogo*. **2.** Acepção anterior e que ainda permanece é a de enredo, história ou intriga literariamente imaginada, ou seja, a de uma seqüência de eventos interligados e coerentes, reunindo assuntos e seus motivos de conflito. Aristóteles, em sua *Poética* (VI), diz textualmente: "Está na fábula a imitação da ação. Chamo fábula a reunião ou disposição das ações". →*Intriga*, →*Literatura*. **3.** Os cantos e as narrações mitológicas orais e anônimas que estiveram na origem dos povos. Com essa acepção, Giambattista Vico defendeu o entendimento das fábulas antigas não como invenções caprichosas, mas verossímeis. Diz ele: "Os filósofos atribuíram às fábulas interpretações físicas, morais, metafísicas ou de outras ciências [...] assim, com o auxílio de suas alegorias eruditas, supuseram-nas como fábulas. Mas os primeiros autores não as entenderam com tais sentidos doutos, nem podiam entendê-las, dada a sua natureza rústica e ignorante. Antes, por essa mesma natureza, conceberam as fábulas como narrações verdadeiras [...] das coisas divinas e humanas" (*Ciência Nova*). **4.** Conto popular, de origem folclórica ou autoral, cujo enredo contém fatos maravilhosos ou encantamentos, benéficos ou maléficos. História ou conto de fadas. →*Fada*. **5.** Divindade alegórica romana, filha do Sono e da Noite, propiciadora de sonhos prazerosos, e normalmente representada com máscara e vestidos ornamentados.

FABULA PRAETEXTA.   Peça dramática séria sobre fatos e personagens históricos de Roma, ou ainda envolvendo seus mitos e heróis. O gênero foi criado por Caio Gneo Névio, no século III a.C., tendo restado apenas uma tragédia sua, *Octavia*. Sabe-se que outros dramaturgos posteriores compuseram fábulas semelhantes, como Ênio (*Rapto das Sabinas*), Lúcio Ácio (*Bruto*) e Pompônio Segundo (*Enéas*). Seus personagens portavam a toga nobiliar (*toga praetexta*, dos patrícios). Em contraposição a esse gênero, havia a →comédia togata.

FACHADA.   O lado frontal de uma edificação, e que a caracteriza estilisticamente, contendo a entrada principal. Além da frente, também se consideram fachadas cada uma das faces externas de uma construção que faça limite com a via pública. Diz-se *fachada falsa* aquela que, por meio de recursos mais decorativos do que estruturais, falseia a dimensão ou a importância da edificação. O mesmo que *frontispício* ou *frontaria*.

FADA.   Ser ou personagem mágico, do sexo feminino, e de poderes sobrenaturais, em princípio ligado à idéia de fatalidade, fado, sina ou destino, e posteriormente desdobrado em entes bons, protetores ou favorecedores, e maus, capazes de perseguição, extravio e morte do ser humano. As Parcas da →mitologia grega passaram à literatura romana sob o nome de Tria Fata, mencionadas por Virgílio e Horácio. A crença voltou a ser reafirmada durante a época medieval e seus misticismos, recebendo, no entanto, a influência dos povos nórdicos, cujas fadas habitavam regiões naturais: rios, lagos, florestas, fontes e nuvens. Os romanceiros arturiano (*Fata Morgana*) e de Carlos Magno as mencionam, assim como o *Orlando Furioso*, de Ariosto, a *Rainha das Fadas*, de Spencer, os *Sonhos de Uma Noite de Verão*, de Shakespeare (a corte de Titânia), *Os Lusíadas*, de Camões e as *Mil e Uma Noites*. No âmbito das →fábulas ou dos contos infantis modernos, a fada converteu-se em personagem apenas benévola e de grande beleza, deixando-se o lado negro dos poderes para as bruxas e feiticeiras, seus opostos. E os poderes encantadores que a caracterizam permitiram que a literatura dedicada à infância ficasse também conhecida, genericamente, como contos de fadas. A esse respeito, o psicólogo Bruno Bettelheim, em sua obra *The Uses of Enchantment – Meaning and Importance of Fairy Tales* (traduzido em português como *A Psicologia dos Contos de Fadas*), defende a leitura e a difusão dessas narrativas, sobretudo as tradicionais ou folclóricas, por cumprirem quatro importantes papéis no desenvolvimento da personalidade infantil: fantasia (necessidade de imaginação e devaneio), escape (enfrentamento de situações críticas, de medos e apreensões), recuperação (reafirmação da coragem, de crença nas possibilidades individuais) e consolo (introjeção de virtudes, de valores nobres e moralmente positivos). Nas palavras do autor: "No conjunto da 'literatura infantil', com raras exceções, nada é tão enriquecedor e satisfatório para a criança, como para o adulto, quanto o conto de fadas folclórico. Na verdade, em um nível manifesto, os contos de fadas ensinam pouco sobre as condições específicas da vida na moderna sociedade de massa; esses contos foram inventados muito antes que ela existisse. Mas por seu intermédio pode-se aprender mais sobre os problemas interiores dos seres humanos e sobre as soluções corretas para seus predicamentos em qualquer sociedade do que com outro tipo de história, dentro da compreensão infantil [...]. [A criança] necessita de uma educação moral que, de modo sutil e implícito, conduza-a às vantagens do comportamento moral, não através de conceitos éticos abstratos, mas daquilo que lhe parece tangivelmente correto e, portanto, significativo [...]. Esta é exatamente a mensagem que os contos de fadas transmitem à criança de forma múltipla: que uma luta contra dificuldades graves na vida é inevitável, é parte intrínseca da existência humana; e que se a pessoa não se intimida, mas se defronta de modo firme com as opressões inesperadas e muitas vezes injustas, ela dominará todos os obstáculos e, ao fim, emergirá vitoriosa". A maior coleção de contos de fadas ocidentais e de narrativas orientais assemelhadas – o *Cabinet des Fées* – deveu-se a Charles Joseph de Mayer, que, nos anos de 1785 e 1786, reuniu, em 41 volumes, as diversas narrativas anônimas e autorais até então conhecidas.

FADO.   Canto, música e alma de Portugal, o fado é um gênero popular, urbano e performativo (de interpretação dramática), síntese de várias contribuições, seja autóctones, como a música folclórica e rural do norte do país, seja aportadas à península – o canto moçárabe e o lundu afro-brasileiro. Sua forma e expressividade pungente surgiram nos bairros pobres e proletarizados de Lisboa na década de 1930 do século XIX. A primeira personalidade destacada de sua história foi Maria Severa, uma prostituta e cantora do bairro da Mouraria. Poucos anos após a sua morte (1846), uma canção de homenagem (o *Fado da Severa*) correu Portugal inteiro e cristalizou a atribuição mítica que a ela se faz: "Tenho vida amargurada / Ai que destino infeliz! / Mas se sou tão desgraçada / Não fui eu que assim o quis. / Quando eu morrer, raparigas / Não tenham pesar algum / Ao som de vossas cantigas, / Lancem-me à vala comum". Vê-se por aí que o fado, na acepção mesma de "destino", vaticínio ou fortuna, é uma música que embala os guetos socialmente marginais e despossuídos da capital, de seus bares e prostíbulos, sua gente e autores anônimos. Não por outro motivo, nele se expressam os amores conturbados, as desilusões e crimes passionais, e as tragédias, mas também as sátiras sociais e políticas e as pequenas alegrias cotidianas dos miseráveis. Naquele primeiro século, o fado adotou a forma poética da décima, provavelmente sob a influência mais antiga dos romanceiros em cordéis. Ou seja, havia uma glosa inicial (uma estrofe de quatro versos), à qual se seguiam quatro estrofes de dez versos. A frase final de cada uma das estrofes em décima repetia um dos versos da glosa. Já no século XX, as dimensões foram reduzidas para blocos de quadras, quintilhas e sextilhas, quando o limite da gravação discográfica se impôs. Difundiu-se em festas e folguedos populares, como casamentos, batizados, feiras e romarias, muitas vezes levado por músicos cegos, como no Brasil o fizeram os repentistas nordestinos. Naquelas ocasiões, o fado começou a ser também dançado, com acompanhamento de gaita ou harmônica de boca. Chegando a Coimbra, os estudantes deram-lhe um tratamento literário mais apurado, ao estilo romântico, introduzindo-o ainda nos salões burgueses, de classe média, o que provocou, durante as duas primeiras décadas do século XX, uma intensa disputa entre os tradicionalistas (o fado pertence às tabernas!) e os novos cultores dos teatros de revista e dos espetáculos comerciais. Há uma grande diversidade no fado, desde o tradicional fado corrido, passando pelo fado-canção, fado-mazurca, em tons menor ou maior, com variedades harmônicas e rítmicas (compassos 2/4, 3/4, 6/8 e 4/4). Mas em seu universo, o "cantador" ou a "cantadeira" – os fadistas – são as figuras proeminentes, pelo canto pessoalíssimo, capazes de improvisações melódicas, rubatos, ornamentações e vocalises, seguidos pelo primeiro guitarrista, ele também personalidade de importância inequívoca. Cabe a ele o acompanhamento da voz com figurações melódicas, acordes, arpejos e progressões harmônicas. Além da primeira, o fado é acompanhado por uma segunda ou mais guitarras (instrumento de seis cordas duplas), viola e viola baixo, de apoios harmônico e rítmico, em compasso 4/4. Entre os grandes nomes do fado (autores e intérpretes) estão Jorge Cadeireiro, Carlos Harrington, Augusto Hilário, Antonio Eusébio (Calafate), Hermínia Silva, Cecília de Almeida, Avelino de Souza, Ercília Costa, Amália Rodrigues, Henrique Rego, Alfredo Duarte (o Marceneiro), Carlos do Carmo ou Argentina Santos. Na poética opinião de Fernando Pessoa, "o fado não é alegre nem triste. É um episódio de intervalo. Formou-o a alma portuguesa quando não existia e desejava tudo sem ter força para o desejar. É cansaço de alma forte, o olhar de desprezo de Portugal ao Deus em que creu e que também o abandonou. No fado, os deuses regressam, legítimos e longínquos".

FAIANÇA. →*Cerâmica.*

FANDANGO. Conjunto ou suíte de danças e cantos populares de origem rural ibérica (Espanha e Portugal) difundido na região sul do Brasil e no estado de São Paulo, e que se subdivide em fandangos batidos ou rufados, isto é, acompanhados por palmas e batidas de pé, e fandangos bailados ou valsados, de passos deslizantes. A quantidade de danças chega à centena, tendo cada uma delas um nome singular. Assim, entre os fandangos rufados existem a tirana, o sapo, a serra-baile, o anu-velho e o recortado; entre os valsados, o manjerição, a faxineira, a ciranda, a chimarrita, o anu-chorado, a cana-verde ou a volta-senhora. Como nas regiões Norte-Nordeste a denominação de fandango se confunde com a de →marujada.

FANFARRA. **1.** Originariamente, termo musical para designar um movimento ou passagem enérgica, com grupo de sons repetidos e de curta duração. **2.** Conjunto instrumental ou orquestra com predomínio de instrumentos de sopro (metais) e acompanhamento rítmico de percussão (bombos, tambores, caixas), servindo para desfiles de escolas, de corporações de ofícios ou de clubes de frevo. **3.** Toques festivos de instrumentos de metal (mais assiduamente os de trompetes), também acompanhados de percussão, e utilizados em solenidades cívicas ou oficiais. **4.** Denominação utilizada por certos compositores eruditos para peças concertantes, com as características já mencionadas nos itens 1 e 3, como a *Fanfare for the Common Man* (Aaron Copland) ou a *Fanfare for a New Theatre* (Stravínski).

FANTASIA. **1.** Faculdade que pode ser tomada, genericamente, como sinônima de →imaginação ou formulação de imagens. Entendendo-se, no entanto, a imaginação de maneira mais restritiva, isto é, como disposição intelectual para conceber volitivamente idéias a partir de objetos ou vivências reais, a fantasia indicaria então aquelas imagens evocadas sem regras, isto é, de modo fictício ou mesmo "desenfreado" ou caprichoso. Daí Kant tê-la definido como "a imaginação enquanto produz imagens sem o querer" (*Antropologia Pragmática*). Já Hegel (*Enciclopédia*) atribuiu-lhe a capacidade de criação voluntária, sendo, portanto, uma forma de imaginação "simbolizadora, alegorizante, poetante", característica da literatura e das artes. No que foi seguido por Novalis, para quem a fantasia "é o sentido maravilhoso que em nós pode substituir todos os sentidos. Se os sentidos externos parecem submeter-se a leis mecânicas, a fantasia não está ligada nem ao presente, nem aos estímulos anteriores" (externos). De modo semelhante, Benedetto Croce defendeu a fantasia como faculdade artística, pela qual se pode, criativamente, "acumular imagens, escolhê-las, esmiuçá-las, combiná-las" (*Breviário de Estética*). Nessa abordagem, pertencente à estética romântica, a fantasia seria algo infinito, enquanto a imaginação tenderia a seguir regras mais racionais. Por isso, Samuel Coleridge distinguiu, no léxico inglês, a *imagination* – a "imaginação criadora" que amplia o real – da *fancy*, um pensar arbitrário ou aleatório (*Biographia Literaria*). Assim a expressou, por exemplo, o poeta John Keats, no início do século XIX: "Que a alada Fantasia vague sempre, / Nunca acharemos o Prazer em casa. / A um toque só, o doce Prazer se esfaz, / Como bolhas se a chuva tamborila; / Que a alada Fantasia erre por meio / Do pensamento que vai sempre além: / Abri a porta que engaiola a mente, / E ela, arrojando-se, voará até as nuvens" (tradução de Péricles da Silva Ramos). **2.** Roupa (e seus acessórios) que imita a vestimenta de outra época, povo, classe social ou mesmo de personagens fictícios, mitológicos ou literários. Usada em artes cênicas (nesse sentido, →*Figurino*), bailes, festas e folguedos populares. →*Carnaval*.

FANTÁSTICA, LITERATURA; FANTÁSTICO, CINEMA. **1.** Embora se costume incluir os mitos, as lendas e a fábula como modalidades da literatura fantástica, as análises mais acuradas sobre o assunto estabelecem uma distinção entre o especificamente fantástico e o âmbito mais geral do maravilhoso que recobre aqueles gêneros citados. Uma primeira observação a respeito pode ser a do crítico francês P. E. Castex (*Antologia do Conto Fantástico*), para quem "o fantástico se caracteriza [...] por uma intromissão brutal do mistério no quadro da vida real". Outra, a do contista e ensaísta H. P. Lovecraft (*Horror Sobrenatural em Literatura*). Em sua opinião, a identidade do fantástico repousa sobre a atmosfera de inquietação, sobre o sentimento de temor que se experimenta em face de poderes insólitos ou estranhos: "Devem estar presentes forças desconhecidas, uma certa atmosfera ofegante, um pavor inexplicável vindo do exterior; é necessário haver uma insinuação expressa com seriedade e portento convertendo-se em objeto daquela terrível concepção do cérebro humano – uma maligna e particular anulação das leis fixas da Natureza, que são as nossas únicas salvaguardas contra os assaltos do caos". Também para Charles

Nodier (*Do Fantástico em Literatura*), "o verdadeiro conto fantástico intriga, encanta ou perturba, criando o sentimento de uma presença insólita, de um mistério sobrenatural, de um poder terrível que se manifesta, em nós e à nossa volta, como advertência do além, e que, impressionando nossa imaginação, desperta um eco imediato em nosso coração". O entendimento de Roger Caillois é o de que "a medida essencial do fantástico é a aparição: o que não pode acontecer e que, no entanto, se produz [...] no seio de um universo perfeitamente demarcado e do qual pressupúnhamos que o mistério houvesse sido banido para sempre" (*Encyclopaedia Universalis*). Mas, se o medo surge com freqüência, ainda não seria ele o elemento definidor. Na concepção de Tzvetan Todorov (*Introdução à Literatura Fantástica*), o fantástico abrangeria então os seguintes aspectos: *a*) os fatos não são explicáveis pelo mundo conhecido, cotidiano ou familiar (estranhamento, mistério); *b*) impõe-se uma ambigüidade na interpretação dos eventos (realidade ou ilusão?, veracidade ou mentira?); *c*) desta ambigüidade resulta uma hesitação ou perplexidade experimentada por um ser (tanto pelo herói da narrativa quanto pelo leitor) que só conhece as leis naturais, perante um acontecimento aparentemente sobrenatural (o fantasma é um produto da alucinação, que não deixa de ser real, ou existe de fato, como ser autônomo?); *d*) uma maneira de interpretar que se poderia chamar de negativa, isto é, que não constitui nem uma "poética", nem uma "alegoria" (em que os animais falam, de que seres imaginários participam ou em que idéias abstratas se convertam em figuras humanas – fenômeno da antropopatia). Justamente por essas razões, nem toda obra em que o sobrenatural, o alegórico, o fabuloso ou mesmo o estranho intervenham deve ser encarada ou classificada como fantástica. Caso contrário, quase toda a literatura, desde Homero, pertenceria ao gênero. Assim, autores e obras característicos desta modalidade são, entre outros: E.T.A. Hoffmann (*Contos Fantásticos*), Maupassant (*Onze Histórias Fantásticas*), Gerard de Nerval (*Aurélia* e outros contos fantásticos), Jan Potocki (*Manuscrito Encontrado em Saragoça*), Edgar Allan Poe (*Histórias Extraordinárias*), Villiers de l'Isle Adam (*Contos Fantásticos*), Théophile Gautier (*Contos Fantásticos*), Henry James (*A Volta do Parafuso*), Kafka (*A Metamorfose*), John Carr (*A Câmara Ardente*), Achim von Arnim (*Contos Bizarros*), Ambrose Bierce (*Contos Negros*), Alexis Tolstói (*Aelita*), Leopoldo Lugones (*A Chuva de Fogo*). **2.** Considerando-se os aspectos anteriores, cremos que a delimitação do cinema fantástico deve ser restringida àquelas obras nas quais o ser humano enfrenta, com hesitação, estranhamento e medo, fenômenos que estão no limite entre o natural e o sobrenatural. Ou, ainda, aquelas em que os conflitos e as atrações pelo bem e pelo mal se mantenham irresolutos até o clímax ou desfecho. Sob tais perspectivas, a literatura neogótica (→ *Gótico*, 2) e o →expressionismo ofereceram alguns dos primeiros temas e enredos para a produção cinematográfica. Casos, por exemplo, de *O Gabinete do Dr. Caligari*, do *Golem*, de *Nosferatu*. Além de Drácula, o vampiro, três outros personagens deram fama popular ao gênero: Frankenstein, o Dr. Jekyll e o Lobisomem, cujas variadas refilmagens se estenderam ao longo do século XX. Satanismo, bruxaria e possessões incluem-se igualmente entre os motes e assuntos habituais. Alguns filmes que ao longo do tempo ilustram de modo bastante representativo a vertente fantástica são: *Os Assassinatos da Rua Morgue* (Robert Florey, 1932), *O Gato Preto* (Edgar Ulmer, 1934), *O Corvo* (Lew Landers, 1935), todos baseados em obras homônimas de Edgar Allan Poe; *Old Dark House* (1932) e *O Homem Invisível* (1933), de James Whale; *Freaks* (1932), de Tod Browning; *A Noite Fantástica* (1942), de Marcel L'Herbier; *Os Visitantes da Noite* (1942), de Marcel Carné; *O Homem-Leopardo* (1943), de Jacques Tourneur; *Dead of Night* (1945), um filme com quatro histórias assinadas por Basil Dearden, Robert Hamer, Charles Crichton e pelo brasileiro Alberto Cavalcanti; *O Retrato de Dorian Gray* (1946), de Albert Lewin; *A Beleza do Diabo* (1949), de René Clair; *Noite do Caçador* (1955), de Charles Laughton; *A Máscara do Demônio* (1960), do italiano Marco Bava; *Gritos na Noite* (1962), do espanhol Jesus Franco; *Carnaval of Souls* (1962), de Herk Harvey; *O Bebê de Rosemary* (1968), de Roman Polanski; *A Inocente Face do Terror* (*The Other*, 1972), de Robert Mulligan; *O Exorcista* (1973), de William Friedkin; *Carrie, a Estranha* (1974), de Brian de Palma; *O Iluminado* (1977), de Stanley Kubrick, ou *Bram Stoker's Dracula* (1992), de Francis Ford Coppola.

FANTOCHE. Boneco ou figura móvel do →teatro de animação, também chamado boneco de luva, consistindo de cabeça e de braços montados sobre tecido ou roupa que, desta maneira, configura o corpo e encobre a mão do marionetista. Seu tamanho, portanto, deve ser compatível com a mão do manipulador. O rosto e os braços do fantoche são construídos com materiais diversos, desde madeira, cera, pano ou cerâmica, até os materiais plásticos modernos. →*Marionete*.

FANZINE. Neologismo formado pelas palavras *fan* (fã) e *magazine*, designa as publicações juvenis e alternativas, ou seja, independentes de grandes editoras, impressas ou fotocopiadas em formatos de jornal ou revista, abordando assuntos de música popular, sobretudo do universo *pop*, ou destinadas à produção de histórias em quadrinhos. O fanzine possui habitualmente uma circulação dirigida ou restrita à rede de fãs, tratando com idolatria, na área musical, os artistas que são matéria de suas edições.

FARSA. Pequena peça cômica de crítica às mentalidades e hábitos sociais, ou mesmo políticos e culturais, e que possui como recursos mais comuns personagens populares tratados de maneira caricata, exagerada ou grotesca. Tendo por objetivo o riso e o entendimento imediatos, a farsa vale-se sobretudo de enredos elementares, de ações diretas e físicas (do tipo circense) e da linguagem popular, evitando maiores sutilezas nos diálogos ou nas situações. À diferença da comédia, a farsa tende a promover um ataque despreocupado de finalidades moralizantes. Seu maior desenvolvimento ocorreu na Idade Média e no Renascimento, exercendo influência sobre a →*commedia dell'arte*. O barroco luso-espanhol, no entanto, empregou o vocábulo como sinônimo de →*auto*. →*Teatro*.

FAUNO, FAUNA. Antigo deus itálico da natureza, protetor dos rebanhos e dos pastores. Neto de Saturno e filho de Picus, veio a se confundir com →Pã. Sua irmã, Fauna, zelava pela fertilidade dos animais de criação, passando a simbolizar ou a indicar a totalidade dos animais de uma região delimitada ou de um ecossistema.

FÁUSTICO. Além dos espíritos →apolíneo e →dionisíaco, analisados por Nietzsche como as formas iniciais, opostas e complementares da cultura ocidental, ter-se-ia desenvolvido, a partir do século X da nossa era, uma nova concepção de alma ou sentimento que Oswald Spengeer denominou fáustico, simbolizado pelo personagem de Goethe. Segundo o autor, sua característica primordial seria a necessidade de criar ou de percorrer um espaço puro, ilimitado, ampliando as possibilidades humanas: "A coluna dórica (apolínea) penetra na terra. Os vasos gregos estão concebidos de baixo para cima, ao passo que os renascentistas flutuam sobre a base. É por essa razão que as obras arcaicas acentuam sobremaneira as articulações (e indicam solidez); o pé descansa sobre toda a planta, e a orla inferior das vestes compridas é omitida, a fim de mostrar como ele se finca no solo". Já a partir da época assinalada, o espírito ocidental descobriria o movimento, a instabilidade, o desassossego, a necessidade de uma elevação. Assim é que o primeiro grande símbolo dessa vontade fáustica estaria na arquitetura gótica (→*Arte medieval*). Seguir-se-iam depois as artes móveis da polifonia e da fuga, e a física de Galileu. Com o barroco, os ritmos e as metáforas se multiplicaram nas formas poéticas e o jogo plástico das sombras e das luzes explorou a cinestesia dos deslocamentos. O cosmo passou a ser entendido como realidade única e contínua, e não mais apartado em reinos divinos, à maneira dos greco-romanos, habitados por entidades separadas. Reivindicou-se um só rebanho de homens, vinculados pela Eucaristia (as dogmáticas católica e protestante). Valorizou-se a invenção de novas técnicas, de uso prático, o domínio e a "humanização" da natureza (que os mosteiros sob supervisão de Cluny e Cister desenvolveram). Ser fáustico, portanto, é estar tomado por uma ânsia interior permanente que se desgarra do solo. Não se contentar com a serenidade almejada pela cultura apolínea. Ao contrário, corresponde à idéia de dinamismo, de superação da finitude, e, ao mesmo tempo, o sentir-se solitário ou em luta com as forças da natureza e com os conflitos da psique humana. Ainda na opinião de Spengler, seus primeiros heróis foram, antes de Fausto, Siegfried, Parsifal, Tristão e Hamlet.

FAUVISMO. Movimento pictórico pós-impressionista, que certos autores incluem como a primeira manifestação do expressionismo francês, e cujo início data de uma famosa exposição coletiva realizada em Paris, em 1905, no Salão de Outono. Observando a mostra, o crítico Louis Vauxcelles teria exclamado, ao ver aquelas obras entre uma escultura clássica de Donatello: "Donatello entre as feras" (*fauves*). A nova corrente teve em Henri Matisse a sua figura de maior relevo, contando, ainda, com a participação, entre outros, de André Derain, Maurice de Vlaminck, Henri Manguin, Raoul Dufy, Jean Puy, do belga Rik Wouters e do holandês Van Dongen. As influências mais diretas sobre a nova estética fauvista provieram dos impressionistas e, particularmente, de Cézanne e de Van Gogh, caracterizando-se pelo uso de cores puras, brilhantes e saturadas, inaturais, não-descritivas, decorativas ou sem divisão de tons, pela redução dos princípios da perspectiva, pelo primitivismo deliberado na distorção das figuras, mas ainda assim tratadas de maneira a que a composição assumisse uma atmosfera bucólica, serena ou sensual. Em 1908, escrevia Matisse a respeito de seu próprio trabalho, já distanciado dos impressionistas: "A tendência dominante na cor deve ser a de servir o melhor possível à expressão [...]. O lado expressivo das cores se impõe a mim de modo puramente instintivo. Para pintar uma paisagem de outono, não tentarei me lembrar das cores que convêm a essa estação; inspirar-me-ei apenas na sensação que ela me proporciona: a pureza glacial do céu, de um azul acre, exprimirá a estação tão bem como a tonalidade das folhagens [...]. A escolha de minhas cores não repousa em nenhuma teoria científica [...] procuro simplesmente empregar cores que expressem a minha sensação [...]. Sonho com uma arte de equilíbrio, de serenidade, desprovida de motivos inquietadores ou deprimentes: uma arte que seja, para todo trabalhador cerebral, para o homem de negócios ou para o artista das letras, por exemplo, um lenitivo, um tranqüilizante mental, semelhante a uma boa poltrona que o faz repousar de suas fadigas físicas" (*Notas de um Pintor*). Para o grupo, a pintura deveria concretizar uma expressão artística fundamentalmente subjetiva e autônoma, minimizando uma aproximação estreita com a natureza, a fim de não torná-la um simples "reflexo" realista, algo que, em princípio, a fotografia já obtinha com perfeição. Por essas características, e embora figurativo, o fauvismo já se encontra no limite entre a longa tradição da arte pictórica ocidental e as rupturas subseqüentes que ocorreram no século XX. Apesar de sua curta duração – entre os anos de 1904 e 1908 – serviu como fase original para quase todos os seus adeptos, sem deixar de contribuir para revoluções posteriores, como as do cubismo e do expressionismo.

FÉ. Do latim *fides* – confiança – constitui a aceitação sincera da palavra revelada ou de um testemunho divino, cuja verdade serve de orientação à vida. No entendimento de São Paulo (*Epístola aos Hebreus*), "é a garantia das coisas esperadas e a prova das que não se vêem". A fé, nessa acepção, é um ato dinâmico e um compromisso de firme convicção intelectual (a prova), projetados, ao mesmo tempo, para além do cognitivo (das coisas que não se vêem). Situa-se, portanto, acima da compreensão lógico-racional das investigações filosóficas ou científicas, embora possa não desprezá-las. Tem-se fé para, a partir dela, compreender tanto a realidade sensível quanto a sobrenatural, seguindo-se, por exemplo, a fórmula de Santo Agostinho, o *credo ut intelligam* (creio para entender), ainda que determinados eventos vividos ou conceitos abstraídos pareçam inexplicáveis ou paradoxais. Conseqüentemente, a fé é um compromisso com a "razão divina", sendo esta superior, distinta e até mesmo inalcançável pela razão humana. O misticismo alemão do século XIV passou ainda a atribuir à fé a qualidade de ser uma via de acesso direta ou imediata a Deus. Daí a fórmula de Mestre Eckhart (*Livro da Consolação Divina*), para quem ela constitui "o nascimento de Deus no homem". Para Duns Scot (*Opus Oxoniense*), a fé serve também, ou antes de tudo, como norma de conduta, consistindo, portanto, em prática moral e veículo da bem-aventurança: "A Fé não é um hábito especulativo [...] e a visão que segue a crença não é uma visão especulativa, mas prática". Sob esse aspecto, em particular, a fé adquire o significado de um contrato íntimo, mas destinado objetivamente ao bem comum. Kierkegaard, por sua vez, assinalou a supremacia da fé sobre a razão justamente por ser um ato de aderência à inverossimilhança (sendo o verossímil e a evidência objetos da cognição), isto é, pela escolha a uma "obediência reverente e absoluta", pela certeza desejada da eternidade (*Diário*). Essa noção guarda parentesco com a "aposta" de Pascal na existência de Deus. Com ela, o ser humano só tende a ganhar espiritualmente em vida, mesmo que a eternidade seja ilusória.

FENESTRAÇÃO. Em arquitetura, a projeção da forma, da disposição, da quantidade e da proporção de janelas e de outras aberturas para ventilação e iluminação de um prédio ou residência.

FENÔMENO. **1.** Genericamente, o que aparece ou se manifesta aos sentidos humanos e se incorpora à consciência (do verbo grego *phainesthai* – aparecer). Desde a filosofia grega, no entanto, o termo combina este significado neutro com o de "parecer" (dúvida quanto à realidade), distinguindo-se de uma essência do objeto ou da coisa que aparece. Para Kant, constitui aquilo que, proveniente do mundo exterior, é organizado pelo sujeito do conhecimento, segundo as formas do espaço e do tempo e conforme as categorias do entendimento. Mas esse sujeito do conhecimento não é um indivíduo em particular, senão o Sujeito Transcendental, ou seja, a própria razão humana que tem a faculdade de conhecer. Por inferência, o fenômeno, quando se manifesta, já é uma realidade estruturada pelas idéias do sujeito que conhece. Todo fenômeno, nesse sentido, constitui uma apreensão idealista, ou seja, uma ação das idéias sobre as coisas ou entes. Difere do "númeno" que corresponde ao "ser enquanto ser", à "realidade em si", e à qual a razão não tem acesso. Hegel, por sua vez, o define como tudo o que aparece à →consciência, inclusive o fato de a própria consciência tomar conhecimento de si por meio de todos os outros fenômenos externos. **2.** No âmbito das ciências, fenômeno designa, sobretudo, os processos que podem ocorrer com os corpos, e não os corpos ou entes em si considerados. Assim, constituem fenômenos as transformações de estados dos corpos, as alterações de velocidade e de energia, a conservação de massas etc. **3.** Popularmente, indica alguma coisa ou acontecimento raro, prodigioso, bem como pessoa de dotes extraordinários, incomuns.

• FERMATA. Vocábulo italiano (parada, pausa) para o signo musical – um ponto sob um semicírculo – que pode indicar: *a*) o fim de uma frase; *b*) a parada de um compasso em uma nota determinada, a partir da qual o intérprete tem liberdade para prolongá-la além do valor ou duração normal; *c*) a possibilidade de improviso do músico executante.

FESCENINO. Verso, canto ou improvisação cênica romana, mas de origem etrusca (da cidade de Fescênia), caracterizado pelo diálogo entre camponeses e pela comicidade grosseira ou licenciosa, e que esteve nas origens da comédia latina. À época de Virgílio foi combatido pelos autores clássicos e censurado pelo senado. No século IV, entretanto, modificou-se inteiramente, fixando-se como espécie literária comemorativa de festas nupciais, em linguagem mais elevada, como o demonstra, por exemplo, a obra *In Nuptias Honorii et Mariae Fescennina*, do poeta Claudio Claudiano.

FESTÃO. Ornamento arquitetônico, pintado ou em relevo, bem como desenho em peças de artes aplicadas, consistindo de uma guirlanda de flores ou de frutos, amarrados por um laço de fitas.

FESTIVAL. Conjunto de eventos artísticos, de natureza cênica, realizado em intervalos temporais regulares (anualmente, bienalmente), esteja ele circunscrito a uma expressão determinada (cinema, teatro, música, vídeo ou dança) ou congregue formas e linguagens diferenciadas (música e balé, como o festival de Besançon, música erudita, balé e teatro, como o de Edimburgo). De maneira mais comum, um festival reúne vários artistas, diretores, realizadores ou produtores, seja para a apresentação de obras inéditas, seja para a execução ou a representação de versões relativas a obras já conhecidas. Pode, em decorrência de seus objetivos principais: *a*) estar dedicado a um autor (festival de Bayreuth, consagrado com exclusividade a Wagner; de Stratford-on-Avon, dedicado apenas a Shakespeare; festival de Salzburg, em homenagem a Mozart, embora sejam apresentadas peças de outros compositores); *b*) aplicar-se a um gênero ou categoria específica (teatro de animação, música de câmara, cinema fantástico); *c*) estar aberto a temas variados, dentro da mesma linguagem artística (festivais cinematográficos de Cannes, Veneza, Gramado ou Brasília, festival operístico de Camden, festival de música de Campos do Jordão); *d*) estabelecer critérios de concorrência, julgamento e premiações, ou desenvolver-se como simples exibição ou espetáculo de obras ou artistas inscritos. A prática dos festivais é bastante remota, tendo se vinculado, na Antigüidade, às datas e consagrações religiosas. Assim foram, por exemplo, os festivais de Osíris, no Egito, de Dioniso, na Grécia, ou de Marte, em Roma. Daí também as manifestações intrínsecas de canto, de dança e de representação dramática vinculadas então àqueles festivais.

FETICHE, FETICHISMO. **1.** Fetiche é um objeto material – natural ou elaborado artificialmente – ao qual se atribuem poderes sobrenaturais e misteriosos. Daí ser o fetichismo uma crença de caráter mágico-religioso pela qual se consideram os fetiches objetos de sortilégio, depositários de forças benéficas ou maléficas que atuam espiritualmente sobre os homens. Relativamente comum em comunidades tribais, antigas ou ainda sobreviventes (da África, das Américas, da Polinésia etc.), o termo fetichismo foi empregado inicialmente em um estudo de religiões comparadas pelo jurista francês Charles de Brosses (*Do Culto dos Deuses Fetiches*, 1760). Sua intenção era demonstrar que o fetiche estaria na base evolutiva da religiosidade humana. Essa idéia do fetichismo como manifestação de uma infância ainda primitiva ou selvagem foi recusada, entretanto, pela etnologia de Marcel Mauss, que o considerou uma forma de preconceito da cultura européia, relativamente à mentalidade de povos colonizados. Kant denominou de fetichismo toda religião mágica que busca, pelo culto das imagens e regras de fé, obter favores divinos na realização de desejos pessoais (*Religião*, 1793). Sob esse entendimento, estariam aqui incluídas não só as religiões animistas ou totêmicas, como aquelas cujos rituais não guardam relação com princípios gerais de moralidade. **2.** Para Marx (*O Capital*), o fetichismo consiste em um mistério que habita toda mercadoria, dada a forma social de sua produção capitalista. Esse mistério não deriva do valor de uso nem do fato de ser produzida como dispêndio natural de funções orgânicas (do cérebro, dos sentidos, dos músculos e nervos humanos), pois sabemos distinguir a quantidade e a qualidade de trabalho que nela estão envolvidas enquanto bens utilitários ou de uso. O que acontece é que, no espírito capitalista, as mercadorias se convertem, antes de tudo, em *relações entre coisas*, como se estas assumissem uma vida autônoma, própria e paralela. A "coisificação" inerente à mercadoria encontra-se inscrita na sua principal característica, que é a de ser um valor de troca. "A mercadoria é misteriosa simplesmente por encobrir as características sociais do próprio trabalho dos homens, apresentando-as como características materiais e propriedades sociais inerentes aos produtos do trabalho (características que seriam apenas das mercadorias); por ocultar, portanto, a relação social entre os trabalhos individuais dos produtores e o trabalho total, ao refleti-la como relação social existente, à margem deles, entre os produtos do seu próprio trabalho. Através dessa dissimulação, os produtos do trabalho tornam-se mercadorias, coisas sociais, com propriedades perceptíveis e imperceptíveis aos sentidos [...]. Uma relação social definida, estabelecida entre os homens (uns, detentores de capital e compradores da força de trabalho; outros, vendedores de força de trabalho), assume a forma fantasmagórica de uma relação entre coisas [...]. Chamo a isso fetichismo, que está sempre grudado aos produtos do trabalho, quando são gerados como mercadorias [...]. Se as mercadorias pudessem falar, diriam: 'Nosso valor de uso pode interessar aos homens. Não é nosso atributo material. O que nos pertence, como atributo material, é o nosso valor. Isso é o que demonstra nosso intercâmbio como sendo coisas mercantis. Só como valores-de-troca estabelecemos relações umas com as outras'". **3.** No terreno da psicologia, Alfred Binet considerou o feti-

chismo a superestimação de uma parte específica do corpo do parceiro sexual (boca, seios, pés etc.) ou, já de um ponto de vista patológico, de um objeto de uso do parceiro (uma peça de roupa). Para a teoria psicanalítica de Freud, o fetichismo consiste em uma das perversões psicossexuais masculinas, entre as quais se enquadram a pedofilia, a bestialidade ou as condutas sadomasoquistas. Caracteriza-se, ao mesmo tempo, como reconhecimento da ausência do falo na mulher e uma necessidade de substituí-lo simbolicamente, gerando um comportamento cuja excitação e obtenção do orgasmo dependem da manipulação de objetos extrínsecos ao próprio ato sexual. Segundo Freud, o fetichismo é um "substituto para um pênis específico [...] extremamente importante na primeira infância, mas posteriormente perdido [...]. Para expressá-lo de modo mais simples: o fetiche é um substituto do pênis da mulher (da mãe) em que o menino outrora acreditou e que, por razões que nos são familiares, não deseja abandonar [...] se uma mulher tinha sido castrada, então sua própria posse do pênis estava em perigo, e contra isso ergueu-se em revolta a parte de seu narcisismo" (*Fetichismo*, 1927). Deriva, portanto, de uma fixação da libido infantil. A psicanálise posterior a Freud, no entanto, procurou mostrar que o fetichismo pode ocorrer no sexo feminino, não tanto sob a forma de objetos, mas de relações.

FICÇÃO. Do latim *fingere*, tem o duplo significado literário e retórico, de um lado, de modelar e plasmar e, de outro, de inventar por meio da imaginação. Assim, ficção é a capacidade de "plasmar um invento imaginário", podendo-se chegar à mentira ou à falsidade, isto é, ao vício, quando diante de um fato real (o substantivo *fictus*, em latim, indica a pessoa hipócrita). Como arte, a ficção deve sua existência às linguagens escritas e visuais. As ficções narrativa e poética (literárias) ou teatral e cinematográfica (dramáticas) criam ou estabelecem um universo ambíguo, cujas tendências mais evidentes, em face da realidade, podem ser assim resumidas: *a)* oposição ou idealização das contingências predominantes do real; *b)* imitação de suas características proeminentes; *c)* relações de fusão entre a imitação e a oposição ao real. Quaisquer que sejam essas possibilidades, a ficção institui uma vivência imaginária e desviante, uma exploração dos sentidos, pelas quais se propõe um novo significado ou se reafirma um antigo, de maneira nova. Essa reposição de significados passa, evidentemente, por sentimentos, anseios, interesses e razões subjetivas do autor, exigindo tanto o prazer de uma forma quanto a inteligibilidade de um conteúdo. E pode conduzir, entre muitos outros sentidos, ao desnudamento e realce de aspectos dissimulados, à transformação de aspectos evidentes, à exaltação de comportamentos, afeições e idéias, ou à reafirmação de valores já inscritos na realidade. As poéticas clássicas prescreveram para a obra ficcional a necessidade de uma lógica interna possível: "Que as ficções, para dar prazer, sejam verossímeis" (Horácio). Ou seja, não importa o desvio do real, mas, sim, que o próprio desvio conserve um propósito inteligível, a fim de não parecer fruto do acaso ou da desordem. Como afirma o retórico renascentista Castelvetro: "A impossibilidade pode ser fingida pelo poeta (o autor literário), desde que o seja em união com a credibilidade". Mas é importante registrar que, se, até os fins do século XIX, o irreal, o maravilhoso ou o fantástico conservaram-se relativamente distintos da realidade imediata, o século XX os aproximou, de maneira ao mesmo tempo espantosa e inovadora, em dezenas de obras narrativas ou dramáticas. Antes, tratava-se do mito, do sobrenatural, do fabuloso, da lenda, do mágico ou do religioso, contraposto a um cotidiano conhecido e quase sempre anódino como tema. Mas, com o advento de Kafka, da novelística "distópica" (Huxley, Orwell), do "realismo fantástico" e dos autores do "teatro do absurdo", a ficção instaurou-se no centro da própria realidade, passando esta a adquirir as feições do inusitado, do pesadelo, da loucura, da angústia e do inexplicável. Em outras palavras, ficção e realidade fundiram-se em uma perversidade muda, incontornável, exasperante e racionalmente inexprimível. De onde o ilógico, o fantástico e o absurdo nascerem tanto de uma como de outra, sem que se possa discerni-las. Por fim, a ficção depende de um acordo tácito ou de uma autorização mútua, pela qual o autor e o leitor admitem ambos que o escritor possa falar, com onisciência, de fatos, de conversas, de estados emocionais, de ações e de personagens inexistentes ou recriados por imitação.

FICÇÃO CIENTÍFICA. **1.** Um dos tipos ou subgêneros da literatura narrativa (conto, novela ou romance), ou mesmo dramática, em que, para a composição do enredo e de seus personagens, da ambiência social e das circunstâncias históricas, as investigações científicas e o uso de tecnologias avançadas, normalmente mais desenvolvidas que as existentes na época contemporânea, exercem importância para o desenvolvimento e o sentido do texto ficcional. Seu florescimento e maior expansão tiveram início, obviamente, no final do século XIX, quando as perspectivas científicas passaram a concorrer e a substituir a narrativa fantástica (→ *Fantástica, literatura*), de cunho sobrenatural ou de fundo místico. Mesmo assim, seus antecedentes podem ser encontrados em obras como *O Homem na Lua*, de Francis Godwin (1638), *História Cômica ou Viagem à Lua* (1659), *Viagens aos Estados e Impérios do Sol*

(1662), ambas de Cyrano de Bergerac, ou *Micrômegas*, de Voltaire (1752). Estes exemplos aqui citados estão, no entanto, mais próximos do gênero da →fábula. Na definição de Theodore Sturgeon, autor de *Mais que Humanos* (*More Than Human*), a ficção científica "é uma história construída em torno de seres humanos, com um problema e uma solução humanas; uma história que jamais poderia ter acontecido, no entanto, sem um conteúdo científico". Esse caráter faz com que a narração possa: *a*) antecipar a criação de engenhos tecnológicos ou projetar-se para um futuro de aventuras utópicas, ao menos para a época, à maneira consagrada do pioneiro Jules Verne – *Da Terra à Lua*, *Vinte Mil Léguas Submarinas* – com características evasivas ou de entretenimento; *b*) configurar situações antiutópicas ou distópicas, isto é, ocorridas em sociedades anômalas, absurdas, anti-humanistas ou opressivas, nas quais se evidenciam as relações entre o poder político, as relações sociais e o uso de tecnologias – *Um Admirável Mundo Novo*, de Aldous Huxley; *1984*, de George Orwell; *Nós*, de Evgueni Zamiatin; *Os Robôs Universais de Rossum*, de Karel Capek (criador do termo "robô", derivado do radical do verbo eslavo "trabalhar"); ou, ainda, *c*) servir de indagação a respeito da própria natureza humana e de seus ideais em um futuro radicalmente modificado pelo avanço científico – *La Invención de Morel*, de Bioy Casares; *The Last and the First Man*, de Olaf Stapledon; ou *The Stars My Destination*, de Alfred Bester. De maneira geral, os recursos temáticos estão relacionados ao desenvolvimento de novas máquinas ou equipamentos, principalmente robôs e computadores, bem como às suas conseqüências benéficas ou destrutivas para a humanidade, aos seres mutantes ou extraterrestres, à transformação ou produção artificial (clonagem) de homens, animais e microrganismos, viagens interplanetárias, guerras intergaláticas ou conquistas interestelares. Com as honrosas exceções de sempre, grande parte da produção ficcional, no entanto, tem sido pueril e freqüentemente inverossímil, considerando tratar-se de um gênero que se proclama "científico". A esse respeito, escreveu o crítico Otto Maria Carpeaux: "*Science-Fiction* é substantivo composto. Ensina a gramática que [...] os dois substantivos modificam-se reciprocamente. A ciência, em *science-fiction*, não é científica, mas deliberadamente ficcionalizada. Por outro lado, Ficção, em *science-fiction*, não quer ser mera ficção, mas possibilidade científica que não exige deduções e provas, mas que exige ser aceita assim como o crente aceita artigos de sua fé [...] lembra o caráter semi-religioso da astrologia [...] a parte menos adulta da humanidade, especialmente no hemisfério ocidental, embarca para os planetas e os espaços da via láctea. É uma loucura coletiva. Chega-se então a uma descoberta surpreendente: na *science-fiction* moderna, a ciência e a técnica desempenham papel secundário". A fim de separar conteúdos, alguns críticos reservam o nome de *space-opera* para essas criações juvenis, descompromissadas ou meramente aventurosas. A popularização do gênero deveu-se muito a revistas de contos fantásticos, tais como a francesa *Sciences et Voyages* (1910) e a americana *Weird Tales*, lançada em 1923 (na qual escreveram autores como Howard Lovecraft e Ray Bradbury) e sobretudo especializadas: *Amazing Stories*, aparecida em 1926, e que consagrou o termo ficção científica; *Unknown* (1939), dirigida pelo físico nuclear John Campbell e mais seletiva quanto à qualidade formal dos textos; *Galaxy* e *The Magazine of Fantasy and Science-Fiction*, produzidas após a segunda guerra, além das histórias em quadrinhos e seriados de televisão (*Flash Gordon, Buck Rogers, Jornada nas Estrelas*). Entre os melhores ou mais consistentes autores de ficção científica, além dos já mencionados, destacam-se: H.G.Wells (*A Guerra dos Mundos, O Homem Invisível, A Máquina de Explorar o Tempo*), Karel Capek (*O Caso Makropoulos, A Peste Branca*, obras teatrais, além do romance *A Fábrica do Absoluto*), Isaac Asimov (*Fundação, Ameaça dos Robôs*), Arthur Clarke (*A Idade de Ouro, A Estrela*), Alfred van Vogt (*A Viagem do Beagle Espacial, Quando os Computadores Conquistaram o Mundo*), Ray Bradbury (*Fim do Começo, Fahrenheit 451, Medicine for Melancholy*), Walter Miller (*Cântico para Leibowitz*), Richard Matheson (*Mundo de Vampiros*), Robert Heinlein (*Estranho numa Terra Estranha*). No Brasil, o gênero encontrou em Jerônymo Monteiro o seu primeiro escritor regular. Publicou os romances *Três Meses no Século 81* (1947), *Fuga para Parte Alguma* (1961) e *Os Visitantes do Espaço* (1963), além de numerosos contos em revistas e em jornais durante as décadas de 1940 a 1960. **2.** Relativamente ao cinema, a ficção científica teve início com dois filmes de Fritz Lang, *Metrópolis* e *A Mulher na Lua*. Um começo mais auspicioso, na verdade, do que muitos exemplares que se seguiram, pois a maior parte deste gênero híbrido foi acolhida pelas produções "B" de Hollywood, após o segundo conflito mundial e o advento da guerra fria. O medo do estranho ou a ameaça de seres extraterrestres ao predomínio norte-americano, não sem analogias ideológicas ao comunismo, visto como o "império do mal", deram os tons predominantes a filmes como *The Thing from Another World* (Christian Nyby e Howard Hawks), *Guerra dos Mundos* (Byron Haskin), *This Island Earth* (Joseph Newman) ou *Vampiros de Almas* (Don Siegel). A única obra de intenções pacifistas e crítica dos experimentos atômicos foi *O Dia em que a Terra Parou*

(Robert Wise). Também o perigo real das radiações nucleares, observado após os massacres de Hiroshima e Nagasaki, contribuiu para que se explorasse o filão das mutações monstruosas, físicas ou genéticas. Assim ocorreu com *Them* (Gordon Douglas), *A Mosca* (Kurt Neumann), *Attack of the Crab Monsters* (Roger Corman), salvando-se da mediocridade apenas *O Incrível Homem que Encolheu* (Jack Arnold). Entre as melhores produções da ficção científica cinematográfica, a partir da década de 1960, por suas indagações e seriedade de propósitos, mencionam-se: *Planeta Proibido* (Fred Wilcox), *Fahrenheit 451* (François Truffaut), *2001, Uma Odisséia no Espaço* (Stanley Kubrick), tido aliás como exemplo perfeitamente acabado do gênero, *Silent Running* (Douglas Trumbull), *Laranja Mecânica* (Kubrick), *Blade Runner* (Ridley Scott, baseado no conto *Do Androids Dream of Eletric Sheep?*, de Phillip Dick), *O Dia Seguinte* (Nicholas Meyer), *Brazil* (Terry Gillian – calcado em *Metrópolis*), *Solaris* (Andrei Tarkovski), *Westworld* (Michael Crichton), *Contatos Imediatos do Terceiro Grau* (Steven Spielberg) ou *1984* (Michael Radford). Alcançaram maior repercussão popular, no entanto, as aventuras plasticamente bem concebidas ou os efeitos especiais consistentes de *Mad Max* (George Miller), *Independence Day*, a trilogia de *Guerra nas Estrelas* (iniciada com George Lucas, depois produtor) e as séries *Jornada nas Estrelas, Aliens* e *Terminator*.

FIGURA. **1.** Da raiz latina *fig*, forma (de onde provém *fingere*, forjar ou imaginar uma forma), indica a aparência concreta de algo ou sua semelhança material com outro ser (como em *Bos cervi figura* – boi com a forma de cervo) e daí fisionomia e "forma plástica" modelada. Servia assim para designar comumente um retrato pintado ou uma estátua que reproduzisse, com semelhança, a aparência do retratado. Genericamente, portanto, é a forma exterior de um corpo ou ente, seu aspecto ou impressão visível. **2.** Segundo Erich Auerbach, é com Varrão que o sentido plástico ou visual translada-se para o campo gramatical, indicando as possíveis variações das palavras (plural, declinações), desenvolvendo-se após para "figuras de linguagem", tropos, transposições na forma de dizer, "estilo" (→*Retórica*). Ovídio, por exemplo, na *Arte de Amar*, escreve que "uma única mão se acostuma a produzir muitos estilos" (*ducere consuescat multas manus una figuras*). Já Lucrécio atribuiu-lhe também o significado de "visão" (em sonhos) e de "imagem de fantasia". Daí o emprego de figura como imagem concebida abstratamente. **3.** Em lógica, as figuras são formas básicas de construção do silogismo, a partir do termo médio, ou seja, daquele que estabelece a ligação entre a primeira e a última proposição. Tradicionalmente, há quatro. Na primeira figura, o termo médio é o sujeito da premissa maior (a primeira proposição) e predicado da premissa menor (a segunda proposição); na segunda figura, o termo médio serve de predicado nas duas premissas, sendo uma delas negativa, assim como a conclusão; na terceira figura, o termo médio é objeto das duas premissas, levando a uma conclusão particular; na última, o termo médio constitui o predicado da premissa maior e o sujeito da premissa menor. **4.** Na coreografia, a figura consiste de uma evolução ou movimento (gesto ou passo) que pode ser tracejada em desenho. **5.** Para a terminologia musical, →*Compasso* e →*Motivo*.

FIGURAÇÃO, FIGURATIVO. Diz respeito às artes plásticas – desenho, pintura, gravura, escultura, fotografia – ao cinema e ao vídeo, quando representam variados aspectos sensíveis e intelectivos dos seres e dos objetos a que se remetem. Entre suas principais características estão: *a)* incluir não só as formas exteriores, as massas, os volumes e eventualmente as cores, mas permitir uma interpretação ou um reconhecimento codificado das próprias formas ali inscritas. Assim, uma cor azul indicando o mar, ou uma configuração ovalada entendida como rosto. Dessa maneira, um primeiro nível formal relaciona-se com um segundo nível de ordem intelectiva e se transpõe para ele; *b)* instituir um mundo sensível, uma imagem diegética, isto é, dotada de analogia com algo real ou mesmo imaginado (um animal fabuloso, por exemplo); *c)* conter a possibilidade de uma significação intelectual ou de pensamento que vá além das formas e do mundo natural recriado, ou seja, carregar símbolos, alegorias, conceitos ou visões interpretativas do sensível e do cognoscível (a inocência, a vilania, o desatino, a alegria, o horror, as características da juventude, da velhice etc).

FIGURA NEGRA, FIGURA VERMELHA. Técnicas de pintura cerâmica desenvolvidas na Grécia e utilizadas sobretudo em grandes vasos (→ânforas e cráteras, por exemplo). Na figura negra, surgida em Corinto no século VII, o desenho principal ou a representação do personagem humano era realizado com óxido de ferro e cinza de madeira, tomando a forma de →silhuetas. Após essa pintura em preto, os detalhes eram então criados por meio de raspagem ou de perfuração da camada superior de tinta, deixando aparecer a cor vermelha e inferior da própria cerâmica. Na figura vermelha, desenvolvida um século depois e primeiramente em Atenas, o desenho principal já era previsto nos tons avermelhados da própria cerâmica, pintando-se então o fundo e os detalhes em negro.

FIGURANTE. Personagem dramático (teatro, cinema, telenovela) ou de artes plásticas que se apresenta em cena apenas para compor uma determinada situação (um grupo, uma multidão), e que, por conseqüência, não apresenta nenhuma identidade ou caráter específico.

FIGURAS DE LINGUAGEM. →*Retórica e figuras de linguagem.*

FIGURINO. Em artes cênicas, o conjunto das vestes utilizadas pelos intérpretes (atores e figurantes). O figurino pode ser desenhado especialmente para o espetáculo ou gravação, como ser alugado ou escolhido em coleções próprias, pertencentes a casas teatrais ou estúdios.

FIGURINISTA. Profissional incumbido de desenhar ou selecionar as roupas e acessórios de uma produção cênica, em conformidade com as características dos personagens e épocas.

FILISTEU, FILISTINISMO. Existem dois significados modernos para os vocábulos, ambos pejorativos. O primeiro foi introduzido pelo escritor alemão Clemens von Brentano em um panfleto satírico sobre a burguesia de seu tempo, fazendo referência àquele indivíduo proprietário de um certo patrimônio material, mas de espírito rude, ou mesmo boçal, e que despreza, por considerá-las inúteis e tediosas, as criações artísticas e culturais. O termo estendeu-se posteriormente para a pessoa que, mesmo tendo uma atitude de apreciação pelo pensamento e por obras artísticas, resume seu interesse e entendimento ao aspecto utilitário, imediatista, mundano ou de proveito próprio, sendo incapaz de considerar a natureza histórica, o valor intrínseco ou a capacidade de permanência que aqueles objetos possam conter. Este novo "filisteu educado ou cultivado" serve-se da arte e do conhecimento superficial como veículos de ascensão, de estima ou de prestígio na sociedade, sempre com segundas intenções, fortemente materiais. No primeiro caso, tem-se a ignorância e o mau gosto; no segundo, o esnobismo fútil e interesseiro. A crítica ao filistinismo, quando surgiu na Alemanha nas décadas de 1830 e 1840, serviu também como arma ideológica, usada para separar a mentalidade do filisteu da do revolucionário. Tendo Goethe como objeto de análise, escreveu Engels em 1847: "A relação de Goethe com a sociedade alemã de seu tempo, em sua obra, é de dois tipos. Às vezes lhe é hostil, rebela-se contra ela como Goetz, Prometeu, Fausto; outras vezes é amistosa, acomoda-se a ela. Assim, Goethe é às vezes colossal, e em outras insignificante; às vezes um gênio desafiador e desdenhoso, cheio de desprezo pelo mundo, e outras um mesquinho filisteu, cauto e resignado" (*apud* Peter Demetz, *Marx, Engels e os Poetas*).

FILTRO. Em fotografia e em cinema, a lente ou gelatina destinada a intensificar, interromper, suavizar ou modificar a incidência das luzes. De acordo com sua destinação, são vários os tipos de filtro. || *filtro polarizador,* aquele que bloqueia a luz polarizada, evitando os reflexos de superfícies brilhantes. • *filtro de compensação* *de cor,* aquele utilizado para cópias coloridas, tendo por finalidade equilibrar as tonalidades existentes, evitando contrastes excessivos. • *filtro de contraste,* aquele empregado sobre objetivas e para filmes em preto e branco, a fim de escurecer ou clarear os tons. • *filtro de conversão de cor,* aquele cujo propósito é adaptar a temperatura de um filme colorido à fonte de luz (filme para luz do dia usado sob luz artificial, por exemplo). • *filtro de densidade neutra,* aquele que suaviza a intensidade luminosa, sem alterar o conteúdo das cores.

FIORITURA. **1.** Do italiano *fioriture,* designa a nota ou o conjunto das notas ornamentais e improvisadas que se acrescenta aos sons essenciais da linha melódica. O termo foi usado inicialmente para o belcanto operístico, estendendo-se depois às interpretações instrumentais. **2.** Qualquer ornamento ou acréscimo puramente estético em obras artísticas (literárias, pictóricas etc).

FLAMENCO. Conjunto de músicas e danças típicas e populares da Andaluzia e da Extremadura, na Espanha meridional, cultivadas inicialmente pelas comunidades ciganas da região (que ali se estabeleceram no século XV), mas com prováveis influências rítmicas e harmônicas das músicas moçárabe (o maluf), sefardita (judaico-espanhola), dos fandangos e da região de Cádiz (a *jota).* Isso porque existe uma curiosa analogia entre as configurações modais do flamenco e as da música árabo-mediterrânica, observável no uso de quartos de tom. O *cante jondo* (canto grande ou profundo) e o *baile,* a dança que lhe interpreta, são considerados a essência dessa expressão andaluza, marcados pela intensidade dos sentimentos passionais e por uma expressividade trágica que sintetiza o espírito "duende", ou seja, a incorporação febril de emoções dramáticas por parte dos *tocaores* (músicos), *cantaores* (cantores) e *bailaores* (bailarinos) durante as *juergas* (reuniões do flamenco). Apenas sumariamente, dada a existência de uma enorme variedade de cruzamentos estilísticos, existem os seguintes *cantes* e *bailes: 1)* básicos – *tonás, siguiriyas, soleares* (estas últimas de coreografias exclusivamente femininas) e *tangos; 2)* aparentados – *livianas, serranas, cañas, saetas* (os cantos de procissões religiosas) e *bulerias; 3)* derivados do fandango – *fandangos, malagueñas, granadinas, tarantas* e *cartageneras.* Provenientes do estilo *jondo,* há ainda o *cante intermedio,* menos trágico, e o *cante chico,* de lirismo alegre ou festivo. A melodia, a formação dos acordes e mesmo o canto requerem ou estimulam o improviso dos executantes e os melismas dos cantores, que são acompanhados pelo *jaleo,* um conjunto de palmas, estalos de dedos *(pitos)* e vocativos *(olé!, arsa y toma!).* O sapateado *(taconeo* ou *zapateado)* caracteriza a dança flamenca, uma coreografia rica

e fundamentada na batida de calcanhares e pontas do pé. A parte feminina da dança evolui ainda em jogos sensuais das ancas e das saias, bem como no gestual floreado das mãos (remota influência da dança indiana, que os ciganos trouxeram consigo), que às vezes inclui a percussão de castanholas (instrumento propriamente andaluz e já existente no século I da era cristã). A consolidação ou a unificação do gênero parece ter ocorrido em finais do século XVIII e início do XIX, ao menos quando aparecem suas três primeiras grandes personalidades – Tio Luis, El Planeta e El Fillo. Mais tarde, por volta de 1860, com o desenvolvimento dos "cafés-cantantes", outro *cantaor,* Silverio, tornar-se-ia também símbolo do flamenco. A difusão exterior ou mundial do flamenco deu-se, no entanto, a partir dos finais do século XIX. De um lado, e curiosamente, pela via erudita de compositores românticos e pós-românticos (nacionalistas), como Bizet, Ravel, Falla, Rímski-Korsakov e Albeniz, entre outros. De outro, pelas soberbas coreografias de Vicente Escudero, baseadas na mais pura tradição cigana e seus gestos despojados, firmes, quase hieráticos, modelo para os bailados criados por António Gades, já na segunda metade do século XX.

•**FLASH-BACK.** Expressão de língua inglesa que designa uma volta ou retorno ao passado, no interior de obras narrativas ou dramáticas (→*Anacronia).* Essa interrupção na seqüência temporal pode ser necessária para religar, de um ponto de vista psíquico ou introspectivo, circunstâncias passadas ou impulsos originais importantes, despertados na memória pelo fato presente. Constitui também um recurso cinematográfico para a apresentação de situações anteriores à cena presente, servindo para elucidá-la, reconstituí-la, desvendar o passado de personagens, fornecer versões de testemunhas ou até mesmo desenvolver a trama central do enredo, como em *Morangos Silvestres (Smultronstallet,* de Ingmar Bergman), *Pequeno Grande Homem (Litlle Big Man,* de Arthur Penn), *Pacto de Sangue (Double Indemnity,* de Billy Wilder) ou *Le Jour se Lève (Trágico Amanhecer,* de Marcel Carné). À antecipação de cenas futuras, bem mais rara, dá-se o nome de *flash-forward.*

FLUXUS. Movimento vanguardista nas artes plásticas, de abrangência européia e norte-americana, surgido em 1962, na Alemanha, com duração até o final do decênio. As influências mais diretas foram as do dadaísmo – por sua ironia e caráter iconoclasta – e da *pop art,* sobretudo pelo recurso aos *happenings,* embora mais intelectualizados ou politizados do que as manifestações anteriores de Claes Oldenburg ou Allan Krapow. Na opinião de Lucie-Smith, "o Fluxus e suas atividades tornaram-se difíceis de ser descritos coerentemente, sobretudo porque os participantes tinham laços frágeis e, além disso, cultivavam uma espécie de deliberada incoerência" (*Movimentos da Arte desde 1945*). A idéia principal, qual seja, a de fluxo, delineada por seu mais importante artista, Joseph Beuys, baseava-se na concepção de que a arte não se confinaria a um princípio, forma ou critério, devendo, sim, exprimir-se de maneira mutante, aberta a experimentações, a configurações díspares e à utilização de objetos cotidianos, insignificantes. O manifesto da corrente foi redigido, no entanto, por George Maciunas, em 1963. Utilizando-se comumente de *assemblages* e de recursos variados em suas ações (instalações, declamações poéticas, imagens audiovisuais e música), o Fluxus caracterizou-se ainda por condutas ora agressivas e críticas, ora licenciosas e humorísticas. Como exemplo, a bandeira norte-americana redesenhada por Maciunas: em lugar das estrelas, caveiras; e ao invés de listras, frases como "os Estados Unidos da América ultrapassaram todos os recordes de genocídio", escritas em vermelho. George Brecht, Daniel Spoerri, Dick Higgins, La Monte Young e Naum June Paik foram alguns de seus participantes.

FOLGUEDO. Manifestação festiva de cunho folclórico em que um grupo de dançantes ou de brincantes evolui ao som de música, cantando e, na maioria das vezes, representando personagens. Tanto pode ter função religiosa quanto profana. No Brasil, o folguedo foi definido durante a IV Semana Nacional de Folclore como "fato folclórico coletivo, dramático e estruturado".

FOLHETIM. Aparecido em fins do século XVIII na França, nas páginas do *Journal des Débats*, o folhetim teve como significado primeiro o de ser uma crítica jornalística de peças teatrais, comentários que se estenderam, em seguida, a outros assuntos cotidianos, artísticos ou não. Mas a partir de 1843, com a publicação em capítulos do romance *Os Mistérios de Paris*, de Eugène Sue, seguido de *O Judeu Errante* e de *Os Sete Pecados Capitais*, adquiriu o sentido de uma obra narrativa seriada e extensa, publicada em jornais ou revistas, enraizada nos ambientes sociais da civilização moderna. O uso de capítulos separados temporalmente criou a necessidade de "expectativas" próprias a cada unidade, parcialmente satisfeitas na seção seguinte, ampliando assim o fluxo da corrente narrativa. Daí o recurso às seguidas →peripécias. Tratada sob forma melodramática, e recheada por personagens variados, sobretudo das camadas médias e pobres, cujas vidas se entrecruzam, destacou-se ainda pelo caráter maniqueísta, ingênuo e moralizante, respondendo às aspirações imaginárias ou influenciando o gosto de leitores populares. Ainda na França do século XIX, fizeram sucesso Xavier de Montépin (*Sua Majestade, O Dinheiro, Os Boas-Vidas de Outros Tempos, A Vendedora de Pão*), Paul Féval (*Os Amores de Paris, O Filho do Dia-*

bo, *O Corcunda*) ou Ponson du Terrail (*Os Dramas de Paris*, nos quais aparece o personagem Rocambole). *O Pinocchio*, de Collodi, também foi publicado, pela primeira vez em 1881, na forma de seriado jornalístico. Em língua portuguesa, serviram-se do folhetim grandes literatos, como Camilo Castelo Branco ou Machado de Assis (*A Mão e a Luva*, publicado em *O Globo*, em 1874; *Iaiá Garcia* na revista *O Cruzeiro*, 1878), assim como Lima Barreto (*Triste Fim de Policarpo Quaresma*, no *Jornal do Comércio*, em 1911). A atração folhetinesca, em forma narrativa, serviu de estímulo e exemplo para as novelas radiofônicas e televisivas do século XX.

FOLIA. **1**. Animação popular e espontânea em festividades e bailes carnavalescos ou comemorativos. **2**. Antigo préstito e dança portuguesa, de compasso ternário, executada ao som de pandeiros, violas e cantos, de natureza profana – uso de máscaras e até mesmo de castanholas. Nesta acepção, há registros desde o século XVI, inclusive de Gil Vicente: "Parece-me bem bailar / E andar n'uma folia / Ir a cada romaria / Com mancebos a folgar". **3**. Posteriormente, adquiriu uma função religiosa e devocional, dedicada à festa do Divino Espírito Santo, entre as datas da Ressurreição e o Pentecostes. O grupo da folia percorria ruas e caminhos, tendo à frente figuras representativas de um rei, pagem e fidalgos, que portavam a bandeira da Pomba (Espírito Santo), flores, a coroa e lanternas, depositadas, ao final, em uma igreja da localidade. No Brasil passou a ser conhecida e adaptou-se para as Folias do Divino (Espírito Santo) e a de Reis (Magos). Ambas possuem cunho precatório de esmolas, ocasião em que se canta o pedido, o agradecimento e a despedida. A Folia do Divino costuma ocorrer de dia e a de Reis, à noite. Esta, inclusive, possui mais aparato musical (viola, violões, cavaquinho, pandeiro, piston e tambores).

FOLIÃO. **1**. Atualmente, pessoa que dança e pula o carnaval de rua, de baile ou de agremiações carnavalescas (blocos, escolas, trios elétricos), fantasiada ou não. **2**. Participante de uma folia do Divino ou de Reis. →*Folia* e →*Rancho*.

FÓLIO. **1**. Livro confeccionado por folhas que contêm uma só dobra, cada uma delas perfazendo, conseqüentemente, quatro páginas. **2**. Livro antigo, manuscrito ou impresso, elaborado na forma acima descrita, e numerados não página por página, mas folha por folha, da seguinte maneira: ff, 1r (de *recto* ou página frontal), 1v (de *verso* dessa folha); ff 2r, 2v, e assim por diante.

FONEMA. →*Fonética.*

FONÉTICA. Considerada a "ciência dos sons da fala", a fonética ocupa-se, do ponto de vista da gramática, primeiramente das formas variáveis de articulação, emissão e classificação dos fonemas. Estes são os sons primários e distintivos que, articulados e combinados oralmente, constituem as sílabas e as palavras. Os fonemas são unidades distintivas por conter traços significantes imediatos. Assim, entre as palavras *mala*, *mola* e *mula*, o centro da distinção semântica depende de um único fonema (a, o, u). O mesmo ocorre entre *tudo* e *mudo* (t, m). Na língua portuguesa, os fonemas estão divididos, por suas características, em vogais, semivogais e consoantes. Deve-se observar que o fonema não se confunde com a letra, que é a sua representação gráfica. Ainda em português, por exemplo, a mesma letra poderá indicar fonemas e articulações distintas: e*x*ame (som de z), se*x*o (som de cs), *x*ale (som de ch). A fonética cuida ainda de indicar, já de um ponto de vista normativo: *a*) a pronúncia correta dos fonemas dentro do conceito de língua padrão – campo da ortoépia (*bandeja*, ao invés de *bandeija*; *fornos* – ó – ao invés de *fôrnos*); *b*) a exata acentuação tônica das palavras – campo da prosódia (*Nobel*, palavra oxítona, e não *Nóbel*; *recorde*, palavra paroxítona, e não *récorde*); *c*) a grafia correta dos fonemas e das palavras – campo da ortografia (emprego de letras e dígrafos, formação de prefixos e sufixos etc).

FONTAINEBLEAU. →*Escola de Fontainebleau.*

FORMA. **1.** Na filosofia platônica, a forma propriamente dita (*eidos*) é a realidade latente e essencial das coisas. Um objeto possui uma configuração patente, visível ou observável externamente (*morphé*). Essa realidade material e sensível, no entanto, é transitória, mutável e imperfeita. Mas há outra original, interna, imutável e superior que somente é passível de ser apreendida pela mente. A esta realidade essencial o filósofo denominou forma imaterial ou Idéia. Já para Aristóteles, em sua *Metafísica*, é pela forma que algo "potencial" (que pode ser ou vir-a-ser) se converte em algo particular ou determinado, que podemos chamar igualmente de essência (*ousía*), ou ser-enquanto-ser. Ou seja, o que é potencial depende, para sua realização concreta, da forma, de um *ordenamento* que torne definido o que é indefinido. A forma representa assim o "ser em ato" (*Met.* 3, 1047, a 30), quer dizer, o estado acabado ou final que impõe os limites de uma realização possível, possuindo a sua própria energia ou motor. Constitui, portanto, a causa ou a razão de ser de algo. E aquilo que recebe a forma, a distinção ou a configuração particular, é a matéria (*ylê*). Se, de um lado, a madeira é matéria, será a forma que determinará sua configuração ou atualizará as virtualidades da matéria (árvore, móvel ou qualquer objeto em madeira). Forma e matéria, para Aristóteles, estão sempre relacionadas e dirigem o movimento, entendido como a modificação de um estado, condição ou lugar. Num sentido fortemente epistemológico, Kant entende a forma como estrutura inata da razão humana, ou seja, como aquilo que lhe possibilita ordenar antecipadamente os materiais ou dados da experiência sensível e material. Em sua análise, são duas as *formas a priori* da sensibilidade e do conhecimento: o espaço e o tempo. Sem ambas essas formas da sensibilidade pura (anteriores à experiência), os fenômenos não poderiam ser selecionados, organizados, relacionados ou distinguidos para servir ao entendimento. Conseqüentemente, a forma está no sujeito que lida com a matéria ou age sobre ela. Decorrente deste entendimento, há também em Kant um segundo significado para forma, que é o de ordenamento, regularidade ou coordenação. Assim, quando representamos algo, existe, além da matéria ou da sensação, "aquilo que se pode chamar de forma ou espécie das coisas sensíveis, e que serve para coordenar, por meio de certa lei natural da alma, as várias coisas que impressionam os sentidos". Nesta acepção de ordem ou de relação necessária entre as partes e o todo é que a psicologia da Gestalt entende o significado de forma. Ela se apresenta como a unidade indispensável das impressões ou dos estímulos sensoriais, pois estes não são perceptíveis, isto é, não adquirem sentido ou coerência, de maneira isolada (elemento por elemento), mas no interior de uma totalidade, de uma ordem definida psiquicamente. A forma, portanto, é o fundamento do processo de percepção pelo qual se obtêm o fechamento, a simetria ou a regularidade dos elementos que compõem o objeto observado ou o estímulo. Logo, a forma é uma estrutura psíquica que impõe um equilíbrio ou um padrão (a boa forma). **2.** Do ponto de vista estético, a forma – aparência, modo de exteriorização ou imagem que afeta os sentidos – não contém um sentido universal, mas apenas particularizado. Pode corresponder, inicialmente, à *forma espacial exterior*, que é a figura composta pelos contornos e pela superfície que então se delimita em duas ou três dimensões. Neste sentido, emprega-se mais habitualmente o plural *formas*, pois os contornos e as superfícies determinadas são várias e intercomplementares. Para essas relações espaciais e volumétricas utilizam-se então adjetivos como finas ou elegantes, robustas ou ásperas, lançadas ou projetadas, impetuosas, reduzidas, concentradas. Pode significar o *aspecto geral*, isto é, a impressão imediata e total de uma obra que deriva de uma comparação ou analogia. Em virtude dessa aparência geral é que se faz a distinção entre *forma* e *fundo*, sendo este último o significado mental ao qual a forma exterior se remete. Entende-se ainda a forma como uma *constituição* de relações e de proporções materiais e espirituais, ou seja, aquilo que em si reúne o físico à emoção e ao entendimento. Schiller (*Cartas sobre a Educação Estética do Homem*) deu a essa constituição geral o nome de *Gestalt*, diferenciando-a da simples forma espacial (*Formtrieb*, que são os sentidos anteriores). Também Lukács entendeu a forma nesta acepção integral, ou seja, como determinação simultaneamente estrutural e conceitual, substituindo aqui a noção de gênero. E Étienne Souriau (*O Futuro da Estética*) distinguiu a forma primária ou de primeiro grau (espacial, material) da forma secundária ou de segundo grau. Esta última diz respeito ao significado ou à interpretação possível que a primeira forma sugere, mas que a ultrapassa. A estética seria, assim, a ciência das formas analisadas sob ambas as perspectivas, de maneira rigorosa. Mas há os que separam a forma estética do conteúdo artístico, encarando-os como realidades autônomas, do ponto de vista crítico ou analítico. Assim, por exemplo, é a idéia de *forma significante* nas artes plásticas (expressão sugerida pelo crítico e historiador Clive Bell, vinculada às correntes estéticas do século XX, sobretudo as do pós-impressionismo, do abstracionismo e do expressionismo abstrato). Postula ser simplesmente a forma – linhas, volumes, cores e suas relações compositivas – a substância principal ou mesmo exclusiva de uma figuração plástica. Elementos correlatos ou conteúdos subjacentes, como os aspectos cênicos, narrativos, representativos ou simbólicos, permanecem em segundo plano. Outros, no entanto, consideram ambos os conceitos (forma e conteúdo) intimamente ligados ou inseparáveis. Mesmo para Kandínski, um dos iniciadores da abstração plástica, "a forma é a expressão exterior do conteúdo interior". Ou seja, a forma continua sendo um meio pelo qual se dá ressonância ao elemento espiritual. A forma livre, o "significante", apenas estende o valor da *liberdade*. **3.** Forma musical constitui o modo ou a maneira como o compositor ordena as idéias sonoras, a fim de estruturar a obra. Consiste, portanto, no tratamento e desenvolvimento de um material sonoro básico, o *motivo*, ou seja, um conjunto de pelo menos três sons de ondulação rítmico-melódica. Já um grupo de motivos conduz à formação de um *tema* que, sendo cantável (possuidor de uma estrutura linear), configura a melodia. O motivo e o tema são trabalhados, basicamente, por meio de repetições e contrastes, seja quanto ao conteúdo (o material temático), seja quanto às variações de tonalidades. Existem assim as formas ditas simples: binária, com seções AB; ternária, com seções ABA; forma Rondó, em que várias seções (quatro ou cinco) permanecem "rondando" a seção A. Na forma binária, por exemplo, a primeira seção (A) pode ter início na tonalidade da tônica e, perto do fim, haver uma modulação para a tonalidade da dominante, dando início à parte B. Esta, mais adiante, torna a se encaminhar para a tonalidade da tônica (→*ABA*). As

formas chamadas maiores são: a →suíte, a →sonata (ou binária composta), a →fuga e o →concerto.

FORMA FIXA. Estrutura poética esquemática, pré-determinada, também conhecida como "forma abstrata" e de que são exemplos a →balada, o →canto real, o →triolé, a →sextina e o →soneto.

FORMA LIVRE. Em artes plásticas (desenho, pintura, escultura), qualquer configuração obtida por linhas ou traços retos ou curvilíneos que não guardam regularidade entre si, produzindo efeitos assimétricos ou aleatórios.

FORMATO DE PAISAGEM. Diz-se do desenho, gravura ou pintura em que as dimensões da largura são maiores do que as da altura. Conceito oposto ao de formato de retrato.

FORMATO DE RETRATO. A obra plástica bidimensional que possui as dimensões da altura superiores à da largura, como habitualmente ocorre na confecção de retratos.

FORMALISMO RUSSO. Movimento de crítica e de estudos literários inovadores para o século XX, surgido em fins de 1914, na Rússia, sob a denominação de Círculo Língüístico de Moscou (vinculado à sua Universidade) e, dois anos mais tarde, também integrado pela Sociedade para o Estudo da Linguagem Poética, o Opojaz, da cidade de São Petersburgo. Do Círculo de Moscou participavam, entre outros, Fedor Buslaev, G.Vinokur, Roman Jakobson, o poeta Maiakóvski e, mais tarde, Vladimir Propp; em São Petersburgo, Viktor Sklóvski e Boris Einchenbaum. O Formalismo introduziu em suas análises do fenômeno literário as então recentes proposições da lingüística e da semiótica, bem como as novas estéticas modernistas dos futurismos literários russo e italiano, destinadas à caracterização da linguagem ficcional, das técnicas narrativas, do estilo e análise das métricas poéticas. As oposições das autoridades soviéticas à corrente começaram, em teoria, com Leon Trótski (denúncia do caráter neokantiano e ausência de perspectivas históricas e ideológicas, em sua obra *Literatura e Revolução*) e Bukarin, até se chegar à condenação e ao silenciamento prático dos grupos no período stalinista. Mas suas teorias e investigações tiveram continuidade no Círculo Lingüístico de Praga, a partir de 1926, com a participação e as contribuições de críticos como Jan Mukarovski, René Wellek, D. Cizevski e os russos Nicolas Trubetzkoy e Roman Jakobson, que se haviam transferido para a capital tcheca. Para os participantes de todos esses círculos, a crítica literária teórica deve incumbir-se da essência da literatura, ou seja, de sua "literalidade" – *literaturnost* (→*Literatura*). Dever-se-ia desconsiderar os aspectos tradicionais de uma crítica apenas impressionista, como os aspectos psicológicos, históricos ou as experiências humanas porventura traduzidas na obra. A poesia, ilustrativamente, deixou de ser encarada como "pensamento por imagens", sendo mais importante a análise das combinações articulatórias verbais e de sons (os fonemas), surgindo daí a Fonologia, proposta por Trubetzkoy. Para tanto, distinguiram formas de linguagem, de maneira a precisar o fenômeno literário puro, como a oposição (feita por Sklóvski) entre a linguagem cotidiana (prática, convencional ou automatizada) e a linguagem da perceptibilidade singular dos objetos e dos temas, que ressurgem sob novas perspectivas. Por conseguinte, a literatura exige uma escolha criteriosa e mais inusitada do léxico, das associações semânticas e das variações rítmicas. Na opinião de Jakobson, a poesia se caracteriza por palavras cuja seleção, arranjo, significado e forma interna adquirem peso e valor intrínsecos; na de Bóris Tomatchévski, a linguagem artística, em sua literalidade, deixa em segundo plano a função informativa, para realçar as estruturas e as correlações verbais, de modo autônomo, e as conotações imperceptíveis do cotidiano. Apesar da ênfase atribuída ao estudo do sistema interno da obra literária – abordagem estruturalista – alguns formalistas reconheceram a importância da perspectiva histórica, fosse ela propriamente literária, fosse social e cultural. Caso contrário, seria impossível perceber as razões de mudanças nas ordens e estilos literários. Mais flexíveis, Vladimir Tyniánov e Jakobson admitem a contínua relação do "sistema literário" com o que chamam de séries culturais: "Toda mudança nas estruturas artísticas é provocada do exterior. Ou diretamente – sob o impacto imediato da mudança social – ou indiretamente – sob a influência de desenvolvimentos que aconteçam num dos domínios culturais paralelos, tais como a ciência, a economia, a política, a linguagem".

•FORMELLA. Placa de madeira, de metal ou de terracota, de configuração geométrica (retangular, ovalada etc.), que serve para a pintura ou a escultura em baixo-relevo, e utilizada para a ornamentação de portas e cornijas. Famosas, por exemplo, são as *formelle* (plural de *formella*) esculpidas por Brunelleschi e Ghiberti para as portas do Batistério de Florença.

FORRÓ. **1.** Baile popular tipicamente brasileiro, de origem nordestina, surgido na Zona da Mata, em terreiros de usinas de cana, para comemorar seu plantio ou corte, tanto quanto para festejar os santos do mês de junho. Em sua origem, era chamado de "baile reles" ou forrobodó, sendo forró uma apócope desta palavra. Condiz com esta interpretação o fato de a palavra forrobodó, indicativa de baile popular, já ser conhecida do teatro de revista, tendo sido título de uma opereta de Luís Peixoto e Carlos Bittencourt (1912), com música de Chiquinha Gonzaga ("Forrobodó de massada / Gostoso como ele só / Chi! a zona está estragada / Meu Deus, que forrobodó"). Nele se tocam e se dançam os tradicionais ritmos sertanejos – baião, xote, xaxado e frevo, ao som de sanfona ou fole, zabumba, reco-reco, ganzá e triângulo. Espalhou-se por várias regiões brasileiras com as constantes migrações e com o sucesso obtido por compositores e músicos nordestinos, como Luiz Gonzaga, Humberto Teixeira, Jackson do Pandeiro, Zé Marcolino, Zé do Norte, Zé Dantas, Pedro Sertanejo, Abdias e Dominguinhos. A primeira composição musical a mencionar o baile encontra-se em *Forró de Mané Vito* (Luiz Gonzaga e Zé Dantas), de 1949. Constitui, sem dúvida, uma das manifestações mais alegres e descritivas da identidade nordestina. A idéia de que o vocábulo forró tenha derivado de *for all*, isto é, de bailes organizados por tropas americanas acantonadas em Pernambuco, durante a segunda guerra, não se coaduna com suas origens rurais mais antigas. **2.** Para alguns "sanfoneiros", significa ainda um tratamento harmônico do baião, pelo qual se acrescentam síncopas, ao estilo do samba, e se dá velocidade ao andamento.

FÓRUM. **1.** Praça e conjunto arquitetônico da Roma antiga, centro das vidas política, judiciária e religiosa. No fórum de Roma, por exemplo, foram erguidos os templos de Saturno, de Castor e Pólux, de Vesta e de Vênus, entre outros, além de arcos e colunas memoriais (como os arcos de Tito, Trajano, Constantino e Sétimo Severo), rostras (tribunas para discursos públicos) e basílicas não-religiosas. **2.** Encontro de representantes de instituições públicas e/ou privadas para debate de um tema ou de assuntos a ele relativos, também caracterizado por uma certa abrangência geográfica: regional, nacional, mundial. →*Congresso*, →*Seminário* e →*Simpósio*. **3.** Edifício no qual funcionam órgãos do poder judiciário.

FOSSO DE ORQUESTRA. Espaço situado abaixo do palco, entre este e a platéia, e onde se localiza a orquestra. Mais utilizado em espetáculos de ópera e de balé, a fim de evitar a interferência visual da orquestra na ação cênica.

FOTOGRAFIA. O advento da fotografia na primeira metade do século XIX revolucionou não apenas a possibilidade técnica de registrar ou de documentar visual e objetivamente a realidade, afirmando-se como testemunho histórico, social, político e dos fatos prosaicos e cotidianos. Incentivou também o memorialismo privado ou familiar (a voga dos retratos e das recordações, que se tornou um rito social) e ainda influenciou, poderosa e definitivamente, o desenvolvimento do jornalismo, da publicidade, das ciências aplicadas (do infinitamente pequeno ao infinitamente grande) e das artes plásticas tradicionais. Sob esse último aspecto, a fotografia causou uma verdadeira "crise de representação" no âmbito da pintura, pois muitos artistas plásticos sentiram-se incapazes de concorrer com a exatidão ou a verossimilhança fotográfica, encaminhando-se então para pesquisas ou experimentos formalistas que viriam desembocar nas correntes modernistas da pintura e da escultura. É certo que, ao menos de um ponto de vista técnico, a fotografia suplantou as artes plásticas na capacidade de captar com detalhamento e precisão a realidade imediata: "Quando você vê tudo o que é possível exprimir por meio da fotografia, descobre tudo o que não pode ficar por mais tempo no horizonte da representação pictural. Por que o artista continuaria a tratar de assuntos que podem ser obtidos com tanta precisão pela objetiva de um aparelho de fotografia? Seria absurdo, não é?" – Picasso, num diálogo com Brassai, em 1939 (→*Arte no século XX*). Por fim, propiciou o aparecimento de impérios industriais e comerciais, não sem adquirir as qualidades expressivas de uma arte plástica autônoma.

Técnica e arte. Como o nome sugere (literalmente, "escrita da luz", proposto pelo astrônomo inglês John F. W. Herschel, em 1839), a fotografia consiste, tecnicamente, na fixação de uma imagem obtida pela ação direta da luz sobre um material a ela sensível. Este material fotossensível podem ser chapas metálicas (como as do início da fotografia), de vidro ou películas (filmes) tratadas convenientemente, sobretudo com compostos químicos chamados hal etos de prata, ou, mais modernamente, os cartões e disquetes de máquinas digitais, computadorizadas (em que a informação visual é descrita por valores numéricos). O registro luminoso de uma fração da realidade leva a fotografia a distinguir-se radicalmente da pintura, pois a primeira recorta uma visão prévia, enquanto a segunda constrói sua imagem. A fotografia capta de uma só vez, instantaneamente, uma superfície, ao passo que a pintura se elabora de maneira progressiva, traço por traço, em pinceladas sucessivas. Logo, ao fotógrafo resta uma opção imediata e irremediável (caso não se utilize de recursos eletrônicos atuais, capazes de modificar, por inteiro, a imagem registrada inicialmente). A primeira fotografia deveu-se ao pesquisador e litógrafo francês Joseph Nicéphore Niepce que, em 1826, conseguiu reproduzir os silos existentes em frente à janela de sua casa de campo. Para isso, utilizou-se não apenas de uma câmera escura (→*Câmera escura*) – equipamento de formação de imagens já conhecido – mas, pioneiramente, de um sistema de impressão das luzes sobre um suporte opaco (tratou-se de uma emulsão de verniz de asfalto, dissolvido em lavanda, e aplicado sobre uma placa de vidro, além de óleos para a fixação das imagens). O tempo necessário para a captação da vista foi de cerca de oito horas. O segundo

passo, de alcance bem mais prático, veio com o também francês Louis-Jacques Mandé Daguerre, pintor, cenógrafo, empresário e sócio de Niepce. Dando continuidade às pesquisas do amigo, que faleceu em 1833, Daguerre padronizou o primeiro processo fotográfico, utilizando-se de chapas de cobre sensibilizadas com prata e tratadas com vapores de iodo. Em seguida, revelava a imagem latente (química) por meio de mercúrio aquecido. Finalmente, imergia a chapa em uma solução líquida de sal de cozinha, com o intuito de tornar a imagem, já positiva, indelével. Ainda assim, o tempo de exposição costumava suplantar os quinze minutos. O primeiro e assim chamado "daguerreótipo" data de 1837 (*O Estúdio do Fotógrafo*). Comentando as impressões causadas pelos retratos de estúdio que então se difundiam, escreveu o fotógrafo alemão Dauthendey: "No início, não se ousava olhar longamente as imagens que ele produzia. Ficava-se intimidado pela limpidez destes homens e acreditava-se que essas minúsculas fisionomias dos personagens fixos sobre a placa eram capazes, eles mesmos, de nos olhar, tão desconcertante era para todo o mundo o efeito provocado pelos primeiros daguerreótipos, em razão do caráter insólito de sua clareza e fidelidade" (*apud* Walter Benjamin, *Pequena História da Fotografia*). Daguerre ainda escreveu o livro *História e Descrição do Processo Denominado Daguerreótipo*, traduzido para várias línguas, o que resultou na disseminação da técnica entre novos aficionados. Outra invenção a contribuir enormemente para a popularização da fotografia deveu-se ao matemático austro-húngaro Josef Max Petzval e ao óptico Peter von Voigtländer. Trabalhando em conjunto, ambos criaram uma nova lente dupla para a estrutura da câmera, conseguindo assim reduzir drasticamente o tempo necessário de exposição (menos de um minuto). Finalmente, entre 1835 e 1840, o físico inglês William H. Fox Talbot desenvolveu o primeiro sistema de negativo sobre papel transparente, o calótipo. Como nele os tons pretos ocupam o lugar do branco, e vice-versa, tem-se na verdade um filtro ou veículo intermediário através do qual se faz passar novamente a luz, a fim de impressionar outro papel sensibilizado, mas agora com os tons reconvertidos. Assim, chegava-se à possibilidade de cópias múltiplas e positivas da imagem fotográfica, embora a qualidade final fosse mais difusa e imperfeita do que a do sistema francês. Logo em seguida, no entanto, outro inglês, Frederick Scott Archer, aperfeiçoou o calótipo, apondo uma camada de prata a placas de vidro. Com este procedimento, Archer conseguiu unir a magistral nitidez do daguerreótipo à facilidade de reprodução do calótipo. Em essência, portanto, a fotografia seleciona um fragmento do mundo visível e congela um instante fugaz, podendo multiplicá-lo ilimitadamente. Converte assim os aspectos particulares da natureza e da existência em registros portáteis. Mas, para além desta possibilidade intrínseca de veracidade e realismo – a de agir como documento – fica em aberto um segundo atributo que é o do seu estatuto artístico.

Espelho e modificação do real. É por isso que, ao longo de sua história, a fotografia tem sido considerada: *a*) um espelho, mimese ou ícone da realidade, isto é, uma reprodução exata do que é objetivo. Sob esta perspectiva, lemos em André Bazin: "A originalidade da fotografia com relação à pintura reside em sua objetividade essencial [...]. Pela primeira vez, entre o objeto inicial e sua representação, nada se interpõe, além de um outro objeto (a máquina). Pela primeira vez, uma imagem do mundo exterior forma-se automaticamente, sem intervenção criadora do homem, de acordo com um determinismo rigoroso [...]. Todas as artes baseiam-se na presença do homem; apenas na fotografia usufruímos sua ausência" (*Ontologia da Imagem Fotográfica*); *b*) uma modificação intrínseca do real, sob o argumento de que ela seria, na verdade, uma impressão, forma de análise ou interpretação. Este ponto de vista assevera que a fotografia transforma sensivelmente o real pelo fato de selecionar o ângulo de visão, realçar certos aspectos e ainda reduzir a tridimensão original a duas. São opiniões, por exemplo, de Pierre Bourdieu, para quem "de todas as qualidades do objeto, são retidas apenas as qualidades visuais que se dão no momento e a partir de um único ponto de vista [...]. Em outras palavras, a fotografia é um sistema convencional que exprime o espaço de acordo com as leis da perspectiva e os volumes e as cores por intermédio de *dégradés*. Se a fotografia é considerada um registro perfeitamente realista e objetivo do mundo, é porque lhe foram designados usos sociais considerados 'realistas' e 'objetivos'" (*Un Art Moyen*). Ou a de Susan Sontag, que vê na pose, no artifício típico da arte, a verdade de sua condição. Comentando os retratos de Diane Arbus, diz a ensaísta: "Em vez de tentar fazê-las [as pessoas] assumir uma posição 'natural', ela as incitava a parecer embaraçadas ou, em outras palavras, a posar [...]. Sentadas ou de pé, o ar afetado, essas personagens nos aparecem como a própria imagem do que são". Ou ainda: "A fotografia parece manter uma relação mais inocente, e portanto mais acurada, com a realidade visível do que outros objetos miméticos [...]. Mesmo quando [os virtuoses da fotografia] tentam servir à realidade, são assoberbados pelos imperativos do gosto e da consciência. Os talentosos membros do projeto fotográfico da Farm Security Administration, de fins dos anos 1930 [...] tiravam dezenas de fotos frontais de seus meeiros até se

certificarem de que haviam registrado o olhar certo – a expressão facial exata que apoiava suas próprias noções de pobreza, desespero, exploração, dignidade, luz, textura e espaço" (*Ensaios de Fotografia*); *c*) um traço do real, ou seja, um índice ou representação singular que se faz por contigüidade física com o real (nem reprodução, nem transformação, inteiramente). Esta última concepção deriva com mais ênfase de Charles S. Peirce e de sua classificação dos signos. (→*Representação, imagem e simulacro*) Segundo ele, "as fotografias [...] são muito instrutivas porque sabemos que, sob certos aspectos, elas se parecem exatamente com os objetos que representam. Porém essa semelhança deve-se, na realidade, ao fato de essas fotografias terem sido produzidas em tais circunstâncias que eram fisicamente forçadas a corresponder, detalhe por detalhe, à natureza. Desse ponto de vista, portanto, pertencem à nossa segunda classe de signos – os signos por conexão física, os índices" (*A Arte da Argumentação*, citado por Philippe Dubois em *O Ato Fotográfico*). Dando prosseguimento a essa visão, acrescenta Dubois: "Em termos tipológicos, isso significa que a fotografia aparenta-se com a categoria 'signos', em que encontramos igualmente a fumaça (índice de fogo), a sombra (indício de uma presença) [...]. Todos esses sinais têm em comum o fato de 'serem afetados por seu objeto', de manter com ele uma relação de conexão física [...]. De fato, a jusante e a montante desse momento da inscrição 'natural' do mundo sobre a superfície sensível, existem, de ambos os lados, gestos complementares 'culturais', codificados, que dependem inteiramente de escolhas e decisões humanas (antes: escolha do tema, do tipo de aparelho, da película, do tempo de exposição, do ângulo de visão etc. – tudo o que prepara e culmina na decisão derradeira do disparo; depois: todas as escolhas repetem-se quando da revelação e da tiragem) [...]. Portanto, é somente entre essas duas séries de códigos, apenas no instante da exposição propriamente dita, que a foto pode ser considerada como um puro ato-traço ('uma mensagem sem código', ou seja, uma representação mimética)". Sobre toda essa ambigüidade, argumenta Gillo Dorfles: "A intervenção da máquina torna, de fato, aleatório, segundo alguns, o 'valor' que podemos atribuir a uma obra fotográfica pela pressuposta impossibilidade, da parte do fotógrafo, de obter aquilo que quer e, pelo contrário, ser constrangido a aceitar 'aquilo que quer a máquina' [...] [mas] também para o desenho industrial verificamos a presença de formas previstas, embora até um certo ponto, pelo desenhista; de formas necessárias a serem como são desde a sua fase de projeção [...]. No caso da fotografia, temos um duplo destino: o dos muitos fotogramas obtidos por sensibilização direta do papel fotográfico, sem intervenção da câmera, ou o de verdadeiras fotografias obtidas mediante processos insólitos e técnicas requintadas, como a solarização, o deslizamento do negativo, a inversão [...]. Estes 'documentos' poderiam entrar no rol das habituais produções gráficas (litografia, serigrafia, fotogravura) e, como tais, poderiam ser considerados dignos daquele interesse e daquela avaliação normalmente atribuída a estas. Mas no caso mais freqüente, o resultado é arbitrário, devido não à vontade precisa do artista, mas a uma razão mecânica e puramente acidental [...].Todavia, também a fotografia nos demonstra como, embora através dos trâmites mecânicos de um aparelho artificial, é possível inteirar-se de dois acontecimentos importantes: a particular transformação perceptiva para a qual o homem caminha; e a dilatação do universo figurativo do qual o homem tira os seus motivos e os seus materiais visuais" (*O Devir das Artes*). Desconsiderando-se, portanto, o automatismo técnico-funcional e os recursos da máquina (que independem do sujeito), a fotografia como arte é um assunto de percepção, de escolha, de concentração, de experiência e de engajamento. Depende, primeiramente, da seleção e da disposição dos elementos que constituem o tema, ou, em resumo, da composição – termo que sintetiza as relações entre as formas, as linhas e os volumes, em suas escalas e profundidades, como também as combinações tonais (direções de luzes, zonas claras e escuras). "A composição deve ser uma das nossas preocupações constantes, até nos encontrarmos prestes a tirar uma fotografia – e só então devemos ceder lugar à sensibilidade" (Henri Cartier-Bresson). Mas uma das principais armadilhas que as técnicas fotográficas espalham em seu próprio caminho é a de "emancipar-se dos interesses fisiognomônicos (da capacidade de revelar traços de caráter pela fisionomia), político, científico, para tornar-se criativa [...isto é] consagrar-se à moda. O mundo é belo – esta é exatamente a sua divisa (algo que a fotografia publicitária hipertrofiou). Esta divisa desmascara a atitude de uma fotografia capaz de envolver qualquer lata de conserva, mas não de apreender uma só das correspondências humanas sobre as quais ela intervém [...] anunciando antes uma venda possível que seu conhecimento" (Walter Benjamin, *op. cit.*). A esse respeito, opinou Brecht: "O simples fato de reproduzir a realidade nada enuncia sobre esta mesma realidade. Uma foto das usinas Krupp ou da AEG. não revela grande coisa sobre estas instituições. A realidade propriamente dita deslizou para o que é apenas funcional. A reificação das relações humanas – por exemplo, a fábrica – não revela o que elas significam em última instância. É preciso pois construir alguma coisa, algo de artificial, de fabricado". →*Iluminação*.

FOTOJORNALISMO. Consiste no trabalho fotográfico destinado à reprodução impressa (em jornais, revistas, livros e álbuns especiais) e caracterizado pela captação de imagens espontâneas, naturais ou informais de eventos cotidianos, de situações sociais agudas ou de acontecimentos extraordinários (guerras, manifestações populares ou de repercussão pública, grandes acidentes etc.). É uma forma instantânea de prestar contas do mundo, em sua imediata autenticidade, aproximando-se às vezes da pesquisa ou do registro etnográfico. Como o controle que o fotógrafo tem sobre o desenrolar das ações, sobre as circunstâncias ou a luminosidade é mínimo, exige-se dele um alto grau de percepção do "momento decisivo", como o chamou Henri Cartier-Bresson. Ou seja, o instante (ou uma seqüência deles) em que a ação revela as emoções vividas (medo, alegria, angústia, violência, entusiasmo, ternura, humor) e sintetiza o significado social que dela se possa extrair para a compreensão do acontecido. Entre alguns dos mais reconhecidos fotojornalistas do século XX estão, além de Bresson, Lewis Hine, Dorothea Lange, Edward Sheriff, Erich Salomon, André Kertész, Robert Capa, Agustí Centelles, David Seymor, Werner Bishop, Weegee (Arthur Fellig), Robert Doisneau e os brasileiros Militão e Sebastião Salgado.

FOTORREALISMO. →*Hiper-realismo*.

•**FOUETTÉ.** Uma das modulações de giro coreográfico ou de bailado, no qual se combinam a elevação de perna – a 45 ou noventa graus (nesta última graduação, o *grand fouetté*), um ou mais movimentos de batida de perna (um *battement jeté*, por exemplo) e as rotações de tronco e de perna.

FOVISMO. →*Fauvismo*.

•**FOXTROT.** Dança e tipo de música popular norte-americana de salão, aparecida entre os anos de 1912 e 1913, bastante sincopada, em compasso 4/4. Exerceu influência sobre o desenvolvimento do *jazz* ao ser adotado como repertório de suas bandas. Do *foxtrot* derivaram ainda outras formas semelhantes, como o →*charleston* e o *black-bottom*. No Brasil, foi tocado habitualmente em bailes de →*gafieira*.

FRASE. **1.** Dos pontos de vista da lingüística e da gramática, é a expressão verbal ou o enunciado de um pensamento ou de um sentimento que carrega um sentido completo ou suficiente, isto é, capaz de comunicação. Seja escrita ou oral, a frase consta, normalmente, de dois elementos, o sujeito e o predicado, podendo ser brevíssima (uma só palavra, como na construção exclamativa "Achei!") ou formada por vários elementos encadeados ("Eu sou lembrança viva / e tudo o mais é negro esquecimento" – Teixeira de Pascoaes). Neste último caso, a frase compreende mais de uma →*oração* ou período (→*Discurso*). **2.** Em música, a frase corresponde à linha melódica igualmente possuidora de sentido completo. Genericamente, portanto, a frase principal de uma peça abrange o tema, seu desenvolvimento e a conclusão (→*Fraseado*).

FRASEADO. É a expressão corretamente executada de uma frase musical, ou seja, aquela em que são seguidas as indicações mais evidentes da partitura: os acentos, as pausas, as ligaduras, o movimento ou a intensidade requeridos. Quanto ao caráter ou espírito geral da peça, caberá ao talento do executante a sua perfeita execução.

•FREE CINEMA. Movimento cinematográfico britânico surgido em 1956, pautado por uma poética naturalista ou de tendência documental, e ainda vinculado à corrente literária dos *angry young men* (jovens coléricos), representada, entre outros, por John Osborne e Alan Sillitoe, cujas obras, por seus temas populares, personagens proletários e modos de expressão característicos, foram freqüentemente adaptadas. A estréia, ocorrida no British Film Theatre, exibiu três curtas-metragens daqueles que viriam a ser seus principais cineastas: Karel Reisz e Tony Richardson (*Momma Don't Allow*), Lindsay Anderson (*Dreamland*) e ainda Lorenza Mazetti (*Together*). A preocupação em ser fiel ao modo de vida, às dificuldades, frustrações e devaneios das camadas sociais mais simples, sem que se introduzissem recursos cênicos artificiais ou reivindicações políticas explícitas, levou seus autores a escreverem que "a perfeição não é uma finalidade em si mesma [...] nossa crença na liberdade, na importância do indivíduo e na significação do cotidiano está implícita em nossa atitude. Como cineastas, não acreditamos que o filme seja algo inteiramente pessoal [...]. Temos uma atitude e ela significa um estilo". As revistas *Sequence* e *Sight and Sound*, dirigidas por Anderson, deram suporte teórico e informativo ao Free Cinema. Da filmografia de maior repercussão, cuja vitalidade perdurou até o início dos anos 1970, citam-se: *Saturday Night and Sunday Morning* (1961), *The Night must fall* (1963) e *Morgan* (1965), de Reisz; *Look back in Anger* (1959), *A Taste of Honey* (1961) e *The Loneliness of the Long Distance Runner* (1962), de Richardson; *The Sporting Life* (1963) *If...* (1969) e *O Lucky Man* (1972), de Anderson.

•FREIE BÜHNE. Companhia teatral alemã (Teatro Livre) fundada em 1888 em Berlim, por iniciativa de um grupo de intelectuais anti-românticos, tendo à frente os diretores Paul Schlenther e, principalmente, o também crítico Otto Brahm. Influenciado pela literatura realista-naturalista de Zola, Ibsen, Tolstói e Dostoiévski, assim como pelo Teatro Livre francês de Antoine (→*Théâtre Libre*), propugnou em seu manifesto " [...] uma cena livre para a vida moderna. Nossas aspirações estão concentradas em uma nova arte voltada para *a realidade e a vida contemporânea* [...]. Nosso único grito de guerra será esta palavra: Verdade!". A exigência de naturalidade estendeu-se às técnicas de representação, ao aprofundamento psicológico dos personagens e aos cenários. Encenou, entre outros, Ibsen, Björnson, Tolstói e Strindberg, sendo ainda responsável pela primeira representação de Hauptmann.

FRESNEL. Lente de →*refletor* utilizada em trabalhos de →*iluminação* cênica ou cinematográfica que não forma imagens nítidas dos objetos, mas destinada sobretudo a concentrar a luz emitida e a acentuar a eficiência da iluminação. A lente apresenta anéis ou desenhos circulares e concêntricos, o que lhe permite dois efeitos diferentes de iluminação: um difuso e uniforme, ou, ao contrário, concentrado, na dependência do maior ou menor afastamento da lâmpada em relação à lente. A designação é um antropônimo de Augustin Fresnel, físico francês.

FREVO. Música e dança carnavalesca típica do estado de Pernambuco, de compasso binário, sincopada, e que realça tempos fortes e fracos num ritmo ágil, frenético. O nome parece ter derivado de *ferver*, pela corruptela *frever*, sendo o primeiro registro escrito datado de 1908, em um artigo do *Jornal Pequeno* do Recife. A dança, conhecida como *passo*, e executada individualmente, mas no interior dos cordões, engloba diversos movimentos, como a locomotiva, o saca-rolha, a dobradiça, o corrupio, chã de barriguinha, chã de bundinha, carrossel, exigindo grande esforço e resistência físicas. Os passos coreográficos do frevo foram surgindo e se consolidando a partir de grupos de capoeiristas que dançavam à frente das bandas militares do Recife (as mais antigas, datadas de meados do século XIX, foram a do Quarto Batalhão de Artilharia e a da Guarda Nacional, também conhecida por Espanha). "Passo é dança com que se dança o frevo. O capoeira foi o ancestral do passo. Em Pernambuco, do tempo em que o frevo nasceu, dominava a capoeira, que sempre gostou muito de acompanhar banda de música, gingando na frente dela, com um cacete na mão" (Valdemar de Oliveira, *Introdução ao Estudo do Frevo*). Gradativamente, as síncopas se multiplicaram nos dobrados para que a música se adaptasse ao jogo da capoeira. Musicalmente, portanto, o frevo é um gênero único, pois já nasceu orquestrado com instrumentos de sopro: pistões, trombones, tubas e bombardinos. Aos poucos, os grupos de capoeiras foram sendo substituídos por clubes ou blocos de foliões constituídos por categorias profissionais, como varredores, carvoeiros, vendedores de miúdos, jornalistas etc. Entre as modalidades discriminadas, citam-se: *frevo de rua*, de andamento muito rápido e normalmente instrumental; *frevo de bloco*, tocado por bandas de pau e corda, com andamento mais lento que o anterior; *frevo-ventania*, o mais elaborado de todos, com floreios e modulações improvisadas; *frevo-canção*, executado em bailes de carnaval; e *frevo-regresso*, de sentimento saudoso, quando os clubes terminam o período carnavalesco. O frevo tem raízes nos autos pastoris, nas polcas e nos dobrados militares. Atribui-se ao capitão José Lourenço da Silva (Zuzinha), da Brigada Militar de Pernambuco, a demarcação definitiva entre a marcha-polca e o frevo. Entre seus grandes compositores estão Nelson Ferreira, Capiba, Luis Bandeira, Fernando Lobo, Edu Lobo e Alceu Valença.

FRISO. **1.** Faixa horizontal e decorativa, de uso arquitetônico, que acompanha uma parede (geralmente no topo) ou as laterais de um teto, contendo desenhos ou relevos padronizados e seqüenciais. Os motivos plásticos variam enormemente, de acordo com o estilo arquitetônico (padrões greco-romanos, bizantinos, românicos, góticos, clássicos, barrocos, *art-nouveau* etc.), podendo conter figuras geométricas, vegetais ou zoomórficas. **2.** Parte do entablamento de templos greco-romanos situada entre a arquitrave e a cornija, e na qual se aplicam os ornamentos denominados →tríglifo e →métopa. →*Civilização clássica e helenismo.*

FRONTÃO. Ornamento e remate arquitetônicos, normalmente em relevo, com configurações triangular, semicircular (ou cimbrada), ondulada, helicoidal, que repousa sobre um pórtico, porta ou janela, tendo sido bastante utilizado em templos dos períodos clássico e helenístico (greco-romano), em edifícios renascentistas, barrocos e também de estilo neoclássico. O interior da área do frontão, chamada →tímpano, pode ser recoberto por figuras esculpidas.

FRONTISPÍCIO. **1.** A →fachada principal de um edifício ou a parte que, por conter os efeitos plásticos mais evidentes, melhor caracteriza o seu estilo. Neste caso, diz-se ainda *frontaria*. **2.** Estampa ou imagem impressa em uma página inicial de livro, também chamada *página de rosto*. **3.** Página de livro que traz informações básicas a respeito da obra, como título e subtítulo, nome do autor, editor, coleção etc. O mesmo que *página de rosto* ou apenas *rosto*.

• **FROTTAGE.** Desenho obtido a partir da cópia de um modelo ou original, colocando-se sobre este uma folha de papel que passa então a ser esfregada ou friccionada com um grafite, giz ou caneta. A técnica, utilizada por alguns artistas do surrealismo, foi assim descrita pelo pintor Max Ernst: "Fui assaltado pela obsessão que mostrava ao meu olhar as tábuas do assoalho, nas quais mil arranhões tinham aprofundado as estrias. Decidi então investigar o simbolismo dessa obsessão e, para ajudar minhas faculdades meditativas e alucinatórias, fiz das tábuas uma série de desenhos, colocando sobre eles, ao acaso, folhas de papel que passei a friccionar com grafite" (*Além da Pintura*).

FUGA. A forma mais complexa do contraponto musical ou da composição contrapontística, baseada em um ou mesmo em dois temas principais, denominado(s) sujeito(s) de fuga ou antecedente(s). Após a anunciação do sujeito ou tema, a fuga vai sendo construída pela entrada progressiva de imitações ou vozes em outras alturas (em um intervalo de quinta ou de quarta rebaixada, por exemplo) e tonalidades diversas, chamadas também de respostas ou conseqüentes. Este segundo desenvolvimento é confrontado, em seguida, por uma seqüência oposta ou um contraste, e assim sucessivamente. O nome provém do fato de o tema principal estar sempre "escapando" ou "em fuga", sendo perseguido pelas vozes que lhe respondem ou imitam. Após a entrada de todas as vozes, termina a "exposição". Segue-se, habitualmente, o "episódio", uma passagem de ligação em que uma delas é desenvolvida, até que um novo tema seja apresentado. O princípio do contraponto imitativo apareceu precariamente por volta de 1200. Mas somente no século XV os compositores (Obrecht, Josquin Des Près, por exemplo) começaram a usar a imitação como elemento estrutural da música polifônica. Até o período barroco, confundiram-se as denominações de capricho (*capriccio*), fantasia ou *ricercare*. Na origem de seu desenvolvimento estão Frescobaldi, Gabrieli, Couperin, Byrd e Pachelbel. A fuga instrumental alcançou o apogeu com Bach e a vocal, com Bach e Händel.

FUNAMBULISMO. Arte circense e de acrobacia baseada em movimentos de equilíbrio sobre corda, arame ou balanço.

FUNÂMBULO. Artista circense que se equilibra sobre corda, arame ou balanço, sem ou com o uso de objetos, tais como monociclo ou bicicleta. Também *volatim* ou *volantim*.

FÚRIAS. →*Erínias.*

FUSTE. O corpo ou a seção vertical de uma →coluna arquitetônica, constituído por peça monolítica ou por blocos superpostos, situado entre a base e o →capitel. Dependendo do estilo, pode ser liso ou estriado (com caneluras), torso ou reto.

FUTURISMO. **Rebelião e energia.** As experiências sensíveis do progresso industrial e de suas novas tecnologias aplicadas, assim como do dinamismo e das sensações de velocidade na vida urbana vieram a influenciar decisivamente aquele que foi o primeiro e mais beligerante manifesto estético do século XX: o futurismo. E embora seus adeptos a tenham rejeitado de maneira explícita, é possível perceber uma continuidade no movimento de ruptura com os padrões plásticos já proposto pela tendência geometrizante e busca de construção colorística de Cézanne, assim como pela quebra da perspectiva linear ou pela multiplicação dos pontos de vista do cubismo. Esse processo de análise ou decomposição das figuras pode ser encontrado, por exemplo, em obras como *Visões Simultâneas* e *Mesa + Garrafa + Patê*, de Umberto Boccioni, em *Construção Vertical* e *Construção Simultânea*, de Enrico Prampolini, nas telas *As Irmãs*, de Diulgheroff, ou *O Construtor*, de Fillia.

Centrando-se na exaltação do futuro prometido pela civilização da eletricidade e das máquinas, os futuristas recusaram todo o conjunto histórico do passado. A partir de então, a arte deveria converter-se em um *ato permanente* de construção e de reinvenção, em um *élan vital* (à maneira de Bergson), já que, sendo a vida, sob qualquer ponto de vista, um movimento contínuo e fugaz, seriam esses os aspectos a ser impostos sobre a repetição ou qualquer projeto cultural de transcendência: "O futurismo é um esforço continuado para ultrapassar as leis da arte e a própria arte por meio de um imprevisto que poderíamos chamar *vida-arte-efêmera* [...] criemos com uma fé absoluta no imperecível gênio da terra. Sem nostalgia, com todas as audácias, contra todos os retornos e pessimismos, para a frente, sempre mais rápido, mais longe, mais alto, para renovar liricamente a alegria de viver".

O autor dessas linhas, Filippo Tommaso Marinetti, foi sem dúvida o apóstolo fervoroso da nova mitologia do progresso material e da revolução permanente da pesquisa estética, afirmando, orgulhosa, panfletária e radicalmente, a liberdade artística contra todas as instituições e modelos conhecidos. O movimento anunciou-se primeiramente no jornal francês *Le Figaro*, em 20 de fevereiro de 1909, sob o título de *Manifesto Futurista*. E entre as pregações ou "primeiras vontades", estavam: "Queremos cantar o amor do perigo, o hábito da energia e da temeridade; a coragem, a audácia e a rebelião serão elementos essenciais da nossa poesia [...] queremos exaltar o movimento agressivo, a insônia febril, a velocidade, o salto mortal, a bofetada e o murro, afirmamos que a magnificência do mundo se enriqueceu de uma beleza nova – a beleza da velocidade. Um carro de corrida adornado de grossos tubos semelhantes a serpentes de hálito explosivo, um automóvel rugidor, que parece correr sobre a metralha, é mais belo que a *Vitória da Samotrácia* [...] queremos destruir os museus, as bibliotecas, as academias de todo tipo, e combater o moralismo, o feminismo e toda a vileza oportunista e utilitária".

Poesia e teatro. A *démarche* de Marinetti teve seus inícios e maior preocupação no âmbito da literatura, por volta de 1905 (quando lança a revista *Poesia*), sobretudo nos versos livres de seu amigo Gustave Khan.

Para ele, esta forma poética era a que melhor se adaptava à expressão do dinamismo moderno. Logo a seguir, propôs uma escrita em que se orquestrassem sons e frases soltas, capazes de evocar a "dimensão polifônica" e a "veemência" das cidades cosmopolitas. A poesia futurista deveria ser, portanto, aquela "emancipada de todos os vínculos tradicionais, ritmada pela sinfonia dos *meetings*, das fábricas, dos automóveis e dos aeroplanos". Mais tarde, em junho de 1912, já no *Manifesto Técnico da Literatura Futurista*, reivindicou a supressão da pontuação e a abolição da sintaxe, com o intuito de alcançar o alogismo emocional – uma série de frases que transpusessem sensações e imagens sensoriais ininterruptas, desconsiderando as estruturas funcionais e racionais da língua ou da linguagem. Chegou-se, por fim, à abolição do modelo linear e à desarticulação plástica das letras, que passaram a flutuar no espaço impresso, aproximando-se ou se distanciando entre elas segundo critérios eminentemente subjetivos. Concepção cujos ecos alcançaram logo em seguida o dadaísmo e a poesia concreta de meados do século.

No âmbito dramático, o modelo de "teatro de variedade" (nome de um manifesto de 1913) seria o mais adequado aos propósitos da corrente. Em lugar de reproduzir o cotidiano, interpretar a história ou analisar conflitos de sentimentos, dever-se-ia exaltar a "loucura do corpo" (a *fisicofollia*), a "autoridade do instinto e da intuição"; provocar espanto para sentir, em troca, a "volúpia da vaia". Nascia aqui a vertente do teatro físico, dos gestos exasperados, das frases desconexas e dos gritos primais. Uma dramatização simultaneamente "atécnica, dinâmica, autônoma, alógica, irreal". Essas novas palavras de ordem (ou de desordem) futuristas já haviam alcançado a Rússia, nas pessoas de Vladimir Maiakóvski e do crítico Vadim Cherchenévitch, autores, respectivamente, dos artigos "Teatro, cinematografia, futurismo", e de "Uma declaração sobre o teatro futurista", nos quais se condenava o realismo de Stanilávski e se propunham encenações baseadas em improvisos e intuições imediatas. Ecos que, uma vez mais, seriam ouvidos nos *happenings* dadaístas.

Ação política. Desejando ainda ampliar social e politicamente suas idéias e transformá-las em um movimento popular, isto é, integradas à cultura de massa, Marinetti também produziu o *Manifesto Político aos Eleitores Futuristas* (1909), dirigindo-o a grupos sindicais e anarco-sindicalistas. Promoveu conferências em círculos de trabalhadores, como os de Nápoles e de Parma, tanto quanto entre os socialistas milaneses. Nelas, exortou os proletários à violência político-partidária, entendendo ser a força das massas um veículo de progresso. Gramsci, no início dos anos 1920, chegou a se aproximar dessas pregações futuristas. Ainda em princípios de 1922, sua revista *Ordine Nuovo* patrocinou a Exposição Futurista Internacional, com a presença de Marinetti. Na época, discutia-se a importância e o papel da vanguarda artística como contributo à revolução proletária. A Federação Juvenil Comunista apoiou igualmente a edição de três panfletos de teor futurista (*A Revolta Intelectual*, *A Arte Comunista* e *Apelo aos Intelectuais*). Mas a adesão explícita de Marinetti ao fascismo, demonstrada durante a Marcha sobre Roma de Mussolini (outubro de 1922), separou definitivamente Gramsci e a esquerda italiana do movimento (ainda que nem todos os participantes da corrente tenham se comprometido politicamente).

Pintura. Em fevereiro de 1910, o pintor Umberto Boccioni assistiu e se entusiasmou com uma palestra de Marinetti ocorrida no Teatro Lírico de Milão. Encontrando-se com ele alguns dias depois, resolveram ambos propor uma estética futurista voltada para a pintura. Ainda na última semana do mês, o *Manifesto dos Pintores Futuristas*, assinado por Boccioni e seus amigos Luigi Russolo, Carlo Carrá, Aroldo Bonzagni e Romolo Romani, era lido no Teatro Chiarella de Turim, em meio a um gande tumulto, e publicado na imprensa. Dez dias depois, abriu-se a primeira mostra em Milão, sem a presença de Romani, que se afastara do grupo. Logo depois, também Bonzagni desistiu de participar e Boccioni convidou então Gino Severini, que estava em Paris, e seu antigo mestre Giacomo Balla. Formava-se então o núcleo principal da pintura futurista, que fez editar em Milão um segundo panfleto do grupo: *Pintura Futurista – Manifesto Técnico*. A ele se incorporaram os pintores Fortunato Depero, Vinicio Paladini e Fillia, o pintor e escultor Ivo Pannagi, o escultor Mino Rosso e o pintor e arquiteto Nicolas Diulgheroff.

Os temas prediletos para os quais se encaminharam os artistas plásticos da corrente foram o do movimento e, após a guerra e durante os anos 1920, o das máquinas, veículos industriais e paisagens arquitetônicas modernistas (arranha-céus). A fase do cinematismo teve por finalidade reproduzir as impressões de dinamismo e de fugacidade das percepções, pois que "tudo se move, tudo corre e se volta rapidamente. Uma figura nunca se apresenta estável diante de nós, mas aparece e desaparece incessantemente [...] sucedendo-se, como vibrações, no espaço que percorrem. Assim, um cavalo a correr não tem quatro pernas, mas vinte, e seus movimentos são triangulares [...]. As dezesseis pessoas que tendes ao vosso redor num ônibus que corre são uma, dez, quatro, três; estão paradas e se movem [...] assim como o ônibus que passa entra nas casas, as quais, por sua vez, se arremessam sobre o ônibus e com ele se confundem".

Em 1912, os integrantes do núcleo central voltariam a proclamar que "todo objeto influencia seu vizinho, não pelos reflexos de luz (base do *primitivismo impressionista*), mas por uma competição real de linhas e pelos conflitos reais de planos, de acordo com a lei emocional que governa o quadro (a base do *primitivismo futurista*) [...]. Não só abandonamos radicalmente o motivo plenamente desenvolvido, de acordo com seu equilíbrio determinado e artificial, mas, de maneira súbita e intencional, cruzamos cada motivo com um ou mais dos outros motivos, aos quais nunca damos pleno desenvolvimento, apenas suas notas iniciais, centrais ou finais" (Catálogo da exposição de Paris). Essa desmaterialização dos corpos, vista como resultado de vibrações cinéticas e luminosas, passou a ser obtida pelo enfileiramento de partes da figura (seu divisionismo ou multiplicação), por contornos ondulados ou turbilhonantes, além de fortes contrastes tonais. A intenção da imagem seria não apenas registrar a passagem de um tempo, de algo que se move exteriormente, ou permite múltiplos pontos de vista, mas também a de um estado de espírito interior. A máquina apareceu como metáfora da expansão da energia humana e de sua vontade de potência. Neste particular, "dentes e engrenagens, pistons e dínamos, as magníficas arquiteturas das gruas e das pontes férreas, os altos-fornos, os gasômetros e as torres de mecânica vertiginosa substituirão a velha paisagem pegajosa e descorada, o assunto romântico e os luares, toda esta lastimável literatura carcomida e tão cara aos burgueses". As linhas adquiriram uma certa austeridade ou rigidez, a fim de transmitir os aspectos sólidos das estruturas em aço, ferro e cimento.

Música. Após ter conquistado a adesão de pintores e escultores, Marinetti ainda solicitou a Francesco Pratella que abrisse uma via de pesquisa para a música futurista. Este passou então a produzir o que chamou, consoante a terminologia em voga, de "polifonia absoluta", uma fusão de harmonias e de contrapontos, de estruturas polirrítmicas, de microtonalidades e de atonalismo. E logo após a publicação de mais um manifesto, desta feita a dos Músicos Futuristas, Pratella compôs ao menos duas peças de maior interesse – a *Música Futurista*, ou *Hino à Vida*, e a ópera *O Aviador Dro*. Também Russolo se dispôs a experimentos sonoros conhecidos desde então como bruitismo ou ruidismo, isto é, a musicalização que tem por tema os ruídos cotidianos da cidade e da natureza. Conforme a opinião do artista, estes novos materiais sonoros deveriam servir para a música encontrar a "sensação vital" que o belcanto havia perdido. Apesar destas declarações, o bruitismo utilizado nas experiências coreográficas do futurismo provinha mais das percussões mecânicas do que das sonoridades naturais. Entre os espetáculos, mencione-se o *Balé Mecânico* (de Paladini), uma alegoria com três personagens – o proletário, a mulher e a máquina; a *Psicologia das Máquinas* (Depero e Prampolini), a *Dança da Hélice* e *Teatro da Pantomima Futurista* (Prampolini) ou *New York, New Babel* (Depero). Em todas as coreografias, os bailarinos dançavam na condição de robôs ou marionetes.

GAFIEIRA. Baile e salão de danças populares, surgidos no Rio de Janeiro em fins do século XIX, e que se difundiram até a década de 1960, inicialmente freqüentados pelas camadas mais pobres da população da cidade, sobretudo por negros e mestiços. Como assinala José Ramos Tinhorão, "essas sociedades recreativas representavam a primeira criação social de grupos [...] sem experiência de 'vida de salão'. E tanto isso é verdade que, na tentativa de imitar os bailes da gente de classe média, tais eram os pequenos equívocos de etiqueta cometidos, que um cronista chamaria esses tipos de clubes de gafieiras para expressar, sob esse neologismo, a verdadeira enfiada de *gaffes* que sempre ocorria". Entre as dezenas de clubes ou salões de maior destaque e freqüência, durante os oitenta anos em que permaneceram ativos, citam-se: Aristocratas da Cidade Nova (já aberto em 1880), Cananga do Japão, Caprichosos da Estopa, Flor do Abacate, Catete e Estudantina. Reduto e símbolo da malandragem carioca, a gafieira serviu ainda de universo de divulgação do *foxtrot*, do samba e do samba de breque, de formação de bandas musicais (por influência do *jazz*) e de um estilo particular de dançar os gêneros ali praticados, com os casais estreita e sensualmente enlaçados, evoluindo em passos saltados, quase acrobáticos. Compositores e intérpretes que se tornaram famosos no Brasil, como Sinhô, Wilson Batista, Noel Rosa, Jorge Veiga, Moreira da Silva, Geraldo Pereira ou Nelson Gonçalves, eram seus freqüentadores assíduos.

GAGUE. Em teatro ou cinema, o efeito cômico obtido por surpresa ou improviso, seja ele verbal ou visual. Na gíria brasileira dos atores, o mesmo que *caco*.

GALERIA. 1. Andar, piso ou registro de um edifício, habitualmente mais comprido do que largo, e que serve de circulação, tendo vista para o interior. Nesta acepção, o mesmo que *loggia*. 2. Andar ou estrutura elevada de um prédio, destinada ao público, como em teatros e casas de espetáculo, estando localizada, relativamente aos demais espaços da sala, no ponto mais distante do palco (acima dos balcões). Por extensão, o próprio público ou assistência que dela faz uso. 3. Piso superior de um templo religioso, situado acima da nave colateral e aberto para o interior da igreja. 4. Espaço físico destinado ou adaptado para a exibição de obras de artes plásticas, de um ou de vários autores, assim como a de coleções de peças históricas, etnográficas, técnicas ou científicas.

GALHARDA. Dança e música renascentistas, de movimentos rápidos e alegres, de compasso ternário e coreografia de cinco passos. Esteve na origem das suítes ou partitas orquestrais, em forma de movimento *vivace*, em contraste com outras danças mais lentas ou solenes, como o minueto ou a pavana.

GALILÉ. →*Nártex*.

GALOPE. →*Martelo*.

GAMBIARRA. Caixa ou vara de luzes horizontais, situada seja na parte aérea do proscênio, entre as bambolinas, seja no fundo do palco, complementando as luzes verticais da ribalta ou se conjugando com elas.

GÁRGULA. Figura fantástica, divina ou monstruosa, esculpida em pedra ou outro material construtivo, e que serve tanto como amuleto protetor quanto de calha e condutor das águas pluviais, evitando que escorram pelos muros do edifício ou do templo. Embora as gárgulas tenham sido criadas pela arquitetura dórica, os mais requintados e estranhos exemplos ainda existentes são encontrados nas igrejas góticas, como as de Notre Dame de Paris.

GAVOTA. Dança viva, ligeira e coletiva, de origem renascentista (século XVI), proveniente da região de Gap, na França, cujos habitantes eram conhecidos como *gavots*. Converteu-se em dança de corte ao tempo de Luís XIV e se compunha de três passos, mais um →*assemblé*, executados em roda ou em fila, e também movimento de suíte orquestral, como em composições de Lully ou Bach. No início do século XVIII, seu andamento foi se tornando mais lento, aproximando-se do minueto. Do francês *gavotte*.

GELATINA. Filtro de cor para iluminação cênica (teatral, musical ou coreográfica) ou mesmo para exposições de artes plásticas. O mesmo que *cromóide*.

GEMA **1.** Do latim *gemma*, designa qualquer pedra preciosa ou semipreciosa, isto é, mineral cristalino, utilizado na manufatura de peças ornamentais de joalheria (colares, anéis, brincos, pulseiras, coroas, relíquias sagradas etc.), ou mesmo em →mosaico. A gema se caracteriza por pelo menos três propriedades: esplendor (transparência, brilho, dispersão de brilho e cor), dureza e raridade natural; e dois processos de tratamento – a lapidação (corte e desbaste) e o polimento. Quando não-lapidada, a pedra recebe o nome de mineral-gema. A dureza do mineral é ainda responsável pela durabilidade do brilho. Consideram-se preciosas o brilhante (diamante), a esmeralda, o rubi e a safira; semipreciosas, a água-marinha, a ametista, o citrino, o crisoberilo, a granada, o jade, a hiddenita, a kunzita, o lápis-lázuli, a opala, o topázio, a turmalina e a turquesa, entre outras menos conhecidas. Algumas gemas provêm do mesmo mineral, diferindo apenas na cor. Por exemplo: o rubi e a safira são o mineral coríndon; a esmeralda e a água-marinha são variedades do berilo. →*Glíptica* e →*Ourivesaria*. **2.** Figuradamente, pode referir-se a um indivíduo ou personalidade representativa dos traços mais genuínos de uma determinada condição social ou de uma região cultural delimitada.

GÊNERO. **1.** Do grego *génos*, geração, pelo latim *genus*. Daí também as idéias de raça, etnia ou estirpe, isto é, de gerações sucessivas a partir de um tronco ou origem comum. Nas filosofias grega e medieval, indica o sujeito ao qual podem ser atribuídas diferenças específicas, correspondendo assim a um elemento indispensável da definição. Para Aristóteles, por exemplo, as noções de gênero e de espécie são "substâncias segundas", significando com isso o fato de aludirem ou expressarem uma substância primeira ou original, atribuindo-lhe predicados e características. Os estóicos entenderam por gênero "a conjunção ou reunião de noções diferentes e permanentes". Exemplificando, o gênero "animal" unifica características diversas de várias espécies (seres vivos sensientes, isto é, dotados de sensibilidade, de capacidades de reprodução e locomoção, desprovidos de clorofila), ao mesmo tempo em que se distingue do gênero "vegetal". Deve-se notar ainda que o gênero, por abranger maior extensão, ou ser mais universal, guarda menor compreensão do sujeito a que se refere. E a espécie, por ser de menor extensão, ou menos universal, amplia a compreensão do sujeito. No âmbito da ciência biológica, o sistema de classificação criado por Lineu para os seres vivos utiliza duas palavras latinas, sendo a primeira para o gênero e a segunda para a espécie. Assim, por exemplo, o *Canis lupus* identifica o lobo cinzento, sendo *canis* o gênero, ou seja, uma classe geral em que também entram outros lobos e os cães.

2. No âmbito da literatura, a matéria é tratada em →gêneros literários. **3.** Em pintura, pode designar: *a)* cenas figurativas de ambientes domésticos ou de trabalhos e vida cotidiana; *b)* cada um dos tipos de pintura figurativa que se diferencia em função do tema apresentado: retrato, paisagem, natureza-morta, cena histórica, cena mitológica, nu e vida cotidiana. →*Pintura*. **4.** Por motivos mais mercadológicos do que propriamente lógico-racionais, a indústria do cinema e os meios de comunicação costumam distinguir como gêneros cinematográficos: a comédia, o drama, o policial, a aventura (os obstáculos a serem vencidos dirigem as ações, como em filmes de guerra, de espionagem ou de capa e espada, por exemplo), o histórico, o musical, o faroeste, o fantástico (englobando a ficção científica), o horror (seres monstruosos em situações que provoquem o medo) e o seriado. Esta classificação acaba por ser mais imprecisa ainda do que a existente nas literaturas, incluindo-se a dramática ou teatral. O que aparentemente poderia unificar as diferenças revela-se não poucas vezes fluido, confundindo o particular e o geral. Isso quer dizer que as características de um gênero cinematográfico podem ser habitualmente encontradas em outro. Assim, pode-se perceber que o drama, reduzido aqui a um entrecho "sério", estaria também presente numa aventura de guerra ou num filme de reconstituição histórica; uma comédia pode ser, ao mesmo tempo, uma película de capa e espada e um musical.

GÊNEROS LITERÁRIOS. **Origens da discussão.** O conceito de gêneros em literatura sempre esteve às voltas com dificuldades de entendimento, a começar pela validade de sua existência, até chegar às discordâncias de seus valores e finalidade. Proveniente de *genus* e, posteriormente, de *generus* (latim vulgar), indica uma família, ou uma comunidade de parentesco, como nas ciências biológicas ou naturais. No caso literário, refere-se a obras que contenham formas e atributos gerais, semelhantes ou afins.

A *Poética* de Aristóteles constitui o primeiro texto abrangente sobre o tema, já que as menções de Platão nos livros III e X da *República* são apenas superficiais. Quanto a Aristóteles, sua intenção não se restringe a descrever ou sistematizar os gêneros (ou modalidades), mas a indicar os preceitos de criação de uma "bela" obra.

Para o filósofo, toda arte é uma atividade mimética, aquela que representa, por imitação, uma realidade subjacente. Mas de tal maneira que "não é ofício do poeta (criador) narrar o que realmente acontece; é, sim, o de representar o que poderia acontecer, quer dizer: o que é possível, verossímil e necessariamente". A poesia contém, em primeiro lugar, dois modos de exteriorização: a *narração*, em que o autor fala em seu próprio nome ou em nome de personalidades que ele assume (o ditirambo e a epopéia, ou poesia épica), e o *drama*, pelo qual os atores vivenciam ações (o texto teatral poético, cômico ou trágico). Neste último caso, a poesia reconstrói figuras e ações humanas que se caracterizam pela nobreza ou pela ignomínia, pela virtude ou pelo vício etc. Os homens e as ações mais nobres ou virtuosas estarão contidas na tragédia, e os piores na comédia, pois o riso é uma arma de moralização. Por fim, a poesia se utiliza, distinguidamente, do ritmo, da melodia e do verso como meios de expressão. Devemos assinalar que, em sua época, Aristóteles não encontrara uma denominação para a prosa narrativa (que veremos adiante): "A arte que se utiliza apenas de palavras, sem ritmo ou metrificação [...] até hoje não recebeu um nome. Não dispomos de nome que dar aos mimos de Sófron e Xenarco, ao mesmo tempo que aos diálogos socráticos e às obras de quem realiza a imitação por meio de trímetros, dísticos elegíacos ou versos semelhantes".

O segundo preceptualista do gênero foi Horácio, cuja influência reapareceu na era moderna (entre os séculos XVI e XVIII), ao defender uma clara *unidade de tom* entre a tragédia, a comédia e o poema épico. Cada um desses gêneros requereria uma métrica, um tratamento e um conteúdo distintos, para que o efeito fosse preciso (*singula quaeque locum teneant sortita decentem*, ou, em tradução sofrível, que cada coisa se mantenha no lugar conveniente).

Tendência clássica na Renascença. Não poucos tratadistas da época perceberam a necessidade de consolidar um terceiro gênero poético, além da épica e do drama – a antiga modalidade lírica, cujo nascimento atribuiu-se ao grego Mimnermo, e que em seus inícios indicou apenas o texto cantado "ao som da lira". Já bastante diversificada na época (desde as *Odes* de Horácio, as obras dos trovadores medievais ou o *Cancioneiro* amoroso de Petrarca, por exemplo), a lírica deveria abranger obras nas quais o autor expressa sentimentos, impressões, reflexões ou idéias personalizadas, subjetivas. Dentro dessa tripartição clássica, eram considerados gêneros maiores, ou mais elevados, a tragédia e a epopéia, não apenas pela natureza dos conflitos e das ações heróicas, mas por se referirem, até então, às classes sociais superiores (realeza e aristocracia). E gêneros menores, a comédia, a farsa, a fábula e a lírica. Incongruente para o espírito tradicional da época era a tragicomédia (→*Teatro*), uma modalidade mista que os antigos, seguindo as recomendações de Horácio, se recusavam a aceitar. Ou seja, as várias teorias "clássicas" possuíam um caráter preceptivo comum, de ordem ou determinação. Visavam não apenas distinguir e classificar os aspectos formais do texto literário, como recomendá-los ainda em função do tema. Buscavam, assim, um entendimento disciplinado e universal.

Contra preceitos ou classificações. Foi o barroco o primeiro movimento estilístico a rejeitar os princípios até então vigentes e a defender o aspecto histórico, mutável e confluente dos gêneros (já perceptível na épica *Orlando Furioso*, de Ariosto, nas obras de Lope de Vega e no aparecimento de novas espécies literárias, como os sonetos, os contos e as novelas). Em seguida, e no interior do enciclopedismo francês, personalidades como Diderot passaram a atribuir ao *gênio* uma importância equivalente à dos autores que se pautavam pelo *gosto*, isto é, pelas normas cultas e elegantes já consolidadas. O gênio é aquele capaz de criar em virtude de um poderoso impulso subjetivo, mais afeito aos desequilíbrios do que ao domínio das formas fixas, mais entregue às paixões do que à continência da razão. O novo valor da genialidade (do capricho, da fantasia, da livre imaginação) foi exaltado pela estética inglesa do século XVIII e pelo movimento alemão →Sturm und Drang, ao pregarem, mais explicitamente, a desobediência aos "cânones" que o neoclassicismo reintroduzira nas artes, sempre em nome da individualidade, de uma força criativa inconsciente, dos abismos espirituais humanos, e cujo modelo eram as tragédias de Shakespeare (→*Estética*).

Na seqüência do período romântico, Victor Hugo (aqui citado como figura emblemática pelas idéias expostas no prefácio de *Cromwell*) condenou veementemente a divisão rígida entre a lírica, a épica e o drama, argumentando que a pureza das modalidades é incapaz de abranger a diversidade da alma e da vida, amálgamas do riso e da dor, do feio e do belo, da riqueza e da pobreza. Não haveria regras ou modelos prévios "além das leis da natureza que planam sobre toda a arte e das leis especiais que, para cada composição, derivam das condições próprias de cada assunto". Assim, a distinção entre a tragédia e a comédia, subdivisões do drama, apenas limitariam a apreensão de um universo psicológico mais profundo ou da "coincidência dos contrários" que a arte pode e deve exibir.

No início do século XX, Benedetto Croce retomaria a crítica aos gêneros literários, dizendo ser inaceitável concebê-los como categorias universais imutáveis, como substâncias teoricamente desvinculadas das obras singulares e que servissem de parâmetro para o julgamento de um valor estético. Se a poesia é um conhecimento subjetivo, fruto de uma intuição e de uma expressão impossíveis de serem repetidas, se é uma experiência una e indivisível – e, portanto, fora dos padrões lógicos da ciência natural – não haveria possibilidade de categorizá-la: "Cada obra de arte exprime um estado de espírito, e o estado de espírito é individual e sempre novo; a intuição implica infinitas intuições, o que é impossível reduzir a um quadro de gêneros [...] entre o universal e o particular não se interpõe, filosoficamente, nenhum elemento intermediário, nenhuma série de gêneros ou de espécies, de *generalia*" (*Breviario di Estetica*). Os gêneros serviriam como *instrumentos* úteis não para se avaliar uma obra em particular, mas para se ter uma visão de transformações históricas. Por exemplo, a morte da tragédia clássica após o fim do absolutismo e sua substituição pelo drama burguês; o fim da épica e o desenvolvimento pronunciado do romance.

Retomada dos gêneros. Ainda na primeira metade do século XX, novos teóricos, ligados ou não a centros de estudos lingüísticos, como Bóris Tomachévski, René Wellek, Austin Warren, Morris Weitz, Karl Vossler ou Tzetan Todorov, entre outros, fizeram reviver o assunto. Para Tomachévski, por exemplo, embora os gêneros não possam ser estabelecidos *a priori*, eles se especificam e passam a existir no transcorrer da história, numa série poética (de construção artística). São, portanto, classes de obras compostas segundo um conjunto de traços específicos, tanto de forma quanto de conteúdo.

De maneira geral, entendeu-se que, apesar das transformações, das confluências e da diversidade dos textos literários, ainda assim é possível analisá-los a partir de características abstratas, mas comuns e inequívocas. Ou seja, há realmente traços que se repetem ou que se assemelham nas técnicas da composição literária. E esses aspectos podem conjugar-se em categorias que auxiliem o entendimento das obras, vistas em particular ou em conjunto. Um texto que não pertencesse a nenhum gênero perceptível encontraria dificuldades talvez incontornáveis de comunicação. Isto quer dizer que o gênero, ainda que misto, serve como "plataforma de encontro entre o escritor e seu público" (Fidelino de Figueiredo). Na opinião do crítico francês Gérard Genette, "o discurso literário (uma obra em particular) se produz e se desenvolve segundo estruturas (gêneros) que só pode transgredir porque as encontra no campo de sua linguagem e de sua escritura" (*Figuras*). Análise corroborada por Tzvetan Todorov, para quem "não se pode pensar em 'rejeitar a noção de gênero' como, por exemplo, exigia Croce: uma tal rejeição implicaria a renúncia à linguagem (que se movimenta na abstração e no 'genérico') e não poderia, por definição, ser formulada [...]. Os gêneros são precisamente [...] escalas por meio das quais a obra se relaciona com o universo da literatura" (*Introdução à Literatura Fantástica*).

Separação inicial. A primeira distinção, ancorada na técnica literária escolhida por um autor, é a que se dá entre a *poesia* e a *prosa*, mas, de acordo com as mais antigas concepções, "a poesia e a prosa não constituem formas de expressão fundamentalmente separadas. Ambas estavam compreendidas dentro do conceito de 'discurso'. Poesia é discurso metrificado. Mas, desde Górgias, com ela rivaliza a prosa artística" (Curtius, *Literatura Européia e Idade Média Latina*). No início do século VII, sobretudo a partir de Isidoro de Sevilha (*Originum sive Etymologiarum Libri*), a prosa passou a ser definida como "discurso livre", cabendo-lhe ainda duas subdivisões: a prosa artística (*rhetoricum sermo* ou *eloquentia prosa*), de mais refinada elaboração estilística, e a prosa simples, cotidiana ou objetiva (o *sermo simplex*, de Agostinho, ou a *subita dictandi audacia*, assim mencionada por São Jerônimo). Se as duas formas já podem determinar "visualmente" a diferença, há, no entanto, outros critérios mais amplos.

Como ponto de partida, pode-se dizer que a poesia institui, formalmente, uma linguagem versificada, isto é, rítmica e sintaticamente concentrada, na qual se revelam ou são evocados estados espirituais, contemplações e/ou reflexões de ordem subjetiva, assim como narrações ou série de eventos. Corresponde, em seus melhores momentos, a um duplo movimento ou capacidade verbal de disciplinar ou condensar uma forma, expandindo, no entanto, os sentidos da linguagem. Por tal motivo, Adorno propôs, como paradigma perfeito (ao menos da poesia lírica), aquele que expressa, "em sua limitação, o todo; em sua finitude, o infinito" (*Discurso sobre Lírica e Sociedade*).

Ao mesmo tempo, constitui uma estrutura métrica, e simultaneamente rítmica, que transporta consigo uma outra de ordem e intenção semânticas. É, por exemplo, o que nos afirma Dante (*De Vulgari Eloquentia*), quando procede à diferença entre a *cantio* – unidade de sentido da obra poética – e a *stantia* – esta a unidade métrica, eminentemente formal ou sintática – que indica, por sua origem, a "mansão ou abrigo" da arte. Também por tal característica é que Paul Valéry disse ser o poema uma "hesitação prolongada entre o som e o sentido". Hesitação que inclui tensão ou contraste entre ambas as estruturas, tanto quanto referências imprevistas ou imagens inusuais, relativamente à linguagem cotidiana.

Na opinião de Sartre (*Que é Literatura?*), as diferenças de atitude na criação de um texto poético (mais precisamente lírico) ou prosaico poderiam ser assim entrevistas: "A poesia não *se serve* de palavras; eu diria antes que ela as serve. Os poetas são homens que se recusam a *utilizar* a linguagem (fazê-la algo de utilidade imediata) [...]. Na verdade, o poeta se afastou por completo da linguagem-instrumento; escolheu de uma vez por todas a atitude poética que considera as palavras como *coisas* e não como *signos* [...] [para ele] são coisas naturais que crescem naturalmente [...]. Não sabendo servir-se da palavra como signo de um aspecto do mundo, vê nela a *imagem* de um desses aspectos [...].

Florença é cidade e flor (*Flor*-ença) e mulher, é cidade-flor e cidade-mulher e donzela-flor ao mesmo tempo. E o estranho objeto que assim aparece possui a liquidez do fluir do rio [aproximação entre *fleur* (flor) e *fleuve* (rio)], o doce e fulvo ardor do ouro (*or*, em francês) do nome de Florença e, por fim, se abandona com decência (*Florence-décence*) e prolonga indefinidamente, pelo enfraquecimento do *a* final átono, seu desabrochar pleno de recato". Quanto à prosa (e mais nitidamente à narrativa ficcional), "na medida em que o prosador expõe sentimentos, ele os esclarece [...]. A prosa é utilitária por essência; eu definiria o prosador como um homem que se serve das palavras; é um falador que designa, demonstra, ordena, interpela, suplica, insulta, persuade, insinua [...]. A arte da prosa se exerce sobre o discurso – sua matéria é naturalmente significante [...] o prosador é um homem que escolheu determinado modo de ação secundária, que se poderia chamar de ação de deslindamento". Por essa distinção é que o prosador pode e deve engajar-se, tomar partido no mundo, ao contrário do poeta, do músico ou do pintor.

Apesar dessas considerações, uma característica poética universal, independente do tempo ou de particularidades culturais, não foi até hoje consolidada satisfatoriamente. O uso do verso, por exemplo, não se impõe como critério absoluto, desde que Aristóteles chamou a atenção para o fato de que "um assunto de medicina ou de física, exposto em versos, não é poesia, uma vez que entre Homero e Empédocles nada há de comum, além da medida" (do metro). Comentando as poesias didática e descritiva, diz Goethe que a primeira "não devia ser incluída entre as produções artísticas propriamente ditas porque contém, de um lado, um conteúdo prosaico perfeitamente constituído e, de outro, uma forma artística que lhe é aplicada exteriormente"; quanto à segunda, categoria que opõe à didática, "o seu ponto de partida reside em coisas exteriores, como as paisagens e edifícios, as estações e as horas do dia [...] [e nesse caso] achamo-nos perante um assunto considerado em si, representado tal e qual na sua aparência exterior, sem o acréscimo de qualquer elemento espiritual" (*O Belo na Arte*).

Se para Dante a poesia "é a ficção retórica elaborada com música" (*fictio rethorica in musica posita*), Schiller distingue o impulso objetivo e idealista, o realismo e a serenidade da beleza da poesia clássica, confrontando-os com a tendência especulativa, a exaltação dos sentimentos particulares, a tentativa de captar o impreciso ou o vago nas poéticas românticas. Na análise de Vossler, por exemplo, a poesia demonstra ser uma maneira de falar e de escrever de aparência *simétrica;* a prosa, ao contrário, se manifesta sob o aspecto *assimétrico.* Além disso, "na poesia, a estrutura sintática permanece acessória, latente, submetida às determinações rítmicas e métricas; ao passo que, na prosa, a estrutura sintática se destaca tanto mais agudamente, se faz tanto mais importante e eficaz, quanto mais decididamente o prosador se afasta do estilo poético, de um estado de espírito essencialmente emotivo, lírico". René Waltz segue parâmetros semelhantes: "A poesia é a arte de comunicar a *emoção* humana pelo verbo *musical*".

Num misto de Aristóteles e Hegel, diz Henry Bonnet que a intenção poética "é uma atitude de debruçamento do autor sobre si próprio, uma atitude contemplativa não sem analogia com a do filósofo. Mas se esse contempla idéias gerais, absolutas ou infinitas, o poeta contempla idéias particulares, subjetivas, mas, em certo sentido, universais". Entendimento semelhante ao de Fernando Pessoa, para quem a poesia "é a emoção expressa em ritmo, através do pensamento". Com a particularidade, lembrada pelo poeta, de que a emoção, posta em linguagem ritmada, deve ser modelada pela reflexão, pela razão.

Outra, no entanto, é a concepção formalista de Roman Jakobson e de sua lingüística. Como é difícil estabelecer o conceito de poesia (mais ainda do que as fronteiras dos territórios na China, diz ele), o que na verdade existe é a *poeticidade* do texto. De um lado, essa poeticidade pode ser observada na unidade, na coerência ou ainda na semelhança das estruturas métricas, das emissões fônicas, dos significados semânticos e das características gramaticais. De outro, na medida em que a palavra é experimentada simplesmente como palavra, não como referencial de outra coisa, nem mesmo como emoção; quando "as palavras e sua sintaxe, sua significação, suas formas externa e interna não são índices da realidade, mas possuem seu próprio peso e valor". Depreende-se que, na prosa, a palavra refere-se mais intensamente ao mundo objetivo, exterior. Incumbe-se de descrever, contar ou produzir uma narrativa, ainda que se volte para si mesma – condição indispensável, para o analista, de qualquer construção literária.

O crítico norte-americano R. P. Blackmur, convencido de que a linguagem poética é, antes de tudo, "simbolista", afirma que, nesse caso, símbolo significa "o que utilizamos para exprimir um sentido que não pode ser expresso, de maneira completa, por palavras diretas ou por combinação de palavras" (*A Linguagem como Gesto*). Assim, na poesia dá-se um sentido novo aos termos (aqui entendidos apenas como signos), que então adquirem uma natureza de "gesto". E o gesto poético acontece quando o termo empregado passa a ser escolhido de modo a não se poder separar o significante do significado ("a forma identifica-se com o seu sujeito"). Com esse entendimento, é possível deduzir que, na poesia, a troca de um vocábulo interfere sobremaneira no significado do texto, enquanto que na prosa as modificações são mais exeqüíveis ou suportáveis.

As outras modalidades. Como resultado daquela repartição fundamental, a teoria literária discerne então as seguintes espécies (ou modalidades) e suas características predominantes – logo, nem sempre exclusivas:

a) a *lírica* – ou, generalizadamente, o texto poético centralizado na figura do *eu* – em que o autor não busca representar diretamente o mundo exterior, dito objetivo, mas revelar ou estabelecer uma relação de sua subjetividade com as idéias ou impressões que este mundo lhe possa conferir. Trata-se, portanto, de uma expressão e de uma reação íntimas ou da construção de uma paisagem mental e interior em face daquilo que se apresenta como objetivo. Mesmo quando o poeta descreve fatos ou narra acontecimentos comuns que lhe transcendem, normalmente o faz apenas como recurso para uma reflexão ou manifestação de um sentimento particularizado e de simbolismo pessoal. Para além do ritmo e do verso, que pode ou não estar metrificado, a lírica constitui um momento temporalmente estático, sem a sucessão de eventos, sem o desenrolar de fatos inscritos no tempo, em uma ausência de história. Como escreve Carlos Drummond de Andrade, na "Procura da Poesia": "Não faças versos sobre acontecimentos. / Não há criação nem morte perante a poesia. / Diante dela, a vida é um sol estático, / Não aquece nem ilumina";

b) a *épica* ou →*epopéia* – modalidade poética que encerra uma narrativa solene, majestosa e versificada (*Odisséia, Ilíada, Mahabharata, Canção de Rolando, Os Lusíadas* etc.) e cujo argumento reside nas ações heróicas de um povo, de uma época, ou ainda nas visões e descrições de cunho teológico-metafísico (*A Divina Comédia, O Paraíso Perdido*), lançando-se mão do maravilhoso, ou seja, da presença de forças divinas, cósmicas ou sobrenaturais, que interferem decisivamente na história. Trata-se, portanto, de um subgênero criado com independência pelas Antigüidades helênica e bramânica (esta após o período védico) e reelaborado na Idade Média e na Renascença. Nas palavras de Hegel, "todas as epopéias verdadeiramente originais nos oferecem a imagem do espírito nacional, tal como se manifesta na moral da vida familiar, na guerra, na paz, nas necessidades, nos interesses, enfim uma imagem completa da fase em que se encontra a consciência";

c) a *narrativa* ou a *narração* – o →*romance*, o →*conto*, a →*novela*, a →*fábula* – na qual se representam os caracteres psicológicos e as variadas ações humanas, dentro de uma "totalidade de objetos" (segundo a definição já clássica de Hegel), ou seja, "uma esfera de vida real, com os aspectos, os ambientes, as direções e os acontecimentos que ela comporta" (referindo-se mais especificamente ao romance). Aqui existem diferenciações ou distanciamentos pronunciados entre o autor (o narrador) e o mundo narrado, uma alteridade entre o "inventariante" e o "inventariado". Embora existam romances ou contos mais subjetivos ou confessionais, e outros de caráter nitidamente objetivos, a estrutura deste gênero requer personagens que de forma alguma se identificam com o seu criador e de maneira até freqüente ganham vida própria, segundo uma lógica particular das relações e das contradições que elas, as personagens, podem desenvolver. Tal fato é chamado, por alguns, de "insubmissão natural", adquirida pelos personagens. Além disso, a narrativa encontra-se imersa numa duração, em uma temporalidade dinâmica e real, mesmo que concebida imaginariamente. Os fatos e as personagens estão contidos em situações determinadas e circunstâncias definidas, abrangendo pormenores e costumes de época, hábitos sociais e instituições culturais, o que inexiste ou é secundário para a expressão lírica. Assim, no dizer de Tomachévski, "uma narração constitui um sistema mais ou menos unitário de acontecimentos, decorrentes uns dos outros, ligados uns aos outros. O conjunto de tais acontecimentos, nas suas mútuas relações internas, é justamente aquilo que chamamos fábula";

d) o *drama* – que, ainda na afirmativa de Hegel, constitui a "totalidade do movimento", isto é, das ações e dos conflitos que se opõem, das colisões de interesses e de desejos. Se a narrativa e o drama têm em comum a exposição de uma totalidade, o que de fato caracteriza este último é a tensão concentrada, a densidade e a linearidade no desenrolar da ação, o jogo permanente dos diálogos. As descrições literárias e estilísticas de "atmosferas", de situações, de lugares e personagens são suprimidos, ou muito sumariamente evocados, para que a trama siga um caminho livre, numa espécie de "marcha batida" até o desenlace. Mais do que isso, o drama exige um(a) intérprete, um mediador, um ator ou atriz. O drama carece, para se realizar integralmente, da encenação, de um acontecer aqui e agora, diante de um público. É por essa tríade – texto, intérprete, público – que o drama adquire a característica de uma *revelação no presente*, ao contrário da narrativa, que se pode dar ao luxo de escolher um desenvolvimento mais detalhado e minucioso, de "longa gestação", ao esmiuçar o passado, formular intrigas concomitantes ou plasmar situações paralelas, às quais se pode retornar (→*Teatro*). Daí também a dificuldade de adaptar a narrativa romanceada ou novelística para o teatro ou o cinema, por exemplo. As descrições se perdem inevitavelmente pelas diferenças inerentes ao tratamento dos gêneros;

e) outras formas literárias ou paraliterárias: a →*carta*, o →*sermão*, a →*crônica*, o ensaio e/ou a crítica.

A denominação de ensaio consagrou-se com Montaigne após a publicação de sua obra homônima, os *Essais*, de 1580, contendo o significado original de livre exame, tentativa ou experimentação. Seguia, em boa medida, algumas obras de antecessores ilustres, como Cícero, Sêneca, Plutarco, Marco Aurélio e mesmo o *Ensaio sobre o Livre-Arbítrio,* de Erasmo de Roterdam (1524), contra Lutero. Ou seja, tratava-se de dissertações relativamente curtas, interpretativas ou ainda propositivas, derivadas ao mesmo tempo de reflexões pessoais, de leituras e experiências de vida, formuladas de maneira quase coloquial ou confessional, versando sobre assuntos variados: filosóficos, religiosos, literários, artísticos, políticos, costumes de época e prazeres da vida. No dizer de Montaigne, todo e qualquer assunto poderia ser objeto de ensaio, pois *"il n'y a point de fin en nos inquisitions"* (não há limites às nossas inquirições).

Na Inglaterra, a ensaística ganhou bastante destaque nas mãos, por exemplo, de Francis Bacon (o iniciador da tradição britânica, com os *Essays* de 1597), de John Dryden, Abraham Crowley, Samuel Johnson, Richard Steele, Thomas Carlyle, Samuel Coleridge ou Gilbert Chesterton.

A gradativa mentalidade científica do período moderno acabou, no entanto, por aproximar os termos *ensaio* e *crítica*. Ambos passaram a ser entendidos como estudo e análise de um determinado assunto ou disciplina, no qual são abordados temas propriamente literários, de artes plásticas, assim como filosóficos, históricos, sociológicos, psicológicos, de mentalidades culturais ou de ciências naturais, baseados agora em teorias estruturadas e conhecimentos eruditos, por meio dos quais se afirmam juízos e se propõem sentidos ou significados ao tema. Constitui assim um auto-exercício da razão, ou seja, uma proposta de interpretação livre e racional situada entre o conceito puro e a intuição de natureza literária, dirigida principalmente para a interpretação. A esse respeito, por exemplo, diz Roland Barthes que o crítico ou ensaísta é aquele que "desdobra os sentidos" ou "faz flutuar na superfície de uma primeira linguagem do texto uma segunda, ligada igualmente à coerência dos signos" (*Crítica e Verdade*). É ainda comum ao ensaio ou à crítica referir-se e, conseqüentemente, dialogar com outras obras e autores, criando-se uma "intertextualidade". Isso porque qualquer obra de cunho literário *latu sensu* (como, de resto, qualquer obra artística) é não apenas passível de interpretação ou análise, como provoca, de maneira natural, essas intenções. Ou seja, toda manifestação de arte e de pensamento, na medida em que se oferece como interrogação, prazer e conhecimento, estimula respostas emotivas e cognitivas. Assim, o ensaio crítico aparece necessariamente como uma sombra a acompanhá-la,

um "discurso de escolha". Corresponde, portanto, a uma tentativa de investigação mais elaborada, versando sobre a natureza do fenômeno. Quanto ao termo →crítica, indica a interpretação, análise ou juízo relativo a uma obra ou autor em particular, e destinada a publicação (em forma de livro, em jornais ou periódicos, especializados ou não).

De maneira ilustrativa, vejamos o que Machado de Assis escreveu a respeito, já que exerceu tanto o papel de autor como o de crítico: "O crítico atualmente aceito não prima pela ciência literária; creio até que uma das condições para desempenhar tão curioso papel é despreocupar-se de todas as questões que entendem com o domínio da imaginação. Outra, entretanto, deve ser a marcha do crítico; longe de resumir em duas linhas – cujas frases já o tipógrafo as tem feitas – o julgamento de uma obra, cumpre-lhe meditar profundamente sobre ela, procurar-lhe o sentido íntimo, aplicar-lhe as leis poéticas, ver enfim até que ponto a imaginação e a verdade conferenciam para aquela produção [...]. Crítica é análise – a crítica que não analisa é a mais cômoda, mas não pode pretender ser fecunda [...]. Não compreendo o crítico sem consciência. A ciência (teoria literária) e a consciência, eis as duas condições principais para exercer a crítica. A crítica útil e verdadeira será aquela que, em vez de modelar as suas sentenças por um interesse, quer seja o do ódio, quer o da adulação ou da simpatia, procure reproduzir unicamente os juízos da sua consciência. Deve ser sincera, sob pena de ser nula [...]. Com tais princípios, eu compreendo que é difícil viver; mas a crítica não é uma profissão de rosas, e se o é, é-o somente no que respeita à satisfação íntima de dizer a verdade". Na seqüência, Machado enumera as demais virtudes que devem decorrer da "ciência poética" e da consciência: coerência de análise, independência (inclusive do orgulho próprio), imparcialidade, tolerância (pois que a intolerância cega), moderação, urbanidade e perseverança. →*Literatura*, →*Poética*, →*Estilo*, →*Texto*.

GÊNIO. **1.** Como qualidade subjetiva ou dom excepcional, atribuído a um artista, a idéia de gênio foi utilizada por escritores pré-românticos do século XVIII (Vauvenargues, Diderot, Rousseau, Kant, Lessing, Herder, Goethe), mas claramente exaltada durante o século XIX, e, numa fase inicial, pela via da literatura, estendendo-se, na seqüência, a outros domínios artísticos ou de pensamento. Constituiu um rompimento em relação às convenções do processo de criação clássico (os gêneros literários) e da retórica aristocrática, quase sempre preocupada com finalidades instrutivas, com uma moralidade exemplar e universal, com a crença no poder da reflexão, ou mesmo com a ironia que despertasse novas maneiras de ver ou compreender o mundo (Voltaire,

Swift, Pope, Racine, Molière). Embora as emoções não estivessem ausentes da representação clássica, a teoria do gênio elevou-as a uma condição privilegiada. No final do século XVIII, Kant assim o define (*Crítica do Juízo*): "O gênio é a disposição mental inata (*ingenium*) através da qual a Natureza dá regras à Arte [...] não é mera aptidão para o que pode ser apreendido por uma regra. Logo, a originalidade deve ser sua primeira propriedade [...]. A Natureza, por meio do gênio, não prescreve regras para a Ciência, mas para a Arte. E para ela, conquanto seja Bela". Por este ponto de vista, o gênio corresponderia ao artista que, possuidor de uma originalidade, institui ou provoca o surgimento de uma nova regra ou modelo, diferente do anterior, possuindo em comum com a natureza a "espontaneidade". Ainda segundo o filósofo, "os gênios, eles próprios, não podem conceber a regra pela qual devem realizar seu produto". Um pouco modificada, desde então, a idéia de gênio passou a ser considerada como a do artista hipersensível, cujo impulso emocional, vibrante, conflituoso ou indisciplinado, além de uma penetrante intuição, são capazes de apreender e revelar essências nunca antes perceptíveis, justamente pelo fato de conseguir dar o salto mortal da razão e penetrar no inconsciente, no oculto, no sonho, nas profundezas irracionais do coração, no extático ou mesmo nos aspectos demoníacos das relações humanas. Tal concepção, ainda pré-romântica, seguiu paralela à formulação da estética moderna, ou seja, a de uma relativização completa dos gêneros literários e da beleza; como também à valorização crescente do individualismo, do "instinto", das forças enigmáticas do inconsciente e da imaginação; e, por fim, das tensões sociais pós-revolucionárias da primeira metade do século XIX, quando a aristocracia buscou reafirmar seus privilégios. O místico e irracionalista J. Georg Hamann, por exemplo, cuja *Aesthetica in nuce* (1761) influenciou a geração de Herder e de Goethe, escreveu: "A razão não nos descobre nada mais do que aquilo que Jó já havia visto, a saber: a desventura do nascimento, a superioridade da morte, a inutilidade e a insuficiência da vida humana; pois não sabemos nada e sentimos em nós paixões e instintos cujas razões não compreendemos". A única superação espiritual desse quadro desalentador encontra-se na arte e, sobretudo, na poesia, a língua materna da humanidade. Mas a reconquista dessa origem primitiva só pode ser alcançada pelo gênio, aquele dotado de "genitália" (virilidade, irracionalismo, desejo do infinito). Sob outro ponto de vista, o da liberdade de criação e não o da obediência a regras, comenta Gotthold Lessing em sua *Dramaturgia Hamburguesa* (1767-1768): "Nos nossos compêndios está certo que os separemos [os gêneros literários] uns dos outros tão cuidadosamente quanto nos for possível; mas

se um gênero, com objetivos mais altos, amalgama vários deles em uma única obra, esqueçamos o compêndio e examinemos apenas se ele alcançou os propósitos mais altos. Por que deveria incomodar-nos se uma peça de Eurípides não é totalmente uma narrativa ou um drama? Chamemo-la híbrida, e basta que esse híbrido me agrade mais, edifique-me mais do que nossos corretos Racines [...]. Porque a mula não é nem cavalo nem burro, não deixa de ser por isso um dos mais úteis animais de carga". Mantendo correspondência com os liberalismos econômico e político, o gênio passou a ser o indivíduo ou personagem ficcional que lutava para se impor num terreno relativamente liberado, do ponto de vista social, mas, por isso mesmo, perigoso, inconstante e ameaçador. Daí também a noção de tragédia que esteve aliada à figura de personagens literários, tal como concebido por Goethe em sua "fase romântica", quando fez do herói Egmont um símbolo do gênio, entendido como aquele detentor de uma força original e emotiva, mas que apenas se torna modelar pelo sacrifício ou pela morte. →*Romantismo* e →*Sturm und Drang*. **2.** Entre gregos e romanos, o "duplo" espiritual de cada indivíduo, seu *dáimon*, símbolo de uma consciência supra-racional, e assim intermediário entre o homem e os deuses, tanto os superiores quanto os inferiores. Mais especificamente em Roma, entidade também imanente e conservadora de lugares, de fenômenos naturais (fogo, ar, águas) e mesmo de instituições humanas (clã, família, cidade). Da raiz grega *genos* (o que gera), protegia, invariavelmente, o casamento, o leito nupcial e o nascimento.

GERAÇÃO DE 45. Movimento poético brasileiro, surgido no fim da Segunda Guerra Mundial, ao qual estiveram vinculados, apesar dos estilos pessoais diferentes, autores como Ledo Ivo, João Cabral de Melo Neto, Domingos Carvalho da Silva (que sugeriu a denominação), Péricles Eugênio de Silva Ramos, Paulo Mendes Campos, Geir Campos, José Paulo Paes, Thiago de Melo, Marcos Konder Reis, Fernando Ferreira de Loanda, Lupe Cotrim, Hilda Hilst, Geraldo Vidigal ou Antônio Rogério Bandeira. Os periódicos *Orfeu* e *Revista Brasileira de Poesia* foram os principais órgãos de divulgação do movimento, que ainda contou com uma antologia geral publicada em 1951, *Panorama*, documento que registra um balanço final da corrente. Entre os princípios estéticos ou formais defendidos pelo grupo estava a revalorização de uma linguagem nitidamente poética e disciplinada, de preciosismo vocabular, capaz de estabelecer um equilíbrio entre emoção e expressão verbal, sem os excessos modernistas da geração de 1922. Alguns optaram inclusive pela reintrodução de métricas tradicionais, da rima e de estruturas fixas, como o soneto. Na afirmação de João Cabral, "para o poeta de 45, os meios próprios da prosa, isto é, os elementos que permaneciam fora do uso poético, o prosaico, vinha a ser uma influência altamente perigosa. O prosaico está muito mais perto da realidade e o que esses jovens poetas viam, ao descobrir a literatura, é que à poesia se podia exigir tudo, menos, precisamente, integração na realidade". A esse respeito, ainda escreveu Alfredo Bosi: "O que caracteriza – e limita – o formalismo do grupo é a redução de todo o universo da linguagem lírica a algumas cadências intencionalmente estéticas que pretendem, por força de certas opções literárias, definir o poético e, em conseqüência, o prosaico ou não-poético [...]. Renovava-se assim, trinta anos depois, a maneira parnasiano-simbolista contra a qual reagira masculamente a Semana [de 22]; mas renovava-se sob a égide da poesia existencial européia de entre-guerras, de filiação surrealista, o que conferia um estatuto ambíguo de tradicionalismo e modernidade" (*História Concisa da Literatura Brasileira*). Já na opinião de Antônio Cândido, a "Geração de 45 [...] tem em comum o desejo de renovar a forma poética, tratando-a por vezes com um apreço formalista que levou a falar em neoparnasianismo. Tanto mais que adotaram, em relação aos modernistas, uma atitude polêmica de negação, mesmo quando era notório o quanto lhes deviam como herança". Alguns exemplos de poemas: "Na escola primária / Ivo viu a uva / e aprendeu a ler. / Ao ficar rapaz / Ivo viu a Eva / e aprendeu a amar. / E aprendeu a ver. / Ivo viu a ave? / Ivo viu o ovo? / Na nova cartilha / Ivo viu a greve / Ivo viu o povo" (Ledo Ivo); "Olho em volta, busco / a resignação. / Eis o fichário azul / repleto de minúcias / de ventres violados. / Frascos em silêncio, / lírios num copo, / uma tesoura impune. / O algodão voando, / ave do pavor / no pântano de sangue" (*O Ginecologista*, de Bueno de Rivera); "Descamba o sol. Tarde de outono. / Pobre de nuvens e de sons. / Tarde infeliz, tonta de sono, / Pobre de sonhos e de tons. / Hora cristã da Ave-Maria: / o lavrador regressa ao lar. / Mudou-se a clara luz do dia / Na meia luz crepuscular. / Mais um instante e a noite desce. / Tudo é silêncio e solidão. / Porém, ao longe, a grita cresce, / Dos sapos tristes do brejão. / A lua brilha. E mais adiante / Fulgem os sóis da Cruz do Sul: / São botõezinhos de diamante / Presos num céu de seda azul" (*Penumbra*, de Geraldo Vidigal).

GERAÇÃO DE 98. Expressão atribuída aos escritores espanhóis influenciados pela estética do →simbolismo entre os fins do século XIX e a década de 1930 e também considerados os primeiros "modernistas" da Península Ibérica. Em 1898, sob a regência de Maria Cristina, a Espanha perdera suas últimas colônias (Cuba, Porto Rico, Filipinas, Guam), a monarquia recusava-se a promover as reformas necessárias, a estagnação econômica se generalizara e os movimentos populares e sindicais começavam a reivindicar e a demonstrar publicamente seus descontentamentos, sobretudo nas Astúrias e na Catalunha. A época, portanto, apresentava um quadro de crises econômicas, sociais e espirituais. Os contemporâneos já vinham sendo qualificados de "geração do desastre" quando, em 1908, o romancista e jornalista Azorín (pseudônimo retirado por José Martinez Ruiz do nome do protagonista de sua obra *António Azorín*) escreveu uma série de artigos lítero-culturais sobre os novos escritores e pensadores espanhóis. Entre eles, o polígrafo Miguel de Unamuno e seu amigo Ángel Ganivet (crítico de cultura, romancista e dramaturgo), os romancistas Pío Baroja, Blasco-Ibañez e Valle-Inclán, o dramaturgo Jacinto Benavente e os poetas Juan Ramón Jiménez, Francisco Villaespesa, Manuel Machado, Eduardo Marquina e Antonio Machado. Em comum (embora nem todos aceitassem o apelativo de Azorín), tiveram a preocupação de denunciar a abulia (termo usado por Unamuno), a inércia, a corrupção e o pirronismo generalizado que então se instalara, recorrendo à valorização da intra-história (novamente Unamuno), feita pelos diferentes povos e culturas do país, e não mais a da Espanha conquistadora e colonialista. Na dependência do autor, deparamo-nos com o fantástico e a crítica às classes abastadas e dirigentes de Benaventeo, a sátira e os esperpentos (espantalhos ou caricaturas da vida real) de Valle-Inclán, o intimismo lírico e regionalista de Antonio Machado ou o retorno à tradição dos pícaros, narrada por Baroja, com seus personagens marginais envolvidos num mundo realista, cruel e deformado. Apesar dessa renovação em meio à decadência, quase todos os escritores (exceção a Benavente) conservaram uma perspectiva muito pouco otimista relativamente ao futuro imediato de seu país, o que se confirmou com as ditaduras de Primo de Rivera e de Franco. Assim, por exemplo, se expressa Antonio Machado no poema em prosa *Do Passado Efêmero*: "Este homem de um casarão provinciano / que viu o toureiro Carancha estocar impávido um dia, tem o semblante triste, grisalho o cabelo, / os olhos velados de melancolia; / sob o bigode cinza, lábios de tédio, / e uma triste expressão, que não é tristeza, / mas algo mais e um pouco menos: o vazio / do mundo no vão de sua cabeça. / Ainda reluz o violáceo veludo / da jaqueta e calça abotinada, / e um chapéu cordovês de cor amarela, / polido e torneado. / Três vezes herdou; três perdeu sua riqueza; / duas enviuvou. / Só se anima frente ao acaso proibido / sobre o verde tapete reclinado; / ao evocar a tarde de um toureiro, / a sorte de um jogador trapaceiro, ou se alguém lhe revela, / a façanha de um galante bandoleiro, / a proeza de um brigão, sangrenta. / Boceja das políticas banais / caça do governo reacionário / e profetiza que virão os liberais / como a cegonha torna ao campanário. / Um pouco lavrador, do céu aguarda / e o céu teme; umas vezes suspira, / pensando em seu olival, e ao olhar o céu / com olho inquieto, se a chuva tarda. / Além disso, taciturno, hipocondríaco, / prisioneiro da Arcádia do presente... / Este homem não é de ontem nem do amanhã, / mas de nunca; da cepa hispânica / não é fruto maduro nem apodrecido, / é uma fruta vã / daquela Espanha que passou sem ter sido, / essa que hoje tem a cabeça embranquecida". Na opinião do ensaísta Federico Onís (*Sobre o Conceito de Modernismo*), "Quando durante a década de 1890-1900 os primeiros grandes do modernismo – Benavente, Unamuno, Ganivet, Valle-Inclán, Azorín – surgem na Espanha [...] a literatura que produzem tem um caráter autóctone e original, e é independente dos exemplos anteriores americanos. Não obstante, as literaturas espanhola e americana coincidem na tendência e no espírito, apesar das diferenças que sempre existirão entre a Espanha e a América. Na Espanha, o individualismo é mais forte e o cosmopolitismo mais débil; a atitude perante o século XIX mais negativa e o problema de cobrir o fosso entre a Espanha e a Europa adquire dimensões de tragédia nacional".

GERINGONÇA. 1. Conjunto de figuras ou bonecos móveis, articulados, e de elaboração artesanal, que representa cenas bíblicas ou cotidianas (situações de trabalho e de lazer), na visão de artífices populares; também chamado de *casa de farinha*. As estruturas manufaturadas utilizam engrenagens (polias, eixos e motores elétricos adaptados) para a consecução dos movimentos necessários à "descrição" das cenas animadas. Entre vários outros, quatro nomes reconhecidos do artesanato brasileiro de geringonças são Raimundo Machado de Azeredo, construtor do imenso presépio mineiro do Pipiripau (586 figuras e 45 cenas), Mestres Ginu e Saúba (também artesãos do mamulengo) e Mestre Molina. **2.** Objeto de estrutura instável, precária ou malfeita. **3.** Gíria, calão.

GESTO. Todo movimento corporal que transmita um sinal perceptível a um observador. O gesto tanto pode ser *intencional*, e portanto *expressivo*, social e significativo, configurando-se como um ato de comunicação, como manifestar-se de maneira *acidental* – uma reação física incontida, decorrente de um estímulo interno ao sujeito que o realiza como paciente da ação (um espirro, por exemplo). Embora os animais superiores os possuam, a maioria dos gestos expressivos são particularmente humanos, dada a variedade e a sutileza de sentidos contidos em seus movimentos. De modo breve, podemos distinguir gestos de distinção social, de pertencimento grupal, de contato ou aproximação físicas, de interdição de comportamento, indicativos de direção, de menosprezo, insulto ou ameaça, de alegria ou exaltação, de fé ou contrição, de superioridade ou submissão, de proteção. Mas é importante notar que, como transmissores

de intenções e mensagens, os gestos devem adquirir uma permanência de uso social, isto é, converter-se em código cultural comum. Do contrário, ou não há possibilidade de entendimento, ou este se dá de maneira errônea, por se vincular a um hábito distinto de outro grupo social ou cultura, ou seja, a um outro código. Distinguem-se ainda inicialmente, e no interior da →*cinésica*, que é o estudo dos gestos, aqueles que são: simples, isto é, realizados em um só movimento; compostos ou complexos, por reunirem vários movimentos. O riso, por exemplo, pode vir acompanhado de som, do fechamento das pálpebras, de tremor facial ou de todo o corpo, do encobrimento da boca pelas mãos. Separam-se ainda os espontâneos, ou seja, que acompanham ou sublinham a fala cotidiana – chamados gestos escandidos – ou ainda realizam fatualmente a comunicação natural (um abraço, um aperto de mãos, um aceno de despedida), e os denominados representativos. Embora este último termo possa não ser o mais adequado (já que, em última instância, todos são representativos ou simbólicos), quer-se indicar aqueles que são criados, estudados ou selecionados tendo em vista: *a*) uma função cênica – como os gestos da mímica ou da pantomima em particular, da dramatização em geral, da coreografia ou do canto; *b*) uma comunicação de ordem técnica e prática – usados em aviação, navegação, em corporações militares ou na regência musical; *c*) estabelecer uma linguagem codificada, na qual, diferentemente dos gestos técnicos anteriores, cada unidade gestual corresponde a uma letra ou número e integra-se a uma "sintaxe" particular – a linguagem dos surdos-mudos ou da semafórica marítima.

GIPSOTECA. Coleção de estudos ou de esboços tridimensionais de obras escultóricas, realizados em gesso.

GLIFO. →*Pictograma*.

GLÍPTICA. Manufatura, gravação e trabalho artístico em pedras preciosas ou semipreciosas, como a esmeralda, a safira, o lápis-lázuli, a turquesa, a granada, o ônix ou o jaspe, daí resultando peças em alto-relevo, ou camafeus, e em baixo-relevo (cavados ou entalhes). Essa forma artesanal de trabalho decorativo já era praticada na Mesopotâmia desde o IV milênio a.C., para o uso de sinetes, alcançando posteriormente as culturas cretense, micênica e as demais regiões gregas (pedras de colar, anéis, brincos, pendentes, tiaras e pulseiras). Também a Roma Imperial desenvolveu a glíptica, conservando as formas e os temas do período helenístico. Historicamente, observam-se os vínculos da glíptica com o requinte ou o luxo dos círculos reais e aristocráticos, pois o seu ressurgimento ocorreu nas cortes românicas e góticas, difundindo-se depois, a partir da Renascença, entre a realeza absolutista e a grande burguesia, financeira e comercial. Símbolos de riqueza, os trabalhos em glíptica constituem igualmente formas de arte aplicada e decorativa, de patrimônio familiar e investimento financeiro. →*Gema* e →*Ourivesaria*.

GLIPTOTECA. **1.** Coleção de objetos de glíptica, ou seja, de gemas trabalhadas pela joalheria. **2.** Museu dedicado exclusiva ou predominantemente à escultura. Do grego *glyptós*, gravado, talhado.

•**GLISSADE.** Movimento deslizante em dança clássica, utilizado normalmente como preparação de uma partida, finalização de passo ou início de giros. Caracteriza-se pelo afastamento de uma das pernas em relação à outra, em qualquer sentido escolhido, e rente ao solo, de modo mais suave ou menos arrojado que um →*jeté* .

GLOSA. **1.** Explicação, comentário ou interpretação de um texto escrito anteriormente, com o intuito de melhor esclarecê-lo ou compará-lo a outros (→*Escólio*). **2.** Observação crítica de uma obra literária, filosófica ou científica. **3.** Supressão ou anulação de parte de um escrito. **4.** Na construção poética, indica o desdobramento de um tema, mote ou estribilho inicial em outras estrofes. O tema pode aparecer desdobrado ou comentado na parte principal, que é a glosa, ou ainda de maneira que o final de uma estrofe seja um dos versos da expressão ou mote inicial. Exemplo de Guimarães Passos: "Saudades mal compensadas, / por que motivos as tomei? / Como agora as deixarei? [mote ou tema inicial] / Hoje, por coisas passadas / e só por vosso respeito, / varado vejo meu peito, / senhora, por sete espadas: / saudades mal compensadas / destes-me rindo, e não sei / por que motivo as tomei... / Busquei-vos por brincadeira, / aceitastes-me por brinco; / quis-vos depois com afinco, / não me quis vossa cegueira. / Vejo-me desta maneira: / penas que eu próprio busquei, / como agora as deixarei?". Tal forma poética parece ser de origem medieval e cortesã, tendo sobrevivido até a era barroca. O fado do século passado ainda manteve a glosa de quatro versos, seguindo-se quatro estrofes (uma para cada verso). →*Vilancete, vilancico*. **5.** Contestação ou réplica a uma crítica.

GLOSSÁRIO. **1.** Dicionário que fornece o significado ou o sentido de palavras técnicas, pouco conhecidas ou mesmo obscuras, de uso restrito a uma disciplina, comunidade ou referente a uma época. **2.** Coleção explicada ou léxico de vocábulos utilizados por um autor e que acompanham uma edição da obra, com o intuito de tornar mais clara ou compreensível a sua leitura.

GOLEM. Homem artificial (robô) que, segundo tradições cabalísticas judaicas, teria sido moldado, em tempos imemoriais, pelos homens desejosos de concorrer com Deus, criador de Adão. Foram incapazes, no entanto, de dar-lhe o dom da linguagem e, conseqüentemente, o do raciocínio. Simboliza a possibilidade de o homem criar figuras monstruosas em sua ambição de igualar-se aos poderes divinos. Sob certos aspectos, antecipa a figura de Frankenstein. O tema serviu para o texto dramático homônimo do escritor judeu ucraniano Scholem Aleichem e para a adaptação cinematográfica de Paul Wegener e Henrik Galeen.

GOLIARDO. Figura de intelectual popular na Idade Média tardia (entre os séculos XII e XV), clérigo ou estudante que, prazerosamente, acompanhava o mestre preferido pelas universidades em que este lecionasse, bem como poeta ou literato, professor, aventureiro e libertino. Os goliardos contribuíram para criar e difundir a cultura laica ou secular do período. Adversários dos eruditos acadêmicos e dos pensadores oficiais da Igreja, desenharam a imagem de vagabundos, boêmios, farristas, agitadores culturais ou revolucionários. Quase sempre pobres, ainda que de origem nobre, a grande maioria permaneceu como autor anônimo de poesias satíricas ou amorosas, escritas em língua nacional ou conjugadas ao latim. Foram eles os criadores da rima poética, fazendo-a conviver com os versos métricos latinos, bem como os introdutores de variados tipos de estrofes ou estâncias. Ao gosto e estilo populares, suas obras eram feitas regularmente de maneira coletiva, como os *Carmina Burana* (Cantos de Buran). De procedências urbana ou rural, apareceram com as universidades, com o impulso do comércio e a construção de cidades, concorrendo para a desestruturação dos valores feudais, tanto pelo modo de vida errante, como pela linguagem crítica generalizada – ataques ao alto clero, aos ricos senhores feudais e mesmo aos camponeses, por suas superstições e rusticidade. Uma poesia goliarda assim expressa sua relação com o mundo: "Eu sou coisa ligeira / Como a folha com que brinca a tempestade... / Como o batel vagando sem piloto / Como a ave errando nos caminhos do ar / Não estou preso nem por âncora, nem por cordas ou laços... / A beleza das moças feriu-me o peito / As que não posso tocar, as possuo em pensamento". Outra, em referência ao camponês: "Deste rústico / a este pobre diabo / este ladrão / ó salteador! / Por este larápio / estes malditos / destes miseráveis / a estes mentirosos / ó detestáveis! / por estes infiéis". Dois de seus mais renomados representantes foram o filósofo Abelardo (século XII) e o poeta e ladrão François Villon (século XV). →*Livro*.

GÓRGONAS. Ornamento arquitetônico que reproduz as irmãs monstruosas da mitologia grega, sobretudo Medusa, inicialmente talhado ou esculpido, em igrejas cristãs, como amuleto defensivo contra criaturas demoníacas.

GOSTO. A noção de gosto começou a ser aplicada ao campo das artes a partir de meados do século XVII por ensaístas de filosofia, tais como Baltasar Gracián (*El Criticón*), e, sobretudo no século seguinte por figuras como Montesquieu (*Ensaio sobre o Gosto*), Vauvenargues (*Introdução ao Conhecimento do Espírito Humano*), Kant (*Crítica da Faculdade de Julgar*) ou Edmund Burke (*Investigação Filosófica a Respeito da Origem de Nossas Idéias sobre o Sublime e o Belo*). Naquele momento, o gosto serviu para a disseminação do conceito de →estética (modernidade), em substituição à →poética (tradição). Se esta última estabeleceu padrões objetivos e exteriores capazes de orientar a criação e também o julgamento de uma obra, a noção de gosto procurou consolidar, ao contrário, sentimentos de ordem puramente subjetiva para a apreciação artística. Vauvenargues, por exemplo, o definiu como "a disposição para julgar os objetos do sentimento". Burke o entendeu como a faculdade de sermos impressionados "por obras da imaginação e das belas-artes" e, a partir das sensações por elas provocadas, formularmos um juízo ou opinião. Genericamente, portanto, trata-se de um conjunto de *valores sensíveis autônomos* que serve à crítica ou à exteriorização de uma preferência pessoal, em face de uma obra, ação ou gênero artísticos. Essa avaliação tende a estabelecer sentimentos opostos e impressionistas como os de bom/ruim, fealdade/beleza, simpatia/antipatia, sedução/aversão, falho/exitoso, bem-formulado/mal formulado etc. Como, no entanto, a sensibilidade e as reações emotivas que lhe são derivadas variam continuamente e se expressam, não poucas vezes, de modo irracional, tornou-se comum dizer que "gosto não se discute". Na verdade, com tal atitude renuncia-se ao exercício da razão, pois que se abandonam, entre outras possibilidades de crítica: 1) a necessidade de comparações ou analogias; 2) o exame das diferenças ou distinções; 3) a formulação de critérios ou princípios; 4) a observação dos níveis de qualidade ou de elaboração formal; 5) a importância histórica ou o grau de influência exercida pelas obras de arte. →*Estética.*

GÓTICO. 1. Consultar →*Arte medieval.* 2. Tipo de literatura narrativa e de entretenimento – romances e contos – surgida em fins do século XVIII, e cuja denominação nada tem a ver com os fundamentos ou princípios das artes góticas realmente medievais. Em seus inícios – considera-se o romance *O Castelo de Otranto: Uma História Gótica* (1764), do aristocrata e diletante literato Horace Walpole, a primeira obra do gênero – pode-se perceber uma predisposição pré-romântica e irracionalista de crítica protestante e inglesa ao passado católico da Europa continental. Nesse sentido, o termo gótico é praticamente oposto às idéias de "luminosidade" ou de "elevação espiritual" presentes na arquitetura, assim como ao heroísmo das sagas romanceadas e ao lirismo poético e trovadoresco da poesia medieval. Os enredos da literatura gótica criaram, já nos fins do século XVIII e no transcorrer do XIX, atmosferas de mistérios e pavores,

eventos sinistros, violentos e sobrenaturais, ocorridos em monastérios e palácios sombrios, explorando as superstições populares da fé católica medieval, como possessões demoníacas, a existência de almas "penadas", de espíritos malignos ou aparições de fantasmas vingadores durante a bárbara idade das trevas (*dark-age*). De maneira geral, encontram-se monges envenenadores, freiras depravadas, assassinos cruéis e donzelas encarceradas. O gótico, nessa acepção, contrapõe-se à literatura neoclássica da racionalidade e do Iluminismo, que ainda lhe foi contemporânea no início, e mesmo à vertente de revalorização da arte gótica, empreendida pelo romantismo subseqüente. Alguns exemplos de literatura gótica – ou por ela inspirados e adaptados a épocas contemporâneas – são: *O Romance da Floresta* (1792), *Os Mistérios de Udolfo* (1794) e *O Italiano* (1797), de Ann Radcliffe; *Sir Bertrand* (1773), de Anna Aikin; *O Monge* (1796), de Matthew G. Lewis; *As Ruínas da Abadia*, de Fitz Martin (1801, anônimo); *Manuscrito Encontrado em Saragoça* (1805), de Jean Potocki; *Melmoth, o Vagabundo* (1820), de Charles Maturin; *A Queda da Casa de Usher* (1839), de Edgar Allan Poe; *Andreas Vesalius, o Anatomista* (1883), de Petrus Borel; *Ollala* (1885), de Robert Louis Stevenson; *A Videira sobre a Casa* (1905), de Ambrose Bierce; ou *O Monge* (1934), de Isak Dinesen. →*Neogótico.*

GRAAL. Narrativa literária cuja origem se encontra na Idade Média, e mais precisamente nos "romances" de cavalaria do ciclo →arturiano. Trata-se da busca ao cálice sagrado no qual Jesus ofereceu aos apóstolos o seu sangue, na última ceia, instituindo o mistério ecumênico da eucaristia. Conservado por José de Arimatéia, um discípulo secreto dos primeiros cristãos, o Graal teria sido transportado para a Bretanha, estando guardado no castelo Corbénic, nem sempre visível, cabendo aos cavaleiros da Távola Redonda a sua recuperação. O primeiro texto, em verso, a tratar do assunto foi o de Chrétien de Troyes, *Parsifal* ou o *Conto do Graal* (c. 1185), seguindo-se o poema *A História do Graal*, de Robert de Boron (c. 1200), a trilogia em prosa atribuída a Gautier Map – *Lancelote, A Busca do Santo Graal* e *A Morte do Rei Artur* – em que, além de Lancelote, entra em cena seu filho Galaad ou Galahad, e o *Parzifal* alemão, de Wolfram von Eschenbach (c.1210). Na obra renascentista e de compilação de Thomas Malory, *A Morte de Artur*, o Graal é denominado *Sangréal* (sangue real). Tennyson também recuperou a história em *Os Idílios do Rei*, um conjunto de doze poemas dedicados à rainha Vitória. O Graal está presente ainda nos dramas operísticos de Wagner, o *Lohengrin* e o *Parsifal*. Em comum, as obras literárias e dramáticas conservam um dos possíveis significados dessa busca, qual seja, o da iniciação ou aprendizado de um personagem ingênuo e puro nos sofrimentos do mundo, cuja salvação permanece ambígua (o Ideal como impossibilidade de plena realização humana).

GRADAÇÃO. Forma retórica ou figura de estilo caracterizada pela sucessão de palavras com sentido próximo – sinonímia – ou complementar, com o intuito de aumentar, gradualmente, a intensidade da idéia ou do sentimento a ser expresso. Exemplo de Flaubert, contido em sua *Educação Sentimental*: "Arruinado, despojado, perdido!". Outro em Cruz e Souza, do poema *Lubricidade*: "Quisera ser a serpa [serpente] veludosa / para, enroscada em múltiplos novelos, / saltar-te aos seios de fluidez cheirosa / e babujá-los [lambuzar-se em baba], e depois mordê-los".

GRAMÁTICA. Do grego *gramma, grammatos*, letra ou medida, designa o conjunto de regras a que está sujeita toda língua articulada, o que lhe permite representar idéias, sentimentos, necessidades, ações e saberes. Ou ainda, na definição de Lalande, "ciência objetiva das regras que as necessidades lógicas, o uso e a vida social impuseram a todos os indivíduos no emprego da língua". O conhecimento que uma comunidade lingüística possui de sua língua encontra-se representado na mente dos indivíduos que são seus falantes e ouvintes (compondo, portanto, um substrato da estrutura cognitiva). Esse conhecimento empírico, regular e extensivo aos indivíduos, que lhes permite a intercomunicação, é chamado gramática da língua. Difere da gramática do lingüista, "que é uma teoria articulada, explícita, que procura expressar com precisão as regras e princípios gramaticais que se encontram na mente do falante-ouvinte ideal" (Noah Chomsky, "Linguagem", *Enciclopédia Einaudi*). A gramática da língua, aquela interiorizada nos indivíduos, delimita as propriedades da língua "de maneira fraca", flexível (dadas as diferenças individuais), enquanto a gramática do lingüista gera, "de maneira forte, as descrições estruturais das mesmas frases" (Chomsky, *idem, ibidem*). Para além dos fatos e das características empíricas de uma língua em particular (fala e escrita), podem ser abstraídas certas estruturas comuns ao conjunto de todos os idiomas (emissão fonética, frases, locuções verbais, por exemplo), objeto de análise e de teorias sobre uma Gramática Geral. Além dela, subdivide-se ainda a gramática em: *histórica* – dedicada à pesquisa das origens e da evolução temporal da língua; *comparada* – a que estuda as relações de semelhança e de oposição entre as estruturas particulares dos idiomas (sob este aspecto, →*Etimologia*); *normativa* – vinculada ao estabelecimento daquelas regras consideradas as mais corretas para as utilizações escrita e oral de um determinado idioma, ou seja, da língua padrão. A idéia de correção significa, obviamente, obediência às prescrições da gramática teórica, do lingüista

ou normativa. Embora a língua seja um fenômeno codificado de comunicação e de expressão, ela é passível de mudanças históricas e sociais; por isso, a gramática normativa acaba lidando com a existência de três diferentes níveis de fala e de linguagem: a culta, a coloquial e a popular, distintas entre si pela maior ou menor adequação a normas já definidas, assim como pela maior ou menor facilidade de circular entre esses próprios níveis de conhecimento. Com isso, quer-se dizer que um indivíduo que domine a regra culta terá mais facilidade para entender as formas comunicativas populares do que o inverso. Na dependência de aspectos inerentes ou de relações particulares ao código, a gramática normativa abrange os seguintes campos de estudo: *1)* →fonética; *2)* →morfologia; *3)* →sintaxe; *4)* →semântica; *5)* estilística ou →figuras retóricas de linguagem.

GRANULAÇÃO. Em fotografia ou cinema, o agrupamento dos grãos dos haletos de prata que formam a imagem, tendo-se por resultado uma aparência mais áspera (granulosa) que o normal (em fotografia, a granulação é visível em fotos muito ampliadas). Esta concentração que granula a imagem é devida, voluntária ou involuntariamente, a filmes de alta velocidade, a revelações prolongadas ou a superexposições.

GRAVURA. Podendo ser incluída entre as artes gráficas, a gravura se caracteriza, em primeiro lugar, pela capacidade de multiplicar imagens e, conseqüentemente, de prover o acesso comum e simultâneo de uma mesma obra a vários receptores. Por essa natureza de reprodutibilidade, diferencia-se da pintura e da escultura, peças únicas e restritas de arte visual. Tornou-se, assim, o primeiro processo de arte "massificada", antes mesmo do aparecimento do →livro em tipos móveis. Em todas as suas formas e variantes, a gravura consiste de um processo triplo: a elaboração de um desenho ou forma plástica, a sua transferência ou gravação em uma matriz entintada e a impressão final em um suporte leve de registro, como papel ou tecido. Em síntese, são quatro as técnicas gravuristas, tomando-se como base a elaboração da matriz e sua forma de transferência ou impressão: *a) em relevo* – xilogravura (madeira) e linoleogravura (tecido de juta untado em óleo); *b) de entalhe*, calcografia ou talho-doce, abrangendo os diferentes modos da gravura em metal; *c) em plano* ou processo litográfico (pedra); *d) em tela* ou processo serigráfico. No Ocidente, a gravura começou a desenvolver-se em finais do século XIV por meio da xilogravura, considerando-se a prancha mais antiga, ou assim reconhecida, o *Bois Protat*, uma obra francesa representando duas cenas bíblicas – a da Anunciação e a da Crucificação. Já na primeira metade do século XV (por volta de 1440), apareceram as gravuras em metal, inicialmente destinadas, tanto quanto as xilogravuras, à reprodução de imagens de santos em cartões e de cartas de baralho. Os mestres do Renascimento, no entanto, fizeram da gravura um procedimento reconhecidamente artístico ao criarem obras inéditas ou exclusivas, deixando de copiar telas ou esculturas mais antigas, e também por se desvincularem daqueles objetivos primários já mencionados. Entre seus grandes representantes mencionam-se, entre outros, Albrecht Dürer, Lucas Cranach, Hans Holbein (o jovem), Jacopo de Barbari, Antonio del Pollaiuolo, Andrea Mantegna, Pieter Brueghel (o velho), Lucas van Leyden, Rembrandt, Piranesi, Goya, William Hogarth, Gustave Doré, Delacroix, Daumier, Gauguin, Matisse, Degas, Picasso e Käthe Kollwitz. Até o início do século XX, as gravuras continham, habitualmente, os nomes do autor e do impressor (nem sempre as mesmas pessoas), mas raramente se estabelecia um limite de tiragem. A partir de então, o artista assumiu o controle sobre a edição (ao mesmo tempo em que se desenvolvia o direito autoral), ainda que não fosse ele o impressor da obra. Durante o processo de reprodução, executam-se provas para obter a melhor e mais exata reprodução da matriz (ou matrizes). Algumas dessas cópias, quando se alcança o resultado desejado, podem vir com a inscrição PA, indicando "prova do artista" ou "prova de autor". A seguir, imprime-se a edição, ou seja, uma quantidade de dezenas ou mesmo de centenas de trabalhos, na dependência da intenção do artista ou das possibilidades técnicas empregadas. Acompanhando de perto as tendências estéticas da pintura do século – expressionismo, cubismo, surrealismo, abstracionismo – a gravura brasileira alcançou grande qualidade plástica no século XX, principalmente a partir dos decênios 20 e 30, com os trabalhos pioneiros de Carlos Oswald (filho do compositor Henrique Oswald), Lasar Segall, Osvaldo Goeldi e Lívio Abramo, dedicados a temáticas nacionais. Em anos posteriores, obtiveram renome personalidades como Cândido Portinari, Santa Rosa, o austríaco Axl von Leskoschek, Marcelo Grassmann, Fayga Ostrower, Renina Katz, Mário Gruber, Maria Bonomi, os integrantes do Clube de Gravura de Porto Alegre – Carlos Scliar, Glênio Bianchetti, Danúbio Gonçalves, Vasco Prado e Glauco Rodrigues – os da Escola Baiana – o alemão Hasen Bahia, Mário Cravo Jr., Henrique Oswald (filho de Carlos), Calazans Neto e Emanuel Araújo, os nordestinos Newton Cavalcanti e Samico, além de Iberê Camargo e gravadores saídos do ateliê do Museu de Arte Moderna do Rio de Janeiro (inaugurado em 1959), como Edith Behring, Rossini Perez, Isabel Pons ou Anna Bella Geiger (menções a gravuristas populares podem ser encontradas em →Literatura de cordel). A palavra gravura provém do francês arcaico *graban* e do correspondente alemão *graben*, tendo gerado, no inglês do período renascentista, o verbo *to engrave* e o substantivo

engraving. →Entalhe, →Gravura em metal, →Litografia, →Relevo, →Serigrafia, →Xilografia e →Monotipia.

GRAVURA A BURIL. Gravura cujo desenho é efetuado diretamente pelo buril, uma espécie de estilete de aço, de seção quadrada e ponta oblíqua, provido de um cabo de madeira. A maior ou menor profundidade da incisão sobre a placa de metal depende da pressão exercida pela mão do gravador. As rebarbas que saem da incisão são limpas e o desenho obtido passa pelas fases de entintamento e de impressão. Essa técnica, assim como a da ponta-seca, provém do século XV.

GRAVURA A PONTA-SECA. Gravura cujo desenho é obtido com o uso de estilete de aço ou ponta de diamante, conduzido manual e diretamente sobre a placa matriz. As porções arrancadas à placa – as rebarbas – permanecem retidas na superfície, impedindo assim que os traços incisos ou cavados do desenho absorvam muita tinta. Tem-se como resultado um desenho de aspecto suave, delicado.

GRAVURA EM METAL. Tipo de gravura cuja matriz de impressão é uma placa de metal (geralmente de cobre), confeccionando-se o desenho por meio de entalhes em profundidades variadas. Basicamente, existem duas técnicas principais, de possível conjugação: *a*) seca, subdividida, em função do instrumento requerido, em buril, ponta-seca e maneira-negra. O buril constitui uma barra de aço temperado, de seção quadrada ou em forma rombóide, que deixa traços incisos de perfil triangular; a ponta-seca é um estilete de aço ou de pedra preciosa, sem facetas, cujo entalhe produz rebarbas laterais ao sulco, nas quais a tinta se deposita; para a maneira-negra, utiliza-se o berço, espécie de cinzel com extremidade recurva e dentes finos. O resultado de sua incisão constitui um granido negro na placa, posteriormente raspado para que se obtenham gradações de tonalidade, do cinza ao branco; *b*) →*água-forte*, compreendendo a água-forte propriamente dita, caracterizada pela aplicação prévia de cera ou verniz protetor na chapa e, após a realização do desenho, de um banho de ácido ou mordente, também chamado mordaçagem ou morassagem, em diluição adequada; →*água-tinta*, variante da técnica anterior, em que se faz depositar sobre a chapa, após o banho de ácido, uma camada de pó resinoso para efeito de tonalidade, voltando-se posteriormente à morassagem. O papel ou suporte de impressão é umedecido e posto contra a placa-matriz, protegendo-o com camadas de feltro para a impressão final. A gravura em metal recebe também os nomes de *talho-doce*, *calcografia* ou *encavo*. →*Gravura a buril* e →*Gravura a ponta-seca*.

GRIMPA. Elemento ornamental e de remate posto no alto de edificações – figuras de animais, uma lua, um barco, um pináculo, uma rosa dos ventos – podendo eventualmente possuir um significado simbólico, como anjos ou cruzes de igrejas. Certas grimpas recebem o nome específico de cata-vento, quando servem para indicar a direção em que sopra o vento.

GRISALHA. **1**. Obra de artes plásticas (desenho, pintura, gravura ou vitral) elaborada em tom monocromático de cinza, ou em tons acinzentados. Pode ser empregada como delineamento básico de uma composição pictórica, antes da aplicação de tinta opaca, de veladuras e esbatimentos. **2**. Tipo de trabalho em →esmalte. **3**. Pasta constituída por limalha de cobre, vidro moído e verniz ou resina e que serve para dar contornos ou esboçar imagens na elaboração de →vitral.

GROTESCO. Termo que se consolidou a partir do Renascimento e que, inicialmente, esteve ligado às artes plásticas e à ornamentação pictórica. Pouco antes do romantismo, transladou-se para as literaturas (narrativa, poética ou dramática) já com outro significado. Assim sendo, na dependência da linguagem artística, os sentidos não são idênticos, apesar de alguns aspectos em comum. Mas a primeira referência ao conteúdo do grotesco, sem que o vocábulo ainda seja mencionado, pode ser encontrada no fim do século I a.C., na obra *De architectura*, do arquiteto e escritor romano Vitrúvio. Essa recuperação foi feita pelo também arquiteto, pintor e tratadista da Renascença, Giorgio Vasari. No livro de Vitrúvio, existe a seguinte passagem: "[...] aos retratos do mundo real prefere-se agora pintar monstros nas paredes. Em vez de colunas, pintam-se talos canelados, com folhas crespas, e volutas, em vez da ornamentação dos tímpanos [...] brotam das raízes flores delicadas sobre as quais se assentam figurinhas sem o menor sentido. Finalmente, os pedúnculos sustentam meias figuras, umas com cabeça de homem, outras com cabeça de animal [...] como podem nascer de raízes e trepadeiras seres que são metade flor, metade humanos?" Na época de Vasari, essas figuras fabulosas, híbridas ou bizarras, em que se misturavam motivos florais, animais e humanos, haviam retornado como objetos de pintura, mas sobretudo de decoração, aparecendo, por exemplo, em trabalhos mais fantasiosos de Pinturicchio, de Rafael ou do gravador Agostino Veneziano. Foi também quando se passou a aplicar o termo grotesco, derivado do italiano *grotta* (gruta), pois que muitas das decorações antigas foram encontradas em ruínas subterrâneas de Roma, durante trabalhos de escavação no período renascentista. As imagens também pareciam indicar, por seus elementos estranhos, heterogêneos ou extravagantes, uma região "velada", "sombria" ou "abissal" do próprio ser humano. Talvez por isso Montaigne se auto-refira aos *Ensaios* desta forma e, como de costume, irônica: "Que são aqui também [...] senão grotescos e corpos monstruosos, compostos de membros diversos, sem

figuras corretas, não tendo nem ordem, nem proporção, a não ser fortuita". Logo se aplicou também às visões alucinantes, às deformações fisionômicas e às paisagens fortemente alegóricas ou escatológicas de Hieronymus Bosch (*Jardim das Delícias ou das Volúpias*, *O Inferno*), de Pieter Brueghel (*Gret, a Louca*) e aos desenhos do pintor e ilustrador Jacques Callot, sobretudo para a série de personagens que fez da *commedia dell'arte*, e aos quadros sobre a *Tentação de Santo Antão*. Em sua coleção de desenhos (*Balli di Spessania*), Callot reforçou o caráter animalesco das máscaras e os movimentos contorcionistas das figuras dos atores, a fim de realçar a multiformidade de suas interpretações: acrobacia, dança, música e canto. Com essa obra, ao sentido anterior de monstruosidade, mistura de gêneros ou inaturalidade, se acrescentou o de farsesco ou burlesco, típicos daquele teatro popular. É o que aparecerá em comentários posteriores do alemão Justus Möser (*Arlequim, ou a Defesa do Cômico-Burlesco*, 1761) e do francês Diderot, quando tratou da farsa: "Ela supõe uma graciosidade ou alegria natural; os caracteres devem ser como os grotescos de Callot, nos quais os princípios da figura humana são conservados". Na seqüência, o caráter grotesco que se insinuava na literatura do fim do século XVIII foi percebida por Friedrich Schlegel, ao comentar os romances do então famoso Jean Paul (Johann Paul Richter), como *A Loja Maçônica Invisível* e *Titan*: "Concedo haver uma miscelânea multicolor de engenho enfermiço, mas tomo a sua defesa e atrevo-me a afirmar que tais grotescos e confissões são os únicos produtos românticos de nossa época não-romântica" (*Conversações sobre a Poesia*). A "miscelânea multicolor" a que alude Schlegel resumia as intrigas complicadas da narrativa, em que se misturam sentimentalismo, ironia e eventos misteriosos. Esses aspectos distintos e mesmo contraditórios da nova estética romântica ressurgiram no prefácio de Victor Hugo ao seu *Cromwell*: "Eis um princípio estranho à Antigüidade, um novo tipo introduzido na poesia. Este tipo é o grotesco [...] que está em toda parte; de um lado, ele cria o disforme e o horrível; de outro, o cômico e o bufão". Sob tal ponto de vista, o grotesco romântico pode aproximar-se do sublime romântico (visões aterradoras, sombrias), embora se oponha ao sublime classicamente entendido. Isso porque o cômico é conduzido de modo farsesco, exagerado, caricatural, e, simultaneamente, como fruto de aspectos sinistros, absurdos, irracionais ou "noturnos" do comportamento humano. Conjunções que, plasticamente, estão sintetizadas nos *Caprichos* ou nos *Desastres da Guerra*, de Goya. A vertente mais aterradora do grotesco literário encontrou-se então em E.T.A. Hoffmann (*Contos da Noite*) ou em Edgar Allan Poe (*Contos do Grotesco e do Arabesco*). Já a irônica e surrealista apareceu, *avant la lettre*, nos poemas de Edward Lear (*Quadros e Rimas sem Sentido*), que exploram uma "botânica insensata", descrevendo, entre outros fenômenos, caules de lírios de onde brotam porquinhos. Caminho trilhado, aqui e ali, no século XX, por dadaístas, por surrealistas e pelo realismo fantástico latino-americano. Como neste poema de Jean ou Hans Arp: "As mesas são moles como pão fresco / e os pães nas mesas duros como lenha. / Isso explica os inúmeros dentes quebrados / que estão cuspidos ao redor das mesas. / O motivo disto / já causou muita dor de cabeça. / Mas tais dores explicam o sem-número de cabeças quebradas, / que estão ao redor das mesas por entre os dentes".

GRUPO SANTA HELENA. →*Santa Helena, Grupo.*

GRUPO DOS CINCO.   Movimento musical erudito e romântico-nacionalista russo, integrado pelos compositores autodidatas Alexander S. Dargomychky, César Cui (Tsezar Antonovitch Kyui), Mily Alexeievitch Balakirev, Alexander P. Borodin e Modest P. Mussórgski. Na época, segunda metade do século XIX, eram conhecidos em seu próprio país como O Grupo Poderoso (Mogutchaya Kutchke) e pretendiam a consolidação de uma estética especificamente eslava. Assim, o aproveitamento das sonoridades, das formas musicais, das danças e histórias populares, bem como de harmonizações modais da música sacra eslava e de textos literários esteve no centro das criações de cada um dos autores, verdadeiros *naródniki*, como eram conhecidos então os intelectuais simpatizantes das causas populares. A qualidade e a sobrevivência de suas obras são muito variadas, no entanto. A personalidade de proa continua sendo Mussórgski que, em seus trabalhos mais comprometidos, optou por um tipo de harmonização modal retirada dos ritos sacros ortodoxos, obtendo um estilo inconfundível, como no ciclo das *Canções e Danças da Morte* (1875) ou em sua obra mestra, *Boris Godunov*, baseada em Púchkin (1868, com versões até 1874), considerada a "ópera nacional russa". Os outros dois de maior renome são Balakirev e Borodin. Ao primeiro deve-se o poema sinfônico *Tamara, a Sinfonia Rússia*, de 1861, mesmo ano em que fundou a Escola Livre de Música. Mais tarde, publicou a conhecida *Canção dos Barqueiros do Volga* (1886), reunindo melodias de origem folclórica. Borodin alcançou fama internacional com a ópera *Príncipe Igor*, cuja passagem das "Danças de Polovetz" ainda integra o repertório fonográfico. Trabalhos de maior requinte, porém, são as Sinfonias de números 1 e 2 e o *Quarteto para Cordas nº1* (1877). Dargomychky compôs as óperas *Russalka* e *O Convidado de Pedra*, cuja abertura foi escrita por César Cui. Os cinco exerceram grande influência sobre a geração mais nova de Rímski-Korsakov e de Alexander K. Glazunov.

GRUPO DOS SEIS.   As atividades de animador lítero-musical levaram o poeta Jean Cocteau a fazer a aproximação, em 1918, de seis jovens compositores que, entre outros artistas e intelectuais do período, freqüentavam o café parisiense Vieux-Colombier. O lançamento de sua coletânea de aforismos estéticos, *Le Coq et l'Arlequin* (*O Galo e o Arlequim*), serviu como data de constituição do grupo, então conhecido por Les Six. Dois artigos escritos por outro compositor, Henri Collet, na revista *Comoedia* (1919), vieram a consolidar a imagem de uma nova irmandade artística. Eram eles: Francis Poulenc, Louis Durey, Germaine Tailleferre, Darius Milhaud, Georges Auric (a quem foi dedicado *O Galo e o Arlequim*) e o alemão Arthur Honneger. Os elementos musicais de identidade achavam-se nas críticas comuns ao excessos românticos e mesmo às sutilezas impressionistas de Debussy e Ravel, tendo por modelos a música contrapontística de Bach e a simplicidade alegre de Satie. Ao mesmo tempo, concordavam na afirmação de um retorno à ordem, ao equilíbrio, à clareza ou àquilo que, genericamente, se chamou neoclassicismo. Juntos, compuseram *Álbum dos Seis* (peça para piano) e o balé *Les Mariés de la Tour Eiffel*. Segundo Poulenc (entrevistas com Claude Rostand), a experiência, inicialmente, "não foi mais do que um agrupamento de amizades. Depois, pouco a pouco, estabeleceram-se idéias comuns que nos ligaram de maneira íntima, a saber: a reação contra o vago, o retorno à melodia, ao contraponto, à precisão, à simplificação". As melhores composições individuais dos participantes foram escritas, no entanto, após a dissolução do grupo.

GUACHE.   Do francês *gouache*, constitui uma tinta da família da têmpera, pois o pigmento (um ou mais) liga-se a uma cola (v.g., goma-arábica), bem como à dextrina. Ao mesmo tempo, assemelha-se à aquarela por sua solubilidade em água, mas, ao contrário daquela, não possui brilho ou transparência (aquarela opaca), exigindo ainda pigmento branco na obtenção de tons claros. Habitualmente, é aplicado em camadas finas, já que as espessas tornam-se propensas ao craquelamento ou à escamação. Bastante usado no transcorrer da Idade Média, sobretudo para a pintura de miniaturas iluminadas e, em menor proporção, para afrescos, ganhou popularidade no século XX em trabalhos de ilustradores e desenhistas gráficos, dada a rapidez de uso e facilidade de contrastar e reproduzir cores. Pode ser utilizado ainda como base para a pintura a óleo e em combinação com a aquarela, o pastel e o carvão.

GUARDA-CORPO.   Proteção arquitetônica de meia altura (variando normalmente de 80 cm a 1,10 m) construída ou instalada ao lado de escadas, alpendres, balcões ou terraços, à qual se sobrepõe o corrimão ou travessa. Uma

→balaustrada pode servir como guarda-corpo. O mesmo que *parapeito*.

GUILHOCHÊ. Ornamento baseado em linhas entrelaçadas, formadoras de tranças, e dispostas de maneira paralela ou cruzada, constituindo um padrão simétrico e seriado. Utilizado em arquitetura, para guarnição de paredes ou portas, assim como em cerâmica, arte têxtil ou como adorno de textos impressos ou manuscritos. →*Guirlanda*.

GUIRLANDA. Decoração arquitetônica ou pictórica composta por flores, folhas e frutos, arranjados em seqüência, de modo a constituir fitas pendentes. Bastante utilizada em talhas, molduras e portais do barroco e do rococó.

H

HACHURA. Em desenho e gravura, o conjunto de linhas finas e paralelas que tem por função sombrear o motivo principal, ressaltando os seus volumes. Na dependência do efeito desejado, a hachura pode ainda ser elaborada com linhas cruzadas.

• **HANCHEMENT.** Consiste no arqueamento ou elevação de um dos quadris de uma estátua figurativa, permitindo que o peso da estátua seja posto sobre ele e sobre a perna que lhe corresponde (a perna "reta"). Com isso, torna-se possível inclinar a outra perna e fazer com que o seu joelho se projete para a frente. O *hanchement* resulta em uma postura ereta de maior leveza ou naturalidade e é também chamado de "flexão gótica", embora a técnica tenha sido utilizada, desde então, em períodos subseqüentes. Do francês *hanche*, quadril.

• **HAPPENING.** Termo inglês proposto pelo norte-americano Allen Krapow em artigo da revista *Art News* (1958) e que se incorporou ao movimento →*pop*, para se referir a espetáculos dramáticos improvisados, espontâneos, ou a performances (já utilizadas por dadaístas e surrealistas em ambientes fechados), realizados preferencialmente em ruas e praças públicas, com a participação do público, numa tentativa de "tornar indistinta a arte e a vida". Como manifestação *underground*, isto é, fora dos meios e espaços profissionais já consagrados, constitui – ainda nas palavras de Krapow – uma "colagem provocativa de acontecimentos, intransferível no espaço e não reprodutível no tempo" e que denuncia fatos e valores dominantes, de maneira anárquica, irônica ou mesmo agressiva. Confunde-se ainda com a expressão *intermedia event*, ou espetáculo público improvisado para o qual confluem várias manifestações de tipo artístico – recitativo poético, mímica, esquetes ou cenas dialogadas, música, *show* de luzes. No Brasil, um dos primeiros *happenings*, assim considerado, realizou-se em 1963, por iniciativa do pintor Wesley Duke Lee. Tratou-se primeiramente de uma filmagem (16 mm), cujo tema constituiu o passeio de uma mulher pelo centro de São Paulo, vestida de modo extravagante e se exibindo provocativamente aos populares. Na seqüência, o filme foi exibido no Juão Sebastião Bar e, ao final da sessão, a protagonista furou a tela e promoveu um *strip-tease*. Em 1965, o crítico teatral norte-americano Michael Kirby propôs a adoção do *happening* (em livro homônimo) como "uma nova forma intencionalmente composta de teatro, na qual diversos elementos ilógicos, inclusive a interpretação não-convencional, se organizam em uma estrutura compartimentada". Ou seja, o que se apresenta não precisa seguir um delineamento dramático coerente – exposição, desenvolvimento e clímax do enredo – mas estar pulverizado em unidades separadas.

• **HARD-BOILED.** Expressão inglesa para narrativas e filmes do gênero →*policial* ou de detetive, baseados em situações de assassinatos, raptos, extorsões e suspense.

HARMONIA. →*Música*.

HARPIAS. Etimologicamente, as harpias são personagens que "arrebatam", pelo uso da força, num sentido negativo ou destruidor do arrebatamento. Figuras da mitologia greco-romana, fazem parte dos poderes cósmicos associados à morte, à ruína, ou às paixões avassaladoras e torturantes da psique humana, que levam à degeneração. Surgiram muito antes da geração olímpica, segundo Hesíodo, na forma de três mulheres aladas – Aelo, Ocípite e Celeno – sempre dispostas a beber o sangue de mortos recentes, sobretudo nas guerras, e sexualmente insaciáveis. Daí aparecerem representadas em cemitérios, por carregarem as almas para o Hades, tendo ainda a fama de raptoras de jovens. Do período clássico em diante, suas imagens foram alteradas popularmente, sendo então simbolizadas como abutres, com rosto de mulher decrépita, seios pendentes e cheiro fétido.

• **HAZAN.** →*Chantre*.

HELENISMO. →*Civilização clássica e helenismo*.

HEMISTÍQUIO. A metade ou cada uma das partes métricas iguais em que se divide o verso alexandrino, de doze sílabas. Como exemplo, no verso "a noite que se foi levou-me quase tudo", de Cassiano Ricardo, o primeiro hemistíquio, de seis sílabas, corresponde à sentença "a noite que se foi"; o segundo, igualmente hexassilábico, à sentença complementar "levou-me quase tudo". Por extensão, cada um dos "membros métricos" de um verso, separado por uma pausa, ou cesura lógica e de recitação.

HEPTASSÍLABO. →Verso de sete sílabas, também chamado de *redondilha* ou, mais especificamente, de *redondilha maior*. Exemplo em Cruz e Souza (*Litania dos Pobres*): "Os miseráveis, os rotos / São as flores dos esgotos. / São espectros implacáveis / Os rotos, os miseráveis. / São prantos negros de furnas / Caladas, mudas, soturnas".

HÉRCULES, HÉRACLES. O mais forte e popular semideus ou herói greco-latino, filho de Zeus e de Alcmena, é aquele que, segundo o Hino Homérico a ele dedicado, "errou e sofreu, primeiro sobre a terra e no mar imensos; / em seguida triunfou, graças à sua bravura / e, sozinho, executou tarefas audaciosas e inimitáveis. / Agora, habita feliz a bela mansão do Olimpo nevoso, / e tem por esposa a Hebe de lindos tornozelos" (tradução de Junito Brandão). Alcmena estava casada com Anfitrião que, no entanto, lutava em Tafos para vingar as mortes de seus cunhados e, somente assim, poder consumar o ato nupcial. Nesse ínterim, o insaciável Zeus escolheu Alcmena para gerar um destruidor de monstros. Na figura de Anfitrião, como se de volta estivesse da campanha, apresentou-se à "esposa" e durante três noites (sem que os dias se levantassem), amou Alcmena. Por essa traição, Hércules vai sofrer, até à morte, uma implacável perseguição de Hera, a ciumenta mulher de Zeus. A primeira demonstração de sua força extraordinária ocorreu quando contava apenas oito meses. Hera enviou-lhe duas serpentes, que foram estranguladas enquanto seu meio-irmão Íficles chorava de pavor. Sua personalidade às vezes arrebatada e furiosa levou-o a matar o aedo Lino, seu professor de música, pelo simples fato de ter sido chamado à atenção. Já casado com Mégara, filha do rei Creonte de Tebas, e tendo com ela um prole numerosa, foi acometido não apenas de fúria, mas ainda de demência (*ánoia*), insuflada por Hera, no que resultou no assassinato de todos os seus filhos. Para tão hediondo crime, o oráculo de Delfos fê-lo submeter-se ao primo Euristeu, completa encarnação de um homem covarde e mesquinho, que lhe determinou a realização de doze trabalhos então considerados impossíveis – Leão de Neméia, Hidra de Lerna, Javali de Erimanto, Corça de Cerínia, Aves do Lago de Estínfalo, Os Estábulos de Augias, Touro de Creta, Éguas de Diomedes, Cinturão de Hipólita, Bois de Gerião, Busca do Cão Cérbero e o Pomo de Ouro das Hespérides. Só após sua morte Hera o perdoou, aceitando sua imortalidade e permitindo que desposasse Hebe, a eterna juventude. Daí também,

segundo relembra Sófocles nas *Traquínias*, o seu nome: glória (*kléos*) de Hera, ou Héracles.

HERESIA. Do grego *haeresis*, divisão, ruptura, consiste na opinião e / ou na prática contrárias a princípios estabelecidos, sejam eles religiosos, científicos ou mesmo artísticos. A idéia de heresia, no entanto, tem sido empregada mais correntemente quando se trata de uma doutrina que contraria os preceitos ou dogmas de uma religião unificada, passando a ser vista então como "erro em matéria de fé". Para a estrutura ortodoxa de uma crença, a heresia constitui um erro voluntário e perigoso para a verdade do dogma, para a condução unificada dos fiéis e para a estabilidade dos poderes espiritual e material da Igreja. Representa uma divergência em relação à doutrina dominante, bem como o primeiro degrau de uma escala de desvio progressivo da crença, ou seja, a negação de um ou de alguns princípios estabelecidos e intocáveis. Se a negação for ampla ou absoluta, configura-se a *apostasia*. Quando, no entanto, a ruptura se caracteriza por uma dissolução da unidade hierárquica eclesiástica, e não propriamente de fé, ocorre o *cisma* (*schisma* ou cisão), ou seja, a contestação, a insubmissão ou a recusa peremptória de participação no seio da comunidade religiosa. Considerando-se que a religião pressupõe um vínculo socioespiritual, a heresia aparece em seu meio como opção voluntária em defender uma opinião ou credo particular, o que, em tese, prejudicaria a comunhão, a unicidade e a indivisibilidade da fé. Um autor de heresia é denominado *heresiarca*; seu seguidor, *herege*. Com a heresia cismática, fere-se não apenas o sistema de autoridade, mas o poder central, tendo-se como exemplos, no interior da Igreja Católica, aqueles ocorridos com os ortodoxos do Oriente, os anglicanos ou a Igreja nacional da Escócia. Na história do cristianismo houve as assim chamadas heresias "orientais", que datam do início da religião, e caracterizadas por divergências teológicas no interior do clero. Assim, a Igreja de Bizâncio, no século VI, enfrentou dissociações doutrinárias consideradas heréticas, como o nestorianismo (negação da natureza divina de Cristo) e o monofisismo (supremacia da natureza divina de Jesus sobre a humana). Já no correr da Baixa Idade Média, nos séculos XI e XII, sucederam-se as heresias "ocidentais", de origem popular e urbana, contrárias à riqueza, à hierarquia e aos privilégios eclesiásticos, como os movimentos dos albigenses ou cátaros, dos valdenses (ambos na França) e dos apóstolos de Cristo (na Itália).

HERMENÊUTICA. **1.** Termo proveniente de Hermes, deus e mensageiro olímpico, incumbido da comunicação entre as divindades, bem como entre essas e os mortais. Em contato com a cultura egípcia, os gregos relacionaram Hermes ao deus Toth, que, participando do tribunal de Osíris, procedia às anotações das virtudes e das faltas dos mortos. Toth-Hermes era considerado ainda o introdutor da escrita e das ciências entre os egípcios e gregos, bem como patrono e zelador da cronografia (medição do tempo). A ele se atribuiu igualmente a autoria de centenas de livros, entre os quais, e mais importantes, *Pimandro*, *Asclépios* (Discurso de Iniciação) e a *Tábua de Esmeralda* (iniciações ocultas), nos quais se interpretam as prescrições e os conhecimentos sagrados, de maneira esotérica, iniciática. Daí o sacerdote do templo de Delfos ter sido chamado *hermeios* e a língua grega ter adotado o verbo *hermeneuein* (interpretar) e seu correspondente substantivo *hermeneia* (interpretação), os quais, em conjunto, designam os meios de transmitir e dar inteligibilidade aos fenômenos. Por derivação, indica o processo ou o conjunto de métodos sistemáticos para a decifração, interpretação e compreensão dos significados de textos, particularmente os das Escrituras Sagradas do cristianismo e do judaísmo, de obras filosóficas, literárias e jurídicas. Tem, conseqüentemente, objetivos de ordem epistemológica e ontológica. No sentido eclesiástico, ou hermenêutica teológica, aplica-se à leitura e interpretação das Escrituras canônicas ou mesmo apócrifas e de seus significados. Entre os primeiros hermeneutas cristãos, são considerados Orígenes, Crisóstomo, Deodoro, Jerônimo e Agostinho (católicos) e Lutero, Melanchton, Zwinglio e Calvino (protestantes), ainda que a primeira obra a se utilizar do conceito tenha sido publicada só em 1654 – *Hermeneutica sacra sive methodus exponendarum sacrarum litterarum*, de J. C. Danhauer. No terreno teológico, há pelo menos três formas de abordagem: a literal, em que as palavras são encaradas como fruto direto da inspiração divina, inscrevendo-se, portanto, de modo explícito e irretocável; a alegórica, que entende o texto bíblico como substrato simbólico, havendo, portanto, um nível de referência superior a ser interpretado, normalmente contendo finalidades éticas; a mística ou anagógica, pela qual as Escrituras são todas elas signos místicos, esotéricos, envolvendo os princípios e as finalidades da criação (atitude dos cabalistas, por exemplo). →*Cabala*. No entendimento de Martin Heidegger, a filosofia, como exercício de uma hermenêutica permanente, "traz a mensagem do destino; *hermeneuein* é esse descobrir de qualquer coisa que traz uma mensagem, na medida em que o que se mostra pode tornar-se mensagem. Uma tal descoberta torna-se uma explicação do que já fora dito pelos poetas que são, eles próprios, segundo Sócrates, no *Íon*, 'mensageiros dos deuses'". Para o filósofo alemão Wilhelm Dilthey, a hermenêutica, como consciência histórica, corresponde a um novo método de análise que leva à "compreensão vital" dos fenômenos humanos. Ou seja, se a natureza pode ser *explicada*, a vida, as ações e os valores humanos só podem ser *compreendidos*, dado o caráter psicológico da consciência, a participação vivida e histórica do homem e a atribuição de sentidos naquilo que diz respeito a si próprio (individual e coletivamente). Sua hermenêutica aplica-se mais às "ciências do espírito", cujas categorias – valor, finalidade, estrutura e forças sociais em jogo – diferem daquelas aplicadas às ciências naturais. Hans-Georg Gadamer, discípulo de Heidegger, defende a idéia de que a hermenêutica se encontra presente em todas as formas de conhecimento humano, ou seja, não apenas nas proposições das "ciências do espírito" (religião, filosofia, direito, história, estética), mas igualmente nas "ciências naturais" (física, química, biologia), que julgam ter alcançado a "essência" ou a natureza intrínseca de seus objetos de investigação. Para ele, no entanto, "o ser que pode ser compreendido é a linguagem". Para entender os fenômenos, é necessário descrevê-los, pronunciar-se sobre eles; logo, somente através do exame da linguagem (da hermenêutica) é que se chega à compreensão dos objetos e de suas relações. Compreende-se algo melhor quanto mais se tenha a dizer sobre ele. Já para o francês Paul Ricoeur, bastante influenciado pela fenomenologia, todo pensamento moderno é uma questão de interpretação de sentidos, sendo o símbolo aquilo que melhor exprime as experiências fundamentais do ser e de suas situações. Portanto, a hermenêutica constitui tanto uma interpretação filosófica dos símbolos e mitos criados pelo aparelho mental, e que são descritos pela prática psicanalítica, como a tentativa de erigir uma "teoria do conhecimento" a partir dos significados que os símbolos dão ao comportamento humano, tornando-os de ocultos em aparentes. No caso jurídico, a hermenêutica consiste numa reflexão cujo objetivo é o de determinar um sentido absoluto, o espírito da lei, embora relacionado a fatos empíricos. Se os fatos em si envolvem nuanças ou circunstâncias particulares – sociais, históricas, culturais, econômicas etc. – a interpretação restringe o significado a certos limites inamovíveis, sobretudo no que diz respeito aos resultados do conflito em causa. **2.** Extensivamente, entende-se ainda como hermenêutica literária a interpretação e análise de um texto ficcional, com o intuito de torná-lo compreensível, extraindo-lhe as mensans explícitas ou alusivas, e ainda submetê-lo a comparações com outras obras semelhantes. Na opinião do crítico E.D. Hirsch (*Validity in Interpretation*), deve ser a disciplina fundamental da crítica literária. Vale-se, portanto, da semântica, da história, das mentalidade e das ideologias da época, assim como das relações lógicas, retóricas ou estilísticas internas à elaboração do texto. →*Heurística*.

HERÓI. Do grego *héros* e do latim *servare*, a figura mítica, lendária ou literária do herói traz consigo o sentido de guardião, defensor ou daquele que "nasceu para servir". Em suas *Olímpicas*, o poeta Píndaro enumera três categorias de seres: deuses, homens e heróis, aos quais Platão (no *Crátilo*) acrescenta os demônios. Em ambos, portanto, o herói, seja ou não descendente dos deuses, está incumbido de realizar uma ação intermediária entre criadores e criaturas, não apenas dinamizando como elevando as forças físicas ou mentais dos humanos. Ainda no mundo grego, o herói é por vezes denominado *anér*, ou seja, aquele que ultrapassa as medidas humanas normais, o *métron*. A partir da tradição literária criada por Homero, podemos distinguir dois tipos predominantes de heróis: os motivados pela cólera (Aquiles, El Cid, Rolando) e os estimulados pela necessidade de reconstrução de um mundo ou de reposição de valores passados (Ulisses, Enéas). Com eles, indica-se uma oscilação entre o destemor incontido, a valentia apaixonada, e a sabedoria ou a astúcia. L.R. Farnell (*O Culto dos Heróis Gregos e as Idéias da Imortalidade*) defende a interpretação de que o herói tanto pode ser humano quanto divindade particular, mas protegido dos deuses. Preenche, portanto, necessidades emocionais e psíquicas, tornando-se um →arquétipo ou exemplo especular, ao permitir, ao menos idealmente, que a fragilidade humana seja superada na forma de conquistas alcançadas ou desejos satisfeitos. Para Angelo Brelich (*Os Heróis Gregos*), "virtualmente, todo herói é uma personagem cuja morte apresenta um relevo particular e que tem relações estreitas com o combate, com a agonística, a arte divinatória e a medicina, com a iniciação à puberdade e aos mistérios; é fundador de cidades e seu culto possui um caráter cívico; o herói é, além do mais, ancestral de grupos consangüíneos e representante prototípico de certas atividades humanas fundamentais. Todas essas categorias demonstram sua natureza sobre-humana, enquanto, de outro lado, a personagem pode aparecer como ser monstruoso, teriomorfo ou andrógino, fálico, sexualmente anormal ou impotente, voltado para a violência sanguinária, a loucura, a astúcia, o furto, o sacrilégio e para a transgressão dos limites e medidas que os deuses não permitem aos mortais [...] sua carreira, por isso mesmo, é ameaçada por situações críticas. Assim, após alcançar o vórtice do triunfo, com a superação de provas extraordinárias, após núpcias e conquistas memoráveis, em razão mesmo de suas imperfeições congênitas e descomedimentos, o herói está condenado ao fracasso e a um fim trágico". Deve-se notar, como ressalta Brelich, que o herói "clássico" pode apresentar algumas características de excelência desde a infância, passar por vicissitudes, provas e sofrimentos dolorosos e obter o seu culto com a morte (Hércules, Teseu, Édipo, Tristão, Siegfried, El Cid, Rolando etc.), característica essa adotada até mesmo pelo romantismo literário. Na opinião de Mircea Eliade, "Se, por um lado, não são imortais como os deuses, por outro os heróis se distinguem dos seres humanos pelo fato de continuarem a agir depois da morte. Os despojos dos heróis são carregados de temíveis poderes mágico-religiosos. Os seus túmulos, relíquias e cenotáfios atuam sobre os vivos durante longos séculos. Em certo sentido, poderíamos dizer que os heróis se aproximam da condição divina graças à sua morte". Já Max Scheler (*O Formalismo na Ética*) distingue cinco valores ideais do ser humano: a santidade, os valores espirituais, a *nobreza*, o útil e o agradável, aos quais correspondem cinco personalidades exemplares: o santo, o sábio, o *herói*, o dirigente e o artista. O herói, nessa classificação, é aquele que realiza as qualidades da nobreza, que não são nem técnicas nem relativas ao *homo faber* (o homem prático, construtor ou comerciante, por exemplo). É o agente de uma vontade espiritual e de uma ação instintiva, vital, carregada de audácia e destemor. Daí também a defesa intransigente da honra e do penhor – este aqui entendido tanto no sentido de palavra empenhada quanto no de conquista e apreensão de um objeto de valor, após a vitória alcançada. Mas foi justamente no período romântico que a figura do herói sofreu uma modificação radical. Sua figura moderna e juvenil começou a surgir em meio aos folhetins romanescos, ganhando contornos absolutamente diversos na comunicação de massa e na indústria cultural – em novelas ou seriados radiofônicos, no cinema, nas histórias em quadrinhos e na televisão. Em primeiro lugar, porque dos novos personagens foram suprimidos os elementos trágicos dos mitos, das sagas e das religiões. Nestes enredos havia um só destino a ser cumprido, associado a um história integral, a ser recontada e memorizada, a um ciclo completo e seu julgamento. A partir da era romântica, o herói foi deslocado para aventuras aparentemente imprevisíveis, cabendo então ao enredo sustentar uma renovação permanente de seus feitos e do interesse pela leitura ou assistência. Ao mesmo tempo, e justamente por estar submetido à recriação mecânica do enredo, o herói mantém-se fixo, imutável, indefinido, escapando aos ciclos vitais do nascimento, da maturidade, do envelhecimento e da morte. Sua existência passou a depender de tramas iterativas e redundantes. Por fim, estabeleceu-se uma rigidez adicional, aquela que obedece a uma lógica muito particular, de ordens psicológica e comercial. Os novos heróis constituem uma síntese perfeita de qualidades irretocáveis que refogem à natureza humana. São invariavelmente belos, atraentes, atléticos, inteligentes, simpáticos, magnânimos e invencíveis. Ou, quando vencidos pela morte, conseguem reviver. →*Anti-herói* e →*Trickster*.

HERÓI-CÔMICO. Gênero poético relativamente freqüente nas literaturas dos séculos XVI ao XVIII, constituído por uma narrativa de tipo épico, mas tratado de maneira burlesca ou paródica, ou seja, elevando desmesuradamente um assunto banal ou rebaixando um tema nobre ou sério, a fim de torná-lo risível. Como salientou Carpeaux, "A epopéia herói-cômica é de um realismo grosseiro, às vezes brutal; é antítese exata da epopéia heróica, da qual é contemporânea [...]. As mais das vezes (isto é, até o século XVII), são muito inofensivas, de um humorismo quase infantil; nada revelam de espírito revolucionário, que só se encontrará nas epopéias herói-cômicas do século XVIII [...]. Em parte, o gosto pela epopéia herói-cômica é conseqüência do conceito de poesia como ficção gratuita, jogo de imaginação sem responsabilidade. Em parte, essas epopéias são realmente produtos de oposição; mas não contra a epopéia séria, nem contra a aristocracia, e sim contra a pretensão da aristocracia, já domesticada nas cortes, de manter as tradições do seu passado bárbaro e bélico" (*História da Literatura Ocidental*). Entre obras e autores que se consagraram no gênero, podem ser mencionados: *La Secchia Rapita* (*O Cântaro Roubado*), de Alessandro Tassoni; *Scherno degli Dei* (*Escárnio dos Deuses*), de Francesco Bracciolini; *Hudibras*, de Samuel Butler; *Le Lutrin* (*A Estante do Coro*), de Boileau; *The Rape of the Lock* (*O Roubo da Madeixa*), de Alexander Pope, ou *Ricciardetto*, de Niccolò Forteguerri. →*Paródia*.

HETERODOXIA. Outra opinião ou opinião diferente, em sua origem grega. Designa as formas de pensamento, as doutrinas, os valores morais ou os preceitos estéticos contrários ou diferenciados de um saber e de uma prática instituídas ou já consolidadas (política, filosófica, religiosa, artística etc.), seja as oficiais, seja as culturalmente cristalizadas. Particularmente na religião, é o dissentimento ou oposição à fé e aos dogmas apregoados. Oposto a *ortodoxia*. →*Heresia*.

HETERÔNIMO. **1.** Nome fictício de um autor em obra artística, cujas qualidades de forma e de sentidos diferem sensivelmente daquelas utilizadas ou conhecidas em seu trabalho de autônimo, constituindo assim um outro "eu" artístico. Visto pela poética, isto é, pela criação artística, é um fenômeno extremo de capacidade imaginativa e de sensibilidade múltipla. Na heteronomia real, estabelece-se um jogo entre a despersonalização e a construção de outra subjetividade, máscara ou *persona*. O caso mais célebre é o de Fernando Pessoa, que se desdobrou também em Alberto Caeiro, Álvaro de Campos e Ricardo Reis, todos eles distintos entre si. Segundo Pessoa, deveria ele "multiplicar-se para sentir-se, para se conhecer, para se encontrar". Na análise de A.J. Saraiva e Oscar Lopes (*História da Literatura Portuguesa*), "cada heterônimo corresponde ao ciclo de uma atitude de aparência implausível, mas experimentada até às últimas conseqüências – como se fosse um repto a dada convicção ou opinião aceite; cada heterônimo parece apostado em invalidar uma tese de algum modo consagrada, e acaba por também se invalidar como antítese. Assim, o heterônimo Alberto Caeiro reage em verso prosaicamente livre contra o transcendentalismo saudosista, evidenciando que 'o único sentido oculto das coisas / É elas não terem sentido oculto nenhum', e contra o fariseísmo, então correntemente jacobino e devoto, da poesia humanitária. O heterônimo Ricardo Reis exprime, contra aspirações de sobrevivência *post mortem* ou de progresso humano, e em estilo que pelas formas estróficas e *loci communes* clássicos pode parecer neo-arcádico [...] a antiga sabedoria epicurista egocêntrica [...]. Álvaro de Campos, pelo contrário, prega nas odes em verso livre [...] a sabedoria futurista da sem-razão, da energia mecânica, da vida jogada por aposta [...] ou então o anseio whitmanniano, ou sensacionista, de sentir tudo de todas as maneiras". **2.** Autor que produz uma obra sob o nome de outra pessoa, na verdade existente.

HEURÍSTICA. **1.** Termo de origem grega, significando a ação de encontrar. Em ciência e filosofia, refere-se aos procedimentos ou métodos por meio dos quais se conduz alguém ao conhecimento, à descoberta ou ao encontro do que se pretende ensinar ou transmitir, bem como às condições necessárias do descobrimento científico, podendo ser entendida como a matriz das pedagogias atuais, sobretudo em seu aspecto mesológico, ou seja, dos meios e formas educacionais. O primeiro método heurístico aplicado foi a →*maiêutica* de Sócrates. **2.** Fase prévia da pesquisa histórica, na qual se compulsam os documentos e fontes bibliográficas que serão posteriormente inter-relacionadas e submetidas então à crítica ou hermenêutica, isto é, à interpretação renovada do fato. **3.** Significa ainda, no entendimento de Paul Foulqué, uma hipótese nova para o trabalho de pesquisa e, portanto, uma atitude intelectual que, em princípio, põe em dúvida uma verdade estabilizada.

HIEROGAMIA. Casamento sagrado ou comunhão divina, geradora de novos princípios, de seres e de forças criadoras, fertilizantes ou destrutivas, representativas de fenômenos naturais ou de instituições humanas. Assim, por exemplo, a hierogamia de Urano (Céu) e de Géia (Terra), da qual nasceu Crono, o Tempo Devorador. Ou a de Zeus (poder e autoridade) e de Têmis (ordem), produzindo Dikê (justiça) e Irene (paz). Do grego *hieros* (sagrado) e *gamos* (união, comunhão).

HIERÓGLIFOS. **1.** Os sinais ou signos constituintes dos três sistemas de escrita caligráfica da Antigüidade egípcia. Do primeiro, especialmente denominado hieroglífico, e utilizado em monumentos públicos e privados, desenvolveram-se o hierático, aplicado à vida cotidiana e à literatura, e, posteriormente, o demótico (mais popular e também de uso comercial). Vários estudiosos da epigrafia tentaram o deciframento da escrita hieroglífica e, de certa forma, contribuíram para ele. O trabalho começou com o oficial francês Broussard, descobridor da Pedra de Roseta (1799), que continha três escritas: a hieroglífica, a demótica e a grega. Por esta última, verificou-se que as inscrições tinham como referência um decreto sacerdotal em honra ao faraó Ptolomeu (o quinto da linhagem). O sueco Akerblad, em seguida, debruçou-se sobre a escrita demótica, de composição cursiva, revelando cinco de seus caracteres. A solução final coube ao arqueólogo francês François Champollion, cujo primeiro trabalho foi publicado em 1822, sendo o definitivo, *Tratado sobre o Sistema Hieroglífico*, datado de 1824. Os caracteres de base já não eram inteiramente ideográficos, mas sobretudo fonéticos, isto é, representativos da emissão vocal de sons diferentes. Assim, um felino deitado indicava o som de R ou L; um retângulo achatado equivalia aos sons S ou Sh; uma serpente traduzia a emissão vocal de T, Ts ou Dj. Outros signos articulavam sons complexos ou sílabas, como, por exemplo: cruz envolta em círculo = NU; homem ereto com cajado = UR; falcão em vôo, visto de frente = AP. A estes podiam articular-se ainda outros sinais ideográficos, representativos de objetos-sínteses de idéias. A escrita hieroglífica propriamente dita era grafada indiferentemente, tanto da esquerda para a direita como em sentido inverso. As demais eram cursivas, da direita para a esquerda. Literalmente, gravura ou cinzeladura sagrada. **2.** Sinais ou caracteres gráficos de difícil entendimento, ou criados intencionalmente com significado místico, oculto ou secreto.

HIEROGRAFIA, HIEROLOGIA. Exposição ou descrição de princípios sagrados – teológicos, axiológicos, ritualísticos –, assim como história de uma ou de várias religiões.

HINO. **1.** Do ponto de vista literário, constitui um cântico de veneração aos deuses ou de louvor à pátria e a seus heróis, tendo, na Grécia, abrangido o encômio (homenagem a soberanos ou a vencedores de guerra), o epinício (a vitória nos jogos olímpicos), o ditirambo (hino a Dioniso), o hiporquema (canto religioso acompanhado por dança) e mesmo o →epitalâmio. Os epinícios de Píndaro e os cantos religiosos derivados dos salmos constituíram as duas fontes da poesia hínica ocidental, conforme entendimento de Wolfgang Kayser. A literatura poética sacra, sobretudo a composta em latim, é extensa, tendo sido bastante cultivada nos mosteiros medievais, após o século X. Sua maior coletânea denomina-se *Analecta Hymnica Medii Aevi* (55 volumes), e nela se encontram textos anônimos (os mais numerosos) e de prelados conhecidos, como Rabanus Maurus, Adam de Saint Victor e Tomás de Aquino. **2.** Música de louvor a Deus, a Cristo, à Virgem Maria ou aos santos, contendo um texto poético, inicialmente desenvolvido pelo canto gregoriano. Dessa estrutura monofônica, os hinos passaram à escrita contrapontística e à polifonia, na transição dos séculos XIV ao XV, contendo, habitualmente, três ou quatro vozes. Alguns músicos então de renome, como Lassus, Dufay e Palestrina, compuseram várias obras com esse intuito e denominação. Mais tarde, o órgão passou a acompanhar ou dobrar o baixo vocal, ensejando a criação de partituras até mesmo independentes do canto. No século XVIII, outros compositores também se dedicaram à criação de hinos religiosos, destacando-se o padre Giovanni Martini, Johann Fux e seu discípulo Georg Wagensiel. Händel chegou a escrever os *Hinos de Chandos*, cantatas acrescidas de acompanhamento instrumental. O culto protestante adotou o hino como parte integrante da liturgia (e não apenas na qualidade de música comemorativa ou festiva), em forma de coral, aproveitando-se inicialmente de peças mais antigas e de canções populares. Essa tradição, arraigada no movimento evangélico norte-americano e aliada à prática do responsório musical negro, deu origem ao *gospel* e ao →*spiritual*. **3.** Peça musical patriótica e oficial de um país, ou ainda destinada a louvar instituições nacionais ou agremiações particulares, cuja origem remonta a 1740, quando a composição inglesa *God Save the King/Queen* foi instituída como símbolo musical do país, seguindo-se a *Marselhesa* francesa (Rouget de Lisle, a partir de 1795) e o *Hino do Imperador*, composto por Haydn, em 1797, para a casa real austríaca. No Brasil, o mais prolífico compositor de hinos foi Francisco Braga, autor de vinte e três obras, incluindo-se o *Hino à Bandeira*.

HIPÁLAGE. Figura de retórica que consiste em atribuir a uma palavra da frase o papel ou o sentido de outra, em princípio tida por mais habitual ou adequada. Por exemplo, "árvores que me olham passar" (ao invés de eu olhar, o que seria natural, são as árvores que me observam). Ou ainda: "o coração tremeu e as mãos se alarmaram". Do grego *hipallagé*, troca ou inversão.

HIPÉRBATO. Figura retórica de construção de frase ou de orações (figura de sintaxe) que inverte ou modifica a ordem direta de sua elaboração, fazendo com que o complemento, por exemplo, esteja situado antes do sujeito e da ação principal. Ex.: "Que os tribunais não podem rever atos políticos, não contestei, não contesto" (Rui Barbosa); Por mais que olhasse, nada conseguia ver; "A grita se levanta ao céu, da gente" (Camões). Foi utilizado freqüentemente nas literaturas barrocas, sobretudo na vertente culteranista da Espanha, Portugal e de suas colônias. Na opinião de Dámaso Alonso (*A Língua Poética de Góngora*), o hipérbato serve para "dar flexibilidade e desenvoltura à língua [...] aqui facilita um donaire ou momentânea alusão, ali um efeito imitativo, por vezes faz ressaltar o valor eufônico ou pictórico de uma palavra, permitindo sua colocação em um ponto onde o ritmo atinge o ápice de intensidade, outras faz surgir nítido [...] um esplêndido verso". O seu emprego pode tornar mais flexível e inesperada a construção sintática, mas, em situações extremas, obscurecer o sentido ou fazê-lo ambíguo.

HIPÉRBOLE. Figura retórica de pensamento que exagera a imagem evocada ou descrita, seja na quantidade, seja na qualidade, de modo positivo ou negativo: morto de sede, mar de lágrimas, milhardários e chiquérrimos, "chorei bilhões de vezes com a canseira / de inexorabilíssimos trabalhos" (Augusto dos Anjos). Do grego *hiperbolê*, excesso.

HIPER-REALISMO. Movimento das artes plásticas – pintura, escultura, instalações e fotografia – difundido a partir dos finais dos anos 1960, particularmente nos Estados Unidos e na Inglaterra, e que buscou reproduzir, com minúcias e total verismo, a realidade exterior (seres, objetos e situações), de maneira impessoal, embora, por vezes, de maneira crítico-humorística. Como vários de seus integrantes pintaram ou esculpiram com base em fotografias, é também chamado de fotorrealismo e, ainda, de supra-realismo. Entre seus representantes encontram-se Duane Hanson, John De Andrea, Chuck Close, Malcolm Morley, Richard Estes e Robert Cottingham.

HIPERTEXTO. Sistema computadorizado de organização e de gerenciamento de informações (guarda, inclusão e recuperação), que permite: *1*) o armazenamento e a interligação de textos, gráficos, desenhos e outras formas de imagens; *2*) a possibilidade de uma leitura simultânea, não-seqüencial ou multívaga de mais de um documento (por meio de "janelas"); *3*) a liberdade de combinar trechos ou conteúdos, de acordo com as necessidades ou interesses do consulente. Em síntese, seleciona, hierarquiza e estabelece ligações ou conexões entre informações já armazenadas, ensejando ainda a inclusão de novos dados. Em decorrência, "a hipertextualização dos documentos pode ser definida como uma tendência à indistinção, à mistura das fun-

ções da leitura e da escrita" (Pierre Lévy). O sistema já havia sido previsto antes do desenvolvimento da tecnologia computacional pelo belga Paul Otlet em seu *Traité de Documentation*, de 1934, por meio de "máquinas intelectuais", contendo inclusive dispositivos sonoros conectados a linhas telefônicas. Pouco mais tarde, em meados dos anos 1940, também o inglês Vannevar Bush propôs o Memex, "um dispositivo no qual um indivíduo armazena todos os seus livros, registros e comunicações, de maneira a poderem ser consultados com velocidade e flexibilidade". A conceituação técnica atual é a de uma rede de nós – unidades informativas – passíveis de serem exibidos na tela do computador (textos parcelados, gráficos, fotos, seqüências animadas), de modo inter-remissivo ou cruzado por ligações ou marcas (*links*). A palavra foi criada nos anos 1960 por Theodor Nelson. →*Multimeios, Multimídia* e →*Virtual (imagem, realidade)*.

HIPERMÍDIA. →*Multimeios, Multimídia*.

• **HIP-HOP.** *With a hip, hop, the hipit, the hipidipit, hip, hip, hopit, you don't stop*. Este refrão da música *Rapper's Delight* (1979), do grupo Sugarhill Gang, serviu para simbolizar o estilo de vida ou de comportamento "tribal" de jovens negros e mestiços, residentes em guetos e bairros pobres dos Estados Unidos, adeptos do →*rap*. Logo se espalhou pelo universo da música e da cultura *pops*, em diferentes regiões ou comunidades marginalizadas e de classe média, sendo incorporado pela indústria fonográfica e do vestuário. A identidade visual mais comum do *hip-hop* é o uso de calças ultra-largas, desfiadas ou remendadas, boné com viseira (de preferência invertida), óculos escuros, jaquetas de malha, correntes douradas e tênis com cordões desamarrados.

HIPOGEU. **1.** Edificação subterrânea pertencente a um complexo arquitetônico, como as existentes no Vale dos Reis, no Egito. **2.** →Catacumba ou sítio escavado para o enterro de membros de uma família ou de irmandades.

HIPÓTESE. Em filosofia e ciência, e de conformidade com Aristóteles, designa o enunciado ou o conjunto de proposições que constitui o ponto de partida de uma verificação ou comprovação que ocorre de maneira indireta, ou seja, pelas *conseqüências* geradas. Nesse sentido, difere do axioma ou proposição evidente, que é clara por si ou diretamente verificável. Assim, e de modo mais específico na matemática, indica a proposição que adquire valor quando se assume como fundamento de um raciocínio que permite o seu próprio desenvolvimento lógico. Na época moderna, a hipótese também foi entendida como causa geral de fenômenos, mas na qualidade de uma conjectura ainda "duvidosa" (Locke), "engenhosa" (Leibniz) ou dependente. Newton rechaçou-a explicitamente, ao afirmar que "até agora, não pude deduzir dos fenômenos as razões dessas propriedades da gravidade, e não formulo hipóteses (*hyphoteses non fingo*). Tudo o que não se deduz dos fenômenos deve ser chamado de hipótese, e as hipóteses, tanto metafísicas quanto físicas [...] não têm lugar na filosofia experimental" (*Principia Mathematica*). Ainda assim, a hipótese continua a ser entendida como uma suposição explicativa de utilidade filosófica ou científica, e Ernst Mach entendeu-a como: "a explicação provisória que tem por objetivo fazer compreender mais facilmente os fatos, que foge à prova dos fatos" (explicação para fatos inconclusivos – *Conhecimento e Erro*). Diz-se ainda hipotético o raciocínio ou o juízo cuja comprovação se encontra submetida a uma condição determinada, diferentemente do juízo categórico, que é absoluto ou incondicionado.

HISTÓRIA EM QUADRINHOS, HQ. Narrativa desenhada em quadros seriados ou seqüenciais, baseada habitualmente em aventuras cotidianas e humorísticas, heróicas ou fantásticas, ambientadas em períodos diversos, da pré-história às ficções futuras, vividas por personagens fixos, cada um deles tendendo a se comportar de maneira iterativa ou "canônica". Além, obviamente, das imagens visuais, as histórias são acompanhadas por legendas e diálogos curtos, em prosa simples ou familiar. Fruto do jornalismo e de sua linguagem popular, a HQ tornou-se, ao lado da publicidade e do cinema, um dos primeiros fenômenos da cultura de massa ou da indústria cultural. Inicialmente dedicada ao público infanto-juvenil, ao longo do tempo conquistou as faixas etárias adultas, inclusive com a criação de personagens e de intrigas policiais, eróticas, de humor negro, de horror ou de crítica sociopolítica. Certos comentadores vêem nas pinturas rupestres, em baixos-relevos esculpidos sobre arcos e colunas triunfais da Roma antiga ou nas ilustrações xilográficas da Bíblia os mais antigos antecedentes dos quadrinhos modernos. Essa aproximação pouco considera as intenções artísticas, os condicionamentos culturais e as formas plásticas empregadas anteriormente. De fato, os precedentes históricos que anunciam diretamente o desenho narrativo atual, de entretenimento popular e caráter mercantil, encontram-se nas caricaturas e nos cartuns jornalísticos do século XIX e, principalmente, nos álbuns cômicos do suíço Rodolphe Töpffer, tanto por seu espírito quanto pelos detalhes técnicos (legendas e diálogos postos abaixo das ilustrações) – *Os Amores do Sr. Vieux Bois*, *Senhor Jabot* ou *Viagens e Aventuras do Dr. Festus* (nos anos 1840). Entre 1865 e 1877, o alemão Wilhelm Busch produziu histórias simultaneamente satíricas e pessimistas, recorrendo à fórmula

de Töpffer, obtendo repercussão com os travessos garotos *Max und Moritz* (traduzido no Brasil por Olavo Bilac, sob o título de *Juca e Chico*), com *A Piedosa Helena* e ainda com Tobie Knopp. Busch introduziu pela primeira vez aqueles signos gráficos indicativos de sentimentos e de movimentos das figuras. As onomatopéias propriamente lingüísticas (representativas de ruídos como bum, zum, creck, plof, cataplin etc.) e os signos visuais de realce cinestésico (traços horizontais ou verticais que acompanham alguém em queda, em vôo ou deslocamento) constituíram então recursos largamente acrescidos e codificados no século XX, ensejando uma linguagem típica e inovadora.

HQ e a linguagem do cinema. Com o advento do cinema, as histórias ainda incorporaram a diversidade dos planos visuais, variando os enquadramentos dos mais gerais ou abertos ao *big close*, como se se tratasse de movimentos de câmera. A esse respeito, comenta Umberto Eco que a iconografia dos quadrinhos desenvolveu "vários processos de visualização da metáfora ou do símile, como [...] ver estrelas, ter o coração em festa, sentir a cabeça rodar, roncar como uma serra [...] são expressões que se realizam com o recurso constante a uma simbologia figurativa elementar, imediatamente compreendida pelo leitor. À mesma categoria pertencem as gotinhas de saliva que exprimem concupiscência, a lampadazinha acesa que significa 'tive uma idéia' etc. [...]. (Já) a relação entre os sucessivos enquadramentos mostra a existência de uma sintaxe específica, melhor ainda, de uma série de leis de montagem. Dissemos 'leis da montagem', mas o apelo ao cinema não nos pode fazer esquecer de que a estória em quadrinhos 'monta' de modo original, quando mais não seja porque a montagem da estória em quadrinhos não tende a resolver uma série de enquadramentos imóveis num fluxo contínuo, como no filme, mas realiza uma espécie de continuidade ideal através de uma fatal descontinuidade. A HQ quebra o *continuum* em poucos elementos essenciais. O leitor, a seguir, solda esses elementos na imaginação e os vê como *continuum* – esse é um dado mais que evidente" (*Apocalípticos e Integrados*). Mas foi nos Estados Unidos que os quadrinhos se converteram em publicação periódica, quando, em 1894, o jornal *New York World* passou a divulgar os enredos de *At the Circus in Hogan's Alley* em suplementos dominicais. A série, imaginada e desenhada por Richard Outcault, deu celebridade a um de seus personagens, o Menino Amarelo (*The Yellow Kid*), de comportamento crítico e debochado. *The Yellow Kid* veio a ser o protagonista de uma nova série, transferindo-se, em 1896, para outra folha, o *New York Journal*. O interesse despertado estimulou o aparecimento, em 1897, de *Os Sobrinhos do Capitão*

(*Katzenjammer Kids*), criação de Rudolph Dirks, inspirada nos já conhecidos *Max und Moritz*. Dirks deu sua contribuição à linguagem dos quadrinhos ao enfeixar os textos dos diálogos em balões. Na primeira década do século XX, a recente expressão de arte e de comunicação populares (*comics*, em inglês – dada a predominância do gênero cômico – banda desenhada, em Portugal, *bande dessinée*, na França, *tebeo*, na Espanha, ou *fumetto*, na Itália) difundiu-se pelo mundo, sobretudo com as publicações diárias em jornais, inauguradas pelas tiras *Piker Clerck*, de Clara Briggs (1904), e *Mr. Mutt*, de Bud Fischer, que logo se transformaria em *Mutt & Jeff* (1907), com a edição de revistas periódicas (os gibis) e as transposições para o cinema, na forma de desenho animado. Desde então, a galeria de personagens não parou de crescer, e muitos dos enredos e dos desenhos já consagrados tiveram continuidade nas mãos de outros artistas, após a morte de seus criadores, por interesse dos sindicatos patronais. Entre alguns dos mais conhecidos heróis e heroínas, além dos já mencionados, citam-se: Buster Brown, de *Outcault* (publicado no Brasil, já em 1905, com o nome de *Chiquinho*, na revista *Tico Tico*); *Little Nemo*, de Winsor McCay; *Krazy Cat*, de George Herriman; *Pieds Nickelés*, os primeiros quadrinhos franceses, de Louis Forton; *Bécassine*, de Caumery (Maurice Languereau) e desenho de J. Pinchon; *Pafúncio* (*Bringing up Father*), de George McManus; *Betty Boop*, de Max Fleischer; *Gato Félix*, do australiano Pat Sullivan; *Tarzan* (retirado dos romances de E. Rice Burroughs, desenhado por Hal Foster e depois por Burne Hogarth); *O Príncipe Valente*, de Foster; *Buck Rogers* (Philip Nowlan e Dick Calkins); *Flash Gordon*, *Dick Tracy* e *Jim das Selvas*, de Alex Raymond; *Mandrake* e *O Fantasma*, de Lee Falk; *Ferdinando* e a *Família Buscapé* (*Li'l Abner*), de All Cap; *Terry e os Piratas* e *Steve Canyon*, de Milton Caniff; *Super-Homem*, de Jerry Siegel e Joe Shuster, gênese dos intermináveis super-heróis, como *Batman* (de Bob Kane), *Capitão Marvel*, *Capitão América* etc.; *O Espírito*, de Will Eisner; *Popeye*, de E.C. Segar, *Zig et Puce*, do francês Alain Saint-Ogan; *Tintin*, do belga Hergé; os personagens de Disney, que provieram do desenho animado (Mickey, Pato Donald, Pateta etc.); *Brucutu* (*Alley Oop*), de V. Hamlin; *Peanuts* (*Charlie Brown*, ou ainda *Minduim*, e sua turma), de Charles Schulz; *Andy Capp* (ou *Zé do Boné*, de Reg Smythe); *Asterix e Obelix*, da dupla R. Goscinny e A. Uderzo; as sensuais *Barbarella*, de Jean-Claude Forest, *Valentina*, de Guido Crepax, e *Paulette*, de dois Georges, Wolinski e Pichard; *Mafalda*, do argentino Quino; *Hagar, o Horrível*, de Dick Browne. A contracultura das décadas de 1960 e 1970 gerou, por sua vez, uma série de quadrinhos adultos, de refinada elaboração formal,

tanto nos Estados Unidos quanto na França. As revistas americanas *Yellow Dog* e *Zap Comics* (das quais participou Robert Crumb) e as francesas *Hara-Kiri* e *L'Echo des Savanes* colocaram em cena personagens anárquicos, debochados, delirantemente críticos de costumes, defensores do sexo livre e das drogas. Já *Metal Hurlant*, também francesa (e de cuja elaboração participou Moebius), apostou na mistura de sexo, horror e ficção científica.

HQ no Brasil. No Brasil, a divulgação das histórias em quadrinhos teve início antes mesmo das séries americanas. Ela se deu em 1884 com *As Aventuras de Zé Caipora*, publicadas na *Revista Ilustrada*, e imaginadas pelo emigrante italiano Angelo Agostini. Em outubro de 1905, saía o primeiro almanaque infantil – *O Tico-Tico* – editado pela revista *O Malho*, até então consagrada apenas ao humor e à caricatura adultas. Além de material estrangeiro, *O Tico-Tico* promoveu o surgimento de personagens brasileiros, entre eles Lamparina, de J. Carlos, Peteleco, de Luís Sá (que mais tarde ainda criaria Reco-Reco, Bolão e Azeitona), Chico Muque e Kaximbown, de Max Yantok, e Bolinha e Bolonha, de Nino Borges. Em 1934, apareceu o *Suplemento Juvenil*, dirigido por Aldolfo Aizen, contendo igualmente narrativas já consagradas nos Estados Unidos e um novo personagem nacional – Roberto Sorocaba, de Monteiro Filho. Para concorrer com o *Suplemento*, a editora Globo passou a editar o *Gibi* (palavra que, na época, significava "crioulinho"), mas cujo sucesso fez do termo um sinônimo para as revistas infanto-juvenis. A radionovela da década de 1940 serviu de esteio para o lançamento de três séries ilustradas: *O Vingador* (texto de Péricles Amaral e desenhos de Fernando Dias da Silva), *Jerônimo, o Herói do Sertão* (de Moisés Weltman e Edmundo Rodrigues) e *Aventuras do Anjo* (de Álvaro Aguiar e Flávio Collin). No final do mesmo decênio, a Edição Maravilhosa (outra iniciativa de Aizen) adaptou para o desenho seriado vários romances famosos de escritores brasileiros e estrangeiros. Um de seus desenhistas, o haitiano André Le Blanc, criou a personagem Morena Flor, uma jovem heroína dos sertões, em moldes semelhantes aos de Jim das Selvas. Em 1959, Ziraldo baseou-se em lendas populares e na fauna brasileira (o saci, a onça, o jabuti, o macaco, o tatu) para lançar os espertos personagens da revista *Pererê*, publicação que durou até o início dos anos 1960. A partir de 1961, primeiramente em tiras diárias, Maurício de Sousa conseguiu produzir a mais bem sucedida galeria de personagens infantis – A Turma da Mônica (além da personagem-título, Cebolinha, Cascão, Magali, Bidu, Chico Bento, o dinossauro Horácio etc.), tanto do ponto de vista comercial quanto de premiações aqui e no exterior. Já no *Pasquim*, o maior fenômeno editorial brasileiro da chamada "imprensa nanica", alcançaram sucesso Os Fradinhos, Capitão Zeferino, a Graúna e o Bode Orellana, de Henfil, ao lado do rato Sig, de Jaguar. Outros personagens publicados regularmente em tiras de jornais ou revistas, nas duas últimas décadas do século, foram ou continuam a ser: Capitão Cipó (Daniel Azulay), Supermãe e O Menino Maluquinho (Ziraldo), O Pato (Ciça), Rebordosa e Chiclete com Banana (Angeli), Geraldão (Glauco), Radical Chic (Miguel Paiva), Os Piratas do Tietê (Laerte), As Cobras (de Luís Fernando Veríssimo) e Ed Mort (de Veríssimo e Paiva).

HISTRIÃO, HISTRIONISMO. O histrionismo é a arte de provocar o riso por meio de situações cênicas ou dramáticas – comédias, farsas ou esquetes. Teve suas raízes nas pantomimas etrusco-romanas, possuindo características acentuadamente populares, ou seja, nas quais se dá preferência ao tratamento cômico direto, debochado e acintoso. O nome deriva do etrusco *histeres*, os primeiros atores mímicos e dançarinos a se apresentarem em Roma, no século IV a.C., daí derivando *histrio* (histrião) e *histrionalis*, próprio de ator de comédia, do farsista e também do palhaço, do *clown*. →*Jogral*, →*Mímica* e →*Circo*.

HOB. Abreviatura da classificação das obras musicais de Joseph Haydn, elaborada já no século XX pelo musicólogo holandês Anthony van Hoboken, e seguida de um numeral romano e de um algarismo arábico, que juntos identificam a obra do compositor. Essa compilação é também chamada de "índice Hoboken".

HOLLYWOOD. O mais poderoso pólo da indústria fílmica do século XX, Hollywood começou a impor-se como centro mundial e meca do cinema logo após a Primeira Guerra. A supremacia que adquiriu, desde o início de sua implantação, deveu-se não só à contribuição de artistas e profissionais europeus, mas principalmente ao princípio econômico e administrativo da integração vertical dos negócios cinematográficos. Sob esse último aspecto, incluíram-se aqui a produção permanente e os controles diretos sobre os recursos de exibição (salas de projeção nos Estados Unidos e mesmo no Canadá) e sobre o fluxo das distribuições nacional e internacional. Essa integração, promovida de modo generalizado nos anos 1910 e 1920, foi obtida graças a enormes investimentos de capital, realizados conjuntamente por bancos, empresas de comunicação e indústrias de outros ramos, bem como ao caráter oligopolista do mercado, representado pela atuação de poucas firmas (as chamadas *major companies*): Fox (1904, fundida com a Twentieth Century em 1935), Universal (1912), Paramount (1916), Columbia (1919), Warner Bros. (1923), Metro Goldwin Mayer (1924) e RKO (fusão da Radio Corporation of America com a cadeia de cinemas Keith Orpheum). Esse modelo foi concebido pelo imigrante judeu-húngaro Adolph Zukor, criador da Paramount, junção da Famous Players e da Lasky Feature Play Company. Mais modesta, financeiramente, embora gozando de maior prestígio artístico, desenvolveu-se em paralelo a United Artist (1919), fundada por Charlie Chaplin, Douglas Fairbanks, D. W. Griffith e Mary Pickford. A United não possuía as estruturas gigantescas de suas concorrentes, distribuindo, no entanto, obras de produtores independentes. Essa cartelização, ou *trust*, conservou-se até 1948, quando a Corte Suprema Americana julgou-a ilegal. Pelo menos quatro características bem delineadas deram uma feição inconfundível à produção "hollywoodiana", copiadas, em maior ou menor graus, pela indústrias cinematográficas do resto do mundo: o sistema de estúdio (*studio system*), o estímulo vigoroso ao estrelismo (*star system*), a segmentação de filmes em gêneros populares e a divulgação de uma imagem mítica e orgulhosa dos ideais norte-americanos. O sistema de estúdio significou a concentração industrial de todo o processo fílmico no local de produção, amparada por departamentos e profissionais especializados. Mais do que isso, e a partir da década de 1930, a figura do produtor assumiu ares imperiais, como conseqüência direta e pragmática dos controles orçamentários, comerciais e ideológicos. Pouquíssimos diretores tiveram o privilégio de rodar sem interferências do produtor ou de um supervisor por ele designado. Oitenta por cento dos cineastas dirigiam filmes em que tudo estava previamente concebido, do tema proposto à montagem. Como observou George Sadoul, "sob a ameaça tácita de rompimento de contrato, os produtores retiraram dos diretores a maior parte de suas antigas prerrogativas (decidindo, em última instância): a escolha do assunto, dos atores, dos técnicos, as elaborações de roteiro e montagem, a supervisão dos cenários e dos figurinos. Assim, os diretores tornaram-se empregados pagos semanalmente, da mesma forma que os eletricistas, os maquinistas, os contra-regras e os operadores de câmera". O *studio system* conservou-se até o advento da televisão, nos anos 1950, cuja concorrência reduziu dramaticamente o público cinéfilo direto (para se ter uma idéia da crise, em 1946 foram vendidos 4,5 bilhões de ingressos, contra 948 milhões em 1976 – um decréscimo de 78%). A crise favoreceu, no entanto, o desenvolvimento de uma produção independente (captação de recursos e filmagens fora dos estúdios), permitindo ainda uma abordagem mais livre de vocabulário e um tratamento mais realista de assuntos contemporâneos (relações amorosas extra-conjugais, drogas, corrupções institucionais), até então severamente vigiados pelos produtores e por associações religiosas e leigas de defesa da moral pública. O diretor Otto Preminger esteve à frente desse novo movimento independente, ao realizar filmes como *The Moon is Blue* ou *The Man with the Golden Arm*.

Estrelas e astros. O estrelismo, ainda hoje indispensável ao "estilo Hollywood", gerou uma constelação de mitos masculinos e femininos bem tipificados, tendo por objetivo a promoção publicitária dos filmes. Para maior eficácia, criou-se uma imprensa especializada, incumbida de reforçar os aspectos glamourosos de seus ídolos. Neste sistema, "a vida privada [do mito] é pública, a vida pública é publicidade; a vida na tela é surreal e a vida real é mítica" (Edgar Morin). Já a demarcação dos gêneros serviu tanto para a melhor identificação dos atores como arquétipos ou mitos, quanto de veículo facilitador de apelo e de compreensão do gosto popular – para quem o cinema significa, antes de tudo, divertimento, evasão e emoções. Outra marca do sistema encontra-se na finalidade das ações, destinadas à reconstrução de uma ordem viril – ética, econômica, política – que estaria nos fundamentos históricos do país e justificaria sua presença mundial, civilizatória. Todas essas características fizeram de Hollywood um dos símbolos máximos do imaginário popular no século XX, para o qual: *a)* o cinema vem a ser o veículo de maior audiência e excelência na criação e difusão de histórias de vida e de satisfação de desejos que compensem a realidade; *b)* o herói individual (ou a dupla de heróis) assume-se como a última cidadela de valores morais e humanísticos. Os conflitos sociais ou os problemas coletivos tendem a ser resolvidos exclusivamente pela individualidade enérgica e magnânima do protagonista. Conseqüentemente, a esmagadora maioria dos gêneros possui em comum o tratamento melodramático dos enredos e personagens (as exceções mais evidentes costumam provir dos filmes policiais), sublinhando-se o maniqueísmo entre o bem e o mal, a determinação pessoal, capaz de suplantar todas as dificuldades objetivas, a resolução feliz – o *happy end* – dos amores e das situações antagônicas, assim como a exaltação do *american way of life* – aquele das liberdades políticas, do liberalismo econômico, da inequívoca possibilidade de ascensão social, do sucesso pessoal, das vitórias da justiça e das virtudes sobre os vícios. Os modelos marcantes, ainda que misturados em determinadas obras, foram ou continuam sendo: a →*slapstick comedy* da fase áurea do cinema mudo; a comédia sentimental; o →policial, incluindo-se os filmes de gângster: o de guerra, o épico-histórico, a aventura, o musical, a ficção científica, o horror-fantástico e o faroeste (*western*).

Cinema de autor em Hollywood. A partir de meados da década de 1970, uma nova Hollywood emergiu da crise econômica de sua indústria e do período contestatário dos movimentos políticos, étnicos, estudantis e da cultura *pop*. As grandes companhias passaram a aceitar revisões críticas e ideológicas e a estabelecer parcerias até então inusitadas no sistema de distribuição e na produção, como, por exemplo, o aproveitamento de filmes autorais mais baratos e de uma nova geração advinda de centros "acadêmicos", vinculada aos valores emergentes da juventude. Alguns deles: Arthur Penn, Sidney Pollack, Robert Altman, Sam Peckinpah, Dennis Hopper, Milos Forman, Martin Scorcese, Francis Ford Coppola ou George Lucas. Nesta revisão geral, podem ser citadas: a redução drástica de produções em grandes estúdios, a ampliação de filmagens em locações, o investimento em tecnologias avançadas para a obtenção de efeitos especiais, a voga das refilmagens (*remakes*) e de seqüências ou séries com o mesmo personagem principal (filmes X, X1, X2, X3), a exploração crescente de enredos com cenas espetaculares e "estetizantes" de violência, e a realização de acordos ou fusões entre redes de comunicação, principalmente televisivas. A esse respeito, lembra Antonio Costa (*Compreender o Cinema*): "Muitos dos pontos em que foi sintetizado o processo de renovação do sistema americano deixam transparecer a afirmação de uma espécie de 'política de autores' análoga àquela que havia assinalado na França o advento da →*nouvelle vague*. Os mais significativos diretores que se afirmam no cinema americano dos anos 1970 têm os traços dos *auteurs* [...] além disso, seus contatos com a tradição hollywoodiana não são aqueles da oposição radical, mas sim o de repensamento, de revisão crítica [...]. Quando se fala de produção independente, não se deve pensar em uma produção completamente desvinculada das leis do mercado (como no cinema *underground*). Para dar um exemplo, *Sem Destino* (1969), de Dennis Hopper, foi uma produção independente da Raybert Productions que teve distribuição de uma *major*, a Columbia: o resultado foi que um filme que tinha custado quatrocentos mil dólares rendeu à distribuição dezenove milhões". Em meados da década de 1980, Hollywood só era responsável por seis ou sete por cento da produção mundial, contra 80% da fase muda, mas já retomara a supremacia dos lançamentos e das bilheterias mundiais.

HOLOCAUSTO. Termo bíblico de origem grega, indicando o sacrifício em que a vítima, um animal, também chamado hóstia, é queimada em homenagem a Deus, sem que nada seja usado pelos ofertantes. Uma das mais antigas formas de oferenda em Israel e na Grécia. Ainda no Antigo Testamento, são mencionados os sacrifícios de pecado – de reparação por faltas contra Deus – e os sacrifícios pacíficos, de união com a divindade ou por cumprimento de votos. Neste último caso, parte do animal podia ser consumida pelos ofertantes. Diz-se "holocausto de suavíssimo cheiro" aquele que é aceito por Deus. Difere da oblação, pois nesta só uma parte da vítima era oferecida aos deuses, ficando a maior parte destinada ao consumo dos fiéis e, portanto, "comensais". O termo holocausto passou a ser empregado ainda para se referir ao genocídio praticado em campos de concentração pelos nazifascistas contra o povo judaico e resistentes políticos durante a Segunda Guerra Mundial. Dessa experiência maligna surgiram formas artísticas de denúncia e de memorialismo, tanto de teor plástico (Anselm Kiefer) quanto literário (Primo Levi, Jorge Semprun) ou cinematográfico (*A Escolha de Sofia*, *A Lista de Schindler*). De Primo Levi lemos, por exemplo, o seguinte trecho ("Se questo è un uomo"): "O campo de concentração foi, sob vários aspectos, uma gigantesca experiência biológica e social. Enclausurar milhares de indivíduos em meio a cercas de arame farpado, sem distinções de idade, de origem, de condições sociais, de língua, de hábitos e de cultura, e submetê-los a uma vida única, idêntica, controlada e inferior a todas as necessidades: eis o que pode haver de mais rigoroso como campo de experimentação para se determinar o que há de inato e o que há de adquirido no comportamento de um homem, confrontado com a luta pela vida".

HOLOGRAFIA. Processo de criação fotográfica cuja imagem tem aparência tridimensional, elaborado com o recurso de raios *laser*. A luz do sol e a das lâmpadas comuns emitem radiação com várias freqüências, dificultando o registro da profundidade do objeto. A tridimensionalidade é possível de ser captada, no entanto, pelos feixes de freqüência única, ou monocromáticos, do raio *laser*. Este aqui é dividido em dois feixes separados. O primeiro é refletido diretamente pelo objeto ou cena a ser captada; o segundo passa por uma lente e colide com a luz refletida do primeiro, criando-se então um padrão de interferência na placa sensibilizada. Quando um *laser* é irradiado pela placa revelada, ou holograma, a imagem ressurge de maneira tridimensional. Mesmo um fragmento da placa holográfica bidimensional contém todas as informações capazes de reconstruir a imagem em três dimensões. A técnica foi inventada em meados do século XX pelo húngaro Dennis Gabor e aperfeiçoada pelos americanos Emmet Leith, Yuris Upatnieks e pelo russo Y. Denisyuk. A representação do objeto fotografado modifica-se com o deslocamento do observador, obtendo-se assim uma impressão de cena vívida, mutante e integral. Surgiu como instrumento de uso científico (astronáutica, engenharia de materiais e medicina), mas também tem sido aproveitada como arte plástica,

habitualmente hiper-realista, tanto quanto desenho industrial ou material de fim publicitário.

HOLOGRAMA. Tipo especial de diapositivo fotográfico, utilizado pela holografia, que registra um objeto com o uso de raios *laser* e de um espelho, baseando-se em informações de intensidade e de fases luminosas. Por essa técnica, qualquer parte do objeto fotografado difunde-se por todo o diapositivo ou chapa. Ou seja, qualquer parte individual da figura contém a figura completa, de modo concentrado. A cena representada passa a ser visível pela confluência ou convergência de feixes de raio *laser*, embora, mais modernamente, seja possível visualizá-la sob luz natural, como estampa fotográfica impressa. Fotograma percebido pelo olho em três dimensões, quando disposto a uma certa distância e posição do observador.

HOMEM DE VITRÚVIO. Trata-se do famoso desenho de Leonardo da Vinci, simbolizando não apenas a proporcionalidade e a harmonia das medidas humanas, baseadas nas razões matemáticas da →seção áurea, como também a idéia de que o homem constitui o fundamento das medidas e o centro em torno do qual se estabelecem as relações construtivas arquitetônicas. A figura é a de um homem único, na cabeça, pescoço e tronco, mas contendo dois pares de braços e de pernas, inteiramente envolvido por um círculo, cujo centro se localiza no umbigo. O primeiro par de braços apresenta-se estendido lateralmente, na altura e alinhamento dos ombros, em correspondência com as pernas de posição vertical. O segundo par de braços também se encontra estendido, mas ligeiramente inclinado para cima, em diagonal, de modo que as extremidades das mãos coincidam com o alinhamento da cabeça e toquem o círculo. A esses braços corresponde o segundo par de pernas, ligeiramente afastadas e igualmente apoiadas no círculo. Além disso, o alinhamento superior da cabeça, a base do círculo sobre o qual repousam os pés das pernas verticais e as extremidades dos braços estendidos em ângulo reto permitem o desenho de um quadrado, quase inteiramente inscrito na circunferência. Leonardo já havia estudado as relações da seção áurea ao ilustrar o livro *Divina Proportione*, do matemático Luca Paccioli. Anteriormente, no entanto, essa concepção do homem como centro de medidas e proporções já fora expressa pelo arquiteto e historiador do primeiro século da era cristã Marcus Vitruvius (Vitrúvio) Pollio, em sua obra *De Architectura*. Nela se encontra o cânone de Vitrúvio, freqüentemente adotado pelos clássicos renascentistas, a partir da idéia de que a beleza apenas se configura pela exata proporcionalidade das dimensões. Assim, por exemplo, a estatura total do corpo deve corresponder a oito comprimentos da cabeça; a repartição do rosto, a três comprimentos do nariz; os braços estendidos, como no desenho de Leonardo, devem possuir o mesmo comprimento total do corpo. O que ainda ensejava, nas palavras de Leonardo, a percepção de que "toda parte tem em si a predisposição para unir-se ao Todo, para que assim possa escapar à sua própria imperfeição".

•HOME THEATRE. Expressão inglesa referente a sala ou aposento doméstico de recepção e exibição de programas por multimeios, isto é, contendo aparelhos de som e de imagens de avançada tecnologia, todos eles interconectados: TV de alta resolução, videocassete, videolaser, receptor de rádio AM/FM, disco *laser* compacto (→*CD*) ou *micro-system*, caixas acústicas, além de, eventualmente, incluir um receptor de sinais de satélite, um computador pessoal (PC) com →CD-Rom, videocâmera e videogame.

HOMILÉTICA. A arte retórica de compor, redigir e expressar sermões religiosos (→*Homilia*).

HOMILIA, HOMÍLIA. **1.** Do grego *homiléo, homiléein*, estar com, conversar, tratar com, indica a instrução ou recomendação escrita de autoridade religiosa católica sobre o entendimento das Escrituras e o desejado comportamento dos fiéis. **2.** Parte da liturgia da missa em que o oficiante se dirige aos fiéis, na forma de sermão, interpretando os mistérios da fé ou comentando fatos cotidianos sob um ponto de vista doutrinário.

•HOMO FABER. Expressão de Henri Bergson para se referir ao homem como ser dotado naturalmente da capacidade de fabricar coisas, artefatos, e, com isso, fabricar-se a si mesmo, incluindo os modos de pensar. Idéia, aliás, já expressa anteriormente por Marx. Mais popularmente, indica o ser humano produtor de objetos materiais, devotado às atividades práticas, imediatas e rentáveis. →*Homo Ludens.*

•HOMO LUDENS. Diferentemente das características do *Homo faber*, indica a tendência natural do ser humano para as atividades expressivas, não diretamente utilitárias, que incluem a competição, a representação, a descontração, a livre reflexão, o devaneio ou, em síntese, o jogo ou as ações lúdicas. →*Jogo, lúdico* e →*Expressão.*

HOMOTELÊUTON. Figura de linguagem poética e variante de rima apenas gráfica, em que as terminações das palavras, embora semelhantes, estão situadas após o acento tônico, sem que haja consonância nas entoações. Assim, em *Serenata Fantástica*, de Martins Fontes: "Chora, num último adeus, dram*ática*, / a flauta, em triste tom de oboé, / que o poeta, dentro da noite mís-*tica*, / sobre o sepulcro, toca, de pé".

•HORS COMMERCE. Gravura ou estampa não-numerada e que, embora fazendo parte de uma exposição comercial, não se encontra à venda. Para tanto, apõe-se a abreviatura "h.c". Locução francesa, literalmente "fora do comércio", ou seja, não-disponível para venda.

•HORTUS CONCLUSUS. Do latim, "jardim cercado", indica uma representação da Virgem Maria e do Menino Jesus em um jardim, simbolizando, por imagem, o versículo 4:12 do *Cântico dos Cânticos* – "um jardim cercado é minha irmã, minha esposa". Por extensão, símbolo da vida familiar.

HUMANISMO. Há neste termo pelo menos três acepções principais: a primeira delas é a de recuperação e reutilização dos saberes e das artes antigas – greco-latinas – tidas como manifestações originais e exemplares para a cultura ocidental; a segunda diz respeito ao valor da dimensão humana da realidade, ou seja, à idéia de que o homem constitui o princípio e o fim do conhecimento, em substituição ao teocentrismo então prevalecente na Idade Média; a terceira, que funciona como corolário das anteriores, prevê que, além da contemplação ou da teoria, é indispensável ao homem agir e construir a sua própria realidade contemporânea. Sem ter sido um movimento perfeitamente definido em suas linhas ou objetivos, é possível percebê-lo como um conjunto entrelaçado de conhecimentos "clássicos" e de novas proposições nos terrenos da literatura (abrangendo a gramática e a poética), da filosofia, da teologia, da retórica, da filologia e da história. Se o vigor do humanismo ocorreu plenamente no Renascimento (→*Renascença*, os itens *Naturalismo e humanismo* e *Novos valores literários*), suas primeiras manifestações remontam ao período medieval. Isso porque a apropriação da cultura antiga começou a se tornar assunto e prática de intelectuais já no século IV. Caso evidente de Jerônimo, admirado por Erasmo, que confessou em uma de suas *Epístolas* ter aprendido com os antigos "a agudeza de espírito de Quintiliano, a fluência de Cícero, a dignidade de Frontão e a suavidade de Plínio". E também de teólogos como Agostinho ou Cassiodoro (este um dedicado defensor do estudo da "sabedoria pagã", desde que purificada do que fosse "supérfluo ou nocivo"). A partir do século XII, cresceu o número de humanistas, principalmente com as instalações das escolas catedralícias e das universidades. Nesses ambientes é que surgiram então os chamados *studia humanitatis*, fontes de investigação para figuras como Boccaccio ou Petrarca. Mais tarde, no transcorrer dos séculos XIV e XV, o humanismo difundiu-se para além dos círculos eclesiásticos, alcançando acadêmicos laicos, camadas civis nobiliárquicas e a incipiente burguesia citadina – mercadores, artistas, fidalgos. Instituiu-se então uma nova maneira de ver e produzir, vinculada à experimentação científica, às vidas política, social, econômica e artística. No dizer de Erwin Panofsky, "a Idade Média manteve insepulta a Antigüidade. O Renascimento chorou sobre sua tumba e tratou de ressuscitar sua alma" (*Renascimento e Renascimentos na Arte Ocidental*). É possível verificar ainda um humanismo de forte influência cristã (como o dos filósofos Lorenzo Valla, Marsilio Ficcino e Erasmo de Roterdam), e outro de tendência laica, como o de Poggio Bracciolini, Leon Battista Alberti ou Rabelais. Entre os grandes humanistas da Renascença, além dos já citados, pode-se mencionar: os italianos Leonardo Bruni, o Aretino, tradutor e historiador; Francesco Filelfo, professor de línguas e filólogo; Giovanni Picco della Mirandola, filósofo; e Lorenzo Valla, filólogo e filósofo; o alemão Ulrich von Hutten, ensaísta político e satirista; o inglês Thomas Elyot, tradutor e ensaísta político; o francês Guillaume Budé, um erudito enciclopédico, filólogo e pedagogo; ou os espanhóis Leone Ebreu, filósofo e poeta, e Juan Vives, pedagogo e seguidor de Erasmo.

HUMOR. A variabilidade de sentidos, ou seja, a polissemia e mesmo a ambigüidade do termo *humor* é bastante acentuada. Proveniente do latim *humor, humoris*, dizia então respeito a qualquer líquido ou fluido, inclusive os corporais (a bílis ou então o *humor linguae* – a saliva – por exemplo). A partir do século XVI, no entanto, por via do francês *humeur* e do inglês *humour*, ganhou uma conotação diferente, tendo por sentido uma certa disposição geral do espírito, ou da estrutura psíquica, por meio da qual alguém reage a coisas, fatos ou acontecimentos (estar de bom ou de mau humor). Sob este aspecto, corresponde a um estado emocional que não possui um objeto em particular, diferindo assim da emoção propriamente dita. Ou seja, não haveria um humor *de*, como o medo da solidão ou a alegria da vitória. Tendo presente essa disposição geral, ou ainda "modo de ser", foi que o dramaturgo inglês Ben Jonson escreveu *Every man out of his humour* (Todo Homem Fora de seu Humor, 1599, ou seja, de suas características mais constantes). Também com essa acepção o filósofo Heidegger afirmou que o humor demonstra "como alguém é e se torna" (*O Ser e o Tempo*). Já com o romancista alemão Jean Paul, a palavra humor adquiriu outro significado, que acabou por se incorporar à literatura. Ou seja, passou a ser entendido também como uma das formas do cômico ou da comicidade pela qual o homem ri, de maneira elevada ou filosófica, de sua natureza finita, sob uma óptica de simpatia, de indulgência ou de condescendência (*Curso Elementar ou Propedêutica da Estética*, 1804). Assim, o humor deriva de uma contradição entre os limites e erros do ser humano e a infinitude das idéias que produz. Por essa razão, afirma Jean Paul: "O humor é a melancolia de um espírito superior que chega a divertir-se com o que o entristece". Trata-se, portanto, de um "sublime ao contrário" (→*Sublime*). Perspectiva

seguida pelo crítico italiano Nencione (*O Humor e os Humoristas*), que o entende como "uma disposição natural do coração e da mente para observar com simpática indulgência as contradições e os abusos da vida". A esse respeito, comenta Freud (O Chiste e sua Relação com o Inconsciente): "O humor é um meio de obter prazer dos afetos dolorosos, aparecendo como seu substituto [...]. É a menos complicada de todas as espécies do cômico. Seu processo realiza-se numa só pessoa e a participação de outra nada acrescenta de novo [...] podemos gozar dele isoladamente". Como exemplos, cita em primeiro lugar a piada de um condenado à morte que, no dia de sua execução, pergunta: "– Que dia é hoje? Segunda-feira, respondem. – É, um bom princípio de semana". Outra historieta ilustrativa é retirada de Mark Twain. Este, relatando a vida do irmão, supervisor de uma empresa de construção, conta que em determinado dia houve uma explosão que o arremessou para fora da obra. No dia seguinte, o irmão foi multado por "abandonar o serviço sem pedir licença". Por conseqüência, o humor se caracterizaria como afeto coibido, isto é, como "economia de gasto afetivo" – aquela que detém a compaixão, a dor, o desgosto ou a irritação – revelando uma disposição ao mesmo tempo emotiva e intelectual de "grandeza de ânimo". Esta contradição, o humor resolve pelo ridículo, pela compensação do riso. Por isso, o deslocamento que o humor faz de uma situação dolorosa para a economia do afeto constitui, para Freud, um "mecanismo de defesa" do tipo evasionista, submetido à consciência. Sob o título de *O Riso* (*Le Rire*, 1900), Henri Bergson analisou o cômico (identificando-o por vezes com o humor) como reação social à rigidez, ao mecânico ou à inadequação entre forma e conteúdo. Por sua argumentação, o humor deve-se à "rigidez mecânica" de movimentos não-naturais, não-espontâneos, que provocam uma "insensibilidade", isto é, uma anestesia momentânea dos afetos (rir-se de um tombo, de uma queda). Assim, uma atitude cômica ou humorística tende a se apresentar de maneira rígida, fixa, sugerindo o automatismo de bonecos ou de máquinas, seja o do tipo fisiognomônico ou gestual, seja o da linguagem (repetição de palavras, por exemplo). Portanto, torna-se humorística ou cômica a imitação ou a paródia de alguém, de seu modo de andar, de agir ou de falar. O automatismo ou a rigidez pode ainda provir da distração ou do alheamento diante de uma situação de conflito. Mas há também humor ou comicidade na "inadequação" ou na "disparidade" entre a forma e a matéria (as roupas largas de um palhaço, ou um homem vestido de mulher), tanto quanto entre o que se diz e o significado do que se pretende dizer (→*Qüiproquó*). Luigi Pirandello, por sua vez, concorda que o contraste seja a primeira exigência do humor, isto é, o sentimento de afecções contrárias: aquilo que "parece sorriso e é dor". A segunda marca é a do ceticismo. Assim, diz o autor de *O Humorismo*: "As características mais comuns e, por isso, mais geralmente observadas, são a contradição, à qual se costuma dar como causa principal o desacordo que o sentimento e a meditação descobrem ou entre a vida real e o ideal humano, ou entre as nossas fraquezas e misérias, e como principal efeito a tal perplexibilidade entre o pranto e o riso; e também o ceticismo, com o qual se colore cada observação, cada pintura humorística e, enfim, seu procedimento minucioso e também maliciosamente humorístico". Mas acrescenta, como terceiro termo indispensável, que a pintura da expressão humorística a atividade da reflexão não permanece escondida, invisível. Antes, põe-se diante dos sentimentos, analisando-os, decompondo-os, desordenando-os, a fim de fazer surgir o sentimento do contrário. Dessa forma, ao comentar a atividade vigilante da reflexão em *Dom Quixote*, aduz: "Nós gostaríamos de rir de tudo o que há de cômico na representação desse pobre alienado que mascara a si mesmo com sua loucura, os outros e as coisas; gostaríamos de rir, mas o riso não nos vem aos lábios [...] sentimos que alguma coisa o turba e o impede; é um sentimento de comiseração, de pena e também de admiração, sim, pois se as heróicas aventuras desse pobre hidalgo são ridiculíssimas, mesmo assim não há dúvida de que, em sua ridicularia, é realmente heróico. Nós temos uma representação cômica, mas dela emana o sentimento que nos impede de rir ou nos turba o riso [...] torna-o amargo". Cervantes, tendo abandonado o sentimento originário de "cavaleiro da fé", fez com que essa experiência dolorosa se convertesse em um sentimento contrário. Por isso, o *Dom Quixote* seria a própria exteriorização daquelas três características do humor. →*Cômico*, →*Ironia* e →*Sátira*.

ÍCONE. **1.** Do grego *eikón*, imagem, representação. Para os cristãos ortodoxos (gregos e eslavos), constitui uma imagem santa pintada sobre madeira, ou elaborada em mosaico, e que torna presente ou transubstancializa o mistério da fé, convertendo-se assim em objeto de culto. Sua elaboração segue regras precisas, fixadas pela Igreja, não se adotando a técnica da perspectiva, mas a da justaposição. As duas figuras de maior reverência são as de Cristo Pantocrátor (Senhor do céu e da terra) e a da Virgem Maria, embora haja personagens como profetas, santos e patriarcas. Um dos mais admirados ícones é o que representa alegoricamente a Trindade dos anjos (que visitam Abraão), pintado por Andrei Rubliov por volta de 1410 (→*Iconoclasta*). **2.** Signo ou sinal que, na classificação proposta por Charles S. Peirce, contém uma relação de semelhança, similaridade ou analogia com o objeto a que se refere ou reproduz, podendo ter as formas de imagem (pintura ou escultura figurativas, fotografia), de diagrama ou de metáfora (→*Representação, imagem e simulacro*). O adjetivo derivado, *icástico*, refere-se a uma reprodução naturalista do objeto, aquela que mais se aproxima do "real".

ICONOCLASTA. **1.** Pessoa que destrói imagens tradicionalmente reverenciadas, ou lhes nega seja a simbologia sagrada que evocam, seja a representatividade artística ou estética que possam conter. Por extensão, indivíduo que não vê razões em dignificar um conjunto definido de obras de arte. **2.** Historicamente, a dúvida sobre a veracidade ou o poder representativo das imagens aparece no diálogo platônico sobre o *Sofista* (temas da mimese e do simulacro). De modo prático, no entanto, foi tratada na famosa disputa teológica ou *Querela dos Iconoclastas*, em Bizâncio, nos séculos VIII e IX, de maneira sangrenta. O imperador Leão III, chamado Isáurico, havia expulsado os árabes dos territórios bizantinos nas batalhas de 717-718. Com o prestígio assim conseguido, forçou a renúncia do patriarca da Igreja Ortodoxa e ordenou a destruição de todas as imagens figurativas e relativas aos personagens bíblicos. De maneira prática, os monastérios ortodoxos em Bizâncio, que eram também grandes latifúndios, utilizavam-se da confecção e venda de imagens santas como atividade comercial e veículo de prestígio político-ideológico. Indiretamente, e com o intuito de reduzir essa autoridade eclesiástica, o argumento imperial para a destruição e a proibição do culto de ídolos (idolatria) baseou-se na idéia de que as imagens, por serem cópias materiais, não poderiam ter uma correspondência verdadeira ou fiel com a realidade imaterial, com a essência profunda e invisível do sagrado e da natureza de Cristo. Assim sendo, os ícones seriam apenas uma aparência ilusória e restritiva do universo espiritual. Em Roma, o papa Gregório III protestou com veemência e o imperador, em revide, confiscou os bens pontifícios no sul da Itália (Calábria e Sicília). Em seguida (732), fez com que as Igrejas grega e macedônica se desligassem de Roma. Após a morte de Leão III, seu filho e sucessor, Isauro, deu continuidade à política iconoclasta. Só em 775, com a regência da imperatriz Irene, a possibilidade de culto voltou a ser discutida, mas na dependência (*ad referendum*) de um concílio ortodoxo para o debate do tema. A decisão ratificou as prescrições anteriores, impedindo a confecção, a posse e o culto de imagens. No Concílio II de Nicéia, o sétimo da Igreja ocidental (787), procurou-se definir uma política comum. Distinguiu-se então a veneração das imagens (prática aceita) da adoração, esta última devida somente a Deus. Entre os anos de 813 e 842, os imperadores Leão, o Armênio, Miguel, o Gago, e Teófilo reinstituíram as perseguições, suspensas definitivamente pela rainha Teodora, viúva de Teófilo (843). →*Representação, imagem e simulacro*.

ICONOGRAFIA, ICONOLOGIA. Ambos os termos podem ser tomados como sinônimos quando se referem, genericamente, à identificação, catalogação, descrição e estudo analítico dos temas e das formas de imagens figurativas ou abstratas (plásticas, visuais) de uma época, de um povo, de uma religião ou mitologia, de um gênero ou movimento artístico, de um fato histórico preciso ou mesmo de um artista. Assim, por exemplo,

334 ICONOTECA

é possível estabelecer iconografias relativas à Idade Média, ao povo celta, ao impressionismo, a uma guerra ou à literatura de cordel, considerando-se tanto obras tradicionais, como as pictóricas, de impressão e escultóricas, assim como as mais recentes (fotográficas, cinematográficas, digitais). Há, no entanto, uma distinção que certos autores estabelecem para o termo iconologia – como Aby Warburg, Fritz Saxl e Erwin Panofsky – definindo-o como a investigação que busca alcançar o significado mais abstrato ou alegórico que as formas artísticas empregadas contêm e que resultam de uma visão de mundo abrangente. Para a apreensão desses sentidos, como as relações entre a escolástica e as formas da arquitetura gótica, exige-se um estudo comparativo com outras expressões de arte e domínios do conhecimento (filosofia, sociologia, história etc.).

ICONOTECA. Coleção ou arquivo de imagens, tais como pinturas, gravuras, esculturas, fotografias, peças gráficas ou películas cinematográficas, referentes a um tema, período ou região.

ICTO. O acento forte ou marcado na pronúncia de um verso e que lhe serve de apoio rítmico. Em uma metrificação mais tradicional, por exemplo, um verso de oito sílabas teria ictos nas quarta e oitava sílabas, como em: "Santa Ma*ria*, ilumi*nai* / A estrada as*pér*rima que *tri*lho: / Ah, por a*mor* de vosso *fi*lho! / Por a*mor* de vosso *pai*" (Francisca Júlia). Num verso de dez sílabas, os ictos caem nas sexta e décima sílabas; no verso alexandrino, o de doze sílabas, os ictos se encontram geralmente nas sexta e décima segunda sílabas. Na poética latina, o icto correspondia à batida de pé ou à palma que acompanhava a sílaba mais longa do verso cantado, dando ritmo à emissão do poema. Se o icto corresponder à sílaba tônica e natural da palavra, chama-se icto vocal; caso não coincida, por licença poética diz-se icto mecânico.

IDÉIA. **1**. Genericamente, é a representação imaterial, abstrata, ou o objeto interiorizado do pensamento. Nas palavras de Descartes, corresponde à "forma de um pensamento para cuja imediata percepção estou ciente desse pensamento". Assim entendida, a idéia constitui, ao mesmo tempo, uma realidade objetiva – que toma o lugar de algo exterior e se remete a ele – e uma realidade subjetiva, de natureza mental, que fornece ao pensamento a oportunidade de captar-se a si mesmo. Essa dupla manifestação reaparece em Spinoza, para quem a idéia corresponde ao "conceito formado pela mente enquanto pensa". Para Locke, a idéia só pode ser expressa quando acompanhada de um signo verbal, pois designa "todo objeto imediato do espírito, que ele percebe e tem à sua frente, e é distinto do som empregado para servir-lhe de signo [...] [embora deva]

estar ligado àquele nome [à palavra, ao signo verbal], e aquele nome deve estar ligado exatamente àquela idéia". **2**. Outro entendimento de idéia, de origem platônica e metafísica, é a de ser ela a unidade que congrega ou enfeixa a multiplicidade das coisas, constituindo o modelo e a realidade última de uma determinada classe de fenômenos. No diálogo *Parmênides*, escreve Platão: "Creio que acreditas haver uma espécie única toda vez que muitas coisas te parecem, por exemplo, grandes e tu podes abrangê-las com um só olhar: parece-te então que uma mesma e única idéia está em todas aquelas coisas e julgas que o grande é uno [...]. Essas espécies estão como exemplares na natureza e as outras coisas assemelham-se a elas e são suas imagens; a participação dessas outras coisas na espécie [na Idéia] consiste apenas em serem imagens da espécie". Assim, para além das coisas individuais, subsistem as entidades "em si" – a de um mundo puramente inteligível – isto é, imateriais, abrangentes e unificadoras de tudo aquilo que, possuindo valor e utilidade, lhe possam assemelhar-se: as idéias de Número, de Igualdade, de Justo, de Bem, de Belo etc. A partir desse conceito, Plotino, neoplatônico, atribuiu à idéia o significado de "causa exemplar", integrante do Logos (Razão) ou Inteligência Divina, no que foi seguido pelos teólogos do cristianismo. Assim, para Santo Agostinho, Deus é a Idéia Absoluta de onde promanam todas as essências criadas, a Idéia de todas as formas possíveis. No interior desse raciocínio transcendental, Kant admitiu como sendo verdadeiramente idéias "os conceitos racionais dos quais não pode existir na experiência nenhum objeto adequado". Ou seja, por não serem nem intuições, como o espaço e o tempo, nem manifestações da sensibilidade imediata, consistem em "perfeições" de que apenas nos aproximamos, mas sem possibilidade de experimentação efetiva. São elas: a alma, o mundo e Deus. Embora não tenham correspondência com a sensibilidade, isto é, com o mundo dos sentidos, essas três idéias regulamentam o funcionamento da razão pura e são indispensáveis para isso. **3**. No terceiro livro do *Mundo como Vontade e Representação*, Schopenhauer distingue a idéia do conceito. Para o autor, a idéia constitui o representante adequado do conceito, mas o expressa de modo intuitivo e concreto. Assim, enquanto o conceito é puro e abstrato, a idéia, por mais que diga respeito a uma infinidade de coisas particulares, é determinada em seus aspectos. Por isso mesmo, a idéia, sobretudo no âmbito das artes, torna-se mais difícil de ser comunicada. Ela só se deixa apreender sob um aspecto particular, sob uma imagem intuitivamente concebida (pelo autor) ou captada (pelo espectador, ouvinte, leitor). Daí que, em suas palavras, a idéia, "uma vez concebida e expressa na obra de arte, só se revela a cada um proporcionalmente ao valor do seu espírito; eis precisamente por que as obras mais excelentes de todas as artes, os monumentos mais gloriosos do gênio são destinados a permanecer eternamente cartas fechadas para a estúpida maioria dos homens".

IDEOGRAMA. Elemento ou signo gráfico estritamente convencional, ideal ou abstrato, que não se reporta à fonação, como as letras, ou a figuras indicativas de sílabas. É o caso dos números ou dos símbolos lógico-matemáticos (+, =, ≥). →*Pictograma.*

IDEOLOGIA. **Superfície e profundidade, aparência e essência.** Uma das formas pelas quais a cultura se manifesta, como pensamento e práxis políticas, é a ideologia. A apreensão e o entendimento deste conceito, sobretudo a partir da crítica marxista presente n'*A Ideologia Alemã*, tornou-se um dos temas mais discutidos e freqüentes das literaturas sociológica, filosófica e político-científica. Daí também a variedade e a ambigüidade de seu emprego.

Para Marx e Engels, que aliás conservam em linhas gerais a estrutura dialética da filosofia de Hegel, há uma realidade socioeconômica e cultural que *aparece*, que se exterioriza e é perceptível de maneira *imediata* pelos indivíduos que a vivem. No entanto, para que essa realidade se converta em conhecimento, no melhor sentido do termo, é preciso se dar conta de que ela contém e pressupõe uma série de elos anteriores, de feições determinadas e precedentes que a tornaram possível. Ela não surge do nada, como um *deus ex-machina*. Constitui, sim, o resultado de processos ou de atividades que se inter-relacionam necessariamente e, por isso, criam as condições para que este ou aquele fenômeno se efetive, da forma como o vemos em sua *aparência*.

Acontece, porém, que muitos daqueles fatores prévios e constituintes vão perdendo a sua "visibilidade" durante a produção do real que se pretende conhecer. Por exemplo, quando compramos uma mercadoria qualquer, ela é uma realidade completa e perceptível, mas apenas como "coisa" necessária ou agradável. Caso passemos a investigar tudo aquilo que ensejou a sua realidade, poderemos perceber que ela se desmembra e nos remete a muitas outras que, gradualmente, foram se tornando "invisíveis" durante o seu processo de fabricação. Entre elas, a existência da fábrica e de suas relações sociais internas, a capacidade tecnológica desenvolvida, as relações político-jurídicas que envolvem a produção, a organização dos mercados (monopólio, oligopólio, regime de competição), o nível geral dos salários, a taxa de lucro perseguida, as facilidades ou não provenientes da ação estatal (protecionismo), a qualidade da mão-de-obra e assim por

diante. Ou seja, se uma determinada realidade parece ser um dado absoluto ou autônomo, somente a investigação do *modo como é produzida socialmente* permitirá revelar a essência, o ser ou o aspecto concreto de sua existência (como, por que, em que condições é produzida, distribuída e consumida). Toda realidade terá assim duas faces: uma de aparência imediata ou de superfície, outra de essência mediata e mais profunda.

Idéias aparentemente livres: uma visão invertida. Juntamente com as condições reais de sua existência, homens historicamente determinados, em suas relações sociopolíticas e de produção material, representam-se a si mesmos por intermédio de idéias gerais e de valores abrangentes. No dizer de Marx e Engels, "a produção de idéias, de representações e da consciência está, em primeiro lugar, direta e intimamente ligada à atividade material e ao comércio dos homens; é a linguagem da vida real. As representações, o pensamento, o comércio intelectual dos homens surge aqui como a emanação direta do seu comportamento material. O mesmo acontece com a produção intelectual quando esta se apresenta na linguagem das leis, da política, da moral, da religião, da metafísica etc. São os homens que produzem as suas representações, as suas idéias, mas os homens reais, atuantes e tais como foram conduzidos por um determinado desenvolvimento das suas forças produtivas e do modo de relações que lhe corresponde, incluindo-se até as formas mais amplas que estas possam tomar. A consciência nunca pode ser mais que o Ser consciente; e o Ser dos homens é o seu processo de vida real. E se em toda ideologia os homens e as suas relações nos aparecem invertidos, tal como acontece numa *câmera escura*, isto é o resultado do seu processo de vida histórico, do mesmo modo que a imagem invertida dos objetos que se forma na retina é uma conseqüência do seu processo de vida diretamente físico".

Assim, o que primeiro caracteriza o pensamento ideológico é a *inversão* que ele mesmo produz entre os fatores constituintes da realidade e a forma como a consciência os apreende e interpreta. As idéias postulam-se a si mesmas como formadoras da existência, e, em maior ou menor grau, independentes dela. A frase muitas vezes repetida, segundo a qual "não é a consciência que determina a vida, mas sim a vida que determina a consciência", chama a atenção para dois fatos: primeiro, que a consciência é um *produto social e, ao mesmo tempo, histórico*, o resultado de um intercâmbio permanente entre os homens e que se inicia pelo imperativo da convivência, da colaboração e da luta material entre eles. Forma-se como "consciência do meio sensível" (da natureza e da sociedade), situado fora do indivíduo, mas que, progressivamente, o toma para si, seleciona e a ele reage de uma maneira ou de outra.

Em segundo lugar, a ideologia contempla ou nos transmite apenas *uma idéia unitária ou totalizante*, e a mais imediata da realidade, justamente porque *se antepõe* à sua complexidade e às suas contradições. Uma teoria crítica que, ao contrário, pretenda mergulhar na constituição profunda, recuperar os elos necessários e desvendar os sentidos contraditórios de uma realidade – aquilo que se tornou gradualmente invisível, e portanto imensurável – deve reconstituir e partir de indivíduos reais e vivos, mostrando que a consciência por eles manifesta é apenas a *sua consciência* (e não uma consciência autônoma, pura ou de validade universal). Quando o pensamento se destaca da vida real, ou a fragmenta de tal modo que apenas uma das partes se imponha como totalidade, quando a aparência imediata das coisas assume no pensamento o papel de realidade "natural", íntima e densa das relações humanas (os fenômenos do fetichismo, da reificação, da alienação) entramos no território seguro e apaziguador da ideologia.

A partir daí, essa consciência invertida e desligada das condições e dos processos reais terá de se organizar logicamente, isto é, deverá fazer com que suas articulações se ofereçam, interna e externamente (para si e para o "outro"), como apreensões e explicações coerentes e sistematizadas. Mas para que esse segundo movimento aconteça, torna-se indispensável reduzir ou mesmo eliminar vários conflitos que a vida real comporta necessariamente. E a coerência do pensamento ideológico irá resguardar-se no *ocultamento* das contradições. Como estas, no entanto, constituem o motor da história e não podem ser eliminadas da vida ativa, da práxis (a não ser pelo caminho da *idealização*), qualquer análise socioeconômica, política e cultural que se desvie dos conflitos, os desconsidere ou apague, comprometerá inevitavelmente a compreensão do fenômeno observado em sua generalidade.

Por isso, a ideologia elide o que está cindido no real ou procura silenciar-se sobre ele, tornando convergente as situações opostas e atribuindo à diversidade uma fisionomia homogênea. Realiza, assim, uma "falsa consciência". Esquiva-se das próprias condições que a fizeram surgir: da divisão social do trabalho, que teve seu início efetivo na separação entre os trabalhos manual e intelectual, e se desenvolveu na repartição entre propriedade e não-propriedade, produção e consumo, agricultura, comércio e indústria, capital e trabalho, indivíduo, classes sociais, sociedade civil e Estado. Em resumo, ela busca desvincular-se das contradições entre os interesses próprios e factuais dos grupos humanos, elegendo como valores supremos apenas alguns

dentre eles. Aqueles mais condizentes com o domínio material de uma classe e que, por via ideológica, procuram estender-se igualmente ao domínio espiritual dos indivíduos, grupos e atores sociais que lhe são antagônicos ou não compartilham das mesmas condições ou possibilidades. Ela tende, por conseqüência, a universalizar, abstratamente, o que é particular, valendo-se de um conjunto de normas, de ações e de valores capaz de, por um lado, dissimular ou amenizar as dissensões que teimam em se mostrar na prática; por outro, legitimar sua influência social, tanto pelo sentimento da igualdade jurídica como por uma aceitação tácita da diversidade natural em condições sociais vividas. Em última análise, configura-se como crença e falsidade.

Ainda assim, a ideologia dá forma e sentido ao real, pois, de outra maneira, não teria nenhuma serventia. Permite-nos "ver" o mundo, estabelecer princípios e hierarquias, formular orientações e objetivos de vida, embora evitando o incômodo das oposições e das diferenças. "Mais do que sistemas teóricos especulativos, as ideologias são vistas, com freqüência, como conjuntos de crenças particularmente *orientados para a ação*. Por mais obscuramente metafísicas que sejam as idéias em questão, devem poder ser traduzidas pelo discurso ideológico em um estado 'prático', capaz de prover seus adeptos de metas, motivações, prescrições, imperativos e assim por diante" (Terry Eagleton, *Ideologia*). Embora deformando a realidade que modela, mas de modo a "racionalizá-la", ou produzindo uma curiosa contradição, aquela que estabelece idéias falsas reais ou debilidades inconcussas, ela evita que as experiências e os fatos sociais e culturais contradigam o núcleo de seus princípios.

E se as divergências adquirem força, será a realidade o aspecto bárbaro ou aberrante dessa relação, não o paradigma teórico. Assim, pode-se dizer que a ideologia tem horror à evidência da complexidade, à incerteza natural e às mutações inevitáveis da história. Como lembra Jon Elster (*Belief, Bias and Ideology*), ela deve, de um lado, moldar as necessidades e os desejos dos que a ela aderem e, de outro, comprometer-se com as mesmas necessidades e desejos que as pessoas já possuem, basear-se em esperanças e carências genuínas, a fim de se tornar uma concepção atrativa, plausível e capaz de fornecer motivações relativamente sólidas. Ou ainda, nas palavras de Stuart Mill, ser pelo menos verdadeira no que declara, embora falsa naquilo que negue.

Devemos lembrar, no entanto, que a expressão "falsa consciência" tem sido colocada em dúvida por autores de tendências políticas diversas. Em primeiro lugar, porque pressupõe a existência de uma "consciência verdadeira" e destacada, ou, no mínimo, de procedimentos absolutamente corretos e confiáveis pelos quais se consiga formulá-la. Em seguida, por aquilo que Eagleton denomina de "racionalidade moderada" dos seres humanos: "embora tenhamos presenciado, na política de nosso século, suficiente irracionalismo patológico para recear qualquer confiança demasiado otimista em alguma robusta racionalidade humana, é certamente difícil acreditar que massas inteiras de seres humanos sustentariam, por um longo período histórico, idéias e crenças que fossem simplesmente absurdas. Crenças profundamente persistentes têm de ser apoiadas, até certo ponto, e ainda que de maneira limitada, pelo mundo que nossa atividade prática nos revela [...]. Podemos supor, de modo geral, em razão simplesmente do caráter disseminado e duradouro de tais doutrinas, que elas codificam, ainda que de maneira mistificada, necessidades e desejos genuínos".

Por outro lado, lembra Raymond Williams que a extensão e a complexidade da ideologia permitem falhas ou rachaduras no sistema: "Nenhum modo de produção, e portanto nenhuma ordem social dominante, e portanto nenhuma cultura dominante, jamais inclui ou esgota, na realidade, toda a prática, a energia e a intenção humanas" (*Marxismo e Literatura*). Ela predomina, mas não chega nunca a ser absoluta, dando margem a formas de consciência "residuais" ou "emergentes", fontes de pensamento e de práticas políticas contra-ideológicas.

Uma ideologia marxista. Seja como for, a noção de ideologia manteve-se, para os fundadores do marxismo, como forma de auto-representação simulada, alienada e absolutamente negativa para a tarefa de libertação material e espiritual do homem, para a criação (talvez utópica) de um mundo essencialmente humano (sem as coações do trabalho, do dinheiro, da propriedade privada dos meios de produção, das classes e do Estado). Para ambos, teria sido impensável chegar a uma "ideologia comunista ou marxista", o que de fato se consumou com o legado de Lênin e a implantação do "socialismo real". Nesse desvio (ou conseqüência inevitável, para alguns), a visão originalmente contestada da ideologia transformou-se em um discurso de combate político. Contra a ideologia burguesa prevalecente, o proletariado haveria de se armar com o antídoto de uma concepção própria de classe, com uma "ideologia revolucionária". Assim, Lênin e o Estado Soviético converteram em *doutrina* o que já fora uma teoria crítica e, por isso mesmo, reintroduziram inversões e ocultamentos na apreensão da realidade, a fim de eliminar contradições internas.

Crença política. Depois de Marx e de Engels, o fenômeno ideológico incorporou-se ao vocabulário corrente da política e da sociologia, mas, desde então, com o que Norberto Bobbio chamou de "significado fraco" do conceito. Isto é, o sentido restringiu-se ao de *crença política*, ou conjunto de concepções e de valores normativos que dizem respeito à ordem pública, e cuja finalidade é a de orientar o comportamento político coletivo ou nele influir.

Ao perder a distinção polêmica e negativa anterior, mais ligada à epistemologia e aos limites do conhecimento, seu significado transferiu-se para o de um "sistema de idéias conexas com a ação prática, no interior do qual se agrupam um programa e uma estratégia destinados a defender ou a mudar a estrutura política existente" (Carl Friedrich). Ou ainda, "as ideologias são sistemas de crenças explícitas, integradas e coerentes, que justificam o exercício do poder, explicam e julgam os acontecimentos históricos, identificam o bom e o mau na política e fornecem uma orientação para a prática" (Herbert McClosky). Definida assim como sistema de idéias harmônicas e vinculadas a uma ação política, a ideologia abandonou sua crítica epistemológica original (nascimento, alcance e valor do conhecimento), assim como a ela se referiu Engels em uma carta a seu amigo Mehring: "os reais motivos que o impelem (ao indivíduo ou pensador que reflete sobre uma determinada situação) ficam desconhecidos para ele, pois de outra forma não se trataria de um processo ideológico real. Portanto, ele imagina motivos falsos ou aparentes". E pode imaginá-los não porque queira, mas porque as falhas, os vazios de sua visão teórica não recobrem o processo total e movente da realidade (e as idéias tomam o lugar das condições e dos nexos reais não recuperados).

Agora, no entanto, ela passou a marcar apenas a diferença entre, de um lado, a constituição de princípios coerentes ou pouco flexíveis das elites políticas e, de outro, a incoerência habitual ou maior fluidez do homem comum, relativamente a seus preceitos de vida privada e coletiva. Nesta acepção fraca, a ideologia não consegue ultrapassar a condição de "crença política", pois, embora seja capaz de organizar uma determinada representação do mundo e das relações sociais (seu aspecto cognitivo), ela procede a essa sistematização recorrendo a *interesses materiais* (incorpora elementos imediatos ou pragmáticos) e a *fatores emotivos ou passionais* (esperanças e desejos, medos e preconceitos). A incorporação de elementos subjetivos à idéia de ideologia foi feita inclusive por pensadores de esquerda, como Louis Althusser. Em sua opinião, ela "expressa uma vontade, uma esperança ou uma nostalgia, mais do que descreve uma realidade". Portanto, ao lado do aspecto cognitivo, haveria um forte componente emotivo ou afetivo. Lidaria, ao mesmo tempo e de modo conjugado, com o entendimento do real, o imaginário da paixão e o interesse ou o privilégio relativo, mas transposto à condição de fenômeno universal.

Declínio das ideologias? A partir de meados do século XX, e após a Segunda Guerra Mundial, começou-se a discutir um possível "declínio das grandes ideologias" (conservadorismo, liberalismo, socialismo, comunismo), por vezes chamadas de "grandes relatos" ou sistemas políticos. Raymond Aron ou Edward Shils, por exemplo, apontaram para a redução progressiva dos conteúdos extremistas que até então elas continham, de origem quer pragmática quer passional. As intervenções estatais e a aceitação do Estado de Bem-Estar Social (*Welfare State*), nos países do centro do capitalismo, caminhavam paralelamente à condenação do stalinismo e à formação de novas esquerdas, menos avessas aos valores liberais e mais críticas em relação ao papel onipresente do Estado (o que o leva à ineficiência e à coação da liberdade). Ambos os movimentos estariam assim diminuindo os conflitos entre as duas visões de sociedade.

Um segundo argumento, que se tornaria mais evidente após a derrocada do comunismo soviético, é o de que esse declínio estaria contido no aparecimento de novos problemas políticos e socioeconômicos, aparentemente desvinculados dos antagonismos tradicionais (direita e esquerda, liberdade e igualdade, capital e trabalho etc.) ou pouco influenciados por eles. Ou seja, embora esses fundamentos continuem a existir para as ideologias gerais, as questões que agora eclodem fazem-no de maneira fragmentada e só podem ser tratadas convenientemente fora dos quadros teóricos convencionais. Problemas como o desarmamento mundial e a paz, a igualdade das mulheres, a aceitação das minorias, a educação no mundo tecnológico, a preservação dos ecossistemas, a sexualidade, o terrorismo e o narcotráfico ou o controle demográfico. Tratar-se-ia mais da *eficiência e da eficácia* da gestão política do que dos antigos ideais provenientes do século XVIII. Enfim, o declínio das ideologias também poderia ser observado na gradativa "despolitização" da representatividade. E ela estaria expressa, em relação aos eleitores, nos graus elevados de abstenção e de votos nulos e brancos, no desprestígio generalizado das classes políticas e na recusa do debate público (apoliticismo). Pelo lado partidário, na conformada semelhança dos programas e plataformas dos candidatos e na atuação indiferenciada dos eleitos.

Por outro lado, autores como C. W. Mills, La Palombara ou M. Harrington negam, em primeiro lugar, que um possível declínio seja sinônimo de *fim* das ideologias. Na seqüência, recusam que o fenômeno ideológico possa desaparecer como forma de representação coletiva ou ideário da sociedade, pois a tese, por si só, esconderia o abandono de vários ideais humanos sobre o aprimoramento da convivência civilizada, reafirmando, sim, a manutenção das severas desigualdades ainda existentes. Isto é, a idéia do declínio já seria, ela mesma, uma forma ideológica neoliberal. Por fim, que os conflitos anteriores e os antagonismos atuais permanecem em jogo: liberdade total do mercado (neoliberalismo), caráter regulador do Estado e interesses públicos; a distância crescente, em uma economia informaticamente globalizada, entre países ricos e pobres; a decadência dos valores do trabalho vivo e assalariado em economias automatizadas; a irrealidade ou o descompasso entre o valor da produção física e os estoques financeiros especulativos, sem barreiras; o poder e os interesses dos conglomerados privados (feudos econômico-tecnológicos de uma nova "Idade Média") e as prerrogativas públicas; a distribuição interna da riqueza, o avanço contínuo do desemprego, o reaparecimento da pobreza (no interior de nações ricas), a contenção dos privilégios de classe e a universalização dos direitos sociais.

Ideologia e comunicação de massa. Também o desenvolvimento da semiologia relançou o fenômeno ideológico que estaria presente, e de modo até mesmo abusivo, nos mitos contemporâneos, esses que são criados ou disseminados pelos meios de comunicação de massa. A ideologia ter-se-ia imiscuído no cotidiano do jornalismo e da publicidade, dois mecanismos pelos quais os "fatos" ganham vida ou adquirem a espessura de uma "realidade". Com uma grande vantagem, por sinal. Pois agora essa mitologia estaria sendo construída por meio de uma linguagem "despolitizada", entendendo-se por isso uma linguagem que não visa agir ou investigar as causas dos fenômenos socioculturais, mas enaltecer, por palavras e imagens, os produtos destinados ao consumidor (algo menos que o cidadão) e aproveitar-se das coisas para falar de si mesma, expor-se como metalinguagem.

A análise dessa transposição foi a que realizou Roland Barthes. Para ele, o mito é uma fala ou exposição de idéias e sentimentos que se define não tanto pelo objeto a que se refere, mas pela *maneira como diz ou profere*. Como exemplo, escreve o autor: "Estou no barbeiro, dão-me um exemplar do *Paris-Match*. Na capa, um jovem negro, vestindo um uniforme francês, faz a saudação militar, com os olhos erguidos, fixos numa prega da bandeira tricolor. Isto é o *sentido* da imagem (o significante, ao mesmo tempo termo final do sistema lingüístico-visual e termo inicial do sistema mítico). Ingênuo ou não, bem vejo o que ele significa (seu *significado*): que a França é um grande império, que todos os seus filhos, sem distinção de cor, a servem fielmente sob sua bandeira, e que não há melhor resposta para os detratores de um pretenso colonialismo do que a dedicação deste preto servindo os seus pretensos opressores [...] há um significante, formado ele próprio por um sistema prévio (um soldado negro faz a saudação militar francesa); há um significado, uma mistura intencional de 'francidade' e de 'militaridade'". Dessa relação entre o sentido e o significado aparece a significação. No caso, a integração e a igualdade sociais. Mas o que se pode perceber é que a significação final dessa imagem opera uma deformação intencional. O negro que saúda a bandeira não é, na realidade, nem o símbolo do império, nem o de uma comunidade fraternal e francesa. Ou melhor, pode sê-lo apenas pelo lado do vencido, do submisso, de uma história política, colonial e imperialista que já se evaporou. De maneira idêntica à que ocorre na ideologia, elidiu-se a "visibilidade" do passado e foram esquecidas as contradições do presente. O mito não esconde nada daquilo que mostra, mas continuamente o deforma.

Como na teoria psicanalítica, o sentido latente de um comportamento modifica o sentido manifesto, reconhecível. Essa ideologia dos mitos cotidianos (dos produtos de limpeza e de higiene, dos sanduíches e das "estrelas") constitui um álibi, isto é, um movimento que repõe idéias e sentimentos em outro lugar, deslocando-os da intencionalidade original. O lugar primitivo desaparece para que nele surja uma evidência "plenária, intransitiva e teatral", indispensável ao reino do consumo. O sentido passa a valer apenas como *forma*. Daí ser um roubo permanente da linguagem. E nenhum sentido está imune ou resiste à deformação mitológica. A fórmula matemática de transformação e equivalência entre energia e matéria, $E=mc^2$, pode ser justaposta à figura de Einstein e servir para a venda de guitarras elétricas, jornais ou para o lançamento de um tênis "cientificamente planejado". E o consumidor do mito considera essa significação – o sentido em sua relação com o significado – um sistema de "fatos", algo natural. Na verdade, não passa de um sistema semiológico, ou seja, de um sistema simples de valores intencionais.

O fenômeno artístico. Na qualidade de um objeto ou processo que interpreta a realidade ou se propõe como tal, a arte não deixa de conter elementos ideológicos, seja de modo evidente ou sutil, seja de maneira clara ou latente. E esse vínculo decorre da necessidade de dar ou transmitir um *sentido*, algo inerente à obra artística. Como nos lembra Arnold Hauser, "no final, toda a arte genuína nos reconduz, por um desvio que pode ser mais longo ou mais curto, à realidade. A arte maior dá-nos uma interpretação da vida que nos permite enfrentar, com maior ou menor êxito,

o estado caótico das coisas e extrair da vida um sentido superior, isto é, convincente e seguro" (*Teorias da Arte ou A Filosofia da História da Arte*).

Se as pinturas rupestres, por exemplo, se destinavam a contribuir para o sucesso da caça coletiva, então os seus pintores deveriam acreditar nos poderes mágicos da representação, na correspondência misteriosa entre gestos visíveis e forças invisíveis. E mais efetivo seria o efeito desejado quanto mais naturalista fosse a imagem obtida. De outro ponto de vista, se o drama burguês veio a substituir a "tragédia clássica", em meados do século XVIII, é crível supor que seus protagonistas reivindicavam na época um papel histórico de classe tão importante quanto aquele que a aristocracia havia desempenhado desde a Antigüidade. A própria linguagem da dramaturgia séria, antes elevada e nobre, quer dizer, compatível com preceitos retóricos de velhas estirpes dirigentes, teve de se modificar para adaptar-se ao cotidiano prosaico das camadas burguesas e populares em ascensão.

Assim como a ideologia geral, sociopolítica, a arte, embora ofereça um sentido relativo ou uma interpretação particularizada (presa à subjetividade do autor, às circunstâncias de época), pretende-se "normativa" ou "exemplar". Esse fenômeno, novamente segundo Hauser, não implica contradição "no fato da arte ser ideológica e, simultaneamente, ter valor objetivo [...] a arte permanece na mais íntima relação com a realidade social [...] é dirigida duma forma bastante franca e direta para objetivos sociais, serve mais manifesta e inequivocamente como arma ideológica, como panegírico ou propaganda, do que as ciências objetivas" (Hauser, *ibidem*).

Não foi por acaso ainda que as reivindicações de "autonomia" da estética ganharam força com as idéias capitalistas de livre comércio e de expansão da mercadoria. Como lembra Terry Eagleton (*Ideologia da Estética*), "Uma vez que os objetos se tornam bens de consumo no mercado, existindo para nada e para ninguém em particular, eles podem ser racionalizados – falando-se ideologicamente – como existindo inteira e gloriosamente para si mesmos. É esta noção de autonomia e auto-referência que o novo discurso da estética está interessado em elaborar". Ou seja, no mundo burguês da livre iniciativa e do mercado impessoal, o artista descobre-se como identidade única, como sujeito que se dá leis subjetivas ou que se permite seguir predominantemente os impulsos interiores. A esse discurso ideológico da estética pôde corresponder, de modo pertinente e num primeiro momento, o estilo romântico. E a seguir, o expressionismo e as correntes explosivas e radicais do alto modernismo. →*Arte no século XX* e →*Estética*.

IDÍLIO. Inicialmente, na Grécia, uma poesia breve destinada a representar um "pequeno quadro" (*eidyllion*), versando sobre assuntos os mais diversos (líricos, épicos, heróicos etc.). No entanto, como a maioria desses quadros tinha por conteúdo paisagens e sentimentos campestres, dado o predomínio da vida agropastoril, logo o vocábulo consolidou-se como sinônimo de bucólico ou de égloga (também écloga). Entre seus mais reconhecidos cultores estão Teócrito, cujos *Idílios* influenciaram diretamente Virgílio (*Bucólicas*), Longus (*Dáfnis e Cloé*, em forma de romance), Pierre de Ronsard (*Églogas* e ainda *Elegias, Mascaradas e Pastoris*), Iacopo Sannazaro (*Arcádia*), Rodrigues Lobo (*O Pastor Peregrino*), Bernardim Ribeiro (*Menina e Moça*), Edmund Spenser (*Calendário do Pastor*), William Browne (*Pastorais da Bretanha*), Cervantes (*Galatéia*), Milton (*Lycidas*), Bernard de Fontenelle (*Poesias Pastorais*), Alexander Pope (*Pastorais*) ou Salomon Gessner (*Idílios, Novos Idílios*), além de numerosos poetas vinculados ao arcadismo. →*Bucólico*, →*Écloga* e →*Drama pastoril*.

IDIOFONE, IDIÓFONO. →*Instrumentos de percussão*.

IDIOLETO. **1.** Os traços particulares e sistemáticos que um indivíduo faz da língua, e que caracterizam suas formas de expressão cotidiana. Por vezes, dependendo do menor domínio sobre a língua, os idioletos se afastam das normas cultas. **2.** Em literatura, significa também os modos singulares com que um autor emprega a gramática, seu "raciocínio gramatical", dando-lhe feições distintas. James Joyce ou Guimarães Rosa, por exemplo, apresentam traços marcantes de idioleto literário, por meio de seus neologismos. Do grego *idiotes*, particular ou individual.

IDOLOPÉIA. Figura retórica pela qual um pensamento ou discurso é imputado a uma pessoa morta, de maneira provável ou apenas imaginariamente. A frase pretensamente dita por Galileu durante o seu processo inquisitorial – "E no entanto, se move" (*eppur si muove*) – reafirmando o movimento da Terra, constitui uma idolopéia de tipo legendário, por não existir qualquer indício real de sua proferição.

ILHA DE EDIÇÃO. Equipamento para reproduzir e editar (montar) as imagens técnicas e os sons de vídeo e televisão, transferindo os sinais magnéticos de uma fita para outra (que será finalmente exibida), contendo, no mínimo, dispositivos para "corte". Nessa tarefa, a ilha se acopla, simultaneamente, a um aparelho emissor ou de saída, e a outro de gravação ou entrada. Dela ainda podem fazer parte equipamentos de efeitos especiais para tratamento e acréscimo de imagens, na fase denominada de pós-produção.

ILUMINAÇÃO. No âmbito artístico – fotografia fixa, teatro, cinema e vídeo – diz respeito ao conjunto de dispositivos, técnicas e efeitos luminosos ou colorísticos destinados não só a transmitir visibilidade cenográfica, mas a sugerir e valorizar as ações dramáticas ou os ambientes nos quais elas ocorrem, contribuindo para ressaltar aspectos significativos – formais e psicológicos – da cena concebida ou da imagem representada. Basicamente, há três variáveis no estudo da luz e de seus efeitos possíveis: a *direção* (de frente, de trás, da esquerda, da direita, de baixo, de cima), a *natureza* (luz direta, rebatida, dura, difusa, filtrada) e a *intensidade* (fraca, forte, correta ou equilibrada). Quanto às posições – considerando-se a relação entre a câmara e o assunto ou cena – existem igualmente três possibilidades: luz *de ataque* (também chamada principal ou básica, emanada de uma refletor atrás da câmara e que incide diretamente sobre a face do objeto), de *compensação* (a luz incidente de um refletor que permite visualizar as sombras contíguas, de forma semelhante aos efeitos da reflexão solar na atmosfera e nas nuvens) e *contraluz* (feixe incidente sobre o personagem ou objeto, mas projetado pela parte de trás ou posterior, criando um efeito de aura, de distanciamento e leveza; em inglês, *back light*). Significa ainda posicionar a câmara contra uma fonte de luz, a fim de obter uma silhueta do objeto. →*Diretor de fotografia*.

ILUMINISMO, ILUSTRAÇÃO. **As luzes da razão: um desafio.** Algumas características da mentalidade e da cultura renascentistas – o racionalismo, o naturalismo e o humanismo – serviram de esteio e de seminário a este movimento ao mesmo tempo intelectual, filosófico, político, social e econômico do século XVIII europeu, também chamado "Século das Luzes". Misto de razão e de crença (ou ao menos de esperançosa expectativa) no progresso, de revolta e de reformas políticas, o Iluminismo ainda hoje permanece atual, tanto pelo aspecto afirmativo das liberdades individuais, da ética e da justiça, como pelos perigos sutis de um "autoritarismo esclarecido" e, assim, pretensamente racional.

Não sem exceções, a época anterior, a do Seiscentos, estivera sob a predominância do absolutismo político, no qual as prerrogativas individuais e uma suposta ou desejada soberania do povo submetiam-se ao direito divino dos reis. Tal poder valia mais pela força real e simbólica de coesão social, representada na figura do rei (sob o comando do Um, como a ele se referia La Boétie), do que como forma de tornar independentes os homens. Fora ainda o período mais agudo da Contra-Reforma católica, cujo emblema se estampava na férrea disciplina dos jesuítas, guardiães da tradição, da revelação e da autoridade papal. E assim também do moralismo excessivo dos jansenistas, para quem o homem, em estado de natureza, só se revela pela concupiscência.

A idéia de Iluminismo ou Ilustração (*Lumières* para os franceses, *Aufklärung* para os alemães, *Lumi* para os italianos, *Enlightenment* na Inglaterra e *Ilustración* entre os espanhóis) residiu na crítica racional e autônoma do pensamento e das ações, na construção de conhecimentos capazes de revelar as "luzes" (a verdade) por oposição às "trevas", às "sombras" ou ao lado obscuro, supersticioso, mítico ou ignorante do homem.

Essa metáfora da luminosidade já havia sido empregada pelas religiões com um sentido místico, ou seja, de epifania ou revelação divina imediata. A Ilustração e, antes dela, Descartes chamaram a razão de "luz natural". Ou seja, seus adeptos buscaram secularizar e transferir para o esforço contínuo da razão e para a disciplina empírica do entendimento aquilo que antes era um fenômeno de fé. Propôs-se a emancipação das áreas do conhecimento (ou a diversificação dos estudos científicos) que as teologias (católica ou luterana) e a metafísica sempre procuraram unir e submeter a seus critérios. As relações fundamentalmente humanísticas, isto é, aquelas do homem consigo mesmo e com a natureza, seriam as mais determinantes para que o progresso humano se realizasse gradual e seguramente.

No dizer de Gotthold Lessing, o famoso polemista da religião, crítico de artes e dramaturgo alemão, "o mais nobre assunto de estudo para o homem é o homem". A autonomia do pensar, o livre exame do entendimento, tornou-se uma condição indispensável do projeto. Devia-se recusar a *autoridade* quando nesta se encontrasse ausente a consistência lógica da realidade. Energicamente, tal idéia foi sintetizada na máxima de Von Sonnenfelds: "Toda tradição que não tenha uma base justificável deve ser automaticamente abolida". E o princípio do individualismo, no sentido melhor de um homem independente e capaz de desenvolver por si o exame e a crítica do mundo, exteriorizou-se na resposta de Kant à pergunta "O que é o Iluminismo?", feita pelo editor da revista *Berlinische Monatsschrift*, em 1783: "É [...] a saída do homem de sua menoridade (intelectiva e cognitiva), pela qual ele é responsável. Menoridade, ou seja, a incapacidade de se servir do próprio entendimento sem a orientação de outrem [...] incapacidade que não está em uma deficiência de seu entendimento, mas na carência de decisão e de coragem para dele fazer uso sem a direção alheia. *Sapere Aude!* (saber ousar). Tem coragem de servir-te do teu próprio entendimento! Eis a divisa das Luzes".

Ética ou moral, mesmo na ausência de Deus. A tentativa de construção de uma "filosofia da natureza" conduziu vários pensadores da época a um materialismo declarado (sobretudo na França – La Mettrie, Diderot, d'Holbach). Ou então a um deísmo distanciado (Voltaire, Kant), cuja concepção de Deus se restringia ao modelo máximo de razão ou arquiteto do universo, sem interferências na vida cotidiana, nem sequer garantias de salvação eterna (Locke já defendera antes a impossibilidade de demonstrar a espiritualidade da alma). Como então edificar uma moral necessária na ausência da religião, de princípios e garantias superiores? Que critérios podem ser universais sob a "permanente inconstância do homem" (Voltaire), "se a história da humanidade é um imenso mar de erros, no qual umas poucas e obscuras verdades podem achar-se aqui e ali?" (Cesare Beccaria).

Uma das possibilidades é a de d'Holbach. Se os homens agem em decorrência do prazer e da fuga à dor, "não contribuem para o bem-estar de seu semelhante, senão quando os leva a isso a satisfação que procuram; e disso se afastarão quando os desagrade" (*Sistema da Natureza* ou *Das Leis do Mundo Físico e do Mundo Moral*). O problema se resolve então pelo Direito ou pela Legislação, isto é, por um sistema de sanções passíveis de estimular os atos de virtude e de condenar as ações contrárias ao bem-estar comum.

Já para Kant, a moral começa a adquirir valor na *boa vontade*. Mas, como esta pode conter uma enorme diversidade de motivos – interesse pessoal, prazer, egoísmo, benevolência, piedade, amor ao próximo etc. – não é nela que se encontrará a racionalidade desejada ou requerida. A moral só é racional quando vale para todos e em qualquer tempo, ou seja, quando se torna *universal*, independente da finalidade de um propósito particular. Atos como não roubar, não matar ou mesmo saldar as dívidas, impõem-se como razões universais, extensíveis a todos os homens, em qualquer tempo, lugar ou circunstância. Logo, o dever não é uma atitude ou ato agradável, não significa sedução. É sim uma necessidade de fazer o bem sem ser tangido por uma emoção, mas como obediência racional. Impõe-se como lei pura, formal e, ao mesmo tempo, negativa – a que interdita as inclinações apaixonadas. São os *imperativos categóricos* da razão, ou as formas puras da legalidade. "Age de acordo com uma máxima tal que possas querer, ao mesmo tempo, que ela se torne lei universal", ou, da mesma maneira, "Age de tal sorte que uses da humanidade, o mesmo em tua pessoa como em outro, sempre como um *fim*, jamais, simplesmente, como meio". Essa razão prática nada tem a ver com generosidade, com o que seja agradável ou traga felicidade a quem a exerça. Trata-se de uma obediência comum, de um dever formal que nega as inclinações puramente afetivas (amor ou ódio, simpatia, comiseração, aversão).

Características mais evidentes. Entre os principais aspectos, a *razão iluminista* consiste:

1) na abertura de todos os espaços até então proibidos ao entendimento, por força da tradição e da autoridade, laicas ou religiosas. Quando a razão se debruça sobre a sociedade e a natureza e as investiga, é capaz de perceber constantes universais e, por seu intermédio, formular leis. Retroativamente, essas mesmas leis são acessíveis à razão. Logo, a racionalidade é algo inscrito e convergente nas relações entre o mundo e o homem. É também por ela que o ser humano descobre, ascende ou conquista a liberdade, não apenas a de pensar, mas a de reformular e reconstruir seu universo sociopolítico;

2) na reabilitação das paixões e do prazer, necessários à satisfação pessoal, desde que não haja prejuízo ou corrupção da sociabilidade, pois a felicidade subjetiva não deve contrapor-se à virtude pública;

3) na perspectiva otimista e ininterrupta do progresso material, conduzido pela teoria e pelo exercício da prática, da observação, do experimento científico e da invenção técnica. Embora houvesse figuras contrárias à idéia de uma evolução tendente ao aperfeiçoamento humano (Rousseau, Hume), a concepção mais difundida era a do caráter progressivo da civilização. Um caminho que a história mostrava ser da animalidade à humanidade, da barbárie à civilização, do estado de natureza ao estado de cultura (Voltaire, Diderot, D'Alembert – os enciclopedistas franceses – ou Edward Gibbon, na Inglaterra);

4) na universalidade ou cosmopolitismo do homem, para além das barreiras geográficas, nacionais ou políticas. O ser humano, em sua plenitude cultural, é um cidadão do mundo. A noção de pátria só tem sentido para homens livres e de paz. É mais escolha do que acaso. Constitui uma preparação para a sociedade internacional dos povos (Fougeret de Monbron em seu *O Cosmopolita ou o Cidadão do Mundo*, bem como Kant em *Idéia de uma História Universal de um Ponto de Vista Cosmopolita*);

5) na utilização pragmática e construtora do saber e do conhecimento aplicado, que ultrapasse a reflexão meramente especulativa. As ciências – naturais e sociais – só podem ganhar significado efetivo quando impulsionam o progresso, o bem-estar comum e alargam o território da cidadania;

6) na defesa da educação como processo civilizatório e meio de elevação espiritual. Cientes de que as paixões e os apetites configuram aspectos inerentes ao homem, como ser animal e natural, Helvécio ou Diderot, por exemplo, não encontram outra saída a não ser na prática artificial do poder pedagógico – a única via ainda possível de superação da menoridade ou ainda da *minoridade* (juntando-se ao sentido corrente de "menor de idade" o de "minorar", diminuir,

tornar ainda menor). Ou seja, desta tendência quase infinita de credulidade, estupidez e superstição de que o vulgo é capaz. Mas como o Iluminismo nunca se mostrou unitário, podemos perceber neste assunto um exemplo de suas variações. Enquanto o "democratismo" de Rousseau previa uma educação geral e popular, Voltaire preferia uma ação reservada às elites, convencido de que, com a plebe, perdia-se tempo e esforço. Majoritariamente, os enciclopedistas acreditaram na possibilidade de uma "educação dos soberanos", pela qual estes se convenceriam das causas populares, evitando revoluções políticas. O lema "tudo para o povo, nada pelo povo" resumia essa perspectiva de despotismo esclarecido;

7) na tolerância para com as escolhas religiosas individuais, independentemente da opção oficial do Estado ou do poder soberano (habitual na época). No entender de Voltaire, por exemplo, a intolerância era o fruto deteriorado do "cristianismo real". Nenhuma outra crença, antiga ou contemporânea, pretendera tão amplo e exclusivo poder sobre a vida interior, pública ou privada dos homens.

Foi também no bojo do pensamento iluminista que o racionalismo e a liberdade de ação produtiva se introduziram na economia política, sobretudo a de origem inglesa. O que se procurava então era extinguir a arbitrariedade das ações governamentais, substituíveis pela formulação de leis naturais e, portanto, necessárias ao progresso e à riqueza das nações. Por exemplo, a divisão do trabalho e a compatibilidade espontânea entre os objetivos de produtores e de consumidores (a *mão invisível* que governa o livre jogo dos egoísmos privados) na concepção de Adam Smith. Nascia aí o liberalismo econômico, de formidável influência no campo político-social.

Críticas ao projeto. Uma crítica "ilustrada" do próprio Iluminismo demonstrou, no entanto, que a razão não é moldada apenas por virtudes, senão também por defeitos. Em texto comum, escrito por Benjamin e Adorno sobre o próprio conceito, podemos ler: "Desde sempre o iluminismo, no sentido mais abrangente de um pensar que faz progressos, perseguiu o objetivo de livrar os homens do medo e de fazer deles senhores. Mas, completamente iluminada, a terra resplandece sob o signo do infortúnio triunfal [...]. O que os homens querem aprender da natureza é como aplicar suas possibilidades para dominá-la inteiramente e aos homens. Fora disso, nada conta [...]. O que importa não é aquela satisfação que os homens chamam de verdade, mas a *operation*, o proceder eficaz [...]. Caminhando em busca da ciência moderna, os homens se despojam do sentido [...]. O que não se ajusta às medidas do cálculo e da utilidade é suspeito para o iluminismo". Acusa-se, portanto, o caráter instrumental que as formas do pensamento ocidental adquiriram desde o "cientificismo" de Bacon e que se espalharam pela economia, pelos aparatos judiciários ou pela política. Sua tendência às grandes abstrações acaba por desconsiderar o particular, o variável e até mesmo o concreto vivido.

Assim, a razão não se manifesta de modo soberano ou puro, mas condicionada por fatores ou deformações:

1) econômicas e sociais – a vertente marxista da crítica ao capitalismo, feita, entre outras, pela mesma Teoria Crítica da Escola de Frankfurt: "A luta contra as ilusões harmonicistas do liberalismo, o desnudamento das contradições a ele inerentes e a abstração de seu conceito de liberdade são [...] distorcidas a ponto de se tornarem palavreado reacionário. A frase segundo a qual a economia, em vez de dominar os homens, deve servi-los, é pronunciada exatamente por aqueles que nunca quiseram que se entendesse por economia outra coisa que os interesses de seus financiadores [...]. A coletividade é equiparada com a ordem decadente por eles defendida" (*Filosofia e Teoria Crítica*). Acrescentem-se a esses argumentos o consumo descontrolado e viral dos recursos renováveis do planeta, os desperdícios imensos das populações ricas, estimulados por uma economia que necessita criar demandas permanentes, inclusive as novíssimas virtuais. O que também resulta na transformação do cidadão (idéia política) em simples consumidor (concepção economicista);

2) psíquicas, isto é, de origem inconsciente ou pulsional – a análise freudiana do aparelho mental, que subverte constantemente o decantado freio ou equilíbrio racional sobre as paixões;

3) instrumentais e burocráticas, pelas quais a adequação dos fins aos meios (que passam a ganhar evidência ou supremacia) corrompe os valores normativos e desejáveis da justiça social e da liberdade individual – as tiranias de esquerda e de direita, a burocratização das instituições, públicas e privadas, sobretudo as de ordem política, apartadas de problemas e de reivindicações sociais, o domínio da técnica ou da tecnocracia;

4) filosóficas e ideológicas, pelas quais o saber e a razão justificam, antes de tudo, o poder nas relações humanas, seja ele político, social ou econômico. Para Foucault, por exemplo, a Ilustração é um movimento de normalização, de disciplina, um álibi da repressão; ou ainda, os reparos que Walter Benjamin fez à noção de *experiência*, em Kant, uma idéia ainda baseada na individualidade do sujeito, desconsiderando outras formas empíricas que também levam ao conhecimento, como as experiências lingüísticas, estéticas, histórico-sociais ou mesmo religiosas;

5) culturais – por intermédio da →cultura de massa – que desenvolve, de modo avassalador, o antiintelectualismo, o conformismo, a banalidade populista, a homogeneidade dos desejos e a desvalorização da alta cultura, dificultando uma possível caminhada do indivíduo rumo à sua autonomia.

A esperança se mantém. Apesar de tudo, no famoso discurso que proferiu ao receber o prêmio Adorno de 1980 (*O Moderno – Um Projeto Inacabado*), Jürgen Habermas reafirmou a idéia de que a modernidade, "projeto do Iluminismo", não fracassou em seus princípios, nem em suas esperanças de emancipação. Ela se acha, sim, inacabada, mas nem por isso deixa de ser um estímulo e "emulação para os intelectuais". Retirar sua base racionalista e universalista seria um crime contra a humanidade.

Assim, uma cruzada ainda viva, pertinente e necessária do Iluminismo, segundo agora Sérgio Paulo Rouanet, estaria: "[...] no pluralismo e na tolerância, no combate a todos os fanatismos, sabendo que eles não se originam da manipulação consciente do clero e dos tiranos, como julgava a Ilustração, e sim da ação de mecanismos sociais e psíquicos muito mais profundos. Revive a crença no progresso, mas o dissocia de toda filosofia da história, que o concebe como uma tendência linear e automática, e passa a vê-lo como algo de contingente, probabilístico e dependente da ação consciente do homem. O único progresso humanamente relevante é o que contribui de fato para o bem-estar de todos, e os automatismos do crescimento econômico não bastam para assegurá-lo. O progresso, nesse sentido, não é uma doação espontânea da técnica, mas uma construção racional, pela qual os homens decidem o que deve ser produzido, como e para quem, evitando ao máximo os custos sociais e ecológicos de uma industrialização selvagem [...] mantém sua fé na ciência, mas sabe que ela precisa ser controlada socialmente e que a pesquisa precisa obedecer a fins e valores estabelecidos por consenso, para que não se converta em uma força cega, a serviço da guerra e da dominação. Repõe em circulação a noção kantiana da 'paz perpétua', com pleno conhecimento das forças socioeconômicas que conduz à guerra. Resgata o ideal do cosmopolitismo, do *Weltbürgertum*, sabendo que nas condições atuais a universalidade possível não poderá ir muito além da esfera cultural. Assume como sua bandeira mais valiosa a doutrina dos direitos humanos, sem ignorar que na maior parte da humanidade só profundas reformas sociais e políticas podem assegurar sua fruição efetiva. Combate o poder ilegítimo, consciente de que ele não se localiza apenas no Estado tirânico, mas também na sociedade, em que ele se tornou invisível e total, molecular e difuso, aprisionando o indivíduo em suas malhas tão seguramente como na época da monarquia absoluta. Luta pela liberdade, cônscio de que ela não pode ser apenas a do *citoyen* rousseauísta, mas também a de todos os que se inserem em campos setoriais de opressão, regidos por versões 'regionais' da dialética hegeliana do senhor e do escravo, como a relação homem-mulher, heterossexual-homossexual, etnia dominante-etnias minoritárias [...]. Sabe, enfim, que grande parte desses valores só podem ser realizados pela mudança das relações sociais, mas não desconhece que as tentativas até hoje empreendidas para mudá-las levaram a novas formas de tirania" (*As Razões do Iluminismo*).

ILUMINURA. Ilustração e/ou decoração realizada em livros manuscritos, medievais e renascentistas, contendo aplicações de ouro e pintada com técnicas de têmpera ou guache na obtenção das cores. Distinguem-se três tipos de iluminura: *a*) miniatura ou imagem figurativa, ilustrativa ou não do texto, ocupando toda a página ou parte dela; *b*) letra inicial, capitular ou, mais especificamente, →*letrina*, envolvendo cenas ou motivos de adorno; *c*) margem, referente a uma miniatura, ou forma decorativa à margem do texto. Após a preparação do pergaminho ou do velino, fazia-se um esboço do desenho. As partes a serem douradas eram trabalhadas em primeiro lugar, sendo recobertas com folhas finíssimas de ouro e então polidas; em seguida, aplicavam-se as cores e, finalmente, acrescentavam-se os detalhes pertinentes às figuras e à tonalidade de pele. Do verbo latino *illuminare*, no sentido de adornar, decorar. A prática da iluminura praticamente desapareceu no século XVI, embora permaneça como trabalho de restauração.

ILUSTRAÇÃO. **1.** Imagem figurativa ou abstrata que acompanha um texto, servindo como síntese, esclarecimento ou representação visual do tema, ou ainda como simples recurso estético, tendo por finalidade atrair o interesse e suavizar a leitura. **2.** Como sinônimo de →*Iluminismo*.

IMAGEM. **1.** Tipo de signo icônico, ou seja, aquele que apresenta uma relação de semelhança visual ou de similaridade de forma com o objeto representado, sendo afetado diretamente pelo objeto. Casos, por exemplo, de uma sombra ou de uma pegada. **2.** Análogo que substitui algo, servindo-lhe de testemunha, ou que evoca outra coisa nova ou inexistente, agindo, neste último caso, como invenção ou criação. Como quer que seja, constitui uma forma a carregar um conteúdo sintético de comunicação, de referência, de informação ou de conhecimento a respeito de um objeto ou fenômeno. →*Imaginação*, →*Representação, imagem e simulacro*. **3.** Representação de coisas, idéias, sentimentos e relações de forma por meios gráficos (desenho, pintura), escultóricos, ópticos (fotografia, projeções técnicas, espelhos), mentais (sonhos, memória e idéias), perceptivos (dados dos sentidos, aparências) ou mesmo verbais (imagens poéticas, narrativas, descritivas, figuras de retórica). **4.** Estampa ou reprodução gráfica. **5.** Conceito, juízo de valor ou representação mental, verdadeira ou não, a respeito de pessoas, grupos, instituições, coisas ou produtos, relativamente cristalizada, mas, ainda assim, passível de modificação.

IMAGEM LATENTE. Imagem invisível formada por haletos de prata (por sais sensíveis à luz, como o brometo, o iodeto e o cloreto) sobre um filme ou película, e tornada visível após os processos de revelação e de fixação.

IMAGEM TÉCNICA. Imagem captada, transmitida ou fixada por aparelhos ópticos ou eletrônicos de registro, tais como as de câmeras fotográfica, de televisão, vídeo, cinema e computadores.

IMAGEM VIRTUAL. →*Virtual (imagem, realidade)*.

IMAGINAÇÃO, IMAGINÁRIO. Capacidade ou faculdade da consciência para evocar ou produzir relações, seres e objetos sob duas formas: na qualidade de testemunha, isto é, de um fenômeno que, embora ausente, já foi percebido anteriormente e retorna à idéia; na qualidade de criação ou invenção mental de fenômenos novos ou inexistentes (→*Fantasia*). Como testemunha, a imaginação é reprodutora de uma percepção ou memória real. Sob o aspecto de ente criado, a imaginação é criadora ou inventiva. Ambas não se excluem, podendo, ao contrário, combinar-se. Além disso, relacionam-se, de um modo ou de outro, com uma realidade inexistente aqui e agora, mas tornada presente, por referência ao passado, ao próprio instante imaginativo ou ao futuro. Quando a capacidade imaginativa ultrapassa o terreno psíquico individual e se concretiza ou se difunde socialmente em obras ou ações culturais, entra-se no domínio da arte ou da investigação intelectual de natureza filosófica, técnica ou científica. Diz-se ainda *imaginação evocadora* aquela centrada em sentimentos e afecções pessoais; e *imaginação fabuladora* aquela vinculada a imagens sociais, étnicas ou mítico-religiosas (lendas) que narram e explicam o passado e a predestinação de um povo ou comunidade. Já o termo *imaginário* designa um conjunto interligado de imaginações que, por desvios ou compensações da realidade, procuram explicá-la ou justificá-la. Trata-se, portanto, de uma referência construída socialmente, em que se misturam imaginações reprodutoras e fabuladoras, em grande parte irreais, mas cristalizadas. Caso seja aceita a existência do →*inconsciente* como estrato fundamental da vida psíquica, de maneiras subjetiva ou coletiva, assim como sua faculdade de exteriorização em sonhos e processos de sublimação cultural, deve-se admitir, por conseqüência, que a imaginação não se reduz a uma faculdade da consciência.

IMAGISMO. Construção poética que dá preferência a imagens visuais, a coisas ou objetos concretos, dispostos, habitualmente, em uma seqüência. Exemplos em Oswald de Andrade: "Coqueiros / Aos dois, / Aos três, Aos grupos. / Altos / Baixos" (*Longo da Linha*); "Agora vamos correr o pomar antigo / Bicos aéreos de patos selvagens / Tetas verdes entre folhas / E uma passarinhada nos vaia" (*Bucólica*).

IMITAÇÃO. **1.** Na qualidade de princípio de criação artística, →*Poética* e →*Arte*. **2.** Princípio musical da polifonia que consiste em reproduzir um motivo da melodia em diferentes partes da estrutura sonora. O motivo inicial é chamado *antecedente*; suas imitações, *conseqüentes*. A imitação direta é a mais simples, pois o motivo conseqüente é quase idêntico ao anterior. A imitação contrária, ou inversão, indica que o período conseqüente inverte os intervalos do motivo antecedente – os que eram ascendentes, por exemplo, tornam-se descendentes, ou vice-versa. No movimento retrógrado, ou caranguejo, o motivo conseqüente tem início na última nota do antecedente, regredindo para a primeira. A imitação apareceu na transição da Idade Média para a →Renascença, incluindo-se como técnica de composição do →cânon ou cânone, e, mais tarde, do "ricercare" e da →fuga. →*Repetição*.

IMPOSTA. Em arquitetura, o bloco de pedra (ou eventualmente de madeira) situado na base de um arco, e que, por sua vez, se apóia na extremidade superior de um muro, de uma coluna ou pilastra. As impostas mais elaboradas podem estar constituídas de partes, como o pulvino e o capitel. →*Arco*.

IMPRECAÇÃO. Figura de retórica pela qual se demonstra desprezo, se deseja o infortúnio, a desgraça ou se amaldiçoa alguém, uma idéia ou princípio. O mesmo que *execração*. Nos *Lusíadas* há uma famosa imprecação, a do Velho do Restelo, que condena a ambição e os feitos marítimos humanos: "Oh! Maldito o primeiro que, no mundo, / Nas ondas vela pôs em seco lenho! / Digno da eterna pena do Profundo, / se é justa a justa Lei que sigo e tenho! / Nunca juízo algum, alto e profundo, / Nem cítara sonora ou vivo engenho, / Te dê por isso fama nem memória, / Mas contigo se acabe o nome e glória". Também como imprecação ou execração podem ser tomados estes versos de Cecília Meirelles, endereçados aos poderosos de sempre: "Ó personagens solenes, / que arrastais os apelidos / como pavões auriverdes / seus rutilantes vestidos, / – todo esse poder que tendes / confunde os vossos sentidos: / a glória, que amais, é desses / que por vós são per-

seguidos" (*Dos Ilustres Assassinos*). O livro bíblico *Eclesiastes* constitui, todo ele, uma longa e grave imprecação contra a vaidade humana.

IMPRESSÃO. **1.** Em filosofia, entende-se por impressão a marca ou o sinal que os seres, objetos e fenômenos (naturais ou culturais) deixam no espírito, ensejando o processo de conhecimento, assim como o despertar de desejos ou apetites. Com este entendimento, David Hume (*Tratado da Natureza Humana*) definiu a impressão como "todas as nossas sensações, paixões e emoções, em sua primeira aparição na alma". **2.** Nas artes plásticas de reprodução gráfica, significa o processo de registro e de multiplicação de imagens sobre um suporte fino e destacável, como papel ou tecido. São basicamente quatro as técnicas utilizadas: *a*) a de entalhe (desenho escavado diretamente na superfície de uma chapa de metal, eventualmente com o uso da ação corrosiva de ácido); *b*) a de relevo (corte ou desbastamento de áreas laterais de um determinado material, fazendo sobressair o desenho, como na xilogravura); *c*) em plano, baseada na repulsão entre a água e um elemento graxo, também denominada de processo litográfico, e *d*) a de tela ou trama porosa, como a serigrafia. →*Gravura*, →*Entalhe*, →*Relevo*, →*Litografia* e →*Serigrafia*.

IMPRESSIONISMO E PÓS-IMPRESSIONISMO. **Os ambientes socioculturais.** A revolução da pintura impressionista teve seu instante deflagrador em 1874. Mas, como qualquer outra insurreição cultural, as causas que lhe deram origem evoluíram de modo progressivo, derivadas de experiências, de princípios e de perspectivas lentamente consolidadas.

Do ponto de vista político-social, as décadas anteriores do século haviam sido continuamente turbulentas na França: Restauração Monarquista (1814-1830), Revolução de 1830, Monarquia de Julho (1830-1848) e Terceiro Império (1848-1870), cuja derrocada foi demarcada pela guerra franco-prussiana e pela explosão da Comuna de Paris (1871). Esse período, o mesmo em que o grande capital consolidou o seu poder e expandiu as conquistas coloniais, assistiu também às lutas ideológicas entre idéias realistas (autoritárias ou constitucionais), liberal-republicanas e socialistas. Ao mesmo tempo, as recentes tecnologias aplicadas aos serviços públicos, a produção em massa de artigos novos para consumo, o aumento da popularidade da imprensa e da fotografia iam desenhando aquelas relações sociais e atitudes espirituais baseadas no dinamismo e rapidez urbanas, no frenesi das sensações efêmeras. Nessa efervescência econômica e sociocultural já tomavam parte as elites proletarizadas do comércio e da indústria que, na opinião do conhecido romancista Eugène Sue, formavam o "terrível oceano popular cuja maré engoliria toda a sociedade".

Curiosa e contraditoriamente, enquanto se experimentavam os confortos contemporâneos e a fé no progresso material, surgia igualmente um difuso sentimento espiritual de desengano, expresso pelo neologismo "decadente" (título assumido por um jornal parisiense da década de 1880). Com ele, sugeria-se uma "sociedade que se desintegra sob a ação corrosiva de uma civilização deliqüescente [...] refinamento de apetites, sensações, gosto, luxo, prazeres; neurose, histeria, hipnotismo, morfinomania, impostura científica [...] esses são os sintomas premonitórios de evolução social" (*apud* Eugen Weber, *França Fin-de-Siècle*).

Assim, seria de esperar que, no âmbito das artes plásticas, os valores tradicionalistas, marcados pelas estéticas neoclássica e posteriormente romântica, assim como pelas instituições oficiais que rigidamente as conservavam (como a Academia das Belas-Artes), acabassem por sofrer ataques progressivamente contundentes. A insatisfação também comportava outro aspecto de natureza prática ou material. Isso porque as exposições oficiais possuíam uma importância decisiva para a carreira dos artistas. As telas a serem escolhidas passavam pelo crivo de um grande júri, formado por professores acadêmicos e pintores consagrados, e a desclassificação de obras concorrentes reduzia a possibilidade de ganhar reputação no mercado e, com isso, a de obter compradores. A revolta com os métodos e critérios acadêmicos começou a gerar protestos públicos de vários alunos que cursavam, por exemplo, as aulas oficiais de Thomas Couture, ou mesmo as de alguns ateliês particulares, mas preparatórios para exames, como o de Charles Gleyre. Nos cafés freqüentados pela boêmia artística da época – o Tartanne, o Fleurus, o Bade, o Andler Keller e a Brasserie dos Mártires – enaltecia-se a pintura mais livre de Corot e dos paisagistas de →Barbizon e o realismo de Millet e de Courbet (→*Realismo, Naturalismo*). Entre os jovens que não mais se adaptavam às regras técnicas ou às convenções institucionais, na maioria provincianos, encontravam-se então Édouard Manet (apesar de sua menção honrosa na exposição de 1861), Claude Monet, Camille Pissaro, Paul Cézanne, Auguste Renoir, Alfred Sisley, Frédéric Bazille, Fantin-Latour, Berthe Morisot, o americano James MacNeill Whistler e o holandês Johan Jongkind.

A figura de Eugène Boudin, pintor mais velho que Monet, deve também ser ressaltada tanto por seu trabalho pessoal, quanto pelas orientações estéticas marcantes que transmitiu ao seu conterrâneo de Le Havre, além de facilitar-lhe contatos profissionais em Paris. Conforme Boudin registrou em suas cartas, "a época dos românticos já estava encerrada. Daqui por diante, devemos buscar as belezas simples da natureza, vista em toda a sua variedade e frescor [...]. Tudo o que é pintado diretamente no lugar onde se encontra tem sempre uma força, um vigor e uma vivacidade que não se volta a encontrar no ateliê [...] [deve-se] mostrar uma obstinação extrema em conservar *a primeira impressão*, que é a melhor e a mais verdadeira" (trechos citados por Jean-Aubry e G.Cahen nas respectivas biografias do pintor).

Recusados e críticas. A idéia de promover exposições de autores recusados pelo Grande Salão, algo que ajudou a consolidar a estética impressionista, partiu, inesperadamente, do próprio imperador Napoleão III ou de seus conselheiros mais próximos.

Em 1863, o júri oficial desqualificou cerca de três mil obras, de um total de cinco mil, promovendo o mais elevado corte até então registrado em sua história. A agitação nos meios artísticos e os comentários que se seguiram nos jornais chegaram ao conhecimento do governo e "Sua Majestade, querendo deixar ao público o julgamento da legitimidade dessas reclamações, decidiu que as obras recusadas devem ser expostas em outra parte do Palácio da Indústria. Esta exposição será voluntária, e os artistas que dela não quiserem participar deverão apenas comunicar sua decisão à administração" (comunicado oficial publicado no *Moniteur* em 24 de abril). Embora tenha sido visitado por grande número de pessoas, este primeiro salão foi mal recebido pelo público, provocando, não poucas vezes, risos e comentários acintosos. Mesmo a imprensa mais acessível aos jovens autores, como o *Courrier Artistique* do *marchand* Martinet (que acabara de expor catorze telas de Manet em sua galeria), chegou a escrever que a mostra representava um "triunfo" para o corpo de jurados e que ali se expunham muitas "coisas cômicas". Somente alguns intelectuais, entre eles Zola, Baudelaire ou Prosper Mérimée, demonstravam interesse pelas obras modernas.

Em 1864, Monet, Renoir, Sisley e Bazille, a convite do primeiro, partiram para a floresta de Fontainebleau (à qual voltariam outras vezes), seguindo tanto as experiências quanto as recomendações de Corot, de Boudin e dos pintores de Barbizon. Entre estes, o mais radical ou desviante era Charles Daubigny, sobre quem Théophile Gautier chegara a escrever: "É realmente lamentável que este paisagista de sentimento tão autêntico, tão justo e natural, dê-se por satisfeito com uma *impressão* e seja tão descuidado com os detalhes. Seus quadros não passam de esboços [...] oferecem apenas manchas de cor justapostas" (*apud* Moreau-Nélaton, *Daubigny raconté par lui-même*).

IMPRESSIONISMO E PÓS-IMPRESSIONISMO | 347 **Im**

Na mesma época, o crítico de arte Castagnary fazia o seguinte comentário sobre outro adepto de Barbizon, Jongkind (*L'Artiste*, agosto de 1863): "Gosto muito, pois é um artista até as pontas dos dedos, e nele vejo uma sensibilidade rara e genuína. Nele, tudo consiste na *impressão* (Jongkind pintara duas telas tendo por tema Notre Dame, uma sob condições de intensa luz solar e outra enevoada, fazendo com que os contornos das paredes se dissolvessem em ambas). Assim, o termo "impressão", usado de maneira favorável (Boudin, Castagnary) ou contrária (Gautier), já circulava na década de 1860, referindo-se, mais do que a uma pintura direta ou ao ar livre (importante, mas pouquíssimo praticada por Degas), à técnica de composição. Sua ousadia encontrava-se no tratamento ou na forma da pintura, devotada agora à captação e transposição de sensações visuais imediatas. Para que isso ocorresse, optou-se por contornos fluidos e modelações simplificadas, pelo toque fragmentado do pincel, pelo abandono da preparação da tela e da técnica do →*sfumatto*, pelo subjetivismo perceptivo e pela vivacidade de cores. A aplicação destas deu-se de maneira pura, isto é, sem fusões com os brancos e os pretos. Conseqüentemente, a sensação imediata dos efeitos luminosos e das condições atmosféricas ganharam prevalência sobre a "construção" idealizada ou calculada de um acabamento posterior em estúdio.

Uma nova estética se consolida no café Guerbois. O Salão de 1865 contou com um corpo de jurados bastante renovado e, talvez por essa razão, aceitaram-se quadros de vários pintores jovens, alguns participando dele pela primeira vez, como Degas e Monet. Além destes, estavam Fantin, Pissaro, Manet, Renoir e Sisley. Cézanne, no entanto, continuou de fora. O mais aclamado de todos foi Monet, que apresentara duas marinhas, cabendo a Manet (com o hoje famoso *Olympia* e *Ecce Homo*) ataques generalizados de todos os críticos, pró ou contra as novas tendências. Já no ano seguinte, porém, as discussões reacenderam-se, em grande parte estimuladas por Zola. Amicíssimo de Cézanne, e prevendo sua desclassificação, o escritor redigiu três artigos virulentos contra o júri e a pintura acadêmica ("Meu Salão", para o jornal *L'Evénement*), reivindicando, além disso, a necessidade de retomar a mostra paralela dos recusados. A reação, embora não tenha sido intensa naquele ano, a não ser por cartas enviadas ao periódico, mostrou-se dura em 1867. Com exceção de Degas, Fantin-Latour e Whistler, os demais seguidores da corrente, então denominada "realista", foram eliminados.

Todas essas peripécias serviram, no entanto, para aproximar cada vez mais os artistas e seus admiradores. Entre 1866 e 1869, por insistência de Manet que o

havia descoberto, passaram a reunir-se no café Guerbois, local em que discutiam idéias e técnicas, partilhavam convicções, apesar de certas desavenças, e traçavam rumos de ação em conjunto. Um dos temas ali recorrentes parece ter sido o do tratamento das luzes e das sombras, que para alguns (Monet) deveriam ser separadas por tons abruptos, enquanto, para outros (Renoir), uma sombra projetada sempre incorporaria as tonalidades circundantes, os reflexos, exigindo-se a "coloração das sombras" (uma superfície líquida, por exemplo, poderia conter reflexos vermelhos de um telhado próximo, ou os tons escurecidos do casco de um barco). Outro assunto, inevitável – o de exporem em conjunto, tornarem-se respeitados e, obviamente, venderem suas obras. Mas o conflito com a Alemanha fez com que o grupo se dispersasse temporariamente. Alguns se alistaram, a maioria refugiou-se em países vizinhos e Bazille morreu em combate.

Após o término da guerra e a instauração da III República, no entanto, ocorreram fatos estimulantes para os antigos freqüentadores do Guerbois. O *marchand* Paul Durand-Ruel decidiu investir na compra de obras de Courbet (que participara ativamente da Comuna de Paris e se encontrava preso), dos paisagistas de Barbizon e dos opositores acadêmicos. Logo depois, em 1873, Durand fez preparar um grosso catálogo com as obras que adquirira, das quais 21 pertenciam a Manet, Monet, Pissaro, Sisley e Degas. Na apresentação, o crítico e poeta Armand Silvestre escreveu: "Ao olhar para a pintura desses artistas, o que primeiro nos impressiona é a carícia imediata que o olho dela recebe – antes de mais nada, é harmoniosa. Depois, o que a distingue é a simplicidade de seus meios. Descobre-se logo que todo o segredo consiste numa observação muito sutil e exata das relações entre os tons [...]. O que aparentemente deveria apressar o sucesso desses recém-chegados é o fato de seus quadros serem pintados em uma gama singularmente alegre. Uma luz dourada os inunda e tudo neles é alegria, claridade e festa primaveril". A aceitação do público amador cresceu também durante a "Exposição Artística das Obras Recusadas" daquele mesmo ano, evento que a nova república promovera para satisfazer as renovadas reclamações de outros jovens artistas, ainda inconformados com os critérios oficiais (para o Salão, apenas Berthe Morisot e Manet se inscreveram e expuseram, conseguindo o último comentários elogiosos por suas concessões aos "mestres antigos").

A opinião de Silvestre traduzia uma forte característica do impressionismo. Já antes da guerra, e superando os seus horrores e a violenta repressão à Comuna, a pintura moderna da época estimulava a evasão de problemas políticos e sociais e se recusava a comen-

IMPRESSIONISMO E PÓS-IMPRESSIONISMO

tar fatos históricos. Concentrava-se quase que inteiramente em sentimentos de prazer, individuais ou coletivos: no bucolismo das paisagens rurais, no prosaísmo sereno ou esfuzilante de cenas urbanas, em miragens de luzes e de reflexos aquáticos, em visões líricas e graciosas de mulheres (damas, bailarinas ou lavadeiras), nas atitudes e situações descontraídas de passeios e de piqueniques em parques públicos. Resumindo, corporificava nas telas as sensações modernas do instantâneo e da fugacidade.

As exposições. Recuperando um desejo já aventado nas reuniões de Batignolles, Monet relançou entre os amigos a idéia de uma exposição unificadora, mesmo que subvencionada pelo próprio grupo. Acreditava que com ela se desvencilhariam definitivamente do Salão e das atitudes do júri, ainda que este se mostrasse agora mais acessível. A proposta foi aceita com uma surpreendente exceção – a de Manet, entusiasmado com o sucesso obtido no Salão de 73 e temeroso de que aquela "aventura" lhe fechasse as portas da Academia (ele jamais exporia com os amigos).

Apesar das discussões acirradas sobre que artistas deveriam ser incluídos, constituiu-se por fim uma sociedade por cotas financeiras, regida por normas. Convites foram feitos a outros artistas, mais jovens ou da geração anterior, que pela técnica ou pelo fervor de seus sentimentos seriam bem-vindos à mostra. E assim se incorporaram à "aventura" personalidades como o velho Boudin, Armand Guillaumin e o gravurista Félix Bracquemond, num total de 29 participantes e 165 obras. A inauguração, divulgada pelos jornais da época, se deu no dia 15 de abril de 1874. Os meios acadêmicos e a maioria da crítica mostraram-se, mais uma vez, cáusticos e severos, com as esperadas exceções de Zola e Silvestre. Dez dias depois, o periódico humorístico *Charivari* publicava uma reportagem de Louis Leroy em que se registravam os comentários do crítico Joseph Vincent, convidado a visitar a exposição com o jornalista. Na saída, referindo-se a um guarda da mostra ali postado, Vincent o comparou a uma tela e assim resumiu suas observações: "Ele é suficientemente feio? De frente tem dois olhos, e um nariz e uma boca. O que os *impressionistas* não teriam sacrificado ao detalhe. Com tudo o que o pintor gastou de inutilidades nessa figura, Monet teria pintado vinte guardas municipais!" (o termo era a variação de um título dado às pressas por Monet a um de seus quadros: *Impressão, o Nascer do Sol*). Quanto à visitação, a mostra também se revelara um fiasco.

No ano seguinte, Monet, Renoir, Sisley e Morisot organizaram um leilão de suas obras no Hotel Drouot, mas os preços mais altos obtidos não ultrapassaram os cinqüenta dólares (para as telas de Morisot). Todas

essas dificuldades, no entanto, não impediram que o grupo insistisse na organização de novos eventos. Mas as desavenças pessoais entre os líderes começaram a se avolumar, fato registrado, por exemplo, pelo pintor Gustave Caillebote, que aderira ao movimento. Em carta a Pissaro, comentou: "Se existe alguém neste mundo que tem o direito de não perdoar Renoir, Monet, Sisley e Cézanne, esse é você, que passou pelas mesmas necessidades práticas que eles e não esmoreceu. Mas você é, na verdade, menos complicado e mais justo que Degas [...]. Ele tem quase uma mania de perseguição. Não é que pretende convencer as pessoas de que Renoir tem idéias maquiavélicas?". Assim, embora as exposições tenham continuado por mais sete anos (1876, 1877, 1879, 1880, 1881, 1882 e 1886), várias ausências, alternadas ou definitivas, estampavam os conflitos internos. O brilho consagrador dos salões oficiais ainda atraía a atenção de muitos membros, que para lá continuaram a enviar seus quadros. Respondendo a Durand-Ruel, que o convidara a expor em 82, Monet, por exemplo, foi claro a esse respeito: "Gostaria que você dissesse a esses cavalheiros que não pretendo deixar o Salão. Não faço isso por prazer, mas [...] para livrar-me desse estigma de revolucionário que me amedronta [...]. Delacroix estava certo ao dizer que um pintor deve buscar, a todo custo, todas as honras possíveis". Nas exposições subseqüentes, alguns nomes iriam mais tarde destacar-se na história da pintura, como o próprio Caillebote, a americana Mary Cassat, o simbolista Odilon Redon e, principalmente, Paul Gauguin (presente a partir de 1879, ainda como aluno de Pissaro), Georges Seurat e Paul Signac (que participaram da última).

Apesar dos enormes embaraços ao seu reconhecimento, o impressionismo tornou-se a matriz de onde brotaram as rupturas mais completas da pintura do século XX. Intuitivamente, Gauguin já previa essas grandes metamorfoses em 1885, quando escreveu para seu amigo e pintor Émile Schuffenecker: "Os jovens que nos sucederão serão ainda mais radicais, e você vai ver que, dentro de dez anos, nosso extremismo só será visto como tal com relação ao nosso próprio período".

Conseqüências ou pós-impressionismo. Com a chegada dos jovens Seurat e Signac, logo seguidos com entusiasmo por Pissaro e por Maximillien Luce, a técnica impressionista passou por uma primeira modificação já em meados da década de 1880. Deixava de ser "romântica" (como a ela se referiu o mais velho dos três), para absorver as teorias científicas das cores, propostas pelo químico Michel-Eugène Chevreul e pelo físico Ogden N. Rood. Essas pesquisas afirmavam não haver na natureza uma "cor em si", a chamada "cor local", mas, sim, o fenômeno dos contrastes simultâneos. Por essa razão, a pintura poderia ser elaborada sob duas formas: com a *cor-matéria*, obtida pela mistura antecipada de cores na paleta, e a *cor-luz*, conseguida pela justaposição bem próxima, e diretamente na tela, de cores puras, a serem fundidas pelo olho do espectador.

Se as experiências tonais dos impressionistas tinham um forte componente subjetivo ou espontâneo, Seurat e Signac decidiram-se pela cor-luz, a das cores prismáticas, isto é, decompostas em tonalidades puras. Caberia então ao observador, colocado a uma distância conveniente, refazer as correspondências de cores. Em uma carta ao crítico Félix Fénéon, dizia Seurat ser indispensável "a pureza do elemento espectral como a pedra de toque da técnica", a "fórmula de uma pintura ótica". Para isso, limitou sua paleta às quatro cores fundamentais (azul, vermelho, amarelo e verde) e a seus tons intermediários (azul-violeta, violeta, violeta-vermelho, vermelho-laranja, laranja-amarelo, amarelo-verde, verde-azul). A importância dos efeitos luminosos, antes instintivos, ganhou então um caráter disciplinado. A primeira tela que realmente demonstrou as novas perspectivas – *Tarde de Domingo na Ilha da Grande Jatte* – foi precedida por vários estudos, levados para a exposição da Sociedade dos Artistas Independentes, em 1884. A decomposição prismática vinha realizada pelo emprego de pinceladas bastante reduzidas, na forma de pontos e vírgulas. Daí os termos "pontilhismo" ou "divisionismo" a ela atribuídos. Com os pontilhistas, renunciava-se ao contorno e ao empaste, já que este último tende a fundir ou emendar as cores.

Dois anos depois, naquela que foi a última exposição com apenas três pintores da velha guarda (Degas, Morisot e Pissaro), Fénéon publicou um folheto no qual distinguia com bastante clareza o que ele mesmo chamou de *neo-impressionismo*, acrescentando que a nova tendência tinha boas possibilidades de superar a estética anterior.

A descoberta dos impressionistas e dos neo-impressionistas abriu também um novo caminho para Vicent Van Gogh, em cuja pintura ainda prevaleciam cores muito escuras. A admiração que sentiu por Millet e por Delacroix e os contatos mais estreitos mantidos com Pissarro, Signac e Gauguin o transformaram definitivamente. Não que os copiasse, mas com eles descobria seu próprio destino. Em 1888, trocou Paris pela Provença (Arles), terra de contrastes luminosos e das plantações de flores, de onde escreveu ao irmão Theo: " [...] não me surpreenderia se dentro em pouco os impressionistas criticassem a minha maneira de trabalhar [...] porque, em lugar de tentar reproduzir exatamente o que tenho diante dos olhos, uso as cores de

uma forma *arbitrária*, de modo a expressar-me com toda a força [...]. Gostaria de pintar o retrato de um amigo artista, um homem que sonha grandes sonhos [...]. Para terminá-lo, vou passar a ser um colorista arbitrário. Exagero a cor do cabelo, chego a colocar tons laranja, amarelo-cromo e amarelo-limão pálido". Pouco antes, havia explicado ao amigo Émile Bernard (pintor e crítico de arte) os seus sentimentos no momento de pintar: "Minha pincelada não tem qualquer sistema. Eu ataco a tela com toques irregulares do pincel, que deixo como saem. Empastes, pontos da tela que ficam descobertos, aqui e ali pedaços inacabados, repetições, brutalidades [...]". Sua personalidade ao mesmo tempo mística e excitável, apaixonada e retraída, próxima da misantropia, conduzia-o a uma obra figurativa invulgar e poderosa, em que as cores, inflamadas pelo empaste, serviam como expressões apaixonadas de suas idiossincrasias. Raramente apreciado em sua época, salvo por amigos mais próximos, foi recuperado pelos simbolistas, que dele o fizeram um precursor. Entre os primeiros a assim proceder estava o crítico deste nascente movimento, Albert Aurier, que lhe dedicou um encomiástico artigo no *Mercure de France*, no mesmo ano de sua morte (1890).

Quanto ao impressionismo aplicado à música, →*Música erudita no século XX.*

INATISMO. Doutrina filosófica segundo a qual existem conhecimentos verdadeiros inatos no ser humano, isto é, não-adquiridos ou provenientes da experiência. Por esse entendimento, os princípios racionais de verdade – as idéias verdadeiras – já se encontram inscritos na própria inteligência ou capacidade intelectiva. O primeiro filósofo a defender o inatismo foi Platão, valendo-se da teoria da *anamnese* ou reminiscência. Na obra *Mênon*, por exemplo, Platão estabelece um diálogo entre Sócrates e um escravo ignorante em geometria. Por meio de perguntas lógicas e bem encadeadas, o escravo vai aos poucos refazendo as demonstrações de um teorema de Pitágoras, fato que Platão atribui à recordação de verdades já percebidas, animicamente (pela alma), em vidas passadas: "Como a alma é imortal e nasceu muitas vezes, e viu todas as coisas, tanto aqui como no Hades, nada há que ela não tenha aprendido: de modo que não espanta o fato de que possa recordar, seja em relação à virtude, seja em relação a outras coisas, o que antes sabia". Se não fosse possível recordar as idéias adequadas aos fenômenos reais, não haveria maneira de distingui-las daquelas que nos induzem ao erro ou falsidade. Também os estóicos adotaram o inatismo das representações verdadeiras – a luz natural – que podem, no entanto, ser modificadas pela experiência cotidiana. Por isso, afirma Cícero: "A natureza deu-nos minúsculas centelhas e nós, cedo estragados por maus costumes e por falsas opiniões, apagamo-las todas, de tal modo que fazemos desaparecer a luz da natureza. Na verdade, em nossa índole, são inatas as sementes da virtude, e se lhes fosse possível desenvolver-se, a própria natureza nos guiaria para uma vida feliz" (*Tusculanas*, ou *Controvérsias de Túsculo*). A retomada do inatismo ocorreu com mais vigor no Renascimento, sobretudo com Descartes e Leibniz. Descartes distinguiu três tipos de idéias, considerando absolutamente racionais as inatas. São aquelas dadas naturalmente por Deus ao ser humano e que não provêm dos sentidos ou da experiência, como as que estabelecem as relações matemáticas (abstratas, não-sensoriais) ou mesmo a idéia do próprio pensar (o "penso, logo existo", que nos é claro e distinto, ainda que nada mais pudéssemos perceber). As demais são as fictícias (criadas pela imaginação ou pela fantasia) e as adventícias (as que emanam "de fora", da experiência, como as formadas pelas sensações e recordações). Leibniz também admitiu a existência de representações inatas no espírito, as "verdades de razão" – aquelas que, elaboradas em abstrato, revelam-se ao mesmo tempo simples e impositivas: como as de causa, de substância ou as de algo uno, a do todo maior que a parte. Essas noções correspondem a uma capacidade intrínseca do intelecto. Ao mesmo tempo, existem as idéias formuladas a partir da experiência – as "verdades de fato", dependentes de uma causa particular. Mais tarde, Kant estabeleceu uma ponte entre o racionalismo inatista e a corrente contrária do →*empirismo*. →*Criticismo*.

INCONSCIENTE. Já no início do século XVIII, Leibniz fazia referência a percepções que "formam o não-sei-quê, os gostos, as imagens das qualidades sensíveis, claras no conjunto, mas confusas nos detalhes, as impressões que os corpos que nos rodeiam exercem sobre nós e que envolvem o infinito, os vínculos que cada ser tem com o restante do universo" (*Novos Ensaios sobre o Entendimento Humano*). Esse caráter "inconsciente" que nos afeta sensivelmente foi entendido por Schopenhauer como a mais expressiva marca da Vontade, ou seja, desse impulso poderoso e incognoscível do "querer-viver", manifestada "na força cega da natureza e que também se encontra na conduta razoável do homem" (*O Mundo como Vontade e Representação*). Pela mesma época, o romantismo exaltava o papel do inconsciente como fonte de imagens mentais, de criação artística, de paixões e de intuições espirituais acima ou além da consciência. Por volta de 1860, o psiquiatra alemão Wilhelm Griesinger afirmava que a maioria dos processos psicológicos doentios decorria de atividades inconscientes, no sentido de que os distúrbios da consciência provinham de represen-

tações que o indivíduo não conseguia assimilar e com elas conviver. Mas o conceito de maior repercussão foi proposto por Sigmund Freud em 1896, quando passou a distinguir, para o aparelho psíquico, três zonas diferenciadas: a da consciência, a da pré-consciência (correspondendo a pensamentos latentes, mas recuperáveis pela memória) e a da inconsciência (a região e os materiais aos quais a consciência não teria acesso). Quase dez anos depois, em 1917, Freud escreveria que a primeira premissa da psicanálise "é que os processos psíquicos são em si mesmos inconscientes e que os processos conscientes são apenas atos isolados, frações da vida psíquica total". Assim, na história do indivíduo, tudo é, de início, inconsciente. A partir das relações que ele estabelece com o mundo exterior formam-se então os sistemas de pré-consciência e de consciência. Durante esse processo de construção psicossocial, o inconsciente recebe novos conteúdos, podendo-se dizer que há um inconsciente "inatamente presente desde a origem" e outro "adquirido no decurso do desenvolvimento do ego". Para Freud, as principais características do sistema inconsciente são: a inexistência de contradições lógicas internas, a mobilidade permanente de investimento das energias, a intemporalidade de suas manifestações e a substituição da realidade externa por outra interna. Com essa formulação, o inconsciente deixava de ser um oposto dos fatos e percepções conscientes para se tornar ou ser visualizado como vasto reservatório de pulsões, instintos e paixões da vida humana, sobre o qual a consciência (agora a camada mais delgada do aparelho psíquico) deve agir para evitar conflitos destruidores. A possibilidade de perceber os processos inconscientes é dada pela análise dos sonhos, das transferências e dos sintomas neuróticos, ou seja, os sinais de que algo recalcado ou sublimado foi forjado para substituir o que não pôde se manifestar espontaneamente. A noção de Id é herdeira direta da concepção de inconsciente.

INCRUSTAÇÃO. Em artes decorativas, a inserção ou o embutido de pequenas peças de um material em outro maior. Na marchetaria, por exemplo, a incrustação de pedaços de madeira, madrepérola, metal ou marfim em móveis ou objetos decorativos e/ou utilitários de madeira. Na tauxia, a inserção de metais em objetos de metais, que também recebe o nome específico de damasquinagem quando se trata de armas. →*Nigelo*.

INCUNÁBULO. Livro impresso após o aparecimento dos tipos ou caracteres móveis criados por Gutenberg, durante o século XV. A palavra significa origem, berço, daí ter sido atribuída às obras do início da tipografia. →*Livro*.

INDÍGENA, ARTE. →*Arte indígena*.

INDUÇÃO. →*Razão*.

INSPIRAÇÃO. Em sentido figurado, a inspiração artística já foi nomeada como um fluxo pelo qual um "ser está habitado pelos deuses". Para os antigos, sobretudo, o poeta não seria aquele que fala na posse única de suas faculdades, mas penetrado por uma potência espiritual divina, cuja energia é transportada pelas →musas. Eis por que Homero ou Virgílio invocam o concurso das musas inspiradoras no início de seus poemas épicos. Entre os relatos míticos gregos, havia também o de Pégaso, o cavalo alado, que, com um coice sobre a rocha, fez nascer a fonte de Hipocrene, jorro de inspiração poética. Aqui, o mito reúne as idéias de força de arrasto das águas com o de vôo livre e celeste. Também por servir como habitação de Deus, a tradição judaico-cristã somente aceitou como seus profetas e textos canônicos aqueles em que seus exegetas pressentiram a presença sobrenatural. Nestes casos, a inspiração assemelha-se a uma "necessária e nobre alienação", capaz de fazer transcender os limites meramente humanos dos sentidos e das percepções. A partir dos fins do período renascentista, no entanto, a idéia análoga de →gênio, ou seja, a de alguém dotado de uma capacidade subjetiva extraordinária, passou a concorrer com a de inspiração. Logo, à "passividade" do artista que então servia de morada impôs-se a de "ação pessoal", a de uma tendência inata para a expressividade poética, criadora, que tanto por ser feliz e serena como, ao contrário, angustiante e febril. Assim, para Paul Verlaine ou Alain, se os deuses fornecem o primeiro verso, cabe ao poeta operar todos os demais, em conformidade com sua lucidez, sensibilidade, inteligência e determinação para o trabalho. O artista tornou-se então um "artífice", e o que se denomina inspiração deixa de ser um início ou ponto de partida, para se converter em obra final, em resultado de um esforço. Com os surrealistas, no entanto, a idéia de inspiração retornou àquela de receptáculo, não divino, mas de todos os sentimentos instintivos e irracionais. Como a definiu Louis Aragon, "é a disponibilidade para o mais autêntico do espírito e do coração humano, para o surreal". Ou ainda, segundo Paul Valéry, ao descrever seu próprio sentimento criativo, a inspiração seria uma transposição, em palavras, de uma intuição rítmica orgânica, em princípio inefável e sem intenção prévia: "Não sei que canto eu murmurava, ou melhor, que se murmurava através de mim" (*Poesia e Pensamento Abstrato*). Sob outro ponto de vista, já de teor estruturalista, pode ainda a inspiração ser um "chamado" ou exigência intrínseca de uma linguagem artística – o pictural da pintura, a musicalidade da música, a literalidade da literatura etc. Esta acepção, por exemplo, é a de Maurice Blanchot, para quem o artista representa "o lugar vazio e animado no qual ecoa o apelo da obra".

Por conseqüência, é a obra que se revela inspirada, e não propriamente o seu autor. Daí os graus variados de inspiração de um mesmo artista, relativamente às suas criações, assim como a possibilidade de comunhão do receptor (ouvinte, leitor, espectador) diretamente com a obra, pois, em princípio, a genialidade ou a inspiração do artista só poderia ser plenamente receptiva a pessoas dotadas de iguais faculdades ou sensibilidades.

INSTALAÇÃO. Obra de arte tridimensional e espacializada, ou seja, que estabelece uma relação formal com o ambiente no qual se encontra (seja ele arquitetônico ou natural), constituída, normalmente, por elementos avulsos ou diferenciados que se associam: objetos, volumes, superfícies coloridas, zonas espaciais e projeções. Ao contrário das obras plásticas tradicionais, de atenção única ou centrada (quadro, escultura, fotografia), a instalação fragmenta a percepção e sua unidade estética acaba por reunir ou exigir o concurso de mais de um sentido: além da visão, o tato ou a audição, por exemplo. Os *ready-made* – objetos prontos ou previamente disponíveis, mas deslocados de sua função precípua ou utilitária – elevados à condição de objetos artísticos por Marcel Duchamp, encontram-se na origem desta manifestação, bastante difundida na segunda metade do século XX, e característica da assim chamada "pós-modernidade". No entanto, pode-se atribuir ao "espacialismo" do artista plástico italiano Lucio Fontana o embrião mais definido dessa nova categoria de artefato estético. De acordo com os manifestos Blanco (1946) e Técnico (1947) do movimento, pretendia-se "transcender a área da tela ou o volume da estátua", tendo-se por objetivo acrescentar dimensões extras, ou seja, proporções de um espaço arquitetônico, além de incorporar as novas tecnologias que então se disseminavam, como a televisão e o neon. No mesmo ano do segundo manifesto, Fontana criou um ambiente iluminado por filamentos de neon, tendo como intuito "emoções plásticas e emoções cromáticas projetadas no espaço". A idéia desta "arte ampliada" foi levada adiante, na década de 1960, pelo movimento Fluxus e por um dos seus mais destacados participantes, Joseph Beuys. A multiplicidade de formas, de materiais empregados e de efeitos plásticos é tão grande que, em comum, as instalações constituem "algo que ocupa um espaço, pretendendo remeter-se a uma idéia exterior". Habitualmente, contém mais de um suporte ou técnica, podendo conjugar elementos pictóricos, plásticos, objetos naturais, fabricados ou imagens eletroeletrônicas (→*Vídeo e videoarte*, →*Arte digital*. Em certos casos, a instalação requer um "percurso" a ser completado pelo espectador para a obtenção dos efeitos sensíveis ou cognitivos que se propõe. Por suas características de *assemblage*, cujos elementos devem ser montados e desmontados para cada exposição em particular, a instalação tende a ser mais efêmera que a pintura, a gravura ou a escultura, e menos comercial que estas últimas. A instalação é um derivativo da chamada "estetização da vida cotidiana" (→*Arte no século XX*, →*Estética*, →*Modernismo e pós-modernismo*) que, entre outras concepções, defende a idéia de que a arte pode ser "qualquer coisa", estar em "qualquer lugar", ou constituir-se em algo volitivamente transitório, desde que contenha uma forma destinada a produzir sensações.

INSTRUMENTOS DE CORDA. Também chamados *cordófonos* ou *cordofones*, constituem os instrumentos musicais cujos sons são produzidos pela vibração de cordas elásticas, estimuladas por: *a*) percussão (piano); *b*) pressão tátil ou beliscamento (harpa, cravo, guitarra ou violão, viola, contrabaixo); *c*) fricção de arco (violino, viola, violoncelo). As cordas constituem a base de uma orquestra na música erudita (ou no tratamento orquestral de obras populares). Principalmente os violinos, as violas, os violoncelos e contrabaixos. Os instrumentos de corda fazem parte de uma das quatro classificações propostas por C. Sachs e E. M. Hornbostel na obra conjunta *Zeitschrift für Ethnologie* (*Revista de Etnologia*, 1914). →*Instrumentos de sopro* e →*Instrumentos de percussão*.

INSTRUMENTOS DE SOPRO. Tecnicamente chamados *aerofones*, são aqueles em que o som provém da vibração do ar dentro de um tubo sonoro. Podem ser de madeira ou de metal, contendo tubos retos (os primeiros) ou curvos (os segundos). A extremidade sobre a qual o instrumentista sopra o ar é chamada bocal. A oposta, de saída, em forma de sino, denomina-se campânula. O volume de ar entre o bocal e a campânula, bem como o material de que é feito o instrumento determinam o seu timbre característico. Ao longo dos instrumentos chamados de "madeira" (com ela eram fabricados inicialmente, não hoje), há uma série de orifícios controlados por chaves e alavancas. O instrumentista, ao abrir ou fechar os orifícios, modifica o comprimento da coluna de ar, alterando a nota e sua altura (o agudo, o grave ou o médio). Exemplos: flauta, flautim, oboé, fagote, contrafagote, clarineta, clarineta baixo e corne inglês. Quanto aos de metal propriamente ditos, são os que caracterizam o seu timbre pelo comprimento do tubo, geralmente curvo, e o uso de pistons, válvulas ou de varas: trompete, trombone, tuba, trompa e saxofones, como exemplos. Quanto mais comprido o tubo, mais graves serão os sons da escala. A mudança dos sons ou notas depende ainda da força de compressão dos lábios do executante. Maior compressão, mais agudo o som emitido, e vice-versa. →*Instrumentos de corda* e →*Instrumentos de percussão*.

INSTRUMENTOS DE PERCUSSÃO. São os instrumentos musicais cujos sons, ou mesmo ruídos, são produzidos pela batida, sacudimento ou fricção de objetos, como os *idiófonos* (os que repercutem por sua própria substância, como pratos, triângulos, maracas e xilofone), ou ainda pela batida das mãos e dedos sobre a superfície de peles esticadas de um ressoador (bumbos, tambores, caixas e surdos). Estes últimos são ainda chamados de *membranófonos*. O grupo maior dos instrumentos de percussão é desprovido de sons ou notas definidas. Logo, sem possibilidade melódica, e sim, fundamentalmente rítmica: bumbo, caixa, pratos, triângulo, pandeiro, castanhola, matraca ou o gongo. Outros, no entanto, são capazes de tocar pelo menos uma ou algumas notas definidas (além do simples ruído dos exemplos anteriores). Ou seja, possuem qualidades melódicas rudimentares: tímpano, carrilhão de metais, xilofone, sinos de orquestra e celesta. →*Instrumentos de corda* e →*Instrumentos de sopro*.

INTELECTO. Do grego *nous*, pelo latim *intellectus*, consiste, genericamente, na faculdade de pensar, de raciocinar e entender; daí ser chamado, mais comumente na modernidade, de entendimento. O intelecto é a capacidade espiritual de selecionar, distinguir e "ler por dentro" (*intus legere*), diferenciando-se não apenas dos sentidos, isto é, da sensação-percepção externa das coisas e fenômenos, como também da vontade e dos apetites ou instintos naturais. Assim, é por seu intermédio que se passa do concreto ou singular ao abstrato, ao conceito, formulando os princípios das demonstrações, dos juízos e das finalidades da ação humana.

INTELECTUAL. Em seu ensaio sobre *Os Intelectuais e a Organização da Cultura*, escreve Gramsci que, "em qualquer trabalho físico, mesmo no mais mecânico e degradado, existe um mínimo de qualificação técnica, isto é, um mínimo de atividade intelectual criadora [...]. Todos os homens são intelectuais, poder-se-ia dizer então; mas nem todos os homens desempenham na sociedade a função de intelectuais. Quando se distingue entre intelectuais e não-intelectuais, faz-se referência, na realidade, tão-somente à imediata função social da categoria profissional dos intelectuais, isto é, leva-se em conta a direção sobre a qual incide o peso maior da atividade profissional específica, se na elaboração intelectual ou se no esforço muscular-nervoso". A partir desta concepção, pode-se dizer que o âmbito do trabalho intelectual é aquele devotado, fundamentalmente: *a*) à produção e disseminação de conhecimentos teóricos ou de caráter conceitual sobre as diversas realidades físicas, sociais ou espirituais-religiosas; *b*) à transformação ou aplicação desses conhecimentos em ações práticas ou técnicas ordenadas, no interior de relações sociais, políticas e econômicas (genericamente culturais); *c*) à produção de obras simbólicas ou representativas nas quais se unem o entendimento e a imaginação subjetiva (o mundo da arte). A história das funções e das camadas intelectuais teve início com a constituição de atribuições sociais separadas do trabalho manual direto, como as requeridas pelas primeiras burocracias estatais (os escribas egípcios, por exemplo), as exercidas pelas classes sacerdotais dos impérios antigos, pelos profetas hebreus, pelos filósofos, sofistas, poetas, historiadores e dramaturgos gregos, por retores, juriconsultos e literatos latinos, entre outros. Após o esfacelamento do mundo antigo, a figura e o conceito característicos do intelectual no Ocidente só foram recompostos com o desenvolvimento das cidades medievais e o renascimento cultural carolíngio. Nas palavras do historiador Jacques Le Golf (*Os Intelectuais na Idade Média*), "No princípio havia as cidades. O intelectual da Idade Média, no Ocidente, nasce com elas. É com sua expansão, ligada ao comércio e à indústria – digamos modestamente artesanato – que ele aparece, como um daqueles homens de ofício que se instalam nas cidades onde se impõe a divisão do trabalho [...]. Um homem que tem por ofício escrever ou ensinar – mais precisamente as duas coisas ao mesmo tempo – um homem que, profissionalmente, tem uma atividade de professor e de sábio – em resumo, um intelectual – este homem não aparece senão com as cidades. Não o encontramos verdadeiramente senão no século XII", época da fundação das universidades (com seus corpos docente e discente), das discussões teológicas da escolástica e de expansão das artes liberais (→*Arte medieval* e →*Livro*). Além das lutas empreendidas pelos acadêmicos medievais contra os poderes seculares da época, a reivindicação da independência do trabalho intelectual foi marcada, já no período moderno, pelo movimento iluminista, nos quais as camadas pensantes e artísticas assumiram a vanguarda dos valores burgueses. São exemplos dessa requisição o *Ensaio sobre as Pessoas de Letras*, de D'Alembert (1753), em que se recusa o papel do intelectual como mero cortesão dos círculos nobiliárquicos, e *Algumas Lições sobre a Definição dos Sábios*, de Fichte (1794), as quais reiteram a necessidade de autonomia dos professores universitários e a livre circulação dos saberes. O texto de Fichte contrapunha-se, de certa maneira, às opiniões de Edmund Burke a respeito dos "homens de letras", em sua obra sobre a Revolução Francesa. Ali, Burke demonstrava sua aversão à participação de intelectuais na condução da política, dada a facilidade com que esta elite adotava posições radicais, "corrompendo" as classes populares. Para ele, os dirigentes burgueses deveriam, no poder, afastar aquelas alas mais críticas. Como ter-

mo específico, no entanto, a modificação do adjetivo para substantivo foi realizada quando, em janeiro de 1898, surgiu na imprensa francesa o *Manifesto dos Intelectuais*, panfleto em defesa da revisão do rumoroso processo Dreyfus. Assim se autoproclamaram os seus assinantes, entre eles Zola, Proust, Anatole France e os irmãos Halévy (Élie, filósofo e historiador, e Daniel, historiador). Segundo Gramsci, ainda haveria, modernamente, dois tipos básicos de intelectuais: os históricos, continuadores desta longa seqüência de estudos e de disputas da alta cultura, e que se pretendem autônomos, isto é, comprometidos antes de tudo com as raízes e as ramificações desta tradição generalista – filósofos, acadêmicos e pesquisadores de todos os matizes, literatos, ensaístas de cultura ou artistas – e os orgânicos, intelectuais mais próximos da especialização e que são gerados pelas classes socioeconômicas ligadas ao mundo da produção, ocupados em refletir teoricamente, arregimentar e conjugar meios e fornecer uma consciência de suas funções sociopolíticas e culturais – cientistas aplicados, dirigentes, administradores e técnicos de empresas privadas e órgãos do poder público, magistrados, sindicalistas, jornalistas. Em ambos os casos, no entanto, os vínculos dos intelectuais com a esfera eminentemente produtiva, aquela da geração concreta das riquezas materiais, ocorrem de modo "mediatizado", quer dizer, no interior de organismos da sociedade civil ou do Estado que formam a "superestrutura ideológica" – escolas, universidades, empresas e institutos de pesquisas, entidades artístico-culturais, associações sindicais e partidárias, meios de comunicação de massa. Na relação entre esses tipos, verifica-se que "Uma das mais marcantes características de todo grupo social (ligado ao mundo da produção) que se desenvolve no sentido do domínio (político) é sua luta pela assimilação e pela conquista 'ideológica' dos intelectuais tradicionais, assimilação e conquista que são tão mais rápidas e eficazes quanto mais o grupo em questão elaborar seus próprios intelectuais orgânicos". Um dilema permanentemente enfrentado pelos grupos intelectuais, sobretudo os históricos, é o da participação ou não naqueles problemas políticos cruciais de seu tempo. Participação que pode conduzir a limitações ou contradições entre, de um lado, princípios e critérios teóricos e, de outro, a realização prática do esforço efetuado. Oposições entre a autonomia do juízo e a submissão aos poderes reais. Como lembra Weber, "Com efeito, uma coisa é tomar posição política prática, e outra é analisar cientificamente as estruturas políticas e as doutrinas dos partidos [...]. Por que razões, em essência, devemos abster-nos? Ora, não se pode demonstrar a ninguém aquilo em que consiste o dever de um professor universitário. Dele nunca se poderá exigir mais do que a probidade intelectual ou, em outras palavras, a obrigação de reconhecer que constituem dois tipos de problemas heterogêneos; de uma parte, o estabelecimento de fatos, a determinação das realidades lógicas ou a identificação das estruturas intrínsecas dos valores culturais e, de outra parte, a resposta a questões concernentes ao valor da cultura e de seus conteúdos particulares ou a questões relativas à maneira como deveria agir na cidade e em meio a agrupamentos políticos" (*Ciência como Vocação*). Por fim, vale como advertência a seguinte consideração de Eric Hoffer a respeito do *Intelectual e as Massas*: "O intelectual vai às massas em busca de peso e de papel de liderança. Ao contrário do homem de ação, o homem de palavras precisa da sanção de ideais e do encantamento das expressões a fim de agir com força. Quer liderar, comandar e conquistar, mas precisa sentir que, ao satisfazer essas fomes, ele não se prende a nenhum eu mesquinho. Precisa de justificativa e a procura na realização de um desígnio grandioso, no solene ritual de transformar a palavra (ou a imagem) em carne. Assim, luta pelos desvalidos e deserdados, pela liberdade, igualdade, justiça e verdade; mas, como salientou Thoreau, a amargura que o anima não é, principalmente, 'sua simpatia pelos companheiros de miséria, embora sejam os mais sagrados filhos de Deus – é o seu sofrimento pessoal'. Uma vez sanado o seu 'sofrimento pessoal', o ardor do intelectual pelos desprivilegiados esfria consideravelmente. Pois sua estrutura mental é essencialmente aristocrática. Como Heráclito, ele está convencido de que 'muitos são os pequenos; apenas poucos são nobres'". →*Intelligentsia, intelligentzia*.

INTELLIGENTSIA, INTELLIGENTZIA. **1.** Transcrição do termo russo (*inteligensiya*) que passou a designar, a partir do século XIX, os indivíduos de instrução superior, formadores de camadas ou de grupos socioculturais relativamente coesos – filósofos, ensaístas, críticos, romancistas, poetas, dramaturgos, cineastas – que exercem o papel de analistas de uma sociedade, influenciando, de maneira ativa e persistente, a consciência geral da opinião pública e os movimentos políticos, sociais ou artísticos de uma época, tenham eles perspectivas reformadoras, revolucionárias ou conservadoras. O vocábulo foi introduzido pelo romancista russo P. D. Boborykin e logo difundido por Turguêniev. **2.** A "classe" cultural que, em decorrência de uma continuada educação, detém os conhecimentos científicos, técnicos, artísticos e de ciências humanas, desenvolvendo um estilo de vida e de consumo próprios. Para certos teóricos sociais, como Alvin Gouldner, essa nova classe intelectual ganha importância na condução das estruturas pós-industriais, defendendo, ao mesmo tempo,

a integração social das "classes manuais" e a elitização dos saberes. →*Intelectuais*.

INTERLÚDIO. **1.** No período de transição do teatro medieval para o renascentista, consistia em um diálogo jocoso entre dois atores, durante os intervalos de uma peça – mistérios e moralidades – com intuito de pura diversão. Na época, empregava-se a expressão latina *ludus inter personas*, ou ainda, *inter ludus personas* (jogo ou divertimento entre personagens). **2.** Em música e em artes cênicas, é uma peça instrumental curta, inserida entre as partes principais de uma composição maior, que serve de passagem, transição ou mesmo síntese das anteriores (em uma ópera, balé ou cantata, por exemplo), ou, de maneira independente, entre os atos de um espetáculo teatral ou coreográfico. →*Intermezzo*.

INTERMEDIA EVENT. →*Happening*.

INTERMEZZO. **1.** De origem italiana (no meio), designava, no século XVI, uma composição de divertimento musical, inserida entre as partes de uma peça considerada séria ou principal. **2.** Na França do século XVII, era assim chamada uma pequena obra musical que tanto podia ilustrar como ser executada sem vínculos com a trama ou enredo de uma peça de teatro, às vezes servindo para uma coreografia ligeira, de balé (recurso utilizado por Molière). **3.** Pela mesma época, o *intermezzo* foi transformado em quadro humorístico ou de distensão da ópera séria ou trágica, sendo igualmente cantado e introduzido antes do desfecho de um ato, o que propiciou o aparecimento da ópera bufa (→*Ópera*). **4.** O mesmo que →*interlúdio*. **5.** Na literatura dramática, um tipo de *intermezzo* é o →*entremez*.

INTERPRETAÇÃO, INTÉRPRETE. O ato de interpretar refere-se ao deciframento e à comunicação de estruturas simbólicas previamente elaboradas e de seus significados, com o intuito de tornar inteligíveis a forma e o conteúdo de uma obra, código, discurso ou expressão sensível. Ela se realiza como uma operação de segundo grau (sendo o primeiro a produção original), mas ainda assim criadora, dados os aspectos de seleção subjetiva que o intérprete transmite. Para Charles Peirce, a interpretação está submetida a um processo triádico, isto é, constituído por um signo, por seu objeto e pelo interpretante (aquilo que estabelece a relação entre o signo e o objeto). Mas, além de ser um ato mental (como entendida anteriormente), é também um "hábito de ação", uma resposta que o intérprete dá ao signo, à mensagem ou ao estímulo recebido. Essa resposta não seria nem necessária (uma só forma ou maneira), nem arbitrária, mas dependente de sistemas culturais, de convenções ou mesmo de épocas. De maneira prática, é possível distinguir três modos de interpretação: *a*) a tradução, que consiste na transferência ou transposição das formas e dos significados lingüísticos de uma língua para outra (de um código lingüístico para outro). Ela se apresenta, inicialmente, como trabalho de →leitura e de intelecção (decomposição), para, em seguida, converter-se em recombinação das estruturas formais e significativas (o "duplo" do texto). De modo genérico, a tradução poética impõe dificuldades adicionais ou exige cuidados de maior sutileza pelo caráter opaco ou menos transparente da escritura. Ela pode seguir um modelo literal, baseado na lógica estrita dos sentidos e dos encadeamentos das palavras, ou, mais modernamente, como sugeriu Paul Valéry, apoiar-se num processo analógico, pelo qual se dá preferência a uma recomposição mais livre, mas que encontre, na língua para a qual será vertida, uma conjugação semelhante de som e de sentido originais; *b)* a explicação dos conceitos ou idéias que fundamentam e envolvem o material a ser interpretado (→*Crítica,* →*Hermenêutica,* →*Exegese*). Na definição de Heidegger, relativamente a esse aspecto, significa "desenvolver as possibilidades projetadas na compreensão"; *c)* a execução ou a demonstração, em ato, de uma criação simbólica e de natureza artística, mas previamente concebida – os trabalhos do músico, do ator, do bailarino etc. Em qualquer dos casos, o/a intérprete é o agente do deciframento e da comunicação. Com referência ainda ao trabalho dramático, a interpretação pode variar entre dois extremos. De um lado, ela pode submeter-se às evidências do texto, ou seja, aos sentidos explícitos e previamente oferecidos pelo autor; de outro, pode corresponder a um entendimento ou perspectiva particular do encenador, ou mesmo do ator, quando se toma o texto como ponto de partida para a atribuição de formas e significados imprevistos, aduzindo ou incorporando outros sentidos, de maneira a aplicá-los ao tempo presente. Sob outro ponto de vista, a interpretação também significa a adequação de uma análise a um modelo explicativo prévio. Caso, por exemplo, da seleção de certas características fortes de acontecimentos ou de períodos históricos que os expliquem ou os tornem compreensíveis – interpretação econômica, das idéias e mentalidades etc.

INTERSECCIONISMO. Forma de construção poética sugerida por Fernando Pessoa, para a qual se lança mão de pares opostos de percepções ou se cruzam sentimentos presentes e memórias longínquas, visões imediatas e recordações, o real e o sonhado, tendo como resultado cor
nhas. Assim, lê-se em *Chuva Oblíqua*: "Ilumina-se a igreja por dentro da chuva deste dia / E cada vela que se acende é mais chuva a bater na vidraça". Também seu amigo e poeta Almada-Negreiros utilizou-se deste recurso em suas obras, como *Saltimbancos* e *A Engomadeira.*

INTERTEXTO, INTERTEXTUALIDADE. →*Texto.*

INTERVALO. **1.** Termo de música que se refere à "distância" entre dois sons de alturas diferentes, emitidos em seqüência ou simultaneamente. No primeiro caso, tem-se um intervalo melódico; no segundo, um intervalo harmônico. Os intervalos harmônicos dividem-se, por sua vez, em consonantes e dissonantes (→*Acorde*). Partindo-se, no piano, do dó central (tecla branca), o menor intervalo de altura é o dó sustenido ou ré bemol, situado na tecla preta entre o dó e o ré. Essa menor distância é chamada semitom ou meio-tom. Mas, se a seqüência escolhida for dó e ré (as duas teclas brancas), o intervalo de altura é de um tom. A identificação do intervalo é dada pelo número de sons que ele engloba, entre a nota mais grave e a mais aguda. Assim, um intervalo de quinta é formado de dó a sol, pois esta última nota é a quinta, a partir do dó. Do ponto de vista acústico e matemático, os intervalos correspondem a freqüências vibratórias diferenciadas, mas relacionadas entre si por frações. Se um determinado som, dito fundamental, tiver sessenta oscilações, por exemplo, então um intervalo de oito sons acima, a oitava, terá 120 (1:2). Um intervalo de quarta comportará oitenta vibrações (divisão do tom fundamental por três e multiplicação por quatro); o de quinta apresentará noventa (divisão por dois e multiplicação por três); o de terça maior, 75 (4:5). As estruturas dos intervalos conduzem à formação das →escalas e dos →acordes. **2.** Interrupção entre dois atos de um espetáculo cênico (teatro, dança ou ópera, por exemplo) para modificação de cenário, ou ainda descanso dos artistas e mesmo do público.

•**INTONACO.** →*Afresco.*

INTRIGA. **1.** Para os críticos literários que se alinham aos formalistas russos (→*Formalismo russo*), a intriga corresponde aos aspectos intrinsecamente formais ou estéticos de uma obra narrativa ou épica, isto é, ao tratamento estilístico, artístico e pessoal com que um autor modela ou compõe a história (independentemente do assunto ou do motivo que constituem a fabulação). "À distribuição, à construção estética dos acontecimentos da obra (da fábula), dá-se o nome de intriga" (Tomasevskij). →*Literatura.* **2.** Corriqueiramente, no entanto, significa o mesmo que →enredo, entrecho, trama ou →fábula.

INTUIÇÃO. Ainda na Antigüidade, ao menos a partir de Plotino, o termo designou o conhecimento instantâneo e total que o intelecto de Deus possui de si e de todo o universo. Também Boécio ou Tomás de Aquino adotaram esta concepção de visão imediata ou forma divina de →conhecimento, diferenciando-a do modo compositivo e discursivo empregado pelo ser humano. Outros autores medievais, no entanto, afirmaram a possibilidade da intuição humana, algo que ocorreria na presença direta de um objeto ou fenômeno (intuição empírica), sem a necessidade da abstração. Nas palavras de Descartes, "por intuição entendo não o testemunho mutável dos sentidos, ou o juízo falaz de uma imaginação que compõe mal o seu objeto, mas a concepção de um espírito puro e atento (isto é, uma concepção direta) tão fácil e distinta, que nenhuma dúvida resta sobre o que compreendemos". Locke deu o nome de intuitivo ao conhecimento que capta imediatamente as relações entre duas idéias (convergência, oposição), sem o recurso a outras complementares ou analíticas. E de maneira semelhante, John Stuart Mill opinou que "as verdades são conhecidas de duas maneiras: algumas diretamente ou por si mesmas; outras, através da mediação de outras verdades. As primeiras são objeto da intuição; as segundas, das inferências" (*Sistema de Lógica*). Em síntese, é possível distinguir três tipos de intuição: a sensível ou empírica, obtida pelos órgãos dos sentidos (cor, temperatura, som, distância, aspereza); a intelectual ou racional, que apreende a essência de um objeto sem recurso à experimentação; e a inventiva, que propõe uma relação ou hipótese nova, até então impensada ou não-observada.

IRONIA. O sentido original grego – *eironeía* – é o de dissimulação, o de ocultar o que na verdade se tem ou se sabe. Assim se manifestava a famosa ironia socrática que, segundo um comentário expresso de Cícero, consistia em Sócrates diminuir-se e "elevar aqueles que desejava refutar; assim, dizendo o contrário do que pensava, empregava de bom grado a simulação que os gregos denominam ironia" (*Academicorum reliquiae cum Lucullo*). Procedendo dessa forma, o filósofo acabava por expor o adversário ao ridículo; não provocando o riso aberto, o sarcasmo dos demais ouvintes, mas a percepção de uma superioridade intelectual e argumentativa que se manifestava de maneira sutil ou moderada, isto é, por meio de sorrisos. Absorvida pela retórica, a ironia adquiriu o sentido de recurso literário pelo qual um pensamento expressa o contrário do que diz, ou estabelece um contraste entre a maneira de dizer e o sentido do que é dito, com intenção humorística ou mesmo sarcástica. Assim, por exemplo, a sentença: "Esses senhores, de tão elevada reputação, realizaram as mais espantosas façanhas e os mais grandiosos feitos que a história recente registra: dilapidaram o patrimônio público e enriqueceram as formas da miséria". Quando a ironia se torna virulenta ou injuriosa, ganha o nome de sarcasmo, cujo exemplo pode ser este de Guerra Junqueiro: "Eu lembrei-me de vós, funâmbulos da cruz / Que andais pelo universo há mil e tantos anos / Exibindo, explorando o corpo de Jesus". →*Cômico*, →*Humor*, →*Retórica e figuras de linguagem*.

ISABELINO. →*Teatro elisabetano*.

J

•**JAM SESSION.** Encontro informal de músicos de *jazz* que executam, de maneira improvisada, e portanto sem arranjos prévios, temas propostos no momento, permitindo a exibição solista dos instrumentos. A expressão estendeu-se a sessões improvisadas de músicos instrumentistas, ainda que o gênero ou o estilo não seja jazzístico.

JARDINS DE ADÔNIS. →*Adônis*.

•**JAZZ.** Música popular tipicamente norte-americana, mas de poderosa influência sobre outros gêneros ocidentais (desde cedo sobre a música erudita e, a partir dos anos 1940, sobre os ritmos cubanos; nos anos 1950, sobre o samba e o tango, por exemplo), o *jazz* surgiu no início do século XX na cidade de Nova Orleans (New Orleans), considerada então a mais "caribenha" do sul dos Estados Unidos, em decorrência do fluxo anterior de escravos e de seus ritmos. Na opinião de muitos músicos e aficionados, constituiu a mais rica e criativa forma musical do século que a viu nascer. Para sua formação concorreram diversas manifestações culturais. Algumas, provenientes do século anterior, como as dos conjuntos musicais negros criados por ex-combatentes da Guerra de Secessão e que trouxeram consigo os instrumentos de sopro e metal usados nos batalhões. Tais bandas (*brass bands*) passaram a se apresentar em desfiles festivos (como os de carnaval ou *mardi gras*, de contribuição francesa), piqueniques e cerimônias fúnebres (enterros) da comunidade, mas, aos poucos, também se transferiram para cafés-concerto, estes últimos estabelecidos por influência de imigrantes europeus. Ao acrescentarem certas notas tônicas na cadência das marchas e aproveitar o responsório típico da música religiosa, os instrumentistas da época (fins do século XIX) deram início à elaboração de formas mais vivas, alegres e sincopadas. Um desses músicos populares a ganhar notoriedade foi Buddy Bolden, que não chegou a fazer gravações. Outro fator de grande importância foi o desenvolvimento da indústria fonográfica e do *show business*. Embora seja conhecido sobretudo pelos solos improvisados, os primeiros quinze anos do *jazz* tiveram outra configuração. Ou seja, entre a primeira menção jornalística a ele dedicada (*The Bulletin*, San Francisco, 1913) e os meados da década de 1920, tratava-se de uma formação orquestral popular, incumbida de animar e fazer dançar o público dos clubes noturnos, também conhecidos como *black and tan*, situados, geralmente, em zonas de meretrício: Lincoln Park (Nova Orleans), Purcell's (San Francisco), Sunset e Plantation (Chicago), ou o Barron's e o Nest, ambos de Nova Iorque. Essas *jazz* (ou *jass*) *bands* eram constituídas habitualmente, mas com variações, por piano, saxofone, clarineta, corneta, trombone, banjo, contrabaixo e um instrumentos de percussão (tambor e pratos). Nesses primeiros tempos, o "estilo *jazz*" destacou-se por ser uma maneira mais pontuada ou sincopada na execução de outros ritmos e gêneros já conhecidos, como o ragtime (no interior do qual se criaram novos passos coreográficos, como o *turkey trot* e o *foxtrot*), o *boogie woogie* e ainda o *blues*. A aceleração ou o retardamento dos tempos ou dos ritmos tornaram-se muito mais flexíveis, levando um professor da época, William Patterson, à seguinte observação: "Com essas batidas unitárias elásticas, qualquer série construída ao acaso, por meio de um sincopado, pode ser, porque instintiva, instantaneamente coordenada. O resultado é [...] um arabesco de diferenças acentuais que, por sua própria natureza, formando grupos rítmicos, sobrepõe-se às divisões fundamentais de tempo". A esse fenômeno deu-se o nome de *swing*, típico daquelas primeiras bandas, formadas desde cinco até vinte instrumentistas, e que também passaram a ser conhecidas por tocarem ao "estilo *dixieland*" (o sul dos Estados Unidos), tendo por base um ritmo quaternário (as acentuações fortes poderiam ser alternadas – ora o primeiro e terceiro, ora o segundo e o quarto). Ao mesmo tempo, deu-se início à utilização de *breaks*, entradas rápidas de um ou dois compassos feitos por instrumentos diferentes. Entre aquelas formações estavam a Original Creole Orchestra, de Bill Johnson, a Original Dixieland

Jazz Band (formada por brancos e a primeira a obter sucesso nacional, em 1917), a New Orleans Rhythm Kings (também de brancos), a Lousiana Five, a de Kid Ory, a Original Memphis Five, a Oliver Creole Jazz Band, de King Oliver, ou a So Different Jazz Band, de Sid Le-Prottis. Além das bandas e dos *leaders* aqui citados, os primeiros nomes de extraordinário talento na história do *jazz* foram Sidney Bechet, Jelly Roll Morton, Fletcher Henderson, Fats Waller e a cantora de *blues* Bessie Smith.

O solo improvisado. Foi com Louis Armstrong (ex-segundo pistonista da Oliver Creole Jazz Band) que se consolidou o espírito fundamental de uma segunda fase do *jazz*, entre os anos de 1925 e 1927, e que desde então o tem caracterizado: o de um solo improvisado, fluido e vibrante, ou seja, a manifestação espontânea de encadeamentos sonoros. Isso significa que os solistas procuram expressar todos os sons que os instrumentos são capazes de emitir, assim como estabelecer relações de acordes que, subjetivamente, lhes permitam diversificar ao máximo as harmonizações básicas. Por conseqüência, num solo de *jazz*, "qualquer nota é possível em qualquer parte da peça, desde que haja referência suficiente, na mudança dos acordes, para que o ouvinte possa captar uma estrutura harmônica básica" (James Collier). Por essa razão, há quem defina o *jazz* como "arte da improvisação polifônica". Vai-se, portanto, além de ornamentações, modulações ou variações, à criação de melodias novas, espontâneas, durante a execução (algo que se pode observar nas gravações de Armstrong com os conjuntos Hot Five e Hot Seven). Uma tendência registrada enfaticamente nos finais dos anos 1920 pelo trompetista Bix Beiderbecke, solista admirado da orquestra Wolverines. De tanto lhe pedirem para que tocasse ao vivo de maneira idêntica como havia gravado, acabou declarando: "É impossível. Eu nunca sinto uma coisa do mesmo jeito duas vezes. Mas é por isso mesmo que eu gosto do *jazz*, garoto... a gente nunca sabe o que vem depois". Na análise de Virgil Thomson (*Modern Music*, 1927), o *jazz*, desde então, tornou-se "uma certa maneira de fazer ouvir dois ritmos ao mesmo tempo [...] um contraponto de batidas regulares contra outras irregulares". O que ainda significa dizer que, no estilo jazzístico, é preciso emitir uma ou mais notas entre os tempos fortes, a fim de criar uma tensão entre os tempos do compasso e a linha de improvisação. Na análise que faz para "reconhecer o *jazz*", o historiador Eric Hobsbawn escreve: "O *jazz* tem certas peculiaridades musicais decorrentes principalmente do uso de escalas originárias da África ocidental, não comumente usadas na música erudita européia; ou da mistura de escalas ditas européias e africanas; ou ainda da combinação de escalas africanas com harmonias européias. A expressão mais conhecida dessas peculiaridades é a combinação da escala *blue* – a escala maior comum, com a terceira e a sétima abemoladas – usada na melodia, com a escala maior comum usada para harmonia (as notas abemoladas são as ditas notas *blue*). O *jazz* se apóia grandemente, e talvez de maneira fundamental, em outro elemento africano: o ritmo. Não exatamente nas formas africanas, geralmente mais complexas do que a maioria das formas do *jazz*. Mas o elemento de variação rítmica constante, vital para o *jazz*, certamente não deriva da tradição européia. Ritmicamente, o *jazz* se compõe de dois elementos: uma batida constante e uniforme – geralmente de dois ou quatro compassos [...] que pode estar implícita ou explícita, e uma ampla gama de variações sobre essa batida principal [...]. As duas formas principais usadas são os *blues* e a balada. Os *blues* [...] são geralmente uma música de nove compassos, com a letra em *couplet*. A balada *pop* varia, mas geralmente segue o padrão de trinta e dois compassos [...]. O *jazz* é uma música de executantes. Tudo nele está subordinado à individualidade dos músicos, ou deriva de uma situação em que o executante é o senhor" (*The Jazz Scene*). No início da década de 1920, uma grande rede de teatros populares, *dancings*, cabarés, restaurantes e estações de rádio já se havia disseminado pelos Estados Unidos.

As *big bands* e o *jazz* sinfônico. Os músicos de Nova Orleans e aqueles que adotaram o estilo *dixieland* logo encontraram um mercado propício às suas apresentações, sobretudo em Chicago e em Nova Iorque. De pequenas ou médias formações, no entanto, os conjuntos adquiriram feições de grandes orquestras para dança (as *big-bands*), criando, ao mesmo tempo, o que se convencionou chamar de *hot jazz*. Foram elas que fizeram o sucesso de clubes noturnos sofisticados, ao atrair a atenção de uma classe média mais endinheirada, como o Cotton Club, o Alaban ou o Roseland Ballroom, e até mesmo de restaurantes, como o Quoque Inn. Desse período até o início da Segunda Guerra Mundial, o novo "*jazz* sinfônico", aliado aos negócios do *show business* (espetáculos da Broadway, por exemplo) e das grandes gravadoras, dominou a cena musical norte-americana. Foi nesse ambiente, regendo ou participando de grandes orquestras, que se projetaram internacionalmente figuras como Armstrong, Duke Ellington, Benny Goodman, Tommy Dorsey, Frankie Trumbauer, Benny Carter, Lester Young, Lionel Hampton, Gene Krupa, Teddy Wilson, Paul Whitman (que executou as primeiras composições de George Gershwin), Chick Webb, Mario Bauzá ou Charlie "Bird" Parker, além de cantoras como Billie Hollyday, Dinah Washington e, pouco mais tarde, Sarah Vaughan e Ella

Fitzgerald. O tratamento mais leve que Goodman forneceu nos anos 1930. para a introdução de síncopas, além de um estilo bem-humorado na execução de baladas (resultando em um "balanço" apropriado para a dança de casais), ensejou ainda a denominação de "orquestra de *swing*" para dezenas de outras formações semelhantes.

Bebop, jazz intimista. E apesar da febre das *big bands*, sobrava espaço e interesse para "conjuntos de câmara", como os trios e quartetos do mesmo Goodman, de Charlie Parker, de Woody Herman ou de Artie Shaw. Parker tornou-se, no final dos anos 1940, o líder de um novo estilo jazzístico, o *bebop* (ou *rebop*). Com este, o princípio da improvisação alargou-se de modo acentuado; os tempos foram acelerados e as frases passaram a ser mais extensas e complexas. Tratava-se de um *jazz* intimista, mais afeito à escuta e ao próprio virtuosismo técnico dos intérpretes do que destinado à dança e aos espetáculos cênicos. Comungaram desse novo ideal músicos como Dizzy Gillespie, Earl "Bud" Powell, Fats Navarro, Thelonius Monk e Kenny Clarke. Após a Segunda Guerra Mundial, o experimentalismo sonoro, que já contagiara a música erudita desde o início do século, passou a ser absorvido por novos compositores e intérpretes (por essa época, a dança dos salões divorciara-se inteiramente do *jazz*).

Estilos da segunda metade do século XX. Várias correntes surgiram desde então, como o *cool jazz*, de Miles Davis, Stan Getz, Zoot Sims e Gerry Mulligan, menos complexo em termos de quantidade de notas, mas executado com grande tensão; o *modal jazz*, desenvolvido por John Coltrane, em parceria com Davis; o *hard bop*, de Clifford Brown, Art Blakey ou Sonny Rollins; o *soul jazz*, representado por Horace Silver e pelos irmãos Nat e Cannonball Adderley; a "terceira corrente" (*third stream*), combinação peculiar de piano, vibrafone, contrabaixo e bateria (ausência de sopros, portanto), de sonoridade etérea, refinada, representativa do Modern Jazz Quartet, de John Lewis. Improvisações ásperas, ruidosas e atonais de Charlie Mingus e Ornette Coleman, que deram origem ao *free jazz*. Com este, a música jazzística assumiu um caráter de livre improvisação entre todos os instrumentistas do conjunto, chegando a radicalismos dissonantes, atonalismos e impressões caóticas. Esses desenvolvimentos podem ser creditados, em boa parte, às mudanças socioculturais do período, que permitiram a educação musical das novas gerações negras, postas em contato com formas mais complexas da música erudita, aprendida em conservatórios. A bossa nova, embora possa ser vista como resultado de fusões entre o *jazz* e o samba, acabou por reinfluenciar a tradição americana, sobretudo em seu aspecto rítmico, por

meio de figuras como Stan Getz ou Herbie Mann. A esse respeito, a revista *Down Beat* proclamou textualmente: "Há quarenta anos, nenhum músico estrangeiro havia influenciado tão efetivamente a música americana como o fez João Gilberto". No transcorrer das décadas de 1980 e 1990, Wynton Marsalis reencaminhou o *jazz* para uma vertente mais tradicional, recuperando características do *bebop* e das orquestras de *swing*, além de mesclá-las a um tratamento harmônico de proveniência erudita.

• **JETÉ.** De modo geral, este termo em balé é utilizado para designar o arrojo ou lançamento da perna e seu posicionamento na volta do salto. Assim, um passo *jeté* pode ser observado na seqüência adiante: posição inicial de pés cruzados, com o direito à frente, seguido de um movimento de *demi plié*; depois, a perna esquerda é lançada lateralmente, em deslize; salta-se então nessa mesma postura, com as pernas esticadas e pés apontados, invertendo-se, na queda, a perna de sustentação (que no exemplo passa a ser a esquerda), terminando-se em *demi plié*. Famoso, no entanto, é o salto *grand jeté*. Consiste, tradicionalmente, em partir de uma postura →*croisé*, inclinar o corpo para a frente e saltar com a perna livre elevada a noventa graus, para a frente, enquanto a de sustentação é arremessada para trás. Toca-se o chão com a perna anteriormente livre, permanecendo a outra estirada para trás e dobrada na altura do joelho. Movimento de característica também complexa é o *jeté passé*, no qual ambas as pernas são alçadas na mesma direção, isto é, para trás. Outras modulações do salto são o *jeté entrelacé* (cruzamento das pernas na elevação para a frente) ou o *jeté en tournant* (em rodopio).

JOGO, LÚDICO. **Culto e etimologia.** Na Grécia homérica, o termo correspondente a jogo era mais propriamente o de *ágon*, do verbo *águein*, levar diante de si, conduzir ou tanger. Unidas a esta acepção encontravam-se três outras muito mais importantes: em primeiro lugar, a de purgar-se e render culto aos deuses, por meio de sacrifícios e de procissões; a de reunir ou formar assembléia, durante a qual se prestavam homenagens aos mortos e aos heróis míticos; por fim, a de disputar ou competir por meio de esforços e de habilidades – forma física de oferenda e desejo de uma escolha divina. A esse conjunto de práticas religiosas dava-se então o nome de *jogos*.

Assim, a relação entre o culto "agonístico" e a rememoração dos heróis passados era aquilo que inicialmente permitia a glorificação posterior dos atletas ou competidores, sendo o vencedor aquele que, além dos méritos pessoais, obtivesse a preferência dos deuses. Por fim, os feitos alcançados pelos novos heróis dos jogos tornavam-se também memoráveis, na forma de inscrição e de obra escultórica entregue ao templo de Olímpia, a fim de que sua alma (psique) e as de todos os reverenciados não perdessem inteiramente a autoconsciência no reino subterrâneo do Hades. Nesta fase embrionária, portanto, o jogo carregou consigo uma função ao mesmo tempo cívica e religiosa, tão séria e enraizada na cultura grega que as próprias guerras eram interrompidas para que os quatro jogos pan-helênicos (um deles a cada ano) pudessem ser realizados (os olímpicos, os nemeus, os ístmios e os píticos).

Etimologicamente, porém, jogo deriva do latim *jocus*, fazer rir, gracejar, brincar (daí "jocoso"). Já a palavra lúdico tem origem em *ludus*, originalmente salto, elevação da terra, divertimento e também jogo, representação, engano, prazer, correspondendo tanto ao *ágon* quanto à *paidia* (brincar, em grego). De sua fundação até parte do período republicano, Roma conservou a noção e a prática do jogo como um exercício de sacralização e comemoração póstuma. Na *Eneida*, Virgílio relembra a instituição dos *ludi* por Enéias, tendo por finalidade a conservação da memória de Anquises. Só com a aproximação da era imperial é que os jogos se tornaram "espetáculos para o divertimento da plebe".

Convém ressaltar que o vocábulo *lúdico* é adjetivo em língua portuguesa, embora venha sendo utilizado, sem justificativas gramaticais, como substantivo e tradução do francês *jeu*, do inglês *play* ou do alemão *Spiel*. Como substantivo, mas em desuso, existe o termo *ludo* e, modernamente, o neologismo "ludicidade".

Características gerais. As análises do jogo ou do fenômeno lúdico, elaboradas a partir do início deste século, descrevem-no como *atividade livre de necessidades* ou, ainda, *manifestação desinteressada*, no sentido de não se submeter a coações ou restrições exteriores, senão as que se impõem pela própria atividade (também a esse respeito →*Lazer*). Configura-se, portanto, como ação fechada em si mesma, não produzindo obras ou objetos, mas *movimentos, expressões e comportamentos*. Suas características básicas seriam assim a liberdade do fazer, o desinteresse (no sentido de não servir a um objetivo ou finalidade posterior), o prazer, isto é, uma sensação agradável de ordem física ou espiritual, e a improdutividade, o que leva à criação de uma realidade fictícia, ilusória, inerente ao movimento ou à expressão que ele realiza. Além disso, o jogo poderá conter: um espaço e um tempo adequados ao desenvolvimento da atividade – separação ou isolamento; ordem interna e regras convencionais ou específicas (salvo o jogo infantil da primeira fase cognitiva, em conformidade com a teoria de Piaget); tensão interna ou psicológica para quem o

pratica, e que deriva do acaso ou da busca de resultados; e, por fim, distensão externa em face das exigências ou necessidades socioeconômicas que a situação lúdica elimina temporariamente.

Funções na cultura. O jogo tem sido analisado como uma atividade não apenas instintiva (perceptível em animais superiores), psíquica ou fisiológica, mas como um fato igualmente cultural. É relativamente conhecida a frase de Friedrich Schiller segundo a qual "o homem joga somente quando é homem no pleno sentido da palavra, e *somente é homem pleno quando joga*" (*Cartas sobre a Educação Estética do Homem*). Esta idéia não deve ser tomada, entretanto, de maneira banal. O impulso lúdico a que o autor se refere relaciona-se basicamente com as qualidades estéticas indispensáveis à formação integral do ser humano. O jogo, no caso, diz respeito a tudo aquilo que, não sendo subjetiva ou objetivamente acessório ou contingente, também não obriga ou constrange a ação humana. Ou seja, é um meio-termo entre a lei (a natureza e suas coerções) e a necessidade das satisfações pelo qual nos esquivamos de ambos, permitindo que o real perca a sua *gravidade* ou seriedade, e a satisfação se torne *leve* ou sensivelmente atrativa. Assim, o lúdico completa e enriquece as possibilidades humanas, ensejando a realização de coisas "belas", espiritualmente transformadas. Logo, complementa o poeta e ensaísta, "não devemos lembrar aqui os jogos da vida real, geralmente voltados para objetos muito materiais" ("Carta XV").

Já nos *Princípios de Psicologia*, Herbert Spencer sustentou a tese inicial de que o jogo corresponderia a uma "descarga de energia vital", necessária ao reequilíbrio de centros nervosos. Quando um animal ou um ser humano permanecem inativos durante um certo tempo, o excesso de energia acumulada estimularia uma ação real ou imitativa de distensão ou apaziguamento. Neste último caso (o artifício da imitação), estaríamos em presença do jogo.

Essas argumentações foram retomadas por Johan Huizinga (em *Homo Ludens*), acrescentando que o jogo possui uma *função significante*, isto é, um sentido simbólico ou representativo de uma ação natural. Mais ainda, que o comportamento lúdico e espontâneo do homem foi o que fundamentou, historicamente, o próprio desenvolvimento da arte e da cultura. Segundo o autor, "as grandes atividades arquetípicas da sociedade humana são, desde o início, inteiramente marcadas pelo jogo" (em referência às artes e aos rituais religiosos). Daí o nascimento da →*retórica* e o desenvolvimento da literatura derivarem de um "livre jogo de palavras", de um *divertimento* (a busca de outro ou novo caminho) do espírito. A respeito da poesia, por exemplo, opina o autor: "A forma poética, longe de ser concebida como a única satisfação de uma necessidade estética, serve para exprimir tudo aquilo que é importante e vital na vida da comunidade. Só que ela o exprime jogando com as palavras. A partir do momento em que se introduzem, no seio da linguagem, a repetição dos sons, a repetição de grupos sonoros semelhantes [...] que se seleciona e ordena, para a memória sem dúvida, mas também para o prazer do ouvido, há jogo". Logo, o prazer na construção de imagens e de formas diversas do cotidiano natural seria a raiz última do impulso artístico e da imaginação. Ou, ao inverso, a imaginação só poderia se expressar na liberdade irredutível de uma ação lúdica. Seria esse o motivo pelo qual a →estética e o jogo partilhariam do mesmo domínio. Também por essa razão Kant afirma ser o juízo do gosto uma faculdade em que o conhecimento e a imaginação estabelecem um "jogo livre", ou seja, uma relação de efeito lúdico.

Ao mesmo tempo, a liberdade, o devaneio ou o divertimento que caracterizam o jogo dão-lhe uma configuração oposta à seriedade. Essa observação, para Huizinga, não quer dizer que um determinado jogo ou um comportamento lúdico não sejam vividos com intensidade, com vontade ou ausência de senso ou sentido. Mesmo porque, em ambos os casos, há imposição de regras a seguir ou objetivos a alcançar. Significa, sim, que tais expressões procuram escapar às necessidades imperiosas da natureza ou das obrigações sociais que decorrem ou ritualizam aquelas mesmas necessidades primárias. Em síntese, um jogo é algo sério para aquele que o pratica, mas distinto e contrário à seriedade do real (seu caráter compulsório ou inadiável).

Classificações. No jogo podem ser observadas certas atitudes predominantes, que variam na dependência da atividade, mas que respondem a impulsos naturais ou inatos do ser humano. Tais atitudes não se excluem, mas permitem uma classificação de ordem geral.

Para Huizinga, o jogo cumpriria as seguintes funções: competição natural entre os homens, realizada então de maneira simbólica ou ainda como fundo ritualístico; evasão ou fuga da realidade, das pressões cotidianas; devaneio obtido pelo ritmo ou pela habilidade que se adquire e que se quer explorar; ilusão ou fantasia que leva às artes da encenação.

Na opinião de Roger Caillois, as categorias fundamentais seriam: agonia (ainda do grego *ágon*) ou competição, pela qual se expressa o valor da vitória em uma luta artificial (nesse caso, o participante assume a responsabilidade pelo êxito ou fracasso do resultado do jogo); aleatoriedade ou azar, na qual o confronto não se dá entre dois ou mais concorrentes, mas entre o sujeito e o acaso ou destino, cabendo a responsabilidade do resultado a forças abstratas ou imaginárias; imitação ou mimese, destinada à satisfação da fantasia, da imaginação ou da ilusão (dramatizações infantis ou adultas); e, finalmente, a vertigem (*ilinx*), pela qual se busca a sensação de perigo, o desafio da estabilidade habitual ou o transe dos sentidos (exercícios de velocidade e esportes radicais, como o alpinismo, o esqui de montanha, o pára-quedismo, a corrida de carros etc.).

Reunindo esses princípios ou impulsos que governam psicologicamente a atitude e a ação do jogo, encontraríamos então: a necessidade de afirmação pessoal e social por meio da força, da rapidez, da engenhosidade ou do equilíbrio; o gosto pelo desafio a situações difíceis ou imprevisíveis, incluindo as enigmáticas; o desejo pela representação, pelo secreto ou pelo mascaramento; o desafio ao destino; o sentir ou provocar o medo; o atrativo pela repetição ou pela simetria, ou, ao inverso, pela improvisação e pela variação; o prazer da volúpia física ou da embriaguez mental.

Um olhar psicanalítico. De um ponto de vista psicanalítico, qualquer que seja a situação lúdica ou de jogo, a busca do prazer está implícita na atividade. Essa liberdade de conduta fora dos padrões da regra social e sua conseqüente ilusão ou evasão cumpririam, de maneira simulada e transgressora, aquelas pulsões ou exigências do princípio de prazer (frente ao princípio de realidade). De modo semelhante aos sonhos e às fantasias, o jogo também realiza e recupera as experiências agradáveis reclamadas pela libido, sublimando as repressões e oferecendo autonomia à imaginação, mesmo quando a energia tenha origem e efeito destrutivos.

Observação epistemológica. Para a epistemologia de Piaget, dedicada à análise do desenvolvimento lógico da inteligência, o jogo, sobretudo nas fases evolutivas da infância, é um comportamento no qual predominam os mecanismos cognitivos de assimilação sobre os de conduta imitativa. Assim, o jogo infantil não deriva propriamente de uma necessidade de distensão, de descanso ou de distração, como na grande maioria do jogo adulto. Serve, sim, ao processo evolutivo de capacidades mentais e físicas, às habilidades intelectuais e gestuais, à adaptação social.

Existem dois processos interativos e permanentes neste desenvolvimento. Um deles é o da assimilação, pelo qual o organismo (e a estrutura mental) "digere" e transforma a informação ou o estímulo recebidos, de modo a aproveitá-los como um "saber como agir". O outro, que é o da acomodação, indica a adaptação que o organismo deve alcançar perante o mundo exterior, a fim de se tornar mais apto na assimilação do estímulo ou da informação. Quando ambos os processos se equilibram, tem-se a "adaptação inteligente". Mas, enquanto este equilíbrio não ocorre, dois fenômenos podem ser registrados. Se o processo de acomodação supera o de assimilação, tem-se um comportamento mimético (de imitação). Inversamente, se a assimilação se sobrepõe à acomodação, a conduta é de jogo. É a assimilação que modifica a informação recebida para harmonizá-la com as necessidades do indivíduo. Quando um bebê de quatro meses consegue coordenar a visão e o tato e, a partir deste momento, percebe que seu empurrão num brinquedo faz este último se movimentar, o ato tenderá a ser repetitivo, tanto pelo prazer "funcional" como pelo prazer de ser ele mesmo (o bebê) a causa do movimento. No prazer e na repetição está o jogo, a atitude lúdica. Se o sucesso obtido leva a criança à repetição, o próprio jogo irá demonstrar as possibilidades de variação do ato e de novas descobertas. Há, portanto, um jogo como repetição para o domínio do ato e um jogo com o objetivo de compreensão. O desempenho de papéis na brincadeira infantil estimula e facilita o aprendizado de valores e de comportamentos sociais, assim como se integra à "espiral cognitiva", ou seja, a essa estruturação gradativa das formas superiores de compreensão e pensamento. O comportamento lúdico, portanto, é indispensável à socialização da criança.

Para Piaget, conseqüentemente, a atividade lúdica acompanha as transformações da estrutura cognitiva em conformidade com o seguinte esquema: *1*) jogos de exercício, na fase sensório-motora (entre o nascimento e os dois anos, aproximadamente), nos quais não existe ainda um princípio diretor das atividades; *2*) jogos simbólicos, ou da fase representativa (dos dois aos oito ou dez anos), com os quais a criança representa objetos ou pessoas, cria imagens internas particulares e passa a relacionar, subjetivamente, por nexos de semelhança ou parecença, seus significados e significantes; *3*) jogos regrados da fase operacional-formal, que envolvem não apenas relações interpessoais, sociais, mas, ao mesmo tempo, novos mecanismos mentais de hipótese e de dedução.

Jogo e profissionalismo. As características teóricas vistas anteriormente para a caracterização do comportamento lúdico – liberdade, atitude desinteressada, improdutividade – não se enquadram mais nas relações do jogo ou das competições profissionais, tendo em vista os vínculos e as obrigações de trabalho, o valor mercantil ou utilitário de seu aproveitamento e a organização burocrática por intermédio da qual é praticado. Ressurge, de maneira mais adequada,

como um dos produtos da cultura de massa, normalmente como esporte ou espetáculo. Nesta circunstância, e ainda do ponto de vista teórico, a assistência a um jogo profissional por parte do público constitui antes uma atividade de lazer, pois lhe falta a participação ativa ou efetiva na ação que se desenvolve.

A exagerada "polissemia" da noção de jogo, no entanto – o fato de abranger múltiplos significados, formas ou atividades, dificultando um conceito estável – já havia sido percebida por Wittgenstein. Ou seja, na linguagem prática ou cotidiana, pode indicar ou sugerir: uma ação solitária ou interpessoal; competição ou apenas representação; a exigência de estruturas específicas e investimentos financeiros, ou não; a exigência de graus diversos de habilidade ou mesmo de nenhum.

JOGO DE CENA. Ação teatral muda, caracterizada apenas pela gesticulação do ator, que passa a imitar ou a expressar os sentimentos ou a situação. A forma teatral por excelência do jogo de cena é a →mímica ou pantomima.

JOGRAL. Conhecido desde o século VII, quando a denominação de impôs, foi a figura de cantor, músico, acrobata, bailarino e mímico que a Idade Média encontrou o antigo mimo, bufo ou histrião romano para substituir e dar-lhes continuidade. Com o advento do →trovadorismo no século XII francês, tornou-se o artista incumbido de receber, cantar, tocar e dançar os poemas musicados dos trovadores, alcançando, por vezes, a condição social deste último, mais respeitado, quando representava suas criações pessoais. Ramón Menéndez Pidal (*Poesia Jogralesca e Jograis*) assim o define: "Eram todos os que ganhavam a vida atuando ante um público, para recreá-lo com música ou com literatura, ou com seus ditos engraçados, ou com jogos de mãos, de acrobatismo, de mímica". Deveria ter, no mínimo, três qualidades consideradas essenciais: voz, memória e graça (*donaire*). A denominação provém do latim *jocus* e de *jocularis* (apresentar-se de maneira lúdica), pelo provençal *joglar*.

•**JUGENDSTIL.** →*Art nouveau*.

JUÍZO. Em filosofia há significados próximos, mas não inteiramente idênticos. Entre a Antigüidade grega e o Renascimento, o juízo foi antes uma faculdade de avaliar e, na seqüência, escolher, considerando-se a decisão como conseqüência de uma percepção sensível e de um pensamento reflexivo e abstrato. É o que se encontra em Aristóteles (*De generatione animalium*) e em São Tomás (*Suma Teológica*), para quem o juízo constitui a "correta determinação das coisas, tanto nas especulativas quanto nas práticas". Do ponto de vista da lógica tradicional, constitui a atribuição de um predicado a um sujeito, pelo qual se afirma ou se nega alguma coisa. Neste sentido, o juízo é uma proposição e, conseqüentemente, a base para a formação do raciocínio (encadeamento ordenado e compreensível de juízos) e do conhecimento. Ele unifica ou separa idéias. Assim, a expressão "homens honestos" não constitui, por si só, um juízo. Para que ele se configure, necessita-se atribuir a essa idéia ou conceito uma afirmação ou uma negação, do tipo: "homens honestos são virtuosos e merecedores de respeito". Daí os escolásticos terem defendido a noção de que o juízo é uma segunda operação do pensamento. Primeiro, tem-se a idéia – homens honestos – e, depois, uma predicação ou qualificação. Na lógica moderna, costuma-se defini-lo como o ato ou o produto mental que conduz o pensamento a um enunciado. Na filosofia de Kant, para quem o juízo é a "representação da unidade da consciência de representações distintas", ou ainda "a faculdade de pensar o particular como contido no geral", a análise dos juízos foi a que lhe permitiu proceder à crítica da metafísica clássica. Para o filósofo, há dois tipos de juízos que tratam do conhecimento, seja ele empírico (dependente da experiência sensorial) seja apriorístico (de razão pura, independente da experiência): os analíticos e os sintéticos. Os *juízos analíticos* explicitam ou descrevem o conteúdo do sujeito, sem nada acrescentarem – um triângulo é uma figura geométrica de três lados e três ângulos. Por conseqüência, os juízos analíticos são universais e necessários e, portanto, verdadeiros. Os *juízos sintéticos* introduzem uma qualificação diferenciada ou nova à idéia do sujeito, dependente da experiência ou de uma determinada condição. A conclusão de Kant é a de que a ciência encontra sua validade na junção de juízos sintéticos (empíricos) com a apreensão apriorística inerente à razão pura, formulando juízos sintéticos *a priori*. Condição que a metafísica clássica não preenchera até então. Confundem-se com os *juízos de fato*, ou seja, aqueles que se remetem ao reino da natureza objetiva e da razão pura – conceitos matemáticos, por exemplo – às coisas e fenômenos, dizendo o que são e como se manifestam. Já para os empiristas e moralistas dos séculos XVII e XVIII, o juízo é o ato mental que nos permite formar uma opinião a respeito de algo ou de alguém. Neste significado reencontra-se presente a idéia de "julgamento", de pesar, comparar e formular uma convicção (→*Juízo de valor*). Kant também aproveitou este conceito de juízo como faculdade de julgar, pois o ser humano tem a possibilidade de ação livre, de deliberar sobre o bem e o mal, o justo e o injusto, de escolher racionalmente os fins e os meios. Assim sendo, o fundamento do juízo é a liberdade. Sob qualquer ponto de vista, o juízo faz alguma coisa existir para o pensamento e, a partir daí, para o conhecimento, a avaliação e a ação prática. →*Conhecimento*, →*Espírito*, →*Intelecto* e →*Razão*.

JUÍZO DE VALOR. Proposição ou análise reflexiva cuja intenção seja distinguir, interpretar e avaliar, consentindo ou dissentindo a respeito de: *a*) uma conduta, sob a perspectiva de princípios morais. Nesse caso, os juízos de valor pretendem orientar um "dever-ser", ou seja, uma conduta correta, por oposição a outra incorreta ou prejudicial. São, portanto, juízos *normativos*; *b*) um objeto ou ação de natureza estética, sob aspectos de entendimento, imaginação e capacidade de gerar efeitos sensitivos ou emocionais; *c*) uma teoria científica, sob o ponto de vista de sua coerência interna, veracidade ou falsidade. Genericamente, o juízo que avalia ou qualifica uma pessoa, ação, situação, sentimentos, idéias e representações.

K/KV. 1. Abreviaturas da expressão alemã *Koechel Verzeichnis*, ou *Catálogo de Koechel*, referentes às obras musicais de Wolfgang Amadeus Mozart, seguidas por um número que indica ou individualiza a composição. Assim, por exemplo, K 525 corresponde à *Pequena Peça Noturna* (*Eine Kleine Nachtmusik*); K 550 indica a não menos famosa *Sinfonia nº 40*. 2. Apenas a sigla K é também prefixo do catálogo elaborado por Ralph Kirkpatrick para as obras musicais de Domenico Scarlatti.

- **KALEVALA, KALEWALA.** Epopéia mítica e popular finlandesa cujos cantos da tradição oral foram transcritos inicialmente, em alguns poucos versos, por Zacharias Topelius, em 1822. Pouco depois, entre 1828 e 1834, Elias Lönrot conseguiu recolher e sistematizar a grande maioria das canções, enfeixando-as em um poema único (editado em 1835), contendo doze mil versos (de oito sílabas), divididos em doze cantos ou runas. Uma segunda edição (1849) finalizou a épica em 22 793 versos e cinqüenta runas. O poema descreve a criação do mundo ou de Kaleva (Finlândia) pela ação de Ukko, o Deus patriarca, da filha da atmosfera, Ilmatar, e das façanhas dos heróis Väinämöinen, inventor do canto e da harpa Kantele, Ilmarinen, o ferreiro construtor do moinho mágico Sampo, e Lemminkainen, jovem galante e conquistador.
- **KALOKAGATHIA.** →*Civilização clássica e helenismo*.
- **KENNING, KENNINGAR.** Imagem poética concentrada ou metáfora muito freqüente em composições líricas ou épicas da Escandinávia medieval, desde a elaboração dos →*edas*. É formada pela junção de duas palavras – geralmente um substantivo e uma locução de valor adjetivo – que, assim compostas, sugerem um novo significado, relativamente dissimulado, mas tido por mais expressivo. Por exemplo, o vocábulo *garmitting* refere-se, literalmente, a "encontro de lanças", mas tem o significado metafórico de "combate". Da mesma forma, "cavalo marinho" ou "carro das ondas" indicam barco ou navio; "serpente de cobre", um bracelete; "casa dos pássaros" se traduz pela idéia de ar; "pássaro de balestra" refere-se a flecha; "sol das casas" sugere o fogo, e "força do arco", o braço. O conjunto dessas metáforas fixas é chamado *kenningar*.
- **KITSCH.** As manifestações do *kitsch* na arte só foram percebidas ou assim denominadas com o advento da modernidade, isto é, com a cultura de massa ou a industrialização da cultura. No início, por volta de 1870, o termo foi empregado por pintores e vendedores de tinta de Munique para se referirem a materiais pictóricos de baixa qualidade. Dando ao conceito um sentido estético, ao mesmo tempo irônico e de uma história recente, o poeta e dramaturgo Frank Wedekind escreveu, em 1917, ser ele "a forma contemporânea do gótico, do rococó e do barroco". Na opinião de Clement Greenberg, "Onde existe uma vanguarda, também encontramos, geralmente, uma retaguarda. É certo que, com o aparecimento da vanguarda, também surgiu um segundo e novo fenômeno cultural no Ocidente industrializado: aquilo a que os alemães deram o maravilhoso nome de *kitsch*. *Kitsch* é uma experiência substitutiva e falsa sensação. O *kitsch* muda segundo o estilo, mas sempre permanece igual. Não pretende exigir nada de seus clientes, nem sequer o seu tempo, exceto o seu dinheiro" (*Vanguarda e Kitsch*). Corresponderia, portanto, a uma mentalidade e desejo caracterizados pela imitação, banalização, heterogeneidade de estilos, deterioração do gosto, facilidade de reprodução (cópia) e custos acessíveis a uma larga população urbana. Indica não apenas a reprodução seriada e a exibição privada de obras famosas (réplicas), como a elaboração de peças decorativas (incluindo suvenires) que mesclam ou imitam estilos antigos e novos, com técnicas e materiais empobrecidos. Em síntese, pode-se dizer que o *kitsch* se configura como aparência, simulacro, exibicionismo ou agradável ilusão de prestígio, servindo para apaziguar uma certa frustração no padrão do consumo. Ainda sob este último aspecto, e segundo Mattei Calinescu (*As Cinco Faces da Modernidade*), "o *kitsch* pode definir-se, de modo conveniente, como uma forma especificamente estética

de mentir. Como tal, tem muito que ver com a moderna ilusão de que a beleza pode comprar-se e ser vendida [...]. Aparece na história no momento em que a beleza [...] é distribuída socialmente, como qualquer outra comodidade sujeita às leis de mercado, à oferta e à procura". Mas também indica e tem servido a variadas manifestações vanguardistas, que o utilizam como elemento paródico, irônico e destrutivo. Nesse último sentido, →*camp*. As palavras *cursi*, em espanhol, e *poshlust*, em russo, traduzem satisfatoriamente as acepções do *kitsch*, que, no entanto, se impôs internacionalmente.

• **KORAI.** →*Kouros*.

• **KOUROS.** Estátua do período grego arcaico (séculos VII e VI a.C.), habitualmente em mármore e representativa de um jovem ou de um deus, ainda esculpida com as proporções do cânone egípcio, tendo por característica o talhe retangular e mais rígido ou estático, se comparado com as estatuárias clássica ou helenística posteriores (plural *Kouroi*). Um famoso exemplar anônimo é o chamado Apolo de Tênea (cerca de 550 a.C.). Antenor é citado como um dos mestres do período, tendo de suas obras se conservado uma *Korai*, a equivalente feminina, já com uma tendência à suavidade das formas. Outro escultor do período cuja lembrança permaneceu foi Canacos (a ele se atribui o original do Apolo de Piombino). →*Sorriso arcaico*.

KUARUP. Cada um dos doze troncos de madeira da mitologia dos índios do Xingu, talhados por Maivotsinim – o herói fundador das linhagens e da cultura local – para que se transformassem nos casais das seis primeiras famílias xinguanas. Segundo a lenda, Maivotsinim fincou as madeiras na areia do rio e cantou durante toda a noite. Após o nascimento do sol, o calor aqueceu a areia e os troncos foram adquirindo a natureza humana primordial. A alegria do herói fundador fez com que os peixes saltassem para a praia e viessem prestar suas homenagens às novas criaturas. O alarido atraiu também a atenção das onças, em busca dos peixes, e Maivotsinim aproveitou para transformá-las em índios comuns, os Kamará. Todo ano as tribos da região se reúnem para comemorar a criação e reverenciar os antepassados mortos, por meio de cantos, do toque de grandes flautas de madeira (as uruás), de danças e da luta corporal masculina, a *huka huka*.

• **KUNSTKAMMER.** "Gabinete de Arte", em alemão, referindo-se a uma coleção variada de obras de arte (pinturas, esculturas, peças cerâmicas, jóias, tapeçarias e vidrarias), além de objetos curiosos ou inusitados (fósseis, animais e seres humanos com anomalias congênitas, por exemplo) e que a aristocracia germânica reunia em exposições privadas durante os séculos XVI e XVII. Tais coleções, no entanto, não foram exclusivas da Alemanha e da época, tendo sido formadas anteriormente por diversos príncipes renascentistas e, mais tarde, em diferentes partes da Europa. A Kunstkammer de Pedro, o Grande, por exemplo, adquiriu fama internacional, e ainda hoje permanece exposta no Ermitage de São Petersburgo. Há tradutores que utilizam a expressão "salão de curiosidades". →*Gliptoteca*, →*Museu* e →*Pinacoteca*.

• **KUNSTWOLLEN.** Conceito de estética formulado pelo historiador de artes plásticas e professor austríaco Alois Riegl, em fins do século XIX, segundo o qual as modificações estilísticas não decorrem tanto das transformações técnicas ou materiais, mas, principalmente, de uma "vontade artística" deliberada ou consciente de seus autores: "o homem aspira a estruturar o mundo conforme seus desejos e de maneira diferente de povo para povo, de lugar para lugar, e de tempo para tempo". Assim, a investigação do pesquisador deve estar voltada para a percepção de que a forma e o conteúdo criados em uma determinada época são os meios expressivos mais adequados para resolver o problema estético central de uma cultura vivenciada. A idéia de *Kunstwollen*, por seu aspecto determinista, tende, no entanto, a deixar de lado as possíveis contradições ou mesmo as deficiências existentes entre a intenção, o propósito volitivo, e a capacidade real de execução ou de tratamento das formas e temas escolhidos.

• **KYRIE ELEISON.** Expressão de origem grega, que significa "Deus, tenha piedade". Constitui uma das três invocações invariáveis utilizadas nas liturgias cantadas da Igreja Católica (além do *Sanctus* e do *Agnus Dei*), simples ou solenes, pelo menos desde o século nono, com a normalização do canto gregoriano. A partir do século XIV, quando a missa se converteu em gênero musical polifônico (Guillaume de Machault), o *Kyrie* passou a integrar a primeira parte do rito que, quando completo, é seguido por: *Gloria, Credo, Sanctus, Benedictus, Agnus Dei* e *Ite missa est*. →*Réquiem*.

LACERIA. Decoração em desenho, pintada, esculpida ou gravada, de origem mourisca, e constituída por linhas retas formadoras de polígonos sucessivos e entrelaçados (quadrados, retângulos, losangos), ou mesmo por formas estelares, utilizada em expressões artísticas da Península Ibérica (Portugal e Espanha).

LAI. Composição musical e poema narrativo medieval de origem celta, adaptado pela literatura provençal trovadoresca para contar as legendas heróicas ou amorosas do ciclo bretão ou arturiano. De modo mais recorrente, utilizou-se a forma de doze estrofes em versos octossilábicos. Deveu-se à primeira poetisa francesa, Marie de France, a fixação e a difusão do gênero na Europa, a partir de obras como o *Lai de Lanval* e o *Lai de Chèvrefeuille* (relacionado a Tristão e Isolda). O cancioneiro galaico-português da Biblioteca Nacional inclui cinco lais adaptados do ciclo arturiano. Já no século XIX, alguns autores românticos escreveram composições de fundo histórico sob essa denominação (apenas literárias, e não mais musicais), como Walter Scott (*Lays of the Last Minstrel*) e Thomas Macaulay (*Lays of Ancient Rome*).

LAICISMO, LAICO. Fundamentalmente, a atividade e o pensamento laicos – o laicismo – diz respeito à liberdade de estabelecer princípios e de exercê-los socialmente, sem a interferência de outros poderes ou instituições. Provém do grego *laikós*, do povo ou aberto ao povo. Designa, portanto, uma autonomia de ação no interior de um domínio, como o religioso, o político, o econômico, o científico, o filosófico ou o artístico. Historicamente, no entanto, como a presença e a autoridade das Igrejas cristãs exerceram severa vigilância sobre aquelas esferas de atividades, tornou-se habitual, a partir da Idade Média, a idéia de que o laico se contrapõe ao religioso. E no entanto, a própria religião católica foi a primeira instituição a defender os princípios do laicismo, decorrente da vontade de soberania papal em face dos poderes dos imperadores medievais – o cesaropapismo bizantino e, posteriormente, carolíngio. Assim o atestam os documentos escritos pelo papa Gelásio I (século V), que orientaram, por largo período, a política do Vaticano. Consoante Gelásio (carta ao imperador Anastásio), no mundo haveria dois poderes: a *auctoritas sacrata pontificum* (sagrada autoridade dos pontífices no âmbito espiritual e que legitimaria todos os demais) e a *regalis potestas* (poder régio, secular, da ordem pública, laico). Cada um deles possuiria a sua própria jurisdição. Na modernidade, o laicismo constitui a defesa da autonomia teórica e prática em face dos autoritarismos político, econômico ou cultural.

LAJE. **1.** Grande estrutura ou painel arquitetônico de concreto, construída no local ou pré-moldada, que serve como cobertura-terraço de residência ou edifício, ou como piso. **2.** Placa de pedra, de madeira, de metal ou mesmo de vidro, utilizada para revestir pisos e paredes, ou cobrir túmulos.

•**LAKE POETS.** Literalmente, os Poetas do Lago, isto é, os ingleses William Wordsworth, Samuel Coleridge e Robert Southey, residentes do Lake District (junto ao mar da Irlanda, em Cumberland), que consolidaram a poesia romântica na transição dos séculos XVIII e XIX, tendo em comum, além da vizinhança, o fato de adotarem o *conversation poem*, isto é, a linguagem coloquial, a nostalgia do passado histórico e a balada sentimental na construção de algumas de suas obras.

LAMBADA. Ritmo e dança popular derivada dos batuques negros do estado do Pará, os carimbós, e que se misturaram a gêneros musicais caribenhos, como o merengue e o mambo, em decorrência de contatos estabelecidos entre as populações negras e mestiças daquele estado brasileiro com as de Barbados, Cuba e Guiana Francesa, durante os séculos XIX e XX. Na década de 1970, a lambada já era conhecida e dançada nos bailes de Belém, absorvendo os recursos eletrônicos então disponíveis. Houve, inclusive, gravações sob tal denominação, realizadas por Mestre Vieira e pelo músico Pinduca (Aurino Gonçalves). A sua difusão mundial ocorreu, no entanto, no final da década de 1980, pelo oportunismo comercial de um empresário francês, Olivier Lorsac, que, em Paris, formou o grupo Kaoma, integrado por brasileiros, antilhanos e africanos. O nome lambada parece ter origem no movimento rápido e insinuante da saia da mulher durante a dança.

LAMBREQUIM, LAMBREQUINS. **1.** Ornamento floral ou geométrico pintado nas bordas de peças cerâmicas (como pratos ou tigelas). **2.** Decoração igualmente floral ou abstrata pendente e recortada de beirais de telhados, cornijas ou mesmo de prateleiras e outros objetos mobiliários. **3.** (Ant.) Ornamentação aplicada à volta de elmos.

LAMBRI, LAMBRIL. **1.** Revestimento aplicado sobre paredes com peças de madeira, de pedra (mármore, por exemplo), cerâmicas (azulejo), ou ainda confeccionado em estuque. **2.** Uma barra decorada sobre parede.

• **LAND ART.** Intervenção ou instalação artística em sítios naturais, como campos e praias, desertos, ilhas fluviais ou marítimas, montanhas e geleiras, tanto quanto em locais deteriorados pela ação industrial (pedreiras, garimpos). Bastante diversificada em suas formas e dimensões, nela se incluem desde coberturas plásticas gigantescas, à maneira do artista plástico Christo Javacheff (por ele chamadas *empaquetage*), como o assoreamento de cursos d'água ou a terraplenagem estéticas, esculturas de gelo em banquisas (Christian Claudel, Francis Cuny), escavações geométricas em encostas de morros (Michael Hazer), e até simples pegadas marcadas voluntariamente em um gramado. Quando abrangem formas vastas, normalmente estão inseridas em ambientes isolados, só observáveis, em sua totalidade, a grande distância, ou por meio de fotografias. Foi o caso da experiência de Walter de Maria em 1977 (*Lightening Field*), que fixou cerca de 400 estacas de aço, de seis metros de altura, no deserto do Novo México. Ao captar os relâmpagos e atrair os raios das tempestades da região, o fenômeno foi seguidamente fotografado, registrando os jogos de luz produzidos. A *land art* (ou *earth art*) parte do pressuposto de que os museus, galerias ou centros de cultura urbanos não são os únicos locais destinados à exposição ou contemplação de formas estéticas, estimulando, ao contrário, uma expansão superdimensionada da ação plástica, ou a utilização pródiga de matérias e de configurações naturais já existentes.

LAZER. **Primeiros significados.** Se voltarmos às origens etimológicas da palavra *lazer*, poderemos perceber o seu caráter ambíguo ou controverso. Na Grécia antiga, o sentido mais próximo, e ainda assim distante daquele que podemos encontrar nas idéias atuais, seria o de *skholé*. Esse termo indicava, ao mesmo tempo, uma condição social de não-servidão e a possibilidade de exercer aquelas funções públicas permanentes, as legislativas e as judiciárias.

Como condição social do homem livre, a *skholé* permitiu o florescimento da democracia (ainda que restrita aos cidadãos plenos), das artes públicas e da vida contemplativa. Daí alguns comentadores se referirem à "civilização grega dos lazeres" e Aristóteles ter feito uma distinção entre duas formas humanas de vida (*bioi*). Partindo de um termo que se poderia traduzir genericamente por ação (*ergon*) – aquilo que expressa a virtude imanente a cada ser, a sua possibilidade virtual – o filósofo separou-a em duas outras atividades: o *prattein* e o *poiein*. Este último, o *poiein*, constituiria o trabalho técnico do artesão, que busca a fabricação de um objeto exterior a si, útil, mas destinado à satisfação de uma necessidade material. Em resumo, seria esta a vida dedicada ao ganho, à sobrevivência. Já o *prattein* teria por característica uma ação que não serve de meio material, que se atém ao êxito da própria ação, que tem por princípio e fim as relações do homem consigo mesmo e com os demais. Nesse rol estariam incluídas a beleza, a contemplação, o conhecimento, a felicidade e as atividades de instituição, melhoria e conservação da *polis*, da vida pública. Por conseqüência, essas ações "praticadas" – e não "penosas" (de *poiein*, *ponos*, trabalho árduo) – seriam os signos evidentes de um modo de vida nos quais se expressam as qualidades ou as virtudes do homem civilizado e, por isso mesmo, superior ao "bárbaro" (o que não se vale da fala, da razão, mas da força e dos instintos).

No período monárquico de Roma, a palavra *otium* indicou, mais especificamente, o período de paz, o de inexistência de conflitos, o "repouso do guerreiro-cidadão", uma época de ausência de guerra (*bellum*) marcada pelas festividades religiosas e pelas comemorações cívicas. Já na Roma republicana o termo incorporou também alguns sentidos afirmativos da *skholé* grega. Passou a exprimir tanto a tranqüilidade, a serenidade ou o repouso (*otiosus ab animo* – serenidade de espírito), quanto o estar disponível para si mesmo, livre de embaraços. A nobreza do ócio foi então defendida por personalidades como Cipião e Cícero, por corresponder aos momentos de distensão e aos prazeres da intimidade. A negação desses estados de paz e de liberdade pessoal estaria inscrita no termo *nec-otium* – negócio – que, entre outras acepções, significava ocupação, obrigação, trabalho, atividades "produtivas", comerciais, econômicas e também advocatícias (os processos jurídicos do Fórum). Reafirmava-se, portanto, um modo de vida privilegiado, um apanágio das classes patrícias e dos círculos intelectuais e artísticos. Mas a importância e a intromissão crescentes das legiões romanas e dos mercenários na política imperial e na sucessão dos césares acrescentou à idéia de ócio o perigo real das desordens cívicas e dos golpes de Estado. Assim, foi possível para o catolicismo medieval (Bernard de Clairvaux, por exemplo), para os autores cristãos utopistas (Morus, Campanella) e, mais tarde, para o protestantismo capitalista transformar a "mente ociosa" em "casa do demônio".

A construção de um sentido atual. A palavra *lazer* parece ter surgido durante a formação das línguas neolatinas, por volta do século XIII. Derivou do verbo *licere*, ser permitido, possível ou lícito. Nesta acepção, ela trouxe, de maneira subjacente e necessária, a idéia de alguém que exerce uma autoridade, ou de uma circunstância que impõe limites à ação. Logo, é a ausência de um poder, de uma regra, de um comando ou de uma situação desfavorável que oferece a oportunidade do lazer – liberação de obrigações, de constrangimentos ou de dependências e, portanto, o "estar disponível para si mesmo". Mas foi ainda no final do Renascimento (por volta do século XVII), em plena fase de expansão urbana, de novas relações salariais, comerciais e financeiras, de formulação das primeiras teorias econômicas e sociológicas modernas, que o termo começou a ser utilizado mais comumente. E aquilo que passou a "autorizar" ou a "permitir" o lazer foi, acima de tudo, uma nova realidade socioeconômica configurada pelas relações de produção capitalistas – o trabalho assalariado. Em 1694, o *Dicionário da Academia Francesa* já podia registrar o verbete, com a seguinte definição: "Um espaço de tempo suficiente e liberado para fazer qualquer coisa".

Foi no correr das histórias moderna e contemporânea que o trabalho e o lazer constituíram, de modo mais claro, as duas faces da mesma moeda. O largo período de predomínio da nobreza e dos círculos aristocráticos, baseado em rendas fundiárias, em antigos direitos feudais e favores monárquicos, permitiu a manutenção de privilégios de uma "classe ociosa", conforme a chamou Thorstein Veblen. Classe essa que, por seu estilo de vida, justificou, de uma parte, o ódio demonstrado pela pequena burguesia urbana e pelos camponeses durante a Revolução Francesa; e de outro, a tese inicialmente burguesa (Adam Smith, Ricardo) e depois socialista (Saint-Simon, Marx) de que o trabalho é a origem da propriedade privada, da formação do capital e dos valores econômicos de troca.

Com a revolução industrial dos séculos XVIII e XIX, as formas sociais e o modo de produção econômica seriam alterados profundamente. Entre as mudanças ocorridas, houve um aumento brutal nas jornadas e na intensificação do esforço vivo do trabalho, o que gerou uma crescente necessidade e a reivindicação pelo tempo de lazer. Quando, a partir de 1750, aproximadamente, a acumulação do capital mercantil pôde ser aplicada em atividades industriais nascentes, e o movimento dos *enclosures* (a privatização forçada de terras comunais) expulsou grandes quantidades de lavradores para as zonas urbanas, tiveram início as modificações no sistema de trabalho. Isso porque, nas antigas corporações de ofícios, o trabalhador exercia três formas de controle: em primeiro lugar, negociava o preço das encomendas e, portanto, o de sua renda; em segundo, dirigia o tempo e o ritmo das atividades; por fim, era proprietário dos meios ou artefatos de produção.

Sob outro ponto de vista, os estatutos das corporações medievais estipulavam regras precisas para as jornadas, de acordo com a época do ano e o calendário religioso. As pausas diárias variavam de duas horas e meia a três horas, conforme a estação do ano; o exercício profissional era proibido aos sábados, domingos e dias santificados; e o número de dias anuais não ultrapassava 260, resultando em cem ou 120 dias liberados.

Algumas dessas condições ainda se mantiveram durante a fase do "trabalho doméstico" (o *domestic system*), uma forma de produção familiar contemporânea das primeiras unidades realmente industriais. "O manufatureiro (o capitalista por encomenda) que quisesse aumentar a produção, tinha que obter mais trabalho da mão-de-obra já recrutada. Aqui, contudo, ele de novo caía nas contradições internas do sistema. E não tinha modo algum de compelir seus trabalhadores a certo número de horas de trabalho: o tecelão, o artesão doméstico, era senhor do seu tempo, começando e parando quando desejasse" (David Landes, *The Unbound Prometheus*). Ou seja, a industrialização e as transformações na forma e no tempo do trabalho começaram realmente quando o capitalista também assumiu as funções empregatícias e de gerência em unidades coletivas de produção.

Segundo Frédéric Mauro (*História Econômica Mundial*), por volta de 1819 havia na Inglaterra cerca de dez mil trabalhadores nas indústrias, contra 240 mil artesãos domésticos. Mas, já na década de 1840, essa proporção se invertera: sessenta mil trabalhadores caseiros e mais de 150 mil nas indústrias. Assim, "A necessidade de modificar as relações jurídicas de produção e o processo de trabalho, submetendo ambos ao controle direto do capital, juntamente com as mais-valias absoluta e relativa, traduziu-se na transferência, para o interior da indústria, do controle das horas de trabalho. E por conseqüência, na redução do tempo residual (de lazer) antes existente" (Newton Cunha, *A Felicidade Imaginada*). Na Inglaterra e na França, entre 1750 e 1850, a quantidade das horas semanais do trabalho industrial elevou-se para uma faixa situada entre 72 e oitenta horas. Entre 1850 e 1937, na Inglaterra, a jornada começou a decrescer lentamente, chegando a 58-60 horas no final deste período, a 45-51, em 1937, e a 44, em 1971. Na França, entre 1848 e 1918, declinou para um intervalo entre 68 e sessenta horas, fixando-se em 46-50, em 1919, e em 41, em 1979.

Mas essa diminuição do tempo de trabalho, e o conseqüente aumento do tempo livre ou de lazer, não se deveu apenas a uma crescente produtividade econômica, derivada de avanços tecnológicos. Os fatores decisivos de recuperação foram, sobretudo, as lutas sindicais e partidárias que, por meio de greves, de acordos coletivos e de propostas legislativas de cunho social, mudaram as leis de jornada de trabalho (tempo máximo, repouso semanal, férias) e ampliaram os direitos dos assalariados. Logo, deve-se perceber que o tempo e o direito ao lazer são resultados de ações e de programas políticos, tanto quanto de circunstâncias econômicas.

Convém lembrar ainda dois outros aspectos importantes da industrialização, que foram a *artificialização* das condições de trabalho e a *adaptação* do comportamento humano ao ritmo mecânico das máquinas. A artificialização regularizou o tempo aplicado à produção, antes intermitente e variável, segundo as condições climáticas e os modos de vida característicos das famílias. E a adaptação intensificou o esforço físico, aumentando a produtividade, mas gerando estresses e enfermidades até então desconhecidas.

Tempos na vida ativa; as relações entre o sujeito, o objeto e a ação. Ainda hoje, a atividade humana considerada indispensável à produção e à reprodução da vida tem sido o trabalho. É por seu intermédio que se realiza o *produto social*, um conjunto de bens e serviços econômicos capaz de satisfazer e gerar necessidades, de formar e agregar valores, e de criar riquezas (produtos, rendas e salários) que serão repartidas pela sociedade de modo mais ou menos igualitário.

Além disso, o produto social depende, historicamente, de forças produtivas determinadas (artefatos, máquinas, equipamentos, técnicas) e das relações sociais de produção. Envolve ainda, de maneira interdependente, a produção, a distribuição, a circulação e o consumo, exigindo, por isso mesmo, um *tempo social produtivo ou de trabalho*. Este, por sua vez, não está imune às condições acima e, portanto, reflete os valores e os objetivos mais evidentes das relações sociais de produção. Embora suas diferenças sejam significativas ao longo da história (proprietário/escravo, senhor/servo, capitalista/trabalhador livre, patrão/empregado), o trabalho se configura por ser uma relação social compulsória ou coercitiva, isto é, vivida em função de deveres, disciplinas, hierarquias, normas, regulamentos, objetivos utilitários e uma crescente rentabilidade (principalmente no modo de produção capitalista). Tende

também, na forma industrial da produção, a ser repetitivo, parcelado, fragmentado, já que realiza apenas determinadas atividades numa rede ou cadeia de ações (→*Alienação*). Essa racionalização científica do trabalho, concebida por Taylor e implementada nos fins do século XIX (magistralmente ironizada em *Tempos Modernos*, de Chaplin), começou, no entanto, a ser suavizada na segunda metade do século XX.

Além deste tempo e desta relação socialmente produtiva ou de trabalho, existe um outro que se poderia chamar momentaneamente de *não-produtivo ou complementar*. São tempo e formas de atividades que não estão subordinadas diretamente às relações hierárquicas, burocráticas e obrigatórias, nem aos resultados ponderáveis que o primeiro exige. O fato de ser considerado não-produtivo ou complementar não significa que sua extensão (em horas) seja maior ou menor do que a do tempo socialmente produtivo. Quer dizer apenas que, ainda hoje, o tempo econômico permanece como o eixo central da produção e da reprodução da vida, do ganho monetário ou financeiro. Também não conduz, necessariamente, a atividades espontâneas, pois algumas delas comportam condicionamentos biológicos, naturais (sono, alimentação), obrigações sociais, como as familiares, ou espirituais, como as religiosas. Por fim, há um tempo e atividades que, exercidas no âmbito não-produtivo, se caracterizam por graus mais elevados de liberdade e de expressão pessoal (de subjetividade), distanciando-se dos interesses propriamente econômicos (no sentido de ganho ou acumulação). É este último o universo do lazer: da autodidaxia, do jogo e dos esportes, do passeio, dos espetáculos artísticos, dos contatos sociais entre amigos, da televisão, do cinema, das festas, das relações amorosas, dos *hobbies*, do turismo e do consumo.

Ainda assim, deve-se perceber que, ao recuperar as condições mínimas de retorno à produção, realimentar as disposições psíquicas, satisfazer necessidades pessoais e sociais, enriquecer experiências de vida e liberar o indivíduo para o consumo, o lazer permanece vinculado à realização do produto social e, portanto, à esfera da economia política.

Esse aspecto não invalida o fato de que a vida ativa se desenrola em meio a tempos, relações e valores distintos, ainda que inter-relacionados e mutuamente influentes. O que vai diferenciá-los, em princípio, é a *natureza* da ação praticada ou o *vínculo de apropriação entre o indivíduo e o objeto*. Em outras palavras, é pela *forma de objetivação* que o lazer se distingue do trabalho – a maneira pela qual o sujeito se relaciona com o objeto que lhe é exterior (incluindo-se as relações sociais). No tempo socialmente produtivo, tanto as ligações pessoais quanto o objetivo da ação e a apropriação dos resultados (dos bens ou serviços produzidos) costumam manifestar-se na qualidade de *meios ou instrumentos*. Esse *caráter instrumental* significa, principalmente para o assalariado, que são as condições e as necessidades exteriores ao sujeito que reclamam a ação, orientando suas formas e fins. Comumente, não são estipulados pela vontade individual, não exprimem liberdade de escolha, não condizem com finalidades particulares desejadas, não satisfazem ou exteriorizam, espiritualmente, as capacidades subjetivas. Em maior ou menor proporção, respondem às necessidades inadiáveis da sobrevivência, do ganho, da satisfação material, ou, eventualmente, da conservação de um *status* social.

Bem entendido, há muitos exemplos históricos e cotidianos de pessoas que encontram prazer, que determinam o trabalho executado e se reconhecem nele, seja manual ou intelectual. Mas o que se pode observar nesses casos é que a forma de objetivação corresponde a valores característicos do lazer: à liberdade de escolha da atividade; à definição do ritmo da ação; à espontaneidade do comportamento; à satisfação psíquica encontrada; à realização de capacidades subjetivas que se corporificam em objetos.

Pesquisas e ensaios iniciais. O interesse pelos estudos e pela propagação de atividades de lazer foi uma consequência de fenômenos socioeconômicos e culturais do século XX, entre os quais se podem citar: a diminuição do tempo de trabalho e a elevação do tempo livre, derivadas tanto de fatores sociopolíticos (garantias do emprego formal, *welfare state*), quanto dos sistemas de automação; o crescimento numérico e o aumento do poder de consumo das classes médias; a formação de uma cultura de massa ou de uma indústria cultural e de entretenimento. Levando em conta esses fatores, não foi por acaso que a sociologia do lazer prosperou, inicialmente, no país-símbolo da cultura de massa, os Estados Unidos.

A primeira pesquisa destinada a descrever e interpretar os hábitos de vida e de consumo, as relações sociais cotidianas e o emprego do tempo livre foi realizada na cidade de Murcie, a partir de 1925, e durante dez anos, pelo etnólogo R. Lynd. Em 1927, o sociólogo Elton Mayo procedeu a uma exaustiva enquete sobre as relações sociais de trabalho na empresa Western Electric, constatando que certas formas de comportamento, típicas do tempo livre, eram ali exercidas e desejadas pelos trabalhadores. Por esse motivo, insistiu na adoção de programas de lazer no interior do ambiente de trabalho. E em 1934, o tempo livre tornou-se o tema principal das investigações de um grupo de pesquisadores (Lundberg, Komarovski e McIllnezy), resultando no ensaio *Lazer, um Estudo em Zona Suburbana*. A

definição então sugerida foi a de "tempo liberado das tarefas formais e banais que um trabalho remunerado e outras obrigações nos impõem".

Na década seguinte, veio a lume o importante livro de David Riesman, *A Multidão Solitária*. Nele, o autor distinguiu três "tipos" de indivíduos cujos comportamento e mentalidade culturais corresponderiam a estágios ou formas sociais de produção diferentes. O primeiro seria o tipo antigo, representante da sociedade agrária tradicional e respeitoso dos valores patriarcais e familiares. A industrialização e as formas consequentes do trabalho "livre" criaram um segundo tipo de homem, agora "introdeterminado", ou seja, devotado à produção e à acumulação, mas individualista, centrado em si mesmo. Por fim, a sociedade de abundância e de consumo gerou um terceiro homem, o "extrodeterminado", que se conduz e elabora valores em função daqueles requeridos pela publicidade, pelos apelos dos meios massivos de comunicação, por um modo de vida no qual o lazer e as múltiplas experiências de vida excitam a variabilidade dos interesses. Nesse texto, Riesman observou pontos positivos (seu caráter liberatório) e negativos da sociedade de lazer. Mas na obra posterior, *Abundância Para Quê?*, suas posições tornaram-se pessimistas. Antes, o lazer continha a possibilidade de dar sentido à vida, mas então "não havia percebido que, segundo a fórmula marxista, 'a quantidade transforma a qualidade' e que um momento viria no qual uma dose suplementar de lazer se mostraria mais embrutecedora do que agradável, de maneira que a massa dos homens se tornaria incapaz de absorver mais [...]. As esperanças que eu havia fundado sobre o lazer resultavam, suponho, do desespero que tinha de não poder conferir ao trabalho, na sociedade moderna e para a massa dos homens, os sentidos e as exigências mais elevadas [...] o regime de abundância ao qual nós nos sentíamos convidados ameaça tornar-se uma indigestão".

As melhores condições de vida e as formas acentuadas de entretenimento e diversão da →cultura de massa levaram as antropólogas Margaret Mead e Martha Loewenstein a constatar, mas sem com isso tirar consequências, que "o aspecto do desenvolvimento recente da cultura americana é o aparecimento do que se chama *fun morality*, a moralidade do prazer. Agora, o prazer, longe de ser reprovado, tende a se converter em algo obrigatório. Em lugar de alguém se sentir culpado por ter prazer, sente-se envergonhado por não tê-lo muito [...]. O divertimento se infiltra nas esferas do trabalho, enquanto que, nas atividades lúdicas, a busca da realização pessoal domina [...] o prazer não é somente permitido, mas exigido" (*Infância nas Culturas Contemporâneas*). Esse aspecto do prazer subjetivo, experimentado nos conteúdos do tempo livre, foi incorporado por Max Kaplan (*Lazer na América*), que atribuiu ao lazer as seguintes características: é a antítese do trabalho, pois que este responde a uma função econômica, enquanto "o lazer é um fim em si mesmo"; o lazer é acompanhado por um componente de sonho e excitação; diminui a incidência de regras sociais; constitui uma percepção psicológica de liberdade; mantém uma estreita relação com os valores e as atividades culturais; está freqüentemente relacionado com o jogo e seu caráter expressivo. Constitui, em síntese, "uma maneira de se renovar, de se desenvolver, de se conhecer e de se realizar", satisfazendo necessidades pessoais e sociais.

Lazer e ação cultural. A partir de 1954, os países europeus, em fase de recuperação socioeconômica, também passaram a dar atenção ao lazer. Naquele ano, realizou-se em Bruxelas um primeiro congresso sobre a Organização dos Lazeres e da Educação Popular. Em 1956, no transcorrer do III Congresso Internacional de Sociologia (Amsterdam), reuniram-se pesquisadores para elaborar uma enquete simultânea em seis cidades do velho continente. A equipe, formada por Joffre Dumazedier (França), Ten Have (Holanda), G. Ossipov (Rússia), N. Anderson (EUA) e presidida pelo diretor do Instituto de Pedagogia da Unesco, fundou, no ano seguinte, o Grupo Internacional das Ciências Sociais e do Lazer, vinculado à Unesco. Sob tal impulso, vários países, capitalistas e socialistas, criaram grupos de estudo e de intervenção.

Na França, as primeiras análises sobre o lazer devem-se a Georges Friedmann. Embora suas preocupações tenham sido principalmente os efeitos nefastos ou desumanizadores do trabalho em uma sociedade industrial (*Para Onde Vai o Trabalho Humano?*, *O Trabalho em Migalhas*), delas sobressaiu a exigência do lazer, ao menos como compensação aos fatores alienantes do tempo e dos esforços produtivos: "Para milhões de homens e de mulheres, a atividade de ganha-pão do trabalho não possui valor de enriquecimento cultural, nem de reequilíbrio psicológico. Para aqueles, a realização de si e a satisfação não podem ser procuradas senão nas atividades de lazer e, mais precisamente, no tempo livre, progressivamente acrescido pela redução da semana de trabalho. Não esqueçamos que o lazer do homem é essencialmente escolha e liberdade, que ele corresponde a disposições individuais, aos gostos ou, enfim, a um complexo de tendências no coração da personalidade, e que a sociedade deve respeitar".

Mas como campo privilegiado de →*ação cultural*, o lazer encontrou em J. Dumazedier o seu mais devotado animador. Proveniente do movimento pós-guerra

de educação popular *Peuple et Culture*, o sociólogo procurou desenvolver reflexões que orientassem, teórica e praticamente, grupos voluntários ou institucionais em suas atividades sociais, artísticas, intelectuais e desportivas, tendo por finalidade a expansão ou a democratização da cultura, *lato sensu*. De seus escritos ressaltam duas teses principais. A primeira delas é que a educação se modificou substancialmente nas sociedades tecnologicamente avançadas. As funções educativas, anteriormente mais restritas à família e ao mundo escolar, multiplicaram-se e contaminaram, de modo positivo, todas as demais instâncias coletivas: as empresas e o mundo do trabalho, os meios de comunicação, os centros culturais, artísticos e sindicais, os grupos informais ou, enfim, as organizações públicas e privadas. A segunda é que os atributos do tempo livre permearam igualmente a maioria das atividades humanas, conduzidos que foram pelas conquistas sociais, pelo progresso técnico e seus índices de produtividade e de automação industriais.

Em suas palavras, deve-se "destinar o vocábulo lazer ao único conteúdo do tempo orientado para a realização da pessoa como fim último. Este tempo é outorgado ao indivíduo pela sociedade quando este se desvencilhou, segundo as normas sociais do momento, de suas obrigações profissionais, familiais, socioespirituais e sociopolíticas [...]. O indivíduo se libera da fadiga descansando; do tédio, divertindo-se; da especialização funcional, desenvolvendo, de modo desinteressado, as capacidades de seu corpo ou de seu espírito [...]. É um valor social da pessoa que se traduz por um novo direito, o direito de dispor de um tempo e de uma ação cujas finalidades são a auto-satisfação" (*Sociologia Empírica do Lazer*).

Essa dinâmica do lazer, ao alargar o seu grau de autonomia, definiu-se como um campo de ação *sui generis*. Merece ser estudado e incentivado na qualidade de território propício ao aprimoramento do indivíduo e, por conseguinte, de uma sociedade humanista. Mas merece ainda a atenção dos poderes públicos e das organizações privadas porque guarda também um lado obscuro ou de ameaças, como a evasão irresponsável, o consumo de drogas, a banalização da cultura, o comportamento imoralista, a prática do vandalismo ou a degradação do ambiente. O poder de sedução do tempo livre é ambivalente: "Os lazeres ativos são suficientes para humanizar a civilização industrial? Note-se que eles também são ambíguos. Podem favorecer o progresso de uma cultura social ou, ao contrário, provocar sua regressão. Podem incitar o indivíduo a uma participação social ou, inversamente, a uma evasão social. Podem equilibrar a vida de trabalho ou destruir todo o interesse por problemas técnicos e sociais postos pelo mundo da produção" (*Ambigüidade do Lazer e Dinâmica Sociocultural*). Por razões como essas, a sociologia do lazer necessita de *critérios de desenvolvimento cultural*. A dinâmica do tempo livre não se esgota no *homo ludens*, mas requer a seleção consciente de valores que conduzam à formação de um novo imaginário, de um *homo socius et sapiens* comprometido com a elevação dos padrões civilizatórios.

No Brasil, o Sesc de São Paulo optou por trabalhar de maneira estreita e permanente as premissas de Dumazedier. Seus técnicos foram estimulados a discutir e a relacionar as questões práticas (carências e desigualdades sociais, interesses culturais e recreativos, programas de ação, quantidade) com os princípios e as escolhas de caráter axiológico (superação e desenvolvimento, democratização, ampliação de oportunidades, diversidade de ação e qualidade de vida). De maneira genérica, a ação cultural baseada no lazer impõe a necessidade: de ser crítica e propositiva (ou construtiva), exigindo o acesso econômico de todas as classes sociais e faixas etárias a seus programas; da experimentação, da comparação e da compreensão de atividades artísticas e intelectuais, com o intuito de eleger valores; da prática e do aperfeiçoamento de ações sociais, recreativas e desportivas; do equilíbrio entre o prazer concreto da atividade e o desenvolvimento espiritual (cognitivo e emotivo).

LEGATO. Do italiano, *ligado*, significa uma forma de execução musical em que se opta por um encadeamento contínuo e suave dos sons, evitando pausas ou interrupções entre eles. Desta maneira, contrapõe-se à maneira do *staccato* (sons destacados, desligados). O *legato* pode ser empregado tanto para a execução instrumental quanto para o canto. Neste último caso, é comum fazer as emissões de um só fôlego, para que não haja quebra na entoação das notas.

LEGENDA. **1.** Narração fictícia, imaginária, tradicional e maravilhosa ou →lenda, de autoria folclórica, desconhecida. **2.** Em exposições de artes plásticas, os textos breves e de acréscimos necessários que acompanham as obras, informando ao público o título, a técnica utilizada, suas características formais, dimensões e data de elaboração. **3.** Em cinema e vídeo, texto projetado comumente sobre a parte inferior de uma imagem (ou seqüência delas), com o intuito de esclarecimento ou de tradução dos diálogos originais. **4.** Texto explicativo, intercalado entre as cenas de um filme, consistindo de um recurso comum durante a fase do cinema mudo. **5.** Frase jornalística que acompanha uma fotografia impressa, conferindo-lhe uma informação adicional, explicativa ou interpretativa. **6.** Inscrição ou frase cunhada em moedas e medalhas.

•**LEITMOTIV.** Motivo condutor, em língua alemã, significando, sobretudo em música erudita, uma frase ou tema que se repete, durante a composição, com variações, modulações ou simples retorno. É também, por conseqüência, um elemento construtor, seja melódico, rítmico ou harmônico. Embora usado por autores clássicos, como Glück ou Mozart, este recurso ganhou destaque com os românticos (Liszt, Mendelssohn e, sobretudo, Wagner) e sua denominação só apareceu em 1871. Berlioz utilizou a expressão *idée fixe* (idéia fixa) para se referir a este tema central, constantemente recuperado, como o de sua *Sinfonia Fantástica*. A palavra tem sido usada para outras situações e obras artísticas (de teatro, literárias ou cinematográficas, por exemplo) como recorrência importante para o ritmo ou para a apreensão do sentido narrativo ou dramático.

LEITURA. Do grego e do latim *lego*, pelo verbo latino *lectare*. Entre outras acepções, estão as de reunir, coligir, dizer ou proferir, inclusive para si mesmo. A leitura é o ato de elucidar o sentido e a forma de um texto previamente escrito. Para que a decifração do material escrito seja a mais ampla ou eficente possível, a leitura exige um repertório de informações e de conhecimentos adequados ao assunto ou ao domínio formal da língua ou do código utilizado. Repertório que, por sua vez, é construído pelo próprio hábito da leitura. Podemos tomar como exemplo o conhecimento do vocabulário e das normas linguísticas presentes nos gêneros literários ficcionais, ou os conceitos de uma obra filosófica. A leitura impõe-se como um trabalho intelectual insubstituível (além da experiência sensível) para a compreensão de todos os fenômenos humanos e naturais já descritos ou registrados e serve de fundamento para a →*interpretação*. →*Texto*.

LENDA. Do latim *legens, legentis*, "para ser reunido, acolhido ou lido", refere-se não apenas a um texto narrativo ou poético, como também a histórias que, no início, foram criadas e transmitidas oralmente, tendo por tema eventos míticos, religiosos, sobrenaturais ou ainda fatos históricos. Neste último caso, entretanto, ocorrem acréscimos de passagens ficcionais ou maravilhosas, conservadas e transmitidas por tradições literárias e populares, como, por exemplo, a Lenda do Santo Graal ou, entre nós, a do Saci Pererê.

LETRINA. A primeira letra de um texto, caracterizada pela forma decorativa, floreada ou contendo, em seus limites, uma cena figurativa, como as utilizadas em livros de iluminuras e que abre um capítulo ou trabalho impresso. Difere da letra capitular por ser mais elaborada ou adornada que esta última.

LETRISMO. Aplicação de letras, palavras ou de signos gráficos em uma obra de arte plástica, sem outra função senão a de produzir efeitos visuais, ou seja, sem referências expressas de significado.

LEXIA. →*Lexicografia, lexicologia.*

LÉXICO. 1. Conjunto de unidades lexicais, ou seja, de termos ou palavras existentes ou realizadas efetivamente na língua, bem como aquelas realizáveis, isto é, que podem ser criadas por neologismo ou incorporação de vocábulos estrangeiros. Visto dessa forma, o léxico inclui o vocabulário propriamente dito e a virtualidade de um emprego possível ou renovável. →*Vocabulário.* 2. O conjunto das palavras dicionarizadas de uma língua, dicionário.

LEXICOGRAFIA, LEXICOLOGIA. Ramos atuais da lingüística que têm por objeto comum de estudo as chamadas unidades lexicais ou *lexias* – palavras, termos, vocábulos, ou seja, o universo ou o inventário lexical (neste último caso, mais conhecido como →dicionário). À lexicografia, entendida habitualmente como técnica de tratamento e de organização das unidades lexicais, compete um trabalho de classificação, taxonomia ou compilação de termos, por meio de: dicionários monolíngües, dicionários plurilíngües, dicionários de sinônimos e antônimos, dicionários gerais ou especializados, vocabulários, glossários e *thesauri.* Nesta classificação, o objetivo é definir a unidade lexical, entendendo-se por isso a elaboração de uma "perífrase", ou seja, a de um circuito de palavras que forneça o(s) sentido(s) e cujos métodos podem incluir, separada ou conjuntamente: a denotação, a demonstração, as análises, as sínteses, as implicações contextuais e as regras de utilização. A compilação das palavras de um dicionário pode ainda variar em conformidade com a seguinte tipologia: ordem alfabética (a mais comum), ordem etimológica (primeiro a palavra original e, depois, os cognatos), ordem ideológica (palavra-chave e, na seqüência, as sinônimas ou para-sinônimas), ou ainda a ordem inversa (em que as terminações dirigem a seqüência). Já a lexicologia tem buscado converter-se em uma nova ciência do léxico, partindo os seus métodos e hipóteses de trabalho da lexicografia, da gramática e da filologia. Seus objetivos são os de verificar quais os princípios gerais, os mecanismos de estruturação, as propriedades e as relações do universo lexical, incluindo-se: análises quantitativa e qualitativa das palavras (dados lexicais) e a descrição das formações sintáticas e semânticas das classes lexicais.

•**LIBERTY STYLE.** →*Art nouveau.*

LIBIDO. Do latim *libido,* vontade, capricho ou também desejo excessivo, serve à psicanálise de orientação freudiana para designar "a energia, considerada como grandeza quantitativa [...] das pulsões que se referem a tudo o que podemos entender sob o nome de amor (Eros)" (*Psicologia das Massas*). Na teoria final a respeito do conceito, Freud afirma que "amplas reflexões sobre os processos que constituem a vida e conduzem à morte mostram a provável existência de duas classes de pulsões [...]. Algumas destas, que trabalham silenciosamente e teriam por finalidade conduzir o ser vivo à morte, mereceriam o nome de pulsões de morte [...] como tendências de destruição e agressão. Os outros (processos) seriam constituídos pelas pulsões sexuais ou instintos de vida libidinosos (Eros), melhor conhecidos analiticamente, cuja intenção seria formar com a substância viva unidades cada vez mais amplas, conservar assim a duração da vida e levá-la a evoluções superiores [...]. A vida consistiria nas manifestações do conflito ou de interferência de ambas as classes de pulsões, vencendo os de destruição com a morte e os de vida com a reprodução" (*Teoria da Libido*). A energia da libido sexual (e de vida) pode ser investida ou projetada, segundo o autor, em pessoas e objetos exteriores (libido objetal), ou no próprio ego (libido narcísica). →*Eros* e →*Narcisismo.*

LIBRETO. Texto poético e dramático escrito para composição musical a ser cantada, normalmente a ópera e o oratório, subordinando-se a versificação aos desenhos melódicos das partes – os recitativos, árias e coros.

LIÇOS. Os cordões existentes nos teares de tapeçaria que formam anéis em suas extremidades, servindo para prender e armar o urdimento básico. Do latim *licium,* fio ou cordão.

•**LIED.** Canção ou canto, em alemão (plural: *lieder*), designando também, e mais especificamente, o *Kunstlied,* ou seja, a peça vocal erudita, para uma ou duas vozes, de extensão relativamente curta, acompanhada por instrumento (piano, flauta) ou mesmo por orquestra. Embora o *lied* tenha registros anônimos e populares desde o século XV (*Volsklieder*), o período romântico deu grande fase a essa forma de expressão, em seu viés acentuadamente lírico. Sobretudo, por intermédio de compositores como Franz Schubert, Johann Loewe, Robert Schumann, Hugo Wolf, Johann Brahms ou Gustav Mahler, que escreveram ciclos de canções, geralmente com textos de poetas anteriores (Schiller, Goethe, Shakespeare, Cowley) ou contemporâneos (Heinrich Heine, Adelbert von Chamisso, Friedrich Hebbel). Já no século XX, Schönberg e Webern compuseram em parceria com Stefan George.

LINEAR. →*Pintura.*

LINGADA. Objeto que serve como →contrapeso em trabalho cenotécnico.

LINGUAGEM, LÍNGUA. **Fundamentos e diferenças.** Em sentido lato, a linguagem designa a faculdade humana de relacionar-se ou comunicar-se socialmente, com finalidades instrumentais (práticas), expressivas ou cognitivas (de pensamento, discursivas), por meio de sistemas de signos vocais ou verbais (signos lingüísticos) e ainda gestuais, lógico-matemáticos, visuais ou sonoro-musicais (signos não-lingüísticos).

De modo predominante, no entanto, a linguagem humana tem sido a lingüística, que, por sua vez, se expressa nas variadas línguas vivas ou já desaparecidas (mortas). Distinguindo língua e linguagem, Ferdinand de Saussure afirma que "A língua é um produto social da faculdade da linguagem e, ao mesmo tempo, um conjunto de convenções necessárias adotadas pelo corpo social para permitir o exercício dessa faculdade nos indivíduos (compreender e fazer-se compreender). Tomada em conjunto, a linguagem é multiforme e heteróclita (nem sempre submetida a regras precisas); sobreposta a domínios diversos – físico, fisiológico e psíquico – também pertence ao domínio individual e ao domínio social; não se deixa classificar em categoria alguma de fatos humanos porque não se sabe como determinar a unidade" (*Curso de Lingüística Geral*).

A língua, por sua vez, como já entrevisto acima, constitui um sistema ou código bem mais definido, exigindo uma comunidade ou "massa falante". De um lado, portanto, a linguagem é uma capacidade de expressão que evoluiu filogenética e universalmente, ao longo de milênios, em decorrência do aperfeiçoamento de estruturas físico-anatômicas e neurocerebrais. Indica uma predisposição natural da espécie. De outro, a língua é um fato sociocultural, uma convenção que, já estabelecida, retroage e se impõe ao indivíduo, permitindo-lhe realizar, concretamente, a faculdade inata ou pelo menos potencial da linguagem.

A esse respeito, lembra Henri Delacroix: "A criança aprende a falar porque vive num universo lingüístico e ouve falar a todo instante. A aquisição da linguagem supõe um estímulo extenso e constante. Ela tem por condição a sociedade humana [...]. [A criança] não aprende apenas a língua que lhe é falada, mas igualmente a que se fala em sua presença [...]. Aprende em sociedade e aprende consigo mesma" (*No Limiar da Linguagem*). De outro ponto de vista, e embora possamos conhecer as estruturas e as transformações das línguas, estas aqui estão longe de dirimir as dúvidas sobre a origem da própria linguagem, entendida como predisposição cognitiva para criar representações ordenadas. A esse respeito, diz ainda Delacroix (*A Linguagem e o Pensamento*): "A história da linguagem não alcança as origens, pois a linguagem é a condição da história. A lingüística nunca tratou a não ser das línguas evoluídas, que têm atrás de si um passado considerável, do qual nada sabemos. As línguas mais antigas conhecidas, as línguas-mães, nada têm de primitivas. Elas apenas nos informam sobre as transformações pelas quais passou a linguagem [...].

A única base que temos é a análise das condições de possibilidade da linguagem, das leis de evolução das línguas".

No terreno das hipóteses, já foram aventadas as seguintes causas e materiais primários responsáveis pela eclosão da linguagem articulada, que muito provavelmente não se excluem: a imitação dos sons da natureza, por meio das onomatopéias (Herder, Max Müller); a imitação dos gestos ou das expressões corporais por meios fônicos; a exteriorização de emoções anímicas (medo, alegria, espanto etc.); em decorrência de necessidades básicas e de suas satisfações pelo trabalho associado (caça, coleta, proteção, manufatura de instrumentos, atividades agropastoris).

Assim, por exemplo, defendendo a origem emotiva e posteriormente gestual da linguagem, escreve J. J. Rousseau: "Não é a fome ou a sede, mas o amor ou o ódio, a piedade, a cólera, que aos primeiros homens lhes arrancaram as primeiras vozes" (*Ensaio sobre a Origem das Línguas*); ou ainda: "A primeira linguagem do homem, a linguagem mais universal e mais enérgica, a única da qual ele necessitava antes que fosse preciso convencer homens reunidos, é o grito natural [...]. Quando as idéias dos homens começaram a estender-se e a multiplicar-se, estabelecendo-se comunicação mais estreita entre elas, quando foram buscados sinais mais numerosos e uma linguagem mais ampla, ampliaram-se as inflexões da voz e acrescentaram-se os gestos que, por natureza, são mais expressivos e cujo sentido depende menos de determinações anteriores" (*Da Desigualdade entre os Homens*).

Já em uma abordagem materialista, assevera Nicolaus Marr: "O fundamento da criação da linguagem sonora não poderia ser encontrado senão em um processo de trabalho produtivo. Sem definir precisamente a espécie desse trabalho, podemos defender, de maneira genérica, o princípio de que o nascimento da linguagem articulada foi impossível antes da passagem da humanidade ao trabalho produtivo, com a ajuda de instrumentos artificiais" (*Sobre a Origem da Linguagem*). Presume-se aqui o estímulo dado pela produção dos meios de subsistência e a criação concomitante de instrumentos de trabalho na efetivação da linguagem por meio de signos indicativos desses mesmos objetos e relações humanas.

Interpretações. Considerando-se a formação simbólica, isto é, a relação entre o signo lingüístico e seu objeto, assim como a circulação social necessária que ela requer, a linguagem tem sido interpretada como produto de pelo menos três orientações: a convenção, a natureza e o uso instrumental.

A convenção ou a arbitrariedade (enfatizada na modernidade por Saussure e lingüistas posteriores) tem sido defendida desde a filosofia grega, como, por exemplo, por Demócrito. Sua tese baseava-se na existência de palavras homônimas que indicam coisas diferentes, tanto quanto em vocábulos variados que se referem a um mesmo ente ou qualidade. Também os sofistas, como Górgias, enxergavam na diversidade dos nomes e das coisas um sério obstáculo à possibilidade de um conhecimento claro e seguro e, portanto, a uma transmissão de sentido único. Aristóteles aceitou o convencionalismo dos signos, mas introduziu o conceito de "afecção da alma" como um elemento intermediário entre a coisa e o nome. Logo, embora as palavras sejam criações arbitrárias, a *imagem natural* dos objetos seria comum a todos os homens. Resultado importante é que a "afecção da alma" garante o conhecimento e sua transmissão, já que ultrapassa o artificialismo da língua.

Há uma certa ressonância desse caráter convencional e, simultaneamente, natural da linguagem no entendimento de Wittgenstein. Ele considera, por exemplo, que uma proposição – expressão em signos do pensamento – é uma sentença declarativa ou descritiva com conteúdo judicável (afirmativa ou negativa) dotada de sentido. Ela se forma pela articulação dos nomes ou signos simples e, na qualidade de sentença, projeta um "fato do mundo" ou constitui uma "figuração lógica dos fatos do mundo". Quer dizer, não se reduz a um simples amontoado de palavras. Embora a proposição não descreva a própria relação entre ela e o fato, ela é capaz de "mostrar" a forma lógica do que é descrito. Em síntese, a linguagem (a proposição) constitui um fato lingüístico (convenção) que representa, por projeção, um fato de outra ordem ou natureza (o do mundo).

A doutrina da naturalidade admite a influência direta do objeto ou do fenômeno sobre a formação dos signos. Em última instância, as coisas são as causas da linguagem. Também na Grécia tal noção já era corrente, como se lê no *Crátilo* de Platão, a respeito da posição da escola cínica: "As coisas têm nomes por natureza, e artífice de nomes não é qualquer um, mas só quem olha para o nome que, por natureza, é próprio de cada coisa e que é capaz de expressar sua espécie em letras e sílabas" – ou também em Lucrécio – "A natureza obrigou os homens a emitir os vários sons da linguagem, e a utilidade levou-os a dar a cada coisa o seu nome" (*De Rerum Natura*). Daí procederam, por exemplo, as interpretações de Locke ou dos já citados Rousseau, Herder (*Tratado sobre a Origem da Linguagem*) ou Max Müller (*Lições sobre a Ciência da Linguagem*).

No *Ensaio sobre o Entendimento Humano*, diz o filósofo inglês: "Podemos ser um pouco conduzidos até à origem de todas as nossas noções e conhecimentos, se observarmos como nossas palavras dependem das idéias *sensíveis* comuns; como as palavras empregadas para representar ações e noções distantes do sentido têm nelas sua origem; e como, de idéias obviamente sensíveis, são transferidas para significações mais abstrusas e levadas a representar idéias que não chegam a interessar nossos sentidos; imaginar, apreender, compreender, aderir [...]. são palavras extraídas das operações das coisas sensíveis e aplicadas a certos modos de pensar". Essa origem sensível e empírica da linguagem não exclui, no entanto, a criação efetiva de signos convencionais, aqueles particulares da língua: "[...] podemos conceber como as *palavras*, que eram por natureza tão bem adaptadas a esse propósito (comunicação do pensamento) chegaram a ser usadas pelos homens como sinais de suas idéias. Isto não se deu por qualquer conexão natural que existe entre sons articulados particulares e certas idéias, pois, assim, haveria apenas uma linguagem entre todos os homens, mas por uma imposição voluntária, por meio da qual certa palavra é designada arbitrariamente como a marca de tal idéia".

A naturalidade também está presente na concepção de Giambattista Vico, embora se acrescentem para ele as criações dos nomes a partir de uma relação entre as imagens particulares e naturais e as reações emotivas ou sensitivas por elas provocadas no espírito. Essa "repercussão" vem delineada nas figuras de linguagem com que os primeiros poetas consolidaram as línguas de suas respectivas culturas. Ou seja, "no falar fantástico sobre os caracteres de substâncias animadas e consideradas divinas", origem de metonímias, de sinédoques ou, genericamente, de metáforas.

Na qualidade de hábito ou instrumento, a hipótese primeira foi formulada por Platão também no *Crátilo*, da seguinte forma: "Se o uso não é uma convenção, seria melhor dizer que não é a semelhança a maneira como as palavras significam, mas antes o uso: este, ao que parece, pode dar significado tanto por meio da semelhança quanto da dessemelhança". Na lingüística contemporânea, tal noção encontra-se no entendimento da linguagem como *instrumento* de comunicação, na sua tendência à melhor escolha entre os elementos constituintes, à "eficiência e eficácia" de sua realização.

Linguagem e pensamento. Ao se investigar a evolução da linguagem e do pensamento no âmbito dos indivíduos (desenvolvimento ontogenético), existem indícios acentuados de que a capacidade intelectiva está associada estreitamente ao domínio da linguagem verbal, ou, genericamente, às funções semióticas. De modo empírico, percebe-se que a língua serve de suporte ao pensamento, mas as investigações de natureza epistemológica ganharam profundidade, mais recentemente, em autores como Liev Vigótski ou Jean Piaget.

Para o primeiro, os atos intelectuais subordinam-se diretamente às palavras e aos seus significados: "Tudo leva a crer que a distinção qualitativa entre a sensação e o pensamento seja a presença, nesse último, de um reflexo *generalizado* da realidade, que é também a essência do significado da palavra; e, conseqüentemente, que o significado é um ato de pensamento [...]. Ao mesmo tempo, significado é parte inalienável da palavra como tal e, dessa forma, pertence tanto ao domínio da linguagem quanto ao domínio do pensamento". Mais adiante, reafirma: "O desenvolvimento do pensamento é determinado pela linguagem, isto é, pelos instrumentos lingüísticos do pensamento e pela experiência sociocultural da criança [...]. A capacidade intelectual da criança depende de seu domínio dos meios sociais do pensamento, isto é, da linguagem" (*Pensamento e Linguagem*).

Se numa fase ainda primária, pré-verbal, já ocorrem "pensamentos", estes se encontram vinculados às ações motoras, isto é, à utilização instrumental de objetos e às necessidades afetivas ou de contato social. Mas é com a fala e com a possibilidade de nomear coisas que advém o "salto qualitativo" para as operações intelectuais superiores, baseadas agora na função simbólica da palavra. A influência e a manipulação dos signos verbais conduzem primeiramente à introjeção de regras gramaticais, de modo que a criança domina a sintaxe da fala antes da sintaxe do pensamento. Daí que, "num primeiro momento, a fala acompanha as ações da criança e reflete as vicissitudes do processo de solução do problema de uma forma dispersa e caótica. Num estágio posterior, a fala desloca-se cada vez mais em direção ao início desse processo, de modo a, com o tempo, preceder a ação. Ela funciona como auxiliar de um plano já concebido, mas ainda não realizado em nível comportamental. Neste segundo momento surge então uma nova relação entre a palavra e a ação: nesse instante, a fala dirige, determina e domina o curso da ação; surge a função planejadora da fala, além da função já existente da linguagem, a de refletir o mundo exterior".

Para Piaget, e diferentemente de Vigótski, a linguagem verbal não institui uma superação definitiva da fase sensório-motora, por não existir um salto de qualidade abrupto entre as fases pré-verbal e verbal. A coordenação e o progresso das ações empíricas funcionam como as raízes de todo o processo, que culmina com as operações lógico-matemáticas (pesquisas com surdos-mudos demonstram a possibilidade de construção do pensamento operatório, ainda que de maneira mais lenta). Há, sim, uma alternância ininterrupta entre experiências e abstrações, entre a reflexão sobre dados anteriores e a construção de novos, que passam a ser incorporados à consciência. No entanto, esse esquematismo sensório-motor ganha intensidade e riqueza quando a função lingüística entra em cena, por trazer consigo um conjunto de ferramentas cognitivas (ordenações, classificações etc.). Assim, a palavra potencializa o pensamento tanto em extensão quanto em rapidez e capacidade de memória, estimulando graus mais elevados de autonomia intelectiva.

Língua, fala e outras linguagens. Uma distinção básica acentuada por Saussure é a que se estabelece entre a língua (*langue*) e a fala ou discurso (*parole*). A língua refere-se à "parte social da linguagem, exterior ao indivíduo, que sozinho não pode criá-la nem modificá-la", ou seja, a esta grande reserva na qual se encontram disponíveis os sistemas fonológico (dos sons ou fonemas), gramatical (morfologia e sintaxe) e semântico (os significados). Ela existe, portanto, como fenômeno virtual, passivo ou potencial a que os falantes necessitam recorrer, inevitavelmente. Logo, a fala ou discurso corresponde à realização ou atualização efetiva da potencialidade da língua (seu lado ativo), ao "ato individual de vontade e inteligência". Essa mesma distinção gerou, na teoria da informação ou da comunicação, a diferença entre *código* e *mensagem*; ou ainda, na gramática contemporânea, a que se faz entre *competência* e *performance*.

Ressalte-se ainda que a linguagem vocal e a língua têm uma característica única perante as demais "linguagens" inteiramente artificiais ("linguagem musical", "linguagem matemática", por exemplo). Trata-se da chamada *dupla articulação*, enfatizada por André Martinet (*Elementos de Lingüística Geral*). Embora os dois planos das articulações ocorram em uma progressão simultânea, é possível observar que a primeira consiste numa seqüência de unidades dotadas de forma vocal e sentido representativo (sílabas e palavras), enquanto a segunda diz respeito aos sons ou fonemas fundamentais, limitados em quantidade e ainda sem significado intrínseco, mas "cuja reunião seletiva e distintiva fornece as unidades significantes". Assim, uma palavra qualquer, como papel, tem significado completo no plano da primeira articulação; quando desmembrada em cada um de seus fonemas, eles, individualmente, não chegam a alcançar o nível significativo. No entanto, são os elementos sensíveis indispensáveis à elaboração do primeiro plano.

Considerando-se, portanto, as marcas que distinguem a linguagem verbal, as demais formas de comunicação não se enquadrariam no sentido exato do termo. Isso porque um signo verdadeiramente lingüístico possui quatro critérios que o definem, a saber: a existência de um par significante/significado; a superação do signo pelo conceito ou idéia expressa; a ligação imotivada, arbitrária e mesmo inexplicável entre significante e significado; a exigência de uma dupla articulação (monemas, fonemas). Logo, nem os gestos (a cinésica), nem os preceitos e os elementos sensíveis utilizados pelas expressões artísticas (salvo as literaturas) conseguem satisfazer todas as condições anteriores da linguagem propriamente dita. Podem ser chamados de linguagens, mas já num sentido secundário.

Funções. Karl Bühler, psicólogo ligado ao Círculo Lingüístico de Praga, propôs em 1933, em sua *Teoria da Linguagem*, as seguintes funções predominantes (mas não exclusivas) dessa faculdade: *a*) representativa – centrada nos objetos exteriores e em suas relações; *b*) expressiva – quando avulta o sujeito da mensagem e suas disposições subjetivas; *c*) apelativa – quando se dirige ao(s) interlocutor(es) de modo imperativo (comando) ou ainda persuasivo ou vocativo (solicitante). Mais tarde, R. Jakobson ampliou tais funções para seis (conservando as de Bühler), distribuindo-as segundo os elementos principais da teoria da comunicação: referencial (a do contexto ou representativa), emotiva (do remetente ou expressiva), conativa (do receptor ou apelativa), fática (de verificação do contato ou do funcionamento do canal), metalingüística (que explica os termos do conteúdo ou do código usado) e, finalmente, a poética (na qual predominam as explorações mais livres ou estéticas da língua ou do código).

LINOLEOGRAVURA. Gravura em relevo feita a partir de traços e desenhos recortados ou desbastados de uma placa de linóleo (tecido de juta oleado), criada no início do século XX. Emprega os mesmos instrumentos da xilogravura, mas, por sua maciez, exige menos tempo de trabalho e de esforço que aquela. Apresenta vantagens ainda para a produção de estampas coloridas e de grandes dimensões, pela facilidade de trabalhar rapidamente com vários blocos. →*Gravura.*

LINTEL. →*Dintel.*

LIRA. **1.** Forma poética criada pelo italiano Bernardo Tasso em seu livro *Amori* (*Amores*) de 1534, e logo depois incorporada pelo espanhol Garcilaso de la Vega. Foi concebida inicialmente sob a forma de quintilha, sendo os dois primeiros versos decassílabos e os três subseqüentes, hexassílabos, com rimas *ababb* ou *abaab*. Logo, no entanto, diversificou-se bastante, havendo estrofes com quatro, seis ou sete versos, tornando-se, na opinião de Manuel do Carmo (*Consolidação das Leis do Verso*), "uma canção em que se repete de ordinário um estribilho ao fim de cada estrofe". **2.** Genericamente, indica a inspiração poética, assim como obra literária de intenções líricas, amorosas, bucólicas

ou mesmo a de sentimentos de desilusão e morte. **3.** Denominação dada a variados instrumentos de corda ao longo da história: lira grega (semelhante a uma pequena harpa, para ser dedilhada com os dedos ou com plectro); instrumentos medievais de corda friccionada (a *vieille*, o arrabil); a *crwth* galesa ou a *crouthe* francesa de arco (com ressoador e cravelhas); a lira da gamba (segura entre as pernas, como o violoncelo); a *lira organizzata* (lira-órgão, em moldes de sanfona, executada por meio de manivela).

LITERATURA. **Etimologia.** O sentido mais original de literatura provém do grego *gramma*, letra, pelo derivado *grammatiké*, a técnica ou a arte de combinar letras ou palavras. Daí Aristóteles afirmar ser a "arte que imita apenas pela palavra, em prosa ou em verso". A "gramática" grega foi vertida para o latim na forma de *litteratura, ae* – arte de escrever e desenhar letras – conforme o atesta Quintiliano (I d.C.) em suas *Institutiones oratoriae* (*Formação do Orador*).

Mas foi somente no século XVIII que o vocábulo se firmou como "produção de obras literárias". O aproveitamento que a cultura romana fez da gramática grega dizia respeito a um "saber ler e escrever", a uma instrução relativa às normas cultas da língua. Aquilo que, em síntese, constituía o saber de um homem afeito às letras. O termo ampliou-se posteriormente, na Europa do período moderno, para todas as escrituras relativas a conhecimentos filosóficos e científicos (direito, matemática, astronomia), assim como para as de ordem imaginativa, ficcional. Mas permaneceram as designações próprias da poesia, da tragédia, da épica ou da eloqüência (esta última para textos em prosa).

Apenas com o desenvolvimento das formas narrativas (→*Gêneros literários*), já no limiar do período romântico, da hegemonia burguesa e da atividade jornalística, é que o significado ampliou-se definitivamente para abranger toda "obra estética de expressão verbal, oral ou escrita". Ou, ainda, o território livre do imaginado e do possível, explorado e instituído pelas palavras, e que revela uma personalidade, uma subjetividade em ação – a do autor.

Alguns sentidos genéricos. Por haver uma abrangência de conformação fluida, a literatura já trouxe e ainda conserva certos sentidos: *1*) produção verbal de uma época ou de uma comunidade lingüística – literatura medieval, literatura de língua portuguesa; *2*) conjunto de obras agrupadas pela temática ou pela destinação – literatura científica, de ficção, de terror, feminina; *3*) conjunto de escritos estilisticamente configurados – literatura barroca, romântica, simbolista; *4*) forma de expressão falsa ou desnecessariamente retórica, como a referida por Verlaine em "e todo o resto é literatura" (*Que ton vers soit la bonne aventure*

/ *éparse au vent crispé du matin / qui va fleurant la menthe et le thym [...]. / Et tout le reste est littérature*); 5) conhecimento e análise do fenômeno literário, de sua natureza, de suas transformações temporais – história da literatura, crítica literária, literatura comparada. Nesta última acepção, permanece inconclusa a idéia de *literalidade* (ver abaixo) da construção verbal, daquilo que contenha os elementos próprios, singulares, a função precípua e o valor – maior ou menor – da obra literária.

Em comentário anterior à influência da lingüística contemporânea, escreveu Moniz Barreto (*A Literatura Portuguesa no Século XIX*): "Entre as obras que têm um intuito de compreensão, como entre as que têm um valor de aplicação (prática), algumas há que o consenso unânime inclui no número dos monumentos literários. Seguramente, um tratado das seções cônicas, mesmo que escrito por Pascal [...] um *memorandum* sobre as transformações das vértebras, ainda mesmo que tenha por autor Goethe, não são contadas entre as obras literárias. E o mesmo se pode afirmar de um projeto de lei contra a escravatura, ainda que redigido por Mirabeau [...]. Mas um tratado de lógica pura como o *Discurso do Método*, ou um trecho de eloqüência forense e política como a *Oração pela Coroa* constituem monumentos literários [...]. Quando se reflete sobre as razões que levam a excluir os primeiros e a incluir os segundos no grupo dos escritos literários, chega-se a descobrir dois caracteres ausentes nos primeiros e presentes nos segundos: a *generalidade no pensamento* e a *generalidade nas expressões* [...]. A presença do primeiro aspecto possibilita a admissão dos trabalhos de filosofia ou de alta política no seio da literatura. A presença do segundo torna efetiva essa admissão". Quer-se dizer com isso que o atributo genérico do pensamento dirige-se, em princípio, a todos os homens, sendo, portanto, universal. Se este pensar ou imaginar vem expresso de tal forma que permita liberdade ao uso da língua, então se efetiva o predicado literário.

Literalidade. A preocupação em definir a literatura por uma qualidade intrínseca e exclusiva – a literalidade – está vinculada à lingüística e à semiologia. Ou seja, esse esforço de conceituação é um evento nascido no século XX, embora os seus antecedentes decorram da idéia de →estética e de certas manifestações de autores franceses do século XIX. Entre eles, por exemplo, Théophile Gautier ou Leconte de Lisle. Para este último, o poeta deveria renunciar não só aos valores ideológicos, como também à expressão direta de emoções interiores, preocupando-se com a exclusividade da forma. Também Baudelaire chegou a escrever: "A poesia não tem outra finalidade a não ser

ela mesma; não pode ter outra, e nenhum poema será tão grande, tão nobre, tão verdadeiramente digno do nome poema, como aquele que se tenha escrito unicamente pelo prazer de escrever um poema" (→*Parnasianismo*).

As análises que conduziram ao entendimento da arte como manifestação de uma pureza "estética", como criação de objetos desvinculados de conotações morais, filosóficas, educativas ou mesmo do belo, chegaram formalmente aos estudos literários pelas mãos dos teóricos formalistas russos e tchecos, como os dos círculos lingüísticos de Moscou e de Praga (→*Formalismo russo*).

Jan Mukaróvski, em *A Denominação Poética e a Função Estética da Língua*, declara ser a função estética o aspecto onipresente e principal do texto literário. A seleção, a disposição e a construção dos encadeamentos lingüísticos, ou seja, dos signos verbais, é que fornecem a "ambiência" literária. Esse esteticismo é "uma distorção ou uma criação sistemática e intencional dos elementos lingüísticos" que retiram o uso automático ou cotidiano das palavras e dos sentidos. Se o objeto – a língua – tornar-se o foco de atenção primordial, nesse momento ocorre a literalidade típica da literatura. Outra acepção pode ser encontrada em Louis Hjelmslev (*Prolegômenos a uma Teoria da Linguagem*), que distingue as *linguagens de denotação* – aquelas em que os planos da expressão e do conteúdo não constituem, por si sós, uma linguagem – e as *linguagens de conotação*, em que o plano da expressão, da escolha dos signos, já corresponde ou determina, de maneira inata, uma linguagem. Para ele, conseqüentemente, o texto literário tem a particularidade de se remeter a outros códigos, a outros sistemas e valores (culturais, retóricos, estilísticos, ideológicos etc.) e de se conjugar com eles, ultrapassando a simples estrutura lingüística (a denotação), para reaparecer como conotação, como sentido derivado.

Já para Northrop Frye, "Em literatura, as exigências da significação externa são secundárias, pois as obras literárias não pretendem descrever ou afirmar, não sendo, pois, nem verdadeiras nem falsas. As questões de realidade ou de verdade são subordinadas ao objetivo literário essencial, que é o de produzir uma estrutura verbal que encontre justificativa em si mesma; e o valor designativo dos símbolos é inferior à sua importância como estrutura de motivos ligados" (*Anatomia da Crítica*). Aqui sublinham-se duas peculiaridades – as relações internas entre os signos (palavras e sintaxe) e a "realidade" do que se escreve como sendo fictícia ou desnecessária à verdade ou à utilidade. Por sua vez, o historiador da crítica René Wellek distinguiu para a palavra três usos. Além do corrente e do científico, indicou um propriamente literário, ou seja, aquele em que: *a*) as significações tornam-se mais ricas, ambíguas, pelo caráter predominante das conotações; *b*) o discurso orienta-se para si mesmo, sendo, por isso, opaco; *c*) o discurso passa a ser plurifuncional, ou seja, faz ao mesmo tempo referências a acontecimentos, percepções ou sentimentos, e busca ser expressivo (permite a livre exteriorização do autor).

Phillip Wheelwright expõe sete marcas que lhe parecem específicas da literatura, entre elas: *a*) a fluidez ou a inconstância do sentido das palavras; *b*) a formação de sentidos ou de configurações semânticas não esperadas, em um só ou em diferentes contextos; *c*) a possibilidade de o autor não se guiar pelo princípio lógico da não-contradição (*As Características da Linguagem Expressiva, The Burning Fountain*).

Tzvetan Todorov observa que a literatura deve ser definida não apenas pelo que faz (imitar, agradar, instruir, que são entidades funcionais), mas por sua estrutura. Nesse último caso, a primeira definição estrutural da literatura é a de ser ela uma ficção (imita coisas que não precisam ter existido); a segunda é a de construir um sistema, uma organização autotélica, quer dizer, que chama a atenção sobre si mesma (seu caráter sistemático). Ainda assim, "Tudo o que podemos reter é que as duas definições dão conta de muitas obras qualificadas habitualmente como sendo literárias, mas não todas, e que elas se encontram em relação de afinidade mútua, mas não de implicação. Permanecemos no impreciso e no vago". É indispensável então introduzir as noções de discurso (articulação de frases em enunciados que funcionam em determinado contexto sociocultural) e de gêneros. Estes correspondem às escolhas possíveis dos discursos, aceitos convencionalmente por uma sociedade. Assim, "as coisas mudarão radicalmente se nos voltarmos não mais para a 'literatura', mas para as suas subdivisões. Não temos nenhuma dificuldade em precisar as regras de alguns tipos de discursos (e é o que fizeram, desde sempre, as Artes Poéticas, embora confundissem, é verdade, o descritivo e o prescritivo) [...]. A primeira definição (aspecto ficcional) parte da narrativa [...] a segunda (beleza autotélica), da poesia; foram caracterizados assim dois grandes gêneros literários, acreditando-se a cada vez que se lidava com toda a literatura [...] a oposição entre literatura e não-literatura dá lugar a uma tipologia dos discursos" (*Os Gêneros do Discurso*).

Roman Jakobson, ao discriminar para a linguagem seis funções, reservou para uma delas, a função poética, a nota dominante e portanto central do fenômeno literário. Mas tal concepção não é aceita pacificamente. Na opinião de Aguiar e Silva (*Crítica da Literatura*), por exemplo, a linguagem possui, de modo conciso, três funções básicas – a de representar, expressar e/ou apelar. Assim, uma quarta função, no caso estética, só poderia existir *externamente* ao texto e, portanto, ser um atributo adveniente, incorporado, e não uma substância. É por conter uma qualidade que podemos julgar um texto bom ou mau, mais ou menos elaborado, de melhor ou pior concepção literária. Como essência, uma função poética não permitiria uma avaliação, apenas uma constatação.

Embora os lingüistas tenham proposto o termo literalidade como algo singular e intrínseco à obra literária, convém lembrar que tal idéia já existia na retórica clássica. Diz-se atualmente que um texto literário contém ao menos dois componentes básicos: de um lado, uma história ou enredo com acontecimentos, fatos ocorridos e personagens imaginados, constituintes de uma narrativa (romance, conto, epopéia, literatura dramática) ou ainda um conjunto de sentimentos, visões, reflexões e representações interiorizadas (poesia lírica); de outro, um discurso, uma maneira de dizer, um estilo pessoal, o do autor. Na retórica, esses componentes literários indispensáveis e indissociáveis eram distinguidos, didaticamente, entre *res* – a história, o enredo ou o sentimento, a visão lírica – criada pela imaginação (*inventio*) e *verba* – o discurso, a forma, a seleção ou o estilo – existente na disposição dos elementos (*dispositio*). A junção de ambos configuraria a literalidade.

Assunto e motivo. Por referência ao conteúdo literário, pode-se nele distinguir o assunto e o motivo, que, relacionados entre si, constituem a fábula ou fabulação, isto é, o conjunto dos fatos ou acontecimentos que integram a obra. Em síntese, o material com que se constrói a obra literária, sua forma geral ou estrutura básica. Quanto à forma, e segundo a crítica formalista moderna, tem-se a intriga.

O assunto é um material genérico que recobre, instiga e delimita a obra, ou ainda um meio e ambiente no qual a criação se move. De certa maneira, os assuntos "estão aí", sejam eles antigos ou recentes, pois fazem parte continuamente da vida humana. Dispõem-se para o autor como fontes ou estoque em disponibilidade, cabendo a ele selecionar um entre tantos, conforme seus próprios critérios. Correspondem aos temas míticos, religiosos, sociais, históricos, filosóficos, semilendários, de hábitos, tradições ou memórias populares, de origem biográfica, jornalística ou mesmo de vivência pessoal, mas passível de ser retomado em outras circunstâncias e com novos personagens. Alguns deles constituem tradições milenares, continuamente retomados e atualizados, ou não, como os da mitologia greco-romana. As crônicas históricas e nacionais da Idade Média tornaram-se matéria não apenas para a dramaturgia barroca, como também para a literatura romântica; os fatos jornalísticos, de qualquer natureza (passional, policial, social, econômica ou política), serviram não poucas vezes a obras românticas, realistas ou modernistas.

O motivo (de mover, acionar) é aquele traço do conteúdo que evidencia ou dinamiza a intriga, a trama ou o enredo literário, e que pode estar contido em qualquer assunto, relativo a qualquer época. Por exemplo, a ambição amoral de ascender socialmente; o amor entre um casal de jovens e as dificuldades familiares ou sociais de sua realização; a luta pelo poder e pela riqueza; o retorno de um personagem julgado morto ou desaparecido; as disputas entre membros de uma família; a mulher entediada no casamento e seus devaneios de um amor aventuroso; a renúncia de um homem maduro aos valores que o formaram e sua revolta ou fuga daquela realidade; o engajamento ingênuo ou conseqüente de um(a) jovem em lutas políticas; o desejo de vingança diante de uma situação ou ato injustos; a sedução amorosa hedonista e irresponsável; o despertar de uma vocação religiosa etc. O motivo, portanto, concentra o motor da história, condicionando um "antes" e um "depois". No motivo, e mais exatamente no confronto entre eles, reside o significado dos atos humanos narrados ou dramatizados.

Sob esse aspecto, a poesia lírica tem sido um tema de discussão. Para certos analistas, a lírica não possui exatamente um motivo, tal como entendido para as demais formas literárias de ficção. Sendo ela a expressão monológica de um "eu", ainda que indeterminado, não desencadearia ações no tempo. Para outros, no entanto, o motivo lírico é incontestável, pelo fato de não apenas pôr em movimento os sentimentos e as reflexões do poeta, como também de fazê-los ressoar ou vibrar no espírito do leitor. Assim, um mesmo motivo poderá ser tratado diferentemente em obras e autores diversos. Em uma poesia de Addison (*Hino*), o motivo da Noite é um fenômeno que confirma a riqueza da criação divina, agora captada pela razão e não apenas pela visão clara e imediata do dia: "Que importa se no solene silêncio / Mova-se o escuro globo terrestre; / Que importa se nem voz ou som real / Entre os astros radiantes se ergam? / Aos ouvidos da razão eles se alegram / E anunciam ao longe a voz gloriosa, / Cantando, sem cessar, enquanto brilham: / A Mão que nos criou é divina". Já em Baudelaire (*Recolhimento*), a mesma Noite surge como um refúgio ameno, um momento em que a Dor sentida pelo poeta pode ser apaziguada: "Seja sábia, ó minha Dor, e fica tranqüila. / Tu pedias a Noite; ei-la que aparece. / Uma atmosfera sombria recobre a cidade / A uns trazendo a paz, a

outros cuidados [...]. (Vê) O Sol moribundo, a dormir sob a ponte / Como um longo sudário estendendo-se a Oriente. / Escuta, querida, escuta a doce Noite que marcha!".

Como se pode perceber, os assuntos e os motivos literários tendem a repetir-se ou assemelhar-se, ainda que modificados pela época, por suas mentalidades ou circunstâncias históricas. Conseqüentemente, encontra-se na forma geral da modelação, no tratamento construtivo da fábula, a maior ou menor originalidade, criatividade ou densidade de um autor. A esse aspecto de importância capital os formalistas russos denominaram de intriga. Ela abrange, fundamentalmente, os recursos estilísticos ou retóricos utilizados, as formas de apresentação dos personagens e de suas características, o modo pelo qual os acontecimentos se afiguram, o tratamento do tempo e do espaço. Daí ser a intriga aquilo que atribui à fabulação o seu componente artístico ou literário exclusivo. Limitamo-nos aqui a três exemplos simples: todas as ações foram previamente ordenadas, assim como as personagens concebidas, ou foram todas idealizadas no transcorrer da própria escritura? Optou-se por um tempo linear, invertido ou múltiplo? A composição tem uma estrutura direta e concentrada, ou, diferentemente, indireta, oblíqua e alargada?

Heterogeneidade. Sem se considerar aquele aspecto importante da literatura (ou de qualquer outra manifestação artística), que é o valor de uma obra em particular, podemos constatar, primeiramente, que um texto literário cria uma ficção com signos verbais e expressa a percepção, a compreensão (uma maneira de representar o mundo), a experiência e os sentimentos pessoais ou subjetivos de uma personalidade historicamente situada – a do autor. Corresponde, assim, a uma forma de conhecimento, mas dito "aproximado", ou seja, que se acerca do objeto ou do tema por variações sucessivas, constantes, sem deixar de revelar ou sugerir aspectos da realidade, isto é, dos fatos ou das relações reais que induziram ou serviram de motivo para a construção fictícia.

Em segundo lugar, o que não se pode negar no fenômeno literário é a *heterogeneidade* de seu discurso, ou seja, a possibilidade que ele enseja de referências simultâneas a universos e estruturas de signos (ou estruturas semióticas) literárias e não-literárias (psicológicas, sociais, ideológicas, éticas, políticas, religiosas etc.), devido à sua permanente conotação – os sentidos alterados e estabelecidos imaginariamente. Assim sendo, embora a literatura seja feita de signos lingüísticos denotativos, mas com intenção conotativa, ela não se restringe propriamente à língua, porque a intenção final reside, basicamente, no mundo e nas relações humanas. Um texto puramente metalingüístico e envaginado não consegue estabelecer ou sugerir significados que digam respeito à vida humana. A esse respeito, podemos ler em Otto Maria Carpeaux: "Nas obras de literatura, o elemento intelectual e racional entra com força muito maior do que em obras de arquitetura ou pintura. O meio político, social, religioso, filosófico, e as opiniões políticas, religiosas, filosóficas dos autores manifestam-se com evidência maior numa peça dramática ou num romance do que num edifício ou quadro, porque o material da literatura – a língua – é, ao mesmo tempo, o instrumento de expressão da política, da religião, da filosofia e das ciências" (*História da Literatura Ocidental*, vol. 3).

Vista por outro ângulo, a literatura independe de situações concretas, objetivas, que constranjam, limitem ou induzam a comunicação pretendida. Seu ponto de partida é um território livre, como anteriormente se mencionou. Mas é justamente nessa província muito ampla que habitam as dificuldades, as virtualidades da beleza e a densidade do texto. Sua construção é uma luta contínua de *escolhas*: as formais, manifestadas pela impregnação, pelo repúdio ou pela sedução das palavras; as de conteúdo, que envolvem a diversidade dos conflitos, dos sentimentos, dos ambientes, atos e conseqüências humanas; as rítmicas, que determinam a condução mais ágil ou contida dos enunciados. Daí ser ela uma linguagem semanticamente autônoma, basicamente intencional, e que institui um mundo particular. Um mundo que observa e reflete a realidade, mas que a expressa figuradamente; que possui referentes lingüísticos habituais (as denotações, as normas lexicais) mas que lhe servem de pilares para a edificação de uma irrealidade, não obstante matriz de significados. Como lembra ainda Roland Barthes (*Crítica e Verdade*), a obra literária é uma espécie muito particular de língua plural, bastante distanciada, portanto, de um teórico, e na prática inexistente, "grau zero da linguagem" – um estado de máximo contato ou transparência entre a palavra e a coisa representada, um discurso aparentemente livre de influências ideológicas (algo que a ciência, a didática ou o direito, por exemplo, persiguem).

Se não há dúvidas sobre o caráter literário de milhares de obras vinculadas à heterogeneidade, à predominância das conotações, à plurissignificação e à construção imaginária (poesia, drama, narrativa), existem aquelas que se situam a meio caminho, como os ensaios, os sermões, as cartas e as biografias, que são construções híbridas, reconhecidas por alguns, mas denegadas por outros como pertencentes ao universo propriamente artístico. →*Poética*, →*Gêneros literários*, →*Texto*, →*Retórica e figuras de linguagem*, →*Estilo*.

LITERATURA BRASILEIRA NO FINAL DO SÉCULO XX.

NELLY NOVAIS COELHO

Uma visão panorâmica da literatura brasileira do último quartel do século XX mostra que o chamado "*boom* editorial" pós-75 abarca uma multiforme e caótica produção literária, ainda à espera de passar pela triagem da crítica – o que só o distanciamento temporal vai permitir. Basta lembrarmos de que esse período final do século assistiu a diferentes *booms* literários (literatura feminina, literatura infantil, literatura da negritude, literatura da contracultura), que se revelaram fundamentais, não só para a expansão da literatura brasileira, mas também para a necessária reformulação da sociedade (ainda muito longe de se encontrar realmente).

Deixemos de lado esses movimentos específicos e voltemo-nos apenas para a produção literária *tout court*. Em qualquer de suas modulações temático-formais, a literatura do último quartel do século XX tem como núcleo geratriz a consciência crítica do escritor, diante deste nosso mundo fragmentado em seus valores de base – mundo sem paradigmas, sem ideologias, comandado pelos multimeios e pela filosofia do consumo-e-lucro que transformou tudo (inclusive os humanos) em objetos de compra e venda. Mundo paradoxal, belo/horrível, que se globaliza, ignorando as "diferenças" e ocultando, sob o brilho das aparências caleidoscópicas do mundo virtual a deterioração progressiva da vida real.

Diante desse mundo tentacular, do qual os "altos ideais" foram banidos, a literatura se constrói sem limites, sem tema central, intencionalmente "desconstrutora" do real. Tal como a vida, a literatura se propõe como um jogo, um *puzzle* formado com os fragmentos do mundo em metamorfose e exigindo a ativa participação do leitor para a sua decifração. Um jogo no qual predomina a violência, o absurdo, os desregramentos orgíacos do sexo e do sadismo ou masoquismo. Talvez, nesse emaranhado de "desconstruções", possamos distinguir uma nova utopia: a crença do escritor no poder criador/nomeador de sua Palavra. A linguagem vem sendo a grande "matéria-prima" da qual a ficção e a poesia têm se apossado para expressar o mundo acima referido, cujo caos ela um dia deve transformar em cosmos.

Grosso modo, são essas as peculiaridades que se revelam de imediato no panorama literário atual. Nele distinguimos a presença de grandes poetas e ficcionistas, vindos de décadas anteriores, mas também o surgimento de uma plêiade de novos escritores e escritoras que, cada qual a seu modo, estão ampliando as trilhas questionadoras e inovadoras abertas, desde o início do século, por "relâmpagos" de invenções que desafiaram o *status quo*, ou por rupturas provocadas por movimentos vanguardistas (ismos, *nouveau roman*, estruturalismo, formalismo, pós-modernidade, poesia concreta, poesia concreta práxis, poesia visual etc.) ou por "Mestres iluminadores" (Joyce, Kafka, Borges, Beckett, Virginia Woolf, Cortázar, Faulkner, Lautréamont).

É esse o complexo panorama apresentado pela literatura brasileira neste limiar do século XXI. E curiosamente, apesar do enorme volume dessa produção, que vem invadindo livrarias, postos de venda, listas do "mais vendidos" etc., tem-se tornado voz corrente a acusação de "marasmo" do panorama literário; de "ausência de debate ou discordância", ou, ainda, de uma pretendida "paralisação da criatividade" em nossos dias. Entretanto, a nosso ver, nada mais errôneo. Estamos em um momento extremamente fértil em criação literária, muito embora esse fenômeno não esteja sendo percebido com facilidade. Isso, de um lado, porque a literatura não dá ibope na mídia (daí ser secundarizada) e, de outro, porque a crítica está em crise e, conseqüentemente, a literatura de categoria (a que foge às fórmulas fáceis dos *best-sellers*) se perde no mar de vulgaridade e mediocridades mercadológicas que inunda o nosso ciberespaço (e o de todo mundo globalizado). Nessa ordem de idéias, quer-nos parecer que o referido equívoco de interpretação resultaria do fato de se estar levando em consideração apenas *um aspecto* – o mais visível e audível – daquilo que se convencionou chamar de "criação" ou inovação. Referimo-nos ao *aspecto ruidoso*, polêmico, espetacular ou escandaloso que costuma acompanhar as revoluções vanguardistas.

Nesse sentido, é preciso lembrar que, na esfera do "mundo das idéias", nossos tempos são de "gestação" e não mais de rupturas. Todo processo de gestação é silencioso, o de ruptura é ruidoso. Um é lento, o outro é rápido. Não confundamos o mundo oculto ou invisível do espírito, das idéias etc. (onde a literatura e as artes são criadas) com o mundo visível, concreto, cotidiano, onde a vida real se cumpre (em geral, em conflito com o mundo das idéias). É vendo a literatura através dessa óptica que podemos dizer que ela vive hoje um tempo de germinação de um "novo inaugural" (vindo de muito antes), que cabe a ela multiplicar e difundir em mil novas formas, que, por sua vez, serão sementes de outras formas e assim *ad infinitum*.

Nessa ordem de idéias, lembremos que a *explosão do antigo* (idéias normas de comportamento, valores éticos e estéticos, estruturas, ideologias, crenças, linguagens, gêneros, temas etc.) já se deu. O "novo" (aquilo que altera estruturas ou valores de base) já foi semeado. E, como se trata de valores ou dados que *transformam a mente*, o modo de ver o mundo, o

comportamento humano... esse "novo" exige o tempo lento da germinação e do amadurecimento, para poder, enfim, transformar as formas concretas do viver, isto é, das relações humanas. É esse tempo de "germinação" que, a nosso ver, está alimentando a literatura atual autêntica, por baixo da aparência de caos que a expressa. Aliás, o caos atual já não é *apocalíptico* (destruidor) como o do início do século XX. A partir dos anos 1950 e 1960, começa a se transformar em *caos genesíaco* (criador).

Parece evidente que, na esfera do mundo pensante (o das idéias onde a "ordem" deve ser engendrada, para depois se transformar em realidades concretas), já não há mais nada para questionar. Todas as estruturas foram abaladas, muito embora o "edíficio" (o sistema deteriorado, mas ainda vigente no mundo) permaneça de pé. Quer nos parecer que é contra esse pano de fundo, contra esse horizonte em acelerada transformação que a literatura contemporânea está sendo escrita e precisa ser lida.

Desde que, no início do século XX, a física quântica equacionou o "princípio da incerteza" (inerente ao conhecimento das novas realidades descobertas, em nível atômico) o mundo entrou na "era da suspeita" (Nathalie Sarraute). Tudo passou a ser e não-ser ao mesmo tempo. A literatura se viu investida de um novo poder: o de redescobrir o mundo e renomeá-lo. Substituindo a Palavra de Deus (também há muito suspeita de inexistência), a palavra humana, filtrada pela poesia, assume uma nova tarefa: nomear a possível *nova ordem* que, por enquanto, é desordem. Em meio à total perplexidade diante do caos-gênese, que se oferece como matéria de sua criação, o poeta ou ficcionista sabe que é dele, é de sua relação funda com o mundo, é de sua palavra, que a Vida depende para ser isto ou aquilo. Sabe que ele é um elo de uma infinda corrente ou rede, vem da origem dos tempos e prosseguirá, enquanto os homens continuarem a tecê-la.

Nas palavras de José Aderaldo Castello: "O escritor deve prosseguir, sem saber já o que deseja encontrar; ou o que poderá construir. Só lhe resta essa atitude, do sujeito que, retido num ambiente às escuras, ainda assim se expõe, se deixa contaminar e, ao mesmo tempo, interfere e reage – ainda que nunca venha a estar muito certo do que está fazendo. Dessa atitude, contra todas as regras exigidas pelo mercado, contra o pessimismo imposto pela eclosão das linguagem virtuais e contra as forças que pretendem se refugiar na volta ao passado, a literatura, venha ela a ser o que vier a ser, poderá perdurar" ("Entramos na Era das Ruínas", *O Estado de S. Paulo*, 20.10.2001, Caderno 2).

Nos anos 1970 a 1990, grandes vozes de gerações anteriores escrevem romances (ou ficção-poesia) que revelam a alta maturidade criadora alcançada: Alberto Beuttenmuller, *2012 – A Profecia Maya* (1996); Carlos Nejar, *Fausto* (1987) e *O Selo da Agonia* (2001); Clarice Lispector, *Água Viva* (1973) e *A Hora da Estrela* (1977); Claudio Willer, *Volta* (1996); Hilda Hilst, *Fluxofloema* (1970), *Qadós* (1973) e *A Obscena Senhora D* (1982); João Antônio, *Leão-de-chácara* (1975*), Malhação do Judas Carioca* (1975) e *Dedo Duro* (1982); Lygia Fagundes Telles, *Horas Nuas* (1989); Miguel Jorge, *Pão Cozido sob Brasa* (1997); Nélida Piñon, *República dos Sonhos* (1984) e *Casa da Paixão* (1972); Osman Lins, *Avalovara* (1973); Rachel de Queiroz, *Memorial de Maria Moura* (1992) e muitos outros. Todos fundamente sintonizados com a complexa problemática do nosso tempo. O que mostra que atualmente já não se pode falar em "geração" pelo critério cronológico (data de nascimento) como antes, mas, sim, pela inserção intelectual/existencial do escritor no tempo que lhe cabe viver.

Devido à enorme quantidade de autores e autoras surgidos nestes últimos anos, limitar-nos-emos a registrar apenas algumas das diretrizes ou tendências já perceptíveis no panorama geral e, em cada uma, os nomes e obras significativas (do que chegou ao nosso conhecimento!). Claro que tais "rótulos" são meramente didáticos e provisórios, pois o fenômeno está ainda em processo. Cabe lembrar também que, no geral, são as obras que aderem a tal ou qual tendência e não propriamente o autor, que possa ser classificado de forma definitiva em qualquer delas, pois a cada livro escrito ele pode aderir a esta ou àquela tendência ou problemática. A fragmentação do mundo atual já não permite o autor de "estilo inteiriço", como o passado o permitia.

1) Literatura ácida. Violência "fria" ou gratuita. Registro lúdico-indiferente da tragédia humana. Óptica alimentada pela gradativa insensibilidade dos seres, banalização da degradação humana, realizada pelo sistema. Estética de crueldade: violência explicita ou implícita. Rubem Fonseca, de *Os Prisioneiros* (1963) até os mais recentes: *Romance Negro* (1992) ou *Vastas Emoções e Pensamentos Imperfeitos* (1988) ou *E do Meio do Mundo Prostituto* etc.; Patrícia Melo, *Acqua Toffana* (1994), *O Matador* (1995), *E Elogio da Mentira* (1998) e *Inferno* (2000); Marcelino Freire, *Angu de Sangue* (2000); Edyr Augusto, *As Éguas* (1998); *Moscow* (2001); Augusto Ferraz, *Lição para Viver* (1981) e *Memória dos Condenados* (1983); Luís Dill, *Lâmina Cega* (2001); Luiz Ruffato, *Eles Eram Muitos Cavalos* (2001).

2) Literatura do insólito, trama centrada no cotidiano comum, mas alterada pelo absurdo, pelo ilógico ou fantástico. Escrita que se engendra numa zona em que se anulam as fronteiras entre sonho e realidade. Em ritmo e tom lúdico ou satírico denuncia-se um ho-

mem perdido num mundo despojado de sentido, onde todos os absurdos podem acontecer. Victor Giudice, *Bolero* (1985) e *O Sétimo Punhal* (1996); Rodrigo Lacerda, *A Dinâmica das Larvas* (1998); Wilson Bueno, *Manual de Zoofilia* (1991); Pedro Salgueiro, *O Peso do Morto* (1995) e *Brincar com Armas* (2000); Luiz Roque, *Minicontos Fantásticos* I e II (1995–1996); Ivan Ângelo, *A Festa* (1976) e *A Casa de Vidro* (1979); Carlos Ribeiro, *O Chamado da Noite* (1997) e *O Visitante Noturno* (2000); Chico Buarque, *Estorvo* (1991) e *Benjamin* (1995); Ignácio Loyola, *Cadeiras Proibidas* (1981); Nelson de Oliveira, *Os Saltitantes Seres da Lua* (1997).

3) Literatura carnavalizante, que tem como matéria o mundo caleidoscópico em que vivemos. Fusão do real e invenção. Amálgama labiríntico. Colagem de estilos. Cultura erudita amalgamada com lixo cultural. Cinismo, ousadia, erotismo, raiva, alegria. Óptica satírica e amarga. Uilcon Pereira, *A Trilogia dos Boatos* (*Nonada*, 1983; *Outra Inquisição*, 1982; e *A Implosão do Confessionário*, 1984): Roberto Drummond, *A Morte de DJ em Paris* (1975), *Hilda Furacão* (1992) e *Cheiro de Deus* (2001); José Agripino de Paula, *Panamérica* (1967); Silviano Santiago, *Stella Manhattan* (1985); Rubem Fonseca, *A Coleira do Cão* (1965); *Lúcia Mccarteney* (1969); Nilto Maciel, *Punhalzinho Cravado de Ódio* (1986), *Babel* (1997), *Estaca Zero* (1987); Ronaldo Costa Fernandes, *Concerto para Flauta e Martelo* (1997); Altair Martins, *Como se Moesse Ferro* (1999); Altair Martins/Volnyr Santos, *Dentro do Olho Dentro* (2001); Jair Ferreira dos Santos, *A Inexistente Arte da Decepção* (1996); Valêncio Xavier, *O Mez da Grippe* (1981).

4) Literatura metalingüística. Situações narrativas desenvolvidas a partir da descrença de que a palavra possa expressar a verdade da vida realmente vivida, mas também conscientes de que o vivido, as vivências, o intuído só se tornam realidades quando expressos pela palavra... Essa consciência é, em geral, o "nervo" de toda a literatura contemporânea, mas em alguns autores ela se torna o próprio argumento da trama novelesca. Roberto Velloso Einfler, *Os Quarenta Anos do Doutor Stummer* (1988); Rubem Fonseca, *O Romance Negro* (1992 – conto que dá título ao volume); Sérgio Sant'Anna, *Notas de Manfredo Rangel Repórter* (1973), *Simulacros* (1977), *Senhorita Simpson* (1989); J. Humberto, *Geo Morfo Sintaxe do Riso* (1996).

5) Literatura meta-histórica picaresca ou parodística. Reinvenção ou desconstrução da "verdade" histórica, provocada pela "descoberta" recente de que "história" é discurso escrito pelas escolhas dos documentos e estilo dos historiadores... Assim sendo, a versão histórica herdada poderia ser outra, desde que outras tivessem sido as escolhas, os ângulos de visão ou o discurso de quem na origem a escreveu. Sinval

Medina, *Memorial da Santa Cruz* (1983), *Liberdade Condicional* (1980), *Tratado da Altura das Estrelas* (1997) e *Herdeiro das Sombras* (2001); Heloísa Maranhão, *Lucrécia* (1979), *A Rainha de Navarra* (1986); Sílvio Fiorani, *A Morte de Natália* (1981) e *A Herança de Lundstrom* (1984); Ana Miranda, *O Boca do Inferno* (1989); Rita Ribeiro, *Ana Hansen* (1995); Márcio de Souza, *Galvez Imperador do Acre* (1976), *Crônicas do Grão Pará* (Tetralogia: Lealdade, Desordem, Revolta e Derrota – anos 90); Deonísio da Silva, *Avante Soldados: Para Trás* (1992), *Os Guerreiros do Campo* (2000); Rubem Fonseca, *O Doente Molière* (2000).

6) Literatura iniciática. Escrita labiríntica de um Eu em busca da Verdade da Vida, oculta no além-aparências. Escritura densa, mescla de memória, atmosfera onírica, empenhada na imersão nas origens, em busca das respostas para a situação-limite: "Quem sou eu?", "O que é a condição humana?". É alimentada pelo húmus da memória. Um eu que, diante do enigma da vida, intui que faz parte de algo infinito que o transcende e permanece oculto no mistério.Vicente Cecim, *O Serdespanto* (2001); Ricardo Guilherme Dicke, *Madona dos Páramos* (1981), *Rio Abaixo dos Vaqueiros* (2000); Eduardo Sganzerla, *Caminhos que Levam para o Norte* (2000); Milton Hatoum, *Relato de um Certo Oriente* (1999) e *Dois Irmãos* (2001); Nicodemos Sena, *A Espera do Nunca Mais – Saga Amazônica* (1999); Ariano Suassuna, *A Pedra do Reino: Romance Armorial* (1971); Raduan Nassar, *Lavoura Arcaica* (1975); João Gilberto Noll, *A Fúria do Corpo* (1981); Miguel Marvilla, *Lições de Labirinto* (1989); Walmor Santos, *A Noite de Todas as Noites* (1999).

7) Literatura da danação. Linha dos "malditos", do eterno conflito entre Deus e o Diabo, entre o solar e o lunar. O destino inexorável. A impotência dos seres em face de um espaço social/geográfico inóspito, sufocante... Astolfo de Araújo, *Via Carnal* (1996); José Alcides Pinto, *Trilogia da Maldição* (anos 1960-1980); Raimundo Carrero, *Sombra Severa* (1990).

8) Ficção de realidade crítica. Escrita-testemunho da vida cotidiana nos pequenos ou grandes centros urbanos, onde convivem os contrastes gritantes; a solidão em meio à multidão; a crescente insensibilidade humana em face do drama alheio; a velocidade, visualidade enganosa e fragmentada; espaço saturado de informações que acabam por não comunicar nada e reduzindo tudo a uma "geléia geral". Os estilos são os mais variados: do mais lacônico ao mais opulento e verboso. Aricy Curvello, *Os Dias Selvagens se Ensinam* (1979); *Diva Fu(n)dida* (1982); João Antônio, *Leão-de-chácara* (1975), *Malhação do Judas Carioca* (1975), *Lambões de Caçarola* (1977), *Ô Copacabana!* (1978); Jorge Pieiro, *Caos Portátil* (1999); Fernando Borges, *Mi-*

longa Porteña (1983), *Anônimo Viajante* (2001); Ignácio Loyola Brandão, *Zero* (1975), *Bebel que a Cidade Comeu* (1969), *Pega Ele, Silêncio* (1976); João Anzanello Carrascoza, *O Vaso Azul* (c. 1998); João Gilberto Noll, *O Cego e a Dançarina* (1980); Luiz Ruffato, (*Os Sobreviventes*) (2000), *Cunha de Leiradella, Síndromes & Síndromes* (1997).

9) Ficção memorialista. Mescla de verdade e invenção. Narrativa de um *eu* que, através de sua experiência (real ou inventada), testemunha os "desencontros" do tempo que lhe coube viver. Deonísio Silva, *Teresa* (1997); Ignácio Loyola Brandão, *O Verde Violentou o Muro* (1984), *Cuba de Fidel: Viagem à Ilha Proibida* (1978); Fábio Campana, *O Guardador de Fantasmas* (1996); João Silvério Trevisan, *Em Nome do Desejo* (1983); João Gilberto Noll, *Hotel Atlântico* (1989); Walmor Santos, *Arte de Enganar o Medo* (2001).

10) Romance policialesco. Narrativa híbrida, que mescla convenções do gênero policial, certo *thrillers* das novelas góticas, o ludismo do romance de aventuras, ingredientes folhetinescos, situações de suspense com desenlaces inesperados ou ridículos. Ignácio Loyola Brandão, *O Anjo do Adeus* (1995); Rubem Fonseca, *O Caso Morel* (1973), *Furo & Spallanzani* (1985), *A Grande Arte* (1983); Luiz Alfredo Garcia-Roza, *Uma Janela em Copacabana* (2001); Gilberto Beuttenmuller, *O Enigma dos 7 Dragões Dourados* (1994); Fernando Monteiro, *A Cabeça no Fundo do Entulho* (2000).

Literatura da contracultura. A partir dos anos 1970, simultaneamente à produção literária que circula no mercado editorial/comercial convencional, difunde-se entre nós uma abundante e caótica produção (mais libertária do que literária), que circula à margem desse meio. Produção anárquica, vinda dos anos 1960, conhecida por diferentes rótulos: "marginal", "alternativa", "independente", "do desbunde", *underground*, "emergente" etc. Pode-se dizer que, apesar das diferenças existentes entre as múltiplas manifestações desse movimento libertário, há um fator externo que as identifica entre si: os *canais marginais* ao mercado oficial que as produzem e difundem. Canais criados pela chamada "geração mimeógrafo", que produzia artesanalmente seus textos e os vendia de mão em mão, nas filas de cinema, de teatro, nas portas de bares etc. Textos irreverentes ou de pura blague que eram recitados em praça pública, em *shows* ou feiras em que todas as artes se misturavam.

Ao mesmo tempo, sua "unidade", como movimento diferenciado dentro do cenário artístico-cultural da época, reside em sua intrínseca "diversidade", cuja fonte geratriz está nos movimentos libertários (*hippies, beatniks...*) que, na virada dos anos 1950 e 1960 (no rescaldo da Guerra Fria), eclodiram nos EUA e na Inglaterra, espalhando-se como rastilho de pólvora por toda a Europa e, na virada dos anos 1960 e 1970, encontram ambiente propício para se espalharem pelo Brasil.

É em confronto com esse "libertário" que varre o mundo dos anos 1960 que a nossa literatura marginal dos anos 1970 e 1980 pode ser melhor compreendida. Lembremos, pois, que, na Europa e na América do Norte, a revolução criadora dos "anos dourados" foi feita pela juventude pós-Guerra Fria, que se rebelou contra os valores consagrados pela tradição, contra o senso comum e todos os limites impostos por uma sociedade que naufragava. "É proibido proibir" e "paz e amor" tornam-se as palavras de ordem desse movimento de rebeldia, que ampliou os caminhos que haviam sido abertos, no início do século XX, pelo movimento dos "ismos" (futurismo, dadaísmo, surrealismo...) e depois interrompidos pelas guerras e crises econômicas dos anos 1930-1950. É nessa esteira apocalíptica/ genesíaca que surgem os Beatles; o *rock'n roll*; os *hippies*; a geração *beat*; os gurus *underground*; o LSD e demais drogas alucinógenas (em busca de novos estados de consciência e percepção); a falência das ideologias; a sexualidade transgressiva; a violência como auto-afirmação; os grupos homossexuais Women's Lib e Gay Power; os *sex simbols*, fusão de música, cinema, poesia, canto, espetáculo, performance, erotismo, alcoolismo, misticismo oriental (na linha budista) etc.

Em meio a esse caos de valores, esses novos "inventores", já despojados de quaisquer ideologias (deterioradas pelas guerras), eram energizados por *nova utopia*: a crença no poder transformador da arte, da poesia, e a ela se entregaram de maneira radical – corpo e espírito transformados no altar de uma nova e profana religião (de que são exemplos os casos-limite de *pop stars* como Jimi Hendrix, Janis Joplin, Jim Morrison e outros, mortos por *overdose* em pleno apogeu de suas genialidades...).

Lembremos que no Brasil do início dos anos 1960 (inauguração de Brasília e o "milagre brasileiro"), esse surto de criatividade não apresenta o fermento de corrosão existencial peculiar aos europeus e norte-americanos. Pelo contrário, essa explosão do *novo* entre nós foi energizada pela curtição de viver, que se manifesta nas várias esferas de arte, mas principalmente em três grandes esferas: música, cinema e poesia.

O *boom* da MPB (Música Popular Brasileira), realizada pelo talento ímpar de uma plêiade de compositores, poetas, letristas, cantores, orquestradores e grandes gravadoras, abriu novos caminhos para a música brasileira e para seu sucesso internacional. Ao mesmo tempo, surge o "cinema novo", fruto do projeto de jovens intelectualizados e politicamente engajados, empenhados em mostrar uma visão crítica do Brasil, que sacudisse as consciências e provocasse uma transformação de base na realidade social brasileira. (Glauber Rocha foi o núcleo gerador desse movimento que abriu novos caminhos para o cinema nacional e ainda está em curso.)

Embora sem a repercussão alcançada na mídia pelos movimentos da música e do cinema, difunde-se uma nova poesia: a da Geração de 60 no Sul e da Geração de 65 no Nordeste. Diferentes e fortes vozes (Carlos Nejar e Marcus Accioly, para exemplificar com duas que maior repercussão tiveram no momento), que prosseguem hoje com uma produção de alta categoria e energizada por uma consciência comum: a do "novo épico" – a revalorização do humano, redescoberto para além de sua fraqueza natural, limites e efemeridade, como sendo uma grandeza indestrutível, da qual o mundo, a vida dependem para existir e perdurar no tempo.

Claro está que essa visão de mundo vitalista não se expressou de modo uniforme em todos. Pequenos grupos da Geração de 60 optaram por uma linha que hoje chamamos "marginal" – aquela que, no decorrer dos anos 1970-1980, vai ganhar força e se expandir amplamente. Trata-se daqueles que se assumiram como os "malditos" (Cláudio Willer, Roberto Piva, Rodrigo Haro, Raul Fiker, Jorge Mautner e outros) e cujas propostas de criação se fundavam no sincretismo literário: surrealismo, existencialismo, antiautoritarismo, desordem provocativa, hedonismo, fusão das artes (literatura/música/canto etc.). Duas figuras de grande força inventiva se destacam nessa rebelião cultural dos anos 1960 (e que fecundou os anos de 1970 e 1980). São eles: Jorge Mautner (dublê de poeta, ficcionista, compositor, cantor, musicista, cineasta, dramaturgo, ator, filósofo, ideólogo descrente das ideologias e defensor do Kaos como a grande força fecundadora do "novo") e Raul Seixas (poeta, compositor, cantor, fenômeno musical, personalidade esotérica cindida entre demonismo e angelismo), que foi uma labareda no movimento da contracultura dos anos 1970. Mautner estréia em 1962 com a prosa caótica/seivosa/apocalíptica de *Deus da Chuva e da Morte,* ao qual se seguem outros da mesma natureza e que lhe valeram perseguição da censura do Governo Militar. Seixas estréia como cantor e músico com o grupo Relâmpagos do Rock no início do anos 1960 – grupo que se transforma nos Panteras. Os caminhos se abrem e Seixas participa dos movimentos *underground*. Suas composições de poesia e música se multiplicam: *Sociedade Alternativa* (1974), *Que Luz é Essa?* e *Maluco Beleza* (1975), *Há Dez Mil Anos Atrás* (1976), *O Dia em Que a Terra Parou* (1978), entre outras.

Enfim, esses "malditos" investem na força do humano e, a seu modo, se apossaram da Palavra, como o grande e ambíguo poder de nomear e fundar o Real do novo tempo que há de vir. Consciência ou crença que continua presente na literatura, através de mil e uma formas, em contraponto com a outra face da moeda: a antiépica – a da descrença na palavra e no homem, perdido neste mundo-cão que é o nosso (até quando?).

Consolidam-se nesses anos 1960 os caminhos abertos pela Poesia Concreta (1956) e pela Poesia Práxis (1959). Na mesma linha de experimentação, surge o Poema-Processo (1967), que prossegue se difundindo. Pode-se dizer que é, no rescaldo dessa onda de criatividade dos anos 1960, que começa a se manifestar entre nós o movimento da contracultura. Rescaldo esse provocado pela crise política que sucede ao governo Kubitschek: renúncia de Jânio Quadros; Jango na presidência; a esquerda ganhando espaço, os militares e o golpe de 1964. Nessa ordem de idéias, compreende-se que as primeiras manifestações da contracultura entre nós, nos anos 1960, tenham sido de cariz ideológico-político: poemas de protesto ou de blague em folhetos mimeografados; os cadernos poéticos "violões de rua"; publicações homossexuais (*Snob*, 1961) etc. Mas (como lembra Leila Miccolis, uma das presenças marcantes no movimento da contracultura) "não se tratava apenas de uma *poesia de resistência* ao golpe de 1964, já que surgiu antes dele", mas de "uma resistência muito mais ampla, capaz de acabar com *fórmulas* de viver, para criar novas *formas* de vida".

Nesse sentido, pode-se dizer que a "marginalidade literária" não visava (ou visa?) exclusivamente à ruptura com a "norma" consagrada, com o sistema instituído, mas antes ao seu "alargamento" ou rompimento, para nele incluir as suas "margens" ignoradas, o "lixo" deixado de fora do "politicamente correto".

Nos anos 1970, com o endurecimento da censura e o malogro do "milagre econômico brasileiro" (criado por Kubitschek), a "poesia de resistência" se transforma em "literatura do desbunde". Já não havia espaço para a crença utópica no poder transformador da poesia ou da arte. Talvez a última manifestação dessa crença utópica tenha sido o →tropicalismo (liderado por Caetano Veloso) que, com os novos ventos, acabou se diluindo na "marginália" (cf. Affonso Romano Sant'Anna, *Música Popular e Moderna Poesia Brasileira*, 1978). Ainda segundo Leila Miccolis: "Todos acordamos em 1970 bem diferentes de como havíamos chegado em 1960: com o "sonho acabou" da ideologia *hippie*, rangendo os dentes, maquinando vinganças, inclusive literárias, no plano nacional, e explodindo, como bomba, numa poesia com boa dose de anarquismo ideológico – o chamado desbunde – postura de oposição a toda a estrutura sociopolítica

(desde a cultura oficial até os usos e costumes); não confundi-lo com alienação, mas identificá-lo como uma espécie de reação, fruto do desânimo sentido pela forças democráticas, ao verem desarticulados seus planos e projetos" (*Do Poder ao Poder*, 1987).

Fermentados pelo espírito do "marginal" ou do "alternativo", multiplicam-se as revistas "nanicas", os "fanzines", jornais e publicações intersistema (*Escrita, Anima, Argumento, José* e outras). Surgem paralelamente publicações marcadamente artísticas, lideradas por grupos culturais ativos, constituídos por poetas e artistas plásticos, trabalhando intersemioticamente (Verbo, Navilouca, Pólem, Urbano, Poesia em Greve, Corpo Estranho...), todas elas efêmeras. Multiplica-se também a experimentação com a poesia visual, através de recursos os mais variados: xerografia, computador, holografia, vídeo, cartazes, *laser*, postais etc. A temática é sempre crítica, visando o homem e seu estar-no-mundo-cão, o malogro da política, a miséria, os conflitos homem-sociedade etc. No volume V da série *Sociedade dos Poetas Vivos* (U. Faustino/L. Miccolis, orgs., 1993) foi reunida uma significativa produção de poemas visuais (Álvaro de Sá, Geraldo Magela, Hugo Mund Jr., Hugo Pontes, Jairo J. Galakade, J. Cardiais, Philadelpho Menezes, Sebastião Nunes e outros).

Na fronteira fluida entre "marginais" e "integrados" surgem poetas que marcaram fundo o panorama da poesia e da arte brasileira na época (Jorge Mautner, Paulo Leminski, Waly Salomão, Torquato Neto, Chacal, Nicolas Beher, Urhacy Faustino, Luiz Carlos Maciel, Francisco Alvim, Vicente Pércia, Cacaso e outros). Nessa fronteira fluida, fazem-se ouvir também vozes de mulheres que, rompendo com os limites temáticos impostos à literatura feminina, aderem à polêmica corrente da contracultura (Ana Cristina César, Leila Miccolis, Crica, Kátia Bento, Alice Ruiz, Xênia Antunes, Norma Pereira Rego, Lúcia Villares e outras).

Nos anos 1990, o movimento da contracultura acolhe também o Movimento de Arte Pornô, que surge no pós-abertura política e, intencionalmente polêmico, instaura a *cultura do corpo* que hoje domina o cenário em que vivemos, no qual tudo foi reduzido a simples produto a ser consumido... No atual ciberespaço, governado pela mídia, a contracultura alastrou-se: tudo é performance, vulgarização espetacular do corpo e, em meio à salada geral, misturam-se poetas apocalípticos, pornôs, ecológicos, escatológicos, feministas, hetero e homossexuais, místicos, bruxos etc. O mundo transformou-se num palco caótico...

Literatura da negritude. É nos últimos anos do século XX que a "literatura da negritude" se torna "presença" no cenário brasileiro. Num país de "raízes negras" como o Brasil, como discernir *a literatura da* *negritude* em meio à literatura brasileira em geral? Literatura que, inclusive, foi escrita, desde seus inícios, por um inequívoco contingente de grandes escritores negros ou de ascendência negra? Nessa ordem de idéias, tomamos esse rótulo (por mais discutível que ele seja) como abrangente de toda literatura e demais manifestações artísticas ligadas aos movimentos negros e que tenham como tema, alvo ou matéria-prima o "ser negro", seja qual for a cor de seu autor ou autora (como é o caso, por exemplo, do contundente e belo livro de poemas, *Zoom Negro* (1972), escrito por Marklos Estate, não-negro). Damos preferência a essa denominação, em lugar de "literatura afro-brasileira", para evitar o equívoco que se vem alastrando de identificar a necessária "volta às raízes" como uma "volta à África" ou como identificação com a luta dos africanos contra o *apartheid* inglês ou o colonialismo luso-africano. Talvez o principal equívoco dessa identificação esteja no fato de que os africanos lutam pela tomada do poder do Estado, enquanto no Brasil a luta é pela auto-integração do negro na realidade nacional sem discriminação, enquanto cidadão já fruto da miscigenação da qual resultou o brasileiro e, portanto, legitimamente brasileiro, e não africano.

Literatura da negritude remete, pois, a uma criação literária que, mais do qualquer outra, está ligada visceralmente ao complexo social, político e econômico dentro do qual ela se constrói, como força de resistência contra a rejeição (sutil ou ostensiva) de que a negritude tem sido alvo.

Daí que o seu aparecimento como literatura de grande força tenha sido tardio: aparece, com presença marcante, apenas na segunda metade do século XX, precedida pelos "movimentos negros" que lhe abriram os caminhos e lhe ofereceram as "armas de combate": a palavra poética, pela qual o ser transcende a sua identidade civil, cartorial ou étnica, para se revelar meramente humano. Mesmo sem rigor histórico, destacamos aqui o lento evoluir desses *movimentos* desde os anos 1920 e 1930, quando foi criada a Frente Negra Brasileira (FNB), primeira entidade nacional de defesa dos direitos de cidadania do homem negro e de denúncia do racismo. Mas a FNB pouco pôde fazer, pois em 1937 foi extinta pelo Estado Novo de Vargas.

Somente nos anos 1940 surge o movimento cultural que vai marcar a presença negra na realidade brasileira, seja por sua alta categoria artística, seja pela excelente repercussão de crítica e de público que teve no Brasil e no Exterior. Trata-se do Teatro Experimental do Negro (TEM), fundado e dirigido por Abdias do Nascimento – iniciativa revolucionária na época e cujo ponto mais alto foi a representação de *Imperador Jones*, de um dos grandes dramaturgos norte-americanos, Eu-

gene O'Neill. Coincidentemente, a estréia se deu no Teatro Municipal do Rio de Janeiro, num dia histórico: no 8 de maio de 1945, quando o mundo celebrava o fim da Segunda Guerra Mundial.

No papel do ambicioso/enlouquecido imperador negro, o ator e diretor Aguinaldo Camargo teve a melhor *performance* de sua carreira. Por mais de uma década, o TEM apresentou-se em várias cidades brasileiras, sempre com total sucesso de crítica e de público. Encerrou suas atividades, em agosto de 1957, com uma peça do próprio Abdias, *Sortilégio: Um Mistério Negro*. Nela, ele repete a tese, há muito defendida, de que os negros precisavam se unir, para juntos conquistarem sua própria cultura e libertação espiritual.

Nos anos do Governo Militar (1964-1980), por motivos óbvios, o movimento cultural negro dispersou-se. Mas o *boom* da música popular brasileira, nos anos 1960 e 1970, acabou pondo em evidência a necessidade de que o fator "negritude" fosse redescoberto como integrante do magma brasileiro. Aliás, nos anos 1970, o problema do racismo emerge à consciência mundial. Em 1973, a ONU (Organização das Nações Unidas) institui a Década contra o Racismo (1973-1982); em 1975, é assinada a Convenção Internacional sobre Eliminação de Todas as Formas de Discriminação Racial. No Brasil, essa Convenção é ratificada pelo Decreto Administrativo nº 23, de 21 de junho de 1977.

Simultaneamente a essas medidas oficiais, expandem-se as vozes negras na literatura, no teatro, no cinema, nas artes em geral. Multiplicam-se as pesquisas, em âmbito universitário, sobre religiões afro-brasileiras e episódios históricos relevantes: *Guerra de Orixá: Estudo de Ritual e Conflito* (1975), de Yvonne Meggie A. Velho; *Desvio e Divergência: Uma Crítica da Patologia Social* (1974), de Gilberto Velho; *Bahia com H* (1988), de Antônio Risério; *Tróia Negra: A Saga dos Palmares* (1998), de Jorge Lanfman; *Quem É Quem na Negritude Brasileira* (1999), de Eduardo Oliveira; *Repensando o Sincretismo* (1995), de Sérgio F. Ferretti, e outras.

Nos anos 1980, ainda no âmbito das publicações, revestem-se de importância os romances autobiográficos ou memorialistas escritos por negros e por não-negros, denunciando o período escuro do governo militar: *O Que É Isso, Companheiro?*, de Fernando Gabeira; *Feliz Ano Velho*, de Marcelo Rubens Paiva; *De Fogo e Sangue*, de Lia Monteiro; *Inventário de Cicatrizes*, de Alex Polari de Alvarenga; *Ebulição da Escravatura* (antologia); *A Cor da Pele*, de Adão Ventura; *O Passo de Estefânia*, de Núbia Marques; *Reggae-Ijexá*, de Hermógenes Almeida; *Atabaques*, de Éle Sémog e José Carlos Limeira; *Áxés do Sangue e da Esperança*, de Abdias Nascimento; *Palmares*, de Krisna e Togo;

Antologia Mamaluca (dois vols.) e *História Brasileira: Novos Estudos sobre Guerrilha Cultura e Estética da Provocação,* de Sebastião Nunes; e muitos outros. Na virada dos anos 1970 e 1980, formam-se grupos em vários centros urbanos, engajados exclusivamente na literatura e na arte em geral: o grupo Quilombhoje (São Paulo), que, em 1978, funda a revista *Cadernos Negros,* a mais importante na divulgação literária (que chegou a seu 23º número, 2001); o Grupo Negricia (Bahia); Grupo Vissungo (Casa da Cultura Negra, RJ); e outros. Fundam-se novas revistas (*Nuvem Cigana, Anima, Música do Planeta...*). Surgem bares modernos, onde os recitais de poesia, por negros e não-negros, fazem parte da "noite". Multiplicam-se os debates, seminários, encontros... O movimento negro cruza-se com os movimentos da contracultura e da literatura marginal, na luta contra as diretrizes elitistas e exclusivamente comerciais da indústria cultural.

Em setembro de 1985, realiza-se em São Paulo o Primeiro Encontro Nacional de Poetas e Ficcionistas Negros Brasileiros (comissão organizadora: Miriam Alves, Arnaldo Xavier e Cuti). Temas do debate: "Intervenção dos Poetas e Ficcionistas Negros no Processo de Participação Política" e "Avaliação Crítica da Produção Literária dos Últimos Dez Anos (1975-1985)". Pela primeira vez, escritores negros se reúnem oficialmente para debater a importância da criação e o problema da edição/distribuição das obras – problema desde sempre o verdadeiro calcanhar-de-aquiles da produção literária em geral. As discussões envolveram também a presença do negro enquanto cidadão na literatura. Ou, melhor, a relação do processo criativo com o Movimento Negro. Esse Primeiro Encontro marcou historicamente uma divisão muito clara entre a *criação individual* e isolada e a *criação engajada* – a de um *eu* consciente de ser parte complementar do *outro*. Nesse sentido, se é verdade que grupos do movimento negro atuam politicamente junto às esferas de poder para, a curto e médio prazo, conseguirem espaços que lhes são devidos como cidadãos, já no âmbito da criação literária o engajamento é de outra natureza: identifica-se com uma das forças mais atuantes na literatura pós-moderna: a força de um *eu* consciente de que é de sua palavra, em relação dinâmica com a existência do outro, que depende a construção e continuidade da vida.

Foi o que disse textualmente Miriam Alves no Primeiro Encontro, em 1985: "Acredito que a literatura, o poema, a ficção não irão fazer a revolução. *A literatura é a própria revolução*, tem frente de batalha e de atuação" (grifos nossos). Naturalmente ainda é reduzida a produção literária da negritude, mas já conta com nomes como: Sebastião Nunes, Adão Ventura, Cuti, Fausto Antônio, Éle Sémog, Paulo Colina, Joel Rufino dos San-

tos, Arnaldo Xavier, Oswaldo de Camargo, além dos já citados anteriormente e outros.

The last but not the least, chegamos enfim ao mundo feminino. Cumpre destacar a atuação do segmento negro engajado no Movimento Feminista Brasileiro e o quase ignorado movimento das escritoras negras que, desde as primeiras horas, têm colaborado com seus companheiros de luta. Enfrentando sempre condições mais adversas do que os homens (como também acontece com as não-negras), as mulheres negras têm ainda, em termos quantitativos, muito pequena representação no panorama da literatura da negritude. Mas, há mais de uma década, vêm surgindo poetas, ficcionistas e ensaístas (com formação universitária e participantes de movimentos negros também no Exterior), cuja produção, principalmente veiculada em revistas dos grupos, representa uma significativa participação na luta pelo reconhecimento do valor humano/político do "ser negro" no mundo em transformação.

Em 1995, é publicada a antologia bilingüe (português/inglês) *Finally... us/Enfim... nós* – resultante da pesquisa desenvolvida no Brasil, entre 1989 e 1994, pela pesquisadora norte-americana negra Carolyn Richardson Durham (bolsista da Fundação Fulbright e do Consórcio de Estudos Africanos e Latino-americanos da Michigan University), que teve a colaboração das brasileiras Miriam Alves, Esmeralda Ribeiro e Sônia Fátima da Conceição.

No substancial prefácio escrito por Miriam Alves, temos uma expressiva síntese do percurso histórico da mulher escritora negra, participante dos movimentos e reivindicações culturais, desde as primeiras horas. Fazendo suas as palavras do jornalista Paul Singer, ela conclui: "O ato de escrever feminino gera controvérsias e senões. A escritura não deve estar sujeita a rótulos que a limitaria, os rótulos "poesia masculina" e "poesia feminina" soam ambos redutores, desde que a poesia sem adjetivições restritivas impõe-se em dimensões mais fortes. Entretanto, para fazermos justiça ao material poético ante o qual nos debruçamos, temos que admitir que aí se registra uma 'movimentação' histórica específica, uma pulsão histórica particular, na medida em que os *textos poetizam uma vivência peculiar à mulher*" (grifos da autora).

Por ordem alfabética, a antologia *Enfim... nós* inclui poemas de: Alzira Rufino, Andrea Cristina Rio Branco, Celinha, Conceição Evaristo, Eliana Potiguara, Esmeralda Ribeiro, Geni Guimarães, Gilzete Marçal, Lourdes Chytta, Lourdes Teodoro, Maria da Paixão, Marta André, Miriam Alves, Roseli Nascimento, Ruth Souza, Sônia Fátima da Conceição e Terezinha Malaquias. Acompanham os poemas os respectivos currículos, que atestam a significativa atuação de cada uma no movimento cultural em curso... e na criação da *literatura da negritude*.

Literatura feminina. Entre os fenômenos mais significativos, no âmbito da literatura, que marcaram o último lustro do século XX entre nós, está a expansão da literatura escrita por mulheres. Produção de alta categoria e que, nestes últimos anos, já não está restrita a grandes figuras isoladas, como aconteceu nos primeiros anos do século (Gilka Machado, Colombina, Cecília Meireles, Henriqueta Lisboa...), ou ainda nos anos 1940 e 1950, com Rachel de Queiroz, Dinah Silveira de Queiroz, Helena Silveira, Lygia Fagundes Telles e algumas outras. Sendo importante destacar que, dessa geração que se iniciou na primeira metade do século, Rachel de Queiroz e Lygia Fagundes Telles prosseguiram produzindo e acompanhando a evolução dos tempos. Da primeira destaca-se *O Memorial de Maria Moura* (1992) e da segunda, *As Horas Nuas* (1989). Destaque-se ainda o pioneirismo de Clarice Lispector, *primus inter pares*, que se inicia nos anos 1940 (*Perto do Coração Selvagem*, 1944), antecipando de muito a problemática existencialista que somente nos anos 1960 iria difundir-se amplamente entre nós.

É a partir da década de 1960 que surge uma plêiade de poetas, ficcionistas, dramaturgas, ensaístas... com uma produção (tal qual a dos homens) em perfeita sintonia com os novos tempos em acelerada mutação. Saindo do círculo predominantemente subjetivo-lírico-amoroso que, no geral, caracterizava a escrita feminina tradicional (exceção feita às grandes vozes referidas), a nova escritora se integra na multiforme problemática do mundo atual e mostra à exaustão que já se tornara impossível ignorar que a "velha ordem" fora rompida irremediavelmente e que não havia "caminho de volta" à vista. Entre os vários artigos, estudos e ensaios publicados acerca dessa revolução feminina em processo, destacamos a presença de Heloneida Studart (romancista e política de grande força) e seus escritos polêmicos, dos anos 1970: *Mulher, Objeto de Cama e Mesa, Mulher a Quem Pertence Teu Corpo?* e *Mulher, Brinquedo de Homem?* Os títulos falam claramente do conteúdo.

Na mesma época, Mariana Colasanti dizia: "Somos mutantes, mulheres em transição...", frase que sintetiza o eixo problemático em torno do qual gira a literatura feminina pós-moderna. Nos anos 1970, prosseguindo nos caminhos abertos pela literatura dos anos 1960, mas já sem a paixão das lutas e reivindicações daqueles "anos dourados", a literatura escrita por mulheres (tal como a dos homens, por razões quase equivalentes) mostra um ser à deriva, desencantado, num mundo fragmentado que se multiplica por mil e uma formas, sons e cores desconexas. Por esse mundo perambula um *eu,* ora perdido nos labirintos existenciais, ora aprisionado em um cotidiano amorfo. A poesia e ficção dos anos 1970-1990 mostram a ruptura da própria estrutura do discurso cultural. Nele se faz ouvir a voz de uma mulher que pergunta por seu próprio *eu* em relação ao *outro;* ora aprisionada pela parafernália tecnológica, ora entregando-se às forças eróticas, agora livres de interditos... Em qualquer desses caminhos, ela fala sempre do "ser feminino", ora recusando criticamente a condição de mulher, consagrada pela tradição judaica-cristã-patriarcal, que a aprisionou desde o princípio dos tempos (pura/impura, santa/demônio, "rainha do lar", mas escrava do homem...); ora satirizando, com displicência, a liberdade conquistada, mas sem espaço para ser exercida. Entre os muitos exemplos desse desencanto displicente e cortante ironia, leiam-se *Os Dias Gagos* (1999) ou *Corola* (2000), da novíssima Claudia Roquette-Pinto. Aliás, são inúmeras as vozes em tom maior que testemunham estes tempos recentes. Muitas delas, vindas de décadas anteriores, prosseguem com uma produção altamente depurada quanto à forma e ao adensamento da problemática. Entre elas destacam-se: Nélida Piñon, *A Casa da Paixão* (romance, 1972); Clarice Lispector, *Água Viva* (romance, 1973); Stella Leonardos, *Amanhecia* (poesia, 1974); Olga Savary, *Sumidouro* (poesia, 1977); Helena Parente Cunha, *Mulher no Espelho* (romance, 1983); Maria Alice Barroso, *A Saga do Cavalo Indomado* (romance, 1988); Yêda Schamaltz, *Baco e Anas Brasileiras* (1985); Hilda Hilst, *A Obscena Senhora D* (romance, 1982); Neide Archanjo, *Pequeno Oratório do Poeta para o Anjo* (poesia, 1997); Marly de Oliveira, *A Força da Paixão & Incerteza das Coisas* (poesia, 1984); e outras.

Entre as poetas estreantes nos anos 1970 e 1980, destacam-se Adélia Prado, *Bagagem* (1976); Heloísa Maranhão, *Castelo Interior & Moradas* (1974); Stella Leonardos, *Amanhecência* (1974); Lara Lemos, *Para um Rei Surdo* (1973); Ana Cristina César, *A Teus Pés* (1982); Lenilde Freitas, *Esboço de Eva* (1989); Maria Carpi, *Nos Gerais da Dor* (1990); Leonor Scliar Cabral, *Memórias de Safarad* (1994); Myriam Fraga, *O Livro de Adynata* (1973) e outras.

Entre as ficcionistas que se iniciam nos anos 1970 a 1990, destacam-se: Marina Colasanti, *Zooilógico* (1975); Heloísa Maranhão, *Lucrécia* (1979); Márcia Denser, *Tango Fantasma* (1970); Patrícia Bins, *Jogo de Fiar* (1983); Lya Luft, *As Parceiras* (1980); Lia Monteiro, *De Fogo e Sangue* (1981); Betty Milan, *Sexopuhuro* (1981); Joyce Cavalcante, *Inimigas Íntimas* (1993); Myriam Campello, *Cerimônia da Noite* (1973); Ana Maria Martins, *Trilogia do Emparedado* (1973); Stella Carr, *O Homem do Sambaqui* (1975); Sônia Coutinho, *Uma Certa*

Felicidade (1976); Julieta Godoy Ladeira, *Entre Lobo e Cão* (1977); Helena Parente Cunha, *Os Provisórios* (1978); Márcia Kupstas, *Casos de Sedução* (1987) e uma plêiade de novíssimas, como Cíntia Moscovich, Valéria Assis, Claudia Roquette-Pinto, Leila Romero, Luíza Lobo, Cláudia Monteiro de Barros e outras.

Mesmo por uma análise superficial dessa produção, ressalta que os principais problemas ali atuantes arraigam no questionamento do ser e de seu estar-no-mundo, bem como no experimentalismo formal, ou, melhor, na consciência atual de que o erotismo é a grande força realizadora do ser e que a palavra é o agente nomeador/criador por excelência e dela depende o "novo real" a ser descoberto por todos. Essa multifacetada problemática (patente igualmente na escrita de homens e mulheres) dinamiza a poesia e a ficção através de inúmeros recursos, tais como: a técnica da montagem, que explora a intertextualidade; a da metalinguagem (escrita voltada sobre si mesma); a multiplicação do focos narrativos (polifonia de vozes); o registro labiríntico substituindo a estrutura narrativa linear; a ambigüidade do perfil das personagens etc.

Entre as diretrizes temáticas dominantes, destacam-se: a preocupação com as "raízes", com a recuperação/invenção da história, da fala arcaica e das origens, onde estaria talvez a "chave" para a compreensão do hoje, cujo sentido último se perdeu com a destruição do fundamento sagrado do mundo antigo. Nesse sentido, a literatura redescobre os mitos; é atraída pela alquimia como arcaico processo transformador da matéria etc. Na raiz desses novos processos criadores, está a busca de integração da palavra poética ou ficcional no processo histórico em evolução. Ou talvez a tentativa de redescobrir a condição humana como parte essencial de um infindável encandeamento de elos que perpetuam a vida. E mais, a redescoberta da mulher, agora intuída não só como algo fundamental no processo da vida, mas também como o grande eixo de equilíbrio do mundo (pois ela é a célula-mater da família, sem a qual não há mundo organizado).

Conclusão: a literatura escrita por mulheres (tal como a que hoje é escrita pelos homens) está fundamente sintonizada com as transformações em processo no mundo... O que pode diferençá-las entre si é o modo de sentir, de vivenciar ou reagir às emoções, situações, experiências etc., de que a aventura humana é feita. Os graus de densidade ou domínio da arte de transfiguração literária dependem do gênio específico de cada escritor/escritora, e não do gênero masculino ou feminino a que pertençam (desde que formados em iguais condições de cultura). Na verdade, como sabemos, homens e mulheres são manifestações de vida, específicas, que se complementam para que a humanidade exista e a vida se perpetue no tempo. É o que certa linha literária vem tentando dizer...

Literatura infantil. No século XX, a literatura escrita para crianças sofreu um transformação radical: de exemplar, conservadora e repetitiva que era (legitimadora dos costumes e valores consagrados pela sociedade herdada do século XIX), passa a ser questionadora, libertária e inventiva. Essa transformação começou nos anos 1920 e 1930, com Monteiro Lobato e seu primeiro livro, *A Menina do Narizinho Arrebitado* (1920), cujo total sucesso com a criançada e os adultos abriu caminho para os outros títulos e tornou-se o marco histórico da criação da nova literatura infantil brasileira.

Já "respirando" os ares revolucionários do Modernismo (que se manifesta entre nós em 1922, na Semana de Arte Moderna em São Paulo), Monteiro Lobato transforma o mundo real, cotidiano, bem conhecido das crianças, num mundo maravilhoso onde a vida se tornava uma aventura fantástica. Dentro da visão modernista da época, Lobato anula as fronteiras entre o mundo concreto e limitado (o sítio em que as personagens viviam) e o mundo do maravilhoso (o dos contos de fada, onde vivem Branca de Neve, Pinóquio, Dom Quixote etc.) e da fusão entre esses dois mundos – o real e o imaginário – surge o Sítio do Picapau Amarelo, que até hoje continua a encantar crianças e adultos. Entretanto, houve interrupções nesse encantamento e atração, devido às circunstâncias adversas que surgiram em períodos posteriores.

Nos anos 1940-1970 (período chamado de pós-lobatiano e que, historicamente, correspondeu ao período da guerra e do pós-guerra), essa aventura libertária proposta por Lobato vai ser refreada, e a literatura infantil brasileira volta a ser, de certo modo, controlada pelas forças conservadoras que ganham terreno (na literatura "adulta" predomina o movimento regionalista, de denúncia social, com Jorge Amado, Lins do Rego, Rachel de Queiroz etc.). O "libertário" é disciplinado por uma consciência nacionalista e participante. Portanto, os anos 1940-1970, no âmbito da literatura infantil, correspondem a uma fase de repetição do já-visto; o ideário lobatiano foi como que travado, em obras engajadas na proteção dos bons costumes. No âmbito da literatura "adulta", uma onda de inovação tem início dos anos 1960..., mas não alcança de imediato a produção para crianças, pois as novas propostas de comportamentos, linguagem, idéias etc. precisavam amadurecer, para poderem ser expressas em linguagem simples, lúdica e acessível à mente imatura dos leitores-aprendizes. Essa expressão só vai ser alcançada nos anos 1970, quando esse "novo" comportamental e lingüístico já amadurecera e permitia a criação das formas experimentais acessíveis às crianças. Acontece então o chamado *boom* da literatura infantil dos anos 1970.

Entre as primeiras publicações que surgem como novidades, fazendo grande sucesso entre os pequenos, estão: *O Gênio do Crime* (1969) e *O Caneco de Prata* (1971), de João Carlos Marinho; *O Rei de Quase Tudo* (1974), de Eliardo França; *Os Colegas* (1972), *Angélica* (1973) e *A Bolsa Amarela* (1976), de Lygia Bojunga Nunes; *A Fada que Tinha Idéias* (1975), de Fernanda Lopes de Almeida; *Códigos para Mensagens Secretas* (1974), de Mary & Eliardo França; histórias populares e picarescas recriadas por Ana Maria Machado: *Bento que Bento é Frade* (1977) etc.; *Nicolau Tinha Uma Idéia* (1977), de Ruth Rocha, que, à frente de uma grande editora, desde 1974, vinha organizando dezenas de coleções de livros infantis, que se tornaram *best-sellers* e lançaram grande número de escritores já hoje consagrados.

Mas foi no pós-1978 (coincidindo com a revogação do Ato Institucional nº 5 que, desde 1968, instituíra a censura no País) que os novos caminhos da literatura infantil se expandem amplamente, e ela passa a ser uma das grandes presenças, não só no panorama da cultura brasileira, como também no âmbito do ensino e da educação. Em 1978, pouco antes da revogação do AI-5, Ruth publica *O Reizinho Mandão,* verdadeira sátira aos poderes despóticos, e dá início à "Série dos Reizinhos", que atraiu uma multidão de leitores e de escritores que exploraram esse rico filão temático (hoje já esgotado como invenção literária).

Na linha da "desconstrução" da tradição, surge *História Meio ao Contrário* (1978), que dá início a uma literatura de ruptura com a estrutura tradicional dos contos de fadas ou contos maravilhosos e que propõe uma nova reflexão lúdico-séria sobre "verdades" herdadas e tidas como absolutas. Todos os temas e problemas do mundo atual em transformação estão presentes, sob mil diferentes formas, na literatura destinada às crianças e jovens. O alvo da literatura agora é a formação da mente e da personalidade integrada do leitor-aprendiz; é levá-lo a se autodescobrir como parte essencial do mundo a que pertence.

A partir dos anos 1970 e 1980, a literatura infantil se torna objeto do maior mercado editorial do país, revelando dezenas de criativos escritores que, sintonizados com os grandes problemas do ser humano nestes tempos cibernéticos, estão tornando-os acessíveis aos pequenos, levando-os através do prazer e da "festa" da leitura a se tornarem conscientes do lugar essencial que cada ser ocupa no mundo. Daí a literatura ter-se transformado no grande instrumento dos novos métodos de ensino que, centrados no "eu" do aluno e no domínio que ele deve alcançar sobre a palavra, procuraram oferecer novas visões de mundo àqueles a quem, em futuro próximo, cabe reordenar o mundo em caos.

Criativa fusão da linguagem verbal com a linguagem visual, os livros infantis pós-modernos, com seus jogos de palavras e imagens, revelaram simultaneamente grandes criadores de textos e uma plêiade de artistas plásticos que, nestes últimos anos, ganharam renome internacional como ilustradores: Eliardo França, Gian Calvi, Regina Yolanda, Michele Iacocca, Humberto Guimarães, Rogério Borges, Eva Furnari, Ângela Lago, Ciça Fittipaldi, Helena Alexandrino, Ana Raquel, Marilda Castanha e muitos outros. Esses são alguns dos novos artistas que já se consagraram, em meio a dezenas de outros que continuam surgindo; nomes que vêm respondendo pela alta categoria dos livros infantis e juvenis brasileiros, cujo valor sendo amplamente reconhecido em âmbito nacional e internacional.

Há muito, a literatura infantil deixou de ser vista como um "gênero menor", para se firmar como um dos mais fecundos elementos formadores da mente e da visão dos imaturos, que serão os adultos de amanhã, em um mundo que se transforma de minuto a minuto.

LITERATURA DE CORDEL. Literatura popular, de características folclóricas, em prosa ou em verso, impressa em folhetos vendidos em barracas de feira, de mercados, de praças ou em pontos de afluência pública. A denominação foi dada em Portugal pelo hábito de se exporem os folhetos amarrados por cordões ou cordéis. Sua difusão no Brasil ocorreu majoritariamente no Nordeste, em finais do século XIX, sendo produzida por escritores, poetas e cantadores anônimos ou autônimos. Os temas, nascidos principalmente do ambiente rural, abarcam o religioso e o profano, incluindo-se narrativas históricas, lendas e fábulas tradicionais, assim como acontecimentos insólitos ou eventos cotidianos, trágicos ou humorísticos. Ao longo do tempo, figuras, acontecimentos e cenários urbanos passaram a servir de tema aos poetas do cordel. Assim sendo, tanto se encontram personagens reais da vida política nacional, como aqueles elevados à categoria de heróis, de santos ou de bandidos – cangaceiros (Antônio Silvino, Lampião, Corisco) e profetas (Antônio Conselheiro, Padre Cícero, frei Damião); figuras inteiramente fictícias (a negra de um peito só, os malandros João Grilo e Pedro Malasartes) ou ainda fantásticas (o Pavão Misterioso). A prosa é tratada na forma de conto, predominando na poesia os versos em redondilhas, maior ou menor. Um exemplo extraordinário e anônimo: "No tempo em que os ventos suis / faziam estragos gerais, / fiz barrocas nos quintais, / semeei cravos azuis. / Nasceram esses tafuis / amarelos como cidro. / Prometi a Santo Isidro / levá-los quando lá for, / com muito jeito e amor, / em uma taça de vidro". Os vendedores, ou mesmo os autores, costumam dividir os textos em função do número de páginas, denominando-os: folhetos (até oito); romances (entre doze e vinte e quatro); histórias (acima de vinte e quatro). Alguns títulos, por si sós sugestivos do conteúdo: *A Prisão do Gigante da Montanha Assombrosa, Trechos da Vida Completa de Lampião, Roberto do Diabo, Os Martírios de Genoveva, História de um Pescador, A Índia Necy, Dr. Caganeira, Monumento ao Padre Cícero, O Defunto que Falou no Dia de Finado*. Em meio à grande quantidade de escritores populares, ganharam fama Leandro Gomes de Barros e Silvino Pirauá (os primeiros que, em fins do século XIX, fizeram imprimir suas histórias), João Martins de Athayde, José Bernardo da Silva, Rodolfo Teodoro dos Santos, Rodolfo Coelho Cavalcante, Cuíca de Santo Amaro, José Pacheco, Vicente Vitorino, Minelvino Francisco da Silva, José Soares da Silva, Cordeiro Manso, Antônio Pauferro, Enéias Tavares dos Santos e Patativa do Assaré. As origens européias do cordel remontam ao século XVI e, ao que tudo indica, seus primeiros exemplares foram impressos na Alemanha, as chamadas gazetas, onde mais cedo se difundiu a tipografia. A pesquisadora Marion Ehrhardt recolheu cerca de cinqüenta títulos da época, vários deles referentes às viagens dos descobrimentos. No século seguinte apareceu na Holanda, com a denominação de *pamflet* (panfleto). Na França ficou conhecida como literatura de *colportage*, por se carregarem as brochuras em um tabuleiro amarrado ao pescoço (*porter au col*). Em todos os casos, as mesmas características, conservadas no Brasil: formato tipográfico em quarto ou em oitavo, capas com ilustrações xilográficas ou em clichê, vendas avulsas, sintaxe popular e vocabulário regional. A influência mais direta que recebemos nos veio da Península Ibérica, cujas obras, conhecidas a partir do século XVII, segundo Teófilo Braga, receberam os nomes de "folhas soltas", "folhas volantes", literatura de cordel ou ainda literatura de cego, por ter sido um monopólio de impressão dado pelo rei D. João V à Irmandade do Menino Jesus dos Homens Cegos (Portugal), ou ainda *pliegos sueltos*, em Espanha. A literatura brasileira modernista e regionalista do século XX, sobretudo após a década de 1920, aproveitou-se das formas e dos temas do cordel, podendo-se citar, entre seus admiradores, José Lins do Rego, Jorge Amado, Ariano Suassuna ou João Cabral de Melo Neto. Na região Sul do País, sobretudo em São Paulo, sobreviveu até meados do século XX uma forma de literatura bastante assemelhada. →*Pasquim*.

LITOGRAFIA, LITOGRAVURA. Estampa e técnica de gravura em plano (planografia), executada sobre pedra calcária ou porosa, criada por Aloys Senefelder, em 1798, destinada inicialmente à reprodução de partituras musicais. Senefelder denominou a técnica de "impressão química". Baseada no fenômeno da repulsão entre a tinta graxa e a água, consiste na realização de desenho sobre a pedra, por meio de lápis ou pincel oleoso, e sua fixação por agentes químicos. Em seguida, molha-se a pedra. Como resultado, a área desenhada repele a água, enquanto a pedra a absorve. Aplica-se então uma tinta oleosa que irá aderir apenas ao desenho. Por fim, procede-se à impressão em prensa móvel, obtendo-se uma imagem invertida ou especular do desenho original. Atualmente, utilizam-se também chapas de plástico ou de metal. Goya deu prestígio à litogravura artística, produzindo uma série famosa de cenas de touradas, assim como Delacroix, ao ilustrar a edição francesa do *Fausto*, e Daumier, que a empregou em grande parte de sua obra. Posteriormente, impressionistas como Manet e Degas fizeram experiências com cores. Toulouse-Lautrec também a utilizou regularmente para a criação de seus cartazes, da mesma forma que Picasso, que a preferia, no entanto, em branco e preto. O mesmo que *planogravura*.

•**LIVING THEATRE.** Grupo teatral e comunitário norte-americano, criado por Judith Malina e Julian Beck, em 1947, mas cuja estréia ocorreu somente em 1951. Teatro de explorações formais, e igualmente político (Malina foi aluna de Erwin Piscator), engajado e de provocação, o Living Theatre optou desde cedo por uma estética cuja linguagem, ou, mais exatamente, o texto dramático, fosse literariamente contemporâneo e transgressor – à maneira de Gertrude Stein, Cocteau ou Jarry – e ainda radicalmente sociopolítico (sob influências de Brecht, Goodman e Gelber), mas numa vertente anarquista. Mais tarde, a influência de Artaud e de seu teatro como "delírio comunicativo" tornou-se preponderante. Em certas peças, utilizou conjunto de fonemas desconexos, ou "elementos pré-verbais", mesclados a textos, bem como seqüências de cenas aleatórias, sob inspiração de John Cage, escolhidas por jogos de dados e, assim, modificadas a cada representação em particular. Contrário à ilusão da cena teatral e, de certa forma, radicalizando a idéia de "distanciamento crítico", a encenação deveria sempre provocar respostas de evidente reação emotiva na audiência, pressupondo que o espectador não devesse ser apenas um contemplador ou assistente passivo. Chegou-se, por vezes, como na peça *Faustina*, a acusar o auditório de não impedir a morte da heroína. Desejava-se, portanto, que a platéia não apenas tomasse consciência dos conflitos dramatizados, mas que agisse de modo prático e visceral. Personagens e enredo exteriorizavam-se sobretudo como possibilidades reais e cotidianas, a fim de exigir um posicionamento sociopolítico. O grupo atuou nos

Estados Unidos entre 1951 e 1963, fora da Broadway, em meio a círculos restritos de contracultura ou universitários, dependendo de contribuições particulares de aficionados. O caráter anarquista da companhia, aliado a demonstrações públicas de protesto político contra instituições e valores americanos, provocou reações do governo e da justiça, culminando com a prisão de seus mentores em 1963. A partir desta data, e também por motivos financeiros, o grupo se deslocou para a França, optando então por trabalhos de criação coletiva (como *Frankenstein* e *Paradise Now*), mais gestuais ou físicos do que verbais. A convite do Teatro Oficina, o Living Theatre esteve no Brasil entre julho de 1970 e agosto de 1971, promovendo *happenings* em praças e escolas, até seus atores serem presos pela ditadura militar vigente. Na época, escreveu o crítico e ensaísta Anatol Rosenfeld: "Considerando sua missão combater os males de nossa 'sociedade administrativa e massificada', assim como os vícios de uma civilização que se lhes afigura cerebral, fragmentada e esquizofrênica, o Living Theatre empenha-se em transmitir a mensagem de um mundo habitável, livre, pacífico, purgado da influência demoníaca do dinheiro [...]. Do ponto de vista teatral, não se pode deixar de nutrir dúvidas em face de um projeto essencialmente místico, cujos expoentes aspiram a um tipo não muito bem definido de santidade. Já Peter Brook declarou que o grupo, visando, sem tradição e sem fonte sagrada, à santidade, se vê forçado a recorrer a muitas fontes e tradições: ioga, psicanálise, livros esotéricos, ondas moderninhas, descobertas e inspirações pessoais, num ecletismo extremamente precário. O grupo vive numa atmosfera de LSD e ocultismo, de regime vegetariano e crendice astrológica, de taoísmo e hinduísmo, de cabala e outros misticismos, tudo se confundindo num coquetel espiritual bizarro [...]". A companhia retornou aos Estados Unidos em 1975 para a montagem da peça *A Torre do Dinheiro* e, na seqüência, voltou à Europa para participar de festivais. Instalou-se na Itália, em Reggio Emilia, local em que permaneceu até 1984. Um ano depois, Julian Beck morreu de câncer. Malina remontou a companhia, novamente nos Estados Unidos, no período de 1989 a 1992.

LIVRE-ARBÍTRIO. Expressão e conceito derivados da filosofia (discussões sobre a liberdade e a vontade), e que ganhou um tratamento de particular importância na teologia e na filosofia cristãs, por dizer respeito às escolhas humanas em face dos preceitos e da graça divinas. Foi definido por Santo Agostinho (*Enchiridion*) como "a faculdade da razão e da vontade por meio da qual escolhe-se o bem, mediante o auxílio da graça, ou o mal, em sua ausência". Para Agostinho, o livre-arbítrio encontra-se na intercessão de três aspectos:

da vontade humana, do mal moral e da graça divina. Embora toda a criação seja obra de Deus, o mal – de um ponto de vista ontológico – corresponde justamente a um "não-ser", ou seja, a uma ausência. O mal é, sim, uma ação humana moral, derivada da má vontade e que redunda em pecado. Já o livre-arbítrio consiste na possibilidade consciente de decidir eticamente para o bem ou para o mal. Mas, no caminho da salvação, há que se receber, ainda, a graça divina. Assim, "há em nós o livre-arbítrio para fazer o mal e para fazer o bem", mas a intercessão de Deus, por meio da graça, é indispensável à salvação, em decorrência do pecado original que, uma vez cometido, estendeu-se, solidariamente, a toda a humanidade. Por conseqüência, o bom uso do livre-arbítrio é condição necessária, mas não suficiente para alcançar a verdadeira liberdade cristã, cujo sentido mais profundo constituiria o "estado de bem-aventurança eterna, já isento de pecado". Contra as idéias agostinianas, Pelágio defendeu a exclusividade do livre-arbítrio como opção consciente daquele que evita os pecados e assume pessoalmente os ensinamentos e os exemplos de Cristo, pois que a graça da vida é infusa em toda a criação e os pecados são cometidos por ações subjetivas. Logo, jamais poderiam ser herdados, pois: Adão nasceu mortal e teria morrido mesmo sem o pecado; a culpa de Adão lhe foi exclusiva; a inocência infantil indica que a culpa não se transmitiu ao gênero humano; e a ressurreição de Cristo não eliminou a condenação dos ímpios. São Tomás de Aquino explicita, por sua vez, que o *liberum arbitrium* não constitui nem um ato, nem um hábito em si, mas uma forma cognitiva ou juízo moral que orienta a escolha, a seleção de um ato futuro, expresso pela vontade (*voluntas*). É uma potência para agir, na qual estão inclusos apetites (desejos) e elementos racionais: "O livre-arbítrio é a causa do movimento porque por ele o homem determina-se a agir". E embora a primeira causa do movimento seja Deus, o criador não impede a autocausalidade do agir humano. Erasmo de Roterdam, sob influência de Pelágio, o definiu como "um poder da vontade humana por meio do qual o homem pode consagrar-se às coisas que conduzem à salvação eterna, ou então afastar-se delas". Sua concepção foi criticada por Lutero, para quem somente o livre-arbítrio é incapaz de salvar o homem, pois que o mal é mais poderoso que a natureza humana. Logo, sem a interferência da graça não haveria salvação. A disputa entre graça divina e livre-arbítrio reacendeu-se no século XVII, na França, opondo os jansenistas aos jesuítas. O convento de Port-Royal, fundado em 1634, tornou-se o centro de difusão das pregações de Cornelius Jansenius, bispo de Ypres, para quem o pecado original constituía a base da religião cristã. Seguindo as opiniões de Agostinho e aceitando implicitamente as de Lutero e Calvino, Jansenius acreditava que a graça divina era a única possibilidade de redenção. Optava, conseqüentemente, pela predestinação redentora. E mesmo assim, para que ela se efetivasse, deveria ser preparada por uma rigorosa conduta moral e vida ascética. As concepções de Jansenius foram combatidas veementemente pelos jesuítas, crentes na possibilidade de que as obras meritórias e caritativas, bem como o arrependimento sincero trouxessem ao ser humano a possibilidade de salvação. Blaise Pascal, que adotara o ponto de vista jansenista, chegou a escrever as *18 Cartas Provinciais*, de enorme repercussão no século. Mas os jesuítas conseguiram impor as idéias mais clementes do livre-arbítrio, obtendo a aprovação papal às suas doutrinas em 1653, por meio da bula *Cum occasione*. Ainda assim, só em 1709 o convento de Port-Royal foi abolido. Mais popularmente, tem como significado a possibilidade de exercer-se um determinado poder, sem outras justificativas senão a vontade de quem o detém. A esse respeito, existe a expressão "asno de Buridan" e que se refere a um paradoxo atribuído ao filósofo escolástico Jean Buridan. Para criticar a idéia de que uma escolha moral não se restringe a uma opção indiferente, sugeriu a seguinte hipótese, tratada humoristicamente: "Um asno que tivesse à sua frente, à mesma distância, dois feixes de feno, exatamente iguais, não saberia manifestar uma preferência por qualquer deles e, por isso, morreria de fome". Para Buridan, a vontade deve seguir, em princípio, um juízo intelectual, mas, quando o intelecto julga dois bens como iguais, entra em cena a liberdade, que consiste em se poder suspender o juízo e proceder a uma escolha deliberada (liberdade que o asno não teria). Baruch Spinoza analisou o livre-arbítrio a partir da idéia grega de *autopraguia*, ou seja, de "causa de si mesmo". Da mesma maneira que Deus (ou a Natureza) age necessariamente, e não por contingência ou vontade mutável, o livre-arbítrio, no homem, constitui o poder de autodeterminar-se, de agir não premido por contingências ou por escolhas externas que se alternam (o que lhe retira a liberdade), mas de modo necessário, isto é, em perfeito acordo com sua natureza intrínseca.

LIVRO. Origem. Do fenício *Byblos*, cidade de onde se exportava o papiro, suporte para a escrita, pelo grego *biblion,* livro ou conjunto de escritos, bem como pelo latim *liber*, *libris*, este último, originariamente, entrecasca de árvore.

Surgiu, no entanto, na China e, quase concomitantemente, na Coréia, por volta do segundo milênio a.C., sendo elaborado tanto em folhas de palmeira, cascas de árvore e tábuas de madeira, como em papel e seda. E igualmente na Mesopotâmia, na forma de placas de argila.

Quando confeccionados em pergaminho, ou seja, em pele raspada e polida de carneiro, cabra ou bezerro (técnica utilizada nas regiões da Ásia Menor, na Grécia e em Roma), o livro tinha a forma de um rolo contínuo e a denominação de "volume", sendo utilizado apenas um de seus lados. Mas, já na época de Augusto, passou-se a recortar o rolo em folhas quadradas ou retangulares e costurá-las à maneira de cadernos, denominados *codices* (plural de *codex*), o formato adotado pelos cristãos para a propaganda evangélica.

Período monástico. A fase que se estende da queda do Império Romano até o século XII, os historiadores a denominam de *período monástico* do livro. Ou seja, é no interior dos mosteiros, abadias e conventos pertencentes às diversas ordens católicas que o universo literário se produz e se mantém. Vários desses centros eclesiásticos dispunham então de seus *scriptoria* (escritórios ou locais de escrita), nos quais monges especializados eram incumbidos de compor, de maneira manuscrita e sobre pergaminhos, obras religiosas, filosóficas ou propriamente literárias, antigas e contemporâneas, assim como proceder à lenta e paciente copiagem daquelas que lhes fossem solicitadas por encomenda. Assim, a uma economia restrita e feudal (a oração para os homens da Igreja, a espada para os senhores da guerra e o trabalho do campo para o servo) correspondeu uma cultura livresca fechada, subsidiariamente destinada aos clérigos e, muitas vezes, auto-assumida como trabalho de penitência (observação do historiador Jacques Le Goff). É preciso reconhecer, todavia, o papel inegável e meritório da Igreja Católica na conservação de textos fundamentais para a cultura ocidental.

O papel das universidades e dos intelectuais. Já em meados do século XIII, com o desenvolvimento de cidades livres, a fundação das primeiras universidades européias e o surgimento, ainda que incipiente, de uma pequena classe leiga de leitores urbanos, sobretudo professores e estudantes, modificaram-se substancialmente as condições de composição, cópia e difusão do livro. E a ele esteve associado o *intelectual*, que, em um território urbano de maior mobilidade social e divisão do trabalho, pôde se dedicar (apesar de enormes dificuldades) à exploração do conhecimento teórico e ao saber como valores e finalidades de sua existência. O livro foi e continua a ser o veículo e a obra dessa aventura espiritual, de investigação das palavras (das *voces*) e das coisas (*res*). Uma fórmula tornou-se provérbio na época: "O exílio do homem é a ignorância; a sua pátria, a ciência" (Honorius d'Autun). Havia que evoluir no ofício de escrever, de recuperar, comentar, ensinar e difundir. E o mundo acadêmico veio a ser o reduto dessa expansão.

Para que se tenha uma rápida imagem do progresso do livro e da leitura, basta lembrar a fundação das faculdades de Salerno (medicina) e de Bolonha (direito) no século XI (esta última contava dez mil estudantes dois séculos depois). No século XII foram criadas as universidades de Paris, Montpellier, Oxford e Cambridge. Na seqüência, Pádua, Nápoles, Siena, Toulouse, Salamanca, Coimbra, Praga, Heidelberg e Erfurt. Tais centros já estavam abertos à recepção de estudantes e de professores de toda a Europa e, gradativamente, foram adquirindo privilégios e conquistando direitos especiais, como o reconhecimento de autonomia e administração própria, mantidas pelo *rector scholariorum* – o reitor.

Pois foi aí que se renovou e se estendeu a produção textual. Cada centro, para agilizar a manufatura dos livros, estabeleceu ou passou a contratar uma oficina particular, contando com o trabalho profissional e especializado de artesãos copistas, clérigos ou laicos. Dispunha também de funcionários subalternos para a organização interna das bibliotecas (os *suppôts*) e da figura do livreiro (*stationarius*), incumbido de mandar copiar os textos e responsabilizar-se pela sua circulação e provimento (empréstimo e venda) – profissional misto de agente literário, comerciante e bibliotecário. Neste sistema de multiplicação e comércio, as autoridades universitárias destacavam primeiramente o *exemplar*, ou seja, o modelo aceite como texto original ou padrão. Seu empréstimo para cópia (de estudantes, professores e instituições congêneres) era pago e o exemplar retornava às mãos do livreiro, para ser novamente colocado em disponibilidade. Traduziam-se e copiavam-se Aristóteles, Euclides, Ptolomeu, Hipócrates, Galieano e os autores árabes: Al Kharizmi, Rhazès, Avicena, Al Farabi, eles próprios inovadores científicos e comentadores dos gregos e romanos. Paralelamente, o comércio internacional se expandia pelos portos da Itália e da Espanha, de maior contato com a cultura islâmica.

Quanto à literatura não-acadêmica e não-eclesiástica, tal como poesias e romanceiros já existentes no final do século XI, também ela se encontrará reproduzida no século XIII. Até aquele momento, sua difusão se dava oralmente, de vila a castelo, em decorrência da falta de meios materiais e do analfabetismo generalizado. Seus autores ou compiladores, no entanto, começaram a oferecer uma cópia especial do trabalho a um mecenas (senhor feudal, rei, comerciante ou banqueiro), contendo as adulações indispensáveis, e cuja aceitação servia de esteio e propaganda para que novas cópias lhe fossem encomendadas. Desta maneira (o chamado "patronato de transição")

(→*Patronato*), o escritor convertia-se igualmente em editor, ao conservar o exemplar, podendo receber outros pedidos sem a necessidade de deslocamentos, como os mais antigos trovadores o faziam. Um caso típico foi o de Boccaccio, já em meados do século XIV, cujas obras foram inicialmente sugeridas e ofertadas aos senhores toscanos.

Também reis e senhores da aristocracia leiga começaram a solicitar obras para a leitura de seus conselheiros e familiares da corte. Como exemplo, mencionemos a encomenda de Carlos V a Nicole de Oresme para a tradução da *Política*, da *Economia* e da *Ética* de Aristóteles; o duque de Berry mostrou-se pródigo na petição de livros luxuosos a literatos por ele subvencionados, convertendo-se no maior bibliófilo de seu tempo. E assim, várias oficinas particulares surgiram por toda a Europa, estruturadas sobre o trabalho de especialistas, sobre a idéia da divisão do trabalho: tradutores, copistas, iluminadores e pergaminheiros. Sentia-se já a possibilidade de uma "produção em série", se atentarmos para o fato de que do *Voyage de Jean de Mandeville*, escrito em 1365, ainda nos tenha chegado 73 edições em alemão, 73 em holandês, quarenta em inglês, 37 em francês, cinqüenta em latim, além das versões espanholas, italianas, tchecas e até mesmo dinamarquesas. Podemos imaginar, então, quantos mais não se perderam pelo tempo.

Tipos móveis e mecanização. A necessidade cada vez maior de manuscritos em uma civilização que se transformava sob todos os pontos de vista – socioeconômico, intelectual, técnico e populacional – punha em relevo a busca de uma saída para a produção mecânica de livros e de documentos oficiais, estes também em rápida expansão, tanto nas chancelarias como nos negócios cotidianos.

Foi nesse momento que entrou em cena o papel. Os árabes o conheciam no comércio com a China e passaram a manufaturá-lo e a vendê-lo na Europa. Durante um século e meio, o papel concorreu com desvantagens evidentes diante do pergaminho, cuja durabilidade e consistência se mantinham como requisitos fortes. Mas a técnica de produção aperfeiçoada pelos italianos (em Fabriano, Gênova e Veneza), modificou a textura do novo produto, a partir das culturas do cânhamo e do linho e do emprego de colas de origem animal. Em fins do século XIV, a escrita na Europa encontrara o suporte mais adequado ou propício para a revolução da imprensa mecânica.

Sua antecessora imediata foi a xilografia (ou xilogravura), empregada na reprodução de imagens santas e de cenas bíblicas em papel, ou de estampas decorativas sobre tecidos. O centro maior dessa produção encontrava-se nas regiões do Reno (Alemanha) e da Borgonha (Bélgica, Holanda e norte da França). Se figuras entalhadas e desenhos ornamentais podiam ser multiplicados, por que não a palavra, principalmente a bela palavra, a *caligrafia*? A mesma xilogravura iniciou tal processo, talhando nos espaços em branco e nas bandeirolas das imagens as primeiras inscrições, nomes ou letras do alfabeto. Nesse avanço técnico, passou-se antes pelo calendário e pelo baralho, tão populares como as estampas sacras. E chegou-se ao livreto, ou coletânea encadernada de xilogravuras religiosas ou moralizantes. Mas não foram os xilógrafos os inventores da imprensa propriamente dita. Abriram, sim, as perspectivas que os ourives e fundidores de metal (medalhas, moedas e panelas) souberam apreender para reformular.

A revolução veio com a inventividade de fundir, valendo-se de moldes de metal ferroso, os signos individuais ou *caracteres móveis* em ligas mais dúcteis de estanho e chumbo para posterior impressão em côncavo. Em seguida, juntar os caracteres para formar palavras, frases e compor páginas (há menções sobre a tentativa de fundição completa da página). As experiências e os nomes ligados ao invento são vários. A maior parte das informações apontam para a primazia de Gutenberg, cujo nome verdadeiro era Johann Gensfleisch, ourives e entalhador de profissão. Suas pesquisas em Mogúncia (1444-1446) foram financiadas pelo banqueiro Johann Fust e acompanhadas pelo copista e calígrafo Peter Schoeffer. Em 1445, Gutenberg, impossibilitado de saldar as dívidas contraídas, desapareceu de cena, mas a oficina continuou com o seu assistente. Dois anos depois, viu-se impresso o primeiro livro de elaboração mecânica: o *Saltério de Mogúncia*, aparecendo como editores Fust e Schoeffer. Gutenberg não inscreveu seu nome em nenhum livro ou qualquer outro documento. A chamada Bíblia de Gutenberg, também denominada de 42 linhas, constituiu uma homenagem ao artífice.

Além dos personagens citados, há menções ao polonês Prokop Waldvogel que, entre 1444 e 1446, obteve contratos na cidade francesa de Avignon para o ensino tanto da ourivesaria como da "arte de escrever artificialmente" e reproduzir textos hebraicos e latinos. Já os holandeses garantem ter acontecido em Harlem a criação do novo processo industrial, a cargo de Laurens Janszoon, apelidado Coster, por volta de 1441. Ocorre que a edição de seu *Speculum Humanae Salvationis* (Imagem da Salvação Humana) não permite concluir se os tipos eram móveis ou moldados por inteiro.

Personalidade importante para o desenvolvimento do livro foi também o editor veneziano Aldus Manutius. Em 1501, ele substituiu o antigo formato do livro de mesa pelas dimensões que ainda hoje conhecemos, os livros portáteis ou, como os chamavam, *enchiridion*. Sem dúvida, esta simples inovação consolidou a vertiginosa difusão do conhecimento livresco.

Com aperfeiçoamentos de natureza industrial, tais como o uso do aço para os tipos e para as peças móveis da prensa, a inclusão de carrinhos para o deslocamento das formas e a melhoria do processo de entintagem, foi essa tipografia do século XV que perdurou até o final do século XVIII, quando então se iniciou a fase da linotipia. Por analogia com a idéia de berço e nascimento, as obras editadas durante a segunda metade do século XV conservaram o nome latino de "incunábulos".

É indispensável mencionar que os caracteres móveis foram inventados na China já no século XI de nossa era, sendo atribuídos ao ferreiro Pi Cheng. Utilizando-se de argila e de cola líquida para moldar os signos, endurecia-os depois em contato com o fogo. A técnica, no entanto, não se consolidou no país. Mas foi acolhida na Coréia, principalmente sob o governo do rei Htai-Tjong que, em 1403, instituiu uma política de difusão do livro, em cujo decreto se lê: "Para governar é preciso difundir o conhecimento das leis e dos livros, de maneira a preencher a razão e a tornar íntegro o coração dos homens; assim, serão realizadas a ordem e a paz [...]. Quanto aos gastos desse trabalho não convém que sejam sustentados pelo povo, mas serão incumbência do tesouro do palácio" (*O Aparecimento do Livro*, Lucien Febvre e Henry-Jean Martin). Para tanto, o rei mandou confeccionar em cobre um jogo de cem mil caracteres. Cem anos depois, já havia nove jogos iguais para o trabalho das tipografias coreanas.

Conceito. Um conceito possível de livro seria o de memória do percurso humano, ainda que este se destine ao total desaparecimento. Memória de seus feitos, crenças e desilusões, das idéias e sentimentos, dos sonhos, das conquistas e fracassos que lhe são inerentes. Ou também instrumento durável de criação, conservação, transmissão e recepção da escrita e, por essa via, dos conhecimentos, dos saberes e de um prazeroso estímulo à imaginação. O que também significa meio de reflexão sobre os mais variados aspectos da vida, fonte de intercâmbio transcultural, de permuta intelectual ou emotiva, e selo de confiança na expressão da palavra.

Assim entendido, o livro abrange tanto os registros textuais manuscritos (volumes e códices), como os impressos e os eletrônicos ou informáticos. Conservam ainda, em conjunto, o atributo da leitura silenciosa, deste deciframento reservado dos sentidos e das referências, em contraposição à transmissão oral e social das narrativas primordiais. Até agora, e como objeto de consumo, o livro tradicional conserva uma materialidade que permite ao consulente estabelecer relações de posse, de intimidade e de transporte pessoal. Tais características não se modificam drasticamente com o livro eletrônico portátil – o *palmtop* – cujo texto pode inclusive estar associado a um dicionário, glossário ou recurso multimídia instalado (ilustrações, comentários). Isto significa que o lugar do livro tradicional ou do livro eletrônico é o lugar do leitor. No entanto, esses mesmos atributos tendem a se dissolver na leitura eletrônica das redes digitais, tanto pela fixidez do equipamento quanto por seus aspectos mais abstratos. Neste caso, o texto adquire a onipresença da rede e é o leitor quem navega pela imaterialidade das telas, podendo ainda cruzar e tocar outros espaços (telespaços) e adquirir o dom da manipulação direta. Ou seja, pode copiar, desmembrar ou deslocar o texto, bem como alterar-lhe o conteúdo e os significados. A distinção entre escrita e leitura torna-se absolutamente fluida, mas as suas conseqüências ainda permanecem imprevistas ou não se desenvolveram plenamente.

Início da produção nacional. No Brasil, só a partir de maio de 1808, com a transferência da corte portuguesa e a implantação da imprensa régia é que se inicia a fase de uma produção nacional do livro. O primeiro a ser confeccionado teve por título *Observações sobre o Comércio Franco no Brasil*, de autoria de José da Silva Lisboa. Todavia, mesmo com a importação de maquinário para a instalação de tipografias particulares, o primeiro censo livreiro, realizado em 1926, registrou a publicação de apenas 26 títulos no país para aquele ano.

LIVRO DE HORAS. Livro único e portátil dos finais da Idade Média e início da Renascença, confeccionado para servir a uma pessoa em especial, e trazendo estampados, na capa ou página interna, o nome e o retrato de seu possuidor, além de, eventualmente, o brasão da família, títulos ou divisas, se possuídas. Contém orações, textos religiosos, comentários, poemas ou narrativas de sentido moralizante, correspondendo cada uma destas seções a uma hora ou período determinado do dia. Os mais ricos exemplares possuem delicadas pinturas iluminadas (iluminuras), como, por exemplo, os de René de Lorena, do Duque de Berry, de Holford ou de Isabel da Bretanha.

LOGGIA. **1**. O mesmo que →pórtico. **2**. Sinônimo ainda de galeria interna de um edifício, que serve de passagem para outras dependências. **3**. Salão suntuoso que contém um pórtico de entrada.

LÓGICA. Instrumento e disciplina ao mesmo tempo filosófica e científica que investiga as regras ou as leis: *a*) do ser ou da realidade (ponto de vista ontológico), que a filosofia moderna (Husserl ou Wittgenstein) chama de estados-de-coisas ou conexões entre os objetos; *b*) do pensamento (que alguns denominam ponto de vista psicológico), ou *c*) da própria linguagem (formulação das sentenças). Assim, ao se dizer que algo não pode, ao mesmo tempo, ser e não ser, essa afirmação pode estar fundada na essência do ser (da coisa), na essência do pensamento, ou ainda na essência da linguagem. Em todos os três casos ou temas, a lógica cuida dos princípios de *inferência válida* (anteriormente conhecida como pensamento correto e verdadeiro), que deve estar inscrita na *forma dos enunciados* ou juízos. A inferência, por sua vez, pode ser entendida como "a função do pensamento por meio da qual um juízo é deduzido de outro" (Kant, *Lógica*). A lógica da inferência válida depende, conseqüentemente, da forma dos enunciados, que é, por sua vez, uma lógica dos juízos emitidos. Historicamente, a lógica costuma ser dividida em lógica antiga ou aristotélica, que vai de Aristóteles ao fim da Idade Média; a moderna, fundada pela escola francesa de Port-Royal e que se estende até os fins do século XIX; e a contemporânea, surgida com os trabalhos de Gottlob Frege (*Conceitografia*) e denominada matemática ou simbólica. Embora tenha sido Aristóteles o primeiro a formular ou consolidar aqueles princípios que constituem a chamada lógica antiga, ele mesmo os chamou de "analíticos" no conjunto dos textos que englobam o *Organon* (instrumento ou forma do ato de pensar). A denominação de lógica para essa técnica regrada foi dada pela corrente estóica que lhe sucedeu, baseando-se na palavra *logoi*, discursos, em grego. Mais tarde, a filosofia escolástica a definiu como "a arte do pensar". O objeto da lógica é, fundamentalmente, a proposição ou →juízo, ou seja, o fato de o pensamento agir atribuindo a um sujeito (algo, objeto, alguém) um predicado (uma qualificação, característica ou estado). Para tanto, torna-se indispensável o uso de signos lingüísticos ou ainda, modernamente, o de signos matemáticos (algoritmos e ideogramas). Assim, na proposição ou juízo "os humanos são mamíferos", ao sujeito "humanos" atribui-se um predicado de inclusão entre os animais "mamíferos". De modo semelhante, na proposição $3 > 1$, atribui-se ao sujeito 3 a propriedade de ser, quantitativamente, maior do que 1. A proposição constitui-se, portanto, em uma sentença, em um discurso declarativo ou juízo. A cadeia de juízos, sendo estes interligados e interdependentes, configura, por sua vez, o *raciocínio*. Há três princípios básicos da construção lógico-intelectual e que nos remetem, classicamente, à atividade da →razão: *1*) o da identidade – um ser é sempre idêntico a si mesmo (A = A); *2*) o da não-contradição – é impossível que um ser seja e não seja, simultaneamente, nas mesmas relações, idêntico a si mesmo (A = A, A ≠ A); *3*) o do terceiro excluído – em duas proposições referentes ao mesmo sujeito, contendo predicados ou categorias iguais, mas diferentes entre si pela qualidade de afirmação e negação, uma delas é verdadeira e a outra, falsa. Os predicados dados ao sujeito da proposição são chamados de categorias ou termos. Aristóteles discriminou dez categorias ou "aquilo que serve para designar uma coisa": substância (ser, objeto), quantidade, qualidade, relação (maior, menor etc.), lugar, tempo, posição, posse, ação e paixão (estar afetado por alguma coisa). Tais categorias do juízo e do raciocínio indicam o que um sujeito é, como está ou o que faz. Em comum, todas as dez categorias apresentam duas *propriedades*: *1*) *extensão*, que é o conjunto de objetos ou dos seres designados. A palavra "mamíferos" abrange todas as espécies cujas crias se alimentam do leite materno, incluindo-se desde o menor (musaranho) ao maior deles (baleia-azul); *2*) *compreensão*, relativa ao conjunto de propriedades que a categoria designa: animais vertebrados de sangue quente, sexuados, de respiração pulmonar, possuidores de sete vértebras cervicais, glândulas sebáceas e mamárias etc. Quanto ao sujeito, existem dois tipos de proposição: *1*) *existencial*, que afirma ou nega a existência, a posição, a ação ou a paixão; *2*) *predicativa*, que afirma ou nega uma qualidade ou qualquer outro atributo ao sujeito (quantidade, qualidade, relação, posse etc.). Mas, além de afirmativas ou negativas, as proposições podem ser classificadas: I) segundo a quantidade, em: *a*) universais, quando abrangem todos os sujeitos ou nenhum – "todos os homens são bípedes", "nenhum homem é imortal"; *b*) particulares, se o sujeito não abranger o universal – "alguns homens são justos"; *c*) singulares, quando o sujeito é algo único; II) conforme a modalidade, em: *a*) necessárias, quando o predicado faz parte da essência do sujeito (na linguagem kantiana, juízos analíticos) – "toda matéria tem massa e ocupa lugar no espaço"; *b*) não-necessárias, se o predicado não pode qualificar o sujeito – "nenhum quadrado é figura geométrica de três lados"; *c*) possíveis, quando o predicado pode ou não ser atribuído ao sujeito, na dependência de certos estados ou situações – "algumas substâncias têm ponto de ebulição a setenta graus celsius". Os escolásticos conservaram a lógica da Antiguidade, acrescentando ao predicado aquelas mesmas quantificações dadas anteriormente ao sujeito (universais, particulares, singulares), bem como introduzindo certos problemas referentes a juízos supostos e termos insolúveis, que modernamente se incorporaram à semiótica. A partir de Leibniz, já no século XVII, a preocupação em tornar a lógica isenta de significados lingüísticos habituais, freqüentemente ambíguos ou metafóricos, deu início a um longo processo de *matematização* da lógica. Leibniz, por exemplo, deu início às combinações algébricas. E assim, o caráter não inteiramente formal ou puro das lógicas anteriores, que se relacionavam com os conteúdos do pensamento, foi adquirindo uma linguagem algorítmica, ou seja, baseada na utilização de símbolos matemáticos indicando cada um deles, um só elemento e uma só relação ou sentido (+, =, →, ≡). Nessa linha estiveram, entre outros, Boole, Frege, Peano e Bertrand Russel, cuja descoberta dos paradoxos lógicos e aproveitamento dos trabalhos dos autores anteriormente citados levou-o à formulação de um grande tratado moderno, os *Principia Mathematica*, em colaboração com Whitehead. Cabe ainda ressaltar que a idéia da lógica como metalinguagem ou linguagem pura e simbólica que "se encarrega de si mesma" foi bastante discutida por Wittgenstein, para quem suas proposições são verdadeiras justamente por não dependerem de significações ou de estados que digam respeito às coisas existenciais, a um conteúdo exterior ao pensamento puro.

LOGOGRIFO. Tipo de charada ou enigma no qual as letras de uma palavra, se recompostas em outra ordem, dão origem a novo(s) vocábulo(s) que resolve(m) a pergunta. Por exemplo: – Que cidade nunca foi visitada por Omar Khayam? Resposta: Roma (presente em Omar).

LOGOMARCA. →*Logotipo.*

LOGOPÉIA. →*Retórica e figuras de linguagem.*

LOGOTIPO. Versão ou forma gráfica criada intencionalmente para a identificação e a memorização pública e visual do nome de uma instituição, empresa ou produto (marca). Quando à simples versão gráfica do nome se acresce uma imagem figurativa ou abstrata – não-verbal – denomina-se ainda o conjunto de "logomarca" ou "imagotipo", que, por sua vez, pode ser simbólico (convencional) ou icônico (a figura mantém relação com o significado do logotipo propriamente dito). Constitui uma das matérias do →desenho gráfico e da →comunicação visual.

LUCARNA. Janela saliente ou projetada que se localiza no piso ou registro superior de uma construção, logo abaixo do telhado, ou seja, no sótão. O mesmo que *clarabóia.*

LÚDICO. →*Jogo.*

LUNDU, LUNDUM. Há duas manifestações populares englobadas pela denominação de lundu ou lundum. A mais antiga é a que se refere à dança de terreiro e ao canto de origem africana, especialmente de Angola, e já conhecida em Portugal no século XVI. Descrito por diferentes viajantes, cronistas e folcloristas, o lundu caracterizou-se por ser uma coreografia sensual, maliciosa, acompanhada de percussões e canto coletivo, resumindo-se este, no entanto, a estribilhos. A seu respeito, José da Cunha Grã Athayde e Mello, ex-governador de Pernambuco, escreveu em carta de 1780: "Os pretos, divididos em nações e com instrumentos próprios de cada uma, dançam e fazem voltas como arlequins, e outros dançam com diversos movimentos do corpo, que, ainda que não sejam os mais indecentes, são como os fandangos em Castella e fofas de Portugal, o lundum dos brancos e pardos daquele país". Em suas *Cartas Chilenas*, Tomás Antônio Gonzaga pôs em verso a seguinte observação: "Ó dança venturosa! Tu entravas / Nas humildes choupanas, onde as negras, / aonde as vis mulatas, apertando / por baixo do bandulho a larga cinta, / te honravam c'os marotos e brejeiros, / batendo sobre o chão o pé descalço. / Agora já consegues ter entrada / nas casas mais honestas e palácios". Pereira da Costa recolheu a seguinte citação: "Sobressaía a toda essa penitente chusma um duende, sob a forma de demônio, ou diabo em carne, o qual, dançando continuamente o desonestíssimo lundu com todas as mutanças [variações, nuanças] da mais lúbrica torpeza, acometia com mingadas [umbigadas] a todos indistintamente" (*Folclore Pernambucano*). Santana Neri, por sua vez, registrou: "Os dançarinos estão todos de pé ou sentados. Apenas se movem no começo, fazendo estalar os dedos num rumor de castanholas, levantando e arredondando os braços, balançando-se molemente. Pouco a pouco, o cavalheiro se anima. Evolui ao redor de sua dama, como se a fosse enlaçar. Ela, fria, desdenha seus avanços. Ele redobra de ardor e ela conserva sua soberana indiferença. Agora, ei-los face a face, olhos nos olhos, quase hipnotizados pelo desejo. Ela se comove. Ele se lança, os movimentos se tornam mais sacudidos e ela treme numa vertigem apaixonada, enquanto a viola suspira e os assistentes, entusiasmados, batem palmas. Depois, ela se detém, ofegante, esgotada. Seu cavalheiro continua a evolução durante um instante e, em seguida, vai procurar outra dançarina, que sai da fila, e o lundu recomeça, febricitante e sensual" (*Le Folk-Lore Brésilien*, 1889, *apud* Câmara Cascudo, *Dicionário do Folclore Brasileiro*). Essa licenciosidade já levara o rei Dom Manuel a promulgar sua interdição em terras de Portugal, durante a época dos descobrimentos, juntamente com os "batuques e charambas" (Rodney Gallop, *Cantares do Povo Português*). Mas no século XVIII, e ao lado da manifestação negro-folclórica, cuja "coreografia imitava em grande parte a da dança espanhola denominada fandango (J.R. Tinhorão), o lundu viria a se transformar em canção solista, de compasso binário, e dança de saraus, como o atestam algumas composições de Domingos Caldas Barbosa e de autores anônimos, uma das quais recolhida por Carl F. P. von Martius na segunda década do século seguinte e publicada em *Canções Populares Brasileiras e Melodias Indígenas*, parte de seu *Reise in Brasilien* (*Viagem pelo Brasil*). Diferentemente do estilo apaixonado e sentimental das modinhas, os lundus de Lereno (alcunha poética de Caldas Barbosa) conservaram o espírito malicioso do lundu original, mas agora de modo amenizado, maroto e humorístico, freqüentemente sintetizado pelo termo "brejeirice". Essa modificação social e de forma levou o maestro Batista Siqueira a sugerir então a existência de dois lundus: a dança dramática, "que evoluiu para a dança picaresca, conforme a interpreta o famoso Rugendas", e a canção urbana propriamente brasileira. Ainda segundo Tinhorão, "o lundu-canção solista dos tempos de Caldas Barbosa [...] caminhou para a fase final da sua estruturação como gênero de música humorística, ligando-se já então ao teatro de revista. E foi sob essa forma que o lundu – embora confundido às vezes com o maxixe – alcançou ainda com sucesso o início do século XX, cantado em circos de todo o Brasil e em casas de chope do Rio de Janeiro por artistas populares, como o palhaço Eduardo das Neves, responsável pela gravação de vários deles em discos da pioneira Casa Edison" (*Pequena História da Música Popular*).

LUTERIA. A arte de confeccionar instrumentos de cordas e arcos em madeiras e, por derivação, a de instrumentos artesanais. →*Luthier*.

•**LUTHIER.** Numa acepção mais rigorosa do termo, artesão construtor de instrumentos de cordas e arcos – violinos, violas, violoncelos e contrabaixos. As madeiras mais recomendadas para o trabalho de luteria são o accero, o abeto, o ébano e o pau-brasil (este para o arco). As cordas mais adequadas ainda são as confeccionadas com tripa, assim como o material de melhor qualidade para as cerdas dos arcos continua sendo a crina de cavalo. Entre os *luthiers* de maior renome na história, citam-se as famílias italianas de Nicola Amati, Antonio Stradivarius (Stradivari) e Andrea Guarneri. Por extensão, aplica-se o vocábulo ao manufator de instrumentos musicais não-industrializados. Do francês *luth*, alaúde. Forma aportuguesada: *lutiê*.

- **MACCHIAIOLI.** Grupo de pintores italianos sediados em Florença e que, na segunda metade do século XIX (a partir dos anos 1850-1855), desenvolveram um método comum de composição plástica baseado sobretudo no uso de manchas de cor (o termo é diminutivo da palavra mancha), procurando com isso revelar mais as impressões pessoais, as percepções imediatas do real, do que uma realização detalhista dos temas escolhidos. Ao mesmo tempo, sofreram as influências temáticas de seus contemporâneos realistas franceses (de Corot e de Courbet), pela observação de situações burguesas, populares e cotidianas de vida, incluindo cenas dramáticas das guerras do →Risorgimento. Mas tanto pela técnica quanto pela escolha deliberada da representação paisagística ao ar livre, antecederam as inovações dos impressionistas. Entre seus mais conhecidos representantes estão: Giovanni Fattori, Serafino de Tivoli, Telemaco Signorini, Adriano Cecioni, Odoardo Borrani, Vicenzo Cabianca, Diego Martelli e Silvestre Lega.

- **MACULELÊ.** Dança de função guerreira dos negros malineses que, já no Brasil Colônia, se transformou em folguedo coreográfico e cantado, no interior das senzalas baianas. Com o término da escravatura, costumava ser apresentado, ainda na Bahia, em festas de Nossa Senhora da Conceição. Dançado por ambos os sexos e acompanhado por batuques em instrumentos de couro, a dança caracteriza-se principalmente pelo entrechocar rítmico de dois bastões roliços de madeira (os lelês), conduzidos pelos homens participantes, habitualmente vestidos de branco.

- **MADRIGAL** Gênero musical polifônico, surgido na Itália durante a época da chamada *ars nova,* em princípios do século XIV (→*Arte medieval*). Estruturado para duas ou três vozes, pode ou não ser acompanhado por instrumentação. Os textos variam de uma a quatro estrofes poéticas, contendo cada uma três versos (terceto), e os assuntos mais comuns são os lírico-amorosos, embora haja exemplos de canções sacras, os de fundo alegórico ou mesmo satírico. Em certos casos, a estrutura básica é concluída por um *ritornelo* de dois versos, para os quais se acrescenta um novo tema musical. Seus primeiros compositores foram Giovanni da Cascia, Jacopo da Bologna e Francesco Landini. Também Petrarca escreveu poemas madrigalescos para músicos de sua época. No século XVI, isto é, já no período renascentista, o madrigal adquiriu maior complexidade e variação quando a ele se dedicaram autores como Luca Marenzio, Roland de Lassus, Giovanni da Palestrina, Andrea Gabrieli e Claudio Monteverdi. A denominação é controversa, podendo derivar da palavra *matricalis* (cantado em língua materna ou vernácula), ou ainda de *matriale* (coisa material), indicando um canto profano.

- **MAESTÀ.** Do italiano, "majestade", indica uma representação da Virgem como a "rainha dos céus". Normalmente, aparece sentada em um trono, tendo em seus braços o Menino Jesus, sendo reverenciada por anjos e outras figuras bíblicas.

- **MAGIA.** Praticada desde os tempos pré-históricos e por povos considerados primitivos, no interior de suas crenças religiosas, a magia pode ser definida como "a tentativa para produzir alterações que beneficiem o homem ou aquele que a pratica, desviando as coisas de seus caminhos próprios" (Maurice Pradines, *O Espírito da Religião*). Dada a sua antiguidade, configura-se como "a estratégia sobrevivente do animismo". Ou seja, revela-se como conhecimento e técnica especial de invocar e dominar forças naturais ou sobrenaturais (as celestes ou as inferiores), a fim de conseguir o mesmo controle que se pode ter sobre os seres animados familiares ou objetos já conhecidos, ou ainda obter efeitos contrários às leis físicas observáveis. Para Arnold Gehlen (*A Alma na Era da Técnica*), que a denomina também "técnica sobrenatural", seu intuito evidente e predominante "é a necessidade de assegurar a uniformidade do processo natural e de estabilizar o ritmo do mundo, evitando ou remediando as irregularidades e exceções". Consoante J. Tondriau (*O Ocultismo*), na magia podem-se distinguir três "fases":

conhecimento ou participação nos segredos da natureza; intenção de transformar as energias ou forças psíquicas em finalidades específicas; criação e adoção de fórmulas, ou seja, de meios operacionais práticos. Entre estes últimos, diferenciam-se ainda as práticas astuciosas ou ilusionistas – as que enganam – e as imperativas ou violentas, que atemorizam as entidades às quais se dirige. Em ambos os casos, as fórmulas mágicas podem servir-se de encantamentos, drogas, talismãs, máscaras e encenações. É também possível distinguir as estratégias ou fórmulas de ação em duas leis: a da metonímia e a do contágio. No primeiro caso, acredita-se que, agindo sobre uma parte do ser ou objeto, age-se igualmente sobre o todo; no segundo, o do contágio, acredita-se que ação sobre um símbolo ou representação do ser ou objeto é suficiente para produzir os resultados desejados. No período histórico ocidental, a magia desenvolveu-se inicialmente nas culturas cretomicênicas, espalhando-se depois pelo mundo greco-romano. Rejeitada e perseguida pelas autoridades eclesiásticas durante a Idade Média, adquiriu relativo prestígio no Renascimento, dada a perspectiva que oferecia de agir ou transformar a natureza. Entre seus defensores, e mesmo praticantes, estavam o filósofo Pico della Mirandola, o médico e alquimista Paracelso e o físico e botânico Giambattista della Porta. Este último, em seu ensaio *Magia Naturalis,* consagrado à óptica, distinguiu a magia natural, que se mantém adstrita às causas de fenômenos observáveis e calculáveis, da magia diabólica, aquela que se vale de espíritos "imundos". Essa diferença popularizou-se na separação que se faz entre magia branca e magia negra, isto é, a que se destina à proteção, à cura e ao bem e a que provoca malefícios, danos ou morte.

MAIÊUTICA. Do grego *maieutikê*, técnica ou habilidade na ação do parto, constitui o processo filosófico, ou princípio hermenêutico, pelo qual "dá-se à luz" a verdade, tal como Sócrates se propôs fazer e Platão exemplificou não apenas diretamente na obra *Teeteto*, como em todos os demais diálogos em que seu mestre participa. Baseada na interlocução direta, face a face, ou seja, dialética, Sócrates procurava conhecer, em primeiro lugar, as idéias já formadas de seus pares e oponentes para, em seguida, num jogo de perguntas e de exemplos (freqüentemente irônico), não apenas demonstrar a falsidade ou o engano daquelas noções prévias, como extrair novas concepções ou formular conceitos guiados pela razão, porque nela inscritos ou capazes de serem por ela gerados. Dada essa pré-ciência das idéias, o esforço socrático reconstituía, metaforicamente e no plano abstrato da reflexão, o trabalho das parteiras.

• **MAINSTREAM.** Literalmente, "corrente principal". A expressão deriva da época (1915-1920) em que o →*jazz* começou a se impor como a principal corrente da música norte-americana para o *show business*, na passagem do estilo *dixieland* para o *hot jazz* e a formação das grandes orquestras. Atualmente, designa, ainda nos meios da indústria cultural, o tipo de música que está no centro dos interesses das gravadoras e da atenção das camadas populares.

MAMBEMBE. Em artes dramáticas, a companhia ou grupo de atores populares que, sem local fixo de representação ou garantia financeira, se desloca continuamente, transportando consigo alguns poucos equipamentos indispensáveis de cena. Arthur Azevedo assim o definiu: "Mambembe é o nome que dão a essas companhias dramáticas nômades que, organizadas sabe Deus como, e levando repertório eclético, percorrem cidades, vilas, povoados [...] dando espetáculos onde haja ou onde possam improvisar um teatro". Na história moderna, a grande maioria das trupes da *commedia dell'arte* ou do circo-teatro foram constituídas como companhias mambembes.

MAMULENGO. →*Teatro de animação*.

MANDORLA. Na artes religiosas, um tipo de auréola ou nimbo expandido que envolve não apenas a cabeça, mas toda a figura sagrada, em momento de glória ou de êxtase. Também um tipo de →*formella* ovalada que envolve uma pintura ou escultura em baixo-relevo. Pelo formato de amêndoa (mandorla) ou de bexiga, foi também conhecida como *vesica piscis* (bexiga de peixe).

MANEIRISMO. →*Barroco e maneirismo*.

MANES. Na Itália antiga, gênios benéficos identificados com as almas dos mortos e considerados protetores das famílias e dos túmulos. Habitavam as regiões subterrâneas, os infernos, mas na ausência de sofrimentos, participando da natureza divina. Todas as cidades mantinham aberto um poço intocável, denominado *mundus*, pelo qual os manes podiam ascender ao mundo dos vivos. Segundo escreveu Cícero, "Dai aos deuses manes o que lhes é devido; são homens que abandonaram a vida. Considerai-os como seres divinos". Nos túmulos itálicos era ainda habitual a inscrição D.M. – *Dis Manibus* – significando "aos deuses Manes".

MAQUETE. **1.** Modelo em escala reduzida, em três dimensões, de um cenário teatral ou cinematográfico, servindo para a visualização antecipada e o apoio técnico ao projeto construtivo final. **2.** Em cinema ou vídeo, a maquete pode servir como o próprio elemento da cena a ser fotografada, marcadamente em filmagens de catástrofes (incêndios, naufrágios, explosões) ou de ficção científica. **3.** Esboço e representação tridimensional, em escala diminuta, de uma escultura, moldada em material dúctil, como cera ou argila. **4.** Modelo, no sentido 1 acima, para as construções arquitetônicas ou de engenharia. Var.: *maqueta*.

MAQUILAGEM. Em artes cênicas e na publicidade, a técnica ou a arte de aplicar cosméticos que sirvam para modificar ou realçar a aparência facial ou corporal dos intérpretes, sob os efeitos de luz, a fim de: embelezar, afear, disfarçar, rejuvenescer, envelhecer, codificar (uma cor indicando um caráter ou posição social), mascarar (tornar opaca ou rígida uma feição), travestir ou caricaturar (exagerar traços). Var.: *maquiagem*

MÁQUINA DE FUMAÇA. Equipamento elétrico para trabalho cênico, produtor de fumaça ou névoa, pela queima de glicerina e álcool.

MAQUINISTA. Técnico – normalmente carpinteiro ou marceneiro – encarregado da montagem e posicionamento dos cenários em casa de espetáculos.

MARACATU. Folguedo nordestino, sobretudo da região de Pernambuco, originariamente um cortejo régio dos negros bantos brasileiros e depois rancho de carnaval. Ainda no século XIX, o préstito tinha à frente uma porta-estandarte (e eventualmente um mestre-sala) ladeada por arqueiros, seguida por duas filas ou cordões de mulheres bastante ornamentadas, as baianas, que conduziam os fetiches religiosos: galos de madeira, animais empalhados e bonecas de manto azul, as calungas, reminiscências de entidades marinhas. Em seguida, vinham os dignitários da "corte" – o príncipe, o embaixador, condes e duques – e, por fim, o rei e a rainha (os dois últimos grupos saíam calçados). As loas eram cantadas por todos os participantes, em ritmo de toada, havendo sempre um refrão como, por exemplo, "aruenda qui tenda, tenda / aruenda qui tenda, tenda / aruenda de totororó". Terminado o cortejo, servia-se um banquete, para o qual se convidava a comunidade branca. Já no século XX, adaptou-se às festas carnavalescas, com os foliões organizados em blocos ou "nações", dinamizando a pulsação rítmica da música, em duas formas: *a*) tradicional, ou maracatu de baque virado, sem instrumentação melódica, apenas rítmica (zabumba, agogô, caixa e ganzá); *b*) de orquestra, baque solto ou ainda rural, constituído por instrumentos de sopro e de percussão. Nas formas contemporâneas, há três grupos principais de foliões ornamentados: os caboclos de lança, os caboclos de pena e as baianas. Seu compositor mais conhecido continua a ser Capiba, entre cujos sucessos estão *Verde Mar de Navegar* e *Nação Nagô*. →*Congada, congo*.

MARAVILHAS DO MUNDO, SETE. As obras ou monumentos arquitetônicos do mundo antigo que, por suas dimensões extraordinárias e técnicas construtivas apuradas, converteram-se em modelos de grandiosidade, de admiração e de citações históricas. Em ordem cronológica, são elas: *1*) as Pirâmides do Egito, erguidas na planície de Gizé por faraós da IV dinastia (III milênio a.C.), nomeadamente as de Quéops, segundo faraó, Quéfren, quarto faraó, e Miquerinos, sexto da dinastia. A primeira possui 137,2 metros, a segunda 136,5 metros e a de Miquerinos 66 metros de altura. Foram erigidas como túmulos ou, mais apropriadamente, como necrópoles reais, sendo as únicas das sete maravilhas ainda remanescentes. Faz parte desse conjunto a esfinge de Gizé, representativa do faraó Quéfren. Ela reproduz as feições de seu rosto em um corpo de leão; *2*) os Jardins Suspensos da Babilônia, mandados erigir, na dependência das fontes lendárias, ou pela rainha Semíramis, no século IX a.C., ou por Nabucodonosor II, que governou entre 604 e 562 a.C. Nesta versão, os jardins teriam sido projetados em homenagem à sua mulher Amitis. Edificados no interior do palácio real, consistiam de seis terraços arborizados, sustentados por colunas; *3*) o Templo de Ártemis ou Diana, com 138 metros de altura, em estilo jônico, mandado construir pelo rei Creso da Lídia (Éfeso, atual Turquia) por volta de 450 a.C. Após um incêndio, foi reconstruído em finais do século IV, mas destruído pelos godos em 262 da nossa era; *4*) a estátua sedestre de Zeus Olímpico, com doze metros de altura, erguida em Olímpia, Grécia, pelo famoso escultor Fídias, em 430 a.C. Era recoberta de ouro e marfim; *5*) o Mausoléu de Halicarnasso (atual Bodrum, Turquia), ou seja, o túmulo do rei Mausolo, edificado inteiramente em mármore, com altura de cinqüenta metros, encomendado por sua mulher Artemísia. Sua construção durou de 377 a 353 a.C. Projetado pelo arquiteto grego Pítio, em estilo jônico, era decorado com estátuas dos escultores Escopas, Briáxis, Leocares e Timóteo. Possuía uma colunata de sustentação (36 colunas), sobre a qual erguia-se uma pirâmide, encimada por uma quadriga; *6*) o Colosso de Rodes, estátua de bronze de 32 metros, de autoria do arquiteto Cares, representativa do deus Hélio ou Apolo (Grécia, 292-280 a.C.). Ruiu com o terremoto havido em 225 a.C; *7*) o Farol de Alexandria (Egito, 280 a.C.), mandado construir pelo faraó Ptolomeu II, em mármore, dividido em três seções: uma base quadrada, um corpo intermediário octogonal e uma parte superior cilíndrica. Sua altura era de 134 metros. O Farol entrou na relação das sete maravilhas durante o século VI da era cristã, substituindo as muralhas da Babilônia, já descritas por Heródoto juntamente com os jardins suspensos. As muralhas constituíam dois cinturões de tijolos, com sete metros de espessura cada, pontilhados por 350 torres de observação.

MARCAÇÃO. Em teatro, significa as indicações, por parte do encenador ou diretor, dos movimentos ou deslocamentos dos atores em cena – cruzar, subir, descer, parar, correr, sentar etc. – incluindo-se os tempos requeridos para o efeito dramático, e aliando-os aos efeitos de luz e de som no transcorrer do espetáculo.

MARCHA. Forma ou composição musical destinada a um acompanhamento processional e cadenciado de pessoas dispostas em séquitos, cortejos ou desfiles. Pode conter um tratamento erudito ou popular, assim como possuir andamento lento e solene (compasso 4/4) ou mais acelerado (2/4). As mais comuns são as nupciais, as militares, as fúnebres, as de fanfarras e, no Brasil, as carnavalescas (também chamadas marchinhas e a marcha-rancho). Com relação à música erudita, existem peças completas ou individuais, como as de Schubert (*Marchas Características em Dó*, *Marchas Militares*), as de Elgar (enfeixadas na série *Pompa e Circunstância*) ou a *Marcha Fúnebre de uma Marionete*, de Gounod, tanto quanto aquelas que servem como parte ou andamento de obras complexas – concertos, sinfonias ou óperas – caso da *Marcha Fúnebre de Siegfried*, de Wagner, incluída na ópera *O Crepúsculo dos Deuses*, ou da conhecidíssima *Marcha Nupcial,* de Mendelssohn, integrante de *Sonho de uma Noite de Verão*. Na qualidade de gênero musical carnavalesco, →*Carnaval*.

MARCHA-RANCHO. →*Rancho*.

MARCHETARIA. →*Incrustação*.

MARIONETE. Boneco, figura ou objeto dramático, capaz de se converter em personagem, articulável e animado por um ou mais artistas manipuladores, e que, para tanto, se utilizam de meios e técnicas variadas. "Objeto móvel de interpretação dramática, conduzido pelas intenções de um ou de vários manipuladores" (Alain Recoing). "Objeto móvel, não derivado, isto é, sem caráter expressivo determinado, para interpretação dramática, movido, de maneira visível ou invisível, por um manipulador" (R. Bensky). A manipulação das marionetes pode ser realizada, basicamente: *a*) do alto, por fios ou cordéis (marionete de fio ou títere); *b*) por baixo, com o uso de varas ou bastões, ou ainda de luvas (neste último caso, o fantoche, ou boneco cuja roupa recobre a mão ou todo o braço do marionetista); *c*) por detrás, fazendo-se o manuseio direto do boneco, de modo visível ou invisível, como no teatro japonês do *bunraku*; *d*) de sombras, isto é, por meio de silhuetas recortadas em couro, cartolina, madeira etc., que se movimentam comandadas por fios ou varas, atrás de telas iluminadas; *e*) marionetes vivas, ou bonecos e figuras atadas ao próprio corpo do artista manipulador. A denominação geral é de origem francesa e provém do diminutivo de Maria (Marion), mãe de Jesus, personagem do presépio medieval, criado por São Francisco de Assis. →*Teatro de animação*, →*Fantoche*, →*Títere* e →*Marote*.

MARIONETISTA. Artista dedicado à criação, fabricação, animação e interpretação de marionetes, de quaisquer tipos, para a encenação dramática.

MAROTE. Boneco teatral para manipulação com vara, de estrutura simplificada, com cabeça fixa e braços pendentes. Do francês *marotte*, uma das formas de marionete que os bobos de reis ou de casas principescas carregavam consigo, servindo-lhes como personagens de diálogos.

MARTELO. Versos entoados por cantadores populares do Nordeste brasileiro, com ou sem acompanhamento de viola ou rabeca, contendo dez sílabas (decassílabos) e distribuídos em estrofes de seis a dez linhas, ou seja, em sextilha, sétima, oitava, nona e décima. Sua origem é erudita e data do final do século XVII, tendo sido criado por Pedro Martelo, na época em versos alexandrinos (de doze sílabas). A forma em sextilha é conhecida, na tradição oral nordestina, pela denominação particular de galope ou martelo agalopado, como no exemplo seguinte de Joaquim Santana, citado por Coutinho Filho: "Quero agora contar publicamente, / àqueles que apreciam minha loa, / descrevendo um trabalho que já fiz, / de um muro em derredor de uma lagoa, / e com ele eu cerquei famosos sítios, / sendo a terra amurada toda boa".

MARUJADA. Auto ou bailado folclórico brasileiro, de origem portuguesa, difundido no Norte (Pará), nos litorais nordestino (Rio Grande do Norte, Paraíba, Pernambuco), do Sudeste (Espírito Santo, São Paulo) e do Sul (Rio Grande do Sul), assim como em certas regiões interioranas de criação de gado (Minas Gerais, Bahia). Vinculada a tradições devocionais cristãs, inclui-se entre os autos do ciclo natalino. Suas variações, no entanto, são bastante acentuadas. Conforme relato de Armando Bordalo da Silva, em Bragança, no Pará, a marujada costuma conter apenas coreografias femininas, acompanhadas por homens (tambores, pandeiros, viola, rabeca e cavaquinho), sem canto ou representação dramática. As mulheres, comandadas por uma "capitoa", vestem-se com blusas brancas, rendadas, e saias brancas ou coloridas, estampadas com ramagens. Já as de Maceió ou Iguape, esta última pesquisada por Maynard Araújo, é predominantemente masculina e acompanhada por cantos, havendo diversos personagens, como o general ou general-almirantado, capitão inglês, cristãos portugueses (portando rosários), mouros, piloto, marinheiros uniformizados, cozinheiro ou comissário, padre capelão. Conserva reminiscências de cantigas náuticas, como a do poema folclórico *Nau Catarineta* (ou Catrineta) e das lutas em África. Após "desembarcarem, vindos de Portugal [...] dirigem-se à igreja para a missa" e só depois dão início ao auto. "Formam um retângulo de mais ou menos 25 por oito metros de tamanho. Nos dois lados maiores, duas colunas se defrontam. Nos dois lados menores, são colocadas três cadeiras. As seis personagens que vão tomar assento nessas cadeiras se defrontam (entre os cristãos, o General, o Capitão Inglês e o Capelão; entre os mouros, o Rei, o Embaixador e o Príncipe de Marrocos) [...]. Os trinta marinheiros, que ficaram quinze de cada lado do retângulo, cantam fazendo o gesto de quem rema, e quando vai finalizando o canto, prestam continência ao General que se levanta perto do Rei Mouro e se dirige ao Príncipe" (*Cultura Popular Brasileira*). Seguem-se então as danças, alternadamente. A marujada ainda recebe, por vezes, o nome de *fandango*, principalmente no Norte e no Nordeste, embora, neste caso, se distinga dos fandangos (danças) das regiões Sul e Sudeste, de origem espanhola.

MÁSCARA. Do árabe *maskhara*, palhaço. Objeto que vela e recobre o rosto, ou mesmo todo o busto, reproduzindo uma segunda face, sobreposta. As funções e significados que tem adquirido ao longo da história e nas diversas culturas fazem-na um dos mais ambíguos artefatos humanos. Isso quer dizer que ela se presta, única ou conjuntamente, a finalidades como: iludir, equivocar, transfigurar, proteger, infundir uma afeição (de medo, de dor, de alegria, por exemplo), distinguir socialmente ou representar dramaticamente. Essa ambigüidade simbólica se expressa, portanto, no jogo alternado entre o real e o imaginário, o visível e o invisível, o exposto e o protegido, a evidência e o encobrimento. Com ela se transita da simulação, isto é, do parecer real ou do fingimento da existência, à dissimulação – ao escamotear, não deixar transparecer, aparecer de modo diferente. Seus primeiros registros já podem ser encontrados há cerca de dez mil anos antes de nossa era na gruta de Trois-Frères (Europa), tanto quanto em Ajjer (África), aqui por volta do sexto milênio. Em ambas, um caçador ou feiticeiro porta a máscara que representa a caça, como se invocasse a boa fortuna ou lhe dedicasse um ex-voto pelo sucesso da aventura. Em uma época tão recolhida, no fundo das cavernas, alguém finge ser o que não é, mas aquilo que deseja. Com a máscara, esses homens primitivos atribuem-se uma identidade que está em outro ser, o objeto do apetite, o que, aparentemente, lhes permite roubar-lhes as forças. Esse "roubo" estende-se a outros ícones e passa a adquirir significados mais abstratos. Com a máscara, adquire-se a força dos felinos, a rapidez das águias, a segurança do gado recluso, a ardileza dos lobos. A máscara converte-se em totem. Para certas tribos africanas, como as dos Bambara, dos Mossi, dos Dogon, esta "outra face" é indispensável aos relatos de criação do mundo, do nascimento dos deuses e da ordenação do cosmo.

Talhadas em madeira doce, constituem objetos rituais e privilegiados de confrarias xamânicas. Aqui, sua função não é mais a de mimetizar a imagem do desejo, e sim a de resguardar o portador no contato com o sobrenatural. A responsabilidade e o perigo deste diálogo com forças invisíveis, que repete as origens, necessita de uma proteção, requer cuidados mágicos diante de olhares nobres e formidáveis. Logo, ao vedar a face humana real, que se reconhece frágil, a máscara defende e permite refazer os laços da comunhão inicial. Em outras situações, no entanto, esse caráter sagrado se dissipa completamente, e a máscara passa a valer como distinção ou evidência do poder. Assim ocorreu, por exemplo, no reino de Benin, entre os séculos XV e XVII. Os membros da "aristocracia" local traziam na cintura pequenas máscaras a indicar, pela quantidade e material empregado, sua posição na hierarquia social. Marcadamente aristocrática foi a função desempenhada pela máscara em Veneza, durante o século XVIII. Por ordem dos doges, requeria-se a *bautta* como objeto de preclara distinção de homens e mulheres, além de artifício nas negociações com o poder público. Imitando o bico de pássaro, a máscara era utilizada obrigatoriamente nas ruas pelos bem-nascidos, revelando de um lado suas origens, mas escondendo da mesma multidão a identidade do portador. Em reuniões diplomáticas e de Estado, os acordos ou as apresentações de queixas eram feitos por essas estranhas criaturas. Tudo se passava como se o desígnio principal devesse ser buscado "por detrás" das feições e das palavras. No teatro grego, a máscara não constituiu apenas um artifício de encenação, de amplificação vocal, mas igualmente a visibilidade estampada e homogênea da opinião pública, na figura do coro. A igualdade da máscara correspondia à isonomia do cidadão e ao juízo corrente do povo. A vinculação da arte cênica com a máscara voltou a ser estreita no teatro romano. Denominada *persona* (daí personagem e também pessoa), do verbo *personare*, isto é, "soar por entre", "ressoar", expressava imediatamente o personagem-tipo das camadas populares: o soldado, o escravo ou a cortesã, por exemplo. Uso recuperado, entre os séculos XVI e XVIII, pela →*commedia dell'arte*, não por outro motivo chamada *commedia di maschere*. Também neste caso, a máscara singularizou, ao invés de generalizar, como na dramaturgia grega, tornando manifesto o personagem-tipo. Seus personagens eram, antes de tudo, as máscaras, os caracteres a serem expressos. Mas, ao lado das utilizações artísticas no teatro e na dança, a máscara ainda simboliza um momento de transgressão social. Em quase todos os povos, as festas populares, principalmente as carnavalescas, constituíram e conservam, com o auxílio das máscaras, o espírito de ruptura com o cotidiano. Essa transfiguração da rotina, que vem acompanhada de uma vontade de loucura, apaga o princípio de realidade e deixa o curso livre ao princípio de prazer. Em tais circunstâncias, a máscara exercita a "publicidade do anonimato", isto é, chama a atenção para a figura travestida, escondendo voluntariamente o autor da transgressão.

MASTERIZAÇÃO. Termo utilizado sobretudo na indústria fonográfica para indicar o processo de elaboração de uma matriz analógica ou digital (*master*), a partir da qual se faz a reprodução em série de obras musicais. A masterização requer, entre outros procedimentos técnicos, a equalização das intensidades sonoras e a redução de ruídos que, eventualmente, tenham sensibilizado a gravação. A remasterização consiste na obtenção de uma nova matriz, calcada em outra mais antiga.

MATINÊ. Espetáculo cênico ou sessão cinematográfica realizados durante o dia (manhã ou tarde). Do francês *matinée*.

MÁXIMA. **1.** Sentença ou pensamento expresso em frase curta, de intenção moralizante e de origem culta. O mesmo que *aforismo*, *prolóquio* ou *provérbio*. "Todos nós temos força suficiente para suportar os males de outrem"; "Os vícios entram na composição da virtude, como os venenos na composição dos remédios"; "Os elogios que nos dizem nada nos ensina de novo" (exemplos de La Rochefoucauld, um clássico do gênero). **2.** Princípio básico ou axioma de natureza científica.

MD. Sigla para minidisco (*MiniDisc*), ou disco compacto (CD) de 6,5 centímetros de diâmetro, com possibilidade não apenas de reproduzir como a de gravar novos sons ou peças musicais de outras fontes. O sistema utilizado para a gravação é digital e compressivo, conhecido como Atrac – sigla inglesa para Codificação, Adaptação e Transformação Acústica – semelhante aos empregados para disquetes de computador.

MEGALÍTICA, CONSTRUÇÃO. →*Arte pré-histórica*, →*Dólmen*.

MEIO-SOPRANO. Voz feminina cujo alcance se situa, medianamente, entre os registros do contralto e do soprano, abrangendo segmentos de ambos. Na clave de sol, vai do lá ao fá, uma oitava acima, passando pelo dó central, podendo o espectro ser mais extenso com a voz estudada. Em determinadas obras operísticas, o meio-soprano pode substituir, com vantagens, a voz soprano. Internacionalmente, utiliza-se a expressão italiana *mezzo-soprano*.

MELISMA. Um grupo de sons ou de notas pertencente a uma segunda voz, e que acompanha as sílabas de um texto destinado à voz ou melodia principal, permitindo florear ou ornamentar a composição. Foi empregado inicialmente pelo canto gregoriano, já na Alta Idade Média, após o surgimento das vozes duplas (órgano, descanto), contribuindo para a técnica da composição polifônica subseqüente.

MELODIA. →*Música*.

MELODRAMA. **1.** Originalmente, isto é, entre os séculos XV e XVII, o mesmo que ópera, drama cantado ou música dramática. **2.** Trecho de composição erudita e músico-literária, ou seja, destinada à interpretação cênica e cujo texto poético é recitado com acompanhamento musical. Exemplos em *Zaíde* (Mozart), *Fidelio* (Beethoven), *O Franco Atirador* (Weber) ou *Ariadne em Naxos* (Strauss). **3.** Peça teatral em que a música intervém para realçar ou externar os sentimentos de um personagem durante um momento de silêncio, alternando-se as frases literária e musical. **4.** No âmbito das literaturas narrativa e dramática (teatro, cinema, radionovelas e telenovelas), o melodrama corresponde a um subgênero, no sentido de composição híbrida. Sua estrutura ou forma de intriga baseia-se em fatos inverossímeis e patéticos, no maniqueísmo e no estereótipo dos caracteres, assim como na clara intenção de provocar comiserações, lágrimas e servir ao gosto médio ou popular. Nascido no final do século XVIII, em meio à reação estética da burguesia contra o clasicismo, e no interior do teatro romântico (com jogos de cena, recitativos e música), o melodrama possui temáticas que evocam a tragédia clássica, mas conduzidas de maneira a que o bem triunfe sobre o mal, a virtude sobre o vício, exigindo um final feliz e desde sempre esperado. Tem-se atribuído ao francês René Pixérécourt a introdução deste tratamento dramático, quando da estréia da peça *Celina, ou a Filha do Mistério* (1800), cujo sucesso permitiu a disseminação do "teatro de *boulevard*". Entre outros aspectos recorrentes, baseia-se ainda: *a*) no amor eterno e absolutamente convicto de um casal de heróis, preferencialmente em situações sociais opostas ou cujas circunstâncias históricas seriam contrárias ao seu desenlace; *b*) em traições, perversidades ou calculadas hipocrisias de amizades aparentemente puras e inocentes; *c*) em peripécias inesperadas (não anunciadas), como o aparecimento de cartas ou personagens (filhos, parentes ou amigos) que modificam momentaneamente o curso das ações; *d*) em vinganças pessoais, turbulentas e mesquinhas. Dá-se preferência, portanto, mais às emoções fáceis e bem distintas do que a uma realidade fluida, complexa, ou a seus aspectos racionais. Além do teatro, também o romance popular e as publicações em forma de →folhetim do século XIX influenciaram enraizadamente a ficção cinematográfica, desde a época das produções mudas, com suas encenações sentimentais, de gestos exacerbados e grandiloqüentes, até os dias de hoje. Depois do cinema, o melodrama encontrou nas novelas radiofônicas um novo campo de realização e de audiência popular, transferido à televisão, a que os europeus e norte-americanos denominaram *soap opera* (em sentido literal, ópera de sabão). De um ponto de vista estritamente etimológico, no entanto, os musicais do cinema americano correspondem à mais completa estrutura melodramática, tanto na forma como no desenvolvimento temático. →*Teatro*, →*Radionovela e telenovela*.

MELOPÉIA. **1.** Na Antigüidade grega, a arte da composição melódica, ou seja, da linha horizontal ou principal da música. **2.** Peça musical concebida para acompanhamento de poemas ou de recitativos. **3.** Em retórica, a musicalidade ou a combinação harmônica dos sons das palavras. **4.** Cantilena, canção monótona.

MEMBRANOFONE, MEMBRANÓFONO. →*Instrumentos de percussão.*

•**MEMENTO MORI.** →*Vanitas.*

•**MEMORABILIA.** Do latim, "coisas a serem lembradas", isto é, dignas de memória, referem-se aos apontamentos ou escritos de um autor, artista ou personalidade pública cujas anotações, cartas, comentários ou entrevistas, tratando de sua vida, obra ou pensamento, bem como observações alusivas a contemporâneos, contribuem para esclarecer idéias, relações e fatos a seu respeito ou de sua época.

MÊNADES. →*Bacantes.*

MENIR. Grande bloco de pedra utilizado no período calcolítico para construção de necrópoles ou para servir como símbolo religioso e ornamental – a estátua menir. O nome parece provir do bretão *men-hir*, pedra longa. O mesmo que dólmen. →*Arte pré-histórica* e →*Cromlech.*

MENORÁ, •MENORAH. Candelabro ou castiçal sagrado, de sete braços (para sete velas), que fazia parte dos objetos decorativos do Templo de Jerusalém e que, desde então, tem servido como um dos símbolos do judaísmo, tanto quanto a estrela-de-davi.

•**MENUISIER.** Marceneiro dedicado à manufatura de mobiliário fino e de assento (cadeiras, sofás, poltronas), e que, tradicionalmente, torneia ou esculpe a madeira, utilizando-se ainda do sistema direto de encaixes entre as partes do móvel, como as cavilhas. Do francês *menu*, "pequeno objeto". →*Ebanista.*

MEROVÍNGIA, ARTE. →*Arte medieval.*

MESSIAS. Do hebreu *Masiah*, teve inicialmente o significado de escolhido para assumir as funções de patriarca ou rei, após a realização de um ritual sagrado, durante o qual era ungido por óleos. No Velho Testamento, designa o "ungido de Javé", profetizado por Isaías, Jeremias e Ezequiel, e cuja missão consistirá, no final dos tempos, em livrar os homens do pecado,

entendendo-o como a não-observância dos preceitos e caminhos do Senhor (Elohim). Aos poucos, porém, as próprias vicissitudes do povo hebraico, como a deportação para a Babilônia e a destruição do Templo, infundiram a visão de um salvador guerreiro e nacionalista. Assim, no momento em que Cristo reivindicou para si um messianismo universal, baseado no amor, no perdão e na caridade, a religião judaica oficial o renegou, por não ser ele a figura capaz de unificar a nação hebraica e reconstruir o esplendor de Jerusalém, além de intitular-se Deus, filho de Deus. O messias ou salvador pode ser encontrado no hinduísmo, por meio de Krishna, na antiga religião egípcia – Osíris – e até mesmo entre os pitagóricos gregos, segundo menção de Virgílio em uma de suas éclogas, a de número quatro.

MESTRE. **1.** Designação atribuída a um artífice ou artista que, durante a Idade Média e parte da Renascença, tivesse realizado todo o aprendizado técnico de sua profissão em uma guilda ou corporação de ofício, incluindo-se uma "obra-prima" (neste caso, a primeira obra independente), adquirindo assim o direito de dirigir um ateliê e contratar seus próprios aprendizes. A escala técnica e social do artífice englobava, de modo hierárquico, as condições de aprendiz, oficial e mestre. **2.** Termo dado a alguns pintores desconhecidos da Idade Média e da Renascença, identificado seja por suas características estilísticas, por uma obra considerada "mestra", por sua procedência geográfica seja ainda pelo local onde se conserva algum trabalho do autor anônimo. Assim, por exemplo, o Mestre da Anunciação d'Aix refere-se ao pintor do tríptico existente na igreja Saint-Saveur da cidade de Aix en Provence, em estilo flamengo, com datação entre 1443 e 1445. O Mestre da Lenda de Santa Bárbara indica um pintor da Flandres, seguidor de Rogier van der Weyden, ativo na segunda metade do século XV, e cujo nome é também proveniente de um tríptico representativo daquela santa. **3.** Título recebido por professor de artes plásticas de antigas academias reais ou oficiais, reconhecido em documento.

MESTRE DE BALÉ, MESTRE DE DANÇA. Aquele que, na qualidade de artista e professor de reconhecida técnica, ensina balé ou dança teatral, incluindo a preparação física de seus alunos ou dos artistas da companhia, sendo ainda, costumeiramente, coreógrafo. Da Renascença aos finais do século XVIII, o mestre de balé exerceu também, e com freqüência, o papel de músico e compositor de obras coreográficas da corte ou de academias oficiais. Muitos deles tornaram-se ainda teóricos e ensaístas de dança. Aliás, a difusão e a consolidação do balé são tributárias diretas desses artistas. Entre os primeiros nomes da história moderna, citam-se os italianos Domenico da Piacenza, Antonio Cornazano, Giugliemo Ebreo e Cesare Negri. Em francês, *maître a danser*; em inglês, *dance master*. →*Dança.*

MESTRE DE BATERIA.   Regente da bateria de escola de samba e que se utiliza de um apito para orientar os instrumentistas durante o desfile, acompanhando o samba-enredo.

MESTRE-DE-CAPELA.   Músico que em catedrais ou igrejas recebe a incumbência de organizar as apresentações musicais da liturgia, ensinar e dirigir o coro, podendo ainda compor peças sacras. Essa função foi também exercida por inúmeros músicos em capelas reais ou principescas.

MESTRE-SALA.   1. No Brasil, integrante de grupos folclóricos musicais e dramáticos, como ranchos, ternos e maracatus, que segue à frente do desfile, em uma evolução cerimonial.   **2.** Componente e destaque de escola de samba que evolui no desfile em companhia da porta-bandeira, fazendo-lhe as devidas reverências. O papel é destinado a um sambista de grande habilidade, que se apresenta ricamente vestido como cortesão da época dos reis Luíses. Sua figura já existia nos cortejos dos →ranchos, mas o seu introdutor no carnaval carioca foi o baiano Lalu de Ouro, em fins do século XIX. E um dos mais famosos mestres-salas foi Hélio Laurindo Silva, de apelido Delegado, que defendeu a Estação Primeira de Mangueira durante 26 anos, recebendo sempre a nota máxima em suas exibições de passista.

METÁBASE.   →*Suspense.*

METAFÍSICA, POESIA; METAFÍSICOS, POETAS.   Grupo de poetas ingleses da primeira metade do século XVII (*metaphysical poets*), assim reunidos e considerados, só mais tarde, pelos influentes críticos John Dryden, também poeta, e Samuel Johnson. O que caracterizou o grupo, composto, entre outros, por John Donne – seu primeiro e mais importante autor (*The First Anniversary, The Progress of the Soul*) – George Herbert (*The Temple*), Thomas Carew (*Poems*), Richard Crashaw (*Steps to the Temple*), Henry Vaughan (*Silex Scintillans*), Abraham Cowley (*Poems*) e Andrew Marvell (*Miscellaneous Poems*), foi a preocupação de aduzir como temas poéticos idéias de feição filosófica então discutidas na época: a metafísica neoplatônica de Ficino, o empirismo de Bacon, a nova física de Galileu, as variadas correntes teológicas (catolicismo romano, anglicanismo, protestantismo) e os sentimentos místicos, a simbologia alquímica, a dupla natureza humana do corpo e da alma, o natural e o sobrenatural, o sagrado e o profano. Surgiram daí poesias com acentos de dúvida e perplexidade, nas quais se opõem ou se entrelaçam o mundo místico e medieval em decadência e o Renascimento racionalista em plena expansão. A denominação foi dada originalmente de modo condenatório, tendo Johnson escrito que tudo lhe parecia "uma combinação de imagens desiguais ou a descoberta de semelhanças ocultas entre coisas aparentemente diversas" (*Vida de Cowley*). Este amálgama permanente de sentimentos e de pensares contrapostos sugeriu, entretanto, ao poeta Coleridge que Donne sabia "trançar atiçadores de fogo sobre os lagos do amor". Poesia de análise, fundamentada em experiências emotivas vividas, mas com fortes tendências à abstração, encontra-se permeada de jogos sutis de pensamento, com os quais se buscam a surpresa e a demonstração de engenhosidade. Corresponde, assim, à tendência barroca da literatura do continente. Ao contrário de Milton, por exemplo, que tudo ordena, descreve e clarifica, John Donne faz da poesia um instante de intuições, um mundo semi-obscuro, só aqui e ali iluminado por fulgurações ou certezas. Nos finais do século XIX, a corrente simbolista voltou-se para os metafísicos e, na seqüência, os comentários elogiosos de T. S. Eliot também permitiram fazer renascer o interesse pelo grupo de poetas, o que acabou por influenciar personalidades como Butler Yeats e Wallace Stevens. Como ilustração, um poema de Donne (da obra *Primeiro Aniversário*): "Nem já o sol pode / Perfazer um círculo, ou manter a sua rota direita / Por uma polegada: aonde nasceu hoje / Não mais regressará, mas se lança desse ponto / E numa curva fraudulenta torna-se serpentino. / O mesmo das estrelas, que se gabam correr / Ainda em círculo; nenhuma acabará onde começou. / Toda a sua proporção está coxa, afunda-se e incha. / Porque de Meridianos e Paralelos, / O homem teceu uma rede, e esta rede atirou / Sobre os Céus, que agora são seus" (tradução de Helena Barbas).

METÁFORA.   →*Retórica e figuras de linguagem.*

METALINGUAGEM.   1. De um modo mais restrito, é a linguagem já conhecida e da qual nos servimos para analisar um fenômeno igualmente considerado como linguagem (e então denominado linguagem-objeto). Um exemplo clássico é o fato de se estudar uma gramática de língua estrangeira por meio da língua nacional. A gramática estrangeira é a linguagem-objeto, enquanto a língua nacional corresponde à metalinguagem.   **2.** Por extensão, é toda e qualquer expressão que se volta para si mesma, utilizando seus próprios componentes intrínsecos ou estruturais como veículos de criação, de uso ou de experimentação. Caso, por exemplo, de várias correntes artísticas do século XX, aquelas que se valem sobretudo dos aspectos formais de sua linguagem: pintura e escultura abstratas, músicas seriais ou eletroacústicas, poesia concreta.

METAPLASMO.   1. Relativo a todas as figuras de linguagem que produzem alterações nos fonemas das palavras: aumento, diminuição, transposição e transformação. Inúmeras palavras latinas passaram por processo de metaplasmo na formação da língua portuguesa. Ex.: *inter*, para *entre*; *semper*, para *sempre*. Ou ainda durante o próprio desenvolvimento do português, caso de *pregunta*, modificada para *pergunta*. **2.** Licença poética pela qual o autor acrescenta, suprime ou ainda desloca letras ou fonemas de uma palavra, a fim de adequar o verso a uma determinada métrica, ritmo ou rima. Por exemplo, utilizar o vocábulo ressábio, em vez de ressaibo (mágoa, ressentimento), a fim de rimá-lo com sábio. →*Escansão*.

METÁTESE. Figura de metaplasmo. →*Escansão*.

METONÍMIA. →*Retórica e figuras de linguagem*.

MÉTOPA. Espaço quadrado ou de forma retangular alongada que faz parte do entablamento e do friso de um edifício dórico, separa os →tríglifos e ainda serve como superfície para pintura ou esculturas decorativas em relevo. →*Ordens da arquitetura*.

METRAGEM. Em cinema e vídeo, indica a extensão em metros de uma película ou fita e, por conseqüência, a sua duração temporal. Convencionalmente, a obra de curta-metragem possui até trinta minutos; a de média-metragem vai de trinta a setenta minutos e a de longa-metragem, acima de setenta.

MEZANINO. Balcão em casa de espetáculos, situado ao fundo, sobre a platéia, e abaixo do balcão nobre. A palavra é de origem italiana.

•**MEZZO-SOPRANO.** →*Meio-soprano*.

MICARETA. O segundo carnaval, ou as demais festas carnavalescas do ano, realizado em vários estados do Nordeste brasileiro, após a semana santa. A palavra deriva do francês *mi-carême* (meia-quaresma).

MIDIOLOGIA. Termo criado pelo pensador francês Regis Debray para se referir ao estudo sistemático dos mecanismos de transmissão de idéias religiosas ou político-ideológicas que, por sua "eficácia simbólica", conseguiram transformar-se em movimentos coletivos ou instituições históricas, como, por exemplo, o cristianismo, o luteranismo ou o marxismo. Investiga, portanto, as condições culturais (simbólicas), sociais e técnicas (aspectos materiais) que permitiram a uma determinada representação de mundo, normalmente de origem pessoal ou subjetiva, impor-se como "força material". Esta última é entendida como a sua concretização social em adeptos, fiéis, partidários ou militantes, assim como em aparelhos burocráticos ou institucionais. A midiologia lida basicamente com quatro etapas da transmissão e da comunicação das idéias: a mensagem e sua transformação em prática; o *medium*, ou a tecnologia de transmissão das idéias, de acordo com as épocas; o meio social no qual se sedimenta a mensagem; e a

mediação ou aspecto trans histórico. Do francês *médiologie*.

•**MILES GLORIOSUS.** "Soldado Fanfarrão", em latim, designando um dos tipos fixos das comédias greco-latinas e que chegou a ser protagonista de uma peça de Plauto, com título idêntico. Suas características de soldado faroleiro, jactancioso, loquaz e galanteador, e que termina desmascarado como mentiroso e covarde, exerceram influências diretas sobre a personagem do Capitão (Spavento, Matamoros), da →*commedia dell'arte*, também utilizado por Racine (*A Ilusão Cômica*), e ainda sobre a figura hedonista e petulante de Falstaff, nas peças *Henrique IV* e *As Alegres Comadres de Windsor*, de Shakespeare. Com um tratamento literário elevado e sentimentos mais nobres, faz parte desta genealogia o *Cyrano de Bergerac*, de Edmond de Rostand.

MÍMICA. A partir do século XX, a mímica, ou pantomima, retomou o significado original de uma representação dramática muda ou silenciosa, realizada por gestos, atitudes e movimentos imitativos ou sugestivos de caracteres psicológicos e sentimentais, de atos, objetos e de idéias, além de ser expressão de personagens-tipos, como o bêbado, o enamorado, o demagogo, o militar, o palhaço, o médico, o esportista ou o juiz, em situações farsescas, líricas, trágicas ou melodramáticas. Ainda nesse período, incluiu a imitação de novos objetos e máquinas do cotidiano, símbolos tanto de conforto quanto de consumismo e neuroses modernas. Sua técnica fundamental é a de criar movimentos-símbolos, capazes de ser imediatamente interpretados pela audiência. Como o gesto muitas vezes implica uma relação com objetos naturais ou artificiais, deve ainda o movimento incorporar e exprimir o peso, a materialidade ou a forma daquelas coisas, a fim de que elas sejam percebidas "visualmente". A arte da mímica surgiu na Grécia, provavelmente criada pelo poeta Sófron de Siracusa, no século V a.C., embora haja menções a Telestes, um mestre de dança que, na encenação da peça *Sete Contra Tebas*, de Ésquilo, se teria destacado do coro para interpretar, de modo apenas gestual, as ações recitadas. No período alexandrino, porém, a mímica incorporou a palavra, transformando-se em mimo ou mimodrama, uma breve representação de cenas da vida cotidiana. O poeta grego Herondas, contemporâneo de Teócrito, escreveu pelo menos uma dezena de mimos, caracterizados pela fineza de expressão e pelo realismo das situações. Em Roma, ressurgiu em fins do século II a.C. (após a grande época das comédias de Plauto e Terêncio). Daí até a época imperial, a mímica ou mimo subdividiu-se em subgêneros humorísticos e sérios. Os mimos humorísticos diferenciavam-se então da comédia por sua proveniência popular, sua estrutura simplificada e uma linguagem demasiadamente rude ou obscena. Eram levados em praça pública por atores e atrizes plebeus, sem uso de máscaras, intercalando-se ainda cenas cantadas e danças lascivas. Neste gênero, tornou-se famoso o ator Bathyllus, aliás severamente criticado por Juvenal. Já os mimos trágicos continham maior riqueza cenográfica, recorriam aos coros e ao uso de máscaras. Seu mais conhecido ator foi Pílades da Sicília e o melhor dos autores, sem dúvida, Publílio, entre cujas sentenças conservadas estão: "Com o defeito de outrem, o sábio corrige o seu" (*ex vitio alterius sapiens emendat suum*) e "O choro do herdeiro é riso sob a máscara" (*heredis fletus sub persona risus est*). Tanto o conteúdo de crítica aos costumes e a personalidades públicas quanto os excessos de licenciosidade foram severamente reprimidos pelos imperadores, levando os mimos ou mímicos de volta ao gestual mudo. Já durante a Idade Média, mímicos, jograis, saltimbancos, trovadores e menestréis se confundiam nas apresentações levadas às feiras, às festas cívico-religiosas e aos castelos. Misturavam-se ali diversas manifestações cênicas, como as de canto e de música, acrobacia, entremezes e *sottises*. Mais tarde, durante o período áureo da *commedia dell'arte*, atores mímicos integraram-se a essas companhias ambulantes, atuando não apenas como personagens, mas ainda realizando pantomimas, ou seja, um conjunto variado no qual se incluíam imitações humorísticas de balé, mágica e ilusionismo, acrobacia, funambulismo e esquetes dramático-burlescos – os mimodramas. Dessa convivência surgiram, no século XIX, e principalmente na França e na Inglaterra, companhias de mímica cujas peças tinham como protagonistas Arlequim, Pierrô, Polichinelo e Colombina. Algumas famílias artísticas – como os Chiarini e os Deburau – que dominavam as técnicas da acrobacia, da representação muda e mesmo da coreografia (o balé-pantomima), obtiveram grande notoriedade atuando em espetáculos de teatros ou de cafés parisienses, como o Funambules, o Bobino e o Apollon. Sobretudo Félix Chiarini e Gaspard Deburau. Este último transformou o caráter cínico e grotesco de Pierrô em personalidade lírica e sonhadora, pintando-lhe ainda o rosto de branco, a fim de realçar as imagens da ingenuidade e da pureza. Sob o disfarce de Polichinelo, tratado como metade homem e metade marionete, Michel Vautier alcançou sucesso em meados do século. Entre os ingleses, consagraram-se William Falketon e Philippe Laurent, este emigrado para a França. A progressiva consolidação dessas experiências, que tomaram como temas os tipos populares das ruas, seus modos e situações de vida, acabou se incorporando mais tarde às comédias do cinema mudo, sen-

do Charles Chaplin o seu mais fiel e genial representante. Do ponto de vista teatral, a mímica moderna começou a adquirir refinamento após a Primeira Guerra Mundial, com o francês Étienne Decroux, discípulo do encenador Jacques Copeau. Seus esforços voltaram-se para uma delimitação das ações propriamente mímicas, ainda bastante mescladas a outras expressões cênicas. Além disso, Decroux propôs uma técnica de imitação e de sugestionamento fundamentada mais no corpo do que nas expressões faciais ou nos movimentos das mãos. Conforme suas palavras, "após Deburau, o mímico tornou-se ator. Ora, o mímico verdadeiro deve excluir os movimentos do rosto, corolários da palavra. As mãos devem ser apenas acessórios, não meios de expressão". De sua escola, conhecida como "pantomima de estilo", provieram Jean-Louis Barrault e Marcel Marceau, este o mais consagrado artista da segunda metade do século XX, criador do versátil personagem Bip. Que se desdobrou em ciclista, pintor, patinador, escultor, comerciante, mendigo ou jornaleiro, sempre com maestria e sutil percepção dos caracteres envolvidos. →*Gesto* e →*Expressão*.

MÍMICO. Como substantivo, indica o artista ou profissional da mímica ou da pantomima. Como adjetivo, refere-se à arte da mímica ou do mimo.

MIMO, MIMODRAMA. →*Mímica*.

MINIMALISMO. →*Arte minimalista*.

MINOTAURO. Figura monstruosa, meio touro, meio homem, filho de Pasífae, rainha de Creta, que se apaixonara pelo esplêndido touro que Posídon fizera surgir do mar. O rei e marido de Pasífae, Minos, horrorizado com a traição da esposa e com a criatura gerada, pediu ao arquiteto e escultor Dédalo que construísse um labirinto tão intrincado que apenas o seu próprio construtor saberia livrar-se dele. E ali foi atirado o Minotauro, a ser alimentado, no entanto, por carne humana, anual ou trienalmente (na dependência da versão mítica). Por essa razão, sete rapazes e sete moças de várias regiões do Mediterrâneo eram ali introduzidos, na época determinada, para serem devorados. Teseu, filho de Egeu, rei de Atenas, prontificou-se a ser sacrificado com seus súditos. Ariadne, no entanto, filha de Minos, apaixonou-se pelo jovem príncipe e lhe forneceu, à entrada do labirinto, um novelo com que pudesse marcar o caminho de ida e de volta, além de uma coroa luminosa, a fim de guiá-lo na escuridão. Teseu conseguiu defrontar-se com o Minotauro e matá-lo, fugindo em seguida com Ariadne para Atenas. A lenda do Minotauro parece ter simbolizado para os cretenses tanto a fertilidade e o poder do sêmen (praticava-se ali também a tauromaquia), como os perigos de uma paixão desgovernada e contrária à natureza dos gêneros.

•MINSTREL. O intérprete branco caracterizado como artista negro e, por extensão, o próprio espetáculo musical e de variedades que nos Estados Unidos, durante a segunda metade do século XIX e princípios do XX, levou aos palcos, além de formas populares já consagradas na época, os novos gêneros musicais e dançantes da cultura afro-americana (como o *ragtime* e o *blues*). Esses espetáculos noturnos de cabaré surgiram em Nova Iorque em 1843, no Bowery Amphitheatre, com os músicos e sapateadores do grupo Virginia Minstrels (Os Menestréis da Virgínia), composto por Daniel Decatur Emmet (violinista e compositor conhecido como Old Dan Emmet), Billy Whitlock (banjo), Frank Bower (castanholas) e Dick Pelham (pandeiro). Com eles, a voga dos *minstrels* propagou-se rapidamente por todo o país. Anos antes, porém, o ator e cantor Thomas "Daddy" Rice já fizera sucesso com um esquete em que imitava um velho negro coxo, ao som de uma canção que ouvira do próprio personagem – *Jump Jim Crow* – expressão que acabou por ser idêntica a segregação. Na mesma época, George W. Dixie alcançou prestígio popular cantando música negra, igualmente maquiado. Por força dos preconceitos raciais, instaurou-se então uma verdadeira mania do *black face*, ou seja, a do artista branco pintado de preto (rosto e mãos), normalmente trajando fraque azul, camisa listrada e calças brancas, como os músicos do Virginia atuavam. A configuração mais comum do espetáculo foi fixada, no entanto, por Ed Christy e seu Christy Minstrel, a partir de 1846: sentados em semicírculo, os músicos e dançarinos respondiam a perguntas do apresentador (Mister Interlocutor), de maneira humorística, e contavam piadas, alternando números de música e de dança. O termo converteu-se ainda em sinônimo de musical (às vezes confundido com os *vaudevilles* ou *music halls*), mesmo quando artistas negros já eram aceitos nos elencos. O cantor Al Jolson e a cantora e dançarina Sophie Tucker (estrela dos Ziegfeld Follies) tornaram-se dois dos mais afamados *minstrels* do *show business* norte-americano no início do século XX. Designa ainda, tradicionalmente na língua inglesa, o trovador medieval.

MINUETO. Dança francesa de origem popular, mas que se difundiu e consagrou nos ambientes aristocráticos, nos séculos XVII e XVIII. Era constituída por pequenos passos ou passos "miúdos" (*menus pas*), glissados, com gestual simples e elegante de arqueamento do tronco, contendo várias passagens de reverências. Coreograficamente, compunha-se de quatro passos, sendo o último, *marché*, isto é, realizado nas pontas dos pés. A figura de toda a evolução formava um S ou um Z. A música, de compasso ternário e forma ABA, incorporou-se freqüentemente aos andamentos de suítes barrocas ou de sinfonias do período clássico (Haydn, Mozart), geralmente como terceiro movimento. Beethoven imprimiu-lhe andamentos mais rápidos, transformando-o nos seus costumeiros *scherzi*.

•MISE-EN-SCÈNE. →*Encenação*.

MISSÃO FRANCESA. →*Classicismo, neoclassicismo*.

MISSÕES. →*Sete Povos das Missões*. Designa a colonização realizada diretamente por jesuítas espanhóis no século XVII e até meados do XVIII, nas regiões a oeste do atual estado do Rio Grande do Sul, incluindo as fronteiras com a Argentina e o Paraguai, em territórios dos índios guaranis. O trabalho de catequese e a formação missionária de vilas autóctones (igualmente chamadas *reduções*) conservaram-se desvinculadas das colonizações oficiais portuguesa e espanhola e tiveram por objetivo a formação de uma cultura independente, ao mesmo tempo teocrática, de estrutura social comunista e base econômica agrária. As vilas eram edificadas a partir de uma igreja-convento (na qual se encontravam oficinas, depósitos e enfermaria), situada numa das extremidades da praça central. Nas direções exteriores às laterais da praça alinhavam-se então, de maneira regular e planificada, as casas indígenas, contendo alpendres circundados por colunas. A arquitetura do templo principal seguia o modelo barroco da igreja de Jesus, em Roma, símbolo da Contra-Reforma, usando-se como elemento construtivo blocos quadrados ou retangulares de pedras (as silhas). Os povos guaranis absorveram várias técnicas artísticas européias, entre elas a escultura, a pintura e a música, produzindo obras de clara influência barroca sobre temas sacros, das quais nos chegaram principalmente relevos e esculturas em pedra e madeira. A igreja da vila de São Miguel, hoje no Brasil, é a única edificação restante dessa singular experiência jesuítica, tendo sido projetada pelo padre Batista Primoli e construída entre 1737 e 1744. Na época, sete povoados se destacaram: os de San Nicolás, San Luís, San Lorenzo, San Borja, San Ángel, San Baptista e San Miguel. O poema épico *O Uraguai*, de Basílio da Gama, tem por tema os Sete Povos das Missões. Nele condena-se o projeto jesuítico como "escravização" dos indígenas e se defende a política de governo do ministro Pombal. No canto quarto, vendo-se perdidos, os padres incendeiam a vila atacada pelo herói Gomes Freire de Andrada, e assim escreve Basílio da Gama: "Por mais que o nosso general se apresse, / Não acha mais que as cinzas inda quentes, / E um deserto, onde há pouco era Cidade. / Tinham ardido as míseras choupanas / Dos pobres índios, e no chão caídos / Fumegavam os nobres edifícios, / Deliciosa habitação dos Padres".

MISTÉRIO(S). **1.** Do grego *myein*, *mystérion*, fechar os olhos ou a boca, significando, portanto, algo secreto que os sentidos não percebem e perante o qual a razão se cala. Constitui uma revelação divina aceita como verdadeira, mas cujo significado de importância deve permanecer oculto. Especificamente no cristianismo, diz respeito aos atos, orações, meditações e representações litúrgicas referentes a Cristo e à Virgem Imaculada, constantes do Novo Testamento, e divididos, tradicionalmente, em: *Mistérios Dolorosos* – a agonia e a oração de Jesus no Horto; sua prisão e flagelação; a coroação de espinhos; os passos rumo ao Calvário, carregando a cruz; a crucificação; *Mistérios Gloriosos,* considerados dogmáticos: a ressurreição; a ascensão de Jesus; a descida do Espírito Santo sobre a Virgem e os apóstolos (Pentecostes); a assunção em vida de Maria; sua coroação nos céus; *Mistérios Gozosos* (de alegria): a anunciação a Maria da vinda e encarnação do Verbo Divino em Cristo; a visita de Maria a Isabel; o nascimento do Menino Deus; a purificação de Maria e a apresentação de Jesus no Templo a seus doutores; o reencontro de Jesus no Templo, com a idade de doze anos. O papa João Paulo II instituiu, em 2002, um quarto grupo de mistérios, os chamados "mistérios da luz", também em número de cinco, relativos à vida pública de Jesus: o batismo, as bodas de Caná, o anúncio do Reino de Deus, a Transfiguração e a instituição da Eucaristia. **2.** Na Grécia, os mistérios mais conhecidos e praticados liturgicamente foram os de Elêusis, pequena cidade perto de Atenas na qual se realizavam as cerimônias finais e mais importantes do culto a Deméter. Para deles participar não havia interditos de classe. Cidadãos, escravos e metecos eram iguais, exigindo-se o domínio da língua grega, a fim de evitar incorreções no dizer das fórmulas secretas, e o não-cometimento de crimes religiosos e de sangue. Tinham início com os "pequenos mistérios" nos meses de fevereiro-março – jejuns, purificações e sacrifícios; eram interrompidos e retornavam seis meses depois com os "grandes mistérios", destinados agora aos iniciados de mais de um ano, envolvendo exercícios de contemplação ou visão imediata (epoptéia) dos ciclos de nascimento, vida, morte e a entrada no Hades, mundo subterrâneo. **3.** Na Idade Média e no Renascimento, o termo foi aplicado às representações religiosas, baseadas em passagens bíblicas, com caráter didático. A primeira menção a esta forma teatralizada data da segunda metade do século X, em Sankt Gallen, na Suíça, local onde se encenou, em latim, o episódio da visita das três Marias ao Santo Sepulcro, quando o anjo do Senhor lhes anunciou a ressurreição. No século XII, já popularizados em língua vernácula, os mistérios deixaram de ser litúrgicos, ou seja, desvincularam-se do culto e alcançaram os adros das igrejas e as praças públicas. O distanciamento progressivo do recinto sagrado permitiu a inclusão de assuntos profanos, de cenas humorísticas e de personagens populares ou cotidianos. Data dessa época a primeira grande obra francesa – *Le Jeu d'Adam* (*O Jogo de Adão*) – subdividida em três atos ou episódios: A Queda de Adão, O Assassinato de Abel e A Profecia da Vinda do Messias. As montagens ficavam a cargo de confrarias religiosas, integradas por leigos, como a destacada Confraria da Paixão. No século XVI, as representações dos mistérios chegavam a durar semanas inteiras, dadas as dimensões dos textos. *O Mistério do Velho Testamento*, por exemplo, continha mais de 44 mil versos; o *do Novo Testamento*, cerca de 34 500 versos; o *Ato dos Apóstolos*, escrito pelos irmãos Arnoul e Simon Gréban, mais de 61 mil. Na Inglaterra, começaram a ser difundidos no início do século XIV. Ali, foram as guildas ou corporações profissionais (açougueiros, pescadores e marinheiros, armadores, por exemplo) que se encarregaram de produzir os mistérios, especializando-se em narrativas ou temas específicos, e encenando-os sobre os *pageants* – carroções de dois andares, sendo o inferior reservado a camarins e o superior ao tablado. De acordo com a região, as peças adotaram características locais, que os historiadores mais tarde agruparam em ciclos. O mais antigo é o de Cornish (entre 1300 e 1400); o mais didático e de melhor tratamento poético foi o de York (1350-1450); o mais próximo do caráter litúrgico, o chamado *Ludus Coventriae* (*Jogo de Coventry*), da segunda metade do século XV. Na Península Ibérica, o mistério dramático data do século XIII, sendo mais conhecido pela denominação de →auto. Comentando a forma de encenação dos mistérios em seu apogeu, diz Anatol Rosenfeld (*Prismas do Teatro*): "[...] o povo reunia-se geralmente numa praça pública; de um lado, encostada geralmente à igreja, erguia-se a plataforma do palco, que às vezes atingia uma largura de cinqüenta metros, se não se estendia por parte da cidade, caso em que o povo acompanhava as evoluções dos atores. E tal amplitude da cena era indispensável em vista da simultaneidade da encenação, apresentando-se conjuntamente todos os lugares e *décors* que no desenrolar da ação iriam ser utilizados [...]. O mistério medieval é sobretudo épico e apresenta ao espectador tudo o que aconteceu, com todos os pormenores, sem seleção das cenas essenciais e sem o recurso de que alguém conta o que aconteceu em outro lugar. Via-se tudo". Algumas representações contemporâneas da Paixão, como a de Nova Jerusalém (Pernambuco, Brasil) ou a de Oberammergau (Alemanha), conservam a tradição dos mistérios cênicos.

MÍSULA. Estrutura ou membro arquitetônico concebido em pedra, tijolo, concreto, ferro ou outro material, e que se projeta oblíqua ou verticalmente de um muro ou parede, servindo para sustentar varandas, balcões, vigas ou ainda elementos decorativos, como meias-colunas e estátuas.

MITO, MITOLOGIA. O mito é a mais antiga forma de conhecimento, de consciência existencial e, ao mesmo tempo, de representação religiosa sobre a origem do mundo, sobre os fenômenos naturais e a vida humana. Deriva do grego *mythos*, palavra, narração ou mesmo discurso, e dos verbos *mytheyo* (contar, narrar) e *mytheo* (anunciar, conversar). Sua função, portanto, é a de descrever, lembrar e interpretar todas as origens, seja ela a do cosmo (cosmogonia), dos deuses (teogonia), das forças e fenômenos naturais (vento, chuva, relâmpago, acidente geográfico), seja a das causas primordiais que impuseram ao homem as suas condições de vida e seus comportamentos. Em síntese, *é a primeira manifestação de um sentido para o mundo*. Por conseguinte, os mitos tanto podem relatar as genealogias (as gerações sucessivas desde o primeiro ser ou causa), como explicar os atributos dos seres e das coisas (poderes e capacidades). Outra característica comum a diversas mitologias, em seus aspectos cosmogônicos, é a existência primeva do caos, ou seja, de um estado amorfo ou indiferenciado de elementos – as trevas, o oceano primordial, o espaço infinito, o Céu e a Terra ainda fundidos, o Ovo Cósmico, o Todo. É a partir do caos que se dá a criação do cosmo, de um conjunto de partes diferenciadas ou mesmo opostas (terra-céu, líquido-seco, noite-dia), mas ordenadas e mutuamente dependentes. Ou ainda de um Pai, Mãe ou Primeiro Casal gerador de uma só ou de várias linhagens de entes. Assim, por exemplo, na mitologia sumeriana, a primeira a ser vertida em palavra escrita, "a deusa Nammu é apresentada como 'a mãe que gerou o Céu e a Terra', e 'avó que deu à luz todos os deuses'. O tema das Águas Primordiais, imaginadas como uma totalidade ao mesmo tempo cósmica e divina, é bastante freqüente nas cosmogonias arcaicas. Também nesse caso, a massa aquática é identificada à Mãe original que gerou, por partenogênese, o primeiro casal, o Céu (AN) e a Terra (KI), encarnando os princípios masculino e feminino" (Mircea Eliade, *História das Crenças e das Idéias Religiosas*). Embora seja um tipo de pensamento e de consciência pré-analítica (ou seja, pré-filosófica ou pré-científica), o mito oferece explicações para a realidade aparente e para a vida humana, como também para aquilo que, aos olhos dos mais antigos homens, aparecia como mistério, no sentido de algo velado, simbólico, só acessível a iniciados. Por isso, e habitualmente, o mito possui um valor sagrado que merece ser conservado e transmitido por pessoas dotadas ou escolhidas pelos deuses – sacerdotes, poetas-rapsodos, xamãs. Seus rituais

de renovação ou de comemoração procuram manter vivas as forças criadoras e mantenedoras da vida, evitando a decadência e o retorno à indiferenciação primitiva (por exemplo, nas festas de Ano Novo). Como reafirmou Van der Leeuw, "o rito é um mito em ação" (*O Homem Primitivo e a Religião*). E conquanto se costume dizer que o mito constitui uma linguagem fortemente alegórica ou metafórica, o que também o distingue da filosofia e da lógica, há ensaístas que assumem uma interpretação contrária. Georges Gusdorf, por exemplo, aceita as idéias de Schelling, que já havia escrito: "As representações mitológicas não foram inventadas, nem livremente aceitas. Produtos de um processo independente do pensamento e da vontade, elas eram, para a consciência que lhes fazia o registro, de uma realidade incontestável e irrefutável. Povos e indivíduos não passam de instrumentos deste processo que ultrapassa os seus respectivos horizontes e a cujo serviço eles se colocam sem nem sequer o compreenderem" (*Introdução à Filosofia da Mitologia*). Comentando essa espécie de "estruturalismo imanente" antes do tempo, acrescenta Gusdorf: "Schelling opõe ao pensamento *alegórico* dos modernos o pensamento *tautegórico*, esse que não conhece aquele jogo de espelhos em que repercute e se multiplica o pensamento desencarnado depois de sua emancipação. O pensamento tautegórico não tem necessidade de outra justificação porque já traz em si o seu próprio fim, ao mesmo tempo que o seu começo" (*Mito e Metafísica*). A →civilização clássica e a cultura ocidental devem muito à mitologia grega. Em primeiro lugar, pela enorme capacidade que ela demonstrou de representar funções, sentimentos ou paixões psicológicas, tanto quanto atitudes mentais ou espirituais. Entre tantas outras, a Memória (*Mnemosyne*), a Sabedoria e a Prudência (*Métis*), o Amor (*Eros*), o Medo (*Phobos*), o Furor (*Lyssa*), o Destino Inevitável (→*Moiras*). Em segundo, por ter servido de fonte e seminário à poesia, ao teatro e às artes figurativas, desde então.

MÓBILE. Tipo de escultura abstrata e de →arte cinética que consiste de placas de metal ou de material semelhante, interligadas e suspensas por fios, e capaz de se movimentar pela ação do ar. Criado pelo norte-americano Alexander Calder nos anos 1930, e que nele se especializou, foi também experimentado por Lynn Chadwick, assim como por diversos artesãos populares, servindo de objeto de decoração. Do latim *mobile*, móvel, o termo foi aplicado inicialmente por Marcel Duchamp. →*Stabile*.

MOÇAMBIQUE. Bailado popular acompanhado por cantos uníssonos, de função devocional em homenagem a São Benedito, Nossa Senhora do Rosário ou ao Divino Espírito Santo, realizado sobretudo em regiões rurais dos estados de Minas Gerais, São Paulo, Goiás, Mato Grosso e Rio de Janeiro. Comumente, o moçambique corresponde a uma manifestação de confrarias religiosas, cujos integrantes se vestem de maneira uniforme, com predominância do branco, do azul ou do vermelho (camisa, calça, gorro ou capacete), enfeitando-se com bordados e fitas coloridas. Conduzem bastões, que são entrechocados durante as evoluções em fila ou em ronda, servindo ainda para a marcação de arabescos coreográficos. Além dos devotos dançarinos, fazem parte do moçambique o Mestre (que dirige a confraria, estabelece os passos e as formações), o Rei (encarregado de portar o estandarte santo) e a Rainha (ambos coroados na parte inicial do folguedo), o séquito real e os músicos (viola, violão, rabeca, instrumentos de percussão). Ao que tudo indica, o moçambique surgiu entre os escravos trazidos para a exploração do ouro em Minas Gerais. A denominação referia-se ao fato de serem negros daquela região e não por haver dança semelhante em território africano (consoante Americano do Brasil, *Cancioneiro de Trovas do Brasil Central*).

MODA DE VIOLA. Canção musicada composta especialmente para a viola (de dez ou doze cordas e, mais recentemente, de seis ou sete), habitualmente de circunstância, isto é, dedicada à narração de um fato real ou fantasioso, momentâneo, ou à descrição de pessoas e hábitos, embora haja exemplos de composições líricas. Cultivada pela tradição musical folclórica e popular brasileira, apresenta uma razoável diversidade de estrutura poética – estrofes de quatro versos (quadra), de seis (sextilha), de oito (oitava) ou de dez (décima). Quanto ao número de sílabas, as mais correntes são as redondilhas, maior (sete sílabas) ou menor (cinco). Sobre ela, escreve Rossini Tavares de Lima: "É comum a moda de viola ser cantada em (intervalos de) terças, com o modinheiro, o autor, cantando a melodia principal e o seu segundo, a terça correspondente. A melodia vocal, de inventiva do modinheiro que fez os versos, tem andamento lento e ritmo de particularidades discursivas, nos exemplos mais tradicionais. O compasso é binário, quaternário ou seis por oito, com grande liberdade de acentos, conseqüência de que o interesse preferencial é a narrativa". Dois exemplos recolhidos, respectivamente, por Cornélio Pires e Americano do Brasil: *a)* "Eu estava prevenido, / Ouvi baruio nos gaio; / O diabo da macacada / Carregaro mil num taio. / Bati a espingarda na cara, / Levei as mola pra riba, / Pra matá um macaquinho, / Que era fio de uma guariba"; *b)* "Tomei uma tempestade / Que veio lá do norte, / Era água que Deus mandava, / Trovão prá trazer a morte". Para Amadeu Amaral, "a poesia da viola é a única, em São Paulo, que se possa dizer genuina-

mente popular [...]. Quase toda ela se reparte em dois grandes esgalhos: um, o das composições devidas em tudo à inventiva dos poetas da roça [...] outro, o das quadras soltas e anônimas, em redondilha, pela maior parte de origem portuguesa [...]. No primeiro caso, Moda; no segundo, Trova [...]. As modas se não devem confundir com as chamadas →modinhas, gênero lítero-popular, urbano e não campestre" (*Tradições Populares*). Alguns dos mais famosos modinheiros (ou modistas) são Bento Palmiro Miranda, Sebastião Roque, Dionísio Cassemiro, Marcelino Germano, Nitinho Pintor e Bastião Camargo.

MODELADO. O conjunto de recursos técnicos utilizados em uma representação pictórica, bidimensional, com o intuito de obter a ilusão de volume ou de relevo de corpos e objetos naturalmente tridimensionais.

MODELAGEM. **1.** Criação de formas e de objetos tridimensionais com matérias dúcteis ou maleáveis – argila, barro, gesso, cera ou mesmo guta-percha. Técnica fundamental da arte →cerâmica e um dos processos utilizados na →escultura. **2.** Execução de um modelo escultural prévio, de estudo, para posterior elaboração da mesma obra em material e dimensões definitivas.

MODELO. Um exemplar antecipadamente existente ou construído de maneira artificial, que serve de guia a uma reprodução na mesma escala ou em dimensões menores (escala reduzida), de maneira bidimensional ou tridimensional (figura humana, peça mecânica, edifício). Em ambas as hipóteses, um modelo pode ser um objeto de cópia (mimese) ou de sugestão à criatividade artística.

MODERNIDADE E PÓS-MODERNIDADE, MODERNISMO E PÓS-MODERNISMO. **Uma velha noção.** O conceito de modernidade é bastante antigo, se considerarmos o lapso de tempo que separa a Alta Idade Média dos dias atuais. Derivado do advérbio latino *modo*, que na Antigüidade significava "agora", "há pouco" ou "presentemente", como em *modo hoc malum republicam invasit* (este mal invade agora a república – Cícero), a palavra veio a surgir, na acepção atual, apenas no século IV.

A esse respeito diz Ernst Curtius: "Só no século IV aparece o feliz neologismo *modernus* [...] e então Cassiodoro [historiador, teólogo e gramático latino] poderá celebrar em rimas contínuas um autor como *antiquorum diligentissimus imitator, modernorum nobilissimus institutor* (que imita com muito zelo os antigos e forma com muito cuidado ou empenho os modernos) (*Variae*, IV, 51). A palavra 'moderno' (que nada tem a ver com 'moda') foi um dos últimos legados da fase final da língua latina ao mundo moderno. A época de transição de Carlos Magno pôde, então, ser chamada, no século XII, *seculum modernum*" (*Literatura Européia e Idade Média Latina*).

MODERNIDADE E PÓS-MODERNIDADE, MODERNISMO E PÓS-MODERNISMO 415 **Mo**

O grande dicionário daquela época, o *Thesaurus Linguae Latinae*, registra o significado de *modernus* da seguinte forma: *Qui nunc, nostro tempore est, novellus, praesentaneus* (que é próprio agora de nosso tempo, novo, presente ou atual). E desde o século X, passaram a ser utilizadas, com uma relativa freqüência, as palavras derivadas *modernitas* (tempos modernos) e *moderni* (homens de hoje). Percebe-se que os sentidos de moderno e de modernidade vão sendo afirmados à medida que a idéia de um tempo contínuo, progressivo, diferente do eterno retorno da Antigüidade, se instala no Medievo, preparando a revolução cultural da Renascença.

Antigos *versus* modernos. Os primeiros embates de caráter filosófico ou estético entre as concepções opostas de modernidade e antigüidade ocorreram no século XVII e, a partir de então, veio à tona a discussão sobre a superioridade dos modernos sobre os seus antepassados.

Francis Bacon, por exemplo, sonhando a reforma dos conhecimentos, e com ela o domínio humano sobre a natureza, escreveu de modo curioso e perspicaz: "Quanto à Antigüidade, as opiniões que os homens sustentam a seu respeito é bastante negligente e nada conforme à própria palavra. Isso porque a velha idade do mundo é a que se considera como a verdadeira Antigüidade; mas este é um atributo de nossos próprios tempos, não daquela época nascente do mundo em que viveram os antigos. Embora com respeito a nós mesmos seja mais velha, relativamente ao mundo é a mais nova. E, certamente, assim como nós buscamos um maior conhecimento das coisas humanas e um juízo mais maduro no homem velho, e não no jovem, por sua experiência e quantidade e qualidade das coisas que viu, ouviu e pensou, da mesma maneira se poderia esperar de nossa época, que conhece a sua força e pode exercê-la, muito mais do que os antigos, tanto mais por ser a idade mais avançada do mundo, e armazena e está abastecida de uma infinidade de experimentos e observações" (*Novum Organum*). Em síntese, a superioridade dos homens atuais (contraditoriamente modernos) repousa na sabedoria acumulada de sua própria velhice histórica, enquanto os antepassados (aparentemente antigos) encontram a sua fragilidade na juventude do mundo. Raciocinando em termos semelhantes, escreveu Descartes que "Não há por que inclinar-se perante os antigos em razão de sua antigüidade; somos nós, ao invés, que devemos ser chamados os antigos. O mundo é agora mais velho do que no passado e nós possuímos uma experiência maior das coisas".

Em parte baseada sobre os autores citados, travou-se naquele mesmo século, na França, a famosa *querela dos antigos e dos modernos*, estendida à Inglaterra sob o nome de *A Batalha dos Livros* (título de uma obra de Swift). Autores como Desmarets de Saint-Sorlin (*Clóvis, ou a França Cristã*, de 1657) e Louis Le Laboureur (no prefácio à sua epopéia *Carlos Magno*, de 1664) já vinham propugnando a supremacia dos valores cristãos (e a de seus personagens heróicos) quando comparados ao politeísmo e ao sensualismo antigos. A partir deles constituiu-se o círculo dos modernos, liderado pelo escritor Charles Perrault, que julgava apropriado aplicar as evidências do avanço científico já conseguido às concepções de natureza estética, principalmente as plásticas e literárias.

Como resultado, os modernos argumentavam em favor da supremacia das artes contemporâneas sobre as da Antigüidade, tendo em vista uma verossimilhança mais estrita entre arte e natureza, derivada das conquistas científicas. Perrault, em seus escritos denominados *Paralelos entre os Antigos e os Modernos no que Diz Respeito às Artes e às Ciências* (de 1688 a 1692), defendia essa superioridade artística baseando-se na quantidade e complexidade das regras poéticas já formuladas. Assim, por exemplo, asseverava o escritor: "Uma vez esclarecido que Homero e Virgílio cometeram um sem-número de erros que os modernos já não cometem, creio ter provado que os antigos não possuíam todas as nossas regras e que o efeito natural das normas é prevenir o cometimento de erros. De modo que, se o céu estivesse disposto a nos proporcionar um homem que tivera o gênio de Virgílio, é certo que escreveria um poema mais belo que a *Eneida*, pois teria, segundo minha opinião, tanto gênio quanto Virgílio e, ao mesmo tempo, um número maior de preceitos com os quais se conduziria" (*apud* Hans R. Jauss, *Normas Estéticas e Reflexão Histórica sobre a Querela dos Antigos e dos Modernos*). Além desse aspecto racional ou de maior plausibilidade na descrição dos fatos, os defensores da modernidade sublinhavam o refinamento das expressões da época, mais decorosas ou sutis (presentes nos necessários *jeux d'esprit* das cortes), ao contrário de vários textos greco-romanos, julgados rudes ou grosseiros, demasiadamente "agrários". E por fim, a mais requintada beleza da modernidade renascentista provinha igualmente da espiritualidade e da verdade revelada pelo cristianismo, a cuja elevação não tiveram acesso os antigos.

Em lado oposto, defendendo a grandeza das artes "pagãs", estiveram, por exemplo na França, Boileau (*Arte Poética*) – ele mesmo um preceptista mais flexível que o grupo de Perrault – e mais tarde a erudita Madame Dacier, cuja tradução dos dois poemas homéricos conservou um rigorismo filológico não levado em consideração por outro poeta e tradutor, simpatizante dos modernos, Houdar de La Motte. Na Inglaterra, Swift, partidário do espírito classicizante de poetas como William Temple (de quem foi secretário) e William Wottom, amparou a causa dos "antigos". Além da crítica contida n'*A Batalha dos Livros*, Samuel Johnson (*Dicionário da Língua Inglesa*) utiliza uma carta de Swift a seu amigo Pope como abonação ao termo "moderno": "Espero que você discipline a corrupção do Inglês feita por esses escritorezinhos que nos enviam seus lixos em Prosa e Verso, com abomináveis Abreviações e esquisitos Modernismos".

A ânsia romântica de superação. Com o romantismo, no entanto, revelaram-se mais enfaticamente os aspectos da modernidade, sendo ele o resultado do princípio da *subjetividade*, tal como o apresentou Hegel. Princípio que consiste, ao mesmo tempo, na liberdade e no caráter reflexivo da consciência, como necessidade de recriar, a partir de si própria, uma nova inserção no mundo, distinta do passado. Ou seja, a época romântica tornou-se, gradativamente, o ponto de inflexão no qual se combinaram três grandes projetos históricos: a Reforma (liberdade interpretativa do sagrado), o Iluminismo (reivindicação da soberania do sujeito) e a Revolução Francesa (livre-arbítrio político, expresso na Declaração dos Direitos do Homem). Assim, no âmbito artístico, diz Hegel, "é o sujeito individual, real, animado de vida interior, que adquire um valor infinito, como único centro onde se elaboram e donde irradiam os eternos momentos daquela absoluta verdade que só se realiza como espírito" (*Curso de Estética*), ou ainda "eu vivo como artista se tudo o que eu faço e exteriorizo [...] não passarem para mim de uma experiência, e não assumirem senão uma forma sobre a qual eu detenha inteiramente o poder".

É verdade que o romantismo, na qualidade de mundo confessional e subjetivo, de busca de sensações inefáveis, teve, entre suas características, a revalorização do medieval, a recuperação dos heróis maternos, o espírito religioso dos antepassados, assim como um evasionismo crítico perante o avanço da civilização industrial e financeira, ou perante as atitudes de filistinismo das várias camadas burguesas. Ainda assim, o clássico, o ideal de uma beleza universalista e abstrata deixou de fazer sentido para muitos de seus intelectuais. As concepções românticas de gênio e de cristandade, mas também a da morte de Deus (a teotanatologia) – pensamento e sensibilidade que bloqueiam as pretensões de transcendência – romperam definitivamente com a metafísica clássica e o classicismo, tornando-se, em relação a eles, antinômicas. Em conformidade com Hans Jauss, "a modernidade se define ainda por oposição a uma antiguidade, mas num sentido novo, re-

ferindo-se agora expressamente à experiência de um passado nacional e cristão, por ela redescoberto" (*Tradição Literária e Consciência Atual da Modernidade*). Essa mentalidade encontramos num arauto daqueles novos tempos, como Chateaubriand, para quem – em face da ingenuidade do politeísmo – o sentimento de superioridade moral do Novo Testamento e da vida de seus mártires, bem como a beleza da religião revelada bastariam para reafirmar o "Gênio do Cristianismo".

Já a teotanatologia deveu sua primeira sentença não a Nietzsche, mas a Hegel, para quem "o sentimento subjacente à religião na Era Moderna é o sentimento: Deus está morto". Mas, além disso, Nietzsche insistirá na postura anti-historicista, na necessidade de homens atuais se desvencilharem dos valores passados. Sendo a vida uma manifestação orgânica, o ir adiante deve sobrepujar o já acontecido. Por isso, lê-se nas *Considerações Extemporâneas*: "Quem não se instala no limiar do instante, esquecendo todos os passados, quem não é capaz de manter-se sobre um ponto como uma deusa de vitória, sem vertigem e medo, nunca saberá o que é felicidade, e pior ainda, nunca fará algo que torne outros felizes [...]. Todo agir requer esquecimento: assim como a vida de tudo o que é orgânico requer não somente luz, mas também escuro. Um homem que quisesse sempre sentir apenas historicamente seria semelhante àquele que forçasse a abster-se de dormir [...]. Portanto, é possível viver quase sem lembrança, e mesmo viver feliz, mas é inteiramente impossível, sem esquecimento, simplesmente *viver* [...]. Nós, modernos, não temos nada; é somente por nos enchermos e abarrotarmos com tempos, costumes, artes, filosofia e religiões alheios que nos tornamos algo digno de atenção [...]. O sentido histórico, quando reina *irrefreado* e traz todas as suas conseqüências, erradica o futuro, porque destrói as ilusões e retira às coisas sua atmosfera, somente na qual elas podem viver".

Por motivos como esses, já presentes no espírito do tempo, Stendhal chegou à conclusão de que "O *romanticismo* é a arte de apresentar às pessoas obras literárias que, tendo em vista o atual estado de seus costumes e crenças, lhes proporcionam o maior prazer possível. O classicismo, ao contrário, apresenta-lhes a literatura que dava o maior prazer possível aos seus tataravós. Imitar hoje a Sófocles e Eurípides, e pretender que estas imitações não façam bocejar o francês do século XIX, é ser classicista" (*Racine e Shakespeare*). A atualidade e os aspectos do gosto, da moda e das relações sociais então vividas eram os aspectos marcantes que deveriam estar presentes na literatura.

E é a partir desta noção de "tempo singular" que Baudelaire vai desenvolver suas idéias de moderni-

MODERNIDADE E PÓS-MODERNIDADE, MODERNISMO E PÓS-MODERNISMO | 417 **Mo**

dade. Já nos comentários do Salão de 1846, admite ser o espírito romântico "a expressão da beleza mais recente, mais contemporânea [...] assim como houve tantos ideais quanto houve para os povos maneiras de compreender a moral, o amor, a religião etc., o romantismo não consiste numa execução perfeita, mas numa concepção análoga à moral do século [...]. Quem diz romantismo, diz arte moderna, quer dizer, intimidade, espiritualidade, cor, aspiração ao infinito, expressas por todos os meios que as artes possuam". E mais tarde (1863), no texto sobre Constantin Guys – *O Pintor da Vida Moderna* – assim a define: "A modernidade é o transitório, o fugidio, o contingente, a metade da arte, sendo a outra metade o eterno e o imutável [...]. Quanto a este elemento transitório, fugidio, cujas metamorfoses são tão freqüentes, não tendes o direito de menosprezá-lo ou de ignorá-lo. Suprimindo-o, caís forçosamente no vazio de uma beleza abstrata e indefinível, semelhante àquela da única mulher face ao primeiro pecado [...]. Em uma palavra, para que toda *modernidade* seja digna de se converter em antigüidade, é necessário que a beleza misteriosa que a vida humana aí deposita, involuntariamente, seja extraída [...]. Infeliz daquele que estuda no antigo somente a arte pura, a lógica, o método geral! De tanto ali mergulhar, perde a memória do presente; abdica do valor e dos privilégios fornecidos pela circunstância, pois quase toda a nossa originalidade advém do selo que o *tempo* imprime em nossas sensações".

Assim, a percepção e o entendimento do tempo presente – o fugidio, o circunstancial – constitui o fator prevalecente da modernidade (sabendo-se que cada fase histórica tem sua modernidade) – algo que o artista não pode aprender com o passado. Este é útil e necessário como método geral, mas o contemporâneo realiza-se, de fato, na *beauté présente*. A beleza eterna (os princípios gerais e comuns da arte) complementa-se com a beleza moderna, com os valores da atualidade, com a capacidade imaginativa dos artistas vivos. E dessa carência surge o "drama da modernidade", que são as dificuldades e o risco de expressar a beleza presente, rechaçando a história e a memória acumulada. Ou seja, o drama vivido pela modernidade do final do século XIX, influente sobre a do século XX, é o de não só contrapor a inovação à repetição, mas o de comparar e substituir os passados por um presente absolutamente novo. Tais antíteses encontram-se elas próprias na obra de Baudelaire e em suas idiossincrasias em face do mundo moderno – industrial, de massas, excessivamente materialista e utilitário – pelo qual se sentia atraído, não sem confessada aversão.

Literatura e estética. Em sentido oposto àquele dado por Swift, o poeta nicaragüense Rubén Darío, na qualidade de crítico, atribuiu ao termo modernismo a idéia de renovação e de auto-afirmação literária (nacionalista), gestada por escritores latino-americanos, embora sob influência do simbolismo francês. Além do próprio Darío, a qualificação referia-se a autores como Ricardo Contreras, José Martí, Manuel Nájera, Leopoldo Lugones ou Guillermo Valencia. Essa denominação, ao lado da de simbolismo, extensiva a diversos autores de língua espanhola, passou a ser adotada até mesmo voluntariamente, como por Ramón de Valle-Inclán, que se disse modernista em razão de lutar por um estilo pessoal, não imitativo, pois "se existe em literatura algo que possa chamar-se modernismo, certamente é um forte desejo de personalidade" (*apud* Max Ureña, *Breve História do Modernismo*).

Mas esse caráter hispânico do modernismo não impediu que fosse ele percebido de maneira mais ampla. Ainda que a →Geração de 98 se propusesse modernista (com ressalvas por parte de Unamumo), a opinião de Isaac Goldberg (*Estudos sobre a Literatura Hispano-Americana*), já em 1920, era a de que não se tratava de um "fenômeno restrito aos escritores castelhanos e ibero-americanos dos finais do XIX e princípios do XX, mas um aspecto do espírito que inundou o mundo do pensamento ocidental durante aquele período [...]. Síntese de movimentos e, nesse sentido, longe de ter chegado ao fim, entrou em uma fase continental que promete resultados frutíferos e interessantes".

Na mesma época em que na literatura hispânica se difundia a noção de modernidade, as literaturas francesa, germânica e escandinava estavam sendo analisadas sob idêntica percepção. Assim, por exemplo, foram tratados os autores das vertentes naturalista e realista pelo eminente crítico dinamarquês Georg Brandes, referindo-se a Bjornson, Zola, Tolstói, Ibsen, Strindberg, Büchner, Knut Hamsun, além de Kierkegaard e Nietzsche (conjunto de textos que compuseram *As Principais Correntes da Literatura Européia do Século XIX – 1872-1890*). No que foi seguido pelo austríaco Hermann Bahr nas séries *Para a Crítica do Moderno* (1890-1891). Mas, simultaneamente (como já mencionado), o simbolismo também ganhava essa denominação, ainda que, ao contrário, tivesse suas preferências pelas manifestações mais subjetivas do inconsciente, pelas vibrações ocultas da alma ou pelo hermetismo das imagens. E como modernistas foram vistos, além de Baudelaire, Verlaine, Mallarmé, Rilke, Stefan George ou o russo Sologub. Fato que levou Edmund Wilson a admitir a linhagem simbolista do modernismo literário (*O Castelo de Axel*). Este "alto modernismo" estendeu-se, para a maioria dos observadores, desde o final do século XIX até meados dos anos 1930, com rupturas mais intensas nas duas primeiras décadas do último século.

A constatação ou a busca afirmativa e incessante de verdades novas e de belezas radicalmente diferenciadas encontram-se no cerne das idéias de modernidade e de modernismo (as palavras podem ser intercambiáveis, desde que "o modernismo é essencialmente, como perceberam aqueles que lhe deram nome, a busca da modernidade" – Federico Onís, *Martí e o Modernismo*). E aí se incluem a denúncia sociopolítica e econômica, a revolução social, o satanismo, a decadência sobrevinda com a ascensão das massas (ambiente em que mesmo um cavalo de corrida se torna "genial", conforme Robert Musil descortinou), o experimentalismo e a invenção formais (ou mesmo a deformação estética), o caráter anódino mas altamente ilusório das esperanças, representadas de maneira tragicômica, ou ainda a incerteza sobre a possibilidade de comunicação humana, ordinária ou artística.

Crítica contumaz e autonegação seriam ainda indispensáveis ao entendimento de modernidade ou modernismo, na opinião de Octavio Paz. Lembra o poeta e crítico que "há épocas em que o ideal estético consiste na imitação dos antigos; há outras em que se exaltam a novidade e o inesperado [...]. Novidade e inesperado são termos afins, não equivalentes. Os conceitos, metáforas, sutilezas e outras combinações verbais do poema barroco são destinados a provocar o assombro: o novo só é novo se for inesperado. A novidade do século XVII não era crítica nem trazia a negação do tradicional. Ao contrário, afirmava a sua continuidade [...]. Para encontrar essa estranha aliança entre a estética da surpresa e a da negação, tem-se de chegar ao final do século XVIII, ao princípio da Idade Moderna. Desde o seu nascimento, a modernidade é uma paixão crítica e é, assim, dupla negação, como crítica e como paixão, tanto das geometrias clássicas como dos labirintos barrocos. Paixão vertiginosa, pois culmina com a negação de si mesma: a modernidade é uma espécie de autodestruição criadora". Em outro momento, assevera então: "Fiel à sua origem, é uma ruptura contínua, um incessante separar-se de si mesma. Como se se tratasse de um desses suplícios imaginados por Dante (mas que são para nós uma espécie de bem-aventurança: nosso prêmio por viver na história), nos procuramos na alteridade, nela nos encontramos e, logo após nos confundirmos com esse outro que inventamos, que outra coisa não é senão o nosso reflexo, apressamo-nos a nos separar deste fantasma, deixamo-lo para trás, e corremos outra vez em busca de nós mesmos, na retaguarda de nossa sombra" (*Os Filhos do Barro*).

Razões suficientes para que tenhamos, por exemplo, em Pirandello, a fluidez da identidade pessoal, dos limites entre a realidade e a ficção, entre a verdade e o ilusório. Contradições que se mantêm enevoadas no jogo do *così è se vi pare* (assim é se lhe parece). Que Gide tenha assumido o hedonismo, o "ato gratuito", o imoralismo ou a recusa da educação tradicional como fundamentos da liberdade contemporânea. Lembremos Joyce e sua exploração multilingüística, em permanente metamorfose, a acomodação dos fatos e dos objetos à interioridade da consciência, levando à decomposição da aventura épica, ou seja, a sua redução à experiência privada, despolitizada e desencantada do mundo. Ou ainda Proust a derramar-se por intricados labirintos da memória e da sensibilidade física, de feições autobiográficas, em busca de um sentido para a vida pessoal.

Esse permanente dilema do espírito, que se instalou no modo de vida, na mentalidade e nas relações sociais, permeou a obra artística, a criação estética, tornando-a um impulso realizado mais individualmente do que nunca. Desvaneceu-se o "estilo de época", o que também significa que a falta de estilo comum converteu-se na característica do período – "o modernismo não estabelece um estilo predominante próprio; se o faz, nega-se a si mesmo, deixando de ser moderno" (Irving Howe, *Introdução à Idéia de Moderno*). Por conseqüência, a modernidade estética manifestou-se preferentemente no plural, em meio a antagonismos imediatos, numa fluência ininterrupta de obras completas em si mesmas, íntegras, porque sem referências a uma memória que se pudesse ou se quisesse acumular.

Considere-se por fim que o alto modernismo, em suas mais espantosas criações, naquelas que mais estranhamento causaram – sobretudo em literatura, música e arquitetura – estendeu ao máximo a separação entre alta cultura e a cultura popular (então tradicional) e a de massa (então emergente). A esse respeito, comentou Frederic Jameson: "[...] uma distinção de que dependia o modernismo em sua especificidade, uma vez que sua função utópica consistia em, pelo menos parcialmente, assegurar a permanência de um espaço de experiência autêntica, em contraste com o ambiente circundante de cultura comercial *low* e *middle-brow*" (*Pós-Modernismo ou a Lógica do Capitalismo Tardio*).

Pós – um prefixo de uso múltiplo. Os vocábulos pós-modernidade ou pós-modernismo principiaram a ser usados pelo historiador Arnold Toynbee (no oitavo volume de *A Study of History*, 1954) e por críticos e poetas norte-americanos do pós-guerra – como os comentários de Randall Jarell a respeito de Robert Lowell e de sua obra, então recente, *Lord Weary's Castle* (1946) – e por Charles Olson.

Para Toynbee, a pós-modernidade indicava uma cisão com os mais caros valores ou perspectivas inau-

MODERNIDADE E PÓS-MODERNIDADE, MODERNISMO E PÓS-MODERNISMO 419

guradas com o humanismo da Renascença e ampliadas pelo Iluminismo oitocentista: o predomínio da razão, a superação dos estados de beligerância, a liberdade política, os progressos científico e tecnológico, o desenvolvimento ou a igualdade sociais. O novo período instalava uma mentalidade e relações político-econômicas pelas quais a natureza e a vida social passaram a ser encaradas como manifestações do acaso, da irracionalidade, do relativismo ou da indeterminação. E para isso, contribuíam uma sociedade e uma cultura de massa paradoxalmente individualistas, sobrecarregadas de comunicações e de apelos materialistas, que embutiam desordens funcionais permanentes. Tempo de problemas, carregado de sintomas de destruição ou de desintegração das esperanças que a civilização ocidental havia criado, à custa de conflitos e superações cíclicas. Toynbee, embora não seguisse os mesmos caminhos de Spengler, apontava, no fim, para as mesmas perspectivas sombrias de decadência.

De maneira oposta, Olson, em um ensaio sobre os *Autores do Século XX*, mencionava a sua percepção de um "prólogo" ao tempo "pós-moderno, pós-humanista, pós-histórico". Contrapondo-se ao racionalismo e ao iluminismo, fez de seu projeto poético uma unidade entre mitos orientais ou pré-colombianos e as novíssimas tecnologias cibernéticas, capazes, em seu ideal, de realizar uma nova autodeterminação humana.

Também Wright Mills (*A Imaginação Sociológica*, 1959) empregou o termo em sentido pejorativo, comparando as tendências sociopolíticas de sua época com a "Idade das Trevas", sucessora da clareza antiga. Em sua opinião, tanto o socialismo quanto o liberalismo haviam solapado a necessária união entre liberdade e razão.

Mas a difusão do termo e a tentativa de lhe dar um arcabouço teórico mais consistente, que admitisse ou não um caráter original, partiu da seara arquitetônica durante os anos de 1970 (→*Arquitetura do século XX*). Figuras como Robert Venturi (*Aprender com Las Vegas*, *Complexidade e Contradição em Arquitetura*), Charles Jencks (*A Linguagem da Arquitetura Pós-Moderna*, *Arquitetura Atual*) ou Paolo Portoghesi (*Após a Arquitetura Moderna*) desencadearam suas críticas a determinados aspectos da estética construtiva da primeira metade do século, relacionando, entre elas, as seguintes: a denegação do passado da cidade, isto é, de sua memória arquitetônica; o excesso de planificação que impôs barreiras adicionais à convivência espontânea e à complexidade do cotidiano social; a utopia não realizada de cidades sem hierarquias; a preferência por concepções unicamente racionalistas.

Na opinião daqueles autores, arquitetos como Sullivan, Wright, Gropius, Corbusier ou Niemeyer projetaram espaços nitidamente diferenciados da malha urbana até então existente, por considerá-la ultrapassada, degenerada ou degradada. Mas, ao fazê-lo, impuseram a lógica pura de configurações demasiadamente artificias. Na opinião de Portoghesi, por exemplo, "A atitude mais razoável seria, talvez, a de encarar o fato de que a arquitetura moderna, como estilo de uma época, como expressão de uma civilização tecnológica em ascensão, morreu e que o mesmo título aponta, agora, para uma arquitetura diferente, assim como aquela era, por sua vez, diferente do ecletismo que a precedeu. Uma civilização que queira verdadeiramente reparar a ruptura dos equilíbrios ecológicos e pôr fim ao depauperamento dos recursos materiais, não pode dar-se ao luxo de continuar a construir segundo aqueles métodos e idéias; o uso generalizado do metal, por exemplo, [...] não pode prosseguir infinitamente; o alumínio, com que se empacotaram milhões de arranha-céus em todo o mundo, tornar-se-á, em breve, o mais raro dos metais preciosos [...] um edifício moderno, depois de trinta ou quarenta anos, já está decrépito" (ao contrário das edificações antigas, em pedra ou alvenaria).

Embora os pós-modernos não tenham rechaçado as contribuições formais dos modernos (nem técnicas, nem estéticas), o passado começou a ser aproveitado com o objetivo de dar aos prédios antigos, armazéns e fábricas abandonadas uma revitalização ou reutilização funcionais. Além das questões financeiras aí envolvidas (atuar em áreas desvalorizadas e mais baratas), os pós-modernos imprimiram então uma duplicidade de códigos arquitetônicos que Jencks assim resumiu: "Um edifício pós-moderno tem um duplo código – em parte moderno e, em parte, outra coisa: vernáculo, local, comercial, metafórico ou contextual [...] possui também um duplo código no sentido de que pretende falar a dois níveis simultâneos – a uma minoria interessada de arquitetos, uma elite que reconhece as sutis distinções de uma linguagem que muda rapidamente, e aos habitantes, usuários e pedestres que também desejam compreender e desfrutar" (*Arquitetura Atual*).

Além disso, para Portoghesi, as novas tecnologias computacionais converteram a arquitetura em uma "rede de comunicação" entre o edifício e seu usuário (o que leva o comportamento do indivíduo a sofrer as influências dos sistemas tecnológicos implantados – →*Arquitetura do século XX*). Aqui, de novo, Frederic Jameson escreve, sob uma visão contrária: "[...] os edifícios pós-modernos celebram sua inserção no tecido heterogêneo da paisagem do corredor comercial, dos motéis e das cadeias de *fast-food* da cidade americana posterior às superauto-estradas. Ao mesmo tempo, um jogo de alusões e de ecos formais (historicismo) assegura o parentesco dessas novas obras com os ícones comerciais e espaços que os rodeiam, desse modo renunciando às pretensões de diferença e inovação do alto modernismo" (*Pós-Modernismo*). Mas justamente o ecletismo, a liberdade ou as atitudes descompromissadas são, para Jencks, atributos não apenas inovadores, mas desejáveis: "É uma era em que nenhuma ortodoxia pode ser adotada sem constrangimento e ironia, pois todas as tradições têm, aparentemente, validade. Esse fato é, em parte, conseqüência do que se denomina de explosão das informações, o advento do conhecimento organizado, das comunicações mundiais e da cibernética [...]. O pluralismo, o 'ismo' de nossa época, é o grande problema e a grande oportunidade: quando Todo Homem se torna cosmopolita e Toda Mulher um Indivíduo Liberado, a confusão e a ansiedade passam a ser estados dominantes de espírito, e o *Ersatz*, uma forma comum de cultura de massa" (*O Que É Pós-Moderno?*).

Essa escolha pelo jogo dos códigos, pela dubiedade e simultaneidade das formas e das intenções, desencadeou uma estética ao mesmo tempo generalizada e esquiva, ou seja, capaz de conviver e entrelaçar as diferenças entre a alta cultura e a cultura de massa (o *kitsch*, o popularesco televisivo ou cinematográfico), a criação espiritual "endógena" e a lucratividade financeira que advém do populismo, reinterpretando o passado de várias maneiras: nas qualidades de atitude cética e ironicamente nostálgica, recordação oblíqua, fonte de recriação oportunista ou simplesmente paródia cômica. Como o passado foi renegado inteiramente pelas vanguardas modernas, o pós-modernismo constitui o momento em que "não se pode ir além, pois já produziu uma metalinguagem que fala de seus textos impossíveis (arte conceitual). A resposta pós-moderna ao moderno consiste em reconhecer que, já que o passado não pode ser destruído – sua destruição conduz ao silêncio – o que resta a fazer é voltar a visitá-lo; com ironia, sem ingenuidade" (Umberto Eco, *Apostilas a "O Nome da Rosa"*, um romance ele mesmo elaborado sobre variadas "citações", como Aristóteles, o rigorismo cristão de Bernardo de Clairvaux, passagens copiadas do *Zadig* de Voltaire, da biblioteca de Borges ou incursões à semiótica moderna, tratadas sob uma perspectiva de trama detetivesca). Assim, os meios mais comumente empregados pela arte pós-moderna são as alusões transpostas ou distorcidas, a refundição de materiais e temas temporalmente diversos, a convivência lúdica de formas e estilos passados ou, em síntese, a transparência de um caráter híbrido, inclusive em seus níveis de significação.

Diferentemente de outras épocas, em que as respectivas poéticas postularam-se como ordenações ou como sensibilidades relativamente homogêneas, distintas e propositivas, o pós-modernismo move-se de maneira fluida, integrativa, adaptada ao "pensamento débil" (*il pensiero debole*), como o chamou o filósofo italiano Gianni Vattimo. Donde também a "impureza", vista como essência da estética pós-moderna, na opinião do ensaísta Guy Scarpetta, na qual se incluem o ceticismo ou o antiutopismo de personalidades como Samuel Beckett, Milan Kundera ou Pier Paolo Pasolini. Ao contrário dos primeiros modernos do século, cuja bandeira comum seria a da "morte da arte", mas para que ela nascesse confiantemente *ex-novo*, os pós-modernos desincumbem-se de ilusões. Preferem a denúncia da crueldade moderna, o desalento ou o escárnio. Por um caminho paralelo, Clement Greenberg opõe o moderno ao pós-moderno da seguinte maneira. Na pintura, o alto modernismo exprimiu-se como "esforço contínuo para enfrentar o declínio dos padrões estéticos ameaçados pela democratização (popularização) da cultura e pela industrialização", seu caráter mercantilista (*A Noção de Pós-Moderno*). Já o pós-modernismo representa o mau gosto comercial, travestido de avanço e sofisticação, o que destrói, quase imperceptivelmente, a integridade espiritual da arte.

A "contracultura" →*beatnik*, a →*pop art*, as manifestações de →*happening*, o cultivo de uma sensibilidade "vital" ou hedonista (sexo, drogas e *rock'n roll*) praticada pela juventude, a contestação a todas as formas institucionais hierarquizadas ou elitistas proclamaram, em conjunto, o apagamento dos limites entre a arte e a vida, desprezando as atitudes de contemplação estética e de disciplina intelectual. Essas novas mentalidades, que se difundiram enfaticamente entre os anos 1950 e 1970, fizeram com que o crítico norte-americano Ihab Hassan (*A Cultura do Pós-Modernismo*) as encarasse como fenômeno sociocultural generalizado, uma nova *episteme* ocidental. Nela, o princípio de autoridade teria sido substituído pelo de anarquia, mescla de indeterminação, pluralismo, ecletismo, aleatoriedade, paródia e ceticismo em face das criações espirituais e dos comportamentos de grupo. Neste jogo infinito de indefinições estéticas, entrariam para o rol pós-moderno figuras como John Cage, Thomas Pynchon, Andy Warhol, Rauschenberg e Tinguely. Mais tarde, desiludido com as experiências, chegou a escrever: "O próprio pós-moderno mudou, dando, em meu parecer, uma guinada errada. Encurralado entre a truculência ideológica e a ineficácia desmistificadora, preso no seu próprio *kitsch*, o pós-modernismo tornou-se uma espécie de pilhéria eclética, refinada lascívia de nossos prazeres roubados e descrenças fúteis" (*A Guinada Pós-Moderna*).

Já para Jean-François Lyotard, o pós-modernismo cultural é uma reação singular, principalmente porque diz respeito a uma nova condição de conhecimento. Momento em que o saber muda sua condição e estatuto. Se ele se configura como um discurso, então a incidência das novas informações, máquinas e sistemas comunicativos modifica sensível e irreversivelmente a condição em que surge e o modo como se propaga. Diz o autor: "Pode-se então prever que tudo o que no saber constituído não é traduzível (em dados ou quantidades binárias de informação) será abandonado, e que a orientação das novas pesquisas se subordinará à condição de tradutibilidade dos resultados eventuais em linguagem de máquina [...] o antigo princípio segundo o qual a aquisição é indissociável da formação (*Bildung*) do espírito, e mesmo da pessoa, cai e cairá cada vez mais em desuso. Esta relação [...] tende e tenderá a assumir a forma que os produtores e os consumidores de mercadorias têm com estas últimas, ou seja, a forma valor [...] deixa de ser para si mesmo seu próprio fim; perde o seu 'valor de uso'" (*A Condição Pós-Moderna*).

Globalizada e informacional, uma nova classe dirigente, que não propriamente a política, então vinculada ao Estado-Nação, toma o papel de *decisor* – são os executivos e administradores de empresas, altos funcionários de órgãos profissionais e de organismos internacionais, todos eles fora do alcance da soberania estatal anterior. Por conseqüência, cada cidadão está doravante entregue a si mesmo, e "este si mesmo é muito pouco". A atomização do social encontra-se, desde então, e cada vez mais, perpassada por jogos de linguagem e de interesses corporativos, e não mais pelas grandes instituições tradicionais (povo, Estado, nação, família, universidade) ou pelos sistemas fechados de pensamento e ação, as chamadas "grandes narrativas" – marxismo, cristianismo, iluminismo, capitalismo de livre concorrência.

Mas, se Lyotard vê nesta mudança epistemológica um traço positivo, isto é, pretensamente libertário do mundo contemporâneo, o filósofo Robert Kurz a examina como falência da crítica social, como desarmamento da capacidade de teorizar sobre os conflitos inevitáveis da vida coletiva. Num artigo intitulado *Filosofia como Farsa*, diz o autor: "Depois do conceito de desenvolvimento ter perdido há muito o seu fascínio, agora é a própria teoria crítica da sociedade que é vista como obsoleta, não só a marxista, mas a teoria em geral [...] a pós-modernidade envolveu tudo o que na história da modernização até hoje foi tido como teoria com a suspeita de um 'propósito totalitário' das chamadas grandes narrativas ou grandes teorias. Não se quer mais considerar o conjunto da sociedade e, por

isso, repudiam-se os 'grandes conceitos' em troca do conforto da 'indeterminação' teórica. A teoria crítica é substituída pelo jogo intelectual desinteressado [...]. Bem no momento em que o totalitarismo do dinheiro domina como nunca a realidade, a própria teoria social é denunciada como totalitária em seus projetos [...]. Em seu estatuto terminal, o sistema moderno torna-se, pois, a primeira sociedade totalmente sem reflexão da história".

Pós-moderno, um projeto do modernismo? Não seriam aquelas últimas características mencionadas o resultado natural do próprio modernismo, ou pelo menos de uma de suas possibilidades que então se desenvolveu? Não é aceitável, por exemplo, observarmos aspectos pós-modernos configurados no dadaísmo? Já não foi ele interpretado como "destruição do mundo absurdo da guerra pelo absurdo da literatura", "sátira triste depois da tragédia", "estupidez generalizada" ou "antiarte contra a antiarte" ou "puro infantilismo repleto de ceticismo adulto"?

Há assim vários autores que vêem no pós-moderno uma certa continuidade das perspectivas modernas. Peter Wollen (*Ataque à Geladeira, Reflexões sobre a Cultura do Século XX*) opina ser ele "a ascensão tardia, ao primeiro plano, de aspectos subordinados do modernismo, que ali sempre estiveram presentes". Daniel Bell atribuiu à junção do capitalismo triunfante e do modernismo cultural a onda de força da pós-modernização. De um lado, os padrões de severidade do capitalismo foram abandonados (a ética da poupança e do comportamento puritano, ainda que de superfície), tendo prevalecido, em oposição, o estímulo ao consumo generalizado, ao conforto, aos lazeres, ao "desfrute instantâneo". De outro, "a autonomia cultural, obtida na arte, começa agora a passar para a arena da vida. O temperamento pós-moderno requer que aquilo que antes era fantasia ou imaginação se converta também em vida" (*As Contradições Culturais do Capitalismo*).

O historiador italiano Manfredo Tafuri, por sua vez, analisa o modernismo como tentativa bem-sucedida de substituição da Política pela "política cultural" e do ideal das transformações socioeconômicas por uma inovação superficial das formas estéticas (arquitetura, linguagem, cinema e pintura), instrumentalizada pelo capital para fragmentar o pensamento utópico e dispersar as forças sociais (*Arquitetura e Utopia*).

Também para Jameson, "o pós-modernismo não é o elemento cultural dominante de uma sociedade inteiramente nova [...] mas apenas o reflexo e algo concomitante a uma modificação sistêmica do próprio capitalismo" – que poderíamos resumir como informatização, automação, globalização econômica, divisão internacional e fragilização das relações de trabalho, prevalência dos mercados financeiros livres. A cultura, enquanto fenômeno simbólico ou doador de significado, tornou-se, ela mesma, aquilo que determina a economia, a prática social e a psicologia. Ocorreu, portanto, "uma expansão prodigiosa da cultura por todo o reino social, ao ponto em que tudo em nossa vida social – do valor econômico e poder do Estado às práticas e estrutura da psique – pode ser considerado como tendo se tornado 'cultural' em algum sentido original, ainda que não codificado em teorias".

A partir dessa idéia de aculturação, estetização ou "espetacularização" da realidade (→*Pop-arte, cultura*), reafirma Krishan Kumar: "Cultura e comércio se fundem e se alimentam de forma recíproca. Isto é visto com maior clareza no papel decisivo da publicidade na cultura contemporânea e também na maneira como eventos artísticos e esportivos, tais como festivais de música *pop* e jogos nacionais e internacionais de futebol, tornam-se veículos para promover as grandes empresas. Talvez fosse melhor dizer: *tornam-se* grandes empresas, porque boa parte dos negócios da economia pós-industrial é em si cultura, interessada na produção de bens e serviços culturais. Houve, em outras palavras, não só a conhecida 'mercantilização da cultura' (já prevista por Marx), que se estendeu não apenas à cultura de 'massa', mas também à de elite, como também um movimento na direção oposta, no qual a cultura coloniza a economia. Daí a importância para a economia das 'indústrias da cultura': educação, meios de comunicação de massa, turismo, lazer, esporte" (*Da Sociedade Pós-Industrial à Pós-Moderna*).

Por fim, para Ferenc Fehér e Agnes Heller, "o pós-modernismo é o herdeiro direto do antiautoritarismo da última geração modernista". A diferença específica encontra-se agora no abandono de uma temporalidade que esteja necessariamente adiante, já que se opta por uma ambigüidade histórica. Assim, "Quando os que habitam os nichos da pós-modernidade situam Shakespeare em meio a um cenário utilizando a parafernália de Plauto e revivem a comédia romana, rompem com a temporalidade do modernismo. Assim sendo, não tomam partido por nenhum dos extremos do famoso debate sobre a decadência. Nem o *dernier cri* nem as obras criadas no passado remoto têm sido consideradas exemplos de virtude artística pela sensibilidade pós-moderna. Esta aqui encontra-se no tempo da pós-história *sensu stricto*; os que residem na pós-modernidade, os que 'estão depois' podem, em princípio, encontrar seu hábitat em qualquer tempo histórico. De fato, esta versatilidade histórica e temporal é tão ambígua como qualquer dos outros sintomas da pós-modernidade. Pode ser um intento de recuperar todas as histórias

humanas [...]. Mas pode assinalar também a erosão de tradições culturais distintas e unificadas. A ruína destas aqui poderá ter um impacto devastador no sistema de educação que se baseia firmemente no vernáculo da tradição" (*A Condição da Pós-Modernidade*). →*Vanguarda*.

MODERNISMO BRASILEIRO. **A sociedade no começo do século.** A mentalidade ou o espírito do alto modernismo europeu (→*Modernidade e pós-modernidade*, →*Arte no século XX*) transplantou-se para o Brasil no início do século XX, em meio a transformações políticas, econômicas e sociais de razoável dinamismo e densidade.

Demograficamente, por exemplo, a nação passara de catorze para trinta milhões de habitantes entre 1890 e 1920. As imigrações européias e posteriormente as de japoneses e de sírio-libaneses (mais de 2,5 milhões de pessoas entre 1891 e 1920) haviam trazido novos padrões, conhecimentos e exigências culturais até então desconhecidos. A expansão do trabalho assalariado fazia com que a economia adquirisse predominância monetária e modificasse as condições do contrato trabalhista. Ao mesmo tempo, "a arrancada territorial do café, fundada numa política de defesa constante do produto, através de mecanismos em que sua comercialização preponderava, corresponderia à incorporação de vastas áreas até então abandonadas. O café ampliaria o mercado interno, promoveria o desenvolvimento ferroviário, alicerçaria a rede bancária e forneceria as bases para o crescimento industrial [...]. Por outro lado, os investimentos estrangeiros encontram largos campos de aplicação, com perspectivas promissoras: no setor de transportes, de início; nos serviços públicos urbanos, depois; no setor de energia, adiante. São investimentos generosamente garantidos (por oligopólio ou monopólio), com mercado assegurado, e vão concorrer com a amortização dos empréstimos (tomados no exterior) no desfalque que os saldos da balança de mercadorias oferece" (Nélson Werneck Sodré, *Formação Histórica do Brasil*).

A Primeira Guerra Mundial, ao dificultar as importações, deu impulso à industrialização, ainda que em moldes familiares. Mesmo assim, entre 1907 e 1920, o número de estabelecimentos fabris saltou de cerca de 3 200 para mais de 13 300, incluindo novos ramos produtivos, responsáveis (na última data) pela absorção de 276 mil operários. A concentração proletária e suas reivindicações trabalhistas, juntamente com o anarquismo político-sindical, fizeram eclodir as primeiras greves gerais (1917, em São Paulo; 1918, no Rio; 1919, em Salvador), além de várias outras menores no Paraná e no Rio Grande do Sul.

Do ponto de vista político, o primeiro período republicano (1889-1894), apesar de militarista e centra-

MODERNISMO BRASILEIRO 423 **Mo**

lizador, contou com o apoio das classes médias urbanas e a oposição dos antigos oligarcas rurais do Império. Esse poder, entretanto, foi modificado com a saída de Floriano Peixoto e a adoção da famigerada "política dos governadores", sendo estes últimos representantes da elite agro-exportadora. Na opinião de Rui Barbosa, "um dos flagelos que desgraçam hoje este país são as chamadas oligarquias estaduais, que o governo da União ácoroçoa [incentiva], explora, sustenta e agrava, servindo-se, para isso, já dos exércitos militares [...], já do exército civil, que o nosso inumerável funcionalismo lhe proporciona. No dia em que a União deixe de ser o guarda-costas das oligarquias locais, e entre a velar seriamente [...] contra os desregramentos [...] a política brasileira deixará de ser, como é, o sindicato dos governadores, presidido pelo Poder Executivo". Uma política que se prolongou sem contestações efetivas até 1922, ano em que o incipiente movimento tenentista promoveu as revoltas da Vila Militar e do Forte de Copacabana e se realizou a Semana, ponto de inflexão das tendências revolucionárias em nossas artes, exatos cem anos após a Independência.

Modernismo e nacionalismo. A ascendência e a difusão das novas estéticas européias foi um dos fatores decisivos para o modernismo em seu desejo de rompimento com o passado romântico-parnasiano, destacando-se, entre elas, o futurismo, o cubismo, o expressionismo e, pouco depois, a corrente surrealista. Mas, no afã de promoverem experimentações práticas e teóricas, os jovens intelectuais e artistas foram obrigados a se movimentar, como um pêndulo, entre este pólo de importação e a necessidade de um projeto nacionalista.

Conjugaram então, e simultaneamente, uma linguagem inovadora, com tendências anárquicas (em débito com o vanguardismo europeu), àquela marcadamente rústica, lírica ou prosaica de origens popular e folclórica, considerando-a a mais espiritualmente "autêntica". Deslumbraram-se com as tecnologias contemporâneas, com a estética da velocidade e da complexidade urbanas, ao mesmo tempo em que exaltaram a cultura simples das camadas pobres e da paisagem interiorana brasileira. Descobriram política e artisticamente o povo, embora estivessem situados, em sua maioria, no berço esplêndido da *intelligentsia* aristocrática (seus encontros, à moda dos salões parisienses do século XVIII, ocorriam regularmente em casa de figuras socialmente tradicionais, como as de Paulo Prado e Olívia Guedes Penteado, em São Paulo, ou na de Laurinda Santos Lobo, no Rio de Janeiro). No plano ideológico, ocuparam as várias cores do espectro político, desde a extrema esquerda até chegar ao fascismo. Por razões como essas, escreveu Antônio Cândido

(*Literatura e Sociedade*): "No campo da pesquisa formal, os modernistas vão inspirar-se, em parte de maneira algo desordenada, nas correntes literárias de vanguarda na França e na Itália [...] [mas] não se ignora o papel que a arte primitiva, o folclore, a etnografia tiveram na definição das estéticas modernas, muito atentas aos elementos arcaicos e populares comprimidos pelo academismo. Ora, no Brasil, as culturas primitivas se misturam à vida cotidiana ou são reminiscências ainda vivas de um passado recente".

Sob outro ponto de vista, o fato de o modernismo e a Semana de 22 terem ocorrido mais cedo em São Paulo conduz a pelo menos duas hipóteses que se complementam. De um lado, era a cidade que com mais vigor e evidência recebia os novos bens e valores da industrialização, das estruturas financeiras e das contribuições imigratórias; de outro, não havia ali uma tradição estética ou estilística tão marcante quanto os barrocos mineiro ou nordestinos, nem neoclássico, como o do Rio de Janeiro, sede da Missão Francesa.

Ainda que se tenha estendido praticamente a todas as expressões artísticas da primeira metade do século, a literatura, a pintura, a escultura e a música foram aquelas que, primeiro e rapidamente, avançaram na produção de obras e ideais renovadores.

Literatura. Na literatura, as duas primeiras décadas do século XX vinham experimentando temas regionalistas e suburbanos, propostas e críticas socioculturais, ainda sob o impulso anterior das concepções realistas-naturalistas. Nesse interregno situam-se, por exemplo, os romances ácidos, "fotográficos" e formalmente espontâneos de Lima Barreto (*Recordações do Escrivão Isaías Caminha*, *Triste Fim de Policarpo Quaresma*, *Numa* e *Ninfa*), a visão analítica e antropológica de Euclides da Cunha (*Os Sertões*), carregada de espanto pela miséria e pelo fanatismo encontrados nos grotões do país, o combate agressivo e por vezes satírico de Monteiro Lobato em prol da modernização política, econômica e cultural do Brasil, de tendência positivista, tendo a Europa como modelo de progresso (*Urupês*, *Cidades Mortas*, *Negrinha*), ou ainda Graça Aranha, um autor de teses, buscando uma síntese possível entre o cosmopolitismo e o tropicalismo, o progresso e o primitivismo, a colonização material e a contemplação estética de uma natureza ainda intocada (*Canaã*, *A Viagem Maravilhosa*).

São também anteriores à Semana: o poema sertanista *Juca Mulato*, de Menotti del Picchia (tanto quanto *Moisés* e *Máscaras*), no qual se valoriza o homem brasileiro fruto da miscigenação, vazado em linguagem simples e popular, o que lhe permitiu alcançar razoável sucesso de público e de crítica; e *Carnaval*, de Manuel Bandeira, então cognominado o São João Batista da nova poesia, que trouxe, entre outras criações, o poema antiparnasiano *Os Sapos*: "O sapo tanoeiro, / Parnasiano aguado, / Diz: Meu cancioneiro / É bem martelado. / Vede como primo / Em comer os hiatos! / Que arte! E nunca rimo / Os termos cognatos. / Clame a saparia / Em críticas céticas: / Não há mais poesia, / Mas há artes poéticas".

Os encontros que autores e artistas realizavam, por coincidência ou propósito, na livraria e editora O Livro, em São Paulo, serviram para o nascimento da idéia e como preparativos, em 1921, de uma Semana de Arte Moderna, "na qual se exibiriam a prosa e o verso, a pintura, a escultura e a música, um festival que reunisse o grupo modernista e ecoasse escandalosamente, para marcar, de maneira definitiva, a divisão dos campos artísticos" (Mário da Silva Brito, *A Literatura no Brasil*).

Escolhido o Teatro Municipal e obtida a autorização para seu uso, a Semana realizou-se no período de 11 a 18 de fevereiro do ano seguinte, com ingressos pagos. Nela tomaram parte (comparecendo ou enviando trabalhos) Graça Aranha, Mário de Andrade, Paulo Prado, Ronald de Carvalho, Menotti del Picchia, Agenor Barbosa, Sérgio Milliet, Guilherme de Almeida, Anita Malfatti, John Graz, Di Cavalcanti, Almeida Prado, Vicente do Rego Monteiro, Victor Brecheret, Villa-Lobos, Guiomar Novais e a bailarina Yvonne Daumeri. Ainda segundo Mário Brito, "A grande noite da Semana foi a segunda. A conferência de Graça Aranha, que abriu os festivais, confusa e declamatória, foi ouvida respeitosamente pelo público, que provavelmente não a entendeu, e o espetáculo de Villa-Lobos, no dia 17, também foi perturbado, principalmente, porque se supôs fosse 'futurismo' o artista se apresentar de casaca e chinelos, quando o compositor assim se calçava por estar com um calo arruinado [...]. Mas não era contra a música que os passadistas se revoltavam. A irritação se dirigia especialmente à nova literatura e às novas manifestações da arte plástica. Na segunda noite, 15 de fevereiro, todos o sabem, o público e os próprios modernistas, que haverá algazarra e pateada. Menotti del Picchia, em seu discurso, prevê que os conservadores desejam enforcá-lo 'um a um, nos finos assobios de suas vaias' [...]. Como era previsto, a pateada perturbou o sarau, especialmente à hora das 'ilustrações', ou seja, o momento em que, apresentados por Menotti del Picchia, eram reveladas a prosa e a poesia modernas, declamadas ou lidas por seus autores. Mário de Andrade confessa que não sabe como teve coragem para dizer versos diante de uma vaia tão barulhenta que não escutava, no palco, o que Paulo Prado lhe gritava da primeira fila. O poema *Os Sapos*, de Manuel Bandeira, que ridicularizava o Parnasianis-

mo [...] foi declamado por Ronald de Carvalho, sob os apupos, assobios, a gritaria de 'foi não foi' da maioria do público [...]. Agenor Barbosa obteve aplausos com o poema *Os Pássaros de Aço*, sobre o avião, mas Sérgio Milliet falou sob o acompanhamento de relinchos e miados".

A confirmação das recentes propostas sucederam-se com razoável velocidade após a Semana. Ainda em 22, veio a público (já tendo sido escrita um ano antes) a *Paulicéia Desvairada*, de Mário de Andrade; em 1923, as *Memórias Sentimentais de João Miramar*, de Oswald de Andrade, apoiadas numa sintaxe que destruía "as regras de pontuação" e apresentava, "pela primeira vez, o estilo telegráfico e a metáfora lancinante"; em 1924, *O Ritmo Dissoluto*, de Manuel Bandeira; em 1925, duas obras de Guilherme de Almeida, *Meu* e *Raça*; *Pau-Brasil*, de Oswald, e *A Escrava que não é Isaura*, de Mário; em 1926, *Toda a América*, de Ronald de Carvalho, *Vamos Caçar Papagaios*, de Cassiano Ricardo, e *O Estrangeiro*, de Plínio Salgado; em 1928, *Macunaíma*, de Mário, assim como *Martim Cererê*, de Cassiano; em 1930, *Libertinagem*, de Bandeira, com o muito conhecido texto de "Estou farto do lirismo comedido / Do lirismo bem comportado / Do lirismo funcionário público com livro de ponto, expediente, protocolo e manifestações de apoio do Sr. Diretor".

Revistas foram lançadas simultaneamente, como *Klaxon*, *Terra Roxa e Outras Terras*, *Estética*, ao lado de manifestos, como o da poesia *Pau-Brasil* (1924), o *Verde-amarelo*, logo transformado no grupo Anta, e o *Antropofágico* (1928), de Oswald (com adesão de Raul Bopp, que mais tarde escreveria *Cobra Norato*). Foram anos em que as dissidências estéticas e políticas se desnudaram. De um lado, a corrente Pau-Brasil garantia que "o carnaval no Rio é o acontecimento religioso da raça, que Wagner submerge ante os cordões de Botafogo e o Bárbaro é nosso", demonstrando assim preferências pelo espontaneísmo, pela ironia dadaísta, pelo antiintelectulismo, ou ainda pelo "instinto Caraíba, lei do antropófago", exaltado no *Manifesto Antropofágico*. De outro, o movimento Verde-amarelo – de Plínio Salgado, Menotti e Cassiano Ricardo – retrucava com veemência, afirmando que "Pau-Brasil é madeira que já não existe [...] pau nefasto, primitivo, colonial, arcaísmo da flora, expressão de país subserviente [...] sem consciência definida [...] metido a sebo". Para este último, a estética anarcoprimitiva do Pau-Brasil não conduzia a nenhuma construção verdadeiramente organizada, nacional e de massas.

Mais próximo do verde-amarelismo, na época, Gilberto Freyre promoveu no Recife o Congresso Brasileiro de Regionalismo (1926), "a favor da cozinha regional brasileira [...], a favor das igrejas velhas, a favor não da simples conservação, mas do aproveitamento, pelos arquitetos mais jovens, dos valores da arquitetura tradicional e também dos estilos tradicionais de jardins e parques à portuguesa, já acomodados à natureza e à vida brasileiras [...] a favor dos estudos negros, ameríndios, populares, folclóricos, provincianos".

À guisa de ilustração, vejamos um trecho de *Martim Cererê*, poema histórico de Cassiano Ricardo, no caso a descoberta e a exploração do ouro ("o Pai do Sol") pelo bandeirante Borba Gato: "Lá estava o tal, olhos de ouro, / sentado em meio ao Sertão. / Tendo cinco labaredas / de alegria em cada mão. / – 'Você está aqui, seu malandro' [...] / E como um novo Jasão / na conquista ao Tosão de Ouro, / já perto, chega não chega. / pé ante pé, devagarzinho, / por um vão da árvore espessa / vibra no ar a enorme foice, / rápida, em trinta relâmpagos, / e decepa-lhe a cabeça. / E o Pai do Sol degolado, / ainda escorrendo fogo, / é posto logo aos pedaços, / em longos cargueiros de ouro. / No rio da Noite Verde / levando-lhe pés e braços / deslizam canoas de ouro. / Um caçador, mais a oeste, caçou veado a chumbo de ouro. / O vestido azul da santa / amanheceu, por milagre, já bordado a fios de ouro. / A Rita da nação benguela / tem agora um colar de ouro [...]. Na igreja do Sabará / um Cristo nu chora ouro".

Esta era pioneira do modernismo, experimentalista, juvenil e escandalosa, configurou-se, genericamente, e quando apaziguada pelo tempo, como "a sedução do irracionalismo, como atitude existencial e estética que dá o tom aos novos grupos [...] e lhes infunde aquele tom agressivo com que se põem em campo para demolir as colunas parnasianas e o academismo em geral. Irracionalistas foram: a primeira poética de Mário de Andrade, o Manuel Bandeira teórico do 'alumbramento' e todo o roteiro de Oswald de Andrade. Presos ao decadentismo estetizante, Guilherme de Almeida e Menotti del Picchia. Primitivista, Cassiano Ricardo. Na verdade, desvairismo, pau-brasil, antropofagia, anta [...] exprimem tendências evasionistas que permearam toda a fase dita heróica do Modernismo" (Alfredo Bosi, *História Concisa da Literatura Brasileira*).

Os melhores resultados do modernismo na literatura vieram com o amadurecimento ou o depuramento da fase explosiva – o Manuel Bandeira de *Libertinagem* e *Estrela da Manhã*, o Mário de Andrade de *O Carro da Miséria* e *Lira Paulistana*, o Oswald de *Serafim Ponte Grande* – e com a chegada de uma segunda geração, por volta de 1930, sem dúvida devedora dos pioneiros.

Carlos Drummond de Andrade estreou exatamente naquele ano com *Alguma Poesia*, a que se seguiram, entre outras obras, *Brejo das Almas* (1934), *Sentimento do Mundo* (1940), *A Rosa do Povo* (1945), *Claro Enigma* (1951) ou *Fazendeiro de Ar* e *Poesia Até*

Agora (1953). Para não poucos, o maior poeta brasileiro do século, ou, pelo menos, tão agudo e percuciente quanto Bandeira e o mais novo, na época, João Cabral de Melo Neto. Pouco dado a correntes e programas, Drummond representa o espírito típico do distanciamento, da condenação, vazados em um lirismo ácido, desenganado e habitualmente irônico, fruto de uma preeminente reflexão existencial: "E calamos em nós, sob o profundo / instinto de existir, outra mais pura / vontade de anular a criatura" (*Fraga e Sombra*); "As mais soberbas pontes e edifícios / o que nas oficinas se elabora, / o que pensado foi e logo atinge / a distância superior ao pensamento, / os recursos da terra dominados, / e as paixões e os impulsos e os tormentos... / e o absurdo original e seus enigmas, / suas verdades mais altas que todos / monumentos erguidos à verdade; / e a memória dos deuses, e o solene / sentimento de morte, que floresce / no caule da existência mais gloriosa" (*A Máquina do Mundo*).

Outras figuras importantes dessa fase subseqüente foram, entre tantos outros, Murilo Mendes, que evoluiu da paródia e das influências surrealistas e dadaístas (*Poemas*, 1930, ou *História do Brasil*, 1932) para uma poesia mística, aliada à sensualidade salmódica (*Tempo e Eternidade*, com Jorge de Lima, 1935; *A Poesia em Pânico*, 1938): "Berenice, Berenice! / Uma grande mulher se apresentou a mim / E te faz sombra. / Ela exige de mim o que nem tu, insaciável, podes me pedir. / Ela quer a minha entrega total / E me oferece viver em corpo e alma / A Encarnação, a Paixão, a Redenção, o Sacrifício e a Vitória" (*Igreja Mulher*). Logo depois, a realidade brutal da guerra esteve presente n'*As Metamorfoses* (1944): "Vi o carrasco do faminto, do órfão, / Deslizando, soberbo, na carruagem... / Vi o recém-nascido estrangulado / Por seus irmãos, à luz crua do sol. / Vi atirarem ao mar sacos de trigo / E no cais um homem morreu de inanição".

E ainda Augusto Frederico Schmidt (*Canto de Morte*, 1934; *Estrela Solitária*, 1940; *Mar Desconhecido*, 1942); Mário Quintana (*A Rua dos Cata-ventos*, 1940; *O Aprendiz de Feiticeiro*, 1950), um autor de atraente simplicidade e, ao mesmo tempo, construtor de imagens oníricas ou irreais: "O dia de lábios escorrendo luz / O dia está na metade da laranja / O dia sentado nu / Nem sente os pesados besouros / Nem repara que espécie de ser... ou de deus... ou animal é esse que passa no frêmito da hora / Espiando o brotar dos seios"; Jorge de Lima, poeta mutante, ora "negro" (*Essa Nega Fulô*, 1928; *Quatro Poemas Negros*, 1937), ora folclórico-nordestino (*Poemas*, 1927; *Novos Poemas*, 1929) e ainda religioso (*Tempo e Eternidade*, *A Túnica Inconsútil*, 1938) ou esotérico e obscuro (*A Invenção de Orfeu*, 1952); Cecília Meireles (*Baladas para El-Rei*, 1925;

Viagem, 1939; *Vaga Música*, 1942; *Romance de Santa Cecília*, 1957; *Solombra*, 1963), poetisa de expressão intimista e de sugestiva capacidade melódica, dos aspectos sombrios ou tristes do espírito humano, exceção mais evidente ao *Romanceiro da Inconfidência*, e bastante próxima da lírica portuguesa: "Quando meu rosto contemplo, / o espelho despedaço: / por ver como passa o tempo / e o meu desgosto não passa. / Amargo campo da vida, / quem te semeou com dureza, / que os que não se matam de ira / morrem de pura tristeza?".

Já no transcorrer da segunda guerra, outras propostas poéticas vieram dar prosseguimento e, simultaneamente, opor-se ao irracionalismo da primeira fase e ao subjetivismo da segunda. A →Geração de 45 quis reafirmar a necessidade da técnica, isto é, de uma pureza formal que submetesse os aspectos intimistas da poesia à lapidação seca ou geométrica dos versos, que afastasse os elementos prosaicos inseridos no início do movimento, além de recomprometer a poesia com as situações sociais do período (o que só parcialmente foi adotado por alguns autores). E a figura que finalmer..e se impôs, a partir de então, foi a de João Cabral de Melo Neto (*Pedra do Sono*, 1942; *O Cão sem Plumas*, 1950; *Morte e Vida Severina*, 1956; *Quaderna*, 1960; *Educação Pela Pedra*, 1966). Um dos exemplos marcantes desta elaboração talhada e contida pode-se ver em *A Palo Seco* (trecho): "Se diz a palo seco / o cante sem guitarra; / o cante sem o cante; / o cante sem mais nada. / O cante a palo seco / é um cante desarmado: / só a lâmina da voz / sem a arma do braço; / que o cante a palo seco / sem tempero ou ajuda / tem de abrir o silêncio / com sua chama nua / ... a palo seco cantam / a bigorna e o martelo, / o ferro sobre a pedra, / o ferro contra o ferro; / a palo seco canta / aquele outro ferreiro: / o pássaro araponga / que inventa o próprio ferro".

A ficção narrativa modernista também veio a adquirir mais acuidade e consistência a partir dos anos 1930, tanto pela via inicial do realismo regionalista (*A Bagaceira*, de José Américo de Almeida), como, logo depois, pelas experiências dos chamados romances psicológicos (memorialismo, intimismo, reflexões existenciais ou monólogos interiores), transcorridos em ambientes cosmopolitas ou regionais (*Menino de Engenho*, de José Lins do Rego), ou ainda por uma combinação de ambos os tratamentos. A esse respeito, Bosi propôs como modelos as seguintes tendências para o romance brasileiro, baseando-se no grau de tensão entre o protagonista e o mundo contra o qual está em conflito: *a*) romance de tensão mínima, mais limitado às oposições sentimentais e verbais, com forte inserção regional e tendência à crônica de costumes (os

primeiros textos de Rachel de Queiroz, como *O Quinze*, e João Miguel, Jorge Amado, Érico Veríssimo, Marques Rebelo); *b*) narrativa de tensão crítica, em que o herói se contrapõe de maneira "agonística" ao meio social, revelando um caráter mais destacado e expressivo (Graciliano Ramos e algumas obras de José Lins do Rego, como *Usina* e *Fogo Morto*); *c*) tensão interiorizada, marcada pela evasão subjetiva (Cyro dos Anjos, Osman Lins, Lúcio Cardoso, Lígia Fagundes Telles); *d*) de tensão transfigurada, caracterizada por uma "transmutação mítica ou metafísica da realidade" (Guimarães Rosa, Clarice Lispector) e à qual poderíamos aduzir as obras de Cornélio Pena, de inflexão místico-filosófica (*Fronteira, Dois Romances de Nico Horta, A Menina Morta*).

As três décadas posteriores viram surgir aquelas obras normalmente reputadas como as de maior relevância para a narrativa ficcional no século. Além de algumas já mencionadas, temos: São *Bernardo, Angústia* e *Vidas Secas*, de Graciliano Ramos; *Sagarana* e *Grande Sertão: Veredas*, de Guimarães Rosa (livros em que ressaltam os aspectos formais inovadores, isto é, cuja construção literária subverte a sintaxe tradicional, baseando-se numa estrutura "orquestrada" de timbres e de ritmos frásicos, em que as palavras, as desusadas ou os neologismos, adquirem múltipla conotação); *Terras do Sem Fim, São Jorge dos Ilhéus* e *Os Velhos Marinheiros*, de Jorge Amado; *Olhai os Lírios do Campo, O Continente e o Retrato, O Tempo e o Vento* e *Incidente em Antares*, de Érico Veríssimo; *A Luz no Subsolo* e *Crônica da Casa Assassinada*, de Lúcio Cardoso; *Décima Noite* e *Os Degraus do Paraíso*, de Josué Montello; *Perto do Coração Selvagem* e *A Paixão Segundo G. H.*, de Clarice Lispector; *O Fiel e a Pedra* e *Avalovara*, de Osman Lins; *O Coronel e o Lobisomem*, de José Cândido de Carvalho; *A Hora dos Ruminantes* e *Sombras de Reis Barbudos*, de José J. Veiga.

Pintura e escultura. No terreno das artes plásticas, a estética modernista foi observada pela primeira vez na obra de Lasar Segall, durante o transcorrer de duas exposições aqui realizadas em 1913 (São Paulo e Campinas), dez anos antes de sua definitiva fixação no Brasil. As tendências sombrias ou expressionistas que já desenvolvera na Alemanha despertaram uma certa curiosidade e espanto, ainda que tímidos, e apenas em círculos reduzidos da crítica. Pintor e gravurista (além de escultor) dos sofrimentos pessoais e dos dramas coletivos do ser humano e de seu povo (*Dois Seres, Navio de Emigrantes, Massacre, Arame Farpado, Mulheres do Mangue*), Segall contribuiu permanentemente para a difusão do novo espírito, tendo sido um dos fundadores da Sociedade Pró-Arte Moderna (a Spam).

Já a exposição de Anita Malfatti, realizada em 1917, após experiências e estudos na Europa e nos Estados Unidos, logrou maior notoriedade do que a primeira de Segall. Vivamente interessada por efeitos colorísticos subjetivos (combinações e contrastes) e influída pelas novidades do pós-impressionismo, do cubismo e do expressionismo, as telas de Malfatti (entre elas *O Farol, A Estudante Russa, Mulher de Cabelos Verdes*) ensejaram uma polêmica de grande importância para a Semana de 22 e seus resultados posteriores. A severa opinião de Monteiro Lobato, expressa no jornal *O Estado de São Paulo*, sob o título de "A Propósito da Exposição Malfatti (Paranóia ou Mistificação?)", continha, na verdade, dois comentários perfeitamente distintos. Lobato reconhecia o vigor e a inventividade de Anita, assim como "um sem-número de qualidades inatas e adquiridas das mais fecundas", mas lhe desaprovava as concepções às quais aderira: "Seduzida pelas teorias do que chama arte moderna, penetrou nos domínios dum impressionismo discutibilíssimo, e põe todo o seu talento a serviço de uma nova espécie de caricatura". Esse ataque à nova estética (e não à pessoa) provocou a união de jovens artistas e intelectuais em defesa da pintora, oferecendo-lhes a oportunidade de "uma primeira consciência de revolta [...] em luta pela modernidade das artes brasileiras" (Mário de Andrade). Ambos os lados acabaram por "martirizá-la", em nome de ideais genéricos.

Outro artista a servir de modelo para o modernismo foi Victor Brecheret, ex-estudante em Roma, e aqui começou a trabalhar em 1919, sob a instigação do arquiteto Ramos de Azevedo. Logo descoberto por Menotti del Picchia, Di Cavalcanti e Oswald de Andrade, como também por Monteiro Lobato, que o elogiou de público, tornou-se, ao contrário de Anita, unanimidade entre preferências tão díspares. Em peças como *Daisy, Eva, Sóror Dolorosa* ou *Sepultamento*, Brecheret soube aliar a nitidez do talhe e a leveza da composição "clássica" aos elementos mais despojados e estilizados das obras ainda recentes de Rodin e de Bourdelle, acrescentando-lhes, por fim, os aspectos maciços e geométricos do *art déco*. Embora não tenha participado da Semana, em virtude de uma longa temporada francesa, deixou à disposição dos organizadores doze de suas esculturas, expostas no evento.

Muito mais comprometidos com o núcleo modernista estiveram Emiliano Di Cavalcanti e Tarsila do Amaral, que se casou com Oswald. Antes de sua primeira estada européia (1923-1925), Di Cavalcanti poderia ser considerado um neo-impressionista ou fauvista com predileções exageradas pelos tons escuros, com os quais retratava personagens boêmios da classe média. Em seu retorno, no entanto, não só descobriu as figu-

ras populares e os ambientes modestos do Rio de Janeiro (as favelas e seus habitantes, as comunidades de pescadores e as mulatas robustas, que aliás se tornaram um tema recorrente), como ampliou as tonalidades de sua paleta. Após um último período na Europa (1935-1940), em que absorveu os traçados cubistas de seu amigos Braque e Picasso, seu estilo tornou-se realmente seguro e consistente (*Nascimento de Vênus, Mulher de Vermelho, Pescadores, Dia de Seresta, Onde Eu Estaria Feliz*).

Amiga de Anita Malfatti, foi por intermédio desta que Tarsila do Amaral conheceu o grupo promotor da revista Klaxon e se aproximou dele, após sua chegada de Paris, em 1922. Mas logo no ano seguinte viajou novamente para continuar seus estudos, freqüentando os ateliês dos cubistas (Lhote, Gleizes, Léger). De regresso em 1924, Tarsila enraizou-se nos temas brasileiros, já anunciados com a tela *A Negra* (1923). Seus trabalhos passaram então por fases peculiares: a do "pau-brasil" (cores puras, primitivas, geometrização linear de formas, como em *São Paulo* e *A Gare*), a "antropofágica" (figuras anômalas ou aberrantes, como *Abaporu, Urutu* e *Antropofagia*) e a "social", após uma excursão à União Soviética (*Operários, Segunda Classe, As Costureiras*).

Alguns artistas que trabalhavam com intensidade desde os anos 1920, sob a inspiração das vanguardas européias, só exerceram maior influência nas novas gerações brasileiras nos decênios seguintes. Casos, por exemplo, de Antônio Gomide, cujas elaborações marcadamente cubistas (*Ponte Saint-Michel, Árvores, Composição Cubista*) tornaram-se gradativamente livres e decorativas, em boa parte sob inspiração religiosa; de Vicente do Rego Monteiro, pintor consagrado na França e que aqui se radicou apenas em 1957, de estilo personalíssimo por suas figuras volumosas, perfeitamente delineadas, esquematizadas e macias, quase sempre bíblicas ou indígenas; de Osvaldo Goeldi, mestre da xilogravura, com a qual desenvolveu um expressionismo singular, não propriamente trágico, mas sobretudo melancólico ou às vezes onírico. Embora tenha ilustrado várias obras literárias de autores brasileiros e traduções, durante os anos 1930 e 1940, sua consagração deu-se a partir de 1951 quando recebeu o prêmio de melhor gravador na I Bienal de São Paulo e, pouco mais tarde, o cargo de professor da Escola Nacional de Belas-Artes; ou de Ismael Nery, morto prematuramente em 1934, e, em vida, pouco conhecido a não ser em ambientes intelectuais. Recuperado só a partir dos anos 1960, conservou-se um artista inflexível da figura humana, indiferente aos apelos nacionalistas, tendo passado de um período inicial fauve-expressionista (*Eva, Mulher com Ramo de Flores*), ao cubismo

(*Duas Mulheres*, *Namorados*) e, finalmente, ao surrealismo, de que se tornou o pioneiro no Brasil, demonstrando uma clara admiração por Chagall (*Desejo de Amor*, *Namorados*, *Anunciação*).

Outro chagalliano dos trópicos, mas de um surrealismo primitivo, de linhas e composição espontâneas, foi o pernambucano Cícero Dias, que adotou o regionalismo ardoroso de Gilberto Freyre durante as décadas de 1920 e 1930, substituindo-o, no entanto, pela pintura abstrata após sua mudança para a Europa, em 1937.

Tendo se dedicado ao retrato desde cedo, foi com um quadro do poeta, amigo e protetor Olegário Mariano que Cândido Portinari ganhou o prêmio do Salão de 1928. Com ele, obteve uma bolsa de viagem para a Europa, o que lhe permitiu conhecer de perto os mestres da Renascença e os mais recentes movimentos da arte moderna. Em seu regresso, dois anos depois, confessou em entrevista a um jornal pernambucano a sua exaltada admiração pelo cromatismo de Ticiano e pelo traço enérgico de Michelangelo. Além destes, impressionaram-no vivamente as obras de Botticelli, Van Eyck, Velázquez, Monet, Picasso e Zuloaga.

Todas essas contribuições modificaram-lhe a forma de pintar e estimularam-no a criar uma obra que, em sua totalidade, representa o mais vasto e comovente panorama da realidade brasileira no século. À exceção de Rego Monteiro, que residia na França e ali já obtivera reconhecimento, Portinari tornou-se o primeiro artista do modernismo a conseguir um prêmio no exterior. Sua tela *O Café* foi agraciada com menção honrosa na exposição norte-americana de 1935 da Fundação Carnegie, oferecendo-lhe a oportunidade de projeção internacional. Convidado a pintar os murais do Monumento Rodoviário (estrada Rio-São Paulo) em 1936, foi também escolhido em 1938 pelo ministro da educação Gustavo Capanema para decorar o novo prédio daquele organismo (o Palácio da Cultura). Seu prestígio crescera tão rapidamente que nenhum outro pintor foi sugerido para a tarefa (a alternativa restante, caso houvesse obras de escultura, seria Brecheret). Dando continuidade ao estilo do quadro *O Café*, com seus personagens humanos largos e vigorosos, retratou, de modo análogo aos muralistas mexicanos, a vida dos diversos trabalhadores braçais e a riqueza por eles produzida, em atitudes dignas e serenas (*Aço*, *Borracha*, *Cacau*, *Cana de Açúcar*, *Carnaúba* etc.). Em 1942, chegou a vez de executar os painéis da Fundação Hispânica na Biblioteca do Congresso, em Washington, ainda sob as mesmas características estéticas, tendo por tema o descobrimento. Logo depois, no entanto, modificou sensivelmente suas composições, mesclando, na dependência do trabalho, influências cubistas, expressionistas e do abstracionismo – época em que imprimiu grande dramaticidade às cenas nordestinas ou um aspecto "vitralista" (conjugação de blocos coloridos) aos murais de *Tiradentes* e de *Guerra e Paz*, este último elaborado para o edifício da ONU.

O escultor Bruno Giorgi consagrou-se, ao lado de Brecheret, como um dos expoentes da segunda geração modernista brasileira. De sólida formação européia (viveu dos seis aos 33 anos na Itália e na França), construiu uma trajetória de estilos diferenciados, a começar pelo figurativismo bem delineado e de talhe suave, exemplificado no *Monumento à Juventude* (1942-1946); enveredou depois por figuras estilizadas e longilíneas moldadas em bronze (*Guerreiros*), momento intermediário para uma fase abstrata, na qual recorreu a volumes negativos, vazados, contrapondo-os a massas cheias, a jogos rítmicos de luzes e de sombras, empregando, de preferência, o mármore branco. Finalmente, a partir de meados da década de 1970, retornou a uma figuração do tipo expressionista em seus corpos humanos retorcidos.

Deve-se registrar que o modernismo plástico brasileiro conservou-se fiel ao figurativismo até meados do século. A abstração só começou a receber destaque tardiamente, após a implantação das Bienais de São Paulo. (→*Arte abstrata, abstracionismo*).

Música erudita. O nacionalismo que se anunciara musicalmente no período romântico (Brasílio Itiberê da Cunha, Alexandre Levy e, principalmente, Alberto Nepomuceno) continuou, e ainda com maior vigor e profundidade, a servir de inspiração para as gerações do modernismo. Os principais compositores foram buscar nas diferentes vozes da cultura popular os seus ritmos – o batuque, o maxixe, o samba, o frevo, o reisado ou o maracatu – e as suas formas expressivas, líricas ou festivas – o choro, a toada, as cantigas de roda infantis. E esse princípio foi complementado com as então recentes estéticas européias – o "impressionismo" francês, a música de Stravínski, as dissonâncias cromáticas, o uso de politonalidades, a recorrência a frases atonais ou a contrastes radicais de timbres.

Heitor Villa-Lobos, sem dúvida o mais importante dentre eles, consagrou-se tanto pela força e originalidade como pela vastíssima obra realizada, dedicando-se a praticamente todos os gêneros musicais. Freqüentador contumaz de grupos de "chorões", Villa-Lobos incorporou as sonoridades populares desde o início de sua carreira compositiva. Assim, por exemplo, escreveu *Os Cânticos Sertanejos* aos 21 anos, e logo depois *Uirapuru*, *Iara* e a suíte *Prole do Bebê* (cantigas de ninar e parlendas), obra que Artur Rubinstein adotou em sua primeira temporada no Brasil. "As modificações infligidas à harmonia facilitaram [...] o transporte, para a música brasileira, de um ambiente harmônico inspirado no populário [...] utilizava, a seu modo, os vários processos tonais modernos, mesmo com passagens atonais, como nos *Choros nº 8 ou 14*, as escalas deficitárias, a exemplo da pentatônica no *Choros n° 10*, agregações sonoras que permitem os mais estranhos resultados harmônicos e um cromatismo audacioso e veemente. Seus processos harmônicos são de uma variedade extrema [...] e sua rítmica contém os mais diversos efeitos, como no *Noneto* ou no *VII Quarteto*" (Renato Almeida, *Música Brasileira Contemporânea*).

Oscar Lorenzo Fernandez, fundador do Conservatório Brasileiro de Música e autor de peças como *Trio Brasileiro*, *Suíte Sinfônica sobre Temas Brasileiros*, *Canção Sertaneja*, do bailado *Imbapara*, do *Reisado de Pastoreio* ou da ópera *Malasarte*, revelou-se um compositor de vivo colorido e de brilhantismo tanto sinfônico quanto dramático, além de expandir qualitativamente o repertório camerístico nacional (*Invenções Seresteiras*, *Suíte para Instrumentos de Corda*, além de vários *Trios* e *Quartetos*).

Extraordinário sinfonista, Francisco Mignone conjugou com equilíbrio as técnicas modernas e as contribuições populares em obras ao mesmo tempo sólidas e complexas, de que são exemplos *Maracatu do Chico Rei*, *Quadros Amazônicos*, *Fantasias Brasileiras*, *Batucajé* ou a ópera *O Contratador de Diamantes*. No gênero canção, mostrou-se um lírico de comovente sensibilidade, evidente em *Dentro da Noite*, *Dona Jamaína*, *Berimbau* ou *A Coieita*.

Admirado desde as suas primeiras composições por Mignone e pelo protetor Mário de Andrade, Mozart Camargo Guarnieri aproveitou o seu pendor natural para as formas contrapontísticas e com ele elaborou uma vasta obra que, partindo de temas inteiramente subjetivos, acabou por incorporar a tradição dos gêneros e do lirismo nacionais. São assim a *Tocata*, a *Flor do Tremembé*, a *Toada Triste*, a peça coral *Coisas deste Brasil*, canções como *Quebra Coco*, *Menina*, *Três Poemas*, ou ainda as sinfonias *América* e *São Paulo* (esta última vencedora do prêmio do IV Centenário).

Outras personalidades de indiscutível talento que fertilizaram o período moderno de nossa música erudita foram: Luciano Gallet, discípulo de Darius Milhaud, que trabalhou com afinco as harmonizações de canções nacionais, antes de se dedicar a obras concertantes de sabor folclórico – *Turuna*, as suítes sobre Temas Negro-Brasileiros ou a série de peças pianísticas *Nhô Chico*; Radamés Gnatalli, igualmente arranjador e regente no âmbito da música popular (*Rapsódia Brasileira*, *Brasiliana*, *Concerto para Celo e Orquestra*, *Concerto Romântico*); Hekel Tavares, autor do *Concerto*

em Formas Brasileiras, de *Navio Negreiro*, *Banzo* e ainda inspirado cancionista popular (*Casa de Caboclo*, *Guacira*); João de Souza Lima, virtuoso do piano e professor de várias gerações de músicos (*Três Danças*, *O Rei Mameluco*, *Lendas Brasileiras*, *Salmo Brasileiro*, *Poema das Américas*); César Guerra Peixe (*Abertura Solene*, *Museu da Inconfidência*, *Concertino para violino e orquestra*, *Bagatelas*, *Sugestões Poéticas em Memória de Fernando Pessoa*) e Cláudio Santoro (*Impressões de uma Fundição de Aço*, *Canto de Amor e Paz*, *Terceira Sonata para Violoncelo*, *Paulistanas*), ambos adeptos também do dodecafonismo e do atonalismo, mas sem os acentos exagerados de frieza ou cerebralismo das correntes européias, e que não poucas vezes também se lançaram aos materiais folclóricos do país (Guerra Peixe aplicou-se a recolher, *in loco* e minuciosamente, as manifestações sonoras de maracatus, de cocos e das toadas sertanejas do interior paulista); Frutuoso Viana, autor de peças curtas para piano e canto (*Dança de Negros*, *O Corta-Jaca*, *Miniaturas*, *Sabiá*, *Toada nº3* – com letra de Carlos Drummond de Andrade) ou José Siqueira, também professor e ensaísta (*Suíte Nordestina*, *Senzala*, *Alvorada Brasileira*, assim como as obras coreográficas *Uma Festa na Roça* e *Bailado das Garças*).

Mencione-se ainda Furio Franceschini, mestre-decapela da catedral da Sé de São Paulo, italiano de nascimento, mas que, tendo adotado o Brasil como pátria, tornou-se o nosso melhor compositor sacro, depois de Lobo de Mesquita e do padre José Maurício – cerca de seiscentas obras nas quais se realçam aquelas destinadas ao canto coral e ao órgão.

Arquitetura. A arquitetura modernista não teve praticamente nenhuma influência direta da Semana de 22, caso se considerem algumas idéias centrais como as de funcionalismo ou de racionalismo construtivo.

Entre meados do século XIX e a década de 1930, no século XX, prevaleceu um grande ecletismo de formas, de inspirações romana, neoclássica, gótica, mourisca e, com maior proximidade temporal, do *art nouveau* (com decorações *art déco*). Nesta corrente eclética sobressaíram, por exemplo, Adolfo Morales de los Rios (Supremo Tribunal Federal e Museu Nacional de Belas Artes, no Rio de Janeiro), Heitor de Melo (Câmara Municipal e Jockey Club, também no Rio) ou Carlos Ekman (Vila Penteado, em São Paulo). Com espírito *art nouveau* ergueu-se ainda o primeiro arranha-céu brasileiro, o edifício Martinelli de São Paulo, concluído em 1929. A essa tendência contrapunha-se, ainda que timidamente, a chamada "reação nacionalista", mais empregada na construção de casas e baseada nas antigas configurações da época colonial, e cujo principal representante foi José Mariano Filho. A respeito dessa tentativa de renascimento, escreveria mais tarde Lúcio Costa: "Foi contra essa feira de cenários arquitetônicos (o ecletismo) que se pretendeu invocar o artificioso revivescimento formal de nosso passado, donde resultou mais um pseudo-estilo, o neocolonial. Tratava-se, no fundo, de um retardado ruskinianismo (→*Arts and Crafts*), quando já não se justificava mais, na época, o desconhecimento do sentido profundo implícito na industrialização, nem o menosprezo por suas conseqüências inelutáveis".

Mas já em 1925, o arquiteto russo aqui radicado Gregori Warchavchik escreveu um artigo-manifesto – *Acerca da Arquitetura Moderna* – no qual pleiteava a adoção das idéias de Gropius e, principalmente, de Le Corbusier ("a casa é a máquina de habitar"). Logo em seguida, em 1927, projetou sua residência da Vila Mariana, em São Paulo, abrindo-a, em 1930, à visitação pública. Com ela, tinha início efetivo a arquitetura modernista brasileira, entre cujas características, adotadas em parte de modelos europeus, estavam a simplificação ou o rigorismo geométrico das linhas, o feitio cúbico dos volumes, a renúncia à ornamentação e o uso de lajes planas superiores (telhado-terraço).

Sob a influência marcante de Le Corbusier, que visitara o Brasil em 1929, constituiu-se um núcleo de novos arquitetos, liderados por Lúcio Costa, resolvido a aplicar as concepções que na Europa e nos Estados Unidos já haviam prosperado. A oportunidade surgiu quando se resolveu reformular o projeto do Ministério da Educação, então encomendado pelo ministro do governo de Getúlio Vargas, Gustavo Capanema. Desse núcleo faziam parte, além de Lúcio Costa, seu incentivador, Carlos Leão, Jorge Moreira e Affonso Eduardo Reidy, ao qual vieram se integrar, pouco depois, Oscar Niemeyer e Ernani Vasconcelos. Para a aprovação definitiva dos estudos, o próprio Corbusier foi novamente convidado, aproveitando a estada para proferir uma série de palestras.

O projeto, enfim iniciado em 1937, continha então, segundo Lúcio Costa, "todos os postulados da doutrina assente: a disponibilidade do solo [...] graças à utilização dos pilotis, cuja ordenação arquitetônica decorre do fato de os edifícios não mais se fundarem sobre um perímetro maciço de paredes, mas sobre pilares de uma estrutura autônoma" (*Razões da Nova Arquitetura*). Além dessa característica de primeiro piso elevado, introduziram-se o cimento armado, as superfícies de vidro nas fachadas, o espaço livre interno, dividido por paredes móveis (*curtain walls*), o quebra-luz ou *brise-soleil* das janelas (fixos ou móveis) e o ajardinamento dos terraços. Outros marcos do final da década de 1930 foram os três edifícios de apartamentos

do Parque Guinle (Lúcio Costa), a sede da Associação Brasileira de Imprensa (ABI) e o Aeroporto Santos Dumont (ambos dos irmãos Roberto – Marcelo, Milton e Maurício), a Estação de Hidros do mesmo aeroporto (Attílio Correia Lima), todos no Rio de Janeiro, o Edifício Esther – o segundo arranha-céu de São Paulo e o primeiro de linhas inteiramente retas e de estrutura independente, permitindo plantas diferentes conforme o andar (Álvaro Vital Brazil e Adhemar Marinho) – e a Torre ou Caixa d'Água de Olinda (autoria conjunta de Luiz Nunes e Fernando Saturnino de Brito). Chegavase, enfim, ao "legítimo propósito de inovar, atingindo o âmago das possibilidades virtuais da nova técnica, com a sagrada obsessão, própria dos artistas verdadeiramente criadores, de desvendar o mundo formal não revelado" (Lúcio Costa).

Essas primeiras realizações despertaram o interesse do arquiteto norte-americano Phillip Goodwin (um dos autores do projeto do Museu de Arte Moderna de Nova Iorque) que visitou o Brasil em 1942. No ano seguinte, Goodwin não só promoveu uma exposição sobre a nova arquitetura no Moma, como escreveu o livro *Brazil Builds*. As iniciativas facilitaram o reconhecimento mundial do modernismo brasileiro, tanto quanto as bienais de São Paulo (as de 1951, 1953 e 1955), que então incorporaram em suas mostras os projetos da nova geração, submetendo-os a júris compostos por personalidades como Siegfried Gideon, Juno Sakamura e Mario Pini (1951) ou Gropius, Aalto e Ernesto Rogers (1953).

No decorrer das décadas de 1940 e 1950, vários projetos de uso público e privativo vieram consolidar as novas concepções construtivas. Entre as edificações particulares, ganharam repercussão, por exemplo, as casas de Heitor Almeida e de Vilanova Artigas, ambas de Artigas, a residência de campo de George Hime, a cargo de Henrique Mindlin, a casa de Lina Bo Bardi, as de Jadir de Souza e de Guilherme Brandi, desenhadas por Sérgio Bernardes, assim como a de Walter Moreira Salles, a cargo de Olavo Redig de Campos, as de Milton Guper e de Olívio Gomes, concebidas conjuntamente por Rino Levi (já conhecido pela concepção do viaduto do Chá) e Roberto Cerqueira César, ou ainda a do próprio arquiteto Oswaldo Brakte. No tocante a edifícios públicos, o modernismo arquitetônico foi adotado vigorosamente no conjunto residencial de Pedregulho, incluindo escola, centro de saúde e mercado, e no Museu de Arte Moderna, ambos do Rio de Janeiro (Affonso Reidy), na escola do Senai, em Niterói (M.M.M. Roberto), no Instituto de Puericultura da então Universidade do Brasil (vários arquitetos, sob a chefia de Jorge Machado Moreira), no Hospital A. C. Camargo de São Paulo (Rino Levi e R. Cerqueira César), no Museu de Arte de São Paulo (MAM, Lina Bo Bardi) ou ainda nos pavilhões do Parque do Ibirapuera (Niemeyer, Zenon Lotufo, Hélio Uchoa e Eduardo Kneese de Mello).

Após ter substituído Lúcio Costa, em 1939, na direção da equipe que então construía o Ministério da Educação, Oscar Niemeyer deu início à mais prestigiosa carreira entre os arquitetos do modernismo brasileiro. Em 1943, a convite de Juscelino Kubitsckek, na época prefeito de Belo Horizonte, projetou o conjunto da Pampulha – a Igreja de São Francisco, o clube náutico e o cassino – introduzindo uma vertente estética particular no geometrismo plano ou "cartesiano" até então predominante: a das linhas "naturais", isto é, curvas ou arredondadas, normalmente encontradas em elementos vegetais ou marinhos. Essa tendência é observável, por exemplo, no formato parabólico daquela igreja, cuja seção central se une a três outras semelhantes e adjacentes, com dimensões menores, como também no edifício Copan, em formato de S, na grande marquise do Ibirapuera, em várias construções de Brasília e em seus elementos estruturais (Catedral, capela do Palácio da Alvorada, nas colunas triangulares e curvas de seus edifícios), ou no Museu de Arte Contemporânea de Niterói.

MODINHA.   Primeiro gênero de canção realmente brasileira, a modinha começou a ser praticada e conhecida na primeira metade do século XVIII. Música de apaixonado lirismo e de andamento dolente, era executada ao som de viola (inicialmente por compositores e instrumentistas mulatos), tendo sido julgada licenciosa nos meios mais conservadores da época. Tais recriminações, no entanto, não impediram que, ao longo do tempo, granjeasse admiração em todos os estratos sociais, incluindo-se os círculos aristocráticos do Brasil e de Portugal. Foi o padre mulato Domingos Caldas Barbosa, que em 1763 se transferiu ainda jovem para Lisboa, o primeiro compositor a divulgar aquela maneira ora meiga e sentimental, ora alegre e humorística de execução da moda (genericamente, cantiga ou ária de salão, também praticada na metrópole), e também do lundu. A moda portuguesa de então era um tipo de canção séria, composta por músicos também eruditos (Marcos Portugal, António Leal Moreira ou António da Silva Leite), normalmente derivadas da ópera italiana. Antes mesmo de integrar-se à corrente literária da Nova Arcádia lisboeta, da qual foi co-fundador, sob o apelido de Lereno Selinuntino, Caldas Barbosa já se tornara conhecido na corte de D. Maria I. Segundo José Ramos Tinhorão, "O mais antigo documento sobre Caldas Barbosa e o aparecimento da própria modinha – os *Manuscritos* do português doutor em cânones António Ribeiro dos Santos, de fins do século XVIII –

revelam de maneira definitiva que a grande novidade do tipo de música lançada em Lisboa pelo mulato brasileiro era o rompimento declarado não apenas com as formas antigas de canção, mas com o próprio quadro moral das elites, representado pelas mensagens dos velhos gêneros, como as 'cantilenas guerreiras, que inspiravam ânimo e valor'" (*Pequena História da Música Popular Brasileira*). Essa diferença entre as modas portuguesas e brasileiras pôde ainda ser observada pelo viajante francês M. Link (*Voyage en Portugal*), citado por Mozart de Araújo em seu ensaio sobre *A Modinha e o Lundu no Século XVIII*: "As canções brasileiras nos encantaram pela maior variedade e pela jovialidade tão franca e ingênua quanto o país de onde provêm". A "nova moda" de sucesso, logo chamada "modinha", permitiu a Barbosa publicar sua coleção de cantigas com o título de *Viola de Lereno* (1798). A esse respeito, escreveu o poeta português Nicolau Tolentino de Almeida: "Cantada a vulgar modinha, / que é a dominante de agora, / sai a moça da cozinha, / e diante da Senhora / vem desdobrar a banquinha. / Já dentre as verdes murteiras, / em suavíssimos acentos / com segundas e primeiras, / sobem nas asas dos ventos / as modinhas brasileiras". A difusão de sua obra tomou então duas direções. Uma delas consistiu no tratamento erudito que as canções receberam de músicos formados, de execução camerística, fenômeno que Araújo chamou de "italianização da modinha", por influência das árias românticas que logo começaram a ser compostas (que se exemplifica na famosa *Tão Longe de Mim Distante*, de Carlos Gomes). Fato, aliás, que levou Mello Morais Filho (*Serenatas e Sarau*s) e depois Mário de Andrade a acharem que a modinha tivesse proveniência unicamente culta e européia. Nas palavras de Mário, "A modinha se originou só do formulário melódico europeu. A sensualidade mole, a doçura, a banalidade que é lhe própria (e que também coincidia com um estado de espírito e de arte universal) só lhe pode provir da geografia, do clima, da alimentação" (*Modinhas Imperiais*). A outra vertente, de sentido contrário, foi uma espécie de "folclorização" atestada por Sílvio Romero em suas pesquisas no Norte e Nordeste. Ou seja, os materiais melódico e temático enraizaram-se na memória de músicos populares brasileiros, que os cantavam ou aproveitavam sem se dar conta da origem. Por essa razão, salientou o historiador: "[...] repetidas vezes recolhi cantigas de Caldas Barbosa como anônimas, repetidas por analfabetos [...]. Quase todas as cantigas de Lereno correm na boca do povo, nas classes plebéias, truncadas ou ampliadas" (*História da Literatura Brasileira*). Nos meios intelectuais e de classe média carioca do século XIX, a modinha funcionou, ao lado do lundu, como gênero de canção romântica de serestas ou serenatas. Integrante da "Sociedade Petalógica" (algo como sociedade da ciência da mentira, isto é, da peta), grupo de escritores que incluía,1 entre outros, José de Alencar e Machado de Assis, o poeta Laurindo Rabelo veio a ser um destacado compositor de modinhas, tendo como parceiro João Cunha (apelidado Cunha dos Passarinhos). Na Bahia, vários nomes permaneceram na história do gênero, entre os quais os de Cazuzinha, de Bruno Correia e do mais consagrado entre todos, o do ator e compositor mulato Xisto Bahia. Segundo o pesquisador Flausino Rodrigues, Bahia foi o primeiro artista popular a percorrer várias cidades do país, tornando-se o "maior cantador de modinhas do século". Com a voga romântica, no entanto, a modinha criada por autores egressos das camadas mais simples, em busca de prestígio cultural, começou a perder o seu lado também irônico e brejeiro, tornando-se, não poucas vezes, exageradamente sentimental, afetada ou pernóstica. De qualquer modo, continuou a ser cultivada até o primeiro terço do século XX, em composições de Eduardo das Neves, Catulo da Paixão Cearense, Cândido das Neves, Baiano, Hekel Tavares, Marcelo Tupinambá, Freire Júnior, Jaime Ovalle, Orestes Barbosa ou Juca Chaves.

MODULAÇÃO. Corresponde à mudança de uma tonalidade para outra durante a evolução de uma peça musical, ou seja, à passagem de um centro tonal para outro, no interior de uma seção. Por exemplo, quando a música tem início em dó maior e, posteriormente, se reinicia em sol maior, indo da tônica para a dominante. Comumente, essa mudança é preparada por um ou dois acordes de transição, a fim de evitar um corte abrupto de tonalidade. A prática da modulação na história da música erudita ocidental desenvolveu-se com maior intensidade após a consolidação do sistema temperado de afinação. Por esse motivo, as fugas de Bach incorporaram as modulações como recursos construtivos para todos os desenvolvimentos. No século XVIII, suas regras, já consolidadas, foram seguidas de maneira disciplinada, sendo alteradas, no entanto, pelo espírito de subjetividade do romantismo, que explorou os sons cromáticos (as modulações enarmônicas). No caso de peças curtas ou breves, é provável que não haja a necessidade da modulação. Não sendo assim, a transposição torna-se um meio expressivo, que evita a repetição enfadonha. Originariamente, *modular* já foi entendido como o ato de conduzir o canto de maneira conveniente, dentro do modo ou escala e, só mais tarde, por extensão, passar de um modo a outro.

MOIRA(S). Entidade mitológica grega que "reparte o lote ou quinhão", isto é, que distribui os destinos dos homens. No sentido de fatídico ou de fatalidade, a Moira constitui uma lei que nem mesmo os deuses podem alterar. É citada tanto no singular (freqüentemente por Homero) quanto no plural (Hesíodo e autores posteriores). Neste caso, existem três: Cloto, a que fia ou tece, a fiandeira, aquela que segura o fuso da vida e lhe puxa o fio; Láquesis, a que tira a sorte, indicando que sorteia o nome de quem vai morrer; e Átropos, sem retorno, inflexível, incumbida de cortar o fio da vida. Como brevemente mencionado, a Moira, no sentido de destino inexorável do ser humano, aparece desde as primeiras manifestações literárias da Grécia: na *Ilíada*, na *Odisséia*, na *Teogonia* e em várias tragédias, pois a intensidade do conflito dramático e o suspense dependem, em boa medida, deste "anúncio do inevitável", quase sempre relembrado pelo coro. Na civilização romana, as Moiras foram equiparadas às Parcas (originalmente as que fazem nascer, "parteiras"). São elas: Nona, que preside ao nascimento; Décima, que marca o destino do casamento, e Morta, que regula o momento da morte.

MOLDURA. **1.** A estrutura material lisa ou trabalhada que envolve uma pintura, gravura, desenho ou fotografia, permitindo melhor proteção e facilidade de exposição da obra. **2.** Faixa, friso ou rebordo saliente – em relevo côncavo ou convexo – tendo função decorativa ou ainda complementar na junção ou extremidade de paredes, feita em gesso, estuque, pedra, madeira ou metal. A moldura dita "pingadouro" tem ainda a finalidade de proteger portas ou janelas do escorrimento de águas. **3.** *Moldura de desenho* é um retângulo vazado de madeira ou de outro material de que um desenhista ou pintor se utiliza para delimitar visualmente uma cena ou paisagem e facilitar a composição do esboço. As molduras que possuem uma estrutura reticulada de fios permitem ainda maior rapidez e precisão no trabalho de transpor o motivo para o papel.

MOMO. Personagem mitológica da Grécia. Aquele ou aquela que zomba, escarnece ou ridiculariza, simbolizando, portanto, o riso ou o sarcasmo. Na *Teogonia*, de Hesíodo, é citado como entidade feminina, filha de Nix (a Noite). Atribui-se a Momo a idéia e o conselho a Zeus para que instigasse a guerra de Tróia, tendo por fim diminuir a população humana, que exauria Géia, a Mãe-Terra. E assim Zeus gerou Helena e fez com que Tétis parisse Aquiles, personagens importantíssimos do evento épico-mítico. →*Rei Momo.*

MONÓLOGO. **1.** Palavra ou discurso de uma só pessoa. Em literatura, é todo texto em que um personagem verbaliza e expõe, por si mesmo, seu mundo psíquico, suas idéias e ações, tornando-as conhecidas do leitor ou do público. Em um texto narrativo (conto, romance etc.), o monólogo pode aparecer de maneira direta, na primeira pessoa, como se o autor em nada interferisse na fala, ou indireta, na terceira pessoa, quando o escritor organiza e conduz, mais nitidamente, o fluxo de pensamentos do personagem. (→*Diálogo*, →*Solilóquio* e →*Discurso*). A expressão "monólogo interior" foi cunhada em 1931 por Édouard Dujardin, escritor francês que já a havia utilizado em sua primeira obra *Les Lauriers sont Coupés* (*Os Loureiros estão Cortados*, de 1888), com a seguinte acepção: "é um discurso da personagem posta em cena e tem como objetivo introduzir-nos diretamente na vida interior dessa personagem, sem que o autor intervenha com explicações ou comentários [...] um discurso sem auditor; quanto à forma, realiza-se em frases diretas, reduzidas ao mínimo de sintaxe". Antecedendo também Virginia Woolf e James Joyce, que obtiveram maior repercussão com a técnica, dela se valeu Dorothy Richardson em seu vastíssimo romance *Pilgrimage*. **2.** Peça dramática com um só personagem, como, por exemplo, *As Mãos de Eurídice* (Pedro Bloch), *O Pranto de Maria Parda* ou o *Monólogo do Vaqueiro* (ambos de Gil Vicente).

MONOTIPIA. Método de estampagem ou de impressão de uma pintura, geralmente a óleo, executada sobre uma placa de metal ou lâmina de vidro. A transferência da imagem para o papel requer uma prensa, no primeiro caso, mas pode ser efetuada apenas manualmente em se tratando da lâmina de vidro. Embora costume ser elaborada por gravuristas, a monotipia, como o nome sugere, resulta em imagem única. Sua invenção tem sido creditada ao pintor e gravador italiano Giovanni Castiglione, no século XVII.

MONTAGEM. **1.** Em artes cênicas (teatro, ópera, dança), tanto se refere à armação específica dos cenários, quanto à preparação conjugada de todos os processos que se destinam à →encenação posterior de uma peça ou espetáculo – escolha de elenco, ensaios, marcações, definição dos cenários e figurinos, dos planos de iluminação e de sonoplastia. **2.** Preparação de programa de rádio, com a gravação prévia de músicas, ruídos e textos. **3.** Seleção, corte e junção de imagens televisivas, realizadas eletronicamente em mesa apropriada, de controle. **4.** Em relação à montagem cinematográfica, →*Cinema e linguagem cinematográfica*.

MONUMENTO. Obra arquitetônica ou ainda escultural que expressa determinados valores ideológicos, estéticos e/ou históricos, dignos de recordação e que podem adquirir, portanto, as características de símbolo, entre outros, de uma comunidade ou cidade (o *signum urbis*, como foi reconhecido na Roma antiga). Em determinados locais, o monumento teve ou ainda conserva a importância de ser um "gerador urbanístico", ou seja, aquele que baliza os traçados e as distribuições espaciais de um projeto urbano, como o Coliseu de Roma,

o arco triunfal do L'Étoile (Paris), a Porta de Brandenburgo (Berlim), o palácio londrino de Westminster (Londres), a estátua eqüestre de José I em Lisboa ou o Monumento às Bandeiras (São Paulo). Quando realizado com deliberada intenção, um monumento inclui-se nas seguintes categorias mais comuns: funerário (o mais antigo), honorário ou celebrativo (devotado à exaltação de pessoas ou deuses) e histórico-comemorativo (relativo a eventos ou empresas coletivas, de um grupo ou de parte do povo). Do latim *monere*, recordar. →*Patrimônio histórico*.

MORALIDADE. **1.** Obra dramática séria e edificante, de fundo religioso ou moral, destinada a servir de veículo pedagógico de ensino das virtudes, como os autos e mistérios medievais e renascentistas. Nesta acepção, opõe-se à →farsa. **2.** O sentido moral ou o significado ético de uma narrativa, normalmente da fábula.

MORASSAGEM. → *Mordente*, →*Gravura em metal*.

MÓRBIDA, ARTE. →*Arte mórbida*.

MORBIDEZ. Em pintura e escultura figurativas, significa o tratamento e os efeitos plásticos de nítida maciez ou suavidade, aplicados na representação da pele e das configurações carnais dos personagens. Do italiano *morbido*, suave ou macio.

MORDAÇAGEM. →*Mordente*, →*Gravura em metal*.

MORDENTE. **1.** Ácido (nítrico ou clorídrico, por exemplo) utilizado em gravura sobre metal, com a finalidade de atacar e corroer a placa. A ação ou o efeito do mordente é conhecida como *mordaçagem*, *morassagem* ou ainda *mordedura*. **2.** Substância química utilizada para a fixação de cores em tecidos tingidos. **3.** No âmbito musical, →*Ornamento, ornato* (2).

MORFEMA. É a unidade mínima de uma palavra, dotada de som e conteúdo significativo. Assim, na palavra *ruas* há dois morfemas constituintes do termo: *rua*, que é um morfema autônomo e serve para a construção de outros vocábulos, como arruamento, e o signo *s*, unidade indicativa do plural (portanto, um morfema preso ou dependente de outro). Os morfemas ainda são classificados em lexicais – aqueles que possuem um significado voltado para o exterior, como os substantivos e adjetivos – e os intrinsecamente gramaticais, isto é, que exercem suas funções no interior da frase ou oração, como os artigos e as preposições.

MORFOLOGIA. Parte da gramática que se dedica ao estudo da formação, estrutura, flexão e propriedades dos signos lingüísticos ou palavras, agrupados em classes. Na língua portuguesa, como ilustração, a morfologia distingue dez classes de vocábulos – substantivo, adjetivo, verbo, artigo,! preposição, conjunção, pronome, numeral, advérbio e interjeição. No que diz respeito à estrutura, a palavra é analisada em seus elementos mórficos ou morfemas, isto é, elementos básicos dotados de significação ou indicadores de mudança semântica – raiz, radical, tema, afixos e vogais temáticas. Quanto à formação, a morfologia investiga os processos que dão origem ou ocorrem para as configurações fonológica e escrita dos vocábulos – derivação, composição, redução, hibridismo e onomatopéias. A flexão, por fim, explica os gêneros, números e graus das palavras.

MORTALHA. Fantasia do carnaval baiano, semelhante a um avental, feita de uma só peça de pano e sem mangas, com estampagem bastante colorida, de influência africana, utilizada para caracterizar os blocos que dançam atrás do trio elétrico.

MOSAICO. Da mesma etimologia de música (musa), pelo latim clássico *musivum*, local dedicado às musas, e pelo medieval *musaicum, mosaicum*. Constitui a arte decorativa elaborada com pequenas peças – cubos ou cones, por exemplo – recortadas diretamente de rochas, elaboradas em cerâmica ou ainda com pasta de vidro (estas últimas denominadas *tessera, tesserae* nos Impérios Romano e Bizantino). Os mais antigos exemplares provêm da Mesopotâmia, por volta do quarto milênio a.C., servindo de revestimento interno às paredes dos templos. Manufaturados na forma de cones cerâmicos, previamente coloridos, eram aplicados para a formação de desenhos geométricos ornamentais. No período helenístico, conforme o padrão de Delos, os mosaicos eram confeccionados com blocos de mármore e se destinavam sobretudo à decoração de pisos, uma tendência que se conservou na cultura romana. Mas, se os gregos mantiveram os motivos geométricos orientais, os romanos introduziram a figuração, não apenas em temas florais ou animais, mas também na freqüente reprodução de pinturas célebres na época. É o caso do *Mosaico de Alexandre*, inspirado na pintura (suposta) do grego Filóxeno, e representativa da batalha entre Alexandre e Dario III. Foi em Bizâncio, no entanto, que a arte religiosa do mosaico alcançou a mais elevada maestria e suntuosidade, incluindo-se as suas vertentes oriental (Rússia e Ucrânia) e ocidental (Itália), retornando à condição de imagem mural (→*Arte bizantina*). Na Itália, em particular, constituem exemplos significativos os trabalhos realizados nas igrejas de Santa Prudenziana e Santa Maria Maggiore, em Roma, San Vitale, em Ravena, San Marco de Veneza ou ainda de Santa Sabina, em Nápoles. Entre os séculos XVI e XIX, e também na Itália, tornou-se famoso um tipo de mosaico elegante e sofisticado, o *pietra dura* florentino, elaborado com pedras semipreciosas (lápis-lázuli, ágata) ou com pórfiro. Destinava-se a compor imagens naturalistas e decorativas para tampos de mesa ou para paredes, reproduzindo, geralmente, elementos vegetais e pássaros.

MOTIVO. **1.** Em música, corresponde a uma pequena série de notas, claramente identificável e com identidade própria, já funcionando como figura rítmica e melódica. Normalmente, é a partir do motivo que se processa o desenvolvimento subseqüente da peça (por exemplo, os quatro primeiros sons da *Quinta Sinfonia* de Beethoven – sol, sol, sol, mi bemol). Uma mesma obra, no entanto, poderá contar com vários motivos, formadores de um tema. **2.** Na acepção literária, a matéria é tratada no verbete →*Literatura*. **3.** O tema principal de uma cena em pintura.

MOVIMENTO. **1.** Nos âmbitos da cultura e das artes, indica um conjunto de princípios ou de visões teóricas e de análise da realidade, assim como uma série de atividades ou de obras criadas sob uma perspectiva comum, defendidas ou praticadas por um grupo de autores, normalmente contemporâneos de uma mesma geração (movimentos filosófico, científico, artístico). Diferentemente da noção de →estilo, a idéia de movimento estético tem sido aplicada a experiências de menor extensão social (relativamente ao número de adeptos ou aderentes), abrangência de expressões (limitando-se, por exemplo, a uma ou duas expressões artísticas) e duração temporal (relativa efemeridade). Por essas razões, costuma-se atribuir o termo às diversas e sempre renovadas manifestações de ação grupal inauguradas com os movimentos impressionista (pictórico, musical) e simbolista (literário, pictórico) do final do século XIX, e que se multiplicaram sob os impulsos modernistas do século XX. **2.** Parte de uma peça musical mais longa, mas considerada completa em si mesma, possuindo um tema e seu próprio desenvolvimento. Com essa acepção, o vocábulo é empregado quase sempre para obras eruditas (sonatas, sinfonias, por exemplo). Na música polifônica, a várias vozes, usam-se também as expressões: *movimento contrário* – pelo qual duas vozes simultâneas seguem em direções opostas; *movimento direto* – quando duas ou mais vozes caminham juntas, na mesma direção; *movimento paralelo* – indicando a execução de vozes na mesma direção, as quais, no entanto, conservam um intervalo de altura.

•**MOVING LIGHT.** Refletor computadorizado e de espelho móvel para iluminação cênica, que registra ou memoriza, antecipadamente, os ângulos e movimentos de luz a serem executados durante um espetáculo. Dispõe ainda de gelatinas ou cromóides, já incorporados, para mudanças de cor.

MULTIMEIOS, MULTIMÍDIA. Produtos, serviços e programas elaborados e difundidos em sistemas eletrônicos, informáticos e computadorizados, também chamados numéricos ou digitais, e que concentram, simultaneamente, informações textuais, sonoras e visuais (estáticas, como fotografias e desenhos, ou em movimento, como animações e filmes videográficos), bem como jogos e passatempos de uso lúdico. Trata-se, portanto, de uma comunicação abrangente e interligada, programada de maneira ramificada ou arborescente, e inter-remissiva, permitindo ainda uma ação do usuário em partes do conjunto disponível (sistema interativo). Ou seja, a utilização e a leitura das informações ou mensagens contidas podem ser selecionadas por interesse ou critério pessoais, por graus de dificuldade ou de conhecimento, ou mesmo modificados e reutilizados em função de objetivos pré-concebidos. Assim, os programas de multimídia estabelecem uma gama extremamente variável de combinações, permutas e interações informativas ou expressivas, oferecendo a oportunidade de escolha e recomposição (ou reconfiguração) pessoal dos textos, sons e imagens previamente incorporados ao sistema. Dadas essas possibilidades múltiplas na forma do trânsito e da variabilidade de uso dos programas (inclusive gravações posteriores), tornou-se corrente o emprego do termo "navegar", isto é, selecionar e percorrer os dados e conteúdos oferecidos, seja no interior de um computador pessoal (PC), seja por meio de redes de informação em linha (*on line*), a que a máquina tenha acesso (vias informáticas ou infovias). Neste último caso, necessita-se do *modem*, um aparelho adicional de conexão, e de linha telefônica. Para P. Rosenstiehl, os multimeios ou hipermídia teriam na metáfora do *labirinto* eletrônico a sua imagem mais adequada. Primeiramente, em virtude da atração ou fascínio que exerce sobre os inúmeros caminhos a serem explorados, suas possibilidades de acesso, percurso, investigação e desdobramentos; em segundo lugar, essa exploração do imprevisível deve ser realizada, como num labirinto real, "sem mapa e à vista desarmada". Isto significa que o "navegante", não tendo acesso direto a todo o conjunto, procede por cálculos localizados, passo a passo, decidindo a seqüência do próximo caminho em cada "encruzilhada" ou *link*. Por fim, o labirinto da hipermídia revela-se na "inteligência astuciosa" que o usuário deve exercer para continuar em seu circuito de exploração, evitando o retorno a pontos anteriores ou circunavegações repetitivas, por erros ou inexperiência. Por conseqüência, haveria aí um aperfeiçoamento progressivo do usuário. Participando-se, como cliente, das redes de informação, é possível o contato e o intercâmbio direto com os demais integrantes do sistema, indivíduos ou organizações, em escala mundial. Os multimeios já instituíram, no final do século XX, uma revolução sem precedentes na comunicação humana, tendo por princípio cinco predicados ou

características tecnológicas básicas: quantidade, velocidade, intercâmbio múltiplo, interatividade e facilidade do tratamento informativo.

MULTÍPLEX. Construção ou local especialmente destinado a abrigar diversas salas de cinema, normalmente uma dezena ou mais, sob direção e programação centralizadas de uma empresa distribuidora de filmes. (Em observância à regra gramatical de palavra paroxítona terminada em x, este neologismo deve, em princípio, ser acentuado.)

MURALISMO MEXICANO. Considerado o mais importante movimento pictórico do século XX mexicano, o muralismo pretendeu reunir, em grandes painéis figurativos, a denúncia das injustiças e das desigualdades sociais e os ideais políticos e populares inscritos na Revolução armada de 1910-1917, conferindo-lhes uma expressão épica e, ao mesmo tempo, afirmativa da cultura e da identidade nacionais. Liderada por José Clemente Orozco, Diego Rivera e David Alfaro Siqueiros, a corrente elegeu a pintura mural (afresco e encáustica) como o meio mais apropriado para os seus objetivos, simultaneamente artísticos e sociopolíticos, expressos no *Manifesto dos Pintores, Escultores e Trabalhadores Técnicos Revolucionários*, surgido com este mesmo sindicato em 1922 (o documento foi publicado em 1923). As técnicas, antigas e difíceis, pela exígua possibilidade de erro, convinham, no entanto, à manifestação de uma arte que se pretendia pública, em consonância com as idéias socialistas que os animaram (embora seus artistas não tenham deixado de pintar sobre tela e cavalete). Por conseqüência, foram ainda os acontecimentos históricos e os variados tipos sociais da cultura mexicana, desde a era pré-colombiana, que lhes serviram de tema geral e comum, fazendo com que as superfícies monumentais estejam povoadas de indígenas, lavradores, tecedeiras, conquistadores e revolucionários. Orozco, com uma tendência próxima dos expressionistas, recorreu não poucas vezes ao humorismo e pintou murais não apenas no México (17), mas também nos Estados Unidos (4). Rivera, o mais cosmopolita das principais figuras, recebeu influências diversas, mesclando o classicismo dos afrescos renascentistas, o hieratismo das figuras maias, o fauvismo e o cubismo. Realizou dezenove painéis no México, oito nos Estados Unidos, um na China e outro na Polônia. Siqueiros dedicou-se igualmente à pintura e às atividades de militante comunista, tendo divergido asperamente de Rivera quando este aderiu ao trotskismo. Num de seus exílios forçados do México, instalou em Nova Iorque The Siqueiros Experimental Workshops: a Laboratory of Modern Techniques in Art, dedicado à pesquisa plástica com novos materiais sintéticos, que desde então passou a utilizar. Voltou às pazes com Rivera em 1947, quando fundaram o Comitê para a Pintura Muralista, trabalhando juntos ainda na ilustração do *Canto General,* de Pablo Neruda. Influenciado pela pintura futurista "em movimento", Siqueiros foi o menos narrativo do grupo. Pintou dezessete edifícios no México, três nos Estados Unidos, dois em Cuba, um no Chile e um na Argentina.

• **MUSAK.** Termo pejorativo para música ou arranjo musical popular, de elaboração pobre ou limitada, servindo apenas como fundo sonoro ambiental e difundida em salas de espera, consultórios, elevadores e saguãos de edifícios, ou por vezes até mesmo em programas radiofônicos. Os compositores Erik Satie e Darius Milhaud produziram algumas peças destinadas a interlúdios de espetáculos musicais, de maneira cínica e com finalidade humorística, a que deram o nome de *musique d'ameublement* (música mobiliária). A *musak,* ao contrário, se leva a sério, ao menos do ponto de vista comercial.

MUSAS. Figuras mitológicas da cultura grega, filhas de Zeus e da deusa Mnemósine (a Memória), inspiradoras e protetoras do pensamento, das ciências e das artes humanas. Foram geradas em nove noites consecutivas. O fato de serem filhas da memória indica a preocupação do espírito grego pela preservação e pela transmissão do conhecimento e das técnicas (artes), pelas quais se alcança a virtude (*aretê*). Etimologicamente, musa é a palavra persuasiva, capaz de aconselhar e influenciar a boa ação dos reis e a conquista da paz (segundo Hesíodo). Tornaram-se ainda as cantoras divinas do Olimpo, após a vitória de seu pai sobre os Titãs, mas tendo como habitação o monte Hélicon. São elas: Clio, a história; Euterpe, a música; Terpsícore, a dança; Calíope, as poesias épica e heróica; Melpômene, a tragédia; Talia, a comédia; Érato, a poesia lírica; Polímnia, a retórica, o hino sagrado e a dança litúrgica; Urânia, a astronomia. Há versões posteriores a Hesíodo que ainda incluem Aede, protetora e inspiradora do canto, embora este já estivesse integrado às poesias, aos hinos e à tragédia. Convém também atentar para o fato de que a pintura, a escultura e a arquitetura não possuem suas respectivas musas, o que pode sugerir a menor consideração que os gregos mantinham relativamente às artes puramente "visuais", isto é, desvinculadas da palavra ou desnecessárias ao entretenimento divino. O vocábulo Museu, conquanto ainda se refira ao personagem mitológico, músico e companheiro de Orfeu, significa, originariamente, "o que se refere às musas ou é por elas inspirado". →*Museu.*

MUSEU. Do grego *mouseion,* templo grego dedicado às musas. Posteriormente, a denominação referiu-se ao conjunto de edifícios construídos, já no período helenístico, por Ptolomeu Filadelfo, em Alexandria (na

transição entre os quarto e terceiro séculos antes de Cristo), entre os quais se encontravam: a grande biblioteca, o observatório astronômico, uma coleção zoológica, o jardim botânico, um anfiteatro e salas específicas de estudo e de redação. Embora uma noção imediata ou instantânea de museu seja a de um local reservado à contemplação de obras artísticas, algo que a experiência histórica moderna reforçou em vários exemplos concretos, a experiência de Alexandria ainda permanece como a de um primeiro parâmetro ideal. Isso quer dizer que a instituição do museu deve não apenas recolher, conservar e expor, sob critérios racionais, os bens e testemunhos de sua especialidade, como desenvolver igualmente programas continuados de estudos e de aperfeiçoamentos nas áreas a que se dedica. Referindo-se ao Museu de Alexandria, escreveu Ernst Curtius: "Na aparência, uma associação cultural sob a direção de um sacerdote das Musas e, de fato, uma academia de sábios, com uma biblioteca de mais de quinhentos mil volumes. A plenitude de poderes dos príncipes patronos precisou unir-se à ciência e à filosofia gregas para criar uma instituição que foi um dos pilares no aqueduto da tradição ocidental" (*Literatura Européia e Idade Média Latina*). Teoricamente, um museu cumpriria os papéis de centro de pesquisa e revelação do passado, o de difusor público de conhecimentos e o de propositor de experiências contemporâneas. Nesse sentido, o museu converte-se em uma entidade educativa dinâmica, de natureza ao mesmo tempo patrimonialista e de produção cultural em sintonia com as necessidades de seu tempo – cursos especializados, ciclos de conferências, exposições tematizadas, intercâmbios de acervos, projetos pedagógicos para públicos específicos, ação externa em comunidades, pesquisas avançadas. Essas características aplicam-se não apenas aos museus propriamente artísticos, mas a todos aqueles que sintetizam as histórias do conhecimento, dos símbolos e artefatos humanos (ciências, tecnologias, arqueologia, economia, antropologia e folclore), e dos bens naturais (botânica, zoologia, geologia, mineralogia etc.). Durante o transcorrer do Império Romano e na Idade Média, já se tinha presente, ainda que de modo restrito, uma das primeiras finalidades contidas na moderna idéia de museu, ou seja, a de reunião e conservação de obras de arte ou de peças ornamentais de luxo, obtidas por saques ou compra. Assim foram formados os acervos patrimoniais de famílias nobres (como os mantidos por Cícero, Júlio César, Mecenas), os de reis e imperadores (como os de Carlos Magno, em Aix-la-Chapelle, ou de Constantino VII, em Bizâncio), ou de importantes centros eclesiásticos (Saint Denis, na França, San Marco, em Veneza). Esse padrão foi seguido e ampliado, na forma de encomendas, pelas famílias aristocráticas, principescas ou reais do Renascimento, incluindo-se o Vaticano, dado o extraordinário desenvolvimento econômico, artístico e intelectual do período. Ao lado do entesouramento, as coleções reforçavam o prestígio social de seus proprietários. Tornaram-se famosas as coleções de pinturas, esculturas, de artes aplicadas e as bibliotecas das famílias florentinas dos Medici, dos Strozzi e dos Rucellai, a dos Gonzagas, em Mântua, a dos Montefeltro, em Urbino, ou a dos Visconti, em Milão. Já no século XVIII, sob o impulso das concepções iluministas ou da Revolução Francesa, os acervos imperiais começaram a ser abertos à visitação e consulta públicas, ou então nacionalizados com idêntica orientação. No primeiro caso, são exemplos a Galeria do Palácio Uffizi, de Florença, cedida ao Estado em 1737, e o Museu de Viena, liberado em 1783 por ordem de José II; no segundo, o Museu do Louvre, cujas coleções ocuparam o palácio de mesmo nome em 1793 (idéia sugerida por Diderot, em texto da *Enciclopédia*). A política cultural do museu como "instituição pública" e a conseqüente democratização do acesso adquiriu vigor no século seguinte, fosse pela redestinação de prédios reais, como o Museu do Prado (1868), fosse pela edificação de novas instalações. Entre estas, o Rijksmuseum de Amsterdam (1808, transferido em 1855), o Museu Britânico (iniciado em 1823), a Gliptoteca de Munique (início em 1830), o Ermitage de São Petersburgo (aberto em 1852), o Metropolitan de Nova Iorque (1872), ou o Museu Nacional de Atenas, fundado em 1886. Na opinião de Hugues de Varine-Bohan, museólogo que ocupou durante anos a direção do Conselho Internacional dos Museus (ICOM), "a partir de princípios do século XIX, o desenvolvimento dos museus no resto do mundo é um fenômeno colonialista. Foram os países europeus que impuseram aos não-europeus seu método de análise do patrimônio cultural; obrigaram as elites e os povos destes países a ver sua própria cultura com os olhos europeus. Assim, os museus da maioria das nações são criações da etapa histórica colonialista". O primeiro museu criado no Brasil foi o Nacional, do Rio de Janeiro, logo após a chegada de Dom João VI, dedicado às ciências naturais e à antropologia. A Pinacoteca de São Paulo, instituição museológica pioneira nas artes plásticas do Estado, surgiu em 1925. Um segundo período de maior dinamismo ocorreu na era getulista, de que são exemplos o Museu Nacional de Belas-Artes (1937) e o Museu Imperial de Petrópolis (1939). Apenas na segunda metade do século XX é que vieram a se constituir outros centros artísticos importantes: o Museu de Arte de São Paulo (Masp, 1947); o Museu de Arte Moderna de São Paulo (MAM, 1948); o MAM do Rio de Janeiro

(1952); o Museu de Arte Contemporânea de São Paulo (MAC, 1963); ou o Museu da Imagem e do Som, do Rio de Janeiro (MIS, 1965). →*Ação cultural*, →*Gliptoteca*, →*Pinacoteca* e →*Kunstkammer*.

MÚSICA. **Etimologia.** Do grego *mousa*, musa, pelo adjetivo *mousikos*, aquilo que se refere às musas e ao seu fazer artístico, bem como pelos substantivos *mousiké* (técnica) e *mousika* (a música). São duas as musas que presidem a arte musical: Euterpe, inspiradora do que hoje chamaríamos música instrumental ou absoluta, e Aede, protetora do canto (→*Musas*).

Os sons e seus modos de manifestação. Se nos ativermos aos aspectos básicos e, portanto, meramente técnicos, a música constitui uma organização intencional, expressiva e audível de sons. Estes, registrados graficamente como "notas", são vibrações oriundas de corpos (os instrumentos e a voz) e que se espalham em ondas regulares, estáveis e constantes. Na verdade, cada som em particular é um feixe de ondas, um conjunto superposto de freqüências (ou colorido sonoro), embora o ouçamos como um fenômeno único (→*Acústica*). Difere, portanto, do simples barulho, cujas ondas imprimem um efeito físico irregular, instável ou confuso para o cérebro. Conseqüentemente, a música impõe uma ordem ou um mundo sensível e sonoro onde há o silêncio ou o desconcerto dos ruídos avulsos e cotidianos. Mas não devemos nos esquecer que o silêncio entre dois sons – em música dito pausa – é indispensável à criação da arquitetura musical. Já a regularidade e a constância das vibrações sonoras resultam de quatro componentes ou fundamentos musicais: da *altura*, da *intensidade* (ou volume), do *timbre* e do *valor* (ou duração).

A altura de um som é o resultado do número ou freqüência de vibrações durante um tempo – um segundo, convencionalmente. Baixas vibrações fornecem sons graves; altas vibrações produzem sons agudos. A intensidade sonora corresponde à força da vibração ou amplitude (medida em decibéis). Dois sons idênticos podem ter a mesma altura (número de vibrações), mas intensidades diversas, sendo o primeiro fraco e o segundo, forte. Já o timbre é a qualidade ou coloração do instrumento ou da voz. Quando uma corda vibra (e o mesmo acontece com o ar, no instrumento de sopro), ela o faz em sua totalidade. A nota emitida por essa vibração ou freqüência de toda a corda corresponde ao som forte, *gerador ou fundamental* de uma série de outros que podem ser produzidos a partir dela. São chamados *harmônicos*, ou seja, gerados pelas freqüências da mesma corda quando a dividimos em sua metade, em sua terça parte, quarta parte e assim por diante.

Tais vibrações ocorrem em alturas diversas e constituem os *intervalos*, isto é, as distâncias entre dois sons definidos ou afinados. Num piano, por exemplo, a partir do dó fundamental mais grave, a metade da corda produz um dó uma oitava acima, com o dobro de oscilações. Já um terço da corda gera um sol uma oitava e meia acima. Em um violão, a corda *mi* soa numa determinada freqüência e altura; se for dividida ao meio, com o uso do dedo, fará soar um *mi* duas vezes mais agudo, pois comportará o dobro de vibrações. Os sons harmônicos são, portanto, múltiplos e frações matemáticas do som fundamental. E os intervalos entre eles constituem as bases para a elaboração de escalas, ou seja, as formas pelas quais subdividimos em intervalos menores a distância entre o som fundamental e sua oitava.

A série harmônica corresponde à única escala natural, ou seja, a uma seqüência de sons (ou graus – notas individuais) ascendentes (indo para alturas agudas) ou descendentes (retornando a alturas graves). Todas as demais – diatônicas, cromáticas, dodecafônicas – são códigos culturais ou convenções, cuja quantidade se torna incalculável. Por seu material e formato, cada instrumento possui então um timbre particular. É a série harmônica que ele emite a responsável pelo maior ou menor "brilho" instrumental.

Finalmente, o valor diz respeito à duração ou extensão temporal de um som (o tempo que fica vibrando) em relação a outros que, em conjunto, fornecem o ritmo musical. As durações ou valores servem tanto para os sons emitidos quanto para as pausas ou silêncios entre eles (as pausas contam tempos e têm notações equivalentes às notas).

A organização desses valores ou durações sonoras é construída e indicada pelos →compassos, simples ou compostos, que são as unidades métricas ou de marcação do tempo da música. Um compasso simples binário comportará dois tempos; um compasso ternário, três tempos; e o quaternário, quatro tempos. Um som, com sua altura determinada, só pode ser expresso em uma duração temporal. Ou seja, se a música tem sua origem na vibração de corpos, ela deve, necessariamente, construir e se escoar no tempo.

Quanto ao fato de ser audível, isso quer dizer, simplesmente, que há sons abaixo de vinte e acima de vinte mil vibrações que o cérebro humano não é capaz de registrar.

Mistério e organização. Em meio à indiferenciação de sons, ruídos e silêncios, a música estabelece uma forma de movimento sonoro, cambiante e delimitado por tempos, reconstruindo, simbólica e simultaneamente, estados emocionais ou sentimentos de ordem espiritual. Ainda assim, o princípio e a finalidade da música parecem escapar a esse ordenamento necessário. Basta nos perguntarmos para que ela serve.

Desde o início, a música floresceu em meio a práticas mágico-religiosas, e os sentimentos sagrados de pavor e de esperança, de desafio e de consolação estiveram misturados às expressões rituais do corpo. Um amálgama sempre retomado por comentadores de linhagens diversas. Assim, por exemplo, Gioseffo Zarlino, um dos principais teóricos da música da Renascença, sugeriu que ela "une o corpo à energia incorpórea da razão". Na opinião de Schopenhauer, "a música revela-se como metafísica em relação a tudo o que há de físico no mundo [...]. Podemos tanto chamar o mundo de música encarnada, como de vontade encarnada". Adorno, por sua vez, faz dessa "experiência ambivalente [...] a manifestação imediata do instinto humano e a instância própria para o seu apaziguamento", porta de entrada de uma psicossomatização dos prazeres mais sensíveis e espirituais. Com a música, imita-se a natureza em suas variações de ciclos e vibrações. Mais do que isso, suplanta-se a natureza pela construção de tempos ordenados, mas subjetivos, e, portanto, libertos de uma temporalidade exterior. Com ela, afastamo-nos dos conflitos do mundo, ambientamo-nos em sensações místicas, estimulamos desejos amorosos, ou nos aventuramos por um mar sonoro, uma viagem sem destino por variações harmônicas e colorísticas, capaz de nos dar prazer ou enlevo, neste ou naquele porto.

Todas as motivações e respostas talvez sejam possíveis, incluindo-se as hierarquias do gosto e das escolhas refletidas. De qualquer maneira, tão grande é a dificuldade posta pelas variáveis de significado – reflexo de afecções naturais, passagem para novas revelações espirituais – que os antigos não se furtaram a chamá-la de *mysterium tremendum*.

O que se pode dizer, de maneira concisa, é que a organização desse substrato sonoro requer uma intenção em se expressar conscientemente, não sendo um resultado fortuito, um termo do acaso. Ou seja, a música depende de uma ordem ou de uma seqüência previamente concebida, ainda que uma intuição "não–racional" tenha sido "sentida" pelo autor antes de sua posterior organização mental. E essa organização se dá pela *melodia*, pela *harmonia* e pelo *ritmo* (referimo-nos aqui à música ocidental a partir do Renascimento).

A melodia é a linha direta do ato musical, a sucessão linear de sons ou, ainda, uma voz em movimento (voz com o significado de sons objetivos). Esse caráter cinético ou de movimentação da melodia decorre de dois fenômenos (ou parâmetros) simultâneos: a altura e a duração temporal dos sons que se encadeiam numa série, em uma escala ou intervalos entre os sons (→*Escala*). Essa linha melódica pode conter sucessões mais contínuas (sons mais próximos, ou graus contínuos) ou intervalos maiores, mais afastados (os graus disjuntos). No primeiro caso, a linha é menos tensa, mais suave; no segundo, a tensão é mais forte ou "angulosa". Habitualmente, uma melodia contém um *tema*, uma sucessão sonora até mesmo muito simples, a partir da qual o compositor fundamenta todo o encadeamento posterior, retomando-a e modificando-a. E nesse tema pode haver um motivo, ou seja, uma parte menor, mas de grande relevo ou importância para a idéia melódica, que acaba se tornando o seu motivo condutor (*leitmotiv*).

Harmonia significa, ao mesmo tempo, a formação e o ajuste de sons simultâneos, isto é, dos acordes, em relação a uma ou mais linhas melódicas. É por seu intermédio que se fazem as combinações de dois níveis melódicos paralelos ou de uma série de acordes com uma só melodia básica – os acompanhamentos. Assim, se a melodia desenha uma linha horizontal, a harmonia constrói a linha vertical da música. Jean Phillipe Rameau, músico e teórico do final da época barroca, chegou mesmo a afirmar que a melodia nasce da harmonia, dos acordes em si e das relações que estes estabelecem com os demais (anteriores e posteriores).

O ritmo é uma pulsação ou batimento periódico que sustenta as variações melódicas (as alturas dos sons encadeados). De definição complicada do ponto de vista lingüístico, poderia ser apreendido como a forma pela qual se estruturam as durações sonoras, desde que elas variem, em formas binária, ternária, quaternária etc. Ou seja, um mesmo som (de determinada altura, timbre e intensidade), repetido constantemente, não chega a produzir um ritmo. Para que ele ocorra, é indispensável que haja *alternância* na duração dos sons, dos intervalos e das intensidades (fortes e fracas). Necessita, portanto, de séries desiguais, de tempos distintos. Se tivermos dois batimentos ou pulsos diferentes – um mais rápido e outro mais lento – mas de tal forma que a batida lenta coincida com a pulsação rápida, diz-se que o ritmo está em fase. Se o mais lento for tocado *entre* as batidas rápidas, ocorre a *síncopa*, uma alternância de tempos ou ritmo sincopado. Esses tempos se agrupam em conjuntos de dois ou de três e, a partir daí, podem ser elaboradas unidades mais complexas. Na notação musical, tais medidas são indicadas, como já mencionado anteriormente, pelos compassos.

A própria respiração nos fornece uma idéia inicial de ritmo – um tempo de inspiração e outro de expiração – assim como os batimentos cardíacos (sístole e diástole), ambos funcionando em seqüências binárias. Embora não seja um atributo exclusivo da música, pois é possível observá-lo em todas as artes (na poesia, nas artes plásticas, no cinema etc.), torna-se mais fácil percebê-lo e senti-lo na correspondência que há entre a alternância de suas durações e os movimentos corporais. É que o fenômeno rítmico tem a capacidade de exercer uma ação fisiológica direta e sedutora sobre o corpo, estimulando-o a se movimentar em forma dançante, tanto de maneira lenta como agitada. Assim, o impulso para acompanhar a organização sonora com palmas ou batidas de pé provém mais do ritmo do que da melodia ou da harmonização.

Deve-se lembrar, no entanto, como o faz José Miguel Wisnik (*O Som e o Sentido*), "que em música, ritmo e melodia, durações e alturas se apresentam ao mesmo tempo, um nível dependendo necessariamente do outro, um funcionando como *portador* do outro. É impossível a um som se apresentar sem durar, minimamente que seja, assim como é impossível que uma duração sonora se apresente concretamente sem se encontrar numa faixa qualquer de altura, por mais indefinida e próxima do ruído que essa altura possa ser". Por fim, se o tempo pode ser apreendido como modificação de estados ou de posições, convencionalmente estipulada por determinado critério (segundo, minuto, dias, anos), o ritmo musical corresponde, além disso, a uma "organização *expressiva* do movimento" (Mário de Andrade, *Introdução à Estética Musical*).

Tessituras. Pelas relações que se estabelecem entre a melodia e a harmonia, uma obra musical pode produzir sonoridades mais densas, cerradas, ou, ao contrário, mais ligeiras e espaçadas. Como no urdimento de uma tapeçaria, a quantidade de pontos e laços que estão sendo tramados determina a *tessitura*. Na música, essas combinações conduzem a: *1)* tessitura monofônica – que consiste de uma só melodia, sem acordes harmônicos, embora a linha principal possa ser tocada ou cantada por várias vozes, em uníssono. O canto gregoriano é um exemplo clássico (→*Arte medieval*); *2)* tessitura polifônica (por vezes chamada contrapontística), na qual duas ou mais linhas melódicas são combinadas ou "tecidas" ao mesmo tempo, mantendo o mesmo valor ou importância. A *ars nova* dos séculos XIII e XIV ou o barroco alemão são típicos dessa estrutura (→*Arte medieval,* →*Estilo* e →*Polifonia*); *3)* tessitura homofônica – em que a linha melódica tem primazia ou subordina a totalidade da composição, mas é acompanhada por acordes ou harmonizações simultâneas, de feitio instrumental ou vocal. Corresponde à tessitura operística, de grande parte do barroco, e a mais habitual do classicismo ou do romantismo eruditos, bem como da moderna música popular.

Música com e sem palavras. Independentemente de a música poder apresentar aspectos peculiares, eruditos ou populares, é possível dividi-la mais claramente em *música instrumental*, também chamada *absoluta*, e *música vocal*.

A primeira delas constitui a organização sonora que não mantém nenhum vínculo com a palavra, o canto ou com qualquer motivo, pretexto ou idéia extra-musical. Nela, os encadeamentos, os fraseados, as tessituras (os entrelaçamentos dos sons) valem por si, por sua arquitetura intrínseca, sem referências exteriores (embora a elaboração atenda às regras mais amplas da teoria musical). Neste caso, apenas os instrumentos executam a obra que para eles foi criada. A esse respeito, escreveu Eduardo Hanslick: "O Belo musical é aquele que, sem depender ou precisar de algum conteúdo exterior, consiste unicamente nos sons e em sua união artística. As engenhosas combinações dos belos sons, seu concordar e opor-se, seu evitar e encontrar-se, seu crescer e morrer, isto é, o que em formas livres se apresenta à intuição de nosso espírito e que nos agrada como belo. O elemento primordial da música é a eufonia; sua essência, o ritmo [...]. Na linguagem, o som é somente um sinal, um meio para expressar algo completamente estranho a este meio, enquanto que, na música, o som tem importância em si, isto é, é objetivo por si próprio" (*O Belo na Música*, 1854). De modo específico, a música instrumental facilita ou permite o improviso, a ornamentação particular do executante (bons exemplos no âmbito da música popular são o *jazz* e o choro. A música erudita indiana também estimula o improviso do intérprete).

A música vocal é aquela que une ou conjuga a palavra ou a língua com a elaboração sonora. Nesse caso, ambas se complementam necessariamente na estrutura de uma obra. Do ponto de vista histórico, a música do Ocidente nasceu dessa união. Os mais antigos relatos sobre a poesia lírica grega (por volta do século VII a.C.) demonstram que a literatura oral e os *nomos* (as melodias) eram um só fenômeno artístico – música cantada ou poesia musicada. Conseqüentemente, a música vocal, por conter uma "letra", traz consigo elementos extramusicais: a expressão de sentimentos líricos, um fato a ser narrado, uma idéia de cunho social, uma história, uma ação dramática. E nesse conjunto, temos a música sacra, a música coral, a ópera, o *lied*, o hino e a grande maioria das músicas folclóricas e populares de todos os tempos.

Apesar dessa diferença, é bastante nítida a abstração do fenômeno musical. Ou seja, a organização sonora prescinde de referências exteriores. Por si só, ela não representa imagens de uma realidade preexistente. Ainda que o efeito de uma composição estimule variados estados emocionais (tristeza, alegria, entusiasmo ou serenidade), ela não funciona como um símbolo propriamente dito, como substituto de uma idéia ausente (para tanto tem que lançar mão da palavra). A música é capaz de gerar um significado exclusivo, bastando-lhe o movimento interno, a cadência, a intensidade, a fluência do tempo que ela constrói.

Tonalidade e atonalidade. A partir da polifonia medieval, a música começou a instituir uma convivência "amigável" ou a propor acordos entre certos intervalos (a distância de altura entre dois sons consecutivos), formadores de uma determinada escala. Na época, o cantochão, então predominante, se recusava a utilizar algumas dessas distâncias, como, por exemplo, o *trítono*. Este é um intervalo de três tons, também conhecido como intervalo de quarta aumentada, como o que vai de *fá* até *si*, considerado, pela música sacra, como relação "diabólica". Se ele ocorresse, soava dissonante, instável, agressivo, como se o próprio diabo estivesse na música – *diabolus est in musica*. Progressivamente, este jogo de impressões entre a estabilidade e a instabilidade foi se ajustando, consolidando-se num código aceitável, reconhecendo-se que, afinal, eram capazes de produzir harmonia ou equilíbrio. Nessa gradativa construção de intervalos "conclusivos", músicos e compositores passaram a empregar intervalos de quinta invertida, de sétima ou de nona.

A sensação que a *tonalidade* ofereceu ao ouvinte foi a de um caminhar, de um evoluir por contrastes, mas comprometendo-se a apaziguar ou a resolver as tensões sonoras. Desde então, ela institui uma cadência, ou seja, define primeiramente um som ou nota tônica, uma área de tonalidade, e, em seguida, uma oposição à tônica, que é a dominante. Essa dominante poderá evoluir por modulação, por uma pequena variação, convertendo-se depois em tônica, até alcançar novamente o repouso exigido. Por essas características, também se diz ser a tonalidade uma "narração sonora", às vezes um pequeno conto, por outras um longo romance, com a particularidade de que os conflitos se resolvem por equilíbrios e consonâncias. Constitui a música discursiva de Rameau (no seu *Tratado de Harmonia*), a de Bach (a fuga), a sonata de Haydn, Mozart e Beethoven, e até mesmo o paroxismo de Wagner e sua melodia infinita. Representa, portanto, uma estrutura de criação regrada que estimula as contradições, mas com o intuito de solucioná-las. Pressupõe-se que a mente reage melhor às formas sensíveis quando podemos perceber uma compatibilidade de fundo entre a organização da matéria (no caso sonora), a predisposição cerebral para uma ordem (que ativa a memória) e um efeito emotivo mais facilmente identificável.

Já o *atonalismo*, como o nome o indica, corresponde à recusa peremptória das regras da cadência musical. Nele não existem hierarquias. Todas as notas e intervalos são iguais. Schoenberg, ao romper com as últimas extensões da música de Wagner, repleta de modulações, criou, conclusivamente em 1923, o sistema de doze sons, ou dodecafonismo (suas primeiras experiências de maior radicalismo estão no *Segundo Quarteto de Cordas*, de 1908, e, mais claramente, na última das *Três Peças para Piano*, opus 11, bem como nas *Cinco Peças*, opus 16, ambas de 1909). A cada som atribuiu o mesmo valor ou importância do que são os tons e semitons da escala diatônica tradicional. A partir daí, sua intenção foi a de retardar ao máximo o retorno ou a repetição de um som já ouvido, ou seja, não tratar nenhuma nota com a característica de tônica ou de dominante. Por isso, preferia chamar o seu sistema de *pantonal*, ou síntese de todas as tonalidades.

Conseqüentemente, quase nada do que se ouve é passível de memorização ou de reconhecimento imediato, pois inexiste um centro de articulação ou referência. A construção sonora resultante não encontra repouso ou acomodação. Tendo sido elaborada uma série de doze sons, passa-se à reversão da seqüência (de trás para a frente); depois, recorre-se à inversão, isto é, do movimento ascensional para o descendente e assim por diante, num jogo de espelhos. Como não há recorrências melódicas, nem mesmo rítmicas, o sistema é permeado por uma fragilidade inata, assumida pelo próprio Schoenberg. Ou seja, a impossibilidade de criar obras "narrativas" como as tonais.

A →música erudita do século XX, freqüentemente chamada de contemporânea, procurou desmanchar ou romper com a tonalidade, fazendo do *ruído* um elemento tão importante e constitutivo quanto o som. Sobretudo a partir de Stravínski. Dentro desse espírito experimentalista, introduziram-se dissonâncias até então inusitadas, ritmos assimétricos e complexos, agregados de acordes atonais, tendo-se como resultado sonoridades descontínuas, "quebradas" ou sem hierarquias. Para o ouvinte comum, tornou-se muito difícil acompanhar esse fluxo aparentemente desorganizado, seja mentalmente, seja pelo canto oralizado. Daí se quebrar ou não se conseguir manter um vínculo afetivo ou emocional com a "nova música" (dodecafônica, concreta, eletrônica, por exemplo). Como observou Walter Benjamin, ela deixou de ser uma manifestação contemplativa (e que interrompe a desordem ou a mesmice do mundo), para se converter em uma expressão traumatizante (reinvestindo nos conflitos ou reproduzindo os ruídos caóticos do cotidiano).

Antigas contribuições. A ausência de registros torna bastante imprecisa a possível contribuição de elementos populares na formação da música ocidental, ao menos até a fixação do canto gregoriano. Com razoável certeza, no entanto, são indicadas as seguintes influências antigas e medievais em seu desenho histórico:

– a música grega, considerada então uma arte, ou seja, a expressão de maestria, de conhecimento exato, de formação e de sabedoria. Sobretudo a partir de Pitágoras (século VII a.C.), com seus estudos das relações acústicas. A música, ou, melhor, a "boa" música, é vista como manifestação sensível das relações matemáticas que governam o mundo (a definição de Thomas Mann, segundo a qual a música é êxtase e matemática, na verdade pouco acrescenta à idéia grega). Não é pura diversão, mas, ao contrário, a imitação (mímesis) de uma ordem universal. E está presente, indissoluvelmente ligada aos ritos, às academias e aos certames teatrais. Já no período romano, esse caráter filosófico e de formação da cidadania desaparecerá, restando a técnica musical a serviço do divertimento ou de acompanhamentos eventuais (pouquíssimos imperadores a valorizaram, mas, entre eles, Nero);

– os hinos e salmos, cantares e cantilenas judaico-cristãs, vindas do Oriente Próximo, e que muito serviram à evangelização do cristianismo primitivo, remanescentes de longas tradições hebraicas e sírias (lembrando que os primeiros cristãos eram judeus vivendo fora da Palestina). Certos musicólogos acreditam que as antífonas (dois coros que se alternam, um cantando em grave, outro em agudo) executadas nos mosteiros dos primeiros séculos da Idade Média eram sobrevivências daquela tradição;

– a música dos bardos celtas – poetas, músicos e cantores, que, provenientes do Cáucaso, espalharam-se pela França, Grã-Bretanha, Espanha, Escandinávia e norte da Itália. Criadores de poemas épicos cantados (as gestas), fundiram suas tradições lítero-musicais com elementos da cultura greco-romana;

– o canto bizantino, formado pela música grega e formas orientais, criado para o acompanhamento litúrgico da Igreja oriental no século V, ao qual já se atribui o uso de melismas – um grupo de sons ornamentais cantado em uma sílaba apenas, e que reaparecerão mais tarde na *ars antiqua* ocidental (→*Estilo*, a periodização da música);

– o canto moçárabe da Península Ibérica, influenciado claramente pela música árabe, e que se implantou nas abadias, mosteiros e cultos cristãos de Sevilha, Toledo e Córdoba. Não é improvável que após a proibição papal desse rito, no século XI, o canto moçárabe tenha permanecido entre as classes populares.

MÚSICA ACUSMÁTICA.

Música eletrônica ou seqüência sonora que se ouve sem que se saiba exatamente de onde provém ou qual a causa material. Utiliza-se esta noção para a música eletroacústica devido à geração ou manipulação de sons e ruídos em equipamentos tecnológicos que não os instrumentos tradicionais. Em medicina e psicologia, relaciona-se à audição interna de vozes ou de sons, sem causa aparente (alucinação, por exemplo).

MÚSICA DE CÂMARA.

Termo que se inclui no universo da música erudita, surgido no período renascentista, e que, em sua origem, indicava as apresentações musicais privadas, ou seja, realizadas em salas ou salões familiares da nobreza e da realeza (câmaras). Tanto pelo espaço doméstico como pelo número reduzido de artistas mantidos pelo mecenato da época, as formações limitavam-se a um máximo de oito instrumentistas. Charles Burney (músico e historiador inglês do século XVIII) a ela se refere como "execução musical não destinada à Igreja, ao teatro ou à sala de concerto público". Com a ascensão progressiva da burguesia e a modificação resultante nas relações sociais de patronato, as apresentações desses pequenos grupos transferiram-se para as salas públicas de concertos, mantendo, todavia, a designação de berço. Essa marca de intimidade ou de privacidade exigiu e estimulou, desde o início, a adaptação de gêneros diversos para os instrumentos integrantes do conjunto, assim como a composição de peças exclusivas, nas quais se destacaram, para a consolidação da música de câmara, Corelli, Vivaldi, Albinoni, Scarlatti, Pergolese, Purcell, Lully, Rameau, Bach e Händel. A partir de Haydn, observa-se uma nova fase para a concepção da música camerística, tanto pela atribuição de maior igualdade entre os instrumentos, como pelo desenvolvimento da sonata, forma que passou a predominar no repertório dessa manifestação. Atualmente, inclui gêneros os mais diversos de música absoluta para dois, três, quatro e até oito instrumentos que dialogam entre si (com exclusividade para as cordas ou mistos – violino e piano; três cordas e piano; cordas, sopros e piano). O quarteto de cordas – dois violinos, viola e violoncelo – mantém-se, no entanto, como a estrutura clássica nas audições camerísticas. Independentemente de sua formação instrumental, existe apenas um executante para cada parte da peça, diferindo assim da música orquestral, em que uma só passagem pode ser executada por vários músicos e instrumentos.

MÚSICA DE ÉPOCA, MÚSICA HISTÓRICA.

Movimento da música erudita que busca recuperar, na execução de obras antigas – medievais, barrocas, clássicas ou mesmo românticas – as formações, técnicas de execução e os instrumentos característicos da época em que foram compostas. Criada na Europa na década de 1950, por inspiração dos maestros Nikolaus Harnoncourt (fundador do Concertus Musicus de Viena), de Gustav Leonhardt e a adesão posterior de Christopher Hogwood, a música de época ou histórica acredita recriar, com grande aproximação, a forma peculiar dos fraseados, das texturas e dos timbres originais, valendo-se de pesquisas históricas e da análise de partituras de cada um dos estilos ou períodos a que se referem. A idéia de revivescência musical já havia surgido, entretanto, no século XVII, sob a inspiração de Johann Pepusch, compositor e teórico alemão, que chegou a fundar uma academia de música antiga ou histórica, incumbida de restaurar a música eclesiástica renascentista. Posteriormente, em 1923, o compositor Ivo Cruz lançou o *Renascimento Musical em Portugal*, divulgando, criteriosamente, as músicas renascentista e barroca de sua terra. No Brasil, o maestro e lutiê Roberto de Regina pode ser considerado um representante dessa vertente.

MÚSICA ERUDITA NO SÉCULO XX.

Condições para as mudanças. A última década do século XIX e as duas primeiras do XX foram cenários de transformações socioeconômicas e técnicas vigorosas, assim como geradoras de movimentos políticos e artísticos sem precedentes.

A industrialização expandiu-se de maneira febril, implantou a produção em série e conduziu, no interior de sua espiral ascendente, a disputas cada vez mais sangrentas por impérios coloniais e acumulação de capital (guerras dos Bôeres, russo-japonesa, conquistas francesas na África, o primeiro conflito mundial de 1914-1918). Multiplicaram-se as organizações sindicais e políticas dos trabalhadores (lutas e greves gerais) e o ideal da emancipação feminina ganhou contornos mais decididos. Realizou-se a Revolução Russa e os fascismos italiano e alemão tornaram-se partidos de massa.

Simultaneamente, entravam na ordem do dia as teorias da relatividade, a física quântica, matemáticas não-euclidianas, a psicanálise e a descoberta do inconsciente. Telégrafo sem fio, armas de destruição em massa, motores a combustão, a magia do cinema. O cubismo rompia com a perspectiva do senso comum, o abstracionismo substituía a figuração.

Foram novidades, tensões, instabilidades e anseios em demasia, de rápida influência nos países periféricos, entre eles o Brasil (a república, movimentos operários, reurbanização, Semana de 22), o que resultou na quebra das estruturas conhecidas e na proposição de perspectivas absolutamente diferentes de vida cotidiana, de usos tecnológicos e de criação artística.

Seria estranho, portanto, se a música escapasse às esperanças e tormentas do período. Os primeiros sintomas de mudança apareceram com a reação estética ao espírito romântico e a valorização do que seria, na época, dissonante. Aos poucos, a unidade do antigo estilo e das regras centenárias da análise harmônica (já contaminadas pelas apojaturas e modulações seguidas da música de Wagner) foram cedendo espaço à liberdade de novos intervalos de escala, à fragmentação das linguagens, à diversidade de texturas, à aceitação da polirritmia, ao emprego de politonalidade e à construção de códigos inusitados (dodecafonia). Como em outros domínios artísticos, a música erudita buscou a diversidade, a inovação e o experimento. Sentiu-se atraída pelas velhas sonoridades modais do Oriente, pelos ritmos e percussões agitadas das colônias africanVermelho m90y100k20as, e ainda por formas populares nascentes, a exemplo do *jazz*. Mais tarde, ainda, a tecnologia eletrônica lhe serviria de meio técnico e de inspiração para sons e arranjos radicalmente novos, embora resistentes à aceitação popular.

Impressionismo. As últimas manifestações do romantismo musical já incorporavam certas transgressões, conduzidas sobretudo por Gustav Mahler e Richard Strauss. Do lado romântico, conservaram ambos a tendência à grandiosidade orquestral, ao aproveitamento de *lieder* e à criação de grandes poemas sinfônicos (música programática ou descritiva), de fundo literário. Trabalharam ainda a tonalidade e o cromatismo em situações extremas. A *Quarta Sinfonia* de Mahler, por exemplo, muda constantemente de tom (de sol maior para si menor e, finalmente, mi maior). Já na *Décima Sinfonia* surgiram dissonâncias espantosas para a época, o que atraiu a atenção da futura Escola de Viena. Quanto a Strauss, a maior novidade veio no conjunto de sua obra operística. Em *Salomé* (1905) e *Elektra* (1909), a forma gramatical começa a escapar das categorias até então reconhecíveis. As encenações exigidas tornam-se quase delirantes e a orquestra alcança uma grandiloqüência extremada.

Mas esta série de contestações delineou-se mais precisamente em Claude Debussy. E a afirmação se justifica tanto pela coerência do trabalho como pela influência marcante que exerceu. Sua intenção era encontrar sempre uma espécie de "livre prazer melódico", liberto do código básico da tensão e da distensão harmônicas, empregado exaustivamente desde o Renascimento. Compôs, a partir do *Prélude à l'Après Midi d'un Faune*, de maneira a agregar blocos sonoros independentes daquela dialética, desde que a sonoridade obtida lhe fosse agradável e delicada. Em parte, a sutileza perseguida fora estimulada pelo encanto que, confessadamente, encontrara nas músicas orientais, as de Java, do Vietnam ou da Índia.

Um compositor a quem admirou foi o autodidata Mussórgski, que lhe parecia mais "selvagem", sem tantas fórmulas recorrentes. O *Fauno*, baseado em poesia de Mallarmé, talvez possa ser exemplar de seu tratamento inovador: um motivo inicial, que não chega a se constituir em melodia (aqui usada no sentido de um tema a ser explorado por contrastes, modulações e retornos), repete-se várias vezes, mas o faz com harmonizações diferenciadas, como se fossem improvisos exploratórios. Com os *Noturnos* (*Nuvens*, *Festas* e *Sereias*), reempregou os seus fragmentos melódicos, incluindo, ademais, a chamada "cor instrumental", sem se preocupar com as semelhanças de timbres entre as famílias dos instrumentos. Pela técnica inusual, pela sensação sonora de delicadeza e fugacidade, assim como por sua convivência com pintores e escritores da época, chamou-se a sua obra (e a de Ravel) de impressionista e mesmo de simbolista. Aliás, contra a vontade de Debussy. Pois o que desejava era, "antes de mais nada, agradar", ser hedonista, desembaraçando-se das funções tonais e do caráter dramático que o romantismo imprimira à música, não sem brilho, mas cujo destino já se havia cumprido. Usou acordes perfeitos e dissonantes, tonalidades diferentes no encadeamento dos acordes, polirritmias de grande complexidade, como em *La Mer*, e escalas modais (→*Música modal*). Por não se ter ligado a nenhuma corrente específica, nem pretendido fixar uma sintaxe, converteu-se afinal num "clássico", isto é, em ponto de referência para compositores próximos, como Ravel, ou díspares, como Stravínski ou Alban Berg, este último tocado pelo desenho revolucionário de *Pelléas et Mélisande*.

Personalidade marcante e inspiradora, amiga de Debussy e de Stravínski, foi Maurice Ravel. Em comum com seu compatriota, tinha o gosto pelas sonoridades orientais e da música popular espanhola, a vontade inabalável de pesquisar novas harmonias e instrumentações, a recusa ao wagnerismo fim-de-século. Tornou-se corrente dizer que Debussy transmite lirismo e suavidade, ao passo que Ravel demonstra, sobretudo, recato e frieza, a habilidade de um "relojoeiro suíço" (segundo Stravínski). Nem sempre essa diferença é assim tão nítida, pelo menos em obras como *Shéhérazade*, *Rapsódia Espanhola* ou o balé *Daphnis et Cloé*, compostas "à sombra de Debussy ". Mas é clara em *Pavane pour une infante défunte*, *Ma mère l'oye* ou nas *Chansons madécasses*. Com seu *Bolero*, Ravel explorou de maneira ousada a repetição de um só tema e de um só tom – o dó maior – demonstrando que a complexidade progressiva da instrumentação podia ser um recurso técnico para efeitos de tensão e de brilhantismo. Ao tomar contato com o *jazz*, utilizou-o para realçar trechos da ópera *L'enfant et les sortilèges* e do famoso *Concerto para a mão esquerda*. O que ocorreu foi que Ravel reprimiu, conscientemente, qualquer tipo de afetividade exaltada ou laivos de ardor romântico. Preferiu sempre o rigor, a concisão, em meio a técnicas ecléticas. Princípios, aliás, que lhe custaram três fracassos nos concursos tradicionais do Prêmio de Roma, até ser dele excluído em 1905.

Ao lado de Debussy, e ao contrário de Schoenberg, nunca pretendeu "fazer escola", levado, em parte, pelo subjetivismo de sua obra. Respondendo a certos comentários depreciativos do jovem George Auric, diante da influência que obteve, chegou a declarar, num misto de sinceridade e soberbia: "Ele tem razão de malhar Ravel, pois, se não o criticasse, faria música de Ravel, e já chega de Ravel".

Uma revolução de sonoridade eslava. Opostas à delicadeza de Debussy e ao refinamento de Ravel foram as músicas que Igor Stravínski escreveu para os Balés Russos de Serguei Diaghilev, o mais importante animador cultural do século. Após ter ouvido os *Fogos de Artifício* em São Petersburgo, por indicação do mestre Rímski-Korsakov, Diaghilev solicitou ao jovem compositor a criação do *Pássaro de Fogo*, cuja estréia aconteceu em Paris, em 1910. No ano seguinte, veio à cena *Petruchka*, o fantoche enlouquecido, e, em 1913, a terceira experiência na França, por muitos considerada a obra-prima musical do século – *A Sagração da Primavera*, subintitulada *Quadros de uma Rússia Pagã*.

Com essas obras, Stravínski impôs um clima de barbarismo e de sonoridades múltiplas: politonalidade, polirritmia, diferenciações agudas de timbres orquestrais, aproveitando ainda materiais folclóricos da Rússia, de suas canções populares, ou ainda a algazarra das feiras e parques de diversão. As estruturas rítmicas são claramente revolucionárias, seja pela constante mudança dos andamentos e compassos, seja, ao contrário, pela influência modal das pulsações obsessivas, os *ostinati*, de efeito místico ou encantatório. Tal período de violentos contrastes, que bem poderia corresponder ao pós-impressionismo plástico de Van Gogh, encerrou-se com a ópera *O Rouxinol*, de 1914.

A partir daí, iniciou-se uma fase de criações contrapontísticas, como a *História do Soldado*, *Renard* ou *Les Noces*, incluindo-se o uso de recursos jazzísticos. Com *Pulcinella* (peça de bailado), *Missa*, *O Beijo da Fada* ou *The Rake's Progress*, Stravínski recorreu ao passado, à tradição tonal dos séculos anteriores, como se resistisse ao experimentalismo da nova geração. E mais uma vez, surpreendentemente, mudou este sentido neoclássico, no começo dos anos 1950, dedicando-se então a uma técnica dodecafônica, contida, é verdade, mas que antes se recusara a aceitar (*Memoriam Dylan Thomas*, *Agon*, *Requiem Canticles*). Por sua genialidade e diversidade composicional, tornou-se o mais fecundo dos autores eruditos do século. De um modo ou de outro, todos os que lhe seguiram lhe foram tributários. Entre nós, por exemplo, o *Uirapuru* de Villa-Lobos seria inimaginável sem o espírito original de Stravínski.

Doze sons iguais. Com Arnold Schoenberg, o rompimento da tonalidade (→*Música*) veio a ser definitivo, sobretudo porque com ele se perseguiu um método inusitado de criação. Se alguns compositores da virada do século se distanciavam da herança wagneriana, ao recusar o excesso de cromatismo, foi justamente por levar essa tendência às últimas possibilidades que o autor vienense desembocou numa solução radical – a dodecafonia ou dodecafonismo (os nomes se consagraram nos escritos dos compositores e musicólogos René Leibowitz e Herbert Eimert). E os marcos dessa nova forma musical se encontram na última das suas *Três Peças para Piano*, opus 11, e nas *Cinco Peças*, opus 16, todas de 1909.

O método tem por base o emprego de doze semitons, igualmente valorizados. A seqüência não deve conservar as regras anteriores de hierarquia, dada a partir de uma nota fundamental, ou seja, daquela que polariza e conduz o desenvolvimento subseqüente, a reaudição de certos sons, os intervalos e as escalas (relações entre a tônica, a dominante e a subdominante, por exemplo). Como resultado, desaparece o jogo de tensão e de relaxamento próprio da música tonal. Passa-se então a trabalhar com a *série*, uma sucessão de doze sons que não se repetem (para que nenhum deles seja considerado tônico), sem oitavas dobradas, e que pode ser iniciada em qualquer nota. A série tanto vale para a melodia (construção horizontal dos sons) quanto para a harmonia (a estrutura vertical). De onde a expressão mais moderna de música serial ou serialismo. Por exemplo, escolhida a primeira série (*a*), investe-se na forma retrógrada (*b*), isto é, vai-se do fim ao começo da anterior; depois, procede-se à inversão da original (*c*), fazendo com que os intervalos se modifiquem (um mi bemol passa a ré, o fá desce para mi, e assim por diante). Finalmente, chega-se ao retrógrado da série invertida (*d*).

A estrutura que se elabora tem assim um componente "geométrico" acentuado, análogo ao construtivismo da pintura abstrata. É a forma que se investe de importância capital, como ele mesmo o admitiu: "Quando escrevo, decido apenas em conformidade com o sentimento da forma. Cada acorde [...] corresponde a uma necessidade da minha exigência expressiva, mas é possível que responda ainda a uma lógica inexorável, embora inconsciente, da composição harmônica". Uma das obras exemplares de Schoenberg foi o *Pierrot Lunaire*, de 1912, composto para voz e quinteto de piano. A parte vocal, em recitativo, aproveita a técnica do canto-falado (*Sprechgesang*), de entoação áspera, e que decai em glissando, antes da nota seguinte. A influência do *Pierrot* estendeu-se fortemente entre vários compositores da nova geração, a começar pelos alunos diretos de Schoenberg: Alban Berg e Anton von Webern. Na opinião dos especialistas, sua obra-prima é a mais tardia de todas, *Moses und Aaron*, que deixou inacabada, à semelhança de Schubert.

Os dois discípulos e o mestre comum constituíram a chamada Escola de Viena, pelas afinidades pessoais e de princípios de composição. Webern criou relativamente pouco, de maneira concisa, e à moda paciente de um ourives. Sua *opera omnia* não é mais extensa, em tempo, que o de uma sinfonia romântica. As *Seis Bagatelas para Quarteto de Cordas* ou as *Cinco Peças* opus 10 variam no âmbito de vinte segundos a poucos minutos. Mas a inovação maior nesses trabalhos foi a quase indistinção entre a melodia e a harmonia, visto que as notas são executadas em timbres sucessivamente diferentes, contrapondo os instrumentos, o que faz com que a melodia pareça prover dos timbres. É a técnica da *klangfarbenmelodie*. Explorou o serialismo não apenas na altura dos sons, mas igualmente em outros parâmetros, ou seja, na intensidade e na duração. Com ele, a atomização do som alcança o ápice no interior do método.

Berg, diferentemente, constrói um mundo sonoro voltado para o lado extramusical e trágico de seu tempo. As sonoridades são angustiadas, sem lógica aparente nos encadeamentos, o que lhe valeu a alcunha de expressionista. De fato, assim nos aparece, já que a melhor forma no aproveitamento de sua música foram os dramas líricos, como *Wozzeck* e *Lulu*, e a cantata *Der Wein*.

Uma das maiores dificuldades que a dodecafonia traz para o grande público, a maioria leiga, é a inexistência de acordes "naturais". Com isso, os intervalos soam de maneira bastante estranha à habitual, rude ou "desarmônica", principalmente os mais longos, superiores à oitava. É uma música continuamente tensa, sem descanso ou resolução. Torna-se ainda impossível prever interior ou mentalmente a sucessão das frases. O uso das séries serviu inclusive para designar a peculiaridade mais evidente de toda a arte do século XX: o pensamento serial, ou seja, aquele que se desfaz de qualquer código prestabelecido e comum, passível de comunicação imediata, para gerar, no decorrer do processo criativo, estruturas particulares e que se articulam apenas interiormente.

Analisando essa forma de pensar, diz Lévi-Strauss (*O Cru e o Cozido*): "[...] o pensamento musical contemporâneo rejeita, de modo formal e tácito, a hipótese de um fundamento natural que justifique, objetivamente, o sistema das relações estipuladas entre as notas da escala [...] à semelhança de qualquer sistema fonológico, todo sistema modal ou tonal se baseia em propriedades fisiológicas e físicas, conserva algumas dentre todas aquelas que estão disponíveis, em número provavelmente ilimitado, e se vale das oposições e das combinações a que essas propriedades se prestam para elaborar um código apto a discriminar significações. Assim como a pintura, a música pressupõe, portanto, uma organização da experiência sensível". Seu paradoxo é ser racionalista em demasia, a ponto de o próprio cérebro não reagir "afetivamente" por falta de uma tonalidade que talvez lhe seja espontânea. Mas ainda que a tonalidade não seja algo inato, uma condição *a priori* da simpatia emocional, essa expectativa parece conservar-se, fruto, quem sabe, de uma paciente incorporação ao longo da história ocidental. O progressivo abandono da dodecafonia ou do serialismo musical parece indicar essa tendência.

Uma figura ímpar. Autor de um estilo pessoal absolutamente inusitado e marginal, ainda assim Erik Satie não deixou de influenciar tanto Debussy ou Ravel como os participantes franceses do Grupo dos Seis (*Les Six*). Não foram apenas as regras centenárias de composição que ele abandonou (optando por acordes de sétimas, de nonas, quartas dobradas, décimas primeiras ou supressão das barras de compasso), mas qualquer disposição de seriedade perante a música. Anárquico, debochado e iconoclasta, utilizou de maneira constante as sonoridades dos cafés-concertos ou do *music-hall* para criar peças curtíssimas, com nomes excêntricos, além de orientações hilárias para seus intérpretes. Entre elas, *Três Peças em Forma de Pêra*, *Embriões Ressecados*, *Esboços e Provocações de um Cafetão de Pau*, *Descrições Automáticas* ou *Prelúdios Verdadeiramente Flácidos*. *Vexations* (*Vexames*) nada mais é do que uma seqüência reduzida de compassos simples, mas repetidos 840 vezes para dar à obra uma extensão "sinfônica". Em 1913, escreveu uma opereta com toda a sintomatologia dadaísta, antes mesmo de o movimento existir. Já o balé *Parade*, encomendado por Diaghilev, ensejou as mais retumbantes vaias já ouvidas no Châtelet. A orquestração incluiu estridências de objetos industriais modernos, como máquina de escrever, roleta, sirenes e tiros de revólver, além do passeio de um carro como parte da coreografia. Sua última composição, no entanto, o drama sinfônico *Socrate*, de 1919, constitui o avesso de todas as obras anteriores. Trata-se de uma elegia respeitosa ao personagem, à seriedade e à importância quase mística do teatro grego clássico, um ritual de inesperada, mas voluntária imponência.

Nacionalismos. Um fenômeno de larga abrangência, pois que se expandiu da Europa às Américas, foi o de um novo nacionalismo musical, tributário do romantismo, mas então desenvolvido por estudos mais rigorosos e consistentes. Se a vaga patriótica eclodira com grande intensidade política antes da primeira guerra, do ponto de vista artístico o impulso já era perceptível desde a segunda metade do século XIX, em personalidades como as de Bedrich Smetana e Antonin Dvorak (ex-Tchecoslováquia), de Edward Grieg (Noruega) ou no movimento russófilo do →Grupo dos Cinco. O mais recente, no entanto, encontrara o seu exemplar no "jovem" Stravínski, isto é, o da primeira fase. As dissonâncias e as variações de tonalidade, os sons impressionistas dos franceses e o espírito "duende" do folclore andaluz ensejaram, por exemplo, uma nova música espanhola na passagem do século, e desta vez sem equívocos. Para a formação daquela corrente, contribuíram três estilos desiguais: os de Isaac Albéniz (*Ibéria*, *Triana*, *Jerez*), experimental e audacioso; o de Enrique Granados (*Goyescas*, *Maya y el ruiseñor*), sentimental ou romantizado, e o do mais novo e eclético do grupo, Manuel de Falla (*La Vida Breve*, *Noches en los Jardines de Espanha*, *El Amor Brujo*), cujas obras variam do ascetismo e da contenção clássica ao "barbarismo" sonoro. Mas os representantes mais singulares desta vertente nacionalista foram, justificadamente, Béla Bartók e Villa-Lobos.

O "magiarismo" de Bartók possui o mérito inicial da pesquisa metódica na imensa reserva da música popular não apenas húngara, mas de toda a Europa do Leste, levada a efeito em companhia e por sugestão de Zoltán Kodályi. Ambos revelaram ao mundo a face radical dos folclores e das músicas modais da Hungria, Romênia, Bulgária, Ucrânia, Turquia e mesmo da Argélia. Desvencilharam-se, portanto, das expressões que Liszt havia deixado, de acentuado efeito lírico-romântico. O material serviu a Bartók para enriquecer a tendência que desde cedo demonstrou para as sonoridades rudes, "primitivas", já presentes em seu *Alegro Barbaro*, de 1911, e, portanto, anterior à *Sagração da Primavera*, ou ainda no bailado *O Mandarim Maravilhoso*, de 1919. Os *Quartetos* (de números 1 a 6), escritos no período que vai de 1908 a 1939, mesclam com rigor e originalidade a tradição que pesquisou e as técnicas inovadoras de Debussy. Não são composições de fácil acompanhamento e o mesmo se pode dizer da *Música para Cordas, Percussão e Celesta* (1937). O reconhecimento de um público pouco mais numeroso chegou tarde, após a morte do compositor, em suas peças derradeiras: no *Concerto para Orquestra* e no *Concerto n°3 para Piano*.

Do lado americano, e sem nenhuma desconsideração ao melodismo jazzístico de Gershwin, Heitor Villa-Lobos mantém-se como a maior figura da música erudita no século. À maneira de seu contemporâneo húngaro, não apenas descobriu a aparentemente infinita riqueza musical do Brasil, como a reinventou no percurso de sua obra, de forma inigualável. Mais ainda, internacionalizou sonoridades múltiplas ou "amazônicas" do país, com seus componentes africanos, indígenas e europeus (o que irá se repetir, no terreno popular, com Tom Jobim) e conseguiu, do mundo acadêmico, o respeito por elas. De suas obras pianísticas, fazem parte do repertório mundial: *A Prole do Bebê* (1918), *Lenda do Caboclo* (1920), as *Cirandas* e o *Rudepoema* (ambas de 1926). Entre as orquestrais ou de estrutura clássica, o *Concerto para Piano e Orquestra n°1*, variados *Quartetos para Cordas*, a suíte *O Descobrimento do Brasil* e o balé *Amazonas*. Quando os *Choros* (catorze ao todo) estrearam em Paris, a Europa foi tomada por uma sensação de brilhantismo e novidade. Na seqüência, as *Bachianas Brasileiras* consolidaram-lhe o merecido prestígio. Elas englobam nove peças nas quais se fundem a técnica barroca do mestre alemão com o material folclórico do País. Representam, por sua artesania, ousadia e sensibilidade, o mais elevado grau de um sincretismo que, *a priori*, talvez fosse ilusório ou incomunicável, pelo tempo ou pelo espírito.

A incorporação às tradições européias (barrocas, clássicas, românticas) de materiais rítmicos, harmônicos e de timbres peculiares de seus respectivos países também fez parte das peças mais importantes de compositores latino-americanos. Entre eles, o mexicano Carlos Chavez (o balé *Fogo Novo*, as sinfonias *Índia* e *Proletária*), o peruano Valle-Riesta (as óperas *Ollantay* e *Ataualpa*), o argentino Alberto Ginastera (os balés *Panambi* e *Estancia*) ou o paraguaio Augustín Barrios (*Um Sonho na Floresta*, *Danças Paraguaias*), que, na opinião de John Williams, criou uma obra para guitarra (violão) mais significativa do que a de Villa-Lobos.

Pequena volta ao passado. Outro movimento devido parcialmente a Stravínski (aquele da "maturidade", isto é, de obras como *Renard* ou *Pulcinella*) recebeu os nomes distintos e imprecisos de neoclassicismo ou neobarroco. A tendência justificou-se, na verdade, pela revalorização de formas musicais anteriores ao romantismo, como as praticadas por Vivaldi, Scarlatti e, sobretudo, Bach. Bem antes, aliás, proclamara o consagrado Verdi: "Voltemos ao antigo; será um progresso". Até mesmo o impressionismo de Debussy e de Ravel foi posto relativamente à margem, no final da primeira guerra. Certas obras de Prokofiev, como a *Sinfonia Clássica* (1917) ou *O Amor de Três Laranjas* (1919) e algumas composições de Max Reger

(Variações e Fuga sobre Tema de Mozart, ou o *Concerto em Estilo Antigo*) anunciaram a intenção para autores avessos ao dodecafonismo.

Optou-se então pela criação de peças semelhantes aos *concertos grossos*, às suítes, cantatas e oratórios, de preferência às sinfonias e sonatas. Entre os que se dispuseram a percorrer o velho-novo caminho, estiveram os integrantes do Grupo dos Seis, espicaçados por Jean Cocteau, que para tanto escreveu o manifesto *O Galo e o Arlequim*. Concisamente, o Grupo teve por objetivo "o retorno à melodia, ao contraponto, à precisão e à simplificação", no dizer de Francis Poulenc. Junto com Darius Milhaud e Arthur Honneger, formou o trio principal da nova estética (que ainda incluiu George Auric, Louis Durey e Germaine Taillefaire). Algumas boas obras, de inspiração histórica ou religiosa, são: *Le Roi David* e *Jeanne au Bûcher*, de Honneger; *Le Boeuf sur le Toit* e *Christoph Colomb*, de Milhaud; *Stabat Mater* e *Dialogues des Carmelites*, de Poulenc.

Já na Alemanha, Paul Hindemith é tido como integrante legítimo dessa corrente, tanto pelo seu anti-romantismo e técnica polifônica, como pela procura de uma música objetiva, impassível, feita para agradar encomendas, como acontecia nos séculos de domínio aristocrático. E ele a batizou de *música funcional* (*Gebrauchmusik*). Seus melhores resultados foram o *Concerto para Viola e Orquestra* e a ópera *Mathis, o Pintor*, cujo relativo sucesso se encontra na transcrição orquestral em forma de suíte.

Nessa procura de fontes antigas, chegou-se ao arcaísmo de Carl Orff. O autor valeu-se de textos gregos, romanos e medievais para criar três cantatas de invejável popularidade na área erudita: *Carmina Burana* (1936), *Catulli Carmina* (1943) e *Trionfo di Afrodite* (1952). Nelas, e em obras posteriores, o método é análogo: acordes tonais, ritmos invariáveis e obsedantes, ao estilo modal, e melodias relativamente pobres, sem variações de fôlego. Mas em cena, a atmosfera ritualística das percussões, a variedade dos timbres e as palavras incompreensíveis seduzem pela impressão de mistérios antigos.

Experiências radicais. Edgar Varèse abriu uma trilha bastante diferente. Tido como o verdadeiro condutor do *bruitisme* (ruidismo), uma idéia lançada pelo futurista italiano Luigi Russolo, esse francês naturalizado norte-americano preocupou-se com a agregação e os contrastes formais de ruídos em obras fortemente percussivas (*Hyperprism*, 1923; *Arcana*, 1927; *Ionização*, 1931). Sua música soa apocalíptica, isto é, intensamente irregular, dando a impressão de catástrofes acústicas. Mais tarde, vinculou-se ao Conservatório de Darmstadt e ao movimento eletrônico. Sua obra *De-*

sertos, estreada em Paris no ano de 1954, foi a primeira peça musical em que uma fita magnética manteve um "diálogo" com os instrumentos da orquestra.

As tentativas de estabelecer uma linguagem radicalmente contemporânea, que trouxesse soluções para a propalada "crise" dos códigos tonais e harmônicos (consagrados desde os fins do século XVII), desembocaram, por fim, em duas vias experimentais: a do serialismo, isto é, do desenvolvimento de séries cromáticas não apenas no tom, mas no tempo e na intensidade, e a da música eletroacústica (a concreta e a eletrônica). Em curto período de tempo, no entanto, as variações do método serial alcançaram os seus limites nos trabalhos de Olivier Messiaen e de Krzystof Penderecki. Messiaen, autor de *Turangalila*, *Vingt Regards sur l'enfant Jésus*, *Oiseaux Exotiques* e *Mode de Valeurs et d'Intensités*, foi professor de análise, estética e ritmo no Conservatório de Darmstadt, e mestre de vários jovens compositores que, anos depois, já fariam parte do movimento eletroacústico. Penderecki, aproveitando-se daquela técnica composicional, procurou mesclá-la ao canto gregoriano e a outras formas abertas para a criação de obras dramáticas, como os *Salmos de Davi*, *Treno* (em memória do genocídio praticado em Hiroshima) ou a *Paixão segundo São Lucas*.

A música concreta designa inicialmente tanto os sons produzidos por instrumentos convencionais, como os ruídos provenientes de objetos cotidianos (de utensílios e máquinas) e os da natureza. Após terem sido gravados e armazenados isoladamente, sofrem diversas manipulações, como modificações de velocidade, repetições ou inversões de seqüências, filtragens, misturas, formações de eco, conservando ou não as alturas, durações ou intensidades originais. Já a música eletrônica tem por base sons criados artificialmente em equipamentos apropriados, tais como geradores de sons sinusoidais, geradores de sons brancos, geradores de ondas quadradas, anéis modulares, sintetizadores, posteriormente submetidos a processos de manipulação semelhantes ao da música concreta. Neste caso, e para os ouvintes comuns, retoma-se o conceito de →música acusmática, já que se torna extremamente difícil distinguir a origem dos encadeamentos sonoros. O serialismo foi igualmente incorporado à música eletrônica, por meio da idéia de criação de seqüências sonoras pré-determinadas.

As primeiras experiências eletroacústicas começaram em Paris, em 1948, conduzidas pelo engenheiro de som Pierre Schaeffer e pelo músico e compositor Pierre Henry no Club d'Essai da Radiodifusão Francesa. Ambos atraíram a atenção dos participantes vanguardistas da Escola de Darmstadt, que rapidamente aderiram à proposta técnica, entre eles Michel Phillipot, Luc

Ferrari, Pierre Boulez, Karlheinz Stockhausen, Bruno Maderna, Iannis Xenakis e Henri Pousseur. Pouco depois, em 1951, Herbert Eimert criou o Estúdio para Música Eletrônica, em Colônia, Alemanha, convidando Stockhausen para um trabalho conjunto. O critério do novo centro de pesquisa foi o de produzir sonoridades até então desconhecidas no universo cotidiano, e impossíveis de serem obtidas por instrumentos tradicionais. Para tanto, nem mesmo a gravação prévia deveria aparecer como matéria-prima de elaboração musical. Os fundamentos da composição estão em sons sinusoidais ou senoidais, ou seja, sons puros, sem correspondentes harmônicos, sem timbres característicos, que são fracionados à vontade para conseguir durações ou ritmos desejados. Realizada somente em estúdios, tecnologicamente aparelhados com geradores, gravadores e computadores, a música eletroacústica moderna apresenta-se como um fenômeno inteiramente sintético e laboratorial, podendo dispensar, inclusive, a presença de intérpretes. Desde o final da década de 1970, outra instituição de prestígio da música erudita contemporânea tem sido o Ircam (Institut de Recherche et de Coordination Acoustique/Musique), integrado ao Centro Georges Pompidou de Paris.

Algumas peças eletrônicas de maior notoriedade, surgidas a partir dos anos 1950, são: *Tam-Tam IV*, de Pierre Henry, *Fünf Stücke*, de Eimert, *Gesang der Jünglinge*, de Stockhausen, *Spiritus Intelligentiae Sanctus*, de Ernst Krenek, *Mutazioni*, de Luciano Berio, *Three Imaginary Landscape*, de John Cage, *Poésie pour Pouvoir* e *Répons*, de Boulez.

Passado mais de meio século, tanto o serialismo quanto a música eletroacústica têm permanecido em guetos culturais demasiado estreitos, dada a exagerada importância que atribuíram aos aspectos técnicos e formais da composição. Perderam-se as doses necessárias de hedonismo e de sensibilidade espontânea que permitem o *sensu communis*, o compartilhamento da obra por um público universal. Por essas razões, um crítico e historiador como Otto Maria Carpeaux pôde encerrar *Uma Nova História da Música* com a seguinte e sutil observação: "Também é imprevisível o futuro da música concreta e da música eletrônica. Só está certo que nada têm nem poderão ter em comum com aquilo que, a partir do século XIII até 1950, se chamava música. O assunto do presente livro está, portanto, encerrado".

MÚSICA INCIDENTAL. Música composta especialmente ou ainda reutilizada (sem intenção original) para evocar, sugerir ou realçar "climas ilustrativos" dramáticos (em peças de teatro, filmes ou programas de televisão), tanto os de caráter psicológico e subjetivo, vinculados a personagens, como aqueles referentes a situações ob-

jetivas. O teatro grego já pressupunha a união da palavra com a música em momentos-chave da trama. Posteriormente, os teatros de Shakespeare e de Molière valeram-se igualmente da música como veículo de acentuação ou recurso dramáticos. No século XIX, vários compositores eruditos escreveram partituras para o teatro, como Schubert, Weber, Tchaikóvski e Prokofiev. No século XX, tornou-se reconhecida a obra de Kurt Weill para os trabalhos teatrais de Georg Kaiser e Bertolt Brecht. Com o advento do cinema, e durante toda a fase muda, um pianista ou grupo instrumental acompanhava as cenas durante a projeção. Mas, após o surgimento da tecnologia do som direto, tornou-se habitual a elaboração de peças musicais originariamente cinematográficas, isto é, destinadas a ambientar e reforçar, por meio de estruturas sonoras, as seqüências ou situações do drama, como as obras dos americanos Arthur Freed (*Singing in the Rain*), Hoagy Carmichael (*In the Cool, Cool of the Evening*), Irving Berlin (*White Christmas*), Bernard Hermann, para os filmes de Hitchcock, do francês Maurice Jarre (Tema de Lara), do italiano Nino Rota para os filmes de Fellini (*Satyricon, Amarcord* etc.), ou as do polonês Zbigniew Preisner encomendadas especialmente para as produções de Krzytof Kieslowski (*A Dupla Vida de Veronique* ou *A Liberdade é Azul*, entre outras). Exemplos brasileiros são Chico Buarque, que escreveu peças incidentais para Carlos Diegues (*Joanna Francesa*), ou Milton Nascimento, que, em parceria com Wagner Tiso, compôs para Walter Lima Jr. (*Chico Rei*). →*Música programática, descritiva* e →*Sonoplastia*.

MÚSICA MODAL. Constitui a música das sociedades pré-capitalistas, ocidentais ou orientais, como o cantochão medieval, as africanas, as árabes, a chinesa, a indiana ou a japonesa, baseada, preferencialmente, na escala pentatônica (a de cinco notas), e construída, também de maneira mais regular, com →intervalos de quinta. Por ser quase sempre cantada, apresenta-se como uma espécie de locução verbo-rítmica, a monodia, contendo seqüências previamente ordenadas ou escalas melódicas rígidas, cada uma delas possuindo uma altura ou nota dominante (de maior freqüência), em torno da qual se movimentam as demais. Cada forma seqüencial é denominada *modus* (em latim). Daí música modal. A essas estruturas tradicionais estão ligadas idéias extramusicais. Ou seja, é a música sagrada, ritualística ou de sacrifícios, na qual as experiências de som e de ruído encontram-se bastante próximas. Seu fundamento é o das pulsações rítmicas, o que faz da melodia quase um complemento a serviço daquelas. Daí também a presença constante dos instrumentos de percussão e de vozes que a simulam (ao contrário da música tonal de origem européia, em que a melodia constitui o eixo ou centro da arquitetura sonora, e o ritmo, o seu suporte). Um exemplo típico dessa simbologia da música modal é o que faz corresponder, na tradição chinesa, a nota *fá* ao príncipe, ou poder soberano; a nota *sol* aos seus ministros e homens de confiança da corte; o *lá* ao povo; o *dó* às atividades e homens do comércio; o *ré* aos demais objetos do mundo. Dada essa característica de representatividade ou de espelho, a música modal reage quase sempre negativamente às mudanças, permanecendo fiel às tradições da tribo, religiosas, populares ou de uma região culturalmente muito antiga. Mantém um ritmo de fundo, um ritmo tônico, que lhe serve de base para outras figuras rítmicas irregulares, e ao qual sempre se volta, num movimento de eterno retorno. Daí a repetitividade e a impressão de música encantatória ou de perda dos sentidos. Aos ouvidos ocidentais, parece monótona. Mas sua função não é a de ser contemplativa, e sim aquela de participação mística ou dançante. Referindo-se ao canto gregoriano, assim argumenta Mário de Andrade: "[...] quem escuta uma Missa Gregoriana, com ouvidos simplesmente artísticos, se enfara e se distrai. É que o gregoriano não foi feito para a gente escutar; mas para a gente se deixar escutar. Ele provoca, insensivelmente, o estado de religiosidade".

MÚSICA MUNDIAL. Os intercâmbios e sincretismos musicais entre culturas populares sempre ocorreram, tanto por razões de conquistas quanto migratórias. O que quase sempre resultou em empréstimos, osmoses, adaptações ou mesmo plágios rítmicos e melódicos. No mundo ocidental, por exemplo, não podemos nos esquecer de certos momentos de inter-relação cultural, como a verificada na formação do →El Andalus, que muito contribuiu para a música flamenca. Esses fenômenos ganharam possibilidades de expansão a partir das colonizações de territórios afro-americanos e do tráfico de escravos. Mas é também evidente que tais fusões adquiriram maior intensidade, velocidade e complexidade após a difusão da cultura de massa e da indústria fonográfica no século XX, mesmo se sabendo que gêneros como o *blues*, o *jazz*, o samba ou o tango já constituíam formações híbridas, com um elemento comum, o da música negra. Sob a designação de música mundial ou *world music*, criada artificialmente pela indústria fonográfica inglesa, há pelo menos duas idéias relativas a músicas populares. A primeira delas diz respeito a canções ou peças instrumentais que ainda mantêm, de modo predominante, as raízes sonoras típicas de regiões culturais relativamente bem delineadas, sejam elas urbanas ou rurais. Numa lista apenas ilustrativa, e portanto incompleta, teríamos: a *mbalax* e o *mandinko* do oeste africano, a *mbaqanga* da África do Sul, o *zouk* antilhano e da Costa do Marfim, o *rai* marroquino, o mambo cubano-caribenho, a do gamelão javanês, as baladas celtas e outras expressões folclóricas das regiões européias, o *cajun* norte-americano, o flamengo andaluz, o baião, o afro-samba e o choro brasileiros, a *ranchera* mexicana, o tango e a milonga argentinos, o funaná ou a morna cabo-verdianas. É a vertente por vezes chamada de "música étnica" ou "música de raiz". A segunda, mais complexa, refere-se às sonoridades híbridas ou miscigenadas, obtidas por meio de fusões de dois ou mais ritmos, aproveitamento de escalas e tonalidades diferenciadas, mescla de formas harmônicas ou de timbres instrumentais, às quais compositores populares de diferentes países e origens aderiram, tanto como esforço de renovação da música, quanto de ampliação do mercado internacional. Em meados da década de 1960, por exemplo, o *beatle* George Harrisson incorporou os timbres exóticos do *sitar* indiano em canções como *Norwegian Wood* e *Within you, without you*. A música mundial lida, simultaneamente portanto, com a unidade, isto é, com as características musicais de países e de regiões periféricas ou menos desenvolvidas, e com a diversidade, ou seja, com as interações e as influências mútuas entre gêneros mais antigos ou tradicionais e a dominância da música *pop* e de seus recursos eletrônicos, proveniente dos mercados centrais (*mainstream*). Para sua difusão, o músico Peter Gabriel chegou a criar, na Inglaterra, o selo Real Life e a Womad (*World music, arts and dance*), organização dedicada ao intercâmbio de artistas e à produção de discos. Expressa, desta maneira, o multiculturalismo que acompanha a "globalização" econômica ao final do século XX. Entre vários outros nomes, são considerados artistas da *world music*: Ali Farka Touré, Youssou N'Dour, Mory Kante, Salif Keita, Dudu Rose, Ladysmith Black Mambazo, Baaba Maal, Cesaria Evora, Johnny Clegg (africanos); Bob Marley, Peter Tosh, Rubén Blades, Mercedes Sosa, Boukman Eksperyans, Gilberto Gil, Jorge Ben Jor, João Bosco, Milton Nascimento, Tito Puente, Juan Luis Guerra (caribenhos e latino-americanos); Peter Gabriel, David Byrne, Ry Cooder, David Lindley, Paul Simon, Jamshied Shariff, Ottmar Liebert, os grupos Déanta, Négresses Vertes, I Muvrini, Madredeus, Ketama, Baka Beyond e Gipsy Kings (europeus e norte-americanos); Djura Djura, Natasha Atlas e Ofra Haza (Oriente Médio).

MÚSICA NOVA. Denominação conferida às experiências e às obras vanguardistas eruditas – atonais, seriais, dodecafônicas, concretas ou eletroacústicas – cujo centro de difusão foi o conservatório da cidade alemã de Darmstadt. Em 1946, o maestro Wolfgang Steinecke criou os Cursos Internacionais de Verão, destinados à difusão da nova música (*Neue Muzik*), realizada por meio de aulas, conferências e concertos, e aos quais aderiram compositores daquelas diversas tendências, entre eles: Edgar Varèse, René Leibowitz, Olivier Messiaen, Luciano Berio, John Cage, Luigi Nono, Karlheinz Stockhausen, Iannis Xenakis ou Pierre Boulez. No Brasil, refere-se igualmente ao grupo de músicos brasileiros que, a partir de meados da década de 50, e por influência da *Neue Muzik*, aderiu às correntes experimentalistas. Entre os anos de 1962 e 1963, os autores nacionais criaram um festival homônimo e lançaram seu manifesto na revista *Invenção* (número 3) dos poetas concretistas de São Paulo, tanto em defesa da nova estética compositiva, como também no intuito de desenvolver contribuições próprias, brasileiras e latino-americanas. Entre eles, os compositores Gilberto Mendes (*Ricercare para Duas Trompas e Cordas, Nascemorre, Santos Football Music*), Rogério Duprat (*Organismo, Concertino para Trompa, Oboé e Cordas, Antinomies I*), Damiano Cozzela (*Homenagem a Webern, Descontínuo*), Willy Correa de Oliveira (*Música para Marta, Um Movimento*), Luis Carlos Vinholes e Alexandre Pascoal. Pouco depois, Jamil Maluf também participaria do movimento (*Seqüência Estéril, Algum Tempo Antes Depois da Morte*), ao lado de novos músicos do Centro Experimental de Música de São Paulo. Os poetas concretistas, como os irmãos Campos, Pignatari e Grünewald, criaram textos para canções e os regentes Olivier Toni, Diogo Pacheco, Julio Medaglia e Klaus-Dieter Wolff apresentaram várias composições dos autores mencionados. Dois outros artistas nacionais que se dedicaram à exploração de sonoridades eletrônicas e eletrocústicas na segunda metade do século, de modo independente, foram Jorge Antunes (*Ambiente I, Microformobiles*) e Flo Menezes (*Atlas Folisipelis*). Antunes propôs também uma técnica de composição muito particular, a "cromofônica", baseada na conjugação de cores com estruturas sonoras (*Cromoplastofonia*).

MÚSICA POPULAR BRASILEIRA NO FINAL DO SÉCULO XX.

DILMAR MIRANDA

A análise da Música Popular Brasileira das últimas décadas do século requer alguns pressupostos: *a*) um dos traços mais marcantes da MPB é sua riqueza de gêneros e estilos e qualquer empenho no sentido de analisá-la; corre o risco de não fazer justiça a esse atributo. Considerando os limites e alcance deste verbete, será selecionada uma ou outra tendência mais expressiva das décadas, sempre pensando que cortes temporais, para marcar momentos fortes de uma dada época, subordinam-se ao arbítrio de quem as faz; *b*) traços de um dado período nunca estão aprisionados aos seus próprios limites. Por exemplo, a MPB dos anos 1970 já estaria prefigurada antes; *c*) não haverá preo-cupação de mapear os protagonistas da MPB, pois corre-se o risco de omitir ou incluir artistas não considerados relevantes para muitos. Existe uma vasta literatura para tal fim. As citações mais amiúde aqui estão para enfatizar tendências das décadas, como os artistas revelados na era dos festivais e os grupos de *rock* dos anos 1980; *d*) buscar-se-á, na medida do possível, ultrapassar o eixo Rio-São Paulo, ampliando o leque de possibilidades de expressão de nossa arte musical de outros centros; *e*) nenhuma noção de linha evolutiva da MPB estará pressuposta na análise das décadas, visto que ela denota, em certa medida, uma idéia de progresso e evolução em arte, onde se move de um ponto inferior para outro superior, de um menos para um mais. Esse "algo mais" pode ser visto como "mais qualidade", mais arte, forma mais perfeita, mais desenvolvimento estético, mais *finesse*, recaindo assim numa atitude valorativista, onde o evoluído se torna superior ao que lhe antecede. Seria mais correto falar de transformações de gêneros e estilos.

Antecedentes dos anos 1970: o furacão tropicalista. Os sinais caracterizadores da MPB dessa década já se anunciam em fins dos anos 1960, por dois fatos ocorridos, um estético, outro político: o tropicalismo e o Ato Institucional nº 5 (AI-5). Fruto da preocupação entusiasmada de alguns músicos, como forma de enfrentar a crise que viam na MPB da segunda metade dos anos 1960 (v. *Revista da Civilização Brasileira*, 1966, nº7), o tropicalismo causa grande impacto. Porém como movimento dura pouco: de outubro de 1967 (3º Festival da Record) ao natal de l968 (prisão de Caetano e Gil, logo após o AI-5). Ele expressou certo tipo de fenômeno onde anos se adensam em lapsos mínimos, provocando profundas rupturas e liberando um magma reconstrutor e rompedor de novas perspectivas possibilitadoras de criação, nos mais diferentes domínios da ação humana. Quando *Domingo no Parque* e *Alegria Alegria* eclodem no Festival da Record, esse novo irrompe, aportando um debate no mesmo nível do que já ocorria em outras áreas como as artes plásticas (Hélio Oiticica), o cinema (Glauber Rocha) e o teatro (José Celso Martinez), além da retomada da estética antropofágica dos anos 1920, de certas correntes do modernismo. De fato, o primeiro traço tropicalista é a redescoberta da antropofagia cultural de Oswald de Andrade. Com radicalidade, a tropicália pretendeu efetivar a modernidade artística prefigurada na proposta antropofágica. Gil, Caetano e Tom Zé, com a adesão dos Mutantes e de músicos de formação erudita com os dois pés fincados na música experimental, como Rogério Duprat e Júlio Medaglia (arranjos do disco "Panis et Circensis"), provocam uma revolução inédita na MPB. A crise da MPB sentida em meados dos anos 1960 fora engendrada por um ataque vindo de dois flancos principais: *a*) um na esfera interna da própria MPB, pelo exaurimento da bossa nova (BN) agravado pela divisão do próprio movimento (engajamento/alienação, quando se exigia maior compromisso na luta contra a ditadura); *b*) em outro flanco, pela primeira vez, a MPB sofria sérias ameaças externas, com a explosão do *rock*, e a aceitação do iê-iê-iê nacional, conforme atestava a crescente audiência do programa da Jovem Guarda, de Roberto e Erasmo Carlos. Estes apresentam uma nova temática que passa a povoar o imaginário estético da juventude, com carrões, garotas, conflito de gerações etc., com melodias, harmonias e rítmica estranhas à tradição musical brasileira e que contavam com grande aceitação do público jovem, privilegiada reserva de mercado da MPB.

Confrontando com a tropicália, a revolução da BN se dera no interior da própria tradição da MPB. Por mais inovações aportadas pela BN nas progressões harmônicas, como as nona e décima primeira aumentadas e outras dissonâncias já comuns no *jazz*, a grande contribuição de João Gilberto, por exemplo, foi minimalizar, no violão, a batida básica do samba, elidindo seu lado mais dançante, para valorizar o conjunto indissociável voz/violão, obtendo um novo balanço pelo "desencontro" dessa batida (repetida invariavelmente), com a sua forma peculiar de dividir o fraseado da canção, com grande plasticidade vocal. Já o tropicalismo altera por dentro e por fora a nossa música popular.

Rompendo com o discurso único da esquerda tradicional sobre a realidade, e passando a ver o Brasil a partir de vários olhares e falas, opera-se um descentramento cultural multiperspectivista. Pelo uso das manifestações de várias procedências, o tropicalismo configura um novo material estético de múltiplos sentidos. Contrapondo-se à politização da arte (concepção da esquerda tradicional presente em certa facção da BN), com o desejo de um novo dia que virá, o tropicalismo, bebendo nos mananciais da contracultura da Nova Esquerda, movimento da juventude e intelectualidade de vários países ocidentais, propõe a estetização da política, onde subjaz, como palavra de ordem, o tudo ao mesmo tempo, agora. As contradições de uma contemporaneidade de épocas e lugares distintos não são mais objeto de mera denúncia, mas suas ambigüidades são incorporadas na forma da própria obra: o arcaico / o moderno, o rural / o urbano-industrial, o cafona / o bom-gosto, o biscoito fino / a massa grossa, a arte alienada / a engajada, o público / o privado, o experimentalismo / a participação, a "bossa" / a "roça", qualquer antinomia, política ou estética, é elidida em nome do direito à alteridade e do devorar an-

tropofágico do material que é deglutido no mesmo instante em que é inventariado.

Invadir as salas de jantar e participar do banquete antropofágico. Entrar em todas as estruturas, sair delas e fazê-las implodir. "É proibido proibir." Estas foram algumas das consignas da tropicália. Sua estética carnavalizante expressou um grande empenho de afirmação de nossa multidentidade cultural. Além da temática (guerrilhas, coca-cola, consumo, estrelas de cinema), rítmica, harmonia e melodia até então estranhas à nossa música popular, timbres estridentes de guitarras elétricas, misturados a instrumentos acústicos como o berimbau, interagem numa festa feérica de sons, luzes e trajes coloridos, escandalizando a tradição da MPB. Muitos desses procedimentos acabam por incorporar-se de forma definitiva a estilos, gêneros e performances de nossos artistas. Na verdade, depois do tropicalismo, a MPB nunca mais foi a mesma.

Anos 1970: a década pós-tropicalista. A música pós AI-5 traz as marcas da violência da censura. Se a ditadura cerceou a liberdade de criação, obrigando vários artistas a se exilar como Chico, Caetano, Gil e Vandré, ou a viver em permanentes turnês no exterior como Nara Leão, Elis Regina, Edu Lobo, Francis Hime, Baden Powell, Vinicius e Toquinho, por outro lado, passou a ser um desafio à inventividade de muitos, na medida em que eles buscaram outros caminhos estéticos no enfrentamento com o regime. Assim, uma das táticas para esses embates, marcando profundamente a estética musical do período, foi a alegorização das canções (de sentido contestatório menos explícito do que linguagem de protesto dos anos 1960). "De olho na fresta" e através de expressivas metáforas, os artistas buscavam contornos de sentido capazes, a um só tempo, de passar pelos desvãos dos interditos da censura e representar pulsações de resistência aos tempos cinzentos em que vivíamos.

Chico foi um dos autores mais visados e *Apesar de Você*, justamente de 1970 (espécie de abertura sígnica contra a década obscurantista), foi sua canção mais emblemática na dissimulação de sentidos contra a censura. O álbum "Sinal Fechado" (1974), com canções de outros autores, algo inédito para quem só gravara sua própria obra, foi outro drible à sanha militar. O LP, com o título maroto da canção de Paulinho da Viola, continha ainda *Filosofia*, de Noel, *Festa Imodesta*, de Caetano, *Sem Compromisso*, de Geraldo Pereira, *Acorda Amor*, de um certo Julinho da Adelaide, e a desconcertante *Me Deixe Mudo*, de Walter Franco, autor tido como maldito. O gesto de se apossar de canções alheias, garimpando-as do repertório popular, ressignificando-as para outros sentidos e direções, situava Chico na contramão da ordem vigente. O nome

MÚSICA POPULAR BRASILEIRA NO FINAL DO SÉCULO XX

Julinho da Adelaide (assim como existia um João da Baiana ou um Zé da Zilda, nomes comuns de artistas populares cariocas) era o codinome do próprio Chico para celebrar sua subversão estética, já que também era usual na radicalidade da luta política entre os que optaram pela resistência clandestina/armada ao regime militar. José M. Wisnik aponta o samba *Corrente*, também de Chico, como modelo no embate com a censura. Para ele, o "samba pra frente" era uma dissimulada contrição ao censuradíssimo *Apesar de Você*, aderindo, com ironia, à "corrente pra frente" de milhões de brasileiros felizes com a conquista do tri, e enganados pelo "milagre brasileiro". O verso final, "isso me deixa triste e cabisbaixo", "aponta pra duas direções, uma melancólica e outra auto-irônica: não ver a multidão sambar contente, mas fazer um samba bem pra frente. O humor crítico deixa o poeta cansado do elaborado malabarismo necessário pra dar trânsito à ambígua mensagem, trânsito este que permanece cifrado e duvidoso" (*Anos 70 – Música Popular*, p. 7).

Outro importante traço ligado à *mainstream* da MPB da década foi a difusão do samba tradicional, a partir de três artistas que o elegem como expressão de resistência, ludicidade e identidade de nossa arte musical mais fincada às origens afro: a mineira Clara Nunes, espalhando, dentre outras riquezas, a poesia do seu companheiro, Paulo César Pinheiro, autor de versos famosos contra a ditadura ("você me corta um verso eu faço outro / você me prende vivo eu escapo morto", da canção *O Pesadelo*); o carioca Martinho da Vila, da escola de samba Vila Isabel, emplacando vários sucessos como o *Pequeno Burguês* e *Casa de Bamba*; a carioca Beth Carvalho, inicialmente ligada à BN, aproximando-se, após o sucesso do III FIC, com *Andança*, de Edmundo Souto, Dori Caymmi e Paulinho Tapajós, dos sambistas da velha guarda, tornando-se grande divulgadora da obra de muitos autores desconhecidos das escolas de samba do Rio.

Recuando ainda para a era dos festivais, cujo apogeu se dá na segunda metade dos anos 1960, essa iniciativa propiciou a profissionalização de muitos artistas em início de carreira, revelando grandes talentos como Edu Lobo, Elis Regina, Chico Buarque, Caetano, Gil, Os Mutantes, Ivan Lins, Milton Nascimento, Taiguara, Vandré, Dori Caymmi, Marília Medalha, dentre tantos. Se os canais de televisão foram importantes veículos para os festivais, tornando-os grandes programas e vitrine para expor novos produtos musicais para o consumo massivo de discos, existiu, por outro lado, um correlato universitário dessa era, antes de se exaurir (o de Juiz de Fora foi o que resistiu mais no tempo), transformando-os em precioso lugar de resistência da juventude contra o regime, ensejando o surgimento de uma nova geração. O abrir da nova década traz à cena musical carioca, por exemplo, um grupo de jovens universitários, agregados no Movimento Artístico Universitário (MAU), de curta existência, porém marcante como experiência musical, apresentando-os como promissora geração da nova MPB. Fazem parte dela Ivan Lins, Vítor Martins, Luiz Gonzaga Jr. (Gonzaguinha), Rui Maurity e César Costa Fº. De Minas, vem a música vigorosa de João Bosco, que encontra no carioca Aldir Blanc seu parceiro ideal. São artistas que fazem uso de uma linguagem metaforizada de combate ao sistema, incluindo aí o regime político e o mercado.

Os festivais universitários se alastram por vários cantos, descentrando a criação do eixo Rio-São Paulo. O próprio tropicalismo já prenunciava tal fato, com o grupo baiano e o piauiense Torquato Neto. A década consolida essa tendência com a proliferação de vários movimentos regionais, trazendo a lume nomes então desconhecidos. Surge o Pessoal do Ceará com Belchior, Ednardo, Fagner e Fausto Nilo; em Pernambuco, surge Alceu Valença, Geraldo Azevedo e Paulo Guimarães, o Quinteto Violado e o Quinteto Armorial; surgem também os Novos Baianos e o mineiro Clube da Esquina, com sua estrela maior, Milton Nascimento, para citar apenas os exemplos mais célebres. Em verdade, os artistas *off*-eixo Rio-São Paulo que conseguem mais do que seus quinze minutos fugazes de fama e glória, alguns mantendo-se em cena até hoje, expressavam a face, que chegava à tona, de um movimento muito mais amplo, rico e profundo vindo do mundo universitário e dos festivais de seus estados. A título de exemplo, vejamos o Pessoal do Ceará. Na virada dos anos 1970, em plena vigência do AI-5, eclode em Fortaleza um movimento musical em torno da Faculdade de Arquitetura e de alguns bares da cidade, aglutinando estudantes que se utilizam da música como linguagem de resistência à censura da época. Se alguns nomes se tornam conhecidos, sobretudo com a difusão de suas canções pela grande cantora da época (Elis faz de *Mucuripe*, de Fagner/Belchior e *Como os Nossos Pais* de Belchior, dois sucessos nacionais), o Pessoal do Ceará, na verdade, era a expressão de uma geração de artistas bem mais heterogênea do que a idéia de movimento podia dar, com a participação de várias pessoas, alguns sem nunca ter deixado o Ceará (os que nunca viajaram, conforme os próprios se autodesignam). Eram vários os poetas e músicos como Augusto Pontes, Francis Vale, Antonio Carlos Brandão, Rodger Rogério, Tetty, Petrúcio Maia, Ricardo Bezerra, Manassés, Stelio Vale e outros. Esses, sem ter a mesma freqüência nos espaços da mídia, como Belchior, Ednardo e Fagner, continuam atuantes no curso da década. Todo esse empenho inventivo de compositores, músicos e intérpretes culminou com uma

MÚSICA POPULAR BRASILEIRA NO FINAL DO SÉCULO XX | 453 | Mu

grande celebração, em março de 1979: o Massa-Feira Livre que "reuniu no Teatro José de Alencar em Fortaleza [durante 4 dias], mais de duas centenas de artistas cearenses numa verdadeira confraternização musical" (Mary Pimentel, *Terral dos Sonhos*, p.114).

O aflorar dos movimentos regionais se dá justamente quando a ditadura busca impor um projeto de integração nacional, com premissas impostas goela abaixo, inventando uma suposta identidade nacional. Assim manipula, via propaganda massiva, a conquista do tri no México (1970), a criação da Embratel propiciando redes nacionais de TV, e obras suntuosas como a Transamazônica, Ponte Rio-Niterói e a hidroelétrica de Itaipu. Tudo sob a égide de um mercado dinamizado pelas benesses do "milagre brasileiro", estratégia para elevar o poder de compra da classe média para a aquisição de bens duráveis de consumo, como carros e tvs. Apesar das diferenças, "cearensidade", "baianidade", "mineiridade" e outras representações de regionalização da MPB identificam-se na mesma expressão da resistência cultural a uma falsa identidade nacional, que irá caracterizar, de alguma forma, certa música popular do período, criada por essa nova geração.

A tensão da vida musical da virada dos anos 1970, vista como certo "vazio" da MPB, tributado ao período de radicalização da vida política nacional (esquerda armada, AI-5, guerrilha do Araguaia etc.), redireciona, como se viu, a força da palavra pela alegorização da canção, ou, então, enseja a retomada da tradição da música instrumental. Além do mais, a canção popular consolida a inflexão de seu conteúdo e forma, afastada de suas tradições formais (melodia, rítmica, harmonia e temática), provocada pelo tropicalismo. Como influxo também deste movimento, a expressão visual adquire *status* constitutivo da própria música, como já ocorrera com Os Mutantes, e agora com a performance do grupo Secos e Molhados, nova formação vocal que impacta, revela e lança definitivamente no cenário musical a voz aguda do contratenor Nei Matogrosso.

Essa década propiciou de fato a retomada da música instrumental. O Brasil sempre teve uma forte tradição instrumental, conforme atesta um largo tempo de formação de um dos nossos gêneros mais belos, o choro, fruto da interpretação das danças européias, sobretudo da polca, recriadas pelo virtuosismo contrapontístico do artista popular negro, que vai de meados da segunda metade do século XIX (geração de Antonio Callado e Chiquinha Gonzaga) às primeiras décadas do século seguinte (com Pixinguinha). Mesmo com o predomínio da canção na Era de Ouro da MPB (dos anos 1930 ao pós-guerra), a escuta mais atenta das gravações de então nos revela o gosto pela música instrumental. Percebe-se que a parte orquestrada

(pura música instrumental) chega às vezes a suplantar a parte cantada. Com o tempo, tanto a parte instrumental das canções como a música instrumental popular brasileira, inclusive o choro, foram sendo alijadas do mercado fonográfico. A música instrumental teve um momento de refluxo com a BN. Com ela, ao se equalizarem os diversos componentes da performance interpretativa, voz e instrumentos passaram a integrar um todo sem primados, fazendo surgir vários grupos instrumentais. O acompanhamento das canções não impediu que tais conjuntos, com luz própria, desenvolvessem uma carreira independente, alternando performances entre o vocal e o instrumental. Surgem então os famosos trios (piano, baixo e bateria), a exemplo do Tamba Trio, Zimbo Trio, Jongo Trio e outros.

Nos anos 1970, nossa música instrumental popular ressurge então com vigor, conforme atestam inúmeros compositores, alguns adotando o experimentalismo de uma nova linguagem musical, como Egberto Gismonti, ou a linguagem do *jazz*. O multinstrumentista Hermeto Pascoal torna-se então o grande nome do instrumental. Ele estará no epicentro da configuração da música popular brasileira da década, exercendo um papel articulador fundamental. Ele trouxe para o seu interior a riqueza dos sons dos utensílios domésticos, das vozes de animais e sonoridades de instrumentos que ele e/ou seus músicos criam. Pelo uso pouco ortodoxo de sons, acrescido de uma performance virtuosística incomum, numa liberdade de improvisos de timbres e alturas, então inéditas, sua música exacerba a festa carnavalesca. Sua obra configura a síntese antropofágica do arcaico com o moderno, ao fazer a ponte entre o tradicional rural e o urbano, o estabelecido e o experimental, o regional e o universal. Juntando-se ao grupo O Trio (Airto Moreira, Theo de Barros e Heraldo do Monte) que acompanha Jair Rodrigues em *Disparada*, de Vandré e Theo de Barros, no Festival da Record de 1966, ele introduz uma queixada de burro na percussão, prenunciando outros tantos usos que irá fazer de objetos prosaicos, numa busca incessante de sons e timbres. Hermeto irá influenciar toda uma geração identificada com o que se convencionou chamar de *jazz* brasileiro, gênero instrumental que ganha vigor na década.

O som instrumental inspirado nessa linguagem se faz presente tanto no grupo carioca Cama de Gato, com Mauro Senise, Arthur Maia, Rique Pantoja e Pascoal Meirelles, como no quinteto paulista Pau Brasil, constituído por Rodolfo Stroeter, Nelson Ayres e outros. O nome do quinteto é uma explícita homenagem a Oswald de Andrade, indicando uma busca consciente por uma estética carnavalizante. Desde a sua fundação, em 1978, já passaram pelo Pau Brasil mais de uma dezena de instrumentistas, com a mais variada formação musical, possibilitando uma rica incorporação dos mais variados estilos e sons. Um contraponto interessante ao grupo é o Zimbo Trio, uma das primeiras formações da BN, com forte dicção jazzística, permanecendo fiel à estética típica dos anos 1960, graças à manutenção dos mesmos músicos, desde sua criação até recentemente: o contrabaixista Luís Chaves, o pianista Amilton Godói e o baterista Rubens Barsotti.

Um importante grupo da época é o Som Imaginário, criado em 1970, para acompanhar Milton Nascimento, ganhando depois brilho próprio. Com a saída de Zé Rodrix (criador do *rock* rural com a dupla Sá & Guarabira), que imprimira um toque de humor em seu álbum de estréia, o grupo ganha uma cara mais mineira, liderado pelo talento de Wagner Tiso (arranjos e composições). O grupo, que se equilibrava entre performances instrumentais e vocais, define-se mais para a música instrumental, com flagrantes influxos do *rock* progressivo, hegemônico no *pop* internacional da época.

O humor satírico foi também uma saída contra os tempos sombrios de então. Este será o traço principal de Premeditando o Breque, grupo vocal/instrumental paulista, de meados da década. Com um repertório eclético (vai do samba tradicional ao *rock*, passando pelo *blues*, música erudita e referências paródicas como *Saudosa Maluca*, *São Paulo, São Paulo* em alusão a *New York, New York*), o humor do grupo obtém grande sucesso. O grupo integra a Vanguarda Paulista, larga iniciativa sob o abrigo do Teatro Lira Paulistana, com uma diversidade de trabalhos individuais e coletivos, constituída por jovens com propostas bem heterogêneas, tendo o seu trabalho reconhecido praticamente na década seguinte. Alguns deles estavam em cena, "nos bares e bailes da vida", desde o início dos anos de 1970. Além do Premeditando, havia o grupo Rumo, com Luís e Paulo Tatit, Hélio Ziskind, Pedro Mourão, Geraldo Leite, Ná Ozzetti, Ricardo Breim etc. Pela experimentação ou reinterpretações contemporâneas do cancioneiro popular, o Rumo canta o repertório clássico, mesclado com trabalho próprio, sob o influxo da formação universitária de alguns (os irmãos Tatit, Ziskind e Mourão cursavam música na ECA da USP). A Vanguarda também abrigou um grupo de cantoras, como a mato-grossense Tetê Espíndola, e as paulistas Elite Negreiros, Vânia Bastos e Suzana Salles.

No interior da Vanguarda, merece registro o trabalho individual de dois artistas que buscam no experimentalismo uma linguagem própria: o paranaense Arrigo Barnabé, que depois se fixa em São Paulo, e Itamar Assumpção. Arrigo, o mais ousado dessa geração, com uma sólida formação musical, com freqüentes incursões tanto pela linguagem clássica como pela modernidade atonal, incorpora informações vindas do *rock* e do *pop*, conseguindo resultados inesperados. Com sua banda Sabor de Veneno, sua obra *Clara Crocodilo* obtém grande aceitação no meio vanguardista. Já Itamar, bisneto de angolanos, envereda por vias mais trilhadas pela cultura percussionista de seus ancestrais, até conhecer Arrigo Barnabé, em Londrina. Seu trabalho torna-se mais conhecido quando forma sua banda Isca de Polícia, com artistas da Vanguarda Paulista como as cantoras Vânia Bastos, Suzana Salles além de Virgínia Rosa e outros como Paulo Lepetit e Gigante Brasil. Um traço forte de sua obra é o *mix* de diversos estilos e gêneros que vai do tradicional samba, ao *funk*, *soul*, *reggae* e *rock*.

Todas essas tendências, a despeito da variedade de suas intenções estéticas, revelam algo em comum: a busca de uma expressão musical diante dos desafios do terror e violência praticados pelo obscurantismo da ditadura militar. Esta agoniza até meados da década seguinte, fruto da pressão da campanha das "Diretas Já!" movimento que mobiliza políticos, intelectuais, estudantes, trabalhadores, donas de casa e músicos, alguns já famosos ou que irão ainda se firmar na vida nacional dos anos vindouros.

Anos 1980: esse tal de *rock* nacional. A censura continuou fazendo estragos ainda nos primeiros anos da década de 1980, quando se consolida uma nova linguagem musical oriunda de outras plagas, que não os mananciais tradicionais da nossa MPB: o *rock*. Este, assim como o *jazz* (este cingido a uma escuta mais sofisticada), possui uma marca insólita que desafia nossa vã filosofia: a particularidade de suas origens e a universalidade de seu destino. Se os marcos temporais da MPB ultrapassam os limites das décadas analisadas, no caso do *rock*, além do tempo, os espaços também são mais largos, por se tratar de um gênero que se caracterizou por uma inédita expansão geográfica. Fruto da escuta branca do *rhythm'n blues* negro, forma mais dançante e frenética do *blues* urbano, o *rock* tornou-se um fenômeno de massa, a mais universal das músicas, não apenas como linguagem musical para a juventude, mas também, e sobretudo, como signo por excelência do seu estilo de vida. Ele surge nos anos 1950 e explode nos anos 1960. Hoje quase cinqüentão, quando ainda jovem se conectou com o comportamento rebelde dos anos agitados do final da década (maio de 1968, movimento hippie, contracultura, *flower power*, *black power*), formando a famosa trilogia sexo, drogas e *rock'n roll*, numa integração perfeita ao revolucionário espírito do tempo. Paradoxalmente, constituiu-se aos poucos em algo mais do que apenas música da juventude, para se transformar em excelente produto musical para a indústria fonográfica, para o entretenimento do público jovem, enfim, numa mercadoria de primeira linha para o complexo industrial da cultura de massa.

O *rock* acabou por engendrar seu próprio consumo, enquanto música, bem como de gestos, vestes, cortes de cabelo, condutas, drogas etc. Se sua marca original era a rebeldia, tornou-se, com o tempo, excelente produto para o *show biz*. Segundo o prof. Tupã Correia, a abordagem do tema aponta "para a apropriação pela indústria do disco e da moda dos elementos de origem e identidade de alguns movimentos sociais (que têm na música seu principal veículo de difusão). Essa apropriação, em si, constitui um poderoso instrumento que transforma em mero produto de consumo não apenas o disco mas a própria música e os gêneros musicais que difunde" (*Rock nos Passos da Moda*, 1989, p. 26). E para além da esfera musical, um dos principais elementos expostos a esse consumo é o próprio artista, encarnação de uma causa que defende ou não. "A partir daí, qualquer artista em semelhante circunstância [...] transforma-se ele mesmo em objeto de consumo, servindo de veículo, como corta o cabelo, como anda, como se porta e [...] daquilo que ele representa para além da música" (*idem*, p. 27). Muitos roqueiros, cientes de seu papel contestador, passam a viver no fio da navalha entre a rebeldia ao sistema e as benesses do próprio sistema advindas da venda massiva de discos e altos cachês.

O Brasil não se manteve imune a esse frêmito mundial. O breve sumário feito acima visou apontar alguns de seus traços mais fortes para estabelecer alguns dados preliminares e situá-lo no quadro da MPB dos anos 1980. Se a música, como vimos, tem suas principais marcas definidas em épocas anteriores, no caso do chamado *rock* brasileiro, algo já fora anunciado principalmente pelo tropicalismo, com Os Mutantes, e sua figura maior, a cantora/compositora Rita Lee. Voltemos à história. A "crise" dos anos 1960, como se viu, identificou uma grande ameaça à MPB, vinda do exterior: o *rock* e sua versão tropical, o iê-iê-iê. A rigor, o *rock* já se manifestara nos anos 1950, sob o nome de *rock'n roll*, música que irá contagiar, com seu ritmo frenético, a juventude dourada americana. O mais bizarro disso tudo é que as primeiras versões do *rock* ficaram a cargo de cantores ligados ao que havia de mais tradicional da MPB: Nora Nei (1956), cantando em português *Rock around the Clock*, e Cauby Peixoto (1957) com *Rock and Roll em Copacabana*, de Miguel Gustavo. No abrir dos anos 1960, programas de rádio e tv dirigidos à juventude difundiam os sucessos da primeira geração do *rock*, no país, em versões ingênuas dos *hits* internacionais, com letras que falavam de "banho de lua" ou coisas do gênero. Destacam-se nessa geração pioneira os irmãos Tony e Celly Campello (*Estúpido Cupido* foi seu maior sucesso),

Wilson Miranda, Sérgio Murilo, Ed Wilson, e Ronaldo Cordovil, ou melhor, Ronnie Cord, filho de Hervê Cordovil (parceiro de Noel e Adoniran). Cord obtém grande sucesso, com o *rock Rua Augusta* (1964), feito pelo pai. Segue, em meados dos anos 1960, uma geração criadora de um *rock* menos ingênuo, conhecido como iê-iê-iê (som onomatopaico do *yeah-yeah-yeah*, brado de rebeldia do grupo-símbolo do *rock*, os Beatles). Como se sabe, o programa "Jovem Guarda", comandado por Roberto, Erasmo e Vanderléia (1965), alcançava índices de audiência inéditos, sinalizando o fenômeno que irá se confirmar a seguir: a versão brasileira do *rock* encontra acolhida generosa entre a juventude brasileira. Mesmo tentando se aproximar da rebeldia do modelo estrangeiro, suas letras guardavam sentidos ingênuos, alheias a temas políticos, criticadas pelos que exigiam dos artistas uma postura firme contra o regime militar. Enquanto outros jovens optavam pela contestação aberta ou clandestina à ditadura, jovens cabeludos, preocupados apenas com carrões e garotas, eram vistos como a expressão mais pura da alienação de inocentes úteis do poder. No universo da Jovem Guarda, prolifera um sem-número de grupos e conjuntos, cujos nomes, via de regra, eram ingleses: The Fevers, The Pops, Renato e seus Blue Caps, The Clevers (depois mudam para Os Incríveis) e outros.

A grande contribuição original ao *rock* nacional será dada pelo tropicalismo, como vimos, com a sua intenção de fundir nossa música popular, sem estranhamentos, com novas informações de várias procedências: do *rock* internacional, da contracultura, do movimento *hippie*, tendo como paradigma a música dos Beatles. Devido talvez à perda de sentido dos festivais, com o público jovem encontrando outras formas de manifestação e escuta de sua música preferida, e com o intenso acesso às informações vindas do exterior, como o caso da juventude de Brasília, conforme veremos, verifica-se uma fase de transição de nossa MPB, dando espaço para o surgimento do que passou a ser designado como Brasil-*rock* (ou simplesmente B*rock*) e música *pop*. Aqui Os Mutantes, grupo inaugural da segunda geração do *rock* nacional, volta à cena, como sua primeira referência. Eles são a grande ponte entre a tropicália e o *brock*. Os primeiros mutantes eram Rita Lee, os irmãos Arnaldo, Sérgio e Cláudio Batista, este último dublê de *luthier* e técnico em eletrônica, responsável pelos instrumentos e pela sonoridade do grupo, fruto de pesquisa e inéditos experimentos. O grupo logo ganha luz própria, gravando, em 1968, em plena vigência da tropicália que o revelara, seu primeiro álbum, "Os Mutantes". Com novos agregados, dentre eles o baixista Arnolpho Lima Filho (Liminha), o grupo consolida a nova linhagem do *rock* brasileiro dos anos 1970. Em 1972, Rita Lee se desliga do grupo e forma a banda Tutti Frutti, não obtendo o mesmo sucesso dos Mutantes. Desenvolve então uma carreira solo, obtendo êxito em canções nem sempre dentro do receituário do bom e velho *rock'n roll*, como *Lança-Perfume* e *Mania de Você*. Rita Lee, personalidade feminina ímpar na exclusividade do Clube do Bolinha que era o mundo do *rock*, seria a artista com expressão nacional emblemática dessa época, cuja obra se caracteriza por conteúdos da geração saúde, prosaísmo feminino como menstruação e outros temas do gênero.

Outra grande referência individual do pioneiro *rock* nacional, iniciado ainda nessa época, é Raul Seixas. Ouvinte atento de Bill Halley e Elvis Presley, ainda na sua adolescência baiana, Raul logo forma uma banda, The Panthers (depois Os Panteras). O reconhecimento de sua obra dar-se-á após se fixar no Rio, obtendo sucesso nos festivais, no momento em que sua fórmula apresenta sinais de exaustão. Transitando numa temática esotérica e apocalíptica, através de uma linguagem irreverente do velho *rock'n roll*, Raul obtém lugar definitivo da galeria dos roqueiros dos anos 1970 e 1980.

Em 1976, na velha Inglaterra, um grande escândalo escancara a tradicional fleuma da Ilha, quando o grupo Sex Pistols pronuncia, em alto e bom som, *fuck you*, em pleno horário nobre da televisão britânica. A revolta escatológica do *punk rock* inglês, principalmente daquele grupo, aporta ao Brasil nos anos 1980, alterando o *rock* com alguns anos de atraso. Essa anarquia juvenil, mesclada com humor e ironia, faz constituir, pela primeira vez, uma corrente hegemônica na vida musical do nosso *rock*.

Em vários cantos do país, proliferam como cogumelos vários grupos ou trabalhos individuais, muitos marcados pelo *punk*: no Rio, surge Biquini Cavadão, Barão Vermelho (liderado pela figura carismática de Cazuza, que desenvolveu depois exitosa carreira solo, revelando-se como um dos maiores talentos como compositor e poeta dessa geração), Blitz, Lobão e Lulu Santos; em São Paulo, surgem os Titãs, RPM, Ira!, Gang 90 & as Absurdetes, Verminose (depois Magazine), Os Inocentes e Ultraje a Rigor (com presença marcante nos comícios das "Diretas Já!", com seu provocante *hit*, *A Gente Somos Inútil*); na Bahia, o Camisa de Vênus; em Pernambuco, Cães Mortos e Crime Organizado; no Rio Grande do Sul, Atahualpa & os Panques, Replicantes e Prisão de Ventre. O grupo gaúcho Engenheiros do Hawaii foi um acidente de percurso, pois explicitamente no contrafluxo *punk*, voltou-se para o *rock* progressivo; em Minas, Sexo Explícito, Revolta Urbana, Cabana do Pai Tomás; em Brasília, os Paralamas do Sucesso, Plebe Rude, Aborto Elétrico depois dividido em Legião Urbana e Capital Inicial. Apesar de suas distinções estéticas, esses grupos, ao mesmo tempo

em que tinham como referência o modelo externo, pretendiam inventar um *rock* com sotaque nacional, passando porém ao largo do *mainstream* da MPB, ao ignorar qualquer tradição musical, característica que marcará o *rock/pop* dos anos 1980, como veremos. Contudo, por mais que aquele modelo estabelecesse certos padrões da estética musical para o *rock* nacional, sobretudo na levada pesada tipo bate-estaca e na estridência *hard* das guitarras, alguns analistas apontam nos brasileiros desenhos melódicos que traem uma inconfundível musicalidade digna da tradição de nossa música popular. Podemos, por exemplo, identificar belas melodias em Cazuza, Lobão, Lulu Santos, Renato Russo e Herbert Viana, para citar apenas alguns.

Muitas são as explicações que procuram dar conta da explosão do *brock*. Dentre elas, destaca-se a consolidação de uma escuta jovem, com grande poder de compra e/ou condições para criar sua própria música (fenômeno detectado no *rock* internacional das décadas precedentes), insatisfeita com temática, rítmica e melodias da nossa música popular tradicional. A isso aliava-se o fato de a nossa juventude viver e experimentar novas informações tanto internas quanto externas, do cotidiano da geração pós-repressão, agendando um universo temático multifacetário (antes tido como alienado pela geração politizada) conforme as letras dos anos 1980: revolta, medo, angústia, amores proibidos, drogas, Aids, agressividade *pour épater les bourgeois*, dentre outros temas.

Pode-se encontrar, nas hipóteses levantadas por Tupã Corrêa, algumas razões da plena identificação da juventude, inclusive a brasileira, com o *rock*: pouca idade do gênero (anos 1950); ruptura com as tradicionais músicas populares; busca incessante de ruptura com seus próprios estilos quando estabelecidos; identidade dos propósitos dos jovens com o desejo de romper com normas e tradições; desvinculação geográfica de culturas ou sistemas políticos; identificação imediata com a batida pulsante por pessoas de pouca idade; vínculo necessário entre o público com a música que ouve e o artista que a interpreta, que, como se viu, sempre expressa algo para além da música em si (p. 28).

Muitos grupos dessa geração tinham uma história em comum: o quintal, a garagem ou um *point* como local de reunião para os apreciadores do *punk rock* estrangeiro. Alguns se arriscavam amadoristicamente a interpretá-los ou então a tocar algo de sua própria lavra. No caso de Brasília, dá-se um fato peculiar, que foi o encontro de jovens brasileiros de classe média alta com filhos de diplomatas estrangeiros que trazem informações de fora: músicas, instrumentos, posturas e performances. O exemplo mais conhecido é o da Legião Urbana. A história contada por Dapieve é exemplar. Numa das tantas noites tediosas de Brasília, Renato Russo, saindo da adolescência (ainda era Renato Manfredini Jr.), encontrava-se no Taverna, *point* dos que "preferiam os Ramones aos Bees Gees". "Eis que entra no bar um clone do Sid Vicious, alto, louro, roupa rasgada. [...] '*Hello, do you like* Sex Pistols?', arriscou o jovem professor da Cultura Inglesa, que sabia estar diante de um aluno da Escola Americana. A resposta afirmativa desembocou numa amizade instantânea. O nome do gringo era André Pretorius" (Dapieve, p. 129). Pretorius era uma espécie de ovelha-negra da família. Seu pai era o embaixador sul-africano, mas o que gostava de fazer mesmo era ser *punk* e tocar guitarra. Renato tocava baixo. Precisaram de um baterista que foram encontrar em Felipe Lemos, fã da banda *punk* Stooges. Estava formado o Aborto Elétrico, que, a despeito do nome, foi o embrião do Legião Urbana, a banda que irá depois obter entusiástica admiração de mais de uma geração de jovens, bem como do Capital Inicial. O Legião tornou-se com certeza o paradigma do *brock* dessa lavra, sobretudo através das composições de Renato, criador de uma linhagem de *rock* cabeça, pelas letras prenhes de certo anarquismo ingênuo, conforme atestam canções como *Geração Coca-Cola* ("Somos os filhos da revolução / Somos burgueses sem religião / Nós somos o futuro da nação / Geração Coca-Cola") e *Que País É Este* (alusão à frase do político Francelino Pereira, durante a ditadura militar).

No Rio, atendendo a um segmento jovem que busca expressões próprias de sua linguagem musical, Tim Maia e Luís Melodia se impõem na cena musical dos anos 1970, com a marca inconfundível de seu balanço e estilo de cantar, tornando-se artífices de um gênero identificado como *soul* brasileiro, fruto da fusão da música mais ligada à linhagem do samba com a música afro-americana. Assim, eles pavimentam a via que será trilhada por amplas massas dos subúrbios de várias capitais, espécie de versão afro-popular do *rock* nacional dos anos 1980, movimento que passa a ser designado de "Black Rio" e seus congêneres "Black S. Paulo" e "Black Portinho" (Porto Alegre), bailes de *soul music* que ganham a magnitude de movimento, devido à freqüência massiva de jovens da periferia dessas capitais, sobretudo da população de origem negra. Contando com música ao vivo ou mecânica, esses bailes utilizavam-se da mistura do *rock* com *soul*, baseada no critério da rítmica dançante. À medida que o *rock* se afastou dessa rítmica, os bailes foram ficando cada vez mais negros. Daí a designação *black*.

Anos 1990: artes e manhas do mercado das artes – dilemas entre a forma estética e a "fôrma" industrial. Com os derradeiros anos do século, entramos em terreno minado. A década é marcada pela convivência de várias tendências, algumas bem contraditórias. A par de uma riqueza inventiva presidindo várias iniciativas que buscam novos caminhos para a velha MPB, a exemplo do revival do choro bem como do samba, a partir de uma linguagem contemporânea, certo tipo de produção musical passa a ser ditada por mero interesse do mercado. Não que sua presença em si represente algo ameaçador. Não é este o ponto. O mercado sempre esteve presente na música popular. Aliás, o mercado é um dado para distinguir o que se convencionou chamar de música popular e folclórica. Criada no mundo rural, a música folclórica é fruto anônimo de uma comunidade de interesses e sentidos estéticos, sem preocupações autorais ou de paga, sem divisão entre criadores e consumidores, cuja transmissão se dá oralmente. Já a música popular se define por traços opostos, dentre os quais se destaca o carácter urbano, autoral e comercial, portanto, ligada aos interesses do mercado.

Um marco da "invenção" da moderna MPB é *Pelo Telefone*, composto comunalmente na casa da Tia Ciata e apropriado por Donga (1916-1917), espécie de ato inaugural da inserção da arte musical no circuito do mercado. Com ele, deslancha-se a profissionalização do artista popular na luta pelo reconhecimento da autoria individual. Com esse gesto, dá-se fim à era da inocência da arte musical espontânea e comunal; dá-se fim à arte como valor-de-uso, investindo-a de valor-de-troca. A mudança das gravações fonomecânicas para as fonoelétricas e a difusão da MPB pelo rádio (anos 1930) robustecem esse processo de profissionalização. Essa época passa a ser conhecido como Era de Ouro da MPB. A relativa prosperidade econômica do pós-guerra, aliada ao desenvolvimento tecnológico da indústria fonográfica, propicia um aumento real do poder de compra de setores médios brasileiros, cenário favorável para o incremento do consumo de discos. O movimento renovador da Bossa Nova é favorecido pela escuta jovem da classe média carioca, com maior acesso à indústria fonográfica, inclusive da música americana. E o tropicalismo, como se viu, também se beneficia do desenvolvimento da indústria cultural (lê-se televisão), trazendo no seu bojo novas postulações estéticas e a formação de uma nova sensibilidade e um outro tipo de escuta. Pontuando esses quatro grandes momentos – criação de *Pelo Telefone*, a Era de Ouro, a Bossa Nova e a Tropicália – percebe-se que o mercado é algo presente e permanente. Acontece que, nesses casos, o artista ainda possui autonomia no processo criativo, inclusive sabendo lidar com o fator mercado, fazendo dele um dado de sua inventividade.

O que ocorre nos anos 1990 é bem diferente. É a exacerbada e exclusiva lógica do mercado que, na prática, passa a ditar a estética de certos gêneros da MPB, contrafações de alguns dos nossos gêneros musicais mais tradicionais: a música caipira tem sua contrafação no sertanejo; o samba-de-roda ou de partido-alto no chamado pagode; o forró pé-de-serra no *ó xente music*; os ritmos afro na *axé music*. Alguns defendem o pagode e o axé, dizendo se tratar de expressão genuína dos setores excluídos urbanos agora com chance de criar sua própria música, estabelecendo um profundo corte entre a música efetivamente popular (pagode, axé etc.) e a MPB dos setores médios elitizados (Chico, Caetano, Gil, Milton, Djavan etc.), a tal "MPB de qualidade". Portanto, a crítica ao pagode, ao axé ou outras do gênero estaria eivada de preconceitos. Quando se diz que tal música é produto genuíno e espontâneo de setores excluídos, fica-nos a dúvida: será de fato ou é mera fabricação em série dos interesses do *show biz* de massa? Além disso, se o que se identifica como MPB de qualidade fosse somente daquela estirpe de autores acima apontados, o argumento teria certa razão. No entanto, isso não é verdade. Como ficaria então a arte de Cartola, Nelson Cavaquinho, Guilherme Brito, Walter Alfaiate, Padeirinho, Zeca Pagodinho, Dudu Nobre, Elton Medeiros, D. Ivone Lara, Jovelina Pérola Negra ou de toda uma legião de compositores anônimos integrantes dos setores populares? Seriam eles também pertencentes aos setores médios elitizados? O exemplo é carioca, mas se aplica com certeza a várias outras cidades brasileiras. Outros defendem a impossibilidade de ter critérios para ajuizar a qualidade de qualquer obra musical. Sem visar a uma crítica específica dessa ou daquela determinada música, é importante termos alguns fundamentos básicos e gerais de análise. Esse tipo de produção musical em série, formatando uma espécie de estética única, correlato do que se chama de pensamento único nesses tempos de neoliberalismo, abdicou-se de qualquer compromisso com a criatividade. Aceitar a tese da impossibilidade de estabelecer critérios de crítica referentes a tais gêneros, é cair numa espécie de neutralidade estética (assim como existem os que defendem a neutralidade científica), tornando-nos impotentes para elaborar qualquer juízo sobre qualquer expressão artística. Estaríamos assim impossibilitados, por exemplo, de avaliar uma música de boa ou má qualidade. Em arte, a nosso ver, existe um mínimo de fundamentos e critérios para distinguir o que parte da pulsão criativa (original ou reinventiva) do artista e o que parte dos interesses exclusivos do mercado, sem qualquer compromisso com qualidade ou inventividade. Se é próprio da obra de arte, no momento de sua configuração, adquirir uma forma, dando visibilidade a um conteúdo vindo da subjetividade inventiva de um artista, no caso de alguns pagodes, a forma deu lugar à

"fôrma", produto de uma fórmula única criada com mero fim mercadológico. Não é difícil perceber o que ocorre, por exemplo, com certas canções monotemáticas, cuja maior preocupação não é com a música (o acompanhamento, via de regra, é tocado em *playback*), mas com a espetacularização coreográfica de figurantes que, ao fundo, revelam a total falta de intimidade com os instrumentos que fingem que tocam. Se o público aprecia esse tipo de música é outra história. O povo tem todo o direito de ouvi-la e apreciá-la. O que se critica é a sonegação de outros ricos exemplos da história da MPB e a afirmação de que esses gêneros representam a arte genuína do povo excluído, eximindo de qualquer responsabilidade a grande mídia que dita gostos, gêneros e estilos, ao divulgar apenas um tipo de música, a referida estética única. Como se pode gostar de algo que não se conhece? Afinal, se os auditórios dos programas de tv apreciam tais gêneros, num passado não-distante, os auditórios das rádios apreciavam Noel, Ari, Braguinha, Caymmi, Ataulfo, Lupiscínio, Wilson Batista, Geraldo Pereira, e tantos outros, hoje desconhecidos por muitos devido à falta de interesse da grande mídia e da indústria de entretenimento em divulgá-los.

No sentido oposto à tendência de subsunção estética aos ditames exclusivos do mercado, os derradeiros anos da última década retomaram vigorosamente o potencial da criação artística, em várias esferas de nossa vida cultural, movimento observado no cinema, na dança, na fotografia, e em várias produções independentes das mais variadas áreas, fenômeno altamente positivo por ter aportado possibilidades criativas também para o campo musical. Assistimos, por exemplo, a experiências musicais exitosas que procuram dar resposta aos desafios trazidos pela modernidade globalizada, como se pode presenciar nos grupos espalhados por vários estados: em Pernambuco surge o trabalho pioneiro do chamado *mangue beat* do Nação Zumbi (liderado por Chico Science, precocemente falecido), além do Mundo Livre S/A (de Fred Zero Quatro), Mestre Ambrósio, Cordel do Fogo Encantado, Comadre Florzinha e Cascabulho; em Alagoas, o Doutor Charada; no Rio de Janeiro, o Farofa Carioca, Pedro Luiz e a Parede, e Rappa; em São Paulo, o Mercado de Peixe; em Minas, o Skank. Ressaltem-se ainda os trabalhos-solo que buscam a mesma linha de compatibilização do tradicional com a contemporaneidade do *pop* como Lenine, Chico César e Zeca Baleiro. Uma carreira mais voltada para a tradição, com grande impacto na MPB desse fim de século, servindo inclusive de referência para alguns dos grupos acima descritos, encontra-se na obra de Antônio Nóbrega (vindo do Quinteto Armorial), utilizando-se do teatro, do circo mambembe, da música e da

MÚSICA POPULAR BRASILEIRA NO FINAL DO SÉCULO XX

dança do folclore nordestino, da literatura de cordel, dentre tantas fontes de nossa cultura popular.

O mangue beat retoma nos anos 1990 a proposta antropofágica do movimento tropicalista do final dos anos de 1960. Chico Science vem da experiência do *rock* dos anos 1980, com uma grande diferença: descola-se do modelo precedente. Se o *rock* nacional, conforme se viu, passara distante das fontes primeiras da nossa MPB, uma grande inflexão da nova música redireciona-a para esses mananciais, servindo de modelo para experiências musicais de uma nova geração de músicos de vários estados brasileiros. Assim, gêneros como samba, frevo, coco, ciranda e maracatu se misturam com o *reggae*, *hip-hop*, *rock* e *pop* contemporâneo, temperados por instrumentos como zabumba, rabeca e sanfona misturados com o som estridente de instrumentos eletrificados e eletrônicos.

Um trabalho bem resolvido, resultante da fusão do *pop* contemporâneo com a música tradicional, é o da cantora Marisa Monte, que surge, na virada da década, com um repertório que procura justamente dar conta daquela mistura, passando a ser uma grande referência de performance interpretativa. Seu disco de estréia, "Marisa Monte", atingiu níveis inesperados para uma estreante, obtendo sucesso de público e de crítica. Seu repertório foi da MPB nordestina de Luís Gonzaga (*Xote das Meninas*) ao samba urbano de Candeia (*Preciso me Encontrar*), e ao *jazz* clássico de George Gershwin (*Porgy and Bess*), passando pelo *pop soul* de Tim Maia (*Chocolate*).

Uma tendência atual bastante positiva está no trabalho alternativo dos independentes, aproveitando-se das possibilidades do desenvolvimento tecnológico de gravações em estúdios de pequenas dimensões, fruto da redução dos custos industriais de um CD. Trata-se de um fenômeno provocado pela ambivalência do avanço da tecnologia fonográfica: a técnica que fabrica megasucessos, quando operada pelas grandes gravadoras, tem também permitido que pessoas de menos recursos gravem seu CD, tipo feito em casa, ensejando a emergência de novos valores desprezados por aquelas gravadoras. ("Feito em Casa" é o nome do LP de Antonio Adolfo, pioneiro do disco independente, com o seu selo próprio Artezanal de 1977.) O grande problema que continuam enfrentando é o da divulgação e distribuição das músicas. Alguns mais afortunados conseguem divulgar seu trabalho e obter algum incentivo para prosseguir na carreira profissional. O trabalho independente tem propiciado o arrojo de jovens compositores e intérpretes, conforme se vê na multiplicidade de músicos que apresentam, em fitas ou CDs demo, seu trabalho à margem das grandes gravadoras, conseguindo assim que seu trabalho saia do anonimato e chegue a profissionais experientes, a exemplo da equipe julgadora dos Prêmios Visa de MPB. Mônica Salmaso e Dante Ozzetti (São Paulo), Sérgio Santos e Renato Motha (Minas), Tito Bahiense (Bahia), Yamandu (Rio Grande do Sul) são alguns exemplos de novos talentos dessa geração.

Alguns trabalhos em demo criaram um excelente campo de pesquisa para a cantora e professora de canto popular Consiglia Latorre (Universidade Livre de Música Tom Jobim e da Unicamp). Aliando-os à pesquisa que faz entre seus alunos, a professora Latorre desenvolveu o estudo das condutas vocais dos jovens intérpretes da canção popular, procurando refletir sobre suas preferências de intérpretes e compositores, gêneros e estilos, elementos configuradores da performance vocal que adotam (*A Estética Vocal no Canto Popular do Brasil* – dissertação de mestrado na Unesp). A partir do material examinado, a pesquisadora conjectura que a performance de um expressivo segmento jovem de cantores, referenciada principalmente na produção musical contemporânea, tem revelado um padrão vocal indicador de um tipo de escuta, que anula, na prática, a memória de ricos e expressivos momentos da tradição do cancioneiro popular brasileiro e de seus intérpretes. Não a tendo, falta-lhes outras referências da nossa estética vocal. Ao apresentar intérpretes de outras épocas a seus alunos (como a Era de Ouro), Latorre afirma ter tido resultados surpreendentes, firmando sua convicção nas possibilidades de ampliar a riqueza interpretativa que esse estudo aporta ao nosso canto popular.

Ainda uma observação de grande importância para a análise da MPB deste *fin-de-siècle*. A evocação do nosso passado musical foi favorecida pelas datas comemorativas dos notáveis da MPB, como o centenário de Pixinguinha (1997), ensejando o revival do choro, cuja fixação no início do século XX teve a real participação do compositor. Em verdade, a volta do choro veio no rastro da onda instrumental que redirecionou a MPB dos anos 1970, quando Paulinho da Viola e outros músicos cariocas o revigoram como uma das nossas músicas mais expressivas e resistentes aos tempos de chumbo que então se vivia. Na mesma época, ressurge com vigor no Clube do Choro, iniciativa, dentre outros, do violonista cearense Francisco Araújo, radicado em São Paulo. O choro, além de ser a grande escola do músico brasileiro, tem sido um dos gêneros preferidos de vários compositores, dos clássicos fundadores de nossa MPB, como Chiquinha Gonzaga, Nazaré, Anacleto de Medeiros e Pixinguinha, aos autores mais contemporâneos como Tom, Paulo Moura, Hermeto, Gismonte, Edu, Chico, Wagner Tiso, Guinga e muitos outros. Além da presença ainda hoje do mais tradicional grupo de chorões, o Época de Ouro, criado por Jacó do Bandolim, o choro se presta ao virtuosismo da música instrumental, fazendo surgir novos grupos que buscam uma linguagem mais contemporânea para o gênero, como o Camerata Carioca (iniciativa do maestro Radamés Gnattali), Galo Preto, Nó em Pingo D'água, Sujeito a Guincho, Trio Madeira Brasil. Os *shows* do Chorando Alto do Sesc-SP têm sido uma ocasião única onde centenas de músicos apresentam um painel de estilos e diferentes performances do gênero. Outro grande momento de sua difusão são as oficinas de MPB do Paraná, São Paulo, Minas e outros estados. Aí jovens músicos têm a chance de se aprofundar na sua arte, com excelentes músicos como Toninho Carrasqueira (flauta), Joel do Nascimento (bandolim), Naylor "Proveta" (sax e clarinete), Oscar "Bolão" (pandeiro), Josimar Melo (sete cordas), Paulo Bellinati (violão), Benjamim Taubkin (piano) etc. Festivais de choro, como os de Diadema, Brasília, Rio etc., têm feito surgir novos talentos, como os virtuoses do bandolim, o pernambucano Hamilton Holanda e o cearense Jorge Cardoso. Existe uma infinidade de formações espalhadas, não diretamente voltadas para o choro, porém não menos significativas para a música instrumental, como a Banda Mantiqueira e Zerró Santos Big Band (São Paulo), Oficina de Cordas de Campinas (sob a regência de Rafael dos Santos), Orquestra de MPB do Paraná (regência de Roberto Gnattali), Orquestra de Violões da Paraíba, e a Jazz Sinfônica de São Paulo, com um extraordinário acervo de mais de quatrocentas partituras de nosso repertório popular. São exemplos, como outras tantas bandas espalhadas por este país afora, que testemunham o grande interesse que a MPB instrumental continua despertando.

De tempos em tempos, o país é atravessado por movimentos pendulares de evocações e de "redescobertas", tendência ensejada pela celebração dos quinhentos anos, o que pode ser detectado na recente produção cinematográfica e televisiva, apresentando episódios de nossa história, a exemplo de Carlota Joaquina, Canudos, Mauá, Villa-Lobos, Chiquinha Gonzaga etc. Esses momentos especiais, como o centenário de Pixinguinha, propiciam a manifestação afirmativa da auto-estima do país e de seu povo.

MÚSICA PROGRAMÁTICA, DESCRITIVA. Peça de música instrumental ou concertante cuja intenção, no entanto, é a de expressar e descrever, de maneira "programada", certas idéias extramusicais (fenômenos e sons da natureza, ruídos de máquinas, o burburinho de uma cidade), bem como poemas, dramas ou narrativas de origem literária (mais especificamente denominadas de →"poema sinfônico". Tanto assim que o termo foi empregado pela primeira vez por Franz Liszt em referência justamente a seus poemas sinfônicos (*O que se*

Ouve na Montanha, Preludes, Dante etc.) que adotara de Hector Berlioz. A teoria mais acabada do gênero musical descritivo deve-se, no entanto, ao escritor e compositor E.T.A. Hoffmann. Se o movimento romântico explorou mais intensamente este conceito, ele já preexistia em obras dos períodos barroco e clássico (*As Quatro Estações* de Vivaldi, a *Sinfonia Militar* de Haydn). Beethoven, igualmente, já havia composto *Egmont* com o propósito de representar, musicalmente, as aventuras daquele personagem. Também em sua *Sinfonia Pastoral* o compositor procurou exprimir os cantos dos pássaros e os ruídos de tempestades. Na esteira de Liszt e de Berlioz (*Romeu e Julieta*, por exemplo), trabalharam Tchaikóvski (*Hamlet* e *Romeu e Julieta*), Richard Strauss (*Don Juan*, *O Burguês Fidalgo*) e Debussy. Entre nós, *O Trenzinho do Caipira* (*Bachianas nº2*), ou *O Descobrimento do Brasil*, de Villa-Lobos, são exemplos muito bem acabados de música programática ou descritiva.

• **MUSIC-HALL.** →*Café-concerto*.

MUSICOLOGIA. Ciência da música, ou seja, disciplina encarregada de estudar todos os fenômenos musicais, em seus mais variados níveis, dos eruditos aos populares ou folclóricos. Inclui, portanto, teorias e análises sobre seus elementos constituintes, as estruturas e as relações sonoras e acústicas, a história, os gêneros, as técnicas de execução, a educação musical, instrumentos, música comparada, assim como as características socioculturais da produção, difusão e consumo da música. Desde Pitágoras – o primeiro a observar suas relações matemáticas (com os acordes correspondendo a proporções simples) e a prescrever uma terapêutica da lira – o fenômeno musical tem gerado obras consideradas de grande importância para o seu entendimento. Entre elas, e cronologicamente, podem ser mencionadas, a título de exemplo: *Elementos Harmônicos*, de Aristóxeno (século IV a.C.); *Musica Enchiriadis*, de Otgenes, *Conde de Laon* (século X); *Micrologus*, de Guido d'Arezzo (século XI); *Sete Livros de Música*, de Francisco de Salinas (1577); *Diálogo sobre a Antiga e a Nova Música*, de Vicenzo Galilei (1586); *Syntagma musicum*, de Michael Pretorius (1619); *História da Música e de seus Efeitos, desde a Origem aos Dias Atuais*, de Pierre Bonnet (1715); *História Geral da Ciência e da Prática da Música*, de John Hawkins (1776); *Literatura Geral da Música*, de Johan Forkel (1792); o *Dicionário Grove de Música e de Músicos*, de George Grove (primeira edição de 1879); *Monumentos*, de Luigi Torchi (vários, na primeira década do século XX); *A América Latina e sua Música*, obra coletiva organizada por Isabel Aretz (1977). Entre nós, *História da Música Brasileira*, de Renato de Almeida; *Introdução à Estética Musical*, de Mário de Andrade; *História da Música no Brasil*, de Vasco Mariz.

NABIS. Grupo de pintores contemporâneos dos impressionistas, na maioria franceses, formado a partir de 1889, sob a liderança de Paul Sérusier. Influenciados diretamente por Gauguin, de quem adotaram o princípio de "simplificar as linhas e exaltar a cor", tinham por objetivo expressar "o sabor da sensação primitiva", significando, com isso, seguir alguns padrões das pinturas vitralistas medievais, das estampas japonesas então divulgadas e os da antiga pintura egípcia, conforme o teórico do movimento, Maurice Denis. Assim, abandonaram as técnicas do modelado e da perspectiva tradicional, optando por uma interpretação dita "sintética", isto é, simplificada, direta, por vezes distorcida e freqüentemente decorativa. Os temas mais habituais foram retirados do cotidiano burguês, elevados à condição de ícones da modernidade da época, já que a arte seria "a santificação da natureza, desta natureza comum a todo o mundo que se contenta em viver" (Denis). Essa idéia de "santificação" de um cotidiano íntimo ou privado mantinha correspondências com o movimento simbolista na literatura e foi o que conduziu o grupo a adotar o termo hebraico *nabîm* (profetas), proposto pelo poeta Henri Cazalis. Alguns de seus mais conhecidos participantes, além dos já citados: Félix Vallotton, Pierre Bonnard, Edouard Vuillard, Paul Ranson, Henri Ibels e Ker Xavier Roussel.

• **NAÏF, NAÏVE, ARTE.** Designação de origem francesa – literalmente, arte ingênua – para as pinturas e esculturas de técnica autodidata, livre, espontânea, rude e freqüentemente popular. O termo foi cunhado pela crítica cultural em finais do século XIX, tomando-se por base o estilo do pintor Henri Rousseau, amigo de impressionistas e cubistas, seus contemporâneos e protetores. Desde então, a descoberta e a divulgação de artistas ingênuos têm sido realizadas geralmente por autores cultos, como o caso do afamado pintor inglês Alfred Wallis, valorizado por Ben Nicholson e Christopher Wood. Sob outro ponto de vista, a arte *naïf* (ou ainda *naïve*, se se fizer a concordância do feminino português "arte" com o adjetivo francês), também chamada primitiva, sempre existiu entre os amadores das artes plásticas. Invariavelmente figurativa, por suas reproduções de objetos e seres naturais, a arte *naïve* não segue as regras de composição criadas pelo Renascimento (proporcionalidade, perspectiva linear e ponto de fuga, seção áurea). De maneira semelhante à pintura medieval, as imagens primitivas se justapõem lado a lado e se expandem pela tela, mantendo a uniformidade do plano. Outra característica, típica do imaginário popular, é o tratamento de fartura ou de abundância ornamental, além do uso pródigo e variado de cores e de contrastes. Tende a ser uma arte da ilustração ou da crônica cotidianas, mais do que de remissões alegóricas. No Brasil, a arte primitiva passou a ser reconhecida nas telas autodidatas de José Bernardo Cardoso Jr., o Cardosinho, em 1931. Logo depois, a partir dos anos 1940, outros artistas, por origem ou opção estética, seriam categorizados na vertente *naïve*: Heitor dos Prazeres, Djanira, Chico da Silva, José Antônio da Silva, João Alves, Waldomiro de Deus, Agnaldo Manoel dos Santos, Eli Heil, Maria do Santíssimo, Crisaldo Morais, Manezinho Araújo, Pedro Paulo Leal, os escultores Mestre Vitalino, Antônio Poteiro e Geraldo Telles de Oliveira (GTO), ou ainda Gabriel dos Santos, construtor da Casa da Flor, exemplo raro de uma arquitetura primitiva. Quase sempre, os primitivos brasileiros idealizam a natureza em suas imagens rurais e bucólicas, ou na composição idílica de paisagens marinhas, retratando a fauna e a flora, a gente simples do povo e suas situações do dia-a-dia, as festas laicas ou religiosas, personagens de lendas e de passagens bíblicas. Contemporaneamente, o universo urbano aparece com mais freqüência, mas quase sempre para indicar uma certa desilusão ou ameaça aos valores, ao modo de vida e às tradições rurais ou campestres. A partir de 1995, o francês radicado no Rio de Janeiro Lucien Finkelstein criou o Museu Internacional de Arte Naïf, tendo recolhido, em cinco anos, cerca de dez mil obras em seu acervo. O Sesc de São Paulo, por seu turno, realiza exposições bienais de arte *naïf*, na cidade de Piracicaba, revelando assim, freqüentemente, novos autores. →*Arte bruta*.

NARCISISMO, NARCISO. **1.** Provavelmente do cretense *nárkissos*, mantém relação com o grego *nárke* (torpor, esvaimento), de onde deriva "narcótico". Narciso, personagem mítico, era filho de Cefiso (um rio) e da ninfa Liríope, que nele se banhava. Nasceu possuidor de uma beleza deslumbrante, o que trouxe sérias preocupações a sua mãe. Temia que o encanto extraordinário do filho pudesse atrair a atenção e o desejo das deusas, de outras ninfas e mesmo dos jovens, gerando conseqüências trágicas. Consultou o vate ou adivinho Tirésias, perguntando-lhe se o filho viveria muitos anos. Ao que o profeta respondeu: "se não se vir". Aconteceu então de Eco (ninfa cuja tagarelice e conluio com Zeus haviam sido punidos por Hera) apaixonar-se por Narciso. Insensível às tentativas de aproximação da ninfa, suas irmãs pediram a Nêmesis, responsável pela justiça divina, que castigasse a soberba de Narciso e reparasse a falta praticada. Numa tarde quente de verão, Narciso, sentindo sede, debruçou-se sobre a fonte Téspias, que naquela hora estava completamente calma, límpida, translúcida. Na seqüência, canta o poeta Ovídio (*Metamorfoses*): "Deitou-se e, tentando matar a sede, / outra mais forte achou. Enquanto bebia, / Viu-se na água e ficou embevecido com a própria imagem. / Julga corpo o que é sombra, e a sombra adora. / Extasiado diante de si mesmo, sem mover-se do lugar, / O rosto fixo, Narciso parece uma estátua de mármore de Paros. / Deitado, contempla dois astros: seus olhos e seus cabelos, / Dignos de Baco, dignos também de Apolo; / Suas faces ainda imberbes, seu pescoço de marfim, / A boca encantadora, o leve rubor que lhe colore a nívea pele. / Admira tudo quanto nele admiram. / Em sua ingenuidade deseja a si mesmo. / A si próprio exalta e louva. Inspira ele mesmo os ardores que sente. / É uma chama que a si própria alimenta [...] Estirado na relva opaca, não se cansa de olhar seu falso enlevo. / E por seus próprios olhos, morre de amor". Entre outras significações possíveis, o mito simboliza o erro de um amor inatural, ou seja, dirigido a si mesmo e não a outro. Como também a vaidade desmesurada, o solipsismo (o indivíduo como única realidade), a ilusão, o auto-engano, o mundo das simples aparências. **2.** O mito serviu também à corrente psicanalítica, sob a denominação de narcisismo. Este termo foi adotado, inicialmente, por P. Näcke, em 1899, tendo por intuito descrever casos patológicos em que o indivíduo toma como principal objeto sexual o seu próprio corpo. Depois, designou uma escolha homossexual que se teria fixado numa fase intermediária entre o auto-erotismo da fase infantil e o erotismo objetivo, adulto, isto é, voltado para o exterior. Mais tarde (*Para a Introdução do Narcisismo*), Freud optou por concebê-lo como um investimento da libido no próprio ego, incluindo aquelas energias que, não encontrando satisfação nos objetos, retornam ao ego: "O ego deve ser considerado como um grande reservatório de libido, de onde a libido é enviada aos objetos, estando sempre pronto para absorver a libido que reflua dos objetos" (*Teoria da Libido*). Para Lacan, o narcisismo seria a captação amorosa do indivíduo por uma imagem adquirida internamente durante a formação da unidade do ego. Consistiria, pois, na fixação de uma "imagem de espelho", normalmente superável.

NARRAÇÃO, NARRATIVA. →*Gêneros literários*.

NÁRTEX. Átrio, salão ou vestíbulo de igrejas paleocristãs, e sobretudo bizantinas, que antecede e conduz à(s) nave(s) e ao corpo principal do edifício. Se o nártex fizer parte integrante da construção, diz-se *esonártex*; caso contrário, ou seja, localizado fora do corpo principal do edifício, denomina-se *exonártex*. O mesmo que *galilé*.

NASTRO. **1.** Fita com inscrição, normalmente ondulada, que uma figura pintada ou esculpida porta consigo, qualificando o personagem ou exprimindo um pensamento. **2.** Fita ornamental de tecido (seda, linho, algodão), de ouro ou de prata.

NATURALISMO. →*Realismo, naturalismo*.

NATUREZA-MORTA. Pintura figurativa que representa apenas objetos inanimados, naturais ou artificiais, incluindo-se: artefatos de uso familiar ou utensílios caseiros, arranjos vegetais e florais, frutas, peixes e animais caçados. Na pintura moderna, a exploração desse tema teve início com os pintores holandeses e flamengos dos séculos XVI e XVII, como Peter Aertsen, considerado pioneiro, William van Aelst e Joachim Buecklaer.

NÊNIA. Canto ou oração fúnebre, plangente, em que se expressam, literária ou musicalmente, a dor e a melancolia pela morte de alguém. Era habitual na Roma antiga, antecedendo a incineração do corpo de uma personalidade pública. "[...] aquela voz era sombria como a do vento à noite nos cemitérios, cantando a nênia das flores murchas da morte" (Álvares de Azevedo, *Noite na Taverna*). Fagundes Varela nos dá o seguinte exemplo: "Segue o caminho antigo onde passaram / Outrora nossos pais. Vai ver os deuses / Indra, Iama e Varuna. / Livre dos vícios, livre dos pecados / Sobe à eterna morada, revestido / De formas luminosas. / [...] Desce à terra materna, tão fecunda, / Tão meiga para os bons que a fronte encostam / Em seu úmido seio. / Ela te acolherá terna e amorosa / Como em seus braços uma mãe querida / Acolhe o filho amado". →*Elegia*.

NEOCLASSICISMO. →*Classicismo, neoclassicismo*.

NEO-EXPRESSIONISMO. Um movimento de reação ao predomínio da arte pictórica abstrata, e oposto ainda às artes *povera* e conceitual, começou a ser delineado em meados da década de 1960, na Alemanha, estendendo-se posteriormente a outros países. O prefixo *neo*, aplicado então à revalorização da pintura figurativa, condizia com as primeiras obras de Georg Baselitz e de Jörg Immendorff, como também às de Anselm Kiefer nas duas décadas seguintes. Havia nelas certos aspectos de forma e de espírito que retroagiam ao →expressionismo; entre eles, a transposição de sentimentos de amargura e derrelição, materializados em traços rudes, cores sombrias, figuras grotescas ou paisagens desoladas. Esse "mal-estar no mundo" revelava, de um lado, as marcas de horror, os sentimentos de culpa, a destruição física e a divisão da Alemanha. De outro, no entanto, recuperava uma arte que fora condenada pelo nazismo e da qual se sentiam partidárias as novas gerações do pós-guerra. Baselitz e Immendorff incluíram em seus temas iniciais as contradições políticas então vividas pela Alemanha, enquanto Kiefer fez sucessivas alusões à história então recente de seu país, às vezes confrontando-a com as extraordinárias lições culturais do passado (*A Batalha de Hermann*, por exemplo). Baselitz alcançou maior popularidade no final da década de 1960, ao colocar de cabeça para baixo os seus personagens (retratos), com o intuito de "deixar a imaginação livre" e "revirar o mundo". Markus Lüpertz e A.R. Penck, dois outros participantes do grupo, demonstraram maiores afinidades com o fauvismo, ao empregar cores mais claras e contrastantes na exposição de seus temas, ora cotidianos, ora esotéricos, tendo Penck utilizado, freqüentemente, signos gráficos. Em comum, mantiveram a preferência pelo aspecto "primitivo" das figuras, como o fizera o expressionista histórico Emil Nolde. Na Itália, passou-se a considerar o círculo da Transvanguarda (em italiano, *Transavanguardia*), assim denominado pelo crítico e protetor Benito Oliva – revista *Flash Art*, de 1979), como parte integrante da nova figuração. Cenas maliciosas, visões oníricas ou enigmáticas, temas africanos, confessionalismo pessoal e referências ao alto modernismo (Picasso, Chagall) costumaram estar presentes nas obras decorativas e de forte coloração de Sandro Chia, Enzo Cucchi (mais próximo do primeiro expressionismo nórdico), Francisco Clemente e Mimmo Paladino. Na Inglaterra, redescobriu-se a pintura de Lucien Freud, o mais tradicional dos nomes aqui citados, cujas representações sempre buscaram traduzir com fidelidade as figuras visíveis do cotidiano, com preferência por situações intimistas. O francês Jean Rustin foi outro que, vindo de uma geração anterior e tendo se mantido ligado à figuração, voltou a ser exibido e mencio-

nado. Sua obsessão por personagens gélidos, velhos e nus, parece reafirmar a inevitável decadência física e o estado de desesperança da condição humana. Já nos Estados Unidos, sobressaíram as figuras de Philip Guston, Leon Golub e Julian Schnabel. Guston foi o primeiro a chamar a atenção por suas linhas caricaturais, que lembravam os desenhos iconoclastas de *Fritz, the Cat*, o personagem de Robert Crumb. "Ao mesmo tempo, converteu seu trabalho em veículo autobiográfico para produzir críticas severas ao que então ocorria com a sociedade americana" (Lucie-Smith, *Movimentos Artísticos desde 45*). A censura política e o antibelicismo foram os ingredientes que deram repercussão a Golub, pintor de maior realismo e esmero formal que seus compatriotas. Schnabel tornou-se conhecido pela técnica das superfícies ásperas, obtidas com fragmentos cerâmicos, tendo por modelo a decoração mural de Gaudi. Com isso, as figuras são produzidas de maneira descontínua, irregular, sobrecarregada de elementos justapostos.

NEOGÓTICO. Movimento ou estilo arquitetônico que fez reviver o gótico entre fins do século XVIII e meados do XIX. Nasceu na Inglaterra por iniciativa de Horace Walpole (o também primeiro escritor do chamado romance gótico) quando fez construir sua casa de Strawberry Hill (1770-1775). A idéia, do ponto de vista arquitetônico, era a de se afastar do classicismo *palladiano* então em voga, recuperando elementos mais fantasiosos da antiga tradição nacional. Daí ter descrito a sua construção como "casa de brinquedo". Logo, no entanto, adquiriu intenções mais sérias, principalmente na Grã-Bretanha, Alemanha e Estados Unidos, impulsionado pela estética romântica. Foi aplicado em construções de igrejas (Catedral de Colônia, Votivkirche de Viena) e de edifícios públicos. O curador e crítico de arte Charles Eastlake, sobrinho do mais famoso Eastlake, escreveu a *História do Revivalismo Gótico* (1871), retomada por Sir Kenneth Clarke na obra *The Gothic Revival*, de 1928. →*Gótico*.

NEO-REALISMO ITALIANO. Contrapondo-se aos enredos melodramáticos ou evasionistas, às comédias sentimentais (filmes apelidados de "telefones brancos") e ao ufanismo histórico que predominaram durante o período ditatorial de Mussolini, o movimento cinematográfico do neo-realismo italiano obteve seu atestado de batismo em 1945 com o filme *Roma, Cidade Aberta*, de Roberto Rossellini. Como o nome sugere, a nova estética buscou retratar aspectos mais objetivos ou reais da sociedade, pondo em cena os dramas cotidianos das camadas pobres ou das classes proletárias, urbanas e rurais, assumindo também uma crítica ideológica antifascista. Alguns de seus pressupostos realistas, não apenas teóricos, mas decorrentes das difíceis condições materiais do pós-guerra, incluíram o uso de cenários exteriores ou naturais e o emprego de atores não-profissionais como representantes populares típicos de profissões e das diversas regiões culturais da Itália. Mas tais princípios, embora característicos do movimento, não eram inteiramente novos. De um lado, o cinema épico soviético já lançara mão dos mesmos recursos (Dovienko, Pudovkin, Eisenstein), assim como os realizadores da →Nova Objetividade; de outro, o próprio cinema italiano já produzira alguns filmes formalmente semelhantes na década de 1930, sob a óptica populista do fascismo, como *1860* e *Aço*, de Alessandro Blasetti, *Trem Popular*, de Rafaelo Matarazzo, ou a comédia *Os Homens, que Cafajestes!*, de Mario Camerini. No entanto, a visão crítica, a necessidade do verismo cotidiano, o engajamento político em defesa das liberdades civis ou a denúncia das pequenas e das grandes injustiças sociais modificaram radicalmente o conteúdo das obras cinematográficas, contribuindo para a repercussão mundial da corrente, além do fato de revelar cineastas de grande domínio formal. Um dos primeiros focos da renovação foi o Centro Experimental de Cinematografia, dirigido por Luigi Chiarini a partir de 1935. Nele se formaram figuras-chaves como Giuseppe De Santis, Luigi Zampa e Michelangelo Antonioni. Algumas revistas constituíram também meios de divulgação das novas idéias, como *Cinematografo* e *Bianco e Nero* (igualmente coordenadas por Chiarini), *Si Gira* e *Cinema*, nas quais se desenharam as críticas e as propostas do movimento, antes da realização de suas películas. Aliás, um paradoxo histórico, pois a escola experimental e o periódico *Cinema* (dirigido pelo filho do Duce, Vittorio) geraram efeitos contrários às intenções iniciais. A esse respeito, escreveu o roteirista Ugo Pirro: "Que justamente numa revista assinada por um Mussolini se juntassem os jovens cineastas mais abertos ao novo, e todos com a carteira comunista escondida entre os livros, pode surpreender só a estrangeiros. Assim como permanece um segredo nosso, inteiramente italiano e só para nós compreensível, que tenha cabido a um homem que deu duro trabalhando em filmes de propaganda fascista rodar o filme que daria início à extraordinária história do neo-realismo: Roberto Rossellini" (*Celulóide*). "Análise e exaltação do mundo dos humildes, dos pobres, dos mesmos que fizeram a resistência na Itália", "arte criadora de verdade", "seriedade", "ética", tornaram-se desde cedo os lemas de ordem da geração, que logo esboçaria resultados concretos em filmes considerados imediatamente precursores: *A Nave Branca*, de Rossellini, e *Faróis na Neblina*, de Gianni Franciolini (1941); *Obsessão*, de Luchino Visconti (1942); *Campo de Flores*, de Mario Bonnard, *Nossos Tempos*, de Vittorio Cottafavi

(com roteiro de Vittorio De Sica e Cesare Zavattini) e *As Crianças nos Observam*, de De Sica (1943). A partir de *Roma, Cidade Aberta*, e até o início dos anos 1960, a vinculação do neo-realismo com a crônica e os costumes, com as condições desumanizadoras trazidas pela guerra (as patifarias da sobrevivência, os sonhos e as esperanças aviltadas) produziu uma série de obras marcantes: ainda de Rossellini, *Paisà*, *Alemanha Ano Zero*, *Stromboli*, *Europa 51*, *Romance na Itália*; *Sciuscia*, *Ladrões de Bicicleta*, *Milagre em Milão* e *Umberto D*, de De Sica; *A Terra Treme*, *Bellissima*, *Senso*, *Rocco e seus Irmãos*, de Luchino Visconti; *Arroz Amargo*, *Non c'è pace tra gli ulivi*, *Caça Trágica*, *Roma às Onze Horas*, de De Santis; *A Honorável Angelina*, *Viver em Paz* e *Anos Difíceis*, de Zampa; *Sem Piedade*, *O Moinho do Pó* e *O Casaco*, de Alberto Lattuada; *O Grito* e *A Aventura*, de Antonioni. Como lembra Antonio Costa (*Compreender o Cinema*), impossível não mencionar "o papel fundamental desempenhado por Zavattini, que foi roteirista de todos os principais filmes de De Sica, mas que colaborou com todos os principais diretores e desenvolveu uma intensa atividade como autor de propostas, de reflexões teóricas, constituindo o elo de ligação entre cinema, literatura e jornalismo e de cuja interação derivam muitas das características originais do nosso cinema do pós-guerra". Foram essas lições e exemplos de que se nutriram figuras como Federico Fellini (*Os Boas-Vidas*, *A Estrada*, *La Dolce Vita*), Francesco Rosi (*Salvatore Giuliano*, *Le Mani sulla Città*), Elio Petri (*O Assassino*, *Dias Contados*), Valerio Zurlini (*Cronaca Familiale*) ou Ermano Olmi (*Os Noivos*).

NEOTÉRICO. Expressão criada por Cícero (*Cartas a Pompônio Ático*) para designar, no início pejorativamente, os novos poetas de seu tempo e que romperam com o passado estilístico dos autores e "patriarcas" da literatura latina, como Névio (*Guerra Púnica*), Ênio (*Anais*) e Lívio Andrônico (tradutor da *Odisséia* para o latim). Embora influenciados pela decadência literária do helenismo grego, renovaram as letras latinas ao diminuir as dimensões longas dos poemas, reduzir o caráter de imponência e dar-lhes uma delicadeza lírica até então inusitada. Entre os neotéricos, encontravam-se: Catulo, Licínio Calvo, Hélvio Cina, Varrão Atacino, Públio Valério Catão e Cornélio Nepos. De Catulo, o mais refinado e o único de quem sobreviveram vários poemas, lê-se: "Jura a minha amada que gosta de ser somente minha; negar-se-ia a Júpiter, se Júpiter lhe pedisse amor. Palavras de mulher, ditas ao amante afogueado, são sons escritos no vento, sons gravados na correnteza dos rios" (*Liber*, 1970).

•**NETART.** Neologismo formado pelos vocábulos *net* (rede) e *art* (arte) para se referir à criação – por meio de recursos digitais – de imagens eletrônicas, mas destinadas, especial e exclusivamente, à circulação na rede mundial de computadores. Difere, portanto, da simples utilização de imagens artísticas já existentes, introduzidas ou adaptadas posteriormente para a internet. →*Arte digital, eletrônica.*

•**NEUE SACHLICHKEIT.** →*Nova objetividade.*

•**NEW CRITICISM.** Designação que recobre o movimento de crítica literária norte-americana surgido em meados da década de 1930, não muito homogêneo do ponto de vista teórico, mas cujas análises ganharam notoriedade em revistas de universidades sulistas, como a *Southern*, a *Kenyon* e a *Sewanee*, estendendo posteriormente sua influência a países europeus e latino-americanos, após a Segunda Guerra Mundial. Tanto quanto o →*formalismo russo*, a "nova crítica" opôs-se radicalmente à tradição impressionista da análise literária, aquela que se reduz "a declarações do efeito da obra de arte sobre o crítico, considerado como leitor" (J. Ransom). Ela deve preocupar-se, ao contrário, com a obra considerada isoladamente, na qualidade de uma estrutura verbal autônoma. Não caberiam, portanto, julgamentos de ordem ou reação psicológicas, expressos por adjetivos como emocionante, comovente, apaixonante ou, ao inverso, insensível, lamentável, decepcionante. Daí a importância que atribuíram à noção de estrutura – o conjunto de estratos interdependentes de sinais e significados, de conotações em choque, de recursos retóricos, das tensões criadas por paradoxos e ironias (Cleanth Brooks). Dessa estrutura não se pode separar forma e conteúdo, aquilo que se escreve da maneira como se diz. Sendo um fenômeno único, deve a crítica analisá-lo: pelos valores denotativos e conotativos dos signos, ou seja, das palavras selecionadas; pelas ambigüidades criadas, metáforas escolhidas e imagens mais recorrentes; observando o desenvolvimento dos assuntos, temas e personagens, em função da relevância e coerência de contextos. Avessos ao historicismo e às correlações culturais mais amplas que possam estar presentes na construção de uma obra literária, os adeptos do *new criticism* foram vistos como intelectuais "de direita", seguindo de perto as idéias críticas de determinados pensadores ingleses, como os conservadores T. E. Hulme e T. S. Eliot. Entre os seus integrantes podem ser citados John Crowe Ransom, Allen Tate, Cleanth Brooks, Robert Penn Warren (também romancista), Yvor Winters e René Wellek, este proveniente do Círculo Lingüístico de Praga.

NIBELUNGOS. Conjunto de poemas épicos e legendários dos povos germânicos meridionais e também escandinavos, cujas primeiras formas escritas datam do início do século XIII. Foram descobertos onze códices (livros em rolo) completos, além de vinte e um fragmentários, compostos até o século XVI. Suas múltiplas versões orais, contendo acréscimos e variantes distintas, segundo a época e a região, fazem dos *Nibelungos* uma epopéia de traços e de conteúdos contraditórios, na qual se mesclam personagens mitológicos e outros de fundo histórico, além de crenças pagãs e ideais cristãos. No centro da epopéia encontra-se o tema antiqüíssimo da luta entre o bem e o mal, dos mitos solares contra os poderes das trevas. De maneira resumida, conta-se que Wotan, o mais poderoso dos deuses nórdicos, estava passeando pela "região das névoas", habitada por gigantes, quando um de seus companheiros matou, acidentalmente, um dos filhos de Reidmar, o rei do país. O ódio e a fúria dos gigantes levaram-nos a exigir de Wotan que, em troca e pagamento, fizesse cobrir de ouro o cadáver. O ouro, no entanto, encontrava-se em poder dos nibelungos, um povo de anões (literalmente os "filhos da obscuridade"), habitantes do subsolo e guardiães dos tesouros da Terra. Quando o mensageiro do deus Wotan pede ao rei dos nibelungos, Alberico, que entregue todo o ouro necessário, exige ainda que lhe seja dado o anel mágico do rei, com o qual o possuidor adquiria a capacidade de transformar sua aparência. A contragosto, Alberico entrega o anel, não sem antes avisar ao mensageiro que sobre ele haveria uma maldição. O anel passa para as mãos de Reidmar, logo em seguida assassinado por seus outros dois filhos, entre eles Fafner, que, de posse do tesouro e do anel, se refugia numa caverna da Floresta Encantada e ali se transforma em dragão. A partir deste momento, surge a figura de Siegfried, o maior dos heróis nórdicos, filho de Sieglind e do rei Siegmund, morto em combate, tempos antes, contra o próprio Wotan. Siegmund possuía a Balmung, uma poderosa espada, quebrada, no entanto, por Wotan. Após a morte de sua mãe, Siegfried é confiado à guarda de um ferreiro gigante, que outro não é senão Mime, irmão de Fafner e assassino de seu pai. Quando adulto, Siegfried encontra os pedaços da Balmung na caverna onde vive e consegue restaurá-la por suas habilidades de ferreiro. Perfidamente aconselhado por Mime, o herói parte à conquista do tesouro guardado por Fafner. Após matar o dragão, o herói toca seus próprios lábios com os dedos molhados pelo sangue do animal, o que lhe transmite o poder de entender a linguagem dos pássaros. E por eles fica sabendo não apenas que Mime e o rei Alberico vêm ao seu encontro, como que o sangue do dragão lhe conferiria invulnerabilidade. Mas ao espalhar o sangue milagroso por seu corpo, não percebe que uma folha caída sobre seu ombro esquerdo impedia a proteção completa de seu corpo. Ainda assim, vence Mime e o rei dos nibelungos. Ao sair da Floresta Encantada, encontra alguns camponeses, por meio de quem ouve o relato do reino da Burgúndia e da corte católica de Worms, liderada pelo rei Gunther e sua irmã, a belíssima princesa Krimhilde (Cremilda). Segue para Worms e ali conquista as graças da princesa, ganhando, ao mesmo tempo, a antipatia de seu tio, o guerreiro Hagen Tronje. Este convence o rei Gunther a enviar Siegfried para resgatar a valquíria Brunhild (Brunilda) que havia interferido por Siegmund, em sua luta contra Wotan, e como castigo dormia enfeitiçada numa ilha da Islândia, rodeada de fogo. A missão do resgate seria fazer com que Brunhild, quando liberta, se casasse com o rei Gunther. O rei se convence da proposta e todos partem para a aventura. Siegfried vence com facilidade as muralhas de fogo e, com um beijo, acorda a valquíria. Mas esta, ao saber que deveria casar-se com Gunther, ri-se da pretensão e exige que ele, como prova de suas qualidades guerreiras, a vença em três torneios: do salto, do escudo e da pedra. Siegfried, pelo poder de seu anel, assume as feições de Gunther e derrota Brunhild. De volta a Worms, são realizadas as núpcias de ambos os casais. Brunhild, no entanto, se recusa a entregar-se a Gunther, mantendo-o atado todas as noites com seu cinturão de pedrarias. Por conselho de Hagen, Gunther pede a Siegfried que, à noite, assuma novamente a sua figura de rei, a fim de submeter e possuir Brunhild. O herói, mais uma vez, aceita a incumbência e a trapaça. Na manhã seguinte, ao voltar para seus aposentos, Siegfried está de posse do cinturão de pedrarias e a reluzente jóia chama a atenção de Krimhild. Siegfried acaba por lhe contar não apenas o que ocorrera aquela noite, como o fato de ser vulnerável em apenas um ponto de seu corpo. Siegfried e Krimhild voltam ao antigo reino de Siegmund e cinco anos se passam até que Brunhild pede a Gunther que convide o casal a fazer uma nova visita a Worms. Em certa manhã, quando ambas as rainhas se encontram em frente à catedral, Brunhild insulta Krimhild e refere-se a Siegfried como mero vassalo de Gunther. Magoada, Krimhild perde o controle e revela as verdades sobre os torneios da Islândia e a submissão sexual da valquíria. Encolerizada pelo engano e ultraje, Brunhild exige de Gunther e de Hagen que o herói seja morto. O tio de Gunther concebe então a seguinte armadilha: aproveitando-se do fato de que haveria uma caçada para homenagear os hóspedes, encontra-se a sós com Krimhild e lhe diz que seu marido será assassinado durante a caçada, a menos que ele, Hagen, incumbido de sua proteção, saiba como defender Siegfried. Para isso, é indispensável que ela lhe revele o ponto fraco de seu marido. Krimhild, levada de boa-fé, assegura a Hagen que ela bordará uma cruz vermelha sobre a túnica branca de Siegfried, indicando a região vulnerável. Hagen assassina Siegfried e quando seu corpo é trazido à corte, Brunhild revela a Gunther seu desprezo pelo rei e seu silencioso amor pelo herói, morrendo em seguida, abraçada a Siegfried. Krimhild, por sua vez, manda erguer um mausoléu para o marido e, mais uma vez instigada por Hagen, manda buscar o ouro dos nibelungos, mas agora com a intenção de formar um exército e destruir o tio. Hagen, no entanto, suspeitando das intenções da sobrinha, joga o ouro no rio Reno. Krimhild une-se e se casa com Átila, rei dos Hunos, e um dia convida toda a corte de Worms para um banquete. Durante o jantar, o exército de Átila dizima os guerreiros da Burgúndia, juntamente com Gunther. Hagen é morto pela própria Krimhild. A epopéia dos *nibelungos*, recuperada pelo espírito romântico, serviu de tema para a tetralogia operística de Wagner, para um ciclo de três tragédias de Christian F. Hebbel e um filme de Fritz Lang. Literariamente, os *Nibelungos* provêm das sagas mitológicas dos →edas e lhes dão continuidade.

NIGELO. Técnica de incrustação ou de gravação em peças de ouro (ou mesmo prata), utilizada em ourivesaria, e que consiste em obter efeitos plásticos de embutido negro. Isso quer dizer que se entalha a peça de ouro e nos sulcos abertos deposita-se uma liga ou mistura de enxofre, cobre, prata e chumbo, além de um fluente adequado. Aquece-se a mistura em ponto de fusão inferior ao metal (ouro ou prata), polindo-se posteriormente a peça. Do latim *nigellus*, negro.

NIILISMO. **1.** Proveniente do latim *nihil* – nada – indica, de maneira genérica, a atitude de caráter filosófico que renega o valor, a verdade ou a realidade de princípios absolutos, sejam eles religiosos, morais, científicos, sociais ou da própria filosofia. **2.** Em especial para Nietzsche, corresponde, primeiramente, às assim consideradas "virtudes tradicionais" (compaixão, caridade, igualdade, justiça distributiva, típicas do "instinto de rebanho") defendidas na civilização ocidental pelas filosofias de fundo socrático e pelas religiões judaico-cristãs, responsáveis pelo aniquilamento dos verdadeiros "valores vitais" (vontade de potência, egotismo e dominação, instintos naturais, espírito aristocrático). Assim, pode-se ler em *O Anticristo*: "Entendo corrupção [...] no sentido de *décadence*: minha afirmação é que todos os valores nos quais a humanidade enfeixa agora sua mais alta desejabilidade são valores de *décadence*. Denomino corrompido um animal, uma espécie, um indivíduo, quando perde seus instintos, quando escolhe, quando *prefere* o que lhe é pernicioso. Uma história dos 'sentimentos superiores', dos 'ideais da humanidade' [...] seria quase que também a explicação de *por que* o homem é tão corrompido. A vida mesma vale para mim como instinto de crescimento, de duração, de acumulação de forças, de *potência*: onde falta a vontade de potência, há declínio. Minha afirmação é que a todos os valores mais altos da humanidade falta essa vontade – que valores de declínio, valores *niilistas*, sob os mais santos nomes, exercem o domínio". Simultaneamente, no entanto, entende Nietzsche haver uma *negação necessária à superação da decadência "virtuosa"*. Trata-se da recusa radical dos antigos bens morais, em cuja "interpretação bem determinada, na interpretação moral-cristã, reside o niilismo [...]. Niilismo é então tomar consciência do longo *desperdício* de força, o tormento do 'em vão', a insegurança, a falta de ocasião para recrear de algum modo, de ainda repousar sobre algo – a vergonha de si mesmo, como quem se tivesse *enganado* por demasiado tempo [...]. O niilismo como estado psicológico ocorre, em segundo lugar, quando se tiver colocado uma *totalidade*, uma *sistematização*, ou mesmo uma *organização* em todo acontecer e debaixo de todo acontecer [...] e em decorrência dessa crença, o homem, em profundo sentimento de conexão e dependência diante de um todo infinitamente superior a ele, um *modus* da divindade [...]. 'O bem do universal exige o abandono do indivíduo', mas vêde, não *há* um tal universal! O niilismo, como estado psicológico, tem ainda uma terceira forma. Dadas essas duas compreensões de que com o vir-a-ser nada deve ser alvejado e de que sob todo vir-a-ser não reina nenhuma grande unidade em que o indivíduo possa submergir totalmente, [...] resta como *escapatória* condenar esse inteiro mundo do vir-a-ser como ilusão [...]. O sentimento de *ausência de valor* foi alvejado quando se compreendeu que nem com o conceito 'fim', nem com o conceito 'unidade', nem com o conceito 'verdade' se pode interpretar o caráter global da existência" (*Vontade de Potência*). A desvalorização dos valores supremos tradicionais aparece também na concepção de Heidegger, mas da seguinte maneira: consiste na *redução do ser* a um simples valor dado pelo sujeito. Ou seja, o niilismo se manifesta quando, em lugar do ser existir de modo autônomo e fundante, cai sob a valoração cambiante ou continuamente permutável do sujeito (não é nada em si mesmo).

NIMBO. →*Auréola.*

NINFAS. Personagens femininas da mitologia greco-romana, dotadas de grande beleza, e ligadas a Géia, Terra, e às fontes da vida (águas), protetoras de todas as manifestações da natureza e, por isso mesmo, não pertencentes à morada celeste dos deuses olímpicos, nem imortais (embora não envelhecessem, pois se renovavam continuamente, por milhares de anos, até desaparecerem). Serviam também como amantes de deuses, heróis e outros mortais (até mesmo Camões faz os seus heróis navegantes se encontrarem com as ninfas, antes de regressarem à pátria, como prêmio

pelos feitos gloriosos), tendo algumas delas se tornado famosas por relacionamentos especiais. Entre outras, Liríope (mãe de Narciso), Eco (rejeitada por Narciso), Sálmacis (amante de Hermafrodito), Lótis (amante de Priapo). Consoante o local a ser protegido da natureza, assim se denominavam as ninfas: nereidas – dos mares internos; oceânidas – do alto-mar; potâmidas – dos rios; náiades – dos ribeiros e riachos; napéias – dos vales e selvas; oréadas – das montanhas e colinas; dríadas – das árvores; limneidas – dos lagos; pegéias – das nascentes.

•**NOIR.** →*Policial.*

•**NOLI ME TANGERE.** Do latim, "não me toques", designa qualquer imagem de Cristo, em pintura, gravura ou relevo, na qual se representa a narrativa bíblica do Senhor, após sua ressurreição, afastando-se e impedindo que Maria Madalena o tocasse.

NOTA. 1. Em música, é a representação gráfica de um som determinado por sua altura e valor (ou duração). A altura da nota vem indicada pela posição que ocupa relativamente às linhas da partitura (no meio, abaixo ou acima). A duração é observada pela forma, chamada figura de nota, e, portanto, na dependência de ser uma semibreve, mínima, semínima, colcheia, semicolcheia ou fusa. São sete ao todo, chamadas, respectivamente nas notações neolatinas e anglo-saxônicas, de: Lá = A; si = B; dó = C; ré = D; mi = E; fá = F; sol = G. A nota dita fundamental é aquela que inicia a série de sons harmônicos. A nota essencial é a que realmente faz parte de um acorde ou seqüência, não constituindo uma ornamentação suplementar. →*Música.* 2. Comentário suplementar ou esclarecimento que acompanha um texto ou palavra, posto ao pé da página, em finais de capítulo ou do livro. Nos dois últimos casos, as notas são numeradas para facilitar a procura. →*Escólio.* 3. Breve comunicado feito por escrito.

NOTAÇÃO. Em música e emdança, corresponde a um sistema de registro de sons musicais ou de movimentos corporais por meio de signos, que também funcionam como instruções gráficas, o que permite a conservação, o estudo, a execução ou a reprodução de obras ou de exercícios técnicos. A música erudita ocidental acabou por consolidar uma notação universal, também utilizada no âmbito popular. Ela teve origem com o monge Guido d'Arezzo, criador da pauta e das sílabas de solmização (notas). Posteriormente, entre os séculos XVI e XVII, acrescentaram-se a barra de compasso, o travessão e a ligadura, e padronizaram-se as claves. →*Nota,* →*Pauta,* →*Clave,* →*Andamento* e →*Solmização.* No caso da dança, as propostas têm sido adotadas de modo particular, de acordo com a preferência subjetiva de coreógrafos e mestres de balé. As notações podem ir de simples esboços figurativos a sistemas mais sim-

NOTAÇÃO BENESH

bólicos que indicam a forma do movimento, o tempo, a direção, o espaço a ser percorrido e o ritmo desejado. Alguns desses sistemas já criados e utilizados são os de Raoul Feuillet, Albert Zorn, Saint-Léon, Stepanov, Pierre Conté, E. A. Théleur, Laban, Benesh (→*Notação Benesh*) e Eshkol-Wachman.

NOTAÇÃO BENESH. Sistema de escrita ou de notação coreográfica criada por Rudolph e Joan Benesh, nos anos 1950, mas passível de utilização em qualquer outra área de representação do movimento corporal. Passou a ser utilizado por várias companhias de balé e de dança contemporânea, dividindo com a *labanotation* a preferência dos coreógrafos do pós-guerra. Baseia-se numa pauta de cinco linhas horizontais (como a musical) sobre as quais se indicam as áreas do corpo, suas posições e os deslocamentos por meio de símbolos convencionados (inclusive os de intensidade e ritmo). O termo é freqüentemente empregado como sinônimo de coreologia, palavra de formação grega com o sentido de "tratado de dança circular", embora este conceito tenha sido introduzido por Rudolf Laban.

NOTURNO. Pequena peça de música erudita, ou ainda andamento sinfônico, que pretende evocar sentimentos líricos trazidos pela noite. Firmou-se como subgênero durante o romantismo, inicialmente por intermédio do compositor irlandês John Field, autor de dezenove obras, embora as mais famosas peças sejam as de Chopin. Haydn (*Noturnos*) e Mozart (*Serenata Noturna*) já haviam, no entanto, usado a denominação. →*Serenata*.

• NOUVEAU ROMAN. Nome dado por jornalistas e críticos literários, em meados do século XX, a um grupo de escritores franceses, cujo traço de união esteve mais propenso ou vinculado à recusa das formas e características tradicionais do romance, como aquele praticado genericamente entre os séculos XVIII e início do XX. As influências de Proust, Kafka, Faulkner e Joyce foram consideráveis para o movimento. Em comum, negaram a necessidade e o valor de uma intriga ou enredo linear, o tratamento psicológico dos personagens ou a construção de caracteres, o uso de uma duração objetiva (permeando, diferentemente, o fluxo de sensações com a ordem cronológica dos acontecimentos), bem como as alusões ou reconstruções ficcionais de cunho social e político (pelo menos de maneira explícita). Optaram, preferencialmente, pela enumeração de fragmentos da realidade, observados por uma testemunha ocular, na maioria das vezes passiva e localizada em espaços limitados e solitários (um aposento interior). Com isso, o real tende a ser opaco ou multifacetado, resultando, de qualquer forma, em um mundo enigmático, no qual os objetos assumem uma presença mais ostensiva do que a humana. Entre suas principais figuras encontram-se: Alain Robbe-Grillet (*Les*

Gommes, O Ciúme), Claude Simon (*O Vento, A Erva, O Caminho de Flandres*), Michel Butor (*Passage de Milan, O Emprego do Tempo*), Jean Ricardou (*O Observatório de Cannes, Revoluções Minúsculas*), Claude Ollier (*A Encenação, A Manutenção da Ordem*) e Nathalie Sarraute (*Martereau, Le Planétarium*). Esta última, embora avessa a participações grupais, manteve uma persistente atitude de experimentação. Sartre, inclusive, ao comentar a estréia ficcional de Sarraute, *Retrato de um Desconhecido*, qualificou a narrativa de "anti-romance". Por aproximação estilística em suas primeiras obras (*Moderato Cantabile* e *Hiroshima, meu Amor*), mais do que por engajamento voluntário, nele incluiu-se ainda Marguerite Duras. Posicionando-se contra o "coração romântico das coisas" e os "mitos da profundidade" narrativa, seus integrantes proclamaram o fim do romance, mais do ponto de vista técnico do que, à maneira de Luckács, como expressão artística e ideológica dos conflitos burgueses. A "escritura", para seus adeptos, era o objeto íntimo e crucial da criação narrativa, não havendo necessidade nem de referências exteriores, nem de valores significativos entre os homens personificados e os objetos à sua volta. Em alguns casos, como o de Simon, a pontuação de frases e parágrafos desaparece. Na obra *O Ciúme*, Robbe-Grillet confessa que buscou manipular, literariamente, "minutos sem dias, janelas sem vidros, uma casa sem mistérios, uma paixão sem ninguém". Essa predominância formalista intentou romper, adicionalmente, até mesmo o "acordo tácito" que a ficção exige entre autor e leitor (o escritor como testemunha crível de fatos, consciências e sentimentos que se exteriorizam). Na opinião de Ricardou, apologista desta forma narrativa "anti-romântica", o *nouveau roman* é mais a "aventura de uma escrita em busca de si mesma do que um escrito de aventuras".

• NOUVELLE VAGUE. A denominação de *nouvelle vague* (literalmente, "nova onda" ou "última moda"), dada à então recente geração de cineastas franceses, proveio de uma pesquisa efetuada pela revista *L'Express* em novembro de 1957, na qual se procurava demonstrar a crescente independência de hábitos, valores e comportamentos das juventudes francesa e européia, algo similar à geração *beat* norte-americana. Logo depois, em fevereiro, o crítico Pierre Billard utilizou a expressão na revista *Cinéma 58* para enumerar jovens figuras vinculadas ao mundo cinematográfico, entre os quais diretores de longa-metragem, como Bernard Borderie e Henri Verneuil; de curta-metragem, caso de Alain Resnais e Pierre Kast; e de articulistas da já conhecida revista *Cahiers du Cinéma*, com destaque para Jacques Rivette, François Truffaut, Claude Chabrol, Jean-Luc Godard e Éric Rohmer. Sob a influência do crítico e ensaísta André Bazin, fundador dos *Cahiers* (1952), juntamente com Jacques Doniol-Valcroze, a *nouvelle vague* pretendeu fazer do cinema uma expressão claramente artística e autoral, ainda que se tratasse de um sistema produtivo industrial. Para Bazin, o cineasta apenas mereceria essa denominação se conseguisse aliar a um estilo pessoal uma ética definida. Ou seja, a uma visão estética, de composição técnica, haveria de corresponder uma consciência de conteúdo moral, unificadas então na figura do diretor. Referindo-se a Fritz Lang, a Max Ophüls, a Hitchcock e a Howard Hawks, escreveu: "[...] se eles apreciam a tal ponto a direção é porque nela descobrem em grande parte a própria matéria do filme, uma organização dos seres e das coisas que encontra em si próprio o significado, tanto moral quanto estético. O que Sartre afirmava do romance é verdadeiro para todas as artes, do cinema à pintura. Toda técnica remete a uma metafísica. A unidade e a mensagem moral do expressionismo alemão não se revelam mais hoje na direção do que nos temas, ou, mais precisamente, não é exatamente aquilo que, do seu projeto moral, se tinha dissolvido no universo visual, que para nós permanece a coisa mais significativa" (*Cahiers*, nº 44). A encenação deveria ser, portanto, um olhar selecionado e criterioso, "aquela que organiza um universo" para lhe dar sentido. Na ausência desses princípios, o cinema permaneceria uma atividade comercial, de mero divertimento, ou, quando muito, uma técnica apurada, mas incapaz de alcançar os níveis essenciais da arte e do estilo. As grandes preferências dos integrantes do grupo iam para Jean Vigo e Jean Renoir, na França; para os autores do expressionismo alemão; para os neo-realistas italianos Roberto Rossellini e Vittorio De Sica, e para Howard Hawks, Alfred Hitchcock e Orson Welles, nos Estados Unidos. Já os realizadores franceses contra os quais lutavam eram representados, apesar de suas características diversas, por Gilles Grangier, Claude Autant-Lara, Yves Allégret ou Jean Delannoy, a quem acusavam de "medíocres", "esclerosados", simples técnicos de cinema de estúdio: "O cinema deles era de uma irrealidade total. Estavam afastados de tudo. O cinema era uma coisa, a vida era outra" (Jean-Luc Godard, revista *Image et Son*, nº 239). Por esta nova concepção, a câmera devia ser utilizada de maneira mais livre ou espontânea, como a caneta do escritor, em meio a cenários reais, captação de sons diretos, utilização de atores não inteiramente profissionalizados, tendo por objetivo evitar as amarras ou conveniências dos grandes estúdios, como também – sob outra perspectiva – afastar-se do predomínio da "montagem soberana" reivindicada pelos diretores russos. Preconizou-se, antes, o "plano-seqüência", uma espécie de continuidade fílmica e duração real do evento dramático, sem grandes interrupções. Na prática, filmava-se com grande rapidez e improviso, dada a insuficiência de orçamentos. E foi assim que, entre 1958 e 1959, a *nouvelle vague* veio a se concretizar como prática da *mise-en-scène*, por meio do lançamento de filmes como: *Nas Garras do Vício* (1958), *Le Beau Serge* e *Les Cousins* (ambos em 1959), de Chabrol; *Os Incompreendidos* (1959), de Truffaut, premiado em Cannes; *Le Signe du Lion* (1959), de Éric Rohmer; *L'Eau à la Bouche* (1959), de Doniol Valcroze; *Acossado* e *O Pequeno Soldado* (1960), de Godard; *Paris nos Pertence* (1960), de Rivette; *Hiroshima, meu Amor* (1960), de Alain Resnais; *Lola* (1961), de Jacques Demy; *Cléo de 5 à 7* (1961), de Agnés Varda. Só posteriormente foram também incluídos como exemplos da nova estética dois filmes anteriores de Louis Malle: *Ascensor para o Cadafalso* (1957) e *Os Amantes* (1958). A *nouvelle-vague* acabou por influenciar outros movimentos fora da França, como o Free Cinema inglês, o Cinema Novo brasileiro, os cineastas alemães posteriores, como Volker Schlöndorf, Werner Herzog, Rainer Werner Fassbinder e o cinema polonês do pós-guerra – Andrzej Wajda, Roman Polanski ou Jerzy Skolimowski.

NOVA OBJETIVIDADE. **1.** Termo cunhado entre 1923 e 1924 pelo curador alemão Gustav F. Hartlaub (*Neue Sachlichkeit*), diretor do Kunsthalle de Mannheim, para se referir à pintura figurativa, atroz e caricata que, embora devedora das experiências expressionistas, reformulava seus aspectos trágicos ou convulsivos, assim como sua vertente abstrata, optando por uma "resignação satírica" diante das monstruosidades ou absurdos da época – o autoritarismo político, as estruturas burocráticas, a hipocrisia moral, a exploração econômica, o militarismo ou os conflitos coloniais e imperialistas. Na impossibilidade ou desesperança de a arte mudar o mundo, a única solução restante ficava por conta do cinismo. Essa estética de crítica social já vinha sendo elaborada anteriormente em obras de Max Beckmann (*A Noite*, *Os Desiludidos*), Georg Grosz (*Funcionário do Estado para as Pensões dos Mutilados de Guerra*) e Otto Dix (*Trincheiras nas Flandres*), que se tornaram os seus principais representantes até a ascensão do nazismo. (→*Ugly realism*). **2.** A expressão ainda foi aplicada, pouco mais tarde, ao cinema alemão experimental cuja perspectiva mais evidente estava no tratamento quase documental da vida cotidiana e dá realidade das camadas mais pobres da população, pontuado, aqui e ali, por narrativas de crítica social, em meio a cenários exteriores. Entre outros filmes da corrente, citam-se: *A Rua sem Alegria* (1925), de G. W. Pabst; *Berlim, Sinfonia de uma Metrópole* (1926), de Walter Ruttman e Carl Mayer; *Os Homens do Domingo* (1929), obra coletiva dos estreantes Billy Wilder, Fred Zinneman, Robert Siodmark e Edgar Ulmer; *West Front 18* (1930) e *A Tragédia da Mina* (1931), ambos, novamente, de Pabst; *Berlim Alexander Platz* (1931), de Piel Jutzi, ou *Kühle Vamp* (1931), obra em quatro episódios de Bertolt Brecht, em companhia de Slatan Dudow, do músico Hans Eisler e do ator Ernst Busch.

NOVELA. **1**. Forma narrativa literária surgida na Idade Média, de extensão relativamente curta se comparada aos romances de cavalaria da época e, posteriormente, aos romances barrocos, e diferente das canções de gesta pelo fato de ser escrita para leitura e não para canto. A crítica literária, porém, tem divergido sobre sua caracterização e diferenças, relativamente ao romance, seja do ponto de vista histórico, seja formal. De modo mais corriqueiro, a novela constituiria aquela narrativa em que os fatos, a trama ou os incidentes teriam mais importância do que os personagens que os vivem, destacando-se como os verdadeiros centros do interesse e do objetivo literários. Por essa razão, Álvaro Lins defendeu a concepção de que o personagem e sua psicologia constituem os elementos fundamentais do romance. Idéia semelhante à de Claude-Edmonde Magny, para quem as novelas compreendem uma pequena porção de tempo ou duração, descrevendo uma ação breve, desprovida de complexidade interior (a dos personagens), para girar em torno de uma intriga única, mais simples ou linear. Concordando com a crítica francesa, Temístocles Linhares diz que "na novela, todos os movimentos se realizam como numa cena reduzida, de modo que seja fácil apreender o conjunto e as relações que a constituem, sem nenhuma demora sobre a maneira por que elas se estabelecem" (*Introdução ao Romance*). Edgar Allan Poe (*Poesia e Prosa*) sustenta, por sua vez, que "no gênero literário chamado novela falta espaço para desenvolver os caracteres ou para acumular os incidentes variados; necessita-se aí mais imperiosamente de um plano do que num romance". Mencione-se ainda que essa compreensão está calcada na própria história da literatura, pois, durante o final da Idade Média e até o Renascimento, o aspecto fundamental da trama ou do enredo conduzia a novela a também se confundir com a forma do →conto, sobretudo os que vinham sendo compostos por autores das respectivas épocas, como Boccaccio, Chaucer, Bandello, Bernardim Ribeiro, Quevedo e mesmo La Fontaine. Lúcia Miguel Pereira opina que o tempo é a coordenada principal de diferenciação entre novela e romance. Assim, na novela reconstituem-se acontecimentos já passados ou conclusos, o que dá ao(s) protagonista(s) feições definitivas; já no romance, criaturas e fatos evoluem progressivamente (ao menos naqueles dos séculos XVIII e XIX), de modo a

construir (e não a reconstruir) uma natureza psicológica ou um fenômeno sociológico. Enquanto a novela apresenta um sentido único, o romance abriga sentidos "arborizados", diversos. Voz discordante é a de Wilson Martins, para quem, em se tratando de novela, o personagem é o motivo da obra, o eixo que conduz e explica os acontecimentos. Se o personagem aparece como a encarnação subjetiva ou singular dos acontecimentos, do meio ambiente socioeconômico e cultural, tem-se o romance (*Interpretações*). De outro lado, e ao menos em suas origens, a novela sempre se manteve mais apegada à verossimilhança, ao realismo do cotidiano, quando comparada aos textos romantizados medievais, renascentistas ou barrocos. Na opinião de Diderot, "por um romance entende-se, até hoje, um tecido de acontecimentos quiméricos e frívolos, cuja leitura é perigosa para o gosto e os costumes. Gostaria muito que se encontrasse um outro nome para as obras de Richardson, que educam o espírito [...] e que também são chamadas romances". Já Clara Reeve, em *Los Novelistas e y la Novela* (*Os Romancistas e o Romance*), afirma, sobre o período em questão: "O romance é uma fábula heróica, que trata de pessoas e de coisas fabulosas. A *novel* (aqui no sentido primitivo de novela) é uma pintura da vida e dos costumes, tirada da realidade e da época em que se escreve". Sua proveniência etimológica é a do latim *novella*, diminutivo de *novus,* nova, pelo provençal e pelo italiano *novella*, do século XIII, novidade, notícia, ou algo antigo recontado de maneira nova. As intrigas das novelas italianas medievais ainda exerceram vasta influência sobre a dramaturgia renascentista e barroca, principalmente sobre o teatro elisabetano. Geralmente, considera-se o *Decameron*, de Giovanni Boccaccio (século XIV), a primeira e a maior das obras novelescas, entre as quais se incluem *Trecento Novelle*, de Franco Sacchetti, *Le Novelle*, de Matteo Bandello, e *Duecento Novelle*, de Celio Malespini. Outros textos de grande repercussão durante a Renascença e o Barroco foram, em inglês, os *Contos de Canterbury* (Geoffrey Chaucer, século XV); em francês, *Cent Nouvelles nouvelles* (autoria anônima) e *Heptaméron* (Margarida de Navarra, século XVI); em espanhol, *Doze Novelas* (Gerardo Escobar) e as *Novelas Exemplares*, de Cervantes; em português, *Menina e Moça*, de Bernardim Ribeiro. Obra notável do gênero, pelo tratamento ao mesmo tempo poético e humorístico, são as quarenta e oito *Novelle Galanti* do iluminista Giovanni Casti, do século XVIII. Convém lembrar que, a partir daquele século, o termo *novel*, em inglês, refere-se a romance. Como grandes obras novelísticas brasileiras, podemos citar, a título de ilustração: *Uma Tarde, Outra Tarde*, de Josué Montello, *Corpo de Baile*, de Guimarães Rosa, *Novelas nada*

Exemplares, de Dalton Trevisan, *Os Velhos Marinheiros*, de Jorge Amado, ou *A Hora dos Ruminantes*, de José J. Veiga. **2.** Com o significado contemporâneo de drama radiofônico ou televisivo, ⁻›*Melodrama*, ⁻›*Radionovela, telenovela*.

NÚCLEO BERNARDELLI. Grupo de pintores brasileiros, surgido em 1931 no Rio de Janeiro, cuja denominação homenageava os consagrados irmãos e artistas Rodolfo e Henrique Bernardelli. Seus integrantes provieram majoritariamente da Escola Nacional de Belas-Artes, com destaque para Ado Malagoli, Edson Mota, João Rescala, José Pancetti, Milton Dacosta, Bustamente Sá, Manuel Santiago, Eugênio Sigaud, Joaquim Tenreiro, Jaime Pereira Ramos, Martinho de Haro e Camargo Freire. Tendo subsistido até 1940, o Núcleo desenvolveu o modernismo pictórico brasileiro de modo sóbrio ou cauteloso, conservando-se figurativo e sob maiores ou menores influências pessoais do impressionismo, do pós-impressionismo de Cézanne, de Van Gogh e do cubismo. Os temas mais recorrentes de alguns de seus artistas: Pancetti – marinhas e auto-retratos; Sigaud – trabalhadores rurais e urbanos; Bustamente Sá – paisagens rurais; Dacosta – cenas cotidianas e bustos.

OBJETIVA. →*Câmera.*

OBRA. Sob o ponto de vista artístico, uma obra constitui, especificamente, um *objeto* tátil, material, definitivo e permanente, que resulta de um trabalho técnico e espiritual (um texto, uma composição pictórica, um filme, uma escultura, uma edificação arquitetônica ou uma partitura musical). Com este significado, difere de uma *ação* artística, cuja visualização ou execução depende de uma *interpretação* oferecida em ato, ou seja, de movimentos, ritmos ou acréscimos formais que podem modificar o resultado (encenações dramática ou coreográfica, concerto etc.). Comumente, no entanto, aplica-se a ambas as formas a denominação de obra, tanto quanto a qualquer produção artesanal ou espiritual (obra filosófica, histórica ou genericamente científica). →*Arte.*

OBRA-PRIMA. **1.** Nas corporações de ofícios (guildas) da Idade Média, a obra que um oficial deveria realizar para, sendo aprovada, receber o título de mestre (→*Artesanato*). **2.** A principal obra de um artista, de qualquer natureza (pintor, escultor, músico, arquiteto etc.), ou mesmo aquelas realizações consideradas de alto valor estético, quando comparadas com outras do mesmo gênero ou característica.

OCTOSSÍLABO. Verso de oito sílabas, também dito octonário, como estes do *Canto de Ossanha*, de Vinícius de Morais, musicado por Baden Powell: "O homem que diz dou, não dá / Porque quem dá mesmo, não diz. / O homem que diz vou, não vai / Porque quando foi, já não quis. / O homem que diz sou, não é / Porque quem é mesmo é não sou". O mesmo que *octonário*.

ODE. **1.** Poema lírico criado na Grécia, e também cultivado em Roma, originalmente recitado ou cantado com acompanhamento musical de cítara ou de flauta, e também coreográfico (a ode coral), esta última utilizada em cerimônias cívicas. Com as primeiras exaltavam-se os sentimentos amorosos e os prazeres do vinho; com a segunda, os atributos das virtudes na vida coletiva. De uma metrificação livre ou variada (Mimnermo, Safo, Alceu, Anacreonte), adquiriu com Píndaro uma forma regular e tripartida – a estrofe, a antístrofe (correspondendo a deslocamentos coreográficos opostos) e a épode ou epodo (reunião do coro no centro da orquestra), modificando-lhe também o assunto. Com ele e com Simônides, a ode converteu-se ainda em um canto quase épico ou dramático, dedicado aos vencedores dos jogos e aos heróis das guerras. Assim, quanto aos temas, consagraram-se os seguintes tipos: *ode anacreôntica* (do poeta Anacreonte) – a que revela os prazeres do amor, da mesa e do vinho; *ode epódica* – a que se dedica aos preceitos de moral e ao saber filosófico; *ode pindárica* (do poeta Píndaro) – a que canta os heróis e seus feitos memoráveis. Em Roma, a ode perdeu o caráter cênico, dançante, e também o de monodia acompanhada (musical), tornando-se um texto exclusivo de leitura. A máxima famosa de Horácio, a do *carpe diem*, encontra-se na *Ode* 1,11, cujo texto, em tradução livre, é o seguinte: "Não perguntes o que os deuses reservaram para mim e para ti, ó Leucone, que é impiedade sabê-lo, e nem aos números babilônicos [à astrologia]. Melhor será suportar o que seja! Ou Júpiter te concedeu muitos invernos ou este [é o] último que agora fatiga o mar Tirreno de encontro às rochas. Sê sensata, Leucone, coa o vinho e refreia a longa esperança no espaço breve da vida. Enquanto falamos, passa, invejoso, o tempo. Colhe e aproveita o dia [de hoje], por menos que acredite no seguinte (*Tu ne quaesieris, scire nefas, quem mihi, quem tibi / finem di dederint, Leuconoe, nec Babylonios / temptaris numeros. Ut melius quicquid erit pati! / Seu plures hiemes seu tribuit Iuppiter ultimam, / quae nunc oppositis debilitat pumicibus mare / Tyrrhenum, sapias, vina liques et spatio brevi / spem longam reseces. Dum loquimur, fugerit invida / aetas: carpe diem, quam minimum credula postero*). A redescoberta dos sentimentos, de sua eloqüência e das formas que adquiriu na Antigüidade ocorreu no Renascimento clássico (séculos XV e XVI), dela fazendo uso, em língua portuguesa, e entre outros, Camões, Bocage e, mais modernamente, Fernando Pessoa e Carlos Drummond de

Andrade. →*Civilização clássica e helenismo*. **2**. Em música erudita, certos compositores utilizam o vocábulo para se referir a uma peça elegíaca ou de funções cerimoniais, como a *Coronation Ode*, de Edward Elgar, ou a *Ode for St. Cecilia's Day*, de Henry Purcell.

ODEON. Na Grécia antiga, o espaço circular destinado a audições de →odes, ou seja, de cantos, música, odes coreográficas ou recitativo poético. Modernamente, sala de espetáculo para música ou mesmo para artes cênicas. Var.: *Odeão*.

OFICINA **1**. Recinto de trabalho para artes ou ofícios manuais, dotado de equipamentos e de ferramentas apropriadas. **2**. Curso informal e de breve duração ministrado para o aprendizado de uma técnica ou disciplina artísticas, sem objetivos oficialmente profissionalizantes. **3**. Local onde funcionam as máquinas de uma produção industrial. **4**. Laboratório (local ou recinto). **5**. Dependência de igreja destinada a servir como refeitório, despensa ou cozinha. Em francês, *atelier*; em inglês, *workshop*. →*Ateliê*.

OFICINA, TEATRO. →*Teatro Oficina*.

OITAVA-RIMA. Estrofe ou poema elaborado em blocos de oito versos de dez sílabas (decassílabo), em que os dois últimos contêm, necessariamente, rimas emparelhadas (*cc*) e os seis anteriores, rimas alternadas (*aba, bab*). Dois dos maiores poemas épicos da Renascença, *Os Lusíadas*, de Camões, e *Jerusalém Libertada*, de Torquato Tasso, estão construídos em oitava-rima. "Vasco da Gama, o forte capitão / Que a tamanhas empresas se oferece / De soberbo e de altivo coração, / A quem fortuna sempre favorece, / Pera se aqui deter não vê razão, / Que inabitada a terra lhe parece; / Por diante passar determinava, / Mas não lhe sucedeu como cuidava" (*Os Lusíadas*). "Vendo pois que a fortuna lhe sorria / Propícia ao começar seu fingimento, / Antes de revelar-se quanto urdia, / Quer a cabo levar o mau intento, / Excedendo das graças a magia / De Medéia e de Circe o encantamento, / E das sereias com a voz cadente / Cativando o mais sábio, o mais prudente" (*Jerusalém Libertada*).

•**OLD VIC.** Casa de espetáculos teatrais fundada em Londres, em 1818, com o nome de Royal Coburg, e reformada, em 1833, com a denominação de *Royal Victoria Theatre*, em homenagem à então princesa Vitória. Mantendo-se precariamente com peças populares e baixa freqüência, acabou sendo fechada em 1880. Ainda neste mesmo ano, foi comprada por Emma Cons, membro do Conselho da Cidade, passando a servir como local para apresentações de *music-hall*, até que sua sobrinha, Lilian Baylis, assumisse a direção em 1912. A partir de então, o Old Vic adquiriu enorme reputação quando Baylis se engajou no movimento de "redescoberta de Shakespeare", inicialmente promovido pela Elizabethan Stage Society (esta criada por William Pael, em 1894, e que perdurou até 1905). Baylis estabeleceu uma programação contínua dedicada a toda a obra do dramaturgo, convertendo o antigo teatro em "verdadeira escola shakespeariana". No transcorrer do século XX, nele trabalharam diretores e atores como Tyrone Guthrie, Toby Belch, John Gielgud, Ralph Richardson, Charles Laughton, Lawrence Olivier (que também exerceu o papel de diretor artístico), Alec Guinness, Richard Burton, Peter O'Toole ou Peter Brook. Após a Segunda Guerra Mundial (quando teve de ser reconstruído devido a seu bombardeamento), vários outros dramaturgos passaram também a ser encenados no Old Vic, entre eles Ibsen, Ben Jonson, Molière, Tchékhov, Shaw, Feydeau, Sêneca e O'Neill.

ONOMATOPÉIA. É a formação lingüística que busca imitar sons naturais ou ruídos provocados por artefatos ou máquinas. Na opinião de Fernando Carreter, filólogo espanhol, a onomatopéia ocorre quando os fonemas descrevem ou sugerem, de maneira direta e predominantemente acústica, o objeto ou a ação representada. Assim, tanto pode ser uma palavra já incorporada ao léxico – atchim, zigue-zague, zumbido, pum – quanto um grupo fonético sem vogal de apoio – grrr! – indicativo, no caso, do rosnar de um animal.

ÓPERA. **Uma criação da Renascença italiana**. Ao contrário das outras manifestações artísticas sobre as quais repousa, a ópera já nasceu formada em sua adolescência, no ano registrado de 1594, na cidade de Florença. E em berço de ouro. Isso porque havia dois círculos de intelectuais e artistas que se reuniam regularmente para o estudo e a discussão da cultura helenística. Dos assuntos ali comentados, a tragédia grega ocupava um lugar de destaque. O mais famoso deles era mantido pelo conde Bardi di Vernio e se autodenominava Cammerata Fiorentina. O segundo era sustentado pelo nobre Jacopo Corsi, em cuja casa se realizaram todos os ensaios daquilo que pressupunham ser a regeneração do antigo teatro grego (a Cammerata deixara de existir em 1592). Entre as personalidades que os freqüentavam, podiam ser encontrados Claudio Monteverdi, Torquato Tasso, Giovanni da Palestrina, Vicenzo Galilei (pai de Galileu e autor de canções monódicas) ou o teórico e humanista Giovanni Doni.

Concebida naqueles dois ambientes, a ópera obteve a sua primeira e reservada audição no magnífico Palácio Pitti. A obra chamava-se *Dafne*, com libreto do poeta Ottavio Rinuccini e música de Jacopo Peri e Giulio Caccini. O texto perdeu-se, após uma segunda função, mas os três autores levariam à cena, seis anos mais tarde, uma nova criação, *Eurídice* (a mais antiga, portanto, do ponto de vista documental). Caccini denominou a recente forma artística de *stilo recitativo* ou *canto rappresentativo*, denotando qualquer deles a necessidade de uma interpretação dramática ou teatral integralmente cantada. Em seu ideário, o cantor deveria adquirir a liberdade para *una nobile sprezzatura di canto*. Como as duas obras se passavam na ambiência idílica de paisagens campestres, a ópera surgiu ainda com a temática do que também se chamou "pastorais", influenciando outras peças semelhantes. Mas paralelamente, e no mesmo ano, o músico e escritor Orazio Vecchi, compositor de *L'Amfiparnaso*, deu o nome de *camerata rappresentata* ao seu madrigal dramático, obra contendo um prólogo (abertura instrumental) e treze cenas com as figuras da *commedia dell'arte*. Para sua realização, havia trechos de personagens em primeiro plano que executavam cantos isolados, de linha declamatória, mas que, em momentos de clímax, se elevavam em arioso (o antecessor da ária), embora o canto polifônico ainda conservasse a sua hegemonia, ao contrário de *Dafne* ou *Eurídice*.

Arte total. A expressão de uma voz solista, individual ou subjetiva, que o Renascimento recuperou, contribuiu em muito para a formação da ópera. Após séculos de dominância da polifonia vocal (que permaneceu nos madrigais, por exemplo) e do contraponto instrumental, a ópera surgiu necessariamente pela via mais simples da monodia, ou da construção monódica, utilizando a nova técnica musical do →*baixo-contínuo* (→*Barroco*). O que se reivindicava era uma independência ante os métodos tradicionais da composição. Nesta, passou a preponderar uma só melodia, expressa inicialmente em voz recitativa, tendo como suporte algumas notas executadas em instrumento de registro grave. Havendo um texto a ser cantado, que tornasse a ação compreensível, a melodia solo impunha-se como indispensável à unidade da nova música. O significado poético do texto literário parecia caber com mais propriedade na expressão individualizada. Mesmo que em outras seqüências existissem os coros, um recurso de maior brilhantismo cênico.

Genericamente, entretanto, a ópera foi conhecida, até meados do século XVII, como *melodramma* (música dramática) e, em certos casos, menos freqüentes, como *dramma per musica*. A denominação que prevaleceu mais tarde veio da expressão *opera in musica* (sendo *opera* o plural de *opus, operis*, trabalho ou obra). Os participantes dos círculos florentinos acreditavam estar atualizando a velha tragédia grega, sem perceber que o canto naquele teatro não correspondia a uma substituição da fala, mas a uma representação profana de rituais sagrados, do "inconsciente coletivo", ou daquele destino insondável à razão humana, e que somente assim deveriam ser expressos. Não havia, além disso, indícios seguros de trechos instrumentais para a abertura ou transições de tempo, nem o canto isolado, solista, mas coletivo. De qualquer modo, estavam cientes de perseguir uma *obra de arte total*, em que os temas humanos e os conflitos éticos mais sérios ganhassem formas sensíveis e multifacetadas, combinando-se expressões diferentes e tradicionais: o drama e seu texto poético, a música instrumental, o canto, a pintura cenográfica e trechos coreográficos. E que demonstrasse ainda a riqueza, a distinção e a *finesse* humanística e social dos aristocratas e burgueses que a patrocinavam.

Censuras, popularização e os primeiros grandes mestres. Desde o início, a nova manifestação deparou-se com uma crítica que ainda hoje reaparece ou serve de justificativa aos que a depreciam. Seria ela a arte mais inatural e ilógica que o engenho humano criou. Não só pelo emprego do canto como veículo dramático, como pelo fato de este recurso retardar necessariamente o fluir "espontâneo" da ação.

Mas, se a arte se instaura como segunda realidade, é indispensável, e principalmente no que diz respeito à ópera, nos afastarmos dos padrões marcadamente naturalistas ou da tendência a julgá-la como adição de partes distintas. Sua beleza, entendimento e emoção não dependem de critérios abstratamente lógicos, nem de uma fidelidade às artes que a constituem. Como bem resumiu Edward Dent, musicólogo inglês, "a sinceridade é uma virtude com a qual a arte não se preocupa". Pois foi assim, e gradativamente, que ela ganhou a adesão de certas camadas populares em Veneza, a partir de 1637, quando ali se abriu o primeiro teatro público do gênero, o de San Cassiano, seguido do de San Giovanni e Paolo. Já não eram apenas os nobres, os banqueiros ou funcionários das cortes que os freqüentavam. A ópera passou a exercer fascínio ou a atrair a curiosidade de artesãos e de pequenos comerciantes. Para esse público mais simples, os espetáculos ofereciam a oportunidade de seguir o desenvolvimento de uma nova e comentada manifestação artística, como também o de ver o *grand monde* da época e de se misturar a ele.

Seu primeiro grande compositor foi, sem dúvida, Claudio Monteverdi, que estreou a peça *Orfeu* (por ele denominada *favola in musica*), em 1607, ainda em Mântua, onde exercia o cargo de mestre-de-capela. O valor histórico dessa obra revelou-se na exigência que Monteverdi fez para que os solistas se tornassem cantores realmente dramáticos, isto é, atores que expressassem os sentimentos aludidos no texto. Além disso, na importância e no ineditismo da orquestração para cordas, ou seja, na escritura particularizada que desenvolveu para cada instrumento participante. Dado o sucesso obtido, a ela seguiu-se *Arianna* e um convite ulterior para instalar-se em Veneza, o que de fato ocorreu em 1612. Sua última composição, *L'incoronazione di Poppea,* já se baseou num tema histórico (e não mais mitológico), reunindo todos os ingredientes característicos da ópera: prólogo, recitativos (cujas entoações movem o andar das ações), árias (que comentam liricamente as ações), duos, conjuntos, oposições de caracteres pessoais e conflito de situações.

A riqueza melódica, a ousadia das harmonizações, a preocupação em conciliar o canto e os estados emocionais dos personagens, adequando-as ao espírito solene e contido do Renascimento, assentaram de maneira segura as bases da recente música dramática, estimulando as gerações subseqüentes e dele fazendo um modelo de "ópera séria", heróica e trágica, até o aparecimento de Mozart. Vale lembrar que o mestre italiano foi o criador do *concitato,* ou seja, de um andamento musical dramático-descritivo dos sentimentos bélicos ou viris de um personagem heróico (sucessão de notas rápidas e repetidas), inexistente em seu tempo.

Ainda em Veneza, Pier Francesco Cavalli (quarenta de suas óperas foram encenadas na cidade, entre 1635 e 1670) e Marco Antonio Cesti deram prosseguimento ao estilo arioso, clássico, mas tudo indica que seus espetáculos tenham sido cenograficamente mais luxuosos, ostensivos e ousados, o que já respondia às figurações requintadas do barroco plástico.

Foi com Alessandro Scarlatti, no entanto, que a ária se converteu em ponto culminante do enredo dramático, em momento de máxima exposição dos sentimentos íntimos (daí confundir-se com a expressão canto lírico) e de brilhantismo melódico. *Mitridate Eupatore, Telêmaco* ou *Tigrane* são obras que consagraram em definitivo a *aria da capo,* ao sabor napolitano. Nesta virada de século, a ópera procurou mostrar estados emotivos ou sentimentais diferenciados e em seqüência, mas reduzidos, cada um deles, a quatro, seis ou oito versos. Feita a "exposição" (parte A), a melodia retornava para o desenvolvimento de um contraste (parte B), com variações vocais e, finalmente, chegava à mais longa e floreada seqüência de A, antes do fecho instrumental. A *aria da capo* significa justamente o retorno deliberado ao início. Prolífico, Scarlatti escreveu cento e quinze peças e consolidou o estilo italiano vibrante de abertura (andamentos rápido, lento, rápido, ou *allegro, largo e vivace*), seguida por três atos e coro final. Sua influência estendeu-se por todo o século XVIII, a começar por Händel, contaminado pela fascinação italiana.

Embora na Alemanha já houvesse compositores operísticos, como Johann Theile, Sigmund Kusser (ou Cousser) e Reinhard Keiser, para Händel a música de seus compatriotas conservava uma estrutura excessivamente contrapontística e, por conseqüência, muita

"pesada" em sua opinião. O estilo italiano o atraía pela sutileza e suavidade e pela preeminência dada à melodia vocal. Decidiu-se então a estudar com os mestres latinos, aproveitando ainda para tomar conhecimento da sonata, com Corelli e Vivaldi. Deste aprendizado surgiram *Acis, Galatea* e *Polifemo,* escrita especialmente para a destreza do renomado cantor Giuseppe Boschi, além de *Lucrezia, Agrippina* ou *Rinaldo* (com a comovente ária *Lascia ch'io pianga* – Deixa que eu chore). Ao encontrar na Inglaterra as condições ideais de sua criação e fama musicais (e onde compôs trinta e seis óperas sérias, ao gosto barroco), Händel abriu mão de se tornar o primeiro grande marco da operística alemã, papel que apenas seria preenchido, um século mais tarde, por Carl von Weber e Richard Wagner.

Ao se aproximar o final do século XVII, a ópera francesa fez a sua estréia com a obra *Pomone* (1671), de Robert Cambert, um autor logo superado pelo imigrante italiano Giovanni Battista Lulli, cujo nome foi transcrito para Jean-Baptiste Lully. Tendo trabalhado anteriormente com Molière, compondo para o teatro bailado, iniciou sua carreira operística em 1673 com *Cadmus et Hermione,* produzindo uma obra por ano até morrer em 1687. Suas contribuições de relevo estiveram no aproveitamento das formas musicais das danças de corte (que serviram de modelo às "aberturas francesas", de andamentos invertidos e efeito mais pausado do que as italianas), na construção de cenas bailadas e na ampliação das possibilidades e timbres orquestrais, de dimensão e efeito grandiosos. Do ponto de vista dramático, a música de Lully conservou-se fiel à sobriedade dos padrões clássicos então em voga nos teatros de Corneille e de Racine, sem se deixar envolver pelo virtuosismo das árias, reivindicado pelos cantores e prima-donas.

Apenas meio século depois, a França reencontrou um autor a quem celebrar: Jean-Phillipe Rameau. De gosto refinado, teórico e artista de harmonizações inéditas, legou ao menos três grandes exemplos de ópera – *Castor e Pólux, Dardanus* e *Platée.* Defendeu e valorizou a nascente ópera-cômica, tipicamente francesa, além de ter escrito admiráveis óperas-balés, como *Les Indes Galantes, Les Fêtes d'Hébé, Zais* ou *Pigmalião.*

As vertentes cômicas. Não se sabe ao certo quem teve a idéia de incluir entrecenas cômicas durante representações da ópera séria. Provavelmente empresários teatrais. Tais *intermezzi* já eram conhecidos desde o século XVII e se destinavam tanto a atrair como a entreter um público mais popular nos espetáculos. Ao evoluírem para histórias integrais e independentes, deram então origem à ópera-bufa, isto é, alegre, divertida, em cujas tramas se desenvolvem sobretudo as situações, e não tanto os caracteres. Ela constituiu a primeira reação ao melodrama sério, ao afastar-se de personagens míticos ou longinquamente históricos e incorporar os tipos mais próximos da realidade cotidiana. As estratégias de sobrevivência das camadas plebéias e suas relações com os patrões nobres ou aristocratas constituem histórias bastante freqüentes. Mencionam-se como obras mais antigas *Chi Soffre, Speri* (1639) e *Dal Mar il Bene* (1654), ambas de Marco Marazzoli, apresentadas em Roma. A esse respeito, lembra Fred Hamel: "É curioso que precisamente o cardeal Giulio Ruspiglioni, eleito papa mais tarde com o nome de Clemente IX, tenha participado ativamente no cultivo da ópera-cômica. Dois excelentes poemas de sua pena (as obras já mencionadas) foram, com muita felicidade, musicados por Marazzoli" (*História da Música*).

Mas foi em Nápoles que o gênero ganhou popularidade, ao escolher como forma versos mais simples ou diretos e personagens nada heróicos, como *O Escravo de sua Mulher* (1671), de Francesco Provenzale. Seu primeiro compositor de renome mundial veio a ser Giovanni Battista Pergolesi, morto prematuramente aos 26 anos. *La Serva Padrona*, estreada em Nápoles em 1733, tornou-se sucesso e modelo a ser imitado, tanto quanto *Lo Frato Innamorato* e *Flaminio* (1735). Outros compositores do período foram: Niccollò Piccini (*Cecchina*), Tommaso Traeta (*Il Buovo d'Antona*), Baldassare Galuppi (*L'Amante di Tutte*) e Giovanni Paisiello (*La Molinara* e o primeiro *Barbieri di Seviglia*).

A *Serva*, tendo chegando a Paris em 1752, estimulou o interesse e permitiu a consagração posterior da *opéra-comique* francesa, cuja primeira experiência nacional, *Ninette na Corte* (1755), foi feita pelo músico italiano Egídio Duni e pelo poeta Charles Favart. As discussões até mesmo violentas que ali se seguiram (→*Querela dos Bufões*) opuseram os "bufonistas" (Rousseau, Diderot e alguns outros enciclopedistas), críticos ardorosos da tragédia lírica e que a viam como demonstração amaneirada do absolutismo decadente, e antibufonistas, estes defensores de uma ópera verdadeiramente nacional, ainda que aristocrática. À frente da corrente italianizante esteve Rousseau, ele mesmo compositor e libretista de *Le Devin du Village* (*O Adivinho da Aldeia*), uma sucessão de pequenas árias de fácil memorização e cujo enredo trata de personagens populares, o povo do terceiro-estado.

Satírica por natureza, desde o seu aparecimento, a ópera-cômica francesa explorou musicalmente o →*vaudeville*. Habitualmente, seus versos devem ser cantados por diferentes personagens da história, entremeados seguidamente por diálogos falados. O gênero teve em François Philidor (*Tom Jones, O Amante Disfarçado, O Feiticeiro*), em André Grétry, belga de nascimento (*Zemire e Azor, O Amante Invejoso, A Caravana do Cairo, Barba Azul*) e em Nicolas Daylarac (*Nina, Azémia, Camila*) três de seus maiores expoentes. Apesar do nome, a ópera-cômica consolidou-se mais como forma (pela simplicidade melódica e cenas dialogadas), absorvendo tramas populares, assuntos políticos, as críticas de costumes e mesmo conflitos amorosos trágicos. *Tom Jones*, por exemplo, é uma obra política, enquanto *Carmen*, de Bizet, a mais conhecida desse gênero, já constitui um trabalho verdadeiramente romântico, profundamente passional.

A vertente inglesa da ópera-cômica é a *ballad-opera*, em cujas peças se misturam canções populares já conhecidas, mas com tratamento erudito, diálogos falados e recitativos. Apareceu em 1728 com a encenadíssima *The Beggar's Opera* (*Ópera do Mendigo*), libreto de John Gay e música de Christoph Pepush. O herói, Macheath, é um ladrão de estradas e suas peripécias têm por finalidade fazer as críticas das convenções operísticas italianas e dos hábitos políticos ingleses. Tornou-se um modelo para diferentes versões no século XX, como as de Frederic Austin, E. J. Dent, Benjamin Britten e Darius Milhaud. Mais popular, e nela também inspirada, é a *Ópera dos Três Vinténs* (*Dreigroschenoper*), de Bertolt Brecht e Kurt Weill (1928). Registre-se ainda que a ópera-balada inglesa foi a primeira forma cênico-musical a ser transportada para os Estados Unidos, divulgando canções que, desvinculadas das peças originais, se tornaram populares.

Uma proposta de reforma e uma figura-síntese. Na década de 1760, Christoph Gluck preocupou-se em fazer da reforma do teatro musicado uma realidade. Para isso propôs a moderação dos exageros cênicos barrocos, uma encenação de maior simplicidade e naturalismo e, acima de tudo, a interpretação de "sentimentos verdadeiros", conforme uma apresentação escrita em *Alceste*. Queria isso dizer que o personagem é um ser humano tomado por paixões e que o canto, portanto, deveria demonstrar uma expressividade pertinente aos impulsos que constantemente o movem. Caberia à poesia conduzir o drama; à música, o papel de acompanhante. Daí em diante, a *aria da capo* integrou-se à continuidade do enredo, não sendo um motivo à parte para demonstrações técnicas. Essas mudanças já se haviam iniciado em *Orfeu e Eurídice* (1762), ainda em Viena, cuja recepção, no entanto, desagradou a muitos profissionais e admiradores do gênero. Mas se consolidaram após sua estada em Paris. O contato com a obra de Rameau e o entusiástico apoio recebido dos "bufonistas" parecem ter contribuído para a empreitada de Gluck. Seguiram-se então *Alceste* (1767), *Páris e Helena* (1770), *Ifigênia em Áulide* (1774) e *Ifigênia em Táuride* (1779).

Com Mozart, todas aquelas disputas entre o espírito italiano e os estilos nacionais, entre o trágico e o cômico, parecem ter sido suplantadas. Em seu classicismo, soube como ninguém entrelaçar os gêneros e fundir os padrões. Tal característica não deve ser vista como simples demonstração de uma genialidade "infusa", mas resultado de um domínio exemplar sobre toda a música concertante européia do período e sobre o belcanto, que aprendeu com o *castrato* Manzuoli. Sua forma operística é visivelmente tributária dos grandes mestres italianos, sobretudo Scarlatti, Pergolesi e Paisiello. Cada parte da estrutura – prólogo, recitativo, ária ou conjunto – é pensada, antes de tudo, musicalmente, ou seja, como organização, evolução, contraste, emoção e diálogo sonoros. Em carta a seu pai (13.10.1781), diz textualmente: "[...] numa ópera, é absolutamente necessário que a poesia seja filha obediente da música". Cabe a ela desenhar e impulsionar o drama, para o sério e o divertido, para o gracioso e o idealista, para o mágico ou o místico (como em *A Flauta Mágica*). O canto é menos o significado literário que a força e o sentimento provocado pelas arquiteturas sonoras. A música torna-se um substrato permanente, sobre o qual as palavras se depositam ou por ele são atraídas. Um conflito de intérpretes tem por fundamento um "conflito" musical. Como nos lembra Roland de Candé, "todos os grandes momentos são de pura música nas quatro maiores obras-primas dramáticas de Mozart: *As Bodas de Fígaro* (1786), *Don Giovanni* (1787), *Così Fan Tutte* (1790) e *A Flauta Mágica* (1791). Compreende-se que Mozart tenha sido indiferente às querelas da ópera. Para ele, o falso problema da 'expressão' não se coloca. Sua música é criadora (por si mesma) de situações e de personagens".

Romantismo, o maior repertório. A Carl Maria von Weber tem sido atribuída a criação da ópera alemã, cujo prestígio se desenvolveu com o romantismo. Desvinculando-se dos temas clássicos em sua obra de estréia dramática, *Freischütz*, Weber preferiu investir nas superstições populares das aldeias alemãs, em cenas de florestas ameaçadoras e na vida de seus caçadores. Em *Oberon*, o ambiente encontrado nos transporta para o mundo mágico das lendas medievais: bruxas, elfos, donzelas perseguidas e cavaleiros libertadores. Um terreno fértil para o seu mais afamado sucessor, Wagner.

Na França, dois compositores obtiveram extraordinário sucesso em vida durante a segunda metade do século XIX: Charles Gounod e Jacques Offenbach (de origem alemã). O terceiro grande nome, Georges Bizet, só veio a conquistar a merecida fama após a morte prematura. Gounod foi sobretudo um compositor de melodias simples para grandes cenas líricas.

Suas maiores criações tiveram por tema textos literários já conhecidos, como *Fausto*, *Romeu e Julieta* ou *Médico à Força*. Offenbach preferiu a vertente da ópera-bufa ou cômica, ilustrando, por intermédio de uma música alegre e contagiante, a vida mundana e burguesa do Segundo Império, o de Napoleão III. Escreveu para o gênero cerca de 95 operetas, com destaque para *A Vida Parisiense* e *La Périchole*. Descontando-se *Docteur Miracle* (opereta com a qual ganhou um concurso organizado por Offenbach) e *La Jolie Fille de Perth*, aclamada em 1866, a carreira de Bizet foi curta e poucas satisfações lhe trouxe. *Os Pescadores de Pérolas*, na estréia, foi tida como demasiadamente alemã e hostilizada como "wagneriana"; *Djamileh* e a obra cênica *L'Arlésienne* foram recebidas friamente. *Carmen*, por fim, provocou escândalos, acusada de exagerado erotismo. Meses depois, Bizet morria, vitimado por um possível câncer de garganta. Jamais soube da brilhante trajetória de sua peça, cuja verve e extraordinária melodiosidade jamais se interrompem.

No universo do melodrama romântico, no entanto, quatro nomes se destacam em primeiríssimo plano: Rossini, Verdi, Puccini e Wagner.

Gioacchino Rossini, o "Cisne de Pesaro" (cidade onde nasceu), é o autor da mais encenada e deliciosa ópera-bufa de todos os tempos: *O Barbeiro de Sevilha*. Nesta, em *Cinderela* (*La Cenerentola*) ou na *Italiana em Argel*, conseguiu imprimir uma vivacidade contagiante aos seus personagens pela qualidade dos fraseados melódicos, tanto nos recitativos, nas árias como nos conjuntos. Embora compositor de óperas sérias e heróicas, como *Tancredi*, *Moisés* ou *Elisabetta, Regina d'Inghilterra*, é na comédia que seu gênio se perpetua e realmente se manifesta. Dono de uma leveza musical extraordinária, talvez tenha sido a expressão máxima daquilo que se imagina ser a espirituosidade italiana. Ele mesmo uma personalidade jovial, bem-humorada. Ao perceber que sua obra *Guilherme Tell* (1829) não havia conquistado os esperados elogios de peças anteriores, resolveu abandonar o drama musical. Ainda compôs, no entanto, uma bela *Stabat Mater* e passou a viver de rendas pessoais, garantindo, em compensação, o enorme prestígio anterior. Os últimos quarenta anos, passou-os como renomado anfitrião de artistas e de figuras públicas, parte na Itália, parte na França, onde veio a falecer.

Giuseppe Verdi, a figura mais popular da segunda metade do século XIX, no que diz respeito à ópera, soube fazer da simplicidade e da elegância musicais os seus trunfos permanentes. Para muitos, Verdi e ópera são sinônimos. O canto de seus personagens "flui como óleo", isto é, de maneira sincera e naturalmente, à maneira aconselhada de Mozart. É ainda, e sem dúvida, o compositor mais brilhante do drama amoroso romântico. A morte das heroínas em *Rigoletto* (Gilda), *Il Trovatore* (Leonora), *La Traviata* (Violetta) e *Aida* resume a sensibilidade idealizada e poética do século; elas comovem porque despertam a solidariedade devida aos heróis, vítimas amarguradas mas dignas da fatalidade. Politicamente engajado na unificação italiana (o Risorgimento), conseguiu estimular os sentimentos nacionalistas como no magnífico coro dos judeus exilados de *Nabucco* (*Va, pensiero*), uma oportunidade que reencontrou na peça seguinte, *Os Lombardos* (*Signore, dal tetto natio*), mas sem nunca comprometer a qualidade das obras pela obviedade da propaganda. Trabalhou a partir de dezenas de novelas, contos e peças teatrais recuperadas pela nostalgia romântica, como *Macbeth*, *Otello* e *Falstaff*, de Shakespeare, *Hernani* e *Rigoletto* de Victor Hugo, *Os Salteadores* e *Dom Carlos*, de Schiller, *O Corsário*, de Byron, ou *A Dama das Camélias* (*La Traviata*), de Alexandre Dumas Filho.

Giacomo Puccini, herdeiro de Verdi, é visto como o mais "realista" dos autores italianos, um quase cronista de época. Os conflitos dramáticos permanecem basicamente romanescos, mas os personagens são agora as figuras vulneráveis de um dia-a-dia insensível e até mesmo violento: estudantes pobres, aventureiros, bordadeiras, policiais ou barqueiros. Musicalmente, soube criar climas de suspense, uma expectativa embutida nos encadeamentos sonoros que antecedem os pontos fortes da trama. O sucesso que obteve após *Manon Lescaut* (1893) prosseguiu com *La Bohème*, *Tosca*, *Madame Butterfly* e *La Fanciulla del West* (todas essas últimas regidas, nas respectivas estréias, por um dos maiores regentes do século XX, Arturo Toscanini).

Quanto a Richard Wagner, desejou ardentemente conduzir a "arte total" ao degrau mais elevado de uma verdadeira religião, sendo ele o seu inspirado profeta. Para essa empresa, que julgava sublime, utilizou à exaustão os encadeamentos cromáticos, unindo o paroxismo dos conflitos tonais às paixões grandiosas dos mitos escandinavos, que ele mesmo recolhia e sobre os quais fazia questão de escrever. A resolução de acordes sempre adiados, ou o emprego de *leitmotive* freqüentemente remodulados, esculpem em suas obras um estilo denso e naturalmente trágico, que não poucos comentadores comparam ora às imagens de lagos profundos, ora às de rios e lavas em movimento. Para Baudelaire, essa música "ardente e despótica" oferecia-lhe aquelas sensações similares e "vertiginosas do ópio" (que o poeta bem conhecia). Carregados de símbolos, os dramas wagnerianos que compõem a tetralogia do *Anel dos Nibelungos* (*O Ouro do Reno*, *A Walquíria*, *Siegfried* e *O Crepúsculo dos Deuses*), ou ainda *Tristão e Isolda* e *Lohengrin* dão margem a muitas interpretações: de heróis políticos e revolucionários (segundo Bernard Shaw), passando-se pela restauração de liturgias dionisíacas, e com isso à promoção de um novo espírito criador de cultura (Nietzsche), pelos significados morais de purificação dolorosa do homem, à exaltação xenófoba dos guerreiros e povos germânicos. Exceção talvez aos Mestres Cantores de Nuremberg, cujos personagens, históricos e mais familiares, não se aventuram em paisagens e lutas sobre-humanas, fixando-se, de preferência, no encanto da própria música.

Um quinto nome importante do século XIX foi ainda o do italiano Gaetano Donizetti que, entre 1818 e 1843, escreveu cerca de sessenta obras do gênero, alcançando sucesso internacional com pelo menos quatro delas, ainda hoje executadas: *Ana Bolena*, *O Elixir do Amor*, *Lúcia de Lamermoor* e *Don Pasquale*.

Século XX. *Pelléas et Mélisande*, de Claude Débussy, cuja estréia ocorreu em 1902, no Ópera-Comique, deu início às controvérsias da música dramática no século XX. Baseada em texto homônimo de Maeterlinck, a tragédia é relativamente simples: o velho Golaud, marido de Mélisande, descobre o amor entre sua mulher e o meio-irmão Pelléas. Num acesso de ciúme e fúria, mata Pelléas, o que leva a amante ao suicídio. A diferença perante o drama wagneriano e a tradição romântica italiana encontrava-se então na atmosfera poética, nos "recitativos infinitos" das almas, na imprecisão ou no simbolismo esotérico dos personagens. Musicalmente, a peça escapa às normas da tonalidade, evitando as explosões românticas e encaminhando as ações por meio de sonoridades leves, sutis, tão enigmáticas como os personagens a que se referem.

Já Richard Strauss legou-nos pelo menos quatro composições históricas, em pares opostos. Ou seja, *Salomé* (1905) e *Electra* (1909) exemplificam o que a crítica convencionou chamar de drama expressionista, no qual enredos violentamente trágicos são conduzidos por dissonâncias cromáticas inesperadas. As demais, *O Cavaleiro da Rosa* (*Der Rosenkavalier*, 1910) e *Ariadne em Naxos* (1912), regressam às técnicas tradicionalmente diatônicas e investem nas comédias neobarrocas, de grande movimentação cênica.

A corrente do serialismo, na figura de Alban Berg, deixou duas óperas características do estilo: *Wozzeck* (1922), baseado em texto de Büchner, e *Lulu* (uma prostituta que acaba vítima de Jack, o Estripador), mas cuja orquestração final do terceiro ato só foi concluída em 1977, mais de trinta anos após a morte do compositor. Outra obra a ganhar repercussão mundial e variadas encenações foi *Peter Grimes*, do inglês Benjamin Britten, cuja estréia se deu em 1945.

Histórico nacional. No Brasil, a vida operística começou na segunda metade do século XIX, após a

480 ÓPERA-BALÉ, OPÉRA-BALLET

reorganização do Teatro São Pedro de Alcântara (1839) e das fundações do Conservatório do Rio de Janeiro (1848) – tendo à frente Francisco Manuel da Silva, compositor do Hino Nacional – e da Imperial Academia de Música e Ópera (1857), esta por iniciativa de José Amat, refugiado político espanhol. Amat, um entusiasta da *zarzuela*, conseguiu, com o apoio do governo, encenar cerca de sessenta peças do gênero, até o fechamento da instituição, transformada na Ópera Lírica Nacional.

As primeiras temporadas regulares principiaram em 1844, constituindo um marco a audição da *Norma*, de Bellini, no Teatro São Pedro. Vários elencos italianos e franceses começaram então a se apresentar na capital, seguindo, às vezes, para Salvador e Recife. Quanto à produção nacional, a primeira tentativa coube ao alemão aqui radicado Adolfo Maersch, autor de *Marília de Itamaracá*, nunca levada aos palcos. Assim, a primeira audição de uma ópera cantada em português do Brasil foi realmente *A Noite de São João*, com música de Elias Lobo e libreto de José de Alencar (1860). No ano seguinte, estreou *A Noite do Castelo*, de Carlos Gomes, que dois anos depois apresentaria *Joana de Flandres*. Entre os pioneiros, registre-se Domingos José Ferreira (*Corte de Mônaco*) e Henrique Alves de Mesquita (*O Vagabundo*).

Neste período final do romantismo, Carlos Gomes foi sem dúvida a figura mais importante, não apenas por seu pioneirismo como pela recepção alcançada na Europa e pelo exemplo estimulante oferecido a jovens compositores. Fincado nas tradições do velho continente, Carlos Gomes não chegou a criar integralmente uma ópera nacional, mas tanto o seu lirismo particular quanto a evocação de temas brasileiros (*O Guarani, O Escravo*) ou americanos (*Condor*, além do oratório *Colombo*) indicaram possibilidades para um repertório com características de maior autonomia. Não foi por outro motivo que Sir George Grove afirmou serem os mais atrativos trechos de *O Guarani* aqueles de fundo nacionalista. Mas na opinião de certos musicólogos, *Fosca* é considerada a sua melhor criação.

Apesar de vários músicos brasileiros terem composto dramas musicais, raríssimas vezes foram ou são eles encenados. Casos, por exemplo, de *Saldunes*, ou *O Crepúsculo das Gálias* (Leopoldo Miguez, libreto de Coelho Neto), *Jupira* (Francisco Braga), *Izath* ou *Yerma* (Villa-Lobos), *Malasartes* (Lorenzo Fernandez), *As Parasitas* (Agnelo França) ou *Tiradentes* (Eleazar de Carvalho).

Um repertório restrito. Calcula-se que a quantidade de óperas escritas, desde o final do século XVI até os tempos atuais, chegue perto de cinqüenta mil. Mas o repertório relativamente fixo e consagrado dos teatros tem mantido apenas, e numa eloqüente maioria, a gran-

de ópera romântica, que vai de Rossini a Richard Strauss, e exceção a Mozart. Não mais de uma centena de obras ainda são levadas à cena, com regularidade, nas temporadas oficiais da Europa e das Américas. Mesmo aquelas compostas no século XX, tonais ou atonais, polirrítmicas ou não, e que não são poucas, dificilmente conseguiram projetar-se com o ímpeto do período romântico e alcançar o mesmo sucesso de público. Algumas exceções, como *Pelléas et Mélisande* (Debussy), *O Rouxinol* (Stravínski), *Wozzeck* (Alban Berg), *Boris Godunov* (de Mussórgski, na versão de Rímski-Korsakov), *Peter Grimes* (Benjamin Britten), *A Ópera dos Três Vinténs* (Kurt Weill), *O Prisioneiro* (Dallapiccola), *Jonny spielt auf* (*Joãozinho Toca*), de Ernst Krenek ou *Porgy and Bess* (Gershwin) vêm, apenas, confirmar a regra.

ÓPERA-BALÉ, •OPÉRA-BALLET. Obra de bailado e de canto lírico, mas com predominância coreográfica, cujas ações dramáticas eram explicitadas ou comentadas pelos elementos tradicionais da ópera – árias, recitativos e coros. Foi criada pelo músico francês André Campra, tendo por colaborador o poeta Houdar de la Motte, em fins do século XVII, com o balé Europa Galante, chegando ao apogeu no século seguinte. As temáticas preferidas da ópera-balé basearam-se em histórias da mitologia clássica ou em personagens exóticos da Ásia, do Oriente Médio e da América, que a Europa, de fato e fantasiosamente, confundia. Ao reproduzirem em cena a sociedade aristocrática e galante do período, as obras tendiam ao luxo barroco, utilizando, por exemplo, riqueza de trajes ou figurinos (ainda que incômodos aos movimentos de dança), grande número de participantes, cenários majestosos e mecanismos teatrais de efeitos espetaculares. Entre as peças mais destacadas desse gênero híbrido e monumental, citam-se: *As Festas Galantes* (1698), *O Carnaval de Veneza* (1699), *As Musas* (1703), *A Veneziana* (1705), *As Festas Gregas e Romanas* (1725), *As Índias Galantes* (1735) e *As Festas de Polímia* (1745), as duas últimas com música de Jean-Phillipe Rameau. →*Dança*.

ÓPERA-BUFA. →*Ópera*.

ÓPERA-CÔMICA, •OPÉRA-COMIQUE. →*Ópera*.

OPTAÇÃO. Figura de retórica pela qual o autor exprime uma vontade ou aspiração, sem recorrer, no entanto, a uma pessoa, ser ou entidade específicas, como nos exemplos seguintes: "Nunca morrer assim! Nunca morrer num dia / Assim! de um sol assim!" (*In Extremis*, Olavo Bilac); "Assim eu quereria o meu último poema. / Que fosse terno, dizendo as coisas simples e menos intencionais. / Que fosse ardente como um soluço sem lágrimas" (Manuel Bandeira). →*Deprecação*.

OPUS. 1. Obra, em latim. Palavra utilizada com mais constância em música erudita, e à qual se acresce um número arábico – opus 31 ou op. 31 – para indicar a ordem cronológica de composição de uma peça. Ressalve-se, no entanto, que nem sempre os compositores incluem essa informação em suas obras, cabendo aos editores de suas partituras ou a musicólogos o estabelecimento aproximado da seqüência numérica. Por essa razão, ocorre também o fato de alguns "opuses" (plural não latino, para não confundir com *opera*) abarcarem mais de uma peça: opus 31a, opus 31b etc., ou seja, elaborados em épocas próximas. **2.** →*Aparelho*.

ORAÇÃO. **1.** →Frase ou parte de uma frase contendo um elemento verbal. Na frase "convém que se apresse", há duas orações (*convém* e *que se apresse*). A oração confunde-se com a frase quando engloba, por si só, um sentido completo. **2.** Discurso literário e de intenções moralizantes, como a famosa *Oração aos Moços*, de Rui Barbosa, proferida a formandos em advocacia: "O coração não é tão frívolo, tão exterior, tão carnal quanto se cuida. Há, nele, mais do que assombro fisiológico: um prodígio moral. É o órgão da fé, o órgão da esperança, o órgão do ideal [...] Vê ao longe, vê em ausência, vê no invisível, e até no infinito vê" (trecho). Também *pregação*, *sermão* ou *prédica* de caráter religioso. **3.** Prece, reza.

ORATÓRIO. **1.** Obra dramático-musical religiosa, criada paralelamente à ópera no final do século XVI, para canto solista (recitativo e ária), diálogo coral e acompanhamento harmônico-instrumental. Geralmente, contém um libreto que enfeixa o texto poético e determina os personagens, extraídos de passagens bíblicas. A denominação provém do aposento onde se encenou a primeira obra reconhecida do gênero – a *Rappresentazione di Anima e di Corpo*, do compositor Emilio de Cavaliere – no *Oratorium* de Santa Maria da Valicella, Roma, no ano de 1600. As chamadas "laudas espirituais", compostas anteriormente em estilo polifônico, a três vozes, e comumente executadas em reuniões da igreja de San Girolamo della Charità, igualmente em Roma, parecem ter influído diretamente sobre o gênero. Diz-se *oratório vulgar* quando o texto é escrito em língua vernácula; e *oratório latino*, quando em latim. Sua execução, em igreja ou sala de concerto, tem dispensado cenografia, figurinos e adereços, desde a época inquisitorial, que proibiu encenações dramáticas, no intuito de conservar o caráter fortemente espiritual que dele se espera. Há peças, no entanto, igualmente chamadas de oratório cuja finalidade não é a elevação religiosa, mas a revelação de um sentido ético-moral no enredo. Grandes cultores, entre outros, foram Giacomo Carissimi, Marc-Antoine Charpentier, Alessandro Scarlatti, Heinrich Schütz, Bach, Händel (cujo *Messias* é o mais conhecido no mundo), Haydn, Beethoven, Mendelssohn e Edward Elgar. (→*Cantata*).

2. Pequeno armário para guarda de imagens sacras e que serve também como local de oração. Neste sentido, o mesmo que *adoratório*.

ORDENS DA ARQUITETURA. Expressão que serve para designar as disposições plásticas regulares e as regras de proporcionalidade de edifícios greco-romanos ou de construções posteriores, mas de influência e característica clássicas. Foram sistematizadas pelo arquiteto romano Vitrúvio (Marcus Vitruvius) e reestudadas por autores renascentistas italianos como Vignole e Serlio. De maneira completa, cada ordem compõe-se de três estruturas principais: pedestal, coluna e entablamento. Cada uma delas subdivide-se, por sua vez, em três outras. O pedestal em →plinto ou base, dado e →cornija; a coluna em →base, →fuste e →capitel; o entablamento em →arquitrave, →friso e →cornija. As estruturas que configuram ou distinguem as ordens ou estilos derivam da forma da coluna e dos ornamentos ou molduras do entablamento. As ordens gregas compreendem: a dórica, a jônica e a coríntia. As romanas, adaptadas posteriormente, são a toscana e a compósita, também chamadas ordens latinas. O estilo dórico tem precursores no Egito, mas foi na Grécia que adquiriu feições específicas. Todas as estruturas que o compõem são as mais despojadas ou severas de suas congêneres. O ornamento mais evidente encontra-se nas caneluras do fuste ou corpo da coluna. O estilo jônico foi a primeira ordem acrescentada ao dórico original e surgiu nas colônias gregas da Ásia Menor, na Jônia. As principais diferenças encontram-se no capitel, que comporta volutas ou espirais, e nas estrias mais profundas do fuste. O coríntio constitui o mais esbelto e ornamentado dos estilos, que os renascentistas apelidaram de ordem feminina. O capitel é trabalhado com representações de folhas de acanto, de louro ou de oliveira, em perfil. O estilo toscano corresponde mais de perto ao dórico, mas em proporções menores, tendo sido uma constante dos primeiros edifícios erguidos em Roma. Ganhou, na Itália, um pedestal saliente, não existente no dórico grego original. A ordem compósita funde os estilos mais ornamentados, ou seja, utiliza volutas jônicas e folhas coríntias, assim como as molduras do entablamento e as proporcionalidades deste último.

ORFEÃO. **1.** Coro ou coral, inicialmente só de vozes masculinas, para execução de música →a capela. **2.** Sociedade ou grupo dedicado ao canto coral. **3.** →*Fanfarra* (2).

ORFEU, ORPHEU. **1.** Personagem mítico da Grécia, de origem trácia, Orfeu era filho da musa Calíope (inspiradora das poesias épica e heróica) e do rei Eagro. Considerado "divino poeta e cantor", além de inventor da cítara, conta-se que a suavidade de sua voz e a melodiosidade de seus versos acalmavam os animais selvagens e os homens em fúria. Mais extraordinário ainda, as copas das árvores se inclinavam ao ouvi-lo. Apesar de sua existência na Grécia, as aventuras, o amor e o destino trágico de Orfeu só vieram a ser narrados, por escrito, pelo poeta latino Públio Virgílio Marão n'*As Geórgicas* (século I a.C.). Tendo participado da expedição dos Argonautas, casou-se em seguida com a ninfa Eurídice, a quem julgava "metade de sua alma". Certo dia, tempos depois de seu casamento, Eurídice foi vítima de uma tentativa de violação pelo apicultor Aristeu. Na fuga, a bela esposa de Orfeu pisou em uma cobra, que lhe mordeu o calcanhar, provocando-lhe a morte. Desesperado, Orfeu resolveu ir ao Hades, ao reino dos mortos, para recuperar sua amada. De posse de sua cítara, Orfeu maravilhou todos os deuses e as criaturas do submundo. Plutão e sua mulher Perséfone condoeram-se de tal sorte da dor de Orfeu que lhe permitiram conduzir Eurídice de volta ao reino dos vivos. Para essa transgressão do ciclo natural havia, no entanto, uma severa condição: Orfeu iria à frente de Eurídice e, houvesse o que houvesse, em nenhuma hipótese deveria olhar para trás, até ter alcançado a *luz*, já fora dos recintos do Hades. Próximo à saída, no entanto, Orfeu, duvidando das promessas dos deuses e querendo certificar-se de que Eurídice o seguia, olhou para trás. Ao pôr os olhos em sua mulher, Eurídice se desfez em sombras, morrendo uma segunda vez. Inconsolado e mortificado pela culpa, Orfeu começou a repelir todas as mulheres, instituindo ainda os mistérios que levam o seu nome (orfismo), destinados exclusivamente aos homens. Essas condutas geraram a cólera das mênades ou →bacantes de Dioniso. Numa das reuniões órficas, nas quais os participantes deixavam suas armas na entrada, as bacantes invadiram a casa e trucidaram Orfeu e os adeptos dos mistérios. **2.** Sob a denominação de Orpheu, trata-se da geração de autores portugueses considerada a introdutora do modernismo literário no país. Suas críticas e proposições vieram a lume, inicialmente, nos dois únicos números da revista *Orpheu*, de 1915. Nas edições, tomaram parte Fernando Pessoa (como Álvaro de Campos), Luís de Montalvor, Mário de Sá-Carneiro, José Sobral de Almada-Negreiros (também pintor), Alfredo Pedro Guisado, Raul Leal, Ângelo de Lima, o artista plástico Santa-Rita Pintor e o escritor brasileiro Ronald de Carvalho. Os autores, no entanto, continuaram a participar ativamente em outras publicações, como *Eh, Real* (1915), *Centauro*, *Ícaro* (ambas de 1916), *Portugal Futurista* (1917), *Contemporânea* (1922-1926) e *Athena* (1924-1925). Sem definições programáticas rigorosas, e conservando alguns aspectos simbolistas finisseculares, o grupo ainda recebeu a adesão de António Botto, Mário Saa, Albino de Meneses, Gil Vaz, Mendes de Brito, Ponce de Leão e Vitoriano Braga. A

influência do movimento futurista foi mais visível nos comportamentos publicistas do que na adoção de formas literárias radicais. Mas adotou-se o verso livre e alguns poemas de Álvaro de Campos ("Ode Triunfal", "Ultimatum") e de Sá-Carneiro ("Manucure") exaltaram a civilização da máquina e do progresso industrial. De modo mais característico, no entanto, ressalta-se o estilo "paúlico" inaugurado por Fernando Pessoa (um adjetivo derivado de seu poema *Paúis*), e no qual existe uma deliberada mistura do subjetivo e do objetivo, a impressão de frases desconexas, liberdades sintáticas, sentimentos de tédio ou os de "viajar outros sentidos, outras vidas", típicos de Sá-Carneiro. Acrescente-se ainda a poética do →interseccionismo, cultivada durante o período inicial do movimento.

ORFISMO. **1.** Originariamente, diz respeito aos mistérios instituídos por →Orfeu. A interpretação fornecida por Junito de Souza Brandão para o mito e para os mistérios é, resumidamente, a seguinte: "Na realidade, o grande desencontro de Orfeu no Hades foi o de ter olhado para trás, de ter voltado ao passado, de ter-se apegado à matéria, simbolizada por Eurídice. Um órfico autêntico [...] jamais 'retorna'. Desapega-se, por completo, do viscoso do concreto e parte para não mais regressar [...]. É assim que olhar para a *frente* é desvendar o futuro e possibilitar a revelação; para a *direita* é descobrir o bem, o progresso; para a *esquerda* é o encontro do mal, do caos, das trevas; para *trás* é o regresso ao passado, às *harmatíai*, às faltas, aos erros, é a renúncia ao espírito e à verdade" (*Mitologia Grega*). Esse olhar para trás, para os erros do passado, apegando-se às coisas materiais, tem o mesmo significado bíblico da passagem de Sodoma e de Gomorra, na qual a mulher de Lot é transformada em estátua de sal. **2.** Em relação às artes plásticas, →Cubismo.

•**ORIGAMI.** Dobradura artesanal de papéis, que constrói imagens figurativas ou cria formas plásticas abstratas e decorativas tridimensionais. Surgiu provavelmente na China, berço do papel, e por via coreana chegou ao Japão (século VI d.C.), onde se desenvolveu a sua mais apurada técnica. Ali, no início, serviu de oferenda ornamental (*katashiro*) em cerimônias xintoístas, bem como para embalagem de presentes (*noshi*), simbolizando votos de fortuna ao agraciado.

ORNAMENTO, ORNATO. **1.** Como arte visual, o ornamento (ou ornato) constitui a reiteração de um motivo com função de livre embelezamento ou mesmo de auxílio estrutural a uma obra arquitetônica (fachada, parede interna, junções, tetos, arcos, colunas, portas, escadarias) assim como de peças de artes aplicadas – mobiliário (pés, braços, espaldares), cerâmica, vidraria, tapeçaria etc., com clara tendência para a redundância da informação plástica. De maneira geral, os ornamentos visuais podem ser distinguidos: *a*) quanto à forma dos motivos ou padrões – abstratos-geométricos; figurativos-naturalistas; figurativos-estilizados; mistos; *b*) quanto ao ritmo compositivo – repetição de um motivo; oposição entre dois motivos; alternância de dois ou mais motivos; *c*) quanto à técnica – desenho, pintura, modelagem, relevo, entalhe. Na opinião do filósofo Hemsterhuis, o uso dos ornamentos, quando bem aplicado, amplia a quantidade de idéias que o espírito humano deseja desde sempre: "[...] é natural que a alma vise obter um grande número de idéias no menor espaço de tempo possível, e é por isso que existem os ornamentos: sem isso, todo ornamento seria um dispêndio inútil, chocando os costumes, o bom senso e a natureza [...]. É por causa desse princípio que amamos os grandes acordes em música e os bons sonetos em poesia, pois todo soneto concentra-se no refrão [...] tudo o que consideramos sublime em Homero, Demóstenes e Cícero deriva disso" (*Carta sobre a Escultura*). →*Acrotério*, →*Arabesco*, →*Festão*, →*Friso*, →*Frontão*, →*Laceria*, →*Rendilhado*. **2.** Em música, os ornamentos indicam os sons extras que, acrescentados à linha melódica, servem para enriquecê-la ou dar-lhe realce. Vêm normalmente expressos por sinais característicos na partitura. São eles: *a*) trêmulo ou trinado – que consiste em alternar rápida e repetidamente uma nota com a que lhe é imediatamente superior; *b*) mordente superior – execuções da nota principal, da superior e retorno à principal; *c*) mordente inferior – execuções da nota principal, da nota inferior e da principal; *d*) apojatura (*appogiatura*) – toque da nota principal, seguida da nota correspondente à metade de seu valor, ou dois terços, se pontuada; *e*) grupeto superior – execução de quatro notas, na seqüência: nota acima da principal, principal, abaixo da principal e principal; *f*) grupeto inferior – seqüência também de quatro notas: abaixo da principal, principal, acima da principal e principal. Na ópera, costumava-se deixar a cargo do intérprete a inclusão dos ornamentos. Mais recentemente, e na música popular, o improviso ornamental é típico do *jazz*, ocorrendo também com freqüência no choro, no fado e no tango instrumental.

ORQUESTRA. **1.** Conjunto de instrumentos e instrumentistas que executam músicas escritas, transcritas ou arranjadas para cada um em particular, e cuja unidade sonora provém da integração ou da combinação das partes ou seções. Desenvolvida desde o século XVII, cujo padrão de época incluía o cravo como instrumento solista ou de eixo harmônico, violas, flautas, oboés, cornetas, trombones e tambores, alcançou o seu apogeu pela diversidade de timbres e de gamas instrumentais criadas no século XIX (durante o período romântico da música erudita), tendo sido chamada, desde então, de orquestra sinfônica (de sinfonia, no sentido abrangente de reunião de vozes e de sons harmonicamente complementares). Essa estrutura permaneceu no século XX com pequenas variações e adaptou-se para os grandes conjuntos e bailes de música popular (conhecidas também pelo jargão inglês de *big band*s). Para a sua expansão e complexidade contribuíram, entre outros compositores, Beethoven, Berlioz, Liszt, Wagner, Strauss, Mahler e Stravínski. Modernamente, uma orquestra contém quatro seções ou naipes, além do piano, para passagens solistas, quando a música o exige: a de cordas inclui violinos (primeiros e segundos), violas, *cellos* (violoncelos), contrabaixos e, eventualmente, harpa; a de madeira vem representada pelas flautas, oboés, clarinetes, clarone (ou clarinete baixo), fagotes e contrafagotes, podendo ser estendida pelo corne inglês e pelos saxofones; a de metais abrange as trompas, trompetes, trombones e tubas, bem como suas variantes (baixo, soprano, alto); a percussão se utiliza dos tímpanos, bombos, címbalos ou pratos, triângulos, vibrafones, xilofones, carrilhão, caixa clara, maracas e gongo. Uma formação menor, já prevista inicialmente pela escritura musical, ou adaptada para salas e auditórios de espaços reduzidos, é conhecida como orquestra de câmara, que também pode executar peças de dimensões sinfônicas propriamente ditas. **2.** O significado original da palavra (*orchestra*) designava, no teatro grego, o espaço reservado para a dança ou evolução do coro, de formato circular ou semicircular, situado ao lado do →proscênio.

ORQUESTRAÇÃO. **1.** Arte e técnica de escrever para instrumentos de uma orquestra e de combiná-los, eficiente e adequadamente, em uma partitura musical. As afinidades entre os timbres ou naipes da orquestra foi um princípio de grande relevância até o final do período romântico. A partir de Debussy, Schoenberg e Stravínski, no entanto, esse parâmetro foi ampliado para efeitos rítmicos e harmônicos contrastantes. Na música erudita ocidental, certos compositores são também considerados grandes orquestradores; entre eles, Monteverdi, Haydn, Lully, Mozart, Beethoven, Berlioz, Wagner, Mahler e Ravel. **2.** Transcrição e arranjo de uma obra musical para o conjunto da orquestra, inicialmente escrita para somente um ou alguns instrumentos.

ORTODOXIA. Aceitação, concordância e obediência a uma doutrina, a um pensamento, a princípios ou valores éticos já institucionalizados, oficiais ou mesmo tradicionalmente difundidos e, portanto, correntemente praticados. O contrário de *heterodoxia*.

ORTOGONAL. Em obras de desenho, pintura ou gravura que se valem da perspectiva linear, ou geométrica, é a linha que parece convergir para o ponto de fuga, dando ilusão de profundidade (na verdade, trata-se de um conjunto dessas linhas). →*Perspectiva.*

OURIVESARIA. De um ponto de vista etimológico, a ourivesaria, que se inclui entre as artes decorativas, seria apenas o trabalho destinado à criação de objetos de adorno, simbólicos e ainda utilitários em ouro, considerado o "rei dos metais". Esta superioridade do ouro advém não apenas de sua raridade, mas também do fato de ser ele o mais dúctil ou maleável dentre todos os metais, como também o de maior resistência às corrosões naturais e químicas. No entanto, o vocábulo estende sua significação à manufatura da prata (o segundo metal em importância e mais encontradiço que o ouro), da prata dourada ou de peças em que se ajuntam, aos metais anteriores, o cobre, o níquel, o ferro, o chumbo, o aço, a platina etc., além de esmaltes, vidros, marfins, cerâmicas e mesmo carapaças de animais, como o casco da tartaruga. Até os fins do século XVIII, os trabalhos de ourivesaria em corporações de ofícios e oficinas englobavam os de bijuteria e joalheria. A bijuteria consiste mais precisamente na elaboração de objetos ornamentais pessoais e portáteis, e a joalheria no desenho e montagem de peças de metais preciosos que dêem destaque a pedras preciosas e semipreciosas (→*Gema*). Em ambos os casos, trata-se de jóias e adereços como anéis, brincos, colares, braceletes, pendentes, porta-jóias, tiaras e coroas. →*Glíptica.* A história da ourivesaria ocidental teve início na metade do terceiro milênio antes de nossa era, quando começaram a ser exploradas as jazidas de ouro e prata da Ásia Menor (na Anatólia), cujas matérias-primas eram enviadas às oficinas reais sumerianas e posteriormente babilônicas, antes que a metalurgia se implantasse na região. Da Anatólia expandiram-se para a ilha de Creta as técnicas básicas de sua fabricação (o martelamento, a moldagem, a soldagem e o cinzelamento), assim como as de ornamentação (relevo, esmaltagem, douração). A civilização cretense, bastante ativa entre cerca de 2000 e 1600 a. C., permitiu à sua realeza interessar-se pela encomenda de peças exclusivas e refinadas, hábito transmitido à aristocracia micênica no continente grego. Desde a Antigüidade, portanto, a ourivesaria tem-se constituído num universo que evoca o poder, o prestígio, a distinção e o luxo das camadas superiores da sociedade, tanto quanto a devoção ostentatória dos corpos ou instituições religiosas, pagãs ou cristãs. Assim, além de baixelas completas, taças e copos, jarros, tigelas ou enfeites de uso doméstico, privado e secular, há igualmente uma série de peças destinadas aos rituais eclesiásticos católicos ou ortodoxos produzidos pela ourivesaria, como, entre outros: cálices, navetas, âmbulas, galhetas, cofres eucarísticos, salvas, custódias, báculos, turíbulos e sacrários.

• **OUVERTURE.** →*Abertura.*

OXÍMORO. Figura de retórica que alia duas idéias contrárias ou antagônicas, com o intuito de ampliar a expressividade da imagem, ou dar-lhe um aspecto inusitado ou de estranhamento: esta *obscura claridade* que cai das estrelas; o *silêncio* que adveio foi *eloqüente*; se *culpa* havia, seria *modesta*; mas não deixava o *horror* de ser *belo*. O oxímoro difere da →antítese porque os sentidos contraditórios acabam formando uma só unidade, uma espécie de convivência de opostos.

PÃ. Deus agrário grego, símbolo de fecundidade, protetor dos rebanhos domésticos e dos pastores da Arcádia, cujo culto se espalhou pela Grécia. Por seu desejo e violência sexuais com as ninfas, causava-lhes o "pânico", isto é, um medo intenso ou terror. Foi freqüentemente representado com sua flauta (*sýrinks* ou flauta de Pã), como também sob uma das formas de sátiro (rosto barbudo, pernas e pés de bode). Conforme um dos mitos, era filho de Hermes, mas, dada sua feiúra, foi rejeitado pela mãe. Hermes apresentou-o, então, aos deuses olímpicos, provocando-lhes o riso. Dioniso, no entanto, adotou-o como companheiro. Em Roma, identificou-se com o antigo deus itálico dos rebanhos, Fauno. A expressão "o grande deus Pã está morto", atribuída a Plutarco, simbolizaria a morte do paganismo e a crescente expansão do cristianismo naquele primeiro século.

PÁGINA. **1.** A face destinada à impressão de textos ou de imagens de uma publicação, quase sempre numerada (livro, jornal, revista etc.). Ao conjunto unitário de duas páginas, ou faces, dá-se o nome de *folha*. *Página cheia* – face impressa e inteiramente tomada por texto ou imagem, sem espaços em claro, título ou subtítulo; *página curta* – página de livro com menor quantidade de texto do que o espaço permite, como em finais de capítulos ou de seções; *página capitular* – aquela que inicia um capítulo. **2.** As informações destacadas, transmitidas e visíveis no espaço da tela de um computador.

PÁGINA DE ROSTO. →*Frontispício.*

PAGODE. **1.** Templo budista, chinês ou indiano, em formato de torre que se estreita gradativamente, possuindo andares com seus próprios telhados intermediários, projetados com abas ou beirais. **2.** Conforme frei Domingos Vieira (*Tesouro da Língua Portuguesa*, 1873), citado por Câmara Cascudo, significou, posteriormente, "fazer funções e divertimentos de comezainas e danças, e cantares e prazeres licenciosos, à semelhança dos que, na Ásia, fazem as bailarinas de certos *pagodes*, ganhando para sustentação delas e de seus ministros o preço da prostituição". Neste sentido, o pagode indicava uma festa em prostíbulos, realizada em colônias portuguesas asiáticas. **3.** Reunião informal de sambistas para execução ou mesmo para a composição de novas canções. **4.** O mesmo que →*coco*, folguedo nordestino. **5.** Subgênero ou modalidade de samba de grande sucesso comercial e popular na última década do século XX, executado habitualmente por conjuntos em que os instrumentos de percussão (surdos, caixas, tamborins, pandeiros etc.) prevalecem sobre os de corda (cavaquinho, violão). Baseado em estruturas melódicas e harmônicas simplórias, abandonou o sentido da crônica cotidiana ou da sátira de costumes que o samba e a malandragem tradicionais também valorizavam, fixando-se, de preferência, no tema das relações amorosas, mas dando-lhe um tratamento romântico piegas e repetitivo, de escassos recursos lingüísticos, beirando, não poucas vezes, a pornografia.

•PAIDEIA. Conceito grego para a ação permanente de "formação cívica integral" e cujo significado abrangia não apenas a educação formal dos jovens, como o desenvolvimento das virtudes morais (Bem, Justiça, Temperança, Coragem etc.), a necessidade de participação e de assunção de responsabilidades nas instituições políticas, o aprendizado e a transmissão dos valores tradicionais e religiosos, com o intuito de integrar o indivíduo na comunidade – *koinônia* – concebida então como "destino comum". Nas palavras de Werner Jaeger, "a educação não é uma propriedade individual, mas pertence, por essência, à comunidade. O caráter da comunidade imprime-se em cada um de seus membros [...]. Em nenhuma parte o influxo da comunidade nos seus membros tem mais vigor do que no esforço constante de educar [...] a idéia de educação representava para ele [o homem grego] o sentido de todo o esforço humano [...]. O princípio espiritual dos gregos não é o individualismo, mas o 'humanismo', para usar a palavra no seu sentido clássico e originário [...]. Significou a educação do homem de acordo com a verdadeira forma humana [...]. Tal é a genuína *paideia* grega, considerada modelo por um homem de Estado romano (Varrão, Cícero) [...]. Este ideal de homem não é um esquema vazio, independente do espaço e do tempo. É uma forma viva que se desenvolve no solo dum povo e persiste através das mudanças históricas [...]. Os verdadeiros representantes da *paideia* grega não são os artistas mudos – escultores, pintores, arquitetos – mas os poetas e os músicos, os filósofos, os retóricos e os oradores, quer dizer, os homens de Estado [...] eles têm uma missão educadora" (*Paideia*).

PAINEL. **1.** Placa ou tabique de madeira para trabalhos cenográficos; trainel fixo ou móvel. **2.** Pintura sobre placa de madeira ou de outro material; quadro. **3.** Relevo arquitetônico decorativo, em forma de moldura, sobre muro ou parede. **4.** →Almofada saliente aplicada sobre portas e janelas. **5.** Imagem artística que recobre uma parede ou muro (pintura, fotografia, mosaico etc.). **6.** Visão geral ou panorâmica a respeito de um assunto.

PAINÉIS ACÚSTICOS. Placas refletoras para dispersão uniforme de som em sala de espetáculo, suspensas no teto, formadoras de uma "concha" de reflexão. Em inglês *acoustic clouds*.

PAIXÃO. Tendência que uma emoção ou afeição tem de não só orientar, mas ainda a de dominar a personalidade do indivíduo, fazendo-o agir de modo intenso e irresistível e, portanto, submetendo a razão à sua força. Genericamente entendida, a emoção é um estado psíquico que, acompanhado de dor ou de prazer, de atração ou de repulsão, leva o ser humano a atribuir um valor ou importância a determinado objeto ou situação vivida. Com a paixão, a emoção torna-se dominante. As emoções fundamentais e contraditórias têm sido distinguidas entre as de amor e ódio (ira). Entre esses pólos díspares, encontram-se a satisfação e o temor (o medo), o orgulho (ou a honra) e o desprezo, a alegria e a tristeza, a esperança e o desalento, além do desdém, que corresponde a uma emoção de absoluto desinteresse (ser refratário a qualquer ação do objeto, que não desperta qualquer interesse). Thomas Hobbes, por exemplo, define as emoções como "os princípios invisíveis do movimento do corpo humano" (as tendências ou *conatus*) que antecedem as ações visíveis. Desejo e amor, de um lado, e aversão ou ódio, de outro, constituem emoções assemelhadas, com a diferença de que o desejo e a aversão não se referem a um objeto em particular, enquanto que o amor e o ódio apontam para algo ou alguém de modo objetivo ou específico. Spinoza observa que o medo e a esperança estão na base do exercício do poder político (o medo de ser punido ou de morrer; a esperança de não ser punido, de sobreviver ou de receber uma determinada recompensa). Leibniz, por sua vez, entende que "as

paixões são [...] tendências, ou, antes, modificações das tendências que vêm da opinião ou do sentimento (emoção), e que são acompanhadas de prazer ou desprazer". Tais tendências devem ser, no entanto, fortes e duradouras para se configurar como paixões. Na Grécia, onde foi analisada primeiramente, a paixão constitui um "sofrer a ação" (*pathos*), isto é, ser antes passivo de uma pulsão ou *oréxis* dirigida a um fim (Aristóteles). Daí que aquele que se deixa conduzir exclusivamente pelas paixões tem menos poder sobre si mesmo do que quem as controla. Se ninguém está delas isento, por ser uma faculdade intrinsecamente animal, a possibilidade de dosá-las, canalizá-las e com elas conviver permite o estabelecimento de atitudes éticas e de um comportamento virtuoso (em que há a interferência condutora da razão). Diferentemente de Aristóteles, o estoicismo, as religiões judaico-cristãs e o entendimento de Kant encaram as paixões como força a ser vencida ou neutralizada pela razão. Pode-se perceber, no entanto, que há muitas formas de reação humana em que as paixões são benéficas e necessárias – como o medo que nos acautela e impede de correr riscos desnecessários; a coragem, que nos permite enfrentar situações críticas e sobrepujá-las; o amor, que nos concede a promessa de felicidade e a possibilidade do complemento afetivo, até a criação artística, cujas representações emotivas infundem vitalidade à obra e estimulam os afetos e a comunhão com quem as recebe. Embora Descartes (*Paixões da Alma*) veja nas emoções, ou mais exatamente em suas desmedidas, um mal, aceita-as como funções naturais que estimulam o corpo a se conservar, a aprimorar-se ou evitar objetos. Daí serem a alegria e a tristeza as paixões fundamentais. Pela alegria, a alma detecta o que é útil para o corpo; pela tristeza, adverte-o do que lhe é prejudicial. →*Pathos*.

PALAVRA. **1.** Signo lingüístico provido de um significado externo e autônomo, que se concentra no radical. Na palavra *pátrias*, por exemplo, a estrutura *pátri* corresponde ao radical e permite a formação de um significado externo e autônomo. Já o *s*, que indica o plural, não concretiza, por si só, uma palavra (é o que se chama um morfema dependente ou preso). Na observação de Saussure, a palavra constitui a manifestação verbal (oral ou escrita) de um indivíduo, ou seja, seu "ato de vontade e inteligência", distinto, portanto, da língua, que tem função social e, como código geral, permite e orienta o uso da palavra. Costuma-se distinguir as palavras em *nomes* (substantivos, adjetivos, advérbios, os quais indicam coisas ou entes e suas qualidades) e *verbos* (que se referem a ações e estados). O mesmo que *vocábulo, verbete, dicção* ou, ainda, *morfema livre*. **2.** Como sinônimo de fala, é a faculdade

PALCO. Área específica de representações dramática, operística e coreográfica, e ainda de apresentação musical. Identifica-se com a →cena e, por extensão, inclui o proscênio, os bastidores e as coxias, ou seja, o conjunto da caixa do teatro. Em estruturas mais simples, o mesmo que →tablado ou estrado elevado.

humana de externar sons duplamente articulados (fonemas e sílabas), cujos significados formam os discursos, estruturas transmissoras de idéias e de sentimentos.

PALESTRA. **1.** Apresentação oral, preleção ou conferência (2) pública sobre tema de áreas científica, técnica ou artística. **2.** (Ant.) Local para lutas e exercícios corporais na Grécia e em Roma. **3.** Conversação, colóquio.

PALESTRANTE. Orador ou agente de uma palestra (1), palestrador.

PALETA. **1.** Peça portátil, retangular ou ovalada, contendo habitualmente um furo na extremidade (para preensão do dedo polegar) e na qual o pintor deposita as tintas a serem utilizadas em seu trabalho. Também palheta. **2.** A maneira particular com que o artista dispõe as tintas sobre a própria paleta, bem como as características mais usuais de um estilo ou movimento pictórico, relativamente ao uso das cores. **3.** Em música, pequena peça com formato afusado ou de unha de que o instrumentista se vale para fazer vibrar as cordas de certos instrumentos como guitarra (ou violão), banjo, bandolim. Nesta acepção, também *palheta* ou *plectro*. No cravo, a paleta já vem instalada no mecanismo do instrumento.

PALÍNDROMO. Verso ou frase cuja sonoridade e/ou sentido permanecem idênticos ou muito semelhantes, tanto se lido da esquerda para a direita, quanto no sentido inverso. Exemplo na língua portuguesa: ela vale assim a missa. Em espanhol: *dábale arroz a la zorra el abad* (dava arroz à raposa o abade); em francês: *a révéler mon nom, mon nom révélera* (ao revelar-se meu nome, meu nome será revelado). Ao poeta grego Sótades é atribuída a invenção do palíndromo, por isso também chamado de verso sotádico. Em Roma era conhecido como verso supino, que se exemplifica em: *Roma tibi subito motibus ibit amor* (em tradução livre, "onde estiveres, Roma, o amor para ti se moverá").

PÁLIO. Cobertura ou sobrecéu de tecido ou madeira, feita para recobrir e distinguir determinados objetos, como um trono, uma cama, ou ainda honorificar personalidades civis ou sacerdotes (nas procissões e festas religiosas) que portam uma custódia, imagem ou relíquia. Do latim *palliu*, manto ou capa. →*Baldaquino.*

•**PALMTOP.** Aparelho digital ou eletrônico portátil para leitura, contendo uma tela de cristal líquido, painel de controle e um gabinete para CD-Rom, cujo conteúdo é o de um livro. →*Livro.*

PANEGÍRICO. Discurso oral ou escrito, em prosa ou em verso, de louvor a uma personalidade, tanto quanto em defesa de uma causa pública. Com este último intento, na Antigüidade, tornaram-se modelos de eloqüência os discursos de Isócrates (*Panegyrikos*) em prol da aliança e da paz entre as cidades gregas, sob a hegemonia de Filipe. Quanto ao louvor pessoal, a denominação provém de manuscritos gauleses (códices) encontrados na primeira metade do século XV pelo erudito Giovanni Aurispa, que incluíam doze cartas de autores e épocas diferentes (dos séculos I ao IV), dirigidos quase todos a imperadores e dignitários bizantinos (entre eles Teodósio e Constantino), ou ainda a césares (Trajano, Diocleciano). Constituem textos oficiais laudatórios, repletos de elogios àquelas autoridades. Segundo a definição de Curtius, corresponde à "acentuação da incapacidade de dominar o assunto", ou seja, ao fato de que "o orador não encontra as merecidas palavras para louvar a pessoa homenageada", surgindo daí o impasse para externar o indizível, ou a impossibilidade de proferir muito, quando a oportunidade só permite falar pouco. Outra maneira de valorizar freqüentemente a pessoa em causa é a de estender a "todos" a admiração ou os mesmos sentimentos de alegria, de respeito ou de tristeza.

PANFLETO. **1.** Pequena obra de literatura popular, surgida na Holanda durante o Renascimento, narrando ou comentando, em versos, fatos cotidianos ou acontecimentos históricos (→*Literatura de cordel*). **2.** Texto breve escrito com intenções críticas, polêmicas ou satíricas, tratando geralmente de arte, religião ou política. Sob tal denominação, o humanista liberal Paul Louis Courier escreveu duas séries de veementes críticas à restauração monárquica francesa, no início do século XIX (*Pamphlets* e *Le Pamphlet des Pamphlets*).

PANO DE BOCA. →Cortina que separa o palco da platéia ou assistência.

PANORAMA. **1.** Desenho, fotografia ou montagem fotográfica que reproduz uma paisagem ampla, em perspectiva. Pode constituir um trabalho exclusivo, autônomo, ou servir como tela cenográfica. **2.** Tela de grandes dimensões para a projeção de imagens audiovisuais (*slides* e filmes).

PANORÂMICA. →*Cinema e linguagem cinematográfica.*

PANO RÁPIDO. Expressão de uso teatral para indicar o fechamento imediato das cortinas, finalizando a cena de maneira a mais breve possível.

PANTOCRÁTICO. Refere-se à imagem frontal e triunfante de Cristo, como as representadas comumente em mosaicos bizantinos. De *Pantocrator*, "que sobre tudo tem poder".

PANTOMIMA. →*Mímica.*

PAPIER COLLÉ. Tipo de →colagem realizada especialmente com papéis – jornal, papel de parede, papel de embalagens etc. – e aplicada sobre obras de desenho e pintura. Do francês, "papel colado".

PAPIRO. Suporte para escrita e desenho criado pelos antigos egípcios a partir das fibras de uma planta de mesmo nome, uma espécie de bambu. Era confeccionado em duas camadas superpostas de fatias finas e cruzadas (sentidos horizontal e vertical), batidas (para a colagem com a própria seiva) e postas a secar. Sua manufatura já se encontrava desenvolvida por volta de meados do terceiro milênio a.C. →*Pergaminho*, →*Velino*.

•**PAR.** →Refletor dotado de um espelho côncavo, de forma parabólica e colocado junto ao filamento da lâmpada e que tem por finalidade projetar uma luminosidade intensa, potente e bem direcionada. Do inglês *Parabolic Aluminized Reflector*.

PARÁBOLA. Narrativa de curta dimensão, ao mesmo tempo didática e simbólica, metafórica, requerendo, portanto, uma interpretação, e destinada a servir de exemplo ético ou moral. Assim sendo, contém dois níveis complementares: um propriamente lingüístico, narrativo ou expresso formalmente, e outro velado, profundo ou significativo – o da moralidade ou da ideologia. Seus personagens, à diferença de fábulas e alegorias, são exclusivamente humanos. A maior fonte de parábolas é sem dúvida a Bíblia. Como ilustração, a parábola do Semeador, constante do Novo Testamento: "Saiu o que semeia a semear o seu grão: e ao semeá-lo, uma parte caiu junto ao caminho, e foi pisada, e a comeram as aves dos céus. E outra caiu sobre pedregulho: e quando foi nascida secou-se, porque não tinha umidade. E a outra caiu entre espinhos, e logo os espinhos, que com ela nasceram, a afogaram. E outra caiu em boa terra: e depois de nascer, deu fruto, cento por um". A semente refere-se à palavra de Deus. A que caiu à beira do caminho são aqueles que a ouviram, mas, tentados pelo mal, nela descreram e se afastaram. A que caiu em pedregulho significa os que a receberam com prazer, mas, não tendo firmeza ou raízes, voltaram a esquecê-la. A que caiu entre espinhos são os que a ouviram, mas foram sufocados pelos apelos da riqueza e dos prazeres materiais, não dando frutos. Finalmente, a palavra que caiu em boa terra são os que a aceitaram com consciência e coração sadio, e assim reproduziram-na, fizeram-na ecoar.

PARADIGMA. **1.** Do ponto de vista lingüístico, →*Sintagma* e →*Semiologia, semiótica.* **2.** Em filosofia, tanto pode ter o sentido de modelo quanto o de exemplo, ou seja, o de um enunciado particular que representa o geral ou o universal. Para o epistemólogo Thomas Kuhn, o paradigma constitui um conjunto de princípios, teorias, leis e aplicações científicas coerentes entre si, ou "aquilo que os membros de uma comunidade científica compartilham e, inversamente, uma comunidade científica consiste de indivíduos que partilham um paradigma". Uma superação ou "revolução científi-

ca" ocorre, historicamente, pela pressuposição de um novo paradigma que rejeita ou contradiz outro já constituído. Por exemplo, a física de Galileu, oposta à de Aristóteles-Ptolomeu, ou a de Einstein, que colide com a de Newton.

PARÁFRASE. Constitui uma interpretação, reinterpretação ou comentário ampliado sobre um texto já existente ou idéia exposta anteriormente. Quando se trata de um exercício crítico ou ensaístico, a paráfrase pode ser tomada como sinônimo de exegese. Quando uma obra poética, narrativa ou dramática dá seqüência a outra que lhe serviu de ponto de partida, ocorre uma paráfrase de tipo puramente literário, pela qual um autor dá continuidade à linguagem ou ao estilo do que lhe precedeu.

PARAGOGE. Figura de metaplasmo. →*Escansão.*

PARALELISMO. Figura retórica de harmonia e de construção literárias que repete idéias e palavras em uma rede de afinidades e de correspondências de significado ou de sonoridades. A poética da Bíblia judaica, como, de resto, quase todas as poesias semítica, chinesa, védica, ou ainda vários exemplos do →trovadorismo medieval, é construída estilisticamente pelo uso de paralelismos. Como exemplo, um trecho da versão do *Gênesis*, transcrito por Haroldo de Campos: "E Deus concluiu / no dia sétimo / a obra / do seu fazer. / E ele descansou / no dia sétimo / da obra toda feita / do seu fazer". Outro exemplo, este da música popular brasileira, encontra-se na letra de *Tem mais Samba*, de Chico Buarque: "Tem mais samba no encontro que na espera / Tem mais samba a maldade que a ferida / Tem mais samba no porto que na vela / Tem mais samba o perdão que a despedida". Comentadores há, no entanto, que opinam pela monotonia e pobreza das imagens quando a repetição constitui um traço compulsivo da elaboração poética ou mesmo narrativa. →*Anáfora* e →*Epístrofe.*

PARALOGISMO. Raciocínio ilógico e falso, não por intenção ou vontade de seu autor, mas por erro não–percebido e, assim, imanente na articulação das premissas e de suas conclusões. Assim sendo, o paralogismo não se confunde com o sofisma, que é construído conscientemente.

PARCAS. →*Moira(s).*

PARÊMIA. **1.** O mesmo que →provérbio, aforismo, dito popular, objeto de pesquisa e de estudo da →paremiologia. **2.** Sinônimo ainda de →alegoria.

PAREMIOLOGIA. O conjunto de estudos folclóricos ou de cultura popular referentes aos "modos de dizer" coletivos e tradicionais de povos e regiões, consubstanciados, genericamente, em provérbios, adágios, aforismos, ditados, refrães ou anexins. De acordo com o pesquisador Leroux de Lincy, autor do *Livre des Proverbes Français* (*Livro dos Provérbios Franceses*,1859), as primeiras coleções e comparações desse teor datam do século XII (na França da época, os *respits* ou *reprouviers*). De maneira mais metódica e organizada, surgiram em Espanha os *Refranes y Proverbios*, de Nuñes de Guzmán (século XVI), incluindo línguas européias diversas. Em português, as primeiras compilações provêm do século XVII, em obras dos padres Antônio Delicado e Bento Pereira. Na Alemanha e na Rússia existem, respectivamente, as coletâneas de Wander (com 45 mil adágios) e a de Dahl (com cerca de 25 mil). Para Amadeu Amaral, a investigação paremiológica torna evidente que essas proposições "encerram um fundo condensado de experiência refletida; são amostras de um 'saber de experiências feito', experiências da alma humana, das relações sociais e dos fenômenos da natureza. Não há que discutir a legitimidade teórica ou lógica desse saber; basta certificar-se que é [...] um conjunto de 'verdades' gerais, adequadas à mentalidade média dos povos e expresso com a segurança da convicção. Este aspecto é que levou Vico [o filósofo italiano Giambatista Vico] a criar a famosa frase 'sabedoria das nações', aplicada aos provérbios". →*Adágio* e →*Provérbio*.

PARLENDA. Verso ou cantilena ritmada para divertimento infantil, ou utilizada pelas próprias crianças para o sorteio de jogos ou dos participantes das brincadeiras: "Uni, duni, tê, salamê, mingüê, um sorvete colorê, uni, duni, tê". Por vezes, serve como técnica mnemônica para seqüência de números, de nomes, de dias ou de meses. "Um, dois, feijão com arroz; três, quatro, come no prato; cinco, seis, joga xadrez; sete, oito, come biscoito; nove, dez, vai na pia e lava os pés". Outros exemplos (as variações são inúmeras): *a*) "Hoje é domingo, / Pede cachimbo. / O cachimbo é de barro, / Bate no jarro, / O jarro é de ouro, / Bate no touro. / O touro é valente, / Bate na gente. / A gente é fraco, / Cai no buraco. / O buraco é fundo, / Se acaba o mundo"; *b*) "Cadê a pedra? / Está no mato. / Cadê o mato? / O fogo queimou. / Cadê o fogo? / A água apagou. / Cadê a água? / O boi bebeu. / Cadê o boi? / Foi buscar milho prá galinha. / Cadê a galinha? / Está pondo ovo. / Cadê o ovo? / O padre comeu. / Cadê o padre? / Foi rezar missa. / Cadê a missa? / Já se acabou".

PARNASIANISMO. Entre as reações literárias anti-românticas da segunda metade do século XIX, a poesia parnasiana propôs uma estética deliberadamente avessa aos transbordamentos emotivos, reivindicando, em seu lugar, um tratamento lírico domesticado, contido, de traços filosóficos, um intelectualismo mais severo e de caráter impessoal, além de grande preocupação com a forma literária, ou culto da Beleza. O nome proveio de uma publicação francesa editada em 1866, sob o título de *O Parnaso Contemporâneo*, para a qual colabora-

ram os adeptos da nova corrente, entre eles: Leconte de Lisle, Théophile Gautier, Charles Baudelaire, Théodore Banville, Catulle Mendès, Sully Prudhomme, José-Maria de Heredia, Paul Verlaine e Stéphane Mallarmé. Duas outras edições do *Parnaso* saíram, respectivamente, em 1871 e 1876, com esses e outros escritores, como Anatole France. Mas os princípios do grupo, aos quais aderiram poetas de várias outras nacionalidades, foram sugeridos bem antes por Leconte de Lisle, no prefácio de seu livro *Poemas Antigos* (1852), em que afirma, a propósito das efusões românticas: "Há na confissão pública angústias do coração e nessas volúpias, não menos amargas, uma vaidade e uma profanação gratuitas", oferecidas apenas ao prazer mundano ou ao gosto da "plebe carnívora". Por esse motivo, escreve ainda num dos poemas: "Não te venderei minha embriaguez ou mal, / não entregarei minha vida aos teus gracejos, / não dançarei sobre o teu palco banal / enlaçado com bufões e prostitutas". A criação poética não deveria continuar entregue aos subjetivismos extremos e fantasiosos ou às improvisações estilísticas, substituindo-se então as grandes emoções de fundo psicológico por explorações sutis de impressões ou sensações. Deixou-se ainda pautar pelo rigorismo das ciências (físicas, biológicas, históricas ou sociológicas), pelo realismo já existente na literatura narrativa, com o qual se buscava maior objetividade na descrição da vida cotidiana e por uma preocupação estudada e minuciosa da composição – o "cinzelamento" métrico dos versos, o uso de um vocabulário preciso e pouco vulgar, de rimas ricas, o fecho ou chave de ouro dos sonetos, enfim, a "fatura perfeita e honrada", ainda que difícil e antiplebéia (→*Realismo, naturalismo*). Atitude, diga-se de passagem, que Baudelaire assumiu por meio do "dandismo", da "superioridade aristocrática do espírito", do ideal supremo depositado na Beleza, ao menos enquanto durou a rica herança financeira paterna. Essa virtuosidade da forma já buscara também Banville no livro *Estalactites* (1846), quando pede a um escultor (um artista, em geral) que procure com cuidado o mármore mais perfeito e seja paciente na criação das formas, sem se deixar levar pela pronta facilidade dos "amores misteriosos, nem dos divinos combates" (*Sculpteur, cherche avec soin, en attendant l'extase, / Un marbre san défaut pour en faire un beau vase. / Cherche longtemps sa forme et n'y retrace pas / D'amours mystérieux ni de divins combats*). Alguns advogaram o princípio da "arte pela arte" (→*Ars gratia artis*), cabendo a Gautier a mais ardorosa defesa do "desinteresse estético". Os mitos greco-romanos e os acontecimentos históricos foram ainda, freqüentemente, objeto das poesias parnasianas, mas tratadas de modo a incorporar as recentes interpretações "positivistas". Um exemplo é o poema de concepção épica *Os Conquistadores*, de Heredia, que não se furta à crítica dos navegantes espanhóis pela brutalidade e pela fome de ouro: "Como um vôo de falcões fora da carniceira natal, / Cansados de carregar suas misérias centenárias, / De Palos de Morguer, capitães e tropas mercenárias / Faziam-se ao mar, bêbados de um sonho heróico e brutal". O critério de impessoalidade (de menor expressividade subjetiva) levou o movimento a utilizar também o recurso da descrição pormenorizada de objetos ou personagens, como no famoso *Cisne*, de Prudhomme: "Sem ruído, no espelho das águas profundas e calmas, / O cisne afasta a onda com suas largas palmas, / E desliza. A penugem de seus flancos assemelha-se / Às neves de abril que ao sol se desfazem; / Firme e de um branco fosco, vibrante sob o vento / Sua grande asa o conduz como a um navio lento. / Levanta seu belo pescoço acima dos caniços / E o mergulha, levando-o alongado sob as águas. / Curva-o gracioso como um perfil de acanto / E esconde o bico negro sob o alvo manto". Alfred Tennyson veio a ser o representante por excelência do parnasianismo inglês, poeta oficial e laureado do vitorianismo. Uniu a forma escultural do verso a temas clássicos (Ulisses, Deméter), ao orgulhoso sentimento das conquistas britânicas e a uma certa melancolia passadista: "embora não sejamos agora aquela potência que nos velhos tempos / moveu a terra e o céu, eis o que somos, nós somos" [...] "certamente, certamente, o repouso é mais doce / descansai, irmãos marinheiros, não iremos mais navegar". Poesia de *gentleman*, cujos princípios ainda atraíram, na Inglaterra, Arthur O'Shaugnessy e Robert Bridges. Nos Estados Unidos, o pós-romantismo de Henry Longfellow teve como modelo a impassibilidade de Tennyson. Suas melhores obras são peças narrativas, como *Evangeline* e *O Canto de Hiawatha*, além de sonetos com "chave de ouro", nos quais demonstra o seu talento para uma versificação sóbria, simetricamente elaborada. Muito diferente é o caso de Emily Dickinson, que só se aproxima da corrente parnasiana pela negação do sentimentalismo e pelos sentidos igualmente místicos e intelectualizados de seus versos curtos, epigramáticos, de densa psicologia, que dificilmente atraem o gosto popular. Ganhando contornos geográficos relativamente amplos, o parnasianismo serviu de estímulo aos autores da "renascença" classicista (e ao mesmo tempo nacionalista) na Provença (Frédéric Mistral), na Catalunha (Jacint Verdaguer), na Itália (Giosue Carducci, um mestre da poesia culta, latinizante e anticristã), na Espanha (as obras finais de Rosalía de Castro), na Suécia (Graf Snoilsky), na República Tcheca (Jaroslav Vrchlicky, ainda hoje considerado o seu "poeta nacional"), no México (Manuel Othón),

em Portugal (Antero de Quental, Gonçalves Crespo, Cesário Verde, Teófilo Braga, Guerra Junqueiro) e no Brasil, cujos poetas adotaram, voluntariamente, a denominação francesa. Escrevendo em 1901, diz-nos José Veríssimo (*Estudos de Literatura Brasileira*): "São dos anos 1970 as primeiras manifestações do parnasianismo nas nossas letras [...]. Foram, se não me engano, as *Miniaturas* de Gonçalves Crespo [...]. Publicadas em Portugal, em 1872, aqui entraram a ser lidas e admiradas [...]. É talvez nas *Telas Sonantes* – reparem no título – do Sr. Afonso Celso, publicadas em 1876, que balbucia pela primeira vez o parnasianismo aqui, não só na preocupação da forma, mas no motivo objetivo e impessoal dos poemas. Em 1875 vêm a lume as *Canções Românticas* do Sr. Alberto de Oliveira e a *Lira dos Verdes Anos* e os *Cantos Tropicais* do malogrado Teófilo Dias [...]. É dos últimos dias dos anos de 1870 que se pode datar o nosso parnasianismo [...]. [Aqui] perdeu muito da impersonalidade que lhe quiseram dar os mestres da escola de Paris. Contra isso estava a já forte tradição do nosso lirismo sentimental, piegas mesmo, e personalíssimo, e o nosso temperamento lascivo, senão voluptuoso, impressionável, amoroso, senão apaixonado [...]. Da influência do parnasianismo resultaram afinal três aquisições úteis à nossa poesia: uma forma em suma mais perfeita, uma diminuição do subjetivismo sentimental e um gosto novo de temas gerais". Além de Alberto de Oliveira, os mais destacados poetas nacionais da corrente foram Raimundo Correia, Vicente de Carvalho e Olavo Bilac que, a respeito do assunto, escreveu: "Nunca houve uma escola parnasiana, nem aqui, nem na Europa, se nesta designação quisermos exprimir uma revolução poética, trazendo invenções e novidades [...]. Os poetas [...] quiseram apenas lembrar que, em matéria de arte, não se compreende um artista sem arte; que, sem palavras precisas, não há idéias vivas; que sem locução perfeita, não há perfeita comunicação de sentimentos; e que não pode haver simplicidade artística sem trabalho, e mestria sem estudo". Um exemplo significativo de poesia parnasiana brasileira é esta *Ronda Noturna* de Bilac: "Noite cerrada, tormentosa, escura, / Lá fora. Dorme em trevas o convento. / Queda imoto o arvoredo. Não fulgura / Uma estrela no torvo firmamento. / Dentro é tudo mudez. Flébil murmura, / De espaço a espaço, entanto, a voz do vento: / E há um rasgar de sudários pela altura, / Passo de espectros pelo pavimento... / Mas, de súbito, os gonzos das pesadas / Portas rangem... Ecoa surdamente / Leve rumor de vozes abafadas. / E, ao clarão de uma lâmpada tremente, / Do claustro sob as tácitas arcadas / Passa a ronda noturna, lentamente". Registre-se, por fim, que o culto da forma não foi abandonado pela poética simbolista subseqüente, tanto na Europa como no Brasil.

PARÓDIA. Obra cênica, narrativa ou poética que imita, de maneira cômica ou humorística, a forma ou o conteúdo de outra já conhecida e séria, freqüentemente com intuito de ridicularizá-la. Na análise que faz da comicidade (*O Chiste e sua Relação com o Inconsciente*), Freud ressalta que tanto a paródia quanto a caricatura são processos de "degradar" objetos eminentes. Dirigem-se, portanto, contra obras, pessoas ou instituições investidas de uma autoridade social ou cultural, imposta ou aceita convencionalmente. O mecanismo para essa degradação consiste em modificar, rebaixando, as formas dos gestos, das atitudes e das palavras (o nível lingüístico). Literalmente, surgiu na Grécia, onde se compuseram, por exemplo, a *Batrachomiomachia* (*Batalha das Rãs e dos Ratos*, provavelmente do século V a. C., atribuída a Pigres), baseada na *Ilíada*, e a *Gigantomachia* (*Batalha dos Gigantes*), do poeta Hegemon de Taso (século V a. C). Na Renascença, destacou-se, entre outros, Teofilo Folengo, poeta satírico inventor do "estilo macarrônico" e que, além da *Moschea* (a luta das moscas contra as formigas), compôs *Balthus* (sátira às crenças e costumes da época) e *L'Orlandino*, paródia do épico *Orlando Furioso*. Tomando-se por base a *Canção do Exílio*, de Gonçalves Dias, são paródicos os seguintes versos de Oswald de Andrade: "Minha terra tem palmares / onde gorjeia o mar / os passarinhos daqui / não cantam como os de lá". Ou ainda os de Murilo Mendes: "Minha terra tem macieiras da Califórnia / onde cantam gaturamos de Veneza". Uma menção paródica famosa (e para muitos chocante), no âmbito do cinema, encontra-se no filme *Veridiana*, de Buñuel. Nela, um grupo de pobres e beberrões, sentados em volta de uma mesa, é convidado, por uma das mulheres ali presentes, a imitar a santa ceia. Dizendo que vai "fotografar" a cena, a mulher levanta a saia e mostra a vagina. De *paroidía*, canto paralelo. →*Herói-cômico.*

PARONÍMIA, PARÔNIMO, PARONOMÁSIA. Semelhança formal entre vocábulos de significados distintos, no interior de um mesmo idioma, envolvendo tanto a escrita quanto a locução ou a pronúncia. Por exemplo: *comprimento* e *cumprimento*; *ratificar* e *retificar*; *descriminar* e *discriminar*. A paronímia não ocorre por derivação das palavras, mas por diferenças de significação nos componentes das palavras: fonemas, radicais, afixos etc.

PARRÉSIA. Figura retórica de pensamento que adverte ou exorta, de modo atrevido ou contundente, uma personalidade de poder ou instituição de prestígio. Exemplo de Almeida Garret em *O Alfageme de Santarém*: "Ouvis isto, Nuno Álvares Pereira? Ouvis, senhor condestável do reino, senhor de Ourém? Quanto mais títulos e honras, e senhorios e mercês e grandezas tendes, para vos eu chamar por todos eles e vos dizer [...] para te envergonhar com eles todos, Nuno, e te dizer: És tudo isso, Nuno, D. Nuno: olha agora o Alfageme, o homem do povo, e vê o que lhe fizeste!"

PARTIDO-ALTO. Samba elaborado em reunião ou roda de sambistas, na qual se improvisam versos a partir de um tema ou estribilho, cantado em coro. Por exemplo, o "puxador" pergunta: – "Qual é a pedra mais doce?", ao que o coro responde: – "É a pedra da rapadura". "E de onde vem a pedra?", continua o puxador. "Vem da cana madura", retorna o coro.

PARTITA. **1**. Denominação italiana empregada nos séculos XVII e XVIII para peça instrumental única, mas que contém variações e andamentos distintos, baseados em danças. **2.** O mesmo que →*suíte*, ou seja, seqüência musical com movimentos destacados ou série de variações sobre um mesmo tema melódico, inclusive as suítes de danças.

PARTITURA. Obra musical representada graficamente, por escrita manual ou impressão, contendo as devidas notações em pentagramas ou pautas, ligadas por barras de compasso, trazendo de modo ordenado e em seqüência as partes instrumentais e / ou vocais, destinadas à leitura e execução dos intérpretes. *Partitura de regência*, partitura completa para orquestra e uso do regente ou maestro, abrangendo as indicações, em separado, de todas as classes de instrumentos participantes, habitualmente dispostos em madeira, metais, percussão, instrumentos solistas e cordas. *Partitura de bolso* ou *miniatura*, a obra completa impressa em tamanho reduzido, para estudo. *Partitura* ou *redução para piano*, aquela que transcreve para este instrumento as partes da orquestra ou mesmo de vozes. *Partitura vocal*, a que traz as partes vocais contidas na peça coral ou operística, reduzindo-se normalmente para piano as notações da orquestra. *Partitura gráfica*, forma de registro surgido na metade do século XX que se utiliza de analogias visuais, de grafismos ou de símbolos extra-musicais absolutamente diversos da notação tradicional. Empregada em composições de músicas concreta, aleatória, eletracústica ou pós-serial.

PARÚSIA. →*Escalatogia.*

•**PAS COURU.** →*Pas de Bourrée.*

•**PAS DE BOURRÉE.** Passo de dança usado para deslocamento espacial, em linha reta, em diagonal ou mesmo circularmente. Divide-se em duas formas básicas: com mudança de pés, quando o movimento tem início com um pé à frente e se conclui com outro; sem mudança de pés, quando o começo e o fim do movimento têm à frente o mesmo pé. Em seu desenvolvimento, as posições corporais se alternam – mudanças da perna de apoio, uso de *pliés* e de meio *pliés*, utilização de pontas e de meias-pontas, giros inteiros e meias-voltas. Uma seqüência mais longa do *pas de bourrée* é normalmente empregada como preparação para grandes saltos e, nesse caso, recebe ainda o nome de *pas couru* (passo corrido).

• **PAS DE DEUX, PAS DE TROIS.** Expressão francesa empregada regularmente para indicar os movimentos de dança executados por uma bailarina e um bailarino. De maneira clássica, consiste de quatro etapas: um adágio comum, seguindo-se a variação do personagem masculino, a variação da bailarina (ambos com passagens em alegro, vibrantes) e a *coda*, ou seja, a reunião final de ambos os executantes. No *pas de trois*, a seqüência é realizada por três intérpretes.

PASQUIM. **1.** Forma poética popular, geralmente elaborada em quadras ou sextilhas, de conteúdo narrativo e cantada, que trata de eventos reais, ainda que com acréscimos imaginários. Segundo Gioconda Mussolini, que coligiu vários exemplos no litoral de São Paulo, "o pasquim precisa ser bem assuntado. Seu autor fica alerta a tudo o que diz respeito ao assunto, recolhendo palpites. Vai procedendo por anexação. Anexação diária, lançada cronologicamente. Nunca encerra um pasquim antes que o acontecimento que aborda tenha chegado a um desfecho". Assim, por exemplo, o *Pasquim do Terezinha* (um navio naufragado em Ilhabela): "No dia 2 de fevereiro / Naquele tempo que deu / Foi o Loyd Terezinha / Nos Borrifos pereceu. / Logo que bateu nas pedras / Que o imediato saltou, / O comandante de bordo / Logo lhe comunicou. / Logo que batesse em terra / Que pulasse no costão, / Que pedisse um socorro / Prá salvar a tripulação. / Botaram um cabo de espia / E uma boa baleeira, / Assim mesmo que salvaram / A tripulação inteira". É ainda corriqueiro fazer-se acompanhar o pasquim por som de viola, mesmo que se utilize uma melodia já conhecida. **2.** Escrito ou folheto de circulação pública em que predominem a crítica e a sátira, assim como jornal com os mesmos propósitos.

PASSISTA. Componente de escola de samba, de clube de frevo ou de trio elétrico que domina os passos da dança e sabe improvisar durante o desfile de sua agremiação.

PASTEL. Bastão de giz contendo pigmentos corantes misturados a uma liga ou aglutinante, normalmente a goma-arábica, e de dureza variável (na dependência da quantidade de aglutinante), usado para desenho e pintura. O pastel fornece uma textura macia, esbatida e opaca à obra pictórica, e pode ser aplicado com pincéis, com os dedos ou mesmo com pedaço de pão, tanto em camadas simples como superpostas. Requer, de preferência, um fixador na etapa final do trabalho.

PASTICHE, PASTICHO. Obra plástica, literária ou musical, elaborada a partir de fragmentos de uma ou de várias outras, mais expressivas ou célebres, e assim desconsiderada em sua qualidade. Imitação sem valor, ainda que não seja uma cópia direta do original.

PASTORA. **1.** Mulher participante dos cordões pastoris e dos ranchos nordestinos brasileiros que saíam durante os festejos natalinos e de Reis. **2.** Componente feminina de escola de samba ou de bloco carnavalesco.

PASTORAL. **1.** Em música, obra dramática e de caráter operístico cujo início se deveu ao círculo renascentista e florentino dos intelectuais, escritores e músicos da Camerata Bardi (→*Ópera*), de tessitura homofônica e oposta à polifonia dominante da época. Exemplos dessas primeiras monodias, que fizeram evoluir o recitativo, ou "palavra expressiva", foram *Dafne* (1594), *Eurídice* (1600) e *Os Filhos de Ciro* (1607). O espírito da pastoral permaneceu em obras posteriores e já inteiramente operísticas, como n'*O Pastor Fido* e em *Ácis e Galatéia*, ambas de Händel. Pode ser ainda uma composição para voz solista ou simplesmente instrumental, geralmente em compassos 6/8 ou 12/8, e que, em qualquer dos casos, procura transmitir sensações idílicas da vida pastoril ou campestre. A concepção da pastoral é acentuadamente neoclássica e sintetiza uma de suas idéias, qual seja, a de preservação de uma natureza cordial, de perfeita convivência entre deuses, homens e criaturas animais, anterior à queda e degradação da sociedade humana (→*Pastoril* e →*Drama pastoril*). **2.** Gênero de narrativa clássico-renascentista, baseada nos mesmos sentimentos utópicos e idealizados da poesia idílica, tendo por tema as relações amorosas de personagens arcádicos ou campestres, sobretudo pastores. Entre as mais características novelas pastorais (ou pastoris) encontram-se *Diana*, de Jorge de Montemor, *Diana Enamorada*, de Gaspar Gil Polo, *Galatéia*, de Cervantes, *Os Pastores de Bétis*, de Gonzalo de Saavedra, *Arcádia*, de Sir Philip Sidney, ou *Rosalynde*, de Thomas Lodge. Essas narrativas em prosa conduziram aos dramas barrocos posteriores. **3.** Tipo de pintura paisagística que reproduz a Arcádia, com seus habitantes: semideuses, ninfas, sátiros, pastores e pastoras. **4.** Como obra de literatura poética, o mesmo que →*bucólica*, →*écloga*, →*idílio*. **5.** Uma orientação teológica e ao mesmo tempo de ação evangélico-social, emanada do papa ou de bispo diocesano, dirigida ao clero e aos fiéis.

PASTORIL, PASTORINHAS. **1.** Como substantivo, o termo *pastoril* designa o conjunto de cantos, louvações e a dança dramática realizados em praça pública, em recintos fechados, em frente a igrejas ou presépios durante a época de Natal, sobretudo nas regiões nordestinas brasileiras. Representavam-se nele a anunciação do nascimento de Cristo aos pastores e pastoras, a adoração dos Reis Magos e, por vezes, o Massacre dos Inocentes. Conforme Renato Almeida, "o que tem maior significado pastoril é constituírem as pastoras o elemento básico na função coro, tomado como personagem (coletivo). Ele [o coro das pastoras] é que tem o papel dramático, sendo os pastoris reminiscências dos autos da Natividade e dos vilancicos portugueses". O pastoril proveio de dramas litúrgicos do final da Idade Média e ainda encenados no Renascimento, como, por exemplo, o representado por Gil Vicente para o rei D.João III, em 1523. No Brasil, era habitual haver dois cordões simultâneos de pastoras, os de fitas azuis e de vermelhas, encarregados ainda dos toques de pandeiro, sendo acompanhados por bandas de pau e corda, violões e cavaquinhos. Várias dessas manifestações incorporaram cantos e danças laicas, inclusive personagens populares em situações cômicas, como a registrada por Mário de Andrade, indicando a profanização gradativa do auto litúrgico: "Boa noite, meus senhores, / Viemos cumprimentar, / Que é já chegada a hora. / Nós queremos vadiar! (bis) / Em que belo dia nós saímos passear, / Dando louvores a nosso grande bailar! / Ai, vamos todas dar prazer ao povo! / Viva a folia neste grande festival! / Olhaí, olhaí, oh meus senhores, / Nossa forma de trajar. / As nossas saias brancas, / Os nossos chapéus de abismar". O mesmo que *pastorinhas*. **2.** Como adjetivo, aquilo que qualifica a vida de pastor e, por extensão, campestre, rústico, bucólico, como, por exemplo, "literatura pastoril" (poesias, novelas e dramas). →*Bucólico*, →*Drama pastoril*, →*Écloga* , →*Idílio* e →*Pastoral*.

PATÉTICO. **1.** Ação narrada ou dramatizada que conduz a sofrimentos, dores, morte ou destruição, típica das tragédias. **2.** Sentimento lírico ou estado emocional que comove e desperta tristeza. →*Pathos*.

• **PATHOS.** **1.** Palavra grega que, nos relatos míticos, indica a "prova final" do herói, aquela que, freqüentemente, o conduz à morte. **2.** Em retórica, diz respeito à expressão apaixonada, a um sentimento comovedor ou a uma experiência psíquica intensa, agitada e sofredora; daí patético. **3.** Em filosofia, vincula-se à idéia de paixão, ou seja, a de ser afetado primariamente por alguma coisa ou objeto (contrariamente ao agir sobre a coisa – Aristóteles) e, além disso, desejá-la com ardor. A reação secundária pode levar a paixões nobres – à verdade, à justiça, à piedade – ou a sentimentos e ações ignóbeis ou imorais (mentira, avareza, insídia, ambição desmedida, roubo, assassinato etc.). Para Descartes, significa ser excitado espiritual ou materialmente, sem que a vontade exerça domínio sobre a fonte e o modo de excitação. No dizer de Hegel (*Curso de Estética*), entretanto, "A palavra *pathos* é de difícil tradução, pois paixão implica algo de insignificante ou baixo – como quando dizemos que um homem não deve sucumbir às paixões. Aqui tomamos o termo *pathos* em sentido mais elevado, sem qualquer nuança de censura ou egoísmo. Assim, por exemplo, que o amor

sagrado de Antígona por seu irmão consiste em um *pathos*, no sentido grego [...]. Deve-se limitar o *pathos* às ações humanas e pensá-lo como o *conteúdo racional* essencial presente no 'eu' humano, preenchendo e penetrando a alma inteira". É um fenômeno de consciência, portanto, que dá forma à personalidade do indivíduo, além de elemento psíquico que permite a grandeza dos atos heróicos, ou seja, os atos de coragem e de sacrifício. →*Paixão*.

PÁTINA. **1.** Qualquer depósito ou reação química que modifique a cor ou a textura superficial de objetos de artes plásticas. Em pintura, a oxidação que se forma no verniz ou na tinta, dada a exposição à luz e ao ar. Em escultura ou peças modeladas, o mesmo fenômeno pode ocorrer, sendo o material de bronze, estanho ou ferro. **2.** Coloração ou textura produzidas artificial ou deliberadamente em móveis e objetos artesanais, com a intenção de fazê-los parecer mais antigos.

PATRIMÔNIO ARTÍSTICO-CULTURAL, PATRIMÔNIO MUNDIAL. Obra, monumento ou conjunto artístico, individual ou coletivo, reputado como possuidor de qualidades a serem conservadas e protegidas em virtude de seus valores históricos, estéticos, arqueológicos ou antropológicos, bem como sítios ou paisagens naturais cujas formações geológicas e biológicas mereçam estar resguardadas da deterioração humana, em decorrência de sua beleza, fragilidade ou necessidade ambientais. Em qualquer dos casos, admite-se que a destruição do bem seja irreparável para as gerações atuais e futuras, considerando-se aspectos como a vivência e a identidade cultural das populações locais, memória, documento ou referência históricas, além dos próprios atributos estéticos ou necessidades vitais que possam conter. Genericamente, os patrimônios podem ter importância regional, nacional ou internacional. Neste último caso, adquirem o *status* de Patrimônio Mundial. No Brasil, a concepção de patrimônio cultural já estava presente no Decreto-lei nº 25 da época getulista, assim definido: "Conjunto de bens móveis e imóveis existentes no país cuja preservação seja de interesse público, quer por sua vinculação a fatos memoráveis, quer pelo excepcional valor arqueológico ou etnográfico, bibliográfico ou artístico". A ONU, por intermédio da Unesco, iniciou em 1960 a primeira campanha internacional de preservação de um patrimônio artístico-cultural de toda a humanidade – o complexo arquitetônico, escultórico e religioso de Abu Simbel, no Egito, ameaçado então pela barragem hidrelétrica de Assuã. Na oportunidade, o escritor André Malraux escreveu, para o ato de lançamento dos trabalhos de remoção: "Só há um ato sobre o qual não prevalecem nem a indiferença das constelações, nem o murmúrio eterno dos rios: o ato pelo qual o homem arranca algo da morte".

Em 1972, assinou-se a "Convenção sobre a proteção do patrimônio mundial, cultural e natural". Em conformidade com os dispositivos do acordo, foram estabelecidos os seguintes critérios para os bens artístico-culturais: representar uma obra-prima do gênero humano; testemunhar uma considerável troca de influências durante determinado período, ou em determinada área cultural, ou no desenvolvimento da arquitetura, das artes monumentais, da planificação urbana ou da criação de paisagens; representar um testemunho único ou excepcional de uma tradição cultural ou de uma civilização viva ou desaparecida; oferecer exemplo eminente de algum tipo de construção que ilustre um ou mais períodos da história da humanidade; constituir um eminente exemplo de assentamento humano ou de ocupação territorial, sobretudo quando ele se torna vulnerável, sob o efeito de mutações irreversíveis; estar associado, direta ou materialmente, a acontecimentos ou tradições vivas, idéias, crenças ou obras artísticas e literárias de excepcional significação universal. Quanto aos bens naturais, são seus critérios de eleição: constituir exemplos representativos dos grandes estágios da história da Terra, inclusive testemunhos da vida, de processos geológicos ligados ao desenvolvimento das formas terrestres ou de elementos geomórficos ou fisiográficos; representar elementos de processos ecológicos e biológicos em curso na evolução e no desenvolvimento dos ecossistemas e comunidades de plantas e animais terrestres, aquáticos, costeiros e marinhos; representar fenômenos naturais e constituir áreas de beleza natural ou de importância estética excepcionais; conter os hábitats naturais mais representativos e importantes para a conservação *in situ* da diversidade biológica, incluídos aqueles onde sobrevivem espécies ameaçadas de valor universal, do ponto de vista da ciência ou da conservação. Entre os 411 "sítios culturais e naturais" inscritos como patrimônio mundial, e distribuídos por 95 países, até 1994, estão os conjuntos arquitetônicos brasileiros de Ouro Preto e de Brasília, a cidade de Évora, em Portugal, o Louvre, o castelo de Chenonceaux e a catedral de Chartres (França), a catedral de Nossa Senhora das Mercedes (Antigua, Guatemala), as casas coloniais da cidade-museu de Williamburg (Virgínia, EUA), a biblioteca de Praga (República Tcheca), os monólitos de Stonehenge (Reino Unido), a mesquita de Córdoba e o Alhambra (Espanha), a igreja de Hagia Sofia (Istambul, Turquia), os edifícios da Praça do Mercado de Varsóvia (Polônia), a Bauhaus (Dessau, Alemanha), o Parque Güell de Barcelona (Espanha), os sítios arqueológicos de Chichén Itzá e Teotihuacan (México) e o conjunto arquitetônico da Praça Vermelha em Moscou. Entre as paisagens naturais: o Precipício dos Bisontes (Canadá),

o Parque Nacional de Ichkeul (Tunísia) ou os parques nacionais de Olympic e Mesa Verde, nos Estados Unidos. →*Restauração*, →*Tombamento*.

PATRONATO: RELAÇÕES SOCIAIS DE PRODUÇÃO CULTURAL. Entendimento inicial. A sociologia da cultura tem procurado analisar as relações históricas que os artistas mantiveram anteriormente e estabelecem, no mundo contemporâneo, com instituições, classes e grupos sociais, necessários à produção e à circulação de obras artísticas e culturais. Embora se reconheça a imensa variedade desses vínculos, pela diversidade de épocas e de situações concretas, pôde-se avançar na estruturação de certos tipos ou categorias que auxiliam no entendimento daquelas relações, invariavelmente dinâmicas.

Os estudos e propostas de Raymond Williams, por exemplo, fazem primeiro uma distinção terminológica importante. São considerados *produtores culturais* tanto os artistas quanto os seus agentes divulgadores, ou seja, pessoas, grupos, profissionais e entidades que se dedicam à proteção e auxílio, oferecem estímulos à criação, à difusão e, modernamente, à comercialização de obras e de ações artísticas. Os vínculos sociais e econômicos entre os artistas (criadores) e seus agentes constituem as *relações institucionais* ou as *relações sociais de produção cultural*. É por meio delas que se atribuem valores e se imprime o reconhecimento social à produção das obras culturais.

Formas ou tipologias ao longo da história. Para a cultura ocidental, essas referências modelares foram as seguintes:

1) o artista instituído, ou seja, a figura do artista como parte integrante do núcleo de uma organização social. Nesta situação, cujos exemplos podem ser retirados da Grécia pré-clássica (os aedos) e da cultura celta (bardos galeses e gaélicos), o poeta ocupava uma posição elevada, de honra, no interior das fratrias e dos clãs. Sua função era a de tornar memoráveis os feitos de sua gente, as sagas de seus heróis, as genealogias, dignificando o passado e o presente, as instituições, os costumes e os ritos;

2) o patronato de transição, ou forma primitiva dessa relação social já existente na Idade Média, sobretudo a partir do século XI, na qual o artista, não sendo mais um dos pares de uma sociedade anteriormente pouco hierarquizada, vinculava-se a uma ou mais famílias da nobreza, trocando seus serviços por hospitalidade e sustento, de maneira ocasionalmente dependente. Se, em princípio, esse patrocínio fora mantido pela realeza, aos poucos estendeu-se também à aristocracia. No século XII, com o movimento de acumulação primitiva do capital, por meio do arroteamento ou privatização das terras comunais, do aperfeiçoamento da tributação pelos nobres e de uma maior circulação monetária, alguns cavaleiros assumiram a condição de *litterati*, de homens amantes da arte, no intento de concorrer com o prestígio dos reis. Exemplos foram, entre outros, os dos condes da Aquitânia, da Champagne e do senhorio Foulque de Anjou, para quem "um rei iletrado é um asno coroado";

3) o patronato de contratação e encomenda, por meio do qual o artista passou a trabalhar diretamente para o príncipe (o poder soberano), fosse ele laico ou eclesiástico, produzindo obras de uso e propriedade do contratante, recebendo em troca emolumentos ou pró-labores e, por vezes, títulos honoríficos. Foi esse o modelo mais difundido a partir da Renascença;

4) o patronato de proteção e manutenção, no qual uma família ou instituição fornecia algum tipo de provisão e de apoio social em face da insegurança do empreendimento. Típicas dessa estrutura foram as companhias teatrais da Inglaterra elisabetana, sem que o apoio recebido significasse, necessariamente, troca econômica, já que muitos espetáculos eram pagos pelo público assistente. Nesse caso, a troca se dava simbolicamente pela reputação e honra recíprocas;

5) os patrocínios privados, caracterizados em sociedades mais abertas, nas quais a arte e seus produtos já são encarados como bens monetários e de troca mercantil. Esses patrocínios tiveram início com a tomada dos poderes burocráticos e parlamentares pela burguesia cultivada, ao redor de 1830, substituindo a maior parte dos mecenatos literários, musical e de artes plásticas do antigo regime. Em tal situação, o novo patrocínio teve de adequar-se não apenas aos gostos das classes médias, como à concorrência de um mercado livre e abstrato, necessitando ainda da publicidade e do jornalismo para divulgação e alcance de prestígio social. Mais comumente, os patrocínios ocorrem: *a)* como sustentação inicial para a consecução da obra ou do projeto, a ser vendido posteriormente no mercado; *b)* como investimento financeiro global ou subdividido em cotas, e cujos objetivos podem ser tanto o retorno monetário como a propaganda institucional (com ou sem abatimentos fiscais concedidos pelo poder público);

6) o patronato público, proveniente de recursos de tributações direta e indireta alocados em órgãos governamentais e suas fundações, os quais prevêem o estabelecimento (pelo menos teórico) de políticas públicas de cultura.

Em face do mercado, as relações dos produtores culturais podem ocorrer dentro da seguinte tipologia, embora as variações individuais contenham, certamente, mais nuanças: *1)* modo artesanal – o produtor ou artista é "livre", independente, e oferece o seu produto diretamente ao público consumidor, de maneira individual ou por meio de cooperativas; *2)* modo pós-artesanal – o criador cultural vende sua obra a um distribuidor intermediário, que a revende com lucros. Habitualmente, o intermediário é um profissional ou investidor capitalizado (um *marchand*, ou mesmo um editor, por exemplo) ligado ao mundo cultural. Nesse tipo de relacionamento, o artista pode chegar a vender não uma obra antecipadamente pronta, mas a sua capacidade para realizar encomendas do produtor intermediário; *3)* empresarial ou de produção organizada – as relações de produção no capitalismo avançado da cultura de massa inverteram, em algumas áreas artísticas, o processo de criação para o mercado. Principalmente naquelas cujas obras necessitam de uma elaboração coletiva e industrial (cinema, televisão e *show business*). Ou seja, são as grandes empresas ou conglomerados multinacionais que, planejadamente, contratam os artistas para a realização de seus produtos, seja de modo temporário, seja de maneira empregatícia.

Também modernamente, e ao lado dos produtores culturais de mercado, coexistem instituições sem fins lucrativos de →ação cultural. Com políticas internas específicas, mais ou menos elaboradas e coerentes, essas entidades podem ser descritas em conformidade com os seguintes padrões, baseados na forma de administração e na origem dos recursos financeiros: *a)* inteiramente governamentais, ou seja, mantidas substancialmente pelo patronato público ou pela ação oficial (ministérios, secretarias executivas, conselhos); *b)* intermediárias ou semigovernamentais, possuindo ao mesmo tempo recursos públicos e de origem privada, e maior autonomia de ação se comparadas às do primeiro tipo (autarquias, fundações, como a BBC britânica ou a Padre Anchieta no Brasil); *c)* privadas, mantidas integralmente por recursos particulares de empresas, associações de assinantes ou outras formas jurídicas (como exemplos brasileiros, o Sesc – Serviço Social do Comércio, a Fundação Vitae ou o Itaú Cultural).

PAU-DE-FITA. Folguedo popular de origem ibérica e difundido pela América Latina, consistindo de uma dança de roda em torno de um mastro elevado, do alto do qual pendem fitas coloridas que os participantes enrolam e desenrolam em suas evoluções de ida e de volta. No Brasil, quase sempre fez parte de festas, como as juninas ou folias de Reis, sendo ainda conhecida como "dança de fitas". Na América espanhola recebe nomes como *danza de los listones* (México), *danza de las cintas* (Argentina) ou *matachines* (Colômbia).

PAUTA. **1.** O conjunto de cinco linhas paralelas e eqüidistantes entre si (pentagrama) e dos quatro espaços existentes entre elas que serve de base ou suporte para a escrita das notas musicais. Estas últimas podem, por conseqüência, ocupar posições entre as linhas, acima ou abaixo delas ou ainda sobre elas. Mas como o pentagrama nem sempre é suficiente para registrar todas as extensões sonoras (dos instrumentos e da voz), acrescentam-se então *linhas suplementares* abaixo (para os sons graves) e acima (para os agudos), além de uma →clave. A estrutura da pauta consolidou-se no início da polifonia flamenga, da *ars nova* (século XIII). Pautas de quatro linhas (tetragramas) foram empregadas para a notação anterior do canto gregoriano. **2.** Conjunto e cada uma das linhas horizontais e paralelas já impressas em papel, para fins de escrita (papel ou caderno pautado). **3.** Relação ou roteiro previamente estipulado dos assuntos ou matérias que serão abordados na edição de um periódico (jornal ou revista) ou programas de rádio e televisão. **4.** Extensivamente, refere-se ainda ao modo como o tema ou fato jornalístico deverá ser tratado ou conduzido pela reportagem (tipos de perguntas a serem formuladas, formas de abordagem, fontes a serem investigadas).

PAUTEIRO. Jornalista ou profissional dos meios de comunicação encarregado(a) de formular ou sugerir a →pauta (3 e 4) de uma edição impressa, ou programa radiofônico ou televisivo.

PAVANA. Dança originariamente popular na Renascença, proveniente da Itália ou da Espanha (na dependência das fontes), mas convertida em coreografia aristocrática em França, no século XVII, juntamente com o minueto. Dançava-se ao pares e em roda, executando-se dois passos simples e um dobrado, para a frente e para trás, acompanhados de gestos largos e majestosos e fazendo-se exibir as larguras das saias femininas e das capas masculinas.

PECADO. Contraposto às idéias de virtude e de salvação, o pecado constitui um comportamento moral negativo, previsto pelas religiões judaica e cristãs, o que faz o homem não apenas desviar-se dos preceitos divinos, mas ainda prejudicar as relações sociais inter-humanas e a integridade física e psíquica do indivíduo. Em relação a Deus, configura-se como desobediência aos mandamentos do Criador; no que diz respeito à sociedade, representa o perigo que se instala numa ordem de convivência saudável, sob os princípios da caridade e da fraternidade; quanto ao indivíduo, tem o significado de corrosão da alma e do corpo, considerados subjetivamente. Para a cultura ocidental, a noção de pecado, desenvolvida sobretudo por Paulo e Agostinho (respectivamente no primeiro e quarto séculos da era cristã), tornou-se uma das mais poderosas e decisivas de sua história. Ao enfatizar o pecado original como escravidão aos sentidos da carne, a Igreja Católica interpretou a desobediência humana inicial como nódoa, castigo e sofrimento extensivamente solidários a todas as gerações posteriores. O livre-arbítrio, antes considerado pela tradição judaica e pelos cristãos primitivos como privilégio de uma humanidade feita à semelhança de Deus, submeteu-se à culpa moral de Adão e Eva, simbolizada pela expulsão do paraíso. O desejo de ser livre, de se autogovernar, o rompimento do pacto com o Senhor – não provar o fruto da árvore do bem e do mal – converteu-se em pecado. São Paulo, em sua *Carta aos Romanos*, havia declarado que "[...] por causa de um só homem entrou o pecado no mundo, e pelo pecado a morte, assim também a morte passou a todos os homens, no que todos pecaram". Agostinho interpretou "um só homem" como sendo uma referência explícita a Adão. E do sêmen do pai primordial o pecado multiplicou-se, excetuando-se Cristo, não gerado sexualmente. O catolicismo considerou o pecado original como dogma no Concílio de Trento, em 1546, como também o fizeram os protestantes na Confissão de Augsburgo. Para as igrejas cristãs, há transgressões leves, perdoáveis pelo cumprimento de uma penitência – os pecados veniais; e as faltas graves – ou pecados mortais – assim consideradas por serem praticadas constante, voluntária e conscientemente, o que leva a alma à sua condenação, ou seja, à desesperança dos círculos infernais descritos por Dante na *Comédia*. São sete: avareza (desejo arraigado aos bens materiais e recusa em compartilhá-los); gula (obsessão pela comida e pela bebida); inveja (desejo dos bens alheios, materiais e espirituais, incluindo-se atos lesivos à pessoa); ira (vingança descontrolada e injusta); luxúria (anseio e prática do sexo lascivo, essencialmente carnal); preguiça (inação diante das necessidades da vida) e soberba (prepotência, ostentação e hipocrisia). No Antigo Testamento, e para o judaísmo, o pecado é mais uma tendência, uma predisposição para o mal do que uma destinação ética. Deus criou o homem com boas e más inclinações, dando-lhe a liberdade para pecar ou não, ainda que o pecado seja nocivo ou destrutivo para o indivíduo e a sociedade.

PEDESTAL. **1.** Na arquitetura clássica, refere-se a uma estrutura de base, normalmente de seção retangular, constituída por um plinto (que se apóia no solo) e um dado (sobreposto àquele último), em cima da qual assenta-se uma coluna. **2.** Peça para apoio de uma estátua, escultura, busto ou objetos em exposição.

PEDRO MALASARTES. Personagem folclórico e herói sem caráter da tradição oral luso-brasileira, bastante conhecido até as primeiras décadas do século XX e, muito provavelmente, de origem medieval. Seu nome sintetiza a figura espertalhona de centenas de contos e versões que a imaginação popular criou ao longo dos séculos: "malas artes" (artes más). Trapaceiro nato, vigarista contumaz, malandro e individualista, quase sempre se contrapõe ao mando e às injustiças dos senhores e dos poderosos, demonstrando sua engenhosidade e estratégia de sobrevivência em aventuras ora ingênuas, ora cruéis. Como exemplo das primeiras, conta-se que, chegando ao céu, e impedido de entrar, ali retornou após determinado tempo. Arremessou o seu chapéu por cima do portão e, em seguida, pediu licença a São Pedro para ir pegá-lo. E por lá ficou, até hoje escondido. Em outra história, Pedro Malasartes briga com o patrão, um fazendeiro, e este lhe mata o único cavalo que possuía. O herói tira o couro do animal e vai à cidade vendê-lo. No caminho, percebe dois ladrões dividindo o dinheiro de um roubo. Enrola-se na pele do animal morto e, assim disfarçado, consegue assustar os dois marginais, que na fuga deixam cair as moedas. Malasartes volta então à fazenda e diz ao patrão, mostrando o quanto havia ganho, que o preço do couro está valendo uma fortuna no mercado da cidade. O fazendeiro, ambicioso, resolve matar todos os cavalos de sua propriedade. O personagem é título de duas óperas brasileiras, praticamente desconhecidas, uma de Villa-Lobos (1921) e outra de Lorenzo Fernandez (1941). Na França, uma figura semelhante, vivendo situações igualmente parecidas, é a de Jean Mâchepied. Existem ainda relatos colhidos por Teófilo Braga em Portugal nos quais o personagem tem características opostas, aparecendo como um serviçal tolo e atrapalhado, uma espécie de joão-bobo, vertente não ocorrida no Brasil.

PENSAMENTO. Dos substantivos gregos *noesis* e *dianoia*, pelo latino *cogitatio*, além dos verbos *pendere* e *intelligere*. De modo o mais genérico possível, pode significar qualquer atividade do espírito autopercebida pela →consciência. Assim foi expresso por Descartes: "Sou uma coisa que pensa, ou seja, que duvida, que afirma, que nega, que conhece poucas coisas, que ignora muitas, que ama, odeia, deseja, que não deseja, que imagina também, e sente" (*Meditações Metafísicas*); "Com a palavra pensar entendo tudo o que acontece em nós, de tal modo que o percebamos imediatamente em nós mesmos; por isso, não só entender, querer e imaginar, mas também sentir é o mesmo que pensar" (*Princípios de Filosofia*). Esse entendimento mais abrangente, pois que incorpora todas as afecções da alma, foi assumido sem grandes diferenças por racionalistas e empiristas (Leibniz, Spinoza, Locke). Mas em outros autores encontra-se restringido, como em Platão, Christian Wolff ou Kant, que o concebem como atividade propriamente cognitiva, de conhecimento, ou discursiva (investigação de novas relações que levam a conhecimentos até então não–formulados). Assim, Platão entendeu o pensamento como um diálogo interno da alma, que se realiza "por meio de perguntas e respostas, de afirmações e negações". Nas palavras de Kant, "pensar é conhecer através de conceitos" (*Crítica da Razão Pura*), tanto quanto "unir ou interligar representações numa consciência" (*Prolegômenos a Toda Metafísica Futura*). Nesta acepção, portanto, o pensamento constitui um ato de consciência ou de inteligência que compara, avalia, examina e formula idéias, juízos ou conceitos, além de instituir valores morais ou de conduta. Um terceiro sentido ainda mais específico é o de ser ele uma intuição intelectiva, capaz de investigar diretamente as estruturas e os movimentos da razão, de captar o inteligível (o pensamento puro, autotélico, auto-investigativo). →*Espírito*, →*Razão*, →*Intelecto* e →*Sensibilidade*.

PENTAGRAMA. →*Pauta*.

PENTASSÍLABO. →Verso de cinco sílabas, igualmente denominado redondilha menor. Exemplo já clássico do romântico Gonçalves Dias em I-Juca-Pirama: "Meu canto de morte, / Guerreiros, ouvi: / Sou filho das selvas, / Nas selvas cresci; / Guerreiros, descendo / Da tribo tupi... / Sou bravo, sou forte, / Sou filho do Norte. / Meu canto de morte, / Guerreiros, ouvi".

PEQUENO TEATRO DE COMÉDIA, PTC. →*Teatro de comédia, pequeno*.

PERCEPÇÃO. A percepção e a sensação foram analisadas tradicionalmente pela filosofia como sendo as fontes primárias do conhecimento sensível ou empírico, diferindo por seus graus de complexidade: a sensação seria mais simples e pontual e a percepção mais complexa e integrativa. Por exemplo: às sensações separadas da forma, do odor e da textura contidas em uma flor seguir-se-ia a percepção, ou seja, a apreensão integrada ou sintetizada do objeto flor. As sensações contêm certas propriedades, tais como: qualidade ou espécie (dependente do órgão do sentido envolvido); força ou intensidade; extensão, tempo ou duração. Mas elas se encontram ligadas estreitamente à percepção, ou seja, ao conjunto do qual provêm. Conseqüentemente, temos a sensação da cor quando ela se mostra em um corpo ou superfície qualquer (céu, folha, quadro, parede ou massa estelar); se algo é doce ou amargo, segundo o alimento ingerido; se é de frio ou de calor, conforme as condições ambientais ou atmosféricas. Correspondem ainda não só às qualidades próprias do objeto como ao sentimento interno ou psíquico pelo qual reagimos àqueles atributos. Logo, são fatos da percepção os estímulos externos (imagens, formas, distâncias, luminosidade etc.) e as respostas internas (reações dos sistemas nervosos central e periférico). Para a filosofia empirista, o conhecimento seria derivado dessas associações contínuas, das repetições e dos hábitos que adquirimos pela ação dos objetos sobre nós, configurando-se como atividade passiva e dependente. Por intermédio das associações é que podemos, subseqüentemente, formar idéias (imagens abstratas das impressões). Para os inatistas, racionalistas ou idealistas, ao contrário, o conhecimento não estaria na simples dependência das excitações externas, mas na ação do sujeito sobre aquilo que sente ou observa. Justamente por decompor as sensações e recompô-las em uma percepção unificada é que o conhecimento seria possível. Neste caso então, a percepção já indicaria um "saber", uma ação construtiva e de entendimento. Atualmente, porém, a psicologia da Gestalt e a fenomenologia entendem que as sensações e as percepções devem ser encaradas como a apreensão de uma totalidade estruturada. Nessa totalidade, não há distinção entre ambas, nem somatório de partes. Dada uma imagem em que faltem determinados elementos constitutivos, o cérebro é capaz de completá-la imediatamente, a fim de recompor a totalidade e encontrar um sentido. Logo, a sensação e a percepção configuram um conhecimento corpóreo, sensorial ou empírico dotado de sentido, ou seja, integrado em nossa vivência particular e dela dependente. Assim, uma paisagem urbana só é percebida e sentida por estabelecer *relações* significativas entre o sujeito que a vive e o conjunto de elementos ali encontrados. Tanto o sujeito quanto a paisagem fazem parte de um "campo perceptivo" do qual surgem valores, reações, intenções, significados e formas de comunicação e de convivência. A percepção está envolta pela história subjetiva e concreta do indivíduo, por seus traços de afetividade, desejos, perspectivas de vida, graus de conhecimento e situação social.

PERFORMANCE. **1.** Palavra de origem inglesa, com o significado primário de execução ou apresentação pública de peça musical, de teatro ou de dança. **2.** O termo ganhou notoriedade a partir da segunda metade do século XX, quando passou a ser empregado como referência a experimentos vanguardistas de artes plásticas, como as de Joseph Beuys, Vito Acconci, Cris Burden, Laurie Anderson, La Monte Young ou dos grupos Mabou Minem e de Richard de Marcy, tanto quanto às demonstrações de *body art*, em que o corpo humano serve de suporte ao desenho, à pintura ou se torna parte de um "evento plástico", ao mesmo tempo dinâmico e simbólico. A performance busca exprimir formas e idéias por meio do corpo, de seus gestos e movimentos, ao vivo e publicamente, rompendo com a imagem estática da pintura e da escultura. Logo migrou para o terreno igualmente vanguardista das experiências cênicas ou teatrais, integrando-se aos →*happenings*. Em

ambos os casos, o artista que a executa é quase sempre sujeito e objeto da ação, fato que transforma as representações tradicionais, seja pelo fato de o artista se converter em um objeto integrante da obra (em artes plásticas), seja por se distanciar da incorporação ou da expressão objetiva de um personagem. **3.** Demonstração reduzida ou não-integral, isto é, apenas sugestiva de um trabalho ou de uma técnica artística. **4.** Desempenho atlético em competição esportiva, independentemente do resultado alcançado, exigindo, portanto, uma adjetivação complementar (vitoriosa, excelente, fraca ou pífia etc.).

PERGAMINHO. Pele de carneiro, de cabra ou de bezerro preparada por banhos de cal, desbastada e lixada, e que serve como suporte de escrita e desenho, de ambos os lados. Justamente por isso, substituiu o mais antigo →"volume", passando, no primeiro século da era cristã, a ser cortado em folhas retangulares, coladas ou costuradas, e protegidas por capas, formando os "códices" e dando assim origem aos livros. O nome deriva da cidade de Pérgamo (costa ocidental da atual Turquia), cujo apogeu se deu nos séculos III e II a.C. e cuja biblioteca se comparava à de Alexandria. Papel-pergaminho ou pergaminho-vegetal é aquele feito de celulose, mas que, pela adição de ácido sulfúrico, adquire a consistência ou resistência do pergaminho de pele. →*Papiro* e →*Velino*.

PERÍFRASE. **1.** Figura retórica de linguagem e de estilo que evita uma referência explícita a objeto, assunto ou pessoa, optando por descrevê-lo ou nomeá-lo de modo indireto, ou por seus atributos. São exemplos simples: o ouro negro = petróleo; o líquido espelho = lago; a cidade-luz = Paris. Já Camões, para indicar o ano de 1497 no canto V de seus *Lusíadas*, assim escreveu: "Curso do sol catorze vezes cento, / Com mais noventa e sete, em que corria, / Quando no mar a armada se estendia" (→*Antonomásia*). **2.** Locução ou frase que esclarece o conceito ou sentido de uma palavra.

PERIPÉCIA. Termo literário para designar uma reviravolta no sentido das ações narradas ou dramatizadas, invertendo as expectativas para as quais os incidentes anteriores pareciam conduzir. Caso, por exemplo, de Édipo que, pensando afastar-se dos augúrios preditos, dirige-se justamente para o centro da tragédia e de seu destino. Outra peripécia, contida em uma fábula grega anônima, é aquela pelo qual os espartanos teriam solicitado aos atenienses um general que lhes ensinasse estratégias militares. Para tirar proveito da situação, os atenienses lhes enviaram um poeta inválido, Tirteu. Mas a qualidade dos hinos guerreiros que ele compunha entusiasmaram de tal sorte os jovens espartanos que dali em diante sua bravura tornou-se exemplar, para decepção dos atenienses.

PERISTILO. **1.** Espaço aberto ou galeria no interior de um edifício, delimitado por colunas dispostas regularmente à sua volta. **2.** Colunata (série de colunas) em torno de um edifício, de função apenas decorativa e não-estrutural, como a de certos templos greco-romanos e construções renascentistas. **3.** Átrio de basílicas medievais.

PERSONAGEM. **1.** Todo ser que pratica ou sofre uma ação narrativa, dramática ou se encontra plasticamente representado em imagem. **2.** Figura dramática encenada por um ator, comediante, bailarino ou intérprete de ópera. **3.** Indivíduo, humano ou não, mas de comportamento antropomórfico, constante de uma narrativa ou de certas formas poéticas, como a epopéia ou a écloga. Em pontos opostos de análise, há os que entendem o/a personagem como aquele que "assume caracteres para efetuar ações" (Aristóteles), e os que preferem observá-lo como o ente que, por sua personalidade, sustenta a obra ficcional, fazendo evoluir as ações. No primeiro caso, são as ações, as idéias, que têm primazia; no segundo, é a personalidade. Para todas as situações acima, com exceção das artes plásticas, classifica-se geralmente um personagem, conforme a: *a*) caracterização – *estático*, se os aspectos distintivos aparecem desde o início da história; *modelado* ou *evolutivo*, se as características vão surgindo com o desenrolar da trama; *b*) qualidade – *individual* ou *singular*, se apresenta uma configuração própria, destacada dos demais; *típico*, personagem que, embora individualizado, remete-se a uma generalidade conceitual, abstrata, como, por exemplo, Emma Bovary (o adultério punido), Werther (o desatino da paixão), James Prufrock (o anonimato angustiado), apontando características ou facetas relativamente disseminadas em um grupo social ou em uma época; *caricato*, que exagera os traços, tornando marcante e absoluto um comportamento; *c*) função – *protagonista*, o personagem central ou principal; *deuteragonista*, o segundo personagem em importância; *antagonista*, aquele que se opõe ao protagonista; *secundário*, que concorre para as ações dos anteriores (confidentes, amigos, figuras de contraste); *figurante* ou *extra*, aquele que serve, em artes cênicas, para compor, anonimamente, grupos ou multidões. Como crítico literário, E. M. Forster (*Aspectos do Romance*) propôs uma divisão básica na tipologia do personagem romanesco, mas que deve ser entendida como graduação: o personagem plano ou →*tipo* – aquele que possui um só traço de caráter, que é construído em torno de uma idéia única, de um comportamento cujo predomínio elide quaisquer outros, aparecendo mais por suas reações exteriores; e o personagem redondo – que apresenta dois ou mais traços sentimentais, que é elaborado com tendências variáveis, complexas, contraditórias ou

ainda complementares, de acordo com as situações vividas, configurando um desenho psicológico mais fluido. Certos comentadores ainda dividem os personagens em genéricos ou tradicionais, isto é, calcados em outras figuras mais antigas e consagradas da história literária (o arrivista, o sedutor, o vingativo etc.) e os individuais ou novos, que apresentam as marcas exclusivas de seu tempo, ou seja, em que a personalidade deriva também da psicologia social ou da mentalidade cultural da época retratada. Do latim *persona, ae* – máscara teatral, artefato que "ressoa" ou amplifica.

PERSONALIDADE. O conjunto de características e de relações psicológicas relativamente constantes de um indivíduo, o que inclui seus modos de percepção, suas formas de pensamento e de ação prática ou comportamento observável. Na definição de H. J. Eysenck, significa "A organização mais ou menos estável e duradoura do caráter, do temperamento, do intelecto e dos aspectos físicos de uma pessoa" (*A Estrutura da Personalidade Humana*). Por caráter (termo de grande ambigüidade) entende o autor o sistema de comportamento conativo, ou seja, vinculado aos valores morais e ao exercício da vontade; por temperamento designam-se genericamente os graus de vitalidade, tonalidade ou emotividade do indivíduo, isto é, a intensidade e o domínio ou não das emoções. Daí dizer-se "temperamento calmo", "temperamento agressivo", "introvertido", "extrovertido" etc. O aspecto intelectual remete à capacidade de entendimento, reflexão ou raciocínio, e o físico à configuração corpórea e às dotações neuroendócrinas que podem influenciar a autopercepção ou auto-imagem. Para certos autores, a personalidade é ainda mais vasta do que o "eu" conhecido ou demonstrado socialmente por uma pessoa. Com maior ou menor ênfase em certos aspectos formativos, as teorias da personalidade incluem entre os fatores relevantes de sua estrutura as influências hereditárias ou genéticas; as ambientais; os condicionamentos infantis de aprendizado; as determinações inconscientes do aparelho psíquico; as oportunidades de desenvolvimento sociocultural. Na análise do psicólogo culturalista Erich Fromm, a personalidade deriva das seguintes necessidades universais do ser humano: relacionamento social, transcendência cultural ou superação do estado de natureza, segurança ou solidariedade grupal, orientação de conduta e identidade ou realização pessoal autônoma. →*Caráter.*

PERSONIFICAÇÃO. Figura literária de pensamento que consiste em dar a seres irracionais, entes abstratos ou a objetos artificiais a capacidade de agirem ou de sentirem como se fossem humanos, configurando-se, portanto, como antropopatia, ou seja, uma transferência de sentimentos e de intenções para coisas, objetos ou fenômenos naturais. Casos, por exemplo, de "a lua, amante desolada do sol", ou "Vi a Ciência desertar do Egito" (Castro Alves). Como também do poema *O Canto do Galo*, de Junqueira Freire: "Com penas hirtas para mim avança, / – Que eu não deslumbro à tua acesa vista: / Hei de ensopar meu triunfante bico / Nas crespas rendas dessa rubra crista. / [...] Quando eu passar pelo cercado ao longe, / Abaixarás humilde o bico e a vista: / Que eu sou o rei das mais gentis galinhas, / Que eu sei erguer a minha régia crista". O mesmo que *animismo*.

PERSPECTIVA. Do verbo latino *perspicere*, perceber claramente. Daí *perspicaz*, de mesma origem e raiz. Designa a técnica de representação bidimensional, em plano, de uma cena ou espaço tridimensional, a partir de dois fenômenos ópticos naturais: a convergência das linhas paralelas visuais em direção a um ponto único – o ponto de fuga – situado no horizonte, e a diminuição aparente das dimensões dos objetos, à medida que um observador, ao centro, deles se afasta. Embora não seja implausível que os gregos clássicos a tenham utilizado, pois já dominavam as relações geométricas ditas euclidianas, ela se impôs à pintura ocidental a partir do século XV, por sugestão do escultor e arquiteto Brunelleschi e por seu emprego sistemático pelo pintor Masaccio. Na mesma época, as teorias da perspectiva e da seção áurea foram descritas e consolidadas por cientistas e artistas, entre eles Leon Battista Alberti em sua obra *De Pictura*. Daí em diante, recebeu qualificativos como linear, matemática, geométrica, óptica, científica ou renascentista, tendo sido aplicada regularmente até finais do século XIX, antes do advento do cubismo e do abstracionismo. Um quadro bastante ilustrativo da técnica é a *Entrega das Chaves de Cristo a São Pedro*, de Perugino, pois nele há linhas ortogonais claramente desenhadas e que formam o piso da praça, dirigindo-se para o ponto de fuga, localizado sobre o edifício central, ao fundo. As linhas laterais induzem o olhar do espectador para o mesmo ponto. A perspectiva, tal como concebida pela Renascença, modificou a visão meramente óptica das artes plásticas medievais, tornando-a também, ou sobretudo, uma visão mental ou matematicamente concebida. Escrevendo sobre o primeiro Renascimento, assim opina Carlo Argan: "Se [...] considerarmos a visão como uma função em que o olho é apenas um instrumento, porque na realidade vemos com o intelecto, então pensaremos em algo que sai de nós e vai para o exterior. A visão perspectiva, portanto, é exatamente o oposto da visão óptica. Alberti concebe a visão como uma 'pirâmide visual' (que na verdade é um cubo ou um paralelepípedo), cujos lados, vistos em perspectiva, convergem para um ponto de fuga. São 'interseções' da 'pirâmide visual' os planos paralelos que cortam transver-

salmente, com sua figuração, esse cubo visual. Ou seja: a perspectiva é vista como interseção de uma pirâmide e, portanto, de triângulos isósceles que, por definição matemática, são sempre proporcionais. É aqui que intervém a *proporção*, e a teoria decisiva para todo o Renascimento: a *divina proportione* de Luca Pacioli". Diz-se ainda perspectiva *aérea*, ou *atmosférica*, ao conjunto de técnicas que procuram reproduzir os efeitos luminosos de profundidade, causados pela presença do ar ou da atmosfera sobre a visão à distância – efeitos como imprecisão de contornos, perda de contrastes e tendência às cores pálidas ou azuladas. →*Seção áurea*, →*Homem de Vitrúvio*.

PERSPECTIVA RESERVA. Tipo de relação pictórica na qual as principais figuras, quando postas em um plano de fundo, permanecem em escalas maiores do que aquelas que se encontram no primeiro plano. Em resumo, a importância dada à figura provém do próprio personagem ou objeto, independentemente de sua disposição mais afastada em relação ao observador. Este tipo de perspectiva pode ser encontrado comumente nas pinturas religiosas (egípcias ou medievais, por exemplo), assim como na chamada pintura primitiva ou *naïve*.

PETROGRIFO. →*Arte rupestre*.

PHOTO REAL IMAGING. Programa de computador capaz de desenhar, manipular, acoplar, fundir e transformar imagens nele gravadas, a fim de obter efeitos visuais. Utilizado em cinema e em vídeo, na fase de pós-produção, e em trabalhos de computação gráfica. Foi desenvolvido, pela primeira vez, para o filme norte-americano *The Mask* (*O Máskara*).

PÍCARO, PICARESCO. →*Romance*, →*Anti-herói*, →*Trickster*.

PICTOGRAMA. 1. Signo ou símbolo gráfico e visual, pintado ou gravado, cuja imagem guarda uma semelhança com o seu referente, aproximando-o da representação "pictórica". Dos pictogramas e de suas relações nasceram os sistemas de escrita, ao representarem seres e objetos concretos. Constituem, portanto, imagens dotadas e transmissoras de significados. Excetuando-se a →arte rupestre pré-histórica, o mais antigo conjunto pictográfico conhecido, de ordem linguística, tem sido considerado o da Suméria, na Mesopotâmia (em 1997, no entanto, uma equipe do Instituto Alemão de Arqueologia encontrou evidências de escrita hieroglífica na região de Abidos, Egito, com inscrições funerárias possivelmente datadas entre 3400 e 3200 a.C., contemporâneas, portanto, da escrita cuneiforme). Seja como for, o sistema pictográfico sumeriano já apresenta uma razoável organização nos finais do quarto milênio (c. 3300 a.C.), coincidindo com o surgimento de centros urbanos, como o da cidade de Uruk. Entre os primeiros pictogramas ali criados, um consistia de uma cruz desenhada no interior de um círculo, simbolizando uma ovelha em seu curral, para efeito de contagem e de registro mnemotécnico; a figura de um pé estilizado indicava o ato de caminhar ou mover-se; um triângulo representava o ato de erguer e, portanto, o de construir. Progressivamente, os pictogramas que possuíam linhas curvas foram decompostos em linhas retas (horizontais, verticais e oblíquas), com o intuito de facilitar sua impressão, feita por caules pontudos que serviam de cunha (daí ser chamada de escrita cuneiforme). Ao mesmo tempo, ampliou-se a quantidade de pictogramas, tendo sido decifrados, em pesquisas epigráficas, cerca de novecentos caracteres daquele período inicial. Durante um longo percurso, os signos pictográficos ganharam feições abstratas, ou seja, estilizaram-se até perder sua característica icônica (de semelhança de forma), ao mesmo tempo em que se conjugavam para exprimir noções e idéias mais complexas – os ideogramas. Nesta fase, uma cabeça de leão poderia representar a idéia de "prioridade", "em primeiro lugar"; uma vespa indicaria "realeza"; uma pluma simbolizaria a "justiça" ou "ordem real". Ainda assim, os ideogramas não expressavam os sons correspondentes, a forma de enunciação ou pronúncia, nem indicavam as possíveis flexões de tempo verbal. Mas já por volta de 2400 a.C., a quantidade dos pictogramas ou ideogramas sumerianos reduzira-se a quinhentos, com a invenção de articulações generalizantes e do sistema silábico. Essa contínua transformação, e concomitante aperfeiçoamento, conduziu à fixação de um alfabeto fonético, o que se consolidou no século XIV a.C., conforme indicações encontradas em um bastão de argila descoberto na Síria (sítio paleográfico de Ugarit, 1948), no qual estão inscritos trinta signos de escrita cuneiforme. As escritas fenícia (matriz dos alfabetos semitas), chinesa ou pré-colombianas (maia, tolteca ou asteca) formaram-se igualmente em decorrência de pictogramas e ideogramas. Na China, sua invenção é atribuída miticamente a Fu-Hsi, o primeiro legislador do país, que para tanto se teria baseado em pegadas de pássaros sobre a neve. O mesmo que *glifo*. **2**. Símbolo visual indicativo de ações, serviços, lugares, de probabilidade de eventos ou de regras a serem seguidas (como as de trânsito), associado, portanto, a um conteúdo semântico ou significativo, independente da forma verbal em que possa ser traduzido (supralingüístico). Muitos pictogramas ou glifos têm sido criados modernamente como signos convencionais e de uso internacional de comunicação. Alguns de caráter icônico (os que guardam relação de semelhança com o referente) e outros abstratos (a partir de figuras geométricas, compósitas ou de relações de cor).

PICTOGRIFO. →*Arte rupestre.*

PICTÓRICO. **1**. Aquilo que diz respeito, genericamente, à arte da pintura ou que convida a ser pintado, reproduzido. **2**. Como forma ou técnica específica de composição de linhas, cores e volumes, oposta à concepção "linear". →*Pintura,* →*Pitoresco.*

•**PIETÀ.** Do italiano "piedade", designa, em artes plásticas, qualquer representação do Cristo morto, amparado pela Virgem Maria ou por outros personagens da descida da cruz. A mais famosa *Pietà* é a escultura em mármore de Michelangelo, da Basílica de São Pedro, em Roma.

•**PIETRA DURA.** →*Mosaico.*

PILONE. Em templos e monumentos do antigo Egito, a torre alta, larga e afunilada no cimo, contendo uma passagem no centro para que se tivesse acesso à parte principal do edifício ou do conjunto arquitetônico. As paredes da torre serviam para trabalhos decorativos em relevo.

PINACOTECA. Na Atenas do século V, a *pinakothéke* constituía um dos edifícios dos Propileus da Acrópole, destinado à guarda dos estandartes cívicos, de tábuas de lei e de obras de pintura. Daí o sentido atual de galeria de pintura, gravura ou escultura, ou mesmo o de museu de artes plásticas.

PINÁCULO. Pequena torre ornamental, criada pela arquitetura gótica religiosa, de forma cônica ou pontiaguda, que prolonga outras torres ou decora a parte superior de frontões ou o coroamento do edifício. Compreende o corpo ou fuste, e o coruchéu (pequena pirâmide que serve de calota). →*Grimpa* e →*Zimbomocho.*

PINÁZIO. Armação delgada em madeira, pedra ou metal que serve para separar e conter os vidros de portas, janelas ou bandeiras, podendo variar de simples montantes a estruturas mais complexas e ornamentadas, normalmente compondo desenhos geométricos. Var.: *pinásio.*

PINTURA. Uma das artes mais antigas (considerando-se as figuras parietais e pré-históricas datadas da época paleolítica, juntamente com os pequenos relevos em marfim) pode ser definida, sob um ponto de vista estritamente formal, como o conjunto de técnicas compositivas e meios materiais com os quais determinados aspectos de realidades objetivas (exteriores) e/ou subjetivas (afetivas, emocionais) são representados visualmente, ou seja, recriados e transpostos para uma superfície bidimensional, por meio de linhas e de cores. Essa representação pode ser realizada: *a*) de maneira inteiramente figurativo-mimética, isto é, aquela na qual o objeto da composição mantém uma relação imitativa ou de semelhança com seres ou entes naturais e complexos; *b*) de modo abstrato, sem referências imitativas a seres complexos, e no qual as próprias linhas e cores estabelecem entre si relações visuais e espaciais puras; *c*) em configurações mistas, figurativas e abstratas. Quanto aos meios materiais comumente utilizados – que por sua vez exigem técnicas específicas de utilização – são eles: o →afresco, a →têmpera, a pintura a →óleo, de tinta →aguada (→*aquarela* e →*guache*), o pastel e a pintura →acrílica . Os temas ou motivos da pintura figurativa são ainda classificados tradicionalmente em gêneros, dado o conteúdo de maior evidência ou importância. São eles: o mítico, o religioso, o histórico, o paisagístico (paisagens rurais, urbanas e marinhas), a natureza-morta, o de vidas doméstica ou cotidiana (também denominado "pintura de gênero"), o nu e o retrato. Quanto às formas de composição da pintura figurativa – o tratamento plástico e os efeitos ópticos a serem obtidos – é possível distinguir, segundo Heinrich Wölfflin (*Conceitos Fundamentais da História da Arte*), cinco pares em oposição: o linear e o pictórico, o plano e a profundidade, a forma fechada e a forma aberta, a clareza e a obscuridade, a pluralidade e a unidade. Essas técnicas compositivas correspondem ou traduzem determinadas "visões" do artista e da época, ou seja, maneiras pelas quais os pintores vêem, interpretam e recriam os seres e os objetos. Resumidamente, vejamos as quatro primeiras, consideradas as mais importantes. A forma de composição linear é aquela dirigida predominantemente pela linha, pelo traçado, que imprime contornos nítidos, distingue os limites dos motivos com precisão, isola as unidades constituintes e cria superfícies de grande evidência. As cores e as luzes produzidas tendem a corroborar o delineamento do assunto, oferecendo, portanto, uma sensação de estabilidade, de segurança e de tangibilidade, de algo que, embora apenas visto, dá a impressão de ser também tátil. A pintura linear é mais característica, por exemplo, do gótico e dos estilos clássicos (renascentista e do século XVIII), ou ainda de composições que levem em conta estes princípios. O estilo pictórico atribui uma importância menor à precisão do delineamento, ao contorno que envolve as figuras; cria, por conseqüência, massas de imagens que se tocam de modo oscilante, impreciso (sem que a objetividade seja prejudicada), por força das luzes e das sombras, das superfícies claras e escuras que se contrapõem. O resultado é menos tangível e mais etéreo ou incorpóreo. Tal concepção desenvolveu-se com o barroco e, de maneira ainda mais radical, no impressionismo. Nas palavras de Wölfflin, "a grande oposição entre o estilo linear e o pictórico corresponde a interesses fundamentalmente diferentes em relação ao mundo. O primeiro traz a figura sólida, o segundo a aparência alternante; lá, a forma permanente, mensurável, finita; aqui, o movimento, a forma

desempenhando uma função [...]. O pictórico não é um estágio mais avançado na solução do problema específico da imitação da natureza; significa, sim, uma solução diferente". A composição em plano é aquela em que a imagem da primeira ou mais próxima superfície adquire importância destacada, fazendo com que as demais sejam constituídas por camadas paralelas ao motivo central, ou "boca de cena". Já na composição em profundidade, enfatiza-se a seqüência dos planos, ou seja, estabelecem-se relações contrastantes entre os elementos mais próximos (primeiro plano) e os mais afastados (segundo plano e fundo), ocasionando uma sensação de imergência óptica e de maior ilusionismo. É mais fácil perceber a diferença quando, no primeiro caso, duas figuras estão dispostas uma ao lado da outra, sem distanciamento evidente; e, no segundo, quando uma delas ocupa uma posição mais próxima e a outra se coloca pouco mais atrás, num segundo plano, criando-se a ilusão de profundidade contínua. É que a construção da cena foi executada em diagonal, exigindo que o olhar percorra uma linha imaginária entre vários planos. Nessa forma de composição, o jogo de luzes e de cores tende a ser cambiante, pois auxilia a percepção de espaços separados. Ressalte-se, no entanto, que tanto a composição em plano quanto aquela em profundidade podem utilizar-se da perspectiva geométrica ou linear. Já a gótica, embora concebida em plano e estruturada por camadas horizontais e contíguas, não conheceu o recurso da perspectiva. Grande parte da pintura figurativa do século XX é igualmente concebida em plano e, freqüentemente, na ausência de perspectiva. Como forma fechada deve entender-se a imagem que contém um eixo central, ou conserva um equilíbrio entre duas metades. Ou seja, as massas ou volumes pintados à esquerda são contrabalançados por outros à direita, a fim de se obter simetria e estabilidade. Também as luzes tendem ao equilíbrio. Ou porque a obra é iluminada de maneira uniforme, ou porque a incidência luminosa de um lado é compensada por outra, contraposta ou refletida. A forma aberta deixa de lado a necessidade de equilíbrio dos volumes. O ponto central do quadro ou mural já não coincide, forçosamente, com o centro da representação. Haverá mais volume ou massa de um lado do que de outro (à esquerda ou à direita, acima ou abaixo), prevalecendo uma direção, que também se aplica à luz incidente (regiões mais claras contra superfícies mais escuras). O conceito de clareza, tal como entendido pelo Renascimento clássico, pode ser elevado a um grau absoluto na pintura, significando que o motivo nela evocado revela-se na sua totalidade. Ou seja, tudo o que se representa deve ser visto, mesmo em detalhes. Para melhor esclarecimento, um dos exemplos a que o próprio Wölfflin recorre é o de lembrar que n'*A Última Ceia*, de Leonardo da Vinci, "nenhuma das vinte e seis mãos – as de Cristo e as dos apóstolos – tenha sido esquecida. O mesmo acontece na arte setentrional" (do período clássico). Outra forma compositiva, por referência a esse aspecto, seria a escolhida pelo barroco, pelo impressionismo e pela figuração moderna, tendendo à "obscuridade", no sentido de que ao espectador cabe a tarefa de completar ou adivinhar o que não foi reproduzido. Rejeita-se o máximo de nitidez, de algumas ou de todas as formas, em proveito de traçados cambiantes, fluidos, apenas sugestivos. Também aqui, os contrastes de luz concorrem para a indeterminação, podendo apagar certas formas (pela intensidade do brilho), ou dissolvê-las (na penumbra). Relativamente aos suportes, a pintura tem utilizado: paredes, pedras, papiros, pranchas de madeiras, peças cerâmicas, vidros, telas de tecidos, chapas de metal, papel e o próprio corpo humano.

• **PINTURA ALL-OVER.** Pintura abstrata cuja composição não guarda um centro de interesse ou ponto de irradiação. →*Action painting.*

PINTURA CALIGRÁFICA. Tipo de pintura abstrata, ou parcialmente abstrata, mas em que predominem traços ou pinceladas semelhantes a signos lingüísticos ou a formas caligráficas.

PINTURA DE BATALHA. Pintura figurativa e representativa de uma cena guerreira, real ou imaginada.

PINTURA DE CAVALETE. Pintura realizada em tela de dimensões médias, facilmente transportável, colocada sobre um suporte adequado, o cavalete (comuníssima após o Renascimento e a invenção da tinta a óleo). Por vezes, a própria tela é exibida sobre o cavalete.

PINTURA DE CENA AMERICANA. Embora não se tenha formalizado como corrente ou movimento pictórico, a Cena Americana constituiu uma tendência antivanguardista e regionalista de artistas plásticos durante as décadas de 1920 e 1930, nos Estados Unidos. Em comum, houve a preocupação de serem conservados o figurativismo e o tratamento realista ou descritivo da vida urbana, das comunidades e paisagens rurais e de personagens típicas norte-americanas, em parte sob influência do muralismo mexicano. Entre seus maiores representantes destacam-se Grant Wood, Edward Hopper e Charles Burchfield. Além destes, Reginald Marsh, Isabel Bishop, James Curry e os irmãos russos emigrados Moses e Raphael Soyer.

PINTURA HISTÓRICA. Cena figurativa de um fato histórico (ou assim entendido), e pintada de maneira elevada, nobre ou respeitosa. Bastante apreciada por pintores e preceptistas dos períodos barroco, neoclássico e romântico. Na Inglaterra, particularmente em finais do século XVIII e no transcorrer do XIX, recebeu o nome de *grand manner*, proposto pelo teórico Joshua Reynolds.

PINTURA METAFÍSICA. As imagens ou a pintura característica do artista greco-italiano Giorgio de Chirico e igualmente adotada pelo italiano Carlo Carrà, desenvolvida na época da Primeira Guerra Mundial, em que personagens figurativos despersonalizados – manequins, bustos e estátuas – ganham destaque por suas atitudes rígidas ou hieráticas, em meio a ambientes arquitetônicos antigos, frios, vazios ou misteriosos, sugerindo ainda relações alegóricas entre outros elementos geométricos ali incluídos. A adjetivação "metafísica" dada por de Chirico nunca foi expressa claramente, mas sugere visões esotéricas de pinturas, obras e arquiteturas da Antigüidade ou da Renascença, projetadas no sentido de transcendência ou de serenidade diante dos conflitos da época. São exemplos da pintura metafísica quadros como *Enigma do Oráculo*, *Enigma de uma Tarde de Outono* e *As Musas Inquietantes*. O pintor ítalo-brasileiro Hugo Adami, amigo pessoal de de Chirico, e por ele influenciado, também produziu uma série metafísica nos anos 1920.

• **PIN-UP.** Figura feminina sensual, estampada ou impressa a partir de desenho, gravura ou fotografia, e destinada a excitar o imaginário ou a fantasia de consumidores, relacionando as possíveis qualidades de um produto ou serviço com a beleza ou o prazer que ela poderia proporcionar. Dada a liberação dos hábitos e valores sexuais na segunda metade do século XX, também a figura do homem passou a ser explorada com aqueles objetivos. Nesse caso, a representação é chamada de *male pin-up*.

PIRUETA. Em dança ou ginástica artística, o giro ou meio-giro do corpo executado sobre uma só perna, estando o pé de apoio em ponta ou meia-ponta, sendo acompanhado, habitualmente, por elevação ou batida da perna livre. Pode ter um sentido para fora (*en dehors*), ou para dentro (→*en dedans)*. Várias formas de pirueta, também denominada *tour*, em linguagem coreográfica, realizam-se "em ponto", ou seja, sem deslocamentos, avanços ou recuos. Com deslocamento espacial, há uma série de piruetas ou *tours chainés* (giros encadeados), que se executam em diagonal ou em círculo. Além desses, há os →*tours en l'air*, mais comuns na dança masculina, embora não exclusivamente.

PISO. 1. A superfície ou estrutura construtiva interna ou externa de uma edificação, sobre a qual se pisa. 2. O tipo de revestimento uniforme aplicado sobre uma superfície estrutural (acepção 1), que pode ser de terra batida, pedra, madeira (tábuas ou tacos), cerâmica, concreto ou materiais sintéticos (piso vinílico). 3. Cada um dos pavimentos, andares, plantas ou registros de uma construção vertical (aquela que contém superfícies estruturais sobrepostas), dotado de uma altura ou pé-direito. **4.** *Piso elevado*, piso ao mesmo tempo estrutural e de vedação (autoportante), edificado um pouco acima do solo, da laje ou de um pavimento, permitindo que no espaço livre assim criado sejam instaladas tubulações ou fiações. Geralmente, o piso elevado é formado por placas moduladas e pré-fabricadas de madeira ou metal. **5.** *Piso* ou *espaço técnico*, tipo de pavimento ou registro destinado a conter apenas máquinas e equipamentos de um edifício.

PITORESCO. **1.** Em sentido lato, que o serve como tema de pintura, pictórico, sendo capaz de despertar a imaginação. **2.** Paisagem particularmente interessante para ser pintada. **3.** Conceito de pintura paisagística, sugerido tanto pelo pintor Alexander Cozens (*Um Novo Método de Auxílio à Invenção no Desenho de Composições Paisagísticas Originais*, 1785) quanto pelo teórico Uvedale Price (*Um Ensaio sobre o Pitoresco, Comparado ao Sublime e ao Belo*, 1794-1798), ambos ingleses. Para Cozens, borrões acidentais, formados sobre quaisquer superfícies, servem como estímulos imaginários, a partir dos quais é possível dar uma configuração definitiva a paisagens naturais. De modo inverso, estas também são apreendidas, imediatamente, como manchas, claras, escuras, coloridas, e não sob a forma de estruturas geométricas. O artista deve, portanto, aproveitar essas sensações para orientar novas experiências imaginativas que revelem o característico, o particular, e não mais o belo comum ou universal. O estabelecimento de novas relações entre as manchas iniciais lhe permite transmitir, paisagisticamente, sensações de calma, de tristeza, de alegria ou de elevação espiritual, como se fosse uma espécie de "educação sentimental". Price, por sua vez, indicava a preferência de certos artistas da época, como o francês Gaspard Dughet e o inglês Thomas Girtin, por cenas rurais ou campestres agitadas, de muitas irregularidades e variados detalhes. Constituía, portanto, um meio-termo entre a serenidade plástica do "belo" neoclássico e as pinturas de paisagens selvagens e majestosas, mas extremamente impetuosas e conturbadas, como as do pintor napolitano Salvatore Rosa. Neste último caso, o "sublime" ali contido significava "terror e reverência perante os mistérios e a força da natureza selvagem". Com o pitoresco, insinuam-se tendências românticas nas artes plásticas. Variante: pinturesco. →*Sublime*.

PLANO DE LUZ. Planta baixa que contém as posições de gambiarras e de ribaltas, os tipos de refletores ali contidos, as direções de focos de luz e as cores a utilizar nos quadros e partes de um espetáculo cênico.

PLANO DE PALCO. Divisão imaginária do palco em seções ou segmentos, que servem para facilitar a marcação dos atores. Habitualmente, divide-se a área de representação em seis setores: esquerda-baixa, centro-baixo, direita-baixa, esquerda-alta, centro-alto e direita-alta.

PLANO DE SALA. Mapa que reproduz a sala do teatro ou anfiteatro com a platéia, as frisas, os camarotes e os balcões, e suas respectivas fileiras de assentos numerados, destinado à orientação do público e ao controle das vendas de ingressos na bilheteria.

PLANTA. Em arquitetura, o significado original é o de projeção desenhada de um edifício sobre uma superfície plana, horizontal, cuja representação gráfica abstrai ou elimina as elevações que ele na verdade contém. Os arquitetos gregos chamavam este desenho de "iconografia", isto é, os traços deixados pela planta do pé, referindo-se, assim, aos pontos em que o edifício se assentava-se no solo. Por extensão, no entanto, designa-se como planta toda representação gráfica que retrace, em uma escala determinada, as distâncias e as proporções dos elementos construtivos ou dos aposentos de uma obra arquitetônica. || *Planta baixa*, aquela traçada a partir de um corte horizontal feito um pouco acima do peitoril da janela, ou a cerca de um metro do piso. • *planta de cobertura* (ou *de telhado*), a que representa a edificação vista de cima, pela qual se tem uma imagem do contorno da edificação. • *planta de locação*, o desenho da projeção horizontal dos elementos estruturais e de vedação. • *planta de situação*, o desenho que localiza a edificação em meio ao terreno disponível, e este em relação aos terrenos adjacentes. • *planta topográfica*, a que reconstitui as declividades do terreno, por levantamento topográfico, antes de se dar início ao projeto arquitetônico.

PLATÉIA. Em casas de espetáculos cênicos e cinematográficos, o conjunto de assentos situados ao rés-do-chão e que se estende desde o palco, o fosso da orquestra ou a tela, até o final da sala. O termo pode ser empregado para o conjunto do público ou dos assistentes ("a platéia pediu bis").

PLATERESCO. Do espanhol *platero* – artífice que trabalha a prata – designa um estilo de ornamentação arquitetônica exuberante do gótico tardio espanhol (finais do século XV e início do XVI), com a inclusão de elementos mouriscos rendilhados e outros renascentistas, tais como medalhões, florões e grotescos, dando a impressão de um trabalho aplicado sobre prata. Exemplos significativos encontram-se na Igreja de São Paulo, em Valladolid, e na Universidade de Salamanca.

•**PLAY-BACK.** Interpretação apenas mímica de uma canção já gravada anteriormente. Em certo sentido, é o inverso da →*dublagem*.

PLÊIADE, PLÊIADES. **1.** No plural, refere-se às sete filhas de Atlas e de Plêiona, que, segundo o mito grego, após tomarem conhecimento do castigo e do sofrimento eterno imposto a seu pai, se suicidaram, trágica e coletivamente, mas que, por vontade de Zeus, foram transformadas em estrelas da constelação do Touro. **2.** No singular, o grupo dos sete poetas helênicos e contemporâneos do reinado de Ptolomeu Filadelfo em Alexandria, no século III a.C.: Lícofron, Alexandre Etólio, Filisco, Sosífanes, Homero de Bizâncio, Sositeu e Dionisíades. E também o grupo de poetas franceses, criadores da escola literária nacionalista *La Pléiade*, durante os reinados de Henrique II e de Henrique III, no século XVI, constituído por Jacques Peletier du Mans, Pierre de Ronsard, Joachim Du Bellay (*Os Pesares – Les Regrets*), Rémi Belleau (*O Redil – La Bergerie*), Étienne Jodelle (*Misturas Poéticas – Mélanges Poétiques*), Jean-Antoine Baïf (*Obras Rimadas – Oeuvres en Rime*) e Pontus de Tyard (*Enganos Amorosos – Erreurs Amoureuses*). O grupo começou a formar-se com o manifesto *La Brigade* e a publicação da *Defesa e Ilustração da Língua Francesa*, de Du Bellay (ambos em 1550), nos quais se propuseram o estudo e o retorno à lírica antiga, sobretudo a grega (odes, elegias, éclogas, em lugar das formas mais populares de baladas e rondós, por exemplo), a escrita em língua vernácula e, inclusive, o uso de expressões dialetais. O retorno aos clássicos gregos, já verificado na Itália, não deveria restringir-se a simples imitação, mas servir como impulso, "em sangue e alimento", para a criação de uma lírica e mesmo de uma dramaturgia nacionais. Em 1555, Peletier reuniu em sua *Arte Poética Francesa* os princípios estéticos do movimento. De Ronsard, o mais notável do grupo, são as obras *Quatro Primeiros Livros de Odes, Amores de Cassandra, Amores de Marie* e *Miscelâneas*. **3.** Por extensão, grupo seleto de personalidades, consideradas intelectualmente importantes.

PLEONASMO. Figura de sintaxe, gramatical, caracterizada pelo emprego de palavras redundantes. Alguns pleonasmos podem ser considerados estilisticamente legítimos, quando, de modo consciente e com bom gosto, pretendem reforçar ou dar vigor a construções literárias. Caso de "vi, claramente visto, o lume vivo" (Camões), ou de "sorriu-me como nunca a havia visto sorrir". Outros são tidos por consagrados na língua, como "ver com os próprios olhos", "voltar atrás" ou "abismo sem fundo" (o termo *abismo*, originariamente, designa lugar sem fundo). Há, no entanto, os pleonasmos viciosos, expressos por motivos de desatenção ou ignorância: *ambos os dois, descer prá baixo, entrar prá dentro* etc.

• **PLIÉ.** Movimento básico da dança clássica correspondendo a um agachamento ou flexão de pernas, com o afastamento lateral e concomitante dos joelhos. O *plié* é executado a partir de qualquer das cinco posições fundamentais dos pés (voltados para fora, afastados, semicruzados, em paralelo ou inteiramente cruzados). No *plié* inteiro, ou *grand plié*, os joelhos se dobram ao máximo, opondo-se quase em linha reta, e forçando o/a bailarino(a) a "sentar-se" sobre os calcanhares; já no meio *plié*, ou *demi plié*, os joelhos se dobram em um ângulo próximo aos 45 graus. Também os braços se movimentam durante o *plié*, tanto por necessidade de equilíbrio quanto de "cor" ou composição artísticas.

PLINTO. Base saliente, quadrada ou retangular, de uma parede ou de uma coluna arquitetônica. Neste último caso, constitui a estrutura inferior de um →pedestal.

• **PLOT.** Palavra de língua inglesa que, nas literaturas narrativa ou dramática, guarda o significado de enredo, entrecho ou trama.

PLUMÁRIA, ARTE. →*Arte plumária.*

POEMA. **1.** Texto poético lírico ou narrativo – este último derivado da épica antiga – relativamente longo e que encerra uma reflexão ou meditação subjetiva, de tipo filosófico-moral. Com esse sentido, são exemplos de poemas: *Prelúdio* (Wordsworth), *Don Juan, O Corsário* (Byron), *Hyperion* (Keats), *Ruslan e Ludmila, Eugênio Oniéguin* (Púchkin), *Legenda dos Século* (Victor Hugo), *Poema Sujo* (Ferreira Gular) ou *A Máquina do Mundo* (Drummond de Andrade). O texto tanto pode ter sido assumido diretamente pelo autor como por uma *persona* que o substitui. **2.** De maneira mais abrangente, obra poética, dada habitualmente como sinônimo de poesia. Ainda que assim seja, a poesia é uma categoria mais abstrata, gênero e técnica de expressão literária (→*Gêneros literários*). Como resultado, nem toda poesia é expressa em forma de poema. Já na Antigüidade, Teofrasto distinguira *poiesis*, o impulso anímico, lírico ou emotivo da criação, de *poiema*, a ordenação ou conformação, em palavras concretas, do ímpeto criativo. Modernamente, a crítica literária aceita a existência do "poema em prosa", ou seja, a existência de características lírico-poéticas no texto contínuo da prosa, sobretudo após as estéticas romântica (Aloysius Bertrand, Maurice de Guérin) e simbolista (Baudelaire, Lautréamont, Rimbaud, Jules Laforge ou Cruz e Sousa, no Brasil), que sugerem ritmos musicais, evocações líricas ou conturbados estados emotivos na ausência de estruturas versificadas. Nesse caso, a prosa subordina-se ao ritmo e lança mão de recursos poéticos, como aliterações, assonâncias ou repetições. Jean Hytier (*Les arts de littérature*), por exemplo, afirma: "Denominar-se-á poema toda obra poética escrita para provocar o prazer poético, quer se trate de um poema em verso (sentido comum), quer de um poema em prosa (ao qual se poderá chamar também de prosa poética)". Diz ainda Massaud Moisés: "[...] inconfundível quando em presença do poema em verso, o poema em prosa também se distingue do conto ou da crônica de inflexão lírica, expressões em prosa com que mais se assemelha. E a diferença mostra-se palpável pela ausência, no poema em prosa, do traço identificador da crônica e do conto poéticos: o episódico, o narrativo, o enredo" (*A Criação Literária*). Os trechos seguintes podem servir de ilustração: "É preciso estar sempre bêbado. Tudo aqui está: é a única questão. Para não sentir o horrível fardo do Tempo que toca os vossos ombros e vos inclina à terra, é preciso vos embebedar sem trégua. Mas com o quê? Com vinho, com poesia ou virtude, à vossa escolha. Mas embebedai-vos. E se às vezes, sobre os degraus de um palácio, sobre a verde erva de um fosso, na solidão morna de vosso quarto, vós acordais, a tontura já dissipada, perguntai ao vento, à onda, à estrela, ao pássaro, ao relógio, a tudo o que foge, a tudo o que geme, a tudo o que se move, ao que canta, fala, perguntai as horas. E o vento, a onda, a estrela, o pássaro e o relógio vos responderão: É hora de se embebedar" (Baudelaire, *Pequenos Poemas em Prosa*). "Tupá, o supremo Espírito Protetor de minha raça, encontrou-me um dia em meio à verde floresta, quando arrebatado estava pela contemplação da Natureza, e ali me disse: – Toma esta caixa misteriosa e descobre os segredos que nela há. Obedecendo-lhe, tomei-a bem junto a meu coração, e abraçado a ela passei muitas luas às margens de uma fonte. Uma noite, Jasy, a própria lua mãe de todos, refletida na água cristalina, sentindo a tristeza de minha alma índia, deu-me seis raios de prata para com eles desvelar os segredos da caixa. E o milagre ocorreu: do fundo da caixa misteriosa surgiu a maravilhosa sinfonia de todas as vozes virgens da América" (Augustín Barrios, *Profissão de Fé*).

POEMA SINFÔNICO. É a partir da obra de Berlioz, fundamentada nas criações sinfônicas de Beethoven, que o poema sinfônico se consolidou, ao designar um "drama musical". De modo semelhante a uma peça programática ou descritiva, esta forma pretende representar, sonoramente, uma certa fabulação ou enredo cujo conteúdo se refira, antes de tudo, a estados emocionais em transformação (e expressos por mudanças de andamento e variações de intensidade). Para a *Sinfonia Fantástica*, considerada o primeiro exemplo desta modalidade, o próprio Berlioz explicitou suas intenções, ao escrever: "No princípio, o jovem músico evoca o estado de ânimo angustiante, a tenebrosa nostalgia, a melancolia e os transportes de alegria que sentiu antes do aparecimento da amada; depois, recorda-se do amor ardente que de modo repentino nele se acende, da angústia quase demente de seu coração, sua raiva zelosa, do amor que torna a ser despertado e de suas consolações religiosas". Já na opinião de Liszt, que aderiu à idéia, a finalidade do poema sinfônico é fazer com que as "impressões indefinidas da alma sejam elevadas a impressões concretas (pois que baseadas em uma ação dramática), mediante um plano bem estruturado, o qual é percebido pelo ouvido tanto quanto o olho percebe um ciclo de imagens". Após Berlioz e Liszt, Richard Strauss também se propôs criar poemas sinfônicos (particularmente chamados de "poemas sonoros"), como *Morte e Transfiguração*, *Don Juan* ou *Assim Falava Zaratustra*, por acreditar que a música pode manifestar, plasticamente, ações, idéias ou sentimentos extramusicais. Smetana (*O Campo de Wallenstein*), Saint-Saëns (*Le Rouet d'Omphale*) dedicaram-se ao gênero, tanto quanto Debussy, que aderiu à representatividade sonora em obras como *L'Après Midi d'un Faune* ou *La Mer*, embora seu estilo, na opinião de Ortega y Gasset, tenha "eliminado os sentimentos privados (radicalmente subjetivos ou românticos) da arte". No Brasil e na América Latina, diversos compositores dedicaram-se ao gênero, entre outros Heitor Villa-Lobos (*Centauro de Ouro*, *As Amazonas*) e Silvestre Revueltas (*Cuauhtémoc*, *Alcancías*). →*Música programática, descritiva.*

POESIA. →*Gêneros literários*, →*Literatura.*

POÉTICA. **Concepções na Antigüidade.** Da expressão grega *tekné poietiké*, arte poética, passando o adjetivo à categoria de substantivo. Pode, na dependência do autor, indicar: *a*) estudo crítico e específico da poesia; *b*) teoria da criação literária, abrangendo todos os seus gêneros; *c*) teoria geral das artes, incluindo-se as suas diversas manifestações.

A investigação sobre a natureza e sobre as características da arte em geral e da linguagem literária em particular surgiu, mais consistentemente, com Aristóteles em sua obra *Peri Poietikés,* comumente traduzida por *Arte Poética*, ou, de modo mais simples, *Poética*. A finalidade do texto, vista pelo original grego, diz respeito à capacidade representativa das artes e da palavra, aos elementos constitutivos e às formas – *eidos* – pelas quais se expressa a literatura. Ao mesmo tempo, é por esta obra que o filósofo realiza a defesa das linguagens artísticas, retóricas e ficcionais, opondo-se às críticas que, contra elas, Platão formulava no livro X da *República* e no *Sofista*.

Para este último, teórico do idealismo, a criação essencial é a divina; o segundo patamar "poético" decorre da atividade do artífice, do produtor de objetos úteis; a arte, finalmente, consistiria na imitação ou reprodução de simples "aparências" dos níveis anteriores. Na concepção platônica, o valor da pintura ou da escultura depende de sua maior ou menor aproximação com o conhecimento verdadeiro. Deveria ser algo que estivesse em conformidade com a Idéia. No entanto, e embora se aparente com a Idéia, a arte encontra-se tão afastada dela quanto um nome da coisa que representa. A arte revela-se antes como imagem (*eikón*) de uma coisa (*pragma*). Ou é uma imitação por cópia, e nesse caso duplica inutilmente a realidade, ou engendra aparências enganosas, simulacros, desvirtuando o conhecimento verdadeiro.

Aristóteles, ao contrário, procura demonstrar que a arte, e especialmente a literatura e o teatro, institui-se como veículo de conhecimento (seu lado cognitivo) e de prazer sensível e hedonístico (modernamente, diríamos estético), tanto pela compreensão quanto pelo reconhecimento da realidade. É pelo reviver das paixões (o reconhecer) e pela superação de tais sentimentos (o compreender) que se completa o ciclo indispensável da *catarse* e que o poder imitativo ou mimético da literatura e do drama expõe seu máximo valor.

A esse respeito, diz o autor: "Parece, de modo geral, darem origem à poesia (criação literária) duas causas, ambas naturais. Imitar é natural ao homem desde a infância – e nisso difere dos outros animais, em ser o mais apto para imitar e para adquirir os primeiros conhecimentos por meio da imitação – e todos têm prazer em imitar [...]. Outro prazer é que aprender é sumamente agradável, não só aos filósofos, mas igualmente aos demais homens, com a diferença que a estes em menor parte [...]. A epopéia e a poesia trágica (a tragédia) e também a comédia, a poesia ditirâmbica, a maior parte da aulética (a arte da execução dos aulos e flautas) e da citarística, consideradas em geral, todas se enquadram nas artes da imitação (da natureza objetiva e da natureza humana). Contudo, há entre estes gêneros três diferenças: seus meios não são os mesmos, nem os objetos que imitam, nem a maneira de imitá-los. Do mesmo modo que alguns fazem imitações segundo um modelo com cores e atitudes [...] assim também, nas artes acima indicadas, a imitação é produzida por meio do ritmo, da linguagem e da harmonia, empregados separadamente ou em conjunto".

Claro está que a mimese – a cuja noção podemos acrescer hoje as idéias de ficção, fantasia, imaginação ou fabulação – não significa, necessariamente, a reprodução de eventos concretos, mas daqueles possíveis, verossímeis e necessários (logicamente encadeados e, portanto, críveis, acreditáveis). É o que se depreende de passagens como: "[...] a obra do poeta não consiste em contar o que aconteceu, mas, sim, quais coisas podiam acontecer, possíveis do ponto de vista da verossimilhança ou da necessidade [...]. O objeto da imitação não é apenas uma ação completa, mas casos de inspirar temor e pena, e estas emoções são tanto mais fortes quanto, decorrentes uns dos outros, são, não obstante, fatos inesperados, pois assim terão mais aspecto de maravilha do que se brotassem

do acaso e da sorte; mesmo dentre os fortuitos, despertam a maior admiração os que aparentam ocorrer de propósito". Ou, mais adiante, "quando plausível, o impossível se deve preferir a um possível que não convença". A mimese, enfim, incide sobre os caracteres dos homens (*ethe*), sobre suas paixões (*pathe*) e ações (*praxeis*).

A concepção aristotélica manteve-se viva e modelar para a civilização romana. Nela se baseou Horácio para, no final do século I a.C., escrever sua *Carta aos Pisões*, também conhecida como *Arte Poética* (nome consolidado por Quintiliano na obra *Institutiones oratoriae*). O poeta, e nesse caso também teórico, procurou demonstrar que a arte em geral, e a literatura em particular, são um esforço contínuo e indispensável de busca de perfeição. Ou seja, de criação de obras plenas, acabadas, e claramente construídas sob os domínios da técnica e da racionalidade.

Já o início do texto evidencia este pensamento e preocupação: "Suponhamos que um pintor entendesse de ligar a uma cabeça humana um pescoço de cavalo, ajuntar membros de toda procedência e cobri-los de penas várias, de sorte que a figura, de mulher formosa em cima, acabasse num hediondo peixe preto; entrados para ver o quadro, meus amigos, vocês conteriam o riso? Creiam-me, Pisões, bem parecido com um quadro assim seria um livro em que se fantasiassem formas sem consistência, quais sonhos de enfermo, de maneira que o pé e a cabeça não se combinassem num ser uno". Aquele que se entrega ao ofício da arte e do texto deve, antes de tudo, conhecer em profundidade a matéria de que trata, pois assim não lhe faltarão nem a eloqüência, nem a ordenação indispensáveis: "Se não posso nem sei respeitar o domínio e o tom de cada gênero, por que saudar em mim o poeta? Por que a falsa modéstia de preferir a ignorância ao estudo?".

Horácio reafirma sempre o aforismo do velho Catão: *rem tene, verba sequentur*, isto é, domina o assunto que as palavras virão na seqüência. De outra maneira, cai-se na superficialidade, no pueril, na concessão não-percebida que corroem a grandeza que da arte se espera. A par desse fundamento, outros coexistem: o bom senso, a linguagem viva, a união do útil (do conhecimento) e do agradável (do prazer sensível): "[...] se me queres ver chorar, tu tens de sentir primeiro a dor; se um semblante é triste, melhor se ajustam as palavras sombrias; se irado, as carregadas de ameaça; se alegre, as joviais; se severo, as graves".

Vista por outro ângulo, a criação artística ou segue a tradição, ou faz surgir algo de inusitado. No primeiro caso, se o autor busca representar personagens já conhecidos, os seus caracteres devem ser conservados naquilo que mais os fizeram convincentes e duradouros: "Se o escritor reedita o celebrado Aquiles, que ele seja estrênuo, irascível, impetuoso, pois as leis não foram para ele feitas, já que tudo (nele) se entrega à decisão das armas; Medéia será feroz e indomável; Ino, chorosa; Íxion, pérfido; Oreste, sorumbático". Já no segundo caso, "quando se experimenta assunto nunca tentado em cena, quando se ousa criar personagem nova, conserve-se ela tal como surgiu de começo, fiel a si mesma". Assim, erra quem julgue ter sido Horácio um férreo defensor da tradição apenas. A inovação na arte lhe foi cara e, sobretudo, inevitável: "Se, empregando-se delicada cautela no encadeamento das palavras, um termo há muito usado, graças a uma ligação inteligente, lograr aspecto novo, o estilo ganhará em requinte [...]. Era e sempre será lícito dar curso a um vocábulo de cunhagem recente [...]. Como, à veloz passagem dos anos, os bosques mudam de folhas, assim perece a geração velha de palavras e, tal como a juventude, florescem viçosas as nascediças. Somos um haver da morte, nós e o que é nosso".

Também o classicismo renascentista conservou os preceitos antigos, de semelhança e adequação, de norma a ser aprendida e transmitida, bem como a idéia especular da arte, ainda que não necessariamente o de cópia ou transposição exata. Mas o entendimento do ato poético foi o mesmo, e deste modo assevera Torquato Tasso: "A poesia é uma imitação, realizada em verso, das ações humanas, e feita para o ensino da vida". Definição muito próxima à do teórico Piccolomini: "A Poesia é imitação não só de coisas, naturais e artificiais, mas principalmente de ações, de costumes e de afetos humanos". O que se pretendia realçar, enquanto concepção naturalista, era o fato de uma obra representar algo que compartilhasse os princípios e a ordem da natureza. Ou seja, o típico, o que é comum e serve à espécie humana, em toda a parte e em todos os tempos. Desenraizado de condições acidentais, particulares, efêmeras.

Como lembra ainda René Welleck (*História da Crítica Moderna*), "por natureza podia significar-se a natureza ideal, a natureza como deve ser, julgada por padrões estéticos e morais. A arte devia exibir a bela natureza, *la belle nature*. Significava isso não só uma seleção, mas uma elevação, um melhoramento da natureza [...] na escultura, o corpo humano devia ser representado não como é normalmente, mas como deveria ser idealmente [...]. Decerto, o herói épico tinha a função definida de representar a natureza humana ideal". Assim, a poética, vista simultaneamente como criação, baseada em princípios naturais, e idealização, atribuiu ao artista uma capacidade quase divi-

na de reconstrução e aperfeiçoamento das formas e do espírito.

Se reunirmos agora todas as funções da arte, segundo os diversos tratadistas da poética, seriam elas: a *prodesse*, isto é, a utilidade que deriva de alguém desenvolver uma técnica capaz de modificar a matéria-prima ou um objeto (traçar formas, relacionar cores ou manipular argila, por exemplo), bem como aprimorar uma ação (um salto coreográfico); o *movere*, ou seja, o comover ou fazer ressoar no íntimo do observador/leitor/ouvinte uma sensação de ordem psíquica (atraente ou não); o *delectare*, que é o prazer, a satisfação resultante do movimento anterior; e, por fim, o *docere* ou o ensinar, aquilo que diz respeito ao entendimento, ao acréscimo cognitivo e ao refinamento moral da convivência em sociedade.

Autonomia *versus* regras. Mas a meio do caminho do século XVIII, esta concepção foi posta em dúvida pela crítica, inicialmente inglesa, em figuras como as de lorde Henry Kaymes e de Thomas Twining. Argumentaram ambos que a arte tanto pode ser "espelho" quanto "convenção" (uma regra ou princípio artificial, tácita e socialmente aceito). Se a pintura e a escultura (à época inteiramente figurativas) enquadram-se na imitação, a música e a arquitetura elaboram-se por critérios e formas convencionais, internas. Assim, se de um lado existem artes icônicas (Twining), isto é, as que guardam relação de semelhança com a realidade, há outras, e desde sempre, independentes ou de regulação exclusiva. Mesmo no interior da literatura, apenas o drama imitaria, pois os personagens falam como os seres humanos reais.

A partir desse momento, desenvolveu-se então o princípio diverso da arte como o de uma "segunda natureza", "ato criativo em si e por si", ou ação verdadeiramente demiúrgica. Aquela que nasce do gênio pessoal, da capacidade imaginativa, do poder subjetivo de um autor e que, por tais evidências, transcendem a realidade objetiva, a facticidade do imediato. De um lado, o →*gênio*, ou seja, dom e sensibilidade aguda ou extraordinária para a percepção ("[...] a força e a abundância, não sei que rudeza, a irregularidade, o sublime e o patético, eis nas artes o caráter do gênio; não comove francamente, não agrada sem espantar, espanta até pelos erros" – Diderot); de outro, a →*inspiração*, ou uma iluminação misteriosa, não-compartilhável, capaz de criar. O que, fundamentalmente, a arte expressa agora é o mundo interior e as relações ou percepções ocultas, por detrás das aparências. Daí a visão romântica, para quem a realidade consistente reside no *eu*. "A poesia é o autêntico real absoluto [...] quanto mais poético, mais verdadeiro [...]. O poeta é, literalmente, um insensato. Mas, em contrapartida, tudo se passa nele. É, ao mesmo tempo, sujeito e objeto, alma e universo" (Novalis). Ou ainda as palavras de Musset: "É o coração que fala e suspira / Enquanto a mão escreve".

Essa modificação de critérios, da imitação para a criação de outra realidade, veio inscrita também nas idéias de Kant, que diferenciou aquele mundo que se manifesta por causalidade e necessidade, a Natureza, e o universo propriamente humano da liberdade, da escolha dos meios e dos fins. O "belo", que antes se adequava porque se comparava a normas gerais, pois que representava uma síntese da ordem e do prazer, deixa de ser "coisa" para se converter em "juízo" a respeito de algo. Não é mais objetivo, universal, mas localizado e mutável. A realidade existe, evidentemente, mas como dado empírico, fonte para a expressão transformadora do espírito, do *furor poeticus*. A arte não mais se adapta, mas liberta-se da natureza e da causalidade necessária. E a própria designação de poética cede espaço à modernidade da →estética.

Devemos frisar, no entanto, que os clássicos também consideraram o papel criativo da personalidade única ou da subjetividade do criador. Mas não lhe conferiram uma importância tão destacada como os séculos posteriores ao XVIII. Basta lembrar o fragmento de Demócrito, para quem o poeta cria a beleza "quando escreve com entusiasmo" (tomado por um deus ou pela iluminação divina). O mesmo se verifica em Platão, em sendo a poética uma das formas de mania ou loucura sagradas, de êxtase contemplativo.

Ocorre que, em ambos os casos, a criação não é um fenômeno psíquico interno, um mergulho subterrâneo, uma "floração noturna", mas uma doação, uma bênção superior, intermediada pelas musas. Teofrasto, por sua vez, distingue *poiesis,* o conteúdo não-racional, esquivo ou emocional, do *poiema,* o arranjo, a escolha refletida que conduz o impulso anterior para a conformação e o ordenamento da obra. E Horácio, no texto já mencionado, observa: "Há quem discuta se o bom poema vem da arte ou da natureza: cá por mim, nenhuma arte vejo sem rica *intuição,* e tão pouco serve o engenho sem ser trabalhado; cada uma dessas qualidades se completa com as outras, e amigavelmente devem todas cooperar". Boileau, igualmente, reconhece a importância do dom natural, quando justaposto ao esforço paciente da razão: "É em vão que o autor à poesia converso / Pense alcançar as alturas do Parnaso em verso, / Se não sente do céu a influência secreta, / Se seu astro de nascença não o fez poeta".

E, ao contrário do que se poderia imaginar, Edgar Allan Poe, o poeta dos mistérios e das paixões mórbidas, incluso entre os românticos, foi na verdade um mestre da construção racional. No ensaio *A Filosofia da Composição,* demonstrou-nos que o processo de sua arte poética sempre esteve marcado por uma elaboração distante de inspirações "iluminadas". *O Corvo* seguiu uma trajetória lógica, de medidas justas, apesar do efeito emotivo contrário que dele emerge. Primeiro, escolheu a dimensão do poema, nem longo, nem curto. Em seguida, guiou-se pela idéia do Belo como finalidade da poesia e manifestação da tristeza. Optou, na seqüência, pelo uso de um refrão curto e sonoro, *nevermore* (nunca mais), síntese da perda da mulher amada e da melancolia. Imaginou depois que um personagem distinto do poeta pronunciasse o ritornelo da tristeza: de início, um papagaio, mas, por fim, a figura sombria do corvo.

Essa perspectiva de conjugação entre o clássico e o romântico, entre o intelecto e a emoção, entre o arranjo lógico e a intuição lírica levou Baudelaire a admitir que Poe "ensinou-o a pensar" (poeticamente). É por essa interação que a arte poética alcança os seus mais belos momentos quando transita, habilmente, entre a ordem e a desordem, entre a sensibilidade e a razão. O que não é pouco, e nem facilmente se consegue. Na literatura, quem sabe mais, pois dos elementos lingüísticos comuns deve-se construir uma língua especial, uma "grande língua", na sentença de T. S. Eliot. →*Literatura,* →*Gêneros literários,* →*Estética,* →*Retórica* e →*Estilo.*

POLCA. Dança tcheca de compasso 2/4, executada em pares, cujo nome deriva de *pulka* (metade), isto é, caracterizada por "meio-passo". Contém quatro tempos ou movimentos básicos: deslizamento inicial do pé esquerdo para o lado esquerdo; aproximação do pé direito em direção ao pé esquerdo; novo deslizamento do pé esquerdo; aproximação do pé direito ao esquerdo, mas finalizada por um pequeno salto. Reza a lenda que a polca teria sido inventada por uma camponesa da Boêmia, de nome Anna Slezakova, embora tenha sido anotada coreograficamente por Josef Neruda, em princípios do século XIX. Difundida na Europa e nas Américas como dança de salão, foi ainda utilizada em obras de compositores eruditos românticos. No Brasil, contribuiu para o surgimento do →frevo, em sua variante da marcha-polca, executada por bandas militares.

POLICIAL. 1. Tipo de literatura narrativa – romance, conto, novela – de entretenimento, isto é, centrada no mistério ou no suspense da ação e que se tornou bastante popular a partir da obra *Os Crimes da Rua Morgue* (1841), de Edgar Allan Poe, e, posteriormente, com *A Dama de Branco* (1860), de Wilkie Collins, e *Um Estudo em Vermelho* (1887), de Conan Doyle. A estrutura básica dos enredos baseia-se em alguns ingredientes necessários e relativamente convencionais, hoje tidos como clássicos: crime(s), cadáver(es), um enigma a ser desvendado e punido, o personagem que investiga a trama, uma solução surpreendente ou um desfecho inesperado. O universo da literatura policial é, predominantemente, o da grande metrópole e seus territórios socialmente sórdidos ou "malditos", habitados por figuras marginais, de hábitos bizarros ou comportamentos esquizóides, além dos arrivistas, corruptos, delinqüentes, bandidos, contrabandistas, traficantes, rufiões e prostitutas. Ou, no extremo oposto, os locais freqüentados por grandes burgueses, milionários e personalidades da alta sociedade (hotéis e escritórios de luxo, *spas*, cruzeiros), movidos pela ambição, pelo poder ou pela manutenção de privilégios. O protagonista, quase sempre um investigador ou detetive (quando particular ou amador, compete com as investigações oficiais ou lhes oferece a solução), apresenta traços marcantes e bem delineados, formadores de um "tipo", tanto em seu temperamento como na forma singular de conduzir as investigações: cerebral e lógico-dedutivo, como Dupin, de Edgar Allan Poe, Sherlock Holmes, de Conan Doyle, ou Nero Wolfe, de Rex Stout; singelo e devoto como o padre Brown, de Gilbert Chesterton, ou truculento, grosseiro e decidido como Sam Spade, de Dashiel Hammett. Além dos já citados, dedicaram-se ao gênero autores como Van Dine (criador do detetive intelectual Philo Vance), Edgar Wallace (do detetive Wade), George Simenon (de Maigret), Agatha Christie (de Hercule Poirot e Miss Marple), Raymond Chandler (de Phillip Marlowe), Graham Greene (no romance *A Gun for Sale*) e Patricia Highsmith, cujo personagem de relevo, Tom Ripley, de *O Sol por Testemunha*, é o anti-herói, um assassino frio e amoral, disposto a provar que o crime sempre compensa. Aplica-se ainda ao gênero policial, literário ou cinematográfico, o adjetivo *noir* (negro, sombrio), depois que o escritor Marcel Duhamel passou a dirigir a coleção de histórias da editora francesa Gallimard, cujo título era "série negra" (*série noire*). Certos comentadores defendem a idéia de que o *noir* se distingue das características pioneiras pelo fato de seus personagens-heróis, a partir de Sam Spade, terem uma origem ou um comportamento socialmente parecido com os vilões da história, utilizando-se do mesmo vocabulário simples, direto, ou das mesmas gírias do submundo. Além disso, o tratamento dado ao enredo, na vertente *noire*, possui contornos mais sanguinários, violentos ou realistas, sendo Dashiel Hammett, Raymond Chandler e William Irish os seus mais destacados autores até o momento. Nos Estados Unidos, a expressão →*hard-boiled* aplica-se a essas histórias de crimes, com seus detetives ou investigdores. **2**. Gênero cinematográfico, igualmente conhecido pela denominação de filme *noir*, dado pela crítica francesa após a realização do *Falcão Maltês* por John Huston.

Como o *western* e o musical, cedo se desenvolveu nos Estados Unidos, mantendo-se permanentemente em voga, ao contrário dos outros citados. Da mesma maneira que a literatura policial, que muitas vezes adapta, baseia-se no delito de um criminoso (às vezes suposto de início, e revelado inocente, ao final), na forma de atuação de gangues e famílias mafiosas, na existência de vítima(s) e motivações do crime, e nas sanções policial e penal, responsáveis pelo caráter alegórico da vitória final da Justiça sobre o crime. Nele se misturam, inclusive nos subgêneros, o suspense das ações (o *thriller*), a violência armada das gangues, as figuras dos detetives oficial ou particular, do advogado criminalista, os ambientes sombrios, grupos marginais ou economicamente poderosos, a investigação do culpado (que os americanos chamam de *whodunit*). Apesar de o filme *Great Train Robbery* (Edwin Porter, 1903) já conter elementos de semelhança, considera-se como primeiro modelo, ou exemplar, a obra de D. W. Griffith, *The Musketeers of Pig Alley* (1913). Conduzido sob forma melodramática nos primeiros anos (*The Gangster and the Girl*, de Thomas Ince, ou *The Regeneration*, de Raoul Wash), o gênero passou por uma primeira renovação com Josef von Sternberg e seu filme *Underworld* (1927), por acrescentar uma dimensão trágica à personalidade do bandido. Aliás, o fenômeno da criminalidade urbana organizada em cidades americanas, sobretudo entre os anos 1920 e 1950, serviu de inspiração e temática ao filme policial. Em um primeiro momento, viveu-se a época de *Little Caesar* (Mervyn Le Roy, com Edward G.Robinson), *Public Enemy* (William Welmann, com James Cagney) ou *Scarface* (Howard Hawks, com Paul Muni), até a série de *O Poderoso Chefão* (Ford Coppola), obras que tornaram os personagens criminosos ídolos do imaginário popular, símbolos ambíguos de heróis poderosos, destemidos, amorais e construtores de fortunas (como os velhos pistoleiros do faroeste), mas, ao mesmo tempo, corruptores da sociedade idealizada pelas garantias da lei e da moralidade. Em seguida, inverte-se a relação, elevando-se o detetive particular (o *private eye*) ou oficial à condição de herói solitário, tendência forte do gosto "hollywoodiano". Aqui, historicamente, a importância d'*O Falcão Maltês* e de Sam Spade. Impiedoso e eficaz, "capaz de se livrar de todas as situações e de se impor ao criminoso e ao cliente" (segundo o próprio Hammett), veio a se constituir no emblema de uma série de filmes a partir da década de 1940. Entre outros, *Relíquia Macabra* (John Houston), *Até à Vista, Querida* (Edward Dmytryk), *The Lady in the Lake* (Robert Montgomery) ou *Chinatown* (Polanski). Esse mesmo agente ganha ainda a possibilidade de viver paixões amorosas, como em *Laura* (Otto Preminger), *The Glass*

Key (Stuart Heisler), *Gilda* (Charles Vidor), *The Lady from Shangai* (Orson Welles), *Night Moves* (Arthur Penn), *Klute* (Alan Pakula) ou o "pós-moderno" e erótico *Basic Instinct* (Paul Verhoeven). O cinema francês também produziu bons exemplos do gênero, desde *Les Vampires* (Louis Feuillade), aplaudido por André Breton, e *Judex* (René Cresté), ambos de 1916. Uma lista breve e seguramente incompleta poderia incluir: *Le Chien Jaune* (Jean Tarride, 1932, primeira adaptação de Maigret para o cinema), *La Nuit du Carrefour* (Jean Renoir), *Pépé le Mako* (Julien Duvivier), *Quai des Orfèvres* (Henri Clouzot), *Impasse des Deux Anges* (Maurice Tourneur), *Touchez pas au Grisbi* (Albert Simonin), *Du Rififi chez les Hommes* (Jules Dassin), *En Cas de Malheur* (Claude Autant-Lara), *À Bout de Souffle* (Jean-Luc Godard), *À Double Tour* e *Les Fantômes du Chapelier* (Claude Chabrol), *Tirez sur le Pianiste* (François Truffaut), *Borsalino* (Jacques Deray), *Classe tous risques* (Claude Sautet), *Les Doulos* (Jean Pierre Melville), *Police Python 357* (Alain Corneau).

POLIFONIA. Constitui, de maneira genérica, a emissão simultânea de uma série de sons ou seqüências musicais. Mais especificamente, corresponde a uma pluralidade organizada, construída a partir de regras, ou seja, de relações harmônicas submetidas a um "eixo de tonalidade", pelas quais duas ou mais melodias – cantadas ou instrumentais – evoluem em conjunto, sem que haja primazia. Assim sendo, a progressão de uma linha melódica conduz à progressão de outras, permitindo, de um lado, a liberdade de cada voz, ao mesmo tempo em que se impõe disciplina a todas. É a música, portanto, que torna interdependentes a linha vertical (os sons tocados ou cantados ao mesmo tempo) e a linha horizontal (a seqüência de todo o conjunto no tempo). Opõe-se à música de tessitura monofônica (a de uma só melodia) e à de tessitura homofônica (uma melodia com seus acompanhamentos). A polifonia mais desenvolvida é certamente a da música ocidental, tendo vigorado desde o fim da Idade Média (motetos do século XIV) até as primeiras décadas do século XVIII. →*Música*, →*Arte medieval*, →*Renascença, Renascimento*.

POLÍPTICO. →*Retábulo*.

POLISSEMIA. O conjunto de significados diferentes, mas relativamente habituais de uma mesma palavra, isto é, as acepções possíveis e correntes de um vocábulo inscrito no léxico. O vocábulo "pena", por exemplo, pode significar *pluma*, *dó*, *punição* ou *objeto de escrita*. Por conseqüência, o sentido desejado no uso de palavras polissêmicas só é determinado, concretamente, na frase, no texto, ou seja, pelo contexto.

POLÍTICA CULTURAL. Por política cultural pode-se entender, inicialmente, o conjunto de intervenções dos poderes públicos sobre as atividades artístico-intelectuais ou genericamente simbólicas de uma sociedade, embora deste âmbito se encontre habitualmente excluída a política de educação ou de ensino formais. Ela abrange tanto o arcabouço jurídico de tributos incidentes, de incentivo e proteção a bens e atividades, quanto, de maneira concreta, a →*ação cultural* do Estado, freqüentemente seletiva, e na qual se incluem: organismos ou estruturas administrativas; princípios, regras e métodos de atuação; gerenciamento ou formas de apoio a instituições, grupos, programas ou projetos; manutenção ou difusão de obras e de processos artístico-intelectuais; preservação e uso de bens patrimoniais. Na qualidade de uma intervenção sistemática e institucionalizada por parte do Estado ou de poderes públicos, que por seu intermédio reconhece a importância sociocultural das artes, das produções intelectuais e dos acervos históricos, a política cultural surgiu em inícios do século XX, integrando-se à lógica das planificações econômicas, sociais e educacionais da União Soviética, assim como à tarefa de propaganda ideológica. Tratou-se do conhecido Comissariado do Estado para a Cultura, dirigido pelo respeitado crítico literário Anatole Lunatchárski, sob a sigla *Narkompros*, e subdividido em departamentos para música (Muzo), cinema e fotografia (Foto-Kino), disseminação da leitura e do livro (Lito), artes plásticas e museus (Iso) e teatro (Teo). Somente após a Segunda Guerra Mundial é que essas preocupações e estruturas foram incorporadas mais correntemente aos governos, socialistas ou capitalistas. Mas devemos lembrar que, de modo pioneiro, a Prefeitura de São Paulo criou, em 1935, o Departamento de Cultura, idealizado por Paulo Duarte e entregue a Mário de Andrade, e o governo de Getúlio Vargas, em 1937, deu início às ações do Instituto Nacional do Livro e da Secretaria do Patrimônio Histórico e Artístico Nacional (SPHAN), então vinculados ao Ministério da Educação. Um segundo momento para a repercussão de políticas culturais ocorreu com a instalação da V República Francesa (1959) e com as concepções e trabalhos de André Malraux à frente de um ministério abrangente, o de Assuntos Culturais. A prosperidade econômica do pós-guerra, incluindo-se a revalorização de expressões nacionalistas em países recém-saídos da colonização ou integrantes do então chamado "terceiro mundo", estimulou igualmente o aparecimento de organismos, de objetivos e de orçamentos específicos de política cultural, embora esta se tenha conservado com um *status* inferior às demais políticas públicas. Com a atuação concomitante da ONU, da Unesco e das conferências mundiais ou regionais sobre o assunto, tem-se defendido a tese de que a política cultural incorpora-se, necessariamente, aos projeto de evolução e de melhoria da sociedade. Ou seja, não seria ela um componente adicional ou derivado, mas um campo indispensável das políticas nacionais ou regionais. Assim, por exemplo, o artigo 27 da Declaração dos Direitos do Homem afirma que "toda pessoa tem o direito de integrar-se livremente na vida cultural da comunidade, de apreciar as artes e de participar do progresso científico e dos benefícios que dele resultam". Já o documento *Problemas e Perspectivas* (Unesco, 1982) defende a noção de que: "[...] o desenvolvimento não deverá limitar-se ao campo econômico (que é um meio); ele pressupõe que os objetivos do crescimento sejam definidos igualmente em termos de valorização cultural, de enriquecimento coletivo e individual, de bem-estar geral e preservação dos ambientes (urbanos e naturais)". Em outros termos, a existência de uma política cultural – desde que coerente, ampla e eficaz – constitui uma forma de expansão de conhecimentos e de práticas simbólicas, de integração social e de exercício de cidadania. Na prática, porém, isto é, na dependência de uma orientação ideológica predominante ou mesmo de uma tradição de mentalidade no interior do aparelho de Estado, as políticas culturais variam entre objetivos e compromissos que, nos extremos, se caracterizam como: dirigistas (de forte intervenção) e liberais (de fraco comprometimento), nacionalistas e cosmopolitas, gradualistas e revolucionários, elitistas e populistas, tradicionalistas e modernistas. Comentando as formas já consagradas do mecenato público, escreve Rosarie Garon: "Uma variedade de instituições foi criada (na segunda metade do século XX) e múltiplos meios foram desenvolvidos conforme os sistemas econômicos e as tradições políticas. Na Europa, dois tipos de estrutura predominam: um ministério encarregado dos assuntos culturais ou um conselho das artes, segundo a administração esteja confiada a uma administração direta ou a um organismo autônomo. Os países de influência britânica têm preferido confiar a gestão dos financiamentos públicos a um Conselho das Artes, enquanto os países de tradição mais centralizadora optaram por um ministério ou departamento de administração pública. Mas, na realidade, esses tipos de organização nem sempre se distribuem assim tão claramente. Na Itália, por exemplo, dois ministérios encarregam-se de domínios distintos da cultura (Bens Culturais e Ambiente, e Turismo e Espetáculos). No Canadá, o Conselho das Artes oferece subvenções a organismos e grupos artísticos e distribui bolsas de estudo, enquanto o Ministério das Comunicações intervém mais de perto sobre a indústria cultural" (*A Gestão Institucionalizada do Mecenato Público*). Já Harry Hillman-Chartrand propôs uma tipologia de políticas culturais em conformidade com a maior ou a menor extensão intervencionista dos poderes públicos. Para o autor (*The Arm's Length Principle and the Arts*), haveria basicamente quatro tipos: o do Estado facilitador, que financia as artes e criações intelectuais por recursos indiretos, de ordem fiscal, oferecidos à iniciativa privada (pessoas, fundações, empresas), caso típico dos Estados Unidos; o do Estado-mecenas, que transfere recursos próprios, isto é, dotações orçamentárias, para organismos autônomos, como fundações e conselhos de representantes. Dessa maneira, procura-se evitar, ao menos teoricamente, influências de ordem partidária na destinação dos financiamentos. São exemplos deste caso a Inglaterra, a Austrália ou a Nova Zelândia; o Estado-arquiteto é aquele que dita orientações ou toma medidas práticas e diretas sobre a dinâmica artístico-cultural do país por meio de estruturas próprias (ministério, secretarias, comissões). Juntamente com as subvenções oferecidas, exigem-se critérios técnicos e burocráticos a serem seguidos pelos beneficiários. Aqui se encontra a maior parte dos países europeus e latino-americanos. Por fim, há o Estado-engenheiro ou Estado-autoritário que governa integralmente a vida cultural do país, como aquele das ditaduras políticas (de esquerda e de direita) e das comunidades fundamentalistas ou teocráticas.

POLITONALIDADE.   Em música, corresponde ao emprego concomitante de harmonias ou melodias que, individualmente, diferem em suas respectivas tonalidades.

PONDERAÇÃO.   Em escultura figurativa, a distribuição equilibrada dos pesos ou massas sobre as pernas, obtida, quando há sugestão de movimento, pela →contraposição.

PONTA-SECA.   →*Gravura a ponta-seca.*

PONTILHISMO.   →*Impressionismo, pós-impressionismo.*

PONTO.   **1.** No teatro e na ópera, designa a pessoa que, fora das vistas do público e tendo em mãos o texto completo da peça, é encarregada de auxiliar os atores, "soprando" palavras ou frases do diálogo, bem como lembrando, por sinais, as marcações convencionadas (entradas, saídas e deslocamentos em cena). Em palcos mais antigos, havia uma abertura subterrânea no proscênio destinada exclusivamente ao ponto. **2.** Nó ou laçada de fios entre dois furos de uma tela a ser tecida (em tela de arraiolo, por exemplo), entre a teia e o urdimento de tapeçaria (em teares), ou executados com agulha, na confecção de rendas e bordados. **3.** Sinal de pausa para a escrita e a leitura, mais prolongada do que a vírgula, e que encerra uma oração, um período ou todo o texto (ponto final).

• **POP-ARTE, CULTURA.**   **Juventude na cultura de massa.** O *pop* abrange um conjunto diversificado de manifestações sociais e de tendências artístico-culturais submetidas não apenas a uma intensa mercantilização (própria da cultura de massa) quanto a uma juvenilização comportamental. Fenômenos que se expandiram a partir da segunda metade do século XX. A incorporação juvenil forneceu um renovado estímulo aos principais conteúdos da indústria cultural ou da →cultura de massa. Tendo surgido simultaneamente na Inglaterra e nos Estados Unidos, a cultura *pop* difundiu-se de maneira bastante rápida por todos os continentes. No Brasil, por exemplo, o movimento da Tropicália absorveu e sincretizou, de modo "antropofágico", isto é, mesclado a elementos característicos da cultura brasileira, grande parte dos ideais e dos valores *pops*. Já o movimento da Jovem Guarda restringiu-se a copiar e a verter o modelo original.

Supressão silábica (ou apócope) do inglês *popular art*, esta arte popular deve ser entendida não como expressão artesanal, emanada de grupos socioculturais distintos ou característicos, mas como arte e comportamento de massa, ambos estimulados pela produção industrial e tendo como resultado um consumo extensivo.

A cultura *pop* começou a ser delineada pela conjugação de alguns fenômenos até certo ponto convergentes. Sob o aspecto socioeconômico, o seu aparecimento foi possível com a superação da crise européia do pós-guerra e a gradativa formação de uma nova sociedade de abundância. A indústria, o comércio e a publicidade souberam perceber a eclosão de um espírito e de um público jovens, os filhos de uma classe média afluente e em expansão (os *teenagers*), cujos valores e perspectivas de vida se distanciavam daqueles da geração anterior ou mesmo se lhes opunham, constituindo-se também num mercado consumidor até então inexplorado.

Neste "conflito de gerações" (uma expressão bastante conhecida na época era a de "não confio em ninguém com mais de trinta anos"), os adolescentes procuraram formas de auto-identificação cujos veículos mais visíveis estavam na moda (os *jeans*, botas e blusões de couro, misturados, anos depois, às combinações mais extravagantes de roupas plásticas, nos modelos orientais ou nas minis-saias da estilista Mary Quant), em objetos distintivos (motocicletas, lambretas, carros esportivos), na música agitada e sensual do *rock'n roll*, em relações sociais e amorosas mais fluidas ou descompromissadas, em comportamentos grupais exibicionistas (chegando-se ao *topless* e ao *bottomless*), na consagração de ídolos sincera ou aparentemente rebeldes (James Dean, Marlon Brando, Beatles, Andy Warhol, por exemplo), na recusa e na atitude irônica em face da ética convenientemente puritana do WASP (o homem branco, anglo-saxônico e protestante).

Em outras palavras, os jovens da época tentavam expressar uma revolta contra o ambiente de tabus, de proibições e de pudores (falsos ou necessários) mantidos pelas tradições familiares e por autoridades institucionais diversas. Para eles, tornava-se emergente a necessidade de uma distinção simbólica e social, a que a indústria e os meios de comunicação responderam favoravelmente. O também significativo crescimento do número de estudantes secundários e universitários, tanto na Europa quanto nos Estados Unidos e na América Latina, estimulou a fermentação de críticas de variadas naturezas, do âmbito restrito da família ao mais genericamente político.

As artes plásticas. A mentalidade e os princípios da nova estética contiveram, no início, uma crítica bem–humorada à sociedade de consumo, à cultura de massa e aos ícones visuais da publicidade. Cedo, no entanto, a cultura *pop* converteu-se em um bem–sucedido e estruturado mercado de objetos de consumo e de padrões artísticos.

Como características fortes de seu ideário plástico estavam os objetos vulgares ou prosaicos das mercadorias cotidianas (latas de sopa, caixas de chá, garrafas de bebidas, *hot-dogs*, hambúrgueres ou os mais variados eletrodomésticos, todos eles elevados à categoria de arte), as formas gráficas das histórias em quadrinhos, quase sempre superdimensionadas, a vontade deliberada de uma produção →*camp* ou →*kitsch*, a visibilidade do erotismo, a recuperação fragmentada e paródica das imagens clássicas e seculares, o uso de cores destacadas e contrastantes, o emprego de novos materiais sintéticos (plástico, poliuretano, tinta acrílica), a construção de objetos tridimensionais (que anunciaram a arte conceitual e as instalações "pós-modernas"), a multiplicação seriada de imagens, com o emprego da serigrafia semi-industrial ou a elaboração de *happenings* (performances teatrais improvisadas), durante os quais o próprio corpo do artista serve como suporte de provocação social, estética e política (*body art*). Afastando-se da geometrização da arte abstrata e de certas propostas dadaístas (*ready-made*, *objet trouvé*), o *pop* reintroduziu a imagem figurativa, mas sobretudo aquela já exposta ou estampada (reduplicada) pela televisão, pela fotografia ou pelas rotativas da imprensa. Sua linguagem adotou como conteúdo o mundo superpovoado das mercadorias, dos bens industriais (inclusive o lixo gerado pela produção massiva), as personalidades cinematográficas e a simulação *kitsch* da natureza (plantas artificiais ou animais de plástico). Como princípio teórico, o *slogan* de John Cage, "cobrir o fosso entre a vida e a arte", tornando-as idênticas ou indistintas.

O termo *pop art* foi utilizado pela primeira vez pelo crítico Lawrence Alloway, em 1954, referindo-se às imagens de reprodução industrial (histórias em quadrinhos, pôsteres, trabalhos de desenho gráfico etc.). Seus mais destacados artistas foram, na Inglaterra: Richard Hamilton, cuja obra *Just what is it that makes today's home so different, so appealing?* (*O que é que torna os lares de hoje em dia tão diferentes, tão convidativos?*), uma colagem de 1956, é considerada o marco inicial da corrente plástica; Peter Blake, David Hockney, Peter Phillips, Eduardo Paolozzi e Allen Jones; nos Estados Unidos, Robert Rauschenberg, Andy Warhol, Claes Oldenburg, Jim Dine, Roy Lichtenstein, Jaspers Johns, Tom Wesselmann, James Rosenquist e Marisol. Rauschenberg, por exemplo, lançou suas *combine-paintings*, obras em que os temas dominantes constituem agregados de objetos tecnológicos do cotidiano; Warhol converteu em série de gravuras as imagens estereotipadas da publicidade e dos noticiários político e cinematográfico; Oldenburg promoveu uma seqüência de *happenings* parateatrais caóticos e Marisol consagrou-se com esculturas ao mesmo tempo rústicas e hieráticas, burlescas e neodadaístas. Na França, um grupo de jovens pintores, autodenominados Novos Realistas, aderiu ao movimento de valorização do trivial, tendo como líderes Martial Raysse, Daniel Spoerri e Niki de Saint-Phalle, sob influências do cinema de Alain Resnais e do *nouveau roman*. Já na Alemanha, Sigmar Polke, Gerhard Richeter ou Konrad Lueg, entre outros, introduziram mensagens sociopolíticas mais contundentes neste universo *pop*, ironizando o "realismo capitalista", também chamado *neu Vulgarismus* (Nova Vulgaridade).

Escrevendo em 1966, o crítico de artes plásticas Edward Lucie-Smith fazia, então, as seguintes observações: "O contexto necessário para a criação de arte *pop* é o estilo de vida *pop*, ou melhor, a arte *pop* é, em si mesma, um subproduto acidental desse estilo de vida [...]. O que estou sugerindo é o seguinte – que a principal atividade do artista *pop*, sua justificativa, consiste menos em produzir obra de arte do que em encontrar um sentido, um nexo para o meio à sua volta, aceitar a lógica de tudo o que o cerca, em tudo o que ele próprio faz [...]. A moda (a popularização por que ela passou após a guerra, influenciando o estilo de vida) começou no topo de uma estrutura social bastante rígida e filtrou-se gradualmente de cima para baixo, tornando-se menos elaborada e menos elegante. Esmero e estilo eram, na verdade, quase a mesma coisa, e muita gente não tinha tempo nem dinheiro para pensar em andar na moda. A máquina mudou isso. Acarretou mais dinheiro e mais lazer, e, ao mesmo tempo, impôs uma lógica própria [...]. A cultura *pop* é, portan-to, parte de um processo econômico que tem todas as probabilidades de continuar a se desenvolver".

Talvez a mais completa e bem-humorada visão deste movimento na área das artes plásticas ainda seja a que Hamilton ditou em 1957: uma arte "popular, de massa, transiente ou de curta duração, consumível em larga escala, de baixo custo, produzida em massa, jovem e engenhosa, *sexy*, irônica, glamourosa e um grande negócio".

Sexo, drogas e *rock'n roll*. Outra expressão característica do *pop*, já durante a década de 1960, foi a conjugação otimista e idealista do protesto *hippie* com liberdade sexual e consumo de drogas (da maconha ao LSD), na tentativa de explorar sensibilidades físicas e percepções mentais não-cotidianas, psicodélicas (sob o estímulo de Timothy Leary, jovem professor de Harvard e considerado um guru intelectual nos meios universitários), assim como a audição permanente de *rock, blues, folk music* e a realização de megafestivais ou concertos ao ar livre (Woodstock, Altamont, Monterrey *Pop* ou Wight), à época considerados demonstrações inequívocas e maciças de contracultura. Aos poucos, a inquietação foi adquirindo tons políticos contra o racismo, a violência e o conservadorismo da sociedade, denunciando as contradições ideológicas dos discursos oficiais, as atitudes imperialistas e os absurdos da guerra do Vietnam, sob o lema comum de "paz e amor". Conhecidos então como *flower children*, ou ainda *freak generation*, os jovens optaram por um comportamento excêntrico, anárquico, rebelde, mas pacífico, em defesa da absoluta liberdade individual, com a recusa dos valores competitivos ou alienantes do trabalho e da moral vigentes, constituindo inclusive comunidades agrícolas auto-suficientes ou de produção artesanal (quase sempre inviáveis).

As esperanças dessa juventude em seus ideais de vida, contrários aos valores conformistas ou regrados de seus pais, fizeram do *rock*, do *rockabilly* e de suas variantes posteriores uma religião mundial, uma comunhão ritualística e exorcizante, absorvida e estimulada, com lucros crescentes, pela indústria discográfica e pelo *show business*. *Rock* e idolatria fundiram-se com canções de protesto, de amor livre ou de evasão, eletrizando as experiências musicais e lhes dando uma feição cosmopolita, uma dimensão social até então inusitada. Foi o período de Bill Halley, Little Richard, Chuck Berry e Elvis Presley, os pioneiros, seguidos pelos Beatles, por Bob Dylan e Joan Baez (os americanos engajados nas reivindicações políticas e mais próximos, espiritualmente, da geração →*beat*, por Santana, The Mamas and the Papas, The Who e Rolling Stones (os dois últimos, as versões "satânicas" do *rock,* que mais tarde chegaria ao *heavy metal*), até Jimi Hendrix, Jim Morrison (*The Doors*) e Janis Joplin, os mártires desesperados de um movimento em franco declínio no início dos anos 1970, sentimentalmente frustrado e desiludido. O último alento dessa fase "heróica", já permeada de propostas exclusivistas, veio com o *reggae* jamaicano. Atrativo em seu ritmo modal e dançante, politicamente contestador, mas sem deixar de lado propostas separatistas.

Mudança de perspectivas e "pós-modernidade". O que se seguiu teve uma feição nitidamente oposta. Ao substituir o espírito comunitário e os ideais pacifistas em tempos de guerra fria por atitudes individualistas e habitualmente apáticas ou indiferentes, do ponto de vista político, o *pop* fragmentou-se em dezenas de "tribos", cada qual expressando, à sua maneira, valores e comportamentos de tendências mais agressivas. Sobreveio então o *hard rock*, o *heavy metal*, o neofascismo dos *punks* e dos *skin heads*, o individualismo competitivo e aristocrático dos *yuppies* ou a violência verbal e mesmo física dos *rappers* (menos politizada que o *black power*, e seguramente incompreensível aos olhos de um Martin Luther King, se vivo estivesse). Substituiu-se a utopia de *Imagine* pela percepção dolorosa de que "o sonho acabou".

Nos últimos decênios do século, o *pop* tornou-se um veículo privilegiado do que se convencionou chamar de "pós-modernidade" (*Modernidade e Pós-Modernidade*). Pois quando se arrefeceram as ilusões de mudanças políticas e sociais, bem como as tendências a valores comunitários, integrou-se ele à "cultura de consumo", aqui entendida como segmentação de um mercado de massa em numerosos subgrupos socioculturais. Para estes, não existe a necessidade de regras ou de hierarquia de valores, mas sobretudo a possibilidade elástica ou aleatória de escolhas e de combinações estetizantes. Um fenômeno que molda até mesmo uma contraditória "auto-expressão ou individualidade tribal" – na moda, na linguagem, nos hábitos de lazer, nos objetos de consumo, nas fusões musicais. Os bens de consumo perderam importância como valores de troca e de uso, de necessidade ou utilidade substancial, para adquirir o *status* mais elevado de objetos-signos.

O que atraiu o final do milênio foi a arbitrariedade da manipulação das coisas e das mercadorias industrialmente disponíveis. Arbitrariedade que permitiu a justaposição torrencial de imagens – os *clips* – cada vez mais atrativa para a produção fílmica do tipo hollywoodiano, ou a configuração de símbolos instáveis e flutuantes. Aqueles que variam do luxuoso (das grifes) ao vulgar, do exótico ao padronizado, do central ao marginal. O *pop* veio a ser tudo e qualquer coisa. Se seguirmos a cartilha de Baudrillard, seria ele o estádio viral da multiplicação do conhecido, do anteriormente sonhado, de todas as liberações já realizadas.

Por fim, o *pop* deixou de ser um atributo ou comportamento exclusivo dos adolescentes, estendendo-se também à "adultescência", ou seja, às pessoas consideradas adultas ou de meia-idade que passaram a adotar um estilo de vida, um estado de espírito, moda cotidiana e formas de consumo anteriormente consideradas juvenis. Esse império da juventude e do hedonismo levou Federico Fellini a comentar: "Eu me pergunto o que pode ter acontecido em um dado momento, que espécie de malefício pôde impressionar nossa geração para que, repentinamente, tenha começado a ver os jovens como os mensageiros de não sei qual verdade absoluta. Os jovens, os jovens, os jovens [...]. Somente um delírio coletivo para nos ter feito considerar garotos de quinze anos como mestres depositários de todas as verdades" (*Fellini por Fellini*, 1984).

PORCELANA. →*Cerâmica*.

PORTA-BANDEIRA. Pastora e destaque de escola de samba, encarregada de conduzir a bandeira da agremiação durante o desfile de carnaval. Fantasiada com luxo, à moda de cortesãs dos séculos XVII ou XVIII, executa uma coreografia especial, evoluindo sob a proteção do mestre-sala. Sua figura provém dos desfiles e cortejos populares de →ranchos e →ternos do século XIX.

•PORT DE BRAS. 1. No balé, indica as diversas posições ou movimentos codificados e articulados dos braços e mãos, destinados a fazê-los parte expressiva de uma representação coreográfica e acompanhar as posições básicas dos pés. Além da postura preparatória, há três posições básicas do *port de bras*. Na preparatória, os braços ficam pendentes à frente do corpo, num desenho ovalado, sem se tocarem, estando as palmas das mãos viradas para dentro; a primeira posição consiste em erguer os braços à frente do corpo, ligeiramente arqueados, e na altura do diafragma; a segunda é realizada com a abertura lateral e simultânea dos braços, à altura dos ombros, evitando-se que estes se levantem ou sejam lançados para frente ou para trás; a terceira constitui a elevação dos braços acima da cabeça, em arco, com as palmas das mãos voltadas para dentro, sem que elas se toquem. Essas posições básicas conduzem a várias combinações mistas ou posteriores. **2.** Ainda em relação à dança, pode significar o exercício de balé em que o corpo se inclina inicialmente para frente, até que o braço toque o solo, seguindo-se uma flexão contrária, para trás, até a máxima extensão possível.

PÓRTICO. Espaço coberto, fechado inteira ou parcialmente, erguido como elemento principal da fachada de um edifício, templo ou mansão, e pelo qual se tem acesso ao interior construído. Na grande maioria dos exem-

516 | **PÓS-IMPRESSIONISMO**

plos, um pórtico contém colunas livres ou adossadas, recebendo nomes especiais de acordo com o número de pilares: pórtico-dístilo (duas colunas); tetrástilo (quatro colunas); hexástilo (6), octástilo (8), decástilo (10). O mesmo que →*loggia*.

PÓS-IMPRESSIONISMO. →*Impressionismo, pós-impressionismo.*

PÓS-VANGUARDA. Expressão utilizada para referir-se às experiências artísticas posteriores às correntes vanguardistas do alto modernismo (futurismo, abstração, cubismo, dodecafonia, expressionismo, arquitetura moderna, surrealismo etc.) e à arte *pop*, coincidindo com os movimentos artísticos da igualmente denominada pós-modernidade. (→*Modernidade e Pós-Modernidade*). No início da década de 1980, já escrevia o crítico Robert Hughes (revista *Time*): "Quando se fala no fim do modernismo – e não é possível evitá-lo por mais tempo, pois desde meados dos anos 1970 tornou-se comum dizer que se vive numa cultura pós-moderna – isto não significa que, de repente, se tenha alcançado o fim da História. A História não apresenta rupturas nítidas; ela vai se desfiando gradualmente, distendendo-se e acabando por se romper como uma corda. O Renascimento não terminou numa data precisa e, no entanto, acabou de fato, embora ainda hoje permaneçam resíduos de seu pensamento em nossa cultura. O mesmo acontecerá com o modernismo, tanto mais que estamos muito próximos dele [...]. Com certeza, as obras do modernismo irão influenciar a cultura por mais um século, pois são vastas, imponentes e convincentes. Mas a dinâmica perdeu-se e as nossas relações com ele vão se convertendo lentamente em interesse quase arqueológico. Picasso já não é um contemporâneo nosso, nem sequer representa uma figura patriarcal. É um antepassado que pode suscitar admiração, mas que já não desperta oposição. A era do modernismo pertence à História, tal como a era de Péricles". Sumariamente, a pós-vanguarda abrange os últimos quarenta anos do século XX, durante os quais emergiram, entre outras, a arte conceitual, a *arte povera,* o neo-expressionismo, a arte eletrônica ou digital, a arquitetura pós-moderna ou a videoarte, tendo por características mais evidentes: indiferença a regras, sistemas critérios ou convenções; mescla de citações ou de fragmentos cultos e populares, de estilos antigos e de recursos industriais contemporâneos; abandono dos suportes tradicionais e convergência, fusão ou sobreposição de técnicas que tenham como resultado um aspecto multimidiático: pintura e fotografia, performance e escultura, música e instalação etc.; ausência de utopias, de fins transcendentais e de preciosismos (simbolização de aspectos contingentes); atitude ou tratamento que se vale, em maior ou menor proporção, da efemeridade, da ironia, da paródia, do cinis-

mo, do erotismo, da gratuidade ou da banalidade, do irracionalismo, das contradições de forma e de sentido, do hedonismo, do grotesco ou da agressividade; uma arte cujos efeitos tendem mais a provocar ou desafiar, antes que atrair, convencer ou conquistar. →*Arte no século XX* e →*Vanguarda*.

•**POT-POURRI.** Seleção de trechos musicais ou de canções de um autor, ou ainda baseada em determinado assunto ou critério (temporal, geográfico, uma corrente musical e seus representantes etc.). A expressão, embora francesa, corresponde à tradução de *olla podrida*, um prato da cozinha espanhola: cozido em que se misturam carnes e legumes.

PRATICÁVEL. Plataforma elevada para trabalho cênico (teatro, música, dança), usualmente em madeira, podendo ser fixa ou giratória. Neste último caso, recebe a denominação de turnete (do francês *tourner*, girar).

PREÂMBULO. →*Prefácio,* →*Proêmio,* →*Prólogo.*

PREDELA. Pintura figurativa isolada, mas destinada a acompanhar um retábulo, um políptico ou outra pintura mais importante e de maior dimensão. Colocada sob a primeira, possui normalmente um formato longo, estreito e horizontal, elaborada de modo descritivo ou narrativo, servindo de complemento à obra principal.

PREFÁCIO. Pequeno texto de apresentação inicial, de esclarecimento ou de advertência a uma obra escrita. Por se encontrar na dependência da matéria principal (literatura ficcional, biografia, tratado de qualquer natureza etc.), o conteúdo de um prefácio varia de uma obra a outra, podendo, entre outras finalidades: *a*) abarcar a trajetória ou o tratamento pessoal (o estilo) do autor; *b*) dedicar-se a um resumo ou explicação genérica do texto; *c*) cotejar a obra com outras do mesmo gênero, apontando as contribuições específicas que ela contenha; *d*) ressaltar a pertinência do assunto em face do momento histórico (político, social, econômico ou, genericamente, cultural). O mesmo que →*prólogo, preâmbulo, proêmio.*

PRELÚDIO. Inicialmente, na Renascença, uma pequena peça livre para cravo ou alaúde, contendo passagens com acordes quebrados ou arpejados. A partir daí, incorporou-se à suíte, servindo como abertura da obra, assim como a diversas outras peças maiores (sonatas, sinfonias, poemas sinfônicos), inclusive a ópera.

•**PREMIÈRE.** Termo francês, de uso internacional, para designar a primeira apresentação pública de um espetáculo cênico ou cinematográfico.

PRÉ-RAFAELITAS (IRMANDADE, CONFRARIA). Jovens artistas plásticos e intelectuais saídos da *Royal Academy* inglesa que, em 1848, entusiasmados com as gravuras do italiano Carlo Lasinio (as quais reproduziam antigos afrescos do pintor Benozzo Gozzoli, executados para o Campo Santo da cidade de Pisa, em 1467), nelas encontraram as justificativas que buscavam para se contraporem à pintura acadêmica ou ainda neoclássica do período. A atenção do grupo foi atraída pelos contornos incisivos, pela simplicidade da composição e pelas áreas luminosas das imagens, características que, no seu entender, constituíam as virtudes necessárias para abandonar a poética "lânguida" do academismo. E por considerarem Rafael o primeiro "clássico" de uma tradição duas vezes centenária, formaram então a Irmandade dos Pré-Rafaelitas (Pre-Raphaelites Brotherhood). Fizeram parte do grupo inicial os pintores William Holman Hunt, Dante Gabriel Rossetti, John Everett Millais (os de maior renome) e James Collinson, o escultor Thomas Woolner e os críticos William Rossetti (irmão de Dante) e F. G. Stephens. Logo depois, Charles Collins, Ford Madox Brown, Arthur Hughes e William Morris adotariam, em maior ou menor grau, os princípios da irmandade. Quanto aos aspectos formais, elegeram os traçados e os contornos nítidos, a "linha metálica da retidão", as paletas mais claras ou ressaltantes do que os tons sombrios, o apreço aos detalhes figurativos, ou, em resumo, "a verdade e o retorno à natureza". Mas, sob a perspectiva conceitual, o movimento demonstrou uma estranha ambigüidade. Isso porque a técnica naturalista acabou sendo aplicada sob uma roupagem falsamente medieval, em que personagens bíblicos, literários ou contemporâneos aparecem travestidos de figuras dos séculos XIV ou XV. Nessas configurações, tornavam-se evidentes os sentimentos românticos de teor passadista e as idealizações bucólicas. Outra fonte de inspiração para o grupo foi também o já famoso poema *La Belle Dame sans Merci* de John Keats, no qual existe a figura de uma mulher medieval, símbolo ao mesmo tempo do amor e da morte: "Uma dama nos prados encontrei / Todo-formosa, filha de uma fada: / A cabeleira longa, os pés ligeiros, / A vista desvairada. / Eu fiz-lhe uma grinalda para a fronte, / E pulseiras e um cinto redolente; / Ela me olhou com ar de quem amasse, / Gemendo suavemente" (trecho, tradução de Péricles E. S. Ramos). Mas as críticas não faltaram. Charles Dickens considerou a tela inicial de Dante Rossetti, *The Girlhood of Mary Virgin* (*A Infância da Virgem Maria*), "medíocre, odiosa, repulsiva". Com menos ardor e mais racionalidade, o crítico G. H. Lewes assim se manifestou a respeito do movimento: "Quando nossos pintores representam camponeses com feições regulares e delineamento irreprochável; quando suas ordenhadoras têm o ar e a beleza das Graças, em roupas pinturescas, nunca velhas ou desalinhadas; quando o lavrador é apto para expressar sentimentos refinados em um inglês excepcional e as crianças proferem longos discursos de entusiasmo religioso e po-

ético [...] o intento é feito para idealizar, mas o resultado é simples falsificação e arte pobre" (*Realismo na Arte*, 1858).

PRESTIDIGITAÇÃO. Arte e técnica da mágica ou do ilusionismo, fundamentada na rapidez dos gestos manuais (com a ajuda ou não de outros recursos suplementares) e que faz surgir, desaparecer ou movimentar objetos ou pessoas, sem que o espectador perceba o artifício empregado.

PRESTIDIGITADOR. Artista e profissional da mágica ou do ilusionismo com as mãos. Mágico, ilusionista ou prestímano.

PRÉSTITO. **1.** Cortejo ou procissão de pessoas, a pé, tanto de caráter religioso como festivo e profano. **2.** Desfile de carros alegóricos em festas populares, principalmente no carnaval.

PROCUSTO, LEITO DE. Personagem mitológico grego, Procusto era um salteador da Ática que após atacar e despojar suas vítimas, torturava-as, fazendo-as deitar em uma cama de ferro. Se a vítima fosse menor que o comprimento do leito, esticava-a pela tração de cordas, quebrando-lhe os ossos e rompendo os músculos; se fosse maior, cortava-lhe os pés. Foi morto pelo herói Teseu, que lhe aplicou a mesma tortura. Por analogia, diz-se de uma situação cujas alternativas, uma e outra, são igualmente penosas.

PRODUTOR. **1.** Empresário que investe diretamente ou se encarrega da obtenção de recursos financeiros e de outras formas de patrocínio, controla as despesas necessárias e arregimenta os meios técnicos e materiais indispensáveis à realização de obras cinematográficas, teatrais, operísticas, coreográficas ou de espetáculos musicais. Na história do cinema, e sobretudo durante a fase áurea (1915-1950) dos estúdios norte-americanos em →Hollywood, o produtor, também conhecido como chefe de estúdio, tornou-se uma figura lendária por seu poder, já que enfeixava praticamente todas as decisões relativas à consecução do trabalho e à condução do filme (entre elas, as escolhas do diretor, do roteirista, dos atores e dos técnicos). **2.** Profissional responsável, em última instância, pela obtenção e coordenação de recursos técnicos e materiais exigidos na realização de programas radiofônicos ou televisivos.

PROÊMIO. **1.** Canto introdutório a uma obra épica. **2.** →Prefácio, →prólogo e preâmbulo.

PRÓGONO. Precursor de um movimento, tendência ou estilo artísticos, de uma teoria científica ou mesmo de uma concepção filosófica, mas que só posteriormente se torna reconhecido pela influência exercida (oposto a *epígono*).

PROGRAMA. **1.** Exposição escrita em que se delineiam os princípios teóricos, as finalidades previstas e os critérios ou métodos gerais a serem adotados na realização prática de uma ação coletiva ou institucional. Neste sentido, tanto se aplica a uma ação e objetivo amplos ou abrangentes, confundindo-se com a expressão Plano Geral (programa de governo, programa educacional, programa partidário), quanto a âmbitos mais específicos, no caso de existirem formas e conteúdos peculiares. Estes últimos, os programas específicos, podem ainda incluir ou não os →projetos, que são unidades ou estruturas mais detalhadas, necessárias à sua realização concreta. **2.** Publicação escrita na qual se detalham informações a respeito de um espetáculo artístico (concepção geral, responsáveis e participantes, recursos técnicos, fundamentação teórica, comentários críticos etc.), de uma cerimônia, festividade ou ainda a forma e o regulamento de concursos públicos. **3.** Unidade de emissão, com forma e conteúdo específicos, criada ou reproduzida por estações radiofônica ou de televisão (programas jornalístico, de entrevista, humorístico, de auditório, musical, sessão cinematográfica etc.). Programa aberto ou ao vivo é aquele veiculado direta ou instantaneamente enquanto está sendo gerado; programa fechado refere-se àquele previamente gravado. **4.** Seqüência pormenorizada e em código de instruções a serem realizadas por máquina ou aparelho (mecânico ou eletrônico).

PROGRAMAÇÃO.   **1.** A totalidade de projetos e de atividades previstas e realizadas, na prática, por organismos públicos ou privados, vinculados à área artístico-cultural (museus, teatros, centros culturais, cinematecas, videotecas etc.), durante um intervalo de tempo (programação mensal, anual etc.). **2.** O conjunto de programas veiculados por empresas de rádio ou de televisão.

PROJETO.   **1.** Genericamente, intento, intenção, desígnio ou plano a ser realizado em tempo futuro. **2.** Parte integrante e mais pormenorizada de um programa (1) ou plano geral de ação, na qual se discriminam os objetivos particulares, os meios e os procedimentos a serem então utilizados, tendo em vista a efetivação de uma idéia. Nesta acepção, um projeto configura-se como uma das formas específicas e possíveis de realizar parte de um programa. **3.** As agências ou organismos de natureza cultural têm ainda utilizado o termo projeto como documento-guia para a concretização de propostas delimitadas, ou seja, de curta duração e de investimentos específicos, não necessariamente vinculadas a um programa abrangente. Aqui se incluem, por exemplo, projetos determinados de realização de uma peça dramática, de uma produção cinematográfica, de uma exposição ou de um espetáculo musical. Neste sentido, um projeto deve ao menos conter: *a*) as justificativas ou fundamentos que revelem sua importância ou pertinência; *b*) a(s) forma(s) de realização, exibição e/ou distribuição; *c*) os meios e os

recursos necessários – humanos, técnicos e materiais; *d*) os custos financeiros diretos e as fontes de sua obtenção (inversões próprias, patrocínios, empréstimos); *e*) custos e recursos indiretos (apoios, intercâmbios); *f*) a afluência de público e as receitas previstas; *g*) as vantagens dos patrocinadores. **4.** Proposta escrita na qual se consignam as noções mais importantes para a redação final de um documento (projeto de lei, por exemplo) ou para a aplicação posterior de medidas objetivas. **5.** Em arquitetura, é o desenho em plano que representa uma obra, contendo, portanto, uma parte gráfica (as plantas, com seus cortes e seções) e uma parte escrita, de caráter explicativo (finalidade, medidas, materiais a serem empregados etc.). →*Planta*.

PROJETOR.   **1.** Equipamento ou aparelho que transmite, de maneira ampliada e sobre uma tela, imagens fotográficas, cinematográficas, videográficas ou digitalizadas. Um projetor especialmente concebido para imagens opacas (desenhos, por exemplo) é o episcópio. **2.** O mesmo que →refletor em trabalhos de →iluminação.

PROLEPSE.   **1.** Figura retórica de pensamento pela qual o escritor ou orador prevê possíveis perguntas, objeções ou críticas, e as responde antecipadamente. Consta, por exemplo, do poema de Olavo Bilac: "Ora (direis) ouvir estrelas! Certo / Perdeste o senso! / E eu vos direi, no entanto, / Que para ouvi-las muita vez desperto / E abro as janelas, pálido de espanto [...]" **2.** Uma das formas da →anacronia.

PRÓLOGO.   **1.** Introdução teatral em que o autor, por intermédio de um ou mais intérpretes, expõe, em verso ou em prosa, os motivos, o tratamento ou o assunto da peça, ou ainda dele se utiliza para polemizar com a crítica de seu tempo (vários prólogos das comédias paliatas, por exemplo, possuíam tal objetivo). **2.** Cena introdutória de ópera, na qual se descreve o enredo a ser visto, ou se explica o significado dramático ali contido. Relativamente comum no período barroco, foi raras vezes concebido a partir do século XVIII. **3.** Discurso preliminar e explicativo de uma obra literária de qualquer natureza (→*Prefácio*). O mesmo que *preâmbulo, proêmio, prolusão* ou *antelóquio*.

PROLÓQUIO.   →*anexim* e →*provérbio*.

PROMETEU.   Figura mítica grega, literalmente "aquele que sabe ver antes de", ou seja, o previdente. Filho do titã Jápeto e da ninfa oceânida Clímene e, portanto, primo de Zeus, simboliza o benfeitor ou defensor da espécie humana – o filantropo. O mito relatado por Hesíodo (em *O Trabalho e os Dias* e na *Teogonia*) diz que os deuses olímpicos, após sua vitória sobre os →titãs, desconfiavam dos homens, por serem estes amigos dos vencidos, e discutiam sobre o seu destino. Planejando ludibriar a Zeus e premiar os mortais, Prometeu matou e preparou um boi em duas partes, uma destinada aos homens e outra aos deuses: a primeira continha as carnes e as melhores entranhas, recobertas com o couro do animal; na outra, só havia ossos, mas envoltos em uma capa de gordura branca. O odor e a aparência mais apetitosa da segunda foi a escolhida por Zeus. Vendo-se enganado, decidiu tirar dos homens a capacidade de produzir e dominar o fogo (metáfora da inteligência e da capacidade de criar, por meio do trabalho). Não se dando por vencido, Prometeu roubou uma centelha do fogo divino e escondeu-a no interior de um nártex (planta), entregando-a aos humanos, que assim reconquistaram a racionalidade. Contra estes, a fúria de Zeus exteriorizou-se na criação de Pandora ("presente para todos") e sua caixa repleta de sofrimentos. Quanto a Prometeu, foi acorrentado a uma coluna, no alto de um monte, a fim de sofrer um terrível castigo: durante o dia, uma águia devorava-lhe o fígado (sede da vida), que voltava a se reconstituir à noite. Muito tempo se passou até que, arrefecida a cólera, Zeus permitiu que Hércles (Hércules) matasse a águia e libertasse Prometeu.

PROPOSIÇÃO. →*Lógica,* →*Juízo.*

PRÓPRIOS. Canções litúrgicas de missa e de ofícios católicos que variam na dependência do dia, distinguindo-se dos cantos chamados *ordinários,* invariavelmente executados nos rituais. Tanto os próprios como os ordinários são de estilo ou estrutura gregoriana.

PROSA. →*Gêneros literários.*

PROSCÊNIO. **1**. Do grego *proskene* (originalmente o espaço para o cenário), refere-se à parte anterior do palco, de frente para a platéia e que avança desde a boca de cena até o fosso da orquestra. O mesmo que antecena. Nos teatros gregos e romanos, o proscênio correspondia ao próprio palco, situando-se entre a *orchestra* e o muro de fundo do teatro. **2**. Sinônimo de palco italiano, no qual subsiste uma separação nítida e frontal entre o público e o espaço de representação.

PROSÓDIA. **1**. Em gramática, refere-se ao estudo das acentuações das palavras e à correção das respectivas pronúncias (também chamada *ortoépia*). Para tanto, a prosódia considera, nos sons da fala, a intensidade (força de expiração que torna a sílaba tônica ou átona), a altura (vibração das cordas vocais), o timbre (qualidade da voz) e a quantidade da expiração, isto é, a maior ou menor duração dos sons. **2**. Em música, diz respeito à melhor combinação, ou a mais indicada, entre a métrica textual (das palavras a serem cantadas) e a sucessão dos tempos fortes e fracos existentes no compasso (métrica musical).

PROSOPOPÉIA. Figura de linguagem e de pensamento retórico pela qual se dá voz e vida a seres fictícios, alegóricos, inanimados ou mortos. Típica dos contos de fadas, das histórias em quadrinhos, dos desenhos animados, bem como dos mitos e narrativas fantásticas, em que entes sobrenaturais ou fabulosos, inclusive animais, adquirem comportamento humano. O mesmo que *antropopatia* ou *animismo.* →*Personificação.*

PROSOPROGRAFIA. →*Descrição.*

PROTAGONISTA. →*Personagem.*

PRÓTESE. →*Escansão.*

PROTOFONIA. Em música, a abertura instrumental de uma ópera ou oratório. O termo foi proposto por Castro Alves com o intuito de substituir o francês *ouverture.* Literalmente, "primeiro som".

PROTÓTIPO. O primeiro modelo ou modelo original de uma obra plástica tridimensional, normalmente escultórica, ou de um objeto a ser produzido industrialmente, em série, servindo para a elaboração de outra(s), mais aperfeiçoada(s) ou definitiva(s).

PROVÉRBIO. Dito, máxima ou sentença curta, em prosa ou em verso, que resume experiências e compreensões populares, ou igualmente eruditas, a respeito de situações humanas (sociais e culturais), ou fenômenos naturais, servindo às vezes como julgamento moral ou forma de conduta. Como afirma R. Magalhães Jr., "citar provérbio é proclamar vivência". Alguns exemplos: "o asno esfrega o asno" (referindo-se a elogios mútuos e inúteis), tanto quanto "a condescendência faz amigos, a verdade, inimigos"; "coelho com coelha, não com ovelha"; "a avareza é madrasta de si mesma". Certos provérbios são ainda réplicas a outros, como no caso de "boi gordo só bebe água suja", que se contrapõe a "quem anda depressa, não enxerga o que procura". A classificação tida como a mais detalhada, relativamente a provérbios e adágios, foi realizada por Paul Sébillot (*Le Folk-lore; littérature orale et ethnographie traditionelle*), que os dividiu em: moralidades (regras de comportamento, leis, superstições, religião), vida humana (nascimento, morte, costumes, profissões), natureza (fauna, flora, paisagens), história (eventos, heróis, personagens fantásticos) e sátira. São sinônimos: *prolóquio,* sentença e anexim. →*Paremiologia,* →*Aforismo* e →*Adágio.*

PSEUDÔNIMO. Nome falso ou concebido imaginariamente por um artista para atribuir a autoria a uma obra, ou a todo o seu trabalho, como, por exemplo, os escritores Champfleury (Jules Husson), Stendhal (Henry Beyle) ou Suzana Flag (Nelson Rodrigues). O mesmo que *criptônimo.*

PSICOCRÍTICA. Estudo sobre o ato ou a gênese da criação literária proposto pelo francês Charles Mauron, que, além dos aspectos formais (consciência) e do universo exterior (temática social e situação histórica), introduz o inconsciente em sua análise. Nas palavras do crítico: "Desde o momento em que admitimos que toda personalidade comporta um inconsciente, o do escritor deve ser considerado como uma fonte altamente provável da sua obra. Fonte exterior, num sentido, pois para o eu consciente, que dá à obra literária a sua forma verbal, o inconsciente francamente noturno é um 'outro' – o *Alienus*. Mas fonte interior também, e secretamente associada à consciência por um fluxo e refluxo de permutas. Transportamos assim, para o domínio da crítica literária, a imagem, hoje clássica em psicologia, de um *ego bifrons* (eu bifronte), que se esforça por conciliar grupos de exigências, as da realidade e as dos desejos profundos. Deixamos de utilizar uma relação de dois termos – o escritor e seu meio – para adotar uma de três termos: o inconsciente, o eu consciente e o meio". O método está assim delineado: *1*) sobreposição ou comparação de textos do autor, procurando observar as redes de associações ou agrupamentos de imagens obsessivas, constantes; *2*) identificadas as redes de associações, verifica-se de que forma elas se repetem ou se modificam, de maneira semelhante aos sonhos e suas metamorfoses, com o intuito de chegar à imagem de um mito pessoal; *3*) esse mito pessoal e seus avatares, ou arquétipos, são interpretados como expressões da personalidade inconsciente; *4*) os resultados obtidos são, finalmente, comparados com a vida do autor.

PSIQUE. **1**. Proveniente do verbo grego *psýkhein*, respirar ou soprar, e ainda princípio de vida, alma, refere-se, originalmente, ao mito feminino de Psique, registrado literariamente pelo escritor latino Lúcio Apuleio em suas *Metamorfoses*, ou *O Asno de Ouro* (nos livros IV, V e VI). Era a mais jovem das três filhas de uma casa real grega e sua beleza tão excepcional que os homens da região passaram a lhe render um culto particular, esquecendo-se da deusa Afrodite e lhe deixando abandonados os templos. O pai, temeroso da idolatria, consultou o oráculo de Apolo, que assim se pronunciou: "Sobre um rochedo escarpado, suntuosamente ataviada, expõe, ó rei, tua filha, para as núpcias da morte. Não esperes para genro algum nascido de estirpe mortal, mas um monstro cruel e viperino, que voa pelos ares; feroz e cruel, não poupa ninguém e a tudo destrói, a ferro e fogo. Faz tremer o próprio Zeus e aterroriza os imortais, estremece os rios e inspira horror às trevas do Estige". Nesse ínterim, Afrodite, enciumada e desejando vingança, determinou a seu filho Eros que a fizesse *apaixonar-se pelo mais horrendo dos homens*. Eros, no entanto, ao vê-la sobre o abismo, também se rendeu aos encantos de Psique. Pediu ao vento Zéfiro que a levasse adormecida para um vale florido, próximo a um castelo. Ao despertar, Psique sentiu curiosidade de ali entrar e ficou deslumbrada com a amplitude e a magnificência da construção. Ao invés de criados, deparou-se com inúmeras Vozes que lhe atendiam os desejos e necessidades. Eros passou a visitá-la todas as noites, embora a amante não lhe pudesse ver o rosto, por interdito expresso do deus. As irmãs mais velhas, que souberam do ocorrido pelos olhos e bocas da Fama, sentiram-se igualmente enciumadas e resolveram destruir a felicidade da jovem princesa. Em sucessivas visitas ao castelo, convenceram Psique de que seu amante era o monstro predito pelo oráculo de Apolo e que, portanto, ela deveria matá-lo, tão logo dormisse. De posse de uma lamparina e de um punhal, Psique iluminou a face do deus e, ao descobrir sua beleza, apaixonou-se loucamente por ele. Uma gota de azeite fervente caiu, no entanto, sobre o ombro de Eros, que assim despertou. Enfurecido, mas sem dizer palavra, abandonou a amante. A partir daí, Psique tenta desesperadamente reencontrar Eros, sendo obrigada a passar por quatro provas mortais, criadas por Afrodite, mas vencendo-as todas, com a ajuda de seres diversos. Na última, quando retorna do reino dos mortos, não resistiu à curiosidade de abrir uma caixinha que Perséfone lhe entregara, contendo eflúvios da beleza imortal. Mergulhada num sono letárgico, é despertada por Eros, com quem se casa no Olimpo, já imortalizada por Zeus. A análise do mito, na opinião do psicanalista Erich Neumann, prende-se à "situação fundamental do feminino [...]. A aproximação do macho, sempre e em qualquer caso, significa separação (da família, da vida e dos laços anteriores). O casamento é sempre um mistério, mas é também um mistério de morte. Para o macho, e isto é inerente à oposição entre masculino e feminino, o casamento, como a matrilinhagem então o concebia, é antes de mais nada um seqüestro, uma aquisição, uma violação, um rapto". Do lado feminino, cria-se uma situação dúbia de atração e medo, que o próprio Apuleio ressalta ao escrever que, "no mesmo corpo, odeia o monstro e ama o marido". Mas, ao tentar matar o monstro, Psique descobre, iluminando-o, a sua própria capacidade de amar, ou seja, reconhece Eros. **2**. As estruturas, os fenômenos e as relações conscientes e inconscientes que constituem a vida mental e interior do ser humano, ou seja, a totalidade da organização e dos processos mentais que regem o comportamento, envolvendo emoções, percepções, motivações e pensamentos. Na teoria psicanalítica (da chamada segunda tópica), a psique estrutura-se em três níveis ou regiões: o id – a região inconsciente, mais primitiva, natural, profunda e poderosa da vida psíquica, de onde emanam as pulsões libidinais e na qual se concentram os materiais reprimidos ou recalcados. Amoral, inculto, alógico, despótico e audacioso, impulsiona o indivíduo em busca do prazer; o ego – desenvolvido a partir do id, em contato com o mundo exterior, social e cultural, é a sede da consciência, das percepções e dos limites ou freios às pulsões libidinais. Instância mediadora entre o id e o superego, encarrega-se do adiamento dos prazeres e da sublimação dos desejos, realizando as satisfações permitidas (inclui o pré-consciente); o superego – estrutura formada durante a infância, herdeiro do complexo de Édipo, constitui a moralidade inconsciente do indivíduo, a autodisciplina, a incorporação dos padrões parentais e das censuras sociais. O mesmo que *psiquismo*.

•**PULP FICTION.** Forma de literatura criada para amplo consumo popular e herdeira dos folhetins franceses publicados em capítulos durante a segunda metade do século XIX. Sem exigências estilísticas elaboradas ou consistentes, destina-se mais ao entretenimento descompromissado, típico da cultura de massa. Seu conteúdo tende ao ecletismo, à superficialidade e ao maniqueísmo das relações e dos personagens, abrangendo gêneros diversos: policial, ficção científica, erotismo, faroeste, amores melodramáticos, guerra e horror. A trama e suas ações são construídas de maneira simples, estandardizadas, para que o leitor as possa ler e assimilar de maneira rápida, sem a necessidade de reflexões mais profundas. Desenvolveu-se nos Estados Unidos a partir da segunda década do século XX em revistas de ampla circulação (*Black Mask*, por exemplo) e na qual se revelaram autores como Dashiel Hammett, passando depois aos livros de bolso. No Brasil, o dramaturgo Nelson Rodrigues, sob o pseudônimo de Suzana Flag, e o jornalista David Nasser, como Giselle de Monfort, dedicaram-se a este tipo de literatura. Mas o escritor José Carlos Ryoki Inoue tornou-se o mais prolífico dos autores mundiais, obtendo o recorde de mais de mil títulos. A expressão tem o significado de *ficção barata*, embora, literalmente, se refira à polpa de papel ordinário, utilizada para grandes tiragens e baixos custos de edição.

PÚLPITO. Tribuna elevada dos templos cristãos, católicos ou protestantes, destinada a leituras da Bíblia e a sermões. Pode estar construído como um balcão ou sacada avançada, ligado a uma parede divisória (aquela que separa o coro e o altar da nave central), apoiado em uma coluna da nave central, ou ser ainda uma estrutura completamente autônoma. Nos dois últimos casos, possui uma base, a escada, o parapeito e, adicionalmente, um baldaquim. As arquiteturas gótica e barroca fizeram do púlpito uma peça bastante adornada.

•**PUNK.** Movimento contracultural anárquico, niilista, e estilo de *rock* juvenil, agressivo e sensacionalista, caracterizado por comportamento grupal ou "tribal" de jovens proletários e suburbanos, avessos a convenções sociais ou a valores familiares e institucionais. Origi-

nalmente, a palavra tem sentidos como os de "madeira apodrecida", "vagabundo", "traste ou coisa miserável". Embalado por canções cantadas aos berros, com letras minimalistas e provocativas (elaboradas na forma de colagem ou de junção de fragmentos), seria "o *rock* na forma mais baixa – ao nível da rua", segundo Mark P., editor do primeiro fanzine de que se sabe, o *Sniffing Glue*. Os protótipos da rebeldia *punk* e de seu estilo musical foram os *teddy boys* da década de 1960, tanto quanto certas bandas de *rock*, como The Who, The Fugs, Iggy Pop and the Stooges e MC5 (estas duas últimas consideradas *protopunks* de Detroit). Os primeiros *punks* apareceram no início da década de 1970 na cidade de Nova Iorque, representados por bandas como New York Dolls, The Ramones e The Heartbreakers. Mas foi na Inglaterra que ganharam notoriedade e divulgação na mídia. A aglutinação dos primeiros adeptos da ilha ocorreu entre os freqüentadores da loja londrina Sex, de discos e roupas. Seu proprietário, Malcolm McLaren, voltou de Nova Iorque cheio de idéias, e inclusive produziu e empresariou ali mesmo o grupo Sex Pistols (de Johnny Rotten e Sid Vicious), cujo álbum "Nevermind the Bollocks Here's the Sex Pistols", de 1977, foi um marco do movimento. Outras bandas: The Clash, Stranglers, The Damned, Siouxsie and the Banshees e ainda Buzzcocks e Joy Division, de Manchester. Os *punks* criaram sua própria moda, distinguindo-se por roupas pretas de couro, enfeitadas com correntes – as do tipo usadas em sessões e filmes pornográficos de sadomasoquismo – alfinetes de segurança e argolas aplicadas nas orelhas, trajes de segunda mão, puídos ou voluntariamente manchados, minivestidos de malha, cabelos raspados ou pontudos, à moda "moicana", e extravagantemente coloridos. Ao contrário dos *hippies* e de suas sessões de *acid rock*, promoviam shows musicais com conseqüências quase sempre violentas. Nos Estados Unidos o movimento ganhou mais força, diversificando-se, como com a intelectualidade de Television (de Tom Verlaine), e firmou-se nos anos 1980 principalmente na Califórnia, tomando um caráter mais político (Dead Kennedies, Bad Religion). A onda *punk* estendeu-se mais vigorosamente à Alemanha, Austrália e Brasil (influenciando bandas como Plebe Rude, Ira ou Legião Urbana), estendeu-se por diversas ramificações e denominações (como o *hardcore straight-edge* do Minor Threat) e, com seu lema *faça você mesmo*, levou muitos jovens no mundo todo a formarem sua própria banda, mudando para sempre a história da música *pop*.

PUTTO, PUTTI. →*Amorino.*

QUADRATURA. →*Trompe l'oeil*.

QUADRILHA. Em sua origem, *quadrille*, dança viva e coletiva, executada aos pares, assim como baile e música das cortes aristocráticas da França e da Inglaterra, popularizada em fins do século XVIII e início do XIX. Trazida pelos portugueses, difundiu-se no Brasil durante a época da Regência, contando ainda com o concurso de orquestras francesas, como as de Miliet e Cavalier, e repertório do compositor Musard. Aqui, adotou variantes regionais entre as populações e compositores de vários estados, mantendo, no entanto, a clássica divisão em cinco partes, de coreografias fixas ou marcadas, todas elas com andamentos rápidos, em compassos de 2/4 e 6/8. Dançava-se a quadrilha em festas familiares, em clubes, e em datas festivas, inclusive no carnaval. Já no século XX, conservou-se vinculada predominantemente aos festejos juninos, ora sendo conhecida como quadrilha de São João, ora como quadrilha caipira (estado de São Paulo) ou ainda como contradança (provavelmente por influência da expressão inglesa *country dance* – dança campestre ou rural). Na disseminação do urbano para o rural, os termos franceses utilizados para o comando dos passos, e outras referências, sofreram uma curiosa modificação prosódica. Como exemplo, a ordem "anarriê", dada pelo chefe da quadrilha ao retorno da fila de dançarinos (originalmente *en arrière*), ou o próprio baile, chamado no Centro-Oeste de "saruê" (modificação de *soirée*). As marcações coreográficas influenciaram ainda passos e evoluções de fandangos sulistas.

QUADRINHOS. →*História em quadrinhos*.

QUADRO. 1. Obra pictórica feita sobre tela, madeira ou qualquer outro material, com a característica de fácil transporte; pintura. 2. As cenas de uma peça teatral que ocorrem dentro do mesmo cenário (quando na encenação estes se modificam) e formam o ato.

QUARTETO. Composição musical escrita para quatro vozes ou instrumentos, assim como o conjunto de intérpretes constituído desse número.

QUARUP. →*Kuarup*.

QUESTÃO COIMBRÃ. Reação inicialmente anti-romântica de literatos portugueses, desencadeada em 1865 nos redutos universitários da cidade de Coimbra, também chamada Dissidência de Coimbra ou Geração de 70. O movimento ganhou a amplitude de uma contestação cultural generalizada em prol da modernização portuguesa. Trouxe para o debate não apenas a necessidade de superação da estética romântica (oposição ao sentimentalismo e ao passadismo de escritores e intelectuais), como a adesão ao espírito científico e às reformas político-institucionais do país (em favor do liberalismo monárquico, por exemplo). O estopim da disputa acendeu-se por uma referência irônica que Feliciano de Castilho havia feito a Antero de Quental e a Teófilo Braga, então jovens poetas, que já haviam publicado, respectivamente, *Odes Modernas* e *Tempestades Sonoras*, sob influência do parnasianismo francês. Em sua menção, Castilho contestava o novo "espírito metafísico" de ambos os autores. Em resposta, Antero lançou a carta-panfleto *Bom Senso e Bom Gosto*, em que atacou, desabrida e sarcasticamente, o consagrado romancista e seus admiradores. Alguns trechos dessa carta são: "O que se ataca na escola de Coimbra [...] não é uma opinião literária menos provada, uma concepção poética mais atrevida, um estilo ou uma idéia [...] a guerra faz-se à independência irreverente de escritores que entendem fazer por si o seu caminho, sem pedirem licença aos *mestres*, mas consultando só o seu trabalho e consciência [...]. Não é traduzindo os velhos poetas sensualistas da Grécia e de Roma; requentando fábulas insossas diluídas em milhares de versos sensabores; não é com idílios grotescos, sem expressão nem originalidade [...] não é sobretudo lisonjeando o mau gosto e as péssimas idéias das maiorias que se hão de produzir as idéias, as ciências, as crenças, os sentimentos de que a humanidade contemporânea precisa para se reformar como uma fogueira a que a lenha vai faltando". As reações imediatas vieram de Camilo Castelo Branco, que fez publicar *Vaidades Irritadas e Irritantes*, e de Ramalho

Ortigão (que mais tarde, no entanto, aderiria aos contestadores). Dezenas de manifestos foram distribuídos ou publicados na imprensa, contrários ou favoráveis à nova geração, adepta do realismo literário e, no caso de Quental, das idéias socialistas que ganhavam força no continente. A Questão estendeu-se, portanto, para além de problemas propriamente estéticos, servindo para debater características sociais, econômicas, políticas e até mesmo religiosas do período, propondo-lhes uma ampla revisão de valores e de objetivos, sob a influência dos países centrais europeus que então se modernizavam.

QUERELA DOS ANTIGOS E DOS MODERNOS. →*Modernidade e pós-modernidade.*

QUERELA DOS BUFÕES. →*Bufão, bufo.*

QUERELA DOS ICONOCLASTAS. →*Iconoclasta.*

QUIASMO. Figura estilística de retórica em que as palavras ou imagens se cruzam, invertendo a ordem da construção. Assim, por exemplo: "Também a verdade é ela uma luz interior e a luz uma verdade que se desdobra fora; a razão é uma luz racional e uma razão luminosa. Mas quer você procurar a razão da luz? Busque-a na luz de toda razão: é lá que está a razão da luz e de todos os seres" (Marcilio Ficino). "Tinha a alma de sonhos povoada / E a alma de sonhos povoada tinha" (Olavo Bilac). Do grego *chiasmos*, dispor em forma de cruz.

QUINÁRIO. Verso de cinco sílabas, pentassilábico, ou ainda redondilha menor. →*Pentassílabo* e →*Redondilha.*

QUINTETO. Obra musical, grupo de instrumentos ou de vozes para cinco executantes.

QÜIPROQUÓ. Termo usado geralmente na comédia teatral, mas extensivo a obras narrativas, para designar um mecanismo técnico ou situação dramática humorística na qual existem duas séries de acontecimentos independentes, mas que se complementam de maneira "casual" e coincidente, tendo como resultado uma duplicidade de sentidos ou confusão de significados, que leva ao riso, a situações hilárias. Normalmente, um primeiro personagem pensa, fala ou age referindo-se a um determinado assunto, enquanto o segundo julga tratar-se de outro. Assim ocorre, por exemplo, na obra *Aululária*, de Plauto. O avarento personagem Euclião, cujo dinheiro fora roubado, discute com Licônides, amante e pretendente de sua filha. Euclião acusa Licômides do "mal" que cometeu a seu "mais precioso bem". O amante, por sua vez, não apenas se confessa culpado, como promete compensar o dano causado. Mas a argumentação do avarento está centrada no roubo da "panelinha" ou cofre em que guardava suas economias, enquanto Licômides pensa tratar-se de seu caso amoroso, cuja solução será o casamento. O qüiproquó mantém-se pelo uso de expressões vagas, apenas alusivas, sem que haja menções diretas às duas séries de ações. As freqüentes ilusões de Dom Quixote, confundindo o sonho e a realidade (moinhos com gigantes, ovelhas com exércitos), constituem igualmente situações hilárias de qüiproquó. Do latim *quid pro quo*, tomar ou entender uma coisa por outra – isto por aquilo.

QUIXOTESCO. Calcado na "triste figura" de Dom Quixote, personagens da obra-prima homônima de Cervantes, qualifica uma pessoa idealista, de visões sociais ou pretensões morais utópicas, que sonha e age em defesa de valores humanos universais, como a justiça, a fraternidade, a verdade, a honestidade, sofrendo, no entanto, revezes e desilusões permanentes. É a tentativa vã ou inglória de modificar a realidade comezinha e materialista da vida social. Apesar disso, a necessidade de uma perseverança quixotesca é indispensável, na opinião de Miguel de Unamuno, conforme o diz no prólogo à *Vida de Dom Quixote e Sancho*: "Procura viver em contínua vertigem apaixonada; somente os apaixonados levam a cabo obras verdadeiramente duradouras e fecundas". A esse respeito, igualmente, escreveu Carlos Drummond de Andrade o seguinte poema: " – Gigantes! (Moinhos de vento...) – Malina mandinga, traça d'espavento! (Moinhos e moinhos de vento...) – Gigantes! Seus braços de aço me quebram a espinha, me tornam farinha? Mas brilha divino santelmo que rege e ilumina meu valimento. Doído, moído, caído, perdido, curtido, morrido eu sigo, persigo o lunar intento: pela justiça no mundo luto, iracundo". De outro ponto de vista, no entanto, a irrealização das esperanças, embora dignas e respeitáveis, também provém da incapacidade de perceber e enfrentar as situações como elas de fato se apresentam ou se relacionam, incluindo-se os aspectos sombrios, corruptíveis, irracionais ou mesquinhos da natureza humana. É preciso lembrar que Cervantes faz terminar sua obra devolvendo a "razão" ao nobre Dom Quixote, livrando-o das loucuras fantasiosas a que os romances de cavalaria o haviam induzido. Numa acepção mais popular ou redutora, alguém completamente desvinculado da realidade, louco ou ingênuo.

RACIOCÍNIO. →*Juízo* e →*Lógica*.

RACIONALISMO. Doutrina ou atitude filosófica que faz da →razão o principal instrumento ou a faculdade privilegiada de apreensão do real, da aquisição de conhecimentos, da determinação da verdade e do controle da conduta pessoal (a contenção das paixões). A atitude racionalista acredita ou procura demonstrar que as coisas, os fenômenos e suas relações se oferecem de tal modo que se tornam apreensíveis pelo pensamento (a chamada razão objetiva) e que o intelecto humano, por sua vez, é perfeitamente capaz de refleti-las e conhecê-las (a razão subjetiva). Assim, na célebre fórmula de Hegel, expressa em sua *Filosofia do Direito*, "aquilo que é racional é real, e o que é real é racional". Também foi ele o primeiro a reunir sob essa denominação os filósofos anteriores do →inatismo, pelo fato de terem atribuído à razão a primazia na tarefa de revelar o conhecimento, ao contrário do →empirismo. Antes de Hegel, no entanto, Kant já havia adotado o termo racionalismo para caracterizar toda a sua filosofia transcendental. E estendia-o também ao campo da moral, afirmando que, neste âmbito, "o racionalismo do juízo, que da natureza sensível toma apenas o que a Razão Pura pode pensar por si, ou seja, a conformidade com a lei", difere dos juízos práticos empíricos.
→*Iluminismo, Ilustração*.

RADICAL. →*Raiz, radical*.

RADIONOVELA, TELENOVELA. As origens mais antigas da radionovela encontram-se nos →folhetins ao mesmo tempo literários e jornalísticos do século XIX e que ainda persistiram na primeira década do século XX. Esta forma radiofônica do melodrama seriado ou em capítulos foi criada nos Estados Unidos, em 1930, por meio de emissões diárias com duração de quinze minutos, sendo as duas primeiras *Painted Dreams* (*Sonhos Coloridos*) e *Children's Today* (*Crianças de Hoje*). Com a expansão do sistema radiofônico naquele decênio, acompanhada pela venda de unidades domésticas, as empresas químicas de sabão e de produtos de toalete e limpeza decidiram investir na produção de séries mais longas (30 minutos), tendo como público-alvo de suas campanhas publicitárias as donas de casa. Por esse motivo, receberam a alcunha de *soap-operas*. As radionovelas norte-americanas optaram mais comumente por uma dramaturgia baseada em pequenas histórias diferentes, mas completas em cada edição, vividas por um personagem destacado, uma família ou grupo social de vizinhança (*Ma Perkins, Home Sweet Home, Song of the City, The O'Neills, The Guiding Light, Road of Life*). O mesmo sucesso de público ocorreu em Cuba, ainda nos anos 1930, cujo tratamento excessivamente romântico deste tipo de melodrama serviu de modelo para a América Latina (*Los Ángeles de la Calle, El Derecho de Nacer, Divorciadas, Mujeres que Trabajan, Yo no Quiero ser Mala, El Dolor de ser Madre*) e ainda revelou um autor prolífico e bastante requisitado, Felix Caignet. À diferença de sua congênere norte-americana, a radionovela cubana optou por entrechos mais longos e fragmentados, formato seguido pelas produções mexicanas, pelas argentinas e, mais tarde, pelas brasileiras. Aqui, a radionovela estreou em 1941, após Oduvaldo Viana, então diretor artístico da Rádio São Paulo, tê-la conhecido na Argentina. Naquele ano, sua emissora pôs no ar *A Predestinada*, enquanto a Rádio Nacional preferiu a versão da cubana *Em Busca da Felicidade*. Tanto em Cuba quanto no Brasil, as mesmas indústrias químicas norte-americanas foram as que investiram mais assiduamente nesses programas, estimulando a criação ou a adaptação de uma média superior a trinta emissões anuais somente naquelas rádios. O advento da televisão trouxe consigo a telenovela, cujo tratamento acabou por incorporar, ainda que parcialmente, a tradição do teatro e a linguagem cinematográfica. No Brasil, a primeira experiência deu-se em 1951, na TV Tupi de São Paulo: *Sua Vida me Pertence*, de Walter Foster. Embora se tenham criado textos especiais para o novo gênero, com destaque para José Castelar (*Um Beijo na Sombra, Rosas para o Meu Amor, Direto ao Coração*) e J. Silvestre (*Uma Semana de Vida, Meu Trágico Destino,*

Abismo), ambos provenientes do rádio, o período entre 1952 e meados da década de 1960 caracterizou-se, sobretudo, pelas adaptações de romances consagrados, nacionais e estrangeiros, o que afastou a telenovela, nesses primeiros anos, do melodrama radiofônico mais característico: *Senhora*, de José de Alencar, *Iaiá Garcia*, de Machado de Assis, *Oliver Twist*, de Charles Dickens, *Miguel Strogof*, de Julio Verne, *Jane Eyre*, de Charlote Brontë, *Ana Karenina*, de Leon Tolstói, *Scaramouche*, de Rafael Sabatini, *O Corcunda de Notre Dame*, de Victor Hugo, *Os Três Mosqueteiros*, de Alexandre Dumas, ou *Anos de Ternura*, de A.J. Cronin. Ainda nesses anos iniciais, a telenovela só contava, geralmente, com duas emissões semanais e não desfrutava do mesmo prestígio e audiências alcançadas pelo →teleteatro. Em seu formato diário, a telenovela implantou-se na TV Excelsior em 1963, com a peça *2-5499, Ocupado*, de autoria do argentino Alberto Migré. A decisão decorreu de um acordo entre aquela emissora e a multinacional Colgate-Palmolive, interessada na substituição da radionovela por um meio publicitário em expansão. A experiência, que se revelou promissora após dois meses, deu impulso às audiências cativas e populares obtidas desde então. Tanto que, no ano seguinte, Borelli Filho, um articulista da *Revista do Rádio*, podia escrever: "[...] as novelas em TV, por obra não se sabe do quê, viraram epidemia neste país. É uma doença agradável, que se contrai com prazer e alcança foros epidêmicos que ultrapassam toda imaginação". A partir daí, e embora continuassem havendo adaptações de narrativas nacionais e estrangeiras, a telenovela foi absorvendo temas, situações e tipos marcadamente brasileiros, com perspectivas mais realistas e uma linguagem prosaica e contemporânea. Como resultado dessa inflexão, deu-se o aparecimento de autores nacionais ou aqui radicados, que logo adquiriram renome no universo televisivo. Entre tantos, a cubana Glória Magadan, Benedito Rui Barbosa, Oduvaldo Viana, Ivani Ribeiro, Raimundo Lopes, Geraldo Vietri, Lauro César Muniz, Bráulio Pedroso (que, com *Beto Rockfeller* – 1968/1969 – baseado em um personagem pícaro, revolucionou o gênero), Marcos Rey, Janete Clair, Walter Durst, Chico de Assis, Jorge de Andrade e Dias Gomes (os dois últimos, dramaturgos já consagrados quando contratados para a produção telenovelística), Cassiano Gabus Mendes ou Sílvio de Abreu. Registre-se ainda que as telenovelas brasileiras, sobretudo as da emissora Globo, converteram-se em produto de exportação para vários países da Europa e da Ásia.

• **RAGTIME.** Gênero norte-americano de música e dança popular, desenvolvido a partir das *plantation melodies*, isto é, das canções rurais negras entoadas durante os trabalhos de plantio e de colheita nas regiões banhadas pelo rio Mississipi. Sua característica firmou-se com a introdução de síncopas, de efeito rítmico e harmônico, enquanto se mantinha uma batida regular no acompanhamento "baixo". Essa modificação começou a surgir nos espetáculos musicais de →minstrel, assim como em cabarés e bares freqüentados exclusivamente por negros, após a Guerra de Secessão, consolidando-se na última década do século XIX em clubes como o Chestnut, o Market Street e o Maple Leaf. Segundo escreveu um cronista da época (1899), Rupert Hugue, "Os negros chamam de *ragging* o ato de dançar de tamancos, e a dança, *rag*, consiste num arrastar de pés. É uma espécie de frenesi, com amiudados uivos de prazer por parte dos dançarinos e dos espectadores, estes últimos a acompanhá-los com bater de mãos e de pés. A figuração do banjo ressalta muito na música de *ragtime*, e a divisão de uma das batidas entre duas notas breves tem relação com o bater das mãos" (*apud* Gilbert Chase, *Do Salmo ao Jazz*). Logo o piano substituiu o banjo, propiciando o aparecimento de um estilo pianístico que aumentou os recursos harmônicos. Assim, a mão esquerda passou a encarregar-se da execução de acordes continuamente "quebrados"; à mão direita coube a melodia, acrescida também de algumas figurações; por fim, a diferença de acentuação entre as mãos produzia o efeito das síncopas. Entre seus maiores compositores citam-se: Kerry Mills (*At a Georgia Camp Meeting, Meet me in St. Louis*), Scott Joplin (*Original Rag, Maple Leaf, Sugar Cane, Sunflower Rag*), seguido por "Plunk" Henry, Thomas Turpin, Louis Chauvin, Ben Harney, James Scott, Felix Arndt e chegando-se a George Gershwin (*Rialto Ripples*), Zez Confrey (*Dizzy Fingers*) e Irving Berlin (*Alexander's Ragtime Band, That Mysterious Rag*). Joplin chegou inclusive a criar uma ópera-*ragtime*, *Treemonisha*, cuja heroína é uma garota negra que ascende socialmente por se dedicar aos estudos. Figura importante para a divulgação e o registro do *ragtime* foi o empresário John Stark, protetor de Joplin. Segundo escreveu ainda o compositor (no livro de partituras *The School of Ragtime*), "nunca toque *ragtime* depressa". Em grande parte, no entanto, a aceleração da cadência abriu caminho para o *jazz*. Outros autores brancos que também alcançaram prestígio no meio foram George Botsford, Charles Hunter, Joseph Lamb e Percy Wenrich.

RAIONISMO. →*Arte abstrata, abstracionismo.*

RAIZ, RADICAL. **1.** Sob os pontos de vista da gramática e da semântica, constitui o elemento fundamental e irredutível do significado de uma palavra, comum a vários outros vocábulos. No termo *desregularizar*, por exemplo, o elemento lingüístico irredutível é *reg*, a partir do qual podem ser formadas as seguintes palavras: *régua, reger, regular, regularizar* e *desregularizar*.

Uma variante daquela raiz ou radical primário é ainda *regr*, que conduz a *regra*, *regrar* ou *desregrada* (→*Cognato*). **2.** No âmbito da filosofia, considera-se raiz o elemento primário, a origem necessária de um fenômeno, de uma relação ou reflexão, assim como o elemento final a que se chega após uma análise das relações possíveis. Radical, por sua vez, consiste na decomposição de uma realidade ou de uma idealidade que permita alcançar os princípios (as raízes) do fenômeno investigado. A esse respeito, por exemplo, diz Marx: "A teoria é capaz de se apoderar das massas desde que ela demonstre *ad hominem*, e ela demonstra *ad hominem* desde que se torne radical. Ser radical é tomar as coisas pela raiz. Ora, a raiz, para o homem, é o próprio homem" (*Contribuição à Crítica da Filosofia do Direito de Hegel*). Com esse entendimento, pretende-se enfatizar a necessidade de considerar o ser humano, em sua vivência e relações concretas, princípio e fim das ações sociopolíticas e socioeconômicas.

RANCHO. Durante a fase do Brasil Império, deu-se esse nome aos grupos populares de canto e de dança que saíam em procissões festivas e religiosas do período natalino, incluindo-se a comemoração de Reis. Por influência das adorações feitas ao Menino Jesus, esses blocos adotavam nomes de bichos da lapinha – rancho do boi, do burro, do cavalo – estendendo-os depois aos animais da região (rancho da lagartixa, do peixe), a animais fabulosos e até mesmo a plantas. Os instrumentos mais utilizados à época eram a viola, o cavaquinho, a flauta, o ganzá e o pandeiro. Os homens trajavam roupas domingueiras, como ternos brancos, e portavam chapéus guarnecidos com fitas coloridas. As pastoras, integrantes femininas, usavam saias brancas e flores no chapéu. À frente do cortejo seguiam uma baliza, uma porta-estandarte e um mestre-sala. O rancho percorria fazendas ou casas urbanas, solicitando dinheiro em troca do folguedo. O *terno* também equivale a rancho, com uma diferença apontada por Nina Rodrigues: o primeiro seria mais irreverente e "democrático"; o segundo mais sério e "aristocrático". Posteriormente, no final do século XIX, no Rio de Janeiro, os ranchos e ternos passaram a incorporar também o carnaval como período de festividade, adotando então formas musicais integralmente urbanizadas – a marcha-rancho e a marcha carnavalesca. A esse respeito, escreveu José Ramos Tinhorão: "A liberação da mão-de-obra escrava, com a decadência do cultivo do café no Vale do Paraíba [...] e a formação das primeiras empresas industriais começaram a diferenciar a população, criando toda uma gama de distinções sociais [...]. Essa diversificação vinha pôr em relevo [...] o problema da participação de camadas novas numa festa que, pelo menos desde meados do século, se havia estruturado num esquema rígido: as camadas baixas 'jogavam o entrudo' [...] as famílias burguesas assistiam aos bailes de máscaras nos teatros [...]. Assim, os elementos que vinham compor a classe média propriamente dita teria que ficar de fora, não fora a reestruturação do carnaval vir dar vez a todos [...]. Para os antigos ranchos criados pelos baianos da zona da Saúde, na área dos trapiches do porto, e agora integrados pela pequena humanidade dos pretos, mestiços e brancos [...] o problema de uma música própria não constituía dificuldade. Era dessa camada que [...] saíam os músicos das bandas militares e dos conjuntos dos chamados chorões [...]. Atraídos para os novos ranchos, emprestaram o seu estilo chorado à lenta evolução dos desfiles [...] [o que resultou em] uma forma de marcha cadenciada e dolente, mais tarde fixada como gênero, sob o nome de marcha-rancho" (*Pequena História da Música Popular*). Antes de sua consolidação, no entanto, que ocorreu na década de 1930, os ranchos se utilizaram de marchinhas alegres, barcarolas e dobrados, com o propósito de elevar o nível musical dos desfiles. Conforme relata Jota Efegê (*Ameno Resedá, o Rancho que Foi Escola*), "Os ranchos, no carnaval de ontem, uma das mais imponentes manifestações artístico-musicais de conteúdo recreativo [...] tinham nas marchinhas [...] fator importante da atração que exerciam sobre o povo. De melodia rica, própria para ser explorada por grandes conjuntos de vozes, tais marchinhas, sempre vibrantes e muitas vezes épicas, empolgavam, a um só tempo, aos que as cantavam e aos que as ouviam [...] O Ameno Resedá [...] além de saber exprimir com o mais perfeito sentimento os poemas artisticamente musicados, serviu de padrão para a remodelação dos seus congêneres". Posteriormente, no entanto, o lirismo dolente, o bucolismo e o retorno ao andamento lento dados a certas composições já feitas para o disco firmaram as características da marcha-rancho, entre cujas obras mais conhecidas estão: *A Jardineira* (de Benedito Lacerda e Humberto Porto, mas na verdade de procedência folclórica e baiana, como o demonstrou Almirante), *Ri, Palhaço* (Catulo da Paixão e Miguel Júnior), *Bem-te-vi* (Lamartine Babo), *Vem aos Meus Braços* (Joubert de Carvalho), *As Pastorinhas* (Noel Rosa e João de Barro), *Estrela do Mar* (Marino Pinto e Paulo Soledade), *Marcha da Quarta-Feira de Cinzas* (Carlos Lyra e Vinícius de Morais), *Noite dos Mascarados* (Chico Buarque). →*Carnaval*.

RANHURA. **1.** Sulco ou reentrância delgada, sem muita profundidade, executada na superfície de um elemento construtivo (parede, coluna, silhar etc.), servindo-lhe de ornamento. **2.** Encaixe vazado de uma peça de madeira ou de metal destinado a engastar-se em outra complementar e, ao contrário, saliente, sem necessidade de pregos ou parafusos.

• **RAP.** Uma das acepções da palavra, em inglês, é a de "vociferar, praguejar, dar bronca", o que de fato ocorre freqüentemente nas letras deste gênero musical *pop*. Acabou servindo, entretanto, de sigla para a expressão *rhythm and poetry* (ritmo e poesia), um tipo de música e de dança populares, baseadas sobretudo num ritmo vigoroso e repetitivo, de andamento acelerado, sem muita ênfase nos demais elementos musicais – os melódicos e harmônicos. Com ele, desenvolveu-se também um estilo de comportamento juvenil e grupal, o →*hip-hop*. A característica básica do *rap* está em provocar interrupções (*breaks*), colar ou misturar sons e trechos musicais já existentes, os *samples*, alterar velocidades (*phasing*) e fazer comentários durante a rodagem de discos. Essa técnica de manipulação eletrônica teve início em fins dos anos 1960, na Jamaica, com os *disc-jockeys* ou DJs locais, os *toasters*, e foi introduzida no Bronx nova-iorquino, na década seguinte, pelo imigrante Clive Campbell, apelidado Kool Herc, com o objetivo de animar festas particulares. O que Herc fez foi, usando dois exemplares de um mesmo disco, prolongar ou repetir os *breaks*, retornar a trechos anteriores (*back-spinning*) e superpor comentários sobre o cotidiano dos negros, a política e a vida sexual. Logo depois, Herc deixou a parte vocal a cargo de um amigo, Coke La Rock, criando ambos a figura do MC (mestre de cerimônias), ou *rapper*. Na seqüência, os jovens Joseph Saddler (auto-intitulado Grandmaster Flash e criador da primeira banda de *rap*, o Furious Five) e Africa Bambaataa conseguiram repercussão nacional, com suas festas (as *block parties*) e gravações profissionais. Com a proliferação de novos grupos musicais, as falas do MC foram se tornando cada vez mais rápidas, quase um exercício de balística verbal, recuperando a velha tradição negra dos *dirty dozens*, duelistas de insultos ou repentistas de histórias cotidianas. Tanto Flash, Bambaataa quanto Wizard Theodore incluíram o *scratch* e ruídos percussivos, passando a desconstruir ou a recombinar não apenas trechos de canções, mas os próprios ritmos (de *rock*, *jazz*, *soul* e música latina). Outra influência marcante veio com o grupo negro radical dos Last Poets, fixados no Harlem e adeptos nostálgicos do movimento Black Power. Coube ao grupo Sugarhill Gang, no entanto, o primeiro grande sucesso de venda no mercado fonográfico *pop*, o disco "Rapper's Delight" de 1979. De maneira habitual, as letras possuem um tratamento coloquial e rude, às vezes violento e até mesmo obsceno, com uso constante de gírias. Reproduzem e comentam situações de conflitos social, racial e policial, os fatos corriqueiros, as dificuldades e os valores daquelas camadas mais pobres e marginalizadas. Sua entoação é rápida, declamatória, não chegando a se configurar nem como canto, nem como recitativo, em parte devido à carência melódica. Os movimentos da dança (também chamada *break*) são bruscos, quebrados ou mecânicos, e executados individualmente. Sua influência espalhou-se pela Europa e pelas Américas, adaptando-se às condições locais, conservando, no entanto, a coloquialidade e as expressões de agressividade com que surgiu. No final dos anos 1990, o *rap* ultrapassou, em vendas, gêneros tipicamente norte-americanos, como a música *country* e o *rock*.

RAPSÓDIA. **1.** Trechos ou fragmentos de poemas épicos na Grécia, bem como cada um dos livros atribuídos a Homero (a *Ilíada* e a *Odisséia*). **2.** Por extensão, epopéia de um povo ou nação. **3.** Peça instrumental de música que se baseia em cantos ou melodias tradicionais e populares (folclóricas), como as compostas por Villa-Lobos ou Brahms. **4.** Narrativa em prosa ou tipo de romance cujo enredo provém de tradições étnicas ou populares, e que procura ser desenvolvida como um encadeamento de suíte musical. Por essa acepção, Mário de Andrade chamou o seu *Macunaíma* de rapsódia, por se basear em lendas indígenas da Amazônia. →*Rapsodo*.

RAPSODO. Cantor e intérprete itinerante de narrativas épicas na Grécia antiga, que não se fazia acompanhar da lira, e cujas origens remontam ao século VII a. C., mas cujo número parece ter-se expandido após a fixação escrita dos cantos homéricos mandada elaborar por Pisístrato (meados do século VI). A função foi reservada, no início, a um descendente da tribo original ou formadora da pólis e, portanto, a um integrante da aristocracia. Mais tarde, a partir do século V antes de nossa era, o rapsodo converteu-se em artista profissional. Na origem semântica do nome (*rapto*) está o ato de coser, costurar. Ou seja, o cantor-intérprete era aquele que "costurava" os cantos (*oide*), dando-lhes um ordenamento pessoal.

RAZÃO. **1.** Proveniente do latim *ratio*, equivalente ao grego *logos*, tem originalmente, em ambas as línguas e culturas, o significado de contar e reunir, não só ordenando as sensações, as percepções, os fatos e acontecimentos, mas ainda exprimindo-os comunicativamente. Como atividade ao mesmo tempo espiritual, expressiva e particularmente humana, a razão está inscrita na faculdade da fala. Daí ter Aristóteles definido o homem como "animal dotado de fala" (*zoon logon ekhon*), que se traduz como "animal racional", isto é, capaz de um discurso ordenado e comum, universal. Antes de Aristóteles, Heráclito havia reivindicado para a razão este caráter universalista, ao dizer: "É preciso seguir o que é universal, comum a todos [...] a maioria vive como se cada um tivesse uma mente particular" (*Fragmentos*, 2). Constitui, assim, a faculdade humana de pensar (de exercer o pensamento), de se orientar no âmbito da indagação ou da investigação e ainda de se conduzir de maneira controlada, isto é, evitando ou refreando os instintos e as paixões (constituintes igualmente inevitáveis da condição humana). Em seu *Discurso do Método*, Descartes definiu-a como "a capacidade de bem julgar e de distinguir o verdadeiro do falso [...] é por natureza igual em todos os homens; logo, a disparidade de opiniões não provém do fato de umas serem mais racionais do que outras, mas apenas de conduzirmos nossos pensamentos por caminhos diferentes, sem levar as coisas em consideração. Não basta ter o espírito são; o principal é exercê-lo bem". Por este conceito cartesiano, são a clareza, o encadeamento necessário e a correlação indubitável dos atos do pensamento que caracterizam a razão, fazendo-a diferir da simples "opinião" (que os gregos chamavam *doxa*). Como capacidade distintiva do ser humano, o que lhe permite estabelecer relações comunicativas de grande complexidade, a razão abrange pelo menos três sentidos: *1)* é a consciência intelectual que leva o homem ao conhecimento e à ação sobre o mundo exterior; *2)* é a consciência intelectual e moral que favorece o autoconhecimento e a ação reguladora sobre a vida interior e emocional; *3)* é a consciência intelectual e moral que induz o homem a prescrever e a valorizar normas gerais de comportamento ou de ações éticas, de mútua responsabilidade social, com a finalidade de alcançar, tornar melhor ou conservar o bem comum. Tais sentidos constituem a chamada *razão subjetiva*. Um quarto sentido é o de atribuir à realidade da natureza um modo *racional* (ordenado) de se manifestar em suas causas, efeitos e relações internas, pois somente assim se torna possível a compatibilidade entre a razão subjetiva (humana) e os fenômenos naturais. A natureza como manifestação racional é então denominada de *razão objetiva*. Em comum, as razões subjetiva e objetiva operam de modo a refletir (no primeiro caso) e a assinalar (no segundo) que há causas e inter-relações compreensíveis na vida humana, bem como causas, inter-relações e efeitos necessários nos fenômenos naturais. A esse princípio, que assegura as possibilidades do pensamento, do entendimento e do conhecimento, dá-se o nome de *razão suficiente* ou causalidade. Na filosofia kantiana, em particular, a razão é dita também o "sujeito do conhecimento", no sentido de estar configurada como estrutura inata, pura, isto é, sem conteúdos, preexistente em todos os seres humanos e, portanto, universal. A razão, como estrutura *a priori*, é ativada primeiramente pela →*sensibilidade*, ou seja, pelas percepções sensoriais ou conjunto dos sentidos (formas, cores, grandezas, sucessões temporais etc.); a organização subseqüente desse material sensível, que a razão é capaz de absorver ou perceber, é realizada pelo *entendimento*, ou atividade *intelectual*, em forma de idéias e conceitos. Existem ainda três outros princípios da razão formulados pela →lógica clássica – identidade, não-contradição e terceiro excluído. A razão subjetiva atua por intermédio de duas modalidades nem sempre excludentes: *1)* *intuição* ou compreensão instantânea, não-mediatizada, de um objeto ou fenômeno, sem o recurso de demonstrações. Diz-se intuição sensível quando a compreensão provém das qualidades captadas pela sensibilidade (cores, dimensões, distâncias etc.). Intuição intelectual é uma visão imediata ou repentina, mesmo quando resulta de juízos e raciocínios anteriores, que poderiam ou não levar à conclusão obtida. O "penso, logo existo" de Descartes é um exemplo clássico; *2)* *raciocínio,* ou razão discursiva, que atua por investigações, demonstrações, análises e sínteses. Nesse caso, a razão possui três outros procedimentos básicos: *2.1)* *indução* – a formulação de leis ou de constantes, baseada em fenômenos particulares assemelhados, que possam ser generalizados; *2.2)* *dedução* – procedimento inverso ao anterior, pois tem início em uma teoria geral anteriormente aceita ou bastante provável, para se aplicar aos casos particulares; *2.3)* *abdução* – forma semelhante à indução, mas que não se processa de maneira instantânea, mas de modo mediato. É a reunião progressiva de sinais ou de indícios que vão sendo inter-relacionados e levam a conclusões não-indubitáveis, mas possíveis, tal como ocorre nos enredos policiais (termo introduzido por Charles S. Peirce). Existem ainda vários outros qualificativos para a atividade racional. Entre outros: razão *analítica* – quando aplicada à classificação, à dedução ou decomposição de grandes conjuntos de elementos ou fatores; razão *concreta* – normalmente atribuída às descrições dos fenômenos ou às narrações de tipo histórico-cronológico; razão *prática* – que se ocupa da vontade em confronto com a moral, ou dos interesses particulares em relação aos gerais, éticos e universais; razão *instrumental* – oposta à razão prática, pois que devotada exclusivamente aos aspectos técnicos ou funcionais, sem que se discutam ou se considerem as finalidades ou efeitos éticos ou sociais decorrentes; razão *dialética* (→*Dialética*). A ciência contemporânea, e por seu intermédio a filosofia atual, chegaram a conclusões que desmentem, em parte, ou põem em dúvida certos princípios lógicos tidos como clássicos (identidade, não-contradição) e de razão suficiente quando aplicados aos processos naturais. Por exemplo, a dupla natureza da luz (onda e partícula), a realidade extremamente complexa e oposta das reações intercelulares e intramoleculares, as chamadas *cesuras microscópicas*, a teoria da simbiogênese para o desenvolvimento da vida, a indeterminação dos fenômenos quânticos ou a teoria da relatividade que põe as leis da física na dependência do observador. Ainda assim, é evidente que a própria razão foi e tem sido a mais poderosa forma de reflexão, de proposição, de ordenamento e de percepção da própria falseabilidade dos princípios e dos raciocínios discursivos. Inclusive daqueles que contrariam os antigos pressupostos e conclusões. Sob tal aspecto, a razão continua a demonstrar-se como o critério mais adequado para a conquista do conhecimento e de uma pacífica, justa ou civilizada convivência humana (→*Conhecimento*, →*Pensamento* e →*Iluminismo, Ilustração*). **2**. Prova ou conjunto de argumentos que procuram estabelecer a veracidade de certas relações entre as coisas e fenômenos, sejam estes materiais ou espirituais.

• READY-MADE. →*Dadá, dadaísmo.*

REAL, REALIDADE. 1. Em princípio, considera-se como real o que existe em ato, de fato, no mundo exterior, e não o que é apenas possível, assim como o que se refere a um objeto ou fenômeno, e não à sua denominação (ao nome). Por conseguinte, a realidade diria respeito ao modo de ser da coisa, independentemente da mente humana ou de sua interferência, diferindo, portanto, da idealidade (do ser-ideal ou de algo fictício, ilusório, puramente imaginado). Embora o conceito de real-realidade tenha nascido no século XIII com a escola de Oxford (Duns Scot), tal preocupação filosófica já estava presente na Grécia. Parmênides, por exemplo, identificou o ser (o que é) com o pensamento, com a idéia. Platão, ainda que aceitando a existência das coisas no mundo sensível, mas na qualidade de "sombras", atribui às Idéias o estatuto de máxima realidade (mundo verdadeiro e uno). Quanto a Aristóteles, o real exprime-se pelo conjunto de uma substância (*ousía*, essência) que permanece (que era e continua a ser), da matéria e da forma. Em Scot, a realidade (*haecceitas*) indica a individualidade de um ente, a sua existência singular. Com a perspectiva cartesiana de que o objeto do conhecimento humano é antes de tudo a *idéia*, e o pensamento a garantia primeira da realidade, tornava-se problemática a existência real ou autônoma das coisas. Mas o próprio Descartes assegurou a existência dos fatos reais a partir da veracidade divina e da impossibilidade de um "Deus Enganador" que permitisse ao ser humano ter idéias ou juízos que nada representassem de efetivo. Há, pois, uma realidade espiritual do conhecimento (*res cogitans*) e uma realidade material, caracterizada pela extensão (*res extensa*). Já o empirismo entendeu a realidade como

aquilo que é percebido, e não como a evidência da coisa em sua autonomia. Ou seja, com a filosofia moderna, instaurou-se a dúvida sobre a *transparência* da realidade, sobre a sua inteligibilidade: pode o real adequar-se inteiramente ao pensamento do sujeito que conhece ou deve o pensamento ultrapassar os fatos como eles apenas aparecem, transportando-se para o objeto? Schopenhauer afirmou que a existência ou a "essência dos objetos intuíveis" fundamentava-se na *ação* sobre o sujeito e sua representação. O que porventura estiver fora desta *ação sobre* não pode ter existência real. Numa linha de pensamento assemelhada, Wilhelm Dilthey atribuiu a realidade das coisas à condição de elas exercerem uma *resistência* a qualquer tipo de movimento ou transformação. Heiddeger, por sua vez, procurou eliminar a dúvida sobre a presença real do mundo exterior, pois o homem, o ser-aí, já está, desde o princípio, imerso no mundo das coisas. Esta facticidade exclui um sujeito desprovido de mundo, posto no vazio, e o problema se encontra então na maneira como as coisas reais se relacionam como o homem. De qualquer forma, as relações entre o real e o conhecimento que dele se possa ter conduzem à necessidade de serem estabelecidos critérios de verdade. **2**. No terreno da estética, os fenômenos artísticos são produzidos de modo fluido ou ambíguo, no sentido de terem e não terem realidade própria. Como representações que são, ainda que naturalistas ou veristas (miméticas), as artes instituem imagens artificiais, fictícias, ilusórias, ou seja, constroem uma segunda realidade que se remete a um referencial anterior, externo e material, interno ou psíquico (→*Arte*). Ao mesmo tempo, no entanto, apresentam-se como objetos sensíveis e inteligíveis que se submetem a leis naturais e constrangem o artista em seu processo de elaboração (a *resistência* de que fala Dilthey). Assim, um pintor não pode desconsiderar as propriedades químicas dos pigmentos e das tintas, um arquiteto não consegue eximir-se da gravidade e das relações de força, nem um músico poderia compor com freqüências sonoras humanamente inaudíveis (mas existentes).

REALISMO, NATURALISMO. Literatura e cotidiano social. Literariamente, o romantismo não foi indiferente à observação e à influência do real. Mas quase sempre o recusou, como se a busca idealizada de outras vidas e relações, a preferência pela imaginação livre e subjetiva, povoada por sonhos, desejos, mistérios e fantasias sentimentais, pudessem ou revelar os mais díspares e profundos movimentos da alma, ou reconstruir um mundo melhor, pois menos degradado.

Já o realismo, reagindo a esses distanciamentos, ora temporal ou geográfico, ora social, propôs-se agarrar os fatos materiais como se apresentam, selecionando os essenciais ou significativos, respeitar os comportamentos e as soluções humanas em sua plausibilidade, descrever em minúcias a vida contemporânea, com suas contradições, anomalias e grandezas. E os mais pródigos domínios dessa nova eleição estética do século XIX foram, sem dúvida, o romance e o teatro.

A partir de 1830, a contra-revolução francesa instituiu o modelo de um novo poder, isto é, consolidou a aliança entre a nobreza reinante e a grande burguesia de fato decisória. O darwinismo biológico (apesar das condenações cristãs) e o utilitarismo liberal conjugaram-se para justificar a sociedade industrial como um campo de luta natural, destinado à sobrevivência dos mais fortes. Momento em que "o racionalismo econômico que acompanha a par e passo a industrialização progressiva e a absoluta vitória do capitalismo, o progresso das ciências exatas e históricas (o autor refere-se aqui aos seus primeiros grandes estudiosos, como Augustin Thierry, Tocqueville e Michelet) e o cientismo filosófico geral que com ele se relaciona, a experiência repetida de uma revolução falhada e o realismo político que daí resulta – tudo isso prepara o caminho para a grande batalha contra o romantismo, que permeia a história dos cem anos seguintes" (A. Hauser, *História Social da Literatura e da Arte*). Época do "compromisso vitoriano", que Chesterton resumiu nas seguintes particularidades: liberalismo político, positivismo científico, fé no progresso material, crença exterior nas disposições e mandamentos protestantes, conservação das regras sociais aristocráticas, caridade cristã compensatória, opressão das classes operárias e imperialismo econômico. A liberdade preferida era a econômica, o direito inviolável da competição, segundo a Escola de Manchester.

Os "romances de costumes" de Honoré de Balzac, como *Gobseck* (1830), *A Mulher de Trinta Anos* (1831), *O Coronel Chabert* (1832), *Eugénie Grandet* (1833) e *Pai Goriot* (1834-1835), instauraram o realismo das cenas privadas e cotidianas, nas quais se refletem as instâncias gerais da sociedade da época. Seus personagens elevam-se à condição de tipos representativos da diversidade ou das variadas "espécies sociais". Exposto o quadro ambiental preliminar, segue-se o retrato pessoal, abordado do exterior – o físico, os modos de se vestir e de falar, o comportamento manifesto – compondo-se então o caráter de suas criaturas. Segundo o próprio autor, "A sociedade francesa seria ela mesma a historiadora, não sendo eu senão o secretário". Em sua →*Comédia Humana*, encontramos então a história dos novos valores mercantis em que "o dinheiro é o único Deus moderno no qual se tem fé" (*A Prima Bete*), dos cinismos e ambições por eles geradas, as

artimanhas jurídicas para salvaguardar as grandes fortunas, a corrupção e os labirintos das burocracias que corroem todas as possíveis virtudes e moralidades, públicas ou privadas.

Mesmo Stendhal, espírito romântico e de salão, para quem o ser humano é sempre guiado pelo prazer, pela "caça à felicidade", e que se entregou a reflexões psicológicas e quase científicas sobre o amor (*De l'Amour*, obra de 1822), já não se deixa conduzir primordialmente pela imaginação. N'*O Vermelho e o Negro*, a narrativa procura desenvolver-se como reconstrução de um fato real, jornalístico, ou, como admitiu o autor, de uma autêntica "crônica de 1830". Quadro da sociedade, de suas classes e costumes políticos, no qual o herói, Julien Sorel, é um sedutor ambicioso em busca de ascensão e fortuna, mesmo à custa de traições e tentativa de assassinato. Seu estilo renega as efusões mais líricas de um Chateaubriand, preferindo o "tom positivo", uma frieza maior de análise e de comentário.

No final da década de 1840, também Champfleury (Jules Husson) adotou decididamente o realismo em seus romances – *Chien-caillou, fantaisie d'hiver* (elogiado por Victor Hugo) e *Les Aventures de Mademoiselle Mariette*, além de lançar um manifesto em defesa desta nova visão social e artística, extensiva à pintura, nas figuras de Daumier e de Courbet.

Se ao menos na Europa o romantismo e o realismo competiam até a década de 1850, a segunda poética acabou por se consolidar com a publicação de *Madame Bovary*, em 1857 (→*Bovarismo*). Até então, no próprio Gustave Flaubert conviviam dois sujeitos distintos: "um que é apaixonado pelos protestos, por lirismos, pelos grandes vôos de águia, pelas sonoridades das frases e dos cimos das idéias; outro que escava e vasculha a verdade, tanto quanto possa, que gosta de acentuar os pequenos fatos cotidianos, tão poderosamente quanto os grandes, que quereria vos fazer sentir quase materialmente as coisas que reproduz". Com Bovary, portanto, Flaubert escolheu definitivamente a "verdade dos pequenos e grandes fatos", a tragédia do provincianismo romântico, arrastando consigo, desde então, as formas da narrativa. Ou ainda, em suas palavras, "é preciso partir do realismo para alcançar a beleza [...] com a imparcialidade que se destaca nas ciências físicas".

À diferença de Balzac, que escrevia rápida e compulsivamente, sem grandes requintes estilísticos, Flaubert lutava com os ritmos frásicos, buscando sempre uma criteriosa colocação dos adjetivos. Mesmo no mais poético de seus romances, *Salambô*, transposto para a Cartago de Amílcar, no século III, o autor não abandonou os escrúpulos realistas. Debruçou-se durante anos sobre textos antigos, como o do cronista

Políbio, visitou a Tunísia, tudo na tentativa de aproximar-se do verossímil ou, pelo menos, do provável. Nos demais, como *A Educação Sentimental*, *Bouvard e Pécuchet* ou *A Tentação de Santo Antão*, detalhadas análises de psicologia, as incisões no real desvelam sua profunda incredulidade e pessimismo relativamente à criatura humana e sua natureza.

Caso raro na literatura foi o dos irmãos Goncourt, Edmond e Jules. Tendo começado por ensaios históricos, sociológicos ou de arte, logo passaram à literatura ficcional, não apenas mantendo a parceria anterior como o princípio da documentação exaustiva a respeito dos ambientes, dos hábitos e das relações sociais contemporâneas. No ideal de ambos propunha-se "a mais viva impressão da verdade humana". Juntos escreveram romances como *Charles Demailly*, *Manette Salomon*, *Irmã Filomena* ou *Germinie Lacerteaux*, centrados em personagens prosaicos da pequena burguesia. *Germinie Lacerteaux*, por exemplo, é uma das primeiras narrativas dedicadas a um caso de progressiva histeria feminina, obra que, na confissão de Zola, o fez despertar para o naturalismo.

Antipoético como Stendhal, o alemão Gustav Freytag retratou, de maneira cômica, mas favoravelmente, os novos literatos populares que a imprensa absorvia para o entretenimento da classe média (*Os Jornalistas*), defendendo ainda, no romance *Débito e Crédito*, as virtudes da burguesia comerciante, para ele também um símbolo do nacionalismo pátrio, tanto quanto as velhas linhagens prussianas. Assim, ao contrário da maioria dos realistas, Freytag manteve-se um adepto do conservadorismo burguês, inclusive no teatro. Em sua *Técnica de Dramaturgia*, defendeu os dramas nos quais se evitassem "discórdias dolorosas, perversões sociais, o despotismo dos ricos e os tormentos dos oprimidos".

Em William Thackeray desfilam os mais variados tipos vitorianos, personagens favoritos de suas denúncias morais. Sua veia humorística é destilada, no entanto, com refinamento, sem jamais precipitar-se na acidez. *A Feira das Vaidades* e *O Livro dos Esnobes* (termo por ele inventado) demonstram, com exatidão sociológica e conformada desilusão, a falsidade dos hábitos e o anacronismo das regras sociais. Olhar crítico semelhante, embora seco ou muito mais circunspecto, encontra-se em Anthony Trollope. Anti-sentimental por natureza e espantosamente metódico, Trollope veio a ser um êmulo de Balzac na Inglaterra. Entre seus 46 romances, dedicados à vida morna e materialista das camadas burguesas, destacam-se *Barchester Towers* e *The Warden* – quadros demonstrativos da vida dos eclesiásticos anglicanos, homens mais econômicos e políticos do que religiosos – e *The way we live now*,

síntese da sociedade vitoriana, como o próprio título sugere.

As obras narrativas de Giovanni Verga (contos e romances) tiveram o intuito de construir um painel minucioso dos ambientes e das mentalidades rústicas dos camponeses da Sicília, assim como das esperanças e desventuras da baixa classe média de sua ilha natal (*I Malavoglia*, *Mastro don Gesualdo*). Exprimindo um fatalismo comum aos escritores da corrente, e posto em maior evidência pela situação italiana da época, foi alcunhado ora "o Homero da Sicília moderna", ora "o Balzac italiano", revelando-se um estilista ao mesmo tempo sóbrio na composição e requintado na escolha das palavras.

Na Rússia, o realismo implantou-se como ponta-de-lança para o julgamento e a censura às condições semifeudais de vida dos camponeses, aos sofrimentos do povo miúdo e aos abomináveis privilégios aristocráticos. As visões reformistas apregoadas pelos literatos da segunda metade do século vieram amparadas pelas perspectivas liberais e nem sempre otimistas de latifundiários envergonhados com o atraso da "mãe russa" e com a supremacia européia. Entre eles, Ivan Gontchárov (*Oblomov*), Ivan Turguéniev (*Diário de um Caçador*, *Pais e Filhos*) ou Mikhail Saltykov (*A Família Golovliev*, *Esses Senhores de Tachkent*). Mas também pelas acusações utópico-revolucionárias de intelectuais burgueses, representados por Alexi Herzen (*De Quem é a Culpa?*) e Nikolai Tchernichévski (*Que Fazer?*).

À dupla sucessora de Gógol e Turguéniev – Lev Tolstói e Fiódor Dostoiévski – coube, no entanto, as maiores repercussões sobre a literatura ocidental. Tolstói, de família aristocrática e latifundiária, foi ao mesmo tempo um individualista confesso, inimigo do Estado e um idealista reformador e moralista. Aos 27 anos, escreveu em seu *Diário* que, embora fosse amante das virtudes e da glória, optaria, numa situação extrema, pela última. Mas também escreveu (e buscou obter, após a conquista da notoriedade): "Uma conversação sobre a divindade e a fé conduziram-me a uma grande idéia, para cuja realização sinto-me capaz de dedicar toda a vida. Esta idéia é a fundação de uma nova religião que corresponda ao nível de desenvolvimento da humanidade, a religião de Cristo, mas sem dogma nem mistério, uma religião prática que não prometa a felicidade da vida futura, senão que a realize na terra". Compôs um vasto painel da cultura russa (*Guerra e Paz*, 1869), entrelaçando a vida privada de gerações familiares com a história do século. Uma epopéia em prosa praticamente inigualável, na qual se fundem dramas amorosos e eventos sociais e políticos. Criou em seguida a "madame Bovary russa", Ana Karénina, vítima das eternas mentiras masculinas, para depois entregar-se ao seu catolicismo místico, depositando esperanças salvacionistas na adoção de uma vida agrária simples, "à Rousseau", de estrita observância evangélica. São desse período final obras como *Minha Confissão*, *O Reino das Trevas*, *A Morte de Ivan Ilitch* e *Ressurreição*.

Dostoiévski (*Humilhados e Ofendidos*, *Crime e Castigo*, *Os Demônios*) é um dos autores mais angustiados da história do romance. Possuidor de rara perspicácia psicológica, escreveu narrativas para expor suas enormes e ambíguas preocupações ético-religiosas e políticas, refletidas em personagens indecisos, flutuantes e perturbados. Motivo, por sinal, da disparidade de interpretações entre críticos e ensaístas. Seu realismo é único porque atravessado pela constância do Mal, pelo irracionalismo inevitável da violência, pela força que comanda as relações e os desejos dos homens. Se não há como escapar a tal determinismo, o que pode ser salvo, como alcançar a redenção? Muito de sua obra guardou ainda os traços de uma juventude revolucionária. Condenado nessa época à morte, teve a pena comutada de última hora, cumprindo quatro anos de prisão e de trabalhos forçados na Sibéria, o que reconstituiu no sombrio *Recordação da Casa dos Mortos*. E, no entanto, acabou exaltando o tzarismo e a supremacia da Igreja ortodoxa na condução dos espíritos nacionais. Diferentemente de Tolstói, liberal e ocidentalista, conservou-se um arraigado eslavófilo. Os conflitos ideológicos, os seus e os da Rússia, encontramos em *Os Irmãos Karamázov*. A família é aí a Grande Pátria, na qual convivem e se dilaceram princípios encarnados. Por isso, o realismo de Dostoiévski adquire uma configuração à parte, carregada de simbolismos existenciais e teológicos.

Esse aspecto de dubiedade ou de diversidade de entendimento também aparecerá mais tarde nos romances de Kafka. Tomando-se *O Castelo* como exemplo, tem-se a interpretação mística ou alegórica de Max Brod, seu amigo pessoal, para quem a aventura do protagonista é a da procura de um deus que jamais se revela integralmente à compreensão humana. Já para Walter Benjamin, a interpretação realista seria mais correta. Ou seja, o caráter asfixiante da vida moderna, incluindo o sentimento de relações inúteis e absurdas, é fornecido pelas grandes burocracias modernas e suas inumeráveis artérias de grandes e pequenos poderes.

Após suas primeiras experiências na construção de estruturas e enredos de caráter romântico ou romanesco, Machado de Assis evoluiu com mais vigor para o realismo psicológico, cujo marco decisivo se encontra nas *Memórias Póstumas de Brás Cubas*. Para alguns comentadores de sua produção, essa passagem

construiu-se gradualmente. "Em 1875 – escreve Afrânio Coutinho – já ele havia quebrado a tradição da narrativa romântica. Já então rompia evidentemente com o linear na narrativa, com o copioso, usando aquela técnica da concentração e eliminação, tão característica de sua arte. O conto foi a dura escola em que se exercitou para atingir a maturidade do método que seria o seu, subordinando a narrativa à análise dos caracteres". De maneira semelhante, afirma Astrojildo Pereira: "a ruptura, que se processa dialeticamente, nega e não nega o passado, mas conserva dele, como herança útil, o que permanece vivo e luta por sobreviver no presente". A partir de então, seguiram-se *Quincas Borba*, *Dom Casmurro*, *Esaú e Jacó* e *Memorial de Aires*, entremeados pelos contos de *Papéis Avulsos*, *Histórias sem Data*, *Várias Histórias*, *Páginas Recolhidas* e *Relíquias da Casa Velha*.

Com o realismo, Machado aprimorou o estilo fino, arguto, elaborado artesanalmente, e a noção da vida como uma experiência radicalmente solitária, suportável apenas pelas ilusões e pelas simulações que possamos criar em seu breve intervalo. Daí as contradições insuperáveis de seus personagens, a simplicidade das tramas, o humor permanente e desencantado dos comentários.

Um realismo epigônico teve continuidade com Coelho Neto, ainda romântico, imaginativo e verbalista em suas narrativas iniciais (*Miragem*, *O Rei Fantasma*), mas que se encaminhou para uma produção documental a partir de *Inverno em Flor* (1897), nitidamente naturalista, pois que baseado na hereditariedade da loucura. Em seguida, vieram os romances de testemunho ou fundo histórico, em que se conserva o estilo ornamental e adjetivado – *O Morto* (revolta da Armada), *A Conquista* (a jovem boêmia literária do final do Império), culminando naquela que é considerada a sua obra-prima, *Turbilhão* (1906), o mais despojado formalmente e áspero de seus romances.

Foi ainda a estética literária realista aquela que primeiro estimulou a exploração das particularidades regionais brasileiras, largamente integradas ao modernismo posterior. Esse regionalismo de fatos, de linguagens, de características sociais, econômicas ou ainda extraído do imaginário popular encontrou no gaúcho Simão Lopes Neto um contista de grande argúcia e sensibilidade, como o comprovam as suas *Lendas do Sul*, de 1913 ("O Negrinho do Pastoreio", "M'Boitatá") e os *Contos Gauchescos*. Seguiu-lhe o caminho o paulista Valdomiro Silveira, cronista verossímil do mundo interiorano e caipira, recriado na coletânea de contos *Os Caboclos* (1920).

Narrativa e determinismos. O termo naturalismo veio a ser atribuído, inicialmente, ao grupo de escritores franceses – Paul Alexis, Henri Céard, Joris-Karl Huysmans, Léon Hennique e Guy de Maupassant – que, reunido sob a liderança de Émile Zola, defendeu um realismo muito mais determinista, exemplificando-o numa coleção de novelas intitulada *Les Soirées de Medan* (1880). Logo depois, o próprio Zola expôs os princípios em três manifestos: *O Romance Experimental*, *O Naturalismo no Teatro* e *Os Romancistas Naturalistas*.

As teses fundamentais do naturalismo basearam-se, ao mesmo tempo, no materialismo evolucionista e biológico de Darwin, no determinismo psicológico de Hippolyte Taine, ou seja, na subordinação do comportamento psíquico às condições fisiológicas, biológicas ou naturais e na aceitação das influências do meio socioeconômico, que então determinariam o indivíduo e suas reações. Por condições fisiológicas dever-se-ia ainda entender os impulsos inatos, a "bestialidade humana" subjacente, bem como os hereditários. "Nosso herói, escreveu Zola, não é mais um puro espírito, o homem abstrato do século XVIII, mas o sujeito *fisiológico* de nossa ciência atual, um ser composto de órgãos e mergulhado num *meio* do qual está penetrado a todo momento [...]. Todos os sentidos agem portanto sobre a alma. Em cada um de seus movimentos, a alma será precipitada ou refreada pelos sentidos (visão, audição, gosto etc.). A concepção de uma alma isolada, funcionando no vazio, tornou-se falsa [...]. Isto não é a vida". Com esta assumida "doutrina literária", Zola empreendeu então a série de vinte volumes dos *Rougon-Macquart*, nos quais se tecem as histórias "natural e social" de cinco gerações de uma família, irradiando-se por toda a sociedade contemporânea. A grande sucessão dos fatos envolve hábitos provincianos, o mundo das finanças, os ambientes eclesiásticos, dos políticos, dos agricultores, dos artistas e as conseqüências de uma guerra para todos. Com Zola e seus adeptos, o naturalismo descobre a vida da nova classe proletária, a que se organiza e se revolta, fazendo-a emergir a um plano de destaque no mundo da literatura.

Guy de Maupassant, acima de tudo um mestre dos contos e novelas, passou do naturalismo áspero, agressivo e sarcástico de uma primeira fase (*Boule de Suif, La Maison Tellier, Mademoiselle Fifi, Les Contes de la Bécasse*), a um realismo contido, menos satírico, no qual consegue revelar maiores simpatias pelos deserdados ou injustiçados (*Miss Harriet, Monsieur Parent*, o romance *Une Vie*). Sua técnica em peças curtas consistiu numa visão quase instantânea desses "fatos prosaicos e insignificantes que invadem a nossa existência" e aos quais se misturam a aridez das situações e a caracterização bem delineada de tipos populares e burgueses. Os desfechos, que se tornaram exemplares,

isto é, "à moda de Maupassant", contêm quase sempre uma reviravolta inesperada. Pintura sempre viva, mas continuamente pessimista da criatura humana.

Eça de Queirós (*O Crime do Padre Amaro, O Primo Basílio, Os Maias, A Relíquia*) tem sido considerado o mais bem-sucedido naturalista entre os literatos de língua portuguesa, alguém que também se debruçou sobre "o áspero estudo da natureza humana". E se há razões para tal qualificativo, deve-se observar, no entanto, que a ironia sutil e o sensualismo de Eça distinguem-no claramente de Zola. Sem ter tido a pretensão de construir um panorama integrado da vida portuguesa no último terço do século XIX, ainda assim é possível reunir seus romances e apreender o modo de vida e de pensar de suas gentes diversas: a ignorância e o misticismo dos provincianos, o conservadorismo exterior do clero, disfarçando a impudência interior de suas alcovas, o reacionarismo político das elites aristocráticas, mancomunadas com a grande burguesia comercial para a manutenção do *status quo*, o atraso material e a decadência cultural de todo o país. Sua mordacidade é a denúncia pela caricatura, típica daquele distanciamento dândi que já não deposita esperanças em seus contemporâneos, e só encontra refúgio nos prazeres estéticos.

Se o naturalismo pendeu para uma concepção pessimista da criatura e da vida humanas, para a crítica universalista dos instintos "bestiais", recriminando-os com desespero ou sarcasmo, e até mesmo assumindo uma atitude incrédula diante do progresso material, então podem ser considerados naturalistas escritores como: o francês Jules Vallès (autor de três romances de formação, tendo por herói autobiográfico Jacques Vingtras – a criança, o formado, o insurreto); os espanhóis Blasco Ibañez (sobretudo em seus primeiros romances – *Arroz y Tartana, La Barraca, Cañas y Barro*) e Pérez Galdós (*Fortunata e Jacinta, Dona Perfeita, Glória, A Família de León Roch*); o poeta e romancista inglês Thomas Hardy (*Longe da Insensata Multidão, Tess de D'Urbevilles, Judas, o Obscuro*), cujas histórias, na opinião de T. S. Eliot, constituem verdadeiros momentos de "sadismo para leitores"; ou ainda os neonaturalistas Theodore Dreiser (*Sister Carrie, Jennie Gerhardt, Uma Tragédia Americana*), retratista das turbulências do sexo, dos detalhes sociais, moralmente angustiado por perceber que a pequenez de espírito, a mentira e a falta de escrúpulos são meios necessários para o sucesso, embora este seja igualmente ilusório, e Somerset Maugham (*Servidão Humana, Giulia Lazzari, Os Fatos da Vida*), implacável em sua descrença e na desmistificação das "qualidades superiores" do espírito humano – amor, generosidade, honestidade.

As primeiras décadas do século XX dariam renome mundial a dois autores filiados ao estilo. O maior deles, Thomas Mann (*Os Buddenbrook, Morte em Veneza, A Montanha Mágica*), foi um admirador simultâneo de Goethe, Flaubert, Zola e dos romancistas russos, preocupando-se com a decadência dos valores éticos no mundo capitalista. Escritor "clássico" pela estruturação das narrativas e dotado de grande capacidade de análise sociológica, procurou mostrar como as sensações de declínio se exteriorizavam nos comportamentos psicológicos, nesta sensibilidade de estetismo refinado, mas algo doentio, substituto dos valores afirmativos da vida. Quanto a Roger Martin du Gard, veio a ser o último "historiador" social da burguesia francesa com o romance *Jean Barois* e a série familiar d'*Os Thibault*. No primeiro, du Gard retrata os conflitos entre o racionalismo laico e o medo místico da ausência de Deus; no segundo, evoca as lutas religiosas entre protestantes e católicos, e os embates políticos, entre conservadores e revolucionários.

Em um balanço da corrente, o historiador húngaro Miklós Szabolcsi salientou: "O realismo, desabrochado na metade do século XIX, não murcha nem se esvai no final do século: diferencia-se e enriquece-se [...]. Por isso mesmo, uma das obras sintetizadoras da época é *Os Buddenbrook* (1901), de Thomas Mann [...]. O que caracteriza Anatole France, escritor popular no período compreendido pela virada do século e que, de certo modo, acabou relegado a plano secundário, é um realismo que não mascara o escárnio. A história é marcada pelo ceticismo, pela ironia e pelo relativismo em suas obras [...]. A obra de Joseph Conrad é o terceiro exemplo da vitalidade e das variações do realismo. Viagens de navio, paisagens exóticas, aventuras, acontecimentos selvagens e violentos constituem as nervosas histórias desse escritor de origem polonesa. Mas tudo isso é exterioridade e simples pretexto para descrever o comportamento humano. O que o motiva é o funcionamento dos instintos, o mecanismo do poder e o comportamento muitas vezes irracional das multidões e grupos". O realismo "tardio", às vezes impregnado de simbolismo, prosseguiria então nos escritos de Romain Rolland (*Jean-Christophe*), da neozelandesa Katherine Mansfield (*Pensão Alemã, Felicidade*), do russo Maxim Górki (*Infância, Ganhando meu Pão*) ou do dinamarquês Martin Andersen Nexo (*Pelle, o Conquistador, Ditte, a Filha do Homem*).

No âmbito nacional, o naturalismo aqui aportou nas obras de Inglês de Souza: *O Cacaualista* e *História de um Pescador* (ambas de 1876), *O Coronel Sangrado* (1871) e *O Missionário* (1891), a melhor dentre elas, tendo por tema os antagonismos entre fé, razão e a vida medíocre de uma cidade do interior paraense,

insuportável para os sonhos do jovem padre Antônio de Morais. A concepção destes romances parte do pressuposto de que o comportamento humano está fortemente condicionado pelo meio sociogeográfico, correspondendo a uma síntese dos hábitos adquiridos e das predisposições familiares, restando um mínimo de possibilidades para a evolução das personalidades individuais.

Aluísio Azevedo, no entanto, veio a ser o nome de maior vulto da corrente. Tirante o romance de estréia (*Uma Lágrima de Mulher*) e os textos folhetinescos que escreveu para jornais, por estrita necessidade de sobrevivência, suas melhores obras estão imbuídas da vontade de elaborar grandes quadros sociais da vida brasileira: *O Mulato, Casa de Pensão, O Coruja* e, principalmente, *O Cortiço*. Este último é um símbolo da luta pela ascensão social, aquela em que os fins justificam todos os meios. Nele se ultrapassam as desavenças entre os dois personagens de frente (João Romão e o Comendador Miranda), para expor em detalhes a vida pobre e conturbada de toda uma coletividade de trabalhadores, que a urbanização caótica já faz surgir marginalizada.

Também adepto do naturalismo, o abolicionista e republicano Adolfo Caminha demonstrou em seus romances ser possuidor de uma linguagem fluente, não se furtando a tocar em assuntos tabus para a época, como o homossexualismo de *Bom Crioulo*. Embora pouco lembrada hoje em dia, essa narrativa, e seu último romance, *Tentação*, levaram Lúcia Miguel Pereira a equipará-lo a Azevedo.

Teatro da impiedade. Na segunda metade do século, a literatura dramática seguiu o caminho aberto por Balzac, naquilo que tinha de anti-romântico. Na própria França, Émile Augier (*Le Gendre de M. Poirier, Les Effrontés, Maître Guérin*) colocou em cena os personagens "antipoéticos" dos vários estratos burgueses do Segundo Império, reivindicando, em teses "utilitaristas", um comportamento moralista nem sempre "real". Em sentido contrário veio Dumas Filho (*Le Demi-Monde, O Filho Natural*), cuja famosa *Dama das Camélias* relata a história da "prostituta virtuosa", sacrificada por aqueles mesmos valores de Augier.

Os críticos concordam, no entanto, que a dramaturgia francesa esteve muito aquém da narrativa contemporânea. John Gassner, por exemplo, é de opinião que, "mais fascinados pela teatralidade pura do que pela alta arte da dramaturgia, os franceses não criam condições para o nascimento de um único dramaturgo de verdadeira proeminência; e suas contribuições ao realismo [...] foram de ordem instável. Tentaram criar peças realistas e naturalistas, mas raramente buscaram e atingiram a dramaturgia assentada em significados. A principal realização do teatro francês foi, em sua maior parte [...] uma intensificação na apresentação das relações no amor e no casamento, mais do que uma experimentação de idéias e condições sociais".

A ser talvez recuperado, Henri Becque sustentou uma visão naturalista e impiedosa sobre as sociedades comerciais (em *Os Corvos*), podendo também o casamento ser uma dessas formas de troca ou de ajuste financeiro – o triângulo amoroso de *A Parisiense*. Sua franqueza e o humor pessimista descarnaram verdadeiras "fatias de vida" da época, na qual homens e mulheres já se atreviam a fazer "qualquer coisa", pois com a indiferenciação dos valores privados não restava mais nenhum sentimento trágico. Daí suas peças e as de alguns seguidores serem conhecidas como *comédies rosses* (comédias mordazes), aquelas em que a ruína moral está recoberta convenientemente pela fachada dos bons modos.

Os grandes mestres do realismo vieram, sem dúvida, do Norte. Caso do norueguês Bjornson (ou Bjoernson), que começou por escrever peças românticas em prosa (*Entre as Batalhas, Os Recém-Casados*), para em seguida aderir às "teses" de Augier, levando-as também aos terrenos político e social, e não apenas sexual ou familiar. Delatou a venalidade corriqueira da imprensa (*O Jornalista*, ou *O Redator*), o golpe juridicamente protegido das bancarrotas (*Uma Falência*) e o misticismo religioso (*Além de Nossas Forças*). Contemporâneo e concorrente de Henrik Ibsen, soube elogiá-lo quando este começou no Teatro de Bergen.

A influência romântica, isto é, o retorno ao passado medieval, a suas sagas e baladas, marcou as obras do "primeiro" Ibsen – *A Noite de São João, Dama Inger em Ostraat, A Festa em Solhaug, Os Heróis de Helgeland*. Ainda nesse período, pretendia construir uma dramaturgia nacional, baseada em fatos ou lendas nórdicas. A partir de *Brand* (1865), no entanto, surgia a crítica à sociedade individualista, à mesquinharia contumaz e à pobreza espiritual da classe média. Brand é um pastor arrebatadamente idealista, que sofre e faz sofrer a todos, investindo contra a acomodação do ganho e da segurança mercantilistas. A peça causou fundas impressões, contra e a favor, mas também um grande sucesso de público, o que lhe permitiu um razoável retorno financeiro. *Peer Gynt*, na aparência uma obra cômico-fantasiosa, é um símbolo de ausência de caráter, do individualismo-limite, do oportunismo mais selvagem que o teatro dos últimos duzentos anos criou. De simples pícaro ou moleque travesso, Peer converte-se, ao longo de viagens aventurosas, em sedutor covarde, mercador de escravos, contrabandista e financista sem escrúpulos, para ser traído pelo mesmo tipo de gente, com as mesmas armas e subterfúgios por

ele utilizados. Investindo mais concreta ou diretamente contra os interesses e as formas imorais do realismo político e dos negócios, ao qual a prática da mentira e da corrupção parece inerente, e também contra a passividade bovina da "maioria silenciosa", Ibsen projeta nos operários e nas mulheres – nas classes "oprimidas" – a possibilidade de redenção da sociedade, sem com isso tornar-se um socialista. O que persegue, antes de tudo, fundamenta-se numa exigência moral inequívoca, que refreie o *laissez faire* capitalista.

O período que se seguiu (tendo abandonado a composição versificada) foi o de suas peças mais encenadas desde então: *Os Pilares da Sociedade, Casa de Bonecas, Os Espectros, Um Inimigo do Povo, Rosmersholm, Hedda Gabler, O Construtor Solness, Quando Nós, Mortos, Despertamos*. Nelas corre um veio comum: a condenação das relações humanas nos tempos modernos (familiares, econômicas, culturais), que negam por fim a felicidade individual, apesar das ilusões da riqueza, do conforto e da liberdade.

Admirador de Ibsen e socialista ameno, mas inimigo de sentimentalismos (incluindo-se aqueles que se poderiam externar aos pobres), polemista mordaz ou iconoclasta inveterado, além de intelectual avesso à "arte pela arte", Bernard Shaw direcionou o teatro inglês para os lados do racionalismo crítico. Primeiro como jornalista e ensaísta e depois como autor de uma dramaturgia de teses, ou, como a chamou Edmund Wilson, "música de idéias" no palco. Por solicitação do encenador J. T. Grein, que acabara de fundar o Teatro Independente, Shaw recuperou uma peça há muito engavetada, "transformando-a numa grotesca denúncia realista do sistema de exploração dos cortiços, de corrupção municipal e os laços pecuniários e matrimoniais entre eles e as pessoas agradáveis com rendas 'independentes', as quais imaginam que assuntos tão sórdidos como estes nada têm a ver com suas vidas" (prefácio). Assim, veio a público *Casas de Viúvos* (1892), seguida por um libelo contra a guerra – *Armas e o Homem*. A prostituição foi abordada n'*A Profissão da Senhora Warren*, na qual defende duas concepções: a de que a pobreza é a grande mola da "vida fácil" e a de que é preferível levá-la a se deixar apodrecer em fábricas ou minas, trabalhando doze horas por dia em troca de centavos. O melhor, no entanto, seria refazer as bases materiais dessa sociedade que enseja o dilema e apostar numa segura educação. Tese, aliás, da comédia *Pigmalião*, que explicita a diferença entre uma florista pobre e analfabeta e uma verdadeira dama. A desigualdade "não reside em como ela se comporta, mas em como é tratada". Em *César e Cleópatra*, o imperador é tratado como herói pela ausência de sentimentalismos, donde sua capacidade para a tolerância

REALISMO, NATURALISMO 537

e julgamentos racionais. A vida quase centenária de Shaw permitiu-lhe escrever uma grande quantidade de peças, com destaque para *Homem e Super-Homem, Major Barbara, Dilema do Médico, Verdade Demais para ser Bom, Ândrocles e o Leão, A Casa dos Corações Partidos* ou *Santa Joana*, texto em que demonstra um sincero respeito pela heroína francesa.

As idéias socializantes que começavam a ganhar importância na Alemanha, divulgadas pelos hegelianos de esquerda e pela dupla Marx-Engels, assim como a descoberta literária do naturalismo de Zola e de Ibsen, propagadas pelo crítico e encenador Otto Brahm, conduziram o então jovem Gerhart Hauptmann ao teatro realista. Após exercitar-se na criação de contos, Hauptmann interessou-se pela vida degradada de camponeses e de mineiros de carvão de sua Silésia natal, escrevendo o terrível drama *Antes da Aurora* (ou *Antes do Amanhecer*), em 1889. Além da veracidade dos fatos e dos condicionamentos sociais que estariam na origem das relações bestializadas dos personagens, estes se exprimiam com os sotaques e vocabulários característicos de suas condições. A acolhida da peça foi notável, mas Hauptmann só voltaria a causar impacto com *Os Tecelões* (1892), após duas obras pouco convincentes, versando sobre conflitos familiares. Ao reconstituir, no entanto, uma revolta verídica ocorrida entre operários do *domestic system* (produção capitalista por encomenda), o dramaturgo inovou as possibilidades cênicas, trazendo ao palco toda uma classe em luta e desespero. Premidos pelo desemprego e pela fome, os tecelões agem como os ludistas, invadindo e destruindo a casa e o depósito dos novos teares a vapor (causa das dispensas e da baixa dos salários) do insensível empresário Dreissiger. Já *A Pele de Castor* é uma comédia magnífica sobre, de um lado, a imbecilidade e a incompetência da burocracia e, de outro, as astúcias ou artimanhas de vida do proletariado lúmpen, simbolizado por Frau Wolff, ladra e mulher de ladrão.

"Assim como vou jazer solitário no túmulo, da mesma forma, na verdade, vivo solitário." Essa frase de Anton Tchékhov (que até poderia ser machadiana) serve de substrato comum à existência de seus personagens: intelectuais, professores, artistas, profissionais liberais ou funcionários públicos frustrados, incapazes de assumir opções que os retirem da futilidade cotidiana. Os homens de seu tempo parecem sofrer de uma impotência inata, de um sentimento de esterilidade do esforço, seja porque nada alcança um sentido verdadeiro, seja porque suas ações não passem de arbitrariedades. Mas, ainda assim, Tchékhov os observa com ternura e compaixão, sugerindo, nas entrelinhas, que esta dura sorte talvez não lhes seja merecida. Todas as suas grandes obras (*A Gaivota, Tio Vânia, As*

Três Irmãs, O Cerejal) são pacientes *dramas recolhidos*. Conflitos que transcorrem, externamente, no âmbito privado das famílias e, internamente, no coração de homens e mulheres que, na verdade, prefeririam "viver o restante de sua vida sob outra forma" (como sonha o médico Astrov, de *Tio Vânia*). Nesse mundo restrito, há sempre uma circunstância imprevista ou alguém que decepciona ou degenera (como o irmão Andrei, de *As Três Irmãs*), impedindo a realização dos mais esperados desejos. Antes de Sartre, já Tchékhov encontrava "o inferno nos outros". Mas, apesar de todas as vicissitudes e angústias corriqueiras, há protagonistas que teimam em sonhar, depositando esperanças na determinação de seus princípios ou no futuro, o da geração seguinte.

O tratamento ou a visão realistas no teatro serviram ainda como substratos para as principais obras de autores como o sueco August Strindberg (*O Pai, Camaradas, Credores, Senhorita Júlia*). Observador agressivamente mordaz da sociedade, mas acima de tudo antifeminista visceral, para ele a emancipação da mulher só fazia aumentar o eterno conflito dos sexos e das relações familiares, liberando a "monstruosa possessividade" feminina. Um "segundo" Strindberg viria a aflorar em 1912 na peça *O Sonho*, misto de ocultismo, simbolismo e expressionismo, cujos personagens aparecem e desaparecem, reproduzindo as imagens e as formas desconexas do estado onírico. O estilo contaria ainda com as figuras do proletário russo Maxim Górki (*Pequenos Burgueses, Ralé, Igor Bulichov*), do italiano Giuseppe Giocosa (*Amor Infeliz, Como as Folhas que Caem, O Mais Forte*), e de boa parte da dramaturgia norte-americana da primeira metade do século XX, dedicada, preferencialmente, às amarguras de fundo social e às frustrações das classes médias: Eugene O'Neill (*Todos os Filhos de Deus Têm Asas, Desejo sob os Olmos*), Lilian Hellman (*A Hora das Crianças, As Pequenas Raposas*), Clifford Odets (*Paraíso Perdido, Desperta e Canta*), Tennessee Williams (*À Margem da Vida, Um Bonde Chamado Desejo, A Noite do Iguana*) ou Arthur Miller (*A Morte do Caixeiro Viajante, Depois da Queda, O Preço*).

Poesia. A produção poética correspondente ao realismo-naturalismo foi tratada em separado (→*Parnasianismo*).

Pintura. A denominação de realismo na pintura foi dada pelo pintor francês Gustave Courbet à sua própria concepção plástica e exposição individual feita em 1855, logo após ter tido duas telas recusadas pelos organizadores da Exposição Mundial de Paris, que ali se realizava. Mas os seus precursores já podiam ser extremados na atuação solitária de Camille Corot e entre os artistas da Escola de Barbizon.

Embora vinculado ao estilo e aos temas clássicos do fim do século XVIII, Corot tinha por princípio reproduzir, em suas paisagens, "escrupulosamente o que se apresentava aos olhos", de modo mais naturalista que seus contemporâneos. "O sentimento, para Corot, não é um impulso passional, como para Delacroix, tampouco um choque emotivo, como para os paisagistas de Barbizon, mas comunicação e identificação da realidade interior, moral, com a realidade exterior, a natureza [...]. [Ele] intui que essa profunda unidade entre homem e natureza, outrora espontânea, corre o risco de se dissolver porque a sociedade moderna, em seu sólido cientificismo, quer dominar e não mais *sentir* a natureza" (Carlo Argan, *Arte Moderna*).

Essa necessidade de sentir a natureza, de captá-la em um instante rápido e incisivo, também se fez presente na "escola" de Barbizon (uma vila na floresta de Fontainebleau), onde se reuniam Charles-François Daubigny, Narcisse-Virgile Diaz de la Peña, Jules Dupré e Constant Troyon, sob a liderança de Théodore Rousseau. Neles se combinaram algumas facetas de um espírito ainda romântico – a sensação aprazível, bucólica e subjetiva das paisagens campestres – e uma atitude mais realista de crítica social, aquela que recusava a vida artificial e agitada das metrópoles. Pois nessa época intensificavam-se a turbulência política e social e a exploração das massas assalariadas, geradoras dos movimentos socialistas e do Manifesto Comunista. Contestações que explodiram no levante operário francês e na revolução de 1848-1849, logo esmagados pela aliança das grandes burguesias financeira e industrial (o 18 Brumário), sob o império de Napoleão III. O paisagismo de Barbizon despertaria desde cedo o entusiasmo da geração impressionista (→*Impressionismo e pós-impressionismo*).

Com Jean François Millet, a porção realista do paisagismo deslizou para um âmbito social mais nítido. Se os camponeses haviam sido tratados até então de modo farsesco, como fizera Brueghel, ou idealizados pelos neoclássicos, ganhavam agora uma naturalidade e uma seriedade raríssimas vezes observada. Com Millet, tornaram-se eles figuras dignificadas pelo trabalho, ou, como disse o autor, "pretendi fazer o trivial expressar o sublime". Mas, ainda aqui, o artista conservou resquícios da poética romântica, afastando-se das tensas situações urbanas.

Já Courbet apregoou o realismo integral, a superação das estéticas anteriores que, em seu entender, acrescentavam idéias abstratas à objetividade imediata. Seu ideal era o da "sinceridade" diante do que se observa, evitando convenções (algo que fosse anteriormente previsto ou normatizado) ou simples efeitos pictóricos de coloração. Crônica da vida trivial, a pintura, segundo ele, "é uma arte concreta e deve aplicar-se a objetos reais, existentes [...] interpretar os costumes, as idéias e o aspecto de minha época; em uma palavra, criar uma arte viva", ou seja, deixar de lado as vistas e personagens dos séculos passados e introduzir o próprio século XIX como tema de observação. Postura seguida, na Alemanha, por artistas como Adolf von Menzel (suas paisagens e interiores da década de 1940) ou Wilhelm Leibl, cujos modelos se apresentam "tal como são", pois neles "a alma estará presente de uma forma ou de outra". Ainda na França, o realismo social e urbano esteve representado por Constantin Guys, um ilustrador da vida cortesã e de toda a sorte de mulheres – damas, *midinettes* (costureiras), dançarinas, garçonetes de cafés e prostitutas. Baudelaire o elegeu "Pintor da vida moderna" (título de seu ensaio), daquele artista que sabe "extrair da moda tudo o que ela pode conter de elementos poéticos de natureza histórica, separar os fatores eternos dos meramente transitórios".

Nessa linha que parte de Corot e se estende aos realistas e ao grupo →Macchiaioli já é possível perceber que a pintura começa a retirar o caráter heróico ou grandioso dos assuntos, trivializando-os. Ao mesmo tempo, adota aquele tratamento de menor nitidez no contorno das figuras e certas pinceladas menos caprichosas, de cores contrastantes. O resultado, obviamente, é um ritmo mais nervoso, de visões imediatas e individualizadas que logo serão transformadas em revolução com o impressionismo. A transição pôde ocorrer porque, "se o naturalismo se toma como progresso do geral para o particular, do típico para o individual, da idéia abstrata para a experiência concreta, temporal e espacialmente condicionada, então a representação impressionista da realidade, com a ênfase que põe no instantâneo e no único, é uma realização notável do naturalismo" (A. Hauser).

REALISMO MÁGICO, REALISMO MARAVILHOSO. Ambas as denominações, e mais correntemente a primeira, recobrem as criações literárias de reação ou de superação da narrativa realista latino-americana. De modo geral, o realismo do século XIX e o regionalismo modernista do princípio do século XX haviam documentado racional e tradicionalmente ou as formas de vida das classes burguesas (denunciando seus piores valores), ou as das camadas proletarizadas (mostrando então a rusticidade do meio e das relações humanas, ou investindo contra as estruturas que permitiam sua exploração). Trabalhava-se com um recorte relativamente definido e buscava-se descrevê-lo com precisão e profundidade. O realismo mágico ou maravilhoso, que se afirmou entre as décadas de 1940 e 1960, optou por uma via diferente. Ao crítico Arturo Uslar Pietri coube a primazia de nomear a tendência em seu livro *Letras e Homens de Venezuela*, de 1948, quando escreveu: "O que veio a predominar no conto e a determinar sua marca, de maneira durável, foi a consideração do homem como *mistério* em meio aos dados *realistas*. Uma adivinhação poética ou uma negação poética da realidade. O que, na ausência de outra palavra, poderia chamarse realismo mágico". O que Pietri, e mais tarde outros ensaístas (Angel Flores, Luís Leal, Rodríguez Monegal), procurava apreender e conceituar tinha como exemplos algumas obras inovadoras já publicadas, como as de Jorge Luís Borges (*Historia Universal de la Infamia, Ficciones*), José María Argüedas (*Yawar Fiesta*) ou Miguel Ángel Asturias (*El Señor Presidente*) e às quais viriam suceder-se as de Alejo Carpentier (*El Reino de este Mundo, Hombres de Maíz*), de Juan Carlos Onetti (*La Vida Breve*), Juan Rulfo (*Pedro Páramo*) ou de Gabriel García Márquez (*Cien Años de Soledad*). A interpretação que aproximava aquela nova geração de escritores, apesar das diferenças estilísticas e das posições ideológicas até mesmo conflitantes, encontrava-se na percepção de que a realidade latino-americana – sua história, suas relações sociopolíticas, econômicas e culturais – dada a confluência e a simbiose de crenças, valores e objetivos externos e autóctones, continha elementos prodigiosos ou sobrenaturais, no sentido de afastados de uma estrita racionalidade européia. Por conseguinte, a junção de contribuições étnicas e culturais díspares – capitalismo e relações escravistas e feudais, cristianismo, mitos e mentalidades negro-ameríndias, pensamentos científicos e "selvagens", por exemplo – criara um campo propício ao aparecimento de fenômenos e de relatos simultaneamente generosos e medonhos, líricos e cruéis, trágicos e irônicos, ou, em síntese, absolutamente distintos porque contraditórios. Para Carpentier (prólogo ao romance *O Reino deste Mundo*, que trata do Haiti após a sua independência), "o maravilhoso começa a sê-lo quando surge de uma inesperada alteração da realidade (o milagre), de uma revelação privilegiada da realidade, de uma iluminação inabitual ou singularmente favorecedora das inadvertidas riquezas da realidade [...] percebidas com particular intensidade em virtude de uma exaltação do espírito que o conduz a um 'estado-limite'". Em seu romance, que não deixa de ser também uma crônica fatual, o regime monárquico então instalado por Henri Christophe (1811-1820) fez da classe dirigente local uma simulação grotesca das cortes francesas, impôs o catolicismo como religião de Estado, ao mesmo tempo em que mantinha o escravismo da maioria da população e praticava rituais mágicos do vodu. Assim, para o realismo mágico, o que parece contraditório, absurdo, paradoxal ou insó-

lito encontra-se precisamente na realidade, faz parte constituinte da história colonial, dos hábitos, das relações ou das normas cotidianas, impregnando suas classes (dominantes e dominadas) e instituições, servindo, por fim, de metáfora ao modo de ser dessas sociedades. É, portanto, uma tentativa de captar e entender a totalidade ou o *ethos* deste homem latino-mestiço-americano – multifacetado, rebelde e servil, melancólico e carnavalesco – seu imaginário e ideais, seu subdesenvolvimento e dependência, os vínculos ideológicos entre o poder das elites e a alienação das massas camponesas e urbanas. Embora o realismo mágico ou maravilhoso tenha sido uma característica mais evidente da literatura hispano-americana, suas influências chegaram ao Brasil em obras como as de J. J. Veiga (*A Hora dos Ruminantes, Sombras de Reis Barbudos*) e de Érico Veríssimo (*Incidente em Antares*).

RÉCITA, RECITAL.   Ambas as palavras referem-se a um concerto público de cantor(a), de músico solista ou de grupo instrumental de câmera. Até o século XIX, a palavra servia apenas para apresentações de canto. Liszt, porém, utilizou-a deliberadamente em seus concertos, ampliando o sentido para o uso instrumental. Habitualmente, no entanto, ainda é mais empregada na música erudita. Récita, além do significado anterior, indica também um espetáculo de declamação poética.

RECITATIVO.   Tipo de expressão vocal e individualizada, de estrutura livre, que amplifica as palavras e a modulação natural da voz falada, convertendo-se em um canto narrativo ou descritivo de ações dramáticas. É utilizado como entoação rítmica de textos religiosos e poéticos (canções trovadorescas, canto gregoriano, ópera, oratórios, declamações cantadas) para dar ressonância aos diálogos entre intérpretes, que por seu intermédio vão descrevendo as ações passadas ou presentes. Distinguem-se ainda o recitativo "seco" (ou "a seco"), entoado de modo áspero e vivo, e o "arioso", mais melódico e suave. Ambos podem ser ou não acompanhados por instrumentos de suporte harmônico. O recitativo e a ária são, por fim, as formas individuais do canto operístico ou do oratório. →*Ária*, →*Ópera*.

REDAÇÃO.   Formulação *por escrito* de um discurso comunicativo que se efetua pela escolha de palavras e pelo encadeamento de frases, em conformidade com os recursos e normas lingüísticas, mas que também requer, no âmbito da literatura não-ficcional, uma competência mínima sobre o tema ou assunto a respeito do qual se escreve. De maneira diferente do discurso oral, a redação oferece maior liberdade de escolha de dicções, de vocábulos, assim como de formas de elaboração, por existir a possibilidade de retorno à estrutura ou tratamento já consignados. Consideram-se como qualidades gerais da redação: a correção, a clareza, a concisão

REDONDILHA 540

e a elegância (sendo esta um resultado capaz de agradar ao leitor). Ao contrário, são tidos como defeitos: a incorreção gramatical, a ambigüidade dos sentidos, a prolixidade, a redundância (ou pleonasmo vicioso), a obscuridade.

REDONDILHA. **1**. Verso de sete sílabas, heptassilábico, ou ainda redondilha maior. **2**. Quadra ou poesia de quatro estrofes, sendo cada uma delas formada por versos de sete sílabas, com rima na seqüência *abba*. **3**. Verso de cinco sílabas, pentassilábico, também chamado de redondilha menor, ou quinário. Encontram-se exemplos das acepções 1 e 3 em, respectivamente, →*Heptassílabo* e →*Pentassílabo*.

REDUNDÂNCIA. Na teoria da comunicação, a redundância pode ser entendida como um elemento encarregado de reafirmar outro já existente, ou desdobrá-lo, a fim de garantir o sentido ou a forma da mensagem. Neste caso, por exemplo, o uso de um pronome pessoal ligado a um verbo que, conjugado, já exprime, por si só, o sujeito da ação. Mas designa também aquilo que, num discurso, repete inutilmente uma idéia já formulada, caracterizando-se como elemento supérfluo. Aqui, a redundância ou tautologia identifica-se com o pleonasmo vicioso: *subir para cima, hemorragia de sangue*. →*Pleonasmo*.

REFILMAGEM. No jargão cinematográfico, identifica a produção de um novo filme baseado em outro mais antigo, normalmente de sucesso. Pode tratar-se de uma versão que conserva os planos, as seqüências e os movimentos de modo semelhante ao primeiro, ou de uma reelaboração que segue apenas as linhas gerais da trama original. Há os que têm por finalidade precípua uma aposta comercial, estimulada pela primeira audiência; e aqueles que, mais autorais, se pretendem uma homenagem a obras e diretores considerados criativos. Entre esses últimos, podem ser citados, ilustrativamente, *Lola*, de Werner Fassbinder, baseado n'*O Anjo Azul*, de Josef von Sternberg; *M*, de Joseph Losey, inspirado em filme homônimo de Fritz Lang; *Scarface*, de Brian de Palma, recriado a partir de Howard Hawks. Existem ainda os casos de auto-recriação, como os dos *Dez Mandamentos* (Cecil B. DeMille, 1923 e 1956), ou *O Homem Que Sabia Demais* (Hitchcock, 1934 e 1956). Costuma-se também utilizar o termo inglês *remake* (refazer).

REFLETOR. **1**. Aparelho de →iluminação cênica (para salas de espetáculo, estúdios fotográficos e cinematográficos etc.) provido de espelho e que reflete os raios luminosos de uma lâmpada interna, projetando um feixe de luz. Este facho pode ser mais aberto ou difuso (*flood*) ou mais concentrado (*spot*). De acordo com Edgar Moura, "a luz sempre nasce numa fonte pontual e se dispersa em todas as direções [...]. A primeira caracte-

rística da luz então é esta: pontual, dura, reta, crua, implacável e dispersiva [...] essa luz dispersiva e dura pode ser modificada e se tornar mais direcionada e delicada. Os refletores existem por essas duas razões. A primeira razão é econômica: redirecionar os raios da luz para onde sejam mais úteis. A segunda é artística: modificar a natureza da luz segundo a vontade do fotógrafo" (*50 Anos – Luz, Câmera, Ação*). O mesmo que *projetor*. (→*Fresnel*, →*Moving light* e →*PAR*). **2**. Pode-se igualmente considerar como refletor qualquer objeto que redirecione e concentre a luz incidente – tais como folhas metálicas ou papel branco – desviando-a para áreas próximas mais sombreadas e iluminando-as.

REFRÃO. **1**. Verso de canção ou de poema que se repete ou se intercala entre as estrofes de uma composição, podendo ou não estabelecer uma relação lógica com o corpo principal do texto. O vocábulo é mais utilizado por referência a composições de origem popular, com o mesmo significado de estribilho. Em linguagem culta, costuma-se ainda utilizar a palavra ritornelo (do italiano *ritornello*). Exemplo na modinha *Perdi a Alegria*, de Domingos Caldas Barbosa, o Lereno: "Tudo m'entristece / Tudo m'enfastia / Perdi o sossego / Perdi a alegria". Esse refrão ou estribilho repete-se após cada uma das nove estrofes que desenvolvem a cantiga (→*Repetição*). **2**. O mesmo que →adágio ou →provérbio.

•REGGAE. A denominação pela qual se consagrou internacionalmente este estilo popular e sincrético da música jamaicana, no século XX, proveio do gueto de Trench Town, uma das regiões mais pobres de Kingston, a capital. Usada anteriormente na gíria local para indicar "coisa de rua" ou algo sem muita importância, foi incorporada ao vocabulário musical pelos jovens *rude boys* em meados da década de 1960, quando o compositor e cantor Bob Marley, líder da banda The Wailing Wailers, integrada ainda por Bunny Livingstone e Peter Tosh, consolidou o novo estilo. O mento, ou calipso jamaicano, gênero folclórico da ilha, serviu de base para que a ele fosse incorporado o *rhythm and blues* americano, logo após a Segunda Guerra Mundial. Essa primeira fusão trouxe a sonoridade dos metais, utilizada em contracantos, conhecida então como *ska*, de ritmo bastante sincopado. Ao incorporar em seguida a eletrificação do *rock and roll*, a música dos jovens jamaicanos desembocou no *rock steady*, de andamento mais contido que o *ska*, acentuado pelos registros graves do baixo. Quando os Wailers e também o músico Jimmy Cliff adotaram em suas letras as pregações do líder religioso cristão Marcus Garvey, o rastafarismo, deu-se a explosão do *reggae*. Suas canções tornaram-se étnica e politicamente engajadas no movimento, fundamentando-se em uma leitura "negra" e particular da Bíblia, em um modo de vida ou de hábitos africanos, na crítica aos valores das sociedades ocidentais brancas (genericamente apelidadas Babilônia), na exaltação do uso da *ganja* (maconha), incluindo-se, em sua vertente mais radical, o retorno das etnias negras ao continente. Da Jamaica para a Inglaterra e, depois para vários países de contribuição social negra, como Estados Unidos, região do Caribe e Brasil, o *reggae* atraiu milhares de jovens. Com as mortes prematuras de Bob Marley e de Peter Tosh, nos anos 1980, e a progressiva perda de prestígio do rastafarismo (para a qual contribuiu o governo corrupto e feudalista de Ras Tafari Mekonen, isto é, o imperador Hailé Selassié, da Etiópia, símbolo maior do movimento), o *reggae root*, ou de raiz ideológica, desapareceu na década final do século, conservando-se, no entanto, como estilo musical e dançante do *pop* internacional.

REGIONAL, REGIONALISMO. 1. Ambas as palavras designam, genericamente, a valorização de elementos característicos de uma região étnico-geográfica, ou seja, dos particularismos culturais ou naturais. Mas pode-se fazer uma distinção segunda a qual o regionalismo manifesta-se *no interior* de uma língua franca e comum, de uma expressão, gênero ou estilo mais abrangentes (arquitetônico, literário, musical etc.), deixando aflorar suas raízes históricas, usos e tradições populares. Com isso, há no regionalismo uma aspiração à universalidade, sendo ele uma ponte entre esta última tendência e os aspectos restritos da identidade. Assim, diferiria do que é exclusivamente *regional*, ou seja, daquilo que permanece social e culturalmente circunscrito e só compreensível para os indivíduos da região. Caso de uma literatura dialetal, como a galega da *Xeración Nós* (*Geração Nós*), muito ativa entre os anos 1920-1936, e para a qual contribuíram Otero Pedrayo, Castelao Rodrigues ou Vicente Risco. **2.** No Brasil, o termo regional aplica-se também a bandas ou conjuntos musicais característicos de uma região, assim como a grupos de choro.

REGISTRO. 1. Cada um dos pavimentos ou andares de uma construção arquitetônica. **2.** Em pintura, o posicionamento espacial, particular e diferenciado das figuras no interior de uma mesma composição, estabelecido por faixas horizontais (registro de fundo, de primeiro plano), ou verticais (à esquerda, ao centro, à direita). **3.** A maior ou menor exatidão em reproduzir e recompor as imagens e as cores das diversas chapas ou fotolitos de uma impressão. **4.** Em música, refere-se tanto ao timbre quanto à extensão da voz ou instrumento (registro de tenor, registro de contralto). Nem sempre uma voz conserva as mesmas qualidades ou características na emissão de sons baixos, médios ou agudos, e essas diferenças devem-se ao modo de entoação. **5.** Em literatura, emprega-se por vezes o vocábulo como

referência ao nível de elaboração da linguagem – culta e elevada, corrente ou familiar, trivial. **6.** Registro de órgão é um dispositivo que libera ou bloqueia a passagem de ar nos tubos, operado por puxadores ou alavancas. Var.: *registo*.

REI MOMO. Personagem que simboliza o espírito de alegria, de irreverência e de liberalidade de costumes do carnaval, aproveitado a partir da figura mítica de →Momo. Veste-se de rei e deve ser bastante gordo para expressar a exuberância e a riqueza da festa. Surgiu no Brasil em 1932, no Rio de Janeiro, primeiramente como boneco gigante, feito de papelão. No ano seguinte, o jornal *A Noite* promoveu a eleição do primeiro Rei Momo – Francisco Morais Cardoso, locutor de turfe. →*Carnaval*.

•RELEVÉ. Movimento coreográfico do balé que consiste na transferência do peso do corpo, inicialmente sobre os pés plantados, para uma posição de ponta dos pés ou de meia-ponta.

RELEVO. 1. Técnica de →gravura e da criação escultórica cujas linhas e volumes se projetam, salientam ou parecem emergir da superfície, como conseqüência do corte ou do desbastamento de áreas laterais da matéria utilizada (diferentemente do entalhe). A xilogravura, ou gravura em madeira, por exemplo, corresponde à técnica do desenho em relevo para a elaboração da matriz impressora. Esta, por sua vez, contém o desenho de maneira reversa ou espelhada, que aparece em seu verso ou face real no momento da transferência ou impressão em papel. Quanto à →escultura, toda ela pode ser considerada a arte maior do relevo tridimensional. No alto-relevo, sugere-se que as áreas principais se encontram quase completamente destacadas do suporte, aproximando-se daquilo que seria o volume real do objeto representado; no baixo-relevo, a massa projetada tem menos profundidade do que aquela que o objeto real possuiria. **2.** A ilusão visual de saliência ou de tridimensionalidade proporcionada por um desenho ou pintura (que são bidimensionais).

•REMAKE. →*Refilmagem*.

RENASCENÇA, RENASCIMENTO. **Revolução global.** Um largo período de extroversão, durante o qual celebrou-se o homem, a natureza e a história como particularidades concretas. A passagem "do mundo fechado ao universo infinito", segundo a fórmula célebre de Alexandre Koyré. Uma cultura que se impôs como modelo ao resto do mundo, tanto por suas descobertas, criatividade e persuasão, quanto pela força (econômica e das armas). Assim se poderia fazer o primeiro esboço do Renascimento ou da Renascença da cultura ocidental, a partir do século XV, igualmente conhecido pelos designativos italianos de *Quattrocento* e *Cincequecento*.

RENASCENÇA, RENASCIMENTO

Como corte e concepção históricas, os termos Renascença e Renascimento foram consolidados pelo historiador francês Jules Michelet em sua obra *História da França* (1840). Reunindo e entrelaçando os fatos e as noções relativas a acontecimentos políticos, religiosos, filosóficos, militares e artísticos, o autor distinguiu no século XV "uma chama suficientemente intensa para fundir todas as aparentes diversidades, para dar-lhes na História a unidade que elas tinham em vida". Sua conclusão foi a de que a Renascença constituíra um choque monumental de caráter europeu, cujo epicentro se encontrava na Itália. É certo que muitos homens daquela época e dos séculos seguintes tiveram consciência de ser distintos da Idade Média (→*Arte medieval*), e Voltaire, por exemplo, já tinha escrito que "o reino de Francisco I, se teve algum brilho, o foi pela *renascença* das letras até então desprezadas". Mas não resta dúvida de que Michelet "lançou na vida essa noção histórica, singularmente rica e original, num desses paroxismos, desses espasmos fecundos, que só têm o privilégio de conhecer, em raros instantes, os maiores historiadores – nas horas bendizas em que realizam uma dessas sínteses de elementos morais [...]" (Lucien Fevre, *Michelet e a Renascença*).

Se a civilização feudal se mantivera fechada, enclausurada nas estreitas relações e domínios senhoriais, sob a tutela espiritual da Igreja Católica, o Renascimento se caracterizará por um movimento cultural às avessas. O conceito de uma "universalidade" religiosa e cultural que havia prevalecido no período medieval – a *Latinitas* – foi substituído por nacionalismos e tendências de autonomias política, econômica, artística e de fé.

Ao lado de uma economia fundamentalmente agrária, de subsistência e de troca localizada, surgiu uma outra muito mais vigorosa, de expansão comercial. Se a partir do século XIII a Europa ocidental começara a descobrir-se como mercado, ligando-se ao mar Báltico e à Rússia, ao sul os novos empreendimentos ampliaram as relações de troca com Constantinopla e Alexandria. E essa expansão estimulou a produção exclusiva para um mercado fora dos âmbitos feudais. Comentando a carestia provocada pela monetarização de sua época (cerca de 1574), Bernard du Haillan assim escreveu: "Há mais ouro e prata do que jamais houve, mas mal repartido. Há 120 anos não mercadejávamos noutro lugar do mundo senão entre nós, e era somente de mercadoria por mercadoria, como vinho por trigo, e trigo por vinho, e assim outras; pois de ouro e prata nem se falava, visto que não tínhamos minas nem de um, nem de outra [...]. Depois foi-nos aberto o caminho para traficar na Itália, na Inglaterra, na Escócia, na Flandres, e por todo o setentrião; a ami-

zade e o entendimento entre o Grande Senhor (do Império Turco) e os nossos reis abriram-nos o caminho do Levante [...]".

Diante de uma estrutura social limitada às obrigações servis, veio à cena um novo personagem, o burguês, de vida e mentalidade mais independentes e pragmáticas. Vários pequenos burgos, livres dos tributos e regras senhoriais, tornaram-se os centros dinâmicos de uma cultura urbana em evolução. Os vínculos pessoais e hereditários de vassalagem, existentes tanto entre os nobres como entre o servo da gleba e o senhor, tiveram o seu contraponto no trabalho "livre" das cidades. Essas novas formas sociais de produção estimularam o desenvolvimento do *individualismo*, acentuado pelas reformas protestantes do século seguinte.

As necessidades requeridas por essa revolução comercial conduziram a economia ao seu desenvolvimento monetário, à instalação de redes e estruturas bancárias no norte da Itália e na região de Flandres (aqui entendida, no sentido lato, como os territórios da Bélgica, da Holanda e norte da França). E foi ali que se instaurou uma nova *racionalidade*, característica inegável da Renascença. Quase tudo se tornou passível de cálculo, de previsão e de estudado controle financeiro: o sistema de crédito, a contabilidade de partida dobrada, o trabalho assalariado, a contagem das horas trabalhadas e o valor da retribuição. Na seqüência, com o êxito das grandes navegações e da febre mercantil, o dinheiro assumiria definitivamente o seu poder no mundo, como, entre outros, escreveu o poeta Francisco Quevedo: "Poderoso cavalheiro é Dom Dinheiro. / Nasce nas Índias honrado, / donde o mundo o acompanha; / vem a morrer na Espanha / sendo em Gênova enterrado; / e quem o traz ao lado, / é formoso, embora feio, / poderoso cavalheiro é Dom Dinheiro".

Mas essa pujança financeira e comercial também se refletiu em uma nova concepção de cidade, de projeção e construção urbanísticas, nas quais se mesclaram os ideais de prévia racionalidade (traçados e distribuições espaciais previamente concebidas, em vez do crescimento "natural" e desordenado do Medievo) e aqueles humanistas de beleza arquitetural e implantação de monumentos. Reordenando, modificando ou substituindo as antigas artérias urbanas dos burgos medievais (muito mais espontâneas e mesmo caóticas), a Renascença recuperou a antiga idéia da cidade como um complexo político que deve expressar as diferentes funções e relações sociais.

A esse respeito, por exemplo, escreveu Carlo Argan: "No fim do século XVI, a cidade mostra uma disposição e um aspecto totalmente diferentes; mais do que um organismo socioeconômico, configura-se como entidade política, elemento ativo de um sistema de forças em contraste. Uma separação bastante nítida pode ser observada entre as áreas de representação e de residência senhoril, nas quais se exerce a direção dos negócios, e as áreas destinadas às atividades produtivas: torna-se evidente a distinção entre as ruas principais, onde se concentra a direção da coisa pública, e as ruas secundárias. Cresce o número e a imponência dos edifícios de caráter representativo; é claro que há uma autoridade *política* acima da autoridade *municipal* [...]. Para a fundação de uma ciência urbanística, as conseqüências são imediatas e importantes: torna-se possível imaginar e projetar uma cidade inteira, como forma unitária, sem levar em conta as dificuldades, os meios financeiros e técnicos, a mão-de-obra e o tempo [...]. Entre os artistas, os mais cultuados, os mais influentes, os mais próximos ao centro do poder são os arquitetos. A *cidade ideal* é uma invenção artística e política ao mesmo tempo, porque se funda no pressuposto de que a perfeição da forma urbanística e arquitetônica da cidade corresponde à perfeição de sua organização política e social, concebida e realizada pela sabedoria do príncipe, assim como a geometria do traçado e a beleza dos edifícios são concebidas e realizadas pela sabedoria do arquiteto" (*Clássico, Anticlássico*).

Naturalismo e humanismo. A natureza, embora fruto da potência e uma dádiva de Deus, não mais foi concebida como algo a ser "pastoreado", mas como matéria de exploração e fonte de riquezas humanas. Fez-se indispensável conhecê-la, penetrar seus mistérios e descobrir as leis que, ali escondidas, servissem para dominá-la produtivamente. Daí que, ao lado do racionalismo, houvesse espaço para a prática de ciências ocultas ou esotéricas, igualmente capazes de revelar os segredos da natureza.

O *naturalismo*, aliado à racionalidade, abriu as portas à ciência e ao seu subseqüente aproveitamento técnico e pragmático. O novo espírito científico separou-se gradativamente da filosofia e da teologia, da contemplação das essências divinas, que eram os motivos e o destino da existência. A racionalidade e o naturalismo trouxeram, como conseqüência, uma redução gradativa da absoluta autoridade eclesiástica. Valorizou-se a investigação do mundo e da sociedade como fatos e experiências sensíveis, não mais como sinais de uma realidade transcendente. Rabelais, pela boca de Gargântua, aconselha a seu filho Pantagruel: "Enquanto ao conhecimento das coisas da natureza, quero que a isso te entregues curiosamente, que não haja mar, rio nem fonte de que tu não conheças os peixes; todas as aves do ar, todas as árvores e arbustos frutífe-

ros das florestas, todas as ervas da terra, todos os metais escondidos no ventre dos abismos, as pedrarias de todo o Oriente e Meio-Dia, que nada disso te seja desconhecido. Depois, revisita os livros médicos gregos, árabes e latinos, sem desprezar os talmudistas e cabalistas [...]".

Em outras palavras, construía-se uma perspectiva de "inteligibilidade e interferência no mundo", uma elaboração imanente da condição humana. Nos termos de Leon Alberti, tratava-se da disputa entre *Fortuna* e *Virtù*, conforme exposta em seus tratados *Theogonius* e *Sobre a Família*. A primeira dizia respeito ao acaso, ao jogo imponderável e objetivo das coisas e da natureza; quanto à "virtude", reino da racionalidade e do equilíbrio, consistia ela no desenvolvimento integral das faculdades e das qualidades superiores em prol do "homem universal". O pensamento, a arte e a ação política humanizaram-se, para o bem e para o mal.

Em linhas gerais, o →humanismo defendeu a laicização do pensamento filosófico-científico, abrindo investigações inovadoras se comparadas com o teocentrismo medieval; reafirmou o papel do indivíduo na sociedade, vendo-o como um ponto de união entre a matéria e o espírito, o sensível e o abstrato, um resumo de todo o cosmos. O ser humano passou a ser entendido como uma possibilidade, senão infinita, ao menos múltipla e variável. De passagem, diga-se que o termo "humanista" serviu para designar, a partir do século XVI, "o mestre ou o aluno de 'humanidades' – dos *studia humanitatis* de Cícero e Aulo Gélio, que consistiam no cânon clássico da educação 'liberal' ou literária, dominada pela retórica" (Merquior, *Saudades do Carnaval*).

Não foi por acaso que neste momento de formação dos Estados nacionais e de investigação da realidade tenha surgido o *Príncipe* de Maquiavel, obra instauradora da moderna ciência política. O que lhe interessou de modo prático, sem considerações de ordem ética ou de legitimidade, foram questões que permitissem a unificação italiana: como se alcança o poder?, como é ele exercido da maneira mais segura?, como conservá-lo? Para resolver tais problemas, o Príncipe deve "saber entrar no mal, se houver necessidade". Em um misto de análise e aconselhamento, revelam-se então as entranhas do poder, como as figuras do "homem esfolado" demonstram, em sua crueza, as estruturas nervosas e musculares do ser humano.

A partir desse substrato real é que se desenvolveram as discussões acerca da legitimidade da soberania (as funções e as extensões dos poderes executivo e legislativo, o papel da Igreja), sobre as formas do governo e os interesses dos particulares (da sociedade civil). Caso de Francisco Suárez, defensor da idéia de que o Estado é um organismo moral regido por um acordo entre todas as partes que o constituem, sob a égide do legislativo, não sendo o rei senão um "ministro da República". Se o poder vem de Deus, ele é comum a todos os homens e corresponde a uma instituição *natural*. Logo, como instrumento indispensável da sociabilidade comum, a soberania não se encontra encarnada na figura do monarca, nem em grupos determinados. Concepção à qual se contrapôs a de Thomas Hobbes, cuja obra magna, o *Leviatã*, procurou legitimar a obediência do cidadão na *cidade terrestre*, na vida sociopolítica, devida ao monarca absoluto. Somente esta figura pode congregar e pacificar o estado de beligerância natural da humanidade (*the natural condition of the mankind*).

Filosofia renascentista. Pouco antes da queda de Constantinopla (1453), doutores e intelectuais do ameaçado Império Bizantino emigraram para o norte da Itália. O conhecimento que possuíam dos textos clássicos greco-latinos e de seus vários comentadores começou a ser difundido solidamente na Europa.

Não que a cultura latina tivesse desaparecido no correr da Idade Média. São Jerônimo, por exemplo, servira-se dos textos pagãos para melhor entender a natureza humana. E por tal motivo escreveu que, "assim como no Deuteronômio Deus ordena, antes de tomar como esposa uma mulher que seja prisioneira, raspar-lhe a cabeça e as sobrancelhas, depilá-la e cortar-lhe as unhas, a fim de torná-la digna do leito do marido, assim o cristão, seduzido pela beleza da *sapientia saecularis* (os escritores do passado), deve começar por expurgá-la de tudo quanto haja nela de morto, idolatria e voluptuosidade" (*apud* P. de Labriolle, *História da Literatura Cristã*). Ou ainda Agostinho que, em suas *Confissões*, declarou: "caiu-me às mãos o livro de um tal Cícero, cuja linguagem, não porém o coração, é quase universalmente admirada. Tal livro, chamado *Hortensius*, é uma exortação à filosofia. E, na verdade, tal livro alterou meus sentimentos e a forma de me dirigir a ti e mudou, ademais, o teor de minha prece, de meus propósitos e meus anseios, que fez outros".

Ocorre que todo esse patrimônio se conservara limitado aos ambientes clericais e, quanto à diversidade do legado da Grécia, aquela só veio a ser retransmitida pelos emigrados de Bizâncio.

Duas correntes filosóficas ganharam então importância, já fora das instituições religiosas: o *neoplatonismo*, defendido ostensivamente pela Academia de Florença, e o *aristotelismo*, predominante em Pádua e em Bolonha. Apesar de suas diferenças, as discussões acabavam convergindo para acentuar o caráter huma-

nístico do conhecimento e de uma ação terrena efetiva. O primeiro, religioso e espiritualista, procurou conciliar Platão com o cristianismo, que se ilustra, por exemplo, na *Theologia Platonica*, de Marsílio Ficino. Para ele, a história é uma contínua revelação divina, tanto quanto a natureza, mas o ser humano é o microcosmo, ente ou lugar onde essas revelações ocorrem (o homem como *copula mundi*). Pico della Mirandola, por sua vez, defendeu a superioridade do homem em relação a todas as demais criaturas. Mas essa distinção não se deve propriamente ao fato de dominar a natureza ou o mundo animal. Mas sim, por ser uma criatura *indeterminada*, passível de construção e de destruição, de atos elevados e ignóbeis. É o que podemos ler em seu tratado sobre a Dignidade do Homem (*Oratio pro Hominis Dignitate*): "Coloquei-te (Deus dirigindo-se a Adão) no meio do mundo para que visses melhor tudo o que está no mundo. Não te fiz nem celeste, nem divino, nem mortal, nem eterno, para que, por ti mesmo, sendo livre e soberano, tomasses a forma que havias escolhido. Poderás degenerar-te nas coisas inferiores, ou, conforme tua vontade, poderás regenerar-te nas coisas superiores, que são divinas". Se voltar a Deus era necessário, a alternativa encontrava-se apenas nas mãos e na vontade dos homens.

Retomando a idéia da "douta ignorância", Nicolau de Cusa afirmou que o homem, ciente agora de sua incapacidade de atingir o infinito que é Deus, pode traçar os limites de seu próprio saber e demarcar os territórios de suas conquistas. O homem deve pensar e agir de outra forma em um universo no qual a Terra já não ocupa o centro, ou como descreveu Copérnico, ainda sob uma linguagem em parte pitagórica: "No meio de tudo repousa o Sol. De fato, nesse templo esplêndido, quem colocaria esta luminária em um lugar outro ou melhor do que esse, de onde ela pode tudo iluminar ao mesmo tempo? Em verdade, não foi impropriamente que alguns o apelidaram a pupila do mundo, outros o Espírito, outros, enfim, seu Reitor" (*De Revolutionibus Orbium Caelestium*, tradução de Koyré). Daí também a importância da experimentação, da investigação técnica, que serve ao processo cognitivo e à construção das obras materiais. "A experiência não engana nunca; só erram vossos julgamentos, que prometem a si mesmos resultados estranhos à vossa experimentação pessoal. Pois, dado um princípio, é necessário que sua conseqüência dele decorra naturalmente, a menos que haja um impedimento; ao passo que, se for afetado por uma influência contrária, o efeito que deveria resultar do princípio procederá dessa influência contrária". Estas palavras, que poderiam ser atribuídas a um empirista do século XVII, já se encontram nos *Cadernos* de Leonardo da Vinci.

Já para Pietro Pomponazzi, autor do *Tratactus de immortalite animae* e seguidor de Aristóteles e de Averróis, o pensamento filosófico deveria ser claramente distinguido da teologia, o que resulta na aceitação de uma "dupla verdade" (*la doppia verità*). Assim, por exemplo, a matéria é a própria geradora da atividade espiritual, e a inteligência – a alma intelectiva (como ele a chama) – depende da primeira para exteriorizar-se. Não existe conhecimento das coisas que não passe antes por uma impressão sensível (também aqui se anuncia o empirismo setecentista dos filósofos ingleses). A ética ou a moralidade humanas independem da imortalidade ou de Deus. O bem gera o bem, o mal resulta em mal. Como se pode perceber, a escolha continuava puramente humana.

A religião dos humanistas, encarnada por Erasmo de Roterdam, buscava dar uma interpretação cristã à sabedoria antiga, insistindo numa espiritualidade universal através dos tempos, baseada na liberdade de expressão, mas também na medida e na prudência. A Reforma, ao contrário, iria insistir na originalidade da mensagem evangélica, na assunção da "loucura da Cruz" e se opor às "contaminações" da filosofia pagã.

Reforma religiosa. Não demorou para que a prática e a doutrina do universalismo romano-cristão e da absoluta autoridade papal fossem rompidas. Se a Igreja Católica sempre estivera às voltas com movimentos heréticos, tais discussões haviam permanecido limitadas aos seus aspectos teológicos, como, por exemplo, a transubstanciação do corpo de Cristo ou o papel da graça na salvação. Mas, no século XVI, as cisões adquiriram um componente sociopolítico invulgar, que se efetivou na Reforma Protestante.

A própria divisão do corpo eclesiástico em baixo e alto cleros, que viviam em condições socioeconômicas acentuadamente distintas, já era um fator de tensões internas. Havia igualmente dissensões entre as ordens, como aquela pela administração das indulgências entre agostinianos (de onde proveio Lutero) e dominicanos, estes os preferidos pelo papado. O fausto e o luxo dos estamentos superiores, mantidos por dezenas de impostos e de cobranças pecuniárias eticamente injustificáveis e financeiramente escorchantes (indulgências ou perdões papais, anatas ou despesas de litígio pela participação da cúria, emolumentos etc.), foram criando condições favoráveis para as autonomias religiosa e política. O misticismo popular durante os séculos XV e XVI parecia ter sido mais autêntico em seu sentimentalismo e pietismo do que a prática pontifícia, mundana, brilhante e não poucas vezes escandalosa. Mesmo católicos convictos como John Wyclif, na Inglaterra, Jan Huss, na Boêmia, ou Erasmo por toda a Europa (seus livros se tornaram *best sellers* para os padrões da época) já postulavam uma depuração e uma renovação religiosas, em nome da moralidade, da pureza da fé ou da liberdade de pensamento.

O cisma definitivo aconteceu com as pregações de Martinho Lutero, de Andress Karlstadt, Ulrich Zwinglio e de Jean Calvino (Calvin). No primeiro manifesto da revolta, o *Comentário sobre a Epístola aos Romanos*, de 1515, Lutero reafirmava dois princípios: o primeiro deles era que a vontade divina "está tão escondida sob a aparência de um mal, que ela não nos parece ser a vontade de Deus, mas sim a do Diabo". Em face desse Deus Escondido (*Deus absconditus*), a relação do fiel deve ser interior, direta. Somente a fé subjetiva pode desvendar o bem que se encontra por trás do mal; o segundo era que a graça ou o perdão consistiria num ato exclusivo de Deus, em um poder que os homens e as instituições não poderiam jamais assumir. A Igreja Católica e o papa só fariam o servo desencaminhar-se da verdadeira penitência. As circunstâncias políticas em que atuaram lhe foram mais favoráveis que as de seus predecessores. Contrariando a rígida hierarquia católica, os poderes episcopais e a idéia de que a palavra divina e sua interpretação são atributos específicos do clero, afirmaram a individualidade do fiel na leitura e exegese da Bíblia, a supremacia das Escrituras como fonte da fé, as atitudes anti-sacerdotal e anti-sacramental.

A querela sobre a instituição já centenária das indulgências foi o estopim da revolta contra o imperialismo papal, servindo política e economicamente aos príncipes ou eleitores, inicialmente na Alemanha. Não apenas Lutero, mas também os teólogos Karlstadt e Melanchthon escreveram suas teses (em 1517) e aceitaram o debate público proposto pela Santa Sé (em 1519), no castelo de Pleissenburg, fazendo-se acompanhar por duas centenas de estudantes armados. A luta deixava uma brecha histórica para o crescimento do poder civil ou secular e barrava a sangria financeira dos Estados. Um novo direito serviria igualmente para clérigos e laicos, todos submetidos à soberania do príncipe. Uma nova concepção de nacionalismo e de autonomias econômica, política e religiosa havia começado na Europa e logo se estenderia à América anglo-saxônica, com seus imigrantes convertidos ao protestantismo puritano. Enfim, o papel da Reforma pode ser observado sob dois pontos de vista. De um lado, conteve aspectos modernizadores, que foram o ataque à tradição cristalizada da interpretação dos textos e a defesa do particularismo perante a unidade política. De outro, no entanto, insurgiu-se contra o secularismo e o esteticismo do Renascimento, adotando com isso posições mais próximas ao misticismo popular medieval.

Artes plásticas: o homem como centro e medida. No terreno das artes plásticas, várias das características já mencionadas anteriormente apareceram transfiguradas na pintura, na escultura e na arquitetura. O racionalismo cumpria a função ou o papel de organizar as representações plásticas em "proporções justas". O naturalismo levou pintores e escultores a observar e a estudar, de modo científico, a anatomia dos corpos e a forma dos objetos, transmitindo às suas obras um *realismo* desde então insuperável no desenhar e no esculpir.

Se o artista medieval procurou impor às suas imagens uma norma geométrica preestabelecida, derivada de "hierarquias divinas" (→*Arte medieval*), o artista do Renascimento preferiu extrair um padrão geométrico dos fenômenos naturais. E para tanto, os modelos da Antigüidade foram ressuscitados, ainda que se adaptando às circunstâncias contemporâneas. O belo retornou à conformidade lógica dos gregos, a uma harmonia de composição definida matematicamente, pelas quais se evita a desproporção dos traçados e a sobreposição dos espaços. Nascia a →perspectiva linear e centralizada, uma forma de escalonar os objetos representados em razão de distâncias ou segmentos geométricos – a →seção áurea – tendentes ao "ponto de fuga" e que se situa no centro do quadro ou pouco acima dele. Como resultado dessas relações, estabeleceu-se a ilusão de profundidade pictórica, que iria conservar-se pelos cinco séculos posteriores. Uma visão mental que teve por objetivo dar estabilidade à representação dos personagens, dos corpos humanos, das paisagens e arquiteturas, das coisas da natureza.

A anatomia demonstrava a verossimilhança entre o representado e seu referente, fosse ele imediatamente real, sacralizado ou mitológico. Uma realidade que levou em consideração, inclusive, as categorias sociais, as fisionomias, os trajes e todas as nuanças de uma detalhada percepção, fazendo com que a história contemporânea encontrasse o seu lugar na representação (sua tendência historicista). Não foi por outro motivo que Carlo Argan assim se pronunciou: "[...] analisando as obras do início do século XV, vemos que o interesse renovado pela história sagrada corresponde à reação contra um alegorismo difundido amplamente, vemos que o interesse pelos fatos da história sagrada relaciona-se, ainda que de forma embrionária, com um interesse renovado pela história, de acordo com o pensamento humanista [...] o tema da riqueza terrena não é expresso por uma alegoria, como o faria um pintor do século XIV, mas reencontrado num evento histórico. Essas representações pertencem a uma sociedade que tenta conciliar sua ideologia capitalista com a ideologia religiosa, sintetizando os dois momentos num fato histórico. Há renúncia programática a tudo o que não é real" (*Clássico, Anticlássico*).

O naturalismo, a proporcionalidade, a simetria tornaram-se, ao mesmo tempo, veículos de expressão da beleza, indicando a necessidade de moderação, inclusive nas ações cotidianas. Mas é claro que, numa sociedade de dinamismo financeiro e de renovada investigação intelectual, a noção de ilimitado, de expansão permanente, encontrou lugar e exceção nas oportunidades de lucro e na busca do conhecimento. Razões pelas quais escreveu Agnes Heller (*O Homem do Renascimento*): "Durante o Renascimento, os conceitos de medida e de beleza pressupunham um ao outro. Efetivamente, a temeridade e a imoderação podiam parecer muitas vezes fascinantes e ser alvo de simpatias e, todavia, nunca eram vistas como 'belas', mas sim como 'grandes' [...]. A imoderação atraía, mas, simultaneamente, repelia. Provocava o prazer, mas também o medo, enquanto a beleza só atraía e suscitava o prazer: de fato, a beleza era o objeto do amor [...]. O estético e o 'utilitário' uniam-se neste conceito de medida. Ter temperança, viver com moderação, respeitar a medida justa – tudo isto era não só bom e belo para o homem, como ainda útil. Esta unidade era particularmente natural em Florença [...]. Era um hábito social que, no entanto, estava longe de ser 'natural' ou apenas um costume tornado habitual; era sempre uma *norma*. Constituía uma das normas concretas de comportamento da época".

E foram mestres dessa primeira revolução estética toscanos (ou que ali viviam) como Lorenzo Ghiberti (portas do batistério, chamadas por Michelangelo de "portas do paraíso"), Tommaso Masaccio (afrescos da capela Brancacci), Filippo Brunelleschi (a magnífica cúpula da Catedral), Donatello (estátua eqüestre de Gatamelata), Luca della Robbia (esculturas da Cantoria), Gentile da Fabriano, Domenico Guirlandaio (*Vida de São Francisco*, na Santa Trinità), Andrea del Verrocchio (estátua eqüestre de Colleoni), Fra Angelico e Paolo Ucello, seguindo-se a geração de Piero della Francesca (*A Legenda da Cruz*), Andrea Mantegna (*Cristo Morto*), Filippo Lippi, Sandro Botticelli (*Primavera, Nascimento de Vênus*), Antonello da Messina e as famílias Bellini e Vivarini, estas de Veneza.

Embora a temática religiosa mantivesse o seu lugar, o desenho rígido ou estatuário das figuras góticas foi desaparecendo gradativamente (mais cedo na arte florentina do que na veneziana), substituindo-se a contigüidade metafísica das representações pela naturalidade do movimento. A pintura e a escultura tornaram-se mais fluidas e as cenas bíblicas ganharam ares contemporâneos, como se os anjos, os santos, a Virgem e Jesus houvessem retornado ao mundo de então, revivendo os episódios testamentários nas ruas de Florença, de Pisa ou Milão. Paralelamente, reapareceram os personagens pagãos e se retrataram as personalidades laicas e cotidianas, os *petits faits*, os ambientes da classe média burguesa, seus pormenores de vida. A arte imprimiu aquilo que Arnold Hauser chamou de "a supremacia do visível sobre o abstrato". E essa supremacia fez com que as artes plásticas se dedicassem a uma representação minuciosa, tanto a dos estados ou sentimentos mais profundos da alma (dor, sofrimento, ironia, contentamento), quanto a dos pormenores figurados (rosto, pés, mãos, objetos paisagísticos, panejamentos).

Pintura, escultura e arquitetura. O tratamento da luz, ou seja, a obtenção de volumes e formas pelo emprego do claro-escuro (a passagem sutil dos tons claros aos sombreados, ou vice-versa), permitiu ainda que o espectador fosse induzido e conduzido para uma situação de cena teatral. Uma conquista audaciosa e surpreendente da cultura renascentista, intensificada no período barroco, e habilmente conjugada com a novidade da perspectiva.

Fora da Itália setentrional, em Flandres, o primeiro grande nome da Renascença foi o de Jan van Eyck. Sem romper inteiramente com a maneira gótica de pintar, trouxe para suas telas uma profusão de detalhes que a atenção paciente da natureza e dos objetos cotidianos podia oferecer. Seus personagens são também figuras reais e contemporâneas (como o casal Arnolfini ou os duques da Borgonha). Do ponto de vista técnico, recuperou a voga helenística dos retratos (o que faz do artista uma testemunha ocular) e promoveu a pintura a óleo, em substituição à →têmpera. Com o uso do óleo, demonstrou as possibilidades das transições mais suaves das tonalidades, criou relevos até então imprevistos e a impressão de transparência "vidrada" que a tinta permite. Foram seus continuadores no norte da Europa mestres como Rogier van der Weyden e Hugo van der Goes, já conhecedores da revolução florentina. Van der Weyden imprimiu às suas representações bíblicas um poderoso naturalismo e dramaticidade de feições, enquanto nos retratos, ao contrário, optou quase sempre pelas aparências serenas, adequadas a seus clientes aristocratas. Com essas características, exerceu uma larga influência sobre as gerações seguintes.

A escultura, por sua vez, buscou capturar movimentos sutis, tornar-se dinâmica (comparativamente à →arte medieval), exprimir com realismo sentimentos e estados espirituais, assim como explorar um ideal de beleza pela nudez e pela sensualidade. Essa nova concepção poética de requinte e de extraordinária sensibilidade corporificou-se em obras como as de *Davi*

(Donatello), *Eva* (Antonio Rizzo), *Lamento sobre o Corpo de Cristo* (Niccolò dell'Arca) ou *Hércules e Anteu* (Antonio di Pollaiuolo).

Na arquitetura, a partir de Filippo Brunelleschi (também autor da capela Pazzi) e, mais tarde, de Leon Battista Alberti, retomaram-se as ordens gregas – as colunas e pilastras dórica, jônica e coríntia – e os arcos romanos com grande ânimo e acuidade matemáticas. As formas clássicas da Antigüidade reviveram sob os mesmos aspectos do comedimento e da sobriedade, dando às fachadas dos templos cristãos uma configuração curiosamente pagã, o que se exemplifica na igreja de Santo Andrea, em Mântua, na qual se recuperou um arco triunfal do velho império. Ainda na análise de Argan, "como se pode falar de continuidade da tradição, se a herança de Roma foi dispersada pela violência dos bárbaros? A verdadeira continuidade, que não é série temporal, mas coerência ideal, é aquela revelada não pela tradição, mas pela história, ligando entre si os eventos, ainda que afastados no tempo, e corrigindo desvios e erros. Volta a aflorar então a questão dos antigos, que são a origem e a própria imagem da perfeição, mas são também exemplos de uma conduta humana racional".

Novas técnicas, agora destinadas à produção de estampas para consumo popular (os "santinhos"), começaram a ser criadas e rapidamente aperfeiçoadas na Alemanha, como a xilogravura e a calcografia em cobre, antecipando e influindo na revolução proporcionada pela imprensa de Gutenberg (→*Livro*).

Quattrocento e Cinquecento: duas ênfases. A arte do Quattrocento ainda conviveu com o período anterior do gótico "internacional", mas soube produzir dessemelhanças ou particularidades regionais relativamente destacadas. Cada cidade desenvolveu, sob os auspícios de seus ricos mercadores e novos burgueses, um estilo inerente às suas próprias corporações de ofícios. A influência e a riqueza dessas associações foi bastante forte para impor os interesses de seus membros, tanto na aceitação e na instrução dos aprendizes e oficiais, na obediência às concepções dos mestres locais, como na "reserva de mercado" para seus trabalhos. Em conseqüência, o Renascimento evoluiu de maneira a mostrar uma diversidade formal e temática muito mais abrangente do que a época medieval, em grande parte fruto desse incipiente "nacionalismo" das cidades.

O século seguinte – o Cinquecento – constituiu o ápice da Renascença, em sua poética ou concepção clássicas. Durante o seu transcorrer, o estatuto e o consumo das artes se modificaram profundamente. A economia, então decisivamente mercantil e financeira, estimulou o aparecimento de uma sociedade urbana, composta, em linhas gerais, de uma classe média de comerciantes e de artesãos e dos estamentos das cortes principescas, incluindo-se os seus banqueiros. Estes últimos diferiam de seus congêneres medievais tanto pela origem da riqueza quanto por seus princípios éticos e políticos. Os antigos, de formação restrita e tronco sangüíneo, haviam estabelecido ideais de heroísmo, de amor cortês e abstrato e de moralidade mais rígida. Os novos passaram a aceitar em seus círculos os endinheirados recentes, os aventureiros de várias origens, os humanistas plebeus e os artistas, com reputação ou sem nome. Tornaram-se intelectualizados, eruditos, mais refinados, sensualistas e moralmente dúbios, dado o indispensável utilitarismo da época.

O papel da mulher (e haverá exceções, como Lucrécia Bórgia ou Margarida de Navarra) diminuiu de importância, se comparado ao de alguns séculos anteriores. O artista, sob o patrocínio das novas classes e de seus nascentes "salões" e academias, foi-se tornando um indivíduo destacado, uma personagem de aplausos e de anedotas populares. Desvencilhou-se aos poucos da tutela das guildas ou corporações e passou a fazer "carreira solo" como intelectual livre e sem raízes. Esta alta sociedade foi a responsável pela aquisição e entesouramento de uma produção artística crescente para seus palácios e *villas*. Como criou novas expressões de arte, entre as quais a →ópera, que contribuiria vigorosamente para o enriquecimento da música, em seu estilo barroco, e das técnicas dramáticas. É ainda nesta época que se conhece o primeiro *marchand* de artes plásticas, alguém que vive exclusivamente do comércio de telas, de esculturas e de peças de ourivesaria – o florentino Giovanni Battista della Palla. Aí teve início a especulação mobiliária das artes plásticas e aplicadas, pela qual o público, certos críticos e os compradores se deixam placidamente convencer, ainda hoje.

A suntuosidade desejada e praticada pelos príncipes setentrionais instigou o papado a fazer de Roma e do Vaticano o centro do Renascimento no século XVI. Nas palavras de Arnold Hauser, "Em oposição à arte de espírito predominantemente secular do Quattrocento, estamos agora em presença dos primeiros esboços de uma nova arte eclesiástica, na qual o cuidado máximo é posto não nos valores espirituais e supramundanos, mas na solenidade, na majestade, poder e glória [...]. Na edificação de cada igreja ou capela, na execução de cada peça de altar, a principal intenção dos papas parece haver sido imortalizarem-se, pensando mais na sua glória do que na de Deus".

Ápice do classicismo. Nesse ambiente, o naturalismo plástico anterior alcançou a sua máxima expressão ou perfeição artística, ao qual se atribui o nome de *classicismo*. Ou seja, a realização da beleza como *harmonia ideal* de todas as partes de uma composição. Moderação dos gestos e dos movimentos figurados. Ausência de estados emocionais extremos ou enérgicos que possam conturbar a cena e a atenção do olhar. A serenidade da razão controlando os cavalos do apetite (noção proveniente da filosofia grega). A imposição de uma ordem humana sobre a aparente desordem da vida natural. No entendimento de Jacob Burckhardt (*A Civilização da Renascença na Itália*), esse classicismo consistiu numa síntese grandiosa de idealismo e realismo, um período situado entre o primitivismo ingênuo da época medieval e o fausto artificial do barroco. Descoberta da beleza física, do mundo exterior, e desenvolvimento de uma vontade de recriá-los sob critérios primordialmente estéticos. O ponto de contato entre esta nova sociedade de luxo, de esplendor e sensualidade e a concepção intelectualizada e antropocêntrica do homem resultou, assim, na expressão artística vigorosa do corpo. A predominância do espiritual e do religioso cedeu lugar ou passou a ser representada pelo aspecto sublime do físico, fosse este imponente, digno ou gracioso. Entre o final do século XV e meados do seguinte, situou-se a época das admiráveis obras-primas de Pietro Perugino (*A Entrega das Chaves a São Pedro*), Leonardo da Vinci (*A Última Ceia, Santa Ana*), Michelangelo Buonarroti (teto da capela Sistina, *Moisés, Davi*), Rafael (*A Bela Jardineira, A Madona de Belvedere, Madalena Doni*), Ticiano (Tiziano – *Assunção, Baco e Ariadne, Vênus e Adônis*), Antonio Correggio (*Madona de São Francisco, Leda, Júpiter e Io*), Albrecht Dürer (*Grande Crucificação, Grande Paixão*) e Hans Holbein (*Madona do Burgomestre Meyer, O Mercador Gisze*).

O homem duplo. O Renascimento projetou, em meio à efervescência cultural, às intrigas e lutas religiosas e políticas, duas imagens do homem, muitas vezes reunidas em uma só personalidade. Uma, ilustre e idealizada, aquela do indivíduo ávido e extrovertido, experimentalista e refinado. Essa perfectibilidade, para os redutos das elites, era a de alguém aberto a todos os conhecimentos do mundo e da natureza, de formação erudita e afirmativo em sua época. Versátil pelo manejo das armas, pela fina educação e pelo trato cortês, pela diversidade do saber. Como canta Camões, "Para servir-vos, braço às armas feito / Para cantar-vos, mente às musas dada". A outra, conseqüência do pragmatismo e do individualismo, foi a da amoralidade, do comportamento intemperado, da conquista da glória terrena independente dos meios empregados. Essa "energia maquiavélica", que resultou em assassinos ilustres, atraiu, por exemplo, a atenção de Stendhal para suas *Crônicas Italianas*. A Renascença plena "é uma época de desenfreada ambição. Nada há além do homem e de suas ambições. É já o homem desvestido de piedade" (Ungaretti, *Humanismo*). Ainda assim, o →Iluminismo do século XVIII será um filho bem mais amadurecido daquela primeira propensão renascentista.

Música erudita. A música polifônica, que já evoluíra com os mestres da Flandres, ganhou suas mais requintadas e complexas estruturas na Renascença do século XV (→*Arte medieval*). A missa e o moteto, gêneros predominantes do período, executados a capela, permitiram que se explorasse a multiplicação de vozes independentes e, com ela, se exercesse maior domínio sobre o chamado "estilo imitativo" (→*Imitação*). Esta técnica de composição – o cânone – indica as imitações ou repetições regradas de frases musicais, a partir de uma voz ou melodia condutora (*dux*), em diferentes alturas ou intervalos (de quinta, de oitava, por exemplo), assim como as inversões (intervalos ascendentes transformam-se em descendentes, ou vice-versa) e as frases escritas de trás para frente, em "caranguejo", mantendo-se a oposição de nota contra nota, ou seja, o contraponto.

Ao domínio do estilo imitativo esteve ligada a contínua melhoria do sistema de notação musical durante os séculos XV e XVI, destacando-se, entre outros, os novos sinais de colcheias e semicolcheias, o uso do ponto que acrescenta metade de valor temporal à nota e a barra de compasso. Tais aperfeiçoamentos, ao lado das adaptações introduzidas nos tipos móveis pelo impressor de Veneza Otaviano Petrucci, facilitaram a difusão de coletâneas musicais, estimulando o aprendizado e o conhecimento de autores e de composições, sacras ou profanas, nos meios profissionais, de aficcionados e diletantes. Em Roma, no ano de 1476, foi editado o primeiro texto inteiramente impresso em oficina, o *Missale romanum*; já a obra *Harmonice Musices Odhecaton*, publicada em 1501 por Petrucci, teve o mérito de divulgar, de maneira inédita, um conjunto diversificado de noventa e quatro peças polifônicas dos grandes compositores do Quattrocento.

Quase todos, músicos e professores, provenientes da Borgonha, região que abrange hoje o norte da França e a Bélgica, de línguas francesa e flamenga. Daí também serem os seus artistas conhecidos como "mestres franco-flamengos". Embora clérigos em sua grande maioria, freqüentavam uma corte hedonista, requintada e cosmopolita, tornando-se profissionais inteiramente dedicados a uma arte musical cujo predomínio se estendeu por toda a Europa. Mas uma das poucas exceções foi justamente aquele que, no início, maior influência exerceu sobre os borgonheses – o inglês John Dunstable.

Após a célebre batalha de Azincourt (1415), a corte de Henrique V instalou-se ao norte da França e as no-

vidades criadas por Dunstable puderam então ser apreciadas no continente. Seu estilo contrapontístico sugeria invenções de grande liberdade no tratamento dos intervalos e apresentava mais suavidade ou continuidade harmônica do que permitiam os intricados ornamentos da *ars nova*. Para alguns historiadores, sua música seria a primeira a nos soar, ainda hoje, com familiaridade.

Já entre os primeiros mestres flamengos encontram-se Guillaume Dufay – o primeiro a dar continuidade à criação de missas polifônicas, após Guillaume Machaut – e Gilles Binchois, os quais dominaram a primeira metade do século XV. Dufay serviu a príncipes italianos, ao papa e ao rei francês Filipe, o Bom. Binchois, ao duque de Norfolk e, principalmente, ao da Borgonha, como mestre-de-capela. A geração seguinte foi a de Johannes Ockeghem (o seu moteto *Deo gratias*, escrito para 36 vozes, tornou-se um marco da complexidade e do virtuosismo polifônicos), que trabalhou em Antuérpia e em Paris, para três reis franceses, e de Josquin Desprès (ou des Près), o mais criativo compositor de melodias da segunda metade do século XV, aclamado como *principes musicae* em todo o continente. Josquin foi também professor na Itália, onde ensinou durante mais de trinta anos nos ducados de Milão e de Ferrara, e em Roma, no Vaticano.

No transcorrer dos séculos XV e XVI, a música erudita dos flamengos passou também a incorporar ou a enriquecer, com técnicas de cromatismo e modulações inovadoras, determinados gêneros autóctones e de raízes populares, casos da canção (→*Chanson*) francesa, do *lied* alemão ou do madrigal italiano.

A canção francesa já apresenta na época uma diversidade de execução que a faz situar-se entre o erudito e o popular. Isso quer dizer que certas composições são exclusivamente vocais, a capela, e outras destinadas para uma voz e mais duas ou três instrumentais, como as baladas do século precedente, e mais facilmente memorizáveis. Em ambas as formas, há muito do permanente lirismo popular – "Beije-me, doce amiga", "O Amor que Tenho", "Alegria vos Darei", "Bela que me sustém a Vida", "Este Mês de Maio". E a grande maioria dos compositores aderiu às estruturas e espírito das canções, como Josquin Desprès, Jacob Obrecht, Loyset Compère, Pierre de La Rue ou Clément Janequin. Tão grande parece ter sido o sucesso e a difusão do gênero, que até mesmo Pierre Ronsard, o refinado humanista e poeta da Pléiade, dispôs-se a escrever para os músicos da época (as duas centenas de poemas compilados na obra *Amores*). Outra evidência aparece nas coleções do editor Attaingnant, saídas entre 1528 e 1552, e que trazem cerca de 1 500 peças apenas da primeira metade do Cinquecento.

Mas a forma profana mais cultivada pela Renascença foi, sem dúvida, o madrigal, uma síntese da polifonia flamenga, da poesia culta ou cortesã e da criatividade melódica dos italianos. A liberdade do estilo aparece na independência em relação a qualquer forma fixa de escrita musical ou poética, e inclusive de interpretação, permitindo um tratamento lírico ou subjetivo bastante amplo. Não há uma voz preponderante e a parte instrumental pode encontrar-se ausente, dobrar uma voz ou ainda substituí-la por inteiro. Quanto aos textos, tratam de sentimentos amorosos, heróicos, pastoris e até mesmo licenciosos. Seu primeiro compositor de destaque foi Cipriano de Rore, um flamengo adotado pela basílica de San Marco, em Veneza, ainda na primeira metade do século XVI. Seguiram-se-lhe Andrea Gabrieli, seu sobrinho Giovanni Gabrieli, Pierluigi da Palestrina e o trio considerado o mais lírico e perfeito do gênero, na Itália: Luca Marenzio, Claudio Monteverdi – em cujas obras já se encontra o princípio do baixo contínuo (→*Barroco*) – e o príncipe de Venosa, Carlo Gesualdo, que musicou diversos poemas de seus contemporâneos Ludovico Ariosto e Torquato Tasso.

Na Inglaterra, o anglicanismo de Henrique VIII, que tornara independente e nacionalista a Igreja britânica, assim como a supremacia econômica adquirida no reinado de Isabel I, certamente contribuíram para o florescimento das artes inglesas. No terreno da música sacra, a Igreja anglicana favoreceu a criação de um gênero próprio, o *anthem*, que em sua origem derivou dos motetos. Já no âmbito da música profana, os círculos aristocráticos e a alta burguesia, progressivamente enriquecidos com o comércio e a concessão de monopólios, receberam com entusiasmo a voga dos madrigais. Que passaram a ser compostos, em sua maioria, para o virginal (instrumento doméstico, adaptado do cravo, motivo pelo qual seus artistas eram também conhecidos por "virginalistas"), ou transcritos para violas. Pois foi nesse meio intimista do *english home*, vaidoso de sua esmerada educação, que a escola nacional madrigalesca encontrou ressonância. Entre os mais destacados, William Byrd, Thomas Morley, John Wilbye, Thomas Weelkes, Orlando Gibbons e John Dowland. Este último, criador de um outro gênero, o *ayre*, peça para voz solista com acompanhamento de cordas (alaúde e violas).

O período renascentista, ao menos na música, significou muito mais o desenvolvimento e o apogeu do estilo polifônico, das explorações "imitativas" e da construção de teorias e métodos de composição do que o retorno ou a recuperação, atualizada, de uma arte antiga, porque desconhecida. De fato, a Renascença musical constituiu-se em uma arte que os próprios compositores, cantores e instrumentistas sabiam estar aberta a experimentações e inovações. A possibilidade de aventuras sonoras teve sua correspondência mais próxima com as descobertas do Novo Mundo e a física de Galileu e de Newton.

Por outro lado, o que teve em comum com o seu tempo foi justamente o refinamento da sensibilidade, o ideal de perfeição e grandeza, a ampliação de públicos educados e a incorporação de um espírito humanista e cosmopolita. Por uma previsível coincidência, aquele que foi considerado o maior compositor do século XVI não se manteve restrito a uma só pátria, língua ou gênero. Roland de Lassus, Orlando di Lasso ou Roland de Lattre – conforme o país em que tenha trabalhado, na Flandres onde nasceu, na Itália, na França e na Alemanha – concretizou o domínio exuberante de todas as técnicas, formas e expressões da época. Sua maestria permitiu-lhe edificar uma obra prodigiosa de talento e diversidade nas músicas sacra (mil motetos, 53 missas, quatro Paixões) e profana (duzentos madrigais, 150 canções francesas e cem *lieder* alemães). Enfim, uma personalidade de gênio comparável, em sua arte, a Leonardo ou Michelangelo, ou ainda, dois séculos mais tarde, a Mozart.

Novos valores literários. A literatura do Renascimento tendeu a ser mais humanista do que mística, e mais cosmopolita do que nacionalista, sobretudo se comparada com a do barroco, expressão estética que acompanhou a crise religiosa e a consolidação dos impérios nacionais absolutistas. Mas a influência preponderante da Itália conservou-se inequívoca. Levando em consideração a poética antiga (de Aristóteles a Plínio, o Jovem), "os escritores do Quattrocento italiano fizeram os primeiros esforços [...] realizando as primeiras sínteses entre a tradição literária medieval e os modelos 'clássicos', isto é, os grandes modelos da Antiguidade. O classicismo europeu do século XVI consistiu, por isso, numa latinização ou italianização das diversas literaturas nacionais, quase sempre feita com o desequilíbrio, o exagero de todas as inovações" (Óscar Lopes e José Saraiva, *História da Literatura Portuguesa*).

A época, estimulada com vigor pelo estudo dos clássicos greco-romanos, modificou, sob muitos aspectos, o teor alegórico e os temas preferidos da Idade Média. Daí também a importância de certos autores bizantinos, como Gemistos Pleton (fundador da Academia Platônica de Florença, de onde saíram Ficino e Lourenço de Medici), do cardeal Bessarion, criador da mais importante biblioteca veneziana do período, ou de Laskaris, que trabalhou como conselheiro para a família Medici e para Carlos VIII, da França. Neste país, tornou-se mestre de novos humanistas, sobretudo do filólogo Guillaume Budé, idealizador do Collège de France. A erudição tornou-se apanágio a ser conquistado por homens de letras, políticos e artistas em geral, tendo muitos se dedicado à pesquisa histórica e à escrita em latim, à maneira de Cícero ou de Sêneca, como Gianfrancesco Poggio, descobridor de manuscritos de Lucrécio e de Quintiliano e humorado cronista da vida florentina (*Os Banhos de Baden*, *O Livro das Facécias*), tanto quanto Giovanni Pontano, grande poeta do amor conjugal, ao mesmo tempo sacro e dionisíaco (*Amores*, *Do Amor Conjugal*), ou Laurentius Valla, filólogo que, apesar de antipapista, procurou unir o epicurismo à moral cristã (*De Voluptate*, *Elegantiae Linguae Latinae*).

Paralelamente, o espírito humanista e a expansão de grupos de leitores citadinos e burgueses propiciaram o início dos trabalhos mais sérios e fiéis das traduções. A esse respeito, assinalou Otto Carpeaux: "Aquilo a que damos esse nome (tradução) entre as obras medievais, são versões livres, libérrimas mesmo, adaptações mais ou menos inescrupulosas, e plágios [...]. Só o humanismo criou a consciência da relação entre forma e conteúdo, da importância de verter letra e espírito do original, da necessidade de reconstituir um texto corrompido [...]. A mentalidade estética da Renascença acrescentou a vontade de transformar a tradução mais ou menos literal em obra de arte na nova língua" (*História da Literatura Ocidental*).

Ao lado do eruditismo, no entanto, e da criação de novas estruturas métricas, como a →oitava-rima, utilizada então pela épica, várias formas de canções populares passaram a ser aproveitadas por escritores aristocratas, casos de Leonardo Giustiniani, de Juan de Mena ou do Marquês de Santillana, os dois últimos espanhóis, assim como do francês Clément Marot. Coexistiram assim vários pontos de vista. Por um deles, a poesia tornou-se mais culta e realista, dada a franqueza no tratamento das vontades humanas, incluindo-se aqueles aspectos do "sensualismo pagão" que Angelo Poliziano expôs de maneira graciosa, aliando-o a impressões serenas da natureza (*Estâncias para Torneio*, *Canções de Dança*). Por exemplo (trecho, tradução livre de Proença Filho): "Eu me encontrei, meninas, numa bela manhã, / em meio a maio, num verde jardim. / Havia em torno violetas e lírios / entre a erva verde e vagas flores novas, / azuis, amarelas, brancas e vermelhas, / nas quais eu pus a mão, para colher algumas, / para adornar meus louros cabelos / e cingir de guirlandas os belos fios. / Eu me encontrei, meninas, numa bela manhã, / em meio a maio, num verde jardim... / Quando a rosa todas as suas pétalas espalha, / quando é mais bela e é mais agradável, / então está boa para compor guirlandas antes que sua beleza de-

sapareça; assim, meninas, enquanto são mais floridas, colham as belas rosas do jardim".

Por um caminho diverso, sobreviveu a gesta cavaleiresca de Boiardo, isto é, as aventuras, o heroísmo e a paixão de *Orlando Enamorado* (escrito entre 1476 e 1494), reencontro dos ciclos bretão e carolíngio, elaborado com verve "romântica" e a visão passadista de um fidalgo do campo. Tema retomado poucos anos depois por Ariosto em seu *Orlando Furioso* (a desejada Angélica não o ama, o que o leva ao destempero), mas agora sob uma perspectiva ao mesmo tempo trágica e farsesca, "maravilhosa" e irônica.

A atitude de ceticismo e de sátira foi ainda mais enérgica no *Morgante*, de Luigi Pulci, um dos primeiros a ridicularizar com veemência os romances de cavalaria, antes do *Quixote*. Mas crítica social aos novos poderes e hábitos da aristocracia "aburguesada" apareceria no início do século seguinte no poema narrativo *Baldus*, do monge Teofilo Folengo, que também relançou a moda da →epopéia *herói-cômica*. A poesia adotou igualmente os personagens mitológicos antigos para exteriorizar sentimentos idílicos ou pastoris, por meio dos quais já se observa uma comparação entre as vidas urbana e campestre, sendo esta última um bem superior por sua simplicidade e pelo estímulo à contemplação individualista. Linhagem que contou com um grande iniciador, Jacopo Sannazaro, autor de *Arcadia* e das *Eclogae Piscatoriae*, seguido pelo cardeal Pietro Bembo (*Rime*), igualmente poeta do amor platônico (*Gli Asolani*).

O melhor do teatro no século XVI, no centro italiano da Renascença, foi sobretudo aquele dedicado à comédia, aos qüiproquós, aos conflitos de geração, às situações amorosas picantes, tendo quase sempre por modelo Plauto e seus enredos. São obras tanto de autores cultos, como Bibbiena (*Calandria*), Giammaria Cecchi (*Rivali*, *Assiuolo*), Trissino (*Similimi*), também escritor da primeira tragédia "clássica", à moda grega, com seus coros líricos (*Sofonisba*, de 1515), Antonio Lasca (*Gelosia*, *L'Arzigogolo*), Maquiavel (*A Mandrágora*), quanto de plebeus autodidatas, representados por Giovanni Alione (*Farsa de Zoan Zavatino e Beatrix*), Ruzzante (*Piovana*, *Vaccaria*) ou Aretino, o polemista e despurado "flagelo dos príncipes", cujo *Ipocrito* serviu de medida ao *Tartufo* de Molière. É dele, por exemplo, este "poema luxurioso": "Aqui toda relíquia se desfruta. / Caralho horrendo, cona resplendente. / Aqui vereis fazer alegremente / O seu ofício muita bela puta" (tradução de José Paulo Paes).

Fora da Itália, e entre as figuras de maior realce da Renascença literária, encontramos os nomes que se seguem. Na Espanha, tem-se Garcilaso de la Vega, típico representante do ideal cortesão de Castiglione, soldado e poeta de grande força lírico-amorosa, nunca piegas. Suas obras se compõem sobretudo de sonetos, éclogas e elegias em metro hendecassílabo, como estes (em tradução livre): "Enquanto em rosa e de açucena / se mostra a cor do vosso gesto / e o vosso olhar, ardente, honesto, / inflama o coração e o refreia; / enquanto o cabelo, que o veio / de ouro escolheu, com vôo presto / pelo formoso colo branco, ereto, / o vento move, espalha e desordena, / colhei de vossa alegre primavera / o doce fruto, antes que o tempo airado / cubra de neve o formoso cume. / Murchará a rosa o vento gélido, / a tudo mudará a idade ligeira, / por não haver mudança em seu costume". O amor de frei Luís de León é de outra natureza, platônico e cristão. Adaptou o bucolismo de Virgílio às suas preces, tornando-se poeta da introversão, de uma espiritualidade recatada, aquela que se sente mal em meio aos ruídos e às crueldades desta vida. Daí o anseio pelo tempo em que poderia, "livre desta prisão, voar ao céu, / contemplar a verdade pura sem véu". Só quarenta anos depois de sua morte tornaram-se conhecidas suas obras poéticas, quando Góngora, admirado, as fez publicar.

No âmbito dramático, o padre, poeta e músico Juan del Encina e Bartolomé de Torres Naharro deram os primeiros passos para o que viria a ser o →*siglo de oro* do moderno teatro hispânico. Encina, assim como seu contemporâneo Gil Vicente, escreveu autos religiosos e cômicos (*Auto del Repelón*), trazendo como novidade as suas éclogas dialogadas, as primeiras e curtas peças profanas da Península (*Plácida y Victoriano*). O comediógrafo Naharro, satirista da Igreja, aproveitou a antologia de suas comédias, a *Propaladia*, para, na introdução, teorizar sobre a arte teatral, levando em conta as necessidades e limitações da encenação prática.

Na pátria de Camões, o classicismo assumiu características diversas, contando-se entre elas: o lirismo petrarquista, vazado em medidas novas (sonetos) e velhas (redondilhas), como o de Sá de Miranda, Camões e Antônio Ferreira; o sentimento épico das conquistas e o assombro pela descoberta de culturas exóticas (não só *Os Lusíadas*, como também os relatos de Damião de Góis, *Crônica do Rei Emanuel;* de João de Barros, *Décadas da Ásia*, ou de Fernão Mendes Pinto, *Peregrinação*); as reflexões morais e sociais sobre a realidade e os costumes da época (*Diálogos*, de Dom Frei Amador Arrais, *Trabalhos de Jesus*, de Frei Tomé de Jesus, *Contos e Histórias de Proveito e Exemplo*, de Gonçalo Trancoso). A transposição dos temas e das formas poéticas italianas deveu-se primeiramente a Francisco de Sá de Miranda. No poema à frente, de sua autoria, note-se a aproximação do assunto da efemeridade com as citações anteriores de Poliziano e de

Garcilaso, mas encarada agora sob uma perspectiva mais sombria (trecho): "Ó cousas, todas vãs, todas mudaves, / qual é tal coração qu'em vós confia? / Passam os tempos, vai dia atrás dia, / incertos muito mais que ao vento as naves. / Eu vira já aqui sombras, vira flores, / vi tantas águas, vi tanta verdura, / as aves todas cantavam d'amores. / Tudo é seco e mudo; e de aventura, / também mudando-m'eu fiz doutras cores: e tudo o mais renova, isto é sem cura".

Gil Vicente representa a figura de contato entre o medievalismo e sua superação renascentista. Uniu as tradições teatrais (autos e mistérios) e também poéticas (ingenuidade e espontaneidade populares) da Idade Média àquelas reivindicações de purificação da fé católica e de reordenamento da moral religiosa, típicas de Erasmo (trilogia das *Barcas*, *Auto da Feira*); pela sátira, abordou temas e hábitos sociais, exibindo tipos populares convincentes pela autenticidade dos comportamentos, fossem eles simplórios ou maldosos (*Farsa do Escudeiro*, *O Velho da Horta*).

Camões, o maior poeta da língua, soldado de gênio inquieto e desabusado, soube não apenas cantar, de maneira insuperável e objetiva, as glórias do Império, como também a elevação e o desatino amorosos, tanto quanto os martírios de sua própria vida, encerrada em profunda tristeza. À erudição, ao orgulho e pujança patrióticas dos *Lusíadas*, contrapõem-se a melancolia e mesmo o pessimismo de sua obra lírica, as canções e sonetos. É o que transparece em "Alma minha gentil, que te partiste / tão cedo desta vida descontente, / repousa lá no céu eternamente, / e viva eu cá na terra sempre triste[...] / roga a Deus, que teus anos encurtou, / que tão cedo de cá me leve a ver-te, / quão cedo de meus olhos te levou", ou no severo *Super Flumina*: "[...] depois de acordado, / co rosto banhado em água, / deste sonho imaginado, / vi que todo o bem passado / não é gosto, mas é mágoa. / E vi que todos os danos / se causavam das mudanças / e as mudanças dos anos; / onde vi quantos enganos / faz o tempo às esperanças. / Ali vi o maior bem / quão pouco espaço dura, / o mal quão depressa vem, / e quão triste estado tem / quem se fia na ventura".

Na França do século XVI, Rabelais aparece como uma das primeiras figuras universais. Monge e médico de fama, criador de uma linguagem original, repleta de neologismos e de expressões desabusadas, até mesmo coprofílicas, fez de suas obras e personagens (*Pantagruel*, *Gargântua*, *Terceiro e Quarto Livros*, nos quais se destaca Panúrgio), uma viagem herói-cômica pelas mentalidades e instituições da época. Entusiasta da sabedoria antiga (de seus poetas e filósofos) e das perspectivas científicas que se abriam, mostrou-se, ao mesmo tempo, antipuritano, defensor de uma nova educação integral, do corpo e da alma, e adepto das mais humanistas teses do Novo Testamento. O ideal rabelaisiano é o da abadia de Thélème (*Gargântua*), recinto dedicado não só aos conhecimentos, como também ao cultivo do corpo e aos prazeres da mesa. Ali, "faze o que tu queiras", mas de tal modo que os melhores propósitos prevaleçam, pois "a ciência sem consciência não é senão a ruína da alma".

Outro nome de relevo é o de Pierre de Ronsard. Convertido em chefe da →Pléiade, a escola clássico-nacionalista francesa (inspirada em Anacreonte, Píndaro, Horácio e ainda em Petrarca), escreveu com ternura e realismo as paixões que concretamente viveu, assim como as paisagens da Tourraine, povoada por ninfas e faunos, e a serenidade de espírito perante a morte. Célebre em vida, foi proclamado "príncipe dos poetas", antes de ser criticado pelo rigorismo formal de Malherbe, cair em esquecimento e ser reaclamado pelos românticos. Mencionem-se ainda, entre outros, o poeta Maurice Scève, um verdadeiro simbolista com três séculos de antecedência, que uniu o amor carnal ao espiritual em "Délie, objeto da mais alta virtude"; Louise Labé, apelidada a Bela Cordoeira, sonetista erótica, ou Margarida de Navarra, amiga de Rabelais e protetora dos calvinistas, discípula de Boccaccio em seu *Heptaméron* (conjunto de novelas), cujos enredos licenciosos servem como aviso à necessidade de conduta moral.

Na Inglaterra, por fim, as grandes obras da poética classicista pertencem a Edmund Spenser, criador, em seu país, da estância de oito versos. Um autor imaginativo, alegórico, eloqüente, que, impregnado pelo lirismo e pelo bucolismo de Teócrito e de Virgílio, compôs as doze éclogas de *The Sephearders Calendar*, os sonetos do *Amoretti* (dedicados a sua mulher) e a inacabada épica fantástica *Faerie Quenne*, na qual revivem os personagens encantados do ciclo arturiano: fadas, gigantes, feiticeiros e fantasmas de florestas mágicas.

RENDILHADO. **1.** Decoração arquitetônica que consiste numa perfuração ou orifício circular, envolvendo figuras lobuladas, em forma de favos ou de rosáceas, e que dá remate a uma janela ou porta. Usado comumente em igrejas, a partir do período românico, mas sobretudo no estilo gótico. **2.** Qualquer ornato que imite os finos entrelaçamentos geométricos de uma renda, em entalhes, relevos ou pintura.

•**RENVERSÉ.** Em dança, a inclinação do corpo durante um giro coreográfico (em um *fouetté*, por exemplo), estando o bailarino apoiado sobre apenas uma perna e, mais classicamente, com o pé de sustentação em ponta.

REPERTÓRIO. **1.** Termo aplicado mais correntemente às artes da interpretação para referir-se a um conjunto de obras que um artista (músico, ator), ou um grupo (companhia, orquestra) executa de maneira regular, em ra-

zão de suas preferências, conhecimento e domínio. Como resultado, o repertório tende a constituir um "fundo histórico" do artista ou do grupo. **2.** Lista de músicas ou de canções a serem executadas durante uma gravação ou apresentação ao vivo.

REPETIÇÃO. **1.** Do ponto de vista poético ou estético, a repetição apresenta-se como uma estrutura na qual os mesmos elementos constituintes da forma se reencontram várias vezes. Assim, sob a forma de ritmos ou de formas musicais e poéticas, de refrão, de movimentos e gestos corporais (coreográficos), de *leimotiv* (tema ou motivo), a repetição funda corriqueiramente a obra de arte, já denominada, por isso mesmo, de "lugar de coexistência de todas as repetições" (Deleuze). Basta lembrar a quantidade de fatos análogos na pintura (paisagens, nus, naturezas-mortas), na escultura (figuras mitológicas, nus, figuras geométricas), as retomadas de assuntos e de situações históricas em romances, peças de teatro ou filmes que, embora registrem a diversidade de perspectivas subjetivas (a dos autores e do tempo), fazem-no em meio a estruturas de reiteração ou ainda de intertextualidade. **2.** Para a teoria da informação, a repetição exerce, de um lado, o papel de reforço ao entendimento e mesmo ao prazer emocional em face do destinatário. Ou seja, o êxito da comunicação de uma mensagem é, muitas vezes, inversamente proporcional ao conteúdo informativo, ao grau de novidade ou estranheza ali contido. Neste caso, a repetição oferece uma garantia de familiaridade à recepção, predispondo o leitor ou o espectador à experiência comunicativa. Mas, de outro lado, pode ainda banalizar a obra de arte, provocando uma espécie de anestesia das reações, da capacidade de reflexão ou da indução emotiva, quando o grau de inovação ou de novidade desaparece por completo.

REPRESENTAÇÃO, IMAGEM E SIMULACRO. **Um conceito importante para o pensamento e a arte.** O conceito de representação, utilizado pela filosofia nos ramos da teoria do conhecimento e da estética, provém da escolástica. Inicialmente, deriva de uma relação que seria estreita entre a *semelhança* de um objeto e o conhecimento que dele se tenha. Tal é a definição dada por São Tomás de Aquino no século XIII. Guilherme de Ockham, por sua vez, distinguiu três sentidos para a representação: um meio ou veículo pelo qual apreendemos algo, sendo, portanto, o conhecimento ou a *idéia* uma representação; pode ser a *imagem* de algo já conhecido e, daí, uma forma de *memória*; por fim, a representação aparece também como estímulo ou *causa* de um conhecimento.

Para o que aqui nos interessa mais de perto, todo processo, obra ou ação artísticas requer uma representação, seja por necessidade de se exteriorizar, de se

554 REPRESENTAÇÃO, IMAGEM E SIMULACRO

fazer ver seja pela de ser percebido. Ou pelo menos, a grande maioria das manifestações artísticas a pressupõe – como as artes dramáticas, as artes plásticas figurativas e a literatura (é uma necessidade ontológica). Permanece discutível, ainda hoje, se a marca dessa representatividade poderia ser atribuída à música, sobretudo à instrumental ou absoluta, ou ainda à arquitetura.

Inicialmente, o ato de representar (ou re-apresentar) consiste na substituição de um fenômeno primário (físico ou mental), tido como verdadeiro ou existente na realidade, por um outro, criado e constituído por meio de signos (palavras, imagens, gestos, traços, cores, efeitos ópticos) e portadores de um *significado* ao mesmo tempo subjetivo e histórico. Ou seja, entre o *ser*, a realidade (ou aquilo que se representa) e o *representado* (obra, objeto criado, imagem) permeia uma certa experiência, um determinado conhecimento, uma intuição, uma técnica mais ou menos elaborada. Como a ela se refere Fernando Gil (*Rappresentazione*): "Em toda forma de representação, alguma coisa se encontra no lugar de outra. Representar significa ser *o outro do outro*, que vem, simultaneamente, evocado e cancelado. Manter-se-á este significado como determinação mínima da representação, a qual se configura, de tal modo, como o próprio tecido do pensamento [...]. Na representação, intervém o sistema pensamento-linguagem: é uma percepção interpretada, um sensível e, ao mesmo tempo, uma descrição".

Mesmo em nível primário, tudo leva a crer que o cérebro não "veja" o mundo objetivo, exterior ao indivíduo, de maneira direta. Ele já "representaria" os objetos e as coisas por um processo bastante complexo de sensação-percepção, codificação, tradução e reorganização dos dados percebidos. Sendo assim, a representação corresponderia a uma ação cerebral (eletroquímica) e igualmente espiritual, pois que influenciada por estruturas internas, estratégias mentais particulares, vivências passadas, hábitos culturais ou sentimentos e disposições psíquicas. Daí também a possibilidade de ocorrerem disfunções alucinatórias ou paranóicas, como resultado de todos esses fatores na manipulação do material percebido.

Insuficiência na representação do real. Desde Platão, no entanto, essas relações entre o real e a natureza representativa da arte e do pensamento aparecem como problema. Em primeiro lugar, pelo fato de a representação ser incapaz de apreender o objeto a que se refere, ou ser capaz de fazê-lo apenas em parte, ou deturpá-lo por insuficiência ou excesso. Em segundo, porque esse ato de substituição e de criação introduz um jogo de ausência (o representado) e de presença (a obra constituída pelos signos).

No diálogo *O Sofista*, por exemplo, o filósofo distingue, valendo-se da figura do Estrangeiro, a *mimese*, ou arte da cópia que conserva as proporções do objeto original, daquilo que seria o simulacro. No primeiro caso, as dimensões, as relações ou configurações originais são transpostas com justa medida, o que fornece à representação uma garantia na troca dos lugares. Mas a cópia poderá ser voluntária ou inconscientemente distorcida, iludindo a visão ou prejudicando o entendimento do real. Nesse caso, a arte deixaria de ser uma mimese para se converter em *simulacro* ou representação não-caucionada pela realidade. E o Estrangeiro assim se expressa: "Que modo encontrar para dizer ou pensar que o falso (representado) é real, sem que, já ao proferi-lo, nos encontremos enredados na contradição? [...] A audácia de uma tal afirmação é supor o não-ser como ser [...]. Uma coisa é certa: não se poderia atribuir o não-ser a qualquer ser que se considere [...]. Mas até que encontremos alguém capaz dessa proeza, digamos que o sofista, da maneira mais astuciosa, escondeu-se neste refúgio inextrincável". Conseqüentemente, não apenas as "razões" do sofista, mas uma determinada arte se exteriorizariam como simulacros, logros ou embustes, pois que conceberiam o não-ser como ser.

Signos e imagens na representação. Antes de dar continuidade ao debate anterior, convém nos referirmos às formas dos signos e, especialmente, às das imagens, pelos quais as obras de arte representam e se instituem. Para Charles Sanders Peirce, um signo pode ser entendido como "alguma coisa (o *representamen*) que está para alguém (o intérprete) em lugar de outra (objeto ou referente), sob algum aspecto ou capacidade" (o interpretante, às vezes tido como o significado, às vezes como a garantia de validade do signo). Este conceito de signo conserva-se, portanto, estreitamente vinculado à própria representação, que é o ato de selecionar, substituir e criar por meio de signos (objeto-marca). Em conformidade ainda com Peirce, e aqui de modo bastante sintetizado, os signos diferenciam-se, relativamente aos seus objetos, em *ícones*, *índices* e *símbolos*.

Os ícones são signos que trazem uma relação de semelhança ou de similaridade com o referente. Podem ter a forma de *imagens* (semelhança por aparência visual, como uma escultura ou pintura figurativas, uma fotografia), de *diagramas* (a similitude não decorre da aparência, mas de relações internas, como as fornecidas por gráficos) e de *metáforas* (que fazem um paralelo entre dois significados justapostos. →*Retórica e figuras de linguagem*). Vale notar que essas representações icônicas tornam-se progressivamente convencionais. Ou seja, a percepção de uma imagem é dada pela semelhança de aparência; mas a do diagrama exige que, por meio de relações como as de quantidade, freqüência, distribuição etc., a mente do intérprete produza uma idéia subseqüente; e na metáfora, por fim, chega-se a uma imagem puramente mental que engloba processos perceptivos e cognitivos dependentes agora de um código, ou modelo convencional de comunicação (a língua), regido por regras (e muito mais formalizado do que os anteriores).

Os índices ou indicadores são signos afetados diretamente pelos referentes, mas neles intervém uma relação física de causa e efeito. Por exemplo, a fumaça, que nos induz à percepção do fogo; a oxidação, que pressupõe a existência de reações químicas com o ar; a pegada, que nos leva a pensar no homem ou no animal que a deixou impressa.

Finalmente, tem-se o símbolo, que é o signo dependente de hábitos adquiridos, de uma lei, código ou léxico estabelecidos, como os da língua, ou seja, de combinações relativamente abertas, mas convencionais e culturais. A acepção original dessa palavra, em grego, já exprimia a idéia dze uma "celebração de contrato". Abrangia tanto um nome, um vocábulo, como um documento de compra e venda, uma senha ou dístico. Constituía assim uma forma de comunicação estruturalmente artificial, de combinações mais ricas ou diversificadas, pois que baseada na *arbitrariedade* da relação entre o significante e o significado, tal como Locke e Saussure demonstraram na definição do signo lingüístico. Ainda para Peirce, se um símbolo lingüístico não realiza concretamente aquilo a que se refere, ao ser pronunciado ou escrito, ainda assim é capaz de produzir, mental ou emocionalmente, as associações ou imagens desejadas. Mais do que isso, é importante constatar que um símbolo encerra relações dialéticas com os demais tipos de signos. Na expressão "João ama Maria", por exemplo, o conjunto de símbolos lingüísticos que forma a sentença pode conduzir à formação da imagem mental de um casal (a um ícone) e à de um beijo (um índice de afeição ou de atitude amorosa). Inversamente, um ícone é capaz de gerar expressões simbólicas do tipo lingüístico.

Sendo a representação o termo final de um ato substitutivo, ela requer não apenas a forma de um signo, como o conteúdo de uma imagem. Esta, por sua vez, corresponde a um *análogo*, que tanto pode funcionar como *testemunha* de coisas ou de relações já percebidas no passado, como também de *criatura* ou *invenção mental* de entes novos ou inexistentes (projetados). As imagens, portanto, não têm apenas o sentido restrito de cópia figurativa ou plástica, mas também o significado abrangente de conteúdos sintetizados de informação, de referência e de conhecimento. São re-

produtoras e criadoras, em graus e finalidades diversas. Daí também a categorização sugerida por W.T. Mitchell (*Iconology: Image, Text, Ideology*), segundo a qual seria possível distinguir imagens: *a*) perceptivas – captadas pelos sentidos, em face do mundo natural, e base física de todas as demais; *b*) gráficas – figuras, desenhos, esculturas, fotografias; *c*) verbais – figuras de estilo e de linguagem, como as metáforas, metonímias, sinédoques etc.; *d*) ópticas – espelhos, projeções cinematográficas, televisivas, virtuais, holográficas; *e*) mentais – sonhos, recordações, idéias e até mesmo alucinações.

Ambigüidade de entendimento. Voltando-se agora para o problema da representação, é possível argumentar em dois sentidos opostos, e ao mesmo tempo intercomplementares, dado o caráter ambíguo com que ela se manifesta. Ao se considerar a arte como artifício ou segunda natureza, é inevitável contrapô-la a uma realidade anterior, primária, seja ela material ou espiritual (→*Arte*). Conseqüentemente, o ato de representar substitui aquilo que, na linguagem filosófica, é denominado "ser" ou distingue-se dele. O conceito utilizado por Platão para se referir a essa troca é o de *eídolon* (ídolo), algo que se assemelha, que possui a aparência, que constitui uma imagem. Esta, como já se mencionou, abrange por vezes a mimese, a imitação proporcionada, como também o simulacro (tradução latina da palavra grega), uma forma digamos titânica e voraz, pois que pretende competir com o ser representado, eliminá-lo e erigir-se em realidade única ou independente.

De um lado, e caso se pressuponha ser a arte não apenas uma reprodução do real, mas, sobretudo, uma forma exclusivamente humana de organizar a percepção natural dos sentidos, e de agir intelectivamente, então a distinção entre mimese e simulacro perderá importância. Ou seja, o caráter representativo da arte já lhe permite, de saída, instaurar-se como manifestação autônoma, como um "ser" ontológica e culturalmente independente, tendo ou não a garantia de uma realidade anterior, subjacente, ou então transcendente. Como ela se exterioriza por imagens, tal fato implica uma ambigüidade, uma incerteza, uma significação múltipla ou oscilante, o que também ocorre no ato de sua contemplação ou contato. Ainda que seja um simulacro e não uma mimese ou cópia, a representação artística criaria um mundo superior à existência cotidiana ou, no mínimo, diverso do que é ordinário. A música, por exemplo, seria mais do que a caoticidade dos ruídos; a pintura, mais aguçada e reveladora do que o olhar desatencioso; a fotografia, mais perene que a fração de tempo de um gesto; a literatura, mais imaginativa e esclarecedora do que fatos eventualmente acontecidos ou sentimentos experimentados.

Segue-se daí que o ato de representar somente poderá ser realizado se a ação humana modificar um fenômeno natural, seja quando reordena ou interrompe sua manifestação regular (ritmo, cor, movimento etc.), seja no momento em que impõe uma ordem, subjetivamente escolhida, à aparência de vazio ou desordem. Em ambos os casos, haverá sempre um acréscimo de sentido ou uma interferência de significado. E o real poderia ser então entendido como *constructo*, como imagem constituída simbolicamente, e não um fato que se recupera em sua integridade natural. No final das contas, o que realmente ocorre ou prevalece é a auto-representação humana, compatível com valores e situações históricas, chamemo-la mimese ou simulacro.

De outro lado, pode-se argumentar que a representação e seus signos comportariam três tipos de relação entre o real e o imaginário, os quais foram se alterando ao longo do tempo:

a) a representação mimética, que alcança o início do Renascimento, refletiria uma realidade profunda, pois suas finalidades seriam as de revelar a existência de uma ordem ainda mais substancial do que a própria existência vivida (porque a ela superior ou transcendente), as vicissitudes e as grandezas humanas diante do poder divino, ou então as de reforçar uma reciprocidade de origem e de estatuto sociais (as sagas ou os objetos simbólicos de uma classe aristocrática). Até então prevaleceria uma regra ou compromisso relativamente configurados, que dariam sentido prévio às imagens e às formas de representação; a mimese tornaria uma obra sensível, no sentido de ser compartilhada com qualquer outro ser humano, capaz de propor um sentido comum, de evocar uma memória coletiva, de exprimir emoções identificáveis;

b) a representação desviante da realidade seria a que mascara, deturpa ou simplifica os fenômenos objetivos, correspondendo ao simulacro platônico ou à ordem da dissimulação. Esta é, inclusive, uma das faces da representação do poder, na opinião de Elias Canetti (*Massa e Poder*). Um modo de trânsito entre a imitação e a completa metamorfose. Algo que se detém a meio caminho, de maneira perigosa, como uma "aproximação amigável com intenção hostil". Ou seja, o interior verdadeiro permanece velado ou escondido sob uma aparência exterior atraente.

Simulacro. Por fim, tem-se a representação, signo ou imagem que não mais depende de uma reciprocidade simbólica, que não mantém uma equivalência de significados, que se abstrai gradativamente com o predomínio dos valores burgueses – o simulacro moderno. No entender de Jean Baudrillard, esta primeira manifestação, ainda transitória, apareceria na arte perspectiva do barroco, que ele denominou de contrafacção. É que aquela perspectiva pictórica ou arquitetônica já permitiria uma indagação (e uma dúvida) sobre o falso e o verdadeiro, além de introduzir uma idéia do mundo, das relações sociais e do imaginário como teatro, aparato ou espetáculo. Embora incipiente no transcorrer do período renascentista, estaria ali o princípio da arbitrariedade da representação: "O arbitrário do signo começa quando, ao invés de ligar duas pessoas por uma reciprocidade intransponível, ele reenvia, enquanto significante, a um universo desencantado do significado, denominador comum do mundo real, com relação ao qual ninguém mais tem compromisso" (*L'Échange symbolique et la mort*).

Desta fase aos nossos dias, as imagens foram sendo construídas por ausências crescentes, sem nenhum vínculo com as realidades profundas, até se chegar ao momento em que não existiria outra referência a não ser o código de que a representação se utiliza, o que, portanto, mascara não um fenômeno objetivo, mas a ausência de qualquer realidade. Esta forma *ex nihilo* (a partir do nada) *ad nihilum* (para nada) constituiria o simulacro típico da era contemporânea, pós-industrial e de imagens virtuais. Sua característica seria a de reivindicar-se como meio e fim, universo enclausurado de sentido, envaginado na forma, desprovido de razões (irracional) e resistente às circunstâncias e aos conflitos mais profundos da existência empírica. Conseqüentemente, o simulacro está presente em toda obra que se instaura por seu próprio fascínio e dispensa a realidade que finge representar. Um real puro, circunscrito à forma, ao manuseio dos códigos artísticos e de arranjos combinatórios.

Além disso, a velocidade, a fragmentação, a efemeridade e a saturação de imagens estéticas no cotidiano removeriam da arte sua capacidade de realizar um objetivo básico – o da transcendência. Por esta, a impressão sensível ou emotiva deveria estar unida a um ato de síntese, de unificação abstrata de consciências vividas ou diferentemente experimentadas. Ou seja, não seria consistente uma obra artística que se limitasse a mostrar, ainda que com requintes, atos de violência. Sua grandeza só poderia estar configurada quando a própria violência (ou o ciúme, o amor etc., isto é, o tema abstratamente concebido) emergisse e fosse percebida para além de suas manifestações ou possibilidades particulares, presentes ou passadas. É na evocação, na transposição do tempo e das contingências, no salto ou na instituição de um *modelo ou visão universal* que a transcendência emprestaria suas virtudes à obra de arte.

Mas o simulacro não dominaria apenas o âmbito artístico, senão toda e qualquer imagem de nossa atualidade. Isso porque a imagem já não se constituiria *a posteriori*, como referência a um mundo tangível, lógica e cronologicamente anterior. Ao contrário, ela inverte hoje esta sucessão causal. A realidade que se vive e se imagina é concebida previamente, de modo técnico, a fim de que possamos reproduzi-la e conformá-la ao cotidiano. O "real" converteu-se em um espelho da mentalidade e dos interesses que os centros produtores de imagens massivas e supra-reais nos oferecem a todo momento, sedutoramente (cinema, televisão, vídeo, informática, publicidade). A vida, "nua e crua", deve agora assumir uma conformidade com a imagem virtual – um processo mágico de reflexão, de absorção, de distração e de irônica fascinação em frente ao espelho das telas. Este processo contaminou de tal forma o antigo real, que este passou a ser a representação invertida da imagem técnica: um fenômeno de massa sem profundidade ou diferença, sem falsidade ou verdade, indistinto no bem e no mal, amoral, submetido à lógica de uma implosão de significados. "A vida – diz Baudrillard – é hoje um *travelling*, um percurso cinético, cinemático, cinematográfico." E o maior desejo de qualquer mortal é tornar-se uma imagem, a única realidade concreta, o único destino sagrado, o denominador comum da política, do social, do econômico, do artístico ou do esportivo. Todo fenômeno que não se tornou imagem técnica nos meios de comunicação não existiu, não foi, não é.

Já para Guy Debord (*A Sociedade do Espetáculo*) ou Eduardo Subirats (*A Cultura como Espetáculo*), a civilização técnica e industrial reproduziria nos objetos de arte os mesmos valores abstratos de qualquer outro bem econômico, ou seja, um valor de troca apenas mercantil, que independe da própria densidade criadora e subjetiva. O nexo entre a criação e o valor que a obra artística simulada adquire seria pura magia, idolatria (no sentido pejorativo), festa, entretenimento e espetáculo. Submeter-se-ia à mesma lógica do uso prático e imediato (o que no terreno da cultura se chama filistinismo): a de ser algo efêmero, rapidamente consumível, volátil ou descartável, a fim de que o mecanismo encadeado de produção, de consumo e de lucro, este sim, prevaleça. →*Cultura de massa.*

RÉQUIEM. Da palavra latina *requiem*, "descanso" ou "paz", designa a missa cristã em honra a uma pessoa falecida (a *missa pro defunctis*), cuja tradição ritualística e musical remonta ao canto gregoriano, tendo servido como tema lírico e concertante para diversos compositores eruditos. Quando segue uma disposição completa, apresenta a seguinte estrutura, com seus andamentos particulares (*moderato, allegro* etc.): Requiem e *Kyrie Eleison*; *Dies Irae* (subdividido em *tuba mirum, liber scriptus, quid sum miser, rex tremendae, recordare, in-*gemiscu, confutatis e lacrimosa); Ofertório; *Sanctus*; *Agnus Dei*; *Lux Aeterna*; *Libera me*. Consoante ainda os exemplos mais consagrados historicamente, há pelo menos dois tratamentos para o réquiem: um elegíaco e sereno, como a indicar a paz espiritual trazida pela morte, entendida como passagem para a vida eterna (Cherubini, Schumann, Brahms); outro mais agitado ou trágico, a revelar a perda ou a angústia inscrita no destino humano (Mozart, Donizetti, Verdi, Dvorák).

RESOLUÇÃO. Termo musical que indica o retorno a um acorde consonante, logo após uma passagem dissonante. →*Apojatura.*

RESPONSÓRIO. De maneira mais tradicional, é a peça salmódica do cantochão, ou seja, uma obra musical sacra executada sobre texto de salmo, contendo refrães que servem de resposta, por parte do coro, às seqüências solistas do chantre. Quase sempre possui três partes: refrão, versículo solista e refrão. Em peças independentes do salmo, a seqüência solista pode conter vocalises, ora ornamentais, ora chamados de *jubili* – jubilosos. Do latim *responsu*, *responsoria*, resposta(s). →*Arte medieval.*

RESTAURAÇÃO. A série de procedimentos técnicos que tem por finalidade recuperar ou restabelecer, com a maior aproximação possível, os aspectos originais de bens móveis e imóveis, considerados →patrimônios artístico-culturais, ou mesmo os de âmbito familiar. Entre os bens móveis encontram-se peças de artes plásticas (pinturas, esculturas, talhas, cerâmicas, têxteis, fotografias, etc.), obras gráficas (documentos manuscritos e livros) e objetos fósseis. Já os bens imóveis correspondem a monumentos, edifícios e sítios arqueológicos. A excelência do trabalho de restauração depende não apenas do estado de conservação do objeto, como também dos seguintes fatores: do conhecimento histórico preciso das técnicas empregadas; da aplicação simultânea e complementar de conhecimentos e tecnologias de várias disciplinas, entre elas a química, a física, a microbiologia, a entomologia ou a toxicologia, já que elas analisam não apenas as estruturas da obra como os agentes de corrosão ou desgaste. Costumeiramente, o ofício de restauração (ou restauro) está vinculado ao de conservação, ou seja, o de salvaguarda de patrimônios, o que inclui não só a proteção direta de bens, como a do ambiente físico em que eles se encontram. →*Tombamento.*

RETÁBULO. **1.** Estrutura destinada a receber imagens sagradas do catolicismo, confeccionada em pedra, madeira, marfim etc., ou ainda pintada em volta de nichos, servindo como adoratório ou oratório. Habitualmente, está situado atrás ou acima dos altares, podendo conter seções articuladas, dentro das quais se encontram santos, personagens e referências a passagens bíblicas.

558 RETÓRICA E FIGURAS DE LINGUAGEM

No caso de duas seções, recebe o nome de díptico; de três, tríptico; quatro ou mais, políptico. As mesmas denominações aplicam-se a peças esculturais ou pinturas narrativas, subdivididas em cenas ou quadros separados e que, no conjunto, representam visualmente uma história. O retábulo surgiu no período românico da arquitetura e ganhou suntuosidade tanto no gótico quanto no barroco, com a incorporação de elementos estruturais como pilares e pináculos, além de formas decorativas como consolos e filigranas. **2.** Por influência espanhola, da qual provém a palavra, refere-se a uma tenda ou local apropriado ao teatro de marionetes, dentro da qual se dramatiza uma fábula ou história "articulada", tendo os bonecos substituído as figuras sagradas e estáticas da acepção original.

RETÓRICA E FIGURAS DE LINGUAGEM. Origens e significado. Do grego *tekhné rhetoriké*, pelo latim *rhetorica*, com o sentido de arte (técnica) ou conjunto de regras de bem falar ou falar corretamente, e, portanto, de oratória ou eloquência, expressa de maneira oral ou escrita. O surgimento da retórica ocorreu no século V a.C., na Sicília grega, em meio a disputas judiciárias. Não havendo na época advogados nos processos judiciários, os filósofos Córax e seu discípulo Tísias fizeram publicar uma coletânea de preceitos argumentativos e de exemplos práticos que auxiliassem os litigantes em suas reclamações e defesas, diante dos tribunais. Anos mais tarde, outro siciliano, o sofista Górgias, adquiriu fama, em Atenas, tanto pela eloquência demonstrada quanto pelo ensino que promoveu na arte da argumentação. Com ele, a retórica, ainda de cunho sofístico, transladou-se para o terreno literário da prosa, sugerindo o emprego de figuras de linguagem e de ritmos de frases que persuadissem ouvintes ou leitores. Em seu *Elogio a Helena* (de Tróia), assegurou que "o discurso é um tirano poderosíssimo [...] pois que a palavra pode pôr fim ao medo, dissipar a tristeza, estimular a alegria, aumentar a piedade".

A arte de persuadir. Pela tradição clássica e até a época medieval, a retórica abrangeu três concepções básicas: *1)* arte de argumentar com analogias e exemplos, tendo por finalidade persuadir ou convencer audiências e leitores; ou seja, a arte de produzir um discurso em prosa, guiado pelo pensamento (*dianoia*, em grego) e de tal modo estruturado que demonstrasse com clareza as razões possíveis, representasse com brilhantismo os interesses em jogo, refutasse idéias contrárias, despertasse emoções e vencesse a causa em disputa. Tal noção possuía, evidentemente, uma importância prática, pois os cidadãos grego e romano (este aqui sobretudo na fase republicana) confrontavam-se publicamente para a resolução de seus assuntos políticos e jurídicos. Daí ter sido um instrumento

útil de cidadania; *2)* estudo do estilo e das figuras de linguagem (metáforas, metonímias, hipérboles, antíteses, ironia etc.) que, utilizadas de maneira apropriada, sendo capaz de envolver afetivamente o leitor, façam do texto uma obra literária, isto é, configurem sua "literalidade" (→*Figura* e →*Literatura*). Ainda nesse sentido, a retórica é também uma hermenêutica, uma interpretação dos sentidos e das qualidades intrínsecas de um texto, que facilitem a sua compreensão; *3)* ornamentação exageradamente artificial da fala e da escrita, distinta de uma linguagem clara e precisa, "natural" ou privada. Foi por essa acepção que a retórica adquiriu sentido pejorativo, dados os excessos a que se chegou de grandiloqüência, sem uma correspondente seriedade ou profundidade de conteúdo.

Para Aristóteles, que em seu livro sobre o assunto afirma ser a retórica não apenas a palavra útil e convincente, mas a observação do que, em cada caso, há de persuasivo, existe até mesmo um sistema de elaboração prévia, assim constituído: a invenção ou reflexão criativa sobre os argumentos possíveis; a disposição ou encadeamento argumentativo; a elocução, isto é, a forma ou estilo mais adequado, incluindo-se as figuras de linguagem; a ação, quando expressa verbalmente, que diz respeito às inflexões e posturas do orador. Sendo a retórica, portanto, uma teoria da oratória, pode esta última ser subdividia em oratória política, oratória forense e oratória de circunstâncias (elogios, sermões, panegíricos etc.). Já para Cícero, político e tribuno de reconhecidos atributos oratórios, a retórica deve conter três qualidades: *docere* – ensinar ou instruir sobre determinado assunto; *delectare* – agradar o ouvinte ou leitor; *movere* – impressionar a ponto de fazer com que aquele que ouve ou lê assuma uma posição idêntica à do orador ou escritor. Por conseqüência, é indispensável que na retórica convivam a razão ou a atividade intelectual – encadeamento lógico das premissas, sentido claro e conclusão verossímil – e a emoção – atração e aceitação pela forma expositiva.

A obra máxima dos estudos retóricos antigos é a *Formação do Orador* (*Institutiones oratoriae*), de Quintiliano (Marcus Quintilianus). Nos volumes oito e nove, o autor propõe, sistematizadamente, uma classificação das figuras retóricas ou literárias. No início, faz uma distinção conceitual entre o tropo – o uso de uma palavra em sentido não-literal, indireto – e a figura – a forma abrangente de um discurso que se desvia da utilização normal, da denotação óbvia ou esperada. Depois, no entanto, inclui a idéia de tropo no corpo completo da "linguagem figurada". Ainda assim, estipula uma separação entre as figuras que envolvem palavras (*figurae verborum*) e as que se referem mais exatamente à articulação dos conteúdos (*figurae sententiarum*).

Entre as primeiras estão a metáfora, a metonímia, a sinédoque ou a antonomásia, por exemplo; nas segundas encontram-se: a prolepse, isto é, a pergunta que o orador faz e ele mesmo responde, antecipando-se ao oponente; uma confidência simulada que serve para atrair a atenção do público ou do leitor; a prosopopéia, a ironia ou um arrependimento fingido, que comova o ouvinte.

Avaliação moderna da retórica. Certas análises modernas da lingüística e da semiótica recuperaram a retórica e suas figuras de linguagem como veículos ou construções privilegiadas do pensamento e de suas expressões concretas, tanto para a arte em geral (e não só literatura), como para qualquer outro domínio semiótico (R. Jakobson, Nicolas Ruwet, por exemplo). Sempre que queiramos estabelecer analogias, criamos imagens, aproximando ou aliando o abstrato (uma idéia) ao concreto (um texto, um filme, uma pintura), encontramo-nos em pleno campo da retórica e de suas figuras ou tropos (ver abaixo). Como o *Burguês Fidalgo*, de Molière, toda arte faz retórica, ainda que não o saiba. A matéria-prima se diferencia, evidentemente, de uma expressão artística para outra (palavras, gestos, imagens, relações cênicas), mas o princípio e a finalidade permanecem.

De modo especial, o texto retórico se diferencia de um texto comum (meramente lingüístico) por não ser espontâneo, mas pensado, consciente, artificialmente concebido. Ou seja, na retórica há sempre uma intenção de modificar o habitual, diga respeito à ordem das palavras, às estruturas sintáticas ou lexicais, ou ainda à captação de uma idéia ou emoção. Os tropos ou figuras que a retórica estuda e utiliza derivam, conceitualmente, de *tropikos, tropos*, que em grego indica um desvio do caminhar, uma mudança de direção. E por esse desvio não apenas se constrói subjetivamente a cadeia de significantes (de sons) e de significados, como se amplia o campo semântico da recepção, aquele do leitor, do ouvinte, do espectador. Ou seja, uma figura – por ser uma variante ou caminho novo – introduz uma descontinuidade, algo imprevisto que nos remete a outros significados ou "paisagens". Em resumo, os tropos são processos de mutação, de jogo ou de transferência do significado fundamental da palavra (conceito de Boris Tomachévski). Mas tanto eles quanto as modificações sintáticas ou lexicais constituem *meios ou instrumentos* (fato que Aristóteles e seu discípulo Demétrio já haviam assinalado). A finalidade principal do uso reside na elaboração dos efeitos característicos da arte e, sobretudo, da literatura: a forma diferenciada da interlocução cotidiana ou banal, o aprofundamento dos estados emotivos, a atração pela surpresa, o refinamento na apreensão cogni-

tiva, o enriquecimento das possibilidades semânticas (dos significados).

Atualmente, a retórica trabalha com três modalidades de figuras: a metáfora, a metonímia e a sinédoque, havendo ainda os que incluem a ironia como tropo exclusivo e não-derivado das anteriores. A metáfora consiste na substituição semântica de uma palavra, de seu significado "natural", por outra, quando há semelhança ou afinidade entre ambas, ainda que subentendida. Por exemplo, no seguinte trecho de *Dom Casmurro* (extraído por Hênio Tavares): "Levantou-se com o passo vagaroso de costume, não aquele vagar arrastado dos preguiçosos, mas um vagar calculado e deduzido, um silogismo completo, a premissa antes da conseqüência, a conseqüência antes da conclusão. Um dever amaríssimo!". Machado de Assis vai comparando progressivamente o constrangimento da ação de levantar-se e de andar pela construção árdua, demorada ou mesmo popularmente aborrecida de uma figura lógica. O que ocorre na metáfora é a interseção de duas idéias, fazendo com que o sentido de uma se transfira para a outra. Um exemplo conhecido, é o de "Iracema, a virgem dos lábios de mel". Aqui, transfere-se o sentido natural de mel, sua doçura, sua tepidez e umidade, para a sedutora sensação que o beijo da virgem imaginariamente provocaria.

A metonímia é uma alteração por contigüidade, inclusão ou dependência de idéias, com a tendência a expressar as modificações sob o ponto de vista da qualidade. Por exemplo, se no enunciado "derrubaram-se as fábricas" substituirmos a palavra *fábricas* por *chaminés*, estaremos construindo uma figura de metonímia, pois a imagem e a noção de chaminés estão, tradicionalmente, incluídas na primeira. O mesmo acontece se trocarmos a palavra *árvore* por *sombra*, já que esta implica a anterior ou remete-se a ela. Na determinação divina do "comerás o pão com o suor do teu rosto", o vocábulo *suor* substitui o de *trabalho* pela dependência e implicação de suor em trabalho físico. É também um processo metonímico a transposição havida da palavra *rostro*, inicialmente bico de pássaro, para o significado de face humana; ou a de louro, planta usada para coroar os ganhadores das Olimpíadas, e que se abstraiu em fama e vitória.

A sinédoque constitui uma transferência ou substituição baseada na causalidade ou na inclusão do particular no geral ou deste no particular (a parte pelo todo, o singular pelo plural, o abstrato pelo concreto, o gênero pela espécie, o indivíduo pelo gênero e vice-versa). Aqui prevalecem, por conseguinte, as relações de ordem quantitativa. Na expressão "três velas saíram pela manhã", o termo *vela* substitui o todo – *navio* ou *embarcação*, *tripulantes*, *pescadores* etc. "Não temendo do Áfrico e Noto a força" (*Os Lusíadas*), ou seja, não temendo a força dos ventos, de que Áfrico e Noto são apenas dois exemplos entre muitos.

Convém registrar que as diferenças entre a sinédoque e a metonímia não são nem absolutas nem evidentes. Por isso, há discordância de conceituação entre os tratadistas.

A →ironia afirma o contrário do que se pensa, de maneira a realçar uma intenção depreciativa e, ao mesmo tempo, humorística, risível. Em sua *Lira Paulistana*, Mário de Andrade nos dá um exemplo excelente: "Moça linda, bem tratada / três séculos de família / burra como uma porta: / um amor". Fazem parte da ironia alguns recursos de construção semelhantes, como: a antífrase, quando nos referimos a alguém ou a um objeto com palavras opostas ao que normalmente são (chamar uma megera de "anjo de candura"); o sarcasmo (→*Ironia*) e o eufemismo, uma ironia delicada ("você faltou à verdade", em lugar de "você é um grandíssimo mentiroso").

Nas relações entre essas figuras, convém registrar que: *a*) certos autores consideram a metáfora e a metonímia como figuras principais, sendo a sinédoque um caso particular da metonímia (Jakobson); *b*) outros sustentam ser a metonímia o tropo fundamental, base das sucessivas transformações semânticas que levam à metáfora (Umberto Eco); *c*) já o grupo de Liège argumenta pela primazia da sinédoque, sendo as demais figuras derivadas.

Emoção e razão. Observa-se ainda que os tropos da retórica funcionam numa espécie de tensão entre a irracionalidade emotiva da construção da imagem, por seu caráter de desvio e estranhamento, e a racionalidade do pensamento, capaz de conduzir a imaginação e de estabelecer analogias com um universo cultural mais amplo. E esse fato vale para toda e qualquer obra ou ação artísticas.

Deve-se lembrar, finalmente, que a retórica tradicional elaborou em detalhes uma vasta classificação de figuras de linguagem, dividindo-as, primeiramente, em dois grandes itens: as *figuras de palavras* (melopéias ou fanopéias) e as *figuras de pensamento* (logopéias). No interior das figuras de palavras, há aquelas que dizem respeito à dicção, as que indicam modificações na forma das palavras (figuras de morfologia), as de harmonia e as de construção. Quanto às de pensamento, procedeu-se a uma catalogação com mais de trinta variantes, entre elas a acumulação, a comparação, a antítese, a tautologia ou a prosopopéia. Várias dessas denominações e características não são consensuais entre os autores, sugerindo, por vezes, uma discussão preciosista ou bizantina.

RETRATO. Consiste na imagem identificável de uma pessoa real, em forma de desenho, pintura, gravura, fotografia ou mesmo de escultura (a escultura-retrato), e na qual o rosto adquire um papel proeminente ou destacado na representação. Pode restringir-se à parte superior do corpo (ao busto) ou figurá-lo inteiramente. Suas funções, de acordo com as diferentes mentalidades históricas, servem a propósitos religiosos (como no antigo Egito, em que o reconhecimento do corpo da pessoa mumificada era indispensável para o encontro com os deuses), de homenagem pública (estátuas ou pinturas murais), de documentação histórica (retratos de personalidades reconhecidas das vidas política, econômica ou cultural), de demonstração de prestígio social ou recordação privada e familiar. Suas origens e primeiras manifestações remontam à arte egípcia, de que são exemplos as estátuas do príncipe Rahotep (quarta dinastia) e dos dignitários reais Kaï e El Beled, da V dinastia (terceiro milênio). Se na Grécia clássica e na república romana a escultura-retrato teve um papel de consagração cívica, a voga dos retratos particulares e pintados ganhou prestígio no período helenístico. De acordo com o historiador Plínio, o Velho (*História Natural*, XXXV), "ao utilizar também a terra, o ceramista Butades de Sycione foi o primeiro a descobrir a arte de modelar os retratos em argila; passava-se isto em Corinto, e ele deveu a sua invenção à sua filha que se tinha enamorado de um rapaz; como este ia partir para o estrangeiro, ela contornou com uma linha a sombra de seu rosto projetada na parede pela luz de uma lanterna; o seu pai aplicou a argila sobre o esboço e fez um relevo que pôs a endurecer ao fogo com o resto de suas cerâmicas, depois de o ter secado". O retrato era então entendido como resultado de uma *circumductio umbrae* (contorno de uma sombra), ou seja, uma segunda projeção ou representação dos traços e caracteres de uma pessoa. A função da retratística consistia, pois, em garantir uma presença no tempo, ainda que o fosse pela semelhança a uma sombra. A propósito, o pintor Mantegna recebeu a seguinte carta de Justus Pannonius que havia sido retratado pelo artista, junto com o amigo Galeotto da Narni: "Fizeste os nossos rostos para que eles vivam durante séculos. Fizeste que cada um de nós possa repousar no seio do outro, mesmo se todo um mundo nos separa". Mas a sombra tem a ver ainda com a presença esquiva de uma "alma", de uma característica essencial da personalidade, que Petrarca considerava o ideal do retrato. E é este o grande desafio do retrato, considerando-se que o rosto comporta a mais expressiva das partes do corpo, tanto por revelar quanto por dissimular emoções e pensamentos. Mas ao lado dessa finalidade, a de um registro da personalidade, o retrato foi e continua a ser a representação subjetiva de um estatuto social, pelo qual determinada pessoa simboliza o poder, o prestígio ou a riqueza. Como também o registro de qualidades físico-espirituais que alguém possa representar – a inocência, a graça, a fealdade, a força, a sensualidade, a ira etc. Praticamente desaparecida na Idade Média, a retratística voltou a adquirir prestígio com o espírito ao mesmo tempo individualista e conquistador da Renascença. A partir daí e até o início do século XX, o retrato adquiriu ora aspectos idealistas, de perspectiva aristocrática, ora naturalistas, de influência burguesa, conseguindo traduzir, na dependência do artista, uma aguda percepção psicológica. Entre seus grandes expoentes, podem ser citados: Donatello (*Estátua Eqüestre de Gattamelata*), Verrochio (*Estátua de Colleoni*), Jan van Eyck (*O Casal Arnolfini*), Rogier van der Weyden (*Filipe, o Bom*), Jean Fouquet (*Etienne Chevalier*), Albrecht Dürer (*Auto-retrato*), Nuno Gonçalves (*Afonso V, Dom Henrique*), Domenico Ghirlandaio (*Retrato de uma Jovem*), François Clouet (*Elisabete da Áustria, Gabrielle d'Estrées*), Rafael (*Julio II, Leão X*), Ticiano (*Carlo V, Filipe II*), Piero della Francesca (o *Duque de Urbino*), Leonardo da Vinci (*Ginevra Benci, Dama com Arminho*), Rembrandt (o *Poeta Jan Krul, Retrato de um Velho*), Hans Holbein (*O Comerciante*), Van Dick (*Carlos I, Lucas Vosterman*), Gainsborough (a *Duquesa de Beaufort*), Joshua Reynolds (*Samuel Johnson*) Goya (*Carlos IV e Família*), David (*Madame de Récamier*), Degas (*Halévy e Cavé*), Van Gogh (*Auto-retrato*), Joaquín Sorolla (*Perez Galdós, Ortega y Gasset*), Rodin (*Victor Hugo, Alphonse Legros*) ou o fotógrafo Nadar (*Sarah Bernhardt, Baudelaire*). O alto modernismo e o pós-modernismo reduziram drasticamente a produção de retratos pictóricos, tanto por motivos estético-ideológicos quanto pelas técnicas empregadas (abstracionismos construtivista ou expressionista), cabendo à fotografia preencher o vazio deixado.

REVELAÇÃO. **1**. No âmbito da teologia, a revelação constitui uma manifestação ou aparecer divino que ilumina determinados crentes ou fiéis e se transmite a eles, tendo por finalidade esclarecer a natureza e a verdade superiores, além de encaminhar o ser humano para o caminho ou a prática da salvação espiritual. Com este sentido, a revelação é também uma →teofania (→*Epifania*). Especificamente na filosofia de Heidegger, a revelação afirma-se como o jogo inevitável de desvelamento e de ocultamento do *ser* e da verdade nos *entes*: "O ser subtrai-se a si mesmo enquanto se revela no ente. Assim, o ser, ao iluminar o ente, ao mesmo tempo o desvia e o encaminha para o erro". A revelação (aparência e encobrimento) ocorre por meio da linguagem. **2**. Processo de converter a →imagem latente contida numa película fotográfica ou cinematográfica, que é bastante fraca, em imagem visível, isto

é, transformada em um *negativo*, com o auxílio de produtos químicos adequados. Estes são o revelador (que transforma os sais de prata incolores em prata metálica negra), o interruptor (que detém o processo de enegrecimento) e o fixador (que elimina os sais de prata restantes e insensibiliza o filme, agora chamado negativo). Em seguida, procede-se à lavagem com um umectante, a fim de eliminar o excesso de água e produtos químicos ainda existentes. Com o negativo fotográfico é que se torna possível o processo de →copiagem, quer dizer, a modificação da imagem em uma figura positiva.

RIBALTA. **1**. Bateria ou conjunto de luzes, normalmente de cores variadas, situadas nas laterais do proscênio, para iluminação das cenas de palco. As luzes da ribalta são complementares da gambiarra ou iluminação superior. **2**. Figuradamente, o palco, a cena, o teatro.

RIMA. **1**. Designa a construção retórica e poética de concordância ou semelhança de sons entre os fonemas de dois ou mais versos, que se encontram no final, isto é, nas últimas sílabas tônicas, ou ainda internamente. No primeiro caso, tem-se a rima externa, comuníssima: "Venturosa de sonh*ar-te*, / à minha sombra me d*eito*. / (Teu rosto, por toda p*arte*, / mas, amor, só no meu p*eito*)" – Cecília Meireles. Como segunda possibilidade, é algo bem mais raro: "Lembranças, que lemb*rais* meu bem passado / Para que sinta m*ais* o mal presente. / Deixa-me, se quer*eis*, viv*er* contente. / Não me deix*eis* morr*er* em tal estado" (Luís de Camões). As rimas servem como elemento rítmico ou de cadência, bem como de força poética, plástica e expressiva (lírica, épica ou dramática). A versão mais provável de sua etimologia deriva do grego *rhytmos* (ordenamento, repetição), pelo provençal *rim*. Relativamente ao vocabulário, classificam-se as rimas em: *a*) *rica* – entre palavras de categorias gramaticais diferentes (adjetivo e verbo, substantivo e adjetivo, verbo e substantivo); *b*) *pobre* – ao contrário, quando a mesma sonoridade provém de palavras morfologicamente idênticas (substantivo com substantivo, verbo com verbo etc.); *c*) *equívocas* – feitas com palavras iguais, mas de significados diferentes. Por exemplo, o mesmo vocábulo *pena* utilizado, em um verso, com o sentido de sofrimento, aflição e, em outro, com o de pluma; *d*) *raras* – cujas terminações são pouco habituais. Por exemplo, *Fídias* e *desídias*; *e*) *preciosas* – que ligam os termos de modo forjado ou artificial (*escárnio* com *descarne-o*). De acordo com a acentuação, distinguem-se as rimas: *a*) agudas, masculinas ou oxítonas (acentuação na última sílaba); *b*) graves, femininas ou paroxítonas (acentuação na penúltima sílaba); c) esdrúxulas ou proparoxítonas (acentuação na antepenúltima sílaba). Separam-se também as rimas *toantes* das *consoantes*. No primeiro caso, a identidade ocorre apenas nas vogais tônicas (*pálida* com *árvore*); no segundo, as consoantes, a identidade é total entre os fonemas, a partir da vogal tônica (alvor*ada* com encruzilh*ada*). Na dependência da disposição em que se achem, as rimas são ainda conhecidas como: *1*) emparelhadas ou de versos seguidos – *aabb*; *2*) cruzadas, na seqüência *abab*; *3*) intercaladas, do tipo *abba*; *4*) alternadas – na forma *abc, abc*; *5*) continuadas – quando todos os versos de uma mesma estrofe conservam rima idêntica (*aaa*); *6*) opostas – com a seqüência *abc, cba; 7*) encadeadas,→*enjambement*; *8*) misturadas, sem ordem definida. Rima auditiva é aquela que faz corresponder palavras de sons terminais idênticos, mas de grafias diferentes, como "lasso" e "cansaço", por exemplo. Versos sem rima são chamados de versos brancos ou soltos. →*Verso*, →*Verso livre*, →*Consonância* e →*Assonância*). **2.** Metáfora e recurso cinematográfico pelo qual, de duas imagens em seqüência, a segunda reforça ou ilustra, por analogia, a primeira. Por exemplo, a cena de pistões e bielas em movimento, no filme *Ganga Bruta*, de Humberto Mauro, que se segue à cena de amor entre o casal de protagonistas.

• **RISORGIMENTO.** Ressurgimento ou ressurreição, em italiano, tendo por significado o redespertar das artes e dos movimentos políticos, liberais e republicanos, no período entre 1815 e 1870, em luta contra a dominação absolutista do império austríaco, e que conduziram à unificação do país. Época em que a literatura reencontrou prestígio mundial em figuras como Giacomo Leopardi, Giosuè Carducci, Alessandro Manzoni, Antonio Fogazzaro, Giovanni Verga e Francesco De Sanctis; e em que na música se consolidaram os nomes de Rossini, Bellini e Verdi. Em artes plásticas, a estética dos →*macchiaioli* cumpriu importante papel histórico. Já no campo político, correspondeu à formação da sociedade secreta nacionalista – a Carbonaria – às atividades revolucionárias e às guerras de unificação lideradas por Giuseppe Mazzini e Giuseppe Garibaldi, assim como às atividades de Camilo Cavour, a partir do reino do Piemonte. A denominação provém do nome do jornal fundado por Cavour, em 1847.

RITORNELO. **1.** Nos madrigais renascentistas, indica o retorno do canto e do tema melódico principal, após o desenvolvimento dessa mesma parte. **2.** Em obra concertante clássica, a repetição que a orquestra executa, em conjunto, após a seqüência de uma passagem solista. **3.** Volta a um trecho musical anterior, indicado na pauta por um travessão duplo pontuado. **4.** Em música popular, o ritornelo é mais comumente chamado de →*refrão*. **5.** Canção popular da Itália constituída por estrofes de três versos com rima *aba*. Do italiano *ritornello*, retorno.

ROCALHA. →*Rococó*.

ROCAMBOLESCO. Deriva de Rocambole, herói popularíssimo de uma série de folhetins novelescos do escritor francês Ponson du Terrail, escritos entre 1859 e 1871 (entre outros, *As Proezas de Rocambole*, *A Herança Misteriosa*, *Amores de Limousin*, *A Ressurreição de Rocambole*). Neles predominam os enredos inverossímeis, as peripécias constantes e uma rede intricada de situações extravagantes, repletas de assassinatos, seqüestros, duelos, seduções e ressurgimentos inesperados de personagens. Caracteriza uma narrativa ou tipo de drama exagerados, melodramáticos, incríveis, sem muita consistência psicológica, em grande parte assimilados pelos gêneros populares da cultura de massa – cinema, histórias em quadrinhos, telenovelas.

• **ROCK, ROCK AND ROLL.** A cultura →*pop*, que na segunda metade do século XX se consagrou tendo por alvo e modelo a juventude (suas aspirações, suas necessidades de afirmação social, de consumo e comportamento distintivos), estimulou também a eclosão mundial de um gênero de música popular que se converteu em seu próprio símbolo – o *rock and roll*, ou simplesmente *rock*. Após a Segunda Grande Guerra, os Estados Unidos, alçados à condição de potência mundial, continuaram a viver um período de extraordinário crescimento econômico e de promoção social, realimentando a capacidade de consumo individual e familiar. Ainda assim, o descontentamento socioeconômico das camadas brancas mais pobres, em busca de ascensão, as reivindicações políticas e econômicas das populações negras e a permanência dos padrões morais conservadores da extensa classe média criavam condições oportunas para revoltas sociais e comportamentais. Na música, estes focos de tensão acabaram por desaguar no *rock and roll* (ou *rock'n roll*), uma fusão bem-sucedida (no mínimo, comercialmente) de contribuições negras e brancas. De um lado, recebeu ele as influências já estabelecidas do →*blues* e de suas progressões (as mudanças contínuas de acordes), tanto quanto do *rhythm and blues*, uma forma então recente do gênero, caracterizada por um andamento mais rápido e por uma interpretação vocal mais nervosa, enérgica e "gritada", já conhecida como *shouting style* (reconhecível em artistas como Joe Turner, Leadbelly, Ivory Hunter, Fats Domino, Little Richard ou Chuck Berry). No início da década de 1950, o *disc jockey* e promotor de shows Alan Fred, de Cleveland, resolveu adotar a denominação *rock and roll* para se referir ao *shouting style* e ao *rhythm and blues*, provavelmente com a intenção de expandir sua audiência de música negra aos círculos adolescentes de comunidades brancas. Com Bill Haley e seus músicos (The Comets), o *rock* iria ainda incorporar elementos do *country* e da

ROCK, ROCK AND ROLL 563

western music, como as pequenas bandas, os efeitos harmônicos instrumentais e a liderança da guitarra, além de versos simples e do uso de gírias na composição das letras. Todas essas contribuições agruparam-se em seus primeiros grandes sucessos: *Rock This Joint* (1951), *Crazy Man, Crazy* (1952), *Shake, Rattle and Roll*, uma versão da música de Ivory Hunter (1954), e, finalmente, na canção que consolidou o nascimento do gênero, no mesmo ano, *Rock Around the Clock*, juntamente com o filme da banda, *Blackboard Jungle*. O impacto acendeu a paixão dos jovens em várias partes do mundo: "[...] quando Bill Haley chegou com *Rock Around the Clock*, com o filme *No Balanço das Horas*, eu me lembro, foi uma loucura pra mim. A gente quebrou o cinema todo, era uma coisa mais livre, era minha porta de saída, era minha vez de falar, de subir num banquinho e dizer 'eu estou aqui'. Eu senti que ia ser uma revolução incrível. Na época, eu pensava que os jovens iam conquistar o mundo" (Raul Seixas). Essa combinação de *rhythm and blues* e *country* patenteou-se também no primeiro disco que Elvis Presley gravou em Memphis, ainda em 1954 (um compacto tendo, de um lado, *All Right, Mama* e, de outro, *Blue Moon of Kentucky*). Outro fator importante para a popularidade que alcançou entre a juventude, ajudada pela condenação que os adultos fizeram na época, foi a interpretação cênica de Haley, agressiva e sensual. Uma característica acentuada de modo eletrizante pelos bons recursos vocais, incluindo os vibratos, e pela dança de Presley, que já em 1955 se tornara um símbolo sexual, ao misturar expressões de romantismo e rebeldia. Desde então, o *rock* não seria apenas um gênero musical, mas um espetáculo cênico-ritualístico. Após o lançamento de seu primeiro álbum, "Heartbreak Hotel" (1956), Presley tornou-se campeão de vendas por dois anos consecutivos nos Estados Unidos (e em vários outros países também), convertendo-se em figura emblemática do *rock* e centro de referência para artistas anteriores e posteriores. Ainda em 1956, outro jovem vindo da área da *western music*, Jerry Lee Lewis, conseguiu grande repercussão com seu estilo rápido e *shouting* ao piano, que estimulava as platéias a dançar. A permutação de gêneros ou de contribuições específicas e tradicionais (o chamado *crossover*) seria logo ampliada no final da década de 1950, oferecendo ao *rock* a possibilidade de modificar-se continuamente. Desde cedo, por exemplo, a incorporação de baladas, por seu tom suave e intimista, permitiu contrabalançar as seqüências de andamentos rápidos e de passos acrobáticos mais característicos do *rock*, sobretudo quando este invadiu as pistas de dança e as festas particulares. Entre os finais dos anos 1950 e os primeiros da década seguinte, fizeram sucesso com *rock*-ba-

ladas, além de Presley, nomes como Tab Hunter, Rick Nelson, Pat Boone e Paul Anka. Na década de 1960, a diversificação dos estilos aumentou e os mais significativos acréscimos vieram da Inglaterra e de artistas e grupos norte-americanos de *acid rock* e de *folk rock*. Os Beatles tornaram-se, a partir de 1962, o maior fenômeno da música popular da segunda metade do século XX. Com suas origens sociais nas camadas proletárias de Liverpool, os integrantes do grupo – John Lennon, Paul McCartney, George Harrison e, mais tarde, Ringo Star – eram típicos *teddy boys* (desordeiros ou arruaceiros, nas escolas e nas ruas) e adeptos da *skiffle*, uma versão musical simplista em que se misturavam ritmos de *country*, de *blues* (sem suas progressões) e *dixieland*. Mas a capacidade de amadurecimento e de enriquecimento artístico que demonstraram entre 1965 e 1969 acabou por abranger ou conter em germe quase todas as possibilidades de desenvolvimento do *rock*. Esta progressiva evolução começou quando resolveram dedicar-se a um trabalho experimental, de estúdio, abandonando os concertos públicos. A partir do álbum "Help", as pesquisas, ao mesmo tempo musicais e poéticas, continuaram até a ruptura da banda ("Rubber Soul", "Revolver", "Sgt. Pepper's Lonely Heart Club Band", "Magical Mystery Tour", "The Beatles" e "Abbey Road"). Algumas das marcas desse período sobressaíram no uso dos novos recursos eletrônicos já disponíveis, nos efeitos harmônicos mais complexos, na exploração de timbres diferenciados, na exploração de sonoridades orientais, na ampliação dos temas das canções, numa visão simultaneamente crítica e irônica da sociedade, tratadas com imagens alegóricas ou ainda místicas. Mais influenciados pelo *blues* (Muddy Waters) e pelo *rhythm and blues* (à maneira de Chuck Berry) do que os Beatles, os Rolling Stones (Keith Richards, Brian Jones, Mick Jagger, Charlie Watts, Bill Wyman) também obtiveram sucesso internacional, mantendo, no entanto, a imagem juvenil de *teddy boys*, rebeldes, debochados e autodestrutivos. E com ela, passaram a compor canções que, a partir de 1965, consagraram a vertente do *hard rock*, não muito diferente do *acid rock* norte-americano (volume elevado, distorções sonoras, agressividade de execuções instrumental e vocal, apelo ao sexo livre e às drogas). O caráter tempestuoso, anarquista e até mesmo caótico de outra banda inglesa, The Who, abriu as portas para o que viria a ser, alguns anos depois, o *punk rock*, além de lançar a voga da ópera-*rock*, em 1969, com o musical *Tommy*. Na mesma década de 1960, a mobilização universitária norte-americana, tendo por centro a Califórnia, passou a atacar com veemência os padrões morais e educativos conservadores, o comportamento consumista, a política de guerra no Vietnã e os preconceitos racistas da cultura americana, ao mesmo tempo em que os movimentos negros exigiam seus direitos civis, de maneira pacífica ou violenta. Em síntese, o chamado *establishment* sofria fortes contestações. No interior dessa agitação sociopolítica brotaram as experiências das comunidades *hippies*, tanto quanto do *acid rock* e do *folk rock*. O *acid rock* ganhou esse apelido por sua associação com o LSD (ácido lisérgico) e drogas assemelhadas. Executado com recursos de exagerada amplificação e distorção de sons, tinha por finalidade estimular e envolver os adeptos em seus concertos, fazendo com que a multidão fosse "tomada" fisicamente pelos sons, sendo menos uma experiência de audição do que de participação coletiva, de tipo ritualístico ou orgiástico. Entre as bandas de grande aceitação estavam Jefferson Airplane, Grateful Dead, Jimi Hendrix Experience, The Who, Yardbirds, The Doors, Moby Grape e Big Brother and the Holding Company, na qual se destacou a cantora Janis Joplin. O *folk rock*, a versão mais suave e lírica da família, lançou mão, evidentemente, das tradições sulistas e do Oeste, adotando quase sempre a canção de protesto como símbolo de suas intenções e mensagens pacifistas. Entre seus principais expoentes, encontramos Joan Baez, Judy Collins, os grupos Peter, Paul and Mary, The Mamas and Papas, Creedence Clearwater Revival, Simon e Garfunkel e, sobretudo, Bob Dylan, pela qualidade de seus textos poéticos. Nos últimos três decênios do século, o *rock* continuou a absorver ou a intensificar formas musicais, gerando estilos bastante ecléticos. Embora as fronteiras nem sempre sejam nítidas, costuma-se apontar as seguintes e principais vertentes: o *art rock* (assim chamado na Inglaterra) ou *rock* progressivo, que introduz recursos da música erudita, tradicional ou de vanguarda (Moody Blues, Procol Harum, Emerson, Lake and Palmer, Genesis, Yes, Roxy Music, Frank Zappa, Pink Floyd); o *country rock*, combinação não apenas do *country*, mas ainda do *folk* e do *jazz* (Alabama, Commander Cody and the Lost Planet Airmen, Eagles, Marshall Tucker Band); o *jazz rock* (Blood, Sweat and Tears, Santana, The Chicago Transit Authority, Earth, Wind and Fire, Weather Report); o *heavy metal* (Led Zeppelin, Deep Purple, Black Sabbath, AC/DC, Aerosmith, Kiss, Ozzy Osbourne, Van Halen, Iron Maiden, Sepultura); ou o *punk rock* (Iggy Pop, Sex Pistols, The Clash, The Ramones, Joy Division, X-Ray Spex e outros). Convertido em fenômeno mundial da juventude, o *rock* estimulou o aparecimento e a consagração de artistas nacionais, que seguiram de perto, embora com características particulares, as linhas dominantes do eixo Estados Unidos-Inglaterra. Casos, por exemplo, de Johnny Holiday e Françoise Hardy, na França, ou de Bobby Solo e Rita Pavone, na Itália. No início dos anos 1990, o *rock* tomou novo fôlego com a explosão do Nirvana e do *grunge* de Seattle (Pearl Jam, Alice in Chains, Mudhoney, Soundgarden), que lhe imprimiu um caráter mais depressivo e desiludido, como percebido na banda inglesa Radiohead e nas novaiorquinas da virada do século (Strokes, Interpol, Walkmen e outras). No Brasil, o *rock* em português começou a ser ouvido no final dos anos 1950 por meio de versões americanas, ingênuas, interpretadas pelos irmãos Tony e Celly Campello, Ronnie Cord, Demétrius e Sônia Delfino (também apresentadora do programa musical "Alô, Brotos!", na TV Tupi), que prepararam o caminho para o sucesso do movimento da Jovem Guarda. Este nome foi dado a um programa de grande audiência da TV Record, que permaneceu no ar de setembro de 1965 aos inícios de 1969. Comandado pelos cantores e compositores Roberto Carlos e Erasmo Carlos, dele participaram, regularmente e entre outros, Eduardo Araújo, Wanderléa, Jerry Adriani, The Jordans, Os Incríveis, Os Golden Boys, Renato e seus Blue Caps e o Trio Esperança. Na seqüência, vieram os Mutantes que, ligados à Tropicália, infundiram ao *rock* uma feição de irreverência e paródia tropicalista. Deles se separou Rita Lee, líder da banda Tutti Frutti, e que mais tarde se uniria ainda a Roberto Carvalho. Também na década de 1970, Raul Seixas firmou-se como um dos pontos altos do *rock* nacional, mesclando-lhe ritmos nordestinos e latino-americanos, em versos apolíticos, mas que reivindicavam um comportamento anticonvencional e hedonista. A partir da década de 1980, os grupos de *rock* multiplicaram-se no país, absorvendo novos estilos do *pop*, como o *punk*, o *funk* e o *rap*, além de consolidar um largo mercado fonográfico e de shows: Barão Vermelho, Legião Urbana, Paralamas do Sucesso, Ira, Titãs, Ultraje a Rigor, Roupa Nova, Engenheiros do Havaí, Capital Inicial, Camisa de Vênus, Angra e Sepultura, tendo as duas últimas obtido sucesso no exterior, lançando mão de composições escritas em inglês. Dessas bandas, projetaram-se nomes como os de Cazuza (Barão Vermelho), Renato Russo (Legião Urbana) e Arnaldo Antunes (Titãs), além do *outsider* Lobão.

ROCOCÓ. Derivado do francês *rocaille*, rocalha, ornamento que imita as formas irregulares de pedras rochosas ou ainda as ondulantes de conchas e búzios, o termo só passou a ser utilizado em finais do século XIX por ensaístas de língua alemã, como Wölfflin (*Renascença e Barroco*) ou Cornelius Gurlitt (*História do Barroco, do Rococó e do Classicismo*). Diderot, por exemplo, ao comentar as pinturas de François Boucher para o Salão de 1761, emprega termos como "galantaria romanesca, graciosidade afetada, coqueteria, carnações dissimuladas e seduções libertinas". Seus contemporâneos Winckelman e Mengs também não se utilizam do vocábulo. Ainda assim, tanto para Wölfflin quanto para Gurlitt, e igualmente para outros historiadores do século XX, como René Huyghe, não haveria distinções que pudessem opor grandemente o barroco ao rococó, sobretudo no período em que este melhor se identifica, o século XVIII. O rococó constituiria apenas uma espécie de barroco tardio, levado às últimas conseqüências, ou seja, "ao seu aspecto mais agudo". Mas há os que defendem o rococó na qualidade de estilo autônomo, como Hans Sedlmayr, Fiske Kimball e Philippe Minguet. Na França, onde nasceu durante os primeiros anos do século XVIII, sob o reinado de Luís XV, o rococó designou inicialmente uma concepção mundana e excessivamente ornamentada nas artes plásticas, a partir das artes decorativas (pintura mural, mobiliário, tapeçaria e ourivesaria). Seus traços mais acentuados, quando transpostos principalmente para a arquitetura interior (e não para as fachadas exteriores), para a pintura e a escultura, estariam no uso fantasioso de arabescos, em que se unem a ligeireza, a amabilidade e o capricho, numa requintada idealização da vida social, de suas festas e dos temas pastoris, mitológicos ou bíblicos que já povoavam o classicismo e o barroco. Com esse tratamento plástico convertido em esfuziante ornamentação, colorido intenso, sensualidade e formas instáveis, sempre em movimento, demonstrava-se a preeminência de uma classe aristocrática poderosa, mas igualmente refinada e frívola. Como observou Arnold Hauser, "na arte que agora surge, dá-se preferência à cor e aos cambiantes de expressão, com prejuízo da linha objetiva, grande e firme, e a nota de sensibilidade e sentimento faz-se ouvir em todas as suas manifestações [...] uma arte que considera o critério do agradável e do convencional mais decisivo do que o da espontaneidade e da espiritualidade, uma arte cujas obras são realizadas de acordo com um padrão fixo, universalmente aceite [...] de técnica magistral, mas, na maior parte das vezes, puramente exterior [...] [o rococó] iniciou um novo estilo no modo de viver das classes superiores e tornou moda o hedonismo e a despreocupação perante as imposições da religião". Mas existem outras facetas a considerar. Se para alguns o rococó representou a última manifestação de glória artística da nobreza e dos círculos aristocráticos, não é menos verdade que foram eles também os patrocinadores da reforma das artes pela via do austero neoclassicismo que se lhe opôs e seguiu. Por outro lado, os exemplos mais reconhecidos dos rococós alemão, centro-europeu e mesmo latino-americano encontram-se em obras de arquitetura religiosa, reafirmando o esplendor, o fascínio e a riqueza visionária do paraíso católico. Histori-

camente, na opinião de Kimball, aceita por Minguet, os criadores essenciais do estilo foram o arquiteto e decorador Jean Bérain, o Jovem, e o escultor e gravurista Pierre Le Pautre. Este transpôs para a escultura, assim como para os enquadramentos e molduras arquitetônicas, os elementos do arabesco pictórico e um jogo sempre renovado de curvas e contracurvas. Experiências que tiveram continuidade e maior exploração em artistas como Gilles-Marie Oppenord, Juste-Aurèle Meissonier, Nicolas Pineau e Claude Audran III em seus trabalhos de decoração mural para salões de residências luxuosas (os "hotéis") e palácios, entre estes o de Versailles. Com eles, os motivos de ornamentação começaram a ser desdobrados em redes intrincadas de figuras geométricas abstratas e vegetais, circundando imagens humanas e de animais, por vezes fantásticos, de modo bastante livre. Acrescentaram-se também as *chinoiseries*, como dragões, aves, macacos e anfíbios, e multiplicaram-se os livros de ornamentos, contendo estampas sugestivas para trabalhos murais, de molduras (de portas, de espelhos e de quadros) e de tapeçarias, então produzidas com uma profusão de personagens míticos e de fábulas, de detalhes figurativos e de cores. Neste particular, sobressaíram os nomes de François Boucher, Audran, Charles-Antoine Coypel e Jean-François de Troy. Já a grande pintura francesa do estilo, com suas cenas bucólicas e libertinas, coube, destacadamente, a Boucher (*A Toilete de Vênus*, *Charmes da Vida Campestre*, *O Ninho*), Antoine Watteau (*A Demonstração do Marchand de Arte Gersaint*, *Os Prazeres Pastorais*, *Gilles*) e Jean-Honoré Fragonard, cujo notável sensualismo transparece em obras como *As Banhistas*, *O Balanço*, *A Lição de Música*, acompanhados de perto por Carle van Loo e Charles Natoire. Na Itália, a pintura rococó desenvolveu-se sob a influência pictórica dos venezianos (Ticiano, Tintoretto), inicialmente com Sebastiano Ricci, autor de grandes afrescos em Florença, ao qual se seguiram Jacopo Amigoni, Giambattista Crosato e, sobretudo, Giovanni Antonio Pellegrini, Giambatista Pittoni e aquele que foi um dos mais requisitados artistas das cortes européias, Giovanni Battista Tiepolo. Suas pinturas murais na residência alemã de Würzburg demonstram um esplêndido domínio da teatralidade pictural. Os pintores alemães e austríacos que buscaram fazer seus aprendizados na Itália, na transição dos séculos XVII e XVIII, incorporaram tanto os valores plásticos dramáticos do barroco quanto o sensualismo e a graça aérea ou vaporosa do rococó. Essa primeira geração italianizada foi composta por Johann Rottmayr, pelos irmãos Asam (Cosmas e Egid Quirin) e por Paul Troger. A segunda, já inteiramente germânica, revelou dois grandes pintores: Johann Holzer e Franz Maulbertsch, este último autor de trabalhos murais de cores rutilantes, extremamente simbólicos e quase alucinatórios, obtidos à custa de estranhos personagens e ilusionismo. No âmbito da arquitetura, o rococó teve origem durante a modernização urbana de Paris, entre os finais do século XVII e o começo do XVIII, durante a qual foram erguidas várias construções residenciais aristocráticas. Entre elas, os "hotéis" de Beauvais, de Antoine Le Pautre; de Paris e Matignon, obras de Jean Courtonne; de Lude e d'Estrée, de Robert de Cotte. Ao contrário do que se poderia esperar, essa nova "arquitetura civil Luís XV" preferiu abandonar as ordens tradicionais em proveito de fachadas contínuas, dando destaque aos balcões e às fileiras de grandes janelas. Como salienta Minguet (*Estética do Rococó*), "clássicos ou barrocos podiam opor-se por sua maior ou menor fidelidade ao sistema codificado por Vitrúvio, mas todos respeitavam as ordens como a regra do jogo da arquitetura. O abandono das colunas (dórica, jônica etc.) – que não subsistem senão em alguns edifícios de transição, como, por exemplo, no Hotel de Soubise – foi uma revolução real, consecutiva à vitória dos *modernos* e ao relativismo do gosto [...] a arquitetura civil de Luís XV caracteriza-se, à primeira vista, pela simplicidade de seu ornamento exterior". A suntuosidade que se vai encontrar revela-se então no interior residencial, na contemplação reservada da família e dos círculos sociais que a freqüentam. Mas também em novos salões palacianos, como os de Versailles e Fontainebleau, nos quais trabalhou um dos expoentes do estilo, Ange-Jacques Gabriel. Os formatos das dependências tornaram-se mais ovalados ou poligonais e, mesmo quando retangulares, o encontro das paredes tendeu a ser arredondado. Tais características podem ser notadas mesmo nos espaços interiores das igrejas, sobretudo na Alemanha do Sul, outro centro de expansão do estilo. Alguns de seus mais representativos monumentos são as igrejas de Wies e de São João Nepomuceno, em Munique, e a de Etwashausen, concebidas pelos irmãos Zimmermann (Dominikus e Asam); o Zwinger de Dresden, a cargo de Matthäus Pöppelman; as igrejas de Dressen e a de Santa Ana, em Munique, de Johann Fischer; a capela do palácio de Würzburg e a igreja de Vierzehnheiligen, traçadas por Balthasar Neumann; ou o pavilhão de Amelienburg e o teatro da Residência, ainda em Munique, projetados por François Cuvilliés. Por fim, seria o rococó aquela sensibilidade que, ciente da efemeridade humana, dá preferência às imagens idílicas, intimistas, de elegância frívola, ao gosto pela ironia fina e pelo erotismo refinado, recusando-se às visões trágicas da vida. →*Estilo Luís XV*, →*Barroco*, →*Maneirismo*.

ROJÃO. →*Baião*.

ROMANCE. **Quando surgiu?** Há quem assegure ter nascido o romance no período helenístico da Antigüidade, ou seja, no momento em que o mito e seu conteúdo religioso se enfraqueceram, em que o cosmopolitismo alexandrino e, em seguida, o romano se expandiram e as relações mercantis ganharam realce. Por conseqüência, quando o individualismo fez sua entrada na cultura ocidental, competindo com os ideais de coletividade e de hierarquização sociais. Wolfgang Kayser ou Mikhail Bakthin são dessa opinião. Tais justificativas explicariam a literatura em prosa, fosse ela de evasão ou de passatempo, como *As Aventuras de Quereas e Calíroe* (Cariton), *Dafne e Cloé* (Longo), *As Aventuras de Leucipe e Clitofonte* (Aquiles Tácio), *As Etiópicas* (Heliodoro), a de espírito crítico e realista, como *Satiricon* (Petrônio), e a de conteúdo mágico-fantasioso, cujo exemplo é *O Asno de Ouro* (Apuleio).

Outros autores, no entanto, argumentam que tais experiências seriam pouquíssimo representativas da ficção literária da Antigüidade, dominada pela construção poética – a lírica, a épica e a dramaturgia. Georg Lukács, Julia Kristeva ou Aguiar e Silva assim o entendem.

Para o primeiro, cuja obra *Teoria do Romance* constitui um marco na análise da narrativa literária, o romance é um gênero enraizadamente burguês, nascido com o processo generalizado de mercantilização, na distinção bem marcada entre valores éticos e monetários, de uso e de troca, pelos quais o indivíduo e o mundo se estranham. "Quando o indivíduo não é problemático (o indivíduo da Antigüidade ou da Idade Média), seus fins lhe estão dados numa evidência imediata, e o mundo cujo edifício foi construído por tais fins pode lhe opor dificuldades e colocar obstáculos [...] mas nunca ameaçará o indivíduo com um sério perigo exterior. O perigo só aparece a partir do momento em que o mundo exterior perdeu contato com as idéias, quando essas idéias se tornam no homem *fatos psíquicos subjetivos*, isto é, ideais [...]. O romance é a epopéia de um mundo sem deuses: a psicologia do herói romanesco é demoníaca, a objetividade do romance, a viril e madura constatação de que jamais o sentido poderia penetrar integralmente a realidade e que, portanto, sem ele (o personagem), esta (a realidade) sucumbiria ao nada e à inessencialidade". Se as sociedades antigas e medievais deram ao homem a companhia e mesmo a possibilidade de salvação divina, a moderna, instaurada pelo Renascimento, o converteu em um ente "socialmente solitário". Nas primeiras, vida, destino e essência se confundiam, eram "noções idênticas" e essa simbiose se expressa marcadamente na epopéia e na tragédia. O romance seria, portanto, fruto de um mal-estar, a transcrição artística do conflito entre um ideal de vida que não encontra esteio na realidade social. Ou em que a fantasia cede passo à crueza do verídico. *Dom Quixote*, neste caso, simbolizaria o início deste rompimento, da trajetória desiludida de "um indivíduo problemático num mundo degradado". E a melhor produção romanesca, em sua opinião a do século XIX, faria de seus heróis os personagens dessa antinomia. Pois um "coração maior que o mundo" estaria sujeito a limitações estreitas demais para que os desejos e os sonhos de reconciliação se efetivassem.

A narração na Idade Média. Considerando-se a última perspectiva, foi nos finais da Idade Média, quando a ficção literária começou a se desvencilhar das formas métricas, dos ritmos vocais e das figuras sonoras – em síntese, das estruturas poéticas versificadas – que se deu início a tipos narrativos menos usuais até então: à →novela e ao romance. Este iria surgir, portanto, como uma criação distinta e apenas superficialmente devedora das formas clássicas, ainda que numa época de marcada influência helênica. Aliás, no universo artístico, sua novidade seria comparável à do estilo gótico da arquitetura, esta magnífica contribuição da fé católica à sensibilidade humana. As narrações novelescas e romanceadas vieram adaptar-se, é claro, às transformações culturais do período – à expansão das cortes, com seus seguidores áulicos, à ascensão burguesa, ao espírito aventureiro do comércio e das navegações, ao crescimento e adensamento populacional das cidades, à formação de um recente público consumidor, não inteiramente intelectualizado, mas propenso à leitura de eventos maravilhosos, quiméricos ou inverossímeis, de entretenimento. Aliás, o romance difundiu-se como um dos primeiros gêneros de leitura feminina, fora dos círculos aristocráticos (→*Romantismo*). Em decorrência dessa origem histórica, Julia Kristeva arriscou-se a definir o romance como "a narrativa que acabou de se formar na Europa, cerca do fim da Idade Média, com a dissolução da última comunidade européia – o feudo".

Os "romances" de cavalaria em versos, como o *Parzifal* alemão (de Wolfram), constituíam ainda manifestações formalmente épicas. Mas, a partir do momento em que começaram a surgir as "translações" do texto poético para a prosa livre, o romance ganhou, como gênero, suas primitivas distinções. O trabalho freqüente das traduções dos romances em verso, entre os séculos XV e XVI, permitiu uma "popularização", no sentido de formação do gosto burguês, ao menos por romper a tradição anterior, que vinculava a poesia ao material ideológico da vida cavalheiresca e à sociedade estamental da Idade Média. A prosa permitiu o uso de uma linguagem até certo ponto neutra, servindo simultaneamente então às camadas burguesas e às aristocráticas menos consideradas (aos fidalgos).

Em seus inícios, a narrativa buscou na aventura heróica e nas peripécias amorosas os seus conteúdos. Os romances de cavalaria em prosa, como o *Perceval*, de Chrétien de Troyes, e os romances sentimentais, exemplificados na *Elegia de Madona Fiammeta*, de Boccaccio, passaram a ser construídos em torno de um personagem, de um protagonista, e de situações complicadas a serem por ele transpostas. Mas, em comum com os já velhos trovadores, optou-se também pela língua vulgar, nacional, ou seja, pelo *romance* (em substituição ao *latine loqui*, o *romanice loqui*). No século XVI, apareceu um novo gênero de tratamento mais culto e mesclado a passagens poéticas, o chamado romance pastoril ou pastoral, bucólico e simbolista, sugerindo uma crítica aos novos hábitos da sociedade urbana, pela explícita apologia da vida campestre. O mais renomado e difundido exemplar desta tendência (com várias edições em línguas européias) foi a obra espanhola de Jorge de Montemor, *Diana*. E em Portugal, Bernardim Ribeiro alcançou fama com sua *Menina e Moça*.

Picaresco. Ao mesmo tempo, mas opondo-se completamente ao pastoril, e alcançando um público muito mais vasto, desenvolveu-se o romance picaresco espanhol, centrado nas figuras marginais e amoralistas dos pícaros: *Vida de Lazarillo de Tormes* (1554), de autor anônimo; *Vida de Guzmán de Alfarache* (1599), de Mateo Alemán; *Historia de la Vida del Buscón llamado Don Pablos* (1603-1604), de Quevedo y Villegas; *Pícara Justina*, de López de Úbeda ou *La Hija de Celestina*, de Salas Barbadillo.

O picaresco contém muito de sátira aos valores da época, pois sua prosa já evidencia o caráter burguês do "novo mundo". Os valores mercantis, as possibilidades de mudança no *status* social e no poder econômico, a flexibilidade dos padrões éticos que a circulação monetária exige ganham relevo no desenrolar das ações. Os personagens de maior importância adquirem ambições materiais corriqueiras, comezinhas, e irão mais tarde, nas obras de exploração psicológica, fragmentar-se em estados emocionais, em um mundo espiritual fluido ou desancorado dos valores tradicionais. O "caráter" bem delineado e exemplar do herói clássico tendia a desaparecer. Conduzido pelo protagonista, que conta suas próprias peripécias, o romance picaresco é uma narrativa das possibilidades de ascensão social de personagens populares, normalmente trapaceiros, vagabundos, itinerantes, que sobrevivem de expedientes, de logros e de astúcias cotidianas, num mundo "moderno" porque ambíguo e amoral. Um modelo concluído mais tarde com percuciente psicologia e realismo na pena de Alain René Lesage, ao criar a sua monumental *História de Gil*

Blas de Santillana, retrato vivo da primeira metade do século XVIII. Literatura anti-heróica por excelência, contrastava então com os romances idealistas das vertentes pastoral e cavalheiresca.

Baseando-se nas sátiras de Rabelais e no romance picaresco, o crítico Mikhail Bakhtin observou que as prosas literárias "constituíram-se, historicamente, na corrente das forças descentralizadoras e centrífugas. Enquanto a poesia, conservada nas altas camadas socioideológicas oficiais, resolvia o problema da centralização cultural [...] por baixo, nos palcos das barracas de feiras, soava o discurso jogralesco que arremedava todas as línguas e dialetos, desenvolvia a literatura das fábulas e das *soties* (das tolices não-interditas), das canções de rua, dos provérbios e das anedotas". A tendência ao escapismo, à elaboração de tramas puramente imaginárias ou irrealistas que o romance de cavalaria em prosa consagrara, tinha agora um sério concorrente "realista". O golpe mais contundente, no entanto, foi dado com a crítica severa, culta e magistral de Cervantes, o *Dom Quixote*. Aqui transparece a distinção entre o fidalgo decadente, que apenas em sonhos paranóicos revive as nobres virtudes do passado (a honra e o amor cortês), e o escudeiro Sancho, símbolo do pequeno-burguês realista, cujas ações se restringem ao estrito senso comum. Aos poucos, portanto, os traços descompromissados e evasivos que estiveram em suas origens aventurosa e sentimental começaram a mudar.

Consolidação do gênero. Quase sempre desprestigiado pela alta cultura, seu reconhecimento veio a ser feito, em alguns casos, apenas no século XVIII, em textos como *A Princesa de Clèves* (Mme. Lafayette), *Memórias e Aventuras de um Homem de Qualidade* (Abade Prévost, nas quais se inclui *Manon Lescaut*), *Ligações Perigosas* (Choderlos de Laclos), *Clarissa Harlowe* (Samuel Richardson) ou *Os Sofrimentos do Jovem Werther* (Goethe). Sua consolidação ocorreu, de fato, no século seguinte, com os estilos romântico e realista. E a figura capital para a afirmação e o prestígio do romance foi, sem dúvida, Balzac. A seu respeito, escreveu Carpeaux: "A história do romance como gênero literário divide-se em duas épocas: antes e depois de Balzac. Com ele, até o termo mudou de sentido. Antes de Balzac, 'romance' fora a relação de uma história extraordinária, 'romanesca', fora do comum. Depois, será o espelho do nosso mundo, dos nossos países, das nossas cidades e ruas, das nossas casas, dos dramas que se passam em apartamentos e quartos [...]. Os heróis e heroínas de Mme. Lafayette, do Abbé Prévost, de Rousseau e Constant não fazem outra coisa senão viver 'romances com mulheres'; das outras necessidades vitais de um homem em carne e osso não se fala" (→*Comédia humana*).

Essa maior densidade ou amadurecimento do romance, visto como obra não apenas de entretenimento, mas de relevância artística, consistiu em ir ampliando, para além da simples imaginação, a capacidade de observação e análise da sociedade, em seus aspectos sociais, políticos ou genericamente culturais, bem como o de descrever e refletir as variáveis morais, psicológicas e existenciais do ser humano. Em ambos os casos (e por analogia com a literatura dramática ou teatral), impôs-se não apenas a necessidade de um conflito, a possibilidade de sua emergência, ou, ainda, uma rememoração de eventos passados que dessem sentido à vida dos personagens e de suas ações.

No século XIX, a narração fictícia já absorvera outros gêneros ou formas literárias, desde o hábito simples e generalizado da correspondência confessional (Habermas chamou o século XVIII de "o século das cartas"), até as crônicas de viagem e os ensaios históricos, filosóficos ou ideológicos. Conseguiu-se unir à liberdade de tratamento uma capacidade de multividência; e ao possível, os aspectos essenciais do real. De um certo ponto de vista, pode-se dizer que a arte do romance passou a ser aquela em que se exploram e se revelam os sentimentos, as idéias e os valores prevalecentes de uma época, tornando-os significativos, isto é, universais e, até mesmo por seus excessos, superiores à própria vida singular de seus personagens. Conseguiu-se dar formas exemplares, como antes a grande dramaturgia o fizera, aos caracteres de suas figuras. Como observou o crítico João Gaspar Simões, "enquanto na vida é fácil identificar as pessoas por sua aparência física e situação social, no romance não. Quer dizer, na vida até os 'amorfos' adquirem 'presença'; no romance só conseguem ver-se, ter realidade ou existência aqueles que tiveram forma, que tiveram caráter. O caráter é, pois, o modo de identificação das personagens. Isso significa que as personagens dos romances são mais limitadas e caracterizadas que as pessoas reais. A esta necessidade se deve o pendor das personagens para o 'tipo'" (adiante, no entanto, veremos que o tipo, como personagem-símbolo bem marcado, irá conviver, nos romances do século XX, com personalidades mais evasivas ou complexas). Dessa maneira, o pai Grandet é o tipo do avaro; madame Bovary, a adúltera da vacuidade burguesa, e o conselheiro Acácio, a tolice presunçosa do lugar-comum.

Daí também Chesterton defender a idéia de que a arte do romance é a arte do exagero, no sentido de se atribuir um significado de forte evidência, à maneira de modelo. Descrever ou pintar o caráter é produzir uma incisão em profundidade, mais do que em extensão. E vemos então desfilar uma vasta galeria de tipos, símbolos de paixões, de virtudes, de vícios, de atos sublimes e sórdidos, de grandeza e de ridículo, com os quais os homens e as mulheres preenchem suas vidas, ingênua ou conscientemente. Um forte motivo, inclusive, para que eles dêem títulos às obras, como, por exemplo, e além das já mencionadas, *David Copperfield, Tristam Shandy, Os Irmãos Karamázov, Bouvard e Pecouchet, O Coronel Chabert, Ana Karénina, O Padre Amaro, Memórias Póstumas de Brás Cubas.*

Sua originalidade, ainda na opinião de Bakhtin (*Questões de Literatura e de Estética*), é a de se caracterizar como "fenômeno pluriestilístico e plurilingüístico". Ou seja, capaz de reunir uma heterogeneidade de estilos e de linguagens. Exemplificando: *a*) a narrativa direta de eventos ou ações, literariamente tratada pelo autor; *b*) a estilização de formas semiliterárias, como as cartas, o noticiário impresso, relatórios, anotações e diários; *c*) as falas ou discursos dramáticos dos personagens, na forma de diálogos, confissões ou monólogos; *d*) a integração de discursos extra-artísticos, como os comentários morais, as reflexões filosóficas, as descrições ambientais, geográficas, sociais e etnográficas. Tem-se, conseqüentemente, nos melhores resultados, um sistema de línguas ou uma diversidade de linguagens artisticamente organizadas, em forma ficcional.

Tipos ou classificação do romance. Para além dos caracteres, o romance é a narrativa das situações ou dos enredos, e ainda dos ambientes sociais e de seus valores, sem os quais os personagens não chegam a adquirir credibilidade ou verossimilhança. Por essa razão, certos teóricos propuseram categorizações da narrativa romanesca, três delas aqui mencionadas a título de ilustração: a de Wolfgang Kayser, a de Edwin Muir e a de Northrop Frye.

No primeiro caso (Kayser), temos: romances de *personagens* (de caracteres humanos, como já mencionado); de *ações* – nos quais os acontecimentos ou intrigas prevalecem sobre a análise psicológica dos indivíduos, à moda de Walter Scott, Alexandre Dumas ou das narrativas policiais; e os de *espaços*, centrados em períodos ou situações históricas, ou de forte influência do meio sociogeográfico (característicos, na opinião de Temístocles Linhares, dos romances regionalistas brasileiros, por exemplo).

Para Muir haveria, além dos romances de ação e dos romances de personagens (nos quais as figuras expressam comportamentos e valores bem evidentes, as figuras planas, o que lhes permite confrontarem-se com a realidade exterior), os romances de *drama*, em que as figuras vão sendo moldadas ao longo da história por influências ou experiências vividas, pelas peripécias sofridas. Ou seja, a ação incentiva uma metamorfose do personagem, que se constrói gradativamente, ou propicia condições para uma procura ou para um "descobrir-se a si mesmo". Como se poderá comparar adiante, constitui o tipo de romance que se adapta às estruturas do "tempo psicológico".

Por último, Frye distingue as seguintes narrativas: o *romance propriamente dito*, que procura imitar ou mimetizar a vida de maneira próxima à realidade observável; o *romanesco*, que se desenha por meio de aspirações ou desejos idealizados, em que aparecem aperfeiçoadas as instâncias sociais ou subjetivas (o amor, a justiça, a amizade etc.); a *anatomia*, correspondendo à intelectualização e ao debate de problemas religiosos, morais, filosóficos, por meio de digressões, comentários ou reflexões; e a *confissão*, narrativa fictícia em forma autobiográfica, na primeira pessoa.

É evidente que tais classificações não podem ser entendidas de maneira exclusiva ou compartimentada. Correspondem, sim, a aspectos mais ou menos desenvolvidos de uma obra, servindo como auxiliares no estabelecimento de critérios e diferenças. Pois no romance tudo parece caber: a tragédia e a comédia, o poético e o satírico, a política e a história, a turbulência dos sentimentos e a frieza do tédio, o eloqüente e o vulgar, um indivíduo, uma classe, ou até mesmo uma cidade (*Nossa Senhora de Paris*, por exemplo, de Victor Hugo). Aos olhos insuspeitos de Baudelaire (por não ser romancista), ele e a novela "têm o maravilhoso privilégio da maleabilidade. Adaptam-se a todas as naturezas, abrangem todos os assuntos, e visam, à sua maneira, diferentes objetivos. Ora é a procura da paixão, ora a busca da verdade. Certo romance fala à multidão, e outro a iniciados; este conta a vida de épocas desaparecidas; aquele, dramas silenciosos que se desenrolam em uma mente única. O romance, que ocupa um lugar tão importante ao lado da poesia e da história, é um gênero bastardo, cujo domínio não tem verdadeiramente limites [...]. Não sofre outros inconvenientes e não conhece outros perigos a não ser a sua infinita liberdade".

Narrações abertas e fechadas. Relativamente comum ainda é a distinção que se instituiu entre narrativas lineares ou fechadas e abertas ou entrelaçadas. Nas primeiras, a evolução do romance ocorre de maneira metódica, ordenada, progressiva, havendo um começo, um meio, um clímax e um final de fácil percepção e acompanhamento. Sua estrutura tem a marca dos organismos vivos – nascimento, crescimento, apogeu e morte. O destino dos personagens é não apenas claro, mas conclusivo. E, de modo geral, corresponde à poética preferida dos séculos XVIII e XIX (e de muitos do século XX). Já nas formas abertas, as ações nem sempre se complementam ou decorrem umas das outras, de modo rigoroso. Como em diversas situações da vida real, o acaso ou o inesperado interpõe-se na trama, desviando momentaneamente o curso dos acontecimentos (como n'*As Aventuras do Sr. Pickwick*), ou contribuindo para enriquecer a visão de mundo do personagem. Pelo acúmulo de acontecimentos, exemplifica-se a idéia central da obra. Outra técnica de abertura é também aquela que apresenta finais apenas sugestivos, dúbios ou a serem preenchidos, se possível, pela imaginação do leitor, caso típico d'*As Vinhas da Ira*, de John Steinbeck.

E ao lado, ou simultaneamente com o romance de estrutura aberta, inauguraram-se no século XX os romances "polifônicos", que os franceses denominam *romans-fleuves*. De um lado, referem-se a grandes painéis nos quais se cruzam variadas tendências e conflitos de época, concentrados em uma obra – *Os Buddenbrook*, de Thomas Mann, *Os Artomonov*, de Maxim Górki, *Um Homem sem Qualidades*, de Robert Musil, *Quarup*, de Antônio Callado; de outro, a linhagem proustiana de *Em Busca do Tempo Perdido*, em que muitas linhas narrativas se justapõem, abrangendo figuras e episódios distintos, tempos, lugares e cenas simultâneas, reminiscências e fragmentos de sensibilidades, à maneira musical da polifonia. Lentamente se depositam, como nos rios principais, os pequenos cursos secundários, formadores das grandes correntes.

Uma técnica semelhante, utilizada com recursos lingüísticos exploratórios e radicalmente inusuais (provenientes de várias línguas), foi desenvolvida por James Joyce em *Ulisses*, uma cornucópia de descrições, comentários e monólogos paralelos, cotidianos, insignificantes, tidos como os elementos restantes e nada heróicos de uma epopéia moderna. Os acontecimentos tendem a ganhar significado não propriamente na objetividade dos fatos em si, mas na torrente cerrada (inclusive sintática) de idéias que brotam do interior e das reações psíquicas experimentadas pelos personagens. Daí a quantidade de analogias e de símbolos utilizados.

Tempos e psicologia. Outro elemento indispensável da narração é o tratamento temporal que a ela pode ser dado. Este "quarto estado" da matéria ficcional é tão importante que influiu, decisivamente, nas modificações históricas do romance, trazendo-lhe novas características.

Até o final do século XIX, o uso mais corrente do encadeamento temporal, existente nos fatos ou nas descrições, acompanhou a objetividade do tempo histórico, por vezes chamado social ou natural: "no ano de..., ontem à noite, quando o relógio marcou dez horas, nesse exato instante, três dias depois, ao regressar de sua viagem etc.". Ou seja, o andamento da trama ou a disposição dos eventos era propensa à linearidade, a uma cronologia ordenada e do senso comum, dos dias e das noites, dos relógios e calendários. A um

fluir contínuo ou de pintura naturalista. A maioria dos escritores do Novecentos, românticos ou realistas, seguiram essa temporalidade natural em suas composições (Balzac, Flaubert, Dickens, Zola, Leon Tolstói, Dostoiévski, Thomas Mann).

Mas as técnicas narrativas de autores como Virginia Woolf, Marcel Proust, James Joyce, William Faulkner ou ainda Machado de Assis (em *Dom Casmurro*) mudaram a perspectiva anterior. A duração objetiva ou natural perdeu força de estrutura, em favor de um tempo vigorosamente psicológico. A memória, o fluxo de consciência, que associa o presente e o passado, ou a descoberta do inconsciente que mantém, em boa medida, a razão cativa, adquiriram enorme relevo para o romance moderno. As sensações, as analogias do que se percebe aqui e agora com os desejos e as motivações íntimas do personagem, ou as recordações revividas no presente, que fazem do pretérito uma nova atualidade, misturaram-se para que surgisse uma duração cambiante, de idas e regressos (a duração múltipla). O tempo converteu-se em uma experiência particular, um fenômeno submerso na emoção, diferentemente da sucessão contínua e exterior. Para o crítico Mandilow (*O Tempo e o Romance*), "toda ação apresenta-se como acontecendo; nada é referido como tendo acontecido [...] o livro consiste quase exclusivamente de cenas ou ocorrências, apresentadas sem introdução ou referência à sua relação cronológica com as cenas precedentes ou subseqüentes. Este é o verdadeiro *time-shift* (alteração de tempo) que enfatiza as partes como presente, não como relacionadas ao passado e ao futuro". O monólogo interior, o pensamento por saltos e desvios, as associações livres, os comentários reflexivos e os estados subjetivos de alma passaram a competir com o desenrolar das ações, a dar ou buscar sentido para o enredo fatual, mesmo quando nada de extraordinário ocorra.

Em sua *Arte do Romance*, Virginia Woolf menciona que "uma larga e importante parte da vida consiste nas nossas emoções perante as rosas e os rouxinóis, as árvores, o pôr-do-sol, a vida, a morte e o destino". Por conseqüência, os planos temporais se confluem e, muitas vezes, até mesmo dificultam o entendimento da narrativa, do conteúdo (diegese), dada a irrupção contínua de sentimentos, memórias e reações afetivas "desordenadas". Algo semelhante a: "Haveria um sombrio caixão cheirando a desânimo doce, e muito doce, com a glicínia duas vezes aparecida contra o muro exterior pelo sol impactado destilado e hiperdestilado de setembro selvagem tranqüilo" (*Absalão, Absalão*, de W. Faulkner).

Essa exploração "impressionista" de estados emocionais reduziu consideravelmente o enredo tradicional, em proveito de digressões interiorizadas. Ou ainda, na opinião de Ortega y Gasset (*Ideas sobre la Novela*), o romance – em seus exemplos radicais – tornou-se autóptico, isto é, centrado numa visão particularizada do protagonista, que se revela não pelo que diz o autor, nem por aquilo que possa ocorrer, mas no "ser e estar do personagem", em sua imaginação ou reações estésicas. O tempo e a investigação psicológicas trouxeram ao romance do século XX, quando este as incorpora, um elemento comum com as outras artes do período: o aprofundamento da subjetividade ou a exploração das instâncias interiores, frente a uma civilização de massas, de valores fluidos e futuro incerto.

Simultaneamente, este veículo básico de toda literatura, a língua, e mais especificamente a fala ou o discurso (sua realização efetiva), deixou de ser um instrumento orgânico ou natural, capaz de expressar com clareza os eventos, as idéias e as afecções, assumindo os traços cambiantes de algo fluido, maleável, inseguro ou insuficiente. A esse respeito, lê-se, por exemplo, em Miklós Szabolcsi: "Devemos observar que a relativização da língua, fortalecida pela vanguarda e, mais ainda, pelo surrealismo, torna-se uma das características fundamentais de toda a atividade literária do presente século. Roger Bauer observa a respeito da neovanguarda austríaca, posterior à Segunda Guerra Mundial: 'Caracteriza-se pelo jogo efetuado com as palavras, com os fonemas, com as imagens e com alguns tipos de signos lingüísticos; pela tendência de realizar experiências com letras, sílabas e palavras inteiras, nos planos acústico e visual, e, finalmente, pela ironia, pelo duplo sentido e pela tentativa de tornar-se uma linguagem secreta'. Com efeito, o jogo levado a cabo com a língua, o sentimento de que ela é insuficiente, de que se nos tornou estranha, são um fenômeno e uma revelação que se estendem, em literatura, ao longo dos séculos XIX e XX, chegando aos dias de hoje" (*Literatura Universal do Século XX*).

Permanência do romance. Voltando à obra seminal de Lukács, foi com ele que se impôs a desconfiança a respeito da sobrevivência do romance. Vendo-o como um gênero problemático, tanto por revelar o mal-estar do indivíduo solitário em meio às estruturas desiguais do mundo, quanto por se abrir a uma liberdade excessiva de formas, tendendo ao caótico, Lukács condenava o romance ao desaparecimento.

Contra essa perspectiva, no entanto, escreveu Ferenc Fehér, também húngaro e discípulo do primeiro: "Podemos resumir deste modo a constatação final antecipada de nosso análise: com sua 'informidade', seu 'prosaísmo', seu caráter não-canônico, o romance não ocupa um lugar inferior nesta escala de valores das formas artísticas [...]. Não se trata somente do fato de que o romance é uma expressão adequada de sua época, que serve à auto-expressão da sociedade burguesa com meios de que a epopéia do tipo antigo não dispunha [...]. Pelo contrário, o que é especificamente perfeito no romance [...] é que comporta, na essência de sua estrutura, todas as categorias que resultam do capitalismo, a primeira sociedade fundada sobre formas 'puramente sociais', que então não são mais 'naturais'. Toda a informidade, todo o caráter prosaico do romance apresentam [...] uma correspondência estrutural com a disformidade do progresso caótico no seio do qual a sociedade burguesa aniquilou as primeiras ilhas de realização da substância humana [...]. Deste modo, o romance exprime uma etapa de emancipação do homem não somente em seu conteúdo, isto é, nas noções coletivas estruturadas [...] mas também em seu continente, a forma. O romance não é problemático, é *ambivalente*. Entendemos por essa distinção que o conjunto de suas estruturas comporta, em parte, traços que derivam do mimetismo [...] de uma 'sociedade social' concreta (o capitalismo no qual se enraíza) e, por outro lado, traços que caracterizam todas as sociedades desta espécie [...] toda arte verdadeira, aspirando à substância humana, deve se colocar em pé de guerra com o capitalismo. No caso do romance, isso significa a tomada de consciência da ambivalência mencionada e, portanto, o esforço para desagregar a forma artística original que se desenvolve simultaneamente a partir do dinamismo capitalista e para substituí-lo por outra forma que melhor convenha aos aspectos, presumíveis ou efetivos, da emancipação humana" (*O Romance Está Morrendo?*).

Em síntese, o romance ainda tem uma tarefa a cumprir. Aquela que o impele a se envolver na recriação deste mundo atual de fetiches. Certamente menos "heróico", e por isso mesmo menos "conservador", porque devotado agora à *reflexão moral* de homens materialmente sufocados.

ROMÂNICA, ARTE; ROMÂNICO, ESTILO. →*Arte medieval.*

ROMANTISMO. **Significados.** Proveniente do advérbio latino *romanice*, literalmente "à maneira dos romanos", teve um primeiro significado cultural de língua vulgar, nacional, por oposição ao latim. Já pelo francês *rommant* ou o inglês *romaunt*, designou as aventuras heróicas e cortesãs das novelas medievais, como as relatadas no círculo arturiano, a partir dos finais do século XII e durante o século XIII (→*Arturiano*). Durante a Renascença, e até o século XVII, os adjetivos *romanesque* e *romantic* aplicaram-se a textos poéticos (de Ariosto, entre outros), com a idéia de impressões fantasiosas, quiméricas ou desordenadas, embora delimitadas pelas normas clássicas. Em seguida, adquiriu

ROMANTISMO

um outro valor, o de expressão imaginativa, aquela que desperta a comoção do espírito diante da natureza e dos monumentos históricos do passado (em Rousseau ou Fuseli, por exemplo): paisagens incultas, selvagens, ruínas e construções medievais. Por fim, referiu-se ao estilo artístico contrário aos princípios clássicos e que passou a existir nas manifestações culturais entre os fins do século XVIII e a primeira metade do século XIX.

Antítese do clássico. As oposições entre o clássico e o romântico foram propostas e analisadas, inicialmente, por Auguste Schlegel, Goethe e Schiller. Schlegel (*Curso de Literatura Dramática*) defendeu a antítese entre os dois termos ao afirmar que a arte clássica exclui propositadamente as contradições, enquanto a romântica prefere uma simbiose de elementos contrários e fragmentados (sensações concretas e idéias abstratas, o sublime e o grotesco, a subjetividade e a coletividade), valorizando aspirações secretas e forças misteriosas, "a fim de gerar coisas novas e maravilhosas". Schiller caracterizou a emergência romântico-sentimental como a expressão subjetiva e musical de um conflito entre o "eu" (figura primordial) e a sociedade, entre o ideal e o real, diferentemente da poesia "ingênua" (clássica, objetiva, impessoal). Goethe, por sua vez, distinguiu os estilos na famosa sentença segunda a qual "o clássico é a saúde, o romântico é a doença". A enfermidade romântica reside em um estado de rebeldia permanente, na ânsia nostálgica de conquistas espirituais que o mundo concreto e fatual não satisfaz. Assim entendido, muitas das obras e das manifestações artísticas, independentemente de épocas e de geografias, podem conter traços românticos (→*Estilo*). Como a consciência do ideal romântico proveio mais claramente da literatura alemã, ela já se apresenta desenvolvida, entre outras obras, nas do próprio Goethe (*Goetz von Berlichingen*, *Os Sofrimentos do Jovem Werther*) e nas de Schiller (*Os Bandoleiros*, ou *Salteadores*), integrantes do movimento →sturm und drang.

Em 1800, Madame de Staël (a feia, mas ardente animadora de círculos intelectuais, filha do banqueiro Necker, ex-ministro de Luís XVI e recém-exilada por Napoleão) lançou um verdadeiro manifesto romântico – *Da Literatura Considerada em Suas Relações com as Instituições Sociais*. Apoiando-se nos literatos alemães e na teoria de Montesquieu, segundo a qual o clima e os costumes exercem poderosas influências sobre as culturas, nele afirma: "Os povos do Norte estão menos preocupados com os prazeres do que com as dores, e sua imaginação é, por isso mesmo, mais fecunda. O espetáculo da natureza age fortemente sobre eles; age como se mostra em seus climas, sempre mais sombrio e nebuloso". Assim, a poesia do Norte,

contrariamente à dos povos do Mediterrâneo, tem sua força e grandeza no lirismo melancólico, um impulso necessário de complementação espiritual para aquilo que a natureza e a sociedade não lhes oferecem. Esse lirismo incorpora-se com profundidade na alma poética, fazendo-a externar-se com mais emotividade, inquietação ou paixão do que os sentimentos prazerosos e contidos da alma clássica, "solar". Por outro lado, para fazer poesia é preciso estar excitado interiormente por "impressões de uma bela paisagem, de uma música harmoniosa, pela visão de um objeto amado, e acima de tudo, por um sentimento religioso que nos faz experimentar a presença de Deus".

Idéias e sentimentos pré-românticos. Mas em todo o transcorrer do século XVIII, a estética da sensibilidade individual, isto é, o desejo de dar expressão aos variados estados da alma e às forças inconscientes da fantasia foi igualmente defendida, sobretudo na Inglaterra, ao lado da poética clássica (→*Classicismo, neoclassicismo*).

Shaftesbury (Anthony Cooper, dito Conde de), já sugeria, por exemplo, que em toda ação moral deveria haver o concurso dos afetos; que idéias inatas ou o poder infuso da imaginação eram princípios de gênio artístico, uma qualidade capaz de perceber e recriar o belo da natureza, cuja origem se encontra em Deus; que a beleza, a verdade e o bem constituem um só conjunto, ou seja: o que é belo contém harmonia; o que é harmonioso é verdadeiro; o que é belo e verdadeiro é bom. Chamou de *moral sense* (sentido moral) essa predisposição natural, de proveniência divina, aplicável aos sentidos ético, artístico e sociopolítico (*Characteristics of Men, Manners, Opinions, Times*, 1711). Na opinião de Terry Eagleton, Shaftesbury, "horrorizado com uma nação de pequenos comerciantes hobbesianos, defende a estética como alternativa: por uma ética articulada com a vida sensorial e por uma natureza humana entendida prazerosamente como um fim em si mesma [...] sua filosofia reúne a lei absoluta da escola antiga com a liberdade subjetiva da nova, sensualizando a primeira enquanto espiritualiza a outra" (*A Ideologia da Estética*). Algumas décadas mais tarde, o Marquês de Vauvenargues salientou o papel das paixões que "elevam os sentimentos e vos tornam mais generosos", fazendo ainda célebre o aforismo segundo o qual "os grandes pensamentos vêm do coração". Contra a idéia de que o progresso seria obtido pela difusão do Iluminismo, destacou o papel do "gênio", daquele "espírito amplo que considera os seres em suas relações mútuas: apreende, num só golpe de vista, todas as ramificações das coisas, reúne-as em sua origem e num centro comum, e as coloca sob o mesmo ponto de vista". A capacidade de reunir e ultrapas-

ROMANTISMO | 573 **Ro**

sar os diversos espíritos ou inteligências particulares seria, portanto, um privilégio do gênio, alguém acima das virtudes, das moralidades e das contradições cotidianas. Antecipando-se a Nietzsche, declara que as paixões têm origem no "sentimento de poder", que buscamos aumentar, ou no "sentimento de pequenez", que queremos esconder. "Seria um ato de loucura a distinção entre pensamento e sentimentos em nós mesmos." Dificilmente, portanto, poder-se-ia moderar as paixões (de passagem, diga-se que este impulso pela desmedida foi o que levou Lukács a afirmar que o romantismo consolidou o ideal burguês de excesso universal e de excesso de subjetividade).

Thomas Gray, um clássico na forma e por erudição, devotou-se também à expressão de estados melancólicos, como, por exemplo: "O repicar dos sinos proclama o fim do dia / E o mugido do rebanho espalha-se vago pelas alfombras. / Cansado, o lavrador abandona o labor que lhe cabia / E deixa a mim e ao mundo suas vastas sombras. / Agora se desvanece a paisagem vacilante / E todo o ar adquire uma calma solene. / O besouro recolhe seu vôo vibrante / E modorrentos tinidos embalam a paragem indene" (*An Elegy wrote in a Church Country Yard* – Elegia escrita em um cemitério de igreja rural). Esta discreta sensibilidade e seu gosto pelas antigas literaturas galesa e escandinava (*O Bardo, A Descida de Odin*) revelaram-se formas de transição entre o clássico e o romântico. Como os versos acima sugerem, Gray já demonstra uma nostalgia pelo passado e condena o utilitarismo burguês, evocando com amargura a poluição que a indústria causava aos campos ingleses. Seus contemporâneos, Robert Blair e Edward Young, iniciaram os temas fúnebres e de angústia religiosa. O primeiro escreveu um longo poema intitulado *O Sepulcro* (*The Grave*), anos mais tarde ilustrado por Blake; Young alcançaria sucesso com *Lamentação ou Pensamentos Noturnos sobre a Vida, a Morte e a Imortalidade*. Também nessa transição entre a reverência à beleza clássica e os sentimentos românticos situa-se o italiano Ugo Foscolo, poeta de *Dei Sepolcri* (*Os Sepulcros*), nos quais se cultua a indispensável memória dos mortos, com entonações heróicas e ardentes.

Mas as efusões românticas seriam incompletas sem o seu filósofo, Rousseau. Para ele, muitas vezes considerado o mais irracionalista dentre os autores da Ilustração, a sensibilidade é a matriz da bondade natural e da consciência de justiça. É ainda nela que se funda a construção da virtude e da igualdade, algo que veio a ser indispensável após as transformações sociais que "puseram a ferro", nesta última era dos metais, o homem bom e feliz do estado de natureza. Por isso, "existir para nós é sentir; nossa sensibilidade é incon-

testavelmente anterior à nossa inteligência" (*Emílio*). Seu romance epistolar, *La Nouvelle Héloise*, retraçou a lógica do coração, "dentro de um nobre entusiasmo do honesto e do belo, que sempre a elevou acima de si mesma" (carta 30). O que escreveu e propôs, exaltada ou melancolicamente, partiu e pretendeu retornar à sensibilidade, à pureza ou à suposta inocência de uma época de ouro. Esperanças, suscetibilidades e idealismo que levaram Sainte-Beuve a dizer que o filósofo sempre "pôs tudo em verso".

Características do romantismo. Cremos que as características românticas mais evidentes podem ser resumidas nos seguintes princípios: *1)* abandono dos temas e do passado greco-romano, substituídos pelo culto aos antepassados medievais (ou ameríndios, nas Américas) e, portanto, em defesa da história nacional, de seus povos, mitos e tradições; *2)* valorização dos estados subjetivos da alma individual, que fazem da "sensibilidade" e das "paixões tormentosas" as pedras de toque da criação artística, exaltando os impulsos e as expressões líricas; *3)* daí também a exploração de experiências místicas, misteriosas, noturnas ou fantásticas, as quais, em conjunto, também significam uma oposição ao racionalismo filosófico e iluminista; *4)* evasão aventurosa para terras e culturas distantes, reais ou imaginárias, representada pela vertente antiutilitarista e antiburguesa; *5)* exaltação do "gênio", isto é, da alma inquieta, superexcitada de vida, aquela que, por sua originalidade e inspiração, evita o tédio e alcança o infinito. A idéia de gênio confunde-se ainda com a figura do herói popular, o indivíduo histórico ou ficcional que se lança, desesperada ou orgulhosamente, em busca de ações redentoras. Alguns desses primeiros símbolos angustiados são Werther e o primeiro Fausto, de Goethe, ou René, de Chateaubriand (→*Gênio*); *6)* negação da poética ou dos preceitos clássicos, de um lado, e, de outro, o uso de coloquialismos na construção poética. Quanto ao primeiro desses aspectos, Victor Hugo observou que o romantismo dava início ao liberalismo nas artes. Pois uma das conseqüências inevitáveis da novidade estética esteve na recusa progressiva das formas fixas, das métricas ou dos gêneros conhecidos de obras artísticas. O lema "Abaixo as convenções!" fez-se ordem do dia. Em relação ao segundo, a grande influência veio de Wordsworth, para quem o coloquialismo constituía "a adoção da verdadeira linguagem do homem, falando de incidentes e de situações da vida comum"; *7)* surgimento de uma literatura com tratamento popular ou vulgarizado, sobretudo a narrativa (romances e contos), conhecida à época como "para mulheres e crianças", e que respondiam às novas exigências comerciais de editores e autores. Comentando esse aspecto, sublinha Arnold Hauser: "O súbito aumento do número de pessoas que lêem conduz a um nítido declínio no padrão literário geral. A procura é muito superior ao número de bons escritores que a podem satisfazer, e como a produção de romances é um negócio extremamente lucrativo, estes aparecem em desenfreada e indiscriminada profusão".

A impaciente subjetividade romântica correspondeu também às modificações socioeconômicas e políticas do período, como a do trabalhador que vende sua força de trabalho "livremente" em um mercado anônimo e urbano-industrial. Por esse motivo, o artista estava, desde então, entregue a si mesmo. De maneira cotidiana, um escritor, um pintor ou um compositor tornou-se também crítico de jornal ou de revista, professor de famílias burguesas, maestro de orquestras públicas ou privadas. O seu público já não era fixo, aquele da nobreza ou da aristocracia, habituado ao mecenato, como incertos também eram os seus rendimentos. Certos autores hostilizaram esse público impessoal, burguês ou popular, pela demanda de obras superficiais; outros, ao contrário, resolveram bajulá-lo e se tornaram as primeiras "estrelas" da vida artística moderna. Os exemplos iniciais, ainda que tímidos, de nossa própria época.

Literatura. O mesmo nacionalismo que impulsionou a arte romântica ao passado histórico singular, assim como a exaltação nostálgica da natureza e a permanente insatisfação do "eu" (o *mal du siècle* francês ou o *Sehnsucht* alemão) fizeram com que muitos críticos, entre eles René Wellek, vissem nessas características a formação de um movimento estilístico de larga abrangência ocidental. Assim, incluem-se entre os literatos românticos (poetas, romancistas e dramaturgos) nomes importantes como: Jean Paul, Ludwig Tieck, Friedrich de la Motte Fouqué, Novalis (Friedrich von Hardenberg), Clemens Brentano, os irmãos Grimm, ou E.T.A. Hoffmann, na Alemanha; Chateaubriand, Alphonse de Lamartine, Alfred de Vigny, Victor Hugo, Alexandre Dumas (pai), Alfred de Musset, Prosper Merimée ou Théophile Gautier (em seu período inicial), na França; William Wordsworth, Samuel T. Coleridge, Percy Shelley, John Keats, Walter Scott e Robert Louis Stevenson, no Reino Unido; Massimo D'Azeglio, Ippolito Nievo, Alessandro Manzoni e Antonio Fogazzaro, na Itália; Alexei Tolstói, Serguei Aksákov, Nikolai Gógol (numa primeira fase), Púchkin e Lérmontov, na Rússia; José Zorilla, Rosalía de Castro (na fase inicial dos *Cantares Gallegos*) e Gustavo Bécquer, na Espanha; Fenimore Cooper, Edgar Allan Poe, Ambrose Bierce, Nathaniel Hawthorne, Henry Thoreau e Walt Whitman (o "Victor Hugo norte-americano"), nos Estados Unidos; Almeida Garret, Alexandre Herculano, Feliciano de Castilho (o mais arcádico dentre eles), Guerra Junqueiro ou So-

ares de Passos, em Portugal; Henryk Sienkiewicz e Juliusz Slowacki, na Polônia; Alois Jirasek e Frantisek Celakovsky, entre os tchecos; Franz Grillparzer, na Áustria; Adam Oehlenschlaeger e Hans Christian Andersen, na Dinamarca; Erik Stagnelius, na Suécia; ou Zorilla de San Martín, no Uruguai.

Certos poetas, embora contaminados pela liberdade e pelo lirismo do tempo, ainda conservaram traços formais e espirituais do classicismo, como Byron, ou o maior dos poetas italianos do Oitocentos, Giacomo Leopardi. É ele ainda um dos precursores da poesia moderna, no que ela tem de concisão, de brevidade textual, e na qual se aliam sensações e reflexões. Assim, por exemplo, o famoso *O Infinito*: "Sempre cara me foi esta erma colina / E esta sebe, que de tanta parte / Do último horizonte o olhar exclui. / Mas sentando e mirando os intermináveis / Espaços além, e os sobre-humanos / Silêncios, e a profunda quietude, / Eu no pensar me finjo; e por pouco / O coração não treme. E como ouço / o vento zunir pelas plantas, eu / O infinito silêncio a essa voz / Vou comparando; e sobrevém o eterno / E as estações mortas e esta aqui presente / E viva, e o seu soar. E assim, nesta / Imensidão se afoga o pensamento. / E o naufragar me é doce nesse mar".

Por outra via, escritores como Gógol (*Inspetor Geral*, *O Capote*, *Almas Mortas*) e Charles Dickens (na maioria de sua produção) encaminharam-se para uma visão muito mais realista do que a maioria de seus pares. O primeiro por retratar com ironia e desencanto a vida provinciana das classes médias, além de censurar a burocracia e as desonestidades da aristocracia russa; o segundo, ao descrever a miséria humana, principalmente a infantil, e a degradação urbana trazidas pela industrialização capitalista, encaminhando o romantismo para uma vertente de denúncia social, embora as perspectivas de soluções não fossem além de esforços caritativos ou beneméritos.

Por fim, convém ainda mencionar a abalizada opinião de Carpeaux, segunda a qual o romantismo, ao menos em suas manifestações literárias, foi um movimento político, "mesmo e justamente quando pretende ser apolítico. A Revolução Francesa satisfez a reivindicações que se exprimiram através do pré-romantismo: o descontentamento sentimental e o popularismo encontraram-se na mística democrática do 'instinto sempre certo do povo'. Mas a Revolução não satisfez da mesma maneira àqueles pré-românticos, que não eram políticos, nem homens de negócios, nem homens do povo, e sim literatos profissionais, os primeiros literatos profissionais; estes logo foram excluídos da nova sociedade burguesa, que não admitiu outro critério de valor senão o utilitarista [...]. Responderam criando uma literatura 'ideológica', que se situou conscientemente fora da realidade social: ou evadindo-se dela, ou então atacando-a. Eis o Romantismo" (*História da Literatura Ocidental*).

Romantismo na literatura brasileira. A independência política do Brasil, ao consolidar a consciência e os interesses econômicos de sua oligarquia, estimulou o desenvolvimento de uma literatura muito mais nacionalista do que o arcadismo do século precedente.

Vieram à tona alguns aspectos inovadores na temática e no tratamento formal, entre os quais: a idealização dos povos indígenas, considerados não apenas os verdadeiros nativos do país, como os símbolos de beleza e pureza ancestrais, típicas do "bom selvagem" rousseauniano, não contaminados pelos vícios civilizados; a celebração da natureza tropical, engrandecida em sua variedade e exuberância; uma aproximação maior entre personagens literários e os tipos sociais urbanos da vida cotidiana, o que também lhes permitiu uma inserção histórica mais precisa; a crítica social à escravatura e aos sofrimentos físicos e espirituais do negro; o sentimento saudosista de intelectuais quando afastados da terra natal; a valorização de manifestações culturais e dos particularismos da gente brasileira – "O povo que chupa o caju, a manga, o cambucá e a jabuticaba, pode falar uma língua com igual pronúncia e o mesmo espírito do povo que sorve o figo, a pêra, o damasco e a nêspera?" (José de Alencar).

A esse respeito, ou seja, a propósito da "criação de uma nova língua", tão separada da de Portugal quanto os laços políticos já desfeitos, instaurou-se uma discussão, ainda que velada, entre os seus defensores e aqueles que não dispensavam a antiga linhagem lusa. No primeiro campo estiveram, por exemplo, Gonçalves Dias e José de Alencar; no segundo, Álvares de Azevedo, o historiador e crítico Varnhagen e Machado de Assis; os aparecimentos do romance (difundido, não poucas vezes, em folhetins jornalísticos), da literatura dramática e do teatro nacionais.

O marco dessa autoconsciência delineou-se, curiosamente, na ausência da pátria, e talvez por essa mesma condição. Residentes em Paris, os jovens integrantes do grupo liderado por Gonçalves de Magalhães e constituído por Manuel Araújo de Porto Alegre, Francisco Torres Homem e Cândido de Azeredo Coutinho propuseram uma "nova literatura" nos dois números da revista *Niterói*, editada na França, e no panfleto *Discurso sobre a História da Literatura Brasileira*, todos de 1836. No ano seguinte, Magalhães faria editar *Suspiros Poéticos e Saudades*, considerada a primeira obra brasileira de inspiração romântica, antes de *A Voz da Natureza*, de Porto Alegre. No terreno da poesia, seguiram-se então as obras maiores e mais representativas

– pela intensidade das expressões, pelo desassossego espiritual e liberdades formais – aquelas de Gonçalves Dias (*Primeiros Cantos, Sextilhas de Frei Antão, Últimos Cantos*), de Álvares de Azevedo (*Lira dos Vinte Anos*) e de Castro Alves (*Espumas Flutuantes, A Cachoeira de Paulo Afonso, Os Escravos*), secundadas pelas de Fagundes Varela (*Noturnas, Vozes da América, Cantos Religiosos*), Casimiro de Abreu (*Primaveras*), Junqueira Freire (*Inspirações no Claustro*) e João Nepomuceno.

O romance brasileiro fez sua estréia com *O Filho do Pescador*, de Teixeira e Souza, publicado em 1843. Um ano depois acontecia o primeiro grande sucesso de *A Moreninha*, obra de Joaquim Manuel de Macedo, seguido de *O Moço Loiro*. Sobre algumas das características da narrativa romântica, opinam Antônio Cândido e Aderaldo Castelo: "[...] o que predomina no romantismo (em geral) é o romance social da vida contemporânea, sentimental e lírico. No romantismo brasileiro, apresenta-se dividido entre a cidade, ou melhor, a Corte e o campo, o sertão ou a província, derivando-se daí as duas tendências principais de nossa ficção – uma voltada para o ambiente citadino, a outra regionalista. É José de Alencar quem o define, criticamente, e também pelo conjunto de sua obra, a qual ao mesmo tempo exemplifica quase todos os tipos do romance romântico [...]. Tanto quanto na poesia, menos no teatro, a linguagem da ficção é repleta de elementos plásticos e sonoros. Cor, forma, musicalidade enriquecem sobretudo a linguagem descritiva em correlação com os estados d'alma ou com as situações dramáticas. Linguagem carregada de imagens e comparações, nela, muitas vezes, a palavra em si é pouco significativa".

Em 1854, vieram a lume, em forma de livro, as *Memórias de um Sargento de Milícias*, de Manuel Antônio de Almeida, publicadas antes em folhetim do *Correio Mercantil* (fora da corrente principal que se formava, o *Sargento* se caracteriza por um realismo coloquial muito mais inspirado na forma e em personagens dos romances picarescos, espanhóis e franceses, dos séculos XVI e XVII). Na galeria posterior avulta a figura de José de Alencar (*O Guarani, A Viuvinha, Lucíola, As Minas de Prata, Iracema*) e dela fazem parte Bernardo Guimarães (*O Ermitão de Muquém, O Garimpeiro, O Seminarista, A Escrava Isaura*), Franklin Távora (*A Casa de Palha, O Cabeleira, O Matuto*), Visconde de Taunay (*Inocência, Lágrimas de uma Mulher*) e o Machado de Assis de uma primeira fase (*Ressurreição, A Mão e a Luva, Helena*, além dos *Contos Fluminenses*, das *Histórias da Meia-Noite* e das coleções poéticas *Crisálidas, Falenas* e *Americanas*). Sobre esta fase inicial, Machado escreveria mais tarde: "Gente que mamou o leite romântico pode meter o dente no rosbife naturalista; mas em lhe cheirando a teta gótica e oriental, deixa o melhor pedaço de carne para correr à bebida da infância. Oh!, meu doce leite romântico".

Vários românticos experimentaram ainda o gênero dramático, já inteiramente em prosa, e até então inexistente no Brasil. No terreno do drama, ora assumiram-se os conflitos entre o amor que se deseja livre e os deveres, as conveniências ou os oportunismos sociais, ora a missão reformadora dos costumes culturais e políticos. A comédia, no entanto, ganhou a preferência do público, destacando-se pela caricaturização dos hábitos sociais e pelo tratamento ridicularizante de personagens-tipos da sociedade da época. Refletindo os vícios e as virtudes, de maneira exagerada, teve por finalidade corrigir os comportamentos condenáveis, premiando os honestos ou sinceros. 1838 deu início a essa produção dramática nacional, ano em que apareceram as peças *Antônio José*, de Gonçalves de Magalhães, e *O Juiz de Paz na Roça*, de Martins Pena.

Sobre esse período inicial, escreveu Fernando de Azevedo: "Embora a montagem e a dignidade dos espetáculos deixassem muito a desejar, a figura de João Caetano, que surge com uma vocação surpreendente e se mantém infatigável por 24 anos, desde a representação de *Olgiato* (1839), de Magalhães, até sua morte, domina quase solitária a cena do teatro, pelo calor apaixonado, pelo sentido dramático em alto grau e pela segurança da dicção. Era um ator à procura de autores. Não é que aos brasileiros faltassem disposições para as formas cênicas da literatura; mas a vitoriosa concorrência do repertório e do teatro estrangeiro, o caráter comercial das empresas que preferiam sempre uma peça consagrada a uma obra inédita de autor desconhecido [...] tinham de forçosamente afastar da cena as produções de nossos escritores. No entanto, a despeito dessa concorrência [...] não faltaram autores de peças teatrais, desde Gonçalves de Magalhães, Porto Alegre e Gonçalves Dias, e outros romancistas e poetas que, depois de alguns ensaios medíocres, renunciaram à carreira dramática. O maior de todos, Luís Carlos Martins Pena, do Rio de Janeiro, o criador do teatro nacional, deixa nas suas peças, e especialmente nas comédias de costumes, como *O Juiz de Paz na Roça*, *O Noviço*, *Quem Casa Quer Casa*, a fisionomia moral de toda uma época, retratada também, em alguns de seus aspectos, com espontaneidade e graça, por Joaquim José da França Júnior, da Bahia, na sua comédia *As Doutoras*, em três atos, e por José de Alencar, em *Demônio Familiar* (1857)" (*A Cultura Brasileira*).

Música erudita. Toda a música erudita do século XIX foi romântica, de Schubert a Wagner, apesar dos diferentes estilos pessoais de seus compositores. Além do experimentalismo das formas, da manifestação de estados subjetivos ou de expressões nacionalistas, um traço comum foi o da liberdade das modulações, que, de tanto exploradas, conduziu à idéia de que o sistema tonal estivesse exaurido no final do século.

As modulações românticas funcionaram como ramificações invasivas ou progressivas de elementos harmônicos e rítmicos, buscando-se com elas extravasar sentimentos líricos ou heróicos. Também o aparecimento e o desaparecimento súbito de vozes internas passaram a ocorrer com freqüência, fazendo com que algumas sucessões se tornassem inesperadas e provocassem impactos, a demonstrar traços de um marcante individualismo compositivo. Assim, os contornos da sinfonia e da sonata clássicas foram sendo rompidos em favor de um desenvolvimento francamente "emotivo", o que permitiu a criação dos poemas sinfônicos, por exemplo. Seu protótipo podemos encontrar na *Sinfonia Pastoral*, de Beethoven, cujo lema dizia ser "mais expressão de sentimentos do que descrição". Outro aspecto do movimento romântico foi o de se vincular não poucas vezes à literatura. De um lado, ao musicar textos poéticos já existentes, caso dos *lieder* germânicos, para cujo repertório Schubert deu a máxima contribuição (cerca de seiscentas peças), baseando-se em autores de gênio (Goethe, Schiller, Heine, Byron ou Shakespeare) ou em poetas populares, seus amigos de boêmia. De outro, ao ilustrar argumentos históricos ou "cenas pictóricas", de modo apenas concertante, a chamada música programática ou descritiva (Liszt, Berlioz, Tchaikóvski, entre outros).

A galeria dos autores românticos é imensa e matizada. Nela podemos encontrar o lirismo pianístico de Franz Schubert (*Improvisos, Momentos Musicais, Fantasia Wanderer*), fonte de inspiração para as melodias graciosas do período juvenil de Robert Schumann (*Carnaval, Dança dos Espíritos Poéticos* – os *Davidsbündler* – *Peças Fantásticas, Cenas Infantis*), que mais tarde comporia sob um clima bem mais sombrio.

Sob outro aspecto, temos as inovações técnicas vigorosas para violino (ricochetes, associação de arco e pizicatos) de Niccolò Paganini. Os seus virtuosísticos "caprichos" (denominação de 24 de suas peças) obtiveram um sucesso estrondoso na Europa, tanto quanto a sua figura magra e doentia.

Na seqüência, deparamo-nos com a fertilidade melódica de Hector Berlioz, posta a serviço de leituras ou de impressões literárias, e a técnica de exploração de um tema recorrente (a "idéia fixa" ou *leitmotiv*), que se tornaria constante em Wagner. Foi responsável ainda pelo engrandecimento dos recursos orquestrais, cujos princípios, expostos no *Grande Tratado de Instrumentação e de Orquestração* conservaram-se como modelos sinfônicos até o início do século XX. Nele há

ROMANTISMO 577 **Ro**

sempre a impressão de teatralidade, sobretudo na magnífica *Sinfonia Fantástica*, em *Romeu e Julieta*, n'*A Danação de Fausto* ou n'*A Infância de Cristo*.

De Frédéric Chopin ressaltam a ampla riqueza harmônica, as sutilezas cromáticas e um estilo personalíssimo, revelado sobretudo em suas peças curtas, de um folclore mais imaginário do que real, embora convictamente nacionalista (51 mazurcas, catorze *polonaises*, 26 prelúdios, dezenove valsas). Já Felix Mendelssohn-Bartholdy, de família judaica, mas religiosamente luterano, filho de banqueiro, registra um rigor de estrutura clássica associado a pinceladas poético-românticas, como as ressaltadas em *Sonho de Uma Noite de Verão, Concerto para Violino e Orquestra* (op. 64) e nas *Sinfonia Italiana* e *Sinfonia Escocesa*.

Franz (ou Ferencz) Liszt, húngaro de nascimento e criança-prodígio, é ainda tido como o maior pianista de todos os tempos. Tanto quanto Paganini, a quem admirava, "espetacularizou" suas apresentações solistas, chegando a tocar alternadamente em dois pianos contrapostos a fim de que a platéia observasse seus dois perfis. Embora se tenha tornado uma figura cosmopolita desde a infância, educando-se em Viena e em Paris, acompanhou a voga nacionalista do século compondo dezenove *Rapsódias Húngaras*. Com seus poemas sinfônicos (*Os Ideais, Prelúdios, Orpheus*), sinfonias (*Dante*) e sonatas, unificou a tendência da música programática à técnica do *leitmotiv*, em obras de um a três movimentos, abandonando assim o modelo da sonata-forma.

Johannes Brahms, "alma romântica numa cabeça clássica", foi admirador e protegido dos Schumann (de Robert e de sua mulher, a concertista e compositora Clara) e, ao mesmo tempo, adversário da "música do futuro", a de Liszt e de Wagner. Em 1860, assinou um manifesto liderado pelo conhecido violinista Joseph Joachim, contrário à nova tendência e em favor dos estilos de Beethoven, Mendelssohn e Schumann. Profundamente luterano e conservador, sempre apreciou a serenidade e as medidas do classicismo, embora eivado de sentimentos íntimos e melodiosidade popular (os *Volkslieder* de que compôs cerca de duzentos, incluindo-se vários arranjos para peças já conhecidas). Sua obra soa tradicional, comparativamente aos antecessores e contemporâneos românticos; é uma expressão mais densa ou severa, guiada por variações longas e calmas (em peças vocais como *Rapsódia* e *Ein deustsches Requiem*, assim como em suas quatro sinfonias, quatro concertos ou na admirável *Sonata* op.5).

Como Brahms, Anton Bruckner revelou-se eclético pela forma classicista e pelas veleidades romântico-religiosas, mas seu sentimentalismo místico mostrou-se mais solto e ingênuo do que o do rival. A

seu respeito, Brahms declarou certa vez: "um pobre louco que os padres de San Floriano têm na consciência" (a abadia austríaca em que Bruckner estudou e da qual se tornou organista). Suas qualidades como compositor só foram reconhecidas muito mais tarde do que os atributos de improvisador e regente – após a estréia da *Quarta Sinfonia*, em 1881, quando já contava 56 anos. A consagração viria com a *Sétima Sinfonia*, três anos depois. De qualquer forma, são obras longas, repetitivas, construídas em blocos sucessivos, sob grande influência do órgão.

Ainda que não tenha estudado com Bruckner, Gustav Mahler sempre se considerou seu discípulo, tanto quanto de Wagner. Regente de extraordinária competência e inovação cênica em peças dramáticas, havendo trabalhado nas Óperas de Praga, Leipzig, Budapeste, Hamburgo, Viena e no Metropolitan de Nova Iorque, simbolizou uma ponte entre os séculos XIX e XX. Aderiu ao gigantismo das orquestras e corais de Berlioz, manteve-se ligado à tradição compositiva dos *lieder*, substituindo, no entanto, o acompanhamento simples de piano pelo conjunto orquestral, e estendeu mais ainda do que Bruckner a extensão de suas sinfonias (entre setenta e noventa minutos de execução). No final da vida, criou uma obra em que se anunciava o atonalismo, a *Sinfonia nº 9*.

César Franck, belga de nascimento e francês por adoção, conquistou o merecido prestígio nos anos finais de vida, embora seus numerosos alunos (entre eles Vincent d'Indy e Ernest Chausson) sempre o tenham admirado, assim como Liszt. Meticuloso ao extremo, escreveu pouco e bem – quase uma só obra por gênero ou estrutura orquestral. Católico fervoroso, adotou invariavelmente um tratamento íntimo e religioso, mesmo em peças de caráter profano (*Sinfonia em ré menor, Sonata para violino e piano em lá menor, Variações Sinfônicas*). Sua técnica de composição baseou-se na constância das modulações, em explorações cromáticas provenientes de um tema único, também chamado de "forma cíclica".

Mais jovem do que Franck, outra figura destacada do romantismo tardio na França foi Gabriel Fauré, o mais próximo antecessor da geração impressionista, professor de Ravel. Inovou na escrita pianística ao introduzir as *blue notes* (notas em bemol) características do *jazz*, que dão uma impressão ondulante ou movediça à harmonização. Ainda que se tenha dedicado à ópera (*Prometeu, Penélope*), a maior parte de sua obra está em peças curtas, à maneira de Chopin, sobretudo canções francesas (97), barcarolas e noturnos.

Apoiados no gênero da valsa orquestral e adicionalmente em polcas, a família Strauss tornou-se personagem popularíssima de uma Viena ainda aristocrática, embora em declínio. A partir de 1826 e até o final do século, Johann I (o pai) e seus filhos Johann II (o mais celebrado), Joseph e Eduard I criaram centenas de peças e conduziram suas orquestras em bailes públicos, ao ar livre, e na corte imperial, dando ampla divulgação à chamada "música ligeira", feita para dançar.

Foi ainda com o romantismo que a música começou a adquirir diversidade multicultural. Até então, os grandes centros haviam sido a Itália e os países de língua germânica, a Alemanha e a Áustria, com algumas poucas contribuições francesas. O núcleo desse fenômeno esteve localizado nos sentimentos e nas políticas nacionalistas, inicialmente alemãs, mas logo se estendeu aos países leste-europeus e nórdicos. Essas novas singularidades desenvolveram-se por oposição ao classicismo, apoiando-se nas características dos folclores nacionais ou regionais: em seus ritmos, escalas, formas melódicas e estilos instrumentais específicos. Caso do →Grupo dos Cinco, movimento russo constituído por Alexander Dargomíchki, César Cui, Mily A. Balakirev, Alexander Borodin e Modest Mussórgski, o mais talentoso e "selvagem" dentre eles (*Uma Noite no Monte Calvo, Boris Godunov, Khovantchina, Quadros de uma Exposição*). As idéias ou intenções do Grupo repercutiram sobremaneira em Rímski-Korsakov, embora seu "russismo" também incorpore elementos orientalizantes e muito da tradição ocidental (nas óperas *A Moça de Pskov, Sadko, O Galo de Ouro*, ou no poema sinfônico *Sheherezade*).

Já Piotr I. Tchaikóvski permaneceu próximo e fiel à música ocidental, embora seja inegável que de sua obra exale aquela mistura de sentimentalismo e de fatalismo da alma russa, incapaz de esconder os efeitos melodramáticos. Ainda assim, a memória e o repertório do compositor estão mais conservados nas sinfonias (a *Quarta* e a *Sexta*), em peças programáticas (*Romeu e Julieta*) e, principalmente, nos balés (*Lago dos Cisnes, A Bela Adormecida, Suíte Quebra-Nozes*).

Entre outras contribuições eslavas, encontramos dois inspirados compositores tchecos, internacionalmente reconhecidos – Bedrich Smetana (poemas sinfônicos *Minha Terra, O Rio Moldava*) e Antonin Dvorak (*Danças Eslavas, V Sinfonia* – a do Novo Mundo –, *Concerto para violoncelo e orquestra, em si menor*). Nas primeiras décadas do século XX, obteve algum prestígio o finlandês Jean Sibelius, um dos últimos e melancólicos românticos (*O Cisne de Tuonela, Finlândia, Suíte Carélia*).

A Inglaterra, musicalmente eclipsada, apesar do sol que nunca se punha entre as fronteiras do vasto império, produziu apenas dois autores de obras eventualmente consideráveis: John Field, criador dos *Noturnos*, e Edward Elgar, cujas principais composições são as *Variações Enigma* e *O Sonho de Gerontius*. (Para referências a Carl Weber, Gioacchino Rossini, Giuseppe Verdi, Richard Wagner, Charles Gounod e Jacques Offenbach, →*Ópera*).

No Brasil, a música erudita romântica só começou a ganhar relevo na segunda metade do século. A figura predominante do animador cultural da época foi Francisco Manuel da Silva, regente da Capela Imperial e mais conhecido pela composição do Hino Nacional (não há certeza se a obra foi feita para a independência, para a abdicação ou para o coroamento de Pedro II). Mas o autor dedicou-se não só à criação de missas e motetos, como de modinhas, valsas e lundus.

A esse respeito, escreveu Mário de Andrade: "Dão Pedro II, que a instância de Francisco Manuel, fundara em 1841 o Conservatório de Música, fundou também em 1857 a Academia Imperial de Música e Ópera Nacional. Esta academia teve um período de brilho nacional extraordinário, em que fez cantar na língua do país, óperas estrangeiras e numerosa produção brasileira. Nela Carlos Gomes deu seus primeiros passos no melodrama, como a *Noite no Castelo* e *Joana de Flandres*. O Segundo Império foi talvez o período de maior brilho exterior da vida nacional brasileira. As companhias italianas traziam para cá vozes célebres, davam temporadas que somavam sessenta espetáculos, deixavam por aqui sua música e instrumentistas. Os concertos eram também numerosos, não só de virtuosos estrangeiros como de nacionais aparecendo. Dentre estes, é curioso constatar, durante o Império, a freqüência dos instrumentistas de sopro, gente que profetizava decerto nossos tão hábeis flautistas e oficleidistas populares [...]. É ainda no Segundo Império que mudam-se para o Brasil os dois fundadores da virtuosidade pianística nacional: Artur Napoleão, cuja maneira de tocar, nítida, um bocado seca e brilhante se tradicionalizou no Rio de Janeiro, e Luiz Chiaffarelli, o fundador da escola de piano paulista. Também então fundam as primeiras sociedades instrumentais como a Filarmônica (1814) e o Clube Beethoven (1882) no Rio de Janeiro, e o Clube Haydn (1883) sob a direção de Alexandre Levi, em São Paulo" (*Pequena História da Música*).

Apesar das fortes influências européias, a tendência nacionalista – que seria predominante no modernismo do século XX – já aparecia em nossos compositores, que passaram a incorporar, em determinadas obras, ritmos, temas e melodias de extração popular. Foram os casos de Brasílio Itiberê da Cunha (*A Sertaneja, Rapsódias Brasileiras*), Alberto Nepomuceno (*Série Brasileira, Valsas Humorísticas, Garatuja*) e Alexandre Levy (*Fantasia sobre o Guarani, Suíte Brasileira, Tango Brasileiro, Sinfonia em mi menor*). Henrique Oswald, por ter vivido 35 anos na Europa, desenvolveu-se sob o influxo do velho continente, revelando em suas melhores peças o intimismo da música de câmara. Também Leopoldo Miguez permaneceu muito próximo dos legados germânicos (principalmente os de Liszt e de Wagner, pelo uso de *leitmotiv* e de cromatismos sutis), como se observa em suas sinfonias *Parisina*, *Prometeu*, ou no poema sinfônico *Ave, Libertas*. Carlos Gomes é tratado em →*Ópera*.

Pintura. O romantismo encontrou inicialmente na pintura paisagística um tema adequado às impressões idílicas, ou, ao contrário, tormentosas da natureza, servindo ainda às efusões idílicas e à maior liberdade técnica do artista. Os ingleses William Turner e John Constable, e os alemães Caspar Friedrich, Carl Rottmann e Otto Runge, todos nascidos no último quarto do século XVIII, deram início a uma pintura em que o impulso imaginativo e a escolha subjetiva do tratamento cromático já não seguiam os temas e métodos neoclássicos.

Do ponto de vista compositivo, observa-se que os contornos estão delineados sem a nitidez ou precisão dos clássicos, retornando-se, de preferência, às lições dos paisagistas holandeses do período barroco. Os assuntos míticos, religiosos ou históricos da tradição foram sendo substituídos pela interpretação que certos panoramas e fenômenos naturais evocam. Ou se dá evidência à tranqüilidade, à singeleza, à fertilidade ou à profusão de elementos e cores dos campos, das florestas, dos mares e montanhas, ou se realça a grandeza, a força ou a ameaça ali contidas. Para eles, a figura humana já não sustenta grande interesse, seja por ser o ambiente ou a paisagem aquilo que simboliza a fonte das sensações, seja porque agora a experiência formal é o ato de maior relevância. Com eles, o subjetivismo pictórico ganhou importância crescente, no sentido de que o assunto da tela se converteu em um problema técnico, o de "como pintar os impulsos poéticos ou sentimentalmente infinitos do autor". O pincel assemelha-se então à batuta de um regente, guia dos movimentos abstratos de uma música em cor. Uma orientação que antecipou e preparou o impressionismo.

Outra vertente foi a do romantismo francês, sobretudo a de Théodore Géricault e de Eugène Delacroix. Em ambos, os temas humanos continuaram a prevalecer, capturados de modo mais realista (personagens e situações contemporâneas), e ao mesmo tempo dramático, ainda por inspiração de mestres barrocos. Géricault causou *frisson* com um fato real, *A Balsa do Medusa*, um naufrágio ocorrido em 1816, e com a série de retratos de doentes mentais que costumava visitar na clínica de um médico amigo. Nestas obras, revela o artista o gosto tipicamente romântico por aspectos sombrios ou irracionais do comportamen-

to. Delacroix, admirador de Goya, de Constable e do amigo Géricault, moveu-se com grande ecletismo, deixando-se seduzir tanto por tipos e aventuras "exóticas" em regiões colonizadas – indianos, graciosas mulheres árabes ou caçadas a leões – como por temas políticos (*Os Massacres de Quios*, *A Liberdade Guiando o Povo*) e assuntos literários (*Dante e Virgílio no Inferno*). Por abandonar parcialmente o delineamento perfeito da figura humana e optar por cores subjetivas, mais reveladoras de sentimentos pessoais do que da razão ou das convenções clássicas, criou uma celeuma pública com o admirado Ingres, dividindo em partidos os jovens artistas e intelectuais freqüentadores dos cafés parisienses.

Na Itália, a liderança da corrente foi assumida por Francesco Hayez, pintor que aliou a técnica perfeccionista e suave de Ingres a cenas frias e teatralizadas de acontecimentos históricos da península. Outros representantes: Il Piccio (Giovanni Carnevali), Tranquillo Cremona e Daniele Ranzoni.

O romantismo pictórico brasileiro difundiu-se principalmente nas três últimas décadas do século XIX e nas duas primeiras do XX. Seus melhores representantes, saídos na quase totalidade da Imperial Academia de Belas-Artes, além de bolsistas na Europa, aliaram a técnica neoclássica do desenho e da fidelidade formal a certos motivos cuja maior freqüência estão dedicados: ao sensualismo dos nus femininos, ao intimismo de cenas cotidianas ou prosaicas (pintura de gênero), ao regionalismo de figuras típicas, ao bucolismo paisagístico e a personagens históricos populares e literários. São eles: Almeida Júnior (*Descanso do Modelo*, *O Importuno*, *Leitura*, *Picando Fumo*); Pedro Weingartner (*Ceifa*, *La Faiseuse d'Anges*, *Paisagem do Rio Grande do Sul*); Rodolfo Amoedo (*Marabá*, *Último Tamoio*, *Desdêmona*); Henrique Bernardelli (*Banho na Floresta*, *Bandeirantes*, *Proclamação da República*); Belmiro de Almeida (*Arrufos*, *A Tagarela*, *Dame à la Rose*); Antônio Parreiras (*Flor Brasileira*, *Dolorida*, *Frinéia*, *Zumbi*), mais reconhecido por seu delicado paisagismo; Pedro Alexandrino, pintor primoroso de naturezas-mortas, além de professor dos nossos primeiros modernistas, como Tarsila, Anita Malfati e Aldo Bonadei, além de Eliseo Visconti numa fase inicial (*Nus de Adolescentes*, *A Caboclinha*).

RONDÓ. **1.** Forma musical ou estrutura de composição em que um determinado tema ou seção se repete de modo alternado entre os contrastes (estes também chamados de episódios). Considerando-se A o tema principal, por exemplo, e as seqüências contrastantes B, C e D, a forma rondó será A1-B-A2-C-A3-D-A4, podendo as seções A estar abreviadas (Forma-3). **2.** Tipo de composição poética criada na época trovadoresca,

580 ROSÁCEA

para acompanhamento de dança *en ronde* (em círculo), e elaborada sempre com apenas duas rimas (*ab*). Mais tarde, criaram-se estruturas estróficas diferentes, como o rondó simples (dois quartetos e um sexteto, num total de 14 versos); o rondó duplo (duas quintilhas entremeadas por um terceto, havendo um verso quebrado idêntico no final do terceto e da última quintilha); e o rondó quádruplo (quatro quintilhas e três tercetos, com acréscimo de um verso quebrado idêntico em todas as estrofes, menos na primeira quintilha). Exemplo de rondó duplo, intitulado *Volta*, de Manuel Bandeira: "Enfim te vejo. Enfim no teu / repousa o meu olhar cansado. / Quando o turvou e escureceu / o pranto amargo que correu / sem apagar teu vulto amado! [primeira quintilha] / Porém já tudo se perdeu / no olvido imenso do passado: / pois que és feliz, feliz sou eu. / Enfim te vejo. [terceto e verso quebrado] / Embora morra incontentado, / bendigo o amor que Deus me deu. / Bendigo-o como um dom sagrado, / como só o bem que há confortado / um coração que a dor venceu! / Enfim te vejo!" [segunda quintilha com verso quebrado]. No arcadismo encontramos ainda o rondó constituído por um refrão que inicia o poema e se reproduz após cada dois quartetos, como n'*O Beija-flor*, de Silva Alvarenga (trecho): "Deixo, ó Glaura, a triste lida / Submergida em doce calma; / E a minha alma ao bem se entrega, / Que lhe nega o teu rigor [refrão]. / Neste bosque alegre e rindo / Sou amante afortunado; / E desejo ser mudado / No mais lindo beija-flor. / Todo o corpo num instante / Se atenua, exala e perde: / É já de oiro, prata e verde / A brilhante e nova cor. / Deixo, ó Glaura, a triste lida / Submergida em doce calma; / E a minha alma ao bem se entrega, / Que lhe nega o teu rigor [retorno do refrão]" Do francês *rondeau*.

ROSÁCEA. →*Vitral*.

ROTEIRISTA. Escritor de →roteiros (1) para →cinema, →vídeo, televisão ou artes cênicas em geral.

ROTEIRO. **1**. Texto-guia baseado em obra literária já existente ou escrito originalmente para cinema, vídeo, televisão, teatro ou mesmo bailado. O roteiro propõe o conteúdo, ou argumento, a forma e o encadeamento das cenas futuras, consistindo, portanto, na elaboração primária ou pré-visualização de uma obra. Como ponto de referência técnica e dramática, pode ser escrito sob várias formas, mas deve conter qualidades expressivas nos diálogos, nas situações indicativas de estados e conflitos psicológicos, das características sociais, históricas e ambientais, e também de operacionalização técnica. Para Sidney Field, constitui uma "progressão linear e ascendente de acontecimentos ligados uns aos outros, e conduzindo a uma resolução dramática", embora se transforme ou "desapareça", por assim dizer, na elabo-

ração fílmica ou na realização cênica, submetendo-se aos valores e atos da direção. Para Dwight Swain (na obra *Film Script Writing*), o roteiro determina, previamente, cinco fatores essenciais: a personagem principal, a situação de conflito, o objetivo do drama, o oponente ou antagonista (pessoa, condição social ou psicológica, instituição, ambiente hostil etc.) e o perigo ou ameaça. Como ilustração, a primeira cena do roteiro de William Faulkner para *To Have and Have Not* (*Uma Aventura na Martinica*), dirigida por Howard Hawks: "Harry Morgan (protagonista, vivido por Humphrey Bogart) e um cabo da Marinha – exterior, porto de Fort-de-France, dia. Um letreiro informa que a ação se desenrola em Fort-de-France, Martinica, sob a administração de Vichy (governo francês colaboracionista). No porto, de manhã, um americano cumpre as formalidades administrativas diante de um cabo da Marinha francesa, para sair ao mar com seu barco. O americano chama-se Harry Morgan. Ele aluga seu barco, o *Queen Conch*, e naquele dia vai levar um cliente chamado Johnson a uma pescaria". O exemplo seguinte é extraído do roteiro de Zavattini para o filme *Umberto D*, direção de De Sica: "Uma rua central de Roma – exterior, dia. Uma passeata ordenada e pacífica percorre uma rua central. O grupo é composto principalmente por velhos. Há alguns encurvados, aleijados, outros que se cansam em acompanhar a passeata e fazem breves corridas para se juntar aos demais. Os que seguem à frente levam grandes cartazes onde se lê: Trabalhamos a vida inteira; Os Velhos também precisam comer; Justiça para os aposentados. As pessoas nas calçadas olham indiferentes os que desfilam. Alguém sorri. Alguns guardas seguem e controlam discretamente os manifestantes. Um ônibus aparece e com grande barulho obriga a marcha a uma rápida desarrumação. Palavrões, gritos dos manifestantes". Em inglês, *screenplay*; em francês, *scenario*. **2**. Descrição impressa e metódica de monumentos, centros de arte e de cultura, paisagens naturais e locais de interesse turístico e culinário, tanto para divulgação pública como para o acompanhamento *in loco*. Neste último sentido, o mesmo que *guia*.

ROTUNDA. **1**. Em artes cênicas, cortina semicircular que recobre todo o fundo do palco, ou da área de representação, podendo mover-se lateral ou verticalmente, e exibir desenhos ou pinturas relativas ou complementares ao ambiente cenográfico (→*Ciclorama* e →*Telão*). **2**. Construção arquitetônica circular, com o telhado ou a cobertura em forma de cúpula.

• RUBATO. Forma de execução musical que retarda voluntariamente o andamento marcado (do italiano, tempo "roubado"), compensando-o com uma seqüência posterior acelerada ou ampliada. O efeito, portanto, re-

RUPESTRE, ARTE 581 Ro

sulta num "balanço" expressivo da interpretação. Ao piano, pode-se empregar o *rubato* com uma só das mãos, enquanto a outra toca o tempo estrito.

RUFO. A alternância rápida de batidas percussivas em tambores (timbales, caixas, pratos etc.) realizada com duas baquetas, produzindo um efeito sonoro de *tremolo* (tremor ou vibração).

RUÍDO. 1. Em música, corresponde a uma vibração desorganizada, instável e interferente, que foge a regras ou associações capazes de coincidência e de estabilidade sonoras, mas, ainda assim, empregada como recurso ou componente da elaboração musical, sobretudo em correntes eruditas e experimentalistas do século XX. **2.** Para a teoria da comunicação, é todo acréscimo inútil ou não-pretendido em um sistema de transmissão, e que provoca distorções (de som, de imagem, de escrita ou de fala), comprometendo a clareza da recepção e o entendimento da mensagem. →*Redundância*.

RUPESTRE, ARTE. →*Arte rupestre*.

- **SACRA CONVERSAZIONE.** Expressão italiana para designar uma pintura, estampa ou escultura em que se reproduzem a Virgem e o Jesus Menino ao lado de anjos ou de santos, e alusiva a uma conversação ou reunião desses personagens (*Conversação ou Diálogo Sagrado*).

SACRAMENTOS. O Concílio de Trento definiu o sacramento como "um sinal sensível instituído por Cristo, a fim de produzir na alma a graça que ele contém". Os sinais ou signos são as palavras e ações conduzidas pelo sacerdote durante o ritual específico em que a graça divina é transmitida. São sete os sacramentos na Igreja Católica: batismo, confirmação, penitência, eucaristia, casamento, ordem e unção dos enfermos (moribundos). As correntes protestantes não aceitam senão dois sacramentos, aqueles constantes explicitamente da vida de Jesus nos Evangelhos – o batismo e a eucaristia, sendo esta simbolizada de maneira mais espiritual do que material. Curiosamente, a palavra latina de origem referia-se à promessa realizada pelos novos soldados, sob as insígnias do Estado romano, jurando respeitá-lo e por ele combater.

- **SACRA RAPPRESENTAZZIONE.** Oratório dramatizado do período renascentista, precursor da ópera, e muito comum na Itália durante os séculos XIV e XV (*Representação Sagrada*).

SÁFICO. **1.** Verso de dez sílabas (decassilábico), na língua portuguesa, com acentuações tônicas na quarta, na oitava e na décima sílabas. Exemplo: "Meu coração tem catedrais imensas / templos de priscas e longínquas datas" (Augusto dos Anjos). **2.** Como palavra feminina (sáfica), designa, primeiramente quanto à forma, a estrofe ou construção poética com três versos de dez sílabas e um complementar de cinco sílabas, totalizando uma quadra. Em segundo lugar, no que diz respeito ao tema ou conteúdo, indica a lírica amorosa, terna ou ardente (erótica), tal como cultivada pela poetisa grega Safo (século VII para o VI a.C.), da qual trazemos um exemplo: "No imo peito o coração se oprime / Só de olhar-te: nem a fala consegue / Da garganta romper; e assim desfeita, / A língua emudece [primeira quadra]. / Um fogo sutil dentro de meu corpo / Que logo se espalha: os olhos incertos / Vagam sem rumo, e meus ouvidos ouvem / Ásperos zumbidos [segunda quadra]. / Cubro-me toda de suor gelado / Pálida fico qual erva sem viço. / E já sem forças ou alento, inerme, / Me assemelho morta" [terceira quadra] – transcrição via Menéndez Pelayo.

SAGRADA FAMÍLIA. Pintura ou estampa representativa da Virgem, de São José e do Menino, por vezes acompanhados de Sant'Ana (mãe da Virgem) ou ainda de São João Batista.

SAIMEL. Bloco ou aduela em forma de cunha, formadora de um arco arquitetônico. →*Arco*.

SAINETE. Pequena peça ou entremez cômico, de um ato apenas, contando com dois ou três personagens. De origem espanhola, o sainete esteve em voga durante os séculos XVII e XVIII, tratando de costumes populares e de acontecimentos políticos de maneira realista. Podia ser representado entre os atos de uma peça principal ou, de maneira autônoma, em praças públicas. Dois de seus mais conhecidos autores foram Quiñones de Benavente e Ramón de la Cruz.

SALÃO EGÍPCIO. Sala ou salão com colunata, em forma de peristilo, criado durante a Renascença pelo arquiteto Palladio, baseado em desenhos e sugestões do romano Marcus Vitruvius Pollio. Não há relação aparente com os estilos arquitetônicos do antigo Egito.

SALMO. **1.** Verso lírico hebraico, hino ou poema para ser cantado no Templo de Jerusalém (portanto, após a sua construção), com acompanhamento de cordas e sopro (o *mizmos* hebraico e, daí, o *psalmós* grego), e cuja coleção de 150 obras formou o *Livro dos Louvores*, incorporado ao texto bíblico. A criação dos salmos canônicos parece ter-se estendido do século X ao V a.C., distinguindo-se pelos nomes dos autores, conhecidos ou não, que cada poema traz no cabeçalho: os de Davi, as séries dos filhos de Coré e de Asaf, e os anônimos. Os de Davi estão freqüentemente consagrados a pedidos de auxílio divino, por motivos de sofrimento, enfermidade ou perseguição, e por alguns de finalidade moral; os dos filhos de Coré têm por temas principais o culto, o templo e a cidade santa; os dos filhos de Asaf constituem poemas didáticos, moralidades ou de congraçamento do povo hebreu; os anônimos, por fim, são cânticos de louvor ou de ações de graça. Outra divisão do saltério, o conjunto dos salmos, é a que se estabelece entre poemas de súplica (*tefilot*, *tefilã*) e os de louvor (*tehilim*, *tehilã*). Exemplo de um salmo de Davi, o de número 14: "Senhor, quem habitará no teu tabernáculo? / ou quem descansará no teu santo monte? O que vive na inocência / e pratica a justiça; o que fala verdade no seu coração; / o que não forjou engano com a língua, / nem faz mal ao seu semelhante, / nem consentiu que fossem infamados os seus próximos" (trecho). **2.** Na liturgia cristã, os salmos são cantados à maneira de responsórios ou antífonas (coros que se respondem), sobre melodias de estrutura gregoriana, ou cantochão.

SALMODIA. **1.** Análise ou estudo dos salmos musicais, da arte de cantá-los ou recitá-los. **2.** Por influência do modo gregoriano do canto, a palavra migrou para o terreno literário, e de maneira pejorativa, indicando um texto ficcional monótono ou homogêneo.

SALÕES DE MAIO. Exposições de artes plásticas acompanhadas por conferências e debates, e concebidas pelo pintor e crítico Quirino da Silva e por Geraldo Ferraz, realizadas em São Paulo nos anos de 1937, 1938 e 1939, contando ainda com as participações de Flávio de Carvalho, Madeleine Roux e Paulo Ribeiro de Magalhães. Teve por finalidade "coligir, em cada ano, mais abundante e melhor selecionada, a produção dos nossos pintores e escultores que são capazes de rasgar novos horizontes à expressão plástica" (catálogo da mostra inaugural). A primeira edição foi realizada no Esplanada Hotel, com a participação, entre outros, dos modernistas brasileiros Brecheret, Portinari, Tarsila do Amaral, Cícero Dias, Antônio Gomide, Lasar Segall, além de Santa Rosa e Lívio Abramo. A segunda, feita no mesmo local, trouxe pintores abstratos e surrealistas ingleses, como Ben Nicholson, além das personalidades já mencionadas e alguns integrantes do →Grupo Santa Helena. A terceira e última ocorreu na Galeria Itá, por manobra publicitária de Flávio de Carvalho, que se antecipou aos idealizadores iniciais. Um dos convidados estrangeiros foi o escultor norte-americano Alexander Calder, que expôs então a novidade de seus móbiles.

SALSA. Termo de música popular que se difundiu a partir dos finais dos anos 1960, nas comunidades caribenhas de Nova Iorque, para se referir a uma nova forma de tratamento de gêneros ou de ritmos tradicionais cubanos, haitianos, venezuelanos e porto-riquenhos, como o *son*, a *bomba*, o mambo, o merengue, a charanga, a guaracha e mesmo o bolero. As novidades introduzidas foram a diversificação dos naipes de sopro nas orquestras, um maior agregado de timbres e, principalmente, o conteúdo das letras das canções, tornadas mais agressivas, críticas ou rebeldes. Segundo o estudioso César Rondón (*O Livro da Salsa*), as razões sociais e culturais que permitiram o desenvolvimento da salsa foram: a existência de uma grande comunidade caribenha aferrada às suas tradições culturais; o caráter marginal dessa comunidade, submetida a discriminações; a adoção juvenil do *rock* ou da música *pop* e dos movimentos contraculturais da época; o fim da preponderante influência cubana (após a revolução) e que durante os anos 1940 e 1950 fora exercida por músicos como Benny Moré, Tito Puente, Tito Rodriguez ou Celia Cruz. A esse respeito, acrescenta Leonardo Fuentes: "Embora sendo uma música preferentemente festiva, quase sempre feita para dançar, e dirigida às grandes multidões, a salsa engloba uma atitude estética que dificilmente teriam podido encarnar os velhos ídolos populares dos anos 1940 e 1950, carregados de talento – às vezes de muitíssimo mais talento musical – mas desprovidos desta intencionalidade (contestadora) que durante vinte e cinco anos caracterizou o melhor da produção salseira" (*Os Rostos da Salsa*). As primeiras figuras reconhecidas da salsa foram Eddie Palmieri, Joe Cuba e, sobretudo, Willie Colón (com o disco "El Malo", de 1967). Na esteira vieram Rubén Blades, Johnny Ventura, Roberto Roena, Larry Harlow. Experimentalistas no terreno harmônico foram também Oscar D'León, Papo Lucca, Juan Formell e Wilfrido Vargas, revitalizadores do *son* e do merengue. Como esperado, no entanto, já por fins da década de 1970, a indústria fonográfica estimulou a criação de uma "salsa feita sob medida, envolta em celofane, que curiosamente acorreu para o velho repertório dos anos 1930 e 1940, voltando a cantar evocações bucólicas, guarachas festivas e um vasto repertório de intranscendências" (L. Fuentes). Registre-se que, em sua origem espanhola, salsa significa molho ou tempero. Por extensão, realce musical a formas tradicionais.

SALTÉRIO. **1.** Livro manuscrito ou impresso com os salmos do Antigo Testamento. Existe o saltério bíblico, contendo unicamente os salmos, e o litúrgico, organizado pela ordem beneditina em oito seções, acrescido de calendário, de outros hinos e preces (→*Salmo*). **2.** Na Grécia antiga, qualquer instrumento de corda para ser tocado com os dedos, sem o uso de palheta ou plectro. **3.** Instrumento de cordas medieval, em forma triangular ou trapezoidal, usualmente tocado na posição horizontal, seja com os dedos, com arco ou com plectro, e de sonoridade delicada, suave.

SALTIMBANCO. Artista popular e itinerante, eclético e mambembe, relativamente comum na Baixa Idade Média e no Renascimento, capaz de unir variadas habilidades acrobáticas à interpretação de monólogos ou de diálogos burlescos, de sua autoria ou alheia. Os saltimbancos acorriam de preferência às grandes praças ou vias obrigatórias de passagem (pontes), ganhando a vida com a venda de placebos ou remédios "milagrosos" à assistência.

SAMBA. O mais conhecido gênero de música urbana e popular do Brasil é resultado de contribuições rítmicas predominantemente negras, mas às quais vieram incorporar-se várias outras, mestiças e brancas, nacionais ou européias. Sua genealogia inclui, portanto, manifestações antigas do período colonial, como o batuque, o lundu, o lundu-canção e o jongo, o que levou Mozart Araújo a escrever que "este é um roteiro bem provável para explicar, de um modo geral, a evolução do samba que, como se vê, formou-se no Brasil através do tempo, onde ele é um momento do lundu, seu avô" (*apud* Mário de Andrade, *Dicionário Musical Brasileiro*). Também por essa razão é que o compositor erudito Alexandre Levy deu o nome de *Samba* a uma de suas peças orquestrais, a *Suíte Brasileira IV*, composta por volta de 1890, por referência aos bailados negros. Mas a esse material acrescentam-se também aquelas contribuições surgidas em fins do século XIX, sobretudo os ranchos e cordões de carnaval, o choro e o maxixe. Este último, que começou como forma de dançar a polca de maneira estreitamente enlaçada e sensual, estimulando o cruzamento das pernas, desenvolveu-se em meio aos bailes da população pobre do Rio de Janeiro (mais especificamente no bairro da Cidade Nova, onde existia uma grande concentração de baianos imigrados) na década de 1870. Alternava passos deslizantes com movimentos súbitos e balançados dos quadris, demonstrando ser "uma adaptação de elementos que se fixaram num tipo novo, com uma coreografia cheia de movimentos requebrados e violentos, muitos deles emprestados ao batuque e ao lundu" (Renato Almeida, *História da Música Brasileira*). Gradativamente, tornou-se também um gênero de canção, incluída nos espetáculos do teatro de revistas (como os de Artur Azevedo) e no repertório de bailes e de ranchos carnavalescos, embora chamado, por vezes, de tango ou polca-tango, já que o apelativo próprio de maxixe foi evitado durante um certo tempo, por lembrar manifestação "imoral, de pessoas reles e de malandros". No entanto, mesmo quando a denominação de samba ganhou notoriedade, várias composições dos primeiros autores, como as de Sinhô ou Donga, ainda conservaram nitidamente o ritmo do maxixe. Os ranchos recriados pelas comunidades humildes do Rio para desfilar no carnaval (em substituição ao período natalino e de Reis), tanto quanto os

blocos e cordões de livre fantasia constituíram outros fatores de importância na formação do samba. Os ranchos possuíam instrumental mais rico, como violões, cavaquinhos, flautas e clarinetas, o que lhes permitia tocar estruturas melódicas mais complexas, enquanto os blocos e cordões se diferenciavam pela forte percussão (adufes, cuícas, bumbos e reco-recos). Nestes últimos havia rotineiramente a figura do palhaço, incumbido de cantar a →chula. Em depoimento a J. R. Tinhorão, explicou João da Baiana o seu significado: "Antes de falá samba, a gente falava chula. Chula era qualquer verso. Por exemplo. Os versos que o palhaço cantava era chula de palhaço. Os que saía vestido de palhaço nos cordão-de-velho tinha as chula de palhaço de guizo. Agora, tinha a chula raiada, que era o samba do partido alto. Podia chamá chula raiada ou samba raiado. Era a mesma coisa. Tudo era samba do partido alto. O partido alto era o rei dos sambas. Podia dançar uma pessoa só de cada vez. O acompanhamento era com palmas, cavaquinho, pandeiro e violão, e não cantava todo mundo. No samba corrido todo mundo samba e todo mundo canta" (ou seja, caracterizava-se por uma cantiga de estrofe e refrão, este aqui entoado pelo coro). Todos esses elementos culturais encontravam-se reunidos nas casas das "tias" baianas da Cidade Nova, entre elas Prisciliana, Amélia, Dadá, Bebiana, Josefa Rica e, a mais famosa, Ciata. Eram as matriarcas das famílias negras e mulatas originárias da Bahia, mães-de-santo, cozinheiras e vendedoras de doces e quitutes que traziam consigo não apenas as tradições étnicas dos terreiros e dos bailados escravos, da arte da dança e do canto improvisado, como ainda promoviam festas em seus casarões, às quais acorriam músicos, artesãos, funcionários públicos, jornalistas, boêmios e biscateiros. Ainda segundo Pixinguinha, na sala principal ficavam os mais velhos, músicos do partido-alto e chorões, enquanto o maxixe, a chula ou o samba corridos eram tocados na sala de jantar pelos jovens. No quintal, por fim, estabelecia-se a roda de batucada, ao som de palmas e percussão. Essa separação se impunha pelo fato de o choro ser musicalmente respeitado, tendo sido incorporado aos hábitos das classes médias, enquanto os demais gêneros ainda estavam vinculados aos ambientes tidos como marginais. De certa forma, o choro protegia o samba das batidas policiais. Embora algumas canções tenham sido registradas sob o nome de samba, entre 1912 e 1914 (*Descascando o Pessoal, Urubu Malandro, Chora, Chora, Choradô*, pelo selo Odeon, ou *Samba em Casa de Baiana*, na Favorite Record, e *Samba do Urubu*, no selo Phoenix), coube à composição *Pelo Telefone* dar início ao longo reinado do samba. Ao que tudo indica, essa obra era de autoria coletiva, mas acabou sendo registrada exclusivamente por Donga, em 1916. Gravada instrumentalmente pela Banda Odeon e, logo depois, pelo cantor e compositor Baiano, alcançou enorme sucesso comercial e de público no carnaval de 1917. Uma tal consagração deu impulso não apenas à exploração do gênero (de compasso binário, 2/4, com acompanhamento sincopado e percussivo), como abriu perspectivas concretas de profissionalização para vários compositores e instrumentistas populares, os quais, durante a primeira metade do século, dominaram "os meios de divulgação da época: as editoras musicais, as casas de música, as gravadoras de discos, as orquestras do teatro de revista, os conjuntos de casas de chope, as orquestras de sala de espera de cinema e, finalmente, o rádio" (J. R.Tinhorão). Figura histórica e exemplar para essa afirmação foi sem dúvida Sinhô, que logo se desentendeu com os músicos dos círculos "baianos", em função da paternidade isolada do *Telefone*. Admirado igualmente pelas elites social e intelectual do Rio, ganhou o título de Rei do Samba, sugerido por José do Patrocínio Filho (antonomásia que passou a utilizar, vaidosamente, em suas partituras). Com o samba, ocorreu então o mesmo fenômeno de caracterização de uma música popular nacional, reconhecida internacionalmente, como o *jazz* norte-americano ou como o tango argentino. Divulgação que teve início com as apresentações d'Os Oito Batutas em vários estados brasileiros (Pixinguinha, Donga, China, Nélson Alves, os irmãos Raul e Jacob Palmieri, Luiz Pinto da Silva e José Alves Lima) e com uma temporada de seis meses em Paris (no Dancing Scheherazade, com uma formação modificada). Do repertório fazia parte o samba *Les Batutas*, de Pixinguinha e Duque – "Nous sommes batutas, / Batutas, batutas / Venus du Brésil. / Ici tout droit / Nous sommes batutas, / Nous faisons tout le monde / Danser le samba. / Le samba se danse / Toujours en cadence / Petit pas par ici / Petit pas par là. / Il faut de l'essence, / Beaucoup d'élegance, / Le corps se balance / Dansant le samba". Além do samba corrido, amaxixado, e do partido-alto, que provinham do círculo dos "baianos", desenvolveu-se, a partir dos finais dos anos de 1920, no bairro do Estácio, uma variante marchada e batucada do gênero (ao som de surdos, pandeiros, cuícas), adaptada para o desfile carnavalesco, e desde então reconhecida como samba de morro, pois extensiva a comunidades como Mangueira e Portela. Um tipo de composição que, "partindo de quadras (versos) improvisadas aleatoriamente, após estribilhos fixos cantados em coro por todo o grupo, acabaria – por influência desses compositores do Estácio – por ganhar forma fixa, com primeira e segunda partes obedecendo a um tema único" (J. R.Tinhorão). Tais diferenças no tratamento do sam-

ba foram expressas, respectivamente, por Donga e Ismael Silva, quando instigados pelo crítico e historiador Sérgio Cabral: "A discussão, travada numa das salas da Sbacem (Sociedade Brasileira de Autores, Compositores e Escritores de Música) em fins da década de 1960, foi proposta por mim com a pergunta: qual o verdadeiro samba? Donga: – Ué. Samba é isso, há muito tempo (cantando): O Chefe da Polícia / Pelo telefone / Mandou me avisar... Ismael Silva: – Isso é maxixe. Donga: Então, o que é samba? Ismael (cantando): Se você jurar / Que me tem amor / Eu posso me regenerar... Donga: – Isso não é samba, é marcha" (*As Escolas de Samba*). Do final da segunda década até meados dos anos 1950, a "época de ouro" do samba foi toda ela impulsionada não só pelas gravações discográficas, mas, com idêntica energia (a partir da década de 1930), pelos concorridos programas de rádio, emitidos ao vivo de estúdios ou auditórios, tendo muitos deles mantido elencos fixos de cantores e instrumentistas ("Programa Casé", "Papel Carbono", "Clube dos Fantasmas", "Um Milhão de Melodias"). A esse respeito, lembra ainda Sérgio Cabral: "Candidatos a cantores e compositores, que provavelmente jamais imaginaram entrar num estúdio de gravação ou de rádio, se depararam com a oportunidade de gravar e de participar de programas radiofônicos. Sendo a matéria-prima de todo aquele complexo industrial e comercial, a música passou a ser procurada como jamais ocorreria em qualquer outra época. Foi um dos raros momentos da história da música popular brasileira, em que, aparentemente, a oferta de gravação de discos aos compositores era maior que ou tão grande quanto a procura" (*A MPB na Era do Rádio*). Relativamente aos temas, o samba recolheu da vida cotidiana e dos ambientes populares os seus variados assuntos, tratando-os ora com ternura ou seriedade, e, mais freqüentemente, com humor ou ironia: as afeições líricas, as paixões delirantes, as condições sempre precárias e as alegrias passageiras dos pobres, o carnaval e a gafieira, a exaltação das paisagens nacionais, os fatos anedóticos e os políticos, e ainda as figuras típicas dos bairros suburbanos cariocas. Entre elas, e sobretudo, a mulata, o boêmio e o malandro. Daí haver também algumas variações específicas, como: *samba-canção*, tipo de samba em que a melodia, geralmente romântica, sentimental, adquire maior relevo do que o acompanhamento rítmico; *samba de breque*, samba narrativo, de ritmo bastante sincopado, cuja execução apresenta interrupções ou breques, servindo para que o intérprete introduza comentários humorísticos; *samba-exaltação*, canção que louva ou elogia as belezas naturais, o povo ou a cultura brasileiras, já incluída em espetáculos do teatro de revistas, antes mesmo dos sucessos de *Aquare-*

la do Brasil (1939) e Onde o Céu Azul É mais Azul (1940); sambolero, tipo de samba-canção característico da década de 1950, com o apoio rítmico do bolero, tratando habitualmente das desilusões e feridas amorosas (também conhecido como "música de fossa"); samba de gafieira, modalidade de execução instrumental do samba, fortemente sincopada, e destinada à dança requintada dos bailes de →gafieira. Numa extensa lista dos mais destacados compositores, estão, além dos já citados: Caninha, Noel Rosa (o extraordinário Poeta da Vila) e seu parceiro Vadico, Cartola e o parceiro Carlos Cachaça, Ismael Silva, Paulo da Portela, Bide, Heitor dos Prazeres, Lamartine Babo, Ari Barroso, Moreira da Silva, Dorival Caymmi, Lupicínio Rodrigues, Wilson Batista, Geraldo Pereira, Custódio Mesquita, Ataulfo Alves, Assis Valente, Adoniran Barbosa, Paulo Vanzolini, Nelson Cavaquinho, Herivelto Martins, Zé Keti, Dolores Duran, Tom Jobim, Baden Powell, Vinícius de Morais, Billy Blanco, Chico Buarque, Paulinho da Viola, Toquinho, Gilberto Gil, Nelson Sargento, Elton Medeiros, Wilson das Neves, João Bosco ou Eduardo Gudin. →Bossa nova, →Escola de samba e →Samba-enredo.

SAMBA-ENREDO. Samba "narrativo" que conta um evento histórico ou explora um tema escolhido, de maneira popularmente épica, composto especialmente para o desfile de →escolas de samba. A paternidade de sua criação é disputada e atribuída ora a Paulo da Portela (na década de 1930), ao sambista Pindonga (homenagem que fez a Dona Darci Vargas, mulher de Getúlio Vargas, para a Escola Depois eu Digo, em 1942) e ainda à dupla de compositores Silas de Oliveira e Mano Décio (a música Conferência de São Francisco, da Escola Prazer da Serrinha, de 1946). A estrutura do samba-enredo fixou-se pela necessidade da dramatização do desfile, da competição organizada, por sua premiação e pelo extraordinário crescimento de figurantes que, coreograficamente, descrevem o assunto. Antes, até a década de 1940, cantavam-se estribilhos de intenção lírico-amorosa, sobre os quais os "mestres de canto" acresciam versos de momento, ou improvisos típicos de pagodes, provocando as demais agremiações para um duelo musical (e muitas vezes físico). Antes mesmo da organização oficial dos desfiles, durante o Estado Novo getulista, a União das Escolas de Samba do Rio incluiu em seus estatutos a obrigatoriedade de o samba-enredo tratar temas de exaltação nacionalista, surgindo desde então uma linguagem grandiloqüente, empolada ou "gongórica", bastante diferente do linguajar cotidiano e simplificado dos morros e comunidades populares de samba. O primeiro sucesso de repercussão nacional de um samba-enredo foi Inconfidência Mineira, da Império

Serrano, criado por Mano Décio, Estanislau Silva e Penteado para o carnaval de 1949.

•SAMPLER. 1. Equipamento ou instrumento de uso musical para gravação eletrônica de sons, ruídos e vozes, capaz de ler os seus registros em velocidades e timbres diferenciados, bem como gerar repetições contínuas (loops) de uma determinada nota ou acorde. Ligado a um computador, o sampler pode receber instruções programadas, partituras, por exemplo, e executá-las em instrumentos eletrônicos, como guitarras e teclados. **2.** Originalmente, em inglês, e cujo significado ainda permanece, refere-se a bordado, ou à arte aplicada de bordar imagens sobre tela ou pano, com fios de seda, lã ou algodão, com diferentes tipos de pontos de costura.

SANGÜÍNEA. Em artes plásticas, giz de tom vermelho-acastanhado, utilizado para desenho. Ou o próprio desenho assim elaborado.

SANTA HELENA, GRUPO. Grupo de pintores figurativos que trabalharam de maneira bastante próxima, no período 1935-1940, em ateliês situados no prédio do Palácio Santa Helena, localizado na Praça da Sé, centro da cidade de São Paulo, e sede do imponente cine-teatro de mesmo nome. Foram eles: Rebolo Gonsales, Mário Zanini, Alfredo Volpi, Aldo Bonadei, Fulvio Pennachi, Humberto Rosa, Alfredo Rulo Rizzotti, Clóvis Graciano, Raphael Galvez e Manuel Martins. A maioria de seus integrantes tinha em comum a procedência ou ascendência italianas, bem como a origem social proletária e modesta. Com exceção de Zanini, Rizzotti e Bonadei, também não possuíam formação específica, mas receberam o auxílio do então conhecido pintor Rossi Osir, tanto sob o aspecto técnico quanto na divulgação de suas obras no circuito culto das artes. Para o grupo foram igualmente importantes os elogios críticos de Mário de Andrade, que cognominou os seus integrantes de "artistas proletários", preocupados com o verídico. À maneira dos impressionistas, cujas influências permaneciam visíveis naquele período, costumavam deslocar-se para os bairros afastados da cidade e cidades vizinhas e reproduzir suas paisagens ainda rurais, seus personagens populares – temáticas predominantes – além de nus e retratos. Considerados como "acadêmicos" pelos artistas plásticos modernistas, as obras de seus integrantes foram analisadas por Sérgio Milliet como "uma reação da pintura de matizes e atmosfera contra as correntes mais avançadas, embora menos artesanais". Curiosamente, no entanto, Volpi e Bonadei se consagrariam anos depois (a partir dos anos 1950) como personalidades avançadas da pesquisa formal, enveredando por construções despojadas, de geometrização lírica e, no caso do primeiro, densamente cromática. Em três exposições coletivas no final da década de 1930, constituíram a Família Paulistana, ao lado de Anita Malfatti, Osir, Toledo Piza, Carlos Scliar, Bruno Giorgi e Ernesto de Fiori, entre outros.

SANTO. Do grego *ágios*, pelo latim *sanctus*, designou inicialmente um recinto exclusivo e destinado ao culto da divindade, sendo, portanto, um local de manifestação do sagrado. Como o culto ou ritual que ali se realizava obedecia a normas ou prescrições, é também santo "aquilo que está em conformidade com a lei divina". No primeiro Templo de Jerusalém, o construído por Salomão, havia o Santo dos Santos, isto é, o mais sagrado dos lugares, contendo a Arca da Aliança e as Tábuas da Lei, a que somente o sumo sacerdote tinha acesso, uma vez por ano. Nos dois outros templos reconstruídos, o de Zorobabel e o de Herodes Magno, o Santo dos Santos permaneceu vazio, dado que a Arca da Aliança já tinha desaparecido. Durante a fase do cristianismo primitivo, referiu-se ao fiel que recebia o batismo e, por este sacramento, tornava-se adepto e seguidor das leis de Cristo. Depois, reservou-se o título aos mártires perseguidos e cujo heroísmo na defesa da fé merecia um culto à parte. A partir do século XII, no entanto, a palavra designa, mais comumente, um servo de Deus que por suas obras e comportamento cumpriu uma missão e a vontade do Criador, participando em vida de sua santidade ou transcendência espiritual, assim julgada em processo de →canonização (também →*Beatificação*). Em várias línguas neolatinas, este lugar do sagrado passou a ser chamado santuário ou templo, abrangendo edificações como igrejas, basílicas e capelas.

SANTUÁRIO. →*Santo*.

SAPATEADO. Dança de espetáculo, seja ela solista, ao par ou em grupo, de passos rápidos, mas caracterizada sobretudo pelo ritmo batido dos saltos e das pontas dos sapatos, sob os quais se fixam pequenas placas de metal. Tornou-se popular nos Estados Unidos, inicialmente por meio dos →*vaudevilles*, e mais tarde pelos grandes musicais cinematográficos de Hollywood, nos quais se destacaram Fred Astaire, Ginger Rogers, Gene Kelly, Eleanor Powell, Ray Bolger e Ann Miller. Há uma variante do sapateado conhecida por *soft shoe dance*. Como o nome sugere, nela não se utilizam as placas de metal.

SARABANDA. Música e dança originalmente populares da América espanhola (contendo provavelmente elementos árabo-andaluses), de andamento rápido e alegre, com demonstrações lascivas, já que estas sugeriam momentos de amor e de sexo. Censurada pela corte da metrópole européia, a sarabanda adquiriu então um andamento ternário mais contido, sendo ainda usada como andamento de peças concertantes maiores.

SARCÓFAGO. Do grego, "o que devora carne". Indica a urna funerária de pedra ou terracota, utilizada desde a Anti-güidade greco-romana por famílias aristocráticas ou patrícias, e até o final do Renascimento pelas casas nobres e principescas. Apresenta, comumente, decorações em baixos-relevos nas paredes laterais, ou ainda uma estátua jacente, representativa do morto, esculpida sobre a tampa.

SARDANA. Dança popular e de roda das regiões catalãs – espanhola e francesa – conhecida desde o século XVI. Os dançarinos, dispostos em seqüência alternada de homens e mulheres, dão-se as mãos em formação de ciranda e evoluem em movimentos laterais, modificando os passos de acordo com os diferentes andamentos do acompanhamento musical – passos lentos, animados e os saltitantes (compassos variados, em 6/8 e 2/4). A orquestra típica da sardana chama-se *cobla*, composta por instrumentos de sopro e percussivos.

S.A.T.B. Em música, conjunto coral misto, masculino e feminino, para quatro solistas alternados, indicando as vozes soprano (S), contralto (A), tenor (T) e baixo (B).

SÁTIRA. Crítica irônica aos vícios, aos absurdos e às injustiças da sociedade, aos homens e suas instituições. É a manifestação de um desdém pela realidade factual das relações humanas. Sob as formas poética e prosaica, tem sido cultivada na literatura e na dramaturgia ocidentais desde os gregos, de que são exemplos as comédias de Aristófanes e os escritos de Menipo, as "sátiras menipéias", vazadas em prosa e em verso, alternadamente. A denominação, no entanto, é de origem latina e deriva do termo *satura*, correspondente a "mistura" ou "salada". Para Quintiliano, a sátira consistia em um gênero autenticamente itálico – *satira quidem tota nostra*. De qualquer modo, não há relação semântica com o drama satírico (→*Teatro*). Desenvolveu-se em Roma, a partir do século II a.C., com Caio Lucílio, que escreveu trinta livros em que condenava sobretudo a ignorância popular, a prepotência e o luxo dos ricos, a corrupção política e alguns literatos da época. Entre os comentários do primeiro livro das *Sátiras*, escreveu Lucílio: "Hoje, da aurora à noite, em dia de trabalho ou feriado, o povo todo, plebe e nobres, se remexe no Fórum e do lugar não sai; todos têm uma só e igual paixão: a de enganar-se com esperteza, lutar com enganos, manobrar hipocrisias, dar a impressão de bondade, urdir ciladas, como se inimigos fossem um do outro". Por trás das críticas há que perceber a intenção moralizante e reformadora da sátira, o que, na dramaturgia, ganha a forma de comédia. Outros autores latinos que a ela se dedicaram foram Luciano (mordaz com os filósofos em *Vitaorum Auctio* e com os deuses, nos *Deorum Dialogi*), Pérsio (que apesar de seus versos sibilinos granjeou enorme reputação), Marcial, Juvenal, Apuleio (*O Asno de Ouro*) e Petrônio (quem quer que tenha sido), famoso por sua obra *Satiricon*. A grande sátira baseia-se em eventos ou hábitos cotidianos, mas não se contenta apenas em mostrar, ridiculamente, a irracionalidade dos costumes, dos comportamentos, ideologias ou mentalidades. Seu objetivo, diferentemente do tratamento burlesco, tem em vista a transformação ou a reforma do espírito e das ações humanas. Desta maneira, permanece aliada aos valores humanistas e, modernamente, iluministas, servindo ainda como denúncia dos idealismos "românticos" ou de utopias ingênuas. Na qualidade de ensaísta, o poeta e romancista inglês George Meredith distinguiu o espírito cômico ou os "poderes do riso" consoante o grau de simpatia para com o objeto do ridículo. Assim, o grau máximo de crueldade seria o da sátira, que julga severamente; menos ferina seria a ironia, que critica de modo ambíguo, isto é, deixando pairar dúvida quanto à seriedade de propósitos; e por fim, o humor propriamente dito, cujo julgamento vem acompanhado da piedade ou da complacência (*On the Idea of Comedy*). A partir do século XVI, são considerados "clássicos" da sátira escritores como Rabelais, Ben Jonson, Voltaire, Swift, Charles Dickens, Eça de Queirós ou Bernard Shaw. →*Cômico*, →*Humor* e →*Ironia*.

SÁTIROS. Seres híbridos da mitologia greco-romana, habitantes dos campos e montanhas, eram filhos de Sileno, preceptor de Dioniso. Em parte homens, em parte cavalos ou bodes, seguiam os cortejos e andanças do deus, misturados às bacantes ou mênades, e se caracterizavam não apenas pela embriaguez, mas, principalmente, pela itifalia, ou seja, o compulsivo desejo sexual e a permanente ereção do pênis. Segundo o mito, foram temporariamente escravos do ciclope Polifemo quando tentavam resgatar Dioniso de piratas etruscos, sendo libertados por Ulisses quando de seu regresso a Ítaca. Comparar com →*centauros*.

SATURNAIS, SATURNÁLIAS. Festas públicas em homenagem a Saturno, o deus itálico da agricultura, tido como civilizador dos antigos povos da região do Lácio, antes da fundação de Roma, e instituídas por Tulo Hostílio. Nelas se rememoravam os tempos míticos de uma "idade de ouro", de paz, abundância e fraternidade. Após a expulsão dos reis, e durante os períodos republicano e imperial, as saturnais foram incorporando manifestações cada vez mais licenciosas, até chegar às orgias. Fechava-se o comércio, interrompiam-se os negócios, suspendia-se a condição dos escravos (que podiam se fantasiar como seus senhores) e se promoviam cortejos e festins dançantes, acompanhados por músicas e cantos. Até Júlio César, as saturnálias eram comemoradas apenas um dia, 17 de dezembro. Com o imperador, passaram a três e, sob Calígula, foram estendidas a cinco.

•**SCHOLA CANTORUM.** **1.** Escola de cantores, ou, genericamente, escola de músicos. Designou, na Idade Média cristã, os centros de ensino, instalados em capelas ou centros religiosos (monastérios, abadias), encarregados de formar os →*chantres* ou cantores gregorianos para outras basílicas, catedrais e para a capela papal. Entre as mais afamadas, já inexistentes ou ainda em atividade, por ordem de fundação: Monte Cassino, Saint-Denis, Sankt Gallen, Fleury, Fulda, Cluny, Montserrat, Solesmes e a do Vaticano. **2.** Escola de música fundada na França, em 1894, por iniciativa de Vincent d'Indy, Charles Bordes e Alexandre Guilmant, com o intuito de restaurar a tradição do canto gregoriano e reviver ainda as formas musicais da polifonia flamenga e do barroco religioso.

SEÇÃO ÁUREA. Teoria matemática euclidiana para o estabelecimento de relações proporcionais entre segmentos de retas e divisões espaciais, reutilizada pelas artes plásticas em geral, ainda que de maneira apenas aproximada. Tais relações sugestionaram fortemente o conceito clássico de beleza, pois estabeleceram medidas de simetria, equilíbrio e harmonia. Ao que tudo indica, escultores e construtores gregos antigos já a utilizavam, teórica e praticamente. Policleto, o autor da célebre estátua do *Doríforos* (*O Portador de Lança*), chegou a escrever um tratado das proporções, hoje perdido. E os arquitetos de sua época projetavam os templos estipulando regras como a de ser o comprimento o dobro da largura; ou as proporções do vestíbulo aberto (pronaus) e da câmara interna (cela) conservarem a relação 3-4-5, sendo 3 a profundidade do pronaus, 4 a sua largura e 5 a profundidade da cela. Desde aquela época, serviu tanto para a construção de corpos sólidos regulares, como para o tracejamento de linhas e a obtenção de volumes simétricos. Seu princípio está na divisão de uma linha reta em duas partes desiguais que mantenham, no entanto, uma relação especial de proporcionalidade: a razão (divisão) entre o menor e o maior segmento deve ser idêntica à razão entre o maior segmento e o comprimento total da linha. De modo tradicional, a seção áurea é definida como "a relação singular e recíproca entre duas partes desiguais de um todo, na qual a parte menor está para a maior, assim como a maior está para o todo", ou seja, A : B = B : (A+B). Essa proporcionalidade gera uma constante matemática de 1,618 entre as partes e isso significa que uma seqüência espacial ou volumétrica equilibrada e harmônica é a que se dá (com aproximações) entre, por exemplo, 3, 5, 8 e 13. Nas composições pictóricas clássico-renascentistas, ou sob sua influência, o ponto de fuga para a criação ilusionista de profundidade e de centralidade da visão deriva da seção áurea, estando situado no encontro das linhas verticais da pintura com o plano de horizonte da observação frontal. Testes de natureza psicológica, como os efetuados por Fechner nos finais do século XIX, parecem demonstrar que a proporcionalidade da seção áurea é a mais condizente ou agradável à percepção do olhar humano. E pesquisas científicas mais recentes vêm demonstrando a existência natural de relações áureas, isto é, de proporcionalidades matemáticas nos padrões de crescimento orgânico, inscritas em formas ou estruturas vivas (folhas, flores conchas etc.). →*Renascença, Renascimento*, →*Perspectiva* e →*Homem de Vitrúvio*.

SEMÂNTICA.   Campo de investigação da lingüística e da gramática tradicional (literalmente, "arte da significação") que se ocupa dos sentidos ou significados das palavras no interior do código lingüístico. Se a análise recai sobre os aspectos evolutivos, também chamados diacrônicos, ela se denomina *semântica histórica*; se a perspectiva for sincrônica, isto é, baseada no estado atual da língua ou de um período circunscrito de tempo, dá-se o nome de *semântica descritiva*. As relações de significado entre as palavras e as coisas ou fenômenos designados, entre os signos e as idéias, incluindo-se aqui a veracidade ou falsidade da representação lingüística, remontam às origens da filosofia (→*Linguagem, língua*). Mais recentemente, teóricos da semiologia ou da semiótica, como Charles S. Peirce, filósofos como Rudolf Carnap e mesmo antropólogos como Levi-Strauss também se dedicaram às investigações de ordem semântica, tendo Paul de Man, teórico da literatura, feito a seguinte distinção (*Alegorias da Leitura*): "A semiologia, em oposição à semântica, é a ciência ou o estudo dos signos como significantes; não pergunta qual o significado das palavras, mas como elas significam" (→*Signo* e →*Representação, imagem e simulacro*). Gramaticalmente, inclui-se na área semântica o estudo das denotações, das conotações, das polissemias, das relações entre sinônimos (sinonímia), antônimos (antonímia), homônimos e parônimos. Outros campos de trabalho são os da etimologia (significações de origem), da análise sincrônica do uso de palavras (lexicologia) e da compilação de dicionários (lexicografia).

SEMIOLOGIA, SEMIÓTICA.   Do grego *semeîon*, signo, marca, assim como de *sema*, sinal, a semiologia e a semiótica têm como objeto de estudo os signos e seus processos de significação, de doação de sentidos. Historicamente, porém, a palavra semiótica foi empregada com mais freqüência. Assim é que o médico grego Galeno já se referia à diagnose como *semeiotikón méros*, ou parte da medicina incumbida de revelar as indicações ou significados de sintomas corporais. Na era moderna, os primeiros esboços de uma teoria semiótica geral foram propostos por John Locke em seu *Ensaio sobre*

o Entendimento Humano (1690). O filósofo do empirismo procedeu a uma distinção das ciências em físicas ou naturais, éticas ou práticas, e semióticas ou doutrina dos signos. Esta última ciência decorre do fato de o ser humano lidar sobretudo com idéias (representação de coisas e fenômenos) e com palavras (representações verbais das idéias). É ele ainda o primeiro formulador moderno da "arbitrariedade dos signos", ponto de partida da lingüística de Ferdinand de Saussure: "Deste modo, podemos conceber como as palavras, que foram pela natureza (humana) tão bem adaptadas àquele propósito de comunicação, vieram a ser utilizadas pelo homem como os sinais de suas idéias; não por uma conexão natural entre articulações sonoras particulares e certas idéias [...] mas devido a uma imposição voluntária (convenção) pela qual uma certa palavra é arbitrariamente a marca de uma certa idéia". Em 1764, o filósofo alemão Johann Lambert escreveu um primeiro tratado sobre a matéria – *Semiotik* – no qual apresenta e discute dezenove sistemas de notações-comunicações: além do lingüístico, outros códigos como os musicais, os gestuais, os astrológicos, os heráldicos, os de convenções sociais e os científicos (químicos, matemáticos). Já semiologia corresponde ao termo criado por Saussure, em sua obra *Curso de Lingüística Geral*, para designar uma possível e abrangente ciência dos signos, tal como a estudada por Charles S. Peirce, mas ainda sob a rubrica de semiótica ou lógica dos signos, e mais ampla do que a própria lingüística. Tal disciplina, para Saussure, poderia incluir signos visuais ou imagéticos, sonoros ou gestuais, por exemplo, desde que constituídos em sistemas definidos de comunicação e de significado. No correr do século XX, usou-se o termo semiologia, como sinônimo de semiótica, nos países de língua latina, dada a influência de Saussure. Posteriormente, procedeu-se a uma distinção entre os vocábulos, considerando-se a semiologia como o campo de investigação dos signos claramente lingüísticos ou textuais e a semiótica, aquela incumbida de um universo mais vasto, pois dedicada também aos signos naturais ou ainda artificiais, não-lingüísticos. Umberto Eco, no entanto (*A Estrutura Ausente*), propôs como definição empírica (não-sistemática) da semiologia "uma teoria geral da pesquisa sobre fenômenos de comunicação, vistos como elaboradores de mensagens com base em códigos convencionados como sistemas de signos"; daí poder-se entender a semiologia não apenas como "a ciência dos sistemas de signos reconhecidos como tais, mas a ciência que estuda todos os fenômenos de cultura como se fossem sistemas de signos, baseando-nos na hipótese de que, na realidade, todos os fenômenos de cultura sejam sistemas de signos, isto é, que a cultura seja essencialmente comunicação". Sendo a semiologia um invólucro abrangente, cada um dos sistemas de signos em particular constituiria, por sua vez, uma "semiótica". Este conceito difere de uma proposta anterior de Louis Hjelmslev, para quem as semióticas seriam sistemas de signos extralingüísticos, traduzíveis em línguas naturais. Entre as semióticas, poderiam estar: a zoosemiótica (comunicação entre animais), os sinais olfativos, a semiótica musical (gramática e sintagmática musicais, com suas notações, escalas, modos e análises harmônicas), os códigos do gosto (culinária, vestuário, hábitos sociais, enologia), a semiótica visual ou sinalética (bandeiras navais, código de trânsito, divisas militares, heráldica) e os sistemas narrativos verbovisuais ou apenas visuais (televisão, cinema, história em quadrinhos, cartografia). A Associação Internacional de Semiótica decidiu, em 1969, definir a semiótica como expressão geral de todos os signos passíveis de significação, nela se incluindo a semiologia, entendida como signo lingüístico. A grande dificuldade da semiologia ou da semiótica, no entanto, está em separar-se dos fenômenos lingüísticos, pois, em última instância, as imagens, como as visuais – cinema, fotografia, moda, pintura etc. – acabam por se apoiar no código da língua e de suas denominações usuais ou necessitar desse código. Mais do que isso, o modelo mais completo até hoje desenvolvido, no qual ambas se poderiam espelhar, permanece o da lingüística, como já observado por Hjelmslev: "não se encontra nenhuma não-semiótica que não seja componente de uma semiótica e, em última análise, nenhum objeto que não esteja iluminado pelo foco central da teoria lingüística [...] [que] chega, por necessidade intrínseca, a reconhecer não só o sistema lingüístico no seu esquema, emprego, totalidade e individualidade, mas também o homem e a sociedade humana por trás da língua, e toda a esfera dos conhecimentos através da língua". Assim sendo, Roland Barthes propôs que a semiologia passasse a ser encarada como uma das partes da lingüística, destinada à análise das "grandes unidades significantes". A partir do conceito de →signo, a semiologia sugere que qualquer objeto, imagem ou gestual, usado socialmente, é também um significante – uma forma expressiva – e um significado, ou seja, um conteúdo psíquico que se transmite e comunica algum tipo de mensagem, de pensamento, de valor. Assim, expressão e conteúdo estão presentes nas roupas, na alimentação, no mobiliário ou nos sistemas artificiais de comunicação, como o de trânsito. Como tais objetos cumprem, basicamente, uma função utilitária, são chamados, agora no terreno semiológico ou semiótico, de "funções-signos". Uma capa de chuva, por exemplo, tem uma função protetora imediata.

Mas, significativamente, pode conotar elegância, bom gosto, previdência, tradicionalismo e, além disso, ser ela mesma um sinal indicativo de situação chuvosa. Diferentemente da língua, no entanto, os sistemas semiológicos dos objetos são quase sempre motivados, ou seja, existe neles uma relação desejada, ainda que idealmente, ou sentidos decididos de modo unilateral (os estilistas e as indústrias são os que "ditam" a moda, ou seja, determinam os sentidos). Isso quer dizer que a relação entre a expressão (significante) e o conteúdo (significado) é estabelecida por analogia ou comparação, praticamente por "metáforas", o que torna o ato comunicativo ambíguo ou dependente de fatores culturais bem mais complicados. O mesmo problema ocorre quando se tenta aplicar as noções de →sintagma e de →paradigma, próprios da lingüística, a esses sistemas semióticos. O paradigma é uma associação de signos que se apóia ou no som (mar, maresia, maremoto) ou no sentido (gastar, consumir, extinguir), constituindo uma "memória social" que permite substituições de signos e é rapidamente apreensível. Já o sintagma corresponde ao fato de não se poder dizer ou escrever duas coisas ao mesmo tempo. Trata-se da linearidade do discurso, da extensão encadeada, palavra por palavra. A junção do paradigma e do sintagma delimita a linguagem, institui as diferenças e as oposições dos signos, de maneira a expressar um pensamento e seus significados possíveis, comuns a todos os que se utilizam da língua. Mas até o presente momento não há paradigmas e sintagmas coerentemente fixados para cada um dos prováveis sistemas semióticos ou semiológicos dos objetos. Embora a análise dos significados seja perfeitamente viável para todas as relações sociais, econômicas, ideológicas, para as imagens artísticas e os objetos de uso social, ela retorna invariavelmente para o suporte e o código da língua, bem como para terrenos mais estruturados de investigação: sociologia, economia, filosofia, história, estética etc. Por tais razões, Barthes viu com cautela as possibilidades de uma semiologia independente: "Os sistemas mais interessantes, aqueles que ao menos estão ligados à sociologia das comunicações de massa, são sistemas complexos em que estão envolvidas diferentes substâncias; no cinema, na televisão e na publicidade, os sentidos são tributários de um concurso de imagens, sons e grafismos. É prematuro, pois, fixar, para esses sistemas, a classe dos fatos da língua e a dos fatos da fala, enquanto [...] não se decidir se a 'língua' de cada um desses sistemas complexos é original ou somente composta das 'línguas' subsidiárias que deles participam [...] conhecemos a 'língua' lingüística, mas ignoramos a 'língua' das imagens ou da música".

SEMINÁRIO. 1. Reunião de estudos entre especialistas ou adeptos de uma ciência ou campo de conhecimento, versando sobre tema determinado, e caracterizado por exposições orais e debates a partir de textos escritos previamente. 2. Ciclo ou conjunto de conferências de especialistas sobre tema determinado, aberto, no entanto, à participação de leigos ou de interessados em geral. 3. Local ou meio social de onde se difundem idéias, valores ou comportamentos. 4. Centro de formação eclesiástica, sobretudo católico, dividido tradicionalmente em seminário menor (correspondendo ao segundo grau do ensino laico) e maior (dedicado à filosofia e à teologia). →*Congresso*, →*Simpósio*, →*Fórum*.

SENÁRIO. Verso de seis sílabas, hexassilábico, na língua portuguesa, ou verso latino de seis pés jâmbicos.

SENSAÇÃO. →*Percepção*, →*Sensibilidade*.

SENSIBILIDADE. 1. A capacidade de ser afetado por coisas externas, ou seja, a de receber as impressões do mundo exterior, por intermédio dos sentidos corporais e, simultaneamente, dotadas (as impressões) de algum sentido ou significação para o sujeito. Sabe-se hoje, por experiências da Gestalt, que a sensação ou a percepção são fenômenos completos, e não reflexos pontuais, isolados (como defendidos pela filosofia empirista), ou ainda uma ação do pensamento que sintetizaria posteriormente, e por abstração, as sensações físicas (concepção da filosofia idealista). Daí as sensações ou percepções abrangerem também as ilusões, como aquela provocada por uma vara que, imersa em meio líquido, parece estar "quebrada". Por conseqüência, a sensibilidade significa uma relação permanente entre o sujeito que sente ou percebe e os estímulos que o afetam, constituindo, ao mesmo tempo, uma forma de comunicação, de entendimento, de ação ou, ainda, de reação emotiva (agradável, desagradável, estimulante, desinteressante). Depende, portanto, de vivências anteriores, de hábitos culturais, de funções sociais, de desejos ou expectativas particulares, de uma interpretação afetiva, cognitiva e valorativa de objetos e fenômenos apreendidos. Assim, os variados graus de sensibilidade para estruturas artísticas ou formas imaginativas, seja na criação, seja na contemplação ou recepção, decorrem dessas relações complexas entre sujeito e objeto, isto é, de um "campo perceptivo" relativamente amplo. 2. Na filosofia crítica de Kant, a sensibilidade corresponde a uma das estruturas inatas e *a priori* (anteriores à experiência) da Razão Universal (a razão humana, do sujeito conhecedor, e não a de um indivíduo em particular). A sensibilidade é uma forma que a Razão possui e que nos permite perceber ou captar o sensível (o que se encontra objetivamente fora do sujeito) como realidade ao mesmo tempo espacial – as figuras, suas grandezas e dimensões – e

temporal – ocorrências simultâneas ou em seqüências, anteriores ou posteriores. Assim, para Kant, a percepção recebe os conteúdos da experiência e a sensibilidade os organiza no tempo e no espaço. A outra estrutura da Razão, que completa o trabalho da sensibilidade, é o entendimento. Nele, realizam-se os vínculos, as distinções ou, enfim, as relações entre os conteúdos da experiência, por meio de categorias, igualmente *a priori* – como as de qualidade, quantidade, causalidade, finalidade, universalidade, particularidade etc.

SENTIDOS COGNITIVO E EMOTIVO. Os dois significados básicos que uma obra de arte deve conter (→*Arte*). O sentido cognitivo é aquele que se dirige à inteligibilidade do significado, à compreensão ou entendimento intelectual de uma determinada criação, aos seus poderes de transmissibilidade (tornar-se um preceito ou modelo) e de comunhão com outros indivíduos e épocas, e sobre o qual são possíveis afirmações que variem da originalidade ao clichê, da clareza à obscuridade, do profundo ao superficial, da coerência ao inconsistente. Diz respeito, portanto, aos aspectos mais objetivos, racionais, espirituais ou sócio-históricos de uma criação, ao lado, mas diferentemente, do sentido emotivo, presente, com maior especificidade, nas formas e arranjos utilizados, na imagem final obtida (capacidade imaginativa) e nas reações ou grau de atração sensual que desperta (comoção dos sentimentos), todas elas, necessariamente, constituintes de uma obra.

SENTIMENTO. De modo abrangente, refere-se a qualquer estado afetivo e vivencial, intimamente ligado ao aparelho psíquico, e que se manifesta como reação subjetiva a um estímulo ou situação. Quando intenso, tem o mesmo significado de emoção; quando uniforme e persistente, recebe o nome de estado de ânimo. Sob a óptica da filosofia, identifica-se com a fonte das sensações e das emoções pessoais, imediatas, diferindo assim dos princípios e das atitudes que a razão prescreve. "Os que estão habituados a julgar com o sentimento nada entendem das coisas do raciocínio, pois logo querem penetrar a questão com um lance de olhos, desacostumados que estão da busca de princípios. Outros, ao contrário, que estão acostumados a raciocinar por princípios, nada entendem das coisas do sentimento, porque procuram princípios e não podem apreendê-los com um lance de olhos" (Blaise Pascal, *Pensamentos*). Para o autor, ainda que o sentimento seja uma apreensão-reação interna e instantânea do "coração", nem por isso deixa de ter validade cognitiva (de conhecimento). Assim, por exemplo, o sentimento religioso constitui uma certeza inata e transcendente. Mais tarde, Rousseau chamaria de "sentimento natural" o impulso humano ainda não corrompido pela sociedade e, por isso mesmo, possuindo inclinações para o bem. Daí a figura do "bom selvagem". Kant, por sua vez, identificou-o como um dos poderes ou faculdades do espírito: além do cognitivo e do apetitivo (vontade, desejo), há os sentimentos de prazer e de dor (desprazer). Ambos são mencionados como as essências ou as sínteses de todos os demais, pois que tendem para um ou para o outro (amor, alegria, satisfação, tristeza, medo, raiva, inveja etc.). O sentimento aparece então como o aspecto mais subjetivo ou internalizado das representações. Entre elas, e com destaque, a representação artística, na qual se realiza o sentimento do belo. Para a estética romântica, o sentimento adquiriu ainda o significado de uma intuição do infinito ou da essência dos fenômenos, que nele se manifestam direta e intimamente, sem a necessidade de determinações lógicas ou do encadeamento de juízos racionais. No século XX, uma das contribuições mais interessantes à análise dos sentimentos foi a de Max Scheler. Segundo o filósofo, devem-se distinguir os sentimentos puros (ou emoções sensíveis, destituídas de objetos) dos sentimentos intencionais. Os puros correspondem àquelas fruições normalmente agradáveis, como as de paz interior ou tranqüilidade, assim como os proporcionados por um perfume ou por uma paisagem. Destes casos não se segue, necessariamente, uma apreensão intencional do fenômeno. Já os sentimentos intencionais constituem reações particulares do eu a um estado emotivo que não apenas apreende ou percebe um objeto ou situação, como desperta uma exigência. Se este valor ou exigência não é satisfeito, o sentimento pode converter-se em desprazer (decepção ou raiva, por exemplo).

SERENATA. **1.** Cantata barroca destinada à execução noturna e ao ar livre, durante o transcorrer de festividades, contando com cenários e figurinos representativos de ambientes bucólicos ou mitológicos. Com o classicismo austro-alemão, a serenata passou a ser uma peça apenas instrumental, igualmente prevista para ocasiões festivas e noturnas. Já nos séculos XIX e XX, tornou-se obra orquestral e para canto, fosse o conjunto constituído por cordas, por sopro ou completo. **2.** Recital noturno de música popular que um enamorado ou conquistador dedica à mulher amada, sob sua janela, e no qual se executam várias canções líricas, de amor. Neste sentido, o mesmo que *seresta*.

SERESTA. →*Serenata*.

SERIGRAFIA. Técnica de gravura e de estampagem que se utiliza de tela de seda, ou armação entrelaçada de tecido sintético ou mesmo de aço, e sobre a qual é aplicada tinta por meio de rodo ou rolo. A tela permanece vazada nos lugares que compõem a imagem. O processo pode ser manual ou automático, sendo bas-

tante difundido pela relativa facilidade de aplicação e versatilidade de uso. Surgiu no Ocidente pelas mãos do inglês Samuel Simon, em 1907. A palavra é formada do latim *sericum* (seda) e do grego *graphéin* (escrever, desenhar). →*Gravura*.

SETE POVOS DAS MISSÕES. →*Missões*.

SETE SÁBIOS. Os pensadores e políticos gregos pré-socráticos (do século VI a.C.) cujos ensinamentos e sentenças se tornaram máximas ou aforismos respeitados e bastante difundidos na Antigüidade. Reconhecidos como *sofistai* – sábios – são conjuntamente mencionados por Diógenes Laércio em sua obra *Vidas e Doutrinas dos Filósofos Ilustres*: "Os homens geralmente considerados sábios eram os seguintes: Tales, Sólon, Períandros, Clóbulos, Quílon, Bias e Pítacos. Acrescentavam-se a estes Anárcasis (o cita), Míson (de Quen), Ferecides (de Siros) e Epimenides (de Creta); algumas fontes incluem ainda o tirano Pisístrato. São estes os sábios". Algumas das máximas que se conservaram são: de Tales – Maior é o espaço, pois contém todas coisas. Mais veloz é o espírito, pois corre para tudo. Mais forte é a necessidade, pois domina tudo. Mais sábio é o tempo, pois tudo revela; de Sólon – A riqueza gera a saciedade, e a saciedade gera a violência. Confiai mais na nobreza do caráter do que em juramentos. Leva a sério as coisas importantes; de Bias – Pelo fardo se conhece o homem. Ser forte é obra da natureza, mas ser útil à cidade é um dom da alma e da sapiência; de Quílon – Não desejes o impossível. Honra a velhice, guarda-te a ti mesmo, domina a ira. Prefere um prejuízo a um lucro desonesto, pois o primeiro faz sofrer no momento, e o outro para sempre; de Cleóbulos – Não deves ser arrogante na prosperidade, nem abater-te se cais na pobreza. A moderação é ótima (o melhor é sempre a medida); de Pítaco – Aproveita o dia de hoje; de Míson – Procura as palavras nas coisas, e não as coisas nas palavras; de Períandros – Os prazeres são efêmeros, as honras, imortais. Pune não somente os transgressores, mas também os que estão na iminência de transgredir.

SEXTETO, SEXTILHA. **1.** Em música, sexteto indica um conjunto de seis instrumentos ou vozes, assim como a peça escrita para esse número de executantes. **2.** Na literatura poética, ambas as palavras dizem respeito à estrofe formada por seis versos, como a seguinte, de Cecília Meireles: "Quero um dia para chorar. / Mas a vida vai tão depressa! / É preciso deixar contida / a tristeza, para que a vida, / que acaba quando mal começa, / tenha tempo de se acabar".

SEXTINA. Forma fixa de composição poética constituída por seis estrofes de seis versos cada uma, às quais se acrescenta um remate de três versos, em um total de 39. A última palavra de cada estrofe deve ser repetida no final do primeiro verso da estrofe seguinte. Sua invenção é atribuída ao poeta provençal Arnaut Daniel.

• **SHOW-MAN.** →*Entertainer*.

• **SIGLO DE ORO.** Denominação atribuída às literaturas poética e dramática da Espanha entre os meados dos séculos XVI e XVII, cujo conjunto de obras e de autores constituiu – ao lado do teatro inglês isabelino – o mais fecundo período da literatura poética e da dramaturgia barroco-renascentista espanhola, seja sob o aspecto qualitativo, seja do ponto de vista quantitativo (calcula-se em cerca de trinta mil o número de obras produzidas no período, abrangendo entremezes, autos religiosos, comédias, melodramas e tragédias, várias delas de cunho histórico). Acompanhando a fase de maior esplendor econômico e militar da Espanha, assim como suas transformações sociais, o período secularizou definitivamente o teatro ibérico, refundindo as experiências dos "milagres" e das *novelle* italianas, ambos medievais, com a redescoberta e a difusão dos gêneros greco-romanos. As peças passaram também a ser encenadas em teatros públicos, ao ar livre, e, entre as novas contribuições para a época, devem ser mencionados o aprofundamento dos caracteres, a maior riqueza dos diálogos e dos recursos cênicos, bem como o uso de manifestações folclóricas (canções, danças e socioletos). Compuseram-se também comédias heróicas, baseadas em crônicas e em personalidades históricas do passado, e os primeiros dramas em que as personagens principais são figuras familiares, burguesas ou camponesas (*Fuente Ovejuna*, *O Alcaide de Zalamea*, por exemplo). Contam-se entre seus precursores Juan del Encina (*Auto del Repelón*, *Plácida y Victoriano*), Bartolomé Torres Naharro e Lope de Rueda (*Eufenia*, *Los Engañados*), que por ser também proprietário de uma companhia ambulante, contribuiu para popularizar o teatro. Seguiram-se-lhes Guillén de Castro y Bellvis (*La Tragedia por los Celos*, *Los Mal Casados de Valencia*, *Las Mocedades del Cid*), Juan Ruiz de Alarcón (*Los Favores del Mundo*, *La Cueva de Salamanca*, *La Verdad Sospechosa*), Luis Vélez de Guevara (*Reinar después de Morrir* – história de Dona Inês de Castro – *La Luna de la Sierra*, *La Serrana de la Vera*), Francisco Zorilla (*Casarse por Vengarse*, *La Traición Busca el Castigo*), Juan de la Cueva e, sobretudo, Tirso de Molina (*El Burlador de Sevilla y Convidado de Piedra* – no qual aparece o tipo universal Don Juan – *Don Gil de las Calzas Verdes*, *El Vergonzoso en el Palacio*), Lope de Vega (o mais fértil autor da literatura universal, escritor de *El Rey sin Reino*, *El Cuerdo Loco*, *El Castigo sin Venganza*, *El Acero de Madrid*), Calderón de la Barca (*La Vida es Sueño*, *El Gran Teatro del Mundo*, *El Príncipe Constante*) e Solís y Ravadeneyra (*El Doctor Carlino*, *Un Bobo Hace Ciento*). Neste conjunto inscreve-se ainda Gil Vicente, o criador do teatro em língua portuguesa, por ter redigido nas duas principais línguas da Península. Convém lembrar que Torres Naharro foi também o primeiro teórico espanhol do gênero, ao expor idéias e princípios de dramaturgia no texto *Propalladia*. Na qualidade de comediógrafo, Bartolomé distinguiu as comédias baseadas em fatos reais (*comedias a noticia*, como *Soldadesca*, de sua autoria) e aquelas apenas imaginárias (*comedias a fantasía*, de que seriam exemplos *Seraphina* e *Himenea*, escritas igualmente por ele). A grande maioria dos personagens, mesmo quando situados em terras estrangeiras e épocas passadas, assim como as situações vividas, tendem a incorporar o ambiente e os hábitos espanhóis: sensualidade, hedonismo e ilusão, de um lado; fé, cristianismo, estoicismo e realeza, de outro. No âmbito da poesia, cultivada em suas mais diversas estruturas – odes, romances, sonetos, baladas, letrilhas, soledades ou epopéias – foi a época de Garcilaso de la Vega, Fernando de Herrera, cognominado o Divino, autor de canções sob influência de Petrarca, entre elas *A la Batalla de Lepanto* e outra dedicada a D. Sebastião de Portugal, Luís de Góngora (*Soledades*, *Polifemo*), Lope de Vega (*Jerusalén Conquistada*, *Corona Trágica*), Quevedo y Villegas (*Los Sueños*), Alonso de Ercilla (*La Araucana*), Estebán de Villegas (*Poesías*) e de vários místicos e moralistas católicos, como Frei José de Valdivieso (*Vida, Excelencias y Muerte del Gloriosíssimo Patriarca San José*, *Romancero Espiritual del Santísimo Sacramento*), Juan de la Cruz (*Obras Espirituales*), Teresa de Ávila (*Camino de Perfección*, *Castillo Interior*) ou Alonso de Ledesma (*Juegos de Noches Buenos a lo Divino*). →*Renascença, Renascimento*, →*Barroco e maneirismo*.

SIGNO. Do grego *semeîon*, pelo latim *signum*, marca, sinal, foi definido por Santo Agostinho como "uma coisa que, além da espécie percebida pelos sentidos (grafia, imagem, som), faz vir ao pensamento qualquer outra coisa". Na idéia de "fazer vir ao pensamento" encontra-se a função essencial do signo, qual seja, não só a de ocupar o lugar de algo ausente, mas servir-lhe, ao mesmo tempo, de testemunho e significado. A maioria das análises ou teorias dos signos (→*Semiologia, semiótica*), apresenta-os numa relação triádica. Platão, por exemplo, distinguia o nome (*nomos, ónoma*), a idéia (*eidos, logos*) e a coisa ou fato a que ambos se referem (*pragma, ousía*). Em sua concepção, no entanto, como as idéias eram entidades objetivas, reais, os signos verbais (os nomes, as palavras) permaneciam como representações ou substitutos parciais, incompletos da verdade da idéia. Para os estóicos, o signo desdobrava-se em *semaínon* (o nome), *lékton* (a significação) e *tygchánon* (o objeto). As grandes contribuições para o estudo dos signos ocorreram, porém, no final do século XIX e início do século XX, com as figuras de Charles Sanders Peirce e Ferdinand de Saussure. Para Peirce, o signo é "tudo aquilo que, sob certo aspecto e medida, está para alguém no lugar de algo. Dirige-se a alguém, isto é, cria na mente dessa pessoa um signo equivalente ou talvez mais desenvolvido [...]. O signo está no lugar de algo, seu objeto. Está no lugar desse objeto, porém, não em todos os seus aspectos, mas apenas com referência a uma espécie de idéia". A expressão "tudo aquilo [...]que está no lugar" constitui o próprio signo utilizado, sua forma ou *representamen*; "algo" é o objeto real ou imaginário a que o *representamen* se refere, ou seja, o referente; "sob certo aspecto ou medida" indica as relações de significado possíveis no interior do código, o efeito provocado, chamado de interpretante. Já na teoria de Ferdinand de Saussure, o nome, a forma ou o *representamen* se diz significante. Além disso, o signo propriamente lingüístico (toda palavra pertencente a um léxico) é fundamentalmente arbitrário (exceção das onomatopéias), no sentido, por exemplo, de que entre o vocábulo "mar" e o objeto "mar" não existe nenhum vínculo natural ou absolutamente necessário, já que o mesmo objeto "mar" terá como signo *sea*, em inglês, *See* ou *Meer,* em alemão, *mer* em francês. Essa arbitrariedade não quer dizer, entretanto, que o usuário da língua possa modificar o signo a seu critério pessoal, pois, uma vez instituído socialmente, passa a ser imposto pelo código da língua (como de resto qualquer outro código), tornando o significado necessário, ou seja, desta maneira e não de outra. Um signo poderá ser analisado de três maneiras diferentes, mas, ainda assim, complementares. Em primeiro lugar, por uma relação interna ou especificamente simbólica – aquela que une um significante (m-a-r) ao significado "mar" = grande extensão de água salgada contendo um ecossistema natural; ou então, a cruz – significante de toda uma religião, isto é, conduzindo ao significado geral de cristianismo. Em segunda instância, o mesmo signo "mar" poderá ser comparado exterior ou virtualmente aos demais signos dos quais ele participa no sistema do léxico, por diferenças mínimas, mas que lhe alteram o sentido ou a possibilidade de uso – marítimo, maresia, mar continental, mar costeiro etc. É o que certos lingüistas ou semiólogos chamam de relações paradigmáticas. Por fim, o signo poderá ser analisado na teia criada por um enunciado concreto, em uma fala ou texto, em uma imagem pictórica ou genericamente visual. Trata-se aqui de relações sintagmáticas, ou seja, das relações de vizinhança com os demais signos que o antecedem ou lhe são posteriores, com os quais se liga por contigüidade, oposição, semelhan-

ça, complementaridade etc. →*Sintagma*, →*Representação, imagem e simulacro.*

SÍLFIDE, SILFO.   →Gênios ou seres sobrenaturais alados e pacíficos (feminino e masculino, respectivamente), difundidos pelas mitologias celta e germânica a partir da Idade Média. As palavras, embora francesas, traduzem o alemão *luftleut* (ser do ar).

SILHAR.   Pedra talhada ou recortada em blocos regulares (quadrados, retangulares, triangulares), que serve para o erguimento ou o revestimento de paredes. →*Aparelho.*

SILHUETA.   **1**. Desenho, recorte ou imagem projetada de pessoa ou objeto em perfil, que destaca apenas os contornos gerais e exteriores, dando-lhe a aparência de sombra. **2**. Efeito produzido e uma das técnicas do teatro animado de bonecos, de tradição oriental (China, Indonésia, Turquia, entre outros países), cujas figuras, recortadas de perfil, em couro, madeira ou outro material, são manipuladas e projetadas como sombras em uma tela, para representação dramática (teatro de sombras). **3**. Técnica fotográfica para a obtenção apenas dos contornos da figura e que se utiliza de objetos escuros contrapostos a fundos claros. Do francês *silhouette*, nome de Étienne de Silhouette, ministro francês das Finanças em meados do século XVIII.

SILOGISMO.   A definição original e ainda clássica de silogismo foi dada por Aristóteles, nos seguintes termos: "É um argumento no qual, estabelecidas certas coisas, outra coisa distinta das antes estabelecidas resulta necessariamente delas, por ser o que são". Trata-se, portanto, de um processo de dedução, conduzido a partir de proposições anteriores, com o intuito de chegar a uma conclusão ou inferência. O processo fundamenta-se no raciocínio lógico e em suas expressões lingüísticas correspondentes. Exemplo de silogismo: se todos os homens são mortais (A) / e todos os contemporâneos são homens (B), / então todos os contemporâneos são mortais (C). Assim, um silogismo costuma ser constituído por três proposições, e cada uma delas estabelece uma relação afirmativa ou negativa entre um sujeito e um predicado. À primeira proposição (A) denomina-se premissa maior, por conter o termo maior (mortais, no exemplo), além do termo médio (homens, no caso). A segunda proposição é dita premissa menor, por trazer o termo menor (contemporâneos) e também o termo médio (homens). A terceira e última é chamada de conclusão ou inferência, e nela devem aparecer os termos menor e maior (contemporâneos e mortais). Tal exigência é fundamental porque: *1*) o termo médio é apenas um meio de ligação; *2*) o termo menor deve ser o primeiro a aparecer na conclusão; *3*) o termo maior, que finaliza a primeira proposição, deve igualmente finalizar a última. Aristóteles ainda classificou os silogismos em: *demonstrativos* ou *apo-*

díticos, mais tarde renomeados *científicos* – os de proposições universais e necessárias (sem possibilidade de ser outra coisa, pois que a conclusão decorre ostensivamente das premissas); os *dialéticos* – que lidam com proposições prováveis, verossímeis, dependentes e, portanto, não-necessárias; os *sofísticos* – considerados inteiramente falsos e insuficientes no atendimento das regras.

SIMBOLISMO.   No âmbito da literatura. Refere-se ao movimento de reação à poesia parnasiana e às concepções realistas e naturalistas do romance e da dramaturgia, iniciado na segunda metade do século XIX e que se estendeu às primeiras décadas do XX. É claro que, de maneira genérica, toda poesia (e arte) contém características simbólicas. Mas tal denominação firmou-se com o manifesto do poeta Jean Moréas, publicado em setembro de 1886 no jornal *Le Figaro*, sintetizando uma concepção formal e antinaturalista que já se desenvolvia na França há pelo menos duas décadas.

Ao renegar a observação fria ou imediata do real (bem como as relações sociais aí envolvidas) e a impessoalidade ou contenção dos sentimentos, os novos autores da época dedicaram-se, preferencialmente, à elaboração de uma poética encantatória e musical, carregada de alusões, de sentidos velados, de →sinestesias, de significados misteriosos ou idealistas. Para alcançar a essência das coisas ou da condição humana, a literatura deveria lançar mão do *símbolo* – um instrumento capaz de romper a barreira das aparências superficiais – e da intuição, ou seja, de uma percepção pessoal imediata que alcançasse o significado profundo da realidade. Na dependência de estilos subjetivos e de tradições regionais, desenvolveram-se visões como a do pessimismo racionalista, do misticismo, do nacionalismo ou do satanismo (a crueldade e a fealdade do real, sensualidade carnal exasperada), expressas formalmente à maneira "talhada" e perfeita dos parnasianos, ou ainda em versos livres, assonantes ou mesmo brancos.

Adepto anterior do parnasianismo, Charles Baudelaire foi um primeiro exemplo para os seus mais imediatos seguidores: Paul Verlaine, Arthur Rimbaud e Stéphane Mallarmé. Nas *Flores do Mal* (1857-1861), o poeta buscou expressar a maneira pela qual o artista (ou alguém consciente da tragédia da vida) conseguiria suplantar a realidade concreta que, invariavelmente, o conduz ao tédio, à desesperança, ao que está recoberto pela palavra →*spleen*. Isso porque, no ser humano, convivem duas naturezas – aquela que o levou à queda original e a que deseja, intensamente, a bem-aventurança: "Em todo homem há sempre duas postulações simultâneas; uma que se dirige a Deus, outra a Satã. A invocação a Deus ou à espiritualidade é um desejo de elevar-se por graus; a dirigida a Satã ou à animalidade é a alegria da queda". Assim, em toda a coletânea das *Flores* há um movimento constante e pendular entre aqueles pólos, até a "última viagem", destinada "ao fundo do Desconhecido para encontrar o novo". A arte é a única forma e conteúdo de um mundo superior que se almeja, "destas alegrias divinas e embriagantes que [...] a poesia ou a música nos fazem entrever por clarões rápidos e confusos".

Entre a nitidez parnasiana e seu ideal da "arte pela arte", insinuam-se as visões misteriosas deste conflito perpétuo de naturezas. Daí o apelo às famosas *correspondências sensíveis*, à sinestesia das impressões e dos termos que as expressam, utilizadas como recurso da visão mística e das relações secretas da vida: "A Natureza é um templo onde vivos pilares / Deixam às vezes escapar confusas palavras: / O Homem aí passa em meio a florestas de símbolos / Que o observam com olhos familiares". Empregando um vocabulário fixado em objetos reais, percebe-se que o desejo final remete-se à ascensão ou à queda do espírito: "Acima dos lagos, acima dos vales, / Das montanhas, dos bosques, das nuvens, dos mares, / Além do sol, além dos eteres, / Além dos confins das esferas estreladas, / Meu espírito, tu te moves com agilidade, / E como um bom nadador que na onda se compraz, / Sulcas alegremente a imensidão profunda / Com indizível e máscula volúpia". Essa ambigüidade levou Paul Valéry a dizer que havia em Baudelaire "uma combinação de carne e de espírito, uma mistura de solenidade, de calor e de amargura, de eternidade e de intimidade".

O lado místico deste simbolismo anunciado aprofundou-se então com Rimbaud e Mallarmé, propondo-se ambos a uma "comunicação total com o Ser", a revelar os materiais psíquicos do subconsciente e dos sonhos. Em lugar de dar nome a um objeto, tentaram evocar *impressões* (como as dos pintores, seus contemporâneos). Rimbaud, para captar os significados da vida, exigiu de si mesmo a aventura literária e real do *vidente*: "Digo que é preciso ser vidente, fazer-se vidente. O poeta se faz vidente por um longo, imenso e cuidadoso desregramento de todos os sentidos. Todas as formas de amor, de sofrimento, de loucura; ele procura a si mesmo, esgota em si todos os venenos para deles não guardar senão a quintessência. Inefável tortura para a qual se necessita toda a fé, toda a força sobre-humana, e pela qual o poeta se torna o grande enfermo, o grande criminoso, o grande maldito [...]" (carta a Paul Demeny, 1871). O *desregramento* em sua obra, criada num curto intervalo de tempo, veio na forma de superposições sensitivas alucinantes, de imagens ousadas, versos livres, de uma língua vertiginosa, delirante, amarga ou dilacerante. Assim, por exemplo, começa a sua *Estadia no Inferno*: "Outrora, se bem me lembro, minha vida era um festim aberto a todos os corações, regado por todos os vinhos. / Uma tarde, sentei a Beleza em meu colo. E achei-a amarga. E a injuriei. / Armei-me contra a justiça. / Fugi. Ó feiticeiras, ó miséria, ó asco, a vós confiei o meu tesouro".

Esta poética de Rimbaud, ao mesmo tempo ultra-romântica e de um satanismo adolescente, contribuiu poderosamente para uma das vertentes do simbolismo – aquele do sentimento de "decadência" espiritual em meio ao progresso material finissecular. A esse respeito, lembra Carpeaux que "os parnasianos passaram em revista os deuses de todos os povos e séculos para se fortalecer na convicção da vaidade de todas as religiões; os simbolistas não souberam resistir à tentação de ajoelhar-se perante os altares mais exóticos. Os parnasianos eram ateus. Os simbolistas gostavam do ocultismo ou voltaram-se para a Igreja romana [...]. Esse sentimento de 'estar no fim' era tão forte que forneceu as palavras-chaves da época: 'Décadence' e 'Fin-du-Siècle'. Daí o tom triste, até desesperado da poesia simbolista".

Poesia igualmente de revolta espiritual, repleta de fantasmas inconscientes, foi a que escreveu Lautréamont, um pouco antes de Rimbaud. Inteiramente despercebidos, no entanto, os seus *Cantos de Maldoror* só viriam a ser valorizados pela corrente surrealista ("ali já se encontram a revanche do irracional, a afirmação das forças obscuras, a explosão vulcânica de lençóis subterrâneos incandescentes", na avaliação de André Breton).

Amante atribulado de Rimbaud, por quem desfez seu casamento, alcoólatra e vagabundo, a estréia de Verlaine também se deu no reduto parnasiano com os *Poemas Saturnianos* (1866). Mas aí mesmo já se percebe a preferência dada à musicalidade subjetiva do verso e à expressão indireta dos conflitos de sua personalidade – nervosa e delicada, cândida e voluptuosa, bissexual: "Uma aurora fria / Verte na vertente / A melancolia / De um sol poente. / A melancolia / Nina, docemente, / Minha alma erradia / A um sol poente. / Sonhos irreais / Quais sóis vespertinos / Sobre os litorais" (tradução de Jamil Haddad). Entre os primeiros simbolistas, é o que se prende com mais ardor aos aspectos puramente pessoais e emotivos, sem nenhum apego a ordens intelectuais ("a arte, minhas crianças, é a revelação de si mesmo"). Quanto ao estilo, o ritmo das frases tende a escapar das regras da retórica e da sintaxe até então convencionadas (sem chegar ao verso livre, no entanto), pautando-se por entonações intimistas. Uma poesia confessional guiada (em tradução meramente literal) "pela música antes de qualquer coisa, / e para tanto o verso ímpar, / mais vago e solúvel no ar, / sem nada que lhe pese ou assente" (*Arte Poética*).

Ao lado do "decadentismo" (ou decadismo), isto é, deste mal-estar num mundo de "aparências ilusórias", de um estado de espírito funesto ou de maus pressentimentos, a poesia simbolista encontrou em Mallarmé uma segunda via – a do *hermetismo* ou *obscurantismo* como pedra de toque para a revelação das essências, daquelas realidades encobertas e maiúsculas: a Beleza, o Amor, o Vazio, a Pureza ou a Perfeição. Depois de *Brinde Fúnebre* (homenagem a Gautier), mas sobretudo com *Prosa para des Esseintes* e *Um Lance de Dados Jamais Abolirá o Acaso*, Mallarmé assumiu-se como o profeta do idealismo platônico e passou a agrupar as palavras – raras, desusadas, sibilinas – em função das afinidades musicais ou do poder sugestivo de sons que possam causar. Para ele, o simbolismo seria a arte de "evocar pouco a pouco um objeto para mostrar um estado de alma; ou, inversamente, escolher um objeto e dele inferir um estado de alma por uma série de deciframentos". Assim, por exemplo, lê-se em *Brisa Marinha*: "A carne é triste, infelizmente! E li todos os livros. / Fugir! Fugir para longe! Sinto que os pássaros estão ébrios / Por estarem entre a espuma desconhecida e os céus! / Mas, ó meu coração, escuta o canto dos marinheiros".

Sua casa na rua Roma, centro de peregrinação de jovens literatos (Gustave Kahn, Jules Laforgue, Paul Claudel, Valéry ou André Gide), converteu-se na famosa "torre de marfim", reduto de um experimentalismo avesso ao cotidiano e aos ruídos das ruas ("As suas unhas puras muito alto dedicando o ônix, / A angústia, esta meia-noite, mantém-se, lampadófora / Tantos sonhos vesperais queimados pela Fênix / Que não recolhe a cinerária ânfora / Sobre as credências, no salão vazio, nenhum ptyx, / Abolindo adorno de inanidade sonora"). A estética do hermetismo ainda teria repercussões longínquas, como as que se deram em Giuseppe Ungaretti (*Il Dolore*, *La Terra Promessa*, de meados do século XX) ou no →concretismo brasileiro.

Villiers de L'Isle Adam e Joris-Karl Huysmans introduziram as características simbolistas na prosa, isto é, nos gêneros narrativos e dramáticos. Villiers, um aristocrata de velha linhagem, explorou seu misticismo católico e aderiu aos aspectos fantásticos de Allan Poe, destinados a opor "a luz do sonho às trevas do senso comum" (*Contos Cruéis* e o drama *Axel*); Huysmans, um ex-adepto de Zola, cedo se desencantou com a vida moderna, mergulhando no satanismo de um ideal *Às Avessas*, título de seu mais importante romance, no qual o herói des Esseintes revela predileções pelo ocultismo, pelo sexo psicopatológico e por experiências sensoriais alucinantes.

Em 1890, a recém-criada revista literária *Mercure de France* converteu-se em porta-voz da escola e, pouco mais tarde (1896), o poeta e crítico Remy de Gourmont apresentou em seu *Livre des Masques* um ensaio sobre os principais nomes da geração. Além dos já citados, Henri de Régnier, um mestre do verso livre e o mais popularmente lido dentre eles; Edouard Dujardin (criador do "monólogo interior" no romance *Les Lauriers sont coupés*, um recurso narrativo que faria fortuna com James Joyce e outros modernistas), Paul Valéry, Saint-Pol-Roux, Laforgue, Moréas, Paul Fort e os belgas Émile Verhaeren e Maurice Maeterlinck. Com Verhaeren, o simbolismo volta a encontrar "o mundo das aparências", a vida cotidiana, o espetáculo das cidades cosmopolitas ou *tentaculares* da geração realista: "Todos os caminhos vão à cidade. / Do fundo das sombras / Ao longe, com todos os andares / E as grande escadarias e suas viagens / Até o céu, aos mais altos andares / Como de um sonho, ela se exuma... É a cidade tentacular / De pé / No extremo das planícies e dos domínios, / É a cidade tentacular. / O polvo ardente e o ossuário / A solene carcaça. / E os caminhos daqui se vão ao infinito / Para a cidade".

O poeta Maeterlinck, por sua vez, criou as únicas obras teatrais largamente reconhecidas do simbolismo – *Pelléas et Mélisande* (motivo para a música de Debussy) e *L'Oiseau Bleu* (*O Pássaro Azul*). *Pelléas*, como a grande maioria de seus poemas, é um drama ao mesmo tempo lírico e trágico, de diálogos alusivos e atmosfera misteriosa. Em suas obras, Maeterlinck faz ressoar preocupações metafísicas – uma procura íntima e silenciosa de felicidade, enquanto se espera, melancolicamente, o aziago fim.

O simbolismo poético repercutiu desde cedo sobre as literaturas européias e latino-americanas. Na Rússia, por exemplo, o movimento dos *reliora* (dos renovadores), englobou o precursor Vladimir Soloviev, um parnasiano na forma, mas de espírito místico, Valeri Briussov, Konstantin Balmont, Innokenti Anneski, Viatcheslav Ivánov, Fiódor Sologub (obsedado pelo tédio e "trovador da morte"), cujas obras também foram comentadas e divulgadas por Sergei Diaghilev em sua revista literária *O Mundo da Arte*, lançada em 1898. A esse grupo seguir-se-ia o poeta e dramaturgo Alexandr Blok, tido por alguns comentadores como o mais talentoso integrante da corrente. Inicialmente, destacou-se pela força lírica e iluminista da "Bela Dama", símbolo da sabedoria divina, encaminhando-se, depois do fracasso da revolução de 1905, para uma atitude pessimista, séria, mas também satírica, aliada a um grande fervor religioso e patriótico, capaz de vencer o desespero da vida cotidiana.

A extraordinária influência francesa encontrou um polêmico seguidor italiano na figura de Gabriele D'Annunzio. Em seus escritos poéticos, narrativos ou dramáticos, deparamo-nos ora com a sensualidade, o prazer, a volúpia libertina ("a luxúria onipotente / mãe de todos os mistérios e de todos os sonhos") e o satanismo decadente (*crepuscolari*, diziam então), ora com o culto nietzschiano e aristocrático do herói, do super-homem multissensível, necessário e justificável, apesar de todos os excessos que possa cometer. Ainda na Itália, Giovanni Pascoli depositou no ritmo musical verlainiano e na pintura bucólica da vida dos camponeses o seu enorme talento de poeta popular. Este sentimentalismo íntimo e nacionalista fez com que se tornasse o mais apreciado autor neo-romântico entre a última década do século XIX e os primeiros trinta anos do XX.

Em meio a outros autores que sobressaíram sob a influência simbolista, mencionam-se: na Áustria, Hugo von Hofmannsthal (também libretista de Richard Strauss) e Rainer Maria Rilke, poeta interiormente místico e dilacerado pela consciência da finitude, mas capaz de expressar-se (ou por isso mesmo) com esmerada melodia e sensibilidade formal (as imagens de Deus, por exemplo, são as da "torre arcaica em torno da qual os entes circulam como aves", do "silêncio após as badaladas dos relógios"); e também Georg Trakl, cuja poesia, "sombria e sinistra, vaticina a morte e a desintegração ameaçadoras, que espreitam através das cores, do brilho e das sombras do mundo" (Szabolcsi); na Alemanha, Stefan George, um esteta esotérico, conservador e adepto do dandismo, isto é, de uma Nova Ordem, de uma Nova Beleza, de Novos Eleitos; os suecos Per Hallstroem e Verner von Heidenstam; Miriam (pseudônimo de Zeon Przesmycki) e o dramaturgo e romancista Stanislaw Wyspianski, ambos poloneses; em língua inglesa, elevou-se o irlandês W. B. Yeats, poeta e dramaturgo ao mesmo tempo místico, medievalista e nacionalista; na Grécia, encontramos Konstantinos Kavafis, autor de textos poéticos vinculados às veneráveis tradições históricas de sua terra; no mundo hispano-americano, o crioulo nicaragüense Rubén Darío, considerado um renovador dos ritmos poéticos espanhóis, mesmo quando recupera formas arcaicas, medievais (e ainda difusor do vocábulo "modernismo"), o polígrafo argentino Leopoldo Lugones e o poeta Júlio Herrera y Reissig, uruguaio de grande preciosidade estilística e, tal como Lautréamont, um surrealista antes do tempo. Quanto aos assim considerados simbolistas espanhóis, são tratados em →geração de 98.

A geração simbolista portuguesa reuniu, num só amálgama, romantismo ou emocionalismo, nacionalismo (historicismo, regionalismo) e impulsos transcendentalistas a começar pelas obras de Eugênio de Castro (*Oaristo*, 1890; *Horas*, 1891), Antônio Nobre (*Só*, 1892) e de Alberto de Oliveira (*Palavras Loucas*, 1894). Eugênio de Castro revelou-se um refinado esteticista, capaz de sugerir imagens ao mesmo tempo ricas e sutis em versos como: "Numa das margens do saudoso rio, / Contemplo a outra que sorri defronte: / Lá, sob o sol que baixa no horizonte, / Verdes belezas, enlevado, espio. / Ali, digo eu, será menos sombrio / O viver que me põe rugas na fronte. / E erguendo-me, atravesso então a ponte... / Eis que o encanto, de súbito, se perde: / Bem mais bela era a margem que deixei! / Quero voltar atrás. Noite fechada! / E a ponte, pelas águas destroçada, / Por mais que a procurasse, não a achei". Antônio Nobre, por sua vez, foi um poeta múltiplo: às vezes um dândi, à maneira de Baudelaire, por vezes um melancólico típico da tradição sentimental lusitana, outras um observador bem-humorado do cotidiano: "Georges! Anda ver meu país de romarias e procissões! / Olha essas moças, olha estas Marias! / Caramba! Dá-lhes beliscões! / Os corpos delas, vê! São ourivesarias, / Gula e luxúria dos Manuéis! / [...] Dá-lhes beijos, aperta-as contra o peito, / Que hão de gostar! / Tira o chapéu, silêncio! / Passa a procissão".

Praticamente anônima em vida, Florbela Espanca deveu aos críticos Jorge de Sena e José Régio a sua posterior consagração. Apesar de uma obra pouco extensa, seu estilo conciso e confessional transmite angústias verdadeiramente sentidas por uma alma sensível e nunca saciada: "Este livro é de mágoas. Desgraçados / Que no mundo passais, chorai ao lê-lo! / Somente a vossa dor de Torturados / Pode talvez senti-lo... e compreendê-lo". Ainda em Portugal, comungaram da estética simbolista poetas como Camilo Pessanha, Afonso Lopes Vieira, Teixeira de Pascoais, Augusto Gil, Afonso Duarte ou os dramaturgos D. João da Câmara, Júlio Dantas e Antônio Patrício.

A corrente nacional. O simbolismo brasileiro teve em Medeiros de Albuquerque (*Canções da Decadência*, 1889) e Wenceslau Queirós (*Versos*, 1890) dois de seus poetas precursores, ambos influenciados por Baudelaire. Mas o primeiro grande nome, dada a originalidade alcançada, foi verdadeiramente Cruz e Sousa (*Broquéis*, *Missal*, *Faróis*, *Últimos Sonetos*). Negro marcado pelo preconceito racial, fez de sua obra um canto de sublimação social e de impulsos sensuais, "transfigurando" as angústias vividas em evocações "platônicas", em aspirações e sofrimentos espiritualizados: "Para as estrelas de cristais gelados / as ânsias e os desejos vão subindo, / galgando azuis e siderais noivados / de nuvens brancas e amplidão vestindo". Ou então: "Tudo! Vivo e nervoso e quente e forte, / nos turbilhões quiméricos do Sonho, / passe cantando ante o perfil medonho / e o tropel cabalístico da Morte". Especialmente em relação ao poeta, embora José Veríssimo tenha considerado todo o simbolismo brasileiro como "produto de importação" (mas outros estilos

e correntes também o foram e ainda são), Roger Bastide e Tasso da Silveira demonstraram grande entusiasmo com Cruz e Souza, deixando Tasso o seguinte testemunho: "Não sei se Cruz e Souza não será até agora o único poeta brasileiro capaz de figurar, sem desprestígio, num quadro da poesia mundial. A obra que nos deixou, ao contrário do que aconteceria com a dos mais, nada perderia de sua significação uma vez deslocada da literatura nacional" (*A Igreja Silenciosa*).

O mineiro Alphonsus de Guimaraens demonstrou-se o poeta das perdas amorosas, do luto e das nênias, dos sentimentos de mistério e religiosidade em obras como *Setenário das Dores de Nossa Senhora*, *Dona Mística*, *Pastoral aos Crentes do Amor e da Morte*. Usando com mais assiduidade o decassílabo e as redondilhas, Guimaraens cultivou uma musicalidade de tons melancólicos, sob influência de Verlaine, alcançando em certos poemas imagens extraordinárias: "Hão de chorar por ela os cinamomos, / Murchando as flores ao tombar do dia. / Dos laranjais hão de cair os pomos, / Lembrando-se daquela que os colhia... / Os meus sonhos de amor serão defuntos... / E os arcanjos dirão no azul ao vê-la, / Pensando em mim: – Por que não vieram juntos?". Assim também no antológico *Ismália*, de sabor popular: "Quando Ismália enlouqueceu, / Pôs-se na torre a sonhar... / Viu uma lua no céu, / Viu outra lua no mar... / As asas que Deus lhe deu / Ruflaram de par em par... / Sua alma subiu ao céu, / Seu corpo desceu ao mar" (trechos). Os exemplos de Cruz e Souza e de Guimaraens, aliados àquelas facetas místicas, esotéricas e de sentimentos sobre a vacuidade da vida, estimularam vários outros poetas "menores", entre os quais, no entanto, devem ser destacados Emiliano Perneta, Eduardo Guimaraens (nenhum parentesco com Alphonsus), Pedro Kilkerry e Mário Pederneiras.

Embora contemporâneo de parnasianos e de simbolistas, Augusto dos Anjos foi uma figura à parte. Atraído pelas idéias do evolucionismo de Darwin e do positivismo cientificista (em parte adotadas pela corrente literária do naturalismo), revestiu-as de uma linguagem bastante singular, estranha ou excêntrica, acrescentando-lhe por fim um profundo ceticismo, uma "dimensão cósmica e a angústia moral", no dizer de Alfredo Bosi. Seus versos tendem a exprimir, com violência e desespero, a fatalidade do ser humano como ser consciente e destinado à morte: "Pode o homem bruto, adstrito à ciência grave, / Arrancar, num triunfo surpreendente, / Das profundezas do Subconsciente / O milagre estupendo da aeronave... / Em vão! Contra o poder criador do Sonho, / O Fim das Coisas mostra-se medonho, / Como o desaguadouro atro de um rio... / E quando, ao cabo do último milênio, / A humanidade vai pesar seu gênio, / Encontra o mundo, que ela encheu, vazio".

Na pintura. Não tendo a mesma importância que alcançou na literatura, o simbolismo pictórico veio a se caracterizar pelo conteúdo espiritualista, transcendental ou místico de suas figurações. Diferentemente do impressionismo, ou seja, menos preocupado com a pesquisa formal, com os efeitos colorísticos fragmentados e as sensações luminosas imediatas, buscou principalmente sugerir ou revelar estados psíquicos e aspirações espirituais profundas por meio de cenas alegóricas. Seus mais conhecidos artistas foram os franceses Gustave Moreau e Pierre Puvis de Chavannes. Embora tenham optado pela manutenção de contornos e delineamentos mais sólidos ou precisos que seus contemporâneos impressionistas e pós-impressionistas, há em ambos atmosferas de grande sensualidade. Deram ainda, por meio de estilos pessoais, continuidade às experiências pictóricas baseadas no "sublime" de Blake ou nas situações oníricas de Füssli. A "realidade" de seus personagens, retirados quase sempre de civilizações antigas, é tratada de modo a evocar sentimentos com valor de signos supra-racionais ou inconscientes. Enquanto Moreau preferiu a utilização de fortes coloridos, Chavannes optou por cenas "arcádicas" em tons claros e suaves.

Para certos contemporâneos de Gauguin, também ele se teria revelado um pintor de tendências simbolistas. O crítico Albert Aurier e o pintor e ensaísta Maurice Denis assim o distinguiram, num momento em que, provenientes do impressionismo, começavam a se delinear novas experiências pictóricas. Em artigo para o *Mercure de France*, de 1891, assim dizia Aurier (*O Simbolismo em Pintura: Paul Gauguin*): "A finalidade normal e última da pintura [...] não pode ser a representação direta dos objetos – e isso se aplica também às outras artes. Sua finalidade é exprimir Idéias, traduzindo-as numa linguagem especial. Aos olhos do artista [...] os objetos, isto é, os seres relativos que não passam de uma tradução proporcionada à relatividade de nosso intelecto dos seres absolutos e essenciais, das Idéias, os objetos não podem ter valor enquanto objetos. Surgem apenas como signos. São letras de um imenso alfabeto que só o homem de gênio sabe soletrar".

Com esses argumentos, Aurier fazia referência à tentativa de Gauguin de evadir-se da realidade culta e ocidental para reencontrar, na rudeza dos traços e na subjetividade das cores, uma alma primitiva, original, a beleza instintiva dos "velhos e bons selvagens". Denis, por sua vez, relembra que "Sem nunca ter procurado a beleza no sentido clássico, [Gauguin] levou-nos quase de imediato a nos preocuparmos com ela. Aspirava antes de tudo a transmitir o caráter, a exprimir o *pensamento interior*, até mesmo da fealdade. Era ainda impressionista, mas pretendia ler o livro 'onde es-tão inscritas as leis eternas do Belo' [...]. Tínhamos os olhos cheios das magnificências que Gauguin trouxera da Martinica e de Pont-Aven. Sonhos esplêndidos perto das realidades miseráveis do ensino oficial [...]. Era, para o nosso tempo corrompido, uma espécie de Poussin inculto que, ao invés de ir a Roma estudar serenamente os clássicos, obstinava-se em descobrir uma tradição sob o arcaísmo grosseiro dos calvários bretões e dos ídolos maoris" (*Teorias*, 1890-1910).

SIMPÓSIO. **1**. Reunião de cientistas, de técnicos, artistas ou profissionais para apresentação de teses, trabalhos, pesquisas ou discussão de aspectos específicos ou pertinentes a um só tema. Além do assunto específico, o simpósio difere do →*congresso* por apresentar uma organização mais flexível ou informal, podendo abrir-se para um auditório de leigos (→*Seminário*). **2**. (Ant.) Terceira e última parte de uma reunião festiva ou comemorativa, na Grécia antiga, na qual os convidados ou convivas dedicavam-se a conversas e bebidas ou a bebidas e jogos sociais. A primeira parte da festa era dedicada à refeição e a segunda às libações (oferendas) de cunho religioso. O simpósio, entre pessoas mais cultivadas, consistia de discussões filosóficas e políticas, bem como de declamações de poesias. Entre as classes menos instruídas, costumava ser preenchido com música e dança. De *sumpotes*, "aquele que bebe junto".

SIMULACRO. →*Representação, imagem, simulacro.*

SINALEFA. Figura de metaplasmo. →*Escansão.*

SINÉDOQUE. →*Retórica e figuras de linguagem.*

SINÉRESE. Tipo de metaplasmo. →*Escansão.*

SINESTESIA. **1**. Em psicologia, corresponde a uma relação espontânea pela qual uma determinada sensação-percepção conduz a outra, de natureza ou origem distinta. Como ilustração, acontece quando a cor de um meio líquido nos remete à percepção de um objeto metálico, ou quando um som ouvido nos traz a imagem visual de uma pessoa ou paisagem. **2**. Em literatura e em retórica, designa um tipo especial de metáfora na qual se encadeiam dois ou mais vocábulos que expressam sentidos materiais diversos, criando-se "correspondências sensíveis", expressão utilizada por Baudelaire. Assim, por exemplo, "perfumes frescos como carnes infantis, / doces como oboés". Segundo o poeta, "seria verdadeiramente surpreendente se o som não pudesse sugerir a cor, se as cores não pudessem dar a idéia de uma melodia, e que o som e a cor fossem impróprios à tradução de idéias, [já que] as coisas têm sido sempre expressas por uma analogia recíproca, desde o dia em que Deus proferiu o mundo como uma complexa e indivisível totalidade". O recurso à sinestesia foi bastante utilizado pelos adeptos do simbolismo, entre eles Rimbaud, o português Gomes Leal ou o brasileiro Alphonsus de Guimaraens. De Leal, por exemplo, são os versos: "Há plantas ideais, de um cântico divino, / Irmãs do oboé, gêmeas do violino, / Há gemidos no azul, gritos no carmesim... / A magnólia é uma harpa etérea e perfumada, / E o cacto, a larga flor, vermelha, ensangüentada, / Tem notas marciais, soa como um clarim". De Alphonsus é o seguinte trecho: "Nasce a manhã, a luz tem cheiro... Ei-la que assoma / Pelo ar sutil... / Tem cheiro a luz, a manhã nasce... / Oh sonora audição colorida do aroma".

SINFONIA. **1.** No século XVII, e até meados do XVIII, referia-se a uma pequena peça instrumental que servia como abertura ou mesmo como interlúdio de formas musicais superiores (concerto grosso ou ópera), constituída de três andamentos – *allegro, moderato, allegro*, à moda italiana, ou *largo, allegro* e *moderato*, como na música francesa. Em seguida, passou a designar, simultaneamente e no período clássico, a execução orquestral da sonata, quando esta se consolidou, concorrendo com outra forma musical de variação, a suíte e sobrepujando-a na preferência dos compositores. A noção mais nova e corrente, no entanto, é a de uma composição erudita para orquestra (podendo conter partes vocais), estruturada com pelo menos dois e até seis andamentos (como em certas obras de Haydn), o que permite um tratamento mais complexo, elaborado, profundo ou sutil de temas, de contrastes e de exploração de tonalidades sonoras, caracterizando-se por ser uma das arquiteturas mais ricas da música ocidental. Baseia-se no princípio do "trabalho motívico" ou, ainda, do trabalho temático, ou seja, na exploração subseqüente de uma série reduzida de notas ou de poucos compassos (dois ou três), para a criação de um "desenvolvimento" – modulações ou contrastes que estabeleçam um andamento completo. Os dois primeiros compositores a cultivarem as possibilidades dessa grande estrutura sinfônica, elaborada inicialmente pelas escolas de Mannheim e de Viena, foram Haydn (mais de cem sinfonias) e Mozart (quarenta e oito). Os músicos dos períodos clássico e romântico foram pródigos na criação de peças do gênero, tendo por modelo um padrão de quatro movimentos, normalmente com abertura e final em *allegro*. As variações, no entanto, são inúmeras na relação dos andamentos. Mesmo no século XX, com a quebra dos padrões tonais e rítmicos, a sinfonia conservou-se como campo de máxima exploração sonora, sensitiva ou emocional, como o demonstram as obras de Stravínski, Messiaen, Tippet, Chostakóvitch ou Vaughan Williams, por exemplo. →*Classicismo.* **2.** Na teoria musical de Pitágoras, corresponde aos intervalos considerados de justa consonância entre as alturas sonoras, como aqueles de quarta, de quinta ou de oitava.

•**SINGSPIEL.** Opereta, comédia musical alemã ou tipo de ópera correspondente à *opéra-comique* francesa, à *ballad opera* inglesa ou mesmo à ópera-bufa italiana (pela inclusão de diálogos falados), difundida no século XVIII, e que alcançou sua máxima elaboração em Mozart – *A Flauta Mágica* e *O Rapto do Serralho*. *Fidélio*, de Beethoven, conserva a estrutura do *Singspiel*, embora com tema sério. Schubert também se dedicou à opereta (entre outras, *Claudine de Villa Bella, Os Gêmeos*) assim como Kurt Weill (*Ascensão e Queda da Cidade de Mahagonny, A Ópera dos Três Vinténs*) que modernizou o gênero no século XX.

SÍNQUISE. Figura retórica de sintaxe e espécie de hipérbato levado ao exagero, cuja inversão violenta no encadeamento da frase a torna complicada para a leitura e para o entendimento. Foi empregada por vezes nas poesias barrocas luso-espanhola e brasileira. Exemplo: "Vós, que às minhas humilde, se não culto, / Vozes apenas fôstes sempre, ó montes, / Eco só, mais que aplausos ategora, / Ouvi...". Numa ordem mais direta: "Vós, montes, que fostes até agora apenas humilde, se não culto, eco só, ouvi mais que aplausos às minhas vozes." Do grego *synchysis*, confusão.

SINTAGMA. Um dos planos em que se estabelecem as relações entre os termos da língua (os signos) e que derivam da própria atividade mental. O sintagma corresponde àquela combinação de signos que ocorre na extensão, ou seja, na cadeia falada, no discurso ou na escrita, de forma linear e sucessiva, já que é impossível pronunciar, ler ou escrever vários termos ao mesmo tempo, concomitantemente. No sintagma, portanto, os signos aparecem concretizados, *in praesentia*, um após outro. O segundo plano necessário e complementar da língua é o do paradigma (ou plano paradigmático), também chamado "plano das associações". Segundo Ferdinand de Saussure, "as unidades que têm entre si algo de comum associam-se na memória (individual ou coletiva) e assim formam-se grupos em que reinam diversas relações: ensino pode associar-se, pelo sentido, a educação ou aprendizado; pelo som, a ensinar, reensinar, ensinamento". No plano paradigmático ou das associações, os signos constituem um "tesouro de memória", unidos *in absentia*, ou um reservatório para a elaboração dos sintagmas. Os planos recebem também a denominação de "eixos" (eixo sintagmático, eixo paradigmático). →*Semiologia, Semiótica.*

SINTAXE. Campo de estudos da gramática dedicado ao exame dos processos e das normas que regem as combinações das palavras para a formação de frases, orações, enunciados ou sentenças. O contexto e a situação do enunciado têm uma importância decisiva para a sintaxe, pois sua investigação dedica-se principalmente ao conjunto frásico, e não propriamente a uma palavra ou som isolados (objetos, respectivamente, da morfologia e da fonética). Entre os processos mais comuns da sintaxe estão: a) a concordância do verbo com o sujeito; do adjetivo com o nome; b) a regência, que trata das relações de dependência ou de subordinação das palavras na oração, sob o domínio de substantivos ou adjetivos (nomes) ou de verbos (ações e estados), subdividida, portanto, em regência nominal e regência verbal; c) a colocação, que indica as possibilidades posicionais da palavra no enunciado. Em português, por exemplo, o artigo deve sempre preceder o nome; em inglês, o adjetivo deve vir antes do substantivo. Aqui também se incluem as ordens direta ou usual (sujeito, verbo, predicado), ou as variações aceitáveis de ordem indireta (psicológica, de expressividade oratória); d) a entonação ou modulação dos enunciados, isto é, a ascensão ou descensão da voz em orações afirmativas, imperativas, negativas ou interrogativas, que podem ou não depender da ordem de colocação ou de partículas extras, na forma escrita. Frases interrogativas, em português, normalmente mantêm a ordem direta (Eu posso ir?), enquanto no inglês pode ocorrer inversão (May I go?), assim como no francês (Puis-je m'en aller?).

SINTETIZADOR. Instrumento computadorizado e de informações digitais destinado à reprodução ou criação eletrônica de música, com teclado incorporado. Para tanto, utilizam-se processos denominados de "síntese" (a subtração, quando há divisão e alteração de sons, e a adição, quando há acréscimos de elementos sonoros). Pode ler partituras digitalizadas, reproduzi-las ou alterá-las, assim como armazenar seqüências melódicas e composições inteiras, simular sons acústicos, reproduzir sons eletrônicos artificiais e modificar timbres instrumentais. Em decorrência dos recursos instalados, é ainda capaz de substituir os próprios músicos na execução de peças.

SÍSIFO. Símbolo da astúcia castigada, o mito de Sísifo conta a história do rei fundador de Corinto e pai de Ulisses, que por duas vezes enganou a morte. Na primeira, Sísifo presenciou o rapto de Egina, filha do deus-rio Ásopo, executado por Zeus. Em troca da posse de uma fonte, oferecida como recompensa por Ásopo, denunciou o pai dos deuses que, furioso, enviou-lhe Tânatos, a morte. Mas de tal sorte Tânatos foi enredado nas artimanhas de Sísifo que acabou aprisionado por este. Durante algum tempo ninguém morreu, até que Hades (ou Plutão), o deus do submundo, vendo diminuir as "sombras" de seu reino, reivindicou os seus direitos e a intervenção de Zeus. Este libertou Tânatos, enquanto Sísifo, sabendo o que lhe iria acontecer, exigiu de sua mulher que não lhe prestasse as honras fúnebres sagradas. Assim, ao chegar à terra dos mortos, conduzi-

do por Tânatos, Sísifo não trouxe consigo o seu "ídolo" ou revestimento em sombras. Hades perguntou-lhe por que isso acontecia e Sísifo disse-lhe então que sua mulher não havia libertado o ídolo, por não seguir os rituais funerários. E pediu para voltar à terra dos vivos, a fim de castigar a esposa. Com a permissão concedida, Sísifo regressou a Corinto e ali continuou a viver até avançada idade. No segundo retorno ao submundo, sua astúcia foi então severamente punida. Desde então, foi obrigado a empurrar eternamente uma grande pedra até o alto de uma montanha e, lá chegando, deixá-la escapar montanha abaixo. Seu esforço inútil refere-se ainda à tentativa de mudar o curso natural das coisas, como o de escapar à morte.

•**SISSONE.** Modulação de salto coreográfico em que, após o pulo com ambas as pernas, uma delas se mantém em posição vertical, enquanto a outra executa uma batida ou abertura, retornando-se ao solo com o apoio de um só pé. Sua característica é a elevação de ambas as pernas e descida sobre apenas uma. Há, no entanto, diversas variações. Nas *sissones* aberta ou *tombée*, por exemplo, o salto é para cima; na *sissone* fechada, para o lado. Já na *sissone sobresaut*, as pernas se juntam durante o salto.

SÍSTOLE. Tipo de metaplasmo. →*Escansão*.

•**SLAPSTICK COMEDY.** O tipo de comédia cinematográfica de maior sucesso popular na fase do cinema mudo, desenvolvido nos Estados Unidos até meados da década de 1930, e ao qual estiveram ligados os grandes cômicos do cinema do século XX: Max Linder, Charlie Chaplin, Mack Sennet, Buster Keaton ou Harold Lloyd. A *slapstick* fundiu brilhantemente as tradições circenses da mímica e da acrobacia, o teatro burlesco ou farsesco e os espetáculos de *vaudeville* e de *music hall*, adaptando-os para o mundo urbano, cosmopolita, e imprimindo um ritmo cênico bastante rápido na construção e na seqüência de *gags*. A paródia, a ambigüidade das situações (qüiproquós), brigas, tombos e perseguições, a transformação dos sentidos sugeridos inicialmente, mas que se modificam de uma cena para outra, e até mesmo uma crítica tragicômica às condições de vida e tecnologias da época industrial foram elementos extensamente utilizados pelos autores, a grande maioria ainda responsável pela criação dos próprios personagens, enredos ou roteiros. A denominação foi dada pelo uso de duas tábuas em forma de bastão (*stick*), também chamadas "espátulas de Arlequim", e com as quais, no circo ou no teatro, os palhaços ou comediantes simulam os tapas ou pancadas que trocam entre si.

•**SLIDE.** Filme fotográfico colorido e reversível, isto é, ao mesmo tempo transparente e positivo, visível contra uma fonte de luz e que pode ser projetado e ampliado sobre uma superfície clara, por meio de aparelho específico.

• **SNUFF MOVIE.** Filme em que a violência é real, praticada com ou sem o consentimento dos atores, ou registro de imagens em que a coação, a tortura e, eventualmente, a morte acontecem de modo verídico. A expressão parece derivar do fato de se "cheirarem ou aspirarem" (*snuff*) certas drogas, predispondo a ações violentas.

• **SOAP-OPERA.** →*Radionovela, telenovela,* →*Melodrama.*

SOCIOLETO. Termo criado pela sociolingüística para indicar uma variante reconhecível do idioma (leto), utilizada de maneira mais corrente ou intensa por uma determinada classe, camada ou estrato sociais, bem como por grupos profissionais específicos (neste último caso, por exemplo, o "economês", ou a linguagem dos "infonautas").

SOLEDADES. Termo tradicional da literatura espanhola e também hispano-americana que designa os poemas cujas idéias e sentimentos expressam as virtudes campestres ou o bucolismo de regiões naturais (ilhas, montanhas) e nas quais a solidão prevalece sobre as características da vida citadina. Literatura herdada da tradição greco-romana dos idílios e das églogas e que tende ao elogio do rural, preferindo a vivência mais calma e solitária do campo, de suas pequenas comunidades, à agitação e às necessidades artificiais das zonas urbanas. Além deste aspecto evasionista, pode ainda valorizar os amores singelos ou espontâneos das pessoas simples, a resignação ante as dores do mundo ou relativos a experiências místicas e transcendentais. Uma das mais extraordinárias obras dessa vertente, que aliás a inicia, é o longo poema de Luís de Góngora, justamente chamado *Soledades*. É a história de um náufrago e depois peregrino que percorre, em terra estranha, quatro cenários de gente humilde: uma comunidade nômade de pastores de cabras e de caçadores; uma aldeia campestre que é centro de uma zona agrícola; uma ilha perto da costa e, finalmente, um núcleo feudal com seu castelo, de onde se acompanha uma expedição de falcoaria. Eis um pequeno trecho do poema, quando o peregrino encontra os cabreiros: "No pues de aquella sierra, engendradora / más de fierezas que de cortesía, / da gente parecía / que hospedó al forastero / con pecho igual de aquel candor primero, / que en las selvas contento, / tienda el freno le dió, el robre alimento. / Limpio sayal, en vez de blanco lino, / cubrió el cuadrado pino". Na mesma época de Góngora, escreveu também Lope de Vega: "A mis soledades voy / de mis soledades vengo / porque, para andar conmigo, / me bastan mis pensamientos. / No sé que tiene la aldea / donde vivo o donde muero / que con venir de mí mismo / no puedo venir más lejos".

SOLFEJO. Genericamente, designa a teoria elementar da música na qual se incluem os estudos de notação, dos compassos, dos intervalos, das escalas ou ornamentos, por exemplo. De modo mais restrito, significa a ação de "cantar batendo o compasso e nomeando as notas". Nesse sentido, →*Solmização.*

SOLILÓQUIO. Pensamento oralizado de alguém que se encontra sozinho e utilizado como recurso literário e/ou dramático. O vocábulo foi criado por Santo Agostinho, ao redigir suas *Confissões*. Pode ser tomado como sinônimo de →monólogo, embora alguns autores façam uma pequena distinção (→*Diálogo*). Ou seja, enquanto o monólogo seria expresso por um fluxo desordenado de locuções ainda não inteiramente conscientes, o solilóquio demonstraria a perfeita organização verbal dos estados emocionais e dos juízos de razão de um personagem. Desta forma, o "ser ou não ser" de Hamlet consistiria antes de um solilóquio e não de um monólogo. Mas o uso antigo e já cristalizado da palavra monólogo como estrutura característica de teatro indica que a distinção permanece subjetiva.

SOLMIZAÇÃO. Solmização ou →solfejo é a pronunciação dos sons de uma música (das notas), um por um, com o objetivo de estudar as posições relativas dos intervalos e a escala formada. O sistema foi criado pelo músico e teórico italiano Guido d'Arezzo, no século XI, para o canto eclesiástico, utilizando seis sons ou o hexacorde da escala diatônica, em três versões básicas: o hexacorde natural, sem a nota si; o hexacorde *molle*, com a nota si rebaixada meio-tom; o hexacorde *durum*, em que consta um si natural. Para a formação dessa leitura de estudo, Guido se utilizou das primeiras sílabas do *Hino a São João*, que desde então serviram para designar, nas línguas latinas, as próprias notas musicais: *Ut* queant laxis / *Re*sonare fibris / *Mi*ra gestorum / *Fa*muli tuorum / *Sol*ve polluti / *La*bi reatum / *S*ancte *I*ohannes. Ut foi substituído no século XVII por Dó (atribui-se ao cantor italiano Doni essa modificação, quando resolveu utilizar a primeira sílaba de seu próprio nome em exercícios de solmização ou solfejo).

SONATA. Composição erudita e instrumental de estrutura simétrica, destinada genericamente a um único instrumento ou a um pequeno conjunto, o que faz dela uma forma bastante adequada às apresentações de câmara. Em seus primórdios, ou seja, no início do século XVII, designou a peça escrita sobretudo para o arco e o sopro (do italiano *sonare,* soar ou tocar), o que a diferençava da *cantata* (exclusiva do canto) e da *tocata* (feita habitualmente para o cravo), mas logo se aplicou também a instrumentos de tecla. Pode ter uma duração mais curta e apresentar um único tema em duas partes iguais, separadas por barra de repetição (sonata monotemática) – a primeira indo da tônica à dominante, com regresso à tônica – ou conter uma duração mais longa com dois temas, a sonata clássica ou bitemática (primeiro tema no tom inicial, segundo tema na dominante, desenvolvimentos de ambos em tonalidades variadas, acréscimos de episódios entre essas partes, recapitulação ou conclusão). Conseqüentemente, é possível encontrar sonatas de um até cinco movimentos, com predominância das estruturas com três ou quatro passos alternados (rápido, andante, rápido ou alegro, andante, minueto/scherzo e rondó). Ainda na época barroca, durante a qual sobressaíram como seus compositores Giovanni Vitali e Arcangelo Corelli, distinguia-se a *sonata da camera* (de características mais profanas e alegres, baseadas em movimentos de dança, como a suíte) da *sonata da chiesa* (da igreja), de índole mais séria ou majestosa. Além dos significados precedentes, há também a acepção de sonata-forma, constituída por peça de três seções: a exposição (apresentação de dois temas seguida, com certa freqüência, de uma coda), o desenvolvimento (conflito dos temas ou exploração de suas possibilidades melódicas, harmônicas e rítmicas) e reexposição. →*Classicismo e neoclassicismo* (item Música). É comum dizer-se que a →sinfonia corresponde a uma sonata para orquestra.

SONETO. Forma poética fixa, de catorze versos, subdivididos em dois quartetos e dois tercetos, rimados. Modernamente, admite-se que tenha sido criado por Giacomo da Lentino, no século XII, e tenha sido usado também, na mesma época, por Pier della Vigna. Ganhou um requintado lirismo com a difusão que lhe deu Petrarca, no século seguinte. Migrou para a Espanha no século XV, por intermédio do Marquês de Santillana e dali foi trazido para a língua portuguesa por Sá de Miranda. A estrutura clássica da rima segue o esquema *abba – abba – cdc – dcd*. No entanto, as variações são amplas, incluindo-se até mesmo o →verso livre no período contemporâneo. Um exemplo em Fernando Pessoa: "Súbita mão de algum fantasma oculto / Entre as dobras da noite e do meu sono / Sacode-me e eu acordo, e no abandono / Da noite não enxergo gesto ou vulto [primeiro quarteto]. // Mas um terror antigo, que insepulto / Trago no coração, como de um trono / Desce e se afirma meu senhor e dono / Sem ordem, sem meneio e sem insulto [segundo quarteto]. // E eu sinto a minha vida de repente / Presa por uma corda de Inconsciente / A qualquer mão noturna que me guia [primeiro terceto]. // Sinto que não sou ninguém, salvo uma sombra / De um vulto que não vejo e que me assombra, / E em nada existo como a treva fria" [segundo terceto]. O soneto estrambo, utilizado no século XVII, possui apenas três tercetos; já o soneto inglês é construído com três quartetos (por vezes independentes entre si) e finalizado por um dístico, uma estro-

fe de apenas dois versos. Assim, em Shakespeare: "Quando jura ser feita de verdades, / Em minha amada creio, e sei que mente, / E passo assim por moço inexperiente, / Não versado em mundanas falsidades [primeiro quarteto]. // Mas crendo em vão que ela me crê mais jovem, / Pois sabe bem que o tempo meu já míngua, / Simplesmente acredito em falsa língua: / E a patente verdade os dois removem [segundo quarteto]. // Por que razão infiel não se diz ela? / Por que razão também escondo a idade? / Oh, lei do amor fingir sinceridade, / E amante idoso os anos não revela [terceiro quarteto]. // Por isso eu minto, e ela em falso jura, / E sentimos lisonja na impostura" [dístico].

SONOPLASTIA. É a técnica e o processo de criação de efeitos sonoros para espetáculos dramáticos, como o teatro, o cinema, a radionovela ou a telenovela. A produção desses sons ou ruídos impõe-se ora como "significativa", isto é, capaz de sugerir, sublinhar, acompanhar ou intensificar as expressões psicológicas e interiorizadas de personagens, ora como "informativas", por indicar situações materiais e objetivas da cena representada (a partida de um trem, o barulho da chuva). Por isso, a sonoplastia exige inicialmente uma análise do conteúdo dramático e, na seqüência, trabalhos de pesquisa, seleção, ordenamento ou ainda fusão de materiais sonoros adequados a cada uma das cenas. Ela envolve tanto a utilização mais tradicional e direta de objetos (normalmente vibráteis) ou de peças e instrumentos musicais (a sonoplastia ao vivo), como também o emprego contemporâneo de recursos e de aparelhagens sonoras eletrônicas, que permitem um registro antecipado para reprodução posterior ou mixagem final (em película cinematográfica, por exemplo). Ao lado de ilustrações ou acompanhamentos musicais que evoquem estados de serenidade, alegria, exaltação, furor, medo etc. (criados especificamente ou não para a obra – →*Música incidental*), o repertório da sonoplastia contempla os efeitos não-musicais: gritos, vozes de animais, ruídos da natureza, rumores, rangidos, fragor de máquinas, estalos, zumbidos, disparos de armas, apitos, campainhas e outros semelhantes.

SOPRANO. Em música, a voz feminina de extensão mais aguda, oposta ao contralto, bem como o instrumento de uma mesma família que alcança notas ou alturas mais altas ou agudas, como, por exemplo, o sax soprano, que se diferencia do sax tenor. A extensão regular do canto vai do dó central ao lá, uma oitava acima, na clave de sol. Diz-se "soprano lírico spinto" a cantora que consegue aliar as qualidades propriamente líricas do canto com uma elaborada técnica de representação dramática. Do italiano *sopra*, acima.

SORRISO ARCAICO. Expressão facial bastante comum nas estátuas de →*kouros* e *korai* gregos anteclássicos (séculos VII e VI a.C.), caracterizada por um leve sorriso de curva simples, misto de alegria e mordacidade. Na verdade, porém, não se sabe o motivo exato dessa expressão convencional, reutilizada em alguns exemplares da estatuária gótica medieval (*Can Grande Della Scala*, em Verona, ou o *Anjo da Anunciação*, da catedral de Reims), sem descartar a possibilidade de uma referência na *Gioconda*, de Leonardo da Vinci.

• **SOTTO IN SÙ.** →*Escorço.*

• **SOUBRESAUT.** Em balé, é o salto coreográfico dos dois pés sobre os dois pés, ou seja, após o impulso para que o corpo se eleve e se desloque no espaço, ambas as pernas permanecem estendidas verticalmente, lado a lado, com os pés em ponta, tocando-se o solo na posição *plié*, antes da finalização.

• **SOUBRETTE.** Designação teatral, de origem francesa, para a personagem feminina acompanhante, confidente ou criada da heroína, habitualmente alegre, esperta e, ao mesmo tempo, exagerada ou doidivana. Sua origem provém da →*commedia dell'arte*, e se baseou na figura de Colombina.

• **SPALLA.** Palavra italiana que se refere ao músico e primeiro-violino de uma orquestra, responsável por passagens solistas, pelas instruções técnicas do regente e elo de ligação entre o maestro e o conjunto dos músicos. Em línguas anglo-saxônicas, é por vezes chamado de "mestre de concerto" (*concertmaster* ou *Konzertmeister*).

• **SPASIMO.** Representação pictórica ou escultural de Nossa Senhora desfalecida pela dor nos braços das mulheres que a acompanhavam no trajeto ao Calvário, ou após a crucificação.

• **SPIRITUAL.** Gênero de música e de canto religioso dos negros sulistas norte-americanos, que data do período escravista e do sistema das monoculturas (*plantations*) ali fixado. Uma das primeiras menções à forma inicialmente uníssona do coro é a da cantora inglesa Fanny Kemble, registrada em seu *Journal of a Residence on a Georgia Plantation* (*Diário de Residência numa Plantação da Geórgia* – 1838-1839): "Quando o barco se afastou da margem e o patrão o conduziu pela correnteza, os homens ao remo entoaram um coro, que continuaram a cantar em uníssono, acompanhando o compasso das remadas [...] todos cantam em uníssono, sem nunca ter, ao que parece, aprendido ou ouvido nada que se assemelhe ao canto a várias partes. A voz mais comum parece ser a de tenor; é verdadeiramente extraordinário o senso de tom e de ritmo; com entoação e acentuação tão exatas, qualquer música seria agradável de ouvir" (Gilbert Chase, *Do Salmo ao Jazz*). Em outra passagem, no entanto, diz ter escutado canções em que "a maneira pela qual o coro ataca o refrão, entre as frases da melodia cantada por uma só, é muito curiosa e de muito efeito". Tudo indica que,

além da voz uníssona, praticava-se o típico responsório entre o canto principal e o coro, ao menos no momento do refrão ou estribilho, além de acréscimos de sons (notas entre os intervalos da linha melódica). Ambas as maneiras – o uníssono e o responsório – foram também observadas por William Allen, participante de uma missão educacional nortista após a Guerra de Secessão, e que teve como um dos resultados a compilação das *Canções de Escravos* dos Estados Unidos. Escreveu então o educador: "Não se usa o canto a diversas vozes [...] no entanto, tem-se a impressão de que não há duas pessoas que cantem a mesma coisa; o solista começa as palavras de cada verso, muitas vezes improvisando, e os outros, que lhe dão a base, entram com o estribilho ou mesmo participam do solo, se as palavras forem conhecidas. Os próprios coristas parecem cantar como lhes dá vontade [...] uma oitava acima ou abaixo, ou soltando alguma nota que 'afine', de modo a produzir o efeito de uma complicação [...] e, no entanto, com o mais perfeito ritmo e rara vez dissonante". O *spiritual* retirou dos salmos e dos hinos tradicionais das igrejas protestantes (puritanas, batistas, metodistas) os seus temas mais comuns, servindo durante muito tempo ao trabalho e, desde sempre, aos ofícios e festas religiosas. Tornaram-se correntes canções como *Roll, Jordan Roll* (*Corre, Jordão, Corre* – cântico a receber a primeira partitura do gênero), *Michael row the boat ashore* (*Miguel Rema o Barco para a Margem*), *I hear from the Heaven today* (*Ouço Hoje do Céu*), *Praise, member* (*Louva, irmão*), *Wrestle on, Jacob* (*Continua a Lutar, Jacó*), *Blow your trumpet, Gabriel* (*Sopra a Tua Trombeta, Gabriel*) ou *Keep praying* (*Continue Rezando*). Mas incorporou também, embora em menor quantidade, outros aspectos – os da vida social, fatos históricos e sentimentos líricos, fundamentando-se na tendência ao improviso e no modelo rítmico que o caracteriza. Assim, por exemplo, *Done wid driber's dribin* (*Foi-se a Tirania do Feitor*), *Many thousands go* (*Milhares se Vão*), *Nobody knows the trouble I see* (*Ninguém Sabe a Tristeza que Vejo*). Procedendo a uma análise técnica do *spiritual*, na segunda década do século XX, o musicólogo H. Krehbiel (*Canções Populares Afro-Americanas*) distinguiu o uso de modos (escalas) maiores e menores, com predomínio para o modo maior (aquele em que os semitons se acham do terceiro para o quarto, e do sétimo para o oitavo graus). De um total de 527 cânticos, 331 estão na escala maior, "20 têm uma sétima bemol, 78 não têm sétima e 45 não têm quarta". E a folclorista Jeannete Murphy, escrevendo em finais do século XIX, ressaltou que, "em torno de cada nota principal [o intérprete] deve colocar uma quantidade de pequenas notas, denominadas enfeites [...] não deve, de modo algum, deixar uma nota antes de ter sob perfeito controle a que se segue [...] precisa muitas vezes descer de uma nota aguda a outra muito grave; deve dividir numerosas palavras monossilábicas em duas sílabas, colocando um acento forte na última, de forma que *dead* se transforme em *da-ade*, *back* em *ba-ack*, ou *chain* em *cha-ain*".

• **SPLEEN.** Palavra inglesa de uso literário, com o significado de tédio ou melancolia indefinida perante a vida e o mundo, mesclada a um sentimento de raiva contida. Não se identifica com os estados delirantes ou ansiosos dos personagens românticos, mas à noção de "fim-de-século" ou de "decadência", expressos em uma atitude de insensibilidade aristocrática, de desprezo pela mediocridade cotidiana e um comportamento de dândi. Baudelaire, em suas *Flores do Mal*, manifesta por diversas vezes este sentimento: "Eu sou tal qual um rei de algum país chuvoso / Rico, mas impotente e moço, embora idoso / Que do aio, desprezando as mesuras rituais, / Se enfada com os cães e outros animais. / Nada me diverte enfim, nem caça nem falcões / Nem o povo a morrer em frente aos balcões". Em outro poema, assevera: "Nada iguala a extensão desses dias mancos / Quando, sob florações graves dos tempos brancos, / O tédio, fruto da morna incuriosidade / Assume as proporções da própria eternidade". Também em uma carta a sua mãe, confessa: "O que sinto é um imenso desencorajamento, uma sensação de isolamento completo, um medo perpétuo de infelicidade vaga [...] uma ausência total de desejos, uma impossibilidade de encontrar um divertimento qualquer. É o verdadeiro espírito do *spleen*" (1857). Essa mesma inquietação vazia aparece em Alphonsus de Guimaraens: "A indiferença / fechou-me dentro de uma catacumba / Onde não entra sol e a treva é imensa / Quem conversa comigo? É a voz do tédio". E ainda Vinícius de Morais, na seguinte passagem: "Poeta [refere-se a Baudelaire], um pouco à tua maneira / E para distrair o *spleen* / Que estou sentindo em mim / Em sua ronda costumeira".

• **SPRECHGESANG.** Literalmente, "canto falado" ou canção falada, em alemão, designando uma forma de entoar uma melodia de maneira a incorporar ruídos criados por timbres diferenciados de voz. O primeiro a usá-lo foi o compositor Humperdinck, discípulo de Wagner, na ópera *As Crianças do Rei*, de 1897. Schoenberg, no entanto, desenvolveu a técnica a partir de suas *Canções de Guerra* e, sobretudo, em *Pierrot Lunaire* (1912). Assim também Alban Berg, na ópera *Wozzeck*. O canto falado já pode ser considerado uma técnica de forte tendência para a estética do atonalismo musical.

• **STABILE.** Escultura puramente formal, abstrata, mas oposta ao móbile, estática. Aquela que não contém partes ou articulações que lhe permitam movimento.

STANISLÁVSKI, MÉTODO. O conjunto de idéias, de orientações e de exercícios dramáticos que o diretor teatral russo Konstantin Stanislávski elaborou ao longo da primeira metade do século XX, tendo por finalidade, em suas próprias palavras, "construir uma sensata ação cênica" e "desenvolver um método de trabalho para atores, que lhes desse condições de criar a imagem de um personagem, infundir-lhe a vida de um espírito humano e, por meios naturais, personificá-lo em cena, com arte e beleza". Apesar de variações introduzidas ao longo de anos e de experiências no Teatro de Arte de Moscou, o sistema manteve uma concepção realista-naturalista, entendendo-se por isso que a verdadeira representação deve refletir "o estado normal de uma pessoa na vida real". Daí a necessidade de construir um caráter: *a*) fisicamente livre, isto é, aquele em que o ator obtém pleno controle sobre seus músculos e articulações; *b*) de atenção permanente, concentrada ou vigilante – em que se ouça, se observe e se atue como se estivesse na vida real, desvinculando-se da platéia; *c*) crível – o ator deve acreditar "ingenuamente" em tudo o que estiver ocorrendo na peça; *d*) de uma criação interior e sincera, adequada às circunstâncias da peça, ou seja, devendo o ator perguntar-se o que e como faria se a mesma situação lhe acontecesse, de maneira idêntica à do personagem; *e*) em contato direto com os demais intérpretes, falando-lhes "nos olhos", e nunca alheadamente. Assim, o intérprete necessita descobrir as razões que impulsionam e justificam as atitudes de seu personagem e atuar sem que haja distinções entre ambos. Para tanto, a memória emocional constitui um dos pilares do método. Diferentemente da memória sensitiva (paladar, olfato etc.), a emocional corresponde àquela em que o ator lança mão de sentimentos pessoais vividos anteriormente, de preferência semelhantes aos do personagem em sua situação, a fim de intensificar e naturalizar, psiquicamente, a reação proposta em cena. A esse respeito, assinala Stanislávski: "Quanto mais vasta for a memória emocional, mais rico será o material disponível para a criatividade interior". O sistema foi bastante utilizado por diferentes encenadores, companhias e centros de formação dramática ocidentais, entre eles o Actors Studio americano e o Teatro de Arena brasileiro.

• **STEADYCAM.** Armação de uso cinematográfico ou videográfico fixada ao corpo do operador e dotada de amortecedores conjugados, os quais mantêm fixo o aparelho de filmagem, transmitindo perfeita estabilidade de enquadramento e grande fluidez de movimentação, mesmo em terrenos irregulares ou em situações de deslocamentos abruptos.

STIL NUOVO. Diz respeito à poesia italiana – mais precisamente toscana – do final do século XIII e ainda do século posterior, expressa nas obras de Guido Guinizelli, Guido Cavalcanti e Cino da Pistoia (todas elas recolhidas sob o título de *Rime*), de Dante, de Dino Frescobaldi e Gianni Alfani. Também adeptos do "estilo novo" foram, mais tarde, Boccaccio (*Rime, Filocolo, L'Elegia di Madonna Fiammeta*) e Lorenzo de Medici (*Canzonieri*). O objetivo dos novos poetas de então era o de superar a poética cortesã e de influência francesa, abandonando a sensualidade ou as intenções erotizadas das canções trovadorescas (→*Trovadorismo*) em nome de um lirismo bem mais espiritualizado. Embora não fosse desconhecida a idéia da nobreza e da sinceridade da intenção amorosa (*il cor gentil*), nem a da mulher como ser angelical, o que pareceu novo para os contemporâneos de Guinizelli, seu introdutor, foi a eleição deste tratamento ou tema como o mais sublimado e conveniente da inspiração lírica. Com ele, ampliava-se a fineza do verso, entendendo-se por isso uma sutilização intelectual e um aprofundamento psicológico das relações: "O esforço de avizinhar-se da prosa filosófica, a vontade de introduzir no estilo poético a concisão do andamento silogístico, explicam a sobriedade expressiva, a límpida construção sintática, a elegância das antíteses" (Salinari e Ricci, *Storia della Letteratura Italiana*). O nome foi consagrado por Dante em uma passagem do canto XXIV do Purgatório (na *Divina Comédia*), na qual o poeta se encontra com um mestre mais antigo, Bonnaggiunta. Dante lhe revela o recente credo artístico, fruto da sinceridade de sua inspiração, mais do que do floreio ou do adorno técnico da construção: "I mi son un che quando – Amore spira noto ed a quel modo – che'e ditta dentro vo significando". Ou seja, que seus versos são a fiel tradução de uma realidade sentimental experimentada. Bonnaggiunta reconhece então a novidade do estilo, do *dolce stil nuovo*. No livro *De vulgari eloquentia* (*Da Eloqüência Vulgar*), Dante procede a uma distinção tripartida dos estilos poéticos, indicando o cômico-humilde, o trágico-superior e aquele adequado ao estilo novo, o lírico-amoroso, que utiliza em sua *Vita Nuova*, dedicada a Beatriz. Assim, a matéria do fazer poético deveria afirmar: *a*) que o amor só pode estar num coração gentil, isto é, moralmente nobre e virtuoso; *b*) esta gentileza é um elevado sentimento espiritual, não provindo, necessariamente, do sangue ou da hereditariedade; com isso, afirmava-se também que o mérito estilístico não dependia de o escritor pertencer a uma linhagem nobiliárquica; *c*) a beleza da mulher faz atuar o bem no homem, sendo, portanto, um motivo de transcendência espiritual; *d*) a mulher é uma criatura angelical, que traz nos olhos o amor e a tudo no mundo enobrece. Angelical por ser aquela criatura que, deflagrando a disposição amorosa na alma sensitiva (um afeto divi-

no), mais se aproxima de Deus. O poema de Guinizelli considerado como manifesto inicial da corrente, "Ao coração gentil retorna sempre o amor" (*Al cor gentil rempaira sempre amore*) diz (trecho inicial em tradução livre): "Ao coração gentil retorna sempre o amor / como o pássaro à verdura da selva; / nem a natureza criou o amor antes do coração / nem este foi criado antes do amor: / pois não foi gerado o sol / tão logo o esplendor da luz se fez, / nem esta veio antes do sol; / e o amor habita na nobreza / tão propriamente / como o calor na claridade do fogo. / O fogo do amor acende-se no coração gentil / como o brilho da virtude na pedra preciosa, / cujo valor não provém da estrela / até que o sol a faça coisa nobre / depois que o sol eliminou / com sua força a impureza da pedra / a estrela infunde-lhe então o seu valor. / Assim a mulher, como a estrela, / faz inspirar seu amor no coração / eleito, puro e gentil". Entre os exemplos de Dante, diz o poeta (trecho): "É tão gentil e tão honesto o ar / de minha Dama, sempre que aparece / e a outrem saúda, que ante ela emudece / toda língua e ninguém ousa falar / ... / Parece que de seu lábio se mova / um suspiro suave, de amor cheio / que vai dizendo a toda alma: suspira" (tradução de Arduíno Bolívar).

•**STORY-BOARD.** Conjunto de desenhos relativos a um roteiro cinematográfico ou videográfico, elaborado de modo a facilitar a visualização prévia e a orientação dos planos e ângulos da filmagem.

•**STURM UND DRANG.** É este movimento literário alemão que anuncia, com maior sonoridade, o centenário período do romantismo artístico. Seu nome provém do título da peça de Maximilian Klinger, escrita em 1775 e publicada no ano seguinte, cujo enredo se constrói no conflito de duas famílias escocesas. As traduções mais comuns para a língua portuguesa são as de "Tempestade e Ímpeto", "Tormento e Assalto", "Tempestade e Impulso" ou, ainda, "Tumulto e Violência".

A nova mentalidade, seus princípios e valores culturais já se haviam manifestado, no entanto, alguns anos antes, na figura de Johann Herder, filósofo, crítico e tradutor. Convicto de que a poesia (como a da Bíblia) era a manifestação mais elevada da mentalidade de um povo – uma concepção já formulada, na Alemanha, pelo místico Georg Hamann – concluiu que as canções populares, os *lieder*, constituíam, juntamente com o gótico arquitetural, as duas poderosas fontes da alma germânica. A seu ver, cada nação seria um organismo vivo, evolutivo, mas dotado de um espírito inerente e intransferível, cuja essência não se transformaria com o passar do tempo. Essa raiz, para os alemães, estaria na Idade Média, período em que o *Volksgeist* (o espírito germânico) se teria manifestado em definitivo. Daí a necessidade de retorno às fontes históricas, literárias e folclóricas de todas as nações nórdicas, as verdadeiras "mães da Europa". Essas novas idéias, acrescidas pelo entusiasmo com a recente descoberta de Shakespeare na Alemanha, levaram-no a escrever os ensaios críticos *Da Mentalidade e da Arte Alemãs* (*Von deutscher Art und Kunst*). Shakespeare aparecia-lhe tanto como símbolo do "gênio natural", insubmisso às regras clássicas, quanto como representante "viril" dos povos do Norte (→*Cultura popular e folclore*).

Outro analista das artes, Zulzer, também já trouxera suas contribuições para a reformulação dos princípios poéticos, logo adotadas pelos autores alemães. Ou seja, defendeu a idéia do gênio e de seu inevitável irracionalismo espiritual não apenas como fonte superior da criação artística, mas também como característica intrínseca das culturas nórdicas. Em sua *Teoria Geral das Belas-Artes*, datada de 1771, afirma: "O homem de gênio sente a presença de uma chama de entusiasmo que anima todo o seu espírito: descobre em si pensamentos, imagens e emoções que lançariam outros no espanto, mas que ele acha admiráveis, pois, mais do que tê-las inventado, tomou somente consciência da sua presença em si próprio".

O Sturm und Drang foi gerado, assim, por jovens poetas e intelectuais que, em princípio, rechaçaram os princípios da criação poética e da temática teatral clássicas (conservadas em Racine ou em Voltaire, por exemplo), bem como a supremacia européia exercida pelos pensadores franceses, entre estes Diderot, D'Alembert, d'Holbach e Montesquieu, ou seja, os enciclopedistas do →Iluminismo. Uniram-se em suas propostas o medievalismo, o nacionalismo, o desejo emocionado de emancipação intelectual e uma revolta apaixonada contra as injustiças sociais contemporâneas, como expressa por Schiller (*O Teatro Considerado como uma Instituição Moral*): "A jurisdição do palco começa onde acaba o domínio das leis civis; quando a justiça está obcecada pelo ouro, quando os crimes dos poderosos se riem da sua impotência, o palco arrasta os vícios diante de um tribunal terrível [...] ele castiga mil vícios que a justiça mundana não pune, ele exalta mil virtudes sobre as quais ela se cala".

Os *Stürmer* – os adeptos da nova corrente – voltaram a descobrir e reanimaram os antagonismos, as aflições, os abismos espirituais e barrocos de Shakespeare, o modelo ideal a ser imitado, mesmo em uma nova paisagem social. Os personagens de Klinger, de Goethe (*Goetz von Berlichingen, Fausto I*), de Schiller (*Os Salteadores, Cabala e Amor*), de Heinrich Wagner (*O Infanticídio*), de Johann Heinse (*Ardingello*), de Maler Müller (*Fausto*) ou de Reinhold Lenz (*Os Soldados, O Preceptor*) representam os indivíduos e a vida da pequena burguesia ou os aventureiros em conflito

com os velhos rigores morais e com as explorações de classe. Seus autores procuraram realçar os heróis titânicos, aqueles capazes de denunciar as iniqüidades cotidianas e de agir contra elas, ainda que levados à derrota ou à morte, ou de promover a corrupção da inocência em busca do conhecimento ou de novas possibilidades vitais. Fizeram da subjetividade uma realidade própria, intransponível, e da afirmação pessoal uma ação sublime. Ou seja, nesse pré-romantismo já subsiste a idéia do gênio individual e de sua força poderosa, misto de tormento e desejo de redenção, o assim chamado *Kraftegenie*. Por fim, introduziram o realismo histórico (pintado em tons ideais) e um prosaísmo acentuado em todos os gêneros literários, sem se furtar ao emprego de gírias e palavrões.

Em obra de maturidade (*Poesia e Verdade*), Goethe se refere ao movimento do qual participou como "a famosa escola literária de tão glorioso e tão lastimável renome, na qual se exibiu, com todo o ardor e toda a presunção que à mocidade pertencem, uma multidão de jovens de talento, os quais muita coisa boa e muito prazer proporcionaram com o emprego de suas forças e, com o abuso delas, muita mágoa e muito mal [...]. Essa atividade, que não sabia onde se aplicar, precipitou-se como uma torrente na literatura. Já que não se podia agir, escreveu-se, lutou-se violentamente nos romances e nos dramas". A observação do poeta foi plenamente vivenciada, pois *Os Sofrimentos do Jovem Werther* (1774) não ficaram famosos apenas pela qualidade literária e pela inovação temática, como também pela vaga de suicídios que desencadeou no continente.

Embora esse pré-romantismo possa ser rastreado em obras inglesas anteriores, como *The Night Thoughts*, de Edward Young, ou *Elegy Wrote in a Country Churchyard*, de Thomas Gray, que datam de meados do século, assim como no sentimentalismo de Rousseau, o Sturm und Drang configurou-se como uma corrente relativamente consistente, advogando a legitimidade da paixão irracional e das aspirações líricas como contrapontos indispensáveis da vida ao materialismo estreito dos valores morais burgueses.

Deve-se ressaltar que, posteriormente, tanto Goethe quanto Schiller abandonaram a estética do movimento, optando por uma reaproximação com as noções neoclássicas. Esse retorno evidencia-se em Goethe, por exemplo, nos dramas *Torquato Tasso* e *Ifigênia em Táurides*, assim como no romance psicológico *As Afinidades Eletivas* (ou *Seletivas*) e no *Fausto II*, nos quais se exaltam a ordem moral e a ascensão espiritual contra os excessos da fantasia romanesca e dos impulsos naturais. Em Schiller, no liberalismo já moderado e idealista, na retórica estudada e primorosa de *Wallenstein*, de *Maria Stuart* ou de *A Donzela de Orleans*. →*Romantismo*.

SUBLIMAÇÃO. Conceito de psicanálise para designar uma das formas de substituição e transferência das pulsões da libido e pela qual os objetivos e energias originais da sexualidade – em confronto com o princípio de realidade – deslocam-se para atividades espirituais e civilizatórias, como as de arte e cultura. Na opinião de Freud, "a pulsão sexual põe à disposição do trabalho cultural quantidades de força extraordinariamente grandes, e isto graças à particularidade [...] de poder deslocar o seu alvo sem perder, quanto ao essencial, a sua intensidade. A esta capacidade de trocar o alvo sexual originário [...] que psiquicamente a ele se aparenta, chama-se capacidade de sublimação". Durante o transcorrer do desenvolvimento sexual, "uma parte da excitação fornecida pelo próprio corpo é inibida quando não é utilizável para a função de reprodução e, na melhor das hipóteses, é atribuída à sublimação. As forças utilizáveis para o trabalho cultural são assim, em grande parte, adquiridas pela repressão desses elementos da excitação sexual, ditos perversos" (*A Moral Sexual Civilizada*). Essa transferência para outros domínios, ditos superiores, torna-se possível porque as pulsões da libido são flexíveis e podem "substituir-se mutuamente, de maneira vicariante, e intercambiarem facilmente seus objetos. Dessas últimas propriedades resulta que são capazes de realizações distantes das ações impostas pelos objetivos originais" (*Metapsicologia*). Daí a sublimação ser a melhor das hipóteses para a convivência e a criatividade humanas, entre outros mecanismos de defesa e processos de repressão psíquica. Arnold Hauser, comentando a importância do conceito para a atividade artística, afirma: "O significado da sublimação [...] é despojar um impulso da sua natureza ofensiva, sem o privar, com isso, da sua qualidade de procurar o prazer e de proporcionar o prazer. Deste modo, Freud alcança não só uma avaliação mais apropriada da experiência artística, mas também uma concordância mais perfeita entre a sua teoria de arte e o resto de sua doutrina. A sublimação prova ter muitas características em comum com um sintoma neurótico; cada um representa um compromisso no qual o princípio de prazer não é, de modo algum, abandonado; a única diferença é que a neurose é uma derrota do ego em seu conflito com o id, e a sublimação uma vitória do ego, em conjunto com o id, sobre o superego" (*Filosofia da História da Arte* ou *Teorias da Arte*). →*Cultura*, →*Civilização*.

SUBLIME. Para a poética da Antigüidade, sublime é a qualidade de uma obra artística que, pela nobreza formal de sua expressão (literária, pictórica etc.) e pela intensidade ou veemência da emoção que lhe inspira, alcança um nível expressivo elevado ou grandioso, ao mesmo tempo moral e espiritual, digno da admiração geral e de permanecer na memória das gerações. Longino, em sua análise *Do Sublime*, cita como exemplo específico a passagem de Ajax na *Ilíada*. Zeus fizera baixar um denso nevoeiro sobre o campo de batalha e o herói, tolhido pela escuridão, invoca-o com todos os predicados da palavra e da ação sublimes, aquelas que, independentemente do resultado, demonstrariam as virtudes guerreiras, as de bravura e memória exemplar: "Zeus Pai, vamos, salva dessa neblina os filhos dos aqueus; faze um céu sereno; deixa que nossos olhos enxerguem; aniquila-nos, mas na luz". A partir do século XVIII, com o Iluminismo e a estética pré-romântica, o sublime adquiriu um significado diferente. Passou a corresponder a um sentimento complexo em que se misturam a percepção de finitude ou impotência física perante as forças divinas e da natureza com a consciência da superioridade da razão. Para Kant, o que é sublime torna-se irrepresentável, artisticamente falando, pois não é inerente a qualquer ser ou objeto da natureza. Existe apenas no espírito, pelo fato de termos consciência de nossa superioridade sobre os fenômenos naturais: "o sublime propriamente dito não pode ser inerente a nenhuma forma sensível, e apenas corresponde às idéias da nossa razão que, apesar de uma representação sensível adequada, ou devido a esta mesma inadequação com a qual são representadas, sofrem uma ativação e correspondem a um apelo da alma" (*Crítica do Juízo*). Por conseguinte, o que substitui a possibilidade de representar o sublime, na arte, é o belo. Friedrich Schiller chama de sublime "o objeto para cuja representação nossa natureza física sente seus próprios limites, ao mesmo tempo em que a razão percebe sua própria superioridade, seu caráter ilimitado: um objeto diante do qual somos fisicamente fracos, mas moralmente superiores, graças às idéias" (*Do Sublime*). No entendimento de Hegel, o sublime provém do conflito entre o infinito e o finito e manifesta-se na arte quando "o exterior (a forma) em que a substância (divina ou espiritual) está encarnada tem um lugar inferior, desempenha um papel subordinado à substância [...]. No sublime, a significação aparece em primeiro plano e é tal a sua independência que todo o exterior fica, perante ela, num estado de total subordinação, entendendo-se por isto que, em vez de implicar e revelar o interior, só o representa ultrapassando-o [...]. Se já é possível qualificar de sagrada a arte simbólica, na medida em que faz do divino o conteúdo das suas produções, a arte do sublime deve ser considerada arte sagrada por excelência, uma arte exclusivamente sagrada, pois é a Deus que, exclusivamente, tem a missão de honrar" (*Curso de Estética*). Já na opinião de Victor Hugo (prefácio a *Cromwell*), e a partir do cristianismo e de sua "poesia nova", "o sublime representará a alma tal qual ela é, purificada pela moral cristã, enquanto o grotesco representará o papel da besta humana. O primeiro tipo, livre de toda mescla impura, terá como apanágio todos os encantos, todas as graças, todas as belezas; é preciso que um dia possa criar Julieta, Desdêmona, Ofélia. O segundo tomará todos os ridículos, todas as enfermidades, todas as feiúras [...] é a ele que caberão as paixões, os vícios, os crimes, é ele que será luxurioso, rastejante, guloso, avaro, pérfido, enredador, hipócrita". No classicismo pictórico do século XVIII, a idéia de sublime foi expressa por meio de elementos naturais "ilimitados", como o céu e o mar, ou por aqueles que revelassem uma "nobre serenidade e resistência à passagem do tempo" – árvores centenárias, ruínas antigas – ou a calma aceitação do destino e das circunstâncias dolorosas. Essa concepção neoclássica foi ainda contemporânea das poéticas pré-romântica (do →Sturm und Drang, de William Blake, de Johann Füssli, por exemplo) e romântica, sobretudo vinculadas às artes plásticas. Também aqui o sublime tem seu ponto de partida na sensação de pequenez ou de insignificância do ser humano diante das poderosas forças naturais e sobrenaturais, mas o resultado leva o artista, em sua sensibilidade inconformada ou rebelde, à criação de imagens visionárias, místicas, trágicas, angustiantes ou até mesmo grotescas (→Grotesco). Para o filósofo e esteta Edmund Burke (*Philosophical Inquiry into the Origin of our Ideas of the Sublime and the Beautiful*), os conceitos de sublime e de beleza, embora distintos, podem ser aproximados pelo sentimento de prazer ou do que seja agradável (*delightful*): "As paixões que pertencem à autopreservação vinculam-se à dor e ao perigo. Elas são agradáveis quando temos uma idéia da dor ou do perigo, sem que estejamos, realmente, em tais situações. Aquilo que excita a sensação agradável, eu chamo de sublime. Já a beleza é o nome que eu aplicaria a todas aquelas qualidades das coisas que nos induzem à afeição e à ternura [...]. A paixão do amor tem seu desabrochar no prazer positivo". Assim, o sublime para Burke consiste em um prazer que tem origem nas sensações do medo, do perigo ou da dor, mas apenas idealmente, à distância. E a beleza proviria principalmente da tranqüilidade, da paz, da quietude. Essa mesma distinção foi formulada por Kant da seguinte maneira (*Observações Acerca do Sentimento do Belo e do Sublime*): "A vista de uma montanha cujos cimos nevados se erguem acima das nuvens, a descrição de uma tormenta enfurecida, ou a descrição do império infernal que Milton faz suscitam complacência com horror. Pelo contrário, o aspecto de um prado cheio de flores, vales com ribeiros serpenteantes, cobertos por rebanhos pastando, a descrição dos Campos Elíseos ou o relato de Homero sobre a cintura de Vênus originam, igualmente, uma sensação aprazível, mas, ao contrário do sublime, alegre, risonha [...]. A noite é sublime, o dia é belo". Percebe-se também que o sublime, além do medo ou do perigo, inclui uma sensação ou idéia de "ilimitado" ou "indefinido", enquanto o belo reafirma-se pela exatidão dos contornos, pela clareza, pelo apaziguamento dos sentidos. Comentando a idéia de sublime entre os artistas plásticos do final do século XVIII, diz Giulio Carlo Argan: "[...] diante de montanhas geladas e inacessíveis, do mar borrascoso, o homem não pode experimentar outro sentimento senão o de sua pequenez. Ou, num louco acesso de soberba, imaginar-se um gigante, um semideus ou mesmo um deus em revolta, que incita as forças obscuras do Universo contra o Deus criador. Não mais agradável variedade, mas assustadora fixidez; não mais concórdia de todas as coisas de uma natureza propícia, mas discórdia de todos os elementos de uma natureza rebelde e enfurecida; não mais sociabilidade ilimitada, mas angústia da solidão sem esperança" (*Arte Moderna*). Pode-se distinguir, assim, um "sublime clássico", o da Antigüidade, e um "sublime romântico", embora conviventes, expressos, por exemplo, na concepção de George Santayana, para quem o sublime simboliza, a partir de uma sensação de terror, a consciência da segurança ou da indiferença por meio da qual alcançamos "distanciamento e libertação" (*O Sentido da Beleza*).

SUBTÍTULO. **1**. O segundo título de uma obra, de um capítulo ou artigo, que amplia ou ilustra verbalmente o significado do principal. **2**. Frase ou sentença que complementa o sentido dado por uma manchete jornalística, escrita normalmente em caracteres tipográficos menores. →*Título*.

SUÍTE. Forma musical de instrumentação erudita desenvolvida a partir do fim do século XVI, já independente de modelos vocais (canções, cantatas). Para adquirir esta característica concertante, a suíte buscou material nas danças populares ou aristocráticas do período, entre elas, e inicialmente, a →*allemande*, a →*courante*, a →sarabanda e a giga (*gigue*), formando uma estrutura quadripartida muito comum no barroco. Já no século XVIII, acrescentaram-se outros gêneros, como o →rondó, a *bourrée*, a →gavota, o *passepied* e o →minueto. Ao se combinarem ritmos diferentes (dança e contradança) sob um mesmo tema, criou-se uma seqüência (suíte) de variações e de andamentos de um mesmo motivo melódico. A suíte tornou-se a mais importante forma musical anterior à sonata e à sinfonia, dominando o panorama dos séculos XVII e XVIII, embora tenha ressurgido no final do século XIX e início do XX em autores como Grieg (*Peer Gynt*),

Tchaikóvski (*Quebra-Nozes*), Stravínski (*Pássaro de Fogo*, *Petruchka*) – todas elas destinadas à representação – além de Bizet (*L'Arlésienne*), Richard Strauss (*Suite*) ou Rímski-Korsakov (*Poemas Musicais*). O mesmo que *partita*.

SUMA. **1.** Forma de exposição ou de exegese teológica, escrita geralmente na forma de perguntas e respostas. Surgiu no século XII com as disputas teológico-filosóficas medievais, no âmbito da escolástica, tendo sido utilizada, entre outros, por Guilherme de Champeaux e Anselmo de Laon. Inclui leituras, glosas e comentários já realizados anteriormente, reinterpretados em novo texto de modo ordenado e sistemático. São Tomás, em sua famosa *Suma Teológica*, dá-lhe a seguinte definição: "Suma da teologia inteira [...] na qual tudo o que está contido de obscuro no conjunto da Bíblia, tudo o que há de notável doutrina nas obras dos antigos Padres [...], enfim, tudo o que foi outrora e que hoje é controvertido [...] é explicado de maneira tão sábia e piedosa, como fiel e clara, por questões e respostas". **2.** Resumo, sumário ou súmula de um discurso ou texto.

SUPINO. →*Palíndromo*.

SUPORTE. **1.** Objeto sobre o qual se registram e pelo qual se transmitem informações de caráter comunicativo, utilitário, ou de intenções artísticas e expressivas: papel, tecido, pedra, madeira, telas, vidros, metais ou celulóides, assim como ondas e feixes de energia. **2.** Peça que serve de sustentação e exposição para outros objetos ou estruturas principais.

SURREALISMO. **Espontaneidade na criação poética.** A rebeldia antiburguesa, anarquista e acintosa dos dadaístas, tanto quanto a descoberta freudiana do inconsciente e da simbologia psíquica dos sonhos formaram as bases do movimento estético surrealista. No primeiro *Manifesto* anunciado, em 1924, por seu principal promotor, André Breton, ele assim o define: "Surrealismo – puro automatismo psíquico, por meio do qual se pretende expressar, verbalmente ou por escrito, ou por qualquer outro modo, o verdadeiro funcionamento do pensamento. O pensamento ditado na ausência de todo o controle exercido pela razão, e à margem de qualquer preocupação estética ou moral. Encl. Filos. – o surrealismo assenta-se na crença da realidade superior de certas formas de associação até agora desprezadas, na onipotência do sonho e no jogo desinteressado do pensamento. Visa à destruição definitiva de todos os outros mecanismos psíquicos, substituindo-os na resolução dos principais problemas da vida".

Quanto ao nome, Breton o recolheu a partir do subtítulo da peça *As Mamas de Tirésias*, de Apollinaire, a que assistira em 1917. Três anos depois, aplicou-o em um artigo sobre o dadaísmo (*Pour Dada*), já com o significado de processo espontâneo de criação verbal.

O *Manifesto* foi seguido por trinta e duas "histórias" ou textos automáticos, reunidas sob a denominação de *Poisson Soluble* (*Peixe Solúvel*).

Desde 1919, pelo menos, Breton, em companhia primeiro de Louis Aragon e de Philippe Soupault (com quem publicaria *Os Campos Magnéticos*, em 1921) e, mais tarde, de Paul Eluard, Robert Desnos, René Crevel e Max Ernst, vinha ensaiando a elaboração de textos conduzidos por uma "escrita automática", enquanto editava a revista *Littérature* (treze números entre 1919 e 1924). Essa pesquisa a respeito do surreal atraiu a atenção de Antonin Artaud e de Pierre Naville, que também se juntaram ao grupo. A denominação "escrita automática" referia-se a uma maneira de enunciar sensações, sentimentos e idéias "o mais rapidamente possível, sobre as quais a mente do indivíduo não deve produzir qualquer julgamento e, portanto, não seja embaraçada por nenhuma reticência, e seja, tão exatamente quanto possível, *pensamento falado*". O exercício de livre associação de idéias, de origem psicanalítica, não tinha, é claro, nenhum objetivo de interpretação ou análise, mas tão-somente o de expressar primitiva, espontânea ou "maravilhosamente" os ânimos e impulsos subjetivos, com a menor interferência possível de uma autocrítica. A beleza deveria surgir "da imagem tal como esta se constitui na escrita automática", de preferência "convulsivamente".

Como Marinetti em relação ao futurismo, as experiências iniciais de Breton e de seu grupo de amigos continham uma perspectiva predominantemente literária, e sobretudo poética. Uma poética que buscou negar o peso da realidade e de suas contingências, assim como das instituições que lhes impõem regras e limites (família, pátria, religião, como discrimina o segundo manifesto), por meio dos sonhos, do sensualismo, do princípio de prazer e do humor, que seriam os verdadeiros fundamentos estéticos da beleza. Essa escrita tentou manifestar-se preferencialmente por imagens de conteúdos diferenciados, justapostas, e assim inesperadas ou estranhas (o exemplo mais radical das justaposições evidenciou-se no jogo coletivo do →*cadavre exquis*, fosse ele literário ou realizado por desenho). De maneira semelhante a um objeto arrancado de seu ambiente natural, a aproximação de fragmentos poéticos ou de imagens heteróclitas permitiria ao escritor invadir uma zona de sensibilidade intocada pela razão. Como ilustração, veja-se esta poesia de Paul Eluard, *Mediosa* (neologismo do autor), relativa aos encontros e desencontros de amantes: "O orvalho a chuva a onda o barco / A rainha criada / Mediosa / A pérola a terra / Pérola recusada terra que consente / A partida entre dois fogos / A viagem sem caminho / De um sim a outro sim / O retorno entre as mãos / Da mais fina das rainhas / Que mesmo o frio amadurece".

Uma tal libertação de espírito pretendia-se puro vôo, ou, segundo Eluard, "a alucinação, a candura, a fúria, a memória, esse Proteu lunático, as velhas histórias, a mesa e o tinteiro, as paisagens desconhecidas, a noite acabada, as lembranças inesperadas, as profecias da paixão, as conflagrações de idéias, de sentimentos, de objetos, a nudez cega, as sistemáticas iniciativas de inútil finalidade tornando-se de primeira utilidade, o desregramento da lógica até ao absurdo, o uso do absurdo até à razão indomável – é isso que contribui para a harmonia de um poema". Seria como se a personalidade consciente do escritor desaparecesse, tornando-o exposto às mais diversas correspondências sensíveis, às ressonâncias mais invulgares, sobretudo aquelas que se ligam aos instintos, ao medo, ao mistério, ao gozo e ao luxo, já que "a flora e a fauna do surrealismo são inconfessáveis" (Breton).

Em *Le Paysan de Paris*, Aragon anuncia que "um novo vício acaba de nascer, mais uma vertigem é dada ao homem, o Surrealismo, filho do frenesi e da sombra. Entrai, entrai, que aqui começam os reinos do instantâneo [...]. O vício chamado surrealismo é o emprego desregrado e passional da imagem estupefaciente, ou melhor, da provocação sem controle da imagem por si mesma, e pelas perturbações imprevisíveis e metamorfoses que ela traz ao domínio da representação; pois cada imagem, de cada vez, força-nos a rever todo o Universo [...]. Devastações esplêndidas: o princípio de utilidade tornar-se-á estranho a todos aqueles que praticarem este vício superior".

Ainda no final de 1924, o núcleo original deu início à edição da revista *Revolução Surrealista* (que iria durar até 1929), dirigida por Naville e Pierre Péret. A partir do ano seguinte, entretanto, várias defecções começaram a surgir por motivos políticos ou pessoais. Embora Breton tenha se tornado um partidário do comunismo, mais apropriadamente em sua versão trotskista, suas simpatias jamais o conduziram a uma adesão militante. Daí a saída polêmica de Naville que julgava indispensável um engajamento explícito. Em 1929, após a publicação do segundo manifesto, Breton afastou Artaud, Soupault, Aragon e, em 1938, Eluard, sempre em nome de uma total liberdade de pensamento ou de independência em relação às instituições sociais.

Imagens pictóricas do inconsciente. Desde 1935, os surrealistas remanescentes e os novos adeptos passaram a colaborar na revista de arte *Minotaure*, que então reproduz quadros de Max Ernst, André Masson, Salvador Dalí, Yves Tanguy, Hans Arp, René Magritte, Man Ray, Joan Miró e Alberto Giacometti. Foi a época em que o movimento alcançou repercussão mundial.

Em 1936, abriu-se uma exposição em Londres, e Breton começou a viajar para várias conferências na Europa Central. Em 1938, realizou-se a Exposição Internacional do Surrealismo, em Paris, ambientada por Marcel Duchamp. O artista fez pendurar centenas de sacos de carvão no teto, espalhou folhas e capim pelo chão, instalou um braseiro no centro e camas de casal nos cantos do salão. O acesso à entrada foi guarnecido por manequins, vestidos pelos artistas expositores (pelo próprio Duchamp, Arp, Dalí, Ernst, Masson, Man Ray e Oscar Dominguez). A segunda guerra mundial dispersou os componentes do grupo e vários deles seguiram para os Estados Unidos (Breton, Masson, Ernst, Tanguy, o recém-adotado chileno Roberto Matta), onde exerceram influências diretas sobre pintores locais ou ali residentes, como Arshile Gorky, e indiretas sobre o expressionismo abstrato e a arte *pop* que se desenvolveriam na seqüência.

Mas a possibilidade de uma pintura enfaticamente surrealista tornou-se um tema controverso desde 1924, já no primeiro número da *Revolução*. Em artigo de M. Morise, "Os Olhos Encantados", o automatismo pictural foi posto sob restrições, já que "a pintura exige mediações materiais – tela, pincel, cores e figuras – que são entraves para a espontaneidade, bem mais constrangedores do que para a escrita [...]. Os riscos de desvio do fluxo parecem inevitáveis, na medida em que o pintor não pode fazer abstração das linhas e das formas [...] que orientam a sua mão". Pierre Naville aprofunda a descrença, respondendo categoricamente, no número 3: "Não há pintura surrealista: nem os traços de um giz realizados por acaso de gestos, nem a imagem descrevendo sonhos, nem as fantasias imaginativas podem ser assim qualificadas".

Breton, evidentemente, tomou partido na disputa, teorizando e justificando a realidade da pintura em uma série de artigos que se estenderam entre 1925 e 1927. O automatismo seria indiscutível nas obras de Masson e de Ernst, sendo que neste último, por meio de suas colagens e da técnica do →*frottage*. Além disso, o pintor surrealista estaria liberto de uma primeira preocupação estética, entendida não no sentido primitivo de percepção sensível, mas no de pesquisa, retorno ou retoque de beleza e perfeição. Trata-se ainda, e este aspecto seria de imensa importância, dos sonhos, da tradução sensível de sentimentos interiores, das produções fantasmáticas inconscientes e simbólicas, dos estados de alucinação que nos causam pavor e dos desejos sexuais reprimidos.

De tudo isso tem-se a famosa ambigüidade da obra de arte surrealista, representativa de idêntica constituição espiritual do ser humano. Ou seja, a resistência específica a um entendimento unitário, a uma tradução plena, e sua abertura a processos ainda inéditos de escrita e de construção de imagens. Todas essas possibilidades também resultaram numa diversidade de meios ou de formas pelas quais seus mais renomados pintores expressaram situações oníricas. Algo que se tornou patente já na primeira exposição coletiva de 1925, em Paris, da qual participaram Max Ernst, André Masson e Joan Miró. Assim, se René Magritte, Masson, Giorgio de Chirico ou Salvador Dalí se mantiveram apegados à figuração ou a objetos reconhecíveis, embora em situações de tipo alucinatório, Miró saiu de um figurativismo fantasioso, de criaturas multimórficas (árvore com olho e orelha, por exemplo) e direcionou-se para um grafismo ou geometrismo de tipo infantil, altamente simbólico. Yves Tanguy, por seu lado, mesclou paisagens desérticas, escassamente povoadas, com figuras inusitadas, biomórficas, mas de aspecto amebóide ou microcelular.

Cinema. A partir de 1914, os filmes *noirs* e populares de Louis Feuillade – as séries *Fantômas* e *Os Vampiros* – exerceram fascínio sobre personalidades como Apollinaire, Picasso, Breton e Aragon, tanto quanto a estrela Musidora, símbolo da mulher fatal, geralmente vestida com um sensual *collant* preto. Soupault chegou a escrever mais tarde que "Musidora e Fantômas encarnam os grandes arrebatamentos do surrealismo, da revolta ao amor louco". Logo em seguida, a admiração desses mesmos intelectuais dirigiu-se para as obras do expressionismo alemão (Leni, Robinson, Wiene, Pabst). Mas a própria projeção cinematográfica, em uma sala escura, bastava aos surrealistas como ambiente propício, aquele em que "o sonhador é conduzido a um mundo novo, comparado ao qual a realidade não passa de uma ficção pouco sedutora. Obscuridade benigna, adequada às ilusões" (Desnos). O poeta chegou a escrever, em 1925, "Meia-noite às duas da tarde", um roteiro que pretendia levar o espectador a um "turbilhão de imagens orientadas para um horizonte enfeitiçante", mas que nunca foi rodado.

A primeira experiência surrealista no cinema, destinada a uma exibição pública comercial, foi escrita por Artaud em 1927 – *A Cocha e o Clérigo* – realizada por Germaine Dulac e apresentada um ano depois. O filme desagradou ao círculo dos artistas, não tanto pelo roteiro, mas pela direção de Dulac, acusada de não entender os significados propostos que, segundo Artaud, conteriam "erotismo, crueldade, gosto pelo sangue, violência, obsessão pelo horrível, dissolução dos valores morais". Já de maneira mais amadorística e privada, Man Ray realizou *A Estrela de Mar* (1928),

com roteiro de Desnos, e no ano seguinte, com Duchamp, *Os Mistérios do Castelo Cúbico*.

As duas obras que permaneceram, no entanto, como símbolos do cinema surreal foram *O Cão Andaluz* (1928) e *L'Âge D'Or* (1930). Com roteiro conjunto de Dalí e de Luis Buñuel, e direção deste último, alcançaram repercussão mundial pelo caráter comum de blasfêmia, crueldade e anarquismo, embora se possa notar o espírito desta estética em vários outros filmes posteriores do cineasta (como em *Viridiana*, *O Anjo Exterminador* ou *Via Láctea*). *O Cão Andaluz* não ultrapassa dezessete minutos, mas logo o quadro inicial de um olho sendo cortado por uma navalha dá início a um encadeamento irrealista, perverso e alucinante de imagens "realistas". *L'Âge D'Or*, um filme com enredo e atores, teve a seguinte apresentação de Dalí: "Meu ideal, ao escrever o roteiro com Buñuel, foi o de apresentar a linha reta e pura de conduta de um ser (para certos analistas Jesus Cristo) que persegue o amor em meio aos ignóbeis ideais humanitários, patrióticos e outros miseráveis mecanismos da realidade" (catálogo de lançamento no Studio 28, completado por textos de Breton, Crevel, Aragon e Eluard).

Entre vários outros artistas vinculados às proposições surrealistas, ainda que não tenham participado mais diretamente do movimento, ou as tenham acolhido em um determinado período de criação, encontramos o filósofo e romancista "maldito" George Bataille (que depois se tornaria o seu mais acerbo crítico), os poetas Maurice Blanchard, René Char e Alexandre Vicente, ou os pintores Victor Brauner, Jean Benoît, Félix Labisse e Wilfredo Lam.

SUSPENSE. Interrupção de um discurso narrativo ou de cenas dramática e cinematográfica, bem como seu voluntário prolongamento, a fim de conseguir um efeito de tensão ou de expectativa emocional. Consiste, portanto, na transição entre o medo ou a ameaça provocada por uma situação e a necessidade e a esperança de resolvê-la ou suplantá-la. A retórica tradicional utiliza o termo metábase para referir-se a esse conflito ou tensão prolongada, de ordem psicológica.

SUSTENIDO. Acidente ou indicativo de nota musical cuja execução ou entoação deve ser feita meio tom acima do som normal ou natural. Se a elevação da nota for de dois semitons ou de um tom inteiro, aplica-se a denominação de dobrado sustenido. →*Bemol* e →*Bequadro*.

•**SWITCH.** Aparelho de controle em mesa de televisão ou de vídeo que permite selecionar os sinais de imagem e de som captados, bem como executar cortes, fusões e outros efeitos plásticos para a emissão final.

TABERNÁCULO. Do latim *tabernaculum*, tenda, no Antigo Testamento designa o local acortinado que abrigava a Arca da Aliança e as Tábuas da Lei mosaica durante a permanência dos judeus no deserto. Com a construção do primeiro Templo de Jerusalém, por Salomão, o tabernáculo passou a constituir o "santo dos santos", ou seja, o local de máxima sacralidade ou presença de Deus. Os cristãos referem-se a ele como o receptáculo das hóstias consagradas para o sacramento da eucaristia. →*Santo*.

TABLADO. 1. Estrado elevado para qualquer tipo de encenação ou apresentação musical; palco teatral. 2. Companhia e depois escola de teatro fundada por Aníbal Machado e Martim Gonçalves em 1951, no Rio de Janeiro, com a colaboração da filha de Aníbal, Maria Clara Machado, primeira atriz e, posteriormente, dramaturga e diretora da instituição. Responsável pela formação de vários artistas e profissionais nas áreas do trabalho cênico – atores, diretores, cenógrafos, figurinistas e iluminadores – o Tablado foi também um espaço privilegiado de montagens (42 textos entre sua fundação e o ano de 1984), representando, entre outros, Jean Cocteau, Gil Vicente, Thornton Wilder, Paul Claudel, Tchékhov, García Lorca, Arrabal, Shakespeare, Dürrenmatt, Molière e Alfred Jarry, bem como campo de experiência para atores como Cláudio Correa e Castro, Rubens Correia e Wolf Maia. Na área do teatro infantil, o trabalho de Maria Clara tornou-se referência obrigatória para a dramaturgia nacional. Escreveu 24 peças, com as quais moldou uma obra séria, consistente e inovadora no Brasil, com destaque, entre outras, para *Pluft, o Fantasminha*, *O Cavalinho Azul*, *O Rapto das Cebolinhas*, *Tribobó City*, *A Volta do Camaleão Alface* ou *Maroquinhas Fru-Fru*.

TABLATURA. Código ou forma de escrita musical que se utiliza de letras, algarismos, figuras ou outros sinais em vez das notas e da pauta convencionais. Normalmente, destinava-se, em fins da Idade Média e durante o Renascimento, a prescrever a maneira correta de tocar órgãos e instrumentos de corda, como alaúdes e violas, ou seja, a indicar que tecla(s) ou corda(s) deveriam ser pressionadas (e também em que posição do teclado ou do braço) para obter a nota ou o acorde previstos. As notações em tablatura para os instrumentos portáteis permitiram a difusão musical entre aficionados que não sabiam ler as pautas. Mesmo atualmente, a música popular para guitarras, violões e bandolins continua a fazer uso de tablaturas, simplificando a leitura e ensinando formas de execução.

TÁBULA RASA. →*Empirismo*.

TACHISMO. →*Expressionismo*.

•**TAFELMUSIK.** Do alemão *música à mesa*, peça para se ouvir durante ou logo após as refeições, banquetes, festas ou comemorações e relativamente comum nos períodos barroco e clássico. Um tipo de composição de espírito galante, jovial, suave ou bucólico, própria para o entretenimento ou a descontração de comensais e convidados nobres ou aristocráticos. Por vezes, a *Tafelmusik* pode ser uma obra de caráter festivo, mas na forma completa de balé, de que são exemplos *Don Juan* e *Semíramis*, ambas de Gluck.

•**TAKE.** →*Tomada*.

TALHA. 1. Escultura figurativa em madeira policromada ou decoração entalhada em profundidade, na madeira ou em bloco de pedra, com motivos entrelaçados, habitualmente vegetais ou geométricos, aplicada em objetos mobiliários (mesas, estantes), em peças e estruturas de igrejas (portas, pias batismais, púlpitos) ou ainda como ornamentação mural. A arte religiosa dos barrocos ibérico e brasileiro foi bastante pródiga na construção de talhas para a decoração de seus templos. 2. Vaso cerâmico simples ou rústico, mas de grande bojo, para armazenamento e transporte de água.

TALISMÃ. →*Amuleto*.

TANGÃO. 1. Fileira de refletores ou de luzes disposta na lateral do palco, ou de uma área de representação, para a iluminação horizontal das cenas. 2. Luz ou lâmpada acoplada a uma câmera de televisão ou de vídeo para gravações externas.

TANGO. 1. A denominação de tango já havia sido aplicada, no século XIX, para designar, genericamente, a música e a coreografia negras em solo latino-americano (em Cuba, por exemplo, confundida com a *habanera*) ou apenas os instrumentos de percussão dos escravos da região do Rio da Prata. Outros autores (como Jean Tirsot, *Encyclopédie de la Musique*) asseguram ter sido o tango um ritmo originário da Andaluzia (do verbo *tañer,* tocar), que recebeu contribuições de batuques negros americanos, retornando à sua origem geográfica e cultural. Sua repercussão mundial, no entanto, começou nos meios proletários e suburbanos da capital argentina, no início do século XX, ao recolher e mesclar contribuições da *habanera* cubana, da milonga gaúcha e de ritmos europeus, como a valsa e a polca. Música e dança de salão símbolos da temperamental alma portenha, adquiriu feições mais definidas nas mãos de instrumentistas de cabarés e clubes noturnos de Buenos Aires (Montmartre, L'Abbaye, Parisiana, Abdullah Club, por exemplo). A formação de orquestras para o entretenimento dançante e a inclusão daquele que se tornou o seu mais típico instrumento, o *bandoneón*, entre os anos de 1905 e 1915, acabaram por modificar e fundir os ritmos até então executados. Com a constituição das orquestras chamadas típicas ou *criollas*, inicialmente compostas por violino, flauta, guitarra e *bandoneón*, e mais tarde acrescidas de violoncelo e piano, "começou-se a perceber duas tendências predominantes na composição, que por sua vez representavam o tronco fundamental dos variadíssimos estilos que se estenderam posteriormente [...]. Uma dessas correntes projetava-se como prolongamento mais depurado do primitivo tango *orillero* (tocado por músicos populares, de ouvido, tecnicamente limitado); quer dizer, o comumente denominado tango de corte milonga [...]. E a outra corrente, de definida orientação melódica, notoriamente impregnada de certo afrancesado romantismo, liberava o tango de sua até então tradicional modalidade milongueira. Caberia acrescentar ainda que esta segunda tendência estilística, tempos depois, se bifurcaria em duas outras importantes correntes criativas: o tango *romanza* (exclusivamente instrumental) e o tango canção [...]. É preciso ter sempre em conta esta precisa e fundamental diferença do tango para poder entender, com a maior clareza conceitual possível, o complexo quadro estilístico das tão diversas modalidades que se foram incorporando ao gênero" (Luís Adolfo Sierra, *La Escuela Decareana, História del Tango*). A incorporação do *bandoneón* modificou sensivelmente a fisionomia do tango. Antes, a música tendia para um ritmo ágil, de tonalidades agudas, conduzida pela flauta. Era tocada em ritmo dois por quatro, de modo vivaz, gerando uma coreografia ligeira e acrobática, ainda milongueira. O *bandoneón* exigiu um andamento mais contido, retar-

dando a marcação rítmica e evoluindo para uma sonoridade densa, grave e melancólica, de ritmo quatro por quatro ou oito por quatro. Com isso, mudou-se também a coreografia, convertida então em dança enlaçada, sensual, repleta de figuras caprichosas (passeio, meia-volta, volteio, tesoura, cruzado, passo-atrás) e de passos improvisados. Alguns de seus mais destacados compositores, instrumentistas e chefes de orquestra, responsáveis pela consolidação do gênero, foram Angel Villoldo, Roberto Firpo, Eduardo Arolas, Osvaldo Fresedo, Juan Carlos Cobián, Ciriaco Ortiz, Francisco Carraro, Vicente Greco e Julio del Caro. A partir de meados da década de 1940, músicos como Anibal Troilo, Horacio Salgán, Osvaldo Pugliese e, principalmente, Astor Piazzolla introduziram novidades no tratamento harmônico do tango já tradicional. Piazzolla, de formação erudita, acrescentou-lhe elementos colhidos em Stravínski, Bártok, Ravel e no *jazz*, assim como timbres inusuais, de guitarra elétrica e de percussões. Quanto ao tango-canção, peça vocal com acompanhamento, nele reside o forte caráter passional, dramático e às vezes pessimista do tango, que ainda se utiliza freqüentemente da gíria portenha (o *lunfardo*, uma mistura ou mosaico de novas palavras trazidas pelos imigrantes). Sua importância cresceu a partir da década de 1920, impulsionado por seu primeiro grande intérprete Arturo de Nova, pelas poesias de José Contursi, Celedonio Flores, Enrique Cadicamo, pelas letras cépticas e amargas de Enrique Discépolo, pelas imagens fortes e misteriosas de Homero Manzi e pela figura mítica de Carlos Gardel, também compositor e considerado a "alma do tango" (prematuramente falecido em desastre aéreo). O tango-canção converteu-se assim na crônica dos encontros, das traições, dos sofrimentos amorosos, em uma "desconexa e vasta *comédie humaine* da vida de Buenos Aires" (Jorge Luis Borges). Outros nomes de grande sucesso entre seus intérpretes foram Ignacio Corsini, Rosita Quiroga, Libertad Lamarque, Julio Sosa e Amelita Baltar. **2.** O tango ou tanguinho brasileiro constituiu uma forma musical criada pelo maestro e compositor Henrique Alves de Mesquita, em fins do século XIX, a partir da audição de *habaneras*, então incluídas em peças de teatro musicado provenientes da Espanha. Sua primeira peça assim considerada foi *Olhos Matadores* (1871), seguida por outra no musical *Ali Babá*, um ano depois. Com elas, segundo José Ramos Tinhorão, "estava aberto o caminho para que o pianista Ernesto Nazareth pudesse lançar, em 1879, com a polca *Cruz, Perigo!*, a música que o crítico Andrade Murici classificaria como o seu primeiro tango, pelo que apresenta de indícios precursores do gênero em que realizou as suas obras mais características, e a que chamou tango brasileiro" (*Pe-*

quena História da Música Popular Brasileira). Acrescentando figuras rítmicas nacionais, provenientes de lundus e modinhas, Nazareth consolidou o gênero, também utilizado por Chiquinha Gonzaga ou Marcelo Tupinambá, dando-lhe um caráter adicional de fina instrumentação harmônica. Ainda assim, a denominação de tango acabou por recobrir as mais variadas formas de canções apresentadas em teatros de revista, principalmente maxixes, marchas, polcas e, mais tarde, até mesmo canções sertanejas, na ausência de qualquer uniformidade. Na terceira década do século XX, o termo desapareceu, permanecendo apenas o que se refere ao tango platense.

TAPEÇARIA. O conjunto de técnicas que, em sentido estrito, se referem à produção manual de tapetes em teares de →alto liço e de →baixo liço, nos quais se dá o entrelaçamento regular dos fios da →trama e dos fios do →urdimento ou →urdidura. Uma vez finalizado o trabalho, no entanto, é quase impossível saber a diferença entre os meios empregados (alto ou baixo liços), já que a forma de execução é muito semelhante. Por extensão de significado, no entanto, a tapeçaria inclui ainda a confecção de tapetes elaborados exclusivamente à mão, tendo-se por base uma tela rústica que serve de urdimento, a telagarça ou talagarça, sendo os fios entrelaçados com agulhas (caso, por exemplo, da tapeçaria popular portuguesa de arraiolo). Outra característica básica da tapeçaria é o fato de o tecido (confeccionado em lã, seda, algodão ou teia mesclada desses materiais) ir sendo formado simultaneamente com as figuras e motivos ornamentais da peça. Quando terminado, o tapete pode servir como revestimento têxtil tanto de solo quanto mural. No Ocidente, embora tenham sido produzidos durante o Império Romano, só poucos e pequenos pedaços de tapetes se conservaram, sobretudo em túmulos egípcios, após sua conquista. As técnicas de então – não muito diferentes das manufaturas atuais (conforme demonstram certas pinturas da localidade de Beni Hassam, no Alto Egito) – continuaram a ser praticadas, mais tarde, por comunidades coptas, a partir do século VII. Mas o grande e quase milagroso renascimento da tapeçaria ocorreu na Europa do século XIV, em fins do período gótico, sob o patrocínio de casas principescas e de ordens religiosas. Os tapetes passaram a servir ao mesmo tempo como objetos de arte decorativa, de integração ao mobiliário (coberturas tecidas) e de aquecimento das frias paredes e pisos de castelos, palácios e igrejas, sendo facilmente transportáveis de um lugar a outro. Se no início os motivos das imagens eram mais os vegetais ou heráldicos, logo passaram a representar cenas profanas da vida aristocrática, fatos políticos, alegorias (combate dos vícios e das virtudes, por exem-

plo) ou passagens bíblicas. Em todos esses casos, a influência da pintura gótica mural foi decisiva para o enriquecimento técnico, visual e decorativo da tapeçaria francesa de Arras (as mais suntuosas utilizam também fios de ouro e prata). Um dos mais impressionantes trabalhos dessa época é o *Apocalipse*, um conjunto de seis telas de vinte metros de comprimento por seis metros de altura, encomendado em 1373 pelo duque Luís de Anjou, e executado conforme desenho de Jan Boudolf. Os temas, a mentalidade estética e a noção de perspectiva pictórica da Renascença vieram modificar, por seu turno, a tapeçaria no século XVI. E um de seus responsáveis foi o Papa Leão X, admirador e colecionador da arte. Sua encomenda de uma suíte de dez tapetes para adornar as parte inferiores das paredes da Capela Sistina, relativa aos Atos dos Apóstolos, coube, como projeto, a Rafael. A maestria dos desenhos e da execução flamenga fez desse trabalho uma obra-prima, recebendo o seguinte comentário de Vasari: "Como é possível que com fios se produzissem os cabelos e as barbas, e a brandura, a maciez das carnes? Trata-se antes de um milagre do que de habilidade humana" (*Vida dos Pintores, Escultores e Arquitetos*). Já data dessa época a excelência e o prestígio das oficinas belgas, instaladas principalmente em Bruxelas (onde se teceram os *Atos dos Apóstolos*) e outras cidades menores, como Audenarde, Bruges e Enghien. A elas coube receber as maiores encomendas das casas reais, destacando-se em relação às suas concorrentes francesas (Paris – no Louvre e em Saint-Marcel – Aubusson, Felletin) e italianas (Vigevano, Florença, Mântua e Ferrara, estas aqui com curtas durações). A partir do século XVII, no entanto, a produção francesa acedeu novamente ao primeiro plano com as oficinas reais dos Gobelins (1662) e de Beauvais (1664), montadas sob orientação técnica de artistas flamengos. Ambas integravam-se perfeitamente à política de "fausto e riqueza artística" desejada por Luís XIV. Na Inglaterra, que seguiu o exemplo, foi erguida a manufatura de Mortlake, também orientada por artífices belgas e, em Roma, o cardeal Francesco Barberini promoveu instalações destinadas à produção de peças para o papado. Muitos pintores deste período barroco criaram cartuns (os desenhos originais para os tapeceiros) sob encomenda, como Charles Le Brun, Simon Vouet, Rembrandt, Rubens, Van Dyck ou Jean Berain. Os motivos, temas e formas medievais revisitadas pelo romantismo também ensejaram ao movimento inglês das *Arts and Crafts* a produção de tapeçarias neogóticas, bastante floridas. Nessa vertente, William Morris e seus amigos Edward Burne-Jones e Henry Dearle produziram vários desenhos para as oficinas de Merton Abbey. No século XX, mais uma vez as transformações da pintura tiveram suas conseqüências sobre a tapeçaria. Alguns pintores futuristas, como Enrico Prampolini, Giacomo Balla e Fortunato Depero, desenharam os primeiros exemplos de tapetes modernistas. Na mesma época, a Bauhaus montou seu próprio ateliê de ensino e criação, do qual participaram Hélène Börner, Paul Klee e, mais tarde, Gunta Stadler-Stölzl. A partir de 1939, o francês Jean Lurçat, requisitado pelas oficinas de Aubusson, reuniu em torno de si vários artistas (entre os quais Marc Saint-Saëns e Jean Picart le Doux), incumbidos de renovar algumas técnicas e reconquistar para a tapeçaria o seu prestígio de arte mural. O próprio Lurçat criou mais de 500 cartuns, entre os quais o monumental *Chant du Monde*, de cerca de quinhentos metros quadrados. Seus esforços foram acompanhados pelo grupo belga *Forces Murales* (Edmond Dubrunfaut, Louis Deltour e Roger Somville), chamando a atenção de Le Corbusier no final dos anos 1940. Para este, a tapeçaria deveria tornar-se uma arte integrada e prevista pela arquitetura, pois cumpriria a função de compor visualmente imagens que revestissem a nudez das edificações modernistas. Todas as novas discussões e atividades do pós-guerra levaram à criação, em 1961, do Centro Internacional da Tapeçaria Antiga e Moderna, cuja primeira presidência coube a Lurçat, além de outras propostas de uma "nova tapeçaria", entre elas: afastar-se da reprodução pictórica e destacar-se do piso ou da parede, convertendo-se também em experiência tátil e tridimensional (instalações têxteis), tendência para a qual muito contribuiu a polonesa Abakamovicz. No Brasil, um dos primeiros ateliês a seguir as novas tendências foi fundado pelo artista Genaro, em 1955, que adotou a flora e a fauna nordestinas como elementos de ornamentação.

TARANTELA. Dança e música folclóricas de toda a região meridional da Itália, de andamento bastante rápido, em compasso 6/8, e coreografia executada aos pares. Já conhecida no século XIV, seu nome tanto pode provir da cidade de Tarento, quanto, segundo o médico Bagvali, autor de *Praxi Medica* (1696), de haver na região o hábito das pessoas mordidas por tarântulas dançarem até que o veneno fosse eliminado pelo suor, facilitando a cura.

TAUTOLOGIA. **1**. Figura de pensamento ou logopéia que se vale da repetição de noções símiles, parecidas, ou se baseia no desenvolvimento de um único tema, a fim de realçar ou reafirmar a idéia principal. Por exemplo: "da língua vêm as insídias, os enganos, as pelejas, as discórdias, as guerras" (*Vida de Esopo*). **2**. Em lógica, corresponde a uma proposição em que o predicado atribui ao sujeito uma característica já conhecida, idêntica ou equivalente: "a água é um líquido natural", ou "o sal é salgado".

TAUXIA. →*Incrustação.*

TEATRO. **Etimologia.** Nas origens etimológicas de teatro encontra-se a ação de contemplar, ver ou considerar algo com atenção (*teáomai*), tanto quanto digno de contemplação (*teátos*). Daí *teatron* ou platéia, isto é, o local físico de onde os espectadores gregos observavam o desenrolar do *drama*, inicialmente entendido como a própria ação, assunto, acontecimento cênico ou tragédia. Mais do que isso e, basicamente, no entanto, o teatro ou o drama já continham o significado de representação de um conflito ou de uma oposição que se contempla entre as paixões, os sentimentos, os desejos, os interesses, os comportamentos ou as normas de conduta, expressas em palavras, gestos e atos.

Origens e modalidades na Grécia. Derivado dos rituais dóricos ao deus Dioniso, ou seja, dos ditirambos ou representações sagradas em forma de canto coral e dança, o teatro ocidental estabeleceu-se definitivamente no século V a.C., em Atenas, período clássico de Ésquilo, Sófocles, Eurípides e Aristófanes.

Suas origens, no entanto, remontam ao século VI, durante a tirania de Pisístrato, quando o poeta lírico Téspis, além de encenar um ditirambo, apresentou a primeira peça de caráter trágico (538 ou 535 a.C., na dependência das fontes). Por essa época criaram-se também os concursos públicos abrangendo três modalidades necessárias de representação: além dos ditirambos (realizados durante os dois dias iniciais), as tragédias e as comédias.

A respeito dessas últimas, diz-nos Aristóteles que "em seus inícios foi menos estimada (e de suas origens) nada sabemos [...] ignora-se quem teve a idéia das máscaras, dos prólogos [...] os autores (conhecidos) das primeiras intrigas são Epicarmo (século VI) e Fórmis (século V). Assim, na origem, a comédia veio da Sicília (corte de Mégara). Em Atenas, foi Crates" (o criador do primeiro tipo cômico, o ébrio, século V). Meio século após a instituição do primeiro certame, os chamados dramas satíricos seriam acrescentados às festividades, conhecidas como Dionísias Urbanas. John Gassner (*Mestres do Teatro*) assim as descreve: "[...]começavam suntuosamente com uma procissão que escoltava uma antiga imagem de Dioniso, literalmente o 'deus pai' do teatro, ao longo da estrada que conduzia à cidade de Eleutéria e regressava depois a Atenas, à luz de tochas. Então, a imagem era colocada na orquestra [...]com rituais apropriados, e assentos especiais ou tronos eram reservados aos sacerdotes do deus [...]. Após dois dias de provas ditirâmbicas, que consistiam em concursos corais por coros de homens e rapazes, um dia era dedicado às comédias, com cinco dramaturgos em competição; depois reservavam-se três dias às tragédias. Seis dias eram reservados ao grande festival; cinco, após 431 – com cinco representações diárias durante os últimos três dias – três tragédias e um drama satírico fálico pela manhã e uma ou duas comédias à tarde. Três dramaturgos competiam pelo prêmio da tragédia, cada um com três tragédias e um drama satírico" (a tetralogia).

A Téspis deveu-se a incorporação destacada e característica de um primeiro ator, ou protagonista, até então inexistente nos rituais. Ou, pelo menos, raramente utilizado, pois há informações sugerindo que o poeta Árion já havia inserido diálogos em seus ditirambos. Outras inovações foram trazidas por autores contemporâneos ou sucessores de Téspis, como Overilo, Pratinas e Frínico. Este último responsabilizou-se pela criação de personagens femininas, como as de sua peça *As Fenícias*. Foi com Ésquilo, no entanto, que o drama expôs suas possibilidades de maneira mais nítida e fecunda. Embora conservasse o papel saliente do →coro, não apenas pela tradição ritualística, como pelos efeitos líricos então valorizados, o dramaturgo ampliou gradativamente os diálogos, após a introdução de um segundo ator (deuteragonista), permitindo assim que o enredo ganhasse episódios vivenciados diretamente em cena.

Ao que tudo indica, o ditirambo constituía um drama lírico cantado, ou seja, uma exteriorização de sentimentos de um herói mítico ou mesmo histórico, a cargo de um coro, igualmente incumbido de executar a coreografia (sem máscaras ou figurinos). Essa forma serviu de base, portanto, para a criação das demais modalidades representativas que, em conjunto, constituíam uma comemoração cívica, literária e dramática, bastante adequada ainda ao velho hábito grego da competição ou do certame (do *agon*, →*Jogo, lúdico*), fosse ele político ou desportivo. Como fenômeno cultural, portanto, o teatro grego manifestou-se como um conjunto estruturado, previsto temporalmente e organizado pela comunidade dos cidadãos.

Se os ditirambos sempre abriam os concursos, os dramas satíricos passaram a encerrá-los a partir da época em que Ésquilo começou a escrever (por volta de 490 a.C.). Próximo da tragédia, versava invariavelmente sobre um tema mitológico, caracterizando-se pelo coro de sátiros, assim vestidos e mascarados, e por um final feliz, ao som de música modal e com a apresentação de danças "selvagens" ou inebriantes.

A tragédia possuía uma estrutura formal relativamente fixa, reunindo: *a)* um prólogo ou cena preparatória, apresentada à maneira de monólogo ou diálogo; *b)* o *parodos*, ou primeiro canto coral; *c)* os episódios centrais, muitas vezes alternados por intervenções cantadas e coreográficas do coro (*stasima*) e *d)* o *exodos*, ou saída do coro. Quanto à comédia, tinha ela também uma configuração preestabelecida, sendo suas partes principais a querela ou disputa inicial dialogada (*agon*), seguida da parábase, um conjunto (quando completo) de sete trechos, nos quais o coro, despindo-se de máscaras e figurinos, dirigia-se à audiência (→*Comédia antiga*).

Tanto a tragédia quanto a comédia, as duas formas simbólicas e superiores do universo teatral, tiveram na Grécia, e posteriormente nos períodos de maior influência do classicismo, uma forte sustentação na palavra, no recitativo. As ações propriamente ditas, se as entendermos como mudanças de situações, não ocorrem "à vista", não se mostram. São percebidas de modo indireto ou mais intelectualizado, pelo dizer de mensageiros, comentários e intervenções corais. Dito de outra maneira, as ações constituem relatos daquilo que se anuncia ou se passou. Raramente estão presentes, sobretudo as violentas. Contemplam-se idéias, ou, como observa Roland Barthes, a estrutura do teatro grego "é uma alternância orgânica da coisa interrogada – ação, cena – e dos personagens interrogantes (o comentário, o coro, a palavra lírica)". Ou seja, a expressão teatral em seus primórdios (e primeiro esplendor) conservou a preferência do espírito helênico pelo narrar mítico e pelo perguntar filosófico, ainda que os enredos fossem paulatinamente se secularizando e abandonando o tema central do destino predito e das relações entre deuses e mortais.

Em busca dos fundamentos. Desde aquela época, o teatro tem sido objeto de análise e de proposições teórico-práticas, em busca de sua caracterização e essência. A primeira e ainda recorrente idéia sobre o assunto provém mesmo de Aristóteles.

Segundo o filósofo, "É a tragédia a representação (imitação) de uma ação grave, de alguma extensão e completa, em linguagem exornada, cada parte com o seu atavio adequado, com atores agindo, não narrando, a qual, inspirando *pena e temor*, opera a catarse própria dessas emoções [...]. Como se trata da imitação duma ação, efetuada por pessoas agindo, as quais necessariamente se distinguem pelo caráter e pelas idéias, existem duas causas naturais das ações: idéias e caráter, e todas as pessoas são bem ou mal sucedidas conforme as causas [...]. A mais importante das partes (fábula ou enredo, caracteres, falas, idéias, espetáculo e canto) é a disposição das ações: a tragédia (e extensivamente as demais formas dramáticas) é imitação não de pessoas, mas de uma ação, da vida, da felicidade, da desventura; a felicidade e a desventura estão na ação e a finalidade é uma ação, não uma qualidade. Segundo o caráter, as pessoas são tais e tais, mas é segundo as ações que se tornam felizes ou ao contrário. Portanto, as personagens não agem para imitar os caracteres, mas adquirem caracteres graças às ações".

Dessa definição clássica, um primeiro ponto de importância é aquele do teatro ou drama como imitação de ações. Se, para o pensador grego, o enredo – o conjunto das ações – deve compor e desvendar os caracteres, ainda assim o tema foi objeto de vários outros comentadores, dada a sua ambigüidade. O dramaturgo e ensaísta inglês John Dryden, por exemplo (*Sobre a Poesia Dramática*), opina que o significado é o de um conflito em cuja origem se encontra uma intenção clara, e que deve ocorrer, forçosamente, na execução final. Corresponde, portanto, a uma paixão humana que se revela no início e procura realizar-se objetivamente até o desenlace ou resolução (no caso da tragédia, de modo fatídico). Uma vontade que persegue determinado fim, consciente do resultado.

Mais refinada e profunda é a análise de Hegel. Diz ele, primeiramente (*Curso de Estética* ou *O Belo na Arte*), que "a grandeza e a força do homem medem-se pela grandeza e força de oposição que o espírito é capaz de vencer para reencontrar a unidade; e a profundeza e a intensidade do subjetivo tanto mais se manifestam quanto mais contraditórias são as circunstâncias que ele tem de vencer e mais acentuadas as oposições que tem de enfrentar, sem deixar de ser ele mesmo em meio a tais contradições e oposições. É através dessa luta que se afirma a *força da idéia e do ideal*, porque a fortaleza consiste em permanecer íntegro no negativo". Mais adiante: "[...] a ação supõe a presença de circunstâncias que conduzam a colisões, com ações e reações. Presentes estas circunstâncias, é difícil prever onde deve a ação começar. O que à primeira vista parece um começo pode ser o resultado de complicações anteriores, e é possível que sejam estas que forneçam o ponto de partida, caso já não sejam, por sua vez, o resultado de colisões anteriores [...] a poesia (épica ou dramática) tem de introduzir imediatamente o leitor ou o espectador *in media res* (no meio ou interior do conflito)".

De um lado, o drama deve possuir algo de essencial para que se determine o ideal proposto. No caso, para Hegel, os grandes motivos da arte: a família, a nação, a classe social, a religião, a história em seus momentos de crise, ou ainda, na "esfera romântica", as perturbações ou as colisões das virtudes, como a honra, o amor, o dever, a amizade etc. De outro, mostrar a subjetividade ou os sentimentos manifestando-se a partir da interioridade dos indivíduos. A unidade da ação constitui assim uma progressão das vontades diante das situações que aderem aos personagens, até a solução final. Nessa marcha, portanto, deve haver uma evolução da "intensidade", a fim de que um clí-

max ou eclosão seja alcançado, racional e emotivamente. Uma ação completa (começo, meio e fim), já dizia Aristóteles, ou do contrário não haveria a →catarse das emoções. Exemplificando, escreve ainda Hegel: "É essa a natureza dos interesses e dos fins que se opõem na *Antígona* de Sófocles. O rei Creonte, na sua qualidade de chefe de Estado, havia proibido rigorosamente prestarem-se honras de funerais ao filho de Édipo, que em frente a Tebas se tinha apresentado como inimigo da pátria. Esta proibição estava sem dúvida justificada, pois se tratava do bem de toda a cidade. Mas a Antígona animava uma força também moral: o amor sagrado do irmão que não queria abandonar sem sepultura [...]. Não cumprir o dever dos funerais seria ultrajar a piedade familiar e isso a obrigava a passar por cima da proibição de Creonte".

A concepção de que o teatro exige o conflito entre um querer subjetivo e uma situação exterior, que se lhe antepõe como obstáculo (cultural ou natural, humano ou divino), aparece também n'*A Lei do Teatro*, de Ferdinand Brunetière: "No drama ou na farsa, o que nós pedimos ao teatro é o espetáculo de uma vontade que se dirige a um objetivo, consciente dos meios que emprega". É a volição que desencadeia a ação, que realiza o destino dos personagens. Em paralelo, não se pode esquecer que a emoção faz parte integrante e necessária do enredo dramático. Ela surge em todos aqueles atos que, revelando suas razões, intenções ou justificativas, promovem a adesão, a simpatia, ou, ao contrário, a repulsa ou a antipatia da audiência.

Os gêneros dramáticos. As diferentes faces da dramaturgia têm sido geralmente classificadas, a partir do período romântico, em tragédia, drama (a versão burguesa e moderna da tragédia), melodrama, comédia e farsa. Esse critério não exclui denominações históricas mais correntes em determinados períodos, como os dramas litúrgicos e os milagres medievais, os autos sacramentais espanhóis ou os dramas pastoris renascentistas, que, para certos comentadores, são exemplos de tragicomédia. Mesmo a →*commedia dell'arte*, vez ou outra, dedicou-se à apresentação de tragédias. Há ainda variadas peças cujos elementos mais característicos de um gênero se introduzem ou concorrem para a composição do enredo, mesclando cenas sublimes ou de seriedade a passagens cômicas. Uma tendência que se acentuou no século XX, como, por exemplo, no chamado teatro do absurdo, em que se encontram "farsas trágicas" ou "dramas cômicos", denominações substitutivas para a tragicomédia. O painel que se segue tem por objetivo um panorama didático e, portanto, mais abstrato, embora não menos útil.

Tragédia. Uma crise cujos conflitos se tornam insolúveis, a presença evidente e indisfarçável do mal, a exteriorização de angústias e sofrimentos, a consciência de uma culpa (em grego, *hamartia*) e a concretização de uma fatalidade. Eis o quadro mínimo de uma tragédia (de *tragós*, bode, e *odós*, cantor/a, por *tragoidia* – cantores travestidos de bodes e personagens dos rituais dionisíacos), mas ao qual muitos outros elementos podem ser acrescentados: a coragem, a morte, a punição, a expiação, a resignação ou o renascimento. As paixões que nela se digladiam são mórbidas pelo que possuem de desequilíbrio. E o herói trágico é aquele que assume ou se descobre portador de uma paixão destrutiva, conduzida até as últimas conseqüências (resultado funesto). Sob tal aspecto, a tragédia constitui um mergulho vertiginoso nas paixões, uma revelação dolorosa de que estas não apenas geram as crises humanas, como contrariam e sobrepujam a razão. Ou ainda, e por conseqüência, que a sabedoria só pode ser obtida após a experiência terrível de um infortúnio. É o rompimento de uma tradição aquilo que desencadeia a fatalidade da tragédia. Aqui, a tradição deve ser entendida como uma convicção moral e uma prática social comum longamente preservadas, capazes de, pela força originária, emprestar significado à convivência e ao destino.

Quando a flexibilidade ou a liberalidade dos comportamentos traz consigo a indiferenciação dos valores e torna fluidos os limites éticos – pessoais e políticos – então já não existem antagonismos com proporções trágicas. Os conflitos podem gerar dores, tristezas, ressentimentos, amarguras e até mesmo a morte, mas tais sentimentos e resoluções deixam de transcender as normas coletivas ou "universais". Mas, inexistindo princípios intransponíveis, qualquer atitude torna-se exeqüível e radicalmente privada, objeto de foro íntimo, como será o caso do drama burguês.

Na idéia radical de Schopenhauer, por exemplo (*O Mundo como Vontade e Representação*), os desequilíbrios inevitáveis e angustiantes da condição humana – em face do destino e da consciência comuns da morte, dos deuses, da sociedade ou dos próprios demônios subjetivos – são a matriz e a força expressiva (grave ou solene) da tragédia: "Considera-se justamente a tragédia como o mais elevado dos gêneros poéticos, tanto pela dificuldade de encenação como pela grandeza da impressão que produz. É preciso observar com cuidado [...] que esta forma superior do gênio poético tem por finalidade mostrar-nos o lado terrível da vida, as dores inomináveis, as angústias da humanidade, o triunfo dos maus, o poder do acaso que aparenta zombar de nós, a derrota infalível do justo e do inocente; nela encontramos um símbolo significativo da natureza do mundo e da existência [...]. Neste patamar supremo de sua objetividade, o conflito se produz da maneira mais completa. A tragédia o representa desenhando-nos os sofrimentos humanos – sejam eles provenientes do acaso ou do erro que governam o mundo, sob a forma de uma necessidade inevitável, e com uma perfídia que poderia quase ser tomada por uma perseguição desejada – tenham eles sua fonte na própria natureza do homem, no cruzamento dos esforços e das vontades individuais, na perversidade e na tolice da maioria deles [...]. Nos seres excepcionais, o conhecimento, purificado e elevado pelo sofrimento, alcança aquele degrau onde o mundo exterior, o véu de Maya, já não pode mais iludi-los [...]. Os motivos, antes tão impulsivos, perdem seus poderes e, em seu lugar, o conhecimento perfeito do mundo, agindo como calmante da vontade, conduz à resignação, à renúncia, à abdicação da vontade de viver. É assim que vemos as criaturas mais nobres renunciarem aos fins perseguidos tão ardentemente, sacrificarem para sempre os regozijos da vida ou mesmo se desembaraçarem do fardo da existência. Assim o faz o Príncipe Constante de Calderón, assim Margarida do *Fausto*, assim Hamlet [...]. Qual é, pois, o verdadeiro significado da tragédia? É que o herói não expia seus pecados individuais, mas o pecado original, quer dizer, o crime da própria existência. Calderón o diz com franqueza: 'o maior crime do homem é o de ter nascido'".

Também na avaliação de Lukács, o trágico exporia um dos aspectos fortes da mentalidade antiga, isto é, a aceitação e a vivência completa do caráter fatídico (no sentido de um destino irrecusável e prescrito) da existência dos mortais. O mundo e a alma, na verdade, ali não se confrontam. O subjetivo expressa, em sua particularidade, a dinâmica da totalidade. Conforme se lê em sua *Teoria do Romance*, "o herói trágico reencontrou a sua alma e ignora, por conseguinte, toda realidade que lhe seja alheia; tudo o que lhe é exterior se torna para ele ocasião para um destino predeterminado e feito à sua medida [...]. A segurança interior do mundo épico exclui qualquer aventura no sentido rigoroso do termo (a aventura vista como variação de possibilidades indeterminadas) [...]. É impossível que os deuses que dominam o mundo não levem a melhor sobre os demônios – a quem a mitologia hindu chama 'divindades do obstáculo'. Daí a passividade exigida, tal como notam Goethe e Schiller, de todo herói épico: a série de aventuras que orna e preenche a sua vida modela a totalidade objetiva e extensiva do mundo. Ele próprio é apenas o centro luminoso em volta do qual todo esse aparato gira e, dentro dele mesmo, o ponto imóvel no movimento rítmico do mundo".

O contraponto entre as angústias experimentadas pelos "seres excepcionais" da tragédia (classicamente os indivíduos de alta estirpe ou linhagem, além dos heróis míticos) e o reconhecimento final de suas ações no conflito levaram o crítico E. M. Tyllard (*Shakespeare's Problem Plays*) a distinguir três tipos básicos da moralidade trágica. No primeiro, a dualidade estaria entre o sofrimento e a resignação (exemplo em *Prometeu*, de Ésquilo); no segundo, a oposição se daria entre a destruição e a renovação (*Os Martírios de Sansão*, de Milton); no terceiro, finalmente, ter-se-ia o par sacrifício-expiação, do qual *Édipo Rei*, de Sófocles, seria a peça mais contundente. Em qualquer dos casos, o exercício trágico conduziria à necessidade de transcender o sofrimento vivido.

O "espírito trágico" – aquele do mundo como palco da substancialidade do mal e, portanto, de uma irredutível condição humana – reapareceu no Renascimento e na dramaturgia literária barroca, tanto sob a forma rigorista do classicismo francês (Corneille e Racine), como nas características singulares do →teatro elisabetano ou isabelino, este mais influenciado pela redescoberta e tradução de Sêneca, e das novelas medievais, do que pelo teatro grego (Thomas Kid, Christopher Marlowe, Shakespeare).

Drama burguês. Mas já em meados do século XVIII, as novas e turbulentas condições sociais, políticas e econômicas, além da progressiva mentalidade científica, mesmo que incipiente, não mais deixaram margem à credibilidade dos mitos ou de uma ordem divina (ainda que incompreensível, como nos versos de Shakespeare – "Como são as moscas para meninos caprichosos, assim somos nós para os deuses. Eles nos matam para seu prazer") e sob os quais se desenvolvera a tragédia clássica.

A solenidade e a intensidade da palavra, a eloqüência poética e as modulações da linguagem foram sendo substituídas por diálogos mais prosaicos, pelos conflitos materialistas e subjetivos das sociedades burguesas em expansão (cujas figuras, anteriormente, estavam reservadas apenas às comédias). Se Deus ainda não morrera, a predestinação, a ética ou a justiça se recolhiam ao mundo circunscrito, laico e imediato dos homens. Os personagens das antigas sagas familiares, a rigidez da estrutura e dos valores morais aristocráticos, garantidores do cosmo, das leis e de um equilíbrio vital, foram cedendo seus espaços a um novo teatro – ao drama burguês.

Analisando as ainda recentes modificações da época, Hegel escreveria que: "[...] o elemento divino está consideravelmente reduzido na arte romântica. Em primeiro lugar, a natureza é despojada de caráter divino: o mar, as montanhas e os vales, os rios e as fontes, o tempo e a noite, bem como todos os processos gerais da natureza perdem o seu valor como meios de representação do Absoluto ou partes constitutivas dele [...]. Com efeito, todos os grande problemas referentes ao nascimento do mundo, à origem e destino dos homens, às finalidades da natureza [...] perderam sua razão de ser [...]. O conteúdo está assim todo concentrado na interioridade intrínseca do espírito, no sentimento e na representação, na alma que aspira à união com a verdade, e procura evocar e fixar, no sujeito (na subjetividade), a divindade [...] a única empresa essencial consiste na luta interior do homem consigo mesmo, tendo em vista a conciliação com Deus, a conservação da personalidade e sua representação com o aspecto divino [...]. A arte romântica deixa o mundo exterior em toda a sua liberdade, não lhe impõe a menor obrigação, nem o submete a qualquer escolha, não elimina das suas representações os objetos mais vulgares, os mais banais, como os utensílios domésticos, e tudo o que há na natureza de acidental e ocasional [...] como todo o processo se desenvolve agora na intimidade do homem, a esfera do conteúdo sofre um novo alargamento que, desta vez, se amplia numa extensão infinita, numa multiformidade ilimitada. Disto resulta um enriquecimento incomensurável do espírito, o que lhe permite adaptar-se às circunstâncias mais variadas [...] quando o homem sai desta esfera do Absoluto e se mistura com as coisas do mundo, vê-se em frente de interesses e fins, de sentimentos tanto mais variados e numerosos quanto maior profundidade o espírito adquiriu anteriormente, o que lhe permite *impor-se aos conflitos e assaltos das paixões*, infinitamente multiplicadas, e sentir por isso todos os graus da satisfação".

Essa "dessolenização" da forma e do conteúdo dramáticos já aparecera no círculo isabelino e entre os maiores representantes do contemporâneo →*Siglo de oro* do teatro espanhol. Obras como *Fuente Ovejuna* (Lope de Vega), *O Médico de sua Honra* (Calderón de la Barca), ou *Arden of Feversham* (autor desconhecido, provavelmente Thomas Kid) introduziram personagens plebeus, gente das classes médias urbanas ou camponeses espoliados, "democratizando" os heróis e os vilões teatrais. Se esses novos conflitos não se distanciavam das antigas peças trágicas por seus aspectos transcendentais, atemporais e simbólicos (que personagens, afecções e trama requeriam), se conservavam a seriedade no tratamento dos temas, o vigor e a tensão das paixões, por outro lado avançavam no detalhamento de aspectos sociais e políticos, no realismo das circunstâncias e dos sentimentos especificamente subjetivos. Isso quer dizer que, em uma sociedade dinâmica e flexível, mais racionalista e utilitarista, o teatro também devia sofrer suas alterações.

Por isso, o drama burguês já não podia lançar mão do mistério, da presença de forças sobrenaturais apenas intuídas, esquivas e, ainda assim, determinantes para o desfecho. Sua alternativa foi a de apoiar-se em uma mentalidade cujos conflitos nasciam das relações e disparidades internas a essa própria sociedade em mutação – nas contradições sociais do cotidiano, na amoralidade e no cinismo das lutas políticas, na busca desenfreada de uma nova riqueza que o capitalismo e a industrialização projetavam, nas reivindicações de direitos e liberdades individuais ou coletivas, nos impulsos subjetivos e caóticos da vida amorosa. Como exigiu Diderot para suas peças *O Filho Natural* e *O Pai de Família*, acompanhado por Lessing em *Miss Sara Simpson* e *Emília Galotti*, "a um mundo racional só agrada um mundo real". E talvez tenha sido Goethe o signo mais dualista dessas transformações estéticas. Foi ao mesmo tempo o dramaturgo do titanismo individualista e das angústias do coração (*Goetz von Berlichingen, Stella*), e um dos últimos tragediógrafos, ao lado do também poeta Percy Shelley, autor de *The Cenci*. Pois ao recuperar a antiga heroína de Eurípides, com sua Ifigênia em Táuride, relembrou, com enorme força literária, os sentidos do terror, da solidariedade imprescritível, quando justa, e o da renúncia como salvação espiritual.

A vaga romântica da literatura (→*Romantismo*) corroeu em pouco tempo, em cerca de meio século, o espírito da tragédia. Os novos ideais reivindicaram, de um lado, a destruição das regras clássicas (mais conservadas na França, como as unidades de tempo e lugar, ou o uso de versos alexandrinos) e o abandono dos ambientes e personagens greco-romanos; de outro, a exploração das sensibilidades líricas e dos conflitos burgueses. O movimento →*Sturm und Drang* dera início à ofensiva e, apesar do baluarte francês, até mesmo Diderot ou Beaumarchais (*Ensaio sobre o Gênero Dramático Sério*) atacaram as velhas formas, por eles tidas como "inatuais e congeladas". Começou a haver de tudo para os novos públicos: críticas à aristocracia e suas instituições autoritárias (*Wozzeck*, de George Buchner); denúncia da corrupção envolvendo a cobiça capitalista e a concussão em cargos públicos (*Um Emprego Lucrativo, O Falido*, ambas de Aleksandr Ostróvski); a defesa da liberdade intelectual (*Uriel Acosta*, de Karl Gutzkow); morbidez psicológica e masoquismo (*Das Käthchen von Heilbronn*, de Heinrich von Kleist); incursões históricas a épocas passadas, de intenções nacionalistas (*Guilherme Tell*, de Schiller, *Boris Godunov*, de Púchkin); ou sacrifícios de amor (*A Dama das Camélias*, de Dumas Filho). O entusiasmo

já romântico do alemão Reinhold Lenz (autor de *Os Soldados* e *O Preceptor*) levou-o a conclamar que "os poetas dos quais se diz que reproduzem a realidade não têm a menor idéia dela; todavia, ainda são mais suportáveis dos que aqueles que querem transfigurar a realidade" (referindo-se aos clássicos).

Os conflitos observáveis do cotidiano social substituíram, portanto, os acontecimentos extraordinários da velha tragédia. "Se foi consentido que a Beleza, na acepção clássica, morresse, uma beleza *terrível* nascera. Se o Nobre e o Heróico estavam excluídos *ex hypothesi*, o não-heróico e o ignóbil revelaram uma humanidade mais vasta e profunda do que jamais se pensaria serem capazes. Se foi imposto um limite à definição de Verdade, e as antes reverenciadas Verdades Supremas foram ignoradas, ou até escarnecidas, a dedicação às verdades 'inferiores' era informada com inteligência e paixão; se as fronteiras tinham sido reduzidas na extremidade superior, foram extensamente ampliadas na inferior. Finalmente, aos paladinos da Tragédia (Beleza, Nobreza, Heroísmo e Verdade Suprema) devia ser dito que, nas palavras de Karl Jaspers, 'a tragédia não é suficiente'" (Eric Bentley). Apenas Kleist e Friedrich Hebbel ainda conservaram a noção de *fatalismo* da tragédia, entendida como a contradição entre a impessoalidade da lei e a debilidade concreta do homem: o mundo é frágil quando a lei é injusta. Mesmo assim, Kleist, em sua peça *O Príncipe Frederico de Homburg* (um *Schicksalsdramen* ou *Schicksalstragödie*, drama ou tragédia da fatalidade), faz com que o conflito entre o general que ataca as linhas inimigas, sem ordens superiores, e vence a batalha, sendo condenado à morte pela quebra da hierarquia, seja resolvido pelo indulto final. Já Hebbel, em *Maria Madalena*, conserva o fatalismo da solução trágica. O suicídio da jovem seduzida era o único desenlace possível para as antigas tradições morais e religiosas da família. A obra termina sob a terrível sensação de que, se o mundo já não pode ser entendido, não vale a pena nele viver.

Na França, Alfred de Musset, escrevendo sobre o gênero trágico, em 1838, enfatizou que a filosofia moderna e o mundo industrial haviam suprimido a idéia de destino. Restaram a providência, que conduz a finais felizes, do tipo melodramático, e o acaso, que chega a qualquer lugar ou a lugar nenhum, pois sobre ele não há controle (vontades, regras e unidade artísticas). A saída, as novas perspectivas, estaria na exploração dos fatos mais conhecidos ou corriqueiros da vida, nos acontecimentos sociais, históricos, e nos conflitos psicológicos daí decorrentes. Concepção que resultou, inicialmente, no "teatro do bom senso" – François Ponsard, Emile Augier, Dumas Filho – antecessor do naturalismo dramático de Ibsen, de Strindberg, das encenações do →*Théâtre Libre*, de André Antoine, e do teatro simbolista de Villiers de l'Isle Adam ou de Maeterlinck.

Foi pela via do realismo subseqüente que o drama recuperou os melhores níveis da arte dramática, mesmo à custa de amargas críticas populares (na época), ao mergulhar nos eternos e nos mais recentes conflitos humanos e sociais. Desenvolveu uma análise psicológica e consistente do homem contemporâneo, esmiuçando os conflitos de ordem moral burguesa (inicialmente rígida e incisiva, recentemente laxista, relativista ou descentrada), as transformações econômicas e a mentalidade mercantilista que invade todas as relações sociais, as lutas de classes, as novas reivindicações sociais – entre elas a do feminismo – ou a violência do autoritarismo político-institucional. Em uma sociedade cujo peso político e econômico das massas se impôs, por serem elas eleitoras e consumidoras, o realismo dramático haveria de experimentar, em seu próprio terreno, a linguagem mais corriqueira e antipoética das platéias burguesas e proletárias. Dramaturgos como Ibsen, Tchékhov, Bernard Shaw, Strindberg, Pirandello, Brecht, Dürrenmatt ou Tennessee Williams, apesar de todas as suas diferenças e nuanças relativas a aspectos psicológicos, éticos ou políticos, tiveram como ponto de referência essa realidade (ou irrealidade) dura e mesquinha da engrenagem urbana, capitalista e amoral, devotada predominantemente à sobrevivência imediata do dia-a-dia (→*Realismo, naturalismo*).

Melodrama. Nem a tragédia nem o drama moderno estão isentos de intrigas sentimentais, do medo, de manifestações de choro e de compaixão. Mas há peças nas quais esses ingredientes, ainda que apropriados ou necessários, são tão copiosos que configuram inteiramente um melodrama. E eles continuam a ser utilizados desde que o teatro romântico se defrontou com um público burguês, com as platéias da classe média e a necessidade de conquistá-las.

Para satisfazer esse "gosto médio" e aumentar as chances de empatia e sucesso, grande parte das literaturas narrativa e dramática buscaram ampliar ou exagerar os conflitos emocionais da vida real. Assim, o melodrama constitui a representação de um combate maniqueísta, ou o conflito das idéias e dos sentimentos claros. De um lado, o bem, a justiça, a virtude, a amizade sincera, a ingenuidade, a retidão de caráter, a coragem indômita. Deste rol fazem parte os heróis e as heroínas. De outro, o mal, a injustiça, o vício, a falsidade, a perversidade, o cinismo ou a covardia dos vilões e vilãs. O enredo evolui com o emprego de coincidências incríveis ou arbitrárias, improbabilidades e acasos da sorte (favoráveis ou não), em meio a perseguições, ameaças, recursos ao sentimentalismo e ao despertar de comiserações.

Mas, para não nos prendermos nas mesmas armadilhas desse antinomismo, convém lembrar que "a visão melodramática é, num certo sentido, simplesmente normal. Corresponde a um importante aspecto da realidade. O naturalismo (o drama moderno) é mais sofisticado, mas não é mais natural" (Eric Bentley). E no entanto, "o melodrama é humano, mas não é maduro. É imaginativo, mas não é inteligente" (*idem*). A transcendência moral da tragédia, isto é, a do indivíduo "cego" em luta contra prescrições divinas, sobrenaturais, a impessoalidade das leis e da sociedade – que o conduzem ao sacrifício heróico – é substituída por impulsos radicalmente subjetivos. O princípio de realidade, com suas inúmeras coações, perde intensidade ou complexidade. Daí o conteúdo irrealista que o melodrama adquire. Um irrealismo, no entanto, perfeitamente adequado. Adequado à sociedade individualista e liberal, aquela que valoriza a realização da vontade e das pulsões interiores e relativiza imperativos éticos, na dependência de interesses grupais. Adequado ao imaginário popular, fascinado pela necessidade ou sentido de justiça que dificilmente presencia e pratica, pela inteligibilidade dos caracteres e comportamentos, rara no cotidiano, pelo desejo de ver remidos os seus e os pecados do mundo, pela satisfação das soluções felizes e, portanto, reconfortantes (→*Melodrama*).

Comédia e farsa. Ambas têm em comum algo que as diferencia imediatamente dos demais gêneros dramáticos – a reação audível do público pelo riso. Ou seja, a "catarse" se manifesta sonoramente.

A comédia (de *komos*, festa em louvor a Dioniso, e *odós*, cantor, cantora, resultando em *komodía*, poesia satírica ou de sátiros cantores) foi tida em Atenas como um gênero inferior à tragédia, no sentido de representar a vulgaridade das ações humanas (e não sua elevação), consistindo, segundo Aristóteles, em um defeito ou "fealdade que não causa dor ou destruição". Ao contrário da tragédia da época, grave e hierática, trazia ao julgamento do público o ridículo dos caracteres, isto é, aquelas dimensões ilógicas, exageradas ou "mecânicas" de ações e de idéias, tratadas de maneira mais popular, leve e risível. Além disso, e desde o período clássico ou *comédia antiga* (Aristófanes, Crátino e Êupolis), já era evidente a intenção da *crítica* social, política, de hábitos e comportamentos culturais ou especialmente artísticos (mesmo quando entremeada por cenas corais líricas ou, ao contrário, por ações obscenas, de fundo literalmente satírico).

Essa necessidade de crítica, forjada com mordacidade e irreverência, procura desnudar e combater os aspectos incoerentes ou contraditórios do próprio enredo – o agir dos personagens, suas idéias e situações criadas para o palco, tendo no entanto, como fundo e alvo, a própria realidade mundana. Se na comédia predomina a resolução pacífica, "justa" ou feliz dos conflitos, após uma série de incidentes e reviravoltas de situações (peripécias), é porque seu objetivo tem sido considerado essencialmente *moral*. Não a moralidade ou a ética transcendente da tragédia, mas aquela imediatamente prática e educativa. Para ela, os valores e as normas sociais tendem a ser apresentadas como convenções que podem ser substituídas, justamente por serem incongruentes, absurdas ou ignóbeis. Ainda no dizer de Eric Bentley, "a agressão é comum à farsa e à comédia, mas enquanto na farsa é mera retaliação, na comédia está poderosamente amparada pela convicção de sua legitimidade. Na comédia, a fúria [...] está apoiada na consciência [...]. O sentido cômico tenta ocupar-se da existência, das pressões cotidianas, das responsabilidades adultas".

Comparando a comédia com a tragédia, em sua *Crítica da Escola de Mulheres*, afirma Molière ser mais difícil o gênero pelo qual optou, pois a comédia busca "[...] penetrar devidamente no ridículo dos homens e exprimir agradavelmente no teatro os defeitos de todo o mundo [...]. Quando se pintam os homens, é preciso pintar ao vivo; deseja-se que esses retratos sejam fiéis, e nada se obtêve se neles não se conseguiu fazer reconhecer as pessoas de seu tempo". E embora as circunstâncias históricas mudem, o universo psicológico dos homens parece ser muito mais permanente, tanto em seus defeitos como em suas qualidades. Por esse motivo, a comédia tem lançado mão, constantemente, de personagens-tipos, bem delineados (o avarento, o fanfarrão, o tolo, o alcoviteiro, o bêbado, o puxa-saco, o otimista ingênuo, o velhaco ou tratante etc.). Daí se poder afirmar que a boa comédia consiste na revelação e na condenação bem-humorada da inesgotável idiotice humana, incluindo-se aí as mais abjetas, ou seja, aquelas que se levam irracionalmente a sério.

Uma comédia sem a punição da maldade e dos vícios (em suas mais diversas aparências) ou ainda sem a modificação dos caracteres, que reverta a natureza dos personagens, conduz à farsa ou drama burlesco. Além disso, e como observou Charles Perrault, a desproporção lhe é fundamental. Essa desproporcionalidade pode revestir a linguagem ou o exagero das reações físicas. No primeiro caso, "fala-se trivialmente de coisas elevadas, ou, ao contrário, de modo afetado e grandiloqüente das coisas mais triviais". No segundo, representa-se a alegria da violência, a enormidade da presunção ou da ignorância. É a comédia em estado puro, infantil ou selvagem: uma agressão direta e fran-

ca nos diálogos, a crueza das ações, o descomedimento das atitudes, para que afinal se revele, se bem percebida, uma gravidade subjacente – a de um ceticismo áspero diante da natureza humana. Sobretudo no que ela tem de enganosa em suas aparências. Considerando-se, por exemplo, a *Farsa de Mestre Pathelin*, a mais bem-sucedida peça de humor da primeira metade do século XV, percebe-se que a astúcia e o cinismo do advogado só podem ser combatidos com armas idênticas. Daí a malandragem do cliente e pastor Thibault. A lógica das relações humanas está em sermos mais viciosos ainda do que os nossos semelhantes. →*Cômico*, →*Humor* e →*Sátira*.

Discussões modernas. As transformações radicais da →arte no século XX também se fizeram sentir no mundo do teatro. Durante séculos, e com exceção de alguns autores considerados integralmente "homens de teatro" (como Shakespeare e Molière, por exemplo), prevaleceu uma razoável autonomia entre as diversas técnicas aplicadas à construção dramática: o texto autoral, a arte da interpretação, a cenografia, a iluminação, o acompanhamento ou ambientação sonoras. Já nos finais do século XIX, entretanto, aflorou a idéia de "teatralidade", ou de "teatralização", conceito que pode indicar: a) integração ou síntese de *todos* os elementos que concorrem para a expressão dramática; b) a escolha ou seleção de *alguns* elementos que, por sua essência, caracterizariam o fenômeno teatral, dispensando os demais. Com ela, o teatro converteu-se em tema e projeto de discussão teórica e de experimentalismo prático. Uma dessas primeiras disputas relacionou-se com o grau de importância ou prevalência que se deveria atribuir à literatura dramática (ao dramaturgo), à encenação (ao diretor ou encenador) e à interpretação (ao ator).

Em defesa da supremacia do texto filiaram-se, por exemplo, Benedetto Croce, Luigi Pirandello ou Bernard Shaw. Comentando as obras de Ariosto, de Shakespeare e Corneille, diz Croce que a materialização a que o autor procede no palco não pode jamais servir como sentido único do texto original, da mesma maneira que o musicista não esgota a possibilidade da partitura. Mais tarde, em *Conversações Críticas*, afirma que o ator se comporta como um "tradutor" do texto, alguém capaz de torná-lo vivo e acessível, havendo, justamente por isso, perdas inevitáveis.

Em contraposição, os críticos e encenadores Stark Young (*O Teatro*) ou Ashley Dukes (*Dramaturgo e Teatro*) defenderam a teatralidade como uma "recriação" autônoma, dependente, sim, da qualidade dos atores e diretores. Estes últimos podem até mesmo ultrapassar as fraquezas do texto e do dramaturgo pelas forças evocativas da concepção cênica e da representação. Começava-se a impor, hierarquicamente, a figura do encenador ou diretor, cuja missão, até a época, não ia além de uma coordenação de ações e métodos independentes. Nas opiniões de Adolphe Appia, por exemplo (*A Obra de Arte Viva*), "A encenação e o encenador impõem-se pela necessidade de realizar a união dos diferentes meios de expressão dramática, que não constituem obras distintas"; "A arte da encenação é a arte de projetar no espaço o que o dramaturgo não pôde projetar senão no tempo"; "Dela se exige não que nos iluda às expensas da verdade, mas que nos absorva tão profundamente que pareça verdadeiramente nossa" (→*Encenação*). Desse modo, o teatro é um território de culto no qual devem predominar a arte do ator, o movimento e o jogo de luzes, sem a necessidade de fronteiras entre os intérpretes e o público. Para Fermin Gémier ou Gordon Craig, o encenador seria não só o verdadeiro teatro, como o seu futuro e salvação. A direção passou a adquirir uma característica artística, por ser, ela também, uma interpretação ou até mesmo uma criação simultaneamente totalizante e subjetiva. O diretor já não se vê como um intérprete do autor, nem como cenógrafo, apenas. Exige para si mesmo que a encenação seja uma arte autônoma, um projeto subjetivo de suas idéias estéticas, morais ou políticas, de sua personalidade. As intenções dos novos profissionais transparecem igualmente com força nas seguintes palavras de Craig: "Tão logo o encenador saiba combinar a linha, a cor, o movimento e o ritmo, ele se tornará um artista. Nesse dia, não precisaremos mais de autores dramáticos. Nossa arte será independente".

Dois dos primeiros *metteurs-en-scène* da modernidade foram o duque Saxe-Meinigen e André Antoine. Meiningen, aristocrata e proprietário de um teatro particular, esforçou-se por fazer da encenação um trabalho reflexivo e uma elaboração coletiva, de sentido único, e da interpretação um agir menos convencional, no que foi seguido por artistas russos e, na França, por Antoine. Este, fundador do →*Théâtre Libre*, em 1887, preocupou-se em consolidar a tendência "naturalista" da arte da representação, influenciado também pelos princípios de Zola (nas áreas do romance e do teatro), e pelas próprias modificações literárias do drama, então mais psicológico e intimista. Para ele, "a arte do novo ator viverá com o que há de verdadeiro; será baseada nas observações, no estudo direto da natureza – será dirigida para a verdade e a precisão".

Já na primeira metade do século XX, o papel privilegiado dos encenadores concretizou-se com os trabalhos pedagógicos e revolucionários de, entre outros, Konstantin Stanislávski (→*Teatro de Arte de Moscou* e →*Stanislávski, Método*) e dos alemães Erwin Piscator,

que propôs e praticou um teatro ao mesmo tempo político e de "imersão total", reunindo, em cenários grandiosos, cenas simultâneas e projeções cinematográficas, e Bertolt Brecht (→*Teatro Épico* e →*Berliner Ensemble*). Desde então, os diretores assumiram-se como demiurgos do espetáculo. Essas novas e diferentes concepções cênicas, assim como as de preparação do ator, expandiram-se pelo Ocidente, influenciando definitivamente a representação e a arquitetura dramáticas (com reflexos inclusive no cinema, considerando-se, por exemplo, o Actors Studio norte-americano). Além das já citadas, impuseram-se as figuras de Gordon Craig, Granville-Barker, Ashely Dukes e Tyrone Guthrie (Inglaterra), Fiódor Komissariéski, Vsevolod Meyerhold e Evguéni Vakhtángov (Rússia), Jacques Copeau, Paul Fort, Antonin Artaud, Jean Vilar e Jean-Louis Barrault (França), Max Reinhardt (Alemanha), Leon Schiller e Jerzy Grotowski (Polônia), Elia Kazan, Lee Strasberg e Harold Clurman (Estados Unidos), Zbigniew Ziembinski, Flávio Rangel, Augusto Boal, José Celso Martinez Correa ou Antunes Filho (Brasil).

Embora diferentes e até mesmo opostos entre si, em decorrência de visões de mundo, finalidades e critérios estéticos particulares, os novos conceitos foram recolhidos por André Veinstein (*A Encenação Teatral e sua Condição Estética*), destacando-se entre eles: a exigência de disciplinas, regras ou métodos específicos de representação para os atores; supremacia de uma expressão condutora na encenação, como o ritmo ou os jogos entre a iluminação e a gestualidade plástica do ator; minimização da contribuição literária, chegando-se à exclusão do texto; recusa do realismo decorativo em favor do despojamento, da abstração ou da simbolização cenográficas (sem utilização de *trompe l'oeil*) e inclusão de plataformas e praticáveis; descentração dos lugares de representação, incluindo-se níveis diferentes e o local da platéia; desafio e estímulo à participação do público; adoção das técnicas simbolistas dos teatros orientais; utilização de recursos tecnológicos atualizados, ainda que provenientes de outras áreas, como imagens fílmicas ou eletrônicas. →*Dramatização*.

TEATRO BRASILEIRO DE COMÉDIA (TBC). Companhia e casa teatral fundada pelo empresário italiano Franco Zampari, em outubro de 1948, em São Paulo, e que, em seu início, atraiu atores e atrizes ainda amadores, como os provenientes do Grupo de Teatro Experimental (GTE), de Alfredo Mesquita, do Grupo Universitário de Teatro (GUT), conduzido por Almeida Prado, e dos Artistas Amadores, de Madalena Nicol. Tendo por objetivo modernizar as técnicas de encenação e de interpretação e ainda consolidar profissionalmente a companhia, Zampari convidou, logo depois, jovens diretores italianos, como Adolfo Celi, Flamínio Cerri, Luciano Salce, Ruggero Jacobbi, Alberto D'Aversa e Gianni Ratto, além dos cenógrafos Aldo Calvo e Bassano Vaccarini. Na seqüência, incorporaram-se o polonês Ziembinski (que já atuava entre os Comediantes, do Rio de Janeiro, e se consagrara com *Vestido de Noiva*, de Nelson Rodrigues), o russo Eugênio Kusnet e o belga Maurice Vaneau. Na opinião de Décio de Almeida Prado, "É importante assinalar que o TBC não foi uma companhia dominada por atores como acontecia até então, isto é, a direção do grupo não cabia a um primeiro ator e sim a um diretor, que foi principalmente o Celi [...] de modo geral, a escolha do repertório era dada pelo Franco Zampari e pelos diferentes diretores artísticos. Isso era uma novidade em nosso teatro". O TBC exerceu uma atuação de ponta na cena teatral brasileira entre a sua fundação e meados da década de 1960, ao promover não apenas a encenação regular de textos mais antigos e consagrados (de Ben Jonson, John Gay, Goldoni ou Schiller), como a de autores contemporâneos estrangeiros (Cocteau, Sartre, Pirandello, Saroyan, Arthur Miller, Górki ou García Lorca) e nacionais. Entre estes últimos, Abílio Pereira de Almeida (A *Mulher do Próximo, Santa Marta Fabril*), Dias Gomes (*O Pagador de Promessas*) e Jorge Andrade (*Os Ossos do Barão, Vereda da Salvação*). O papel do TBC foi ainda decisivo para a revelação de novos encenadores brasileiros, entre eles Flávio Rangel, Gianfrancesco Guarnieri e Antunes Filho, assim como para a consolidação de numerosos intérpretes, entre os quais: Henriette Morineau, Cacilda Becker, Sérgio Cardoso, Maria Della Costa, Paulo Autran, Nydia Lícia, Jardel Filho, Cleyde Yáconis, Walmor Chagas, Fernanda Montenegro, Nathália Timberg, Célia Helena e Raul Cortez. A partir de meados da década de 1950, alguns dos atores de maior prestígio da companhia formaram seus próprios grupos teatrais, como as duplas Madalena Nicol-Ruggero Jacobbi, Nydia Lícia-Sérgio Cardoso, a tríade Tônia Carrero-Paulo Autran-Adolfo Celi e ainda Cacilda Becker. Fazendo parte da renovação do movimento cultural brasileiro, o TBC acompanhou o surto de industrialização e de "desenvolvimentismo" nacional após a segunda guerra, ao lado do Museu de Arte Moderna de São Paulo (MAM), do Museu de Arte de São Paulo (Masp), da instituição da Bienal e da Escola de Arte Dramática (EAD), também fundada em 1948, e que, durante algum tempo, funcionou agregada fisicamente ao TBC, subordinando-se aos novos princípios e prestígio da companhia, antes de sua incorporação à Universidade de São Paulo.

TEATRO BRASILEIRO NO FINAL DO SÉCULO XX.

SILVANA GARCIA E FÁTIMA SAAD

O engajamento político que marcou o teatro do final dos anos 1960 adquiriu novas tinturas ao iniciar-se a década seguinte. A dissolução do →Teatro de Arena, principal foco da consciência artística engajada, simbolizou essa passagem. O espírito de resistência que o caracterizou, entretanto, não se extinguiu com o coletivo e, em certo sentido, não sofreu solução de continuidade. O elo que lhe deu seguimento foi forjado por um grupo de jovens que desde 1967 vinha reunindo-se no andar de cima do pequeno teatro da Theodoro Baima, explorando uma modalidade de teatro ligada à tradição do *agitprop*, o *teatro-jornal*, conjunto de técnicas de dramatização de notícias de jornais, que eles, chamados de Núcleo 2 do Arena, apresentavam como exercícios no acanhado espaço alternativo. Paralelamente, disseminavam essas técnicas, dando assessoria a dezenas de grupos que se agregavam à experiência. Em 1970, o Núcleo produziu, sob a direção de Augusto Boal, a única versão desses exercícios organizados em espetáculo, o *Teatro-Jornal – Primeira Edição*.

Em maio de 1971, Boal é preso. Impedidos de prosseguir com o projeto de *teatro-jornal*, os jovens do Núcleo, entre os quais Hélio Muniz, Celso Frateschi e Denise del Vecchio, foram acrescentar-se a um outro espaço que nascia com vocação para pólo de resistência cultural: o Teatro São Pedro.

Em 1968, Beatriz e Maurício Segall, com o apoio de Fernando Torres, haviam reformado o Teatro São Pedro, na Barra Funda, e pretendiam fazer dele uma *casa de cultura*. Dois anos depois, abriram mais uma sala no primeiro andar, o Studio São Pedro, onde apresentaram, na temporada de estréia, *A Longa Noite de Cristal*, de Oduvaldo Vianna Filho, e *O Interrogatório*, de Peter Weiss, ambas com direção de Celso Nunes. Em 1972, o Núcleo do Arena migrou para o São Pedro, a convite de Fernando Peixoto, para a montagem de *Tambores da Noite*, de Brecht, e a partir de então permaneceu no Teatro, contratado como companhia. Durante os dois anos seguintes, as produções do São Pedro consagraram a dramaturgia de Carlos Queiroz Telles, com *A Semana* e *Frei Caneca*, e apresentaram outras importantes produções que fizeram do local um ponto de encontro do público politizado da época. Em 1974, a censura proibiu as duas produções que estavam em processo de ensaio e, seqüentemente, o Núcleo encerrou sua participação como coletivo no São Pedro. Este, por sua vez, resistiria apenas mais um ano.

Em escalada ascendente, desde 1968, a atividade teatral para os que pretendiam um compromisso político foi tornando-se matéria de alto risco. Com o recrudescimento da censura e a repressão fechando o cerco, a militância artística saiu do circuito do mercado.

A trajetória dos jovens do Núcleo do Arena é exemplar do percurso de muitos outros jovens adeptos do teatro que, naquele momento, partiram para a constituição de coletivos independentes e a conquista de espaço nos bairros periféricos da Grande São Paulo. Esses grupos buscavam mais ou menos uma mesma coisa: produzir coletivamente um teatro de características populares, com forte motivação ideológica, itinerante, acessível aos públicos dos bairros, longe dos parâmetros do chamado "teatrão". Era a forma pela qual esses jovens de classe média, muitos universitários entre eles, procuravam manter-se em uma atividade política e artística militante.

Como agrupamento, apresentavam composições e origens as mais diversas: universitária, como o Galo de Briga; formado por metalúrgicos, como o Forja; resultado de experiência de teatro-educação, como o Teatro-Circo Alegria dos Pobres, ou oriundos do próprio meio teatral como o Núcleo Independente, conduzido por Celso Frateschi e Denise del Vecchio, e o TTT – Truques, Traquejos e Teatro, criado por Hélio Muniz e Marina Salles. Todos construíram suas experiências artísticas assimilando o aprendizado de uma vivência quase clandestina. Apenas uns poucos resistiram por uns poucos anos e uma minoria entre estes conseguiu ainda estabelecer-se por um certo tempo em sedes nos bairros. Como fenômeno tomado em seu conjunto, essa forma de teatro periférico perdeu força no início da nova década, quando o esgotamento do regime militar veio oferecer outras alternativas de engajamento político mais direto, com possibilidade de adesão partidária.

De todos os grupos que atuaram nos bairros, apenas o União e Olho Vivo, sob a liderança de César Vieira, resiste até o presente. Seria também o mais antigo entre eles: nasceu em 1969 na Faculdade de Direito do Largo São Francisco e consolidou-se em 1972, com a montagem de *Rei Momo*. Atualmente, o grupo encontra-se instalado em uma sede na Barra Funda e continua produzindo regularmente seus espetáculos, fiel aos princípios que o nortearam em sua fundação.

Fora do contexto dos coletivos, a principal voz que atravessou as décadas amplificando o ideário político-engajado dos anos 1960 foi Augusto Boal. Por longo tempo atuou fora do país, disseminando com extraordinário sucesso os preceitos e técnicas do chamado Teatro do Oprimido. Mais recentemente, ampliou seu repertório de *agitprop* com novas experiências, como a do Teatro Legislativo, que realizou na qualidade de vereador da cidade do Rio de Janeiro. Nos anos 1990, no entanto, é possível pressentir, nos meios universitários e nos movimentos civis organizados, indícios de uma demanda renovada por um teatro de definição ideológica. A esse segmento vem correspondendo o trabalho da Companhia do Latão, sob a liderança de Sérgio de Carvalho e Márcio Marciano. Definindo-se

cada vez mais por um discurso político direto, combinando em sua pesquisa elementos do teatro militante de periferia e ressonâncias dos espetáculos que animavam o Arena, o grupo vem construindo sua trajetória movendo-se entre o circuito do mercado e esferas mais periféricas – próximo do Movimento dos Sem-Terra, por exemplo – inspirado no estudo do marxismo e dos ideólogos do teatro engajado, com pretensão de produzir sua própria dramaturgia e firmar-se como coletivo distinguido por sua atuação artística ideologicamente comprometida.

Se historicamente o Arena inspirou a continuidade de coletivos político-militantes, o Oficina passou a representar a adesão à corrente das manifestações artísticas de viés contracultural. Em sua fase final, os preceitos de origem do grupo já haviam sido revistos radicalmente – com a conseqüência de provocar até mesmo a cisão do coletivo. José Celso imprimiria ao trabalho do grupo um forte componente anárquico, abertamente dionisíaco, acidamente crítico ao próprio sistema de produção teatral. A revolução deveria nascer da própria condição de existência artística e insuflar no espectador uma *re-volição*, um *voltar a querer*, como proclamavam os *atuantes* em *Gracias, Señor* (1972).

Essa busca por uma criatividade ao mesmo tempo libertadora e transgressora veio também refletida na onda de espetáculos que se valiam de formas de expressão não-verbais. Entre os mais significativos destacaram-se produções como *Rito do Amor Selvagem* (1970), do grupo Sonda, fruto da parceria entre o poeta José Agripino de Paula e a coreógrafa Maria Esther Stokler, e as diferentes versões de *O Terceiro Demônio* (1970-1972), espetáculo coletivo do Tuca, grupo universitário ligado à Pontifícia Universidade Católica de São Paulo, sob a direção geral de Mário Piacentini e a orientação do trabalho corporal por Helena Villar. Tinham em comum o fato de serem espetáculos na zona fronteiriça entre o teatro e a dança, construídos por processo coletivo e improvisacional, fortemente impulsionados em direção à experimentação e à ousadia da criação performática, com forte apelo visual.

Essa produção de viés experimental teve um importante reforço nos eventos promovidos pela atriz e empresária Ruth Escobar, que trouxe ao Brasil o diretor argentino Victor García, responsável pelas extraordinárias encenações de *Cemitério de Automóveis* (1968), de Fernando Arrabal, e *O Balcão* (1969), de Jean Genet, bem como realizou duas versões do Festival Internacional de Teatro (1974-1976) que nos ofereceu, entre outras, as presenças do polonês Jerzy Grotowski, do americano Bob Wilson e do romeno Andrei Serban.

TEATRO BRASILEIRO NO FINAL DO SÉCULO XX 629

No Rio, o fenômeno mais instigante na passagem da década foi o Teatro Ipanema. Resultado da parceria entre Rubens Corrêa e Ivan de Albuquerque, o Ipanema foi inaugurado em 1968 e seu primeiro sucesso foi a produção de *O Arquiteto e o Imperador da Assíria*, de Arrabal, com José Wilker e Corrêa no elenco, sob direção de Albuquerque. Mas, foi com a montagem seguinte, *Hoje é Dia de Rock* (1971), que se deu um dos mais extraordinários fenômenos de ocorrência de público, a peça atraindo centenas de jovens adolescentes e universitários, que assistiam repetidas vezes ao espetáculo, cantando suas canções e partilhando da viagem por uma Minas poetizada pela imaginação nostálgica de José Vicente, seu autor.

O desencanto com o teatro tradicional, a sombra sempre ameaçadora da repressão político-policial, a falta de opções para o trabalho expressivo, a assimilação de ares que sopravam de fora, em particular do pensamento de Antonin Artaud e do teatro de Grotowski, aqui fizeram reverter os conteúdos mais explicitamente militantes por uma necessidade de transcendência poética que trouxe o teatro para *dentro* dos indivíduos. De certo modo, tomada como *gestus* poético, essa produção da virada de década marcou o florescer de uma nova tendência no âmbito do teatro de grupo. A geração seguinte teria no Asdrúbal Trouxe o Trombone o exemplo dos novos modos de expressão coletiva. Não mais o comprometimento com a cultura militante engajada mas, sob os ares da cultura *hippie*, a tentativa de alargamento dos horizontes do sujeito. Em *Trate-me Leão* (1977), Regina Casé, Perfeito Fortuna, Evandro Mesquita, Patrícia Travassos, Nina de Pádua, José Paulo Pessoa, Luiz Fernando Guimarães, sob a direção geral de Hamilton Vaz Pereira, fizeram o manifesto de sua geração e professaram: "Eu quero ser feliz". Era um teatro alegre, bem-humorado, pleno de uma teatralidade despojada e, principalmente, fincado fortemente na realidade do próprio coletivo.

Em São Paulo, à mesma época, despontaram vários grupos de iguais preceitos e energia criativa. Um dos pioneiro foi o Pod Minoga, criado em 1972, como resultado de uma experiência de educação artística coordenada pelo então professor da Faap Naum Alves de Souza e tendo no elenco, entre outros, Carlos Moreno, Mira Haar e Flávio de Souza. O ponto de partida do trabalho foram as artes plásticas e essa origem deixou sua marca no grupo. Isto, mais a fascinação de seus integrantes por uma determinada cultural popular brasileira – os melodramas circenses, as chanchadas da Atlântida, o teatro de revista – foram elementos que condicionaram e deram personalidade à linguagem do grupo: dominante paródica e exuberância visual.

À medida que avançava, a década de 1970 iria povoar-se desses grupos, diferentes entre si mas tendo em comum a busca de auto-expressão, a pesquisa da linguagem teatral e a construção do espetáculo como um processo essencialmente criativo e experimental. No intervalo de poucos anos, na segunda metade da década, surgiram importantes coletivos, entre eles: Pessoal do Vitor (1975), Mambembe (1976), Ornitorrinco (1977), Companhia Jaz-o-coração (1978), Pessoal do Despertar (1979). Também vinculados a esses grupos surge uma nova geração de autores que, somados aos da geração 1960-1970, vão atravessar as décadas seguintes, até o presente, produzindo uma porção consistente de nossa dramaturgia: Antonio José da Silva, Carlos Alberto Soffredini, Luis Alberto de Abreu, Alcides Nogueira.

Os anos 1970 transcorreram sob a égide da censura e da repressão. O filão de temas sociais da dramaturgia brasileira, simbolicamente inaugurado em 1958 com *Eles Não Usam Black-tie*, encontrara seguimento na presença extraordinária de Plínio Marcos, que promovera a afirmação de um teatro de realismo cru, insolente, devotado à exibição inclemente da vida de marginais e despossuídos. Mas tanto seus textos como todos os outros inspirados na realidade social do país sofreram os desmandos de censores atentos a quaisquer sinais de consciência crítica. Consuelo de Castro, que pretendeu fazer a crônica dos episódios de 1968 na Faculdade de Filosofia, só viu sua peça *À Prova de Fogo* encenada décadas depois (1993, sob a direção de Aimar Labaki), simbolicamente no mesmo local dos eventos históricos, o prédio da Rua Maria Antônia. José Vicente, que teve seu primeiro texto, *Santidade*, execrado publicamente pelos militares no poder, só pôde vê-lo apresentado no palco em 1997, sob a direção de Fauzi Arap. Ainda assim, a década ofereceu uma nova geração de autores, que despontaram na busca de outras temáticas, principalmente o retrato de uma classe média acuada e nervosa. As difíceis condições de produção, mas não apenas isso, favoreceram uma dramaturgia de poucos personagens, fechados em um ambiente único, geralmente em situação de confronto. Fazem sua entrada em cena: Antonio Bivar (*Cordélia Brasil*, 1968, e *Alzira Power*, 1969), Leilah Assunção (*Fala Baixo Senão Eu Grito*, 1969), José Vicente (*O Assalto*, 1969).

No que concerne ao registro da história, tão logo foi possível, à medida que se configurava a perspectiva de abertura política, o período da ditadura e as seqüelas e vítimas que deixou acabariam tornando-se tema preferencial de vários autores. Escreveram sobre o período, entre outros, Augusto Boal (*Murro em Ponta de Faca*, 1978), Lauro César Muniz (*Sinal de Vida*,

1979), Mário Prata (*Fábrica de Chocolate*, 1979), Maria Adelaide Amaral (*A Resistência*, 1979).

Depois desse momento de grande efervescência dramatúrgica e um intervalo, os anos 1980, de pouco movimento, a década de 1990 indicará uma nova concentração produtiva. Uma nova geração de autores, não necessariamente jovens ou inexperientes, começa a fazer-se notar, geralmente associada a experiências cênicas no circuito mais alternativo. Em comum, esses autores têm a idade acima dos trinta anos, uma adesão ao ofício de escritor que não os restringe ao teatro e personalidade estilística bem desenvolvida. No mais, não há grandes traços de semelhança formal que os aproxime, como tampouco os motivos e temas abordados por cada um encontra necessariamente eco na produção dos outros. Entre eles: Bosco Brasil, Samir Yazbek, Fernando Bonassi, Pedro Vicente, Léo Lama, Mário Bortolotto. São profissionais do ofício, escrevendo por motivação própria, mas também aceitando convites de grupos ou diretores. Nestes casos, aproximam-se do projeto coletivo e até integram-no por um tempo, às vezes produzindo mais de um trabalho, para, em seguida, voltarem à condição de *free-lancer*. Este é o caso de Fernando Bonassi, que atuou com o grupo Teatro da Vertigem, sob direção de Antônio Araújo, no extraordinário *Apocalipse 1,11*, o espetáculo mais premiado na temporada de 1999-2000. Eles se destacam na grande onda de criações dramatúrgicas que marca a década: cada vez mais os jovens que se aventuram no teatro pretendem fazê-lo com textos próprios, independentemente de serem, ou não, considerados dramaturgos. Isto quer dizer que os grupos iniciantes, antes de buscarem textos consagrados da dramaturgia nacional ou estrangeira, investem em suas próprias tentativas literárias – no geral, muito incipientes – buscando afirmar-se como identidades expressivas.

Por outro lado, já celebrada como tradição, a moderna dramaturgia brasileira faz-se hoje tema de repertório do grupo Tapa. Formado no Rio de Janeiro no final dos anos 1970 por Eduardo Tolentino, o grupo mudou-se para São Paulo na metade da década seguinte e vem trazendo à cena do Teatro Aliança Francesa, sistematicamente, textos de Jorge Andrade, Nelson Rodrigues, Vianinha, além de clássicos do teatro universal.

A década de 1980 não esteve particularmente destacada pelos dramaturgos, mas pelos encenadores. A tradição crítica estabelece como primeiro evento importante do fenômeno a encenação de *Macunaíma* (adaptação da obra homônima de Mário de Andrade), realizada pelo diretor Antunes Filho, em 1978, com a colaboração de Jacques Thiériot. Tratou-se de um espetáculo que introduziu elementos de grande inventividade formal, dando conta cenicamente da difícil obra do modernista e valendo a Antunes Filho o privilégio de ser acolhido pelo Sesc. Contando ali com recursos e condições excepcionais para o mercado brasileiro, Antunes dirige desde 1984 o →CPT – Centro de Pesquisa Teatral, e apresenta uma programação regular de estréias, com produções memoráveis como *Paraíso Zona Norte* (1989).

Mais ou menos à época da abertura do CPT, surgiu na cena brasileira a figura de Gerald Thomas, encenando *4 Vezes Beckett*, no Rio de Janeiro. Impetuoso, ousado, polemista, vai representar, no imaginário sedento dos teatrólogos locais, a ponte desejada e necessária com a dita pós-modernidade. Na associação com a cenógrafa e então companheira Daniela Thomas e a Companhia da Ópera Seca, tendo Luiz Damasceno e Bete Coelho no elenco, Gerald transpôs a década produzindo seu melhor repertório. Mesmo quando inspirado em textos literários, como a *Trilogia Kafka* (1988), ou outras peças, como *Esperando Godot* e *Fim de Jogo*, Gerald Thomas sempre logrou constituir uma dramaturgia extremamente pessoal, com resultados de grande impacto cênico.

Simbolicamente, o período se completa com a volta de José Celso Martinez Correa à cena, em 1991, com *As Boas* (*Les Bonnes*, de Jean Genet), depois de ter passado a década anterior sem concluir em encenação quaisquer de seus projetos. Logo em seguida, o →Teatro Oficina, reconstruído por Lina Bo Bardi e rebatizado de Uzina Uzona, reabriria em grande estilo com a apresentação de *Ham-let* (1993). Foi o retorno definitivo, à casa e à cena, daquele que por quatro décadas produziu grande parte das mais instigantes obras de teatro do cenário nacional. Renascido na ousada arquitetura da Rua Jaceguai, o Uzyna Uzona – Oficina consagra-se agora como espaço dos grandes projetos, das grandes e exuberantes produções que caracterizam agora a pesquisa de Zé Celso e sua irreverente trupe.

A presença desses três grandes encenadores continuará a se fazer sentir ao longo de toda a década de 1990. A eles logo vêm juntar-se jovens diretores, que trazem consigo novas formações coletivas, denunciando um novo momento para o teatro de grupo. O panorama que se configura é o de grupos cujo perfil os aproxima mais dos modos de produção que caracterizavam os anos 1970 do que do modelo personalista dos encenadores do período seguinte. Embora tenham sempre uma figura de proa a conduzi-los, é o forte sentido de pesquisa coletiva que alimenta os projetos estéticos dos grupos.

São inúmeros os que se formaram nos últimos tempos, perseguindo uma estabilidade financeira que lhes permita a existência como artistas. As condições

TEATRO DA VERTIGEM 631

de produção, porém, são ainda adversas e a ausência de uma política cultural que favoreça o trabalho criativo dos grupos também inibe a expansão desse teatro. Mesmo assim, há um vigor dominante na produção nacional, que se manifesta também fora dos principais pólos de produção como Rio e São Paulo. Prova disso é a carreira que vem realizando desde 1992 o espetáculo *Vau de Sarapalha*, direção de Luiz Carlos Vasconcelos e produção do Teatro Piolim, de João Pessoa, ostentando o mérito de ser um dos espetáculos mais distinguidos das últimas décadas. Com existência mais antiga, mas firmando carreira nacional durante o decorrer da década, merece destaque também o grupo mineiro Galpão. Formado na rua, atuando desde 1982, o grupo foi responsável por um dos mais belos espetáculos da história do teatro brasileiro quando, associado ao jovem e talentoso diretor Gabriel Villela, pôs sobre pernas de pau e vestiu com narizes clownescos os protagonistas de *Romeu e Julieta* (1992).

Da novíssima geração, o jovem diretor Antônio Araújo e o elenco igualmente jovem do Teatro da Vertigem ganharam seu primeiro espaço na mídia com a estréia, em 1992, em uma igreja, de *Paraíso Perdido*, adaptado de Milton, trazendo em sua cola uma balbúrdia de beatas que não admitiam o que pensavam ser uma "profanação" do templo católico. De lá para cá, produziram ainda outros dois espetáculos, *O Livro de Jó* (1995), e *Apocalipse 1, 11* (2000), firmando-se como um dos principais grupos que produzem no Brasil e contam com reconhecimento internacional. O Teatro da Vertigem enuncia uma nova forma de trabalho, bastante estendida no tempo, movida por uma investigação temática e de linguagem e operando na parceria com dramaturgos diferentes a cada espetáculo. Como ele, inúmeros outros grupos – vale citar os Parlapatões, o Pia Fraus e as cariocas Companhia dos Atores e a Péssima Companhia – confirmam a capacidade de produzir teatro de primeiríssima qualidade.

TEATRO DA CRUELDADE. É a estética ou o conjunto de princípios de dramaturgia formulado pelo poeta, ator e encenador Antonin Artaud, e mais desenvolvidos em seus ensaios teóricos (*A Evolução do Cenário*, *O Teatro de Alfred Jarry*, *O Teatro e seu Duplo*, *O Teatro e a Peste*) do que na prática teatral. Sob variados aspectos, o teatro da crueldade corresponde a uma vertente oposta aos pressupostos e técnicas interpretativas enunciadas por Brecht para o →drama épico, sob nítida influência de Freud e do movimento surrealista, a que esteve ligado. Para Artaud, caberia ao teatro uma função igualmente revolucionária, mas em sentido mais psicológico ou subjetivo, pois destinado à liberação dos sentidos, de forças psíquicas adormecidas e continuamente subjugadas do espírito – angústias, medos, frus-

trações, sonhos, desejos reprimidos e perturbações da alma. As emoções ou "os recessos do coração" contidos no enredo deveriam sobrepujar o lado reflexivo ou racional que ali se pudesse encontrar. Após tomar conhecimento da forma coreográfica balinesa, que assistira em Paris, Artaud radicalizou (estranhamente para um poeta) seu desapreço ao texto dramático, tachando-o de armadilha para um teatro "puro", de predominância gestual e corporal. Palavras no palco eram incapazes de exprimir a vida interior das sensibilidades, sua maior preocupação. Mesmo porque a vida cotidiana moderna já se tornara vazia de significado espiritual, embora repleta de valores materiais: "Só o Oriente nos pode fornecer do teatro uma idéia física e não verbal, em que o teatro está contido nos limites de tudo o que pode passar-se sobre um palco, independentemente do texto escrito, enquanto o teatro, tal como o conhecemos no Ocidente, encontra-se estreitamente ligado ao texto e limitado por ele". Os dois manifestos ou "cartas sobre a crueldade" (*Lettres sur la cruauté*), de 1932 e 1933, propõem então a manifestação da dor, do mal, da irracionalidade reveladora do reprimido, um mergulho nas trevas e no "abismo da crueldade", a única força humana criativa e redentora. Se a dramaturgia que trouxesse de volta o espectador ao mundo dos sonhos e dos instintos, que é "sanguinário e inumano", se a violência e o sangue fossem expostos ao serviço da violência do pensamento, o espectador ficaria purificado de toda agressividade. Segundo ele, "proponho fazer regressar o teatro a essa idéia elementar e mágica, retomada pela psicanálise moderna, que consiste, para obter a cura de um doente, em fazê-lo tomar a atitude exterior do estado ao qual se pretende que regresse". Uma tal visão, metafísica, mística e angustiada, recusava, entretanto, qualquer comprometimento de ordem política ou social. Daí ter sido renegada por alguns surrealistas, entre eles o seu amigo André Breton, o líder do grupo, e que, particularmente, conservava tendências políticas socializantes. Mas acabou parcialmente absorvida pelo "teatro pânico" de Fernando Arrabal, cujas peças *O Arquiteto e o Imperador da Assíria*, *Eles Algemaram as Flores* ou *Sur le Fil* contêm as marcas "ritualísticas e selvagens" de Artaud, os saltos do sórdido ao sublime, do mau gosto ao refinamento, entremeados, no entanto, pela denúncia político-ideológica dos sistemas ditatoriais.

TEATRO DA VERTIGEM. Grupo e projeto de dramaturgia desenvolvido em São Paulo a partir de 1992, sob a liderança do encenador e dramaturgo Antônio Araújo, desde que a primeira obra – *O Paraíso Perdido* – veio a público naquele ano. A ela se seguiram *O Livro de Jó* (1995) e *Apocalipse 1,11* (2000). Considerado por crícos e aficionados a mais importante experiência teatral brasileira da última década do século XX, o Teatro da Vertigem apresentou, entre outras, as seguintes propostas para a trilogia acima citada: *a*) temáticas nas quais se digladiam o sentimento religioso-metafísico, a incompreensão dos desígnios divinos e a denúncia de realidades sociais e políticas cotidianas e angustiantes – violências, injustiças, misérias, corrupções, enfermidades; *b*) a representação daqueles conflitos e das situações extremadas em edifícios públicos, não-teatrais, mas evocadores e pertinentes ao entrecho criado (Paraíso em uma igreja; Jó em um hospital; Apocalipse em um presídio). A esse respeito, escreveu Araújo: "A história a ser contada por meio de personagens em tensão com a história das paredes concretas daqueles edifícios. A carnalidade do lugar, a ossatura dos objetos [...]. Não à bizarrice ou ao banal ineditismo novidadeiro do espaço. O lugar escolhido é o único possível para aquela encenação" (*O Teatro da Vertigem*, *Trilogia Bíblica*); *c*) o trabalho coletivo dos profissionais envolvidos, fazendo com que a concepção da obra fosse também um exercício compartilhado de estudos e leituras comuns, tanto quanto de sentimentos ou visões de mundo subjetivas; *d*) interpretações ásperas, agressivas, e que, por tal motivo, ensejaram reações desconfortáveis em parte do público.

TEATRO DE ANIMAÇÃO. **Teatro da imaginação.** Uma das fascinações imemoriais do ser humano tem sido a de criar autômatos. Uma vontade de dar vida ao inanimado, de imitar o poder criativo de Deus. Um sonho e desejo cuja menção mais antiga, no Ocidente, talvez esteja no *Eutífron*, um dos diálogos de Platão, quando este, pela boca de Sócrates, se refere às estátuas móveis de Dédalo. E se a razão instrumental de nossos dias dedica-se à tecnologia da robótica, a imaginação artística já encontrara, no antiquíssimo teatro de bonecos, de marionetes ou de animação, a forma e o conteúdo de sua fantasia.

Incluída entre as expressões da arte dramática, o teatro de animação contém, no entanto, fortes distinções plásticas e formais, tendo-se por referência o teatro de atores. A primeira delas está no fato de ser uma arte extremamente ilusionista e convencional. Ou seja, ao se lidar com figuras e objetos originalmente inertes ou passivos – as marionetes – deve-se, com elas, preencher uma distância muito maior entre o lado ou aspecto real da representação (a presença física do ator, sua comunicação direta) e a ficção sugerida pela interpretação. O boneco introduz-se como um terceiro convidado ao ritual, exigindo, por isso mesmo, uma transfiguração a mais do que é visível cenicamente. E, ao mesmo tempo, pede à imaginação que ela se torne

pura fantasia. Assim, para que a audiência possa imergir na "credulidade" do drama, ela necessita radicalizar os aspectos simbólicos que estão em jogo.

Essa mesma idealização ou convencionalismo aparece ainda nos movimentos das marionetes (sejam elas as de fio, de varas, de luvas ou de condução direta). É que as possibilidades e os limites dos gestos e dos deslocamentos naturais, humanos, se alteram de maneira muito singular. O peso da gravidade nos dá a impressão de desaparecer. A figura que se anima é capaz de saltar com artifícios inalcançáveis pelo ator, voar sem asas ou dobrar-se espantosamente, mesmo para um acrobata experimentado. E o curioso ou paradoxal nisso tudo é que a animação provém justamente de uma passividade inerente à sua natureza – a de ser um objeto. O encanto surge não da mimese dramática, mas de uma liberdade inatural de ação.

Um teatro popular desde a Antigüidade. Se dermos crédito ao abade francês Driotton, alguns textos egípcios com funções dramáticas, datados do século XXII a.C., indicariam a existência de marionetes na qualidade de deuses e condutores da ação teatral. Neste caso, os "atores humanos" da época estariam submetidos às prescrições divinas dos títeres. Já na Grécia, a animação de bonecos era um divertimento razoavelmente conhecido das ruas e mesmo dos *simpósios,* das reuniões festivas e dos colóquios filosóficos. Tal fato é atestado por Xenofonte e, mais tarde, por Plutarco. Os artistas de marionetes pertenciam às confrarias dos mimos, ou seja, dos comediantes populares, mas não do grande teatro cívico. Denominavam-se *neuropastos*, os que moviam objetos por fios ou cordas.

Como parte de espetáculos populares de rua, assim permaneceu o teatro de bonecos em Roma. Durante a Idade Média, as apresentações de marionetes foram absorvidas pelos rituais cristãos, a fim de ilustrar, visualmente, as mais variadas histórias bíblicas, sobretudo as do Novo Testamento. Em 692, a Igreja Bizantina, antecipando-se à famosa →querela dos iconoclastas, tentou proibir as representações alegóricas ou abstratas das figuras sagradas, mas suas decisões não foram acatadas pela Sé de Roma. Séculos depois, no entanto, o Concílio de Trento, determinante para a Contra-Reforma, baniu as marionetes dos templos.

A perda desse patronato significou um empobrecimento marcante dos meios materiais disponíveis, já que a cenografia e as dimensões dos bonecos tiveram de ser reduzidas para o trabalho ambulante daqueles artistas (mencione-se aqui que o nome de marionete é um diminutivo popular para Maria – Marion, em francês – mãe de Jesus, cuja figura se encontra obrigatoriamente no presépio natalino, desde a sua criação, em 1223, por São Francisco de Assis). De qualquer maneira, não sendo a Igreja a única propiciadora do teatro de animação, ele se manteve vivo nas feiras livres e nas festas laicas. A partir do século XII e até o Renascimento, a Comédia Latina de Plauto e de Terêncio, os romances nascentes, como o de Alexandre Magno da Macedônia, e as canções de gesta passaram a ser adaptadas para o teatro, majoritariamente o de luvas, reduzindo-se as inevitáveis batalhas épicas a duelos simples, a única maneira prática de um ou dois manipuladores exercerem o seu ofício. Encenado em meio a números de mágicos, jograis e volantins, serviu para que até mesmo Cervantes construísse um dos episódios do *Quixote*. O herói, ao presenciar uma pequena peça de marionetes, se deixa tomar de alucinação e investe, espada em punho, contra o cruel marido da princesa Melisanda, filha de Carlos Magno. Em Portugal, tanto as marionetes haviam servido para a difusão popular da vida dos santos, que os bonecos dramáticos ficaram conhecidos como bonifrates (os frades bons).

Adultos e crianças. Os dados históricos disponíveis até o século XVIII nos fazem pressupor que as representações do teatro de animação, tenham sido elas sacras ou profanas, encenadas em igrejas, casas de espetáculo ou ao ar livre, nunca foram exclusivamente infanto-juvenis, mas generalizadas em todas as faixas etárias. Essencialmente populares, isto é, à margem do teatro "oficial", sim. Mas a tendência em ver o boneco como personagem dramático destinado sobretudo às crianças tornou-se um fenômeno cultural relativamente recente.

As causas, hipotéticas sem dúvida, talvez digam respeito, primeiramente, à progressiva formação social da infância e sua correspondência com a imagem dos bonecos e brinquedos. Segundo Phillipe Ariès, a descoberta de um mundo infantil destacado só começou a se delinear verdadeiramente a partir do século XVII. Até ali, as crianças não contavam muito, nem despertavam sensibilidades especiais. Montaigne, nos *Ensaios* (II,8), fala, sem constrangimentos para a época, que brincar com os menores é o mesmo que se divertir com macacos. "Na vida cotidiana as crianças estavam misturadas com os adultos, e toda reunião para o trabalho, o passeio ou o jogo incluía crianças e adultos." Deparava-se com "a criança no meio do povo, assistindo aos milagres, aos martírios, ouvindo prédicas, acompanhando os ritos litúrgicos, as apresentações". E mesmo no ensino, "a mistura arcaica das idades persistia nos séculos XVII e XVIII entre o resto da população escolar (acima de dez anos), em que crianças de dez a catorze, adolescentes de quinze a dezoito e rapazes de dezenove a 25 freqüentavam as mesmas classes" (*L'enfant et la vie sociale sous l'ancient régime*). Em segundo lugar, ao teatro de animação sempre faltou

uma dramaturgia consistente, isto é, tão elaborada ou cuidadosa como os melhores exemplos do teatro de atores. Nascido e conservado nos meios populares, quase sempre optou pela farsa, pelo burlesco, por diálogos e situações de maior simplicidade ou esquematismo cênico. Circunstâncias que ainda hoje perduram.

Tipos e desenvolvimento na Idade Moderna. Se as interdições católicas dificultaram a expansão da dramaturgia animada nos países católicos, outro foi o seu destino na Inglaterra. Sabe-se que, no final do século XVI, Londres possuía dezenas de salas exclusivas para as marionetes, nas regiões de Palmgarden, Holborn-Bridge e Fletstreet, e seus espetáculos concorriam com o teatro de atores na preferência do público. Ainda que, na época, a forma de encenação fosse dupla, isto é: um apresentador, visível para a platéia, declamava ou narrava as histórias, cabendo ao manipulador dos bonecos "mudos" a ilustração das ações. Muitos de seus artistas haviam também se dirigido à Alemanha, levando consigo adaptações de peças do teatro isabelino. Até mesmo Ben Jonson, o polêmico comediógrafo renascentista, aproveitou a voga dos títeres (marionetes controladas por fios) para explorar as possibilidades dos tipos em sua crítica ao puritanismo (na peça *A Feira de São Bartolomeu*).

Parte do repertório inglês foi reaproveitada para um personagem-tipo germânico, Hanswurst (João Lingüiça, criado pelo ator austríaco Gottfried Prehauser no início do século XVIII), cuja mordacidade diante dos hábitos e convenções sociais deu-lhe fama por gerações. O tratamento dramático era geralmente simplificado e paródico, para se adaptar ao entendimento e gosto das ruas. Mas entre as peças que então se difundiram, uma delas teve importância capital para a literatura. Tratou-se do *Puppenspiel der Docktor Faust (Teatro de Marionetes do Doutor Fausto)*, uma figura já legendária no período e que se converteu em personagem meio biográfico, meio ficcional, na obra *Faustbuch*, editada por Spiess em 1587. Traduzida para o inglês, um ano depois, serviu a Christopher Marlowe. Reencenada com a ambiência original dos bonecos, em 1771, em Strasbourg, foi assistida por Goethe em pessoa, antes que o autor se dedicasse à sua obra-prima. De maneira confessional, ele mesmo escreveu: "O inesquecível teatro de bonecos ressoava, murmurava em tons musicais na minha cabeça [...] e nele repensava deliciosamente em minhas horas solitárias".

Foi ainda no século XVI que apareceu em Nápoles um novo personagem fixo, já bastante conhecido na *commedia dell'arte*: Pulcinella. Trazido à França por Giovanni Briocci, que adotou o nome de Jean Brioché, o elegante *burattino* italiano, ou fantoche (boneco de luvas), tornou-se ali disforme, corcunda e barrigudo, sob a denominação de Polichinelle. Em comum, tinham ambos a linguagem popular e ferina, de espírito livre. Suas aventuras caíram nas graças do povo e não apenas as autoridades e as situações sociais lhes serviam de tema e contestação, como também os privilégios (monopólios) concedidos aos atores e cantores dos teatros e óperas oficiais. E assim, o desbocado e corajoso Pulcinella veio a ser Kasperl na Áustria e na Alemanha, Polichinelo em Portugal, Don Cristóbal Pulichinela na Espanha, Petruchka na Rússia e Punch na Inglaterra. Este, inclusive, ganhou seu próprio teatro em Covent Garden, em 1711, para encenar paródias e legendas populares. Uma feição tão distinta e provocativa fez dele um herói para Voltaire e um divertimento para certos aristocratas mais sensíveis, como a duquesa de Berry, *patronnesse* de algumas apresentações junto à corte de Luís XIV. Já no século XX, García Lorca o reverenciou em peças especialmente destinadas ao teatro de marionetes (os →retábulos).

Ao lado dos fantoches, também os títeres conheceram um grande desenvolvimento técnico no período do barroco, incluindo representações operísticas de sucesso na Itália e no Império Austro-Húngaro. As figuras sicilianas, mais requintadas, conseguiam a proeza de ser dançarinas de madeira nas óperas-balés. E até Haydn compôs cinco operetas para o teatro de bonecos da corte de Eszterházy. Manifestação artística que a família Forman, da República Tcheca, ainda conserva nos dias atuais com seus títeres de madeira.

No final do século XVIII, um novo gênero fez sua estréia no Ocidente: o teatro de sombras do bonequeiro Séraphin, cujos efeitos de projeção eram obtidos por meio de lanternas. Esta nova técnica parece ter sido a primeira destinada com exclusividade ao público infanto-juvenil. Sua companhia chamava-se Espetáculos das Crianças de França e se manteve em funcionamento entre os anos de 1772 e 1790. As silhuetas ganhariam excelência técnica nas mãos de Rodolphe Salis e de Henri Rivière, os fundadores do Chat Noir (Gato Preto), em 1881. Não apenas pela extraordinária mobilidade das sombras e pelo uso já possível da projeção elétrica, como pelos efeitos de grandes conjuntos de personagens, pela variedade de cores e pela minúcia dos desenhos (que tiveram a colaboração de Caran d'Ache). Diferentemente de Séraphin, o Chat Noir dedicou-se a um público adulto, mas fielmente devotado.

Cabe aqui mencionar que a Turquia já desenvolvera um teatro de sombras de grande renome, o farsesco Karagheuz. O nome derivou de seu protagonista, Kara Göz (olho negro), um pobretão loquaz, mentiroso e obsceno, símbolo da malandragem e da necessidade de "catarse" popular. Vários países do Mediterrâneo copiaram-no, inclusive a Grécia, onde re-

cebeu a denominação de Karaghiosis e ganhou um refinado tratamento cênico, com acompanhamento musical (de voz e de instrumentos).

Animação na história contemporânea. O começo do século XIX assistiu ao nascimento de um novo tipo de fama internacional. Laurent Mourget, um tecelão de seda de Lyon, admirador e manipulador de Polichinelo, juntamente com Lambert Ladré, músico e cantor ambulante, criou um boneco de rosto arredondado, nariz chato e sobrancelhas circunflexas, a quem deram o nome inicial de Chignol (ao que tudo indica, por referência à cidade italiana de Chignolo, centro produtor de seda) e, posteriormente, de Guignol. O personagem representava um pobretão facilmente identificável com o povo, mas capaz de sobrepujar as vicissitudes da vida cotidiana com um pertinaz bom-humor. Sua irreverência subversiva e sua linguagem livre exteriorizavam não uma crítica irascível, mas uma sabedoria mais próxima de ideais filosóficos. O sucesso de Guignol, a partir de 1822, deu início a uma dinastia centenária da família Mourget e a incontáveis seguidores na França e na Europa, o que também contribuiu para descaracterizá-lo. Em Paris, os Champs-Elysées passaram a abrigar dezenas de barracas de Guignol, convertendo-o em sinônimo de marionetes. Entre os bonequeiros, no entanto, sobressaiu Anatole Gressigny, artesão e artista completo, capaz de interpretar, com vinte vozes diferentes, os variados participantes das aventuras do herói, tendo ainda escrito quarenta peças para o personagem.

Muitas outras figuras burlescas, tipicamente populares, nacionais ou regionais, foram criadas no decorrer do período, tendo em comum enredos baseados em costumes e circunstâncias da vida cotidiana, fossem elas políticas ou socioculturais: Hanneschen, na Alemanha, Cassandrino, na Itália, Perot, na Catalunha, Tchantchès, na Bélgica.

As três últimas décadas do século XIX, no entanto, mostraram uma acentuada decadência do teatro de animação na Europa. A urbanização crescente, o deslocamento das populações, as novidades técnicas e artísticas agora difundidas pelos meios de comunicação, como o cinema, enfraqueceram sensivelmente a arte popular dos bonecos. A retomada, de um modo geral, só ocorreria após a Primeira Grande Guerra (exceção feita à Alemanha), e em novas bases de produção social. Ou seja, por intermédio de grupos fixos e profissionalizados, mantidos com recursos públicos ou patrocinados por fundações e organizações privadas, assim como pelo aproveitamento didático ou pedagógico que muitas instituições educacionais encontraram no teatro de bonecos. Alguns exemplos: os Teatros de Marionetes de Munique (1905) e de Baden-Baden

TEATRO DE ANIMAÇÃO | 635

(1911); o teatro de Praga de Josef Skupa (1918), o Petruchka de Leningrado (1924), o Central de Marionetes de Moscou (1931, a cargo de Obraztsov), Os Companheiros da Marionete, de Marcel Temporal, e o Teatro do Arco-Íris de Géza Blattner, ambos na França, a British Puppet and Model Theatre Guild e a Educational Puppetry Association (década de 1920). Os símbolos desse renascimento no século XX podem ser percebidos na criação da Unima, a União Internacional das Marionetes, conseguida em Praga, em 1929, e na difusão de festivais internacionais, após a bem-sucedida experiência de Charleville, em 1961, incluindo-se o Brasil (Canela, criado pela Associação Gaúcha de Teatro de Bonecos, e o de São Paulo, organizado pelo Sesc durante os anos 1990).

Acompanhando ainda as transformações do modernismo estético, tanto nas artes plásticas como no teatro ritualístico e "desliteralizado" de atores, o teatro de animação incorporou objetos abstratos, de expressão ou efeito rítmico-visual, cujas experiências, a partir de Yves Joly e Georges Lafaye, disseminaram-se no Ocidente. Uma experiência de teatro em comunidade, com influências do movimento *hippie*, foi o do americano Bread and Puppet Theatre, fundado por Peter Schumann (escultor de origem alemã) em 1962. Dedicado inicialmente às crianças, suas peças tornaram-se progressivamente mais complexas e adultas, incorporando temas políticos e ecológicos. Nessa fase, passaram a trabalhar com marionetes gigantes, de três a quatro metros de altura, aliando música e dança, e apresentando-se tanto em teatros quanto em ruas e parques. A partir de 1974, o Bread and Puppet instalou-se em uma fazenda no estado de Vermont.

Resumo histórico no Brasil. As primeiras marionetes parecem ter sido as personalidades bíblicas ou hagiográficas do período colonial, conhecidas como "santos de vestir" ou "imagens de roca" (a armação de madeira do corpo das figuras), destinadas ao culto católico-popular. Eram utilizadas em procissões e nos "teatros da paixão", tendo por características um naturalismo exuberante, policromia requintada e dinamismo de movimentos, típicos do imaginário barroco, embora não chegassem a constituir personagens propriamente dramáticas. Há, inclusive, dois exemplos esculpidos por Aleijadinho, um *São Jorge Cavaleiro* e um *São Francisco de Paula*.

Segundo Mario Cacciaglia (*Pequena História do Teatro no Brasil*), referências concretas a bonecos teatrais encontramos no Rio de Janeiro no século XVIII: "[...] ao lado do teatro de vivos, existia também um teatro de bonecos que gozava de grande aceitação. Dividia-se em três tipos: títeres de porta, assim chamados porque a pessoa movia seus bonecos postando-se

atrás de um pano estendido entre os batentes de uma porta. Havia também os títeres de capote, que eram acionados por um garoto escondido atrás de um capote, mantido aberto pelos braços de um adulto. Finalmente, os títeres de sala exibiam-se em teatros regulares, como o que existia na Rua do Carmo, onde tocava uma orquestra de violinos [...]. Parece que o repertório compunha-se de peças edificantes. Note-se que um tipo de espetáculo de títeres de porta, com sabor de patifaria, tinha lugar em Barbacena (MG), com interpretações de cenas das sagradas escrituras pelos bonecos".

A tradição histórica mais consistente, entretanto, reside nos mamulengos ou babaus nordestinos, igualmente registrados a partir do século XVIII. De modo predominante, correspondem aos fantoches (embora haja bonecos de varas e mesmo de cordéis) e aos personagens arquetípicos ou heróis sem caráter de várias nações. Sua origem encontra-se também nos presépios medievais, dos quais derivam os pastoris (teatro religioso de atores) e os babaus. Por essa razão, o mamulengo rural, mais antigo, conservou figuras alegóricas bíblicas (a alma, o diabo), o recurso às loas cantadas, à música instrumental e às "passagens", ou seja, pequenos quadros sem continuidade de enredo, que servem ao improviso do mestre bonequeiro. Seu universo social reproduz os hábitos cotidianos, os valores culturais e os conflitos entre os humildes e as autoridades nas fazendas e povoados, mas sob o viés do humor, da farsa e da "pancadaria" entre os personagens. Já o mamulengo urbano adota continuamente novos personagens e circunstâncias inerentes à dinâmica das cidades e do tempo. Mantém um enredo de diálogo falado, embora não abra mão do improviso. Tanto um como outro constituem um amálgama de teatro e folguedo.

Algumas de suas figuras típicas são: Preto Benedito ou Simão, o protagonista, irreverente, trapaceiro e amoral; Mateus, o intermediário entre os bonecos e o público, já que dialoga com ambos, comenta as aventuras e predica as contribuições em dinheiro; Quitéria (uma ou mais mulheres), Cabo 70, Capitão Manuel, o Velho, Chica da Fuba e Pisa Milho (lavradores), Pastorinhas, Cangaceiros, Caboclinhos, além de bichos variados, como a cobra, o jacu, e animais de carga e transporte. Alguns de seus mais prestigiados mestres bonequeiros: Ginu ou professor Tiridá (Januário de Oliveira), Luiz da Serra, Saúba, Solon Mendonça e Otílio. Essa mesma forma dramática ganhou nomes diferenciados em função de regiões e de protagonistas, como Mané-Gostoso, na Bahia, João Minhoca, em Minas, e João Redondo, no Rio Grande do Norte e na Paraíba.

A partir de meados do século XX, o movimento teatral de marionetes intensificou-se no Brasil, tendo por centro inicial o Rio de Janeiro e os trabalhos pedagógico e de arte-educação de Helena Antipoff, na Sociedade Pestalozzi. Os cursos técnicos por ela instituídos abriram perspectivas artísticas e profissionais para a criação de grupos e de uma dramaturgia específica, embora destinada, com exclusividade, ao público infantil. Ainda assim, as experiências evoluíram por intermédio de personalidades como Olga Obry (Teatro de Figuras), Carmosina de Araújo (Teatro de Marionetes Monteiro Lobato), Virgínia Valli, Augusto Rodrigues (Escolinha de Arte), Yolanda Fagundes (Teatro Gibi), Darcy Penteado e Nieta Lex (Teatro Saci). Peças de Monteiro Lobato, de Maria Clara Machado e até mesmo legendas populares, como a da Nau Catarineta, foram adaptadas para a encenação animada. Contribuição importante também se deveu aos marionetistas argentinos Ilo Krugli e Pedro Turon Dominguez, cujos trabalhos, ao lado de Gianni Ratto, na década de 60, modificaram as concepções cênicas vigentes (*Ubu Rei*, *Retablo de Maese Pedro*, *Estórias de Lenços e Ventos*). Nos anos 1970, a animação voltou-se também para a dramaturgia adulta.

Desde então, têm sido numerosos os artistas e profissionais que se distinguiram e consolidaram a arte do boneco em várias regiões do país, a despeito das dificuldades constantes e de uma desafeição permanente das políticas culturais (quando existentes). Entre centenas de outros, cabe registrar os seguintes grupos ou teatros: Ventoforte, Navegando, Revisão, Carreta, Giramundo, Contadores de Histórias, Teatroneco, Mamulengo Só-Riso, Laborarte, TIM (Teatro Infantil de Marionetes), Casulo, Gralha Azul, Centro de Animações, Anima Sonho e XPTO.

TEATRO DE ARENA. Grupo teatral brasileiro criado em 1953 por José Renato (Pécora), em São Paulo, com a colaboração de Sérgio Sampaio, Emílio Fontana e Geraldo Mateos. Inicialmente, o Arena distinguiu-se do já consagrado →Teatro Brasileiro de Comédia mais pela forma econômica ou reduzida de seus projetos de montagem e pelo espaço característico de sua área de representação (na verdade, uma semi-arena), do que pelo repertório dramático, igualmente variado e eclético, com supremacia de autores estrangeiros. Assim é que algumas de suas primeiras peças foram: *Esta Noite é Nossa* (Stafford Dickens), encenação de estréia; *Uma Mulher e Três Palhaços* (Marcel Achard), *A Rosa dos Ventos* (Claude Spaak), *À Margem da Vida* (Tennessee Williams) ou *Escola de Maridos* (Molière). Como lembram ainda Jacó Guinsburg e Armando da Silva, "o Teatro de Arena de São Paulo, que, em termos de importância, sucederia o TBC, deve sua ori-

gem à Escola de Arte Dramática (da USP). Pois foi no seu âmbito que o aluno José Renato, futuro fundador do grupo, encenou, pela primeira vez no País, um espetáculo usando um espaço assim (de arena)" (*Diálogos sobre o Teatro*). A partir de 1956, com a chegada de Augusto Boal e de seu trabalho de direção para *Ratos e Homens* (John Steinbeck), o Arena iniciou uma vertente politizada e contestatária, reforçada pelas presenças de Gianfrancesco Guarnieri e Oduvaldo Vianna Filho, o Vianinha. De um lado, Boal conhecera nos Estados Unidos os princípios do →Actors Studio e o método de Stanislávski, enquanto os dois últimos provinham do Teatro Paulista do Estudante e eram adeptos do Partido Comunista. No entanto, como as dificuldades financeiras de manutenção do Arena se avolumavam, seus integrantes chegaram a pensar em desistir da companhia. Conforme relatou Guarnieri, "quando o Arena entrou naquela fase ruim, naquela crise... o Zé Renato resolveu, como canto de cisne mesmo, montar *Eles Não Usam Black-tie*. Ele dizia: 'Vamos fazer porque, já que vai acabar mesmo, vamos acabar com uma peça nacional" (Depoimento ao Serviço Nacional de Teatro). Ao contrário do previsto, a encenação de *Black-tie* (1958) tornou-se sucesso de público e de crítica, sugerindo o aprofundamento das abordagens políticas e de debates sobre as condições sociais brasileiras e sua história. Se não era a primeira vez que representantes populares ascendiam à condição de heróis dramáticos em nossos palcos, *Eles Não Usam Black-tie* expunha, pioneiramente, a situação de proletários urbanos em um momento de greve. O grupo resolveu então criar os Seminários de Dramaturgia, destinados a discutir temas propriamente teatrais, como as idéias vanguardistas de encenadores (Piscator, Brecht, etc.), propostas políticas (baseadas numa via socialista para o País) e, sobretudo, a apresentar e discutir obras a serem realizadas pela companhia. A crítica social, de teor marxista, deveria permear a necessidade de uma dramaturgia naciona-lista, caracterizada por assuntos, autores e encenadores exclusivamente brasileiros. Tal como Brecht reivindi-cara para o teatro, assuntos como "inflação, as lutas sociais, o trigo e os frigoríficos" poderiam tornar-se temas encenáveis. Nos Seminários propuseram-se então "a Central do Brasil, o futebol, o morro carioca, um lugarejo mineiro, gente do Norte". Nos anos subseqüentes, foram produzidas peças de grande ressonância nos meios intelectuais e estudantis, como *Chapetuba Futebol Clube* (1959), de Vianinha, *Revolução na América do Sul* (1960), de Boal, seguido por um período de "nacionalização dos clássicos" (*A Mandrágora, O Melhor Juiz, Tartufo*) e, mais tarde, a série "Arena Conta" (parcerias de Guarnieri e Boal), criada sob a forma de musicais e contando com a parceria de jovens compositores da música popular brasileira: *Arena Conta Zumbi* (1965) e *Arena Conta Tiradentes* (1967). Os musicais utilizaram freqüentemente o sistema *curinga*, em que um mesmo ator interpretava vários personagens e comentava os acontecimentos, ou vários atores se incumbiam de representar múltiplos perso-nagens ("todo mundo faz todo mundo, mulher faz papel de homem", conforme o programa de *Zumbi*). O último trabalho da companhia, a criação coletiva *Doce América, Latino-América*, deu-se em 1971, quando as condições políticas (censuras) e também econômicas impediram, em definitivo, a sua sobrevivência.

TEATRO DE ARTE DE MOSCOU. Companhia e centro de pesquisas cênicas criado por Konstantin Stanislávski e Vladimir Nemiróvitch-Dantchenko em 1898. A idéia de ambos surgiu um ano antes, no correr de uma conversa informal sobre a necessidade de reformar o teatro russo, um encontro que acabou se prolongando por dezoito horas. A dramaturgia do realismo crítico, as experiências de interpretação natural que o ator russo Michel Chtchepkin já desenvolvia ("a arte é mais elevada quando mais verdadeira e mais próxima da natureza"), assim como as inovações cênicas do →Théâtre Libre constituíram os pontos de apoio e de partida para a elaboração de um método de vivência, preparação e interpretação no teatro. A primeira exigência de ambos foi a da realização de ensaios gerais até então inexistentes ou raríssimas vezes praticados nas companhias tradicionais; aos poucos, consolidaram a importância do encenador ou diretor como a figura que concebe e supervisiona o espetáculo, em seus diversos aspectos complementares, e, acima de tudo, aquele que estimula no ator "uma condição favorável para o surgimento da inspiração por meio da vontade". Com o auxílio financeiro do industrial e mecenas Morozov, concluíram seu próprio edifício (1902), de concepção arquitetônica bastante despojada, mas dotado de salas especiais para ensaios e leitura. Com estas condições materiais, Stanislávski pôs em prática as idéias que há muito já vinha elaborando sobre a arte da encenação (→*Stanislávski, Método*). Devotando-se inicialmente aos autores realistas contemporâneos (a peça de abertura foi Tzar Fiódor Ivanóvitch, de Tolstói), deram um novo impulso à carreira literária de Anton Tchékhov, relançando com sucesso *A Gaivota*, que dois anos antes fracassara em sua estréia. Essa aproximação firmou-se historicamente com *Tio Vânia*, fazendo com que o Arte de Moscou também fosse conhecido como "a casa de Tchékhov". A companhia, no entanto, incluiu em seu vasto repertório obras de vários autores, "clássicos" ou contemporâneos, como Sófocles, Shakespeare, Molière, Goldoni, Beaumarchais, Ibsen

e Górki. Do Teatro de Arte provieram ainda os diretores Vsevolod Meyerhold e Evguéni Vakhtángov.

TEATRO DE COMÉDIA, PEQUENO (PTC). Companhia paulista criada em 1958 pela associação dos então jovens atores Felipe Carone, Armando Bogus, Nelson Duarte, Maria Dilmah, Nagib Elchman e Luiz Barcelos, além do iniciante diretor Antunes Filho (que retornava aos palcos após trabalhar como assistente no TBC e ter dirigido com sucesso *Week-End*, de Noel Coward, cinco anos antes). Durante os ensaios para a primeira peça, *O Diário de Anne Frank* (Francis Goodrich e Albert Hackett), outro futuro diretor e cineasta viria a ingressar na companhia – Adhemar Guerra. A experiência do PTC serviu para consolidar o trabalho caracteristicamente disciplinado de preparação de atores, desenvolvido por Antunes Filho, inclusive com jovens inexperientes, entre eles Jardel Filho. O Pequeno Teatro levou aos palcos, com a contribuição de cenógrafos como Túlio Costa e Maria Bonomi, as seguintes peças, além de *O Diário de Anne Frank*: *Alô... 36-5499* (Abílio Pereira de Almeida), *Pic-Nic* (William Inge), *Plantão 21* (Sidney Kingsley), *As Feiticeiras de Salém* (Arthur Miller) e *Sem Entrada e Sem Mais Nada* (Roberto Freire).

TEATRO DE REVISTA. Tipo de drama ligeiro e popular, de tratamento burlesco, criado na França no século XVIII em obras como *A Cintura de Vênus* (*La Ceinture de Vénus*, 1715) e *O Mundo às Avessas* (*Le Monde Renversé*, 1718), ambas do comediógrafo Alain René Lesage. Já com a denominação que lhe caracterizou, *A Revista dos Teatros* (*La Revue des Théâtres*) foi encenada pela primeira vez em 1728, sob a direção dos italianos residentes na França Dominique Fils e Romagnesi, tendo-se Momo como a figura alegórica central. A marca que tipifica o teatro de revista encontra-se na "revisão", isto é, na recuperação satírica, caricatural e mesmo picante de acontecimentos políticos, sociais, mundanos ou culturais recentes, tendo por mestre de cerimônia, guia ou protagonista o *compère* (habitualmente traduzido para compadre, em português), que entrelaça e dá unidade à sucessão de quadros e atos. Sousa Bastos (*Dicionário do Teatro Português*) assim o definiu: "É a classificação que se dá a certo gênero de peça em que o autor critica os costumes de um país ou de uma localidade, ou então faz passar à vista do espectador todos os principais acontecimentos do ano findo: revoluções, grandes inventos, modas, acontecimentos artísticos ou literários, crimes, desgraças, divertimentos etc. Nas peças desse gênero, todas as coisas, ainda as mais abstratas, são personificadas de maneira a facilitar apresentá-las em cena. As revistas, que em pouco podem satisfazer pelo lado literário, dependem principalmente, para terem agrado, da ligeireza, da alegria, do muito movimento, do espírito com que forem escritas, de *couplets* [estrofes] engraçadas e boa encenação". Neyde Veneziano acrescenta (*Não Adianta Chorar, Teatro de Revista Brasileiro*): "A resenha anual era, portanto, uma ação de movimento na qual alguém (geralmente o *compère*), chegando à terra ou à cidade a ser revistada, perdia alguém ou alguma coisa e, no ato de procurar, correr atrás, percorrer, passear, ia [se] deparando com os quadros cômicos, episódicos e de fantasia. Obstáculos não faltavam, desviando os personagens de seus caminhos". Já na França, e posteriormente na Inglaterra, na Espanha e em Portugal (ponto intermediário para sua adoção no Brasil), o teatro de revista incorporou músicas, canções e danças populares (já conhecidas ou especialmente criadas) dos respectivos países, em meio a cenários e figurinos suntuosos. Com todos esses recursos, adquiriu no século XIX as feições de grande espetáculo visual, valorizado ainda pelas presenças sensuais das "vedetes" (cantoras e dançarinas cujos trajes sumários foram adotados por Jacques Charles, no Cassino de Paris, logo após a Primeira Guerra Mundial). As primeiras encenações brasileiras – *As Surpresas do Sr. José da Piedade* (do português Figueiredo Novaes, 1859), *A Revista do Ano, Rei Morto, Rei Posto* (do brasileiro Joaquim Serra, 1875) e *O Rio de Janeiro em 1877*, peça de estréia de Arthur Azevedo – não foram bem-sucedidas. Mas o sucesso veio com *O Mandarim*, de Azevedo e Moreira Sampaio, escrita em 1883, dando início à brilhante carreira de ambos nos palcos cariocas, em parceria ou separadamente (*Cocota*, 1885; *O Carioca*, 1886; *Viagem ao Parnaso*, 1891; *O Tribofe*, 1892). Brasileiros e portugueses, estes de passagem ou imigrados, dividiram então os nossos palcos até o final da primeira década do novo século. A abordagem de acontecimentos recentes, ou seja, a "revista do ano" calcada em crônicas históricas, começou a mudar no início do século XX. Na França e nos Estados Unidos, converteu-se, como já mencionado, em espetáculo musical de luxo e sensualidade, conduzido por grandes orquestras e dezenas de figurantes, como as produções do Cassino de Paris, do Lido ou das Ziegfeld Follies, estas montadas em Nova Iorque por Florenz Ziegfeld entre 1904 e 1927. O carnaval, impulsionado pelos ritmos do maxixe, do samba e da marchinha, serviu para abrasileirar definitivamente o teatro de revista que aqui se fazia. A encenação precursora, no entanto, já data de 1888, quando Oscar Pederneiras levou aos palcos *O Boulevard da Imprensa*, referindo-se aos blocos carnavalescos dos Fenianos, dos Democráticos e dos Tenentes do Diabo (→*Carnaval*). Mas só a partir de 1912, aproximadamente, é que a temática tomou conta dos repertórios, misturada às charges políticas e sociais. Nas décadas de

1920 e 1930, chegaram a ser produzidas mais de 250 peças no Rio de Janeiro, destacando-se entre seus autores Carlos Bettencourt, Cardoso de Menezes, Luiz Peixoto, Marques Porto, Freire Júnior (provavelmente o mais prolífico de todos, tendo escrito 172 peças entre 1919 e 1956), os irmãos Quintiliano, Joracy Camargo, Assis Pacheco, Ari Barroso, Luiz Iglésias e Jardel Jércolis, assim como as vedetes-cantoras Otília Amorim, Filomena Lima, Ítala Ferreira, Maria Pepa Delgado, Leda Vieira, Pepa Ruiz, Margarida Max, Henriqueta Brieba, Aracy Cortes, Olga Navarro, Alda Garrido, Zaíra Cavalcanti, Eva Todor e Dercy Gonçalves, e os cômicos Mesquitinha, Oscarito e Grande Otelo. Com relação aos músicos, e segundo Tinhorão (*História Social da Música Popular Brasileira*), "enquanto não entraram em ação os compositores da geração voltada para a produção de consumo, e por isso logo absorvidos pelo disco e pelo rádio – como Freire Júnior, José Francisco de Freitas, Eduardo Souto, Sinhô, Henrique Vogler, Hekel Tavares, Sebastião Cirino, Pixinguinha, Lamartine Babo, Donga, Ari Barroso e Augusto Vasseur – muitas músicas continuaram a sair dos palcos da Praça Tiradentes para o sucesso popular, amparadas apenas na repercussão dessa produção para as revistas". Finalmente, nos anos 1940 e 1950, a revista abandonou o fio dramático e o trabalho de autor, sustentando-se em seqüências de esquetes cômico-musicais e na presença da vedete, como Virgínia Lane (que já não representava um personagem), sobressaindo então, à moda norte-americana, o nome de produtores, como os de Walter Pinto e Carlos Machado.

TEATRO DO ABSURDO. Expressão consolidada pelas críticas alemã e inglesa, sobretudo após as publicações do *Discurso Obtido sobre o Teatro do Absurdo*, de Wolfgang Hildesheimer (1960), e do *Teatro do Absurdo*, de Martin Esslin (1961), tendo por referência a corrente dramática anti-realista (em sua aparência exterior), antipsicológica, anti-retórica e extremamente cáustica sobre a condição humana, que aproxima alguns autores da segunda metade do século XX: Samuel Beckett (*Esperando Godot, Fim de Festa, Cinzas*), Eugène Ionesco (*A Cantora Careca, As Cadeiras, O Rinoceronte*), Albert Camus (*Calígula*), Arthur Adamov (*A Paródia, A Invasão, O Ping-Pong*) e Jean Genet (*As Criadas, Alta Vigilância, O Balcão*). Teatro de situações ilógicas, em que se manifestam contradições ou ausências de significado nos discursos e ações cotidianas, a angústia permanentemente experimentada pelo homem contemporâneo, a visão derrisória da condição humana, as artimanhas cínicas e inesgotáveis do poder e da submissão. Comumente, os diálogos tornam-se jogos sem solução, já que, como asseverava Adamov, "ninguém entende ninguém". As duas guerras mundiais, os totalitarismos, os valores burgueses fúteis, a ignorância ou a credulidade das massas, e as narrativas de Kafka e de Camus exerceram influências consideráveis sobre as perspectivas pessimistas que se projetam no teatro do absurdo. Nele, como observou Hildesheimer, há muitas perguntas, mas nenhuma resposta razoável ou convincente. Corre-se, perversa e histrionicamente, para o nada. Os próprios dramaturgos citados, no entanto, nem sempre aceitaram inteiramente a qualificação que lhes atribuíram. Ionesco, por exemplo, denominou o seu teatro de "abstrato" ou de "puro", considerando que sua intenção era a de criar representações na ausência de "enredo, características acidentais de personagens, nomes, posição social e contexto histórico, razões aparentes do drama e todas as justificativas, explicações e lógica do conflito" (*Notas sobre o Teatro*, 1953). Na França, onde a maioria das obras foi escrita, ficou também conhecido como "teatro da derrisão" (*théâtre de dérision*).

TEATRO DO OPRIMIDO. Método ou conjunto de técnicas de dramatização elaborado progressivamente, a partir da década de 1970, pelo teatrólogo brasileiro Augusto Boal, após o encerramento de suas experiências no →Teatro de Arena. Mais do que formas prévias ou determinadas de interpretação, aplicáveis a experiências exclusivamente teatrais, o método baseia-se em introspecções, diálogos e na análise de situações sociopolíticas vividas concretamente por indivíduos, grupos ou comunidades, podendo ser, também, uma discussão de natureza psicoterapêutica. As principais técnicas desenvolvidas foram: o teatro-jornal (a primeira a ser formulada), baseada na teatralização de assuntos reportados pelos meios de comunicação; o teatro-fórum, em que, tendo sido criada uma cena socialmente conflituosa, convidam-se os espectadores a substituir os atores e apresentar suas próprias soluções; o teatro-invisível, caracterizado pela preparação antecipada de uma cena, então levada a um local público, sem que os espectadores (transeuntes ou passageiros) o saibam; o arco-íris do desejo, com funções psicoterápicas de grupo. As intenções de análise e de conscientização tanto políticas quanto éticas do método foram influenciadas diretamente pelas perspectivas e sugestões da Pedagogia do Oprimido, de Paulo Freire, como também por aquelas de Stanislávski e pelo teatro épico de Brecht. Em 1986, Boal criou, no Rio de Janeiro, o Centro do Teatro do Oprimido. Sua aplicação, no entanto, tem atraído mais comumente a atenção de instituições e de companhias estrangeiras.

TEATRO ELISABETANO. Durante o reinado renascentista e colonial da rainha Elisabeth, na segunda metade do século XVI, o teatro do Reino Unido (contemporâneo do "século de ouro" espanhol) desvinculou-se dos conteúdos fortemente religiosos e medievais – os milagres, mistérios e moralidades – e viu surgir uma das mais férteis e permanentes dramaturgias após o período clássico da Grécia, sobretudo com as obras de William Shakespeare. Já no final do reinado de Henrique VIII, certos autores dramáticos, como John Skelton (*Magnyficence*) ou John Bale (*Uma Comédia sobre Três Leis* e *Kynge John*), introduziram temas de natureza política e até mesmo propagandística diante da nova situação criada pela Reforma e pela dinastia Tudor contra o papado. O espírito humanista e enciclopédico que se desenvolvia na Europa e no mundo acadêmico, em Cambridge, Oxford, Westminster ou no Trinity College, por exemplo (todos eles locais de apresentações teatrais), contribuíram para a renovação da literatura e da dramaturgia inglesas, ao lado das intrigas provenientes das novelas italianas e das crônicas do passado nacional, como as de Holinshed, publicadas em 1577. Iniciaram-se as traduções de comédias e tragédias antigas, sobretudo as de Plauto, Terêncio, Sêneca e Eurípides e novas peças foram escritas sob tais influências, como a sátira *Ralph Roister Doister*, de Nicholas Udall, além de várias outras, anônimas: *Gammer Gurton's Needle* (*A Agulha de Gammer Gurton*), *O Enfadonho Reino de João* (*The Troublesome Raigne of John*), *As Famosas Vitórias de Henry V* ou *A Verdadeira Crônica Histórica do Rei Lear*. De Sêneca veio o gosto pelas ações trágicas e melodramáticas, a exaltação das paixões, o barroquismo do estilo: ódio, vingança, ambições e lutas pelo poder, gritos de horror, fantasmas, violência, sangue e assassinatos. Simultaneamente, corriam as críticas e as instigações de um Sir Philip Sidney (*Defesa da Poesia*) e as invectivas de Christopher Marlowe em prol de um tratamento formal elevado, de uma retórica mais densa e lírica, ainda que se abandonasse a prosódica clássica em favor dos versos brancos. A esse respeito, lembra Otto Maria Carpeaux: "Esse metro (o verso branco), de flexibilidade maravilhosa, permitiu uma coisa que não existiu nunca no teatro espanhol: a diferenciação exata de modos de falar de personagens diferentes, ao passo que no teatro espanhol todas as personagens falam a mesma linguagem dramática. Por isso, o teatro espanhol é essencialmente teatro de ação; o teatro inglês é essencialmente teatro de caracteres" (*História da Literatura Ocidental*). E foi esse estilo literário, o barroco "senequista", o que predominou no teatro isabelino, sobretudo nas tragédias. O primeiro resultado de sucesso chegou com a peça *Gordobuc*, ou *Férrex e Pórrex*, de autoria de Thomas Sackville e Thomas Norton, baseada no fratricídio de uma disputa sucessória ao trono. Ao contrário da tradição clássica, as cenas de violência passaram a ser vistas no palco, saciando os desejos mórbidos de uma platéia popular. Entre seus autores, destacaram-se John Webster (*O Demônio Branco*, *A Marquesa de Malfi*), em que os personagens só revelam os lados mais terríveis do comportamento humano; Thomas Kyd, cuja *Tragédia Espanhola* manteve um prolongado sucesso, tendo colaborado com Shakespeare na criação de *Tito Andrônico* e *Henrique VI* (há indícios ainda de haver escrito um *Hamlet*, desaparecido, de possível influência na obra definitiva do amigo); Christopher Marlowe, autor de *Tamburlaine*, do *Judeu de Malta*, *Doutor Fausto* e *Eduardo II*, todas elas peças de extraordinária qualidade lírico-poética, apesar dos excessos melodramáticos; Ben Jonson, o maior polemista da época, extremamente culto e mordaz, "irrefreável mestre da sátira" e que nos legou, entre outras obras, *Cada Homem com sua Mania* e *Para o Oriente!* (em companhia de John Marston), duas pinturas dos costumes sociais da era isabelina, e, acima de tudo, *Volpone*, uma indignada comédia sobre a ganância mercantilista e os vícios inevitáveis que a acompanham; William Shakespeare, autor, ator e empresário, o intérprete inigualável das múltiplas paixões humanas e o mais completo artista da arte dramática, seja do ponto de vista literário, seja como criador de caracteres e personalidades cênicas em suas tragédias (*Hamlet*, *Rei Lear*, *Macbeth*, *Ricardo II*, *Júlio César*, *Otelo*, *Romeu e Julieta*) e comédias (*A Megera Domada*, *Como Quiserdes*, *O Mercador de Veneza*, *A Décima Segunda Noite*); George Chapman (*Bussy d'Ambois*, *A Conspiração e a Tragédia de Charles, Duque de Byron*); Philip Massinger, que em suas comédias e tragédias pintou com virulências cênica e verbal os vícios dos pobres (*A Dama da Cidade*) e dos aristocratas (*O Duque de Milão*); ou ainda Cyrill Tourneur, poeta dramático das sanguinolentas *Tragédia do Ateu* e *Tragédia do Vingador*, Thomas Dekker (*Old Fortunatus*, *The Shoemakers Holiday*) e Thomas Middleton (*A Chaste Maid in Cheapside*, *The Fair Quarrel*), observador arguto dos modos e condutas das baixas classes londrinas. Entre as evidências mais comuns do meio teatral elisabetano podem ser destacadas: "a mistura íntima e contínua dos elementos trágico e cômico, mistura que mais tarde se transformou em arte barroca de contrastes fortes, de modo que o *double plot* – compondo-se as peças de dois enredos, um sério e outro humorístico – é a qualidade mais característica do teatro inglês; a outra é o hábito das reflexões morais, que serviram mais tarde ao barroco para distinguir nitidamente, com preferência pelo monólogo revelador, os caracteres nobres e os infames" (Carpeaux, *ibidem*); por fim, a criação de obras em co-autoria. Além dos dois exemplos anteriores, mencione-se a dupla Francis Beaumont e John Fle-

tcher, responsável pel'*O Cavaleiro do Pilão Ardente*, uma farsa a respeito do próprio teatro, e a peça considerada como exemplo inicial da tragicomédia – *Filaster*, ou *O Amor Jaz sem Sangrar*. A efervescência teatral de Londres, que perdurou até 1642, quando os puritanos de Cromwell fecharam as casas de espetáculo, abrigou teatros cobertos e privados, dispondo de cadeiras e sessões noturnas, à luz de velas (como o Blackfriars), e edifícios de audiência popular, mas descobertos e destinados a apresentações diurnas para uma platéia em pé. Destes últimos, tornaram-se famosos o Theatre, o Swan, o Fortune e o Globe. →*Eufuísmo* e →*Teatro*.

TEATRO ÉPICO. A concepção original de dramaturgia proposta e desenvolvida por Bertolt Brecht, em resposta ao desaparecimento da tragédia, em seu estilo clássico, e à necessidade de introduzir, no drama burguês e contemporâneo que a substituiu, determinados meios de percepção, discussão e transformação de valores sociais dominantes no século XX. Teatro dirigido para a reflexão política, o entendimento crítico e racional da cultura capitalista, de preferência os aspectos mais sensitivos ou de apelo emocional do espetáculo realista ou expressionista. Em suas próprias declarações, "os sentimentos são privados e limitados. Diante deles, a razão é inteiramente compreensível e tem credibilidade". Com essa diretriz, Brecht procurou, de certa maneira, desviar-se daquela "suspensão da incredulidade" inscrita naturalmente no ato teatral (como na literatura), entendendo-se por isso o fato de o espectador deixar-se envolver, aceitar ou responder apenas emocionalmente à experiência. Como observou Roland Barthes, o épico em Brecht constitui uma forma de "deciframento" do mundo, mais audaciosa do que "a pura subversão da linguagem" proposta pelas vanguardas de sua época ou posteriores. Na qualidade de um teatro da inquietação, buscou fazer com que a audiência se percebesse separada do drama, se distanciasse mentalmente dos eventos, a fim de poder criticá-los, intuir suas causas mais profundas e reais, e ainda desejar que uma outra situação fosse não apenas possível, como suscetível de reivindicação. Em síntese, que ela fosse "coagida a dar o seu voto". Essa necessidade de distanciamento, de estranhamento ou de alienação (*Verfremdung*, ou *Efekt-V*) deve ainda exteriorizar-se na forma representativa do ator, de modo de que este também reflita sobre o seu próprio desempenho e evite uma identificação profunda entre o intérprete e as características sociais e comportamentais do personagem (denominadas *Gestus*). Técnica que Brecht foi buscar no teatro chinês e que difere grandemente do método de Stanilávski. Também as cenas do drama precisam ser tratadas em separado e se opor de modo contraditório, em seqüências dialéticas, para que o estranhamento seja realçado: "alienar um acontecimento ou um personagem é simplesmente tomar o que, no acontecimento ou no personagem, é óbvio, conhecido e evidente, e com ele produzir surpresa e curiosidade", ou seja, relações não-estereotipadas. Em uma explanação mais detalhada de suas teses – *Pequeno Organon para o Teatro* (1949) – admite que o prazer e o entretenimento são básicos para a existência completa do teatro, mas as grandes questões da vida sociopolítica exigem que a função lúdica esteja vinculada à visão e compreensão críticas daquelas relações. A diversão, portanto, alcança o seu objetivo mais nobre quando se torna relevante para a consciência contemporânea. Seus trabalhos geraram polêmicas não apenas entre críticos "liberais", mas entre pensadores marxistas, tendo Walter Benjamin o apoiado com entusiasmo, ao contrário de Georg Lukács e Andor Gábor.Quando, em 1958, estreou no Brasil a peça *A Boa Alma de Setsuan*, assim escreveu Décio de Almeida Prado: "Acostumados à perplexidade, à concentração dramática, ao jogo de contrastes da dramaturgia moderna, em que temos de ler nas entrelinhas, é natural [...] que nos pareça um tanto monótono este teatro narrativo, liso, plano, didático, onde todos falam uniformemente alto, onde tudo é dito e redito, onde as intenções são sempre explicadas e proclamadas, onde não há os primeiros e segundos planos". →*Berliner Ensemble*.

TEATRO LIVRE. →*Théâtre Libre*.

TEATRO OFICINA. Grupo teatral surgido em 1958 como experiência amadora e universitária na Faculdade de Direito de São Paulo, tendo à frente José Celso Martinez Correa, Carlos Queiroz Telles e Hamir Hadad. As primeiras peças encenadas foram *Vento Forte para Papagaio Subir*, de José Celso, e *A Ponte*, de Telles. Com o segundo lugar conquistado no Festival de Teatro Amador de Santos (*A Incubadeira*, 1959, de José Celso, direção de Hadad), o grupo foi convidado para uma temporada de dois meses no Teatro de Arena de São Paulo. Simultaneamente, Augusto Boal, já então diretor artístico do Arena, passou a dar aulas de interpretação para os integrantes do Oficina. Desta aproximação e "apadrinhamento" resultou a montagem conjunta de *Fogo Frio* (de Benedito Rui Barbosa), em 1960, e também uma politização mais intensa nas perspectivas e objetivos dramáticos do Oficina. Ainda naquele ano, José Celso e Boal adaptaram para o Oficina o roteiro cinematográfico de *A Engrenagem*, de Sartre. A partir dessa época, e com a instalação de uma sala exclusiva, a companhia profissionalizou-se, não sem perder alguns integrantes, mas conservando atores como Renato Borghi, Etty Fraser, Jairo Arco e Flexa e Fauzi Arap. A estréia dessa segunda fase ocorreu em agosto de 1961 com a encenação de *A Vida Impressa em Dólar*, de Clifford Odets, contando com os elogios de Décio de Almeida Prado e a desaprovação crítica de Miroel Silveira. O Oficina absorveu primeiramente os métodos cênicos de Stanislávski, transmitidos por Augusto Boal e depois por Eugenio Kusnet, e logo se projetou como companhia relativamente coesa e de fortes tendências contestatárias, em uma fase já politicamente ditatorial (época em que foram realizados *Os Pequenos Burgueses* e *Os Inimigos*, de Maxim Górki, assim como *Andorra*, de Max Frisch). Após um contato direto com o Berliner Ensemble, adotou também as idéias "épicas" e de crítica social de Brecht e, mais tarde, recebeu ainda as influências dos teatros de Artaud, de Grotowski, do simbolismo cênico de Gordon Craig e mesmo do "ritualismo" participativo de Georg Fuchs e do Living Theatre, mesclando assim as mais diversas contribuições vanguardistas, em busca de uma linguagem própria. Esse experimentalismo permanente aliou-se à dramaturgia nacional, tendo-se como resultado a encenação d'*O Rei da Vela* (1967), de Oswald de Andrade, considerada um marco histórico, semelhante à de *Vestido de Noiva* (da trupe Os Comediantes). Nela se incorporaram, de maneira pletórica, não só elementos iconoclastas do modernismo brasileiro, como os da cultura popular (os da chanchada e do carnaval, por exemplo). Fórmula empregada com sucesso em *Galileu Galilei* (de Brecht). Com *O Rei da Vela*, o Oficina desejou igualmente instituir um teatro de provocação do público, despertar sua consciência de modo agressivo, e até mesmo constrangedor, fazendo-o "engolir sapos e jibóias". A nova mentalidade de incorporação do público à ação dramática repetiu-se com o musical *Roda Viva* (1968), de Chico Buarque. Extremando o caráter anárquico das interpretações (nas quais os atores se conduzem praticamente desvencilhados da "máscara" do personagem), o Oficina radicalizou a carnavalização e a contundência do trabalho cênico, trazendo, na seqüência, *Na Selva das Cidades* e *Gracias, Señor* (esta última uma criação coletiva), sob a perspectiva de um "te-ato", assim chamado por José Celso o teatro de "ação imediata". Fechado, no entanto, em 1973, mais por motivos financeiros do que políticos, suas instalações passaram por reformas durante a década de 80, com projeto arquitetônico de Lina Bo Bardi. A reinauguração ocorreu em 1993, quando foi encenado *Hamlet*, seguindo-se *Mistérios Gozosos*, de Oswald de Andrade, e *Cacilda*, do próprio José Celso.

TEATRO POBRE. Conceito de dramaturgia elaborado pelo encenador e pesquisador teatral polonês Jerzy Grotowski que, inicialmente, opõe a "riqueza" da maquinaria teatral ao completo despojamento cênico e ao jogo concentrado dos atores, ou seja, ao núcleo da representação. As primeiras influências sobre o trabalho experimental do diretor vieram de Jacques Copeau, de Stanislávski, de Meyerhold e também da comunidade teatral polonesa, de vida monástica, La Reduta, orientada pelos atores Juliusz Osterwa e Mieczysaw Limanowski no período entre guerras. Para Grotowski, o ponto de partida da ação teatral é a transformação subjetiva do ator, ou seja, a necessidade de sua profunda identificação com a "espessura arquetípica do personagem", conduzindo-o a uma interpretação de tipo místico ou sacrificial. Daí suas preocupações fundamentais com os domínios físico (corpo e voz) e psíquico (mental, emocional) do ator e, conseqüentemente, com um ambiente ascético, pouco interferente, que auxilie a concentração de atores e público. Aliás, para os princípios do teatro pobre, a relação entre ator e assistência parte da rejeição do "publicotropismo", isto é, daquele espetáculo em que o ator se dirige ao público para conquistá-lo ou seduzi-lo. De maneira diferente, o ator age para se confrontar com o espectador e fazer da cena uma experiência de vida e de diálogo não-cotidianos. O resultado é que o teatro pobre exige um público reduzido, uma elite disposta a conviver com as inquietações do ator. Seu processo de pesquisa começou a desenvolver-se em 1959, quando assumiu a direção do Teatr 13 Rzédów (Teatro das 13 Fileiras) em Opole. Em 1962, já com o nome de Laboratorium, mudou-se para Wroclaw. Em 1970, Grotowski abandonou a função de diretor, passando a dedicar-se, na Itália (Pontedera), e até a sua morte, a experimentos de caráter antropológico que mantivessem relações com a dramaturgia.

TECTÔNICA. **1**. Como substantivo feminino, designa, genericamente, a arte (*tékne*) da construção arquitetônica (→*Arquitetura*). **2**. Como adjetivo, tectônico, qualifica a pintura figurativa que dispõe, ordenada e proporcionalmente, os planos horizontais e verticais (próximos, médios, de fundo), bem como as dimensões dos objetos, paisagens e personagens situados em cada um deles, em função de uma perspectiva frontal, semelhante à da construção arquitetônica. Um princípio abandonado por várias correntes pictóricas no século XX, como a do cubismo, expressionismo ou abstracionismo. →*Arte no século XX*.

TEIA. →*Trama*.

TELA. **1**. Tecido especial, revestido de base apropriada (com a finalidade de isolar o tecido da tinta) e estirado em chassi, que serve de suporte para o desenho e a pintura de quadros, mais comumente para a pintura a óleo. Entre os tecidos empregados encontram-se o linho (de maior eficácia), o algodão, o cânhamo e a juta. Antes da Renascença, a pintura de quadros utilizava-se de placas de madeira, ou painéis. **2**. Superfície geralmente branca de tecido ou plástico, quadrada ou retangular, opaca ou translúcida, destinada a refletir a imagem projetada de filmes cinematográficos, diapositivos (*slides*) ou de aparelhos retroprojetores. **3**. Superfície vítrea e frontal do tubo de imagem de televisão e de computador, recoberta com substância fluorescente e sobre a qual se projetam ou incidem os feixes de elétrons constituintes das imagens e textos. **4**. Matriz de uma gravura em serigrafia. **5**. Trama de arame para cercados, podendo ainda ser utilizada como sustentação de objetos e de obras plásticas em exposição.

TELÃO. **1**. Trainel cenográfico utilizado na parte posterior do palco ou cena, delimitando o cenário ao fundo. Pode servir ainda como superfície para a projeção de imagens em diapositivo, videográficas ou cinematográficas. **2**. Tela de grandes dimensões para projeção de imagens ou fixação de anúncios em salas de espetáculo. **3**. No Brasil, especificamente, refere-se ainda a um sistema de projeção de imagens televisivas, aumentadas por intermédio de um aparelho especial de vídeo, denominado *telebeam*, que retransmite os sinais de um televisor ou videocassete para grandes platéias.

TELECINE. Aparelho destinado a transformar as imagens óticas de um filme (fotográfico ou cinematográfico) em sinais elétricos para televisão ou vídeo. A operação contrária é feita em cinescópio.

TELENOVELA. →*Radionovela, telenovela*.

TELETEATRO. Drama concebido originalmente para a televisão ou para ela adaptado, desde que se empregue uma concepção plástico-visual adequada a este veículo, não sendo, portanto, a simples transmissão, ainda que ao vivo, de uma peça. Oficialmente no Brasil (isto é, após algumas encenações de enredos curtos, sob responsabilidade de Walter Forster), a primeira experiência de teledramaturgia deu-se com a adaptação do filme *Sorry, Wrong Number* (Anatole Litvak), então traduzido como *A Vida por um Fio*. A direção coube a Cassiano Gabus Mendes e o papel da protagonista a Lia de Aguiar. A partir daí, o teleteatro representou o pólo cultural de maior prestígio da televisão brasileira durante as décadas de 1950 e 1960. Entre 1951 e 1963, por exemplo, produziram-se mais de 1 800 obras, número dez vezes maior do que o de telenovelas (164), com audiências variáveis entre 9 e 20%, também superiores às dos melodramas concorrentes. Na época, ganharam repercussão semanal programas como o "Grande Teatro Tupi" (por vezes chamado "Grande Teatro Monções"), o "TV de Vanguarda", a "Biblioteca Brasil" (baseada em adaptações de contos nacionais), o "TV de Comédia", o "Teledrama", o "Teatro Cássio Muniz", o "Contador de Histórias", o "Studium 4" (mais voltado para o gênero policial), o "Teleteatro Brastemp", o "Teatro 63" ou o "Teatro Cacilda Becker", dedicados à encenação de obras consagradas da dramaturgia internacional e de peças brasileiras. Segundo Flávio Porto e Silva (*O Teleteatro Paulista*), "Os próprios atores, voltados para os grandes espetáculos artísticos de um TV de Vanguarda não escondiam o desprezo e o descontentamento ao serem escalados para o elenco de uma novela. Para eles, que vinham interpretando no vídeo alguns dos textos mais ambicionados por um ator de qualquer parte do mundo, era degradante descer aos personagens das novelas". Alguns dos redatores e diretores da época foram, além dos já citados, Walter Durst, Mário Fanucchi, Dionísio de Azevedo, Wanda Kosmo, Geraldo Vietri e José Castellar.

TÊMPERA. Do ponto de vista semântico, têmpera significa qualquer substância (ou meio) que sirva para "temperar" pigmentos de tinta, ou seja, aglutiná-los em uma nova mistura ou amálgama. Corresponde, portanto, a qualquer técnica de pintura em que haja diluição da tinta por intermédio de um veículo ou emulsão aquosa ou oleosa (graxa). Exceções evidentes do afresco, da encáustica e da pintura a óleo, quando aplicado diretamente. Sua origem documentada provém do século XI, entre os artistas plásticos de Bizâncio (embora possa ter existido na Grécia clássica), que a empregaram na pintura de afrescos, substituindo a encáustica, e na confecção de iluminuras (na forma derivada do guache). Na época, usava-se tanto a cera *colla* (à base de cera de abelha), quanto a gema do ovo. Foi este último veículo que se difundiu no Ocidente, durante o *Quattrocento*, em virtude de sua compatibilidade com pigmentos de várias procedências. Diluível em água, seca de modo rápido e permite efeitos de brilho ou de luminosidade, embora não transmita profundidade de tons. Outro efeito característico é o de tornar a pintura bastante lisa, sem saliências visíveis na textura geral. Como técnica específica, alcançou o apogeu no Renascimento, tendo sido utilizada tanto de maneira integral como em combinação com a nascente pintura a óleo, em partes diferentes de uma mesma obra. É aplicada sobre uma superfície previamente polida (iluminuras, por exemplo) ou sobre madeira gessada, em que haja mistura de cola e cal, neste caso com mais de uma camada, para em seguida receber a tinta em pinceladas. A partir do início do século XVII e até meados do século XIX, a têmpera – na condição de técnica específica – foi suplantada pela pintura a óleo, embora passe, atualmente, por uso renovado, inclusive como produto industrial já preparado.

TEMPERAMENTO. →*Bem temperado.*

TEMPO. **1.** Cada um dos movimentos ou seções em que se pode dividir um passo coreográfico. Um *grand jeté*, por exemplo, pode ser configurado por uma seqüência de quatro tempos: *plié* inicial, *developpé*, salto e retorno ao solo. A subdivisão em tempos de dança é utilizada como recurso facilitador de aprendizado e de aperfeiçoamento do passo. **2.** Unidade de pulsação ou de batida rítmico-musical, com que se constrói o →compasso. Nele, há os tempos fortes, assim chamados pela maior acentuação ou intensidade, e os tempos fracos, menos destacados. O tempo é usado ainda como sinônimo de →andamento musical – tempo de valsa, tempo de marcha etc. Diz-se ainda *a tempo* quando se quer indicar o retorno ao andamento normal, após uma passagem executada de maneira diversa; *tempo giusto*, ou tempo exato, refere-se ao compasso tradicionalmente adequado ao estilo ou gênero musical, sem alterações de velocidade.

TENOR. Normalmente, a voz mais alta do canto masculino, excetuando-se o registro bem mais raro do contratenor. Situa-se, de maneira predominante, e em se tomando por base a clave de fá, entre o dó e o lá, uma oitava acima, passando pelo dó central. A voz estudada, no entanto, alcança registros maiores. O nome provém do italiano *tenore*, que mantém ou prolonga o cantochão, a fim de que outras vozes lhe façam o contraponto. Tenor de força (*tenor di forza*) é uma expressão usada para os recitativos ou árias de representação heróica. *Tenor spinto* é aquele que reúne as qualidades do canto às da interpretação propriamente dramática.

TEOFANIA. Conceito de teologia – literalmente "visão de Deus" – desenvolvido pelo precursor da escolástica João Escoto Erígena (Scotus Erigena) no século IX, em sua obra *Sobre a Divisão da Natureza* (*De divisione naturae*). Há duas formas de teofania, ou seja, de manifestação divina, que se complementam. Em primeiro lugar, a criação, em sua totalidade, já é uma revelação divina e uma descida de Deus em direção ao homem. A outra significa o retorno da alma humana ao seio divino, tornada finalmente possível pela prática do amor e das virtudes cristãs. Assim, enquanto a criação é uma demonstração de teofania já cumprida ou evidente, a elevação do ser humano e seu reencontro com Deus (segunda teofania) depende dele próprio. →*Epifania* e →*Revelação.*

TERÇA-RIMA. →*Terceto.*

TERCETO. Estrofe poética formada por três versos de onze sílabas (hendecassílabos), também chamada terça-rima (*terza rima*), com rimas encadeadas na seqüência *aba/bcb/cdc*. Foi consolidada por Dante como estrutura fixa e esotérica de sua *Comédia*, sendo ainda conhecida por "terça dantesca". Como exemplo, que se veja a introdução do canto terceiro do Inferno (tradução de Domingos Ennes): "A quem vai à cidade condenada, / A quem vai ao tormento derradeiro, / A quem vai ser precito, eu dou entrada. / [...] Eterna, hei de existir sem ter mudança; / A mais antiga sou das criaturas: / Ó vós que entrais, deixai toda esperança". A partir de então, foi igualmente cultivada por Boccaccio, Petrarca, Camões, Gregório de Matos e por vários autores árcades e parnasianos.

TERMO. **1**. Pequena pilastra decorativa cuja parte superior é esculpida ou moldada em forma antropomórfica, à maneira de um busto, ou em forma zoomórfica – meia figura de animal. Comumente utilizado pelos estilos barroco e neoclássico em decoração de interiores, assemelhando-se às hermas greco-romanas. **2**. Signo lingüístico, palavra ou vocábulo. **3**. Objeto ou coisa a que um discurso faz referência. **4**. Em filosofia, os elementos que compõem as premissas de um →silogismo: sujeito, predicado, verbo, conjunções, preposições (em conformidade com Aristóteles e, posteriormente, com Ockam). **5**. Em matemática, qualquer componente simples ou composto de uma expressão ou equação.

TERNO. →*Rancho.*

TERRACOTA. Argila modelada e cozida ao forno, sem uso de vidrado, e assim compactada e endurecida, servindo tanto para a construção e a decoração arquitetônicas, quanto para a elaboração de esculturas e de peças cerâmicas rústica. (→*Cerâmica*). Como a argila possui diferenças de composição química, dependendo da região onde é encontrada, a coloração após a queima pode variar do amarelo-claro ao vermelho-escuro, embora seja mais comum a cor marrom-avermelhada. Do italiano *terracotta*, terra cozida.

• **TERZA RIMA.** →*Terceto.*

TESSITURA. →*Música.*

TESTAMENTO. Poesia popular ou assim elaborada por autores cultos, habitualmente satírica, mas por vezes também lírica, em que o autor expressa, à maneira de testamento, suas últimas vontades. Um exemplo antigo é o de Arcediago de Toro, do século XV (trecho): "Mando meus olhos com toda sa vista / a um judeu cego de Valladolid". Com esse título, o poeta goliardo François Villon escreveu duas obras (o *Pequeno* e o *Grande Testamento*), legando aos seus inimigos tudo aquilo que não possuía. Bem mais recente é o testamento de Mário de Andrade (trecho): "Quando eu morrer quero ficar, / não contem aos meus inimigos, / sepultado em minha cidade, / saudade. / Meus pés enterrem na rua Aurora, / no Paissandu deixem meu sexo, / na Lopes Chaves a cabeça / esqueçam. / No Pátio do Colégio afundem o meu coração paulistano: / um coração vivo e um defunto / bem juntos". Também se pode encontrá-lo no samba de Noel Rosa e Vadico: "Quando eu morrer / Não quero choro nem

vela, / quero uma fita amarela, / gravada com o nome dela".

TETRALOGIA. **1**. Na Grécia clássica, indicava o conjunto de três tragédias e de uma comédia ou drama satírico exigido para que um autor se inscrevesse no concurso público. **2**. Modernamente, constitui a reunião de quatro peças teatrais, operísticas ou narrativas (romances) que mantenham unidade e continuidade temáticas, como a tetralogia *O Anel dos Nibelungos*, de Wagner (*O Ouro do Reno, A Valquíria, Siegfried, O Crepúsculo dos Deuses*) ou a de Thomas Mann (*José e seus Irmãos*).

TEXTO. **Etimologia.** Seu uso vem do latim tardio, do particípio passado de *texere* (tecer), *textum*, e foi empregado, como hoje o entendemos, a partir da obra *Institutiones oratoriae* (*Formação do Orador* ou *Criações Oratórias*), de Quintiliano, no século I d. C. Possui o significado metafórico de tecido tramado, de urdimento de fios e, no caso, de uma teia lingüística escrita em que as partes são solidárias e interdependentes para a elaboração de um tecido final e unificado. Como nos versos de Petrarca: "Se o amor e a morte não vierem impedir / a nova teia que agora me ponho a urdir" (*Rime*). Ou ainda Ariosto, em seu *Orlando Furioso*: "Muitos fios preciso encontrar / para urdir a longa trama em que laboro".

Conceito. Basicamente, portanto, o texto corresponde à elaboração de uma estrutura lingüística escrita e entrelaçada que estabelece um discurso, um conjunto voluntariamente ordenado e articulado de signos e sentidos. Assim sendo, frases dispostas aleatoriamente, mesmo em série, não chegam a configurar um texto. De maneira derivada, pode ser sinônimo de obra, quando se conjugam as idéias de signos escritos (forma material) e os seus conteúdos ou significados. A literatura oral, conseqüentemente, desconhece a materialidade do texto, pois seu discurso poderá ser alterado pelo ambiente em que se dá, pelo narrador e na forma dos enunciados. O texto, ao contrário, garante uma permanência no tempo, uma repetição, a memória, enfim, ainda que se perca o atrativo das entonações, dos gestos, das representações, isto é, a presença viva da oralidade, de sua *vivacidade*.

Contexto e interpretações. A concepção original de tecido ou teia nos indica que um texto é construído de partes, de unidades lingüísticas menores – frases, orações, períodos, parágrafos – e que, portanto, cada uma delas tem (ou deveria ter) uma função precípua ou um motivo determinante para a totalidade. Ou seja, cada uma das unidades lingüísticas desenha e pressupõe um "contexto" – a unidade lingüística maior. Quando saímos desse contexto, quando convertemos a frase em um *elo autônomo*, podemos, eventualmente, estar correndo o risco de perder o sentido primário que ele contém, e de modo semelhante o faríamos ao desfiar uma trama. Essa alteração torna-se perceptível quando recorremos a citações, separando-as do círculo completo para as quais foram criadas. O risco encontra-se no esquecimento, na ignorância ou até na distorção com que se interpreta uma passagem, um significado usado numa situação anterior e de natureza semântica.

Considerando-o ainda como articulação coerente e voluntária de enunciados (aquilo que é dito e escrito), o texto pode caracterizar-se seja por conteúdos semânticos mais pragmáticos, precisos ou objetivos – textos jurídicos, noticiosos, comerciais, técnicos e científicos – seja por encerrar ou sugerir conteúdos mais abstratos, imprecisos, conotativos ou indiretos – os literários em todos os seus gêneros (poético, narrativo, dramático etc.). Estes últimos são aqueles cujas estruturas lingüísticas se dispõem de maneira menos constritiva, a revelar um grau elevado de subjetividade e o estabelecimento de relações semânticas mais livres, plurissignificativas (→*Literatura*).

A criação desse universo imaginário da literatura, que reflete o real e se sobrepõe a ele, que se permite forjar tropos e figuras, não autoriza interpretações indiscriminadas, ao prazer do leitor. A afirmação de que o texto expressa ou comporta o significado que o leitor lhe quiser atribuir nega a presença evidente do autor, da idéia, da intenção, rompendo com o princípio da *alteridade*, com a existência do *outro* que escreve. Para a configuração do texto, portanto, deverá haver uma personalidade, uma rede definida de sentidos, um encadeamento semântico de imagens e de ações que apontem e garantam a coerência do tema exposto (não nos referimos, é claro, à maior ou menor qualidade do texto, à sua "competência textual"). Ou seja, o texto corresponde a um conjunto de signos passível de análise, tanto por sua delimitação física ou de forma (princípio, meio e fim), como de correspondências significativas.

Que se tome o poema *Mar Portuguez*, de Fernando Pessoa, como exemplo: "Ó mar salgado, quanto do teu sal / São lágrimas de Portugal! / Por te cruzarmos, quantas mães choraram, / Quantos filhos em vão resaram! / Quantas noivas ficaram por casar / Para que fosses nosso, ó mar! Valeu a pena? Tudo vale a pena / Se a alma não é pequena. / Quem quer passar além do Bojador / Tem que passar além da dor. / Deus ao mar o perigo e o abysmo deu, / Mas nelle é que espelhou o céu". Uma análise razoável que sobressai das seqüências poéticas é, primeiramente, a necessidade de grandes sacrifícios, de dor, quando o ser humano se dispõe a uma conquista; em seguida, o valor do sofrimento,

das renúncias, quando na intenção espiritual se encontra o atributo da transcendência; e por fim, unindo-se à mesma idéia, que aquilo que reflete e repara a grandiosidade do perigo e da dor é a visão do sublime. Poder-se-ia acrescentar que o poema faz parte de uma obra maior (*Mensagem*), destinada a cantar, saudosamente, a saga e os feitos de sua gente e de seus heróis, assim como a esperança pelo retorno de uma nova era, tão gloriosa quanto a das conquistas marítimas. Que o poeta autônimo era adepto de um misticismo nacionalista, crente do sebastianismo e que, portanto, haveria aí a necessidade de buscar sentidos ocultos, esotéricos (na verdade há um fato claramente histórico, as navegações portuguesas). Ainda assim, seria impossível extrair duas dúzias de significados que dispensassem as próprias relações literárias ali inscritas, em nome de uma polissemia difusa e sem hierarquias (sal, lágrimas e mar – choraram, resaram em vão, para que fosses nosso – valeu a pena, se a alma não é pequena, passar além (transcender) – perigo, abysmo (queda), céu).

Logo, a idéia do texto literário como um tecido de imaginação e de qualidades verbais, propenso ou aberto a mais de um significado, à plurissignificação, deve ser encarado dentro de certos limites. O que acontece é o fato, relativamente aceito, de que o texto literário comporta dois níveis simultâneos e interdependentes de significados: um, literal ou formal, que diz respeito às *escolhas* lingüísticas do autor, usadas tanto para a descrição de estados (psicológicos, sociais etc.), de características de personagens e ambientes, como para a narração, o relato de ações; outro, mais abstrato ou profundo, que revela intenções ou pressupostos não-explícitos, valores positivos ou negativos que fazem parte do universo do autor, e aos quais podemos chegar por analogias, extensão dos sentidos escritos ou conclusões (inferências) racionais, mas que estão imersas e mantêm correspondência com a literalidade.

Reafirmar o significado do texto como artefato que corporifica uma personalidade e certos objetivos parece-nos importante. Isso porque existe uma vertente da crítica cultural moderna (Foucault, Derrida, Deleuze) que tratou toda a linguagem humana como "problema", insistindo na hipótese de que os textos ocultam sentidos (normalmente repressivos), opõem-se à decodificação ou permitem "encantar" o entendimento por um jogo infinito de signos. Ou ainda que, em última análise, o texto não existe em parte alguma, desaparecendo no fluxo permanente das linguagens.

Intertextualidade. É relativamente comum um texto referir-se a outro, tomando-lhe de empréstimo certas passagens, de modo explícito, ou fazendo-lhe alusões implícitas. Essa recorrência pode ter como finalidade reafirmar idéias ou sentimentos já expressos, mesmo que em circunstâncias diferentes, ou, ao contrário, contestar, opor-se ou polemizar com o(s) antecedente(s). A esse "diálogo" entre textos dá-se o nome de intertextualidade. Um exemplo desse fenômeno, no caso explícito, são os versos de Joaquim Osório Duque Estrada para o Hino Nacional, em que se intercalam os de Gonçalves Dias, mais antigos (*Canção do Exílio*): "Nossos bosques têm mais vida / Nossa vida (em teu seio) mais amores". Em ambos, canta-se a exuberância da natureza pátria. Por extensão, utiliza-se o termo intertextualidade para indicar, mesmo em outros domínios artísticos – artes plásticas, teatro, cinema – o aproveitamento dessas referências anteriores (temas, formas, personagens etc.).

De maneira ampla, a intertextualidade corresponde a uma das características mais fortes da alta cultura, ou seja, ao fato de lidar com referências, citações, confrontos e entrelaçamentos constantes de temas, épocas e campos de conhecimento.

•**THÉÂTRE LIBRE.** Considerado por muitos a escola inaugural da encenação teatral moderna, o Teatro Livre francês foi fundado por André Antoine, em 1887, em Paris. Apoiado na literatura realista ou naturalista, buscou recriar em cena as condições habituais da vida, entendendo que a arte dramática deveria evocar em detalhes a realidade e permitir a análise de suas situações e conflitos. Para tanto, Antoine dedicou-se não apenas à divulgação dos já consagrados Zola e Goncourt, de novos autores como Ibsen, Tolstói, Strindberg, Hauptmann, Eugène Brieux ou Jules Renard, como modificou a interpretação tradicional dos atores e reivindicou um papel de relevo para o diretor-encenador. A dicção, o gestual e as marcações passaram a seguir um padrão naturalista, permitindo, por exemplo, que os atores dessem as costas ao público, o que até então era tido como desrespeito aos espectadores. Submeteu ainda o intérprete a uma disciplina que deveria provir do conjunto da obra, evitando que o ator procedesse segundo sua visão particular. Introduziu o escurecimento da platéia e planos de luz para as cenas. Propugnou por salas de teatro nas quais se pudesse "colocar todos os espectadores de maneira frontal ao palco, escalonados normalmente, de modo que o último se encontre ainda numa posição razoável para que seu raio de visão envolva completamente o conjunto da cena". Por suas iniciativas e propostas, o Teatro Livre de Antoine influenciou o aparecimento do →Freie Bühne alemão e do →Teatro de Arte de Moscou, de Stanislávski.

•**THESAURUS, TESOURO.** Palavra latina, derivada do grego *thesauros*, tesouro, que indica obras de referência relativas aos léxicos da filologia ou da arqueologia, abrangendo o vocabulário completo da língua, no primeiro caso, e da disciplina, no segundo. Por derivação, pode referir-se a uma coleção selecionada de conceitos, contendo sinônimos e antônimos, assim como a uma lista de palavras-chaves, relativas a um campo de conhecimento e que servem para recuperar informações.

•**THRILLER.** Palavra inglesa derivada do verbo *thrill* (vibrar, palpitar, impressionar), com o sentido de obra dramática ou narrativa cujo enredo é construído de forma tensa, emocionante ou excitante. Também usada na indústria cinematográfica para os filmes de suspense ou policiais.

TIMBRE. →*Música.*

TÍMPANO. **1.** Espaço e ornamento arquitetônico que nos templos e edifícios greco-romanos (clássicos ou helenísticos), bem como renascentistas ou neoclássicos, possui uma forma triangular, delimitada pelo frontão, situando-se acima da cobertura (entablamento), ou ainda de portas e janelas. Já na arquitetura medieval, é a área normalmente decorada com figuras esculpidas em relevo, que coroa os portais das igrejas românicas e góticas, no interior de um arco de berço (semicircular) ou ogival (pontiagudo), acima do dintel. **2.** Em música, sinônimo de tambor, incluindo-se diversos tipos, como o timbale, a caixa (de rufo), os tambores baixo e tenor, e mesmo o conjunto da bateria.

TINTA. Substância química indispensável à pintura, composta de *aglutinantes* (colas, resinas, ceras ou amidos, que servem para ligar elementos), *solventes* (água, álcool ou terebintina) e *pigmentos*, que dão a cor predominante ao produto final (pós ou líquidos de origens animal, vegetal ou mineral). Como exemplos, tinta a óleo, guache, tintas plásticas ou acrílicas.

TIPO. **1.** Modelo, forma ou conjunto de elementos cujas características se repitam em diferentes exemplares, constituindo um padrão. **2.** →Personagem literário, incluído o dramático, cujos traços físicos, psicológicos ou morais ultrapassam o indivíduo, generalizando uma figura social ou um comportamento coletivo. Por essa razão, o tipo tende a permanecer invariável ao longo das ações, a fim de que seus caracteres se tornem explícitos e o elevem à categoria de símbolo ou paradigma – o ingênuo, o ciumento, o avarento, o ambicioso, o trapalhão, o rancoroso, o arrivista etc. A comédia e a farsa lançam mão freqüente do tipo, já que o →humor tem, como um de seus recursos, a repetição ou ação mecânica. **3.** Em tipografia, pequena matriz ou bloco de metal, em forma de cubo ou de paralelepípedo, contendo uma letra, um número ou um caractere qualquer, que, quando entintado, serve para a reprodução mecânica de textos. O uso dos tipos móveis, que deram um extraordinário contributo ao desenvolvimento das artes e da cultura após Gutenberg (→*Livro*), encontram-se em desuso, substituídos que foram pelas composições eletrônicas. **4.** O formato específico das letras impressas, que constituem as "famílias" tipográficas (Arial, Courier, *bold*, itálico etc.).

TITÃS, TITÂNIDAS. Filhos de Urano (o Céu) e de Géia (a Terra), simbolizam, na cosmogonia grega, as forças elementares e brutais da natureza, opostas ainda à ordem ou à necessidade humana de equilíbrio e de pacificação da vida em sociedade. São eles: Ceos, Crio, Crono(s), Hiperíon, Jápeto e Oceano. Suas irmãs, as Titânidas, são Téia, Réia, Mnemósina, Febe e Tétis. Pelos poderes que representam, Oceano e Crono (este identificado, tardiamente, e entre os romanos, com Saturno) sempre foram considerados os mais importantes. Oceano, o que circunda a terra, é o pai e símbolo das águas dos mares e dos rios; Crono(s), filho caçula e senhor do Tempo, foi incumbido por Géia de libertá-la do poder de Urano e livrar os outros filhos de seu ventre, já que o pai os devolvia ao útero materno. Para tanto, a mãe entregou-lhe uma foice e quando Urano se deitou sobre Géia, Crono castrou o pai, salvando os irmãos. O sangue de Urano espalhou-se sobre Géia, fazendo-a conceber, mais tarde, as Erínias vingadoras, além dos Gigantes. Seu testículo, ao cair no mar, fez nascer Afrodite (Vênus), deusa do amor. Crono assumiu o trono paterno, já que a castração significa tanto a impotência de gerar descendentes como o privilégio de deter o poder. Tirânico, o senhor do Tempo passou a devorar os filhos que tinha com Réia, sua irmã, até que um deles, Zeus, o destronasse definitivamente, após uma série de lutas cósmicas. Hiperíon, também casado com uma das irmãs titânidas, Téia, gerou o Sol (Hélio), a Lua (Selene) e a Aurora (Eos).

TÍTERE. Qualquer figura ou objeto dramático e articulado do →teatro de animação, manuseado por fios ou cordéis que se prendem a partes variadas do corpo do boneco e se ligam, habitualmente, a um comando único, simples ou complexo, denominado cruz. A manipulação é feita do alto, isto é, estando o manipulador situado acima da cena. →*Marionete.*

TOADA. **1.** Cantiga, canção ou ainda balada de andamento lento, arrastado, ligada habitualmente ao universo e valores sertanejos, sugerindo sentimentos idílicos, de melancolia, desamparo, amor ou saudade. Com essa rubrica foram compostas algumas músicas sertanejas de sucesso, como *Luar do Sertão* (Catulo da Paixão Cearense e João Pernambuco), *Caboca di Caxangá* (João Pernambuco), *Tristeza do Jeca* (Angelino de Oliveira), *Negrinho do Pastoreio* (Barbosa Lessa), *Destinos Iguais* (Capitão Furtado), *A Saudade Mata a Gente* (João de Barro e Antônio Almeida), *Boiada* (Zé Paioça) ou *Amanheceu, Peguei a Viola* (Renato Teixeira). **2.** A linha melódica de uma canção dolente, contendo estribilhos fixos e versos improvisados, consoante o linguajar antigo dos músicos caipiras de Minas e de São Paulo.

TOLO. Tipo de templo greco-romano inteiramente circular, cercado por colunas. Quando a planta do tolo não dispunha de uma nau ou cela interior, o edifício recebia o nome específico de monóptero. Em grego, *tholos.*

TOMADA. Em →cinema, vídeo ou televisão, a imagem fotografada entre duas interrupções da filmagem. Habitualmente, um plano é composto de duas ou mais tomadas, seja por necessidade de desenvolvimento narrativo, seja para escolha posterior no processo de montagem. Uma só tomada pode, no entanto, constituir um plano. Emprega-se ainda, nos meios profissionais, a palavra inglesa *take.*

TOMBAMENTO. Constitui um conjunto de atos legais e de ações práticas do poder público tendo por objetivo preservar bens culturais (arquitetônicos, literários, iconográficos, mobiliários) ou naturais (ambientes, paisagens), evitando, por conseguinte, a demolição, a degradação ou a descaracterização de aspectos ou de configurações originais. De um ponto de vista jurídico e de ações públicas, o tombamento é um dos modos da política de preservação de →patrimônios artístico-culturais ou naturais. →*Restauração.*

TOMO. Cada uma das partes ou seções de uma obra escrita, separada em função de necessidades expositivas – didática, detalhamento temporal ou de assunto – podendo conter mais de um capítulo e coincidir ou não com o volume (a unidade física impressa).

TONDO. Pintura ou gravura entalhada, em relevo, inteiramente circular, ou ainda enquadrada em um suporte ou estrutura que tenha essa configuração.

TORÊUTICA. Conjunto de técnicas manuais que engloba as artes da escultura, do cinzelamento, da modelagem e da incrustação.

•**TOUR.** →*Pirueta.*

•**TOUR EN L'AIR.** Salto em balé ou dança contemporânea, caracterizado pela simultaneidade da elevação vertical e de rotações do corpo, com retorno ao solo sobre ambos os pés, ou mesmo sobre os joelhos.

TRACERIA. Conjunto de ornamentos arquitetônicos figurativos, esculpidos em relevo sobre paredes – traceria cega – ou sobre →tímpano e →dintel, assim como desenhos florais ou geométricos aplicados em vãos de janelas, como nos vitrais góticos. →*Laceria.*

•**TRADITIO LEGIS.** Pintura, escultura ou qualquer outra forma representativa de Cristo ladeado por São Pedro e São Paulo, simbolizando a "continuidade ou tradição das leis", reveladas pelo filho de Deus aos dois importantes apóstolos.

TRAGICOMÉDIA. Forma híbrida ou subgênero dramático intermediário entre a tragédia e a comédia, assim caractizado a partir da Renascença para indicar aquelas obras em que: *a*) dá-se importância tanto a personagens aristocráticos (da tragédia), quanto populares (da comédia); *b*) a linguagem varia de normas e diálogos cultos ao nível rústico e mesmo às gírias; *c*) os diálogos e as situações podem mudar de natureza, passando, por exemplo, da angústia à alegria, da ingenuidade à sordidez; *d*) os finais podem ser trágicos (como na peça inaugural do gênero, *A Celestina* (1499), de Fernando de Rojas, embora, mais comumente, conduza a finais felizes. Há uma menção de Plauto a esse termo, no prólogo de sua comédia *Anfitrião*, mas com o significado, bem mais simples, de uma peça satírica na qual deuses e reis (personagens típicos da tragédia) dela participam. Menciona-se uma adaptação de *Orlando Furioso* para a corte, ocorrida em Fontainebleau, no ano de 1564, como o primeiro exemplo de encenação desta forma, seguido de *Bradamante*, peça de Robert Garnier, levada aos palcos em 1582. Sua maior popularização ocorreu a partir do século XVII, por intermédio dos franceses Alexandre Hardy (*A Força do Sangue* e *Elmira*, baseadas em intrigas romanescas), Jean Mairet (*Ilustre Corsário*, 1634) e Jean Rotrou (*Venceslas*, 1647). Os franceses utilizaram ainda a expressão "comédia lacrimosa" (*comédie larmoyante*) para se referir a este gênero em que a sátira e a tragédia não chegam a alcançar grandes profundidades. Por esse motivo, a corrente neoclássica (Racine, Corneille, Molière) condenou a mistura dos gêneros. Na definição da filósofa Susanne Langer, a tragicomédia é uma "tragédia evitada". Para o crítico Eric Bentley, a tragicomédia, quando tragédia com "final feliz", leva à resolução do conflito pelo perdão, desconsiderando-se a falta original, a vingança e a ação do destino, exemplificada na *Ifigênia em Táuride*, de Goethe, ou no *Príncipe de Homburg*, de Kleist. A tragicomédia, como comédia de final infeliz, deriva, modernamente, da negação ou da descrença nos valores humanísticos, a partir da Revolução Industrial. Exemplos do *Pato Selvagem* (Ibsen), *Seis Personagens em Busca de Autor* (Pirandello), *Um Homem é um Homem* (Brecht) ou a maioria das peças do →"teatro do absurdo", como *A Cantora Careca* e *Os Rinocerontes* (Ionesco), ou *Esperando Godot*, de Samuel Beckett.

TRAINEL. Tela ou painel plano de espetáculo cênico, feito em pano, madeira, arame ou outro material adequado, que tanto pode permanecer fixo como ser movido para a mudança de cenas.

•**TRAILER.** Filme publicitário de curta duração, normalmente elaborado com trechos de uma película completa, e a ser lançada futuramente, exibido no início de uma sessão cinematográfica ou de vídeo.

TRAMA. **1.** Em tecelagem e tapeçaria, corresponde ao conjunto dos fios paralelos que cruzam, em ângulo reto, por baixo e por cima, aqueles dispostos na urdidura do tear, indispensáveis à confecção de um tecido. A passagem dos fios da trama pode ser realizada à mão ou com auxílio de agulha, lançadeira ou naveta (uma lançadeira em forma de barquinho). O mesmo que *teia*. **2.** Enredo, conteúdo de uma história, intriga narrativa ou dramática.

TRAMÓIA. **1.** Conjunto de fios ou cordas, roldanas e pesos, para a introdução ou desaparecimento de objetos e de personagens em cena de espetáculo teatral, já utilizado desde a época grega. (→*Cenografia*). **2.** Intriga, trama ou enredo, mas com sentido de ação malévola ou ardilosa.

•**TRANSCODER.** Aparelho que transcreve os códigos de cor entre sistemas de televisão, como, por exemplo, do sistema PAL para o NTSC.

TRANSCODIFICAÇÃO. **1.** Processo de mudança do código de cor de um sistema televisivo para outro (→*Transcoder*). **2.** Regravação de filme cinematográfico em fita magnética, para uso em vídeo e televisão, executada por um aparelho denominado telecine.

TRANSCRIÇÃO. Reescritura de uma obra musical, mais propriamente erudita, que implique algum tipo de mudança. Por exemplo: de um instrumento para outro (de cravo para violão, de piano para clarineta, de orquestra para um grupo menor de instrumentos, ou vice-versa) ou de um sistema de notação para outro (de uma tablatura ou escrita cifrada para a pauta). De maneira geral, a transcrição conserva um tratamento relativamente fiel, por comparação com a obra original, enquanto o →*arranjo*, de cunho popular, apresenta maiores variações.

TRANSEPTO. Galeria constituinte das igrejas cristãs que cruza o eixo ou nave principal do edifício, ao centro ou próximo ao altar-mor, situando-se de maneira paralela ao pórtico ou fachada. As igrejas góticas contêm muitas vezes dois transeptos, sendo o maior deles o central, denominado de cruzeiro.

TRANSAVANGUARDIA, TRANSVANGUARDA. →*Neo-expressionismo*.

TRANSUBSTANCIAÇÃO. O mistério pelo qual, no ato da eucaristia, as substâncias visíveis e materiais do pão e do vinho transformam-se em outra substância, de característica divina, simbolizada pelo corpo e sangue de Cristo, ali presente em espírito. O termo foi cunhado pelos teólogos do século XII.

•**TRAVELLING.** →*Cinema*.

•**TRAVESTIE, EN.** Indicação em dança ou teatro para que um personagem seja interpretado por bailarino/ator ou bailarina/atriz de sexo oposto.

•**TREPAK.** Dança cossaco-ucraniana, de compasso 2/4, extremamente acrobática e reservada aos homens, caracterizada pelo agachamento e salto posterior, com elevação de ambas as pernas. A rapsódia *Taras Bulba*, de Leos Janácek, ou a suíte *Quebra-Nozes*, de Tchaikóvski, se utilizam de passagens *trepak*.

•**TRICKSTER.** Herói de origem mitológica ou folclórica, mencionado em quase todas as culturas orais e escritas – da Europa, das Américas, da África ou da Ásia – cuja mentalidade conserva traços infantis, sendo, ao mesmo tempo, brincalhão, arruaceiro, mentiroso, cínico, cruel ou egoísta, mas, ainda assim, considerado "civilizador", ou seja, aquele que ensina ou sintetiza os elementos primários de uma cultura. Provavelmente do francês *tricher* (trapacear, enganar), pelo inglês *trick*, *tricker* (mesma acepção), o *trickster* é o herói mítico que tanto gera malefícios como benefícios, e, neste último caso, *malgré lui*. Ou seja, suas ações e seu comportamento são inicialmente egocêntricos ou anti-sociais. Apesar dessas características, no entanto, acaba produzindo, involuntariamente, façanhas heróicas, úteis ou construtivas, tanto quanto situações de medo e pavor, que reforçam os tabus da tribo ou da comunidade. É o caso do Hermes, que, após ter roubado o rebanho de Apolo, inventou a lira para negociar a troca e o perdão do deus; também a da divindade nórdica Loki, divertido e irresponsável; do Corvo, personagem da mitologia da costa oeste norte-americana, que ensina aos homens a arte da pesca e o uso da água potável, não por solidariedade ou "civismo", mas por se sentir com fome e com sede. Também Makunaíma, no relato original de Koch-Grunberg, que rouba o fogo do pássaro Mutug, por simples divertimento, e termina por doá-lo à tribo. Seu nascimento é quase sempre impuro, exótico ou anormal, e seu temperamento varia freqüentemente da passividade à fúria. Para George Balandier, a figura do *trickster* sintetiza a ambigüidade natural do homem, pela qual categorias opostas se misturam e convivem: a inteligência e a tolice, a coragem e a preguiça, a criação e a destruição, a ordem e a desordem. →*Herói* e →*Anti-herói*.

TRÍGLIFO. Ornamento integrante dos frisos dóricos composto de pequenos canais ou caneluras paralelas, de sentido vertical (os glifos), em número de três, e que separam as métopas pintadas ou esculpidas em intervalos regulares e simétricos. →*Ordens da arquitetura*.

TRIO ELÉTRICO. Banda musical móvel criada em 1950 por Osmar Macedo e Adolfo Nascimento, o Dodô, para a animação do carnaval baiano. Os dois músicos já haviam experimentado eletrificar um violão, convertendo-o em guitarra elétrica (sem conhecimento das tentativas do americano Eddie Durham com a amplificação). Entusiasmados com a primeira apresentação de frevo pelas ruas de Salvador, feita pelo clube Vassourinhas do Recife, os dois equiparam um velho automóvel Ford 29 (apelidado de fobica) com dois alto-falantes e percorreram todo o trajeto da rua Chile, quatro dias depois, tocando o novo instrumento e um cavaquinho, que receberam o nome de "paus elétricos". O sucesso fez com que no ano seguinte eles saíssem novamente no carnaval, agora acompanhados pelo engenheiro e violonista Temístocles Aragão. Configuravam-se aí o trio elétrico e o entusiasmado carnaval de rua de Salvador. Os caminhões atuais conduzem formações musicais ampliadas – guitarra, triolim (violão tenor elétrico de quatro cordas, também criação da dupla), contrabaixo, bateria, surdos e cavaquinhos – com equipamentos de grande potência sonora (acima de setenta mil watts).

TRIOLÉ, TRIOLETO. Forma fixa de poema constituído por oito versos. O primeiro se repete como quarto e sétimo; o segundo como oitavo e último. Exemplo em Machado de Assis (*Falenas*): "Eu conheço a mais bela flor: / és tu, rosa da mocidade, / nascida, aberta para o amor. / Eu conheço a mais bela flor: / tem do céu a serena cor / e o perfume da virgindade. / Eu conheço a mais bela flor: / és tu, rosa da mocidade". Do francês *triolet*.

TRÍPTICO. →*Retábulo*.

TRISSÍLABO. →Verso de três sílabas, contadas até a última tônica da última palavra.

TROCADILHO. Jogo de palavras ou chiste que consiste na aproximação ou na fusão dos sentidos particulares a cada uma, elaborado intencionalmente pela alteração da forma escrita ou da pronúncia. Constitui, portanto, uma reunião de representações díspares, resultando em um significado novo ou oculto, "ao mesmo tempo sensato e insensato" (Theodor Lipps, *O Cômico e o Humor*). Por exemplo, o Dicionovário (*Dicionário Novo ou Novo Dicionário*) de Millôr Fernandes, que trouxe, entre outras, a caravelha, "antiga" embarcação "a vela" do século XV. Normalmente, possui finalidade humorística, embora possa vir a ser um recurso poético de grande expressividade, como o utilizado por Chico Buarque na canção *Joana, a Francesa*: "o mar, marées, bateaux", cujos significados são, para ouvidos franceses, "lagostas, marés e barcos" e, em português, "o mar me arrebatou". O trocadilho ou o chiste "apresenta, em sua gênese, uma ampla coincidência com os processos de elaboração dos sonhos" (Freud). Também conhecido pela expressão francesa *calembour* (calãbur).

TROGLODITA, ARQUITETURA. →*Arquitetura troglodita*.

•**TROMPE L'OEIL.** Tipo de pintura figurativa que, utilizando-se de técnicas ilusionistas, sugere a nítida impressão de realidade, projetando os objetos do tema para fora da superfície bidimensional. Uma vertente da pintura *trompe l'oeil* é a quadratura, decoração mural que reproduz paisagens arquitetônicas, muito usada no século XVIII, sugerindo a continuidade do ambiente. Literalmente, "engana o olho".

TROPICÁLIA, TROPICALISMO. O movimento tropicalista brasileiro mostrou as suas primeiras obras e intenções em outubro de 1967, durante o III Festival de Música Popular da TV Record de São Paulo. Na ocasião, as canções *Alegria, Alegria*, de Caetano Veloso, e *Domingo no Parque*, de Gilberto Gil, causaram estranheza e admiração ao mesmo tempo, tendo sido executadas sob vaias, protestos e aplausos. Logo depois, Caetano obteve sucesso com a canção *Tropicália*, predispondo o público para a consagração do grupo e das novas propostas estético-musicais, o que de fato ocorreu em 1968 com os álbuns-solos de Gilberto Gil e de Caetano, e o coletivo Tropicália (ou Panis et Circensis, erroneamente grafado). Deste participaram, além dos compositores já citados, Tom Zé, Capinam, Torquato Neto, a cantora Gal Costa, a banda Os Mutantes e o maestro e arranjador Rogério Duprat. Em linhas gerais, as propostas do movimento basearam-se numa justaposição ou sincretismo voluntariamente ambíguo e mesmo contraditório de elementos culturais populares e cultos, tradicionais e de vanguarda, com maior ênfase no formalismo do processo criativo. Entre os mais evidentes, podem ser destacados: *a*) a recuperação de gêneros populares e folclóricos brasileiros, mesmo os já esquecidos ou marginalizados, e já então considerados "cafonas" (de mau gosto), numa época em que a maioria dos intelectuais e dos artistas exigia, das expressões artísticas, conteúdos políticos explícitos, como forma de resistência à ditadura militar; *b*) o uso das síncopas particulares da bossa nova; *c*) a adoção de experimentos musicais das vanguardas eruditas, como o serialismo, as músicas concreta e eletracústica, o uso de ruidismos e dissonâncias estridentes; *d*) uma poética de fragmentos, de colagem de imagens e de livres associações de idéias (um pouco à maneira da escrita automática surrealista), mas que também aproximaram o tropicalismo da corrente literária do concretismo ("lindonéia / cor parda, frutas na feira / lindonéia solteira, lindonéia / domingo segunda-feira / lindonéia desaparecida / na igreja no andor"). Outro reforço a essa forma de criação poética veio da estrutura cinematográfica, especialmente do cinema novo. A esse respeito, chegou a dizer Caetano Veloso: "[...] diretamente, o que eu fiz foi muito mais profundamente influenciado, toda aquela coisa de tropicália se formulou dentro de mim no dia em que vi *Terra em Transe*" (entrevista ao jornal *O Bondinho*); *e*) a incorporação dos recursos eletrônicos da música *pop* (guitarra, *rock*, *country-rock*, *blues*), assim como a valorização de uma imagem cênica e visual heteróclita (roupas de plástico, roupas africanas, cores exageradas e contrastan-

tes), numa dupla afirmação de cosmopolitismo e de inclusão do universo artístico à cultura de massa e de consumo juvenil; *f*) uma atitude "contracultural" de repulsa às ideologias, burocracias e convenções sociais, mas expressa pelo viés da ironia dadaísta, carnavalização e populismo televisivo (tendo por modelo o apresentador Chacrinha), e que também se tornaram evidentes no programa "Divino Maravilhoso" da TV Tupi. Na análise do crítico Roberto Schwarz, a modernização desejada pelos tropicalistas os conduziram a critérios vanguardistas ambíguos, que oscilaram entre a exploração de novas sensibilidades e o oportunismo do mercado, entre a crítica contundente e a integração à avassaladora estratégia capitalista. O débito do tropicalismo para com o modernismo de 22, sobretudo em sua vertente "antropofágica", revelou o mesmo movimento pendular que aquele manteve entre as contribuições cultas e populares, tradicionais e contemporâneas, primitivas e vanguardistas, sem que se chegasse a uma superação ou amadurecimento no interior da tendência. Mesmo porque, a prisão e o exílio de seus líderes, Caetano e Gil, contribuíram para a desarticulação do grupo. O disco "Araçá Azul", de Caetano, lançado em 1973, marcou o fim da experiência. Ainda assim, o tropicalismo distinguiu-se como um dos mais brilhantes e fecundos movimentos culturais da segunda metade do século, influenciando todas as gerações musicais que lhe seguiram.

TROPO. →*Retórica e figuras de linguagem*.

TROVA. Composição poética do gênero lírico e de origem medieval, no início improvisada para o canto ou o recitativo, e com acompanhamento musical. Fixou-se popularmente em quadras (estrofes de quatro versos), com o sentido extensivo de canção ou cantiga. Deriva, provavelmente, do latim *tropare*, inventar tropos ou figuras retóricas. Daí, também, trovador (poeta e cantor em *langue d'oc*) e troveiro (*idem*, em *langue d'oil*). →*Trovadorismo*.

TROVADOR. Poeta lírico-amoroso (e, eventualmente, cantor de suas próprias composições) cujas obras foram responsáveis pela criação das literaturas em língua vulgar ou materna na Europa, a partir do século XII, incluindo-se a portuguesa. →*Trovadorismo*.

TROVADORISMO. O que a ele devemos. Três contribuições de importância inegável para a arte e a cultura do Ocidente são devidas ao movimento literário e musical dos trovadores medievais, a partir do século XII – uma arte oscilante entre a literatura e a música, como observou Ezra Pound.

A primeira delas esteve na recuperação inovadora, e ainda viva, da poesia lírica e amorosa, acompanhada pela dança ou coreografia "medida", regrada, estimulando a aproximação dos corpos e a realização dos bailes (→*Dança*). Ou seja, o mérito do trovadorismo foi ter sabido explorar o imaginário e a sensibilidade humanas para uma das "chamas da vida" (no dizer bem intuído de Octavio Paz): o amor passional como desejo não só do corpo, mas também, necessariamente, da alma. E isso em meio a uma sociedade teoricamente severa, vigiada por regras religiosas e sublimações místicas. Assim, deparamo-nos com um traço distintivo, ainda conservado em nossa modernidade: o amor e o erotismo como sentimentos subjetivos e livres, desejados e cantados por seus prazeres (carnais ou espirituais), sem recorrência a justificativas religiosas ou padrões sociais. Por isso, afirma C.S. Lewis (*Alegoria do Amor*): "Já se buscou tratar o amor cortês como mero episódio da história literária, um episódio sem conseqüência [...]. Muito ao contrário, uma inequívoca continuidade une a lírica amorosa provençal à poesia de amor do Medievo tardio e desta, por intermédio de Petrarca e tantos outros, àquela de nossos dias. Se este fato escapa à nossa atenção é apenas porque estamos dentro desta tradição erótica moderna e a julgamos algo natural e universal, sem nos preocuparmos com a origem".

A segunda foi a criação da literatura em língua vulgar, em *romance*, e sem a qual todas as contribuições posteriores (pensemos em Dante ou em Boccaccio) teriam sido alteradas ou progredido com mais dificuldades. A terceira, há muito desaparecida, consistiu na restauração do poema épico, das gestas e episódios de amor galante e de heroísmo de seus duques, barões e cavaleiros, cuja influência se estendeu, primeiro, a Ariosto, Camões, Tasso e Shakespeare. E muito mais tarde, ao titanismo nostálgico dos românticos.

Valores e formas lítero-musicais. Após a partilha do Império Carolíngio, sucedera na Europa um longo período de anarquia (séculos IX e X) e de invasões (sarracenas, víquingues, eslavas e magiares), só contidas no século XI. Em um ambiente de paz relativa, a instituição da cavalaria a serviço de nobres e dignitários eclesiásticos foi-se tornando obsoleta. E aos pés das igrejas e castelos fortificados começaram a surgir aldeias ou pequenas cidades (burgos) de vidas política, social e econômica mais independentes, impulsionadas por mercadores e feiras livres, as comunas. Nos territórios atuais da França, centro irradiador do trovadorismo, desenvolveram-se então duas formas literárias e musicais distintas.

Ao Norte, baluarte intransigente da feudalidade e das virtudes guerreiras, correspondeu, de início, a épica dos "troveiros" (*trouvères*); ao Sul, nas regiões da Provença, da Catalunha e na galaico-portuguesa, um espírito mais flexível, requintado, tolerante e sentimental deu origem à lírica cortesã dos trovadores (*trouba-*

dours). Em boa parte, ainda, sob a influência direta dos conquistadores árabes nas províncias ibéricas (conforme opiniões de Edmond Jaloux e René Nelli). As justificativas podem ser encontradas no fato de os autores provençais se utilizarem de formas populares da poética muçulmana, como o *zéjel* e a *jarcha*, além de inverterem a situação de vassalagem em relação à mulher, tal como a literatura amorosa árabe o fazia. Ou seja, assim como os poetas do El →Andalus chamavam suas amadas de "senhor" (*sayydi*), também o trovador evocava sua dama pelo título de *midons* (meu senhor). As imagens e metáforas da poesia árabe-andaluz, no entanto, foram freqüentemente mais sensuais e livres do que a da nascente lírica ocidental, se nos servem de exemplo versos como os de Al-Taliq (século XI): "Seu talhe flexível era um ramo que balouçava sobre a areia de seus quadris, e do qual colhia meu coração frutos de fogo [...]. Saía o sol do vinho, e era sua boca o poente, o oriente a mão do copeiro, que ao despejar o vinho pronunciava fórmulas corteses [...]. E ao pôr-se no delicioso ocaso de seus lábios, deixava o crepúsculo nas maçãs de seu rosto" (traduzido por Emílio García Gómez, *Poemas Arabigoandaluces*).

Ao fazer do *amor cortês* um tema, um canto e uma dança refinados, sensíveis às cortes aristocráticas (e concentrados na expressão *fin'amors*), os trovadores inauguraram uma nova literatura européia destinada à erotização da linguagem e do imaginário. Esquematicamente, o amor cortês foi assim descrito por Georges Duby: "[...] um homem, um jovem, no duplo sentido dessa palavra, no sentido técnico que tinha na época – isto é, um homem sem esposa legítima – e, depois, no sentido concreto, um homem efetivamente jovem, cuja educação não havia sido concluída. Esse homem assedia, com intenção de tomá-la, uma dama, isto é, uma mulher casada, portanto inacessível, inconquistável, uma mulher cercada, protegida pelos interditos mais estritos de uma sociedade baseada em linhagens cujos fundamentos eram as heranças, transmitidas por linha masculina, e que considerava o adultério da esposa a pior das subversões [...]. O amor delicado é um jogo. Educativo. É o correspondente exato do torneio. Assim como no torneio [...] o homem bem-nascido arrisca sua vida, nesse jogo põe em aventura o seu corpo [...] na intenção de aumentar o seu valor, mas também de tomar, conquistar seu prazer, capturar o adversário após lhe ter rompido as defesas".

Esse objetivo pressupunha, portanto, certos valores ou princípios irrefutáveis – o amor como religião, a obediência, a humildade e a cortesia, que Segismundo Spina assim discrimina: a beleza e os encantos da mulher amada (e com outro casada) são virtudes tão elevadas que o próprio canto se torna o símbolo de um *elogio impossível*; é indispensável a submissão humilde e absoluta do poeta à sua dama, chegando-se, em casos-limites, à humilhação; a vassalagem demonstrada pelo homem é um caminho para a perfeição moral; a honra deste serviço impõe uma fidelidade paciente, uma castidade até a conquista final; seria indispensável ocultar a identidade da amada pelo uso do "senhal" (pseudônimo) e da "mesura" (prudência), a fim de proteger sua reputação; o fazer poético é um mister que não pede e até mesmo repudia títulos e posses materiais. "Ser amoroso, na poesia dos trovadores – diz J. Anglade – é comprometer-se por um juramento, como o cavaleiro." Convém mencionarmos, no entanto, que estas regras não significavam, necessariamente, e por muitas evidências, um sentimento sincero do poeta-cantor. Valiam, sim, como convenções da expressão íntima e amorosa, para a elaboração de um "código" ou estilo que pudesse traduzir idéias e emoções em arte literária.

Os poetas e o nascimento da língua portuguesa. O primeiro grande trovador das convenções do amor cortês foi Eble de Ventadorn, conhecido de seus contemporâneos como "o Cantor". Mas os textos mais antigos preservados são de autoria de Guilherme IX de Aquitânia (início do século XII). Vejamos três estâncias de um de seus poemas que, após serem escritos, eram entregues a um jogral, incumbido de cantá-los perante a mulher amada: *"Farai chansoneta nueva / ans que vent ni gel ni plueva; / ma dona m'assai 'e.m prueva / quossi de qual guiza l'am; / e ja per plag que m'en mueva / no.m solverai de son liam"* (Farei uma cantiga nova / antes que vente, gele ou chova, / minha dama põe-me à prova / como ainda a feição de amá-la; / e embora conflitos me envolvam / não me livrarei de seus laços e fala); *"Que plus ez blanca qu'evori, / per qu'ieu autra non azori. / Si.m breu non ai ajutori, / cum ma bona dompna m'am, / morrai, pel cap sanh Gregori, / si no.m bayz'en cambr'o o sotz ram"* (Mais branca é que o marfim, / sem que outra haja afim. / Se não vier auxílio a mim, / que a faça logo amar, / por São Gregório, será meu fim, / se um beijo sob ramas não me entregar); *"Per aquesta fri e tremble, / quar de tan bon'amor l'am, / qu'anc no cug qu'en semble / en semblan del gran linh N'Adam"* (Por esta senhora vivo transido, / pois de grande amor a amo, / outro ser de rosto igual não é nascido / na longa linhagem de Adamo).

Deve-se perceber que algumas palavras-chaves do estilo trovadoresco abrigavam vários significados, como é o caso de *assai* (contido na primeira estrofe acima) – a prova de amor. Esta, em especial, podia designar a visão da mulher ao levantar-se ou deitar-se, a contemplação de seu corpo nu ou mesmo as carícias antes do ato sexual. De maneira ambígua, o termo *fin'amors* transmitia não apenas a sinceridade do impulso amoroso, como a idéia profana de que a paixão mais bela e intensa só seria alcançada fora das peias, modorras e conflitos conjugais. Nas formas métricas, nas elaborações estilísticas, os trovadores desenvolveram uma técnica superior, no sentido de claramente destacado do falar cotidiano. A própria noção de amor aplicava-se também à exploração ou mesmo à criação de normas cultas, de metáforas enigmáticas e de termos raros ou sutis, um jogo de desafio literário entre os poetas. Aqui, uma pequena ilustração de Bernart de Ventadorn, um dos expoentes máximos do movimento, ao lado de Jaufre Rudel e Arnaut Daniel (este considerado, por Dante, o "melhor artífice da língua materna" – *il miglior fabbro del parlar materno*): *Chantars no pot gaire valer, / si d'ins dal cor no mou lo chans; / ni chans no pot dal cor mover, / si no i es fin'amors coraus. / Per so es mos chantars cabaus / qu'en joi d'amor ai et entend / la boch'e.ls olhs e.l cor e l.sen* (O cantar não tem como valer, / se com o coração não canto; / nem o canto o coração mover, / se não é para o fim do amor afeito. / Por isso é o meu canto perfeito, / pois o gozo do amor tem e dispõe / da boca, dos olhos, do senso e do peito). Em síntese, uma heresia imperdoável que a sociedade provençal cometia, contrariando os preceitos morais e religiosos dominantes.

Ainda assim, esse lirismo de culto e de serviço (ou vassalagem) da cultura occitânica – a da região francesa da Provença, de *langue d'oc* – difundiu-se para várias outras províncias e geografias européias. A começar pelo norte (Flandres, Champagne, de *langue d'oil*) e, em seguida, à Catalunha, Galícia, Portugal, Itália, Baviera (Alemanha) e Áustria. Nessa dispersão houve um acréscimo esperado de cores locais e ampliaram-se as possibilidades das formas poéticas e de tratamento do tema. Thibault de Champagne, por exemplo, fez largas menções à figura do marido ciumento (*giló*) e aos intriguistas ou aduladores da corte (*losengiers*), inimigos naturais do poeta, e explorou conflitos psicológicos como o do desejo não-satisfeito (o martírio), oposto à felicidade do devotamento. Em língua alemã, o trovadorismo viu-se cultivado pelos *minnesängers*, isto é, pelos cantores do amor requintado ou sublime (*minne*). Entre eles, Dietmar d'Eist, Meinloch, Reimar e Walter Vogelweide. Este último modificou, já no início do século XIII, algumas regras consolidadas pela tradição. Suas cantigas elogiam, mais que a beleza, a virtude da graça feminina, independentemente de sua dama ser nobre ou casada ("Quem somente beleza e riqueza soube amar, jamais apreciou a graça. Seria isto verdadeiramente amar?[...] Quantas vezes o belo é aborrecido; não corramos a ele pressurosos![...]

A graça traz beleza a todas mulheres, mas conferir graça, a beleza não consegue" (tradução de S. Spina).

Na Itália, ao norte, houve poetas que preferiram o provençal como língua de expressão e, entre estes, alguns dos mais prestigiados foram Rambertino Buvaleli, Lanfranca Cigala, Sordelo e Bonifácio Calvo. Aos dois últimos se atribuem os germes do futuro →*stil nuovo*, aquele que sublimou ou espiritualizou a figura da mulher amada, evitando, ao mesmo tempo, o formalismo e as convenções mais severas do trovadorismo. Prepararam assim o caminho de Guido Guinizelli, de Guido Cavalcanti e de Dante (em cuja *Comédia* se faz o elogio de Sordelo, em duas passagens do Purgatório). No sul, ao contrário, ponto de encontro entre a cristandade e o islamismo, a Escola Siciliana, acolhida com entusiasmo pela corte de Frederico II, compôs unicamente em língua pátria, destacando-se aqui Arrigo Testa, o próprio imperador, Pier della Vigna, Jacopo Mostacci, Guido delle Colonne e, sobretudo, Jacopo da Lentini. São dele, por exemplo, os versos: "Amor é um desejo que vem do coração / pela exuberância de uma grande beleza; / os olhos primeiro geram o amor / e o coração lhes dá de nutrir. / É bem verdade que, às vezes, / o enamorado ama sem ver, / mas aquele amor que comprime com furor / da visão de seus olhos é que nasce" ("*Amor è uno desio che vem da core / per abundanza de gran plazimento; li ogli in prima generan l'amore / e lo core li dá nutricamento. / Bem è alcuna fiata om amatore / sinza vedere so 'namoramento / ma quell'amor che strenze cum furore / da la vista de gli ogli há nascimento*").

Por fim, foi a lírica dos "cantares d'amor" e das "cantigas de amigo" que fundou ou fez brotar a literatura de língua portuguesa. E até onde o orgulho seja virtude, e não cegueira ou capricho, é impossível não reconhecer as qualidades dessa origem. O cuidado com a forma, com a excelência da construção poética, foi promissora e indiscutível nas obras de Paio Soares de Taveirós, de Martin Soares, Airas Corpancho, Pero da Ponte, D. Joan Soares Coelho ou Dom Dinis. Entre os seus atributos, encontramos a simplicidade, a concisão, o uso reservado ou racional das expressões passionais, o "cuidar" do amor, a louvação singela da natureza. E ainda que o recurso ao paralelismo, à repetição ou ao estribilho possa hoje parecer falta de imaginação, é preciso lembrar sua finalidade musical, a adequação rítmica e melódica das composições para o canto solista e o coro, entoados separadamente e em seqüência. Assim, o que nos parece correto, para além das afinidades sentimentais da raça, é o sabor bem temperado de graça e elegância com que os tormentos do amor (a coita) começaram a ser escritos.

A *Cantiga da Guarvaia*, também chamada *Canção da Ribeirinha*, de Taveirós, escrita provavelmente em 1189, é tida por alguns comentadores como a mais antiga em língua portuguesa: "No mundo non m' ei parelha [não há igual a mim] / mentre me for como me vai [enquanto seguir assim] / cá já moiro por vós, e ai! / Mia senhor, branca e vermelha [vestida de arminho e púrpura] / queredes que vos retraia [retrate], / quando vos eu vi en saia [sem manto, em trajes íntimos] / Mao dia me levantei [maldito dia] / que vos enton non vi fea! / E, mia senhor, dês aquelha [desde então] / i me foi a mi mui mal, ai! / E vós, filha de don Paai / Moniz, e bem vos semelha [parece-vos natural] / d'aver eu por vós garvaia [ter um manto nobre] / pois eu, mia senhor, d'alfaia [como presente] / nunca de vós ouve nem ei [nunca recebi] / valia d'ua correa [algo, ainda que sem valor]". Outros exemplos são os versos seguintes de Joan García de Guilhade: "Estes meus olhos nunca perderán, / senhor, grand coita, mentr'eu vivo for; / e direi-vos, fermosa mia senhor, / d'estes meus olhos a coita que an: / choran e cegan, quand'alguen non veen, / e ora cegan por alguen que veen" (Estes meus olhos nunca perderão, senhora, o grande tormento enquanto eu vivo for; e vos direi, formosa senhora minha, o sofrimento que eles, os olhos, padecem: às vezes choram e se tornam cegos quando alguém – vós – não vêem; em outras ficam cegos por alguém – vós – que vêem). Ou ainda esta canção de amigo, de D. Sancho I, uma das primeiras de que se tem notícia, já expressiva da saudade e do desejo do amante, que, longe, presta serviços ao rei: "Ai eu, coitada! / Como vivo en gran cuidado / por meu amigo / que ei alongado! / Muito me tarda / o meu amigo na Guarda! / Ai eu coitada! / Como vivo em gran desejo / por meu amigo / que tarda e non vejo! / Muito me tarda / o meu amigo na Guarda!".

TRUÃO. →*Bobo.*

TRUCAGEM. →*Efeitos especiais.*

TRUPE. Companhia ou elenco teatral. Do francês *troupe*, a palavra é utilizada em diversas outras línguas (alemão, italiano ou português), conservando o seu significado primário.

TURNÊ. Do francês *tournée*, indica a viagem de um artista, grupo ou companhia para apresentações de espetáculos e respectivos repertórios, em locais previamente determinados, de âmbitos nacional ou internacional.

TURNETE. →Praticável ou plataforma giratória para auxílio em apresentações cênicas.

•**TUTU.** Roupa ou figurino de bailarina composto de saias de gaze superpostas, curtas ou longas. Tradicional nos bailados clássico e romântico.

- **UGLY REALISM.** Arte figurativa e realista de um grupo de pintores alemães, ativos durante a década de 1970 (século XX), em que se retratam situações humanas constrangedoras, contundentes, ou poses deliberadamente indecorosas, fazendo reviver, sob certos aspectos, a estética mais antiga da →Nova Objetividade (*Neue Sachlichkeit*). Entre os mais importantes adeptos citam-se: Johannes Grütze, Mathias Koepel e Wolfgang Patrick.

ULTRAÍSMO. Movimento literário de vanguarda, modernista e formalista, surgido na Espanha em 1919, sob a influência da poética de Mallarmé, do futurismo e do dadaísmo, mas que se estendeu igualmente às regiões hispano-americanas. O líder da corrente foi o poeta e crítico de artes Guillermo de Torre, organizador do *Manifesto Vertical Ultraísta*, publicado em 1920, embora a influência do poeta Cansinos-Asséns tenha sido igualmente importante. Entre as características mais evidentes, o ultraísmo propôs o abandono e, ao mesmo tempo, a superação (daí a escolha do vocábulo "ultra") do lirismo, do erotismo e das estruturas lógicas, optando pelo emprego de metáforas inusitadas, em fluxo, e de palavras raras, à maneira do cultismo barroco, tendo por finalidade a construção de "poemas puros" (explorações lingüísticas, imagens oníricas, ritmos livres). Como conseqüência o abandono de ornamentos ou de adjetivações entusiasmadas. Entre as figuras de maior renome que aderiram aos princípios sugeridos por Torre, estiveram o espanhol Gerardo Diego (*Manual de Espumas*), o chileno Vicente Huidobro (*Espelho d'Água*) e o argentino Jorge Luís Borges, de quem transcrevemos o seguinte poema, vinculado às sugestões da época: "Mais vil que um lupanar / a carnificina envergonha a rua. / Sobre o dintel, / uma cega cabeça de vaca / preside o ritual medonho / de carne rústica e mármores finais / com a remota majestade de um ídolo" (*Carnificina*). Outro exemplo de elaboração ultraísta é o de Ernesto López-Parra (trecho): "A poeira da sombra / agarra-se ao vestido dos muros. / No relógio estático / suicidaram-se os minutos" (*Casa Vacía*).

UMBIGADA. Gesto coreográfico de origem popular africana, executado em danças de roda (mais raramente em formações de fila), e que consiste num movimento incisivo do ventre e do umbigo para a frente (pancada). Segundo descrição de Alfredo Sarmento, citada por Câmara Cascudo, "Em Luanda [...] constitui também o batuque, num círculo formado pelos dançadores, vindo para o meio um preto ou uma preta que, depois de executar vários passos, vai dar uma embigada (a que chamam semba) na pessoa que escolhe entre os da roda, a qual vai para o meio do círculo substituí-lo". No idioma quimbundo de Angola, *semba* é umbigo, e *masemba*, a umbigada. Registrada desde o início da colonização, a umbigada dos batuques e dos lundus incorporou-se aos fandangos portugueses e a danças brasileiras, rurais ou urbanas, como o coco nordestino, o maxixe e o samba de gafieira.

UNCIAL. Diz respeito à forma da caligrafia latina utilizada freqüentemente em manuscritos dos séculos IV ao VI d.C., caracterizada pelo arredondamento dos ângulos agudos das letras e pelo predomínio das inscrições em maiúsculas. Posteriormente, entre os séculos VI e XII, passou-se à época semi-uncial, de maior equilíbrio no uso de letras maiúsculas e minúsculas.

- **UNDERGROUND.** Denominação inglesa para manifestações artísticas elaboradas e difundidas fora dos principais circuitos profissionais da indústria cultural ("subterrâneo, a"), ou seja, consideradas experimentalistas, independentes, alternativas, contestatárias ou, em resumo, "contraculturais". O termo surgiu na segunda metade do século XX, nos Estados Unidos, e foi utilizado sobretudo entre as décadas de 1950 e 1970, acompanhando as novas correntes, valores, comportamentos e propostas culturais da juventude do pós-guerra, cujas obras ou iniciativas não se adaptavam à política de instituições tradicionais ou aos interesses comerciais de empresas e patrocinadores já estabelecidos no mercado. Assim, foram consideradas *underground* as produções literárias da geração *beat* ou as primeiras criações plásticas da *pop art*, antes de se tornarem fenômenos absorvidos e divulgados pelo mercado convencional. Nos anos 1960, em meio aos movimentos estudantis universitários e dos *hippies*, diversas manifestações performáticas e de teatro (como o →*Living Theatre*), de música jovem de protesto, sociopolítico ou comportamental, e mesmo a de publicações alternativas (jornais, revistas e fanzines contendo projetos gráficos inovadores) criaram seus próprios canais de expressão ou espaços de divulgação, caracterizando o *underground* como obras de baixo custo de produção, semi-amadorísticas e destinadas a públicos predominantemente jovens, de aficionados ou engajados em protestos sociais, políticos, educacionais ou de condutas familiares do período. No âmbito do cinema, a perspectiva de produzir "experiências pessoais" fora do sistema de Hollywood levou à criação do New American Cinema Group (1960) e da New York Film Makers Cooperative (1962), dedicados à realização, em grande parte, de documentários ou de obras poéticas, radicalmente subjetivas.

• **UNHEIMLICH.** Termo alemão com os significados de *medonho, pavoroso* ou *inquietante* e que foi utilizado pelo filósofo Schelling e, posteriormente, por Freud com o intuito de indicar fenômenos sensitivos ou psíquicos "estranhamente familiares". Ou seja, com os quais convivemos secretamente mas que, de alguma forma, vêm à tona, à percepção, embora preferíssemos que continuassem secretos ou inconscientes. Freud analisou o conceito a partir de um conto de E.T.A Hoffmann, *O Homem da Areia*, no qual ocorre uma fusão entre a realidade e a imaginação do narrador (Nathanael). Neste, o fantástico confunde-se então com acontecimentos efetivos, o natural com o sobrenatural, gerando medo e angústia pela ausência de fronteiras nítidas entre os mundos interior e exterior. Ainda para o psicanalista, o *Unheimlich* confunde-se com um dos mecanismos de defesa, o do recalque.

UNIFACETADO. **1.** Refere-se a uma peça moldada ou gravada de um lado só, sobre uma superfície apenas. **2.** Aquilo que apresenta uma faceta ou aspecto único, entre vários outros possíveis.

UNÍSSONO. Em música, refere-se aos sons de mesma altura (dois ou mais), emitidos simultaneamente por vozes ou instrumentos diferentes. Daí expressões como *intervalo uníssono*, em que não há distinção de altura entre as notas tocadas, ou *acorde uníssono*, em que o mesmo grupo de notas é cantado ou tocado por vozes diversas.

UNIVERSAL, UNIVERSAIS. **1.** Genericamente, universal significa o que tem validade ou é extensivo a todo tempo e lugar, bem como o que é comum, invariavelmente, a uma classe de fenômenos. **2.** Na filosofia antiga, e sob uma determinada perspectiva, o termo *universal*

foi entendido como fenômeno ontológico, ou seja, como idéia, forma, substância ou essência existente em si mesma, para além de contingências especiais (Platão). E ainda como "o que pode ser predicado de muitas coisas" ou "aquilo cuja natureza é afirmada de diversos sujeitos" (Aristóteles), significando, agora de um ponto de vista lógico, aquilo que se atribui, simultaneamente, a coisas diversas. Em ambos os casos, no entanto, ao que é universal (Homem, por exemplo) opõe-se aquilo que é singular e concreto (este homem, aquela mulher). Conseqüentemente, o universal diz respeito ao comum entre muitos, à generalidade. Ainda na lógica clássica, os chamados juízos ou conceitos universais são aqueles em que o sujeito é apreendido ou predicado em toda a sua extensão (*todos* os homens são bípedes; *nenhuma* planta é mineral). Quando se descreve ou se define um determinado objeto singular, pode-se perceber que nele se incorporam idéias consideradas universais. Assim, por exemplo, em "esta mesa redonda é feita de madeira", indicamos uma coisa determinada e concreta valendo-nos, ao mesmo tempo, de conceitos gerais (redonda, madeira), que se aplicam "a diversos sujeitos". Na Idade Média, o tema dos universais ocupou uma posição de destaque nas filosofias escolásticas, colocando em campos opostos pensadores de filiações platônico-aristotélica e estóica – a chamada disputa ou Querela dos Universais – que, nos extremos, foram conhecidos, respectivamente, como *realistas* e *nominalistas*. Basicamente, procuravam-se respostas para duas perguntas: qual o estatuto ontológico dos universais (o que são); de que forma existem (quais as características de sua realidade). Questões ainda hoje importantes para os campos da ontologia, da teoria do conhecimento e da lógica. Os teólogos e filósofos que deram uma resposta afirmativa à questão – os universais possuem uma realidade própria – tornaram-se representantes do realismo, como Santo Anselmo e Guilherme de Champeaux, por exemplo. Para eles, o universal constitui a substância originária que permite a existência particular dos entes ou indivíduos. Santo Anselmo distingue, assim, três tipos de universais: os que são reais na forma espiritualizada do Verbo Divino e antecedem todas as coisas (*universalia ante rem*); os universais que se concretizam nas coisas individuais (*universalia in re*); e os universais presentes na mente humana, na forma de conceitos (*universalia post rem*). Para os nominalistas, os universais são apenas nomes ou signos. Quando se nega por inteiro a existência real dos universais (sua realidade metafísica), bem como a validade que tenham para o pensamento, chega-se a um entendimento radicalmente nominalista da questão, também chamado *terminismo*. Nesse caso, os conceitos gerais não passam de simples vocábulos ou *sopros vocais* (*flatus vocis*), pois os universais viriam não só após a apreensão de objetos concretos (*universalia post rem*), como seriam completas abstrações da inteligência (posição radical de Roscelino). Abelardo, por sua vez, é representante da corrente eclética, ou seja, para quem os universais não existem de modo tangível, concreto, mas são capazes, no entanto, de referir-se positivamente a seres particulares, na qualidade de conceitos mentais e reais, não se constituindo apenas em "sopros vocais". A lógica moderna tratou igualmente da questão, assumindo ora a defesa dos universais (Gottlob Frege, Bertrand Russell), ora a sua negação (Willard Quine, Nelson Goodman). →*Conceito*.

UNIVERSIDADE. Instituição pública, privada ou de natureza mista que reúne faculdades ou escolas de nível superior, destinadas a: *1*) ministrar o ensino de conhecimentos técnico-científicos e de valores humanísticos, bem como capacitar profissionalmente seus alunos em cursos de graduação e de pós-graduação; *2*) promover regularmente cursos de extensão; *3*) exercer atividades de pesquisa. Por esse motivo, a ela podem estar integrados institutos ou centros avançados de estudos, de uma ou de mais áreas do conhecimento. Por conseqüência, cabe-lhe não apenas resguardar e transmitir as mais fecundas idéias elaboradas pela tradição, como propor novos princípios teóricos e concepções práticas adequadas ao aprimoramento da sociedade contemporânea (sob aspectos técnico-científicos, éticos, econômicos e sociais). A história das universidades remonta às escolas catedralícias e monásticas do período medieval carolíngio, então destinadas à formação dos clérigos, e às faculdades laicas do século XI, como a de medicina de Salerno e a de direito de Bolonha (ambas na Itália). Entre os séculos XII e XIII, no entanto, é que vieram a formar-se as primeiras corporações de ensino na Europa, as quais incluíam mestres e alunos, de maneira semelhante às guildas ou grêmios artesanais urbanos, constituídos por mestres e aprendizes. As corporações passaram a reivindicar e a conquistar direitos exclusivos, independentes das autoridades eclesiásticas (que até então detinham o monopólio do ensino) ou dos poderes laicos reais ou imperiais. Os direitos exigidos eram os de monopólio da atribuição de graus universitários, de greve e de regulamentação interna dos estudos – disciplinas, duração dos cursos e idade mínima exigida. A Universidade de Paris, por exemplo, obteve sua autonomia após os sangrentos conflitos de 1229, nos quais morreram dezenas de estudantes, atacados por tropas reais. Em 1231, no entanto, o rei São Luís reconheceu a independência da instituição. A de Oxford travou uma dura batalha entre 1214 e 1240, até que

Henrique III concedeu-lhe os privilégios requisitados. Foi ainda no fim do século XIII que surgiu a figura do reitor – *rector* – como autoridade máxima indicada pelo corpo docente, mesmo que, em alguns casos, houvesse a eleição de dois deles, como em Bolonha e em Oxford. Ainda no século XIII foram fundadas as universidades de Cambridge, Salamanca, Toulouse, Poitiers, Coimbra, Heidelberg e Praga. Os séculos XIV e XV, durante os quais se completaram os processos de secularização e de especialização do ensino superior, ainda viram surgir várias dezenas de centros universitários, entre eles os de Viena, Leipzig, Colônia, Barcelona e Copenhague. *Grosso modo*, a universidade medieval caracterizou-se pelo princípio da autoridade dos antigos (greco-romanos) e dos padres da Igreja Católica. Esse aspecto continuou a ser importante até meados do século XVIII, o que ajuda a explicar o motivo pelo qual a revolução científico-cultural que se estendeu do Renascimento ao século XVIII dependeu mais diretamente de academias particulares ou mantidas pelo Estado. Já a universidade moderna, aquela que se abriu aos valores e propostas do →Iluminismo, à liberdade de pensamento e à necessidade de experimentação, teve seu início com os métodos e as estruturas da Universidade de Berlim, na primeira década do século XIX. Tal projeto deveu-se, basicamente, a três figuras encarregadas de sua fundação: von Humboldt, Schelling e Schleiermacher. Nos finais do século XX, a universidade viu-se competindo com os meios de comunicação de massa, com os centros de pesquisa empresariais e com a informatização generalizada da sociedade, perdendo, em parte, a supremacia na criação de conhecimentos e em sua transmissão social. Na história das Américas, a colonização espanhola foi relativamente pródiga na criação de universidades coloniais, como as de Lima (1551), México (1553), Bogotá (1622), Havana (1728) ou Santiago do Chile (1738). Entre as mais antigas universidades norte-americanas estão a de Harvard (1642) e a de Yale (1701). Logo após a independência e a instalação de sua república, criou-se na Argentina a universidade de Buenos Aires (1821). Já no Brasil, a política de implantação de cursos superiores só teve início com a vinda da corte portuguesa em 1808, quando foram instituídas as escolas de medicina do Rio e da Bahia, seguidas pelos cursos jurídicos de São Paulo e de Olinda e pela Escola Central de Engenharia (reorganizada, em 1874, sob o nome de Escola Politécnica). A primeira universidade, no entanto, constituiu-se realmente em 1920 – a do Rio de Janeiro – englobando os cursos de direito, medicina e os da politécnica. Rebatizada em 1931 como Universidade do Brasil, incorporou então as faculdades de arquitetura, economia, odontologia, farmácia, belas-artes, música, enfermagem e educação física. Em 1945, recebeu o nome de Universidade Federal do Rio de Janeiro (Uerj). A Universidade de São Paulo (USP) foi projetada em 1934, durante o governo estadual de Armando de Sales Oliveira, e começou a funcionar um ano depois com a contribuição de vários professores contratados na França.

URDIDURA, URDIMENTO. **1.** As partes aéreas ou elevadas da caixa de teatro, nas quais se fixam as roldanas, ganchos, cordas e fios, que prendem ou movimentam os cenários de um espetáculo. (→*Tramóia*). **2.** Conjunto básico de fios colocados de maneira vertical ou horizontal no tear, e entre os quais é confeccionada a →*trama* ou tela da tapeçaria. →*Alto liço,* →*Baixo liço* e →*Tapeçaria.*

URNA. **1.** Grande vaso cerâmico para armazenamento de líquidos, como certos vasos gregos: as cráteras, o *pithos,* a *hydria* e o *pelike.* **2.** *Urna funerária* – vaso cerâmico de culturas antigas ou primitivas, destinado a receber as cinzas dos mortos ou os próprios cadáveres.

UTOPIA. **Sociedades perfeitas.** Do grego *où topos* – negação de um lugar, local inexistente ou quimérico – a utopia tem sido, desde a Antigüidade, a construção imaginária e desejável de uma república ideal (*optimo republicae statu*). Daí ser possível abordá-la igualmente como "eutopia", indicando o prefixo grego *eu* algo "melhor" ou "aprimorado" – como em "eugenia", por exemplo. Ainda assim, o termo criado por Thomas Morus é curioso, pois esquivou-se o filósofo de utilizar a negativa *a.* Talvez por já existir em grego a palavra *atopia,* com o significado de estranho, extraordinário ou mesmo absurdo. Por conseqüência, aventam-se as hipóteses de que sua intenção tenha sido ou a de propor um modelo não-extravagante, ou, ao contrário, inaplicável a qualquer realidade humana.

Nos textos de Platão (*Leis, A República*), de Thomas Morus (*Utopia,* 1516) ou de Tommaso Campanella (*A Imaginária Cidade do Sol,* 1623), o objetivo ambicionado tem como centro a instituição de uma sociedade minuciosamente ordenada e conduzida por princípios e práticas de justiça, de fraternidade, de mínima desigualdade, de bem-estar coletivo, de virtudes morais públicas e privadas. Pois há entre os textos reais e as cidades fictícias aspectos comuns: de um lado, a utopia "clássica" (greco-renascentista) constata a iniqüidade, a ambição pessoal, os crimes cotidianos, a corrupção, a ignorância e os vícios intermináveis do ser humano; em seguida, projeta a possibilidade de aperfeiçoamento dos indivíduos pela sociedade, achando-se esta sob o domínio de uma razão ética, normativa, categórica ou de forte consciência moral. Assim sendo, a utopia admite e propõe uma política fundada na razão (de linhagem platônica), mais do que na natureza

espontânea (de origem aristotélica e, mais tarde, maquiavélica). Comungam ainda aqueles autores as necessidades de extinguir a propriedade privada, fonte permanente de males sociais (em Platão ao menos para a classe dirigente), e de instituir tanto o comunismo dos bens quanto uma educação comum e rigorosa, que permita, na fase adulta, o exercício pleno dos talentos e capacidades individuais – a meritocracia.

Se os modelos não existem no tempo vivido, foi por se ter destruído uma "idade de ouro" pretérita (capaz de ser recuperada), ou será contruído por necessidade histórica de superação dos conflitos atuais. Move-o, portanto, a idéia grega de "filantropia", a noção latina de "humanidade", ou o entendimento teológico e cristão da igualdade humana. Concepções que se sustentam sobre duas bases: a fé ou esperança, e uma argumentação racionalizante, segundo a fórmula latina *fides quaerens intellectum,* aquela em que a fé exige o concurso da razão.

Necessidade de um ideal. Mas que utilidade poder-se-ia encontrar em uma proposição utópica, não sendo ela objeto de realização? À questão sugerida por Campanella, ele mesmo responde, inicialmente com duas perguntas: "Que nação ou indivíduo pôde imitar perfeitamente a vida de Cristo? Diremos por isso ser inúteis os evangelhos? De modo nenhum, pois sua finalidade tem sido a de nos estimular a não medir esforços para que deles nos aproximemos o quanto possível". Logo, a utopia aparece-lhe como luz condutora, como medicação que suaviza os males que se seguem à riqueza (arrogância, insensibilidade, ostentação, soberba, rapina, ociosidade) e à pobreza (humilhação, dificuldades, doença, fome, roubo, bajulação).

Em Morus, são ainda os exemplos de Cristo e das comunidades cristãs primitivas que lhe permitem formular sua arquitetura política. Se as relações entre os indivíduos e a sociedade são, mais comumente, as de conflito e injustiça, a superação ou a resolução desse estado converte-se tanto em uma necessidade civilizatória, dada a instituição de uma política superior, como aproxima o reino dos homens do reino divino. Sob tal aspecto, há nelas uma intenção salvacionista, auxiliada pela implementação das virtudes religiosas e que guardam relação com certas concepções heréticas. Se nos lembrarmos das pregações priscilianistas e maniqueístas, segundo as quais há, desde a origem, dois princípios antagônicos – estando o bem vinculado à espiritualidade e o mal às coisas materiais – então o mundo, por sua maldade infusa, só pode ser fruto do demônio, e não de Deus. E a utopia é o caminho que, afastando-se de Satã, busca a verdadeira divindade, reconstruindo as relações sociais sob aspectos superiores, porque espirituais. E assim irmanadas, a heresia e a utopia rechaçam com impaciência as imperfeições humanas.

Também é por esse motivo que nos meios populares medievais e renascentistas se desenvolveu a imaginação utópica. Com a diferença de concentrar-se, muito prática ou ingenuamente, em vantagens sobretudo materiais e imediatas, opostas às vicissitudes e mazelas cotidianas. Assim, fantasiava-se a existência de países como a Cocanha (Cocagne, em francês; Cucaña, em espanhol; Cokaigne, em inglês), Pomona, Hy Brazil, Jauja (localizada no Peru) e até mesmo, com toda a malícia, Venusberg (Monte de Vênus, em alemão). Terras onde se cruzavam rios de vinho e de mel, em que as vacas forneciam centenas de litros de leite por dia, os gansos voavam assados e as mulheres concorriam em beleza com as ninfas, sempre dispostas ao amor. Por outro lado, os ideais utópicos presentes em profecias judaicas, como as de Isaías, para quem as nações "transformarão as espadas em arados e as lanças em foices", e absorvidas pelo cristianismo de um Santo Agostinho e sua *Cidade de Deus*, influenciaram a criação das ordens monacais, de conventos e mosteiros. Na opinião de Giles Lapouge (*Utopias e Civilizações*), as novas comunidades eram "ilhotas de serenidade, sociedades harmoniosas e estáticas, bem ao gosto de Platão [...] nas quais os priores ou superiores tinham como única tarefa gerir a imobilidade, a repetição fastidiosa e extasiada das mesmas figuras. Venturoso êxito – um dos raros da utopia".

Bom selvagem e progresso. Se a descoberta da América e das novas geografias já havia reestimulado a idéia de sociedades utópicas, os séculos XVIII e XIX deram-lhe um caráter reformador ou francamente revolucionário. As variadas descrições das sociedades indígenas, do Novo Mundo e do Pacífico fizeram primeiramente surgir as concepções do "bom selvagem" e de um "estado de natureza bíblico" (de inocência e fraternidade).

O primeiro livro a esse respeito escrito pelo filósofo francês Morelly, *A Basilíada* (*La Basiliade*, 1753), narra uma comunidade edênica, a de tipo ameríndio, na qual não existem propriedades, organizações político-judiciárias, leis e matrimônios, tendo servido de modelo aos sonhos radicais de Noël Babeuf. Já com o *Código da Natureza* (1755), Morelly buscou "restabelecer", para a sociedade da época, um sistema semelhante e comunitário dos bens de produção (mas privado dos bens de uso) e condenar os ociosos ou os que viviam de rendas fundiárias ou financeiras, insistindo sobre a influência corruptora da propriedade privada. Valorizou, ao contrário, a aproximação das atividades do campo e

da cidade e a necessidade do trabalho para todos os adultos, "segundo as habilidades de cada um" e a distribuição dos resultados "segundo suas necessidades" (idéias, já se vê, incorporadas por Marx). A importância desta segunda obra (inclusive para Rousseau) esteve na inflexão que deu ao significado utópico, não mais o de um lugar fictício, mas desenvolvimento de um projeto político a ser implantado. Sua estrutura já não é a das narrativas "literárias" ou de veio romanesco, o que, de certa maneira, lhe permitiu anunciar a vertente posterior dos socialismos utópicos, que se ergueram contra as condições capitalistas em expansão: o de Saint-Simon, Charles Fourier ou de Robert Owen. Os princípios de igualdade social e de vida comunitária, mais do que o de liberdade ou individualismo, constituíram os traços de união entre os diversos sistemas propostos (a adjetivação utópica foi consagrada por Marx e Engels no *Manifesto do Partido Comunista* e no *Antidühring*; embora reconhecessem a contribuição do pensamento socialista, argumentaram que a evolução capitalista ainda estava a meio caminho de suas possibilidades, que as propostas dependiam, ingenuamente, de elites burguesas e, portanto, desconsiderava-se o papel crucial do proletariado como "sujeito histórico").

De qualquer forma, a nova utopia "programada" combinava agora um direito natural ou de origem com o progresso iluminista. Ou seja, propugnava a construção de uma sociedade avançada, acolhendo as contribuições técnico-científicas. No dizer de Saint-Simon, "a idade de ouro da humanidade não está atrás de nós; está por vir e será encontrada no aperfeiçoamento da ordem social. Os nossos pais não a viram, mas nossos filhos poderão contemplá-la algum dia". Posição semelhante à de Fourier, para quem a humanidade havia transposto quatro estágios – barbárie, selvagismo, sociedade patriarcal e sociedade civilizada – antes de alcançar o último e mais perfeito, o da Harmonia. A solução viria com a remodelação política, econômica, social e cultural propiciada pelos falanstérios, unidades autogeridas, sem a presença destacada do Estado. Grandes edifícios nos quais se abrigariam comunidades de "famílias associadas em função da agricultura, dos serviços, da indústria, da educação, das ciências e das artes". Em cada um deles, composto por 1 800 a duas mil pessoas, as decisões seriam colegiadas, unificando-se os poderes legislativo e judiciário, e eleger-se-ia um representante executivo, o unarca. Os passos seguintes seriam a extinção das células familiares, a instituição do amor livre e o consórcio dos falanstérios em âmbito mundial. Sua influência para o pensamento utópico gerou experiências práticas, sobretudo nos Estados Unidos.

Uma das mais famosas foi a de Josiah Warren, que fundou a comunidade Tempos Modernos (Modern Times) em Long Island, em 1850. O relativo sucesso do projeto, que chegou a combinar comunitarismo e anarquismo, chamou a atenção de Marx, que dela teve conhecimento em relatórios favoráveis da Associação Internacional dos Trabalhadores, com sede em Londres. Outra foi a de Red Bank, em New Jersey, que perdurou de 1843 a 1855.

Contemporâneo de Fourier, o industrial Robert Owen, proprietário de uma fiação em New Lanark, na Escócia, também se encaminhou para o movimento socialista-utópico. Inicialmente, criou condições sociais e trabalhistas em sua propriedade, como a redução da jornada de trabalho, o estabelecimento de uma loja de alimentos a preços subsidiados, de creches e de um instituto de educação, reduzindo drasticamente a pobreza de seus empregados. Como havia pensado, seus lucros mantiveram-se em ascensão. Propôs em seguida a instalação de comunidades agromanufatureiras autônomas para os desempregados, baseadas em um sistema de trabalho obrigatório para os adultos, de educação compulsória para jovens e crianças e distribuição eqüitativa dos resultados econômicos. Em 1824, viajou para os Estados Unidos e lá fundou a colônia da Nova Harmonia, uma tentativa empírica de provar a viabilidade de suas idéias. Após três anos, no entanto, a experiência fracassou.

Literatura. Também como experimento ou subgênero literário, a utopia constituiu-se em tema para variadas obras escritas a partir do século XVII, servindo inclusive como precursora da ficção científica. Foi o caso de *Viagem aos Estados e Impérios da Lua e do Sol*, de Cyrano de Bergerac; *As Aventuras de Telêmaco*, de La Mothe Fénelon; *Suplemento à Viagem de Bouganville*, de Diderot; *A História dos Sevaristas*, de Denis Vairasse; *As Aventuras de Peter Wilkins*, de Robert Paltock; o último episódio d'*As Viagens de Gulliver* à terra dos sábios e aristocráticos cavalos, de Jonathan Swift; *Erewhon* – anagrama de *nowhere* (lugar nenhum) – de Samuel Butler; ou *Notícias de Lugar Nenhum*, de William Morris. Em algumas delas, o mito da bondade primitiva é o foco principal dos novos paraísos; em outras, ao contrário, é a cultura ocidental dominante, seus valores e técnicas que permitem a perfectibilidade da civilização. Esse veio chegou ao século XX tanto em sua forma otimista, como a d'*A Grande Nebulosa de Andrômeda* (Ivan Efremov), em que se descreve uma sociedade capaz de propiciar a plena realização pessoal de seus habitantes, combinando liberdade, justiça e a ausência do Estado ("o verdadeiro comunismo"), como nas pessimistas de Huxley (*Admirável Mundo Novo*), de Orwell (*1984*) ou de outro

russo, Evguéni Zamiátin, autor da famosa antiutopia *Nós*, crítica do socialismo real.

Distopia e esperanças. As profundas mudanças socioeconômicas desencadeadas pela Revolução Industrial, e geradoras de lutas político-partidárias e sindicais, redefiniram, para Karl Mannheim, o próprio conceito de utopia. Pois em sua opinião, o utópico passou a exigir não apenas uma crítica da sociedade ou da realidade vigentes, mas a buscar uma saída ou rompimento reais com a ordem / desordem estabelecida. Tornou-se, ao lado ou para além do aspecto imaginário e intemporal, uma ideologia transformadora, de ação sociopolítica. Em outros termos, a utopia ganhou os contornos de uma ideologia revolucionária, ou pelo menos reformista e progressista, diferente daquela conservadora e intrinsecamente ideológica (→*Ideologia*).

Mas, ainda que a ordem, a igualdade, o bem público comum e uma possível felicidade daí decorrente estejam inscritas nas utopias políticas, contra elas têm-se levantado os seguintes argumentos: *a*) o de não considerarem a realidade das paixões humanas e suas contradições permanentes, insubmissas a modelos racionais; *b*) o de que a revolução burguesa e o desenvolvimento capitalista estão fundamentados e estimulam continuamente o individualismo e a liberdade de ação subjetiva, incompatíveis, desde então, com o comunitarismo arraigado que pretendem; *c*) o de que a planificação e a severidade das regras, aparentemente venturosas, não apenas mantêm a liberdade em segundo plano, como terminam por instituir, na prática, os autoritarismos políticos e uma sufocante burocratização administrativa; *d*) o de criarem culturas monótonas, estagnadas, logicamente fechadas e imutáveis, deslocando as sociedades para fora da História, quando esta nada mais é do que o próprio ambiente fatual e social da humanidade.

Daí o aparecimento das "distopias" (literalmente, o lugar onde está o mal), ou utopias invertidas, em que se aliam os universos tecnológicos avançados, envolventes e vigilantes com as ditaduras de tipo fascista ou stalinista, experimentadas no século XX, que levaram o russo Nicolai Berdiaev a escrever, no prefácio à edição francesa de *Um Admirável Mundo Novo*, a seguinte observação: "As utopias já nos aparecem como algo muito mais suscetível de ser realizado do que se imaginava antigamente. E nos encontramos na atualidade diante de uma outra questão angustiante: como evitar a sua realização definitiva? As utopias são realizáveis; a vida marcha para as utopias. E talvez um século novo esteja começando, um século no qual os intelectuais e os homens mais esclarecidos sonharão com os meios de evitá-las e de retornar a uma sociedade não-utópica, menos perfeita e mais livre".

Resta em discussão, no entanto, se essa fascinação pelo impossível, esse desregramento da razão absoluta não deva ser um antídoto contra o ceticismo, a apatia, ou o perigoso abandono da crítica e da ação sociopolíticas. Como argumentou Ernst Bloch (*O Espírito da Utopia*), ela é a única herdeira socioespiritual da presença divina. A fraternidade, a igualdade e a liberdade que nela se entrevêem permanecem como a derradeira esperança, fonte de coragem e conteúdo deste vazio deixado pela morte de Deus.

UTRECHT, ESCOLA DE. →*Escola de Utrecht.*

VALETE DE OUROS. Os artistas plásticos de Moscou que, reunidos em 1909, deram início a uma sociedade de exposições e ao movimento modernista russo, expondo conjuntamente no final de 1910. Liderados por Mikhail Larionov, fizeram parte da mostra Natalia Gontcharova, Kasimir Malevitch, ainda residentes ali, assim como os já expatriados Vassíli Kandínski e Alexei von Javlénski. As novas concepções pictóricas do grupo, de caráter pós-impressionista, fundamentaram-se em simplificações, distorções e primitivismo de formas, destacando, em contrapartida, a intensidade das cores. Além de suas obras, integraram essa primeira exposição trabalhos dos franceses Léger, Delaunay, Gleizes e Le Fauconnier.

VALOR. Aquilo que, em geral, é ou deve ser escolhido, é ou deve ser preferido. Indica, por conseqüência, um grau de atração (apreciação) ou de repulsa (desapreço) que um indivíduo ou coletividade manifesta com relação a um ser, um objeto ou um princípio. Como criações culturais, os valores encontram-se em todos os campos da atividade humana. Recobrem não apenas as condutas morais, religiosas e laicas, como as econômicas, políticas, artísticas (poéticas, estéticas). Tendem a ser herdados, isto é, transmitidos de uma geração àquela que imediatamente lhe segue, ainda que a importância deste ou daquele possa diminuir de intensidade. Desde o estoicismo, que incorporou o vocábulo ao domínio primeiro da ética, diz respeito a uma escolha moral e racional, tida por um bem, enriquecimento ou melhoria da vida, seja sob o aspecto material, seja sob o espiritual. Ilustrativamente, o mais alto valor para o filósofo estóico era a ataraxia, ou seja, o completo domínio sobre a impulsividade das paixões. Uma das discussões ainda hoje pertinentes sobre os valores é a de atribuir-se-lhe ou um caráter absoluto, universal, metafísico, ou, ao contrário, relativo, histórico, subjetivo. No primeiro caso, pretende-se uma "fundação" moral necessária que evite preferências contingentes, mutáveis ou ocasionais. Os valores seriam então atributos ou qualidades objetivas das coisas, como, por exemplo, o valor pela preservação da vida, o valor da justiça, da temperança, da honestidade, da coragem ou, enfim, do que se considera virtude. Ainda que os valores não sejam realidades em si, "coisas", constituiriam um *dever-ser* universal, um imperativo categórico (Wilhelm Windelband, Heinrich Rickert, Max Scheler, Nicolai Hartmann). No segundo caso, exprime-se uma relação estreita do valor com as próprias atividades humanas, estando elas dependentes de circunstâncias específicas, vividas ou históricas (temporais). Aqui, o conceito e a escolha do valor se tornam relativos ou mutáveis, na dependência de estados psíquicos, de "forças de motivação pessoal" (Alexius Meinong), de "desejabilidade", isto é, atração subjetiva por um objeto estimado (von Ehrenfelds) ou da liberdade de escolha pessoal. Em defesa dessa idéia colocou-se também Wilhelm Dilthey, para quem as transformações históricas, culturais e as respectivas "visões de mundo" criam e modificam os valores, suas hierarquias e seus significados. Mas, ainda que relativo, ou historicamente cambiante, o valor, enquanto objeto de intenções, não pode desconsiderar os laços existentes entre os *meios* e os *fins* propostos, e nem a situação concreta em que aqueles vínculos se estabelecem, pois toda valoração é um "ato crítico" (conforme John Dewey, *Teoria da Avaliação*). Um dos responsáveis pela crítica aos valores tradicionais foi Nietzsche. Ao condenar veementemente a filosofia socrático-platônica, assim como as virtudes e a noção de pecado judaico-cristãs, o filósofo defendeu a relativização e mesmo a inversão da "genealogia da moral", propondo, em lugar daqueles "valores eternos" (dos fracos ou ressentidos), os "valores vitais" (instinto, potência, sofrimento, gozo dos sentidos). Em sua concepção, por exemplo, "[...] nada está 'dado' como real, a não ser nosso mundo de apetites e paixões, que não podemos descer ou subir a nenhuma outra 'realidade', a não ser precisamente à realidade de nossos impulsos, pois pensar é apenas uma proposição desses impulsos entre si [...] até agora a planta 'homem' cresceu mais vigorosamente em altura [...] sob as condições inversas (em) que, para isso, a periculosidade de sua situação tinha antes de crescer até o descomunal, sua força de invenção e de disfarce desenvolver-se sob longa pressão e coação até o refinado e temerário, sua vontade de vida ser intensificada até a incondicionada vontade de potência; nós pensamos que dureza, violência, escravidão, perigo de rua e no coração, ocultamento, estoicismo, artimanha e diabolismo de toda espécie, que tudo o que há de mau, terrível, tirânico, tudo o que há de animal de rapina e de serpente no homem serve tão bem à elevação da espécie 'homem' quanto o seu oposto" (*Para Além do Bem e do Mal*). A teoria dos valores é também chamada, modernamente, axiologia, termo empregado, no século XX, por P. Lapie (*Lógica da Vontade*) ou von Hartmann (*Esboços de Axiologia*). →*Juízo de valor.*

VALORES TÁTEIS. As sugestões de relevo e de textura propiciadas por linhas e cores sobre uma superfície plana, e que dão a impressão de emergir. A expressão foi aplicada, originalmente, pelo crítico e historiador de artes plásticas Bernard Berenson.

VALQUÍRIAS. Filhas do deus Wotan, são as belas e destemidas mulheres guerreiras, personagens da mitologia germano-escandinava, cujas missões são as de servir aos deuses e guerreiros nos festins do Valhala e recolher os espíritos dos mortos dos campos de batalha, transportando-os àquele castelo paradisíaco. Para tanto, utilizam-se do arco-íris, via de acesso à morada celestial. Além de exímias amazonas, destacam-se pelo uso da lança, do arco e pela destreza nas lutas corporais. →*Nibelungos.*

VALSA. Dança e gênero musical, de compasso 3/4 ou 3/8, com acento no primeiro tempo, tida normalmente como de origem alemã, ou seja, proveniente do *Ländler* folclórico meridional. Certos historiadores franceses, como G. Desrat, no entanto, asseguram ser ela de origem provençal, baseando-se no fato de que a *volta*, dança de corte renascentista daquela região, já possuía quase todas as características da valsa: dança em três tempos, executada por pares enlaçados, em giros sucessivos. Tendo sido adotada por alemães e austríacos, no século XVII, teria recebido então o nome de *Walzer*. Como a música do período clássico aproveitou canções e danças populares em seus temas, a valsa integrou-se a obras de compositores eruditos, entre eles Haydn, Mozart e Beethoven. Mas foi sem dúvida a partir dos bailes públicos e dos salões de Viena, bastante comuns no século XIX, que o gênero se difundiu popularmente, e com enorme sucesso. A ela se dedicaram vários e renomados compositores austríacos, como Johann I, Johann II, Joseph Lanner e Joseph Strauss, além dos românticos Chopin, Liszt, Schubert ou Tchaikóvski. Registre-se que a valsa, ao estilo de Chopin, influenciou sobremaneira a música popular brasileira, em fins do século XIX e início do século XX, nas figuras, entre outras, de Chiquinha Gonzaga ou de Ernesto Nazareth, bem como no desenvolvimento do choro. Valsa *musette* é como ficou conhecida a forma popular francesa, executada por acordeão solista em bailes e espetáculos musicais.

VANGUARDA. **Exército e lutas literárias.** Do francês *avant-garde*, a expressão nasceu nos círculos militares e designou, já na Idade Média, as forças ou grupos armados que seguiam à frente das tropas principais, incumbidas de sondar o terreno e dar o primeiro combate ao inimigo. O Renascimento, no entanto, fez do vocábulo uma metáfora para as lutas poéticas da França quinhentista, em favor tanto do estudo dos autores greco-romanos quanto da escrita em língua vernácula. Assim, conforme pesquisas de Matei Calinescu, o novo sentido apareceu inicialmente no livro *Recherches de la France*, um dos primeiros estudos de historiografia literária da Europa moderna, elaborado pelo humanista Étienne Pasquier. Na obra, escreveu o historiador: "Foi uma gloriosa batalha que se empreendeu contra a ignorância, cuja vanguarda atribuo a Scève, Bèze e Peletier; ou, dito de outra maneira, foram eles os precursores de outros poetas. Depois deles, formaram nas fileiras Pierre de Ronsard e Joachim du Bellay, ambos gentis-homens de nobres ancestrais. Estes dois lutaram com vigor, mas principalmente Ronsard, de modo que, sob seus ensinamentos, vários outros os seguiram sob suas bandeiras". Ao grupo da Pléiade, portanto, atribuiu-se pela primeira vez a noção de vanguarda artística. Na opinião de Pasquier, os poetas de seu tempo possuíam talentos capazes de competir e mesmo de sobrepujar a grandeza dos autores greco-romanos, ainda que os tendo como modelos.

Mas como assinala Calinescu (*As Cinco Faces da Modernidade*), "Para Pasquier a vanguarda era simplesmente uma figura estilística sugestiva, que, junto com outros mecanismos retóricos similares, transmitiu o sentido de mudança e evolução à literatura. De modo significativo, nunca quis dizer que aqueles a quem considerava a 'vanguarda' estivessem conscientes de seu papel. E como veremos, a autoconsciência – ou a ilusão de autoconsciência – é absolutamente crucial para a definição da vanguarda mais recente".

A Revolução Francesa e suas influências. Foi com a Revolução Francesa e, logo a seguir, com o socialismo utópico, que as perspectivas de mudança radical de valores, de inconformismo pertinaz, de anúncio de um novo tempo e de crença promissora no futuro consolidaram uma das idéias correntes de vanguarda, incorporando-lhe também feições políticas.

Em 1794, por exemplo, o partido jacobino lançou o jornal *A Vanguarda do Exército dos Pireneus Orientais*, um dos órgãos difusores das propostas revolucionárias. Duas décadas mais tarde, as utopias sociais e econômicas de Saint-Simon e de seus seguidores reuniram os aspectos políticos ao universo estético, atribuindo aos artistas uma função vanguardista militante e até então inesperada. Para Saint-Simon, em sua nova e planejada organização social, "[...] os artistas, os homens de imaginação, abrirão a marcha; recuperarão do passado a idade de ouro, para com ela enriquecer as gerações futuras; farão a sociedade apaixonar-se pelo crescimento de seu bem-estar [...] cantarão os benefícios da civilização e, com tal propósito, utilizarão todos os meios das artes plásticas, a eloqüência, a poesia, a pintura, a música ou, em uma palavra, desenvolverão o aspecto poético do sistema" (*Cartas de H. de Saint-Simon aos Senhores Jurados*). No que foi seguido por seu partidário Olinde Rodrigues: "Somos nós, os artistas, que serviremos de vanguarda; o poder das artes é, com efeito, o mais rápido e imediato. Temos armas de todas as espécies; quando queremos espalhar novas idéias entre os homens, nós as inscrevemos no mármore ou na tela; fazemo-las populares pelo canto; empregamos, alternadamente, a lira e a gaita, a ode e a canção, a história e o romance; a cena dramática nos está aberta e é ali, sobretudo, que exercemos uma influência elétrica e vitoriosa" (*O Artista, o Sábio e o Industrial*).

Segundo ainda o ensaísta Renato Poggioli (*A Teoria da Vanguarda*), um adepto de Charles Fourier, Gabriel Laverdant, escreveu um artigo defendendo noções semelhantes durante o Salão de 1845, intitulado "Da Missão da Arte e do Papel dos Artistas": "A arte, a expressão da sociedade, comunica-se por suas mais elevadas aspirações, por suas tendências sociais mais avançadas; é a precursora e a descobridora de caminhos. De modo que para saber se a arte cumpre com dignidade seu papel de iniciadora, se o artista permanece realmente na vanguarda, deve saber-se para onde se dirige a humanidade e qual é o destino de nossa espécie". Foi ainda com este significado que Balzac pôs na boca do personagem Masson (*Les Comédiens sans le savoir*, de 1846) o seguinte comentário: "Todos aqueles que se apiadam do povo e se preocupam com as questões do proletariado e dos salários, ou escrevem contra os jesuítas, ou se interessam pela melhoria de não importa o quê – comunistas, humanitaristas, filantropos [...] você entende – todos estes homens são nossa vanguarda".

De um ponto de vista genérico, as teorias anarquistas (Kropótkin) e marxistas-leninistas incorporaram a proposta daquela elite revolucionária que age em prol de uma civilização mais justa, racional e igualitária – uma elite representada pelo partido do proletariado urbano-industrial. Lênin expôs sua visão de partido em *Que Fazer* e reforçou os laços entre as missões da organização militante e da arte engajada no artigo *Organização de Partido e Literatura de Partido*, de 1905: "Abaixo a literatura não partidária. Abaixo a literatura do super-homem. A literatura há de se converter em parte da causa comum do proletariado, um dente e parafuso do único grande mecanismo social-democrático posto em movimento pela totalidade da vanguarda politicamente consciente de toda a classe trabalhadora".

Esse vínculo muito estreito entre as ações políticas e artísticas, que teria variados adeptos no período modernista do século XX, principalmente entre autores de esquerda, encontrou uma primeira oposição em Baudelaire. O poeta não via com bons olhos o compromisso do artista com as injunções de caráter militar ou militante que um programa político pudesse exigir. Assim, entre suas anotações pessoais, registrou (*Meu Coração Posto a Nu*): "Do amor, da predileção dos Franceses pelas metáforas militares. Toda metáfora traz aqui bigodes. Literatura militante. Permanecer no ataque. Carregar alto o estandarte [...]. Os poetas de combate. As literaturas vanguardistas. Esses hábitos de metáforas militares denotam espíritos não militantes, mas feitos para a disciplina, quer dizer, para a conformidade; espíritos nascidos domésticos; espíritos *belgas* que só pensam em sociedade".

A seguir, no entanto, uma outra noção de vanguarda se fez notar. Aquela que, eximindo-se de críticas ou de intenções sociopolíticas, projetou-se mais especificamente sobre as *formas* artísticas, anunciando a pureza estética do século XX. A esse respeito, diz Poggioli: "Por um instante, as duas vanguardas parecem estar unidas, renovando assim a tradição romântica estabelecida no curso das gerações compreendidas entre as revoluções de 1830 e 1848. Esta aliança sobreviveu na França até a primeira das modernas revistas literárias, intitulada, significativamente, A *Revista Independente*. Fundada em 1880, essa revista foi talvez o último órgão que reuniu fraternalmente, sob o mesmo teto, os rebeldes da política e os rebeldes da arte, os representantes das opiniões avançadas nas esferas do pensamento social e do artístico. Depois, teve lugar o que poderíamos chamar o divórcio das duas vanguardas".

No século XX. O que agora se gestava, também sob a denominação de vanguarda, era o assalto e a negação das tradições artísticas, um sinal ao mesmo tempo contrário e de desprezo ao passado (anticlassicismo, anti-romantismo, anti-realismo), às convenções, às balizas poéticas (formais, sintáticas etc.) e favorável ao experimentalismo, à novidade (ainda que aparente), ao pluralismo ou, em síntese, ao moderno. Com essa divisão, parte das vanguardas – menos comprometidas com ações sociopolíticas – abandonou as idéias de meta, de evolução ou de progresso históricos. Tornou-se antiteleológica, relativista em matéria de valores, conservando-se em um "estado estático flutuante" (Leonard Meyer, *Music, the Arts and Ideas*), ou seja, em um estado de liberdade fluida que se permite mudar rapidamente de direção. As mudanças encontram-se em todas as partes, em todos os domínios, mas não se dirigem para um ponto "além", pois já não haveria o que ser superado. Logo, qualquer que seja o critério, desde que aparentemente novo, pode ser experimentado e mostrar-se igualmente convincente.

Aliada a essa conduta, as vanguardas formais do alto modernismo (futurismo, expressionismo, abstracionismo, cubismo, dadaísmo, surrealismo) demonstraram também uma concepção do *eu*, da subjetividade, bastante diferente daquela experimentada pelo espírito romântico. O subjetivismo deste último ansiava por incorporar os sentimentos e as formas do mundo, elevando-se à condição de mais completa realidade. Já o *eu* das vanguardas exteriorizou-se, habitualmente, de maneira fragmentada, dilacerada, por considerar o mundo um incômodo terrível ou grotesco, um conjunto de situações existenciais caóticas. Embora contendo traços e objetivos formais bem distintos, é possível intuir um aspecto comum às vanguardas – o fato de os aspectos humanos relativos à consciência, ao domínio de si, à racionalidade ou à idealização (transcendência, ordem, clareza, proporção, simetria) terem sido postos de lado, em favor da exaltação da potência ou da velocidade das máquinas, das manifestações irracionais do inconsciente, de uma simbolização da disformidade, da fuga do real pela abstração, ou do comportamento infantil e paródico. A esse respeito, e lembrando o caráter "desumanizador" do moderno, como o viu Ortega y Gasset, escreve Calinescu: "Hoje podemos dizer que a urgência anti-humanista dos escritores e artistas durante a primeira década do século XX não era apenas uma reação contra o romantismo ou o naturalismo, mas uma profecia estranhamente exata. Distorcendo, e freqüentemente eliminando em sua obra a imagem do homem, desbaratando sua visão normal, deslocando sua natural sintaxe, os cubistas e os futuristas estavam entre os primeiros artistas conscientes de que o homem era um conceito obsoleto, e que a retórica do humanismo deveria ser descartada". Por detrás ou acima das aparências, convergiram todas elas para o "antiestilo" destrutivo, ou, como afirmou Ionesco, "O homem de vanguarda é o oponente do sistema existente" (*Notas e Contranotas*). →*Arte no século XX*, →*Pop* (*arte, cultura*), →*Modernidade e pós-modernidade*, →*Pós-vanguarda*.

VANITAS. Do latim, "vaidade", corresponde, em artes plásticas, a um tipo de natureza-morta na qual, ao lado de objetos cotidianos, existe a figura de uma caveira, simbolizando a fugacidade da vida e a efemeridade de certos valores sociais ou culturais. O mesmo que *memento mori* (do latim, lembrança da morte).

VARIAÇÃO. **1.** Em coreografia, indica a apresentação solista de um(a) bailarino(a), de cunho virtuosístico, raramente mantendo essa passagem alguma relação com o enredo dramático. **2.** Em música, sobretudo erudita, constitui uma peça integral, mas baseada em outra preexistente, e que se caracteriza por utilizar novas versões melódicas ou harmônicas da obra original, tanto de maneira mais próxima quanto por breves referências apenas. Algumas variações famosas são as *Diabelli*, de Beethoven (baseadas em uma valsa do compositor austríaco Antonio Diabelli), as *Variações sobre um Tema de Haydn*, de Brahms (construídas sobre uma suíte para banda militar), as *Variações Enigma*, de Edward Elgar, e as *Goldberg*, de J. S. Bach.

VATE. **1.** Na Grécia antiga, profeta dotado dos poderes de previsão e de predição – *manteía* – ou seja, de uma visão antecipatória dos acontecimentos, vinda de seu interior e não de objetos visíveis. Tornaram-se lendários, entre eles, Tirésias, Ofioneu, Polimnestos, Eveno e Fórmio. **2.** Em Roma, chamavam-se vates os músicos-cantores das festas em homenagem ao deus Marte. Daí poeta-cantor, trovador, ou, genericamente, poeta.

•**VAUDEVILLE.** Inicialmente, canção francesa popular, surgida na Renascença, cuja criação se atribuiu ao poeta e músico Olivier Basselin, e era entoada nos vales (*vaux*) da região de Vire (*vauxdevire*). As cantigas, de temas lírico-amorosos, foram compostas para acompanhar as refeições e o ato de beber à mesa, provindo daí sua alegria e jovialidade. No séculos XVIII, no entanto, passou a integrar peças cômicas montadas por grupos populares, como as do Théâtre de la Foire, da Comédie Française, do L'Ambigu Comique, do Les Variétés Amusantes (em textos de Alain-René Lesage e Louis Fuzilier, entre outros), como também obras de ópera-cômica (Grétry, Phillidor) e de *singspiel* (Mozart), dividindo-se as estrofes da composição entre vários cantores. O público de então já era formado por operários, soldados, empregados domésticos e do comércio. A partir daí, e já no início do século XIX, consolidou-se como comédia musical, ou comédia entremeada de canções (solistas e coros), contendo um enredo episódico e picante, qüiproquós ou situações equívocas. Na França, seus maiores autores foram George Feydeau (*Com um Fio na Pata, O Peru, A Dama do Maxim's, Com a Pulga Atrás da Orelha, Tome*

Conta de Amélia) e Eugène Labiche (*Um Chapéu de Palha na Itália, Poeira nos Olhos, A Coleta*). Sob essa forma, foi adotado nos Estados Unidos e em outros países, como no Brasil, em espetáculos musicais ou de →teatro de revista e de variedades, entre o final do século XIX e a Segunda Guerra Mundial.

•**VEDUTA.** Termo italiano de artes plásticas referente a uma paisagem, urbana ou rural, pintada de maneira verista ou realista, em relação ao modelo natural, diferentemente de um tratamento cuja composição seja fantasiosa ou apenas imaginativa. Oposto a *veduta ideata* ou *capriccio*.

VELADURA, VELATURA. **1.** Técnica de pintura que consiste na aplicação de uma camada de tinta transparente, cuja textura fornece, de preferência na pintura a óleo, espessura e intensidade de cor. Sua função não é a de dar cobertura, mas a de realçar tonalidades, diferindo assim da tinta opaca, com a qual pode ser combinada. **2.** Na gravura em metal, refere-se ao ato de realçar a tonalidade da tinta depositada nos entalhes da matriz, com o uso de pano. →*Véu*.

VELÁRIO. **1.** Cobertura de grandes dimensões, utilizada como proteção para a chuva nos teatros e circos da Antigüidade romana, existente, por exemplo, no Coliseu. **2.** Cortina teatral de boca de cena, imponente e confeccionada luxuosamente.

VELINO. →Pergaminho feito com pele de animal natimorto ou recém-nascido, de textura fina e macia, destinado, por sua importância, a trabalhos de escrita especiais. Do francês *velin*.

VELOCIDADE. **1.** Em fotografia, corresponde à sensibilidade mensurável de um filme em relação à luz incidente, a fim de que a impressão se realize de maneira completa. Divide-se a velocidade/sensibilidade das películas em lenta, média e rápida, ou seja, variando da maior para a menor necessidade de tempo de exposição. Além disso, quanto maior a escala de velocidade de um filme, maior será sua capacidade de registrar o tema em ambientes adversos de luminosidade. Normalmente ela vem expressa nos filmes por meio de siglas, que indicam normas técnicas: ISO (Institute for Standardization and Organization), atualmente a mais utilizada, ASA (American Standard Association) ou DIN (Deutsche Institut für Normung). Os filmes de velocidade lenta variam de seis a 64 ISO; os médios, de oitenta a duzentos ISO e os rápidos, de quatrocentos a 3 200 ISO. **2.** Em cinema, a velocidade indica a quantidade de fotogramas iluminados por segundo (dezesseis ou 24 fps, por exemplo), tanto no avanço da câmera como no do projetor.

VÊNUS. →*Afrodite*.

VERA CRUZ. Companhia cinematográfica brasileira criada em São Paulo, em 1949, com estúdios em São Bernardo do Campo, tendo como principais acionistas Francisco Matarazzo Sobrinho (Ciccilo) e Franco Zampari. Sua fundação incorporou-se ao grande movimento de ação cultural levado a efeito pelo setor mais progressista da burguesia paulista, após a Segunda Guerra Mundial, e que já incluíra o Museu de Arte de São Paulo (Masp), o Museu de Arte Moderna (MAM) e o Teatro Brasileiro de Comédia (TBC), cujos atores, diretores e cenógrafos passaram a atuar também na empresa. Esse recurso profissional foi possível porque, no final de 1949, entrara em vigor uma lei que facilitava a importação de equipamentos cinematográficos. Os proprietários de um grande estúdio da época, o Rex, procuraram então os dirigentes do TBC e, dessa união, surgiria a Vera Cruz. Seguindo as tendências do cinema de estúdio norte-americano (que a Cinédia já havia incorporado), a Vera Cruz investiu fortemente nos aspectos e recursos técnicos da cinematografia, bem como na constituição de um quadro de profissionais experimentados, quase todos com formação européia, convidados por Alberto Cavalcanti, já então reconhecido na Inglaterra e na França. Assim, vieram integrar-se à companhia os ingleses Chick Fowle, Bob Huke, Ray Sturgess, Tom Payne e Michael Stoll, o francês Jacques Deheinzelin, o austríaco Oswald Hafenrichter, o dinamarquês Erik Rasmussen, além de encenadores do TBC (Adolfo Celi, Luciano Salce, Ruggero Jacobbi), os brasileiros Lima Barreto e Abílio Pereira de Almeida, tendo por objetivo consolidar um "padrão internacional". Com o mesmo espírito, a Vera Cruz dedicou-se ao trabalho de difusão publicitária de seus atores e atrizes (aderindo ao *star system* dos galãs e vedetes), oferecendo-lhes os mais elevados salários para a época (Anselmo Duarte, Tônia Carrero, Alberto Ruschel, Eliane Lage, Mazzaropi, Marisa Prado, Ilka Soares), além de promover festivas *avant-premières*. Logo após a estréia de *Terra é sempre Terra*, no entanto, sua segunda produção (1951), Alberto Cavalcanti desentendeu-se com Carlo Zampari (diretor da empresa e irmão de Franco) e abandonou a companhia. Apesar dos recursos investidos e de uma estrutura produtiva de grande porte, semelhante ao do cinema norte-americano, a Vera Cruz sobreviveu durante apenas seis anos. A falência deveu-se, em boa parte, aos custos exagerados, a desperdícios de produção, a empréstimos bancários elevados e aos contratos distributivos realizados com a Universal e a Colúmbia, prejudiciais à companhia. Foram rodados dezoito longas-metragens no período de 1950 a 1954, entre eles: *Caiçara* (o primeiro filme, 1950, premiado em Punta del Este), *Terra é sempre Terra, Ângela, Sai da Frente* (estréia de Mazzaropi no cinema), *Tico-Tico no Fubá, Sinhá Moça* (Urso de Prata em Berlim e Leão de Bronze em Veneza), *Appassionata, Nadando em Dinheiro, O Cangaceiro* (Palma de Ouro em Cannes e melhor filme do Festival de Edimburgo), *Uma Pulga na Balança*, *Esquina da Ilusão*, *Na Senda do Crime*, *Candinho* e *Floradas na Serra* (o último a ser lançado comercialmente). A Vera Cruz contribuiu sem dúvida para a melhoria técnica da produção nacional (fotografia, som, iluminação e montagem), embora tenha sido acusada, por críticos de então e pelos futuros diretores do Cinema Novo, de mostrar um Brasil mais fictício ou exótico do que realista ou comprometido com os conflitos sociais de sua época (à maneira do neo-realismo italiano).

•**VERNISSAGE.** Inicialmente, referia-se à véspera de abertura de uma exposição de quadros inéditos, pintados a óleo, ocasião em que o(s) artista(s) daria(m) a última demão de verniz em suas obras. Modernamente, significa o primeiro dia de visitação pública, aberta ou selecionada, a uma exposição de artes plásticas.

VERNIZ. Película transparente, brilhante, incolor ou opaca (neste caso, o verniz de cera), obtida a partir de resinas vegetais (mástica, damar, sandáraca), fósseis (copal, âmbar) ou sintéticas, dissolvidas em um *medium* líquido. Se o meio de dissolução for óleo, diz-se verniz oleoso; no caso da terebintina ou do álcool, denomina-se verniz etéreo, de secagem rápida; se clara de ovo, verniz de albumina. A função principal dos vernizes é a de servir como camada protetora para trabalhos de pintura ou de gravura, assim como para peças de madeira e metais. Verniz acidorresistente é aquele aplicado em gravuras de metal, como a água-forte ou a água-tinta, para proteger a placa da ação necessária de ácidos (a mordedura ou mordaçagem).

VERSILIBRISMO. →*Verso livre.*

VERSO. **1.** Do latim *versus*, indicava primitivamente o movimento alternado do arado sobre a terra, no trabalho de ir e vir, abrindo sulcos e lavrando o terreno. Do ponto de vista literário, e ainda etimológico, significa a frase "voltada para o início" (da linha), ao contrário da prosa (*pro-versa*), esta "voltada para a frente", contínua. É a mais antiga técnica da arte ou da expressão literárias, formada por uma frase de sentido tanto completo quanto interrompido, mas de ordenação predominantemente rítmica ou métrica, e que se sobrepõe ao encadeamento sintático das palavras. Para essa ordenação rítmica, são importantes o número de sílabas, as acentuações tônicas (fortes) e átonas (fracas), as rimas, a alternância de sons graves e agudos, as repetições e as pausas. Constitui, assim, uma unidade de forma e de cadência melódica, ao mesmo tempo. Nas línguas clássicas – grego, latim – a ordenação do verso baseava-se em quantidades de sílabas longas e breves, de caráter melódico, chamadas *metron* (medida). Assim, por exemplo, o verso da *Eneida* "Arma virumque cano Trojae qui primus ab oris" (Canto as armas e o

homem que, primeiro, das origens de Tróia veio) contém doze emissões divididas em seis (6) pares, ou hexâmetro, cada um deles formado por uma sílaba longa e duas breves (conjunto esse chamado "dáctilo"). Já o verso anglo-saxônico define-se por graus tônicos, ou seja, por sílabas tônicas ou emissões acentuadas (ársis) e átonas, não-acentuadas (tesis). O verso *to be or not to be that is the question* possui onze emissões, sendo a primeira átona *to*, a segunda forte *be* e assim sucessiva e alternadamente, correspondendo ao *iambo* antigo (uma unidade breve e outra longa). Nas línguas românicas ou neolatinas, a ordem de unidade predominante do verso é a que consiste na estruturação ou contagem fixa de sílabas e na fixação de alguns acentos. Corresponde ao verso silábico, aquele cuja elaboração se baseia no número de sílabas escolhidas para a construção do texto. Essa contagem das sílabas é feita pela pronúncia das emissões sonoras, e não pela escrita propriamente gramatical. Além disso, encerra-se na última emissão tônica da última palavra, desconsiderando-se as sílabas átonas posteriores. Por exemplo, num verso dissílabo (o de duas sílabas), a metrificação indica: "*E os-olhos / Es-curos / Tão-puros / Os-olhos / Per-juros / Vol-vias / Tre-mias / So-rrias / Pra-outro / Não-eu*" (Casimiro de Abreu). Se o primeiro verso – E os olhos – possui quatro sílabas gramaticais, a emissão sonora restringe-se a duas. Na métrica da língua portuguesa, os versos variam, tradicionalmente, de duas a doze sílabas. Mas as estruturas silábicas mais correntes são: *a*) verso pentassilábico ou redondilha menor (cinco sílabas); *b*) verso hexassilábico ou senário (seis sílabas); *c*) verso heptassilábico ou redondilha maior (sete sílabas); *d*) verso decassilábico (dez sílabas), dividido em decassílabo heróico (com as acentuações fortes na sexta e na décima sílabas) e decassílabo sáfico (acentuações tônicas na quarta, na oitava ou ainda na décima sílabas); *e*) verso dodecassilábico ou alexandrino (doze sílabas). Os versos com mais de doze sílabas, raramente utilizados antes da poética contemporânea, eram chamados de *bárbaros*. A partir do século XX, porém, várias correntes do modernismo fizeram do verso uma construção rítmica e sonora desvinculada de regras ou de ordenamentos preestabelecidos, chegando-se mesmo à exploração das estruturas espaciais do suporte em que o texto é vazado (a folha de papel ou a tela do computador). Nesse caso, as frases são elaboradas com a intenção de elas próprias se tornarem "desenhos", figuras ou imagens representativas do conteúdo lingüístico sugerido, assim como ideogramas ou caligramas. →*Rima*, →*Estrofe*, →*Icto*, →*Consonância*, →*Escansão*, →*Verso Livre* e →*Versos brancos*. **2.** O lado oposto ou reverso de um objeto de duas faces.

VERSO LIVRE. Verso que não se submete de maneira rígida a metrificações, a regras silábicas ou acentuais, estando na dependência de um ritmo interno experimentado pelo autor. Ainda assim, constrói uma ordenação cadenciada ou melódica, com acentuações tônicas e átonas, sons graves e agudos, além de pausas e figuras retóricas de pensamento e de palavras. A idéia fundamental é a de que a poesia pode existir para além das próprias normas poéticas. O uso mais corrente do versilibrismo teve início com a subjetividade psíquica e a procura de "correspondências sensíveis" do →movimento simbolista, contrário a normas e postulados lógico-racionais (entre tantos, Baudelaire, Rimbaud, Eugénio de Castro, Cruz e Sousa ou Fernando Pessoa, nas vozes de Alberto Caeiro e Álvaro de Campos). Exemplos: "Meu coração fraqueja, / Cambaleia bêbado de incerteza... / Quisera dizer-te, / Nas horas sóbrias e serenas, / Como te quero e amo. / Mas o impudor dos olhos não move a língua, / Nem o furor do peito as mãos agita. / Quando cheia a lua te ilumina / Passas insciente / A caminhar sobre a areia" (Conceição Cunha); "O poema, com seus cavalos / quer explodir / teu tempo claro; romper / seu branco fio, seu cimento / mudo e fresco" (J.Cabral de Melo Neto). →*Poema.*

VERSOS BRANCOS. Versos em que não há rima ou concordância sonora, podendo, no entanto, manter a métrica e o ritmo. Na língua portuguesa, um de seus primeiros defensores foi o poeta Filinto Elísio que, no começo do século XIX, justificou o emprego como recurso formal à livre exteriorização do pensamento ou do sentimento (*Da Arte Poética Portuguesa*). Daí a tendência ter sido conhecida como *filintismo*. Exemplo em Carlos Drummond de Andrade: "E como eu palmilhasse vagamente / uma estrada de Minas, pedregosa / e no fecho da tarde um sino rouco / se misturasse ao som de meus sapatos / que era pausado e seco; e aves pairassem / no céu de chumbo, e suas formas pretas / pausadamente se fossem diluindo / na escuridão maior, vinda dos montes / e de meu próprio ser desenganado / a máquina do mundo se entreabriu / para quem de a romper já se esquivava / e só de o ter pensado se carpia". Também conhecidos como *versos soltos.* →*Verso livre.*

VERSOS SATÚRNIOS. Versos que estão na origem da literatura latina (o chamado período arcaico, entre a primeira metade do século III e o fim do século II a.C.), de caráter acentuado, isto é, construídos em tempos fortes (tônicos) e fracos (átonos) de emissão, diferentemente da estrutura métrica quantitativa posterior (períodos clássico e pós-clássico). Em versos satúrnios foram escritas, por exemplo, a tradução da *Odisséia* por Lívio Andrônico (*Odusía*) e a obra *Bellum Poenicum* (história de Roma, de Enéias até a guerra contra Cartago), de Caio Névio.

•VESICA PISCIS. →*Mandorla.*

VÉU. **1.** Em teatro e artes cênicas, tela transparente, lisa ou aplicada, colocada entre o público e a cena, e cujo efeito cenográfico é o de criar uma atmosfera nebulosa, de sonho ou de irrealidade. **2.** Em fotografia, imagem enevoada ou de menor distinção dos elementos enquadrados, obtida, por exemplo, com filtros apropriados ou ainda com a aplicação de vaselina líquida sobre a lente, ou anteparo de filó na frente da objetiva. →*Veladura, velatura.*

VIDEOCLIPE. →*Vídeo e videoarte*

VÍDEO E VIDEOARTE. **Etimologia.** O termo vídeo corresponde ao latim "eu vejo" (à primeira pessoa, singular, do indicativo presente do verbo *videre*, ver). Especificamente, no entanto, diz respeito às imagens eletrônicas reconstruídas ou codificadas na forma de linhas sucessivas de retículas luminosas, destinadas a monitores ou aparelhos receptores de televisão (em circuitos aberto, semi-aberto ou fechado), a computadores e mesmo a videodiscos.

Domesticação e globalização. A tecnologia do vídeo, incluindo-se aqui o seu sentido lato ou extensivo, ou seja, o de televisão, acompanhou e ainda simboliza a vertiginosa "domesticação" dos bens industriais contemporâneos, proporcionada pela eletrônica. Se a revolução industrial dos séculos XVIII e XIX criou seus principais produtos tendo em vista o uso coletivo ou público (meios de transporte, iluminação e até mesmo o cinema), já o telefone, o rádio e o vídeo estão destinados prioritariamente a uma utilização reservada, familiar ou individualizada. As próprias dimensões desses bens já evidenciam o propósito. E a intimidade do uso favorece igualmente uma cultura de massa que, embora fragmentada em recepções isoladas, acaba por se converter em um fenômeno comum de globalização.

Relações entre vídeo e cinema. As semelhanças e as distinções entre o vídeo e o cinema já despertaram variadas argumentações de ordem estética ou de uso prático. Do ponto de vista técnico, tanto um como outro captam e transmitem imagens em movimento, por meio de lentes. Mas enquanto no cinema a câmera "fotografa" o objeto de maneira completa e assim o inscreve em quadros fixos, em fotogramas, no vídeo a imagem do referente é repartida ou fragmentada em milhares de retículas (*dots*), incluindo-se a divisão das cores básicas (vermelho, azul e verde) em *pixels* (unidade pictórica mínima. Do inglês *picture element*). Além disso, o material fotossensível da película cinematográfica, isto é, sua quantidade de grãos (e, portanto, a capacidade de captar informações luminosas) ainda é muito maior do que o número de retículas da tela. Essa diferença (que, aliás, tende a desaparecer com os avanços da tecnologia digital incorporada aos equipamentos videográficos) faz com que o cinema seja um meio de registro considerado de alta definição, quando comparado ao vídeo. A profundidade de campo assim obtida é a do tipo "renascentista", isto é, aquela que dispõe, de modo claro ou límpido, os espaços próximos e longínquos, assim como as intensidades e sutilezas de cor. Já com o vídeo, o que ocorre é que a leitura da imagem se realiza continuamente por um mecanismo de varredura de elétrons. Na base, o que existe é um mosaico com cerca de duzentos mil pontos de luz, formadores de linhas verticais (480, no mínimo) e de retículas.

Essa estrutura original tem efeitos estéticos visíveis. Ou seja, até o momento, pelo menos, o vídeo mantém uma relativa incompatibilidade com a perspectiva cinematográfica. Acontece que seus planos gerais ou abertos perdem nitidez por confundirem os objetos mais distantes com as próprias retículas que estão sendo formadas. Uma tomada contendo planos diferenciados comprime necessariamente os mais próximos e os mais afastados, "chapando" essas relações espaciais. Além disso, a imagem videográfica ou televisiva tende a misturar retículas de cor, sobretudo na presença de contrastes intensos de luminosidade, pois como essas informações se encontram em movimento contínuo, a contaminação entre elas é bastante provável (embora seja menor nos casos de aparelhos de alta definição, que contenham mais de 1 100 linhas e cerca de 1 900 pixels).

Assim, enquanto o cinema resguarda uma visão ao mesmo tempo onírica e realista (→*Cinema e linguagem cinematográfica*), ou se afirma como um "grande campo de projeção" (física e emotiva), o vídeo porta-se melhor no tratamento de imagens próximas, intimistas, ou de planos médios, sem excessos de luz, como se se adequasse à privacidade de suas dimensões e uso.

Por outro lado, observando-se os comportamentos de audiência, o cinema conserva características de um rito social. É indispensável uma reserva de tempo, um deslocamento voluntário para a sala de projeção, o escurecimento do ambiente para o realce do espetáculo e a concentração dramática que dissolve o mundo exterior. Já o vídeo-televisão desformaliza esse ritual cinematográfico com sua presença doméstica e a possibilidade imediata de controles, salvo, evidentemente, as apresentações de obras consideradas como de videoarte (realizadas em recintos exclusivos como galerias, museus ou centros culturais). Também por suas vinculações históricas, de um lado, mas sobretudo pelas diferenças nas estruturas de difusão, deve-se observar que o cinema sempre esteve calcado numa dramatização ou documentação contínua e completa. Salvo exceções, hoje praticamente inexistentes, um

filme é uma obra a que se assiste do princípio ao fim. Ou seja, sua forma deriva sobretudo da estrutura integral do romance ou do conto literários. Já a obra videográfica, por estar comumente inserida numa programação televisiva, multifacetada e mais próxima da tradição folhetinesca e jornalística, pode ser concebida em partes, seções ou fragmentos (novelas e minis-séries), tanto pela recepção doméstica quanto por interesses comerciais ligados à audiência ou reação pública, medida continuamente.

Apesar dessas diferenças, o vídeo e os sistemas de emissão televisiva (*broadcasts*) constituem hoje suportes ou recursos indispensáveis para a indústria cinematográfica. Se o aparecimento da televisão fez decrescer a freqüência exclusiva à sala de cinema (contribuindo, inclusive, para o fim de uma época em que prevaleciam os grandes estúdios), aos poucos se percebeu que a conjugação de ambos os interesses e das vantagens comerciais era inevitável. Nos Estados Unidos, por exemplo, que é o maior centro produtor e distribuidor de imagens do mundo, o escoamento de filmes cinematográficos em vídeo, e vice-versa, fez com que essa atividade, hoje conjunta e complementar, se reestruturasse em corporações oligopólicas nas últimas décadas do século XX (Turner, Disney, General Eletric e Westinghouse). Por fim, o vídeo tem sido utilizado por diretores de cinema como instrumento de ensaio ou estudo prévio de planos e tomadas para a gravação posterior em película. Ou seja, as cenas do roteiro são registradas primeiramente em equipamentos eletrônicos e, se julgadas satisfatórias, são repetidas com maior chance de acerto para a filmagem definitiva. Economizam-se os tempos de revelação e dinheiro, fatores importantes de produção. Após as experiências de Jerry Lewis (*The Ladies Man*, 1961), Stanley Kubrick (*2001, Uma Odisséia no Espaço*, 1968) e Francis Ford Coppola (*Apocalypse Now*, 1979), o vídeo tem sido um valioso auxiliar da grande tela.

Mas, além disso, a tecnologia do vídeo possui vantagens características em relação ao cinema. Como o tempo decorrido entre a gravação e a visão de uma cena no monitor é instantâneo ou especular, costuma-se dizer que o vídeo não apenas funciona em tempo real ou presente, como lhe abre a perspectiva de algumas ações práticas singulares: uma delas é poder servir de elemento estético, cênico e virtual em trabalho dramático, de palco, contracenando com atores ou intérpretes de modo direto ou imediato, com tomadas ao vivo ou previamente registradas. A outra é a de permitir que um espetáculo seja visto simultaneamente, e em tempo real, por pessoas situadas em locais diferentes, e em qualquer ambiente, o que lhe aumenta a força de difusão, relativamente ao cinema.

Uma terceira qualidade, já mencionada, constitui-se de um conjunto de facilidades operacionais: um custo mais acessível, a rapidez do processamento e a flexibilidade para refazer cenas, em decorrência de seu caráter instantâneo ou de tempo presente. Uma vantagem clara na elaboração, por exemplo, de documentários ou para a agilidade de programas de televisão.

Videoarte. Quanto à videoarte, ela tem sido algo bastante diferente do vídeo como suporte dramático, documental ou destinado às redes de televisão. Apareceu, inclusive, sob a forma de experimentos antitelevisivos, desenvolvidos pelo coreano Nam June Paik, assim como pelo alemão Wolf Vostell, cujas obras foram apresentadas pela primeira vez na Galeria Parnasse de Wuppertal, na Alemanha, em 1963.

Como a expressão sugere, a videoarte tem por perspectiva a criação de imagens estéticas, entendendo-se por esse termo não apenas uma representação simbólica, mas, igualmente, a pesquisa formal desse recurso eletrônico para a configuração de obras plásticas ou de experiências sensíveis, figurativas (miméticas), sintéticas ou mesmo completamente abstratas. Na opinião de Paik, "não é a imagem que me interessa (nem sua verdade), mas as condições técnicas e materiais de sua fabricação, ou, dito de outra forma, a exploração vertical e horizontal de suas linhas". Quer dizer, a tecnologia disponível passa a ter um valor intrínseco e a ser concebida como instrumento de manipulação, bem como produtora de imagens diversas, interdependentes, pois que só ganham sentido pleno quando comparadas em monitores distintos, vistas em seqüência ou contrapostas.

As maneiras pelas quais essa nova modalidade de manifestação artística vem sendo elaborada podem ser subdivididas em pelo menos três, embora não sejam excludentes entre si, dada a conexão tecnológica hoje existente entre elas:

a) videoinstalações ou videoesculturas – obras tridimensionais, pertencentes ou não a um cenário, que combinam, usualmente, diversos monitores agrupados em certa ordem ou disposição, e cujas imagens, distintas, complementares ou seqüenciais, conduzem a um "complexo visual" de tipo pictórico ou mesmo dramático;

b) registro e emissão de figuras, formas e sons cujos conteúdos servem como elemento teatral ou performático, seja sob o aspecto interpretativo (encenação virtual), seja como complemento ou sugestão de ambiência ou espaço cenográficos;

c) recurso integrante de obras plásticas, e com imagens móveis, criadas com o concurso de computadores (→*Arte digital*) e de outros equipamentos de tecnologia virtual.

Em qualquer dos casos, a videoarte se permite criar uma área de projeção diversa do ambiente cinematográfico habitual, quando organiza suas câmeras, monitores e imagens de modo a envolver o espectador ou a sugerir que ele se desloque num percurso definido. Em tal situação, ela proporciona um campo visual e experiências sensoriais múltiplas ou combinadas, que lhe são particulares. Assim sendo, e do ponto de vista formal, a videoarte teria as seguintes características, segundo Bruce Kurtz: a novidade na criação e tratamento de imagens, sua intimidade, simultaneidade e envolvimento espacial, além de um forte sentido de tempo vivido ou tornado presente. Mas acima de tudo isso, ela constitui uma manifestação híbrida, tipicamente "pós-moderna" (→*Modernidade e pós-modernidade, modernismo e pós-modernismo*) ou de →"pós-vanguarda", pelo fato de envolver técnicas e meios diversos, interativos, e vir passando por constantes metamorfoses, mesmo em sua curta trajetória de existência.

Além dos nomes já citados anteriormente, alguns dos artistas mais conhecidos da videoarte, como linguagem auto-referente e exploratória, têm sido: Woody Vasulka, Les Levine, Dan Graham, Marie-Jo Lafontaine, Catherine Ikam, Vito Acconci, Bill Viola, Michel Jaffrenou, Luis Nicolau, Katsuhiro Yamagushi, Gary Hill, Orlan e Ulrike Rosenbach. Entre os brasileiros, Artur Matuck, Eder Santos, Otávio Donasci, Marcelo Masagão ou Ulisses Nardruz.

Videoclipe. Um produto hoje extremamente popular, mas que em boa medida tem débitos com as pesquisas da videoarte, é o videoclipe. Do ponto de vista tecnológico, o vídeo possui condições de sincronizar som e imagem de modo acentuadamente uniforme, já que ambos correspondem a sinais eletrônicos incorporados em um mesmo suporte. Essa facilidade e as estreitas relações produtivas e comerciais entre as indústrias fonográfica e de imagens permitiram o aparecimento e a exploração do clipe televisivo. Conseqüentemente, sua criação foi decorrente não apenas desta permanente necessidade de lançamento de novos bens de consumo pela cultura industrial de massa, como das possibilidades abertas pelo desenvolvimento técnico.

Em síntese, o videoclipe é uma conjugação rítmica entre imagem e música. Comumente, no entanto, essa fusão tem sido caracterizada pela rapidez e pulsação dançante da música *pop* (*rock*, *reggae*, *rap*, *funk*, ritmos latinos etc.), tendo-se por objetivo preponderante o mercado consumidor de jovens adolescentes e desta nova categoria etária e espiritual dos "adultescentes". Daí também a profusão de imagens projetadas nas curtíssimas durações do tempo televisivo. Uma estética característica da efemeridade e da colagem, que retoma e amplia essa dose excessiva e contínua de figuras simuladas da cultura contemporânea, mesmo e, preferencialmente, aleatórias, sem vínculos ou nexos com o "real". Um conjunto em que predominam sensações visuais e auditivas livremente concebidas e de atenção difusa, e que, na língua inglesa, têm sido chamadas de *non associative imagery*.

VIDEOFOTO. Registro fotográfico obtido e transmitido por meios eletrônicos de captação de imagens.

•VIDEORASTER. Monitor desprovido de sua caixa ou invólucro, utilizado normalmente em instalações com vídeo, ou videoinstalações. →*Vídeo e videoarte*, →*Arte digital*.

VIDRADO. Revestimento líquido e viscoso, de aspecto semelhante ao vidro, e que fornece à peça cerâmica, após sua queima, uma aparência transparente, opaca, mate ou colorida, conforme a composição química escolhida. Serve para tornar a louça, confeccionada em argila ou barro, de porosa em impermeável, dando-lhe mais resistência, além de alisar ou regularizar sua superfície. Adicionalmente, tem ainda efeitos decorativos. →*Cerâmica* e →*Chacota*.

VIDRO, VIDRARIA. Material elaborado com sílica ou óxido de silício (areia) e fundido com substância alcalina (sódio, potassa) e carbonato de cálcio (cal, agente endurecedor), servindo para a fabricação de numerosos objetos, seja utilitários e cotidianos, decorativos, seja de uso industrial. Sua característica principal é a de possuir um estado químico intermediário entre o sólido e o líquido, dado o arranjo peculiar de suas moléculas, ao mesmo tempo desordenado, mas de coesão rígida, embora sem cristalização. Sob esse aspecto é por vezes denominado de "líquido supercongelado" e com características isotrópicas, isto é, cujas propriedades se estendem por todas as áreas e direções. Em sua obra *Naturae Historiarum*, Plínio, o Velho, narra a lenda segundo a qual teriam sido os fenícios os "descobridores" casuais do vidro, ao observarem sua formação entre as brasas de uma fogueira na praia. Como navegantes do Mediterrâneo e comerciantes em toda a Ásia Menor, é possível que os fenícios tenham realmente difundido a vidraria (as técnicas de elaboração do vidro) naquelas regiões. Na época de Plínio (I d.C.), as cidades de Sídon e Tiro eram consideradas importantes centros produtores, sendo a primeira delas chamada *artifex vitri* pelo autor romano. Concretamente, no entanto, os exemplos mais antigos da arte do vidro provêm do Novo Império egípcio, entre os anos de 1540 e o fim do milênio (início com a XVIII dinastia) – frascos de perfume, braceletes, colares multicoloridos e até mesmo vestidos (fios com miçangas, ou vidrilhos). O vidro era então aplicado na forma de pasta sobre objetos (pedras ou estatuetas, por exem-

plo), assim como vertido em moldes (vasos, ânforas, taças), conservando-se, no entanto, opaco, em razão das bolhas existentes e das baixas temperaturas para desfazê-las. Do Egito, o vidro passou à Mesopotâmia e (sem se descartar a contribuição fenícia) à Grécia, incluindo suas colônias asiáticas. Foi ainda no Oriente Médio, entre os sírio-fenícios, que se criou a admirável técnica da insuflação, ainda no primeiro século da era cristã. Fundido o vidro em potes ou caldeirões de pedra ou de cerâmica refratária, deposita-se uma certa quantidade dele numa das extremidades de um tubo metálico (tubo de um metro de comprimento, aproximadamente). O artífice sopra o material fundido, dando-lhe a forma e a dimensão desejadas. Pouco depois, a manufatura adotou, em paralelo, a insuflação dentro de moldes. As novas técnicas permitiram também a produção do vidro transparente e incolor, obtido com o acréscimo de dióxido de manganês em sua composição e o uso de esmeril para polimento e incisão de desenhos. Na Antiguidade greco-romana, e além das já mencionadas, adquiriram fama as vidrarias de Chipre, Alexandria, Pompéia e Pozzuoli, com destaque para Alexandria. Os utensílios produzidos eram bastante variados: copos, taças, ânforas, vasos, garrafas, galhetas para azeite, frascos para perfumes e pomadas, pratos, tigelas, cantis e até mesmo conta-gotas e canudos para beber. No período paleocristão, as técnicas alexandrinas e romanas conseguiram sobreviver, o que pode ser atestado pelos exemplos de vidraria destinada ao uso litúrgico (vasos devocionais, lâmpadas pendentes e cálices), hoje conservados no Museu do Vaticano. Mais tarde, na era merovíngia, os francos e outras tribos germânicas que adotaram o cristianismo receberam e deram continuidade aos conhecimentos da Antiguidade, usando também o vidro para o acondicionamento de vinhos, cuja produção se expandia nas regiões do Sena, do Mosa, do Ródano e do Reno. Já na Baixa Idade Média, a vidraria começou a ganhar novos estilos na França e na Bélgica (o vidro de samambaia ou *verre fougère*) e na Alemanha (*Waldglass*, ou vidro da floresta). No século XIII, os fabricantes de Veneza transferiram-se para a ilha de Murano, e ali, durante dois séculos, desenvolveram não apenas uma técnica extraordinária de insuflação e de modelagem refinada, como uma diversidade até então surpreendente de cores (azul-escuro, vermelho-ametista, verde-esmeralda), acompanhando a mesma tendência da pintura veneziana renascentista. É dessa época (século XV), e por esforços da família de Anzolo Barovier, sempre dedicada a novos experimentos científicos, que se deu a criação do primeiro vidro cristal, ainda elaborado com óxido de sódio, antes que se passasse a empregar o óxido de chumbo. O cristal diferencia-se dos demais vidros por sua densidade, sua capacidade de refração e de brilho, sua limpidez e sonoridade característica. No século XVI, outras técnicas foram sendo criadas em Murano, como: a do vidro *escarchado* ou congelado (vidro opaco coberto com redes de linhas), obtido pela imersão de uma peça quente em água fria; a aplicação, por sopro, de filigranas entrelaçadas ou retorcidas sobre peças transparentes, chamadas *reticelli*; decorações a bico de pena ou ainda com pontas de sílex ou de diamante, consistindo de traços ou desenhos em bordas de bandejas, fruteiras ou tigelas; o espelho de cristal, patenteado pelos irmãos Dal Gallo. Os artífices de Florença, que procuravam rivalizar com os de Murano, dedicaram-se pioneiramente à produção de vidros para uso científico, como tubos de ensaio, lentes, termômetros ou barômetros. Foram ainda vidreiros italianos emigrados os que contribuíram para o desenvolvimento artístico da vidraria em outras partes da Europa, sobretudo na França (de onde provêm os requintados cristais de Baccarat), na Bélgica (Flandres), na Inglaterra e na Catalunha, enquanto as vidrarias do Tirol austríaco e da Alemanha (principalmente na Renânia), evoluíam de maneira mais independente.

VILA. **1.** Na Roma antiga, a vila rústica era uma construção residencial isolada, em zona agrária, sede de uma fazenda, podendo servir como residência de verão. No perímetro urbano, todavia, significava um complexo arquitetônico monumental, destinado à vida social e ao lazer, possuindo termas, solário, teatro, salas de leitura e espaços para atividades desportivas, além de terraços panorâmicos. Desta vila urbana é que se conservaram denominações como "vila olímpica" ou "vila militar". As camadas aristocráticas ou principescas da Itália renascentista fizeram ainda da antiga vila rústica uma residência de campo luxuosa, cercada por jardins. **2.** Conjunto de casas geminadas ou enfileiradas, com características e dimensões semelhantes, às vezes idênticas, tendo as fachadas voltadas para um pátio ou rua particular.

VILANCETE, VILANCICO. **1.** Na época do trovadorismo galaico-português, constituiu uma forma poético-musical de expressões líricas, de origem popular e urbana (pequena canção vilã). Em Portugal recebeu o nome de vilancete e, na Espanha, de vilancico. Caracterizou-se por conter um estribilho inicial (o mote ou cabeça), de dois ou três versos em redondilha (cinco ou sete sílabas), seguido pelas coplas ou glosas (versos de desenvolvimento do mote) e da volta final (verso de retorno ao mote). A glosa não possuía homogeneidade de sílabas no verso, nem de versos em cada estrofe. Esquemas mais regulares, no entanto, eram os de *aa–bbbaa–cccaa* e *abb–cd–dc–cbb*. O exemplo seguinte é de Camões: "Se me levam águas, / nos olhos as levo [mote]. / Se de saudade / morrerei ou não / meus olhos dirão / de mim verdade. / Por eles me atrevo / a lançar as águas / que mostrem as mágoas / que nest'alma levo. / As águas que em vão / me fazem chorar, / se elas são do mar / estas de amar são. / Por elas relevo / todas as minhas mágoas, / que, se força d'águas / me leva, eu as levo. / Todas me entristecem / todas são salgadas; / porém as choradas / doces me parecem. / Correi, doces águas, / que, se em vós me enlevo, / não doem as mágoas / que no peito levo". A forma permaneceu em uso no classicismo renascentista e no barroco, de que é exemplo a poesia seguinte de Soror Violante do Céu (trecho): "Saudade minha, / quando vos veria? [estribilho]. / Quando meu cuidado / verei tão contente / que logre presente / quem choro apartado? / Ai que alegre estado / eu convosco tinha! [glosa] / Saudade minha, / quando vos veria?" (retorno ao estribilho). **2.** Ainda nos períodos renascentista e barroco o vilancico tornou-se, em Portugal, um poema musicado, semelhante ao madrigal, destinado aos atos litúrgicos do Natal, da Epifania ou das festas de São João, cantado em coro. Subdividia-se em três seções ou *noturnos*, entre as quais se intercalava um responsório.

VILANELA. Poema formado por uma série de tercetos (estrofe de três versos), complementado por uma estrofe de quatro versos. A estrutura da rima é normalmente invariável, com a seqüência *aba*. Exemplo extraído de Manuel Bandeira, *A Cinza das Horas*: "Amor – chama, e depois, fumaça... / Medita no que vai fazer: / o fumo vem, a chama passa...[primeiro terceto] / Antes, todo ele é gosto e graça. / Amor, fogueira linda a arder! / Amor – chama, e depois, fumaça... [segundo terceto] / Porquanto, mal se satisfaça,/ (Como poderei te dizer?)/o fumo vem, a chama passa...[terceiro terceto]/ A chama queima. O fumo embaça./ Tão triste que é! Mas tem de ser.../Amor? ... chama, e depois, fumaça:/ o fumo vem, a chama passa..." [quarteto final].

VINHETA. **1.** Ornato ou decoração utilizada em artes gráficas e tipografia, constituída por um desenho padrão que se repete seqüencialmente, formando uma barra. Pode ser aplicada ao início ou fechamento de capítulos, ou ainda servir como separação e moldura de textos. De maneira preponderante, o desenho padrão possui uma configuração geométrica ou fitomórfica, vegetal. **2.** Símbolo, imagem ou logotipo projetado em poucos segundos, mudo ou com acompanhamento sonoro, de características animadas ou não, e que identifica o canal, o patrocinador ou determinado programa de televisão, durante a abertura, o encerramento ou os intervalos das emissões. **3.** Efeito sonoro ou trecho musical que anuncia e caracteriza programas radiofônicos. **4.** Recurso fotográfico utilizado em laboratório, durante o processo de ampliação de negativo, e que consiste na aplicação de uma máscara, vazada no centro e sobreposta ao papel fotográfico, obtendo-se como resultado uma imagem positiva envolta por um quadro ou halo branco.

VIRAGEM. Significa a modificação voluntária da cor normal de uma película fotográfica ou cinematográfica, conseguida por intermédio de um banho químico. As viragens podem ser feitas para cores diferentes como sépia, ouro, vermelho, verde e amarelo, dependendo do objetivo da alteração.

VIRTUAL (IMAGEM, REALIDADE). Do latim clássico *virtus*, com o sentido de potência, pelo latim medieval *virtualis*, designa, na filosofia escolástica, o que existe como atributo futuro, como possibilidade intrínseca do vir-a-ser (uma criança tornar-se adulta), e não em ato presente. Com este significado, indica uma "existência latente", ainda não atualizada ou concretizada. A morte, neste caso, é uma virtualidade inexorável da vida. Modernamente, no entanto, a "realidade virtual" tem sido tema de discussão a partir do desenvolvimento das tecnologias eletrônicas, informacionais ou computacionais, que simulam e substituem a realidade corpórea de um ser presente, atual ou concreto, em comunicação e conhecimento a seu respeito. Dessa maneira, "a virtualização pode ser definida como o movimento inverso da atualização [...]. Não é uma desrealização (a transformação de uma realidade num conjunto de possibilidades), mas uma mutação de identidade, um deslocamento de gravidade ontológico do objeto considerado: em vez de se definir [...] por sua atualidade (presença aqui e agora), a entidade passa a encontrar sua consistência num campo problemático" (Pierre Lévy, *O Que É o Virtual?*). Assim, por exemplo, um texto ou um conjunto de imagens e informações contido em uma rede de computadores ocupa, simultaneamente, vários pontos, lugares ou instalações. É algo que já se manifesta como realidade nômade, imponderável, ubíqua, ao mesmo tempo determinada e transitória. Está e não está presente, na dependência do acesso que a ele se tenha. De outro ponto de vista, distingue-se o virtual pela diferença de uso ou apropriação. O consumo de um bem "real" é único, inequívoco ou exclusivo. Assim, comemos determinado alimento (que se transforma integralmente) ou usamos determinada roupa necessariamente escolhida ou disponível (e não outra, simultaneamente). Em ambos os casos, impõe-se uma exclusão. Já com o fenômeno virtual, informativo ou comunicativo, o que acontece é a abertura de possibilidades múltiplas e simultâneas que, por sua vez, continuam a se atualizar em uma rede de seqüências, em outros lugares ou territórios. "Os operadores mais desterritorializados, mais desatrelados de um enraizamento espaço-temporal preciso,

os coletivos mais virtualizados e virtualizantes do mundo contemporâneo são os da tecnociência, das finanças e dos meios de comunicação. São também os que estruturam a realidade social com mais força, e até com mais violência" (*idem, ibidem*). Do ponto de vista ainda das imagens que povoam os mecanismos eletrônicos, a simulação virtual constitui uma técnica de criação e de manipulação de cenas e de figurações que permite ao usuário sensibilizar-se e interagir de modo integral com "realidades" videográficas ou sintéticas, previamente registradas ou digitalizadas. O sistema constitui não apenas uma avançada tecnologia eletrônica de produção de ambientes, de situações e de cenas imaginárias, como define, em seu mais alto grau, o simulacro contemporâneo (→*Representação, Imagem e Simulacro*). Isto quer dizer que a idéia de simulação vai além de um mascaramento da realidade. Ela produz uma outra realidade, capaz de dispensar os objetos, os seres, as relações ou as equivalências originais, impondo-se, portanto, como realidade autoreferente. De um lado, elimina qualquer percepção natural do meio ambiente e, de outro, estimula os órgãos sensoriais e os aparelhos psíquico e cognitivo do indivíduo a reagirem apenas às imagens emitidas, ensejando a vivência de situações reais inteiramente fictícias, mas completas e verossímeis. O imaginário converte-se em um fenômeno de completa inclusão e objetividade, já que as imagens virtuais tomam o lugar da realidade exterior sob aspectos volumétricos, espaciais e temporais, instituindo o assim chamado ciberespaço (*cyberspace*) ou espaço cibernético hiper real – nome criado pelo escritor William Gibson em sua obra *Neuromancer*. Para o uso do sistema virtual são indispensáveis (até o momento) um visor ou capacete (*eye-phone*) munido de dois monitores estereoscópicos com telas de cristal líquido, fones de ouvido e sensores para captar e transmitir os movimentos de cabeça, assim como luvas especiais de fibras ópticas, chamadas *datagloves*, incumbidas de registrar e transmitir os movimentos das mãos.

VIRTUOSE, VIRTUOSO. Músico que possui um domínio técnico excepcional e o alia a interpretações de evidente correção e brilhantismo (acompanhando partituras), ou de expressivo e singular vigor emotivo, quando não necessita seguir notações prescritas.

VITRAL. Tipo de vidraça ao mesmo tempo translúcida e colorida, formada por peças ou painéis individualmente confeccionados, mas reunidos e presos, na montagem final, entre barras de ferro, às quais se ligam por meio de fitas de chumbo ou fios de cobre soldados. As cores são obtidas por vidros previamente coloridos, isto é, submetidos à ação anterior de óxidos, ou aplicadas manualmente numa das fases já finais do processo.

Grosso modo, distinguem-se os vitrais apenas decorativos daqueles propriamente pictóricos ou figurativos. De origem bizantina, o vitral desenvolveu-se no entanto como uma das mais brilhantes e características expressões artísticas da Idade Média ocidental, vinculando-se à arquitetura religiosa desde o período românico, mas, sobretudo, gótico (catedrais de Chartres, Notre Dame de Paris, Sens e Cantuária, por exemplo) e ainda renascentista. Isso porque a diminuição na espessura das paredes permitiu que as áreas recobertas com vitrais se ampliassem. Simultaneamente, aumentou-se a complexidade das cenas e as figuras ganharam dinamismo. Como os mais antigos exemplares completos até hoje reconhecidos datam do início do século XII (figuras de profetas na Catedral de Augsburg, na Alemanha), é razoável supor-se que a técnica seja bem mais antiga. Nas igrejas, as formas mais comuns são as ogivais e as de rosáceas, isto é, circunferências irradiantes, formadas por segmentos de pétalas. A arte intrínseca do vitral é a de lidar com a variabilidade da luz, dado que se modificam os efeitos visuais do ambiente de acordo com as horas do dia, os ângulos e as intensidades do sol, ou mesmo na dependência da iluminação interior e artificial. Mais modernamente, artistas de renome, como William Morris, Chagall e Matisse dedicaram-se à criação de vitrais. →*Arte medieval* e →*Arte bizantina*.

VOCABULÁRIO. **1.** Conjunto das palavras, termos ou lexias de um idioma, bem como aquele efetivamente realizado, de maneira concreta, em um texto ou discurso. A maior ou menor quantidade de vocábulos de uma língua a faz mais ou menos rica. Esse enriquecimento ocorre por dois processos: o intrínseco (mecanismos internos da língua) e o extrínseco (contato com outros idiomas). O processo intrínseco subdivide-se, por sua vez, em *composição*, ou seja, reunião de duas ou mais palavras em uma só (planalto = plano + alto), e *derivação*, formação de novo vocábulo a partir de uma raiz ou radical, ao qual se acrescenta um prefixo ou um sufixo (*jogador*, por exemplo, derivado de *jogo*). No processo extrínseco ocorrem os chamados empréstimos ou decalques, isto é, as adoções de traços lingüísticos que não apenas acrescentam palavras à língua (*almofada*, *tenor*, *guitarra*, que não são originariamente portuguesas), como podem introduzir formas sintáticas (*ter lugar* = acontecer, do francês *avoir lieu*). **2.** Grupo de palavras relacionadas a um domínio relativamente circunscrito de conhecimentos e de práticas – nomenclatura, terminologia – assim como utilizado mais correntemente entre membros de uma formação social (classe, estrato, estamento) ou faixa etária. Também nesse caso diz-se *vocabulário ativo* ao conjunto de vocábulos normalmente empregados, e *vocabulário passivo* aos termos que, embora compreensíveis, não são usados costumeiramente por um grupo. **3.** Tipo de dicionário em que o registro seqüencial dos vocábulos não contém os respectivos significados, ou estes são fornecidos de modo bastante sumário – vocabulário ortográfico, por exemplo, que determina apenas a grafia exata das palavras.

VOCÁBULO. Signo lingüístico constituído por um som (fonema) ou por uma seqüência de sons e que, ao mesmo tempo, forma uma *unidade significativa* (→*Palavra*). Esta unidade pode conter um sentido completo (a forma livre) ou dependente. Assim, na frase "a casa de Maria", consideram-se formas livres, com sentido completo, os vocábulos *casa* e *Maria*; dependentes, os vocábulos *a* e *de*. Quanto à estrutura, o vocábulo pode ter uma só forma mínima – *ouro*, por exemplo –, ou passível de divisão – *aurífero*. Genericamente, a unidade de um discurso oral ou escrito, concretamente realizada, isto é, dita ou registrada. Também *termo*, *verbete* ou, ainda, *dicção*.

VOLATIM, VOLANTIM. →*Funâmbulo*.

•**VOLTO SANTO.** Do italiano "rosto sagrado", designa qualquer representação da cabeça de Cristo. De tradição medieval, a denominação foi aplicada primeiramente a um crucifixo de madeira existente na catedral de Lucca, cuja imagem do Salvador, inteiramente vestido, seria cópia de um desenho original feito por Nicodemos, uma das testemunhas do sepultamento de Jesus.

VOLUME. **1.** Em artes plásticas (desenho, pintura, escultura), o espaço preenchido por uma figura bidimensional ou ainda sólida, tridimensional. Diz-se ainda volume ou espaço negativo aquele que é vazio, mas constitui parte integrante da composição. **2.** Primeira forma do livro, até o início da era cristã, assim como de documentação histórica (crônicas e relatos de viagem) e de registro contábil-comercial, consistindo de um rolo contínuo de →*papiro* ou →*pergaminho* sobre o qual se apunha a escritura. (→*Livro* e →*Códice*). **3.** Unidade fisicamente separada, mas integrante de uma obra impressa (que se complementa justamente pela seqüência e reunião de cada uma das unidades), podendo ou não coincidir com o chamado →*tomo*.

VOLUTA. Elemento arquitetônico e decorativo em forma de espiral, instituído e característico dos capitéis jônicos gregos, mas que se reencontra nas arquiteturas romana, renascentistas (clássica ou barroca), neoclássica, como também em decorações *art nouveau*. O pequeno disco de onde se inicia a espiral é chamado olho da voluta.

VORTICISMO. Corrente de artes plásticas predominantemente inglesa, influenciada pelo futurismo italiano, antiimpressionista e anticubista, cujo princípio de composição estava em abstrair formas, como as sugeridas pela maquinaria moderna, reduzi-las a ângulos e curvas e fazê-las convergir para um ponto determinado, o vórtex, criando assim a ilusão de dinamismo e turbilhonamento. O movimento surgiu a partir de uma dissidência entre artistas do grupo Ômega, liderado por Wyndham Lewis, que fundou, logo a seguir, o Centro Rebelde de Arte. Em junho de 1914, após ter sido citado, sem consulta prévia, no manifesto futurista *Arte Inglesa Vital*, Lewis resolveu lançar sua própria publicação, a *Blast: Review of the Great English Vortex*, na qual colaboraram Ezra Pound e T.S. Eliot. Foi Pound, aliás, quem criou o nome vorticismo, aproveitando uma menção do pintor e escultor Umberto Boccioni, segunda a qual a criação artística deve emergir de um estado de "vórtice emocional". Aderiram ao ideal estético de Lewis os pintores Wiliam Roberts, Edward Wadsworth e C. R. Nevinson, além dos escultores Jacob Epstein e Gaudier-Brzeska. A corrente, no entanto, desfez-se já em 1915, mesmo ano da primeira e única exposição do grupo.

- **WELTANSCHAUUNG.** Uma concepção intuitiva e totalizante do mundo, um sentimento geral ou cosmovisão pré-científica que interpreta os significados dos fenômenos sociais e psicoculturais de uma época em função da própria existência particular e de seus conflitos. O termo foi utilizado por Karl Jaspers em sua obra *Psychologie der Weltanschauung*, na qual se distinguem as visões, as imagens ou as concepções espácio-sensoriais, as psíquicas e as metafísicas do mundo. O mesmo que *mundividência*. →*Intuição*.
- **WORKSHOP.** **1.** Termo inglês correspondente a oficina ou ateliê. **2.** Curso intensivo ou condensado nas áreas artística e esportiva. **3.** Experimentação de uma técnica ou de uma concepção estética, principalmente nas áreas teatral e coreográfica, com a função de "laboratório", ou seja, de pesquisa formal. Com esse sentido foram constituídas algumas escolas de renome no século XX, como a *Dramatic Workshop* de Nova Iorque, na qual trabalhou Erwin Piscator, o *Theatre Workshop*, da encenadora inglesa Joan Littlewood, ou o *American Lyric Theatre Workshop*, centro de aprendizado e de criação de dança do coreográfo Jerome Robbins.
- **WORLD MUSIC.** →*Música mundial*.

XÁCARA. Termo árabo-ibérico para →*romanceiro*.

XADREZ. Padrão decorativo de qualquer superfície que se baseia na oposição ou no contraste de formas geométricas (como quadrados, losangos e retângulos), formadas por cores ou texturas diferentes.

XARDA. Dança e música popular da Hungria, de compasso 2/2 ou 4/2, contendo uma parte inicial lírica e melancólica – *lassu* – e a seqüência principal, alegre e vigorosa – *friss*. Foi utilizada como base para composições instrumentais eruditas (*Xarda Macabra*, de Liszt, por exemplo), assim como para balés (*Copélia*, de Delibes, *O Lago dos Cisnes*, de Tchaikóski) e operetas (*O Morcego*, de Strauss II, *A Viúva Alegre*, de Franz Léhar). Existem as grafias *csárdás* e *czarda*, embora não aportuguesadas.

XAXADO. Dança do sertão pernambucano brasileiro que se difundiu principalmente em meio aos grupos de cangaceiros, como os de Lampião e Corisco, ali se mantendo como exclusividade masculina. Tendo por base rítmico-melódica o →*baião*, é dançado em roda ou em fila por meio do avanço batido e ao mesmo tempo frontal e lateral de um dos pés, imediatamente deslizado para trás, enquanto o outro o acompanha apenas no avanço frontal. Os temas originais diziam respeito à vida cangaceira ou a proezas de um "cabra-macho". Com Luís Gonzaga e outros compositores ou intérpretes do baião, o xaxado ganhou notoriedade na música popular brasileira, a partir de meados da década de 1940, incorporando-se às danças de salão ou forrós, adotando também temas líricos ou narrativos. O nome parece derivar do ruído provocado pelas sandálias no arrastar dos passos.

XILOGLIFIA. Técnica artesanal de desenhar e gravar, em relevo e sobre madeira, letras ou caracteres para posterior impressão em papel, ou qualquer outro suporte liso.

XILOGRAFIA, XILOGRAVURA. Arte de gravação elaborada em relevo, sobre madeira, e sua estampagem. Quando a superfície do bloco é talhada, com o emprego de ferramentas apropriadas – formão, talha, goiva – obtêm-se relevos internos espelhados (invertidos), aptos a serem entintados e impressos. Foi criada na China, por volta do século VIII, mas conhecida na Europa, e a partir dela no Ocidente, apenas em fins do século XIV. Os exemplos mais antigos são a prancha *Bois Protat* (França, cerca de 1380), seguidas da *Madona de Bruxelas* (1418) e do *São Cristóvão de Buxheim* (Alemanha, 1423). O entalhamento da madeira pode se dar acompanhando a direção natural das fibras (xilogravura de fibra ou "ao fio"), como também em sentido cruzado ou perpendicular (xilogravura de topo ou "em pé"). Esta última forma é mais recente, tendo surgido no século XVIII, na Inglaterra, pelas mãos do artista, ilustrador e xilógrafo Thomas Bewick. Os desníveis mais profundos do relevo recebem maior quantidade de tinta, e vice-versa. Com essas variações, consegue-se com que o desenho apresente os contrastes necessários de branco, cinza e negro. Já para as gravuras em cores, cada bloco é usado para uma tonalidade diferente. Em Portugal e no Brasil, serviu como meio de difusão dos romanceiros e de outros gêneros populares da literatura de cordel (→*Literatura de cordel*). Entre os xilógrafos brasileiros populares, destacam-se os artistas Cirilo, Manuel Apolinário, Damásio Noza e J. Barros. →*Gravura*.

•**YGGDRASIL.** Árvore cósmica da mitologia germano-escandinava situada no Centro do Mundo e que une três níveis: o céu (Valhala), a Terra (Midhgardh, ou morada do meio) e o mundo subterrâneo (Hel, por vezes denominado Inferno). Símbolo da vida, do conhecimento, do tempo e do destino, suas três raízes enterram-se em três mundos: o dos gigantes, o do subterrâneo (guardado pelo dragão Nidhung) e o do mundo dos homens. Segundo o comentarista medieval Snorri Sturluson, cada uma das três raízes mergulha num poço ou fonte, sendo as mais afamadas a Mîmir, em cujas águas o grande Odin realimenta sua sabedoria, e Urdharbrunnr, a do destino. Na opinião de Mircea Eliade, "é importante sublinhar os traços especificamente germânicos [do mito]: a Árvore – isto é, o Cosmo – com o seu próprio aparecimento, anuncia a decadência e a ruína final; o destino, Urdhr, está escondido no poço subterrâneo onde suas raízes mergulham. Segundo o *Völuspa*, a deusa do destino determina a sorte de todo ser vivo, não somente dos homens, como também dos deuses e gigantes. Toda forma de existir – o Mundo, os deuses, a vida e os homens – é perecível, e, no entanto, suscetível de ressurgir no começo de um novo ciclo cósmico". Para certos especialistas, algumas dessas características sugerem uma absorção de idéias greco-romanas e cristãs ao longo de séculos de contato.

ZANNI. Máscara utilizada inicialmente para caracterizar criados tolos e engraçados em comédias ou farsas italianas renascentistas, e que acabou por se transformar na galeria de tipos fixos da →*commedia dell'arte*.

ZARZUELA. Opereta surgida na corte espanhola de Filipe IV, em meados do século XVII, em que se alternam o canto e o diálogo, e cujo primeiro compositor conhecido foi Juan Hidalgo. Musicalmente, sofreu influências posteriores da ópera-cômica italiana e da ópera-bufa francesa, readquirindo raízes ibéricas durante o romantismo nacionalista do século XIX, na figura de Francisco Asenjo-Barbieri. Seguiram-lhe o caminho Joaquín Gaztambide, Emilio Arrieta, Fernández Caballero, Chapí y Lorente, Tomás Breton, Federico Chueca, Isaac Albeniz e Enrique Granados. Embora seja quase sempre um drama humorístico curto, há peças mais sérias e longas, desenvolvidas em três atos. O nome provém do palácio real de La Zarzuela, onde foram primeiramente encenadas.

ZÉ-PEREIRA. **1.** Canção ou música do norte de Portugal, acompanhada por bombos e tambores, executada em romarias e no período carnavalesco, bem como nome atribuído àqueles instrumentos de percussão. **2.** Apelido dado, no Brasil, ao sapateiro português José Nogueira de Azevedo Paredes (segundo testemunho de Vieira Fazenda, na obra *Antiqualhas e Memórias do Rio de Janeiro*), que, em 1846, organizou uma passeata musical e estrondosa no Rio de Janeiro. Os amigos que o seguiam pelas ruas, bebendo "vinhaça", começaram a dar vivas ao sapateiro, modificando seu nome para Zé Pereira. A experiência repetiu-se nos anos seguintes e estimulou a formação de vários grupos semelhantes de foliões, ou zé-pereiras. No dizer de Edigar de Alencar, foi esta "a primeira manifestação autônoma de música no carnaval carioca". Um verso de domínio público e já bastante conhecido no século passado registra: "Viva o Zé-Pereira! / Viva o carnaval! / Viva a alegria / Que a ninguém faz mal".

ZEUGMA. Figura retórica de sintaxe em que uma palavra mencionada anteriormente fica subentendida na seqüência da frase ou da oração. Difere da →*elipse* porque, nesta última figura, a palavra não é dita. Exemplo clássico de Castilho: "Vieira vivia para fora, para a cidade, para a corte, para o mundo. Bernardes para a cela, para si, para o seu coração". Pode ainda designar, a partir do significado grego original (atrelar animais de carga), a junção de palavras ou frases que não guardam o mesmo registro semântico, como no exemplo seguinte: "uma telenovela romântica, de grande impacto". O fato de uma telenovela ser "romântica" (característica intrínseca) não pressupõe ou implica, necessariamente, a qualidade de provocar "impacto" objetivo, de audiência, ou vice-versa.

ZEUS. O "deus luminoso do céu", entidade suprema dos povos antigos indo-europeus, e figura permanente de referência e de representação das artes greco-romanas (neste último caso, sob o nome de Júpiter). É ele o patriarca da terceira geração divina da mitologia grega, neto de Urano (o Céu fecundador da Terra, ou Géia) e filho do Tempo (Crono). Diz o mito que Zeus, para se assenhorar do trono mantido pelo pai tirânico, então auxiliado pelos Titãs, teve de ser criado em segurança pelos Curetes e pelas Ninfas, na ilha de Creta, sendo amamentado na infância pela cabra Amaltéia. Já adulto, aconselhou-se com Prudência e esta receitou-lhe uma droga que, ingerida por Crono, o fez vomitar todos os filhos engolidos anteriormente. Aliando-se então aos irmãos recém-libertos, Hades e Posídon, Zeus empreendeu uma formidável batalha pela posse do Olimpo, no transcorrer de dez anos. Com o intuito de aumentar-lhes as forças, os irmãos libertaram os Hecatonquiros e os Ciclopes do Tártaro. Agradecidos, estes últimos deram a Zeus o raio e o trovão; a Hades, o capacete da invisibilidade; e a Posídon, o tridente, com o qual poderia dominar o mundo aquático. Após a vitória, Zeus instalou-se soberano no céu; Hades ocupou seu lugar no mundo subterrâneo e Posídon dominou os mares. Outras guerras, no entanto, sucederam-se, instigadas por Géia: contra os Gigantes e, a seguir, contra o monstro Tifeu. O significado do mito parece indicar, com mais pertinência, a necessidade de uma recriação do mundo, com a finalidade de dar-lhe uma nova ordem, hierárquica, por certo, mas previsível e de maior equilíbrio entre as potências que o agitam. Ao desvencilhar-se da tirania paterna e sobrepujar as forças do caos, desmedidas e violentamente cegas, Zeus instalou os princípios de uma racionalidade que seria uma das marcas do espírito grego, mais evidentes na construção da *pólis* e da sua cultura humanística.

ZIGURATE, ZIGURATO. Torre e templo sumeriano, de formato quadrangular ou retangular, construído com adobe e de maneira escalonada, isto é, em degraus superpostos, possuindo ainda rampas contínuas de acesso, uma em cada face. Após o período sumeriano (III milênio), o zigurate permaneceu como forma arquitetônica religiosa de sucessivos impérios da Mesopotâmia (babilônico, elamita, assírio), servindo ainda de modelo para outras construções profanas (palácios). Edificados como moradas dos deuses, os maiores zigurates possuíam dois santuários: um situado no cume, provavelmente para guarda de oferendas, e outro na base, para cultos e festas regulares, como os das cidades de Eridu, Ur, Uruk e Babilônia. Diferentemente das pirâmides egípcias, não continham câmaras mortuárias internas.

•**ZIMBÓRIO.** **1.** A superfície ou parte exterior de uma →cúpula, de formato convexo, semi-esférico. **2.** A própria cúpula ou domo.

ZINGAMOCHO. Pináculo, grimpa ou elemento decorativo e sobressalente que dá remate a um zimbório, como pequenas torres, cruzes etc.

ZOILO. Crítico exagerado, maldoso ou extremamente severo e que, por tais atributos, perde a capacidade de opinar com equilíbrio. O termo é derivado do retórico grego de mesmo nome (século IV), que condenou veementemente as obras de Homero e de Platão, entre outros autores. Em seu bem-humorado prólogo do *Dom Quixote*, Cervantes, ao criticar a voga das citações de autores como recurso de credibilidade e de erudição, escreve: "De tudo isto há de carecer o meu livro, porque nem tenho que notar nele à margem, nem que comentar no fim, e ainda menos sei os autores que sigo para pô-los em um catálogo pelas letras do alfabeto, como se usa, começando em Aristóteles e acabando em Xenofonte, em *Zoilo* ou em Zêuxis, ainda que foi *maldizente um destes* e pintor o outro".

•**ZOOM, ZUM.** Efeito obtido por lente de aparelho fotográfico ou de câmeras cinematográfica e videográfica, também chamada objetiva zum, de foco variável, que aproxima ou distancia o objeto ou cena enquadrada. Na aproximação, a paisagem sai do geral para o particular (*zoom-in*); com o distanciamento, passa-se do particular ao geral (*zoom-out*). Em cinema ou vídeo, o zum funciona como uma das possibilidades de *travelling* (→*Cinema*). O nome provém da marca Zoomar, a primeira a ser lançada comercialmente, e com tais características, no século XX.

ZOÓLITO. Pedra esculpida com formas de animais e cujos primeiros exemplares já datam do Paleolítico Superior.

ZOOMÓRFICO. Em artes plásticas, elemento decorativo ou ornamental que reproduz com fidelidade ou estiliza formas de animais.

ZOOMORFISMO. Religião ou culto de animais considerados encarnações sagradas de deuses, de seres sobrenaturais ou protetores de clãs e tribos. Crença na possibilidade da transformação de homens em animais.

LOCUÇÕES, PROVÉRBIOS OU FRASES DE USO UNIVERSAL

A

AB ABSURDO. Demonstração de uma idéia ou princípio por método absurdo, ou seja, na qual se usam idéias →contraditórias (o que não significa →contrárias).

AB AMICIS HONESTA PETAMUS. Aos amigos, peçamos apenas coisas ou ações honestas .

AB IMO PECTORE. Do fundo do coração, com sinceridade.

AB INITIO. desde a origem ou princípio.

AB IRATO. Num impulso emocional de ira ou de cólera.

ABLUE PECCATA, NON SOLUM FACIEM. Lava os teus pecados, não somente o rosto; ou seja, age com profundidade e sinceridade, e não só nas aparências.

AB ORE AD AUREM. da boca para o ouvido, discretamente, sem alarde.

AB ORIGINE. desde a origem.

AB OVO. desde o princípio; alusão ao "ovo de Leda" que gerou Helena de Tróia.

ABUSUS NON TOLLIT USUM. O abuso de algo não leva, necessariamente, a dele nos abstermos. Condena-se apenas o exagero.

ABYSSUS ABYSSUM INVOCAT. O abismo ou o erro atrai ou conduz a outro, em seqüência.

À CLEF. Obra literária ou de natureza artística na qual se identificam personagens e situações calcadas numa realidade conhecida, elaboradas de propósito.

ACTA EST FABULA. Terminou o enredo ou a representação. Assim se anunciava o fim de um espetáculo dramático em Roma.

AD ASTRA PER ASPERA. Aos astros, às coisas elevadas, chega-se com dificuldade.

AD AUGUSTA PER ANGUSTA. Só se alcança o triunfo, ou o ponto mais elevado, após grandes esforços.

AD CAPTANDUM VULGUS. (Somente) para distrair o vulgo, a multidão.

AD HOC. Para isto, ou seja, para este caso ou circunstância particular. →Argumento.

AD HOMINEM. Usar das mesmas palavras ou comportamento de um adversário para contra-argumentar e refutar. →Argumento.

AD HONORES. Pelo privilégio da honra; gratuitamente, sem retribuições.

AD LITTERAM. Literalmente, ao pé da letra.

AD NUTUM. Por um movimento de cabeça, isto é, pelo juízo, ordem ou arbítrio de alguém, e não por vontade própria.

AD PATREM. Para os antepassados, em sua honra ou memória.

AD PERPETUAM REI MEMORIAM. Coisa destinada à lembrança perpétua.

AD REFERENDUM. Para ser trazido de volta, com o significado de aprovação posterior, ou seja, que se encontra na dependência da aprovação de outro.

AD REM. À coisa em si, ou seja, relativo ao que está em causa.

AD USUM DELPHINI. Edição e divulgação de texto com partes censuradas, tidas como prejudiciais, nocivas ou perigosas, como as realizadas para o filho do rei Luís XIV (o delfim).

AD VITAM AETERNAM. Para a vida eterna.

AEQUO ANIMO. Com consciência ou ânimo, com intenção clara.

AERE PERENNIUS. Mais duradouro que o bronze (frase de Horácio a respeito de suas Odes).

AETERNUM VALE. Adeus para sempre.

AGE QUOD AGIS. Esteja atento àquilo que fazes.

AIDE MÉMOIRE. Seleção ou resumo de uma obra com passagens ou dados mais importantes..

ALIENA VITIA IN OCULIS HABEMUS, A TERGO NOSTRA SUNT. Os vícios alheios temos diante dos olhos, mas para os nossos damos as costas.

ALMA MATER, ALMA PARENS. Mãe criadora, a matriz, a pátria ou a universidade.

ALPHA ET OMEGA. O princípio e o fim; Deus, Cristo.

ALTER EGO. Outro "eu", um amigo íntimo e de confiança.

À OUTRANCE. A todo custo, sem tréguas.

APERTO LIBRO. De livro aberto, sem necessidade de consulta auxiliar.

APRÈS MOI, LE DÉLUGE. Depois de mim, o dilúvio; pouco importa o que venha a acontecer após a minha morte.

À QUELQUE CHOSE MALHEUR EST BON. Para alguma coisa serve a desgraça; há males que vêm para bem.

AQUILA NON CAPIT MUSCAS. A águia não apanha moscas; uma pessoa importante ou de espírito superior não se dedica a ninharias.

ARCADES AMBO. Ambos são árcades; duas pessoas que se assemelham nos vícios, na desonestidade, na esperteza.

ARGUMENTUM AD CRUMENAM. Argumento da bolsa, isto é, pecuniário ou monetário.

ARGUMENTUM BACULINUM. Argumento da força, da violência.

ARRIÈRE-PENSÉE. Por detrás do pensamento (manifesto); dissimulação de um pensamento ou atitude por outro.

ARS EST CELARE ARTEM. A arte verdadeira oculta a própria habilidade utilizada.

ARS LONGA, VITA BREVIS (EST). A arte é longa, duradoura, a vida é breve.

ARTEM NON ODIT NISI IGNARUS. A arte odeia apenas o ignorante.

A SACRIS. Afastado das coisas sagradas.

ASINUS ASINUM FRICAT. O burro esfrega o burro; os ignorantes se elogiam mutuamente e em demasia.

À TOUT SEIGNEUR, TOUT HONNEUR. A cada um segundo o que lhe é devido por sua condição social.

AUDENTES (AUDACES) FORTUNA JUVET. A sorte favorece os audazes.

AUNQUE LA MONA SE VISTA DE SEDA, MONA SE QUEDA. Ainda que vestida de seda, a macaca permanece macaca.

AURA POPULARIS. O favor ou o elogio inconstante do povo.

AUREA MEDIOCRITAS. Áurea mediocridade, ou seja, a condição média, sem excessos, deve ser a preferida.

AURI SACRA FAMES. A insaciável e amaldiçoada fome de ouro, de riqueza.

AUT CESAR, AUT NIHIL. Ou César, ou nada; exigir tudo (lema de César Bórgia).

AVANT LA LETTRE. Antes da letra, isto é, surgido antes do fato; que antecipa.

À VAINCRE SANS PERIL, ON TRIOMPHE SANS GLOIRE. Ao vencer sem perigo, triunfamos sem glória.

AVE, CESAR, MORITURI TE SALUTANT. Salve, ó César, os que vão morrer te saúdam (frase que os gladiadores profeririam durante o desfile de apresentação na arena).

À VOL D'OISEAU. A vôo de pássaro, por cima, rapidamente, sem grandes detalhes.

B

BEATI MONOCULI IN TERRA CAECORUM. Feliz daquele que, em terra de cego, tem um olho (em terra de cego quem tem olho é rei).

BEATI PAUPERES SPIRITU. Bem-aventurados os pobres de espírito. Palavras de Cristo (Mateus) para se referir àqueles que sabem se desligar dos bens materiais do mundo.

BELLUM OMNIUM CONTRA OMNES. A guerra de todos contra todos; condição primária da humanidade segundo Thomas Hobbes.

BENE QUI LATUIT, BENE VIXIT. Quem viveu anonimamente, na obscuridade, viveu bem.

BIS DAT QUI CITO DAT. Quem dá depressa, duas vezes faz, *v.g.*, um favor prontamente feito vale em dobro.

BIS REPETITA PLACENT. As coisas pedidas duas (ou mais) vezes são as que realmente agradam.

BIS PUERI SENES. Os velhos tornam-se meninos outra vez.

BON MOT. A palavra certa, espirituosa, dita com perspicácia.

BON TON. Bons modos, boas maneiras, comportamento conveniente.

BON VIVANT. Aquele que vive bem, com alegria e tranqüilidade.

C

CAELI ENARRANT GLORIAM DEI. Os céus proclamam a glória de Deus.

CALOMNIEZ, IL EN RESTE TOUJOURS QUELQUE CHOSE. Caluniai, alguma coisa há de ficar (após tanto mal dizer).

CARPE DIEM. Aproveita o dia de hoje (Horácio).

CASTIGAT RIDENDO MORES. Rindo é que se punem ou se criticam os (maus) costumes.

CEDANT ARMA TOGAE. Cedam as armas (o governo militar) à toga (ao poder civil). Verso de Cícero.

CHASSEZ LE NATUREL, IL REVIENT AU GALOP. Expulsai a natureza e ela retorna a galope; não adianta contrariar a natureza, pois mais cedo ou mais tarde ela se impõe.

CHI DURA VINCE. Quem persiste, vence.

COGITO, ERGO SUM. Penso, logo existo. Fundamento e primeira certeza do ser que pensa, após tudo ser posto em dúvida.

COMPOS SUI. Senhor de si mesmo, independente.

CONSUETUDO EST ALTERA NATURA. O hábito é uma segunda natureza.

CONSUMMATUM EST. (Tudo) está consumado. Palavras de Cristo, ao cumprir sua missão redentora.

CORAM POPULO. Diante do povo, publicamente.

COUP DE FOUDRE. Raio, no sentido de desgraça inesperada ou de amor à primeira vista.

COUP DE THÉÂTRE. Golpe teatral; acontecimento repentino, inesperado.

CREDO QUIA ABSURDUM. Creio, ainda que seja absurdo; é crível porque impossível. Frase de Tertuliano (*De Carne Christi*), também usada por Santo Agostinho.

CUCULLUS NON FACIT MONACHUM. O hábito não faz o monge; as aparências não revelam a essência.

CUIQUE SUUM. A cada um o que é seu, o que lhe pertence.

LOCUÇÕES, PROVÉRBIOS OU FRASES DE USO UNIVERSAL 687

CUM GRANO SALIS. Com um grão de sal. Pode indicar "com algumas ressalvas" ou "com certo humor, em leve tom de brincadeira".

CUM TACENT, CLAMANT. Enquanto se calam, gritam, isto é, o próprio silêncio é sinal de eloqüência.

CURRENTE CALAMO. Ao correr da pena, sem muitas reflexões.

D

DA CAPO. Do princípio. Em música, repetir a frase ou a peça desde o início.

DAT VENIAM CORVIS, VEXAT CENSURA COLUMBAS. A crítica é indulgente com os corvos, mas censura com rigor as pombas (Juvenal).

DE AUDITU. Por ouvir dizer, sem constatação pessoal.

DE COQ À L'ÂNE. Do galo ao asno; passar de um assunto a outro, sem estabelecer nexos; incoerente.

DE GUSTIBUS ET COLORIBUS NON EST DISPUTANDUM. Gostos e cores não se discutem.

DE LANA CAPRINA. Sobre a lã da cabra, ou seja, discussão desinteressante.

DE MINIMUS NON CURAT PRAETOR. O pretor não cuida de coisas mínimas; alguém cujo cargo ou situação seja importante não deve se ocupar com detalhes.

DEO IGNOTO. Ao deus desconhecido.

DE OMNI RE SCIBILI / ET QUIBUSDAM ALIIS. De tudo o que se pode saber / e mais alguma coisa. Discutir sobre tudo / e mais alguma coisa. A primeira frase é atribuída a Pico della Mirandola; já a segunda foi acrescentada, sarcasticamente, por Voltaire. Diz-se de alguém que, com petulância, se julga sábio ou capaz de discorrer sobre qualquer assunto.

DERNIER CRI. O último grito; a mais recente novidade, o que está na moda.

DE TE FABULA NARRATUR. A fábula fala de ti. Chama-se a atenção de alguém para que perceba que é alvo da crítica contida no enredo ou no drama. Frase de Horácio (Sátiras) que se lê de modo completo: *Quid rides? Mutato nomine de te fabula narratur* (De que ris? Mudado o nome, a fábula fala de ti).

DIEM PERDIDI. Perdi o dia, isto é, nada fiz de útil ou de bom.

DIFFICILES NUGAE. Bagatelas difíceis; palavras de Marcial (Epigramas) sobre as pessoas que se entregam a ninharias e lhes atribuem grande importância.

DIR L'ORAZIONE DELLA BERTUCCIA. Falar como a macaca, ou seja, dizer coisas sem nexo.

DIVIDE ET REGNES. Divide e reina; faz com que os que te cercam sejam concorrentes entre si e não se associem para a tomada do poder (Maquiavel).

DOCTUS CUM LIBRO. Aqueles que só sabem pensar com as idéias dos outros, já escritas e disponíveis, sem desenvolver argumentos próprios.

DOLCE FAR NIENTE. A doce ociosidade, o agradável lazer.

DUBITANDO AD VERITATEM PERVENIMUS. É duvidando que chegamos à verdade (Cícero).

DURA LEX SED LEX. A lei é dura, mas é a lei.

E

ELI, ELI, LAMMA SABACHTANI. Deus, Deus, por que me abandonaste? Palavras de Cristo na cruz, revelando a sua derrelição (abandono), assim como a própria condição humana.

ENFANT GÂTÉ. Criança mimada, isto é, cujas vontades e caprichos são sempre satisfeitos pelos pais ou por aqueles que com ela se relacionam.

ENFANT TERRIBLE. Criança que, por desobediência, põe os pais ou responsáveis em situações constrangedoras.

ENTENTE CORDIALE. Acordo amigável; entendimento entre nações, corporações ou partidos concorrentes.

ERRANDO CORRIGITUR ERRO. É errando que se corrige o erro.

ERRARE HUMANUM EST (PERSERVERARE DIABOLICUM. Errar é da natureza humana (mas perseverar no erro é diabólico).

ERUNT DUO IN CARNE UNA. Serão dois em uma só carne. Expressão bíblica para consagrar a união dos noivos em todas as situações.

EST MODUS IN REBUS. Há uma medida nas coisas; não se deve fazê-las em excesso.

EX AEQUO. Com direito igual, sem privilégio ou supremacia.

EX NIHILO, NIHIL. Do nada, nada vem. Nada foi criado, pois tudo o que existe existe desde a origem (Epicuro).

EX PROFESSO. Com grande conhecimento.

F

FAIR PLAY. Agir ou proceder de maneira leal, correta, em uma competição.

FAMA VOLAT. A fama voa, isto é, as notícias correm com rapidez (Virgílio).

FATTA LEGE, PENSATA LA MALIZIA. Feita a lei, pensada a malícia. Basta uma lei ser criada para que os mal-intencionados encontrem uma maneira de fraudá-la ou deturpá-la. →*Inventa lege.*

FELIX CULPA!. Culpa feliz!. Palavras de Santo Agostinho sobre a culpa original de Adão e Eva, que permitiu a vinda redentora de Cristo.

FELIX QUI POTUIT RERUM COGNOSCERE CAUSAS. Feliz aquele que pôde conhecer as causas das coisas. Elogio de Virgílio ao conhecimento racional, contraposto às superstições.

FESTINA LENTE. Apressa-te devagar; a pressa é inimiga da perfeição.

FÊTE GALANTE. Reunião ao ar livre de pessoas aristocráticas nos séculos XVII e XVIII, assim como gênero de pintura em que é retratada essa festa.

FORTUNATA SENEX. Feliz ou ditoso velho; frase de Virgílio referindo-se àquele que, na velhice, encontrou a tranqüilidade espiritual.

FUGIT IRREPABILE TEMPUS. O tempo passa, irreparavelmente.

G

GENUS IRRITABILE VATUM. A raça irritadiça dos poetas (Horácio). Os poetas, os literatos, ou, de modo geral, os artistas, são pessoas extremamente suscetíveis.

GNOTI SEAUTON. Conhece-te a ti mesmo. Divisa do templo e oráculo de Delfos, assumida por Sócrates como finalidade do conhecimento. Em latim, *Nosce te ipsum*.

GRAECA FIDES (NULLA FIDES). Fé grega (nenhuma fé). Os romanos costumavam suspeitar das promessas dos gregos.

GRAND MONDE. O círculo dos ricos, dos poderosos, dos que gozam de prestígio na sociedade. O mesmo que *high society*.

GUTTA CAVAT LAPIDEM. A gota (de água) escava a pedra (Ovídio). É pela perseverança, e não pela força, que o objetivo se alcança. Popularmente, "água mole em pedra dura, tanto bate até que fura".

H

HIC ET NUNC. Aqui e agora, imediatamente.

HISTORIA MAGISTRA VITAE. A história é mestra da vida (Cícero). Redução do texto que assevera: "A história é testemunha dos tempos, luz da verdade, mestra da vida, mensageira do passado".

HODIE MIHI, CRAS TIBI. Hoje para mim, amanhã para ti; o que hoje me acontece, amanhã poderá acontecer a ti.

HOMO HOMINI LUPUS. O homem é o lobo do homem. Frase originária de Plauto (Asinaria), retomada por Francis Bacon e Thomas Hobbes, significando que o homem é o pior inimigo de si mesmo.

HOMO SUM: HUMANI NIHIL A ME ALIENUM PUTO. Sou homem: nada do que é humano julgo (ou me é) estranho (Terêncio). Não devemos nos espantar nem com os vícios, nem com as virtudes humanas, pois o ser humano é capaz de tudo.

HONNÊTE HOMME. Pessoa íntegra e cultivada, assim conhecida nos séculos XVII e XVIII.

HONORES MUTANT MORES. As honras mudam os hábitos, isto é, as adulações (sobretudo as decorrentes do po-

der) modificam o comportamento de quem as recebe, normalmente corrompendo o caráter.

HONORIS CAUSA. Para a honra. Título acadêmico dado em homenagem a alguém, publicamente reconhecido por seu saber, sem a necessidade de exame ou defesa de tese.

HONOS ALIT ARTES. A honra (os aplausos, os elogios) alimenta as artes (Cícero).

HORROR VACUI. Horror ao vácuo, ao vazio. A suposição, entre os físicos antigos, de que a natureza preenchia, com objetos e forças, todo o universo, nada deixando vazio. O que também explicava fenômenos físicos, como a subida da água em bombas hidráulicas e da fumaça ou do fogo.

I

IN CAUDA VENENO. O veneno está na cauda (do escorpião); aplica-se a um texto ou discurso que se inicia de maneira neutra ou inofensiva e termina com malícia ou contundência.

ILS SONT TROP VERTS. Estão muito verdes (os frutos). Diz-se de um desejo frustrado que leva ao fingimento de não querer ou à depreciação do, na verdade, que se quer (La Fontaine).

IN DUBIO LIBERTAS. Na dúvida, a liberdade, ou seja, face a uma circunstância de dúvida ou impasse moral, a consciência deve escolher livremente um caminho a seguir.

IN DUBIO PRO REO. Na dúvida, a favor do réu; na incerteza do julgamento de um delito, que o réu seja favorecido

INANIA VERBA. Palavras inúteis, ocas.

IN ILLO TEMPORE. Naqueles tempos, no passado.

IN MEDIO STAT VIRTUS / VIRTUS IN MEDIO EST. A virtude está no meio, não nos extremos; nem na ausência, nem no excesso de bens; nem no laxismo, nem no rigorismo das condutas.

INVENTA LEGE, INVENTA FRAUDE. Feita a lei, feita a fraude. →*Fatta lege*.

INVITA MINERVA. Apesar ou a despeito de Minerva (Horácio). Refere-se àquele que, mesmo não sendo um bom poeta ou escritor, insiste em escrever.

IPSIS LITTERIS / IPSIS VERBIS. Com as mesmas letras / com as mesmas palavras. Citar ou copiar literalmente, como no original.

J

JEU DE MOTS. Jogo de palavras, trocadilho, chiste.

JUDEX DAMNATUR UBI NOCENS ABSOLVITUR. O juiz se condena quando o culpado é absolvido (Publílio Siro).

JUS EST ARS BONI ET AEQUI. O direito é a arte de fazer o bem sem distinções, de maneira eqüânime.

JUVENTUS VENTUS. A juventude é como o vento.

L

LABOR OMNIS VINCIT IMPROBUS. O trabalho perseverante vence tudo aquilo que foi, em princípio, rejeitado ou desprezado.

LAISSER FAIRE, LAISSER PASSER, LE MONDE VA DE LUI MÊME. Deixar fazer, deixar passar, o mundo vai por si. Máxima da economia fisiocrata, para quem a vida e as relações econômicas devem ser absolutamente livres.

LAST BUT NOT LEAST. O último, mas não o menor. O último exemplo citado na enumeração não significa que seja o menos importante.

LATO SENSU. Em sentido amplo, geral. Opõe-se a *strictu sensu*.

LAUS IN ORE PROPRIO VILESCIT. O elogio na própria boca envilece. O auto-elogio denigre o louvor que eventualmente alguém mereça.

LE MIEUX EST L'ENNEMI DU BIEN. O melhor é inimigo do bom. A busca excessiva da perfeição acaba por prejudicar aquilo que se faz.

LIBERTAS QUAE SERA TAMEM. Liberdade ainda que tardia (Virgílio). Frase usada como divisa dos inconfidentes mineiros.

LITTÉRATURE ENGAGÉE. Obra literária ficcional que toma partido em questões sociopolíticas.

LUCIDUS ORDO. Uma ordem ou disposição clara, de fácil entendimento (Horácio); conselho dado a oradores e escritores.

M

MAGISTER DIXIT. O mestre o disse; expressão escolástica que recorria, por citação, a um argumento de autoridade na matéria (um mestre ou professor, sobretudo Aristóteles) e com a qual se pretendia encerrar a discussão.

MAJOR ET LONGIQUO REVERENTIA. A reverência é maior à distância; a distância, no tempo e no espaço, aumenta o prestígio ou a confiança (em um fato ou pessoa).

MAJORES PENNAS NIDO. Asas maiores do que o ninho; aplica-se aos que têm ambições maiores do que o talento demonstrado.

MARGARITAS ANTE PORCOS. (Dar) pérolas aos porcos; dizer coisas importantes a quem não pode entendê-las, ou fazer ou dar coisas a quem não sabe apreciá-las.

MEHR LICHT!. Mais luz! Últimas palavras atribuídas a Goethe, interpretadas como "mais saber", "mais educação" ou "mais verdade".

MEMENTO, HOMO, QUIA PULVIS EST ET IN PULVUM REVERTERIS. Lembra-te, homem, que és pó e ao pó voltarás (palavras de Deus a Adão).

MÉNAGE À TROIS. Relações amorosas a três (um casal e o/a amante).

MENS SANA IN CORPORE SANO. Mente sã em corpo são (Juvenal). A saúde da alma ou a boa disposição do espírito deve ser acompanhada da saúde do corpo.

MODUS FACIENDI. Modo de fazer, de elaborar ou construir algo.

MODUS VIVENDI. Modo de viver, indicando um acordo entre as partes, de maneira a se instaurar a tolerância e evitar conflitos.

MORS ULTIMA RATIO. A morte é a razão última de tudo; todas as afecções da alma terminam com a morte.

MUCH ADO ABOUT NOTHING. Muito barulho por nada (peça de Shakespeare); exagerar a importância de algo, fazer tempestade em copo d'água.

MUTATIS MUTANDIS. Mudando-se o que deve ser mudado; feitas as alterações necessárias de época, de pessoas ou de situações.

N

NATURA NON FACIT SALTUS. A natureza não dá saltos (Leibniz), ou seja, não há fenômenos ou criaturas separados de outros, sem elos intermediários.

NAVIGARE NECESSE, VIVERE NEM NECESSE. Navegar é preciso, viver não é preciso. Frase de Pompeu quando, pretendendo embarcar para Roma, viu-se diante de uma tempestade. Por extensão, ousar fazer o que se pretende, apesar dos perigos ou dificuldades.

NE, SUTOR, ULTRA CREPIDAM. Sapateiro, não vá além do sapato. Frase (traduzida para o latim) do pintor grego Apeles a um sapateiro que se dispôs a comentar todo o seu quadro, além da excelência do calçado. Não se deve ir além do conhecimento que nos é familiar.

NECESSITAS NON HABET LEGEM. A necessidade não tem lei (Sto. Agostinho). Em situações extremas, a lei comum não vale (matar em legítima defesa, por exemplo).

NESSUM MAGGIOR DOLORE CHE RICORDARSI DEL TEMPO FELICE NELLA MISERIA. Não há dor maior do que recordar-se do tempo feliz na miséria. Verso de Dante, pronunciado por Francesco da Rimini, no Inferno.

NOBLESSE OBLIGE. A nobreza obriga ou exige, isto é, há obrigações irrecusáveis derivadas da condição social, do cargo que se ocupa ou da dignidade pessoal.

NON MULTA, SED MULTUM. Não muitas coisas, mas coisas importantes; mais vale a qualidade do que a quantidade.

O

OBSEQUIUM AMICOS, VERITAS ODIUM PARIT. O favor (ou a complacência) cria amigos, a verdade gera o ódio (Terêncio).

ODI PROFANUM VULGUS. Detesto o vulgo profano (Horácio); desprezo o aplauso da plebe, preferindo o das pessoas de bom gosto ou conhecedoras do assunto.

OS HOMINI SUBLIME DEDIT. Deu aos homens um rosto elevado (Ovídio). Indica a superioridade do ser humano sobre os animais.

O TEMPORA! O MORES!. Ó tempos!, ó costumes! (Cícero). Invectiva contra uma época de vícios, de corrupção e de violência.

P

PANEM ET CIRCENSES. Pão e espetáculos de circo. Palavras de Juvenal referindo-se às preferências imediatistas e à ignorância das massas.

PARTI PRIS. Opinião preconcebida, contra a qual não valem argumentos.

PARTURIENT MONTES; NASCETUR RIDICULUS MUS. As montanhas estão parindo; mas (delas só) nascerão ratos ridículos (Horácio). Ironia às grandes promessas que se revelam decepcionantes.

PARVA SCINTILLA EXCITAVIT MAGNUM INCENDIUM. Uma pequena centelha desencadeou grande incêndio. Pequenas causas podem trazer conseqüências funestas.

PECUNIAE OBEDIUNT OMNIA. Todas as coisas obedecem ao dinheiro.

PIA FRAUS. Fraude piedosa (Ovídio). Engano ou mentira voluntariamente concebida, com a intenção de agradar ou consolar.

POST EQUITEM SEDET ATRA CURA. A negra preocupação senta-se na garupa do cavaleiro (Horácio), ou seja, as mais sérias preocupações nos acompanham onde quer que vamos.

POUR ÉPATER LES BOURGEOIS. Para causar espanto ou estarrecer os burgueses; dito, obra ou comportamento cuja intenção principal é a de provocar o assombro ou a perplexidade, sem conteúdo de importância real.

PRIMUS INTER PARES. O primeiro entre os iguais.

Q

QUANDOQUE BONUS, DORMITAT HOMERUS. Ainda que bom, Homero (também) cochilava. Frase de Horácio para dizer que mesmo os grandes escritores cometem erros.

QUAERES QUEM DEVORET. Procurando a quem devorar. Frase de São Pedro em sua primeira epístola, advertindo contra as tentações do demônio, que sempre age como um leão faminto.

QUI BENE AMAT, BENE CASTIGAT. Quem bem ama, bem castiga. Quem realmente ama, sabe que deve corrigir os defeitos do amado.

QUOT HOMINES, TOT SENTENTIAE. Quantos homens, tantas (são as) opiniões; em cada cabeça uma sentença.

R

REMPLI DE SOI-MÊME. Cheio de si, vaidoso (a).

RERUM OMNIUM MAGISTER USUS. A prática é a mestra de todas as coisas.

RES, NON VERBA. Fatos, e não palavras. Aplica-se a uma situação que exige ações práticas, e não apenas discursos ou teorias.

RES SEVERA VERUM GAUDIUM. A verdadeira alegria está na seriedade.

RISUM IN LACRIMIS VERTIT. Transforma o riso em lágrimas; sentença de origem grega para indicar que a sátira, em verdade, esconde a tragédia ou a melancolia.

ROMA OMNIA VENALIA ESSE. Em Roma, tudo está à venda; indica uma situação de corrupção dos costumes ou de mercantilização de todos os valores sociais e políticos.

S

SALUS POPULI SUPREMA LEX ESTO. Que o bem-estar do povo seja a lei suprema (lei romana das doze tábuas).

SAVOIR-FAIRE. Saber fazer, no sentido de possuir habilidade, arte ou astúcia naquilo que se faz.

SAVOIR-VIVRE. Saber-viver, indicando aquele que, tendo conhecimento do mundo e dos homens, sabe viver com civilidade e prazer.

SE NON È VERO, È BENE TROVATO. Se não for verdade, é bem achado. Embora não seja verdade, vem bem a propósito.

SCRIBENDI NULLUS FINIS. O ato de escrever não tem fim (Fedro). Há sempre sobre o que escrever.

SIC TRANSIT GLORIA MUNDI. Assim passa a glória do mundo. Tudo o que parece duradouro revela-se frágil com o passar do tempo. Frase sempre empregada na posse do papa.

SIMILIA SIMILIBUS CURANTUR. Os semelhantes curam-se pelos semelhantes. Lema da medicina homeopática. O da medicina alopática é *Contraria contrariis curantur* (os contrários curam-se pelos opostos).

SINE IRA ET STUDIO. Sem ódio e preconceito. Máxima de Tácito para quem deseja relatar os fatos históricos.

SOMNUS MORTIS IMAGO. O sono é a imagem da morte.

SPIRITUS UBI VULT SPIRAT. O espírito sopra onde quer (São João). A inspiração não provém da vontade própria, é um ato divino.

STABAT MATER (DOLOROSA). Estava a mãe (dolorosa). Referência à Virgem Maria, diante de seu filho crucificado. Há muitas pinturas e composições musicais com essa denominação.

STRICTU SENSU. Em sentido restrito, particularizado.

STRUGGLE FOR LIFE. A luta pela vida. Princípio observado por Darwin como característica da seleção natural das espécies, tendo por objetivo instintivo a sobrevivência.

STULTORUM INFINITUS EST NUMERUS. O número dos tolos é infinito (Eclesiastes).

SUB SPECIE AETERNITATIS. Do ponto de vista da eternidade; considerando-se a totalidade dos tempos passados e futuros.

SUI GENERIS. De seu próprio gênero, ou seja, sem comparação com outro; específico, particular.

SUSTINE ET ABSTINE. Suporta (os males) e abstém-te (dos prazeres). Máxima dos estóicos para se alcançar a *ataraxia* ou imperturbabilidade do espírito que é a verdadeira liberdade moral, a felicidade e a sabedoria.

T

TABULA RASA. Tábua lisa, em branco. Imagem defendida pelo empirismo, segundo a qual o espírito humano apresenta-se, no início, inteiramente vazio e só a experiência o vai preenchendo, permitindo relacionar e elaborar idéias simples e depois gerais ou abstratas, ou seja, formular o conhecimento teórico.

TEMPUS EDAX RERUM. O tempo, devorador das coisas (Ovídio).

TEMPUS EDAX, HOMO EDACIOR . O tempo consome, o homem estraga.

TÊTE-À-TÊTE. Cabeça a cabeça, isto é, conversa frente a frente, particular.

THEATRUM MUNDI. O teatro do mundo, significando que o mundo é um teatro, o palco transitório ou efêmero da vida humana aos olhos de Deus. Uma concepção firmemente em voga no pensamento religioso do barroco.

THE RIGHT MAN IN THE RIGHT PLACE. O homem certo no lugar certo; a adequação entre a pessoa indicada e o posto ou cargo que ocupa.

TIMEO DANAOS ET DONA FERENTES. Temo os gregos mesmo quando oferecem dádivas (presentes). Expressão que Virgílio põe na boca do sacerdote e adivinho Laocoonte, quando este vê o cavalo sendo transportado para a praça de Tróia.

TO BE OR NOT TO BE. Ser ou não ser (Shakespeare). A grande dúvida sobre as razões e o valor da existência humana.

TOUR DE FORCE. Destreza com força, isto é, um grande esforço ou façanha.

TOUT COURT. Só isso, sem mais nada.

TOUT EST BIEN QUI FINIT BIEN. Tudo está bem quando bem termina.

TOUT PASSE, TOUT CASSE, TOUT LASSE. Tudo passa, tudo quebra, tudo cansa.

TRADUTTORI, TRADITORE. Tradutor, traidor.

TRISTE EST OMNE ANIMAL POST COITUM, PRAETER MULIEREM ET GALLUM. Depois do coito, todo animal torna-se triste (cansado, melancólico), salvo a mulher e o galo.

U

UBI BENE, IBI PATRIA. Onde me sinto bem, lá é a minha pátria (Cícero). Máxima do cosmopolitismo iluminista.

UBI SOLITUDINEM FACIUNT, PACE APPELANT. Onde fazem o deserto (a solidão, o silêncio, a privação), chamam-no paz (citado por Tácito). Referência ao poder imperialista ou ditatorial e suas conseqüências sobre a liberdade de comunidades, povos ou culturas.

ULTIMA RATIO (REGUM). A última razão ou argumento (dos reis). Frase inscrita nos canhões de Luís XV. Corresponde à justificativa da força por quem detém o poder.

ULTRA EQUINOXIALEM NON PECCAVI. Não pequei além do Equador, ou seja, a noção de pecado veio para o Novo Mundo com seus colonizadores.

UNA SALUS VICTIS, NULLAM SPERARE SALUTEM. A única salvação para os vencidos é não esperarem nenhuma salvação (Virgílio).

URBI ET ORBE. Á cidade (de Roma) e ao mundo. Benção papal indicando que ela se estende a todos os povos da terra. Usa-se como sinônimo de "a todos".

UT ALIQUID FACERE VIDEATUR. Para parecer que algo se faz; "para inglês ver".

UT SEMENTEM FECERIS, ITA ET METES. Da maneira como semeias, assim ceifarás. Toda ação tende a provocar reação semelhante.

V

VADE MECUM. Vem comigo. Livro de conteúdo prático, constantemente consultado. Em português, vade-mécum.

VAE VICTIS!. Ai dos vencidos! Palavras do chefe gaulês Breno, segundo Tito Lívio, após a invasão de Roma, em 390 a.C. Os romanos deviam pagar em ouro o resgate dos prisioneiros e os pesos colocados no prato da balança estavam alterados, o que gerou protestos da população. Ao pronunciar a frase, Breno ainda lançou sobre o prato a sua própria espada, lembrando a subordinação total dos vencidos.

VANITAS VANITATUM ET OMNIA VANITAS. Vaidade das vaidades e tudo é vaidade. Palavras do Eclesiastes sobre as ações humanas.

692 | DICIONÁRIO SESC: A LINGUAGEM DA CULTURA

VERBA VOLANT, SCRIPTA MANENT. As palavras voam, a escrita permanece; sentença que afirma a superioridade da escrita sobre o discurso oral.

VERBATIM. Palavra por palavra; o mesmo que *ipsis litteris, ipsis verbis*.

VERITAS ODIUM PARIT. A verdade gera o ódio (Terêncio), muito mais do que o conhecimento e a admiração.

VERITAS TEMPORIS FILIA. A verdade é filha do tempo (Aulo Gélio). Com o tempo, a verdade aparece.

VINUM ET MUSICA LAETIFICANT COR HOMINIS. O vinho e a música alegram o coração do homem.

VIS-À-VIS. Frente a frente, face a face.

VOX CLAMANTI IN DESERTO. A voz que clama no deserto (referência inicial a São João Batista); a pessoa ou a mensagem que não é ouvida, ao menos em seu tempo e meio.

VULNERANT OMNES, ULTIMA NECAT. Todas (as horas do relógio) ferem; a última, mata.

RELAÇÃO ONOMÁSTICA DE AUTORES

A

Aachen, Hans von, pintor alemão (1552-1615).

Aacuña, Hernando de, poeta espanhol (1520-1580).

Aalto, Alvar Hugo Henrik, arquiteto, escultor, pintor e *designer* (1898-1976).

Aaltonen, Väinö, escultor finlandês (1894-1966).

Aarnio, Eero, *designer* finlandês, naturalizado norte-americano (1896-1976).

Abadie, Paul, arquiteto e restaurador francês (1812-1884).

Abakamovicz, Magdalena, escultora têxtil polonesa (1930).

Abbà-Cornaglia, Pietro, compositor erudito e organista italiano (1851-1894).

Abbate, Niccolò dell', pintor italiano (1512-1571).

Abbatini, Antonio Maria, compositor religioso italiano (1609-1679).

Abbey, Edwin Austin, pintor e gravador norte-americano (1852-1911).

Abbot, George, dramaturgo, ator, diretor de teatro e cineasta norte-americano (1887-1995).

Abbot, Lemuel Francis, retratista inglês (1760-1802).

Abel, Karl Friedrich, compositor erudito e instrumentista alemão de viola de gamba (1723-1787).

Abelaira, Augusto, romancista português (1926).

Abelardo (Pierre Abélard), teólogo e filósofo escolástico francês (1079-1142).

Abell, Kjeld, poeta e dramaturgo dinamarquês (1901-1961).

Abercrombie, Alexandre, compositor erudito inglês (1949).

Abiell, Guillem, arquiteto espanhol (?-1420).

Abildgaard, Nicolas Abraham, pintor dinamarquês (1743-1809).

Abondante, Giulio, compositor erudito e alaudista italiano (1546-1587).

Abos, Girolamo, compositor erudito maltês (1715-1760).

About, Edmond, novelista francês (1828-1885).

Abraham, Paul, compositor de operetas húngaro (1898-1960).

Abramo, Lívio, gravador e desenhista brasileiro (1903-1992).

Abramov, Fiódor Aleksándrovitch, romancista russo (1920-1983).

Abramovitch, Schalom Yaacov, novelista judeu lituano de línguas ídiche e hebraica (1836-1917).

Abranches, Aura, dramaturga e atriz portuguesa (1896-1962).

Abreu, Caio Fernando, dramaturgo e romancista brasileiro (1948-1996).

Abreu, Casimiro (José Marques) de, poeta brasileiro (1839-1860).

Abreu, Gilda de, atriz, dramaturga, roteirista e cineasta brasileira (1904-1979).

Abreu, Zequinha de, (José Gomes de Abreu, dito), compositor popular brasileiro (1880-1935).

Abreu, José Maria de, compositor popular brasileiro (1911-1966).

Abreu, Luís Leopoldo Brício de, escritor e crítico brasileiro (1903-1970).

Abreu, Sílvio de, telenovelista brasileiro (1943).

Absil, Jean, compositor erudito belga (1893-1974).

Abstemius, humanista e fabulista italiano (século XVI).

Abt, Franz Wilhelm, compositor erudito alemão (1819-1885).

Abujamra, Antônio, encenador e ator brasileiro (1933).

Abularach, Rodolfo, artista plástico guatemalteco (1933).

Accolti, Pietro, crítico e teórico de teatro italiano (séculos XVI-XVII).

Acconci, Vito, artista plástico norte-americano (1940).

Achard, Marcel, dramaturgo francês (1899-1974).

Achcar, Dalal, coreógrafa e bailarina brasileira (1936).

Achillini, Claudio, poeta e prosador italiano (1574-1640).

Achleitner, Friedrich, escritor austríaco (1930).

Achterberg, Gerrit, poeta holandês (1905-1962).

Ácio (Lucius Atius), poeta trágico romano (170?-94 a.C.).

Acosta, Agustín, poeta cubano (1886).

Acosta, José de, poeta e historiador peruano (1539-1616).

Acterian, Haig, encenador romeno (1906).

Adam, Adolphe, compositor erudito e crítico francês (1803-1856).

Adam, Antoine, historiador francês da literatura (1899).

Adam, família de arquitetos e decoradores escoceses: o pai, William (1688-1748), e os filhos Robert (1728-1792), o mais destacado, John e James (1730-1794).

Adam, família de escultores franceses: o pai, Jacob Sigisbert (1670-1747), e os filhos Lambert Sigisbert (1700-1759); Nicolas Sébastien (1705-1778); François Gaspard (1710-1761).

Adam, Henri-Georges, escultor e desenhista de tapeçaria francês (1904-1967).

Adam, Jean-Victor, pintor e gravurista francês (1801-1867).

Adam de la Halle, ou Le Bossu (o Corcunda), trovador francês (1240?-1285?/128?).

Adami, Valerio, pintor *pop* italiano (1935).

Adamis, Michael George, compositor erudito grego (1929).

Adamov, Arthur, dramaturgo francês de origem russa (1908-1970).

Adams, Ansel, fotógrafo norte-americano (1902-1984).

Adams, John, músico erudito e de vanguarda norte-americano (1947).

Adams, Neal, desenhista de histórias em quadrinhos norte-americano (1941).

Adán, Martín, poeta peruano (1908).

Addinsell, Richard, compositor inglês de peças incidentais (1904-1977).

Addison, Joseph, poeta, dramaturgo e crítico literário inglês (1672-1719).

694 | DICIONÁRIO SESC: A LINGUAGEM DA CULTURA

Adelcrantz, Karel Fredrick, arquiteto sueco (1716-1786).

Adenet, dito Le Roi, trovador e escritor belga de romances de cavalaria (1240?-1300?).

Adler, Jankel, pintor polonês (1895-1949).

Adler, Samuel, compositor erudito e maestro norte-americano (1928).

Adlon, Percy, cineasta e roteirista alemão (1935).

Adonias Filho, romancista e ensaísta brasileiro (1915-1990).

Adorno, Theodor Wiesegrund, filósofo e musicólogo alemão (1903-1969).

Adrien, Philippe, dramaturgo e encenador francês (1939).

Adson, John, compositor inglês (?-1640).

Adwentowicz, Karol, encenador e ator polonês (1872-1950).

Ady, Endre, poeta húngaro (1877-1919).

Aertsen, Pieter, pintor holandês (1508-1575).

Afonso, João, escultor português (século XVI).

Afonso, Jorge, pintor português (c. 1475-1540).

Afonso Celso, Afonso Celso de Assis Figueiredo, conde de, poeta, romancista e ensaísta brasileiro (1860-1938).

Afrânio (Lucius Afranius), poeta e comediógrafo latino (séculos II e I a.C.).

Agam, Yaacov Gipstein, pintor e artista digital israelense (1928).

Agasias de Éfeso, escultor grego (século I a.C.).

Agasse, Jacques-Laurent, desenhista e pintor suíço naturalista, dedicado à figuração de animais (1767-1849).

Agatarco de Samos, pintor e cenógrafo grego (século V a.C.).

Agazzari, Agostino, compositor italiano de música religiosa (1578-1640).

Agnaldo, Manuel dos Santos, escultor brasileiro (1926-1962).

Agnew, Roy, compositor e pianista erudito australiano (1893-1944).

Agnon, Schmuel Yosef Czaczkes, romancista judeu-russo de expressões ídiche e hebraica (1888-1970).

Agorácrito de Paros, escultor grego (século V a.C.).

Agostinho (Aurelius Augustinus), Santo, teólogo, filósofo, Padre da Igreja (354-430).

Agostinho Neto, António, poeta e político angolano (1922-1979).

Agostini, Angelo, caricaturista e ilustrador brasileiro, de origem italiana (1843-1910).

Agostini, Paolo, maestro e compositor erudito italiano (1583-1629).

Agostino di Duccio, arquiteto e escultor italiano (1418-1481).

Agramont y Toledo, dramaturgo espanhol (século XVIII).

Agrell, Johan, compositor erudito, violinista e cravista sueco (1701-1765).

Agricola, Alexander, compositor erudito flamengo (1466-1506).

Agrippa von Nettesheim, Heinrich Cornelius, filósofo e teólogo alemão (1485-1535).

Agthe, Karl Christian, compositora erudita e organista alemã (1762-1797).

Aguado y García, Dionisio, musicólogo e virtuose da guitarra espanhol (1784-1849).

Ahunchain Ramos, Alvaro Gabriel, poeta, contista, dramaturgo e encenador uruguaio (1962).

Aiblinger, Johann Kaspar, compositor erudito alemão (1779-1867).

Aichel, Giovanni Santini, arquiteto boêmio, de família italiana (1667-1723).

Aicher, Otl, desenhista gráfico alemão (1922-1991).

Aichinger, Gregor, compositor erudito e organista alemão (1564-1628).

Ailey, Alvin, coreógrafo norte-americano (1931-1989).

Aillaud, Gilles, pintor e cenógrafo francês (1928).

Aimberê, J. (José A. de Almeida), compositor popular e instrumentista brasileiro (1904-1944).

Aires, Emílio Cardoso, caricaturista brasileiro(1890-1916).

Aires, Luis (dito Lula Cardoso), pintor e cenógrafo brasileiro (1910-1987).

Aires, Matias, escritor e moralista brasileiro (1705-1763).

Aires, Nelson Luís de Almeida Freitas, compositor e arranjador brasileiro (1947).

Ajalbert, Jean, escritor francês (1863-1947).

Akhmatova, Ana Andreievna, poetisa sovieto-ucraniana (1889-1966).

Akhvlediani, Elena, pintora e cenógrafa georgiana (1901-1975).

Akimenko, Fiódor Stepánovitch, compositor erudito ucraniano (1876-1945).

Akimov, Nicolas, encenador russo (1901).

Aksakov, Serguiei Timoféievitch, romancista russo (1791-1859).

Alabaster, William, dramaturgo inglês (1567-1640).

Alain, Émile-Auguste Chartier, dito, filósofo e ensaísta de cultura francês (1868-1951).

Alain, Jehan, compositor erudito e organista francês (1876-1945).

Alain, Jehan, compositor erudito francês (1911-1940).

Alaleona, Domenico, compositor erudito e professor italiano (1881-1928).

Alamanni, Luigi, poeta e dramaturgo italiano (1495-1556).

Alarcón y Mendoza, Juan Ruiz de, dramaturgo espanhol nascido no México (1581-1639).

Alarcón, Pedro Antonio de, poeta e romancista espanhol (1833-1891).

Alava, Juan de, arquiteto espanhol (?-1537).

Albano, il (Francesco Albani, dito), pintor italiano (1578-1660).

Albee, Edward, dramaturgo norte-americano (1928).

Albeniz, Isaac (Manuel Francisco), compositor erudito espanhol (1860-1909).

Albers, Josef, pintor e gravurista teuto-americano (1888-1976).

Albert, Eugen d' (Eugène Francis Charles, dito), compositor erudito escocês (1864-1932).

Albert, Hans, filósofo e sociólogo alemão (1921).

Albert, Heinrich, compositor, organista e poeta alemão (1604-1651).

Albert, Stephen, compositor erudito norte-americano (1941).

Albertazzi, Giorgio, encenador e ator italiano (1923).

Alberti, Domenico, compositor erudito italiano (1710-1740).

Alberti, Leon Battista, arquiteto, pintor, escultor, gramático e tratadista italiano (1404-1472).

Alberti, Rafael, pintor, poeta e dramaturgo espanhol (1902).

Alberti Merello, Rafael, dramaturgo espanhol (1903).

Albertinelli, Martino, pintor italiano (1474-1515).

Alberto Magno, Santo, teólogo e filósofo alemão (1200?-1280).

Albery, James, dramaturgo inglês (1838-1889).

Albicastro, Henrico (Henrich Weissenberg) del Biswang, compositor erudito suíço (1680?-1730?).

Albini, Franco, arquiteto e *designer* italiano (1905-1977).

Albinoni, Tommaso, compositor erudito italiano (1671-1750).

Albinovano (Caius Pedo Albinovanus), poeta épico e epigramista romano (séculos I a.C. e I d.C.).

Albrechtsberger, Johann Georg, compositor erudito e organista austríaco (1736-1809).

Albright, família de pintores americanos: Adam Emery, pai (1862-1957); Ivan le Lorraine, filho, o mais famoso (1897-1983).

Albright, William, compositor erudito e de *jazz* norte-americano (1944).

Alçada Baptista, António, romancista e ensaísta de cultura português (1927).

Alcamenes de Atenas, escultor grego (século V a.C.).

Alcântara Machado, Antônio Castilho de, contista, cronista e jornalista brasileiro (1901-1935).

Alcázar, Baltasar de, poeta espanhol (1530-1606).

Alceu (Alkaios), poeta grego (séculos VII e VI a.C.).

Alcoforado, Mariana, epistológrafa portuguesa (1640?-1723).

Alda, Alan, ator e cineasta norte-americano (1936).

Aldegrever, Heinrich, pintor e gravador alemão (1502-1555).

Aldrich, Henry, arquiteto inglês (1647-1710).

Aldrich, Robert, produtor e cineasta norte-americano (1908-1983).

Alea, Tomás Gutiérrez, cineasta cubano (1928).

Alechinsky, Pierre, pintor e artista gráfico belga (1927).

Alecsandri, Vasile, dramaturgo romeno (1819-1890).

Alegría, Ciro, romancista peruano (1909-1967).

Aleichem, Scholem Rabinovitch, novelista e dramaturgo judaico-ucraniano (1859-1916).

Aleijadinho (Antônio Francisco Lisboa, dito), arquiteto e escultor brasileiro (1730?-1814).

Aleixandre, Vicente, poeta espanhol (1898-1976).

Aleksandrov, Aleksandr, compositor erudito russo (1883-1946).

Aleksandrov, Anatóli, compositor erudito russo (1888-1982).

Aleksandrov, Grigóri, cineasta russo (1903-1983).

Alemán, Mateo, romancista espanhol (1547-1614?).

Alencar, José Martiniano de, romancista, dramaturgo e crítico brasileiro (1829-1877).

Aleot(t)i, Gian Battista, arquiteto italiano (1546-1636).

Alessandrini, Goffredo, cineasta italiano (1904-1978).

Alessi, Galeazzo, arquiteto italiano (1512?-1572).

Alexander (George Samson, dito), encenador e ator inglês (1858-1918).

Alexander, sir William (Conde de Stirling), poeta dramático escocês (1567-1640).

Alexandre de Afrodísias, filósofo grego (século III).

Alexandrino, Pedro, pintor brasileiro (1856-1942).

Alexéieff, Alexandre, cineasta de animação francês, de origem russa (1901-1982).

Alexis, Guillaume, poeta francês, clérigo (século XV).

Alexis, Paul, novelista, romancista e dramaturgo francês (1847-1901).

Alexis, Willibald (Wilhelm Häring, dito), romancista alemão (1798-1871).

Alfano, Franco, compositor erudito italiano (1875-1954).

Alfarabi, Abn Nasr Muhammad, filósofo árabe (870-950).

Alfieri, Vittorio, poeta e dramaturgo italiano (1749-1803).

Alfonso X, o Sábio, rei de Castela e de Leão, poeta e tradutor espanhol (1221-1284).

Alford, Kenneth (Frederick Joseph Ricketts), compositor de marchas inglês (1881-1945).

Alfven, Hugo, compositor erudito e violinista sueco (1872-1960).

Algardi, Alessandro, escultor italiano (1595?-1654).

Algarotti, Francesco, crítico de arte e colecionador italiano (1712-1764).

Aliabiev, Aleksander, compositor erudito russo (1787-1851).

Alighiero e Boetti (Alighiero Boetti, dito), artista plástico italiano (1940-1994).

Alione, Giovanni Giorgio, comediógrafo italiano (1460-1521).

Alison, Archibald, ensaísta de estética escocês (1757-1839).

Alison (Allison), Richard, compositor madrigalista inglês (séculos XVI-XVII).

Alkan (Charles Henri Valentin Morhange, dito), compositor erudito francês (1813-1888).

Alken, família de desenhistas e pintores de cenas esportivas: Samuel, pai (1750-1815) e os filhos Samuel Jr. (1784-1825) e Henry (1785-1851).

Alkeos, Theodorus, dramaturgo e ator grego (1793-1834).

Allais, Alphonse, contista de humor e crítico francês (1854-1905).

Allan, David, pintor e retratista escocês (1744-1796).

Allan, John, encenador inglês.

Allan, sir William, pintor escocês (1782-1850).

Allegrain, família de pintores e gravadores francesa: Étienne, pai (1644-1736) e o filho Gabriel (1679-1748).

Allégret, família de cineastas francesa: os irmãos Marc (1900-1973) e Yves (1907-1987).

Allegri, Gregorio, compositor erudito sacro e tenor italiano (1582-1652).

Allen, Jim, dramaturgo inglês (1927-1999).

Allende, Isabel, romancista e contista chilena, radicada nos Estados Unidos (1942).

Allende y Saron, Pedro Humberto, compositor erudito chileno (1885-1959).

Allio, René, cenógrafo e cineasta francês (1924).

Allori, Alessandro, pintor italiano (1563-1607).

Allori, Christofano, pintor italiano, filho de Alessandro (1577-1621).

Allston, Washington, pintor, ensaísta e poeta norte-americano (1779-1843).

Almada Negreiros, José Sobral de, pintor, romancista, dramaturgo e crítico português (1893-1970).

Alma-Tadema, sir Lawrence, pintor anglo-holandês (1836-1912).

Almeida, Abílio Pereira de, dramaturgo, roteirista e cineasta brasileiro (1906-1977).

Almeida, António Victorino d', compositor erudito e pianista português (1940).

Almeida, Antônio, compositor erudito brasileiro (1911-1985).

Almeida, Belmiro Barbosa de, pintor e escultor brasileiro (1855-1935).

Almeida, Carlos Viana de, compositor erudito e violinista brasileiro (1906).

Almeida, Fernanda Lopes, contista infantil brasileira (1927).

Almeida, Francisco Antônio de, compositor erudito português (século XVIII).

Almeida, Francisco Filinto de, poeta, dramaturgo e cronista luso-brasileiro (1857-1945).

Almeida, Guilherme (de Andrade e), poeta e tradutor brasileiro (1890-1969).

Almeida, Helena, artista plástica portuguesa (1934).

Almeida, João Chartres de, escultor e ceramista português (1935).

Almeida, José Américo de, romancista, memorialista e político brasileiro (1887-1980).

Almeida, José de, escultor português (1700?-1769).

Almeida, Pe. José Joaquim Correia de, poeta satírico brasileiro (1820-1905?).

Almeida, Júlia Valentina da Silveira Lopes de, romancista brasileira (1862-1934).

Almeida, Leopoldo Neves de, escultor português (1898-1975).

Almeida, Manuel Antônio de, romancista e cronista brasileiro (1831-1861).

Almeida, Neville d', cineasta brasileiro (1941).

Almeida, Paulo Mendes de, historiador e crítico de artes plásticas brasileiro (1905-1985).

Almeida, Renato Costa de, folclorista e musicólogo brasileiro (1895-1981).

Almeida, Sílvio Tibiriçá de, filólogo brasileiro (1867-1924).

Almeida, Pe. Teodoro de, romancista e enciclopedista português (1722-1804).

Almeida, Valdemar, compositor erudito e profesor de música brasileiro (1904-1975).

Almeida Botelho, Abel Acácio de, romancista português (1854-1917).

Almeida Brasil, Francisco de Assis, contista, romancista e crítico literário brasileiro (1932).

Almeida Garret, João Baptista da Silva Leitão de, poeta, romancista, dramaturgo, cronista e político português (1799-1854).

Almeida Júnior, José Ferraz de, pintor brasileiro (1850-1899).

Almeida Prado, Décio de, crítico e historiador de teatro brasileiro (1917-2000).

Almeida Prado, José Antônio Resende de, compositor erudito e regente brasileiro (1943).

Almeida Rosa, poeta brasileiro (1825-1889).

Almodóvar, Pedro, cineasta espanhol (1949).

Almqvist, Karl J. Love, poeta e romancista sueco (1793-1866).

Alnaes, Eyvind, compositor erudito e organista norueguês (1872-1932).

Aloïse (Aloïse Corbaz, dita), pintora suíça (1886-1964).

Alomar, Gabriel de, poeta e ensaísta político catalão (1873-1941).

Alonso, Alícia (Alícia Martinez Hoyo, dita), coreógrafa e bailarina cubana (1920).

Alonso, Amado, filólogo e crítico literário espanhol (1896-1952).

Alonso, Dámaso, ensaísta de literatura, filólogo e poeta espanhol (1898-1990).

Alorna, Marquesa de (Leonor de Almeida Portugal de Lorena e Lencastre), poetisa portuguesa (1750-1839).

Alpaersts, Flor, compositor erudito e maestro belga (1876-1954).

Alquié, Ferdinand, filósofo e ensaísta francês (1906-1985).

Alsted, Johann Heinrich, enciclopedista alemão (1588-1638).

Alston, Richard, coreógrafo inglês (1948).

Altdorf, Albrecht, pintor, gravador e tipógrafo alemão (1480-1538).

Altenburg, Michael, compositor sacro e teólogo alemão (1584-1640).

Alterman, Nathan, poeta israelense (1910-1970).

Althusius, Johannes, filósofo e ensaísta alemão (1557-1638).

Althusser, Louis, filósofo e ensaísta francês (1918-1990).

Altichiero, pintor italiano (1330?-1395?).

Altman, Nathan, pintor, escultor e cenógrafo russo (1889-1970).

Altman, Robert, produtor, cineasta e roteirista norte-americano (1925).

Alton, Robert, coreógrafo e bailarino norte-americano (1906-1957).

Alvarenga, Manuel Inácio da Silva, poeta brasileiro (1749-1814).

Alvarenga, Oneida, folclorista e poetisa brasileira (1911).

Alvarenga Peixoto, José Inácio de, poeta brasileiro (1743-1792).

Álvares, Pe. Francisco, escritor português (século XVI).

Álvares de Azevedo, Manuel Antônio, poeta, novelista e dramaturgo brasileiro (1831-1852).

Álvares Pinto, Luís, compositor erudito brasileiro (1719-1789).

Álvarez Quintero, Joaquín, dramaturgo espanhol, irmão de Serafín (1873-1944).

Álvarez Quintero, Serafín, dramaturgo espanhol, irmão de Joaquín (1871-1938).

Álvarez y Cubero, José, escultor espanhol (1768-1827).

Alves, Amílcar Roberto, dramaturgo, romancista e cineasta brasileiro (1881-1941).

Alves, Maximiano, escultor português (1888-1954).

Alves, Osvaldo, poeta, contista e romancista brasileiro (1912).

Alves de Sousa, Ataulfo, compositor e cantor popular brasileiro (1909-1969).

Alves Redol, António, romancista, contista e dramaturgo português (1911-1969).

Alvim, Francisco, poeta brasileiro.

Alwin, Karl, compositor erudito, poeta e pintor inglês (1905).

Amado, Gilberto, escritor e memorialista brasileiro (1887-1969).

Amado, Jorge, romancista brasileiro (1912-2001).

Amaral, Amadeu (Amadeu Ataliba Arruda Amaral Leite Penteado, dito), folclorista e ensaísta brasileiro (1875-1929).

Amaral, Antônio Henrique Abreu, crítico e historiador de arte brasileiro (1935).

Amaral, Araci (Abreu), crítica e historiadora de arte brasileira (1930).

Amaral, Francisco Pedro do, pintor brasileiro (?-1831).

Amaral, Maria Adelaide de Almeida Santos do, dramaturga, romancista e roteirista brasileira (1942).

Amaral, Suzana, cineasta brasileira (1928).

Amberger, Christoph, pintor e retratista alemão (?-1562).

Amboise, François, poeta francês (1550-1620).

Ambrósio (Ambrosius), Santo, Padre da Igreja, poeta, músico, exegeta de origem teuto-latina (340?-397).

Américo, Pedro (de Figueiredo e Mello), pintor brasileiro (1843-1905).

Amescua, António Mira de, dramaturgo espanhol (1574?-1644).

Amichai, Yehuda, poeta israelense, de língua hebraica, nascido na Alemanha (1924-2000).

Amiel, Henri Frédéric, poeta e crítico de estética suíço (1821-1881).

Amigoni, Jacopo, pintor e retratista italiano (1682-1752).

Amman, Jost, gravador suíço (1539-1591).

Ammanati, Bartolomeo, arquiteto e escultor italiano (1511-1592).

Ammerbach, Elias Nickolaus, compositor erudito alemão (1530?-1597).

Amner, John, compositor sacro e organista inglês (1579-1641).

Amoedo, Rodolfo, pintor brasileiro (1857-1941).

Amon, Johannes Andreas, compositor erudito alemão (1763-1825).

Amônio Sacas, filósofo grego (século III).

Amram, David, compositor erudito e de *jazz* norte-americano (1930).

Amy, Gilbert, compositor erudito e maestro francês (1936).

Ana Carolina, cineasta brasileira (1945).

Anacreonte, poeta grego (563?-478? a.C.).

Anaxágoras, filósofo grego (499-428 a.C.).

Anaximandro, filósofo grego (610-547 a.C.).

Anaxímenes, filósofo grego (588-524 a.C.).

Ancerl, Karel, compositor erudito ttcheco (1908-1973).

Anchieta, José de, catequizador, poeta e dramaturgo luso-espanhol (1534-1597).

Andersch, Alfred, romancista alemão (1914-1980).

Andersen, Alfredo, pintor norueguês, naturalizado brasileiro (1860-1935).

Andersen, Hans Christian, fabulista, poeta e romancista dinamarquês (1805-1875).

Andersen, Tryggve, romancista norueguês (1866-1920).

Andersen Nexo, Martin, romancista dinamarquês (1869-1954).

Anderson, Leroy, compositor de música ligeira norte-americano (1908-1975).

Anderson, Lindsay, encenador, cineasta, documentarista e crítico inglês (1923-1994).

Anderson, Maxwell, dramaturgo norte-americano (1887-1959).

Anderson, Michael, cineasta inglês (1920).

Anderson, Sherwood, romancista e contista norte-americano (1876-1941).

Andrade, Domingo Antonio de, arquiteto e teórico espanhol (1639-1711).

Andrade, João Batista de, cineasta brasileiro (1939).

Andrade, Joaquim Pedro de, cineasta brasileiro (1932-1988).

Andrade, Jorge (Aluísio Jorge Andrade Franco, dito), dramaturgo brasileiro (1922-1984).

Andrade, José Oswald de Sousa, poeta, dramaturgo e romancista brasileiro (1890-1954).

Andrade, Mário Raul de Morais, poeta, romancista, ensaísta de cultura e musicólogo brasileiro (1893-1945).

Andrade, Olegario Victor, poeta e político argentino (1841-1882).

André, Carl, escultor norte-americano (1935).

André, Johann, compositor erudito alemão (1741-1799).

Andrea da Firenze (Andrea Bonaiuti, dito), pintor italiano (século XIV).

Andrea del Castagno (Andrea di Bartolo, dito), pintor italiano (século XV).

Andrea del Sarto (Andrea d'Agnolo di Francesco, dito), pintor italiano (1486-1530).

Andreae, Volkmar, compositor erudito e maestro suíço (1879-1962).

Andreani, Andrea, pintor e gravador italiano (1560?-1623).

Andréani, Henri, cineasta francês (1872-1931).

Andréiev, Leonid Nikoláievitch, contista, romancista e dramaturgo russo (1871-1919).

Andreozzi, Gaetano, compositor erudito italiano (1755-1826).

Andresen, Sophia de Mello Breyner, poetisa portuguesa (1920).

Andriessen, família de compositores eruditos holandeses: Hendryk, pai (1892-1981), seu irmão Willem (1887-1964) e o filho Louis (1939).

Andriessen, Jurriaen, pintor e gravador holandês (1742-1819).

Andrônico (Livius Andronicus), poeta dramático e tradutor latino de origem grega (século III a.C.).

Andrônico de Rodes, filósofo grego (século I a.C.).

Anerio, Giovanni Francesco, compositor sacro italiano (1567-1630).

Anfossi, Pascuale, compositor erudito italiano (1727-1797).

Angelico, Fra (Guido di Pietro, dito), pintor italiano (1400?-1455).

Angelopoulos, Theodoros, cineasta grego (1936).

Angerer, Paul, compositor erudito e maestro austríaco (1927).

Anguier, escultores franceses irmãos: François (1604?-1669) e Michel (1613?-1686).

Anguisciola, Sofonisba, retratista italiana (1527-1625).

Angus, Rita, pintora neozelandesa (1908-1970).

Anhava, Tuomas, poeta finlandês (1927).

Animuccia, Giovanni, compositor sacro italiano (1500?-1571).

Anjos, Augusto (de Carvalho Rodrigues) dos, poeta brasileiro (1884-1914).

Anjos, Ciro (Versiani) dos, romancista e ensaísta brasileiro (1906-1994).

Anker, Albert, pintor suíço (1831-1910).

Annakin, Ken, cineasta inglês (1914).

Annaud, Jean-Jacques, cineasta e roteirista francês (1943).

Annenski, Inokenti Fiódorovitch, poeta russo (1856-1909).

Annigoni, Pietro, pintor italiano (1910-1988).

Anouilh, Jean (Marie Lucien Pierre), dramaturgo e encenador francês (1910-1987).

Anquetin, Louis, desenhista e pintor francês (1861-1932).

Ansell, John, compositor erudito e maestro inglês (1874-1948).

Anselmo, Santo, teólogo e filósofo italiano (1033-1109).

Anser, poeta erótico latino (século I a.C.).

An-Ski (Salomon Seinwill Rapoport, dito), dramaturgo judeu (1863-1920).

Antal, Frederick, historiador e crítico de arte anglo-magiar (1887-1954).

Antelami, Benedetto, escultor e arquiteto italiano (século XII).

Antenor, escultor grego (século VI a.C.).

Antes, Horst, pintor alemão (1936).

Antheil, George, compositor erudito e incidental norte-americano (1900-1959).

Anthonisz, Cornelis, pintor e gravurista holandês (1499?-1557?).

Antico (Pier Bonacolsi, dito), escultor e ourives italiano (1460?-1528).

Antístenes, filósofo grego (444-365 a.C.).

Antoine, André, encenador e ator francês (1857-1943).

Antoine, Jacques-Denis, arquiteto francês (1733-1801).

Antolínez, José, pintor espanhol (1635-1675).

Anton, Karel, cineasta alemão de origem tcheca (1898-1979).

Antonello da Messina, pintor italiano (1430-1479).

Antonioni, Michelangelo, cineasta e crítico de cinema italiano (1912).

Antunes Filho, Arnaldo (Augusto Nora), compositor popular, cantor e poeta brasileiro (1960).

Antunes, Jorge de Freitas, compositor erudito de vanguarda brasileiro (1942).

Antunes da Silva, Armando, poeta, contista e romancista português (1921).

Antunes Filho, José Alves, encenador brasileiro (1930).

Antúnez, Nemesio, pintor e gravador chileno (1918-1993).

Apel, Karl-Otto, filósofo alemão (1922).

Apeles, pintor grego (século IV a.C.).

Apivor, Denis, compositor erudito irlandês (1916).

Apollinaire, Guillaume, poeta, dramaturgo e crítico de arte francês (1880-1918).

Apolodoro, pintor grego (século V a. C.).

Apolodoro de Damasco, arquiteto romano de origem síria (séculos I e II).

Apolônio de Atenas, escultor grego (século I a.C.).

Apolônio de Rodes, poeta e gramático grego, ativo em Alexandria (295?-215 a.C.).

Apostel, Hans, compositor erudito austríaco (1901-1972).

Appel, Karel, pintor, escultor, artista gráfico holandês (1921).

Appen, Karl von, cenógrafo alemão (1900-1981).

Appenzeller, Benedictine, compositor erudito flamengo (1500?-1559?).

Appia, Adolphe, ensaísta e encenador teatral suíço (1862-1928).

Appiani, Andrea, pintor italiano (1754-1817).

Apt, Ulrich, o Velho, pintor alemão (século XVI).

Apuleio (Lucius Apuleius), retórico, filósofo e romancista latino (125?-190?).

Aquino, São Tomás de, teólogo e filósofo italiano (1277-1274).

Arad, Ron, arquiteto e *designer* israelense (1951).

Aragon, Louis, poeta, romancista e ensaísta francês (1897-1982).

Araiz, Oscar, coreógrafo argentino, também ativo no Brasil (1940).

Araújo, Alceu Maynard, antropólogo e folclorista brasileiro (1913).

Araújo Vianna, José, compositor erudito brasileiro (1871-1916).

Arbós, Enrique, compositor erudito e orquestrador espanhol (1863-1939).

Arbus, Diane, fotógrafa norte-americana (1923-1971).

Arcadelt (Arkadelt, Arcadet, Arcadente), Jacob, compositor erudito flamengo (1510?-1568).

Arcesílaos (Arkesilaus), filósofo grego (316?-241? a.C.).

Archer, Thomas, arquiteto inglês (1668-1743).

Archipenko, Aleksandr, escultor russo, naturalizado norte-americano (1887-1964).

Arcimboldo, Giuseppe, pintor italiano (1527?-1593).

Arcimega, Claudio de, arquiteto espanhol (1520?-1593?).

Arditi, Luigi, compositor erudito e maestro italiano (1822-1903).

Arenas, Reinaldo, novelista e romancista cubano (1943-1990).

Arendt, Hannah, filósofa e ensaísta política alemã (1906-1975).

Arenski, Anton, compositor erudito russo (1861-1906).

Arentsz, Arent, pintor holandês (1585-1635).

Aretino (Pietro Bacci, dito), poeta, comediógrafo e epistológrafo italiano (1492-1556).

Aretz, Isabel, compositora erudita e musicóloga argentina (1913-1995).

Argan, Giulio Carlo, historiador e ensaísta de artes italiano (1908-1992).

Argensola, família de poetas espanhola: Bartolomé Leonardo (1562-1631) e seu irmão Lupercio Leonardo (1559-1613).

Argento, Dominick, compositor erudito norte-americano (1927).

Argüedas, Alcides, romancista e historiador boliviano (1879-1946).

Argüedas, José María, romancista e etnólogo peruano (1911-1969).

Arias, Alfredo, encenador teatral argentino, ativo na França (1944).

Arienzo, Nicola D', compositor erudito norte-americano (1842-1915).

Ariosti, Attilio, compositor erudito italiano (1666-1729).

Ariosto, Ludovico Giovanni, poeta e comediógrafo italiano (1474-1533).

Aristarain, Adolfo, cineasta argentino (1943).

Aristipo, filósofo grego (435-356 a.C.).

Aristocles de Messena, filósofo grego peripatético (século II a. C.).

Aristófanes (Aristophanês), comediógrafo grego (450?-386? a. C.).

Aristófanes de Bizâncio, crítico literário e gramático grego (257?-180? a.C.).

Aristóteles (Aristotelês), filósofo grego (384-322 a.C.).

Aristóxeno (Aristoxênos), filósofo grego peripatético (século IV a.C.).

Armitage, Kenneth, escultor inglês (1916).

Armstrong, Gillian, cineasta australiana (1950).

Arnal, Juan Pablo, arquiteto espanhol (1735-1805).

Arnauld, Antoine, filósofo e teólogo francês (1612-1694).

Arndt, Ernst Moritz, poeta e ensaísta de cultura alemão (1769-1860).

Arne, Michael, compositor erudito inglês (1740-1786).

Arne, Thomas (Augustine), compositor erudito britânico (1710-1778).

Arnim, Achim von (Ludwig Joachim, dito), poeta, contista e romancista alemão (1781-1831).

Arnold, Jack, cineasta norte-americano (1916).

Arnold, Malcolm (Henry), compositor erudito e maestro inglês (1921).

Arnold, Matthew, poeta, dramaturgo e ensaísta de literatura inglês (1822-1888).

Arnold, Samuel, compositor erudito inglês (1740-1802).

Arnolfo di Cambio, arquiteto e escultor italiano (1245?-1302?).

Arnoux, Alexandre, romancista e poeta francês (1884-1973).

Arolas, Eduardo, compositor de tango, regente e bandoneonista argentino (1892-1924).

Aron, Raymond, filósofo e sociólogo francês (1905-1983).

Aronson, Boris, pintor e cenógrafo judeu-ucraniano, ativo nos Estados Unidos (1900-1980).

Arp, Jean (ou Hans), escultor, pintor e poeta francês (1887-1966).

Arquíloco, poeta grego (século VII a.C.).

Arquitas de Tarento, filósofo grego (séculos V-IV a.C.).

Arrabal, Fernando, dramaturgo, romancista e cineasta espanhol de língua francesa (1932).

Arriaga y Balzola, Juan Crisóstomo Jacobo Antonio de, compositor erudito espanhol (1806-1826).

Arriano, historiador e filósofo grego (século II).

Arrieta, Pedro de, arquiteto espanhol, ativo no México (?-1738).

Arrigo, Girolamo, compositor erudito italiano (1930).

Arroyo, Eduardo, pintor e cenógrafo espanhol (1937).

Artaud, Antonin, poeta, crítico de artes, ensaísta de dramaturgia e encenador francês (1896-1948).

Arthois, Jacques de, pintor flamengo (1613-1686).

Artigas, João Batista Vilanova, arquiteto brasileiro (1915-1985).

Arzner, Dorothy, cineasta norte-americana (1900-1979).

Asam, família de pintores, arquitetos e decoradores alemães: os irmãos Cosmas Damian (1686-1739) e Egid Quirin, também escultor (1692-1750).

Ashbee, Charles Robert, arquiteto e *designer* inglês (1863-1942).

Ashby, Hal, cineasta norte-americano (1929-1988).

Ashton, Algernon, compositor erudito e pianista inglês (1859-1937).

Ashton, Frederick, bailarino e coreógrafo britânico (1904-1988).

Asimov, Isaac, romancista e crítico de cultura norte-americano, de origem russa (1920-1992).

Aspertini, Amico, pintor italiano (1475-1552).

Asplund, Erik Gunnar, arquiteto sueco (1885-1940).

Asprucci, Antonio, arquiteto italiano (1723-1808).

Asquith, Anthony, cineasta inglês (1902-1968).

Assafiev, Igor (Bóris Vladímirovitch Assafiev, dito), compositor erudito e musicólogo russo (1884-1949).

Asselijn, Thomas, comediógrafo holandês (1620?-1701).

Asselyn, Jan, pintor holandês (1615-1652).

Assis Brasil, Vítor, compositor popular e arranjador brasileiro (1945-1981).

Assolant, Alfred, romancista e memorialista francês (1827-1896).

Assumpção, Itamar, compositor popular e cantor brasileiro (1950-2003).

Assumpção, Leilah (Maria de Lourdes Torres de Almeida Prado Teixeira Assumpção, dita), dramaturga e atriz brasileira (1943).

Aston, Hugh, compositor erudito inglês (1485-1558).

Aston, Peter (George), compositor erudito e maestro inglês (1938).

Astorga, barão de, compositor, cantor e cravista hispano-itálico (1680-1757).

Astruc, Alexandre, cineasta francês (1923).

Astúrias, Miguel Ángel, poeta, contista, romancista e diplomata guatemalteco (1889-1974).

Ataíde, Manuel da Costa, pintor brasileiro (1762-1837).

Atget, Eugène, fotógrafo francês (1857-1927).

Athayde, (Belarmino Maria) Austregésilo (Augusto) de, ensaísta de cultura e jornalista brasileiro (1898-1993).

Atkins, Ivor, compositor erudito, organista e maestro inglês (1869-1953).

Atlan, Jean-Michel, poeta, pintor e gravador francês (1913-1960).

Attenborough, (sir) Richard, ator e cineasta britânico (1923).

Attwood, Thomas, compositor erudito e organista inglês (1765-1838).

Atwood, Margareth, romancista canadense (1950).

Auber, Daniel, compositor erudito francês (1782-1871).

Aubert, Jacques, violinista e compositor erudito francês (1689-1753).

Aubin, Tony, compositor erudito e maestro francês (1907-1981).

Audran, Claude III, pintor e decorador francês, sobrinho de Gérard (1658-1734).

Audran, Edmond, compositor erudito e organista francês (1840-1901).

Audran, Gérard II, gravador francês, tio de Claude (1640-1703).

Audubon, John James, pintor haitiano (1785-1851).

Auerbach, Frank, pintor alemão (1931).

Augier, Émile, dramaturgo francês (1820-1889).

August, Bille, cineasta dinamarquês (1948).

Aukrust, Olav, poeta norueguês (1883-1929).

Aulo Gélio (Aulus Gellius), gramático latino (130?-175).

Aulo Sabino (Aulus Sabinus), poeta latino (séculos I a.C. e I d.C.).

Auric, George, compositor erudito francês (1899-1983).
Ausônio (Decimus Magnus Ausonius), poeta latino (309-385?).
Austin, Frederic, barítono e compositor erudito inglês (1872-1952).
Austin, John Langshaw, filósofo e ensaísta inglês (1911-1960).
Autant-Lara, Claude, cineasta francês (1903).
Auxcousteaux (Hautcousteaux), Artus, compositor erudito francês (1590-1654).
Aved, Jacques André Joseph Camelot, pintor e retratista francês (1702-1766).
Aveline, Albert, bailarino e coreógrafo francês (1883-1968).
Avenarius, Richard, filósofo e ensaísta alemão (1126-1198).
Avercamp, Hendrick, pintor holandês (1585-1634).
Averróis ou Averróes, (Abu al-Walid Muhammad ibn Rushd, dito), filósofo e teólogo árabo-andaluz (1126-1198).
Avery, Milton, pintor norte-americano (1893-1965).
Avery, Tex (Fred Avery, dito), cineasta de desenho animado norte-americano (1908-1980).
Aviano (Flavius Avianus), poeta fabulista latino (século II).
Avicebrón ou Ibn Gabirol, filósofo árabo-espanhol (1020-1070).
Avicena, filósofo e ensaísta árabe (980-1037).
Avidom, Menhaem (Mahler-Kalkstein), compositor erudito polonês (1908).
Ávila, Santa Teresa de (Teresa de Cepeda y Ahumada), poetisa sacra espanhola (1515-1582).
Avison, Charles, compositor erudito e ensaísta inglês (1709-1770).
Axelos, Kostas, filósofo e ensaísta grego (1924).
Axelrod, George, dramaturgo e cineasta norte-americano (1922).
Axer, Erwin, encenador polonês (1917).
Axman, Emil, compositor erudito ttcheco (1887-1949).
Ayala, Fernando, cineasta e produtor argentino (1920).
Ayckbourn, Alan, comediógrafo inglês (1939).
Ayer, Alfred Jules, filósofo e ensaísta inglês (1910-1989).
Aymé, Marcel, romancista, contista e dramaturgo francês (1902-1967).
Ayrton, Edmund, compositor erudito e organista inglês (1734-1808).
Ayrton, Michael, pintor, escultor, cenógrafo e crítico de arte britânico (1921-1975).
Azambuja, Darcy Pereira de, contista e romancista brasileiro (1903-1970).
Azar, Hector, dramaturgo e encenador mexicano (1930).
Azeredo, Carlos Magalhães de, poeta e diplomata brasileiro (1872-1964).
Azevedo, Aluísio (Tancredo Gonçalves) de, romancista, contista, dramaturgo e diplomata brasileiro, irmão de Artur (1857-1913).
Azevedo, Artur (Nabantino Gonçalves) de, comediógrafo, contista e jornalista brasileiro, irmão de Aluísio (1855-1908).
Aznavour, Charles (Shahnour Aznavourian, dito), cantor e compositor popular francês (1924).
Azorín (José Martinez Ruiz, dito), romancista e ensaísta de cultura espanhol (1874-1967).
Azuela, Mariano, romancista mexicano (1873-1952).

]
B

Baal, Fréderic (Charles Flammand, dito), encenador belga (1940).
Babaiévski, Semion Petróvitch, romancista russo (1909).
Babbit, Milton, compositor erudito e matemático norte-americano (1916).
Babel, Isaac Emanuelovitch, contista judeu-russo (1894-1941).

Babell, William, compositor erudito e organista inglês (1690-1723).
Babenco, Héctor (Eduardo), cineasta e roteirista argentino-brasileiro (1946).
Babilée, Jean (Jean Gutmann, dito), bailarino e coreógrafo francês (1923).
Babin, Victor, compositor e pianista erudito russo (1908-1972).
Babinski, Maciej Antoni, gravador e pintor polaco-brasileiro (1931).
Babits, Mihály, poeta e romancista húngaro (1883-1941).
Babo, Lamartine (de Azeredo), compositor popular e de revistas brasileiro (1904-1963).
Baburen, Dirk van, pintor holandês (1595?-1624).
Baccheli, Riccardo, romancista italiano (1891-1985).
Bacewicz, Grazyna, compositora erudita e violinista polonesa (1913-1969).
Bach, família de compositores eruditos alemães: o pai, Johann Sebastian, o mais renomado (1685-1750) e seus filhos, Carl Philipp Emanuel (1714-1788), Wilhelm Friedman (1710-1784) e Johann Christoph Friedrich (1735-1782).
Bacharach, Burt, compositor popular e de música incidental norte-americano (1928).
Bachaumont, Louis Petit de, memorialista francês (1690-1771).
Bachelard, Gaston, filósofo e ensaísta francês (1884-1962).
Bachelet, Alfred, compositor erudito francês (1864-1944).
Bachelier, Jean-Jacques, pintor e projetista de cerâmica francês (1724-1806).
Bachofen, Johann Jakob, historiador, antropólogo e mitólogo suíço (1815-1887).
Baciccio, il (Giovanni Battista Gaulli, dito), pintor italiano (1639-1709).
Back, Sílvio, cineasta brasileiro (1937).
Bäck, Sven-Erik, compositor erudito e maestro sueco (1919).
Backer, Jacob Adriaensz, pintor holandês (1608-1651).
Backuysen, Ludolf, pintor e gravador holandês (1631-1708).
Bacó, Jaime (Mestre Jacomart), pintor espanhol (1413?-1461).
Bacon, Ernst, compositor erudito, maestro e crítico norte-americano (1898).
Bacon, Lord Francis, filósofo, ensaísta e político inglês (1561-1626).
Bacon, Francis, pintor inglês (1909-1992).
Bacon, John, escultor inglês (1740-1799).
Bacon, sir Nathaniel, pintor inglês (1585-1627).
Bacon, Roger, teólogo e filósofo inglês (1214-1292).
Bacovia, Georghe Vasiliu, poeta romeno (1883-1957).
Badajoz, compositor erudito e organista espanhol (séculos XV-XVI).
Badarcewska, Tekla, compositor erudito polonês (1834-1861).
Badia, Carlo Agostino, compositor erudito italiano (1672-1738).
Badings, Hendrik, compositor erudito holandês (1907).
Baen, Jan de, retratista holandês (1633-1702).
Baena, Pablo García, poeta espanhol (1923).
Baendereck, Sepp, pintor iugoslavo, ativo no Brasil (1920-1988).
Baerze, Jacques de, entalhador de madeira holandês (século XIV).
Baglione, Giovanni, pintor e escritor italiano (1573-1644).
Bagouet, Dominique, coreógrafo francês (1951-1992).
Bagratowni, Arsenio, poeta, tradutor e filólogo armênio (1790-1866).
Bahia, Xisto (de Paulo), compositor popular, cantor e ator brasileiro (1841-1894).
Bahr, Hermann, crítico de cultura e dramaturgo austríaco (1863-1934).
Baiano, (Manuel Pedro dos Santos, dito), compositor e cantor popular brasileiro (1870-1944).

Baião, Afonso Lopes de, trovador português (século XIII).

Baïf, Jean-Antoine de, poeta, dramaturgo e tradutor francês (1532-1589).

Baillairgé, família de arquitetos e decoradores franco-canadenses: Jean, o patriarca (1726-1805), François (1759-1830), seu filho, e Thomas, neto (1791-1859).

Baillot, Pierre, compositor erudito, violinista e tratadista francês (1771-1842).

Baily, Edward Hodges, escultor inglês (1788-1867).

Bainbridge, Simon, compositor erudito inglês (1952).

Baines, William, compositor erudito e pianista inglês (1899-1922).

Bainton, Edgar, compositor erudito inglês (1880-1956).

Baird, Tadeusz, compositor erudito polonês (1928-1981).

Baj, Enrico, pintor e artista plástico italiano (1924).

Bakhtin, Mikhail Mikháilovitch, ensaísta de literatura russo (1895-1975).

Bakhuyzen, Ludolf, pintor holandês (1631-1708).

Bakst, Leon (Lev Samoilovitch Rosenberg, dito), pintor e cenógrafo russo (1866-1925).

Bakúnin, Mikhail Aleksándrovitch, ensaísta e anarquista russo (1814-1876).

Balakirev, Mili Aleksiéievitch, compositor erudito russo (1837-1910).

Balanchine, George (Gueórgui Melitonovitch Balanchivadze, dito), bailarino e coreógrafo russo-norte-americano (1904-1983).

Balanchivadze, Andrei, compositor erudito e popular russo (1906-1968).

Balart, Gabriel, compositor erudito e violinista espanhol (1824-1893).

Balassa, Sándor, compositor erudito húngaro (1935).

Balázs, Béla, poeta, dramaturgo, roteirista e ensaísta de cinema húngaro (1884-1949).

Balbi, Lodovico, músico religioso e compositor erudito italiano (1545-1604).

Balbuena, Bernardo de, poeta espanhol (1568-1625).

Balde, Jacobus, poeta e dramaturgo alemão, de língua latina (1604-1668).

Baldinucci, Filippo, historiador de arte italiano (1624-1696).

Baldovinetti, Alesso, pintor, mosaicista e vitralista italiano (1426?-1499).

Balduccio, Giovanni di, escultor italiano (século XIV).

Baldung-Grien, Hans, pintor e artista gráfico alemão (1484/5-1545).

Baldwin, James, romancista e ensaísta de cultura norte-americano (1924-1987).

Bale, John, dramaturgo inglês (1495-1563).

Balen, Hendrik, pintor belga (1575?-1632).

Balfe, Michel, compositor erudito, cantor e violonista irlandês (1808-1870).

Ball, Thomas, escultor norte-americano (1819-1911).

Balla, Giacomo, pintor italiano (1871-1958).

Ballagás, Emilio, poeta cubano (1908-1954).

Ballester, Gonzalo Torrente, novelista espanhol (1911-1999).

Ballif, Claude, compositor erudito e professor francês (1924).

Balmont, Konstantin Dmítrievitch, poeta russo (1867-1943).

Baltard, Victor, arquiteto, restaurador e aquarelista francês (1805-1874).

Balthus, Conde Balthasar Klossowski de Rola, dito, pintor e cenógrafo francês (1908-2001).

Balzac, Guez de (Jean-Louis, dito), epistológrafo e moralista francês (1594-1654).

Balzac, Honoré de, romancista francês (1799-1850).

Bances Candamo, Francisco Antonio de, poeta e dramaturgo espanhol (1662-1704).

Banchieri, Adriano, compositor erudito, organista e teórico italiano (1568-1634).

Banchs, Enrique, poeta argentino (1888-1968).

Bandeira, Antônio, pintor brasileiro (1922-1967).

Bandeira, Manuel (Manuel Carneiro de Souza Bandeira Filho, dito), poeta, crítico, cronista e tradutor brasileiro (1886-1968).

Bandinelli, Baccio, desenhista, pintor e escultor italiano (1493-1560).

Banfield, Raffaello de, compositor erudito italiano (1922).

Bang, Herman Joachim, romancista dinamarquês (1857-1912).

Banks, Don (Donald Oscar Banks, dito), compositor erudito australiano (1923-1980).

Banks, Thomas, escultor inglês (1735-1805).

Bantock, sir Granville, compositor erudito, maestro e pedagogo inglês (1868-1946).

Barba, Eugenio, encenador italiano (1936).

Barbari, Jacopo de, pintor e gravador italiano (séculos XV-XVI).

Barber, Samuel, compositor erudito norte-americano (1910-1981).

Barbera, irmãos criadores de desenhos animados, norte-americanos: Hanna (1910-2001) e Joseph (1911).

Barbosa, Adoniran (João Rubinato, dito), compositor e cantor popular brasileiro (1910-1982).

Barbosa, Benedito Rui, dramaturgo e telenovelista brasileiro (1931).

Barbosa, Haroldo, compositor popular e radialista brasileiro (1915-1979).

Barbosa, Orestes, poeta, compositor popular e cronista brasileiro (1893-1966).

Barbosa, Rui (Rui Caetano Barbosa de Oliveira, dito), orador, político, jurista e crítico de cultura brasileiro (1849-1923).

Barbosa Lessa, Luís Carlos, compositor popular e folclorista brasileiro (1929).

Bardem, Juan Antonio, cineasta e roteirista espanhol (1922-2002).

Bardi, Lina Bo, arquiteta ítalo-brasileira (1914-1992).

Bardi, Pietro Maria, crítico de arte e curador ítalo-brasileiro (1900-1999).

Bardili, Christoph Gottfried, filósofo alemão (1716-1808).

Barendsz, Dirck, pintor holandês (1534-1592).

Bargiel, Woldemar, compositor e pianista erudito alemão (1828-1897).

Barker, Thomas, pintor inglês (1769-1847).

Barlach, Ernest, escultor, gravador, artista gráfico e dramaturgo alemão (1870-1938).

Barliuk, família de pintores russos: os irmãos David (1882-1967) e Vladímir (1886-1916).

Barlow, David, compositor erudito e professor inglês (1927-1975).

Barlow, Francis, pintor e ilustrador inglês (1626?-1704).

Barlow, Waine, compositor erudito norte-americano (1912).

Barnabé, Arrigo, compositor popular de vanguarda e instrumentista brasileiro (1951).

Barnby, Joseph, compositor erudito e maestro inglês (1883-1896).

Barocci (ou Baroccio), Frederico, pintor italiano (1535-1612).

Baroja, Pío (Pío Baroja y Nessi, dito), romancista espanhol (1872-1956).

Barragán, Luís, arquiteto e urbanista mexicano (1902-1998).

Barraine, Elsa, compositora erudita e popular francesa (1910).

Barraqué, Jean, compositor erudito francês (1928-1973).

Barraud, Henry, compositor erudito francês (1900).

Barrault, Jean-Louis, encenador e ator francês (1910-1994).

Barre, Michel de la, compositor erudito e flautista francês (1680?-1745).

Barrès, Maurice, romancista e político francês (1862-1923).

RELAÇÃO ONOMÁSTICA DE AUTORES 701

Barret, George, pintor irlandês (1732?-1784).

Barreto, Bruno, cineasta brasileiro (1955).

Barreto, Tobias (Tobias Barreto de Menezes, dito), filósofo e crítico de cultura brasileiro (1839-1889).

Barrico, Alesandro, romancista italiano (1958).

Barrios Mangoré, Augustín Pio, compositor erudito e violonista paraguaio (1885-1944).

Barrios, Angel, compositor erudito e violinista espanhol (1882-1964).

Barro, João de, *ver* **Braguinha**.

Barros, Fernando de, roteirista e cineasta português, ativo no Brasil (1915).

Barros, Geraldo de, pintor, fotógrafo e *designer* brasileiro (1923-1998).

Barros, João de, cronista e gramático português (1496-1570).

Barros, Manuel de, poeta brasileiro (1916).

Barroso, Ari (Evangelista), compositor popular e arranjador brasileiro (1903-1964).

Barroso Neto, Joaquim A., compositor erudito e pianista brasileiro (1881-1941).

Barry, James, pintor irlandês (1741-1806).

Barry, sir Charles, arquiteto inglês (1795-1860).

Bartas, Guillaume de Salluste, senhor de, poeta sacro francês (1544-1590).

Barth, Christian Samuel, compositor erudito alemão (1735-1809).

Barth, Hans, compositor e pianista erudito alemão (1897-1956).

Barth, John, romancista norte-americano (1930).

Barthélemon, François Hippolyte, compositor erudito francês (1741-1808).

Barthes, Roland (Gérard), filólogo, lingüista e crítico de cultura francês (1915-1980).

Bartholdi, Frédéric Auguste, escultor francês (1834-1904).

Bartók, Béla, compositor erudito e musicólogo húngaro (1881-1945).

Bartolo di Fredi, pintor italiano (séculos XIV-XV).

Bartolomeo, Fra, pintor italiano (1472/5?-1517).

Bartolomeo Veneto, pintor italiano (século XV).

Bartolozzi, Bruno, compositor erudito italiano (1911-1980).

Bartolozzi, Francesco, gravador italiano (1727-1815).

Bartós, Jan Zdenek, compositor erudito e violinista tcheco (1908-1981).

Bartsch, Adam von, gravador austríaco (1757-1821).

Barye, Antoine-Louis, escultor e aquarelista francês (1796-1875).

Basaldella, Afro, pintor italiano (1912-1976).

Baschenis, Evaristo, pintor italiano (1617-1677).

Baselitz, Georg (Georg Kern, dito), pintor e escultor alemão (1928).

Basile, Giambattista, poeta, contista e pesquisador de literatura popular italiano (1575-1632).

Baskin, Leonard, escultor e artista gráfico norte americano (1922).

Basquiat, Jean-Michel, artista plástico norte-americano (1960-1986).

Bassa, Ferrer, pintor e miniaturista espanhol (1285?-1348?).

Bassani, Giovanni Battista, compositor erudito italiano (1657-1716).

Bassano, família de pintores italianos: Francesco da Ponte, o Velho (1470?-1530?), seu filho e mais renomado Jacopo da Ponte (1517?-1592?), e os netos Francesco (1549-1592) e Leandro (1557-1622).

Basselin (Bachelin), Olivier, poeta e músico francês (século XV).

Bastide, Roger, sociólogo, antropólogo e ensaísta de cultura francês, também ativo no Brasil (1898-1974).

Bastien-Lepage, Jules, pintor francês (1848-1884).

Bastos, Carlos Frederico, pintor brasileiro (1925).

Bastos, Manuel José de Souza, dramaturgo brasileiro (1825-1861).

Bastos, Vítor, pintor e escultor português (1831-1894).

Bataille, Georges, romancista, filósofo e ensaísta de artes francês (1897-1962).

Bataille, Henry, poeta e dramaturgo francês (1872-1922).

Bate, Stanley, compositor erudito e pianista inglês (1911-1959).

Bateson, Thomas, compositor de madrigais e organista inglês (1570?-1630).

Batista de Oliveira, Wilson, compositor popular brasileiro (1913-1968).

Batoni, Pompeo, pintor italiano (1708-1787).

Batten, Adrian, compositor inglês de música sacra (1591-1637).

Battishill, Jonathan, compositor erudito e de música ligeira (1738-1801).

Battle-Planas, Juan, pintor argentino (1911-1966).

Batton, Désiré Alexandre, compositor francês de óperas (1789-1855).

Bauchant, André, pintor francês (1873-1958).

Baudelaire, Charles, poeta e crítico francês (1821-1867).

Baudrier, Yves, compositor erudito francês (1906-1988).

Bauer, Bruno, filósofo e teólogo alemão (1809-1882).

Baugin, Lubin, pintor francês (1640-1663).

Bauld, Alison, compositor erudito e de música incidental (1944).

Baumeister, Willi, pintor e cenógrafo alemão (1889-1955).

Baumgarten, Alexander Gottlieb, filósofo e teólogo alemão (1714-1762).

Baur, Jürg, compositor erudito alemão (1918).

Bausch, Pina (Philippine Bausch, dita), bailarina e coreógrafa alemã (1940).

Bautista, Julián, compositor erudito argentino (1901-1961).

Bawden, Edward, pintor inglês (1903-1989).

Bax, Arnold, compositor erudito inglês (1883-1953).

Baxter, George, gravador e impressor inglês (1804-1867).

Bayer, Herbert, artista gráfico, *designer* e pintor austríaco-norte-americano (1900-1985).

Bayer, Joseph, compositor erudito e maestro austríaco (1852-1913).

Bayes, Gilbert, escultor britânico (1872-1953).

Bayeu y Subías, Francisco, pintor espanhol (1734-1795).

Bayle, François, compositor erudito francês (1932).

Bayle, Pierre, filósofo, ensaísta e dicionarista francês (1647-1706).

Bazaine, Jean, pintor, cenógrafo e *designer* de vitrais francês (1904).

Bazelon, Irwin, compositor erudito e de música incidental norte-americano (1922).

Bazin, (Jean Pierre) Hervé, romancista francês, sobrinho de René (1911-1996).

Bazin, André, crítico e historiador de cinema francês (1918-1958).

Bazin, René, romancista francês, tio de Hervé (1853-1932).

Baziotes, William, pintor norte-americano (1912-1963).

Bazzini, Antonio, compositor erudito e violinista italiano (1818-1897).

Beach, H. H. A. (Amy Marcy Cheney), compositora erudita norte-americana (1867-1944).

Beach, John Parsons, compositor erudito norte-americano (1877-1953).

Beale, Mary, pintora inglesa (1633-1699).

Beardsley, Aubrey Vincent, desenhista e ilustrador inglês (1872-1898).

Beatte, James, filósofo e poeta escocês (1735-1803).

Beauchamps, Charles Louis Pierre de, bailarino e coreógrafo francês (1636-1719).

Beaudin, André, pintor, gravador e escultor francês (1895-1979).

Beaudouin, Eugène, arquiteto e urbanista francês (1898-1983).

Beaujoyeux, Balthazar de (Baldassarino di Belgioso), compositor erudito e coreógrafo ítalo-francês (?-1587).

702 | DICIONÁRIO SESC: A LINGUAGEM DA CULTURA

Beaumarchais, Pierre Augustin Caron de, poeta dramático francês (1732-1799).

Beaumont, Cyril William, ensaísta de dança inglês (1891-1976).

Beaumont, Francis, dramaturgo inglês (1584-1616).

Beauneveu, André, pintor, iluminador e escultor francês (1330?-1413?).

Beauvoir, Simone de, ensaísta de cultura e romancista francesa (1908-1986).

Beccafumi (Domenico di Pace, dito), pintor e escultor italiano (1486?-1551).

Becerra, Gaspar, escultor e pintor espanhol (1520-1570).

Becerra, Gustavo, compositor erudito e musicólogo chileno (1924).

Beck, Conrad, compositor erudito suíço (1901).

Beck, Julien, encenador e ator norte-americano (1925-1985).

Becker, Jacques, cineasta francês (1906-1960).

Becker, John Joseph, compositor erudito norte-americano (1886-1961).

Beckett, Samuel, dramaturgo e romancista irlandês (1906-1989).

Beckford, William, novelista e colecionador inglês (1760-1844).

Beckmann, Max, pintor e artista gráfico alemão (1884-1950).

Beckwith, John, compositor erudito canadense (1927).

Becque, Henry, dramaturgo francês (1837-1899).

Bécquer, Gustavo Adolfo, poeta espanhol (1836-1870).

Beda, o Venerável, historiador e Padre da Igreja, exegeta, retórico, gramático e ensaísta de arte inglês (672?-735).

Bedford, David, compositor erudito inglês (1937).

Bednarik, Josef, ator e encenador eslovaco (1947).

Bedyngham, John, compositor erudito inglês (século XV).

Beechey, sir William, retratista inglês (1753-1839).

Beecher Stowe, Harriet, novelista norte-americana (1811-1896).

Beer, Johannes, romancista alemão (1665-1700).

Beerbohm, sir Max, crítico, ensaísta e caricaturista inglês (1872-1956).

Beerstraten, Jan Abrahamsz, pintor holandês (1622-1666).

Beert, Osias, pintor holandês (1580-1640).

Beeson, Jack, compositor erudito norte-americano (1921).

Beethoven, Ludwig von, compositor e pianista erudito alemão (1770-1827).

Beglaria, Grant, compositor erudito russo- americano (1927).

Beham, Hans Sebald, gravador alemão (1500-1550).

Behn, Aphra, romancista e comediógrafa inglesa (1640-1689).

Behnes, William, escultor inglês (1795-1864).

Behrens, Peter, arquiteto, pintor e *designer* alemão (1868-1940).

Beier, Franz, compositor de óperas alemão (1857-1914).

Beineix, Jean-Jacques, cineasta francês (1946).

Béjart, Maurice (Maurice Berger, dito), coreógrafo e bailarino francês (1927).

Bel Geddes, Norman, arquiteto, *designer* e ensaísta norte-americano (1893-1958).

Belges, Jean Lemaire de, poeta e cronista francês (1473?-1525).

Bell, Graham, pintor britânico (1910-1943).

Bell, Larry, pintor e escultor americano (1939).

Bell, Vanessa, pintora e *designer* inglesa (1879-1961).

Bell, William Henry, compositor erudito, violinista e organista inglês (1873-1946).

Bella, Stefano della, gravador italiano (1610-1664).

Bellange, Jacques de, pintor francês (século XVII).

Bellay, Joachim du, poeta francês (1522-1560).

Belleau, Rémi, poeta e erudito francês (1528?-1577).

Bellechose, Henri, pintor holandês (século XV).

Bellegambe, Jean, pintor holandês (séculos XV-XVI).

Bell'Haver, Vincenzo, compositor erudito e organista italiano (1560-1621).

Belli, Giulio, compositor erudito italiano (1560-1621).

Bellini, família de pintores italianos: Jacopo, o pai (1400?-1470), e os filhos Gentile (1429?-1507) e Giovanni, o mais renomado (1430?-1516).

Bellini, Mario, arquiteto e *designer* italiano (1935).

Bellini, Vincenzo, compositor erudito italiano (1801-1835).

Bello, Andrés, poeta, filólogo, tradutor e político venezuelano (1781-1864).

Belloni, Gioseffo, compositor de música sacra italiano (1575-1606).

Bellori, Giovanni Pietro, ensaísta e historiador de artes italiano (1616-1696).

Belloto, Bernardo, dito o Canaletto Jovem, pintor e gravador italiano (1721-1780).

Bellow, Saul, romancista norte-americano (1915).

Bellows, George Wesley, pintor e litógrafo norte-americano (1882-1925).

Belmer, Hans, pintor e artista gráfico franco-polonês (1902-1975).

Belmonte (Benedito Carneiro Bastos Barreto, dito), desenhista e caricaturista brasileiro (1896-1947).

Bemberg, Hermann-Emmanuel, compositor erudito francês (1859-1913).

Bembo, Pietro, poeta e humanista italiano (1470-1547).

Ben Jor, Jorge (Jorge Duílio Lima Meneses, dito), compositor popular e cantor brasileiro (1942).

Benatzky, Ralph, compositor de operetas tcheco (1884-1957).

Benavente, Quiñones, comediógrafo espanhol (1589-1651).

Benavente, Saulo, cenógrafo argentino (1916-1982).

Benavente y Martínez, Jacinto, dramaturgo espanhol (1866-1954).

Benda, Julien, romancista, memorialista e crítico de cultura francês (1867-1956).

Bendl, Karel, compositor erudito tcheco (1838-1897).

Bene, Carmelo, dramaturgo e encenador italiano (1937).

Benedetti, Mario, poeta, contista, romancista e dramaturgo uruguaio (1920).

Benedetto da Maiano, escultor italiano (1422-1497).

Benedict, Julius, compositor erudito anglo-alemão (1804-1885).

Benediktov, Stanislav, cenógrafo russo (1944).

Benevoli, Orazio, compositor de música sacra ítalo-francês (1605-1672).

Ben-Haim, Paul, compositor erudito e maestro israelense (1897-1984).

Benjamin, Arthur, compositor erudito e pianista australiano (1893-1960).

Benjamin, George, compositor erudito e pianista inglês (1960).

Benjamin, Walter, ensaísta de cultura alemão (1892-1940).

Benn, Gottfried, poeta e crítico literário alemão (1886-1956).

Bennet, John, compositor de madrigais inglês (séculos XVI-XVII).

Bennett, Enoch Arnold, romancista e comediógrafo inglês (1867-1931).

Bennett, Richard Rodney, compositor erudito de vanguarda e pianista inglês (1936).

Bennett, Robert Russell, compositor erudito e popular norte-americano (1894-1981).

Benois, Aleksandr Nikoláievitch, pintor, historiador de arte e cenógrafo russo (1870-1960).

Benois, Nicola, cenógrafo italiano, de origem russa (1901-1988).

Benoit de Saint Maure, trovador e cronista anglo-normando (século XII).

Benoît, Jean, pintor canadense (1922).

Benoit, Peter, compositor erudito belga (1834-1901).

Benoit, Pierre, romancista francês (1886-1962).

Benoliel, Bernard, compositor erudito norte-americano (1934).

Benserade, Isaac de, poeta trágico e libretista de balé francês (1613?-1691).

Benson, Ambrosius, pintor holandês (1550-?).

Bentham, Jeremy, filósofo inglês (1748-1832).

Benton, Thomas Hart, pintor norte-americano (1889-1975).

Bentzon, Niels, compositor erudito dinamarquês (1919).

Benveniste, Émile, lingüista francês (1902-1976).

Bérain, Jean (o Jovem), arquiteto, desenhista e decorador francês (1674-1726).

Bérard, Christian, pintor francês (1902-1949).

Berberova, Nina Nikoláievna, contista e romancista russa (1901-1990).

Berchem, Nicolaes, pintor holandês (1620-1683).

Berchet, Giovanni, poeta italiano (1783-1851).

Berckheyde, Gerrit Adriaensz, pintor holandês (1638-1698).

Berdiaiev, Nikolai, filósofo russo (1874-1948).

Berenson, Bernard, historiador e crítico de artes plásticas norte-americano, de origem lituana, ativo na Itália (1865-1959).

Beresford, John Davys, romancista e memorialista inglês (1873-1947).

Berg, Alban, compositor erudito austríaco (1885-1935).

Berg, Claus, entalhador de madeira alemão (séculos XV-XVI).

Berg, Max, arquiteto alemão (1870-1947).

Berg, Natanaël, compositor erudito sueco (1879-1957).

Bergamín, José, poeta, dramaturgo e crítico literário espanhol (1895-1983).

Berger, Arthur, compositor erudito e escritor norte-americano (1912).

Berger, Jean, compositor erudito alemão (1909).

Berger, Theodor, compositor erudito austríaco (1905).

Bergman, Erik, compositor erudito finlandês (1911).

Bergman, Hjalmar, romancista e dramaturgo sueco (1883-1931).

Bergman, Ingmar, encenador e cineasta sueco (1918).

Bergognone (ou Borgognone), pintor italiano (séculos XV-XVI).

Bergsma, William, compositor erudito norte-americano (1921).

Bergson, Henri, filósofo francês (1859-1941).

Berio, Luciano, compositor erudito italiano (1925).

Bériot, Charles Auguste de, compositor erudito belga (1802-1870).

Berkeley, George, filósofo e eclesiástico irlandês (1685-1753).

Berkeley, Lennox, compositor erudito inglês (1903).

Berkeley, Michael, compositor erudito inglês (1948).

Berlage, Hendrik Petrus, arquiteto e ensaísta de arquitetura holandês (1856-1934).

Berlanga, Luís García, cineasta espanhol (1921).

Berlin, Irving (Israel Baline, dito), compositor popular norte-americano, de origem russa (1888-1989).

Berlinghieri, família de pintores italianos (século XIII): o pai, Berlinghiero, o Milanês, Bonaventura, o filho mais talentoso, além de seus irmãos Marco e Barone.

Berlinski, Herman, compositor erudito alemão (1910).

Berlioz, Louis Hector, compositor erudito, maestro e crítico francês (1803-1869).

Berman, Eugene, pintor e cenógrafo russo-americano (1899-1972).

Bermejo, Bartolomé, pintor e vitralista espanhol (século XV).

Bernanos, Georges, romancista e ensaísta de cultura francês (1888-1948).

Bernard, Anthony, compositor erudito e maestro inglês (1891-1963).

Bernard, Émile, pintor e crítico de arte francês (1868-1941).

Bernard, Tristan (Paul Bernard, dito), romancista e dramaturgo francês (1866-1947).

Bernardelli, (José Maria Oscar) Rodolfo, escultor brasileiro nascido no México, irmão de Henrique (1852-1936).

Bernardelli, Henrique, pintor e decorador brasileiro nascido no Chile, irmão de Rodolfo (1857-1936).

Bernardes, Pe. Manuel, moralista, sermonista e cronista português (1644-1710).

Bernardes, Sérgio Wladimir, arquiteto e urbanista brasileiro (1919).

Bernárdez, Francisco Luís, poeta argentino (1900-1978).

Bernardo (Bernard) **de Clairvaux** (Bernardo de Claraval), santo, teólogo, sermonista e poeta francês de língua latina (1091-1153).

Bernart de Ventadour, trovador francês (1150?-1200?).

Berners, Lord (Gerald Hugh Tywhitt-Wilson), compositor erudito e de música ligeira inglês (1883-1950).

Bernhard, Christoph, compositor erudito e cantor alemão (1628-1692).

Berni, Francesco, poeta satírico italiano (1497?-1535).

Bernier, René, compositor erudito belga (1905-1984).

Bernini, Gianlorenzo, escultor, arquiteto e pintor italiano (1598-1680).

Bernstein, Elmer, compositor popular e de música incidental norte-americano (1922).

Bernstein, Leonard, compositor erudito, maestro e pianista norte-americano (1918-1990).

Berri, Claude, cineasta francês (1934).

Berruguete, família de pintores e escultores espanhola: Pedro, o pai (1450?-1504?) e Alonso, filho, também arquiteto (1490?-1561).

Berté, Heinrich, compositor erudito e de música ligeira húngaro (1857-1924).

Bertin, Louise Angélique, compositora de óperas francesa (1805-1877).

Bertini, Gary, compositor erudito e maestro israelense (1927).

Bertoldo di Giovanni, escultor italiano (1420-1491).

Bertolucci, Bernardo, cineasta italiano (1942).

Berton, Henri Montan, compositor erudito e violinista francês (1767-1844).

Bertoni, Ferdinando Gasparo, compositor erudito italiano (1725-1813).

Bertrand, Antoine de, compositor erudito francês (1540-1580).

Berutti, Arturo, compositor erudito argentino (1862-1938).

Berwald, Franz Adolf, compositor erudito e violinista sueco (1796-1868).

Bessarion, Joannes, teólogo e humanista bizantino, ativo na Itália (1400?-1472).

Besson, Benno, encenador e ator suíço (1922).

Besson, Luc, cineasta e roteirista francês (1959).

Beuys, Joseph, escultor, desenhista e artista performático alemão (1921-1986).

Bevan, Robert, pintor inglês (1865-1925).

Bevignani, Enrico, compositor erudito e maestro italiano (1841-1903).

Bevin, Elway, compositor erudito e organista galês (1554-1638).

Bewick, Thomas, xilógrafo inglês (1753-1828).

Beyschlag, Adolf, compositor erudito e maestro alemão (1845-1914).

Bèze, Theodore de, poeta dramático e predicador religioso francês (1519-1605).

Bezekírski, Vassíli, compositor erudito e violinista russo (1835-1919).

704 DICIONÁRIO SESC: A LINGUAGEM DA CULTURA

Bialas, Günter, compositor erudito e professor alemão (1907).

Bianchi, Francesco, compositor erudito italiano (1752-1810).

Bianco, Enrico, pintor italiano radicado no Brasil (1918).

Bias, sábio grego (século VI a.C.).

Bibalo, Antonio, compositor erudito italiano (1922).

Bibern, Heinrich Ignaz Franz von, compositor erudito e violinista boêmio-alemão (1644-170.

Bibiena (Bernardo Dovizi, dito), comediógrafo e cardeal italiano (1470-1520).

Bibiena, família de arquitetos e decoradores italiana: Ferdinando (1657-1743), o filho Giuseppe (1696-1756) e o neto Carlo (1728-1780).

Bide (Alcebíades Barcelos, dito), compositor popular brasileiro (1902-1975).

Biederman, Charles Joseph, pintor norte-americano (1906).

Biederman, Jacobus, tragediógrafo alemão de língua latina (1578-1639).

Biédni, Damian (Pridvorov Biédni, dito), poeta e fabulista russo (1883-1945).

Biéli, Andrei (Bóris Nikoláievitch Bugaiev, dito), poeta, romancista e ensaísta de cultura russo (1880-1934).

Biélski, Igor, coreógrafo russo (1925).

Bierce, Ambrose Gwinnet, contista norte-americano (1842-1914).

Bierstadt, Albert, pintor alemão (1830-1902).

Bigot, Trophime, pintor francês (século XVII).

Bilac, Olavo (Braz Martins dos Guimarães), poeta brasileiro (1865-1918).

Bill, Max, pintor, escultor, arquiteto, *designer* e ensaísta suíço (1908-1995).

Billetdoux, François, dramaturgo francês (1927).

Billings, William, compositor erudito norte-americano (1746-1800).

Binchois, Gilles, compositor erudito e organista franco-flamengo (1400-1460).

Binge, Ronald, compositor de música ligeira inglês (1910-1979).

Bingham, George Caleb, pintor norte-americano (1811-1879).

Binkerd, Gordan Ware, compositor erudito norte-americano (1916).

Bintley, David, coreógrafo e bailarino inglês (1957).

Bíon, filósofo grego (século III a.C.).

Biondi, Giovanni Battista, compositor sacro italiano (1605-1630).

Bioy Casares, Adolfo, contista e romancista argentino (1914-1999).

Bird, Francis, escultor inglês (1667-1731).

Birolli, Renato, pintor italiano (1906-59).

Birtwistle, Harrison, compositor erudito inglês (1934).

Bishop, Elizabeth, poetisa norte-americana (1911-1979).

Bishop, Henry, compositor erudito e maestro inglês (1786-1855).

Bishop, Werner, fotógrafo alemão (1916-1954).

Bissière, Roger, pintor francês (1888-1964).

Bizet, (Alexandre Césare Léopold) Georges, compositor erudito francês (1838-1875).

Bizony, Celia, compositora erudita e cravista alemã (1904).

Bjørnson, Bjørnstjene, dramaturgo, poeta, contista e romancista norueguês (1832-1910).

Blacher, Boris, compositor erudito alemão (1903-1975).

Blackford, Richard, compositor erudito e maestro inglês (1954).

Blair, Hugh, escritor escocês (1718-1800).

Blais, Marie-Claire, romancista e poetisa canadense (1939).

Blake, David, compositor erudito inglês (1936).

Blake, Peter, pintor britânico (1932).

Blake, William, poeta, pintor e gravador inglês (1757-1827).

Blanchard, Jacques, pintor francês (1600-1638).

Blanchard, Maria, pintora espanhola (1881-1932).

Blanchard, Maurice, poeta francês (1890-1961).

Blanche, Jacques-Émile, pintor francês (1861-1942).

Blancher, Boris, compositor erudito de vanguarda alemão (1903-1975).

Blanchet, Alexandre, pintor suíço (1882-1962).

Blanco, Billy (William Blanco de Abrunhosa Trindade, dito), compositor popular brasileiro (1924).

Blasco Ibáñez, Vicente, novelista e romancista espanhol (1867-1928).

Blavet, Michel, compositor erudito e flautista francês (1700-1768).

Blech, Leo, compositor erudito e maestro alemão (1871-1958).

Blechen, Karl, pintor alemão (1798-1840).

Bles, Herri Met de, pintor holandês (século XVI).

Blier, Bertrand, cineasta francês (1939).

Blin, Roger, encenador francês (1907-1984).

Bliss, Arthur (Drummond), compositor erudito e maestro inglês (1981-1975).

Blitzstein, Marc, compositor erudito e de música ligeira norte-americano (1905-1964).

Blixen, Karen, romancista e contista dinamarquesa, também conhecida pelo pseudônimo de Isak Dinesen (1885-1962).

Bloch, Ernest, compositor erudito suíço, naturalizado norte-americano (1880-1959).

Bloch, Ernst, filósofo alemão (1885-1977).

Bloch, Jean-Richard, romancista, dramaturgo e ensaísta francês (1884-1947).

Bloch, Pedro, dramaturgo e médico brasileiro, de origem lituana (1914).

Bloch, Robert, romancista norte-americano (1917-1994).

Blockx, Jan, compositor erudito belga (1851-1912).

Bloemaert, Abraham Cornelisz, pintor holandês (1564-1651).

Blok, Aleksandr Aleksándrovitch, poeta e dramaturgo russo (1880-1921).

Blomdahl, Karl-Birger, compositor erudito sueco (1916-1968).

Blondeel, Lancelot, pintor e projetista de artes decorativas holandês (1496-1561).

Blondel, Jacques-François, arquiteto e teórico de arquitetura francês (1705-1774).

Blondel, Maurice, filósofo francês (1861-1949).

Bloomfield, Robert, poeta inglês (1766-1823).

Blow, John, compositor erudito e organista inglês (1649-1708).

Blum, Robert (Karl Moritz), compositor erudito e de música incidental suíço (1900).

Blumbergs, Ilmars, desenhista gráfico e cenógrafo letão (1943).

Blumenfeld, Harold, compositor erudito norte-americano (1923).

Bluth, Don, desenhista e animador de quadrinhos norte-americano (1938).

Bly, Robert, poeta norte-americano (1926).

Blyton, Carey, compositor erudito inglês (1932).

Blyton, Enid, constista infantil inglesa (1897-1968).

Boal, Augusto, ator, encenador e ensaísta teatral brasileiro (1931).

Boatwright, Howard, compositor erudito norte-americano (1918).

Bocage, Manuel Maria Barbosa du, poeta português (1765-1805).

Bocaiúva, Quintino (Quintino Antônio Ferreira de Sousa, dito), poeta, dramaturgo, crítico e político brasileiro (1836-1912).

Bocángel y Unzueta, Gabriel, poeta espanhol (1608?-1658).

Boccaccio, Giovanni, poeta, contista, novelista e biógrafo italiano (1313-1375).

Boccherini, Luigi, compositor erudito e violoncelista italiano (1743-1805).

Boccioni, Umberto, pintor e escultor italiano (1882-1916).

RELAÇÃO ONOMÁSTICA DE AUTORES | 705

Bochsa, (Robert) Nicolas Charles, compositor erudito e harpista francês (1789-1856).

Böcklin, Arnold, pintor suíço (1827-1901).

Bodanzky, Jorge, cineasta e documentarista brasileiro (1942).

Bodard, Lucien, romancista e jornalista francês (1914).

Bode, Johann Joachim Christoph, compositor erudito, fagotista e oboísta alemão (1730-1793).

Bode, Wilhelm von, crítico de arte e museólogo alemão (1845-1929).

Boécio (Anitius Manlius Severinus Boetius), filósofo romano (480-524).

Boehme, Jacob, poeta e filósofo místico alemão (1575-1624).

Boeira, Oscar, pintor brasileiro (1883-1943).

Boel, Pieter, pintor flamengo (1622-1674).

Boëllmann, Léon, organista e compositor erudito francês (1862-1897).

Boely, Alexandre Pierre, compositor erudito francês (1785-1858).

Boero, Alejandra, atriz e encenadora argentina (1918).

Boero, Felipe, compositor erudito argentino (1884-1958).

Boesmans, Philippe, compositor erudito e pianista belga (1936).

Boeto, escultor grego (século II a.C.).

Boettcher, Wilfred, compositor erudito e violoncelista alemão (1929).

Boffrand, Germain, arquiteto, decorador e tratadista francês (1667-1754).

Bogatiriov, Anatóli, compositor erudito russo (1913).

Bogdanovitch, Peter, cineasta norte-americano (1939).

Boggio, Emilio, pintor venezuelano (1857-1920).

Bohigas, Oriol, arquiteto e ensaísta de arquitetura catalão (1925).

Böhm, Dominikus, arquiteto alemão (1880-1955).

Böhm, Georg, organista e compositor erudito alemão (1661-1733).

Bohner, Gerhard, bailarino e coreógrafo alemão (1936-1993).

Boiardo, Matteo Maria, poeta italiano (1441?-1494).

Boieldieu, François-Adrien, compositor erudito francês (1775-1834).

Boileau, família de arquitetos francesa: Louis Auguste, pai (1812-1896) e o filho Louis Charles (1837-1910).

Boileau-Despréaux, Nicolas, poeta e crítico de literatura francês (1636-1711).

Boilly, Louis-Léopold, pintor e gravador francês (1761-1845).

Boismortier, Joseph Bodin de, compositor erudito francês (1689-1775).

Boito, Arrigo (Enrico), compositor erudito, libretista e crítico musical italiano (1842-1918).

Boizot, Simon-Louis, escultor francês (1743-1809).

Bol, Ferdinand, pintor e água-fortista holandês (1616-1680).

Bolcom, William Elden, compositor erudito norte-americano (1938).

Boldini, Giovanni, pintor italiano (1842-1931).

Bolognini, Mauro, cineasta e encenador italiano (1922).

Bolonha, Francisco, arquiteto brasileiro (1923).

Bolotowisk, Bya, pintor russo (1907-1981).

Boltraffio, Giovanni Antonio, pintor italiano (1466/7-1516).

Bombois, Camile, pintor *näif* francês (1883-1910).

Bonadei, Aldo Cláudio Felipe, pintor brasileiro (1906-1974).

Bonarelli della Rovere, Guidobaldo, poeta italiano (1563-1608).

Bond, Capel, compositor erudito e organista inglês (1730-1790).

Bondarchuk, Serguiéi, cineasta russo (1920-1994).

Bondol(f), Jean de, pintor e miniaturista holandês (1368-1381).

Bondy, Luc, encenador suíço (1948).

Bone, sir Muirhead, desenhista e água-fortista escocês (1876-1953).

Bonfá, Luís (Floriano), compositor popular e instrumentista brasileiro (1922-2001).

Bonheur, Rosa, pintora francesa (1822-1899).

Bonington, Richard Parkes, pintor inglês (1802-28).

Bonini, Severo, organista e compositor erudito italiano (1582-1663).

Bonmarché (Bonmarcié) Jean de, compositor erudito belga (1525-1570).

Bonnard, Pierre, pintor e artista gráfico francês (1867-1947).

Bonnat, Léon, pintor francês (1833-1922).

Bonnet, Joseph, organista e compositor erudito francês (1884-1944).

Bonomi, Maria, gravadora e cenógrafa brasileira (1935).

Bononcini, Antonio Maria, compositor erudito italiano (1677-1726).

Bononcini, Giovanni Battista, compositor erudito e violoncelista italiano (1670-1747).

Bononcini, Giovanni Maria, compositor erudito italiano (1642-1678).

Bonporti (Buonporti), Francesco Antonio, compositor erudito e violinista italiano (1672-1748).

Bontempo, João Domingues, compositor erudito e pianista português (1771-1842).

Bontemps, Pierre, escultor francês (1510?-1568?).

Boorman, John, cineasta britânico (1933).

Bopp, Franz, filólogo e lingüista alemão (1791-1867).

Bopp, Raul, poeta e ensaísta de literatura brasileiro (1898-1984).

Bor, Matei, poeta e dramaturgo esloveno (1913).

Borchardt, Rudolf, poeta, romancista e tradutor alemão (1877-1945).

Borchert, Wolfgang, poeta, novelista e dramaturgo alemão (1921-1947).

Bordeaux, Henry, romancista, dramaturgo e crítico de literatura francês (1870-1963).

Bordes, Charles, compositor erudito francês (1863-1909).

Bordone, Paris, pintor italiano (1500-1571).

Borduas, Paul Émile, pintor canadense (1905-1960).

Borges, Jorge Luis, poeta, contista e ensaísta argentino (1899-1986).

Borghi, Giovanni Battista, organista e compositor erudito italiano (1738-1796).

Borglum, Gutzon, escultor norte-americano (1867-1941).

Borgoña, Juan de, pintor espanhol (séculos XV-XVI).

Borgström, Hjalmar, compositor erudito e crítico norueguês (1864-1925).

Borkovec, Pavel, compositor erudito tcheco (1894-1972).

Börlin, Jean, bailarino e coreógrafo sueco (1893-1930).

Borman (ou Borreman), Jan I, escultor holandês (séculos XV-XVI).

Borodin, Aleksandr, compositor erudito russo (1833-1887).

Boron, Robert de, trovador e novelista franco-normando (séculos XII-XIII).

Boroni (Buroni), Antonio, compositor erudito italiano (1738-1792).

Boróvski, David, cenógrafo e encenador russo (1934).

Borowsky, Felix, compositor erudito, violinista e professor inglês (1872-1956).

Borrassá, Luís, pintor espanhol (século XV).

Borri, Giovanni Battista, compositor erudito italiano (1665-1688).

Borromini (Francesco Castelli, dito), arquiteto, decorador e escultor italiano (1599-1667).

Borsani, Osvaldo, *designer* italiano (1911-1985).

Borsoi, Acácio, arquiteto brasileiro (1924).

Bortkévitch, Serguiei Eduárdovitch, compositor erudito russo (1877-1952).

Bortnianski, Dmítri, compositor erudito russo (1751-1825).

Boruta, Kazys, poeta lituano (1905).

706 | DICIONÁRIO SESC: A LINGUAGEM DA CULTURA

Borzage, Frank, cineasta norte-americano (1893-1962).

Bosanquet, Bernard, filósofo e historiador de estética inglês (1848-1923).

Bosboom, Johannes, pintor e litógrafo holandês (1817-1891).

Bosc, Jean, caricaturista e desenhista de humor francês (1924-1973).

Boscán de Almogáver, Juan, poeta e tradutor catalão (1490?-1542/50).

Bosch, Hieronymus (Jerome van Aeken, dito), pintor holandês (1450-1516).

Bosco, Henri, poeta e romancista francês (1888-1976).

Bosco, João (João Bosco de Freitas Mucci, dito), compositor e cantor popular brasileiro (1946).

Bosio, François Joseph, barão de, escultor monegasco (1768-1845).

Boskovich, Alexander, compositor erudito, maestro e pianista israelense (1907-1964).

Bosschaert, Ambrosius, pintor holandês (1573-1621).

Bosse, Abraham, pintor, gravador e teórico de arte francês (1602-1676).

Bossi, Marco Enrico, organista, professor e compositor italiano erudito (1861-1925).

Bossuet, Jacques-Bénigne, teólogo, sermonista, moralista, ensaísta de política e historiador francês (1627-1704).

Botero, Fernando, pintor colombiano (1932).

Both, Jan, pintor holandês (1618-1652).

Botticelli, Sandro, pintor italiano (1444/5-1510).

Botticini, Francesco, pintor italiano (1446-1497).

Bouchardon, Edmé, escultor, medalhista e desenhista francês (1698-1762).

Boucher, François, desenhista, pintor, gravurista, projetista de tapeçaria e decorador francês (1703-1770).

Boucourechliev, André, compositor erudito e pianista franco-búlgaro (1925).

Boudin, Eugène, pintor francês (1824-1898).

Boughton, Rutland, compositor erudito inglês (1878-1960).

Bouguereau, Adolphe-William, pintor francês (1825-1905).

Boulanger, Lili (Juliette Marie Olga), compositora erudita francesa (1893-1918).

Boulez, Pierre, compositor erudito de vanguarda e maestro francês (1925).

Boulle, Pierre, romancista francês (1912-1994).

Boullée, Étienne Louis, arquiteto francês (1728-1799).

Boullongne, Louis de, pintor francês (1609-1674).

Boulting, família de irmãos cineastas inglesa: John (1913-1985) e Roy (1913).

Bourdaloue, Louis, sermonista francês (1632-1704).

Bourdelle, Émile-antoine, escultor francês (1861-1929).

Bourdet, Gildas, dramaturgo, encenador e cenógrafo francês (1947).

Bourdichon, Jean, pintor francês (séculos XV-XVI).

Bourdieu, Pierre, sociólogo e ensaísta de cultura francês (1930-2002).

Bourdon, Sébastien, pintor francês (1616-1671).

Bourgault-Ducoudray, Louis Albert, compositor erudito francês (1840-1910).

Bourgeois, Louise, escultora franco-norte americana (1911).

Bourgeois, sir Peter Francis, barão de, pintor inglês (1756-1811).

Bourguignon, Francis de, compositor erudito e pianista belga (1890-1961).

Bourseiller, Antoine, dramaturgo e encenador francês (1930).

Boursse, Esaias, pintor holandês (1631-1672).

Bousch, Valentin, vitralista alsaciano (?-1541).

Bousquet, Joë, poeta francês (1897-1950).

Bouts, Dirk (ou Dieric), pintor holandês (século XV).

Bowen, (Edwin) York, compositor erudito e pianista inglês (1884-1961).

Bowen, Elizabeth, romancista irlandesa (1899-1973).

Bowles, Paul (Frederic), compositor erudito e de música incidental norte-americano (1910).

Boyd, Anne, compositora erudita australiana (1946).

Boyd, Arthur, pintor, ceramista, gravador e litógrafo australiano (1920).

Boyington, William, arquiteto norte-americano (1818-1898).

Boylesve, René (René Tardiveau, dito), romancista francês (1867-1926).

Boys, Thomas Shotter, aquarelista e litógrafo inglês (1803-1874).

Bozay, Attila, compositor erudito húngaro (1939).

Bozza, Eugène, compositor erudito e maestro francês (1905).

Braaten, Oskar, romancista norueguês (1881-1939).

Bracciolini, Francesco, poeta italiano (1566-1645).

Bracher, Carlos, pintor brasileiro (1940).

Bracquemond, Félix, gravador, pintor e *designer* francês (1833-1914).

Bradbury, Ray (Raymond Douglas Bradbury, dito), contista e romancista norte-americano (1920).

Brade, William, compositor erudito e violinista inglês (1560-1630).

Bradley, Marion Zimmer, romancista norte-americana (1930-1999).

Braga, (Antônio) Francisco, compositor erudito e maestro brasileiro (1868-1945).

Braga, Ernâni Costa, compositor erudito e pianista brasileiro (1888-1948).

Braga, Gilberto, telenovelista brasileiro (1946).

Braga, Rubem, cronista brasileiro (1913-1990).

Braga, Teófilo, poeta, historiador de literatura, ensaísta de cultura e político português (1843-1924).

Bragaglia, Anton Giulio, encenador italiano (1890-1960).

Braguinha (Carlos Alberto Ferreira Braga, também dito João de Barro), compositor popular brasileiro (1907).

Brahms, Johannes, compositor erudito e pianista alemão (1833-1897).

Brailes, W. de, iluminador de manuscritos inglês (século XIII).

Bramante, il (Donato d'Angelo, dito), pintor e arquiteto italiano (1444-1514).

Bramantino, il (Bartolomeo Guardi, dito), pintor e arquiteto italiano (1460-1530).

Bramer, Leonaert, pintor holandês (1596-1674).

Branagh, Kenneth, ator, encenador e cineasta inglês (1960).

Brancati, Vitalino, romancista italiano (1907-1954).

Brancusi, Constantin, escultor romeno-francês (1876-1957).

Brandão, Raul, romancista e dramaturgo português (1867-1930).

Brandes, Edvard, dramaturgo e crítico literário dinamarquês, irmão de Georg (1847-1931).

Brandes, Georg Morris Cohen, ensaísta de literatura e de cultura dinamarquês (1842-1927).

Brandt, Sébastien, poeta e jurisconsulto alemão (1458-1521).

Brangwyn, sir Frank, pintor, gravador e *designer* inglês (1867-1956).

Branzi, Andrea, arquiteto e *designer* italiano (1938).

Braque, Georges, pintor francês (1882-1963).

Bratby, John, pintor e escritor inglês (1928).

Bratke, Oswaldo Arthur, arquiteto brasileiro (1907-1997).

Brauner, Victor, poeta, pintor e escultor romeno, ativo na França (1903-1966).

Braunfels, Walter, compositor e pianista erudito alemão (1882-1954).

Bray, Jan de, pintor holandês (1627-1697).

Brazille, Frédéric, pintor francês (1841-1870).

Brébeuf, Guillaume de, poeta e tradutor francês (1618-1655).

Brecher, Gustav, compositor erudito e maestro teuto-boêmio (1879-1940).

Brecheret, Vítor, escultor ítalo-brasileiro (1894-1955).

Brecht, Bertolt, dramaturgo, encenador, ensaísta e poeta alemão (1898-1956).

Breenbergh, Bartolomeus, pintor holandês (1598-1657).

Bre(g)no, Andrea, escultor italiano (1418?-1506).

Brehme, Hans, compositor erudito e pianista alemão (1904-1957).

Breitner, George Hendrik, pintor holandês (1857-1923).

Brel, Jacques, compositor popular e cantor belga, atuante na França (1929-1978).

Brentano, Clemens, poeta, romancista e dramaturgo alemão (1778-1842).

Bresson, Robert, cineasta francês (1901-1999).

Breton, André, poeta, crítico e ensaísta de artes francês (1896-1966).

Bretón, Tomás, compositor erudito espanhol (1850-1923).

Breu, Jörg, o Velho, pintor e xilógrafo alemão (1475?-1537).

Breuer, Marcel, arquiteto e *designer* húngaro, naturalizado norte-americano (1902-1981).

Bréville, Pierre Onfroy de, compositor erudito francês (1861-1949).

Brewer, Thomas, compositor erudito inglês (1611-1670?).

Brian, Havergal, compositor erudito inglês (1876-1972).

Bridge, Frank, compositor erudito e maestro inglês (1879-1941).

Bridge, Frederick, compositor erudito, maestro e organista inglês (1844-1924).

Bridges, Robert, poeta inglês (1844-1930).

Bridgewater, (Ernest) Leslie, compositor e pianista erudito inglês (1893-1975).

Bright, Dora Estella, compositora e pianista erudita inglesa (1863-1951).

Bril, Paul, pintor flamengo (1554-1626).

Britten, (Edward) Benjamin, compositor erudito e maestro inglês (1913-1976).

Briussov, Valeri Iákovlevitch, poeta, romancista e crítico literário russo (1873-1924).

Brixi, Frantisek, compositor erudito tcheco (1732-1771).

Brockway, Howard, compositor erudito e pianista norte-americano (1870-1951).

Brod, Max, romancista, compositor erudito e diretor teatral judeu-tcheco (1884-1968).

Brodsky, Joseph (Ióssif Aleksándrovitch Bródski, dito), poeta, ensaísta e tradutor russo, naturalizado norte-americano (1940-1996).

Broederlam, Melchior, pintor holandês (séculos XIV-XV).

Broman, Sten, compositor erudito e violinista sueco (1902).

Brongniart, Alexandre Théodore, arquiteto francês (1739-1813).

Bronsart, Hans von, pianista e compositor erudito alemão (1830-1913).

Brontë, Anne, poetisa e romancista inglesa, irmã de Charlotte e de Emily (1820-1849).

Brontë, Charlotte, poetisa e romancista inglesa, irmã de Anne e de Emily (1816-1855).

Brontë, Emily Jane, poetisa e romancista inglesa, irmã de Anne e de Charlotte (1818-1848).

Bronzino, il (Angiolo Torri, dito), pintor italiano (1503-1572).

Brook, Peter (Stephen Paul), encenador, crítico teatral e cineasta inglês (1925).

Brooke, Rupert Chauner, poeta inglês (1887-1915).

Brooking, Charles, pintor inglês (1723-1759).

Brooks, Mel (Melvin Kaminsky, dito), roteirista e cineasta norte-americano (1926).

Brooks, Richard, cineasta e roteirista norte-americano (1912).

Broqua, Alfonso, compositor erudito uruguaio (1876-1946).

Brott, Alexander, violinista, maestro e compositor erudito canadense (1915).

Brouwer, Adriaen, pintor flamengo (1605/6-1638).

Brower, Leo, compositor erudito e de música incidental cubano (1939).

Brown, Christopher, compositor erudito inglês (1943).

Brown, Clarence, cineasta norte-americano (1890-1987).

Brown, Ford Madox, pintor inglês (1821-1893).

Brown, Thomas Edward, poeta inglês (1830-1897).

Brown, Trisha, coreógrafa norte-americana (1936).

Browne, Hablot Knight, ilustrador e pintor inglês (1815-1882).

Browne, (William Charles) Denis, compositor erudito e crítico inglês (1888-1915).

Browning, Tod, cineasta norte-americano (1882-1962).

Bruce, Christopher, bailarino e coreógrafo inglês (1945).

Bruch, Max, compositor erudito e maestro alemão (1838-1920).

Bruckner, Anton, compositor erudito e organista austríaco (1824-1896).

Bruckner, Ferdinand (Theodor Tagger, dito), dramaturgo alemão (1891-1958).

Brueghel, Jan, pintor e desenhista flamengo, filho de Pieter (1568-1625).

Brueghel (ou Bregel), Pieter, o Velho, pintor e desenhista flamengo (1525-1569).

Brueghel, Pieter, o Moço, pintor flamengo, filho de Pieter (1564-1638).

Brüggemann, Hans, escultor alemão (séculos XV-XVI).

Bruhns, Nikolaus, compositor e organista erudito alemão (1665-1697).

Brüll, Ignaz, compositor erudito e pianista austríaco (1846-1907).

Brumel, Antoine, compositor erudito flamengo (1460-1515).

Bruneau, (Louis Charles Bonaventure) Alfred, compositor erudito e crítico francês (1857-1934).

Brunelleschi, Filipo, arquiteto e escultor italiano (1377-1446).

Brunetière, Ferdinand, historiador e crítico de literatura francês (1849-1906).

Bruno, Giordano, teólogo e filósofo italiano (1548-1600).

Brunschvicg, Léon, filósofo francês (1869-1944).

Brunswick, Mark, compositor erudito norte-americano (1902-1971).

Brustad, Bjarne, compositor erudito e violinista norueguês (1895-1978).

Bryson, Ernest Robert, compositor erudito inglês (1867-1942).

Bryulov (Brüllov ou Briulov), Karl, pintor russo, ativo na Itália (1799-1852).

Buarque de Holanda, Chico (Francisco), compositor popular, dramaturgo e romancista brasileiro (1944).

Buber, Martin, filósofo judeu-austríaco (1878-1965).

Bucchi, Valentino, compositor erudito italiano (1916-1976).

Büchner, George, dramaturgo e contista alemão (1813-1837).

Budé, Guillaume, filólogo, ensaísta de cultura e humanista francês (1467-1540).

Bueckelaer, Joachim, pintor holandês (1535-1574).

Buffalmacco (Buonamico Cristofani, dito), pintor italiano (século XIV).

Buffet, Bernard, pintor e gravador francês (1928-1999).

Bull, John, compositor erudito, organista e virginalista inglês (1562?-1628).

Bull, Ole Bornemann, compositor erudito e violinista norueguês (1810-1880).

708 | **DICIONÁRIO SESC: A LINGUAGEM DA CULTURA**

Bullant, Jean, arquiteto, decorador e ensaísta de arquitetura francês (1520?-1578).

Buller, John, compositor erudito inglês (1927).

Bunge, Mario, filósofo argentino (1919).

Bunin, Ivan Alexeievitch, contista e romancista russo (1879-1953).

Buñuel, Luis, cineasta espanhol atuante no México, na França e na Espanha (1900-1983).

Buon, Bartolomeo, escultor e arquiteto italiano (1374-1465).

Buonarroti, Michelangelo, o Jovem, comediógrafo italiano, sobrinho de Michelangelo (1568-1646).

Burchfield, Charles, pintor norte-americano (1893-1967).

Burckhardt, Jacob, historiador e ensaísta de arte suíço (1818-1897).

Burgess, Anthony (John Anthony Burgess Wilson, dito), romancista inglês (1917-1993).

Burgkmair, Hans, o Velho, pintor e desenhista alemão (1473-1531).

Burgon, Geoffrey, compositor de música erudita e incidental inglês (1941).

Burian, Emil Frantisek, compositor erudito e ator tcheco (1904-1959).

Buridan, Jean, filósofo escolástico francês (1300?-1358?).

Burke, Edmund, ensaísta de estética, historiador e estadista irlandês (1729-1797).

Burkhard, Paul, compositor erudito e maestro suíço (1911-1977).

Burkhard, Willy, compositor erudito, pianista e maestro suíço (1900-1955).

Burle Marx, Roberto, pintor, cenógrafo, paisagista e *designer* brasileiro (1909-1994).

Burne-Jones, sir Edward Coley, pintor, ilustrador e *designer* inglês (1833-1898).

Burnham, Daniel, arquiteto norte-americano (1846-1912).

Burns, Robert, poeta escocês (1759-1796).

Burra, Edward, pintor, desenhista e cenógrafo inglês (1905-1976).

Burri, Alberto, pintor e autor de colagens italiano (1915).

Burroughs, Edgar Rice, aventureiro e romancista norte-americano (1875-1950).

Burroughs, William Seward, romancista norte-americano (1914-1997).

Burt, Francis, compositor erudito inglês (1929).

Bury, Pol, pintor e escultor belga (1922).

Busch, Adolf, compositor erudito e violinista alemão (1891-1952).

Busch, Jack Hamilton, pintor canadense (1909-1977).

Busch, Wilhelm, desenhista de humor e quadrinhista alemão (1832-1908).

Bush, Alan Dudley, compositor erudito, pianista e maestro inglês (1900).

Bush, Geoffrey, compositor erudito e ensaísta inglês (1920).

Bushnell, John, escultor inglês (1630-1701).

Busoni, Ferrucio Benvenuto, compositor erudito, maestro e pianista italiano (1866-1924).

Busser, Henri Paul, compositor erudito, organista e maestro italiano (1872-1973).

Bussotti, Sylvano, compositor erudito de vanguarda, encenador e cenógrafo italiano (1931).

Bussy-Rabutin, Roger de Rabutin, conde de, romancista satírico, memorialista e epistológrafo francês (1618-1693).

Bustamente Sá, Rubens Fortes, pintor brasileiro (1907).

Bustelli, Franz Anton, escultor suíço (1723-1763).

Butler, Elizabeth, pintora inglesa (1846-1933).

Butler, Reg, escultor britânico (1913-1981).

Butler, Samuel, novelista e compositor erudito inglês (1835-1902).

Butler, Samuel, poeta satírico inglês (1612-1680).

Butor, Michel, poeta, romancista e crítico literário francês (1926).

Butterworth, Arthur, compositor erudito, maestro e trompetista inglês (1923).

Butterworth, George, compositor erudito inglês (1885-1916).

Butting, Max, compositor erudito alemão (1888-1976).

Büttner, Werner, pintor alemão (1954).

Buxtehude, Dietrich, compositor erudito e organista dinamarquês (1637-1707).

Buytewech, Willem, pintor e gravador holandês (1591/2-1624).

Buzzati, Dino, romancista, contista e ilustrador italiano (1906-1972).

Byrd, Charlie, compositor de *jazz* e instrumentista norte-americano (1925-1999).

Byrd, William, compositor erudito inglês (1543-1623).

Byron, Lorde (George Gordon Noel Byron, Lorde de Newstead), poeta inglês (1788-1824).

C

Cabanel, Alexandre, pintor francês (1823-1889).

Cabanilles, Juan Bautista José, compositor erudito e organista espanhol (1644-1712).

Cabezón, Antonio de, compositor erudito espanhol (1510-1566).

Cabral dos Santos, Sérgio, crítico e historiador de música popular brasileiro (1937).

Cabrera, Frei Alonso de, sermonista espanhol (1549?-1598).

Cacaso (Antônio Carlos Brito, dito), poeta e letrista de canções populares brasileiro (1944-1987).

Caccini, Giulio, compositor erudito e alaudista italiano (1548?-1618).

Cáceres, Jorge, poeta e pintor chileno (1923-1949).

Cachaça, Carlos (Carlos Moreira de Castro, dito), compositor popular brasileiro (1902-1999).

Cacoyannis, Michael, cineasta greco-cipriota (1922).

Cadéac, Pierre, compositor francês de música sacra e de *chansons* (século XVI).

Cadman, Charles Wakefield, compositor erudito e crítico de música norte-americano (1881-1946).

Cadmus, Paul, pintor norte-americano (1904).

Caesar, Rodolfo, compositor erudito brasileiro (1950).

Caetano, João, ator, teórico de dramaturgia e produtor teatral brasileiro (1808-1863).

Caffieri, família de escultores, decoradores e bronzistas francesa, de origem italiana: Philippe, pai (1634-1716); o filho Jacques (1678-1735) e o neto Jean-Jacques, o mais renomado (1725-1792).

Cage, John, compositor erudito de vanguarda norte-americano (1912-1992).

Cagli, Corrado, pintor e cenógrafo italiano (1910-1976).

Cahn, Sammy, compositor popular e de música incidental norte-americano (1913-1993).

Caillavet, Gaston Armand de, comediógrafo francês (1869-1915).

Caillebotte, Gustave, pintor e colecionador francês (1848-1894).

Caillois, Roger, ensaísta de cultura e tradutor francês (1913-1978).

Cairns, David, crítico musical inglês (1926).

Calado, Antônio, dramaturgo, romancista e cronista brasileiro (1917-1997).

Calcott, sir Augustus Wall, pintor inglês (1779-1844).

Caldara, Antonio, compositor erudito italiano, ativo na Áustria (1670?-1736).

RELAÇÃO ONOMÁSTICA DE AUTORES 709

Caldas Barbosa, Domingos, também dito Lereno, poeta e compositor popular brasileiro, ativo em Portugal (1738?-1800).

Caldas Júnior, Waltércio, escultor e artista gráfico brasileiro (1946).

Caldecott, Randolph, artista gráfico e aquarelista inglês (1846-1886).

Calder, Alexander, escultor e pintor norte-americano (1898-1976).

Calderón de la Barca, Pedro, poeta dramático espanhol (1600-1681).

Caldwell, Erskine Preston, romancista e folclorista norte-americano (1903-1987).

Calímaco (Kallimakhos), escultor e ourives grego (século V a.C.).

Calímaco (Kallimakhos), poeta, epigramista e gramático greco-alexandrino (310?-240 a.C.).

Calinescu, Gheorghe, romancista, historiador e ensaísta de literatura romeno (1899-1965).

Calinos de Éfeso, poeta elegíaco grego (século VII a.C.).

Calístrato, escritor grego (século III).

Callado, Antônio, romancista, dramaturgo e crítico brasileiro (1917-1997).

Callot, Jacques, gravador e desenhista francês (1592/3-1635).

Calvaert, Denys, pintor flamengo (1540-1619).

Calvert, Edward, pintor e gravador inglês (1799-1883).

Calvino, Italo, romancista e ensaísta de literatura italiano (1923-1985).

Calvocoressi, Michel Dimitri, crítico musical francês (1877-1944).

Calvos, André, poeta grego (1792-1867).

Câmara, D. João da (João Gonçalves Zarco da Câmara, dito), dramaturgo português (1852-1908).

Camargo, Iberê, pintor e gravador brasileiro (1914-1994).

Camargo, Joraci (Schafflor), radionovelista e dramaturgo brasileiro (1898-1973).

Camargo, Sérgio de, escultor brasileiro, com maior atuação na Argentina (1930-1990).

Camargo Guarnieri, Mozart, compositor erudito brasileiro (1907-1993).

Camargo Guarnieri, Rossini, poeta brasileiro (1914).

Cambert, Robert, compositor erudito francês (1628?-1677).

Cambiaso, Luca, pintor italiano (1527-1585).

Cambini, Giovanni, compositor erudito italiano (1746-1825).

Cameron, Julia M., fotógrafa inglesa (1815-1879).

Camillieri, Charles, compositor erudito e maestro maltês (1931).

Caminha, Adolfo (Ferreira), romancista, contista e crítico literário brasileiro (1867-1897).

Cammarano, Salvatore, libretista e poeta italiano (1801-1852).

Camões, Luís Vaz de, poeta e dramaturgo de autos português (1524?-1580).

Camoin, Charles, pintor francês (1879-1965).

Campagnola, Giulio, pintor e gravador italiano (1482-1518).

Campanella, Tommaso, filósofo italiano (1568-1639).

Campania, Pedro de (Picter Kempeneer, dito), pintor holandês ativo na Espanha (1503-1580).

Campelo, Glauco, arquiteto brasileiro (1934).

Camphuysen, Govert, pintor holandês (1623/4-1672).

Campi, família de pintores italiana: Galeazzo, o patriarca (1480?-1536?), e seus filhos Giulio (1502?-1572) e Antonio, também escultor e arquiteto (1530?-1591).

Campigli, Massimo, pintor italiano (1895-1971).

Campin, Robert, pintor flamengo (1378?-1444).

Campistron, Jean Galbert de, dramaturgo francês (1656-1725).

Campo, Estanislao del (escreveu com o pseudônimo de Anastasio el Pollo), poeta e satirista argentino (1834-1880).

Campoamor y Campoosorio, Ramón de, poeta, dramaturgo e político espanhol (1817-1901).

Campos, Augusto (Luís Browne) de, poeta, tradutor e crítico de literatura brasileiro, irmão de Haroldo (1931).

Campos, Erotides de, compositora popular e instrumentista brasileira (1896-1945).

Campos, Haroldo (Eurico Browne) de, poeta, tradutor, ensaísta e crítico de literatura brasilero, irmão de Augusto (1929-2003).

Campos, Narcisa Amália de, poetisa brasileira (1852-1924).

Campra, André, compositor erudito francês (1660-1744).

Camus, Albert, romancista, dramaturgo e crítico de cultura francês, de origem argelina (1913-1960).

Camus, Marcel, cineasta francês (1912-1982).

Canacos (Kanakhos), escultor grego (século VI a.C.).

Canaletto (Giovanni Antonio Canal, dito), pintor e gravador italiano (1697-1768).

Cancela, Arturo, contista argentino (1892-1956).

Candela, Felix, arquiteto mexicano de origem espanhola (1910).

Cândido, Antônio (Antônio Cândido de Melo e Sousa, dito), crítico e historiador de literatura brasileiro (1918).

Candilis, Georges, arquiteto russo radicado na França (1913).

Canetti, Elias, romancista, dramaturgo e ensaísta de cultura de origem judio-búlgara, radicado na Inglaterra (1905-1994).

Canguilhem, George, epistemólogo e médico francês (1904).

Canhoto da Paraíba (Francisco Soares de Araújo, dito), compositor popular e instrumentista brasileiro (1928).

Caniff, Milton, historiador de quadrinhos norte-americano (1907-1988).

Caninha (José Luís Morais, dito), compositor popular brasileiro (1883-1961).

Canino, Bruno, compositor erudito de vanguarda italiano (1935).

Cankar, Ivan, romancista e dramaturgo esloveno (1876-1918).

Cannabich, Johann Christian, compositor erudito e maestro alemão (1731-1798).

Cannabrava, Euryalo, filósofo brasileiro (1908-1978).

Cannon, Phillip, compositor erudito e maestro inglês (1929).

Cano, Alonso, escultor, pintor e arquiteto espanhol (1601-1667).

Canova, Antonio, escultor italiano (1757-1822).

Cansinos-Asséns, Rafael, crítico literário e tradutor espanhol (1883-1964).

Canth, Minna, dramaturga e romancista finlandesa (1844-1897).

Capa, Robert, fotógrafo norte-americano de origem húngara (1913-1954).

Capdevilla, Arturo, poeta argentino (1889-1966).

Capek, Josef, pintor, artista gráfico e *designer* tcheco, irmão de Karel (1887-1945).

Capek, Karel, contista, romancista e dramaturgo tcheco, irmão de Josef (1890-1938).

Capiba (Lourenço da Fonseca Barbosa, dito), compositor popular e instrumentista brasileiro (1904-1997).

Capiluli, Geminiano, compositor erudito italiano (1573-1616).

Caplet, André, compositor erudito e maestro francês (1878-1925).

Caporali, Cesare, poeta italiano (1531-1601).

Capote, Truman (Strekfus Persons, dito), romancista e novelista norte-americano (1924-1984).

Cappiello, Leonetto, pintor, desenhista gráfico e caricaturista italiano, ativo na França (1875-1942).

Capra, Frank, cineasta norte-americano de origem italiana (1897-1991).

Capuzzi, Giuseppe Antonio, compositor erudito italiano (1755-1818).

Cara, Marchetto, compositor erudito italiano (séculos XV e XVI).

Caracciolo, Giovanni Battista, pintor italiano (1578-1635).

Caragiale, Ion Luca, comediógrafo, novelista e encenador romeno (1852-1912).

Caran d'Ache (Emmanuel Poiré, dito), desenhista e ilustrador francês, nascido na Rússia (1859-1909).

Caravaggio (Michelangelo Merisi ou Merighi, dito), pintor italiano (1571-1610).

Carco, Francis (François Carpopino Tusoli, dito), poeta, romancista e biógrafo francês (1886-1958).

Cardew, Cornelius, compositor de vanguarda inglês (1936-1981).

Cardoso, Frei Manuel, compositor sacro português (1566-1650).

Cardoso, Lindenbergue, compositor erudito brasileiro (1939-1989).

Cardoso, Lúcio (Joaquim Lúcio Cardoso Filho, dito), romancista brasileiro (1912-1968).

Cardozo, Joaquim (Maria Moreira), poeta brasileiro (1897-1978).

Carducci, Giosué, poeta e ensaísta de cultura italiano (1835-1907).

Carducho, Vicente, pintor e crítico de arte espanhol (1576-1638).

Carey, Henry, compositor, poeta e dramaturgo inglês (1690?-1743).

Carillo y Sotomayor, Luís, poeta espanhol (1583-1610).

Carissimi, Giacomo, compositor erudito italiano (1605-1674).

Carlevaris, Luca, pintor italiano (1663-1730).

Carlson, Carolyn, coreógrafa norte-americana (1943).

Carlstedt, John Birger Jarl, pintor e *designer* finlandês (1907-1975).

Carlton, Nicholas, compositor erudito inglês (século XVI).

Carlton, Richard, compositor erudito inglês (1558?-1638?).

Carlu, Jacques, arquiteto francês (1890-1976).

Carlyle, Thomas, historiador e ensaísta de cultura escocês (1795-1881).

Carmichael, Hoagy (Hoagland Howard, dito), compositor popular e de música incidental norte-americano (1899-1981).

Carmontelle (Louis Carrogis, dito), pintor, gravador, decorador e comediógrafo francês (1717-1806).

Carnap, Rudolf, filósofo alemão naturalizado norte-americano (1891-1970).

Carné, Marcel, cineasta francês (1909-1996).

Carnéades, filósofo grego (215?-129? a.C.).

Caro, Annibale, poeta, tradutor e epistológrafo italiano (1507-1566).

Caro, sir Anthony, escultor britânico (1924).

Carolos-Duran (Charles Durand, dito), pintor francês (1838-1917).

Caron, Antoine, pintor e gravador francês (1520?-1600?).

Caroso, Marco Fabrizio, compositor erudito, mestre e tratadista de dança italiano (1530?-1606?).

Carossa, Hans, poeta e romancista alemão (1878-1956).

Carot, Jean-Baptiste Camile, pintor francês (1796-1875).

Carpaccio, Vittore, pintor italiano (1460?-1526?).

Carpeaux, Jean-Baptiste, pintor e escultor francês (1827-1875).

Carpeaux, Otto Maria (Otto Karpfen, dito), historiador e crítico de artes austro-brasileiro (1900-1978).

Carpelan (Bo Gustaf Bertelsson, dito), poeta finlandês de língua sueca (1926).

Carpenter, John Alden, compositor erudito norte-americano (1876-1951).

Carpentier, Alejo (Alejo Carpentier y Valmont, dito), romancista, musicólogo e crítico de cultura cubano (1904-1980).

Carr, Emily, pintora canadense (1871-1945).

Carrá, Carlo Dalmazzo, pintor e ensaísta de arte italiano (1881-1966).

Carracci, família de pintores e decoradores italiana: Annibale, o mais dotado (1560-1609), seu irmão Agostino (1557-1602) e o primo Ludovico (1555-1619).

Carranza, Eduardo, poeta colombiano (1913).

Carraro, Francisco, compositor de tango e regente argentino (1888-1964).

Carreño de Miranda, Juan, pintor espanhol (1614-1685).

Carrera Andrade, Jorge, poeta equatoriano (1903-1978).

Carriego, Evaristo, poeta argentino (1883-1912).

Carriera, Rosalba, retratista e miniaturista italiana (1675-1757).

Carrière, Eugène, pintor francês (1849-1906).

Carrilho, Altamiro (Aquino), compositor popular e flautista brasileiro (1924).

Carrilo, Julián, compositor erudito mexicano (1875-1965).

Carroll, Lewis (Charles Lutwidge Dodgson, dito), novelista, poeta e matemático inglês (1832-1898).

Cars, Guy des, romancista e dramaturgo francês (1911).

Carstens, Johan Asmus, pintor e teórico de artes dinamarquês (1754-1798).

Cartellier, Pierre, escultor e ourives francês (1757-1831).

Carter, Elliot, compositor erudito norte-americano (1908).

Cartier-Bresson, Henri, fotógrafo e cineasta francês (1908).

Cartola (Angenor de Oliveira, dito), compositor e cantor popular brasileiro (1908-1980).

Carulli, Fernando, compositor erudito italiano para violão (1770-1841).

Carvalho, Eleazar (Afonso Segundo) de, compositor erudito e maestro brasileiro (1915-1996).

Carvalho, Flávio de (Resende), pintor, escultor, arquiteto, crítico e dramaturgo brasileiro (1899-1973).

Carvalho, João de Souza, compositor erudito português (1745-1784).

Carvalho, José Cândido de, romancista, contista e cronista brasileiro (1914-1980).

Carvalho, Joubert de, compositor popular brasileiro (1900-1977).

Carvalho, Reginaldo, compositor erudito brasileiro (1932).

Carvalho, Ronald de, poeta, diplomata, crítico e historiador de literatura brasileiro (1893-1935).

Carvalho, Vicente (Augusto), poeta brasileiro (1866-1924).

Carvalho Ramos, Hugo, contista brasileiro (1895-1921).

Carvana, Hugo, ator e cineasta brasileiro (1937).

Carvão, Aluísio, pintor brasileiro (1918).

Carver, Raymond, contista norte-americano (1938-1988).

Cary, Arthur Joyce, romancista inglês (1888-1957).

Carybé (Héctor Julio Páride Bernabó, dito), pintor e desenhista brasileiro, de origem argentina (1911-1997).

Casadesus, família francesa de compositores eruditos: Francis (1870-1954) e seu sobrinho Robert Marcel (1899-1972).

Casali, Giovanni Battista, compositor erudito italiano (1715-1792).

Casals, Pablo (ou Pau), compositor erudito, maestro e violoncelista catalão (1876-1973).

Casanova de Seingalt, Giovanni Giacomo, aventureiro e memorialista italiano, de expressão francesa (1725-1798).

Casavola, Franco, compositor erudito italiano (1891-1955).

Cascata, J. (Álvaro Nunes, dito), compositor popular brasileiro (1912-1961).

Cascudo, Luís da Câmara, folclorista, ensaísta de cultura popular e dicionarista brasileiro (1898-1986).

Casella, Alfredo, compositor erudito e maestro italiano (1883-1947).

Casiolini, Claudio, compositor sacro italiano (1670-?).

Casken, John, compositor erudito inglês (1949).

Cassadó, Gaspar, compositor erudito e violoncelista catalão (1897-1966).

Cassandre (Adolphe Jean-Marie Mouron, dito), pintor, desenhista gráfico e cenógrafo francês (1901-1968).

Cassat, Mary, pintora e gravadora norte-americana (1844-1926).

Cassavetes, John, cineasta e ator norte-americano (1929-1989).

Cassiodoro (Magnus Aurelius Cassiodorus), cronista, teólogo, tratadista de artes e político latino (480?-575?).

Cassirer, Ernst, filósofo alemão (1874-1945).

Cassou, Jean, romancista e ensaísta de arte francês (1897-1986).

Castagneto, Giovanni Battista, pintor ítalo-brasileiro (1862-1900).

Castelnuovo, Elías, contista e novelista argentino (1893-1982).

Castelnuovo-Tedesco, Mario, compositor erudito italiano (1895-1968).

Castelo Branco, Camilo (Ferreira Botelho), romancista, dramaturgo e crítico literário português (1825-1890).

Casti, Giovanni Battista, poeta cômico (novelista e fabulista) italiano (1724-1803).

Castiglione, Achille, arquiteto e *designer* italiano (1918).

Castiglione, Giovanni Benedetto, pintor e gravurista italiano (1610?-1665).

Castiglioni, Niccolò, compositor erudito italiano, radicado nos Estados Unidos (1932).

Castilho, Antônio Feliciano de, poeta, tradutor e jornalista português (1800-1875).

Castoriadis, Cornelius, filósofo grego radicado na França (1922).

Castro, Alberto Osório de, poeta português (1868-1946).

Castro, Amílcar de, escultor brasileiro (1920-2002).

Castro, Augusto de, dramaturgo e jornalista brasileiro (1883-1896).

Castro, Consuelo de, dramaturga brasileira (1946).

Castro, Ênio de Freitas e, compositor erudito e musicólogo brasileiro (1911-1975).

Castro, Ernesto, romancista argentino (1920).

Castro, família de compositores eruditos e regentes argentinos: os irmãos José María (1892-1964), Juan José (1895-1968) e Washington (1909).

Castro, Fernanda de (Maria Fernanda Teles de Castro Quadros, dita), poetisa e romancista portuguesa (1900).

Castro, Gabriel Pereira de, poeta épico português (1571-1632).

Castro, João de, poeta e romancista português (1871-1955).

Castro, Joaquim Machado de, escultor português (1731-1822).

Castro, José Maria, compositor erudito e regente argentino (1892-1964).

Castro, (José Maria) Ferreira de, romancista e ensaísta português (1898-1974).

Castro, Luís Paiva de, poeta brasileiro (1932).

Castro, Rosalia de, poetisa galega (1837-1885).

Castro, Sílvio, poeta, romancista e crítico literário brasileiro (1931).

Castro, Willys de, pintor, artista plástico e *designer* brasileiro (1920-1988).

Castro Alves, Antônio Frederico de, poeta brasileiro (1847-1871).

Castro e Almeida, Eugênio de, poeta português (1869-1944).

Castro Neves, Oscar, compositor popular, arranjador e instrumentista brasileiro (1940).

Castro y Bellvis, Guillén de, dramaturgo espanhol (1569-1631).

Catalani, Alfredo, compositor de óperas italiano (1854-1893).

Catão (Marcus Porcius Cato), historiador, epistológrafo e político romano (243-149 a.C.).

Catena, Vincenzo, pintor italiano (1480-1531).

Catlin, George, pintor e escritor norte-americano (1796-1872).

Cattermole, George, aquarelista e ilustrador inglês (1800-1868).

Catulo (Caius Valerius Catulus), poeta latino (77?-54? a.C).

Catunda, Eunice, compositora erudita brasileira (1915-1990).

Catunda, Leda, artista plástica brasileira (1961).

Caulfield, Patrick, pintor britânico (1936).

Caulos (Luís Carlos Coutinho, dito), cartunista e artista gráfico brasileiro (1944).

Caurroy, François Eustache de, compositor erudito francês (1549-1609).

Causton, Thomas, compositor erudito inglês (?-1569).

Cauvet, Gilles Paul, escultor e projetista de móveis francês (1731-1788).

Cavalcanti, Alberto, cineasta e documentarista brasileiro, também ativo na Europa (1897-1982).

Cavalcanti, Andrea, romancista italiano (1610-1673).

Cavalcanti, Guido, poeta italiano (1255?-1300).

Cavalieri, Emilio di, compositor erudito italiano (1550?-1602).

Cavalli, Pier Francesco, compositor italiano de óperas (1602-1676).

Cavallini, Pietro, pintor e desenhista de mosaicos italiano (séculos XIII-XIV).

Cavallino, Bernardo, pintor italiano (1616-1656).

Cavani, Liliana, cineasta e diretora de óperas italiana (1938).

Cavaquinho, Nelson (Nelson Antônio da Silva, dito), compositor e cantor popular brasileiro (1910-1986).

Cavendish, Michael, compositor erudito inglês (1565?-1628).

Cayatte, André, cineasta francês (1909-1989).

Caymmi, Dorival, compositor e cantor popular brasileiro (1914).

Cazden, Norman, compositor erudito norte-americano (1914-1980).

Cazzati, Maurizio, compositor erudito italiano (1620?-1677).

Cearense, Catulo da Paixão, poeta, compositor e cantor popular brasileiro (1866-1946).

Ceccheti, Enrico, bailarino, mestre de balé e coreógrafo italiano, também ativo na Rússia (1850-1928).

Cecchi, Carlo, ator e encenador italiano (1939).

Cecchi, Emilio, crítico de cultura e cronista italiano (1884-1966).

Cecchi, Giammaria, comediógrafo italiano (1518-1587).

Cecílio (Caecilius Statius), comediógrafo latino (séculos III e II a.C.).

Cefisódoto, escultor grego (século IV a.C.).

Cego Aderaldo, cantador popular e repentista brasileiro (1882-1967).

Cela, Camilo José, romancista, contista e ensaísta de cultura galego (1916-2002).

Celakovsky, Frantisek Ladislav, poeta tcheco (1799-1852).

Celan, Paul, poeta austríaco de origem judaico-romena (1920-1970).

Celi, Adolfo, ator, encenador e cineasta italiano, também ativo no Brasil (1922-1986).

Celibidache, Sergiu, compositor erudito romeno (1912).

Céline (Louis Ferdinand Destouches, dito), romancista francês (1894-1961).

Cellini, Benvenuto, escultor e ourives italiano (1500-1571).

Cendrars, Blaise (Frédéric Sauser, dito), poeta, romancista e memorialista suíço, naturalizado francês (1887-1961).

Cennini, Cennino, pintor italiano (1370-1440).

Cerha, Friedrich, compositor erudito austríaco (1926).

Cernuda, Luís, poeta espanhol (1902-1963).

Ceroli, Mario, escultor e cenógrafo italiano (1938).

Cerquozzi, Michelangelo, pintor italiano (1602-1660).

Certon, Pierre, compositor erudito francês (1510?-1572).

Cervantes Saavedra, Miguel de, novelista, romancista e dramaturgo espanhol (1547-1616).

Césaire, Aimé, poeta, dramaturgo e político martinicano, de língua francesa (1913).

César (César Baldaccini, dito), escultor francês (1921).

César, Amândio, poeta e ensaísta de literatura português (1921).

César, Ana Cristina, poetisa brasileira (1952-1983).

Cesare da Sesto, pintor italiano (1477-1523).

Cesarec, August, poeta, romancista e dramaturgo croata (1893-1941).

Cesari, Giuseppe (Cavaliere d'Arpino), pintor italiano (1568-1640).

Ceschiatti, Alfredo, escultor brasileiro (1918-1989).

Céspedes, Augusto, contista e romancista boliviano (1909).

Céspedes y Meneses, Gonzalo de, poeta e romancista espanhol (1585?-1638).

Cesti, Pietro Antonio, compositor erudito italiano (1623-1669).

Cézanne, Paul, pintor francês (1839-1906).

Chabrier, Emmanuel, compositor erudito francês (1841-1894).

Chabrol, Claude, cineasta francês (1930).

Chadwick, George, compositor erudito e organista norte-americano (1854-1931).

Chadwick, Lynn, escultor inglês (1914).

Chagall, Marc, pintor e *designer* russo, naturalizado francês (1887-1985).

Chagrin, Francis (Alexander Paucker, dito), compositor erudito e de música incidental romeno, atuante na Inglaterra (1905-1972).

Chalgrin, Jean-François, arquiteto e decorador francês (1739-1811).

Chambas, Jean-Paul, cenógrafo francês (1947).

Chamberlayne, William, poeta inglês (1619-1689).

Chambonnières, Jacques Champion de, compositor erudito e cravista francês (1602-1672).

Chamie, Mário, poeta e crítico literário brasileiro (1933).

Chaminade, Cécile, compositora erudita e pianista francesa (1857-1944).

Champaigne, Phillippe de, pintor flamengo (1602-1674).

Champfleury (Jules François Husson, dito), romancista francês (1821-1869).

Chantrey, sir Francis, escultor inglês (1781-1841).

Chapelin, Jean, poeta francês (1595-1674).

Chapelin-Midy, Roger, pintor e cenógrafo francês (1904-1992).

Chapí y Lorente, Ruperto, compositor erudito espanhol (1815-1909).

Chaplin, Charlie (Charles Spencer, dito), comediante, cineasta e compositor popular inglês, ativo nos Estados Unidos (1889-1977).

Chapman, George, poeta dramático e tradutor inglês (1559-1634).

Chaporin, Iúri, compositor erudito russo (1887-1966).

Chapple, Brian, compositor erudito inglês (1945).

Char, René, poeta francês (1907-1988).

Chardin, Jean-Baptiste-Siméon, pintor francês (1699-1779).

Chardonne, Jacques (Jacques Boutelleau, dito), romancista e ensaísta francês (1884-1968).

Chareau, Pierre, arquiteto e decorador francês (1883-1950).

Charonton (ou Quarton), Enguerrand, pintor francês (1410-1466).

Charpentier, Gustave, compositor erudito francês (1860-1956).

Charpentier, Marc-Antoine, compositor erudito francês (1635?-1704).

Charron, Pierre, filósofo e teólogo francês (1541-1603).

Chase, William Merritt, pintor norte-americano (1849-1916).

Chassériau, Théodore, pintor francês (1819-1856).

Chateaubriand, François-René de, romancista francês (1768-1848).

Chatterton, Thomas, poeta inglês (1752-1770).

Chaucer, Geoffrey, poeta narrativo e tradutor inglês (1340?-1400).

Chaudet, Denis Antoine, escultor francês (1763-1810).

Chauí, Marilena, filósofa brasileira (1941).

Chausson, Ernst, compositor erudito francês (1855-1899).

Chaval (Yvan Le Louarn, dito), desenhista de humor francês (1915-1968).

Chávez, Carlos, compositor erudito e maestro mexicano (1899-1976).

Chayefsky, Paddy (Sidney Aaron, dito), dramaturgo, romancista, contista e roteirista norte-americano (1923-1981).

Chebalin, Vissárion, compositor erudito russo (1902-1963).

Cheere, sir Henry, escultor inglês (1703-1781).

Cheever, John, contista e romancista norte-americano (1912-1982).

Chemin-Petit, Hans, compositor erudito alemão (1902-1981).

Chéreau, Patrice, encenador e cineasta francês (1944).

Chermayeff, Serge, arquiteto russo radicado nos Estados Unidos (1900-1996).

Cherubini, Luigi, compositor erudito italiano (1760-1842).

Chesterton, Gilbert Keith, poeta, romancista e ensaísta inglês (1874-1936).

Chevreuille, Raymond, compositor erudito belga (1901-1976).

Chia, Sandro, pintor italiano (1946).

Chiabrera, Gabriello, poeta italiano (1552-1637).

Chiattone, Mario, arquiteto italiano (1891-1957).

Chifrine, Nisson, cenógrafo russo (1892-1961).

Chihuli, Dale, vidreiro norte-americano (1941).

Child, William, compositor erudito inglês (1606-1697).

Childs, Lucinda, coreógrafa norte-americana (1940).

Chinnery, George, pintor inglês (1774-1852).

Chisholm, Erik, compositor erudito escocês (1904-1965).

Chodowiecki, Daniel Nikolaus, pintor e ilustrador germano-polonês (1726-1801).

Chomsky, Noam, filósofo, lingüista e crítico de cultura norte-americano (1928).

Chopin, Frédéric (ou Fryderyk), compositor erudito polonês (1810-1849).

Chorley, Henry Fothergill, libretista e crítico de música inglês (1808-1872).

Chostakóvitch, Dmítri Dmítriev, compositor erudito russo (1906-1975).

Chrétien de Troyes, poeta narrativo francês (1135?-1183?).

Christian-Jaque (Christian Maudet, dito), cineasta francês (1904-1994).

Christiansen, Sigurd, romancista norueguês (1891-1947).

Christie, Agatha (Mary Clarissa Miller, dita), romancista inglesa (1891-1976).

Christmas, Gerard (ou Garret), escultor inglês (?-1633).

Christo (Christo Javacheff, dito), escultor, artista plástico e *designer* búlgaro (1935).

Christou, Jani, compositor erudito de vanguarda grego (1926-1970).

Christus, Petrus, pintor holandês (1472-1473).

Chubin, Fiódor Ivánovitch, escultor russo (1740-1805).

Chueca, Federico, compositor erudito espanhol (1846-1908).

Church, Frederick Edwin, pintor norte-americano (1826-1900).

Church, John, compositor erudito inglês (1675-1741).

Churriguera, família de arquitetos, escultores e decoradores espanhola: os irmãos José Benito (1665-1725), Joaquín (1674?-1724) e Alberto (1676-1750?).

Ciaia, Azzolino Bernardino della, compositor erudito italiano (1671-1755).

Ciampi, Legrenzio Vicenzo, compositor erudito italiano (1719-1762).

Cibber, Caius Gabriel, escultor dinamarquês (1630-1700).

Cibber, Colley, comediógrafo e ator inglês (1671-1757).

Cícero (Marcus Tullius Cicero), filósofo, orador e epistológrafo romano (106-63 a.C.).

Ciconia, Johannes, compositor erudito flamengo, ativo na Itália (1373?-1412).

Cifra, Antonio, compositor erudito italiano (1575-1629).

Cignani, Carlo, pintor italiano (1628-1719).

Cignarolli, Giambettino, pintor italiano (1706-1770).

Cigoli, il (Ludovico Cardi, dito), pintor, arquiteto e poeta italiano (1559-1613).

Cilea, Francesco, compositor erudito italiano (1866-1960).

Ciller, Josef, cenógrafo eslovaco (1942).

Cima da Conegliano (Giovanni Battista Cima, dito), pintor italiano (1459?-1517?).

RELAÇÃO ONOMÁSTICA DE AUTORES | 713

Cimabue (Cenni di Peppi, dito), pintor italiano (1240-1302).

Cimarosa, Domenico, compositor erudito italiano (1749-1801).

Cimon de Cleonas, pintor grego (Século VI a.C.).

Cino da Pistoia (Guittoncino de Sighibuldi, dito), poeta e jurista italiano (1270?-1337).

Cioran, Emile Michel, filósofo romeno de expressão francesa (1911).

Cipriani, Giovanni Battista, pintor e *designer* italiano (1727-1785).

Cipriano, São (Thascius Caecilius Cyprianus), Padre da Igreja, teólogo e epistológrafo latino (200?-258).

Claesz, Pieter, pintor holandês (1597?-1660).

Clair, Janete (Janete Emmer Dias Gomes, dita), radio e telenovelista brasileira (1925-1983).

Clair, René (René Lucien Chomette, dito), cineasta francês (1898-1981).

Clark, Lygia, escultora e pintora brasileira (1921-1988).

Clarke, Geoffrey, escultor britânico (1924).

Clarke, Jeremiah, compositor erudito inglês (1670?-1707).

Clarke, Rebecca, compositora erudita inglesa (1886-1979).

Claudel, Paul, poeta e dramaturgo francês (1868-1955).

Claudiano (Claudius Claudianus), poeta e dramaturgo latino de origem grega (séculos III e IV).

Claus, Hugo, dramaturgo, romancista, poeta, libretista e encenador belga (1926).

Clausen, sir George, pintor inglês (1852-1944).

Clayton, Jack, cineasta inglês (1921-1995).

Clemens, Jacob (Jacques Clement), compositor erudito flamengo (1510?-1556).

Clément, René, cineasta francês (1913).

Clemente, Francesco, pintor italiano (1952).

Clementi, Muzio, compositor erudito inglês, de origem italiana (1752-1832).

Clérambault, Louis Nicolas, compositor erudito francês (1676-1749).

Clerck, Hendrik de, pintor flamengo (1570-1630).

Clerici, Fabrizio, pintor e cenógrafo italiano (1913).

Clerico, Francesco, bailarino, coreógrafo e compositor para balé italiano (1755?-1840).

Clodion (Claude-Michel, dito), escultor francês (1738-1814).

Close, Chuck, pintor norte-americano (1940).

Clouet, família de pintores franco-flamengos: Jan, o pai (1420?-?), Jean, filho (1475?-1540) e François, o neto, já nascido em França (1510?-1572).

Clouzot, Henri-Georges, cineasta francês (1907-1977).

Clovio, Giulio, pintor e iluminador italiano (1498-1578).

Clustine, Ivan, bailarino, coreógrafo e mestre de dança russo (1862-1941).

Coates, Albert, compositor erudito e maestro russo, de família inglesa (1882-1958).

Coates, Eric, compositor erudito inglês (1886-1957).

Coates, Wells Wintemut, arquiteto inglês (1895-1958).

Cobain, Kurt, compositor popular norte-americano (1967-1994).

Cobián, Juan Carlos, compositor de tango, regente e pianista argentino (1896-1953).

Cochin, Charles-Nicolas, o Moço, gravador francês (1715-1790).

Cock, família de pintores holandesa: Jan, pai, e os filhos Matthys e Hieronimus (século XVI).

Cocteau, Jean, poeta, romancista, pintor e cineasta francês (1889-1963).

Codde, Pieter, pintor holandês (1599-1678).

Coecke van Aelst, Pieter, arquiteto, pintor, escultor e impressor holandês (1502-1550).

Coelho, Antonio, dramaturgo espanhol (1611-1682).

Coelho, Manuel Rodrigues, compositor erudito português (1583-1635).

Coelho, Ruy, compositor erudito, maestro e crítico português (1892-1986).

Coelho da Silveira, Bento, pintor português (1620-1708).

Coelho de Souza, Paulo, romancista e letrista de música popular brasileiro (1947).

Coelho Neto, Henrique Maximiniano, romancista, contista, dramaturgo e cronista brasileiro (1864-1934).

Coelho Neto, Marcos, compositor erudito brasileiro (1740-1806).

Coello, Claudio, pintor espanhol (1642-1693).

Coen, roteiristas e cineastas irmãos norte-americanos: Joel (1954) e Ethan (1957).

Cohan, Robert, bailarino e coreógrafo norte-americano (1925).

Coldstream, sir William, pintor inglês (1908-1987).

Cole, Thomas, pintor norte-americano (1801-1848).

Coleman, Ornette, compositor de *jazz* e saxofonista norte-americano (1930).

Coleridge, Samuel Taylor, poeta e ensaísta inglês (1772-1834).

Coleridge-Taylor, Samuel, compositor erudito inglês (1875-1912).

Colgrass, Michael, compositor de vanguarda e percussionista norte-americano (1932).

Colla, Ettore, escultor e impressor italiano (1899-1968).

Collins, William, pintor inglês, pai de Wilkie (1788-1847).

Collins, William, poeta inglês (1721-1759).

Collins, William Wilkie, romancista inglês, filho do pintor William (1824-1889).

Collinson, James, pintor inglês (1825-1881).

Colombe, Michel, escultor francês (1430?-1512?).

Colombo, Joe Cesare, pintor, escultor e *designer* italiano (1930-1971).

Colona, Giovanni Paolo, compositor erudito italiano (1637-1695).

Colonello, Attilio, pintor e cenógrafo italiano (1930).

Colonna, Vittoria, poetisa e epistológrafa italiana (1492-1547).

Colquhoun, Robert, pintor, artista gráfico e *designer* inglês (1914-1962).

Colt (ou Coulte), Maximilian, escultor francês (?-1646?).

Coltelacci, Giulio, pintor e cenógrafo italiano (1916-1983).

Colville, Alexander, pintor canadense (1920).

Comodiano (Commodianus), poeta cristão (séculos IV e V).

Compère, Loyset, compositor erudito flamengo (1450?-1518).

Compton-Burnett, Ivy, romancista inglês (1892-1969).

Comte, Auguste, filósofo francês (1798-1857).

Conan, Laure (Félicité Angers, dita), romancista canadense (1845-1924).

Conca, Sebastiano, pintor italiano (1680-1764).

Conder, Charles, pintor inglês (1868-1909).

Condillac, Etienne Bonnot de, filósofo e enciclopedista francês (1715-1780).

Condivi, Ascanio, pintor, escultor e biógrafo italiano (século XVI).

Condorcet, Marie-Jean-Antoine Nicolas de Caritat, marquês de, filósofo francês (1743-1794).

Coninxloo, Gillis van, pintor flamengo (1544-1607).

Connoly, Justin, compositor erudito inglês (1933).

Conrad, Joseph (Teodor Josef Konrad Korzeniowski, dito), romancista inglês de origem polonesa (1857-1924).

Conradi, August, compositor erudito alemão (1821-1873).

Constable, John, pintor inglês (1776-1837).

Constant, Marius, compositor erudito franco-romeno (1925).

Contreras, Francisco, poeta e ensaísta de literatura chileno (1877-1933).

Converse, Frederick Shepherd, compositor erudito norte-americano (1871-1940).

Cony, Carlos Heitor, romancista, contista e cronista brasileiro (1926).

Cooper, James Fenimore, romancista norte-americano (1789-1851).

Cooper, Samuel e Alexander, irmãos miniaturistas ingleses (século XVII).

Coorte, Adriaen, pintor holandês (séculos XVII-XVIII).

Copeau, Jacques, encenador e ator francês (1879-1949).

Copland, Aaron, compositor erudito, maestro e ensaísta norte-americano (1900-1990).

Copley, John Singleton, pintor norte-americano (1738-1815).

Coppo di Marcovaldo, pintor italiano (século XIII).

Coppola, Francis Ford, roteirista e cineasta norte-americano (1939).

Coprario, Giovanni (John Cooper), compositor erudito inglês (1575?-1626).

Coques, Gonzales, pintor flamengo (século XVII).

Coralli, Jean, bailarino e coreógrafo francês (1779-1854).

Corção Braga, Gustavo, ensaísta de cultura e romancista brasileiro (1896-1978).

Cordeiro, Waldemar, pintor ítalo-brasileiro (1925-1973).

Cordier, Charles, escultor francês (1927-1905).

Corelli, Arcangelo, compositor e violinista italiano (1623-1713).

Corfini, Jacopo, compositor erudito italiano (1540-1591).

Corinth, Lovis, pintor e artista gráfico alemão (1858-1925).

Corman, Roger, cineasta norte-americano (1926).

Cormon, Fernand (Fernand-Anne Piestre, dito), pintor francês (1845-1924).

Cornago, Johannes, compositor erudito espanhol (segunda metade do séc. XV).

Cornazano, Antonio, teórico e mestre de balé italiano (1430?-1484).

Corneille (Cornelis van Berverloo), pintor belga (1922).

Corneille, Pierre, poeta dramático francês (1606-1684).

Corneille de Lyon, pintor holandês (século XVI).

Cornélio Nepos (Cornelius Nepos), poeta e cronista romano (século I a.C.).

Cornelisz van Haarlem, pintor holandês (1562-1638).

Cornelisz van Oostsanen, Jacob, pintor e *designer* holandês (1470-1533).

Cornelius, Peter von, pintor alemão (1783-1867).

Cornelius, Peter, compositor erudito alemão (1824-1874).

Cornell, Joseph, escultor norte-americano (1903-1973).

Cornysh, William, compositor erudito inglês (1465?-1523).

Corona, Eduardo, arquiteto brasileiro (1921).

Coronel Urtecho, José, poeta nicaragüense (1906-1994).

Correa Lima, Attilio, arquiteto e urbanista brasileiro (1901-1943).

Correggio, il (Antonio Allegri, dito), pintor italiano (1489-1534).

Correia, Henrique Alvim, pintor e gravador brasileiro (1876-1910).

Correia, Natália de Oliveira, poetisa, romancista e política portuguesa (1923-1993).

Correia, Raimundo (da Mota Azevedo), poeta brasileiro (1859-1914).

Correia, Romeu Henrique, poeta, contista e dramaturgo português (1917).

Correia, Viriato (Manuel Viriato Correia Baima Filho, dito), cronista, contista infantil, romancista e dramaturgo brasileiro (1884-1967).

Correia Garção, Pedro Antônio, poeta português (1724-1772).

Cortázar, Julio, contista e romancista argentino, naturalizado francês (1914-1984).

Cortese, Giulio Cesare, poeta italiano (1571-1627).

Cortona, Pietro da (Pietro Berrettini, dito), pintor, arquiteto, decorador e projetista italiano (1596-1669).

Corvus, Joannes (Jehan Raf ou John Raven), pintor belga (século XVI).

Cory, William Johnson, poeta inglês (1823-1892).

Cosma, Edgar, compositor erudito e maestro romeno (1925).

Cossa, Francesco del, pintor italiano (1435-1477).

Costa (Giovangigli), Orazio, encenador italiano (1911).

Costa, Cláudio Manoel da, poeta brasileiro (1729-1789).

Costa, João Batista da, pintor brasileiro (1865-1926).

Costa, João Zeferino da, pintor brasileiro (1840-1915).

Costa, Lorenzo, pintor italiano (1460-1535).

Costa, Lúcio, arquiteto, urbanista e ensaísta de arquitetura brasileiro (1902-1998).

Costa, Nino (Giovanni Costa, dito), pintor e escritor italiano (1826-1893).

Costa e Silva, José da, arquiteto português (1714-1819).

Costa Filho, Odilo, poeta, novelista e ensaísta de literatura brasileiro (1914-1979).

Costa Gravas, Constantin, cineasta grego (1933).

Costeley, Guillaume, compositor francês de música erudita e de *chansons* (1531-1606).

Costner, Kevin, ator e cineasta norte-americano (1955).

Cosway, Richard, miniaturista inglês (1742-1821).

Cotes, Francis, retratista inglês (1726-1770).

Cotman, John Sell, pintor e gravador inglês (1782-1842).

Cotrim, Lupe (Maria José Cotrim Garaude Gianetti, dita) poetisa brasileira (1933-1970).

Cotte, Robert de, arquiteto e decorador francês (1656-1735).

Couperin, família de compositores eruditos, cravistas e organistas francesa: Louis, o mais velho (1626-1661), o irmão Charles (1638-1679) e seu filho, o mais famoso, François, dito o Grande (1668-1733).

Courbet, Gustave, pintor, litógrafo e desenhista francês (1819-1877).

Courteline, Georges (Georges Moinaux, dito), romancista e comediógrafo francês (1858-1929).

Courtois, irmãos pintores franceses: Jacques (1621-1676) e Guillaume (1628-1679).

Courtonne, Jean, arquiteto francês (1671-1739).

Cousin, Jean, o Velho, pintor, gravador e projetista francês (1490?-1560?).

Coustou, Guillaume, escultor francês (1677-1746).

Coutinho, Afrânio (dos Santos), historiador e crítico literário brasileiro (1911).

Coutinho, Edilberto, contista e crítico literário brasileiro (1933-1996).

Coutinho, Eduardo de Oliveira, documentarista e roteirista de cinema brasileiro (1933).

Couto, Diogo do, cronista português (1542-1616).

Couto, Mateus do, arquiteto português (?-1696?).

Couture, Thomas, retratista e pintor francês (1815-1879).

Couturier, Robert, escultor francês (1905).

Covarrubias, Alonso de, arquiteto e decorador espanhol (1488-1570).

Coward, sir Noel, dramaturgo, ator e compositor de musicais inglês (1899-1973).

Cowell, Henry Dixon, compositor erudito de vanguarda e ensaísta norte-americano (1897-1965).

Cowen, sir Frederic, compositor erudito inglês (1852-1935).

Cowie, Edward, compositor erudito inglês (1943).

Cowley, Abraham, poeta, dramaturgo e ensaísta inglês (1618-1667).

Cowper, William, poeta inglês (1731-1800).

Cox, David, pintor inglês (1783-1859).

Coypel, família de pintores francesa: Noël, o pai (1628-1707); Antoine, filho, o mais destacado (1661-1722), Noël-Nicolas, filho (1690-1734) e Charles-Antoine, neto, filho de Antoine, e também projetista de tapeçarias (1694-1752).

Coysevox, Antoine, escultor e decorador francês (1640-1720).

Cozens, Alexander, desenhista inglês (1717-1786).

Cozzarelli, Giacomo, arquiteto e escultor italiano (1453-1515).

Crabbe, George, poeta inglês (1754-1832).

Crabeth, irmãos vitralistas holandeses: Dirk e Wouter (século XVI).

Craig, Edward Gordon, encenador, cenógrafo e ensaísta de teatro inglês (1872-1966).

Cranach, família alemã de pintores e gravadores: Lucas, o Velho (1472-1553) e seu filho Lucas, o Jovem (1515-1586).

Crane, Hart (Harold Crane, dito), poeta norte-americano (1889-1932).

Crane, Stephen, romancista e contista norte-americano (1871-1900).

Crane, Walter, ilustrador e *designer* inglês (1845-1915).

Cranko, John, coreógrafo inglês de origem alemã (1927-1973).

Crantor, filósofo grego (século IV a.C.).

Crashaw, Richard, poeta inglês (1613-1649).

Crates, poeta cômico e ator grego (século V. a.C.).

Crátilo, filósofo grego (século V a.C.).

Cratino(s), poeta-comediógrafo grego (século V a.C.).

Cravo Júnior, Mário, escultor e gravador brasileiro, pai de Cravo Neto (1923).

Cravo Neto, Mário, artista plástico e fotógrafo brasileiro, filho de Cravo Júnior (1947).

Crawford, Thomas, escultor norte-americano (1814-1857).

Creanga, Ion, contista e novelista romeno (1837-1889).

Crébillon fils (Claude Jolyot de Crébillon, dito), romancista francês (1707-1777).

Crébillon père (Prosper Jolyot de Crébillon, dito), poeta trágico francês (1674-1762).

Crecquillon, Thomas, compositor erudito flamengo (1490?-1551).

Credi, Lorenzo di, pintor italiano (1458-1537).

Crémazie, Octave, poeta, cronista e epistológrafo canadense, exilado na França (1827-1879).

Cremona, Tranquillo, pintor italiano (1837-1878).

Crepax, Guido, desenhista e quadrinhista italiano (1933).

Crespi, Daniele, pintor italiano (1598-1630).

Crespi, Giovanni Battista, pintor, escultor, gravador, arquiteto e ensaísta italiano (1575-1632).

Crespi, Giuseppe Maria, pintor italiano (1665-1747).

Cressent, Charles, escultor e ebanista francês (1685-1768).

Creuz, Serge, cenógrafo belga (1924).

Crichton, Charles, cineasta inglês (1910).

Crichton, Michael, romancista, roteirista e cineasta norte-americano (1942).

Crisipo, filósofo grego (280?-205? a.C.).

Critz, John de, pintor britânico (?-1642).

Crivelli, Carlo, pintor italiano (século XV).

Croce, Benedetto, filósofo e ensaísta de estética italiano (1866-1952).

Croft, William, compositor erudito inglês (1678-1727).

Crome, John, gravador e paisagista inglês (1768-1821).

Cromwell, John, cineasta norte-americano (1888-1979).

Cronaca, il (Simone del Pollaiolo, dito), arquiteto italiano (1457-1508).

Cronenberg, David, roteirista e cineasta canadense (1943).

Cronin, Archibald Joseph, romancista inglês (1896-1981).

Cros, Charles, poeta e inventor francês (1842-1888).

Crosato, Giambattista, pintor e decorador italiano (1686-1758).

Cross, Henri (Henri Edmond Delacroix, dito), pintor francês (1856-1910).

Crosse, Gordon, compositor erudito inglês (1937).

Cruikshand, George, pintor, ilustrador e caricaturista inglês (1792-1878).

Crumb, George, compositor erudito norte-americano (1929).

Crumb, Robert, desenhista e autor de histórias em quadrinhos norte-americano (1943).

Cruz, Agostinho da, compositor erudito português (1590?-1633?).

Cruz, Ivo, compositor erudito e regente português (1901-1992).

Cruz, Omar Rodrigues, encenador brasileiro (1926).

Cruz, San Juan de la (Juan de Yepes y Álvarez, dito), poeta sacro espanhol (1542-1591).

Cruz, Sóror Juana Inés de la (Juana Inés de Asbade, dita), poetisa e dramaturga sacra mexicana (1651-1695).

Cruz, Tomás Vieira da, poeta angolano (1900-1960).

Cruz, Ulisses, encenador brasileiro (1955).

Cruz, Viriato Clemente da, poeta angolano (1928-1973).

Cruz Costa, João, filósofo e historiador de filosofia brasileiro (1904-1978).

Cruz-Diez, Carlos, pintor e artista cinético venezuelano, ativo na França (1923).

Cruz e Sousa, João da, poeta brasileiro (1861-1898).

Csiky, Gergely, dramaturgo húngaro (1842-1891).

Csokonai Vitéz, Mihály, poeta húngaro (1773-1885).

Csokor, Franz Theodor, dramaturgo austríaco (1885-1969).

Cuadra, Pablo António, poeta nicaragüense (1912).

Cucchi, Enzo, pintor italiano (1950).

Cuéllar, Jerónimo de, dramaturgo espanhol (1608?-1666?).

Cuesta, Jorge, poeta mexicano (1903-1942).

Cueva, Juan de la, poeta dramático espanhol (1550?-1610).

Cuevas, José Luís, pintor e artista gráfico mexicano (1934).

Cui, Cesar (Tsezar Antónovitch Kyui, dito), compositor erudito russo (1835-1918).

Cukor, George, cineasta norte-americano (1899-1983).

Cullberg, Birgit Ranghild, bailarina e coreógrafa sueca (1908).

Cullen, Countee, poeta e romancista norte-americano (1903-1946).

Cullen, Maurice, pintor canadense (1866-1934).

cummings, e. e. (Edward Estlin Cummings, dito), poeta norte-americano (1894-1962).

Cunha, António Cândido da, pintor português (1876-1926).

Cunha, Brasílio Itiberê da, compositor erudito brasileiro (1846-1913).

Cunha, Celso Ferreira da, filólogo e lingüista brasileiro (1917-1989).

Cunha, Conceição (Maria Conceição Oliveira da Cunha, dita), poetisa brasileira (1928).

Cunha, Euclides (Rodrigues Pimenta) da, cronista e jornalista brasileiro (1866-1909).

Cunha, Fernando Whitaker da, poeta brasileiro (1930).

Cunha, José Quintino da, contista e romancista brasileiro (1875-1943).

Cunha, Tristão da (José Maria Tristão Leitão da Cunha Filho, dito), poeta, contista e jornalista brasileiro (1878-1942).

Cunningham, Merce, bailarino e coreógrafo norte-americano (1919).

Cure, Cornelius, escultor inglês (?-1607).

Curry, John Steuart, pintor norte-americano (1897-1946).

Curtis, Edward Sheriff, fotógrafo e antropólogo norte-americano (1868-1952).

Curtis, Ian, compositor popular inglês (1956-1980).

Curtis, Jean-Louis (Louis Lafitte, dito), romancista francês (1917-1995).

Curtius, Ernst, filólogo, historiador de arte e ensaísta de cultura alemão (1814-1896).

716 DICIONÁRIO SESC: A LINGUAGEM DA CULTURA

Curtiz, Michael (Mihály Kertész, dito), cineasta norte-americano de origem húngara (1888-1962).

Curwood, James Oliver, romancista norte-americano (1878-1927).

Cuvilliés, François de, arquiteto, gravador e decorador alemão (1695-1768).

Cuyp, família de pintores holandeses: Jacob Gerritsz (1594?-1651), seu meio-irmão Benjamin (1612-1652), e Aelbert, ou Albert, o mais famoso, filho de Jacob (1620-1691).

Cvirka, Petras, poeta e novelista lituano (1909-1947).

Cynewulf, poeta sacro anglo-saxão (750?-800?).

Cyrano de Bergerac, Savinien de, dramaturgo, utopista e epistológrafo francês (1619-1655).

Czernohorsky, Bohuslav, compositor erudito tcheco (1684-1742).

Czerny, Karl, compositor erudito e virtuose do piano austríaco (1791-1857).

D

Dabit, Eugène, romancista francês (1898-1936).

Dabrowska (ou Dombrowska), Maria, romancista e ensaísta de literatura polonesa (1892-1965).

Dach, Simon, poeta alemão (1605-1659).

Dacier, Madame (Anne Lefebvre Dacier, dita), tradutora e ensaísta literária francesa (1647-1720).

Dacosta, Mílton, pintor brasileiro (1915-1988).

Dadd, Richard, pintor inglês (1817-1886).

Daddi, Bernardo, pintor italiano (1290?-1348?).

Daffner, Hugo, compositor erudito e crítico musical alemão (1882-1936).

Daguerre, Jacques, fotógrafo e inventor francês (1787-1851).

Dahl, Johan Christian, pintor norueguês (1788-1857).

Dahl, Michael, retratista sueco (séculos XVII-XVIII).

Dahn, Walter, pintor alemão (1954).

D'Alembert (Jean Le Rond), filósofo, dicionarista e matemático francês (1717-1783).

Dalayrac, Nicolas-Marie, compositor erudito francês (1753-1809).

Dalby, John Martin, compositor erudito escocês (1942).

Dalí, Salvador, pintor, escultor, artista gráfico e *designer* espanhol (1904-1989).

Dallapicola, Luigi, compositor erudito italiano (1904-1975).

Dalmau, Luis, pintor espanhol (século XV).

Dalou, Aimé-Jules, escultor francês (1838-1902).

Dalwood, Hubert, escultor britânico (1924-1976).

Damafonte, escultor grego (século II a.C.).

Daman (ou Dalmon), William, compositor erudito valão, atuante na Inglaterra (1540?-1591).

Damáscio, filósofo grego de origem síria (séculos V e VI).

Damase, Jean-Michel, compositor erudito francês (1928).

Damiani, Luciano, cenógrafo italiano (1923).

Damiani, Petrus, poeta sacro italiano de língua latina (1007-1072).

Damrosch, Walter, compositor e regente norte-americano, nascido na Alemanha (1862-1950).

Dance, Nathaniel, pintor inglês (1735-1811).

Dancla, Jean-Baptiste Charles, compositor erudito francês (1817-1907).

Dandelot, Georges, compositor erudito francês (1895-1975).

Dandridge, Bartholomew, retratista inglês (1691-1754).

Dandrieu, Jean-François, compositor erudito e ensaísta francês (1682-1738).

Daniel, Samuel, poeta e tragediógrafo inglês (1562-1619).

Daniele da Volterra, pintor e escultor italiano (1509-1566).

D'Annunzio, Gabriele (Gaetano Rapagnetta, dito), poeta, romancista e dramaturgo italiano (1863-1938).

Dantas, Júlio, dramaturgo, romancista, cronista e ensaísta português (1876-1962).

Dantchenko, Serguiei, encenador ucraniano (1937).

Dantchenko, Vladímir Ivánovitch Nemiróvitch, romancista, dramaturgo e encenador russo (1858-1943).

Dante Alighieri, poeta e ensaísta político italiano (1265-1321).

Danti (ou Dante), Vicenzo, escultor, arquiteto e poeta italiano (1530-1576).

Danyel, John, compositor e alaudista inglês (1564-1626?).

Danzi, Franz, compositor erudito alemão (1763-1826).

Da Ponte, Lorenzo Emanuela Conegliano, poeta e libretista italiano (1749-1838).

D'Aquin, Louis Claude, compositor erudito e organista francês (1694-1772).

Daret, Jacques, pintor holandês (século XV).

Dargomíjki, Aleksandr, compositor erudito russo (1813-1869).

Darío, Rubén (Félix Rubén Garcia y Sarmiento, dito), poeta nicaragüense (1867-1916).

Darke, Harold Edwin, compositor erudito inglês (1888-1976).

Darnton, Phillip Christian, compositor erudito inglês (1905-1981).

Daser, Ludwig, compositor erudito alemão (1525?-1589).

Daskalov, Stojan, romancista búlgaro (1909).

Dass, Petter, poeta norueguês (1647-1709).

Dassin, Jules, roteirista e cineasta norte-americano (1912).

Dasté, Jean, encenador francês (1904).

Dauberval (Jean Bercher, dito), bailarino e coreógrafo francês (1742-1806).

Daubigny, Charles-François, pintor francês (1817-1818).

Däubler, Theodor, poeta alemão (1876-1934).

Dauby, Francis, pintor irlandês (1793-1861).

Daudet, Alphonse, poeta, novelista, romancista e dramaturgo francês (1840-1897).

Daumier, Honoré, caricaturista, escultor e pintor francês (1808-1879).

Daurat, Jean, poeta francês (1508-1588).

Dauthendey, Maximilian, poeta alemão (1867-1818).

Davanzati, Chiaro, poeta italiano (1230?-1280?).

Davenant, sir William, poeta e dramaturgo inglês (1606-1668).

Davico, Oscar, poeta e romancista sérvio (1909).

David, Félicien, compositor erudito francês (1810-1876).

David, Gerard, pintor holandês (século XVI).

Dávid, Gyula, compositor erudito húngaro (1913-1977).

David, Jacques-Louis, pintor francês (1748-1825).

David, Johann Nepomuk, compositor erudito austríaco (1895-1977).

David d'Angers, Pierre Jean, escultor francês (1788-1856).

Davidosky, Mario, compositor erudito de vanguarda argentino (1934).

Davie, Alan, pintor escocês (1920).

Davie, Cedric Thorpe, compositor erudito inglês (1913-1983).

Davies, Arthur Bowen, pintor, gravador e *designer* norte-americano (1862-1928).

Davies, Peter Maxwell, compositor erudito e maestro inglês (1934).

Davies, sir Henry Walfod, compositor erudito e organista galês (1869-1941).

Davies, William Henry, poeta galês (1871-1940).

Da Vinci, Leonardo, pintor, desenhista, músico, engenheiro e tratadista italiano (1452-1519).

Davioud, Gabriel, arquiteto francês (1823-1881).

Davis, Miles (Dewey), compositor e instrumentista de *jazz* norte-americano (1926-1990).

Davis, Stuart, pintor norte-americano (1894-1964).

Davy, Richard, compositor erudito inglês (1467?-1507?).

Daydé, Bernard, ilustrador e cenógrafo francês (1921-1986).

Dayes, Edward, aquarelista e gravador inglês (1763-1804).

D'Azeglio, Massimo Taparelli, romancista italiano (1798-1866).

De Andrea, John, escultor norte-americano (1941).

De Bosio, Gianfranco, encenador italiano (1924).

Debret, Jean-Baptiste, pintor francês também ativo no Brasil (1768-1848).

Debussy, Achille Claude, compositor erudito e crítico de música francês (1862-1918).

De Chirico, Giorgio, pintor e cenógrafo italiano, de origem grega (1888-1978).

De Fiori, Ernesto, pintor ítalo-teuto-brasileiro (1884-1945).

De Filippo, Eduardo, comediógrafo e ator italiano (1900-1984).

Deganello, Paolo, arquiteto e *designer* italiano (1940).

Degas, Edgar, pintor, artista gráfico e escultor francês (1834-1917).

Degeorge, Charles, escultor francês (1837-1888).

Dehmel, Richard, poeta alemão (1863-1920).

De Kooning, Willem, pintor norte-americano (1904-1997).

Dejmek, Kazimierz, encenador polonês (1924).

Dekker, Thomas, poeta dramático inglês (1570?-1641?).

Dekkers, Adrian, escultor holandês (1938-1974).

Delacroix, Eugène, pintor francês (1798-1863).

De la Cruz, Ramón, dramaturgo espanhol (1731-1795).

Delannoy, Marcel François, compositor erudito francês (1894-1962).

Delaroche, Paul, pintor francês (1797-1856).

Delaunay, Robert, pintor francês (1885-1941).

Delaunay-Terk, Sonia, pintora e *designer* ucraniana, mulher de Robert (1885-1979).

Delavigne, Casimir, poeta e dramaturgo francês (1793-1843).

Delibes, (Clément Philibert) Léo, compositor erudito e organista francês (1836-1891).

Delius, Fritz (ou Frederick), compositor erudito inglês (1862-1934).

Della Casa, Giovanni, poeta italiano (1503-1556).

Della Porta, Giacomo, arquiteto italiano (1540?-1602).

Della Robbia, família de escultores italiana: Luca, o patriarca (1400?-1482), Andrea, seu sobrinho (1435-1525), Giovanni (1469-1529) e Girolamo (1488-1566), filhos de Andrea.

Della Valle, Federico, dramaturgo italiano (1565-1628).

Della Valle, Lorenzo (Laurentius Vellensis), filósofo e filólogo italiano (1407-1457).

Della Vigna, Pier, poeta italiano (1180-1249).

Delle Colonne, Guido, poeta italiano (séculos XII e XIII).

Delluc, Louis, cineasta, teórico de cinema e romancista francês (1890-1924).

De Loutherbourg, Philippe-Jacques, pintor francês (1740-1812).

Delorme (De L'Orme), Philibert, arquiteto, decorador e teórico de arquitetura francês (1510?-1570?).

Del Santo, Dionísio, pintor brasileiro (1925).

Delsarte, François Alexandre Chéri, metodologista de interpretação cênica francês (1811-1871).

De Lullo, Giorgio, encenador italiano (1921-1981).

Delvaux, Paul, pintor belga (1897-1994).

De Man, Paul, filósofo, ensaísta e crítico literário belga (1919-1983).

De Maria, Walter, escultor norte-americano (1935).

Demme, Jonathan, cineasta e documentarista norte-americano (1944).

Demócrito, filósofo grego (460?-370? a.C.).

Demuth, Charles, pintor norte-americano (1883-1935).

Demy, Jacques, cineasta francês (1931-1990).

Denis, Maurice, pintor e *designer* francês (1870-1943).

Denissov, Edson, compositor erudito russo (1929).

Denny, Robyn, pintor britânico (1930).

Denon, Dominique-Vivant, barão de, gravador, museólogo e historiador de artes francês (1747-1825).

Dent, Edward Joseph, musicólogo e crítico de música inglês (1876-1957).

Denza, Luigi, compositor erudito e popular italiano (1846-1922).

De Palma, Brian, cineasta norte-americano (1940).

Depero, Fortunato, pintor e artista gráfico italiano (1892-1960).

Der Kinderen, Antonius Johannes (Anton), pintor, gravador e desenhista holandês (1859-1925).

Derain, André, pintor, escultor e artista gráfico francês (1880-1954).

De' Roberti, Ercole, pintor italiano (1450?-1496).

Derrida, Jacques, filósofo francês, de origem argelina (1930).

Deruet, Claude, pintor francês (1588-1660).

Déry, Tibor, contista e novelista húngaro (1896-1977).

De Sabata, Victor, compositor erudito e maestro italiano (1892-1967).

De Sanctis, Francesco, historiador e ensaísta de literatura italiano (1817-1883).

De Santis, Giuseppe, cineasta e crítico de cinema italiano (1917).

Des Autels, Guillaume, poeta francês (1529-1581).

Desaugiers, Marc Antoine, compositor erudito francês (1742-1793).

Desborde-Valmore, Marceline, poetisa e contista infantil francesa (1786-1859).

Descartes, René, filósofo francês (1596-1650).

Deschamps, Jerôme, dramaturgo e encenador francês (1947).

De Sica, Vittorio, cineasta italiano (1902-1974).

Desiderio da Settignano, escultor italiano (1428?-1464).

De Simone, Roberto, compositor erudito, etnólogo e encenador italiano (1933).

Desjardins, Martin, escultor flamengo (1637-1694).

Desnos, Robert, poeta francês (1900-1945).

Despiau, Charles, escultor francês (1874-1946).

Desportes, Alexandre-François, pintor francês (1661-1743).

Desrochers, Alfred, poeta e crítico canadense (1901-1978).

Desrosiers, Léo Paul, cronista e romancista canadense (1896-1967).

Dessau, Paul, compositor erudito e de música incidental alemão (1894-1979).

Destouches, André Cardinal, compositor erudito francês (1672-1749).

Destouches, Philippe Néricault, comediógrafo francês (1680-1754).

De Troy, família de pintores francesa: François, o pai (1645-1730) e seu filho Jean-François (1679-1752).

Deus, Waldomiro de, pintor ingênuo brasileiro (1944).

Deutsch, Niklaus Manuel, pintor, projetista de vitrais e poeta suíço (1484-1530).

Deverell, Walter Howell, pintor britânico (1827-1854).

Devéria, família de artistas plásticos francesa: os irmãos Jacques Marie Achille, pintor, litógrafo e ilustrador (1800-1857) e Eugène, pintor (1805-1865).

Devis, Arthur, pintor inglês (1711-1787).

De Vos, Cornellis, pintor flamengo (1585?-1651).

Dewey, John, filósofo e pedagogo norte-americano (1859-1952).

De Wint, Peter, pintor inglês (1784-1849).

Dexter, John, encenador britânico (1925-1990).

D'Horta, Arnaldo Pedroso, pintor, gravador e crítico de artes brasileiro (1914-1973).

Dhôtel, André, romancista francês (1900).

Diabelli, Antonio, compositor erudito austríaco (1781-1858).

Diaghilev, Serguiei (ou Serge), crítico de artes e produtor cultural russo (1872-1929).

Diamond, David Leo, compositor erudito de vanguarda norte-americano (1915).

Dias de Oliveira, Manoel, compositor erudito brasileiro (1745-1803).

Dias Gomes, Alfredo de Freitas, dramaturgo e autor de telenovelas brasileiro (1923-1999).

Dias, Cícero, pintor brasileiro estabelecido na França (1908-2003).

Diaz de la Peña, Narcisse Virgile, pintor francês (1807-1876).

Díaz, Leopoldo, poeta argentino (1862-1947).

Di Cavalcanti, (Emiliano Augusto Cavalcanti de Albuquerque Mello, dito), pintor e desenhista brasileiro (1897-1976).

Dicenta, Joaquín, dramaturgo espanhol (1863-1917).

Dickens, Charles, romancista inglês (1812-1870).

Dickinson, Edwin, pintor norte americano (1891-1978).

Dickinson, Emily, poetisa norte-americana (1830-1886).

Dickinson, Peter, compositor erudito e de música incidental inglês (1934).

Dickinson, Preston, pintor norte-americano (1891-1930).

Didelot, Charles Louis, bailarino e coreógrafo francês, também ativo na Rússia (1767-1837).

Diderot, Denis, filósofo, romancista e enciclopedista francês (1713-1784).

Diebenkorn, Richard, pintor norte-americano (1922).

Diego, Gerardo, poeta espanhol (1896-1987).

Diegues, Cacá (Carlos José Fontes Diegues, dito), cineasta e roteirista brasileiro (1940).

Dieterle, William, cineasta alemão ativo nos Estados Unidos (1893-1972).

Dietrich, Christian Wilhelm Ernest, pintor e gravurista alemão (1712-1774).

Dietterlin, Wendel, arquiteto, pintor e projetista alemão (1550-1599).

Diez, Friedrich Christian, filólogo e lingüista alemão (1794-1876).

Diller, Burgoyne, pintor e escultor norte-americano (1906-1965).

Dilthey, Wilhelm, filósofo alemão (1833-1911).

D'Indy, Vincent (Paul Marie V.), compositor erudito e ensaísta de música francês (1851-1931).

Dine, Jim, pintor e gravador norte americano (1935).

Dinesen, Isak, *ver* **Blixen-Finecke**, Karen.

Dinis da Cruz e Silva, António, poeta e comediógrafo português (1731-1799).

Dinis, Almáquio (Almáquio Dinis Gonçalves, dito), filólogo, contista, romancista e dramaturgo brasileiro (1880-1937).

Dinis, Dom, rei e trovador português (1261-1325).

Dinis, Júlio (Joaquim Guilherme Gomes Coelho, dito), romancista e contista português (1839-1871).

Dinis, pe. Jaime Cavalcanti, compositor sacro e profano e musicólogo brasileiro (1924).

Dinkeloo, John Gerard, arquiteto norte-americano (1918-1981).

Diodoro da Sicília, historiador greco-latino (século I a.C.).

Diodoro de Tiro, filósofo grego (século II a.C.).

Diógenes Laércio, biógrafo grego (séculos IV e III a.C.).

Diógenes, o Cínico, filósofo grego (400?-325? a.C.).

Diogo Pires, o Moço, escultor português (século XVI).

Dion Cássio (Cassius Dio Cocceianus), historiador greco-latino (155?-235?).

Dionísio de Halicarnasso, historiador e retórico greco-latino (século I).

Dionísio, Mário (Mário Dionísio de Assis Monteiro, dito), poeta, romancista e ensaísta de literatura português (1916).

Dionísio, o Periegeta, poeta grego (século II).

Diop, Birago, contista senegalês de língua francesa (1906-1989).

Discépolo, Enrique Santos, poeta, dramaturgo, compositor popular e ator argentino (1901-1951).

Disney, Walt (Walter Elias, dito), desenhista e produtor de desenhos animados norte-americano (1901-1966).

Dittersdorf, Karl Ditters von, compositor erudito e violinista austríaco (1739-1799).

Diulgheroff, Nicolas, pintor e arquiteto búlgaro (1901-1982).

Dix, Otto, pintor e gravador alemão (1891-1969).

Djanira da Motta e Silva, pintora brasileira (1914-1979).

Djavan Caetano Viana, compositor e cantor popular brasileiro (1950).

Dmytryk, Edward, cineasta norte-americano de origem canadense-ucraniana (1908).

Dobell, sir William, pintor australiano (1899-1970).

Döblin, Alfred, poeta e romancista alemão (1878-1957).

Dobrowolski, Andrzej, compositor erudito de vanguarda polonês (1921).

Dobson, Frank, escultor britânico (1886-1963).

Dobson, William, retratista inglês (1610-1646).

Doderer, Heimito von, poeta e romancista austríaco (1896-1966).

Dodine, Lev, encenador russo (1944).

Doillon, Jacques, cineasta francês (1944).

Doisneau, Robert, fotógrafo francês (1912-1994).

Dokoupil, Jiri Georg, pintor tcheco ativo na Alemanha e nos Estados Unidos (1954).

Dolci, Carlo, pintor italiano (1616-1686).

Dolin, Anton (Patrick Healey-Kay, dito), bailarino e coreógrafo inglês (1904-1983).

Doliveira (Severino Perilo), poeta popular brasileiro (1899-1929).

Dolores, Carmen (Emília Moncorvo Bandeira de Melo, dita), contista e romancista brasileira (1852-1910).

Domenichino, il (Domenico Zampieri, dito), pintor italiano (1581-1641).

Domenico da Ferrara (ou da Piacenza), mestre de balé e ensaísta de dança italiano (1400?-1462?).

Domenico Veneziano, pintor italiano (?-1461).

Domício Marco (Domitius Marcus), poeta latino (54?, 50? a.C.).

Dominguez, Oscar, pintor espanhol (1906-1957).

Dominguinhos (José Domingos de Morais, dito), compositor, acordeonista e cantor popular brasileiro (1941).

Donatello (Donato de Niccolo' di Betto Bardi, dito), escultor italiano (1385/6-1466).

Donato, João (João Donato de Oliveira Neto, dito), compositor popular e instrumentista brasileiro (1934).

Donatoni, Franco, compositor erudito de vanguarda italiano (1927).

Donelaitis (ou Duonelaitis), Kristijonas, poeta lituano (1714-1780).

Donen, Stanley, coreógrafo e cineasta norte-americano (1924).

Donga (Ernesto Joaquim Maria dos Santos, dito), compositor e instrumentista popular brasileiro (1889-1974).

Doni, Giovanni Battista, humanista e ensaísta de artes italiano (1595-1647).

Donizetti, Gaetano, compositor erudito italiano (1797-1848).

Donleavy, James Patrick, romancista norte-americano (1926).

Donne, John, poeta inglês (1573-1631).

Donner, Georg Raphael, escultor austríaco (1693-1741).

Donner, Hans, desenhista gráfico e de computação teuto-austríaco naturalizado brasileiro (1948).

Donoso, José, contista e romancista chileno (1924).

Donskoi, Mark, cineasta ucraniano (1901-1981).

Doolittle, Hilda, poetisa norte-americana (1866-1961).

Dorat (Jean Dinemandi, apelidado), poeta francês (1508-1588).

Dorati, Antal, compositor erudito húngaro, naturalizado norte-americano (1906-1990).

Dórdio Gomes, Simão, pintor português (1890-1976).

Doré, Gustave, ilustrador, pintor e escultor francês (1832-1883).

Dorfles, Gillo, historiador e ensaísta de artes italiano (1910).

Dorgelès, Roland (Roland Lécavelé, dito), cronista e romancista francês (1885-1973).

Dória, Gustavo Alberto Accioli, crítico de teatro brasileiro (1910-1979).

Dória, Luís Gastão d'Escragnolle, cronista, biógrafo e romancista brasileiro (1869-1948).

Dos Passos, John, romancista norte-americano (1896-1970).

Dossi, Dosso, pintor italiano (1490?-1542).

Dou, Gerrit, pintor holandês (1613-1675).

Doughty, Thomas, pintor e litógrafo norte-americano (1793-1856).

Dourado, (Waldomiro Freitas) Autran, novelista e romancista brasileiro (1926).

Douris, pintor de cerâmica ateniense (500 a.C.).

Dove, Arthur, pintor norte-americano (1880-1946).

Dovienko (ou Dovjenko), Aleksandr Petróvitch, cineasta e poeta ucraniano (1894-1956).

Dowland, John, músico erudito inglês (1563-1625).

Downman, John, retratista inglês (1750-1824).

Doyle, Richard, desenhista inglês (1824-1883).

Drachmann, Olgev, poeta e dramaturgo dinamarquês (1846-1908).

Dracôncio (Blosius Aemilius Dracontius), poeta e tragediógrafo cristão (?-450?).

Draeseke, Felix, compositor erudito alemão (1835-1913).

Dragoni, Giovanni Andrea, compositor erudito italiano (1540?-1598).

Drayton, Michael, poeta inglês (1563-1631).

Drda, Jan, romancista e dramaturgo tcheco (1915-1971).

Dreier, Katherine S., pintora norte-americana (1877-1952).

Dreiser, Theodore, romancista norte-americano de família alemã (1871-1945).

Dresen, Adolf Josef Fritz, encenador alemão (1935).

Dreyer, Carl Theodor, cineasta dinamarquês (1889-1968).

Drigo, Riccardo, compositor erudito e maestro italiano (1846-1930).

Droeschout, Martin, gravador anglo-flamengo (1601-?).

Drost, Willem, pintor holandês (século XVII).

Drouais, François-Hubert, retratista francês (1727-1775).

Drummond de Andrade, Carlos, poeta, contista e cronista brasileiro (1902-1987).

Drummond of Hawthornden, William, poeta inglês (1585-1649).

Drury, Alfred, escultor britânico (1856-1944).

Dryden, John, poeta, dramaturgo, fabulista e ensaísta inglês (1631-1700).

Drysdale, sir Russel, pintor australiano (1912-1981).

Duarte, Afonso (Joaquim Afonso Fernandes Duarte, dito), poeta português (1884-1957).

Duarte, Anselmo, ator e cineasta brasileiro (1920).

Dubois, Ambroise (Ambrosius Bosschaert), pintor flamengo (1542?-1614).

Dubois, Paul, escultor francês (1829-1905).

Dubois, Théodore, compositor erudito francês (1837-1924).

Dubreuil, Toussaint, pintor francês (1561-1602).

Dubroecq (ou Broeucq), Jacques, escultor e arquiteto holandês (1500?-1584).

Dubuffet, Jean, pintor e animador de artes francês (1901-1985).

Duca, Giacomo del, arquiteto e escultor italiano (1520?-1602?).

Duccio di Buoninsegna, pintor italiano (séculos XIII-XIV).

Duchamp, Marcel, pintor e artista plástico francês (1887-1968).

Duchamp-Villon, Raymond, escultor francês, irmão de Marcel (1876-1918).

Duclos, Charles (Pinot), romancista e cronista francês (1704-1772).

Dudok, Willem Marinus, arquiteto holandês (1884-1974).

Dufay, Guillaume, compositor erudito franco-flamengo (1400?-1474).

Dufresnoy, Charles-Alphonse, pintor e ensaísta francês (1611-1668).

Dufy, Raoul, pintor, artista gráfico e *designer* têxtil francês (1877-1953).

Dughet, Gaspard (Gaspard Poussin), pintor e água-fortista francês (1615-1675).

Dujardin, Édouard, poeta e romancista francês (1861-1949).

Dujardin, Karel, pintor e gravador holandês (1622-1678).

Dukas, Paul, compositor erudito e crítico musical francês (1865-1935).

Dukelsky, Vladimir, compositor erudito e de música incidental, russo, naturalizado norte-americano (1903-1969).

Dulac, Germaine, cineasta francesa (1882-1942).

Dullaert, Heiman, poeta holandês (1636-1684).

Dumas, Alexandre (Filho), dramaturgo e romancista francês (1824-1895).

Dumas, Alexandre Davy de la Pailleterie (Pai), dramaturgo e romancista francês (1803-1870).

Du Maurier, Daphne, romancista inglesa (1907-1989).

Dumonstier, família de retratistas francesa: os mais famosos foram Geoffroy (1510-1560) e Daniel (1574-1646).

Dunlap, William, pintor, encenador e ensaísta norte-americano (1766-1839).

Dunoyer de Segonzac, André, pintor, *designer* e artista gráfico francês (1884-1974).

Duns Scot (John Scotus), teólogo e filósofo escocês (1266?-1308).

Dunstable, John, compositor erudito inglês (1390?-1453).

Dupont, Gabriel, compositor erudito francês (1878-1914).

Dupont, Gainsborough, pintor e gravador inglês (1754-1797).

Duprat, Régis, musicólogo e instrumentista brasileiro, irmão de Rogério (1930).

Duprat, Rogério, compositor erudito e arranjador brasileiro, irmão de Régis (1932).

Dupré, Leandro (Maria José Fleury Monteiro, dita), romancista brasileira (1905-1984).

Dupré, Marcel, compositor erudito e ensaísta de música francês (1886-1971).

Duque Cornejo, Pedro, escultor espanhol (1678-1757).

Duquesnoy, François, escultor flamengo (1594-1643).

Duran, Dolores (Adiléia Silva da Rocha, dita), compositora e cantora popular brasileira (1930-1959).

Durand, Asher, pintor e gravador norte-americano (1796-1886).

Durand, Jean Nicolas Louis, arquiteto e ensaísta francês (1760-1834).

Duranty, Edmond, romancista e crítico de arte francês (1833-1880).

Dürer, Albrecht, pintor e gravador alemão (1471-1528).

Durkó, Zsolt, compositor erudito húngaro de vanguarda (1934).

Durrel, Lawrence George, romancista anglo-irlandês (1912-1990).

Dürrenmatt, Friedrich, dramaturgo suíço (1921-1990).

Dusart, Cornelis, pintor holandês (1660-1704).

Dussek, Jan Ladislav, compositor erudito e pianista tcheco (1760-1812).

Dutert, Louis Ferdinand, arquiteto francês (1845-1906).

Dutilleux, Henri, compositor erudito francês (1916).

Duvet, Jean, gravador e ourives francês (séculos XV-XVI).

Duvivier, Julien, cineasta francês (1896-1967).

DICIONÁRIO SESC: A LINGUAGEM DA CULTURA

Duyster, Willem Cornelisz, pintor holandês (1599-1635).
Dvořák, Antonin, compositor erudito tcheco (1841-1904).
Dyce, William, pintor e projetista escocês (1806-1864).
Dygasinki, Adolf, romancista e novelista polonês (1839-1902).
Dyk, Viktor, poeta e romancista tcheco (1877-1931).
Dylan, Bob (Robert Allen Zimmerman, dito), compositor e cantor popular norte-americano (1941).
Dzerjínski, Ivan, compositor erudito russo (1909-1978).

E

Eakins, Thomas, pintor norte-americano (1844-1916).
Eames, Charles, arquiteto e *designer* norte-americano (1907-1978).
Eames, Ray, pintora e *designer* norte-americana, mulher de Charles (1912-1988).
Earl, Ralph, pintor norte-americano (1751-1801).
Earle, Augustus, pintor inglês (1793-1839).
Earlom, Richard, gravador britânico (1743-1822).
Eastlake, sir Charles Lock, pintor e historiador de arte inglês (1793-1865).
Eastwood, Clint, cineasta e ator norte-americano (1930).
Ebling, Sônia, pintora e escultura brasileira (1926).
Ebreo, Guglielmo, teórico e mestre de balé italiano (1420?-1490).
Eccles, John, compositor erudito e de música incidental inglês (1668?-1735).
Echegaray y Eizaguirre, José, dramaturgo e político espanhol (1833-1916).
Echeverría, Aquileo, poeta costa-riquenho (1860-1909).
Echeverría, Estebán, poeta argentino (1805-1851).
Ecke, Imre, bailarino e coreógrafo húngaro (1930).
Eckersberg, Christoffer Wilhelm, pintor dinamarquês (1783-1853).
Eckhout, Albert, pintor holandês (1610?-1665).
Eco, Umberto, escritor e sociólogo italiano (1932).
Edelfet, Albert, pintor finlandês (1854-1905).
Edelinck, Gerard, gravador flamengo (1640-1707).
Edfelt, Johannnes, poeta sueco (1904).
Edgeworth, Maria, contista e romancista irlandesa (1767-1849).
Edmundo, Luís (Luís Edmundo de Melo Pereira da Costa, dito), cronista e poeta brasileiro (1878-1961).
Edschmid, Kasimir (Eduard Schmid, dito), romancista e crítico de arte alemão (1890-1966).
Edwards, Blake, cineasta norte-americano (1922).
Edwards, Edward, pintor inglês (1738-1806).
Edwards, Jorge, novelista e romancista chileno (1931).
Edwards, Leslie, bailarino e coreógrafo inglês (1916).
Edwards, Richard, poeta e compositor erudito inglês (1524-1566).
Edwards Bello, Joaquín, romancista chileno (1887-1968).
Eekhoud, Georges, poeta e romancista belga (1854-1927).
Effel, Jean (François Lejeune, dito), caricaturista francês (1908-1982).
Efremov, Oleg, encenador russo (1927).
Efros, Igor, encenador russo (1925-1987).
Egas, Enrique de, arquiteto espanhol (1455?-1535?).
Egenau-Moore, Juan, escultor chileno (1927).
Egg, Augustus, pintor inglês (1816-1863).
Egge, Peter, romancista e dramaturgo norueguês (1869-1959).
Egk, Werner, compositor erudito alemão (1901-1983).
Eguren, José María, poeta e pintor peruano (1882-1942).
Ehrenburg, Ilia Grigórievitch, romancista e memorialista ucraniano (1891-1967).

Eich, Günter, poeta e romancista alemão (1907-1972).
Eichbauer, Hélio, cenógrafo e artista plástico brasileiro (1914).
Eiermann, Egon, arquiteto alemão (1904-1970).
Eikhenbaum, Bóris Mikháilovitch, ensaísta de literatura russo (1886-1959).
Eimert, Herbert, compositor erudito e teórico alemão (1897-1972).
Einchendorff, Joseph, poeta e romancista alemão (1788-1857).
Einem, Gottfried von, compositor erudito austríaco (1918).
Eisenstein, Serguiei Mikháilovitch, encenador e cineasta russo-letão (1898-1948).
Eisler, Hans, compositor erudito e de música incidental austro-alemão (1898-1962).
Eisner, Will (William Erwin Esner, dito), desenhista gráfico e quadrinhista norte-americano (1917-).
Ekelöf, Gunnar, poeta sueco (1907-1968).
Ekelund, Vilhelm, poeta sueco (1890-1949).
Elgar, sir Edward, compositor erudito inglês (1857-1934).
El Greco (Domenikos Theotocopoulos, dito), pintor, escultor e arquiteto greco-espanhol (1541-1614).
Eliade, Mircea, historiador das religiões e romancista romeno, naturalizado norte-americano (1907-1986).
Eliasz, Nicolaes (Pickenoy), pintor holandês (séculos XVI-XVII).
Eliot, George (Mary Ann Evans, dita), romancista e poetisa inglesa (1819-1880).
Eliot, T. S. (Thomas Stearns Eliot, dito), poeta, dramaturgo e crítico de cultura anglo-norte-americano (1888-1965).
Élis, Bernardo (Bernardo Élis Fleury de Campos Curado, dito), contista e romancista brasileiro (1915).
Elísio, Filinto (Francisco Manuel do Nascimento, dito), poeta, ensaísta de literatura e tradutor português (1734-1819).
Ellington, Duke (Edward Kennedy, dito), compositor, pianista e regente de *jazz* norte-americano (1899-1974).
Elliot, Ebenezer, poeta inglês (1781-1849).
Ellis, David, compositor erudito inglês (1933).
Ellison, Ralph, romancista norte-americano (1914-1944).
Ellroy, James, romancista norte-americano (1948).
Elomar Figueira de Melo, compositor e cantor popular brasileiro (1937).
Éloy, Jean-Claude, compositor erudito de vanguarda francês (1938).
Elsheimer, Adam, pintor, água-fortista e desenhista alemão (1578-1610).
Elskamp, Max, poeta belga (1862-1931).
Éluard, Paul (Eugène Grindel, dito), poeta francês (1895-1952).
Elytis, Odysseus (Odysseus Alepoudhelis, dito), poeta grego (1911-1996).
Emerson, Peter Henry, fotógrafo inglês (1856-1936).
Emerson, Ralph Waldo, filósofo religioso, ensaísta e poeta norte-americano (1803-1882).
Emílio Arbório (Aemilius Magnus Arborius), poeta latino de origem gaulesa (séculos III e IV).
Encina, Juan del, poeta, dramaturgo e compositor erudito espanhol (1468-1529?).
Ender, Thomas, pintor e aquarelista austríaco (1793-1875).
Eneida de Morais, poetisa, cronista, novelista e contista brasileira (1903-1971).
Enesco (ou Enescu), George, compositor erudito e violinista romeno (1881-1955).
Engel, André, encenador francês (1946).
Engel, Carl Ludwig, arquiteto e pintor alemão (1778-1840).
Engelbrechtsen, Cornelis, pintor holandês (1468-1533).

RELAÇÃO ONOMÁSTICA DE AUTORES 721

Engelmann, Godeffroy, litógrafo francês (1788-1839).
Engels, Friederich, filósofo e ensaísta político alemão (1820-1895).
Ênio (Quintus Ennius), poeta dramático latino (239-169 a.C.).
Ensor, James Sidney, pintor e gravador belga (1860-1949).
Enzensberger, Hans Magnus, poeta, romancista e crítico literário alemão (1929).
Epicarmo (Epikharmos), poeta cômico grego (525?-450? a.C.).
Epicteto (Epiktêtos), filósofo grego, ativo em Roma (50-125?).
Epicuro (Epikouros), filósofo grego (341?-270? a.C.).
Epimenides, sábio grego, semilendário (século VII a.C.).
Epstein, Jean, cineasta e teórico do cinema francês (1897-1953).
Epstein, sir Jacob, escultor anglo-norte-americano (1880-1959).
Erasmo Carlos (Erasmo Esteves, dito), compositor e cantor popular brasileiro (1941).
Erasmo de Roterdã (Desiderius Erasmus ou Gerrit Gerritsoon), filósofo e ensaísta de cultura holandês (1467?-1536).
Ercilla y Zúniga, Alonso de, poeta épico espanhol (1533-1594).
Erkel, Ferenc, compositor erudito húngaro (1810-1893).
Ernst, Max (Maximilien Ernst, dito), artista plástico franco-alemão (1891-1976).
Ernst, Paul, romancista, dramaturgo e crítico literário alemão (1866-1933).
Errard, Charles, pintor, arquiteto e projetista francês (1606-1689).
Erró (Gudmundur Ferró, dito), artista plástico islandês (1932).
Escher, Maurits Cornelis, desenhista e gravurista holandês (1898-1972).
Escobar, Aylton, compositor erudito de vanguarda brasileiro (1943).
Escobar, Luís António, compositor erudito colombiano (1925).
Escobar, Pedro de, compositor erudito português (1465?-1535).
Escopas de Paro, escultor grego (século IV a.C.).
Escorel, Eduardo, cineasta brasileiro (1945).
Escoto Erígena (Eriúgena), João, teólogo irlandês (810?-877?).
Escudero (Moscoso), Gonzalo, poeta e político equatoriano (1903-1971).
Escudero, Vicente, bailarino e coreógrafo de flamenco espanhol (1889-1975).
Esmeraldo, Sérvulo (Cordeiro), gravador e escultor brasileiro (1929).
Esopo (Aisôpos), fabulista grego (século VII e VI a.C.).
Espanca, Florbela (de Alma da Conceição), poetisa portuguesa (1895-1930).
Espinel, Vicente, romancista espanhol (1550-1627).
Esplá, Oscar, compositor erudito espanhol (1886-1976).
Ésquilo (Aiskhulos), poeta trágico grego (525?-456?).
Esquivel, Antonio María, pintor espanhol (1806-1857).
Estrada, Carlos, compositor erudito uruguaio (1909-1970).
Estrada, Genaro, poeta e ensaísta mexicano (1887-1933).
Estratão, filósofo grego (?-268 a.C.).
Etchebarne, Miguel, poeta argentino (1915).
Etchells, Frederick, pintor, arquiteto e *designer* britânico (1886-1973).
Etty, William, pintor inglês (1787-1849).
Euclides (Eukleides), o Socrático, filósofo grego (450?-380? a.C.).
Eudemo de Rodes, filósofo grego (século IV a.C.).
Eufranor de Corinto, pintor e escultor grego (século IV a.C.).
Eufrônio, pintor e ceramista grego (século VI a.C.).
Eupólis, poeta cômico grego (segunda metade do século V a.C.).
Eurípides, poeta trágico grego (480?-406? a.C.).
Eusébio de Cesaréia, cronista e prelado católico, de origem grega (265?-340).
Eutímides, pintor e ceramista grego (século VI a.C.).
Evanghelatos, Spyros, encenador grego (1940).

Evans, Walker, fotógrafo norte-americano (1903-1975).
Evenpoel, Henri, pintor belga (1872-1899).
Everdingen, Allart van, pintor holandês (1621-1675).
Evergood, Phillip, pintor norte-americano (1901-1973).
Evesham, Epiphanius, escultor inglês (séculos XVI-XVII).
Evreinov, Nikolai Nikoláievitch, encenador russo (1879-1953).
Evtuchenko, Ievguéni Aleksándrovitch, poeta e crítico literário russo (1933).
Ewald, Johannes, poeta dinamarquês (1743-1781).
Ewort (ou Ewouts), Hans, pintor holandês (século XVI).
Exéquias, pintor e ceramista grego (século VI a.C.).
Exter, Aleksandra, pintora e cenógrafa russa (1882-1949).
Eybler, Joseph Edler von, compositor erudito austríaco (1765-1846).
Eyck, Charles Hubert, pintor, escultor e *designer* holandês (1897-1962).

F

Fabritius, Carel, pintor holandês (1622-1654).
Fagundes Varela, Luís Nicolau, poeta brasileiro (1841-1875).
Faithorne, William, gravador inglês (1616-1691).
Falcone, Aniello, pintor italiano (1607-1656).
Falconet, Étienne-Maurice, escultor e crítico de arte francês (1716-1791).
Falk, Robert, pintor e *designer* russo (1888-1958).
Falla, Manuel de (Manuel Maria de Falla y Matheu, dito), compositor erudito e pianista espanhol (1876-1946).
Fancelli, Domenico di Alessandro, escultor italiano (1469-1519).
Fantin-Latour, Henri, pintor e litógrafo francês (1836-1904).
Faria, Otávio de, romancista, novelista, dramaturgo e ensaísta de cultura brasileiro (1908-1980).
Faria, Reginaldo (Figueira de), cineasta e ator brasileiro, irmão de Roberto (1938).
Faria, Roberto (Figueira de), cineasta e produtor cinematográfico brasileiro, irmão de Reginaldo (1932).
Farias, Marcos (Nei Silveira de), cineasta e produtor cinematográfico brasileiro (1933-1985).
Farias Brito, Raimundo de, filósofo brasileiro (1862-1917).
Farington, Joseph, pintor e desenhista inglês (1747-1821).
Farkas, Ferenc, compositor erudito húngaro (1905).
Farkas, Odon, compositor erudito húngaro (1852-1912).
Farkas, Thomaz Jorge, fotógrafo e produtor cinematográfico brasileiro, nascido na Hungria (1924).
Farmer, John, compositor erudito inglês (século XVI).
Farnaby, Giles, compositor erudito inglês (1563-1640).
Farrar, Ernest, compositor erudito e organista inglês (1885-1918).
Fassbinder, Rainer Werner, cineasta e encenador alemão (1946-1982).
Fassianos, Alekos, pintor, gravador e poeta grego (1935).
Faulkner, William Cuthbert, poeta, romancista e contista norte-americano (1897-1962).
Faure, Élie, historiador e ensaísta de arte francês (1873-1937).
Fauré, Gabriel, compositor erudito e organista francês (1845-1924).
Faustino, Mário, poeta brasileiro (1930-1962).
Fautrier, Jean, pintor e artista gráfico francês (1898-1964).
Favart, Charles Simon, libretista francês (1710-1792).
Fayrfax, Robert, compositor erudito inglês (1654?-1521?).
Fedeli, Ruggiero, compositor erudito, cantor e instrumentista italiano (1655-1722).
Fedro (Julius Phaedrus), poeta-fabulista latino (15? a.C.-50 d.C.?).

DICIONÁRIO SESC: A LINGUAGEM DA CULTURA

Feiffer, Jules, caricaturista e desenhista de humor norte-americano (1929).

Feininger, Lyonel, pintor norte-americano (1871-1956).

Fejós, Pál, cineasta e documentarista húngaro (1898-1963).

Feld, Eliot, bailarino e coreógrafo norte-americano (1942).

Feldman, Morton, compositor erudito de vanguarda norte-americano (1926).

Fellegara, Vittorio, compositor erudito de vanguarda italiano (1927).

Fellini, Federico, roteirista e cineasta italiano (1920-1993).

Fénelon, François de Salignac de La Mothe, moralista, ensaísta e fabulista francês (1651-1715).

Fenelon, Moacyr (Moacir Fenelon Miranda Henriques, dito), cineasta e produtor cinematográfico brasileiro (1903-1953).

Fenestela, historiador e poeta latino (século I).

Fenimore Cooper, James, romancista norte-americano (1789-1851).

Fenley, Molissa, bailarina e coreógrafa norte-americana (1954).

Feo, Francesco, compositor erudito italiano (1691-1761).

Ferecides, sábio grego (século VI a.C.).

Fergusson, John Duncan, pintor escocês (1874-1961).

Fernandes, Augusto, encenador argentino (1937).

Fernandes, Millôr (Milton Fernandes, dito), caricaturista, dramaturgo e tradutor brasileiro (1924).

Fernandez, Alejo, pintor espanhol (1470-1543).

Fernandez, Macedonio, poeta, contista e ensaísta de cultura argentino (1881-1952).

Fernandez (ou Hernandez), Gregório, escultor espanhol (1576-1636).

Fernandez Moreno, Baldomero, poeta argentino (1886-1950).

Ferneyhough, Brian, compositor erudito de vanguarda inglês (1943).

Ferrabosco, família de compositores eruditos italiana: o pai Alfonso I (1543-1588) e seu filho Alfonso II (1575-1628).

Ferrara, Domenico da, teórico de dança italiano (?-1462).

Ferrari, Gaudenzio, pintor italiano (1471/81-1546).

Ferrari, Luc, compositor erudito de vanguarda francês (1929).

Ferreira, António, poeta e dramaturgo português (1528-1569).

Ferreira, Vergílio, romancista e ensaísta de cultura português (1916-1996).

Ferreira Gullar, José Ribamar, poeta, ensaísta e crítico de arte brasileiro (1930).

Ferrez, Marc, fotógrafo brasileiro (1843-1923).

Ferrigno, Oscar, encenador argentino (1927).

Fersen, Alessandro, encenador e ensaísta de teatro italiano (1927).

Festa, Constanzo, compositor erudito italiano (1490?-1545).

Feti (ou Fetti), Domenico, pintor italiano (1589-1623).

Fétis, François Joseph, compositor erudito, historiador e ensaísta de música belga (1784-1871).

Feuchtmayer, Joseph Anton, escultor e estucador alemão (1696-1770).

Feuchtwanger, Lion, romancista alemão, naturalizado norte-americano (1884-1958).

Feuerbach, Anselm, pintor alemão (1829-1880).

Feuerbach, Ludwig, filósofo alemão (1804-1872).

Feuillade, Louis, cineasta francês (1873-1925).

Feuillet, Raoul Auger, coreógrafo, tratadista e bailarino francês (1660?-1730).

Féval, Paul, romancista e dramaturgo francês (1817-1887).

Févin, Antoine de, compositor erudito francês (1473?-1512).

Février, Henry, compositor erudito francês (1875-1957).

Feydeau, Georges, comediógrafo francês (1862-1921).

Feyder, Jacques (Jacques Frédérix, dito), cineasta francês (1888-1948).

Feyerabend, Paul K., filósofo e ensaísta austríaco (1924).

Fiala, Joseph, compositor erudito tcheco (1754-1816).

Fialho de Almeida, José Valentim, cronista e contista português (1857-1911).

Fialka, Ladislav, mímico e encenador tcheco (1931-1991).

Fiaminghi, Hermelindo, pintor e gravador brasileiro (1920).

Fibich, Zdenek, compositor erudito tcheco (1850-1900).

Ficarelli, Mário, compositor erudito brasileiro (1937).

Ficher, Jacobo, compositor erudito russo, ativo na Argentina (1896-1978).

Fichte, Johann Gottlieb, filósofo alemão (1762-1814).

Ficino, Marsilio, filósofo humanista italiano (1433-1499).

Fídias (Pheidias), escultor grego (490?-432? a.C.).

Field, John, compositor erudito e pianista irlandês (1782-1837).

Fielding, Anthony Vanduk Copley, aquarelista inglês (1787-1855).

Fieravanti, Aristotile, arquiteto e engenheiro italiano, também ativo na Rússia (1415?-1486?).

Fierro, Humberto, poeta equatoriano (1890-1929).

Figari, Pedro, pintor uruguaio (1861-1928).

Figueiredo, Antero de, romancista e cronista português (1886-1953).

Figueiredo, Fidelino de (Sousa), historiador e ensaísta de literatura, crítico de cultura, contista e romancista português (1889-1967).

Figueiredo, Guilherme Oliveira de, contista, comediógrafo e romancista brasileiro (1915).

Figueiredo, Manuel de, dramaturgo, poeta e epistológrafo português (1725-1801).

Figueiredo e Melo, Francisco Aurélio, pintor e caricaturista brasileiro (1854-1916).

Figueiroa, Diogo Ferreira, poeta português (1604?-1674).

Filarete (Antonio di Petro Averlino, dito), escultor, arquiteto e tratadista italiano (1400?-1469?).

Filimon, Nicolae, crítico de artes e romancista romeno (1819-1869).

Filla, Emil, pintor, escultor, artista gráfico e crítico de arte tcheco (1882-1941).

Fillia, Colombo Luigi, pintor italiano (1904-1936).

Filodemo, filósofo grego (110?-28? a.C.).

Filolau, filósofo grego (século V a.C.).

Fílon, filósofo grego de origem judaica (século I).

Filonov, Pavel, pintor e projetista russo (1883-1941).

Filostrato, família grega de escritores sobre arte: Lêmnio e O Moço (séculos III-IV d.C.).

Finch, Alfred William, pintor, artista gráfico e projetista francês (1854-1930).

Fine, Irving, compositor erudito e crítico de música norte-americano (1914-1962).

Fini, Leonor, pintora e cenógrafa francesa, de origem italiana (1918-1996).

Finiguerra, Maso, ourives e gravador italiano (1426-1464).

Finnissy, Michael, compositor erudito de vanguarda inglês (1946).

Finzi, Gerald Raphael, compositor erudito inglês (1901-1956).

Fiodotov, Pavel, pintor russo (1815-1852).

Fiorani, Sílvio, novelista, contista e romancista brasileiro (1943).

Firmo, Walter, fotógrafo brasileiro (1937).

Fischer, Johann Michael, arquiteto alemão (1691-1766).

Fischer, Johann, compositor erudito alemão (1665?-1764).

Fischer, Kuno, filósofo e crítico literário alemão (1824-1907).

Fischer, Osvaldo Almeida, contista e crítico literário brasileiro (1916).

Fischl, Erich, pintor norte-americano (1948).

Fitelberg, Grzegorz, compositor erudito e violinista polonês (1879-1953).

RELAÇÃO ONOMÁSTICA DE AUTORES | 723

Fitzgerald, Edward, poeta e tradutor inglês (1809-1883).
Flaherty, Robert, documentarista norte-americano (1884-1951).
Flaksman, Marcos, cenógrafo brasileiro (1944).
Flandrin, Hippolyte, pintor francês (1809-1864).
Flannagan, Barry, escultor britânico (1941).
Flaubert, Gustave, romancista e epistológrafo francês (1821-1880).
Flavin, Dan, escultor e artista experimental norte-americano (1933).
Flavio Josefo (Flavius Iosefus), historiador judeu (37?-100?).
Flaxman, John, escultor, desenhista e projetista inglês (1755-1826).
Flecha, Mateo, o Jovem, compositor erudito espanhol (1530?-1640).
Fleming, Paul, poeta alemão (1609-1640).
Fleming, Victor, cineasta norte-americano (1883-1949).
Fletcher, John, poeta dramático inglês (1579-1625).
Flexor, Samson, pintor romeno-brasileiro (1907-1971).
Flicke, Gerlach, retratista alemão (século XVI).
Flinck, Govert, pintor holandês (1615-1660).
Flint, sir William Russel, pintor e artista gráfico britânico (1880-1969).
Florian, (Jean-Pierre) Claris de, comediógrafo, romancista e fabulista francês (1755-1794).
Floris, família de artistas holandeses, sendo os mais renomados os irmãos Frans, pintor (1516?-1570) e Cornelius, escultor, gravador e arquiteto (1514-1575).
Flothuis, Marius Hendrikus, compositor erudito e musicólogo holandês (1914).
Flötner, Peter, escultor e gravador alemão (1495-1546).
Fo, Dario, dramaturgo, cenoplasta e encenador italiano (1926).
Fogazzaro, Antonio, poeta e romancista italiano (1842-1911).
Fokine, Mikhail Mikháilovitch, coreógrafo e bailarino russo, também atuante nos Estados Unidos (1880-1942).
Folengo, Teofilo (Girolamo Folengo, dito), poeta sacro e satírico italiano (1491-1544).
Fomenko, Piotr, encenador russo (1932).
Fomine, Ievstigniei, compositor erudito russo (1761-1800).
Fonseca, (Domingos) Joaquim da, dramaturgo brasileiro (1829-1911).
Fonseca, (José) Rubem, contista, romancista e cronista brasileiro (1925).
Fonseca, Adélia Josefina de Castro, poetisa brasileira (1827-1920).
Fonseca, Aguinaldo (Brito), poeta português (1922).
Fonseca, Antônio Manuel da, pintor português (1796-1890).
Fonseca, Eduardo Valente da, poeta português (1928).
Fonseca, Emi Bulhões de Carvalho, contista e romancista brasileira (1918).
Fonseca, Gregório da, ensaísta de cultura brasileiro (1875-1934).
Fonseca, José Paulo Moreira da, poeta e pintor brasileiro (1922).
Fonseca, Manuel (Dias da), poeta, contista e romancista português (1911).
Fonseca, Manuel da, compositor erudito português (século XVI).
Fonseca, Reynaldo (de Aquino), pintor brasileiro (1925).
Fontainas, André, poeta belgo-francês (1865-1948).
Fontaine, Pierre François, arquiteto e decorador francês (1762-1853).
Fontana, Carlo, arquiteto, escultor e decorador italiano (1634-1714).
Fontana, Domenico, arquiteto e urbanista italiano (1543-1607).
Fontana, Lúcio, pintor, escultor e ensaísta de arte ítalo-argentino (1899-1968).
Fontana, Prospero, pintor italiano (1512-1597).
Fontane, Theodor, poeta e romancista alemão (1819-1898).
Fontanes, Louis de, poeta e crítico literário francês (1757-1821).
Fontanesi, Antonio, pintor e gravador italiano (1818-1882).
Fontenelle, Bernard Le Bouvier de, poeta e ensaísta de cultura francês (1657-1757).

Fontoura, Antônio Carlos, cineasta brasileiro (1939).
Fonyat, José Bina, arquiteto brasileiro (1918).
Foppa, Vicenzo, pintor italiano (1427-1515).
Forain, Jean-Louis, pintor, litógrafo e caricaturista francês (1852-1931).
Forbes, Bryan (John Clarke, dito), cineasta e romancista inglês (1926).
Ford, John, cineasta norte-americano (1895-1973).
Ford, John, tragediógrafo inglês (1586-1639).
Foreman, Richard, autor e encenador norte-americano (1937).
Forester, Cecil Scott, romancista inglês (1899-1966).
Forman, Milos, cineasta tcheco (1932).
Forment, Damián, escultor espanhol (1475-1540).
Forster, Edward Morgan, romancista e ensaísta inglês (1879-1971).
Förster, Josef, compositor erudito e crítico musical tcheco (1859-1951).
Forsythe, William, coreógrafo norte-americano (1949).
Fort, Paul, poeta e dramaturgo francês (1872-1960).
Forteguerri, Niccolò, poeta italiano (1674-1735).
Fortner, Wolfgang, compositor erudito e maestro alemão (1907-1987).
Forton, Louis, desenhista de quadrinhos e contista francês (1878-1934).
Fortunato (Venantius Honorius Clemens Fortunatus), poeta e biógrafo latino, de origem italiana (535?-600).
Fortuny y Carbo (ou Fortuny y Marsal), Mariano, pintor espanhol (1838-1874).
Foscolo, Ugo, poeta e romancista italiano (1778-1827).
Foss, Lukas, compositor erudito alemão naturalizado norte-americano (1922).
Fosse, Bob (Robert Fosse, dito), coreógrafo e cineasta norte-americano (1927-1987).
Foster, Hal (Alan Harold Forster, dito), desenhista de quadrinhos norte-americano (1892-1982).
Foster, Myles Birket, pintor e gravador britânico (1825-1899).
Foster, Norman, arquiteto e *designer* inglês (1935).
Foster, Stephen Collins, compositor popular norte-americano (1826-1864).
Foucault, Michel, filósofo francês (1926-1984).
Foults, John Herbert, compositor erudito e violoncelista inglês (1880-1939).
Fouqué, Friedrich H. de La Motte, romancista alemão (1777-1843).
Fouquet (ou Foucquet), Jean, pintor francês (1420-1481).
Fourier, Charles, filósofo e reformador social francês (1772-1837).
Fragonard, Jean-Honoré, pintor francês (1732-1806).
Frampton, sir George, escultor britânico (1860-1928).
França Júnior, Osvaldo, romancista brasileiro (1936-1989).
Françaix, Jean, compositor erudito francês (1912).
Francastel, Pierre, ensaísta de artes francês (1900-1970).
France, Anatole (François-Anatole Thibault, dito), romancista francês (1844-1924).
Franceschini, Furio, compositor sacro e organista ítalo-brasileiro (1880-1976).
Franchetti, Alberto, compositor erudito italiano (1860-1942).
Francia (Francesco Raibolini, dito), pintor italiano (1450-1517/8).
Franciabigio (Francisco di Cristofano, dito), pintor italiano (1482-1525).
Francis, Sam, pintor norte-americano (1923).
Francisca Júlia da Silva Munster, poetisa brasileira (1874-1920).
Franck, César (Auguste Jean Guillaume, dito), compositor erudito belga naturalizado francês (1822-1890).
Franck, Melchior, compositor erudito alemão (1580?-1639).
Francken, família de pintores flamengos, sendo os mais renomados Frans I (1542-1616) e Frans II, seu filho (1581-1642).

Franco, Siron (Gessiron Alves F., dito), artista plástico e cenógrafo brasileiro (1947).

Françon, Alain, encenador francês (1946).

Franju, Georges, documentarista e cineasta francês (1912-1987).

Frank, Leonhard, novelista e romancista alemão (1882-1961).

Frankel, Benjamin, compositor erudito e maestro inglês (1906-1973).

Frankenheimer, John, cineasta norte-americano (1930-2002).

Frankenthaler, Helen, pintora norte-americana (1928).

Franqueville (ou Francheville ou Francavilla), Pierre, escultor francês (1548-1615).

Franz, Robert, compositor de *lieder* alemão (1815-1892).

Franzen, Frans Mikael, poeta fino-sueco (1772-1847).

Frayn, Michael, dramaturgo, romancista e roteirista inglês (1933).

Frears, Stephen, cineasta britânico (1941).

Fréchette, Louis Honoré, poeta e contista canadense (1839-1908).

Freed, Arthur, compositor popular e de música incidental norte-americano (1894-1973).

Frege, Gottlob, filósofo alemão (1848-1925).

Freiligrath, Ferdinand, poeta e tradutor alemão (1810-1876).

Freire Filho, Aderbal, encenador brasileiro (1941).

Freire Júnior, Francisco José, compositor popular e de revistas brasileiro (1881-1956).

Freitas, Frederico de, compositor erudito português (1902-1980).

Freitas Branco, Luís de, compositor erudito português (1890-1955).

Frémiet, Emmanuel, escultor francês (1824-1910).

Fréminet, Martin, pintor francês (1567-1619).

French, Daniel Chester, escultor norte-americano (1850-1931).

Frescobaldi, Girolamo, compositor erudito e organista italiano (1583-1643).

Freud, Lucian, pintor teuto-britânico (1922).

Freud, Sigmund, psiquiatra e psicanalista austríaco (1856-1939).

Freundlich, Otto, pintor e escultor alemão (1878-1943).

Freyre, Gilberto (de Mello), ensaísta de cultura e sociólogo brasileiro (1900-1987).

Freytag, Gustav, romancista alemão (1816-1895).

Fricker, Peter Racine, compositor erudito inglês (1920-1990).

Friedmann, Georges (Philippe), sociólogo francês (1902-1977).

Friedrich, Caspar David, pintor alemão (1774-1840).

Friesz, Othon, pintor francês (1879-1949).

Frigerio, Ezio, cenógrafo italiano (1930).

Frink, Dame Elisabeth, escultora e artista gráfica britânica (1930).

Frisch, Max, dramaturgo suíço (1911).

Frith, William Powell, pintor inglês (1819-1909).

Froberger, Johann Jacob, compositor erudito e organista alemão (1616-1667).

Froissart, Jean, poeta e cronista francês (1337?-1400).

Froment, Nicolas, pintor francês (1425?-1486?).

Fromentin, Eugène, pintor e romancista francês (1820-1876).

Frost, Terry, pintor britânico (1915).

Fry, Roger, pintor e crítico de arte inglês (1866-1934).

Frye, Northrop, crítico de literatura canadense (1912-1991).

Fuentes, Carlos, romancista mexicano (1928).

Führich, Joseph, pintor, desenhista e gravador austríaco (1800-1876).

Fujita, Tsuguharu (ou Léonard), pintor e artista gráfico nipo-francês (1886-1968).

Fuleihan, Anis, compositor erudito e maestro norte-americano, de origem cipriota (1901-1970).

Fuller, Isaac, retratista e pintor inglês (1606-1672).

Fuller, Richard Buckminster, engenheiro-arquiteto e *designer* norte-americano (1895-1983).

Fuller, Samuel, cineasta norte-americano (1911).

Furetière, Antoine, romancista e dicionarista francês (1620-1688).

Fusco, Rosário, poeta, romancista, dramaturgo e crítico brasileiro (1910-1976).

Füssli, Johann Henrich (também chamado Henry Fuseli), pintor e poeta suíço, ativo na Inglaterra (1741-1825).

Fux, Johann Joseph, compositor erudito e teórico de música austríaco (1660-1741).

Fyt, Jan, pintor e gravador flamengo (1611-1661).

G

Gabo, Naum (Naum Neemia Pevsner, dito), escultor russo-norte americano (1890-1977).

Gabriel, família de arquitetos francesa, cujos mais renomados foram: Jacques I (?-1628), o patriarca, Maurice I (1602-1649), Jacques-Jules V (1667-1742), e seu filho Ange-Jacques (1698-1782).

Gabriel, Paul Joseph Constantin, pintor holandês (1828-1903).

Gabriel López, José, romancista e folclorista argentino (1898-1957).

Gabrieli, Andrea, compositor erudito e organista italiano (1510?-1586).

Gabrieli, Giovanni, compositor erudito e organista italiano, sobrinho de Andrea (1553?-1612).

Gadamer, Hans-Georg, filósofo alemão (1900-2002).

Gadda, Carlo Emilio, romancista italiano (1893-1973).

Gaddi, Taddeo, pintor italiano (1300?-1366).

Gade, Niels, compositor erudito e organista dinamarquês (1817-1890).

Gades, Antonio (Antonio Esteves Ródenas, dito), bailarino e coreógrafo espanhol (1936).

Gagliano, Marco da, compositor erudito italiano (1575?-1642?).

Gagnebin, Henri, compositor erudito suíço (1886-1977).

Gaiman, Neil, roteirista de quadrinhos, romancista e contista inglês (1960).

Gainsborough, Thomas, pintor e retratista inglês (1727-1788).

Gaio, Manuel da Silva, poeta e crítico literário português (1861-1934).

Galczynski, Konstantin Ildefons, poeta polonês (1905-1953).

Galeno, Juvenal (Juvenal Galeno da Costa e Silva, dito), poeta brasileiro (1836-1931).

Galilei, Vicenzo, compositor erudito e alaudista italiano (1520?-1591).

Galindo, Alejandro, cineasta mexicano (1906).

Galindo, Blas, compositor erudito mexicano (1910).

Gallé, Émile, projetista, vidreiro, ceramista e ebanista francês (1846-1910).

Gallego, Fernando, pintor espanhol (séculos XV-XVI).

Gallegos, Rómulo, romancista e político venezuelano (1884-1969).

Gallen-Kallela, Akseli, pintor, artista gráfico e *designer* finlandês (1865-1931).

Gallet, Luciano, compositor erudito e musicólogo brasileiro (1893-1931).

Gallota, Jean-Claude, bailarino e coreógrafo francês (1950).

Gallus, Joannes, compositor erudito holandês (século XVI).

Galo (Caius Cornelius Gallus), poeta latino (70 a.C.?-?).

Galsworthy, John, romancista e dramaturgo inglês (1867-1933).

Galuppi, Baldassare (dito il Buranello), compositor erudito italiano (1706-1785).

Galvão, Pagu (Patrícia Rehder, dita), romancista brasileira (1907-1962).

Gálvez, Manuel, romancista argentino (1882-1962).

Galvez, Raphael, pintor brasileiro (1907-1998).

Gama, Arnaldo (de Sousa Dantas da), poeta, contista e romancista português (1828-1869).

RELAÇÃO ONOMÁSTICA DE AUTORES | 725

Gama, José Basílio da, poeta brasileiro (1741?-1795).

Gama, Marcelo (Possidônio Machado, dito), poeta brasileiro (1878-1915).

Gama, Sebastião da, poeta português (1924-1952).

Gama Lopes da Costa, Mauro, poeta brasileiro (1938).

Gamarra, José, pintor e gravador uruguaio (1934).

Gamoneda, António, poeta espanhol (1931).

Gance, Abel, cineasta francês (1889-1981).

Gândavo, Pero de Magalhães de, cronista português (século XVI).

Ganivet, Angel, romancista e ensaísta espanhol (1865-1898).

Ganne, Louis, compositor de operetas francês (1862-1923).

Garaudy, Roger, filósofo e político francês (1913).

Garay, Epifanio, pintor colombiano (1849-1903).

Garay, János, poeta húngaro (1812-1853).

Garborg, Arne Aadne, romancista, poeta e dramarturgo norueguês (1851-1924).

Garchin, Vsevolod Mikháilovitch, romancista russo (1855-1888).

Garcia, (Eduardo Augusto) Chianca de, cineasta, autor e encenador de musicais português, também ativo no Brasil (1898-1983).

Garcia, Clóvis, crítico teatral, cenógrafo e encenador brasileiro (1921).

Garcia, José Maurício Nunes, compositor erudito brasileiro (1762-1830).

García, Manuel del Populo, compositor erudito e tenor espanhol (1775-1832).

Garcia, Oton Moacir, filólogo e ensaísta de literatura brasileiro (1912).

García, Victor, mímico e encenador argentino, ativo também no Brasil (1934-1982).

García Calderón, Ventura, contista e poeta peruano (1887-1959).

Garcia de Mascarenhas, Brás, poeta português (1596-1656).

García Espinosa, Julio, cineasta e documentarista cubano (1926).

García Gutiérrez, Antonio, dramaturgo espanhol (1813-1884).

García Lorca, Federico, poeta e dramaturgo espanhol (1898-1936).

García Maldonado, Alejandro, romancista venezuelano (1899-1960).

García Márquez, Gabriel, romancista, contista e crítico literário colombiano (1928).

Gardel, Carlos (Charles Gardés, dito), compositor e cantor popular argentino de tangos, nascido na França (1890-1935).

Gardel, Maximilien, bailarino e coreógrafo francês, pai de Pierre (1741-1787).

Gardel, Pierre, bailarino e coreógrafo francês, filho de Maximilien (1758-1840).

Gardner, Alexander, fotógrafo norte-americano de origem escocesa (1821-1882).

Gardner, Erle Stanley, romancista norte-americano (1889-1970).

Gardner, John Linton, compositor erudito e pianista inglês (1917).

Gardner, John, contista e romancista norte-americano (1933-1982).

Gárdonyi, Géza, dramaturgo húngaro (1863-1922).

Garecki, Maksim, romancista, filólogo e crítico literário bielorrusso (1893-1939).

Gargallo, Pablo, escultor espanhol (1881-1934).

Garioch, Robert, poeta escocês (1909-1981).

Garland, Hannibal (Hamlin), romancista norte-americano (1860-1940).

Garnett, David, contista e romancista inglês (1892-1981).

Garnier, Charles, arquiteto francês (1825-1898).

Garnier, Jacques, bailarino e coreógrafo francês (1940-1989).

Garnier, Robert, poeta dramático francês (1534?-1590).

Garnier, Tony, arquiteto e urbanista francês (1869-1948).

Garofalo (Benvenuto Tisi, dito), pintor italiano (1481?-1559).

Garoto (Aníbal Augusto Sardinha, dito), compositor popular e instrumentista brasileiro (1915-1955).

Garouste, Gérard, pintor fancês (1946).

Garrido, Eduardo, dramaturgo português (1842-1912).

Garrido, Pablo, compositor erudito e de *jazz* chileno (1905).

Garrido-Malaver, Julio, poeta peruano (1909).

Garros, Pierre de, poeta francês (1530?-1583).

Gary, Romain (Romain Kacew, dito), romancista e cineasta francês, de origem russa (1914-1980).

Gascar, Pierre (Pierre Fournier, dito), contista e romancista francês (1916).

Gascoigne, George, poeta e comediógrafo inglês (1527?-1577).

Gaskell, Mrs. (Elizabeth Stevenson, dita), romancista inglesa (1810-1865).

Gasparini, Francesco, compositor erudito italiano (1668-1727).

Gassendi (Pierre Gassend, dito), filósofo e cientista francês (1592-1655).

Gassman, Vittorio, encenador e ator italiano (1921-2000).

Gassmann, Florian Leopold, compositor erudito alemão, ativo na Áustria (1729-1774).

Gastoldi, Giovanni Giacomo, compositor erudito italiano (1556?-1622).

Gattai, Zélia, romancista e memorialista brasileira (1916).

Gatti, Armand, dramaturgo e encenador francês (1924).

Gatto, Alfonso, poeta italiano (1909-1976).

Gaubert, Philippe, compositor erudito e flautista francês (1879-1941).

Gaudí y Cornet, Antonio, arquiteto, escultor e pintor espanhol (1852-1926).

Gaudier-Brzeska, Henri, escultor e pintor francês (1891-1915).

Gauguin, Paul, pintor francês (1848-1903).

Gauthier, Théophile, poeta, romancista e ensaísta literário francês (1811-1872).

Gautier d'Arras, romancista de cavalaria francês (século XII).

Gavarni, Paul (Sulpice-Guillaume Chevalier, dito), caricaturista, pintor e gravador francês (1804-1866).

Gaveaux, Pierre, compositor erudito francês (1760-1825).

Gay, John, poeta e comediógrafo inglês (1688-1732).

Gazul, Francisco de Freitas, compositor erudito português (1842-1925).

Geertgen tot Sint Jans, pintor holandês (1460?-1490?).

Geffroy, Gustave, crítico de artes e romancista francês (1855-1926).

Gehlen, Arnold, antropólogo e filósofo alemão (1904-1976).

Gehry, Frank, *designer* e arquiteto norte-americano, de origem canadense (1929).

Geiger, Anna Bella, pintora e gravadora brasileira (1933).

Geiger, Erik Gustaf, poeta e ensaísta de literatura sueco (1783-1847).

Gelder, Aert de, pintor holandês (1645-1727).

Gelewski, Rolf, bailarino e coreógrafo teuto-brasileiro (1931-1988).

Gellée, Claude, pintor francês (1600-1682).

Gellert, Christian Fürchtegott, fabulista, comediógrafo e romancista alemão (1715-1769).

Gelman, Juan, poeta argentino residente no México (1930).

Gémier, Firmin (Firmin Tonerre, dito), encenador francês (1869-1933).

Geminiani, Francesco, compositor erudito, violinista e tratadista italiano (1680?-1762).

Genaro (Antônio Dantas de Carvalho, dito), tapeceiro e pintor brasileiro (1926-1971).

Generalic, Ivan, pintor croata (1914).

Genet, Jean, poeta, romancista e dramaturgo francês (1910-1986).

Genette, Gérard, ensaísta de literatura francês (1930).

Genevoix, Maurice, romancista francês (1890-1980).

Genlis, condessa de (Stéphanie Félicité du Crest de Saint Aubin), romancista, cronista e pedagoga francesa (1746-1830).

Gentile da Fabriano, pintor italiano (1370-1427).

Gentileschi, Artemisia, pintora italiana, filha de Orazio (1593-1652).

Gentileschi (Orazio Lomi, dito), pintor italiano, pai de Artemisia (1340?-1427).

Genzmer, Harald, compositor erudito alemão (1919).

George, Stefan, poeta e tradutor alemão (1868-1933).

Gérard, François, pintor francês (1770-1837).

Gerbasi, Vicente, poeta venezuelano (1914).

Gerchman, Rubens, pintor e gravador brasileiro (1942).

Gerchunoff, Alberto, contista e romancista argentino (1884-1950).

Gerdt, Pável Andréievitch, bailarino e coreógrafo russo (1884-1917).

Gerhaert van Leyden, Nicolaus, escultor holandês (1430?-1473).

Gerhard, Hubert, escultor holandês (1545?-1620).

Gerhard, Roberto, compositor erudito suíço naturalizado inglês (1896-1970).

Géricault, Théodore, pintor francês (1791-1894).

Gérin-Lajoie, Antoine, romancista canadense (1824-1882).

Germain, família de ourives francesa: Pierre (1645-1684), seu filho Thomas (1673-1748) e o neto François Thomas (1726-1791).

Gérôme, Jean-Léon, pintor e escultor francês (1824-1904).

Gershwin, George, compositor erudito e popular norte-americano (1898-1937).

Gerstl, Richard, pintor austríaco (1883-1908).

Gertler, Marck, pintor inglês (1891-1939).

Gertstenberg, Heinrich Wilhelm von, poeta e crítico literário alemão (1737-1823).

Gessner, Salomon, pintor, água-fortista e poeta suíço (1730-1788).

Gestel, Leo (Leendert), pintor holandês (1881-1941).

Gesualdo, Don Carlo, compositor erudito e alaudista italiano (1560?-1614).

Gezelle, Guido, poeta belga (1830-1889).

Ghedini, Giorgio Federico, compositor erudito italiano (1892-1965).

Gheeraersts, família de pintores e retratistas batavo-inglesa: Marcus, o Velho (1530?-1590?) e Marcus, o Moço (1562-1636).

Gheyn, família de artistas holandesa: Jacob I, miniaturista e pintor (1530?-1582), e o filho Jacob II, gravador e pintor (1565-1629).

Ghiberti, Lorenzo, arquiteto, escultor, ourives e projetista italiano (1378?-1455).

Ghil, René, poeta francês de origem belga (1862-1925).

Ghiraldo, Alberto, poeta e dramaturgo argentino (1884-1946).

Ghirlandaio, Domenico (Domenico de Tommaso Bigordi, dito), pintor italiano (1449-1494).

Ghiselin, Jean, compositor erudito flamengo (séculos XV e XVI).

Ghislandi, Fra Galgario, pintor italiano (1655-1743).

Giacometti, Alberto, escultor e pintor suíço (1901-1966).

Giambologna (Giovanni Bologna ou Jean da Bologne, dito), escultor flamengo-italiano (1529-1608).

Gianotti, José Artur, filósofo brasileiro (1930).

Gibbings, Robert, xilógrafo inglês (1889-1958).

Gibbon, Edward, historiador inglês (1737-1794).

Gibbons, Grinling, entalhador e escultor holandês (1648-1721).

Gibbons, Orlando, compositor erudito inglês (1682-1754).

Gibbs, James, arquiteto inglês (1682-1754).

Gibson, John, escultor britânico (1790-1866).

Gibson, William, romancista e contista norte-americano (1948).

Gidali, Marika, bailarina e coreógrafa brasileira de origem húngara (1937).

Gide, André, romancista e crítico francês (1869-1951).

Giedeon, Siegfried, historiador e ensaísta de arte suíço (1888-1968).

Gielen, Michael Andreas, compositor erudito alemão (1927).

Giersing, Harald, pintor dinamarquês (1881-1927).

Gigault, Nicolas, compositor erudito e organista francês (1627?-1707).

Gil, Augusto (César Ferreira), poeta e contista português (1873-1929).

Gil, Gilberto (Gilberto Passos Gil Moreira, dito), compositor popular brasileiro (1942).

Gil de Biedma, Jaime, poeta e crítico literário espanhol (1929-1990).

Gil de Castro, José, pintor e retratista peruano (?-1841).

Gil de Hontañón, Rodrigo, arquiteto espanhol (1500?-1577).

Gilardi, Gilardo, compositor erudito argentino (1889-1963).

Gilbert, Anthony, compositor erudito inglês (1934).

Gilbert, Nicholas (Nicholas Joseph Laurent, dito), poeta francês (1750-1780).

Gilbert, sir Alfred, escultor britânico (1854-1934).

Gilbert, William Schwenk, poeta e libretista inglês (1836-1911).

Gilbert and George (Gilbert Proesch e George Passmore), artistas performáticos britânicos (1943 e 1942, respectivamente).

Gilioli, Émile, escultor e projetista de tapetes francês (1911-1977).

Gilis, Don, compositor erudito norte-americano (1912-1978).

Gill, Eric, escultor e gravador britânico (1882-1940).

Gill, Gláucio Guimarães, dramaturgo e encenador brasileiro (1931-1965).

Gilles, Jean, também dito Jean de Tarascon, compositor erudito francês (1243?-1316).

Gillespie, Dizzy (John Birks Gillespie, dito), compositor de *jazz*, instrumentista e regente norte-americano (1917-1993).

Gillet, Guillaume, arquiteto francês (1912-1987).

Gilliam, Terry, roteirista e cineasta norte-americano, também ativo na Inglaterra (1940).

Gilliams, Maurice, romancista e ensaísta belga (1900-1982).

Gillot, Claude, pintor, água-fortista e decorador francês (1673-1722).

Gilman, Harold, pintor inglês (1876-1919).

Gilpin, Sawrey, pintor inglês (1733-1807).

Gilray, James, caricaturista inglês (1757-1815).

Gilson, Étienne, filósofo e historiador da filosofia (1884-1978).

Gilson, Paul, compositor erudito e tratadista de música belga (1865-1942).

Gimson, Ernest, arquiteto e artesão inglês (1864-1919).

Ginastera, Alberto, compositor erudito argentino (1916-1983).

Ginner, Charles, pintor inglês (1879-1952).

Ginsberg, Allen, poeta norte-americano (1926-1997).

Giono, Jean, poeta, romancista, dramaturgo e cronista francês (1895-1970).

Giordano, Giuseppe (dito Giordanello), compositor erudito italiano (1753?-1798).

Giordano, Luca, pintor e decorador italiano (1634-1705).

Giordano, Tommaso, compositor erudito e maestro italiano também ativo na Inglaterra (1733?-1806).

Giordano, Umberto, compositor erudito e operista italiano (1867-1948).

Giorgetti, Ugo César, cineasta brasileiro (1942).

Giorgi, Bruno, escultor brasileiro (1905-1993).

Giorgione (Giorgio Barbarelli ou da Castelfranco, dito), pintor italiano (1476?-1510).

Giotto di Bondone, pintor e arquiteto italiano (1267-1337).

Giovanni da Maiano, escultor italiano (século XVI).

Giovanni di Paolo, pintor italiano (segunda metade do século XV).

Girard, René, filósofo francês (1923).

Girardin, Mme. Émile de (Delphine Gay, dita), poetisa, comediógrafa e romancista francesa (1804-1855).

Girardon, François, escultor francês (1628-1715).

Giraudoux, (Hippolyte) Jean, romancista, dramaturgo e roteirista de cinema francês (1882-1944).

Girodet de Roucy, Anne-Louis, pintor e ilustrador francês (1767-1824).

Girolamo da Carpi, pintor e arquiteto italiano (1501-1556).

Girondo, Oliverio, poeta argentino (1891-1967).

Gironella, Alberto, pintor mexicano (1929-1999).

Gironella, José María, romancista espanhol (1917-2003).

Girtin, Thomas, aquarelista inglês (1775-1802).

Gischia, Léon, pintor e cenógrafo francês (1903-1991).

Gislebertus, escultor francês (primeira metade do século XII).

Gismonti, Egberto (Amin), compositor popular e arranjador brasileiro (1944).

Giuliano da Maiano, arquiteto e escultor italiano (1432?-1490).

Giulio Romano (Giulio Pippi, dito), pintor e arquiteto italiano (1492?-1546).

Giusti, Giovanni, escultor ítalo-francês (1485-1549).

Giusti, Giuseppe, poeta italiano (1809-1850).

Glackens, William James, pintor e desenhista norte-americano (1870-1938).

Glanville-Hicks, Peggy, compositora erudita australiana naturalizada norte-americana (1912).

Glass, Philip, compositor erudito e de música minimalista norte-americano (1937).

Glazunov, Aleksandr Konstantínovitch, compositor erudito russo (1865-1936).

Gleizes, Albert, pintor, artista gráfico e ensaísta francês (1881-1953).

Gleyre, Charles, pintor suíço (1808-1874).

Gliere, Reinhold Moritsevitch, compositor erudito ucraniano (1875-1956).

Glinka, Mikhail Ivánovitch, compositor erudito russo (1804-1857).

Gluck, Christoph Villibald von, compositor erudito alemão (1714-1787).

Glucksmann, André, filósofo francês (1937).

Gnattali, Radamés, compositor erudito, maestro e arranjador de música popular brasileiro (1906-1988).

Godard, Benjamin, compositor erudito francês (1849-1895).

Godard, Jean-Luc, crítico de cinema, roteirista e cineasta francês (1930).

Godefroid de Clair (Godefroid de Huy), ourives e esmaltador francês (século XII).

Gödel, Kurt, lógico e matemático tcheco (1906-1978).

Godwin, Mary, romancista inglesa (1797-1851).

Godwin, William, romancista, ensaísta e historiador inglês (1756-1836).

Goehr, Alexander, compositor erudito alemão (1932).

Goeldi, Osvaldo, gravador e desenhista brasileiro (1895-1961).

Goethe, Johann Wolfgang von, poeta, dramaturgo, romancista, cientista e ensaísta alemão (1749-1832).

Gógol, Nikolai Vassílievtch, romancista, contista e dramaturgo russo-ucraniano (1809-1852).

Góis, Damião de, cronista português (1502-1574).

Goldberg, Johann, compositor erudito e organista alemão (1727-1756).

Goldie, Charles Frederick, pintor holandês (1870-1947).

Goldmann, Lucien, filósofo franco-romeno (1913-1970).

Goldmark, Karl (Károly), compositor erudito húngaro (1830-1915).

Goldoni, Carlo, comediógrafo italiano (1707-1793).

Goldsmith, Oliver, poeta, romancista e dramaturgo inglês (1728-1774).

Goltzius, Hendrik, pintor e gravador holandês (1558-1617).

Golub, Leon, pintor norte-americano (1922).

Gombauld, Jean Ogier de, poeta francês (1570-1666).

Gombrich, Ernst Hans, historiador de arte austríaco também ativo na Inglaterra (1909-2001).

Gombrowicz, Witold, romancista polonês (1904-1969).

Gomes, André da Silva, compositor erudito português, também ativo no Brasil (1752-1844).

Gomes, (Antônio) Carlos, compositor erudito brasileiro (1839-1896).

Gomes, Manuel Teixeira, novelista, contista, cronista, crítico de arte e político português (1862-1941).

Gomes Leal, António Duarte, poeta português (1848-1921).

Gomes Machado, Lourival, crítico de arte brasileiro (1917-1967).

Gómez Cornet, Ramón, pintor argentino (1898-1964).

Gómez Correa, Enrique, poeta chileno (1915).

Gómez de Avellaneda, Gertrudis, poetisa, dramaturga e romancista cubana (1814-1873).

Gómez de la Serna, Ramón, contista, romancista, dramaturgo e cronista espanhol (1888-1963).

Gómez de Mora, Juan, arquiteto espanhol (1586?-1648).

Gómez Haro, Enrique, dramaturgo mexicano (1871-1938).

Gomide, Antônio, pintor brasileiro (1895-1967).

Gonçalves, Nuno, pintor português (1425?-1490?).

Gonçalves de Magalhães, Domingos José, poeta, dramaturgo, ensaísta e diplomata brasileiro (1811-1882).

Gonçalves Dias, Antônio, poeta, dramaturgo e dicionarista brasileiro (1823-1864).

Goncourt, Edmond, cronista e romancista francês, irmão de Jules (1822-1896).

Goncourt, Jules, cronista e romancista francês, irmão de Edmond (1830-1870).

Góngora y Argote, Luís de, poeta espanhol (1561-1627).

Gontcharov, Ivan Aleksándrovitch, romancista russo (1812-1891).

Gontcharova, Natalia, pintora, artista gráfica e projetista russa (1881-1962).

Gonzaga, Adhemar (de Almeida), cineasta, crítico e produtor cinematográfico brasileiro (1901-1978).

Gonzaga, Chiquinha (Francisca Edwiges Neves Gonzaga, dita), compositora popular e maestrina brasileira (1847-1935).

Gonzaga, Luís (Luís Gonzaga do Nascimento, dito), compositor e cantor popular brasileiro (1912-1989).

Gonzaga, Tomás Antônio, poeta luso-brasileiro (1744-1810).

Gonzaguinha (Luís Gonzaga do Nascimento Jr., dito), compositor e cantor popular brasileiro, filho de Luís Gonzaga (1945-1991).

Gonzáles, Julio, escultor espanhol (1876-1942).

González Lanuza, Eduardo, poeta argentino (1900-1984).

González Prada, Manuel, poeta e ensaísta peruano (1848-1918).

González Tuñón, Raúl, poeta argentino (1905-1974).

Goossens, sir Eugene, compositor erudito e maestro inglês (1893-1962).

Gordimer, Nadine, contista e romancista sul-africana (1923).

Gore, Spencer, pintor inglês (1878-1914).

Górecki, Henryk, compositor erudito polonês (1933).

Górgias, filósofo e retórico grego (485?-380 a.C.).

Gorion, Bin (Mica Josef Berditchevski, dito), contista e ensaísta de cultura judeu-ucraniano (1865-1921).

Górki, Maksim (Aleksiéi Maksímovitch Pechkov, dito), poeta, romancista e dramaturgo russo (1868-1936).

Gorky, Arshile (Vostanig Manoog Adoian, dito), pintor norte-americano (1905-1948).

Górski, Aleksandr, bailarino, mestre de balé e coreógrafo russo (1871-1924).

728 | DICIONÁRIO SESC: A LINGUAGEM DA CULTURA

Goscinny, René, desenhista de história em quadrinhos francês (1926-1978).

Gossaert, Jan (dito Mabuse), pintor holandês (1478?-1535?).

Gossec, François Joseph, compositor erudito belga (1734-1829).

Gottlieb, Adolph, pintor norte-americano (1903-1974).

Gottschalk, Louis Moreau, compositor e pianista norte-americano ativo no Brasil (1829-1869).

Götz, Karl Otto, pintor alemão (1914).

Goujon, Jean, escultor e arquiteto francês (1510?-1566?).

Goulart de Andrade, José Maria, poeta, dramaturgo e romancista brasileiro (1881-1936).

Gould, Morton, compositor erudito, popular e pianista norte-americano (1913).

Goulding, Edmund, cineasta britânico ativo nos Estados Unidos (1891-1959).

Gounod, Charles François, compositor erudito e organista francês (1818-1893).

Gourmont, Remy de, poeta e crítico literário francês (1858-1915).

Gouveia de Oliveira, Evaldo, compositor e cantor popular brasileiro (1930).

Gower, George, retratista inglês (século XVI).

Gowing, sir Lawrence, pintor e crítico de arte britânico (1918).

Goya, Francisco de, pintor e artista gráfico espanhol (1746-1828).

Goytisolo, Juan, romancista espanhol (1931).

Gozzi, Carlo, poeta dramático italiano (1720-1806).

Gozzoli, Benozzo (Benozzo di Lese, dito), pintor italiano (1421-1497).

Grabbe, Christian Dietrich, poeta dramático alemão (1801-1836).

Graça Aranha, José Pereira da, romancista, dramaturgo e ensaísta de cultura brasileiro (1868-1931).

Gracián y Morales, Baltasar, moralista e tratadista de literatura espanhol (1601-1658).

Graciano, Clóvis, pintor e cenógrafo brasileiro (1907-1988).

Gracq, Julien (Louis Poirier, dito), poeta, romancista e ensaísta de literatura francês (1910).

Graf, Urs, pintor, gravador e ourives suíço (1485?-1527?).

Graff, Anton, pintor e retratista alemão (1736-1813).

Grafigny, Dame de (Françoise d'Issembourg d'Happoncourt, dita), epistológrafa e dramaturga francesa (1695-1916).

Graham, Martha, bailarina e coreógrafa norte-americana (1894-1991).

Graham Greene, Henry, romancista, dramaturgo e ensaísta inglês (1904-1991).

Grainger, Percy Aldridge, compositor erudito e pianista norte-americano de origem australiana (1882-1961).

Gramsci, Antonio, filósofo e ensaísta de cultura italiano (1891-1937).

Granacci, Francesco, pintor italiano (1469-1543).

Granados y Campiña, Enrique, compositor erudito espanhol (1867-1916).

Granato, Ivald, desenhista e pintor brasileiro (1949).

Grandbois, Alain, poeta canadense de língua francesa (1900-1975).

Grandeville (Jean Ignace Isidore Gérard, dito), caricaturista e ilustrador francês (1803-1847).

Grandi, Alessandro, compositor erudito italiano (1575-1630).

Granet, François-Marius, pintor francês (1775-1849).

Grant, Duncan, pintor, decorador e projetista britânico (1885-1978).

Grant, sir Francis, pintor escocês (1803-1878).

Granville-Barker, Harley, dramaturgo e encenador inglês (1877-1946).

Gras, Félix, poeta, contista e romancista francês (1844-1901).

Grass, Günter, poeta, dramaturgo e romancista alemão (1927).

Grasser, Erasmus, escultor alemão (1450-1518).

Gravelot, Hubert-François, pintor, projetista e gravador francês (1699-1773).

Graves, Michael, arquiteto norte-americano (1934).

Graves, Robert Ranke, poeta, contista e romancista inglês (1895-1985).

Gray, Thomas, poeta inglês (1716-1771).

Gréban, Arnoul, poeta dramático francês (1420?-1471).

Greco, Vicente, compositor de tango e regente argentino (1888-1924).

Green, Julien, romancista e dramaturgo francês, de origem norte-americana (1900).

Greenaway, Peter, cineasta galês (1942).

Greenberg, Clement, crítico e ensaísta de artes norte-americano (1909-1994).

Greene, Balcomb, pintor norte-americano (1904).

Greene, Maurice, compositor erudito e organista inglês (1696-1755).

Greene, Robert, poeta dramático e romancista inglês (1558?-1592).

Greenhill, John, retratista inglês (1644-1676).

Greenough, Horatio, escultor norte-americano (1805-1852).

Gregorcic, Simon, poeta esloveno (1844-1906).

Grémillon, Jean, documentarista francês (1902-1959).

Gren, Valentine, gravador inglês (1739-1813).

Grenn, Anthony, pintor britânico (1939).

Gresset, Jean-Baptiste Louis, poeta satírico e comediógrafo francês (1709-1777).

Gretchaninov, Aleksandr Tíkhonovitch, compositor erudito russo (1864-1956).

Grétry, André Modeste, compositor erudito belga-francês (1741-1813).

Greuze, Jean-Baptiste, pintor francês (1725-1805).

Greville, Fulke, poeta e tragediógrafo inglês (1554-1628).

Grévin, Jacques, poeta e tragediógrafo francês (1538-1570).

Grey, Zane, romancista norte-americano (1875-1939).

Gribóiedov, Aleksandr Serguiéievitch, poeta e comediógrafo russo (1795-1829).

Grieco, Agripino, poeta, historiador e crítico literário brasileiro (1888-1973).

Grieg, Edvard, compositor erudito norueguês (1843-1907).

Grieg, Nordhal, poeta, romancista e dramaturgo norueguês (1902-1943).

Griffes, Charles Tomlinson, compositor erudito norte-americano (1884-1920).

Griffith, David Wark, cineasta norte-americano (1875-1948).

Grignon, Claude-Henri, romancista e crítico de cultura canadense (1894-1976).

Grigny, Nicolas de, compositor erudito e organista francês (1672-1703).

Grigóriev, Apollon Aleksándrovitch, poeta e crítico de cultura russo (1822-1864).

Grigórovitch, Dmítri Vassílievitch, novelista e romancista russo (1822-1899).

Grigurescu, Nicolae, pintor romeno (1838-1907).

Grillparzer, Franz, poeta e dramaturgo austríaco (1791-1872).

Grimaldi, Giovanni Francesco (dito il Bolognese), pintor italiano (1606-1680).

Grimault, Paul, cineasta de desenho animado francês (1905).

Grimm, Jacob, filólogo, dicionarista, folclorista e contista alemão, irmão de Wilhelm (1785-1863).

Grimm, Samuel Hieronymus, pintor suíço (1733-1794).

Grimm, Wilhelm, folclorista e contista alemão, irmão de Jacob (1786-1859).

Grimmelshausen, Hans Jacob Christoffel von, romancista alemão (1620?-1676).

Grimmer, família de pintores flamengos: Jacob (1526?-1590) e o filho Abel (1570?-1619).

Grimshaw, Atkinson, pintor inglês (1836-1893).

Grin, Aleksandr (Aleksandr Stepánovitch Griniévski, dito), contista e romancista russo (1880-1932).

Gringore (ou Gringoire), Pierre, poeta dramático francês (1475?-1538?).

Gripenberg, Bertel Johan Sebastian, poeta finlandês de língua sueca (1878-1947).

Gris, Juan (José Victoriano González, dito), pintor espanhol (1887-1927).

Gromaire, Marcel, pintor, gravador e projetista de tapetes francês (1892-1971).

Gropius, Walter, arquiteto, urbanista, projetista e ensaísta de arte alemão (1883-1969).

Gropper, William, artista gráfico e pintor norte-americano (1897-1977).

Gros, Antoine-Jean, pintor francês (1771-1835).

Grossman, Jan, encenador tcheco (1925-1993).

Grosz, George, pintor e gravador alemão, naturalizado norte-americano (1893-1959).

Grotowski, Jerzy, encenador e teórico de dramaturgia polonês (1933-1999).

Grove, sir George, musicólogo e dicionarista inglês (1820-1900).

Gruber Correia, Mário, pintor e gravador brasileiro (1927).

Gruber, Francis, pintor e gravador francês (1912-1948).

Gruber, Klaus Michael, encenador alemão (1941).

Gruden, Igo, poeta esloveno (1893-1948).

Gruenberg, Louis, compositor erudito e pianista norte-americano de origem russa (1884-1964).

Grün, Anastasius (Anton Alexander, conde de Auersperg, dito), poeta austríaco (1806-1876).

Gründgens, Gustaf, ator, encenador e diretor de ópera alemão (1899-1983).

Grundtvig, Nikolai Frederik Severin, poeta sacro e ensaísta de mitologia dinamarquês (1783-1872).

Grüner, Ludwig, gravador e pintor alemão (1801-1882).

Grunewald, Jean-Jacques, compositor erudito e organista francês (1911-1982).

Grunewald, José Lino (Fabião), poeta, crítico literário e jornalista brasileiro (1931-2000).

Grünewald, Matthias (nome dado ao artista depois conhecido como Mathis Nithart ou Mathis Gothardt), pintor alemão (1470?-1528).

Gryphius (Andreas Greif, dito), poeta e dramaturgo alemão (1616-1664).

Grzegorzewski, Jerzy, encenador polonês (1939).

Guardi, Francesco, pintor italiano (1712-1793).

Guarini, Giambattista, poeta e dramaturgo italiano (1538-1612).

Guarini, Guarino, arquiteto e matemático italiano (1624-1683).

Guarnieri, Gianfrancesco (Sigfrido Benedetto Martinenghide), dramaturgo e ator brasileiro, nascido na Itália (1934).

Gudin, Eduardo dos Santos, compositor e cantor popular brasileiro (1950).

Guedes, Beto (Alberto de Castro Guedes, dito), compositor e cantor popular brasileiro (1951).

Guédron (ou Guesdron), Pierre, compositor erudito francês (1570?-1620).

Guerássimov, Aleksandr, pintor russo (1881-1963).

Guercino, il (Giovanni Francesco Barbieri, dito), pintor italiano (1591-1666).

Guérin, Charles, poeta francês (1873-1907).

Guérin, Gilles, escultor francês (1606-1698).

Guérin, Maurice de, poeta francês (1810-1839).

Guérin, Pierre-Narcisse, barão de, pintor francês (1774-1833).

Guerra, Ademar Carlos, encenador brasileiro (1933-1993).

Guerra, Álvaro, crítico literário brasileiro (1868-1942).

Guerra, Emílio Carrera, poeta e crítico brasileiro (1916-1958).

Guerra, Henrique Lopes, contista e romancista angolano (1937).

Guerra, Mário Lopes, romancista angolano (1939).

Guerra, Proto, poeta brasileiro (1899-1946).

Guerra Coelho Pereira, Rui (Alexandre), cineasta e compositor popular luso-moçambicano-brasileiro (1931).

Guerra Junqueiro, Abílio Manuel, poeta português (1850-1923).

Guerra Peixe, César, compositor erudito, arranjador e musicólogo brasileiro (1914-1993).

Guerrazzi, Francesco, romancista e ensaísta italiano (1804-1873).

Guerreiro, (Francisco Xavier) Cândido, poeta português (1871-1954).

Guerrero Ruiz, Juan, poeta e tradutor espanhol (1893-1955).

Guerrero, família de compositores eruditos espanhola: Pedro (primeira metade do século XVI) e seu irmão Francisco (1528?-1599).

Guersoni, Odetto, gravador e pintor brasileiro (1916).

Guevara, Andrés, caricaturista paraguaio, atuante no Brasil (190?-1965).

Guevara, Antônio de, cronista e epistológrafo espanhol (1480-1545).

Guevara, Luís Vélez de, dramaturgo e romancista espanhol (1579-1644).

Guézec, Jean-Pierre, compositor erudito francês (1934-1971).

Gugelot, Hans, arquiteto e *designer* holandês (1920-1965).

Guggiari, Hermann, escultor paraguaio (1942).

Guglielmo della Porta, escultor italiano (século XVI).

Guido d'Arezzo, musicólogo italiano (990?-1050?).

Guido da Siena, pintor italiano (século XIII).

Guido y Spano, Carlos, poeta argentino (1827-1918).

Guignard, Alberto da Veiga, desenhista e pintor brasileiro (1896-1962).

Guignon, Jean-Pierre, compositor erudito e violonista francês de origem italiana (1702-1774).

Guilhade, João Garcia de, trovador português (século XIII).

Guilherme de Occam (William of Ockham), filósofo escolástico inglês (1285-1349).

Guillain, Simon, escultor e gravador francês (1581-1658).

Guillaume, Eugène, escultor francês (1822-1905).

Guillaume de Machaut (ou Machault), compositor erudito e poeta francês (1300?-1377).

Guillaume de Lorris, trovador francês (?-1238?).

Guillaume de Nangis, cronista francês (?-1330).

Guillaumin, Jean-Baptiste Armand, pintor e gravador francês (1841-1927).

Guillén, Jorge, poeta e crítico de literatura espanhol (1893-1984).

Guillén, Nicolàs, poeta cubano (1902-1989).

Guillevic, Eugène, poeta francês (1907).

Guilloux, Louis, romancista francês (1899-1980).

Guilmant, Alexandre, compositor erudito e organista francês (1837-1911).

Guimaraens, Alphonsus (Afonso Henriques da Costa Guimarães, dito), poeta brasileiro (1879-1921).

Guimaraens, Archangelus (Arcângelo Augusto da Costa Guimarães, dito), poeta brasileiro (1872-1934).

Guimaraens, Eduardo, poeta e dramaturgo brasileiro (1892-1928).

Guimaraens Filho, Alphonsus de, poeta brasileiro, filho de Alphonsus de Guimaraens (1918).

Guimarães, Artur (Ferreira Machado), contista, romancista e dramaturgo brasileiro (1871-1931).

730 | DICIONÁRIO SESC: A LINGUAGEM DA CULTURA

Guimarães, Bernardo (Joaquim da Silva), poeta, romancista e crítico literário brasileiro (1825-1884).

Guimarães, Eduardo, poeta, dramaturgo e tradutor brasileiro (1892-1928).

Guimarães, Félix Pereira, escultor brasileiro (1734-1809).

Guimarães Júnior, Luís (Caetano Pereira), poeta e contista brasileiro (1845-1898).

Guimarães Rosa, João, contista, romancista, médico e diplomata brasileiro (1908-1967).

Guimard, Hector, arquiteto e projetista de interiores francês (1867-1942).

Guinga (Carlos Althier de Sousa Lemos Escobar, dito), compositor popular e violonista brasileiro (1950).

Guinizelli, Guido, poeta italiano (1235?-1276).

Guinsburg, Jacó, ensaísta de teatro brasileiro (1921).

Güiraldes, Ricardo, poeta, contista e romancista argentino (1886-1927).

Guirao, Ramón, poeta cubano (1908-1949).

Guiraut de Bornelh, trovador francês (século XII).

Guitry, Sacha, ator, dramaturgo e roteirista francês (1885-1957).

Guittone d'Arezzo, poeta italiano (1230?-1294).

Gully, John, pintor inglês (1819-1888).

Gundulic, Ivan, poeta dálmata (1589-1638).

Günther, Ignaz, escultor alemão (1725-1775).

Günther, Johannes Christian, poeta alemão (1698-1723).

Guridi, Jesus, compositor erudito e organista basco (1886-1961).

Gurney, Ivor, compositor erudito e organista inglês (1890-1937).

Gusdorf, Georges, filósofo e historiador de cultura francês (1912).

Guston, Philip, pintor norte-americano (1913-1980).

Gutfreund, Otto, escultor tcheco (1889-1927).

Gutiérrez, Eduardo, romancista argentino (1853-1900).

Gutiérrez Cruz, Carlos, poeta mexicano (1897-1930).

Guttuso, Renato, pintor italiano (1912-1987).

Gutzkow, Karl, romancista alemão (1811-1878).

Guys, Constantin, aquarelista e ilustrador francês (1805-1892).

Guzmán, Martins Luís, romancista mexicano (1887-1976).

Gwathmey, Robert, pintor norte-americano (1903-1988).

Gyllenborg, Gustaf Fredrik, poeta sueco (1731-1808).

Gyrowetz, Adalbert, compositor erudito austro-tcheco (1763-1850).

H

Haacke, Hans, artista plástico alemão (1936).

Haas, Ernst, fotógrafo austríaco (1921).

Haavikko, Paavo, poeta e dramaturgo finlandês (1931).

Haba, Alois, compositor erudito de vanguarda tcheco (1893-1973).

Habermas, Jürgen, filósofo alemão (1929).

Hackaert, Jans, pintor holandês (1628?-1699?)).

Hackert, Jakob Philipp, pintor alemão (1737-1807).

Hacks, Peter, dramaturgo alemão (1928).

Haddad, Amir, encenador brasileiro (1938).

Haddad, Jamil Almansur, poeta, ensaísta e tradutor brasileiro (1914-1988).

Hadju, Étienne, escultor romeno-francês (1907).

Hadley, Patrick Sheldon, compositor erudito inglês (1899-1973).

Hagnower, Niclas, entalhador alemão (séculos XV-XVI).

Hahn, Reynaldo, compositor erudito venezuelano, naturalizado francês (1875-1947).

Halas, Frantisek, poeta tcheco (1901-1949).

Hálek, Vitezslav, poeta e contista tcheco (1835-1874).

Halévy (Jacques Fromental Lévy, dito), compositor erudito francês (1799-1862).

Halévy, Daniel, historiador francês, irmão de Élie (1872-1962).

Halévy, Élie, filósofo e historiador francês, irmão de Daniel (1870-1937).

Ha Levy, Judah ben Samuel, poeta e filósofo judeu-espanhol (1070?-1141).

Halévy, Ludovic, libretista, dramaturgo e romancista francês (1834-1908).

Halffter, Cristóbal, compositor erudito de vanguarda espanhol (1930).

Hall, Peter Adolf, miniaturista de retratos suíço (1739-1793).

Hall, Peter, encenador inglês (1930).

Hall, Richard, compositor erudito inglês (1903-1982).

Hallen, Anders Johan, compositor erudito e crítico de música sueco (1846-1925).

Hallgrimsson, Jonas, poeta islandês (1807-1845).

Hallström, Per, poeta, dramaturgo, romancista e contista sueco (1866-1960).

Halmar, Augusto d', romancista chileno (1882-1950).

Hals, Frans, pintor holandês (1581?-1666).

Hambraeus, Bengt, compositor erudito de vanguarda sueco (1928).

Hamel, Théophile, pintor canadense (1817-1870).

Hamelin, Octave, filósofo francês (1856-1907).

Hamerik, Asger, compositor erudito dinamarquês (1843-1923).

Hamerling, Robert (Rupert Hamerling, dito), poeta e romancista austríaco (1830-1889).

Hamilton, Gavin, pintor e *marchand* escocês (1723-1798).

Hamilton, Iain Ellis, compositor erudito escocês (1922).

Hamilton, Richard, pintor britânico (1922).

Hamilton, sir William, filósofo escocês (1788-1856).

Hamlisch, Marvin, compositor popular e de música incidental norte-americano (1944).

Hammershoi, Vilhelm, pintor dinamarquês (1864-1916).

Hammett, Dashiel, romancista, roteirista e autor de histórias em quadrinhos norte-americano (1884-1961).

Hamsun, Knut (Knut Pedersen, dito), poeta, romancista e dramaturgo norueguês (1859-1952).

Händel, Georg Friedrich, compositor erudito alemão, naturalizado inglês (1685-1759).

Handke, Peter, poeta, dramaturgo, romancista e ensaísta austríaco (1942).

Händl, Jacob, compositor erudito alemão (1550-1591).

Hands, Terry (Terence David Hans, dito), encenador inglês (1941).

Handy, William Christopher, compositor popular norte-americano (1873-1958).

Hankar, Paul, arquiteto belga (1857-1901).

Hanneman, Adriaen, retratista holandês (1601-1671).

Hansen Bahia (Karl Heinz Hansen, dito), gravador teuto-brasileiro (1915-1978).

Hansen, Martin Alfred, romancista dinamarquês (1909-1955).

Hanslick, Eduard, crítico e musicólogo austríaco de origem tcheca (1825-1904).

Hanson, Duane, escultor norte-americano (1925).

Hanson, Howard Harold, compositor erudito norte-americano (1896-1981).

Hansson, Ola, poeta e romancista sueco (1860-1925).

Hantaï, Simon, pintor húngaro-francês (1922).

Hanuszkiewicz, Adam, ator e encenador polonês (1924).

RELAÇÃO ONOMÁSTICA DE AUTORES | 731

Hardy, Alexandre, poeta dramático francês (1570?-1632?).

Hardy, Thomas, romancista, dramaturgo e poeta inglês (1840-1928).

Hare, David, escultor norte-americano (1917).

Haring, Keith, pintor norte-americano (1958-1990).

Harlan, Veit, cineasta alemão (1899-1964).

Harnett, William Michael, pintor norte-americano (1848-1892).

Harnoncourt, Nikolaus, musicólogo e maestro alemão (1929).

Haro, Martinho de, pintor brasileiro, pai de Rodrigo (1907-1985).

Haro, Rodrigo de, poeta e artista plástico brasileiro, filho de Martinho (1939).

Harpignies, Henri, pintor e gravador francês (1819-1916).

Harris, Joel Chandler, contista e novelista norte-americano (1848-1908).

Harris, Lawren Stewart, pintor canadense (1885-1970).

Harris, Roy Ellsworth, compositor erudito norte-americano (1898-1979).

Harrison, George, compositor e cantor popular inglês (1943).

Harrison, Wallace Kirkman, arquiteto norte-americano (1895-1981).

Harsányi, Tibor, compositor erudito e musicólogo húngaro, radicado na França (1898-1954).

Hart, Johnny, quadrinhista norte-americano (1931).

Hartley, Marsden, pintor norte-americano (1877-1943).

Härtling, Peter, romancista alemão (1933).

Hartmann von Ave, poeta narrativo ou de cavalaria alemão (século XII).

Hartmann, Karl Amadeus, compositor erudito de vanguarda alemão (1895-1963).

Hartmann, Nicolai, filósofo estoniano-alemão (1882-1950).

Hartung, Hans, pintor e gravador teuto-francês (1904-1989).

Hartzenbusch, Juan Eugenio, dramaturgo e contista espanhol (1806-1880).

Harvey, Jonathan Dean, compositor erudito de vanguarda e violoncelista inglês (1939).

Hasek, Jaroslav, novelista de humor tcheco (1883-1923).

Hasenclever, Walter, poeta e dramaturgo alemão (1890-1940).

Haskell, Arnold Lionel, ensaísta de dança inglês (1903-1980).

Hassam, Childe, pintor e impressor de estampas norte-americano (1859-1935).

Hasse, Johann Adolf, compositor erudito alemão, ativo na Itália (1699-1783).

Hassler, Hans Leo, compositor erudito e organista alemão (1564-1612).

Hastrel, Adolphe d', pintor e litógrafo francês (1805-1870).

Hátár, Victor (Gyözö Hátar, dito), poeta, dramaturgo e ensaísta húngaro, radicado na Inglaterra (1914).

Hathaway, Henry, cineasta norte-americano (1898-1985).

Hatherly, Ana Maria, poetisa portuguesa (1929).

Hauff, Wilhelm, poeta, romancista e contista alemão (1801-1827).

Haug, Hans, compositor erudito suíço (1900-1967).

Hauptmann, Gehardt, poeta, dramaturgo e romancista alemão (1862-1946).

Hauser, Arnold, historiador e sociólogo de artes húngaro (1892-1978).

Hausmann, Raoul, pintor, escultor e fotógrafo austríaco (1886-1971).

Hautecoeur, Louis, historiador de arte francês (1884-1973).

Havel, Václav, dramaturgo e político tcheco (1936).

Hawkes, John, romancista norte-americano (1925).

Hawks, Howard, cineasta e roteirista norte-americano (1896-1977).

Hawksmoor, Nicholas, arquiteto inglês (1661-1736).

Hawthorne, Nathaniel, romancista norte-americano (1804-1864).

Haydée, Márcia (Márcia Salverry Pereira da Silva, dita), bailarina e coreógrafa brasileira, ativa na Alemanha (1939).

Haydn, Joseph, compositor erudito austríaco (1732-1809).

Haydn, Michael, compositor erudito austríaco, irmão de Joseph (1737-1806).

Haydon, Benjamin Robert, pintor inglês (1786-1846).

Hayez, Francesco, pintor italiano (1791-1882).

Haym, Nicola Francesco, compositor erudito e libretista italiano (1678-1729).

Hayman, Francis, pintor e ilustrador inglês (1707-1776).

Hayter, sir George, retratista e pintor inglês (1792-1871).

Hayter, Stanley William, gravador e pintor inglês, ativo na França (1901-1988).

Hazlitt, William, ensaísta e crítico literário inglês (1778-1830).

Heaney, Seamus, poeta irlandês (1939).

Heaphy, Charles, pintor britânico (1820-1881).

Heartfield, John (Helmut Herzfeld, dito), pintor, desenhista gráfico e cenógrafo alemão (1891-1968).

Hebbel, Friedrich, dramaturgo alemão (1813-1863).

Hébert, Anne, poetisa e romancista canadense (1916).

Hecht, Ben, romancista e roteirista norte-americano (1893-1964).

Heckel, Erich, pintor e artista gráfico alemão (1883-1970).

Hecker Filho, Paulo, poeta, dramaturgo e crítico literário brasileiro (1926).

Heda, Willem Claesz, pintor holandês (1593?-1682?).

Heem, Jan Davidsz de, pintor holandês (1606-1683).

Hegedusic, Krsto, pintor croata (1901-1975).

Hegel, Georg Willem Friedrich, filósofo alemão (1770-1831).

Heiberg, Gunnar, dramaturgo norueguês (1857-1929).

Heiberg, Johann Ludvig, autor de *vaudevilles* e dramaturgo dinamarquês, filho de Peter Andreas (1791-1860).

Heiberg, Peter Andreas, romancista e comediógrafo dinamarquês (1758-1841).

Heidegger, Martin, filósofo alemão (1889-1976).

Heidenstam, Verner von, poeta, novelista e romancista sueco (1859-1940).

Heijermans, Herman, dramaturgo holandês (1864-1924).

Heil, Eli Malvina, pintora brasileira (1929).

Heine, Heinrich, poeta e ensaísta de cultura alemão, radicado na França (1797-1856).

Heinesen, Andreas William, poeta, novelista e romancista dinamarquês (1900-1991).

Heinlein, Robert Anson, romancista norte-americano (1907-1988).

Heinrich von Meissen, trovador alemão (1260?-1318).

Heinrich von Mügeln, trovador e poeta sacro alemão (século XIV).

Heinrich von Veldeke, trovador alemão (século XII).

Heinse, Johann Jakob Wilhelm, romancista alemão (1746-1803).

Heinsius Junior, Nicolaes, romancista holandês (1656-1718).

Heintz, Joseph, o Velho, pintor e arquiteto suíço (1580-1655).

Heitor, Luís (Luís Heitor Correia de Azevedo, dito), musicólogo brasileiro (1905).

Held, Al, pintor norte-americano (1928).

Held, Marc, *designer* francês (1932).

Helder de Oliveira, Herberto, poeta, contista e tradutor português (1930).

Hélion, Jean, pintor francês (1904-1987).

Hellaakoski, Aaro, poeta finlandês (1893-1952).

Hellens, Franz (Frédéric van Ermenghem, dito), poeta, romancista e ensaísta belga (1881-1972).

Heller, Geza, pintor, gravador e arquiteto húngaro, naturalizado brasileiro (1902).

Heller, Joseph, romancista e comediógrafo norte-americano (1923).

Hellman, Lillian Florence, dramaturga, memorialista e roteirista norte-americana (1905-1984).

Hellmeister, Tide, artista plástico e desenhista gráfico brasileiro (1942).

Helpman, Robert, bailarino, coreógrafo e encenador australiano, ativo na Inglaterra (1909-1986).

Helvetius (Claude Adrien, dito), filósofo e enciclopedista francês (1715-1771).

Hemingway, Ernst, romancista e contista norte-americano (1898-1961).

Hemon, Louis, novelista francês, ativo no Canadá (1880-1913).

Hemsterhuis, Franz, filósofo holandês (1721-1790).

Henderson, Fletcher, compositor, regente e pianista de *jazz* norte-americano (1898-1952).

Hendriks, Wybrand, pintor holandês (1744-1831).

Hendrix, Jimi, compositor popular norte-americano (1942-1970).

Henfil (Henrique de Sousa Filho, dito), cartunista e quadrinhista brasileiro (1944-1988).

Henriot, Émile, romancista, memorialista e crítico literário francês (1889-1961).

Henrique, Gastão Manuel, pintor e escultor brasileiro (1933).

Henríquez Ureña, Pedro, poeta, contista e crítico literário dominicano (1884-1946).

Henry, Pierre, compositor erudito de vanguarda francês (1927).

Henry, Robert, pintor norte-americano (1865-1929).

Henze, Hans Werner, compositor erudito alemão (1926).

Hepworth, Cecil, documentarista, cineasta e tratadista de cinema inglês (1874-1953).

Hepworth, Dame Barbara, escultora inglesa (1903-1975).

Heraclides do Ponto (Heracleides), filósofo e astrônomo grego (século IV a.C.).

Heráclito (Heracleitos), filósofo grego (séculos VI e V a.C.).

Herbert, Frank, romancista norte-americano (1920-1986).

Herbert, George, poeta inglês (1593-1633).

Herbert, Victor, compositor erudito e maestro irlandês naturalizado norte-americano (1859-1924).

Herbert, Zbigniew, poeta, dramaturgo e ensaísta polonês (1924).

Herbin, Auguste, pintor francês (1882-1960).

Herculano de Carvalho e Araújo, Alexandre, romancista, poeta e historiador português (1810-1877).

Herder, Johann Gottfried von, filósofo, crítico de artes e teólogo alemão (1744-1803).

Heredia, José María de, poeta francês (1842-1905).

Heredia y Campuzano, José María de, poeta cubano (1803-1839).

Hergé (Georges Hemi, dito), desenhista de quadrinhos belga (1907-1983).

Hériat, Philippe (Raymond Payelle, dito), romancista e dramaturgo francês (1898-1971).

Hering, Elke, artista plástica brasileira (1940).

Hering, Loy, escultor alemão (1485-1554).

Herlin, Friedrich, pintor alemão (século XV).

Hermans, Wilhelm Frederik, poeta e romancista holandês (1921).

Hermant, Abel, romancista e gramático francês (1862-1950).

Hermlin, Stephan, novelista alemão (1915).

Hernández, Felisberto, contista e novelista uruguaio (1902-1964).

Hernández, Gregorio, escultor espanhol (1576-1636).

Hernández, José, poeta e político argentino (1834-1886).

Hernández, Mateo, escultor e gravador espanhol (1888-1949).

Hernández, Miguel, poeta e dramaturgo espanhol (1910-1942).

Hernández Aquino, Luís, poeta, romancista e ensaísta de literatura porto-riquenho (1907-1990).

Hernández-Catá, Alfonso, contista cubano (1885-1940).

Hernández Cruz, Luís, pintor e gravador porto-riquenho (1936).

Heródoto, historiador grego (480?-420? a.C.).

Heron, Patrick, pintor britânico (1920).

Herondas, poeta e autor de mimos grego (século III a.C.).

Herran, Saturnino, pintor mexicano (1887-1918).

Herrera, família de artistas plásticos espanhola: Francisco, o Velho, pintor e gravador (1590?-1656?) e seu filho Francisco, o Moço, pintor e arquiteto (1627?-1685).

Herrera, Fernando de, poeta e crítico literário espanhol (1534?-1597).

Herrera, Flavio, romancista guatemalteco (1899-1968).

Herrera, Juan de, arquiteto espanhol (1530-1597).

Herrera y Reissig, Júlio, poeta uruguaio (1875-1910).

Herrick, Robert, poeta inglês (1591-1674).

Herring, John Frederick, pintor britânico (1795-1866).

Herrman, Karl Ernst, cenógrafo alemão (1936).

Herrmann, Bernard, compositor erudito, de música incidental e maestro norte-americano (1911-1975).

Hertel, François (Rodolphe Dubé, dito), poeta, romancista e ensaísta canadense (1905).

Hervé (Florimond Ronger, dito), compositor de operetas francês (1825-1892).

Hervieu, Louise, pintora e romancista francesa (1878-1954).

Herwegh, Georg, poeta e tradutor alemão (1817-1875).

Herzberg, Judith Frieda, poetisa e dramaturga holandesa (1934).

Herzen (Ghertsen), Alexandre Ivánovitch, também chamado Iskander, crítico literário, ensaísta político e romancista russo (1812-1870).

Herzog, Werner, roteirista e cineasta alemão (1942).

Hesíodo, poeta grego (séculos VIII e VII a.C.).

Hesse, Herman, poeta e romancista alemão, naturalizado suíço (1877-1962).

Hessen, Johannes, filósofo e tratadista alemão (1889-1971).

Heym, George, poeta alemão (1887-1912).

Heym, Stefan (Helmut Flieg, dito), romancista alemão também de língua inglesa (1913).

Heyse, Paul von, romancista, novelista, poeta e dramaturgo alemão (1830-1914).

Heysen, sir Hans, pintor australiano (1877-1968).

Heyward, DuBose, romancista norte-americano (1885-1940).

Heywood, Thomas, ator e dramaturgo inglês (1574?-1641).

Hicks, Edward, pintor norte-americano (1780-1849).

Hicks, Sheila, artista plástica de tapeçaria norte-americana (1934).

Hidalgo, Alberto, poeta peruano (1897-1967).

Hidalgo, Bartolomé, poeta e folclorista uruguaio (1788-1822).

Highmore, Joseph, pintor inglês (1692-1780).

Highsmith, Patricia, romancista norte-americana (1921).

Hilbert, Jaroslav, dramaturgo tcheco (1871-1936).

Hilde (Hilda Weber, dita), caricaturista brasileira (1913).

Hildebrand, Adolf von, escultor e crítico de arte alemão (1847-1921).

Hildebrand, Hohann Lukas von, arquiteto austríaco (1688-1745).

Hildebrant, Eduard, pintor alemão (1818-1868).

Hilferding, Franz von Wewen, bailarino e coreógrafo austríaco (1710-1768).

Hill, Alfred, compositor erudito e maestro australiano (1870-1960).

Hill, Carl Fredrik, pintor sueco (1849-1911).

Hilliard, Nicholas, pintor, miniaturista e ourives inglês (1547-1619).

Hillier, Tristram, pintor britânico (1905-1983).

Hilst, Hilda, poetisa e contista brasileira (1930).

Hilton, James, romancista norte-americano (1900-1954).

RELAÇÃO ONOMÁSTICA DE AUTORES | 733

Hilton, John, compositor erudito e organista inglês (1560?-1608).

Hilton, John, compositor erudito e organista inglês, filho do anterior (1599-1657).

Hilton, Roger, pintor britânico (1911-1975).

Hiltunen, Eila, escultora filandesa (1922).

Hime, Francis (Francis Victor Walter, dito), compositor popular e cantor brasileiro (1939).

Hindemith, Paul, compositor erudito de vanguarda alemão (1895-1963).

Hine, Lewis Wickes, fotógrafo norte-americano (1874-1940).

Hípias de Élida, filósofo sofista grego (século V a.C.).

Hirschvogel, Augustin, água-fortista alemão (1503-1553).

Hirst, Damien, artista plástico inglês (1965).

Hirszman, Leon, cineasta brasileiro (1937-1987).

Hitchcock, Alfred, cineasta inglês naturalizado norte-americano (1899-1980).

Hitchens, Ivon, pintor britânico (1893-1979).

Hittorf, Jacques Ignace, arquiteto francês de origem alemã (1792-1867).

Hjelmslev, Louis Trolle, lingüista dinamarquês (1899-1965).

Hjorth, Bror, escultor e pintor sueco (1894-1968).

Hoare, William, retratista inglês (1707-1792).

Hobbema, Meindert, pintor de paisagens inglês (1638-1709).

Hobbes, Thomas, filósofo inglês (1588-1679).

Hockney, David, pintor, gravador, fotógrafo e *designer* britânico (1937).

Hoddinott, Alun, compositor erudito galês (1929).

Hodes, Stuart, bailarino e coreógrafo norte-americano (1924).

Hodges, William, pintor e gravador inglês (1744-1797).

Hodgkin, Howard, pintor e gravador britânico (1932).

Hodgkins, Frances, pintora neozelandesa (1869-1947).

Hodler, Ferdinand, pintor e escultor suíço (1853-1918).

Hoel, Sigurd, romancista e crítico literário norueguês (1890-1960).

Hofer, Carl, pintor alemão (1878-1955).

Hoffman, Joseph, arquiteto e *designer* austríaco (1870-1956).

Hoffmann, E. T. A. (Ernst Theodor Wilhelm Amadeus, dito), compositor erudito e contista alemão (1776-1822).

Hoffmann von Fallersleben (August Heinrich Hoffmann, dito), poeta e filólogo alemão (1798-1874).

Hoffmann von Hofmannswaldau, Christian, poeta alemão (1617-1679).

Hofmann, Hans, pintor alemão (1880-1966).

Hofmann, Josef, compositor erudito e pianista polonês naturalizado norte-americano (1876-1957).

Hofmannsthal, Hugo von, poeta, dramaturgo, libretista e ensaísta austríaco (1874-1929).

Hogarth, Burne, desenhista de quadrinhos norte-americano (1911).

Hogarth, William, pintor, gravador e ensaísta de arte inglês (1697-1764).

Hogg, James, poeta escocês (1770-1835).

Hohl, Ludwig, romancista e cronista suíço (1904-1980).

Hojeda, Diego de, poeta espanhol (1570-1615).

Holan, Vladimir, poeta tcheco (1905-1980).

Holanda, Aurélio Buarque de, filólogo e lexicógrafo brasileiro (1910-1989).

Holanda, Sérgio Buarque de, historiador, crítico literário e de cultura brasileiro (1902-1982).

Holbach, Paul Henri Dietrich, Barão d', filósofo e enciclopedista francês, de origem alemã (1723-1789).

Holbein, Hans, pintor, gravador e ilustrador alemão (1497/8-1543).

Holberg, Ludvig, comediógrafo e romancista dinamarquês, de origem norueguesa (1684-1754).

Hölderlin, Friedrich, poeta e romancista alemão (1770-1843).

Holecek, Josef, romancista tcheco (1853-1929).

Holguín, Melchor Pérez, pintor boliviano (1660-1725).

Holl, Elias, arquiteto alemão (1573-1646).

Holland, Agnieszka, cineasta holandesa (1948).

Hollanda, Francisco de, miniaturista e desenhista português (1517-1584).

Hollar, Wenceslaus (Wenzel ou Václav), gravador e aquarelista tcheco (1607-1677).

Hollein, Hans, arquiteto e *designer* austríaco (1934).

Holliger, Heinz, compositor erudito de vanguarda suíço (1939).

Holloway, Robin, compositor erudito inglês (1943).

Holly, Ján, poeta eslovaco (1785-1849).

Holmboe, Vagn, compositor erudito dinamarquês (1919).

Holmes, Oliver Wendell, poeta norte-americano (1809-1894).

Holst, Gustav Theodore, compositor erudito inglês de origem sueca (1874-1934).

Holton, Gerald, filósofo e historiador das ciências norte-americano (1922).

Holz, Arno, poeta, dramaturgo e crítico alemão (1863-1929).

Holzer, Jenny, artista plástica norte-americana (1950).

Holzer, Johann Evangelist, pintor alemão (1709-1740).

Holzmann, Rodolfo, compositor erudito e musicólogo teuto-peruano (1910).

Home, John, poeta e dramaturgo escocês (1722-1808).

Homem de Siqueira Cavalcanti, Homero, poeta e contista brasileiro (1924-1991).

Homer, Winslow, pintor norte-americano (1836-1910).

Homero, poeta mítico grego cujo nome significa o Cego ou o Refém (século IX a.C.).

Hondecoeter, Melchior d', pintor holandês (1636-1695).

Hondius, Abraham, pintor holandês (1625?-1691?).

Hone, Nathaniel, miniaturista e retratista irlandês (1718-1784).

Honegger, Arthur, compositor erudito suíço (1892-1955).

Hooch, Pieter de, pintor holandês (1629-1684).

Hood, Raymond, arquiteto norte-americano (1881-1934).

Hooft, Pieter Cornelisz, poeta e dramaturgo holandês (1581-1647).

Hopper, Edward, pintor norte-americano (1881-1967).

Hoppner, John, retratista inglês (1758-1810).

Horácio (Quintus Horatius Flaccus), poeta latino (65-8 a.C.).

Horkheimer, Max, filósofo alemão (1895-1973).

Horta, Victor, arquiteto e projetista belga (1861-1947).

Hoskins, John, miniaturista de retratos inglês (1595-1665).

Houaiss, Antônio, filólogo, crítico literário e dicionarista brasileiro (1916-1999).

Houbraken, Arnold, pintor e ensaísta de arte holandês (1660-1719).

Houbraken, Jacobus, gravurista holandês (1698-1780).

Houckgeest, Gerrit, pintor holandês (1600-1661).

Houdar de la Motte, Antoine, poeta dramático e tradutor francês (1672-1731).

Houdon, Jean-Antoine, escultor francês (1741-1828).

Housman, Alfred Edward, poeta e crítico literário inglês, irmão de Lawrence (1859-1936).

Housman, Lawrence, romancista e dramaturgo inglês, irmão de Alfred (1865-1959).

Houssaye, Arsène (Arsène Housset, dito), poeta, romancista e ensaísta de artes francês (1815-1896).

734 | DICIONÁRIO SESC: A LINGUAGEM DA CULTURA

Howells, Herbert Norman, compositor erudito e organista inglês (1892-1983).

Howells, William Dean, romancista e crítico literário norte-americano (1837-1920).

Hoz y Mota, Juan de, tragediógrafo espanhol (1622-1714).

Hrdlicka, Bohumil, encenador de ópera tcheco (1919).

Huber, Wolfgang (ou Wolf), pintor, impressor e arquiteto alemão (1490-1553).

Hudson, Thomas, retratista inglês (1701-1779).

Huerta, Juan de la, escultor espanhol (século XV).

Huet, Christophe, pintor, gravador e projetista francês (século XVIII).

Hugnes, Arthur, pintor e ilustrador inglês (1830-1915).

Hugo, Victor, poeta, romancista e dramaturgo francês (1802-1885).

Huguet, Jaime, pintor espanhol (século XV).

Huidobro, Vicente Ruiz, poeta chileno (1893-1948).

Huizinga, Johan, historiador, ensaísta de cultura e biógrafo holandês (1872-1945).

Hume, David, filósofo e historiador escocês (1711-1776).

Hume, Tobias, compositor erudito inglês (1569?-1645).

Hummel, Johann Nepomuk, compositor erudito e pianista alemão (1778-1837).

Humperdinck, Engelbert, compositor erudito alemão (1854-1921).

Humphrey, Doris, coreógrafa e bailarina norte-americana (1895-1958).

Humphry, Ozias, retratista inglês (1742-1810).

Hundertwasser, Fritz, pintor e artista gráfico austríaco (1928).

Hunt, James Henry Leigh, poeta e crítico inglês (1784-1859).

Hunt, William Holman, pintor inglês (1827-1910).

Hurlstone, William, compositor erudito e pianista inglês (1876-1906).

Husa, Karel, compositor erudito e maestro tcheco (1921).

Husserl, Edmund, filósofo tcheco-alemão (1859-1938).

Huston, John, roteirista e cineasta norte-americano (1906-1987).

Huxley, Aldous (Leonard), poeta e romancista inglês, filho de Thomas (1894-1963).

Huxley, Thomas Henry, filósofo e naturalista inglês, pai de Aldous (1825-1895).

Huy, Jean de, entalhador francês (século XIV).

Huygens, Constantijn, compositor erudito holandês (1596-1687).

Huyghe, René, historiador de arte francês (1906).

Huysmans, Joris-Karl (Georges Charles Huysmans, dito), romancista e crítico de arte francês (1848-1907).

Hyppolite, Jean, filósofo francês (1907-1968).

I

Iâmblico, filósofo grego, de origem síria (250?-330).

Ianelli, Arcângelo, pintor brasileiro (1922).

Ianelli, Thomaz, pintor e gravador brasileiro (1932).

Ibáñez, Sara de, poetisa uruguaia (1910-1976).

Ibbetson, Julius Caesar, pintor inglês (1759-1817).

Ibels, Henri-Gabriel, pintor, litógrafo e caricaturista francês (1867-1936).

Ibert, Jacques, compositor erudito e de música incidental francês (1890-1962).

Ibicos, poeta e músico grego (século VI a.C.).

Ibsen, Henrik, poeta e dramaturgo norueguês (1828-1906).

Icaza, Francisco de, poeta e crítico literário mexicano (1863-1925).

Icaza Coronel, Jorge, romancista equatoriano (1906-1974).

Ictinos, arquiteto grego (século V a.C.).

Idácio, cronista latino, de origem espanhola (?-468?).

Iessenin, Serguiei Aleksándrovitch, poeta russo (1895-1925).

Iglesias, Ignasi, dramaturgo catalão (1871-1928).

Iglésias, Luís, dramaturgo brasileiro (1905-1963).

Iglésias Alvariño, Aquilino, poeta e ensaísta galego (1909).

Ignjatovic, Jakov, contista e romancista sérvio (1824-1888).

Ikor, Roger, romancista e ensaísta francês de origem judaica (1912-1986).

Illyés, Gyula, poeta, contista e dramaturgo húngaro (1902-1983).

Imbrie Andrew, Welsh, compositor erudito e pianista norte-americano (1921).

Immendorff, Jörg, pintor alemão (1945).

Império, Flávio, artista plástico e cenógrafo brasileiro (1935-1985).

Inber, Vera Mikháilovna, poetisa e contista russa (1890-1972).

Inca, o (Garcilaso de la Vega, dito), cronista peruano (1539?-1616).

Ince, Thomas Harper, cineasta e produtor norte-americano (1882-1924).

India, Sigismondo D', compositor erudito e cantor italiano (1582?-1628?).

Indiana, Robert (Robert Clark, dito), pintor, escultor e artista gráfico norte-americano (1928).

Índio, *ver* **Neves**, Cândido das.

Inge, William Motter, dramaturgo norte-americano (1913-1973).

Ingegneri, Marcantonio, compositor erudito italiano (1547?-1592).

Ingemann, Bernhard Severin, poeta, dramaturgo e romancista dinamarquês (1789-1862).

Inghelbrecht, Désiré Émile, compositor erudito francês (1880-1965).

Inglés, Jorge, pintor espanhol (século XV).

Inglês de Sousa, Herculano Marcos, romancista e contista brasileiro (1853-1918).

Ingres, Jean-Auguste-Dominique, pintor francês (1780-1867).

Innes, James Dickson, pintor galês (1887-1914).

Inness, George, pintor norte-americano (1825-1894).

Ionaldo Andrade Cavalcanti, pintor e ilustrador brasileiro (1933).

Ionesco, Eugène, dramaturgo francês de origem romena (1912-1994).

Iorga, Nicolai, poeta, dramaturgo, historiador e ensaísta de cultura romeno (1871-1940).

Ipoustéguy, Jean Robert, escultor francês (1920).

Ippolitov-Ivánov, Mikhail, compositor erudito e maestro russo (1859-1935).

Ipuche, Pedro Leandro, poeta e contista uruguaio (1889-1976).

Ireland, David, romancista australiano (1927).

Ireland, John Nicholson, compositor erudito inglês (1879-1962).

Iriarte, Tomás de, poeta, comediógrafo e compositor erudito espanhol (1750-1791).

Irisarri, António José de, romancista, memorialista, filólogo e político guatemalteco (1786-1868).

Irving, John, romancista norte-americano (1942).

Irving, Washington, contista e romancista norte-americano (1783-1859).

Irzikovski, Karol, romancista e crítico de artes polonês (1873-1944).

Isaac, Heinrich, compositor erudito flamengo (1450?-1517).

Isaacs, Jorge, poeta e romancista colombiano (1837-1895).

Isabey, Eugène, pintor e gravurista francês (1804-1886).

Isabey, Jean-Baptiste, pintor e miniaturista francês (1767-1855).

Isaksson, Karl, pintor sueco (1878-1922).

Isaksson, Ulla, romancista e roteirista sueca (1916).

Isamitt, Carlos, compositor erudito chileno (1885-1974).

Ishiguro, Kazuo, romancista inglês de origem japonesa (1954).

Isidoro de Mileto, arquiteto bizantino (século VI).

Isidoro de Sevilha (Isidorus), cronista latino, enciclopedista e bispo da Igreja santificado, de origem espanhola (570?-636).

Isócrates, orador, retórico e político grego (436-338 a.C.).

Isouard, Nicolò, compositor erudito maltês (1775-1818).

Israëls, Jozef, pintor holandês (1824-1911).

Issa, Otávio, romancista brasileiro (1920).

Istel, Edgar, compositor erudito e musicólogo alemão (1880-1948).

Istrati, Panait, romancista romeno de língua francesa (1884-1935).

Itararé, Barão de (Aparício Torelly, dito), humorista e jornalista brasileiro (1895-1971).

Itiberê, Brasílio (Brasílio Ferreira da Cunha Luz, dito), compositor erudito e popular e folclorista brasileiro (1896-1967).

Itten, Johannes, pintor e *designer* suíço (1888-1967).

Iturriaga, Enrique, compositor erudito peruano (1918).

Iutkevitch, Serguiei lóssifovitch, cineasta russo (1904-1985).

Ivánov, Aleksandr, pintor russo (1806-1858).

Ivánov, Lev, coreógrafo e bailarino russo (1834-1901).

Ivánov, Viatcheslav Ivánovitch, poeta russo (1866-1949).

Ivaszkiewicz, Jaroslav, poeta e romancista polonês (1894-1980).

Ivens, Joris, documentarista holandês (1898-1989).

Ives, Charles, compositor erudito norte-americano (1874-1954).

Ivo, Ledo, poeta e ensaísta brasileiro (1924).

Ivo, Pedro, contista e romancista português (1849-1906).

Ivoi, Paul d' (Paul Deleutre, dito), romancista e dramaturgo francês (1856-1915).

Ivory, James, documentarista e cineasta norte-americano (1928).

Izis (Israëlis Biderman, dito), fotógrafo francês (1911-1980).

J

Jabor, Arnaldo, cineasta, encenador e crítico brasileiro (1940).

Jaccottet, Philippe, poeta suíço (1925).

Jackson do Pandeiro (José Gomes Filho, dito), compositor e cantor popular brasileiro (1919-1982).

Jacó do Bandolim (Jacó Pick Bittencourt, dito), compositor popular e instrumentista brasileiro (1919-1982).

Jacob, Gordon, compositor erudito e maestro inglês (1895-1984).

Jacob, Max, poeta francês (1876-1944).

Jacob, Maxime, compositor erudito francês (1906-1977).

Jacobbi, Ruggero, encenador e crítico de teatro italiano, também ativo no Brasil (1920-1981).

Jacobi, Friedrich Heinrich, filósofo alemão (1743-1819).

Jacobsen, Arne, arquiteto dinamarquês (1902-1971).

Jacobsen, Jens Peter, romancista e poeta dinamarquês (1847-1885).

Jacobsen, Robert, escultor dinamarquês (1912).

Jacopo da Lentini, poeta italiano (primeira metade do século XIII).

Jacopo della Quercia (Jacopo di Piero di Angelo, dito), escultor italiano (1374?-1438).

Jacopone da Todi (Jacobus de Benedictus, dito), poeta sacro italiano (1230-1306).

Jacotin, Jacques, compositor erudito flamengo (1445?-1529).

Jaeger, Hans Henrik, romancista norueguês (1854-1910).

Jaeger, Werner, historiador alemão da cultura grega (1881-1961).

Jahnn, Hans Henny, romancista, dramaturgo e musicólogo alemão (1894-1959).

Jakobson, Leonid Benjaminovitch, bailarino e coreógrafo russo (1904-1975).

Jakobson, Roman, lingüista e crítico literário russo, naturalizado norte-americano (1896-1982).

Jaksic, Djura, poeta, dramaturgo e romancista sérvio (1832-1878).

Jakson, Alexander Young, pintor canadense (1882-1974).

Jakulov, Gueorgui, pintor e cenógrafo armênio (1884-1928).

Jaloux, Edmond, romancista e ensaísta de literatura francês (1878-1949).

James, Henry, romancista e crítico norte-americano, naturalizado inglês (1843-1916).

James, William, filósofo e psicólogo norte-americano (1842-1910).

Jamesone, George, retratista escocês (1590?-1644).

Jammes, Francis, poeta e romancista francês (1868-1938).

Jamyn, Amadis, poeta e erudito francês (1540?-1585).

Janácek, Leos, compositor erudito tcheco (1854-1928).

Jancsó, Miklós, cineasta húngaro (1921).

Janequin, Clément, compositor erudito francês (1485?-1558).

Janevski, Slavko, poeta, contista e romancista macedônio (1920).

Jankélévitch, Vladimir, filósofo e ensaísta de música francês (1903-1985).

Jannaconi, Giuseppe, compositor erudito italiano (1741-1816).

Janniot, Alfred, escultor francês (1889-1969).

Janssens, Abraham, pintor flamengo (1575?-1632).

Jaques-Dalcroze, Émile, pesquisador e educador de dança, compositor erudito e teórico de música suíço (1865-1950).

Jarman, Derek, ator e cineasta britânico (1942-1994).

Jarnach, Philipp, compositor erudito francês de origem catalã (1892-1982).

Jarre, Maurice, compositor popular e de música incidental francês (1924).

Jarry, Alfred, poeta, dramaturgo e romancista francês (1873-1907).

Jasienski, Bruno, poeta e romancista polonês (1901-1939).

Jasmim, Luís Artur, pintor brasileiro (1940).

Jaspers, Karl, filósofo alemão (1883-1969).

Jastrun, Mieczyslav, poeta e biógrafo polonês (1903).

Jaubert, Maurice, compositor erudito francês (1900-1940).

Jaufre Rudel, trovador francês (século XII).

Jaureguí, Juan de, poeta e tradutor espanhol (1583-1641).

Jauss, Hand Robert, ensaísta e hermeneuta de literatura alemão (1921-1997).

Javlénski, Aleksiéi von, pintor russo (1864-1941).

J. Carlos (José Carlos de Brito e Cunha, dito), cartunista e caricaturista brasileiro (1884-1950).

Jean de Liège, escultor flamengo (século XIV).

Jean Paul *ver* **Richter**, Johann Paul Friedrich.

Jeffers, John Robinson, poeta norte-americano (1887-1962).

Jeffreys, George, compositor erudito inglês (1610?-1685).

Jemnitz, Sándor, compositor erudito húngaro (1890-1963).

Jenkins, John, compositor erudito inglês (1592-1678).

Jenkins, William Paul, pintor e cenógrafo norte-americano (1923).

Jenko, Simon, poeta e contista esloveno (1835-1869.

Jenner, Augusto da Silveira, pintor brasileiro (1924).

Jenney, William le Baron, engenheiro-arquiteto norte-americano (1832-1907).

Jennings, Humphrey, cineasta inglês (1907-1950).

Jensen, Johannes Vilhelm, poeta, romancista, contista e ensaísta dinamarquês (1873-1950).

Jeremiás, Otakar, compositor erudito tcheco (1889-1962).

Jerome K. (Jerome Klapka, dito), romancista e comediógrafo inglês (1859-1927).

Jerônimo, São (Eusebius Hieronimus), doutor da Igreja, cronista, tradutor e epistológrafo latino (331-420).

Jervas, Charles, pintor irlandês (1675-1739).

Jessner, Leopold, encenador alemão (1878-1945).

Jesus, Frei Agostinho de, pintor e ceramista brasileiro (1600?-1661?).

Jesus, José Teófilo de, pintor brasileiro (?-1847).

Jiménez, Juan Ramón, poeta e crítico literário espanhol (1881-1958).

Jirasek, Alois, romancista tcheco (1851-1930).

Jitianu, Dan, arquiteto e cenógrafo romeno (1940-1994).

João da Baiana (João Machado Guedes, dito), compositor popular e cantor brasileiro (1887-1974).

João de Barro, *ver* **Braguinha**.

João do Rio (João Paulo Emílio Cristóvão dos Santos Coelho Barreto, dito), cronista brasileiro (1881-1921).

João Gilberto (João Gilberto do Prado Pereira de Oliveira, dito), compositor popular, violonista e cantor brasileiro (1931).

Jobim, Tom (Antônio Carlos Brasileiro de Almeida Jobim, dito), compositor popular e arranjador brasileiro (1927-1994).

Jochumsson, Matthias, poeta e pregador islandês (1835-1920).

Jockiman (ou Jockymann), Sérgio, poeta, dramaturgo e telenovelista brasileiro (1930).

Jodelle, Étienne, poeta e dramaturgo francês (1532-1573).

Joffé, Roland, encenador e cineasta inglês (1945).

Joffily, José (José Joffily Bezerra Filho, dito), roteirista e cineasta brasileiro (1945).

Johannot, Tony, pintor, gravador e ilustrador francês (1803-1852).

Johansson, Bengt Viktor, compositor erudito e maestro finlandês (1914).

John, Augustus, pintor e artista gráfico britânico (1878-1961).

John, Gwen, pintora britânica (1876-1939).

Johns, Jasper, pintor, escultor, artista gráfico e cenógrafo norte-americano (1930).

Johnson, Cornelius, retratista anglo-holandês (1593-1661).

Johnson, Eyvind, novelista e romancista sueco (1900-1976).

Johnson, Gehard (Garet Janssen), escultor holandês, ativo na Inglaterra (?-1611).

Johnson, Philip, arquiteto norte-americano (1906).

Johnson, Robert Sherlaw, compositor erudito e pianista inglês (1932).

Johnson, Samuel, poeta, crítico literário, lexicógrafo e moralista inglês (1709-1784).

Johnson, Uwe, romancista alemão (1934-1984).

Jókai, Mór, romancista húngaro (1825-1904).

Jolas, Betsy, compositora erudita francesa (1926).

Jolivet, André, compositor erudito e regente francês (1905-1974).

Jomeli, Niccolò, compositor erudito italiano (1714-1774).

Jones, Allen, pintor e escultor britânico (1937).

Jones, Bill T., coreógrafo norte-americano (1952).

Jones, David, pintor, gravador e escritor britânico (1895-1974).

Jones, Inigo, arquiteto, cenógrafo, desenhista e pintor inglês (1573-1652).

Jones, James, romancista norte-americano (1921-1977).

Jones, Thomas, pintor galês (1742-1803).

Jongen, Joseph, compositor erudito belga (1873-1953).

Jongkind, Johan Barthold, pintor e água-fortista holandês (1819-1891).

Jonson, Ben (Benjamin Jonson, dito), poeta e dramaturgo inglês (1572-1637).

Joos, Kurt, coreógrafo e bailarino alemão (1901-1979).

Joplin, Scott, compositor popular norte-americano (1868-1917).

Jordaens, Jacob, pintor e gravador belga (1593-1678).

Jorgensen, Johannes, poeta dinamarquês (1866-1956).

Jorn, Asger (Asger Oluf Jorgensen, dito), pintor e artista gráfico dinamarquês (1914-1973).

Josephs, Wilfred, compositor e de música incidental erudito inglês (1927).

Josephson, Ernst, pintor e desenhista sueco (1851-1906).

José Vicente de Paula, dramaturgo e encenador brasileiro (1945).

Josquin des Prés (Josquinus Pratensis), compositor erudito franco-flamengo (1440?-1521).

Jouhandeau, Marcel, romancista e ensaísta francês (1888-1979).

Jourdain, Frantz, arquiteto, *designer* e crítico de arte belga, ativo na França (1847-1935).

Jourdheuil, Jean, encenador francês (1944).

Jouve, Pierre-Jean, poeta, romancista e ensaísta francês (1887-1976).

Jouvenet, Jean, pintor e decorador francês (1644-1717).

Jouvet, Louis, ator e encenador francês (1887-1951).

Joyce, James (Augustine Aloysius), poeta, romancista e contista irlandês (1882-1941).

József, Attila, poeta húngaro (1905-1937).

Juan de Flandres, pintor flamengo ativo na Espanha (séculos XV e XVI).

Juan de Juni, escultor franco-espanhol (1507-1577).

Juárez, José, pintor mexicano (1615-1665).

Judd, Donald, pintor e escultor norte-americano (1928).

Judenkünig, Hans, compositor erudito e alaudista austríaco (1450?-1526).

Juel, Jens, pintor dinamarquês (1745-1802).

Jung, Carl Gustav, psicólogo e psiquiatra suíço (1875-1961).

Jung, Stilling (Johann Heinrich Jung, dito), romancista-memorialista alemão (1740-1817).

Jünger, Ernst, romancista e crítico de cultura alemão (1895-1998).

Junqueira Freire, Luís José, poeta brasileiro (1832-1855).

Jurcic, Josip, contista e romancista esloveno (1844-1881).

Justino, filósofo latino e mártir cristão (100?-165).

Juvara, Filippo, arquiteto, decorador e gravador italiano (1676-1736).

Juvenal (Decimus Junius Juvenalis), poeta satírico romano (60?-128?).

Juvonen, Helvi, poetisa finlandesa (1919-1959).

K

Kabalévsky, Dmítri Bórissovitch, compositor erudito russo (1904-1987).

Kabelac, Miloslav, compositor erudito tcheco (1908-1979).

Kacsóih, Pongrác, compositor erudito húngaro (1873-1924).

Kadaré, Ismail, poeta e romancista albanês, ativo na França (1936).

Kadelburg, Gustav, dramaturgo alemão (1851-1925).

Kaden-Bandrowski, Juljusz, romancista polonês (1885-1944).

Kadosa, Pál, compositor erudito e pianista húngaro (1903-1983).

Kafka, Franz, romancista, novelista e contista judeu-tcheco, de língua alemã (1883-1924).

Kagel, Mauricio Raúl, compositor erudito experimentalista argentino, ativo na Alemanha (1931).

Kahn, Albert, arquiteto alemão radicado nos Estados Unidos (1869-1942).

Kahn, Gustave, poeta, romancista e crítico literário francês (1859-1936).

Kahn, Louis, arquiteto norte-americano (1901-1974).

Kahnweiler, Daniel-Henry, crítico de arte e *marchand* francês (1884-1979).

Kailas, Frans Uuno, poeta finlandês (1901-1933).

Kairis, Evanthine, dramaturga e poetisa grega (1799-1866).

Kaiser, Georg, dramaturgo e romancista alemão (1878-1945).

Kalabis, Viktor, compositor erudito tcheco (1923).

Kalatozov, Mikhail, cineasta georgiano (1903-1973).

Kalf, Willem, pintor holandês (1619-1693).

Kalliwoda, Johann Wenzel (Jan Vaclav), compositor erudito e violinista tcheco (1801-1866).

Kálmán, Imre, compositor erudito húngaro (1882-1953).

Kalomiris, Manolis, compositor erudito e de música incidental grego (1883-1962).

Kandínski, Vassíli, pintor, gravador e ensaísta de arte russo (1866-1944).

Kändler, Johann Joachim, escultor e modelador de porcelana alemão (1706-1775).

Kane, John, pintor escocês-norte americano (1860-1934).

Kane, Paul, pintor canadense (1810-1871).

Kanin, Garson, cineasta e dramaturgo norte-americano (1912).

Kant, Immanuel (ou Emmanuel), filósofo alemão (1724-1804).

Kantor, Tadeusz, pintor e encenador polonês (1915-1990).

Kapnist, Vassíli Vassílievitch, poeta e dramaturgo ucraniano (1757-1823).

Kapr, Jan, compositor erudito e pianista tcheco (1914).

Kaprow, Allen, artista de *performance* norte-americano (1927).

Karadzic, Vuk Stefanovic, filólogo e foclorista sérvio (1787-1864).

Karavelov, Ljuben, novelista búlgaro (1837-1879).

Karel, Rudolf, compositor erudito tcheco (1880-1945).

Karg-Elert, Sigfrid, compositor erudito e organista alemão (1877-1933).

Karinthy, Frgyes, novelista e romancista húngaro (1887-1938).

Karlfelt, Erik Axel, poeta sueco (1864-1931).

Karpinski, Franciszek, poeta e dramaturgo polonês (1741-1825).

Karr, Alphonse, romancista e satirista francês (1808-1890).

Karsavina, Támara Platonovna, bailarina, mestre e ensaísta de balé russa, naturalizada inglesa (1885-1978).

Kartowicz, Mieczyslaw, compositor erudito polonês (1876-1909).

Kaslik, Václav, compositor erudito e diretor de ópera tcheco (1917-1989).

Kasprowicz, Jan, poeta polonês (1860-1926).

Kast, Pierre, crítico de cinema, documentarista e cineasta francês, também ativo no Brasil e em Portugal (1920-1984).

Kästner, Erich, poeta e romancista alemão (1899-1974).

Kataiev (ou Kataev), Valentin Petróvitch, contista, romancista e dramaturgo russo (1897-1986).

Katchaturian, Aram Ilitch, compositor erudito armênio (1903-1978).

Katona, Jozsef, dramaturgo húngaro (1791-1830).

Kauffer, E. McKnight, pintor e ilustrador norte-americano (1890-1954).

Kauffmann, Angelica, pintora suíça (1741-1807).

Kaulbach, Wilhelm von, pintor alemão (1805-1874).

Kaun, Hugo, compositor erudito alemão (1863-1932).

Kaváfis, Konstantinos Petrou, poeta grego (1863-1933).

Kay, Ulysses Simpson, compositor erudito norte-americano (1917).

Kazan, Elia (Sila Kazanjoglou, dito), cineasta e encenador norte-americano, de origem turca (1909).

Kazantzákis, Nikos, poeta, dramaturgo, romancista e ensaísta grego (1885-1957).

Kazinczy, Ferencz, romancista, poeta e epistológrafo húngaro (1759-1831).

Keaton, Buster (Joseph Francis Keaton, dito), cineasta e ator norte-americano (1895-1966).

Keats, John, poeta inglês (1795-1821).

Keene, Charles Samuel, caricaturista inglês (1823-1891).

Keiser, Reinhardt, compositor erudito alemão (1674?-1739).

Keller, Gottfried, poeta, contista e romancista suíço (1819-1890).

Kelley, Edgar Stillman, compositor erudito e organista norte-americano (1857-1944).

Kelly, Bryan, compositor erudito e pianista inglês (1934).

Kelly, Ellsworth, pintor e escultor norte-americano (1923).

Kelterboen, Rudolf, compositor erudito e maestro suíço (1931).

Kemény, Adalberto, documentarista e diretor de fotografia cinematográfica húngaro, ativo no Brasil (1901-1969).

Kemény, Zoltan, escultor e *designer* húngaro (1907-1965).

Kemény, Zsigmond, romancista húngaro (1814-1875).

Kennington, Eric, pintor, escultor e artista gráfico britânico (1888-1960).

Kent, William, pintor, arquiteto e *designer* inglês (1685-1748).

Kenton, Stan (Stanley Newcomb Kenton, dito), compositor e instrumentista de *jazz* norte-americano (1912-1979).

Kerll, Johann Kaspar, compositor erudito e organista alemão (1627-1693).

Kern, Jerome David, compositor popular norte-americano (1885-1945).

Kerouac, Jack (Jean-Louis Kerouac, dito), romancista e poeta norte-americano (1922-1969).

Kersting, Georg Friedrich, pintor alemão (1785-1847).

Kertész, André, fotógrafo húngaro, naturalizado norte-americano (1894-1985).

Kertész, Imre, romancista e tradutor húngaro (1929).

Kessel, Jan van, pintor alemão (1626-1679).

Ketel, Cornelis, retratista e pintor holandês (1548-1616).

Ketelbey, Albert William, compositor erudito e maestro inglês (1875-1959).

Kettle, Tilly, retratista inglês (1735-1786).

Key, família de pintores holandesa: Willem (1515-1568) e o sobrinho Adriaen (1544-?).

Keyser, família de artistas holandeses: Hendrik, escultor e arquiteto (1565-1621) e seu filho Thomas, pintor e arquiteto (1596-1667).

Keyser, Nicaise (Nicasius) de, pintor belga (1813-1887).

Keyserling, Conde Hermann von, filósofo alemão (1880-1946).

Khliébnikov, Velemir (Viktor) Vladímirovitch, poeta russo (1885-1922).

Khodassevitch, Vladislav Felitsianovitch, poeta e crítico literário russo (1886-1939).

Khokhlov, Konstantin, encenador russo (1885-1956).

Khoury, Walter Hugo, roteirista e cineasta brasileiro (1929).

Khrénnikov, Tíkhon Nikoláievitch, compositor erudito russo (1913).

Kiefer, Anselm, pintor alemão (1945).

Kiefer, Bruno, compositor erudito e musicólogo teuto-brasileiro (1923-1987).

Kielland, Alexander Lange, romancista norueguês (1849-1906).

Kiely, Benedict, romancista e novelista irlandês (1919).

Kienholz, Edward, artista plástico e escultor norte-americano (1927).

Kierkegaard, Sören Aabye, filósofo e teólogo dinamarquês (1813-1885).

Kieslowski, Krzysztof, cineasta polonês (1941-1996).

Kilkerry, Pedro Militão, poeta brasileiro (1885-1917).

Kim, Tomás (Joaquim Fernandes Tomás Monteiro, dito), poeta angolano (1915-1967).

Kinck, Hans Ernst, romancista, novelista e dramaturgo norueguês (1865-1926).

Kindermann, Johann Erasmus, compositor erudito e organista alemão (1616-1655).

King, Henry, cineasta norte-americano (1888-1982).

Kingman Riofrío, Eduardo, pintor e gravurista equatoriano (1913).

Kingo, Thomas, poeta sacro dinamarquês (1634-1703).

Kingsley, Charles, romancista, contista e crítico de cultura inglês (1819-1875).

DICIONÁRIO SESC: A LINGUAGEM DA CULTURA

Kinsella, Thomas, poeta irlandês (1928).

Kip, Johannes, gravador holandês (1653-1722).

Kipling, Joseph Rudyard, contista, romancista e poeta inglês (1865-1936).

Kiprenski, Orest, pintor russo (1783-1836).

Kirchner, Ernst Ludwig, pintor, gravador, escultor e artista gráfico alemão (1880-1938).

Kirchner, Leon, compositor erudito e pianista norte-americano (1919).

Kirnberger, Johann Philipp, compositor erudito alemão (1721-1783).

Kirstein, Lincoln, coreógrafo e ensaísta de dança norte-americano (1907-1996).

Kis, Danilo, romancista sérvio (1935-1989).

Kisfaludy, Károly, poeta e dramaturgo húngaro (1788-1830).

Kisling, Moïse, pintor franco-polonês (1891-1953).

Kitaiev, Mart, cenógrafo russo (1925).

Kitaj, Ronald B., pintor e artista gráfico norte-americano, naturalizado inglês (1932).

Kitzberg, August, dramaturgo estoniano (1856-1927).

Kivi, Aleksis (Aleksis Stenvall, dito), poeta, dramaturgo e romancista finlandês (1834-1872).

Kjerulf, Halftan, compositor erudito norueguês (1815-1868).

Klabund (Alfred Henschke, dito), poeta, dramaturgo e historiador de literatura alemão (1890-1928).

Klebe, Giselher Wolfgang, compositor erudito de vanguarda alemão (1925).

Klee, Paul, pintor e artista gráfico suíço (1879-1940).

Klein, William, fotógrafo e cineasta norte-americano (1926).

Klein, Yves, pintor e artista experimental francês (1928-1962).

Kleist, (Berndt Wilhelm) Heinrich von, dramaturgo e novelista alemão (1777-1811).

Kleist, Ewald Christian von, poeta alemão (1715-1759).

Klenau, Paul August von, compositor erudito e maestro dinamarquês (1883-1946).

Klenóvski, Nikolai Semiónovitch, compositor erudito e maestro russo (1857-1915).

Klenze, Leo von, arquiteto alemão (1784-1864).

Klimt, Gustav, pintor e artista gráfico austríaco (1862-1918).

Kline, Franz, pintor norte-americano (1910-1962).

Klinger, Friedrich Maximilian von, dramaturgo e novelista alemão (1752-1831).

Klinger, Max, pintor, escultor e artista gráfico alemão (1857-1920).

Kloos, Willem, poeta e crítico literário holandês (1859-1938).

Klopstock, Friedrich Gottlieb, poeta, dramaurgo e crítico alemão (1724-1803).

Klotzel, André, cineasta brasileiro (1954).

Knapton, George, pintor inglês (1698-1778).

Kneale, Bryan, pintor e escultor inglês (1930).

Kneller, sir Godfrey (Gottfried Kniller), pintor alemão radicado na Inglaterra (1646-1723).

Knight, Dame Laura, pintora inglesa (1877-1970).

Knipper, Lev Konstantínovitch, compositor erudito russo (1898-1974).

Knussen, Oliver, compositor erudito escocês (1952).

Kobke, Christen, pintor dinamarquês (1810-1848).

Koch, Joseph Anton, pintor austríaco (1768-1839).

Kochanowski, Jan, poeta polonês (1530-1584).

Kock, Charles Paul de, dramaturgo e romancista francês (1793-1871).

Kodály, Zoltán, compositor erudito e musicólogo húngaro (1882-1967).

Koechlin, Charles, compositor erudito francês (1867-1950).

Koekkoek, Barend Cornelis, pintor holandês (1803-1862).

Koellreuter, Hans Joachim, compositor erudito e professor alemão, ativo no Brasil (1915-1998).

Kojève, Aleksandr, filósofo e historiador de filosofia russo (1902-1968).

Kokkonen, Joonas, compositor erudito e pianista finlandês (1921).

Kokkos, Yannis, cenógrafo greco-francês (1944).

Kokoschka, Oskar, pintor, artista gráfico, cenógrafo e dramaturgo austríaco (1886-1980).

Kolakowski, Leszek, filósofo polonês (1927).

Kolár, Jiri, poeta e artista plástico tcheco (1914).

Kolas, Iacub (Konstantin Mikháilovitch Mickiewicz, dito), poeta e romancista bielorrusso (1822-1956).

Kollár, Jan, poeta e folclorista eslovaco, de língua tcheca (1793-1852).

Kollwitz, Käthe, gravadora, artista gráfica e escultora alemã (1867-1945).

Kolody, Helena, poetisa brasileira (1912).

Kolstov, Aleksiei Vassílievitch, poeta russo (1809-1842).

Konchalóvski, Andrei Mikhalkov, cineasta russo (1937).

Kondakov, Nikodin Pávlovitch, historiador de arte russo 1844-1925).

Koninck, Philips, pintor holandês (1618-1688).

Koninck, Salomon, pintor holandês (1609-1656).

Kononenko, Iúri, pintor e cenógrafo russo (1938-1995).

Konopnicka, Maria, poetisa polonesa (1842-1910).

Konrad von Soest, pintor alemão (1370?-1423?).

Konrad von Würzburg, poeta alemão (1220?-1287).

Konwicki, Tadeusz, romancista e cineasta polonês (1926).

Kooning, Willem de, pintor holandês-norte-americano (1904).

Köpke, Carlos Burmalaqui, ensaísta de literatura brasileiro (1916).

Korchmariov, Climenti, compositor erudito russo (1899-1958).

Korda, Alexander Sándor, cineasta inglês de origem húngara (1893-1956).

Körner, Theodor Karl, poeta e dramaturgo alemão (1791-1813).

Korngold, Erich Wolfgang, compositor erudito, de música incidental e maestro austríaco (1897-1957).

Korolenko, Vladímir Galaktiovitch, novelista, contista e crítico de cultura russo (1853-1921).

Kosinski, Jerzy, romancista polaco-norte-americano (1933-1991).

Kosma, Jozsef ou Joseph, compositor operístico, popular e de música incidental húngaro-francês (1905-1969).

Kosuth, Joseph, artista experimental norte-americano (1945).

Kotljarevkij, Ivan, poeta e comediógrafo ucraniano (1769-1838).

Kotzebue, August von, dramaturgo alemão (1761-1819).

Kounellis, Jannis, artista plástico greco-italiano (1936).

Kouwenaar, Gerrit, poeta holandês (1923).

Kovarovic, Karel, compositor erudito e maestro tcheco (1862-1920).

Kowalski, Piotr, artista plástico polaco-francês (1927).

Koyré, Alexandre, filósofo e epistemólogo francês de origem russa (1882-1964).

Kozeluh, Leopold, compositor erudito tcheco (1747-1818).

Kozintsev, Grigóri Mikháilovitch, cineasta ucraniano (1905-1973).

Kraft, Adam, escultor alemão (1460?-1508?).

Krag, Thomas Peter, romancista norueguês (1868-1913).

Krajcberg, Franz, pintor, gravador e escultor polaco-brasileiro (1921).

Krakowski, Wojciech, cenógrafo polonês (1927).

Kramer, Stanley, cineasta norte-americano (1913-2001).

Krasicki, Ignacy, poeta, fabulista, epistológrafo e romancista polonês (1735-1801).

Kraszewski, Józef Ignacy, romancista e crítico polonês (1812-1887).

Kraus, Joseph Martin, compositor erudito alemão (1756-1792).

Kraus, Karl, poeta, dramaturgo e satirista austríaco (1874-1936).

Krause, Karl Christian Friedrich, filósofo alemão (1781-1832).

Krazinski, Zygmunt, poeta, romancista e dramaturgo polonês (1812-1859).

Krejca, Otomar, encenador tcheco (1921).

Krenek, Ernst, compositor erudito austríaco, naturalizado norte-americano (1900-1991).

Kresnik, Johann, coreógrafo austríaco (1939).

Kreutzberg, Harald, coreógrafo e bailarino alemão (1902-1968).

Kreutzer, Rodolphe, compositor erudito e violinista francês (1766-1831).

Kricka, Jaroslav, compositor erudito e maestro tcheco (1882-1969).

Krieger, Armando, compositor erudito e regente argentino (1940).

Krieger, Edino, compositor erudito e regente brasileiro (1928).

Krieger, Johann Philipp, compositor erudito alemão (1649?-1725).

Krieghoff, Cornelius, pintor canadense (1815-1872).

Kristensen, Tom, poeta, romancista e crítico literário dinamarquês (1893-1974).

Krohg, Christian, pintor norueguês (1852-1925).

Krohg, Per, muralista norueguês (1889-1965).

Kropotkin, príncipe Piotr Aleksiéievitch, panfletário político, historiador e crítico literário russo (1842-1921).

Kroyer, Peder Severin, pintor dinamarquês (1851-1909).

Krugli, Ilo, artista plástico e encenador argentino-brasileiro (1931).

Krumholz, Ferdinand, pintor alemão com passagem pelo Brasil (1810-1878).

Kruseman, Cornelis, pintor holandês (1797-1857).

Krusenstjerna, Agnes von, romancista sueca (1894-1940).

Krylov, Ivan Andréievitch, crítico literário e fabulista russo (1769-1844).

Kubelik, família de compositores eruditos tcheca: Jan (1880-1940) e seu filho Rafael (1914).

Kubin, Alfred, artista gráfico e romancista austríaco (1877-1959).

Kubitschek, João Nepomuceno, poeta brasileiro (1845-1899).

Kubotta, Arturo, pintor peruano (1932).

Kubrick, Stanley, cineasta norte-americano (1928-1999).

Kuhn, Thomas, filósofo e historiador da ciência norte-americano (1922).

Kuhn, Walt, pintor, ilustrador e projetista norte-americano (1877-1949).

Kulechov, Lev Vladímirovitch, cineasta e ensaísta russo (1899-1970).

Kulmbach, Hans Suess von, pintor e projetista alemão (1480-1522).

Kundera, Milan, romancista, novelista, dramaturgo e ensaísta de literatura tcheco, naturalizado francês (1929).

Kupfer, Harry, encenador de ópera alemão (1935).

Kupferman, Meyer, compositor erudito de vanguarda norte-americano (1926).

Kupka, Frantisek (Frank, François), pintor e artista gráfico tcheco (1871-1957).

Kuprin, Aleksandr Ivánovitch, romancista russo (1870-1938).

Kurtág, György, compositor erudito romeno-húngaro (1926).

Kusnet, Eugênio (Evgenii Chamanski Kuznetsov, dito), ator, crítico e ensaísta de teatro russo-brasileiro (1898-1975).

Kusniewicz, Andrzej, romancista polonês (1904).

Kusser (ou Cousser), Johann Sigismund, compositor erudito alemão (1660-1727).

Kutter, Joseph, pintor luxemburguês (1894-1941).

Kuzmin, Mikhail Aleksiéievitch, poeta russo (1875-1938).

Kvapil, Jaroslav, compositor erudito e maestro tcheco (1892-1959).

Kyd, Thomas, tragediógrafo inglês (1558-1594).

Kylian, Jirí, coreógrafo e bailarino tcheco (1947).

L

Laban, Rudolf von, coreógrafo, mestre e teórico de dança alemão (1879-1958).

Labé, Louise, poetisa francesa (1524?-1566).

Labeguerie, Michel, poeta e compositor basco (1921-1980).

Laberge, Marie, poetisa e pintora canadense (1923).

Labério (Decimus Junius Laberius), autor de mimodramas, romano (106?-43? a.C.)).

Labiche, Eugène, comediógrafo francês (1815-1872).

Labisse, Félix, pintor e cenógrafo francês (1905-1982).

La Boétie, Étienne de la, filósofo político e poeta francês (1530-1563).

La Borderie, Bertrand de, poeta francês (1507?-1547).

La Brète, Jean de (Alice Cherbonnel, dita), romancista francesa (1858-1945).

Labrouste, Henri, arquiteto francês (1801-1875).

La Bruyère, Jean de, cronista e moralista francês (1645-1696).

La Calprenède, Gautier de Costes de, romancista e tragediógrafo francês (1610?-1663).

Lacan, Jacques, psicanalista francês (1901-1981).

La Capria, Raffaele, romancista italiano (1922).

La Cava, Gregory, cineasta norte-americano (1892-1952).

La Ceppède, Jean de, poeta sacro francês (1550?-1622).

Lachaise, Gaston, escultor franco-americano (1822-1935).

La Chaussée, Pierre Claude Nivelle de, dramaturgo francês (1692-1754).

Lachelier, Jules, filósofo francês (1832-1918).

Lachner, Franz, compositor erudito e maestro alemão (1803-1890).

Laclos, (Pierre Ambroise François) Chordelos de, poeta e romancista francês (1741-1803).

La Cour, Paul, poeta e pintor dinamarquês (1902-1956).

Lacretelle, Jacques de, romancista e ensaísta francês (1888-1985).

Lafargue, Paul, ensaísta político francês, de origem cubana (1842-1911).

La Fayette, Condessa de (Marie-Madeleine Pioche de la Vergne, dita), romancista e memorialista francesa (1634-1693).

Lafferty, Raphael Aloysius, romancista e novelista norte-americano (1914).

Lafitte, Pierre, filósofo francês (1823-1903).

La Fontaine, Jean de, poeta, contista, novelista e fabulista francês (1621-1695).

Laforet, Carmen, romancista espanhola (1921).

Laforgue, Jules, poeta francês (1860-1887).

La Fosse, Charles de, pintor francês (1636-1716).

La Fresnaye, Roger de, pintor, gravador e escultor francês (1885-1925).

Lagercrantz, Olof, poeta e memorialista sueco (1911).

Lagerkvist, Pär, poeta, romancista, dramaturgo e ensaísta de arte sueco (1891-1974).

Lagerlöf, Selma Ottiliana Lovisa, romancista e novelista sueca (1858-1939).

Lago, Mário, compositor popular e ator brasileiro (1911-2002).

Lagrenée, família de pintores francesa: Louis-Jean-François, dito o Velho (1725-1805), e seu irmão Jean-Jacques, o Jovem (1739-1821).

La Grotte, Nicolas, compositor erudito francês (1540?-?).

Laguerre, Louis, pintor francês (1663-1721).

La Harpe (ou Laharpe), Jean François de, poeta trágico francês (1739-1803).

La Hire, Laurent de, pintor francês (1606-1656).

Lairesse, Gerard de, pintor, água-fortista e teórico da arte holandês (1641-1711).

Lajtha, László, compositor erudito e folclorista húngaro (1892-1963).

Lakatos, Imre, filósofo e historiador das ciências húngaro (1922-1974).

Lalande, André, filósofo francês (1867-1963).

Lalande, Michel, compositor erudito e organista francês (1657-1726).

Lalique, René-Jules, desenhista e projetista de artes decorativas francês (1860-1945).

Lalo, Edouard (Victor Antoine), compositor erudito francês (1823-1892).

Lam, Wilfredo, pintor cubano (1902-1982).

Lamartine, Alphonse de, poeta, romancista, ensaísta e historiador francês (1790-1869).

Lamb, Henry, pintor britânico (1883-1960).

Lambert, Constant, compositor erudito e crítico de música inglês (1905-1951).

Lambert, George, pintor inglês (1700-1765).

Lambert, Michel, compositor erudito e cantor francês (1610-1696).

Lami, Eugène-Louis, pintor e litógrafo francês (1800-1890).

La Motte-Fouqué, Friedrich, dramaturgo, romancista e contista alemão (1777-1843).

Lampedusa, Giuseppe Tomasi di, romancista e contista italiano (1896-1957).

Lampugnani, Giovanni Battista, compositor erudito italiano (1706-1786).

Lancret, Nicolas, pintor francês (1690-1743).

Lander, Harald (Alfred Stevnsborg, dito), bailarino e coreógrafo dinamarquês, naturalizado francês (1905-1971).

Landi, Stefano, compositor erudito e cantor italiano (1586?-1639).

Landini (ou Landino), Francesco, compositor erudito italiano (1325?-1397).

Landino, Cristoforo, poeta e ensaísta de literatura italiano (1424-1492).

Landolfi, Tommaso, romancista e ensaísta de cultura italiano (1908-1979).

Landowski, Paul, escultor francês (1875-1961).

Landré, Guillaume Louis Frédéric, compositor erudito e crítico de música holandês (1905-1968).

Landseer, John, pintor inglês (1769-1852).

Landseer, sir Edwin, pintor, escultor e gravador inglês (1802-1873).

Landseer, Thomas, gravador inglês (1795-1880).

Lanfranco, Giovanni, pintor e gravador italiano (1582-1647).

Lang, Fritz, cineasta alemão, naturalizado norte-americano (1890-1976).

Lange, Dorothea, fotógrafa norte-americana (1895-1965).

Langgard, Rued, compositor erudito e organista dinamarquês (1893-1952).

Langhoff, Matthias, encenador alemão (1941).

Langlais, Jean, compositor erudito e organista francês (1907).

Lanier, Nicholas, compositor erudito inglês (1588-1666).

Lanner, Joseph Franz, compositor erudito e maestro austríaco (1801-1843).

Largillière, Nicolas de, pintor francês (1656-1746).

Larionov, Mikhail, pintor e cenógrafo russo (1881-1964).

Larkin, William, pintor retratista inglês (séculos XVI e XVII).

Laroon, Marcellus, pintor inglês (1679-1772).

Larreta, Gualberto Antonio Rodríguez, dramaturgo, encenador e romancista uruguaio (1922).

Larsson, Carl, pintor e artista gráfico sueco (1853-1919).

Lartigue, Jacques H., fotógrafo francês (1894-1986).

La Rue, Pierre de, compositor erudito flamengo (1460?-1518).

Lasca, il (Antonio Francesco Grazzini, dito), comediógrafo italiano (1503-1583).

Lassale, Jacques, encenador francês (1935).

Lasso de la Vega, Gabriel Lobo, poeta e dramaturgo espanhol (1599-?).

Lassus (ou Lasso), Roland (Orlando di), compositor erudito flamengo (1532-1594).

Lassus, Jean-Baptiste, arquiteto e decorador francês (1807-1857).

Lastman, Pieter, pintor holandês (1583-1633).

Latini Filho, Aurélio, pintor, desenhista e cineasta de animação brasileiro (1925-1986).

La Tour, Georges Dumesnil de, pintor francês (1593-1652).

La Tour, Maurice-Quentin de, pastelista e pintor francês (1704-1788).

La Tour du Pin, Patrice de, poeta francês (1911-1975).

Laurana (Franjo ou Francesco), escultor croata ativo na Itália e na França (1430?-1502?).

Laurens, Henri, escultor, pintor e gravador francês (1885-1954).

Laurens, Jean-Paul, pintor e decorador francês (1838-1921).

Laurent, Jacques, romancista e ensaísta de cultura francês (1919).

Lautréamont, conde de (Isidore Ducasse, dito), poeta francês (1846-1870).

Lavaudan, Georges, ator e encenador francês (1947).

Lavelle, Louis, filósofo francês (1883-1951).

Lavelli, Jorge, encenador argentino, ativo na França (1932).

Lavery, sir John, pintor britânico (1846-1941).

Lawes, família de compositores eruditos inglesa: Henry (1596-1662) e seu irmão William (1602-1645).

Lawrence, David Herbert, poeta, romancista e dramaturgo inglês (1885-1930).

Lawrence, sir Thomas, pintor retratista inglês (1769-1830).

Lawson, Ernest, pintor norte-americano (1873-1939).

Lean, David, cineasta inglês (1908-1991).

Lear, Edward, pintor e poeta inglês (1812-1888).

Lebègue, Nicolas Antoine, compositor erudito e organista francês (1631?-1702).

Lebl, Petr, encenador tcheco (1965).

Le Blond, Alexandre Jean Baptiste, arquiteto francês, também ativo na Rússia (1679-1719).

Le Breton, Constant, pintor e retratista francês (1895-1985).

Le Brun, Charles, pintor, gravador e decorador francês (1619-1690).

Lebrun, Écouchard (Ponce Denis Écouchard, dito), poeta francês (1729-1807).

Lebrun, Gérard, filósofo francês (1930-1999).

Leça, Armando, compositor erudito, de música incidental, musicólogo e arranjador português (1893-1977).

Le Carré, John (David J. Moore Cornwell, dito), romancista inglês (1931).

Leclair, Jean-Marie, compositor erudito e violinista francês (1697-1764).

Le Clézio, Jean-Marie Gustave, novelista e romancista francês (1940).

Lechowski, Bruno Bronislaw, pintor polonês ativo no Brasil (1874-1941).

Leconte de Lisle (Charles Marie Leconte, dito), poeta francês (1818-1894).

Le Corbusier (Charles Édouard Jeanneret-Gris, dito), arquiteto, escultor, pintor, projetista e ensaísta de artes franco-suíço (1887-1965).

Lecuona, Ernesto, compositor erudito e popular cubano (1896-1963).

Ledoux, Claude-Nicolas, arquiteto francês (1736-1806).

Leduc, Ozias, pintor canadense (1864-1965).

Lee Jones, Rita, compositora e cantora popular brasileira (1947).

Lee, Spike, cineasta e ator norte-americano (1957).

Leech, John, caricaturista e ilustrador inglês (1817-1864).

Lees, Benjamin, compositor erudito norte-americano (1924).

Lefanu, Nicola Frances, compositora erudita inglesa (1947).

Le Fauconnier, Henri, pintor francês (1881-1946).

Lefort, Claude, filósofo francês (1924).

Léger, Fernand, pintor francês (1881-1955).

Legrand, Michel, compositor popular e de música incidental francês (1931).

Legrenzi, Giovanni, compositor erudito e organista italiano (1626-1690).

Legros, Alphonse, pintor e gravador franco-britânico (1837-1911).

Legros, Pierre, escultor francês (1629-1690).

Lehar, Franz (ou Ferencz), compositor erudito húngaro (1870-1948).

Lehman, Ernest, contista e roteirista norte-americano (1920).

Lehmbruck, Wilhelm, escultor alemão (1881-1919).

Leibl, Wilhelm, pintor alemão (1844-1900).

Leibniz, Gottfried Wilhelm, filósofo alemão (1664-1716).

Leibowitz, René, compositor erudito, musicólogo e maestro francês de origem polonesa (1913-1972).

Leigh, Mike, dramaturgo, encenador e cineasta inglês (1943).

Leighton, Frederic (Barão), pintor e escultor inglês (1830-1896).

Leighton, Kenneth, compositor erudito e pianista inglês (1929).

Leinberger, Hans, escultor alemão (1480?-1531?).

Leirner, Jac, artista plástica brasileira (1961).

Leite, Ascendino, romancista e crítico de arte brasileiro (1915).

Lekeu, Guillaume, compositor erudito belga (1870-1894).

Lelouch, Claude, cineasta francês (1937).

Lely, sir Peter, pintor holandês (1618-1680).

Lemoine, François, pintor francês (1688-1737).

Lemonnier, Camille, romancista e ensaísta de arte belga (1844-1913).

Lemoyne, família de escultores francesa: Jean-Louis (1665-1755), o irmão Jean-Baptiste, o Velho (1679-1731) e seu filho Jean-Baptiste, o Moço, o mais renomado (1704-1778).

Le Nain, família de pintores francesa: os irmãos Antoine (1588?-1648); Louis (1593?-1648) e Mathieu (1607-1677).

Lenbach, Franz von, pintor alemão (1836-1904).

Lênin (Vladimir Ilitch Ulianov, dito), revolucionário, político e ensaísta russo (1870-1924).

Lenine, (Osvaldo Lenine Macedo Pimentel, dito), compositor popular e cantor brasileiro (1959).

Lennon, John, compositor e cantor popular inglês (1940-1980).

Lenoir, Marie-Alexandre, pintor francês (1762-1839).

Le Nôtre, André, paisagista francês (1613-1700).

Lentulov, Aristarkh, pintor e projetista russo (1882-1943).

Leo, Leonardo, compositor erudito italiano (1694-1744).

Leocares, escultor grego (século IV a.C).

León, Frei (Fray) Luís de, poeta sacro, tradutor e ensaísta de filosofia espanhol (1527-1591).

Leoncavallo, Ruggiero, compositor erudito italiano (1857-1919).

Leone, Sergio, cineasta italiano (1921-1989).

Leonhardt, Gustav, musicólogo, cravista e organista holandês (1928).

Leoni, Leone, escultor italiano (1509-1590).

Leoni, Raul de (Raul de Leoni Ramos, dito), poeta brasileiro (1895-1926).

Leonilson, José, artista plástico brasileiro (1957-1993).

Leoninus (ou Léonin), compositor erudito francês (século XII).

Leontina, Maria (Maria Leontina Franco Dacosta, dita), pintora brasileira (1917-1984).

Leopardi, Giacomo, poeta italiano (1798-1837).

Lepage, Robert, dramaturgo e encenador canadense (1957).

Le Parc, Julio, artista argentino dedicado à arte cinética (1928).

Le Pautre, Antoine, arquiteto e decorador francês, irmão de Jean (1621-1691).

Le Pautre, Jean, gravador, decorador e cronista francês, pai de Pierre (1618-1682).

Le Pautre, Pierre, escultor e gravador francês, filho de Jean (1660-1774).

Lepicié, Nicolas-Bernard, pintor francês (1735-1784).

Lesage, Alain-René, dramaturgo e romancista francês (1668-1747).

Lescot, Pierre, arquiteto e decorador francês (1515-1578).

Leskoschek, Axl von, pintor e gravador austríaco, também ativo no Brasil (1889-1975).

Leskov, Nikolai Semiónovitch, romancista e contista russo (1831-1895).

Leslie, Charles Robert, pintor e escritor inglês (1794-1859).

Lessa, Bia (Beatriz Lessa, dita), encenadora brasileira (1958).

Lessa, Orígenes, contista e romancista brasileiro (1903-1983).

Lessing, Gotthold Ephraim, dramaturgo e ensaísta de arte alemão (1729-1781).

Lessing, Karl Friedrich, pintor alemão (1808-1880).

L'Estoile, Claude de, poeta e dramaturgo francês (1597-1654).

Le Sueur, Eustache, pintor francês (1616-1615).

Le Sueur, Hubert, escultor francês (1595-1651).

Le Sueur, Jean-François, compositor erudito francês (1760-1837).

Lesur, Daniel Jean Yves, compositor erudito e organista francês (1908).

Leu, Hans, o Moço, pintor e artista gráfico suíço (1490-1531).

Leucipo (Leukippos), filósofo grego (460?-370? a.C.).

Leutze, Emanuel Gottlieb, pintor teuto-norte-americano (1816-1868).

Leuw, Ton de, compositor erudito de vanguarda holandês (1926).

Le Vau, François (o Jovem), arquiteto e decorador francês (1613-1676), irmão de Louis.

Le Vau, Louis, arquiteto e decorador francês (1612-1670), irmão de François.

Levertin, Oscar Ivar, poeta, romancista, historiador e crítico de literatura sueco (1862-1906).

Levi, Carlo, romancista, ensaísta de cultura e pintor italiano (1902-1975).

Levi, Primo, romancista, memorialista e poeta judeu-italiano (1919-1987).

Levi, Rino, arquiteto brasileiro (1901-1965).

Lévinas, Emmanuel, filósofo judeu-lituano, de língua francesa (1905).

Levine, David, caricaturista e desenhista de humor norte-americano (1922).

Lévi-Strauss, Claude, antropólogo e etnólogo francês (1908).

Levitine, Mikhail, encenador russo (1945).

Levítski, Dmítri Grigórievitch, pintor russo (1735-1822).

Levy, Alexandre, compositor erudito, regente e pianista brasileiro, irmão de Luís (1864-1892).

Levy, Luís (Henrique), compositor erudito e pianista, irmão de Alexandre (1861-1935).

Lévy-Bruhl, Lucien, filósofo e sociólogo francês (1857-1939).

Lewin, Albert, roteirista e cineasta norte-americano (1894-1968).

Lewis, Jerry, ator e cineasta norte-americano (1926).

Lewis, Matthew Gregory, poeta, romancista e dramaturgo inglês (1775-1818).

Lewis, Percy Wyndham, pintor, romancista e crítico inglês (1882-1957).

Lewis, Sinclair, romancista norte-americano (1885-1951).

Lewitt, Sol, pintor e escultor norte-americano (1928).

Leyster, Judith, pintora holandesa (1609-1660).

Lezama Lima, José, poeta e romancista cubano (1910-1976).

L'Herbier, Marcel, cineasta francês (1888-1979).

Lheureux, Albert-André, encenador belga (1945).

Lhose, Richard, pintor e artista gráfico suíço (1902-1989).

Lhote, André, pintor, escultor e crítico de arte francês (1885-1962).

Liadov, Anatóli Konstantínovitch, compositor erudito russo (1855-1914).

Liapunov, Serguiei Mikháilovitch, compositor erudito russo (1859-1924).

Lichtenberger, André, romancista francês (1870-1940).

Lichtenstein, Roy, pintor, escultor e artista gráfico norte-americano (1923-1997).

Lie, Jonas, poeta e romancista norueguês (1833-1908).

Liebens, Marc, encenador belga (1938).

Liebermann, Max, pintor e artista gráfico alemão (1847-1935).

Liebermann, Rolf, compositor erudito de vanguarda suíço (1910).

Liebmann, Otto, filósofo alemão (1840-1912).

Liédet Loyset, miniaturista holandês (século XV).

Liérmontov, Mikhail lúrievitch, poeta, romancista e dramaturgo russo (1814-1841).

Lievens, Jan, pintor e artista gráfico holandês (1607-1674).

Lifar, Serge, bailarino e coreógrafo russo-francês (1905-1986).

Ligeti, György, compositor erudito de vanguarda húngaro (1923).

Ligorio, Pirro, arquiteto e pintor italiano (1513-1583).

Lima, Alceu Amoroso, ensaísta e crítico literário brasileiro (1893-1985).

Lima, João Filgueiras, arquiteto brasileiro (1932).

Lima, Jorge (Mateus) de, poeta, romancista e ensaísta brasileiro (1895-1953).

Lima, Paulo, compositor erudito brasileiro (1954).

Lima, Victor José, roteirista e cineasta brasileiro (1920-1981).

Lima, João de Souza, pianista, professor e compositor erudito brasileiro (1898-1982).

Lima Barreto, Afonso Henriques de, romancista, contista e cronista brasileiro (1881-1922).

Lima Barreto, Vítor, documentarista, cineasta e roteirista brasileiro (1905-1982).

Lima Jr., Walter, cineasta e roteirista brasileiro (1938).

Limburg, família de iluminadores holandesa: os irmãos Pol, Hermann e Jean (séculos XIV e XV).

Lindner, Richard, pintor teuto-norte americano (1901-1978).

Lindsay, família de artistas australiana, irmãos: Percy, pintor e artista gráfico (1870-1952); sir Lionel, aquarelista, artista gráfico e crítico de arte (1874-1961); Norman, pintor, artista gráfico, romancista e crítico (1879-1969); Ruby, artista gráfica (1887-1919); Daryl, pintor (1889-1976), Raymond, pintor (1904-1960) e Joan, pintora (1896-1984).

Linley, Thomas, compositor erudito inglês (1733-1795).

Linnell, John, pintor inglês (1792-1882).

Lins, Álvaro (de Barros), crítico literário brasileiro (1912-1970).

Lins, Ivan (Guimarães), compositor e cantor popular brasileiro (1945).

Lins, Osman (da Costa), contista, dramaturgo, romancista e crítico literário brasileiro (1924-1978).

Lins do Rego Cavalcanti, José, romancista e cronista brasileiro (1901-1957).

Liotard, Jean-Etienne, pintor e gravador suíço (1702-1789).

Lipkin, Malcolm Leyland, compositor erudito inglês (1932).

Lippi, Filippino, pintor italiano (1457-1504).

Lippi, Fra Filippo, pintor italiano (1406-1469.

Lipschitz, Jacques (Jacob Lipschitz, dito), escultor lituano naturalizado francês e norte-americano (1891-1973).

Lisboa, Antônio Maria, poeta português (1928-1953).

Lisboa, Eugênio Almeida, poeta moçambicano (1930).

Lisboa, Henriqueta, poetisa brasileira (1904-1985).

Lisboa, Irene do Céu Vieira, poetisa e contista portuguesa (1892-1958).

Lisboa, Manuel Francisco, mestre-de-obra luso-brasileiro, pai de Aleijadinho (?-1767).

Lísipo, escultor grego (século IV a.C.).

Lisístrato, escultor grego (século IV a.C.).

Lispector, Clarice, contista, novelista e romancista brasileira de origem urcraniana (1920-1977).

Liss (ou Lys), Johann, pintor alemão (1597-1631).

Lissitzki, El (Eliezer ou Lazar Markovitch, dito), arquiteto, pintor, projetista e artista gráfico russo (1890-1941).

List Arzubide, Germán, poeta e crítico literário mexicano (1898-1990).

Liszt, Franz (ou Ferencz), compositor e pianista erudito húngaro (1811-1886).

Literes, António, compositor erudito e organista espanhol (1673-1747).

Litolff, Henry Charles, compositor erudito francês (1818-1891).

Littlewood, Joan Maud, encenadora teatral inglesa (1914).

Litvak, Anatole, encenador e cineasta russo, ativo na Europa e nos Estados Unidos (1902-1974).

Liúbimov, lúri, encenador russo (1917).

Lloréns Torres, Luís, poeta porto-riquenho (1879-1944).

Lloyd Weber, Andrew, compositor de musicais inglês (1948).

Lloyd, Jonathan, compositor erudito inglês (1948).

Llull, Ramón (Raimundo Lúlio), teólogo, filósofo, enciclopedista e poeta catalão (1235?-1315).

Loach, Kenneth, cineasta britânico (1936).

Lobão (João Luís Woerdenbag Filho, dito), compositor popular e cantor brasileiro (1957).

Lobo, Artur, poeta, contista e romancista brasileiro (1869-1901).

Lobo, Duarte, compositor erudito português (1565?-1646).

Lobo, Edu (Eduardo de Góis Lobo, dito), compositor popular e arranjador brasileiro, filho de Fernando (1943).

Lobo, Elias Álvares, compositor erudito brasileiro (1834-1901).

Lobo, Fernando (de Castro), compositor popular e jornalista brasileiro, pai de Edu (1915-1996).

Lobo, Francisco Rodrigues, novelista e poeta português (1580?-1622?).

Lobo, Haroldo, compositor popular brsileiro (1910-1965).

Lobo Antunes, António, romancista português (1942).

Lobo de Mesquita, José Joaquim Emerico, compositor erudito brasileiro (1746-1805).

Locatelli, Pietro Antonio, compositor erudito e violinista italiano (1695-1764).

Lochner, Stephan, pintor alemão (1410?-1451).

Locke, John, filósofo inglês (1632-1704).

Locke, Matthew, compositor erudito inglês (1622?-1677).

Lockwood, Normand, compositor erudito norte-americano (1906).

Lodge, Thomas, poeta narrativo inglês (1558?-1625).

Lods, Marcel, arquiteto e urbanista francês (1891-1978).

Loewe, Johann Karl, compositor erudito e organista alemão (1796-1869).

Loewy, Raymond, *designer* francês, naturalizado norte-americano (1893-1986).

RELAÇÃO ONOMÁSTICA DE AUTORES 743

Loggan, David, gravador e desenhista britânico (1633-1692).

Lohenstein, Daniel Kaspar von, poeta, dramaturgo e romancista alemão (1635-1683).

Lóio-Pérsio, Navarro Vieira de Magalhães, pintor brasileiro (1927).

Lomazzo, Giovanni Paolo, pintor e tratadista italiano (1538-1600).

Lombard, Lambert, pintor, desenhista, gravador e arquiteto holandês (1505-1566).

Lombardo, família de artistas italiana: Pietro, pai, escultor e arquiteto (1435-1515); e os filhos Tullio, escultor (1455-1532) e Antonio, escultor (1458-1516).

Lomonossov, Mikhail Vassílievitch, poeta, historiador e físico russo (1711-1765).

London, Jack (John Griffith Chaney, dito), romancista norte-americano (1876-1916).

Longfellow, Henry Wadsworth, poeta norte-americano (1807-1882).

Longhena, Baldassare, escultor e arquiteto italiano (1598-1682).

Longhi (Pietro Falca, dito), pintor italiano (1702-1785).

Longhi, Alessandro, pintor italiano (1733-1813).

Longhi, Roberto, historiador de arte italiano (1890-1970).

Longino (Caius Cassius Longinus), filósofo e retórico grego (213?-273).

Longino, Dionísio, autor romano anônimo, tratadista de poética (século I).

Longus (ou Longos), poeta-romancista grego (séculos II e III).

Lönrot, Elias, filólogo e folclorista finlandês (1802-1884).

Loos, Adolf, arquiteto e ensaísta de arquitetura austríaco (1870-1933).

Lopes, Adriano de Sousa, pintor português (1879-1944).

Lopes, Antônio de Castro, filólogo e poeta brasileiro (1827-1901).

Lopes, Antônio Teixeira, escultor português (1860-1942).

Lopes, B. (Bernardino da Costa Lioes, dito), poeta brasileiro (1859-1916).

Lopes, Cristóvão, pintor português (1516-1594).

Lopes, Fernando Marques, cineasta português (1935).

Lopes, Gregório, pintor português (1490?-1550).

Lopes Graça, Fernando, compositor erudito português (1906).

Lopes Neto, João Simões, contista, poeta e autor de revistas teatrais brasileiro (1865-1916).

Lopes Vieira, Afonso, poeta e crítico de cultura português (1878-1946).

López Picó, Josep María, poeta catalão (1886-1959).

López Portilho y Rojas, José, contista e romancista mexicano (1850-1923).

López Velarde, Ramón, poeta mexicano (1888-1921).

López y Portaña, Vicente, pintor espanhol (1772-1850).

Lorenzetti, família de pintores italianos: Ambrogio (1290?-1348?), o mais renomado, e seu irmão Pietro (1280?-1348?).

Lorenzo di Credi, pintor italiano (1456?-1537).

Lorenzo Fernandez, Oscar, compositor erudito brasileiro (1897-1948).

Lorenzo Monaco, pintor italiano (1370-1425).

Lorjou, Bernard, pintor e escultor francês (1908-1986).

Lorrain, Le (Claude Gellée, dito), pintor e gravador francês (1600-1682).

Losey, Joseph (Walton), encenador e cineasta norte-americano (1909-1984).

Loti, Pierre (Louis-Marie Julien Viaud, dito), romancista francês (1850-1923).

Lotti, Antonio, compositor erudito italiano (1667?-1740).

Lotto, Lorenzo, pintor italiano (1480?-1556?).

Louis, Morris (Bernstein), pintor norte-americano (1912-1962).

Louys, Pierre, poeta, contista e romancista francês (1870-1925).

Louzeiro, José de Jesus, contista, romancista e roteirista brasileiro (1932).

Lovecraft, H.P. (Howard Phillips), contista, poeta e ensaísta de literatura norte-americano (1890-1937).

Lovelace, Richard, poeta e dramaturgo inglês (1618-1658).

Lowell, James Russel, poeta e crítico literário norte-americano (1819-1891).

Lozano, Cristóbal, romancista espanhol (1609-1667).

Lualdi, Adriano, compositor erudito italiano (1885-1971).

Lubitsch, Ernst, cineasta teuto-norte-americano (1892-1947).

Lucano (Marcus Annaeus Lucanus), poeta romano (39-65).

Lucas, George, cineasta norte-americano (1944).

Luce, Maximilien, pintor francês (1858-1941).

Luciano (Lukianos) de Samosata, filósofo e escritor satírico grego, de origem síria (120?-192?).

Lucílio (Caius Lucilius), poeta satirista romano (180-103 a.C.).

Lucrécio (Titus Lucretius Carus), poeta filósofo romano (97?-55? a.C.).

Lugones, Leopoldo, poeta, contista, romancista, crítico de cultura e historiador argentino (1847-1938).

Luini, Bernardino, pintor italiano (1480?-1532).

Luís Antônio (Antônio de Pádua Vieira da Costa, dito), compositor popular brasileiro (1921-1996).

Luís Melodia (Luís Carlos dos Santos, dito), compositor e cantor popular brasileiro (1951).

Lukács, George (Györg), filósofo e ensaísta de literatura húngaro (1885-1971).

Luks, George, pintor e artista gráfico norte-americano (1867-1933).

Lully, Jean-Baptiste (Giovanni Battista Lulli, dito), compositor erudito francês, de origem italiana (1632-1687).

Lumet, Sidney, cineasta norte-americano (1924).

Lumière, irmãos inventores e cineastas franceses: Auguste (1862-1954) e Louis (1864-1948).

Lurçat, Jean, pintor e *designer* de tapeçaria francês (1892-1966).

Lutoslawski, Witold, compositor erudito e maestro polonês (1913).

Lutyens, Agnes Elisabeth, compositora erudita inglesa (1906-1983).

Luxemburgo, Rosa, revolucionária e filósofa polonesa, ativa na Alemanha (1871-1919).

Luzzati, Emanuele, cenógrafo italiano (1921).

Lvov, Aleksiéi Fiódorovitch, compositor erudito e violinista russo (1798-1870).

Lyotard, Jean-François, filósofo francês (1924).

Lyra, Carlos (Carlos Eduardo Lira Barbosa, dito), compositor popular, instrumentista e cantor brasileiro (1939).

Lysenko, Mycola, compositor erudito ucraniano (1842-1912).

M

Mabe, Manabu, pintor nipo-brasileiro (1924-1997).

Macalé, Jards (Jards Anet da Silva, dito), compositor e cantor popular brasileiro (1943).

Macaparana (José Oliveira, dito), pintor brasileiro (1952).

Macaulay, Rose, poetisa e romancista inglesa (1881-1958).

Macaulay, Thomas Babington, poeta, ensaísta e historiador inglês (1800-1859).

MacColl, Dugald Sutherland, pintor e crítico de arte britânico (1859-1948).

MacCunn, Hamish, compositor erudito escocês (1868-1916).

MacDonald, James Edward Hervey, pintor canadense (1873-1932).

MacDonald, Jock, pintor canadense (1897-1960).

MacDonald-Wright, Stanton, pintor norte-americano (1890-1973).

MacDowell, Edward Alexander, compositor erudito e pianista norte-americano (1860-1908).

Macedo, Helder, poeta e romancista português (1934).

Macedo, Joaquim Manuel de, romancista e dramaturgo brasileiro (1820-1882).

Macedo, José Agostinho de, poeta e crítico literário português (1761-1831).

Macedo, Manuel Joaquim de, compositor erudito e violinista brasileiro, sobrinho do escritor Manuel de Macedo (1847-1925).

Macedo, Watson, cenógrafo, roteirista e cineasta brasileiro (1918-1981).

MacFarren, George Alexander, compositor erudito inglês (1813-1887).

Mach, Ernst, epistemólogo e físico austríaco (1838-1916).

Machado, Aníbal, contista e romancista brasileiro (1894-1964).

Machado, Antonio, poeta espanhol (1876-1939).

Machado, Dionélio, romancista brasileiro (1885-1985).

Machado, Júlio César, romancista e dramaturgo português (1835-1891).

Machado, Maria Clara, dramaturga e encenadora brasileira (1921-2001).

Machado de Assis, Joaquim Maria, romancista, poeta, dramaturgo e crítico brasileiro (1839-1908).

Machado Ruiz, Antonio, poeta espanhol (1875-1939).

Machar, Josef Svatopluk, poeta e ensaísta de cultura tcheco (1864-1942).

Machaty, Gustav, cineasta tcheco (1898-1963).

Machuca, Pedro, arquiteto e pintor espanhol (século XVI).

Macip (ou Masip), família de pintores espanhola: o pai Vicente (séculos XV e XVI) e seu filho, o mais destacado, Juan Vicente (1523?-1579).

Maciunas, George, artista plástico de vanguarda lituano (1931-1978).

Macke, August, pintor alemão (1887-1914).

Mackenzie, Alexander Campbell, compositor erudito, violinista e maestro escocês (1847-1935).

Mackenzie, Compton, dramaturgo e romancista escocês (1883-1972).

Mackintosch, Charles Rennie, arquiteto e projetista escocês (1868-1928).

Mackmurdo, Arthur H., arquiteto e *designer* escocês (1851-1942).

MacLeish, Archibald, poeta norte-americano (1892-1982).

MacLise, Daniel, pintor e caricaturista irlandês (1806-1870).

MacMillan, Kenneth, bailarino e coreógrafo britânico (1929-1992).

MacMonnies, Frederick, escultor norte-americano (1863-1937).

MacNeice, Frederick Louis, poeta e dramaturgo irlandês (1907-1963).

Maconchy, Elisabeth, compositora erudita inglesa de origem irlandesa (1907).

Mac Orlan, Pierre, novelista e poeta francês (1882-1970).

Macpherson, James, poeta e historiador escocês (1736-1796).

Madách, Imre, poeta dramático húngaro (1823-1864).

Maderna, Bruno, compositor erudito de vanguarda e maestro italiano (1920-1973).

Maderna, Carlo, arquiteto, decorador e estucador italiano (1556-1629).

Maderno, Stefano, escultor italiano (1576-1636).

Madrazo, José, pintor espanhol (1781-1859).

Maes, Nicolaes, pintor holandês (1634-1693).

Maeterlinck, Maurice, poeta e dramaturgo belga (1862-1949).

Maffei, Francesco, pintor italiano (1600-1660).

Magalhães, Aloísio, *designer* e pintor brasileiro (1927-1982).

Magalhães, Felipe de, compositor erudito português (1571?-1652).

Magnard, Albéric, compositor erudito francês (1865-1914).

Magnasco, Alessandro (dito il Lissandrino), pintor italiano (1667-1749).

Magnelli, Alberto, pintor italiano (1888-1971).

Magritte, René, pintor belga (1898-1967).

Mahle, Ernst, compositor erudito e regente teuto-brasileiro (1929).

Mahler, Gustav, compositor erudito e maestro austríaco (1860-1911).

Maia, Antônio, pintor brasileiro (1928).

Maia, Tim (Sebastião Rodrigues Maia, dito), compositor e cantor popular brasileiro (1942-1998).

Maiakóvski, Vladímir Vladímirovitch, poeta, dramaturgo e crítico literário russo (1893-1930).

Mailer, Norman (Kingsley), romancista, ensaísta, ator e cineasta norte-americano (1923).

Maillart, Robert, arquiteto e engenheiro suíço (1872-1940).

Maillol, Aristide, escultor, pintor, artista gráfico e *designer* francês (1861-1944).

Maimônides, Moisés, filósofo e médico judeu-espanhol (1135-1204).

Mainardi, Sebastiano, pintor italiano (1460?-1513?).

Mairet, Jean, poeta dramático francês (1604-1686).

Maísa (Maísa Figueira Monjardim, dita), compositora e cantora popular brasileira (1936-1977).

Maitani, Lorenzo, escultor e arquiteto italiano (1270?-1330).

Majorelle, Louis, projetista de interiores francês (1859-1926).

Makart, Hans, pintor austríaco (1840-1884).

Malagoli, Ado, pintor brasileiro (1908-1994).

Malamud, Bernard, romancista norte-americano (1914-1986).

Malaparte, Curzio (Kurt Erich Suckert, dito), romancista, dramaturgo, crítico literário e cronista italiano (1898-1957).

Malczewski, Antoine, poeta polonês (1793-1826).

Malebranche, Nicolas, filósofo e teólogo francês (1638-1715).

Malec, Ivo, compositor erudito de vanguarda croata (1925).

Malevitch, Kasímir Svérionovitch, pintor, projetista e ensaísta de artes russo (1878-1935).

Malfatti, Anita (Catarina), pintora e desenhista brasileira (1889-1964).

Malheiro Dias, Carlos, romancista, contista e dramaturgo luso-brasileiro (1875-1941).

Malherbe, François de, poeta e teórico de literatura francês (1555-1628).

Malina, Judith, encenadora norte-americana (1926).

Malipiero, Gian Francesco, compositor erudito e ensaísta de música italiano (1882-1973).

Mallarmé, Stéphane, poeta francês (1842-1898).

Malle, Louis, cineasta francês (1932-1995).

Mallea, Eduardo, crítico literário, ensaísta e romancista argentino (1903-1982).

Mallet-Joris, Françoise, romancista e novelista francesa (1930).

Mallet-Stevens, Robert, arquiteto e decorador francês (1886-1945).

Malory, sir Thomas, romancista inglês (1408?-1471).

Malot, Hector, romancista francês (1830-1907).

Malouel, Jean, pintor holandês (séculos XIV e XV).

Malovec, Joseph, compositor erudito de vanguarda tcheco (1933).

Malraux, André (Georges), romancista e ensaísta de cultura francês (1901-1976).

Malvasia, (Conde) Carlo, pintor e historiador de arte italiano (1616-1693).

Mamet, David, dramaturgo, roteirista e cineasta norte-americano (1947).

Mamoulian, Rouben, cineasta norte-americano (1898-1987).

Man, Paul de, ensaísta de literatura norte-americano, de origem belga (1919-1983).

Manacéia (Manacé José de Andrade, dito), compositor popular brasileiro (1921-1995).

Mancinelli, Luigi, compositor erudito e maestro italiano (1848-1921).

Mancini, Francesco, compositor erudito italiano (1672-1737).

Mandelstam, Óssip Emílievitch, poeta e memorialista russo (1891-1938?).

Manessier, Alfred, pintor e projetista francês (1911).

Manet, Édouard, pintor e artista gráfico francês (1832-1883).

Manfredi, Bartolomeo, pintor italiano (1587?-1620?).

Manga, Carlos, roteirista e cineasta brasileiro (1928).

Manílio (Marcus Manilius), poeta romano (século I).

Mankiewicz, Joseph L., roteirista e cineasta norte-americano (1909-1993).

Mann, Anthony, cineasta norte-americano (1906-1967).

Mann, Heinrich, romancista alemão, irmão de Thomas (1871-1950).

Mann, Thomas, romancista alemão, irmão de Heinrich (1875-1955).

Mannis, José Augusto, compositor erudito de vanguarda brasileiro (1958).

Mano Décio da Viola (Décio Antônio Carlos, dito), compositor popular brasileiro (1909-1984).

Manolo (Manuel Martinez Hugué, dito), escultor espanhol (1872-1945).

Mansart, François, arquiteto francês (1598-1666).

Mansart, Jules Hardouin, arquiteto francês (1646-1708).

Mansfield, Katherine (Kathleen Beauchamp, dita), poeta e novelista neozelandesa (1888-1923).

Manship, Paul, escultor norte-americano (1885-1966).

Mantegna, Andrea, pintor italiano (1431-1506).

Mantovano, Battista (Battista Spagnuolli, dito), poeta italiano (1448-1516).

Manuzio (Manuzzi), Aldo, gramático e impressor italiano (1449?-1515).

Manzon, Jean, fotógrafo e documentarista francês, ativo no Brasil (1915-1990).

Manzoni, Alessandro, poeta, dramaturgo e romancista italiano (1785-1873).

Manzoni, Piero, artista experimental italiano (1933-1963).

Manzú, Giacomo (Giacomo Manzoni, dito), escultor e cenógrafo italiano (1908-1991).

Maples Arce, Manuel, poeta mexicano (1900-1981).

Maquiavel (Machiavelli), Niccolò, filósofo, historiador, comediógrafo, novelista e político italiano (1469-1527).

Marais, Marin, compositor erudito francês (1656-1728).

Maratta, Carlo, pintor italiano (1625-1713).

Marazzoli, Marco, compositor erudito e cravista italiano (1608?-1662).

Marc, Franz, pintor alemão (1880-1916).

Marçal, Armando Vieira, compositor popular brasileiro (1902-1947).

Marceau, Marcel, mímico francês (1923).

Marcel, Gabriel, filósofo e dramaturgo francês (1889-1973).

Marcello, Benedetto, compositor erudito e musicólogo italiano (1686-1739).

March, Auzias (ou Ausiàs), poeta catalão (1395?-1459?).

Marchak (Marshak), Samuel Iacovlevitch, poeta e tradutor russo (1887-1964).

Marchand, Louis, compositor erudito e musicólogo francês (1669-1732).

Marcial (Marcus Valerius Martialis), poeta e epigramista latino, de origem ibérica (38?-104?).

Marcks, Gerhard, escultor alemão (1889-1981).

Marco Aurélio (Marcus Aurelius Antoninus), imperador e filósofo romano (121-180).

Marcos, Plínio, dramaturgo e ator brasileiro (1935-1999).

Marcoussis, Louis (Ludwik Markus, dito), pintor, gravador e ilustrador francês de origem polonesa (1883-1941).

Marcuse, Herbert, filósofo alemão (1898-1979).

Maréchal, Marcel, encenador e dramaturgo francês (1937).

Marées, Hans von, pintor alemão (1837-1887).

Marenzio, Luca, compositor erudito e cantor italiano (1553?-1599).

Maret, Jean-Claude, cenógrafo suíço (1941).

Margarida de Navarra (Marguerite d'Angoulême, rainha de Navarra), poetisa e novelista francesa (1492-1549).

Margarito (ou Margaritone) de Arezzo, pintor italiano (século XIII).

Mari, Enzo, *designer* e ensaísta italiano (1932).

Mariano, Olegário (Olegário Mariano Carneiro da Cunha, dito), poeta e letrista de canções populares brasileiro (1889-1958).

Marías, Javier, romancista espanhol (1951).

Marías, Julián, filósofo espanhol (1914).

Mariátegui, José Carlos, ensaísta de cultura e político peruano (1895-1930).

Marie de France, poetisa francesa (segunda metade do século XII).

Marijnen, Franz, encenador belga (1943).

Marin, John, pintor norte-americano (1870-1953).

Marin, Maguy, bailarina e coreógrafa francesa (1951).

Marina Correia Lima, compositora e cantora popular brasileira (1955).

Marinetti, Filippo Tommaso, poeta, romancista, ensaísta de artes e animador cultural italiano (1876-1944).

Marini, Marino, escultor e pintor italiano (1901-1980).

Marino (ou Marini), Giambattista, poeta italiano (1569-1625).

Marins, José Mojica, cineasta e ator brasileiro (1931).

Marinus van Reymerswaele, pintor holandês (século XVI).

Maris, família de pintores holandesa, irmãos: Jacob Hendricus (1837-1899), Matthias (1839-1917) e Willem (1844-1910).

Mariscal, Javier Francisco Errando, *designer* e artista gráfico espanhol (1950).

Marisol (Marisol Escobar, dita), escultora norte-americana, de origem venezuelana (1930).

Maritain, Jacques, filósofo francês (1882-1973).

Marivaux, Pierre Carlet de Chamblain de, comediógrafo e romancista francês (1688-1763).

Mariz, Vasco, musicólogo, historiador e crítico de música brasileiro (1921).

Markale, Jean (Jacques Bertrand, dito), poeta francês (1928).

Markelius, Sven, arquiteto sueco (1889-1972).

Marker, Chris (Christian François Bouche-Villeneuve, dito), documentarista francês (1921).

Marley, Bob (Robert Nesta, dito), compositor e cantor popular jamaicano (1944-1981).

Marlow, William, pintor inglês (1740-1813).

Marlowe, Christopher, tragediógrafo inglês (1564-1593).

Marmion, Simon, pintor e iluminador franco-flamengo (século XV).

Marochetti, Carlo, escultor italiano (1805-1867).

Marot, Clément, poeta francês (1496-1544).

Marot, Daniel, arquiteto, projetista e gravador francês (1661-1752).

Marques Júnior, Arlindo Coelho, compositor popular e revistógrafo brasileiro (1913-1968).

Marques Rebelo (Eddy Dias da Cruz, dito), contista, romancista e cronista brasileiro (1907-1973).

Marquet, Pierre (Léopold Albert), pintor francês (1875-1947).

Marschner, Heinrich August, compositor erudito e maestro alemão (1795-1861).

Marsh, Reginald, pintor norte-americano (1898-1954).

Marshall, Benjamin, pintor inglês (1767-1835).

Marshall, George, cineasta norte-americano (1891-1975).

Marsman, Hendrik, poeta holandês (1899-1940).

Marston, John, poeta dramático inglês (1575?-1634).

Martellange (Étienne Ange Martel, dito), arquiteto francês (1569-1641).

Martí, José Julián, poeta, ensaísta e revolucionário cubano (1853-1895).

Martin, Elias, pintor sueco (1739-1818).

Martin, Frank, compositor erudito suíço (1890-1974).

Martin, John, pintor e gravador inglês (1789-1854).

Martin, Kenneth, pintor e escultor britânico (1905-1985).

Martin, Mary (Mary Balmford, dita), pintora e escultora britânica (1907-1969).

Martin du Gard, Roger, romancista e dramaturgo francês (1881-1958).

Martín y Soler, Vicente, compositor erudito espanhol (1754-1806).

Martín, Edgardo, compositor erudito e crítico de música cubano (1915).

Martinez Correia, Zé (José) Celso, encenador e dramaturgo brasileiro (1937).

Martínez Estrada, Ezequiel, poeta e ensaísta de cultura argentino (1895-1964).

Martínez Estrada, Ezequiel, poeta e ensaísta de literatura argentino (1895-1965).

Martinho da Vila (Martinho José Ferreira, dito), compositor e cantor popular brasileiro (1938).

Martini, Arturo, escultor italiano (1889-1947).

Martini, Giovanni Battista, compositor sacro, ensaísta e professor de música italiano (1706-1784).

Martini, Jean-Paul (Johan-Paul Schwarzendorf, dito), compositor erudito teuto-francês (1741-1816).

Martini, Simone, pintor italiano (1284?-1344).

Martini di Giorgio, Francesco, pintor, escultor, arquiteto e tratadista italiano (1439?-1502?).

Martinon, Jean, compositor erudito e regente francês (1910-1976).

Martins, Aldemir, desenhista, gravador e pintor brasileiro (1922).

Martins, Carlos, gravador brasileiro (1946).

Martins, Ciro, contista, romancista e ensaísta de psicanálise brasileiro (1908).

Martins, Manoel, pintor brasileiro (1911-1979).

Martins, Ovídio de Sousa, poeta e contista cabo-verdiano (1928-1999).

Martins, Wilson, historiador de cultura e crítico literário brasileiro (1921).

Martins de Oliveira, **Herivelto**, compositor e cantor popular brasileiro (1912-1992).

Martins Fontes, José, poeta e médico brasileiro (1884-1937).

Martins Pena, Luís Carlos, dramaturgo brasileiro (1815-1848).

Martinson, Harry, poeta e romancista sueco (1904-1978).

Martinu, Bohuslav, compositor erudito tcheco (1890-1959).

Martorell, Bernart, pintor e miniaturista espanhol (século XV).

Martorell, Joanot, poeta narrativo de cavalaria catalão (1410?-1468).

Marttinen, Tauno, compositor erudito finlandês (1912).

Martucci, Giuseppe, compositor erudito e maestro italiano (1856-1909).

Marvell, Andrew, poeta e satirista inglês (1620-1678).

Marx, Karl, filósofo e sociólogo alemão (1818-1883).

Marzal de Sax, Andrés, pintor alemão (séculos XIV-XV).

Masaccio (Tommaso di Ser Giovanni di Mone, dito), pintor italiano (1401-1428).

Mascagni, Pietro, compositor erudito e maestro italiano (1863-1945).

Masefield, John Edward, poeta, dramaturgo e romancista inglês (1878-1967).

Masereel, Frans, pintor e gravador belga (1889-1972).

Maso di Banco, pintor italiano (século XIV).

Masolino da Panicale, pintor italiano (1383?-1447?).

Massenet, Giles Émile Frédéric, compositor erudito francês (1842-1912).

Massine, Leonid, bailarino e coreógrafo russo-norte-americano (1896-1979).

Massinger, Philip, poeta dramático inglês (1583-1640).

Masson, André, pintor, gravador, escultor, cenógrafo e escritor francês (1896-1987).

Massys (ou Matsys ou Metsys), Quentin, pintor holandês (1465?-1530).

Mastroiani, Umberto, escultor italiano (1910).

Mata, Eduardo, compositor erudito e maestro mexicano (1942).

Mateo di Compostela, escultor e arquiteto espanhol (século XII).

Mathias, William, compositor erudito e pianista galês (1934).

Mathieu, Georges, pintor francês (1921).

Matias, Germano, compositor e cantor popular brasileiro (1934).

Matisse, Henri, pintor, escultor, artista gráfico e projetista francês (1869-1954).

Matos, Belchior de, pintor português (1570?-1628).

Matos Guerra, Gregório de, poeta brasileiro (1623-1696).

Matoso, Francisco de Queirós, compositor popular brasisleiro (1913-1941).

Matskiavicius, Guedrius, encenador, cenógrafo e coreógrafo lituano (1945).

Matta-Echaurren, Roberto Sebastian, pintor e escultor chileno (1911-2002).

Mattei, Stanislao, compositor erudito italiano (1750-1825).

Matteo di Giovanni, pintor italiano (século XV).

Matthews, família de compositores eruditos inglesa: os irmãos Colin (1946) e David (1943).

Matto de Turner, Clorinda, romancista peruana (1854-1909).

Maul, Otávio Batista, compositor erudito e regente brasileiro (1901-1974).

Maulbertsch (ou Maulpertsch), Franz Anton, pintor austríaco (1724-1796).

Maupassant, Guy de, novelista, romancista e contista francês (1850-1893).

Mauriac, François, poeta, romancista e dramaturgo francês (1885-1970).

Maurício Nunes Garcia, Pe. José, compositor erudito brasileiro (1767-1830).

Mauro, Humberto (Duarte), roteirista e cineasta brasileiro (1897-1983).

Mautner, Jorge, romancista e compositor popular brasileiro (1941).

Mauve, Antoine, pintor holandês (1838-1888).

Maw, Nicholas, compositor erudito inglês (1953).

May, Ernst, arquiteto e urbanista alemão (1886-1970).

May, Phil, desenhista inglês (1864-1903).

Maynard (ou Mainard), François, poeta francês (1582?-1646).

Mayno (ou Maino), Juan Bautista, pintor espanhol (1578-1641).

Mayo (Antoine Mallarakis, dito), pintor e cenógrafo francês (1905-1990).

Mayol, Félix, compositor e cantor popular francês (1883-1941).

Mayr, Johannes Simon, compositor erudito alemão (1763-1845).

Mazerolles, Philippe de, miniaturista holandês (século XV).

Mazo, Juan Bautista Martínez del, pintor espanhol (1612?-1667).

Mazzaropi, Amácio, cineasta, ator e produtor cinematográfico brasileiro (1912-1981).

Mazzoni, Sebastiano, pintor, poeta e arquiteto italiano (1611-1678).

McCabe, John, compositor erudito e crítico de música inglês (1939).

McCartney, (James) Paul, compositor e cantor de música popular inglês (1942).

McCay, Winsor, desenhista de histórias em quadrinhos e de desenho animado norte-americano (1869-1934).

McCubbin, Frederick, pintor australiano (1855-1917).

McCullers, Carson Smith, romancista e contista norte-americana (1917-1967).

McEvoy, Ambrose, pintor britânico (1878-1927).

McEwan, Ian, romancista britânico (1938).

McIntire, Samuel, arquiteto e entalhador norte-americano (1757-1811).

McLaren, Norman, documentarista e diretor de desenho animado britânico (1914-1987).

McLuhan, Marshall, ensaísta de cultura norte-americano (1911-1980).

McManus, George, quadrinhista norte-americano (1884-1954).

Mead, Margaret, antropóloga norte-americana (1901-1978).

Meadows, Bernard, escultor britânico (1915).

Mecatti, Dario, pintor ítalo-brasileiro (1909-1976).

Meckenem, Israhel van, o Moço, gravador alemão (1450-1503).

Medauar, Jorge Emílio, poeta, contista e novelista brasileiro (1918).

Medeiros, Anacleto (Augusto) de, compositor popular e regente brasileiro (1866-1907).

Medeiros, Elton (Elto Antônio de Medeiros, dito), compositor popular, cantor e instrumentista brasileiro (1930).

Medici, Lorenzino de', comediógrafo e apologista italiano (1513-1548).

Medici, Lourenço de (o Magnífico), duque, poeta e patrono de artes italiano (1449-1492).

Medtner, Nicolas, compositor erudito e pianista russo (1880-1951).

Méhul, Étienne, compositor erudito francês (1763-1817).

Meinong, Alexius von, filósofo e psicólogo austríaco (1853-1920).

Meireles, Cecília, poetisa brasileira (1901-1964).

Meireles, Cildo (Campos), artista plástico brasileiro (1948).

Meireles, Vítor (Vítor Meireles de Lima, dito), pintor brasileiro (1832-1903).

Meissonier, Ernest, pintor, água-fortista, litógrafo e escultor francês, de origem italiana (1815-1891).

Meissonnier, Juste-Aurèle, ourives, projetista e arquiteto francês (1695-1750).

Meit, Conrad, escultor alemão (1475?-1551?).

Meléndez, Luis, pintor espanhol (1716-1780).

Méliès, Georges, cineasta francês (1861-1938).

Mellan, Claude, gravador francês (1598-1688).

Mello, Lídio Bandeira de, pintor brasileiro (1929).

Melo, Francisco Manuel de, poeta, comediógrafo, historiador e crítico de cultura português, também de língua espanhola (1608-1667).

Melo e Castro, E.M. de (Ernesto Manuel Geraldes de Melo e Castro, dito), poeta e crítico literário português (1932).

Melo Franco, Afonso Arinos de, contista, romancista e dramaturgo brasileiro (1868-1916).

Melo Mourão, Gerardo Magella, poeta, romancista e tradutor brasileiro (1917).

Melo Neto, João Cabral de, poeta brasileiro (1920-1999).

Melozzo da Forli, pintor italiano (1438-1498).

Melville, Jean-Pierre, roteirista e cineasta francês (1917-1973).

Memlic (ou Memling), Hans, pintor holandês (?-1494).

Memmi, Lippo, pintor italiano (século XIV).

Mena, Juan de, poeta e cronista espanhol (1411-1456).

Mena, Pedro de, escultor espanhol (1628-1688).

Menandro (Menandros), poeta cômico grego (342?-292? a.C.).

Mêndele, Moher Sephorim, romancista judeu (1835-1910).

Mendelsohn, Erich, arquiteto alemão (1887-1953).

Mendelssohn (Bartholdy), Fèlix, compositor erudito judeu-alemão (1809-1847).

Mendelssohn, Moses, filósofo e ensaísta literário judeu-alemão (1729-1786).

Mendes, (Manuel) Odorico, poeta e tradutor brasileiro (1799-1864).

Mendes, Cassiano Gabus, roteirista e autor de telenovelas brasileiro, filho de Octávio (1927-1993).

Mendès, Catulle, poeta, romancista e dramaturgo francês (1841-1909).

Mendes, Gilberto (Ambrósio Garcia), compositor erudito de vanguarda brasileiro (1922).

Mendes, Murilo (Monteiro), poeta brasileiro (1901-1975).

Mendes, Octávio Gabus, crítico de cinema, roteirista, cineasta e diretor de radionovela brasileiro, pai de Cassiano (1906-1946).

Mendes Campos, Paulo, poeta e cronista brasileiro (1922-1991).

Mendes da Rocha, Paulo, arquiteto brasileiro (1928).

Mendes Pinto, Fernão, cronista português (1510?-1583).

Mendez (Mário de Oliveira Mendes, dito), desenhista e cartunista brasileiro (1907-1996).

Mendini, Alessandro, arquiteto e *designer* italiano (1931).

Mendive, Rafael María de, poeta cubano (1821-1890).

Mendonça, Lúcio (Eugênio de Menezes Furtado de), poeta, contista, cronista e memorialista brasileiro (1854-1909).

Mendonça, Mário, pintor brasileiro (1934).

Mendonça, Newton (Ferreira de), compositor popular e instrumentista brasileiro (1927-1960).

Mendoza, Héctor, dramaturgo e encenador mexicano (1932).

Menéndez Pidal, Ramón, filólogo e historiador da literatura espanhol (1869-1968).

Menéndez y Pelayo, Marcelino, filósofo de estética e ensaísta de cultura espanhol (1856-1912).

Menescal, Roberto (Batalha), compositor popular e violonista brasileiro (1937).

Menezes, Emílio de, poeta e cronista brasileiro (1866-1918).

Menezes, Visconde de (Luís de Miranda Menezes, dito), pintor português (1820-1878).

Mengs, Anton Raffael, pintor alemão (1728-1779).

Menipo, filósofo e poeta dramático grego, de origem fenícia (séculos IV e III a.C.).

Mennin, Peter, compositor erudito norte-americano (1923-1983).

Menotti, Gian Carlo, compositor erudito e encenador de óperas italiano (1911).

Menotti del Picchia, Paulo, poeta, dramaturgo e ensaísta político e literário brasileiro (1892-1988).

Menzel, Adolf von, pintor e gravador alemão (1815-1905).

Mercadante, Giuseppe Saverio, compositor erudito italiano (1795-1870).

Mercié, Antonin, pintor e escultor francês (1845-1916).

Mercier, Louis Sébastien, romancista, dramaturgo e ensaísta de teatro francês (1740-1814).

Meredith, George, poeta, romancista e ensaísta inglês (1828-1909).

Merian, Matthäus, gravador e editor alemão (1593-1650).

Mérimée, Prosper, novelista francês (1803-1870).

Merleau-Ponty, Maurice, filósofo francês (1908-1961).

Merópio, *ver* **Paulino de Nola**, São.

Merquior, José Guilherme Alves, ensaísta de cultura e diplomata brasileiro (1941-1991).

Mesdag, Hendrik Willem, pintor holandês (1831-1915).

Mesens, E. L. T., músico, poeta e pintor belga (1903-1971).

Mesguich, Daniel, encenador e ator francês (1952).

Mesquita, Custódio (Custódio Mesquita de Pinheiro , dito), compositor e regente popular brasileiro (1910-1945).

Mesquita, Henrique Alves de, compositor erudito e popular brasileiro (1830-1906).

Mesquita, Marcelino (Antônio da Silva), dramaturgo e poeta português (1876-1962).

Messager, André Charles Prosper, compositor erudito, organista e maestro francês (1853-1929).

Messiaen, Olivier Eugène, compositor erudito e organista francês (1908-2001).

Mestre Bertram, pintor alemão (séculos XIV-XV).

Mestre da Lenda de Santa Bárbara, pintor holandês (séculos XV-XVI).

Mestre da Vida de Maria (ou da Vida da Virgem Maria), pintor alemão (século XV).

Mestre da Vista de Santa Gudula, pintor holandês (século XV).

Mestre das Cartas de Baralho, gravador alemão (século XV).

Mestre de Alkmaar, pintor holandês (século XVI).

Mestre de Boucicaut, iluminador e desenhista franco-holandês (século XV).

Mestre de Flémalle, pintor holandês (século XV).

Mestre de Frankfurt, pintor holandês (século XVI).

Mestre de Liesborn, pintor alemão (século XV).

Mestre de Maria de Borgonha, iluminador holandês (século XV).

Mestre de Moulins, pintor francês (século XV).

Mestre de Naumburg, escultor alemão (século XIII).

Mestre de Santa Cecília, pintor italiano (século XIV).

Mestre de São Gil, pintor holandês (século XV).

Mestre de Vyssi Brod (ou de Hohenfurth), pintor alemão (século XIV).

Mestre do Ciclo de São Francisco, pintor italiano (século XIII).

Mestre do Housebook, gravador alemão (século XV).

Mestre do Monograma de Brunswick, pintor holandês (século XVI).

Mestre do Retábulo de Trebon, pintor alemão (século XIV).

Mestre Eckhart (Johannes Eckhart, dito), teólogo místico alemão (1260-1327?).

Mestre E. S. (Mestre de 1466), gravador alemão (século XV).

Mestre Francke, pintor alemão (século XV).

Mestre Teodorico, pintor alemão (século XIV).

Mestre Valentim (Valentim da Fonseca e Silva, dito), escultor e arquiteto brasileiro (1750-1813).

Mestre Vitalino (Vitalino Pereira dos Santos, dito), ceramista popular brasileiro (1909-1963).

Mestrovic, Ivan, escultor croata, naturalizado norte-americano (1883-1962).

Metastasio (Pietro Trapassi Antonio Domenico, dito), poeta, dramaturgo, ensaísta de literatura e libretista italiano (1698-1782).

Metsu, Gabriel, pintor holandês (1629-1667).

Metzinger, Jean, pintor e ensaísta francês (1883-1956).

Meung, Jean de, poeta e humanista francês (1250?-1305?).

Meunier, Constantin, escultor e pintor belga (1831-1905).

Meyer, Augusto, poeta, folclorista e crítico de cultura popular brasileiro (1902-1970).

Meyerbeer, Giacomo (Jakob Liebmann Beer, dito), compositor erudito alemão (1791-1864).

Michallon, Achille-Etna, pintor francês (1796-1822).

Michaux, Henri, poeta e pintor francês, de origem belga (1899-1984).

Michel, George, pintor francês (1763-1843).

Michelangelo (Michelangelo Buonarroti, dito), escultor, pintor, arquiteto, desenhista e poeta italiano (1475-1564).

Michelena, Arturo, pintor venezuelano (1863-1898).

Michelozzo di Bartolomeo, arquiteto, decorador e escultor italiano (1396-1472).

Michener, James Albert, romancista norte-americano (1907).

Middleton, Thomas, poeta dramático inglês (1570?-1627).

Mies van der Rohe, Ludwig, arquiteto e projetista alemão, naturalizado norte-americano (1886-1969).

Migliori, Gabriel, compositor erudito e de música incidental brasileiro (1909-1975).

Mignard, Pierre, pintor francês (1612-1695).

Mignone, Francisco Paulo, compositor erudito e regente brasileiro (1897-1986).

Migot, Georges Elbert, compositor erudito, musicólogo, pintor e poeta francês (1891-1976).

Miguel-Pereira, Lúcia, romancista, historiadora e crítica literária brasileira (1903-1959).

Miguez, Leopoldo, compositor erudito brasileiro (1850-1902).

Milán, Luís de, poeta e compositor erudito espanhol (1500?-1561?).

Milestone, Lewis, cineasta norte-americano de origem ucraniana (1895-1980).

Milhaud, Darius, compositor erudito francês (1892-1974).

Militão, Augusto de Azevedo, fotógrafo brasileiro (1837-1905).

Mill, John Stuart, filósofo e economista inglês (1808-1873).

Millais, sir John Everett, pintor e ilustrador de livros inglês (1829-1896).

Miller, Alton Glenn, compositor popular, regente e arranjador norte-americano (1904-1944).

Miller, Arthur, dramaturgo norte-americano (1915).

Miller, Claude, cineasta francês (1942).

Miller, Frank, roteirista e desenhista de quadrinhos norte-americano (1957).

Miller, George, cineasta australiano (1945).

Miller, Henry, novelista norte-americano (1891-1980).

Miller, Jonathan Wolfe, encenador inglês (1934).

Miller Filho, Sidney (Álvaro), compositor popular brasileiro (1945-1980).

Milles, Carl, escultor sueco (1875-1955).

Millet, Jean-François ("Francisque"), pintor franco-flamengo (1642-1679).

Millet, Jean-François, pintor e artista gráfico francês (1814-1875).

Milliet, Sérgio (da Costa e Silva), poeta, novelista, crítico e ensaísta de cultura brasileiro (1898-1966).

Millöcker, Karl, compositor erudito e maestro austríaco (1842-1899).

Milloss, Aurelio (Aurèl Miholy, dito), bailarino e coreógrafo húngaro, naturalizado italiano (1906-1988).

Mills, Clark, escultor norte-americano (1810-1883).

Milne, David Brown, pintor canadense (1882-1953).

Milner, Anthony Francis, compositor erudito inglês (1925).

Milosz, Czeslaw, poeta, romancista e ensaísta de cultura polonês, naturalizado norte-americano (1911).

Milosz, O.V. (Oscar Vladislas Lubicz-Milosz, dito), poeta, dramaturgo, ensaísta de religião e tradutor francês, de origem lituana (1877-1939).

Milton, John, compositor erudito inglês, pai do poeta (1563?-1647).

Milton, John, poeta e dramaturgo inglês (1608-1674).

Mimnermo (Mimnermos) de Colofon, poeta grego (séculos VII e VI a.C.).

Mindlin, Henrique Ephin, arquiteto brasileiro (1911-1971).

Minnelli, Vincent, cenógrafo e cineasta norte-americano (1903-1986).

Mintaner, Ramón, cronista catalão (1265-1336).

Miranda, Marlui (Nóbrega), compositora popular, cantora e pesquisadora de música (1949).

Miriam (Zeon Przesmycki, dito), poeta e tradutor polonês (1861-1944).

Miró, Joan, pintor, artista gráfico e projetista espanhol (1893-1983).

Mistral, Frédéric, poeta francês de *langue d'oc* (1830-1914).

Mistral, Gabriela (Lucila Godoy Alcaya, dita), poetisa chilena (1889-1957).

RELAÇÃO ONOMÁSTICA DE AUTORES 749

Mnouchkine, Ariane, encenadora francesa (1939).
Modersohn-Becker, Paula, pintora e artista gráfica alemã (1876-1907).
Modigliani, Amedeo, pintor, escultor e desenhista italiano (1884-1920).
Modotti, Tina (Assunta Adelaide Modotti, dita), fotógrafa italiana atuante no México e nos Estados Unidos (1896-1942).
Mohaly, Yolanda, pintora brasileira de origem húngara (1909-1978).
Moholy-Nagy, László, pintor, escultor, *designer* e ensaísta húngaro (1895-1946).
Moilliet, Louis, pintor suíço (1880-1962).
Moisescu, Valeriu, encenador e cenógrafo romeno (1932).
Mola, Pier Francesco, pintor italiano (1612-1666).
Molenaer, Jan Miense, pintor holandês (1610-1668).
Molière (Jean-Baptiste Pochelin, dito), comediógrafo francês (1622-1673).
Molinaro, Simone, compositor erudito italiano (1565?-1615).
Mollino, Carlo, arquiteto, *designer* e fotógrafo italiano (1905-1973).
Molnár, Ferenc, romancista e dramaturgo húngaro (1878-1952).
Molyn, Pieter de, pintor holandês (1595-1661).
Momper, Joos (ou Jodocus) II de, pintor flamengo (1564-1634).
Monamy, Peter, pintor inglês (1681-1749).
Moncayo, José Pablo, compositor erudito e regente mexicano (1912-1958).
Mondrian, Piet (Pieter Cornelis Mondriaan), pintor e ensaísta holandês (1872-1944).
Mone, Jean, escultor francês (1480-1550).
Monet, Claude, pintor francês (1840-1926).
Monk, Meredith, coreógrafa e compositora norte-americana (1942).
Monn, Georg Matthias, compositor erudito e organista austríaco (1717-1750).
Monnier, Henri, caricaturista francês (1799-1877).
Monnoyer, Jean-Baptiste, pintor franco-flamengo (1634-1699).
Monsigny, Pierre Alexandre, compositor de operetas francês (1729-1817).
Montagna, Bartolomeo, pintor italiano (séculos XV e XVI).
Montaigne, Michel Eyquem, senhor de, filósofo e ensaísta francês (1533-1592).
Montalbán, Juan Pérez de, comediógrafo espanhol (1602-1638).
Montalbán, Manuel Vázquez, romancista espanhol (1940).
Montale, Eugenio, poeta e crítico literário italiano (1896-1981).
Montañes, Juan Martínez, escultor espanhol (1568-1649).
Montchrestien, Antoine de, dramaturgo e economista francês (1575?-1621).
Monte Alverne, Frei Francisco de, pregador e orador brasileiro (1784-1858).
Monte, Philippe de, compositor erudito flamengo (1521-1603).
Monteiro Lobato, José Bento, contista, romancista e crítico de cultura brasileiro (1882-1948).
Monteiro, Ciro, compositor e cantor popular brasileiro (1913-1973).
Monteiro, Vicente do Rego, pintor brasileiro (1899-1970).
Montépin, Xavier de, romancista francês (1823-1902).
Montero Bustamante, Raúl, poeta uruguaio (1881-1958).
Monterroso, Augusto, contista e fabulista guatemalteco, atuante no México (1921-2003).
Montesquieu (Charles Secondat, baron de la Brède e de), filósofo e moralista francês (1689-1755).
Monteverdi, Claudio, compositor erudito italiano (1567-1643).
Monti, Vicenzo, poeta, filólogo e tradutor italiano (1754-1828).
Monticelli, Adolphe, pintor francês (1824-1886).
Montoya, Carlos, compositor de flamenco, guitarrista e arranjador espanhol (1903).

Montreuil, Pierre de, arquiteto francês (1200?-1266).
Montsalvatge, Xavier, compositor erudito espanhol (1921).
Moore, família de pintores inglesa: William, o pai (1790-1851) e os irmãos Albert (1841-1893) e Henry (1831-1895).
Moore, George Augustus, poeta, romancista e dramaturgo irlandês, também de língua francesa (1852-1933).
Moore, Henry, escultor e artista gráfico inglês (1898-1986).
Moore, Marianne Craig, poetisa norte-americana (1887-1972).
Moore, Thomas, poeta e satirista irlandês (1779-1852).
Mor, Anthonis, pintor holandês (1517?-1576).
Mora, José de, escultor espanhol (1642-1724).
Moraes, Glauco Pinto de, pintor brasileiro (1928-1990).
Moraes, João da Silva, compositor de música sacra português (1689-1747).
Moraes, José Machado de, pintor brasileiro (1921).
Morais, Crisaldo, pintor *naïf* brasileiro (1932).
Morais, Vinícius de (Marcus Vinicius Cruz e Melo Morais, dito), poeta, dramaturgo, crítico de cinema, compositor popular e diplomata brasileiro (1913-1980).
Morales, Cristóbal de, compositor erudito espanhol (1500?-1553).
Morales, Luís de, pintor espanhol (século XVI).
Morandi, Giorgio, pintor e água-fortista italiano (1890-1964).
Morandi, Riccardo, arquiteto italiano (1902-1989).
Moreau, Gustave, pintor francês (1826-1898).
Moreau, Jean-Baptiste, compositor erudito e organista francês (1656-1733).
Moreau, Louis-Gabriel, pintor e água-fortista holandês (1740-1806).
Moreelse, Paulus, pintor e arquiteto holandês (1571-1638).
Moreira da Silva, Antônio, compositor e cantor popular brasileiro (1902-2000).
Moreira, Jorge Machado, arquiteto brasileiro (1904-1992).
Morellet, François, pintor e escultor francês (1926).
Morelly, filósofo francês (século XVIII).
Moreto y Cabaña, Agustín, dramaturgo espanhol (1618-1669).
Moretto, il (Alessandro Bonvicino, dito), pintor italiano (1498-1554).
Moreyra da Silva, Álvaro, poeta brasileiro (1888-1969).
Morillo, Roberto García, compositor erudito e ensaísta de música argentino (1911).
Morin, Edgar, pensador e ensaísta de cultura francês (1921).
Morisot, Berthe, pintora francesa (1841-1895).
Morlacchi, Francesco, compositor erudito italiano (1784-1841).
Morland, George, pintor inglês (1762?-1804).
Morley, Malcolm, pintor britânico (1931).
Morley, Thomas, compositor erudito inglês (1557-1602).
Moro, César (Alfredo Quíspez Asín, dito), poeta peruano também de língua francesa (1906-1971).
Morone, Domenico, pintor italiano (séculos XV-XVI).
Moroni, Giovanni Battista, pintor italiano (1520?-1578).
Moross, Jerome, compositor erudito e de música incidental norte-americano (1913-1983).
Morrice, James Wilson, pintor canadense (1865-1924).
Morricone, Ennio, compositor popular e de música incidental italiano (1928).
Morris, Mark, coreógrafo norte-americano (1956).
Morris, Robert, escultor, artista conceitual e ensaísta norte-americano (1931).
Morris, William, teórico, projetista de arte decorativa e artesão inglês (1834-1896).
Morrison, Toni, romancista e ensaísta norte-americana (1931).
Morrison, Jim, compositor popular norte-americano (1943-1971).

Morse, Samuel Finley Breese, pintor norte-americano (1791-1872).

Morselli, Guido, romancista italiano (1912-1973).

Mortensen, Richard, pintor dinamarquês (1910).

Mortimer, John Hamilton, pintor inglês (1740-1779).

Morton, Jelly Roll (Ferdinand Joseph La Menthe, dito), compositor, chefe de orquestra e pianista de *jazz* norte-americano (1885-1941).

Morus, Tomas (Thomas More), filósofo e político inglês (1478-1535).

Mosca, Gaetano, sociólogo italiano (1858-1941).

Moscheles, Ignaz, compositor erudito e pianista tcheco (1794-1870).

Moscoso, Roberto, cenógrafo italiano, ativo na França (1934).

Moser, família de artistas inglesa: o pai George, ourives, esmaltador e medalhista (1704-1783) e a filha Mary, pintora (1744-1819).

Moser, Hans Joachim, musicólogo e historiador de música alemão (1889-1967).

Moser, Karl, arquiteto suíço (1860-1936).

Moser, Lukas, pintor alemão (século XV).

Moses, Anna Mary Robertson, pintora norte-americana (1860-1961).

Mosonyi, Mihály, compositor erudito húngaro (1815-1870).

Mossolov, Aleksandr Vassílievitch, compositor erudito ucraniano (1900-1973).

Mostaert, Jan, pintor holandês (1475?-1555?).

Mosto, Giovanni Battista, compositor erudito italiano (1545?-1596).

Motherwell, Robert, pintor, colagista e ensaísta norte-americano (1915).

Moulin, Hippolyte, escultor francês (1852-1884).

Mounier, Emmanuel, filósofo francês (1905-1950).

Moura, Reinaldo, poeta e romancista brasileiro (1901-1966).

Mourão, Noêmia, pintora brasileira (1912-1992).

Mourão, Rui (José Rui Guimarães Mourão, dito), romancista e ensaísta brasileiro (1929).

Mouton, Jean, compositor erudito francês (1460?-1522).

Moynihan, Rodrigo, pintor britânico (1910).

Mozart, Wolfgang Amadeus, compositor erudito austríaco (1756-1791).

Mucha, Alphonse, pintor e *designer* tcheco (1860-1939).

Mudd, John, compositor erudito inglês (1555-1631).

Muffat, Georg, compositor erudito e organista alemão (1633-1704).

Muldowney, Dominic, compositor erudito e maestro inglês (1952).

Müller, Wenzel, compositor erudito e maestro austríaco (1767-1835).

Mulready, William, pintor irlandês (1786-1863).

Multscher, Hans, escultor alemão (século XV).

Munari, Bruno, pintor e *designer* italiano (1907).

Munch, Edvard, pintor e gravurista norueguês (1863-1944).

Muniz, Lauro César (Martins Amaral), dramaturgo, roteirista de cinema e autor de telenovelas brasileiro (1938).

Munkácsy, Mihály von, pintor húngaro (1844-1900).

Munnings, sir Alfred, pintor inglês (1878-1959).

Munthe, Axel, romancista sueco (1857-1949).

Murdoch, Iris, romancista irlandesa (1919).

Muret, Marc-Antoine, poeta e crítico literário francês (1526-1585).

Murillo, Bartolomé Esteban, pintor espanhol (1617-1682).

Murnau (Friedrich Wilhelm Plumpe, dito), cineasta alemão, naturalizado norte-americano (1889-1931).

Musgrave, Thea, compositora erudita e maestrina escocesa (1928).

Musil, Robert von, novelista, romancista e dramaturgo austríaco (1880-1942).

Musset, Alfred de, contista, dramaturgo, romancista e poeta francês (1810-1857).

Mussórgski, Modeste Petróvitch, compositor erudito russo (1839-1881).

Muybridge, Eadweard (Edward Muggeridge, dito), fotógrafo britânico, também ativo nos Estados Unidos (1830-1904).

Mytens, Daniel, pintor anglo-holandês (1590-1647).

N

Nabókov, Nikolai, compositor erudito russo, naturalizado norte-americano (1903-1978).

Nabókov, Vladímir, poeta, romancista, dramaturgo e ensaísta russo, atuante na Europa e nos Estados Unidos (1899-1977).

Nabuco, Joaquim (Joaquim Aurélio Barreto Nabuco de Araújo, dito), memorialista e político brasileiro (1849-1910).

Nadar (Felix Tournachon, dito), novelista, fotógrafo, desenhista e aeronauta francês (1820-1910).

Nádasi, Ferenc, bailarino, coreógrafo e mestre de balé húngaro (1893-1996).

Nadejdina, Nadejda, bailarina, coreógrafa e mestre de balé russo-lituana (1908-1979).

Nadelman, Elie, escultor polonês (1882-1946).

Naipaul, Vidiadhar Surajprasad, romancista e ensaísta de cultura anglo-indiano, nascido em Trinidad (1932).

Nanino, Giovanni Bernardino, compositor erudito italiano (1560?-1623).

Nanino, Giovanni Maria, compositor erudito italiano, irmão de Bernardino (1545?-1607).

Nanni di Banco, escultor italiano (?-1421).

Nanteuil, Robert, gravador e desenhista francês (1623-1678).

Nápravník, Eduard, compositor erudito tcheco (1839-1916).

Nascimento, Milton (Silva Campos do), compositor e cantor popular brasileiro (1942).

Nash, Paul, pintor e artista gráfico inglês (1889-1946).

Nash, Thomas, romancista inglês (1567-1601).

Nasmyth, Alexander, pintor escocês (1758-1840).

Nasmyth, Patrick, pintor inglês (1787-1831).

Nássara, Antônio Gabriel, caricaturista e compositor popular brasileiro (1910-1966).

Natoire, Charles Joseph, pintor e projetista de tapeçaria francês (1700-1777).

Natorp, Paul, filósofo alemão (1854-1924).

Nattier, Jean-Marc, pintor francês (1685-1766).

Nault, Fernand, bailarino, coreógrafo e mestre de dança canadese (1921).

Naumann, Johann Gottlieb, compositor erudito alemão (1741-1801).

Nava, Pedro (da Silva), memorialista brasileiro (1903-1984).

Navarrete, Juan Fernández de, pintor espanhol (1526-1579).

Nazaré, Ernesto, compositor semi-erudito e popular brasileiro (1863-1934).

Neeffs (ou Neefs), família de pintores flamenga: o pai, Pieter, o Velho (1578?-1656?) e seus filhos: Pieter, o Moço (1620-1676?) e Lodewijk (1617-?).

Negri, Cesari, teórico e mestre de balé italiano (1535?-1605).

Negruzzi, Costache, poeta e historiador romeno (1808-1868).

Nejar, Carlos, poeta e romancista brasileiro (1939).

Nekrássov, Nikolai Aleksiéievitch, poeta russo (1821-1876).

Nelligan, Émile, poeta canadense (1879-1941).

Nelson, George, arquiteto e *designer* norte-americano (1908-1986).

Nemcová, Bozena, contista e romancista tcheca (1820-1862).

Nemecek, Jiri, bailarino e coreógrafo tcheco (1924-1991).

Nepomuceno, Alberto, compositor erudito brasileiro (1864-1920).

Neri, Massimiliano, compositor erudito italiano (1615?-1666).

Neroccio dei Landi, pintor e escultor italiano (1447-1500).

Neruda, Pablo (Neftalí Ricardo Reyes, dito), poeta chileno (1904-1973).

Nervi, Pier Luigi, arquiteto italiano (1891-1979).

RELAÇÃO ONOMÁSTICA DE AUTORES | 751

Nervo, Amado (Juan Crisóstomo Ruiz de, dito), poeta, novelista e ensaísta mexicano (1870-1919).

Nery, Ismael, pintor brasileiro (1900-1934).

Nery, Márcio, caricaturista brasileiro (1894-1962).

Neschling, John, compositor erudito, de música incidental e maestro brasileiro (1947).

Nessler, Victor, compositor erudito e maestro alemão (1841-1890).

Netscher, Caspar, pintor holandês (1635?-1684).

Neukomm, Sigismund, compositor erudito austríaco também ativo no Brasil (1778-1858).

Neumann, Balthasar, arquiteto alemão (1687-1753).

Neumann, Frantisek, compositor erudito e maestro tcheco (1874-1929).

Neumeier, John, bailarino, coreógrafo e mestre de balé norte-americano, ativo na Alemanha (1942).

Neurath, Otto, filósofo austríaco (1882-1945).

Neutra, Richard Josef, arquiteto austríaco, também ativo nos Estados Unidos (1892-1970).

Nevelson, Louise, escultora, pintora e artista gráfica norte-americana (1899-1988).

Neves, Cândido das (dito Índio), compositor e cantor popular brasileiro, filho de Eduardo (1899-1934).

Neves, Eduardo das, compositor popular, cantor e palhaço brasileiro, pai de Cândido (1874-1919).

Neves, Wilson das, compositor popular e percussionista brasileiro (1936).

Névio (Cneus Naevius), poeta e dramaturgo romano (265-202 a.C.).

Nevison, C. R. W. (Christopher Richard Wynne), pintor inglês (1889-1946).

Newman, Barnett, pintor norte-americano (1905-1970).

Nezval, Viteslav, poeta tcheco (1900-1958).

Niccolò dell'Arca, escultor italiano (século XV).

Nichols, Mike (Michael Igor Peschkowsky, dito), encenador e cineasta norte-americano de origem judaico-alemã (1931).

Nicholson, Ben, pintor britânico (1894-1982).

Nicholson, George, compositor erudito inglês (1949).

Nicholson, Richard, compositor erudito inglês (1570?-1639).

Nicholson, sir William, pintor e artista gráfico inglês (1872-1949).

Nicholson, Winifred, pintora britânica (1893-1981).

Nícias, pintor grego (século IV a. C.).

Nicolai, Karl Otto, compositor erudito e maestro alemão (1810-1849).

Nicolas de Verdun, ourives, esmaltador e metalurgista belga (séculos XII-XIII).

Nicolau de Cusa (Nikolaus Krebs), filósofo e teólogo alemão (1401-1464).

Nielsen, Carl August, compositor erudito dinamarquês (1865-1931).

Niemeyer Soares Filho, Oscar, arquiteto brasileiro (1907).

Nietzsche, Friedrich, filósofo alemão (1844-1900).

Nievo, Ippolito, romancista italiano (1813-1861).

Nigg, Serge, compositor erudito francês (1924).

Nijinska, Bronislava, bailarina, coreógrafa e mestre de dança russa, irmã de Nijínski, também atuante na Europa e nos Estados Unidos (1890-1972).

Nijínski (Vaslav Fómitch Nijísnki, dito), bailarino e coreógrafo russo de origem polonesa, irmão de Nijinska (1890-1950).

Nikolais, Alwin, bailarino, coreógrafo, mestre de dança e cenógrafo norte-americano (1910-1993).

Nilsson, Bo, compositor erudito de vanguarda sueco (1937).

Nin y Castellanos, Joaquín, compositor erudito e musicólogo cubano (1879-1949).

Nittis, Giuseppe de, pintor italiano (1846-1884).

Nobre, Antônio, poeta português (1867-1900).

Nobre, Marlos, compositor erudito brasileiro (1939).

Noêmia Mourão, pintora, ilustradora e pesquisadora brasileira (1912-1992).

Noguchi, Isamu, escultor, projetista e cenógrafo norte-americano (1904-1988).

Nola, Domenico da, compositor erudito italiano (?-1592).

Nolan, sir Sidney, pintor australiano (1917).

Noland, Kenneth, pintor norte-americano (1924).

Nolde, Emil, pintor e artista gráfico alemão (1867-1956).

Nollekens, Joseph, escultor inglês (1737-1823).

Nonell y Monturiol, Isidro, pintor espanhol (1873-1911).

Nonnos, poeta épico pagão e, posteriormente, bispo e exegeta cristão (século V).

Nono, Luigi, compositor erudito de vanguarda italiano (1924).

Nordhein, Arne, compositor erudito de vanguarda norueguês (1931).

Norgard, Per, compositor erudito de vanguarda dinamarquês (1932).

Noronha, Dom Tomás de, poeta satírico português (?-1651).

North, Alex, compositor popular e de música incidental norte-americano (1910-1991).

Northcote, James, pintor inglês (1746-1831).

Nost (ou Van Ost), John, escultor flamengo (1711-1713).

Nothomb, Amélie, romancista belga (1967).

Notke, Bernt, escultor alemão (?-1509).

Novak, Jan, compositor erudito tcheco (1921).

Novak, Vitezslav, compositor erudito tcheco (1870-1940).

Novalis (Friedrich von Hardenberg, dito), poeta alemão (1772-1801).

Noverre, Jean Georges, bailarino e coreógrafo francês (1727-1810).

Nunn, Trevor, encenador inglês (1940).

Nystroem, Gösta, compositor erudito sueco (1890-1966).

O

Oates, Joyce Carol, novelista, romancista e poetisa norte-americana (1938).

Obaldía, René de, romancista e comediógrafo francês (1918).

Óbidos, Josefa d' (Josefa de Ayala e Cabrera, dita), pintora portuguesa (1630-1684).

Obligado, Rafael, poeta argentino (1851-1920).

Obrecht, Jacob, compositor erudito holandês (1450-1505).

Obregón, Alejandro, pintor colombiano (1920).

Obstfelder, Sigbjorn, poeta, dramaturgo e novelista norueguês (1866-1900).

O'Brien, Edna, romancista irlandesa (1932).

O'Brien, Timothy, cenógrafo britânico (1929).

Obukhov, Nikolai, compositor erudito russo, atuante na França (1892-1954).

Ocampo, Miguel, pintor e arquiteto argentino (1922).

Ocampo, Silvina, poetisa e contista uruguaia (1905).

Ocantos, Carlos María, romancista argentino (1860-1943).

O'Casey, Sean, dramaturgo e crítico teatral irlandês (1880-1964).

O'Connor, Frank (Michael O'Donovan, dito), novelista irlandês (1903-1966).

O'Connor, Mary Flannery, novelista e romancista norte-americana (1925-1964).

O'Connor, Roderic, pintor irlandês (1860-1940).

Occleve (ou Hoccleve), Thomas, poeta inglês (1368?-1450?).

Ochtervelt, Jacob, pintor holandês (1634-1682).

752 | DICIONÁRIO SESC: A LINGUAGEM DA CULTURA

Ockeghem (ou Okeghem), Johannes, compositor erudito flamengo (1420?-1495?).

Odets, Clifford, dramaturgo norte-americano (1906-1963).

Odio, Eunice, poetisa costa-riquenha (1918).

Odoiévski, príncipe Aleksandr Ivánovitch, poeta russo (1802-1839).

Oehlenschläger. Adam, poeta, romancista e dramaturgo dinamarquês (1779-1850).

Offenbach, Jacques, compositor erudito alemão, naturalizado francês (1819-1880).

O'Flaherty, Liam, romancista irlandês (1897-1984).

Oglan, Karaca, poeta lírico e popular turco (?-1679).

O'Gorman, Juan, arquiteto e pintor mexicano (1905-1982).

Ohana, Maurice, compositor erudito de vanguarda francês (1914).

O'Henry, William (W. Sidney Porter, dito), contista norte-americano (1862-1910).

Ohtake, Tomie, pintora e gravadora nipo-brasileira (1913).

Oiticica, Hélio, artista plástico brasileiro (1937-1980).

O'Keef, Georgia, pintora norte-americana (1887-1986).

Okopenko, Andreas, poeta e romancista austríaco de origem eslovaca (1930).

Okudjava, Bulat Chalvotich, poeta e novelista russo (1924).

Olbracht, Ivan (Kamil Zeman, dito), romancista tcheco (1882-1952).

Olbricht, Joseph Maria, arquiteto e decorador austríaco (1867-1908).

Oldenburg, Claes, escultor e artista gráfico sueco-norte-americano (1929).

Oldham, Arthur, compositor erudito e mestre de coro inglês (1926).

Oleneva, Maria, bailarina e coreógrafa russa, naturalizada brasileira (1900-1965).

Olímpio, Domingos (Domingos Olímpio Braga Cavalcanti, dito), romancista e jornalista brasileiro (1850-1906).

Olinto, Antônio (Antônio Olinto Marques da Rocha, dito), poeta e crítico brasileiro (1919).

Olitski, Jules, pintor e escultor norte-americano (1922).

Olivari, Nicolás, poeta e contista argentino (1900-1966).

Oliveira, (Antônio Mariano) Alberto de, poeta brasileiro (1857-1937).

Oliveira, Alberto de, poeta português (1873-1940).

Oliveira, António Correia de, poeta português (1879-1960).

Oliveira, Carlos Alberto Serra de, poeta português (1921-1981).

Oliveira, Domingos (José Soares) de, dramaturgo, encenador, roteirista e cineasta brasileiro (1936).

Oliveira, Felipe Daudt d', poeta e crítico literário brasileiro (1891-1933).

Oliveira, Jamari, compositor erudito de vanguarda brasileiro (1944).

Oliveira, Jocy, compositora erudita de vanguarda brasileira (1936).

Oliveira, Juca de (José de Oliveira Santos, dito), dramaturgo e ator brasileiro (1935).

Oliveira, Manoel (Cândido Pinto) de, cineasta português (1908).

Oliveira, Manuel Botelho de, poeta e dramaturgo brasileiro (1636-1711).

Oliveira, Manuel Dias de, dito o Brasiliense, pintor brasileiro (1764-1837).

Oliveira, Marly de, poetisa brasileira (1935).

Oliveira, Marques da Silva, pintor português (1852-1927).

Oliveira, Paulino de (Francisco Paulino Gomes de Oliveira, dito), poeta português (1864-1914).

Oliveira, Raimundo de, pintor brasileiro (1930-1966).

Oliveira, Willy Correia de, compositor erudito brasileiro (1938).

Oliveira Bernardes, Inácio de, pintor e arquiteto português (1695-1781).

Oliveira Filho, Deocleciano Martins de, poeta, contista e romancista brasileiro (1906-1974).

Oliver, King (Joe Oliver, dito), compositor e instrumentista de *jazz* norte-americano (1885-1938).

Oliver, Stephen, compositor erudito de música incidental inglês (1950).

Olivier, Isaac, miniaturista inglês (?-1617).

Olivier, sir Laurence Kerr, ator, encenador e cineasta inglês (1907-1989).

Ollier, Claude, romancista francês (1922).

Olmi, Ermano, cineasta italiano (1931).

Olson, Charles, poeta e ensaísta norte-americano (1910-1970).

Omre, Arthur, romancista norueguês (1887-1967).

O'Neill, Eugene (Gladstone), dramaturgo norte-americano (1888-1953).

O'Neill de Bulhões (Alexandre Manuel Vahia de Castro, dito), poeta e romancista português (1924).

Onetti, Juan Carlos, romancista uruguaio (1909-1994).

Onslow, Georges Louis, compositor erudito e pianista francês (1784-1853).

Opazo Bernales, Rodolfo, pintor e gravador chileno (1935).

Ophuls, Max (Max Oppenheimer, dito), encenador e cineasta alemão (1902-1957).

Opie, John, pintor inglês (1761-1807).

Ópio (Caius Oppius), biógrafo romano (séculos I a.C. e I d.C.).

Opitz, Martin, poeta, libretista e tradutor alemão (1597-1639).

Oppenord (Oppenort), Gilles-Marie, decorador e gravador francês, de origem holandesa (1672-1742).

Orcagna, família de irmãos artistas italiana: Andrea di Cione, o mais renomado, pintor, escultor e arquiteto (?-1368), Jacopo di Cione, pintor, e Nardo di Cione, pintor (século XIV).

Orchardson, sir William Quiller, pintor escocês (1832-1910).

Ordóñez, Bartolomé, escultor espanhol (?-1520).

Orff, Carl, compositor erudito e maestro alemão (1895-1982).

Orígenes, teólogo e filósofo cristão de origem grega (185?-254?).

Orjasaeter, Tore, poeta e dramaturgo norueguês (1886-1968).

Orléans, Charles d', poeta francês (1394-1465).

Ormezzano, Mario Francisco, pintor e escultor ítalo-argentino, radicado no Brasil (1915-1983).

Ornsbo, Jess, poeta, romancista e dramaturgo dinamarquês (1932).

Orósio (Paulus Orosius), historiador e apologista cristão (390?-?).

Orozco, José Clemente, pintor mexicano (1883-1949).

Orpen, sir William, pintor irlandês (1878-1931).

Orr, Robin (Robert Kemsley, dito), compositor erudito e organista escocês (1909).

Orrego Salas, Juan, compositor erudito chileno (1919).

Orsenna, Erik (Éric Arnoult, dito), romancista francês (1947).

Orsi, Lelio, pintor e arquiteto italiano (1511-1587).

Ortega y Gasset, José, filósofo e ensaísta de cultura espanhol (1883-1955).

Orthof, Sylvia, contista infantil brasileira (1932-1997).

Ortiz de Montellano, Bernardo, poeta mexicano (1899-1949).

Ortiz, Adalberto, poeta e romancista equatoriano (1914).

Ortiz, Carlos, crítico e historiador de cinema brasileiro (1910).

Ortiz, Carlos, poeta argentino (1870-1910).

Ortiz, Diego, compositor erudito espanhol (1510?-1570?).

Ortiz, José Joaquín, poeta colombiano (1814-1892).

Orwell, George (Eric Arthur Blair, dito), romancista e crítico de cultura inglês (1903-1950).

Orzeszkowa, Elisa, romancista polonesa (1841-1910).

Osborne, John James, dramaturgo inglês (1929-1994).

Osborne, Nigel, compositor erudito de vanguarda inglês (1948).

O'Shaugnessy, Arthur W. Edgar, poeta inglês (1844-1881).

Osona, Rodrigo de, pintor espanhol (século XV).

Osório, Jerônimo, filósofo moral e político português (1506-1580).

Osório, Luís (Luís Osório Pereira da Cunha e Castro, dito), poeta português (1860-1900).

Ostade, Isaak, pintor holandês (1621-1649).

Österling, Andres, poeta sueco (1884-1981).

Ostrcil, Otakar, compositor erudito e maestro tcheco (1879-1935).

Ostróvski, Aleksandr Nikoláievitch, dramaturgo russo (1823-1886).

Ostróvski, Nikolai Aleksiéievitch, romancista russo (1904-1936).

Ostrower, Fayga, gravadora, aquarelista, ilustradora e ensaísta de arte polonesa, naturalizada brasileira (1920).

O'Sullivan, Seumas (James Sullivan Starkey, dito), poeta irlandês (1879-1958).

Oswald von Wolkenstein, poeta austro-alemão (1377-1445).

Oswald, Carlos, gravurista e pintor ítalo-brasileiro, filho de Henrique (1882-1971).

Oswald, Henrique (José Pedro Maria Carlos Luís), compositor erudito brasileiro (1852-1931).

Otero Pedrayo, Ramón, romancista, poeta, dramaturgo e ensaísta galego (1888-1976).

Otero, Alejandro, artista plástico equatoriano (1921).

Otero, Décio, bailarino e coreógrafo brasileiro (1936).

Othón, Manuel José, poeta mexicano (1858-1906).

Otto, Rudolf, filósofo alemão (1869-1937).

Oud, Jacobus Johannes Pieter, arquiteto e ensaísta holandês (1890-1963).

Oudry, Jean-Baptiste, pintor, projetista de tapeçarias e ilustrador francês (1686-1755).

Oury, Gérard (Max Gérard Houry, dito), roteirista e cineasta francês (1919).

Ouseley, Frederick Gore, compositor erudito e organista inglês (1825-1889).

Ouseley, William Gore, pintor e aquarelista inglês, também ativo no Brasil (1797-1866).

Ovalle, Jaime, compositor erudito e popular brasileiro (1894-1955).

Overbeck, Johann Friedrich, pintor alemão (1789-1869).

Overbury, sir Thomas, poeta inglês (1581-1613).

Overland, Arnulf, poeta norueguês (1889-1968).

Ovídio (Publius Ovidius Naso), poeta latino (43? a.C.-17? d.C.).

Oz, Amos, romancista e novelista israelense (1939).

Oz, Frank, criador de bonecos e cineasta norte-americano (1944).

Ozenfant, Amédée, pintor e ensaísta de arte francês (1886-1966).

Ozores, Renato, romancista panamenho (1910).

P

Paalen, Wolfgang, pintor mexicano de origem austríaca (1905-1959).

Pablo, Luís de, compositor erudito de vanguarda espanhol (1930).

Pabst, George Wilhelm, cineasta alemão de origem austríaca (1885-1967).

Pacheco, (Francisco de) Assis, compositor erudito, de revistas e regente brasileiro (1865-1937).

Pacheco, Francisco, pintor e teórico de pintura espanhol (1564-1654).

Pacheco Alves, Armando, pintor brasileiro (1913-1965).

Pachelbel, Johann, compositor erudito e organista alemão (1653-1706).

Pacher, Michael, pintor e escultor austríaco (século XV).

Paci, Enzo, filósofo italiano (1911-1976).

Pacífico, João (João Batista da Silva, dito), compositor e cantor popular brasileiro (1909).

Pacini, Giovanni, compositor erudito italiano (1796-1867).

Pacúvio (Marcus Pacuvius), dramaturgo latino (220-132 a.C.).

Paderewski, Ignacy Jan, compositor erudito e pianista polonês (1860-1941).

Paer, Ferdinando, compositor erudito italiano (1771-1839).

Paes, José Paulo, poeta brasileiro (1926-1998).

Paganini, Niccolò, compositor erudito e violinista italiano (1782-1840).

Pagnol, Marcel, dramaturgo, roteirista e cineasta francês (1895-1974).

Paik, Nam June (Nam Jun-Pack, dito), compositor de vanguarda e videoartista coreano, ativo na Europa e nos Estados Unidos (1932).

Paisiello, Giovanni, compositor erudito italiano (1740-1816).

Pajou, Augustin, escultor francês (1730-1809).

Pakula, Alan, cineasta norte-americano (1928).

Pal, George, cineasta norte-americano (1908-1980).

Paladino, Mimmo, pintor italiano (1948).

Palamedesz, Anthonie, pintor holandês (1601-1673).

Palatnik, Abraham, artista plástico brasileiro (1929).

Palés Matos, irmãos poetas porto-riquenhos: Luís (1898-1959) e Vicente (1903-1963).

Palestrina, Giovanni Pierluigi da, compositor erudito italiano (1525?-1594).

Palladio (Andrea di Pietro dalla Gondola, dito), arquiteto e ensaísta italiano (1508-1580).

Pallavicino, Benedetto, compositor erudito italiano (1551-1601).

Pallière, Arnault Julien, pintor francês também ativo no Brasil (1783-1862).

Pallotini, Renata, poetisa e dramaturga brasileira (1931).

Palma Giovane (Jacopo Nigretti, dito), pintor italiano, sobrinho-neto de Vecchio (1548-1628).

Palma Vecchio (Jacomo Nigretti, dito), pintor italiano, tio-avô de Giovane (1480-1528).

Palmer, Erastus Dow, escultor norte-americano (1817-1904).

Palmer, Robert, compositor erudito norte-americano (1915).

Palmer, Samuel, pintor e água-fortista inglês (1805-1881).

Palmério, Mário (de Assunção), romancista brasileiro (1916-1996).

Palmgren, Selin, compositor erudito e maestro finlandês (1878-1951).

Palomino y Velasco, Antonio, pintor e escritor espanhol (1655-1726).

Pancetti, José, pintor brasileiro (1902-1958).

Pane, Gina, artista plástica francesa (1939-1990).

Panécio, filósofo grego (180?-110? a.C.).

Pannagi, Ivo, escultor, pintor e arquiteto italiano (1901-1981).

Pannain, Guido, compositor erudito, crítico e historiador de música italiano (1891-1977).

Pannini, Giovanni Paolo, pintor, arquiteto e decorador italiano (1691-1765).

Panofsky, Erwin, historiador e ensaísta de arte alemão (1892-1968).

Pantoja de la Cruz (Juan de la Cruz), pintor espanhol (1551-1608).

Panton, Verner, arquiteto de interiores e *designer* dinamarquês (1926).

Panufnik, Andrzej, compositor erudito e maestro polonês, naturalizado inglês (1914-1991).

Paolini, Giulio, pintor e cenógrafo italiano (1940).

Paolozzi, sir Eduardo, colagista e escultor britânico (1924).

Papaioannou, Yannis Andreou, compositor erudito de vanguarda grego (1911).

Pape, Lygia, artista plástica brasileira (1929).

754 | DICIONÁRIO SESC: A LINGUAGEM DA CULTURA

Paquito (Francisco da Silva Fárrea Jr., dito), compositor popular brasileiro (1915-1975).

Paravicino, Frei Hortensio (Hortensio Félix Parovicino y Arteaga, dito), sermonista espanhol (1580-1633).

Paris, Mattew, cronista e miniaturista inglês (?-1259).

Parker, Alan, cineasta inglês (1944).

Parker, Charlie, compositor e maestro de *jazz* norte-americano (1920-1955).

Parlagreco, Benjamin, pintor italiano radicado no Brasil (1856-1902).

Parler, Peter, arquiteto e escultor alemão (1330-1399).

Parmênides, filósofo grego (544?-450? a.C.).

Parmigianino, il (Girolamo Francesco Mazzola, dito), pintor e água-fortista italiano (1503-1540).

Parrásio, pintor grego (século V a.C.).

Parreiras, Antônio (Diogo da Silva), pintor brasileiro (1860-1937).

Parris, Robert, compositor erudito e cravista norte-americano (1924).

Parry, Hubert Charles, compositor erudito e ensaísta de música inglês (1848-1918).

Parsons, Robert, compositor erudito inglês (1530?-1570).

Pärt, Arvo, compositor erudito de vanguarda estoniano (1935).

Pascal, Blaise, filósofo e matemático francês (1623-1662).

Pascin, Jules (Julius Pinkas, dito), pintor e desenhista búlgaro (1885-1930).

Pascoais, Teixeira de (Joaquim Pereira Teixeira de Vasconcelos, dito), poeta, crítico, memorialista e biógrafo português (1878-1952).

Pascoal, Hermeto, compositor popular, multiinstrumentista e arranjador brasileiro (1936).

Pasíteles, escultor grego (século I a.C.).

Pasmore, Victor, pintor inglês (1908).

Pasolini, Pier Paolo, ator, encenador, cineasta, poeta e crítico italiano (1922-1975).

Pasqual, Lluis, encenador espanhol (1951).

Passarotti, Bartolomeo, pintor italiano (1529-1592).

Passeri, Giovanni Battista, pintor e biógrafo italiano (1610-1679).

Pasternak, Boris (Leonidovitch), poeta e romancista russo (1890-1960).

Pasternak, Leonid, pintor e artista gráfico russo (1862-1945).

Patativa do Assaré (Antônio Gonçalves Filho, dito), poeta popular, cantador e cordelista nordestino (1909-2002).

Patch, Thomas, pintor e gravador inglês (1725-1782).

Patel, família de pintores francesa: o pai Pierre (1605-1676) e o filho Pierre-Antoine (1648-1708).

Patenier (ou Patinier ou Patinir), Joachim, pintor holandês (?-1524).

Pater, Jean-Baptiste Joseph, pintor francês (1695-1736).

Pater, Walter Horatio, poeta, romancista e crítico de arte inglês (1839-1894).

Pathé, Charles, cineasta e produtor cinematográfico francês (1863-1957).

Paton, sir Joseph Noël, pintor escocês (1821-1901).

Patrício, Antônio, poeta e dramaturgo português (1878-1930).

Patterson, Paul, compositor erudito de vanguarda inglês (1947).

Paula, Inimá de, pintor brasileiro (1918).

Paulham, Jean, crítico de literatura e de artes plásticas francês (1884-1968).

Paulin, Pierre, arquiteto e *designer* francês (1903).

Paulinho da Viola (Paulo César Batista de Faria, dito), compositor popular e cantor brasileiro (1942).

Paulino de Nola, São (Meropius Pontius Anicius Paulinus), poeta, epistológrafo latino e bispo da Igreja (353?-431).

Paulo da Portela (Paulo Benjamin de Oliveira, dito), compositor popular brasileiro (1901-1949).

Paulsen, Friedrich, filósofo alemão (1846-1908).

Paumgarter, Bernhard, compositor erudito e musicólogo austríaco (1887-1971).

Pausânias, geógrafo grego que descreveu as obras de artes de sua época em *Descrição da Grécia* (século II d.C.).

Páusias de Sícion, pintor grego (século IV a.C.).

Pavese, Cesare, poeta, contista, romancista e crítico literário italiano (1908-1950).

Payne, Tom (Thomas), roteirista e cineasta anglo-argentino, ativo no Brasil (1914).

Paz, Juan Carlos, compositor erudito e crítico de música argentino (1901-1972).

Paz, Octavio, poeta, ensaísta de literatura e diplomata mexicano (1914-1998).

Peake, Mervyn, escritor e ilustrador inglês (1911-1968).

Peale, família norte-americana de artistas: o pai, Charles Wilson, pintor e inventor (1741-1827) e os filhos: Raphaelle, pintor (1774-1825), Rembrandt, pintor (1778-1860), Titian Ramsay II, pintor (1779-1885), o irmão de Charles, James, pintor (1749-1831).

Pearlstein, Philip, pintor norte-americano (1924).

Pearson, George, cineasta inglês (1875-1973).

Pechstein, Max, pintor e artista gráfico alemão (1881-1955).

Peckinpah, Sam, roteirista e cineasta norte-americano (1926-1984).

Pederneiras Barbosa, Rodrigo, bailarino e coreógrafo brasileiro (1955).

Pederneiras, Mário Paranhos Veloso, poeta, comediógrafo e editor brasileiro, irmão de Raul (1868-1915).

Pederneiras, Raul Paranhos, caricaturista e poeta brasileiro (1874-1953).

Pedrell, Felipe, compositor erudito e musicólogo espanhol (1841-1922).

Pedrosa, Israel, pintor e ensaísta de pintura brasileiro (1926).

Pedrosa, Mário, ensaísta e crítico de arte brasileiro (1900-1981).

Pedrosa, Misabel (Maria Isabel Pedrosa, dita), pintora, gravadora e escultora brasileira (1927).

Pedroso, Bráulio, dramaturgo e telenovelista brasileiro (1931-1990).

Pedroso, Regino, poeta cubano (1896-1983).

Peeters, Bonaventura, o Velho, pintor flamengo (1614-1652).

Peeters, Clara, pintora belga (1594-1657?).

Peeters, Flor, compositor erudito e organista belga (1903-1986).

Péguy, Charles, poeta e ensaísta francês (1873-1914).

Peichl, Gustav, arquiteto austríaco (1928).

Peirce, Charles Sanders, filósofo, matemático e semiólogo norte-americano (1839-1914).

Peixoto, Afrânio, poeta, romancista, dramaturgo, historiador e crítico brasileiro (1876-1947).

Peixoto, Mário Breves, cineasta e poeta brasileiro (1910-1992).

Pelettier de Mans, Jacques, poeta, tradutor e ensaísta de literatura francês (1517-1582).

Pellegrini, Giovanni Antonio, pintor italiano (1675-1741).

Pellicer, Carlos, poeta mexicano (1899-1977).

Penck, A.R. (Ralf Winkler Penck, dito), pintor alemão (1939).

Pencz, Georg (Jörg Bencz), pintor e gravador alemão (1500-1550).

Penderecki, Krzystof, compositor erudito polonês (1933).

Penn, Arthur, cineasta norte-americano (1922).

Pennachi, Fulvio, pintor e ceramista ítalo-brasileiro (1905-1992).

Pennafort Caldas, Onestaldo de, poeta e tradutor brasileiro (1902-1987).

Penni, Francesco, pintor italiano (1488-1528).

Penone, Giuseppe, artista plástico italiano (1947).

Penrose, sir Roland, pintor e escritor inglês (1900-1984).

Pentádio (Pentadius), poeta latino (século III).

Penteado, Darcy, pintor, desenhista, artista gráfico e cenógrafo brasileiro (1926-1987).

Penteado, Fábio Moura, arquiteto brasileiro (1929).

Pentland, Barbara Lally, compositora erudita canadense (1912).

Peônio, escultor grego (século V a.C.).

Pepusch, Johann Christoph, compositor erudito, organista e tratadista alemão (1667-1752).

Pepys, Samuel, memorialista inglês (1633-1703).

Percier, Charles, arquiteto francês (1764-1838).

Pereda Valdés, Idelfonso, poeta uruguaio (1899-1989).

Pereda, Antonio de, pintor espanhol (1611-1678).

Pereda, José María de, romancista e memorialista espanhol (1833-1906).

Pereira, Astrojildo (Astrojildo Pereira Duarte da Silva, dito), crítico literário, jornalista e militante político brasileiro (1890-1965).

Pereira, Geraldo (Teodoro), compositor e cantor popular brasileiro (1918-1955).

Pérelle, Gabriel, desenhista e gravador francês (1603-1677).

Pérez, António, epistológrafo e tratadista de política espanhol (1540?-1611).

Pérez Araya, Andrés, ator, encenador e coreógrafo chileno (1951).

Pérez de Ayala, Ramón, romancista, poeta e ensaísta de literatura espanhol (1880-1962).

Pérez Galdós, Benito, romancista e dramaturgo espanhol (1843-1920).

Pergaud, Louis, poeta, novelista e fabulista francês (1882-1914).

Pergolesi, Giovanni Battista, compositor erudito, organista e violinista italiano (1710-1736).

Peri, Jacopo, compositor erudito italiano (1561-1633).

Péricles (Péricles de Andrade Maranhão, dito), cartunista brasileiro (1924-1961).

Perilli, Achille, pintor italiano (1927).

Perissinotto, Giuseppe Pasquale, pintor e decorador ítalo-brasileiro (1881-1965).

Perkowski, Pyotr, compositor erudito e maestro polonês (1901-1992).

Perlini, Memé (Amelio), pintor, cenógrafo e encenador italiano (1947).

Permeke, Constant, pintor e escultor belga (1886-1952).

Permoser, Balthasar, escultor alemão (1651-1732).

Pernambuco, João (João Teixeira Guimarães, dito), compositor popular e violonista brasileiro (1883-1947).

Perneta, Emiliano David, poeta e dramaturgo brasileiro (1866-1921).

Perosi, Lorenzo, compositor erudito italiano (1872-1956).

Pérotin (Perotinus Magnus), compositor erudito francês (1160?-1240?).

Perrault, Charles, poeta e fabulista francês (1628-1703).

Perréal, Jean (ou Jehan de Paris), pintor, arquiteto, escultor e decorador francês (1455-1530).

Perret, Auguste, arquiteto francês (1874-1954).

Perret, Jacques, romancista francês (1901).

Perriand, Charlotte, arquiteta e *designer* francesa (1903).

Perrier, François, pintor e gravador francês (1590?-1650).

Perronneau, Jean-Baptiste, pintor e gravador francês (1715-1783).

Perrot, Jules, bailarino e coreógrafo francês (1810-1892).

Pérsio (Aulus Persius Flaccus), poeta satírico latino (34-62).

Person, Luís Sérgio, encenador, roteirista e cineasta brasileiro (1936-1976).

Perti, Giacomo Antonio, compositor erudito italiano (1661-1756).

Perugino, il (Pietro Vannucci, dito), pintor italiano (1445?-1523).

Peruzzi, Baldassare, arquiteto, pintor e projetista cênico italiano (1481-1536).

Pesce, Gaetano, arquiteto e *designer* italiano (1939).

Pesellino (Francesco di Stefano, dito), pintor italiano (1422-1457).

Pessanha, Camilo, poeta português (1867-1926).

Peters, Matthew William, pintor inglês (1741-1814).

Peticov, Antônio, pintor e publicitário brasileiro (1946).

Petipa, Marius, bailarino e coreógrafo francês, também ativo na Rússia (1822-1910).

Petit, Francesc, pintor e publicitário catalão, radicado no Brasil (1934).

Petit, Roland, bailarino e coreógrafo francês (1924).

Peto, John Frederick, pintor norte-americano (1854-1907).

Petöfi, Sándor (ou Alexandre), poeta húngaro (1823-1849).

Petrassi, Goffredo, compositor erudito italiano (1904).

Petric, Ivo, compositor erudito de vanguarda iugoslavo (1931).

Petridis, Petro, compositor erudito grego (1892-1978).

Petrônio (Caius Petronius Arbiter), romancista latino (século I).

Petrovic, Aleksandar, cineasta iugoslavo (1929).

Petrovics, Emil, compositor erudito iugoslavo (1930).

Pettie, John, pintor escocês (1839-1893).

Pettoruti, Emilio, pintor argentino (1892-1971).

Petursson, Hallgrimur, poeta sacro islandês (1614-1674).

Pevsner, Antoine, escultor e pintor russo-francês (1886-1962).

Pevsner, sir Nikolaus, historiador de arte teuto-britânico (1902-1983).

Peymann, Claus, encenador alemão (1937).

Peyre, Marie-Joseph, arquiteto e decorador francês (1730-1785).

Peyrefitte, Roger, romancista e dramaturgo francês (1907).

Peyret, Jean-François, encenador francês (1945).

Pezoa Veliz, Carlos, poeta chileno (1879-1908).

Pfeffel, Gottlieb Konrad, poeta, fabulista e teórico militar alemão (1736-1809).

Pfitzner, Hans Erich, compositor erudito e maestro alemão (1869-1949).

Pforr, Franz, pintor alemão (1788-1812).

Philidor, François André, compositor erudito e enxadrista francês (1726-1795).

Phillip, John, pintor escocês (1817-1867).

Piacentini, Marcello, arquiteto italiano (1881-1960).

Piaf, Edith (Giovanna Gassion, dita), compositora popular e intérprete francesa (1915-1963).

Piaget, Jean, epistemólogo suíço (1896-1980).

Piano, Renzo, arquiteto italiano (1937).

Piatti, Alfredo Carlo, compositor erudito e violoncelista italiano, também ativo na Inglaterra (1822-1901).

Piave, Francesco Maria, poeta e libretista italiano (1810-1876).

Piazzetta, Giovanni Battista, pintor e artista gráfico italiano (1683-1754).

Piazzolla, Astor (Astor Pantaleón Piazzolla Manetti, dito), compositor erudito, de tango, bandoneonista e maestro argentino (1921-1992).

Picabia, Francis, pintor francês (1879-1953).

Picasso, Pablo, pintor, escultor, artista gráfico, ceramista e *designer* espanhol (1881-1973).

Piccinni, Niccolò, compositor operístico italiano (1728-1800).

Piccio, il (Giovanni Carnevali, dito), pintor italiano (1804-1837?).

Pichette, Henri, poeta francês (1924).

Pico della Mirandola, Giovanni, filósofo e humanista italiano (1463-1494).

Pieneman, Jan Willem, pintor holandês (1779-1853).

Pieralli, Pier Luigi, encenador italiano (1948).

Pierce (ou Pearce), Edward, escultor inglês (1635-1695).

Pierino del Vaga (Piero Buonaccorsi, dito), pintor italiano (1500-1547).

Pierné, Gabriel, compositor erudito e regente francês (1863-1937).

Piero della Francesca (Piero dei Franceschi), pintor italiano (1410?-1492).

756 DICIONÁRIO SESC: A LINGUAGEM DA CULTURA

Piero di Cosimo (Piero de Lorenzo, dito), pintor italiano (1462?-1521?).

Pierson, Henry Hugo, compositor erudito alemão de origem inglesa (1815-1873).

Pigalle, Jean-Baptiste, escultor francês (1714-1785).

Pigres, poeta lendário grego (século V a.C.?).

Pijper, Willem, compositor erudito holandês (1894-1947).

Pilkington, Francis, compositor erudito inglês (1565?-1638).

Pillement, Jean-Baptiste, pintor e *designer* francês (1728-1808).

Pilo, Carl Gustaf, pintor sueco (1711-1793).

Pilon, Germain, escultor francês (1520-1590).

Pilon, Jean-Guy, poeta canadense (1930).

Piloty, Karl von, pintor alemão (1826-1886).

Píndaro (Pindaros), poeta grego (522?-448? a.C.).

Pineau, família de artistas francesa: o pai Jean-Baptiste, escultor (?-1694), o filho Nicolas, escultor e decorador renomado (1684-1754), e o neto, Dominique, igualmente projetista de interiores (1718-1786).

Pinget, Robert, novelista, romancista e dramaturgo suíço-francês (1919).

Pinheiro, Adão Odacir, pintor, desenhista, gravador, entalhador e cenógrafo brasileiro (1938).

Pinheiro, Aurélio (Valdemiro), escritor brasileiro (1882-1938).

Pinheiro, (Francisco da Silva) Alves, jornalista e escritor brasileiro (1903-1908).

Pinheiro, (Francisco Manuel) Chaves, escultor brasileiro (1822-1994.)

Pinheiro, Galdino (Fernandes), escritor brasileiro (século XIX).

Pinheiro, cônego Joaquim (Caetano) Fernandes, escritor e historiador brasileiro (1825-1876).

Pinheiro, Luciano, pintor, desenhista e gravador brasileiro (1946).

Pinheiro, (Manuel Maria) Bordalo, pintor português (1815-1880).

Pinheiro, Paulo César (Francisco), letrista de canções populares brasileiro (1949).

Pinheiro Guimarães, Francisco José, poeta brasileiro (1809-1867).

Pinkham, Daniel, compositor erudito, cravista e organista norte-americano (1923).

Piñon, Nélida (Cuiñas), contista e romancista brasileira (1937).

Pinter, Harold, dramaturgo, roteirista e encenador inglês (1930).

Pintile, Lucian, encenador romeno (1933).

Pinto, Américo Cortez, poeta português (1896-1979).

Pinto, Cândido Costa, pintor português (1911-1977).

Pinto, Inácio Ferreira, escultor e arquiteto brasileiro (?-1828).

Pinto, Júlio Lourenço, contista e romancista português (1842-1907).

Pinto, Marino (do Espírito Santo), compositor popular brasileiro (1916-1965).

Pinto, Nilo Aparecido, poeta brasileiro (1917-1974).

Pinto Correia, Clara, romancista portuguesa (1959).

Pintor de Aquiles, pintor de vasos grego (século V a. C.).

Pintor de Brygos, pintor grego (anônimo) de vasos em figura vermelha (?- 475? a.C.).

Pinturicchio, il (Bernardino di Betto, dito), pintor italiano (1454?-1513).

Piovene, Guido, romancista e jornalista italiano (1907-1974).

Piper, John, pintor, artista gráfico, *designer* e crítico inglês (1903).

Pirandello, Luigi, dramaturgo, romancista e ensaísta italiano (1867-1936).

Piranesi, Giovanni Battista, água-fortista, arqueólogo e arquiteto italiano (1720-1778).

Pires, Cornélio, folclorista, cronista, contista e documentarista brasileiro (1884-1958).

Pires, José Cardoso, romancista português (1925-1998).

Pirro (Pirrhon), filósofo grego (265?-275? a.C.).

Pisanello, il (Antonio Pisano, dito), pintor e medalhista italiano (1395?-1455?).

Pisano, Andrea, escultor e arquiteto italiano (1290?-1348).

Pisano, família de escultores e arquitetos italianos: o pai Nicola (1278?-1284) e o filho Giovanni (?-1315?).

Piscator, Erwin, encenador e ensaísta teatral alemão (1893-1966).

Pissarro, Camille, pintor e artista gráfico francês (1830-1903).

Pissarro, Lucien, pintor francês (1863-1944).

Píssemski, Aleksiei Teofiláktovitch, romancista e dramaturgo russo (1821-1881).

Piston, Walter, compositor erudito e tratadista de música norte-americano (1894-1976).

Pítacos, sábio grego (séculos VII e VI a.C.).

Pitágoras (Pithagoras), filósofo e matemático grego (século VI a.C.).

Pitágoras, escultor grego (século V a.C.).

Pitoëff, Georges, ator e encenador francês (1884-1939).

Pittoni, Giambattista (Giovanni Battista), pintor italiano (1687-1767).

Pixérécourt, René Charles Guilbert de, dramaturgo francês (1773-1844).

Pixinguinha (Alfredo da Rocha Viana Filho, dito), compositor popular, instrumentista e arranjador brasileiro (1897-1973).

Pizzetti, Ildebrando, compositor erudito italiano (1880-1968).

Pizzi, Pier Luigi, pintor e cenógrafo italiano (1933).

Place, Francis, pintor inglês (1647-1728).

Plamondon, Antoine, pintor canadense (1804-1995).

Planchon, Roger, encenador francês (1931).

Planck, Gottlieb Jakob, teólogo protestante alemão (1751-1833).

Platão (Platon), filósofo grego (428?-348? a C.).

Plate, Roberto, pintor e cenógrafo argentino (1940).

Plauto (Titus Maccius Plautus), comediógrafo latino (254-184 a.C.).

Pleton, Gemistos (Georgios G. Plethôn), filósofo e humanista bizantino, ativo na Itália (1355?-1450).

Pleydenwurff, Hans, pintor alemão (?-1472).

Pleyel, Ignaz Joseph, compositor erudito e pianista austríaco (1757-1831).

Plínio, o Antigo (Caius Plinius Secundus), historiador, gramático e tratadista de artes romano, tio de Plínio, o Jovem (23-79).

Plínio, o Jovem (Caius Plinius Caecilius Secundus), poeta, dramaturgo e epistológrafo romano, sobrinho de Plínio, o Antigo (61-114).

Plisnier, Charles, poeta e romancista belga (1896-1952).

Plotino (Plotinos), filósofo romano, de origem grega, nascido no Egito (205?-270).

Plutarco (Ploutarkos), biógrafo e tratadista de moral, de política e de literatura grego (46?-125).

Plutchek, Valentin, ator e encenador russo (1909).

Pochielli, Amilcare, compositor erudito italiano (1834-1886).

Poe, Edgar Allan, poeta e contista norte-americano (1809-1849).

Poelzig, Hans, arquiteto alemão (1869-1936).

Poggio, (Gianfrancesco Bracciolini, dito), historiador, cronista de costumes, tradutor e humanista italiano (1380-1459).

Pogodin (Nikolai Fiódorovitch Stukalov, dito), dramaturgo russo (1900-1962).

Polak, Roman, encenador eslovaco (1957).

Polanski, Roman, cineasta polonês (1933).

Polêmon, filósofo grego (séculos IV e III a.C.).

Poliakoff, Serge, pintor russo (1906-1969).

Políbio, historiador grego (200?-125? a.C.).

Policleto (ou Policlito) de Argos, escultor grego (século V a.C.).

Polidoro da Caravaggio (Polidoro Caldara), pintor italiano (1500?-1543?).

RELAÇÃO ONOMÁSTICA DE AUTORES | 757

Polignoto de Tasos, pintor grego (século V a.C.).

Poliziano, Angelo (ou Agnolo) Ambrogini, poeta, tradutor, cronista e crítico literário italiano (1454-1494).

Pollack, Sidney, cineasta norte-americano (1934).

Pollaiuolo, irmãos pintores, escultores e ourives italianos: Antonio di Jacopo Benci, o mais afamado (1432?-1498) e Piero (1441?-1496).

Pollarolo, Carlo Francesco, compositor erudito italiano (1653-1723).

Pollock, Paul Jackson, pintor norte-americano (1912-1956).

Pomodoro, Arnaldo, escultor, *designer* e cenógrafo italiano (1926).

Pompéia, Raul (d'Ávila), romancista e poeta brasileiro (1863-1895).

Pompon, François, escultor francês (1855-1923).

Pomponazzi, Pietro, filósofo italiano (1462-1525).

Pompônio (Lucius Pomponius), comediógrafo latino (século I a.C.).

Ponce, Manuel, compositor erudito mexicano (1882-1948).

Poncela, Enrique Jardiel, comediógrafo espanhol (1901-1952).

Ponge, Francis, poeta e contista francês (1899-1988).

Pons, Isabel, pintora e gravadora brasileira, de origem catalã (1912).

Ponsard, François, poeta e dramaturgo francês (1814-1867).

Ponson du Terrail, Pierre Alexis, romancista de folhetins francês (1829-1871).

Pontano, Giovanni, poeta italiano de língua latina (1426-1503).

Pontecorvo, Gillo, cineasta italiano (1919).

Pontes, Paulo (Vicente de Paula Holanda Pontes, dito), dramaturgo brasileiro (1940-1976).

Ponti, Gio (Giovanni), arquiteto e *designer* italiano (1891-1979).

Pontoppidan, Henrik, romancista dinamarquês (1857-1943).

Pontormo, il (Jacoppo Carucci, dito), pintor italiano (1494-1557).

Pope, Alexander, poeta, crítico e tradutor inglês (1688-1744).

Popova, Liubov Serguiéievna, pintora russa (1889-1924).

Pöppelmann, Matthäus Daniel, arquiteto e decorador alemão (1662-1736).

Popper, Karl Raimund, filósofo e epistemólogo austríaco (1902).

Porcellis (ou Percellis), Jan, pintor e água-fortista flamengo (1584-1632).

Pordenone, il (Giovanni Antonio de Sacchis, dito), pintor italiano (1483?-1539).

Porfírio, filósofo grego (232?-305?).

Porpora, Nicola Antonio, compositor erudito e professor de canto italiano (1686-1768).

Porter, Cole, compositor popular norte-americano (1891-1964).

Porter, Edwin Stratton, cineasta e produtor cinematográfico norte-americano (1870-1941).

Porter, Walter, compositor erudito inglês (1595?-1659).

Portinari, Cândido (Torquato), pintor brasileiro (1903-1962).

Porto, Sérgio (também conhecido como Stanislaw Ponte Preta), cronista e comediógrafo brasileiro (1923-1968).

Porto Alegre, Manuel Araújo de, poeta, dramaturgo, pintor e arquiteto brasileiro (1806-1879).

Portoghesi, Paolo, arquiteto e ensaísta de arquitetura italiano (1931).

Portugal, Marcos (Antônio da Fonseca), compositor erudito, popular e regente português, também ativo no Brasil (1762-1830).

Posada, José Guadalupe, artista gráfico mexicano (1851-1913).

Posidônio, filósofo e historiador grego, de origem síria (135?-51? a.C.).

Post, Frans Janszoon, pintor holandês, também ativo no Brasil (1612-1680).

Pot, Hendrik Gerritsz, pintor holandês (1585-1657).

Poteiro, Antônio, ceramista escultor e pintor popular brasileiro, nascido em Portugal (1925).

Potter, Paulus, pintor e água-fortista holandês (1625-1654).

Poulenc, Francis, compositor erudito e pianista francês (1899-1963).

Pound, Ezra, poeta e crítico literário norte-americano (1885-1974).

Pourbus, família de pintores holandeses: Pieter, o pai (1523-1584) e os filhos Frans, o Velho (1545-1581) e Frans, o Moço (1569-1622).

Pousseur, Henri, compositor erudito de vanguarda belga (1929).

Poussin, Nicolas, pintor francês (1594-1665).

Powell, Baden (Baden Powell de Aquino, dito), compositor popular e violonista brasileiro (1937-2000).

Powell, Michael, roteirista e cineasta inglês (1905-1990).

Powers, Hiram, escultor norte-americano (1805-1873).

Poynter, sir Edward, pintor inglês (1836-1919).

Pozzo, Andrea, pintor italiano (1642-1709).

Pradier, James, escultor suíço (1792-1852).

Prado, Adélia (Adélia Luzia Prado de Freitas, dita), poetisa e romancista brasileira (1935).

Praetorius, Hieronymus, compositor erudito alemão (1560-1629).

Praetorius, Michael, compositor erudito e tratadista de música alemão (1571-1621).

Prampolini, Enrico, pintor, escultor e cenógrafo italiano (1894-1955).

Prandtauer, Jacob, escultor e arquiteto austríaco (1660-1726).

Prata, Mário (Alberto Campos de Morais), dramaturgo, telenovelista e romancista brasileiro (1946).

Pratella, Francisco Balilla, compositor e musicólogo italiano (1880-1955).

Pratolini, Vasco, romancista italiano (1913).

Praxíteles, escultor grego (século IV a.C.).

Prazeres, Heitor dos, compositor popular, instrumentista e pintor brasileiro (1898-1966).

Préault, Auguste, escultor francês (1809-1879).

Preda (ou Predis), Ambrogio da, pintor italiano (1455?-1509?).

Preminger, Otto, cineasta norte-americano de origem austríaca (1905-1986).

Prendergast, Maurice, pintor norte-americano (1859-1924).

Preseren, France, poeta esloveno (1800-1849).

Preston, Margaret, pintora e gravadora australiana (1893-1963).

Preti, Mattia (dito il Cavaliere Calabrese), pintor italiano (1613-1699).

Prévert, Jacques, poeta e roteirista de cinema francês (1900-1977).

Previn, André Georges, compositor erudito, maestro e arranjador de música popular alemão, naturalizado norte-americano (1929).

Prévost, Abade (Antoine François d'Exiles, dito), romancista e tradutor francês (1697-1763).

Price, Uvedale, ensaísta de arte inglês (1747-1829).

Prieur, Barthélemy, escultor francês (?-1611).

Primaticcio, Francesco, pintor e decorador italiano (1504-1570).

Procaccini, Giulio Cesare, pintor e escultor italiano (1574-1625).

Proclo, filósofo grego (410?-485).

Proença, Manuel Cavalcanti, poeta, contista, romancista e ensaísta literário brasileiro (1905-1966).

Prokofiev, Serguiei Serguiéievitch, compositor erudito e pianista russo (1891-1953).

Propércio (Sextus Propertius), poeta latino (48-15 a.C.).

Propp, Vladímir Iakovlevitch, ensaísta literário e folclorista russo (1895-1970).

Protágoras, filósofo sofista grego (século V a.C.).

Proust, Marcel, romancista francês (1871-1922).

Prout, Samuel, pintor inglês (1783-1852).

Prouvé, Jean, arquiteto e *designer* francês (1901-1984).

Provenzale, Francesco, compositor erudito italiano (1626?-1704).

Provost, Jan, pintor holandês (1465-1529).

758 | DICIONÁRIO SESC: A LINGUAGEM DA CULTURA

Prud'hon, Pierre-Paul, pintor francês (1758-1823).
Prudêncio (Aurelius Prudentius Clemens), poeta latino cristão (348-415).
Prus, Boleslav (Alexander Glowacki, dito), novelista e romancista polonês (1847-1912).
Pryde, James, pintor inglês (1866-1941).
Przybos, Julian, poeta e crítico de artes polonês (1901-1970).
Przybyszewski, Stanislaw, romancista, dramaturgo e ensaísta polonês (1868-1927).
Publílio Siro (Publilius Syrus), poeta cômico latino, de origem síria (século I a.C.).
Puccini, Giacomo, compositor erudito italiano (1858-1924).
Pucelle, Jehan, iluminador de manuscritos francês (1300-1350).
Púchkin, Aleksandr Serguiéievitch, poeta, romancista e dramaturgo russo (1799-1837).
Pudóvkin, Vsevolod, cineasta russo (1892-1953).
Puecher, Virginio, encenador italiano (1926-1990).
Puget, François, pintor francês (1651-1707).
Puget, Pierre, escultor francês (1620-1694).
Pugin, Augustus Welby Northmore, arquiteto, projetista e ensaísta inglês (1812-1852).
Pugnani, Gaetano, compositor erudito italiano (1731-1798).
Puig y Ferreter, Joan, romancista, dramaturgo e político catalão (1882-1956).
Puig, Manuel, novelista e roteirista argentino (1932-1990).
Puigserver, Fabiá, cenógrafo espanhol (1938-1991).
Pujmanová, Marie, poetisa e romancista tcheca (1893-1958).
Pulci, Luigi, poeta italiano (1432-1484).
Purcarete, Silviu, encenador romeno (1950).
Purcell, Henry, compositor erudito e organista inglês (1659-1695).
Puvis de Chavannes, Pierre, pintor francês (1824-1898).
Pylkkänen, Tauno, compositor erudito finlandês (1918-1980).
Pynacker, Adam, pintor holandês (1622-1673).
Pynas, Jacob, pintor holandês (1590-1650?), irmão de Jan.
Pynas, Jan, pintor holandês (1583-1631), irmão de Jacob.
Pynchon, Thomas, novelista e romancista norte-americano (1937).

Q

Qorpo Santo (José Joaquim de Campos Leão, dito), dramaturgo brasileiro (1833-1883).
Quadros, Ana Letícia, pintora e gravadora brasileira (1929).
Quadros Ferro, António Castro e, ensaísta de cultura português (1923).
Quaglia, João Garboggini, pintor brasileiro (1928).
Quantz, Johann Joachim, compositor erudito e flautista alemão (1697-1773).
Quarantotti Gambini, Pier Antonio, poeta e romancista italiano (1910-1965).
Quarenghi, Giacomo, arquiteto e pintor italiano, ativo na Rússia (1744-1817).
Quarton (ou Charreton), Enguerrand, pintor e iluminador francês (século XV).
Quartucci, Carlo, encenador e cenógrafo italiano (1938).
Quasimodo, Salvatore, poeta e crítico de literatura italiano (1901-1968).
Quast, Pieter Jansz, pintor holandês (1605-1647).
Queffelec, família de romancistas franceses: Henri, o pai (1910-1992) e Jean-Marie, dito Yann (1949).
Queiroga, João Salomé, poeta brasileiro (1811?-1878).

Queirós, (Francisco) Teixeira de, romancista e contista português (1849-1919).
Queirós, (José Maria) Eça de, contista, romancista e crítico português (1845-1900).
Queirós, José Carlos (Nunes Ribeiro), poeta português (1907-1949).
Queirós, José, pintor, arqueólogo e ensaísta de arte português (1856-1920).
Queirós, Venceslau José de Oliveira, poeta brasileiro (1865-1921).
Queiroz, Dinah Silveira de, romancista e contista brasileira (1910-1982).
Queiroz, Rachel de, romancista, dramaturga, cronista e tradutora brasileira (1910-2003).
Queiroz Telles, (José) Carlos (Botelho), dramaturgo, poeta, contista e tradutor brasileiro (1936-1993).
Quellin (ou Quellinus), família de escultores flamengos: Artus I, o mais afamado (Arnoldus - 1609-1668), o primo Artus II (1625-1700) e seu filho Artus III (1653-1686).
Queneau, Raymond, poeta, romancista e filólogo francês (1903-1976).
Quental, Antero (Tarqüínio) de, poeta e crítico de cultura português (1842-1891).
Querido, Israel, romancista e crítico de literatura judeu-holandês (1872-1932).
Querino, Manuel, pintor, crítico de arte e jornalista brasileiro (1851-1923).
Quesnay de Beaurepaire, Jules, romancista francês que escreveu sob o pseudônimo de Jules de Glovet (1838-1923).
Quesnel, François, pintor francês (1545?-1619).
Quesnel, Joseph, poeta canadense (1749-1809).
Quesnel, Pasquier, teólogo francês (1634-1719).
Quevedo y Villegas, Francisco Gómez de, poeta, satirista, romancista e ensaísta de política espanhol (1580-1645).
Quílon, sábio grego (século VI a.C.).
Quilter, Roger, compositor erudito inglês (1877-1953).
Quinault, Jean Baptiste Maurice, compositor erudito francês (1687-1745).
Quinault, Phillipe, poeta, dramaturgo e libretista francês (1635-1688).
Quine, Willard van Orman, filósofo e epistemólogo norte-americano (1908-2000).
Quinet, Edgar, filósofo, historiador e poeta francês (1803-1875).
Quino (Joaquín Salvador Lavado, dito), quadrinhista e cartunista argentino (1932).
Quinquela Martin, Benito, pintor, gravador e ceramista popular argentino (1890-1977).
Quintana, Manuel José, poeta, dramaturgo, ensaísta e biógrafo espanhol (1772-1857).
Quintana, Mário (Miranda), poeta e cronista brasileiro (1906-1994).
Quintanar, Hector, compositor erudito e regente mexicano (1936).
Quintanilha, Dirceu, poeta, dramaturgo e novelista brasileiro (1918).
Quintiliano (Marcus Fabius Quintilianus), retórico e ensaísta de artes romano (35?-96?).
Quiroga, Horacio, contista uruguaio (1878-1937).
Quita, Domingos dos Reis, poeta e tragediógrafo português (1728-1770).

R

Raabe, Peter, compositor erudito alemão (1872-1945).
Raabe, Wilhelm (também chamado Corvinus), romancista alemão (1831-1910).

RELAÇÃO ONOMÁSTICA DE AUTORES | 759

Rabaud, Henri, compositor erudito francês (1873-1949).

Rabelais, François, poeta e romancista francês (1494?-1553).

Rabelo, Laurindo (José da Silva), poeta e compositor popular brasileiro (1826-1864).

Rabier, Benjamin, desenhista e ilustrador francês (1869-1939).

Rabin, Oskar, pintor russo (1928).

Racan, Honorat de Bueil, senhor de, poeta francês (1589-1670).

Rachmanínov, Serguiei Vassílievitch, compositor erudito, pianista e maestro russo (1873-1943).

Racine, Jean, poeta, tragediógrafo e historiador francês (1639-1699).

Rackham, Arthur, ilustrador britânico (1867-1939).

Radcliffe, Ann Ward, romancista e poetisa inglesa (1764-1823).

Radicevic, Branko, poeta sérvio (1824-1853).

Radiguet, Raymond, romancista francês (1903-1923).

Radok, Alfred, encenador tcheco (1914-1976).

Raeburn, sir Henry, retratista escocês (1756-1823).

Raedecker, John, escultor holandês (1885-1956).

Rafael (Raffaello Sanzio, dito), pintor e arquiteto italiano (1483-1520).

Raff, Joseph Joachim, compositor erudito alemão (1922-1982).

Raffaelli, Michel, cenógrafo francês (1929).

Raffé, Denis Auguste, pintor e litógrafo francês (1804-1860).

Raimondi, Marcantonio, gravador italiano (1480-1534).

Raimondi, Pietro, compositor erudito e maestro italiano (1786-1853).

Rainaldi, família de arquitetos italiana: Girolamo, o pai (1570-1655) e seu filho mais renomado, Carlo (1611-1691).

Rainer, Yvonne, bailarina e coreógrafa norte-americana (1934).

Rainis, Janis, poeta, dramaturgo e romancista letão (1865-1929).

Rakic, Milan, poeta sérvio (1876-1938).

Rakovski, Georgi, poeta e patriota búlgaro (1821-1867).

Ramalho Ortigão, José Duarte, crítico literário e cronista português (1836-1915).

Rambert, Marie (Myriam Raimberg, dita), bailarina, mestre de balé e coreógrafa inglesa, de origem polonesa (1888-1982).

Rameau, Jean-Philippe, compositor erudito, cravista, organista e tratadista de música francês (1683-1764).

Ramón Ribeyro, Julio, contista e romancista peruano (1929).

Ramone, Joey (Jeffrey Hyman, dito), compositor popular norte-americano (1951-2001).

Ramos, Alberto Ferreira, poeta e jornalista brasileiro (1871-1941).

Ramos, Graciliano, romancista, contista e memorialista brasileiro (1892-1953).

Ramos, Hugo de Carvalho, contista brasileiro (1895-1921).

Ramos, João de Deus, poeta português (1830-1896).

Ramos, José Antonio, romancista cubano (1885-1946).

Ramos, Mel, pintor norte-americano (1935).

Ramos, Nuno (Nuno Alvarez Pessoa de Almeida, dito), artista plástico brasileiro (1960).

Ramos, Péricles Eugênio da Silva, poeta, tradutor e crítico literário brasileiro (1919-1992).

Ramos, Ricardo (de Medeiros), contista brasileiro (1929-1992), filho de Graciliano.

Ramos de Azevedo, Francisco de Paula, arquiteto e engenheiro brasileiro (1851-1928).

Ramsay, Allan, pintor escocês (1713-1884).

Ramuz, Charles Ferdinand, romancista, crítico de cultura e poeta suíço (1878-1947).

Ranc, Jean, pintor francês, ativo na Espanha e em Portugal (1674-1735).

Rancillac, Bernard, pintor francês (1931).

Randolph, Thomas, poeta inglês (1605-1635).

Rands, Bernard, compositor erudito de vanguarda inglês (1935).

Rangabé(s), Alexandhros Rizos, poeta e novelista grego (1809-1892).

Rangel, Flávio (Nogueira), encenador brasileiro (1934-1988).

Rangel, Godofredo (José Godofredo de Moura Rangel, dito), romancista, contista e tradutor brasileiro (1884-1951).

Rangström, Türe, compositor erudito e crítico de música sueco (1884-1947).

Ranson, Paul, pintor, gravador e projetista de tapetes francês (1864-1909).

Ranzoni, Daniele, pintor italiano (1843-1889).

Rapoport, Alexandre, pintor brasileiro (1929).

Rasi, Francesco, compositor erudito e cantor italiano (1574-1621?).

Rastrelli, Bartolomeo Carlo, escultor italiano ativo na Rússia, pai de Francesco Rastrelli (1675-1744).

Rastrelli, Bartolomeo Francesco, arquiteto e decorador italiano, ativo na Rússia, filho de Carlo Rastrelli (1700-1771).

Ratjeb, Jörg, pintor alemão (1480-1526).

Ratto, Gianni, encenador e cenógrafo ítalo-brasileiro (1916).

Rauch, Christian Daniel, escultor alemão (1777-1857).

Rauschenberg, Robert, pintor e artista plástico de vanguarda norte-americano (1925).

Rautavaara, Einojuhani, compositor erudito finlandês (1928).

Ravel, Maurice, compositor erudito e pianista francês (1875-1937).

Ravenscroft, Thomas, compositor erudito inglês (1582?-1633?).

Ravilious, Eric, pintor e artista gráfico britânico (1903-1942).

Rawet, Samuel, contista, romancista e ensaísta polaco-brasileiro (1929-1984).

Rawsthorne, Alan, compositor erudito e pianista inglês (1905-1971).

Ray, Man (Emmanuel Rudnitsky, dito), pintor, fotógrafo, escultor e cineasta norte-americano (1890-1977).

Ray, Nicholas (Raymond Nicholas Kienzle, dito), cineasta norte-americano (1911-1979).

Raymond, Alex, desenhista de quadrinhos norte-americano (1909-1956).

Raynouard, François, poeta trágico e ensaísta francês (1761-1836).

Raysse, Martial, pintor e cenógrafo francês (1936).

Read, sir Herbert (Edward), ensaísta de arte e poeta britânico (1893-1968).

Reade, Charles, dramaturgo e romancista inglês (1814-1884).

Rebel, família francesa de compositores eruditos: Jean Féry (1666-1744) e seu filho François (1701-1775).

Rebello, Luiz, dramaturgo português (1924).

Rebelo, João Soares, compositor sacro português (1610-1671).

Rebelo, (José Maria) Jacinto, arquiteto brasileiro (1821-1871).

Rebelo, (José) Avelar, pintor português (?-1657?).

Rebolo Gonzales, Francisco, pintor brasileiro (1902-1980).

Reboul, Jean, poeta francês (1796-1864).

Rebreanu, Liviu, romancista romeno (1885-1944).

Récamier, Madame (Jeanne Françoise Julie Bernard, dita), memorialista francesa (1777-1849).

Recco, Giuseppe, pintor italiano (1634-1695).

Redgrave, Richard, pintor inglês (1804-1888).

Redig de Campos, Olavo, arquiteto brasileiro (1906-1984).

Redon, Odilon, pintor e artista gráfico francês (1840-1916).

Reed, Carol, cineasta britânico (1906-1976).

Reed, Lou, compositor popular norte-americano (1942).

Reger, Max (Maximilian), compositor erudito e organista alemão (1873-1916).

Régnier, Henri de, poeta e romancista francês (1864-1936).

Régy, Claude, encenador francês (1923).

Reich, Steve, compositor erudito de vanguarda norte-americano (1936).

Reichardt, Johann Friedrich, compositor erudito e tratadista de música alemão (1752-1814).

Reichenbach, Carlos, roteirista e cineasta brasileiro (1945).

Reidy, Affonso Eduardo, arquiteto e urbanista brasileiro (1909-1964).

Reimann, Aribert, compositor erudito e pianista alemão (1936).

Reinecke, Carl Carsten, compositor erudito, pianista e regente alemão (1824-1910).

Reiner, Karel, compositor erudito de vanguarda e pianista tcheco (1910-1979).

Reinhardt, Ad, pintor norte-americano (1913-1967).

Reinhardt, Django (Jean-Baptiste Reinhardt, dito), compositor de *jazz* e guitarrista belga (1910-1953).

Reinhardt, Max (Max Goldmann, dito), encenador e cineasta austríaco (1873-1943).

Reis, Dilermando, compositor popular e violonista brasileiro (1916-1977).

Reisz, Karel, cineasta, ensaísta de cinema e encenador teatral britânico de origem tcheca (1926-2002).

Rej (ou Rey), Mikalai, poeta satírico e cronista polonês (1505-1569).

Remarque, Erich Marie (Erich Marie Kramer, dito), romancista alemão naturalizado norte-americano (1898-1970).

Rembrandt (Harmensz Van Rijn, dito), pintor, água-fortista e desenhista holandês (1606-1669).

Remington, Frederic, pintor, escultor e ilustrador norte-americano (1861-1909).

Remizov, Aleksiéi Mikháilovitch, contista e romancista russo (1877-1957).

Renan, Ernest, filólogo, historiador de religião e ensaísta de cultura francês (1823-1892).

Renard, Jean-Claude, poeta francês (1922).

Renard, Jules, romancista, contista, comediógrafo e crítico de arte francês (1864-1910).

Renart, Jean, trovador (poeta e romancista) francês (séculos XII e XIII).

Renato, José (José Renato Pécora, dito), encenador brasileiro (1926).

Renger-Patzsch, Alberto, fotógrafo alemão (1897-1966).

Reni, Guido, pintor italiano (1575-1642).

Renn, Ludwig (Arnold Vieth von Golssenau, dito), romancista alemão (1889-1979).

Renoir, Jean, cineasta francês, filho de Pierre (1894-1979).

Renoir, Pierre-Auguste, pintor francês, pai de Jean (1841-1919).

Repin, Ilia Iaguimovitch, pintor russo (1844-1930).

Repton, Humphry, pintor inglês (1752-1818).

Republicano, (Antônio de) Assis, compositor erudito e regente brasileiro (1897-1960).

Réquichot, Bernard, pintor e escultor francês (1928-1961).

Rescala, João José, pintor brasileiro (1910).

Resnais, Alain, cineasta francês (1922).

Respighi, Ottorino, compositor erudito italiano (1897-1936).

Restou, Jean, pintor e decorador francês (1692-1768).

Rethel, Alfred, pintor e artista gráfico alemão (1816-1859).

Reuter, Christian, comediógrafo e romancista alemão (1665-1710).

Reuter, Fritz, poeta e novelista alemão (1810-1874).

Reutter, Hermann, compositor erudito e pianista alemão (1900-1985).

Reverdy, Pierre, poeta francês (1889-1960).

Revueltas, Silvestre, compositor erudito de vanguarda mexicano (1899-1940).

Rey, Marcos (Edmundo Nonato, dito), romancista brasileiro (1925-1999).

Reyer, Ernest (Louis Étienne Rey, dito), compositor erudito e crítico de música francês (1823-1909).

Reyes, Alfonso, poeta, crítico de cultura e historiador mexicano (1889-1959).

Reynaldo Aquino Fonseca, pintor brasileiro (1925).

Reynaud, Émile, desenhista e inventor cinematográfico francês (1844-1918).

Reynolds, sir Joshua, pintor e ensaísta inglês (1723-1792).

Rezende, Sérgio, cineasta brasileiro (1951).

Rheinberger, Josef Gabriel, compositor erudito de Liechtenstein (1839-1901).

Riazanov, Eldar, cineasta russo (1927).

Ribalta, Francisco, pintor espanhol (1565-1628).

Ribeiro, Aquilino, contista, romancista, memorialista e ensaísta português (1885-1963).

Ribeiro, Bernardim, poeta e novelista português (1482-1552).

Ribeiro, Ivani (Cleyde de Freitas, dita), telenovelista brasileira (1922-1995).

Ribeiro, João (João Batista Ribeiro de Andrade Fernandes, dito), filólogo, crítico literário e historiador brasileiro (1860-1934).

Ribeiro, João Ubaldo (Osório Pimentel), contista, romancista e cronista brasileiro (1941).

Ribeiro, Paulo Antunes, arquiteto brasileiro (1907-1997).

Ribeiro Couto, Rui, poeta, romancista, contista e diplomata brasileiro (1898-1963).

Ribemont-Dessaignes, Georges, poeta, dramaturgo e romancista francês (1884-1974).

Ribera Chevremont, Evaristo, poeta porto-riquenho (1896-1976).

Ribera, José (Jusepe) de, pintor e gravador espanhol (1591-1652).

Ribera, Pedro de, arquiteto e decorador espanhol (1565-1628).

Ricardo Leite, Cassiano, poeta e crítico literário brasileiro (1895-1974).

Ricardou, Jean, romancista e ensaísta de literatura francês (1932).

Ricci, família de compositores eruditos italiana: Federico (1809-1877) e seu irmão Luigi (1805-1859).

Ricci, Marco, pintor italiano (1676-1730).

Ricci, Sebastiano, pintor italiano (1659-1734).

Riccio, il (Andrea Briosco, dito), escultor italiano (1470-1532).

Riccobini, Luigi, encenador, ator e historiador de teatro italiano, ativo na França (1675?-1753).

Richards, Ceri, pintor britânico (1903-1971).

Richardson, Dorothy, romancista inglesa (1873-1957).

Richardson, Jonathan, o Velho, pintor e tratadista inglês (1665-1745).

Richardson, Samuel, romancista inglês (1689-1761).

Richardson, Tony, cineasta inglês (1928-1991).

Richepin, Jean, poeta e romancista francês (1849-1926).

Richier, Germaine, escultora francesa (1904-1959).

Richier, Ligier, escultor francês (1500-1567).

Richmond, família de pintores inglesa: o pai, Thomas (1771-1837), seu filho George (1809-1896), o irmão de Thomas Jr. (1820-1874) e seu filho sir William Blake (1842-1921).

Richter, Adrian Ludwig, pintor e artista gráfico alemão (1803-1884).

Richter, Franz Xaver, compositor erudito morávio (1709-1789).

Richter, Hans, pintor e cineasta experimental teuto-norte-americano (1888-1976).

Richter (Johann Paul Friedrich, dito Jean Paul), romancista alemão (1763-1825).

Rickert, Heinrich, filósofo alemão (1863-1936).

Ricketts, Charles, pintor, *designer*, escultor e ensaísta inglês (1866-1931).

Ricoeur, Paul, filósofo francês (1913).

Rictus, Jean (Gabriel Randon de Saint Amand, dito), poeta fancês (1867-1933).

Ridky, Jaroslav, compositor erudito tcheco (1897-1956).

Ridolfi, Carlo, pintor, água-fortista e ensaísta de arte italiano (1594-1658).

Riefenstahl, Leni, cineasta, documentarista e atriz alemã (1902).

Riegel, Alois, historiador e ensaísta de arte austríaco (1858-1905).

Riegger, Wallingford Constantin, compositor erudito e maestro norte-americano (1885-1961).

Riemenschneider, Tilman, escultor alemão (1460?-1531).

Riesman, David, sociólogo norte-americano (1909-2002).

Rieti, Nicky (Nicholas), pintor e cenógrafo norte-americano (1947).

Rieti, Vittorio, compositor erudito italiano (1898-1944).

Rietveld, Gerrit Thomas, *designer* e arquiteto holandês (1888-1964).

Rigaud, Hyacinthe, pintor francês (1659-1743).

Rihm, Wolfgang, compositor erudito de vanguarda alemão (1952).

Riisager, Knudage, compositor erudito de vanguarda dinamarquês (1897-1974).

Riley, Bridget, pintora e *designer* inglesa (1931).

Riley, John, pintor inglês (1646-1691).

Rilke, Rainer Maria, poeta, ensaísta e epistológrafo austríaco (1875-1926).

Rimbaud, Arthur, poeta francês (1854-1891).

Rimmer, William, escultor, pintor e ensaísta de arte norte-americano (1816-1879).

Rímski-Korsakov, Nikolai Andréievitch, compositor erudito e maestro russo (1844-1908).

Rinehart, William Henry, escultor norte-americano (1825-1874).

Rinuccini, Ottavio, poeta e libretista italiano (1563-1621).

Rioja, Francisco de, poeta espanhol (1583-1659).

Riopelle, Jean-Paul, pintor, escultor e artista gráfico canadense (1923).

Ríos, Adolfo Morales de los, arquiteto espanhol radicado no Brasil (1858-1928).

Ríos, Julián, romancista espanhol (1941).

Ripstein, Arturo, cineasta mexicano (1944).

Risi, Dino, cineasta italiano (1917).

Rist, Johannes, poeta religioso alemão (1607-1667).

Ritt, Martin, cineasta norte-americano (1919-1990).

Rivera, Diego, pintor mexicano (1886-1957).

Rivera, José Eustáquio, poeta e romancista colombiano (1889-1928).

Rivera Júnior, (Odorico) Bueno de, poeta brasileiro (1914).

Rivers, Larry, pintor, escultor, artista gráfico e *designer* norte-americano (1923).

Rivette, Jacques, cineasta francês (1928).

Rizi (ou Ricci), família de pintores espanhola: o pai, Antonio (?-1632?) e os filhos Juan Andrés (1600-1681) e Francisco (1614-1685).

Rizzotti, Alfredo Rulo, pintor ítalo-brasileiro (1909-1972).

Roa Bastos, Augusto, poeta, contista e romancista paraguaio (1918).

Robatto, Lia, bailarina e coreógrafa brasileira (1940).

Robbe-Grillet, Alain, romancista e cineasta francês (1922).

Robbins, Jerome, bailarino e coreógrafo norte-americano (1918).

Robert, Hubert, pintor e gravador francês (1733-1808).

Robert, Léopold, pintor suíço (1794-1835).

Robert, Yves, ator e cineasta francês (1920).

Roberti, Ercole de, pintor italiano (1450?-1496).

Roberto, família de arquitetos brasileira: os irmãos Marcelo (1908-1964), Milton (1914-1953) e Maurício (1921-1996).

Roberto Carlos Braga, compositor e cantor popular brasileiro (1941).

Roberts, David, pintor escocês (1796-1864).

Roberts, Tom, pintor australiano (1856-1931).

Roberts, William, pintor britânico (1895-1980).

Rocca, Ludovico, compositor erudito italiano (1895-1986).

Rocha, Glauber (Andrade), cineasta brasileiro (1938-1981).

Rocha, José Joaquim da, pintor brasileiro (1737?-1807).

Rocha, Lindolfo Jacinto, romancista e etnólogo brasileiro (1862-1911).

Rocha, Paulo Soares da, cineasta e documentarista português (1935).

Rocha, Ruth Machado Lousada, contista infantil brasileira (1931).

Rocha Pita, Sebastião da, poeta e historiador brasileiro (1660-1738).

Rochaix, François, encenador teatral e de óperas suíço (1942).

Rochberg, George, compositor erudito norte-americano (1918).

Rodin, Auguste, escultor francês (1840-1917).

Rodó, José Enrique, ensaísta de cultura uruguaio (1872-1917).

Rodrigo, Joaquín, compositor erudito espanhol (1902).

Rodrigues, Adolfo de Sousa, pintor português (1867-1908).

Rodrigues, Amália (da Piedade Rebordão), compositora e cantora popular portuguesa (1920-1999).

Rodrigues, Augusto, pintor, ilustrador e caricaturista brasileiro (1913-1993).

Rodrigues, Castelao, romancista e desenhista galego (1884-1950).

Rodrigues, Glauco Otávio Castilhos, pintor, ilustrador e gravador brasileiro (1929).

Rodrigues, Lupicínio, compositor e cantor popular brasileiro (1914-1974).

Rodrigues, Marília, gravadora brasileira (1937).

Rodrigues, Nelson (Falcão), dramaturgo, cronista e romancista brasileiro (1912-1980).

Rodrigues, (Raimundo) Nina, etnógrafo, folclorista e sociólogo brasileiro (1862-1906).

Rodrigues, Sérgio, *designer* e arquiteto brasileiro (1927).

Rodrigues, Urbano Tavares, contista e novelista português (1923).

Rodrigues Lobo, Francisco, poeta português (1580?-1621).

Rodríguez Monegal, Emir, crítico e historiador de literatura uruguaio (1921-1985).

Rodríguez Preza, Victor Manuel, pintor salvadorenho (1936).

Rodríguez Roda, Juan Antonio, pintor colombiano (1921).

Rodtchenko, Aleksandr, pintor, escultor, desenhista industrial e fotógrafo russo (1891-1956).

Roelas, Juan de las, pintor espanhol (1588?-1625).

Rogers, Claude, pintor britânico (1907-1979).

Rogers, John, escultor norte-americano (1829-1904).

Rogers, Richard, arquiteto inglês, nascido na Itália (1933).

Rogers, William, gravador inglês (séculos XVI-XVII).

Rohlfs, Christian, pintor e artista gráfico alemão (1849-1938).

Rohmer, Eric, crítico e cineasta francês (1920).

Rojas, Fernando de, dramaturgo espanhol (1465?-1541).

Rojas Paz, Pablo, romancista argentino (1896-1956).

Roldán, Pedro, escultor espanhol (1624-1699).

Rolfsen, Alf, pintor norueguês (1895-1979).

Rolland, Romain, romancista, dramaturgo, crítico de cultura, memorialista e historiador de arte francês (1866-1944).

Romains, Jules (Louis-Henri Farigoule, dito), poeta, dramaturgo e romancista francês (1885-1972).

Romanelli (Armando Romanelli de Cerqueira, dito), pintor brasileiro (1945).

Romanelli, Giovanni Francesco, pintor e *designer* de tapeçarias italiano (1610-1662).

Rombouts, Theodoor, pintor flamengo (1579-1637).

Romero, Sílvio, historiador e crítico literário brasileiro (1851-1914).

Romm, Mikhail, cineasta russo (1901-1971).

Romney, George, pintor inglês (1734-1802).

Rónai, Paulo, tradutor húngaro naturalizado brasileiro (1907-1992).

Ronald, William, pintor e artista performático canadense (1926).

Roncalli, Cristoforo, pintor italiano (1522-1626).

Ronconi, Luca, encenador teatral e de ópera italiano (1933).

Rondelet, Jean-Baptiste, arquiteto e tratadista francês (1743-1829).

Ronsard, Pierre de, poeta francês (1524-1585).

Ronse, Henri, encenador belga (1946).

Rooker, Michael Angelo, pintor, cenógrafo e ilustrador inglês (1743-1801).

Root, John, arquiteto norte-americano (1850-1891).

Ropartz, Guy, compositor erudito francês (1864-1955).

Rops, Félicien, pintor, gravador e artista gráfico belga (1833-1898).

Rosa, Gustavo, pintor brasileiro (1946).

Rosa, Noel (de Medeiros), compositor popular e cantor brasileiro (1910-1937).

Rosa, Salvatore, pintor e água-fortista italiano (1615-1673).

Rosário, (Artur) Bispo do, artista plástico popular brasileiro (1909-1989).

Rosenquist, James, pintor norte-americano (1933).

Rosi, Francesco, roteirista e cineasta italiano (1922).

Roslin, Alexander, pintor sueco (1718-1793).

Rosselli, Cosimo, pintor italiano (1439-1507).

Rossellini, Roberto, cineasta italiano (1906-1977).

Rossellino, irmãos escultores italianos: Bernardo (1409-1464) e Antonio (1427-1479).

Rossen, Robert, roteirista e cineasta norte-americano (1908-1966).

Rossetti, Dante Gabriel, pintor e poeta inglês (1828-1882).

Rossi, Aldo, arquiteto e ensaísta de arquitetura italiano (1931).

Rossini, Gioachino Antonio, compositor erudito italiano (1792-1868).

Rosso, il (Giovanni Battista de Rossi, dito il Rosso Fiorentino, ou), pintor italiano (1495-1540).

Rosso, Medardo, escultor italiano (1858-1928).

Rosso, Mino, escultor italiano (1904-1963).

Rotha, Paul, documentarista e ensaísta de cinema britânico (1907-1984).

Rothenstein, sir William, pintor, desenhista e ensaísta inglês (1872-1945).

Rothko, Mark, pintor norte-americano (1903-1970).

Rotrou, Jean, poeta dramático francês (1609-1650).

Rottenhammer, Hans (ou Johann), pintor alemão (1564-1625).

Rottmann, Carl, pintor alemão (1797-1850).

Rottmayr, Johann Michael, pintor alemão (1654-1730).

Rouanet, Sérgio Paulo, filósofo e ensaísta de cultura brasileiro (1934).

Rouart, Jean-Marie, romancista francês (1943).

Rouault, Georges, pintor, artista gráfico e *designer* francês (1871-1958).

Roubaud, Jacques, poeta, romancista e matemático francês (1932).

Roubiliac, Louis-François, escultor anglo-francês (1705-1762).

Rouch, Jean, documentarista e etnólogo francês (1917).

Rouget de Lisle, Claude Joseph, compositor semi-erudito, libretista e soldado francês (1760-1836).

Rouleau, Raymond, ator e encenador francês (1904-1981).

Rousseau, Henri (chamado Le Douanier Rousseau), pintor francês (1844-1910).

Rousseau, Jean-Baptiste, poeta francês (1671-1741).

Rousseau, Jean-Jacques, filósofo suíço-francês (1712-1778).

Rousseau, Théodore, pintor francês (1812-1867).

Roussel, Albert, compositor erudito francês (1869-1937).

Roussel, Ker Xavier, pintor francês (1867-1944).

Roussel, Raymond, poeta e dramaturgo francês (1877-1933).

Rowlandson, Thomas, pintor, ilustrador e caricaturista inglês (1756-1827).

Roy Hill, George, encenador e cineasta norte-americano (1922).

Rozánova, Olga Vladimirovna, pintora russa (1886-1918).

Rozsa, Miklos, compositor erudito e de música incidental húngaro (1907).

Rubbra, Edmund, compositor erudito e pianista inglês (1901-1986).

Rubens, Peter Paul, pintor e *designer* flamengo (1577-1640).

Rubião, Murilo (Eugênio), contista e novelista brasileiro (1916-1991).

Rubinstein, Anton Grigórievitch, compositor erudito e maestro russo (1829-1894).

Rubliov (ou Rubliev), Andrei, pintor russo (1360?-1430?).

Rude, François, escultor francês (1784-1855).

Rudel, Jaufre, poeta, músico e trovador francês (século XII).

Rueda, Lope de, comediógrafo espanhol (1500?-1565).

Rugendas, Johann Moritz, desenhista e pintor alemão, também ativo no Brasil (1802-1858).

Ruiz, Juan, poeta lírico espanhol (1290?-1350?).

Ruiz, Raoul, cineasta chileno também ativo na França (1941).

Rulfo, Juan Pérez, contista e romancista mexicano (1918-1986).

Runciman, irmãos pintores escoceses: Alexander (1736-1785) e John (1744-1768).

Runeberg, Johan Ludvig, poeta finlandês, de língua sueca (1804-1877).

Runge, Philipp Otto, pintor e poeta alemão (1777-1810).

Ruoppolo, Giovanni Battista, pintor italiano (1629-1693).

Rusconi, Camillo, escultor italiano (1658-1728).

Rush, William, escultor norte-americano (1756-1833).

Rushdie, (Ahmed) Salman, romancista anglo-indiano (1947).

Rusinöl y Prats, Santiago, pintor, poeta, dramaturgo e crítico de arte catalão (1861-1931).

Ruskin, John, ensaísta de estética e de cultura inglês (1819-1900).

Russel, Ken, cineasta inglês (1927).

Russell, Bertrand (Arthur William), filósofo e matemático inglês (1872-1970).

Russell, Morgan, pintor norte-americano (1886-1953).

Russo, Renato (Renato Manfredini Jr., dito), compositor popular e cantor brasileiro (1960-1996).

Russolo, Luigi, pintor e compositor erudito italiano (1885-1947).

Rustin, Jean, pintor francês (1928).

Rutebeuf, trovador e poeta dramático francês (século XIII).

Ruttmann, Walter, cineasta e documentarista alemão (1887-1941).

Ruysch, Rachel, pintora holandesa (1664-1750).

Ruzzante (Angelo Beolco, dito), comediógrafo italiano (1502-1542).

Ryder, Albert Pinkham, pintor norte-americano (1847-1917).

Rysbrack, John Michael, escultor flamengo (1694-1770).

S

Saar, Ferdinand von, contista e novelista austríaco (1833-1906).

Saarinen, Eero, arquiteto e *designer* fino-norte-americano, filho de Eliel (1910-1961).

Saarinen, Eliel Gottlieb, arquiteto e *designer* fino-norte-americano, pai de Eero (1873-1950).

Saba, Umberto, poeta italiano (1883-1957).

Sabatier, Auguste, teólogo protestante francês (1839-1901).

Sábato, Ernesto, romancista e ensaísta de cultura argentino (1911).

RELAÇÃO ONOMÁSTICA DE AUTORES | 763

Sabbatini, Niccolò, arquiteto e tratadista de arquitetura teatral italiano (1574?-1654).

Sacchetti, Franco, poeta e novelista italiano (1330?-1400?).

Sacchi, Andrea, pintor italiano (1599-1661).

Sacchini, Antonio Maria, compositor erudito italiano (1730-1786).

Sacher-Masoch, Leopold, romancista e novelista austríaco (1836-1895).

Sachs, Hans, poeta e dramaturgo alemão (1494-1576).

Sachs, Nelly (Leonie Sachs, dita), poetisa sueca de origem alemã (1891-1970).

Sacilotto, Luís, pintor e gravador brasileiro (1924-2003).

Sackville, Thomas, poeta e dramaturgo inglês (1536?-1608).

Sade, Donatien Alphonse François, Marquês de, novelista francês (1740-1814).

Sá de Miranda, Francisco de, poeta e comediógrafo português (1481?-1559).

Saenredam, Pieter Jansz, pintor holandês (1597-1665).

Saer, Juan José, contista e romancista argentino (1937).

Safo (Sappho), poetisa grega (séculos VII e VI a.C.).

Saftleven, irmãos pintores holandes: Cornelis (1607-1681) e Herman III (1609-1685).

Sage, Kay, pintora americana (1898-1963).

Saint Denis, Ruth, bailarina e coreógrafa norte-americana (1887-1968).

Saint Phalle, Niki de, escultora francesa (1930-2002).

Saint-Aubin, irmãos artistas franceses: Charles Germaine, desenhista e *designer* de bordados (1721-1786), Gabriel-Jacques, o mais conhecido, água-fortista e pintor (1724-1780), Louis-Michel, pintor (1731-1779) e Augustin, desenhista e gravurista (1736-1807).

Saint-Exupéry, Antoine de, novelista francês (1900-1944).

Saint-Gaudens, Augustus, escultor norte-americano (1848-1907).

Saint-Léon, Arthur, bailarino, coreógrafo, teórico e mestre de balé francês (1821-1870).

Saint-Pol Roux (Paul Pierre Roux, dito), poeta francês (1861-1940).

Saint-Saëns, Charles Camille, compositor erudito francês (1835-1921).

Saint-Simon, Claude Henri de Rouvry, Conde de, filósofo político e economista francês (1760-1825).

Salas Barbadillo, Alonso Jerónimo de, romancista espanhol (1581-1635).

Salce, Luciano, cineasta italiano também ativo no Brasil (1922-1989).

Saldanha, Firmino, pintor e arquiteto brasileiro (1905-1985).

Sales, Herberto de Azevedo, romancista, contista, cronista e crítico brasileiro (1917).

Sales, Marcos Reggio de, compositor erudito e escultor brasileiro (1885-1965).

Sales Gomes, Paulo Emílio, ensaísta de cinema brasileiro (1916-1977).

Salgado, Plínio, poeta, político e ensaísta de literatura brasileiro (1901-1975).

Salgado Jr., Sebastião (Ribeiro), fotógrafo brasileiro (1944).

Salinas, Pedro (y Serrano), poeta e crítico literário espanhol (1891-1951).

Salinger, J. D. (Jerome David), contista e romancista norte-americano (1919).

Salles Jr., Walter, cineasta brasileiro (1955).

Sallinen, Tyko, pintor finlandês (1879-1955).

Salmon, Thierry, encenador belga (1957).

Saltykov, Mikhail Ievgrafovitch, contista e romancista russo (1826-1888).

Salústio (Caius Sallustius Crispus), historiador romano (86-34 a.C.).

Salvador, Frei Vicente do, historiador brasileiro (1564-1636).

Salvat-Papasseit, Joan, poeta catalão (1894-1924).

Salviati, Francesco (Francesco de Rossi, dito), pintor italiano (1510-1563).

Samaras, Lucas, escultor e artista experimental grego (1936).

Sambin, Hughes, arquiteto, *designer* e escultor francês (1515?-1601).

Samico, Gilvan, pintor e gravador brasileiro (1928).

Sampaio, Jaime Salazar, poeta e dramaturgo português (1925).

Sampaio, (José da) Silveira, ator e comediógrafo brasileiro (1914-1965).

Sampedro, José Luís, romancista espanhol (1917).

San Martin, Juan Zorilla de, poeta uruguaio (1855-1931).

Sánches Coelho, Alonso, pintor espanhol (1532-1588).

Sánchez, Florencio, dramaturgo e político uruguaio (1875-1910).

Sánchez Cotán, Juan, pintor espanhol (1560-1627).

Sánchez Vásquez, Adolfo, filósofo espanhol, emigrado para o México (1915).

Sancta Clara, Abraham a (Ulrich Megerle, dito), sermonista e pregador austríaco (1644-1709).

Sandby, Paul, aquarelista e artista gráfico inglês (1731-1809).

Sander, August, fotógrafo alemão (1876-1964).

Sandman, Mark, compositor popular norte-americano (1952-1999).

Sandrart, Joachim von, pintor, gravador e ensaísta alemão (1606-1688).

Sannazaro, Jacopo, poeta italiano (1458-1530).

Sano di Pietro (Ansano di Pietro di Mencio, dito), pintor italiano (1406-1481).

Sansovino, Andrea, escultor e arquiteto italiano (1467?-1529).

Sansovino, Jacopo (Jacopo Tatti, dito), escultor e arquiteto italiano (1486-1570).

Santa Rita Durão, Frei José de, poeta luso-brasileiro (1721-1784).

Santa Rosa Jr., Tomás, pintor, ilustrador, cenógrafo e ensaísta brasileiro (1909-1956).

Santayana, George, poeta, filósofo e ensaísta norte-americano (1863-1952).

Santerre, Jean-Baptiste, pintor francês (1651-1717).

Santi, Giovanni, pintor italiano (?-1494).

Santiago, Haydéa, pintora brasileira (1896-1980).

Santiago, Manoel de Assunção, pintor brasileiro (1897-1987).

Santiago, Osvaldo Neri, compositor popular e poeta brasileiro (1902-1976).

Santiago, Silviano, poeta, romancista e crítico literário brasileiro (1937).

Santillana, Marquês de (Iñigo Lopes de Mendoza, dito), poeta e soldado espanhol (1398-1458).

Santiván (Fernando Santibáñez, dito), contista e romancista chileno (1886-1973).

Santoro, Cláudio (Franco de Sá), compositor erudito brasileiro (1919-1989).

Santos, Aldo Luís Delfino dos, romancista brasileiro (1872-1945).

Santos, Carmen (Maria do Carmo Santos, dita), cineasta e atriz luso-brasileira (1904-1952).

Santos, Eugênio dos, arquiteto português (1711-1760).

Santos, Fausto José dos, poeta português (1903).

Santos, Francisco, pintor e escultor português (1878-1930).

Santos, Geraldo, contista, romancista e crítico brasileiro (1924-1967).

Santos, José Bernardino dos, contista, romancista e dramaturgo brasileiro (1848-1892).

Santos, Nelson Pereira dos, cineasta brasileiro (1928).

Santos, Silvino (Silvino Simões dos Santos Silva, dito), fotógrafo e documentarista luso-brasileiro (1886-1970).

Santos Chocano, José, poeta e político peruano (1875-1934).

Santos Pinhanez, Roberto, cineasta brasileiro (1928-1987).

Santvoort, irmãos pintores holandeses: Dirck Dircksz, o mais conhecido (1611-1680), Abraham (1624?-1669) e Peter (1603?-1635).

Saporta, Karine, bailarina, coreógrafa e cineasta francesa (1950).

Saraceni, Carlo, pintor italiano (1579?-1620).

Saraceni, Paulo César, cineasta brasileiro (1933).

Saramago, José, romancista e contista português (1922).

Sarasate, Pablo (Martin Melitón) de, compositor erudito espanhol (1844-1908).

Sarbievius, Matthaeus Kasimir, poeta sacro polonês de língua latina (1595-1640).

Sargent, Harold Malcolm, compositor erudito, organista e maestro inglês (1895-1967).

Sargent, John Singer, pintor e retratista anglo-norte-americano (1856-1925).

Sargento, Nelson (Nelson Mattos, dito), compositor e cantor popular brasileiro (1924).

Sarney, José Ribamar Ferreira de Araújo Costa, contista, romancista e político brasileiro (1930).

Sarno, (Fidélis) Geraldo, documentarista e cineasta brasileiro (1938).

Saroyan, William, romancista e dramaturgo norte-americano (1908-1981).

Sarraute, Nathalie, romancista, dramaturga e ensaísta francesa (1902-1999).

Sarrazin, Jacques, escultor francês (1588-1660).

Sartre, Jean-Paul, filósofo, romancista, dramaturgo e ensaísta literário francês (1905-1980).

Sassetta (Stefano di Giovanni, dito), pintor italiano (1392?-1450).

Sassoferrato (Giovanni Battista Salvi), pintor italiano (1609-1685).

Sassoon, Siegfried Lorraine, poeta e romancista inglês (1886-1967).

Sassu, Aligi, pintor, ilustrador e cenógrafo italiano (1912).

Sater, Almir (Eduardo Melke), compositor popular e cantor brasileiro (1956).

Satie, Erik (Alfred Erik Leslie Satie, dito), compositor erudito francês (1866-1925).

Saura, Antonio de, pintor espanhol (1930).

Saura, Carlos, cineasta espanhol (1932).

Saussure, Ferdinand de, lingüista francês (1857-1913).

Savary, Jérôme, encenador francês (1942).

Savary, Olga, poetisa brasileira (1933).

Savery, Roelandt, pintor e água-fortista flamengo (1576?-1639).

Savoldo, Giovanni Girolamo, pintor italiano (século XVI).

Scaliger, Julius Caesar (Giulio Cesar Scaligero), teórico e ensaísta de cultura italiano (1484-1558).

Scamozzi, Vincenzo, arquiteto italiano (1562-1616).

Scandela, Misha, cenógrafo italiano (1921-1983).

Scarlatti, Alessandro, compositor erudito italiano, pai de Domenico (1660-1725).

Scarlatti, Domenico, compositor erudito italiano, filho de Alessandro (1660-1725).

Scarpetta, Eduardo, comediógrafo italiano (1853-1925).

Scarron, Paul, comediógrafo, poeta e romancista francês (1610-1660).

Scarsellino, Lo (Ippolito Scarsella, dito), pintor italiano (1551-1620).

Scève, Maurice, poeta francês (1505?-1564).

Schadow, Johann Gottfried, escultor e artista gráfico alemão (1764-1850).

Schaeffer, Boguslaw, compositor erudito polonês (1929).

Schaeffer, Pierre, compositor erudito de vanguarda francês (1910).

Schaff, Adam, filósofo polonês (1913).

Schalken, Godfried, pintor holandês (1643-1703).

Scharoun, Hans, arquiteto alemão (1893-1972).

Schedoni, Bartolomeo, pintor italiano (1578-1615).

Scheemakers, Peter, escultor flamengo (1691-1781).

Scheffel, Joseph Viktor von, poeta e romancista alemão (1828-1886).

Scheffer, Arie (ou Ary), pintor, gravador e ilustrador de livros holandês, atuante na França (1795-1858).

Scheffler, Johannes (cognominado Angelus Silesius), poeta sacro alemão (1624-1677).

Schéhadé, Georges, poeta e dramaturgo egípcio, de língua francesa (1910-1989).

Scheidt, Samuel, compositor erudito e organista alemão (1587-1654).

Schein, Johann Hermann, compositor erudito alemão (1585-1630).

Scheler, Max, filósofo alemão (1874-1928).

Schelfhout, Andreas, pintor holandês (1787-1870).

Schelling, Friedrich Wilhelm Joseph von, filósofo alemão (1775-1854).

Schendel, Mira, pintora brasileira de origem suíça (1919-1988).

Schiavone, (Andrea Meldolla, dito), pintor e água-fortista italiano (1510?-1563).

Schickelé, René, romancista alsaciano, de língua alemã (1883-1940).

Schiele, Egon, pintor e desenhista austríaco (1890-1918).

Schikaneder, Emmanuel, encenador e libretista alemão (1751-1812).

Schildt, Ernst Runar, novelista e dramaturgo finlandês, de língua sueca (1888-1925).

Schinkel, Karl Friedrich, arquiteto, pintor e *designer* alemão (1781-1841).

Schjerfbeck, Helène, pintora filandesa (1862-1946).

Schlegel, August Wilhelm von, crítico literário alemão, irmão de Friedrich (1767-1845).

Schlegel, Friedrich von, filólogo, crítico literário e romancista alemão, irmão de August (1772-1829).

Schlegel, Johann Elias, poeta e ensaísta de teatro alemão (1719-1749).

Schleiermacher, Friedrich Ernst D., teólogo protestante, filósofo e ensaísta alemão (1768-1834).

Schlemmer, Oskar, pintor, escultor, projetista cênico e ensaísta alemão (1888-1943).

Schlesinger, John, cineasta inglês (1926-2003).

Schlick, Moritz, filósofo alemão (1882-1936).

Schlöndorff, Volker, cineasta alemão (1939).

Schlüter, Andreas, escultor e arquiteto alemão (1660-1714).

Schmidt, Arno, novelista e romancista alemão (1914-1979).

Schmidt, Augusto Frederico, poeta e ensaísta brasileiro (1906-1965).

Schmidt, Franz, compositor erudito e maestro austríaco (1874-1939).

Schmidt, Joost, escultor alemão (1893-1948).

Schmidtbonn, Wilhelm, romancista alemão (1876-1902).

Schmidt-Rottluff, Karl, pintor, litógrafo e artista gráfico alemão (1884-1976).

Schmitt, Florent, compositor erudito francês (1870-1958).

Schnabel, Johann Gottfried, romancista alemão (1692-1750?).

Schnabel, Julian, pintor norte-americano (1951).

Schnitzler, Arthur, romancista e dramaturgo austríaco (1862-1931).

Schnorr von Carolsfeld, Julius, pintor e ilustrador alemão (1794-1872).

Schobert, Johann, compositor erudito e cravista alemão, ativo na França (1730?-1767).

Schoenberg, Arnold, compositor erudito austríaco, naturalizado norte-americano (1874-1951).

Schoenewerk, Alexandre, escultor francês (1820-1885).

Schöffer, Nicolas, escultor húngaro-francês (1912).

Schönfeldt, Johann Heinrich, pintor e água-fortista alemão (1609-1682).

Schongauer, Martin, gravador e pintor alemão (?-1481).

Schopenhauer, Arthur, filósofo alemão (1788-1860).

Schouman, Aert, aquarelista e gravador de vidros holandês (1710-1792).

Schrader, Paul, roteirista e cineasta norte-americano (1946).

Schubert, Franz (Seraph), compositor erudito austríaco (1797-1828).

Schuller, Gunther, compositor erudito e ensaísta de *jazz* norte-americano (1925).

Schulz, Charles Monroe, desenhista de quadrinhos norte-americano (1922-2000).

Schumann, Robert Alexander, compositor erudito alemão (1810-1856).

Schütz, Heinrich, compositor erudito alemão (1585-1672).

Schwartz, Roberto (Roberto Schwarzmann, dito), ensaísta, crítico literário e tradutor austro-brasileiro (1938).

Schweitzer, Albert, filósofo, musicólogo e missionário médico francês (1875-1965).

Schwind, Moritz von, pintor, artista gráfico e *designer* austríaco (1804-1871).

Schwitters, Kurt, artista plástico, poeta e crítico alemão (1887-1948).

Schwob, Marcel, poeta francês (1867-1905).

Sciascia, Leonardo, contista, romancista, dramaturgo e ensaísta italiano (1921-1990).

Science, Chico(Francisco de Assis França, dito) compositor popular brasileiro (1966-1997).

Scliar, Carlos, pintor, gravador e ilustrador brasileiro (1920-2001).

Scliar, Ester, compositora erudita brasileira (1926).

Scliar, Moacyr, contista, romancista e cronista brasileiro (1937).

Scola, Ettore, cineasta italiano (1931).

Scopas, arquiteto e escultor grego (século IV a.C.).

Scorcese, Martin, cineasta norte-americano (1942).

Scorza, Manuel, poeta e romancista peruano (1928-1983).

Scott, Ridley, cineasta inglês (1939).

Scott, Samuel, pintor e água-fortista inglês (1702?-1772).

Scott, sir George Gilbert, arquiteto inglês (1811-1876).

Scott, Walter, romancista e poeta escocês (1771-1832).

Scott, William Bell, pintor e poeta escocês (1811-1890).

Scott, William, pintor britânico (1913).

Scotto, Vincent, compositor popular e de operetas francês (1874-1952).

Scriabin, Aleksandr Nikoláievitch, compositor erudito russo (1872-1915).

Scribe, Augustin Eugène, dramaturgo e libretista francês (1791-1861).

Scrotes, Guillim (William Stretes, dito), pintor holandês (século XVI).

Scudéry, família de escritores francesa: Georges de, dramaturgo e romancista (1601-1667) e sua irmã Madeleine, romancista (1607-1701).

Scutenaire, Louis, poeta e crítico literário belga (1905-1987).

Seabra, Bruno Henrique de Almeida, poeta e romancista brasileiro (1837-1876).

Searle, John Rogers, filósofo norte-americano (1932).

Sebastiano del Piombo (Sebastiano Luciani, dito), pintor italiano (1485?-1547).

Seeger, Charles, compositor erudito e musicólogo norte-americano (1886-1979).

Seelinger, Hélio Aristides, pintor e caricaturista brasileiro (1878-1965).

Seféris, Georgios (Georgios Stylianos Seferiádis, dito), poeta e ensaísta de cultura grego (1900-1971).

Segal, George, escultor norte-americano (1924).

Segalen, Victor, poeta e romancista francês (1878-1919).

Segall, Lasar, pintor e artista gráfico lituano-brasileiro (1891-1957).

Segantini, Giovanni, pintor italiano (1858-1899).

Segar, Elzie Cisler, desenhista e historiador de quadrinhos norte-americano (1894-1938).

Seghers (ou Segers), Hercules Pietersz, pintor e água-fortista holandês (1589-1633?).

Seghers, Anna (Netty Radvanyi, dita), romancista alemã (1900-1983).

Seghers, Daniel, pintor flamengo (1590-1661).

Seghers, Gerard, pintor flamengo (1591-1651).

Segneri, Paolo, sermonista italiano (1624-1694).

Segovia, Andrés, compositor erudito e guitarrista espanhol (1893-1987).

Segrais, Jean Regnault de, poeta francês (1642-1701).

Ségur, Sophie Rostopchin, Condessa de, novelista francesa de origem russa (1799-1874).

Seifert, Jaroslav, poeta e literato infantil tcheco (1901-1986).

Seisenegger, Jacob, pintor austríaco (1505-1567).

Seixas, Raul (dos Santos), compositor e cantor popular brasileiro (1945-1989).

Seligmann, Kurt, pintor e artista gráfico norte-americano (1900-1962).

Semprun, Jorge, político, romancista e roteirista espanhol também de língua francesa (1923).

Sêneca (Lucius Annaeus Seneca), filósofo e dramaturgo romano, nascido na Espanha, filho de Sêneca, o Retor (4-65).

Sêneca, o Retor, poeta, orador e epistológrafo romano, pai do filósofo Sêneca (55? a.C.-39 d.C.).

Senefelder, Aloys, litógrafo alemão (1771-1834).

Sequeira, Domingos Antônio de, pintor, artista gráfico e *designer* português (1768-1837).

Serafímovitch (Aleksandr Serafímovitch Popov, dito), contista e romancista russo (1863-1949).

Séraphine (Séraphine de Senlis, dita), pintora francesa (1864-1934).

Serban, Andrei, encenador romeno (1943).

Sercambi, Giovanni, novelista e cronista italiano (1347-1424).

Serebrier, José, compositor erudito e maestro uruguaio, ativo nos Estados Unidos (1938).

Serebróvski, Vladimir, cenógrafo russo (1937).

Sergel, Johan Tobias, escultor sueco (1740-1814).

Serlio, Sebastiano, arquiteto e teórico de artes italiano (1475-1554).

Serov, Valentin, pintor russo (1865-1911).

Serpa, Ivan Ferreira, pintor e gravador brasileiro (1923-1973).

Serpotta, Giacomo, escultor italiano (1656-1732).

Serra, irmãos pintores espanhóis: Jaime e Pedro (século XV).

Serra, Richard, escultor norte-americano (1939).

Serra Sobrinho, Joaquim (Maria), poeta, romancista e dramaturgo brasileiro (1874-1953).

Serreau, Jean-Marie, ator e encenador francês (1915-1973).

Serres, Michel, filósofo e historiador de filosofia francês (1930).

Serroni, J.C. (José Carlos), cenógrafo brasileiro (1955).

Sérusier, Paul, pintor, decorador e ensaísta francês (1863-1927).

Servaes, Albert, pintor belga (1883-1966).

Servandoni, Jean Nicolas, arquiteto e pintor franco-italiano (1695-1766).

Servranckx, Victor, pintor, escultor e ensaísta belga (1897-1965).

Seuphor, Michel, pintor, artista gráfico e ensaísta belga (1901).

Seurat, Georges, pintor francês (1859-1891).

Severini, Gino, pintor italiano (1883-1966).

Sévigné, Marie de Rabutin-Chantal, Marquesa de, epistológrafa francesa (1626-1696).

Sexto Empírico, filósofo, astrônomo e médico grego (séculos II e III).
Sganzerla, Rogério, cineasta brasileiro (1946).
Shahn, Bem, pintor e artista gráfico norte-americano (1898-1969).
Shakespeare, William, poeta e dramaturgo inglês (1564-1616).
Shannon, Charles, litógrafo e pintor inglês (1863-1937).
Shaw, George Bernard, dramaturgo, romancista e crítico irlandês (1856-1950).
Shawn, Ted (Edwin Myers Shawn, dito), bailarino e coreógrafo norte-americano (1891-1972).
Shee, sir Martin Archer, pintor irlandês (1769-1850).
Sheeler, Charles R., pintor e fotógrafo norte-americano (1883-1965).
Shelley, Percy Bysshe, poeta e dramaturgo inglês (1792-1822).
Shepard, Sam (Samuel Shepard Rogers, dito), dramaturgo e encenador norte-americano (1942).
Sherwood, Robert Emmet, dramaturgo norte-americano (1896-1955).
Shinn, Everett, pintor e artista gráfico norte-americano (1876-1953).
Shirley, James, poeta dramático inglês (1596-1666).
Shiró, Flávio, pintor brasileiro de origem japonesa (1928).
Shubin, Fedot, escultor russo (1740-1805).
Sibelius, Jean, compositor erudito finlandês (1865-1957).
Siberechts, Jan, pintor flamengo (1627-1703).
Sickert, Valter Richard, pintor inglês (1860-1942).
Sidney, George, cineasta norte-americano (1916).
Sidônio Apolinário (Caius Sollius Sidonius Apollinarius), poeta e epistológrafo latino (430?-489).
Sienkiewicz, Henryk, romancista polonês (1846-1916).
Sigaud, Eugênio de Proença, pintor brasileiro (1899-1979).
Signac, Paul, pintor francês (1863-1935).
Signorelli, Luca (Luca d'Egidio di Ventura, dito), pintor italiano (1445?-1523).
Sillanpää, Frans Eemil, romancista e contista finlandês (1888-1964).
Siloe, família de artistas: o pai, Gil, escultor de origem flamenga (século XV) ativo na Espanha e o filho Diego, famoso arquiteto e escultor espanhol (1495?-1563).
Silva, Aguinaldo, romancista, dramaturgo e roteirista brasileiro (1943).
Silva, Francisco Manuel da, compositor erudito brasileiro (1795-1865).
Silva, Guilhermino César da, poeta e crítico literário português (1908-1993).
Silva, Ismael (da), compositor e cantor popular brasileiro (1905-1978).
Silva, José Antônio da, dito o Judeu, comediógrafo luso-brasileiro (1705-1739).
Silva, José Antônio da, pintor *naïf* brasileiro (1909-1996).
Silva, José Asunción, poeta e dramaturgo colombiano (1865-1896).
Silva Gaio, Manuel, poeta, romancista, dramaturgo e ensaísta português (1861-1934).
Silva Valdés, Fernán, poeta e contista uruguaio (1887-1975).
Silveira, Tasso da, poeta brasileiro (1895-1968).
Silveira, Valdomiro, contista brasileiro (1873-1941).
Silvestre, Israël, água-fortista francês (1621-1691).
Simenon, Georges Joseph-Christian, romancista belga (1903-1989).
Simmel, Georg, filósofo e sociólogo alemão (1858-1918).
Simon, Claude (Eugène Henri), romancista francês (1913).
Simon, Neil, dramaturgo norte-americano (1927).
Simônides de Ceos, poeta grego (556?-467? a.C.).
Simonov, Konstantin Mikháilovitch, poeta, romancista e dramaturgo russo (1915-1979).
Sinclair, Upton Beall, romancista norte-americano (1878-1968).
Sinhô (João Barbosa da Silva, dito), compositor popular e instrumentista brasileiro (1888-1930).

Siqueiros, José David Alfaro, pintor mexicano (1896-1974).
Sireuil, Philippe, encenador belga (1952).
Sirk, Douglas (Claus Detlev Sierck, dito), encenador e cineasta dinamarquês, também ativo nos Estados Unidos (1900-1987).
Sisley, Alfred, pintor francês (1839-1899).
Siza Vieira, Álvaro, arquiteto português (1933).
Sjörström, Victor, cineasta sueco (1879-1960).
Skalkottas, Nikolaos, compositor erudito e violinista grego (1904-1949).
Skolimowski, Jerzey, ator e cineasta polonês (1938).
Slevogt, Max, pintor e artista gráfico alemão (1868-1932).
Sloan, John, pintor e artista gráfico norte-americano (1871-1951).
Slodtz, família de escultores, *designers* e decoradores franceses: o pai Sébastien (1655-1726) e os filhos Sébastien-Antoine (1695-1754), Paul-Ambroise (1702-1758), René-Michel, o mais afamado (1705-1764) e Dominique (1711-1764).
Slowacki, Juliusz, poeta e dramaturgo polonês (1809-1849).
Sluter, Claus, escultor holandês (?-1405).
Sluyters, Jan (Johannes Carolus Bernardus), pintor holandês (1881-1957).
Smart, John, miniaturista britânico (1743-1811).
Smet, Gustave de, pintor belga (1877-1943).
Smetana, Bedrich, compositor erudito tcheco (1824-1884).
Smibert, John, pintor escocês (1688-1751).
Smith, David, escultor norte-americano (1906-1965).
Smith, George Albert, fotógrafo e cineasta inglês (1864-1959).
Smith, John "Warwick", pintor inglês (1749-1831).
Smith, John Raphaël, gravador, miniaturista e pintor inglês (1752-1812).
Smith, sir Mattew, pintor inglês (1879-1959).
Smith, Tony, escultor, pintor e arquiteto norte-americano (1912-1980).
Smithson, Robert, escultor e artista experimental norte-americano (1938-1973).
Smollet, Tobias, romancista escocês (1721-1771).
Snyders, Frans, pintor flamengo (1579-1657).
Soares, Paulo Gil, documentarista e cineasta brasileiro (1935).
Soares de Passos, António Augusto, poeta português (1826-1860).
Soares de Sousa, Gabriel, cronista português ativo no Brasil (1540-1592).
Sobel, Bernard, encenador francês (1936).
Sócrates, filósofo grego (469?-399 a.C.).
Söderberg, Hjalmar, romancista sueco (1869-1941).
Södergran, Edith, poetisa fino-sueca (1892-1923).
Sodoma, il (Giovanni Antonio Bazzi, dito), pintor italiano (1477-1549).
Soest, Gerard, pintor holandês (1600?-1681).
Soffici, Ardengo, pintor e ensaísta italiano (1879-1964).
Soffredini, Carlos Alberto, dramaturgo e encenador brasileiro (1940-2001).
Sófocles (Sophokles), dramaturgo grego (495-406 a.C.).
Solari (ou Solario), Andrea, pintor italiano (séculos XV e XVI).
Soledade, Paulinho (Paulo Gurgel do Amaral, dito), compositor popular brasileiro (1919-1999).
Solimena, Francesco, pintor italiano (1657-1747).
Solis, Virgil, gravador e projetista alemão (1514-1562).
Solís y Ravadeneyra, Antonio de, poeta, comediógrafo e historiador espanhol (1610-1686).
Soljenítsin, Aleksandr Issáievitch, romancista e contista russo (1918).

Solomon, Simeon, pintor e artista gráfico britânico (1840-1905).

Sólon, sábio, poeta e legislador grego (640?-558? a.C.).

Solórzano, Alonso de Castillo, romancista espanhol (1584-1648?).

Soloviev, Vladímir Serguiéievitch, poeta e crítico de cultura russo (1853-1900).

Somer, Paul van, pintor e gravador flamengo (1577?-1622).

Sorel, Charles, romancista satírico francês (1599-1674).

Sorensen, Henrik, pintor norueguês (1882-1962).

Sorge, Reinhard Johannes, dramaturgo alemão (1892-1916).

Soriano, Osvaldo, romancista argentino (1943-1997).

Sorolla y Bastida, Joaquín, pintor e artista gráfico espanhol (1863-1923).

Sottsass, Ettore, arquiteto e *designer* italiano (1917).

Soulages, Pierre, pintor francês (1919).

Souriau, Étienne, filósofo francês (1892-1979).

Sousa, John Philip, compositor de marchas militares norte-americano (1854-1932).

Sousa, Márcio (Gonçalves Bentes de), romancista, contista e dramaturgo brasileiro (1946).

Sousa, Maurício (Araújo) de, quadrinhista brasileiro (1935).

Sousândrade (Joaquim de Sousa Andrade, dito), poeta brasileiro (1832-1902).

Sousa Pinto, José Júlio, pintor português (1856-1939).

Southey, Robert, poeta, dramaturgo e biógrafo inglês (1774-1843).

Soutine, Chaïm, pintor franco-lituano (1893-1943).

Souto, Eduardo, compositor popular brasileiro (1882-1942).

Souza, Naum Alves de, cenógrafo brasileiro (1942).

Soyer, irmãos pintores russo-norte-americanos: Moses (1899-1974) e Raphael (1899-1987).

Soyinka, Wole, poeta e dramaturgo nigeriano de língua inglesa (1934).

Spencer, Gilbert, pintor inglês (1892-1979).

Spencer, Herbert, filósofo inglês (1820-1903).

Spencer, sir Stanley, pintor inglês (1891-1959).

Spengler, Oswald, filósofo alemão (1880-1936).

Spenser, Edmund, poeta inglês (1549?-1599).

Spêusipos, filósofo grego (407?-339?).

Spielberg, Steven, cineasta e produtor norte-americano (1947).

Spilliaert, Léon, pintor belga (1881-1946).

Spinello Aretino (Spinello di Luca Spinelli, dito), pintor italiano (séculos XIV-XV).

Spinoza, Baruch, filósofo e teólogo judeu-holandês (1632-1677).

Spitzer, Leo, filólogo e crítico literário austríaco (1887-1960).

Spitzweg, Karl, pintor e artista gráfico alemão (1808-1885).

Spoerri, Daniel, artista plástico suíço de origem romena (1930).

Spontini, Gaspare Luigi, compositor erudito italiano (1774-1851).

Spranger, Bartholomeus, pintor flamengo (1546-1611).

Spyropoulos, Jannis, pintor grego (1912).

Squarcione, Francesco, pintor italiano (1397?-1468).

Squarzina, Luigi, encenador italiano (1922).

Stadler, Ernst, poeta alemão (1883-1914).

Staël, Madame de (Germaine Necker, baronesa de Staël-Holstein, dita), romancista e ensaísta francesa (1766-1817).

Staël, Nicolas de, pintor russo-francês (1914-1955).

Staff, Leopold, poeta polonês (1878-1957).

Stagnelius, Erik Johan, poeta sueco (1793-1823).

Stamitz, Johann Wenzel, compositor erudito e violinista tcheco (1711-1757).

Stanfield, Clarkson, pintor inglês (1793-1867).

Stanislávski, Konstantin S. Aleksiéiev, teatrólogo e encenador russo (1863-1938).

Stankiewicz, Richard, pintor e escultor norte-americano (1922-1983).

Stantons de Holborn, família de escultores ingleses: Thomas (1610-1674), o sobrinho William (1639-1705) e o filho deste, Edward (1681-1734).

Stanzione, Massimo, pintor italiano (1586-1656).

Starck, Philippe, *designer* francês (1949).

Stark, James, pintor inglês (1794-1859).

Steele, Richard, dramaturgo, crítico literário e político irlandês (1672-1729).

Steen, Jan, pintor holandês (1626-1679).

Steenwyck, família de pintores flamenga: o pai, Hendrik Van, o Velho (século XV), e o filho Hendrik, o Moço (?-1649).

Steer, Philip Wilson, pintor inglês (1860-1942).

Stefano da Zevio (ou Stefano di Giovanni da Verona), pintor italiano (séculos XIV-XV).

Steffani, Agostino, compositor erudito e diplomata italiano (1654-1728).

Stehle, Jean-Marc, ator e cenógrafo suíço (1941).

Steichen, Edward, fotógrafo norte-americano de origem luxemburguesa (1879-1973).

Steilen, Théophile Alexandre, pintor, gravador e cartazista francês, de origem suíça (1859-1923).

Stein, Edith, filósofa alemã (1891-1942).

Stein, Gertrude, poetisa, romancista e memorialista norte-americana (1874-1946).

Stein, Peter, encenador alemão (1937).

Steinbach, Erwin von, arquiteto alsaciano (1244?-1318).

Steinbeck, John, romancista e contista norte-americano (1902-1968).

Steinberg, Saul, desenhista de humor e pintor romeno, naturalizado norte-americano (1914).

Stella, Frank, pintor norte-americano (1936).

Stella, Jacques, pintor e gravador francês (1596-1657).

Stendhal (Henry Beyle, dito), romancista, crítico e memorialista francês (1783-1842).

Stepánov, Vladímir Ivánovitch, bailarino, coreógrafo, mestre de dança e teórico russo (1866-1896).

Stepánova, Várvara (ou Varst), pintora e ilustradora russa (1894-1958).

Stephens, James, poeta, contista e romancista irlandês (1882-1950).

Sterheim, Carl, dramaturgo e romancista alemão (1878-1942).

Stern, Daniel (pseudônimo de Marie de Flavigny, condessa D'Agoult), romancista francesa (1805-1876).

Stern, Irma, pintora sul-africana (1894-1966).

Stern, Robert, arquiteto e ensaísta de arquitetura norte-americano (1939).

Sternberg, Josef von, cineasta austríaco naturalizado norte-americano (1894-1969).

Sterne, Laurence, romancista e memoralista inglês (1713-1768).

Stevens, Alfred, pintor, escultor e *designer* inglês (1817-1875).

Stevens, Alfred-Émile, pintor belga (1823-1906).

Stevens, George, cineasta norte-americano (1904-1975).

Stevens, Wallace, poeta e ensaísta norte-americano (1878-1955).

Stevenson, Robert (Louis Balfour), poeta e romancista escocês (1850-1894).

Stieglitz, Alfred, fotógrafo e produtor cultural norte-americano (1864-1946).

Stiernhielm, Georg, poeta sueco (1598-1672).

DICIONÁRIO SESC: A LINGUAGEM DA CULTURA

Stifter, Adalbert, novelista, romancista e pintor austríaco (1805-1868).

Still, Clyfford, pintor norte-americano (1904-1980).

Stiller, Mauritz, cineasta sueco (1883-1928).

Stimmer, Tobias, pintor e artista gráfico suíço (1539-1584).

Stirner, Max (Johann Kaspar Schmidt, dito), filósofo alemão (1806-1856).

Stockhausen, Karlheinz, compositor erudito de vanguarda alemão (1928).

Stokes, Adrian, escritor e pintor inglês (1902-1972).

Stolz, Robert, compositor erudito e maestro austríaco (1880-1975).

Stone, Nicholas, escultor e arquiteto inglês (1587-1647).

Stone, Oliver, roteirista, cineasta e produtor norte-americano (1946).

Stoppard, Tom, dramaturgo e roteirista de cinema inglês, de origem tcheca (1937).

Storm (Theodor Woldsen, dito), poeta e novelista alemão (1817-1888).

Storni, Alfonsina, poetisa argentina (1892-1938).

Stoss, Veit (ou Wit Stwosz), escultor teuto-polonês (1445?-1533).

Stosskopff, Sébastien, pintor francês (1597-1657).

Stothard, Thomas, pintor, ilustrador de livros e *designer* inglês (1775-1834).

Strachey, Giles Lytton, biógrafo e crítico literário inglês (1880-1932).

Strachwitz, Moritz Karl von, poeta alemão (1822-1847).

Stradella, Alessandro, compositor erudito italiano (1645?-1682).

Stradivarius (Antonio Stradivari, dito), lutiê italiano (1644?-1737).

Straus, Oskar, compositor de operetas austríaco (1870-1954).

Strauss, Emil, romancista e novelista austríaco (1866-1960).

Strauss, família de compositores austríaca: Johann I, o pai (1804-1849), Johann II, o filho mais renomado (1825-1899), Eduard I (1835-1916) e Josef (1827-1870).

Strauss, Richard, compositor erudito alemão (1864-1949).

Stravínski, Igor Fiódorovitch, compositor erudito russo, naturalizado francês e norte-americano (1882-1971).

Streeter, Robert, pintor inglês (1621-1679).

Streeton, Arthur, pintor australiano (1867-1943).

Strehler, Giorgio, encenador e ator teatral italiano (1921).

Strick, Joseph, cineasta norte-americano (1923).

Strigel, Bernhard, pintor alemão (1460-1528).

Strindberg, August, dramaturgo, poeta e romancista sueco (1849-1912).

Stroheim, Erich von, cineasta austríaco-norte-americano (1885-1957).

Strozzi, Bernardo, pintor italiano (1581-1644).

Strzemiuski, Vladislav, pintor polonês (1893-1952).

Stuart, Gilbert, pintor norte-americano (1755-1828).

Stubbs, George, pintor e gravador (*animalier*) inglês (1724-1806).

Sturges, John, cineasta norte-americano (1910-1992).

Styne, Jule, compositor popular e de música incidental norte-americano (1905-1994).

Suares, André (Isaac Félix), poeta, tragediógrafo e ensaísta de cultura francês (1868-1948).

Suárez, Francisco, filósofo político e teólogo espanhol (1548-1617).

Suassuna, Ariano (Vilar), dramaturgo, romancista, poeta, crítico e animador cultural brasileiro (1927).

Subirats, Eduardo, filósofo e crítico de cultura catalão (1947).

Subleyras, Pierre, pintor francês (1699-1749).

Suckling, sir John, poeta, dramaturgo e crítico literário inglês (1609-1642).

Sudermann, Hermann, novelista e dramaturgo alemão (1857-1928).

Sue, Eugène (Marie-Joseph Sue, dito), romancista francês (1804-1857).

Suetônio (Caius Suetonius Tranquillus), biógrafo e historiador romano (70?-130?).

Sugar, Elzie, autor de histórias em quadrinhos norte-americano.

Suk, Josef, compositor erudito e violinista tcheco (1874-1935).

Sullivan, Arthur Seymour, compositor erudito, organista e maestro inglês (1842-1900).

Sullivan, Louis Henry, arquiteto e tratadista norte-americano (1856-1924).

Sully, Thomas, pintor norte-americano (1783-1872).

Supervielle, Jules, poeta, romancista e dramaturgo francês (1884-1960).

Suppé, Franz von, compositor erudito austríaco, de ascendência belga (1819-1895).

Sutherland, Graham, pintor, artista gráfico e *designer* inglês (1903-1980).

Svevo, Italo (Ettore Schmitz, dito), romancista ítalo-judeu (1861-1928).

Svoboda, Josef, cenógrafo tcheco (1920).

Swart van Groningen, Jan, pintor e ilustrador de livros holandês (século XVI).

Swedenborg, Emanuel, filósofo e místico sueco (1688-1772).

Sweerts, Michiel, pintor flamengo (1618-1664).

Swinarski, Konrad, encendor e cenógrafo polonês (1929-1975).

Syrlin, família de entalhadores alemães: o pai, Jörg, o Velho (?-1491) e o filho Jörg, o Moço (?-1521).

Szymanowski, Karol, compositor erudito polonês (1882-1937).

Szymborska, Wislawa, poetisa polonesa (1923).

Szyszlo, Fernando de, pintor peruano (1925).

T

Tabori, George, romancista, roteirista e encenador austro-húngaro, naturalizado inglês (1914).

Tacca, Pietro, escultor italiano (1577-1640).

Tácito (Publius Cornelius Tacitus), historiador romano (55?-120?).

Taddeo di Bartolo (Taddeo Bartoli, dito), pintor italiano (1363-1422).

Taglioni, Filippo, bailarino e coreógrafo italiano (1777-1871).

Taille, Jean de la, poeta dramático e ensaísta francês (1540?-1607?).

Tailleferre, Germaine, compositora erudita e pianista francesa (1892-1983).

Taine, Hippolyte, historiador e ensaísta francês (1828-1893).

Tairov, Alexandre (Aleksandr Iakóvievitch Kornblit, dito), ator e encenador russo (1885-1950).

Takis (Panayotis Vassilakis, dito), artista plástico experimental grego (1925).

Tal Coat (Pierre Jacob, dito), pintor francês (1905-1985).

Tales de Mileto, filósofo e legislador grego (640?-548 a.C.).

Tallet, José Zacarias, poeta e jornalista cubano (1893-1989).

Tallis, Thomas, compositor sacro inglês (1505?-1585).

Tamayo, Rufino, pintor e artista gráfico mexicano (1899-1991).

Tanguy, Ives, pintor norte-americano, de origem francesa (1900-1955).

Tanner, Alain, cineasta suíço (1929).

Tannhauser, trovador alemão (1205?-1270).

Tansillo, Luigi, poeta italiano (1510-1568).

Tàpies, Antoni, pintor catalão (1923).

RELAÇÃO ONOMÁSTICA DE AUTORES 769

Tapper, Kain, escultor finlandês (1930).
Tardieu, Jean, poeta e dramaturgo francês (1903).
Tarkóvski, Andrei, cineasta russo (1932-1986).
Tárrega, Francisco, compositor erudito e guitarrista espanhol (1852-1909).
Tarsila do Amaral, pintora brasileira (1886-1973).
Tartini, Giuseppe, compositor erudito, violinista e tratadista de música italiano (1692-1770).
Tassi, Agostino (Agostino Buonamico, dito), pintor italiano (1580?-1644).
Tassie, James, retratista e incrustador escocês (1735-1799).
Tasso, Bernardo, poeta italiano, pai de Torquato (1493-1569).
Tasso, Torquato, poeta italiano, filho de Bernardo (1544-1595).
Tassoni, Alessandro, poeta e crítico literário italiano (1565-1635).
Tati, Jacques (Jacques Tatischeff, dito), cineasta francês (1908-1982).
Tátlin, Vladímir Ievgráfovitch, pintor, escultor e *designer* russo (1885-1953).
Taunay, Alfredo d'Escragnolle, visconde de, romancista, contista e ensaísta brasileiro (1843-1899).
Taut, Bruno, arquiteto alemão (1880-1938).
Tavares, Hekel, compositor erudito e popular brasileiro (1896-1969).
Tavastsjena, Karl August, poeta e romancista finlandês, de língua sueca (1860-1898).
Tavener, John Kenneth, compositor erudito inglês (1944).
Taverner, John, compositor erudito inglês (1490?-1545).
Tavernier, Bertrand, cineasta francês (1941).
Taviani, irmãos dramaturgos e cineastas italianos: Paolo (1931) e Vittorio (1929).
Tavira, Luis de, encenador mexicano (1948).
Távora, Franklin (João Franklin da Silveira Távora, dito), romancista e dramaturgo brasileiro (1842-1888).
Taylor, Jeremy, poeta e orador sacro inglês (1613-1667).
Taylor, Paul, bailarino e coreógrafo norte-americano (1930).
Tchaikóvski, Piotr Ilitch, compositor erudito e maestro russo (1840-1893).
Tchékhov, Anton Pávlovitch, dramaturgo e contista russo (1860-1904).
Tchelitchew, Pavel, pintor norte-americano (1898-1957).
Tcherepnin, Aleksandr Nikoláievitch, compositor erudito e pianista russo (1899-1977).
Tchernichévski, Nikolai Gavrilóvitch, romancista e panfletário russo (1828-1889).
Teague, Walter Dorwin, *designer* norte-americano (1883-1960).
Teilhard de Chardin, Pierre, teólogo, filósofo e paleontólogo francês (1881-1955).
Teixeira, Bento, poeta luso-brasileiro (1561?-1600).
Teixeira, Diogo, pintor português (1540?-1612).
Teixeira, Múcio (Scevola Lopes), poeta, dramaturgo, crítico e tradutor brasileiro (1857-1926).
Teixeira, Oswaldo, pintor brasileiro (1904-1974).
Teixeira e Souza, Antônio Gonçalves, romancista brasileiro (1812-1881).
Teixeira Leite, José Roberto, historiador e crítico de arte brasileiro (1930).
Teleman, Georg Philipp, compositor erudito alemão (1681-1767).
Teles, António da Cunha, cineasta português (1935).
Teles, Gilberto Mendonça, poeta e ensaísta de literatura brasileiro (1931).
Telles, Lygia Fagundes, contista e romancista brasileira (1923).

Tempesta, Antonio, pintor e gravador italiano (1555-1630).
Temple, William, ensaísta de cultura e diplomata inglês (1628-1699).
Teniers, família de pintores flamengos: o pai, Davis, o Velho (1582-1649), seu filho, David, o Moço, o de maior renome (1610-1690) e o neto David III (1638-1685).
Tenniel, sir John, ilustrador inglês (1820-1914).
Tennyson, Lord Alfred, poeta inglês (1809-1892).
Teócrito, poeta grego (315?-250? a. C.).
Teófanes, o Grego, pintor bizantino, atuante na Rússia (1330?-1405?).
Teofrasto, filósofo grego (372?-287 a.C.).
Terborch (ou Ter Borch), Gerard, o Moço, pintor e desenhista holandês (1617-1681).
Terbrugghen, Hendrik, pintor holandês (1588-1629).
Terêncio (Publius Terentius Afer), poeta cômico latino (185?-159 a.C.).
Terragni, Giuseppe, arquiteto italiano (1904-1941).
Tertuliano (Quintus Septimius Florens Tertullianus), teólogo, moralista e tratadista de cultura latino (160?-222?).
Teruz, Orlando, pintor brasileiro (1902-1984).
Testa, Pietro (chamado il Lucchesino), gravador e pintor italiano (1611-1650).
Testi, Fulvio, poeta italiano (1593-1646).
Thackeray, William Makepeace, romancista inglês (1811-1863).
Tharp, Twyla, bailarina e coreógrafa norte-americana (1941).
Theed, William, escultor inglês (1804-1891).
Theodorakis, Mikis, compositor erudito e de música incidental grego (1925).
Thibaudet, Albert, historiador e ensaísta de literatura francês (1874-1936).
Thoma, Hans, pintor alemão (1839-1924).
Thomas, Ambroise, compositor erudito francês (1811-1896).
Thomas, Daniela, cenógrafa e encenadora brasileira (1959).
Thomas, Dylan Marlais, poeta, novelista, dramaturgo e ensaísta de literatura galês (1914-1953).
Thomas, Gerald, encenador e cenógrafo brasileiro, de ascendência anglo-germânica (1954).
Thomas d'Angleterre, poeta anglo-normando (século XII).
Thompson, Francis Joseph, poeta e ensaísta de literatura inglês (1859-1907).
Thomson, James, poeta escocês (1700-1748).
Thomson, James, poeta escocês (1834-1882).
Thomson, John, fotógrafo inglês (1837-1921).
Thomson, Tom, pintor canadense (1877-1917).
Thomson, Virgil, compositor erudito e maestro norte-americano (1896-1989).
Thórardson, Thórbergur, poeta, romancista e ensaísta islandês (1889-1974).
Thoreau, Henry David, memorialista e ensaísta norte-americano (1817-1862).
Thornhill, sir James, pintor inglês (1676-1734).
Thorn-Prikker, Johan, muralista e vitralista holandês (1868-1932).
Thorpe, Richard, cineasta norte-americano (1896-1991).
Thorvaldsen, Bertel, escultor dinamarquês (1770-1844).
Tibaldi, Pellegrino, pintor, escultor e arquiteto italiano (1527-1596).
Tibulo (Albius Tibullus), poeta romano (54?-19? a.C.).
Ticiano (Tiziano Vecellio, dito), pintor italiano (1485?-1576).
Tidemand, Adolph, pintor norueguês (1814-1876).
Tieck, Ludwig, romancista, poeta dramático e tradutor alemão (1773-1853).

770 | DICIONÁRIO SESC: A LINGUAGEM DA CULTURA

Tiempo, César (Israel Zeitlin, dito), poeta argentino de origem judaico-ucraniana (1906-1980).

Tiepolo, Giovanni Battista (Giambattista), pintor italiano (1696-1770).

Tiffany, Louis Comfort, pintor, decorador e arquiteto norte-americano (1848-1933).

Tillich, Paul, filósofo e teólogo alemão (1886-1965).

Timeu, filósofo grego (século V a.C.).

Tinguely, Jean, escultor e artista experimental suíço (1925-1991).

Tinhorão, José Ramos, historiador e ensaísta de música popular brasileiro (1928).

Tino di Camaino, escultor italiano (1285?-1337).

Tintoretto (Jacopo Robusti, dito), pintor italiano (1518-1594).

Tiomkin, Dmitri, compositor popular e de música incidental norte-americano, nascido na Rússia (1899-1979).

Tippet, Michael Kemp, compositor erudito inglês (1905).

Tirso de Molina (Fray Gabriel Téllez, dito), poeta dramático e contista espanhol (1583-1648).

Tirteu, poeta elegíaco grego (século VII a.C.).

Tischbein, família de pintores retratistas alemã: o mais conhecido, Johann Heinrich Wilhelm (1751-1829), seu tio Johann Heinrich, o Velho, (1722-1789), e Johann Friedrich, seu primo (1750-1812).

Tiso Veiga, Wagner, compositor popular, instrumentista e arranjador brasileiro (1945).

Tissot, James, pintor e artista gráfico francês (1836-1902).

Tito Junio, *ver* **Calpúrnio**.

Tito Lívio (Titus Livius), historiador latino (59 a.C.-19 d.C).

Tiutchev, Fiódor Ivánovitch, poeta russo (1803-1873).

Tobey, Mark, pintor norte-americano (1890-1976).

Tocqué, Louis, pintor francês (1696-1772).

Tocqueville, Alexis de (Charles Alexis Maurice Clérel de Tocqueville, dito), tratadista político francês (1805-1859).

Todorov, Petko, poeta e dramaturgo búlgaro (1879-1916).

Todorov, Tzvetan, lingüista e ensaísta de cultura búlgaro, naturalizado francês (1939).

Toledo, Juan Bautista, arquiteto e escultor espanhol (?-1567).

Tolentino, Bruno (Lúcio), poeta e crítico literário brasileiro (1940).

Tolentino de Almeida, Nicolau, poeta português (1740-1811).

Tolkien, J.R.R. (John Ronald Reuel), romancista sul-africano (1892-1973).

Toller, Ernst, poeta e dramaturgo alemão (1893-1939).

Tolsá, Manuel, escultor e arquiteto espanhol, ativo no México (1757-1816).

Tolstói, Aleksiei Konstantínovitch, poeta, romancista e dramaturgo russo (1817-1875).

Tolstói, Aleksiei Nikoláievitch, poeta e romancista russo (1883-1945).

Tolstói, Lev (Leon) Nikoláievitch, romancista, contista e dramaturgo russo (1828-1910).

Tomasi, Henri, compositor erudito francês (1901-1971).

Tomaszewski, Henryk, artista gráfico polonês (1914).

Tomaszewski, Henryk, encenador e coreógrafo polonês (1924).

Tomé, Antonio, arquiteto e escultor espanhol, irmão de Narciso (séculos XVII e XVIII).

Tomé, Narciso, arquiteto, escultor e pintor espanhol, irmão de Antonio (1690?-1742).

Tomlin, Bradley Walker, pintor norte-americano (1899-1953).

Tommaso da Modena, pintor e miniaturista italiano (1325?-1379).

Tonks, Henry, pintor e desenhista inglês (1862-1937).

Tooker, George, pintor norte-americano (1920).

Toorop, Charley, pintora holandesa (1891-1955).

Toorop, Jan (Johannes Theodor Toorop, dito), pintor e ilustrador holandês (1858-1928).

Topelius, Zachris, poeta e romancista finlandês de língua sueca (1818-1898).

Töpffer, Rodolphe, desenhista de humor, novelista e romancista suíço (1799-1846).

Topolski, Feliks, pintor e desenhista polonês (1907-1989).

Topor, Roland, pintor, ilustrador, quadrinhista, cenógrafo e novelista francês (1938).

Toppila, Heikki, contista e romancista finlandês (1885-1963).

Toquinho (Antônio Pecci Filho, dito), compositor e cantor popular brasileiro (1946).

Torel, William, ourives e escultor inglês (século XIII).

Torelli, Giacomo, decorador, cenógrafo e pintor italiano, ativo na França (1604-1678).

Torelli, Giuseppe, compositor e violinista italiano (1658-1709).

Torga, Miguel (Adolfo Correia da Rocha, dito), poeta, contista e romancista português (1907-1995).

Torquato Neto (Torquato Pereira de Araújo Neto, dito), poeta, cronista e compositor popular brasileiro (1944-1972).

Torre, Francisco de la, poeta espanhol (1534?-1594).

Torre, Guillermo de, poeta e ensaísta de artes espanhol (1900-1971).

Torre-Nilsson, Leopoldo, cineasta argentino (1924-1978).

Torrente Ballester, Gonzalo, dramaturgo e crítico teatral espanhol (1910).

Torrentius, Johannes (Jan van der Beeck), pintor holandês (1589-1644).

Torres, Antônio, romancista brasileiro (1940).

Torres Bodet, Jaime, poeta e ensaísta literário mexicano (1902-1974).

Torres-García, Joaquín, pintor e ensaísta uruguaio (1874-1949).

Torres Naharro, Bartolomé de, dramaturgo e teórico de teatro espanhol (1484?-1531).

Torres y Villarroel, Diego de, poeta satírico espanhol (1693-1770).

Torriente Brau, Pablo de la, contista, romancista e memorialista cubano (1901-1936).

Torrigiano, Pietro, escultor italiano (1472-1528).

Torriti, Jacopo, mosaicista e pintor italiano (século XIII).

Torroja y Miret, Eduardo, arquiteto espanhol (1899-1961).

Tory, Geoffroy, editor e xilógrafo francês (1480?-1533?).

Toulet, Paul-Jean, poeta e romancista francês (1867-1920).

Toulouse-Lautrec, Henri Marie de, pintor e artista gráfico francês (1864-1901).

Tournemire, Charles, compositor erudito e organista francês (1870-1939).

Tourneur, Cyril, dramaturgo inglês (1575?-1626).

Tourneur, Jacques, cineasta norte-americano de origem francesa (1931).

Tournier, Michel, contista e romancista francês (1924).

Tournier, Nicolas, pintor francês (séculos XVI-XVII).

Tovstonogov, Gueórgui, encenador georgiano (1915-1989).

Towne, Francis, pintor inglês (1740-1816).

Townshend, Aurelian, poeta inglês (1583?-1643).

Toyen (Maria Cerminová, dita), pintora tcheca (1902-1980).

Toynbee, Arnold, historiador inglês (1889-1975).

Tozzi, Cláudio, pintor brasileiro (1944).

Traetta, Tommaso, compositor erudito italiano (1727-1779).

Traini, Francesco, pintor italiano (século XIV).

RELAÇÃO ONOMÁSTICA DE AUTORES | 771

Trajanov, Todor, poeta búlgaro (1882-1945).
Trakl, Georg, poeta e dramaturgo austríaco (1887-1914).
Trancoso, Gonçalo Fernandes, contista português (século XVI).
Trembecki, Stanislav, poeta polonês (1739-1812).
Trenet, Charles, compositor e cantor popular francês (1913-2001).
Trevisan, Dalton, contista brasileiro (1925).
Trevisani, Francesco, pintor italiano (1656-1746).
Trial, Jean-Claude, compositor erudito francês (1732-1771).
Triolet, Elsa, romancista russa naturalizada francesa (1896-1970).
Trionfo, Aldo, pintor, cenógrafo e encenador italiano (1921-1989).
Trissino, Gian Giorgio, poeta, dramaturgo e gramático italiano (1478-1550).
Tristán, Luis, pintor espanhol (1586?-1624).
Tristan l'Hermite, François, poeta, romancista e autor dramático francês (1601?-1665).
Tristão de Ataíde, pseudônimo de Lima, Alceu Amoroso (*ver*).
Trnka, Jiri, ilustrador, marionetista e cineasta de animação tcheco (1912-1969).
Troeltsch, Ernst, filósofo alemão (1865-1922).
Troger, Paul, pintor e gravador austríaco (1698-1762).
Trollope, Anthony, romancista inglês (1815-1882).
Troost, Cornelis, pintor holandês (1697-1750).
Trosylho, Bartolomeu, compositor erudito português (1500?-1567?).
Trótski, Leon (Lev Davidovitch Bronstein, dito), ensaísta político e revolucionário judeu-russo (1879-1940).
Troy, Jean-François de, pintor e projetista de tapeçarias francês (1679-1752).
Troyat, Henri (Lev Tarassov, dito), dramaturgo, romancista e crítico literário russo-francês (1911).
Troyon, Constant, pintor francês (1810-1865).
Trubetskoi, Nikolai Serguiéievitch, lingüista russo (1890-1938).
Trubetskoi, príncipe Pável, escultor russo (1866-1938).
Truffaut, François, cineasta e crítico de cinema francês (1932-1984).
Trumbo, Dalton, roteirista e romancista norte-americano (1905-1976).
Trumbull, John, pintor norte-americano (1756-1843).
Tubi (ou Tuby), Jean-Baptiste, dito o Romano, escultor francês de origem italiana (1630?-1700).
Tucídides (Thukydides), historiador grego (460?-396 a.C.).
Tucker, William, escultor britânico (1935).
Tudor, Anthony, bailarino e coreógrafo inglês, também ativo nos Estados Unidos (1909-1987).
Tunder, Franz, compositor erudito alemão (1617-1677).
Tupinambá, Marcelo, compositor popular brasileiro (1889-1953).
Tura, Cosmè (ou Cosimo), pintor italiano (1430?-1495).
Turguéniev, Ivan Serguiéievitch, romancista russo (1818-1883).
Turnbull, William, pintor e escultor britânico (1922).
Turner, Joseph Mallord William, pintor inglês (1775-1851).
Turtiainen, Arvo Albin, poeta finlandês (1904).
Tuwim, Julien, poeta judeu-polonês (1894-1953).
Tvardóvski, Aleksandr Trifonovitch, poeta russo (1910-1971).
Twain, Mark (Samuel Langhorne Clemens, dito), romancista, memorialista e humorista norte-americano (1835-1910).
Twardovski, Samuel, poeta polonês (1600?-1660).
Twombly, Cy, pintor e desenhista norte-americano (1929).
Tworkov, Jack, pintor norte-americano (1900-1982).
Tyard, Pontus de, poeta francês (1521-1605).
Tylor, Edward Burnett, antropólogo cultural inglês (1832-1917).
Tytchina, Paul Grigórievitch, poeta ucraniano (1891-1967).

Tytgat, Edgard, pintor e artista gráfico belga (1879-1957).
Tzara, Tristan (Samy Rosenstock, dito), poeta francês de origem romena (1896-1963).

U

Ubac, Raoul, pintor e escultor belga (1910-1985).
Úbeda, Francisco López de, romancista espanhol (séculos XVI e XVII).
Uccello, Paolo (Paolo di Dono, dito), pintor italiano (1397-1475).
Uchakov, Semion, pintor russo (1626-1686).
Uchoa, Hélio (Hélio Laje Uchoa Cavalcanti, dito), arquiteto brasileiro (1913-1971).
Uchoa Leite, Sebastião, poeta e crítico brasileiro (1935).
Uderzo, Albert, desenhista de quadrinhos francês, de origem italiana (1927).
Udine, Giovanni da, pintor, arquiteto e decorador italiano (1487-1561?).
Uglow, Euan, pintor britânico (1932).
Ugo da Carpi, pintor e xilógrafo italiano (?-1532).
Ugolino di Nerio, pintor italiano (século XIV).
Uhde, Fritz von, pintor alemão (1848-1911).
Uhland, Ludwig, poeta alemão (1787-1862).
Uhlar, Blahoslav, encenador eslovaco (1951).
Ulfeld, Leonora Christina, memorialista dinamarquesa (1621-1698).
Ulmer, Edgar, cineasta norte-americano (1900-1972).
Ulrich von Lichtenstein, trovador alemão (1200?-1276).
Ulrich von Zatzikhoven, poeta narrativo alemão (século XII).
Unamuno, Miguel de, poeta, romancista, dramaturgo, ensaísta e filósofo espanhol (1864-1936).
Underwood, Leon, escultor, pintor, artista gráfico e crítico inglês (1890-1975).
Undset, Sigrid, romancista norueguesa (1882-1949).
Ungaretti, Giuseppe, poeta e ensaísta de arte italiano, nascido no Egito e também ativo no Brasil (1888-1970).
Ungers, Oswald Mathias, arquiteto alemão (1926).
Unruh, Fritz von, poeta e dramaturgo alemão (1890-1940).
Updike, John Hoyer, poeta, contista e romancista norte-americano (1932).
Upits, Andrejs, romancista lituano (1877-1970).
Uppdal, Christofer, poeta e romancista norueguês (1878-1961).
Urban, Milo, romancista eslovaco (1904).
Urfé, Honoré d', poeta, novelista e epistológrafo francês (1567-1625).
Uribe-Holguín, Guillermo, compositor erudito colombiano (1880-1971).
Urritia-Blondel, Jorge, compositor e musicólogo chileno (1905).
Urteaga, Mario, pintor *naïf* peruano (1875-1959).
Usigli, Rodolfo, dramaturgo mexicano (1905).
Uslar-Pietri, Arturo, contista, romancista, dramaturgo e ensaísta venezuelano (1906).
Uspiénski, Gleb Ivánovitch, romancista russo (1843-1902).
Usque, Samuel, escritor sacro judeu-português (século XVI).
Ustinov, Peter, dramaturgo, cineasta e ator inglês (1921-1999).
Utrillo, Maurice, pintor francês (1883-1955).
Utzon, Jorn, arquiteto dinamarquês (1918).
Uz, Johann Peter, poeta e tradutor alemão (1720-1796).

DICIONÁRIO SESC: A LINGUAGEM DA CULTURA

V

Vaccarini, Bassano, pintor, escultor e cenógrafo ítalo-brasileiro (1914).

Vacquerie, Auguste, poeta, dramaturgo e memorialista francês (1819-1895).

Vadé, Jean Joseph, comediógrafo, libretista e autor de *vaudevilles* francês (1719-1757).

Vadian ou Vadianus (Joachim de Watt, dito), poeta e exegeta protestante suíço (1483?-1551).

Vadico (Oswaldo de Almeida Gogliano, dito), compositor e poeta popular brasileiro (1910-1962).

Vadim, Roger (Plemiannikov), cineasta francês (1928-2000).

Vaenius (ou Van Veen), Otto, pintor flamengo (1556-1629).

Vaganova, Aggripina Iakovlena, bailarina, coreógrafa, mestre de balé e ensaísta de dança russa (1879-1951).

Vailland, Roger, romancista e dramaturgo francês (1907-1965).

Vaillant, família de irmãos artistas franco-holandeses: Wallerant, o mais conhecido, pintor e gravador (1623-1677), Jacques (1625-1691), Jean (1627-1688), Bernard (1632-1698) e Andries (1655-1693), pintores retratistas.

Vakhtángov, Evguéni Bagratiónovitch, encenador e ator russo (1883-1922).

Vala, Katri (Karin Alice Heidel, dita), poetisa finlandesa (1901-1944).

Valadão, Jece (Gecy Valadão, dito), ator e cineasta brasileiro (1930).

Valadares, Clarival do Prado, crítico e ensaísta de artes plásticas brasileiro (1918-1983).

Valadon, Suzanne (Marie Clémentine Valadon, dita), pintora francesa (1865-1938).

Valcárcel, Edgar, compositor erudito peruano (1932).

Valcárcel, Gustavo, poeta e romancista peruano (1921).

Valcárcel, Teodoro, compositor erudito peruano (1900-1942).

Valdelomar, Abraham (Conde de Lemos), poeta e contista peruano (1888-1919).

Valdés Leal, Juan de, pintor, gravador e decorador espanhol (1622-1690).

Valdivieso, Fray José de, poeta sacro e autor de autos espanhol (1560-1638).

Vale, João (Batista) do, poeta e compositor popular brasileiro (1933-1996).

Valen, Fartein Olav, compositor erudito de vanguarda norueguês (1887-1952).

Valença, Alceu (Paiva), compositor e cantor popular brasileiro (1946).

Valença Lins, Darel, pintor e gravador brasileiro (1924).

Valencia, Guillermo, poeta e político colombiano (1873-1943).

Valenciennes, Pierre-Henri de, pintor e ensaísta francês (1750-1819).

Valente, Assis, compositor popular brasileiro (1911-1958).

Valentim, Rubem, pintor brasileiro (1922).

Valentin, Moïse, pintor francês (1591?-1632).

Valentiner, William, historiador da arte teuto-americano (1880-1958).

Valera, Juan (Juan Valera y Alcalá Galiano, dito), romancista, ensaísta de literatura e diplomata espanhol (1824-1905).

Valera, Victor, escultor venezuelano (1927).

Valério Catão (Valerius Cato), poeta latino de origem gaulesa (século I a.C.).

Valério Flaco (Caius Valerius Flacus Setinus Balbus), poeta romano (45?-90?).

Valério Máximo (Valerius Maximus), cronista romano (séculos I a. C. e I d.C.).

Valéry, Paul (Ambroise), poeta e ensaísta de cultura francês (1871-1945).

Valkenborch (ou Valkenborgh), irmãos pintores holandeses: Lucas (1530-1597) e Marten (1535-1612).

Valla, Lorenzo (Laurentius Vallensis), filólogo, crítico de cultura e humanista italiano, de língua latina (1407-1457).

Valle, Juvencio, poeta chileno (1906).

Valle, Raul do, compositor erudito de vanguarda brasileiro (1936).

Valle, Rosamel del, poeta chileno (1901-1965).

Valle Arizpe, Artemio de, romancista, contista e historiador mexicano (1888-1961).

Valle-Inclán, Ramón Maria de (Ramón del Valle y Peña, dito), poeta, romancista e dramaturgo espanhol (1869-1936).

Vallejo, César Abraham, poeta, contista, romancista, dramaturgo e roteirista peruano (1892-1938).

Valle-Riestra, José María, compositor erudito peruano (1859-1925).

Vallès, Jules, romancista e cronista francês (1832-1885).

Valloton, Benjamin, romancista suíço naturalizado francês (1877-1962).

Vallotton, Félix, pintor e gravador suíço (1865-1925).

Van, família holandesa de pintores: Jan, o pai (1744-1808), e os filhos Maria Margrita (1780-1862), Georgius Jacobus Johannes (1782-1861), Pieter Gerardus (1776-1839) e Pieter Frederik (1802-1892).

Van Aelst, Willem, pintor holandês (1625-1683).

Van Aken, Piet, romancista belga (1920-1984).

Van Aken (ou Haken), Joseph, pintor flamengo (1699-1749).

Van Alsloot, Denijs, pintor flamengo (1570?-1628).

Van Bassen, Bartholomeu, arquiteto e pintor holandês (1652-?).

Van Beyeren, Abram, pintor holandês (1620-1690).

Van Boendale, Jan (também dito Jan de Clerc), poeta e moralista flamengo (1279-1350?).

Vanbrugh, John, comediógrafo e arquiteto inglês (1664-1726).

Van Calcar, Jan Joest, pintor holandês (1450-1519).

Van Camp, Freddy, *designer* belga (1946).

Van Campen, Jacob, pintor e arquiteto holandês (1595-1657).

Van Cleve, Joos, pintor flamengo (1490?-1541?).

Van Coninxloo, pintor flamengo (1544-1607).

Vancura, Jan, cenógrafo tcheco (1940).

Vancura, Vladislav, romancista tcheco (1891-1942).

Van Dantzig, Rudi, bailarino e coreógrafo holandês (1933).

Van de Capelle, Jan, pintor holandês (1624-1679).

Vandelvira, Andrés de, arquiteto espanhol (1509-1575?).

Van den Berghe, Frits, pintor belga (1883-1939).

Van den Eeckhout, Gerbrandt, pintor holandês (1621-1674).

Van den Volden, Joost, poeta e dramaturgo holandês (1587-1679).

Van de Passe, família de gravadores holandeses: Chrispijn I (1560?-1637) e seu filho Chrispijn II, mais ativo na França (1593?-1670?).

Vandeputte, Henri, poeta belga (1877-1952).

Van der Aa, Dirck, pintor holandês (1731-1809).

Van der Ast, Balthasar, pintor holandês (1593/4-1657).

Vanderbank, John, pintor inglês (1694-1739).

Van der Goes, Hugo, pintor holandês (Século XV).

Van der Helst, Bartholomeus, retratista holandês (1613-1670).

Van der Heyden, Jan, pintor e gravador holandês (1637-1712).

Van der Keuken, Johan, documentarista e fotógrafo holandês (1938-2001).

Van der Leck, Barth Anthony, pintor e projetista holandês (1876-1958).

Vanderlyn, John, pintor norte-americano (1775-1852).

Van der Meersch, Maxence, romancista francês (1907-1951).

Van der Meulen, Adam Frans, pintor e projetista de tapetes belga, também ativo na França (1632-1690).

Van der Neer, Aert (ou Aernout), pintor holandês (1603-1677).

Van der Post, Laurens, romancista sul-africano (1906).

Van der Voort (ou Vervoort), Michiel, escultor flamengo (1667-1737).

Van der Werff, Adriaen, pintor holandês (1659-1722).

Van der Weyden, Rogier (também dito Roger de la Pasture), pintor flamengo (1399?-1464).

Van der Zee, James, fotógrafo documentarista norte-americano (1886-1983).

Van de Velde, família de pintores holandeses: Esaías (1591?-1630), também gravador, o irmão Willem, o Velho (1611-1693), e seus filhos Willem, o Moço (1633-1707), também ativo na Inglaterra, e Adriaen (1636-1672).

Van de Velde, Henry-Clément, arquiteto, pintor, *designer* e ensaísta belga (1863-1957).

Van de Venne, Adriaen Pietersz, pintor e gravador holandês (1589-1662).

Van de Woestijne, Karel, poeta e romancista belga (1878-1929).

Van Dijk, Peter, coreógrafo e bailarino alemão (1929).

Van Dine, S.S. (Williard Huntington Wright, dito), romancista e crítico de arte norte-americano (1888-1939).

Van Doesburg, Theo (Christian Emil Maria Küpper, dito), pintor, arquiteto e ensaísta de artes holandês (1883-1931).

Van Dongen, Kees (Cornelis Theodorus Marie, dito) pintor holandês naturalizado francês (1877-1968).

Vandré, Geraldo (Geraldo Pedrosa de Araújo Dias, dito), compositor popular brasileiro (1935).

Van Druten, John William, dramaturgo anglo-norte-americano (1901-1957).

Van Dyck, Antoine, pintor e gravador flamengo (1599-1641).

Vaneau, Maurice, encenador belgo-brasileiro (1926).

Van Eeden, Frederik, romancista e dramaturgo holandês (1860-1932).

Van Everdingen, família de pintores holandeses: Caesar, o mais famoso (1616?-1678) e o irmão Allaert (1621-1675).

Van Eyck, família de pintores flamenga: Hubert (?-1426) e o mais famoso irmão Jan (1385?-1441).

Van Gogh, Vincent Willem, pintor holandês (1853-1890).

Van Goyen, Jan Josephsz, pintor holandês (1596-1656).

Van Gulik, Robert Hans, romancista e historiador holandês (1910-1967).

Van Heemskerck, Maerten, pintor holandês (1498-1574).

Van Hemessen, Jan Sanders, pintor flamengo (1500?-1563).

Van Hoboken, Anthony, musicólogo holandês (1887-1983).

Van Honthorst, Gerrit, pintor e gravador holandês (1590-1656).

Van Hoogstraten, Samuel, pintor e historiador de arte holandês (1627-1678).

Van Huysum, Jan, pintor holandês (1682-1749).

Vanini, Giulio Cesare (Lucilius Vanini, dito), filósofo e humanista italiano (1585-1619).

Van Kessel, Philippe, encenador belga (1946).

Van Konijnenburg, Willem Adriaan, pintor e projetista holandês (1868-1943).

Van Laer (ou Van Laar), Pieter, dito il Bamboccio, pintor e gravador holandês, radicado na Itália (1592?-1642).

Van Langendonck, Prosper, poeta belga (1862-1920).

Van Lerberghe, Charles, poeta e dramaturgo belga (1862-1920).

Van Leyden, Lucas, gravador e pintor holandês (1494?-1532).

Van Loo, Carle, pintor e gravador francês, irmão de Jean Baptiste (1705-1765).

Van Loo, Jean Baptiste, pintor e decorador francês, irmão de Carle (1684-1745).

Van Maerlant, Jacob, poeta e moralista flamengo (1220?-?).

Van Mander, Karel, pintor e escritor holandês (1548-1606).

Van Miereveld (ou Mierevelt), Michiel, pintor holandês (1567-1641).

Van Mieris, Frans, pintor holandês (1635-1681).

Van Noort, Adam, pintor flamengo (1562-1641).

Van Orley, Barend (ou Bernard), pintor e projetista de tapetes e de vitrais flamengo (1488?-1541).

Van Ort, Aert (também conhecido como Arnoult de Nijmegen), pintor e projetista de vitrais flamengo (1475?-1539?).

Van Ostade, Adriaen, pintor e gravador holandês (1610-1685).

Van Ostaijen, Paul, poeta belga (1896-1928).

Van Ouwater, Albert, pintor holandês (século XV).

Van Poelenburgh, Cornelis, pintor holandês (1586?-1667).

Van Ravesteyn, Jan Anthonisz, pintor holandês (1570-1657).

Van Ruysdael, Jacob Salomon, paisagista holandês (1600?-1670).

Van Rysselberghe, Theo (Theodore), pintor belga (1826-1926).

Van Schendel, Arthur, romancista holandês (1874-1946).

Van Schooten, Floris, pintor holandês (1610-1655).

Van Scorel, Jan, pintor holandês (1495-1562).

Van Swanenburgh, Jacob Isaacsz, pintor holandês (1571-1638).

Van Thulden, Theodor, pintor, gravador e desenhista de tapeçarias flamengo (1606-1669).

Vantongerloo, Georges, escultor e pintor belga (1886-1965).

Van Troostwijck, Wouter Johannes, pintor holandês (1782-1810).

Van Uden, Lucas, pintor e gravador flamengo (1595-1672).

Van Velde, Bram, pintor e gravador holandês (1895-1981).

Vanvitelli, Luigi, arquiteto e pintor italiano (1700-1773).

Van Vogt, Alfred Elton, romancista norte-americano de origem canadense (1912-2000).

Van Wassenhove, Joos, pintor holandês (1490?-1540).

Vanzolini, Paulo Emílio, compositor popular e zoólogo brasileiro (1923).

Van Zyl, Gerard Pietersz, pintor holandês (1604?-1665).

Vapcarov, Nikola, poeta búlgaro (1909-1942).

Varda, Agnès, cineasta francesa (1928).

Varèse, Edgar, compositor erudito de vanguarda francês, naturalizado norte-americano (1883-1965).

Vargas Llosa, Mario, novelista, romancista e ensaísta peruano (1936).

Vargas-Vila, José María, poeta e romancista colombiano (1860-1933).

Varin, Jean, escultor e medalhista francês (1604-1672).

Varley, irmãos pintores ingleses: John, o mais renomado, aquarelista (1778-1842), Cornelius (1781-1873) e William (1785-1856).

Varnalis, Costas, poeta grego (1884-1974).

Varney, família de compositores eruditos e de música ligeira francesa: Pierre Joseph Alphonse (1811-1879) e seu filho Louis (1844-1908).

Varrão (Marcus Terentius Varro), historiador, filósofo, gramático e comediógrafo romano (116-26 a.C.).

Varrão (Publius Varro Atacinus), poeta latino (82-37 a.C.).

Vasarely, Victor, pintor húngaro (1908).

Vasari, Giorgio, pintor, arquiteto e biógrafo italiano (1511-1574).

Vasconcelos, (António Augusto) Teixeira de, contista e comediógrafo português (1816-1878).

Vasconcelos, António Pedro, cineasta e ensaísta português (1939).

Vasconcelos, Ari, crítico e historiador de música popular brasileiro (1926).

Vasconcelos, Carolina Michaëlis de, filóloga portuguesa (1851-1925).

Vasconcelos, Jorge Ferreira de, comediógrafo e autor de romance de cavalaria português (1515?-1585?).

Vasconcelos, José Mauro de, romancista brasileiro (1920-1984).

Vasconcelos, José, ensaísta de cultura mexicano (1882-1959).

Vasconi, Claude, arquiteto francês (1940).

Vassíliev, Vladímir Víktorovitch, bailarino e coreógrafo russo (1940).

Vassilikós, Vassilis, romancista grego (1934).

Vater, Regina Maria da Mota, artista plástica brasileira (1943).

Vaudremer, Joseph, arquiteto francês (1829-1914).

Vaughan, Henry, poeta inglês (1622-1695).

Vaughan, Keith, pintor britânico (1912-1977).

Vaughan Williams, Ralph, compositor erudito, organista e maestro inglês (1878-1958).

Vauquelin de la Fresnaye, Jean, poeta francês (1536?-1606).

Vauthier, Jean, dramaturgo francês (1910).

Vauvenargues, Luc de Clapiers, marquês de, moralista, filósofo e ensaísta de literatura francês (1715-1747).

Vaz, Gaspar, pintor português (século XVI).

Vaz, Henrique Cláudio de Lima, teólogo e filósofo brasileiro (1921).

Vazov, Ivan, poeta, romancista e dramaturgo búlgaro (1850-1921).

Vázquez, Pura, poetisa galega (1918).

Vázquez, Rafael, poeta colombiano (1899-1963).

Vázquez Montalbán, Manuel, romancista espanhol (1939).

Veblen, Thorstein Bunda, sociólogo e economista norte-americano (1857-1929).

Vecchi, Orazio, compositor erudito italiano (1550-1605).

Vecchietta, il (Lorenzo di Pietro, dito), pintor, escultor e arquiteto italiano (1412?-1480).

Veenberg, Karl, poeta sueco (1910).

Vega, Aurelio de la, compositor erudito cubano (1925).

Vega, Garcilaso (García Lasso) de la, poeta espanhol (1503?-1536).

Vega, Jorge Luís de la, pintor e arquiteto argentino (1930).

Vega, Lope de (Lope Félix de Vega y Carpio, dito), poeta dramático espanhol (1562-1635).

Vega, Ventura de la, poeta e comediógrafo espanhol (1807-1865).

Veiga, J. J. (José Jacinto Veiga, dito), contista e romancista brasileiro (1915-1999).

Veiga Vale, José Joaquim da, escultor brasileiro (1806-1874).

Velasco, Antônio Joaquim Franco, pintor brasileiro (1780-1833).

Velasco, José Maria, pintor e litógrafo mexicano (1840-1912).

Velásquez, Eugenio Lucas, pintor espanhol (1817-1870).

Velasquez, Glauco, compositor erudito brasileiro (1884-1914).

Velázquez (ou Velásquez), Diego Rodriguez de Silva y, pintor espanhol (1599-1660).

Velestinlis (Constantin Rigas, dito), poeta e tradutor grego (1757-1798).

Vélez de Guevara, Luís, poeta, dramaturgo e romancista espanhol (1579-1644).

Velho da Costa, Maria, romancista e dramaturga portuguesa (1938).

Velickovic, Vladimir, pintor iugoslavo, naturalizado francês (1935).

Velinho, Moisés de Morais, crítico literário brasileiro (1901-1980).

Vellert, Dirk, projetista de vitrais holandês (século XVI).

Veloso, Caetano (Emanuel Viana Teles), compositor e cantor popular brasileiro (1942).

Veloso, Hildegardo Leão, escultor brasileiro (1899-1966).

Veloso Salgado, José Maria, pintor português (1864-1945).

Vennberg, Karl, poeta sueco (1910).

Venturi, Adolfo, historiador da arte italiano (1856-1941).

Venturi, Robert, arquiteto e ensaísta de arquitetura norte-americano (1925).

Vera, Pedro Jorge, poeta e romancista equatoriano (1914).

Verberckt, Jacob, escultor e decorador flamengo (1704-1771).

Verbistsky, Bernardo, romancista argentino (1908).

Vercors (Jean Bruller, dito), desenhista, romancista e ensaísta de cultura francês (1902-1991).

Verdaguer i Santaló, Jacint, poeta catalão (1845-1902).

Verde, (José Joaquim) Cesário, poeta português (1855-1886).

Verde, João (José Rodrigues Vale, dito), poeta português (1866-1934).

Verdi, Giuseppe, compositor erudito italiano (1813-1901).

Veres, Péter, romancista húngaro (1897-1970).

Verga, Giovanni, contista, romancista e novelista italiano (1840-1922).

Vergani, Orio, romancista e crítico literário italiano (1899-1960).

Vergara, Telmo, contista brasileiro (1909).

Vergara dos Santos, Carlos Augusto Caminha, pintor brasileiro (1941).

Vergara Grez, Ramón, pintor chileno (1923).

Verger, Pierre "Fatumbi" (Pierre Édouard Léopold, dito), fotógrafo e etnólogo francês, ativo no Brasil (1902-1996).

Verhaecht, Tobias, pintor flamengo (1561-1631).

Verhaeren, Émile, poeta, contista e dramaturgo belga (1855-1916).

Verhulst, Rombout, escultor flamengo (1624-1698).

Veríssimo, Érico (Lopes), contista e romancista brasileiro (1905-1975).

Veríssimo, José (José Veríssimo Dias de Matos, dito), historiador e ensaísta de literatura brasileiro (1857-1916).

Veríssimo, Luís Fernando, caricaturista (chargista) e cronista de humor brasileiro, filho de Érico (1936).

Verlaine, Paul, poeta francês (1844-1896).

Vermeer (ou van der Meer) **van Haarlem**, família de pintores holandeses: o pai, Jan, o Velho (1628-1691) e o filho Jan, o Moço (1656-1705).

Vermeer, Jan (dito Vermeer de Delft), pintor holandês (1632-1675).

Vermeyen, Jan Cornelisz, pintor, gravador e projetista de tapeçarias holandês (1500-1559).

Vernant, Jean Pierre, filósofo francês (1914).

Verne, Jules, romancista francês (1828-1905).

Vernet, família de pintores franceses: Claude-Joseph, de maior renome (1714-1789), seu filho, Antoine-Charles-Horace (1758-1836) e o neto, Émile-Jean-Horace (1789-1863).

Verneuil, Henri (Achod Malakian, dito), cineasta francês de origem turca (1920).

Veronese, Bonifazio, pintor italiano (1487-1553).

Veronese, il (Paolo Caliari, dito), pintor italiano (1528?-1588).

Verrio, Antonio, pintor italiano (1639?-1707).

Verrocchio, Andrea del (Andrea di Cioni, dito), escultor, pintor e ourives italiano (1435?-1488).

Vertov, Dziga (Denis Kaufman, dito), cineasta, documentarista e teórico de cinema russo (1896-1954).

Vertue, George, gravador inglês (1684-1756).

Vesaas, Tarjei, novelista e romancista norueguês (1897-1970).

Vestris, Gaetan, bailarino e mestre de balé italiano (1729-1808).

Veth, Jan, pintor e ensaísta holandês (1864-1925).

Vialar, Paul, romancista e comediógrafo francês (1898-?).

Vialatte, Alexandre, cronista e novelista francês (1901-1971).
Vian, Boris, poeta, romancista e dramaturgo francês (1920-1959).
Viana, Eduardo, pintor português (1881-1967).
Viana, Fernando Mendes, poeta brasileiro (1933).
Viana, Frutuoso (de Lima), compositor erudito brasileiro (1896-1976).
Viana, Javier de, romancista uruguaio (1868-1926).
Viana, Oduvaldo, dramaturgo, cineasta e radionovelista brasileiro (1892-1973).
Viana, Renato, ator e dramaturgo brasileiro (1894-1953).
Viana, Zelito (José Viana de Oliveira Paula, dito), cineasta brasileiro (1938).
Viana Filho, Oduvaldo (também dito Vianinha), dramaturgo e ator brasileiro, filho de Oduvaldo (1936-1974).
Viana Moog, Clodomir, ensaísta, historiador e romancista brasileiro (1906-1988).
Vianna, Armando Martins, pintor brasileiro (1897-1993).
Vianna, Klauss, bailarino e coreógrafo brasileiro (1928-1992).
Vianna da Motta, José, compositor erudito, ensaísta e pianista português (1868-1948).
Viany, Alex (Almino Viviani Fialho, dito), cineasta, crítico e historiador de cinema brasileiro (1918-1992).
Viaro, Guido, pintor e gravurista ítalo-brasileiro (1897-1971).
Viau, Théophile de, poeta e tragediógrafo francês (1590-1626).
Vicente, Gil, dramaturgo e poeta português, também de língua espanhola (1465?-1537?).
Vicente, José Guerra, compositor erudito e violoncelista luso-brasileiro (1907-1976).
Vico, Giambattista, filósofo e historiador italiano (1668-1744).
Victor, Geraldo Bessa, poeta, contista e ensaísta angolano (1917).
Vida, Marco Girolamo, poeta e tratadista de literatura italiano (1485-1566).
Vidal, Gore, romancista, dramaturgo e ensaísta de cultura norte-americano (1925).
Vidigal, Geraldo de Camargo, poeta brasileiro (1921).
Vidor, King, cineasta norte-americano (1894-1982).
Vieira da Cunha, Antônio Belisário, caricaturista brasileiro (1896-1956).
Vieira, Afonso Lopes, poeta português (1878-1946).
Vieira, Décio, pintor brasileiro (1922-1988).
Vieira, José Geraldo (Manuel Germano da Costa), romancista, tradutor e crítico literário brasileiro (1897-1977).
Vieira, Luandino (José Mateus Vieira da Graça, dito), contista, novelista e romancista angolano (1935).
Vieira, Mary, pintora e escultora brasileira (1927).
Vieira, Pe. António, orador sacro, missionário e epistológrafo português, também ativo no Brasil (1608-1697).
Vieira da Silva, Maria Elena, pintora portuguesa naturalizada francesa (1908-1992).
Vieira Filho, (José Carlos do) Amaral, compositor erudito e musicólogo brasileiro (1952).
Vieira Filho, Luís (Rattes), compositor e cantor popular brasileiro (1928).
Vieira Lusitano (Francisco Vieira de Matos, dito), pintor português (1699-1738).
Vieira Pinto, Álvaro, filósofo e professor brasileiro (1909-1987).
Viélé-Griffin, Francis, poeta francês de origem norte-americana (1863-1937).
Vien, Joseph-Marie, pintor francês (1716-1809).
Vigano, Salvatore, bailarino e coreógrafo italiano (1769-1821).

Vigarny, Filipe, escultor francês (?-1543).
Vigée-Lebrun, Louise Élisabeth, pintora francesa (1755-1842).
Vigeland, Gustav, escultor norueguês (1869-1943).
Vignola, Giacomo Barozzi da, arquiteto e tratadista italiano (1507-1573).
Vignon, Claude, pintor e gravador francês (1593-1670?).
Vignon, Pierre Alexandre, arquiteto francês (1763-1828).
Vigny, Alfred de, poeta, romancista e dramaturgo francês (1797-1863).
Vigo, Jean, cineasta francês (1905-1934).
Vilar, Jean, ator e encenador francês (1912-1971).
Vilares, Décio Rodrigues, pintor e escultor brasileiro (1851-1931).
Vilela, (Antônio) Gabriel, encenador e cenógrafo brasileiro (1959).
Vilela, Luís, contista brasileiro (1943).
Villaespesa, Francisco, poeta e dramaturgo espanhol (1877-1936).
Villa-Lobos, Heitor, compositor erudito e maestro brasileiro (1887-1959).
Villalpando, Francisco de, arquiteto e decorador espanhol (?-1561).
Villanueva, Juan de, arquiteto espanhol (1739-1811).
Villaviciosa, José de, poeta espanhol (1589-1618).
Villegas, Estebán Manuel de, poeta e tradutor espanhol (1589-1669).
Villégier, Jean-Marie, encenador francês (1937).
Villiers de l'Isle Adam, Philippe Auguste, romancista, contista e dramaturgo francês (1838-1889).
Villoldo, Angel Gregorio, compositor de tango, regente e dramaturgo argentino (1864-1919).
Villon, François, poeta francês (1431?-1463).
Villon, Jacques (Gaston Duchamp, dito), pintor francês (1875-1963).
Vincent, Jean-Pierre, encenador francês (1942).
Vinckboons, David, pintor holandês (1576-1631?).
Vinet, Alexandre Rodolphe, teólogo, historiador e ensaísta de literatura suíço (1797-1847).
Vinhas, Luís Carlos, compositor popular e pianista brasileiro (1940).
Violante do Céu, Sóror, poetisa portuguesa (1602-1693).
Viollet-le-Duc, Eugène Emmanuel, arquiteto-restaurador e ensaísta francês (1811-1879).
Viotti, Giovanni Battista, compositor erudito e violinista italiano (1755-1824).
Virgílio (Publius Vergilius Maro), poeta romano (70-19 a.C.).
Virués, Cristóbal de, poeta e tragediógrafo espanhol (1550-1609).
Vischer, família de escultores alemães: o pai, Hermann, o Velho (?-1488), seu filho, Pedro, o Velho, de maior reputação (1460-1529), e os netos Hermann (1486-1517), Pedro, o Moço (1487-1528), Hans (1489-1550) e Georg (1520-1592).
Visconti, Eliseu d'Angelo, pintor e decorador ítalo-brasileiro (1866-1944).
Visconti, Luchino, encenador e cineasta italiano (1906-1976).
Vital Brazil, Álvaro, arquiteto brasileiro (1909-1997).
Vitez, Antoine, ator e encenador francês (1930-1990).
Vitrúvio (Marcus Vitruvius Pollio), arquiteto e tratadista romano (século I a.C.).
Vittoria, Alessandro, escultor e decorador italiano (1525-1608).
Vittorini, Elio, romancista e tradutor italiano (1908-1966).
Vivaldi, Antonio, compositor erudito italiano (1678-1741).
Vivarini, família de pintores italianos: Antonio (1415?-1484?), seu cunhado, Giovanni d'Alemagna (ativo entre 1441 a 1450), seu irmão, Bartolomeo (1432?-1499?), o filho de Antonio, Alvise (1445?-1503?).
Vivin, Louis, pintor francês (1861-1936).

DICIONÁRIO SESC: A LINGUAGEM DA CULTURA

Vlaminck, Maurice de, pintor, artista gráfico e ensaísta de arte francês (1876-1958).

Vlieger, Simon de, pintor holandês (1600?-1653).

Vogler, Georg Joseph, compositor erudito, organista e teórico de música alemão (1749-1814).

Vogt, Nils Collet, poeta, dramaturgo e romancista norueguês (1864-1937).

Volkelt, Johannes Immanuel, filósofo alemão (1848-1930).

Volpi, Alfredo, pintor brasileiro, nascido na Itália (1896-1988).

Voltaire (François Marie Arouet, dito), poeta, dramaturgo, romancista, filósofo e historiador francês (1694-1778).

Vos, Cornelis de, pintor flamengo (1584?-1651).

Vos, Martin de, pintor holandês (1532-1603).

Voss, Hermann, historiador de arte alemão (1884-1969).

Vossler, Karl, filólogo, lingüista e crítico literário alemão (1872-1949).

Vouet, Simon, pintor francês (1590-1649).

Voysey, Charles Francis Annesley, arquiteto e *designer* de móveis inglês (1857-1941).

Vrel, Jacobus, pintor holandês (século XVII).

Vries, Adriaen de, escultor holandês (1546?-1626).

Vries, Hans Vredeman de, pintor, arquiteto e *designer* holandês (1527-1606).

Vrubel, Mikhail, pintor e *designer* russo (1856-1910).

Vuillard, Édouard, pintor e litógrafo francês (1868-1940).

Vychodil, Ladislav, cenógrafo eslovaco (1920).

Vygótski, Lev Semiónovitch, epistemólogo, filólogo e educador russo (1896-1934).

W

Waagen, Gustav Friedrich, historiador de arte alemão (1794-1868).

Wachsmann, Konrad, arquiteto alemão (1901).

Wackenroder, Wilhelm Heinrich, poeta alemão (1773-1798).

Wackernagel, Wilhelm, poeta e historiador de literatura alemão (1806-1869).

Wadsworth, Edward, pintor e artista gráfico inglês (1889-1949).

Wagenaar, Bernard, compositor erudito holandês, naturalizado norte-americano (1894-1971).

Wagner, (Wilhelm) Richard, compositor erudito alemão (1813-1883).

Wagner, Heinrich Leopold, romancista e dramaturgo alemão (1747-1779).

Wagner, Otto, arquiteto e teórico de arquitetura austríaco (1841-1918).

Wagner, Wieland, encenador e cenógrafo alemão (1917-1966).

Wahl, Jean, filósofo e poeta francês (1888-1974).

Wajda, Andrej, encenador e cineasta polonês (1926).

Wakabayashi, Kazuo, pintor nipo-brasileiro (1931).

Wakhevitch, Georges, cenógrafo ucraniano, ativo na França (1907-1984).

Walcott, Derek, poeta e dramaturgo antilhano de Santa Lúcia (1930).

Waldmüller, Ferdinand Georg, pintor austríaco (1793-1865).

Walker, Dame Ethel, pintora britânica (1861-1951).

Walker, Robert, pintor inglês (1605?-1658).

Waller, Edmund, poeta inglês (1606-1687).

Wallis, Alfred, pintor britânico (1855-1942).

Walsh, Raoul, cineasta norte-americano (1887-1980).

Walters, Charles, coreógrafo e cineasta norte-americano (1911-1982).

Walton, sir William Turner, compositor erudito inglês (1902-1983).

Wappers, Gustav, pintor belga (1803-1874).

Warburg, Aby, historiador da arte alemão (1866-1929).

Warchavchik, Gregori, arquiteto russo, atuante no Brasil (1896-1972).

Ward, James, pintor e gravador inglês (1769-1859).

Ward, John Quincy Adams, escultor norte-americano (1830-1910).

Warhol, Andy, pintor, artista gráfico e cineasta norte-americano (1928-1987).

Warlock, Peter (Philip Helsetine, dito), compositor erudito e ensaísta inglês (1894-1930).

Warren, Robert Penn, crítico literário e romancista norte-americano (1905-1989).

Waterhouse, John William, pintor inglês (1849-1917).

Waterhouse, sir Ellis, historiador da arte inglês (1905-1985).

Watson, Homer, pintor canadense (1855-1936).

Watteau, Jean-Antoine, pintor francês (1684-1721).

Watts, George Frederic, pintor e escultor inglês (1817-1904).

Waxman, Franz, compositor popular e de música incidental alemão (1906-1967).

Weber, Carl Maria von, compositor erudito alemão (1786-1826).

Weber, Lois, cineasta norte-americana (1881-1939).

Weber, Max, pintor russo-norte-americano (1881-1961).

Weber, Max, sociólogo alemão (1864-1920).

Webern, Anton Friedrich von, compositor erudito austríaco (1883-1945).

Webster, John, poeta dramático inglês (1580?-1625?).

Wedekind, Frank, dramaturgo e contista alemão (1864-1918).

Wedgwood, Josiah, ceramista inglês (1730-1795).

Weegee (Arthur H. Fellig, dito), fotógrafo austro-norte-americano (1899-1968).

Weelks, Thomas, compositor erudito inglês (1576?-1623).

Weenix, família de pintores holandesa: o pai, Jan Baptist (1621-1663) e o filho, Jan (1642-1719).

Wegner, Hans, *designer* dinamarquês (1914).

Weiditz, Hans, xilógrafo alemão (século XVI).

Weil, Simone, filósofa francesa (1900-1943).

Weill, Kurt, compositor erudito e de música incidental alemão (1900-1950).

Weingartner, Pedro, pintor brasileiro (1853-1929).

Weinheber, Josef, poeta e romancista austríaco (1892-1945).

Weir, Peter, cineasta australiano (1944).

Weiss, Peter, romancista e dramaturgo teuto-sueco (1916-1982).

Weisse, Christian Felix, comediógrafo e compositor de óperas alemão (1726-1804).

Weissenbruch, Hendrik Johannes, pintor holandês (1824-1903).

Weissman, Franz Josef, escultor austríaco-brasileiro (1914).

Welles, Orson, cineasta e ator norte-americano (1915-1985).

Wellesz, Egon, compositor erudito, musicólogo e maestro austríaco, naturalizado inglês (1885-1974).

Wenders, Wim, cineasta alemão (1945).

Werenskiold, Erik, pintor e artista gráfico norueguês (1855-1938).

Werfel, Franz, poeta, dramaturgo e romancista austríaco (1890-1945).

Wergeland, Henryk, poeta e dramaturgo norueguês (1808-1845).

Werneck de Capistrano, Adolfo Jansen, poeta brasileiro (1879-1932).

Werner, Zacharias, dramaturgo inglês (1932).

Wertmuller, Lina, cineasta italiana (1928).

Werve, Claus de, escultor holandês (?-1439).

Wesker, Arnold, dramaturgo inglês (1932).

Wesley, família inglesa de compositores eruditos: Samuel (1766-1837) e seu filho Sebastian (1810-1876).
Wesselmann, Tom, pintor norte-americano (1931).
West, Benjamin, pintor norte-americano (1738-1820).
West, Morris, romancista australiano (1916-1999).
West, Nathanael (Nathan Wallenstein Weinstein, dito), romancista norte-americano (1904-1940).
Westall, Richard, pintor e artista gráfico britânico (1765-1836).
Westmacott, sir Richard, escultor inglês (1775-1856).
Wheatley, Francis, pintor inglês (1747-1801).
Whistler, James Abbott MacNeill, pintor e artista gráfico norte-americano (1834-1903).
Whistler, Rex, pintor, artista gráfico e cenógrafo inglês (1905-1944).
White, Patrick, poeta, romancista e dramaturgo anglo-australiano (1912-1990).
Whitman, Walt, poeta norte-americano (1819-1892).
Whittaker, William Gillies, compositor erudito e maestro inglês (1876-1944).
Widerberg, Bo, cineasta sueco (1930-1997).
Widmer, Ernst, compositor erudito de vanguarda brasileiro, de origem suíça (1927-1990).
Wiechert, Ernst, novelista e romancista alemão (1887-1950).
Wied, Gustav, novelista e dramaturgo dinamarquês (1858-1914).
Wieland, Christoph Martin, poeta, contista, romancista e ensaísta alemão (1733-1813).
Wiene, Robert, cineasta alemão (1881-1938).
Wiener, Jean, compositor erudito de vanguarda, incidental e de *jazz* francês (1896-1982).
Wiertz, Antoine, pintor belga (1806-1865).
Wiesel, Elie, romancista, dramaturgo e ensaísta húngaro-norte-americano, de origem judaica (1928).
Wigman, Mary, coreógrafa e bailarina alemã (1886-1973).
Wijnants, Jan, pintor holandês (?-1684).
Wild Ospina, Carlos, romancista e ensaísta de cultura guatemalteco (1891-1956).
Wilde, Johannes, historiador de arte austro-húngaro (1891-1970).
Wilde, Oscar (Fingal O'Flaherty), poeta, novelista e dramaturgo irlandês (1856-1900).
Wildenbruch, Ernst von, poeta e dramaturgo alemão (1845-1909).
Wildens, Jan, pintor flamengo (1586-1653).
Wildenvey, Herman, poeta norueguês (1886-1959).
Wilder, Billy (Samuel Wilder, dito), cineasta austro-norte-americano (1906-2002).
Wilder, Thornton Niven, romancista e dramaturgo norte-americano (1897-1975).
Wiligelmo, escultor românico italiano (século XII).
Wilkie, sir David, pintor escocês (1785-1841).
Willaert, Adriaan, compositor erudito flamengo (1490?-1562).
Williams, Alberto, compositor erudito e ensaísta de música argentino (1862-1952).
Williams, Frederick, pintor e artista gráfico australiano (1927-1982).
Williams, Raymond, ensaísta de literatura e de cultura inglês (1921-1988).
Williams, Richard, desenhista de animação canadense (1933).
Williams, Tennessee (Thomas Lamier Williams, dito), poeta, dramaturgo e romancista norte-americano (1911-1983).
Williams, William Carlos, poeta, romancista, dramaturgo e ensaísta norte-americano (1883-1963).
Williamson, Malcolm (Benjamin Graham Christopher, dito), compositor erudito, organista e maestro australiano (1931).

Willumsen, Jens Ferdinand, pintor, escultor, gravador e ceramista dinamarquês (1863-1958).
Wilmotte, Jean-Michel, *designer* de interiores francês (1948).
Wilson, Angus (Frank Johnstone), dramaturgo, novelista e romancista inglês (1913-1991).
Wilson, Richard, pintor gaélico (1713?-1782).
Wilson, Robert, encenador norte-americano (1914).
Windelband, Wilhelm, filósofo alemão (1848-1915).
Wines, James, arquiteto norte-americano (1932).
Winkelmann, Johann Joachim, historiador e arqueólogo alemão (1717-1768).
Winterhalter, Franz Xavier, pintor alemão (1806-1873).
Wirkkala, Tapio, *designer* finlandês (1915-1985).
Wise, Robert, cineasta e produtor norte-americano (1914).
Wit, Jacob de, pintor holandês (1695-1754).
Witte, Emanuel de, pintor holandês (1615?-1691?).
Wittgenstein, Ludwig, filósofo austríaco (1889-1951).
Wittkover, Rudolf, historiador de arte teuto-norte-americano (1901-1971).
Witz, Konrad, pintor alemão (1400?-1444?).
Wolf, Hugo, compositor erudito austríaco (1860-1903).
Wolff, Christian, filósofo matemático alemão (1679-1754).
Wolff, Tobias, contista norte-americano (1945).
Wölfflin, Heinrich, historiador de arte e ensaísta suíço (1864-1945).
Wolgemut, Michael, pintor e xilógrafo alemão (1434-1519).
Wols (Alfred Otto Wolfgang Schulze, dito), pintor, ilustrador e fotógrafo alemão (1913-1951).
Wood, Grant, pintor norte-americano (1892-1942).
Woody Allen (Allen Stuart Konigsberg, dito), cineasta norte-americano (1935).
Woolet, William, gravador inglês (1735-1785).
Woolf, Virginia, romancista e ensaísta inglesa (1882-1941).
Woolner, Thomas, escultor inglês (1825-1892).
Wootton, John, pintor inglês (1682?-1764).
Wordsworth, William, poeta inglês (1770-1850).
Worringer, Wilhelm, historiador de arte alemão (1881-1965).
Wotruba, Fritz, escultor austríaco (1907-1975).
Wottom, William, poeta, ensaísta e diplomata inglês (1568-1639).
Wouters, Rik, pintor belga (1882-1916).
Wouwerman, Phillips, pintor holandês (1619-1668).
Wright, Frank Lloyd, arquiteto, tratadista e *designer* norte-americano (1867-1959).
Wright, John Michael, pintor inglês (1617-1694).
Wright, Joseph, pintor inglês (1734-1797).
Wright Mills, Charles, sociólogo norte-americano (1916-1962).
Wtewael (ou Utewael), Joachim, pintor holandês (1566-1638).
Wyeth, Andrew, pintor norte-americano (1917).
Wyler, William, cineasta norte-americano (1902-1981).
Wyspianski, Stanislaw, poeta, dramaturgo, pintor, vitralista, crítico e animador cultural polonês (1869-1907).
Wyss, Johann David, romancista suíço (1743-1818).

X

Xangai (Eugênio Avelino, dito), compositor e cantor popular brasileiro (1948).
Xavier, Ismail, crítico e ensaísta de cinema brasileiro (1947).
Xavier, Pe. José Maria, compositor erudito brasileiro (1819-1887).

778 DICIONÁRIO SESC: A LINGUAGEM DA CULTURA

Xavier Marques, Francisco, romancista e jornalista brasileiro (1861-1942).

Xavier Pinheiro, José Pedro, romancista, dramaturgo e tradutor brasileiro (1822-1882).

Xenakis, Yannis, compositor erudito e de vanguarda francês, de origem grega (1922).

Xenocrates (Xenokratês), filósofo grego (394?-314 a.C.).

Xenófanes (Xenophanês), filósofo grego (570?-470? a.C.).

Xenofonte (Xenophon), historiador grego (430?-355 a.C.).

Xenofonte de Éfeso, romancista grego (século III).

Xerém (Pedro de Alcântara Filho, dito), compositor e cantor popular brasileiro (1911-1982).

Xisto Pereira de Carvalho, Pedro, poeta experimentalista brasileiro (1911-1987).

Y

Yacine, Kateb, poeta, romancista e dramaturgo argelino, de língua francesa (1929-1989).

Yamasaki, Minoru, arquiteto norte-americano (1912-1986).

Yamasaki, Tizuka, cineasta, roteirista e encenadora brasileira (1949).

Yáñez, Agustín, romancista mexicano (1904).

Yáñez, Fernando, pintor espanhol (século XVI).

Yáñez Alonso, Rubén, encenador uruguaio (1929).

Yazykov, Nikolai Mikháilovitch, poeta russo (1803-1846).

Yeats, Jack Butler, pintor irlandês, irmão de William (1871-1957).

Yeats, William Butler, poeta e dramaturgo irlandês (1865-1939).

Yeoshua, Avraham, novelista e romancista israelense (1936).

Yizhar, Smilansky, romancista israelense (1916).

Yorke, Thom, compositor popular inglês (1968).

Young, Edward, poeta inglês (1683-1765).

Yourcenar, Marguerite (Marguerite de Crayencour, dita), romancista, ensaísta e tradutora francesa (1903-1987).

Ysaïe, Eugène Auguste, compositor erudito e violinista belga (1858-1931).

Ysenbrandt, Adriaen, pintor holandês (?-1551).

Yunque, Álvaro (Aristides Gandolfi Herrero, dito), poeta e contista argentino (1889-1982).

Yupanqui, Atahualpa (Hector Roberto Chavero, dito), poeta e compositor popular argentino (1908-1992).

Yvain, Maurice, compositor erudito francês (1891-1965).

Yvon, Adolphe, pintor francês (1817-1893).

Z

Zablocki, Franciszek, dramaturgo polonês (1752-1821).

Zacconi, Ludovico, compositor erudito e teórico de músico austríaco (1555-1627).

Zachar, Karol, ator, encenador e cenógrafo eslovaco (1918).

Zadek, Peter, encenador alemão (1926).

Zadkine, Ossip, escultor e gravador russo-francês (1890-1967).

Zagadlowicz, Emil, poeta, dramaturgo e romancista polonês (1888-1941).

Zaitsev, Bóris Konstantínovitch, contista e romancista russo, emigrado para a França (1881-1972).

Zakharov, Adrian Dmítrievitch, arquiteto russo (1761-1811).

Zakharov, Rastilav Vladímirovitch, coreógrafo e ensaísta de dança russo (1907-1984).

Zalamea Borba, Eduardo, romancista colombiano (1907).

Zaluar, Augusto Emílio, poeta e romancista luso-brasileiro (1825-1882).

Zambrano, Miguel Ángel, poeta equatoriano (1889-1986).

Zamiátin, Evguéni Ivánovitch, romancista e crítico literário russo (1884-1937).

Zan, Mário (Mário João Zandomenighi, dito), compositor popular e instrumentista brasileiro (1920).

Zanartu, Enrique, pintor chileno (1921).

Zane, Arnie, coreógrafa norte-americana (1948).

Zangwill, Israel, romancista e dramaturgo judeu-inglês (1864-1926).

Zanini, Mário, pintor e gravador brasileiro (1907-1971).

Zanini, Walter, historiador e crítico de artes plásticas brasileiro (1925).

Zanini Caldas, José, arquiteto e *designer* brasileiro (1919).

Zanzotto, Andrea, poeta italiano (1921).

Zapolska, Gabriela (Gabriela Korvin-Piotrowska, dita), romancista e dramaturga polonesa (1857-1921).

Zappa, Frank (Francis Vincent, dito), compositor *pop* de vanguarda e cantor norte-americano (1940-1993).

Zaragoza, José, pintor e publicitário espanhol, radicado no Brasil (1930).

Zarlino, Gioseffo, compositor erudito e tratadista de música italiano (1517-1590).

Zavádski, Iúri, encenador russo (1894-1977).

Zavattini, Cesare, roteirista italiano (1902-1989).

Zea, Leopoldo, historiador e ensaísta de cultura mexicano (1912).

Zé da Zilda (José Gonçalves, dito), compositor e cantor popular brasileiro (1908-1954).

Zé do Caixão, *ver* **Marins**, José Mojica.

Zeffirelli, Franco, encenador e cineasta italiano (1923).

Zehrfuss, Bernard, arquiteto francês (1911).

Zeitblom, Bartel (ou Bartholomaus), pintor alemão (1460?-1520?).

Zé Keti (José Flores de Jesus, dito), compositor e cantor popular brasileiro (1921-1999).

Zelenski, Tadeusz, ensaísta de literatura polonês (1874-1941).

Zélio Alves Pinto, caricaturista e pintor brasileiro, irmão de Ziraldo (1921).

Zelter, Karl Friedrich, compositor erudito e de *lieder* alemão (1758-1832).

Zeman, Karel, cineasta tcheco (1910-1989).

Zemlinsky, Alexander von, compositor erudito e maestro austríaco (1871-1942).

Zenão (Zenon) de Cítio, filósofo grego (335?-264? a.C.).

Zenão (Zenon) de Eléia, filósofo grego (490?-? a.C.).

Zenderoudi, Hossein, pintor iraniano atuante na França (1937).

Zeno Gandia, Manuel, romancista porto-riquenho (1855-1930).

Zé Ramalho (José Ramalho Neto, dito), compositor popular e cantor brasileiro (1949).

Zeromski, Stefan, romancista e dramaturgo polonês (1864-1925).

Zesen, Philipp von, poeta e romancista alemão (1619-1689).

Zetterling, Mai, atriz e cineasta sueca (1925-1994).

Zêuxis, pintor grego (século V a.C.).

Zevi, Bruno, ensaísta de arquitetura italiano (1918-2000).

Zeyer, Julius, poeta, romancista e dramaturgo tcheco (1841-1901).

Zidarov, Kamen, dramaturgo e romancista búlgaro (1902).

Ziembinski, Zbgniev Marian, ator, encenador e coreógrafo brasileiro, de origem polonesa (1908-1978).

RELAÇÃO ONOMÁSTICA DE AUTORES

Zimmermann, Bernd Alois, compositor erudito de vanguarda alemão (1918-1970).

Zimmermann, Dominikus, arquiteto, decorador e estucador alemão (1685-1766).

Zimmermann, Fred, cineasta norte-americano de origem austríaca (1907-1997).

Zimorovic, Szymon, poeta polonês (1608-1629).

Zingarelli, Nicola Antonio, compositor erudito italiano (1752-1837).

Zinnemann, Fred, cineasta norte-americano (1907).

Ziraldo Alves Pinto, cartunista, quadrinhista e contista infantil brasileiro, irmão de Zélio (1932).

Zochtchenko, Mikhail Mikháilovitch, contista russo (1895-1958).

Zoffany, Johann, pintor teuto-britânico (1733-1810).

Zola, Émile, romancista e ensaísta de artes francês (1840-1902).

Zonca, Vittorio, arquiteto e tratadista italiano (1568-1602).

Zoppo, Marco, pintor italiano (1432?-1478).

Zorach, William, escultor norte-americano (1887-1966).

Zorilla de San Martín, Juan, poeta uruguaio (1855-1931).

Zorilla y Moral, José, poeta e dramaturgo espanhol (1817-1893).

Zorn, Albert Friedrich, mestre e tratadista de dança alemão (1815-1900).

Zorn, Anders, pintor e gravador sueco (1860-1920).

Zorrilla, Francisco Rojas, poeta e dramaturgo espanhol (1607-1648).

Zrinyi, Miklos (Nicolau), poeta épico húngaro (1620-1664).

Zubiri, Xavier, filósofo espanhol (1898-1983).

Zucarelli, Francesco, pintor italiano (1702-1788).

Zuccaro, família de pintores italianos: Tadeo, o mais afamado (1529-1566) e o irmão Federico (1540?-1609).

Zuckmayer, Carl, dramaturgo alemão, naturalizado suíço (1896-1977).

Zuloaga y Zabaleta, Ignacio, pintor basco (1870-1945).

Zum Felde, Alberto, historiador e crítico literário uruguaio (1889-1976).

Zupancic, Oton, poeta esloveno (1878-1949).

Zurbarán, Francisco, pintor espanhol (1598-1664).

Zweig, Arnold, romancista alemão (1887-1968).

Zweig, Stefan, novelista, romancista e dramaturgo austríaco, também residente no Brasil (1881-1942).